DICTIONNAIRE

POLITIQUE

NOMS DES RÉDACTEURS DU DICTIONNAIRE POLITIQUE.

ALTAROCHE.
B. BARRÈRE.
J. BASTIDE.
A. BILLIARD.
A. BLAIZE.
CHARLES BLANC.
LOUIS BLANC.
H. BONNIAS.
CHAPUYS-MONTLAVILLE.
CORMENIN.
CORNE.
HENRY CELLIER.
F.-T.-B. CLAVEL.
COURCELLE SENEUIL.
DAVID (D'ANGERS).
F. DEGEORGE.
DEGOUVE-DENUNCQUES.
CHARLES DIDIER.
P. DUBOSC.

E. DUCHATELET.
E. DUCLERC.
DUFEY (DE L'YONNE.)
A DUMONT.
A. DUPOTY.
LÉOPOLD DURAS.
H. DUSSART.
FÉLIX AVRIL.
NAPOLÉON GALLOIS.
A. GUILBERT.
B. HAURÉAU.
HETTMAN.
KAUFFMANN.
FRÉDÉRIC LACROIX.
LAGARDE.
F. LAMENNAIS.
E. LEGOUVÉ.
LÉOPARDI.
MARTIN (DE STRASBOURG).

ARMAND MARRAST.
MARTIN (DE MOUSSY).
MAURAT-BALLANGE.
PAGNERRE.
B. PANCE.
N. PARFAIT.
PELLION.
GÉNÉRAL PEPE.
A. PETETIN.
FÉLIX PYAT.
ÉLIAS REGNAULT.
L. REYBAUD.
CH. ROMEY.
V. SCHOELCHER.
HORTENSIUS SAINT-ALBIN.
TEYSSIER.
THIBAUD.
T. THORÉ.
VAULABELLE.

Saint-Denis. — Typographie de A. Moulin.

DICTIONNAIRE

POLITIQUE

ENCYCLOPÉDIE

DU LANGAGE ET DE LA SCIENCE POLITIQUES

RÉDIGÉ PAR UNE RÉUNION

DE DÉPUTÉS, DE PUBLICISTES ET DE JOURNALISTES

AVEC UNE INTRODUCTION

PAR GARNIER-PAGÈS

PUBLIÉ PAR E. DUCLERC ET PAGNERRE

SIXIÈME ÉDITION

PARIS

PAGNERRE, ÉDITEUR

18, RUE DE SEINE

1860

A

GARNIER-PAGÈS

AVERTISSEMENT DE L'ÉDITEUR

Les sciences exactes, les sciences physiques, les sciences astronomiques ont leur langue formée, convenue, définie ; la science politique n'a pas encore la sienne. C'est-à-dire que les mots dont l'usage est le plus fréquent dans les discussions parlementaires, dans les débats de la presse et dans les conversations privées qui ont rapport à la politique, n'emportent pas une signification précise, un sens positif et universellement accepté.

Il y a là un grave danger. Que Buffon et Cuvier ne soient pas parfaitement d'accord sur la description anatomique d'un éléphant ou d'un ciron, cela n'influe en aucune façon sur les destinées du monde. Mais, en politique, ainsi qu'en morale, la moindre incertitude sur la valeur des mots peut entraîner les plus fâcheuses conséquences. De la confusion du langage naît la confusion des idées. L'esprit s'égare au milieu des interprétations diverses. Dépourvue d'unité, la langue, journellement faussée par l'ignorance, habilement exploitée par l'intrigue, est la source d'une foule de préjugés, d'erreurs, de sophismes et d'équivoques ; puis, les mauvaises passions s'en emparent, elles s'appliquent à augmenter le chaos, et bientôt la parole écrite ou parlée, loin d'être un moyen de civilisation et de progrès, devient un instrument de désorganisation et de mensonge. Combien de dissensions intestines, de guerres civiles, de guerres de religion, n'ont pas eu d'autres causes que des mots mal compris ! Et ne peut-on pas dire que l'ambiguïté des termes a, bien plus que l'antagonisme des idées, fait couler le sang humain?

Cette sorte d'anarchie est plus redoutable aujourd'hui que jamais. La politique est l'âme du monde moderne ; elle est cette puissante circulation qui meut tout, fait tout penser, tout agir. C'est dans la politique que tourne aujourd'hui toute idée, quels que soient d'ailleurs son action et son but ; c'est de la politique que, de près ou de loin, découlent ces flots de théories, de projets, de systèmes, qui viennent battre incessamment l'opinion publique et pousser l'activité de la foule dans des voies nouvelles ! c'est à la politique, enfin, que veulent aboutir, et les larges tendances de la littérature qui formule et vulgarise les idées, et les mouvements tumultueux des peuples ou des partis qui combattent, et les efforts réguliers de l'industrie qui associe, organise, produit et distribue.

L'étude de la science politique, la première et la plus noble de toutes les sciences, est donc désormais d'une nécessité universelle ; elle intéresse au plus haut degré la Société tout entière. Ceux qui possèdent exclusivement les droits politiques se doivent à eux-mêmes et doivent à leurs concitoyens de les exercer avec intelligence. Quant à ceux, beaucoup plus nombreux, qui n'en ont pas encore, il leur importe de s'instruire à les exercer utilement lorsqu'ils en auront conquis la jouissance.

Mais où sont les éléments de cette étude ? Quel publiciste les a réunis, exposés, formulés méthodiquement, simplement, avec clarté et précision ? Aucun.

Ces éléments se trouvent épars dans de volumineuses collections, ou dans des traités spéciaux, inaccessibles au plus grand nombre, autant par la sublimité de leurs spéculations métaphysiques, que par leur étendue et l'élévation de leur prix.

Restent les journaux. Assurément, nous ne méconnaîtrons jamais l'utilité puissante de cet irrésistible levier. Toutefois, ce n'est pas là qu'il faut aller chercher la théorie rationnelle et positive de la science politique. Le journal est un propagateur plutôt qu'un penseur. Il déduit les principes de la science plutôt qu'il ne les enseigne. Les journaux, d'ailleurs, se ressentent plus que toutes les autres publications de l'inexactitude du langage politique ; leur polémique est souvent un véritable pêle-mêle, les mêmes mots exprimant les idées les plus contraires. Ajoutez que, pour bien comprendre certaines matières, les affaires extérieures, par exemple, il y a des précédents à connaître ; il faut être initié à l'histoire des nations étrangères, du moins en ce qui concerne leurs constitutions et leurs rapports diplomatiques ; il faut pouvoir se rendre compte de certains mots qui appartiennent à leurs lois, à leurs coutumes ou à leurs mœurs. La lecture des journaux elle-même, pour être vraiment profitable, exigerait donc des études préliminaires tellement vastes et compliquées, que la vie d'un seul homme n'y suffirait pas.

Frappé de tous ces inconvénients, nous avons pensé qu'il était urgent de réunir en un corps d'ouvrage les principes fondamentaux de la science politique, déjà si riche en certitudes sur beaucoup de points ; nous avons pensé que la découverte de la vérité serait d'autant plus facile et plus sûre, que l'instrument de l'idée ou du raisonnement, la langue, serait plus exact; et enfin, qu'une langue correcte et bien définie, communiquant à l'esprit des forces incalculables ferait faire, en peu de temps, à la science politique, un pas immense et décisif.

C'est pourquoi nous avons entrepris la publication du Dictionnaire Politique.

On le voit, notre but est complexe. Donner à chacun le moyen de se former instantanément une opinion sur toutes les questions qui surgissent, au jour le jour, dans la polémique courante, ou qui s'agitent à la tribune; mettre en lumière ces vérités qui furent trop longtemps le partage exclusif du petit nombre; hâter le moment où la volonté nationale pourra se manifester pleinement et en parfaite connaissance de cause; suppléer en quelque sorte aux bienfaits d'une éducation publique, nulle aujourd'hui; développer de plus en plus les principes de cette religion du devoir et du droit que personne n'ose déjà plus nier; enfin, préciser la valeur des mots, constituer et populariser la science politique; telle est la tâche que nous nous sommes imposée.

Pour la bien remplir, nous avons fait appel à tous les hommes qui, dans la vie publique, dans le parlement ou dans la presse, ont conquis par le travail, la probité, le talent, l'amour du bien public, le droit d'être considérés comme les autorités naturelles de la science politique, au point de vue de la démocratie. Tous reconnaissent pour dogme fondamental le principe de la souveraineté nationale; car, nous devons le déclarer, ce principe, est à nos yeux, la source de toute certitude morale et politique. Hors de la démocratie, tout devient obscur, incompréhensible, douteux; avec elle tout s'éclaire, s'illumine et devient manifeste. La démocratie est le point de départ de toutes les production contemporaines de l'esprit humain, le but de tous les efforts intelligents, de tous les dévouements généreux. Sans doute beaucoup d'hommes en redoutent encore la réalisation immédiate et complète; mais tous, ou presque tous, admettent le fond même de ses doctrines.

Le dogme de la souveraineté nationale domine donc ce travail, et parce qu'il domine le développement intellectuel de l'époque et parce que, seul, il comporte l'exactitude sévère des définitions et l'unité des principes.

Mais, dans les questions diverses que le Dictionnaire Politique embrasse, il se tient toujours rigoureusement en dehors des luttes, utiles sans doute, mais passagères, d'une actualité passionnée. Il expose d'une manière complète, mais aussi succincte que possible, l'état actuel des questions dogmatiques, philosophiques, de droit naturel, de droit international, de droit public, d'organisation politique, sociale et militaire, d'économie politique, d'administration, de finances, de douanes, de géographie politique, etc. Il dresse enfin le bilan impartial et sincère de la science politique au dix-neuvième siècle, en indiquant ses ressources et l'espoir que l'on peut fonder sur son prochain avenir.

A la France appartenait cette noble initiative! A elle, aujourd'hui comme au siècle dernier, cette domination civilisatrice que légitiment les glorieux antécédents de son histoire, et que lui facilitent les éminentes qualités de cette langue si claire, si positive, dont toutes les chancelleries ont depuis longtemps admis et consacré l'universalité.

L'ordre alphabétique que nous avons adopté convenait seul à un travail qui doit être tout à la fois le DICTIONNAIRE *du langage politique* et l'ENCYCLOPÉDIE *de la science politique*; la forme du vocabulaire offre la plus grande facilité pour les recherches; elle seule permet de fixer la valeur relative de tous les termes employés dans le langage. A la vérité, cet ordre a quelquefois l'inconvénient de disséminer des notions qui voudraient être réunies, mais nous avons, autant que possible, évité cet écueil par des renvois.

Un ouvrage conçu sur un pareil plan, exécuté avec de tels moyens, est naturellement destiné à tous ceux qui, par choix de carrière, par dévouement à la chose publique, par position sociale, ont le besoin ou le devoir d'acquérir les notions élémentaires et générales de la politique. Il peut donc être considéré tout à la fois comme le *Manuel* et le *Guide* du citoyen, du fonctionnaire public, du diplomate, du publiciste, de l'électeur, du député, de l'homme du peuple aussi bien que des premiers magistrats de l'État; en un mot, nous espérons que ce Dictionnaire sera pour la science politique, dans un cadre plus restreint, sans doute, ce que fut pour les sciences exactes et philosophiques la grande Encyclopédie du dix-huitième siècle.

Maintenant qu'il nous soit permis d'adresser ici le témoignage public de notre gratitude, d'abord à l'homme illustre qui a le premier conçu l'idée et tracé le plan du DICTIONNAIRE POLITIQUE, à cette homme de bien dont la démocratie regrettera éternellement la perte prématurée, à Garnier-Pagès; et, après lui, aux écrivains qui nous ont prêté, avec une si louable constance, le concours empressé de leur talent. Nous les remercions sincèrement, et parmi eux, en particulier, notre ami, M. E. Duclerc, qui a surveillé avec un zèle consciencieux et éclairé l'ensemble de cette longue et difficile publication.

PAGNERRE.

INTRODUCTION.

MON CHER PAGNERRE,

Mon frère vous avait promis de faire une Introduction au DICTIONNAIRE POLITIQUE, publié par vous, suivant l'idée qu'il vous en avait donnée.

Parmi les papiers qu'il m'a légués, j'ai trouvé cette Introduction presque terminée. Il me l'avait lue souvent, et m'avait dit que son dessein, après la session, était d'aller chercher à la campagne le repos nécessaire pour rendre son travail plus correct et plus complet. Dieu ne l'a pas voulu !...

Cependant, je le crois, mon devoir est de vous le remettre tel qu'il nous l'a laissé ; si l'amour fraternel ne m'aveugle pas, j'ai la conviction que son œuvre sera, comme sa vie, utile à la propagation des saines doctrines de vérité et de progrès.

Animé de cette pensée, j'ose espérer que le pays accueillera avec un bienveillant intérêt ces lignes inachevées, qui, tracées par mon frère dans les dernières années de sa vie, peuvent être regardées comme son testament politique.

Votre ami dévoué,

GARNIER-PAGÈS JEUNE.

Paris, ce 25 octobre 1841.

INTRODUCTION

DE LA SCIENCE POLITIQUE.

La science politique est la science de l'organisation sociale et de la direction de la société vers un but.

Elle comprend :

La connaissance des devoirs politiques,

La formation du gouvernement,

Les moyens de bien gouverner.

Les devoirs politiques ont pour base la morale ;

La formation du gouvernement a pour base la souveraineté du peuple ;

Les moyens de bien gouverner ont pour base la volonté de bien gouverner.

Le but de la société, c'est le bien-être moral et matériel de tous, par l'Ordre, par la Liberté, par l'Égalité.

Lorsque la science politique n'était connue que d'un petit nombre d'hommes, les peuples étaient obligés de leur abandonner aveuglément et sans réserve le soin de leurs destinées.

Il en fut longtemps ainsi, parce que les gouvernants étaient intéressés à ce que la science politique ne fût connue que d'eux seuls, afin que nul ne pût partager avec eux la direction des affaires publiques, ou même ne songeât à contrôler leurs actes.

Ces temps ne sont plus. La science politique s'est répandue et se répand chaque jour davantage. Ceux qui la possèdent, même seulement en partie, se font une opinion sur les actes du pouvoir, les trouvent bons ou mauvais, en un mot, les contrôlent : c'est ce que l'on appelle l'opinion publique.

L'opinion publique n'est pas, en effet, l'opinion de tous; elle est l'opinion de ceux qui en ont une. Or, on ne peut se former une opinion que lorsqu'on a des notions sur l'ensemble, ou tout au moins sur une partie des affaires du pays.

L'opinion publique est d'autant plus puissante qu'elle se compose des opinions d'un plus grand nombre.

Quand tous ou presque tous, dans un État même despotique, ont une pensée sur un point de politique, les volontés les plus absolues sont, tôt ou tard, forcées de s'y soumettre.

De là, l'utilité de propager la science politique et le devoir de l'acquérir.

L'influence de l'opinion est surtout puissante dans les États libres, parce que, dans ces États, l'opinion se manifeste par la presse et par la parole publique, et que, par cela même qu'elle se manifeste, elle s'impose.

L'utilité de propager la science politique et le devoir de l'acquérir sont plus grands encore lorsque les gouvernés exercent sur la direction des affaires une autre influence que celle de l'opinion.

Il en est ainsi quand les gouvernés ou une partie des gouvernés sont appelés à élire les gouvernants ou une partie des gouvernants.

Il en est ainsi, parce que ceux qui sont élus pour gouverner doivent avoir les connaissances nécessaires pour bien remplir leur mandat; parce que ceux qui élisent doivent avoir les connaissances nécessaires pour bien choisir leurs mandataires; parce que ceux-là même qui n'élisent pas doivent avoir les connaissances nécessaires pour exercer une utile influence sur les électeurs et sur les élus.

Propager la science politique est le plus grand avantage que l'on puisse procurer à un pays, après celui de le bien gouverner ou de contribuer à le faire bien gouverner.

———

Tous les citoyens doivent étudier la science politique. Les publicistes et les orateurs surtout ont le devoir de la bien connaître. Une erreur de leur part, alors qu'ils interviennent dans les affaires publiques, peut, non-seulement produire un grand mal dans le présent en poussant à faire une chose funeste, mais encore produire de grands maux dans l'avenir, par cela seul qu'elle a été répandue et accréditée.

Il ne suffit pas qu'on sache distinguer ce qui est vrai de ce qui est faux, ce qui est utile de ce qui est dangereux, il faut encore qu'on sache combien il est immoral de publier et d'accréditer ce qui est faux, de publier et d'accréditer ce qui est dangereux.

On voit trop souvent des hommes politiques se servir de leur parole ou de leur plume pour faire prévaloir des théories mensongères, parce qu'elles leur paraissent avoir quelque chose de plus attrayant que les théories vraies. Pour se faire écouter, pour se faire lire, il n'est point de paradoxes qu'ils ne soutiennent, point de contre-vérités qu'ils ne cherchent à établir. Ces orateurs et ces publicistes font d'autant plus de mal qu'ils ont plus de talent. Autant qu'il est en eux, ils font reculer le progrès, ils égarent la civilisation.

Les erreurs du langage politique peuvent être également funestes.

C'est presque toujours à l'aide de fausses interprétations que les gouvernements parviennent à anéantir les garanties écrites en faveur des gouvernés, dans les constitutions et dans les lois politiques; c'est presque toujours par des abus de mots que les hommes du pouvoir entraînent les assemblées à faire des choses fâcheuses ou trompent l'opinion.

Il est également de la plus haute importance que, dans les rapports de nation à nation, le langage soit tellement précis et net que nul ne se puisse méprendre, et que les termes des traités ne puissent être mal interprétés; car, de même que l'obscurité ou l'ambiguïté d'un article de constitution ou de loi politique peut donner lieu à un accroissement de tyrannie, de même les plus terribles événements peuvent naître de l'interprétation erronée de l'une des dispositions d'un traité.

———

Dans les pays soumis au despotisme, la science du gouvernement est simple pour ce qui concerne l'administration intérieure; elle consiste presque uniquement à se faire craindre. Pour ce qui concerne les rapports extérieurs, ou de gouvernement à gouvernement, elle est fort compliquée. Elle se compose d'une multitude de ruses et de fourberies. C'est à qui dissimulera le mieux sa pensée et se montrera le plus habile à tromper les autres.

Dans les pays libres, au contraire, la science du gouvernement est, sinon plus compliquée, du moins plus étendue pour l'intérieur, parce qu'un grand nombre de personnes prennent part directement ou indirectement à l'administration des affaires publiques. Elle est simple pour ce qui concerne l'extérieur, parce que la publicité étant de l'essence de ces gouvernements, la vraie habileté consiste dans la franchise et dans la loyauté.

La science du gouvernement est bonne quand elle a pour but l'intérêt de tous; elle est mauvaise lorsqu'elle n'a en vue que l'intérêt de quelques-uns.

Elle est presque toujours mauvaise dans les pays soumis au despotisme, parce qu'il est de la nature de ceux qui possèdent le pouvoir de se préoccuper principalement d'eux-mêmes, et que, dans ces pays, c'est le petit nombre qui gouverne.

Elle est presque toujours bonne dans les pays libres, parce qu'il est de la nature de ceux qui possèdent le pouvoir de se préoccuper principalement d'eux-mêmes, et que, dans ces pays, directement ou indirectement, c'est le grand nombre qui gouverne.

Malgré le désir d'adopter et de pratiquer une bonne politique, il peut arriver qu'on en suive une mauvaise : c'est qu'il ne suffit pas de vouloir, il faut savoir.

La bonne politique commune à tous les gouvernements consiste à maintenir l'ordre, c'est-à-dire à protéger par de sages précautions, et par une équitable justice, la sûreté des personnes, le travail et le produit du travail qui constitue la propriété, à favoriser la création et la distribution des richesses, à défendre les intérêts collectifs ou nationaux.

Les gouvernements libres peuvent seuls assurer la liberté en même temps que l'ordre, une juste répartition du travail et des richesses qui en sont le produit, c'est-à-dire l'égalité matérielle, et une juste répartition des droits, c'est-à-dire l'égalité politique.

Lorsqu'il s'agit des intérêts de tous, c'est à tous à en décider. Là est le droit.

On ne peut obtenir des améliorations fondamentales, et par elles de bonheur commun, que par la volonté de tous. Là est l'indispensable nécessité de l'application du droit.

Laisser en dehors du droit de gouverner ou du droit de choisir les gouvernants une partie plus ou moins considérable d'une nation, ce n'est pas seulement une injustice, c'est une cause de faiblesse.

C'est une cause de faiblesse, précisément parce que tous ceux qui ne sont pas acceptés par la constitution politique sont naturellement portés à devenir les ennemis de cette constitution.

Lorsque le droit d'élire les gouvernants est exercé par le petit nombre, l'exercice de ce droit est une cause d'immoralité et d'abus. Le petit nombre l'exploite à son profit, et par suite au détriment de ceux qui ne l'exercent pas. On vend d'abord son vote, puis on cherche à en acheter d'autres pour les revendre à bénéfice. Si l'on ne pensait pas à en tirer parti, ceux qui veulent être élus y feraient penser en les mettant à prix. Ceux qui sont élus se vendent à leur tour, et pour tirer un profit personnel de leur position, et pour pouvoir tenir les promesses qu'ils ont faites, et pour pouvoir faire plus qu'ils n'ont promis, afin d'assurer leur réélection.

Alors même que les élus sont trop honnêtes gens pour chercher à acquérir les suffrages un par un par corruption, ils sont presque toujours obligés de corrompre en masse, c'est-à-dire d'obtenir des faveurs et de faire des lois dans l'intérêt de leurs commettants, de préférence et contrairement à l'intérêt général.

Au contraire, lorsque tous les gouvernés exercent le droit d'élire les gouvernants, on ne saurait songer à vendre son vote ou à en acquérir d'autres pour les revendre, car ces votes sont presque sans valeur relativement au grand nombre de suffrages qu'il faut obtenir pour être élu.

Alors ceux qui veulent être élus ne sauraient penser à mettre les votes à prix, parce qu'il n'est pas de fortune assez considérable ni de faveurs assez nombreuses pour payer un grand nombre de suffrages, et parce que, d'ailleurs, le moyen employé pour corrompre quelques électeurs serait une raison pour avoir contre soi tous les autres.

La seule manière d'acquérir et de conserver les majorités, c'est donc de promettre de travailler, de travailler en effet au bien-être de tous et de faire des lois conformes à l'intérêt général.

Tous les gouvernés ne pouvant avoir une opinion absolument identique ni sur la mission des gouvernants, ni sur le choix de ceux à qui il convient de confier cette mission, il en résulte la nécessité de compter les volontés, et d'obéir à ce que veut le plus grand nombre.

La souveraineté de tous est donc en réalité la souveraineté de la majorité.

Les délégués de la majorité ont donc les mêmes droits et les mêmes pouvoirs que s'ils étaient les délégués de tous.

Nul n'a le droit de commettre une injustice ; or, comme les droits de tous ne sont que la collection des droits de chacun, la majorité n'a pas le droit, sans né-cessité absolue, de détruire ou même seulement de restreindre, ne fût-ce que pour quelques-uns, la liberté des personnes et des opinions.

Là est la limitation du droit de la majorité. Là est ce qui constitue le droit de la minorité.

La minorité a donc le droit d'être libre et d'user de sa liberté pour travailler à faire partager ses convictions, c'est-à-dire pour chercher à devenir majorité. Si la minorité n'avait pas ce droit, il en résulterait non-seulement qu'elle serait opprimée, mais que tous le seraient ; car, la majorité et la minorité se composant de personnes différentes, suivant les questions, tous sont appelés, sur un ou plusieurs points, à faire partie de la minorité, et tous, par conséquent, seraient successivement soumis à l'oppression.

Il ne faut pas se préoccuper de la crainte de faire passer l'exercice du droit de gouverner ou de choisir les gouvernants, des mains capables dans les mains qui ne le seraient pas.

On l'a dit depuis longtemps : nul n'est plus capable que tout le monde.

Les plus capables et les plus riches auront toujours, quoi qu'on fasse, une grande influence.

L'exercice des droits politiques rendra capables ceux qui ne le sont pas.

Il ne faut pas se préoccuper de la crainte de mettre le pouvoir entre les mains de personnes qui, étant sans patrimoine, sembleraient n'avoir pas d'in-térêt à maintenir l'ordre.

Ce sont ceux qui n'ont pas de patrimoine qui ont le plus d'intérêt à ce que l'ordre soit maintenu, car, sans ordre pas de travail, et sans travail pas de moyen d'existence.

Lorsque tout se fera suivant la volonté de tous ou du plus grand nombre, nul n'aura d'intérêt à troubler l'ordre, ou tout au moins ne pourra sérieusement le troubler.

La nécessité de soumettre le sort de tous à la volonté de tous, dans l'intérêt de tous, étant reconnue, la meilleure organisation politique est incontestablement celle qui fait le plus clairement et le plus sûrement prévaloir cette volonté.

Lorsque les gouvernés sont si peu nombreux, qu'ils peuvent eux-mêmes pourvoir aux soins du gouvernement, ils doivent conserver et exercer le droit de gouverner. Lorsqu'ils sont assez nombreux pour ne pouvoir se gouverner eux-mêmes, ils doivent tous ensemble déléguer ce droit. Lorsqu'ils sont trop nombreux pour pouvoir exercer en commun le droit de délégation, l'exercice de ce droit doit être réparti entre eux.

Comme il ne s'agit pas de représenter les biens ou les lieux, mais la volonté des gouvernés, cette répartition ne saurait avoir d'autre base que la population.

La répartition doit être faite également, parce que les droits des gouvernés sont égaux.

———————

Le droit de délégation doit être exercé directement, spécialement, pour un temps limité et avec une liberté entière.

Ce droit doit être exercé directement : car, si, au lieu de choisir ceux qui doivent les gouverner, tous délèguent ce choix à une partie d'entre eux, ils ne seront pas sûrs que ceux à qui ils auront confié l'élection des gouvernants les choisiront comme ils les auraient choisis eux-mêmes.

On peut même dire que les choix des gouvernants seront différents de ce qu'ils auraient été avec l'élection directe, parce que les motifs qui feront nommer les électeurs définitifs seront souvent personnels; parce que ces électeurs définitifs étant nécessairement peu nombreux, la menace et la corruption auront sur eux une certaine action; parce que, dans tous les cas, ces électeurs définitifs, ayant, par le choix même qui sera fait d'eux, une position exceptionnelle, ils auront nécessairement des intérêts qui différeront de l'intérêt général.

Le droit de déléguer doit être exercé spécialement : parce que tous ne peuvent être certains que ceux à qui ils confient une mission la rempliront comme ils veulent qu'elle soit remplie, s'ils ne savent pas bien la mission qu'ils confient, et s'ils ne sont pas sûrs de la capacité spéciale des délégués.

De là, la nécessité de diviser les fonctions du gouvernement : d'élire ceux-ci pour faire les lois, c'est-à-dire pour être pouvoir législatif; ceux-là pour les exécuter, c'est-à-dire pour être pouvoir exécutif; et d'autres pour les appliquer, c'est-à-dire pour être pouvoir judiciaire.

Il y a également nécessité de diviser les pouvoirs, et parce que les mêmes hommes ne peuvent les exercer tous, et parce qu'il y aurait péril de tyrannie si tous les pouvoirs étaient dans les mêmes mains.

Le droit de gouverner doit être délégué pour un temps limité : parce qu'après un certain laps de temps, les gouvernants peuvent ne plus représenter la volonté des gouvernés, soit que les uns ou les autres ne veuillent plus ce qu'ils voulaient lors de la délégation ; soit que, par l'inévitable effet des lois de la nature, une partie considérable de ceux qui ont usé du droit d'élire aient été remplacés par d'autres qui, n'ayant pas usé de ce droit, ne sont pas représentés ; et parce qu'il y aurait péril de tyrannie si les gouvernants pouvaient trouver dans une longue possession du pouvoir les moyens de ne plus s'en dessaisir.

Le droit de gouverner doit être délégué avec une liberté entière : parce que toute condition qui restreindrait ou seulement gênerait l'exercice de ce droit empêcherait jusqu'à un certain point la volonté générale de prévaloir.

Lorsque les gouvernés élisent les gouvernants, ils doivent voter secrètement : parce que le secret est la condition absolue de la liberté du vote ; parce que ceux qui élisent exercent un droit de souveraineté, et, par conséquent, ne relèvent que d'eux-mêmes ; parce qu'aucune distinction entre les votants ne doit subsister après l'élection, les élus étant chargés du gouvernement de tous, et non pas seulement du gouvernement de la majorité qui les a nommés.

Il en est autrement pour les gouvernants membres des assemblées. Leurs votes doivent être publics : parce que la liberté de leurs votes est limitée par le droit de contrôle des gouvernés ; parce que les gouvernants accomplissent un devoir de mandataire, et, par conséquent, relèvent de leurs mandants ; parce que la connaissance du vote des gouvernants doit subsister après l'expiration de leur mandat, pour que les gouvernés sachent si le mandat a été bien rempli et s'ils doivent le renouveler.

Tout ce qui contribue à faire prévaloir sûrement et clairement la volonté de tous est de droit rigoureux et absolu. Cette volonté peut recevoir des applications différentes, suivant les temps, les lieux et les circonstances.

Tous peuvent déléguer à un seul ou à plusieurs le pouvoir exécutif, à une seule assemblée ou à plusieurs assemblées le pouvoir législatif, à un seul corps ou à plusieurs corps le pouvoir judiciaire, et donner à ces pouvoirs plus ou moins d'étendue, selon que tous le croient plus conforme à l'intérêt public.

La société est bien organisée, je ne dis pas lorsque tous sont heureux, mais lorsqu'il dépend de chacun d'être heureux.

Il en est ainsi, lorsque le pouvoir est organisé de manière à faire prévaloir sûrement et clairement la volonté de tous.

Un pouvoir ainsi organisé veut bien gouverner, car, expression de la volonté des gouvernés, il doit nécessairement le vouloir. Les gouvernants y ont personnellement intérêt, soit que, désirant rentrer dans la vie privée, ils veuillent être estimés et honorés, soit qu'ayant l'intention de persister dans la vie publique, ils veuillent voir renouveler leur mandat.

Il peut bien gouverner, car, expression de la volonté des gouvernés ou tout au moins du plus grand nombre des gouvernés, rien de sérieux ne saurait s'opposer à sa volonté.

Représentant les forces de tous, il a toutes les forces nécessaires pour mettre sa volonté en action.

Produit de l'élection, élu pour un temps limité, les gouvernés lui délèguent sans danger toute la puissance nécessaire pour en faire un pouvoir fort.

Une bonne organisation politique et sociale ne procure pas seulement à la société le bien-être matériel, elle la moralise.

Lorsque les fonctions publiques sont dues à l'élection de tous, on regarde comme un grand honneur d'être promu à ces fonctions, alors même qu'il ne s'agit que de prendre part à l'administration de la plus petite commune.

Ceux qui aspirent à obtenir les suffrages publics sont obligés de s'en montrer dignes, c'est-à-dire de vivre d'une manière irréprochable.

Ceux qui n'aspirent pas aux fonctions électives, fussent-ils nombreux, se ressentent nécessairement de l'exemple des autres.

Quant aux mauvaises actions qui sont la conséquence des besoins, elles sont forcément très-rares, alors que l'on peut facilement pourvoir par des moyens honnêtes à la légitime satisfaction de ces besoins.

Ainsi, par le fait même d'une bonne organisation, le bien-être moral de la société existe, et le bien-être matériel est assuré.

Le bien-être moral de la société existe, car il consiste dans ces trois points, qui sont de l'essence même d'une bonne organisation politique :

L'Ordre, sans lequel il ne saurait y avoir de liberté ;

La Liberté, sans laquelle l'ordre ne serait que l'esclavage organisé ;

L'Égalité des droits, sans laquelle l'ordre et la liberté n'existeraient qu'au profit du petit nombre.

Le bien-être matériel de la société est assuré, car le pouvoir, qui n'a d'autre intérêt et d'autre volonté que l'intérêt et la volonté de la société qu'il représente, et qui peut ce qu'il veut, réalise nécessairement le bien-être de la société.

Quand la société peut ce qu'elle veut, il suffit de lui démontrer qu'il y a des abus pour que ces abus disparaissent, que des réformes sont nécessaires pour que ces réformes soient introduites, qu'un système social est préférable aux autres systèmes, pour qu'elle le choisisse entre tous et le fasse prévaloir.

Les devoirs politiques consistent pour chacun à travailler, suivant sa position, à l'amélioration du sort de tous.

On n'est pas seulement responsable du mal que l'on fait, on l'est du mal qu'on laisse faire, on l'est du bien qui ne se fait pas, alors qu'il dépend de soi qu'il soit fait.

Celui qui ne remplit pas ses devoirs privés nuit à une personne ou à un petit nombre de personnes ; celui qui ne remplit pas ses devoirs publics nuit à une nation, à l'humanité tout entière.

En matière politique, l'indifférence est un crime.

Si cela est vrai quand il s'agit d'un membre de la société, cela est plus vrai encore de la société elle-même.

En fait d'améliorations, une nation n'a pas d'efforts à faire pour pouvoir ce qu'elle veut ; ce qu'elle veut elle le peut, mais elle a des efforts à faire pour vouloir.

Insensés seraient ceux qui lui diraient : « Vous ne voulez pas être opprimée, vous l'êtes et le serez. » Si une nation ne voulait pas l'oppression, elle ne subirait pas l'oppression.

Il y a des améliorations que l'on peut obtenir dans les pays soumis au despotisme, comme dans les pays libres. Ces améliorations sont de tous les temps et de tous les lieux ; aussi, dans tous les lieux et dans tous les temps, doit-on chercher à les réaliser.

Il y en a d'autres, et ce sont les plus importantes, qu'on ne peut obtenir que dans les pays libres ; aussi, le premier devoir, quand on vit sous un gouvernement despotique, est-il de chercher à donner la liberté à son pays.

Le moyen le plus certain, et l'on pourrait dire le seul moyen de rendre libre un pays qui ne l'est pas, c'est l'insurrection.

Les conspirations qui préparent les insurrections et les insurrections elles-mêmes sont donc un devoir dans les pays soumis au despotisme.

Dans les pays où l'on jouit de la liberté, sans cependant posséder l'égalité des droits, on ne doit recourir à l'insurrection qu'à la dernière extrémité, et l'on ne doit point conspirer.

On ne doit recourir à l'insurrection qu'à la dernière extrémité, parce que l'insurrection entraînant ordinairement de très-grands maux, il n'est permis de recourir à un aussi terrible moyen que lorsqu'il n'en existe pas d'autres.

Dans les pays où la souveraineté du peuple est établie en droit et en fait, les conspirations et les insurrections sont les plus grands de tous les crimes.

———

Dans les pays gouvernés despotiquement, il est presque impossible de s'occuper des réformes politiques et sociales.

Dans les pays qui jouissent d'une certaine liberté, on peut et on doit s'occuper des unes et des autres.

Dans les pays gouvernés par la souveraineté de tous, on n'a à s'occuper que des réformes sociales.

———

Lorsqu'il est nécessaire de travailler à obtenir et des réformes politiques et des réformes sociales, il se peut que quelques hommes soient en position de s'occuper utilement des unes et des autres, et alors ils doivent le faire ; mais, en général, il n'en est pas ainsi.

Les économistes, les philosophes, les historiens et les professeurs de sciences morales sont plus particulièrement appelés à s'occuper de réformes sociales.

Les publicistes qui se livrent à des travaux quotidiens, et les orateurs mem-bres des Chambres législatives, sont plus particulièrement appelés à s'occuper de réformes politiques.

C'est que les uns vivent dans une sphère où ils n'ont point d'adversaires immédiats à combattre, et peuvent, par conséquent, préparer l'avenir.

C'est que les autres vivent dans une sphère de lutte et d'activité, qui exige qu'ils s'occupent surtout du présent.

Il ne serait ni juste, ni avantageux de se demander quels sont des uns ou des autres ceux qui rendent le plus de services; tous remplissent des fonctions utiles; tous travaillent à l'amélioration du sort de tous.

Ceux qui s'occupent de réformes politiques travaillent à mettre la société en position de faire prévaloir sa volonté.

Ceux qui s'occupent de réformes sociales travaillent à lui faire connaître les remèdes qu'elle devra appliquer à ses maux, quand elle pourra disposer d'elle-même.

. . . .

GARNIER-PAGÈS.

DICTIONNAIRE POLITIQUE

ENCYCLOPÉDIE ABRÉGÉE

DU LANGAGE ET DE LA SCIENCE

POLITIQUES.

A

ABDICATION, renonciation à une charge, à une qualité, à un titre, et particulièrement à l'autorité souveraine.

Les anciens appelaient de ce nom l'action d'un citoyen qui renonçait à ses droits de bourgeoisie et de cité, ou d'un homme libre qui se faisait volontairement esclave. Cette dernière pratique a fourni à quelques publicistes favorables au despotisme un argument singulier. « Si un particulier, dit Grotius, peut aliéner sa liberté et se rendre esclave d'un maître, pourquoi tout un peuple ne pourrait-il pas aliéner la sienne et se rendre sujet d'un roi ? » — L'auteur du *Contrat social* a fait justice de cet étrange raisonnement.

Dans les temps modernes, celui qui répudie les droits et les devoirs que lui imposent les institutions de son pays, *abdique* la qualité de citoyen. Le plus récent exemple de cette sorte d'abdication, le seul du moins qui mérite d'être cité, est celui de Jean-Jacques Rousseau. L'*Emile* ayant été condamné par le Magnifique Conseil de la République de Genève, sans que l'auteur fût entendu ni même cité, et sans qu'aucun de ses concitoyens réclamât contre cette violation manifeste des lois, Rousseau, après avoir attendu pendant dix mois entiers une réparation qui ne vint pas, abdiqua son droit de bourgeoisie et de cité.— Une flétrissure injustement et publiquement infligée peut, dans certains cas, excuser une pareille détermination : l'ingratitude seule de la patrie ne suffit pas à la justifier.

Chez les Grecs, un père avait le droit de rejeter son enfant du sein de sa famille ; cette renonciation s'appelait *Abdication* (Αποχήρυξις). Quel-ques esprits déréglés se sont demandé si cette faculté n'allait pas jusqu'à priver l'indigne enfant de la nourriture même. On devine aisément que ceux-là étaient les fervents apôtres de la tyrannie. Voyant dans la famille le premier modèle des sociétés politiques, dans le chef l'image du père, dans le peuple l'image des enfants, ils exagéraient à dessein l'autorité paternelle pour déclarer sans bornes l'autorité des rois.

La naturalisation en pays étranger est une Abdication implicite de la nationalité primitive.

Un ministre *se démet* de ses fonctions ; un dignitaire *résigne* sa dignité ; un prince, un roi, un empereur *abdiquent*.

On a vu aussi des peuples abdiquer. Au dix-septième siècle, les Danois, ne sachant comment échapper à l'anarchie fomentée et entretenue par les dissensions de la noblesse, abdiquèrent en faveur de la royauté tous les droits que leur donnait la constitution (18 octobre 1660). — La nullité d'un pareil acte n'a pas besoin d'être prouvée.

Les historiens latins rapportent que les peuples de Campanie se donnèrent à Rome avec leurs biens, leurs temples et leurs lois ; mais ce n'était pas là, à proprement parler, une *Abdication*; c'était une *agrégation*.

L'Abdication s'entend plus particulièrement aujourd'hui de l'autorité souveraine.

Volontaire ou forcé, cet acte a presque toujours de très graves conséquences. Cependant les publicistes ont négligé d'examiner la question de savoir s'il est permis à un roi d'abdiquer, et, subsidiairement, si les Abdications ne sont pas plus nuisibles qu'utiles.

De ce que l'incapacité ou les vices des rois ont trop souvent rendu les Abdications nécessaires, on s'est hâté de conclure que les Abdications étaient légitimes. « Il n'y a nul doute que chacun ne puisse renoncer pour soi, » dit Grotius sans discuter. Puffendorf ne soulève même pas la question. Un moderne, plus explicite encore que Grotius, a dit : « Le droit d'Abdication de la part d'un prince ne saurait être mis en doute. » — D'autres publicistes, ennemis de la royauté et des rois, voyant dans les Abdications un moyen de se débarrasser des tyrans, n'ont pas discuté la valeur de ce moyen, et ils se sont empressés de proclamer le droit. « Un roi qui se montre véritablement l'ennemi du peuple abdique par cela même la couronne, » dit Barclay. Milton, dans son fameux pamphlet, *Défense du peuple anglais*, dit formellement : « Un roi peut abdiquer quand il lui plaît. » — Les peuples sont, généralement, de l'avis de Milton et de Barclay.

Toutefois, cette opinion nous paraît au moins inconsidérée.

Selon le droit naturel, d'abord, un roi n'a pas le droit d'abdiquer, par la raison fort simple qu'il n'a pas le droit de régner.

Que si l'on raisonne d'après les principes du droit divin, il est bien évident que les Abdications sont essentiellement illégitimes. Le prince, étant investi du pouvoir suprême par un acte indépendant de sa volonté, ne peut volontairement s'en dessaisir. Il a reçu le caractère souverain au même titre que l'homme a reçu la vie ; il commet un crime en s'en dépouillant lui-même. Dieu l'a fait roi : Dieu seul peut l'autoriser à cesser d'être roi. Et c'est ce que l'on peut induire de ces dernières paroles de Louis-le-Gros à Louis VII, son fils : « Souvenez-vous, mon fils, que la royauté n'est qu'une charge publique dont vous rendrez un compte rigoureux à *celui qui* SEUL *peut disposer des sceptres et des couronnes.* »

Voyons les institutions humaines.

Saumaise définit le roi : « Un être en qui réside le souverain pouvoir, qui n'est responsable qu'à Dieu de toutes ses actions, qui peut faire ce qui lui plaît, et n'est soumis à aucune loi. » Milton et d'autres publicistes ont détruit cette doctrine insensée ; ils ont fait voir que, même en droit monarchique, il est absurde d'établir les droits de la royauté sur les excès de la tyrannie. Les rois eux-mêmes, plus avisés que leurs flatteurs, ont bien compris que « le plus fort n'est jamais assez fort pour être toujours le maître, s'il ne transforme sa force en droit et l'obéissance en devoir. » Ils ont, en conséquence, établi ou accepté des lois fondamentales, supérieures à tout autre pouvoir, et qui sont à-la-fois le *titre* et la *limite* de leur puissance. Ces lois fondamentales, il ne leur est pas permis de les abolir, alors même que le pouvoir législatif leur est dévolu (1). Or, dans les monarchies héréditaires et absolues, la première des lois fondamentales est celle qui règle la succession au trône. Vous déniez au prince le droit

d'abolir cette loi ; comment lui permettrez-vous d'en supprimer les effets ? Dans ces sortes de monarchies, d'ailleurs, la royauté est si peu la propriété du titulaire qu'il lui est interdit non-seulement de l'aliéner, mais d'en régler la transmission. Libre à lui d'en déléguer l'exercice, mais là se borne sa puissance. Simple usufruitier, s'il cède son droit à tout autre que le propriétaire même, il le fait invalidement (1). » *Locataire* de la royauté, lié par un bail éternel, indestructible, il ne peut céder son bail à personne sans le consentement exprès du Bailleur. Enfin, l'Abdication, quelle que soit la volonté de celui qui abdique, constitue, en fait, une véritable donation. Peut-on faire une donation de ce qui n'est pas une propriété ? Donc, dans les monarchies héréditaires, même absolues, un roi n'a pas le *droit* d'abdiquer.

Admettez pour un moment ce droit et voyez où il vous mène. Qui peut le plus peut le moins. Si le roi peut abdiquer tout son pouvoir, il en peut à plus forte raison abdiquer une partie. — Vous démembrez l'état.

Dans les monarchies constitutionnelles, aussi héréditaires, il faut distinguer les rois de droit divin de ceux qui règnent en vertu d'une convention, d'un contrat politique. — Nous avons parlé des premiers. — Les seconds peuvent abdiquer, mais seulement avec l'assentiment formel de la nation ou de ses délégués. De son propre chef, le prince qui règne en vertu d'un contrat et sous certaines conditions ne peut rien changer aux termes de ce contrat ; il ne lui est pas plus permis d'anéantir son pouvoir qu'il ne lui est permis de l'augmenter par un acte spontané de sa volonté.

A plus forte raison en est-il ainsi dans les monarchies électives. Le roi élu se trouvant investi du souverain pouvoir par une sorte de traité proposé par la nation et accepté directement par le roi lui-même, ce traité ne peut être rompu que d'un commun consentement.

Au reste, les constitutions de certains peuples ont refusé aux rois la faculté d'abdiquer. Les anciens rois de Perse demeuraient rois toute leur vie. Artaxercès Mnémon fut le premier qui viola cette coutume. Quoique l'histoire de l'ologue rapporte plusieurs exemples d'Abdications, les lois du pays les avaient interdites. A Venise, le duc Jean Cornaro, doge, ayant voulu abdiquer, la République lui en refusa l'autorisation. Elle considérait que « ce n'est pas au particulier de quitter le public, mais au public de quitter le particulier, s'il le juge et plus utile (2). »

Que l'on ne s'y trompe pas ! Ceci n'est point une vaine thèse académique, c'est une question pratique, positive, de la plus extrême gravité ; et, selon nous, un écrivain contemporain très-remarquable, d'ailleurs, M. Jean Reynaud, a eu tort de dire que « ces questions jadis si graves ne sont aujourd'hui que des débats futiles. » Tant que subsistera la forme monarchique, tout ce qui se rap-

(1) Vattel, *Droit des Gens*, liv. I, p. 81. — David Hume, *Histoire de la Maison de Stuart*.

(1) Grotius, L. I, Ch. 4, S. 10.

(2) Amelot de la Houssaye, *Histoire du Gouvernement de Venise*.

porte à la transmission du pouvoir royal aura nécessairement une très-grande importance.

L'histoire, en effet, d'accord avec le raisonnement, démontre que les Abdications, volontaires ou forcées, ont presque toujours entraîné des complications désastreuses.

Tous ceux qui ont abdiqué le pouvoir suprême n'avaient ni la force d'esprit de Sylla, ni cette hauteur philosophique qui faisait dire à Dioclétien, sept ans après son Abdication : « J'ai passé soixante-sept ans sur la terre, j'en ai vécu sept. » La vanité, l'ennui, le chagrin, le dégoût, l'orgueil d'une fausse gloire, la paresse, la peur d'un danger plus grand, déterminent presque toutes ces résolutions prétendues héroïques. On descend du trône pour n'en être pas précipité ; mais à peine descendu on brûle d'y remonter. « Il y a aujourd'hui un an que votre père a abdiqué, disait le cardinal de Granvelle à Philippe II.—Il y a aujourd'hui un an qu'il a commencé à s'en repentir, répondit celui-ci. » Et il est certain que, dans son monastère de Saint-Just, ce grand vaniteux décuronné était assailli des plus violents regrets. Seule, peut-être, la grandeur de sa vie passée l'empêcha de finir comme un aventurier.

Fatiguée de régner, Christine abdique la couronne de Suède (1654); elle quitte son pays et se met à courir l'Europe. Mais, comme le dit Montaigne, « l'ambition, l'avarice, l'irrésolution, la peur et les concupiscences, ne nous abandonnent point, pour changer de contrée. » Bientôt les regrets percent sous cette philosophie menteuse. Christine veut ressaisir le trône qu'elle a volontairement délaissé, et voilà que, mêlée à toutes les intrigues diplomatiques de l'Europe, elle s'efforce de troubler la Suède.

En 1730, Victor-Amédée II de Savoie cède la couronne à son fils. Dès l'année suivante, il met tout en œuvre pour la reconquérir ; le roi déchu se fait révolté, et, par l'ordre de son fils, les portes d'une prison se referment sur lui jusqu'au jour de sa mort.

Les Abdications forcées présentent des dangers pour le moins aussi graves. Les princes qui sont forcés de les subir ne les regardent pas du tout comme obligatoires ; ils cèdent à la nécessité, mais ils cèdent à contre-cœur et ils contemplent l'avenir.

Aucun prince n'a jamais abdiqué la couronne de meilleure grâce, avec une plus grande solennité et une résignation apparente plus entière, que Frédéric-Auguste II, roi de Pologne (1706). Par le traité d'Alt-Ranstadt, il avait renoncé à tous ses droits et à toutes ses prétentions ; il avait fait plus, il avait reconnu son compétiteur Stanislas comme roi légitime ; il lui avait écrit pour le féliciter sur son avénement ; il avait notifié son Abdication aux États de la République, et, enfin, il avait fait publier le traité dans ses états héréditaires de Saxe... Trois ans après, en 1709, il rentrait en Pologne les armes à la main, et il remontait sur le trône après en avoir chassé Stanislas qui abdiquait à son tour.

De l'île d'Elbe, Napoléon ne cessait de jeter vers la France ses ardents regards. Dix mois ne s'é-

taient pas écoulés depuis les *Adieux de Fontainebleau*, et l'empereur avait reparu aux Tuileries. Cent jours après, l'empereur abdiquait de nouveau ; il était proscrit, il fuyait, et la France trahie subissait une seconde invasion et un second démembrement.

Après la révolution de Juillet, Charles X était trop vieux pour rien entreprendre par lui-même. Mais, dès 1832, la mère de son petit-fils allumait dans la Vendée les torches de la guerre civile.

C'est en vain que de longues années ont passé sur ces événements, la succession des temps n'amortit ni les regrets ni les espérances ; elle ne garantit ni la sécurité des nouveaux possesseurs ni la tranquillité des peuples.

Les Stuarts subissaient, depuis cinquante-sept ans, les conséquences de l'Abdication forcée de 1688, lorsqu'en 1745 le Prétendant débarque en Angleterre, soulève les partisans de sa famille, et s'avance jusqu'aux portes de Londres.

Il y a aujourd'hui trente ans que Gustave IV a abdiqué la couronne de Suède. Or, on peut prévoir qu'à la mort du roi régnant la succession au trône sera remise en question, et que la Suède sera plus ou moins gravement agitée par une querelle dynastique.

Laissez grandir le jeune descendant des Bourbons, et tenez pour certain qu'il ne se résignera pas à mourir sans avoir fait quelque entreprise.

Lors même qu'un prince, après avoir abdiqué, n'attente pas directement, personnellement, à la tranquillité des peuples qu'il a gouvernés, il ne laisse pas, si ces peuples continuent à se régir par des institutions monarchiques, d'être pour eux une cause incessante de troubles, de vexations et d'oppression. Les ennemis du prince qui lui a succédé se servent de son nom et de son influence pour combattre et renverser l'objet de leur haine, et, d'un autre côté, celui-ci se voyant menacé par un formidable compétiteur, redouble de rigueur contre tous ceux qu'il craint, brise violemment toutes les résistances, et aboutit enfin à la tyrannie.

Captif à Sainte-Hélène, séparé de l'Europe par un abîme infranchissable, Napoléon inspirait encore aux vieilles royautés d'énergiques frayeurs. Son nom, jeté et accepté comme une menace, entretenait des craintes et des espérances également funestes à la liberté des peuples.

Certes en 1816, Charles IV, retiré à Rome et vivant dans la solitude, était bien éloigné de vouloir disputer la couronne à son fils. Mais la faction qui dominait celui-ci, et qui le voulait entraîner plus rapidement encore dans la voie du despotisme, lui représentait sans cesse la possibilité d'un retour sur l'Abdication d'Aranjuez. « Les conseils de clémence, de paix, et de saine politique, que Charles IV adressait quelquefois à son fils, dans la seule vue de lui concilier l'affection et l'estime de ses sujets, on les envenimait avec un art perfide ; on affectait de n'y voir que des trahisons profondément méditées, etc. (1) » C'est ainsi que l'on parvint à ins-

(1) Mémoires du prince de la Paix.

pirer à Ferdinand VII des craintes sérieuses sur la **stabilité** de son trône, et à le pousser brusquement dans l'abîme où il a précipité, tout à-la-fois, sa mémoire, la fortune et la liberté de l'Espagne.

Il suit donc de ce qui précède : 1° Que les Abdications sont interdites aux rois de droit divin ; 2° que les rois constitutionnels ne peuvent abdiquer qu'avec l'assentiment formel de la nation ou de ses représentants ; 3° enfin, que les Abdications, volontaires ou forcées, ont pour les peuples de très-graves inconvénients.

C'est là sans doute une des raisons qui faisaient dire à Machiavel cette terrible parole, qu'il ne faut jamais frapper les rois qu'à la tête.

Les états démocratiquement constitués ne sont point sujets à ces périlleuses complications.

E. DUCLERC.

ABJURATION. « Je te défends de confesser ta religion ou ta foi politique ; je t'ordonne de confesser une religion ou une foi politique qui ne soit pas la tienne, et si tu n'obéis pas, je te tue. » C'est là, il faut en convenir, une logique un peu brutale ; c'est celle de toutes les factions, de toutes les sectes réactionnaires. Pour les contraindre à l'Abjuration de leur foi, les Payens brûlaient les Chrétiens ; plus tard, les Chrétiens orthodoxes brûlaient les Ariens, les Nestoriens, les Vaudois, les Albigeois, les Hussites, les Wicleffistes, les Anabaptistes, les Protestants et les Juifs ; Charlemagne brûlait les Saxons ; Catherine de Médicis et Louis XIV massacraient et brûlaient les Calvinistes, et c'est à la lueur des bûchers embrasés que les Espagnols conviaient à l'Abjuration de leur culte les malheureux Américains. Les Protestants, de leur côté, ne se sont pas fait faute de brûler des dissidents, des Catholiques surtout, quand ils en ont eu le pouvoir.

L'histoire est pleine de ces réactions détestables, et la politique en fournit son contingent aussi bien que la religion. Les Abjurations religieuses n'ont même été, pour la plupart du temps, que des moyens de gouvernement.

Ainsi, Charlemagne, pour mettre l'Europe à couvert de nouvelles invasions, forçait les Barbares vaincus à opter entre la mort et le baptême. Les Protestants menaçaient l'unité de la France : Catherine de Médicis ordonna la Saint-Barthélemy. Quant aux dragonades, elles ne furent qu'une affaire de sacristie ; un holocauste infâme offert à Dieu par un vieux pécheur qui tremblait. Louis XIV voulait racheter les longues souillures de sa vie par l'Abjuration des hérétiques. Oubliant que la liberté fait toute la moralité, toute la valeur des actions humaines, il provoqua les Abjurations tantôt par la violence et tantôt par la corruption. On sait de quel ministère il avait chargé le calviniste converti Pélisson.

Cette parole fameuse : *Paris vaut bien une messe !* résume énergiquement l'histoire politique des Abjurations. Henri IV abjurait le protestantisme parce que la masse catholique de la nation opposait à l'avénement d'un roi Huguenot une invincible résistance (1593.) Bien avant lui, Clovis (496) et Constantin (311) avaient répudié le paganisme

par des raisons purement politiques. Dans les temps modernes, Pierre III, Catherine II, Frédéric Auguste de Saxe, Bernadotte, ont abjuré, ceux-là le luthéranisme, celui-ci le catholicisme, pour monter sur des trônes.

C'est dans ces exemples de cupidité, d'ambition, de faiblesse, qu'il faut chercher la cause du discrédit où sont tombées aujourd'hui les Abjurations, et du mépris qui les frappe. Il n'en était pas ainsi dans l'origine ; le mot *Abjuration* se prenait toujours en bonne part. Celui qui abjurait était censé renoncer volontairement, sincèrement, à une doctrine fausse, à un dogme erroné. Mais, quand on a vu des tyrans, dont la raison dernière était le meurtre, faire plier devant le caprice de leur volonté ce qu'il y a de saint et de sacré dans l'intelligence humaine ; quand on a vu de faibles cœurs et de lâches esprits renier ce qu'ils croyaient être juste, parce qu'il y avait péril à le confesser et profit à le renier, on s'est demandé ce que c'était que la justice, la vérité, la vertu, et l'on a douté de Dieu même. Dès lors, Abjuration est devenue le synonyme d'Apostasie. Seulement, il y a plus d'audace dans celle-ci, plus d'hypocrisie dans celle-là.

Il est incroyable que l'expérience de tant de siècles n'ait pas détourné les puissants de cet absurde moyen politique. A quoi ont-servi, à quoi servent, je le demande, les Abjurations forcées? La violence et la corruption ont-elles jamais empêché le triomphe des idées vraies? Bien au contraire, elles n'ont servi qu'à les mieux répandre ». *Sanguis martyrum semen Christianorum,* disaient les premiers Chrétiens, et cette énergique semence a fécondé le monde.

L'Inquisition connaissait trois espèces d'Abjurations : *de levi,* soupçon léger ; *de vehementi,* soupçon véhément ; *de formali,* hérésie formelle. Elle a trois chefs d'accusation, elle a versé des torrents de sang ; et, certes, l'Inquisition a fait plus de mal au catholicisme qu'elle ne l'a servi.

Après 1688, le gouvernement anglais obligea tout fonctionnaire public, civil, militaire ou ecclésiastique, à jurer de ne jamais reconnaître l'autorité royale dans la personne du prince fugitif ou de ses descendants : cet acte s'appelait *Abjuration.* Est-ce là ce qui a tué le Jacobitisme en Angleterre?

Le mot Abjuration reçut, d'ailleurs, à diverses époques diverses acceptions.

Sous la loi romaine, il signifiait la dénégation avec faux serment d'un gage, d'un dépôt, etc.

Au moyen-âge, en Angleterre, une personne coupable de félonie, un condamné à mort qui parvenaient à se réfugier dans une église, obtenaient leur grâce en s'obligeant, par serment, à *abjurer* le royaume, c'est-à-dire à le quitter. L'Abjuration, suivant le degré du crime, était absolue ou limitée, et il s'y rattachait un singulier usage. Après l'Abjuration, on donnait au pénitent une croix qu'il devait porter le long du chemin, jusqu'à ce qu'il fût hors *du domaine du roi* ; cette croix s'appelait la *Bannière de Mère-Eglise.* Tant la puissance ecclésiastique était grande avant la Réforme ! Mais quand elle s'abaissa devant les progrès du pouvoir civil, la pratique de ces sortes d'Abjurations dut naturellement déchoir : c'est ce qui arriva ; le statut 21 de Jacques Iᵉʳ abolit tout usage d'asile, et par conséquent d'Abjuration.

Dc.

ABOLITION. On a dit avec raison que les institutions font les hommes ; d'un autre côté, les mœurs, les tendances, le génie particulier des différents peuples, exercent sur les lois une influence très-marquée.

Il importe donc essentiellement, non-seulement que les institutions soient l'expression de la justice et du droit, mais encore qu'elles soient maintenues en harmonie avec le caractère et les besoins des peuples qu'elles doivent régir.

Ces besoins sont, de leur nature, très-variables. Tantôt un peuple passe de l'état despotique à la monarchie tempérée ; de la monarchie tempérée à l'oligarchie ; de l'oligarchie à la démocratie ; tantôt, d'agricole il devient industriel, et de guerrier commerçant.

Si, devant ces transformations diverses, les vieilles institutions restaient debout, la législation se trouvant en contradiction avec les nouvelles mœurs, la société politique deviendrait un inextricable chaos. Comprendrait-on, par exemple, la société française du dix-neuvième siècle, si profondément imprégnée de l'esprit démocratique, forcée de subir le joug de l'ancienne hiérarchie féodale ?

Il y a donc, à de certaines époques, nécessité absolue d'abolir les vieilles institutions. — Je dis *abolir* et non pas *abroger,* parce que la confusion que l'on a faite de ces deux termes manque complètement d'exactitude.

Abolir se dit des institutions, des usages, des coutumes ; abroger se dit simplement des lois. Ainsi, on abolit un principe en vertu duquel existe une loi ; on abroge la loi qui manifeste ce principe. Le mot *Abolition* emporte une idée générale, absolue ; le mot *Abrogation* une idée spéciale, relative ; l'un détruit, met au néant ; l'autre annule l'application d'un principe en laissant subsister le principe lui-même. Pour rendre cette distinction plus sensible, nous dirons qu'il y a entre l'Abolition et l'Abrogation toute la différence que les jurisconsultes établissent entre l'*amnistie* et la *grâce*.

Peut-on abolir les anciennes institutions ? Cette question semble presque ridicule dans nos mœurs actuelles et avec les idées que nous avons de la Souveraineté. Mais nos mœurs ne sont pas celles des peuples qui nous ont précédés et de ceux qui vivent autour de nous ; les uns et les autres ont eu et ont encore aujourd'hui, sur le droit social et politique, des opinions qui ne sont pas les nôtres.

A Sparte, il était formellement défendu de rien changer aux lois de Lycurgue.

Charondas, législateur de Catane et de Thurium, avait imaginé un moyen singulièrement efficace pour tenir en bride l'esprit de nouveauté. Tout citoyen qui voulait abolir une des anciennes lois ou en établir une nouvelle devait se présenter au peuple la corde au cou, afin que, si la proposition n'était pas admise, il fût incontinent étranglé.

A Rome, la formule des édits était celle-ci : « Par « cet édit perpétuel et irrévocable, etc. »

L'épée rouillée de la Justice de Marseille exprimait la même idée.

De nos jours, sans compter cette foule intéressée qui ne voit dans l'éternité des institutions que l'éternité des abus, quelques jurisconsultes ont pensé qu'il ne fallait point toucher aux formes consacrées par le temps. «Les lois fondamentales,» dit Domat, « sont tellement essentielles aux enga- « gements qui forment l'ordre de la société qu'on « ne saurait les changer sans ruiner les fondements « de cet ordre. »

Les Anglais n'abolissent aucune de leurs institutions ; ils n'abrogent même aucune de leurs lois. Le principe *Posteriora derogant prioribus* n'est point en vigueur parmi eux.

Cependant, même au sein des sociétés antiques, dont les intérêts étaient beaucoup moins mobiles que les nôtres, la doctrine de la pérennité des institutions ne fut point universelle et sans restriction.

Plutarque loue Philopœmen de ce qu'étant né pour commander, il savait non-seulement commander selon les lois, mais aux lois mêmes, quand la nécessité publique le requérait.

Les Athéniens avaient reconnu le principe ; seulement, il fallait, pour proposer une loi nouvelle, avoir préalablement consulté l'Aréopage et obtenu son consentement.

Parmi les modernes, un grand nombre de constitutions admettent la révision, c'est-à-dire la faculté d'Abolition. Lors de l'établissement de sa législation à la Caroline, Locke voulut que cette législation ne fût en vigueur que pendant un siècle ; ce terme expiré, elle devenait nulle, si elle n'était de nouveau examinée et confirmée par la nation. C'était restreindre, en le proclamant, le droit d'Abolition.

En France, bien que la Charte soit un contrat légalement perpétuel, ce droit ne se discute plus. Chacun comprend que refuser au Souverain la faculté d'abolir des institutions surannées, c'est lui dénier l'exercice de la Souveraineté. Et la raison publique, appuyée d'événements décisifs, a consacré d'une manière irrévocable la légitimité du principe.

Dans l'immortelle nuit du 4 août 1789, l'Assemblée Nationale abolit la féodalité. Une particularité curieuse à noter ici, c'est que cette Abolition fut décrétée à propos d'une déclaration ainsi conçue : « L'Assemblée déclare que *les lois anciennes* « subsistent et doivent être exécutées jusqu'à ce « que l'autorité de la nation les ait *abrogées*, etc. »

Cette grande Abolition se résume dans les articles suivants, votés par l'Assemblée sous une violente et irrésistible inspiration de justice :

Abolition de la qualité de serf et de la mainmorte, sous quelque dénomination qu'elle existe ;

Faculté de rembourser les droits seigneuriaux ;

Suppression (c'est-à-dire Abolition) du droit exclusif de la chasse, des colombiers et des g rennes ;

Taxe en argent, représentative de la dîme ; rachat possible (c'est-à-dire Abolition amiable) de toutes les dîmes, de quelque espèce que ce soit;

Abolition de tous privilèges et immunités pécuniaires;

Egalité des impôts, de quelque espèce que ce soit;

Admission de tous les citoyens aux emplois civils et militaires ;

Déclaration de l'établissement prochain d'une justice gratuite et de la suppression de la vénalité des offices;

Abandon des priviléges particuliers des provinces et des villes ;

Suppression du droit de déport et vacat, des annates, de la pluralité des bénéfices;

Destruction des pensions obtenues sans titre ;

Réformation des jurandes (c'est-à-dire Abolition du monopole industriel).

Dans cette nuit fameuse, la démocratie française avait vaincu.

Le 21 septembre 1792, la Convention nationale tint sa première séance et décréta à l'unanimité l'Abolition de la royauté.

En 1831, la Chambre des Députés et la Chambre des Pairs elle-même ont aboli l'hérédité de la pairie.

D'autres Abolitions moins importantes ont également consacré le principe. L'Assemblée Constituante abolit la contrainte par corps; à cet égard, il y eut même abolition des droits acquis à des tiers.

L'article 66 de la Charte de 1814 abolissait la confiscation.

La loi du 8 mai 1816 a aboli l'institution du divorce.

Et tous les esprits éclairés sont d'accord sur la nécessité d'abolir la peine de mort.

Toute discussion sur la faculté d'Abolition est donc superflue. Les Abolitions ne sont plus désormais que des questions d'opportunité. Tenter mal-à-propos de changer les habitudes morales d'un peuple, c'est tenter une œuvre impossible et féconde en déchirements. Il y faut une extrême prudence; et c'est là que s'éprouve le génie des hommes ou la mission providentielle des peuples. Mais, lorsque le moment de ces grandes évolutions est arrivé, toute hésitation serait dangereuse et vaine; il faut étouffer le doute en son cœur et marcher hardiment à la conquête des nouveaux horizons.

Ajoutons, pour compléter ce qui précède, que, sous l'ancien régime, on désignait par le mot *Abolition* l'acte par lequel le monarque annulait une condamnation ou une procédure. C'est en vertu de ce prétendu droit que Louis XVIII rendit, en 1814, les deux décisions suivantes : « Sont déclarés sans « effet tous jugements rendus contre des Français « pour s'être mis au service de l'Autriche et de la « Russie. » (*Ordonnance du 9 juin 1814.*)

« Tous les Français exercent les droits politiques « et civils, nonobstant toute inscription sur les listes « d'émigrés, lesquelles demeurent *abolies* à comp- « ter du jour de la publication de la Charte Consti- « tutionelle. » (*Ordonnance du 21 août 1814.*)

Les constitutions des Pays-Bas, du Wurtemberg, de la Bavière, etc., consacrent ce droit dans la personne du monarque. En France, les courtisans

le lui attribuent; mais cette prétention est contraire à la lettre aussi bien qu'à l'esprit de la Charte, et les meilleures autorités (1) sont d'avis qu'il ne peut être légitimement exercé que par le pouvoir législatif.

                      E. D.

ABOLITIONISTE, ANTI - ABOLITIONISTE. Le mot Abolitioniste n'a plus guère d'application aujourd'hui qu'aux Etats-Unis.

En Europe, l'esclavage est définitivement jugé et universellement condamné. Il est donc tout-à-fait superflu de distinguer, par une dénomination quelconque, ses rares partisans de ses innombrables adversaires.

Mais il n'en est pas de même aux Etats-Unis. L'esclavage se lie d'une manière intime et fatale à l'organisation sociale et politique de l'Union ; il embrasse, tout à la fois, son présent et son avenir. Si l'existence même de la Société américaine est sérieusement menacée; si de redoutables collisions se laissent entrevoir, dans un temps plus ou moins éloigné, entre les Etats du nord et les Etats du midi, la source de toutes ces complications, c'est l'esclavage : c'est par l'esclavage, enfin, que les Etats-Unis sont surtout accessibles aux agressions du dehors.

L'Angleterre a montré qu'elle comprenait bien cette situation le jour où elle a affranchi les nègres de ses Antilles. Une profonde politique et non l'humanité lui dictait cette mesure. Après avoir armé les tribus sauvages voisines du Canada et ennemies naturelles des Américains, elle jetait à ses anciennes colonies émancipées la terrible menace d'une guerre servile.

De ces circonstances diverses est né l'Abolitionisme, secte faible et isolée tout d'abord, opinion puissante aujourd'hui. Les Abolitionistes veulent extirper l'esclavage du sein de l'Union, les Anti-Abolitionistes l'y veulent maintenir ; ceux-ci ont pour point de départ ce qu'il y a de plus vil et de plus odieux au fond de l'intérêt individuel, ils tendent bon gré mal gré à la rupture de l'Union ; ceux-là, au contraire, ont de leur côté l'humanité la justice et la politique, eux seuls cherchent à faire prévaloir l'intérêt général et la tendance vers l'unité.

Avant 1829, les possesseurs d'esclaves regardaient les réclamations des partisans de l'Abolition comme des déclamations sans valeur. Mais, vers cette époque, quelques faits significatifs et les progrès manifestes de l'esprit public leur ouvrirent les yeux sur le péril qui les menaçait. Dès lors, ils organisèrent un système de défense terrible. Par un acte en date du 16 mars 1830, le Sénat et la Chambre des Représentants de la Louisiane, réunis en assemblée générale, décrétèrent les dispositions suivantes : « Quiconque écrira, imprimera, publiera ou répandra toute pièce *ayant une tendance* à produire du mécontentement parmi la population de couleur libre ou de l'insubordination parmi les esclaves; quiconque, dans un discours public, au barreau, au banc des juges, au

_____
(1) Legraverend, Dupin, Cormenin, Martin (de Strasbourg), etc.

théâtre, en chaire, dans des conversations ou des discours particuliers, se servira d'expressions, fera usage de signes ou fera des actions ayant une tendance à produire du mécontentement, etc., sera, sur conviction du fait, condamné à l'emprisonnement, aux travaux forcés pour la vie ou à la peine de mort, à la discrétion de la cour. »

Le code du Tennessee déclare que le meurtre de l'esclave fugitif sommé légalement de se représenter est chose légitime; permis à l'homme libre de tuer l'esclave dans cette position *et de la manière qu'il lui plaira.*

Dans la Caroline du Sud, tout esclave fugitif est par le seul fait de l'évasion condamné à mort; — est condamnée à mort toute personne qui aura favorisé l'évasion; — le blanc qui fait une blessure à un esclave encourt une amende de 50 francs environ; le nègre esclave qui blesse un homme libre est puni de mort.

Telle est la logique de l'esclavage.

Les autres Etats à esclaves chargèrent également leur législation de nouvelles rigueurs. Partout, malgré le texte formel des constitutions, la liberté de la presse fut, de fait, suspendue. Quel homme aurait eu le courage d'attaquer de front une injustice protégée, non-seulement par les lois, mais encore par les mœurs, alors qu'une simple équivoque pouvait conduire à la mort?

L'exécution suivit de près la menace. Le Sud et l'Ouest des Etats-Unis devinrent le théâtre d'abominables scènes. Des violences incroyables, des cruautés inouies ensanglantèrent les cités. On répondit aux Abolitionistes par le meurtre, l'incendie, les tortures et les exécutions sommaires. A Vicksburg, sur les bords du Mississipi, vingt personnes soupçonnées de vouloir exciter une insurrection parmi les esclaves furent pendues sans forme de procès; d'autres furent brûlées vivantes.

On sait, dit miss Martineau, que les plus sauvages violences dont il soit fait mention dans le monde ont maintenant lieu dans le Sud et l'Ouest des Etats-Unis; ce n'est que là qu'on entend parler d'hommes brûlés vifs, de cœurs arrachés et fixés à la pointe d'un couteau, et d'autres actions infernales, résultat de la plus effroyable cruauté dont le cœur humain soit capable. »

Quoi qu'il en soit, ces cruautés ont singulièrement hâté l'œuvre des Abolitionistes. De l'indignation contre les bourreaux on est arrivé promptement à la pitié pour les victimes, et le monde américain n'oubliera plus les noms de Williams Lloyd Garrison, de May, de Goodell, de Knapp, de Mac-Intosh, d'Elijah Lovejoy, de Walker, de Birney, de Tappan, d'Angeline et Sarah Grimke, de Marie Chapman, etc., apôtres et martyrs de l'abolitionisme.

Déjà leurs efforts prévalent contre la rage de leurs ennemis.

Tous ceux qui ont récemment visité les Etats-Unis y ont remarqué une tendance générale vers l'affranchissement complet de la race noire. Les femmes, surtout, ces angéliques héros de toutes les saintes causes, montrent pour le grand œuvre de l'abolition un enthousiasme et un dévouement

extraordinaires. Soit crainte du péril, soit un mobile plus honorable, on cite même des planteurs qui ont affranchi en masse tous leurs esclaves. Dans le Tennessee, l'opinion en faveur de l'esclavage est loin d'être unanime, et les habitants du Kentucky paraissent disposés à s'en affranchir. Naguère encore, au sein du Congrès, personne n'eût osé soulever cette question, qui préoccupait cependant tous les esprits; maintenant, les Abolitionistes absolus comptent dans la Chambre des Représentants un grand nombre de voix.

L'abolition de l'esclavage aux Etats-Unis n'est donc plus qu'une question de temps.

Malheureusement, l'esclavage aboli, la tâche des Abolitionistes est loin d'être complète. Quelle sera la position des affranchis vis-à-vis de leurs anciens maîtres? Quelle main puissante étouffera dans le cœur du blanc le mépris du noir, et dans le cœur du noir les longs ressentiments de la servitude? Comment faire passer des lois dans les mœurs l'esprit d'égalité?

Si l'on raisonne par induction, le problème paraît insoluble. Dans cette question délicate, les mœurs sont plus fortes que les lois, et de bien tristes exemples semblent prouver l'impossibilité d'une fusion entre la race blanche et la race noire. Dans les états de l'Union que ne souille plus l'esclavage, la condition des hommes de couleur libres est pire peut-être que celle des esclaves. Les tortures morales infligées aux Juifs pendant la barbarie du moyen-âge donnent à peine une idée de tous les dégoûts dont les gens de couleur sont abreuvés. La domesticité est à-peu-près la seule condition sociale qu'il leur soit permis d'aborder; ils sont libres, mais emprisonnés dans leur liberté; ils ont des droits politiques, mais à condition de n'en point user. Au théâtre, devant les tribunaux, dans les hospices, dans les prisons, à l'église même, ils sont séparés des blancs; et quand la mort n'a plus laissé de ces êtres si profondément dissemblables que de semblables ossements, le préjugé sépare encore les pâles débris de la misère et de la vanité.

Dans la Louisiane, la plus haute condition des filles de couleur c'est d'être prostituées aux blancs, et la dépravation de leur esprit est telle qu'elles préfèrent ce sale commerce au mariage avec un homme de couleur. Leurs mères leur inculquent dès l'enfance ces lamentables idées, et quand l'âge de la puberté est enfin venu, elles livrent à la lubricité des riches planteurs la virginité de leurs filles!

On a vu, qui le croirait! des blancs vivre maritalement avec des femmes de couleur non affranchies afin de procréer des esclaves. Qu'espérer de ceux qui ont su faire de la paternité une spéculation commerciale?

Dans le Nord, quelques Abolitionistes zélés ont tenté d'arriver à la fusion des races par des mariages mixtes; mais, jusque parmi le peuple — tant le préjugé de force! — l'aristocratie de la peau s'est insurgée contre les *Amalgamistes.* A New-York, à Philadelphie, des émeutes terribles ont mis en péril les propriétés et la vie même des novateurs.

Une personne blanche qui donnerait le bras dans

la rue à une personne de couleur serait à jamais déshonorée dans l'opinion publique.

On peut donc affirmer qu'en détruisant l'esclavage on n'aura pas détruit l'antipathie des races, ce germe tenace et profond de déchirements ; et que, longtemps encore, « les états du Sud de l'Union recèleront dans leur sein deux races ennemies, distinctes par la couleur, séparées par un préjugé invincible, et dont l'une rendra à l'autre la haine pour le mépris (1). »

Comment prévenir de si grands périls ? Jefferson voulait qu'après avoir aboli l'esclavage on assignât aux nègres affranchis une portion distincte de territoire ; il ne comprenait pas que c'était créer à la porte même de l'Union une nation nécessairement ennemie.

D'autres ont proposé de déporter en Afrique toute la population de couleur ; ils ont vu dans cette opération un résultat double et également désirable, celui d'éviter en Amérique des luttes sanglantes, et de jeter au sein de l'Afrique barbare un puissant germe de civilisation. Mais, des calculs positifs démontrent que cette déportation philantropique n'est praticable que partiellement.

Que faire donc ? C'est là une question demeurée jusqu'aujourd'hui sans réponse ; et il semble, en vérité, que l'asservissement de l'homme à l'homme soit un si grand crime qu'il emporte avec lui son châtiment, et doive être vengé sur les générations successives.   Dc.

ABROGATION. Une loi est abrogée quand elle cesse de commander l'obéissance. L'Abrogation est donc, à proprement parler, la mort de la loi. Comme la loi n'a d'existence que par la volonté du pouvoir souverain, qui représente, ou qui est censé représenter la société tout entière, il semble qu'il faut nécessairement, pour détruire ou abroger une loi, une déclaration de ce pouvoir souverain, c'est-à-dire une autre loi.

Néanmoins, cette forme d'Abrogation qu'on appelle *express* n'est pas la seule usitée. On connaît encore l'Abrogation tacite ou virtuelle, l'Abrogation par prétermission et l'Abrogation par désuétude.

Il y a Abrogation tacite quand une nouvelle loi, statuant sur le même point que l'ancienne, sans en prononcer formellement l'Abrogation, renferme néanmoins des dispositions contraires.

Il y a Abrogation par prétermission quand une loi nouvelle, portant sur tout un ensemble, omet une disposition contenue dans la loi ancienne, et qui pourrait, à la rigueur, être encore appliquée. Dans ce cas, un système nouveau étant substitué à un système ancien, la loi nouvelle remplace l'ancienne dans toutes ses parties.

Enfin il y a Abrogation par désuétude quand une loi cesse pendant longtemps d'être exécutée.

Ces trois derniers modes d'Abrogation entraînent une déplorable confusion ; ils laissent le champ libre à l'interprétation : chaque fait nou-

(1) Gustave de Beaumont, *Marie ou l'esclavage aux États-Unis.*

veau donne lieu à décider une question ardue. Y a-t-il suffisante contrariété entre la nouvelle et l'ancienne disposition ? Y a-t-il réellement une omission dans la loi nouvelle ? Y a-t-il désuétude réelle par suite de non-application volontaire ? Cette confusion devient de jour en jour plus inextricable, à mesure que de nouvelles lois s'ajoutent à la masse énorme de nos lois, sans la diminuer par des Abrogations formelles.

Il semble que les législateurs se complaisent à l'entretenir par l'insuffisance de leur rédaction. Les lois promulguées contiennent, pour la plupart, cette disposition finale : *Les lois antérieures sont abrogées en ce qu'elles ont de contraire à la présente loi.* Toujours la voie ouverte à l'interprétation ! Est-ce ignorance, ou paresse législative, ou volonté instinctive de rendre la connaissance des lois plus difficile aux citoyens, et d'en soumettre l'exécution à des chances plus nombreuses ?

Jusqu'à présent, les lois ont toujours été créées et appliquées par une très-petite minorité, qui en a fait un instrument pour asservir la masse de la nation. L'obscurité, la subtilité, les équivoques, rendent ce terrible instrument plus docile dans la main de celui qui l'emploie.

Dans un gouvernement sincèrement et sérieusement démocratique, la loi étant l'expression formulée du sentiment de la nation, qui est seule souveraine, les termes en doivent être clairs, afin qu'on ne puisse plus établir de distinctions perfides entre la lettre et l'esprit de la loi. Alors l'Abrogation formelle doit être seule admise ; j'entends formelle en ce sens que la loi nouvelle doit indiquer nommément toutes les lois ou dispositions antérieures qu'elle veut détruire.

Il a été proposé, nous oublions par qui et à quelle époque, de former dans le sein du corps législatif une commission chargée de réviser chaque année toutes les lois ayant plus de trente ans de date : les législateurs devaient les déclarer en vigueur, ou les modifier, ou les abroger. Ce mode de révision aurait surtout pour avantage de retremper et de rajeunir sans cesse toutes les lois, en leur donnant l'assentiment de la nation vivante, sans lequel la loi n'est qu'une lettre morte et inexécutable.

De tout temps, les législateurs ont persuadé aux hommes que la loi qu'ils leur donnaient, expression de la vérité, devait les régir indéfiniment ; l'Abrogation était regardée comme un remède héroïque dont on ne doit faire usage qu'à la dernière extrémité et avec la plus grande prudence. On est allé jusqu'à menacer de la mort celui qui *proposerait* de changer la loi.

Dans les sociétés modernes, où la démocratie s'infiltre chaque jour, on commence à comprendre que la loi, bien que destinée à régler les faits à venir, n'est jamais que l'expression du sentiment national provoqué par les faits passés. La loi ne crée pas les mœurs ; elle les enregistre. A peine la loi est-elle née que, dans le monde incessamment en progrès, germent déjà les faits nouveaux contre lesquels elle viendra se briser plus tard. La loi est donc toujours à refondre. C'est pour cela, c'est pour rendre hommage à ce mouvement incessant de l'humanité, que toutes les constitutions modernes instituent des assemblées permanentes, ou quasi-permanentes, ou périodiques, pour faire les lois. Dans la main d'une assemblée vraiment nationale et démocratique, l'Abrogation est un instrument de progrès qui doit fonctionner sans relâche. Les Américains du Nord ont introduit dans leur constitution un mode régulier de révision. Une loi, même fondamentale, qui, d'après ses propres prescriptions, ne peut pas être abrogée, est une loi radicalement vicieuse : bien plus, elle est aussi impossible que l'immobilité. Sans porter plus loin nos regards, que de lois nous avons vu mourir depuis un demi-siècle, qui étaient nées éternelles !   Henry CELLIEZ.

ABSOLU (POUVOIR ABSOLU). Absolu signifie ce qui est indépendant de toutes choses, sans liens et sans limites. Considéré sous ce rapport, l'Absolu ne peut ni s'expliquer ni s'appliquer humainement; c'est une pure abstraction de l'esprit, qui ne sort pas du monde des idées. Aussi, toutes les écoles philosophiques qui ont entassé sur ce mot des volumes de disputes ne sont jamais arrivées à une solution. Les unes ont dit : « L'Absolu, c'est Dieu; » Les autres ont répondu : « Dieu, c'est l'Absolu; » toutes proclamaient leur impuissance. Autant valait dire : « L'Absolu est ce que nous ne comprenons pas; » ou, « Ce que nous ne comprenons pas est l'Absolu. » Mais le vrai, dans cette question, c'est que, pour l'homme et pour les choses humaines, l'Absolu n'existe pas; car l'homme est un être essentiellement dépendant, limité et relatif. Par conséquent, le mot Absolu ne saurait être rigoureusement appliqué à aucune des actions, à aucune des institutions humaines.

Toutefois, accepté dans un sens restreint, ce mot a passé dans le langage politique, et l'on a appelé *Pouvoir Absolu* un pouvoir sans limites.

Mais l'inconvénient de se servir d'un mot inexact fait aussitôt arriver à une mauvaise définition; car il est vrai de dire qu'il n'y a jamais eu de pouvoir sans limites. Le despotisme des Césars avait pour limites les glaives des prétoriens; celui des sultans a pour limites les décrets des mollahs et des ulémas, qui peuvent les condamner à mort. Il est même à remarquer que, plus les souverains ont de liberté d'action contre les individus, plus ils sont tenus d'obéir aux croyances, aux mœurs et même aux préjugés des masses. Ainsi, ces mêmes sultans qui peuvent à loisir faire étrangler leurs sujets ne pourraient sans péril se dispenser d'aller à la mosquée le vendredi. Si donc il y a Pouvoir Absolu, ce n'est que dans un certain cercle tracé par les lois fondamentales et les croyances du pays. Le Souverain peut faire ce qu'il veut dans ce cercle, mais il n'en peut pas sortir.

Par conséquent, le Pouvoir Absolu ne peut signifier autre chose que la plénitude de la Souveraineté.

La plénitude de la Souveraineté comprend le pouvoir législatif, le pouvoir judiciaire et le pouvoir exécutif; c'est, en d'autres termes, le pouvoir souverain.

Le pouvoir royal peut s'augmenter ou se diminuer. Le pouvoir souverain ne peut ni s'augmenter, car il n'y a rien au-delà de la plénitude de la Souveraineté; ni se diminuer, car alors il ne serait plus pouvoir souverain.

On pourrait objecter, peut-être, qu'en dehors du pouvoir souverain comprenant les trois pouvoirs, il y en a un autre qui, s'élevant à côté de lui, lui ôte son caractère absolu : c'est le pouvoir religieux. Mais il ne faut pas oublier que le pouvoir religieux n'est quelque chose que s'il exerce l'un ou l'autre des trois pouvoirs; c'est-à-dire s'il est pouvoir législatif, judiciaire ou exécutif. Il n'ôte donc rien au pouvoir souverain; car il représente un ou plusieurs de ses éléments. Il peut seulement ôter quelque chose au pouvoir royal; ce qui est bien différent.

On voit, par ce qui précède, qu'il est de l'essence du pouvoir souverain d'être Pouvoir Absolu; mais on comprend aussi que l'Absolu ne doit pas être l'essence du pouvoir royal.

Le roi Absolu est celui qui est, en même temps, chef de l'Etat dirigeant les trois pouvoirs, et chef de la religion commandant aux croyances et gouvernant les mœurs.

Il est bien rare que ce pouvoir immense soit longtemps concentré dans les mains d'un seul; et si, par hasard, un homme de génie suffit par son intelligence à une tâche aussi rude, bientôt ses successeurs succombent sous le fardeau, et sont obligés à un partage de leurs fonctions.

Le Pouvoir Absolu d'un seul n'a donc jamais été qu'une exception; et c'est pourtant sur cette exception qu'on a voulu baser un droit.

Il est vrai que les rois n'ont pas cédé de leurs attributions que ce qu'ils n'en pouvaient garder. Mais, à mesure que les relations entre citoyens se multipliaient par le développement du commerce, à mesure que l'intelligence, par ses conquêtes, créait des besoins nouveaux et de nouveaux droits, la portion de la Souveraineté qui avait à juger ces droits devint pour les rois plus difficile à exercer; car il fallait pour cela des études spéciales et approfondies que leurs diverses préoccupations les empêchaient d'entreprendre. Ils cédèrent donc à des délégués cette partie de leurs attributions. De là naquit la magistrature, portion inhérente au pouvoir souverain, mais dès-lors détachée du pouvoir royal.

Ce n'est pas que la royauté voulût ainsi de plein gré abdiquer une de ses fonctions; mais, par la force des choses, le pouvoir judiciaire se fit de jour en jour plus indépendant; et, pour ne parler que de la France, depuis les *missi dominici* jusqu'aux parlements du dix-huitième siècle, la magistrature ne s'est pas arrêtée dans ses conquêtes.

A la révolution, la royauté ne possédait plus que le pouvoir exécutif sans contrôle, et le pouvoir législatif déjà entamé par les résistances des parlements.

Après 1789, le Pouvoir Absolu fut entre les mains de la nation.

Bientôt Napoléon le lui enleva. Non content de commander la force armée, il se fit législateur suprême et bien souvent suprême juge. Il résumait en lui les trois éléments du pouvoir souverain.

La Restauration vint: ce fut le moment des transactions. La royauté conserva tout le pouvoir exécutif, céda le pouvoir judiciaire et conserva en apparence le tiers du pouvoir législatif, mais en réalité les deux tiers, puisqu'elle disposait à son gré des nominations de la pairie.

C'était reprendre à-peu-près tout ce que la royauté avait perdu en 1789. Mais, au sein de l'un des pouvoirs se constitua le principe électif, qui doit être le principe de l'avenir et s'emparer tôt ou tard de toute la Souveraineté.

La monarchie ainsi modifiée fut appelée monarchie représentative, par opposition aux anciennes monarchies appelées monarchies Absolues. Toutefois, dans les gouvernements représentatifs, le Pouvoir en lui-même n'est pas moins absolu que dans les autres monarchies; seulement ce pouvoir n'est pas concentré entre les mains d'un seul. Autrefois, le monarque pouvait à lui seul faire ce qui exige aujourd'hui le concours des chambres, de la magistrature et de la royauté réunies. Mais les chambres, la magistrature et la royauté exercent ensemble un pouvoir non moins Absolu que celui des rois les plus Absolus. Nos conquêtes politiques ont donc consisté, non pas à diminuer le pouvoir souverain, mais à le déplacer, à l'ôter des mains d'un seul pour le mettre entre les mains de plusieurs. Nos progrès futurs consisteront à l'ôter des mains de plusieurs pour le mettre entre les mains de TOUS.

Si l'on avait bien compris le sens des révolutions, si l'on avait voulu sincèrement arriver au gouvernement représentatif, il n'aurait fallu accorder au prince que le pouvoir exécutif tout seul. Le pouvoir législatif et le pouvoir judiciaire auraient dû être accordés à l'élection, c'est-à dire au peuple. Au lieu de cela, la royauté n'a fait que des concessions de formes et des simulacres d'abdication. Ainsi, elle a conservé la nomination à tous les emplois judiciaires, ce qui met à sa disposition l'un des pouvoirs qu'on voulait faire indépendant. Quant au pouvoir législatif, elle a tellement restreint le nombre des citoyens qui peuvent y être appelés, elle conserve sur eux une influence si puissante par tous les moyens de corruption directe ou indirecte dont elle dispose, que les chambres n'ont aucune sphère d'action qui leur soit propre; elles agissent par la royauté et pour la royauté: en sorte qu'il est vrai de dire qu'aujourd'hui encore, dans les monarchies qu'on appelle représentatives, les rois possèdent une portion si grande du pouvoir souverain qu'ils ont peu de chose à envier aux monarques Absolus.

Ainsi se trouva violé le principe représentatif, au moment même où on le proclamait. Ce défaut de franchise et de logique devait nécessairement amener des luttes; ces luttes se trouvèrent bientôt engagées entre les différents éléments du pouvoir, et, selon l'expression de Montesquieu, le pouvoir voulut arrêter le pouvoir. De là naquit une déplorable anarchie qui n'a cessé qu'un instant après la Révolution de 1830, et qui, aujourd'hui, semble

poussée à ses dernières limites. Chacun l'avoue; mais chacun en rejette la faute sur ses adversaires. Le texte ordinaire des déclamations monarchiques, c'est que les démocrates compromettent le pouvoir, déconsidèrent le pouvoir, et rendent tout gouvernement impossible. C'est là une accusation banale qui obtient toujours quelque succès, parce qu'elle effraie beaucoup d'honnêtes gens qui ne voient des faits que la surface. Mais que les honnêtes gens se rassurent: ce n'est pas le pouvoir en lui-même que la démocratie prétend attaquer; ce sont les combinaisons vicieuses du pouvoir, parce que ces combinaisons empêchent le pouvoir d'être fort, et l'empêchent surtout d'être honnête.

Il y a une grande différence entre détruire le pouvoir et détruire certaines formes du pouvoir. On ne saurait trop insister sur cette distinction; car elle met à néant bien des déclamations hypocrites ou ignorantes.

Loin de vouloir détruire le pouvoir, la démocratie veut que le pouvoir soit Absolu; mais elle ne veut pas qu'il soit concentré dans les mains d'un seul ou de quelques-uns. Elle veut que le pouvoir soit Absolu, et, seule, elle a le droit de le vouloir, parce que, seule, elle veut que le pouvoir ait pour base la volonté générale, et que la volonté générale est, en matière politique, une loi Absolue.

Elias REGNAULT.

ABSOLUTISME. On entend par Absolutisme le système de ceux qui voudraient rendre aux rois la plénitude de la Souveraineté.

Quoique le régime représentatif, faussé dans son principe, n'ait produit pour les peuples que de résultats peu satisfaisants, ses faibles triomphes sont encore un sujet d'inquiétudes et de regrets. En effet, les Chartes, malgré toutes leurs déceptions, ont constaté les droits de la nation, et ces droits ne peuvent s'effacer. Les faits ont beau les contredire, les faits ne sont souvent qu'un produit de la force matérielle; et la force ne prouve rien, car les forts peuvent devenir faibles.

Le droit des peuples reste donc toujours imprescriptible. Ce droit nouveau est le droit représentatif, auquel on veut opposer le droit ancien ou droit monarchique pur, c'est-à-dire l'Absolutisme. Par conséquent, l'Absolutisme, dans son sens le plus général, c'est l'antique forme gouvernementale, où le monarque résume en lui tous les pouvoirs, tandis que, dans le gouvernement vraiment représentatif, le monarque n'est que le chef d'un seul pouvoir. Il ne doit même être considéré que comme un fonctionnaire employé par l'Etat. Ainsi, les députés sont les employés législatifs, les magistrats les employés judiciaires, et les rois les employés exécutifs. La nation se gouvernant elle-même n'a pas besoin de chef supérieur; dans le système de l'Absolutisme, au contraire, le monarque est le seul chef gouvernant une nation d'employés.

E. R.

ABSOLUTISTE. Partisan de l'absolutisme.

ABUS. L'usage excessif d'une faculté, la jouissance immodérée d'une possession, l'exercice privilégié d'un droit ; l'emploi arbitraire d'une autorité, l'action despotique d'un pouvoir, la conséquence exagérée d'un principe, tout acte, enfin, qui franchit les limites de la loi, de la justice et de la raison, prend le nom générique d'Abus.

La tendance à abuser est inhérente à notre organisation même. L'Abus est contemporain du premier pas de l'homme dans la vie sociale ; on le retrouve à toutes les époques du monde, et l'histoire n'offre pas une coutume, pas une loi, pas une forme de gouvernement, pas une institution civile, religieuse ou politique, qui n'ait été marquée du sceau de l'Abus.

Notre intention, on le conçoit, n'est pas de traiter ici de tous les Abus. « Le monde a été plus gouverné par les Abus que par le droit, » a dit Rousseau, et leur nomenclature seule exigerait une bibliothèque. D'ailleurs, à l'égard des Abus politiques, les diverses matières de ce Dictionnaire n'offriront que trop souvent l'occasion d'en signaler les funestes effets. Nous nous bornerons donc, dans cet article, à quelques considérations générales.

Les peuples ont appelé Abus tout ce que le génie de la tyrannie a inventé pour les subjuguer et les retenir en esclavage ; les tyrans ont appelé Abus tout ce que le génie de la Liberté a suggéré aux peuples pour briser leurs fers.

De ce que certains droits laissés à des citoyens pouvaient dégénérer en Abus, les gouvernants ont dit : « Anéantissons le droit à l'aide de l'Abus », et l'exercice du droit a été confisqué. Puis, renversant cette doctrine au profit du despotisme, ils ont dit : « Faisons de l'Abus le droit », et ils ont érigé en droit ce qui, dans l'origine, n'était qu'un Abus de leur puissance. Alors, pour consolider l'usurpation par la durée même de l'usurpation, on a imaginé la fameuse doctrine du respect des *droits acquis* ou des *faits accomplis ;* comme si l'antiquité du mal légitimait son existence ; comme si l'Abus n'était pas d'autant plus odieux qu'il a pesé plus longtemps sur ses victimes, qu'il a causé plus de malheurs et de misères.

Mais, en 1789, nos pères ont posé ce principe éternellement vrai, « *Il n'y a pas de droit contre le droit.* » Et ils ont justement confondu, sous le nom d'Abus, dans une même et universelle réprobation, les priviléges, les monopoles, la vénalité, les dîmes, les droits seigneuriaux, les charges de toute espèce, les vexations de tout genre, les abominations de toute nature auxquelles l'ancien régime monarchique et féodal avait successivement eu recours pour exploiter et opprimer le peuple. C'est dans le ressentiment, alors si profond, de sa longue servitude, de ses souffrances séculaires, que la nation française sut trouver le secret, hélas ! aujourd'hui perdu, de cette formidable énergie, qui, après avoir frappé de mort une aristocratie maîtresse du sol, un clergé redoutable par l'autorité qu'il exerçait sur les consciences, une monarchie de quatorze siècles et un roi de droit divin, put encore, par le succès des armes, imposer au monde le respect de la révolution, et par la propagande des idées, répandre partout la semence des principes démocratiques.

C'est ainsi que les nations qui ont souffert par les Abus ont dû quelquefois aux Abus mêmes leur délivrance et leur gloire.

Les institutions tyranniques proclamées éternelles par leurs fondateurs auraient pu vivre des siècles. Heureusement, l'Abus qu'elles recélaient dans leur sein les minait incessamment, et bientôt institutions et Abus périssaient du même coup. L'Abus, par son action violemment destructive, tenait ainsi lieu du moyen pacifique et régulier de révision périodique que la démocratie veut introduire dans les constitutions populaires.

Les Abus naissent ou des exceptions renfermées dans les lois, ou de l'inexécution des lois, ou de l'extension des règles qu'elles prescrivent.

Les Abus sont la cause première de l'anarchie et des révolutions.

Dans les états fondés sur le principe de la division des pouvoirs, l'Abus d'administration obstrue le gouvernement, l'Abus du gouvernement paralyse l'administration, l'Abus de la législation fait périr et l'administration et le gouvernement.

L'Abus est en germe dans toute institution humaine ; on doit rechercher sans cesse les moyens de l'étouffer à sa naissance, car si la prévoyante sagesse du législateur peut quelquefois l'empêcher de vivre, il n'est presque jamais en son pouvoir de l'empêcher de naître. L'élection par tous, l'éligibilité pour tous, la temporanéité des fonctions et des lois, la limitation et la responsabilité des pouvoirs, la révision périodique des constitutions, ces grands principes de la démocratie moderne, voilà ce que la science politique peut opposer désormais à l'invasion des Abus.

Mais, pour éviter le danger de prévenir l'Abus aux dépens du droit, il faut une règle sûre qui serve à distinguer ce qui est droit de ce qui est Abus, ce qui est légitime et juste de ce qui est injuste et illégitime. Cette règle, la voici : « Tout ce qui s'exerce au profit d'un citoyen ou d'une nation, au mépris du droit d'un autre citoyen ou de tous les citoyens, d'une autre nation ou de toutes les nations, est Abus. Le caractère général de l'Abus, c'est d'être une violation de l'égalité : la violation de l'égalité est donc le criterium de l'Abus.

Un ministre a formulé, à la tribune, cette sentence devenue célèbre : « Tous les gouvernements ont péri par l'Abus de leur principe. » C'est par l'Abus de leur *objet* qu'il fallait dire. « Quoique « tous les états, dit Montesquieu (1), aient en gé- « néral un même objet, qui est de se maintenir, « chaque état en a pourtant un qui lui est parti- « culier. L'agrandissement était l'objet de Rome ; « la guerre, celui de Lacédémone ; la religion celui « des lois judaïques ; la liberté naturelle, celui de « la police des sauvages ; les délices du prince, « celui des états despotiques ; sa gloire et celle de « l'État, celui des monarchies. » Eh bien ! sans même qu'il soit besoin ici de rechercher quel était le principe de chacun de ces états, ne peut-on pas affirmer

(1) *Esprit des Lois,* livre XI, chap. v.

que c'est surtout par l'Abus de leur objet que tous ont péri ! L'histoire de notre temps offre des exemples encore plus éclatants de cette vérité. L'Empire avait pour objet la gloire et la conquête : à quel Abus dut-il sa chute ? L'objet de la Restauration était le rétablissement de l'absolutisme : que furent les ordonnances de Charles X ? Et les gouvernements constitutionnels de notre époque, qui ont pour objet la suprématie sociale et la liberté politique d'une minorité privilégiée au moyen de l'asservissement d'une majorité déshéritée de ses droits, est-ce donc l'Abus de leur principe qui causera leur chute ? Ils n'en ont pas !

Nous savons, nous, un gouvernement qui ne subira pas cette loi fatale : c'est celui qui, prenant son principe dans la Souveraineté du peuple, aura pour objet le bien-être de tous et l'Egalité.

PAGNERRE.

ABUS (APPEL COMME D'). L'Appel comme d'Abus est le recours à l'autorité civile contre les entreprises de la puissance ecclésiastique.

Les peines que les évêques peuvent infliger à un prêtre sont extraordinaires et ordinaires. Les peines extraordinaires sont l'envoi au séminaire pour un temps court et limité ; les peines ordinaires sont les censures. Les censures sont de trois espèces : l'excommunication, la suspense et l'interdit.

Les laïques et les clercs peuvent être frappés d'excommunication. La suspense et l'interdit n'atteignent que les clercs.

Il faut, d'après les canons :

1° Que la censure ait été prononcée pour un fait défendu par les lois de l'église.

2° Qu'il y ait eu citation libellée.

3° Que l'accusé ait eu la faculté de se défendre.

4° Que le délit soit prononcé juridiquement.

5° Que le supérieur ecclésiastique ait eu qualité et pouvoir.

6° Que la sentence ait été mise par écrit et renferme l'énonciation de la cause.

Ces conditions sont prescrites à peine de nullité. Les officialités, tribunaux exceptionnels qui assistaient les évêques, observaient toutes ces conditions ; mais les officialités supprimées par une loi ne pourraient être rétablies par les évêques qu'à titre de consultants officieux. Les évêques sages, pour couvrir leur responsabilité, ne devraient jamais prononcer de sentence sans l'examen et l'avis préalables d'une officialité créée *ad hoc*.

Les sentences qui infligent des censures sont susceptibles de l'Appel *simple,* qui se porte devant l'archevêque ou métropolitain, et de l'Appel *comme d'Abus,* qui est porté devant l'autorité civile.

Il y avait lieu autrefois à l'Appel *simple* lorsque le clerc qui avait été frappé de la censure prétendait que la sentence était injuste, soit parce qu'il n'avait pas commis le délit pour lequel il avait été condamné, soit parce qu'il avait été condamné à une peine trop forte. C'est dans ce sens que l'article 15 de la loi organique du 18 germinal an x déclare que les archevêques connaîtront des réclamations contre les évêques suffragants.

Le recours en troisième degré, soit du clerc, soit du laïque, peut se porter au pape dans les limites du for spirituel, contre la sentence du métropolitain.

Il y avait lieu à l'Appel comme d'Abus :

1° Pour les contraventions aux canons reçus dans le royaume.

2° Pour les contraventions aux concordats, aux édits ou ordonnances du roi, et aux arrêts des cours souveraines.

3° Pour les attentats aux droits, franchises, libertés et privilèges de l'église gallicane.

4° Pour les violations de juridiction.

L'édit de 1695, les lois du royaume et une jurisprudence de quatre siècles avaient attribué aux parlements les Appels comme d'Abus. Ces sortes d'appels cessèrent pendant la Révolution. On se souciait fort peu d'avoir des moyens de recours contre une autorité qu'on méprisait ou qu'on regardait comme anéantie. Le gouvernement consulaire qui rétablit le culte en France dirigea son attention sur cette matière.

Les articles organiques du concordat de l'an x portent :

Art. 6. « Il y aura recours au conseil-d'état dans « tous les cas d'Abus de la part des supérieurs et « autres personnes ecclésiastiques. »

Les cas d'Abus sont : « l'excès de pouvoir, la con- « travention aux lois et réglements de l'État, l'in- « fraction des règles consacrées par les canons reçus « en France, l'attentat aux libertés, franchises et « coutumes de l'église gallicane, et toute entre- « prise ou tout procédé qui, dans l'exercice du culte, « peut compromettre la sûreté des citoyens, trou- « bler arbitrairement leur conscience, dégénérer « contre eux en oppression, ou en injure, ou en « scandale public.

« Il y aura pareillement recours au conseil-d'é- « tat, dit l'art. 7, s'il est porté atteinte à l'exercice « public du culte et à la liberté que la loi et les ré- « glements garantissent à ses ministres.

« Le recours (art. 8) compétera à toute personne « intéressée ; à défaut de plainte particulière, il « sera exercé d'office par les préfets.

« Le fonctionnaire public, ou l'ecclésiastique, ou « la personne qui voudra avoir ce recours, adressera « un mémoire détaillé et signé au conseiller-d'état « chargé de toutes les affaires concernant les cultes « (actuellement le ministre de la justice), lequel « sera tenu de prendre dans le plus *court* délai tous « les renseignements convenables, et, sur son rap- « port, l'affaire sera suivie et définitivement termi- « née dans la forme administrative, ou renvoyée, « selon l'exigence des cas, aux autorités compé- « tentes. »

A la suite d'un autre concordat, signé le 25 janvier 1813, à Fontainebleau, publié le 13 février, et contre lequel le pape a protesté, Napoléon rendit, le 13 mars 1813, un décret qui porte :

Art. 5. « Nos cours impériales connaîtront de toutes les affaires connues sous le nom d'Appels comme d'Abus, ainsi que de toutes celles qui résulteraient de la non-exécution des lois de concordats. »

Art. 6. « Notre grand-juge présentera un projet de loi pour être discuté en notre conseil, qui déterminera la procédure et les peines applicables dans ces matières. »

En rendant ce décret de mauvaise humeur, Napoléon voulait se délivrer du jugement de ces affaires épineuses que le tranchant de son impatiente volonté ne pouvait résoudre aussi vite que les autres affaires administratives. Il voulait aussi contraindre le pape à donner l'institution canonique dans le délai de six mois, et, sur son refus, obliger les métropolitains à conférer eux-mêmes cette institution. Il était donc nécessaire d'organiser une procédure spéciale, et de fixer, par une loi, les peines applicables aux métropolitains récalcitrants. Cette loi n'a pas été faite, et les cours n'ont jamais usé de l'attribution qu'elle leur mettait.

Les ordonnances d'organisation du conseil-d'état ont prescrit, d'après le concordat de l'an x, que le conseil vérifierait et enregistrerait les bulles et actes du Saint-Siége, ainsi que les actes des autres communions et cultes, et qu'il connaîtrait des Appels comme d'Abus.

Le projet de loi de 1817 attribuait aux cours royales les Appels comme d'Abus. Mais le projet de loi a été retiré.

Dans cet état de choses, et sous le rapport de la juridiction, qui est le plus important de tous, la matière peut être ramenée aux trois questions suivantes :

1° Est-ce aux cours royales ou au conseil-d'état à connaître aujourd'hui des Appels comme d'Abus?

2° Les refus de sacrements et de sépulture ecclésiastique constituent-ils des cas d'Abus justiciables du conseil-d'état?

3° Les prêtres peuvent-ils être poursuivis devant les tribunaux sans l'autorisation préalable du conseil-d'état?

I. Est-ce aux cours royales ou au conseil-d'état à connaître aujourd'hui des Appels comme d'Abus?

C'est à notre rapport et sur notre avis que le conseil-d'état a retenu sa juridiction, conformément à la loi du concordat. Depuis vingt ans, les deux jurisprudences du conseil-d'état et de la cour de cassation, ainsi que les cours royales, ont marché dans ce sens. C'est un point de controverse tranché et à n'y plus revenir.

A tant de raisons de droit qui appuient cette opinion et qu'il serait trop long ici de déduire, il faut ajouter quelques raisons politiques qui ne sont pas moins décisives et qui rentrent plus particulièrement dans les appréciations de ce Dictionnaire.

Les changements de forme dans le gouvernement politique apportent de profondes altérations dans les institutions civiles. C'est ce que les juges et les avocats perdent de vue presque toujours. Ils ne font pas compte de la différence des temps, des gouvernements, des mœurs et des croyances, et ils conclueront irrationnellement de la royauté à la République, et de la République à la monarchie représentative. Il serait temps, cependant, que l'histoire éclairât la jurisprudence et que la philosophie pénétrât dans le droit.

Corps politique, jadis le clergé était l'un des trois ordres du royaume. Corps judiciaire, il avait dans les temps féodaux exercé une juridiction civile et même pénale. Il cumulait des priviléges spéciaux d'évocation. Corps civil, il jouissait d'une richesse immense en terres, en maisons, en forêts, en rentes foncières, en dîmes, en casuel. Officier de l'état civil, il tenait registre des naissances, mariages et décès. Alors, la religion était tout l'homme, la religion était tout l'Etat ; spirituelle par ses sacrements, civile par ses registres, politique par ses empêchements. On était catholique ou l'on n'était rien, pas même époux légitime. Sans la participation orthodoxe du catholicisme, point de place au foyer de l'Etat, point de liens matrimoniaux, point de fosse au cimetière.

Rome lançait ses foudres sur les trônes et dans tous les royaumes ; elle entretenait spirituellement des armées séculières et régulières. Il fallait un contre-poids à cette puissance qui remuait la terre avec ses bras en cachant son front dans les cieux. Les rois eurent peur ; ils s'appuyèrent sur les parlements. La puissance civile leur vint en aide, et l'Appel comme d'Abus naquit. Il embrassa non-seulement les causes où le clergé s'arrogeait l'exercice du pouvoir temporel, mais encore les causes mêlées de spirituel. Il n'en pouvait pas être autrement, car tout, en fait de compétence, était alors confondu. L'Abus affectait à-la fois, les clercs lorsqu'il touchait à leurs bénéfices, les laïques lorsqu'il touchait à leur état civil, le gouvernement lorsqu'il touchait aux prérogatives du magistrat politique, et le pouvoir judiciaire lorsqu'il empiétait sur la juridiction. Ainsi, les parlements protégeaient les juges, les fidèles, la royauté et les prêtres eux-mêmes.

Le droit canon était aussi compliqué que le droit civil. Il avait son code, ses chaires, ses docteurs et ses disputes, sa procédure, sa pénalité, ses officialités. Il avait aussi ses écrivains et ses glossateurs ; et de ces derniers que reste-t-il? Le nom de quelques jurisconsultes dont les livres oubliés dorment dans la poussière de nos bibliothèques.

Aujourd'hui, tout est changé dans la constitution de l'Église et de l'Etat : la liberté des cultes règne constitutionnellement à la place de l'exclusion des cultes dissidents. Le clergé n'est plus l'un des trois ordres de l'Etat. Il n'a plus ni terres, ni maisons, ni forêts, ni rentes, ni dîmes. Il ne rédige plus les actes de l'état civil. L'homme peut naître, fonctionner, se marier et mourir en dehors de la religion et sans qu'il en souffre dans ses droits, son honneur, son crédit, sa famille, son ambition et sa fortune.

Si donc les rapports des choses sont entièrement intervertis, comment en inférer que les compétences doivent rester les mêmes? Les tribunaux ne protégent que les intérêts matériels ou les intérêts moraux qui souffrent d'une injure qualifiée et pour ainsi dire saisissable à la main ; mais les intérêts politiques et administratifs qui tiennent à tant de circonstances variables, à tant de considérations pour ainsi dire extrà-légales, ne peuvent guère être appréciées par les tribunaux, inflexibles applicateurs d'un droit écrit, d'un droit strict. De même, les intérêts purement spirituels, appréciables par la foi, échappent à leur jugement. Nous allons plus loin, et nous soutenons qu'aucune autorité temporelle, judiciaire ou administrative, ne devrait statuer lorsque ces derniers intérêts sont en jeu.

Nous voici naturellement amenés à examiner la seconde question.

II. Les refus de sacrements et de sépulture ecclésiastique constituent-ils des cas d'Abus justiciables du conseil-d'état?

Selon nous, l'office du prêtre, renfermé dans son église, est tout spirituel.

S'il n'y a que refus de sacrement, sans accompagnement d'injure articulée et personnelle, il n'y a pas Abus extérieur dans le sens légal de l'Abus. Il n'y a donc lieu qu'à l'Appel simple devant le métropolitain, dans l'ordre de la conscience et selon les règles et l'application des canons. Car, ou vous croyez ou vous ne croyez pas. Si vous ne croyez pas, ne demandez pas à l'Eglise ce qu'elle n'accorde qu'aux croyants. Si vous croyez, si vous avez la foi, soumettez-vous à ceux qui gouvernent la foi. Est-ce comme citoyen que vous entrez dans l'Eglise? Non, c'est comme chrétien. Est-ce à un fonctionnaire que vous vous adressez? Non, c'est à un prêtre. Est-ce un acte matériel, authentique, probatif, légal, que vous demandez? Non, c'est une grâce ou une prière. Et qui est juge, unique juge, de savoir si vous avez droit à cette grâce, à cette prière, si ce n'est le prêtre ou son supérieur dans l'ordre hiérarchique? Si vous prétendez contraindre le prêtre dans une chose toute volontaire, vous n'aurez pas une véritable prière, mais des murmures de lèvres; vous n'aurez pas les grâces d'un sacrement, mais le mensonge d'une profanation. Vous ne voyez pas non plus qu'en vous mêlant des affaires du prêtre, vous lui donnez le droit de se mêler des vôtres et brisez imprudemment de vos propres mains la barrière que la Révolution et la philosophie ont eu tant de peine à élever entre le spirituel et le temporel.

Voilà la doctrine que nous avons toujours établie et soutenue en théorie, et nous devons dire que la raison publique a fait tant de progrès dans le sens de notre opinion, que bien peu de pourvois sont aujourd'hui formés pour refus de sacrements, et qu'il n'y a personne, si ce n'est dans l'affaire Montlosier, qui, depuis 1827, se soit plaint devant le conseil-d'état d'un refus de sépulture, quoique ces derniers refus aient été assez fréquents. Ils le sont moins cependant qu'ils ne pourraient l'être, si les prêtres appliquaient rigoureusement les règles ecclésiastiques.

Mais, hormis quelques cas extraordinaires, et à l'exception de quelques clercs plus zélés que prudents, plus orthodoxes que charitables, les prêtres d'ordinaire ferment les yeux; ils font des suppositions pieuses; ils disent les dernières prières, et

ils ont raison. La paix des familles, l'intérêt bien entendu du clergé et le véritable esprit de la religion les y convient.

Néanmoins, nous devons avertir que notre théorie sur l'indépendance spirituelle du prêtre, dans ces sortes de matières, n'est pas conforme à la lettre, aux monuments de la jurisprudence administrative.

En droit, en pratique, le conseil-d'état connaît des refus de sacrements et de sépulture par la voie de l'Appel comme d'Abus.

Voici le résumé de sa jurisprudence :

Le baptême, la confession *in extremis* et la sépulture ecclésiastique ne lui paraissent pas pouvoir être refusés purement et simplement, à peine d'Abus, parce que, dans le premier cas, le refus de baptême intéresse l'état religieux d'un enfant; parce que, dans le second cas, le refus de la confession *in extremis* trouble arbitrairement la conscience du moribond; parce que, dans le troisième cas, le refus de sépulture ecclésiastique compromet l'honneur du mort et de sa famille, et qu'il dégénère en injure ou en scandale public.

Le refus secret d'ouïr en confession et le refus de la communion, même public, mais non accompagné d'injure, n'ont paru au conseil-d'état que des actes libres de conscience et de spiritualité qui ne peuvent tomber sous l'application de la loi laïque et qui ne sont susceptibles d'être déférés que devant l'autorité cléricale supérieure.

Il n'y a pas de refus de mariage religieux dans la jurisprudence. Cela vient apparemment de ce que le scandale du refus serait plus grand que celui de l'admission.

III. Les prêtres peuvent-ils être poursuivis devant les tribunaux sans l'autorisation du conseil-d'état?

Cette question peut se poser en d'autres termes que voici :

L'autorisation sera-t-elle donnée d'après les voies de l'art. 75 de la loi du 22 frimaire an VIII, ou d'après les voies de l'art. 8 de la loi du 8 germinal an X?

Dans ces deux cas, l'instruction préalable s'accomplit administrativement. Mais il y a, cependant, ici lieu à distinction. Lorsqu'il procède par voie d'Appel comme d'Abus, le conseil-d'état dit ou qu'il n'y a pas d'Abus, et alors il juge et absout; ou qu'il y a Abus, et alors il juge et punit; ou que le cas est judiciaire, et alors il renvoie l'affaire devant les tribunaux.

Au contraire, lorsqu'il procède par voie de mise en jugement, il n'a que l'alternative de déclarer qu'il y a lieu ou qu'il n'y a pas lieu de mettre l'inculpé en jugement; ainsi il peut absoudre et il ne peut pas condamner. Il fait l'office des chambres judiciaires de conseil et de mise en accusation.

Le dernier de ces procédés est applicable aux agents du gouvernement autres que les prêtres; le premier, aux ecclésiastiques exclusivement.

Aujourd'hui, les deux jurisprudences de la cour de cassation et du conseil d'état, après diverses antinomies, paraissent converger vers ce point, que les faits commis par les prêtres dans l'exercice de leurs fonctions ne peuvent être déférés aux tribunaux répressifs sans l'examen préalable et le renvoi du conseil-d'état.

Des crimes ou délits qualifiés où ne se mêle rien de spirituel entraînent la dévolution immédiate aux cours d'assises et aux tribunaux de police correctionnelle. Tels seraient le viol, le meurtre, le vol, etc. De tels crimes sont censés avec raison n'avoir pas été commis dans l'exercice des fonctions de prêtre. Ce ne sont pas là des cas prévus ni par le concordat de l'an x, ni par la constitution de l'an VIII.

Restent les espèces qui se rattachent soit aux manifestations extérieures de la chaire et du culte, soit à l'administration des sacrements, soit aux refus de sépulture. Ce sont là ces délits que le concordat désigne plus spécialement par injure, scandale public, oppression et trouble de la conscience. C'est au conseil-d'état à dégager préalablement le fait et à lui restituer son caractère, ou, premièrement, d'Abus simplement spirituel; ou, secondement, d'Abus administrativement qualifiable; ou, troisièmement, de non Abus; ou, quatrièmement, d'injure judiciairement répressible.

Quant au recours des inférieurs contre les supérieurs ecclésiastiques, la compétence du conseil-d'état se justifie d'après le concordat de l'an x, parce qu'il s'agit ici d'appliquer, soit les règles de l'institution royale, soit les règles des canons de l'Eglise. Encore faudrait-il que l'usurpation ou l'excès de pouvoirs de la part des supérieurs fût manifeste pour que le conseil-d'état connût du fond de l'affaire, et, presque toujours, il dit ou qu'il n'y a lieu de déclarer l'Abus s'il ne s'agit que d'un fait purement spirituel ou disciplinaire, ou bien il renvoie les parties à se pourvoir devant le métropolitain dont on n'a pas épuisé la juridiction.

Quant au gouvernement, il a plusieurs genres de défense contre les entreprises de la puissance cléricale sur le temporel. Il nomme tous les curés; il nomme aussi tous les évêques et archevêques que le pape institue, et, quoiqu'ils soient ensuite inamovibles, généralement, ces hommes de son choix qui lui doivent leur état finissent par marcher dans le sens de sa politique. Il les retient par le logement, par le traitement, par les subventions, par les honneurs. Il peut ordonner, selon les cas, à ses procureurs-généraux, de les poursuivre devant les tribunaux criminels ou correctionnels aux termes du code pénal, et ce code est d'une dureté extrême. Il peut se contenter de les admonester par la voie de l'Abus, et c'est ordinairement cette peine, très-douce et presque insignifiante, qu'il leur inflige dans le sein du conseil-d'état. Mais, la plupart du temps, les altercations qui s'élèvent entre le gouvernement et les supérieurs ecclésiastiques n'arrivent pas jusqu'au conseil-d'état; elles se dénouent pacifiquement par les voies administratives non contentieuses.

Telles sont les règles de compétence qui régissent la matière, dans l'état actuel de la législation. Nos théories particulières différeraient beaucoup des théories régnantes. Mais nous n'avons pas cru

devoir en embarrasser un livre d'une application positive et pratique. Avant d'établir ce qui devrait être, il faut commencer par savoir ce qui est et la raison de ce qui est.

TIMON.

ABUS D'AUTORITÉ. L'Abus d'autorité est la méconnaissance ou l'exagération des pouvoirs confiés par la loi aux fonctionnaires publics.

La législation actuelle divise ce délit en deux classes : *Abus d'autorité contre les particuliers; — Abus d'autorité contre la chose publique.*

Aux termes du Code pénal, les fonctionnaires se rendent coupables d'Abus d'autorité contre les personnes, 1° lorsqu'ils s'introduisent, en leur qualité de fonctionnaires, dans le domicile d'un citoyen, hors les cas prévus par la loi et sans les formalités qu'elle a prescrites; 2° lorsqu'ils dénient de rendre la justice due aux parties, après en avoir été requis, et après en avoir reçu l'avertissement ou l'injonction de leurs supérieurs; 3° lorsque, sans motifs légitimes, ils usent ou font user de violence envers les personnes, dans l'exercice ou à l'occasion de l'exercice de leurs fonctions; 4° enfin, lorsqu'ils commettent ou facilitent la suppression ou l'ouverture des lettres confiées à la poste. (Code pénal, 184, 185, 186, 187.)

Il y a Abus d'autorité contre la chose publique, « lorsqu'un fonctionnaire public, agent ou préposé du gouvernement, de quelque état ou grade qu'il soit, requiert ou ordonne, fait requérir ou ordonner l'action ou l'emploi de la force publique contre l'exécution d'une loi ou contre la perception d'une contribution légale, ou contre l'exécution, soit d'une ordonnance ou mandat de justice, soit de tout autre ordre émané de l'autorité légitime. » (Code pénal, 188.)

C'est l'affaire du jurisconsulte de rechercher les circonstances dans lesquelles le fonctionnaire public tombe sous le coup de ces dispositions légales. Notre tâche, à nous, c'est de faire connaître les causes et les conséquences de cette espèce de délit, d'indiquer les circonstances qui le favorisent et les moyens qui le préviennent ou le répriment.

Les Abus d'autorité n'ont pas d'autres causes que les mauvaises passions qui troublent le cœur de l'homme et le poussent hors des limites de la justice et de la raison. Armés de la force sociale, l'égoïsme, la cupidité, la vanité, l'exercent au profit de l'intérêt individuel. Un fonctionnaire vole, un prince fait des guerres injustes et des lois iniques, un petit nombre de citoyens, jaloux de sa liberté, la fonde sur l'esclavage de la masse; les uns et les autres commettent d'odieux Abus d'autorité.

De là, aussi, les intrigues des mauvais prêtres dans le présent et dans le passé. Au lieu de moraliser les peuples par des préceptes d'amour et de vertu, abusant de l'autorité du sacerdoce sur des intelligences peu cultivées, ils battaient monnaie à l'aide de l'enfer et du diable. Puis, lorsque l'autorité morale s'abaissa devant la force matérielle, ils cherchèrent des complices dans les bandits armés qui avaient su se rendre puissants, et le dogme du droit divin, imposé aux peuples en vertu d'une révélation imaginaire fut un Abus de l'autorité sacerdotale.

La conséquence première et la plus funeste, peut-être de ces entreprises, c'est l'avilissement du principe d'autorité. Le respect de l'autorité s'efface, et l'anarchie commence là où le pouvoir cesse de protéger les intérêts de tous et de garantir la sécurité des relations civiles, politiques et sociales.

A l'égard des particuliers, si vous violentez la conscience d'un citoyen, vous le disposez à la résistance. Si vous le frappez dans son honneur, ses affections ou ses intérêts, vous soulevez toutes les passions, bonnes ou mauvaises, contre la société et le gouvernement qui la représente ou est censé la représenter ; — vous démoralisez les autres citoyens qui, n'étant point atteints et espérant ne l'être pas, s'inquiètent peu d'un mal qui passe à côté d'eux.

L'Abus d'autorité est-il général ? Vous créez aussitôt des partis dans l'Etat, vous jetez la force populaire aux mains des hommes ardents. Honnêtes, ils sauvent la société; ambitieux, ils la poussent vers la servitude, à travers le sang et les débris.

Dans les monarchies, même tempérées, ces Abus sont nombreux et inévitables. Il faut avoir senti le joug de l'autorité pour l'exercer avec une juste mesure ou la déléguer avec intelligence. Or, élevés par des flatteurs, les princes n'ont jamais une idée exacte et sérieuse de leurs devoirs et des relations qui les unissent à ceux qu'ils doivent gouverner. L'autorité suprême, continuée pendant une longue suite de siècles dans une même race, favorise la concentration des pouvoirs dans une seule main, et rien ne favorise les Abus d'autorité comme la confusion des pouvoirs.

Sous l'ancien régime, les Abus étaient la règle, parce que les citoyens n'avaient aucune garantie contre les écarts des rois et des seigneurs. Alors les rois forçaient les tribunaux à juger, non selon les lois, mais selon leur volonté (1).

Quand les Romains instituèrent les Décemvirs, ils les investirent de la puissance consulaire, tribunitienne, législative, exécutive et judiciaire. « Rome, dit Montesquieu, se vit soumise à une « tyrannie aussi cruelle que celle de Tarquin. » En temps ordinaire, l'autorité des Tribuns balançait l'autorité des Consuls dans la ville, et assurait la liberté des citoyens; mais, dans les provinces, les Proconsuls, réunissant tous les pouvoirs, gouvernaient despotiquement.

Ces Abus sont encore très-fréquents dans les Etats où le gouvernement et la société, n'étant pas une seule et même chose, l'autorité gouvernementale est haïe, méprisée, contestée ou bravée.

Il suit de là que les moyens de prévenir ou de réprimer les Abus d'autorité résident dans la force même des pouvoirs légitimes, dans l'exactitude et la précision des lois administratives et criminelles, dans la délimitation rigoureuse des attributions

(1) Manifeste du duc de Berry contre Louis XI.

dévolues aux divers fonctionnaires, et, enfin, dans l'institution d'une responsabilité sérieuse.

Quand le pouvoir a la conscience de sa légitimité et de sa force, il n'a pas besoin de se livrer à une activité déréglée pour prouver qu'il existe.

Quand les lois sont précises, il est impossible de les interpréter judaïquement contre les citoyens.

Quand les attributions des fonctionnaires sont rigoureusement délimitées, tout fait obstacle à leurs écarts.

Quand la responsabilité est vraiment sérieuse, ils sont contenus dans le devoir par la crainte du châtiment.

Laissez donc peu de prise à l'activité des mauvaises passions, ouvrez aux citoyens un recours régulier contre les Abus du pouvoir, et vous aurez assuré en même temps et la dignité du pouvoir et la liberté du citoyen.

Un moyen plus efficace encore, c'est la vigueur des mœurs publiques. Si le peuple anglais eût été corrompu à l'époque des grandes luttes du Parlement et de la royauté, il est peu probable qu'Hampden eût osé refuser le paiement de la taxe des vaisseaux. Armand Carrel et Rodde, MM. Raspail et Kersausie, étaient forts de la sympathie publique quand ils menacèrent courageusement un pouvoir réactionnaire de repousser la force par la force. Mais il est toujours dangereux que les citoyens soient réduits à des protestations individuelles, car alors il faut, pour arrêter les Abus de pouvoir, une vigueur de caractère qui se rencontre rarement, et il est trop facile à la tyrannie de prévaloir. Pour que l'établissement progressif du despotisme soit rendu impossible, il est donc nécessaire que le peuple possède des moyens réguliers de résistance.

C'est à la presse qu'il appartient de préparer un tel état de choses. Aujourd'hui, que la responsabilité n'est qu'un vain mot, la presse seule a la puissance d'effrayer les mauvais fonctionnaires, de réprimer et de prévenir leurs entreprises. « Assise « au seuil de la chaumière, elle en défend l'entrée à « l'arbitraire du pouvoir. Assise sur les marches des « palais, elle trouble le sommeil des ministres pré- « varicateurs (1). » Mais la presse, quelque vaste que soit son action, ne suffit pas ; il faut que des institutions vigoureuses lui viennent en aide.

C'est notre conviction profonde qu'un régime démocratique est seul capable de les supporter.

E. DUCLERC.

ABYSSINIE, vaste pays situé vers les extrêmes limites orientales de l'Afrique septentrionale. Ses frontières sont incertaines; cependant on peut lui attribuer pour bornes, à l'E. le golfe d'Aden et celui d'Arabie; au N. le Sennaar, partie de la Nubie; à l'O. le pays des Chilouks, et enfin au S. les contrées habitées par les Gallas, le Samen, etc.

Il importe plus qu'on ne pense aux nations européennes intéressées dans la question d'Orient, sinon de posséder l'Abyssinie, du moins d'exercer sur son gouvernement une influence décisive. La

(1) Cormenin, *Sur la responsabilité des agents du gouvernement.* — Revue Républicaine, t. 1.

contrée est tout entière inclinée vers l'Egypte, avec laquelle elle finit par se confondre; de tous les autres côtés, elle est entourée d'escarpements à pic, très-difficiles à franchir. On peut donc la regarder comme la tête de pont de la vallée du Haut-Nil qui y prend sa source. Les Anglais ont déjà fait quelques efforts pour s'emparer de la confiance des chefs, et leurs missionnaires, agents plutôt politiques que religieux, travaillent activement à fonder la suprématie anglaise parmi les Abyssins. Depuis longtemps, la Grande-Bretagne convoite le port le plus sûr de la contrée, qui se trouve placé sous les murs de Massouah. Massouah, facile à fortifier, est située sur une île très-voisine de la côte, au fond d'une baie profonde et bien abritée. Aujourd'hui, Massouah est au pouvoir des Turcs, et tout le commerce extérieur de la contrée se fait par cette place. Si l'Angleterre, maîtresse déjà d'Aden sur le littoral arabe, réussissait dans ses tentatives, elle dominerait complètement l'entrée de la mer Rouge. Bien plus, elle pourrait lancer dans la vallée du Nil les hordes belliqueuses des peuples Abyssins, inquiéter l'Egypte par ces invasions difficiles à réprimer, et s'y rendre enfin toute puissante.

Heureusement, le mode de gouvernement de l'Abyssinie oppose à cet esprit d'envahissement des obstacles sérieux. Toutes les parties de cette vaste contrée ne sont point réunies sous une même loi, ni sous un même chef. Ainsi, l'on compte au moins trois divisions : les royaumes de Gondar et d'Amhara, séparés par le Tigré, fleuve rapide et profond, et les deux provinces de Schoa et d'Effat, soumises l'une et l'autre à la même domination.

La forme du gouvernement de toutes les fractions de l'empire Abyssin est le système féodal pur, c'est-à-dire une véritable anarchie hiérarchique. Les révolutions y sont fréquentes, et la guerre civile continuelle. Le pays est sans cesse inquiété et pillé par la tribu guerrière des Gallas, qui habite les montagnes et les vallées du Sud, et qui a conquis le royaume d'Amhara. Ces conditions politiques et sociales, funestes à la prospérité intérieure du pays, le préservent cependant d'une domination qui s'y établirait sous le voile d'une cauteleuse amitié.

Les Abyssins sont chrétiens, unis de communion avec les Cophtes ou Monophysiques d'Egypte. Leur *Abouna*, espèce de patriarche, est proclamé et consacré par le patriarche d'Alexandrie. On évalue la population de l'Abyssinie à 4,500,000 habitants. L'armée, semblable aux armées Européennes du moyen-âge, n'est point permanente, et tous les contingents que les chefs doivent fournir ne se trouvent jamais réunis en temps opportun. La cavalerie est fort bien montée, très-courageuse, mais elle combat sans ordre.   J.-M. M.

ACADÉMIE DES SCIENCES MORALES ET POLITIQUES. Le mot *Académie* emporte aujourd'hui l'idée d'une institution. Il n'en était pas ainsi dans l'antiquité et au moyen-âge.

A Athènes, l'école de Platon prit le nom d'Académie, parce que ce philosophe donnait ses leçons sous les platanes d'un jardin légué à la République par un citoyen nommé Academus.

Ce fut, dans les temps modernes, une heureuse idée que celle de réunir les hommes les plus distingués dans les sciences et dans les arts pour en provoquer le développement, pour en constater la situation et le progrès. Tel est ou tel être le but des Académies. Constituées comme elles le sont aujourd'hui, peuvent-elles accomplir la mission pour laquelle on les a établies? Au lieu de contribuer au progrès, ne l'ont-elles pas quelquefois arrêté? Soit que le gouvernement désigne les membres des Académies, soit que ceux-ci se recrutent par voie d'élection, du moment qu'ils sont nommés à vie, ne subissent-ils pas forcément la loi des corps inamovibles, qui, par l'effet de l'âge et de la limitation du nombre, se trouvent bientôt en arrière du mouvement général de la société. Les hommes dont vous avez formé le corps académique pouvaient être l'élite de leur époque; mais, depuis, s'il en a paru de plus capables, d'un mérite plus éminent, n'est-ce pas à ces derniers que la place doit appartenir? Il en est de l'impulsion à donner aux sciences et aux arts comme du commandement des armées, qui revient de plein droit à des généraux plus actifs, plus entreprenants, lorsque l'âge des Invalides est arrivé pour leurs prédécesseurs. Que la patrie accorde une retraite honorable aux citoyens qui l'ont servie de leur intelligence ou de leur bras, elle n'a point de dette plus sacrée à acquitter; mais que l'on ne confonde pas les hommes du progrès avec les hommes du repos, ceux qui marchent avec ceux qui s'arrêtent. Nous avons rarement beaucoup de sympathie pour qui nous devance.

Si l'on n'était académicien que pour dix ans, que pour cinq ans, si les choix se faisaient d'une autre manière, au lieu d'être une retraite, un séjour de repos que l'on a comparé à la tombe, les Académies seraient un foyer constant de lumières et d'activité; il y aurait une émulation profitable entre leurs membres, jaloux d'obtenir de nouveau les suffrages de leurs concitoyens. Ce ne seraient plus des coteries, mais des corps nationaux où aspireraient les plus nobles ambitions.

Quoique les Académies ne rendent pas les services qu'on en devrait attendre, elles n'en sont pas moins une grande et belle institution. La République, qui les rétablit par une loi du 3 brumaire an IV, montra une haute intelligence en les réunissant dans un même corps sous le nom d'*Institut national*. Essentiellement progressive, la République n'eût pas tardé à comprendre, à rectifier, ce qu'il y avait dans leur organisation de contraire au but qu'elle s'était proposé. N'espérons pas de la monarchie des améliorations qu'elle ne peut faire sans danger pour elle-même; c'est de la démocratie qu'on doit les attendre.

Lorsque la République fonda l'Institut, elle reconnut que la première des sciences était celle du gouvernement; elle créa la classe des *Sciences morales et politiques* que supprima le despotisme impérial. Napoléon regardait comme des *idéologistes* dangereux, je me sers de son expression, les hommes qui recherchaient les moyens d'accroître la puissance du peuple et le bien-être des citoyens.

3

La classe des sciences morales et politiques a été rétablie par une ordonnance du 26 octobre 1832. Mais, fondée sur les mêmes principes que les autres Académies, elle ne peut, quel que soit le mérite des membres qui la composent, causer beaucoup d'inquiétudes à la monarchie. Elle se tient, ainsi que ses sœurs, non point en tête, mais à côté, si ce n'est en arrière, du mouvement général des esprits. Toutefois, on lui doit déjà d'utiles travaux. Que de services ne rendrait-elle pas si on la constituait sur des principes plus démocratiques, en harmonie avec les autres institutions qui seraient données à la France! Chargée de recueillir et de comparer les documents que l'antiquité et les temps modernes peuvent fournir à la science sociale, elle serait consultée avec fruit, soit par les ministres pour les projets qu'ils auraient à préparer, soit par le corps-législatif lui-même pour les lois qu'il aurait à faire.

La France est, jusqu'à ce jour, le seul pays où l'on ait établi une *Académie des Sciences morales et politiques*. Le nombre des membres qui la composent est fixé à trente; ils sont partagés en cinq sections, savoir: Philosophie, Morale, Législation, Droit public et Jurisprudence, Economie politique et Statistique, Histoire générale et philosophique. Elle nomme un secrétaire perpétuel par voie d'élection. De plus, elle a cinq académiciens libres, cinq associés, trente correspondants et quarante au plus. Elle propose au moins un prix chaque année; elle peut, en outre, proposer des prix extraordinaires. Mieux organisée, et sans cesser d'appeler au besoin le concours des étrangers, l'Académie pourrait traiter elle-même une foule de questions importantes dont la discussion répandrait une grande lumière sur la France et sur les autres pays. Elle aurait pour cela un loisir qui manque trop souvent aux assemblées législatives.

Aug. BILLIARD.

ACCAPAREMENT. C'est une action de commerce qui consiste à amasser une quantité considérable de denrées ou de marchandises afin de s'en approprier le débit exclusif et de pouvoir en fixer à son gré le prix.

L'Accaparement est fréquent dans le commerce; mais lorsqu'il ne s'exerce que sur des objets de luxe, ou du moins sur des objets qui ne sont pas de première nécessité et qui se reproduisent facilement, il n'attire guère l'attention publique. Ce n'est que lorsqu'il s'est exercé sur les subsistances que ses affreux résultats ont appelé sur ceux qui s'en rendaient coupables la colère des peuples et, quelquefois, la sévérité des gouvernements.

Qu'un particulier ou une compagnie se soient rendus maîtres de tout le blé qui se vend sur les marchés des campagnes, aussitôt la famine est dans les villes, et les campagnes mêmes en sont atteintes. Les blés de l'étranger sont éloignés: les transports sont coûteux et lents; la faim presse; on ne peut attendre une semaine, un seul jour; il faut subir la loi de l'accapareur. Est-il donc étonnant que le peuple ait quelquefois traité les accapareurs en ennemis.

Il ne faut pas de toute disette conclure un Accaparement, comme on l'a fait trop souvent. La crainte de la famine suffit pour faire enchérir le blé, même dans une année d'abondance. En effet, chacun alors accapare et met en réserve une grosse provision: il garde le blé qui lui est nécessaire pour deux années, au lieu de se contenter de la quantité qui lui suffirait pour un an. Beaucoup de producteurs gardent même la totalité de leur récolte pour la vendre plus cher; et, d'un autre côté, des spéculateurs achètent et accaparent réellement, mais sans se concerter, avec toutes les vicissitudes de la concurrence. Ceci n'est réellement dangereux que dans les années de grande disette.

Mais il y a eu des Accaparements plus sérieux, conçus et exécutés sur une grande échelle. L'antiquité et le moyen-âge les ont connus; les temps modernes sont loin d'en avoir été exempts. Ils ont effrayé les peuples et les législateurs, au point de faire prohiber le commerce du blé ou de le rendre impossible.

Cependant nos économistes ont nié la possibilité des Accaparements considérables. Il faut, ont-ils dit, d'immenses capitaux, des frais d'emmagasinement considérables. Le volume et le poids du blé rendent les transports difficiles à effectuer, plus difficiles à cacher. Toutes ces raisons prouvent seulement que les Accaparements considérables sont sérieux, mais nullement impossibles. La variété des aliments, le perfectionnement des voies de communication, les prompts secours du commerce extérieur, sont les meilleurs remèdes contre un tel fléau; mais l'intégrité, la capacité, la vigilance de l'administration peuvent seules en prévenir les ravages. COURCELLE-SENEUIL.

ACCAPAREUR. Il a été souvent question des Accapareurs pendant notre première Révolution. Depuis 1789 jusque vers la fin du dix-huitième siècle, les subsistances ont presque constamment été rares, et plusieurs individus accusés d'accaparement ont éprouvé la rigueur du peuple ou celle des tribunaux. Les écrivains qui, sous l'Empire, sous la Restauration et de notre temps, se sont plu à représenter la Révolution comme une série de violences aveugles, ont dit que les accaparements n'étaient qu'une chimère, les Accapareurs des victimes innocentes. Reportons-nous à cette époque et voyons. Depuis 1765, le peuple avait fréquemment éprouvé les horreurs de la famine, même dans les années où la récolte avait été le plus abondante. La cause de cette disette était connue. On savait qu'à la faveur des prédications inconsidérées des disciples de Quesnay, le gouvernement monarchique, en ouvrant les ports à l'exportation, en avait pris le monopole. On savait qu'une compagnie, déjà formée vers le commencement du siècle (1750), s'était reconstituée sous les auspices et l'autorité du roi; on savait que des gouverneurs de province, des intendants, des présidents de cours souveraines et, pour ainsi dire, les administrateurs en masse, étaient venus se joindre à quelques financiers pour affamer la France. On savait que cette compagnie, sous la raison *Malisset*, avait envahi tous les marchés de France avec des capitaux énormes; qu'elle avait établi ses dépôts dans les îles de Jersey et Guernesey, et qu'elle avait réalisé des bénéfices de 75, 100 et 200 p. %. On savait tout cela, et le cri populaire, étouffé par les bastilles pendant longues années, avait éclaté en 1789. Pendant les années qui suivirent, cette irritation fut provoquée et entretenue par les manœuvres, soit de la Cour, soit de la faction orléaniste.

Joignez à cela l'interruption des communications, le désordre ou plutôt l'anéantissement de l'administration, la haine désespérée des partis et les mouvements populaires. Certes, jamais les circonstances ne furent plus propices aux accaparements, non pas généraux et s'exerçant sur la totalité du territoire, comme sous le règne de Louis-le-Bien-Aimé, mais locaux et restreints à une province, à un district, à une ville, à un bourg. Loin de s'étonner de leur existence, on devrait s'étonner qu'ils n'eussent pas existé.—Il y eut alors des acapareurs; nos pères les punirent et ils agirent justement.   C.-S.

ACCEPTATION, consentement *exprimé* qui rend définitive, moralement et légalement valable, une promesse, une convention, une donation.

Appliqué à la politique, ce mot exprime plus particulièrement l'action d'accepter une charge, une commission, une constitution ou une couronne.

Ainsi, l'on dit qu'après s'être fait offrir la couronne, Cromwell refusa de l'accepter; et, au contraire, qu'après se l'être laissé offrir, le prince qui règne actuellement en France s'empressa de l'accepter.

Selon les écrivains monarchiques, l'Acceptation, même implicite et silencieuse, des conditions qu'il a plû aux princes d'octroyer, lie, d'une manière irrévocable, les peuples à leur personne sacrée; quant à eux, la raison d'état les dégage en toute occasion des engagements les plus solennels.

Les casuistes et les jurisconsultes ont longuement discuté la question de savoir quand et comment l'Acceptation devient irrévocable: nous ne rapporterons pas ici leurs arguments, qui ne sont bien souvent que des arguties, et nous nous conterons de renvoyer les personnes qui seraient curieuses de ces sortes de disputes à Grotius, *Droit de la guerre et de la paix*, L. 2, Ch. 6, 11 et 16; à Puffendorf, *Droit de la nature et des gens*, L. 3, Ch. 6, 7 et 9, et aux notes de leur traducteur et commentateur Barbeyrac.   E. D.

ACCESSION. En matière de droit international, c'est l'acceptation absolue ou conditionnelle, par un ou plusieurs états, d'un traité déjà conclu entre deux ou plusieurs autres états.

Ainsi, à l'époque où nous sommes, le roi des Belges et le roi des Pays-Bas ont accédé au traité dit des vingt-quatre articles, conclu en 1831 entre les gouvernements de France, d'Angleterre, de Prusse, d'Autriche et de Russie. Au siècle dernier, le roi de Sicile et le roi d'Espagne accédèrent au traité de la quadruple alliance (1718). En 1726, l'Empereur, les Etats-Généraux et la Suède accédèrent, le premier au traité de Stockholm, les deux autres au traité d'Hanovre. Le grand-duc de Toscane accéda, en 1731, au traité de Vienne.

L'Accession est, comme nous l'avons dit, absolue ou conditionnelle; elle est aussi volontaire ou forcée. Les Accessions volontaires ne soulèvent aucune objection; elles résultent logiquement du droit de Souveraineté. Quant aux Accessions forcées, si elles sont quelquefois le produit de la violence et de l'oppression, elles ne sont cependant pas toujours illégitimes. Les peuples, comme les individus, sont sujets à des écarts qui doivent être réprimés, et le droit de contraindre un gouvernement d'accéder à certaines conditions n'est autre, en définitive, que le droit de faire la guerre. Toute la question se réduit à savoir distinguer le juste de l'injuste. Et, par exemple, personne n'a songé à jeter du blâme sur les gouvernements de France, d'Espagne et d'Angleterre, parce qu'ayant conclu le traité d'Aix-la-Chapelle ils convinrent d'y faire accéder les autres puissances belligérantes. Mais tous les esprits éclairés reprocheront aux cinq puissances, signataires du traité des vingt-quatre articles, la violence morale qu'elles ont exercée sur la nation belge, en la contraignant de subir des conditions injustes et dont l'acceptation ne lui était imposée ni par la lettre ni par l'esprit des règles du droit des gens.

Ces violences, d'ailleurs, ne seront plus à craindre, lorsque l'état de l'Europe permettra de régulariser l'exercice du droit par l'institution d'un tribunal international. (V. ALLIANCE.)

Il n'est pas besoin d'ajouter que les Accessions sont obligatoires à l'égal des traités eux-mêmes.

Inutile aussi de retracer le formulaire de ces sortes d'actes; cela n'intéresse que les apprentis diplomates et les employés de chancellerie.   E. D.

ACCLAMATION. Dans son sens grammatical, ce mot signifie *cri d'enthousiasme en faveur de quelqu'un ou de quelque chose*. Cette simple définition suffit pour indiquer les diverses applications qu'en peut faire la langue politique.

La plus ordinaire a trait à l'élection des princes ou des hauts magistrats. C'est ainsi que, chez les Romains, les empereurs étaient généralement élus par voie d'Acclamation. On conçoit du reste que l'Acclamation ait dû être la formule la plus ordinaire du vote dans les états de l'antiquité, où les affaires étaient traitées par le peuple assemblé sur les places publiques. Cependant, ce mode d'élection ou d'approbation a été aussi usité dans les corps délibérants, et, plus d'une fois, le sénat a élu par Acclamation comme les prétoriens et le peuple.

On nommait aussi Acclamation l'assentiment populaire donné à la gestion des magistrats.

L'Acclamation a été en usage dans les conciles, qui l'employaient, soit comme simple formule d'hommage, pour souhaiter de longues années, aux empereurs, soit comme formule officielle, pour exprimer l'unanimité en faveur d'une motion quelconque. Il y eut Acclamation dans ce sens, aux conciles de Chalcédoine et de Trente.

Acclamation a, en Portugal, une signification spéciale sous le rapport historique. Les Portugais appellent de ce nom la promotion faite par eux, le 1er décembre 1640, du duc de Bragance au trône qu'ils fondèrent sur les débris de la domination espagnole, dont ils venaient de s'affranchir. Depuis lors, cette époque est une sorte de jalon mnémonique, qui leur sert à préciser les dates, et ils disent vulgairement : « Tel fait a eu lieu avant, pendant, ou après l'Acclamation. »

L'Acclamation n'a plus de valeur officielle dans la politique moderne. Elle peut appuyer ou corroborer, en fait, telle promotion ou telle mesure ; mais en droit elle ne crée ni n'établit rien.

En Angleterre, cependant, l'élection des représentants de la Chambre des Communes peut avoir lieu quelquefois par un mode qui se rapproche beaucoup de l'Acclamation. Lorsqu'un candidat ne trouve aucune opposition dans les hustings, ou que l'épreuve des mains-levées paraît assez décisive aux électeurs pour qu'aucun d'eux ne réclame l'ouverture du poll, c'est-à-dire le dénombrement et la division des suffrages exprimés, le candidat désigné est immédiatement proclamé. Lors des élections de 1832, sur les 658 membres de la Chambre des Communes, 55 furent élus par Acclamation.

C'est, du reste, l'Angleterre qui, dans sa vie politique, fait le plus fréquent usage de l'Acclamation. Dans ses immenses meetings ou réunions populaires, les assistants acclament pour tel personnage ou telle mesure par des bravos, ou blâment par une sorte de grognement ; les résolutions des meetings sont aussi adoptées par Acclamation.

L'histoire de France compte ses Acclamations. Pour nos premiers rois, l'Acclamation et le triomphe sur le pavois venaient fort utilement au secours d'une légitimité peu puissante par elle-même ; les changements de dynasties ont aussi fondé leurs droits sur l'Acclamation.

La royauté née de la révolution de 1830 tire son origine légale du vote du 7 août. Mais les publicistes qui, avant les lois de septembre, entreprenaient de la défendre contre les objections faites touchant la valeur de ce vote, excipaient en sa faveur de la sanction morale dont l'avait fortifié ce qu'ils appellent le vœu national, c'est-à-dire l'Acclamation (équivoque et insignifiante, d'après leurs adversaires), qui a eu lieu après 1830 par l'organe des conseils municipaux et des députations des gardes nationales.

A ce propos, et sans vouloir faire une application spéciale que repousserait, d'ailleurs, le caractère de généralité d'un Dictionnaire politique, il y a lieu de distinguer entre deux espèces d'Acclamations, qui sont souvent l'objet d'une confusion dangereuse pour les principes. Ainsi l'on dit souvent : « Tel prince a été élu par Acclamation, » sans préciser la date qu'occupe cette Acclamation dans le fait électoral. C'est pourtant un point capital. Il y a, en effet, l'Acclamation qui constitue et opère l'élection même, et l'Acclamation qui suit cette élection. Or, il y a une différence essentielle de valeur entre ces deux genres d'Acclamation. La première en a beaucoup, parce qu'elle est un mode plus ou moins bon, une expression plus ou moins sûre de l'élection directe ; mais la seconde n'en a que fort peu, étant seulement un applaudissement après le vote. Or, quelle puissance établie a jamais manqué d'Acclamations? L'Acclamation est d'autant plus commune après une élection consommée que le prince promu exerce la double séduction du pouvoir et du fait accompli. En outre, ce genre d'Acclamation postérieure à l'intronisation est d'autant moins significatif que la démonstration en sens contraire ne peut presque jamais avoir lieu, exposée qu'elle serait à être réprimée à titre de sédition. Il est donc bon et même nécessaire de distinguer soigneusement, en matière de suffrage national, entre l'Acclamation proprement dite, qui est le vote lui-même, et l'Acclamation plus ou moins sincère et générale qui peut suivre le vote, et que les pouvoirs nouveaux ne manquent jamais de nous donner comme étant une précieuse consécration.

Cette dernière nuance nous met sur la voie de l'acception la plus usuelle du mot Acclamation dans le langage politique. Il n'est pas de bulletin de cour qui, lorsqu'un roi se montre un jour de fête, ou voyage dans ses états, ne dise qu'il a été reçu partout avec les Acclamations les plus vives, etc. Ces Acclamations ont été et peuvent être réellement, en certain cas, un salut enthousiaste des populations ; mais il en est d'autres, et celles-là sont plus usitées, qui ne sont qu'un mot d'ordre donné à quelques gagistes par la courtisannerie, sous l'influence des fonds de police. Il y a des signes certains auxquels on peut distinguer les deux espèces ; mais nous jugeons inutile de les énumérer, car le bon sens public ne s'y trompe jamais.

ALTAROCHE.

ACCRÉDITER. C'est l'acte de constituer légalement et officiellement un agent diplomatique auprès d'une puissance étrangère. De l'usage d'envoyer des ambassadeurs découle naturellement la nécessité de les investir d'un caractère public qui soit, tout à-la-fois, leur sauve-garde et la garantie de la nation auprès de qui on les envoie. Autrement, les fraudes seraient trop faciles : elles l'eussent été surtout à l'époque où les communications entre les divers pays étaient très-peu fréquentes.

Martin du Bellay raconte dans ses Mémoires que François Ier voulant entretenir quelques intelligences en Italie, d'où il avait été récemment chassé, envoya auprès du duc de Milan un de ses écuyers nommé Merveille. Merveille emportait avec lui des lettres de créance et des instructions d'ambassadeur ; mais les unes et les autres étaient secrètes, et il ne devait rendre publiques que des lettres de recommandation personnelle. Ainsi, dans la pensée du roi, Merveille était ambassadeur, tandis que pour le duc il n'était légalement qu'une personne privée. Jaloux de se ménager la faveur de l'empereur qu'inquiétait la présence de Merveille à Milan, le duc fit arrêter celui-ci comme coupable de meurtre et il lui fit trancher la tête. Si l'ambassadeur secret eût été revêtu d'un caractère public, officiellement reconnu, il est peu probable que François Sforce eût osé le faire mettre à mort. .

Il faut se reporter aux annales de l'absolutisme moderne pour trouver des exemples d'agents diplomatiques assassinés par ordre des gouvernements auprès de qui ils étaient accrédités : c'est d'abord, le meurtre de Basseville, assassiné à Rome au milieu d'une sédition fomentée par le gouvernement papal ; c'est, ensuite, le lâche et hypocrite attentat consommé par les ordres de l'Autriche sur les personnes de Bonnier, Roberjot et Jean Debry, ambassadeurs de la République française au congrès de Rastadt. (V. LETTRES DE CRÉANCE.)

E. D.

ACCUSATEUR PUBLIC. Sous l'empire de la loi romaine, tout fait qui portait atteinte aux droits de tous ou aux droits d'un seul pouvait être dénoncé publiquement par quiconque faisait partie de la société. Tout citoyen pouvait se porter Accusateur, soit au nom de la morale publique, soit au nom de l'intérêt privé. A l'origine des sociétés modernes, les envahisseurs de race germanique, qui, dans presque toute l'Europe, sont venus se greffer sur le vieux monde romain, n'ont guère tenu compte que des intérêts individuels. L'offensé demandait la réparation ou la punition de l'offense ; mais si l'offensé se taisait, la Société restait muette. Avec cette législation vicieuse à force de simplicité, on était toujours dans l'alternative, ou de voir le crime impuni à défaut de poursuivants, ou de placer l'accusé et l'Accusateur lui-même en face d'une haine personnelle, et de voir ainsi l'action de la justice faussée ou annulée.

Aussi devons-nous considérer comme une des plus belles créations du génie moderne l'institution d'une magistrature chargée de représenter la loi dans ce qu'elle a de plus solennel, le châtiment.

L'accusation ne fut plus, dès-lors, une voix isolée, hurlant des paroles de colère et de sang, et provoquant de nouveaux désordres en réparation de désordres passés : ce fut la voix commune, la voix calme de la Société se résignant à un sacrifice, et demandant pour la garantie de tous un douloureux holocauste.

Il y a dans le rôle d'Accusateur public quelque chose de si auguste, et, j'ose le dire, de si religieux, qu'il ne faut pas s'étonner de voir qu'il ne soit compris ni par les individus qui l'exercent, ni par le pouvoir qui choisit ces individus. Nous dirons au mot MINISTÈRE PUBLIC ce que l'Accusateur public est aujourd'hui et ce qu'il devrait être. Il y a là plus d'une réforme à introduire.

Dans le temps où les rois étaient les chefs de la hiérarchie judiciaire, le magistrat chargé de l'accusation s'appelait avec quelque raison avocat du roi ; à la Révolution, il revêtit le titre de sa fonction, et prit le nom d'*Accusateur public*. Aujourd'hui, qu'on a prétendu séparer le pouvoir exécutif

du pouvoir judiciaire, c'est un contre-sens de conserver aux membres du parquet les antiques dénominations ; mais le régime constitutionnel fait à chaque pas les mêmes fautes de logique : il ne peut se résoudre à rompre avec le passé.   E. R.

ACCUSATION. C'est l'action d'appeler sur un fait condamnable, soit les sévérités de l'opinion, soit les sentences des tribunaux. Dans le langage purement judiciaire, accuser, c'est déférer la connaissance d'un crime à une haute juridiction, et provoquer contre celui qui l'a commis la vindicte publique.

Toute société a des lois destinées à protéger l'ordre et les droits de tous contre les passions individuelles. L'infraction à ces lois, lorsqu'elle compromet gravement l'existence sociale ou celle des citoyens, la fortune publique ou les propriétés particulières, est un crime ; il faut qu'elle soit réprimée. De là, l'institution des tribunaux criminels, qu'on retrouve, sous des formes et des noms différents, chez toutes les nations et à tous les âges du monde ; de là, aussi, la nécessité d'une action individuelle ou publique, qui amène la coupable présumé devant son juge, produise contre lui les charges qui l'incriminent, et réclame à son égard l'application de la loi pénale.

Dans les sociétés primitives, empreintes encore des mœurs de la famille ou tribu, et fortement dominées par la pensée religieuse, l'Accusation était comme un rigoureux devoir de conscience pour celui qui avait vu une main coupable, ou ravir la propriété, ou verser le sang. Chacun croyait devoir une expiation à la pureté des mœurs domestiques que la faute d'un seul avait entachée ; chacun, en présence d'un Dieu que l'imagination des jeunes peuples leur dépeint toujours ardent à la vengeance, se sentait un intérêt puissant à désarmer par la punition du coupable la colère céleste attirée sur toute la tribu.

Le gouvernement et les mœurs démocratiques retinrent, sous une civilisation plus avancée, les habitudes de l'ère patriarcale. Là, où toute puissance gouvernementale, législative, judiciaire, est aux mains du peuple, il est rationnel que le droit d'accuser appartienne directement à chaque citoyen.

Quel qu'en puisse être l'abus, ce droit sera soigneusement conservé comme la sauve-garde même des libertés publiques ; car, sous le gouvernement populaire, la chose publique est, tout à-la-fois, de la part de quelques-uns, le point de mire de l'ambition ou de la cupidité, et, de la part du grand nombre, l'objet d'une sollicitude ombrageuse. Forcé de remettre à quelques citoyens le maniement des deniers publics, les négociations les plus importantes, et le commandement des flottes et des armées, le Peuple ne se croira sûr de rétablir l'égalité et de sauver la liberté que s'il se réserve à lui-même, selon les circonstances, le droit d'accuser de concussion, de trahison, de tyrannie, ceux à qui il aura un instant abandonné quelque portion de sa puissance.

Dans les états monarchiques qui se formèrent des démembrements de l'Empire romain, et par le glaive de quelques chefs Barbares, un autre ordre de faits et d'idées devait conduire à des institutions tout opposées. La puissance militaire et féodale concentrée dans une seule main absorbait tout, et, ne pouvant suffire à tout, déléguait les pouvoirs secondaires. A côté des grands corps judiciaires qui rendaient la justice au nom du roi, s'éleva, après une longue suite d'accroissements et de transformations, un corps d'officiers publics chargés de veiller aux intérêts du Souverain, de plaider pour son trésor, de faire réprimer les empiétements sur ses domaines; et comme, selon les idées monarchiques, tous les intérêts sociaux se confondent dans l'intérêt du monarque, l'avocat des causes du roi devint le défenseur de l'ordre, l'accusateur officiel de tous ceux qui enfreignaient les lois. L'idée d'un ministère public s'aperçoit en germe dans les capitulaires de Charlemagne, et, plus tard, nous trouvons la fonction instituée et active auprès des Parlements.

Dans la grande réforme de 1789, cette institution fut jugée bonne à maintenir, comme un progrès sur les idées des sociétés antiques, comme une nécessité dérivant de l'état des mœurs publiques dans les sociétés modernes.

En effet, accuser un citoyen, c'est exercer au détriment de son repos, de son honneur, une action énorme, puisqu'elle appelle sur sa tête l'animadversion, le mépris publics, et toutes les rigueurs des lois. Il est donc utile que la fonction d'accuser soit une fonction sociale plutôt qu'une licence individuelle. Car on s'épouvante, et avec raison, à la pensée que l'envie, la haine, toutes les plus basses passions du cœur de l'homme, pourraient se couvrir du manteau de l'intérêt social pour persécuter et quelquefois pousser à sa perte un citoyen honnête, coupable seulement d'avoir été grand et utile à son pays, ou sévère aux méchants. Caton, un des plus austères Romains, fut accusé quarante-deux fois. S'il est dans l'histoire des Républiques anciennes une page qui assombrisse l'éclat qu'elles ont jeté dans le monde, c'est celle où se déroulent les crimes des délateurs, qui, par vengeance, ou pour de l'argent, savaient changer la vertu en crime, et déshonoraient les lois mêmes dont ils se faisaient des complices.

Ce n'est pas que l'institution du ministère public ait toujours prévenu le mélange des passions personnelles aux motifs d'ordre général qui imposent le devoir d'accuser. La justice politique surtout a souvent révélé dans des hommes investis d'une mission terrible de honteuses et déplorables préoccupations; l'homme de parti apparaissait sous la toge du magistrat; il mettait à profit son rôle d'accusateur, comme un ennemi politique saisit l'occasion de se venger. Mais, à part ces exceptions, il faut bien reconnaître que, dans le cercle des affaires ordinaires, il y a plus de garanties d'examen et de mesure, et plus de chances d'impartialité dans l'officier public qui relève de la loi seule, que dans l'homme qui se donne à lui-même la mission d'accuser, et ne s'inspire le plus souvent que d'une passion ardente, aveugle ou sordide.

Ce qu'il était possible, d'ailleurs, dans la rigidité des mœurs républicaines, d'attendre du dévoue-

ment des citoyens fortement soutenus par le sentiment du devoir, nul n'oserait le demander à nos mœurs, molles, ennemies de la gêne et du danger, et concentrées dans les intérêts de la famille. Le crime irait longtemps la tête haute, avant qu'il se levât dans nos sociétés modernes autant d'accusateurs que de coupables, d'accusateurs surtout mus seulement par l'amour désintéressé de l'ordre et des lois. Enfin, la protection que la justice est appelée à étendre sur tous les intérêts sera toujours plus uniforme, plus complète et plus sûre, lorsqu'elle sera confiée à une magistrature spéciale, ayant partout les mêmes esprit, les mêmes traditions, et suivant, à l'égard de tous, les mêmes règles, que lorsqu'elle ne résidera que dans le dévouement spontané, dans l'action libre et irrégulière de quelques citoyens agissant sous leur inspiration personnelle.

Si nous jetons maintenant un coup-d'œil sur les formes que revêt l'Accusation, d'après la législation qui nous régit, nous rencontrons d'abord l'importante distinction à établir entre le prévenu et l'accusé. Tous deux, ils sont poursuivis et incriminés pour infraction aux lois, mais le degré de gravité de l'action qu'on impute à chacun établit entre eux une différence énorme. Le *prévenu* n'a à répondre que d'un délit; il est traduit devant la police correctionnelle; et s'il succombe, il n'encourra, au maximum, qu'un emprisonnement de cinq années, à moins qu'il ne soit en état de récidive, ce qui pourrait, dans certains cas, lui faire appliquer le double de cette peine. L'*accusé* est sous le coup d'une poursuite pour cause de crime; il comparaîtra devant les tribunaux criminels (dans le droit commun, devant la cour d'assises); les peines les plus graves l'attendent s'il est reconnu coupable, et l'Accusation a trop souvent pour dernier terme le bagne ou l'échafaud.

Elle parcourt trois degrés; au premier, nous rencontrons un tribunal spécial qui a mission de prononcer, sur le vu de l'instruction écrite, s'il y a lieu, ou non, d'accuser. Cette juridiction est exercée, sous le code d'instruction criminelle de 1808, par une des chambres de chaque Cour royale, qu'on appelle *Chambre des mises en Accusation*. L'homme qu'on incrimine n'est pas entendu, il n'est pas représenté, il n'a pas eu communication de la procédure; il a seulement la faculté de présenter un mémoire justificatif.

Le Code de brumaire an IV avait emprunté à la législation criminelle de l'Angleterre et des Etats-Unis un jury d'Accusation, remplissant à ce degré de l'instruction des fonctions analogues à celles du jury adjoint aux Cours d'assises. On multipliait ainsi les garanties en faveur de l'inculpé; il rencontrait le jugement de ses pairs, non-seulement au moment suprême où son sort va se décider, mais sur le seuil même du redoutable tribunal, et avant de subir les chances et les tortures morales de l'Accusation. Cette institution n'a pas été conservée dans les codes de l'Empire; c'était l'époque où l'on restreignait le plus possible l'intervention des citoyens dans l'exercice de tout pouvoir. Des formes plus simples et plus rapides furent préférées à des garanties plus fortes contre le danger d'Accusations hasardées.

Le système actuel, qui laisse tant à désirer sous ce dernier rapport, est encore aggravé par l'esprit qui préside ordinairement à la composition des Chambres des mises en Accusation. S'il existe dans une Cour royale des magistrats dont l'âge a affaibli et presque éteint les facultés, des vieillards devenus presque incapables d'attention et de perspicacité, c'est à la Chambre des mises en Accusation qu'on les confine, comme dans une sorte de retraite et de sinécure; et des hommes à qui l'on tremblerait de soumettre la décision des moindres intérêts civils sont appelés à résoudre les questions les plus épineuses du droit criminel, à démêler la vérité au milieu des éléments compliqués et obscurs d'une procédure écrite; ces hommes sont exposés chaque jour à prolonger les angoisses d'un innocent, arraché à sa famille et à la liberté, bien plus, à préparer, par un arrêt d'Accusation irréfléchi, d'épouvantables erreurs qu'on ne répare pas.

Après l'*Arrêt de mise en Accusation* prononcé par les magistrats, vient l'*Acte d'Accusation* dressé par le ministère public. Il doit être l'exposé clair et précis de toutes les circonstances du fait incriminé, de toutes les charges qui s'élèvent contre l'accusé. Il se termine par la formule même de l'Accusation telle qu'elle est déterminée par l'arrêt. L'un et l'autre sont signifiés à l'accusé. Et, dès ce moment, placé plus spécialement sous le coup de la vindicte publique, il est transféré dans la prison consacrée au service de chaque Cour d'assises, et qu'on nomme *Maison de Justice*.

Le jour du jugement est venu, l'accusé est devant ses juges. Ce dernier acte d'un drame lugubre s'ouvre par la lecture que fait le greffier de l'*Acte d'Accusation*. Cette Accusation est précisée de nouveau par le ministère public, reproduite par le président de la cour d'assises, dans les détails de l'interrogatoire qu'il fait subir à l'accusé, développée par les dépositions des témoins à charge, confirmée, passionnée souvent, par la chaleur d'un réquisitoire, résumée enfin par le président, puis livrée à la conscience du jury.

Ce n'est pas ici le lieu d'examiner la part d'obligations et de responsabilité qui revient à chacun de ceux qui, comme officiers publics ou comme citoyens, concourent à cette solennelle épreuve de l'Accusation. Mais nous ne devons pas quitter ce sujet sans nous arrêter sur une réflexion qu'un sens droit et l'amour de l'humanité suggèrent à tous ceux qui ont vu le spectacle d'une Cour d'assises.

Cet homme qu'on vient d'extraire d'un cachot, qui est là, seul sur un banc d'infamie, au milieu de l'appareil de la force publique, sous les yeux de la multitude qui vient se repaître de ses angoisses, et en face des fers ou de la mort, est-ce donc un coupable? Non: c'est un accusé. C'est un malheureux, à coup sûr; car il a été arraché à ses affaires, à sa famille; il a échangé contre l'ignominie d'une prison sa liberté et son foyer domestique. Son honneur a été flétri d'une tache qui ne s'efface jamais

entièrement, et son sort va dépendre du jugement de quelques hommes. C'est un innocent peut-être!.. Pourquoi donc envers cette victime des nécessités de la justice humaine tant de rigueurs, tant de dédains, une parole si superbe et si dure? Pourquoi contre lui ces formes hostiles qui l'intimident et le paralysent! pourquoi ces éclats d'éloquence qui peuvent le perdre, quoique innocent, en éblouissant les yeux, en passionnant l'âme de ses juges? On a dit du malheureux que c'est une chose sacrée; on devrait le penser de l'accusé, et cette pensée, la traduire en égards, en protection pour celui qui paie si chèrement sa dette à l'intérêt social. L'accusé, il est seul contre tous; faible, contre les forts; enchaîné, contre des adversaires qui agissent dans toute leur liberté. Sa défense, il n'a pu la préparer sans entraves; presque toujours, il est impuissant à la présenter lui-même, il faut qu'il emprunte une voix étrangère, et le chagrin et les inquiétudes qui l'obsèdent ne lui laissent pas même toute la liberté de son esprit pour discuter les témoignages habilement rassemblés et dirigés contre lui.

Dans les Républiques anciennes, on ne comprenait pas que le simple soupçon pût placer un citoyen dans une condition aussi dure que celle que lui aurait faite sa culpabilité démontrée. A Athènes et à Rome, l'accusé ne cessait d'être libre que lorsqu'il était convaincu et condamné.

En France, terre généreuse, plus généreuse par les mœurs que par les lois, si le législateur rigide a préféré traiter préventivement l'innocent en coupable que de courir la chance de laisser un crime impuni, il siérait bien, du moins, à la magistrature d'environner l'accusé des égards auxquels il n'a pas cessé d'avoir droit, et de laisser à l'Accusation toute la dignité d'une œuvre de justice, en la faisant toujours grave dans sa force, humaine dans sa sévérité.   H. CORNE.

ACTE. L'accomplissement ou l'attestation d'un fait quelconque dans la vie publique. En jurisprudence, *donner Acte* c'est témoigner d'une circonstance au moyen d'un document écrit; ainsi, il y a des *Actes sous seing-privé*, des *Actes authentiques*, des *Actes de notoriété*, etc. On sait que toute personne dont la nationalité n'est pas suffisamment établie peut suppléer au doute qui plane sur sa naissance par un *Acte de notoriété*.

Chez les Romains, on appelait *Acta senatûs* les procès-verbaux des séances et des travaux du Sénat, et *Acta consitorii* les édits et les décisions du Conseil des empereurs.

En Angleterre, le mot *Acte* sert à désigner tous les arrêtés qui émanent du pouvoir législatif des deux chambres du Parlement. Mais il y a une distinction qu'il importe de bien établir. Tout projet de loi adopté par les chambres anglaises reçoit d'abord le nom de *Bill*; il ne prend la dénomination d'*Act* qu'à partir du jour où il est sanctionné par la Couronne. Enfin, les diverses lois de chaque session réunies en corps, par chapitres ou par numéros d'ordre, forment ce qu'on appelle un *Statute*. S'agit-il, par exemple, d'indiquer l'époque, le règne et la session auxquels se rapportent la Déclaration des droits, on écrira 1. W et M St. 2. c. 2., ce qui veut dire que cet Acte appartient à la première année du règne de Marie et de Guillaume, et qu'il forme le second chapitre du deuxième statut.

Les trois premiers abrégés des Actes du Parlement qui aient paru en Angleterre ont été publiés par Rastal, en 1559; par Palton, en 1606; par Wingate, en 1641. Depuis, Hughes, Manby, Washington, Boult, Nelson et Cay successivement donné des recueils du même genre.

En France, la fameuse Constitution de 1791 a été désignée originairement, par tous les pouvoirs publics, sous le nom d'*Acte constitutionnel*. Le même titre général a été appliqué, un peu plus tard, à la Constitution de l'an II, par la Convention nationale. Mais nous ne voyons pas qu'on ait inscrit cette simple formule en tête des diverses constitutions qui depuis ont régi la France, sous le Directoire, le Consulat, l'Empire et la Restauration. Il est inutile dire que l'*Acte additionnel* des Cent-Jours n'a rien de commun avec l'*Acte constitutionnel* de 1791, ni avec celui de l'an deuxième de la République.

Les *Actes du congrès de Vienne* ont été publiés à Paris, en 1815, par le conseiller aulique Frédéric Schœll, d'après les pièces authentiques déposées aux archives de la cour de Berlin. C'est un volumineux recueil formant vingt-six feuilles d'impression. Comme on le voit, la France aura beaucoup à faire le jour où elle se prendra sérieusement à déchirer et à jeter au vent toutes les pages de ces Actes des rois.   A. GUILBERT.

ACTE ADDITIONNEL. Lorsqu'après quelques mois d'exil, Napoléon vint, en 1815, ressaisir pour un moment la couronne impériale, il se trouva dans une position unique peut-être dans les fastes du monde. Sorti de la Révolution, élevé par les services qu'il lui avait rendus, il s'était séparé des hommes qui avaient voulu, établi et défendu la République, des hommes qui avaient abattu l'ancien régime, repoussé l'ennemi du territoire national et fait retentir en Europe un appel aux principes démocratiques, appel auquel les peuples avaient répondu. Les persécutions mesquines et brutales du gouvernement impérial, son caractère despotique et contre-révolutionnaire, lui avaient aliéné les patriotes les plus purs et les plus fervents. En 1814, la corruption que l'empereur avait répandue en combattant les idées républicaines avait réagi contre lui ; il avait cessé d'être le représentant d'un principe : il fut trahi et sacrifié. Les patriotes les plus intelligents comprenaient seuls qu'il soutenait encore le drapeau de la Révolution, et ils le soutinrent ; ceux qui ne le regardaient que comme un instrument de contre-révolution lui préférèrent les Bourbons.

La Charte apportée par Louis XVIII, en 1814, avait ramené sous le drapeau blanc les libéraux, c'est-à-dire les hommes qui aspiraient à la liberté dont Bonaparte les avait si longtemps sevrés. Appeler la France à un régime représentatif, quelque imparfait qu'il fût, en lui imposant une race

de princes justement proscrits, était un acte habile. C'était montrer aux observateurs superficiels plus de souci des vœux et des intérêts révolutionnaires que n'en avait montré Napoléon lui-même. C'était faire à propos une concession nécessaire ; c'était affaiblir à l'avance le seul point d'appui auquel le vainqueur de Rivoli et de Marengo pût avoir recours.

Donc, lorsque Napoléon remonta sur le trône, en 1815, et qu'il fit un appel aux hommes, aux passions et aux intérêts de la Révolution, il trouva la Charte entre la France et lui. On se souvenait bien encore qu'il avait été successivement général et magistrat de la République, mais on se défiait de l'Empereur, malgré ses belles paroles ; on lui demandait des garanties contre le retour du despotisme, on lui demandait une Constitution.

Il lui répugnait de la donner. D'une part, il sentait qu'il s'agissait de faire la guerre plutôt que d'organiser la nation ; de l'autre, il ne pouvait renoncer à ses antécédents impériaux. Il avait bien appelé autour de lui les hommes de la Révolution, il en parlait bien le langage, mais il s'indignait contre l'opinion qui exigeait le sacrifice de ses tendances despotiques et un retour sincère aux principes révolutionnaires. Il résistait aux conseils des patriotes qui l'entouraient, et refusait d'être ce qu'il s'était lui-même proclamé, un homme nouveau. Cependant, il fallut céder et préparer cette constitution que l'opinion réclamait si hautement. Napoléon apporta dans les discussions beaucoup de mauvaise humeur ; il défendit pied à pied ses vieilles idées. « Vous m'ôtez mon passé, disait-il à ses conseillers ; je veux le conserver. Mes onze ans de règne ! L'Europe sait si j'y ai des droits. Il faut que la nouvelle constitution se rattache aux anciennes ; elle aura la sanction de plusieurs années de gloire. Les constitutions impériales ont été acceptées par le peuple. » Ce fut de cette lutte entre l'empereur et les exigences de l'opinion que sortit l'*Acte additionnel aux constitutions de l'Empire*.

On pouvait faire à cette constitution plusieurs reproches. D'abord, ce n'était guère qu'un maladroit plagiat de la Charte de Louis XVIII. Placé entre les souvenirs du passé et les nécessités du présent, Napoléon avait perdu l'initiative et l'avait laissé prendre aux Bourbons. Il donnait aux deux chambres les attributions que la Charte leur avait conférées ; les membres de la chambre héréditaire ne s'appelaient plus *Sénateurs* comme avant 1814, mais *Pairs de France* comme les avait nommés la Charte. Les membres de la chambre élective prenaient, il est vrai, le nom de *Représentants*, que Napoléon leur avait autrefois officiellement et énergiquement refusé, mais leurs attributions étaient les mêmes que celles des *Députés* de Louis XVIII.

Voici les principales différences qui distinguaient l'une de l'autre les deux constitutions :

1º Dans l'Acte additionnel, les fonctions de l'empereur n'étaient point définies ; — dans la Charte, celles du roi l'étaient par l'article 14 L'un valait l'autre.

2º L'Acte additionnel ne faisait pas, comme la

Charte, de réserves en faveur des cours prévôtales.

3° L'Acte additionnel promettait l'abrogation de l'art. 75 du titre VIII de l'Acte constitutionnel du 22 frimaire an VIII. Cet article, qui consacre encore aujourd'hui l'impunité des agents du pouvoir, n'était peut-être pas connu des émigrés qui avaient rédigé la Charte. Ils n'en avaient rien dit : plus tard, ils s'en souvinrent.

4° Enfin, la partie la plus importante de la constitution, le grand ressort, si l'on peut le dire, de tout système représentatif, la loi électorale, n'était point inscrite dans la Charte. Par cette omission cauteleuse dont on a de nouveau fait usage plus tard, Louis XVIII se réservait implicitement le pouvoir de réduire au néant toutes les promesses qu'il prodiguait. Napoléon ne fut pas aussi prudent : il proclama, sauf quelques modifications, le maintien des élections à deux degrés. Mais tout le monde connaissait les déceptions de ce système ; il était depuis longtemps jugé et condamné.

Aussi l'*Acte additionnel*, discuté avec précipitation, avec chaleur, en petit comité, loin de la lumière et du soleil, l'Acte additionnel, que la France n'obtenait qu'après l'avoir impatiemment attendu et hautement demandé, souleva un mécontentement universel et rapide. Tout le monde sentit que c'en était fait de l'Empire et de l'empereur qui, comme les Bourbons, n'avait rien oublié ni rien appris. Les patriotes se rappelaient avec douleur les constitutions solennelles qui avaient organisé la France républicaine, et dont la première page était un exposé des principes démocratiques ; ils gémissaient de voir, à la veille d'une invasion du territoire, la patrie marchandée par deux prétendants au trône, tous deux porteurs de constitutions octroyées, tous deux se donnant des airs de libérateurs, lorsque, le cœur plein de projets liberticides, ils ne faisaient à la nécessité impérieuse des circonstances que les plus petites concessions possible, et que ces concessions renfermaient un mensonge.

Les représentants de 1815 eurent tort sans doute de trop se préoccuper des mauvais desseins de l'empereur. La majorité d'entre eux était mue par des sentiments honnêtes ; mais elle eut le malheur de ne pas sentir que l'indépendance nationale était la première condition de la liberté. L'histoire en demandera compte à ceux qui, le lendemain de Waterloo, ont osé se révolter contre l'empereur ; mais elle sera sévère en même temps pour Napoléon et pour l'Acte additionnel, œuvre incohérente et caduque de la vieillesse politique d'un grand homme.   COURCELLE SENEUIL.

ADJUDICATION. C'est un marché fait aux enchères, avec publicité et concurrence.

Il y a trois sortes d'Adjudications : 1° Adjudications volontaires ; 2° Adjudications judiciaires ; 3° Adjudications administratives. Ces dernières seulement se rattachent à la politique.

Longtemps, les marchés que concluaient l'État, les corporations, les établissements publics, avec des particuliers ne furent soumis à aucune forme particulière. Ce que nous appelons aujourd'hui, Domaine Public n'était autre chose que le domaine privé du prince, et la France, suivant la sentence exacte de Mézeray, se gouvernait plutôt comme un grand fief que comme une monarchie. Le prince était libre d'affermer ses terres ou les revenus que produisaient les impôts ; il pouvait, avec la même liberté qu'un simple particulier, passer tous les marchés relatifs aux fournitures que les armées permanentes rendirent nécessaires, et, en général, tous les marchés qu'il lui convenait de faire. La concession directe était la forme la plus ordinaire ; et, comme l'administration des biens du prince était fort étendue et très-compliquée, tous ces marchés furent la source de gains énormes et illicites pour les ministres et les administrateurs, qui recevaient presque toujours sous forme de cadeau une bonne part des prix.

La Révolution vint modifier ce déplorable état de choses. En changeant le titre du pouvoir du prince et la base du droit public, elle détermina de quelle manière devaient être faits les marchés administratifs. La forme des enchères publiques avec concurrence devint le droit commun ; la forme de la concession directe fut l'exception. Une infinité de marchés administratifs restèrent cependant en dehors de la règle, et l'histoire a enregistré les vols qui furent commis, sous le titre de marchés, au préjudice de l'État. Ce n'est que plus tard, et à mesure que l'esprit de la Révolution gagnait du terrain, que la forme de droit commun est devenue obligatoire dans la plupart des marchés administratifs.

Aujourd'hui, les Adjudications administratives ont pour objet :

1° Les ventes d'immeubles appartenant à l'État, aux départements et aux communes ;

2° Les ventes de coupes de bois royaux et communaux ;

3° Les ventes d'objets appartenant au Domaine ;

4° Les fournitures, les travaux publics, les travaux des communes et ceux des établissements publics ;

5° Les ventes de fruits et les baux de fermage et de loyer des propriétés publiques et communales.

Ces Adjudications ont lieu devant les ministres ou leurs délégués, lorsqu'il s'agit de fournitures pour le service de leurs ministères ou de travaux de l'État.

Elles ont lieu devant les préfets, lorsqu'il s'agit de fournitures ou de travaux, soit départementaux, soit communaux, au-dessus de 20,000 francs.

Elles se font devant les sous-préfets, lorsque le montant de la mise à prix ne s'élève pas à 20,000 fr., et devant les maires des communes rurales, lorsque le montant de la mise à prix est au-dessous de 1,000 francs.

Les ventes de bois sont faites devant le sous-préfet, pour les bois de l'arrondissement. Il doit être assisté des receveurs des finances et des domaines, des agents forestiers, et enfin du maire, s'il s'agit de bois communaux.

Il n'entre point dans notre sujet d'énumérer les

formes générales des Adjudications administratives, et bien moins encore les règles spéciales à plusieurs d'entre elles. Presque tout le monde, aujourd'hui, est familiarisé avec cette procédure, et l'on sait généralement ce que sont les Adjudications préparatoires par soumissions cachetées, les Adjudications définitives, aux enchères publiques, à l'extinction des feux, les sur-enchères, les folles-enchères après déchéance. Nous nous bornerons donc ici à quelques observations sur le caractère et les résultats de la législation qui a institué en France les Adjudications administratives.

Ces lois ont été dictées par un esprit de défiance envers les agents de l'administration, et cette défiance n'a été que trop souvent justifiée par les faits. Elle avait inspiré à deux des meilleurs administrateurs qu'ait eus la France, Sully et Colbert, l'idée d'employer le mode d'Adjudication, de préférence à tout autre, pour affermer les revenus du Trésor royal. A Dieu ne plaise donc que nous blâmions une forme de marché que l'expérience de tant d'années recommande comme la meilleure, la plus économique, la plus propre à préserver de la corruption les fonctionnaires publics! Mais nous devons signaler dans nos lois cette singulière disposition, que l'on retrouve du reste dans la législation municipale, et qui fait la base de notre législation électorale, cette disposition qui détermine devant quel magistrat l'Adjudication doit être faite, non d'après la nature du marché, ou d'après la situation des choses qui en font l'objet, mais d'après son importance pécuniaire. Est-ce qu'il y aurait quelque danger à permettre à un sous-préfet d'adjuger des travaux ou des fournitures dont la mise à prix s'élèverait à 20,000 francs ou au-dessus? Y aurait-il si on laissait prononcer aux maires des communes rurales des Adjudications montant à plus de 1,000 francs?

Quant à ce mode de marché en lui-même, on a pu remarquer, depuis qu'il est généralement employé, qu'il est utile à l'État, aux communes ou aux établissements publics, surtout lorsqu'il s'agit d'objets d'une valeur assez médiocre pour qu'il y ait un grand nombre d'enchérisseurs. Lors, en effet, que l'importance du marché ne permet qu'à un petit nombre de capitalistes de se porter enchérisseurs, ils se concertent presque toujours à l'avance, pour empêcher que les enchères produisent leur résultat légitime. L'intérêt de l'État, des communes ou des établissements publics, semblerait donc exiger que les fournitures ou les travaux fussent fractionnés autant que possible, bien que les lois de l'économie indiquent une marche inverse.

Du reste, quoique nos Adjudications administratives laissent encore beaucoup à désirer sous ce rapport et sous plusieurs autres, on doit regretter de ne pas les voir partout substituées au régime des concessions et du bon plaisir administratif. Les abus qui naissent des concessions de lais et relais de la mer suffiraient, à défaut d'autres, pour prouver combien, malgré de nombreux défauts et de graves difficultés d'application, le système des Adjudications est préférable à tous autres, et combien la sage

défiance qui l'a produit a été favorable à la moralité et à la considération des fonctionnaires publics.

C.-S.

ADHÉSION. C'est un terme de jurisprudence qui a passé dans le langage politique et qui est très-fréquemment employé. Il signifie l'acquiescement donné à une proposition, l'approbation donnée à un acte. On adhère à un traité, à un contrat, à une manifestation politique. Dans les débats parlementaires, on dit tous les jours : J'adhère à tel ou tel amendement. On dit encore d'une pétition, d'une profession de foi, d'une protestation, d'un programme, qu'ils ont obtenu de nombreuses adhésions ; d'un système politique, qu'il a et, plus souvent, qu'il n'a pas l'Adhésion du pays.   E. D.

ADJOINT. Qualité d'un fonctionnaire ou d'un agent placé près du titulaire, soit pour lui servir de suppléant, en cas d'absence ou de maladie, soit pour l'aider dans l'exercice de ses fonctions. Ainsi l'on dit *chef-adjoint*, *commissaire-adjoint*, *professeur-adjoint*. Employé comme substantif, le mot *Adjoint* désigne particulièrement l'agent municipal qui remplace le maire. Dans les communes de 2,500 à 10,000 habitants, le maire a deux Adjoints ; il en a un de plus par 20,000 habitants au-dessus de dix mille. L'un d'eux est ordinairement chargé, par délégation, et toujours, sous l'autorité du maire, d'une partie des fonctions municipales. (V. MAIRE.)   A. B.

ADJONCTION. Ce mot a reçu, en matière d'élections, une signification spéciale.

Nos lois électorales sont fondées sur ce principe que la possession de la terre peut seule donner droit de cité et de participation aux affaires publiques. Les lois de la Restauration ne reconnaissaient comme signe de la capacité électorale que le *cens* légal, c'est-à-dire le paiement d'une certaine somme d'impôt *foncier*. La Révolution de juillet, qui proclamait le principe de la Souveraineté du peuple, semblait devoir détruire cette convention aristocratique ; il n'en fut rien. On se contenta d'abaisser le taux du cens de 300 à 200 fr. Par l'Adjonction d'une nouvelle classe d'électeurs à la classe des électeurs censitaires, on voulut donner satisfaction à l'opinion, qui réclamait au moins pour les hommes intelligents et instruits l'exercice des fonctions électorales.

« On ne pourrait pas, disait le rapporteur de la loi du 19 avril 1831, poser à cet égard des règles bien certaines ; cependant, la commission a admis la plupart des Adjonctions proposées par le gouvernement, et, partout où elle a rencontré des situations élevées, des fonctions indépendantes et respectées, des professions qui supposent le savoir et appellent la confiance, elle s'est empressée de leur attacher le signe de la capacité électorale. La commission a trouvé ce signe dans un plus grand nombre de professions que le projet du gouvernement. »

Le parti légitimiste, fidèle aux traditions fédéralistes et au royalisme déguisé de la Convention ultrà-thermidorienne, demandait le suffrage universel, avec les *deux degrés* d'élection.

Par l'organe des bourgeois parvenus, qui devaient plus tard remplir les banquettes vides de la chambre des pairs, le nouveau parti monarchique, remontant aux traditions de 1789, repoussait les Adjonctions « comme une dérogation au principe « salutaire qui fait de la propriété la seule base « des droits politiques. Il fallait opposer une digue « aux invasions de l'esprit démocratique. »

La chambre des pairs inventait le *demi-cens* à exiger de ceux qui composeraient la liste des Adjonctions.

La loi de 1831 était discutée en vue de l'imminence d'une dissolution nécessaire. Présentée sous le ministère Laffitte, elle devait être achevée sous le ministère Périer. Le sentiment de sa propre conservation poussa la gauche libérale de la chambre à refuser son vote pour l'Adjonction des magistrats, imbus pour la plupart de l'esprit de la Restauration. Les partis opposés, par une sorte de représaille, rejetèrent de la liste des Adjonctions les avocats, les médecins, etc.; en sorte qu'elle resta ainsi composée, aux termes de l'article 5 de la loi du 19 avril 1831, qui nous régit encore :

« Sont en outre électeurs, en payant 100 francs « de contributions directes : 1° les membres et « correspondants de l'Institut; 2° les officiers des « armées de terre et de mer jouissant d'une pen- « sion de 1,200 francs au moins, et justifiant d'un « domicile réel de trois ans dans l'arrondissement « électoral. (Dans les 1,200 francs est compris le « traitement attaché à la Légion-d'Honneur). »

La liste des électeurs de la chambre, y compris les Adjonctions, sert pour les élections des conseils de département et d'arrondissement.

La loi du 21 mars 1831 admet également, pour les élections des conseils municipaux, des Adjonctions qui comprennent : les magistrats, les membres des chambres de commerce et des conseils de manufactures, les prud'hommes, les membres des commissions administratives des collèges, des hospices et des bureaux de bienfaisance; les officiers de la garde nationale; les membres des sociétés savantes instituées par la loi; les docteurs en droit, en médecine, ès-sciences et ès-lettres, après trois ans de domicile; les professeurs des facultés ayant grade de licencié, après cinq ans de domicile; les anciens fonctionnaires et employés jouissant d'une pension de retraite; les élèves de l'Ecole polytechnique admis ou admissibles dans les services publics, après deux ans de domicile autres que le temps de la garnison; les officiers en retraite pensionnés.

Quelques-uns des plus timides partisans de la réforme électorale demandent encore le complément de la liste des Adjonctions. Ceux qui veulent sincèrement le gouvernement démocratique qui devait naître de la Révolution de 1830 repoussent toute réforme aussi illusoire. Il ne s'agit pas aujourd'hui d'étendre les Adjonctions; il s'agit de rayer ce mot du vocabulaire politique. Quand tous les citoyens seront électeurs, où donc prendrait-on les Adjonctions ?
Henry CELLIEZ.

ADMINISTRATEUR. Fonctionnaire chargé de la gestion des affaires publiques. C'est, en général, par la pratique de ces affaires que se forment les Administrateurs. On exige avec raison des connaissances théoriques et pratiques des personnes qui veulent entrer dans la carrière de la médecine ou dans celle du barreau; on devrait être encore plus difficile, et le contraire a lieu cependant, pour les personnes qui aspirent aux emplois de l'administration publique. Dans certaines parties, il est vrai, l'avancement n'a lieu que par degrés; il est subordonné à des conditions de temps et de capacité. Mais, pour ces parties elles-mêmes, comme pour les autres branches du service public, l'instruction qu'on peut acquérir ne consiste que dans l'étude des formes et réglements qui régissent actuellement la matière. Voilà pourquoi nos Administrateurs les plus habiles ne sont pour la plupart que d'étroits praticiens, des gens de métier qui ne voient rien au-delà du travail mécanique auquel ils sont habitués. D'un autre côté, les plus hautes fonctions, telles que celles de ministre, se trouvent souvent remplies par des métaphysiciens, des avocats ou des publicistes incomplets, qui ne se doutent pas .e moins du monde de la pratique des affaires. Il en résulte qu'on ne se comprend ni de part ni d'autre, que les subalternes deviennent les instituteurs et les maîtres de leurs supérieurs, et que, pendant le cours de cet enseignement, toute espèce de progrès est impossible. Les révolutions faites par les instincts les plus généreux sont étouffées par les agents chargés d'en réaliser les bienfaits, si elles n'entrent pas dans les formes où leur esprit s'est lui-même façonné. N'attribuez qu'à l'ignorance du droit privé tant d'injustices dont les particuliers sont victimes par suite des transactions qu'ils font avec le gouvernement; à l'ignorance du droit public comparé, cette inégale répartition des charges et des droits, ce retour continuel des mêmes fautes, des mêmes abus; au mépris de la science économique, ce peu d'intelligence des intérêts sociaux, toujours sacrifiés à des considérations personnelles, à des intérêts privés. La science de l'administration, que l'on croit si facile, si bornée, est, au contraire, la plus étendue de toutes les sciences, celle qui demande le plus d'études; elle n'a de réalité que par l'application qu'on en peut faire aux besoins de la société. Nos plus grands Administrateurs, L'Hôpital, Colbert, d'Aguesseau, Poivre, Turgot, les membres de l'Assemblée constituante qui ont concouru de la manière la plus active à la construction du nouvel édifice social, étaient tous des hommes dont les études philosophiques s'étaient fortifiées par l'expérience du métier.

Dans les pays soumis au despotisme, la science de l'administration et du gouvernement se réduit à l'imitation servile de ce que d'autres ont fait auparavant. Le despotisme court trop de risques à rien changer, à rien améliorer. Le mérite de ses Administrateurs ne consiste que dans la vigueur ou dans la bienveillance avec laquelle ils s'acquittent de leurs fonctions. Dans les gouvernements modernes, où la puissance souveraine se partage

entre un roi et des citoyens, le premier est intéressé à ce que l'instruction politique ne prenne pas
un trop grand essor ; voilà pourquoi nous avons en
France si peu de moyens de former des hommes
propres à l'administration du pays. On devrait,
pour toutes les fonctions d'un certain ordre, exiger
non-seulement un temps de pratique, mais une
large connaissance du droit privé, mais une étude
approfondie des lois politiques qui régissent ou
ont régi les différents peuples ; il faudrait que les
candidats n'ignorassent aucun des systèmes économiques qu'on a successivement proposés ou es-
sayés. C'est ainsi que vous auriez des Administrateurs qui, au lieu d'être enchaînés par la routine,
marcheraient en tête de la nation, dont ils com-
prendraient, dont ils sauraient satisfaire les différents besoins.

Placés entre la Société et les citoyens, les Administrateurs doivent multiplier autant que possible leurs rapports avec le public. Il n'est aucun
pays où les agents du pouvoir exécutif soient moins
accessibles que dans le nôtre. Il est plus facile,
aux Etats-Unis, de conférer d'une affaire avec
le Président de la République, que d'aborder en
France tel ministre ou tel premier commis.

Lorsque la France était une République, chaque
Administrateur, quel que fût son rang, était
obligé, à certaines heures, à certains jours, de
donner des audiences, où l'on était admis sans distinction, et sans en avoir sollicité la faveur.

Aug. BILLIARD.

ADMINISTRATION.

Le gouvernement est
la volonté qui dirige. Comme instrument de cette
volonté, l'Administration se réduit et doit se réduire à l'action pure et simple du pouvoir exécutif.
On la confond souvent avec ce dernier pouvoir,
parce que l'on prend l'effet pour la cause. Par
extension du mot, on donne le nom d'Administration à tout ce qui concerne l'application des lois
faites et des principes adoptés par le pouvoir dirigeant ; ainsi l'on dit l'Administration de la justice, comme on dit l'Administration de l'armée ou
l'Administration des finances.

Dans un gouvernement régulier, l'Administration proprement dite ne peut s'immiscer ni dans
la confection des lois, si ce n'est pour les préparer,
ni dans la dispensation de la justice, si ce n'est
pour lui assurer la force et la protection qui lui
sont nécessaires.

Personne, il est vrai, ne doit mieux connaître
l'esprit, les besoins d'un pays, que les fonctionnaires chargés de l'administrer ; conséquemment,
personne n'est plus capable de faire les lois, surtout d'apprécier les difficultés que peut rencontrer
leur exécution. L'Administration est une science
positive, toute d'expérience et d'observation ; elle
est ennemie des principes dont elle ne voit pas
l'application directe. Il est inutile de montrer le
but qu'on veut atteindre, si l'on n'indique en
même temps les moyens d'y arriver.

Cependant, rien de plus dangereux pour la liberté
que de confondre entre les mains des mêmes magistrats le pouvoir qui fait les lois avec le pouvoir

qui les applique. L'Administration est naturellement portée au despotisme ; elle a des intérêts
d'argent, d'ambition, d'amour-propre, qu'il est
nécessaire de réprimer ; ses agents sont essentiellement amovibles et révocables ; et, lors même
qu'elle recevrait ses pouvoirs des citoyens, il y
aurait de l'imprudence à lui laisser l'exercice du
pouvoir législatif. D'ailleurs, la plupart des emplois
demandent, pour être bien remplis, une vigilance,
une activité de tous les instants, incompatibles
avec d'autres soins ou d'autres travaux.

Il est encore plus essentiel de séparer l'Administration proprement dite de la distribution de la
justice. L'Assemblée constituante décréta cette séparation ; en d'autres termes, elle entendit que
l'Administration et la justice ne se confondraient
plus, comme cela se voyait autrefois en France,
comme cela se voit encore dans beaucoup de pays,
entre les mains de la même autorité. Mais après
avoir déterminé, d'une part, ce qui était du ressort
des tribunaux, et d'autre part ce qui était du
ressort de l'Administration, n'y avait-il pas d'autres distinctions à établir ?

Telle qu'elle est constituée aujourd'hui dans
toutes les monarchies d'Europe, l'Administration
est un monstrueux assemblage de pouvoirs incompatibles ; elle réunit deux espèces de fonctions :
c'est elle qui applique les lois ; c'est elle aussi qui
résout les questions de droit et d'intérêt public
résultant de cette application. Il y a plus, c'est
elle qui statue sur les difficultés provenant des
transactions qu'elle fait comme particulier avec les
particuliers, toujours d'après ce principe, que les
tribunaux ordinaires n'ont pas à s'immiscer dans
les matières de gouvernement et d'Administration.

Presque partout, l'Administration a compris
elle-même que de tels pouvoirs étaient exorbitants.
En France, elle a institué dans son sein une magistrature appelée *Conseil-d'État*, qu'elle est tenue
de consulter sur certaines matières d'intérêt public, et devant laquelle se portent les appels de
ses décisions. L'Administration se réserve, d'ailleurs, le droit de rejeter ou d'approuver les avis
de ce conseil, dont les attributions sont fort limitées. Elle demeure juge souverain et sans contrôle
des hautes questions d'ordre public.

On a dit, il est vrai, que l'Administration du
pays devait être forte, qu'il ne fallait pas entraver
la puissance d'action qui lui est nécessaire. On a
cité pour exemple l'Administration impériale, dont
la marche n'était si rapide et si sûre que par la
réunion de l'intelligence qui jugeait à la force qui
exécutait. C'est une grande erreur de regarder la
solution des questions d'ordre politique comme
inhérente à l'action du pouvoir exécutif, ou
comme appartenant à l'Administration. Cette erreur provient du peu d'attention qu'on apporte
dans l'examen des causes par lesquelles les sociétés
et les gouvernements se sont perdus ou conservés.

L'Administration impériale dut sa force à la valeur personnelle de l'homme qui la dirigeait beaucoup plus qu'à la constitution du pays.

Ce qui distingue la République de la monarchie,
ce n'est pas seulement le droit dévolu au peuple

de faire les lois, mais le droit qu'il a d'intervenir toutes les fois qu'une difficulté s'élève, qu'une question d'ordre public est à résoudre. Il n'administre pas, il laisse ce soin aux agents du pouvoir exécutif ; mais il ne leur permet pas d'interpréter la loi si l'on n'est pas d'accord sur le sens à lui donner, mais il ne veut pas laisser ces mêmes agents juges des fautes que leur ignorance ou leurs passions leur feraient commettre.

On ne sait combien d'abus, combien de malheurs résultent pour les états du droit que se réserve ou s'arroge l'Administration de statuer en sa propre cause. De là, cette irrégularité, ces injustices, ce manque de suite dans les mouvements du corps politique.

Aucune puissance n'a montré plus de constance, plus de vigueur que la République romaine dans l'accomplissement de ses desseins. Cette vigueur, cette constance provenaient surtout de ce que l'aristocratie romaine formait un grand jury, chargé de statuer sur toutes les questions de droit public. Le sénat n'administrait pas, il était seulement juge des difficultés qui survenaient dans l'action et la marche du gouvernement. Si odieux que fussent le but et le caractère de cette haute juridiction, Rome lui dut un genre de grandeur que nulle autre nation ne pût jamais atteindre.

Pour que l'Administration demeure pure et irréprochable, pour que la justice politique ait une marche constante et régulière, pour que l'Etat ne soit point exposé à des fluctuations, à des bouleversements continuels, il est donc de toute nécessité que l'Administration se réduise au simple exercice du pouvoir exécutif.

Renfermée dans ces limites, l'Administration a pour objet, soit la gestion des affaires générales du pays, soit la gestion des affaires spéciales et locales qui se rattachent d'une manière plus ou moins directe aux intérêts de la Société tout entière. Ici se présente une autre espèce d'incompatibilité. L'Administration d'un intérêt qui n'est pas celui de toute la nation ne doit jamais intervenir dans ce qui est d'ordre général. Car alors il arrive infailliblement que l'intérêt de tous est sacrifié à l'intérêt de quelques-uns. Ainsi, dans un pays où il existe des cultes dissidents, où la religion est en dehors du gouvernement, on commettrait la plus haute imprudence si l'on abandonnait la conduite des affaires publiques à un corps religieux.

Il en est de même d'une commune pour qui certains intérêts se renferment dans son rayon, et à laquelle on ne doit pas permettre de s'immiscer dans ce qui touche aux intérêts généraux. Le danger sera plus grand encore si l'Administration de la commune n'a pas la même origine que l'Administration générale du pays.

L'unité administrative, résultat de l'unité de la loi, est un des plus grands bienfaits de la Révolution française. Avant 1789, la France était divisée en provinces d'inégale grandeur, de sorte que l'action du gouvernement ne pouvait s'exercer partout avec une égale vitesse, une égale régularité. Il y avait un inconvénient plus grave. Certaines provinces s'administraient elles-mêmes, ou,

comme on le disait alors, étaient des *Pays d'Etats;* d'autres étaient soumises au pouvoir immédiat et absolu du roi et de ses ministres. Celles-ci obéissaient, celles-là résistaient, non point à raison du caractère ou des besoins particuliers de leurs habitants, mais à raison de la différence de leurs institutions. Autre source de difficultés : là, c'était un homme d'armes, là, un magistrat civil, là, un prélat ; ici, un fonctionnaire révocable, ailleurs, un chef inamovible, qui se trouvait à la tête de l'Administration du pays.

Sous Louis XIV, Colbert introduisit de grandes réformes dans l'Administration ; il régularisa la division de la France en généralités ou intendances d'une grandeur assez uniforme dans les provinces qui dépendaient immédiatement de la couronne. Ainsi, la Normandie, pays d'Administration royale, avait trois intendants, tandis que chaque pays d'Etats, la Bretagne ou le Languedoc, la plus étendue de nos provinces, n'en avait qu'un. On n'eût pu diviser l'Administration sans la séparer de la représentation provinciale, ou sans rompre entièrement le lien qui unissait les provinces à la couronne.

Aujourd'hui, la France est divisée en départements de grandeur à-peu-près égale, et dont l'étendue a été admirablement calculée pour que l'action du pouvoir pût s'y exercer dans une latitude convenable, avec la simultanéité et l'activité qui lui sont nécessaires.

L'Assemblée Constituante, qui détermina les attributions des ministres, ne constitua qu'imparfaitement l'Administration dans les subdivisions politiques du territoire. Un administrateur ne doit correspondre qu'avec des administrateurs, ayant une origine pareille, une pareille responsabilité, formant une hiérarchie dans laquelle personne ne puisse avoir des vues, des intérêts dissidents. L'Administration centrale, établie par l'Assemblée Constituante, correspondait avec des magistrats, des corps indépendants qui n'appartenaient point à l'État, mais qui étaient le produit d'élections locales. Dans ce système, l'Administration et le gouvernement devenaient impossibles.

L'expérience avait démontré la nécessité de rectifier l'œuvre de l'Assemblée Constituante. D'après la constitution de l'an III, l'Administration centrale nommait elle-même, dans chaque département, un commissaire révocable, chargé de l'exécution des lois. Aux commissaires ont succédé les préfets.

Il faut le dire, c'est sous le gouvernement consulaire et impérial que l'Administration proprement dite est parvenue à un degré d'ensemble et de régularité inconnu dans les autres pays. Mais en profitant des conquêtes de la Révolution, mais en perfectionnant ses œuvres, il ne fallait pas, nous le répétons, confier aux mêmes mains le pouvoir administratif et le pouvoir qui juge les fautes de l'Administration ; il ne fallait pas morceler la France en fractions qui la privent de sa force et de son intelligence. En un mot, il ne fallait pas fonder la tyrannie, mais établir la justice d'où dérive la vraie puissance, et qui est inséparable de la liberté.

On reproche avec raison à l'Administration française d'être trop compliquée ; elle est fatigante et tracassière. La meilleure Administration est celle dont l'action se fait le moins sentir ; elle doit être une Providence qui ne se montre que par ses bienfaits.
Aug. BILLIARD.

ADMISSIBILITÉ — ADMISSION. Si tout citoyen était éligible à toute fonction, ainsi que le veut le principe démocratique, tout citoyen y serait, par cela même, admissible ; car l'éligibilité ou le droit d'être élu présuppose l'Admissibilité ou le droit d'être admis. En d'autres termes, dès qu'on est admissible à la candidature d'une fonction, on est admissible à l'exercice de la fonction ; dès qu'on est élu, rien, selon nous, ne peut empêcher qu'on soit admis. Par conséquent, l'Admissibilité et l'Eligibilité se confondent en un seul droit, c'est-à-dire le droit d'être admis à la candidature.

Aujourd'hui, pourtant, par une confusion de principes, l'on en fait deux droits distincts. Examinons, en effet, ce qui se passe pour les plus importantes des fonctions éligibles, les fonctions législatives.

D'abord, le candidat se présente à l'autorité avec ses titres au droit d'éligibilité. Si ces titres sont conformes à ce qu'exige la loi, l'autorité le déclare admissible à l'éligibilité. Une fois cette Admissibilité reconnue, rien ne devrait plus s'opposer à ce que le candidat élu fût admis à la fonction ; mais il n'en est pas ainsi. A l'ouverture de la session, la chambre recommence l'examen des titres à l'Admissibilité ; c'est ce qui s'appelle la vérification des pouvoirs : en sorte que l'Admissibilité à la candidature semble un droit distinct de l'Admissibilité à l'exercice de la fonction. C'est là, plus qu'une faute de logique ; c'est une violation des principes fondamentaux de la loi électorale ; c'est une violation de la Souveraineté du peuple. En effet, le Souverain a prononcé l'Admissibilité par cela seul qu'il a élu ; il n'appartient pas aux délégués du Souverain de casser ses décisions. La supposition d'erreur ne peut pas s'admettre ; car le Souverain ne peut pas se tromper. L'infaillibilité, voilà le premier caractère du gouvernement de la majorité : contester l'infaillibilité, c'est se constituer en révolte sociale, c'est mettre sa raison en opposition avec la raison de tous, c'est proclamer l'anarchie.

Le contrôle de la chambre est donc un contresens et une illégalité : un contre-sens, puisque c'est assigner à l'Admissibilité deux degrés différents, l'Admissibilité à la candidature et l'Admissibilité à la fonction ; une illégalité, puisque c'est revenir sur une question jugée et se placer au-dessus du Souverain.

Nous sommes obligés de renvoyer les développements au mot ÉLIGIBILITÉ.

Qu'il nous suffise, ici, de dire que la vérification doit précéder l'élection, et qu'une fois l'élection faite, nous ne reconnaissons à aucune autorité le droit de défaire ce qu'a fait le peuple ; enfin, qu'il n'y a pas d'autre Admissibilité que l'Admissibilité à la candidature, qui entraîne de droit l'Admission à la fonction.
E. R.

ADRESSE. Comme ce mot a servi et sert encore à exprimer des manifestations très-diverses, on éprouve quelque peine à le définir.

Dans les monarchies constitutionnelles telles que sont aujourd'hui la France, l'Angleterre et quelques autres pays de l'Europe, le chef du pouvoir exécutif vient prononcer chaque année, à l'ouverture des sessions, devant les chambres législatives réunies, ce qu'on appelle le discours du trône ou de la couronne. Chacune des deux assemblées répond séparément à la harangue royale, et cette réponse s'appelle une Adresse.

Quelquefois, lorsque des circonstances graves surgissent au-dedans ou au-dehors ; lorsqu'un ministère met en péril l'honneur, la fortune et la sécurité du pays ; lorsqu'une mesure de salut public paraît nécessaire et que le pouvoir exécutif néglige de la prendre ; lorsqu'un interrègne ministériel se prolonge indéfiniment et laisse en suspens toutes choses, les chambres, ou l'une d'elles, rédigent et présentent au roi une *humble* Adresse. — C'est le langage consacré. Mais nos annales et celles de nos voisins renferment quelques documents de cette sorte qui sont fort loin d'être humbles.

Il en est d'autres, et en trop grand nombre malheureusement, qui sont des monuments de servilisme et de bassesse. La personne du roi échappait-elle à quelque danger réel ou imaginaire ? vite, corps constitués et pouvoirs politiques, abdiquant toute dignité, accouraient au Château porter aux pieds du monarque les prémices d'un dévouement vingt fois défloré. Naissances de princes, mariages de princes, morts de princes, autant de sujets de joie ou de douleur pour les valets de la chambre et de l'antichambre ; autant de sujets d'Adresse.

Nous avons vu des conjonctures plus relevées provoquer des manifestations plus dignes. Nos grandes assemblées ont quelquefois jugé nécessaire de rendre compte à leurs commettants des motifs qui avaient déterminé leur conduite en de certaines circonstances, de les informer de l'état du pays ou de les convier à quelque grande résolution ; elles rédigeaient et publiaient une Adresse. Ainsi, l'on trouve, dans la première Révolution, l'Adresse de l'Assemblée Nationale aux Français, sur les troubles qui agitent les provinces, et pour expliquer au peuple ses premiers décrets, notamment ceux qui abolissent les droits et priviléges féodaux (février 1790) ; — l'Adresse de l'Assemblée Législative aux Français sur la situation intérieure et extérieure du royaume et sur les travaux des représentants du peuple (février 1791) ; — l'Adresse contenant l'exposition des motifs qui ont déterminé l'Assemblée à suspendre le pouvoir exécutif entre les mains de Louis XVI et à convoquer une Convention Nationale (août 1792) ; — l'Adresse de la Convention Nationale aux Français sur le jugement et la mort de Louis XVI (janvier 1793).

Victimes d'odieux attentats qu'elles ne pouvaient pas punir, les nations les ont quelquefois dénoncés à l'indignation du monde. On trouve dans nos fastes révolutionnaires une Adresse de la Convention à tous les peuples sur la violation du droit des gens exercée dans la personne des quatre représentants du peuple français livrés aux Autrichiens par Dumouriez.

Il est arrivé souvent qu'un certain nombre de citoyens ont cru devoir prendre l'initiative sur certaines questions ; ils ont voté et présenté des Adresses, soit aux pouvoirs politiques, soit à leurs concitoyens. — En avril 1791, le département de Paris vote une Adresse à Louis XVI pour l'inviter à annoncer aux puissances étrangères qu'il s'est accompli en France une glorieuse révolution, et qu'il l'adopte. L'année suivante (août 1792), les sections de Paris demandent à l'Assemblée la déchéance du roi.

Un pouvoir faible et vindicatif veut sévir contre un ennemi qu'il redoute : mais le cœur lui manque ; il répand des émissaires parmi les populations émues, et il leur suggère de réclamer par des Adresses la condamnation et la mort de ceux qu'il hait parce qu'il les craint.

Une Adresse est générale ou spéciale, c'est-à-dire qu'elle embrasse divers objets ou un objet particulier. Par exemple, la Convention vote une Adresse en réponse au manifeste des rois ligués contre la République ; — une Adresse aux Français pour les engager à prendre les armes ; — une Adresse aux Français méridionaux sur la reddition de Toulon.

Lorsqu'un tyran veut usurper, et qu'il juge à propos de joindre la fraude à la violence, il se fait demander par quelque simulacre d'assemblée politique de vouloir bien se dévouer au salut du pays. Cette sorte de comédie se joue, d'ordinaire, au moyen d'une Adresse. Cromwell se fit offrir la couronne par l'espèce de Parlement auquel il avait bien voulu laisser une existence intermittente. — A la fin du Consulat, le Sénat présenta une Adresse au Premier Consul sur la nécessité d'établir un gouvernement héréditaire. Il y eut ensuite une Adresse au président du Corps-Législatif sur l'établissement du gouvernement impérial héréditaire (1).

Nous bornerons ici nos exemples.

Quand cette comédie est arrivée à son dénouement et que le nouveau pouvoir s'est installé, les milliers d'Adresses arrivent de toutes parts. Il y a tant à gagner avec les nouveaux princes ! Donc, conseillers-municipaux, conseillers-généraux, administrateurs salariés ou non, employés de tout étage, gardes nationaux, magistrats, chambres et tribunaux de commerce, sociétés scientifiques, industrielles et littéraires, font éclater à l'envi les transports d'un dévouement inaltérable et d'une affection désintéressée.

On voit que le mot Adresse comporte des acceptions fort différentes. Cependant, on peut dire que, dans son acception la plus générale, il signifie : mode régulier de communication entre le pouvoir législatif et le pouvoir exécutif.

Il est facile de comprendre que la nature, la forme et l'objet de ces communications ont dû singulièrement varier suivant la nature même et la situation réciproque des divers pouvoirs ; que les Adresses ont été tantôt graves et tantôt serviles, tantôt obséquieuses et tantôt menaçantes, selon que le pouvoir législatif était fort ou faible, honnête ou corrompu.

Dans les temps les plus reculés de notre histoire, les relations officielles des délégués de la nation avec les chefs de l'Etat étaient publiques et verbales. Le roi ou celui des chefs que distinguaient le plus son âge, sa noblesse, ses exploits ou son éloquence, se rendait au milieu de l'assemblée et prenait la parole. Si son avis n'était pas goûté, on lui répondait par des murmures ; dans le cas contraire, on agitait les framées, et l'assemblée délibérante passait de suite à l'exécution (1).

En Angleterre, les manifestations des assemblées politiques furent, dans l'origine, assez irrégulières. A mesure que ces assemblées étaient réunies et qu'elles découvraient quelque abus, elles en demandaient la réparation au roi. Suivant qu'il était besogneux ou à l'aise, le monarque se montrait facile ou récalcitrant. La longue lutte du Parlement contre les deux premiers Stuarts offre un assez grand nombre d'Adresses ou de remontrances fort importantes pour l'histoire, en ce qu'elles montrent la marche rapide et hardie des Communes vers la liberté. Le 14 novembre 1621, les Communes adressent au roi une remontrance sur des objets de politique intérieure et extérieure qu'un long usage ou plutôt une longue désuétude avaient fait considérer jusque là comme étant de la compétence exclusive du pouvoir royal. Le roi s'indigne et gourmande les Communes. Les Communes insistent et déclarent, dans une nouvelle Adresse, qu'elles ont droit d'entrer par leurs conseils dans toutes les affaires du gouvernement. Le roi les dissout. De lutte en lutte, de remontrance en remontrance, on arrive à la fameuse Pétition des Droits, et, enfin, à la remontrance de 1641, qui fut, non pas une Adresse au Roi, mais un appel au peuple, non pas une demande de réparation, mais une accusation.

Dans nos anciens États-Généraux, les nobles et le tiers adressaient séparément leurs doléances au roi. Les premières sont de précieux monuments d'insolence et de tyrannie ; les secondes contiennent les détails à peine croyables de la misère du peuple et de l'oppression que faisaient peser sur lui ses mille tyrans (2).

Plus tard, quand les États-Généraux cessèrent d'être convoqués, les Parlements se prétendirent virtuellement substitués à la représentation nationale et revendiquèrent une portion du pouvoir législatif. En ce sens, leurs remontrances sont de véritables Adresses. On sait ce que furent ces

<hr>

(1) Pendant le court essai qu'elle a fait des institutions constitutionnelles, la Sicile a donné l'exemple d'une nature d'adresse toute particulière. Le roi ouvrait la session et lisait le discours du trône. Quelques passages du factum royal ayant déplu à l'assemblée, elle répondit, séance tenante, à Sa Majesté, par de nombreux et bruyants sifflets.

(1) Tacite, *De Mor. Germ.*
(2) Voir en particulier le discours du baron de Sénecé aux États-généraux de 1614, et celui de François Miron, président du tiers, lors de la présentation du cahier au roi.

Adresses, et combien ces robins vantards et mesquinement ambitieux montrèrent de faiblesse et de platitude devant les princes qui les voulurent mener le fouet à la main.

Aujourd'hui, comme nous l'avons déjà dit, le mot Adresse exprime plus particulièrement la réponse d'une assemblée délibérante à une harangue royale.

Chez nous, cette réponse est préparée par une commission nommée par la chambre. Les membres de la commission en discutent l'esprit et les termes, appellent à leurs délibérations les ministres de la couronne, entendent leurs explications et observations. Quand ces débats préparatoires sont terminés, l'Adresse est apportée à la chambre, qui la discute de nouveau, l'adopte ou l'amende, et la fait présenter au roi par son président escorté de députés choisis *ad hoc*.

On a reproché à ce mode de préparation et de discussion d'absorber un temps considérable. Un mois tout entier s'écoule bien souvent, en effet, entre le jour de l'ouverture des sessions et celui où la chambre commence à se livrer à des travaux sérieux. Mais le mal dont on se plaint avec juste raison n'a pas une cause si mesquine, et il ne suffirait pas d'innover à cet égard pour le faire disparaître. Ce mal prend sa source dans le vice de nos constitutions politiques. Ces constitutions ne découlant d'aucun principe fixe et universellement accepté, ce n'est pas seulement la conséquence ou l'application d'une idée première qui est en jeu; c'est cette idée même. Dès-lors les intelligences, privées d'une base commune, se fractionnent à l'infini; mille partis, mille coteries se forment au sein des assemblées, et les débats n'ont plus de fin. Cela est si vrai qu'à la chambre des pairs, où presque tout le monde est d'accord sur le principe du gouvernement, c'est-à-dire où la grande majorité accepte sans conteste la suprématie de la prérogative royale, la préparation et la discussion des Adresses sont l'affaire de quelques jours.

En Angleterre, même accord sur le fond même des questions. Les assemblées gouvernent par leurs hommes politiques, et les discussions préliminaires de chaque session sont bientôt vidées.

On ne songerait guère, du reste, à se plaindre de la longueur des investigations et des débats de la chambre élective, si ces investigations et ces débats aboutissaient et pouvaient aboutir à quelque chose. Faites, si c'est possible, que la commission de l'Adresse soit une commission d'instruction sérieuse et sévère; donnez au jugement consciencieux qu'elle aura porté sur les actes accomplis pendant l'intervalle des sessions une sanction réelle et ferme, et vous n'aurez pas perdu un temps inutile.

Dans notre pensée, la discussion de l'Adresse devrait être, avec les fonds secrets et le budget, la seule *question politique* de la session. — Dans la discussion du budget seraient traitées toutes les grandes questions d'organisation intérieure, car le budget est le résumé vivant de toutes les idées, de toutes les tendances, de toutes les douleurs sociales. En accordant ou refusant les fonds secrets, la chambre montrerait si elle a ou n'a pas confiance dans la probité de ceux qui gouvernent. La discussion de l'Adresse résoudrait toutes les questions de politique générale, et coulerait à fond tous les dissentiments qui divisent la majorité et la minorité. On saurait ainsi, dès l'abord et d'une manière indubitable, si l'assemblée approuve ou désapprouve le système suivi par l'administration. Dans le premier cas, celle-ci continuerait à gérer les affaires publiques sans être journellement harcelée et mise en discussion à propos de questions quelquefois secondaires. Dans le cas contraire, elle serait remplacée par une autre administration qui exprimerait plus fidèlement les idées et les vœux de la majorité. Les sessions ne seraient pas ainsi compliquées de ces fatigants débats qui n'aboutissent jamais à rien.

Mais il y a plus. Indépendamment de la perte de temps et de l'incertitude que ces tournois parlementaires jettent dans la marche de l'administration, il peut être fort dangereux de soulever ainsi, à tout propos, des questions politiques. Qu'arrive-t-il dans ces conjonctures? C'est que, pour renverser un ministère détesté, une partie de l'assemblée repousse une loi qu'elle trouve bonne d'ailleurs, ou bien que, pour soutenir un ministère dont elle est contente, une autre partie de l'assemblée adopte une loi qu'elle juge mauvaise. Que si le contraire arrive, si les ministériels votent contre le ministère dont l'existence est en question; si, de son côté, l'opposition, dans une autre occurrence, vote pour ce même ministère, tous les éléments de majorité ou de minorité se trouvent confondus, et l'on ne sait plus guère où sont les amis, où sont les ennemis.

Mais, dans l'état de désorganisation et d'anarchie morale où sont plongés la plupart des états constitutionnels, ces choses désirables sont impossibles. Les intelligences, les affections et les antipathies y sont soumises à des variations si subites, à de si brusques déclassements, que l'on y éprouve chaque jour le besoin de discuter, de décider encore ce qui semblait avoir été irrévocablement décidé la veille.

Les États démocratiques, les États-Unis, par exemple, sont à l'abri de toutes ces disputes. Comme la réalité du gouvernement y est aux mains des assemblées, elles n'ont point à débrouiller toutes les complications qui troublent si fort la marche de nos assemblées d'Europe. A l'ouverture de chaque session, le Président envoie au Congrès un message dans lequel il rend un compte sérieux, véridique et détaillé, de la situation intérieure et extérieure du pays. Après la lecture de ce document, le Sénat et la Chambre des Représentants forment leurs comités, et chaque comité s'occupe de la partie du message qui concerne ses attributions. D'Adresse au Président il n'y en a pas. Pourquoi le pouvoir souverain irait-il déposer ses vœux et ses hommages aux pieds d'un employé de la République?

               E. DUCLERC.

ADRIATIQUE (MER). On appelle ainsi le grand golfe situé entre la côte N.-E. de la pénin

sule italique et le littoral S.-O. de l'Illyrie, de
la Dalmatie, de l'Herzégovine et de l'Albanie.
L'entrée assez resserrée de cette petite mer intérieure porte le nom de *Canal d'Otrante*. A' l'extrémité opposée se trouvent les deux ports principaux de la monarchie autrichienne, Venise et
Trieste.

Ouverte au commerce de toutes les nations, la
mer Adriatique est soumise à l'influence exclusive de la cour de Vienne. Les autres puissances
riveraines, le roi des Deux-Siciles, le Pape, la
Turquie, ne cherchent point à contester la puissance de fait que l'Autriche s'est arrogée. L'Angleterre seule s'est saisie, en 1814, des clés du golfe
Adriatique. Des îles Ioniennes, elle surveille le canal
d'Otrante, toujours prête à le fermer ou à le franchir.
De nombreuses forces navales britanniques croisent
sans cesse dans ces parages, et les arsenaux de
Corfou regorgent de munitions de tout genre.

Mais l'Autriche s'effraie peu de voir l'Angleterre
à sa porte; elle sait bien que la Grande-Bretagne
ne veut pas lui nuire, et que son intérêt la porte
au contraire à favoriser le développement de la
puissance commerciale et politique de l'empire.
Appréciant sa position au centre des puissances
européennes, elle sait que son allié le plus naturel
est le Royaume-Uni, et que la marine britannique
ne peut être que le complément de l'armée autrichienne.

La garde avancée des îles Ioniennes menace
donc bien plus la France et la Russie qu'elle n'inquiète l'Autriche; et, par exemple, ne doit-on pas
regarder la ligne des bâtiments à vapeur, établie de Trieste aux diverses échelles du Levant,
comme une concurrence faite par la Grande-Bretagne à nos paquebots de Marseille et à l'influence
que doit nécessairement nous conquérir cette utile
entreprise.

La marine militaire autrichienne appartient entièrement aux ports de l'Adriatique : elle se compose de trois vaisseaux de ligne, dix frégates,
deux corvettes, dix bricks, cinq schooners, sept
bâtiments de transport, de quelques bateaux à vapeur, et d'un grand nombre de chaloupes ou petits
bâtiments, armés, montés par d'audacieux Dal-
mates.

Au reste, tous les ports de la côte italique s'en-
vasent d'année en année, et bientôt ce littoral n'offrira plus aucun abri, tandis que le bord opposé,
défendu par un grand nombre d'îles, présente à
ses possesseurs de très-grands avantages.

D'après ce qui précède, on voit de quelle importance était pour notre pays l'occupation d'Ancône,
et combien a été funeste la politique qui en a consenti l'évacuation.

Il y a peu d'années, une foule de pirates albanais désolaient la mer Adriatique : l'Autriche, par
une surveillance de chaque instant, aidée aussi
par l'abaissement de la Turquie, a fini par en débarrasser presque tous ces parages.　　**J.-M. M.**

AFFILIATION. On appelle ainsi l'acte par
lequel une société politique, patente ou secrète,
adopte, s'associe, s'assimile une autre société ou

un individu isolé, pour les faire concourir avec
elle au but auquel elle tend. Affiliation et admission présentent le même sens; être affilié à une
société politique, c'est être admis à en faire partie; dans la franc-maçonnerie, toutefois, on ne
peut être affilié à une loge si l'on n'est déjà maçon.

Dans l'usage, on applique le nom d'Affiliation
aux sociétés elles-mêmes, et l'on dit les *Sociétés*
ou les Affiliations secrètes.　　**F.-T. C.**

AFFRANCHISSEMENT. Acte par lequel on
rend un esclave à la liberté.

§ 1er. — *De l'Affranchissement partiel.* — A
Rome, sous la République et jusqu'au temps de
Constantin, l'Affranchissement avait lieu principalement par le *Cens*, c'est-à-dire, par l'inscription
du nom de l'esclave sur le registre des citoyens,
d'après la déclaration ou l'autorisation publique du
maître. On affranchissait encore par simple lettre,
par disposition testamentaire, par l'admission de
l'esclave à la table de son maître, par la déclaration verbale que ce dernier faisait au magistrat ou
en présence de ses amis.

Depuis Constantin, à l'Affranchissement par le
Cens fut substitué l'Affranchissement *dans les églises*, qui se faisait en présence de tous les chrétiens
assemblés. Les exemples de ce mode d'Affranchissement devinrent de plus en plus nombreux et solennels, jusqu'à ce que l'esclavage fût entièrement
aboli.

Chez les peuples du Nord, où la servitude de la
glèbe n'a pas encore été détruite, et chez les peuples
d'Orient, pour qui la liberté diffère si peu de l'esclavage, la déclaration écrite ou verbale du maître
suffit pour opérer l'Affranchissement. En Russie,
il a principalement lieu par l'incorporation des
serfs dans l'armée. A l'époque du licenciement, ils
forment des colonies militaires sous la direction
du gouvernement. En Orient, l'esclavage n'exclut
point des fonctions publiques, qui deviennent un
moyen d'Affranchissement.

Dans les colonies fondées par les Européens, et
c'est là que nous avons particulièrement à l'examiner, l'Affranchissement s'opère par toute espèce de
dispositions écrites, soit entre vifs, soit de dernière
volonté, à des conditions qui n'ont pas toujours été
les mêmes. Dans les établissements français, d'a-
près le Code noir de 1685, tout noir valide pouvait
être affranchi sans que le maître fût obligé de lui
assurer des moyens de subsistance. Depuis, on décida successivement dans les colonies qu'aucun esclave ne serait affranchi si le maître ne lui assurait une dot jugée suffisante. On finit même par
établir une taxe par chaque Affranchissement, pour
venir au secours des affranchis indigents. Mais
charger le maître de nourrir, pendant un temps
plus ou moins long, celui dont il ne retirait plus de
profit, n'était-ce pas mettre un obstacle direct à
l'Affranchissement? Si une dot, si des moyens de
subsistance ou de travail, sont nécessaires à l'affranchi, n'est-ce pas le gouvernement ou la Société qui doit les lui fournir.

Une règle générale dans les colonies fut de considérer comme nul tout Affranchissement fait en

fraude des créanciers du maître. C'était la loi romaine. Dans la plupart des établissements, on exigeait de plus l'autorisation préalable de l'administration coloniale, juge de l'accomplissement des conditions prescrites par la loi.

Lorsque le gouvernement de la Restauration fut obligé d'interdire la traite, au lieu de faciliter l'Affranchissement, l'administration des colonies françaises le rendit au contraire plus difficile et plus rare.

Deux ordonnances, fruit de la Révolution de 1830, l'une du 1er mars 1831, l'autre du 12 juillet 1832, commencèrent à répondre au vœu de l'humanité. La première supprima la taxe d'Affranchissement. D'après la seconde, l'autorisation de l'administration coloniale a cessé d'être nécessaire : toute personne qui veut affranchir son esclave en fait la déclaration à l'autorité ; et si, dans le délai de six mois, il n'y a ni réclamation, ni opposition, le noir est définitivement inscrit comme libre sur les livres de l'état civil.

Tout esclave qui touche le sol de la France est libre de plein droit : ce point, autrefois contesté, ne peut plus l'être, depuis l'ordonnance du 23 avril 1836.

Quels sont les effets moraux et les conséquences légales de l'Affranchissement partiel? Avant 1831, la liberté accordée aux noirs était loin de les placer au rang des citoyens. Les hommes de couleur *libres* ne jouissaient que de certains droits civils. Une ligne infranchissable les séparait des blancs : le mariage ne pouvait avoir lieu entre les deux castes ; l'enfant naturel reconnu, né du commerce d'un blanc avec une affranchie, n'avait aucun droit à la succession de son père ; les gens de couleur étaient incapables de recevoir des blancs aucun legs, aucune donation. Ils ne pouvaient aspirer à aucune fonction dans le gouvernement ; ils n'etaient pas plus électeurs qu'éligibles ; les professions d'avocat, d'avoué, de notaire, d'huissier, de médecin, de pharmacien, leur étaient interdites. Ils formaient des compagnies de milices séparées de celles des blancs, sans qu'il leur fût permis de passer le grade de sous-officier. En un mot, leur condition était pareille à celle de la dernière classe d'affranchis, appelés *Dediti* chez les Romains.

Un des premiers bienfaits de la Révolution de Juillet fut de faire disparaître , *légalement au moins*, les différences qui existaient entre les blancs et les hommes de couleur. Aujourd'hui, tous ont la même mesure de droits politiques ; il n'existe plus de restriction pour les uns à l'égard des autres, quant à "exercice des droits civils. Ces dispositions, qu'un vain orgueil semblait redouter, ont, au contraire, produit les plus heureux effets. Le mariage est devenu plus commun parmi les gens de couleur, dont un grand nombre vivait dans le concubinage ; ils font donner une meilleure éducation à leurs enfants ; l'égalité les a relevés ; le préjugé qui les séparait des blancs par une ligne si profonde tend chaque jour à s'effacer.

Quels que soient les avantages de l'Affranchissement partiel, on n'en obtient que des résultats imparfaits. Dans une société où le travail déshonore

les mains libres, où il semble un châtiment infligé à l'esclave, l'homme dont on vient de briser la chaîne croit que la conséquence de la liberté est de n'avoir plus à travailler. Une foule d'affranchis, qui ont bientôt dissipé leur pécule, tombent à la charge de la société. C'est par cette raison qu'à chaque manu-mission on exigeait une taxe au profit des affranchis indigents.

Dans l'intérêt de l'affranchi, comme dans celui de la société, il faut faire en sorte que les mots *travail* et *liberté* deviennent synonymes, que l'Affranchissement ne soit point une source de désordre et d'immoralité. On a déjà beaucoup fait en élevant les hommes de couleur au niveau des blancs. Cela ne peut pas suffire : les résultats de l'Affranchissement laisseront toujours beaucoup à désirer, tant que la mesure ne sera pas générale, que la fusion ne sera pas complète entre la race africaine et celle des Européens.

§ 2. — *De l'Affranchissement général.* — Le progrès des esprits, l'exemple donné par la Grande-Bretagne qui a simultanément affranchi les esclaves de ses colonies, ne permettent plus de mettre en question la mesure de l'Affranchissement général dans les autres établissements européens. Il aura lieu de gré ou de force, et plus il se fera attendre , moins les conditions en seront favorables pour les maîtres, car tout le monde finira par être convaincu qu'on ne peut avoir sur d'autres hommes un droit de possession ou de propriété.

L'Affranchissement a eu lieu, le 1er août 1838, pour tous les noirs des colonies anglaises. Il est vrai que ces noirs, dont le prix a été préalablement acquitté, sont demeurés pendant sept ans sous le patronage de leurs maîtres, qui ont pu les préparer à la liberté. Une police sévère a été établie, des forces considérables ont été appelées pour maintenir l'ordre parmi ces nouveaux membres de la Société. Dans quelques établissements, le travail a peu ou n'a point diminué ; dans d'autres , les ateliers ont beaucoup perdu de leur ancienne activité ; il en est où l'on fait venir des Indiens pour remplacer les noirs qui se refusent au travail. On craint que le parti pris par l'Angleterre ne produise pas pour l'humanité des résultats aussi immédiats qu'on l'avait espéré. Les esclaves perdent tout dans les fers, a dit Rousseau. D'un autre côté, les maîtres, jaloux du pouvoir politique, habitués à voir des ennemis dans leurs anciens esclaves, cherchent à affaiblir le bénéfice de la loi. Ils ne voudraient pas que la liberté fût pour les affranchis autre chose que la stricte négation de la servitude.

La régénération des nouveaux libres sera donc lente et difficile.

Sans moyens d'existence, un grand nombre retomberont à la charge des colonies. Il faudra dépenser en secours des sommes plus considérables que celles accordées aux maîtres pour les indemniser de la perte de leurs esclaves. La taxe au profit des pauvres ne fait qu'entretenir le paupérisme, ce fléau des sociétés dont l'aristocratie est le principe. Le moyen de l'éviter ou de le détruire ne se trouvera que dans une meilleure organisation sociale. On ne pouvait songer à l'Affranchissement des esclaves dans les colonies sans assurer d'avance du pain, ou, ce qui est la même chose, du travail à leurs nouveaux citoyens. Lorsque l'Affranchissement eut lieu dans notre colonie de Saint-Domingue, un contrat se fit en même temps entre les maîtres et les anciens esclaves, de manière que ceux-ci avaient une part assurée dans les produits de la terre à laquelle ils demeuraient attachés comme travailleurs ou comme métayers. Si, plus tard, la guerre civile éclata entre les blancs et les hommes de couleur, l'Affranchissement n'en fut pas la cause.

Dans l'intérêt des colonies qui lui restent, la France ne peut trop se hâter d'affranchir leurs esclaves; mais, en accomplissant cette mesure, il faut faire en sorte qu'elle ne nous laisse aucune espèce de regrets. Si, depuis vingt-cinq ans que la traite est abolie, le gouvernement se fût sérieusement occupé d'améliorer la condition des esclaves, de les préparer au bienfait de la liberté, la mesure de l'Affranchissement, de quelque manière qu'on s'y prît pour l'exécuter, présenterait aujourd'hui beaucoup moins de difficultés. Il n'a pas fallu moins qu'une révolution pour faire comprendre à l'administration qu'il n'était plus possible de reculer.

On a récemment proposé de déclarer libres tous les enfants qui naîtraient dans nos colonies, à partir d'un jour déterminé, en accordant un secours annuel pour leur éducation et leur entretien jusqu'à l'âge de quinze ou seize ans. Cette proposition, qu'on ne peut taxer d'imprudence, n'a pas été favorablement accueillie par les propriétaires d'esclaves. C'est qu'ils croient encore les atermoiements possibles, c'est qu'ils aimeraient mieux, obérés qu'ils sont, recevoir immédiatement une somme considérable qu'un paiement divisé en un grand nombre d'années.

D'un autre côté, on a considéré comme un scandale d'accorder la liberté aux enfants, tandis que les pères et les mères ne participeraient point à ce bienfait. Dans les colonies il n'y a que les mères qui soient connues; il en est peu qui regretteront d'être esclaves pourvu que leurs enfants deviennent libres. Mais si l'on prend ce parti, que le régime des ateliers s'améliore de plus en plus pour ceux qui ne seraient pas immédiatement affranchis; qu'ils s'aperçoivent de moins en moins de la différence qui existe entre eux et les hommes libres. Quant aux enfants, objets d'une surveillance toute paternelle, qu'ils soient retirés des mains des maîtres qui méconnaîtraient les devoirs imposés par la loi. De cette manière on arrivera sans secousse, et peut-être plus rapidement que par un Affranchissement simultané, à la régénération de la population coloniale tout entière, car nous ne séparons pas ici les maîtres des affranchis; car nous mettons toujours pour condition première de l'Affranchissement ou de la préparation à l'Affranchissement une organisation du travail qui forme des liens de famille et d'intérêts entre les anciens et les nouveaux membres de la société.

Dans ce système, la question d'indemnité est beaucoup plus facile à résoudre. Il n'est point de raisonnement plus contraire aux droits éternels de la justice et de l'humanité que celui du maître qui prétend qu'on ne peut déclarer libre un esclave si le prix de cet esclave n'est préalablement acquitté. L'esclave n'est point un gage qui doive répondre de la somme pour laquelle on l'a vendu; la liberté qu'on lui a ravie n'appartient qu'à lui-même. La question de l'indemnité ne peut être un obstacle à la libération de l'esclave, de quelque manière qu'on juge convenable de l'opérer. Cependant, le gouvernement doit faire en sorte d'indemniser les propriétaires d'esclaves, non à raison de la privation d'un droit, d'une propriété qui ne saurait exister, mais parce que c'est lui qui a encouragé, qui a établi la traite dans les colonies; il s'est fait vendeur d'hommes, trafiquant lui-même de ce qui ne pouvait être l'objet d'un commerce. C'était la Compagnie des Indes, constituée par le gouvernement et dont il a hérité, qui fournissait, à des prix fixés par elle, des esclaves aux planteurs de nos possessions d'outre-mer.

Si l'on admet le système d'Affranchissement des enfants à naître, on n'aura point à soulever des questions délicates sur lesquelles tout le monde peut n'être pas d'accord. La rétribution annuelle accordée aux maîtres ne serait point le prix du rachat, mais une subvention fournie dans l'intérêt de l'humanité, et de la même nature que les secours accordés en France pour les pauvres et les orphelins. Au reste, la dépense pour les enfants s'élèverait peut-être à une somme aussi considérable que l'indemnité accordée par tête de noir; mais elle paraîtrait moins lourde n'étant acquittée que dans une période de plusieurs années. Que l'indemnité soit immédiatement délivrée, beaucoup de maîtres quitteront le sol des colonies, emportant la somme qu'ils auront reçue, et qui ne profitera qu'à eux-mêmes, si elle n'est pas retenue par leurs créanciers. Dans le système de la rétribution annuelle, c'est la Société coloniale tout entière, ce sont les jeunes noirs en particulier qui profiteront de la bienveillance du gouvernemen à leur égard.

Aug. BILLIARD.

AFRIQUE. En traitant, ici, spécialement de l'Afrique, notre intention n'est pas d'entrer dans le détail des institutions et des mœurs de chacun des peuples qui sont répandus sur ce vaste continent. La plupart n'ont, en effet, vis-à-vis de l'Europe, aucune importance politique; et, quant aux autres, tels que les Égyptiens, les Abyssins, les Marocains, les Barbaresques, etc., ils seront, dans ce Dictionnaire, l'objet d'articles particuliers. Nous voulons seulement esquisser à grands traits la nature morale, la physionomie politique et l'état social de ces peuples, dans ce qu'ils ont d'intéressant pour les publicistes, et dans ce qu'ils peuvent avoir d'analogie ou de dissemblance avec la civilisation européenne.

L'Afrique, on le sait, fut connue des anciens. Sa partie septentrionale arriva même à un état de civilisation assez avancé sous les Carthaginois, et, plus tard, sous leurs vainqueurs, les Romains. Les uns et les autres, les premiers surtout, parvinrent à d'assez grandes distances dans l'intérieur des terres, et personne n'ignore que l'expédition dirigée par Hannon, n'ayant pu réussir à doubler le cap de Bonne-Espérance, forma des établissements le long de la côte occidentale. Après la chute de Carthage, ces établissements, privés de l'appui de la métropole, furent promptement détruits, et il n'en resta bientôt plus de vestiges.

Depuis cette époque, envahie sur différents points par les Romains, puis par les Vandales, et enfin par les Arabes, elle n'a pu renaître à la civilisation, et la faible lumière qui avait lui un moment sur elle s'est éteinte dans une nuit profonde. Sa population même, si les anciens historiens sont véridiques, a diminué d'une façon très-notable. En effet, sa plus grande longueur, depuis le cap Bugaroni dans l'État d'Alger jusqu'au cap des Aiguilles dans l'Afrique australe, est de 4,380 milles; sa plus grande largeur relative, depuis le Cap-Vert jusqu'aux environs du cap Calmez dans la mer Rouge, de 3,170 milles. La superficie totale de cette immense étendue de terres est de 8,500,000 milles carrés de 60 au degré équatorial; et l'on évalue sa population à 60,000,000 d'âmes. L'Afrique est donc inférieure en population à l'Europe et à l'Asie, puisque ces deux continents comptent par mille carré : l'Europe, 82 habitants; l'Asie, 32, et l'Afrique, 7 seulement.

Abstraction faite de quelques circonstances particulières, telles que la traite, l'anthropophagie, la polygamie, etc., la cause générale de cette énorme différence est l'horrible chaleur qui brûle ces contrées. Placées, à l'exception de quelques faibles parties de territoire, entre les deux tropiques, elles sont soumises à des influences climatériques délétères. Sur un sol dont la température s'élève jusqu'à soixante degrés, rien ne peut vivre, ni les plantes, ni les animaux, ni l'homme. Ajoutez que, dans sa configuration générale, l'Afrique étant un pays peu montueux, composé seulement de deux immenses plateaux, rien n'y protège le sol contre la furie des vents destructeurs : aussi est-elle couverte de vastes solitudes.

Ces circonstances semblent confirmer l'opinion de ceux qui ont soutenu, après Montesquieu, que toute forme de gouvernement n'est pas propre à tout pays; que cette forme étant déterminée par la population, les pays dépeuplés sont favorables au despotisme, et les autres à la démocratie; que, par conséquent, la liberté est un fruit des climats tempérés ou froids, la tyrannie un fruit méridional. Spécieuse antithèse qui nous a du moins valu cette belle apostrophe de Jean-Jacques aux tyrans : « Les bêtes féroces ne règnent que dans les déserts. »

Mais est-il juste, est-il raisonnable, est-il conforme aux décrets de la Providence, de condamner ainsi toute une portion du monde à une irrémédiable oppression. Nous refusons de le croire; et, du reste, les faits que l'on peut invoquer sont tellement contradictoires; il est tellement difficile, ou pour mieux dire tellement impossible, de distinguer les lois générales des causes particulières qui peuvent en modifier l'effet; que, dans le doute, il

faut au moins s'abstenir. Dans telle contrée de l'Asie ou de l'Afrique, les habitants sont vingt fois plus heureux et libres qu'ils ne le sont dans tel pays de l'Europe qui se croit très-civilisé.

A ne considérer que l'Afrique, nulle part, sans doute, la bizarrerie, la folie de l'esprit humain, n'ont atteint de plus extrêmes limites. Certains peuples y sont soumis à un despotisme théocratique, monarchique ou oligarchique, qui dépasse toutes les conjectures de l'imagination. Ici, tous les premiers-nés mâles sont la propriété du monarque; à lui aussi la propriété de toutes les femmes, et si un de ses sujets en veut épouser une, il l'achète, et lui fait des enfants pour le compte du roi. Là, les gardes de S. M. s'en vont dans les maisons voler des hommes pour les vendre; ailleurs, le prince fixe à ses sujets le temps pendant lequel ils doivent s'amuser. Tuer certains animaux, manger certaines viandes, posséder des terres, ce sont autant de priviléges attachés à la noblesse. « Des milliers de nègres, dit M. Balbi, périssent annuellement sur le tombeau de leurs rois. Le roi de Lagos envoie, de temps à autre, un homme masqué et bien armé, qui passe pour le diable, parcourir toutes les rues de la ville, et tuer ceux qu'une chance fatale amène sur son passage. » Dans d'autres états, on mêle le sang humain à l'argile pour construire des temples en l'honneur des princes. M. Douville raconte que, chez les peuples du Congo, les sacrifices humains n'ont lieu qu'à l'occasion de quelque grande maladie épidémique... ou de l'avénement du roi.

Sous le rapport de la religion, l'extravagance de ces peuples est la même. Les uns adorent le serpent, les autres le coq; ceux-ci un animal féroce, ceux-là un fleuve ou une cascade. Le soleil, la lune et d'autres astres ont leurs fidèles; des arbres, des pierres, leurs partisans. Quelques uns, plus stupides, adorent leur roi; d'autres enfin, indifféremment, leur roi ou un lézard.

Cependant, tous les peuples de l'Afrique ne sont pas indistinctement plongés dans ce profond abrutissement. Le gouvernement des Mandingo offre quelque similitude avec la constitution de l'ancienne Rome. Républicain au dedans, il est monarchique dans les pays conquis. Les Sousous, Cavally, Lahou, Borny, les peuples du Troglodytique, les Antavarts, et d'autres peuplades de la Nigritie ou de l'Arabie africaine, forment des républiques démocratiques, oligarchiques, théocratiques ou patriarcales. Au Sennaar, qui, avant la dernière révolution, était gouverné par un prince absolu, le conseil des grands de l'État avait cependant le droit de déposer le roi, et même celui de le condamner à mort. On rencontre encore çà et là quelques sultans ou roitelets dont l'autorité est nulle ou très-bornée. Dans la Nigritie méridionale, le peuple réuni en assemblée générale peut déposer le monarque lorsque celui-ci manque aux lois du pays. Chez les Dembos, la couronne est également héréditaire; mais si le prince qui doit succéder est jugé indigne, le peuple choisit un autre successeur. La noblesse y est personnelle et ne s'acquiert que par quelque action d'éclat. « Les femmes des nobles,

« dit M. Douville, à qui l'on doit tous ces détails,
« travaillent pour subvenir à l'entretien de leurs
« maris. Les nobles n'acquièrent d'ailleurs, avec
« leur titre de noblesse, ni le droit de vexer le
« peuple ni la possession perpétuelle des terres.
« Dans le gouvernement de presque tous ces pays,
« le droit d'élection appartient au peuple. » Chez
quelques uns, ce sont les femmes qui transmettent
la noblesse, coutume très-rationnelle à notre avis.
Les Fantee accordent à leur chef une autorité illimitée, après toutefois qu'il s'est fait amputer le bras
gauche en témoignage de son dévouement au peuple ; ce qui est un avertissement salutaire donné au
bras droit.

Au reste, si l'Afrique est plongée dans une démoralisation profonde, ce n'est pas le génie de
ses habitants qu'il en faut accuser, génie perfectible, puisqu'il offre des manifestations diverses ;
c'est la cupidité des marchands de l'Europe. La
source principale de la corruption morale et intellectuelle des Africains, ç'a été jusqu'à présent
la traite. L'Europe est coupable, l'Europe doit réparer son crime ; elle le doit, elle le peut. Déjà
l'Islamisme a introduit sur quelques points de l'intérieur des germes de civilisation ; il a aboli chez
plusieurs nations l'antropophagie et l'abominable
pratique des sacrifices humains. C'est à la démocratie chrétienne qu'il appartient de compléter la
tâche inachevée des missionnaires musulmans. A
la France surtout est réservée cette noble tâche.
C'est de l'Algérie turque et arabe qu'est parti le
mouvement ; c'est par l'Algérie française qu'il doit
se continuer et s'accomplir. Les résultats déjà obtenus par les écoles du Bornou, du Borghou, d'Alger, de Free-Town, de Gorée et de Saint-Louis,
prouvent, d'une manière décisive, que les Africains
sont capables de comprendre et de pratiquer une
sociabilité moins imparfaite que celle de leurs ancêtres.

Comme les Français, les Espagnols, les Portugais, les Anglais, les Hollandais, les Danois,
les Anglo-Américains, ont des établissements
en Afrique, leur devoir à tous est d'y propager la
civilisation chrétienne et de ne point borner leur
propagande au commerce.

Inutile d'ajouter que l'Angleterre possède, directement ou indirectement, tous les points de la
côte d'Afrique qui intéressent son commerce ou sa
puissance maritime. Tandis que la France n'a,
dans ces parages, que le Sénégal et Gorée, six
cents pièces de canon distribuées dans les forts de
Bathurst, Sierra-Leone, Dixcove, Cap-Coat, Anna-
mabou, Akva, Fernando-Po, y attestent la supériorité de nos rivaux. De Londres à Calcutta, en passant par Jersey, Guernesey, les Açores, Madère, les
Canaries, les îles du Cap-Vert, l'Ascension, Sainte-
Hélène, le cap de Bonne-Espérance, l'Isle-de-
France ou Maurice, et les Seychelles, pas un point
important, pas un abri qui ne soit entre les mains
de l'Angleterre, ou du Portugal qui est un annexe
de l'Angleterre, ou de l'Espagne qui n'a plus de
marine. Dans l'Océan indien elle nous a laissé Bourbon : — Bourbon n'a aucun port. L'Angleterre
domine donc sur toutes ces mers ; mais si nous consentons à ne lui pas disputer aujourd'hui cet empire, à nous du moins la Méditerranée.

E. DUCLERC.

AGENT. C'est celui qui a mission d'exécuter
les ordres ou les instructions d'une autorité supérieure. On appelle *Agents du pouvoir exécutif* les
fonctionnaires institués pour exécuter les lois de
l'État, sans qu'ils puissent, si la constitution du
pays est régulière, avoir, en cas de difficulté, le
droit de les interpréter. Le mot *Agent* est toujours
restrictif, qu'il s'applique à des fonctions d'un
ordre élevé, ou à des emplois d'un rang subalterne. Il est, en quelque sorte, synonyme du mot
Instrument, qui nous représente une machine soumise à une intelligence ou à une volonté. C'est
dans ce sens que l'on dit *Agent de police, Agent
diplomatique, Agent comptable, Agent principal,
Agent secondaire, Agent de change,* etc. (V. OF-
FICES PUBLICS, RESPONSABILITÉ, VÉNALITÉ.) A. B.

AGIOTAGE. « L'agiotage est un profit excessif, usuraire », dit le *Dictionnaire de l'Académie.*
C'est autre chose encore. L'Agiotage est un moyen
de s'enrichir vite, comme par enchantement, sans
travail, à grand renfort de mensonges et d'intrigues ; c'est le commerce à l'état de frénésie ou de
débauche. La spéculation alors est arrivée au point
où la friponnerie commence ; elle ne comprend
pas encore les faits punis par la loi, mais elle contient déjà ceux que flétrit la morale. L'agioteur
n'est qu'un escamoteur habile : il trompe avec effronterie, il vole avec intelligence.

La loterie, qui a été abolie par les chambres,
et où le pauvre ouvrier, attiré par un espoir
trompeur, allait perdre son dernier écu, était
moins dangereuse, peut-être ! La loterie exigeait un enjeu ; il fallait posséder quelque chose
pour y mettre ; la perte d'ailleurs était limitée à
la somme placée sur le numéro. L'Agiotage, au
contraire, n'exige rien qu'une promesse d'acquitter la différence quelle qu'elle soit : de sorte que la
perte et le bénéfice sont incertains et peuvent s'é-
lever à des sommes énormes. C'est un jeu sur parole qui peut détruire en un jour les fortunes les
plus solides et les réputations les mieux établies.

L'influence du jeu de la bourse sur la moralité
publique est incalculable. Combien d'hommes sont
venus engloutir leur fortune, celle de leurs enfants, et, plus que tout cela, l'honneur et la probité
d'une vie entière, dans ce repaire ouvert à une
foule avide ou imbécile.

L'Agiotage est sans contredit l'une des plaies de
notre époque, plaie envahissante, qui ronge la Société au cœur, et la menace d'un danger sérieux
et prochain.

Ce n'est pas seulement une prime pour l'intrigue
et la mauvaise foi ; c'est encore un encouragement
pour la paresse et un obstacle au travail.

Les gouvernements modernes lui ont donné une
autre portée. L'Agiotage est devenu entre les mains
de certains hommes un moyen de combler le vide
de certaines caisses, de récompenser d'inavouables
services. Des êtres privilégiés, courtisans des deux

sexes, spéculent sur la hausse ou la baisse, et, comme ils ont en main les moyens de faire monter ou baisser les valeurs à volonté, par la publication de telle ou telle nouvelle en portefeuille, il en résulte qu'ils jouent à coup sûr : c'est un vol bien caractérisé.

L'historique de l'Agiotage sera bientôt fait. C'est un présent de la monarchie, ou plutôt de cette haute aristocratie de cour et de boudoir qui a infecté les règnes de Louis XIV et de Louis XV. Louis XIV, en mourant, laissait la France à deux doigts de sa perte. Son agriculture était morte, son commerce presque nul, ses finances dans un état désespéré; la dette s'élevait à 3 milliards, et la banqueroute semblait inévitable. Alors un homme inconnu vint à Paris et se présenta au régent : cet homme était Jean Law.

Law apportait un plan qu'il résumait dans cette phrase d'un laconisme sublime : « N'oubliez pas, disait-il au régent, que l'introduction du crédit a plus apporté de changement entre les puissances de l'Europe que la découverte des Indes ; *que c'est au souverain à le donner, non à le recevoir.* » Mais la tête du régent était trop étroite pour concevoir de si vastes pensées. Il ne vit dans le système de l'Écossais qu'une seule chose : le moyen de battre monnaie au profit de son crapuleux entourage. Pour avoir l'autorisation d'établir sa banque, Law fut donc obligé d'acheter à beaux deniers comptants le régent, ses favoris et ses maîtresses.

La banque à peine établie, le crédit reparut. Une faveur immense entoura aussitôt le nouvel établissement; chacun voulut avoir de ces billets; la cour et la noblesse se ruèrent sur les nouvelles valeurs. Ce que les courtisans obtenaient de Law au prix de 5,000 livres, ils l'allaient revendre aussitôt pour 18,000 livres dans ce sale tripot qui s'appelait le *Camp de Condé*. Mais bientôt la confiance s'évanouit ; les demandes de remboursement arrivèrent, et l'argent qu'une cour avide et vénale avait extorqué ne se trouva plus dans les caisses pour y faire face. Le prestige disparut alors et la banqueroute survint.

Mais toutes les idées de Law ne tombèrent pas avec lui et le crédit survécut à l'Agiotage.

Pendant les glorieuses années de la république, on ne spécula qu'à de courts intervalles et en tremblant. Le Comité de salut public réprima plusieurs essais de spéculation sur les biens nationaux et les fournitures des armées. Ce n'était pas au milieu des grandeurs de cette époque, parmi des ouvriers actifs, occupés à déblayer le pays des ruines qui l'encombraient, qu'il était possible à l'Agiotage de trouver sa place.

Sous le Directoire, dans cette cour bâtarde mêlée d'ambitieux subalternes, d'émigrés à la cocarde soldée, de transfuges de la Révolution, de roués de bas étage, et de minces esprits, l'Agiotage reprit ses libres allures ; on spécula impunément alors sur les besoins de nos armées, et ce fut la nourriture du soldat qui engraissa les fournisseurs. Véritable spéculation du meurtre !

Sous l'empire on agiota moins ; des exemples sévères ne permirent pas au jeu de reprendre ses forces.

La Restauration vint, on recommença à jouer *sur tout.* La Bourse devint un antre où l'on était dépouillé en plein jour.

Depuis 1830, la plaie s'est élargie. Aujourd'hui, elle a gagné les provinces, les villes manufacturières; les comptoirs des plus anciens et des plus honnêtes représentants du vieux et respectable commerce français ont été envahis.

C'est que nous sommes à une époque où l'or est *tout,* où les efforts de l'intelligence tendent uniquement à s'en procurer, où *tout* est devenu marchandise, où les sages d'hier, corrompus aujourd'hui par d'infâmes exemples, veulent être millionnaires pour satisfaire les besoins artificiels que notre civilisation leur a créés ; c'est que nous vivons dans un temps où la détestable politique des intérêts matériels a prévalu sur cette saine politique qui ne considère la satisfaction matérielle d'un pays que comme la déduction logique de ses lois et de sa moralité.   CHAPUYS-MONTLAVILLE, député.

AGITATEUR. Les agitations des anciennes républiques ont produit beaucoup de mal ; mais elles ont ouvert carrière aux plus hautes vertus. Malheur aux peuples qui tombent dans cette paralysie morale qu'entretiennent si soigneusement les monarchies ! Le bonheur de la nation n'est pas dans la tranquillité de la place publique, quand cette tranquillité ne fait que couver l'égoïsme et la corruption. Le peuple peut souffrir en silence et dans un état d'immobilité parfaite : c'est même de cette façon qu'il souffre quand l'oppression pèse sur lui. Laissez les philosophes s'écrier insolemment : « Nul bruit ne s'entend ; donc l'ordre règne. » On entend peu de bruit dans les cimetières.

Où chacun vit chez soi chacun vit pour soi. Dans une société dont le repos tient à l'isolement des membres qui la composent, les grands actes de vertu perdront cette puissance magnétique qu'ils n'exercent bien que sur une réunion d'hommes d'une vie commune. Là, tout se trouvera naturellement réduit à des proportions misérables ; le talent y restera enfoui, faute de théâtre et de juges ; l'intrigue y disposera de tous les emplois et y préparera la domination des sots : s'il en est de plus funeste, je l'ignore, mais je n'en connais pas de plus humiliante.

Dans une société livrée aux agitations populaires, soyez sûr que les troubles intérieurs seront presque toujours rachetés par l'éclat des grandes choses et des grands dévouements. Peut-être le pouvoir tombera-t-il aux mains de quelque ambitieux habile dans l'art fatal d'égarer les passions du peuple. Mais, partout où les esprits sont tenus en éveil, la tyrannie trouve mille obstacles à s'établir, et à se maintenir quand elle s'est établie; car il faut plus de talents que n'en possède le commun des hommes. Devant ce formidable contrôle de tout un peuple qui juge, rien ne saurait tenir de ce qui n'a pas, tout-à-la-fois, génie et audace. Services éclatants rendus à la patrie, éloquence persuasive ou entraînante, volonté ferme, connaissance profonde des cœurs et de leurs abîmes, à quelles conditions un pareil état social ne met-il pas l'exercice de la puissance ! La question est donc celle-ci : « La tyrannie peut sortir des agitations populaires, pourvu que celui qui tentera de les dominer ait l'habileté de Sylla ou le génie de César. » Mais avant d'arriver à de tels hommes, les Républiques vivent sept cents ans.

D'ailleurs, les passions violentes se font plus facilement absoudre que les passions viles, et, usurpations pour usurpations, j'aime mieux celles de l'audace et de l'intelligence que celles de la bassesse.

Il est à remarquer que les agitations qui ont le plus troublé l'existence des sociétés républicaines coïncident précisément avec les faits qui honorent le plus leur histoire. Rome ne porta jamais si loin le pouvoir de ses armes et la gloire de son nom qu'au temps des immortelles luttes des Gracques contre le patriciat romain, qu'au temps des rivalités sanglantes de Marius et de Sylla, de César et de Pompée. Pendant que les partis se disputaient le Forum d'Athènes, les Athéniens s'illustraient par les victoires de Miltiade et de Cimon, de Thémistocle et d'Alcibiade. Est-il, pour les Républiques italiennes du moyen-âge, une date plus glorieuse que celle de la bataille de Lignano ? C'est celle de leurs plus violentes agitations. Et pour ne pas remonter si haut dans l'histoire, rappelons-nous la Convention couvrant le bruit des discordes intestines par celui des gigantesques batailles qui épuisèrent la force et la haine de tant de peuples ligués contre nous ? « Un peuple en révolution, disait Danton, est plus près de conquérir ses voisins que d'en être conquis. » Pensée profonde, dont toutes les pages de l'histoire prouvent la justesse ?

Que conclure de là ? que les agitations populaires sont bonnes de soi ? Non, certes : elles accusent, on le doit reconnaître, les vices d'une civilisation imparfaite ; mais il faut avouer qu'à côté d'un principe de désordre elles renferment un principe de force. Sachons voir ce qu'il y a de fécond dans le mouvement des sociétés républicaines, et étudions bien, de peur de les calomnier, les orages de leur existence.

A l'époque où nous sommes, le mot Agitateur n'a d'application que dans la Grande-Bretagne. Personne n'ignore que c'est le nom qu'ont donné à O'Connell ses amis et ses ennemis. Mais qu'on ne s'y trompe point : O'Connell n'est pas un Agitateur à la manière de Caïus et de Tibérius Gracchus. En agitant le peuple, ceux-ci avaient un but précis, un but héroïque : ils voulaient changer les bases d'un état social qu'ils jugeaient mauvais ; ils voulaient qu'ils eussent au moins une pierre pour reposer leur tête, ces prolétaires qu'on appelait dérisoirement les maîtres du monde. A Dublin, à Limerick, des milliers d'Irlandais n'ont pas même un peu de paille pour y dormir et y mourir. Dans les campagnes de cette verte Irlande, on voit errer une foule affamée dont un clergé tyrannique a l'insolence de taxer la faim et les haillons. Que fait

cependant O'Connell de cette foule de malheureux qu'un signe de sa main, un mouvement de ses yeux, pourraient soulever et rendre libres ? Pourquoi, le pouvant, n'ordonne-t-il pas à ces bêtes humaines qu'on traque de se retourner contre les chasseurs ? Héros de meetings, il aime à mêler sa voix tonnante au tumulte de ces assemblées dont il gouverne les stériles tempêtes. Mais qu'importe à l'Irlande déchirée, haletante, ces agitations régulières qui ne produisent que du bruit, ces incendies systématiques qui s'éteignent d'eux-mêmes ! Ah ! si cet homme avait l'audace du cœur ! si son âme était aussi vaste que sa tête !

Oh ! Agitateur de l'Irlande, tu pouvais si aisément devenir un grand homme... Il en est temps encore. Tu as soixante-dix ans ; mais tu appartiens à une famille de centenaires.   Louis BLANC.

AGRÉGATION. Il y a trois degrés dans la formation des sociétés : l'agglomération, l'Agrégation, l'association.

D'abord, quelques hommes isolés se rassemblent dans un but de défense et protection mutuelles : c'est l'agglomération.

Bientôt, leur nombre s'accroît ; la famille se forme ; les diverses familles s'unissent par des liens civils et politiques : c'est l'Agrégation.

Enfin, ces liens civils et politiques s'étendent, se compliquent et se perfectionnent : c'est l'association.— L'association est plus ou moins parfaite, selon que les Agrégations diverses qui la composent sont mieux unies les unes aux autres, selon que les liens sociaux, civils et politiques, répondent davantage à leur but originel : la défense et la protection communes.

L'Agrégation est donc une phase imparfaite de la civilisation ; elle exprime quelque chose d'uni, à-la-fois, et de divisé : aussi dit-on d'un parti que travaillent des passions et des intérêts divergents, mais qui, cependant, marche tant bien que mal au même but, que c'est une Agrégation d'ambitions, de vanités, etc.

Le mot agglomération s'applique plus particulièrement aux choses matérielles, et le mot Agrégation aux choses morales et aux personnes. On dit, par exemple, l'agglomération des terres, par opposition au principe de la division des propriétés ; on dit une Agrégation d'individualités ou d'individus.

« Que des hommes épars, » a dit Rousseau, « soient successivement asservis à un seul, en quelque nombre qu'ils puissent être, je ne vois là qu'un maître et des esclaves, je n'y vois point un peuple et son chef : c'est, si l'on veut, une Agrégation, mais non pas une association ; il n'y a là ni bien public ni corps politique. »

Les gouvernements monarchiques tendent donc à maintenir les peuples à l'état d'Agrégation, en fondant et maintenant parmi eux des castes diverses, des distinctions, des intérêts, des relations hostiles ; les gouvernements démocratiques, au contraire, ayant pour objet nécessaire d'effacer du sein des sociétés toutes les inégalités conventionnelles, tendent à unir de plus en plus les membres du corps politique par les liens de l'égalité et de la fraternité, et à former de véritables associations.

E. D.

AGRICULTURE. La culture du sol, le mode de possession du fonds, sont des questions d'une haute importance pour l'homme d'état. — Dans le peu de lignes qui suivent, nous n'avons pas la prétention de développer toutes les propositions qui s'y rattachent; nous nous bornerons donc à une simple exposition de quelques-unes des vérités les plus incontestables.

Pour que la richesse d'un pays se développe d'une manière normale et permanente, il faut que l'Agriculture prospère, chacun le reconnaît. Cette prospérité laissant à chaque individu une plus grande somme des biens de la terre, la subsistance de tous est alors assurée. Mais ce que chacun ne reconnaît pas d'une manière aussi positive, c'est que, pour que l'Agriculture prospère, c'est-à-dire, pour que le travail du sol donne un produit net plus considérable, il faut que la prospérité industrielle lui ait ouvert de plus énergiques moyens de prospérité, en lui fournissant, en plus grande abondance, l'un des éléments indispensables de la production, les capitaux. Ainsi, à part la production de la subsistance du cultivateur, subsistance à-peu-près assurée par son travail, à la condition toutefois qu'il a eu une année d'avance accumulée en commençant sa tâche; à part, disons-nous cette production, le progrès de l'Agriculture puise ses éléments dans le progrès de l'industrie manufacturière et commerciale. Voilà ce qu'il ne faut pas perdre de vue. Les comices, les écoles, les encouragements, les primes, sont loin d'être inutiles, mais ils n'augmentent pas sensiblement la masse des produits nets; il faut pour cela des moyens plus puissants, il faut des capitaux, et si le travail seul peut les créer, il faut les demander au travail déjà productif.

Quoiqu'en dise M. Sismondi, ce qu'il faut qu'une nation, comme un propriétaire, cherche en Agriculture, comme en tout travail, *c'est le plus grand produit net;* c'est-à-dire la plus grande quantité de produits obtenus avec le moins de temps, d'argent et de travail possible. Si tout le travail de la terre pouvait être fait par un seul homme, assurément chacun conviendra que le reste du genre humain se trouverait fort à l'aise pour la confection d'autres travaux. Le plus difficile pour tout entrepreneur, est d'assurer sa subsistance et celle des ouvriers qu'il emploie pendant qu'il se livre à la production d'autres choses utiles. Cette première accumulation est la plus lente, parce que ceux qui la possèdent n'en laissent jouir les autres qu'au moyen d'un escompte usuraire sur la part véritable du produit net de leur travail. Ainsi, l'entrepreneur de maçonnerie, de fermage, de vêtements, prête à ses ouvriers une part du capital qu'il a accumulé; il la leur prête afin de les mettre à même de produire immédiatement, mais il ne le fait souvent qu'à un intérêt usuraire, et ces questions sont alors agitées sous le nom de question des salaires.

La France se trouve-t-elle, pour ce résultat si désirable, dans une bonne position. Je ne le crois pas. La production de la terre est fort chère en France, presque partout elle fait face au salaire du travailleur, et voilà tout; c'est-à-dire, que, chez nous, les deux tiers du produit de la terre sont consommés par le travail de la reproduction. Il ne reste à distribuer entre l'entrepreneur et l'ouvrier qu'un tiers de ce produit, qui est destiné à être échangé contre d'autres produits. Il n'est donc pas extraordinaire que nos cultivateurs aillent le plus souvent sans souliers, sans bas, sans vêtements convenables, enfin, qu'ils vivent dans la misère. — Cela est d'autant plus inévitable que ce tiers, le net produit du sol, appartient aux propriétaires sous forme de *rente, d'intérêt de capitaux, etc.*

En Angleterre, un cultivateur produit trois fois sa dépense; c'est un beau résultat: qu'on juge de la masse des produits de la France, si nos vingt-cinq millions d'agriculteurs produisaient dans la même proportion.

Mais que faudrait-il donc en France pour obtenir ce résultat? une seule chose, de l'argent! Ce n'est pas pour l'emploi de machines que cet argent est nécessaire; les seules machines indispensables à l'agriculteur sont les moyens de transport et le fumier. Or, pour les uns comme pour l'autre, ce qu'il faut c'est de l'argent. On estime que, pour mettre en valeur un hectare de terre, il faut, au minimum, 400 francs. Quel est en France le domaine sur lequel se trouve dépensé ce capital? Quel est celui de nos propriétaires fonciers qui soit disposé à faire à sa terre une pareille avance? Quel est le fermier qui le puisse?

Une école s'est révélée dernièrement, qui, frappée des maux dont les ouvriers des manufactures sont affligés, voudrait envoyer aux champs toute cette population: cela part d'un bon naturel, assurément, mais en toutes choses il faut considérer la fin. Voyons donc ce qui arriverait si les projets de ces intéressants faiseurs d'églogues étaient mis à exécution. — Un laboureur, surtout ces laboureurs improvisés, produit à-peu-près ce qu'il dépense; or, je le demande, qui fournirait à tous le vêtement, la chaussure, l'abri, etc., si les ouvriers manufacturiers se faisaient cultivateurs? Que deviendrait la fortune de la France au milieu de l'accroissement des richesses de l'Europe entière, si elle dépensait précisément ce qu'elle gagne, si elle vivait au jour le jour? Aussi, ce ne sont pas des ouvriers qu'il faut à notre sol, c'est de la force, c'est du capital. — Dans ce peu de mots se trouve la solution de la question des colonies agricoles.

J'ai dit que le *progrès* de l'Agriculture doit être précédé du progrès manufacturier. En voici la raison: le travail manufacturier est aidé par les machines, le capital y rapporte un profit plus considérable. C'est donc par là que ceux qui ont du capital commencent. Dans l'Agriculture, le profit est borné et les retours sont lents à s'accomplir; les capitaux doivent donc venir à la culture plus difficilement. Que l'accroissement des richesses diminue l'intérêt de l'argent, il y aura un nivellement de profits, l'Agriculture alors aura son tour. — Où voyons-nous l'Agriculture prospérer? En Angleterre et en Ecosse, où les manufactures se sont développées avec vigueur ; en France, dans le Nord, en Normandie, tous pays de grande fabrication.

La tenure de la terre influe considérablement sur les produits nets. La petite culture est plus chère que la grande ; elle se résume presque en paiements de salaires. Il faut considérer cette proposition comme un axiôme. L'espace nous manque pour la développer, mais nous protestons à l'avance contre les inductions qu'on pourrait en tirer en faveur de la grande propriété. Grande culture et grande propriété peuvent être distinctes : qu'importe en effet le produit net au bien-être de tous, s'il ne profite pas à tous.

De quelque manière qu'on envisage la question agricole, il importe de ne pas perdre de vue ce principe : *Le sol du pays est la propriété commune*. Il n'y a rien là qui ressemble à la loi agraire ou partage des terres, ni à la communauté des biens, deux choses également mortelles pour le progrès. Ce que nous voulons dire, c'est que *tous* (autrement dit le gouvernement — j'entends un gouvernement bien organisé) ont le droit de diriger la production du sol dans le plus grand intérêt de tous. Cette vérité est reconnue par tous les publicistes, et les Allemands, qui, certes, ne sont pas bien révolutionnaires, l'admettent explicitement. Thaër, entr'autres, déclare que les propriétaires actuels doivent être considérés comme de simples usufruitiers; Puffendorf est du même avis. Je cite ces hommes pour ne pas être appelé anarchiste. Les Anglais, les tories eux-mêmes, l'ont positivement reconnu dans la discussion et dans l'application de la loi des pauvres, et dans celle des bills d'*enclosure*. Le clergé l'a reconnu par les dîmes, qui, dans l'origine, étaient destinées à payer l'éducation nationale et à nourrir ceux qui n'avaient ni terres, ni travail. Le sol appartient à la nation; les rois l'ont prêté aux feudataires, à condition *de service*, les feudataires l'ont gardé, et la dîme alors a compensé cette usurpation; mais le droit préexiste, et tous les peuples de l'Europe le reconnaissent aujourd'hui dans leurs codes, explicitement ou implicitement.

En France, à chaque avénement, le roi confirmait les titres de propriété des détenteurs. Partout, les lois sur l'expropriation, qui sont essentiellement variables, les lois sur les mines, les lois sur l'exploitation des forêts, viennent prouver qu'en aucun cas le propriétaire foncier n'est laissé complétement le maître.

Dans les Indes anglaises, il n'y a qu'un seul propriétaire, l'Etat. C'est, selon nous, la position la plus nette, la plus morale, la plus avantageuse à tous; et l'on peut regretter que l'Europe ait laissé se perdre cette position. Dans l'Inde, les revenus de la terre sont directement appliqués aux charges du pays. Il n'y a pas d'autres contributions que la contribution foncière; contribution ou rente, c'est dans l'Inde le même mot; là, point de doléances sur les tarifs des grains; c'est l'affaire de l'état.

En France, le retour à cet état de choses est impossible. Mais l'association remédiera un jour aux maux que nous voyons.

En Angleterre, la terre appartient à six cents familles environ ; le remède paraît donc plus facile. On dit qu'un jour viendra où tous les propriétaires de ce pays seront inscrits au grand-livre des fonds publics pour le montant des revenus fonciers, et qu'ils se trouveront fort aises d'être débarrassés de leurs soucis actuels.

Dans l'état présent de la France, l'étude des lois céréales est d'une extrême importance : la vaine pâture, le parcours, l'affouage, l'usage forestier, l'administration des biens des communes, doivent encore être l'objet des profondes méditations de l'économiste. (V. CÉRÉALES.)　　H. DUSSARD.

AIDES. Pendant longtemps la France fut plutôt un fief qu'un état, un établissement privé plutôt qu'un corps politique. Des coutumes, variables suivant la force et le caractère du pouvoir, étaient la seule loi : il n'y avait ni administration, ni services publics régulièrement organisés. Alors le mot Aide changea souvent de valeur. Son origine se perd dans l'antiquité du droit féodal. Dans le principe, l'Aide était le service militaire que le vassal devait au suzerain ; lorsque le vassal se rachetait de ce service, la somme qu'il payait au suzerain s'appelait une Aide, et bientôt ce mot désigna toutes les subventions pécuniaires extraordinaires que le seigneur, sous un prétexte ou sous un autre, exigeait du vassal.

Ducange distingue les Aides en coutumières et extraordinaires. Quand les vassaux se rachetaient du service militaire, quand ils se cotisaient pour payer la rançon du roi ou du seigneur, pour couvrir les frais du mariage de sa fille aînée, ou pour armer son fils chevalier, l'Aide était coutumière. Elle était extraordinaire et gracieuse ou volontaire, quand elle avait pour objet de subvenir à des besoins imprévus du suzerain; lorsque, par exemple, il levait de l'argent sur ses vassaux pour acheter une terre qui était à sa convenance. La naissance des communes et les progrès du commerce furent une source inépuisable d'Aides levées sous la forme d'un droit de tant pour cent sur toutes ventes ou seulement sur quelques-unes.

Les états de 1360 accordèrent, pour payer la rançon du roi Jean, une Aide générale qui semble avoir été la base de l'impôt désigné depuis sous ce nom. Toutes les provinces n'y souscrivirent pas; mais les dissidentes, traitées comme pays étranger, furent contraintes de s'abonner. Depuis le vote de l'Aide générale, et peut-être serait-il plus exact de dire depuis l'administration fiscale de Philippe-le-Bel, les Aides ont toujours subsisté, malgré les variations de l'assiette et de la perception des impôts. Si des tumultes populaires les firent un moment disparaître, elles furent, dès que l'autorité royale eut repris sa force, établies de nouveau. Après beaucoup de vicissitudes, les Aides ne comprenaient plus, à la fin du dix-huitième siècle, que les impôts sur les diverses boissons : il y avait des Aides d'entrée et des Aides de détail.

Il s'en fallait de beaucoup que cet impôt fût assis d'une manière fixe et uniforme : bien au contraire, il variait d'une province à l'autre, dans la même province, et jusque dans la même ville. Sa quotité et sa perception étaient différentes, suivant l'énergie avec laquelle les provinces avaient résisté à son établissement et suivant la forme de leur administration. Beaucoup de droits qui étaient classés à juste titre parmi les Aides n'en portaient pas le nom : ainsi le *devoir* en Bretagne, l'*équivalent* en Languedoc, le *masphening* en Alsace. Colbert fit de vains efforts pour abaisser et pour régulariser cet impôt, dont la perception fut toujours vexatoire.

Aujourd'hui, l'impôt sur les boissons est perçu régulièrement et d'après un tarif uniforme par toute la France. Le niveau de la révolution a passé sur l'œuvre inégale des rois et des états provinciaux. Le nom des Aides a disparu pour faire place à celui de Contributions Indirectes, qui n'est guère moins odieux au peuple.

COURCELLE-SENEUIL.

AIDES (COUR DES). Tant que les aides ne furent qu'un secours temporaire extraordinairement accordé par les vassaux au suzerain, il n'y eut point de percepteurs permanents, point de juges spéciaux et fixes chargés de décider les contestations relatives à la perception. Les états qui votaient l'aide nommaient en même temps les commissaires chargés de la percevoir. Avec l'aide générale de 1360 commença un nouveau système. Des commissaires nommés par le roi furent chargés de veiller à la perception et de juger toutes contestations y relatives. En 1364, Charles V créa une Cour permanente des aides, à laquelle fut confiée la mission de nommer les percepteurs et de contrôler leurs actes : il lui attribua en même temps une juridiction civile et criminelle.

En 1380, Charles VI, forcé par les plaintes et les insurrections du peuple, abolit les aides et la Cour des aides. Mais cette réforme ne pouvait durer : il fallait des sommes immenses à une famille royale, nombreuse, rapace, prodigue et débauchée ; les aides et la Cour des aides reparurent en 1383. Cette Cour nommait et destituait les percepteurs, faisait la levée des deniers, et pouvait affermer le produit de l'impôt ; elle jugeait sans appel les procès civils et criminels auxquels la perception donnait lieu : ainsi, elle réunissait tous les pouvoirs avec la plus grande facilité d'en abuser. Dès 1388, il fallut la diviser en deux chambres distinctes : l'une dut se contenter des attributions fiscales de la Cour, l'autre, des attributions judiciaires.

La Cour des aides était unique en France, à son origine ; plus tard on en établit d'autres, à Montpellier, à Bordeaux, à Clermont, à Montauban ; et d'autres encore, qui, dans diverses villes, étaient réunies ou à des parlements ou à des chambres des comptes.

A la fin du dix-huitième siècle les attributions de la Cour des aides étaient considérables : elle connaissait en dernier ressort tout procès civil ou criminel entre *toutes* personnes au sujet des aides, gabelles, octrois, *tailles, droits de traites*, droit de *marque des fers*, et autres *subsides* ou *impositions.* Elle recevait les appels de tous les juges financiers, et connaissait toutes questions de noblesse, parce que la noblesse emportait exemption d'impôts. C'était à son greffe que les lettres de noblesse étaient enregistrées, et son procureur-général avait le droit d'exiger la production des titres de tout noble ou soi-disant tel. Elle connaissait aussi de la saisie des biens des comptables et de tous les procès qui s'élevaient à ce sujet.

Nous n'entrerons pas dans de plus longs détails sur les attributions de cette compagnie judiciaire devenue la Cour souveraine où devaient aboutir toutes les causes financières. Ses privilèges étaient nombreux ainsi que son personnel. Elle se composait d'un premier président et de neuf autres présidents, de cinquante-deux conseillers, de trois avocats et d'un procureur-général, de quatre substituts du procureur-général, de deux greffiers en chef et de plusieurs autres greffiers civils, criminels et des présentations, de cinq secrétaires du roi, d'un trésorier payeur des gages, d'un receveur des épices, de deux premiers huissiers et de plusieurs autres. La révolution a effacé pour jamais cette Cour ainsi que tous ces grands corps constitués qui, sous l'ancien régime, pesaient sur les peuples d'un poids si lourd. Il n'existe plus de haute juridiction financière spéciale : la cour des comptes est un tribunal de comptabilité et non de finances.

C. S.

AIGLE. Les maîtres de la science héraldique ont assigné à l'Aigle, parmi les oiseaux, le rang qu'occupe le lion parmi les animaux, et, parmi les poissons, le dauphin. Fort, courageux, généreux, rapide, majestueux par dessus tous les autres, planant dans l'air à des distances infinies, où ne peut le suivre l'œil infirme de l'homme, élevant son aire dans les régions éthéréennes, ne devait-il pas être le symbole de la puissance souveraine et de la majesté royale ?

Aussi, le très-illustre Marc de Wlson, Sr de la Colombière, chevalier de l'ordre du roi, gentilhomme ordinaire de la chambre de Sa Majesté, et, de plus, auteur d'un gros et savant traité de la science *héroïque*, dit-il, après avoir décrit les rares et éminentes qualités qui caractérisent ce roi des oiseaux : « Toutes lesquelles prérogatiues font que la figure de l'Aigle est vne des plus excellentes pièces qui entrent dans la composition des armoiries, et qui doit estre donnée à aucun par les Roys et Hérauds d'armes sans grande cognoissance de cause, et seulement, selon mon aduis, à ceux qui excellent en valeur, en générosité et en courage pardessus tous les autres hommes. »

Les anciens avaient pour l'Aigle une vénération sans égale : ils en décoraient le sceptre, les armes et les enseignes du maître des Dieux, en raison, sans doute, des bons et loyaux services rendus par le volatile dans la grande bataille que le Dieu eut à soutenir contre les Titans et les Géants. Les Troyens, qui descendaient en ligne plus ou moins directe de

Jupiter, par Dardanus, un de ses fils, firent de l'Aigle le premier de leurs insignes.

J'ignore si c'est parce qu'ils se prétendaient issus des Troyens que les Romains prirent l'Aigle pour le symbole de leur puissance et de la domination universelle sous laquelle ils voulaient courber le monde : ce qui est certain, c'est qu'ils avaient pour lui une vénération si grande qu'ils se prosternaient devant ses images comme devant celles de Jupiter lui-même.

Jules-César, qui descendait aussi de Jupiter, portait une Aigle d'or sur champ de gueules.

Charlemagne, roi de France et empereur d'Allemagne, portait d'azur à une Aigle à deux têtes d'or, *diadémé, langué, becqué* et *armé* de gueules, l'estomac chargé d'un écu de France.

Les armes du Saint-Empire étaient d'or à l'Aigle de sable à deux têtes, pour figurer l'empire d'Orient et l'empire d'Occident. Les deux têtes sont tournées l'une à droite, l'autre à gauche, suivant une vieille devise attribuée aux empereurs : *A dextris et sinistris*.

Au moyen-âge, c'était la coutume des rois et princes souverains qui ne dépendaient point de l'Empire de donner des Aigles à ceux qui avaient défait les troupes impériales. La maison de Montmorency tire de là ses armoiries.

La triste destinée de la Pologne a rendu populaire son Aigle blanc; on sait que les armes de cette héroïque et trop malheureuse nation étaient de gueules à une Aigle d'argent, couronnée et membrée d'or. Au dire de Martin Cromer, Lechus, premier roi de Pologne, trouva sur le lieu où il jetait les fondements de sa première ville une aire ou nid d'aiglons, dans lequel était un Aigle blanc : de là les armes de la Pologne.

Les principales maisons de France qui avaient des Aigles dans leurs armes étaient celles de Salvaing, en Dauphiné; Boucicault, La Trémouille, Coligny de Châtillon; La Roche, en Bretagne; Nostradamus, en Provence, etc.

La maison de Lorraine, issue de Godefroy de Bouillon, le vainqueur de Jérusalem, portait d'or à la bande de gueules chargée de trois aiglettes d'argent. L'origine de ces armes, selon les auteurs, remonte au siége de Jérusalem, où le héros, ayant décoché une flèche sur la tour de David, enfila du même coup trois oiseaux.

La maison d'Autriche a hérité des armes du Saint-Empire. L'aigle noir de Prusse lui dispute aujourd'hui son antique suprématie. La Russie a, comme l'Autriche, une Aigle à deux têtes, l'estomac chargé du cavalier de Lithuanie : bientôt sans doute elle y ajoutera une tête d'Aigle blanc, le col percé d'une flèche, et dégouttant de sang.

Les États-Unis, dans la guerre de l'Indépendance, ornèrent leurs drapeaux d'une Aigle sur champ d'azur semé d'étoiles.

Napoléon Bonaparte, devenu empereur des Français, par la grâce de Dieu, les Constitutions de l'empire et le 18 Brumaire, dédaigna le coq, les oiseaux domestiques n'étant pas réputés si nobles en armoiries comme les ruisssants et farouches, et pour ce que l'Aigle excelle par dessus

« tous. » On sait qu'il fit voler cette Aigle sur les clochers de toutes les capitales de l'Europe, jusqu'au moment où, les forces venant à lui manquer, le glorieux oiseau s'abattit sur une île déserte au milieu de l'Océan. Il y est mort, et quoiqu'on fasse il ne renaîtra pas de ses cendres.   E. D.

AINESSE (DROIT D'). Après la fameuse nuit du 4 août 1789, dans laquelle l'Assemblée constituante décréta l'abolition des priviléges féodaux, Louis XVI écrivait, dans une lettre confidentielle à l'archevêque d'Arles : « Je ferai tout ce qui dépendra de « moi pour conserver mon clergé, ma noblesse... « Si la force m'obligeait à sanctionner, je céde-« rais; mais alors il n'y aurait plus en France ni « monarchie, ni monarque. »

Le gouvernement de la Restauration poursuivait la même pensée, lorsque, le 10 février 1826, il proposait la première mesure légale qui devait commencer à *restaurer* la féodalité sur de nouvelles bases : le rétablissement du *droit d'Aînesse.*

Le droit d'Aînesse, qui créait une si odieuse inégalité entre les frères, avait au moins, sous l'ancien régime, sa raison d'existence dans les conditions organiques de la société. La possession de certaines terres, des fiefs, entraînant un devoir personnel à remplir envers le roi, seigneur du fief principal, il fallait, pour le maintien de l'état féodal, que cette possession échût toujours à un seul maître. Ce privilége était attribué à l'aîné de la famille, qui avait à-la-fois les charges et les bénéfices de sa position. Aussi le droit d'Aînesse n'était-il établi que sur les *biens nobles*, fiefs ou francs-aleux. Les héritages roturiers se partageaient également entre l'aîné et les cadets.

L'aîné entrait en possession du principal manoir tenu en fief; c'est ce qu'on appelait le préciput. Il prenait aussi une part plus grande des autres fiefs et des droits accessoires. Cette part était des deux tiers quand il n'y avait que deux enfants, et de la moitié quand il y en avait trois ou plus. Telle était la sollicitude de la législation féodale pour la conservation du privilége de l'aîné qu'elle permettait au père de disposer au profit d'un étranger, mais jamais au profit d'un de ses enfants puînés. Elle se défiait des sentiments naturels, auxquels elle faisait violence; elle voulait « remédier » à la prédi-« lection du père, à qui il est plus ordinaire de « préférer des puînés à l'aîné que des étrangers(1). » Le droit d'Aînesse venait donc au fils, non pas de la disposition du père, mais de celle de la loi, à laquelle le père ne pouvait pas déroger.

Cet état de choses a été détruit par le décret du 4 août 1789 et par la loi des 15-28 mars 1790. Le code civil a établi le partage égal entre les enfants, sauf le cas spécial des *majorats* (V. MAJORAT) et sauf le droit qui est accordé au père de donner à l'un de ses enfants ou à un étranger une portion de tous ses biens qui ne peut jamais dépasser la moitié. L'égalité est ici le principe de la loi, et l'inégalité est facultative.

En 1826, sous le ministère de MM. de Villèle,

(1) Denisart.

de Corbière, de Peyronnet, la Restauration marchait sourdement dans sa voie rétrograde. On ne pouvait pas, au sujet de l'hérédité, faire un retour vers le passé. La constitution sociale n'offrait aucun moyen de rétablir ouvertement la distinction absurde entre les biens *nobles* et les biens *roturiers*. Mais le gouvernement voulait appuyer la *monarchie* sur une *noblesse*, et la noblesse ne pouvant plus être fondée sur le fait du service militaire, on voulut tenter de la fonder uniquement sur le fait de la possession de la terre. On proposa donc d'affecter à l'aîné toute la quotité légalement disponible dans les successions payant 300 francs d'impôt foncier, sauf au père à ordonner par testament le partage égal. On voulait faire de l'inégalité le principe de la loi, et laisser l'égalité facultative.

Le chiffre 300 francs était précisément celui du cens des électeurs, en sorte qu'il s'agissait de constituer héréditairement, par ordre de primogéniture, dans les familles privilégiées, le droit électoral (1).

Cette loi fut portée à la Chambre des pairs, où elle rencontra une vive opposition. Des pétitions sans nombre, la discussion quotidienne des journaux, les pamphlets et des brochures, manifestèrent l'émotion populaire. La loi fut rejetée par une grande majorité, le 8 avril 1826.

Ce fut un jour de fête. La Chambre des pairs eut, pendant quelques jours, les honneurs de la popularité. Honneurs bien peu mérités! La pensée qui présidait au rejet de la loi est suffisamment trahie par ces paroles d'un des pairs opposants : « Autrefois, la noblesse était l'intermédiaire entre le « monarque et le peuple ; aujourd'hui, la Chambre « des pairs a été mise à la place. On conçoit pour « la pairie toutes les institutions qui tendraient à « en maintenir la durée, l'influence et la force. « Mais, *hors de là*, tous les citoyens sont égaux en « droits. La loi qui donne à l'aîné une part avan- « tageuse crée un privilège contraire à la Charte. » Ainsi, c'est par jalousie de ses privilèges que la Chambre des pairs repoussait la création de cette nouvelle noblesse! Elle craignait que la Chambre des députés ne devînt son *égale*. « La loi propo- « sée, disait un autre pair, compromet, au lieu de « le renforcer, le principe de l'élection, en fixant, « par une sorte de substitution perpétuelle, la « propriété foncière dans la main des seuls aînés. « Elle changerait par cela même la *nature* de la « Chambre des députés, dont l'élection concentrée « dans une classe unique formerait, *à côté de la* « *Chambre des pairs*, une seconde chambre pres- « que entièrement de même nature, et où l'inté- « rêt de la propriété foncière se trouverait seul re- « présenté. » La Chambre des pairs obéit donc à un intérêt égoïste et non pas au vœu de l'opinion publique, qui réprouvait si hautement le rétablissement du droit d'Aînesse.

Quoi qu'il en soit, le projet fut repoussé malgré les arguments de ceux qui voulaient « mettre la « loi civile d'accord avec la loi fondamentale de la

« monarchie ; » et qui soutenaient que la grande propriété convient essentiellement aux monarchies et la petite aux républiques.

Et maintenant, puisque l'Empire, avec tout le génie de son chef; puisque la Restauration, avec l'autorité de ses vieux souvenirs et les nécessités fatales de sa situation, n'ont pu ressusciter le droit d'Aînesse, quel pouvoir aurait cette force, alors même qu'il en aurait l'audace ?

Mais cette révolution que nous avons faite, il y a cinquante ans, est encore attendue dans les autres pays de l'Europe. Partout ou presque partout, en Allemagne, en Russie, en Italie, en Angleterre, et même au sein de l'Espagne constitutionnelle, le droit d'Aînesse subsiste encore. En Angleterre, il est la source et la cause permanente de cette excessive opulence qui élève à un si haut point la puissance politique de l'aristocratie, et de cette excessive misère qui décime les classes pauvres. Tous ces cadets, toutes ces filles qu'une politique égoïste repousse de la succession paternelle, retombent à la charge de la nation. De même qu'au moyen-âge les Grandes Compagnies connues sous les noms divers d'Écorcheurs, Malandrins, Tardvenus, Routiers, Brigands, Bandouilliers, Aragonais, etc., se recrutaient parmi les cadets et les bâtards de la noblesse; de même, aujourd'hui, en Angleterre, les armées de terre et de mer, les ordres ecclésiastiques et les fonctions publiques de toute nature sont la proie des cadets, des maris des filles nobles, et des bâtards des grands seigneurs. Les radicaux ont souvent demandé la réforme de l'Église anglicane ; les Irlandais demandent le rappel de l'union, et la chambre des lords a constamment repoussé cette double réclamation. Pourquoi cela ? Parce que le clergé anglican a, dans les Trois-Royaumes, un revenu annuel de cent cinquante millions, et que ces cent cinquante millions offrent une large prébende aux déshérités de l'aristocratie. Otez-leur cette proie, et l'aristocratie britannique comptera dans son sein ses plus formidables ennemis.

Espérons fermement que le temps n'est pas éloigné où les saines idées de justice et de morale qui ont prévalu chez nous, à la fin du siècle dernier, prévaudront également chez tous les autres peuples de l'Europe.   Henry CELLIEZ.

AJOURNEMENT. Expression employée dans les débats parlementaires. Renvoi d'une discussion à une époque fixée ou indéterminée. Fin de non-recevoir.

Quelque soin que les hommes chargés de rédiger ou d'examiner un projet de loi présenté par le gouvernement aient apporté dans l'accomplissement de leurs devoirs; quelque parfaite connaissance qu'ils aient de la matière qu'ils ont été appelés à traiter, des difficultés qu'ils avaient mission de résoudre, il peut arriver qu'ils n'aient point examiné une question sous toutes ses faces. Souvent, au jour où la discussion publique s'ouvre devant le parlement, un orateur vient développer des objections qui renversent toute l'économie d'un projet de loi ou d'une proposition, et qui en changent tellement

(1) Ces dispositions étaient suivies d'un article qui étendait le droit des *substitutions* et qui a seul été adopté. Nous en parlerons au mot *Substitution*.

l'esprit et la portée que l'assemblée refuse de prononcer sur l'heure et de voter en quelque sorte par entraînement les modifications qu'on lui propose ; ce cas a été prévu par les réglements parlementaires, et c'est pour parer aux inconvénients d'une décision irréfléchie et précipitée que le mode d'Ajournement a été adopté.

Il n'y a, à proprement parler, que deux sortes d'Ajournement : l'Ajournement *fixe*, l'Ajournement *indéterminé*. Il en existe cependant une troisième espèce, que nous qualifierons Ajournement *indéfini*.

L'Ajournement peut être utilement demandé et prononcé dans certains cas : lorsque, par exemple, un événement surgit qui présente la question sous un nouveau jour ; lorsque le législateur n'est pas entouré de tous les documents nécessaires pour baser son jugement et pouvoir prononcer en connaissance de cause, ou lorsque l'ordre logique des matières qui doivent occuper la session exige la discussion préalable d'une autre proposition ou d'un autre projet de loi. Dans ce cas, on prononce l'Ajournement à un terme *indéterminé*, mais relatif.

L'Ajournement *fixe* peut être motivé par le désir de se procurer des documents nouveaux. Si les chambres prévoient que tel laps de temps suffira pour qu'elles obtiennent les documents dont elles ont besoin, elles déterminent, elles *fixent* alors le jour où elles reprendront la discussion qu'elles sont d'avis d'interrompre. L'Ajournement fixe est quelquefois une mise-en-demeure pour les ministres qui se refusent à communiquer certaines pièces : le vote des chambres signifie alors que les ministres auront à communiquer les pièces qu'on leur demande, dans un délai déterminé.

L'Ajournement *indéfini* équivaut à une fin de non-recevoir : il préjuge le mérite d'une loi ou d'une proposition en coupant court au débat. C'est une manière honnête de faire savoir à qui de droit, sans blesser trop ostensiblement l'amour-propre de personne, que telle loi présentée, telle proposition faite, tel amendement développé, n'ont pas et ne peuvent avoir l'approbation des Chambres.

Quelquefois aussi l'Ajournement indéfini peut être employé pour masquer une retraite. On a vu, en effet, des ministres, des orateurs, quand le débat ne leur présageait pas un résultat favorable, quand ils croyaient que la majorité allait leur manquer, jeter à leur amis le mot d'Ajournement. L'Ajournement indéfini est dans ce cas une trève avec esprit de retour, c'est-à-dire avec l'espoir d'un meilleur succès à venir.

L'Ajournement se propose et se vote comme toute autre matière législative, par assis et levé, ou au scrutin secret.   D. D.

ALCADE (en espagnol *Alcalde*), est un de ces mots, si nombreux dans la langue espagnole, composés de l'article arabe *al* et d'un mot de la même langue plus ou moins altéré par la prononciation castillane. Presque tous les mots de cette famille sont employés en Espagne comme l'était chez nous le mot Alcoran, avant que les langues orientales nous fussent devenues familières, c'est-à-dire avec un article surabondant ; Alcoran décomposé

signifiant à la lettre le Coran. La même réforme n'a pu être faite en Espagne, où elle n'irait pas à moins qu'à changer l'orthographe de toute la série des mots du dictionnaire qui commencent par la syllabe *al*.

Alcade vient de l'arabe القاضي *Alcadh*, le cadi. Le cadi, chez les Musulmans, est un officier à la fois de l'ordre religieux et civil, remplissant un office qui participe beaucoup des triples fonctions du curé, du juge de paix et du commissaire de police ; mais l'Alcade chrétien n'a point conservé en Espagne le premier de ces caractères. A mesure qu'une ville ou qu'un *pueblo* de quelque importance passait sous la domination chrétienne, l'Alcade musulman se trouvait remplacé par deux hommes qui se partageaient ses fonctions : un *clerc* se chargeait des fonctions religieuses, sous le nom de *curator ;* un laïc remplissait les autres, sous l'ancien nom arabe devenu espagnol, comme tant d'autres, dans le contact obligé des deux peuples.

Les attributions de l'Alcade actuel sont à peu de chose près les mêmes qu'à l'origine de cette magistrature, tout ensemble de l'ordre civil et de l'ordre judiciaire. — On définit aujourd'hui l'Alcade en Espagne : le juge ordinaire qui administre la justice dans une ville, *en algun pueblo.* — Il y a diverses sortes d'Alcades. Les principaux, d'après la constitution nouvelle du pays, sont ceux qu'on y appelle *Alcaldes de Barrio,* Alcades de quartier ; l'Alcade de Barrio est une espèce de juge ou d'officier municipal que, dans les grandes villes, élisent annuellement les habitants de chaque quartier (*Barrio*), dans la forme observée pour l'élection des députés aux Cortès, des syndics et procureurs de la commune, *personeros del comun,* etc. Il porte pour insigne un bâton d'une hauteur déterminée, orné d'une main d'ivoire, dont il se sert à la manière des constables anglais.

L'Alcade ordinaire, c'est-à-dire l'Alcade unique des villes dont la population n'est pas assez considérable pour en exiger plusieurs, a les mêmes attributions et les mêmes devoirs à remplir que l'*Alcalde de Barrio;* ses pouvoirs lui sont, de même, conférés par l'élection, et, par là, la magistrature de l'Alcade est une magistrature d'ordre et de police municipale.

Il y a, outre les Alcades ordinaires, l'*Alcalde alamin,* juge pour les arts-et-métiers ; l'*Alcalde de casa, corte y rastro,* Alcade de la maison et cour du roi ; l'*Alcalde de noche,* Alcade de nuit, dont le nom indique suffisamment les fonctions ; l'*Alcalde de obras y bosques,* Alcade des bâtiments et forêts avec juridiction civile et criminelle sur les maisons et forêts royales hors de Madrid ; enfin l'*Alcalde de la Mesta,* Alcade des troupeaux et des pâturages, nommé par l'assemblée des propriétaires et des marchands de troupeaux de bêtes à laine, et confirmé par le gouvernement pour connaître des causes et des sujets de contestations qui peuvent naître entre eux, au sujet de leur commerce. Cet Alcade est appelé dans les premières chartes latines ou Fueros de la Mesta, *judex rei pecuniariæ præpositus.*   Ch. ROMEY.

ALDERMAN. On reconnaît d'abord à la physionomie et à la signification de ce mot qu'il appartient à un ordre social et politique antérieur à la conquête de l'Angleterre par les Normands. En effet, il vient du saxon *Ealdorman,* qui lui-même est un composé du qualificatif *œldor* et du substantif *man.* Exprimant la double dignité de l'âge (*old*) et du caractère de l'homme (*man*), il résume évidemment les idées d'une époque qui respectait, par dessus toutes choses, l'autorité morale de l'expérience et de la vieillesse.

Sous la domination saxonne, la noblesse se composait de trois classes bien distinctes ; la première prenait le titre d'*Atheling ,* la seconde celui de *Ealdorman,* et la troisième celui de *Thane.* Mais le mot *Ealdorman* n'était pas seulement la marque d'une noble naissance, c'était aussi le signe de plusieurs fonctions importantes. Il y avait des *Aldermannus regis, comitatûs, civitatis, burgi, castelli,* etc. Le grand dignitaire, connu sous le nom de *Aldermannus totius Angliœ,* était chargé de l'administration générale de la justice, comme le *Capitalis justitiarius Angliœ* des temps postérieurs, et le *Lord chief justice of England* de notre époque.

On donnait encore le titre de *Ealdorman* aux comtes (*Comes*) ou gouverneurs des provinces. Ceux-ci formaient une magistrature puissante, investie de presque tous les pouvoirs politiques, civils et militaires. Il représentaient leurs gouvernements dans le Wittenagemot, ou grand conseil de la nation, participaient à l'administration de la justice, et conduisaient les milices provinciales à la guerre. Aussi leur arrivait-il souvent de prendre la qualité de princes ou de vice-rois (*Sub-Kings*) dans les actes publics.

Aujourd'hui l'Alderman est une espèce d'échevin, nommé à vie par les électeurs municipaux, pour assister le maire dans l'exercice de ses fonctions. Chaque ward ou quartier ayant le droit de se faire représenter par un magistrat de cet ordre, le nombre en varie nécessairement selon le plus ou moins d'importance des localités ; cependant, on en compte rarement moins de six et plus de vingt-six dans les différentes villes de l'Angleterre. Une loi du règne de Georges Ier attribue aux *Aldermen* les fonctions de juges-de-paix. A Londres, ils sont chargés, en outre, comme officiers de la municipalité et comme membres de ses tribunaux, de faire observer les réglements de la police et de veiller à la répression des délits et des contraventions de tout genre. Enfin, en leur qualité de délégués des wards ou quartiers, ils siégent sur les bancs du *common council* ou du conseil commun de cette grande ville.

Le lord-maire est toujours choisi dans le corps des *Aldermen,* où il fait pour ainsi dire l'apprentissage des affaires publiques. A l'expiration de sa magistrature annuelle, il reprend son ancienne place au milieu de ses confrères. Du reste, beaucoup de respect et de popularité s'attachent au titre et aux fonctions que nous venons de caractériser. C'est une haute marque d'estime et de confiance qui conduit souvent celui qui en est investi aux honneurs de la représentation nationale. De notre temps, les *Aldermen* Wood et Waithman ont été élus plusieurs fois députés de la cité de Londres à la chambre des communes.

A. GUILBERT.

ALGER. —ALGÉRIE. Depuis la chute de Carthage, cette partie de la côte d'Afrique qui forme la régence d'Alger avait beaucoup perdu de son importance politique. Successivement envahie et conquise par les Romains, par les Vandales et enfin par les Arabes, elle était restée isolée du mouvement général de la civilisation qui se montrait à l'Occident. Et, bien que l'espèce de république militaire fondée, en 1516, par les frères Barberousse (Aroudj et Khaïr-ed-din) ; bien que sa turbulente milice, ses révolutions intestines, sa singulière organisation provoquent jusqu'à un certain point les investigations de l'historien et du publiciste, l'Algérie a été, jusqu'à ces derniers temps, pour la politique européenne, comme si elle n'était pas.

Mais les événements de ce siècle ont changé complétement cette situation.

Exposons rapidement les faits.

Tout le monde sait à quel état d'avilissement les Algériens avaient réduit la plupart des puissances commerçantes, lorsque lord Exmouth attaqua leur repaire, détruisit leur marine, et exigea d'eux, non-seulement la délivrance de tous les esclaves, mais l'abolition de l'esclavage des chrétiens. Six ans après, néanmoins, l'insolence et les méfaits de ces pirates démontrèrent que toutes les leçons étaient inutiles.

Il était réservé à la France nouvelle d'en finir avec ces barbares que Charles-Quint, Louis XIV et l'Angleterre n'avaient point abattus. Une discussion d'intérêt entre le gouvernement français et la régence finit par amener la guerre. Le dey avait 5,000 janissaires, plus de 3,000 coulouglis ou fils de Turcs ; les beys d'Oran, de Titteri et de Constantine, ses lieutenants, avaient plus de 15,000 cavaliers arabes ; Hussein ne manquait ni d'artillerie, ni de munitions, ni de vivres, et le trésor où s'accumulaient les tributs de l'Afrique et de l'Europe contenait soixante millions. Mais Alger était dans l'impuissance de résister à une armée qui l'attaquait par terre, et les Français en furent maîtres le 5 juillet 1830.

Après la Révolution des trois jours, le commandement ne pouvait rester à M. de Bourmont ; le général Clauzel fut nommé gouverneur-général : il déploya plus d'activité que d'intelligence politique pour soumettre l'Algérie. Rappelé, au mois de février 1831, il fut remplacé par le général Berthezène, auquel succéda Savary, duc de Rovigo ; bientôt, Savary mourut, et le général Voirol vint gouverner par intérim. Cependant, Bougie et Bone avaient été occupés ; on s'était emparé du beylick d'Oran, où les efforts du général Boyer avaient comprimé cet Abd-el-Kader, qui, plus tard, abusant de la trop grande confiance du général Desmichels, posa les bases de son pouvoir actuel. Vers la fin de 1834, le comte d'Erlon arriva à Alger ; intègre, expérimenté, il aurait fait le bien s'il en avait eu le temps : ce fut contre sa volonté que l'intrépide général Trézel marcha avec des forces insuffisantes contre Abd-el-Kader, violateur des conventions faites avec M. Desmichels. Le maréchal Clauzel revint en Afrique, au mois d'août 1835 : ses expéditions de Mascara et de Tlemcen n'eurent aucun résultat : la dernière donna lieu à de criantes exactions ; il attaqua Constantine dans une saison trop avancée, avec de trop faibles moyens, et il échoua. Le général Bugeaud, qui avait battu Abd-el-Kader en 1836, fut envoyé de nouveau contre lui ; on s'attendait à la ruine totale de cet audacieux aventurier, lorsqu'on apprit que, par un traité, sa puissance était constituée, et que M. Bugeaud, morcelant notre territoire, isolant nos places, laissait les frontières étroites des possessions françaises à la garde de l'ennemi. L'indignation publique empêcha seule de conclure un traité semblable avec Achmet, bey de Constantine, et força le gouvernement à réparer l'échec de l'année précédente. Depuis le 13 octobre 1837, Constantine appartient à la France ; les travaux des communications et du mouillage de Stora augmentent les avantages de la possession de cette ville, qui, d'ailleurs, ouvre des voies nouvelles au commerce de l'intérieur de l'Afrique.

Cependant l'Afrique a été, jusqu'ici, une charge onéreuse. Des sommes immenses y ont été dépensées inutilement ; nos soldats y ont péri, souvent sans avantage pour la patrie ; l'agiotage, l'usure, le trafic des terres, ont étouffé longtemps le commerce et l'agriculture ; des fautes énormes ont été commises ; l'administration a été sans suite et sans unité ; tout a été conduit de manière à dégoûter la nation de ce qui lui coûte si cher.

Les changements perpétuels (qui le croirait ? Alger en est à son neuvième vice-roi), l'incertitude permanente, ont entravé pendant huit ans le développement, la consolidation de la puissance française et les progrès de la civilisation en Afrique ; cette terre promise des fournisseurs, des intrigants de toute espèce, a semblé n'avoir été conquise que pour avancer ou enrichir quelques individus ; on n'y a jamais fait la guerre dans l'intérêt national ; au lieu de la justice et de la fermeté nécessaires avant tout avec les Africains, on n'a montré que faiblesse et duperie ; l'administration a été trop souvent au-dessous de ce que fut celle des Turcs. On a créé un souverain arabe là où n'existaient que des tribus sans lien ; de là si peu de fruits de tant de sacrifices ; de là une guerre prochaine inévitable.

Toutefois, et c'est déjà un grand résultat, la conservation de l'Algérie ne se discute plus ; l'opinion publique a résolu cette question d'honneur et d'intérêt national. Que la Restauration ait promis, ou non, d'abandonner cette conquête, le peuple, qui l'a payée de son sang et de son or, n'a pas à tenir de semblables engagements.

Dans les circonstances où se trouvent l'Europe et l'Orient, la possession d'une partie du littoral méditerranéen, si rapprochée de nous, est pour la France de la plus haute importance politique. La Méditerranée, devenue le centre de l'ancien monde, doit être le principal théâtre de la lutte qui se prépare entre le Nord et le Midi ; l'Algérie sera pour la France un point d'appui formidable : nous trouverons dans ses rades l'équivalent de Malte et de Sébastopol. Réfuter cette objection que l'Algérie serait un embarras, en cas de guerre maritime, ce serait donc prendre une peine inutile. Mais cette objection n'est pas la seule que l'on ait élevée contre la conservation et la colonisation de l'Algérie.

L'exemple des *colonies peuplées d'esclaves* lui a été appliqué.—Elle n'en a pas. — Le reproche *de n'avoir jamais su coloniser* devait être adressé, non aux Français, mais à leurs gouvernements, qui n'ont, en effet, jamais suivi longtemps la même idée, lorsque chez tant d'autres la politique est immuable. Enfin, selon quelques écrivains,—l'Algérie serait *un pays malsain :* — cela est faux ; et les maladies qui ont décimé les troupes ne s'expliquent que trop par les privations de tout genre qu'elles ont supporté, en dépit d'un budget monstrueux. — *Il ne serait possible de soumettre les indigènes qu'en les exterminant :*—assertion absurde, puisque des tribus entières se montrent alliées fidèles, et que le nombre des auxiliaires arabes s'accroîtrait incessamment, sans l'impéritie des gouverneurs.—Il n'y a pas moyen, ajoute-t-on, de cultiver des terres, parce que le cultivateur est forcé d'avoir le *fusil à la main :* — l'expérience prouve le contraire. Et, de plus, il est évident que plus les cultivateurs se multiplieront, plus la défense sera facile, dans une contrée où la population indigène est si clair-semée.

Déjà, la colonie a suivi jusqu'à un certain point le mouvement général, et la force des choses l'a emporté sur l'influence de tant de fautes. Près de 20,000 Européens sont établis dans la régence ; la capitale est devenue une ville française ; on travaille aux ports, aux routes ; des villages se forment ; le fanatisme s'adoucit ; le commerce a atteint un mouvement de 3,900,000 francs, et la navigation emploie 3,400 bâtiments ; 9,000 hectares de terres sont en culture, plus de 4,000 indigènes travaillent pour nous dans ces champs fertiles où l'olivier, le mûrier, le coton, le tabac, outre les céréales et les troupeaux, peuvent suffire un jour à la consommation de la mère-patrie. Les recettes du trésor public sont d'environ 4,000,000 francs ; la dépense réelle de 19,000,000 de francs pourra, dans un temps peu éloigné, se compenser par les revenus du domaine, qui, malgré les gaspillages passés, offre des ressources considérables, car il commence à défendre ses droits contre les usurpations des spéculateurs, et vérifie les titres de propriété.

Tel est le présent : quant à l'avenir, il dépend de la marche qui sera désormais suivie dans la direction des affaires. Il faut que l'on tende enfin à fonder une véritable puissance par un système d'établissements progressifs, de colonisation agricole, et non par des expéditions militaires sans but et sans lien. L'islamisme n'est pas un obstacle insurmontable ; l'expérience le prouve ; musulmans et chrétiens pourront rester voisins sans se faire la guerre, dès que, juste et ferme avec tous, le gouvernement saura punir les excès des fanatiques et contenir le zèle imprudent des convertisseurs. Le temps fera le reste, et déjà la génération qui s'élève chez les Maures des villes diffère énormément de ses pères. Dans les campagnes, la population indigène n'est rien en comparaison de ce que le pays peut nourrir. Des Européens sans nombre peuvent mettre des terres en valeur, sans déplacer ni les Kabyles qu'on peut atteindre, et qui sentent la nécessité de la paix, ni les Bédouins, qui commencent, quoiqu'on en dise, à comprendre leurs véritables intérêts.

Mais il y a autre chose. Le commerce de l'Inde reprend sa route par l'Egypte, et si nous avons perdu cette belle contrée qui nous devra sa régénération, il faut du moins nous en rapprocher. Le commerce de l'Afrique septentrionale nous appartient désormais; il faut l'asseoir sur ses bases naturelles. Indépendamment de ces considérations, la destruction de la piraterie est un bienfait acquis à la chrétienté et une gloire que la France ne saurait abdiquer : sa mission civilisatrice, sa place parmi les grands peuples, sont aussi des intérêts politiques.

En résumé, quoiqu'on ait écrit sur les colonies, on n'a point assez examiné, peut-être, si une puissance maritime peut renoncer aux siennes : c'est une question analogue à celle des armées permanentes. D'ailleurs, on n'a pas assez tenu compte des avantages particuliers que présente une colonie qui offre du travail, de l'espace, des terres aux hommes si nombreux que l'organisation actuelle de de la propriété et de l'industrie prive de toute ressource.   PELLION.

ALIÉNATION. Transport d'une propriété ou d'un droit à une personne qui l'accepte. Je dis *qui l'accepte,* parce que, pour rendre une convention valable et définitive, il faut le concours de deux volontés.

L'histoire des Aliénations est l'histoire du monde. C'est par des Aliénations successives de territoires que se sont fondées toutes les nationalités ; c'est par des Aliénations de propriétés publiques ou privées que se sont accomplies toutes les révolutions sociales. Pour que le despotisme prévalût, il a fallu que, de gré ou de force, les peuples consentissent à l'Aliénation de leur liberté. Et lorsque, après de laborieux efforts, le genre humain a, tant bien que mal, recouvré ses titres perdus, les princes et les grands ont considéré comme une Aliénation de leurs droits ce qui n'était en réalité qu'une restitution.

En France, l'Aliénation à perpétuité des grands offices et des fiefs, décrétée par Charles-le-Chauve, fonda la puissance de l'aristocratie féodale et ruina le pouvoir royal. Plus tard, l'Aliénation des grandes propriétés seigneuriales, encouragée par les Valois, rétablit le pouvoir royal sur les ruines de la féodalité. — Les Valois préparaient sans le savoir l'avènement de la démocratie.

On sait que dans toutes les monarchies de l'Europe le domaine royal était, de droit, inaliénable. Les rois trouvaient dans cette coutume un immense avantage. Comme, en fait, rien ne les empêchait d'aliéner à leur gré ce domaine, soit pour les nécessités de la guerre, soit pour l'entretien des courtisans et des courtisanes, ils reprenaient de vive force ces portions aliénées, ou les faisaient racheter par la canaille qui payait l'impôt.

En Angleterre, cependant, l'insuffisance du domaine royal, maintes fois aliéné au profit des favoris, mit la royauté à la discrétion des Communes.

Proclamé par le prince Recesvinte, rétabli par le roi Alphonse dans son code des Partidas, le principe de l'inaliénabilité fut, en Espagne, l'occasion de fréquentes luttes entre les rois et les Cortès. Tant que subsista la puissance de celles-ci, elles combattirent imprudemment pour empêcher les aliénations du domaine spécialement affecté à la couronne. Au dix-huitième siècle on comprenait beaucoup mieux la question de ce côté des Pyrénées ; et, dès lors, quelques publicistes ne craignaient pas de faire entrevoir à la nation quelles ressources et quel accroissement de puissance lui offrirait la vente des domaines royaux.

La civilisation, dans ses phases diverses, dans ses progrès ou sa décadence, se manifeste donc par des Aliénations. Les interdire, ce serait immobiliser l'Univers ; ce serait parquer, comme dans les cases d'un échiquier, les nations diverses répandues sur la terre ; ce serait détruire l'esprit de cosmopolitisme, la gloire de tous les peuples initiateurs ; ce serait proscrire toutes les relations internationales ; ce serait, enfin, rendre à jamais impossible l'association générale des peuples. Interdire à chacun de ces peuples le droit de régler, de modifier selon ses besoins, les conditions de son existence sociale, politique et civile, ce serait anéantir toutes les Sociétés.

Cependant, les Aliénations ne sont pas toujours légitimes. Si elles ont quelquefois favorisé le développement de la civilisation, il est vrai aussi qu'elles ont servi à consacrer tous les grands forfaits, toutes les usurpations qui ont bouleversé le monde ; de telle sorte qu'elles ont également manifesté le bien et le mal, l'ordre et le désordre, la justice et l'iniquité.

Or, les publicistes, en approuvant ou blâmant, ceux-ci les entreprises des rois, ceux-là les prétentions populaires, n'ont pas recherché s'il y avait un principe fixe, immuable, à l'aide duquel on pût vérifier la valeur morale de ces diverses transactions. C'était par là pourtant qu'il eût fallu commencer.

Un commentateur de Puffendorf soutient que le pouvoir de transférer son bien à autrui vient de la liberté naturelle que chacun a de conserver ses droits ou d'y renoncer en faveur de qui il veut ; d'où il suit que l'homme peut aliéner non-seulement une propriété, mais tous ses autres droits. — Rien n'est plus faux. Il n'est pas vrai que l'homme ou le citoyen puisse renoncer à tous ses droits. Il y a des droits qui sont inséparables de la nature même de l'homme, des droits qui, par conséquent, ne sont pas la propriété de l'homme, et dont il ne peut disposer, puisqu'au moment où il les perd il cesse d'être. Qu'est-ce que l'homme sans la vie ? un cadavre. Qu'est-ce que l'homme sans la liberté ? une chose. Aliénez la vie ou la liberté de l'homme, et l'homme a disparu.

Quant au citoyen, les droits qu'il possède, en vertu du contrat qui le lie à tous et à chacun des autres citoyens, ne sont pas une propriété individuelle, mais une valeur sociale ; et, comme l'observe Rousseau, avec sa laconique profondeur, le citoyen est un dépositaire.

Remarquez que la maxime du commentateur justifie toutes les infamies et toutes les faiblesses. Il est incontestable que certains hommes ont disposé souverainement de la liberté, de la vie de leurs semblables ; souvent, ces actes abominables ont eu lieu du consentement tacite ou formel des victimes. Faut-il conclure de ces faits au droit ? Faut-il poser en principe des faits qui sont la négation de tous les principes. Mais c'est comme si l'on voulait justifier un vol par l'exemple des grands voleurs ! En vain objecte-t-on le consentement des peuples. Pour aliéner validement, a dit Cassiodore, il faut avoir la liberté entière du jugement. Et un peuple qui aliène, de plein gré, sa liberté est un peuple en démence. Est-il contraint ? La force ne fait pas droit. Je consens à donner ma bourse au bandit armé qui m'arrête, que vaut mon consentement ?

Tous ces publicistes, Hobbes, Grotius, Barbeyrac, Puffendorf, et, en certains endroits, Vattel lui-même, ont largement déraisonné sur ces matières. Comme ils manquent d'un principe supérieur qui éclaire et guide leur intelligence, tous établissent des catégories dans lesquelles ils distribuent les peuples, et, suivant que les royaumes sont *électifs, successifs* ou *patrimoniaux*, ils appliquent un droit différent. « Dans un royaume patrimonial, dit Puffendorf, c'est-à-dire un royaume dont le souverain s'est fait lui-même des sujets et a acquis un plein droit de propriété sur les biens renfermés dans l'État, les sujets ne jouissent de leurs biens que de la même manière dont les esclaves possédaient autrefois leur pécule, et le prince peut disposer avec un droit absolu des biens renfermés sous sa domination. » Et il n'est pas embarrassé de citer des exemples à l'appui de sa doctrine. C'est toujours, on le voit, cette même manière de raisonner qui conclut sans intelligence du fait au droit, et qui exaltait si fort les éloquentes colères de Rousseau.

Il est assez curieux que, parmi tous ces raisonneurs, ce soit Hobbes qui ait le plus approché de la vérité : « Chaque citoyen, dit-il, possède ses biens en propre par rapport à ses concitoyens qui ne peuvent rien y prétendre, parce qu'ils sont soumis aux mêmes lois ; mais aucun sujet n'a rien en propre à l'exclusion du droit du Souverain. » Pour exprimer une vérité inattaquable, qu'a-t-il manqué à Hobbes ? Une seule chose : de savoir distinguer le *monarque* du *Souverain.*

En effet, si vous attribuez à un prince le droit de disposer, comme il lui plaît, des biens et de la vie des citoyens, vous révolterez les esprits les moins démocratiques. Mais si vous dites que, dans les limites de son utilité, de ses nécessités réelles, la Société, le *Souverain*, peut demander à chaque citoyen le sacrifice de sa fortune et celui de sa vie, vous n'aurez pas un contradicteur. Le seul principe qui éclaire ces matières, le seul qui les résolve conformément aux exigences de l'esprit, aux lois de la justice et de la raison, c'est donc le principe de la Souveraineté du peuple. Hors de là, nous défions les meilleurs esprits de ne pas s'enchevêtrer en d'inextricables sophismes. Vous discutez si le Souverain-*roi* a le droit d'aliéner son domaine, d'aliéner le domaine public, d'aliéner les biens de ses sujets, d'aliéner tout ou une partie du territoire ; — j'affirme que le Souverain-*peuple* possède tous ces droits. Vous demandez jusqu'à quel point un homme peut aliéner sa liberté et se rendre sujet d'un roi ou esclave d'un maître ; — j'affirme qu'en aucun cas un homme ne peut ainsi disposer de ce qui n'est point sa propriété ; qu'étant membre du Souverain, il ne peut aliéner sa portion de Souveraineté qui est inaliénable. Vous prétendez, enfin, qu'un roi a le droit de faire telle ou telle chose, selon qu'il possède un royaume, *électif, successif* ou *patrimonial;* — je reconnais qu'il en a le *pouvoir*, j'affirme qu'il n'en a pas le *droit.*

Le droit du véritable Souverain sur les propriétés publiques ou privées, sur la fortune publique, étant reconnu, il ne s'agit plus que d'en régler l'exercice.

Le poète Lucilius, dans l'Anthologie, se moque d'un avare qui s'était institué lui-même son héritier. Mais il n'en est pas des sociétés comme des individus. Les sociétés héritent, en quelque sorte, d'elles-mêmes. Il est donc nécessaire qu'elles soient avares de leurs ressources ; il importe qu'elles ne sacrifient pas l'avenir au présent. L'ambition désordonnée des princes a rendu les banqueroutes inévitables. Mais un état bien réglé, un état dont les bases reposent sur la moralité, la sagesse, l'intelligence et la bonne foi, ne peut et ne doit point aboutir à ces extrémités.

Quant aux Aliénations civiles, c'est-à-dire aux mutations de propriétés, elles ont une importance politique très-réelle. Il importe, en effet, à la société que les citoyens ne gaspillent pas les moyens d'existence qu'ils ont reçus ou acquis. Un homme ruiné est un homme dangereux. Habitué à une vie facile, il n'a point cette fermeté d'âme que donne une pauvreté honorable ; bientôt, il voudra reconquérir par de mauvaises voies ce qu'il a perdu par ses vices. Comme, d'ailleurs, ces transactions sont presque toujours grevées de droits énormes, en donnant au fisc un produit immédiat, elles privent l'agriculture de capitaux qui lui sont nécessaires. Nous dirons, ailleurs (ASSOCIATION, BANQUE, etc.), comment la science sociale et politique peut parer à ces inconvénients.

Une nation peut-elle et doit-elle aliéner une portion quelconque de son territoire. Elle le peut, si son salut l'exige, parce que le premier devoir pour une nation c'est de se conserver, et que, si le territoire de chaque peuple était déclaré inaliénable, la terre ne serait plus peuplée de nations, mais couverte d'agrégations misérables. Cependant, il est nécessaire qu'un peuple qui veut s'agrandir ou se maintenir contre des voisins puissants s'entretienne dans cette idée que son territoire est inaliénable. Les Romains refusèrent toujours de traiter avec l'ennemi tant qu'il avait le pied sur le sol de la République. Ils lassèrent ainsi la constance de tous ceux qui leur firent la guerre.

Les Aliénations soulèvent encore quelques questions qui ne peuvent trouver place ici. Il en sera parlé aux mots CONQUÊTE, TRAITÉ, etc.

Disons seulement que le temps n'est pas éloigné peut-être où, le droit public ayant une base rationnelle et commune, les Aliénations ne se feront plus qu'au profit de l'association.

E. DUCLERC.

ALLÉGEANCE (SERMENT D'). L'ordre de successibilité à la couronne était encore si mal défini en Angleterre, dans le seizième siècle, qu'on vit s'élever quatorze prétendants au trône, après la mort de la reine Marie. La reconnaissance des droits héréditaires de la princesse Élisabeth, par la nation anglaise, mit promptement un terme à cette anarchie; mais l'autorité de la nouvelle reine, malgré l'énergie qu'elle puisait dans les sympathies populaires, n'en laissait pas moins subsister beaucoup de prétentions hostiles. Celles-ci, s'appuyant sur tous les mécontentements politiques ou religieux, menaçaient sans cesse le pouvoir établi dans l'intérêt de la Réforme.

Ce fut pour combattre ces dangereuses dispositions que le premier parlement convoqué par la reine Élisabeth institua un *serment d'Allégeance*, obligatoire pour tous les citoyens. Sous le règne de Jacques Ier, ce serment, déjà très-favorable aux prétentions exorbitantes de la couronne, fut modifié dans un sens encore plus monarchique, par un autre acte de la chambre des communes. L'*Oath of Allegiance* imposait à tous les sujets des trois royaumes l'obligation de rester fidèles, non-seulement au roi régnant, mais à ses héritiers; de lui être soumis en toutes choses, de ne jamais prendre les armes contre lui; et, surtout, de s'opposer aux tentatives d'usurpation qui pourraient être faites par des prétendants à la couronne, au préjudice de la dynastie actuelle.

Le Parlement n'avait pas pris garde, qu'en voulant soustraire la royauté protestante à un danger purement éventuel, il exposait les libertés publiques à un péril certain. Le souverain ne pouvait manquer d'abuser d'une arme puissante, qui courbait toutes les têtes devant lui, et les laissait sans défense contre l'oppression. Aussi ce formidable instrument ne fut-il pas tourné uniquement contre les catholiques; il atteignit, du même coup, les dissidents de la religion réformée. Triste expérience, qui éclaira les hommes politiques de l'Angleterre, et les rappela, sinon à des idées de justice pour tous, du moins à des principes plus conformes aux idées de liberté.

La fameuse Convention, réunie en parlement après la révolution de 1688, vota, à la vérité, le maintien du *serment d'Allégeance*; mais, fidèle à sa mission révolutionnaire, elle écarta des devoirs imposés par cette formule tout ce qui pouvait supposer une obéissance passive aux volontés de la couronne. Le nouveau serment enjoignit la fidélité au roi régnant, mais il ne fit aucune mention

de ses héritiers; il autorisa formellement la désobéissance aux ordres de la Couronne, chaque fois qu'ils se trouveraient en désaccord avec les lois du pays; et il consacra même le principe de la résistance armée dans le cas où le prince, « par infirmité d'esprit ou par des actes coupables, chercherait à porter atteinte aux libertés du pays. » Le jurisconsulte Paley admire avec raison ces hardies réserves de l'esprit démocratique.

Du reste, une sanction pénale s'attachait au refus de prêter l'*oath of Allegiance*. Le citoyen qui refusait d'en accepter les conditions encourait une amende de cinq cents livres sterling (somme énorme pour le temps), perdait tous ses emplois dans l'administration, le gouvernement et l'armée, et cessait, en outre, de pouvoir exercer une partie de ses droits civils. On pouvait exiger le serment de toute personne âgée de plus de douze ans, et les quakers seulement, par une clause particulière de la loi, en étaient dispensés.

A. G.

ALLEMAGNE, un des plus grands noms de la géographie, de l'histoire et de la politique européenne. Cette importante contrée s'étend du 23° au 37° de longitude orientale, et du 45° au 57° de latitude septentrionale. Par son heureuse position, elle remplit presque entièrement le cœur de l'Europe: le point le plus central de ce vaste continent se trouvant non loin de Varsovie, à l'est des états germaniques. De là vient que, dans tous les temps, les races du nord et celles du midi ont été obligées de traverser l'Allemagne, comme une grande route, chaque fois qu'un intérêt matériel ou moral les a poussées à s'entre-combattre.

Du côté de l'est, l'Allemagne est bornée par la Prusse orientale, le grand-duché de Posen, le territoire de la ville libre de Cracovie, la Gallicie, la Hongrie et la Croatie. Au sud, la mer Adriatique, le royaume Lombardo-Vénitien et la Suisse marquent sa délimitation. La France, et surtout les Pays-Bas, qui peuvent être considérés comme une alluvion des fleuves germaniques, la bordent longitudinalement à l'ouest. Enfin la mer du Nord, le Danemarck, espèce d'appendice de la Germanie, et la mer Baltique, forment ses limites septentrionales.

Remarquons d'abord qu'une première conséquence ressort de cette circonscription générale de l'Allemagne: presque toutes ses frontières se dessinant dans l'intérieur des terres, elle n'a de contact avec la mer que par une de ses extrémités. Douée de tous les avantages qui peuvent faire une puissance continentale du premier ordre, elle ne réunit donc aucune des conditions nécessaires pour constituer un état maritime: aussi, malgré l'ambition de l'Autriche et de la Prusse, elle n'a ni escadre, ni marine marchande, ni marine militaire, ni colonies. La grandeur passée des villes anséatiques, dont nous parlerons ailleurs, ne prouve rien contre notre observation; elle était le résultat d'une politique habile, et reposait sur un état de choses essentiellement transitoire. Quand les ressources que la Hanse tirait du dehors sont venues a lui manquer, elle s'est trouvée trop faible pour lutter avec avantage contre la concurrence étrangère.

L'Allemagne présente une superficie de 20,000 lieues carrées. Elle est sillonnée, en divers sens, par plusieurs chaînes de montagnes qui se rattachent au système des Alpes ou au groupe des monts Hercynio-Karpatiens : l'une d'elles, le Thüringer-wald (forêt de Thuringe), sépare l'Allemagne en deux régions, celle du Nord et celle du Midi. Le sol, coupé parfois de landes et de marais, principalement dans les provinces septentrionales, est généralement fertile : il nourrit de nombreux troupeaux, d'excellentes races de chevaux, et produit des céréales en assez grande quantité pour subvenir à la consommation locale. La chaîne de montagnes située entre le bassin de la Bohême et les plaines de la Saxe est si merveilleusement riche en dépôts de minerais d'argent, de cuivre et de fer, qu'on lui a donné le surnom de *métallique :* d'autres localités fournissent abondamment du vif-argent, du vitriol, de l'étain, du plomb, du zinc, du salpêtre, du soufre, de la houille, du sel fossile, etc. De vastes forêts, couvrant près des deux tiers de la surface du pays, alimentent les constructions, les fabriques, les mines et le commerce d'exportation ; et cinq cents fleuves ou rivières, dont soixante sont navigables, ouvrent de nombreuses voies au flottage et aux relations de l'intérieur. Deux de ces fleuves ont une haute importance politique, militaire et commerciale : le Rhin, placé entre l'Allemagne et la France, et le Danube, par lequel l'Autriche communique avec la mer Noire.

Une population de 34,300,000 âmes, composée de 27,700,000 Allemands, de 5,525,000 Slaves, de 290,000 Juifs, de 188,000 Italiens, et de 300,000 Français et Wallons, est inégalement répartie dans les différents états germaniques. Les catholiques figurent dans le nombre total des habitants pour plus de 18,000,000, les luthériens pour 12,000,000 et les réformés pour environ 3,000,000. Il y a, en outre, en fort petit nombre, des Hernhutes, des Mennonites, des Grecs, etc. On compte en Allemagne, 2,390 villes, parmi lesquelles 100 ont plus de 8,000 habitants, 2,340 bourgs, 88,619 villages et 100,000 hameaux et métairies isolées.

Pour peu qu'on examine la configuration physique de ce pays et le caractère moral de ses habitants, on reconnaît que les nombreuses fractions du sol et les diverses parties de la population ont une commune empreinte et se touchent par tous les côtés. Cependant l'Allemagne, malgré cette double affinité de la terre et des hommes, n'a pu réussir, jusqu'à présent, comme la France, l'Angleterre et l'Espagne, à constituer l'œuvre de sa nationalité et de son unité politique. Il y a là un problème intéressant, dont il faut chercher la solution dans l'ancienne constitution de l'empire germanique, dans ses guerres contre la papauté et ses divisions religieuses.

Les faibles successeurs de Charlemagne n'ayant pu garder la dignité impériale, elle devint le patrimoine des monarques teutons. Ceux-ci ne tardèrent pas à y réunir la couronne d'Italie, et à

former ce qu'ils appelèrent le saint Empire romain de la nation allemande, *das heilige Rœmische Reich deutscher Nation.* Mais les honneurs accumulés dans leurs mains n'étaient qu'un vain simulacre de puissance. Les grands feudataires de l'empire, pour mieux maintenir les nouveaux Césars dans leur dépendance, les avaient assujétis au principe de l'élection dans le temps même où ils travaillaient à rendre les fiefs héréditaires dans leurs familles (912-967). Par là, ils s'étaient assurés le moyen d'agir sur l'autorité souveraine, à chaque période de son renouvellement. L'exigence d'une part, et la faiblesse de l'autre, furent portées si loin qu'il serait difficile d'ajouter quelque chose aux concessions énumérées dans les *capitulations* des empereurs. Bientôt on trafiqua de la dignité impériale comme d'une marchandise, et quand l'intrigue et la cupidité ne purent s'arrêter au même choix, la guerre civile décida entre les concurrents.

Dominés par les difficultés de leur position et absorbés d'ailleurs par la préoccupation égoïste de leurs intérêts personnels, les empereurs ne pouvaient avoir ni la pensée ni les moyens de ramener l'Allemagne à l'unité territoriale. La lutte déplorable dans laquelle ils s'engagèrent contre la cour de Rome, pour assurer leur domination en Italie, ne contribua pas peu à augmenter tous les genres de désordres. Plus tard, les divisions religieuses et la terrible guerre de Trente ans, occasionnées par la réforme de Luther et par le fanatisme de la cour impériale, eurent des résultats non moins funestes. Mais il est bon de dire que, si les princes et les seigneurs profitèrent des circonstances pour arracher à la couronne la sanction de toutes leurs usurpations, la démocratie retira aussi quelques avantages de l'affaiblissement du pouvoir central : les empereurs cherchèrent à se créer un appui contre la noblesse féodale par l'affranchissement d'un grand nombre de serfs, et parmi les villes qui relevaient des seigneurs ecclésiastiques, beaucoup se constituèrent, ou furent érigées en villes libres ou impériales.

L'intervention de la politique étrangère dans les affaires de l'Allemagne date surtout des guerres de Religion. C'est la France qui a imposé à la maison d'Autriche le traité de Westphalie (1648), cette puissante garantie de l'indépendance des états germaniques, cette haute consécration de l'égalité religieuse. Dès-lors, à tous les intérêts locaux, ligués depuis longtemps contre la fusion allemande, est venu se mêler un principe étranger au pays. Pendant les guerres du dix-septième et du dix-huitième siècle, la séparation et la dissidence des différents états de l'Allemagne devinrent chaque jour plus tranchées. La formation du royaume de Prusse, sa puissance, sa politique et ses envahissements, multiplièrent encore les complications intérieures. Chaque prince voulut se soustraire à l'autorité des États-Généraux de l'empire. L'indépendance de la Bavière et du Wurtemberg, à cet égard, fut stipulée par le traité de Presbourg (1745). L'Autriche, la Saxe et la Prusse avaient déjà méconnu la même autorité sous différents prétextes : enfin les guerres de la Révolution française, en bouleversant toutes les habitudes au delà du Rhin, et surtout en désorganisant les États-Généraux par la sécularisation des domaines ecclésiastiques, achevèrent l'œuvre de la décomposition générale. Quand Napoléon, par le décret du 6 août 1806, retrancha l'empire germanique du nombre des états européens, ce grand corps était dépourvu de toute vie morale, et chez lui, la mort naturelle avait précédé la mort politique.

L'ancienne Allemagne ne contenait pas moins de trois cents états de toute grandeur. Dans l'origine, le peuple avait contribué, avec les autres ordres, à l'élection du chef de l'association germanique; les hautes classes l'exclurent bientôt de toute participation à ce choix, et le conférent à dix commissaires choisis parmi elles. Mais les sept grands officiers de l'empire, auxquels le traité de Westphalie ajouta un huitième électeur, s'arrogèrent définitivement, par une autre usurpation, le droit de donner un souverain aux états confédérés (1197-1272). On choisissait ordinairement l'empereur dans la famille du dernier César (*Kayser*), et si, de son vivant, on associait le fils de celui-ci à la couronne, il prenait le titre de roi des Romains. L'élection, comme le couronnement, se faisait à Francfort-sur-le-Mein. Les États-Généraux, composés des membres immédiats de l'empire, électeurs, archevêques, évêques, prélats, abbés, abbesses, ducs, princes, landgraves, margraves, bourgraves, comtes et villes impériales, devaient être convoqués deux fois par an, pour délibérer sur le bien général, en présence de l'empereur ou de son commissaire. L'assemblée se réunissait à Ratisbonne et s'y formait en trois colléges différents : outre le pouvoir législatif et le vote des subsides extraordinaires, elle avait le droit de déclarer la guerre et de conclure la paix, de recevoir et d'envoyer des ambassadeurs, de faire des alliances et des traités. Les trois cercles de Franconie, de Souabe et du Rhin, étaient des divisions territoriales, représentatives et judiciaires, instituées en faveur de la *chevalerie immédiate* de l'empire, c'est-à-dire des nobles qui ne siégeaient pas dans les États-Généraux.

Aujourd'hui l'Allemagne, par un premier retour vers l'unité, ne compte plus dans son sein que trenteneuf états. Les liens d'une association générale, que nous ferons connaître à l'article *Confédération germanique*, ont remplacé ceux de l'ancien empire. Si cet état de choses est un progrès sous quelques rapports, il ne repose pas sur une base assez franchement nationale et blesse trop profondément les intérêts des populations pour qu'une longue durée lui soit réservée. Il a toujours le grand inconvénient de laisser les faibles sans défense contre l'oppression des forts; l'Autriche et la Prusse ont beau ne figurer chacune sur la liste des peuples confédérés que pour huit ou neuf millions de leurs sujets, elles n'en pèsent pas moins sur les autres états de tout le poids de leur irrésistible puissance.

Il y a, d'ailleurs, de justes mécontentements et de violents griefs au-dessous du calme apparent qui recouvre l'Allemagne. Si, conformément à la promesse consignée dans l'acte fédéral de Vienne, du 8 juin 1815 (*In allen Bundesstaaten wird eine landstandische Verfassung statt finden*), seize d'entre les princes germaniques ont donné une constitution représentative à leurs sujets, les autres, en plus grand nombre, n'ont tenu aucun compte de leurs engagements. Ainsi, une liberté incomplète sans cesse menacée, ou un pouvoir despotique sans ménagement pour les personnes, voilà la situation politique de l'Allemagne. Cependant, le noble usage que les états constitutionnels ont fait de leurs franchises a montré que, de l'autre côté du Rhin, la démocratie est assez éclairée pour participer à la direction des affaires. On peut tout attendre, en effet, de l'esprit naturellement grave, profond, méditatif, et intelligent de la nation allemande.

Ce peuple, qui a fait de si grandes choses sur les champs de bataille et dans les travaux de l'esprit, ne possède cependant ni l'ordre moral, ni le bonheur matériel. Chaque état ayant son gouvernement, sa législation, sa politique, son administration, sa police, ses finances, l'accord ne peut exister nulle part; or, dans la direction des affaires d'un pays, la diversité c'est l'anarchie. On évalue à 445 le nombre des hauts fonctionnaires, ministres, secrétaires d'état, officiers de la couronne, conseillers de légation, etc. Si l'on ajoute à ce nombreux personnel la multiplicité des familles princières, des états-majors généraux, des corps judiciaires, des magistratures locales et des employés subalternes, on ne pourra se défendre d'un sentiment de généreuse pitié pour le sort des populations germaniques. Les listes civiles des divers états absorbent le sixième de leurs revenus. Tous sont considérablement endettés, depuis le puissant empire d'Autriche jusqu'à la petite principauté de Waldeck.

Nous nous réservons d'examiner la question commerciale en parlant de la Confédération germanique, laquelle s'est associée presque tout entière au système de douanes fondé par la Prusse. Il nous suffira de dire que, dans les derniers temps, l'agriculture, l'industrie et le commerce ont fait de rapides progrès en Allemagne, et que le surcroît de richesses qui en est résulté pour les classes industrielles a puissamment contribué à rapprocher les conditions sociales. Du reste, la politique des souverains allemands les plus éclairés, d'accord en cela avec le mouvement des idées et des choses, s'est montrée peu favorable au maintien des priviléges exorbitants de la noblesse. Dans les états prussiens, par exemple, celle-ci a vu successivement abolir les exemptions, servitudes et redevances, qui avaient échappé aux réformes du dix-huitième siècle.

La diffusion des lumières prépare silencieusement, outre-Rhin, l'émancipation générale des esprits. Les méthodes d'enseignement suivies dans les vingt-quatre universités de l'Allemagne ont une grande supériorité sur les nôtres. 13,000 étudiants fréquentent annuellement ces beaux établissements, et il en sort, chaque année, 3,000 sujets capables de remplir les emplois de l'administration, du barreau, etc. Il y a 361 gymnases, correspondants à nos colléges royaux, et un grand nombre d'écoles spéciales. L'instruction primaire est obligatoire dans les principaux états, et, par conséquent, très-répandue. L'opinion, la science, les arts et la littérature, ont trouvé partout des organes, malgré la censure et les restrictions qui entravent l'action de la presse. On évalue à 100 environ le nombre des journaux politiques, à 220 celui des feuilles non politiques, et à 150 celui des feuilles périodiques. Le travail intellectuel de 10,000 écrivains produit, chaque année 4 ou 5,000 ouvrages nouveaux.

Napoléon a dit à Sainte-Hélène que la réunion des populations allemandes en un seul corps de nation ne pouvait manquer d'arriver prochainement : nous en avons nous-même la plus vive espérance, et nous formons des vœux ardents pour que notre pays y contribue par tous les moyens. En effet, le plus grand résultat qu'on puisse attendre des idées régénératrices qui, en ce moment, travaillent l'humanité et la remuent dans tous ses éléments moraux, c'est la fusion des diverses races qui ont, entre elles, le plus d'affinités d'origine, de mœurs et de caractère. Toutes les tendances de notre siècle nous poussent irrésistiblement vers cette immense révolution.

Nous terminerons, en remarquant qu'il est dans l'ordre des choses, comme dans l'intérêt de la civilisation, de la liberté et de l'indépendance des peuples, que l'Allemagne et la France, qui, dans les premiers siècles de leur existence historique ont combattu pendant longtemps sous les mêmes chefs, pour les mêmes intérêts et la même cause, se rapprochent aujourd'hui pour former une sainte et commune alliance. Il y a du sang français dans les veines de cette noble Germanie; il y a du sang allemand dans les artères qui font battre le cœur de notre France : ce sont comme deux tribus d'une même nation qui ont planté leurs tentes sur les rives opposées du Rhin, et qui doivent se prêter une mutuelle assistance dans les jours de paix ou de lutte pour hâter le développement ou défendre les intérêts de leur commune civilisation.

« La France et l'Allemagne sont, depuis vingt ans, attirées l'une vers l'autre par un penchant invincible », a dit un illustre publiciste allemand (1). La France n'en veut plus aujourd'hui à l'Allemagne de ses victoires de 1813; elle a reconnu la justice de la guerre de l'indépendance. L'Allemagne, à son tour, a pardonné à la conquête, et plus d'un de ses enfants bénit aujourd'hui le nom du vainqueur. C'est la grande voix du soldat couronné qui l'a réveillée de son sommeil; c'est le choc brutal de l'épée qui l'a forcée de se sentir elle-même; c'est la victoire qui lui a révélé qu'elle pourrait bien avoir aussi une patrie terrestre, et qu'elle était capable de faire autre chose que des livres. Si elle est préoccupée aujourd'hui des pensées de liberté, si elle rêve à réaliser dans l'histoire son unité et son indépendance, elle le doit à

(1) Boerne.

la France. Sa noblesse et ses princes célèbrent encore avec les transports du triomphe le souvenir de leur entrée à Paris, parce qu'ils y ont retrouvé leurs priviléges et leurs couronnes; mais l'Allemagne n'a retiré de ces événements qu'une bien précieuse leçon, dont il faut espérer qu'elle fera usage un jour; elle sait, par sa propre expérience, quelle foi on doit avoir dans les promesses que font les princes au moment du danger. »

A. Guilbert.

ALLIANCE, association de deux ou plusieurs puissances politiques pour l'accomplissement d'un but commun.

Ce but peut être la défense mutuelle de tous les associés contre une autre puissance plus forte que chacun d'eux : c'est ce qui constitue l'*Alliance défensive*.

Si, au contraire, l'alliance a pour objet d'attaquer un même adversaire, comme il est arrivé lors des diverses coalitions dirigées contre la France à différentes époques, elle prend alors le nom d'*Alliance offensive*.

Cette distinction, au reste, est plus nominale que réelle, car, dans le fait, il est souvent impossible de déterminer si l'on n'attaque pas afin de se défendre, ou si l'on n'est pas réduit à se défendre pour avoir eu l'intention d'attaquer. C'est ce que tous les écrivains politiques et militaires ont reconnu.

Il existe aussi des *Alliances offensives et défensives* à-la-fois, par lesquelles deux ou plusieurs états s'engagent tous à prendre parti dans les querelles de chacun d'eux. De telles Alliances, si elles pouvaient être durables, formeraient de véritables unions fédératives qui tendraient à confondre en une seule nation les divers peuples qui se seraient engagés.

Les auteurs parlent encore d'*Alliances naturelles*. Ce sont celles qui, écrites ou non écrites, reposent sur les intérêts communs et permanents, ou une communauté de principes politiques constituants. Ainsi, on a dit longtemps que la Turquie était l'alliée naturelle de la France; on dit avec plus de raison aujourd'hui que la Pologne, la Belgique, la Suisse, et tous les peuples démocratiques, sont nos alliés naturels. Mais dans l'état d'hostilité où sont presque partout les tendances des nations et celles des gouvernements, ces sortes d'Alliances, bien que reposant sur les éléments les plus respectables, sont loin encore de former la base d'un droit positif.

Ceci nous amène à considérer les Alliances par rapport aux droits des contractants, et à examiner quelles sont les conditions nécessaires pour que les traités soient obligatoires moralement et matériellement, ce qui est le complément indispensable de toute convention, soit entre particuliers, soit entre puissances.

De là, trois points de vue sous lesquels on doit examiner les alliances :

D'abord, on conçoit aisément que le pouvoir de former des Alliances appartient au Souverain, au représentant d'un état, et ne peut appartenir qu'à lui. Ainsi , un traité conclu par un citoyen ou par une faction ne saurait engager l'État dont ils font partie. Pour contracter valablement , il faut être l'expression de cette unité politique qu'on appelle nation ; sans quoi, l'association ne serait plus une Alliance, mais un pacte de brigands.

En second lieu, il est nécessaire que les contractants , tous Souverains , c'est-à-dire ayant le *motu proprio*, reconnaissent une loi commune, supérieure à tous, qui les oblige au moins à tenir leur parole. Il faut, en outre, qu'ils se conforment aux préceptes de justice éternelle universellement reconnus.

Enfin, et en troisième lieu, il faut qu'il existe un tribunal quelconque qui prononce sur la légitimité du but des Alliances, sur les infractions qui peuvent y être faites ; il faut qu'il y ait dans le monde une force suffisante pour donner une sanction pénale aux arrêts de ce tribunal, qui n'est autre jusqu'à ce jour que celui de l'opinion publique.

Maintenant, si l'on juge les rapports des puissances de l'Europe à l'aide des principes que nous venons de poser, on verra qu'ils ne sont appliqués nulle part, et c'est ce qui fait que les divers états sont encore entre eux à l'état sauvage, n'ayant dans leurs relations réciproques d'autre arbitre que le canon.

En effet, les traités d'Alliance qui surchargent nos codes internationaux n'ont pas été, pour la plupart, contractés par de véritables Souverains. Là, par exemple, où la Souveraineté du peuple a été reconnue, au peuple seul devrait appartenir le droit de sanctionner les traités, et pourtant on ne le consulte nulle part. Il suit de là, ou que la Souveraineté du peuple est un mensonge, ou que la plupart de nos Alliances modernes sont nulles de plein droit.

De tribunal auquel les divers Souverains puissent déférer les causes résultant des infractions à leurs engagements, il n'y a pas plus que de principe commun. Quelquefois, deux contendants s'en rapportent à un arbitre qui, le plus souvent, est sans force et sans autorité. Quelquefois, les parties contractantes se font donner des ôtages, à la manière des peuplades indiennes, mais les ôtages et les garanties n'ont jamais empêché les Alliances d'être rompues, et les Souverains d'avoir recours en dernier ressort à leur épée.

On a bien imaginé un système dit de *contre-forces*, destiné à grouper les puissances les plus faibles pour les opposer toutes ensemble aux progrès de la puissance prépondérante. Ce système a commencé à être en vigueur vers le temps des premières guerres des Français en Italie, sous la conduite de Charles VIII, mais il n'a produit rien de fixe, et aujourd'hui le mot *Alliances naturelles* n'exprime que des mouvements plus ou moins passagers.

Pour que les Alliances fussent véritablement obligatoires de fait et de droit, il faudrait donc d'abord que, dans chaque nation, le pouvoir souverain fût clairement défini et reconnu par tous; que l'on sût, en un mot, à qui s'adresser pour traiter

valablement; il faudrait qu'il se formât une alliance presque universelle et préalable , par laquelle toutes les puissances s'engageraient à faire respecter entre elles les principes d'éternelle équité. Ceci conduit à l'idée d'un congrès de peuples , idée qui est encore aujourd'hui reléguée parmi les utopies, mais qui sera la conséquence dernière de l'établissement du principe de la Souveraineté nationale, et sans laquelle le prétendu droit des gens qui nous régit manquera toujours de base et de sanction.

Une idée analogue fut, il est vrai, présentée par les diplomates monarchiques aux conférences de Munster et d'Osnabruck, il y a environ deux cents ans. On essaya de former un tribunal de rois, qui fonda bien ou mal ce qu'on a appelé depuis lors la balance politique de l'Europe. Quelque chose de pareil se retrouva encore en 1815, au congrès de Vienne, et présida à la bizarre conception qui prit le nom mystique de Sainte-Alliance (V. SAINTE-ALLIANCE). Mais, déjà, au congrès de Vienne, on ne s'entendait plus guère sur le mot *Alliance*, parce qu'une nouvelle définition du mot Souverain commençait à avoir crédit dans le monde; et il s'est trouvé que les princes, en formant ce qu'ils croyaient être des Alliances, n'ont plus contracté que des engagements personnels et d'ordre privé, qu'ils ont été convaincus, en un mot , de s'être tout simplement fédérés contre les peuples.

Il résulte de ce que nous venons de dire que le mot Alliance, dans la langue politique actuelle , n'a plus qu'une signification très-vague, attendu que la Souveraineté n'appartenant plus aux princes et n'étant pas encore exercée par les peuples, il n'y a personne aujourd'hui qui puisse, de fait et de droit, obliger les nations. C'est à la démocratie qu'il appartient de restituer à ce mot sa valeur, en faisant cesser l'anarchie qui règne dans les rapports de peuple à peuple, aussi bien que dans ceux d'individu à individu.

J. BASTIDE.

ALLIÉ. Un peuple est l'Allié d'un autre peuple lorsqu'il s'est engagé à considérer les ennemis de ce peuple comme les siens propres, et à l'assister dans ses guerres par des secours d'hommes, d'argent, etc. Aujourd'hui que les nations entretiennent des rapports constants et presque journaliers, on appelle Alliés les princes qui ne se font point la guerre, alors même qu'ils sont divisés par de profonds dissentiments. C'est en ce sens que l'on dit les cinq puissances Alliées, en parlant de la France, l'Angleterre, l'Autriche, la Prusse et la Russie.

Une alliance ne pouvant être légitimement contractée que par des Souverains, le mot Allié implique nécessairement l'idée d'égalité. Un Souverain ne peut, en effet, se déclarer l'Allié du sujet d'un autre Souverain ; ce contrat serait essentiellement et absolument nul. Mais, dans l'application, il arrive souvent que cette égalité n'est qu'une abstraction. Lorsqu'un état faible se lie à un grand état par une alliance inégale, c'est-à-dire lorsqu'il est tenu à des services plus importants que ceux qu'il a droit d'exiger, l'égalité a disparu. C'est bien pis encore lorsque la puissance la plus forte s'engage vis-à-vis de la plus faible sans en exiger de retour ; alors il n'y a plus d'Alliés, mais un protecteur et un protégé, un supérieur et un inférieur, un maître et un esclave. La Souveraineté de l'un s'est abîmée dans la puissance de l'autre. En vain soutient-on alors que l'usurpation ne détruit pas le droit ; en ces circonstances le fait domine et s'impose. La prudence conseille donc à un état peu puissant, qui veut se conserver, de ne point chercher ses Alliés parmi les nations puissantes, surtout s'il en est voisin ; il serait bientôt subjugué.

Les Romains commençaient par se déclarer les Alliés des peuples qu'ils voulaient asservir. De nos jours, la Russie pratique les mêmes errements. Avant de prendre la Pologne, Catherine s'était solennellement déclarée l'Alliée de Poniatowski. Le sultan des Turcs n'a pas aujourd'hui de plus intime Allié que l'empereur Nicolas. Or est-il exact de dire que l'égalité subsiste entre ces deux Alliés, et que la Souveraineté de l'un n'est point un vain mot ?

Ainsi du Portugal qui, suivant la lettre des traités, est l'Allié de la Grande-Bretagne, et qui, suivant la réalité du fait, en est une colonie britannique.

Quant aux alliances entre un Souverain et un sujet, on en a vu de fréquents exemples au moyen-âge, lorsque les grands feudataires embrassaient la cause d'un prince étranger contre leur propre Souverain. On a aujourd'hui raison de dire que le pacha d'Égypte est l'Allié de la France.

Les publicistes ont posé sur les rapports des Alliés entre eux quelques principes qui sont exacts : ainsi, on n'est pas tenu de secourir un Allié s'il entreprend une guerre injuste ; si la discorde éclate entre deux Alliés, on peut donner des secours à celui des deux qui est injustement attaqué ; dans le cas où deux ou plusieurs Alliés réclameraient un appui, si on ne peut les aider tous à-la-fois, il faut commencer par le plus ancien ; on ne peut traiter avec un ennemi sans comprendre dans le traité de paix les Alliés avec lesquels on a combattu ; il est d'une sage politique de ne jamais abandonner ses Alliés dans le péril ; etc.

Au reste, il n'y a pas plus d'Alliés réels aujourd'hui que d'alliances véritables. Les principes mêmes du droit public étant violemment controversés, il arrive souvent que l'on est moralement l'Allié d'un peuple dont on combat le gouvernement. Après la révolution de juillet, la France avait pour Alliés tous les peuples, et pour ennemis tous les princes. Les démocrates qui repoussent avec le plus d'énergie l'alliance anglaise distinguent soigneusement, dans leur animadversion, le gouvernement britannique et le peuple anglais. Les Espagnols fraternisent avec nous : ils aiment peu notre gouvernement. Les peuples pourront s'allier honorablement et sincèrement lorsque tous auront posé comme base du droit public le principe de la Souveraineté du peuple.

—En 1814 et 1815, on appela Alliés les coalisés qui envahirent la France.   E. D.

ALTÉRATION DES MONNAIES. Les monnaies ne sont pas seulement un signe représentatif de la valeur échangeable des marchandises : elles sont elles-mêmes une marchandise ayant, indépendamment de sa valeur nominale, une valeur intrinsèque déterminée par le commerce des matières d'or et d'argent. Tous les efforts du législateur ne sauraient altérer cette valeur intrinsèque ; en vain décréterait-il que le kilogramme d'argent vaudra à l'avenir 400 francs, et ferait-il frapper en conséquence, la monnaie en conséquence, il faudrait deux des nouveaux francs pour acheter ce qui auparavant eût valu un franc : en un mot, le prix nominal des marchandises s'élèverait de cent pour cent, pendant que le prix réel ne varierait pas.

L'Altération des monnaies n'a donc point d'effet sérieux sur les transactions qui la suivent : le commerce s'y est bientôt accommodé ; mais il n'en est pas ainsi des engagements pécuniaires contractés avant l'Altération, et qui ne doivent être remplis qu'après qu'elle a eu lieu. L'Altération nominale des monnaies, combinée avec la permanence de la valeur réelle, équivaut à un accroissement ou à une réduction de toutes les créances ; ainsi, dans le cas où le kilogramme d'argent serait fixé à 400 francs, le fermier qui aurait un long bail, le débiteur de rentes, etc., verraient leurs rentes réduites de 50 pour cent au détriment de leurs créanciers.

On a beaucoup discuté et l'on discute encore en Angleterre pour savoir s'il est avantageux d'abaisser la valeur intrinsèque des monnaies. Avant toute discussion, il serait bon de bien déterminer le caractère de cette opération : ce ne serait qu'une banqueroute générale de tous les débiteurs envers tous les créanciers ; elle produirait tous les effets qui signalent en général les catastrophes de ce genre. Quant à l'État, il y perdrait certainement, à moins qu'il n'élevât en même temps le chiffre nominal de l'impôt de manière à gagner à la banqueroute comme débiteur, et à ne pas en souffrir comme créancier. Cette opération serait de la plus révoltante immoralité.

Toutefois, l'histoire nous apprend qu'elle a été souvent pratiquée. Pendant tout le moyen-âge, le droit de frapper monnaie n'était considéré comme un revenu que parce qu'il emportait « le droit d'abaisser et amenuiser les monnoyes. » Les possesseurs des droits régaliens en usèrent largement. Ils émettaient en grande quantité des monnaies falsifiées, se souciant peu de la légère diminution que cette opération apportait dans leurs petits revenus, qu'ils recevaient presque entièrement en nature. Chaque seigneur ayant droit de régale cherchait à faire des bénéfices sur l'émission de la fausse monnaie, comme le pratique encore de nos jours le prince de Monaco. Vers la fin du treizième siècle, Philippe-le-Bel s'attribuait par ordonnance le droit de battre fausse-monnaie, « comme privilége spécial du roy. » Il en usa pendant tout son règne, au point de mériter le titre de *faux monnoyeur*, que lui donnèrent ses contemporains.

Il cherchait cependant à cacher les Altérations qu'il faisait subir à la monnaie, en lui conservant la forme et le poids qu'elle avait sous saint-Louis, en affirmant, même par ordonnance, qu'elle était d'aussi bon aloi qu'à cette époque. Il fut impossible alors, comme il le sera toujours, de tromper ceux qui travaillent sur les matières d'or et d'argent. La diminution de la valeur des monnaies fut presque toujours immédiatement sentie, et se manifesta par l'élévation nominale des prix.

Les autres rois de France et la plupart de ceux de l'Europe firent sur les monnaies des opérations analogues à celles de Philippe-le-Bel. Ceux qui furent bons administrateurs essayèrent de relever la valeur du signe monétaire, mais leurs réformes eurent peu d'effet; au lieu de diminuer les créances, elles aggravaient les dettes. Du reste, elles furent rares : le besoin d'argent et l'absence du crédit portèrent toujours les gouvernements à abuser du droit de battre monnaie, à se créer temporairement des richesses par une fraude qui, jetant la perturbation dans toutes les relations du commerce, lui portait les coups les plus rudes et arrêtait l'essor de la production. Le tableau de la dépréciation des monnaies dans les divers états de l'Europe est effrayant. En France, la livre, qui représentait une livre d'argent, est descendue à une valeur un peu inférieure à celle d'un franc. La livre sterling représentait une livre d'or; elle n'a pas moins perdu de sa valeur.

Ce n'est qu'au dix-huitième siècle qu'on a compris combien l'Altération des monnaies était funeste au crédit et au développement de la richesse. Durant le dix-septième siècle, sous le règne de Louis XIV, l'Altération des monnaies fut telle, que la livre qui, au commencement du siècle, était égale à $\frac{1}{21}$ du marc d'argent, ne valait plus à la fin que $\frac{1}{35}$.

Lorsque les gouvernements ont commencé à apprécier l'importance du crédit, ils ont mis plus de réserve à altérer les monnaies, ils ont préféré emprunter et créer du papier de circulation dont ils ont également abusé. Il s'est trouvé cependant, dans ces derniers temps, des économistes et des membres du parlement anglais qui ont réclamé l'Altération des monnaies comme un bienfait.

En France, le papier de circulation a été discrédité, d'abord par les vols au moyen desquels le régent fit périr le système de Law, ensuite par la contrefaçon des assignats effectuée par l'Angleterre; et, néanmoins, on n'a pas eu recours à l'Altération des monnaies, cette ignoble ressource de l'ancien régime : le gouvernement républicain a, au contraire, donné à notre système monétaire une fixité sans exemple jusqu'ici; il a déterminé publiquement et avec bonne foi le poids et le titre de la monnaie, laissant à l'avenir et à la paix le soin de développer le crédit et ses ressources. Il n'y a, aujourd'hui, qu'un inconvénient à craindre, c'est que l'abus du crédit ne cause des perturbations semblables à celles que causait autrefois l'Altération des monnaies.

Mais les abus mêmes du crédit sont moins dangereux que l'Altération des monnaies, tant qu'ils ne touchent pas à la valeur du papier de circulation. Ils n'atteignent que certaines classes de la société; ils ne viennent pas renverser tous les contrats dans lesquels le signe monétaire est employé comme mesure invariable. D'ailleurs, les ressources du crédit sont immenses.   Courcelle-Seneuil.

ALTESSE. Titre d'honneur attribué aux princes. Les rois d'Angleterre n'en eurent pas d'autre jusqu'à Jacques Ier, et les rois d'Espagne jusqu'à Charles-Quint. Les princes proprement dits commencèrent à le porter en 1630; le titre d'*Altesse royale* fut en usage trois ans plus tard. On raconte que le Cardinal-Infant, passant, en 1633, par l'Italie pour aller aux Pays-Bas, et se voyant environné d'une foule de petits princes qui, tous, affectaient le titre d'Altesse, pria le duc de Savoie de le traiter d'Altesse royale, ce qui ne souffrit pas de difficulté. Mais Gaston, duc d'Orléans et frère de Louis XIII, arrivé depuis peu à Bruxelles, ne voulut pas qu'il y eût de distinction entre le cardinal et lui, et se décora sur-le-champ du même titre, dévolu depuis lors à tous les princes, fils ou frères de roi. L'Altesse royale tenta bientôt après le duc de Savoie, qui s'en empara en vertu, disait-il, de ses droits sur le royaume de Chypre, mais, en réalité, dans le but de se mettre au-dessus du duc de Florence, qui avait pris le titre de Grand-duc. Celui-ci ne manqua point de pousser jusqu'à l'Altesse royale pour se mettre au niveau du duc de Savoie, et l'on ne sait où la lutte se serait arrêtée, si ce dernier ne fût devenu roi par la grâce de Dieu ! Il va sans dire que les fils et frères d'empereur durent se qualifier d'*Altesse impériale*, et ce fut sous ce titre que Catherine Ire désigna le prince de Holstein en le proclamant son successeur. On donne, en Allemagne, aux électeurs, tant ecclésiastiques que séculiers, le titre d'*Altesse électorale*. Au retour de Gaston, duc d'Orléans, le prince de Condé, jaloux de se distinguer comme lui des autres princes français, adopta pour sa part le titre d'*Altesse sérénissime*, et laissa le simple titre d'Altesse aux princes légitimés. Quelques cardinaux de maisons princières se sont fait appeler *Altesse éminentissime*. C'est ce qu'il y a de plus superlatif. La Révolution supprima chez nous les Altesses; mais Napoléon les ressuscita. Le prince Lebrun, à qui l'on demandait, en 1814, comment se portait son Altesse, avait la bonhomie de répondre qu'il se portait fort bien, mais que son Altesse allait fort mal. Les Altesses brillèrent de nouveau sous la Restauration, et nous en avons encore aujourd'hui.   A. L.

AMBASSADE, AMBASSADEUR. L'Ambassadeur est l'agent, l'instrument des relations internationales. Il occupe le premier degré de la hiérarchie diplomatique. Il y a aujourd'hui des *Ambassadeurs ordinaires* et des *Ambassadeurs extraordinaires*. Les premiers résident auprès des puissances étrangères; ils sont chargés de l'expédition des affaires courantes. Les seconds sont appelés à remplir des missions spéciales qui réclament des pouvoirs spéciaux. L'usage ou l'étiquette a établi quelque différence dans les honneurs qui leur sont dus. On connaît encore des agents inférieurs, tels que les *Envoyés ordinaires* ou *extraordinaires*, les *Résidents*, les *Ministres plénipotentiaires*, les simples *Ministres*, les *Consuls*, etc. Ces divers agents, depuis l'Ambassadeur jusques aux consuls, sont désignés sous le nom générique de *Ministres publics*.

C'est par l'intermédiaire des Ambassadeurs que les nations forment des traités d'alliance, qu'elles règlent leurs différends, qu'elles préviennent ou terminent leurs querelles. Il suit de là que le droit d'Ambassade réside exclusivement dans le Souverain. Celui qui fait la loi a seul le droit de conclure des traités; celui qui a seul le droit de conclure des traités a seul le droit d'envoyer des Ambassadeurs; l'Ambassadeur, étant à l'extérieur le représentant du Souverain, ne saurait être investi du caractère représentatif par celui qui n'est pas lui-même pleinement investi du caractère souverain.

Si l'on ne considère que le droit des gens conventionnel, on voit des princes en qui ne réside pas la plénitude de la Souveraineté se faire représenter par des Ambassadeurs auprès des nations étrangères et conduire, au moyen de ces agents, les négociations les plus importantes. Mais cette pratique, quelque générale qu'elle puisse être, ne saurait être posée en principe. Celui qui n'a pas, à l'intérieur, une puissance absolue, ne peut avoir, dans la délicate question des relations extérieures, une liberté illimitée. Une nation a souvent beaucoup plus à craindre d'un mauvais traité que d'une mauvaise loi. Toute loi, d'ailleurs, est révocable; tandis qu'une transaction diplomatique ne peut être rompue que par un double consentement ou par la force des armes. Il est absurde, par conséquent, de reconnaître le droit exclusif d'Ambassade dans la personne de celui qui n'a pas le droit exclusif, absolu, de faire la loi.

On conçoit que, dans les états où le prince a usurpé tous les attributs du pouvoir suprême, il se soit également arrogé le droit de conclure des traités, et, conséquemment, d'envoyer des Ambassadeurs. Mais, dans les états où la nation a retenu une portion quelconque de la Souveraineté, dans les états où la Souveraineté se divise entre divers pouvoirs ou corps politiques, il est déraisonnable et illogique de reconnaître à l'un de ces pouvoirs, pris isolément, le droit d'Ambassade. Que si un article de la constitution le leur attribue, il importe peu : cet article est une dérogation manifeste au principe même de la constitution.

On peut admettre, toutefois, que la nation ou l'assemblée qui la représente se décharge sur le chef du pouvoir exécutif du soin de nommer et d'envoyer des Ambassadeurs; mais alors ce n'est plus chez celui-ci un droit, c'est une fonction dont il doit compte; alors, les actes des Ambassadeurs ne lient la nation qu'après avoir reçu l'approbation formelle de ses délégués. Pour rendre ceci plus sensible, je dirai que, sous l'empire de nos institutions actuelles, un traité ne devrait avoir force de loi qu'après la triple ratification de la Chambre des Députés, de la Chambre des Pairs et du Roi.

La question de principe étant ainsi rétablie, prenons les faits tels qu'ils se passent, et voyons quels sont les devoirs, les fonctions, les droits, prérogatives et immunités des Ambassadeurs.

§ Ier. *Fonctions et devoirs des Ambassadeurs.*— La mission la plus haute de l'Ambassadeur est de rechercher et d'indiquer les moyens d'établir ou d'entretenir des rapports pacifiques et durables entre le pays qu'il représente et le Souverain auprès duquel il est accrédité; il doit s'enquérir de tout ce qui peut intéresser la gloire, la fortune et la sécurité de sa nation; surveiller avec soin toutes les trames qui pourraient être ourdies contre elle, etc. Il a donc des devoirs à remplir, d'une part, envers celui qui l'envoie, et, d'autre part, envers celui qui le reçoit. Au premier, il doit une vigilance infatigable, une fidélité absolue, une sincérité sans restriction. Souvent, des Ambassadeurs se sont cru permis de cacher à leur gouvernement une partie de la vérité, ou de lui présenter les faits sous de fausses couleurs; ces actes sont fort répréhensibles, et l'on éprouve quelque surprise à voir M. de Châteaubriand, dans son beau travail sur le *Congrès de Vérone*, se vanter d'avoir dissimulé à son gouvernement les vraies dispositions des puissances, afin de le pousser bon gré mal gré à entreprendre la guerre d'Espagne. De quelque génie que soit doué un Ambassadeur, comme il lui est impossible de saisir tout l'ensemble des relations diplomatiques de son pays, il ne lui est pas permis de violenter de la sorte les décisions de ceux qui sont placés au centre des affaires et des renseignements. Ce n'est pas qu'un Ambassadeur doive faire une entière abnégation de son libre-arbitre et se borner au simple rôle de gazetier-correspondant : loin de là; il lui est très-permis de chercher à former, à diriger dans un certain sens la volonté de ceux qui l'emploient; mais il doit le faire par ses conseils et non au moyen de la dissimulation et du mensonge.

Du reste, cette question de la sujétion ou du libre-arbitre des Ambassadeurs est extrèmement délicate. Dans une circonstance critique où il était nécessaire de conquérir d'une manière absolue la confiance de Catherine II, M. de Ségur, ambassadeur de France en Russie, lui communiqua une dépêche chiffrée de M. de Choiseul avec le chiffre de l'Ambassade. Il avait écrit sur l'enveloppe : « Ce n'est point à l'impératrice, c'est à Catherine que j'adresse cette dépêche. » Le succès de ce moyen téméraire fut complet; mais si Catherine eût abusé de cette hardie marque d'estime et de confiance, l'Ambassadeur n'eût-il pas mérité les châtiments les plus sévères?

Vis-à-vis de la nation qui le reçoit, l'Ambassadeur est tenu à des devoirs de plusieurs sortes. En tout ce qui ne concerne pas l'objet de son caractère, il doit, au moins dans ses actes extérieurs, se conformer aux lois, aux usages, aux mœurs du pays; il doit s'abstenir scrupuleusement de fomenter ou de favoriser les factions, et de former des conjurations ou des complots; car un Ambassadeur ne saurait être un conspirateur privilégié, et le droit des gens un sauf-conduit de brigands.

8

Ceci est la condamnation de ces pratiques à-peu-près universellement employées aujourd'hui, et qui consistent à s'emparer, au moyen de la corruption, des secrets de l'État auprès duquel on est accrédité. Le long usage et la multiplicité des exemples ne justifieront jamais ces sales transactions, et nous espérons que la démocratie donnera aux générations à venir des leçons d'une moralité plus haute.

§ II. *Droits et prérogatives des Ambassadeurs.* — Des devoirs de l'Ambassadeur découlent naturellement ses droits et prérogatives. Il a droit à tout ce qui peut favoriser l'accomplissement de sa mission. Par conséquent, il est investi d'une indépendance absolue ; sa personne est inviolable et sacrée ; comme il est la parole d'un autre, il doit être libre et personnellement irresponsable ; il est indépendant de la juridiction du pays, tant au civil qu'au criminel ; il ne peut être poursuivi pour dettes ; il est exempt de tout impôt mobilier, et de l'impôt immobilier pour la maison qu'il habite ; cette maison est inviolable ; ses carrosses peuvent circuler partout en toute franchise. L'ambassadrice et le reste de la famille de l'Ambassadeur participent de ces immunités ; il en est de même de sa suite, qui ne relève que de lui. Ce principe de l'inviolabilité et de l'indépendance absolue des Ambassadeurs est universel : on le retrouve en Chine, dans l'Inde, chez les Arabes, chez les anciens Sarrasins , et les Espagnols le trouvèrent établi au Mexique lorsqu'ils y firent invasion.

Même dans les guerres civiles, c'est l'usage des peuples civilisés de respecter les Ambassadeurs. Tacite blâme avec énergie ceux du parti de Vespasien d'avoir violé, à l'égard des Ambassadeurs de Vitellius, « un droit sacré même pour les étrangers. »

Un Souverain peut très-légitimement refuser de recevoir un Ambassadeur ; mais, une fois admis, il lui doit une protection constante et une complète sécurité. Cette protection commence, nécessairement, au moment où l'Ambassadeur met le pied sur le territoire. Que si l'Ambassadeur ou quelqu'un de sa suite abuse de son caractère, on peut demander à l'Ambassadeur justice de ses gens ; on peut le renvoyer lui-même et l'accuser devant son Souverain, qui, suivant l'heureux laconisme de Montesquieu, devient par là son juge ou son complice. En 1836 , après les événements de la Granja , le gouvernement espagnol chassa de l'Espagne les chargés d'affaires de Russie , de Prusse , d'Autriche et de Sardaigne. Je pense qu'on peut aller plus loin. Si l'Ambassadeur ou quelqu'un de sa suite commet quelque grand crime ; s'il forme des conjurations et des complots dangereux ; si, enfin, il agit en ennemi, il se dépouille lui-même de son caractère représentatif, et il se soumet implicitement à la juridiction du pays où il est. Aucun historien n'a sérieusement blâmé Cromwell d'avoir fait exécuter Pantaléon Sa ; et je ne crois pas que Henri IV, le Régent et la République de Venise, eussent été accusés d'avoir violé le droit des gens, s'ils eussent fait juger et punir Bruneau, le prince de Cellamare et le marquis de Bedmar.   E. DUCLERC.

AMBITION. C'est l'ardente convoitise de tout ce qui élève un homme au-dessus des autres hommes ; c'est l'amour des honneurs, de la puissance, de la gloire, soutenu d'une volonté forte, qui, pour y atteindre, surmonte ou use les obstacles.

L'Ambition est une passion selon le cœur humain, un instinct selon la nature. On a trop déclamé contre elle. Mieux vaut la soumettre à l'analyse de la raison pour bien discerner le point où l'excès commence et où le blâme est justice.

Comme l'amour de soi est un sentiment bon et légitime , tant qu'il se borne , sans nuire à autrui , à veiller à la conservation et au bien-être de l'individu, de même c'est un sentiment vrai et juste que l'Ambition qui donne à un homme la conscience de sa force et de sa valeur morales , et lui fait rechercher l'occasion de les mettre en œuvre au profit de l'humanité.

La nature, qui nous a tous faits égaux en droits , nous a réparti bien inégalement les facultés de l'âme et de l'intelligence. Cette inégalité, on a quelquefois voulu la nier : mais, sur un pareil fait, il n'y a pas à disserter ; il suffit d'ouvrir les yeux et de regarder autour de soi. Or, s'il est quelque chose qui importe à la Société, c'est que les facultés de tous soient utilisées au profit commun, dans leur degré et avec leur juste application. La force et le génie sont une richesse sociale, et la plus grande de toutes. Leur contester le droit de s'élever, de se déployer, de faire marcher les idées, de remuer le monde, ce serait bien mal comprendre et l'intérêt général et les desseins de la Providence. Confinez Richelieu dans un cloître, le génie de Mirabeau sous les voûtes de la Bastille, le génie de Napoléon dans une caserne, et, déshéritant le monde de trois grands hommes, vous aurez arrêté trois fois l'humanité dans sa marche.

Laissons donc là d'étroites idées et une jalousie qui ne permettrait jamais qu'il se fît quelque chose de beau et de grand, et qui ne peuplerait la terre que de médiocrités. Applaudissons au génie partout où il prend sa place ; mais que cette justice que nous réclamons pour lui ne nous empêche pas de reconnaître et de prévenir, autant qu'il est en nous , l'abus qu'il serait tenté de faire de sa force et de notre admiration même.

L'histoire ne nous le prouve que trop : les hommes puissants par la pensée , par la volonté, et qui dépassent le niveau, ne savent guère s'arrêter. Pour s'imposer ou reconnaître des limites, il leur faudrait une moralité forte, et ce n'est presque jamais ce côté de leur âme qui s'est développé et agrandi. Devant les tentations infinies de leur orgueil, ils sont pleins de faiblesse, ils s'irritent comme des enfants à la moindre résistance ; ils ne savent plus supporter qu'une volonté étrangère ou la nature même des choses fassent obstacle à leurs désirs. Accoutumés à se complaire dans le sentiment de leur supériorité, ils en sont venus à un grand dédain pour les autres hommes. Oh ! alors, prenons-y garde, c'est l'Ambition dangereuse et coupable ; c'est l'égoïsme d'un seul, armé, contre l'intérêt de tous, d'immenses moyens d'action ; et souvent, dans le combat qui s'engage, les lois, la liberté des peuples, les droits même de l'humanité, tout succombe.

Cette Ambition qui immole à un seul homme la dignité et le bonheur de tant d'autres, on ne saurait trop la maudire. L'arrêter quand elle est dans l'élan de sa force, c'est ce qui n'appartient presque jamais à la puissance humaine ; mais prévenir de loin ses écarts, la refroidir et l'intimider par la crainte des jugements sévères de l'opinion ; mais lui opposer une barrière à l'aide des saines idées de morale et du sentiment patriotique répandus dans les masses, cela est du domaine des mœurs publiques ; et cela rend d'autant plus regrettable que dans chaque état l'éducation et les institutions mêmes s'occupent si peu de créer une sévère moralité appliquée aux choses politiques.

Au-dessous, bien au-dessous de cette Ambition des grandes âmes, légitime et bonne dans son principe, funeste trop souvent par les emportements de l'orgueil humain, nous rencontrons l'Ambition des âmes vulgaires, étroite comme la vanité, et qui n'est qu'une passion mauvaise dans l'individu, dangereuse pour la Société.

Cette Ambition, qui procède chez les hommes médiocres d'un insatiable désir de se grandir aux yeux de leurs égaux de tout ce qui donne quelque supériorité de crédit ou de distinction, manque d'excuse. Elle rompt le niveau social sans justice comme sans utilité, et plus son but est mesquin, moins il y a de moralité et d'honneur dans les moyens dont elle se sert. L'homme qui dans les plus basses régions de son âme n'est occupé que du soin de bâtir sa fortune, de se pousser dans la faveur du pouvoir, dans la carrière des places, a fait divorce avec sa conscience ; indifférent sur le choix des moyens, tout lui est bon si le succès est au bout : il n'y a qu'une chose qu'il dédaigne profondément : c'est la probité modeste et pauvre.

Le principe et la forme du gouvernement démocratique conviennent à la haute Ambition : elle y trouve des luttes ardentes, des périls pleins de grandeur ; elle s'y enivre des applaudissements populaires. D'ailleurs, pour s'imposer à un peuple jaloux de ses droits, pour franchir les limites qu'une égalité ombrageuse fait respecter de tous, il faut l'ascendant d'un grand talent ou d'un grand caractère.

Dans les états monarchiques, au contraire, c'est surtout à l'Ambition vulgaire que la carrière est ouverte. Là, elle trouve un pouvoir auquel elle peut offrir son dévouement pour en recevoir en échange tout ce qu'elle convoite ; elle trouve à sa portée un nombre infini de distinctions, de grades, de places étagées les unes au-dessus des autres, admirable appât pour elle qui aspire sans cesse à monter, et qui n'est pas de taille à atteindre haut tout d'abord. Là, enfin, elle peut faire au génie même une concurrence heureuse ; médiocre, obséquieuse, persévérante, jamais comme lui elle ne se dégoûte ni ne s'indigne ; elle s'obstine, elle s'humilie, s'il le faut, et elle arrive. C'est un grand mal que tant de facilités offertes à l'intrigue et à l'égoïsme, décorés du nom d'Ambition ; car,

dans une société que cette passion misérable ronge au cœur, il n'y a plus que des individus occupés d'exploiter toute chose à leur profit ; il n'y a plus de citoyens, c'est-à-dire plus d'hommes capables de fermeté, d'abnégation, de dévouement pour défendre la chose publique contre l'incessante agression des intérêts.   H. CORNE, député.

AMENDE. Sous l'ancienne législation, le mot Amende avait deux sens ; il signifiait l'aveu public fait par le condamné de sa faute : c'est ce qu'on appelait l'*Amende honorable;* il servait aussi à désigner une peine pécuniaire : c'était simplement l'Amende.

La loi nouvelle a supprimé l'Amende honorable, à laquelle auraient bien voulu revenir quelques législateurs réactionnaires de la Restauration, lors de la loi du sacrilège. On a sans doute reconnu qu'il était au moins inutile d'exiger d'un condamné la confession d'un fait désormais acquis et constaté par jugement. Le mot Amende honorable ne reste donc plus que comme formule du langage ordinaire, pour indiquer la reconnaissance d'une erreur ou d'une faute. Mais nos codes ont conservé l'Amende en tant que condamnation pécuniaire. Sous ce rapport, et comme sanction des lois, elle touche immédiatement à la politique.

L'Amende, dans l'économie de notre législation, est tantôt une peine isolée et tantôt une peine accessoire. Principale et isolée, c'est la moindre des prescriptions correctionnelles du code pénal de 1810 ; on peut même la retrouver dans un grand nombre de nos lois civiles et administratives, sans qu'à proprement parler elle conserve le caractère correctionnel. Mais, lorsque l'Amende devient une punition accessoire, c'est réellement et dans toute la force du mot une peine correctionnelle, qui atteint une seconde fois un fait déjà puni.

Si l'on étudie le véritable caractère de l'Amende, on s'aperçoit que, pour conserver sa destination naturelle, elle doit surtout être employée à prévenir ou à réprimer des faits pécuniaires. Aussi est-il tout-à-fait rationnel qu'elle soit appliquée aux contraventions fiscales, aux soustractions, aux contrefaçons, en un mot, aux attentats contre la propriété publique ou privée. Mais on ne la comprend plus guère, s'il s'agit de délits contre la sûreté, l'ordre, la liberté, l'honneur ou la vie, parce qu'on ne saisit plus de rapports logiques entre le paiement d'une somme d'argent et le fait que l'on veut punir, et que les termes réguliers d'évaluation n'existent plus. Il suit de là que l'Amende, comme peine correctionnelle, est un mauvais moyen de répression ; et cela devient plus évident encore, si l'on réfléchit que l'effet des peines dépend plutôt de la satisfaction morale que de la réparation matérielle.

L'examen conduit plus loin ; un peu de réflexion démontre que l'Amende est une peine injuste, parce qu'elle n'est pas égale pour tous. Pour qu'elle fût égale, il faudrait que le même délit entraînât les mêmes conséquences pour ceux qui le commettent. Or cela n'est pas : la condamnation au paiement d'une somme donnée n'est rien pour le millionnaire, elle est tout pour le pauvre ; et la loi a rendu cette disposition plus choquante en accolant la contrainte par corps à la condamnation pour l'acquit de l'Amende. Si l'on voulait établir la parité, il faudrait que le *quantum* fût déterminé, non-seulement par la gravité du fait, mais encore par la position pécuniaire des coupables, et l'on rencontre alors dans l'application des difficultés presque insurmontables. Il n'y a guère qu'un jury prononçant en son âme et conscience qui puisse les lever, car elles ne sont pas, à coup sûr, du ressort des tribunaux actuels.

Le mot Amende rappelle certains souvenirs qu'en politique on ne doit jamais oublier. Aux époques où tout l'arsenal des peines a été épuisé contre la presse, des lois iniques ou imprévoyantes ont permis aux tribunaux hostiles de détruire par des Amendes successives et accumulées la propriété de certains journaux dans les mains de leurs propriétaires. L'Amende, dans cette circonstance, devenait une confiscation frauduleuse. En attendant une législation mieux ordonnée, il est bon de noter que la confiscation a été rayée de nos codes, aux acclamations de la France entière.   B. PANCE.

AMENDEMENT. Changement, modification, substitution d'un sens à un autre, remplacement d'un mot par un autre mot.

Lorsque le pouvoir exécutif apporte aux Chambres un projet de loi, ce projet est renvoyé à l'examen d'une Commission. Il en est de même pour toutes les propositions que les membres des deux Chambres peuvent présenter lorsqu'ils jugent convenable d'user du droit d'initiative, qui, en 1830, leur a été garanti par la Constitution. Ces projets de loi, ces propositions subissent rarement l'examen d'une Commission sans être modifiés, soit au fond, soit dans la forme. Ces modifications s'appellent *Amendement.* Elles sont proposées aux Chambres par l'organe d'un rapporteur, interprète des décisions de la majorité de la Commission. Lorsqu'une loi est discutée en séance publique, tout membre de l'une des deux Chambres peut également proposer des Amendements à cette loi : c'est son droit. Nous allons dire comment il est exercé et de quelle nature peuvent être les Amendements dont un projet de loi est susceptible.

Le mot *Amendement* embrasse toutes les variantes que l'esprit humain peut enfanter sur une proposition : il implique donc un sens très-large et presque infini. On peut cependant classer les Amendements en deux catégories : ceux qui tendent à substituer un sens à un autre, et ceux qui consistent simplement à remplacer un mot par un autre mot. Ces deux catégories peuvent elles-mêmes se subdiviser ; soit que les Amendements, portant sur le sens même d'un article, sur la liaison des idées, aient pour objet de les diviser, de les réunir, de les dénaturer; soit que, portant seulement sur les termes, ils ne veuillent que fortifier, atténuer ou éclaircir un texte en discussion.

Quand une proposition paraît obscure, trop compliquée, acceptable sous une face et dangereuse sous une autre, on peut, par Amendement,

en demander la division, soit afin de la rendre plus claire, soit afin de donner aux législateurs la faculté d'en rejeter une partie sans rejeter l'autre.

Quand, au contraire, deux propositions qui sont séparées dans un projet originaire paraissent devoir naturellement se lier, s'harmonier, se prêter une force mutuelle, on peut, par Amendement encore, en demander la réunion.

Il arrive aussi qu'un principe, formulé dans un article de loi, constitue un faux point de départ, une mauvaise base : par voie d'Amendement on peut dénaturer ce principe et y substituer un principe nouveau.

L'Amendement qui porte sur les mots n'est généralement qu'une affaire de grammaire. Un mot remplaçant un autre mot rendra une pensée plus claire, un texte plus précis.

Quelquefois, plusieurs Amendements sont présentés sur une même article, sur une même question; quelquefois encore il paraît utile d'amender un Amendement antérieur. Dans ce dernier cas, la nouvelle modification prend le nom de *Sous-Amendement.*

Le règlement des Chambres détermine comment les membres du Parlement peuvent et doivent user du droit d'Amendement en dehors du travail des Commissions. Les Amendements sont rédigés par écrit et remis au président. Lorsqu'ils n'ont pas été communiqués à la Commission vingt-quatre heures à l'avance, ils lui sont renvoyés de droit si elle le demande. Si la discussion est renvoyée au lendemain, le président fait imprimer les Amendements avec les noms de ceux par qui ils ont été proposés, et il les fait distribuer aux membres de la Chambre.

Tout député, tout pair de France peut demander la parole pour présenter, développer ou appuyer un Amendement. Les Chambres ne délibèrent sur aucun Amendement si, après avoir été développé, il n'est pas appuyé.

Lorsque des Amendements ont été adoptés, les Chambres peuvent ordonner, après le vote des articles, le renvoi du projet à la Commission, pour qu'elle le révise et le coordonne, avant la lecture qui, dans ce cas, doit précéder le vote de l'ensemble. Le travail de la Commission est imprimé et distribué vingt-quatre heures au moins avant la lecture, à moins de décision contraire de la Chambre. Lors de cette lecture, aucune question nouvelle ou déjà résolue par la Chambre ne peut être agitée, et aucun Amendement n'est mis en délibération s'il ne porte exclusivement sur la rédaction.

Inutile de dire que les Amendements sont mis aux voix avant la question principale. Mais des difficultés assez graves peuvent se présenter à propos de l'ordre à suivre dans la discussion ou la mise aux voix de plusieurs Amendements portant sur un même article. Le droit d'Amendement étant illimité, cinq, dix, vingt membres d'une Chambre peuvent proposer autant de systèmes différents. Dans quel ordre ces systèmes doivent-ils être discutés ou votés? Il n'existe aucune règle positive à cet égard. Le président, investi d'un pouvoir discrétionnaire, décide souverainement que tel ou tel

Amendement aura la priorité. On a soutenu que les Amendements qui s'éloignent le plus du projet principal devaient être discutés les premiers; mais quel juge est chargé de cette appréciation? encore le président de la Chambre. Un pouvoir aussi étendu peut entraîner de fort graves inconvénients. Plusieurs Amendements sont en concurrence ; vous donnez la priorité à l'un plutôt qu'aux autres. C'est presque toujours une raison pour qu'il soit adopté. Or, dans ce cas, tous les autres Amendements sont comme nuls et non avenus. On pourrait remédier à cet inconvénient en laissant aux Chambres la faculté de trancher directement les questions de priorité.

Pour compléter ce que nous avons à dire, afin de bien faire comprendre la valeur parlementaire des Amendements, nous ajouterons que l'adoption d'un Amendement ne préjuge pas toujours l'adoption d'un article. Il peut arriver, en effet, qu'après avoir voté un Amendement dans le seul but d'atténuer, en cas d'adoption, ce qu'un article leur paraît avoir de fâcheux, certains députés rejettent ensuite cet article.

Les Amendements jouent un grand rôle dans la politique. La tactique parlementaire les met au service des partis auxquels ils servent d'armes pour s'essayer, s'attaquer ou se vaincre.

DEGOUVE-DENUNCQUES.

AMÉRIQUE. Il y a, peut-être, moins d'injustice qu'on ne le croit communément à avoir adopté le nom d'Amérique pour le nouveau monde révélé par Christophe Colomb. Ce n'est pas qu'il soit permis de lui contester la priorité de la découverte: c'est une question qui paraît irrévocablement décidée. Mais cette usurpation de titre n'a rien ôté à la gloire du navigateur génois, et elle a consacré d'une manière honorable les travaux d'Améric Vespuce, qui, sans cela, serait moins connu qu'il ne méritait réellement de l'être. Car ses connaissances cosmographiques étaient peut-être égales à celles de son plus illustre rival. L'immortalité de Colomb étant assurée, il a fallu peut-être pour celle d'Améric Vespuce cette complaisante déférence du public. C'est une décision d'équité contre laquelle il y aurait mauvaise grâce à faire appel.

S'il fallait, d'ailleurs, discuter cette question de priorité, il ne serait pas bien difficile de démontrer que l'honneur en reviendrait à d'autres qu'aux navigateurs du quinzième siècle. Les hardis pirates du Nord, qui, au moyen-âge, promenaient leurs courses aventureuses sur toutes les rives de l'ancien monde, avaient aussi, dès l'an 860, abordé sur les côtes de l'Amérique, et plusieurs expéditions les y ramenèrent pendant plus de deux cents ans. Mais il est douteux qu'ils aient jamais exploré d'autres pays que les côtes les plus septentrionales. D'ailleurs, les découvertes humaines ne sont jamais fécondes que lorsqu'elles sont faites en temps opportun. Le monde européen avait au moyen-âge assez à faire chez lui pour qu'il n'eût pas besoin d'aller se mêler aux destinées d'une autre hémisphère. Il fallait pour cela qu'il eût une civilisation à lui apporter, un avenir social à lui transmettre.

Cette exploration norwégienne fut donc ce qu'elle devait être, une découverte sans portée, parce qu'elle était sans opportunité. Mais, au siècle de Colomb, « les temps étaient accomplis, » et la voix populaire, toujours juste dans ses décisions, a salué ce grand homme comme un nouveau révélateur.

La description géographique de cette vaste contrée nous offrirait des détails du plus haut intérêt, si la spécialité de notre recueil ne nous obligeait à nous maintenir dans le domaine politique. Nous nous bornerons donc aux aperçus topographiques nécessaires pour faire comprendre la division actuelle des peuples, et pressentir les immenses destinées que l'avenir réserve au nouveau continent.

L'aspect général de cette portion du globe nous présente deux énormes masses de terre unies par un isthme d'une largeur variable : c'est l'isthme de Panama. L'Atlantique enveloppe toute la côte orientale ; l'Océan-Pacifique s'étend sur la côte occidentale, depuis le cap Horn qui forme l'extrémité la plus méridionale jusqu'au détroit de Béring qui sépare l'Amérique de l'Asie. Le volume d'eau qui divise ces deux masses de terre vient de l'Atlantique, qui s'est creusé dans l'intérieur du continent une profonde échancrure connue sous le nom de golfe du Mexique. Ce golfe forme une mer Méditerranée, bornée au nord et à l'ouest par le Mexique et les États-Unis, à l'est par la Floride, les Antilles et le Yucatan.

L'Amérique est ainsi partagée en deux grandes Péninsules, qui ont reçu, peu de temps après la découverte, les noms d'Amérique septentrionale et Amérique méridionale. La plus grande longueur de la première est de 1,275 lieues ; sa plus grande largeur de 936. La plus grande longueur de la seconde est de 1,380 lieues; sa plus grande largeur de 875. La superficie totale des deux péninsules est de 1,186,900 lieues carrées.

Si nous passons maintenant aux reliefs généraux des terrains, qui, partout, donnent aux régions où ils existent leur physionomie propre, nous trouverons en Amérique un système gigantesque de chaînes montagneuses qui dépassent en élévation et en étendue toutes les hauteurs du continent européen. C'est d'abord l'immense chaîne des Cordilières, parcourant les deux péninsules dans toute leur longueur, depuis le cap Horn jusqu'à l'Océan Arctique, et formant ainsi une suite continue de montagnes et de plateaux sur un espace de près de trois mille lieues. Le Chimboraço, élevé de 6,529 mètres, forme son point culminant. Puis, dans la péninsule méridionale, la chaîne de Vénézuela et celle des Andes, qui enclavent dans leurs berges la vallée de Quito, dont le fond est aussi élevé au-dessus du niveau de la mer que le sommet du Mont-Blanc, et qui est la plus haute que l'homme habite sous le globe. Enfin, dans la péninsule septentrionale, les Montagnes Rocheuses, qui sont la suite des grandes Cordilières, la Cordilière maritime qui s'en détache, et les monts Alleghanys courant sur une triple chaîne.

Le système hydraulique du Nouveau-Monde est le plus beau et le plus vaste qui existe. Il est impossible de méconnaître les immenses promesses de l'avenir pour ce pays, en contemplant tout ce que la nature a fait pour lui. Dans l'Amérique du Nord, un réseau non interrompu de lacs et de rivières s'entrelaçant dans tous les sens établit des communications nombreuses avec les deux Océans Arctique et Atlantique. D'immenses fleuves, le Mackensie, le Coppermine, le Churchill, se dirigent au nord; le Saint-Laurent entraîne à l'est les eaux des lacs Ontario, Erié, Michigan, Huron et Supérieur. Le Mississipi, grossi des eaux d'une foule de tributaires, entre avec lenteur et majesté dans le golfe du Mexique; et, au point de jonction des deux péninsules, le lac de Nicaragua semble destiné à établir une communication entre le grand Océan et l'Atlantique. Dans l'Amérique du Sud, l'Orénoque décrivant une courbe immense se décharge dans l'Atlantique par sept embouchures; l'Amazone, le plus beau fleuve de l'univers, reçoit dans sa course près de deux cents rivières, dont quelques-unes égales aux plus grands fleuves de l'Europe, et refoule au loin les eaux de l'Océan où il se précipite.

Les richesses métalliques du continent américain embrassent presque tous les métaux connus. Mais nous ne parlerons que de l'or et de l'argent, parce que leur exploitation doit, dans l'avenir, être d'une haute importance. En effet, Helms, parlant de l'argent seulement, assure que si une partie de celui qui existe dans les Andes en était extraite, le système commercial du monde serait bouleversé, et que ce métal remplacerait le fer dans la plupart des usages auxquels nous l'appliquons. Cette opinion paraît confirmée par les assertions de plusieurs autres savants.

Les systèmes zoologique et ornithologique offrent aux naturalistes les richesses les plus variées, ainsi que la Flore qui se développe sur un terrain aussi étendu et dans des climats si divers. Les eaux ne sont pas moins richement peuplées que la terre.

Il serait trop long de rechercher les distinctions de race qui signalent les différents peuples aborigènes que les Européens trouvèrent dans le Nouveau-Monde. Aujourd'hui, en politique surtout, on s'est accoutumé à n'y voir que trois grandes divisions : les aborigènes, réunis en une seule famille, sous le nom commun d'Indiens; les créoles européens; et les métis, produits par le croisement des deux autres races.

Il n'entre pas dans notre plan de faire l'historique des conquêtes qui livrèrent à l'Europe le monde de Colomb. Cette révélation du génie fut pour les aborigènes la plus effroyable catastrophe; et l'on ne trouve dans l'histoire rien à comparer à ce terrible débordement, si ce n'est l'invasion des Barbares à la fin de l'empire romain.

Enfin, après avoir été longtemps la propriété de l'Europe, l'Amérique est entrée dans la voie de l'émancipation, et ses dominateurs n'ont conservé, au même titre qu'auparavant, que quelques faibles portions de son territoire.

Nous allons examiner quelles sont à-peu-près les divisions politiques actuelles. Nous disons à-

peu-près, car ces états à peine assis sont tellement mobiles, leurs révolutions se succèdent si rapidement, ils sont tous dans une position tellement transitoire, que leurs limites et leurs constitutions varient sans cesse.

Dans l'Amérique du Nord nous trouvons : LES POSSESSIONS ANGLAISES, qui comprennent l'immense territoire situé au nord des États-Unis, depuis l'Atlantique jusqu'aux possessions russes sur le grand Océan, et désigné sous le nom de NOUVELLE-BRETAGNE. Cependant, malgré les prétentions ambitieuses de l'Angleterre, les Indiens occupent une très-grande partie de ces régions. Nous consacrerons un article spécial au CANADA, qui déjà échappe à la domination britannique. — Les POSSESSIONS RUSSES, qui s'étendent sur toute la côte Nord-Ouest.—Le GROENLAND et l'ISLANDE, appartenant aux Danois. — La Confédération anglo-américaine, ou les ÉTATS-UNIS.—Le MEXIQUE, dont vient de se détacher le TEXAS, pour former une République indépendante. — La confédération de l'AMÉRIQUE CENTRALE. — HAÏTI.—Enfin, les ANTILLES.

Dans l'Amérique du Sud : la COLOMBIE, divisée récemment en trois États distincts, l'État de la Nouvelle-Grenade, celui de Vénézuela et celui de l'Equateur.—La GUYANE, appartenant à la France. —Le PÉROU. — BOLIVIA. — Le PARAGUAY. — Le BRÉSIL. — La République orientale de l'URUGUAY. Les provinces-unies du Rio de la PLATA, qui considèrent comme leur appartenant de droit toute la Patagonie jusqu'au détroit de Magellan, ainsi que ses annexes, les îles Malouines, dont l'Angleterre s'est récemment emparée. Cette région australe de l'Amérique est presque entièrement dans la possession des indigènes, ainsi que les parties centrales de la Colombie, de la Guyane et du Brésil. Il y a, en outre, des terres situées dans l'Océan boréal dont l'exploration n'est pas terminée.

Mais, évidemment, rien de toutes ces divisions n'est définitif; aucun de ces empires n'est durable. L'Amérique est appelée à d'autres destinées qu'à copier servilement nos vieilles formes politiques et à se traîner sur les débris de notre passé. La nature y a tout créé d'une main trop vigoureuse pour que l'homme reste faible et petit à côté d'elle. La matière y a des formes trop colossales pour que l'intelligence appelée à l'exploiter ne doive pas s'élever en proportion. Ces montagnes auprès desquelles les nôtres sont des collines; ces fleuves qui sont des mers; ces lacs qui sont des Méditerranées; ces forêts qui sont des mondes; ces golfes qui sont des océans; ces plaines qui sont des immensités; ces deux bassins gigantesques, l'Atlantique et le Pacifique, qui embrassent ses rives et lui apportent les pensées des autres continents, après l'avoir si longtemps protégée contre leur inquiète curiosité, tout cela demande pour être conquis une race d'hommes puissante d'action et d'intelligence, forte de cœur et d'esprit.

Ce ne sera pas une race nouvelle; depuis longtemps la terre n'enfante plus de nouveaux fils; et partout les autochtones disparaissent. Mais ce sera une race composée de toutes les grandes races des deux mondes ; une réunion de toutes les forces qui ont existé, une concentration puissante de toutes les intelligences. Les Français du Canada et de la Guyane, les Anglais et les Hollandais des Etats-Unis, enverront prendre part à l'œuvre la race germanique ; les races gothiques de l'Asie, les Arabes de l'Afrique seront représentés par les Espagnols et les Portugais. Les Slaves pénétreront par le nord-ouest avec les Russes ; la race celtique, avec les Irlandais répandus dans les deux Canadas et les Etats-Unis ; tandis que les populations cuivrées qui se partagent les plaines incultes et les forêts vierges se transformeront dans les nobles embrassements de la race de Japhet. Alors le jour viendra qui devra effacer toute distinction de race, toute disparité d'origine, et confondre dans une formidable unité tous les peuples de ce vaste continent, depuis les faibles Esquimaux du Labrador, jusqu'aux Patagons gigantesques du détroit de Magellan.

Qui pourrait calculer les idées nouvelles, les hautes destinées qui surgiront de ce puissant amalgame !

C'est ici surtout qu'il faut dire : « Les derniers seront les premiers. » L'Amérique commencera sa carrière avec toute la somme des connaissances accumulées par l'homme pendant cinq mille ans de travaux. L'expression de notre plus haute puissance sera son point de départ, et son berceau sera environné des lumières éclatantes de notre âge viril : le feu de Prométhée sera transporté du Caucase aux Cordilières, mais ranimé et vivifié par le souffle actif d'un monde commençant.

L'orgueil de la vieille Europe aura beau se révolter de ce tableau de la grandeur future de l'Amérique, la logique de l'histoire est là pour la désabuser de ses prétentions à l'éternelle suzeraineté du monde. L'Egypte des Pharaons, alors qu'elle marchait à la tête de la civilisation humaine, ne se doutait guère que du petit archipel de la Grèce sortirait un peuple qui la dominerait de toute la puissance d'une intelligence perfectionnée. La Grèce, de son côté, qui, dans son orgueil, donnait le nom de Barbares à toutes les autres nations de la terre, ne s'imaginait pas qu'elle deviendrait la vassale d'un peuple inconnu des bords du Tibre. Enfin, qui auraient pensé les Romains du siècle d'Auguste, si on leur eût annoncé que les destinées du monde futur se trouveraient entre les mains des fils d'Arminius, mêlés aux Gaulois domptés par César ? Ainsi, chaque peuple est à son tour appelé à devenir l'initiateur du genre humain ; mais sa puissance d'initiation a des limites, et lorsqu'il s'est épuisé à force de travaux, il livre l'avenir à d'autres qui continuent sa tâche. Il n'y aura pas d'exception pour les peuples d'aujourd'hui ; et la France elle-même, cette puissante initiatrice des temps modernes, se verra dans la suite des siècles dépossédée du beau rôle qui fait sa gloire. Cependant le progrès humanitaire ne s'arrêtera pas ; mais le progrès partira d'une autre latitude. Il y aura pourtant cette différence avec ce qui s'est passé dans l'antiquité que ces déplacements d'influence se feront par des conquêtes intellectuelles,

au lieu de se faire par les triomphes de la force brutale ; il y aura cette différence que les peuples ne se partageront pas en vainqueurs et en vaincus, mais seront réunis dans une vaste association, où il n'y aura que des supériorités morales. Dans les mystères religieux de l'antiquité, on disait que l'initié tuait l'initiateur : c'était le symbole des révolutions sociales. Le symbole chrétien est l'admission à la table commune, en d'autres termes, la fraternité.

Aussi, quand nous disons que l'Amérique sera chargée des destinées de l'avenir, nous ne pensons pas que l'autre monde deviendra son esclave ; mais nous pensons qu'elle sera la puissance dirigeante de l'association universelle. Si l'on nous demande la preuve de nos assertions, nous nous contenterons de celle-ci : « Elle est la dernière « venue. » C'est la raison en vertu de laquelle le plus ignorant de nos mathématiciens en sait plus que Newton, et le plus faible de nos théologiens plus que Platon.

Si l'on consulte ensuite les ressources matérielles qu'offrent à l'activité humaine toutes les richesses d'une nature qui s'élève au-delà des antiques proportions, il est bien permis d'espérer que les œuvres des hommes ne leur seront pas inférieures.

Qu'on se figure les cités colossales assises sur les bords de l'Amazone, recevant par son vaste bassin les produits industriels de villes innombrables peuplant les vallées de deux cents rivières qui apportent au fleuve leurs eaux tributaires ! Qu'on se représente cet immense réseau hydraulique sillonné dans toutes les directions par des navires fumants ! Puis, cet autre fleuve géant, le Mississipi, apportant du nord vers le golfe du Mexique les productions septentrionales, et ramenant vers les lacs du Canada les fruits luxuriants et les vins généreux des régions équatoriales ! Les deux pôles font entre eux l'échange des merveilles de l'industrie et de la pensée.

Nous ne pouvons, dans l'infériorité de nos forces, calculer les prodiges qu'il est réservé à ce nouvel univers d'accomplir. Mais que n'est-il pas permis à l'imagination de prévoir chez des peuples dont l'industrie doit commencer avec la vapeur, et la politique avec la démocratie.

On ne saurait douter qu'ils ne poussent bien plus loin que nous ne l'avons pu faire les conquêtes de toute science, et qu'armés presque en naissant de toute la force de notre passé, ils n'arrivent à une puissance intellectuelle formidable, à des moyens d'action qui nous feraient trembler.

Ce serait folie de juger l'avenir de l'Amérique par ce qu'elle nous présente aujourd'hui. Les populations sont hétérogènes, dispersées, hostiles entre elles, sans lien, sans idée commune, sans autre intelligence politique que celle que lui ont faite de vains essais de constitutions dont ne veut plus la vieille Europe.

Ils sont associés à nos tentatives de réforme, à nos tâtonnements législatifs ; condamnés à attendre encore les leçons de notre expérience, ils essaient avec nous des institutions dont ils ne connaissen pas la valeur, des formules dont ils ignorent le sens.

C'est le dernier mot de la politique européenne qui doit être le premier mot de la politique américaine. Or le dernier mot de l'Europe sera la démocratie ; il ne nous faudra sans doute qu'un peu de temps pour voir la démocratie triomphante ; mais il nous faudra encore bien des années pour la voir consolidée, affirmée, acceptée par tous comme la vérité, devenue enfin la seule science sociale comme la seule institution politique. C'est alors, c'est quand nous aurons terminé notre long travail d'initiation, que nous pourrons transmettre au Nouveau-Monde le fruit de notre vieille expérience : alors, nous pourrons lui confier le précieux dépôt de toutes nos connaissances accumulées, le principe vivifiant de la démocratie que nous aurons conquise, afin qu'à son tour il lui donne les magnifiques développements que nous ne pourrions atteindre sans aide, entravés que nous sommes par le scepticisme de notre tempérament et les infirmités de notre antique hémisphère.

Elias REGNAULT.

AMIRAUTÉ (CONSEIL D'). Ce conseil était autrefois, en France, une Cour contentieuse ou judiciaire d'où ressortissaient les faits de la mer, c'est-à-dire les contestations auxquelles pouvaient donner lieu les divers événements de la navigation et du commerce maritime, tels que la perception des droits de tonnage, d'ancrage, de phares et de balises, les pêches, prises et recousses, pirateries, pillages, désertions, etc. — Dans tous les ports, cette juridiction avait des sièges nommés par l'amiral et percevait les droits qui lui étaient attribués. Le président de chacun de ces tribunaux prenait le titre de lieutenant de l'Amirauté, et la justice était rendue au nom de l'amiral, alors grand-officier de la couronne.

Dans la Grande-Bretagne, aux Etats-Unis de l'Amérique du Nord, en Hollande, en Danemarck, on donne le nom d'Amirauté à l'administration supérieure de la marine.

La loi du 9 août 1791 a supprimé les Amirautés, dont les attributions diverses ont été partagées entre les tribunaux de commerce, les juges-de-paix et les tribunaux ordinaires.

Le Conseil d'Amirauté a été rétabli en France par Louis XVIII, mais non avec ses anciennes attributions ; ses fonctions se bornent à délibérer et à donner des avis sur les divers projets que lui présente le ministre de la marine ; il doit, aux termes de l'ordonnance, se composer d'un amiral, vice-président ; de deux vice-amiraux ; de deux contre-amiraux, dont un directeur du personnel ; d'un officier supérieur du génie maritime, directeur des ports ; d'un commissaire-général, directeur des fonds et invalides, et d'un secrétaire, directeur des constructions navales.   J.-M. M.

AMNISTIE. L'Amnistie est un Acte de clémence qui couvre du voile éternel de l'oubli les crimes, les délits, les contraventions ou les attentats qu'il spécifie ;

Qui ne permet plus aux tribunaux d'exercer aucune poursuite contre les auteurs du fait amnistié, et qui, à l'égard des condamnés, abolit le jugement.

L'Amnistie, en deux mots, est l'abolition de l'inculpation, soit après, soit même avant le jugement.

L'Amnistie est souvent confondue avec la grâce, et quelquefois même avec la simple commutation de peine ; mais l'Amnistie est bien plus que la grâce, et, considérée en droit, l'Amnistie est tout autre chose.

La grâce, en effet, n'est que la remise totale ou partielle de la peine prononcée ; la grâce n'efface ni la criminalité du fait ni la tache de la condamnation ; elle n'a pas d'effet rétroactif, elle ne fait qu'arrêter l'exécution du jugement, et elle n'en empêche les effets que pour l'avenir ; la grâce, enfin, ne s'applique qu'à la personne.

L'Amnistie, au contraire, remonte et se rattache au fait même qui a été l'objet de l'inculpation ; elle en enlève la criminalité, elle en efface tous les effets, toutes les suites et toutes les conséquences.

Il résulte de là que l'Amnistie du fait principal détruit à la fois la criminalité de tous les délits accessoires, et qu'elle profite de plein droit à tous les auteurs et à tous les complices du crime ou du délit, tandis que la grâce se restreint toujours à la personne en faveur de laquelle elle est intervenue.

L'Amnistie ne peut laisser subsister aucune pénalité, car alors ce ne serait pas une Amnistie, ce ne serait plus qu'une grâce partielle, qu'une commutation de peine.

L'Amnistie met au néant toutes les condamnations pécuniaires, telles que les dépens ; l'amnistie met à l'abri des peines de la récidive, et dispense de la réhabilitation ; la grâce ne produit aucun de ces effets.

L'Amnistie vaut, par elle-même, réhabilitation complète, et, sauf l'action civile des tiers, l'amnistié est aux yeux de la loi aussi pur que s'il n'avait jamais commis de délit.

C'est une grande question de savoir si le droit de faire grâce, que la Charte a accordé au roi, comprend également le droit d'amnistier.

On le soutenait ainsi sous l'empire de la Charte de 1814, où le droit de grâce était considéré comme un de ces attributs de la souveraineté que la royauté de droit divin prétendait avoir retenus et réservés lors de l'octroi de sa constitution. Mais cet argument n'est plus d'aucune valeur en face de la Charte de 1830, fondée sur la Souveraineté du peuple, et dont l'article 13 défend au roi de suspendre les lois ou de dispenser de leur exécution.

Pour sortir d'embarras, quelques jurisconsultes pensent que le roi a conservé le droit d'amnistier après le jugement de condamnation, mais qu'il ne pourrait plus, en aucun cas, suspendre ou empêcher les poursuites d'un fait que la loi qualifie crime ou délit.

Ainsi limité, le droit qu'on revendique pour la couronne ne serait plus aussi formellement en contradiction avec la Charte ; mais concéder que ce droit de la couronne est limité, c'est reconnaître que la disposition qui accorde au roi le droit de faire grâce ne comprend pas d'une manière absolue le droit d'amnistier. Le droit d'amnistier est donc autre chose que le droit de faire grâce, et dès-lors il est plus logique de dire qu'en ne parlant que du droit de faire grâce la Charte n'a pas confié à la couronne le droit d'amnistier. Rigoureusement, le droit d'amnistier n'appartient donc qu'au pouvoir législatif, et cependant le pouvoir exécutif exerce ce droit sans inconvénient, avant comme après le jugement, pour les délits militaires, pour les délits forestiers, pour certaines contraventions fiscales, et pour les infractions aux lois de la garde nationale.

C'est par ce droit d'amnistier que des magistrats ont cherché à expliquer et à légitimer la lettre de cachet en vertu de laquelle a eu lieu, dans l'affaire de Strasbourg, l'enlèvement clandestin du prince Louis Bonaparte.

Et c'est la prétention à ce droit qui a fait donner le nom d'Amnistie à l'ordonnance du 8 mai 1837.

Cette ordonnance, en réalité, ne contient pas une Amnistie, car s'il est vrai de dire que l'Amnistie peut être pure et simple ou conditionnelle, en ce sens que celui à qui elle doit profiter peut être soumis à certaines conditions pour pouvoir l'invoquer, il est de toute évidence que la condition imposée ne peut jamais consister dans une pénalité, car, dès qu'il y a pénalité, il n'y a plus Amnistie.

L'Amnistie n'est pas seulement le pardon, le pardon loyal, le pardon tout entier, mais c'est à la fois le pardon et l'oubli, ce qui exclut les catégories et la surveillance de la haute police.

L'Amnistie n'est point un acte de clémence ordinaire, dicté seulement par le sentiment de justice ou d'humanité que doivent si souvent inspirer de malheureux condamnés ; l'Amnistie est essentiellement et avant tout un acte de haute politique, en dehors du cours ordinaire des lois et de la justice, bien au-dessus de toute considération personnelle, et commandé en quelque sorte par les besoins et les intérêts de la Société tout entière.

A la suite de révolutions ou de troubles politiques, l'Amnistie devient un puissant moyen de pacification, un heureux remède aux maux causés par les guerres civiles et les dissensions intérieures, et la meilleure voie peut-être pour assurer après la victoire la tranquillité des vaincus et celle des vainqueurs.

C'est à ce titre et dans ce but que le peuple athénien, après le renversement des trente tyrans, accorda, sur la demande de Thrasybule, la grâce des vaincus et l'oubli des dissensions ; que Cicéron, invoquant cet exemple, proposa l'amnistie au milieu des discussions qui ensanglantèrent les derniers jours de la République romaine, et que Henri IV fit son entrée dans Paris aux cris de *Pardon général.*

On retrouve ce caractère de l'Amnistie dans la plupart des lettres d'abolition générale émanées des anciens rois de France :

En 1413, après les troubles excités dans Paris par la rivalité des Bourguignons et des Armagnacs ;

En 1553, à l'occasion d'une rébellion à Bordeaux ;

En 1556, 1560 e 1612, en faveur des hérétiques ;

En 1749, pour les troubles qui eurent lieu à Lyon à la suite du mécontentement et des plaintes des ouvriers en soie ;

Enfin, en 1754, 1756 et 1771, à raison des disputes religieuses des jansénistes et des molinistes.

Mais, à côté des abolitions générales, il y avait alors aussi des abolitions particulières ; abus dangereux qui se trouve condamné jusque dans une ordonnance de Louis XVIII (10 août 1814).

Il y a eu toutes sortes d'Amnisties de 1789 à 1815. Sous la Restauration, il en a été accordé plusieurs sur simples ordonnances ; mais il y en a aussi eu une en vertu d'une loi : c'est l'Amnistie ou plutôt la proscription de funeste mémoire du 16 janvier 1816, confirmant l'ordonnance du roi qui avait livré le maréchal Ney.

Après la révolution de 1830, une ordonnance a amnistié tous les délits politiques commis depuis 1815, mais c'était là bien plus un acte de rigoureuse justice qu'un acte de clémence et de pardon : cette ordonnance, en effet, n'a fait que régulariser, pour la forme, la réparation qui était une conséquence directe de la victoire du peuple.

Ce qui vient d'être rappelé indique que l'Amnistie peut devenir parfois un bon moyen de gouvernement, mais nous ajouterons, pour un bon gouvernement seulement ; car, pour être utile comme mesure politique, l'Amnistie doit être entière et loyale, et il faut que le pouvoir qui l'accorde connaisse assez l'opinion du pays et y ait assez de confiance pour pouvoir donner l'Amnistie au moment où elle convient le plus à l'état général des esprits ; car, comme on l'a souvent dit, ce n'est pas assez de pardonner, il faut savoir pardonner à propos.

Après l'irritation et les luttes politiques, il est, en effet, un moment où le pays tout entier redemande le calme. Le combat et la victoire ne suffisent pas pour désarmer les partis, mais quand, après s'être réciproquement observés, ils jettent un regard sur eux-mêmes, les vainqueurs et les vaincus sentent le besoin de l'oubli et bénissent la main qui vient le leur commander.

Ce moment-là n'échappe jamais à un pouvoir loyal et habile, car l'acte de générosité qui témoigne de sa force et de sa confiance dans le présent sert en même temps à consolider et à assurer son avenir.

On peut même dire que c'est là une véritable pierre de touche, car le pouvoir qui ne saurait pas attendre le moment opportun, et qui le devancerait en laissant arracher à sa faiblesse une Amnistie réclamée seulement par l'exigence des partis, fournirait de nouvelles armes à leurs passions, et ne ferait qu'ajouter à l'irritation et aux malheurs du pays, tandis que le pouvoir qui, méconnaissant l'état véritable des esprits, s'obstinerait à refuser l'Amnistie quand elle est demandée par l'opinion publique et ne profiterait pas de dispositions si heureuses pour concilier les partis, communiquerait infailliblement au pays tout entier, ou son inquiétude et ses terreurs, ou la juste méfiance due à ses arrière-pensées.

MARTIN (de Strasbourg), député.

AMORTISSEMENT. Amortissement, en termes de finances, signifie extinction progressive d'une dette par le moyen de rachats successifs.

La théorie de l'Amortissement repose sur une opération bien simple.

Lorsque l'Etat contracte un emprunt, il applique en même temps une partie de l'impôt au service des intérêts de l'emprunt, et une autre partie à l'Amortissement. C'est cette dernière portion d'impôt qui forme ce qu'on appelle la dotation de l'Amortissement. Le plus ordinairement, c'est une somme annuelle de 1 pour 100 du capital constitué. Au taux de 5 pour 100, cette quotité suffirait pour éteindre la dette environ en trente-six ans. Ce fut Pitt qui, le premier, fixa cette proportion de 1 pour 100 entre la dotation et le capital à amortir. Depuis lors, on a suivi cet exemple. Peut-être eût-il fallu avoir égard à la différence des temps, des lieux et des circonstances. Cependant, si l'on eût constamment appliqué les fonds de l'Amortissement à leur véritable destination, de manière à éteindre la dette dans cette période de trente-six ans, il y aurait eu au moins cet avantage, que la génération qui aurait profité de l'emprunt en aurait seule supporté les charges; car une des plus graves objections que l'on puisse opposer aux dettes publiques, c'est qu'elles grèvent l'avenir au profit du présent. Malheureusement, si en théorie le système de l'Amortissement est bien simple, dans l'application il s'est rencontré des obstacles qui en ont toujours contrarié la marche et souvent annulé les effets.

L'Amortissement peut être simple ou composé.

L'Amortissement simple consisterait à racheter, à la fin de chaque année, avec le fonds d'Amortissement, une portion du capital que l'on annulerait aussitôt. Ce ne serait autre chose qu'un remboursement partiel.

L'Amortissement composé consiste à racheter une certaine portion du capital, mais en conservant ce capital et en en touchant les intérêts, qui sont à leur tour appliqués à de nouveaux rachats; de sorte que le fonds d'Amortissement s'augmente tous les ans de la somme des rentes rachetées. De cette manière, l'Etat, qui était d'abord débiteur de la somme totale de l'emprunt, devient à son tour créancier de la portion du capital racheté et des intérêts de ce capital. Il est vrai que, dans ce cas, l'impôt destiné à servir les intérêts de l'emprunt ne diminue pas immédiatement; mais aussi l'accroissement progressif du fonds d'Amortissement, augmenté tous les ans de ses intérêts et du capital de la dotation annuelle, productif d'intérêts, permettra à l'Etat de se libérer beaucoup plus tôt.

Prenons pour exemple un capital emprunté de 100 millions. Si l'on constitue un fonds d'Amor-

tissement de 1 pour 100, c'est-à-dire un million par an, et que l'on opère par l'Amortissement simple, il est clair qu'il faudra cent ans pour éteindre la dette (1). En opérant, au contraire, par l'Amortissement composé, il ne faudra, pour se libérer, que trente-six ans moins trente-neuf jours. Il est vrai que, dans le premier cas, l'impôt pour servir la rente diminuerait tous les ans de 50,000 f., tandis que, dans le second, il resterait toujours le même. Mais cet avantage n'est pas à comparer à celui que l'on retirerait de l'extinction rapide de la dette; aussi l'Amortissement simple n'entre plus dans les combinaisons financières, et la question que nous traitons ne concerne que l'Amortissement composé.

En présence de calculs aussi simples, comment donc se fait-il qu'aujourd'hui d'excellents esprits en contestent l'utilité? C'est que les faits sont venus combattre les calculs; c'est que la dette, au lieu de diminuer, n'a fait qu'augmenter progressivement; c'est que les fonds de l'Amortissement ont été détournés de leur destination, arrêtés dans leurs opérations, engagés dans des combinaisons politiques, au lieu d'être appliqués à des améliorations financières. La déception a été poussée si loin qu'en présence des faits plusieurs économistes ont été conduits à soutenir, non sans quelque apparence de raison, que l'*Amortissement n'amortit pas*.

Si cette proposition était vraie, il faudrait se hâter d'en finir avec les illusions de l'Amortissement. Un impôt, quelque faible qu'il soit, doit être supprimé dès qu'il devient inutile; à plus forte raison, lorsqu'il s'agit d'un impôt annuel de plus de 40 millions; car la dotation de l'Amortissement dépasse ce chiffre.

Mais il ne s'agit pas seulement d'examiner s'il y a eu des abus dans l'application des fonds de l'Amortissement; car alors les objections ne peuvent atteindre que ces abus. La véritable question est de savoir si le principe de l'Amortissement est bon en lui-même et indépendamment de la fausse direction qu'on lui a donnée.

Les partisans de l'Amortissement ont, il est vrai, quelquefois prêté le flanc aux objections, en exagérant ses avantages. Ainsi on a soutenu qu'il fallait respecter l'Amortissement parce qu'il était la garantie des prêteurs, qui voient un terme à leur créance. Il est évident que c'est là un argument peu solide. Celui qui prête à l'Etat, le rentier sérieux, ne s'occupe guère de la question de remboursement; qui serait même pour lui un embarras; ce qu'il veut, c'est placer sûrement ses fonds, de manière à ce que les intérêts lui en soient régulièrement servis; ce qu'il veut voir garanti, c'est le paiement de la rente, parce qu'avec cette garantie, il transmettra toujours facilement le capital, dans le cas où il voudrait s'en défaire. Ainsi donc, pourvu que l'Etat lui présente d'autres motifs de confiance, puisés en de-

---

(1) Nous supposons ici que l'on rachète au pair. Au-dessous de ce taux, les opérations de l'amortissement sont encore plus avantageuses.

hors de l'Amortissement, il prêtera : si l'Etat ne peut lui offrir comme garanties que les espérances de l'amortissement, il ne prêtera pas. Ce qui est plus réel, c'est que l'amortissement, par ses rachats successifs, exerce sur l'élévation du cours de la rente une influence salutaire, et donne un essor puissant au crédit public. Cependant, à cela on oppose une objection très-forte. « Si, » dit-on, « la puissance de l'Amortissement est aussi réelle qu'on le suppose, il détruira son action par sa puissance même. En effet, comme l'Amortissement doit cesser d'opérer lorsque la rente est au-dessus du pair, il s'ensuivrait que, plus son action serait prompte, plus elle serait promptement arrêtée ; car, plus il agit, plus il lui devient onéreux d'agir ; plus il éteint de dettes, moins il lui devient facile d'en éteindre, jusqu'à ce qu'enfin le capital nominal s'accroissant à mesure que la dette décroît, le pair se trouve dépassé, l'Amortissement s'arrête et demeure improductif. »

Cette objection est grave sans doute ; toutefois, si, dans ce cas, l'Amortissement n'agit plus comme Amortissement, il agit d'une manière très-puissante sur le maintien de la rente. Ainsi, même après que le cours a dépassé le pair, c'est-à-dire lorsque l'Amortissement semble ne plus agir ; il agit cependant encore en empêchant le cours de rétrograder. En effet, comme l'on sait qu'il y a toujours disponible une somme considérable qui augmente d'autant plus qu'elle n'agit pas, le cours se soutient au-dessus du pair, par cela même que, s'il descendait au pair, l'Amortissement opérerait aussitôt. Ainsi donc l'Amortissement agit directement sur le cours de la rente, tant que le pair n'est pas atteint, et il agit indirectement, même quand le pair est dépassé, en empêchant le cours de rétrograder.

Nous pourrions d'ailleurs opposer les uns aux autres les adversaires de l'Amortissement ; car il s'en trouve qui prétendent que l'Amortissement n'exerce aucune action sensible sur le cours de la rente. Ceux-là soutiennent que les opérations journalières de l'Amortissement sont si peu de chose, en comparaison des opérations multipliées qui se font à côté d'elles à la Bourse, qu'il n'y a pas lieu d'en tenir compte. « Si en effet, disent-ils, la caisse d'Amortissement consacre par jour environ 100,000 fr. à racheter des rentes, quel effet cela peut-il produire sur la place, quand les transactions particulières s'élèvent tous les jours à plusieurs millions ? » Voilà un argument qui en théorie, semble incontestable ; mais qu'on le ramène à la vérité pratique, et l'on verra combien il a peu de fondement. Sur quoi reposent tous ces millions? sur des affaires fictives où rien n'est sérieux que les différences reçues ou données par l'acheteur et le vendeur, selon les variations du cours ; en sorte que des opérations, en apparence immenses, se font moyennant quelques écus échangés. Mais lorsque la caisse d'Amortissement consacre 100,000 fr. à racheter des rentes, c'est véritablement 100,000 fr. qu'elle débourse, et c'est une valeur représentant 100,000 fr. qu'elle reçoit en échange. Par conséquent, si faible qu'elle paraisse, cette somme de

100,000 fr. a une action plus efficace que celle des millions qui n'existent que sur le carnet de l'agent de change et dans l'imagination des joueurs.

Ainsi donc, il n'est pas plus raisonnable de nier l'action de l'Amortissement que de l'exagérer. Sans doute, dans les temps de calme et de prospérité, la rente hausse indépendamment de l'Amortissement ; dans les moments de trouble et de crainte, elle baisse en dépit de l'Amortissement. Mais, dans le premier cas, l'Amortissement augmente la hausse, et, dans le second, il combat la baisse et diminue la durée de la crise.

Mais ce n'est pas sur ces arguments de détail que doit reposer la discussion. Toutes les questions sur l'utilité de l'Amortissement se résument en celle-ci : « Est-il bon qu'un Etat ait une dette publique perpétuelle ? »

En effet, si, comme le prétendent bien des économistes, la perpétuité de la dette publique est utile à la prospérité de l'Etat, l'Amortissement devient inutile ; si, au contraire, la perpétuité est plutôt un mal qu'un bien, il faut conserver l'Amortissement.

Nous sommes obligés de renvoyer au mot *Dette publique* cette discussion importante. Ici, il nous suffit de nous prononcer contre la perpétuité de la dette pour soutenir l'utilité de l'Amortissement.

D'ailleurs, comme on pourra s'en convaincre lorsque nous traiterons cette question, tous les arguments invoqués pour prouver l'utilité des dettes publiques prouvent seulement qu'il faut en payer avec régularité les intérêts, ce que personne ne conteste, mais ne prouvent en aucune façon qu'il soit mauvais d'en payer le capital.

Bien des financiers conviennent qu'il faut s'efforcer d'éteindre la dette ; mais ils contestent néanmoins qu'il soit besoin pour cela d'un fonds spécial d'Amortissement : il faudrait, selon eux, n'appliquer à l'Amortissement que l'*excédant des recettes sur les dépenses*.

Cette proposition, qui paraît au premier aperçu pleine de raison, n'a au fond aucun sens véritable. Qu'est-ce, en effet, que l'excédant des recettes sur les dépenses ? Dans tout état bien organisé, le gouvernement calcule approximativement les dépenses de l'année et proportionne l'impôt, c'est-à-dire les recettes, sur le montant de ces dépenses. L'habileté en cette matière consiste à approcher le plus possible d'une balance exacte. Si donc les recettes excèdent les dépenses, le gouvernement aura été imprévoyant, en faisant supporter aux contribuables une somme d'impôts plus forte qu'il n'était nécessaire. Sans doute, il ne serait pas mauvais dans ce cas que l'erreur vînt profiter à l'Amortissement ; mais il vaudrait mieux qu'il n'y eût pas d'erreur. Au reste, il faut le dire, des erreurs de cette nature ne se rencontrent que bien rarement. C'est dans la faute opposée que tombent les gouvernements, et les crédits extraordinaires, supplémentaires et complémentaires, qui figurent tous les ans comme annexes du budget, témoignent assez que, si l'on attendait pour l'Amortissement l'excédant des recettes sur les dépenses, on aurait à coup sûr une dette perpétuelle.

D'ailleurs, si l'Amortissement est une chose utile, il faut pourvoir régulièrement à son service comme à celui de toutes les autres dépenses de l'État, et non lui donner pour base l'imprévu et le hasard des circonstances. Si l'Amortissement est une chose inutile, il n'y a pas lieu de lui appliquer même l'excédant des recettes sur les dépenses.

Nous ne pouvons terminer sans répondre à une objection qui est le grand cheval de bataille des adversaires de l'Amortissement, c'est que *l'Angleterre a renoncé à l'Amortissement comme à un préjugé dont elle avait reconnu le vice.* Il y a bien longtemps que le vieux libéralisme invoque toujours à faux l'exemple de l'Angleterre. Or, veut-on savoir pourquoi l'Angleterre renonce à l'Amortissement? Par la même raison qu'un mourant renonce aux soins du médecin. La plaie est incurable ; pourquoi y appliquer le fer du chirurgien? La dette anglaise est de 20 milliards ; les intérêts à servir chaque année sont de 700 millions ; la dotation de l'Amortissement s'élevait annuellement à 400 millions ; en sorte que les arrérages et l'Amortissement absorbaient plus des deux tiers du budget, qui s'élève à environ 1,500 millions. On comprend facilement que les Anglais aient dû renoncer à l'Amortissement, d'abord parce que la dotation prenait une trop forte portion de leur budget ; ensuite parce qu'elle devenait sans effet en présence d'une dette dont l'énormité défie toutes les combinaisons de l'Amortissement.

D'ailleurs, l'Angleterre ne pouvait depuis longtemps pourvoir au service intégral de son Amortissement qu'au moyen d'emprunts ; ce qui augmentait sa dette au lieu de la diminuer. Chez nous, au contraire, les impôts suffisent.

On a dit avec beaucoup de vérité que ce n'était pas l'Angleterre qui avait renoncé à l'Amortissement, mais bien l'Amortissement qui avait renoncé à l'Angleterre.

Au surplus, il faut convenir que, dans son application, l'Amortissement n'a pas rendu tous les services qu'il pouvait rendre ; mais le principe reste toujours le même. Or, de ce qu'un bon principe a été dénaturé par des abus, il ne s'ensuit pas qu'il faille attaquer le principe ; mais seulement les abus. C'est là la tâche du législateur.

Elias REGNAULT.

AMOVIBILITÉ, AMOVIBLE. Dans toutes les transactions faites depuis cinquante ans entre la royauté et les mandataires plus ou moins légitimes de la volonté populaire, il se montre toujours de part et d'autre un sentiment de méfiance, suite nécessaire de concessions faites à regret et arrachées avec peine. Ce caractère se retrouve surtout dans la Charte, qui tantôt donne à la royauté ce qu'elle vient de lui ôter, tantôt lui ôte ce qu'elle vient de lui donner.

L'art. 49 (57 de la Charte de 1814) n'est autre chose qu'une combinaison de ce genre. On se souvenait de la lutte des anciens parlements contre le pouvoir royal. La Révolution avait commencé par là ; et l'on n'acceptait que les commencements de la Révolution. On ne voulait pas aller plus loin. On

consentait à pardonner les triomphes des gens de robe, mais ceux du peuple ne devaient pas trouver grâce.

C'est ainsi que les magistrats devinrent immobiles sur leurs siéges et que les fonctionnaires se trouvèrent partagés en Amovibles et inamovibles, les uns pouvant être destitués à volonté, les autres ne pouvant être déplacés que pour monter en grade. C'était évidemment une injure, ou pour la royauté, ou pour les autres fonctionnaires soumis à l'Amovibilité. Car si la royauté devait inspirer assez de confiance pour avoir tout droit sur ceux-ci, pourquoi ne méritait-elle pas la même confiance relativement aux magistrats? Si elle ne la méritait pas relativement aux fonctionnaires de l'ordre judiciaire, comment la méritait-elle relativement à tous les autres fonctionnaires ? Ces contradictions s'expliquent par les traditions tenaces des ambitions parlementaires. Une Charte faite dans l'intérêt du peuple n'aurait renfermé ni ces contresens, ni ces préférences.

C'est, d'ailleurs, une déception que de représenter l'inamovibilité comme un gage d'indépendance. Chacun des fonctionnaires de cette hiérarchie sait bien qu'il y a au-dessus de lui une place plus importante pour récompenser son zèle ou sa servilité, et il n'y a pas un de ces inamovibles qui ne soit toujours en mouvement pour avancer. L'inamovibilité ne serait donc une garantie d'indépendance qu'autant qu'elle existerait dans le sens réel du mot, c'est-à-dire que le fonctionnaire ne pourrait ni monter ni descendre. Mais alors ce serait condamner à l'immobilité des hommes qui pourraient par leur capacité mériter un juste avancement.

Tous les inconvénients de l'Amovibilité et de l'inamovibilité disparaîtraient si, selon les principes de la Souveraineté populaire, la nomination des fonctionnaires de tout grade et de toute classe était confiée à l'élection, si les fonctions n'étaient que temporaires.

Alors il y aurait responsabilité du fonctionnaire envers le Souverain, indépendance envers le pouvoir exécutif, et certitude de récompense pour le mérite et la probité.

En recherchant antérieurement à la Charte l'origine de l'inamovibilité des fonctions, on peut se convaincre que ce privilége ne repose pas sur un fait très-moral. En effet, elle naquit de la vénalité des charges introduite par François Ier et perfectionnée par ses successeurs. Mais ce n'était pas là, comme on le voit, une concession politique. Les charges achetées à titre onéreux rentraient dans le domaine de la propriété et conservaient son caractère inviolable. Aussi, non-seulement les charges ainsi acquises étaient inamovibles, mais encore transmissibles comme toutes les autres propriétés, par voie de vente ou d'hérédité.

Les charges inamovibles étaient, sous l'ancienne monarchie, bien plus nombreuses qu'elles ne le sont aujourd'hui, parce qu'elles comprenaient tous les offices vénaux. C'est par les offices de finances qu'avait commencé le trafic. Mais les prodigalités royales eurent besoin pour s'alimenter de chercher de nouvelles ressources dans de nouvelles ventes, et les offices de judicature furent aliénés ainsi que la plupart des offices publics.

Toutefois, ce criant abus produisit par le fait d'heureux résultats, et les rois marchands furent punis par les trafiquants, qui en achetant des places avaient en même temps acheté l'indépendance, presqu'à l'insu des deux parties contractantes.

L'inamovibilité assura bientôt aux parlements une puissance politique dont ils ne tardèrent pas à user. La résistance put s'organiser contre le pouvoir royal, et elle continua avec des succès divers jusqu'aux premiers jours de la Révolution, où le Parlement porta les plus rudes coups à la monarchie.

Sous la Restauration, l'inamovibilité de la magistrature a aussi été un frein salutaire aux empiétements du pouvoir; et aujourd'hui encore il serait dangereux de porter atteinte à ce privilège, parce que le chef du pouvoir exécutif étant irresponsable, il faut conserver une autre irresponsabilité qui serve à balancer la sienne. En partant d'un principe en opposition avec tous les principes rationnels, on arrive à des conséquences analogues. Aujourd'hui les différents ordres du pouvoir sont institués en méfiance l'un de l'autre : au lieu de s'aider, ils se contrôlent; au lieu de marcher de concert, ils se font la guerre. Cette déplorable anarchie ne cessera qu'au moment où un gouvernement créé par l'élection de tous réunira dans ses mains les droits de tous. Alors le chef du pouvoir exécutif, véritable mandataire du peuple, ne devra rencontrer dans son action légitime aucun obstacle, parce que l'obstacle serait une atteinte aux droits de la majorité, c'est-à-dire du Souverain. Mais alors aussi le chef du pouvoir exécutif devra être responsable, et tous les autres pouvoirs devront l'être également; par conséquent, tous les fonctionnaires seront Amovibles, car l'Amovibilité est un des éléments de la responsabilité.   E. R.

AMPHICTYONIE, AMPHICTYONS. L'ancienne Grèce était habitée par une foule de petits peuples, indépendants les uns des autres, et faibles, par conséquent, contre les agressions du dehors. Agglomérés sur un territoire de peu d'étendue, le besoin de se fortifier ou l'ambition de s'agrandir les exposait, en outre, à de fréquentes guerres civiles.

La ligue Amphictyonique naquit de ces circonstances. Vers l'an 1520 avant J.-C., suivant quelques auteurs, mais, à coup sûr, à une époque très-reculée, douze peuples du nord de la Grèce, les Thessaliens, les Béotiens, les Doriens, les Ioniens, les Perrhèbes, les Magnètes, les Locriens, les OEtéens, les Phtiotes, les Maliens, les Phocéens et les Dolopes, se liguèrent pour assurer l'indépendance extérieure et la tranquillité intérieure de leur pays. Ils instituèrent une Diète fédérale qui prit le nom de Conseil Amphictyonique; et nous observerons, en passant, que ce nom semble confirmer l'opinion de Pausanias et de Théopompe, qui attribuent à Amphictyon, roi d'Athènes, la pensée première de cette association, contrairement à Strabon, qui l'attribue à Acrisius, roi d'Argos.

Quoi qu'il en soit, le Conseil se réunissait deux fois par an; au printemps, dans la ville de Delphes, et, en automne, au petit bourg d'Anthéla, à quelques stades des Thermopyles. Il y avait, en outre, dans les cas d'urgence, des réunions extraordinaires. D'abord, le nombre des députés fut de vingt-quatre, ayant chacun droit de suffrage. Chaque état en envoyait deux : l'un, appelé *Hiéromnémon* (ἱερομνήμονης), conservateur des choses sacrées, était chargé de tout ce qui concernait les intérêts de la religion; l'autre, le *Pylagore* (πυληγόρας), orateur des Thermopyles, traitait spécialement les affaires politiques. Dans la suite, lorsque les peuples primitifs établirent des colonies dans le midi de la Grèce et dans l'Asie-Mineure, le nombre des députés Amphictyoniques varia beaucoup, mais le nombre des suffrages resta le même. Ainsi, les Athéniens, qui se partageaient avec les colonies Ioniennes de l'Asie-Mineure le double suffrage originairement dévolu aux Ioniens, envoyaient au Conseil jusqu'à trois ou quatre députés; mais le Pylagore était seul appelé à voter.

Les membres de la confédération s'engageaient par serment à conserver les villes Amphictyoniques; à ne jamais détourner, soit pendant la paix, soit pendant la guerre, les cours d'eau nécessaires à leurs besoins; à détruire les villes de la puissance qui oserait l'entreprendre; à poursuivre de toutes leurs forces les profanateurs du temple d'Apollon, et, enfin, à assurer les décrets du Conseil fédéral.

Les Amphictyons qui le composaient étaient juges de tous ces attentats; ils jugeaient également, et en dernier ressort, toutes les atteintes portées au droit des gens, les contestations élevées entre les villes qui réclamaient l'honneur de présider aux sacrifices faits en commun. Ils connaissaient encore des causes criminelles ou purement civiles. Les peines prononcées étaient l'amende, et, en cas de résistance, l'exclusion de la ligue Amphictyonique et de la communion du temple. Pour assurer l'exécution de ses décisions, le Conseil requérait, au besoin, la force fédérale.

On aperçoit facilement les vices nombreux de cette institution; et l'on n'est guère surpris qu'elle ait si mal répondu au but de ses fondateurs. Assemblée politique et corps judiciaire, le Conseil Amphictyonique cumulait des attributions dont une saine politique commande impérieusement la division. De là, ces tiraillements, ces luttes qui remplissent l'histoire des populations grecques. Comme, d'ailleurs, l'autorité de la Diète n'avait d'autre sanction que la soumission volontaire des confédérés, souverains chacun chez soi, son autorité n'était reconnue que par les plus faibles; les autres la bravaient ouvertement au gré de leurs intérêts ou de leurs passions.

Même dans les condamnations pour sacrilége, qui, d'ordinaire, portaient la terreur dans l'âme des coupables et communiquaient aux vengeurs de la Divinité un énergique enthousiasme, la Diète, quand elle avait affaire à un peuple puissant, n'était jamais assurée de voir exécuter ses arrêts. L'an 354 avant Jésus-Christ, les Phocéens ayant été déclarés sacriléges et condamnés à une amende comme coupables du crime énorme d'avoir labouré des terres consacrées à Apollon, se révoltent contre le jugement des Amphictyons et courent aux armes. La Grèce se divise pour et contre les Phocéens, et de là cette guerre sacrée qui dura dix ans, affaiblit les Grecs, et les livra presque sans défense aux entreprises du roi de Macédoine.

Donc, loin d'assurer la tranquillité intérieure de la Confédération, la ligue Amphictyonique devint entre les mains des peuples puissants un moyen d'opprimer et d'asservir les faibles, et elle fut une des causes de la ruine de la Grèce. Elle ne répondit pas mieux à l'autre pensée du fondateur, qui était d'assurer l'indépendance extérieure du pays. Fatigués de leurs interminables discordes, les Grecs réclamèrent l'intervention de Philippe contre les profanateurs du temple d'Apollon. Philippe ne se fit pas prier. Nommé, par les Amphictyons eux-mêmes, généralissime de la Confédération, il entra en Phocide, s'empara d'Elatée, pacifia et asservit la Grèce.

Je ne sache pas d'exemple qui accuse plus hautement les inconvénients du fédéralisme.   E. D.

AMPLIATION. Dans le langage administratif, on emploie ce terme pour désigner la copie certifiée d'un acte quelconque. L'adjectif *ampliatif* s'applique aux brefs et bulles apostoliques qui ajoutent quelque chose aux bulles ou brefs primitifs.

AN (RÈGNE). Tous les peuples ont senti la nécessité de rattacher la marche du temps à de certaines époques, afin de donner une base précise aux appréciations chronologiques. Ces époques sont toujours celles de quelque grand fait historique ou de l'avénement d'un révélateur : elles prennent le nom d'Ere. On dit l'ère romaine, à partir de la fondation de Rome; l'ère chrétienne, l'ère mahométane, à partir de Jésus-Christ et de Mahomet; l'ère républicaine, à partir de l'établissement de la République en France. Mais la vanité des Rois ne s'est pas accommodée de cette méthode vulgaire; ils ont voulu laisser jusque dans la chronologie la trace de leur passage, et, à côté de la chronologie générale, ils ont érigé une petite chronologie particulière comprenant la période de leur règne. Ainsi, les actes publics des princes chrétiens portent d'ordinaire cette double date : « L'An de grâce... « et de notre règne le... » Toutefois, cette chronologie royale se brouille assez souvent. Comme la royauté et les Rois ne sont point immuables, il arrive parfois que deux ou trois chronologies courent parallèlement vers l'avenir, l'une sur le trône, l'autre ou les autres dans l'exil. Cela s'est vu très-fréquemment depuis le commencement de ce siècle.   DC.

ANARCHIE. Suivant l'*Encyclopédie* de d'Alembert, « l'Anarchie est un désordre dans un état, qui consiste en ce que personne n'y a assez d'autorité pour commander et faire respecter les lois, et que, par conséquent, le peuple se conduit comme il veut, sans subordination et sans

« police. Le mot est composé de α privatif, et de « ἀρχή, commandement. » L'auteur de cette définition ajoute aussitôt : « On peut assurer que tout « gouvernement, en général, tend au despotisme « ou à l'anarchie. »

Que l'on ne nous demande pas comment il ose condamner la Société politique à cette alternative, l'enfermer dans ce terrible dilemme? Telles devaient être, en effet, les conclusions de la doctrine morose prêchée par l'école de Diderot sous les formes d'un fatalisme sententieux. Rien n'est plus faux, rien n'est plus sophistique que la définition que nous ont donnée de l'Anarchie et du gouvernement les écrivains de l'*Encyclopédie*. Partout où il y a gouvernement, il n'y a certes pas despotisme, à moins que l'on ne réprouve avec la même horreur la tyrannie exercée par la force au nom du bon plaisir, et l'autorité rationnelle de la loi, qui ont pour formule politique deux espèces de gouvernements d'essence et d'origine bien différentes. Il n'est pas vrai, non plus, que partout où le pouvoir de commander et le pouvoir de se faire obéir n'appartiennent en propre à aucun individu, il y ait nécessairement désordre, Anarchie dans l'état. Un tel fléau, provenant de telles causes, pouvait affliger les cités grecques, quand les représentants des premières familles étaient forcés d'abandonner à elles-mêmes des populations à moitié barbares, auparavant contenues par la terreur ou la corruption dans le respect des choses établies. Nous apprenons aussi, par l'histoire des nations modernes, qu'à l'époque des gouvernements absolus, quand l'omnipotence de la volonté royale était consacrée par cet axiome : *rex est animata lex in terris* (le roi est la loi vivante sur la terre), le relâchement de l'autorité souveraine, la révolte des sujets contre le maître, avaient toujours pour conséquence à-peu-près immédiate l'outrage aux lois fondamentales et l'Anarchie. Mais ces temps ne sont plus. Depuis que les rois sont tombés en tutelle, il leur est permis de vivre, comme le Dieu d'Epicure, dans l'indifférence et l'oisiveté; le maintien de l'ordre ne dépend plus d'eux. Aussi bien, depuis que les peuples ayant acquis la connaissance de leurs droits se sont initiés à la pratique des affaires, il n'est plus à craindre que les révolutions elles-mêmes rompent tous les liens, bouleversent toutes les conditions, annulent tous les pactes; outre une intelligence merveilleuse du nécessaire et du superflu, les peuples actuels ont un instinct de conservation qui, dans toutes les crises possibles, déjouera les espérances coupables que les ennemis de la liberté pourraient fonder sur le désordre.

Cependant, bien que l'Anarchie ne puisse plus résulter aujourd'hui des causes déterminées par la *Politique* d'Aristote et par l'*Encyclopédie* (ce sont les mêmes), nous entendons mille voix qui nous signalent dans le corps politique actuel tous les symptômes de ce mal délétère. Qu'est-ce donc que l'Anarchie au sein des états constitutionnels?

Le principe de tout gouvernement est l'unité. Cette unité consiste dans l'accord, dans l'harmonie de toutes les forces ; et, comme cela est évident, cette harmonie est impossible si, parmi les intérêts admis à se faire représenter dans le gouvernement, il s'en trouve de divers et de contradictoires. Pour mieux nous faire entendre, nous dirons que dans tous les états où la Souveraineté, ἀρχή, est mal définie, où les attributions sont confondues, où des principes adverses peuvent constitutionnellement se proclamer légitimes, il n'y a pas de pouvoir réel, pas d'autorité, pas de sécurité ; mais il y a rivalité, guerre permanente, trouble, tumulte, Anarchie. Les théologiens se sont servis contre les trithéistes de cet argument : « Dieu est créateur, libre, tout-puissant : or, supposons plusieurs Dieux, c'est limiter les facultés, l'action de chacun d'eux par celle des autres ; c'est nier l'idée même de Dieu. » A ce raisonnement, d'ailleurs peu subtil, il n'y avait guère à répondre. Les partisans de la pondération des pouvoirs auraient grand besoin de méditer l'épître où saint Bernard discute si supérieurement contre l'hypothèse des trois Dieux.

Quels que soient les tempéraments que l'on imagine, quelles que soient les limites que l'on impose à la discorde, on ne réussira pas à empêcher trois pouvoirs déclarés égaux, trois pouvoirs d'extraction différente, de se faire tout le mal qu'ils pourront. Jamais la couronne ne cédera devant les orgueilleuses notabilités d'une chambre haute : jamais elle ne désespérera de faire subir à une assemblée choisie par le peuple la loi de son caprice : jamais une chambre élue, régulièrement constituée et vraiment représentative, ne se maintiendra longtemps en bon accord avec un pouvoir dont les tendances ne seront pas et ne pourront pas être les siennes.

L'antagonisme est, dit-on dans l'idiome parlementaire, l'état-normal des gouvernements constitutionnels : or quelle différence y a-t-il entre l'antagonisme et l'Anarchie ? B. HAURÉAU.

ANGLETERRE. Grande contrée insulaire qui, par sa position géographique, forme à-la-fois la base, le centre et le point culminant de cet amas d'îles et d'îlots, qu'on voit s'étendre au nombre de plus de cinq cents, sous le nom d'Archipel britannique, à l'Ouest du continent européen. L'Angleterre, située entre les 50° et 56° de latitude septentrionale, et les 4° 20' et 8° 40' de longitude occidentale, comprend toute la partie Sud de la Grande-Bretagne. Sur trois ses côtés, à l'est, au midi et à l'ouest, les divers bassins de l'Océan l'entourent et lui servent de limites naturelles ; ainsi, elle est séparée des Pays-Bas et de l'Allemagne par la mer du Nord ; de la France, par le détroit du Pas-de-Calais, la Manche et le golfe de Gascogne ; et de l'Irlande par le canal de Saint-George. La frontière d'Écosse, qui la coupe transversalement au nord sur toute sa largeur, est le seul de ses côtés qui ne soit point directement en contact avec la mer.

Il n'a été donné à aucun État insulaire, dans les temps anciens et modernes, de jouer un rôle aussi éminent que l'Angleterre sur la scène morale et politique du monde. D'abord, il y a lieu de s'étonner de la haute influence que cette contrée s'est acquise, quand on considère les bornes assez étroites de son territoire. Beaucoup d'îles, dans l'un et l'autre hémisphère, l'emportent sur elle, sous les rapports de l'étendue géographique, des avantages du climat et des ressources naturelles. Plusieurs états secondaires de l'Europe, considérés sous ce point de vue, sont même infiniment mieux partagés que n'est l'Angleterre ; par exemple, celle-ci ne présente guère que la moitié du développement territorial de la Péninsule hispanique.

L'Angleterre a 612 lieues moyennes de circonférence, 112 de long et 100 de large, depuis le mont Saint-Michel jusqu'à Douvres. Sa superficie totale est de 7,598 lieues carrées, ce qui revient aux deux tiers environ du territoire de la Grande-Bretagne. Une température mixte, un ciel brumeux et une atmosphère chargée de pluies, la rendent peu propre aux cultures, qui font la richesse des plus belles parties du continent : elle ne peut nourrir ni les vignobles de la France, ni les oliviers de l'Espagne, ni les mûriers de l'Italie. Son sol, parsemé de montagnes nombreuses, mais peu élevées, est frappé de stérilité dans un sixième de sa surface, et presque entièrement dépouillé de bois (1). Sur les 7,598 lieues carrées qu'on attribue à sa superficie, 2,283 sont occupées par les terres arables et les cultures particulières, 3,606 par les prairies et les pâturages, et 379 seulement par les bois et les forêts. Quant aux terres incultes ou stériles, composées principalement de landes et de bruyères, elles forment un total de 1,330 lieues.

Or, comment se fait-il qu'avec tous ces désavantages l'Angleterre soit parvenue à un si haut degré de prospérité agricole et de grandeur commerciale ? L'explication de cette contradiction apparente entre les moyens et les résultats est tout entière dans le génie industriel de ses habitants. La Nation anglaise, avec une volonté persévérante, un esprit d'entreprise et une force créatrice véritablement dignes d'admiration, a modifié, changé ou complété les conditions primitives de son existence ; elle a, en quelque sorte, créé tout un monde à son usage pour suppléer à l'insuffisance et à l'étroitesse du territoire que la nature lui avait assigné en partage.

Les avantages de la grande culture, les méthodes perfectionnées et l'abondance des capitaux ont accru les produits de ses plantes alimentaires, de ses pâturages, de ses chevaux, de son bétail et de ses troupeaux, avec une rapidité miraculeuse. En 1832, on n'évaluait pas à moins de 1,846,650,000 fr. la valeur annuelle des produits bruts du travail agricole. Au-dessous de ce sol qu'elle a rendu si fertile, l'industrie nationale s'est ouvert d'inépuisables sources de richesses ; l'exploitation des mines de houille, de fer, de plomb, de cuivre, etc. a remédié à l'absence du bois de chauffage, facilité la confection des machines, occupé les fabriques et fourni de riches éléments au commerce d'exportation.

(1) La proportion des terres stériles est encore plus forte en Écosse.

ANGLETERRE.

Les produits de l'industrie anglaise, déjà quintuplés par l'introduction des machines, ont pris une immense extension depuis l'application de la vapeur aux moteurs mécaniques. On suppose que la masse du travail opéré par les métiers soumis à l'action de ce puissant auxiliaire, dans les seules manufactures de coton, égale la production manuelle de quatre-vingts millions d'ouvriers. Rien n'est plus capable de nous donner une idée des services prodigieux qu'on est parvenu à tirer de la vapeur dans les diverses branches de l'industrie que le chiffre élevé des produits bruts des manufactures, estimé, en 1833, à 3,725,000,000 fr.

A une industrie si colossale, il fallait des communications faciles à l'intérieur et de vastes débouchés au dehors : ni les uns ni les autres n'ont manqué à l'Angleterre, grâce à l'esprit entreprenant de ses capitalistes et à l'habileté politique de ses hommes d'État.

Le commerce anglais a envahi les marchés de toutes les parties du monde. C'est comme un monopole universel qui s'appuie, ici, sur des établissements coloniaux, là, sur des traités onéreux pour les nations étrangères, ailleurs, sur la puissance d'intimidation qui assujétit le plus faible au plus fort, partout, sur l'exclusion de la concurrence étrangère, au moyen de la supériorité des procédés de fabrication, ou de l'abaissement du prix des marchandises. Nous nous réservons d'examiner les *Colonies anglaises* à l'article GRANDE-BRETAGNE, sous le rapport financier, politique, maritime et militaire. Mais il est une observation que nous devons faire dès à présent, parce qu'elle caractérise le génie dominant de la nation britannique : c'est que les divers points où elle a successivement formé des établissements coloniaux ont été choisis avec un admirable discernement, soit pour ouvrir des débouchés à ses marchands, soit pour leur fournir des objets d'échange, soit enfin pour protéger leurs expéditions ou pour défendre leurs intérêts par la force des armes. En un mot, l'Angleterre a voulu, avant toutes choses, favoriser son industrie et son commerce, en créant ce vaste ensemble de comptoirs qui, au nombre de soixante-quatre, occupent pour ainsi dire toutes les grandes routes des mers de l'Europe, de l'Afrique, de l'Asie, de l'Amérique et de l'Australasie, et qui ont placé sous sa domination politique une étendue de 132,904 lieues carrées et une masse de 93,185,000 hommes. La prodigieuse extension du commerce de l'Angleterre peut se résumer par quelques chiffres. En 1837, ses exportations se sont élevées à 1,797,803,675 fr. Pendant la même année, 44,526 bâtiments de commerce, jaugeant 7,207,071 tonneaux, sont entrés dans ses ports ou en sont sortis : sur ce nombre, 29,722 étaient anglais et 14,804 étrangers.

Il est donc vrai de dire qu'aucun peuple avec des moyens aussi bornés n'est parvenu à donner un pareil développement à son industrie agricole, manufacturière et commerciale. C'est cet immense résultat, conquis par son génie audacieux et actif, qui fait la gloire, la force et la puissance de la nation anglaise, et qui l'élève au premier rang parmi les principaux états de l'Europe. Elle a raison d'en être, à-la-fois, fière et jalouse, car c'est une belle et haute distinction, qui probablement ne se reproduira pas une seconde fois dans les annales du monde. Mais, tandis qu'elle s'applaudit de cette prospérité sans égale, nous avons le droit d'examiner, nous autres Français, si elle ne s'point nécessairement placée dans des conditions exceptionnelles, aussi menaçantes pour son avenir que contraires aux intérêts des autres nations.

D'abord, l'Angleterre, pour acquérir le monopole industriel et mercantile sur lequel repose son existence, a dû supporter bien des maux et s'imposer d'énormes sacrifices. En favorisant démesurément l'extension du travail des manufactures, elle a donné un développement anormal à la classe ouvrière, et elle l'a précipitée dans toutes les vicissitudes d'une vie précaire. Les métiers transformés en machines et mus par la vapeur ont fait concurrence aux hommes dans le temps même où les bras commençaient à devenir trop nombreux et à se trouver sans emploi. D'un autre côté, la tendance des lois et des habitudes à concentrer les propriétés et les capitaux dans les rangs supérieurs de la société, ne laissait aux travailleurs aucune ressource pour lutter contre les embarras toujours croissants de leur position. Aussi, sur les 12,472,110 habitants que présente la population totale de l'Angleterre, compte-t-on 939,977 ouvriers qui ne peuvent vivre sans les secours de la charité publique. Pour subvenir à l'entretien de ces pauvres, il a fallu établir une taxe spéciale dont le chiffre s'est élevé, en 1836, à 160,350,000 fr.

La prééminence industrielle et commerciale de l'Angleterre dépend fatalement de sa suprématie maritime et politique. De là, l'obligation où elle est d'entretenir une flotte de 554 bâtiments de guerre et environ cent mille hommes de troupes de terre ; de là, les luttes terribles dans lesquelles elle a été tour-à-tour engagée avec la France, l'Espagne, la Hollande, le Danemarck, l'Amérique, etc., et qui ont ensanglanté toutes les parties du monde ; de là, en dernière analyse, l'excessive élévation des impôts, le dangereux accroissement du papier-monnaie, le désastreux système des emprunts, et les charges accablantes de la dette nationale. Les contributions de toute nature, prélevées sur l'empire britannique, ont monté à plus d'un milliard, en 1836. On sent combien les classes laborieuses doivent souffrir de l'énormité des taxes. Il faut mettre aussi au rang des charges qui pèsent plus particulièrement sur elles le taux élevé auquel on maintient le prix des céréales, dans l'intérêt de la grande propriété, par l'exclusion systématique des blés étrangers.

On a calculé que, pendant un intervalle de cent soixante-treize ans, commençant à la Restauration des Stuarts et finissant en 1833, les dépenses du gouvernement britannique ont constamment dépassé le produit de ses revenus. Ceci nous explique comment l'Angleterre a vu continuellement s'étendre le déficit de ses finances : sa dette nationale, qui était en 1689 de 16,666,550 fr., et en 1783 de 6,668,125,000 fr., avait atteint en 1837 le chiffre alarmant de 19,132,487,000 fr. En 1836, les dépenses générales ont monté à 1,164,314,000 fr., dont 700 millions pour les intérêts de la dette de l'État, 105 millions pour la marine, et 197 millions pour l'armée.

C'est là un tableau bien sombre, et qui troublerait le sommeil de la nation anglaise, si elle n'avait une confiance sans bornes dans ses ressources et surtout dans sa fortune. Sa puissance est gigantesque, il est vrai, mais la base sur laquelle elle s'appuie n'est point assez solide : mille circonstances peuvent ébranler celle-ci, ou la saper, sinon en toutes, du moins en quelques-unes de ses parties ; et nous sommes fondé à croire, que si une seule pierre venait à se détacher de l'édifice, il ne résisterait pas longtemps à la tourmente des événements. L'industrie anglaise, en perdant une portion considérable de ses consommateurs étrangers, entraînerait dans sa ruine le commerce, son auxiliaire ; et, réciproquement, l'interruption du commerce anglais par une cause quelconque, porterait un coup mortel aux manufactures nationales. L'une et l'autre alternative peuvent également résulter d'une révolution sociale à l'intérieur, ou, en cas de guerre, de la perte d'une bataille navale. Nous en dirons autant des suites qu'auraient infailliblement pour l'Angleterre un accroissement dans le déficit de ses finances, ou l'anéantissement du crédit de ses banques, qui ont en circulation pour 733,760,000 fr. de papier-monnaie.

Nous sommes prêts à convenir que l'influence morale et politique de l'Angleterre a contribué puissamment à répandre les idées de liberté et les principes de civilisation, de l'un et l'autre côté de l'Océan atlantique : seulement, nous ferons observer que ce résultat a été la conséquence des choses et non le but de ses efforts. Le sentiment égoïste qui porte naturellement le peuple anglais à concentrer toutes ses pensées et toutes ses affections dans les limites de son île s'est encore fortifié chez lui par les exigences de son existence matérielle. Les intérêts de son industrie, l'extension de ses relations commerciales et le maintien de sa suprématie maritimes, voilà, il faut bien le dire, les règles ordinaires de sa conduite dans les questions relatives à la politique extérieure (1).

A. GUILBERT.

ANGLICAN. Tout le monde sait que le protestantisme anglais doit son origine au vaste mouvement de réforme religieuse qui, vers le commencement du seizième siècle, amena la ruine de l'autorité des papes dans une grande partie de l'Europe. Cruellement persécuté à sa naissance, comme toutes les croyances qui se séparèrent de la communion romaine, il chercha d'abord à s'appuyer sur les sympathies des masses ; mais on le vit renier ces tendances populaires du jour où, transformé en religion de l'État, par la politique des rois d'Angleterre, il put aspirer, à son tour, à

(1) Voyez l'article GRANDE-BRETAGNE, pour la constitution, le gouvernement, l'administration et la législation de l'Angleterre.

régner despotiquement sur les consciences. Il était évident qu'en se réservant le titre exclusif d'Eglise Anglicane, la hiérarchie protestante affichait une prétention qui était à-la-fois un outrage et une menace pour tous les sectaires indépendants. Le coupable abus qu'elle fit de son autorité ne tarda pas à confirmer les craintes que sa nouvelle constitution avait fait concevoir. Corrompu par son alliance avec la royauté, le protestantisme anglais, de persécuté qu'il était, se fit persécuteur. Il devint l'ennemi le plus ardent des principes de liberté de discussion auxquels il devait son existence ; et, pour mieux réduire les esprits à la conformité religieuse, il ne craignit même pas d'appeler les bûchers à son aide. Plus tard, quand l'adoucissement des mœurs nationales l'obligea à respecter la vie des non-conformistes, il se dédommagea de cette contrainte en exerçant contre les opinions dissidentes toutes les persécutions que put lui suggérer la plus implacable intolérance.

Si quelque chose peut démontrer combien les Anglais étaient encore peu éclairés dans le seizième siècle sur les véritables principes du gouvernement, de la liberté et de la religion, c'est la docilité avec laquelle ils se prêtèrent à la monstrueuse association des pouvoirs de l'Eglise et de l'Etat. Il ne paraît pas que la nation ni le parlement se soient alarmés du surcroît d'influence qui devait résulter, pour le roi et le clergé, de cette communauté d'intérêts et de cette étroite alliance. Mais le prince et l'Eglise, plus habiles à saisir les avantages de leur union politique et religieuse, entrevirent, dès-lors, les immenses services qu'ils pourraient se rendre réciproquement. Grâce à la protection de la royauté, qu'elle reconnaissait pour chef, la hiérarchie anglicane conserva, à quelques légères différences près, tous les honneurs, tous les titres et toutes les richesses de l'ancien culte catholique : elle eut ses pairs, ses archevêques, ses évêques, ses chanoines, ses chapitres, ses synodes, ses tribunaux privilégiés, etc. D'un autre côté, le caractère sacerdotal attaché à la couronne, en l'entourant d'un prestige plus éclatant et en l'investissant d'une puissante autorité morale, lui assura mille moyens d'agir sur les esprits et d'étendre son influence. L'aristocratie eut un intérêt de plus à ménager un pouvoir qui disposait, non-seulement de toutes les fonctions civiles et militaires, mais encore des plus hautes dignités et des bénéfices les plus lucratifs de l'Eglise.

Il n'est donc pas surprenant que la question des intérêts ou des priviléges ecclésiastiques se soit trouvée depuis deux cents ans au fond de toutes les luttes politiques de l'Angleterre. Si, d'une part, la royauté a senti que l'église Anglicane est son plus ferme soutien ; de l'autre, les amis de la liberté ont compris que celle-ci est leur plus formidable adversaire. C'est l'opposition de ces sentiments, poussée jusqu'à ses dernières conséquences par la complication des événements politiques, qui, sous la domination des Stuarts, a précipité l'Angleterre dans les horreurs de la guerre civile ; c'est pour avoir trop bien soutenu la cause de l'épiscopat Anglican, ou pour s'être aliéné sa confiance, que Charles Ier est mort sur l'échafaud et Jacques II dans l'exil. Aujourd'hui même, la principale question politique, en Angleterre, est évidemment dans le maintien ou dans la rupture de la solidarité qui unit l'Eglise à l'Etat ; et, en vérité, l'alliance de ces deux pouvoirs est si intime, que le coup qui rompra violemment leurs liens politiques portera probablement une mortelle atteinte à l'existence de l'un et de l'autre.

La constitution et l'organisation de l'église établie sont admirablement calculées pour assurer sa domination politique et religieuse. D'abord, la suprématie sacerdotale du roi et la centralisation de l'autorité ecclésiastique dans le corps des évêques donnent une grande force d'unité à son gouvernement disciplinaire. En ce qui touche l'enseignement, elle maintient habilement les professions libérales sous sa dépendance, au moyen des universités d'Oxford et de Cambridge, où l'on ne peut entrer qu'en adhérant aux doctrines de la foi Anglicane. Les deux archevêques et les vingt-six évêques qui siégent à la chambre des pairs contribuent à y former la puissante opposition contre laquelle le gouvernement voit échouer presque toutes ses mesures de réforme. Enfin, l'Eglise Anglicane, par la force des idées religieuses, par son nombreux clergé, et surtout par ses immenses revenus, exerce une action incalculable sur les populations de l'Angleterre.

C'est le parti Anglican qui forme l'allié le plus puissant du parti conservateur; aussi, celui-ci ne sépare-t-il jamais les intérêts de la hiérarchie ecclésiastique de ceux de l'aristocratie et de la royauté. Dans toutes les luttes politiques, ces mots fameux : *The Church and King*, l'Eglise et le Roi, sont sa devise. Tout vrai tory est nécessairement un *true churchman*, c'est-à-dire un partisan dévoué de la religion Anglicane. L'aristocratie a, d'ailleurs, un intérêt direct à défendre les intérêts de l'Eglise établie. Sur les dix mille sept cent dix-huit bénéfices ecclésiastiques du royaume, cinq mille quatre-vingt-seize sont à la disposition des classes privilégiées, le reste est à la nomination de la couronne, des évêques, des différents dignitaires, des universités, des colléges et des corporations de toute espèce. Nous ajouterons qu'en Angleterre on évalue à 190,000,000 francs le revenu de l'église établie; et que, dans cette somme, le produit des dîmes, porté au seizième du produit des terres, figure pour 156,250,000 francs. (V. PROTESTANTISME, TEST.)   A. C.

ANNALES. Le mot *Annales*, dans la langue politique, signifie, à proprement parler, la narration précise des événements remarquables arrivés dans un état, rédigés et classés par ordre d'années. Considéré au point de vue historique, ce mot a été la cause de quelque dissentiment parmi les auteurs. Les uns ont dit que l'histoire était un récit des choses que l'auteur a vues, ou du moins auxquelles il a lui-même assisté : le mot ιστορεϊν, en effet, signifie *voir*; au contraire, disent-ils, les Annales rapportent ce que les autres ont fait et ce que l'écrivain n'a point vu. Tacite paraît avoir donné

gain de cause à ce sentiment, puisqu'il intitule Annales toute la première partie de son histoire des siècles passés, et Histoires le récit des temps mêmes où il écrivait. Un autre écrivain latin, Aulu-Gelle, est d'un avis différent ; il soutient que l'Histoire et les Annales sont dans le même rapport que le genre et l'espèce. Enfin, Sempronius Asello a donné une autre définition. Suivant lui, l'annaliste n'a rien à faire autre chose que d'exposer les événements tels qu'ils sont en eux-mêmes; l'historien, au contraire, a de plus à raisonner sur ces événements, à en développer les causes, à en déduire les conséquences, à éclairer, en un mot, l'avenir par les exemples du passé. Cicéron a véritablement peint les annalistes lorsqu'il a dit : *Unam dicendi laudem putant esse brevitatem non exornatores rerum, sed tantum narratores.*

Chez les Romains, l'histoire n'était originairement qu'une collection d'Annales. Le souverain pontife payen écrivait chaque année ce qui s'était passé de remarquable l'année précédente ; il en formait un tableau et l'exposait dans sa maison, où tous les citoyens pouvaient le consulter à leur gré. C'était ce que l'on appelait *Annales Maximi*, et l'usage en demeura jusqu'à l'année 620 de la fondation de Rome. Les premiers écrivains particuliers, à l'exemple du pontife, s'en tinrent d'abord à cette manière simple de raconter les faits sans commentaires. Tels furent Caton, Pison, Fabius-Pictor, Antipater, etc.

Dans le moyen et le bas-âge, les moines chroniqueurs, plutôt par impuissance que par haine de la discussion politique, les ont imités grossièrement; Aimoin, Frédégaire et Grégoire de Tours lui-même ne sont que des annalistes. Dans les derniers siècles, quelques auteurs tels que Baronius, les centuriateurs de Magdebourg, Sponde, Strada, Grotius, etc., ont donné le nom d'Annales à leurs ouvrages; mais ces Annales présentent toutes les caractères de la véritable histoire. Au dix-neuvième siècle, les journaux et les différentes productions de la presse périodique sont des Annales perpétuelles ; elles ont, de plus, cet avantage qu'on y trouve mêlés le genre et l'espèce, la narration froide et précise des événements, qui est le propre de l'annaliste, la juste appréciation des faits et la discussion philosophique qui n'appartiennent qu'à l'historien. Cependant, quelques ouvrages spéciaux ont conservé chez nous le caractère des anciennes Annales ; tels sont les recueils où sont consignés les Annales du corps législatif et les débats de nos assemblées parlementaires.   A. D. C.

ANNATES. « Les pontifes, » dit Nicolas de Clemangis « ont imposé au clergé ainsi qu'aux » églises, outre les charges ordinaires, d'autres » taxes dont le produit soutient leur chambre, ou » pour mieux dire leur Charybde : en effet, ils » ont ordonné que tout ecclésiastique, quelle que » soit sa dignité, venant à mourir ou à changer » de bénéfice, la chambre apostolique prélève » sur la jouissance de son successeur les fruits et » les revenus de la première année de possession, » estimés par elle à une valeur arbitraire. » Ce revenu d'une année est l'Annate. On comprend que rien n'ait été plus odieux au clergé qu'un pareil impôt. La cour de Rome avait des frais de représentation, et, par elle-même, elle ne pouvait suffire à l'entretien de son nombreux personnel ; mais établir un impôt sur les investitures, c'était vendre les charges, c'était exercer la simonie. On ne sait pas bien à quel pape attribuer l'invention de ce procédé fiscal ; les canonistes ont sur ce point des opinions diverses ; il en est qui en prétendent l'exercice aussi ancien que l'Eglise elle-même ; d'autres vont plus loin encore, et disent avoir lu dans Aristote que les grands-prêtres de l'Egypte exigeaient l'Annate des prêtres inférieurs quand ils les admettaient dans la hiérarchie. Ce n'est pas une question qu'il nous importe de résoudre.

La perception de l'Annate fut un des griefs des premiers réformateurs contre l'Eglise de Rome. Marsile de Padoue, le cardinal Nicolas de Cusa, Nicolas de Clemangis, Thierry de Nihem, Grégoire de Hambourg, et tous ceux de leurs contemporains qui ont mérité d'être inscrits par Mathias Francowitz dans le *Catalogus testium veritatis*, déclamèrent avec une grande vigueur contre cet abus. Devant plusieurs conciles, et particulièrement devant le concile de Bâle, les représentants des libertés gallicanes demandèrent la suppression de l'Annate : mais ces plaintes étaient vaines, car la cour de Rome n'entendait pas être réformée, et, malgré tout ce qu'on pouvait dire contre ses pratiques simoniaques, elle n'accordait ses faveurs qu'à ceux qui s'engageaient à les rétribuer. On ne paya pas l'Annate, en France, tant que la Pragmatique-Sanction fut en vigueur : François Ier en rétablit l'exercice par des lettres-patentes postérieures au concordat. Elles ne furent irrévocablement abolies que dans la nuit du 4 août 1789, par un décret de l'Assemblée constituante.

B. HAURÉAU.

ANNIVERSAIRE. Composé de deux mots latins : *Annum*, année ; *verto*, je tourne. C'est un jour consacré annuellement à la célébration d'une cérémonie triste ou joyeuse, profane ou mystique, destinée à perpétuer le souvenir d'un fait accompli à pareil jour, dans une année antérieure, ou à renouveler la mémoire d'un homme utile ou illustre.

Autrefois, l'Anniversaire se nommait *Jour d'an, jour de souvenir*. C'était la chaîne rompue par l'oubli ou par la mort dont on rattachait les anneaux. Les hommes donnent ainsi toute l'immortalité dont ils peuvent disposer ; ils maintiennent à l'ordre de chaque année les faits saillants qui ont marqué dans l'histoire, ainsi que les citoyens qui ont illustré leur patrie, qui sont morts ou se sont dévoués pour elle.

Si l'on veut remonter à l'origine des Anniversaires, il faut aller bien loin. Moïse institue des fêtes pour consacrer de grands faits; par exemple, les jours où Dieu a parlé, ceux où la loi a été donnée sur le mont Sinaï, le jour de l'alliance, celui de la rupture, le jour de la victoire des Hébreux, celui de leur défaite. Il y a des enseignements dans chacun de ces souvenirs. Chaque année, aux

mêmes jours, le peuple, uni dans une même pensée, s'agenouille, prie, remercie, s'afflige et médite sur les causes qui ont amené ses victoires ou ses revers. Et comme Moïse était un législateur et un profond politique, l'origine des Anniversaires doit être attribuée à une pensée politique plus qu'à une pensée religieuse. En ce temps-là, d'ailleurs, la religion et la politique étaient confondues.

De la loi hébraïque, l'usage des Anniversaires passa dans la loi nouvelle. Le Christianisme vint et garnit le calendrier de nombreux Anniversaires. Plus tard, cet usage descendit dans les mœurs; c'est d'elles qu'il arriva jusqu'à la famille. On le vit alors, sous des dehors sérieux et touchants, entretenir la fraternité, l'union et les joies intérieures.

Au temps de la vieille monarchie, les Anniversaires politiques étaient réservés pour les rois : c'était une espèce d'encens qui ajoutait à leur ivresse. On célébrait leur jour de naissance, celui de leur mariage, celui de leur mort enfin. Les Anniversaires obligés, la douleur ou la joie officielle, c'est-à-dire par ordre et à prix d'argent, les suivaient du berceau à la tombe.

La vie politique avait été concentrée dans cet unique foyer. Un événement mémorable et utile pour une nation se présentait-il, on le laissait dormir dans les chroniques, sans songer à le rappeler à la mémoire des citoyens. Et comme cette mémoire est fragile, les faits qui n'étaient pas ravivés par de fréquentes commémorations s'oubliaient bien vite. La politique royale avait compris cette disposition naturelle, et elle s'était ainsi réservé un moyen puissant pour maintenir les idées qui lui étaient favorables, et laisser tomber dans l'oubli celles qu'elle redoutait.

Depuis la Révolution, les Anniversaires sont devenus nationaux. Il était nécessaire de placer incessamment sous les yeux d'un peuple neuf pour la liberté les faits de son émancipation, afin de lui rappeler à-la-fois sa gloire, sa puissance et sa récente élévation.

Il fallait que l'histoire moderne fût reproduite à certains jours sur la place publique pour instruire les uns et encourager les autres.

Des Anniversaires furent institués par la loi. Le premier de tous fut l'Anniversaire de la prise de la Bastille ; il fut célébré en 1790, au milieu des grandeurs naissantes de cette époque, par la France entière, qui s'était donné rendez-vous au Champ-de-Mars. Plus tard, en 1804, Napoléon choisit ce grand jour pour l'inauguration de la Légion-d'Honneur.

Cependant, le 10 août ayant terminé cette phase monarchique et féodale qui s'étend de Clovis à Louis XVI, et le 21 janvier ayant abattu la dernière tête de ce cortége royal, la Convention décréta les Anniversaires du 20 juin, du 10 août et celui du 21 janvier.

Le dernier, Anniversaire de mort et de vengeance, ne dura pas. Le premier consul, qui allait être empereur, comprit qu'il n'était pas bon dans une monarchie de laisser célébrer le châtiment d'un roi. Et l'on peut croire, d'ailleurs, qu'après le premier moment d'effervescence et le danger passé, le

peuple aurait senti, lui aussi, qu'il n'y avait rien
d'utile et qu'il y avait quelque chose de barbare à
célébrer la mort d'un homme.

Sous l'Empire, on fêta la Saint Napoléon. Ce saint
n'existait pas, il est vrai, dans le calendrier ordinaire ; mais on fouilla les actes de la vieille Église,
et on découvrit le bienheureux patron que l'on
cherchait.

Par ordre du Tribunat, le jour de la naissance
de l'empereur, qui par le même décret reçoit le
titre de *Grand*, est un jour de fête pour l'Empire.

On célébra aussi dans ces temps d'ivresse militaire les Anniversaires des victoires de Marengo,
d'Austerlitz, de Wagram. On célébra encore l'intronisation sur des trônes européens de quelques
soldats qui avaient passé rois.

Sous la Restauration, disparurent les jours de
Marengo et d'Austerlitz, et ne revinrent ni Denain,
ni Fontenay. A leur place on installa les Anniversaires de saint Louis et de saint Charles.

Le 21 janvier fut consacré alors comme un jour
de deuil, comme si la douleur et les regrets s'imposaient par ordre à une nation.

Depuis 1850, on se borne à un seul Anniversaire,
celui des 27, 28 et 29 Juillet, journées mémorables pendant lesquelles le peuple a fait acte de
puissance et de Souveraineté.

Les Anniversaires ont un côté moral et utile. Ils
attestent que la mémoire des hommes qui ont bien
servi leur pays ne se perd pas, et ils sont ainsi un
encouragement pour ceux qui voudraient les imiter. Ils échauffent les âmes par le souvenir des faits
patriotiques qui se sont accomplis ; ils entretiennent l'amour du beau, et ce feu des dévouements
populaires qui a tant contribué à briser les dernières chaines de l'esclavage.

Un gouvernement national, sorti du sein du
peuple, devrait considérer les Anniversaires comme
les plus belles pages d'un grand livre, où les citoyens en masse viendraient lire à certains jours
les hauts faits et les destinées du pays ; il devrait
les considérer encore comme une véritable institution, les choisir avec discernement et les célébrer d'une manière sérieuse dans un esprit d'avenir et de progrès.

CHAPUYS-MONTLAVILLE, député.

ANNUITÉ. L'Annuité n'est autre chose que
l'Amortissement simple. Lorsqu'on fait un emprunt, on ajoute tous les ans une certaine somme
au-delà du taux de l'intérêt, et ce surplus est appliqué au remboursement d'une portion du capital.
On voit donc que l'Annuité est le remboursement
annuel d'une partie d'un capital emprunté.

Les Annuités peuvent se régler de différentes
manières. On peut convenir, par exemple, que
l'Annuité ne commencera à être servie qu'après
un certain temps ; c'est ce qu'on appelle *Annuité
différée*. Ou bien on peut convenir que l'Annuité,
faible d'abord, s'élèvera progressivement tous les
ans ; c'est ce qu'on appelle *Annuité croissante*.

Diverses autres combinaisons ont présidé au
remboursement par Annuités. L'emprunt étant
partagé entre un certain nombre de billets ou d'ac-

tions, le mode le plus simple fut de répartir tous
les ans l'Annuité totale entre toutes ces actions. On
imagina ensuite de rembourser un certain nombre de billets tous les ans ; alors on ne donnait aux
billets non rachetés que l'intérêt simple du capital
qu'ils représentaient. C'était le sort qui désignait
les billets à rachat. D'autres fois, on ne sert aux
billets non rachetés qu'un intérêt inférieur au taux
de l'emprunt, et on applique l'excédant à former
des lots ou primes à gagner chaque année, soit
entre les billets rachetables cette année, soit entre
tous les billets entre les mains des prêteurs. C'est
ainsi que se paient, tous les ans, les *Obligations* de
la ville de Paris. Du reste, on comprend qu'il est
facile de modifier de toutes manières ce mode de
remboursement, selon qu'on a plus ou moins de
chances par ces modifications de séduire les capitalistes.   E. R.

ANOBLIR, conférer la noblesse. Sur la fin de
l'ancienne monarchie, les rois seuls avaient le droit
d'Anoblir ; mais, à une époque antérieure, les
grands vassaux de la couronne, et même de simples seigneurs, comme ceux d'Orange, de Sa-
luces, etc., s'attribuaient également ce droit. On
Anoblissait, non seulement le roturier qui était
l'objet de cette faveur, mais encore toute sa descendance, pourvu qu'elle *vécût noblement*, c'est-à-dire
qu'elle ne *dérogeât* pas en se livrant à l'exercice
des professions *ignobles*, telles que le négoce, les
arts et métiers, la banque, etc. Par exception, en
Bretagne, le commerce ne dérogeait pas. B.-C.

ANOBLISSEMENT. On n'est pas d'accord
sur l'époque à laquelle furent délivrées les premières lettres d'Anoblissement. Toutefois, il est
certain que, dès le commencement du quatorzième siècle, sous les règnes de Philippe-le-
Bel, Louis-le-Hutin, Philippe-le-Long, Charles-le-
Bel, Philippe-de-Valois et Jean-le-Bon, il y eut un
grand nombre d'Anoblissements. Depuis lors et
jusqu'à l'extinction de la monarchie absolue, les
Anoblissements se multiplièrent à l'infini ; et
comme on les concédait habituellement moyennant
finance, ils devinrent quelquefois une précieuse
ressource pour le trésor.

Ce n'est pas seulement parce que l'Anoblissement constituait une distinction sociale qu'il était
généralement recherché ; c'est aussi parce qu'il
exemptait de la taille et de tous les impôts et prestations ordinaires qui grevaient la roture, et qu'il
permettait d'aspirer à tous les emplois militaires
et civils, à toutes les charges de cour.

L'anobli jouissait en droit des mêmes privilèges
que le *noble de race*. Cependant il était tenu par
les autres nobles dans une sorte de mépris. Les familles anoblies ne pouvaient, qu'après de longues
années, se faire admettre dans la plupart des chapitres nobles, dans quelques ordres de chevalerie,
et dans les pages du roi.

Nos anciens rois usèrent largement de ce procédé
financier. Louis XIV institua dans une seule promotion, qui eut lieu en 1696, cinq cents nobles
la-fois, au prix de 6,000 livres chaque. Mais

comme cette source de revenu venait quelquefois à se tarir, les rois ne se faisaient aucun scrupule de révoquer les lettres d'Anoblissement qu'ils avaient vendues ; seulement, les anoblis, dépouillés de leurs priviléges, pouvaient les acquérir de nouveau au moyen de *lettres de confirmation* qui leur étaient expédiées, toujours moyennant finance.

Il est quelquefois arrivé qu'on forçât des gens riches à prendre des lettres de noblesse : témoin un fameux marchand de bœufs de Normandie, nommé Grain-d'orge, qui fut contraint d'en accepter en 1577 et de payer pour leur délivrance 30,000 livres, somme énorme pour le temps.

La noblesse s'acquérait souvent d'une manière subreptice. Toute famille roturière vivant noblement, qui, dans une succession non interrompue d'actes authentiques, tels que contrats de mariage, de ventes, d'acquisitions, etc., prenait sans conteste les qualifications de *messire, noble homme* ou *noble femme, prudente personne, écuyer,* et autres analogues, ne pouvait être recherchée pour le fait de cette usurpation après un laps de cent années révolues. C'est là l'origine de la noblesse d'une grande partie des familles qui purent faire preuve de la possession centenaire, lors de la recherche des faux nobles, ordonnée par Louis XIV, vers la fin de son règne.

L'acquisition de fiefs par des roturiers a été une autre source d'usurpation de la noblesse, lorsque les possesseurs ont pu jouir sans trouble des titres et priviléges attachés à ces domaines.

Dans quelques familles, le *ventre anoblissait ;* c'est-à-dire que si une fille épousait un roturier, elle ne lui communiquait pas, si l'on veut, la noblesse, car on disait alors grossièrement que « la « truie n'anoblit pas le cochon » ; mais elle la transmettait à ses descendants. Dans ce cas, les enfants étaient obligés de renoncer, au profit du roi, à la totalité ou à une partie seulement de la succession de leur père, suivant la disposition de la coutume provinciale, et ils devaient, en outre, obtenir des lettres de confirmation.

On a débattu, pendant plusieurs siècles, la question de savoir si les hauts emplois de la magistrature conféraient la noblesse. Cette question fut résolue affirmativement par l'édit de 1644. Louis XV révoqua vainement ce privilége ; l'édit de 1644 prévalut.

L'office de plume qui, le plus anciennement, conféra la noblesse fut celui de secrétaire du roi. Cet office a procuré la noblesse à plus de six mille familles. On lui a donné dans les derniers temps de l'ancien régime le nom de *savonnette à vilain.*

Par un édit du 25 novembre 1750, Louis XV régla les cas dans lesquels les grades militaires devraient conférer l'Anoblissement. Les officiers-généraux étaient nobles de droit, eux et leur postérité ; les officiers d'un grade inférieur qui se retiraient chevaliers de Saint-Louis devenaient également nobles après un temps de service plus ou moins long.

Dans la nuit du 4 août 1789, l'Assemblée nationale abolit tous les titres nobiliaires en France : ils ne furent rétablis qu'en 1808 par Napoléon. Ce-

pendant, la noblesse qu'il institua était tout honorifique et ne concédait aucun privilége proprement dit. Il conférait les titres de chevalier, de baron, de comte, de duc et de prince, avec le droit de porter des armoiries. Pour donner de la consistance et de l'avenir à cette aristocratie nouvelle, il l'obligea dans plusieurs cas à constituer des majorats inaliénables, qui se transmettaient par droit de primogéniture. Hors ces cas-là, la noblesse était toute personnelle et s'éteignait avec celui qui en était pourvu.

La Restauration rétablit la noblesse ancienne, confirma la nouvelle, et délivra un certain nombre d'Anoblissements.

Bien que, depuis la révolution de juillet 1830, la Chambre des députés ait effacé de nos codes la pénalité qui atteignait ceux qui usurpaient des qualifications nobiliaires, et que la noblesse ait été ainsi virtuellement abolie en France, le gouvernement de Louis-Philippe n'a pas laissé de conférer, sinon la noblesse proprement dite, du moins les titres de baron, comte, et autres distinctions aristocratiques.   B. CLAVEL.

ANSÉATIQUES (VILLES). — La puissance de l'esprit d'association ne se manifesta jamais mieux que par la ligue Anséatique ; association dont le commerce fut le but primitif, mais dont l'existence politique présente de graves enseignements.

Cette confédération de Républiques se lie à toute l'histoire du nord de l'Europe. Dès les premiers pas du moyen-âge vers la liberté, alors que le travail du peuple luttant contre l'oppression féodale tendait à modifier les rôles et à déplacer les richesses, on en trouve des traces dans les annales des villes maritimes d'Allemagne. L'industrie avait alors à se défendre contre les déprédations des pirates couronnés de la mer du Nord et de la Baltique, contre le pillage qui était organisé sur tous les fleuves et sur tous les chemins du continent.

L'origine de l'association Anséatique, qui n'était d'abord que temporaire, paraît être de la fin du douzième siècle ; toutefois, on ne connaît pas la date précise de ses premiers actes. En 1255, un traité formel unit soixante villes : Lubeck et Brème, qui avaient été en possession de fournir des vaisseaux aux croisés, tenaient le premier rang parmi ces communes, qui s'armèrent et devinrent redoutables aux rois. Dès 1267, elles eurent un établissement fixe en Angleterre ; plus tard, elles s'allièrent à l'ordre Teutonique, et étendirent leurs relations de toutes parts. En 1364, une assemblée générale fut convoquée à Cologne ; soixante dix-sept villes y furent représentées. Il est bon d'en citer quelques-unes, ne fût-ce que pour montrer ce qu'elles ont gagné ou perdu depuis : Lubeck, Wismar, Stralsund, Stettin, Kiel, Brème, Hambourg, Thorn, Dantzick, Riga, Revel, Cologne, Soest, Munster, Brunswick, Magdebourg, Hanovre, Lunebourg, Briel, Middelbourg, Dordrecht, Amsterdam, etc.

L'assemblée de Cologne constitua la ligue et lui donna des lois. L'autorité fut attribuée aux députés réunis en congrès, et pourtant l'influence de Lubeck fut sanctionnée par quelques prérogatives. Ce congrès, qui, du reste, n'avait ni siége ni époque fixes, décidait de la paix et de la guerre, des relations politiques et commerciales, administrait et faisait la police. Il jugeait ou faisait juger par des arbitres toutes les contestations qui pouvaient survenir entre les villes confédérées; il ne s'immisçait point dans leur administration, mais aucune ne pouvait conclure de traités sans son consentement. Les contingents, les cotisations, les amendes, étaient réglés, les cas et l'importance des secours mutuels sagement prévus.

De cette époque date la plus grande prospérité de la *Hanse*. Elle fit la guerre à Waldemar III, roi de Danemarck, qui venait de saccager Wisby, cette Rhodes de la Baltique, *dont la civilisation était un flambeau*, et on vit les magistrats de Lubeck, qui commandaient ses armées de terre et de mer, dicter la paix en 1370. Les excommunications du pape ne l'empêchèrent pas de s'unir aux Suédois, qui avaient chassé leur roi Magnus, et de disposer de cette couronne. Ses comptoirs devinrent de véritables colonies, gouvernées par ses agents et peuplées par des milliers d'individus soumis au célibat et à des règles sévères jusqu'au retour dans la patrie. La bannière des Anséatiques flottait au milieu de Londres. Elles avaient fondé une ville dans la ville de Bergen, et secouru Novogorod contre les tzars de Moscovie. Leur établissement était immense à Bruges, entrepôt de presque tout le commerce du nord de l'Europe avec le midi et la France, et où, depuis 1310, existait une chambre d'assurances. Mais les communes flamandes ne s'associèrent point à la Hanse qui contribuait à leur fortune, tandis que celles de la Hollande naissante y trouvaient un appui nécessaire. La piraterie fut réprimée, des *étapes*, des canaux, des routes, tout en servant les intérêts du commerce, hâtèrent le travail encore inaperçu de la civilisation, tandis que l'exemple d'un gouvernement populaire et de toutes les institutions électives jetait de profondes racines dans l'esprit des nations. Il n'est pas jusqu'à la concurrence des marchands qui ne servît au progrès; car, pour soutenir celle des Flamands et des Anséatiques, les villes de l'Allemagne méridionale qui faisaient le commerce d'Italie s'associèrent entre elles, malgré les prohibitions de la Bulle d'Or.

En 1418, l'acte de confédération fut renouvelé, des cercles ou provinces furent formés, des assemblées régulières décrétèrent un impôt progressif, plus juste que les modernes systèmes fiscaux. Les princes assistèrent souvent en personne à ces assemblées, que présidait un bourgmestre de Lubeck; les rois d'Angleterre, de France et d'Ecosse y étaient représentés; l'empereur Charles VII tenta de se faire déclarer le chef de l'Union; en 1470, Louis XI lui proposa un traité.

Malheureusement, les villes Anséatiques manquaient d'un centre politique assez puissant, d'une autorité fédérale permanente; un grand nombre d'entre elles étaient à des distances considérables des autres, et ne pouvaient être efficacement secourues contre leurs suzerains, dans des temps où le pouvoir monarchique grandissait de tous côtés. L'opulence eut, d'ailleurs, son effet ordinaire: des aristocraties, des oligarchies se formèrent peu-à-peu au sein de ces villes qui n'avaient pas su acquérir de territoire; des dissensions éclatèrent entre le peuple et ses magistrats, et les seigneurs surent en profiter. Les rivalités, les révolutions commerciales aggravèrent le mal, et les Hollandais, qui voulaient le monopole de la pêche, donnèrent l'exemple de la défection. La Hanse, qui, en 1450, comptait encore cinquante-quatre villes, était en pleine décadence à la fin du quinzième siècle. Charles-Quint lui porta le dernier coup; il ne voulait ni communes ni libertés, et il avait intérêt, d'ailleurs, à faire prévaloir l'industrie et la navigation des Pays-Bas. Enfin, après quelques retours de fortune faibles et passagers, l'assemblée générale de 1630 ne servit qu'à constater la ruine entière de la confédération.

Trois Républiques, cependant, échappèrent à ce naufrage, et héritèrent du nom de la Hanse et de quelques établissements. Ainsi, Hambourg, Brème, Lubeck, sont aujourd'hui *villes libres et Anséatiques*; leurs droits, mentionnés dans le traité d'Utrecht et dans plusieurs traités subséquents furent reconnus en 1803, puis confisqués par Napoléon et enfin solennellement stipulés en 1814 et 1815. Les villes Anséatiques sont représentées en commun dans l'étranger; elles font partie de la Confédération Germanique, et une voix à la Diète leur a été accordée conjointement avec Francfort; mais leur indépendance politique est complètement nulle.

PELLION.

ANTILLES, ou ARCHIPEL COLOMBIEN. Chaîne d'îles qui, fermant deux mers intérieures, la mer des Antilles ou des Caraïbes et le golfe du Mexique, réunit les deux Amériques. Les géographes les classent généralement en deux grandes divisions, les *Grandes-Antilles* et les *Petites-Antilles*. On rattache au même système l'*Archipel de Bahama* ou *Iles Lucayes*.

Les Antilles ont pour l'Europe une très-grande valeur commerciale et politique. Le voisinage du continent américain, la richesse de leurs produits, l'excellence de quelques-uns de leurs ports, les stations qu'elles offrent aux puissances maritimes, en ont fait, dès leur découverte, l'objet de la convoitise européenne. La France, l'Espagne, l'Angleterre, le Danemarck, la Suède, la Hollande, s'y sont tour-à-tour établis; mais l'Angleterre domine là comme sur tous les autres points du globe qui intéressent son commerce ou sa navigation. D'après les derniers traités de paix, elle possède la *Trinité*, arrachée aux Espagnols et qui commande la principale embouchure de l'Orénoque; *Tabago*, sentinelle avancée, prise à la France en 1814; *Sainte-Lucie*, également enlevée à notre pays; la *Grenade*, les *Grenadines*, la *Barbade*, la *Dominique*, *Montserrat*, *Antigues*, *Nevis*, *Saint-Christophe*, la *Barboude*, l'*Anguille*, les *Vierges*, la *Jamaïque*, qui tient le troisième rang parmi les *Grandes-Antilles* et, enfin, le nombreux archipel des *Lucayes*. On peut regarder comme dépendant des Antilles anglaises l'établissement dit de *Honduras*. Ayant obtenu le droit de couper les bois de campêche et d'acajou sur les côtes de l'Yucatan (Mexique) et sur celles de l'État de Honduras (Amérique centrale), les Anglais ont formé sur ces parages un établissement dont on ne parle guère en Europe, et qui est pour eux d'une très-grande importance. La petite ville de Balise est l'entrepôt de la contrebande que ces marchands exercent avec les habitants du Mexique et de l'Amérique centrale, et cette contrebande s'élève à des sommes immenses.

De ses anciennes possessions, la France n'a gardé que la *Guadeloupe*, la *Martinique*, la *Désirade*, les *Saintes*, *Marie-Galande* et les deux tiers de *Saint-Martin*.

La Hollande possède le troisième tiers de *Saint-Martin*, *Saint-Eustache*, *Jaba*, *Curaçao*, *Aruba* et *Bonair*.

L'Espagne, autrefois maîtresse de ces pays, est réduite aux îles de la *Marguerite*, *Porto-Rico* et *Cuba*. Cuba est la plus riche, la plus puissante, la première des colonies insulaires qui soient au monde. — *Saint-Thomas*, *Saint-Jean* et *Sainte-Croix* appartiennent au Danemarck. — La Suède n'a que *Saint-Barthélemy*, qui lui a été cédé par la France en 1784. *Haïti*, autrefois le Cuba de la France, est indépendante et n'a plus, vis-à-vis de l'Europe, qu'une médiocre importance. (V. HAITI.)

Les Antilles sont aujourd'hui à l'état de transition, et il serait difficile d'augurer avec quelque certitude ce qu'elles seront dans un avenir même prochain. L'abolition de la traite, l'émancipation des esclaves dans les colonies anglaises, ont changé de fond en comble leur régime intérieur. Quant à leurs relations extérieures, la création de grands États libres dans les deux Amériques en a déjà modifié les conditions et les modifiera chaque jour davantage. Les Antilles parviendront-elles à secouer complètement le joug des métropoles européennes? Devenues libres, formeront-elles une confédération particulière, ou bien se rattacheront-elles au continent américain? Cette dernière hypothèse est la plus probable. Après avoir conquis leur indépendance, elles ne seraient point assez puissantes pour n'être pas inquiétées. Elles chercheront donc un appui nécessaire dans leurs puissants voisins; et elles seront unies à l'Amérique comme la Corse est aujourd'hui unie à la France. (V. AFFRANCHISSEMENT, COLONIES, ESCLAVAGE.) DC.

APANAGE. Grâce à Dieu, à la Révolution et à M. Cormenin, ce mot n'a plus aujourd'hui qu'une valeur historique. Trois fois abolie par la Révolution, insolemment relevée par la réaction despotique de l'Empire, incidemment revêtue d'un vernis menteur de légalité par le gouvernement de la Restauration, l'institution des Apanages est définitivement tombée, en 1837, sous les coups de ce digne et illustre pamphlétaire à qui nous étions déjà redevables, nous autres gens de peu, de trois millions d'argent par an, et de je ne sais combien de millions en terres, prés, forêts, bois, châteaux, maisons et châtellenies, grosses fermes et gras pâturages, laborieusement arrachés à l'insatiabilité

de la cour et de ceux qui en vivent. Nobles services! que la France n'oubliera pas, nous l'espérons du moins.

L'Apanage est donc une institution morte et enterrée, et nous avons à dire seulement, aujourd'hui, ce qu'elle fut et comment elle est devenue radicalement incompatible avec nos mœurs politiques, notre état social, notre législation, notre droit public.

Les auteurs varient sur l'origine du mot. La plupart d'entre eux, cependant, ceux-là surtout qui ont le plus d'autorité parmi les ergoteurs du Palais, Ragueau, Ducange, Bretonnier et les auteurs du *Nouveau Denisart*, soit qu'ils dérivent le mot Apanage de *panis*, pain; soit qu'ils le fassent venir de *appanare*, fournir le pain et la nourriture; la plupart des auteurs, dis-je, s'accordent à définir l'Apanage « ce qui est attribué à un prince pour vivre convenablement suivant son état. »

Plus naïf ou plus subtil, Loysel fait dériver Apanage — Apennage — du mot latin : plume, *à pennis*. « C'est, dit-il, donner des plumes et « moyens aux jeunes seigneurs sortant du nid de « la maison de leur père pour commencer à voler « et faire fortune par quelques exploits. »

Laurière et M. Dupin se rangent de l'avis de Ragueau, de Ducange, etc., et pour cause. Quant à moi, je préfère, de tout point, l'étymologie de Loysel; si elle est moins conforme à la grammaire, elle l'est bien davantage à la nature des choses; si elle satisfait moins les glossateurs et interprétateurs, elle satisfait mieux ceux qui veulent qu'avant tout les mots expriment, au vrai, les choses qu'ils veulent exprimer. Or, c'est une originalité un peu trop forte de prétendre qu'il faut 200 millions de fortune (1), trois millions de revenu (2) ou un capital immobilier de 40 à 50 millions (3) pour fournir de pain et de viande un prince et sa famille.

Légalement, même au point de vue de la législation antérieure à 1789, l'Apanage n'est pas définissable. Est-ce une propriété ou un usufruit? C'est une propriété, car l'Apanage est une aliénation quasi-perpétuelle du domaine au profit d'une famille; c'est une propriété, car la jurisprudence proclame par la bouche des d'Aguesseau, des Séguier, des Pothier, que le seigneur apanagiste doit être regardé comme le véritable propriétaire de son Apanage; c'est une propriété, car tous les édits ou lettres-patentes portant institution d'Apanage disposent formellement que l'apanagé jouira, en tout droit de propriété, des domaines qui lui sont concédés. Mais, d'un autre côté, ce n'est pas une propriété, et c'est un usufruit, car l'apanagiste ne peut pas aliéner; car il ne peut ni compromettre ni engager la moindre parcelle du fonds; car il lui est interdit d'en régler la transmission; car il n'est maître de son revenu que jusqu'au moment précis de sa mort; car il y a retour à l'État,

(1) Ancien Apanage d'Orléans.
(2) Apanage des princes de l'empire.
(3) Apanage projeté en faveur du duc de Némours.

le cas échéant. D'où il suit que l'Apanage est une institution tellement étrange et anormale qu'elle blesse tous les principes fondamentaux du droit public, même antérieur à la Révolution. Un avocat contemporain tranche la question comme ceci : « L'Apanage est, dit-il, une institution séparée « qu'il faut considérer en elle-même et juger « par ses propres lois » Nous verrons tout-à-l'heure ce que sont ces prétendues lois de l'Apanage.

Il n'y a pas de discussion sur l'origine même de l'institution. Les Apanages proviennent de cette opinion que les rois possèdent leurs royaumes à titre de patrimoine. Sous les deux premières races, les fils du monarque mort se partageaient tous les territoires qui avaient appartenu à leur père. Les uns et les autres gardaient le titre de rois des Francs, en y ajoutant le nom de la ville où ils avaient leur résidence.

Mais, à l'avénement de Hugues-Capet, les choses changent de face. Jaloux de fortifier la royauté et de la rendre supérieure à la puissance de ces fiers seigneurs qui l'avaient élu roi à l'assemblée de Noyon, il entame contre la féodalité cette terrible lutte qui n'a pris fin qu'avec le dernier siècle. Il commence sa réaction par établir dans la succession à la couronne le droit de primogéniture. Malheureusement, suivant les idées d'alors, les enfants puinés du roi avaient droit à une portion du patrimoine commun, et Hugues fut obligé de remplacer l'ancien mode de partage par la concession d'une ou plusieurs provinces, sur lesquelles le fils aîné, devenu roi, ne conserva qu'une souveraineté nominale. L'institution des Apanages fut donc une transaction d'héritiers; et ce principe se trouve inscrit en termes exprès dans l'ordonnance par laquelle Charles IX constitua l'Apanage du duc d'Anjou (1). On retrouve encore textuellement ce principe de la transaction dans l'édit de mars 1661, qui a constitué l'Apanage d'Orléans en faveur de Philippe, frère unique de Louis XIV.

Ce nouveau mode de partage, que Hugues avait jugé plus favorable à l'ancien à l'unité de la monarchie et à la consolidation de l'autorité royale, trompa complétement la volonté du fondateur. Illégal, dès cette époque, puisque les Apanages se formaient de démembrements successifs du domaine qui était inaliénable, il exerça bientôt sur le pouvoir royal une action dissolvante. Les anciens partages suspendaient l'unité de la monarchie; les nouvelles aliénations la rendaient impossible.

Sous les deux premières races, dans le cours de quatre cent quarante-trois ans, le royaume fut partagé huit fois. Vers le milieu de la seconde, où il était réuni sous le sceptre d'un seul roi, et cette unité fut maintenue jusqu'à l'avénement de Hugues. Un siècle ne s'était pas écoulé que déjà les Apanages avaient réduit le *royaume de France* au comté de Paris, au territoire de Reims, Châlons et quelques autres villes. Le roi Philippe Iᵉʳ n'était pas assez fort pour résister à un vicomte de

Corbeil ou à un baron du Puiset (1). L'existence même de la monarchie était donc compromise, lorsque l'affranchissement des Communes, érigé en système de gouvernement par le grand-sénéchal Ansel de Garlande, vint enfin arrêter cette effrayante décomposition.

A l'origine de l'institution (autre illégalité pour ces temps-là, où les mâles étaient seuls capables de succéder; autre élément de décomposition), les collatéraux et les filles avaient droit, à défaut d'hoirs mâles et directs, à la succession apanagère. Ce dangereux état de choses, qui mit entre les mains des étrangers nos plus belles provinces, subsista pendant le cours de deux siècles : de Hugues-Capet (987) à Philippe-Auguste (1180).

A partir de cette époque, les collatéraux sont exclus; mais le droit des filles est maintenu. Cette première réforme s'opère à la suite d'un arrêt rendu en 1258 par le Parlement, en faveur de saint Louis, contre ses frères, au sujet de la succession de Jeanne, fille de Philippe, frère de Louis VIII.

Enfin, en 1285, Philippe-le-Bel prononce l'exclusion des filles.

Ces deux réformes si nécessaires semblaient avoir grandement affaibli, sinon détruit les dangers de l'institution. Chacun sait, cependant, qu'environ deux siècles plus tard il fallut tout le génie de Louis XI pour assurer l'intégrité de la France. Tant l'institution était, de soi, vicieuse et mauvaise !

On voit donc par ce qui précède que, même sous l'ancienne monarchie et dans les temps les plus reculés, l'institution des Apanages n'était point le produit d'une loi fondamentale, mais l'application d'un faux principe, mais une coutume régularisée, autorisée par l'usage; on voit que les Apanages étaient illégaux, premièrement, parce qu'ils étaient possédés et transmis contrairement à la loi générale qui régissait tous les autres fiefs; secondement, parce qu'ils étaient formés d'aliénations successives du domaine, lequel était inaliénable.

Toutefois, il faut reconnaître que la coutume et cet autre argument si cher aux publicistes monarchiques, le consentement tacite, avaient donné aux Apanages une sorte de caractère légal. Nul ne contestait le droit : donc le droit existait. Ceci est toujours de règle sous un gouvernement despotique. Et d'ailleurs, en dépit des plus cruelles leçons, les rois pensaient que les princes apanagistes étaient la sauve-garde du trône contre la trop grande puissance des barons.

Mais, produits de la féodalité (2), les Apanages devaient nécessairement être entraînés dans sa chute. C'est ce qui arriva. La Révolution en abo-

---

(1) Recueil de Fontanes, t. II, p. 24.

(1) M. Dupin, l'avocat de l'Apanage d'Orléans, dit dans son mémoire sur les Apanages : « On conçoit que les Apanages « réduits à ces termes n'offraient pas les inconvénients attachés au partage de l'ancienne monarchie. » Il paraît que l'avocat n'avait pas suffisamment examiné son dossier.

(2) M. Dupin se révolte contre cette assertion. Suivant lui les Apanages n'étaient pas précisément féodaux, mais *imprégnés* de féodalité.— La distinction est précieuse. Le *Journal du Commerce* du 16 janvier 1825 avait dit *infectés*, ce qui est plus énergique et plus exact.

lissant la féodalité les abolit implicitement (4 août 1789). Et l'année suivante, par la loi des 13 août—21 septembre 1790, l'Assemblée nationale révoqua expressément toutes les concessions d'Apanage antérieurement faites ; elle statua, de plus, qu'à l'avenir il ne pourrait être établi aucuns Apanages *de ce genre*. (Les anciens Apanages étaient constitués en fonds de terre). En remplacement de ce privilége aboli, les princes apanagistes devaient recevoir du trésor national des RENTES *apanagères*. Comme si cette disposition n'était pas suffisante, la loi du 21 décembre 1790 — 6 avril 1791 ne parle que de *rentes apanagères*. Enfin, les rentes apanagères elles-mêmes furent supprimées par un décret du 24 septembre 1792, « Attendu que la Convention ne reconnaît plus de princes français. »

En présence de ces dispositions si claires, si nettes, si positives, par quelle singulière audace ose-t-on affirmer que le principe des Apanages a survécu à la nuit du 4 août, et que l'Assemblée constituante en a plusieurs fois déclaré le maintien nécessaire? (1) Comment un magistrat du rang le plus élevé ne craint-il pas de dire que : « la matière des Apanages fait partie de notre droit public. » (2)

Au reste, les apanagistes et les promoteurs d'Apanages ont si bien senti eux-mêmes que la législation révolutionnaire les condamnait qu'ils recourent à la loi de 1825. Là est leur véritable planche de salut ; c'est là qu'ils se croient à l'abri de tout péril. Voyons donc cette loi de 1825.

On sait que par deux ordonnances, en date des 18 et 20 mai 1814, le duc d'Orléans fut remis en possession du Palais-Royal et de *ses* biens qui n'avaient pas été vendus. Ces biens avaient été légalement réunis au domaine. Louis XVIII détruisait donc par ordonnance ce qui avait été consacré par la loi ; il aliénait, *proprio motu*, par un acte d'omnipotence, le domaine public dont l'aliénation ne pouvait être validement ordonnée que par le pouvoir législatif.

Cependant, comme la Charte n'était pas encore une vérité, la maison d'Orléans ne s'insurgea point contre ces ordonnances ; elle les trouva parfaitement légales, par cette excellente raison que le roi,

au moment où il les avait rendues, tenait *de fait* tous les pouvoirs réunis dans sa main. De son côté, Louis XVIII, jaloux à l'excès de son autorité royale et désireux de tenir dans sa dépendance les princes de sa famille, se garda bien de faire valider par une loi les dispositions de son bon plaisir ; et la loi du 8 novembre 1814 sur la liste civile passa complètement sous silence l'Apanage d'Orléans.

Le titre de l'Apanage renouvelé ou *restitué*, si mieux on l'aime, était donc fort contestable, et le propriétaire n'était pas tranquille. Il savait que des hommes puissants avaient un vif désir d'annuler son influence politique, et il redoutait qu'on ne cherchât quelque jour à soulever législativement la question de son Apanage et à la trancher dans un sens défavorable à sa famille. Il voyait enfin le danger de réclamer la sanction d'une loi spéciale, car c'était remettre en discussion le droit même de possession. En conséquence, à l'avénement de Charles X, il obtint de la complaisante facilité de ce prince l'addition à la loi portant réglement de la liste civile d'un quatrième article ainsi conçu : « Les biens *restitués* à la branche d'Orléans, en exécution des ordonnances royales des 18 et 20 mai, 17 septembre et 7 octobre 1814, et provenant de l'Apanage constitué par les édits des années 1661, 1672 et 1692, à Monsieur, frère du roi Louis XIV, pour lui et sa descendance masculine, continueront à être possédés aux mêmes titres et conditions par le chef de la branche d'Orléans, jusqu'à extinction de la descendance mâle, auquel cas ils feront retour au domaine de l'État. »

Ce biais avait été choisi avec une admirable adresse. En associant l'Apanage à la liste civile, on fermait la bouche à la droite et à l'extrême droite, dont on redoutait les dispositions hostiles. La liste civile devait servir de passeport à l'Apanage, et c'était bien, comme on le dit spirituellement alors, de la contrebande dans les voitures du roi.

La loi de 1825 maintint donc matériellement entre les mains du duc d'Orléans l'ancien Apanage d'Orléans. Mais la discussion qu'elle provoqua mit en lumière le fait incontestable que le *principe* même des Apanages était aboli. M. de Villèle fit ressortir, avec la sagacité ordinaire de son esprit, toute la portée des lois de 90 et 91. Après avoir rapporté les dispositions de celle-ci, il ajouta : « Telle est la loi que l'on pourrait être tenté d'invoquer pour attaquer la possession régulière de l'Apanage. *Elle n'a été rapportée par aucune loi. Les ordonnances subséquentes n'ont rien établi à cet égard.* »—M. de Villèle défendait l'article 4 ; par conséquent, son autorité ne saurait être ici méconnue par ceux qu'il protégeait alors. Toutefois, on oppose un suffrage imposant : l'opinion du général Foy ! « La mémoire de cet orateur restée si chère à la nation couvre l'Apanage ! » s'écrie emphatiquement Me Dupin. Mais il ne dit pas que le général Foy était, sous la Restauration, de la coterie orléaniste ; et, d'ailleurs, cette imposante autorité, devant laquelle on veut que notre esprit s'incline, fit preuve dans cette discussion d'une inconcevable ignorance du vrai caractère de son

---

(1) Exposé des motifs du projet de loi qui avait pour objet de constituer en Apanage à M. le duc de Nemours les domaines de Rambouillet, Sénonches, Châteauneuf et Montécaut.

(2) Dupin, *Traité des Apanages*. Il cite en preuve les lettres-patentes de 1766.—Il est impossible de lire sans impatience le livre de M. Dupin. Il raisonne indifféremment d'après tous les principes ; il tire des éléments les plus contraires aux mêmes conclusions, *et vice versâ*. L'unité de la monarchie, la féodalité, les états-généraux, l'intérêt de la bourgeoisie, il fait successivement vibrer tout cela selon qu'il a besoin de se concilier la cour (de Charles X), le côté droit de la Chambre et l'opinion libérale. Quand l'argument lui manque absolument, et que toute son adresse à le plier sophistiquement à son affaire échoue, il s'en tire par des jeux de mots : par exemple, l'assemblée constituante ayant laissé à Monsieur et au duc d'Orléans le Luxembourg et le Palais-Royal, qui étaient leur résidence habituelle, l'avocat joue sur le mot *immeuble*. Une maison étant un immeuble, il est clair, selon lui, que l'Assemblée nationale a eu l'intention bien arrêtée de donner aux princes des Apanages en fonds de terre qui sont aussi des immeubles. Ce serait pitoyable si ce n'était grotesque.

époque. « Je crois, dit le général, que *dans notre état social* il est mieux que les Apanages consistent en propriétés. » Proposition merveilleuse d'absurdité, dont le publiciste populaire a fait justice avec la précision, l'exactitude et la vigueur de pensée qui marquent ses pamphlets d'une empreinte si particulière. « Les Apanages, dit M. Cormenin, étaient essentiellement féodaux, et nos lois ont aboli la féodalité. Les Apanages ne sont que des majorats, et nos lois ont interdit la constitution de majorats royaux ou particuliers. Les Apanages ne sont que des substitutions indéfinies, et nos lois ont prohibé les substitutions indéfinies. Les Apanages sont des engagements quasi perpétuels du domaine de l'État, et nos lois ont proclamé l'incessante aliénabilité du domaine de l'État. Les Apanages immobilisent et amortissent les terres, bois et fermes, et nos lois poussent des deux mains à la division des héritages. Enfin, les Apanages que l'on veut restaurer seraient en biens-fonds, et les lois de l'Assemblée constituante ne voulaient que des rentes apanagères. »

La loi de 1825 fut votée et l'Apanage d'Orléans maintenu. Mais le principe des Apanages succomba; et voici le vrai sens de cette loi de 1825. Elle a consacré une exception à la loi de 90, elle n'a point abrogé cette loi ; ou l'abrogation, si l'on veut, fut spéciale, limitée à un cas particulier : la continuation d'un fait censé préexistant.

Que si l'on descend au fond des choses on trouve, d'ailleurs, que cette affaire de 1825 fut une affaire de politique non de légalité. L'Apanage fut soutenu *en fait* par l'opposition bourgeoise et libérale d'alors, parce que le Palais-Royal était alors le caissier de l'opposition. D'autres, à l'exemple des Anglais, jouets des petites combinaisons de la monarchie constitutionnelle, pensaient qu'il était très-profond d'élever à côté du trône une grande existence, menaçante pour le trône. 38 ans auparavant, en 1777, l'opposition Britannique avait donné le même scandale. Un certain Sir James Lowther ayant fait une motion pour l'augmentation du revenu des ducs de Glocester et Cumberland, sa proposition fut vivement appuyée par Fox (1). Quelques années plus tard le même orateur soutenait avec son ami Shéridan la demande du prince de Galles, qui ayant fait en trois ans cinq millions de dettes (malgré sa dotation de 1250 mille francs par an), venait supplier la Chambre de les payer.

En résumé, les Apanages étaient sous l'ancienne monarchie illégaux et funestes ; créant des états dans l'État, ils opposaient, à la tendance du pays vers l'unité politique et sociale, une barrière presque infranchissable ; ils neutralisaient et avilissaient la justice et le gouvernement, en élevant à côté de la juridiction suprême et de l'administration centrale des administrations et des juridictions rivales.

Sous l'empire du droit nouveau, ils sont un non-sens manifeste. Cette institution féodale blesse l'égalité sociale, civile et politique ; elle

viole le principe de la division des propriétés ; elle donne à des individus privilégiés une puissance dangereuse : elle est enfin radicalement contraire à la Charte, qui ne consacre le droit de primogéniture qu'en un seul cas, la succession au trône.

A la vérité, les logiciens de la monarchie objectent que la royauté a besoin d'être fortifiée ; qu'elle est dominée, débordée, non-seulement par la démocratie, mais encore par la bourgeoisie ; qu'elle ne peut puiser la force dans son propre sein ; que, par conséquent, il est nécessaire de fonder à côté du trône de ces grandes existences qui se rattachent à la propriété territoriale, etc.

Ceci est incontestable ; mais la logique de ces messieurs est terriblement factieuse. En effet, les Apanages sont incompatibles avec notre droit public actuel, notre législation actuelle, nos mœurs actuelles. Si donc l'on soutient que les Apanages sont la condition nécessaire du maintien de la monarchie, cela revient à dire que nos mœurs actuelles, notre législation actuelle, notre droit public actuel, seraient incompatibles avec la monarchie. Est-ce là la conclusion que nos logiciens en voudraient tirer ?   E. DUCLERC.

APOSTASIE, renonciation volontaire, délibérée, à une opinion religieuse ou politique. Ce mot se prend toujours en mauvaise part, et nous avons déjà dit en quoi il diffère de l'abjuration.

Il n'y a guère d'apostats qu'aux époques des grands changements politiques ou religieux. Dans les vicissitudes de la lutte entre l'avenir et le passé, chaque parti qui triomphe enlève pour le perdre à son premier revers tout ce qu'il y a d'impur, de cupide, de sceptique ou de lâche à la surface des sociétés.

Le Christianisme a eu ses apostats ; la Démocratie a les siens. Mais les uns comme les autres sont voués en pure perte au mépris et à l'exécration des siècles. Impuissants du jour où ils délaissaient les idées qui faisaient leur force, ils ont enseigné au monde le peu que vaut l'homme lorsqu'il cesse d'être un instrument de justice et de vérité, lorsqu'il veut substituer son action personnelle à l'action supérieure de l'intelligence qui régit tout ici bas. L'apostat le plus illustre des temps modernes a été l'empereur Napoléon ;

« Fils de la Liberté tu renias ta mère. »

et la liberté lui a survécu.

Il y a quelque chose de vain et de peu réfléchi à vouloir instituer des peines contre l'Apostasie. Ce qui excite le dégoût n'est guère dangereux ; et les Spartiates, pour rendre l'intempérance plus détestable aux yeux de leurs enfants, n'avaient rien imaginé de mieux que de leur donner le spectacle d'ilotes enivrés. Les premiers chrétiens poursuivaient avec la plus grande rigueur le crime d'Apostasie. Les édits des Empereurs convertis à la foi nouvelle et les canons des conciles sont pleins de dispositions contre les apostats. Depuis la confiscation des biens jusqu'à l'excommunication, la loi civile, la loi criminelle et la loi religieuse les

---

(1) On peut voir les raisons de cet orateur, p. 43, 1er vol. du *Recueil des discours de Pitt et Fox.*

enlaçaient dans tous les actes de la vie publique ou privée, et les privaient pour ainsi dire de l'eau et du feu. Mais toutes ces rigueurs étaient complètement superflues ; car elles témoignaient virtuellement de la toute-puissance des juges et de l'impuissance des condamnés. Il n'y a qu'un châtiment pour ces misérables, et il est suffisamment efficace ; c'est la conscience qu'ils sont infâmes et qu'on les méprise.   E. D.

APOSTOLIQUE (CHAMBRE). Tribunal que l'on peut considérer comme le Ministère des finances du pape, car on y traite les affaires qui concernent le trésor pontifical et le domaine de l'Église ou du Souverain pontife. La Chambre Apostolique est composée d'un chef appelé Camérier, et plus vulgairement Camerlingue de la sainte Église romaine. Il a sous lui plusieurs officiers, qui sont : un trésorier, un auditeur de la classe des auditeurs-généraux qui ont une juridiction séparée, et douze prélats appelés Clercs de la Chambre ou Notaires, qui se qualifient eux-mêmes Secrétaires de la Chambre Apostolique. Il y a encore un autre officier qui est le Summiste : sa charge est de dresser lui-même ou de faire dresser par son substitut les minutes des bulles, de les faire recevoir, plomber, et d'en assurer l'expédition. Autrefois, ce Summiste était l'un des clercs de la Chambre ; mais le pape Sixte V l'en démembra et l'érigea en office séparé. Ce tribunal, qui était important pour l'ancienne France à cause des matières bénéficiales, n'a plus que de très-médiocres rapports avec la France actuelle ; car l'expédition des bulles pour les bénéfices consistoriaux, c'est-à-dire les évêchés et les archevêchés, se fait à la Daterie. Aussi nous dispenserons-nous d'entrer dans de plus grands détails, détails que l'on pourra facilement trouver dans la *Bibliothèque canonique* de Bouchel, et dans le *Dictionnaire de droit canonique* de Durand de Maillanne.   A. D. C.

APPEL. C'est le recours à une juridiction supérieure contre la sentence d'un juge de premier degré.

Il n'a pas fallu aux peuples une longue expérience pour reconnaître quels dangers présentait le pouvoir discrétionnaire remis aux mains de quelques hommes chargés de rendre la justice. Sur les intérêts les plus graves leurs décisions inattaquables avaient l'autorité de la vérité même et la rigueur fatale de la loi. Cependant, le juge est homme ; il est exposé à toutes sortes d'erreurs, accessible à toutes les faiblesses. La cupidité et l'astuce des parties cherchent à l'égarer ; sa raison en défaut peut errer dans l'appréciation des faits, dans l'application du droit. Au-dedans de lui, ses propres passions l'assiégent ; elles tendent à fausser son jugement et même à faire fléchir sa droiture. Remettre la fortune, les droits, l'honneur des citoyens à la discrétion d'un juge sans Appel, c'est trop présumer de la justice humaine, c'est faire peser sur ceux qui l'administrent une trop lourde responsabilité. Aussi, la faculté d'Appel se retrouve-t-elle, sous des formes diverses, dans la législation de presque tous les peuples.

Le droit romain avait consacré la garantie de l'Appel ; il en avait réglé l'exercice. Nous la rencontrons aussi dans le droit si confus qui nous est venu du Nord avec la conquête et la féodalité ; et même, comme la puissance judiciaire était alors intimement liée au pouvoir politique, elle le suivait dans tous les degrés de la hiérarchie féodale. Les coutumes de plusieurs provinces nous montrent la faculté d'Appel s'exerçant du bas et moyen justicier au haut justicier, de celui-ci au sénéchal ou bailli, et de ce dernier au Parlement.

Notre grande réforme politique, qui apporta l'unité dans les formes judiciaires, respecta le droit d'Appel, fondé sur la raison et la justice ; elle le fit entrer dans le cadre de la nouvelle organisation. Seulement, le premier essai ne fut pas heureux. Un sentiment d'égalité mal compris fit placer, quant aux attributions, tous les tribunaux sur la même ligne, et les constitua tous juges d'Appel les uns des autres. On ne tarda pas à reconnaître les dangers de ce système, qui amenait des froissements contraires à la bonne administration de la justice, et qui violait bien inutilement le principe de supériorité de lumières et d'attributions, nécessaires dans le corps de magistrature appelé à réviser des jugements et à prononcer des sentences souveraines.

La loi du 27 pluviôse an VIII rétablit la hiérarchie rationnelle, en instituant des tribunaux spéciaux d'Appel que, plus tard, Napoléon, empereur, avide de s'entourer de tous les débris du passé, décora du titre de cours impériales, comme pour leur donner un reflet de la vieille illustration parlementaire. Ce sont ces tribunaux qui, aujourd'hui, sous le nom de Cours royales, sont principalement investis de la juridiction d'Appel.

Ces cours, qui décident en dernier ressort dans les litiges les plus importants, offrent par le nombre, par l'expérience des magistrats qui les composent, des garanties que des tribunaux inférieurs ne pourraient donner au même degré. Cependant, il faut bien le dire, le népotisme et la faveur, qui ont trop de part à la composition de cette haute magistrature, trompent souvent la sage pensée du législateur, et placent la médiocrité sur un siège créé pour les supériorités de l'intelligence et du savoir.

Ce n'est pas ici le lieu de retracer toutes les formes de l'Appel, d'examiner en détail les circonstances où il peut être formé et les effets divers qu'il produit. Notre cadre nous restreint à quelques observations sur les principes de droit public auxquels touche la faculté d'Appel.

Au premier aperçu, il semble que la faculté d'Appel doive être légitimement exercée en toute espèce de litige. Pourquoi, en effet, existerait-il une inégalité de garanties pour des droits de même nature, et qui ne diffèrent que par la valeur de la somme engagée dans le débat ? Si la justice, éclairée et complète, est due à tous ; si deux degrés de juridiction sont une protection efficace contre l'erreur ou la passion, pourquoi cette protection serait-elle déniée au pauvre qui n'attaque ou ne se défend qu'à raison de valeurs d'un chiffre minime sans doute, mais d'un intérêt relatif extrêmement puissant et respectable. Ces raisons sont spécieuses, et cependant la loi n'en a pas tenu compte. La sentence d'un juge-de-paix ne peut être attaquée devant le tribunal de première instance par la voie de l'Appel que quand la valeur du litige, étant d'une nature déterminée, dépasse cent francs; et le jugement d'un tribunal de première instance n'est soumis, par la même voie et dans la même condition, à la Cour royale d'Appel, que quand la valeur du litige excède quinze cents francs.

Hâtons-nous de le dire : de l'avis de tous les hommes pratiques, la loi a été sage. La complication de nos formes actuelles de procédure, l'élévation des tarifs, l'esprit de fiscalité ont grossi les frais de justice jusqu'à en faire un impôt énorme prélevé sur les plaideurs, un malheur ajouté à un autre malheur, comme si la fortune d'un citoyen, forcé de recourir aux tribunaux pour défendre son droit, devenait par cela même de bonne prise, et la proie légale du fisc et de quelques industries protégées par le monopole! S'adresser au tribunal supérieur pour faire redresser l'erreur du premier juge, c'est, dans tout litige d'un intérêt secondaire, compromettre le principal par l'accessoire; et, pour toute petite fortune, c'est préparer la ruine.

En fait, la loi a donc été sage, nous le répétons; mais il faut reconnaître qu'elle atteste un état de choses profondément vicieux; c'est par un abus qu'elle corrige un autre abus. Pour rendre la loi conforme aux principes de justice et d'égalité qui doivent régir toute société bien organisée, il sera nécessaire de supprimer toutes ces complications qui font aujourd'hui de l'inégalité un bienfait, et de rendre accessibles à tous tous les degrés de la hiérarchie judiciaire.

La faculté d'Appel est consacrée par nos lois pour les matières criminelles comme pour les matières civiles; mais avec cette différence qu'au civil elle s'accorde à l'importance des intérêts en litige, tandis qu'au criminel elle s'arrête là précisément où la gravité des intérêts compromis devient extrême. Ainsi, l'on peut appeler devant le tribunal de police correctionnelle d'un jugement de simple police portant condamnation au maximum à l'amende de 15 fr. et à cinq jours d'emprisonnement; on peut appeler, devant la Cour royale ou devant le tribunal du chef-lieu judiciaire du département, des jugements de police correctionnelle qui ne prononcent en aucun cas des peines afflictives ou infamantes; on n'appelle pas des arrêts de la Cour d'assises qui envoient le condamné aux travaux forcés et à la mort. C'est qu'il a paru au législateur que les formes solennelles dont la haute justice criminelle est environnée, que la première épreuve de la mise en accusation, que le jugement surtout de l'accusé par ses pairs, offraient des garanties plus fortes même que la révision du procès par un autre tribunal. Et puis ce tribunal, où le trouver, comment le composer? Lorsque la justice du pays, exercée par le pays lui-même, a prononcé, ses arrêts sont empreints du caractère de la Souveraineté, et il n'y a plus de puissance devant laquelle il soit permis d'en appeler. Cependant,

comme les formes protectrices de l'accusé ou de l'intérêt social pourraient avoir été inobservées ou violées, on a reconnu qu'il était bon que l'arrêt même d'une Cour d'assises pût être déféré à un tribunal suprême, gardien de la loi, et uniquement occupé de rechercher si, dans l'œuvre judiciaire, toutes ses prescriptions ont été religieusement accomplies. En France, c'est à la Cour de cassation que cette haute mission est confiée.

Il nous reste à relever dans le système d'Appel adopté pour les matières de police correctionnelle une anomalie qui nous paraît amoindrir l'efficacité de la juridiction des Cours royales, et la placer même dans des conditions inférieures à celles des tribunaux dont elle est appelée à réformer les jugements. Le juge de première instance, au milieu d'un débat contradictoire et animé, a vu, a entendu les témoins. Il a formé sa conviction d'après des impressions directes, vives et sûres. L'attitude des témoins, leur physionomie, leur ton d'assurance ou d'hésitation, ce cachet indéfinissable de vérité qu'on saisit dans une parole, dans un geste, rien de tout cela ne lui a manqué. Au contraire, le magistrat d'Appel, en règle générale, ne voit ni n'entend les témoins. Il n'assiste pas à cette polémique si intéressante pour un juge entre l'inculpé et ceux dont la parole tend à l'accabler; il ne peut saisir les nuances, souvent si délicates, des faits que sur des notes sommaires, tenues à l'audience par un greffier, œuvre toujours incomplète, quelquefois erronée, pâle esquisse où il ne retrouve que des impressions à demi-effacées et peut-être trompeuses. Certes, quelle que soit la supériorité de ses lumières, alors qu'il est obligé de juger des faits d'après une lettre morte, il est soumis au moins à autant de chances d'erreur que le juge de première instance qui a vu, lui, les faits pour ainsi dire en action, pleins de mouvement et de vie. Le recours à une juridiction supérieure cesse d'offrir la garantie certaine d'une justice meilleure, et la prudence de la loi est mise en défaut.

En matière d'Appel, nous ne voyons aucun point qui réclame davantage les études des jurisconsultes et une réforme dans la procédure criminelle.

H. CORNE, député.

APPEL AU PEUPLE. L'Appel est un acte par lequel une partie soumet à la décision d'un juge supérieur le jugement d'un tribunal inférieur. Ainsi considéré, l'Appel au peuple serait un recours au Souverain contre la décision d'un ou plusieurs de ses agents ou de ses représentants. Néanmoins, dans toutes les occasions où l'on a discuté le principe de l'Appel au peuple, on en a parlé plutôt comme d'une consultation sur une question à décider que comme d'une délibération sur un jugement déjà prononcé. Ainsi, pour ne rappeler qu'une circonstance célèbre où la question a été débattue avec la solennité qu'apportait la Convention dans toutes les circonstances graves, lors du procès de Louis XVI, beaucoup de députés soutinrent que, dans un cas imprévu que les électeurs, la Chambre n'avait pas mission de juger. Ils voulaient donc que le peuple fût consulté, c'est-à-dire que ce jugement extraordinaire fût pro-noncé directement par la majorité des citoyens.

En 1830, lorsqu'après la victoire populaire chacun se demandait quelle serait la forme du gouvernement, chacun se demandait aussi à qui serait confiée la mission de faire un choix. Il était évident qu'aucun des électeurs qui avaient contribué à nommer la Chambre des 221 n'avait songé à l'investir du droit de donner une constitution nouvelle : il pouvait même être permis, en bonne logique, de soutenir que cette Chambre, élevée sous la monarchie et formant un des éléments de la monarchie, avait cessé d'exister avec la monarchie. La conséquence de cet argument était qu'il fallait demander l'avis de la majorité, c'est-à-dire l'Appel au peuple. Toutefois, la Chambre prit d'elle-même le pouvoir qu'on lui contestait : ce fut un acte de haute témérité législative, qui donna lieu à de vives protestations. Il est toujours fâcheux pour un pouvoir qu'on puisse lui disputer les droits de sa naissance.

Napoléon fut plus adroit : il simula des Appels au peuple pour sanctionner le consulat à vie et le régime impérial. Mais des registres ouverts dans les municipalités n'admettaient ni délibération ni choix. C'était reconnaître un principe et le violer en même temps.

Il est certain que, dans notre système d'élection, étroit et limité, l'Appel au peuple est une nécessité de droit, chaque fois que se présente une circonstance extraordinaire et en dehors des prévisions du mandat. Aller au-delà de tout ce que l'électeur peut calculer, s'arroger des droits que le mandant ne se reconnaît pas lui-même, c'est une véritable usurpation. D'ailleurs, lorsque l'élection est un privilège, il est des pouvoirs que l'électeur privilégié ne peut pas conférer; car à côté de lui se rencontrent des masses populaires qui auront toujours le droit de protester. Limiter l'élection c'est donc limiter les pouvoirs de l'électeur.

Mais, dans le système du suffrage universel, chacune des élections sera véritablement un Appel au peuple. Ainsi, les principes démocratiques donnent la solution de toutes les difficultés dont sont aujourd'hui hérissées toutes les questions politiques. On ne trouve l'ordre que dans la vérité.

E. R.

ARABIE. V. ASIE, CORAN, EGYPTE et MAHOMÉTISME.

ARBITRAIRE. C'est la volonté de l'homme substituée à l'autorité de la loi.

Mettre à la place des règles fixes et impartiales de la loi la volonté variable et intéressée de l'homme, c'est faire de l'Arbitraire.

L'Arbitraire, même alors que contenu dans de certaines limites il ne blesse pas les intérêts privés, est néanmoins toujours un mal. Chez l'individu qui se l'arroge, il affaiblit la moralité en ôtant à la conscience une règle et aux passions un frein. Pour la Société, il crée un danger énorme, d'abord, par l'exemple d'une force individuelle qui s'asservit la raison commune, et puis, par le fait d'une action sans contrôle sur des intérêts sans garantie.

L'Arbitraire, dans le gouvernement des états, affecte diverses formes et prend différents noms. Quand les vieilles mœurs, la conquête, le fanatisme religieux, ont fait abandonner à un seul un pouvoir sans bornes, la volonté d'un homme est souveraine comme la loi. Alors la fortune et la vie de tous sont dans une seule main; elles peuvent être à chaque instant sacrifiées, non à l'intérêt public, mais au caprice du maître : c'est le despotisme.

Dans les monarchies, où des pouvoirs intermédiaires et la puissance des lois civiles opposent quelques barrières à l'omnipotence du monarque, surtout en ce qui touche les droits privés, c'est dans la sphère politique que sa liberté d'action est sans contrainte. L'Arbitraire alors, c'est l'absolutisme.

Dans les gouvernements où domine le principe démocratique, l'Arbitraire est proscrit par la constitution même, car il est mortel pour l'égalité et la liberté. Si donc il se produit à découvert, il est forcé de prendre une forme et des allures violentes: c'est alors la tyrannie.

Mais l'agression audacieuse contre les droits de tous demande une force peu commune, et a besoin pour réussir d'un rare concours de circonstances. Briser les lois d'un peuple, c'est assumer sur sa tête une responsabilité terrible; les éluder, les fausser, empiéter chaque jour sur elles, justifier ses empiétements par des sophismes et les appuyer par la corruption, c'est une voie plus aisée, moins dangereuse, et qui mène plus sûrement au but. Aussi, la liberté n'a-t-elle pas d'ennemi plus redoutable que l'Arbitraire enveloppé de formes légales, et qui dans son travail silencieux mine non-seulement les institutions, mais encore les mœurs publiques.

Nos gouvernements modernes, avec l'extrême complication de leurs rouages, offrent un autre danger. L'autorité s'y trouve fractionnée entre un nombre infini d'agents. Ce sont autant d'existences qui veulent s'agrandir, de volontés qui veulent s'exercer, d'amour-propres impatients de se faire valoir. Chacun est porté à excéder ses limites, à étendre au-delà du droit ses attributions et son autorité. Souvent aussi, c'est un moyen de capter la faveur du pouvoir supérieur, qui croit se fortifier de toutes ces usurpations de détail. Il arrive de là que les citoyens ont sans cesse à se défendre contre des prétentions et des excès de pouvoir qui leur dénient leurs droits ou les amoindrissent. C'est l'Arbitraire dans l'administration.

L'Arbitraire, tel qu'il se produit le plus communément chez les peuples qui ont le sentiment de leurs droits et la prétention d'être libres, échappe presque toujours à la répression des lois par l'hypocrisie de ses formes et l'insignifiance apparente de ses empiétements. Il y va alors du salut public que l'opinion le surveille et devienne ombrageuse à son égard. C'est à elle de le suivre dans sa marche tortueuse et de l'intimider en le traduisant au grand jour. C'est la grande mission de la presse, c'est quelquefois le devoir de la tribune nationale.

H. CORNE, député.

ARBRE DE LA LIBERTÉ. Sans vouloir remonter aux âges antiques pour parler des Arbres de la liberté, nous nous bornerons à dire qu'au temps où la Paix, les Arts, la Guerre, la Force, etc., avaient chacun son emblème végétal, la vigne était plus spécialement celui de la Liberté, et que Bacchus se nommait *Liber :* ceci soit dit seulement pour établir un point de départ historique, car il est impossible de rattacher à cette donnée l'institution moderne des Arbres de la liberté.

A toutes les époques, il a été d'usage, dans beaucoup de localités, de planter un Arbre à la naissance des enfants et pour fixer la date d'un grave événement, soit public, soit privé. Partout encore nous voyons dans nos campagnes des Mais érigés pour célébrer des fêtes de personnes ou de localités. C'est de ces deux coutumes combinées qu'ont procédé les Arbres de la liberté.

Lors de la guerre américaine, il y avait à Boston un Arbre de la liberté que les Anglais coupèrent. Après la Révolution de 89, les Arbres de la liberté prirent racine en France. M. Pressac, curé de Saint-Gaudant, département de la Vienne, en fit planter un, en mai 1790, le jour de l'organisation de la municipalité, et l'inaugura par un discours patriotique. L'exemple fut suivi par une foule de communes, et le mois de mai 1791 vit plusieurs milliers de plantations solennelles. Les dangers de l'extérieur donnèrent à cette époque un élan plus vif à l'esprit révolutionnaire, et, après mai 1792, on comptait en France soixante mille Arbres de la liberté, au rapport de l'abbé Grégoire, à qui l'on doit une notice sur cette matière. Il reste encore un petit nombre de ces Arbres.

La Révolution de 1830 a eu aussi ses Arbres de la liberté. Dans la plupart des villes, les couleurs tricolores ont flotté au milieu d'un vert feuillage; mais ces Arbres ont presque tous disparu, soit violemment abattus par l'autorité, soit tombés de dépérissement, comme la liberté dont ils étaient l'emblème. De sanglantes collisions entre la force armée et les citoyens ont eu lieu à leur ombre, et plusieurs tentatives de plantations ont été, en diverses villes, pour le pouvoir, le motif ou le prétexte de brutales répressions. Des arbres de 1830, il ne reste plus aujourd'hui çà et là que quelques troncs abandonnés, semblables à ces poutres désolées qui restent parfois debout sur les ruines d'un écroulement ou d'un incendie. ALT.

ARC-DE-TRIOMPHE ou **ARC TRIOMPHAL.** Monument formé de grands portiques, placé à l'entrée des villes, sur des ponts, des rues, ou des chemins publics, pour consacrer la gloire d'un vainqueur ou le souvenir de quelque événement mémorable; élevé souvent, chez les anciens, en l'honneur des Dieux auxquels on associait des mortels.

L'Arc-de-Triomphe est une pensée toute romaine, une pensée toute politique. Rome voulait conquérir le monde; le premier soin de ceux qui la gouvernaient fut d'entretenir et d'exciter l'esprit militaire. On institua donc le Triomphe qui honorait le vainqueur dans le présent, et on éleva des monuments pour léguer sa gloire à l'avenir. De là l'architecture triomphale. Les premiers Arcs construits sous la République étaient d'une extrême simplicité; leur forme fut d'abord un demi-cercle : on les appelait à cause de cela *fornix.*

Si l'on remonte vers la plus haute antiquité, on trouve la pensée du triomphe exprimée par des formes trop naïves pour figurer dans le domaine de l'art.

C'est donc chez les Romains qu'il faut étudier ces consécrations. Parmi les Arcs qui nous restent en France, il en est un, à Saint-Remy, dont les sculptures représentent des batailles pleines d'animation. Dans la frise sont des enfants gaulois pendus par le cou à des guirlandes. C'est sans doute la commémoration de la vengeance du vainqueur. Affligeant exemple des cruautés qui suivent les conquêtes égoïstes !

Le cadre étroit qui m'est réservé pour cet article m'oblige à passer sous silence, pour arriver aux monuments plus voisins de notre époque, les vestiges encore nombreux de ces monuments qui gisent dans presque toutes les parties du globe; admirables ruines qui attestent la puissance colossale des Romains !

L'Arc-de-Triomphe de la Porte-Saint-Denis est orné de deux bas-reliefs dont l'un représente le passage du Rhin à Tolhuis; l'autre, la prise de Maëstricht en 1673. Il est impossible, sans une inscription, de deviner ce que faisaient là des Français vêtus à la romaine. Un contresens inexplicable a fait adapter à cet Arc deux pyramides chargées de trophées d'armes : on réserve généralement les pyramides pour les monuments funéraires.

L'Arc de la Porte-Saint-Martin est encore inférieur : le style de ses bas-reliefs fait ressortir davantage le mauvais effet de leur distribution.

Sous le rapport de l'art, ces Arcs portent bien le cachet de cette époque de prétentieuse bouffissure appelée celle du grand roi ! Voilà bien le temps où la grandeur consistait dans la dimension !

Quand, l'histoire à la main, on étudie les archives de malheur et de servage du peuple français, on ne doit pas s'étonner du petit nombre d'Arcs triomphaux élevés dans notre patrie. Qui eût osé perpétuer le souvenir de tant de massacres royaux ! Comment léguer à l'avenir le triomphe de Charles IX assassinant son peuple à coups de carabine? L'entrée de Henri IV dans sa bonne ville de Paris, à travers les cadavres que ses soldats faisaient disparaître en les précipitant dans la Seine? Les victoires de Louis XIV dans les Cévennes? La révocation de l'édit de Nantes, qui força la portion la plus éclairée des Français à porter à l'étranger son industrie et son savoir pour échapper à la mort?... Un reste de pudeur empêcha ces despotes d'éterniser par la statuaire d'aussi sanguinaires archives; ils tournèrent leur vanité princière vers ces châteaux élevés à grands frais avec les deniers de la nation, et sur lesquels leurs chiffres étincellent de toutes parts.

Mais un jour viendra où les grandes pensées monumentales se feront jour; le peuple, alors, saura récompenser dignement les hommes qui auront travaillé à son affranchissement et hâté les progrès de l'esprit humain ; il ne s'édifiera plus de monument qui n'ait passé au scrutin de la nation, et qui ne porte inscrit sur sa base : *Récompense nationale.* Alors les artistes qui , sous le despotisme, travaillaient , pour ainsi dire , les mains enchaînées, pourront se livrer aux grandes et sublimes inspirations que peut seule faire naître la liberté ! Le beau sera véritablement beau, car il sera utile.

Bonaparte , soldat parvenu, qui, malgré tout son génie, ne comprit pas qu'il avait à remplir une place unique dans l'histoire ; qui, tenant dans sa main puissante le flambeau de la civilisation , s'abaissa jusqu'à la hauteur d'un trône, Bonaparte ne sut rencontrer nulle part la vraie grandeur.

Il fit élever l'arc du Carrousel sur lequel il avait pensé à faire placer sa statue. Un remords politique lui fit donner l'ordre de la retirer vingt-quatre heures après qu'elle y eut été posée : il avait pourtant fait couronner de son image impériale la colonne Vendôme.

L'Arc de l'Etoile fut commencé avec une grande activité. En 1810, Napoléon adopta le plan de M. Raymond, qui fut modifié par M. Chalgrin, que remplaça plus tard M. Goust. Les événements désastreux amenés par l'imprévoyant orgueil du despote suspendirent ces travaux. En 1823, M. Huyot reçut de Louis XVIII l'ordre de disposer, pour les bénignes victoires du duc d'Angoulême, l'Arc destiné aux grandes batailles de l'Empire. Mais le bon génie de la France ne voulut pas permettre une si plate injure. — La Révolution de 1830 chargea M. Blouet de continuer ce monument, et comme cette révolution avait été faite par un peuple dont le cœur bat toujours au souvenir des grandes actions républicaines qui lui ont inspiré l'amour de la liberté , on voulut caresser ces nobles sympathies en le consacrant à la gloire de nos guerres révolutionnaires.

Cependant, la pensée étroite et hypocrite qui dirige la France depuis 1830 voulut unir les victoires de l'Empire à celles de la République : on espérait ternir les secondes par l'éclat des premières ?

Quel rapport pouvaient donc avoir entre elles deux époques si différentes ? Les républicains combattirent pour la délivrance des peuples, pour renverser les trônes ; les autres, pour en rééditifier de nouveaux et servir l'ambition du fils parricide de la Révolution. Les uns étaient avant tout citoyens; les autres, que leur général d'Italie appela le premier, *Soldats ,* prouvèrent , trop souvent, qu'ils mettaient la gloire militaire au-dessus du bonheur de la patrie.

Sur la face de l'Arc regardant les Tuileries , M. Rude avait à représenter le *Départ;* c'était l'immortelle et électrisante *Marseillaise!* Ce groupe est composé de six à sept figures dans le mouvement de marche, apprêtant leurs armes. Il est surmonté d'une figure de femme poussant le cri de guerre.

M. Cortot a représenté le triomphe de l'Empire. Napoléon occupe le centre de ce groupe ; une ville vaincue s'agenouille à ses pieds , la Victoire le

couronne, et l'Histoire, *le dos tourné vers lui,* enregistre ses hauts faits.

Dans les deux groupes qui font face à Neuilly, M. Etex était chargé de représenter 1814 et 1815. 1814 est symbolisé par la résistance. Les armées sont vaincues; un cavalier, vieux débris de ces illustres cohortes qui ont porté nos victoires jusqu'au bout du monde, tombe blessé de son cheva.. Un autre soldat a tiré l'épée; il en présente la pointe à l'ennemi et protége les vieillards , les femmes et les enfants qui l'entourent. Le génie de l'avenir, si plein hélas! d'amères déceptions, plane au-dessus d'eux.

Dans l'autre groupe, le guerrier a remis l'épée au fourreau. Son unique pensée est le sort à venir de la famille qui travaille auprès de lui. Il dompte un taureau et s'est fait laboureur, en attendant l'instant de reprendre ses armes pour purifier son pays des souillures de l'invasion.

Minerve couronne ce groupe et donne aux arts l'assurance de la paix. Comme si une paix honteuse ne flétrissait pas le génie des artistes !

Comme programme on ne peut qu'applaudir à ces deux compositions.

Toutefois, sans entrer dans des observations critiques sur le mérite des sculptures qui décorent ce monument, je ne puis m'empêcher d'exprimer ici quelques idées sur le parti pris par les statuaires à l'égard du costume qui, selon moi, doit servir à préciser une époque , sorte d'écriture où nos descendants doivent lire comme dans de glorieuses archives.

Par exemple , dans le *Départ ,* seul coin réservé à la grande ère républicaine, seul sujet pur, car les autres représentent l'homme qui s'est substitué à la nation, ou rappellent les désastres causés par ses folies; dans le *Départ,* dis-je, le costume républicain du *citoyen-soldat,* qui s'enrôle aux accents de la *Marseillaise* pour repousser l'ennemi, eût-il produit un moins bon effet que celui dont l'artiste a revêtu ses figures, et dont il est difficile de préciser l'époque et le pays?

Il en est de même pour les soldats de M. Etex.

Je ne suis point partisan de la suppression totale des figures allégoriques ; liées convenablement aux sujets historiques, elles donnent de la force à la pensée et permettent à l'artiste de parler poétiquement au peuple, qui comprend mieux qu'on ne le pense les sentiments élevés.

En leur donnant , soit par le caractère de la forme, soit par des accessoires bien compris, une physionomie d'actualité, on pourrait les employer avec succès.

Croit-on, par exemple, que le peuple ne comprendrait pas le trait sublime de l'équipage du *Vengeur* s'il voyait reproduit, dans une proportion colossale sur une place publique, ce noble vaisseau presque englouti par les flots ; puis, sur ce théâtre d'un dévouement unique dans l'histoire, la Liberté, vêtue de la blouse populaire, armée d'un fusil et pressant sur son cœur le drapeau national? Une semblable allégorie remuerait vivement les fibres populaires, que laissent insensibles ces statues de bois dont la plate représentation semble vous poursuivre partout de son incessant despotisme. La Liberté, qui affranchit la Grèce du joug des Perses, sortit toute armée de l'héroïque cercueil des Thermopyles.

Quant à l'architecture, l'architecture moderne est, je crois, toute à créer. Les architectes ne pourraient-ils s'inspirer pour les Arcs de triomphe de l'arrangement si pittoresque des armes dans nos arsenaux, et faire ainsi une heureuse alliance de leur art aux armes réelles en bronze.

L'Arc de l'Étoile, tel qu'il existe, est cependant saisissant pour les cœurs français. Tous ces noms burinés sur la pierre produisent un heureux effet. Néanmoins, le choix de quelques-uns fait monter la rougeur au front et prendre en mépris la pensée coupable qui y fit inscrire les noms de Dumouriez et de quelques autres traîtres, en laissant de côté le noble nom de Carnot, l'un des géants de cette ère colossale, pendant laquelle, illustre membre du Comité de salut public, il organisa la victoire, en dirigeant les quatorze armées qui vainquirent tous les efforts des rois coalisés contre la France révolutionnaire; de ce Carnot dont la noble vie inspira de si belles pages à notre célèbre ami Arago.

On se console pourtant de cette ignoble et volontaire omission, en pensant qu'un jour la France, redevenue digne de ces temps héroïques, réparera ce honteux oubli. C'est alors qu'une autre génération, non dégénérée de ses pères républicains, continuera à édifier le grand monument philosophique commencé en 1793 (1).

On a longuement discuté sur le choix d'un couronnement à l'Arc de l'Étoile. Il faut nécessairement renoncer aux chars, les triomphateurs ayant cessé d'en faire usage. Je voudrais voir couronner ce monument par une de ces belles pensées que la Convention nationale votait par acclamation dans ses immortelles séances.

Un de ces membres, Louis David, proposa un jour de remplacer la statue de Henri IV (roi libertin, qui fit couler le sang et dont la gloire gouvernementale revient de droit à son ministre Sully), par une statue de cinquante pieds de proportion représentant le Peuple, beau et robuste jeune homme, tenant une massue d'une main et de l'autre une couronne de chêne. Sur son front devait être écrit *Génie*, sur sa poitrine *Courage*, et sur ses bras *Travail*.

Ne serait-ce pas un digne couronnement au monument érigé aux victoires de celle qui fut la grande Nation, et un noble piédestal au Peuple qui gagne les batailles au prix de son sang!

David (d'Angers.)

ARCHI-CAMÉRIER. Office de cour, transporté d'Allemagne en Espagne sous Charles-Quint, et plus tard en Italie. Ce n'est guère, à tout prendre, qu'un titre d'honneur.

(1) Je viens d'apprendre que le nom de Carnot est gravé sur la pierre de l'Arc, mais dans un endroit si peu apparent, et parmi des noms si obscurs, qu'il n'est pas étonnant qu'il ait échappé à mes regards et à ceux de bien d'autres qui, comme moi, s'indignaient de cette omission, et s'indignent maintenant du biais *juste-milieu* dont on s'est servi dans cette circonstance.

ARCHI-CHAMBELLAN. Autre office de cour, originaire d'Allemagne, comme le précédent, avec lequel il n'est pas sans analogie. Il répond aussi aux fonctions de premier valet-de-chambre (Voy. CHAMBELLAN). L'électeur de Brandebourg était, aux termes de la Bulle d'Or, Archi-Chambellan de l'Empire. Il portait, en conséquence, le sceptre devant l'empereur, et, dans le festin qui suivait l'élection, il était à cheval auprès de ses co-électeurs, une serviette sous le bras, tenant un bassin d'argent d'une main et une aiguière de l'autre. Depuis que l'électeur de Brandebourg s'est déclaré roi, la serviette, l'aiguière et le bassin ont passé aux mains du prince de Hohenzollern. A. L.

ARCHI-CHANCELIER. Autre office de cour, dont la création remonte en France au neuvième siècle, aux empereurs d'Occident, et que les empereurs d'Allemagne ont, sans doute par cette considération, maintenu. Il donnait à celui qui en était revêtu le droit de signer les diplômes souverains à la tête des grands officiers de la couronne; il lui donne encore aujourd'hui la première place étant presque toutes les solennités impériales (Voy. CHANCELIER). Le titre d'Archi-Chancelier ayant été d'abord attaché aux siéges de certaines églises, a été quelquefois revendiqué par les prélats qui les occupaient. Ainsi les archevêques de Mayence et de Cologne se qualifiaient en même temps d'Archi-Chanceliers de l'Empire, l'un pour l'Allemagne, l'autre pour l'Italie, tandis que l'archevêque de Trèves s'instituait Archi-Chancelier des Gaules et du royaume d'Arles. L'empire d'Occident a subi bien des transformations depuis cette division par chancelleries; l'empereurs d'Allemagne ne prétend plus rien, Dieu merci, sur les Gaules ni sur le royaume d'Arles, qui n'existe plus.

Napoléon se donna un Archi-Chancelier, qui fut, après les princes du sang, le premier dignitaire de l'empire. Il présidait le conseil-d'état et le conseil des ministres, en l'absence de l'Empereur. C'est à Cambacérès qu'échut cette position; l'ex-conventionnel s'appelait alors le Prince Archi-Chancelier, duc de Parme. A. L.

ARCHIDUC. Titre exclusivement dévolu à la maison d'Autriche. C'est un archevêque de Cologne qui s'en décora le premier, au dixième siècle, et ce furent, vers le quinzième, les empereurs Frédéric III et Maximilien Ier qui l'attribuèrent aux princes de leur maison. Quant aux priviléges qu'il comporte, ils ont dû beaucoup perdre nécessairement à la suite des changements opérés par les dernières guerres au sein de l'empire germanique. Les Archiducs d'Autriche avaient entr'autres droits celui d'assister à tous les conseils relatifs aux affaires de l'empire, qu'on ne pouvait même décider sans leur participation. C'était une garantie contre les électeurs, dont l'empereur n'a plus à redouter maintenant l'influence. Les Archiducs avaient, en outre, le droit d'exercer la justice sans appel dans leurs domaines, et d'y créer à discrétion des comtes, des barons et des chevaliers. A L.

ARCHI-MARÉCHAL. Titre autrefois attaché à la personne de l'électeur de Saxe, qui portait en cette qualité l'épée nue devant l'empereur. Immédiatement après l'élection, l'Archi-Maréchal montait à cheval, s'élançait à toute bride dans un grand monceau d'avoine amassé sur la place publique, en emplissait une mesure d'argent, et la remettait au Vice-Maréchal, chargé de la porter à l'Hôtel-de-Ville. La charge de Vice-Maréchal était héréditaire dans la maison de Pappenheim. Je ne sais quelle autre illustre maison a hérité des attributions de l'électeur de Saxe, devenu roi.   A. L.

ARCHI-TRÉSORIER. Titre d'abord déféré à l'électeur palatin, ensuite à l'électeur de Bavière, à qui l'électeur de Hanovre l'a longtemps disputé. Le jour du couronnement de l'empereur, l'Archi-Trésorier le précède à cheval, portant une cassette pleine de pièces d'or et d'argent, qu'il distribue à la foule.

Napoléon eut aussi son Archi-Trésorier, dont les fonctions étaient, à peu de chose près, purement honorifiques; il en fit le lot de l'ex-troisième consul Lebrun. Ce dignitaire, qui venait après l'Archi-Chancelier, signait : le Prince Archi-Trésorier, duc de Plaisance, et touchait 100,000 francs par an du trésor public.   A. L.

ARCHIVES. *Anciens titres, Chartes et autres papiers importants; il se dit aussi du lieu où l'on garde ces sortes de titres :* D. d. L.

Les gouvernements comptèrent toujours au nombre de leurs devoirs la conservation des Archives. Nos pères, quoique encore à demi-barbares, ne négligèrent pas ce soin important. La coutume, sous les rois des deux premières races, était de confier la garde des Archives au grand chancelier. Elles restaient déposées dans le Palais royal; le chancelier retenait dans son chartier un exemplaire de chaque loi, Charte ou ordonnance : une autre copie était déposée dans le portefeuille du roi (*Scrinium*), qui était gardé dans l'armoire ou trésor royal. D'autres copies devaient être envoyées dans les Archives ecclésiastiques de Lyon, de Paris et de Metz. Une Charte de *Dagobert* exige ce triple dépôt, et cet usage s'étendit beaucoup dans la suite. Nous ajouterons que les Chartes étaient déposées de droit dans tous les comtés où leur effet devait s'étendre.

Les rois portaient partout avec eux les Archives du royaume, afin, dit une Charte, que les mêmes gardes posées pour la sûreté de leur personne missent aussi à couvert un trésor aussi précieux. Dans les 11e et 12e siècles, on ne tenait pas de registres et on ne mettait rien aux Archives, parce que personne ne savait plus écrire (les ecclésiastiques exceptés).

Les Archives des Cours judiciaires étaient dans la tête des juges. Quand un adversaire niait qu'on eût jugé son affaire, on *recordait* les juges. Cette ignorance, ou si l'on aime mieux, cette bonne foi dura longtemps. Ce n'est que dans le treizième siècle qu'on imagina de mettre un certain ordre dans les Chartes de la Couronne et dans les arrêts émanés de la Cour du Parlement.

Grossi par la marche des siècles, enrichi d'une multitude de pièces nouvelles par la Révolution et l'Empire, le dépôt des Archives est aujourd'hui à l'hôtel Soubise, dont l'État fit l'acquisition en 1808. Il est divisé en six sections : législative, administrative, historique, topographique, domaniale et judiciaire.

— La première section comprend la collection des lois, les procès-verbaux des Assemblées nationales et les papiers des Comités et des Députés envoyés en mission. Elle renferme près de 7,000 cartons.

— La section administrative comprend tous les papiers relatifs à l'administration générale du royaume, au gouvernement, à la maison du roi, aux administrations spéciales et locales, et surtout le Recueil des arrêts du conseil, depuis 1593 jusqu'en 1791. Elle est renfermée dans 40,000 cartons.

— La section historique comprend le trésor des Chartes, les actes des rois de France, dont le plus ancien document remonte à 620 et porte la signature de SAINT-ÉLOI. Les monuments ecclésiastiques, les pièces relatives aux ordres religieux et religieux, à l'instruction publique; les généalogies, etc.; en tout 5,436 cartons et une fort belle collection de portraits d'hommes célèbres. Cette section possède aussi l'armoire de fer. On y a renfermé des sceaux et des bulles d'or, les clés de la Bastille, les clés de Namur remises à Louis XIV; les livres rouges de Versailles, où Louis XV et Louis XVI inscrivaient leurs dépenses secrètes, surtout les sommes données aux espions dans les Cours étrangères; les testaments de Louis XVI et de Marie-Antoinette; le Journal de Louis XVI; des traités, des médailles, la matrice de la médaille du serment du Jeu de Paume; les étalons du mètre et du gramme; des monnaies, des lettres de Napoléon, etc.

— La section topographique comprend 4,616 articles, savoir : des cartes géographiques, hydrographiques, astronomiques et historiques, plans, mémoires de statistique, etc. Les cartes originales des départements, signées des commissaires nommés pour établir leurs limites, sont une des curiosités de cette section.

— La section domaniale renferme dans 26,000 cartons tout ce qui provient de la Chambre des Comptes, les titres domaniaux, les titres spéciaux des domaines des princes, les titres des biens des communautés religieuses, les papiers du séquestre, c'est-à-dire ceux confisqués sur les émigrés.

— La section judiciaire, actuellement à la Sainte-Chapelle, contient dans 63,000 cartons les actes de la grande Chancellerie et des Conseils, du Parlement de Paris, du Châtelet, des diverses Cours et juridictions des tribunaux criminels extraordinaires. On construit en ce moment à l'hôtel Soubise de nouveaux bâtiments où l'on placera cette section. Le premier directeur des Archives fut CAMUS, mort en 1804. Son successeur fut M. DAUNOU, remplacé en 1816 par M. DELA U ; depuis 1830, M. DAUNOU a repris sa place.   A. T.

ARCHONTES. Codrus, roi d'Athènes, ayant

sacrifié ses jours pour le salut de sa patrie, les Athéniens pensèrent, avec raison, que ce noble dévouement ne garantissait en aucune manière les vertus de son successeur, et ils abolirent la royauté. Le roi fut remplacé par des magistrats nommés Archontes, du grec Ἄρχων, au pluriel, Ἄρχοντες, commandant, gouverneur. Ces magistrats furent d'abord héréditaires. Médon, fils de Codrus, le premier d'entre eux, eut douze successeurs de sa race. Mais bientôt les Athéniens jugèrent prudent de limiter la durée de la magistrature, et les Archontes ne furent plus nommés que pour dix ans. Soixante-dix ans plus tard, leurs fonctions devinrent simplement annuelles. Les Archontes étaient au nombre de neuf. Le premier, surnommé *Éponyme*, avait pour charge principale le soin des choses sacrées. Pendant l'année de son administration, toutes les affaires importantes se passaient en son nom. Le second, appelé *Roi*, présidait à la célébration des fêtes; il avait de plus une juridiction criminelle et civile. Le troisième, le *Polémarque*, était chargé des affaires militaires. Les six autres Archontes avaient le titre commun de *Thesmothètes*; ils formaient un tribunal de police. Tous ces magistrats étaient exempts des impôts qui se levaient pour l'entretien des armées. A l'expiration de leurs fonctions, ils entraient de droit dans l'Aréopage.

Dc.

ARÉOPAGE. Tribunal d'Athènes, le plus fameux de l'antiquité. Le fondateur de cette institution judiciaire, Cécrops ou Cranaüs, l'avait emprunté aux pères de la civilisation grecque, les Égyptiens. Du reste, le beau temps de l'Aréopage ne comprend qu'une période de cent années, de Solon à Périclès. Rétabli par le premier, il fut avili par le second; et comme la corruption des mœurs s'était introduite dans la République, rien ne put empêcher sa décadence. Un auteur du siècle dernier qu'une postérité ingrate ou inattentive n'a pas encore classé selon sa valeur, Barthélemy, dit que l'institution de l'Aréopage était trop belle pour subsister longtemps. Quoique, en général, toute chose ici-bas tende naturellement à dégénérer, cet aperçu n'est pas complet. L'Aréopage était une institution aristocratique. Il fallait pour y être admis deux conditions, la naissance et la fortune; le nombre de ses membres était illimité et leurs places à vie. L'élection aurait pu balancer ces inconvénients; mais les aréopagites se recrutaient parmi la magistrature.—Les archontes, comme on l'a vu, étaient de droit aréopagites à l'expiration de leurs fonctions.—Leur juridiction ne connaissait pas de bornes. Tous les crimes, tous les vices, tous les abus, le meurtre, l'empoisonnement, le vol, les incendies, le libertinage, étaient justiciables de l'Aréopage. Son pouvoir s'étendait jusque sur la gestion des affaires publiques. Chargé de la garde des lois, du maintien de la Constitution et du système religieux, il dominait les consciences et immobilisait les esprits. Il exerçait, en un mot, un pouvoir absolu. Aussi, malgré la vertu classique des aréopagites, malgré leur sagesse, la perfection de leurs jugements et le respect qu'ils inspiraient à tous les citoyens, l'Aréopage subit la loi de tous les corps aristocratiques; la tradition devint la loi de ses jugements; immobile au milieu du mouvement, l'autorité morale qui faisait sa force s'affaiblit et disparut.

Dc.

ARGENTINE (RÉPUBLIQUE). Grande contrée de l'Amérique méridionale, formée de l'ancienne province espagnole du Rio de la Plata, ainsi nommée de l'immense fleuve qui la traverse. Elle est bornée au nord par l'empire du Brésil et le Pérou; à l'ouest, par la chaîne des Andes qui la sépare du Chili; au sud, par la Patagonie et le fleuve Colorado; à l'est, par le Paraguay et l'Uruguay et la République de ce nom. Cette immense étendue de 118,000 lieues carrées (plus de quatre fois l'étendue de la France), ne renferme pas 2,000,000 d'habitants, y compris les indigènes, avec lesquels les Hispano-Américains sont presque constamment en guerre.

Elle se divise en quatorze provinces, qui toutes prennent leur nom de leur chef-lieu : 1º Buenos-Ayres.—2º Entre-Rios.—3º Corrientes.—4º Santa-Fé.—5º Cordova.—6º Santiago-del-Estero.—7º Tucuman.—8º Salta.—9º Jujuy.—10º Cata-Marca.—11º Rioja.—12º San-Juan.—13º San-Luis.—14º Mendoza.

Le sol de la république Argentine est remarquable par son uniformité; c'est généralement une plaine immense, diversifiée seulement à l'ouest par quelques courtes ramifications des Andes du Chili. Longue et large de 300 lieues, cette plaine, qui commence à 6 lieues de Buenos-Ayres, n'a qu'une seule rivière, l'Angualarta, qu'une seule ville, Rioja. C'est dans ce désert qu'errent, sans maîtres, des millions de chevaux et de bœufs, dont l'exploitation est la principale branche de commerce de la République. Le Tucuman offre des conditions analogues. Vers les Andes, des mines d'or et d'argent pourraient donner de grands produits si elles étaient convenablement exploitées.

Les indigènes, encore en assez grand nombre, sont : les uns, nomades ou pasteurs, les autres, soumis aux Espagnols et agriculteurs. La population en général est très-mélangée, et le nombre des métis prédomine. Livrée au commerce à Buenos-Ayres, à Corrientes, à Mendoza, elle s'occupe exclusivement de chasse et de l'exploitation des bestiaux, à l'intérieur. Le Tucuman offre le tableau d'une population paisible, uniquement occupée de ses troupeaux. La province de Corrientes présente les débris des peuplades indiennes, jadis rendues sédentaires et civilisées par les Jésuites. Autour de Buenos-Ayres, le peuple des campagnes porte le nom de *Gauchos*, il présente le déplorable spectacle de l'homme civilisé retombé à l'état sauvage. L'habitude de chasser et d'égorger les bœufs donne aux Gauchos des mœurs féroces. Ce sont eux qui ont le plus souvent troublé la tranquillité de la République.—La grande étendue de la République Argentine rend son climat très-varié; elle fournit une foule de produits précieux pour l'exportation : cacao, quinquina, vanille, caoutchouc, tabac, maté, et surtout des cuirs, des viandes salées et boucanées. Elle reçoit d'Europe une foule d'objets manufacturés, fournis principalement par l'Angleterre et la France. En 1835, on y comptait 4,000 Français domiciliés et autant d'Anglais. Le commerce était fort actif avant les événements qui, depuis cette époque, ont bouleversé la République et éloigné les étrangers dont l'activité et l'industrie venaient vivifier ce vaste pays. La prétention de dénationaliser au bout de trois ans tous les étrangers qui viendraient résider sur le territoire, et, par conséquent, de les soustraire à la protection officielle des agents de leur patrie, pour les soumettre au capricieux et barbare despotisme de tous les chefs qui se succèdent si rapidement et si violemment dans ce malheureux pays livré à l'anarchie, a dégoûté et éloigné les hommes les plus entreprenants.

Les provinces du Rio de la Plata faisaient partie de ces immenses possessions que les Espagnols avaient en Amérique. En 1816, un Congrès déclara leur indépendance, qui fut définitivement assurée en 1817 par la bataille de Chacabuco, gagnée par le général San-Martin, à la tête de 4,000 Buenos-Ayriens. En même temps, le Brésil, profitant des embarras de Buenos-Ayres, s'empara de la Bande-Orientale qu'il convoitait depuis longtemps, et qui forme aujourd'hui la République de l'Uruguay. L'anarchie survécut à ces guerres. La réunion en Congrès des représentants de toutes les provinces, et la constitution de la république Argentine en 1826, celle de la république de l'Uruguay en 1828, vinrent donner à ces malheureux pays une tranquillité qui, malheureusement, fut de peu de durée. Le courage montré par les Argentins dans leur lutte avec la Métropole et le Brésil avait mis en jeu toutes les ambitions, et remué profondément la population inculte et barbare des provinces. La constitution unitaire dont Buenos-Ayres était le centre, et qui pouvait seule maintenir l'ordre, fut attaquée par les Fédéralistes qui voulaient constituer 14 républiques au lieu d'une seule; dès 1829, la lutte intérieure recommença, les fédéralistes attaquèrent les unitaires, et le président Lavalle se vit obligé de résigner ses pouvoirs. La guerre continua en 1830 et 1831; et bientôt le *Gaucho* Manuel Rosas, à la tête des Monteneros et des Gauchos des provinces, se vit maître de Buenos-Ayres, où il établit une ochlocratie qu'il dirigea avec la férocité d'un chef de brigands. En 1835, tous les partis se mirent à ses genoux, et, dès-lors, il poursuivit avec rage tous les unitaires qui formaient la partie la plus saine et la plus éclairée de la nation, persécuta les étrangers, et provoqua des réclamations énergiques de la part de l'Angleterre et surtout de la France, qui se trouva obligée d'avoir recours au blocus pour faire rendre justice à ses nationaux.

La République Argentine, modelée sur celle des États-Unis, repose sur les bases les plus larges et les plus libérales. La capitation des Indiens abolie, la liberté donnée aux esclaves, le gouvernement de la nation par elle-même, furent les premiers principes décrétés par le Congrès. Malheureusement, les guerres civiles ont empêché jusqu'à présent ces sa-

ges institutions de porter leurs fruits; l'instruction trop peu répandue parmi le peuple, la vie nomade des pasteurs, les distances énormes qui séparent les villes, l'absence de culture sur la plus grande portion du territoire, sont des obstacles qui ne peuvent être vaincus en quelques années, et nul doute qu'un jour ne vienne où la jeune République de la Plata, plus intelligente de ses besoins, n'offrira plus le triste spectacle de la guerre civile et de la dévastation.   V. M.

ARISTOCRATIE. Littéralement, ce mot signifie gouvernement des meilleurs. Mais il n'est peut-être aucun mot de la langue politique qui ait été plus violemment détourné de son sens primitif; car l'Aristocratie est la pire des gouvernements.

Rousseau, cependant, après Aristote, donne à la forme aristocratique la préférence sur toutes les autres. Mais ceux qui se sont emparé de cette opinion et l'ont exploitée au profit de je ne sais quelle supériorité naturelle ou factice, ou bien au profit de la domination d'une caste privilégiée, ont complètement dénaturé l'idée de Rousseau. Rousseau a voulu dire et a dit que la meilleure forme de gouvernement est celle qui met l'autorité entre les mains des meilleurs, c'est-à-dire, des plus intelligents et des plus vertueux. Il distingue, d'ailleurs, soigneusement, trois sortes d'Aristocratie; naturelle, élective, héréditaire. La première, suivant lui, ne convient qu'à des peuples simples; il proclame que la troisième est la pire des gouvernements; c'est la deuxième, l'élective, ou, en d'autres termes, ce que nous entendons aujourd'hui par DÉMOCRATIE, qui lui paraît supérieure à tous les autres modes d'organisation politique.

C'est donc l'expression employée par Rousseau qui prête à l'équivoque, et nullement sa pensée, qui est très-claire et très-juste. Son erreur apparente provient de ce qu'au temps où il vivait on entendait par Démocratie la gestion des affaires publiques exercée sans intermédiaire par le peuple lui-même. Aujourd'hui, la science politique est plus avancée; les esprits ne sont plus embarrassés des analogies trompeuses de la civilisation antique, et l'on comprend fort bien qu'un peuple, si grand qu'on le suppose, peut déléguer directement la puissance législative et conférer à des magistrats spéciaux et responsables l'exercice du pouvoir exécutif.

L'idée de Rousseau sur l'excellence de l'Aristocratie, quoique reproduite de celle d'Aristote, n'est donc pas la même. Aristote divise le monde en deux classes: il place en haut les meilleurs, les Aristocrates; et, en bas, les natures inférieures, le peuple et les esclaves. Or, tous les livres de Rousseau protestent contre cette division arbitraire et anti-sociale. Rousseau n'a jamais dit, ni écrit, ni pensé, que la grande masse de l'humanité eût été vouée par nature à une période plus ou moins longue d'asservissement.

Que ce fait ait eu lieu, qu'il se soit perpétué jusqu'à nous, cela n'est malheureusement que trop vrai. Mais il ne s'en suit nullement qu'à aucune époque ce fait brutal ait été légitimé. Remarquez que cette opinion d'Aristote conduit forcément ceux qui l'acceptent à justifier l'esclavage. Or, comment s'armeraient-ils ici de l'autorité de Rousseau, qui a si éloquemment détruit les arguments des philosophes qui ont voulu justifier le principe de l'esclavage.

L'Aristocratie et l'esclavage ont une origine connexe. Celui-ci est le produit immédiat de celle-là. Le maître et l'esclave ont paru dans le monde le même jour. Prétendre, comme n'ont pas craint de le faire certains publicistes, que l'Aristocratie est d'institution divine; qu'elle fut, dans les premiers âges du monde, la conséquence nécessaire, naturelle, de l'infériorité morale de la plus grande portion de l'humanité, c'est si donc poser en principe une absurdité manifeste. Dieu a fait les hommes égaux et il leur a donné des aptitudes plutôt diverses qu'inégales. Non, il n'y a pas eu, dès l'abord, un nombre déterminé et restreint, et comme une sorte de collége sacré d'hommes seuls capables, seuls vertueux, seuls intelligents. Non, le progrès n'a point consisté dans l'assimilation progressive des incapables aux capables, des vicieux aux vertueux, des inintelligents aux intelligents. Mais il y a eu des hommes plus forts qui se sont asservi des hommes plus faibles; il y a eu un fait brutal, la conquête; et le progrès a consisté dans l'effacement progressif de ce fait.

L'histoire nous démontre que toutes les sociétés se sont ainsi formées. Une agrégation d'hommes a été vaincue ou soumise par une autre agrégation plus guerrière ou plus civilisée. Celle-ci a réglé, selon sa volonté, le sort et la condition d'existence de tous les individus qui composaient l'autre. De là, une classe supérieure et des classes inférieures. Les familles issues des vainqueurs ont continué, dans la suite des temps, à commander à la race des vaincus, devenue peuple ou esclave.

Que si l'on cherche dans la Famille l'origine de l'Aristocratie, on aboutit à la même conséquence : à savoir, l'égalité native de tous les individus qui composent l'espèce humaine. Tous les enfants d'un même père, élevés par la même mère, ont dû naturellement se considérer comme des égaux. Et quant à l'autorité du père, elle ne constituait qu'un fait passager et borné que la violence a pu seule étendre et perpétuer.

Si de la famille on descend aux sociétés anciennes dont l'histoire nous est connue, on trouve que les peuples ont placé à leur tête des hommes puissants par l'intelligence ou la richesse. Ces citoyens étant morts, la mémoire des services qu'ils avaient rendus appela sur leurs enfants la bienveillance publique, et le pouvoir leur fut confié. Mais bientôt, leurs successeurs s'habituèrent à regarder comme une propriété ce qui n'était qu'une délégation, et l'usurpation suivit. L'Aristocratie établie par la violence ou la ruse se maintint par les mêmes moyens.

Dans des temps plus rapprochés de nous, les commencements de Venise furent tout démocratiques. Les peuplades, qui pour fuir l'invasion des Barbares s'étaient retirées sur les lagunes, établirent un gouvernement où tous les citoyens avaient des droits égaux. Mais de nouveaux émigrants étant survenus, les premiers occupants refusèrent de les admettre au maniement des affaires publiques. Il s'établit donc un grand intervalle entre les premiers et les seconds, « et, dès-lors, dit Machiavel, les premiers prirent la qualité de nobles, et les autres furent simplement nommés le Peuple. »

Et sans sortir de notre pays, quelle supériorité originelle avaient sur les Gaulois les Barbares qui les envahirent. Ils étaient plus guerriers, plus courageux; ils avaient des âmes plus fières et des vertus plus fortes; mais les aïeux de ces Gaulois dégénérés n'avaient-ils pas inondé le monde et fait trembler Rome, eux aussi ?

Le principe de l'égalité originelle étant ainsi hors de question, nous n'hésitons pas, du reste, à reconnaître qu'à certaines époques, et dans un état de civilisation donné, la domination de certaines familles a été sinon juste, du moins justifiable. Dans les sociétés antiques, où toutes les affaires se traitaient directement par les citoyens assemblés, il était bon que l'autorité fût concentrée et maintenue dans les mains des plus capables, c'est-à-dire de ceux qui, par leur condition sociale, avaient eu le temps et l'occasion d'acquérir des lumières et de l'expérience. Là, d'ailleurs, les citoyens, plébéiens et nobles, enfermés dans les murs d'une ville et de sa banlieue, se connaissaient les uns les autres. L'opinion publique y avait une action directe, pour ainsi dire personnelle et vraiment efficace. Le joug de l'Aristocratie y était donc plus facile à supporter. Et pourtant quelles luttes, quelles dissensions, quelles guerres civiles nous offre l'histoire de ces temps ! Tantôt, c'est la noblesse qui veut acquérir plus de pouvoir : le peuple résiste et le sang coule. Tantôt, c'est le peuple qui veut acquérir plus de liberté; il s'insurge contre ses maîtres : ceux-ci résistent et le sang coule encore. Rome chasse ses rois; l'Aristocratie leur succède; le peuple livre bataille aux patriciens; il se fait jour dans la constitution; à Sylla il oppose Marius, au sénateur Pompée, César, et va se perdre dans la fange de la monarchie impériale.

Tant qu'un peuple a un territoire peu étendu et que sa population est bornée, l'existence d'un gouvernement aristocratique est possible et peut être bonne; mais une grande nation qui veut se constituer en République s'élève nécessairement à cette sorte d'Aristocratie dont parle Rousseau, c'est-à-dire à la Démocratie pure. Le propre des Aristocraties, la condition nécessaire de leur suprématie et de leur durée, c'est d'avoir une énorme puissance et un personnel limités. Une Aristocratie qui se multiplierait indéfiniment se confondrait bientôt avec le reste de la nation, et se détruirait en s'étendant. Pour qu'une Aristocratie se conserve comme corps politique, il est donc nécessaire qu'elle ne se multiplie pas; tandis que, par une loi contraire, il faut qu'elle attire à soi la puissance, et les richesses qui maintiennent la puissance. Or, une nation médiocre peut très-bien être réduite ou se résigner à porter un semblable joug; mais il n'est pas possible qu'une nation puissante s'y soumette longtemps. De plus, une caste privilégiée qui gouverne un petit peuple, peut connaître directement et apprécier avec exactitude les intérêts divers de tous les citoyens ; mais, parmi les nations comme sont aujourd'hui les nations européennes, au milieu de relations civiles, politiques et sociales aussi étrangement compliquées, cette sorte d'auscultation exercée par des médecins héréditaires est une chimère véritable. Le gouvernement de ces États réclame un mode d'association plus parfait et plus complet.

Ce mode d'association, c'est l'application du principe de la Souveraineté du peuple dans toute son étendue et avec toutes ses conséquences.

Ici se dresse une difficulté fort effrayante, selon quelques esprits : « Le but de toute bonne organisation politique étant de classer dans un ordre équitable et régulier les individus et les fonctions, comment dégager de la masse, pour leur confier le pouvoir social, les hommes de savoir, de vertu et d'intelligence, c'est-à-dire l'Aristocratie naturelle. N'est-il pas ridicule, ou tout au moins étrange, de faire élire les capables par les incapables ? Et, d'un autre côté, n'est-il pas raisonnable de craindre que l'élection faite par la masse ignorante ne porte à la direction suprême de la Société des hommes vicieux ou insuffisants ? Gardez-vous des passions populaires et de leurs emportements effrénés, crient les sophistes. C'est un violent et aveugle innovateur que le peuple, disent ceux-ci. Vivant, de corps et d'esprit, au jour le jour, la masse routinière est un obstacle au progrès, disent les autres. » De telle sorte que, pour arriver au même but, la conservation des priviléges, on apporte les arguments les plus contradictoires.

Il est facile de mettre à néant toutes ces objections.

Tant que l'Aristocratie héréditaire s'est trouvée, relativement, assez nombreuse et assez puissante pour maintenir sa suprématie politique et sociale, elle a pu également conserver sur le reste du peuple une supériorité intellectuelle et morale très-réelle. Outre le monopole des traditions, elle avait celui de l'éducation ; l'éducation, source véritable et unique de la supériorité du petit nombre quand elle est restreinte, source inépuisable d'égalité quand elle est universellement répandue. Alors l'hérédité pouvait être, en effet, la meilleure garantie de la capacité. Mais, à mesure que la lumière longtemps concentrée dans un foyer unique se répand sur les corps environnants ; à mesure que l'égalité rapproche les hommes et leur enseigne ce qu'ils valent les uns par les autres, la supériorité intellectuelle et morale se déplace et va du petit au grand nombre. Alors, l'ancien mode de vérification sociale, l'hérédité, devient mensonger et tyrannique ; il classe au hasard, et presque toujours à contresens, les individus et les fonctions ; alors ce mot fameux « Il fallait un calculateur, ce fut un danseur qui l'obtint » apparaît comme la révélation d'une profonde vérité sociale.

Que l'on jette un moment les yeux sur ce qui s'est passé, chez nous, depuis un siècle. La vieille Aristocratie avait conservé les grandes manières, les habitudes polies, l'élégance et le goût de ses ancêtres immédiats ; mais elle avait perdu les vertus robustes et les vigoureux sentiments de liberté qui distinguaient les Francs. L'Aristocratie naturelle, la vertu, le talent, ces habitudes sérieuses et relevées que donnent une vie laborieuse et des mœurs austères, tout cela avait passé du côté du peuple. L'hérédité était donc une garantie évidemment fausse de capacité : elle fut abolie ; et à la place des Soubise, des Tallard, des Maurepas, des Calonne et des Brienne, l'élection fit sortir des profondeurs de la Société cette succession inouïe d'hommes forts, qui, après avoir établi et sauvé la Révolution, jetèrent sur l'époque impériale un si puissant éclat.

A quoi donc veulent aboutir ces réclamations rachitiques sur l'infériorité morale du peuple ? Au rétablissement de l'hérédité ? C'est la chose impossible ! L'hérédité ne subsiste plus en France que pour une seule fonction, et encore la voyons-nous chaque jour plus énergiquement contestée. A l'institution d'un corps spécial chargé de suppléer l'insuffisance électorale du peuple ? Ce corps existe parmi nous : or, qu'a-t-il produit ? De petits talents, de petites passions, de petits intérêts, de petites affaires, une misère énorme à côté d'une énorme opulence, et, partant, une immense corruption.

Quant à ceux qui se préoccupent avec bonne foi de l'esprit routinier du peuple, et qui, soit par un privilège spécial, soit par des élections successives, voudraient charger de l'initiation sociale les plus riches ou les plus lettrés, il nous paraît que leurs alarmes sont fort inconsidérées. Ce ne sont pas toujours les plus savants qui sont les plus capables et les plus dignes. A qui se sont adressé les révélateurs ? Au peuple. Où Jésus-Christ alla-t-il prendre ses apôtres et ses disciples ? Parmi les plus illettrés. Non, ce n'étaient ni les philosophes ni les rhéteurs païens qui propageaient la *bonne nouvelle ;* mais bien ces hommes simples et droits que la science du monde n'avait pas visités et que la foi illuminait de ses rayons. L'Aréopage était composé des hommes les plus éclairés et les plus distingués de l'Attique : ce fut l'Aréopage qui fit mourir Socrate pour le punir d'avoir prêché l'unité de Dieu. C'est parce qu'il craignait l'Aréopage, et non parce qu'il avait peur du peuple, que Platon n'osa jamais divulguer ses idées religieuses. « Vous prêchez une doctrine à laquelle nos oreilles ne sont point accoutumées, » disaient à l'apôtre Paul ces conservateurs endurcis. Le Christianisme a donc triomphé par le peuple seul, et il n'a été contrarié dans ses développements que par l'*élite,* par l'Aristocratie de la société païenne.

Aujourd'hui, d'ailleurs, les choses sont loin d'être ce qu'elles étaient dans les temps anciens. L'imprimerie a profondément changé les conditions de l'existence des sociétés ; l'immense majorité qui était esclave a recouvré sa liberté ; les races diverses se sont mêlées et confondues ; la tribune et la presse, celle-ci surtout, instruments irrésistibles de la civilisation moderne, jettent partout de vives lueurs, et répandent avec une activité qui jamais ne se lasse toutes les idées dans toutes les intelligences ; les sciences morales, politiques et sociales sont mises à la portée de tous ; les découvertes intellectuelles et scientifiques tombent chaque jour dans le domaine public ; les fortunes, incessamment mobilisées, rapprochent incessamment toutes les conditions ; la vapeur détruit les distances, mêle les hommes de tous les pays et de toutes les classes, et noue entre eux des rapports multiples et journaliers. Que manque-t-il donc aux nations modernes pour que cet immense mouvement les porte avec une rapidité constante vers l'idéal de la perfectibilité ? Un pouvoir vraiment social, qui régularise la marche de l'humanité au lieu de lui faire violence, qui aide les faibles et contienne les forts, qui développe toutes les intelligences dans le sens de leurs aptitudes particulières, et les féconde toutes par l'éducation. Alors, tous les germes des luttes qui ont si profondément troublé jusqu'à ce jour le développement des sociétés auront disparu. Le règne de l'Inégalité ou de l'Aristocratie sera passé, et nous inaugurerons enfin celui de l'Égalité ou de la Démocratie. (Voyez CAPACITÉ, DÉMOCRATIE, GOUVERNEMENT, NOBLESSE, ETC.) E. DUCLERC.

ARMÉE. Chez les peuples anciens, les Armées furent, pendant longtemps, ce qu'on appellerait de nos jours des gardes nationales mobilisées ou des levées en masse. A l'approche d'une guerre, soit qu'il fût question de conquêtes à faire, soit qu'il fût nécessaire de résister à une agression, le pouvoir souverain ordonnait une levée de citoyens proportionnée aux besoins prévus ; dans certains états, l'élection populaire, dans d'autres, le pouvoir ou ses délégués donnaient des chefs à ces réunions armées ; on se mettait en marche, on combattait ; et, la paix faite, l'Armée disparaissait fondue dans la cité.

Les historiens ont donné aussi le nom d'Armées à ces migrations de Barbares qui, à diverses époques, vinrent fondre successivement sur le midi de l'Europe, traînant avec eux leurs femmes et leurs enfants. Tels les Cimbres et les Teutons.

On trouve cependant dans les annales de la Grèce la preuve de l'existence d'hommes faisant leur métier de la guerre, alors que les Armées permanentes n'existaient pas : les Grecs de la terre-ferme et des îles allaient habituellement offrir leurs services militaires aux satrapes de l'Asie et au grand roi. Cyrus, marchant à la conquête de Babylone, avait soudoyé un corps de dix mille Grecs, celui qui s'est fait une si grande célébrité par sa retraite sous les ordres de Xénophon.

Les Armées permanentes sont venues à la suite des longues guerres ; elles datent des temps de servitude. L'exemple le plus frappant de la manière dont s'est opérée la conversion des Armées temporaires en Armées toujours sur pied et constamment soldées nous est fourni par la République romaine. L'Armée, déjà permanente de fait, à cause des guerres interminables entreprises dans toutes les parties du monde connu, devint permanente de droit avec la corruption des mœurs, avec la perte de la liberté. Le citoyen romain dégénéré,

abâtardi, confia au soldat le soin de le défendre, et le citoyen et le soldat disparurent sous les avalanches des Barbares.

Au moyen-âge, il n'y a pas d'Armées permanentes : la guerre se fait avec les Armées féodales, assujéties seulement à un temps de service très court, et licenciées à l'expiration du service légal. Ce n'est que vers la fin de cette grande période historique qu'on voit apparaître des troupes soldées et entretenues régulièrement et continuellement.

En France, Charles VII établit, par une ordonnance de 1445, quinze compagnies d'ordonnance formant un total d'environ dix mille chevaux, distribués dans les villes du royaume par petites divisions de quinze, vingt ou trente hommes ; ces cavaliers durent être exercés pendant la paix et toujours prêts à entrer en campagne ; leur solde fut mise à la charge des villes où ils tinrent garnison, et des campagnes environnantes ; leurs capitaines furent désignés par le roi.

Parallèlement à l'institution de cette cavalerie permanente, Charles VII créa un corps de francs-archers fournis et entretenus par les communes du royaume. Supprimés peu après par Louis XI, les francs-archers furent remplacés par un corps de six mille Suisses et des bandes françaises et étrangères.

Telle est l'origine de l'Armée française ; mais loin d'avoir produit les désastreux effets qui signalèrent l'établissement des Armées permanentes à Rome, l'institution de Charles VII a été un des auxiliaires les plus puissants de la royauté dans le grand travail de la constitution de notre nationalité. Aux mains de Louis XI, d'Henri IV, de Richelieu, l'Armée française fut le glaive qui fit rouler la tête de l'hydre féodale, qui abattit le fédéralisme protestant et l'oligarchie catholique des princes du sang. Elle servit à Louis XIV pour accroître l'étendue de l'empire français et l'influence de notre civilisation sur le monde.

Ce sont là d'assez beaux titres de gloire pour qu'on ne les laisse pas dans l'oubli.

Jusqu'à la Révolution, l'Armée française fut recrutée exclusivement par la voie des engagements volontaires (1). Ces engagements, extorqués le plus ordinairement par les raccoleurs, versaient dans ses rangs le rebut de la population ; et comme les volontaires français ne se présentaient pas en assez grand nombre pour subvenir aux besoins, on admettait les volontaires étrangers ; déserteurs, repris de justice, échappés des galères ; tout était bon.

La constitution militaire, en rapport avec ce système de recrutement, livrait les emplois à la noblesse de cour et de province, et mettait la destinée

---

(1) Louis XIV fit, par la voie du sort, deux levées de miliciens qui furent licenciés à la paix ; mais ces deux faits restèrent malheureusement isolés. Louis XV organisa des régiments de milice recrutés également par la voie du sort, et, grâce aux exceptions, sur la partie la plus malheureuse de la population. Les armes et l'équipement des miliciens étaient déposés en lieu sûr, et ne leur étaient remis qu'à l'époque des prises d'armes

des militaires de tous grades à la discrétion du pouvoir royal.

L'Assemblée constituante, dans ses vastes idées de régénération, n'oublia pas l'Armée. Elle écrivit un code militaire complet, où elle jeta les bases de toutes les institutions qui se sont succédé depuis. Ce code n'eut qu'une durée éphémère : le grand mouvement de 93 l'emporta ; les nécessités de la lutte l'abrogèrent ; mais les principes qu'il avait formulés ne tardèrent pas à reparaître, en partie du moins, dans la législation, et la réquisition d'abord, la conscription ensuite, achevèrent d'établir, en nationalisant l'Armée, une ligne de démarcation profonde entre l'Armée de la monarchie et l'Armée de la Révolution.

Ce que fit celle-ci, l'histoire est là pour le dire : son aînée avait servi à détruire la féodalité, à affranchir la France du joug de l'Angleterre et de l'Espagne ; l'Armée de la Révolution continua le grand œuvre ; elle broya les trônes de la crosse de son fusil ; elle ouvrit à travers l'Europe une large issue aux idées françaises.

Mais, un jour, cette Armée, entraînée par l'Homme du Destin, viola le sanctuaire de la représentation nationale ; elle devint le complice de celui qui, suivant la belle expression de Lamennais, ourdit avec la gloire un funeste complot contre la liberté. Le souvenir de ses immortels travaux en a été obscurci, et l'attentat du 18 brumaire, les aberrations du génie napoléonien, ont soulevé de nouveau, chez quelques amants sincères de la liberté, la question de savoir si l'existence d'une Armée permanente était compatible avec l'existence d'un gouvernement libre.

Nous pensons que l'affirmative n'est pas douteuse. Il ne faut pas, en effet, comparer les temps anciens aux temps modernes, l'Armée de l'ancien régime à l'Armée de la Révolution, et celle-ci à l'Armée actuelle. Les Armées, non plus que les sociétés, ne sont pas restées stationnaires. Affranchie du contact impur de mercenaires étrangers, recrutée au sein du peuple, l'Armée française a progressé comme lui, et s'éclaire incessamment comme lui. L'enseignement primaire, l'enseignement professionnel, l'enseignement secondaire, quoiqu'assez restreints encore, versent continuellement des flots de lumière sur les masses au milieu desquelles la conscription prend, annuellement, des milliers de soldats ; les écoles ouvertes dans tous les régiments entretiennent, augmentent l'instruction acquise, et instruisent les plus ignorants. Simultanément, la presse jette, chaque jour, à la France, par des milliers de voix, les prédications démocratiques qui pénètrent partout, qui sont entendues partout. Les principes de liberté et d'égalité franchissent, en dépit de toutes les consignes, la grille de la caserne, et comptent autant de prosélytes sous l'uniforme du soldat que sous la blouse de l'ouvrier. Et chaque jour, chaque heure, ajoute à la vitesse de ce mouvement révolutionnaire, qui emporte le monde, le peuple et l'Armée !

Les lois qui régissent l'Armée ne sont pas, il est vrai, en rapport avec les progrès accomplis dans ses rangs ; elles laissent encore une trop grande part d'influence au Pouvoir et à l'Aristocratie ; lois de recrutement, d'avancement, loi sur l'état des officiers, code pénal, code de procédure, organisation des tribunaux militaires, tout cela réclame des réformes profondes, radicales. Mais, Dieu aidant, ces réformes s'accompliront. C'est le travail des législateurs futurs.

D'ailleurs, pour tous les esprits sérieux qui seraient préoccupés de l'existence des Armées permanentes dans les sociétés modernes, il est un fait qui doit dominer tout le débat, qui doit faire taire toutes les inquiétudes, toutes les craintes, c'est que la France ne saurait se passer d'une Armée permanente sans péril pour sa nationalité. Ce fait, nous le savons, a été contesté ; on a invoqué, pour le nier, les leçons de l'histoire, et des arguments empruntés, a-t-on dit, à la science militaire ; mais il est facile de réduire à leur juste valeur et ceux-ci et celles-là.

Pour prouver l'inutilité des Armées permanentes, pour démontrer qu'il suffirait à un état de se garder avec des milices, des gardes nationales, on a invoqué surtout l'insurrection des Américains du Nord contre les Anglais, des Espagnols contre Napoléon, et la résistance victorieuse de la France aux coalitions des rois de l'Europe.

Mais les Américains ne triomphèrent de leurs oppresseurs qu'avec le secours des bataillons français de Rochambeau et de Lafayette ; ils furent puissamment aidés dans leur lutte héroïque par les escadres françaises, espagnoles, hollandaises ; et, ce que beaucoup de personnes ignorent, c'est qu'après la perte de la bataille de Brooklyn, le Congrès décréta la formation d'une Armée permanente sur les instances pressantes de Washington.

Les Espagnols ne tinrent jamais en rase campagne contre les troupes françaises ; et ils auraient subi le joug du vainqueur sans l'assistance d'une Armée anglaise de cent mille hommes, sans les diversions opérées par les grandes puissances du Nord.

Enfin, à l'origine de nos guerres révolutionnaires, lors de l'invasion de Brunswick, la France avait sous ses drapeaux cent quarante mille hommes de troupes régulières, d'anciens soldats, d'anciens sous-officiers, et, malgré l'émigration, nombre d'officiers éprouvés dans les guerres de la Corse, de l'Amérique et des Indes. A la bataille de Valmy, qui décida la retraite des Prussiens, presque tous les combattants étaient de l'Armée régulière ; à la bataille de Jemmapes, qui nous donna la Belgique, le tiers seulement des troupes était formé de volontaires. Ce fut plus tard, en 1793, que la grande Convention, opérant la levée en masse de la Nation, l'Armée régulière disparut, en quelque sorte, au milieu d'un million de volontaires, de soldats improvisés. Mais cette année 1793 fut une année terrible pour la France ; les frontières furent forcées de toutes parts ; les coureurs ennemis se montrèrent aux portes de Saint-Quentin ; la route de Paris était ouverte ! L'entêtement des Anglais à prendre Dunkerque qu'ils voulaient garder pour leur compte, comme naguère ; l'opération divergente sur le Quesnoy, empêchèrent seuls que les destins de la France ne vinssent se jouer dans une bataille sous les murs de Paris.

Nos jeunes bataillons ne tardèrent pas à prendre une noble revanche de ces désastreux échecs ; mais leur apprentissage militaire faillit coûter bien cher à la patrie ! Ils furent courageux à leur début, grands dans la défaite, mais ils devinrent soldats seulement à force de combattre.

Nos premières campagnes révolutionnaires, la guerre d'Espagne, celle d'Amérique, ne sauraient donc être invoquées contre l'utilité des Armées permanentes. Tout au contraire, elles fournissent, on le voit, les meilleures preuves de la nécessité de leur existence.

Les mêmes hommes qui ont interrogé si superficiellement l'histoire militaire de ce dernier demi-siècle ont avancé aussi qu'il était inutile d'entretenir, à grands frais, des troupes régulières pendant la paix, par la raison qu'en quelques mois, en quelques semaines, on pouvait faire un excellent soldat d'un conscrit de vingt ans pris dans un comptoir, dans une faculté, dans un atelier, dans une ferme.

C'est encore là une erreur manifeste, un argument qui ne soutient pas la discussion.

En quelques mois, on ne forme pas un soldat d'artillerie, un sapeur ou un mineur du génie, un cavalier. Il faut plusieurs années pour instruire des sous-officiers de ces armes, et un temps plus long encore pour instruire des officiers ; mais, à ne considérer que l'infanterie dont le métier est plus facile, s'il est vrai que quelques mois suffisent, à la rigueur, pour donner à un jeune homme de recrue une assez bonne instruction mécanique, il n'en est pas de même de ce qu'on pourrait appeler l'instruction morale. Il faut au conscrit du temps, beaucoup de temps, pour s'habituer aux exigences de la discipline, et surtout pour en comprendre la nécessité. C'est à la longue seulement qu'il se pénètre des traditions vivantes dans le corps dont il fait partie ; qu'il apprend à connaître ses chefs et ses camarades, et que ceux-ci parviennent à le connaître ; précieuse corrélation d'où naît l'esprit de corps, cette source de tant de grandes choses, et la confiance qui, aux jours du danger, encourage les faibles et enhardit les forts !

Enfin, pour ne rien oublier, ce n'est pas en quelques mois que le conscrit s'habitue à l'hygiène de la caserne et du camp, au poids de ses armes, de son équipement, à la gêne de son habillement, aux marches, aux fatigues de toute sorte.

Avec des corps de nouvelle formation, composés de soldats non rompus au métier, vous aurez des traînards dans les marches en avant ; quelquefois de l'hésitation, trop souvent des désordres sur le champ de bataille ; rarement d'ensemble, le sang-froid désirables, toutes causes d'insuccès. Certes, l'amour de la patrie, l'enthousiasme de la liberté, *la Marseillaise, le chant du Départ,* chantés par des milliers de voix aux sourds accents du tambour, au bruit étourdissant du mousquet et du canon, enfantent des prodiges et peuvent donner la victoire ; mais l'enthousiasme peut faiblir ; et, plus d'une fois, la tactique a triomphé même du

fanatisme. Et alors le découragement, la démoralisation, et à leur suite les maladies, signalent les retraites et produisent les déroutes. Nous n'en avons eu que trop d'exemples.

Que si, maintenant, on veut bien remarquer que, depuis Napoléon, les Armées ont acquis une mobilité inouïe ; qu'il a enseigné à faire manœuvrer des centaines de mille hommes avec une précision, une célérité prodigieuses, à envahir un empire comme autrefois on occupait une province ; si l'on veut ne pas oublier que les leçons du grand capitaine n'ont pas été perdues ; si l'on prend en considération l'attitude des rois de l'Europe qui observent tous les mouvements de la Démocratie française, appuyés sur des Armées permanentes nombreuses, exercées de longue main, immédiatement mobilisables, on sera forcément amené à conclure qu'une Armée permanente est indispensable à la France.

Quant à la force numérique de cette Armée, elle doit être calculée, c'est chose évidente, d'après les relations internationales, l'état militaire des puissances européennes, la solidité de nos frontières, et surtout d'après la mission révolutionnaire du peuple français ; cette Armée doit être appuyée sur un bon système de défense. Derrière elle, il faut une réserve composée de soldats ayant passé au moins un an sous les drapeaux, et mobilisables en quelques semaines. Cette réserve doit être soutenue par une garde nationale fortement organisée, divisée en plusieurs bans ou catégories d'âge, et comprenant tous les citoyens en état de porter les armes.

Et, au jour de la lutte, l'Armée sera à l'avant-garde, debout sur la frontière ; la réserve marchera pour la soutenir ; la garde nationale maintiendra l'ordre à l'intérieur, gardera les places fortes, les camps retranchés, s'y exercera, s'y aguerrira peu-à-peu, et se tiendra prête à entrer en ligne au besoin. (V. GARDE NATIONALE, LANDWEHR, MILICE, RECRUTEMENT, ETC.)   Z. K.

ARMES. Les Armes en usage maintenant sont de deux sortes : les unes défensives, les autres offensives.

Les premières, la cuirasse et le casque, arment la grosse cavalerie, ou cavalerie de réserve, et les soldats du génie dans certaines circonstances de la guerre de siége. Les dragons ont le casque sans la cuirasse.

Les secondes se divisent en deux catégories : les Armes blanches et les Armes à feu. Celles-ci se divisent elles-mêmes en Armes portatives et en Armes non portatives, ou artillerie proprement dite.

Les Armes blanches en usage chez nous sont le sabre, la lance, et la baïonnette, qui est réunie au fusil par le moyen d'une douille.

Les Armes à feu portatives sont le fusil à silex, le pistolet, le mousqueton, le fusil de rempart qui est à percussion.

L'artillerie se compose 1° de canons de campagne, d'obusiers de campagne et de montagne ; 2° de canons, d'obusiers, de mortiers et de pierriers destinés à l'attaque et à la défense des places.

On comprend aussi dans l'artillerie les fusées à la Congrève.

Toutes les Armes et toutes les munitions de guerre sont fabriquées, en France, sous la direction exclusive du gouvernement, par l'intermédiaire, obligé du corps d'artillerie.

La question des Armes de guerre est intimement liée à celle de la défense de l'État. Le gouvernement doit non-seulement veiller à ce que les arsenaux nationaux soient constamment en état de fournir aux besoins de la guerre, mais encore s'occuper sans relâche de perfectionner et d'améliorer le matériel de guerre.

Le matériel de l'artillerie de terre a reçu depuis dix ans des modifications très-avantageuses : il est devenu plus mobile et beaucoup plus uniforme. Celui de l'artillerie de marine a fait aussi un grand pas par l'adoption d'une bouche à feu nouvelle. Mais les Armes portatives sont restées stationnaires depuis soixante ans ; on pourrait dire même, en négligeant quelques progrès de fabrication, depuis plus d'un siècle. Notre fusil de munition est encore ce qu'il était à Fontenoy, lourd, fatigant le soldat par un recul énorme, s'encrassant facilement, et inutile, quant à son feu, dès que le temps est pluvieux ou seulement humide.

L'Europe militaire est vivement préoccupée, en ce moment, de la transformation du fusil à silex en fusil à percussion. Aucune puissance n'a encore opéré cette révolution dans son armement. Partout on en est encore aux expériences ; mais il est probable que ce problème recevra, avant peu, une solution. Il ne reste plus que quelques difficultés de détail, qui sont sur le point d'être levées. On procède avec lenteur, car il s'agit, tout à-la-fois, de la défense nationale et de dépenses considérables ; et, en pareille occurrence, lenteur est sagesse.

En France, on est fixé sur le modèle du fusil à adopter. Plusieurs milliers d'Armes anciennes ont été transformées en Armes percutantes ; déjà, quelques bataillons les ont entre les mains. On n'attend plus que les résultats de cette dernière expérience pour faire subir la même transformation à toutes nos Armes à feu.

Il paraît arrêté aussi qu'un fusil percutant rayé à l'intérieur, ou carabiné, qui a été soumis à de nombreuses et savantes expériences, armera bientôt une partie de notre infanterie.

Les Armes à feu de la cavalerie participeront naturellement à ces améliorations importantes.

Mais ce ne sont pas seulement les machines de projection qui sont susceptibles de perfectionnement. La force motrice, la poudre, ce mélange de salpêtre, de soufre et de charbon, n'est pas, sans doute, le dernier mot de la chimie. Et, peut-être, n'est-il pas déraisonnable de penser qu'un mélange ou une combinaison d'autres corps, plus simple, plus économique, d'un transport plus facile et d'une puissance plus grande, viendra un jour remplacer le mélange en usage depuis cinq siècles pour lancer les projectiles de guerre.

La poudre à canon, a dit le général Foy, a rendu la guerre plébéienne. Elle a fait plus : elle a fait disparaître en partie les priviléges de la force phy-

sique ; elle a fait faire à l'humanité un pas de plus vers l'égalité. Qui sait si la découverte d'une force motrice meilleure n'ajouterait pas beaucoup à ce progrès immense ?

Comme nous l'avons dit, le gouvernement s'est réservé le monopole de la fabrication des Armes de guerre. Mais ce n'est pas tout ; aucune des Armes sorties de ses fabriques n'est livrée au commerce, en France ; et nul ne peut, sans encourir les rigueurs d'une loi spéciale, posséder, même dans le coin le plus reculé de sa maison, une arme de guerre quelconque, s'il n'est inscrit sur les contrôles de la garde nationale, et pourvu de cette arme par le gouvernement.

Il résulte, de ces mesures légales, que nos manufactures d'armes travaillent à des prix très-élevés, et que la majeure partie des citoyens reste étrangère au tir des armes à feu.

Double et admirable résultat pour un gouvernement national à la façon du nôtre, qui se soucie fort peu de ménager les deniers publics, et qui n'entend pas un coup de fusil sans penser en tremblant aux journées de juillet !   Z. K.

ARMES (JUGE D'), office créé par édit du mois de juin 1615, « en faveur d'un gentilhomme d'ancienne race et bien connaissant au fait des armes et blasons. » Le Juge d'armes avait mission spéciale de connaître de tout ce qui avait rapport aux armoiries ; appel de ses décisions était porté devant les maréchaux de France, qui prononçaient en dernier ressort. Il blasonnait les armoiries de ceux qui recevaient des lettres d'anoblissement. Cet office, supprimé en 1696, fut rétabli au mois d'avril 1701, en la personne de Pierre d'Hozier, qui en était antérieurement pourvu.

L'office de Juge d'armes s'est perpétué dans cette famille jusqu'à la Révolution de 1789. A la Restauration, il fut un moment question de le rétablir nominalement ; mais on y renonça, et l'on établit, en faveur du président d'Hozier, une charge analogue, sous le titre de *vérificateur des armoiries près le sceau des titres*.   B.-C.

ARMES (ROIS ET HÉRAUTS D'). L'institution des Hérauts d'armes remonte aux premiers temps de la monarchie. A l'époque de la féodalité, les rois et les grands vassaux de chaque province entretenaient près de leurs personnes un corps de Hérauts d'armes, soumis au commandement d'un chef qu'on appelait Roi. Ces officiers négociaient, au nom du prince, les traités d'alliance et de mariage, portaient les propositions de paix ou les défis de guerre. Ils assistaient à toutes les actions militaires, aux combats en champ clos, aux tournois, aux mariages, aux couronnements des rois, aux fêtes publiques, et généralement à toutes les solennités, où se mêlait constamment alors un appareil guerrier. Leurs personnes étaient sacrées ; amis et ennemis avaient pour eux un égal respect. Ils s'obligeaient par serment à conserver un secret inviolable à tout le monde ; il ne leur était pas même permis de révéler les entreprises contraires à leurs maîtres, si elles leur étaient confiées. Une de leurs principales fonctions était de tenir registre des familles nobles. Ils dressaient dans chaque province des états contenant les noms, surnoms, armoiries et noblesse des fiefs, des seigneurs et gentilshommes. Tous les trois ans, les Rois d'armes des provinces s'assemblaient et remettaient ces états au Roi d'armes du roi, Montjoie, qui en composait un nobiliaire général. Par ce moyen, le monarque pouvait, en tout temps, connaître le nombre et les revenus des nobles, qui constituaient alors la véritable force militaire de l'État.

Le corps des Hérauts d'armes se divisait en trois classes ou degrés subordonnés l'un à l'autre. La première classe était celle des *chevaucheurs ;* la seconde, celle des *poursuivants ;* la troisième, celle des *Hérauts.* Ceux qui se vouaient à cette carrière ne parvenaient d'une classe à l'autre que successivement, et après un nombre déterminé d'années de service dans les armées et dans les cours.

Les chevaucheurs remplissaient les fonctions les plus pénibles et les moins importantes. Ils devaient se tenir constamment prêts à exécuter les commissions dont leur seigneur jugeait utile de les charger ; et lorsque celui-ci commandait les armées, ils portaient ses ordres aux différents chefs de corps, à moins que l'accomplissement de cette tâche ne réclamât plus d'expérience qu'ils n'en avaient ; dans ce cas, la mission était confiée aux poursuivants d'armes. Ces derniers officiers servaient d'aides-de-camp aux généraux.

On ne parvenait au grade de Héraut qu'après avoir exercé pendant sept ans les fonctions de poursuivant. Le grade de Héraut conférait la noblesse à celui qui en était pourvu.

Les Rois d'armes prenaient place à la table du roi, lorsque leur naissance leur permettait d'aspirer à un tel honneur. C'est ce qui arriva à Robert Dorfin, sous Dagobert, et à François de Roussy, sous Philippe-Auguste.

C'était le Roi d'armes Montjoie qui présidait aux obsèques des rois et qui poussait le cri : « Le roi « est mort ; vive le roi ! »

Des profits considérables étaient souvent attachés à la charge de Héraut et de Roi d'armes. Les vêtements, vases et ustensiles servant aux sacres et baptêmes des rois leur appartenaient, de même que la coupe d'or dans laquelle buvaient les rois dans les festins d'apparat. Indépendamment de cela, il n'y avait pas de grandes fêtes dans lesquelles il ne leur fût fait d'abondantes largesses ; et c'était une règle dans les joûtes, tournois et faits d'armes, que les tenants étaient obligés de leur donner tout ce qui tombait à terre pendant le combat : « A savoir, dit un vieil histo-« rien, le cheval, les armes et autres parements « de guerre, excepté le livre et les reliques sur « lesquels les tenants et soutenants faisaient ser-« ment. »

Il existait encore des Hérauts d'armes sous la Restauration ; mais leur ancienne organisation avait été abandonnée, et ils n'avaient plus guère de fonctions à remplir que dans quelques solennités. B.-C.

ARMISTICE, trève, suspension d'armes ; —

convention conclue entre deux ou plusieurs puissances belligérantes dans le but de faire cesser les hostilités pour un temps plus ou moins long.

L'Armistice peut être *général,* et alors il suspend toutes les opérations militaires des puissances ennemies. Dans ce cas, il doit être consenti par les Souverains ; l'autorité des chefs militaires ne suffit pas. L'Armistice est *particulier* lorsque la convention s'applique seulement à deux corps d'armée en présence, sans s'étendre à d'autres corps agissant sous d'autres généraux. L'Armistice particulier peut être signé par le général en chef. C'est ainsi que le général Bonaparte conclut avec l'archiduc Charles l'Armistice de Léoben, qui servit de prélude au traité de Campo-Formio.

L'Armistice ou trève est conclu pour un temps limité ou illimité. Dans ce dernier cas, le droit des gens et la loyauté veulent qu'avant de reprendre les hostilités on avertisse l'ennemi. C'est ce qui s'appelle *dénoncer l'Armistice.*

Quelquefois, l'Armistice illimité, ou à long terme, n'est autre chose qu'une paix déguisée. Telle fut la trève conclue entre l'Espagne et les Pays-Bas révoltés au temps de Philippe II. L'orgueil castillan ne voulant pas paraître transiger avec des rebelles, on appela trève ce qui était en effet une paix véritable.

Un Armistice général entre deux puissances peut-il s'étendre aux opérations navales ? C'est une question qui occupa vivement la diplomatie au commencement de ce siècle. Les Anglais prétendaient profiter sur terre d'un Armistice, et en même temps poursuivre leurs avantages sur mer. Cette prétention inadmissible fit rompre les négociations entamées en 1800, entre la République française et la Grande-Bretagne.

Nous ne parlerons pas ici des remises de places ou d'ôtages, exigées comme garantie de l'exécution loyale des conventions appelées Armistices. L'histoire montre que ces garanties ont presque toujours été illusoires. Nous dirons seulement que places fortes et ôtages doivent être remis fidèlement à l'expiration de l'Armistice, et qu'ils sont perdus pour celui qui viole la convention. J. B.

ARRESTATION. C'est le fait d'appréhender au corps un citoyen pour le détenir en prison. Partout, la loi sociale a autorisé, dans des cas déterminés, cette suspension du droit naturel qui garantit à chaque individu sa liberté ; elle l'a autorisée, soit comme moyen d'assurer le cours de la justice, soit comme expiation d'une faute envers la Société.

Mais si la liberté individuelle doit, en bonne police, être subordonnée à la puissance judiciaire chargée de veiller au maintien des lois, nulle part où il existe quelque notion de droit public elle ne peut être livrée à la merci du pouvoir politique. Trop souvent, en effet, la violence se substituant au droit et se couvrant d'une prétendue raison d'état, s'est jouée de la liberté des citoyens. La Bastille, les plombs de Venise, les prisons du Spielberg, ont dévoré en silence bien des victimes du despotisme. Mais, tôt ou tard, la force détruit ce qui n'existait que par la force, et de funèbres représailles viennent apprendre au monde qu'on ne dégrade pas impunément les peuples.

En France, la Bastille en tombant a ouvert une ère nouvelle. Le principe de la liberté individuelle a été inscrit dans toutes les constitutions qui se sont succédé depuis lors. Si le pouvoir n'a pas toujours respecté ce principe, si les mœurs publiques ne l'ont pas toujours assez énergiquement défendu, du moins est-il resté debout. Chaque citoyen sait qu'il peut invoquer la Charte qui dit : « Nul ne sera poursuivi ni arrêté que dans les cas prévus par la loi et dans la forme qu'elle prescrit,» et le Code pénal, qui prononce des peines sévères, même celle des travaux forcés, contre ceux qui se rendent coupables d'attentats à la liberté individuelle.

L'Arrestation que la loi légitime est, ou préventive, ou répressive, selon qu'elle précède le jugement comme garantie que l'inculpé, s'il est coupable, n'échappera pas à la vindicte publique, ou qu'elle le suive comme conséquence pénale.

L'Arrestation préventive était inconnue des anciens. La présomption d'innocence ne cessait de protéger le citoyen, même accusé, et jusqu'au jugement il restait libre. Au moyen-âge, et depuis, sous la monarchie absolue, un tout autre ordre d'idées devait prévaloir. La liberté des hommes n'était pas estimée alors d'un si grand prix qu'on la mît en balance avec l'intérêt du Souverain en qui se résumaient les lois et la Société. Malheur à celui que l'indice le plus léger, la dénonciation la plus futile désignaient à une justice trop peu soucieuse des droits de chacun !

Depuis qu'une grande réforme sociale a enseigné le respect de toutes les libertés, l'Arrestation préventive est néanmoins restée dans nos Codes ; elle est appliquée tous les jours, souvent avec rigueur, et, il faut bien le dire, sans que l'opinion s'en alarme. C'est que la pente de notre civilisation est surtout vers le maintien de l'ordre matériel, dans cette vaste société où les liens moraux sont si déplorablement relâchés; c'est qu'on s'y préoccupe bien davantage de mettre les intérêts à l'abri des moindres chances de danger que de maintenir, dans leur intégrité, des droits qui ne sont violés le plus souvent que dans la personne des citoyens trop obscurs. Nos institutions criminelles laissent à cet égard aux magistrats une latitude énorme ; tous ne comprennent pas assez quelle responsabilité ils assument en disposant légèrement de la liberté des hommes dénoncés à leurs soupçons. En 1819, un garde-des-sceaux, M. de Serres, trouva à cet égard les abus assez nombreux et assez criants pour en faire l'objet d'une circulaire dans laquelle il rappela aux officiers de police judiciaire les limites que l'esprit de la loi impose au pouvoir discrétionnaire qui leur est laissé.

Comme cette matière touche au droit le plus précieux des citoyens, nous croyons devoir présenter des notions précises sur les cas où l'Arrestation est prescrite ou autorisée par la loi, sur les officiers publics à qui il appartient de l'ordonner,

sur les formes dans lesquelles elle doit être exécutée.

Il est de principe que toute personne, de quelque qualité qu'elle soit, inculpée d'un crime, doit être mise en état d'Arrestation préventive. La gravité du fait, le danger qu'un criminel peut faire courir à la Société, l'intérêt qu'il a de se soustraire à la sévérité de la loi, tout légitime la rigueur des précautions à prendre à l'égard de celui que le soupçon a atteint. Hâtons-nous, toutefois, d'ajouter que le magistrat n'est jamais tenu de sacrifier la liberté d'un homme à une plainte sans vraisemblance, à une dénonciation qu'il peut croire téméraire ou calomnieuse. Il importe aussi de signaler les exceptions que la Charte et des lois spéciales ont établies en faveur de certaines personnes, à raison des fonctions dont elles sont revêtues. Ainsi, pairs, députés (durant la session et dans les six semaines qui l'auront précédée ou suivie), ministres, membres du Conseil-d'État, ne peuvent être mis en état d'Arrestation, hors le cas de flagrant délit, qu'avec l'autorisation des grands corps de l'État auxquels ils appartiennent ; et la peine de la dégradation civique est prononcée contre tout magistrat et officier de police judiciaire qui violerait leur privilége à cet égard.

Lorsque l'inculpation ne porte que sur un fait de nature à être puni correctionnellement, la règle doit être le respect de la liberté individuelle. Le droit d'Arrestation n'est alors qu'une faculté exceptionnelle accordée au juge d'instruction pour les cas où il y aurait lieu de craindre que l'inculpé n'abusât de sa liberté , soit pour commettre de nouveaux délits, soit pour enlever à la justice les preuves du fait incriminé ou les moyens d'en assurer la répression. Toutefois, si l'inculpé n'a pas de domicile connu, comme toutes garanties échappent au pouvoir judiciaire à son égard, il doit être mis immédiatement en état d'Arrestation.

Le juge d'instruction est le magistrat spécialement investi du droit de décerner les mandats en vertu desquels les agents de la police judiciaire peuvent arrêter un citoyen. Institué pour constater les crimes et délits , il a pour devoir de faire comparaître devant lui les personnes inculpées, de les interroger, et de disposer d'elles comme l'exigent ou les règles générales du droit criminel, ou les circonstances particulières des affaires dont il est saisi. Quand il n'y a pas lieu d'user de contrainte, le juge d'instruction appelle l'inculpé devant lui par un simple mandat de comparution. C'est au contraire par un mandat d'amener, que la force publique doit au besoin mettre à exécution, qu'il le contraint à venir subir un premier interrogatoire. Si, après l'interrogatoire, il y a lieu de s'assurer de la personne du prévenu, le juge d'instruction le retient en prison par un mandat de dépôt; enfin, il frappe d'un mandat d'arrêt celui qui , au lieu de comparaître pour dissiper les charges qui s'élèvent contre lui, paraît vouloir se soustraire aux informations de la justice.

Le droit d'Arrestation n'est pas concédé aux juges d'instruction seulement; comme il peut arriver que les procureurs du roi, dans la recherche des crimes et délits, leur principale attribution, reconnaissent la nécessité et l'urgence de procéder immédiatement à l'Arrestation des inculpés, la loi leur en a donné la faculté. Ils ont le droit de faire saisir le prévenu, ou, s'il est absent, de décerner contre lui un mandat d'amener. Deux conditions, toutefois, doivent être observées : la première, c'est que le procureur du roi n'use de ce pouvoir extraordinaire que dans le cas de flagrant délit ; la seconde, c'est que le prévenu soit mis sur-le-champ à la disposition du juge d'instruction, ainsi que les procès-verbaux dressés, avec les pièces et instruments saisis.

Dans cette circonstance exceptionnelle, le pouvoir accordé au procureur du roi de faire saisir le prévenu, et même de décerner contre lui un mandat d'amener, s'étend à ses substituts et aux officiers de police que la loi désigne comme ses auxiliaires, c'est-à-dire aux juges-de-paix, aux officiers de gendarmerie, aux commissaires-généraux de police. Il s'étend également aux préfets.

Indépendamment du droit d'Arrestation exercé dans sa plénitude par l'autorité judiciaire, qui suspend la liberté individuelle, il existe un droit de police confié à une magistrature secondaire, aux maires ou à leurs adjoints, et aux commissaires de police, et exercé sous eux par les gardes-champêtres et forestiers et autres agents de la force publique, droit en vertu duquel tout individu troublant d'une manière grave l'ordre public, commettant un fait de nature à être puni d'emprisonnement, peut être à l'instant saisi, conduit devant le magistrat de police, interrogé par lui, puis remis, s'il y a lieu, à la disposition de l'autorité judiciaire. Les simples gendarmes même sont autorisés à arrêter, sans mandat de justice, les déserteurs, vagabonds, mendiants, maraudeurs, auteurs de violences envers les personnes, etc.

Enfin, le Code d'instruction criminelle prescrit comme un devoir à tous les agents de la force publique, et même à toute personne, de saisir le prévenu surpris en flagrant délit et de le conduire devant le procureur du roi si le fait est de nature à emporter une peine afflictive ou infamante.

Hors les cas exceptionnels que nous venons d'énumérer, l'Arrestation ne doit s'opérer qu'à l'aide d'un mandat écrit, émané d'un fonctionnaire ayant pouvoir de le décerner. Ce mandat est notifié par un huissier ou par un agent de la force publique, qui est tenu d'en faire l'exhibition au prévenu et de lui en délivrer copie. Le prévenu doit déférer au mandat qui lui est représenté, sinon il y est contraint par la force publique que le porteur du mandat est autorisé à requérir, et qui est tenue de marcher à cette réquisition.

L'Arrestation *répressive* est celle qui est la conséquence d'une condamnation judiciaire emportant emprisonnement, ou nécessitant pour son exécution la main-mise de la justice sur la personne du condamné. C'est alors en vertu d'un jugement ou arrêt que l'Arrestation s'opère ; c'est par leur notification dans la même forme que celle du mandat que le condamné est mis en demeure, et qu'à défaut de soumission il peut être contraint

par la force. L'Arrestation répressive, justifiée par la loi pénale et par la présomption de vérité qui s'attache aux jugements, ne peut donner lieu aux mêmes critiques que l'Arrestation préventive. Comme cette dernière, elle ne fait pas venir à l'esprit cette pensée pénible que, peut-être, l'homme, en butte à toutes les rigueurs de la justice, n'est pas le coupable qu'elle cherche ; et que, lorsqu'elle-même l'aura reconnu, lorsqu'elle sera forcée d'ouvrir les portes de la prison qui ne devaient pas se refermer sur lui, nulle consolation, nulle réparation ne sera accordée à cette victime sacrifiée à des nécessités de police.

Il est des cas spéciaux dans lesquels le droit d'Arrestation est accordé, par exemple, au magistrat qui préside une audience pour réprimer le trouble qui y serait apporté, au père de famille pour faire respecter son autorité, au créancier pour contraindre un débiteur à l'acquit de ses obligations. Il en sera mieux qu'ici traité aux mots : PUISSANCE PATERNELLE, CONTRAINTE PAR CORPS.

H. CORNE, député.

ARRÊT. Jugement rendu par une Cour souveraine.

L'expression *arrestum*, d'où l'on a fait *arrest* et enfin Arrêt, fut employée seulement vers la fin du treizième siècle : on la trouve pour la première fois dans le dispositif d'un jugement rendu en faveur du duc d'Alençon contre le roi, en 1278.

Alors, la justice se rendait sans frais (heureux temps pour les justiciables) ; les Arrêts ne coûtaient rien aux parties : le roi assignait un fonds sur lequel le greffier était payé. Mais, sous le règne de Charles VIII, un commis ayant emporté les fonds destinés à payer les Arrêts, les ministres persuadèrent au roi qu'il était de toute justice que les plaideurs payassent les Arrêts qu'ils obtenaient, et l'usage s'en est conservé jusqu'à nous.

Le mot Arrêt est l'expression générique par laquelle on désigne les jugements des Cours souveraines. Lorsqu'on veut caractériser une espèce, on ajoute au mot Arrêt l'expression qui la caractérise. Ainsi on dit : Arrêt provisoire, Arrêt interlocutoire, Arrêt définitif.

Sous l'empire de notre ancienne organisation judiciaire, les Cours souveraines étaient les Parlements, les Chambres des comptes, les Cours des aides, les Conseils supérieurs, et enfin les Cours des Monnaies.

On donnait aussi le nom d'Arrêts aux décisions prises par le Conseil du roi. Ces Arrêts étaient explicatifs ou seulement confirmatifs d'une loi antérieure, faite par édit, déclaration ou lettres patentes. Les uns étaient rendus par le roi pour servir de règlement, d'autres l'étaient sur des contestations particulières.

On distinguait encore l'Arrêt de prince, qui était l'ordre royal en vertu duquel on retenait dans un port les vaisseaux qui s'y trouvaient au moment où la guerre éclatait, afin d'empêcher qu'ils fussent capturés par l'ennemi.

Cet état de choses s'est maintenu jusqu'à la fin du dix-huitième siècle : alors, une ère nouvelle s'ouvrit, et la prise de la Bastille fut le signal de la régénération morale, sociale, politique et judiciaire de la France. La nuit du 4 août 1789 avait été le tombeau de la féodalité. L'Assemblée constituante, après avoir aboli les droits féodaux, ne pouvait laisser subsister des tribunaux qui étaient l'expression vivante de la féodalité : par son décret des 6, 7, 11 septembre 1790, elle abolit les Parlements, les Cours des Monnaies, les Cours des aides, enfin, tous les tribunaux d'ancienne création. Avec ces différentes juridictions disparut l'expression Arrêt. La nouvelle organisation judiciaire leur substitua des tribunaux dont les décisions prirent le nom de jugements : le tribunal de cassation lui-même rendait des jugements.

Quatorze années plus tard, lorsque Bonaparte échangea le titre de premier consul de la République contre celui d'empereur des Français, le mot Arrêt reparut dans le langage du droit. Les tribunaux de la République ne pouvaient suffire à l'empereur ; il lui fallut des Cours de justice, et leurs jugements furent de nouveau intitulés Arrêts. (Art. 134 du sénatus-consulte organique du 28 floréal an XII.)

Ces Cours étaient la haute Cour impériale, la Cour de cassation, les Cours d'appel, les Cours de justice criminelle et les Cours spéciales.

La Restauration maintint ce système d'organisation judiciaire, et le mot Arrêt fut applicable aux décisions des mêmes tribunaux sous des noms différents. Les Cours spéciales furent remplacées par des Cours prévotales.

Aujourd'hui, la dénomination d'Arrêt est exclusivement réservée aux décisions rendues par les Cours royales, les Cours d'assises, la Cour de cassation, la Cour des comptes et la Cour des pairs.

C'est uniquement par respect pour les faits accomplis que nous mentionnons cette dernière espèce d'Arrêt. La Cour des pairs n'ayant pas une existence légale, les Arrêts qu'elle rend sont virtuellement entachés d'arbitraire et d'illégalité. En fait, il y a des Arrêts de la Cour des pairs, mais le fait n'est pas plus le droit que la licence n'est la liberté. L'article 28 de la Charte a déféré à la Chambre des pairs la connaissance des crimes de haute trahison et des attentats à la sûreté de l'État, qui seraient définis par la loi. Le principe de la juridiction de la Chambre se trouve bien dans cet article, mais il est encore à l'état d'embryon ; il a besoin d'une loi qui vienne lui donner l'existence, en définissant les divers crimes pour lesquels elle sera compétente. Cette loi n'existe pas. (V. COUR DES PAIRS.)

La Révolution de 1830 nous a délivrés des Cours spéciales et de leurs Arrêts : c'était une arme puissante entre les mains du despotisme. Espérons qu'elles n'en rendront plus. L'article 54 de la Charte de 1830 n'aura pas en vain décrété l'abolition des tribunaux d'exception ; et si jamais le pouvoir était tenté de l'oublier, nous lui rappellerions l'Arrêt rendu en 1832 par la Cour de cassation, Arrêt qui a proclamé l'illégalité de l'état de siége, et des jugements rendus par des Conseils de guerre contre des citoyens prévenus d'avoir attenté à la sûreté de l'État.　　　　ÉMILE DARRACQ.

ARRÊTISTE. Celui qui fait un recueil d'Arrêts. Le premier recueil d'Arrêts fut publié à la fin du treizième siècle, sous le règne de Philippe-le-Bel, par Jean de Mont-Luc.

ARRÊTÉ. Une des formes des actes de l'autorité publique. Les décisions par lesquelles un ministre réglemente quelques-unes des matières de sa compétence, ou appelle une personne à remplir des fonctions administratives, se nomment Arrêté. —Les préfets, sous-préfets et maires, les commissaires-généraux de police de Paris prennent des Arrêtés. Dans les cas particuliers, ces Arrêtés sont obligatoires tant que l'autorité supérieure ne les a pas cassés, et, jusque-là, les tribunaux doivent se déclarer incompétents pour juger les contestations que leur exécution aurait soulevées. Dans les cas de mesures générales d'ordre public, les tribunaux, s'il est question de police municipale, doivent faire appliquer les Arrêtés ; et, s'il est question de matières réglées par la loi, c'est à celle-ci que les magistrats doivent se référer. — Le gouvernement consulaire prenait des Arrêtés réglant les matières administratives et de police générale, et tout ce qui s'y rattachait.

Sous la Convention, les représentants du peuple envoyés en mission prenaient des Arrêtés qui avaient force de loi, tant qu'ils n'avaient pas été réformés par la Convention elle-même ou par les Comités du gouvernement. Ceux-ci prenaient également des Arrêtés.　　　F. B.-C.

ARRONDISSEMENT. Subdivision politique du territoire, soit pour le service de l'administration, soit pour la distribution de la justice aux citoyens, soit enfin pour l'exercice de certains droits ou l'accomplissement de certains devoirs. D'après la constitution de l'an VIII, les départements de la France furent divisés en *Arrondissements communaux*, au nombre de 362. Chaque Arrondissement est le siége d'une administration secondaire nommée *sous-préfecture*, et d'un tribunal de première instance. Dans les chefs-lieux de département, le préfet remplit en même temps les fonctions de sous-préfet. La population moyenne des Arrondissements est de 90,000 habitants, leur superficie, également moyenne, de 144 mille hectares.

Il y a, dans chaque Arrondissement, un conseil nommé par les cantons, qui se réunit deux fois par an ; la première, pour exprimer les vœux de l'Arrondissement ; la seconde, pour le partage de l'impôt direct entre les communes dont il est composé. (V. CONSEIL D'ARRONDISSEMENT.) Nous ferons connaître, au mot CANTON, les graves inconvénients de la subdivision du territoire telle qu'elle existe aujourd'hui.

D'après les derniers changements faits aux institutions du royaume, la France est maintenant divisée en 459 Arrondissements électoraux, qui nomment chacun un député. (V. COLLÉGES ÉLECTORAUX, DÉPUTÉS, ÉLECTIONS.)　　A. BILLIARD.

ARTICLE. Le mot Article, dans le langage politique, peut s'entendre de trois manières différentes.

On se sert de ce mot pour qualifier les diverses dispositions d'un décret, d'une loi, d'une ordonnance ou d'un réglement d'administration publique.

Article se dit aussi des diverses clauses d'un traité diplomatique ou d'un contrat passé entre le gouvernement et des particuliers.

Enfin, ce mot a une troisième signification qui s'applique à la presse. On l'emploie lorsqu'on veut indiquer les différentes matières dont se compose un journal.

Les mauvais gouvernements cherchent toujours à introduire dans les lois, dans les ordonnances ou dans les réglements d'administration publique, les *Articles* qui peuvent avoir pour effet de favoriser l'arbitraire du pouvoir ; dans les traités diplomatiques, ils acceptent, comme cela s'est quelquefois vu en France, des *Articles* qui autorisent le démembrement du territoire ou qui compromettent l'honneur et l'indépendance nationale ; enfin, il n'est rien qu'ils redoutent autant que les *Articles* de journaux écrits avec franchise et avec talent ; car, aujourd'hui, avec de la franchise et du talent, les écrivains sont une puissance plus redoutable que les pouvoirs politiques qui font les lois et qui ratifient les traités.   D. D.

ASIE. La plus étendue des cinq parties du monde, celle qui renferme la population la plus considérable, et où se trouvent les plateaux les plus élevés ainsi que les montagnes les plus hautes du globe. Sa superficie, en retranchant même la Malaisie (archipel indien) comptée parmi ses dépendances, par les géographes allemands et anglais, comprend 12,118,000 milles carrés, tandis que la surface de l'Europe n'en présente que 2,793,000 ; elle renferme une population totale d'environ 390 millions d'habitants, quand on n'en compte en Europe que 227,700,000.

L'Asie est bornée, au nord, par l'Océan glacial arctique et par le détroit ou la mer de Behring ; à l'est, par le grand Océan et la mer de la Chine ; au sud, par la mer des Indes ; et, à l'ouest, par le détroit de Bab-el-Manheb, la côte arabique de la mer Rouge, l'isthme de Suez, par celle des côtes de la Méditerranée qui longe la Syrie et l'Asie-Mineure, par les Dardanelles, la mer de Marmara et le canal de Constantinople, par la partie de côte de la mer Noire qui court le long de l'Anatolie et de l'Abasie, par la principale chaîne des monts Caucase, la mer Caspienne, le fleuve Oural et la chaîne des montagnes Ouraliennes.

L'Asie renferme quatre grands empires ayant leur centre et leur capitale sur le sol même de cette partie du monde : l'empire chinois, l'empire japonais, l'empire d'An-Nam et l'empire Birman. Deux empires, ayant leur siége en Europe, y comptent des possessions étendues : l'empire ottoman et l'empire russe. Elle renferme sept royaumes qui y ont également leur centre et leur capitale : les royaumes de Siam, de Sindhia, de Népal, de Lahore, de Kaboul, de Hérat et de Perse ou d'Iran. Quatre royaumes, ayant leur siége en Europe, y possèdent des territoires plus ou moins considérables : les royaumes d'Angleterre, de France, de Portugal et de Danemarck. L'Asie compte, en outre, une principauté, celle du Shindy ; une confédération, celle des Béloutchis ; trois khanats, ceux de Boukhara, de Khiva et de Khokhan ; enfin deux imanats, ceux de Yémen et de Mascate.

La plupart des noms que nous venons de citer devant former l'objet d'un travail spécial, nous nous bornerons, dans cet article, à une appréciation d'ensemble, et à des considérations générales.

L'Asie est le berceau du monde ; c'est là que les mœurs, les religions, les sciences et l'histoire de toutes les autres parties du globe ont leur source. Il n'est pas un peuple qui ne doive y aller chercher son origine. Nous ne connaissons pas une seule branche des connaissances humaines, pas une croyance, pas une forme politique, que l'on ne puisse retrouver dans ses traditions ou dans ses livres, ou qui n'aient eu leur placu dans son antique civilisation. L'Asie renfermait déjà des nations riches et puissantes ; son industrie, ses arts et sa science étaient déjà avancés lorsque l'Égypte voyait élever ses premiers édifices, lorsque la Grèce ne renfermait encore que des peuplades barbares, et lorsque le reste de l'Europe était presque inhabité. De toutes les puissances européennes actuelles, la France est celle dont l'existence politique remonte le plus loin ; elle ne compte pourtant que 1,383 ans de durée (1) ; 2,593 ans se sont écoulés depuis la fondation de Rome ; 3,600 ans nous séparent des temps héroïques de la Grèce ; les traditions font remonter à 4,400 années l'époque égyptienne la plus lointaine ; ces longévités historiques, quelqu'exagérées qu'on veuille les supposer pour Rome, l'Égypte et la Grèce ne sauraient pourtant approcher de l'antiquité accordée aux nations asiatiques. Ainsi, l'une d'elles, la Chine, qui renferme 170 millions d'habitans, et que l'on ne range pas au nombre des empires les plus anciens de cette partie du monde, la Chine possède, assure-t-on, des annales authentiques qui se succèdent sans interruption depuis plus de 5,000 ans.

Dans son immense étendue, l'Asie embrasse toutes les zônes. Limitée d'un côté par l'équateur, et de l'autre par le pôle, elle renferme des populations qui subissent les chaleurs intolérables de la zône torride, tandis que d'autres végètent au milieu des neiges et des glaces de la zône glaciale. Assise ainsi sur toute une moitié d'hémisphère, l'Asie comprend toutes les variétés de race et de gouvernement. La peau de ses habitants passe de la couleur blanche à la couleur noire et leurs traits vont du type arabe au type nègre par des nuances dont la variété est infinie. On y trouve, à-la-fois, les espèces humaines les plus vigoureuses, les plus belles, et ces races Samoyèdes et Kamtchadales, les plus chétives et les plus difformes du globe. Enfin, l'on y rencontre toutes les formes de société et de gouvernement, depuis les peuplades vivant sans chefs, sans lois, sans organisation d'aucune sorte

(1) Depuis l'avénement de Childéric, père de Clovis, en 456.

jusqu'à l'autocratie sacerdotale ou militaire la plus absolue.

On divise les peuples qui habitent aujourd'hui l'Asie en vingt-et-une familles principales dont voici les noms : Sémétique ou Arabe, Géorgienne, Arménienne, Abase, Persane, Hindoue, Malabare, Thibétaine, Chinoise, Birmane, Siamoise, Anamite, Coréenne, Malaise, Japonaise, Tongouse, Mongole, Turke, Samoyède, Kamtchadale et Ouralienne. Les religions qui se partagent cette partie du monde sont : le christianisme, l'islamisme, le brahmanisme, le bouddhisme, la doctrine de Confucius, la religion de Sin-to, le culte des esprits, celui du feu, des astres, des animaux, des plantes, etc.

L'Asie *politique* se divise en neuf grandes régions : l'Asie ottomane ; la péninsule arabique ; la Perse ou l'Iran, où se trouvent les trois royaumes de Perse proprement dite, de Kaboul et de Kandahar, et la confédération des Béloutchis ; le Turkestan indépendant, qui comprend les Khanats de Boukhara, de Khokhan, de Khiva, le territoire des Kirghiz indépendants, etc. ; l'Inde, subdivisée en plusieurs états, dont l'empire anglo-indou, les royaumes de Sindhia et de Népal, la confédération des Selkhs et la principauté du Sind, sont les principaux (c'est aussi à cette région qu'appartiennent les territoires occupés par la France, le Danemarck et le Portugal) ; l'Inde-Transgangétique, dont les principaux états sont les empires Birman et d'An-nam et le royaume de Siam (les Anglais y ont acquis, depuis quelques années, de vastes et importants territoires) ; l'empire chinois, qui comprend la Chine, le Thibet, le Boutan, la Corée, la Mongolie, le Turkestan oriental ou la petite Boukharie, et le pays des Mandchoux (les Portugais y possèdent la ville de Macao, dans la province de Canton) ; l'empire du Japon ; enfin, l'Asie russe, qui comprend la Sibérie et la région du Caucase.

Voici l'exposé rapide de la forme et des principes politiques qui régissent chacune de ces régions :

L'Asie turque est soumise au pouvoir absolu des descendants d'Othman. Ces souverains réunissent dans leur personne la double puissance temporelle et religieuse. (V. TURQUIE.)

Il y a vingt ans, l'Arabie, moins l'imanat de Mascate, ne formait qu'un immense empire soumis à la domination de Wahabys ; aujourd'hui, les Wahabys n'existent plus comme nation ; ils vivent en tribus, dispersés dans les sables et sur quelques oasis de l'Arabie centrale : c'est Méhémet-Ali qui a hérité de leurs conquêtes et de leur puissance ; quand l'Arabie leur obéissait, l'organisation de ses villes et de ses tribus était toute républicaine ; l'élection dominait tous les degrés de son organisation politique ; depuis les victoires du vice-roi d'Égypte, cette vaste Péninsule subit la servitude commune à toutes les possessions soumises au sabre des Turcs. (V. ARABIE.)

Le gouvernement de la Perse proprement dite est le despotisme pur, tempéré, comme en Turquie, par la révolte des sujets et par l'assassinat du Souverain. Quant aux royaumes de Kaboul et de Kandahar et à la confédération des Béloutchis,

leurs populations, en grande partie nomades, sont gouvernées par des Khans, dont l'autorité, bien que bornée, se perpétuerait pourtant par droit d'hérédité si leurs sujets ne venaient souvent interrompre la succession par la déposition ou par le meurtre. Ces dernières agglomérations politiques sont, au reste, plutôt nominales que réelles ; telle tribu qui se reconnaissait hier vassale du Khan de Kaboul ou de Kandahar se déclare le lendemain tribu indépendante. Hormis la Perse, où le despotisme se trouve assez solidement assis, sinon dans la personne, du moins dans la dignité royale, toutes les contrées comprises entre le Tigre et l'Indus sont dans une anarchie dont la continuité constitue pour elles une sorte d'état régulier. (V. PERSE.)

Le Turkestan indépendant comprend les Khanats de Boukhara, de Khiva et de Khokhan. Le gouvernement de ces divers états est despotique ; l'arbitraire s'y trouve toutefois tempéré par deux influences : la loi religieuse et les habitudes nomades d'une grande partie de la population. Le Khanat de Boukhara diffère des Khanats voisins, en ce que le pouvoir s'y trouve dans les mains d'une sorte d'aristocratie théocratique que la ferveur religieuse des habitants oblige à un respect sévère pour les prescriptions du Koran ; le Boukhara est peut-être de toutes les contrées musulmanes celle où les préceptes du prophète sont le plus rigidement observés.

Les nombreux princes indigènes qui règnent encore sur une grande partie de l'Inde jouissent sur leurs sujets d'un pouvoir absolu que modifient, pourtant, dans plusieurs états, certains partages d'influence et d'autorité. Ainsi, dans la confédération des Sheiks, dans les états des princes Maharattes, dans ceux de l'Adjmir, aussi bien que dans plusieurs autres principautés tributaires des Anglais, on trouve une organisation politique qui présente les plus frappants rapports avec notre vieille organisation féodale.

Dans ses possessions immédiates, la compagnie anglaise des Indes-Orientales a laissé subsister les lois du pays ; elle s'est bornée à introduire quelques améliorations dans le mode d'administration de la justice et dans tout ce qui concerne la police. Le Grand-Mogol Akbar II existe encore à Delhi, richement pensionné par la Compagnie ; son nom et la longue liste de ses titres figurent en tête de quelques édits de justice, il est entouré de respects infinis, la pompe royale la plus fastueuse l'environne, mais il n'a pas la liberté de sortir de son palais.

Les princes qui régissent les pays médiats ou vassaux de la Compagnie n'en sont guère que les Souverains nominaux ; toute l'autorité, hormis quelques détails d'administration locale, appartient aux *Résidents* anglais accrédités près de leurs cours. Une foule de petites principautés, enclavées dans les provinces immédiates de la Compagnie, sont plutôt de grands fiefs ressortissant du gouverneur-général que des territoires vassaux. Tous les états Radjepoutes, dans la vaste province d'Adjmir, forment, depuis 1818, une confédération particulière dont les Anglais sont protecteurs.

Le gouvernement du Sindh présente une analogie assez curieuse avec les partages politiques en usage en France sous les deux premières races. Trois branches de la famille Talpouri, famille d'origine Béloutchite, occupent simultanément le trône d'Haïderàbàb. En 1809, à la mort de Mîr-fettih-Ali, un traité de famille décida que l'aîné mâle de chaque branche hériterait par tiers du royaume du Sindh; le plus âgé de ces trois aînés possède pourtant une certaine prééminence; la moitié du territoire est censée lui appartenir; il prend le titre d'*Amîr* et préside le gouvernement. Ses deux co-régnants possèdent les deux autres tiers du royaume.

La puissante confédération Maharatte n'existe plus; détruite en 1818 par les Anglais, les peuples qui la formaient sont soumis à une sorte d'organisation féodale qui se rapproche, comme nous l'avons dit plus haut, de la vassalité du moyen-âge. L'Inde renferme, en outre, plusieurs peuples, comme les Bhéels, les Sondies, les Meenahs, les Koulies, les Gidarmars, les Tchohans, les Thougs, les Gônds, qui, errant sur de vastes espaces à-peu-près déserts, vivent sans lois, sans organisation, dans un état presque sauvage. Les Binderwhas, tribu de Gônds, qui habitent dans les montagnes du Gandwânâ, sont antropophages; ils tuent et mangent ceux de leurs parents qui sont atteints d'une maladie grave ou que l'âge rend faibles ou infirmes. Convaincus qu'ils font en cela un acte agréable à leur dieu Kali, et qu'ils ne sauraient donner une preuve plus grande d'intérêt à la victime, le jour du festin, dit le lieutenant Prendogast qui visitait cette peuplade, en 1820, est un jour de fête auquel l'amphytrion a grand soin d'inviter tous ses parents et tous les amis de la famille.

Les grands états de l'Inde-Transgangétique sont pour ainsi dire la terre classique du despotisme pur; la Souveraineté y est presque divinisée. (V. BIRMANS, etc.)

Les peuplades barbares ou demi-sauvages, répandues dans l'Inde-Transgangétique, vivent sous des chefs particuliers dont le pouvoir est plus ou moins absolu; quelques tribus pourtant ont su conserver les habitudes et les formes d'une liberté presque illimitée.

Le gouvernement de la Chine a longtemps passé pour despotique; on sait aujourd'hui qu'il est limité non-seulement par le droit de représentation qui appartient à certaines classes de magistrats, mais encore par l'obligation imposée au Souverain de ne choisir ses agents que d'après certaines règles fixes et dans le seul corps des lettrés. (V. CHINE.)

Le gouvernement du Thibet et celui du Boutan sont de véritables théocraties; le Souverain y est Dieu; il gouverne par ses prêtres. L'organisation politique des Mongols, des Kalmuks et des Khirghis est celle de l'Europe féodale. Corée et l'archipel Lieou-Khieou sont soumis, dit-on, à des gouvernements despotiques.

L'organisation politique du Japon est celle d'une monarchie héréditaire absolue. (V. JAPON.)

La dernière des neuf grandes régions politiques qui se partagent l'Asie, est l'*Asie russe*. Toutes les provinces de cette région relèvent directement aujourd'hui du cabinet de Saint-Pétersbourg; nous ne nous arrêterons donc pas sur leur organisation politique; quelle que soit la forme à laquelle chacune d'elles a pu se trouver soumise avant la conquête, l'impitoyable niveau du despotisme russe a tout égalisé.

Nous l'avons dit: nous n'avons voulu dans ce rapide travail qu'esquisser les principaux traits de l'Asie politique; nous laissons à la description spéciale des divers états de cette partie du globe tous les faits et toutes les appréciations de détail qui doivent compléter la topographie ainsi que le tableau des forces politiques et militaires, et des ressources financières ou commerciales de chacun d'eux.   ACHILLE DE V.

ASILE (DROIT D'). On appelait autrefois Asiles des lieux établis pour servir de refuge aux personnes coupables ou seulement opprimées. Le droit d'Asile a été connu chez presque tous les peuples de l'antiquité. Romulus éleva un temple au Dieu *Asilé*. La Sicile avait un Asile fameux appelé le Temple des dieux *paliés*. Les Juifs avaient des villes d'Asile. Il y avait aussi à Athènes un Asile pour les esclaves, dans le lieu où l'on avait enterré les os de Thésée. Les évêques introduisirent cet usage dans le christianisme. L'empereur Honorius autorisa le droit d'Asile par une loi qui statue que ceux qui se réfugient dans les églises ne doivent point être livrés, mais défendus par le respect et l'intercession du lieu. On trouve dans les capitulaires des rois de France plusieurs dispositions réglant le droit d'Asile dans les églises. Toutes les églises jouissaient du droit d'Asile, mais celui de Saint-Martin de Tours était le plus respecté. Le clergé ne livrait jamais ceux qui s'étaient réfugiés dans l'Eglise, dans le parvis, dans la maison de l'évêque, pas même les serfs, avant d'avoir reçu le serment des maîtres qu'ils ne les puniraient ni de mort, ni de mutilation, ni de peines corporelles.

Le premier concile d'Orléans, tenu sous Clovis, en 511, étendit le droit d'Asile. Charlemagne respecta ce droit; mais il l'interdit aux coupables dont les crimes entraînaient la peine de mort. Cet empereur défendit de porter à manger à ces sortes de criminels, pour que la faim les chassant des lieux d'Asile, la justice pût s'en emparer et les punir.

On trouve dans les actes du célèbre concile de Clermont, où fut décidée la première croisade, un canon qui est de notre sujet. « Si quelqu'un, est-il dit, poursuivi par ses ennemis, se réfugie auprès de quelque croix sur les chemins, il doit y trouver un Asile comme dans une église. » C'était pour ménager de ces Asiles aux voyageurs qu'on avait érigé des croix le long des grands chemins. Le roi Louis-le-Gros ayant accordé un indict, c'est-à-dire une foire à la ville de Saint-Denis, on érigea d'espace en espace des colonnes et des croix de marbre, afin que, si quelqu'un était attaqué sur le chemin, il pût se réfugier auprès de ces croix comme dans un Asile inviolable.

Le privilége des Asiles subsista en France jusqu'au règne de Louis XII. Mais, déjà, sous le règne de Charles V, la justice avait arraché de force de l'église Saint-Jacques-de-la-Boucherie un certain Perrin Macé, accusé d'avoir assassiné Jean Raillet, trésorier des finances.

Les auteurs, en général, n'ont parlé que des abus du droit d'Asile ; ils n'ont vu dans cette institution qu'un moyen de soustraire les coupables à la justice. Or, tel n'était pas le but du droit d'Asile. Établis au sein d'une société où la violence régnait en souveraine, les Asiles servaient au contraire à mettre à couvert des haines particulières une foule d'innocents faibles et opprimés. Dans le sixième siècle et beaucoup plus tard, il n'y avait en France, à proprement parler, rien de ce qu'on nomme aujourd'hui ministère public et force publique ; les hommes puissants exerçaient arbitrairement le droit de vie et de mort. On peut donc supposer que les églises eurent plus souvent à protéger les victimes que les bourreaux, plus souvent les faibles que les forts, plus souvent les opprimés que les oppresseurs. (V. EXTRADITION.) A. TEYSSIER.

ASSEMBLÉE. Réunion d'un certain nombre de personnes délibérant sur des objets d'intérêt public. — Nous ne voulons parler dans cet article que des Assemblées représentatives.

Dans les petites républiques de la Grèce et à Rome, les Assemblées avaient un autre caractère. Comme le nombre des citoyens y était très-borné, le peuple n'avait pas besoin de se faire représenter. Réuni sur la place publique, dans l'agora ou le forum, il exerçait directement le pouvoir législatif, exécutif et même judiciaire. Il en était de même parmi les nations germaniques, et cela se pratique encore aujourd'hui dans quelques cantons suisses.

Mais, dans les grands états qui partagent l'Europe, ce mode d'action publique n'est plus possible. Il ne tombe pas sous le sens qu'un peuple composé de plusieurs millions d'individus se réunisse à un jour et sur un point donnés, pour prendre des résolutions en commun. Il a donc fallu que la nation choisît des commissaires, des délégués chargés de stipuler en son nom et sous son autorité. C'est la réunion de ces délégués du peuple que l'on désigne aujourd'hui par le mot Assemblée.

De cette définition il résulte qu'une Assemblée n'est légitime, c'est-à-dire vraiment représentative, qu'à la condition de représenter complétement le Souverain ; que toute Assemblée revêtue du mandat législatif par un individu ou une fraction du peuple n'est point une Assemblée nationale ; que ses résolutions ne sauraient avoir aucune valeur, ni engager le Souverain ; et, enfin, qu'une Assemblée vraiment nationale, c'est-à-dire, commissionnée par les libres suffrages de la nation tout entière, est le premier des pouvoirs de l'État. Le peuple, Souverain ; l'Assemblée Nationale, émanée du Souverain et chargée de faire la loi ; le pouvoir exécutif, chargé, sous l'autorité du pouvoir législatif, d'exécuter la loi ; tel est,

dans sa majestueuse unité, le gouvernement démocratique. Là, les troubles et les dissensions ne résultent pas logiquement de la constitution même du corps politique ; si l'on y remarque, en tout temps, une agitation vigoureuse et des allures énergiques, ce n'est point la maladie qui produit ces mouvements, mais une exubérance de santé et de force.

D'autres principes ont prévalu et prévalent encore, je le sais, dans beaucoup de pays. Ici, les Assemblées n'existent pas ; la volonté d'un seul domine ; l'ordre règne, et il s'y fait peu de bruit. Mais, tout-à-coup, de ce silence de mort sortent des cris de fureur et des acclamations immenses ; c'est peu de chose : le tyran vient d'être assassiné. Ailleurs, le spectacle est différent. Il y a des Assemblées politiques, représentant plus ou moins fidèlement le peuple ; il y a, de plus, un roi dont le pouvoir est égal à celui de l'Assemblée. Ceci n'est ni une monarchie ni une démocratie ; c'est, tout à-la-fois, un despotisme étouffant et une licencieuse ochlocratie ; c'est quelque chose d'étrange et qui n'a pas de nom. Je vois des Assemblées rampantes ou factieuses ; des princes imbéciles ou usurpateurs. Entre eux, la lutte est ouverte, une lutte à mort. L'Assemblée insulte les ministres du prince, les fait, les défait et les refait, suivant son bon plaisir ; les ministres du prince corrompent l'Assemblée. C'est de l'agitation, ce n'est pas du mouvement ; il y a des efforts et rien n'aboutit ; il y a des germes, et tout demeure stérile ; il y a du sang versé quelquefois, et ce sang se sèche inutilement sur la terre. Rien n'y reste debout ; ni l'autorité, ni la liberté, ni la vertu, ni les croyances. Comme l'antagonisme est la loi suprême, chaque individu peut légitimement imposer sa personnalité suivant le degré de puissance qu'il a conquis par son intelligence ou par ses richesses ; nul pouvoir assez fort pour soumettre les passions individuelles et les volontés anarchiques ; tout se confond : l'autorité est partout et nulle part ; ce n'est pas l'Assemblée qui gouverne, ce n'est pas non plus le monarque ; c'est partout la négation mise en activité. Quel pouvoir reconnaît celui-ci ? le pouvoir de l'Assemblée, qui est souveraine. Et celui-là, quel est son maître ? le prince, dont la personne est inviolable, auquel on obéit et qui n'obéit pas. Voilà l'État livré aux factions. Dans cet immense essor de tout ce qu'il y a d'impur au fond des cœurs, le lien social se brise ; le corps politique se dissout ; ce sont des factions qui gouvernent, ce sont des factions qui résistent ; il n'y a plus ni Souverain, ni sujets, mais des factieux, oppresseurs aujourd'hui et demain opprimés.

Ces idées heurtent les enseignements des docteurs de la monarchie constitutionnelle, je l'avoue ; et qu'importe ! si elles sont vraies. Or, l'unité est la loi providentielle des sociétés ; méconnaître cette loi c'est se jeter volontairement dans le chaos. Vous voulez le gouvernement d'une Assemblée ? soyez logiques jusqu'au bout et mettez votre prince à la porte. Voulez-vous au contraire, être gouvernés par un prince ? soyez logiques encore une fois et faites sauter par les fenêtres votre simulacre de représentation nationale.

Dans un gouvernement réellement monarchique la fonction d'une Assemblée représentative est une superfluité ou un péril; si elle fait acte de Souveraineté, elle se subordonne le prince, et la nature du gouvernement est changée; si, au contraire, l'action du monarque prévaut, l'Assemblée perd incontinent son caractère représentatif et devient, par le fait, un corps purement consultatif. Dès-lors, si l'on veut éviter les luttes et les déchirements ultérieurs, il faut que toute initiative et même tout droit de véto lui soient enlevés. Considérez attentivement ce qui s'est passé chez nous. Nos anciens rois ont supprimé les États-Généraux; ils les ont remplacés par des Assemblées de notables émanées du choix royal; puis, ils se sont bornés à faire enregistrer leurs édits par les parlements; mais les parlements, qui n'avaient pas même le caractère consultatif, pouvaient refuser l'enregistrement des volontés royales; de là, les lits de justice et, enfin, l'institution d'une Cour plénière (1) qui rend la volonté royale souveraine pour un moment. Tant la loi de l'unité est une loi fatale sous laquelle plient, bon gré, mal gré, tous les pouvoirs. Retournons à la question, et voyons l'unité réalisée au profit des Assemblées. Deux dates répondent : — 30 janvier 1649, — 21 janvier 1793.

Donc, quelle que soit la forme de gouvernement que l'on institue, il ne faut point, sous peine de périr, que le pouvoir social soit partagé entre divers corps politiques, indépendants les uns des autres.

« D'avoir plusieurs seigneurs aulcun bien ie ne veoi ;
« Qu'un sans plus soit le maître, etc. »

Je sais qu'on a entassé beaucoup d'accusations contre le gouvernement par les Assemblées; mais je n'en connais pas une seule qui ne cède à l'examen. Et d'abord, il ne s'agit nullement, comme on a feint de le croire, de réunir dans un seul corps tous les pouvoirs: celui de faire la loi et celui de l'exécuter. Non, nous savons fort bien que ces deux fonctions sont essentiellement incompatibles, et nous ne confondons point ainsi la pensée avec l'action, le droit avec le fait. En attribuant à l'Assemblée nationale la plénitude du pouvoir législatif, nous reconnaissons qu'il est nécessaire d'établir au-dessous d'elle un pouvoir chargé d'exécuter la loi. L'Assemblée porte des lois au nom du Souverain; ces lois sont des actes de la volonté générale que le pouvoir exécutif est chargé de traduire en faits. Il est donc libre dans sa sphère d'action, mais responsable vis-à-vis de l'Assemblée et incessamment révocable. Oui, ce serait un grand péril pour l'État, si l'on ne distinguait pas soigneusement ces deux pouvoirs si profondément divers. Attribuer à une Assemblée la charge de nommer les agents du pouvoir, de faire des actes d'administration, de passer des marchés, etc.; c'est l'exposer à toutes les brigues et à toutes les corruptions. Et puis, voici ce qui

arrive. Toute l'autorité du gouvernement se concentre par la force des choses entre les mains de quelques hommes; incontinent, les rivalités éclatent entre les membres actifs et les membres passifs; les vues particulières et les mauvaises passions influent sur la marche du gouvernement; les jalousies deviennent chaque jour plus vives, plus ardentes, et l'Assemblée se décime.

Certes, dans un temps de crise, ce mode de gouvernement peut être utile ou même nécessaire, car il constitue une véritable dictature. Mais il ne faut pas oublier que la guerre est un état violent et transitoire, et que la dictature doit disparaître avec le péril. La Convention en concentrant dans son sein tous les pouvoirs a sauvé la Révolution, cela est vrai; mais la Convention ultra-thermidorienne qui retint les mêmes pouvoirs aboutit au 18 brumaire. Il est donc indispensable, si l'on veut maintenir dans toute sa vigueur le corps politique, d'établir avec soin cette distinction des deux puissances, législative et exécutive.

Un autre remède préventif et non moins efficace contre l'usurpation éventuelle des Assemblées, c'est le jugement annuel de leurs actes par l'universalité du peuple.

Benjamin-Constant signale un nouveau danger. Suivant lui, avec une Assemblée souveraine, la minorité est à jamais dévouée à l'oppression de la majorité; cette majorité fait ce qu'elle veut, brise les formes, etc. Le seul moyen de conjurer ce péril, c'est d'établir une seconde chambre. Mais Benjamin-Constant ne voit pas que son remède ne remédie à rien; il ne voit pas que l'inconvénient qui se produit dans la première Assemblée peut, tout aussi bien, se produire dans la seconde, et qu'alors il y a deux minorités opprimées au lieu d'une. (V. CHAMBRE.) Son argument d'ailleurs revient à dire que les minorités ne peuvent jamais devenir majorités; ce qui est une erreur manifeste.

Les publicistes monarchiques font encore une objection qui paraît plus sérieuse et qui n'est pas moins vaine. Suivant eux, l'unité ne peut être fondée et maintenue que par le gouvernement d'un seul; les Assemblées, renfermant dans leur sein une foule de coteries divergentes, doivent nécessairement aboutir à l'anarchie et au fractionnement.

Pour que l'objection eût quelque valeur, il faudrait soutenir d'abord que la volonté humaine est inflexible et une; thèse insoutenable ! «Je ne crois rien de l'homme si malaysément que la constance, ni si aysément que l'inconstance,» a dit Montaigne avec son admirable bon sens.

Quant aux Assemblées, il y a dans le seul fait de la réunion d'un grand nombre d'individus une garantie positive de justice, d'intelligence, de droiture et de fermeté. Isolé, l'homme est bien peu; en contact avec ses semblables, il est porté avec force et comme malgré lui vers ce qui est juste et bon; tel qui fuirait lâchement le danger s'il était seul, le bravera courageusement sous les yeux d'un grand nombre d'hommes; il n'y a plus d'avares, ni de fripons, ni de lâches sur la place publique; l'intelligence même s'échauffe, se développe et s'agrandit au milieu de la foule.

Et puis, qu'est-ce que l'unité? C'est la concentration hiérarchique de tous les éléments sociaux. Pensez-vous que ce soit là l'œuvre d'un homme? Non, le siècle des révélateurs est passé, et, d'ailleurs, les révélateurs n'ont jamais rien organisé. Je vais plus loin, et je dis que l'unité morale, sociale ou politique, ne peut sortir que d'une Assemblée. Il n'y a pas eu dans le monde de plus magnifique unité que l'unité catholique. Par qui a-t-elle été fondée? Par un homme? Non, par une Assemblée. Chose remarquable! Le monde chrétien était en proie à l'anarchie. Des sectes nombreuses argumentaient, à perte de vue, les unes contre les autres et propageaient incessamment les divisions. C'étaient des discussions interminables sur la vraie nature de Jésus-Christ, sur la nature du Saint-Esprit, sur la nature de la Vierge, etc. En vain, quelques docteurs essaient de régenter cette débauche de l'esprit; le monde refuse de reconnaître ces autorités individuelles. Au plus beau milieu du désordre, le concile de Nicée s'assemble; et voici que cette Assemblée, produit d'une élection démocratique, décide toutes les questions qui avaient jusque-là divisé les chrétiens, et dresse ce symbole qui est depuis quinze siècles le fondement de la foi catholique. Puis, des conciles, l'autorité spirituelle passe entre les mains du Pape; le pouvoir suprême tombe dans tout son éclat aux mains de Léon X, et l'agonie du Catholicisme commence.

Sur de moindres proportions, le même phénomène apparaît dans nos annales. Nos rois détruisent, au moyen des Assemblées nationales, le fédéralisme féodal; ils réalisent par elles l'unité politique et territoriale de la France. L'œuvre faite, les Assemblées disparaissent; la puissance royale reste seule maîtresse; elle se développe dans toute sa plénitude pendant le règne du grand roi, et voilà que l'unité monarchique commence à se dissoudre; les traditions fédéralistes reprennent toute leur vigueur; Saint-Simon demande le rétablissement du pouvoir aristocratique; les parlements réclament le partage de la Souveraineté; la haute bourgeoisie veut sa part du butin, et, quand arrive 89, le peuple, qui veut maintenir l'unité politique et territoriale et réaliser l'unité sociale, trouve la royauté au premier rang parmi ses adversaires. Voilà donc les deux unités les plus magnifiques que le monde ait vues réalisées par des Assemblées et détruites par la monarchie. Puis, enfin, en France, c'est une Assemblée qui reprend l'œuvre interrompue et la complète; c'est une Assemblée qui introduit dans le monde nouveau l'unité démocratique. Je défie que l'on infirme par aucun sophisme la valeur de ces exemples.

Donc, il n'est pas vrai de dire que le gouvernement par les Assemblées est une chimère; que ce mode de gouvernement est incompatible avec la liberté, avec l'autorité, avec l'unité; il est vrai, au contraire, qu'en l'absence d'une Assemblée souveraine on aboutit infailliblement à l'anarchie ou au despotisme; il est vrai, enfin, qu'une Assemblée, élue par les libres suffrages du peuple entier, est le seul critérium de la certitude. E. DUCLERC.

ASSEMBLÉE CONSTITUANTE (V. CONSTITUANTE).

ASSEMBLÉE LÉGISLATIVE (V. LÉGISLATIVE).

ASSEMBLÉES CANTONALES. C'est le nom qu'on donna, en France, aux Assemblées primaires, à l'époque du consulat.

ASSEMBLÉES COMMUNALES. Réunions des citoyens des communes pour la nomination de leurs magistrats. Il ne faut pas confondre les Assemblées communales avec les Assemblées primaires. Les premières ont eu lieu de temps immémorial dans les localités où le système municipal s'est conservé. Les conditions d'admission dans ces Assemblées ont beaucoup varié. Dans le même pays, deux communes contiguës sont quelquefois soumises à des règles différentes. Avant la Révolution de 1789, il n'y avait en France qu'un petit nombre de communes qui eussent des corps municipaux. C'est dans la période de 1778 à 1788 que toutes obtinrent le droit d'élire leurs magistrats. Alors, tout homme âgé de vingt-cinq ans, et payant 10 francs de contribution foncière, votait dans l'Assemblée de sa paroisse. Au temps de la République, les conditions étaient les mêmes pour être admis à voter, soit dans les Assemblées primaires, soit dans les Assemblées de commune. Aujourd'hui, pour participer à la nomination des magistrats municipaux, le cens varie de 75 centimes à 100 francs, suivant les localités.

ASSEMBLÉES DU CLERGÉ (V. CONCILE, DIOCÈSE, SYNODE.)

ASSEMBLÉES DES NOTABLES. Après la chute du Système, le régent, épouvanté des difficultés immenses qu'il lui fallait vaincre, eut, à ce qu'on assure, un moment la pensée de convoquer les Etats-Généraux. C'était, sous l'ancienne monarchie, le remède ordinaire aux situations désespérées. Dubois l'en détourna. « Ce n'est pas sans raison, disait-il, dans un mémoire devenu fameux (1), que les rois de France sont parvenus à éviter les Assemblées connues sous le nom d'Etats-Généraux. Un roi n'est rien sans sujets, et quoiqu'un monarque en soit le chef, l'idée qu'il tient d'eux tout ce qu'il est et tout ce qu'il possède, l'appareil des députés du peuple, la permission de parler devant le roi et de lui présenter des cahiers de doléances, ont je ne sais quoi de triste qu'un grand roi doit toujours éloigner de sa présence. »

Ces paroles de Dubois n'étaient point du tout un argument de circonstance; elles exprimaient d'une manière vive et frappante les sentiments d'antipathie et de méfiance contre toute espèce de représentation nationale, qui dominaient la royauté depuis un temps immémorial. Tant que nos princes s'étaient sentis trop faibles pour lutter seuls contre les prétentions ultramontaines et la puissance des barons, ils avaient cherché dans les Assemblées nationales un appui nécessaire. Mais, s'étant rapidement avancés vers le pouvoir absolu,

(1) Raisons de Dubois pour ne pas convoquer les Etats-Généraux. (*Moniteur.*)

ils ne tardèrent pas à comprendre que leur allié de la veille était devenu leur plus redoutable ennemi , et que l'instrument du salut de la royauté devait être, tôt ou tard, l'instrument de sa mort : ils réagirent donc aussitôt contre les Assemblées nationales.

Cependant, les besoins de la cour étaient immenses , et la nation se pliait difficilement à acquitter les impôts qui n'avaient point été consentis par ses délégués. De là, les Assemblées de notables , vain simulacre des Assemblées nationales. La formation de celles-ci demandait le concours du peuple ; elles se considéraient comme les représentants directs de la Souveraineté nationale ; elles étaient donc une protestation vivante contre l'omnipotence royale. Les notables , au contraire, étaient les élus du bon plaisir royal ; simples officiers royaux , on n'avait point à redouter d'eux les prétentions hautaines qu'avaient quelquefois affichées les Etats-Généraux.

L'institution des Assemblées de notables fut donc une altération de la constitution primitive , une véritable escroquerie de la représentation nationale au profit du pouvoir royal. Aussi, destituées de tout caractère représentatif, et, par conséquent, de toute autorité morale, ces Assemblées n'ont-elles laissé dans l'histoire aucun monument remarquable de leur existence. Que pouvaient-elles ? Donner des conseils, voilà tout ; et ces conseils, où était leur sanction ? On les suivait ou on ne les suivait pas , selon qu'il plaisait au roi ou à ses ministres.

Il était tellement établi , avant la Révolution , que les notables étaient des Assemblées purement consultatives , que l'édit de convocation pour l'Assemblée de 1626-27 donne à la réunion le simple nom de *Conseil*. Richelieu , qui avait assisté aux Etats-Généraux de 1614, et qui y avait exercé une grande influence, se souciait peu d'admettre au partage de l'autorité de vrais délégués du peuple. Il fit donc *représenter* la nation , 1° par le duc d'Orléans , le cardinal de la Valette, les maréchaux de la Force et de Bassompierre ; 2° cinq archevèques, sept évèques ; 3° dix nobles , tous conseillers-d'état ; 4° dix-neuf premiers présidents, présidents à mortier et procureurs-généraux ; 5° quatre magistrats de la chambre des comptes ; 6° quatre autres de la cour des aides. Tous ces notables étaient, comme on voit, des fonctionnaires publics ; aucun bourgeois, aucun commerçant et même aucun noble indépendant, n'avait été appelé. Le fier prélat n'avait donc à redouter aucune opposition.

Trente ans auparavant , à l'Assemblée des notables tenue à Rouen , en 1596, Henri IV avait semblé reconnaître l'autorité de ces prétendus députés et leur subordonner la sienne. « Je me mets en tutelle entre vos mains, » leur dit-il dans un discours plein de bonhomie. Mais comme, au sortir de la séance, Gabrielle et les courtisans lui reprochaient sa faiblesse : « Quand je leur ai dit cela, » répliqua-t-il , « j'avais mon épée. »

L'Assemblée convoquée à Cognac par François Iᵉʳ, pour la ratification du traité de Madrid , donna, il est vrai, un bel exemple de patriotisme et de fermeté. Mais l'objet de ses délibérations était tout-à-fait extraordinaire , et, d'ailleurs, elle était bien certaine de ne point contrarier le roi en refusant de faire honneur à sa signature.

Il est évident qu'en 1786 Louis XVI et son ministre Calonne comptaient trouver dans une nouvelle Assemblée de notables les facilités qu'avaient toujours rencontrées leurs prédécesseurs. Ils ne supposaient pas que des hommes investis d'un mandat par l'autorité royale pussent opposer quelque résistance aux volontés du roi. Calonne , cependant , malgré sa légèreté, parut comprendre que demander à des privilégiés l'abandon de leurs priviléges, c'est-à-dire leur propre suicide, c'était s'exposer à des refus certains. Il introduisit donc , dans les éléments constitutifs de la nouvelle Assemblée, une double innovation. D'une part, voyant bien qu'en présence du clergé et de la noblesse, principalement intéressés au maintien des abus, le tiers-état serait en minorité , il augmenta le nombre des membres de la bourgeoisie. L'Assemblée fut ainsi composée : sept princes du sang , quinze archevèques ou évèques, trente-six ducs , comtes et marquis, douze anciens ministres ou conseillers d'état, trente-huit officiers des cours souveraines, le lieutenant civil de Paris, seize députés des pays d'état, et vingt-cinq chefs municipaux des villes, presque tous nobles et anoblis. Ensuite, il réunit les trois ordres dans une même Assemblée ; il les fit voter par tète et à la majorité des voix. De cette sorte, les inconvénients du vote par ordre devaient disparaître ; le tiers, réuni aux minorités de la noblesse et du clergé, pouvait devenir la majorité de l'Assemblée réunie , et donner ainsi gain de cause aux plans du ministre.

Mais l'événement démontra combien étaient faux les calculs de cet habile prestidigitateur. Les hauts bourgeois, comme les nobles, comme les prélats, comme les parlementaires, rivalisèrent d'égoïsme. On leur demandait de renoncer au privilège qui les exemptait de l'impôt, de consentir l'égalité proportionnelle de l'impôt foncier, la réduction de la taille et de la gabelle, l'abolition de la corvée , la liberté du commerce et de l'industrie. Les égoïstes refusèrent tout , sous ce prétexte qu'ils n'avaient pas *qualité pour voter* ; prétexte hypocrite , car ils votèrent l'institution des Assemblées provinciales, dirigées contre un intérêt absent, celui des financiers. Puis, pour colorer les motifs tout personnels qui les faisaient agir , ils se mirent à réclamer, comme tout le monde, la convocation des Etats-Généraux.

Ce vœu, de leur part, était-il sincère ? Evidemment non. Ils avaient la certitude que la cour se refuserait à cette convocation. En tout état de cause, ils pensaient que les Etats-Généraux seraient tenus dans les formes de ceux de 1614 ; que l'on y voterait par ordre ; que le tiers ne serait pas doublé ; que, par conséquent, ces états ne souscriraient point à l'égalité proportionnelle et à l'universalité de l'impôt foncier. Cela parut bien lorsque, convoqués l'année suivante (novembre 1788), les mêmes notables repoussèrent toute réforme, en rejetant le vote par tête et le doublement du tiers. Ils comprenaient bien que l'apparition d'une Assemblée vraiment nationale serait la fin de tous les priviléges et de tous les abus qui, faisaient leur puissance. (V. Notables.)　　　　E. D.

Assemblées électorales. (V. Election.)

Assemblées primaires. Réunions des citoyens dans leurs cantons respectifs pour l'exercice de la Souveraineté nationale. Lorsqu'en 1789 le peuple eut reconquis ses droits, qu'il fut reconnu que tout dérivait de lui, que nulle autorité n'était au-dessus de la sienne, on se demanda comment il manifesterait sa volonté. Dans les petites républiques, le peuple, réuni sur la place, dicte lui-même la loi ou accepte celle qu'on lui propose. Il est toujours là pour inspirer, pour diriger les magistrats qu'il a choisis. Il n'en saurait être ainsi dans un grand état, où l'on est trop loin du centre des intérêts communs. Le peuple est obligé de déléguer ses pouvoirs à des mandataires, soit pour faire, soit pour interpréter, soit pour exécuter la loi. Les Assemblées primaires formées dans chaque canton, particulièrement pour la nomination ou pour arriver à la nomination des membres du corps législatif, parurent à nos devanciers le seul moyen de résoudre la difficulté. La composition et les attributions de ces Assemblées n'ont pas toujours été les mêmes aux diverses époques du gouvernement républicain.

D'après la Constitution de 1791, les citoyens *actifs* étaient seuls admis dans les comices du canton. Pour être citoyen actif, il fallait avoir vingt-cinq ans accomplis, être inscrit au rôle des gardes nationales, avoir prêté le serment civique, ne pas être en état de domesticité, être domicilié dans la ville ou dans le canton depuis le temps déterminé par la loi, enfin, payer une contribution égale au prix de trois journées de travail.

La distinction de citoyens actifs cessa d'exister le jour où le trône fut définitivement renversé. L'invitation faite, le 11 août 1792, à tous les Français, de se réunir en Assemblées primaires pour la formation d'une convention nationale, et de *revêtir leurs représentants d'une confiance illimitée*, n'excluait du droit de suffrage que les personnes n'ayant pas de domicile ou en état de domesticité. Il suffisait d'être âgé de vingt-et-un ans, de vivre de son revenu ou de son travail, d'avoir prêté le serment civique, pour participer aux opérations de l'Assemblée primaire de son canton.

Plus libérale, la Constitution de 1793 admit tous les citoyens au droit de suffrage, sans distinction de condition ou d'état. Elle accorda le même droit à tout étranger domicilié depuis un an en France, y possédant une propriété, ou vivant de son industrie, ou marié avec une Française, ou ayant adopté un enfant, ou nourrissant un vieillard, ou jugé par le corps législatif comme ayant bien mérité de l'humanité.

La Constitution de 1795, ou de l'an III, ne confirma pas ces dispositions ; elle n'accorda le titre de citoyen et le droit de voter dans les Assemblées primaires qu'aux personnes imposées à la contri-

bution directe, inscrites sur le registre civique de leur canton, et qui ne se trouvaient pas dans l'état de domesticité. Les Français qui avaient fait une campagne pour l'établissement du gouvernement républicain n'avaient à justifier du paiement d'aucune contribution.

Une disposition remarquable des diverses constitutions républicaines, y compris celle de 1791, est d'interdire l'entrée de toute Assemblée publique, non-seulement aux faillis et débiteurs insolvables, mais aux enfants qui jouiraient des biens de leur père sans avoir acquitté ses engagements. Il est inutile d'ajouter que l'interdiction judiciaire, la condamnation à une peine afflictive ou infamante, l'acceptation de fonctions d'un gouvernement étranger, étaient, sous la République comme aujourd'hui, un motif d'exclusion des droits de citoyen français.

La constitution de 1793 va plus loin. L'art. 1er porte que l'exercice des droits de citoyen se perd par la naturalisation en pays étranger, et par l'acceptation de fonctions ou faveurs émanées d'un gouvernement *non populaire*.

Quant aux attributions des Assemblés primaires, d'après la Constitution de 1791, elles se bornaient à nommer des électeurs chargés, à leur tour, de nommer les membres du corps législatif, les juges et les administrateurs de district et de département.

La Constitution de 1793 conféra aux Assemblées primaires le droit d'élire directement les députés au corps législatif. Toute réunion d'Assemblées primaires de 39 à 41,000 âmes devait nommer un député. Elles ne désignaient des électeurs que pour choisir les magistrats de district et de département. Un droit plus important leur fut attribué, celui de concourir à la formation ou confection de la loi qui leur était *proposée* par le corps législatif, et qui n'était définitive qu'après avoir été acceptée par les neuf dixièmes des Assemblées. On sait que la Constitution de 1793 ne fut point mise à exécution.

La Constitution de l'an III maintint les dispositions établies par les législateurs de 1791 ; les Assemblées primaires durent se borner à nommer des électeurs. Toutefois, à raison des changements survenus dans la division du territoire, on leur accorda l'élection directe des juges de paix, celle des présidents de canton et des officiers municipaux dans les communes au-dessus de cinq mille habitants.

La Constitution de 1791 ne fut pas soumise à l'approbation du peuple. Les Constitutions de 1793 et de 1795 furent envoyées aux Assemblées primaires, sans le concours desquelles il ne pouvait être fait aucun changement à la loi fondamentale de l'État.

D'après les diverses constitutions républicaines, il devait y avoir au moins une Assemblée primaire par canton, quel que fût le nombre des habitants. Il y en avait deux, lorsque le nombre des citoyens admis à voter s'élevait au-dessus de 900, trois, lorsqu'il s'élevait à plus de 1,500, et ainsi de suite. D'autres divisions étaient établies pour les villes, à raison de leur population. Les Assemblées primaires y étaient plus nombreuses.

De 1790 à 1792, elles nommaient un électeur par cent citoyens actifs. La constitution de 1793 établit qu'il y aurait un électeur sur deux cents citoyens; celle de l'an III, un électeur sur deux à trois cents, deux sur trois à cinq cents, trois sur cinq à sept cents, etc.

Le point qui fixa le plus particulièrement l'attention des législateurs républicains, ce fut d'assurer aux Assemblées primaires la liberté, l'indépendance la plus absolue dans le cours de leurs opérations. D'après ce principe qu'il est interdit aux corps armés de délibérer, nul homme en armes ou appartenant à l'armée ne pouvait s'y introduire. Nul fonctionnaire n'y pouvait paraître avec les insignes de son emploi. Personne, sans un ordre émané d'elles-mêmes, ne pouvait exercer aucune autorité dans leur enceinte; elles nommaient leurs bureaux et requéraient la force qui leur était nécessaire.

L'administration était tenue d'indiquer le jour où elles devaient se réunir et l'objet pour lequel la réunion avait lieu. Elles s'ouvraient de plein droit, d'après la constitution de 1791, le dernier dimanche de mars; d'après celle de 93, le 1er mai; d'après celle de l'an III, le 1er germinal de chaque année. La personne de tout citoyen était inviolable pendant la tenue des Assemblées. La veille de l'ouverture, la *fête de la Souveraineté du peuple* était célébrée dans toutes les communes de la République, afin d'exercer une heureuse influence sur les opérations du lendemain.

C'était quelque chose de solennel, de religieux, que ce mouvement simultané d'un grand peuple se levant sur tous les points de la République pour choisir les citoyens les plus dignes de le représenter! Le nom d'Assemblées primaires disparaît avec la liberté, à l'époque du Consulat. Elles prennent alors le nom d'*Assemblées cantonales;* mais leur police, mais la nomination de leurs présidents ne leur appartiennent plus. Elles nomment encore des électeurs; mais une foule de restrictions sont mises à l'exercice des droits de citoyen. Il ne s'agit plus, pour les citoyens eux-mêmes, que de désigner des candidats à une législature de muets, choisie dans une liste de privilégiés. On éprouve une douleur profonde à voir par quelle suite de déceptions et de violences les droits du peuple finissent par être entièrement usurpés ou étouffés.

Les premières Assemblées primaires comptaient quatre millions trois cent mille citoyens actifs. On ne peut évaluer à moins de six millions les citoyens admis dans ces Assemblées par les décrets du 11 avril 1792, par les constitutions de 1793 et de 1795. Aujourd'hui, 180 à 200,000 personnes seulement exercent les droits de citoyen, et ces droits, l'autorité du peuple ne les leur a point conférés.

Les Assemblées primaires ont-elles manqué d'intelligence et de patriotisme dans l'exercice de leurs droits? On a poussé l'injustice jusqu'à leur attribuer la chute du gouvernement républicain. On dut à celles qui furent établies par la constitution de 1791 l'Assemblée législative; l'appel fait à tous

les citoyens produisit la Convention nationale. Quand il fallut combattre, le peuple envoya des combattants. Quand les conquêtes de la République parurent assurées, le peuple envoya des hommes chargés d'achever ce qu'il y avait de défectueux, d'incomplet dans son ouvrage. La République ne périt point par la faute du peuple; elle périt parce qu'il faut plus de temps et d'efforts pour fonder l'ordre véritable que pour inventer l'arbitraire. Le peuple fut arrêté dans le cours de ses travaux; on l'enchaîna au moment où il avait le plus besoin de sa liberté. La science nécessaire pour constituer un gouvernement peut manquer au peuple; il ne rédige pas les lois, mais, comme l'a dit Aristote, l'homme le plus éclairé de l'antiquité, il a un instinct admirable pour désigner les personnes chargées de les faire à sa place.

Lorsque l'Assemblée constituante décréta que les Assemblées primaires se formeraient par cantons, elle aurait dû en même temps constituer les cantons comme éléments du grand système républicain. La question de la réforme électorale, particulièrement celle relative à l'élection à un ou à deux degrés, ne se résoudra d'une manière complètement satisfaisante que lorsqu'on fera, sur tous les points de la France, du gouvernement de tous les jours, à la portée de tous les citoyens, lorsque ce gouvernement local ne sera lui-même qu'une partie intégrante du gouvernement général de l'État. On ne s'est point assez rendu compte des différences qui doivent exister entre un grand et un petit système républicain: lorsque vous aurez créé ces unités intelligentes qui manquent à la France, rien ne paraîtra plus naturel et plus simple que le suffrage direct, dont on s'exagère, même dans l'état présent, les dangers et les difficultés.

De ce que l'élection à deux degrés n'est pas l'expression exacte de la volonté des citoyens, ou de ce que ceux-ci sont avec raison jaloux d'exercer leurs droits sans intermédiaire, enfin de ce que le suffrage direct n'est pas, à ce qu'on prétend, sans danger ou sans difficulté, faut-il conclure que les citoyens doivent abdiquer en faveur de deux cent ou de quatre cent mille individus?

N'hésitons point à le dire, la France n'aura reconquis ses droits, elle ne pourra améliorer ses institutions, comprendre et satisfaire les besoins du peuple, que le jour où les Assemblées primaires, formées de l'universalité des citoyens, se relèveront sur tous les points du territoire. Hors de là, je ne vois qu'usurpation et mensonge. (V. ELECTION.)
Aug. BILLIARD.

ASSEMBLÉES PROVINCIALES. Avant 1789, des plaintes s'élevaient de toutes parts contre l'inégale répartition des charges publiques et contre l'arbitraire des agents du pouvoir. Le jour d'une réforme générale approchait. Les provinces, soumises à l'autorité directe du roi, enviaient la condition des *pays d'états*, où il y avait plus de garanties pour les citoyens, où les contribuables faisaient entre eux le partage des charges publiques. Le plus grand nombre des communes était régi suivant le bon plaisir des seigneurs et des intendants. De 1778 à 1788, on institua, dans chacune des généralités ou intendances qui n'avaient pas d'Etats ou de représentation locale, un corps délibérant auquel on donna le nom d'*Assemblée provinciale,* et dont les attributions étaient à-peu-près les mêmes que celles de nos conseils-généraux d'aujourd'hui. Les généralités furent divisées en arrondissements qui eurent aussi leur représentation sous le nom d'Assemblées de district, d'élection ou de département. Enfin, on accorda aux communes qui n'avaient point de corps municipal une Assemblée nommée par les habitants payant 10 livres de contribution directe ; le seigneur et le curé en faisaient partie de plein droit. Chaque Assemblée municipale nommait le maire ou syndic de la commune. Les Assemblées d'arrondissement et de province se composaient des trois ordres ; mais le tiers-état y était représenté en nombre égal à celui des deux ordres réunis de la noblesse et du clergé. Les membres des Assemblées provinciales étaient élus par les membres des Assemblées d'arrondissement, élus eux-mêmes par les corps municipaux. Cependant, le roi se réserva la nomination de la moitié des membres des premières assemblées de province. Les membres d'investiture royale se complétèrent en choisissant eux-mêmes leurs collègues. Puis, l'Assemblée provinciale nomma la moitié des membres de l'Assemblée d'arrondissement ; la seconde moitié fut élue par les membres déjà nommés. — Les membres des Assemblées d'arrondissement ne pouvaient être pris que dans les corps municipaux. Tous les ans, un quart sortant des Assemblées de province ou d'arrondissement était renouvelé par élection. Chaque Assemblée nommait deux syndics, l'un, pris dans le tiers-état, l'autre, dans la noblesse et le clergé.

L'institution des Assemblées provinciales fut, en quelque sorte, la transition de l'ère ancienne à l'ère nouvelle, du moins en ce qui concernait l'organisation des parties intégrantes du territoire. Ces Assemblées concoururent puissamment au mouvement qui allait s'opérer ; quels que fussent, d'ailleurs, les vices de leur constitution, elles déterminèrent le gouvernement à accorder au tiers-état, dans l'Assemblée constituante, une représentation aussi nombreuse que celle de la noblesse et du clergé réunis. Les observations, ou cahiers, qu'elles adressèrent aux ministres, sont encore consultées avec fruit par les publicistes et les administrateurs. Formées elles-mêmes, comme on l'a dit plus haut, de membres dont moitié était prise dans le tiers-état, et de curés dont un grand nombre se rattacha à la cause du peuple, elles réclamèrent presque toutes l'égalité des charges et des droits.

Leur fonction principale était de faire la répartition de l'impôt direct entre les arrondissements qui, à leur tour, la faisaient entre les communes. Celles-ci partageaient l'impôt entre elles au moyen de commissaires répartiteurs, et désignaient même les collecteurs qui devaient en opérer le recouvrement.

L'Assemblée provinciale était la tutrice des communes ; elle avait à s'occuper de l'entretien des routes, des établissements d'instruction et de bienfaisance. Sa session, qui ne pouvait durer plus d'un mois, avait lieu tous les deux ans.

Mais, dans l'intervalle d'une session à l'autre, à l'imitation de ce qui se pratiquait dans les pays d'états, l'Assemblée provinciale désignait dans son sein une commission appelée *intermédiaire,* qui avait à veiller sur les intérêts de la localité. Cette commission, dont les attributions se rapprochaient de celles de nos conseils de préfecture, offrait, il faut le reconnaître, beaucoup plus de garanties aux citoyens ; elle examinait les demandes des communes sous le rapport de l'utilité et de la légalité ; elle était arbitre quand il y avait lieu d'accorder un dégrèvement de contribution. Les projets et plans des travaux à exécuter dans la province lui étaient soumis ; c'est par elle que se faisaient les adjudications, de sorte qu'elle empêchait la fraude et la corruption, trop fréquentes dans ces sortes d'affaires. Au mot DÉPARTEMENT, nous nous expliquerons avec plus de détail sur la nature des institutions qui doivent y être placées pour les garanties respectivement nécessaires à l'état et aux citoyens. Aug. B.

ASSERMENTÉ. Pendant la Révolution, on appela prêtres Assermentés ceux qui avaient juré la constitution civile du clergé (V. ce mot). On dit aujourd'hui Assermenté de certains fonctionnaires qui n'ont qualité légale qu'après avoir prêté serment. Il y a des gardes Assermentés, des experts Assermentés, etc.

ASSIETTE. Établissement et répartition de l'impôt. (V. IMPÔT.)

ASSIGNATS. Lorsque la Révolution reçut le gouvernement de la France des mains débiles de l'ancienne monarchie, la dette publique s'élevait à plusieurs milliards. Les finances étaient dans le plus affreux désordre, le crédit ruiné par les nombreux expédients auxquels les ministres rapaces avaient eu recours pour satisfaire les passions d'une Cour corrompue. L'administration, désorganisée ou livrée au parti contre-révolutionnaire, mettait peu d'activité à faire rentrer les ressources de l'État, et les troubles qui annoncent et qui accompagnent les grandes tempêtes politiques rendaient plus difficile encore la situation financière de la France.

Les réformes de l'Assemblée constituante, en accordant des indemnités aux titulaires d'offices achetés sous l'ancien régime et à la plupart de ceux qui avaient joui des abus comme de droits acquis, accrurent la dette en même temps qu'elles augmentaient le nombre des ennemis de la Révolution. Il fallut donc songer à créer des ressources à la nation.

Les biens du clergé étaient tombés dans le domaine public ; ils étaient immenses. Leur aliénation fut décrétée ; mais elle ne pouvait être immédiatement effectuée, et les besoins étaient urgents. L'Assemblée nationale autorisa l'émission d'un papier représentatif de la valeur de ces biens, en paiement desquels il devait être reçu par les communes chargées de leur vente. Ces bons sur les communes s'appelèrent d'abord *Papiers-municipal*, et bientôt *Assignats*. La disette du numéraire, effet de l'émigration et des troubles politiques, leur fit donner bientôt cours forcé de monnaie. Ils portaient intérêt et devaient être brûlés au fur et à mesure qu'ils rentreraient par les acquisitions de biens nationaux. La première émission, décrétée le 1er avril 1790, fut de 400 millions.

Ce papier, garanti par une masse énorme de biens territoriaux, eût été émis au pair et aurait justement inspiré la plus grande sécurité dans des temps ordinaires. Mais, dans ces temps de discordes civiles et de luttes gigantesques, il devait être bientôt déprécié.

En effet, sa valeur reposait sur cette hypothèse que les biens nationaux seraient vendus et seraient vendus promptement. Or, la vente de ces biens était difficile, parce que les capitalistes craignaient une contre-révolution qui aurait enlevé ces biens à l'État. D'ailleurs, leur masse était si considérable que le prix de la propriété foncière en était altéré. Enfin, comme ce prix dépend surtout de l'abondance ou de la disette des capitaux mobiliers, il devait être peu élevé au moment où les émigrés emportaient avec eux une quantité considérable de numéraire, où le peu de crédit qui existait commençait à se resserrer sous l'influence d'inquiétudes vagues et de pressentiments sinistres.

Les Assignats eurent donc, dès le moment de leur émission, une valeur inférieure à celle du numéraire qui, du reste, enchérissait. Les émissions successives imposées au gouvernement par les besoins de l'État furent ensuite la cause la plus active de leur dépréciation. Quoiqu'ils représentassent une valeur immobilière, les Assignats étaient un titre mobilier destiné à remplir les fonctions ordinaires de la monnaie. Une somme de transactions donnée dans un état de crédit donné ne comporte sans dépréciation qu'une certaine somme de monnaie, même métallique.

En septembre 1792, il avait été fabriqué pour 2 milliards 700 millions d'Assignats. En août 1793, la somme des émissions était de 5 milliards.

Les Assignats subirent donc une dépréciation rapide, bien qu'ils représentassent une valeur réelle bien supérieure à leur valeur nominale. L'Assignat, qui, en juin 1793, ne valait plus que le tiers de sa valeur nominale, ne valut plus que le sixième au mois d'août de la même année.

Pour arrêter la dépréciation, la Convention employa diverses mesures. En Avril 1793, elle avait infligé une peine sévère à quiconque refuserait en paiement des Assignats, ou les changerait contre du numéraire. Plus tard, la circulation du numéraire lui-même fut interdite. La création du grand-livre de la dette publique détruisit les titres des emprunts de la monarchie. Les grandes compagnies durent liquider. Les Assignats à effigie royale furent changés et démonétisés. Dans le remboursement des offices, les fortes sommes furent payées en reconnaissances de liquidation qui n'avaient

point cours de monnaie et qui n'étaient reçues que pour paiement des biens nationaux. Les inscriptions de rente furent admises pour moitié, en paiement de ces mêmes biens. Le cours d'un grand nombre de marchandises fut fixé législativement. Un emprunt forcé fut décrété et fournit de nouvelles ressources. Enfin, 840 millions rentrés au trésor furent brûlés. Alors, les Assignats remontèrent presque au pair pendant quelque temps.

Mais les besoins de la République étaient immenses, et ses ressources diminuaient chaque jour. Elle avait plus d'un million de soldats sous les armes, et la dépréciation des Assignats avait réduit presque à néant les produits de l'impôt. D'ailleurs l'impôt, même ainsi réduit, rentrait difficilement, et une partie de la France était insurgée.

Il fallut donc continuer les émissions. Au commencement de 1794, la quantité des Assignats en circulation était de plus de cinq milliards. Un nouveau milliard fut créé en juin. Aussi, malgré la capitalisation des rentes viagères, malgré un emprunt forcé de cent millions, la dépréciation fit des progrès rapides. En mars 1795, il y avait en circulation environ huit milliards, et quoique les biens nationaux fussent estimés à quinze, l'Assignat perdait les neuf dixièmes de sa valeur. On avait aboli la plupart des mesures rigoureuses employées, en 1793, pour soutenir le cours des Assignats, et pendant que tant de Français se dévouaient pour le salut ou la gloire de la patrie, de vils agioteurs n'étaient occupés qu'à chercher des bénéfices dans le discrédit du signe monétaire de la République.

Après avoir discuté et rejeté une infinité de mesures qui furent proposées pour rendre de la valeur aux Assignats, la Convention décréta que les biens nationaux ne seraient plus vendus aux enchères, mais adjugés à quiconque en offrirait une somme d'Assignats égale à trois fois l'estimation de 1790, ou à soixante-six fois le revenu. Ce décret produisit un grand effet. Le prix auquel il mettait les biens nationaux les fit rechercher de tout le monde. Une grande quantité de ces immeubles fut aliénée et livrée à la culture. Cette mesure était bonne; elle devait avoir pour effet de livrer la terre aux petits cultivateurs entre les mains desquels la cherté des subsistances mettait des sommes d'Assignats considérables. Mais on s'alarma de voir aliéner si rapidement les biens nationaux, cette dernière ressource de la République, et le décret fut rapporté.

Plus tard, on décréta qu'à chaque nouvelle émission de 500 millions d'Assignats on devrait ajouter aux paiements un quart en sus de la somme énoncée avant l'émission. Dans l'emprunt forcé levé, en 1795, ils ne furent reçus qu'à un centième de leur valeur nominale. On les recevait au pair pour l'arriéré des contributions qui s'élevait à 13 milliards. Mais les assignats en circulation s'élevaient à environ vingt milliards. En 1796, des émissions nouvelles, et d'autant plus considérables que la dépréciation était plus forte, en avaient porté la somme à 45 milliards. Ils ne conservaient plus qu'un demi-centième de la valeur nominale. La moitié des fermages et de l'impôt étaient payés en nature.

Des cédules ou titres emportant hypothèque spéciale sur certains biens nationaux avaient été vainement émis. On eut recours à des mandats territoriaux affectés à l'achat des biens nationaux et échangeables au pair contre ces biens. Les Assignats, réduits à 36 et bientôt à 24 milliards, furent liquidés au trentième contre 800 millions de mandats, et le 30 pluviôse an IV (19 février 1796), la planche fut solennellement brisée.

Les mandats eurent le même sort que les Assignats et durèrent peu. Ils furent affectés à payer l'arriéré des contributions.

La création des Assignats a causé de grands désastres particuliers. L'industrie, le commerce ont dû succomber, et le crédit entièrement disparaître dans ces variations rapides du signe monétaire, dans cette réduction successive de toutes les créances. Certes, si les hommes qui ont dirigé la Révolution avaient pu sauver la France par d'autres moyens, et qu'ils eussent employé celui-ci, en connaissance de cause, ils auraient été bien coupables. Mais l'absence du crédit ruiné par la monarchie, les luttes des factions, une guerre terrible, un désordre matériel dont le monde n'avait point encore vu d'exemple, ne laissaient au gouvernement aucune ressource. On crut d'abord que les biens nationaux se vendraient facilement, et que la nouvelle monnaie représentait la valeur la plus invariable, celle de la terre ; plus tard, les événements furent si disproportionnés, si imprévus, si pressants, qu'il fallut persister dans la voie où la Révolution se trouvait engagée. Lorsque l'on vit clairement l'inévitable dépréciation des Assignats, les hommes qui étaient à la tête des affaires durent penser qu'il n'y avait pas d'autre moyen de sauver la France et de repousser l'Europe coalisée. Ils regardèrent l'émission des Assignats comme une contribution, comme un sacrifice par lequel les Français devaient acheter le triomphe de la Révolution ; et ils poussèrent le scrupule au point de rembourser en numéraire les créanciers de l'État qui étaient étrangers. Ce n'était pas ainsi qu'agissait Pitt, lorsqu'il semait chez nous l'incendie et la trahison, lorsqu'il encourageait les contrefacteurs d'Assignats, et devenait ainsi complice de ces faux-monnayeurs. Si les Assignats ont été la source de beaucoup de fortunes équivoques, ce ne sont point ceux qui les ont décrétés qui en ont profité. La plupart vécurent peu de temps et moururent pauvres.

Aujourd'hui, le retour des Assignats n'est plus à craindre. La Révolution française ne peut plus se reproduire. Son action a trop pénétré le monde pour que nous soyons destinés à subir les nécessités qui ont rendu si laborieuse la tâche de nos pères. Le crédit public et privé existe en France, bien qu'il réclame encore des développements. Ses ressources sont immenses, et elles peuvent suffire à toutes les éventualités.   COURCELLE SENEUIL.

ASSOCIATION. Il y a bien peu d'années que le mot Association est entré dans le langage politique.

Or, un mot nouveau est toujours le signe d'une idée nouvelle, même quand cette idée est encore mal définie. Qu'est-ce que l'Association ? Est-ce la réunion de plusieurs dans un but commun ? Mais cette définition est aussi applicable au mot Société. S'il n'y a pas d'autre sens, pourquoi donc un autre mot ? Évidemment, la logique des peuples ne peut pas s'égarer jusqu'à créer une dénomination qui ne représenterait rien au-delà d'une formule ancienne. Et, en effet, il y a, entre les mots Société et Association toute la différence qu'il y a entre le passé et l'avenir.

La Société est la réunion de plusieurs avec des droits différents ; l'Association sera la réunion de plusieurs avec des droits égaux. Dans la Société, les hommes se divisent en supérieurs et inférieurs ; dans l'Association, les hommes seront, ainsi que le terme l'indique, tous des associés. L'égalité, voilà donc le principe et le but de l'Association.

Ce n'est pas d'aujourd'hui, sans doute, que l'égalité de tous a été proclamée. Le Christianisme en avait fait la base de ses admirables théories ; mais le Christianisme n'avait prêché que l'égalité spirituelle ; c'était au sein de Dieu que les hommes devenaient frères. En attendant les nivellements de la mort, ils vivaient partagés en opprimés et en oppresseurs.

Il fallut une leçon de dix-huit siècles pour que l'homme se crût en droit de demander sur la terre ce que le Christianisme lui promettait dans les cieux ; et après de longs combats et de cruelles vicissitudes, la Révolution française a définitivement établi dans la loi humaine l'égalité qu'avait consacrée la loi divine. La Charte a enregistré cette conquête de la Révolution. Mais, en laissant subsister toutes les formes de l'antique société, la Charte rendait impossible l'application de son principe, avec lequel la conservation de pouvoirs héréditaires formait un contresens.

L'intelligence publique protesta contre ces inconséquences, et la démocratie se présenta comme forme de l'application, l'Association comme moyen.

Ainsi, le Christianisme est le dogme religieux de l'égalité, la démocratie est la réalisation politique du dogme, l'Association le moyen pratique de la réalisation.

Et qu'on n'aille pas se méprendre sur la signification du mot Égalité, et nous confondre avec ces rêveurs, qui veulent appliquer à tous les hommes le même niveau, sans tenir compte des mérites et des intelligences. Dans l'Association, comme dans la Société, il faut une hiérarchie. Mais, dans la Société, la hiérarchie est fondée sur le hasard ; dans l'Association, sur l'élection. Dans l'Association, comme dans la Société, il y aura des premiers et des derniers. Mais dans la Société, les derniers sont condamnés à rester les derniers ; dans l'Association, les derniers auront toujours le droit de devenir les premiers.

Ainsi, dans l'Association se trouvent compris, comme corollaires, ces trois principes : égalité, hiérarchie, élection.

C'est-là surtout ce qui distingue l'Association de la communauté. La communauté, c'est l'égalité de fait, l'Association, c'est l'égalité de droit; la communauté, c'est le nivellement, l'Association, c'est la hiérarchie. Dans la communauté, les intelligences sont courbées sous le joug uniforme d'une loi aveugle; dans l'Association, les intelligences sont récompensées par les encouragements d'une loi clairvoyante : la communauté déprime tout le monde, sans distinction de mérite; l'Association grandit chacun selon ses œuvres. Enfin, la communauté, c'est l'immobilité, la stérilité, la décrépitude qui s'endort dans les traditions du passé; l'Association, c'est le mouvement, la fécondité, l'éternelle jeunesse qui s'inspire des espérances de l'avenir.

Ce qu'il y a de plus déplorable, sans contredit, dans la constitution des gouvernements actuels, c'est le défaut d'ordre, d'unité et d'ensemble. Chaque pouvoir est combattu par un autre pouvoir, chaque fonction est un obstacle à une autre fonction. Dans cet étrange mécanisme, tous les rouages tournent en sens contraire, toutes les forces se neutralisent au lieu de se combiner. C'est la lutte organisée, la guerre passée à l'état de loi, et l'anarchie à l'état de constitution. Basée sur de pareilles théories, la Société n'aurait pas un jour de repos; en dépit des lois fondamentales, un des pouvoirs ne dominait les autres, et s'assurait, à force d'usurpations, une passagère unité. Mais comme il est toujours permis de lui contester ses usurpations, il survient des déchirements périodiques, dont il ne triomphe que par le droit de la force, aidé du premier besoin social, le besoin de l'ordre. Toutefois, l'ordre reste sans garantie d'avenir, et une insurrection vaincue laisse toujours subsister derrière elle une insurrection menaçante.

A cet état de choses, il n'y a d'autre remède que l'Association. Dans l'Association, toutes les forces se combinent en une force unique; les rayons de toutes les intelligences convergent vers un foyer commun. Nul effort n'est perdu, nul travail n'est stérile : tout se tient, tout s'enchaîne, tout obéit aux lois d'une admirable harmonie; et dans l'harmonie se résument l'ordre, la beauté, la puissance.

Dans ce nouvel état social, il se rencontrera peut-être, et surtout au commencement, quelques esprits vaniteux qui, ne trouvant pas leur intelligence suffisamment récompensée, chercheront à conquérir par la violence une position qui ne sera donnée qu'au travail et au mérite. Mais, sur quel principe s'appuieraient leurs prétentions lorsque la place de chacun sera désignée par la décision de tous? Ces folles tentatives ne serviront qu'à constater la force de l'Association, dont on pourrait douter sans quelques épreuves.

Toutefois, si l'Association ne se réalisait que dans un seul pays et chez un seul peuple, ce serait encore là de l'isolement. Elle n'aurait pas le caractère d'universalité qui domine toutes les idées chrétiennes. La France, ce pays d'initiation politique, sera la première à s'organiser. Mais son exemple sera bientôt suivi : de l'Association française naîtra l'Association européenne, qui, ensuite, attirera dans son cercle harmonieux tous les peuples des deux hémisphères.

Tout, d'ailleurs, se réunit pour prouver que les temps de l'Association ne sont pas éloignés; partout peuvent se lire les signes précurseurs de la nouvelle alliance, et dans les écrits des savants, et dans les conquêtes de l'industrie. Ce n'est pas par hasard que tant d'âges se sont écoulés sans que l'homme songeât à mettre à profit la puissance de la vapeur. Il y avait assurément assez de science au temps d'Auguste et de Périclès pour concevoir une idée aussi simple : il ne fallait pour cela que voir de l'eau en ébullition. Mais quelle eût été l'utilité des chemins de fer, alors que chaque peuple s'isolait, se retranchait dans l'étroit patriotisme des villes, et fuyait l'étranger comme un ennemi, ou le poursuivait pour le vendre au marché? Qu'avait-on besoin de ces rapides communications, lorsqu'il n'y avait d'autres routes que des routes de guerre, lorsque les violences de la conquête romaine n'avaient pu créer dans le monde que l'unité de l'esclavage, aussitôt détruite par le cataclysme des hordes barbares? Qu'auraient signifié ces rapprochements au moyen-âge, lorsque le territoire était divisé, fractionné, morcelé comme la glèbe? Il y a cinquante ans, encore, la Bretagne eût été blessée de voir une route normande se prolonger dans ses bruyères. Mais aujourd'hui, qu'il n'y a plus ni Normandie, ni Bretagne, aujourd'hui que, dans sa majestueuse unité, et en vertu de cette unité, la France sert de guide au monde; aujourd'hui, que les peuples, oubliant leur antique rivalité, sont prêts à se donner la main, il faut et à leur amour et à leur intérêt de plus faciles rapprochements. Les sillons de fer qui vont creuser le flanc des montagnes, et suspendre leurs voûtes sur les profondeurs des vallées, ne sont pas seulement les monuments hardis de l'industrie conquérante, ils sont aussi les liens indestructibles de l'Association universelle; mais avant que ces liens matériels fussent formés, il fallait que le lien spirituel fût déjà dans le cœur des peuples. Un peu plus tôt, c'eût été une œuvre dont les nations n'eussent pas compris le sens moral; un peu plus tard, il y aurait eu dans l'insuffisance de leurs rapports une immense douleur. Ainsi, la Providence qui tient en réserve les trésors successifs de l'héritage humain n'en laisse rien tomber avant le temps, pour que rien n'en soit prodigué, et ne verse que l'un après l'autre chaque genre de richesses, à l'heure et au moment où l'homme peut utilement les recevoir.

Ce n'est pas l'école démocratique seulement qui a proclamé l'Association comme formule du gouvernement de l'avenir. Deux hommes éminents, qui ne doivent être responsables ni des exagérations, ni des déviations de leurs disciples, Saint-Simon et Fourier, ont fait de l'Association la base de leurs doctrines. Mais Saint-Simon a négligé les détails de l'application, et ses disciples ont profité du vague de ses théories, pour échafauder un système de hiérarchie antique, qui n'était qu'une contrefaçon grossière de la Pagode et du Tabernacle. Ils imaginèrent aussi une sorte d'élection dans laquelle le candidat s'*imposait* à la multitude en vertu de son intelligence supérieure; et la multitude devait l'*acclamer*. C'est ce qu'ils appelaient l'élection de *haut en bas*, en opposition avec l'élection de *bas en haut*, qui était, selon eux, la forme de l'élection démocratique. Malheureusement, beaucoup de gens ont pris au sérieux ces formules absurdes; nous prouverons, en traitant de l'élection, combien ces mots de *bas en haut* et de *haut en bas* sont vides de sens.

Ce qui fut mortel pour les saint-simoniens, c'est qu'ils se vouèrent au ridicule par des comédies mystiques : le spectacle compromit la doctrine.

Fourier avait une bien plus haute intelligence de l'Association : il entra dans les détails de l'application; on peut même lui reprocher de les avoir trop multipliés, et de s'y être égaré quelquefois. Néanmoins, sa hiérarchie est habilement conçue, et l'élection parfaitement combinée. Mais les fouriéristes s'imaginèrent qu'ils pourraient accomplir leurs réformes sans le secours des éléments politiques qui les environnaient. Ils eurent la prétention de se tenir en dehors des partis : c'était une haute présomption et une grave inconséquence. Proclamer que toute puissance est le résultat de plusieurs forces combinées, et s'isoler dans sa propre force, c'est se vanter d'une force exceptionnelle. Mettre avant tout et par-dessus tout le principe de l'Association, et repousser des Associations qui pourraient conduire plus vite au but, c'est manquer à son principe. Les fouriéristes, à l'exemple des saint-simoniens, se sont constitués en petite église; ils se sont retranchés dans la coterie, c'est-à-dire dans ce qu'il y a de plus contraire à l'Association. Aussi ont-ils été entraînés à mettre partout les idées particulières avant les idées générales, et à placer la constitution de la commune avant la constitution du gouvernement.

De même aussi, dans son Association industrielle, qui est un détail, Fourier déploie une puissance d'exécution et une fermeté de logique que l'on cherche en vain dans son organisation sociale, qui est l'ensemble. Je ne sais où j'ai entendu dire que Fourier avait organisé la cuisine de l'avenir. Ce mot, qui renfermait une intention d'épigramme, n'en est pas moins un assez bel éloge. Si l'Association industrielle de Fourier devait apaiser les cris de la faim, satisfaire tous les estomacs qui souffrent, et rendre désormais impossible les angoisses du besoin matériel qui tue l'intelligence et la probité, Fourier aurait les droits les plus sacrés à la reconnaissance et à l'admiration.

Quoi qu'il en soit, Fourier, prédicateur infatigable de l'Association, apôtre de l'égalité, de la hiérarchie et de l'élection, est un de ces génies que l'on peut offrir à la contemplation des siècles. Quand même ses projets d'organisation ne seraient pas réalisables dans leur ensemble, il restera toujours de lui des idées fécondes, et de magnifiques enseignements pour l'avenir.

L'Association n'est pas seulement un remède aux maux politiques; elle offre encore une solution aux questions industrielles qui ont le plus embarrassé les économistes. Combien, par exemple, de vaines discussions ont été soutenues pour et contre la concurrence dans le commerce! Com-

bien d'accusations également fondées de part et d'autre! C'était un cercle de difficultés infranchissables. D'un côté, le privilège est l'exclusion de la capacité; d'un autre, la concurrence est la guerre organisée, l'oppression du faible par le fort. Le privilège, c'est l'ordre, mais l'ordre par le despotisme; la concurrence, c'est la liberté, mais la liberté sans garantie. Le privilège, c'est l'enrichissement de quelques préférés, ce qui est une iniquité; la concurrence, c'est la ruine du plus grand nombre, ce qui est un horrible malheur! Il n'y a sans doute rien à répliquer à ces mutuelles accusations, et les embarras resteraient toujours les mêmes, si l'on ne trouvait une solution dans l'Association. L'Association, c'est la liberté avec garantie, l'ordre sans l'exclusion, la rivalité sans la guerre. Avec l'Association, plus d'oppression, parce qu'il n'y aura plus de faible; car la faiblesse, c'est l'individualisme. Plus de ces capitaux isolés, livrés aux hasards d'une lutte ruineuse, dévorés dans les calculs haineux de sacrifices égoïstes et d'un avide désintéressement. Toutes les forces, aujourd'hui perdues dans les efforts d'une mutuelle destruction, seront réunies dans les combinaisons d'un profit mutuel.

On s'est préoccupé, avec raison, des désastres produits par les Associations sans garanties de la commandite; mais il ne faut en accuser qu'une législation vicieuse qui tient encore trop du passé, pour bien comprendre tous les mérites de l'Association. L'impuissance du gouvernement, qui se révèle en cette matière comme en tant d'autres, ne doit pas nous engager à faire abandon du principe.

Une question non moins difficile dans l'application est celle de l'Association des maîtres avec les ouvriers. Malheureusement, dans toutes les discussions à ce sujet, on s'est toujours laissé préoccuper par des animosités de parti, qui entraînent toujours dans le faux et l'exagération. Les uns ont tout d'abord divisé les maîtres et les ouvriers en oisifs et en travailleurs, ce qui n'est pas juste; car, sauf de très-rares exceptions, dans toutes les grandes fabriques, l'homme qui travaille le plus, c'est le maître. Puis, tout en signalant les profits exagérés du maître, on n'a pas assez tenu compte de ses risques, qui sont proportionnels. D'autres, au contraire, n'ont voulu voir dans l'ouvrier que le rouage d'une grande machine; ils n'ont voulu voir dans son travail que l'heure et la journée qui lui étaient payées, sans tenir compte des résultats. Ils lui refusent la plus petite participation à la richesse qu'il produit, parce qu'il n'a contribué en rien au capital social, et que, pour certains économistes, il n'y a pas d'autre capital que l'argent. Entre ces deux écueils la route est difficile; mais devons-nous donc sacrifier ou la fortune du maître ou l'avenir de l'ouvrier, parce que nous sommes embarrassés d'une solution? Non, sans doute. Il nous faut, au contraire, redoubler d'efforts pour mener à bien ce redoutable problème. Le principe est déjà trouvé : c'est l'Association du capital, du travail et de l'intelligence, et par conséquent l'abolition de ces mots : *maître* et *ouvrier;* car il n'y aura plus parmi les travailleurs que des associés avec des fonctions différentes. Il ne s'agit plus que de fixer les proportions, de combiner équitablement les chances et les profits, et surtout de ne pas se laisser décourager par quelques essais infructueux.

Les obstacles à l'Association ne viennent pas seulement des craintes ombrageuses du gouvernement; ils se rencontrent surtout dans les préjugés des populations. Depuis que les subdivisions infinies du sol ont créé en France des millions de propriétaires, l'esprit d'égoïsme, de méfiance et d'isolement s'est emparé du paysan. Jaloux de sa propriété, il se bat pour elle, il plaide pour elle, et se charge pour elle de travaux et de soucis. Chez lui, l'esprit de propriété consiste à faire tout par soi et pour soi : savoir se passer des autres est sa suprême sagesse. En vain chercherait-on aujourd'hui à persuader au paysan-propriétaire que la culture en commun réduirait les dépenses, en décuplant les profits. Il croirait céder quelque chose de ses droits de propriété, s'il se voyait soulever sa terre par une charrue commune : livrer son champ aux bras d'un autre, lui semblerait une espèce d'adultère. Il y a loin de là, comme on voit, aux idées d'Association ; et pourtant l'Association seule pourra régénérer l'agriculture. Que faire donc ? Attendre et instruire le peuple.

La puissance de l'Association s'est révélée dans plus d'un fait politique. Ce fut une Association populaire qui seule put triompher de Napoléon, après que tous les rois s'étaient prosternés devant lui. Lorsqu'en 1813 les souverains de l'Allemagne, désespérant de leurs propres forces, malgré l'immense désastre de Moscou, firent un appel au patriotisme des populations germaniques, il se forma une vaste Association, sous le nom de *Tugendbund* (Association de la Vertu), qui apporta dans les armées l'enthousiasme de la liberté et la puissance d'une grande volonté nationale. Le génie de Napoléon pouvait mépriser l'alliance des rois, mais il devait succomber sous l'alliance des peuples. Sa chute est le plus grand enseignement de l'histoire moderne.

Une autre leçon, que la postérité n'oubliera pas, ce fut la trahison des rois qui, après avoir soulevé les populations au nom de la liberté, violèrent audacieusement les promesses les plus solennelles, et persécutèrent l'Association qui les avait sauvés.

Toutefois, la puissance du fait d'Association leur avait été révélée : ils résolurent d'en faire une application à leur profit ; et les rois qui prétendaient à l'absolutisme s'apprêtèrent à combattre les idées nouvelles, en formant entre eux une Association monarchique sous le nom de Sainte-Alliance. Elle a été obligée de se dissoudre en présence de la Révolution de juillet.

On se souvient des nombreux et bruyants procès soulevés par les droits restrictifs de l'article 291 du Code pénal, et de toutes les difficultés légales tranchées violemment par la loi du 10 avril 1834 contre les Associations. En examinant la question du droit d'Association, nous devons prévenir que nous nous plaçons en-dehors des lois écrites pour ou contre, et que nous ne sortirons pas des principes généraux. Si la grande Association de tous était organisée dans un but commun, les Associations particulières qui fonctionneraient en-dehors de ce but seraient ou puériles ou dangereuses. Tout ce qui détruit l'unité, quand l'unité existe, doit être prohibé ; tout ce qui contrarie les décisions de la majorité, quand la majorité est consultée, doit être interdit. D'ailleurs, avec la libre discussion de la presse, ces Associations n'auraient ni sens ni portée.

Mais, dans la monarchie parlementaire, où tout est organisé pour l'antagonisme et la lutte, empêcher l'Association est un injuste contresens. Dans la discussion sur l'Association catholique, un de ses plus habiles adversaires, sir Robert Peel, soutenait que « ce qui faisait la force de la constitution anglaise était la méfiance. » Ce ne fut pas là une maladroite franchise, ce fut une haute vérité. Notre gouvernement, emprunté aux Anglais, est un gouvernement de méfiance : méfiance du roi envers le parlement, du parlement envers le roi, de tous deux envers la nation, et de la nation envers tous deux. Pourquoi donc chacune des méfiances n'aurait-elle pas le droit de s'exprimer ? Et quelle est cette inconséquence qui veut que l'antagonisme s'arrête ? On aura beau faire : le droit d'Association ressort forcément du droit constitutionnel, c'est la logique rigoureuse de la monarchie parlementaire : si l'empêchement est dans ses lois, le droit est dans ses principes.

Au surplus, la discussion même du principe et les combats acharnés que lui ont livrés les hommes du passé prouvent évidemment qu'on reconnaît sa puissance. Souvent la haine est un hommage non moins glorieux que l'amour ; et la guerre faite à une idée devient sa première consécration. L'Association ne devait pas échapper à cette loi des destinées humaines : elle se présente comme une forme sociale nouvelle ; il faut bien qu'elle s'attende à être repoussée par les formes du passé. Les formes du passé ont été l'aristocratie et la monarchie ; car jamais, jusqu'ici, la démocratie n'a existé, ainsi que nous le prouverons plus tard. Or, l'aristocratie et la monarchie impliquent des supérieurs et des inférieurs ; ce sont donc des ennemis naturels de l'Association, qui n'admet que des égaux. L'Association sera une révolution immense, un renversement complet de ce qui fut de toute antiquité ; car l'Association, c'est le verbe nouveau du monde, la pensée de l'avenir, la religion des générations futures.

Jusqu'ici, la paix universelle n'a pu entrer dans les prévisions de la politique ; l'idée seule semblait ou une éclatante ironie ou un rêve fantastique. Elle deviendra cependant une des conséquences nécessaires de l'Association ; car la guerre et l'Association sont deux idées contradictoires. Ce n'est pas à nous, sans doute, qu'il est réservé de voir réaliser complètement ces magnifiques espérances. Enfants du doute et de la guerre, jetés en naissant sur le terrain de la lutte, et vivant au milieu des déchirements de ce long combat entre le passé et l'avenir, nous ne pouvons avoir d'autre mission que de hâter par nos efforts l'accomplissement des destinées nouvelles. Nous avons échappé à la servitude des Pharaons ; mais nous avons encore à traverser les orages du désert ; trop heureux de pouvoir, ainsi que Moïse, montrer de loin à nos enfants cette terre promise, où il ne nous sera pas donné de reposer nos têtes.　　ELIAS REGNAULT.

ASSOCIATION CATHOLIQUE. De toutes les Associations politiques, la plus féconde en résultats et la plus formidable pour un pouvoir oppresseur fut l'Association catholique d'Irlande. O'Connell en fut l'organisateur et le chef. Ce sera, sans contredit, un bien beau titre de gloire.

Dans le courant de l'année 1823, les deux plus célèbres champions de l'Irlande, O'Connell et Shiel, se rencontrèrent par hasard chez un ami commun, au milieu des montagnes de Wicklow. La conversation de ces deux hommes éminents ne pouvait être que l'expression de leur douleur commune à la vue des maux de la patrie. Ce fut alors qu'ils résolurent de recourir à la puissance de l'Association. Les bases en furent aussitôt arrêtées. Elle avait pour but l'*émancipation catholique*.

Mais le découragement qui s'était emparé des catholiques faillit rendre stériles les efforts des deux patriotes. D'après le réglement provisoire, il suffisait de la présence de dix membres pour ouvrir la séance ; cependant, aux trois premières réunions, il fallut se séparer faute de se trouver en nombre.

Les séances devaient se tenir dans l'arrière-boutique d'un libraire, établi Capel-Street, à Dublin. Le 25 mai 1823, l'Assemblée était convoquée pour la quatrième fois. Trois heures allaient sonner ; c'était l'heure de faire l'appel nominal, et huit personnes seulement se trouvaient réunies. Par un article du réglement, tout ecclésiastique, quelle que fût sa croyance, était de droit membre de l'Association. O'Connell quitte brusquement le lieu des séances, entre dans la boutique, y voit cinq étudiants de Maynooth qui venaient de recevoir les ordres, et leur propose de se joindre à l'Assemblée pour la régulariser. Sans tenir compte de leurs hésitations et de leur refus, O'Connell les pousse par les épaules, les fait entrer, et ouvre la séance. O'Connell vit bientôt récompenser son zèle, et l'Association, pour laquelle une arrière-boutique était trop grande, se répandit bientôt sur toute la surface de l'Irlande.

Mais ce qui prouve quelle est la puissance gigantesque d'une Association bien combinée, même avec les moyens individuels les plus faibles, c'est que la souscription de chaque membre, qui était d'un penny (2 sous) par mois, produisit un revenu annuel de plusieurs millions.

Ces vastes ressources pécuniaires furent consacrées à secourir le pauvre, à combattre le riche, à lutter contre les hommes de loi, et à poursuivre devant les tribunaux les iniquités des agents du pouvoir.

Un des plus heureux résultats de l'Association catholique fut de mettre un terme aux cruels désordres qui avaient si longtemps compromis une belle cause ; à la fin de l'année 1824, l'Irlande entière jouissait d'un calme qu'elle n'avait jamais connu depuis les premiers jours de la domination anglaise. L'influence morale de l'Association avait fait cesser des guerres contre lesquelles la force des armées avait toujours été impuissante.

Mais cette pacification de l'Irlande, qui était en même temps un enseignement pour les peuples et une accusation contre le pouvoir, inspira des craintes sérieuses au cabinet de Saint-James. L'Angleterre voyait l'Irlande lui échapper par une insurrection toute morale. Il fut donc résolu d'en finir avec ce dangereux exemple.

On voulut d'abord frapper l'Association dans son chef ; O'Connell fut cité devant le jury d'accusation pour paroles séditieuses prononcées dans une des réunions. Le jury le renvoya de la plainte.

Toutefois, cette attaque fut d'autant plus vivement ressentie par les catholiques qu'elle venait d'un de leurs anciens alliés, M. Plunkett, alors attorney-général. Dans une réunion qui se tint peu après, une motion fut introduite par Shiel, tendant à faire connaître au public toute leur indignation. « Si O'Connell, dit-il, était attorney-général et M. Plunkett le chef magnanime du peuple ; si Marc-Antoine était Brutus et Brutus Marc-Antoine, oh ! quelles violentes paroles nous eussions entendues ! quelle matière inflammable eût été jetée au milieu du peuple ! quels torrents de lave eussent été versés ! Les pierres elles-mêmes se seraient levées séditieuses ! Plût au ciel que non-seulement M. Plunkett, mais tout protestant qui, dans un esprit d'insolent patronage, déplore notre imprudence, consentit un instant à prendre notre place ! Il nous dirait alors comment traduire en un langage plus calme de pareilles émotions ; il connaîtrait les colères qui remuent cette grande communauté d'esclaves à laquelle il aurait le malheur d'appartenir. »

Après avoir échoué devant le jury, le gouvernement anglais eut recours au parlement. A l'ouverture de la session de 1825, le discours du trône annonçait que des mesures seraient prises pour la suppression des sociétés politiques en Irlande, e le 10 février suivant, M. Goulburn, secrétaire d'état en Irlande, présenta au Parlement un bil qui déclarait illégale toute association dont les réunions dureraient plus de quatorze jours. Malgré les réclamations des Irlandais, le bill fut sanctionné par la servilité du Parlement.

Néanmoins, l'Association sut éluder la loi en se fractionnant, et poursuivit son œuvre avec quelques embarras de plus et non moins de triomphes.

Enfin, le jour arriva où le chef d'un ministère tory, le duc de Wellington, fut contraint de déclarer en plein Parlement qu'il n'y avait plus sécurité pour l'Angleterre à refuser davantage l'émancipation catholique. L'Angleterre céda, et l'Association catholique, après avoir obtenu la victoire qu'elle s'était promise, prononça elle-même sa propre dissolution. Son but était rempli.

C'est ainsi que, chez le peuple le plus pauvre et le plus misérable de l'Europe, l'Association a pu triompher sans violence, par la seule force morale, de l'aristocratie la plus riche et la plus puissante du monde.

Il s'est formé aussi en France une Association catholique, qui aurait pu exercer une haute influence sur les destinées du Catholicisme, si elle n'avait été combattue par les chefs même de l'Église dont elle devait retarder la chute. Cette Association, intitulée *Agence générale pour la défense de la liberté religieuse*, avait surtout pour but « le maintien du droit qui appartient à tous de s'unir pour prier, pour étudier ou pour obtenir toute autre fin légitime, également avantageuse à la religion, aux pauvres et à la civilisation. » L'Agence générale était composée d'un Conseil de neuf personnes dont M. de La Mennais était le président, et de donateurs associés. La donation était de 10 francs par an ; et déjà les fonds de l'Agence s'étaient élevés, dont la première année, à la somme de 31,513 francs. Cette Association, qui se formait à côté des Associations démocratiques de la même époque, promettait d'être féconde en heureux résultats pour la liberté, lorsque les chefs de l'Agence, croyant agir dans la logique du principe catholique qu'ils défendaient, firent un voyage à Rome, afin de faire sanctionner leur œuvre par l'autorisation du pape. Mais le chef de l'Église est celui qui, dans toute la Chrétienté, comprend le moins les intérêts de l'Église ; et au lieu d'une sanction, le président de l'Agence ne recueillit que des remontrances. Fidèle aux principes qu'il avait émis, il crut ne pas devoir résister à l'autorité aveugle qui oubliait les traditions du Christianisme, et, le 10 septembre 1832, l'Agence générale fut dissoute, après deux ans de luttes qui ne furent pas sans gloire.

Il est assurément permis de respecter les scrupules qui empêchèrent l'illustre rédacteur de l'*Avenir* de se révolter contre le schismatique successeur de saint Pierre. Pourtant, à M. de La Mennais plus qu'à tout autre, il appartenait de s'écrier : « Rome n'est plus dans Rome. »

ÉLIAS RÉGNAULT.

ASSOMMEURS. Il doit sembler étrange que ce mot figure dans la langue politique et trouve place dans un ouvrage de ce genre. La faute en est au régime actuel qui s'est chargé de l'y introduire.

L'Assommage politique n'est pourtant pas un fait nouveau, et il ne faudrait pas fouiller bien profondément l'histoire pour en trouver des traces plus ou moins marquées dans le récit des répressions au bénéfice de l'ordre public, c'est-à-dire de l'ordre établi, quoique ce soient, en beaucoup de cas, des ordres bien différents. Les gouvernements n'ont pas dû se faire faute d'assommer en même temps que de sabrer, piquer ou mitrailler ; et le bâton, dans les luttes civiques, a dû jouer son rôle aussi bien que les vieilles armes blanches et les armes à feu ; il est même probable que le bâton, arme primitive et naturelle, a dû précéder tous les autres instruments de mort dans l'arsenal des naissantes polices. Mais jusqu'à l'ère de 1830, il n'avait marqué sa place spéciale dans aucunes annales, et c'est seulement depuis quelques années que le mot *Assommeurs* rappelle des faits et exprime une idée, comme à d'autres titres et pour d'autres époques ceux de *piqueurs, chauffeurs,* etc., etc.

C'est le 14 juillet 1831 qu'a été signalé pour la première fois l'emploi des Assommeurs par la police contre les manifestations populaires. Une réunion de citoyens, composée principalement d'élèves des écoles et de jeunes radicaux, s'apprêtait à célébrer l'anniversaire de la prise de la Bastille ; il en résulta une collision au milieu de laquelle on vit une horde de gens, vêtus de vestes ou de blouses et armés de bâtons, déboucher de différentes rues où ils étaient apostés et se ruer sur les patriotes. La presse enregistra les plaintes des victimes et accusa hautement la police, qui nia avec force, et fit même un procès en calomnie au *National.* Là, d'irrécusables témoignages vinrent confirmer les griefs dénoncés par le journal, et, à la suite de longs débats, un cri de conscience s'échappa des lèvres de M. Bouvatier, maire du 8e arrondissement, qui confessa la part que le pouvoir avait prise à ce qu'on avait appelé les *embrigadements d'Assommeurs,* dénomination restée depuis lors historique.

Quelques années plus tard, eut lieu une scène plus grave encore. Les tracasseries dont la police ne cessait de poursuivre les crieurs publics et distributeurs de journaux populaires, tracasseries auxquelles la noble manifestation de Victor Rodde, sur la place de la Bourse, essaya vainement de mettre un terme, avaient agité la population, et attiraient chaque dimanche un concours de curieux sur la place de la Bourse. Le 23 février 1834, à midi, de nombreuses bandes d'agents de police, porteurs de gourdins, sortirent des grilles de la Bourse, se précipitèrent sur la foule, frappèrent avec une férocité inouïe ; et, par une occupation de quelques heures, portèrent l'épouvante dans ce quartier populeux. Il serait trop long de répéter les innombrables scènes de violence de cette fatale journée, dont le récit remplit les journaux durant plus d'une semaine. Le scandale fut si grand, que M. Eusèbe Salverte, député de Paris, dut provoquer des explications à la Chambre des députés. On se rappelle les coupables rires du centre et l'indécente tenue de la majorité pendant cette séance, qui restera comme un déshonneur éternel pour cette triste législature.

Les voies de fait des Assommeurs furent encore niées à la tribune par M. d'Argout, malgré des milliers de témoignages ; mais la mort de Chevalier, ouvrier inoffensif, dont l'autopsie révéla d'atroces cruautés, vint donner au ministre un éclatant démenti.

Depuis, l'Assommeur a joué son rôle dans presque tous les désordres qui ont éclaté sur divers points de la cité. Il est entré définitivement dans les voies et moyens, et fait partie de la tactique de nos polices. Mais il est juste de reconnaître qu'on en a fait un usage plus modéré.

Voilà comment le régime actuel a inauguré le mot *Assommeurs* dans la langue politique et nous a forcés de l'écrire dans ce Dictionnaire, comme à la rigueur il nous aurait mis également en demeure d'y faire figurer le mot *pompes,* dont il a fait aussi, par l'arrosement répressif du 5 mai 1831, un terme politique.   ALT......

ATTENTAT. En matière politique, les jurisconsultes reconnaissent trois sortes d'Attentats : — Contre la sûreté *extérieure;* — Contre la sûreté *intérieure* de l'État ; — Contre le roi, la famille royale ou le gouvernement. Mais le Code pénal n'appelle spécialement Attentats que certains crimes contre la sûreté intérieure, contre le roi ou le gouvernement (1). Comme l'Attentat se lie presque toujours à un complot dont il n'est que l'exécution, et, comme la loi établit des distinctions et des rapports essentiels, nous expliquerons, au mot COMPLOT, les divers cas dans lesquels il y a Attentat.

Les auteurs de la loi du 9 septembre 1835, destinée à supprimer, par voie d'intimidation, toutes les discussions, ont abusé du défaut de précision de la langue légale. Ils ont classé parmi les Attentats, même lorsqu'elle n'est suivie d'aucun effet, la simple provocation par discours ou écrits à un Attentat contre le roi, le gouvernement ou l'autorité royale. En violentant ainsi la langue, ils ont voulu enlever les délits de la presse à la juridiction du jury et les soumettre à la Cour des pairs, chargée, par l'art. 28 de la Charte, de juger les Attentats à la sûreté de l'État.

C'est dans le même dessein que la loi de septembre 1835 a classé parmi les Attentats :

1° L'offense au roi, par discours ou écrits, lorsqu'elle a pour but d'exciter à la haine ou au mépris de sa personne ou de son autorité constitutionnelle;

2° L'attaque contre le principe ou la forme du gouvernement, lorsqu'elle a pour but d'exciter à la destruction ou au changement de ce gouvernement.

Avec des définitions aussi vagues, dans une matière où c'est la loi qui crée les délits, on peut atteindre toute discussion de philosophie ou de polémique. Et les combinaisons de la loi sont telles que le philosophe ou le publiciste peut, suivant les cas, être condamné, en *minimum,* à cinq ans de détention et 20,000 fr. d'amende, et en *maximum,* à vingt ans et *deux cent mille francs.*

Si on osait exécuter de pareilles lois, elles ne seraient pas de longue durée.   H. C.

ATTORNEY, officier public qui remplit, en Angleterre, les fonctions de procureur. Les étymologistes font dériver ce nom de la préposition latine *ad* et du verbe français *tourner,* parce que, selon eux, l'*Attorney* est l'intermédiaire par lequel toute action ou plainte judiciaire est portée devant les tribunaux. Quand l'Attorney est attaché à l'une des diverses cours d'équité, il prend le titre plus relevé de *Sollicitor.*

La classe des *Attorneys,* malgré l'espèce de défaveur que le sentiment général fait peser sur elle, est très-répandue chez nos voisins d'outre-Manche,

(1) Le Code pénal nomme aussi Attentats les atteintes portées, par des fonctionnaires, à la liberté individuelle. C'est là un crime d'un autre ordre. Voyez au mot LIBERTÉ INDIVIDUELLE.

et l'on a calculé que, depuis dix ans, leur nombre a plus que doublé. Aujourd'hui, on n'en compte pas moins de trois mille à Londres, et de huit mille dans les provinces.

En Angleterre, le procureur du roi prend le titre d'*Attorney general.* Créé par des lettres patentes de la couronne, et chargé de la représenter devant la loi, ce magistrat est investi de pouvoirs extraordinaires. A lui appartient l'initiative de toutes les poursuites, soit pour les affaires criminelles, soit pour les délits de la presse ; à lui aussi est réservé le soin de porter devant la cour de l'échiquier les réclamations relatives aux successions particulières et aux avantages généraux qui peuvent échoir à la royauté. La loi lui accorde même, dans la direction et l'information de ces dernières causes, des pouvoirs exorbitants et presque arbitraires, qui sont toujours ruineux pour les intérêts des adversaires de la couronne. Le célèbre auteur du *Black book* (livre noir), le docteur Wade, en cite plusieurs exemples de la nature la plus révoltante.

Mais, en ce qui touche les délits de la presse, l'Attorney général se montre extrêmement sobre de poursuites. Il partage, en cela, la sage réserve du gouvernement anglais, qui sait respecter jusqu'aux écarts du droit de discussion.   A. G.

ATTROUPEMENT. Réunion illicite et tumultueuse. C'est en ce sens qu'il y a des lois contre les Attroupements. Pour qu'une réunion prenne le caractère d'Attroupement, il faut ces deux conditions : qu'elle soit défendue par la loi et qu'elle soit tumultueuse. Il en était à-peu-près ainsi sous l'empire de la loi du 26 juillet — 3 août 1791, qui ne punissait que les Attroupements *séditieux.* Cette distinction était juste, car toute réunion devrait être permise entre les hommes, et le tumulte seul devrait la faire considérer comme Attroupement.

Cette loi de 1791, relative à l'emploi et à l'action de la force publique à l'intérieur, prévoyait le cas où « la tranquillité publique serait *habituellement* « menacée par des émeutes populaires ou Attrou- « pements séditieux qui se succéderaient l'un à « l'autre. » Elle autorisait alors la proclamation de la Loi MARTIALE (V. ce mot). Tant que le fatal drapeau rouge restait déployé, *toute* réunion d'hommes au-dessus du nombre quinze, dans les rues ou places publiques, avec ou sans armes, était réputée Attroupement.

Aujourd'hui, la loi ne pose plus aucune règle qui serve à connaître les Attroupements répressibles, et à les distinguer des réunions licites. La loi martiale, formellement abrogée par un décret spécial de la Convention, le 23 juin 1793, est virtuellement remplacée par la faculté de mise en état de siège (V. ÉTAT DE SIÉGE), qui livre les citoyens à l'arbitraire de l'autorité militaire. La loi de 1791, maintenue dans les dispositions qui règlent le mode d'emploi de la force publique, a été remplacée, dans les dispositions qui définissent certains cas où la force doit être employée, par la loi du 10 avril 1831.

Cette loi, proposée par le ministère réactionnaire du 13 mars 1831 (ministère Périer), votée sous l'impression de la récente émeute du mois de février, et en haine des Associations qui s'organisaient contre le retour des Bourbons, défend indistinctement toutes sortes d'Attroupements. Elle laisse à la discrétion d'un grand nombre de fonctionnaires publics le soin de déterminer les cas dans lesquels les Attroupements doivent être dispersés.

« Toutes personnes qui formeront des Attroupements sur les places ou sur la voie publique seront tenues de se disperser à la première sommation des préfets, sous-préfets, maires, adjoints de maire, ou de tous magistrats et officiers civils chargés de la police judiciaire, autres que les gardes-champêtres et les gardes-forestiers. » (Art. 1er) Ces magistrats doivent être décorés d'une écharpe tricolore.

Les sommations doivent être renouvelées trois fois dans cette forme : *Obéissance à la loi; on va faire usage de la force; que les bons citoyens se retirent.* Après quoi, si l'Attroupement continue, il peut être fait emploi de la force, conformément à la loi de 1791. (V. Force publique.)

La loi de 1831 dispose contre ceux qui persistent à former un Attroupement, malgré les sommations légales, tout un système de pénalité qui n'empêche pas l'application des peines encourues pour les actes commis par l'Attroupement. L'échelle de cette pénalité commence aux peines de simple police (un jour de prison et un franc d'amende); elle s'élève jusqu'à deux ans d'emprisonnement, et même, pour les cas où l'Attroupement a un caractère politique, jusqu'à la privation des droits civils et politiques, et à l'interdiction de séjour au lieu de l'Attroupement.

Cette distinction des Attroupements qui ont un caractère politique est une porte ouverte par la loi à une foule de subtilités souvent funestes. Le délit d'Attroupement politique doit être jugé par le jury (1); celui d'Attroupement non politique est jugé par le tribunal correctionnel. C'est devant ce tribunal que le ministère public peut traduire de préférence tous les prévenus du délit d'Attroupement; c'est alors le tribunal correctionnel qui statuera sur la compétence. Les prévenus sont ainsi placés entre ces deux écueils : subir la juridiction correctionnelle, ou, s'ils veulent réclamer les garanties du jugement par jury, courir la chance d'un appel en Cour royale et de l'aggravation de peine attachée au caractère politique de l'Attroupement. C'est ainsi que la loi de 1831, loi politique, contredisant la loi de 1830 sur laquelle elle s'appuie, destitue, en fait et au gré du Pouvoir, les citoyens du droit constitutionnel d'être traduits nécessairement et directement devant la Cour d'assises, pour un délit éminemment politique. Toutes les fois, en effet, que l'Attroupement a pour but un acte réputé punissable, autre qu'un acte politique, il est atteint par une disposition spéciale de la loi criminelle ordinaire. Henry CELLIEZ.

(1) Loi du 8 octobre 1830, sur le jugement des délits politiques, rappelée par la loi du 10 avril 1831 sur les Attroupements.

AUBAIN. Les auteurs sont fort partagés sur l'étymologie de ce mot. *Ménage,* après *Cujas,* le dérive de *Advena,* étranger. On réputait *Aubains,* au douzième siècle, non-seulement ceux qui étaient nés hors du royaume, mais encore ceux qui s'établissaient dans une seigneurie autre que celle où ils étaient nés,

AUBAINE (droit d'). L'étranger devait le droit d'Aubaine au seigneur haut justicier. S'il ne le payait pas dans l'an et le jour, ou s'il mourait sans l'avoir payé et sans avoir ordonné à ses héritiers de le payer, le seigneur confisquait ses meubles (1); s'il mourait sans enfants, le seigneur prenait tous ses biens, et s'il laissait des enfants, le seigneur en prenait la moitié. Les seigneurs avaient le droit d'Aubaine dans leurs terres et le roi dans les siennes. Le droit d'Aubaine devint plus tard une prérogative de la Couronne.

Montesquieu s'éleva contre *les droits insensés* d'Aubaine. L'Assemblée constituante en fit justice.
A. T.

AUDIENCE. Du mot latin *audire* on a fait le mot Audience, qui signifie littéralement l'instant où l'on écoute, et ne veut presque jamais dire l'heure où l'on entend.

En style monarchique, on sollicite, on accorde, on obtient une audience. C'est déjà un grand succès que de l'obtenir, et presque une grâce que de l'accorder. Dans nos mœurs actuelles, certaines personnes se font une gloire, et certains journaux un mérite, de mettre en relief ces grands actes d'un gouvernement qu'on appelle représentatif. Toutefois, l'Audience perd beaucoup de sa valeur en descendant les degrés de l'échelle gouvernementale. Parler à d'*augustes oreilles*, fussent-elles un peu dures, est un fait d'une bien autre considération que s'adresser à l'ouïe intelligente d'un ministre, d'un administrateur, d'un magistrat. Ce qu'il y a de plus certain, c'est que le mot, par cela même qu'il a pris un caractère diplomatique, officiel et parlementaire, exclut maintenant toute idée de loyauté et de franchise. Toute Audience, en effet, rappelle ce mot attribué à Talleyrand, « La langue a été donnée à l'homme pour déguiser sa pensée. »

Dans une république, on conserverait peut-être le mot Audience, mais avec sa véritable signification. Les citoyens ne la regarderaient pas comme un privilège, mais comme un droit.

La langue judiciaire admet le mot Audience dans un sens qui se rapproche plus de la vérité : le jour de l'Audience est réellement celui où l'affaire en litige est discutée. On ajoute même, dans certains cas, l'adjectif *solennelle* pour indiquer les séances où, par suite des difficultés du débat et de la diversité de la jurisprudence, plusieurs sections des tribunaux ont été réunies pour fixer l'application de la loi.
B. P.

AUDITEUR. Les Auditeurs au Conseil d'État

(1) Établissements de saint Louis.

n'étaient pas connus avant la Révolution. Le Conseil ne se composait que de Conseillers-d'Etat, et, sous les anciens rois, de Maîtres des Requêtes, qui se tenaient aux côtés du prince pour recevoir les suppliques et requêtes de ses sujets.

La création des Auditeurs au Conseil d'Etat remonte à l'époque impériale. Napoléon, qui voulait enfoncer les racines de son empire dans la génération actuelle, l'imprégner de l'esprit de ses institutions, affermir sa dynastie en créant une noblesse civile en même temps qu'une noblesse militaire, et se rattacher les rejetons des vieilles races magistrales, institua les Auditeurs. Il les prit dans des familles la plupart anciennes et illustres. Deux présidents du conseil des ministres, MM. le duc de Broglie et Molé, ont été Auditeurs au Conseil d'Etat impérial.

Leur nombre fut d'abord très-limité, et, durant les grandes guerres de l'empire, ils avaient pour mission principale d'être expédiés au quartier-général de Napoléon en Espagne, en Hollande, en Allemagne, en Pologne, en Russie même, et de lui porter le portefeuille des affaires du Conseil d'Etat. Car on sait que Napoléon, aussi jaloux de sa qualité d'homme d'état que de sa qualité d'homme de guerre, aimait à dater ses moindres décrets des pays étrangers et conquis où il se trouvait, et qu'il les scellait, en quelque sorte, du pommeau de son épée, sur les champs de bataille. Il fallait que le doigt du maître se fît sentir partout et qu'on rendît hommage à son ubiquité. C'est ainsi que le décret réglementaire sur l'organisation des théâtres est signé et daté de Moscou. Napoléon, grand comédien s'il en fût, frappait ainsi l'imagination de notre nation très-imaginative.

Arrivés au quartier-général, les Auditeurs n'étaient pas toujours réexpédiés en France. L'empereur en retenait quelques-uns, et à mesure qu'il s'avançait dans sa marche victorieuse, il les préposait au gouvernement provisoire d'une province. Ainsi, le marquis de Nicolaï fut intendant du gouvernement de Wilna. La Dalmatie, l'Illyrie et d'autres provinces d'Allemagne ont été régies par de simples Auditeurs, qui avaient sous leurs ordres immédiats, et comme lieutenants et substituts, des princes.

En 1810, et toujours dans les vues que nous avons indiquées plus haut, Napoléon organisa sur une plus grande échelle l'institution des Auditeurs. Les uns furent attachés aux différentes sections du Conseil d'Etat et à la commission des pétitions et du contentieux; les autres, répartis dans les administrations générales et jusque dans les régiments, à titre de trésoriers. Un Auditeur était sous-préfet de l'arrondissement chef-lieu de la préfecture. Ceux qui étaient fixés à Paris pouvaient, au bout de deux ans, obtenir la séance impériale, c'est-à-dire le droit d'assister à la séance lorsque l'empereur présidait, faveur qui était très-enviée, et, en effet, curieuse.

Ce personnel fort nombreux et composé de jeunes gens d'anciennes familles de robe ou d'épée, pour la plupart, n'était pas très-remarquable peut-être par les talents. Mais il se distingua par son désintéressement, son assiduité au devoir, et son dévouement à l'empereur jusqu'au bout.

Les Auditeurs portaient un habit assez brillant, et composaient le personnel civil de la cour impériale (bals et fêtes); ils recevaient un traitement de 2,000 fr. Mais on exigeait des parents une pension de 6,000 fr. C'était, comme on le voit, une construction toute aristocratique accommodée aux mœurs et institutions du temps.

Napoléon tombé, les Auditeurs furent supprimés et ne reparurent en petit nombre que quelques années plus tard. Attachés seulement aux sections du Conseil d'Etat, ils sont aujourd'hui au nombre de 79. Ils sont divisés en deux classes, et ne reçoivent pas d'appointements.

Ils doivent être âgés de 21 ans, fils, neveux, ou parents, ou créatures de députés et de pairs de France. C'est la faveur ministérielle qui les choisit.

On demande à être Auditeur non pour avoir du travail, car 79 c'est beaucoup trop pour la besogne; non pour courir la carrière des emplois administratifs, car cela ne mène à rien; mais pour avoir une position dans le monde, ce qui flatte beaucoup les familles parisiennes; pour avoir une carte d'entrée aux bals et fêtes de la cour, qui n'en donne guère, et surtout une entrée dans les salons des ministres, ce qui vaut mieux; pour porter un habit brodé bleu sur bleu avec une épée droite au côté, avec un plumet sur un chapeau à la française. Voilà, à-peu-près, toute la besogne de l'auditorat actuel, sauf des exceptions rares qu'offrent quelques jeunes gens, simples, graves et laborieux. Car il faut rendre justice à ceux qui le méritent. C'est aujourd'hui une institution ratée, qui pourrait devenir utile et féconde si on l'organisait d'une manière plus large et plus rationelle. On assure que Timon a conçu un plan très-simple et très-réalisable, qui donnerait à ce corps une direction dans l'intérêt de l'administration qu'on a trop négligée jusqu'ici. En effet, nous avons des écoles polytechniques, des écoles militaires, des écoles navales, des écoles industrielles et jusqu'à des écoles de chant, et nous n'avons aucune école pour former les administrateurs d'un pays aussi vaste, aussi varié et aussi compliqué que la France. C'est une lacune à remplir. Mais ce n'est pas du point de vue de la coterie et d'un ministérialisme étroit qu'il faut envisager cette question, c'est du point de vue de l'intérêt général.

AUGUSTE. Épithète banale, que la flatterie accole à tout propos, non-seulement à la personne, mais aux actes les plus insignifiants des empereurs et des rois. Octave-César est le premier qui ait pris cette qualification d'Auguste, que ses successeurs ont adoptée, et dont on s'est toujours servi dans l'empire romain pour désigner celui qu'on voyait exercer la suprême puissance. Nos premiers rois, Clovis, Clotaire, Childebert, se sont fait aussi appeler Augustes; et leurs femmes n'ont pas manqué de copier les impératrices romaines, qui étaient *Augustes* comme leurs époux. La reine Clotilde est qualifiée *Auguste* dans le livre des *Miracles de saint Germain*. Mais, jusque vers le douzième siècle, ce n'est, à vrai dire, qu'un titre d'honneur ajouté au nom des princes régnants : témoin Philippe II, que l'on connaît bien plus sous le nom de Philippe-Auguste. Il n'y avait pas de Cour, en réalité, à cette époque; le monarque avait trop peu à donner, et était environné de vassaux trop puissants pour que la flatterie y trouvât son compte. Aujourd'hui, c'est tout différent : le langage adulateur a fait tant de progrès qu'il court le risque de manquer de termes; et, il n'est pas de roitelet dont on ne nous vante la face auguste, la pensée auguste, la parole auguste; malheureux mot, que l'esprit courtisan a tellement avili qu'il n'est plus, même à ses yeux, qu'un mot sans valeur.

A. L.

AULIQUE (CONSEIL). A l'époque où l'anarchie féodale enfantait les guerres privées, les violences contre les personnes et le pillage des propriétés, la justice secrète et irrégulière de la cour vehmique, qui avait multiplié ses envahissements à la faveur de l'affaiblissement des pouvoirs sociaux, contribuait encore à augmenter le désordre.

Quand l'excès du mal eut épuisé la patience publique, vers la fin du quinzième siècle, un cri général se fit entendre pour réclamer une juridiction légitime. C'est à ce besoin, si universellement senti, qu'il faut attribuer la création presque simultanée des deux cours suprêmes les plus célèbres de l'ancienne Allemagne : la Chambre impériale et le Conseil Aulique, la première, établie en 1495; le second, quelques années plus tard.

Dans l'origine, le Conseil Aulique cumulait avec ses attributions judiciaires les fonctions d'un Conseil de Régence. Quoi qu'il résultât de grands inconvénients de cette confusion de pouvoirs, il paraît qu'elle subsista jusqu'au règne de Ferdinand Ier : ce prince, faisant droit aux plaintes qu'on lui adressait de tous côtés, donna une organisation nouvelle au Conseil Aulique (1559). Il fut décidé que, borné à son caractère de cour de de justice, il ne s'immiscerait plus dans l'administration des affaires publiques. Aux mêmes conditions et en suivant les mêmes formes de procédure que la Chambre impériale, le Conseil Aulique put juger les causes civiles en dernier ressort et sans appel; et, par un surcroît de pouvoir, il eut même la décision de toutes les causes féodales et de toutes les contestations qui se rattachaient aux réservats de l'empereur. Le demandeur, pour les procès civils, était toujours libre de se pourvoir devant la Chambre ou le Conseil ; mais une fois qu'un de ces tribunaux était saisi d'une affaire, elle ne pouvait plus être évoquée par l'autre. Au plaideur, condamné par le Conseil Aulique, il restait, pour dernière ressource, la faculté de s'adresser directement à l'empereur et de lui demander la révision des actes. Un article du traité de Westphalie conférait à l'électeur de Mayence le même droit d'inspection sur le Conseil, que ce prince exerçait déjà sur la Chambre impériale.

L'empereur, seul chef et maître du Conseil Aulique, était libre d'en nommer les membres comme il l'entendait. Seulement, il devait se conformer aux prescriptions du traité de Westphalie, qui avait admis l'élément protestant dans cette cour souveraine. Le Conseil Aulique était formé d'un vice-chancelier, délégué par l'archevêque de Mayence en sa qualité d'archi-chancelier de l'empire, d'un président catholique, et de dix-huit assesseurs ou conseillers, dont 9 catholiques et 9 protestants. La commission du président et des assesseurs expirait à la mort de l'empereur qui les avait nommés, de sorte que le conseil cessait d'être, jusqu'au moment où il recevait un nouveau mandat du nouveau César. Deux bancs différents étaient, du reste, réservés aux conseillers, selon leur rang et leur qualité, les nobles siégeant d'un côté et les jurisconsultes de l'autre (1).

Le nom de Conseil Aulique, dérivé du latin *Aula*, annonce assez qu'il était attaché à la résidence impériale. On l'appelait aussi *Justitium imperatoris*, ou la Justice de l'empereur. La dissolution de l'empire d'Allemagne a nécessairement amené l'abolition des deux cours supérieures dont nous venons de parler. Dans les derniers temps, le titre de Conseil Aulique est devenu un terme générique qu'on a appliqué, dans les États germaniques, aux principaux corps de l'ordre politique, administratif, judiciaire ou militaire. Ainsi, sans parler du Conseil Aulique d'État, il y avait à Vienne, pendant les guerres de la Révolution française, un Conseil Aulique de Guerre, qui avait la prétention de diriger tous les mouvements des armées impériales. Ainsi, il y a encore aujourd'hui un Conseil de la police Aulique, toujours prêt à sévir contre les étrangers, et une commission Aulique des études, chargée de diriger, ou plutôt de surveiller, les universités de Vienne, de Prague, de Pesth, de Lemberg, de Pavie, de Padoue, d'Inspruck et de Groetz.

A. G.

AUSPICES. Il est toujours entré beaucoup de charlatanisme dans la gestion des affaires du monde, et ceux qu'une postérité inattentive a qualifié de grands hommes n'ont été pour la plupart que de grands charlatans. Il fallait bien tromper les hommes pour les tenir en servitude, car la force n'y eût point suffi.—Dans les sociétés antiques, la religion ou plutôt la superstition embrassait toutes choses; elle se mêlait à tous les actes de la vie publique ou privée. Entreprendre une guerre ou quelque affaire de conséquence, commencer une délibération, se marier, etc., aucun vrai payen ne l'eût osé sans, au préalable, avoir consulté les dieux. Mais comment avoir leur avis ? Les prêtres, auxiliaires de l'aristocratie, se chargeaient de la révélation. C'étaient eux qui faisaient parler les Auspices. Les *Augures* interrogeaient le chant des oiseaux, leur vol, les éclairs, la foudre, les divers météores, les phénomènes, les événements imprévus. Les *Aruspices* cherchaient la pensée divine dans la physionomie des victimes avant qu'elles ne fussent égorgées, et dans leurs entrailles fumantes quand le sacrificateur avait fait son œuvre.—Les hommes éclairés n'ajoutaient

(1) Pfeffel, *Histoire du Droit public d'Allemagne.*

aucune foi à ces farces ridicules, et César disait que deux Augures ne se pouvaient regarder sans rire. Cicéron traite les Auspices avec aussi peu de ménagements. Mais il ajoute que cet usage mérite d'être respecté. Cicéron voulait perpétuer la domination de l'aristocratie romaine, et il savait bien que la superstition était la base la plus puissante de cette domination. — On dit encore aujourd'hui : entreprendre une chose sous de bons ou de mauvais Auspices ; mais on ne consulte plus les entrailles des victimes. Le mot a survécu à la chose. C'est que les superstitions se transforment plutôt qu'elles ne se détruisent. Nous voyons avec dégoût, mais sans crainte, les entrailles d'un animal égorgé ; nous avons peur du nombre 13 et du vendredi. Napoléon croyait à son étoile. Dc.

AUTEL ET TRONE. On désigna ainsi, sous la Restauration, l'alliance contre-révolutionnaire de l'Église avec la royauté.

Le clergé se souvenait encore, en 1814, de ce qu'il avait été sous l'ancien régime ; il n'avait pas oublié non plus ce qu'avait fait contre lui la Révolution. Corps politique, pouvoir civil, propriétaire, il avait tout perdu dans la tourmente. L'Empire, il est vrai, lui avait tendu la main. Mais, en lui rendant du pain et de stériles honneurs, Napoléon s'était bien gardé de lui restituer quelque chose de son ancienne puissance. L'Université, le Conseil d'État et le Budget des cultes privèrent le clergé de toute action sur l'avenir et même de sa liberté présente.

Impatients de la protection supérieure que faisait peser sur eux le despote, prévoyant d'ailleurs dans l'avenir un asservissement plus complet, les prêtres virent donc avec une joie profonde le rétablissement de la maison de Bourbon. Solidaires, en tout temps, de ses destinées de gloire ou de malheur, ils crurent qu'ils allaient entrer en partage de sa puissance reconquise.

Tout d'abord, en effet, les contre-révolutionnaires les plus ardents proposèrent d'émanciper le clergé en immobilisant son salaire sous forme d'indemnité perpétuelle. Quelques-uns même voulaient lui rendre ceux de ses biens qui n'avaient point encore été vendus et qui étaient considérables. Mais la force des choses l'emporta, et le nouveau régime conserva la législation impériale sur les choses de l'Église.

Cette concession à la tradition révolutionnaire était-elle sincère et définitive ? Ni l'opinion publique, ni les prêtres ne le pensèrent. En effet, la royauté des Bourbons ne s'appuyait plus à rien. L'aristocratie avait été chassée du corps social par l'article du Code qui décrétait la division indéfinie des propriétés. Et, quant au respect des peuples, le génie lui-même ne le commandait plus. Il fallait donc chercher ailleurs des moyens d'action. Alors, la faction contre-révolutionnaire se prit à caresser le clergé ; on lui rendit de plus grands honneurs ; on lui donna plus d'argent ; on l'admit au partage du pouvoir politique en introduisant quelques-uns de ses dignitaires à la Chambre des pairs et au Conseil des ministres. Les missions

encouragées se multiplièrent, et, bien que l'Université fut maintenue, l'influence des prêtres sur l'éducation s'accrut par l'accroissement des petits séminaires.

Toutes ces faveurs manquaient sans doute de stabilité ; elles n'établissaient rien de durable et de solide ; mais on ne les considéra que comme un acheminement à des entreprises plus téméraires. De là, dans l'opinion publique, une réaction terrible contre l'Église. Le pouvoir contre-révolutionnaire se faisait de l'Église un instrument ; l'Église se pliait à favoriser les tendances contre-révolutionnaires du pouvoir : on les enveloppa l'un et l'autre dans une haine commune. Cette alliance, qui devait sauver et l'Église et la royauté, leur fut également fatale à toutes deux ; elle compromit la religion et hâta la chute de la royauté. — Il n'était pas donné à cette forme caduque et éreintée de faire entrer la religion dans l'unité sociale (1). E. D.

AUTOCRATIE, gouvernement personnel ; du grec αυτος, soi-même ; κρατος, commandement. C'est l'absolutisme en action.—L'Autocrate est le souverain maître de ses sujets ; toute autre volonté que la sienne est séditieuse ; toute supériorité, criminelle. Dieu et homme tout à-la-fois, il étend sa domination sur l'intelligence aussi bien que sur la matière ; on ne pense qu'à son gré ; on ne vit que par sa licence ; la terre que tous cultivent est la propriété de lui seul ; il peut la confisquer ou l'aliéner selon qu'il lui plaît ; les biens, l'honneur, la vie des citoyens, tout cela est son patrimoine. Est-il avare ? à lui toutes les richesses ? Luxurieux ? qu'on livre en pâture à ses sales plaisirs l'innocence des jeunes filles. Il aime le sang : voici des enfants et des hommes. C'est le sort des moutons de tendre la gorge sous le couteau du boucher.

J'avoue que je n'ai jamais pu comprendre qu'à aucune époque et dans un pays il se soit rencontré une société quelconque, grande ou petite, vertueuse ou corrompue, guerrière ou pacifique, assez abandonnée de Dieu pour se résigner un seul jour à cette dégradante oppression. Souffrir toutes les douleurs, supporter toutes les fatigues, sacrifier sa vie, sa fortune et celle de ses enfants, il est beau de le faire pour le bonheur ou l'intérêt commun ; mais, pour satisfaire l'avarice ou alimenter la luxure de quelque monstre ou de quelque idiot, quel incompréhensible aberrement ! Chose plus extraordinaire encore, s'il est possible ! qu'il y ait eu et qu'il y ait encore aujourd'hui des hommes, d'ailleurs pleins de sens et d'intelligence, qui, égarés par l'esprit de système et les hallucinations du paradoxe, n'ont pas craint de légitimer, au nom de je ne sais quelles nécessités relatives, ces détestables usurpations, flétries dans tous les temps par la morale universelle. « *Je suis celui qui est ; je suis roi parce que je suis roi,* » a dit

(1) Les rapports de la religion et du pouvoir, sous la Restauration, ont été admirablement décrits dans les *Affaires de Rome* (p. 41 de l'édition in-32). Nous y renvoyons ceux qui voudraient avoir des idées complètes sur ce grave sujet.

naguère un publiciste. Grotius et Hobbes raisonnaient de la sorte, il y a deux siècles ; d'où il appert que les excogitations les plus bizarres n'ont même pas le mérite de la nouveauté.

Ceux qui ont cherché dans la famille le modèle des sociétés politiques ont justifié le pouvoir autocratique par l'autorité paternelle. Le sophisme a fondé l'injustice ; le glaive l'a perpétuée. Or, que la puissance du père n'ait pas eu de bornes, lorsque la loi civile n'existait pas encore, cela se comprend facilement et se justifie de soi-même. La patrie, c'était le foyer. D'ailleurs, les rapports hiérarchiques des enfants avec le père s'anéantissaient naturellement, soit par la mort de celui-ci, soit par la virilité de ceux-là ; enfin, ce pouvoir illimité portait avec soi sa garantie : l'amour naturel du père pour les enfants. Et, cependant, dès que la société se perfectionne, dès que l'autorité civile apparaît, l'autorité paternelle est aussitôt contenue dans de justes limites ; les mœurs d'abord, la législation ensuite, protègent l'enfant contre les écarts de la tendresse ou de la passion du père.

Quels rapports, je le demande, entre ceci et le pouvoir autocratique ? L'Autocrate aime-t-il ses sujets comme le père ses enfants ? Sa mort dégage-t-elle les serfs de la servitude ? Non, la vanité de commander remplace l'amour, et je vois les esclaves passer du maître mort au maître survivant.

Aussi, quelle différence profonde dans les effets ! Partout, l'autorité paternelle vénérée, chérie ; partout, l'autorité du maître subie, mais exécrée ; le parricide, objet de l'horreur universelle ; le meurtrier du tyran salué par des cris d'allégresse et mis au rang des dieux. Nulle part, la puissance du père n'a besoin de sanction ; elle subsiste d'elle-même ; à quelles scélératesses, à quelles indignes rubriques l'Autocrate n'a-t-il pas recours pour assurer la sienne ! Celui-là se claquemure au fond d'un palais, parmi des femmes et des mignons ; il évite de se montrer en public, afin que l'imagination du vulgaire lui prête les vertus, le courage, la majesté qui lui manquent ; il compte qu'on le respectera d'autant plus qu'on l'aura moins vu. Celui-ci, tout imbibé d'une huile tombée du ciel, guérit les écrouelles et fait d'autres miracles : le crime triomphe par le charlatanisme. Et malgré tout, cet artificieux échafaudage ne tiendrait pas un seul jour contre l'insurrection de la dignité humaine offensée, si la corruption publique ne lui venait en aide. Le maintien du pouvoir d'un seul est à ce prix : il faut que chaque sujet voie, dans chacun de ses compagnons de misère, un délateur. (V. DESPOTISME, ROI, TYRANNIE.)

—Le seul Prince que l'on qualifie aujourd'hui d'Autocrate est l'empereur de Russie. (V. RUSSIE.)

E. D.

AUTO-DA-FÉ. On donnait ce nom, formé de trois mots espagnols qui signifient *acte de foi*, à une cérémonie expiatoire terminée par le supplice du feu, à laquelle l'inquisition d'Espagne, au nom d'un Dieu d'amour et de miséricorde, soumettait les hérétiques déférés à son tribunal. Les malheu-

reux qui figuraient dans les Autos-da-fé ne périssaient pas tous dans les flammes : les uns en étaient quittes pour de légères pénitences, les autres n'étaient condamnés qu'au fouet, à la prison ou aux galères ; les obstinés, les relaps et les dogmatisants étaient seuls livrés au bûcher. Mais il ne faudrait pas croire que le nombre de ces derniers fût peu considérable. De 1481, date de l'établissement des Autos-da-fé, jusqu'à 1808, époque où Napoléon les abolit, c'est-à-dire dans un laps de trois cent vingt-huit années, on compte 34,658 hérétiques brûlés vifs et 18,049 brûlés en effigie. Le nombre de ceux qui eurent à subir la prison ou les galères s'éleva, dans la même période, à 288,214. Ainsi, dans le cours de trois siècles, les victimes de l'inquisition présentent le chiffre énorme de 340,921 individus ! Et il faut encore ajouter à ce nombre celui des infortunés qui, sous le règne de Ferdinand VII, après le rétablissement de cet odieux tribunal, furent condamnés aux galères, à l'exil ou à l'emprisonnement, et celui de tant de victimes frappées de semblables peines, et même de la mort, par les inquisitions de Sicile, de Flandre, de Sardaigne, des Indes, par l'inquisition de Portugal et par les autres tribunaux prétendus religieux, issus de celui-là, qui avaient adopté cette abominable maxime : *Crois ou meurs !*

Il y avait des Autos-da-fé particuliers, qui se célébraient plusieurs fois chaque année à des époques régulières, dont les inquisiteurs fixaient le jour, comme, par exemple, le dernier vendredi de Carême ; des Autos-da-fé généraux, qui n'avaient lieu que dans les grandes occasions, comme la naissance, le couronnement et le mariage des rois, ou l'anniversaire de quelque événement mémorable.

Lorsque l'Auto-da-fé devait avoir lieu dans la résidence royale, on dressait à la hauteur du balcon du roi un vaste théâtre au centre duquel un autre, plus petit, supportait deux cages en bois où l'on plaçait les condamnés pendant la lecture de leur sentence. En regard de ces cages étaient deux chaires, l'une pour le prédicateur, l'autre pour l'officier qui lisait le jugement. D'un côté, et sur toute la largeur de l'estrade, régnait un amphithéâtre où devaient siéger les membres des conseils d'Espagne, et en avant duquel on érigeait un autel. Du côté opposé, se trouvait un autre amphithéâtre destiné aux condamnés. Enfin, bien au-dessus des degrés où s'asseyaient les conseillers, au-dessus même du balcon du roi, sur une plate-forme surmontée d'un dais richement orné, était le fauteuil du grand-inquisiteur.

Cette abominable coutume a coûté à l'Espagne une portion considérable de sa population, la perte de son industrie, et elle a laissé dans les mœurs de ses habitants des traces profondes que bien des siècles ne suffiront pas à effacer.   F.-T. C.

AUTORISATION. Tout ce qui n'est pas défendu par la loi est permis : tel est le principe. Mais l'administration ne l'entend pas ainsi. Comme la loi n'a pu prévoir et réglementer tous les détails, l'administration dit : Tout est défendu hors ce que je permets. De là, la nécessité des Autorisations. Cette nécessité embrasse tous les rapports des citoyens avec les autorités administratives, et l'on ne sait vraiment pas ce qu'il est permis à un particulier de faire sans en avoir obtenu l'Autorisation. C'est un des mille moyens que l'administration s'est arrogés pour faire de l'arbitraire et vexer les citoyens.

Quant aux Autorisations exigées par la loi, nous en parlerons aux mots COMMUNE, ÉTABLISSEMENTS PUBLICS, FONCTIONNAIRES, POLICE, TRAVAUX PUBLICS, etc.

AUTORITÉ. Puissance dirigeante et ayant le droit de diriger. Dire que l'Autorité a le droit de diriger, c'est dire qu'elle est légitime. Dire qu'elle est légitime, c'est dire qu'elle est l'expression de la vérité.

Qu'est-ce que la vérité, et comment la reconnaître? Nous sommes obligé de répondre à ce problème, si nous voulons savoir ce que c'est que l'Autorité.

En abordant cette redoutable question, nous avons besoin de déclarer que nous n'entendons nous occuper que des vérités relatives à l'homme et en harmonie avec la nature de l'homme. Nous ne sortirons pas des théories sociales, et nous ne nous croyons point obligé de prendre notre essor vers le monde archétype où régnent les abstractions.

Nous n'avons donc pas à rechercher si toute vérité existe en soi : qu'on l'affirme ou qu'on le nie, cela nous importe peu. En effet, quand même la vérité existerait indépendamment des hommes, elle ne devient vérité pour les hommes qu'autant qu'ils l'ont constatée, qu'autant qu'ils lui ont donné la sanction de l'Autorité en l'acceptant. Jusque-là, elle est pour eux comme si elle n'était pas. Rien n'existe pour l'homme que ce qu'il a consenti ; c'est-à-dire, rien n'a d'Autorité sur lui que ce qu'il a légitimé par son consentement.

Ceci s'applique à tout, même aux vérités mathématiques. Deux et deux font quatre : voilà pour nous une vérité incontestable ; mais supposons que l'homme n'ait pas de notions de nombre; cette vérité peut-être existerait indépendamment de lui, mais elle n'existerait pas pour lui ; elle n'aurait pas de sanction, elle n'aurait pas d'Autorité, puisqu'il ne la connaîtrait pas. Il n'y a donc de vérité pour l'homme que celle qui est affirmée par l'homme: pour être, elle a besoin d'être consacrée par la parole humaine. S'il l'accepte sans preuve, il lui donne l'Autorité de la foi; s'il l'accepte après preuve, il lui donne l'Autorité de la science.

Cela répond encore à ce qu'on peut dire sur la vérité absolue. Il est permis sans doute de croire à la vérité absolue, mais on ne peut pas la prouver. On ne peut même pas dire que deux et deux font quatre soit une vérité absolue : tout ce qu'on peut dire, c'est que nous ne trouvons rien à opposer à cette vérité, c'est-à-dire que nous l'admettons, et, qu'en l'admettant, nous en faisons une vérité humaine. Mais, que ce soit une vérité absolue, indépendamment de nos calculs et de nos connaissances, c'est ce qu'il est impossible de prouver, de

même qu'il est impossible de prouver le contraire.

La vérité absolue ne peut donc être qu'un article de foi, parce que la foi n'a pas besoin de preuves.

Or, une vérité basée sur la foi, n'étant vérité que pour ceux qui croient, ne l'est point pour ceux qui ne croient pas. Il peut donc arriver que ce qui était considéré comme une vérité absolue cesse même d'être une vérité relative , si la génération qui croyait est suivie d'une génération qui ne croit pas.

Ainsi , lorsque la science affirmait que le soleil tournait autour de la terre, ceux qui étaient en dehors de la science acceptaient cette vérité sans examen , parce qu'ils avaient foi en la science. Cette vérité avait donc pour les savants l'Autorité de la science , et pour les ignorants l'Autorité de la foi. Vient ensuite Galilée qui prétend que c'est la terre qui tourne. Les hommes de foi s'indignent, les hommes de science examinent, et, bientôt, la science démontre que Galilée a raison. Alors , en vertu de l'Autorité scientifique, les savants déclarent que la terre tourne, et le reste des hommes, en vertu de leur foi dans l'Autorité scientifique, conviennent aussi que la terre tourne. Voilà pourtant deux vérités contradictoires, démontrées toutes deux par la science , et acceptées toutes deux par la foi. Dans ces deux vérités y a-t-il une vérité absolue? On ne saurait le dire. Cependant, la vérité se trouve dans l'une des deux propositions. En effet, ou la terre tourne, ou elle ne tourne pas : voilà qui est certain. Mais tourne-t-elle ou ne tourne-t-elle pas? voilà qui peut être incertain. Tout ce que l'on peut dire, c'est que, avant Galilée, la science disait que la terre ne tournait pas : c'était donc la vérité scientifique de cette époque. Après Galilée, la science a dit que la terre tournait : c'est la vérité scientifique d'aujourd'hui. Mais cette vérité scientifique d'aujourd'hui , quand même elle ne serait pas contredite par une vérité ultérieure (ce qu'il serait téméraire d'affirmer), n'est devenue vérité pour l'homme que depuis qu'il l'a constatée.

Or, puisqu'il n'y a pour l'homme que les vérités qu'il a sanctionnées, il n'y a pas pour lui de vérités absolues, car il n'y a pour lui que des vérités de temps et de lieu , c'est-à-dire des vérités relatives ou sociales.

Maintenant, comment constater même une vérité relative? C'est-à-dire , comment donner de l'Autorité à une idée, de manière qu'elle devienne une vérité sociale? C'est-là qu'est tout le problème, problème important et du plus haut intérêt , parce que sa solution doit nous servir de guide dans toutes nos idées de morale , dans toutes nos théories politiques.

Nous voici sur un terrain où les philosophes se disputent depuis le commencement de la science. Et , en effet, la question mérite les honneurs de ce long combat, car sur elle repose le principe de l'Autorité , c'est-à-dire le principe de l'obéissance, c'est-à-dire la Société.

L'homme ne peut chercher la vérité que de deux manières ; ou en lui, ou hors de lui ; en se consultant soi-même ou en consultant les autres.

S'il la cherche en lui , il faut qu'il prenne pour

guide, ou les sens, ou le sentiment , ou le raisonnement. Il faut , par conséquent, qu'il subisse, ou
l'Autorité de ses sens, ou l'Autorité de sa conscience , ou l'Autorité de sa raison.

S'il la cherche hors de lui , il faut qu'il prenne
pour guide le témoignage des autres : il faut, par
conséquent , qu'il subisse l'Autorité de la raison
commune , c'est-à-dire de la majorité.

C'est là , en effet, l'Autorité par excellence ; et
si, en commençant, nous n'eussions craint de n'être
pas bien compris, nous aurions défini l'Autorité :
la Souveraineté de tous.

L'Autorité étant ainsi comprise, reste maintenant à prouver que, dans elle seule, se trouve la
vérité.

Nous avons dit que, pour arriver à la vérité, il
fallait choisir entre deux principes : le principe
de la raison personnelle et le principe de la raison
commune ; c'est-à-dire, en d'autres termes , le
principe individuel et le principe social.

Lequel choisir? Là est toute la question.

Ce qui a perpétué sans fruit les querelles de
toutes les anciennes écoles, c'est qu'elles ne l'a-
vaient pas ainsi posée. Elles disputaient seulement
pour savoir quel témoignage était le meilleur,
celui des sens, ou du sentiment, ou du raisonnement. C'était renfermer toute la discussion dans
le cercle du principe individuel. Or, comme chacun de ces témoignagnes a pour conclusion directe
et pour conséquence forcée le doute, les objections
que se renvoyaient chacune de ces écoles étaient
également fortes et également faibles, également
fragiles et également solides.

Il y avait trois mille ans que les philosophes
s'agitaient dans ce cercle vicieux, lorsqu'un écrivain démocratique est venu mettre à néant toute
cette vaine science, et porter la lumière dans ce
chaos. M. La Mennais a terrassé à-la-fois et avec
une égale vigueur Aristote et Platon, Descartes
et Mallebranche, Kant et Jean-Jacques. Tandis que
chacun d'eux prétendait être seul dans la vérité,
il a démontré que tous tombaient dans une mutuelle erreur. « Chacun de vous, leur dit-il, veut
trouver la vérité en lui-même, et chacun de vous
n'y trouve que le doute. Vous vous imaginez la
chercher par des voies différentes, et votre principe général est le même : c'est le principe individuel ; et votre conséquence est la même : c'est
l'impossibilité de la trouver. Vous avez assez disputé : écoutez à votre tour. J'ai le droit de parler
plus haut que vous, parce que je parle au nom de
tous. Or, voici que je vous annonce la vérité ; et
je vous l'annonce, non comme l'interprète de ma
propre science, que je déclare insuffisante comme
la vôtre, mais comme le missionnaire du genre
humain. Que m'importe le témoignage de vos
sens particuliers, de votre conscience personnelle,
de votre raison individuelle? J'ai, pour protéger
mon principe, le sens commun, la conscience générale, la raison universelle. Vous n'avez pour
vous que l'Autorité de chacun de vous ; j'ai pour
moi l'Autorité de tous. Suspendez donc vos querelles, car vous défendez le même principe , le
principe individuel. Je me présente pour vous

combattre, car je défends le principe social. »

Nous sommes obligé, pour être bien compris,
de démontrer la fausseté des trois théories du
principe individuel.

« Qu'oserons-nous , dit M. La Mennais, affirmer sur le témoignage des sens? La première
leçon qu'ils nous donnent, c'est de nous en défier.
Chacun d'eux, pris à part, nous abuse par de
vaines illusions ; ils se convainquent à toute heure
mutuellement d'imposture ; et, lorsqu'en modifiant l'un par l'autre leurs rapports divers, on
parvient à les accorder sur un point, quelle assurance a-t-on que ce point, au lieu d'être une vérité, ne soit pas une erreur commune ? Pourquoi,
nous trompant séparément, ne nous tromperaient-
ils pas tous ensemble ? »

Cependant, il suffit qu'un homme soit convaincu
que ses sens ne le trompent pas, pour qu'il soit
en même temps convaincu que ce qu'ils lui apprennent est la vérité. Aussi, ne nions-nous pas
qu'il soit convaincu personnellement que c'est la
vérité ; mais nous nions qu'il puisse convaincre
les autres que c'est la vérité. Or, ainsi que nous
l'avons dit, il n'y a de vérité humaine que ce qui
est accepté comme tel. Qu'un individu, par exemple, me montrant une étoffe, m'affirme qu'elle est
bleue ; si elle me semble verte, qui de nous deux
aura raison? Entre nous deux , qui décidera?
Évidemment, il nous faudra recourir au témoignage des autres, c'est-à-dire à l'Autorité. Que
si celui qui est condamné par la voix générale
résiste à l'Autorité, et reste dans sa conviction,
on pourra bien par pitié le laisser parler, mais
la vérité pour tous sera qu'il est dans l'erreur.
Socialement, un seul contre tous ne peut jamais avoir raison. Un, dans ce cas, équivaut à
zéro.

Le même raisonnement s'applique à celui qui
cherche la vérité dans son sentiment individuel.
Laissons parler M. La Mennais : « Que deux ou
plusieurs personnes diffèrent de sentiment, que
font-elles après avoir mutuellement essayé de se
convaincre? Elles cherchent un arbitre, c'est-à-
dire une Autorité qui décide. Nous nous défions
des idées mêmes qui nous paraissent les plus
claires, quand nous les voyons repoussées généralement par les autres hommes ; et la dernière
raison, souvent la seule, et toujours la plus forte
que nous puissions opposer aux sophistes, aux
disputeurs opiniâtres, est ce mot accablant : Vous
êtes le seul qui pensiez ainsi. »

Si, ensuite, on consulte l'école du raisonnement,
les disciples dogmatistes de Descartes vous diront
que, la vérité, c'est ce que chacun croit invinciblement. Mais le fou croit invinciblement l'erreur qui
fait sa folie. La conviction individuelle, même invincible, ne suffit donc pas pour discerner la vérité de l'erreur. « Qu'un habitant de Charenton
dise qu'il est roi de France, c'est un fou, l'on en
convient ; mais est-il fou précisément parce qu'il
soutient qu'il est roi de France? Non, car il existe
un autre homme qui dit : « Je suis roi de France,
et qui serait fou s'il ne le disait pas. Mais tout le
monde dépose en faveur de celui-ci ; il a pour lui

le témoignage général : dès-lors plus de doute. » (1)
Ainsi, partout et en tout, il faut recourir à l'Autorité. Ni les sens, ni le sentiment, ni le raisonnement ne peuvent rien témoigner sans elle.

Le principe individuel est, d'ailleurs, en contradiction avec toutes les lois de la nature humaine.
L'homme est un être social ; et la sociabilité n'est
pas seulement une faculté, c'est une nécessité de
sa nature. En dehors de la Société, l'homme serait
incapable de penser, de parler ou d'agir ; il ne
pourrait pas vivre ; il ne pourrait pas naître. Aussi,
selon nous, il n'existe pas d'autre droit pour
l'humanité que le droit social. Le droit naturel,
comme droit en dehors de la Société et antérieur
à la Société, est un non-sens ; car rien n'existe
pour l'homme en dehors de la société, puisque
lui-même n'existerait pas. L'homme et la Société
sont deux faits contemporains.

Le droit individuel ne peut pas davantage former un droit à part ; car le droit individuel n'est
que le droit de l'individu dans ses relations avec
la Société. Or, s'il n'existe ni droit individuel, ni
vie individuelle, ni force d'action individuelle,
croit-on qu'il puisse exister une pensée individuelle, une conscience individuelle ? Où donc est
l'individu qui n'a rien reçu de la pensée des autres ? qu'il se présente ; et s'il n'est pas frappé de
mutisme et d'imbécillité, s'il n'est pas aveugle et
sourd, il sera convaincu à l'instant de mensonge.
S'il peut seulement me dire qu'il n'a rien appris,
il se démentira aussitôt ; car pour me le dire, il
faudra sans doute qu'il parle, et ses paroles, il ne
les aura certainement pas inventées tout seul.
Descartes a eu la prétention de commencer son
système philosophique en oubliant toutes les leçons du passé ; mais ce n'était qu'une fastueuse
imposture. Pour tout oublier, il aurait fallu se
remettre au même état où l'avaient pris les premiers enseignements de sa nourrice. En effet, tout
est appris à l'homme par les autres hommes, depuis les premiers bégaiements du langage jusques aux conceptions les plus sublimes de la science :
ce qu'on appelle conscience individuelle n'est que
l'expression particulière de la conscience générale.
L'individu peut venir en aide à la majorité, comme
membre de la majorité ; mais l'homme du plus
immense génie n'apportera jamais à la majorité
autant qu'il a reçu d'elle. Et en quoi, après tout,
consiste le génie ? à donner un nouveau développement à une science quelconque. Mais pour qu'il
développe une science, il faut que cette science lui
ait été enseignée ; il ne pense qu'en vertu d'idées
transmises ; et, au moment même où il se redresse
dans son orgueil individuel, il ne fait que s'appuyer sur l'Autorité.

L'homme est donc aussi incapable de penser
seul que de vivre seul. Il ne saurait pourvoir à
aucun de ses besoins matériels sans le secours de
la majorité ; et l'aide de la majorité lui est non
moins nécessaire pour la satisfaction de ses besoins intellectuels. L'individu est aussi impuissant tout seul à bâtir un système qu'à construire

une ville. Le principe individuel est donc un contre-sens social ; nous dirions volontiers qu'il est un
crime, si son existence était une possibilité.

L'Autorité, voilà donc la loi sociale ; la majorité, voilà l'expression de cette loi ; la décision
de la majorité, voilà la vérité.

Ainsi, la vérité fondamentale de la Société, la
vérité sociale par excellence, c'est que toute vérité
n'est que le résultat des croyances et des connaissances de la majorité.

Or, cette vérité fondamentale est immuable ;
elle est de tous les temps et de tous les lieux ;
mais elle s'exprime selon les temps et les lieux par
des formules différentes. En d'autres termes, la
vérité immuable, c'est que la majorité exprime
toujours la vérité ; mais la vérité exprimée est
essentiellement relative et variable ; car elle apparaît sous des formes différentes et avec les modifications extérieures que nécessitent le changement des croyances et le progrès des connaissances.
Donc, la vérité fondamentale ne change pas ; mais
elle se manifeste par des formules successives, qui
sont des vérités tant qu'elles sont l'expression
vraie des besoins de l'époque, mais qui cessent
d'être vérités lorsqu'elles n'expriment plus ces besoins.

L'Autorité repose donc sur une vérité immuable : c'est cette vérité qui fait son droit ; elle se
manifeste par des vérités relatives ; ce sont les
formes sociales qui se succèdent en se modifiant.

Il suit de là que, toute forme sociale explicitement adoptée par la majorité devient une vérité
relative qui repose sur la vérité immuable, l'Autorité.

Ceci peut servir à jeter du jour sur la nature
des délits en matière politique. Celui qui attaque
une forme sociale (1) n'attaque qu'une vérité relative ; c'est-à-dire ce qui est éminemment variable et perfectible. Il n'est donc pas coupable ;
seulement, il aura tort jusqu'à ce qu'il ait réussi
à convaincre la majorité. Mais celui qui attaque
l'Autorité, non dans sa forme, mais dans son essence, celui qui se soulève contre le principe de la
majorité, celui-là est coupable ; il se révolte contre
la vérité immuable, contre l'Autorité.

On voit cependant que, dans notre théorie de
l'Autorité, la liberté de discussion devient une
nécessité, et par conséquent, un droit inattaquable.

Nous avons besoin maintenant de nous expliquer sur la majorité.

La majorité est ou tacite ou expresse. La majorité tacite s'appelle assentiment ou consentement
commun. C'est l'expression sociale de tout le
passé, moins quelques exceptions. Mais quoique la majorité ne s'exprimât pas alors par un
appel solennel de la multitude ou par un vote
formulé, il ne faut pas en conclure que les formes
sociales aient pu avoir longtemps une existence indépendante du consentement commun. Ce serait

(1) Nous ne parlons pas des attaques violentes. La violence sera toujours un crime, lorsque la majorité pourra
s'exprimer librement.

avouer que, dans certaines sociétés, l'Autorité n'a pas existé : ce serait une hérésie sociale.

Toute forme de gouvernement, quelle qu'elle soit, n'a pu avoir de durée qu'à la condition d'être l'expression vraie des besoins du plus grand nombre, c'est-à-dire à la condition d'être fondée sur le consentement commun, sur l'Autorité. Des conquérants ont pu momentanément s'établir dans un pays ; mais jamais leurs conquêtes n'ont eu de durée si, en améliorant la situation générale des pays conquis, ils n'ont conquis l'assentiment des vaincus. Tous les faits historiques témoignent de cette vérité.

Toute légitimité repose sur ces principes. Ce qui produit les révolutions, c'est que tous les pouvoirs s'imaginent que leur légitimité est éternelle ; ils se persuadent que leur droit est en eux, tandis qu'il est dans la volonté des autres ; ils croient que ce qui a été bien doit toujours être bien ; et, sans examiner si la majorité leur échappe, ils se révoltent contre les nouvelles exigences sociales, qui vont créer une légitimité nouvelle. Leur résistance n'est plus, dès-lors, que la lutte des agents de l'Autorité en insurrection contre l'Autorité ; ils se placent dans la ridicule attitude de fonctionnaires qui se refusent à donner leur démission.

Mais voici que se rencontre une question importante et difficile. Si la majorité seule exprime la vérité, quelle valeur auront donc les assertions de la minorité ? Les condamner définitivement et sans appel, ce serait condamner tout progrès, repousser toute amélioration. En effet, on ne peut nier que les idées nouvelles, c'est-à-dire celles qui conduisent à des formes sociales nouvelles, ne commencent toujours par une minorité. La voix de l'avenir sort de la bouche du petit nombre. Par conséquent, condamner d'une manière absolue la minorité, ce serait se vouer à l'immobilité.

Pour répondre à cette objection, il faut se rappeler la distinction que nous avons établie entre la vérité immuable, sur laquelle repose le droit de la majorité, et les vérités relatives qui sont les volontés exprimées par la majorité. Les vérités relatives n'ayant rien de définitif peuvent et doivent être modifiées. Car les vérités n'étant que l'expression des besoins d'une époque sociale, ne sont que des formes ; et ces formes ne doivent plus être les mêmes, si les besoins ne sont plus les mêmes. Lors donc que la majorité sentira que le moment est venu de les changer, elle les changera : jusques-là, elle repoussera toute tentative de changement. Pendant ce temps, la minorité fera son travail, persuadée qu'elle est que la vérité est de son côté. Mais, la vérité n'étant que l'expression vraie des sentiments d'une époque, dès qu'une époque repousse une idée, c'est qu'elle n'est pas l'expression vraie des sentiments du grand nombre ; car il serait absurde de penser que le grand nombre agit en opposition avec ses sentiments. Toutefois, comme ces sentiments se modifient successivement, il arrive un jour où la majorité accepte ce qu'elle avait repoussé, et en l'acceptant elle lui donne le caractère de la vérité ; car, ainsi que nous l'avons dit, il n'y a de vérité pour l'homme que ce que

l'homme accepte comme vérité. Ainsi donc, nous n'empêchons pas les enseignements de la minorité ; mais ces enseignements ne deviennent des vérités sociales que le jour où elles seront proclamées telles par la majorité ; car alors elles auront la sanction de l'Autorité.

« Eh quoi ! ce qui était hier une erreur deviendra aujourd'hui une vérité ? Ce qui est aujourd'hui une vérité sera demain une erreur ? » Sans doute. Pour la Société, il n'y a pas plus d'erreur absolue que de vérité absolue. Il n'y a d'erroné que ce qui contrarie les décisions de l'Autorité ; il n'y a de vrai que ce qui est confirmé par ses décisions. Or, comme elle peut changer ses décisions, elle change en même temps le caractère social des choses. C'est ce qui est arrivé dans la question de Galilée ; c'est ce qui est arrivé dans toutes les questions de gouvernement.

Mais à quel signe reconnaître l'Autorité ? ou, en d'autres termes, comment constater la majorité ? Ce ne sera pas difficile, lorsque la majorité sera directement consultée. Mais, jusqu'ici, l'on a repoussé ce moyen facile. Qu'est-il arrivé ? C'est que les majorités, devenues minorités, ont prolongé violemment l'exercice de droits qui n'étaient plus dans la vérité sociale ; c'est que, d'un autre côté, les minorités devenues majorités, et n'ayant pas de moyens officiels de s'exprimer, ont eu recours à la violence. Dès-lors, tous les changements ont été des révolutions sanglantes : toutes les vérités nouvelles ont eu besoin de la force matérielle pour triompher. C'est alors que l'insurrection a pu être proclamée le plus saint des devoirs, parce qu'en effet la minorité justifie l'insurrection, ne se refusant à consulter la majorité. La majorité n'ayant donc aucun moyen de se faire entendre, elle proteste par l'insurrection. Ainsi, toutes les révolutions, tous les déchirements du passé, sont venus de ce que la majorité n'était pas directement consultée, et tant qu'on refusera de la consulter, l'insurrection restera une nécessité sociale. C'est là un grand malheur ; car, outre les maux individuels que produit l'insurrection, elle conduit à d'autres conséquences non moins fatales. En effet, il peut arriver que des minorités courageuses, se trompant sur les apparences, et traduisant leur espérances en certitudes, s'imaginent que la majorité est acquise à leurs idées : alors elles se précipitent avant le temps dans des insurrections, qui trouvent devant elles une majorité qu'elles n'attendaient pas. Dès-lors, l'insurrection vaincue recule le triomphe des idées.

Il peut se faire aussi que la majorité, tout en approuvant le principe qui mène à l'insurrection, repousse l'insurrection comme *moyen ;* alors l'insurrection vaincue peut compromettre momentanément le principe.

D'autres conséquences fâcheuses résultent encore de l'insurrection, même lorsqu'elle est victorieuse. Comme les majorités ont eu besoin d'employer leur force pour faire triompher leur droit, les minorités vaincues qui méconnaissent le droit ne voient que le fait de la force ; dès-lors, elles essaient de regagner leur position par le même moyen. De là, des réactions et de nouveaux déchirements, qui se prolongent, jusqu'à ce qu'à force d'être vaincues et réduites, les minorités comprennent que leur règne est passé.

Toutes ces collisions sanglantes seraient évitées si l'on consultait directement la majorité; car toute révolution violente deviendra impossible devant la décision du grand nombre, devant l'autorité exprimée par la voix de tous. Autrefois, les vérités nouvelles s'exprimaient par la volonté de la majorité, manifestée par sa force : à l'avenir, elles s'exprimeront par la volonté de la majorité, manifestée par son vote. Autrefois, les majorités n'étant pas consultées, les révoltés s'appuyaient sur des droits méconnus; à l'avenir, les majorités étant consultées, les révoltés ne pourront s'appuyer sur aucun droit. Aujourd'hui, il est difficile de distinguer si un fait de violence est un fait de majorité ou de minorité. Mais les majorités, en s'exprimant librement, triompheront par la seule expression de leur volonté; elles n'auront plus besoin de recourir à la violence. Tout fait de violence ne pourra être que le fait des minorités; et les minorités, par cela seul qu'elles seront minorités, porteront en elles-mêmes leur propre condamnation.

Nous avons dû insister sur cette doctrine de l'Autorité, parce qu'elle est, pour nous, le fondement de la doctrine démocratique. Elle résume, pour nous, les premiers devoirs et les premiers droits des citoyens. Le premier devoir, c'est l'obéissance à la majorité : le premier droit, le droit de suffrage, d'où résulte la majorité. Par conséquent, l'Autorité, c'est la Souveraineté du peuple; et l'exercice de cette Souveraineté, c'est le suffrage universel. Le suffrage universel, c'est l'égalité; c'est, en même temps, la liberté pour chacun d'exprimer son opinion, et cette liberté est une garantie d'ordre et une garantie de progrès.

Nous avons donc ici réunis tous les éléments constitutifs d'une société à jamais durable : l'Autorité avec l'égalité, l'obéissance avec la liberté, l'ordre avec le progrès.   Élias REGNAULT.

AUTORITÉS se dit des fonctionnaires qui exercent l'Autorité à quelque titre que ce soit. On a fait une appellation générale et même personnelle d'*Autorités* pour tous les agents du pouvoir, comme on a fait d'*intelligences* dans la langue usuelle, et tout récemment de *capacités* dans la langue électorale, une rubrique pour classer tous ceux qui sont présumés être doués d'intelligence et de capacité. Un président de tribunal est une Autorité, de même qu'un pharmacien inscrit sur la liste est une Capacité, et l'on dit « Les *Autorités* de telle ville, » au même titre grammatical que M. Viennet a pu dire « *Je représente les intelligences de Béziers.* »

Dans les gouvernements de fait, en général, et dans la France, en particulier, on trouve beaucoup d'*Autorités,* mais il n'y a pas d'*Autorité.*

L'ascendant comme avant-garde, et la force comme réserve, voilà l'Autorité. Or, de cette Autorité-là manquent et manqueront toujours tous

les gouvernements qui ne sont pas franchement basés sur la Souveraineté nationale. Regardons, en effet, autour de nous.

Dans chaque chef-lieu de département il y a bien — un préfet, dont la signature a le pouvoir de mettre la force publique en mouvement; — un général, dont la voix fait briller le tranchant nu des sabres et commande le feu; —un procureur du roi, qui jette, au besoin, autour de vous une chaîne de gendarmes, etc., etc. Mais tout cela, c'est l'organisation de la force matérielle; où est l'ascendant moral? Je vois des Autorités, mais je cherche en vain l'Autorité.

Procureurs du roi, généraux et préfets, toutes nos Autorités enfin sont (passez-moi cette métaphore) les poutres, soliveaux et pieux, de ce qu'on appelle, en style officiel, la digue opposée au torrent de l'anarchie; ce n'est pas autre chose. Un illustre auteur a comparé la sédition à un taureau sauvage : or, nous avons dans chaque ville un cadre complet de *matadors* pour assommer ce taureau-là, mais pas un seul dompteur qui ait assez de puissance morale pour l'assouplir du regard, du geste ou de la voix.

L'ascendant qui leur manque, où ces Autorités le prendraient-elles? Les fonctionnaires ne peuvent tirer leur ascendant que d'eux-mêmes ou du gouvernement dont ils sont les délégués. Voyons.

Comment les fonctionnaires de nos gouvernements auraient-ils de l'influence par eux-mêmes? Celle que peut donner l'origine du pouvoir, ils ne la possèdent pas, parce qu'ils ne naissent point, pour la plupart, de l'élection, et que le petit nombre qui a l'avantage d'en sortir est nommé par si peu d'électeurs privilégiés que c'est tout au plus la peine d'établir une différence entre les deux catégories. — L'influence qu'assure le caractère personnel, les fonctionnaires ne l'ont pas davantage, en un temps et sous des régimes où les places (ceci est de notoriété vulgaire et banale) sont données au népotisme et à l'intrigue, — où l'on s'inquiète moins, lorsqu'on choisit un candidat, de ses qualités et de son mérite que de l'appui qu'il peut prêter à tel ou tel cabinet, — où la recommandation d'un député agent d'affaires a plus de puissance que les titres les plus légitimes, — où, enfin, la distribution des emplois semble se faire en une halle officielle, affectée au marché des votes et des consciences. Le pouvoir central, d'ailleurs, prend-il jamais en considération ce que pensent les populations des fonctionnaires qu'il leur expédie? Loin de là : être impopulaire est généralement le meilleur titre à ses yeux, et combien d'Autorités pourraient être citées, qui ont gagné tous leurs grades à force d'impopularité!

D'autre part, comment ces gouvernements communiqueraient-ils de l'ascendant à leurs délégués? L'Empire l'a pu par exception, parce qu'à défaut de larges assises dans le sol national, il avait sa haute personnalité démocratique, son mandat de de guerre révolutionnaire, et surtout son immense gloire. Mais les gouvernements d'aujourd'hui, — ou vieux infirmes qui, des deux grands legs des âges, la vénérable poésie et la caducité décrépite, n'ont conservé que le dernier, — ou jeunes chétifs, qui n'ont ni élévation, ni racines, ni cœur, ni foi, — ces gouvernements, qu'ont-ils fait de grand pour séduire, fasciner, éblouir les masses ? Ce sont des soleils trop opaques et trop ternes pour dorer du moindre reflet de lumière les planètes qui gravitent autour d'eux.

Voilà pourquoi les fonctionnaires publics, sous nos constitutions de transition et de marqueterie, n'ont pas d'ascendant ; voilà pourquoi ils ne représentent que la force matérielle, qui est la moins puissante portion de l'Autorité ; voilà pourquoi, enfin, l'Autorité manque partout.

En revanche, comme nous l'avons dit en commençant, les Autorités abondent. Voyez pour la France :

Nous avons monsieur le préfet, qui croit n'être préfet que pour recevoir les hommages de tous les employés et de tous les badauds de son département, être accueilli chapeau bas dans ses tournées, et avoir le pas dans les cérémonies publiques.

Nous avons monsieur le général, qui croit n'être général que pour avoir une sentinelle à sa porte, une aubade à son lever, des revues et des exercices.

Nous avons monsieur le maire, qui croit n'être maire que pour avoir sa loge au spectacle, écrire son nom sur toutes les bornes-fontaines qu'il est appelé à fonder, haranguer les princes à la barrière, et présider la distribution solennelle des prix au collége de l'endroit.

Ainsi du président et de tous les autres.

Parade, oui ; Autorité, non. La meilleure preuve peut-être que c'est un titre et non de l'Autorité que leurs fonctions donnent à tous ces magistrats, c'est que leurs épouses sont, dans les relations sociales et même dans les bulletins officiels, madame la préfète, madame la générale, madame la présidente, etc., etc.

Aussi qu'arrive-t-il ? C'est que, lorsque survient une crise, sédition politique ou industrielle, les dépositaires de l'Autorité s'effacent tout-à-coup au milieu du désordre, où s'y démènent en vain lorsqu'ils se portent en avant.

Dans vingt crises pareilles, en France, on a cherché vainement les hauts administrateurs de la localité. Il n'est pas étonnant que ces Autorités, qui font de leurs places une affaire de famille, et posent dans leurs fonctions comme la vieille aristocratie dans ses titres, perdent la tête et se dissimulent lorsqu'il faut que chacun paie de sa personne. C'est le suisse de paroisse qui porte fièrement et avec orgueil sa pacifique hallebarde, mais qui devient tremblant et couard s'il est besoin, par aventure, d'en faire une arme de combat. Aux Autorités de ce genre il faut faire la leçon par un apologue : les paratonnerres ne sont point placés au sommet des édifices pour dominer de toute leur hauteur, par le beau soleil, les bâtiments qui s'étendent à leur pied, mais pour recevoir le coup de foudre à l'heure de l'orage, et en préserver ces bâtiments à leur péril. L'ordre, la sécurité, la richesse publique, sont les bâtiments ; vous êtes, vous Autorités, les paratonnerres.

Et d'ailleurs, dans les cas rares où les fonction-naires sont intervenus au milieu des troubles du genre de ceux que nous venons de signaler, leur présence a toujours été infructueuse. Ces gens-là ne tiennent pas au peuple, et ne représentent pas à ses yeux autre chose que la force matérielle. Aussi, le peuple insurgé ne les reçoit-il point comme des patrons et des protecteurs, mais presque comme des ennemis. Les magistrats électifs sont les seuls à qui l'on témoigne un peu de respect, tandis que l'influence, qui dans un état régulier devrait appartenir aux dépositaires de l'autorité, est exercée, à leur défaut, par de simples citoyens qui se sont fait connaître et aimer des populations.

Il en résulte un double malheur : — d'abord, celui d'un échec subi par la force publique ; — ensuite, celui d'infortunés que les tribunaux envoient aux galères pour crime de rébellion, lorsqu'un pouvoir véritablement doué d'autorité aurait pu prévenir le désordre, ce qui vaut toujours mieux que de le châtier.

Le remède à tous ces maux, c'est l'autorité dans la bonne et large acception du terme. Or, ce remède ne peut être appliqué que par la démocratie, seul régime où le mot Autorité, dans le sens pris par cet article, exprime à la fois une personne et une chose.   ALTAROCHE.

AUTRICHE. L'empire d'Autriche n'occupe une place dans l'histoire que depuis l'époque où la Bohême et la Hongrie ont commencé à en faire partie ; il ne compte donc que trois siècles d'existence politique, remplis de trouble et de tempêtes. Les guerres de religion ne finirent qu'en 1648, et les invasions des Turcs ne cessèrent de menacer la monarchie de mort qu'en 1689, après le dernier siége de Vienne. Au commencement du dix-huitième siècle, l'Autriche était encore engagée dans les questions, capitales pour elle, de la succession espagnole. A peine le prince Eugène avait-il protégé l'empire contre les entreprises de Louis XIV et jeté quelques fondements d'organisation, que la succession autrichienne elle-même fut mise en péril, et qu'une nouvelle puissance vint demander à la vieille maison de Habsbourg le partage de la suprématie en Allemagne. Ce fut pourtant dès-lors que l'Autriche commença à prendre une forme régulière, et qu'un système d'administration, bientôt perfectionné par le fils de Marie-Thérèse, s'établit pour les différents états de la monarchie. Mais la mort prématurée de Joseph II et la Révolution française amenèrent de nouvelles catastrophes qui conduisirent l'Autriche à se séparer de l'Empire germanique, frappé au cœur à Austerlitz. Lorsque Napoléon, en 1806, fonda la Confédération du Rhin, François II abdiqua le titre illusoire d'empereur d'Allemagne.

La grandeur actuelle de l'Autriche date de 1815 : depuis cette époque, elle est entrée dans la Confédération germanique, créée par le congrès de Vienne, mais seulement pour celles de ses possessions qui avaient anciennement appartenu au Saint-Empire romain : elle a la présidence de la Diète fédérative qui siège à Francfort-sur-le-Mein, et partage , pour le moment avec la Prusse, la dictature sur l'Allemagne. Ses divisions territoriales ne sont pas factices comme celles de la France ; chacune compose un état séparé par des limites naturelles et gouverné par un chef commun. Ce n'est pas une association unitaire de populations rapprochées dans un intérêt général et divisées seulement pour faciliter le gouvernement , mais une agglomération violente de peuples et de races diverses qui n'attendent que l'occasion favorable pour se désunir.

Autour des États héréditaires de l'archiduché d'Autriche se groupent forcément la Styrie haute et basse, la Carinthie, le Tyrol, la Bohème, la Moravie, une partie de la Silésie (la principauté de Feschen), la Hongrie, la Transylvanie, l'Esclavonie, la Cracovie septentrionale, la Gallicie orientale, le royaume d'Illyrie, de Dalmatie, de Lombardie et des îles de la Mer-Adriatique.

Le souverain de ces différents pays, suivant les lois fondamentales de la monarchie autrichienne, doit être couronné empereur par le Pape, ou , à défaut du Pape, par l'archevêque de Vienne, ce qui lui confère la Souveraineté sur onze millions d'individus. Dans les premiers six mois qui suivent son avénement, il doit se rendre en Hongrie pour recevoir la couronne royale des mains de l'archevêque de Gratz, ce qui lui assure le pouvoir sur douze millions et demi de sujets. La Gallicie lui en donne quatre millions et demi. La couronne royale de Bohème lui est conférée à Prague par l'archevêque de cette ville ; la couronne de fer lui est imposée par l'archevêque de Milan, et lui donne presque cinq millions de sujets. Il a été dérogé à cette loi fondamentale en faveur du souverain actuel, Ferdinand ; ce prince était déjà roi de Hongrie du vivant de son père, grâce à la prévoyante politique de Metternich, pour qui la turbulence hongroise est un vrai cauchemar. Force a donc été d'intervertir pour lui l'ordre des divers couronnements ; et après avoir reçu l'Onction-Sainte à Prague en 1836, il s'est acheminé, au printemps de l'année suivante, vers Milan pour y ceindre le lourd diadème des rois lombards.

Une nation compacte de trente-trois millions d'hommes (population égale à celle de la France), dont les droits et les intérêts seraient égaux, devrait être une puissance de premier ordre ; mais si le même nombre d'hommes se compose de plusieurs peuples de races différentes, séparés par des chaînes de montagnes, avec des droits divers et ne parlant pas la même langue, de peuples enfin qui se divisent en vainqueurs et en vaincus , il sera plus difficile de les faire agir dans un but commun.

L'empire autrichien, gouverné par un prince allemand , ne comprend pas six millions d'hommes qui soient de la race du souverain, ce qui ne fait guère que la sixième partie de la population de l'empire : Quatorze millions sont Slaves, cinq millions Maggyars, cinq millions Italiens, sans compter deux millions de Valaques, un million d'Israélites, et plus d'un demi-million de Bohémiens, d'Arméniens, de Grecs et de Musulmans. Cette po-

pulation parle plus de vingt dialectes différents; quatre langues sont employées dans les tribunaux, et, de plus, une grande partie de ces vingt-sept millions ne peut avoir beaucoup d'intérêts communs aux cinq ou six millions qui composent le noyau de la monarchie. Ce qui appartient en commun à la grande majorité des habitants, c'est la Religion ; vingt-cinq millions professent le rit catholique.

La HONGRIE, avec ses annexes, contient la moitié de la surface de l'Empire et plus d'un tiers de sa population : elle a , pendant six siècles, défendu ses priviléges contre la cour de Vienne. Une seule fois la couronne d'Étienne fut transportée dans cette dernière ville ; mais on se hâta de la reporter où elle avait été prise, afin de ne pas avoir la couronne sans le royaume.

La patrie de Jean Huss et de Jérôme de Prague appartient aussi à l'Autriche. La BOHÈME, que l'acte fédératif de 1815 a incorporée dans la Confédération germanique, se repose de ses antiques agitations, de ses révoltes de Ziska , de sa guerre de trente ans , et des batailles de Napoléon , dans les travaux d'une industrie dont les progrès sont récents. La vieille Prague , cette terre classique de l'insurrection, dort entre ses églises et ses palais d'un profond sommeil, qui dure depuis des siècles, et qui ne fut troublé qu'un instant, en 1833, où elle vit accourir dans ses murs de jeunes Français venant saluer un enfant qu'ils appelaient leur roi. Jamais on ne commit un acte d'insubordination et de guerre civile avec une gaîté plus bruyante et plus communicative. Ces hôtes étrangers causaient une agitation extraordinaire dans toute la Bohème, qui n'avait jamais vu de sédition si aimable et si élégante.

L'Autriche est également maîtresse de la LOMBARDIE, vingt fois acquise et vingt fois arrachée à la France par un ennemi moins brave et moins généreux ; et il y a un an que l'empereur, non plus d'Allemagne, mais d'Autriche, a été couronné à Milan, fondée par les Gaulois d'Autun, dans cette blanche cathédrale, commencée par Galéas en 1301, et terminée par Napoléon en 1810. Le même empereur gouverne aussi VENISE et venge Maximilien. L'aigle à deux têtes qui domine l'hôtel du vice-roi regarde aujourd'hui d'un air de dédain le lion ailé de Saint-Marc sur sa colonne de marbre, au pied de laquelle un soldat, habillé de blanc, monte la garde au palais des doges. Cependant, Rome contemple ce spectacle dans une obéissance imbécile, tant elle a dans la mémoire et dans le cœur qu'elle fut la ville de Marius et de Hildebrand !

La Lombardie et la Hongrie, Prague et Venise subissent la loi de Vienne, foyer central de la monarchie. Il est singulier de voir la capitale d'un aussi grand empire destituée d'un caractère moral dont la précision puisse la désigner entre toutes les autres villes. Berlin, Paris, ont leur génie et le montrent aux yeux. Vienne est un corps immense dont on cherche l'âme ; elle est sans unité, comme l'empire ; elle réunit dans son sein le Hongrois, le Bohémien , le Grec, l'Italien, l'Allemand ; elle enveloppe tout dans sa variété anarchique et ses-

trente-deux faubourgs, séparés de la ville par de vieux bastions et de vastes esplanades. A peine si à l'entour et dans l'enceinte de la magnifique cathédrale de Saint-Stéphane, l'esprit primitif de la cité paraît quelquefois. Tout s'est évaporé au vent du Danube, fleuve bien moins allemand que le Rhin; tout a revêtu aux rayons du soleil je ne sais quel prisme italien, grec ou slave; ce qui s'y produit le moins, c'est le génie germanique.

Comme au temps de Wan-Swieten et de Métastase, la médecine et l'opéra sont l'objet des soins et des faveurs de la cour et du pouvoir. La musique, la danse et les sciences naturelles ont seules conservé le privilége de l'innocence. Le dépôt des autres sciences et de l'instruction publique est confié au clergé catholique, sur lequel le gouvernement autrichien compte beaucoup. La valeur des biens de l'Église se monte à plus de 500,000,000 de francs. Le clergé de Hongrie absorbe lui seul plus de 10,000,000 de francs. L'archevêque de Gratz a presque un million de revenus. En 1830, l'empire contenait cinq cents couvents de moines et dix mille religieux. A Vienne, les rédemptoristes, branche des jésuites, ont trouvé accès depuis une quinzaine d'années. L'évêque d'Agram entretient un bataillon de soldats: son colonel est chanoine et commandant du fort.

Ce sont là quelques traits de ce *statu quo* de l'Autriche que son gouvernement est avide de conserver. Les lois fondamentales de l'archiduché d'Autriche datent de 1156; celles de la Hongrie, de 1222; celles de la Bohème et de la Moravie, de 1627; celles de la Silésie, de 1709; celles de la Lombardie et de Venise, de 1805. Et cette complication monstrueuse d'un empire, unique dans son genre, est rendue plus bizarre encore par l'adjonction d'anciennes républiques qui n'ont pu être privées de toute leur législation, et de pays conquis où la loi fondamentale est le despotisme.

Le gouvernement a, depuis le congrès de Vienne, imposé à ces différents pays un même système d'absolutisme appuyé sur l'aristocratie. Il a reconnu la nécessité de se prémunir contre l'influence que les idées du dehors pourraient exercer sur ses sujets. Pour atteindre ce but, le ministère de la police, la censure aulique, les magistrats chargés de la révision des livres ont paru suffire. On leur a donc confié l'honorable emploi d'empêcher qu'aucun rayon de lumière ne pénétrât de l'Occident sur le sol autrichien. Ils sont les officiers de la garde, dont les nombreuses sentinelles, toujours sur le *qui vive*, cernent l'intelligence de trente-trois millions d'hommes; ils forment un cordon sanitaire que le gouvernement regarde, à juste titre, comme le principal soutien de son système. Les habitants du pays ne peuvent aller faire leurs études chez d'autres nations sans une autorisation spéciale. Depuis 1821, il existe même une loi qui défend aux particuliers de confier aux étrangers, résidant en Autriche, l'éducation de leurs enfants. Si quelqu'un s'est fait connaître, même dans un temps éloigné, par ses idées libérales, on ne permet pas à son fils de faire ses études.

On envoie dans les cours étrangères des magnats hongrois, afin de garantir de toute contagion libérale les nobles Autrichiens eux-mêmes. Le prince d'Esterhazy, le comte d'Appony, le comte de Lutzow, M. de Bombelles, M. de Munch-Bellinghausen, et beaucoup d'autres diplomates de l'école de M. de Metternich, ne sont pas Autrichiens, comme l'on sait. La défiance est poussée si loin qu'on ne permet pas même à un Autrichien de faire paraître un ouvrage en pays étranger sans l'avoir soumis à la censure de Vienne. L'auteur a-t-il permission de faire imprimer son ouvrage, ce livre ne peut pas pour cela entrer sur le territoire. On défend aux journaux du pays d'annoncer, et même de blâmer toute composition qui ne peut entrer en Autriche. On ne leur permet que rarement de combattre les opinions même des journaux reçus dans le pays. On leur défend jusqu'à l'éloge à l'égard du gouvernement autrichien.

Le Paraguay et la Chine exceptés, il n'est pas de pays au monde où le voyageur soit surveillé plus attentivement; il n'en est pas où il soit plus tourmenté. Dans maint endroit, l'hôte n'oserait lui présenter un verre d'eau sans avoir examiné son passeport. Celui qui porterait quelque instrument tranchant dans sa malle, fût-il médecin, est exposé à être jeté dans un cachot. Pour mieux éclairer les personnes chargées de garder les frontières, on barbouille sur les murailles de leurs chambrées les portraits des personnes les plus dangereuses, surtout des étudiants allemands.

La Révolution de juillet, l'avénement du nouvel empereur, n'ont, quoiqu'on en ait dit, apporté que peu de modifications à l'état des choses que nous venons d'esquisser. M. de Collowrath, que les Autrichiens regardent comme leur Martignac, est toujours en exil à Prague et éloigné des affaires publiques: le crédit de son adversaire n'a pas été visiblement ébranlé. La politique de M. de Metternich continue, ainsi qu'une gigantesque araignée, d'étendre sa trame sur toute l'Europe.

Metternich montre dans la gestion de la monarchie un certain talent de routine et de persévérance. Il a pour but l'immobilité de l'empire et de l'Europe: il s'attache à ce que rien ne remue, et quand il ne peut prévenir un changement, il travaille à ce que du moins ce soit le dernier. « Le maintien de ce qui subsiste doit être le premier comme le plus important de nos soins, écrivait M. de Metternich à un ministre d'une des cours de l'Europe; par-là nous entendons non-seulement l'ancien ordre de choses qui a été respecté dans quelques pays, mais encore toutes les institutions nouvellement créées. Dans les temps actuels, le passage de l'ancien ordre au nouveau est accompagné d'autant de dangers que le retour du nouveau à ce qui n'existe plus (1), » M. de Metternich n'a pas le thème politique d'un Alberoni ou d'un Richelieu; il ne veut rien envahir; mais tout conserver, et, dans cette immobilité, si artificiellement entretenue, il dépense beaucoup d'habileté et de labeur. Il a pour les faits un respect idolâtre; il déteste les mouvements des peuples; mais si une

(1) *Mon Portefeuille*, par le marquis de Salvo.

révolution est triomphante, il aimera mieux la reconnaître que de la corriger par une autre révolution. Il n'adore en pratique que le repos ; il n'a pas de Dieu ; il rit intérieurement des sollicitations et des espérances fanatiques des serviteurs des royautés proscrites ; sans les décourager, il les ajourne toujours ; l'usurpation qui dure est, à ses yeux, une légitimité qui commence. Au milieu de l'Europe il demeure impassible, froid, incrédule ; il n'a pas la grandeur que donne la foi, mais il a toutes les habiletés et les ressources d'un inaltérable athéisme.

Cette politique est incapable d'assurer un avenir à la monarchie. L'Autriche pense que la ténacité et la médiocrité dans les affaires publiques conviennent seules au besoin de conservation dont elle ne croit pas pouvoir s'écarter. Ainsi, elle s'est condamnée à une pauvreté, à une absence de vie, à une monotonie qui contrastent singulièrement avec la richesse et la variété de ses ressources naturelles. Elle s'est faite une loi permanente d'une maxime de circonstance, préjugé qui lui sera fatal : car, rester en place quand tout le monde marche, c'est se faire écraser.

L'Autriche a pour adversaires naturels la Russie et la Prusse, que la peur commune des révolutions a, pour le moment, unies avec elle, mais qui marcheront nécessairement sur elle à la première grande mêlée européenne.

La Russie pense que le protectorat de la race slave lui convient mieux qu'au petit archiduché d'Autriche : elle nourrit l'espoir d'attirer un jour à elle tout ce qu'il y a de Slaves sous la domination de Vienne. La cour de Saint-Pétersbourg inquiète aussi le cabinet de Vienne par la possession de la Pologne et par l'ascendant qu'elle exerce à Constantinople, dans la Valachie et la Moldavie. En effet, l'objet secret de la politique moscovite est de s'emparer des deux issues européennes de l'empire russe, c'est-à-dire du Sund et des Dardanelles. Si ce ne sont, jusqu'à présent, que des vues ambitieuses, ce qui est déjà consommé, c'est l'occupation de la rive gauche des bouches du Danube. La Hongrie, la Transylvanie, etc., sont enveloppées par les positions russes dans les principautés de la Valachie et de la Moldavie, où l'influence autrichienne est nulle, grâce à la politique immuable qui a permis que la Russie fît des acquisitions qui l'ont rendue voisine de la Hongrie. L'Autriche, qui a souffert que la Russie monopolisât la Mer Noire, ne voudra ni ne pourra guère empêcher l'établissement d'une dynastie de souche russe sur le trône de Byzance ; et quand le czar aura succédé au sultan, il n'y aura plus pour Vienne de Sobiesky.

La Prusse n'a pas encore pris toute la Silésie ; elle médite d'envahir la Saxe et de pousser l'aigle noire jusque dans la Bohême : elle enveloppe l'Allemagne dans son système de douanes et exclut l'Autriche de la solidarité des intérêts germaniques. Vienne, par représailles, cherche assidument à compromettre Berlin dans de communes entreprises contre la liberté de l'Allemagne. Mais il n'est pas temps de réparer les fautes commises ; les inimitiés secrètes éclateront un jour par de vives ruptures, et il faudra bien laisser à la Prusse son action absorbante, qui ralliera tous les États d'Allemagne et les possessions germaniques de l'Autriche sous un seul drapeau. De même que la Russie paraît destinée à réunir dans une vaste confédération toutes les populations slaves, la Prusse est appelée à opérer la fusion de tous les peuples allemands. Ces associations arriveront tôt ou tard par la force des choses ; l'impulsion est donnée, et il n'y a plus en Europe d'autre grand équilibre possible que l'association et la confédération des peuples.

Enfin, l'Autriche a devant elle le génie même du siècle : elle en est troublée ; elle a peur. Cet esprit d'innovation et de liberté l'alarme et la confond ; elle se voit sans idées, sans alliances naturelles, sans unité, sans avenir, sans ces fidélités de peuples qui peuvent désespérer la trahison et la fortune. Le Hongrois frémit sous la domination autrichienne. Les Slaves de la Transylvanie écoutent avidement les conseils de la Russie qui flatte leur esprit national et leur promet l'indépendance. Les habitants de la Silésie, de la Styrie, etc., sont attirés vers l'Allemagne par la communauté de langage, de religion et d'intérêts matériels ; le paysan du Tyrol est plus attaché à ses montagnes qu'à l'empire ; et l'Italie échappera à l'Autriche le jour où les Français paraîtront sur la cime des Alpes.

Voilà pourquoi l'Autriche embrasse le repos et l'immobilité avec délire et désespoir ; voilà la raison de sa politique. Le dix-neuvième siècle sera fatal à la monarchie autrichienne, et cet agrégat d'éléments hétérogènes se disssoudra au premier choc, soit qu'il vienne de l'extérieur, soit que le mouvement commence par le réveil politique de quelqu'une des nationalités qui sont confondues dans cet empire.   Hetmann.

AVANCEMENT. L'Avancement dans l'armée française est réglé par la loi du 14 avril 1832.

D'après cette loi, tous les emplois de grade inférieur à celui d'officier sont distribués au choix du roi, ainsi qu'un tiers des sous-lieutenances. Les deux autres tiers des sous-lieutenances doivent être donnés, après concours, aux élèves de l'École-Militaire et à des élèves de l'École Polytechnique. Le tiers des grades de lieutenant et de capitaine, la moitié de ceux du grade de chef de bataillon ou d'escadron, et tous les emplois des grades supérieurs à celui-ci, sont distribués au choix du roi.

La seule condition imposée au roi, dans ce choix, est qu'il ne peut élever un militaire à un grade quelconque sans que ce militaire ait occupé le grade immédiatement inférieur pendant un temps déterminé. Par exemple, un sous-lieutenant ne peut être promu lieutenant au choix du roi s'il n'a deux années de service comme sous-lieutenant. Pendant la guerre, ce temps de service, exigé par la loi, diminue ; mais il faut une action d'éclat pour en dispenser tout-à-fait.

Les deux tiers des emplois des grades de lieutenant et de capitaine, et la moitié de ceux du grade de chef de bataillon ou d'escadron, sont conférés par rang d'ancienneté, au fur et à mesure des vacances, et après un temps de service déterminé dans chaque grade.

L'ordonnance royale du 16 mars 1838, portant règlement sur l'exécution de la loi du 14 avril 1832, a développé l'application des principes généraux posés par la loi.

D'après cette ordonnance, l'Avancement, depuis le grade de caporal ou de brigadier jusqu'à celui d'adjudant sous-officier inclusivement, est distribué par les chefs de corps, sur un tableau de candidats arrêté chaque année par l'inspecteur-général.

Les nominations au choix, à partir de la sous-lieutenance jusqu'au grade le plus élevé de la hiérarchie, sont faites par le roi, sous le contreseing du ministre de la guerre, sur un tableau analogue établi par régiment et par arrondissement d'inspection, suivant les grades. Ce tableau, comme le précédent, est formé en secret, et n'est jamais communiqué, si ce n'est officieusement et aux mieux protégés.

L'ordonnance du 16 mars a soulevé, dès son apparition, de vives et justes récriminations : elle a violé la loi en beaucoup de points, et notamment en augmentant considérablement la part faite au choix du roi dans la distribution des emplois de capitaine, et en constituant des priviléges scandaleux et dangereux en faveur des princes de la famille royale.

Du reste, voici, en peu de mots, comment sont appliquées les dispositions les plus essentielles de la loi et de l'ordonnance, celles qui sont relatives au choix du roi.

Tous les ans, vers le mois de juin ou de juillet, les inspecteurs-généraux quittent Paris, où la plupart résident habituellement, avec des portefeuilles garnis de lettres de recommandation, de notes protectrices qui leur ont été adressées par les princes, princesses, ministres, aides-de-camp du château, députés, pairs, etc., en faveur d'officiers, de sous-officiers qu'ils doivent inspecter. Chacun d'eux consacre huit ou dix jours, et quelquefois beaucoup moins, à l'examen du personnel, du matériel, de l'administration de chaque régiment soumis à son inspection. Il interroge superficiellement, pour la forme, quelques officiers et sous-officiers, puis il établit ses tableaux d'avancement. Le colonel entre en compte à demi de travail ; mais, malheureusement, lui aussi a été assailli de recommandations venues de haut ; lui aussi a sa cohorte de favoris à satisfaire, et, trop souvent, il use de sa position pour les pousser rapidement dans la carrière, pour obliger des protecteurs qui reconnaissent ses bons offices en le poussant à son tour.

Nous devons ajouter, d'ailleurs, que les colonels ne se donnent pas la peine de connaître le mérite respectif des soldats, sous-officiers et officiers sous leurs ordres ; et qu'alors même qu'ils le voudraient, ils n'y parviendraient qu'assez imparfaitement. Il est évident, en effet, que, très-bien placés pour apprécier le lieutenant-colonel, les chefs de bataillon et les capitaines de leur régiment, ils ne sont pas aussi bien à même d'évaluer comparativement les lieutenants et sous-lieutenants ; et que les sous-officiers et les soldats échappent, en grande partie, à leur observation.

Ainsi, l'intrigue et l'ignorance des hommes président à la formation des tableaux d'Avancement. Les promotions journellement inscrites au *Journal Militaire officiel* sont là pour prouver que nous n'exagérons rien.

Cet état de choses, créé par la loi et l'ordonnance sur l'Avancement, est, tout-à-la-fois, dangereux pour la liberté du pays et nuisible à la force militaire de la France ; car il tend à donner à la royauté une grande influence sur l'armée ; il est cause que les plus hauts grades sont conférés à des militaires sans mérite, sans capacité ; il éloigne des rangs de l'armée nombre d'hommes de cœur et de talent, et il décourage, à la longue, les militaires les plus ardents au service, les plus studieux.

Beaucoup de bons esprits préoccupés, à juste titre, des déplorables effets du système d'Avancement en vigueur, se sont enquis des moyens à employer, sinon pour les faire complètement disparaître, chose impossible dans l'état politique actuel de la France, du moins pour les amoindrir.

Or, les hommes les plus compétents par leur expérience et par leurs lumières s'accordent à penser que le meilleur mode d'Avancement à substituer, *quant à présent*, à celui de 1832, serait un mode dans lequel l'ancienneté aurait droit à un beaucoup plus grand nombre d'emplois, et dans lequel le choix serait éclairé par des concours théoriques et pratiques, et forcé de s'exercer sur des listes de candidats à l'avancement, établies avec l'intervention des grades supérieurs à celui de chaque catégorie de candidats.

Cette réforme marcherait de front avec une réforme radicale de la constitution actuelle de l'École-Militaire.

Néanmoins, il ne faut pas s'abuser sur la valeur absolue de ce système d'Avancement, non plus que sur tout autre qui admettrait l'ancienneté comme constituant à elle seule un titre à l'Avancement. L'ancienneté est une garantie d'expérience et, jusqu'à un certain point, une présomption de capacité ; mais elle ne saurait prouver que celui qui s'est bien acquitté d'une tâche, pendant un temps plus ou moins long, soit au niveau d'une tâche plus élevée et plus difficile. D'ailleurs, le courage, le mérite, le génie n'ont pas d'âge.

Aussi, est-ce seulement à cause des circonstances politiques dans lesquelles nous nous trouvons que l'Avancement par l'ancienneté doit être préféré à l'Avancement par le choix.

Sous un gouvernement national, moral, intelligent ; sous un gouvernement qui n'aura pas à favoriser des intérêts de caste et de famille, la loi sur l'Avancement sera le développement de ce principe posé, il y a un siècle et demi, par un écrivain militaire très-judicieux : *Élever suivant les talents, récompenser suivant les services*, ce qui, traduit dans notre langage légal, signifie : Tous les emplois doivent être attribués au choix ; l'Ancienneté doit donner droit à des récompenses, soit pécuniaires, soit honorifiques, mais non à la pos session successive de tous les grades militaires, ou seulement de quelques-uns.   **Z. K.**

AVÉNEMENT, composé de la préposition latine *ad*, à — et du verbe *venire*, venir, arriver. On dit l'Avénement d'un prince à la couronne pour indiquer l'époque précise où il est investi du caractère royal. Mais à quel moment s'opère cette transformation du sujet en souverain? Ceci n'est pas sans importance.

Selon le droit divin et la logique monarchique pure, il n'y a pas de difficulté ; le mort saisit le vif : le roi est mort, *vive le roi!* le trône ne vaque pas un seul instant. Mais dans les états où le peuple n'a point complètement abdiqué l'exercice de la Souveraineté, les choses sont un peu plus compliquées. Le roi, n'étant qu'un simple mandataire, n'est vraiment roi qu'après avoir reçu son mandat de la nation et prêté serment de fidélité au peuple. En Espagne, avant la dynastie autrichienne, le successeur du roi n'était proclamé roi qu'après avoir juré, en présence des cortès, d'accomplir fidèlement les devoirs de sa dignité, de respecter les usages de la patrie, d'observer les lois fondamentales de la monarchie, de conserver les droits du peuple et les libertés nationales. Charles V ayant tenté de se soustraire à cette obligation fut ramené à l'ordre par la fermeté des cortès. (Valladolid, 1518.)

Nos constitutions modernes laissent la chose en doute. Elles imposent bien aux rois l'obligation de jurer quelque chose, mais elles ne disent pas : *Si non, non*. De telle sorte que l'on pourrait avoir le spectacle d'un individu qui serait roi par droit de succession, et qui ne le serait point pour n'avoir pas voulu prêter serment. Admirable complication de la monarchie constitutionnelle !   **E. D.**

AVIS. Les comités du Conseil d'État donnent des Avis sur les questions qui sont déférées à leur examen par les ministres. Ces Avis sont purement consultatifs ; ils n'obligent, en aucune manière, les ministres qui les ont demandés. Ceux-ci peuvent, à leur gré, les adopter ou passer outre.

Sous le régime impérial, le Conseil d'État avait la mission de développer le sens des lois relatives aux diverses matières qui lui étaient soumises. Ces Avis avaient force de loi quand ils avaient reçu l'approbation de l'empereur. Quelques-uns d'entre eux sont encore en vigueur. — On sait que depuis l'empire le Conseil a perdu cette haute prérogative.

Tous les agents inférieurs de l'administration sont appelés à donner à leurs supérieurs des renseignements qui, dans la langue administrative, prennent le nom d'Avis.   **Dc.**

AVOYER. L'origine de ce mot est la même que celle du mot avoué, *advocatus*, pris dans son ancienne signification. Chacun sait que les avoués étaient les gens de justice, et plus tard les seigneurs qui avaient la charge de défendre les droits des églises, abbayes, etc. Vers la fin du treizième siècle, la Suisse était composée d'une foule de petits états. Il y avait des villes libres et impériales telles

que Zurich, etc. ; des souverainetés particulières, qui obéissaient à des seigneurs tels que l'abbé de Saint-Gall, les comtes de Habsbourg, etc., et, enfin, les trois cantons d'Uri, Schwitz et Unterwalden, qui, ayant secoué le joug de leurs seigneurs, relevaient immédiatement de l'Empire. Ces derniers se gouvernaient par leurs propres magistrats ; mais ils recevaient de l'empereur des Avoyers chargés d'exercer en son nom et au nom de l'empire le droit de glaive. Bientôt les vexations de ces officiers ne connurent plus de bornes, et ils tentèrent par les plus odieux moyens de contraindre les Suisses à se reconnaître les vassaux d'Albert Ier d'Autriche. De là le soulèvement des trois cantons et les commencements de la fédération helvétique. Les Avoyers impériaux furent chassés et leurs châteaux rasés ; mais leur qualification resta. Elle est aujourd'hui appliquée aux deux premiers magistrats des cantons de Berne, Lucerne et Soleure. Les premiers magistrats des autres cantons prennent le titre de landamman, bourgmestres ou syndics ; le chef du Valais est appelé grand-bailli. Dans le canton de Berne, la Souveraineté est exercée par l'*Avoyer, petit et grand conseil de la ville et république de Berne.* Il y a deux Avoyers, nommés tous deux par le grand-conseil, et tous deux membres du petit conseil ; ils président alternativement, chacun pendant une année, le grand et le petit conseil. — Il en est de même à Soleure. — Dans le canton de Lucerne, le pouvoir suprême est composé de l'*Avoyer et conseil des cent de la ville et république de Lucerne.* Les deux Avoyers sont nommés par le conseil des cent ; ils doivent être pris parmi les membres du conseil quotidien. Comme à Berne et à Soleure, les deux Avoyers président alternativement les deux conseils. L'Avoyer en charge fait l'ouverture de toutes les lettres, dépêches, etc. adressées au conseil ; il est tenu d'en donner connaissance sans délai à celui-ci. Il signe toutes les lois, décrets, arrêtés, lettres, rapports, etc., qui émanent du conseil. C'est à lui qu'il appartient de rassembler les conseils, et rien ne peut leur être soumis sans qu'il n'en ait été préalablement averti. (V. **Suisse**.)   **Dc.**

AXIOME. Un Axiome est une proposition évidente par elle-même. L'école sensualiste a nié la valeur des Axiomes, et, pour démontrer qu'ils ne sont le pivot d'aucune science, que toute certitude provient de l'analyse et non des affirmations nécessaires, elle a pris à partie tel ou tel Axiome consacré, en a discuté les termes, et s'est efforcée de paraître conclure à bon droit que la plupart des propositions évidentes par elles-mêmes reposent sur des connaissances empiriques. L'erreur de l'école sensualiste a été de confondre, dans cette démonstration, les vérités premières et les Axiomes qui sont les prémisses de toute science. Exiger la preuve des vérités premières, c'est folie ; mais dire que tout Axiome se fonde sur ces vérités, c'est raison.

Qu'est-ce en effet qu'un Axiome scientifique ? Une proposition qui suppose une certaine notion de l'être et des phénomènes. Nous ne pouvons douter que le tout soit plus grand que sa partie : avant toutefois que cette proposition ait pour nous le caractère de l'évidence, il faut que nous nous fassions l'idée d'un tout quelconque et d'une partie de ce tout. Il y a même des Axiòmes qui ne sont constitués que sur de pures hypothèses : tels sont les Axiòmes géométriques.

La politique étant une science, comme l'a fort bien établi M. Cormenin, mais une science dérivée, les Axiòmes sur lesquels elle s'appuie ne sont pas du premier ordre : aussi ne peut-on les considérer rigoureusement comme supérieurs à la discussion. Celui-ci, par exemple : « Tous les hommes sont égaux par la naissance », quoiqu'il semble d'une évidence absolue, a été contesté par de très-éminents et très-respectables dialecticiens. Aristote le rejetait ; afin de le légitimer, Sénèque a mis en usage toutes les ressources de la logique stoïcienne. Et néanmoins, pour nous, c'est un Axiòme. L'esprit humain, dans son développement continu, ne parvient à la vérité que par des initiations successives : il jalonne avec des Axiòmes la route qu'il parcourt. C'est le plus beau de ses priviléges que d'avoir toujours en lui-même une confiance entière, et de respecter les principes divers émis tour à tour par une raison progressive comme des révélations de l'éternelle loi.   B. HAURÉAU.

AYUNTAMIENTO. C'est, proprement, le congrès ou la *junte* (la réunion) des personnes auxquelles est dévolu le gouvernement économico-politique de chaque cité ; on l'appelle aussi *consejo, cabildo,* ou *regimiento.*

L'Ayuntamiento se compose de l'alcade et des régidores de chaque pueblo, dont la nomination a lieu par une élection, d'ordinaire annuelle, à laquelle concourent tous les habitants du pueblo. C'est un corps essentiellement indépendant par son institution, et qui, chaque année, se renouvelle et se retrempe par l'élection. Le principe électif ne souffre d'exception sur ce point, en Espagne, que pour quelques cités d'une grande importance, et qu'on y appelle royales, parce qu'elles dùrent aux rois leur formation et leurs libertés, ou chartes locales (1). Là, l'Ayuntamiento n'est point élu, et ses membres sont nommés par le gouvernement central de Madrid. Partout ailleurs, l'autorité su-

(1) Voyez le mot *Fueros.*

périeure n'exerce point d'influence sur la formation de l'Ayuntamiento.

Le nombre des membres dont se compose l'Ayuntamiento varie, selon le plus ou le moins de population de la ville ou du canton qui le nomme. Les chefs élus de la commune, tels que l'alcade, les regidores, en font partie de droit. Dans les pueblos où il y a un corrégidor, celui-ci a le droit d'assister aux séances de l'Ayuntamiento, mais sans y jouir du droit de vote, à moins d'un égal partage des voix, auquel cas la sienne décide la question. — Ont droit aussi d'assister à ses séances, mais sans voix délibérative, le secrétaire ou greffier de l'Ayuntamiento (escribano), et avec voix délibérative, mais sans droit de vote, le syndic, ou procureur-général, chargé d'y remplir les fonctions et d'y soutenir les intérêts du ministère public. Les députés aux cortès nommés dans le canton jouissent de la même prérogative. Aucune autre personne ne peut prendre part aux délibérations de ce corps ; et quand il s'y traite d'une affaire qui touche aux intérêts de quelqu'un des membres qui le composent, celui-ci doit sortir du lieu où se tient l'assemblée, et ne peut prendre part ni à la discussion, ni à la décision de l'affaire en question.

Ne peuvent être élus membres de l'Ayuntamiento ni les étrangers, ni les faillis, ni les débiteurs de la commune, ni qui que ce soit ayant exercé un emploi public dans la juridiction de l'Ayuntamiento, à moins qu'il n'y renonce, ni les parents, jusqu'au quatrième degré, des membres de l'assemblée dont les pouvoirs expirent, ni ceux enfin qui ont déjà fait partie de l'Ayuntamiento, ou rempli quelque emploi public que ce soit hors du canton, à moins qu'il ne se soit écoulé trois ans dans le premier cas et deux ans dans le second ; entre la cessation des premières fonctions et l'élection aux secondes.

Telles sont les lois qui régissent la commune en Espagne ; l'Ayuntamiento est un véritable conseil communal populaire, qui assure la liberté municipale des pueblos, en même temps qu'il les administre et les gouverne civilement. C'est une institution ancienne déjà, que la nouvelle constitution des cortès de 1837 a consacrée, et qui ne peut que se développer et se raffermir par le progrès de la liberté politique et civile en Espagne, désormais assuré là comme partout.   C. R.

B

BABOUVISME. Babeuf est mort pour la cause de l'égalité.

Pour comprendre nettement sa doctrine et l'ensemble d'idées qu'on appelle *Babouvisme,* il faut considérer d'abord le grand mouvement de la Révolution jusqu'à thermidor. Deux sortes d'hommes ont contribué à l'action révolution-

naire, ceux qui, désirant seulement une modification superficielle des choses, croyaient avoir constitué la République, parce qu'on avait tué le roi, et ceux qui se proposaient d'organiser la société sur de nouvelles bases. Cette dernière école, issue de Rousseau, est particulièrement représentée par Robespierre et Saint-Just.

Le 9 thermidor fut la défaite des véritables républicains. L'école de l'égalité, l'école de Rousseau et de Robespierre, fut momentanément étouffée par les corrompus. On dénatura les principes féconds de la Révolution, et cette réaction misérable aboutit à la constitution aristocratique de l'an III (1795).

Cependant, le sentiment de l'égalité vivait toujours dans le peuple. Il provoqua bientôt la conspiration dite de Babeuf, dont les auteurs furent jugés par la haute cour de Vendôme.

Le grand théoricien de la conspiration avait été Babeuf. Doué d'un esprit inflexible et d'une rare austérité de caractère, excité par un généreux amour du peuple, en même temps que par la contradiction des thermidoriens, Babeuf poussa tout d'abord le principe de l'égalité jusqu'à la dernière limite d'une logique aveugle. L'égalité de Rousseau et de Robespierre comporte la diversité. L'égalité de Babeuf suppose que tous les hommes sont pareils. L'interprétation de Rousseau est philosophique, compréhensive, humaine; l'interprétation de Babeuf est étroite, exclusive, absolue. Celle-là permet le libre développement de tous les hommes, selon les facultés de leur nature. Celle-ci est la négation de toute liberté véritable. Babeuf est le matérialiste de l'école; il s'est attaché à la lettre de la formule donnée au monde par Rousseau et la philosophie du dix-huitième siècle; mais il est loin d'en avoir pénétré l'esprit.

On a grand tort de confondre le Babouvisme avec la loi agraire ou le partage des terres. Babeuf lui-même s'est parfaitement expliqué à cet égard dans sa lettre au citoyen M. V. Il professe, au contraire, la socialisation de toute propriété, la communauté de travaux et de jouissances:

« La propriété de tous les biens renfermés dans
« le territoire national est une, et appartient ina-
« liénablement au peuple, qui a seul le droit d'en
« répartir l'usage et l'usufruit.

« La nature a donné à chaque homme un droit
« égal à la jouissance de tous les biens.

« *La terre n'est à personne. Les fruits de la
« terre sont à tout le monde.* Nous déclarons ne pou-
« voir souffrir davantage que la très-grande ma-
« jorité des hommes travaille pour le bon plaisir de
« l'extrême minorité. »

Jusqu'ici, le Babouvisme reste dans la véritable tradition révolutionnaire et dans le sens de cette formule du contrat social: « Tout homme a natu-
« rellement droit à tout ce qui lui est nécessaire. »
Mais de quelle façon Babeuf et son école entendent-ils la pratique de cette communauté fraternelle que plusieurs considèrent comme l'idéal de la République et de l'égalité?

« Le travail nécessaire au maintien de la Société,
« également réparti sur tous les individus valides,
« est pour chacun d'eux un devoir dont la loi exige
« l'accomplissement. »

Et dans le Manifeste des égaux: « Qu'il ne soit
« plus d'autres différences parmi les hommes que
« celles de l'âge et du sexe. Puisque tous *les hommes*
« *ont les mêmes besoins et les mêmes facultés,* qu'il
« n'y ait donc plus pour eux qu'une seule éduca-
« tion, qu'une seule nourriture. Ils se contentent

« d'un seul soleil et d'un même air pour tous:
« pourquoi *la même portion* et *la même qualité* d'a-
« liments ne suffiraient-elles pas à chacun d'eux? »

Assurément, tous les hommes ont les mêmes besoins et les mêmes facultés, et c'est ce qui fait qu'ils sont tous égaux en leur qualité d'homme; mais il s'en faut qu'ils aient, au même degré de puissance, ces facultés et ces besoins. Il nous paraît donc que la nature humaine, avant tout, proteste contre l'égalité *absolue* du travail et de la répartition des produits.

Il y a loin de cette égalité abrutissante, qui plie violemment toutes les facultés spontanées de l'homme sous un joug uniforme, à la doctrine de Rousseau: « Le pacte fondamental, dit Rousseau,
« substitue une égalité *morale* et légitime à ce
« que la nature avait pu mettre d'inégalité physi-
« que entre les hommes, et pouvant être inégaux
« en force et en génie, ils deviennent tous égaux
« par convention et de droit. »

Aussi, la première conséquence irrésistible du Babouvisme est-elle de condamner les arts, la fantaisie et tous les développements originaux de l'individualité, de même que les capitaux, les grandes villes, les palais, le luxe et le développement industriel.

« Ce qui n'est pas communicable à tous doit être
« sévèrement retranché. »

Le Babouvisme ne songe pas que, dans la société future, les arts et le luxe deviendront facilement communicables à tout le monde, au moyen du développement des intelligences et du développement de la production.

Buonarotti a nettement exprimé, dans une note de son livre, toute la pensée des *Niveleurs,* comme on a quelquefois nommé les Babouvistes:

« C'est donc à resserrer dans de justes bornes
« la richesse et la puissance des individus que
« doivent tendre toutes les institutions d'une vé-
« ritable société. »

Malheureusement, le Babouvisme se trouve ici en opposition formelle avec ses maîtres de la Révolution française, comme avec toutes les légitimes tendances de l'esprit humain. Robespierre a réfuté d'avance Babeuf et Buonarotti, dans les art. 1 et 4 de la déclaration des Droits, et dans ce passage d'un de ses discours: « Nous voulons un ordre de
« choses où toutes les âmes *s'agrandissent* par la
« communication continuelle des sentiments ré-
« publicains, où les *arts* soient les décorations de
« la liberté, le commerce, la source de la *richesse*
« *publique* et non-seulement de l'opulence mons-
« trueuse de quelques maisons. »

Est-ce Robespierre ou Babeuf qui, dans cette circonstance, a le sentiment de l'avenir? Notre tradition révolutionnaire est-elle chez Robespierre ou chez Babeuf?

Une autre erreur fondamentale du Babouvisme est, suivant nous, de s'être imaginé qu'il possédait la vérité absolue: « La Révolution française,
« dit le Manifeste des égaux, n'est que l'avant-
« courrière d'une autre révolution bien plus gran-
« de, bien plus solennelle, et *qui sera la dernière.* »
Qu'une révolution plus profonde doive compléter

l'œuvre de la Révolution française, c'est notre espérance. Mais que cette révolution soit enfin la dernière, voilà ce qui nous semble une négation formelle de l'activité humaine. L'humanité ne s'arrêtera pas plus à Babeuf qu'à tous les autres révolutionnaires. « La barque flotte et flotte ; jamais « elle ne jettera l'ancre. Nous voguons sur l'é- « ternité. »

Aussi, voyez encore les conséquences de cette prétendue vérité immobile : « Nul ne peut émettre « des opinions directement contraires aux princi- « pes sacrés de l'égalité et de la Souveraineté du « peuple. »

Et qui vous dit qu'après certaines évolutions, le génie des hommes ne trouvera pas une formule supérieure à leur commune destinée?

La Constitution de 93, dans l'art. 28, copié presque littéralement sur Rousseau, laissait toute indépendance à l'esprit humain : « Un peuple a « toujours le droit de revoir, de réformer et de « changer sa Constitution. Une génération ne « peut assujétir à ses lois les générations fu- « tures. »

En ceci encore, Babeuf ne représente donc pas la tradition républicaine. Notre tradition est encore avec Robespierre et avec Rousseau.

De ce que le Babouvisme croyait posséder la vérité absolue, ressortirent deux autres conséquences que sa logique rigoureuse s'empressa d'adopter : La *réalisation immédiate* de sa doctrine politique, et, comme moyen, la *dictature* temporaire.

Comment donc soulager immédiatement les misères de la classe la plus nombreuse et la plus pauvre avec la politique de Babeuf? « Le comité « insurrecteur proposait d'habiller les pauvres « aux frais de la République et de les loger dans « les maisons des riches, auxquels on n'aurait « laissé que le logement indispensable. » Mais ce n'est là qu'un simple déplacement des conditions sociales, et non point une amélioration durable ; et puisqu'il y a tant de pauvres, les maisons des riches n'y suffiraient pas. Le remède de Babeuf ne guérit rien. Les douleurs des prolétaires ne seront guéries que par une économie sociale nouvelle, par l'organisation du travail, par le développement de la production et par une répartition équitable.

Il ne fallait rien moins qu'une dictature inflexible pour tenter l'application de ce nivellement réclamé par les babouvistes : « Jusqu'à ce que l'égalité fût « établie, le pouvoir souverain ne devait être rendu « au peuple que graduellement et en raison du « progrès des mœurs. Le comité insurrecteur ne « pouvait déterminer d'avance l'époque où la tâche « du *réformateur* eût été finie. » Est-ce que l'humanité n'a pas puissance de se perfectionner elle-même, sans subir ces réformateurs bénévoles, ces papes politiques, qui se croient le droit d'imposer leurs convictions? C'est l'opposé de la vraie Démocratie. Si le peuple est avec vous, qu'avez-vous besoin de dictature? Si le peuple est contre vous, où est votre certitude et votre autorité?

On voit que le Babouvisme, pris dans les termes

étroits de sa signification, s'écarte en plusieurs points de la droite ligne de notre tradition révolutionnaire, et qu'il blesse à la fois les plus vifs sentiments de la liberté personnelle. Aussi, les babouvistes, et Babeuf lui-même, malgré son imperturbable logique, sortent-ils souvent de la rigidité de leur principe. Leurs écrits ne manquent pas d'inconséquences et de généreuses contradictions, par lesquelles ils rentrent dans la vérité humaine. « L'égalité, dit quelque part Buonarotti, doit se « mesurer par la capacité du travaillant et par « le besoin du consommateur, et non par l'inten- « sité du travail et par la quantité des objets con- « sommés. Le but de la communauté en question « est l'égalité des jouissances et des peines, et nul- « lement celle des choses à consommer ou de la « tâche du travaillant. »

Mais ceci est le germe d'une autre doctrine que celle de Babeuf. Il y a, aujourd'hui, une fraction notable du parti démocratique qui s'est jetée dans le Babouvisme interprété de la sorte. Quoique les babouvistes actuels ne possèdent pas encore des solutions lumineuses, et qu'ils aient conservé la plupart des erreurs du Babouvisme primitif, ils sont cependant plus avancés que les indifférents qui se tiennent en dehors des questions sociales. Il n'y a rien d'étonnant à ce que les plébéiens s'inquiètent de l'organisation du travail et d'une certaine communauté. En vertu de la fraternité, ils ont posé le problème de l'association. C'est à merveille. Ils cherchent à le résoudre avec des formules vieilles de cinquante ans. Ils se trompent. Pourquoi accepterions-nous purement et simplement l'inventaire du passé, sans y joindre notre influence contemporaine? Ce n'est pas en vain que le dix-neuvième siècle a médité depuis la Révolution française. Ne nous baptisons point d'un nom propre. Ne nous attachons point à la parole d'un seul homme, quelque grand qu'il soit. Notre génération porte dans son cœur une vérité plus complète que les vérités entrevues par nos pères. C'est au Peuple qu'il appartient de décider le problème. L'heure de la délivrance approche sans doute. Mais, suivant le mot de Saint-Just, il faut encore quelques coups de génie pour nous sauver.　T. THORÉ.

BAILLI. Les Baillis étaient des gouverneurs que les rois de la 3ᵐᵉ race envoyaient dans les provinces soumises à leur pouvoir. Leur institution remonte à l'année 1190. Philippe-Auguste gouvernait la France. Fort de ses victoires sur les Anglais, devenu plus puissant par la réunion à la couronne de plusieurs riches provinces, ce prince songea sérieusement aux moyens d'étendre et de fortifier le pouvoir royal. De là, la création des Baillis, dont le devoir était de faire reconnaître partout et par tous un seul seigneur, une seule loi, une source unique des droits : — *le roi*. — Ceci, toutefois, n'est pas ainsi spécifié dans leurs instructions ; au contraire, on leur recommande la plus grande modération et une justice exacte. « Ils « feront droit à chascun, dit une ordonnance de « saint Louis, sans exception des personnes, aussi

« au pauvre comme au riche, à l'estrangé comme au
« privé, et garderont les us et les coutumes des
« lieux bonnes et éprouvées (1). » Mais quelles
sont ces coutumes des lieux bonnes et éprouvées?
L'ordonnance ne le dit pas : le législateur se tait
prudemment dans la crainte de se lier les mains ;
il se tait, pour ne pas consacrer, en les écrivant,
des coutumes qu'il juge mauvaises et qu'il veut
détruire.

Les Baillis surent très-bien interpréter ces obscurités volontaires. Certains que leur zèle serait approuvé en cour, pourvu que leurs efforts attei-
gnissent le but sans le dépasser, c'est-à-dire pourvu
que le seigneur ou l'homme d'église se laissât dépouiller sans crier à l'usurpation, ils firent une
guerre sourde aux possesseurs de bénéfices et de
droits régaliens. Les plus adroits attendaient, pour
remplir leur commission dans toute son étendue,
des circonstances propices : une victoire remportée
sur les ennemis de la France, une croisade, la félonie d'un vassal de la couronne, une excommunication ; ils attendaient, en un mot, que la royauté
fût populaire et forte, car alors la féodalité était
faible. C'est ainsi que, sans susciter à la royauté
de trop grandes résistances, les Baillis réunirent
successivement à la couronne tous les attributs de
la Souveraineté.

Pour lutter avec succès contre la puissance des
seigneurs, les Baillis avaient besoin d'être puissants eux-mêmes : les rois leur accordèrent des
pouvoirs très-étendus. La justice, les finances, la
police et la guerre composaient entre leurs mains
comme une sorte de dictature qui les égalait aux
seigneurs. Instruit par l'expérience, le fondateur
prit, d'ailleurs, ses précautions pour que cette
nouvelle charge ne pût devenir fatale à la royauté.
Le titre du pouvoir des Baillis fut un titre monarchique que le monarque pouvait déchirer à son
gré.

Ils ne pouvaient gouverner un même bailliage
durant plus de trois ans consécutifs. Nul ne pouvait
être Bailli dans le lieu de sa naissance. Une double
responsabilité pesait sur leur tête. « S'il avient,
« dit l'ordonnance que nous avons déjà citée, qu'ils
« fassent contre leur serment, et ils en soient at-
« teint, nous voulons que ils en soient puni en leurs
« biens, en leurs personnes, se le meffait le re-
« quiert. » Les particuliers avaient cinquante jours
pour les prendre à partie, et ils étaient tenus de
se justifier devant des commissaires choisis à cet
effet. Cette dernière disposition ajoutait à la dignité des Baillis, et, bien loin de l'avilir, je suis
tenté de croire que c'est ce qui lui conserva si longtemps le respect des populations.

La prudente méfiance des rois ne s'était pas bornée à ces précautions. En permettant aux Baillis
de recevoir de ceux qui étaient sous leur juridiction des fruits ou du vin, on y mit la condition que la valeur de ces dons n'excéderait pas
dix sous. Ils ne pouvaient avoir aucune part dans
les fermes du roi. Il leur était défendu d'acquérir des immeubles dans leur bailliage, de ma-

rier aucun de leurs parents, de leur procurer des
bénéfices, et de les faire entrer en religion sans la
permission du roi. Défense leur est encore faite
d'avoir au-dessous d'eux, comme prévôts ou viguiers, leurs parents, leurs alliés ou leurs pupilles ;
enfin, ils ne pouvaient pas tenir, à-la-fois, plus
d'un bailliage.

Le traitement affecté aux Baillis était, suivant
une ordonnance de Charles IV, dit le Bel, de cinq
cents livres tournois par an. Ils tenaient leurs assises de deux mois en deux mois. — Dans l'origine, ils n'assistaient à la cour du roi que pour
prononcer les jugements rendus par les prud'-
hommes ; plus tard, les Baillis jugèrent seuls,
lorsque pour juger il fallut savoir lire et écrire.

Quand on établit une milice soldée, les Baillis
cessèrent de commander la noblesse de leur district. L'institution des intendants de province mit
fin à leur pouvoir ; ils n'étaient plus nécessaires :
la féodalité était morte, ou à-peu-près ; Louis XIV
régnait ; Bossuet tenait la plume avec laquelle il
signa, en 1682, les fameux articles qui livrèrent au
roi les libertés de l'Église, précédemment entamées par les Baillis.   A. TEYSSIER.

BAILLIAGE. On entendait autrefois par ce
mot le tribunal composé de juges qui rendaient la
justice au nom du bailli, ou avec le bailli. Il se disait aussi de l'étendue de pays qui était sous la
juridiction du bailli. On s'en servait encore pour
désigner la maison dans laquelle le bailli rendait
la justice. Il y avait en France trois sortes de Bailliages : les Bailliages royaux et supérieurs, les
Bailliages soumis à des sénéchaussées, les Bailliages
des seigneurs. On peut voir le nombre des Bailliages dans les *Ordonnances des rois de France*,
tome IV, à la table des noms des provinces.

BAISE-MAINS. Ce n'est plus aujourd'hui
qu'une simple affaire d'étiquette. En Espagne, le
jour de l'installation du roi et aux grandes réceptions, le public est admis à baiser la main du monarque. En Russie, où cette coutume féodale s'est
également conservée, on ne baise du moins que
la main de l'impératrice.

Les Baise-mains avaient autrefois une bien autre valeur ; c'était l'hommage rendu par le vassal
à son seigneur, et cet hommage était nécessairement accompagné de redevances pécuniaires ou en
nature.—Suivant Marina (1), les monarques espagnols n'étaient complètement inaugurés qu'après
avoir reçu le serment de foi et hommage de chaque député dans l'assemblée des cortès. Le reste
de la cérémonie consistait à baiser la main droite
du roi en se mettant à genoux devant sa personne
sacrée. Les sultans se faisaient aussi baiser la
main ; mais Amurat Ier ayant été tué par un soldat
servien qui s'était approché de lui, sous prétexte
de lui rendre cet hommage, ses successeurs jugèrent prudent de ne plus accorder à la vénération des fidèles que le bout de la manche de leur
veste. Plus tard encore, on dut se contenter de

_____
(1) Ordonnances des rois de France, tome I.

(1) Théorie des Cortès.

saluer de loin Sa Hautesse ; elle ne daignait répondre que par l'intermédiaire de son visir. M. de Vergennes fut le premier ambassadeur chrétien à qui elle fit l'honneur d'une réponse directe.

Les Baise-mains avaient leur raison d'être dans les pays et à l'époque où l'on regardait le roi comme la source de tout bien et de toute justice. Mais cette pratique serait parfaitement absurde dans un temps où personne n'ignore que la main des princes s'ouvre ou s'étend bien plus pour recevoir que pour donner, pour frapper que pour protéger. DC.

BALANCE DES POUVOIRS. Lorsqu'en 1814 la royauté voulut faire avec le peuple un pacte de raccommodement qui fît oublier un long divorce, elle accepta les conseils de ceux qui, depuis 1793, furent les courtisans de tous les pouvoirs. Ces habiles faiseurs eurent donc la prétention de faire des concessions à tout le monde. C'était ne contenter personne. Ils s'imaginèrent faire la part du passé, du présent et de l'avenir : le passé se récria, le présent murmura, et l'avenir devint menaçant. Dans cette espèce de gouvernement mixte, dont la Charte fut le symbole, les législateurs improvisés eurent la singulière fantaisie de partager ce qui, de sa nature, est essentiellement indivisible, le pouvoir. Un lambeau fut placé à droite, un lambeau à gauche, un lambeau au milieu. La royauté prit sa part, l'aristocratie la sienne, la bourgeoisie la sienne. De cet amalgame naquit le gouvernement représentatif, composé du roi et des deux chambres.

Un système qui créait des fractions de Souveraineté devait avoir pour base l'antagonisme, et les trois pouvoirs furent institués, non pas pour s'entr'aider, mais pour se combattre. Toutefois, comme on ne voulait pas que l'un l'emportât sur l'autre, on essaya de leur donner des forces égales et de les maintenir en équilibre. C'est cette théorie burlesque qui fit inventer les mots de Pondération ou Balance des pouvoirs. C'était placer en face l'un de l'autre trois lutteurs en leur disant : « Combattez, mais que dans vos combats il n'y ait ni victoire ni défaite ; saisissez-vous au corps, mais ne vous terrassez pas. » C'était méconnaître les lois les plus simples, non-seulement du gouvernement, mais de la physique. En effet, deux ou plusieurs forces égales se neutralisent nécessairement ; et le système représentatif eût été le système de l'immobilité si, dès les premiers jours, le pouvoir royal n'eût, par ses usurpations, rendu illusoire cette prétendue Balance des pouvoirs. Ceci était, d'ailleurs, une conséquence obligée. Si ce n'eût été la royauté qui eût fait pencher la balance, ce devait être ou l'aristocratie ou la bourgeoisie. On a beau vouloir établir un droit égal, le fait viendra contredire le droit. La Balance des pouvoirs n'est qu'une mystification politique. Les pouvoirs qui se combattent sont faits pour triompher ou succomber. L'avenir dira lequel doit être vainqueur ; et nous pourrions dès aujourd'hui prophétiser l'avenir. E. R.

BALLOTTAGE, de BALLE ou *ballot*, petite boule dont on se sert ordinairement pour représenter le vote.

Certaines élections doivent être faites à la pluralité absolue des suffrages. Si les voix sont réparties entre plus de deux candidats, il peut arriver que un ou deux tours de scrutin ne donnent à personne la majorité absolue. Dans ce cas, le bureau proclame les noms des deux candidats qui ont réuni le plus de suffrages ; l'assemblée procède à un nouveau tour de scrutin, et les votes ne peuvent alors être valablement portés que sur ces deux candidats, dont l'un obtient nécessairement plus de la moitié des voix (1). L'usage, mais non la loi, désigne cette opération par le mot Ballottage. — Le Ballottage n'a lieu que pour l'élection des députés et des officiers de la garde nationale. Tous les électeurs ayant droit de voter peuvent prendre part au Ballottage, lors même qu'ils n'étaient pas présents aux scrutins précédents. H. C.

BAN. Ce mot vient de l'allemand *Bann*, qui signifie bannissement, enclave, limite d'une juridiction, excommunication. Il s'est introduit de bonne heure dans la langue française et y a pris une foule d'acceptions diverses, dont quelques-unes ont cessé aujourd'hui d'être en usage. Ainsi, on donnait le nom de *Ban* à toute publication faite à son de trompe ou autrement, par ordre du roi, de la justice ou d'un seigneur ; on le donnait à la peine ou amende infligée à celui qui violait une loi ou un édit ; on le donnait à la convocation des vassaux d'un fief pour servir dans l'armée du suzerain le temps voulu par la loi féodale ; on le donnait à l'assemblée de ces mêmes vassaux en corps de troupes, et de là nous est venue la locution si souvent employée au figuré, *convoquer le Ban et l'arrière-Ban*. (On disait *Ban* quand il s'agissait de nobles immédiats, et *arrière-Ban* pour désigner ceux qui reconnaissaient un suzerain entre eux et la royauté.) On le donnait à l'endroit dans lequel un seigneur entretenait un moulin banal, un pressoir banal, un four banal, auxquels ses vassaux étaient obligés de venir, en lui payant le droit de *banalité*, moudre leurs blés, presser leurs vendanges, cuire leur pain. Ce mot signifiait encore, pour ne plus citer que ces deux exemples, exil et excommunication : *mettre un seigneur au Ban de l'empire*, dans l'histoire d'Allemagne, c'était le déclarer déchu de ses droits de suzeraineté et privé de ses biens ; mettre un fidèle au *Ban de l'évêque*, c'était le rejeter hors du sein de l'Église. Aujourd'hui, on n'emploie guère plus ce mot de *Ban* que pour signifier la proclamation faite au prône de l'église, ou l'affiche apposée à la porte d'une mairie, pour annoncer un mariage prochain. On dit aussi, d'un individu placé sous la surveillance de la police, qu'*il a rompu, enfreint son ban*, quand il a quitté, sans la permission de l'autorité compétente, le lieu qui lui avait été assigné pour résidence. On appelle enfin *Ban de vendanges* l'arrêté (souvent publié au son du tambour) par

(1) Si les votants sont en nombre pair, et les voix également partagées, c'est le candidat le plus âgé qui l'emporte.

lequel le maire d'une commune autorise l'ouverture de la vendange pour toutes les vignes situées sur le territoire de cette commune. — Le mot *Ban* a donné naissance à beaucoup d'autres mots tels que *bannir, bandit, banlieue, bannière, banal,* etc.

En Hongrie, le mot *Ban* équivalait au mot seigneur. C'était autrefois un titre dont étaient revêtus les commandants des marches orientales du royaume. En temps de guerre, il commandait les troupes du Banat.   Hippolyte THIBAUD.

BANC DU ROI, la principale des cours judiciaires de l'Angleterre. On l'appelle ainsi, parce qu'autrefois le roi la présidait, assis sur un Banc élevé, tandis que les juges étaient placés sur des siéges inférieurs. En l'absence du roi, son Banc figurait toujours, et les juges étaient censés rendre leurs sentences sous les yeux du monarque, représenté par son siége muet.

Le Banc du roi ou *Bancum*, comme on l'appelait dans le latin barbare du moyen-âge, se nommait aussi *Curia regis apud Westmonasterium* ou *de Westmonasterio;* les juges s'appelaient *Justitiarii in Banco sedentes*, ou *Justitiarii de Banco*.

Parmi les juges, les uns étaient inamovibles et connaissaient de toutes les causes criminelles; ils étaient *justitiarii capitales generales perpetui et majores*, et suivaient la personne royale dans toutes ses résidences, *à latere regis residentes;* ils formaient aussi une cour d'appel qui prenait connaissance des erreurs, *in facto et in jure*, de toutes les autres cours du royaume.

Les autres juges du Banc connaissaient de tous les différends entre particuliers, *de omnibus placitis;* mais leur mandat devait être renouvelé pour chaque session : *Sine warranto jurisdictionem non habere nec coercionem.*

Cette différence parmi les juges produisit plus tard deux juridictions différentes. Sous Henri III, les juges supérieurs, *perpetui et majores*, formèrent seuls le Banc du Roi, et les autres formèrent une cour nouvelle, appelée la Cour des plaids communs, *communia placita*, tandis que le Banc du roi jugeait les plaids de la couronne, *placita coronæ*. Les plaids communs n'étaient autre chose que les causes civiles de particulier à particulier, *placita civilia*, les *placita coronæ* se confondaient avec les causes criminelles, *placita criminalia*, parce que, dit Bracton, *spectant ad coronam et dignitatem regis*. Et, en effet, tous les crimes et délits contre les personnes et les propriétés sont, par une fiction de la loi anglaise, considérés comme une atteinte aux droits du monarque. Toute chose et toute personne appartient au roi : ainsi, le vol n'est puni que parce qu'on vole une chose appartenant au roi; la violence et le meurtre ne sont punis que parce que l'on frappe ou l'on tue un vassal du roi. C'est d'après les mêmes principes que la justice se rend encore aujourd'hui en Angleterre.

Toutefois, après la séparation de la cour des plaids communs et du Banc du roi, cette dernière continua de demeurer cour d'appel.

Il est maintenant facile de comprendre quelle est la juridiction de la cour du Banc du roi.

Elle juge toutes les affaires criminelles ou, en appel, toutes les affaires civiles; elle délègue aussi ses attributions aux différentes cours qui se tiennent dans les limites de son ressort. Or, son ressort s'étend sur toute l'Angleterre, parce que la loi présume que le roi, représenté par cette cour, est partout présent.

Tout avocat admis au barreau a droit de plaider devant le Banc du roi.

Quoique cette cour siége habituellement à Westminster, elle est tenue de se transporter partout où le roi veut l'envoyer. Elle n'a pas été contrainte à ce déplacement depuis l'année 1666, lorsque Charles II, fuyant la peste qui ravageait Londres, lui ordonna de le suivre à Oxford.   E. R.

BANDE NOIRE. Loin d'avoir tout détruit, comme on l'en a si souvent et si stupidement accusée; la Révolution avait laissé debout tous les monuments qui méritaient d'être conservés et un très-grand nombre de châteaux ou maisons seigneuriales qui ne commandaient le respect ni par la beauté de leur architecture, ni par l'intérêt ou la grandeur des souvenirs. Bon nombre de grandes propriétés avaient même survécu à la vente des biens nationaux. Ces grandes propriétés, leurs anciens possesseurs n'étaient plus assez riches pour les garder, et leurs voisins étaient trop pauvres pour les acheter. D'un autre côté, la loi qui consacrait l'égalité des partages jetait chaque jour dans la circulation des masses de biens immobiliers : les héritiers aimant mieux se partager le prix du patrimoine commun que le patrimoine lui-même.

Alors se formèrent des compagnies d'architectes et de spéculateurs qui achetèrent en gros les grandes propriétés, les vieux donjons et les vieilles abbayes pour les revendre en détail. On a donné à ces compagnies le nom injurieux de Bande Noire.

C'était sous la Restauration. Les contre-révolutionnaires avaient rapporté de l'exil un immense besoin de conservation. En attendant que l'on pût rétablir la France telle qu'on l'avait connue, il fallait du moins la conserver telle qu'on la retrouvait. Aussi, les démolisseurs devinrent-ils un sujet de haine et d'horreur. Le mot Bande Noire fut la traduction de ce sentiment.

Certes, si l'on avait voulu seulement flétrir la cupidité des marchands qui ne virent dans la division des grandes propriétés et dans la démolition des châteaux qu'une affaire de commerce, il n'y aurait point à se récrier; mais c'était bien plutôt à l'œuvre révolutionnaire poursuivie par la Bande Noire qu'à la Bande Noire elle-même que s'adressaient toutes ces malédictions.

A ces conservateurs intéressés se joignit bientôt une foule de petits jeunes gens, roturiers ou quasi-nobles, bons ou mauvais littérateurs qui, mécontents de leurs contemporains, se prirent à glorifier les choses du passé. Bêtement fiers d'être admis, les jours de cohue, dans les salons aristocratiques, ces petits vaniteux firent éclater à l'envie des lamentations fort agréablement tournées sur les souvenirs des vieux héros et des vieux châteaux, sur la gloire de ce bon temps où il n'y avait pas de jacobins, sur la scélératesse des révolutionnaires, etc. Quel malheur de voir tomber sous la pioche du maçon ces voluptueuses *folies*, bons vieux lupanars où l'on s'était si bien amusé, où l'on s'amuserait si bien encore ! Les dames, en ce temps-là, étaient folles d'archéologie ; une pierre poudreuse détachée d'un vieux mur les faisait se mourir d'angoisse et de douleur. C'était une véritable épidémie de conservation ; et l'on exagérait ainsi jusques au ridicule un sentiment bon et respectable en soi : le culte du passé.

Oui, certainement, le peuple ne vit pas seulement de pain ; il lui faut, pour alimenter son esprit, la majesté des souvenirs et l'exemple de ceux qui furent grands autrefois. Rappelons à sa mémoire les grandes actions, et montrons-lui les grandes œuvres ; qu'il lise, au front des vieux monuments, l'histoire de ses aïeux, leurs douleurs et leurs espérances, et leurs vertus et leurs sacrifices ; mais gardons-nous de tout excès. Maudissons les vandales qui, par ignorance ou cupidité, détruisent les restes vraiment précieux des civilisations écoulées, mais n'ayons point de stupides colères contre les démolisseurs qui font la place du présent et de l'avenir. Admirons, conservons avec soin ce que nos pères nous ont légué de vraiment grand, de vraiment beau ; mais ne vénérons pas ce qui est d'autrefois, par la seule raison que ce n'est pas d'aujourd'hui.

Non, la Bande Noire, abstraction faite de ses intentions, ne mérite pas tous les mépris et toutes les invectives dont on l'a couverte ; c'est elle qui a achevé le grand œuvre révolutionnaire ; c'est elle qui a livré le sol à la masse des cultivateurs ; beaucoup d'établissements insalubres sont tombés sous ses coups ; sur les fossés bourbeux et fétides des châteaux déserts, elle a créé des pâturages et de fertiles champs de blé.

Rendons-lui grâce pour cela. Et puis, admirons par quelles voies singulières s'accomplissent les destinées humaines. En présence de la contre-révolution qui veut ressusciter le passé, s'organise la Bande Noire qui achève de le détruire. C'est l'aristocratie de l'argent qui envoie le peuple en possession du sol. La Bande Noire est exécrée, vouée au mépris des puissants ; mais elle poursuit tranquillement son œuvre, et les contre-révolutionnaires eux-mêmes prennent leur part de la curée, semblables à ce chien de la fable qui porte le dîner de son maître.

C'est donc par une forme de l'association que l'esprit révolutionnaire a définitivement triomphé de ses ennemis ; c'est par une forme de l'association que le sol est devenu la propriété du plus grand nombre ; c'est maintenant à une association plus parfaite plus morale dans son but, qu'il appartient de corriger ce que peut avoir de funeste cette division infinie.   E. D.

BANLIEUE. C'est une certaine étendue de pays qui entoure immédiatement une ville. C'était, de plus, autrefois, la circonscription territoriale dans laquelle un juge pouvait exercer sa

juridiction, ou, comme on disait dans la vieille langue féodale : *faire banie et proclamation*. Comme cette circonscription s'étendait, dans l'origine, à une *lieue* hors de la ville, on l'appela *Ban-lieue*. Dans cette acception, la Banlieue avait une limite déterminée : aujourd'hui, elle n'en a guère plus. Celle de Paris embrasse, pour ainsi dire, tout le département de la Seine. Quand on n'entend parler que des bourgs qui forment autour de ses murs un premier cercle concentrique, on dit la *petite Banlieue* : le cercle qui embrasse à son tour celui-ci s'appelle la *grande Banlieue*.   H. TH.

BANNIÈRE. Enseigne de guerre. Il y avait dans les armées du moyen-âge une multitude de Bannières : l'oriflamme, la Bannière royale, la Bannière des seigneurs vassaux de la couronne, la Bannière des communes. L'oriflamme était faite, suivant Ducange, « comme les Bannières de nos églises que l'on porte ordinairement aux processions, qui sont quarrées, fendues en divers endroits par le bas, ornées de franges, et attachées par le haut à un bâton de travers qui les tient étendues et est soutenu d'une forme de pique ; » elle était tissue de soie rouge. L'oriflamme précédait toutes les autres Bannières. Après l'oriflamme, venait la Bannière royale. « L'enseigne royale au « champ d'azur et aux fleurs de lys d'or. » Le chevalier Banneret venait ensuite ; celle des chevaliers non Bannerets ou des écuyers finissait en pointe et se nommait *pennon*. Les troupes des communes marchaient sous des Bannières où était représenté le saint patron de la paroisse. C'étaient de petits et modestes drapeaux attachés à un bâton, lequel, avec la lance où il était suspendu, formait une croix.

Chaque église avait, au moyen-âge, une Bannière qu'on appelait *gonfalon* ou *gonfanon*, portée par un *gonfalonier*. La couleur de ces Bannières était différente, selon la qualité du patron de l'église, rouge pour un martyr, verte pour un évêque. Tout le monde sait que l'oriflamme était, avant Louis-le-Gros, la Bannière particulière de l'abbaye de St-Denis. La Bannière que Jeanne d'Arc portait dans les combats représentait Jésus-Christ tenant un globe à la main, et à ses pieds deux anges à genoux avec ces mots : *Jhesus Maria*.
    A. T.

BANNISSEMENT. Le Bannissement était fort en usage sous le régime féodal. On bannissait à temps, à perpétuité, d'une ville, d'une province, du ressort d'une cour, etc. Dans les cas extraordinaires on bannissait du royaume. Cette peine s'appliquait à une foule de crimes divers, et était accompagnée de nombreuses peines accessoires. Au moment de la Révolution, tous les esprits étaient soulevés contre les abus du Bannissement. Le Code pénal de 1791 abolit cette peine, qui fut rétablie sans grande justification, dans le Code pénal de 1810. La loi de révision de ce Code, en 1832, a beaucoup diminué le nombre des cas auxquels elle s'appliquait. Elle est aujourd'hui sans signification. C'est un exil temporaire (de 5 à 10 ans), qui ne menace guère plus que les fonctionnaires publics coupables de certains délits contre la sûreté intérieure ou extérieure de l'État. Il est, dès-lors, fort rarement appliqué.

Le Code pénal de 1810 punissait du Bannissement les provocations non suivies d'effet à des attentats contre la sûreté intérieure. La législation sur la presse a changé cet état de choses. (V. Attentat, Presse.)

A l'expiration de la peine, le banni est placé, pour un temps égal, sous la surveillance de la police. S'il rentre avant le terme fixé, il est puni d'une détention égale en maximum au double du temps qui restait à courir pour le Bannissement. Le banni rentré est privé pour toujours de l'exercice de ses droits civiques et civils.

Le Bannissement légal et régulier diffère essentiellement de l'exil prononcé spécialement par le pouvoir dans certaines circonstances politiques. (V. Exil.)

Dans un État bien organisé, le Bannissement temporaire est le moyen le plus juste et le plus légitime qui doive être employé, pour séparer de la société nationale ceux qui refusent l'obéissance aux lois, ou à la constitution de cette société.

H. C.

BANQUE. Les banquiers sont des marchands d'argent. Voilà tout.

Quelle est l'utilité sociale de ce commerce? Pour l'apprécier, il suffit de connaître en quoi consiste le mécanisme des Banques (1).

Les Banques ne font, en réalité, que changer du papier contre du papier. On leur apporte des effets de commerce à trois mois de terme : elles donnent, à la place, des billets au porteur où se trouve déduit à l'avance l'intérêt de l'argent, pendant ces trois mois.

Mais, pour que ces billets tiennent lieu de numéraire à celui qui les reçoit, il faut qu'ils soient remboursables en numéraire, à la première demande. Il faut donc que, dans les caisses de la Banque qui les a émis, ils soient représentés par une somme d'argent propre à leur servir de gage.

Que cette condition soit remplie, les porteurs de billets n'auront plus aucun risque à courir ; le papier circulera comme l'argent et avec la même facilité. Il pourrait s'échanger contre des écus aujourd'hui : cette propriété fera qu'on ne songera à l'échanger que dans un mois, deux mois, etc... Eh bien! c'est précisément sur ce retard que les Banques spéculent. C'est de la confiance qui l'autorise qu'elles tirent le plus clair de leurs bénéfices. Comme il est peu probable que les billets émis se présentent tous à-la-fois au remboursement, elles ne gardent dans leur caisse qu'un tiers ou un quart de la somme destinée à les garantir, et elles bénéficient sur le reste. Il va sans dire qu'à l'intérêt de l'escompte s'ajoute, pour elles, l'intérêt des billets pendant tout le temps qu'ils restent en circulation. Leur gain est d'autant plus con-

sidérable que la transformation des billets émis en argent est plus tardive ; c'est donc dans le double prêt d'un capital fictif et d'une portion du capital réel qui le représente que consistent les profits des Banques.

La première conséquence à tirer de là, c'est qu'il y a un vice monstrueux de langage à appeler les Banques, d'une manière trop absolue, des *institutions de crédit.*

Le crédit ne doit être autre chose, en effet, que la confiance qui porte un capitaliste à fournir à un travailleur les avances dont il a besoin pour tirer partie de son industrie. Faire passer les *instruments de travail* des mains de ceux qui les possèdent sans les employer, aux mains de ceux qui savent les employer et ne les possèdent point, là réside l'action du VÉRITABLE CRÉDIT.

Voyons si c'est celui que créent les établissements de Banque.

Vous avez le génie des constructions ; vous avez rassemblé pour exécuter vos plans des ouvriers habiles : mais les capitaux vous manquent. Vous adresserez-vous à une Banque pour les avoir? Elle ne pourrait vous les procurer sans se placer, comme cela s'est vu en Amérique, sur la route des abîmes. Mais, dans tous les cas, il faudrait qu'elle fournît ces capitaux en argent ; car si elle les fournissait en billets, ces billets, devant servir au paiement du salaire des ouvriers et se diviser en sommes extrêmement petites, se présenteraient, le lendemain même, au remboursement, et enlèveraient ainsi à la Banque ce qui constitue précisément la base de ses bénéfices. Or, les grosses avances en argent ne sont pas le fait d'une Banque de circulation.

Mais, dira-t-on, une Banque avec un capital de 50 millions peut jeter dans la circulation jusqu'à 150 millions de billets. C'est donc une véritable valeur qu'elle crée.

Ceux qui parlent ainsi ne prennent pas garde que les billets émis correspondent à une valeur équivalente en effets de commerce, et que ces effets de commerce correspondent, de leur côté, à une masse proportionnelle d'échanges accomplis, de richesses créées.

Une Banque de circulation ne fait donc pas d'*avances* dans le sens absolu du mot ; elle ne donne pas naissance au travail en lui fournissant des instruments ; car ce n'est pas en échange des produits hypothétiques et éloignés de la production qu'elle offre les ressources dont elle dispose. Ses billets au porteur, elle ne les livre qu'à la condition de pouvoir les remplacer dans son portefeuille par des valeurs déjà créées, existantes quoique non immédiatement réalisables ; et encore faut-il que les échéances soient à court terme !

Le commerce des Banques de circulation, s'il veut se renfermer dans les limites qui lui sont assignées par le caractère même de l'institution et les lois de son mécanisme, n'est pas d'un ordre beaucoup plus élevé que celui des changeurs ; comme les changeurs, les banquiers donnent une somme d'argent moindre, pour toucher une somme d'argent plus considérable

---

(1) Nous parlons ici des Banques de circulation, les seules qui constituent aujourd'hui, à proprement parler, le régime financier de la France, de l'Angleterre et des États-Unis.

L'institution des Banques est un impôt permanent levé sur l'ensemble de la production.

Il faut tout dire, cependant. Par cela seul qu'elles procurent de l'argent aujourd'hui à tel commerçant qui ne pourrait en avoir que dans trois mois, les Banques facilitent le cours des relations industrielles; elles empêchent quelquefois la suspension de travaux importants, et après avoir enlevé au mouvement de rotation des échanges la portion de numéraire qu'il employait, elles trouvent moyen de la féconder. Ces services sont incontestables, mais ce n'est que le *haut commerce* qui en recueille directement le fruit. Pour s'adresser aux Banques, il faut avoir un effet de commerce à leur offrir, il faut avoir à leur donner une garantie de solvabilité résultant de relations déjà établies et solidement assises. Les Banques ne donnent donc du crédit qu'à ceux qui en ont déjà; elles ne procurent des instruments de travail qu'à ceux à qui des instruments de travail ne manquent pas.

L'usure, on le sait, ronge les habitants de nos campagnes. On a essayé souvent de les délivrer de cette affreuse lèpre par l'établissement de Banques agricoles. Pourquoi tous les essais ont-ils échoué? Nous l'avons expliqué en décrivant le mécanisme des Banques.

Maintenant, rapprocherons-nous des services qu'elles rendent les inconvénients et les dangers dont elles sont la source?

Supposez qu'oubliant, comme je le disais tout-à-l'heure, les lois de leur mécanisme, et sollicitées par l'appât des bénéfices à étendre leurs opérations, les Banques veuillent imprimer au travail une impulsion réelle, qu'en résultera-t-il? Qu'incapables de dominer la situation du marché, elles ne feront qu'exciter follement l'esprit de spéculation. Les marchés encombrés, les produits dépréciés, les populations, appelées malheureusement à l'existence par l'espoir du travail, puis, refoulées brusquement dans les angoisses de la misère et de la faim; la moralité des peuples producteurs perdue à chercher des consommateurs par la paix ou la guerre, par la force ou la ruse, par la conquête avec ce qu'elle a de plus effronté ou la spoliation avec ce qu'elle a de plus inique..... Voilà l'œuvre des banques égarées hors de leur sphère naturelle; voilà les services que sont en état de rendre les banquiers lorsqu'ils veulent s'associer aux chances de la production.

Et qu'on ne pense pas que le mal se borne, dans ce cas, à une exagération extravagante des forces productrices. Plus les Banques influent sur le commerce, plus le papier tend à se substituer au numéraire dans la circulation. Or, ce numéraire, chassé de la circulation, restera-t-il enseveli dans les caisses des Banques? Non, certes: on le fera sortir du pays, on le prêtera à des étrangers. De telle sorte que, si une guerre éclate, par exemple, les richesses du pays seront représentées par du papier, qui ne sera seulement que le *signe* de ces richesses, au lieu de l'être par de l'argent, qui en serait tout-à-la-fois le *signe* et le *gage*. Eh bien! c'est là un immense danger, et dans toute société où les choses en sont à ce point, l'industrie n'est

plus qu'un jeu plein d'anxiété, de trouble, un jeu où la victoire n'est pas même le prix de l'habileté.

Je n'exagère rien. Lorsque les Anglais crurent pouvoir exploiter si fructueusement les mines de l'Amérique-Méridionale, où ils avaient soufflé la révolte au profit de leur insatiable cupidité, qu'arriva-t-il? que les aventuriers coururent en foule frapper à la porte des Banques. Une émission de papier eût lieu, et elle fut en rapport avec la folie des espérances conçues. Le rêve avait peu duré: le réveil fut terrible. Les mines américaines n'avaient rien donné de ce qui leur avait été demandé. Une crise éclata. Subitement accablées sous le poids des demandes de remboursement, toutes les Banques anglaises chancelèrent. Les unes s'écroulèrent avec fracas; les autres ne se maintinrent qu'à force de sacrifices. Le papier reçut un cours forcé; mais un effroyable abîme venait d'être ouvert, et des milliers de familles y avaient disparu.

Les Etats-Unis ont aussi fourni à cette histoire des Banques des pages bien lamentables. Qu'on se rappelle la crise fameuse de 1837. On vit, à cette époque, les Banques de New-Yorck, de Philadelphie, de Boston, de New-Jersey, etc., suspendre tout-à-coup leurs paiements en argent. On crut pouvoir parer momentanément à la crise par des paiements en billets. Vain remède! La crise ne résultait pas seulement d'un trouble accidentel dans les relations commerciales; elle ne consistait pas seulement dans un resserrement du signe des échanges. La défiance portait sur l'inanité des garanties présentées par les Banques, en face d'une situation désastreuse née d'une production désordonnée. Il ne s'agissait donc pas seulement de remplir avec des chiffons de papier les vides occasionnés dans la circulation par l'enfouissement... Le mal était bien autrement profond, et la crise de 1837 n'en était qu'un des mille symptômes. Cela est si vrai, qu'au moment même où nous écrivons ces lignes, il n'est bruit que d'une crise nouvelle qui force la Banque de Philadelphie à suspendre ses paiements.

Qu'ai-je besoin de rappeler encore l'effroyable secousse donnée dernièrement à nos relations commerciales par la crise des Banques belges? La Société générale en Belgique a lié son sort à celui d'une foule d'exploitations particulières. L'avenir, et un avenir prochain, dira s'il y a eu quelque sagesse dans ce système, qui a donné, il est vrai, à l'industrie belge une remarquable activité; mais cela aux dépens de toute prévoyance, de toute prudence, de toute morale.

On vient de voir ce que peuvent les Banques pour l'industrie quand elles s'avisent de vouloir aider avec énergie à son développement dans les temps de prospérité: veut-on savoir à quoi leur utilité se réduit dans les moments difficiles?

Une crise éclate, la confiance se ralentit, les faillites commencent. Que feront les Banques?

Leur demanderez-vous de continuer leurs escomptes en billets? Mais quoi! est-ce lorsque les billets reviennent en foule à leur source qu'il est convenable d'en émettre de nouveaux? Est-ce quand le papier se trouve démonétisé qu'il est possible d'en remplir les canaux de la circulation ? Est-ce quand la confiance s'éteint qu'il est raisonnable d'augmenter le nombre des valeurs de confiance ?

Demanderez-vous aux Banques de multiplier leurs escomptes en espèces ? Mais elles ne le pourraient qu'en diminuant leur réserve. Or, cette réserve ne leur appartient pas ; elle est la représentation d'un capital en papier qui peut, à tout instant, réclamer sa transformation en écus, et qui le fera d'autant mieux que la crise sera plus forte. Les Banques pourraient-elles prêter à ceux-ci, la veille, la propriété que ceux-là viendraient réclamer le lendemain ?

Donc, les Banques ne servent à rien dans les moments de crise.

D'autre part, nous avons prouvé combien leur action pouvait devenir funeste dans les temps de prospérité.

Pourquoi des Banques ?

La question, du reste, n'est pas seulement financière, elle est politique.

Dans un pays où les individus vivent isolés et en quelque sorte juxtà-posés, toute corporation, qu'elle soit politique, industrielle ou financière, est dangereuse pour la liberté. Car, là où la force de l'association n'est point organisée partout, elle devient une menace de tyrannie si elle s'organise quelque part, puisqu'elle est alors sans tempérament et sans contrepoids. Et que dire lorsque cette association de quelques-uns contre tous s'est constituée sur la puissance corruptrice de l'argent ? Ce n'est plus alors la liberté du peuple seulement qui court risque de périr : c'est sa vertu. Une nation que l'argent a longtemps gouvernée est une nation à moitié pervertie.

C'est ce qu'avait parfaitement compris Jackson, lorsqu'il commença contre la Banque des Etats-Unis cette lutte qu'il a poursuivie avec une si indomptable vigueur. La Banque des Etats-Unis, fondée en 1790, pour vingt-un ans, n'avait pu obtenir, en 1814, le renouvellement de sa charte. Plus heureuse en 1816, elle avait été rétablie comme Banque fédérale, au capital de 35 millions de dollars, et nul ne peut dire ce que les institutions américaines auraient eu à craindre des envahissements de cette redoutable aristocratie, si ces institutions républicaines n'avaient trouvé pour les défendre un homme aussi résolu, aussi intrépide que Jackson. Ceux qui n'aiment dans les révolutions de la politique ou de l'industrie que la curée qu'elles offrent à leur égoïsme et à leur avidité, ceux-là ont poussé contre l'ancien président des Etats-Unis des clameurs furieuses. C'était tout simple. Mais les amis de la liberté garderont Précieusement le souvenir des services que cet homme de fer lui a rendus, en étouffant dans son berceau l'oligarchie couvée par la Banque des Etats-Unis. Cette Banque, privée du dépôt des fonds de l'Etat, forcée de vendre ses succursales, et réduite à n'ê-tre plus que la Banque de Pensylvanie, paraît aujourd'hui fortement compromise ; mais à qui la faute ? Qui ne sait que, maison de Banque, elle a voulu devenir aussi maison de commerce ; qu'elle

a spéculé sur la vente des cotons et d'autres marchandises destinées à l'Europe ; qu'elle s'est enfin précipitée, de gaîté de cœur, dans les hasards des lointaines relations ?

Au surplus, et quoi qu'il en soit de sa destinée financière, il était bon qu'elle fut enchaînée comme puissance politique. Aussi, dans ce fameux duel de Jackson contre M. Biddle, de la République contre l'aristocratie, Jackson a eu pour second tout un peuple, et un grand peuple !

Encore faut-il observer que, dans leur effroi de tout ce qui pourrait conduire à la tyrannie par l'unité, les Américains ont regardé comme une partie intégrante de leur liberté le droit de chaque citoyen d'émettre des billets sur son crédit. Mais, pour échapper à l'inconvénient politique, on tombait ainsi dans l'inconvénient financier. Il est résulté de là, en effet, que les Banques se sont multipliées en Amérique hors de toute mesure. Au 1er janvier 1835, par exemple, on n'y en comptait pas moins de 558.

Arrivées à ce point, les Banques américaines n'ont plus connu de frein ni de bornes, elles ont créé une circulation toute en papier, et leurs folles émissions ont rendu presque universels, aux Etats-Unis, des billets qui ne valaient pas plus de sept sous de France. Les suites, on les connaît. L'étalon des valeurs ayant perdu toute fixité par la multiplication monstrueuse de tous ces petits coupons, le commerce s'est tout naturellement transformé en agiotage ; le mercantilisme, joint à l'esprit d'aventure, est entré comme un poison mortel dans le sang des Américains ; le numéraire, chassé de la circulation, n'a pu y rentrer à temps quand les crises sont survenues, et on a vu le peuple américain dans cette étrange situation d'être privé, à-la-fois, des deux moyens d'échange : du numéraire par l'exportation, du papier par le discrédit.

Faudra-t-il donc détruire les Banques ? A Dieu ne plaise ! Les Banques peuvent devenir éminemment utiles : au lieu de les supprimer, qu'on les multiplie. Mais qu'on les fasse sortir du domaine des individus pour les faire entrer dans le domaine de l'Etat ; alors, seulement, le crédit se trouvera véritablement constitué.

Du reste, et qu'on ne s'y trompe pas, la question du crédit est inséparable de celle de l'organisation du travail. L'Etat aurait beau devenir banquier, il ne prêtera pas sans garanties : or, pour que ceux qui n'ont rien lui offrent quelque garantie, il faut que du travail leur soit assuré, ce que ne permet point le système oppresseur et anarchique de la concurrence illimitée.

Le travail une fois organisé d'après le principe de l'association, et l'Etat devenu banquier, il est clair que la monnaie métallique pourrait sans inconvénient faire place à une monnaie de papier.

Comme moyen d'échange, en effet, la monnaie métallique a, de même que la monnaie de papier, une valeur toute de convention. Seulement, la première a sur la seconde cet avantage, que, possédant, outre sa valeur conventionnelle, une utilité intrinsèque, son émission est bornée par la nature même des choses. Cette émission s'arrêtera toujours au moment où la pièce, comme monnaie, arriverait à valoir moins que la pièce comme métal : dans ce cas, une partie de la monnaie métallique serait forcément convertie en lingots.

Mais cette supériorité de la monnaie métallique sur la monnaie de papier disparaît dans un système qui prémunirait le public contre les dangers de toute émission exagérée. Qu'on réorganise le travail, qu'on crée un pouvoir démocratique, et alors, je le dis sans détour : IL FAUDRA QUE LA COMMANDITE DU CRÉDIT INDIVIDUEL SOIT REMPLACÉE PAR LA COMMANDITE DU CRÉDIT DE L'ÉTAT.

Ce grand principe, au surplus, a été proclamé par Law, victime, dans l'histoire, des débauches, des friponneries, des banqueroutes du Régent et de ses roués. C'est aux amis du peuple à réhabiliter la mémoire de Law, parce qu'il entendait le crédit d'une façon vraiment démocratique, et que les calamités financières de son ministère furent l'unique ouvrage de celui à qui madame de Sabran disait, au sortir d'une orgie : « Quand Dieu créa l'homme, il prit un reste de boue, dont il forma l'âme des princes et des valets. »

Le principe posé, il trouverait sa réalisation dans le système dont voici les points principaux :

La Banque de France se fondrait dans le ministère des finances.

Elle aurait pour succursales les recettes générales.

Les billets de banque seraient remplacés par des obligations du trésor.

La réserve serait remplacée, comme garantie, par le budget.

Entre le système actuel et celui-ci, la différence est facile à saisir.

L'un fait entrer les bénéfices de l'escompte dans la bourse d'un fort petit nombre de gens riches ; l'autre les répartit, au profit de tous les travailleurs, entre tous les membres de la Société.

L'un est un privilége ; l'autre est une institution.

L'un fonde la tyrannie de l'argent ; l'autre inaugure le règne du travail.   LOUIS BLANC.

BANQUEROUTE. C'est le désastre d'un commerçant qui cesse ses paiements et ne laisse à ses créanciers qu'un actif inférieur à son passif. Dans le langage légal, s'il y a dol, c'est la Banqueroute frauduleuse, la Banqueroute simple, s'il y a faute grave. C'est la faillite, lorque le désordre des affaires du commerçant tient à des causes indépendantes de sa volonté, et aux chances mêmes du négoce.

La faillite, simple accident commercial, auquel les hommes de la plus exacte probité sont exposés eux-mêmes, est soigneusement distinguée, dans l'opinion comme par la loi, de la Banqueroute, mot auquel une idée de déshonneur est toujours attachée. Dans l'origine, cependant, la signification était la même. En Italie, d'où nous sont venus, en grande partie, nos usages et nos réglements commerciaux, chaque négociant avait son banc dans la place du change. S'il perdait son

crédit, s'il était forcé de suspendre ses paiements, son banc était brisé ; il était en état de Banqueroute. (*Banco rotto*).

Par une exception qu'explique le caractère particulier des agents de change et courtiers de commerce, toute faillite de leur part est réputée Banqueroute frauduleuse et punie des travaux forcés à temps. Toute Banqueroute frauduleuse entraîne contre eux la peine des travaux forcés à perpétuité. Intermédiaires entre les négociants, agents nécessaires pour les opérations les plus délicates du commerce et de crédit, la loi leur a sévèrement interdit de s'immiscer, d'une manière quelconque, pour leur compte particulier, dans aucune entreprise de négoce ou de banque, et il est rationnel qu'elle les frappe plus rigoureusement que tous autres, lorsque par leurs spéculations illicites ils ont été entraînés à la faillite, ou sollicités à la Banqueroute frauduleuse.

Aux époques de relâchement de la morale sociale, la Banqueroute est une des honteuses voies vers la fortune que beaucoup d'hommes ne rougissent pas de prendre. Et sur ce point même se déclare encore une déplorable inégalité dans les justices de l'opinion. Malheur au petit industriel, au commerçant du coin de rue qui, voisin de la ruine, s'avise de soustraire à ses créanciers, pour les conserver à sa femme et à ses enfants, quelques meubles, quelques hardes nécessaires. La fraude est vulgaire et facilement découverte ; c'est un crime qui dévoue le coupable au mépris de ses concitoyens, aux rigueurs de la cour d'assises ; mais un spéculateur hardi, un fournisseur millionnaire livre aux chances d'un jeu effréné, ou engage dans de ténébreuses opérations la fortune de vingt familles : un jour il déclare à ses créanciers qu'il a éprouvé des malheurs ; il leur montre quelques débris dont il faut qu'ils se contentent, sous peine de les voir dévorer en frais. Cette crainte, le prestige d'une grande position, imposent silence à la plainte légitime. On se résigne, on compose, on étouffe en secret ses douleurs et ses soupçons, et le grand industriel se relève de sa chute avec son faste, sa grosse dépense, et plus de prétentions que jamais à la considération et aux égards du public ; car il est riche encore, lui, plus riche qu'auparavant.

La morale des gouvernements ne peut être autre que celle des particuliers, et la Banqueroute déshonore les uns comme les autres. Tromper la foi publique, attirer dans ses coffres l'argent des citoyens, implorer leur secours dans les moments difficiles, et puis se libérer un jour par une simple déclaration qu'on ne paiera pas ; se jouer de ses créanciers parce qu'on est fort et à l'abri des atteintes même de la loi qu'on enchaîne, c'est le plus énorme abus que le pouvoir puisse faire de lui-même, car en faisant cela il opprime, il vole, il démoralise.

A plusieurs époques de son histoire, la France a subi le scandale de la Banqueroute publique. Le dix-huitième siècle surtout, héritier des immenses dettes du règne de Louis XIV, épuisé lui-même par les prodigalités d'une cour dissolue et fastueuse, par les dilapidations d'un absurde système financier, a donné souvent le spectacle de l'État manquant de foi à ses créanciers. Ce fut, en 1715, la ressource du Régent. En présence d'un passif colossal, et dans l'enfance du crédit public, on ne trouva rien de mieux que de réaliser, en la déguisant sous quelques roueries, une Banqueroute de détail. On réduisit de moitié toutes les rentes perpétuelles et viagères ; on abaissa le capital de tous les effets publics à une valeur arbitraire de 250 millions ; on annula des charges et priviléges créés dans le but avoué d'en trafiquer et d'en faire de l'argent ; enfin, on altéra les monnaies.

Plus tard, et après la catastrophe du système de Law (V. AGIOTAGE, SYSTÈME), c'est en réduisant les créanciers de l'État aux intérêts du centième denier de la valeur d'émission que le Régent trouva moyen d'échapper au fardeau énorme que la création des billets de banque faisait peser sur le Trésor.

Le règne de Louis XV, par ses guerres malheureuses, et bien plus encore par l'avidité des courtisanes qui excitaient les débauches et les profusions du monarque, avait grossi d'une manière effrayante le passif financier. Les dépenses n'avaient point de bornes, et chaque année ne présentait que des revenus en déficit. L'abbé Terray, ministre des finances, réduisit les rentes sur l'Hôtel-de-Ville, et suspendit le paiement des *rescriptions,* ou *bons* du Trésor. L'abbé Terray fut alors en butte aux malédictions publiques. C'est l'effet d'une injustice trop commune qui s'en prend à la main d'où le coup est parti, et ne remonte pas à la cause qui le rendait inévitable. La Banqueroute n'est pas toujours la honte du ministre qui la déclare, mais elle flétrit ceux qui, pour la satisfaction de leurs passions égoïstes, ont réduit un état à cette alternative ou de manquer de foi, ou d'épuiser la substance des peuples.

L'héritage financier de la vieille monarchie, dévolu au gouvernement révolutionnaire, lui créa d'énormes embarras, et le précipita à son tour vers la Banqueroute. En 1797, la dette publique imposait à l'État le service annuel de 258 millions d'intérêts. A une époque où l'on ignorait encore toutes les ressources du crédit, où la France était engagée dans une lutte désespérée contre l'Europe, et où elle n'avait pu développer encore au-dedans d'elle-même les éléments de prospérité renfermés dans son nouveau principe, une pareille dette l'écrasait. Le Directoire proposa et fit adopter une mesure par laquelle un tiers de la dette fut consacré sous le nom de *tiers consolidé,* et les deux autres tiers remboursés en *bons* recevables en paiement des biens nationaux ; mais ces bons étaient loin de conserver dans la négociation leur valeur nominale, et pour ceux qui ne voulaient ou ne pouvaient acheter des terres, c'était une véritable Banqueroute.

Aujourd'hui, la puissance des gouvernements repose sur leur crédit ; et il en résulte au moins cet avantage que, leur intérêt garantit, vis-à-vis de leurs créanciers, leur moralité. Cette garantie n'est pas infaillible ; mais de sévères leçons attendent les gouvernements qui, pour échapper aux embarras du moment, ne craindraient pas de fausser leur foi. Ils se verraient à l'instant déconsidérés, pauvres et impuissants.

H. CORNE, député.

BANQUET. Le Banquet politique est issu du Banquet maçonnique. Quand la maçonnerie eut prêté son mystérieux lien de fraternité aux discussions et aux complots politiques, le Banquet symbolique se transforma naturellement en Banquet de conjurés, jusqu'au moment où la lutte des opinions, entrant dans le droit commun et dans la vie publique, le Banquet politique afficha ouvertement son caractère et pavoisa les tables de ses couleurs.

Les principaux Banquets politiques que nous ayons à citer sont : le fameux banquet des gardes-du-corps à Versailles, le 1er octobre 1789, où les bravades monarchiques de courtisans ivres provoquèrent la terrible répression des 5 et 6 octobre, et firent intervenir la force populaire dans la lutte de réforme radicale que poursuivait la Constituante. — Le Banquet du parc de la Muette, le 14 juillet 1790, où vinrent s'asseoir plusieurs milliers de fédérés, après la magnifique fête de la fédération au Champ-de-Mars. — Sous la Restauration, le Banquet des *Vendanges de Bourgogne,* les Banquets à Lafayette dans son voyage triomphal au centre de la France. — Depuis la Révolution, le Banquet de M. Garnier-Pagès à Lyon ; celui de M. Odilon Barrot à Thorigny ; le Banquet de MM. Laffitte et Arago à Rouen ; et, tout récemment, le Banquet de l'union des trois départements, du Cher, de l'Indre et de la Nièvre ; présidé par M. Michel (de Bourges), etc., et mille autres encore qui ont eu lieu et se renouvellent tous les jours encore ; car, depuis longtemps, le Banquet politique est entré dans les mœurs de notre pays comme dans celles de la Grande-Bretagne et de tous les peuples libres ou censés libres.

Cette innovation est une conquête dont il faut s'applaudir, car le Banquet est un excellent moyen *d'agitation,* comme on dit en Angleterre, et de propagande, comme nous disons en France. Sous l'influence des sentiments d'amour et d'égalité fraternelle que toute grande réunion fait naître et réchauffe, des milliers de citoyens sont bientôt animés d'une pensée commune ; toujours pleins d'expansion et d'enthousiasme, les aspérités s'effacent, les petites divergences s'harmonisent, et l'assemblée acclame, d'une seule voix, à la formule des toasts et aux développements des discours. — Toute idée qui a largement passé dans les Banquets passe par cela même dans le vœu national et ne tarde pas à passer dans la loi.　ALT.

BARBARESQUES. Mélange d'Arabes, de Turcs, de renégats juifs et européens, les Maures Barbaresques ont pris leur nom de celui de *Berbères,* sous lequel on comprend presque tous les aborigènes de l'Afrique septentrionale. Ces peuples, soumis par les Romains, puis par les Vandales, reconquis par Bélisaire, de la Mauritanie Tingitane à la Cyrénaïque, virent les Arabes envahir les côtes et les versants de l'Atlas, sous la conduite des califes édrissites. Enfin, les Turcs s'établirent en maîtres dans la plupart des villes maritimes, et la patrie d'Annibal, de Caton, de saint Augustin, ne fut plus qu'un repaire de pirates.

Cependant, les vues de Soliman II étaient grandes; en s'emparant des côtes septentrionales de l'Afrique, il voulait opposer une marine active, permanente, aux chevaliers de Rhodes et aux chrétiens du Midi. Ceux-ci luttèrent. Les Portugais, qui déjà, en 1415, avaient pris Ceuta, s'emparèrent des ports du Maroc, où plus tard, leur roi Sébastien devait périr. Les Espagnols plantèrent leurs bannières à Oran, à Tunis, et, en 1541, Charles-Quint résolut d'écraser Alger; mais il échoua; et, dès-lors, les nations commerçantes furent impunément rançonnées par les corsaires Barbaresques. La France seule, toujours en paix avec les sultans, n'avait pas à combattre leurs vassaux d'Afrique; nos marchands étaient établis à la Calle, des traités étaient conclus avec les régences. Toutefois, vers la fin du dix-septième siècle, il fallut châtier les brigandages des Algériens; Duquesne brûla la ville et la flotte de ces *rois de la mer*. L'Espagne, au contraire, dont la puissance déclinait, et qui n'avait pas su profiter de sa victoire de Lépante, fut aussi malheureuse dans ses expéditions qu'elle avait été heureuse au temps de Ximenès. Les tentatives de la Hollande, de Naples, du Danemarck, n'eurent pas plus de succès; l'Angleterre se contenta d'humilier Alger; les Français, en s'emparant de cette ville, ont coupé le mal dans sa racine.

La marine des Barbaresques, formidable au quinzième siècle, et même tant que les galères à chiourmes nombreuses ont décidé les batailles navales, était devenue fort peu importante. Toutefois, les armements en course ont continué jusqu'à la conquête. A Alger ainsi qu'à Tripoli, une bonne partie de ces armements était faite par des particuliers maures, qui grossissaient leurs équipages de tous les bandits et déserteurs du Levant; mais, à Tunis, où, d'ailleurs, l'industrie et l'agriculture sont plus développées, le bey s'en réservait depuis quelque temps le monopole; et des princes chrétiens s'associaient à la ruine de leurs nationaux par les présents de canons, de boulets, de fer, indépendamment des tributs annuels qu'ils payaient, et qui, en 1829, s'élevaient, pour les trois régences, à près de 1,200,000 francs.

La constitution politique de ces Barbaresques, qui, protégés par les dangers mêmes de leurs côtes et par la rivalité des puissances maritimes, ont si longtemps inquiété l'Europe, n'était pas la même dans les trois régences. Celle d'Alger, la plus importante, était gouvernée par le dey, chef électif de la milice, qui se recrutait incessamment en Turquie, et dont les officiers formaient le conseil. A Tripoli, un chef héréditaire ou bey régnait sans contrôle. A Tunis, il en est encore ainsi. La suzeraineté de la Porte était nominale. Depuis 1535, les régences traitaient directement avec les puissances. Le sultan s'engageait à réprimer la piraterie; il ne le faisait pas: aussi ne s'opposait-il point à ce qu'Alger fût bombardé. Mais, depuis la conquête française, Mahmoud a voulu reprendre l'exercice de ses droits; il a détrôné le bey de Tripoli, et envoyé dans cette ville un pacha qui, du reste, n'a pu soumettre ni les tribus arabes ni les indigènes. Il n'a pu, grâce à nos vaisseaux, détrôner le bey de Tunis; mais il lui a demandé tant d'argent qu'une révolution est imminente dans ce pays épuisé.   P...ON

BARON. Le titre de Baron, dans la hiérarchie nobiliaire, venait après celui de vicomte. — Au moyen-âge, il comprenait tous ceux qui tenaient leurs fiefs immédiatement de la couronne. *Tenir en Baronnie, c'est relever nuëment de la couronne*, dit un vieux registre de 1282. Le mot Baron, pris dans sa signification originelle, désigne, suivant Grégoire de Tours, un homme très-fort, *viros fortissimos*. Baron ou Baro signifie aussi, dans les lois des Lombards et des Normands, un homme fort vaillant. Ce mot a la même signification dans la langue gothique. Il est synonyme du mot *seigneur*, suivant Claude Fauchet.   A. T.

BARRE, cloison à hauteur d'appui qui sépare le banc des avocats (barreau) de la place occupée par les juges et de l'enceinte réservée au public. Les anciens auteurs emploient quelquefois le mot Barre pour désigner le tribunal lui-même; ainsi l'on disait : Les Barres royales de Rouen, etc.

On dit aujourd'hui la Barre d'une assemblée, et c'est sous ce rapport que le mot Barre a un sens politique. Sous la République, les citoyens avaient le droit de présenter des pétitions à la Barre de la Convention; les constitutions ultérieures ont expressément interdit ces sortes de communications. La Charte de 1830 a maintenu à cet égard les dispositions de la Charte de 1814.

Les assemblées politiques ayant été instituées juges, soit des attentats contre la sûreté de l'Etat, soit des atteintes portées à leur dignité, on a dévolu le droit de mander les prévenus à leurs Barres. L'histoire d'Angleterre, celle de notre première Révolution, celle des années qui ont suivi la Révolution de juillet, nous montrent un grand nombre de citoyens appelés à la Barre des assemblées représentatives.

Sous un gouvernement régulier, l'assemblée nationale ne saurait avoir la charge de laver ses propres injures. Son bonheur étant le patrimoine commun devrait être protégé par tous. Il y aurait une juridiction spéciale, un grand jury national chargé de juger les crimes de lèse-majesté nationale. C'est une grande erreur, en effet, de croire que les pouvoirs politiques ont besoin de manier eux-mêmes l'arme qui les doit protéger. Juges dans leur propre cause, ils sont plus portés à la rigueur qu'à la justice. Et comme un jugement n'a de valeur que par la sanction publique, il arrive qu'un arrêt injuste aggrave l'injure que l'on voulait venger. — Cité devant le parlement, Shéridan fut condamné à faire amende honorable un genou en terre. « Je n'ai jamais vu de chambre aussi sale, » dit-il en se relevant et essuyant son genoux poudreux. Cité devant un jury, Shéridan n'aurait jamais eu la pensée de ce sanglant jeu de mots. Dc.

BARRICADES. Fortifications irrégulières élevées, soit pour défendre l'intérieur des villes contre l'ennemi qui a franchi la première enceinte, soit pour protéger les citoyens contre les entreprises d'un pouvoir oppresseur.

Les Barricades sont un moyen formidable de résistance; elles font de chaque rue un camp retranché, de chaque maison une forteresse. La Barricade enlevée, le péril est devenu plus grand pour le vainqueur; des maisons voisines pleuvent sur lui de vieux meubles, des pavés, de l'huile bouillante, des projectiles de toute espèce, lancés par d'invisibles mains. Au bout de la rue, nouveau siège, nouveaux périls, et en cas de défaite, la mort, car la retraite est impossible : la Barricade forcée et détruite s'est aussitôt relevée derrière les soldats, et il est plus périlleux encore de reculer que d'avancer.

Les anciens avaient mal apprécié la valeur des Barricades ; on ne les voit guère employées que par les Sagontins contre Annibal, par les Lacédémoniens contre Pyrrhus, par les Carthaginois contre les Romains. Quelle résistance n'eussent-elles pas opposée cependant à un ennemi dépourvu de tous les moyens de destruction que la science a mis à la disposition des modernes.

L'histoire de nos aïeux et la nôtre montrent quel usage en ont su faire les hardis émeutiers bourgeois et plébéiens du moyen-âge et les courageux plébéiens de notre temps. De 1358 à 1830 inclusivement, l'histoire des Barricades est l'histoire de la bourgeoisie; les Barricades sont autant de péripéties de cette lutte, admirable d'énergie et de persévérance, soutenue par la bourgeoisie et le peuple contre l'anarchie féodale et l'absolutisme royal. — En 1358, Etienne Marcel, prévôt des marchands, fait barrer chaque rue de la ville avec de fortes chaînes, pour la défendre contre les troupes du dauphin. — 1436 ; le peuple se soulève contre les Anglais ; ils sont écrasés parmi les Barricades, et chassés de Paris. — 12 mai 1588 ; Henri III veut écraser la Ligue ; il fait entrer dans Paris quatre mille Suisses et deux mille Français. Avertie, dès le matin, la population prend les armes ; des officiers guisards excitent et dirigent sa résistance. Dans le quartier de l'Université, l'un d'eux, Brissac, ordonne à une troupe d'écoliers d'élever une Barricade. L'exemple est suivi dans les autres quartiers de la ville ; les troupes royales sont assaillies de toutes parts, et, bientôt, fatiguées d'une résistance absurde autant qu'inutile, elles mettent bas les armes; Henri III sort de Paris pour n'y plus rentrer. — 26 août 1648; Broussel et Blancménil, conseillers à la grand'chambre, sont arrêtés par ordre de la cour : la population insurgée réclame leur mise en liberté; la cour promet, et le péril passé elle oublie sa promesse. Le lendemain, deux mille barricades s'élèvent dans Paris et, retranchés derrière ces re-

doutables bastions, la bourgeoisie et le peuple obtiennent de la cour ce qu'ils veulent.

Viennent, enfin, les journées de Juillet, suprême défaite de la monarchie féodale, triomphe de la bourgeoisie.

Le peuple qui, depuis des siècles, luttait avec la bourgeoisie, avait vaincu pour elle, mais non pas avec elle. Il recommence donc contre ses nouveaux maîtres la bataille si laborieusement gagnée contre les anciens. De 1830 jusqu'à ce jour, l'histoire des Barricades est l'histoire des efforts infructueux de la démocratie ; histoire douloureuse et amère, pleine de sang et de larmes. Fasse Dieu que ces luttes fratricides ne se renouvellent plus désormais, et que la démocratie n'ait plus besoin de sanglants sacrifices !　　　　　E. D.

BARRIÈRES. Il semble que l'établissement, la suppression et le rétablissement des Barrières aient obéi aux vicissitudes de notre marche continue vers l'Égalité et la Liberté.

Avant la Révolution, la frontière de chaque province de France était une Barrière où toute marchandise payait un droit de traite. L'Assemblée constituante (1) a détruit ce fractionnement du pays en divers états commerciaux, par le *reculement des Barrières* (2) de douane aux frontières du royaume. Ces Barrières là tomberont aussi un jour, et les nations commerceront entre elles comme le font les habitants d'un même pays. (*V.* DOUANE.)

En France il y a encore, autour des villes, des Barrières d'octroi. On y perçoit un impôt sur tous les objets destinés à la consommation locale (3). Ce mode de perception tient de la barbarie. L'une des prochaines réformes de l'impôt portera sans doute sur ce point.

En l'an V, ont voulut étendre le système des Barrières à l'entretien des routes. Les lois du 10 septembre et du 22 décembre 1797, créaient pour cet objet une taxe de 2 à 24 sous par voiture et par lieue. Elles ordonnaient l'établissement de 1200 Barrières avec autant de bureaux de perception. Ce système, imité de l'Angleterre où il se pratique sans difficulté, éprouva beaucoup de résistance. Il avait été si commode de circuler dans toute la France sans payer, qu'on se soumettait difficilement à distribuer son argent à chaque pas. On renonça bientôt dans la pratique à la perception du droit de Barrière, qui a été formellement supprimé par l'art. 60 du budget du 24 avril 1806.　　　　　　H. C.

BARTHÉLEMY (SAINT-). L'année 1572 s'ouvrit pour la France sous les plus fâcheux auspices. Outre les prophéties de Nostradamus et des nécromanciens accrédités près de Catherine, des signes moins équivoques annonçaient que la guerre ci-

---

(1) Lois du 5 novembre 1790 et du 22 août 1791.
(2) Lors de la discussion, on désignait ainsi, dans l'assemblée, la loi fondamentale en matière de douanes, qui a, depuis, porté la date du 22 août 1791.
(3) Boissons et liquides, comestibles, combustibles, fourrages, matériaux. (Loi du 28 avril 1816, art. 148, — ord. du 9 décembre 1814, art. 11.)

vile allait avoir un dénouement prochain et tragique. En disputant aux sectateurs de la religion
réformée le libre exercice de leur culte, les princes
catholiques avaient soulevé les plus belles provinces du royaume : les deux partis étaient représentés chacun par une armée, et suivaient deux
chefs également illustres. Des batailles avaient été
livrées, et, malgré plusieurs édits de pacification,
l'ambition des uns, la jalouse inimitié des autres
et l'opiniâtreté commune rendaient impossible
toute alliance durable. Il était nécessaire à l'unité
de la France que cette discorde eût promptement
un terme.

Invitée par les catholiques à leur donner son
avis sur les embarras du gouvernement, Rome
conseilla le massacre des protestants et fut écoutée.
En conséquence, le dimanche 24 août 1572, vers
minuit, des troupes s'assemblent autour du Louvre
pour en défendre l'approche; la cloche de Saint-
Germain-l'Auxerrois donne le signal, et la tuerie
commence; elle dure plusieurs jours à Paris et
dans les provinces.

Toutes les fois que l'on rencontre dans l'histoire de ces crises sanglantes, il faut d'abord les
déplorer, et puis en rechercher stoïquement les
causes. Un peuple ne se livre jamais spontanément
à de tels excès; il y est poussé par des passions,
par des nécessités, par un instinct de conservation,
qui souvent atténuent, s'ils n'absolvent le crime. A
l'époque où fut décidé le massacre des protestants,
les deux partis étaient devenus trop acharnés et
trop puissants pour que l'un ne dût pas être écrasé
par l'autre. Le gouvernement de Coligny, de *Gas-
pard Ier*, comme on l'appelait, eût-il été préférable à celui du fils de Catherine? Non, certainement. Il ne faut pas voir les choses telles que la
poésie nous les a montrées. Non moins obstinés
que les catholiques sur le fait de la religion, les
protestants avaient fait preuve, dans plusieurs
rencontres, d'une égale cruauté, et l'on ne saurait
même dire à qui appartient l'initiative des égorge-
ments. Il faut ajouter, ce qui est d'une haute
importance, que le parti calviniste, plus faible par
le nombre, avait projeté le démembrement du
royaume, et la substitution du fédéralisme germanique à l'unité française. Pour l'accomplissement
de cette œuvre impie, il avait osé faire appel à l'intervention étrangère; il était donc condamné, tout
ensemble, par les intelligentes rancunes de la majorité et par la raison d'État.

Aussi, ne peut-on accuser que le cruel moyen
employé pour le détruire.   B. H.

BASCULE. Le système de bascule n'est que
l'application pratique de la pondération des pouvoirs. C'est une manœuvre ministérielle qui consiste à jeter le poids du pouvoir exécutif, tantôt
dans la balance royale, tantôt dans la balance parlementaire, selon que l'une ou l'autre monte ou
descend. M. Decazes fut le père et le créateur de
cette pratique, c'est-à-dire qu'il en fit le premier
l'application; car, avec les pouvoirs différents qui
se trouvent organisés par le système constitutionnel
pour se servir mutuellement de contrepoids, il est

mpossible qu'un ministère quelconque ai des
chances de durée sans emprunter les traditions
de la Bascule.

BASQUES (provinces). Les Provinces Basques
proprement dites (*provincias vascongadas*) sont :
la Biscaye, l'Alava et la Guipuzcoa. Elles occupent
toute la portion du territoire espagnol comprise
entre les Pyrénées, la mer et le contrefort qui s'é-
tend de la rivière Aragon aux sources de l'Ebre.
La Navarre, qui n'est point classée, dans les divisions géographiques et politiques, parmi les Provinces Basques, est cependant une *nation Basque*;
et l'on retrouve, à toutes les époques de l'histoire, le Navarrais, solidaire de la fortune de ses
compatriotes des hautes vallées.

Il n'entre pas dans notre objet de rapporter
toutes les vicissitudes souvent obscures, d'ailleurs,
et incertaines de l'histoire de ces pays. Nous voulons seulement exposer, aussi brièvement que possible, leurs constitutions politiques, et ces fameux
priviléges dont la conservation a tant coûté aux
Basques de sang et d'efforts.

A l'exception des parties basses de la Navarre, les
Provinces Basques échappèrent à la domination
musulmane; l'invasion coula autour d'elle et les
laissa libres. Elles n'eurent donc pas besoin, comme les autres provinces de la Péninsule, d'être délivrées par les successeurs de Pélage, et de recevoir d'eux des chartes de *poblacion* ou de *repobla-
cion*. Elles aidèrent même puissamment les princes
chrétiens à reconquérir le pays; et, pendant qu'ils
guerroyaient contre les Sarrasins, elles s'organisèrent librement. Plus tard, leur agrégation à la
couronne de Castille ayant été volontaire, elles y
mirent pour condition le maintien des institutions
qu'elles s'étaient volontairement données.

Les lois fondamentales de la Navarre remontent
au commencement du huitième siècle, à la fondation du royaume de Sobrarbe (730); elles furent
écrites en 1236.

Les lois biscayennes réunies en code à Guer-
nica, en 1342, furent confirmées, en 1375, à Ol-
medo, par le roi Jean Ier.

Les premiers monuments de la législation d'A-
lava remontent à la fin du douzième siècle.

Les priviléges de la Guipuzcoa, écrits en 1379
par une assemblée générale, tenue à Saint-Sébastien, furent confirmés par le roi Jean le 18 septembre de la même année.

Ce sont ces priviléges consacrés par une si longue suite d'années qui ont donné naissance à la
lutte qui vient de finir. Voici en quoi ils consistent:

NAVARRE. Gouvernement particulier; représentation particulière; justice particulière; droit exclusif attribué aux cortès navarraises de traiter
toutes les affaires du pays, de régler les impositions, les droits de douanes, etc., etc.; exemption
de tous impôts, sauf le tribut insignifiant de
176,000 réaux (44,000 francs).

BISCAYE. Comme la Navarre, gouvernement
particulier, etc.; exemption de tout impôt autre
que celui que la Seigneurie payait à ses anciens

seigneurs; jouissance des priviléges de la noblesse dans toute l'Espagne, en prouvant seulement qu'on est de pur sang biscayen; droit de ne pouvoir être jugé hors de la Seigneurie, au civil et au criminel, hors le cas d'appel devant le juge royal de Biscaye, qui forme à lui seul une chambre de l'audience royale de Valladolid; de n'avoir point d'intendant ni d'*estanco* (monopole de vente); de ne payer aucun droit d'entrée; de n'avoir d'autre administration royale que celle des postes; de ne recevoir aucune troupe étrangère (c'est-à-dire espagnole); de ne fournir aucune milice ou recrue à l'armée; de défendre soi-même le territoire; de faire justice aux agents du roi qui se seront permis des vexations ou des atteintes à la législation provinciale.

ALAVA ET GUIPUZCOA. L'Alava et la Guipuzcoa jouissent des mêmes priviléges que la Navarre et la Biscaye; seulement, la Guipuzcoa permet l'entrée des troupes espagnoles, pour les garnisons d'Irun et de Saint-Sébastien.

Du reste, l'analogie qui se rencontre dans les priviléges des quatre provinces ne se rencontre pas à un égal degré dans leur organisation politique.

La Navarre est une monarchie féodale gouvernée par l'aristocratie et le clergé; le peuple n'y a aucune part à la représentation nationale, qui se compose des prêtres, des nobles et des procuradores nommés par les propriétaires, les négociants et les hommes de loi. L'*estamento* ecclésiastique a le droit de *veto* sur toute délibération des deux autres.

Légalement, la Biscaye est une démocratie. La junte générale est nommée par les délégués des juntes électorales de chaque pueblo, celles-ci, sont admis tous les Biscayens de pur sang, majeurs et possédant un domicile. Mais, en fait, la Biscaye est une aristocratie, puisque le gouvernement y est aux mains d'une assemblée appelée *Junta de Merindad*, laquelle est exclusivement composée des députés des villes. Or, les députés sont toujours pris parmi les chefs des maisons les plus riches et les plus *distinguées*; ils gouvernent dans l'intérêt du petit nombre.

L'Alava est un mélange de monarchie et d'aristocratie. Le pouvoir est exercé par le Député-Général, qui représente l'autorité du roi. Ce député est élu, comme la junte générale de Biscaye, par des *procuradores* de *pueblos*, c'est-à-dire par des électeurs de second degré. A Vittoria, capitale de la province, l'Ayuntamiento (V. ce mot) se compose de deux alcades, deux régidors, un procureur-général, douze députés du peuple (*del comun*), douze députés. Les *habilitados*, nobles et notables, peuvent seuls prétendre aux cinq premiers emplois; les autres sont répartis parmi les chefs de famille propriétaires. Il en est de même dans les cinquante-trois *hermandades* (confréries) de la province.

La Guipuzcoa est une aristocratie. Toute l'autorité du gouvernement réside dans la junte générale, qui se compose des procuradores envoyés par chacune des cinquante-sept *alcadias*. Ces procuradores sont nommés par les principaux pro-

priétaires, réunis à l'Ayuntamiento des pueblos. Le pouvoir est ainsi concentré dans un petit nombre de familles.

On voit par ce court exposé que l'organisation politique des Provinces Basques, sauf la Navarre, est républicaine, mais non pas démocratique. D'où vient donc cet attachement aveugle et inaltérable des Basques à leurs institutions? De la vanité nationale, le plus puissant de leurs instincts, nous dirions presque de leurs besoins; coûte que coûte, le Basque veut être Basque; le nom d'*Euskaldunac* (Basque), est, à ses yeux, le plus noble des titres, et l'on cite ce trait caractéristique d'un savetier biscayen qui, après l'avénement de Philippe V, signait toujours: N..., *noble como el rey, y un poco mas* (1). Ce sont ces priviléges et ces étroits sentiments de nationalité locale qui opposent à la formation de l'unité, de la nationalité espagnoles, une résistance jusqu'aujourd'hui invincible. Le moyen de vaincre cette résistance, c'est évidemment d'intéresser le peuple Basque à un changement, en lui prouvant, ce qui n'est pas difficile, que ces priviléges dont il est si fier ne profitent qu'à son aristocratie; et en lui démontrant, ce qui n'est pas aussi facile, qu'on peut lui donner mieux.

Cette seconde tâche, un pouvoir démocratique est seul à même de la remplir, par la raison fort simple qu'il s'agit précisément de démocratiser l'organisation politique des pays Basques. E. D.

BASTILLE. Sur les verroux des geôles monarchiques comme sur les canons, il faudrait graver cette devise: *Ultima ratio regum;* car la violence des bourreaux de l'humanité s'attaque à la liberté comme à la vie de ceux qu'ils oppriment.

La Bastille résumait, pour la nation française, la démence et la cruauté de l'absolutisme royal. Sa chute devait donc servir de prélude et d'introduction à l'ère de la liberté.

Fondée, disent les historiens, le 12 avril 1369 ou le 22 avril 1370, sous les règnes de Charles V ou de Charles VI, qui marquèrent si tristement la fin du quatorzième siècle, la Bastille, connue d'a bord sous le nom de l'*Hôtel des Tournelles*, à cause des constructions qui lui donnaient un aspect tout féodal, servit originairement de dépôt aux trésors de la couronne. Les exactions des partis, la convoitise et la rapacité des prêtres et des nobles, alors en guerre ouverte, et la présence des Anglais, furent les premières causes du soin qu'on prit de fortifier cet édifice. Les quatre tours, qui avaient été primitivement isolées, furent, onze ans plus tard, réunies par des murailles et par des ponts; et, en 1559 seulement, vers la fin du règne de Charles VII, furent terminés les travaux que nécessitait la destination nouvelle de ce monument comme prison d'état.

Détaillerons-nous le plan si compliqué de la Bastille? Non. Nous aurons donné une idée suffisante de sa position et de sa physionomie lorsque nous aurons dit que cette forteresse était située

(1) Noble comme le Roi, et même un peu plus.

au bout de la rue Saint-Antoine, à droite, près de l'Arsenal, qu'elle était flanquée de corps-de-garde, hérissée de sentinelles, coupée de ponts-levis, de palissades, de barrières ; sillonnée de cours et d'avenues, entourée de nombreuses enceintes, de fossés larges et profonds ; protégée par des murs de dix pieds d'épaisseur. On comptait comme parties les plus importantes de ces bâtiments : *La tour de la Comté*, celles *du Trésor, de la Chapelle, du Puits, du Coin, de la Berthaudière, de la Bazinière*, et enfin, par une cruelle dérision, *la tour de la Liberté!* Parmi les quatre cours et les appartements principaux, on remarquait *la cour du Puits* et *la salle du Conseil*. C'est dans *l'hôtel du Gouvernement*, et dans des logements élevés de trois étages, qu'habitaient le lieutenant du roi, le gouverneur, les officiers subalternes, puis les employés, valets de geôles, guichetiers et porte-clés. Enfin, nous aurons tout dit quand nous aurons jeté en frissonnant un coup-d'œil sur les cabanons, les caveaux, les trappes, les chaînes, les corcelets de fer, et les oubliettes de ce repaire.

Ferons-nous aussi la triste revue des malheureux que ces cachots ont recélés? Non. Si, grâce à la constitution de nos pouvoirs politiques, l'histoire de la France n'a pour ainsi dire été, jusqu'à présent, que l'histoire de ses rois, leurs règnes se liant intimement aux fonctions de la Bastille, on pourrait presque dire que l'histoire de cette prison est celle de notre malheureux pays. Nous renverrons donc, pour cet affreux tableau d'ensemble, aux ouvrages publiés récemment par MM. Dufey (de l'Yonne), Fougeret et Joigneaux. Nous rappellerons seulement, à grands traits, les principales phases historiques et les personnages les plus célèbres que ces donjons ont ensevelis vivants.

Depuis le premier homme qui fut enfoui sous ces terribles voûtes jusqu'en 1789, depuis l'architecte Aubriot, qui les avait construites, et n'en sortit qu'en 1382, nos hideuses annales ne nous offrent qu'une longue et presque incalculable liste de victimes.

Au quinzième siècle, persécuté par le duc de Bourgogne, Montaigu y subit la torture avant d'être décapité avec un appareil horrible et devant lequel auraient pâli les autos-da-fé de l'Espagne. Sa tête est plantée sur un pieu et son corps accroché au gibet de Montfaucon. En 1477, d'Armagnac y expie ce complot dynastique qu'il décorait du nom de *ligue du bien public*. Au seizième siècle, François Ier se venge, par les cachots, de l'amiral Chabot, coupable, aux yeux du connétable de Montmorency et du cardinal de Lorraine, d'avoir attiré sur lui les yeux des nobles prostituées qui vendaient alors leurs caresses à la cour ou plutôt dans les bouges de ce débauché au front fuyant, que les historiographes de cour ont appelé le *père des lettres*, le *roi chevalier!* En 1559, le conseiller au parlement, Anne Dubourg, mis dans une cage de fer pour cause d'hérésie, meurt victime des querelles religieuses ou plutôt métaphysiques. C'était sous ce Henri II qui sût donner encore plus de besogne que ne fit son père à *la Chambre ardente*.

Les fureurs de la Ligue emplissent aussi les cachots. Au dix-septième siècle, le maréchal de Biron y expie sa déloyale ambition. En 1616, le prince de Condé y est puni par la veuve de Henri IV. Un an après, la maréchale d'Ancre y languit sous l'accusation de sorcellerie, et laisse sa tête au bourreau. De 1601 à 1639, le cardinal de Richelieu remplit la Bastille des nobles qu'il n'envoie pas à l'échafaud. Après Louis XIII, la régence d'Anne d'Autriche jette dans ces geôles de nombreux captifs. Le cardinal Mazarin y précipite ces deux conseillers au parlement surnommés le *père du peuple* et le *patriarche de la Fronde*. Sous Louis XIV, le surintendant des finances Fouquet y perd la liberté, ainsi que son secrétaire, le convertisseur Pélisson, si célèbre par ses mémoires et son araignée. En 1674, le chevalier de Rohan. Passons sur cette marquise de Brinvilliers, ce Sainte-Croix, cette Montvoisin et tant d'autres empoisonneurs. Il est juste d'enfermer des monstres, et l'on conçoit presque que le feu seul puisse détruire certaines souillures. Mais quelles institutions que celles qui enfantent de pareilles mœurs! où la tyrannie, le sortilége, l'adultère, la prostitution sont, tour à tour, bourreaux et victimes!

Le 22 octobre 1685, la révocation par le *grand roi* de l'édit de Nantes peuple encore les cachots; le duc de la Force est un des types de cette époque de persécution prétendue religieuse; puis, vient cet homme hypothétique, le *Masque de fer*. Enfin, le despotisme insolent et le cynique dépravation des règnes de Louis XV et de Louis XVI, de la Régence surtout, ne laissent pas se rouiller les gonds des portes de la Bastille; elle devient le réceptacle du pêle-mêle de toutes les infamies. Le caprice et les ignobles passions des *grands*, les vengeances de courtisanes et de mignons, le fanatisme des idées dogmatiques se disputent la proie. La féodalité a laissé le champ libre à la royauté. Richelieu, Voltaire, madame de Staël se succèdent dans cette prison : on voit s'y dérouler les tortures contre les Jansénistes, les magiciens, les réformateurs et les écrivains. Les pères, les frères et les maris jaloux de l'honneur de leurs filles, de leurs sœurs et de leurs femmes, tombent en foule sous les lettres de cachet. La Bastille regorge de prisonniers.

Il n'est pas inutile de rappeler ici la pensée de Louis XVI. Madame Campan lisait un jour, en sa présence, le *Mariage de Figaro* de Beaumarchais, et déjà le monarque avait interrompu la lecture par des signes d'impatience ; mais lorsqu'arriva la tirade des *prisons d'état*, le roi se leva en colère, et s'écria : « Voilà qui est détestable! il ne « sera pas joué. *Il faudrait détruire la Bastille* « *pour que la représentation de cette pièce ne fût* « *pas une inconséquence dangereuse.* Cet homme « joue *tout ce qu'il faut respecter dans un gouver-* « *nement!...* » — Du reste, Louis XVI, en ce moment, était logicien : il comprenait la monarchie.

Aussi, lorsque les excès de la royauté, du clergé, de la noblesse; lorsque le désordre des finances et la misère publique eurent si rapidement aigri la fermentation révolutionnaire, depuis les assemblées des États-Généraux jusqu'au serment de l'Assemblée Nationale, les temporisations et les parjures multipliés de Louis XVI firent bientôt pousser à la population parisienne les premiers cris de colère.

Enfin, le 14 juillet 1789, le peuple voit sortir de ses rangs et marcher à sa tête quelques-uns de ces hommes qui prennent toujours, dans les grandes occasions, la place que leur assigne leur valeur. Des milliers de voix : *à la Bastille!* se font entendre. La fureur improvise partout des armes. La Bastille est assiégée. En vain Launay, gouverneur de cette forteresse, se rend-il ou feint-il de se rendre pour attirer les citoyens dans la première cour et les massacrer, les chaînes des ponts-levis sont rompues, et ces remparts, qu'une armée et le prince de Condé avaient vainement assaillis pendant vingt-trois jours, tombent en quelques heures sous le bras de ces héroïques insurgés! Launay, protégé par les citoyens qui l'avaient fait prisonnier, est conduit à l'Hôtel-de-Ville à travers les flots d'un peuple exaspéré. Les moins braves ne sont pas les plus généreux; bientôt les efforts de ses guides deviennent impuissants contre la vengeance populaire, et, après deux heures de lutte, le gouverneur est tué au pied de l'escalier. Flesselles, prévôt de Paris, convaincu d'intelligences avec Launay, veut s'évader : un coup de pistolet le renverse au bout de la place, et les deux têtes de ces agents du pouvoir, cette fois responsables, sont promenées dans Paris au bout d'une pique...

Après des siècles d'oppression, osez donc blâmer un instant de colère dans de justes représailles!

Les captifs échappés aux décombres, arrachés aux caveaux de la Bastille étaient, du reste, la protestation la plus morale et la plus éloquente contre l'odieux régime qu'avait sapé la plume des Encyclopédistes, et auquel les hommes du peuple venaient de donner le premier coup de hache. Couverts de lambeaux et de vermine, horribles à voir, incapables de supporter le grand air et le jour, incapables de se mouvoir, ces malheureux semblaient autant de spectres rendus à la vie.

Ainsi s'écroula ce hideux boulevart de la tyrannie des rois.

La poésie, les images, les grandes leçons sont filles de la liberté: des modèles de cette forteresse, faits avec les pierres qui sortaient de ses ruines, furent envoyés à tous les départements, et le peuple, choisissant pour ses fêtes civiques cette place déblayée, y fit flotter cette inscription: ICI L'ON DANSE !　　　　　　　　　　Aug. DUPOTY.

BATAILLON, corps d'infanterie composé, aujourd'hui, de 7 à 800 hommes. En temps de paix, chaque régiment se divise d'ordinaire en trois bataillons. Ce nombre est souvent porté à 4 en temps de guerre. Dans certains pays, et notamment en Espagne, pendant la dernière guerre civile, le bataillon est l'unité qui représente les divisions de l'armée; ainsi, l'on dit les bataillons de Navarre, de Biscaye, etc. Aujourd'hui, en France, le bataillon renferme 8 compagnies de 90 à 100 hommes. (V. COMPAGNIE.) Ces 8 compagnies sont sous le commandement immédiat d'un officier supérieur, qui est appelé chef de bataillon. Tous les écrivains militaires s'accordent à reconnaître la haute importance de ce grade. C'est comme chefs de bataillon que les plus illustres guerriers de la République et de l'Empire ont commencé à déployer leurs talents militaires.

BAVIÈRE. Le royaume de Bavière a été créé en 1806 par Napoléon, après la bataille d'Austerlitz; mais le duché de Bavière est l'état le plus ancien de l'Allemagne. Du mélange des *Boji,* race gauloise qui avait émigré vers le Danube, des Romains et des hordes germaniques, sortit un peuple qui fut appelé *Bojaaren;* voilà les *Baiern* (Bavarois). Le duché dépendit d'abord des Francs, puis de l'empire germanique ; au treizième siècle, il fut divisé en deux parties; à la fin du dix-huitième, il retrouva l'unité. La Prusse l'a protégé, l'Autriche l'a déchiré, la France en a fait une monarchie. Napoléon, par le traité de Presbourg, donnait à la Bavière, déclarée royaume, le Burgau, le territoire de Lindau, le Tyrol : la nouvelle monarchie obtint encore plus tard Nuremberg, Augsbourg, Ratisbonne et Salzbourg. Salzbourg a passé, en 1815, de la Bavière à l'Autriche.

La Bavière fait partie de la Confédération germanique ; elle occupe la troisième place à la diète de Francfort, et elle dispose de quatre voix dans le Conseil complet, dit *plenum :* elle a quatre millions d'habitants et une armée de 55,000 hommes ; le contingent qu'elle doit fournir à l'armée fédérale est de 35,600 hommes, et forme le septième corps d'armée des forces réunies de la Confédération germanique. Les deux tiers de la population professent la religion catholique.

La Bavière est divisée en huit cercles (*kreise*); elle possède trois universités : Wurzbourg, Erlangen et Munich. En 1818, elle reçut une constitution, peu libérale, comme toutes les chartes octroyées. L'élément aristocratique domine dans l'une et l'autre des deux chambres. La première se compose des princes, des médiatisés, des employés de la couronne, des archevêques, des évêques, du président du culte protestant et des conseillers d'état nommés par le roi. La seconde renferme cent quinze membres, dont un huitième est pris dans la noblesse ; le reste est élu par les propriétaires des terres, par les universités, par les ecclésiastiques et par les villes.

Les revenus de l'État montent à vingt millions d'écus ; la dette est de trente-deux millions ; le roi a une liste civile de un million et demi.

La situation politique de la Bavière est loin d'être brillante et solide. Parmi les fautes innombrables qui ont été commises dans la dernière répartition d'hommes et de provinces faite au congrès de Vienne, il faut compter l'adjonction à la Bavière du *Cercle du Rhin,* qui fut jadis, sous l'Empire français, le département du Mont-Tonnerre. Cette partie de la monarchie bavaroise qui est séparée des Etats héréditaires par le royaume de Wurtemberg surpasse en fécondité, en richesses, en civilisation, toutes les autres parties du pays. L'habitant des provinces rhénanes est plus vif, plus intelligent que le Bavarois des anciennes provinces. La justice de la vieille Bavière est un mélange de lois nouvelles et du droit moyen-âge. A chaque instant les tribunaux de cette portion de la monarchie condamnent un écrivain ou un détenu politique à faire amende honorable devant le portrait du roi. Le Code Napoléon régit les bords du Rhin; la législation, les idées politiques, les réminiscences de l'histoire moderne sont françaises. L'association de Munich et de Spire blesse la nature des choses; elle a conduit le gouvernement bavarois à combattre par des brutalités inouïes l'amour de la liberté et des institutions qu'une domination étrangère avait léguées aux habitants des bords du Rhin.

La diplomatie européenne est tombée dans une autre erreur, quand elle a commis à la Bavière le soin d'apporter à la Grèce la civilisation moderne. Cette tâche est au-dessus des forces du Bavarois, dont la nature molle, et si l'on peut dire ainsi, pâteuse, n'a pas l'énergie nécessaire à une puissance initiatrice.

Dans une guerre générale où elle ne serait pas l'alliée de la France, la Bavière se trouverait gravement exposée; elle ne pourrait ni défendre contre la France ses belles provinces du Rhin, ni protéger la Grèce contre une attaque maritime. D'un autre côté, la monarchie bavaroise ne saurait se sauver de l'étreinte de l'Autriche qu'avec l'appui de Berlin ou de Paris. Sa situation n'est pas dans la mesure de ses forces; c'est trop pour elle d'avoir à s'occuper du Rhin et d'Athènes.

Rester intérieurement l'ennemie de l'Autriche, s'assurer l'amitié de la France, se lier ouvertement avec la Prusse et se tenir prête à subir le joug de l'unité que les successeurs de Frédéric préparent à l'Allemagne, voilà la véritable politique et l'avenir de la Bavière.   A. HETTMANN.

BÉDOUIN. La population indigène de l'Algérie se divise en deux classes bien distinctes : le Bédouin et le Kabaïle ou Berber. Le Bédouin habite les plaines, il est pasteur et nomade; le Kabaïle, au contraire, habite les montagnes, il est agriculteur et sédentaire. En tout temps, le Kabaïle est saisissable; sa patrie est ici et non point ailleurs; pour le Kabaïle : *ubi domus, ibi patria.* La maison qu'il habite, son père l'habitait; le champ qu'il cultive, ses enfants le cultiveront; il tient au lieu qu'il habite autant par l'espérance que par le souvenir. Le Bédouin, lui, a pour patrie la régence tout entière, depuis la mer jusqu'au désert; poursuivi ou seulement menacé, il emporte au galop sa famille et sa maison. Ici ou là que lui importe, pourvu que la récolte soit faite et à l'abri dans les silos, pourvu qu'il trouve de l'herbe pour ses troupeaux, des fruits et de l'eau pour lui et les siens.

De cette différence de races et d'habitudes sociales résulte, pour un peuple conquérant, la né-

cessité d'une double politique : au Kabaïle il suffit de montrer la force; au Bédouin il faut la faire sentir. Celui-ci, dans la guerre, n'expose que sa vie, chose de peu pour un peuple guerrier; celui-là met au jeu sa vie et son patrimoine.—Il est à croire que si, dès les premiers jours de la conquête, on se fût avisé de ceci, on n'aurait point à regretter aujourd'hui tant d'inutiles sacrifices. Il fallait rechercher l'amitié des peuples de la province de Constantine, et poursuivre à outrance ceux d'Alger et d'Oran jusqu'à soumission complète : c'est le contraire qui a été fait, et à l'heure où nous écrivons ces lignes, la guerre sainte est de toutes parts rallumée contre nous.   DC.

BELGIQUE. La Belgique forme la partie méridionale de cette vaste enclave de la France et de l'Allemagne, que l'on désigne sous le nom commun de Pays-Bas. Au-dessus, sont les Hollandais, autrefois Bataves. De temps immémorial, ces deux portions des Pays-Bas se sont distinguées l'une de l'autre, autant par la diversité du sol que par les tendances de leurs habitants: le Belge tenant plus du Gaulois, le Hollandais du Germain.

Après la chute de l'empire romain, l'histoire des Pays-Bas n'offre d'autre intérêt que l'intromission progressive du christianisme.

Charlemagne s'en empare et les divise en un certain nombre de cantons gouvernés chacun par un comte, sous l'autorité supérieure d'un duc.

La Belgique passe ensuite dans la maison de Bourgogne, et, après le démembrement du duché de Bourgogne, dans la maison d'Autriche.

Au moyen de divers arrangements, Charles V devient souverain des dix-sept provinces des Pays-Bas, savoir : les duchés de Brabant, de Limbourg, de Luxembourg et de Gueldre; les comtés de Zutphen, de Hollande, de Zélande, de Flandre, de Namur, de Hainaut et d'Artois; le marquisat du Saint-Empire (Anvers et son territoire); les seigneuries de Frise, Overissel, Utrecht, Groningue et Malines.

Par une pragmatique publiée en 1549 à Bruxelles, Charles réunit les dix-sept provinces en un état indivisible et héréditaire dans sa maison. Cette pragmatique abolissait toutes les lois particulières des provinces qui ne seraient pas conformes au principe de représentation adopté pour la généralité des Pays-Bas. Le monarque n'obtint pas sans quelques difficultés le consentement des Etats.

Cependant cette unité était plutôt nominale que réelle. Les diverses provinces vivaient sous un chef commun; mais elles continuaient à avoir une existence particulière; sauf la question de succession au pouvoir suprême, toute l'organisation intérieure de chaque état restait debout. L'année précédente, Charles avait érigé les provinces belgiques en cercle de l'empire sous le nom de cercle de Bourgogne, et il les avait réunies à l'empire, non, toutefois, sans résistance. Tous les obstacles furent levés par la transaction d'Augsbourg (1548).

Nous touchons au moment où l'unité ébauchée par Charles V va se dissoudre. La Réforme pénètre dans les Pays-Bas; le duc d'Albe institue son *tribunal de sang;* les Gueux s'insurgent sous la conduite de Guillaume-le-Taciturne et secouent le joug espagnol. Mais le prince de Parme vient et répare les désastres provoqués par la farouche cruauté d'Albe; il reconquiert plusieurs provinces, et profite habilement des germes de division qui existent entre les provinces maritimes et les provinces belgiques. Alors, Guillaume se borne à fonder la confédération des sept provinces du nord. (Acte d'union conclu à Utrecht le 29 janvier 1579).

A la paix d'Utrecht (1713) les Pays-Bas sont détachés de la couronne d'Espagne, et passent à la maison d'Autriche; l'Autriche les conserve jusqu'en 1795. A cette époque, la réunion de la Belgique à la République française est solennellement proclamée. Distraites de la France en 1814, les provinces belgiques et hollandaises sont, pour la seconde fois, réunies en un seul état. Mais ce violent amalgame, imaginé par l'Angleterre au détriment de la France, ne devait pas survivre à l'émancipation de celle-ci. Quelques jours après la Révolution de Juillet, la Belgique se déclare indépendante, et huit ans plus tard sa séparation d'avec la Hollande est définitivement consacrée par l'accession du roi Guillaume au traité dit des 24 articles, et moyennant l'abandon par la Belgique du Luxembourg et du Limbourg.

Telles sont les principales phases de l'histoire des provinces belges.—Quelques mots maintenant sur leur ancienne constitution politique.

Sous les deux maisons de Bourgogne et d'Autriche, les attributs de la Souveraineté, dans chacun des Etats, se divisaient entre le prince et le corps des députés de l'aristocratie et de la démocratie, c'est-à-dire l'assemblée des Etats. La population était divisée en trois classes: peuple, bourgeoisie, petite noblesse, jouissant tous de libertés municipales et de priviléges fort étendus. Les assemblées avaient un grand pouvoir, et elles apportaient une vigilance extrême à la conservation des droits de leurs concitoyens. En 1488, Maximilien, ayant attenté aux immunités des villes de Flandre, fut fait prisonnier et retenu comme tel à Bruges; il ne fut rendu à la liberté qu'après avoir donné toute satisfaction à ses *sujets.* Charles V introduisit quelques changements dans le gouvernement général des Etats; ses institutions subsistèrent jusqu'à la Révolution française. — On sait quel fut le sort des innovations philosophico-politiques tentées quelques années auparavant par le fils de Marie-Thérèse.

Nous ne dirons rien ici des institutions politiques du royaume des Pays-Bas qui n'existe plus (V. HOLLANDE), et nous terminerons par une rapide analyse de la constitution actuelle de Belgique.

La Belgique est une monarchie constitutionnelle; elle se divise en provinces. Ces provinces sont: Anvers, le Brabant, la Flandre orientale, la Flandre occidentale, le Hainaut, Liége et Namur. — Tous les pouvoirs émanent de la nation; il n'y a dans l'État aucune distinction d'ordres; la liberté des cultes et celle de leur exercice public sont garanties; l'enseignement est libre; la presse est libre; il ne peut être exigé de cautionnement pour les publications périodiques. Lorsque l'auteur d'un écrit incriminé est connu et domicilié en Belgique, l'éditeur, l'imprimeur et le distributeur ne peuvent être poursuivis; en matière de délit de presse le huis-clos ne peut être prononcé qu'à l'unanimité; les Belges ont le droit de s'assembler paisiblement et celui de s'associer.

Les membres de chacune des deux chambres représentent la nation et non point une portion du territoire. L'une et l'autre chambre se recrutent par voie d'élection. La loi électorale fixe le nombre des députés d'après la population. Tout Belge jouissant des droits civils, âgé de vingt-cinq ans et domicilié en Belgique est, de droit, éligible à la Chambre des représentants. Les représentants sont élus pour quatre ans et reçoivent une indemnité pendant le temps des sessions. Pour être admis au Sénat, il faut être âgé de quarante ans et payer 1000 florins de contributions directes. Les sénateurs sont élus pour huit ans et ne reçoivent aucune indemnité ni traitement.

Le roi a à-peu-près les mêmes prérogatives que chez nous. Cependant, elles sont plus restreintes en ce qui concerne les affaires extérieures et la nomination aux emplois d'administration. Les chambres se réunissent, de plein droit, chaque année le deuxième mardi de novembre. Les ministres sont mis en accusation par la Chambre des représentants et jugés par la Cour de Cassation.

L'élection est directe. Les séances des conseils provinciaux et communaux sont publiques. Les membres de la Cour des Comptes sont nommés par la Chambre des représentants et pour un terme fixé par la loi. La Constitution consacre enfin la faculté de révision.

Ces institutions sont remarquables sous bien des rapports, comme on le voit. Cependant elles ne produisent pas en Belgique tous les effets qu'on en pouvait attendre. Pourquoi cela? Parce que l'existence de la Belgique comme nation indépendante est une chimère. L'état actuel de ce pays est purement transitoire. Sa destinée est d'être un jour uni à la France; il se révolterait vainement contre cette nécessité providentielle de sa situation.

                       E. D.

BÉNÉFICE. Quand l'Église fut constituée hiérarchiquement, des droits utiles furent assignés à l'exercice des premières fonctions cléricales: ces droits se nommèrent Bénéfices; le même terme servit ensuite à qualifier la chose possédée: terres, dîmes, revenus, etc., etc. Ces Bénéfices étaient, dans l'origine, la propriété collective du diocèse; l'évêque en recevait les produits et les distribuait. Plus tard, l'administration et l'usufruit de ces biens furent divisés entre les divers abbés, prieurs et chanoines de la même circonscription épiscopale. Cette possession temporelle fut un des principaux griefs de la Réforme contre le clergé romain, et quelques ordres ecclésiastiques affectèrent, dès avant la prédication de Wicleff, de faire contraster leur pauvreté nomade avec le luxe féodal des corporations sédentaires.

Cet état de choses n'a pas été complétement réformé par la Révolution. Il n'y a plus, aujourd'hui, de Bénéfices proprement dits : mais les diocèses exploitent encore des propriétés particulières et diverses associations religieuses ont reçu, tout récemment encore, de la charité publique de riches dotations qu'elles ont converties en domaines. Un conseil général de l'ouest a invité le gouvernement à ouvrir les yeux sur ces abus.

Outre les Bénéfices ecclésiastiques, il fut établi, après la conquête barbare, des Bénéfices militaires, accordés, d'abord, à titre d'usufruit, puis, à titre de propriété héréditaire, aux leudes, aux fidèles, des principaux chefs de bandes. Telle est l'origine du fédéralisme féodal. L'histoire nous apprend toutes les calamités qui furent la conséquence naturelle de ce partage des terres.

Dès que la monarchie eut un siège dans le pays, toute son affaire, pendant plusieurs siècles, fut de reprendre sur la noblesse vassale les fiefs et les Bénéfices que celle-ci tenait de ses largesses. Commencée par Louis-le-Gros, cette répétition a été poursuivie avec plus de zèle par Louis XI et par Richelieu. Dans la nuit du 4 août 1789, *nuit d'exécrables décrets*, s'il faut en croire madame Campan, les Bénéfices militaires furent abolis. Sous le titre de majorats, l'Empire les reconstitua ; mais, à la suite des traités de Vienne, il ne resta plus aux bénéficiers d'origine impériale que le vain titre de leurs possessions.   B. H.

BEY ou *Begh* (seigneur). Ce titre ne se donnait autrefois qu'aux seigneurs bannerets, possesseurs d'un certain nombre de dotations ou fiefs militaires ; mais, dans l'empire turc comme en Europe, souvent, les titres ne représentent plus rien, et l'on appelle Beys la plupart des *ayants* ou feudataires en sous-ordre, des fils de pachas, des princes tributaires, etc.

Les chefs des Mamelucks qui s'étaient rendus maîtres de l'Égypte se faisaient Beys de leur propre autorité : il n'y avait pas d'hérédité parmi eux ; le divan ou conseil disposait des places vacantes ainsi que du territoire. Aujourd'hui, Mohammed-Aly nomme des Beys. Suivant les préséances qu'il a établies, ces Beys ont le rang de maréchal-de-camp, mais sans fonctions ; car on compte parmi eux plusieurs administrateurs civils, et même des chrétiens. Les chefs à-peu-près héréditaires qui gouvernaient Tripoli, et sous les deys d'Alger, les provinces ou *beylicks* de Constantine, de Tlemcen, etc., avaient le titre de Bey. Maintenant, des pachas, c'est-à-dire des vice-rois amovibles, envoyés de Constantinople, commandent à Tripoli. Il y a encore un bey à Tunis, où, sauf la suzeraineté de la Porte, il jouit du pouvoir suprême.

Les Beys turcs n'ont cet que le troisième rang dans l'armée ; ils ne peuvent faire porter devant eux, ou arborer devant leur tente, qu'une seule queue de cheval, tandis que les sandjaks ont rang de pacha à deux queues. Les *Beghilers-Beys* ou *Begliers-Beys* (seigneurs des seigneurs) sont gouverneurs-généraux de plusieurs provinces ; ainsi, ils ont sous leurs ordres non-seulement les Beys, mais les pachas. (V. PACHA.)   P...ON.

BILL. Ce mot, qui vient du français *billet*, n'était d'abord considéré que comme un acte de procédure : c'était un mandat de comparaître, ou bien simplement une citation. Le Bill, en procédure, avait remplacé le *writ* (mandat). Voici quelle fut l'origine de ces Bills. La cour de chancellerie avait seule le droit de formuler des *writs* ; en sorte que pour toute action intentée devant toute cour, il fallait s'adresser d'abord aux officiers de la chancellerie pour obtenir une citation ou un mandat. C'était en vertu de ce *writ* que l'action était renvoyée devant la cour compétente. Mais, dès l'origine de la conquête normande, et surtout depuis le règne de Jean, chacune des cours avait cherché à se rendre indépendante de toutes ces juridictions qui prétendaient à la suprématie. C'était d'autant plus difficile, qu'en Angleterre, comme chez les Romains, on se sert en procédure de certaines formules sacramentelles, dont il faut absolument faire usage pour intenter une action en justice ; et ces formules ne peuvent être rédigées que par certains officiers et certaines cours. Il était donc impossible à la cour du Banc du roi, par exemple, de formuler un *writ*, dont la première condition était d'émaner de la chancellerie. Toutefois, si, en Angleterre, la loi montre une scrupuleuse exactitude pour les formules, elle adopte avec une excessive facilité les fictions que l'on invente pour éluder une trop grande rigueur. Il suffit, quelquefois, de changer un mot ; ainsi, la cour du Banc du Roi, ne pouvant procéder par *writ*, suppose toujours que le défendeur *est arrêté pour un prétendu délit, et que se trouvant ainsi dans les prisons de la cour*, c'est elle qui est compétente pour toute affaire qui puisse le concerner ; alors elle délivre une citation qui s'appelle Bill. On voit donc que le Bill n'est autre chose que le *writ*. Il y a seulement cette différence que le *writ* doit émaner de la chancellerie, tandis que le Bill émane directement de la cour qui doit juger l'affaire.

C'est vers le règne d'Édouard III que ces modifications dans la procédure semblent avoir été définitivement consacrées.

Mais ce fut plus tard que le mot Bill, qui s'appliquait aux actes émanés des cours, commença à s'appliquer aux actes émanés du parlement.

Il est assez difficile d'indiquer l'époque précise à laquelle les actes du parlement furent appelés Bills, parce que ce n'est que peu-à-peu et par degrés que le parlement s'est constitué tel qu'il est aujourd'hui. Un rapide aperçu historique ne sera pas sans intérêt.

Les communes, c'est-à-dire les représentants des classes bourgeoises, n'avaient été réunies en parlement par aucun roi avant Édouard Ier ; mais ce prince ne les appela que pour qu'elles consentissent des impôts sur leurs constituants. Une fois les impôts consentis, les communes se séparaient, et n'étaient pas considérées comme une portion de la législature. Plus tard, et notamment sous le règne d'Édouard III, après le vote des impôts, les communes adressaient au roi et aux lords spirituels et temporels des pétitions concernant divers objets sur lesquels elles appelaient la décision royale. Ce n'étaient encore que d'humbles supplications commençant par ces mots : *Vos poveres communes prient et supplient*, et terminées par cette formule : *Pour Dieu et en œuvre de charité.* Edouard III fit droit à plusieurs de ces pétitions, qui donnèrent naissance à quelques lois. Sous Henri IV, les communes firent un effort pour prendre part aux actes judiciaires de la chambre des lords ; mais il leur fut répondu que les communes n'étaient dans le parlement que des pétitionnaires, et que tous les jugements appartenaient au roi et aux lords. Aussi voyons-nous sous ce règne tous les actes du parlement faire une distinction expresse entre l'assentiment des lords et la pétition des communes. Cependant, au règne suivant, il y a un changement notable dans la formule des actes : il y est dit qu'ils sont faits d'après l'avis et l'assentiment des lords spirituels et temporels, et *à la requête spéciale des communes du royaume.* Cette même formule fut conservée sous Henri VI, excepté dans une seule occasion, où il est dit que la loi est passée d'après l'avis et l'assentiment des lords spirituels et temporels, et les communes étant dans le parlement, *en vertu de l'autorité dudit parlement.* C'était admettre les communes comme une portion de la législature ; car l'importance des formules est telle en Angleterre qu'il n'était plus possible de les déposséder de leurs droits ; aussi elles s'accoutumèrent bientôt à considérer leurs pétitions comme des projets de loi, qu'elles présentaient dans la forme suivante : « Item quædam petitio exhibita fuit in « hoc parliamento formam Actûs in se conti- « nens. » Dès-lors, l'assentiment des communes fut stipulé dans les lois aussi bien que celui des lords ; et c'est à dater de cette époque, c'est-à-dire vers la fin du règne de Henri VII, que les actes du parlement prirent le nom de Bills. Un changement non moins notable qui s'introduisit aussi alors, c'est que les Bills ne furent présentés à l'assentiment du roi qu'après avoir passé d'abord dans les deux chambres. C'était procéder à l'encontre de tout le passé. En effet, jusque-là, toute loi devait émaner du roi et de son conseil ; mais les cruelles guerres d'York et de Lancastre avaient singulièrement affaibli la royauté et la noblesse.

Toutefois, les communes n'avaient pas encore eu la pensée d'ajouter à leurs droits celui de rejeter un Bill : ce fut sous Henri VIII qu'elles en firent la première tentative, et elle leur réussit. Henri VIII avait mécontenté trop de familles nobles pour n'avoir pas besoin de ses communes ; et sous le règne de ce prince tyrannique elles augmentèrent considérablement leur puissance, en vertu même de cette tyrannie qui le forçait à chercher un appui contre ses grands feudataires.

D'abord, chaque chambre avait voté séparément les impôts pour les classes qu'elle représentait ; les votes des communes étaient cependant soumis à l'approbation des lords. Mais bientôt les deux chambres agissant de concert, et les communes étant composées d'hommes qui avaient plus d'intelligence des affaires pécuniaires, tous les Bills d'impôts étaient d'abord votés par elles, et renvoyés ensuite à la sanction des lords. Cette priorité pour le réglement des impôts fut si bien consacrée par l'habitude que les communes la considérèrent comme leur plus sacré privilége : aussi, lorsque, sous Charles Ier, les lords crurent devoir les engager à voter un subside pour le roi, les communes furent tellement indignées de cette violation de leurs droits qu'elles déclarèrent à l'unanimité qu'elles ne s'occuperaient d'aucune autre affaire jusqu'à ce qu'elles eussent obtenu réparation de cette offense.

Ce fut aussi sous le règne de ce prince que les communes contestèrent aux lords le droit de faire aucun amendement aux Bills qui, directement ou indirectement, imposaient une charge au peuple. Depuis ce temps, et malgré des réclamations souvent répétées par les lords, il entre dans les réglements du parlement que les Bills d'impôt doivent être votés par les communes, sans pouvoir être modifiés par la chambre des lords.

Il est probable que, dans l'origine, le mot Bill signifiait simplement projet de loi ; lorsque le projet était adopté par les deux chambres et le roi, il prenait le nom de *law* (loi) ou de *statute* (statut). Mais, depuis longtemps, on se sert du mot Bill indifféremment, pour une loi présentée ou pour une loi promulguée.   Elias REGNAULT.

BILL (ALIEN). L'Alien Bill était une loi en vertu de laquelle tout étranger pouvait être renvoyé d'Angleterre sur un ordre ministériel. Les étrangers ne pouvaient, en outre, débarquer sur le territoire anglais que munis d'un passeport. Cette loi n'existe plus.

BILL DE RÉFORME. Ce Bill a été plus remarquable par la violente lutte qu'il produisit que par aucun résultat vraiment satisfaisant. C'est encore là une de ces lois avortées, qui, sous le vain titre de réforme, n'apportent au peuple que des déceptions, et lui font user son énergie en d'inutiles changements de formes, qui ne doivent ni le satisfaire ni améliorer sa position.

La question de la réforme électorale est déjà très-vieille en Angleterre. Dès l'année 1776, le fameux Wilkes appela l'attention de la chambre des communes sur cet important sujet ; mais sa motion fut repoussée. En 1780, dans la chambre des lords, le duc de Richemond introduisit une semblable motion ; mais il allait plus loin que Wilkes, car il demandait le suffrage universel et les parlements annuels. En 1782 et 1783, Pitt, qui n'était pas encore ministre, renouvela la proposition de Wilkes ; mais dix ans après, lorsqu'il était chancelier de l'échiquier, il combattit avec violence la même motion présentée par sir Grey. Depuis ce temps, jusqu'en 1832, la question de la réforme électorale a été constamment ramenée dans les débats du parlement, mais sans plus de succès.

Enfin, après la Révolution de Juillet, le peuple anglais comprit que la France venait de lui donner un grand exemple, et ne pouvant chasser le roi, il voulut au moins le faire reculer.

Le ministère tory, présidé par le duc de Wellington, avait été obligé de se retirer, et le nouveau ministère, sous la présidence de lord Grey, se résolut à tenter la réforme électorale, qui, depuis cinquante ans, avait été successivement demandée par tous les membres de l'opposition. Le 1er mars 1831, lord John Russell présenta à la chambre des communes le Bill de réforme. A la suite de vives discussions, un amendement introduit par les tories prouva au ministère qu'il ne pouvait pas compter sur la majorité, et le parlement fut dissous.

Les nouvelles élections furent favorables aux whigs; aussi, la première question présentée à la chambre fut encore celle de la réforme. Après plusieurs amendements qui confirmèrent le succès des partisans de la réforme, le Bill fut définitivement adopté le 21 septembre.

Mais c'est dans la chambre des lords que le ministère devait rencontrer le plus de résistance. Le 8 octobre, une majorité de 41 membres empêcha la seconde lecture du Bill, et quelques jours après le parlement fut prorogé. Le 6 décembre il se réunit de nouveau. La question de la réforme était la seule qui occupât tous les esprits. Mais l'ancien Bill ayant été rejeté, il fallait en présenter un nouveau. Le ministère introduisit quelques modifications assez insignifiantes, et lord John Russell soumit le Bill à la chambre des communes. Malgré l'opposition acharnée des tories, le Bill parcourut toutes ses phases, et le 21 janvier il fut adopté à la majorité de 116 voix.

Le 26 mars suivant il fut présenté à la chambre des lords. Les débats furent d'une violence extrême. Enfin, le 7 mai, un amendement introduit par lord Lyndhurst donna une majorité de 35 voix contre les ministres. Lord Grey se rendit aussitôt auprès du roi Guillaume IV, et lui proposa une création de nouveaux pairs, sinon sa démission. Le roi accepta la démission.

Il serait impossible de décrire l'agitation que produisit dans toute l'Angleterre cette funeste victoire de l'aristocratie. D'abord, la chambre des communes vota une adresse au roi, dans laquelle elle lui témoignait « le profond regret que lui causait la retraite d'un ministère en qui elle avait une entière confiance. » La cour du conseil commun (common council), présidée par le lord-maire, vota une adresse semblable. Toutes les corporations de Londres se réunirent au nombre de plus de deux cent mille personnes. Les électeurs de Westminster se rassemblèrent pour « prendre toutes les mesures nécessaires à la sûreté de l'État. » A Birmingham, une réunion de plus de cent mille individus déclara rester en permanence jusqu'à ce que le peuple obtînt justice des tories, et la résolution fut prise de refuser tout impôt jusqu'à ce qu'on leur accordât le Bill de réforme. A Manchester, à Liverpool, dans toutes les grandes villes, les populations se rassemblaient et s'excitaient à la résistance. L'insurrection était générale.

Pendant ce temps, les tories, embarrassés de leur victoire, cherchaient en vain à composer un ministère : les plus hardis reculaient devant cette

puissante manifestation de l'opinion publique. L'interrègne ministériel dura du 9 au 16 mai. Alors, le roi épouvanté s'adressa de nouveau à lord Grey, qui consentit à reprendre le portefeuille, sous la promesse formelle qu'en cas de nouvelle résistance des lords, il serait autorisé à créer un nombre de pairs suffisant pour obtenir la majorité. Mais les lords avaient reçu une trop forte leçon pour s'exposer à ce nouveau danger, et le 5 juin 1832, le Bill de réforme fut adopté par la chambre des lords à la majorité de 84 voix sur 128 votants, après une lutte acharnée de 15 mois.

Il est certain qu'au peuple seul doivent revenir les honneurs de cette victoire. Par son imposante attitude il sut faire plier la couronne et l'aristocratie. Mais le Bill en lui-même ne méritait pas une aussi éclatante manifestation. Ses principales dispositions consistaient à augmenter le nombre des représentants de la métropole et d'autres grandes villes, à donner des représentants à des villes considérables qui n'en avaient pas, telles que Birmingham, Manchester, Sheffield, Leeds, etc., enfin à enlever le droit de représentation aux bourgs-pourris, dont quelques-uns, composés de deux ou trois chaumières (1), envoyaient deux membres au parlement. Ce Bill, en outre, étendait le droit d'élection à tous les habitants payant un loyer de 10 livres sterling (250 francs). Mais le Bill de réforme laisse encore aux grands propriétaires toute leur influence sur leurs fermiers et tenanciers; mais il laisse encore toutes les voies ouvertes à la corruption; mais il n'empêche pas qu'il ne faille encore dépenser deux ou trois cent mille francs pour se faire nommer député; mais il n'empêche ni les combats, ni les violences, ni les débauches électorales. Du reste, il n'y avait pas mieux à espérer des whigs, car ils forment l'aristocratie de l'argent, opposée à l'aristocratie de la naissance : ils flattent le peuple par des semblants de réforme, et le peuple s'y laisse tromper. Un jour viendra cependant où il devra comprendre qu'il vaut mieux encore avoir des ennemis comme les tories que des alliés comme les whigs.

ELIAS REGNAULT.

BILL DES DROITS. Lorsqu'après l'expulsion de Jacques II, Guillaume d'Orange fut appelé au trône, le parlement lui fit accepter plusieurs lois tendant à diminuer les prérogatives de la couronne, et à fixer d'une manière définitive certains droits qui avaient été souvent compromis par les usurpations royales. L'ensemble de ces lois fut appelé Bill des Droits. Parmi ces droits figuraient, entr'autres, le droit de pétition, le droit de porter des armes pour sa défense, d'en appeler aux cours de justice dans le cas de lésion, la liberté de la parole dans le parlement, la liberté des élections, etc. On voit que ce n'était que la sanction des droits

(1) Dans un de ces bourgs-pourris appelé Old-Sarum, il y avait dix électeurs qui nommaient 2 représentants. Dans un autre, Gatton, il n'y avait qu'un seul électeur qui nommait 2 représentants, tandis que le Yorkshire, qui comprenait un million d'habitants, n'envoyait également que 2 représentants.

anciens, mais plus d'une fois mis en question par le mauvais vouloir des rois. Il y avait aussi dans ce Bill un article important par sa nouveauté, qui soumettait la couronne à l'obéissance envers toute décision judiciaire. Jusque-là, le roi, considéré comme chef suprême de toute justice et ne relevant de personne, s'était plus d'une fois placé au-dessus des lois, et l'on ne supposait pas qu'un acte du parlement pût porter atteinte aux prérogatives du trône ; aussi, dans presque tous les statuts, se trouvait une clause appelée, d'après ses premiers mots, clause de *non obstante,* qui permettait aux rois de s'affranchir de toute obéissance aux actes du parlement. Le Bill des Droits abolit la clause de *non obstante,* et proclama l'égalité devant la loi. Enfin, par un autre article du même Bill, il fut interdit à la couronne d'avoir une armée permanente, et de lever aucun impôt pour cet objet sans l'autorisation du parlement.

Le Bill des Droits fut donc, ainsi qu'on peut voir, un pacte entre le trône et les citoyens, une espèce de charte imposée par la nation au roi nouveau qu'elle venait de choisir.   E. R.

BILL D'INDEMNITÉ. C'est l'approbation donnée après coup par une assemblée politique à des actes extra-légaux commis par les agents supérieurs du pouvoir. Lorsque, dans une monarchie constitutionnelle, un ministre viole la loi, et qu'il lui plaît de convenir, qu'en effet, il l'a violée, il vient demander à la chambre un Bill d'indemnité. La chambre accorde ce Bill pour deux raisons : la première, c'est qu'elle est composée presque tout entière des amis et des créatures du ministre prévaricateur ; la seconde, c'est qu'il est impossible d'appliquer au coupable la loi sur la responsabilité des agents du pouvoir : cette sorte de loi n'existant jamais dans une monarchie constitutionnelle. —Le plus souvent, au reste, les ministres ne daignent point demander des Bills d'indemnités; ils aiment mieux justifier leur faute par quelque sophisme. De ces deux variétés d'escobarderie, on ne saurait dire celle où il entre plus de franchise.
                                                 DC.

BLOCUS. Mettre une place en état de Blocus, c'est l'investir et la cerner de telle sorte qu'elle ne puisse plus avoir aucune communication avec le dehors.

On comprend que le Blocus porte atteinte de la manière la plus grave à la liberté des particuliers, à leurs propriétés, et, dans certains cas, à leur existence, puisqu'il détruit leur commerce et les condamne souvent aux horreurs de la famine. Pourtant, le droit de Blocus est considéré par tous les publicistes comme conforme au droit des gens, et dérivant du droit de guerre qui appartient aux Souverains.

Il est vrai qu'en cette matière, comme en plusieurs autres, de grandes améliorations seront introduites dans les usages internationaux. Il est reconnu, aujourd'hui, du moins dans les guerres de terre, que l'on doit distinguer soigneusement ce qui appartient aux particuliers de ce qui appartient aux gouvernements. Ainsi l'armée qui bloque une place saisit tout ce que le gouvernement ennemi cherche à y introduire en hommes, munitions, vivres, etc.; elle doit se contenter de repousser les particuliers et les marchandises qui appartiennent à des particuliers.

Mais ce qui est reconnu pour la guerre de terre ne l'est pas pour la guerre maritime. Le droit de Blocus est loin d'être rigoureusement défini en ce qui concerne les ports et les côtes, et son interprétation a provoqué plus d'un sanglant épisode, tant dans la guerre de l'indépendance américaine que dans le cours des longues guerres de la Révolution.

En général, comme le remarque Napoléon dans son excellente note sur les *neutres,* le droit maritime diffère beaucoup du droit commun à ce point que, par exemple, « un bâtiment anglais navi-« guant et saisi par un vaisseau français sera con-« fisqué, quoique sa cargaison appartienne à des « particuliers, les individus trouvés à bord de ce « bâtiment seront prisonniers de guerre, quoique « non combattants, et un convoi de cent charrettes « de marchandises appartenant à des Anglais et « traversant la France, au moment de la rupture « entre les deux puissances, ne sera pas saisi. »

Cette anomalie devait se reproduire en matière de Blocus, et, en effet, il arrive que les simples citoyens de la ville maritime bloquée peuvent être faits prisonniers et leurs marchandises saisies, lorsqu'ils cherchent à passer malgré les croisières : cela ne souffre pas de difficulté.

Les victimes ne peuvent réclamer, car leur gouvernement n'a qu'un moyen pour les protéger ; c'est de faire la guerre au gouvernement auteur du Blocus, et la guerre est déjà allumée ; il ne reste donc à invoquer que le droit du plus fort.

Mais la condition des citoyens appartenant à des puissances neutres a dû nécessairement être mieux respectée, puisque les violences exercées à leur égard peuvent entraîner des guerres nouvelles. Il a donc été convenu, quant à eux, que les bâtiments neutres pourraient entrer dans le port en état de Blocus, pourvu qu'ils ne portassent aucun objet de contrebande. Sont réputés contrebande tous les ustensiles et munitions de guerre, et même tout ce qui peut servir à prolonger les défenses, comme vivres, combustible, etc... On doit regarder comme neutre, quelle que soit la provenance de sa cargaison, tout bâtiment portant un pavillon neutre, et dont le capitaine, ainsi que la moitié au moins de l'équipage, sont citoyens d'un état non belligérant ; c'est ce dernier principe qu'on résume, en disant : *le pavillon couvre la marchandise.*

Pour que les croiseurs pussent s'assurer si un bâtiment est véritablement neutre, on a dû leur accorder le droit de visite. La saisie est de droit, lorsque la visite établit qu'il a violé les lois du Blocus ; mais il faut pour cela que le Blocus soit réel, c'est-à-dire qu'il y ait dans le port bloqué une force suffisante pour rendre le passage dangereux ; autrement on ne serait pas admis à saisir plus tard ce même bâtiment sous pré texte qu'il aurait *forcé la consigne* des vaisseaux formant le Blocus.

Tels sont les principes de la matière adoptés par les puissances maritimes lors des traités généraux de pacification, tels que ceux de Westphalie en 1742 et d'Utrecht en 1712.

De ces principes, il n'en est pas un seul que l'Angleterre n'ait violé depuis 1780 jusqu'en 1814, et que la France n'ait eu la gloire de défendre, en cherchant à introduire dans le code maritime du droit des gens quelques-uns des adoucissements que les progrès de la civilisation ont apportés aux guerres continentales. On a vu l'Angleterre soutenir que la mer appartient au plus fort, et pousser l'insolence jusqu'à inventer ses fameux *Blocus sur le papier*, en vertu desquels elle jetait l'interdit sur des places et des côtes tout entières devant lesquelles elle n'avait pas une seule barque. A ce mépris du droit des gens, Napoléon répondit par le *Blocus continental*, pensée immense, beaucoup trop critiquée, et à laquelle nous ne trouvons guère qu'un reproche à faire, celui de n'avoir pas été suffisamment respectée par l'homme qui l'avait conçue. Il serait hors de propos de retracer ici l'histoire du Blocus continental : toutefois, il nous paraît utile de donner le préambule du décret qui l'établit : c'est, à-la-fois, une déclaration de principes et le résumé d'une belle page de nos annales, et c'est par là que nous terminerons :

Motifs du décret qui déclare les Iles Britanniques en état de blocus :

Berlin, le 21 novembre 1806.

NAPOLÉON, empereur des Français, Considérant :

« 1° Que l'Angleterre n'admet point le droit des gens suivi universellement par tous les peuples policés ;

« 2° Qu'elle répute ennemi tout individu appartenant à l'état ennemi, et fait, en conséquence, prisonniers de guerre, non-seulement les équipages des vaisseaux armés en guerre, mais encore les équipages des vaisseaux de commerce et des navires marchands, et même les facteurs de commerce et les négocians qui voyagent pour les affaires de leur négoce ;

« 3° Qu'elle étend aux bâtimens et marchandises du commerce et aux propriétés des particuliers le droit de conquête, qui ne peut s'appliquer qu'à ce qui appartient à l'état ennemi ;

« 4° Qu'elle étend aux villes et ports de commerce non fortifiés, aux havres et aux embouchures des rivières le droit de Blocus qui, d'après la raison et l'usage de tous les peuples civilisés, n'est applicable qu'aux places fortes ;

« Qu'elle déclare bloquées des places devant lesquelles elle n'a pas même un seul bâtiment de guerre, quoiqu'une place ne soit bloquée que quand elle est tellement investie qu'on ne puisse tenter de s'en approcher sans un danger imminent ;

« Qu'elle déclare même en état de Blocus des lieux que toutes ses forces réunies seraient incapables de bloquer, des côtes entières et tout un empire ;

« 5° Que tel étant le but évident de l'Angleterre, quiconque fait sur le continent le commerce des marchandises anglaises favorise par là ses desseins odieux et s'en rend le complice ;

« 7° Que cette conduite de l'Angleterre, digne en tout des premiers âges de la barbarie, a profité à cette puissance au détriment de toutes les autres ;

« 8° Qu'il est de droit naturel d'opposer à l'ennemi les armes dont il se sert, et de le combattre de la même manière qu'il combat, lorsqu'il méconnaît toutes les idées de justice et tous les sentimens libéraux, résultat de la civilisation parmi les hommes ;

« Nous avons résolu d'appliquer à l'Angleterre les usages qu'elle a consacrés dans sa législation maritime. Les dispositions du présent décret seront constamment considérées comme principe fondamental de l'empire, jusqu'à ce que l'Angleterre ait reconnu que le droit de la guerre est un, et le même sur terre que sur mer ; qu'il ne peut s'étendre ni aux propriétés privées quelles qu'elles soient, ni à la personne des individus étrangers à la profession des armes, et que le droit de Blocus doit être restreint aux places fortes réellement investies par des forces suffisantes ;

« Nous avons, en conséquence, décrété et décrétons ce qui suit :

ART. 1er. Les Iles Britanniques sont déclarées en état de Blocus, etc.   J. BASTIDE.

BONAPARTISME, système de Bonaparte.— Les différentes parties de ce système devant naturellement trouver place aux mots : ACTE ADDITIONNEL, ADMINISTRATION, CONSEIL-D'ÉTAT, CONSTITUTION, CONSULAT, EMPEREUR, EMPIRE, MAJORATS, SÉNATUS-CONSULTE, etc. ; nous nous bornerons à résumer brièvement ici les circonstances qui ont engendré le pouvoir impérial, la nature de ce pouvoir, les causes de sa décadence et de sa chute.

Les circonstances qui ont porté Bonaparte au souverain pouvoir sont bien connues. Chacun sait quelle anarchie avait suivi le triomphe de la faction thermidorienne. L'inintelligence et la profonde corruption du gouvernement directorial avaient dégoûté tous les honnêtes gens, en même temps que sa faiblesse excitait l'audace des royalistes. Un moment contenus par le coup-d'état du 18 fructidor, ceux-ci comprirent bien vite qu'ils n'avaient plus à combattre l'esprit révolutionnaire, mais, seulement, d'anciens révolutionnaires qui voulaient garder leurs positions ; la France, de son côté, le comprenait ainsi, et le gouvernement, livré à lui-même, flottait à l'aventure. Il n'y avait plus ni sympathie, ni intérêts communs entre les gouvernans et les gouvernés ; le sentiment national avait perdu toute son énergie ; chacun avait la conscience d'un immense danger.

Bonaparte arrivait d'Egypte, et, plus habile que loyal, il donnait des espérances à tout le monde. Les vrais patriotes, humiliés de voir la France déchue tombée sous le joug des courtisanes du Directoire, conçurent l'espérance que Bonaparte aurait la volonté et le pouvoir de rétablir cette duissante unité qui avait assuré le salut de la République. Les corrompus que la chute de Robespierre avait rendus maîtres de la France se voyant de plus en plus menacés dans leurs positions, étaient disposés à plier devant celui qui serait assez fort pour les protéger. Les royalistes, de leur côté, tout en menaçant les révolutionnaires, redoutaient leur énergie, et, d'ailleurs, le plus grand nombre d'entre eux, fatigué de souffrir et de craindre, ne demandait momentanément que de la sécurité et du repos. Il en était de même des catholiques. Quant à l'armée, elle ne pouvait qu'être flattée de voir à la tête du gouvernement le plus illustre de ses chefs, et d'être ainsi émancipée du joug qu'elle avait jusqu'alors subi. Bonaparte fut donc à-peu-près universellement accepté, quoique par des motifs fort différents. Ne trouvant devant lui aucune résistance, il s'éleva rapidement jusqu'au pouvoir suprême.—La nature de ce pouvoir était essentiellement démocratique comme la mission de celui qui l'exerçait ; on peut affirmer que Bonaparte ne comprit pas un moment cette situation. Au lieu de consolider la Révolution au dedans et de la répandre au dehors, il fit ce qui dépendait de lui pour l'étouffer. — Au-dedans, en même temps qu'il se servait des anciens révolutionnaires, il combattait partout les idées révolutionnaires. A la dictature sociale exercée par la Convention au profit de l'égalité, il substituait la dictature individuelle exercée au profit du despotisme. Gouvernement, justice, administration, tout relevait de lui seul, tout revenait à lui seul ; il centralisait tout, à ce point que l'unité touchait à la confusion ; son génie était l'âme du gouvernement, sa volonté le mobile unique, universel, irrésistible. Représentation nationale, liberté individuelle, liberté de la presse, garanties contre les abus de pouvoir, il avait tout confisqué. En quelques jours il avait changé la face de la France, il s'était rendu plus absolu que les rois de l'ancien régime. Comme eux il disait insolemment : *mon peuple*, en parlant de la nation qui l'avait fait ce qu'il était.—Au dehors ce n'était pas lui qui propageait la Révolution, mais l'armée française ; il pouvait faire une Pologne démocratique, il ne le voulut pas ; il pouvait donner à l'Allemagne des institutions libérales, il ne le voulut pas davantage ; et si quelque chose est resté parmi les peuples vaincus des principes révolutionnaires, ce n'est pas lui, nous le répétons, qui les y a déposés, ce sont les prédications de nos soldats. Napoléon vit-il, du moins, où le menait son système de contre-révolution ? Non ! Aveuglé par une vanité immense, il ne comprit pas qu'en travaillant au rétablissement des idées et des institutions monarchiques, il préparait infailliblement le rétablissement des Bourbons ; il ne comprit pas qu'en sapant les idées révolutionnaires il détruisait le point d'appui qui faisait sa force. Quant aux affaires du dehors, il se trompa également vis-à-vis des peuples et vis-à-vis des rois. En cajolant ceux-ci, il ne sentit pas qu'il s'aliénait ceux-là ; en se présentant aux princes comme le dompteur de la Révolution, il ne comprit pas qu'il se faisait à leurs

yeux plus redoutable que la Révolution même. De là sa chute. Menacé de toutes parts, il se souvint, au milieu du péril, que l'esprit révolutionnaire avait sauvé la France ; mais il voulait, avant tout, sauver son pouvoir, et il n'osa se livrer aux patriotes : il devait succomber, il succomba, laissant la France en proie à un horrible désastre.

　　　　　　　　　　　　　E. D.

BONAPARTISTE. Partisan du système de Bonaparte et des prétentions de sa famille.

BONNE VILLE. Ce mot, qu'on trouve fort souvent répété dans les ordonnances des rois de la troisième race, servait à désigner les villes affranchies des servitudes féodales, c'est-à-dire qui possédaient les droits de bourgeoisie et de commerce. Sauf les cas de nécessité ou de subside général, les Bonnes Villes étaient exemptes des impôts despotiques, connus sous les noms odieux de : toltes, tailles, questes, droit de gîte, prêts forcés, corvées d'hommes et de bêtes. Leurs habitants jouissaient de tous les droits civils ; ainsi, les veuves pouvaient disposer d'elles-mêmes ; les pères, libres de leur fortune, pouvaient tester en faveur de leurs enfants, les marier, etc., sans être obligés d'acheter la permission de qui que ce fût. Soustraites à la juridiction de leurs anciens seigneurs, ces villes avaient un autre avantage : elles se gouvernaient par des magistrats librement élus. Ces magistrats étaient appelés Maires, Échevins et Jurés dans les villes de la France septentrionale ; Syndics et Consuls, dans la partie méridionale. Leur devoir était de faire respecter, envers et contre tous, les franchises municipales de leur ville. L'administration des revenus communs, la punition des crimes et des délits étaient de leur ressort. Le soin de la conservation commune leur était dévolu, et en qualité de magistrats, et en qualité de généraux. En cas d'agression, ils appelaient aux armes tous les bourgeois, qui, tous, étaient tenus de venir se ranger sous leur commandement. Malheur à celui qui n'obéissait pas à la sommation du maire ; il s'exposait à voir détruire son habitation par les habitants, le maire en tête. C'était la dégradation civique de l'époque.

il nous reste plusieurs ordonnances de saint Louis touchant les mairies des Bonnes Villes du royaume. Elles sont toutes relatives à la police générale des Bonnes Villes, dont le roi était, en définitive, l'administrateur suprême et le premier magistrat. — Ces ordonnances sont toutes rédigées dans une forme très-impérative : *Nous ordonnons, nous défendons.* — Ceux qui avaient administré les biens d'une Bonne Ville pendant l'année étaient tenus, aux octaves de la saint Martin, de venir à Paris rendre compte de leur gestion. — On va jusqu'à fixer leurs dépenses. — « Ils ne pourront, est-il « dit, faire plus de dépense qu'ils en feraient s'ils « allaient pour leurs propres affaires. » — Il est dit encore que chaque Bonne Ville ne lèvera de taille qu'autant qu'il en faudra pour payer ses dettes ou les intérêts échus.—Les rois du moyen-âge avaient sur les sujets de leurs Bonnes Villes les droits qu'a un tuteur sur son pupille.　　　　　　A. T

　　　　　　　　　　　　　21

BONNET ROUGE. Dans les sociétés antiques, le Bonnet était le symbole de la liberté. En affranchissant un esclave le maître lui donnait un Bonnet. De là est venue cette expression : *Vocare servos ad pileum.* Préoccupés, outre mesure, des analogies du passé, les réformateurs de 89 adoptèrent le Bonnet phrygien. Cependant, les principaux révolutionnaires, pensant avec raison qu'on n'était pas moins bon patriote sous un chapeau que sous un Bonnet, refusèrent toujours de se couvrir du bonnet symbolique. J'ai même été témoin d'un trait extraordinaire, de l'audace avec laquelle Robespierre manifesta sa répugnance. Un soir, aux Jacobins, Dumouriez était à la tribune, il remerciait l'assemblée de la sympathie qu'elle lui avait témoignée, et reconnaissant qu'il lui devait sa place de ministre, il prenait vis-à-vis d'elle l'engagement de ne rien faire d'important sans l'avoir préalablement consultée. Robespierre, indigné de cette hypocrisie, demande aussitôt la parole pour une motion d'ordre, et monte à la tribune ; il avait la tête découverte. Un membre de l'assemblée trouvant sans doute ce manquement peu convenable, prend un Bonnet rouge, et le place sur la tête de Robespierre. Mais celui-ci, saisissant la coiffure sacramentelle, la lance vivement au milieu de la salle. Il y eut alors un frémissement terrible, et je crus avec tout le monde que c'en était fait de Robespierre. Mais chacun avait pour lui une si grande estime que personne ne dit mot, et Robespierre continua son discours.

Le Bonnet phrygien est une imitation peu réfléchie de l'antiquité. Convenable dans les pays chauds, il est hygiéniquement mauvais dans les pays froids. C'est, avec le père Duchesne, une portion de l'héritage révolutionnaire que nous pouvons très-bien laisser de côté.   D. SOUBERBIELLE.

BONNETS ET CHAPEAUX. Sous ces noms bizarres se rencontre une accusation terrible contre le gouvernement des castes politiques.

Après la mort de Charles XII, roi de Suède, les quatre ordres de l'État s'étaient emparés de la Souveraineté ; la Suède avait passé sous le joug d'une aristocratie turbulente et oppressive. Cette aristocratie se divisait en deux grandes factions, celle des Bonnets et celle des Chapeaux. La première, dévouée à la Russie, voulait la paix, au prix même de l'indépendance ; la seconde, émue des anciens souvenirs de gloire, voulait, avec l'appui de la France, secouer l'influence moscovite et reconquérir les provinces conquises par Pierre-le-Grand.

Leurs jalousies agitaient violemment les Diètes et poussaient la Suède à sa perte. A force d'usurpations, elles avaient avili l'autorité royale à ce point que le sénat avait fixé au roi la quantité de vin qui devait être servie à sa table ; la Diète ordonnait d'ouvrir ses lettres, et, quand il refusait d'obéir aux injonctions de l'assemblée, on apposait aux actes publics sa signature à l'aide d'une griffe.

Adolphe-Frédéric étant mort en 1771, Gustave III monta sur le trône. Dès son enfance, il avait montré clairement combien lui était odieuse la tyrannie des nobles. Mais où chercher un appui

contre eux ? Ce roi fit alors ce qu'ils font tous en de pareilles situations ; il se tourna vers le peuple, et réussit par toutes sortes de moyens à capter son affection. « Je pars content de toi, lui disait un jour, en le quittant, un paysan de la Dalécarlie ; je raconterai à mes compatriotes ce que j'ai vu ; et si jamais tu as besoin de tes enfants, ceux qui habitent les trois vallées accourront près de toi au moindre signe que tu leur donneras. » Pour accroître davantage la haine des peuples contre l'aristocratie, Gustave, arrêtant l'arrivage des blés, créait des disettes factices. Enfin, quand tout est prêt, en 1772, la conspiration royale éclate. Avec l'appui de la France, des troupes et du peuple, Gustave renverse le pouvoir politique de l'aristocratie et rétablit le pouvoir royal. Content d'avoir abattu la noblesse, il ne la détruit pas ; et bientôt, la guerre déclarée aux Russes fournit aux débris des Bonnets l'occasion de se venger. Les officiers nobles trahissent la Suède en même temps que le roi, et font périr la flotte à Hoghland. Obligé (14 août 1790) de signer à Varéla une paix honorable mais onéreuse, Gustave perd sa popularité ; il rentre en Suède, force la Diète à signer l'acte d'union et de sûreté et à laisser au roi le droit de paix et de guerre. La noblesse résiste ; Gustave répond par des supplices. Ankarstroem le tue d'un coup de pistolet.   E. D.

BONS DE L'ÉCHIQUIER. Les Bons de l'Echiquier, en Angleterre, ne sont pas autre chose que nos Bons royaux. Pitt en avait fait un tel abus en 1795, que la Banque d'Angleterre, qui lui avait fait des avances sur ces Bons, fut obligée de suspendre ses paiements

BONS ROYAUX. C'est de la loi du 4 août 1824, portant fixation des recettes et dépenses pour l'exercice 1825, que date la création des Bons royaux. L'article 6 de cette loi autorise le ministre des finances à créer, *pour le service de la Trésorerie et ses négociations avec la Banque de France,* des Bons portant intérêt et payables à échéance. Cet article, assez vague en lui-même, a besoin d'explications.

Au moment de la présentation du budget à la sanction des chambres, les ministres ne peuvent guère baser la fixation des recettes et dépenses que sur des données approximatives. Il en résulte toujours à la fin de l'exercice une différence, qui établit tantôt un excédant des recettes sur les dépenses, tantôt un excédant des dépenses sur les recettes. Ajoutons, toutefois, que c'est plus habituellement ce dernier cas qui arrive. Or, pour faire face aux déficits qui en résultent, le Trésor est obligé de faire des emprunts temporaires. Ces emprunts forment ce qu'on appelle la dette flottante, et c'est spécialement au service de la dette flottante que sont destinés les Bons royaux.

Ces Bons se négocient, soit à des particuliers, et alors cette négociation se fait à la Bourse, comme celle des autres effets publics, par l'entremise des agents de change, soit à la Banque de France, soit à la Caisse des dépôts et consignations.

Le taux de l'intérêt de ces Bons se règle selon le degré de prospérité du crédit.

La loi du 4 août 1824 fixait la somme totale des Bons royaux à 140 millions. Mais, plus tard, on augmenta ce chiffre, qui fut, par la loi du 15 avril 1831, fixé à 200 millions, et, par l'art. 9 de la loi relative à la fixation du budget des recettes de l'exercice 1832, porté à 250 millions. Et encore cette limite, déjà si étendue, n'est-elle pas de rigueur; la loi prévoit le cas où cette somme serait insuffisante pour les besoins du service, et elle permet d'y suppléer, en l'absence des chambres, au moyen d'émissions autorisées par ordonnances royales, qui devront néanmoins être soumises à la sanction législative dans la session suivante.

Ce pouvoir discrétionnaire de fabriquer des Bons royaux par ordonnances peut rendre illusoires les votes des chambres, en ajoutant considérablement aux dépenses fixées dans le budget. Il est assez singulier qu'il se rencontre partout, dans le régime constitutionnel, des exceptions tellement exorbitantes qu'elles mettent constamment en péril les principes fondamentaux. Ainsi, la grande prétention des hommes du gouvernement représentatif copié sur l'Angleterre, c'est de réserver à la nation le vote de ses impôts. Or, que signifie ce vote, si les impôts peuvent être arbitrairement augmentés par des Bons royaux créés par ordonnance, et s'il n'existe aucune loi sur la responsabilité ministérielle?　　　　　　　　　　　　E. R.

BOTANY-BAY. Vaste baie située sur la côte Orientale de la Nouvelle-Hollande, explorée en 1770 par le capitaine Cook, qui lui donna le nom de *Botany-Bay*, traduction presque littérale de celui de *Baie des Herbages* que lui avaient donné les anciens navigateurs, à cause de la variété des plantes croissant sur ses bords.

C'est fort improprement que beaucoup de personnes désignent sous ce nom la colonie pénale des Anglais en Australie. Il est vrai que, d'abord, lorsque le gouvernement anglais, après avoir perdu ses colonies de l'Amérique septentrionale, voulut choisir un nouveau lieu de déportation pour les condamnés, la première expédition fut dirigée sur Botany-Bay (1787). Mais en arrivant, on reconnut que, malgré la richesse apparente de la végétation, le sol du littoral n'offrait qu'un sable aride, des marais profonds d'eau saumâtre, pas un seul filet d'eau douce. — A cinq lieues au nord de Botany-Bay existait une autre baie d'une immense étendue, capable de recevoir, à-la-fois, plusieurs flottes dans ses criques nombreuses. Cook n'avait fait que l'entrevoir, et l'avait baptisée du nom de port Jackson. Les avantages de la situation la firent préférer, et, le 26 janvier 1788, l'emplacement où devait s'élever la colonie pénale fut tracé, et reçut le nom de *Sydney*. C'est aujourd'hui la capitale de toute la partie orientale de la Nouvelle Hollande, connue sous le nom de Nouvelle-Galles du sud. (*New South Wales*).

Le premier établissement se composait de 160 officiers et soldats, 40 femmes de soldats, 757 condamnés (dont 565 hommes, 192 femmes

et 18 enfants de condamnés). Les commencements furent pénibles; car le gouvernement s'était tellement hâté qu'il n'avait pas songé aux choses les plus nécessaires. Cependant, à force de travaux et de soins on triompha des premières difficultés, et, à la fin de l'année 1791, la colonie comptait 920 ares de terre en pleine culture. Ce qui ajouta surtout au bien-être de la colonie, c'est que le gouvernement chercha par des encouragements de tout genre, à attirer à Sydney des planteurs libres; et quoiqu'on eût d'abord quelque peine à y réussir, cinq années après sa fondation, la colonie se composait déjà de 4,000 Européens, parmi lesquels se trouvaient 1881 Colons libres ou émancipés. La ville de Sydney s'agrandissait : des écoles furent fondées, plusieurs routes ouvertes à travers les bois, des mines de fer exploitées et des travaux entrepris pour les constructions d'un port et d'un arsenal. Les travaux agricoles ajoutaient tous les jours aux richesses de la colonie; et en 1808, elle possédait 49,600 ares de terres en culture, 55,450 bêtes à cornes; 85,675 chevaux, 202,242 moutons et 24,822 porcs.

Une autre colonie de déportés, qui avait été formée vers la fin de 1803 à la terre de Van-Diemen, avait élevé sur les bords du Derevent la ville de *Hobart-Town*. Une rivalité commerciale et industrielle s'établit entre les deux villes qui prospéraient également toutes deux. L'affermissement du crédit public permit de fonder en 1817 et 1818 des banques et une caisse d'épargne, qui rendaient d'immenses services au commerce et à l'industrie. La population augmentait rapidement, antant par les émigrations volontaires que par les condamnations. En 1817, elle se composait de 20,379 âmes (17,175 à la Nouvelle-Galles et 3,214 à Van-Diemen, et quatre ans après de 37,068, savoir: 16,030 émigrés volontaires ou condamnés devenus libres, dont 3,422 femmes; 13,614 condamnés des deux sexes et 7,224 enfants. On peut évaluer aujourd'hui à près de 50,000 âmes la population de la Nouvelle-Galles.

L'Angleterre envoie dans ses colonies pénales tous les criminels condamnés à une peine excédant sept années, les condamnés à mort dont la peine a été commuée, et les banqueroutiers frauduleux dont l'âge est au-dessous de cinquante ans pour les hommes et de quarante-cinq ans pour les femmes. La moyenne des déportés par an est de 3,000 hommes et de 600 femmes, pour la Nouvelle-Galles; de 1,200 hommes et 101 femmes, pour la terre de Van-Diemen; les frais de transport sont d'environ 750 fr. par individu.

Les condamnés sont placés sous la surveillance des planteurs libres, et travaillent pour eux jusqu'au moment de leur libération. Ceux qui savent un métier travaillent pour le gouvernement. La durée du travail ne doit pas excéder neuf heures par jour. Il est accordé annuellement une somme de 10 livres sterling (250 fr.) à chaque condamné pour son entretien; il reçoit en outre, par semaine, pour sa nourriture, onze livres de pain, sept livres de viande, une livre de sucre et deux onces de thé.

Lorsque la peine est expirée, les déportés, à l'exception des femmes, ont la liberté de retourner dans leur patrie, mais à leurs frais; ceux qui veulent rester, obtiennent la concession d'un terrain, et reçoivent des vivres pendant un certain temps. Grâce à cette direction intelligente, l'aisance est répandue dans toutes les classes des habitants. L'instruction primaire y est l'objet des soins constants du gouvernement: chaque village a son école, et dans les villes il existe des colléges et des pensionnats pour les enfants des familles riches. Plusieurs journaux périodiques sont publiés à Sydney.

La terre de Van-Diemen jouit aussi des mêmes avantages. Hobart-Town possède des écoles, des colléges, des journaux, une banque, une caisse de secours, un service de postes régulier et des paquebots, au moyen desquels de constantes communications sont entretenues avec Sydney. Les revenus publics de ces deux colonies augmentent d'année en année.

C'est ainsi que l'Angleterre a su tirer parti des hommes que la loi était obligée de frapper: elle a ouvert un asile au repentir, elle a offert au vice une réhabilitation par le travail, et au malheur un moyen de fortune, en même temps qu'elle envoyait à des contrées sauvages les arts et la civilisation de l'Europe. (V. DÉPORTATION).   E. R.

BOULE. Petite sphère ou bille qui sert à représenter le vote. Les Boules sont de deux couleurs, noire et blanche; les unes servent à contrôler les autres. Lorsque, par exemple, on compte dans une assemblée deux cents votants; si la majorité est de cent cinquante contre cinquante, il y aura cent cinquante Boules blanches et cinquante Boules noires dans la première urne; cent cinquante noires et cinquante blanches dans la seconde (V. SCRUTIN). — On dit, au figuré, en parlant d'un député: « C'est une Boule », pour dire qu'il fait partie du nombre de ces capacités à cinq cents francs d'impositions qui occupent dans nos assemblées politiques une si large place.
                                          DC.

BOURG-POURRI. *Roten-Borough.* — Guillaume-le-Normand avait conquis l'Angleterre, et l'esprit de liberté se maintenait encore. Vaincus, les Saxons se souvenaient qu'ils avaient été vainqueurs, et dès qu'ils purent relever la tête, ils réclamèrent leurs vieilles lois, les lois d'Edouard-le-Confesseur. Les circonstances étaient favorables. Pressés par le besoin d'argent, les rois avaient besoin d'aide contre leurs barons, avec lesquels ils étaient toujours en lutte. On transigea. Les bourgeois ouvrirent leur bourse à la royauté. Pour prix de ce service, celle-ci leur permit d'élire un officier de leur choix, qui devait répartir l'impôt et verser la somme au trésor. Bientôt, les seigneurs imitèrent le roi. Tel fut le commencement des franchises municipales.

Ici apparaissent les premières lueurs des Bourgs-Pourris. L'aristocratie féodale, abattue par la royauté et par les Bourgs, s'effaçait de jour en jour; déjà elle n'était plus à craindre. Alors les rois résolurent d'anéantir le nouveau pouvoir qu'ils avaient élevé. Mais comment y parvenir? Comment donner un caractère de légalité à une mesure qui allait dé-

placer, au profit de la couronne, les franchises et les libertés des villes. Les chartes étaient formelles; elles disaient que quiconque résidait dans la ville était regardé comme bourgeois, et que tous les habitants et successeurs d'habitants avaient droit au même privilége. Les habiles, qui n'ont jamais manqué aux princes, se chargèrent de lever la difficulté. La loi permettait aux bourgeois de prononcer sur la légalité du titre des bourgeois nouveaux. On imagina de fausser l'esprit de la loi, et d'accorder aux bourgeois le droit d'élire, d'une part, leurs nouveaux confrères, et, d'une autre part, tous ceux qui voudraient désormais habiter la ville: mesure qui, en concentrant les priviléges de la bourgeoisie toute entière dans les mains d'un petit nombre d'individus, allait donner à la couronne des moyens de corruption sûrs et faciles, et lui permettre de disposer, selon son caprice et son intérêt personnel, des votes de la bourgeoisie. Toutefois, cette transition ne s'opéra pas sans une vive résistance; le sang coula, mais la royauté l'emporta, et les bourgeois privilégiés prirent aussitôt le titre de *select body* (corps choisi).

Cette situation conquise, la royauté ne songea plus qu'à l'affermir et à l'étendre. En 1434, sous le règne d'Henri VII, les corporations reçurent, pour la première fois, le titre avoué de corps politique, et chacune d'elles put alors envoyer un membre au parlement. Henri VIII et Édouard VI en augmentèrent le nombre; puis, Marie et Élisabeth en organisèrent de nouvelles, qu'elles soumirent au contrôle de la couronne. Déjà les effets de cette violation flagrante des libertés publiques se faisaient vivement sentir. L'activité commerciale opérait des déplacements considérables dans la population; de nouveaux centres se formaient et les anciens Bourgs se dépeuplaient, laissant leur autorité et leurs franchises entre les mains de deux personnes, et quelquefois d'une seule. A ces Bourgs on conservait scrupuleusement leurs priviléges, tandis qu'on refusait avec opiniâtreté les mêmes droits aux nouveaux centres dont on redoutait l'esprit démocratique. Ainsi, avant l'adoption du bill de réforme, des villes populeuses telles que Manchester, Leeds et Birmingham, n'avaient point encore de représentants à la chambre des communes. Des rois comme les Stuarts ne devaient laisser échapper aucune occasion de créer des Bourgs-Pourris; ils en augmentèrent considérablement le nombre, mais leurs exigences ayant excité de vifs mécontentements, l'un d'eux s'irrita de trouver quelques velléités de liberté dans un corps aussi servile, et, décidé à l'anéantir, il lança contre lui l'arrêt célèbre connu sous le nom de *quo waranto*. Cette mesure n'eut point le résultat qu'on en attendait; Jacques II tomba, et le fondateur de la dynastie de Hanovre en montant sur le trône s'empressa de rétablir les anciennes corporations.

Cependant, le monstrueux abus des Bourgs-Pourris attirait déjà l'attention, et l'opinion commençait à les flétrir. Mais cette grande et légitime abolition ne devait se réaliser que longtemps plus tard. Le Bill du 7 juin 1832 a fait une tardive justice des Bourgs-Pourris. (V. BILLS.)   C. PELLÉ.

BOURGEOIS. — BOURGEOISIE. Qu'est-ce qu'un Bourgeois? Un esclave d'hier, un serf,— un *maître* d'aujourd'hui. Qu'est-ce que la Bourgeoisie? La réunion des maîtres qui font travailler, au profit de qui travaillent les prolétaires. Où commence la Bourgeoisie? Où finit le prolétariat. — Je laisse de côté cette agrégation indéfinissable d'individualités de toute sorte, qui ne sont point du peuple puisqu'elles ne travaillent pas, et qui ne sont point de la Bourgeoisie puisqu'elles ne font pas travailler.

La réunion de la Bourgeoisie et du peuple, voilà la nation.

Il y a peu de temps encore, cette définition de la Bourgeoisie n'était point exacte. La Bourgeoisie, proprement dite, ne constituait pas la grande classe sociale qui aspire aujourd'hui à la domination universelle. Les publicistes bourgeois eux-mêmes ne la séparaient pas du peuple. A cette question : « Qu'est-ce que le tiers-état ? — Tout, » répondait un hardi pamphlétaire. « Le tiers-état est la nation, moins la noblesse et le clergé, » disait un autre écrivain qui voulait être plus exact.

Ainsi par la succession des temps, le changement successif des institutions, la modification progressive des rapports sociaux et politiques, le sens des mots se trouve profondément changé, modifié, altéré ou étendu.

Au douzième siècle, la Bourgeoisie, c'était les habitants de chaque ville, c'était les marchands, les négociants, les petits détaillants, les petits propriétaires. Quelques siècles plus tard, elle comprend les avocats, les médecins, les hommes de lettres, les magistrats locaux. Plus tard encore, le cercle s'étend et la Bourgeoisie devient une classe politique nombreuse, puissante par les lumières et les richesses, qui détruit la noblesse et abat la royauté, la relève et opprime le peuple.

L'histoire de ces vicissitudes est grande et pleine de séductions; c'est l'histoire de notre France. Nous la ferons rapidement au mot TIERS-ÉTAT. Le tiers-état, c'est, en effet, la Bourgeoisie jusqu'en 89. — Ici, nous ne voulons parler que de la Bourgeoisie moderne, de celle qui a triomphé à la fin du siècle dernier; nous voulons examiner de près cette puissance, en déterminer le caractère, en vérifier la valeur.

Qu'on s'en réjouisse ou qu'on le déplore, il y a un fait actuel, évident, incontestable, c'est la suprématie politique et sociale des classes bourgeoises. La Bourgeoisie domine. Elle est l'aristocratie nouvelle, la noblesse du dix-neuvième siècle. Par le mot noblesse, j'entends qu'elle est indépendante, qu'elle tire sa puissance d'elle-même, qu'elle n'a pas besoin de l'aumône publique pour se maintenir, qu'elle pourrait, si elle le voulait, servir l'État à ses dépens comme le servaient les anciens possesseurs de fiefs. La Bourgeoisie domine, car elle manie toutes les forces sociales; car les sources de la richesse, les instruments de travail, le crédit, elle est en possession de tout cela ; le gouvernement est son tributaire comme la nation; elle lui donne ou lui refuse le crédit; c'est elle qui ouvre les emprunts publics, qui les remplit ou les chasse du marché ;

par elle le peuple vit, par elle il meurt; elle est maîtresse enfin et reine du monde social, reine et maîtresse absolue.

Cette domination juste ou injuste, nous le dirons tout-à-l'heure, est consacrée, proclamée par les institutions politiques. C'est la Bourgeoisie qui fait la loi, c'est elle qui l'applique ; c'est elle qui nomme la représentation nationale, ce sont ses membres et ses membres seuls qui la composent. La loi électorale de 1817, modifiée depuis dans quelques-unes de ses dispositions, mais maintenue dans son principe, a fondé la prépondérance politique des Bourgeois, et par suite, affermi et étendu leur prépondérance sociale ; elle a, suivant l'expression hautaine du plus illustre publiciste de la Bourgeoisie, « fait sortir l'élection des mains de la multitude, où elle ne peut avoir lieu que mensongèrement, pour la placer dans la main des classes éclairées et capables, où l'élection s'opère directement et efficacement. » (V. ÉLECTION.)

Or, toutes les fois qu'un fait général apparaît dans l'histoire, on est vivement tenté de le proclamer légitime. Comme il n'y a pas d'effet sans cause, on est conduit naturellement à conclure du fait au droit. Souvent, très-souvent, cela est rationnel et juste. Le fait, c'es presque toujours la pensée agissante. Mais il est dangereux de croire et de dire que cette règle ne comporte pas d'exception. A côté des faits généraux, il y a les faits particuliers; à côté des lois, les accidents ; au-dessous de Dieu, l'homme. Non, la société ne se garde pas toujours si bien que de hardis ravisseurs ne lui fassent violence. Et puis, la forme et la pensée sociale ne se renouvellent jamais à la fois. Une pensée est déjà morte depuis longtemps que sa forme subsiste encore. Elle reste debout comme un vieux lambeau de pourpre sur un squelette vermoulu. Proclamez alors comme vérité cette vaine apparence que vos yeux aperçoivent, et vous aurez trompé les autres en vous trompant vous-même.

J'insiste sur ce point, parce que quelques hommes, fort éclairés d'ailleurs, et d'une valeur intellectuelle très-réelle, confondant à plaisir toutes les notions du bien et du mal, ont érigé en système cette dangereuse et immorale proposition, que tout fait est juste parce qu'il est. Or, il faut distinguer les faits qui ont aidé directement ou indirectement au développement de la civilisation de ceux qui l'ont entravé. Les premiers sont toujours légitimes; c'est une folie, c'est une faute que de justifier les autres.

A l'aide de ces principes, on peut décider avec certitude si le pouvoir antérieur de la Bourgeoisie a été légitime, si sa prépondérance actuelle est un fait vraiment social, si elle est actuellement encore légitime et juste ou si elle a cessé de l'être; et, enfin, « *s'il faut que toutes les supériorités acceptent ce fait*, ce fait *définitif* de notre époque , le triomphe « de la classe moyenne , la prépondérance des in-« térêts qu'elle représente (1). »

Je dis d'abord que la nation française tend invinciblement à un double but, l'égalité et l'unité.

(1) Guizot, Discours à la chambre des députés, 3 mai 1837

Or, recréer une caste nouvelle sur le débris des vieilles castes abattues, c'est évidemment aller en sens contraire du but général ; c'est détruire l'égalité, briser l'unité sociale si laborieusement conquises. L'érection de la Bourgeoisie en une aristocratie est donc un fait anti-social, illégitime par conséquent.

C'est une chose reconnue par tous, proclamée par tous que le génie français est essentiellement sympathique et sociable. Nulle part, ailleurs, il ne se rencontre plus de charité et d'amour, nulle part un plus grand besoin de se répandre au-dehors, de se communiquer, d'enseigner, de prêcher. Nous aimons les grandes choses et les grands hommes parce que les grands hommes et les grandes choses sont une propriété commune. C'est notre honneur que cette faculté d'assimilation et de fusion, c'est notre gloire, dans tous les temps. Eh bien, j'en prends à témoin l'homme qui s'est le plus énergiquement efforcé de fonder la domination de la classe moyenne, est-ce là la Bourgeoisie?

..... « De là ce caractère de réserve, de timidité d'esprit, de modestie craintive, d'humilité dans le langage, même au milieu d'une conduite ferme, qui est si profondément empreint dans la vie non-seulement des bourgeois du douzième siècle, *mais de leurs plus lointains descendants.* Ils n'ont pas le goût des grandes entreprises ; quand le sort les y jette ils en sont inquiets et embarrassés ; la responsabilité les trouble ; ils se sentent hors de leur sphère ; ils aspirent à y rentrer ; ils traiteront à bon marché. Aussi, dans le cours de l'histoire de l'Europe, de la France surtout, voit-on la Bourgeoisie estimée, considérée, ménagée, respectée même, mais rarement redoutée ; elle a rarement produit sur ses adversaires l'impression d'une grande et fière puissance, d'une puissance vraiment politique (1). »

Arrêtez un moment votre esprit sur les événements contemporains, et dites si vous n'êtes point frappé de l'exactitude de cette appréciation. Oh ! c'est une époque bourgeoise, en vérité, et ennemie des grandes entreprises et embarrassée quand elle s'y trouve jetée, que l'époque actuelle. Où la France s'est-elle répandue en ces derniers temps ? Quelle preuve a-t-elle donnée au monde de sa puissance initiatrice ? Qu'a-t-elle fondé au-dedans ? Qu'a-t-elle préparé au-dehors ? Qu'a-t-elle donné au présent ? Que garde-t-elle à l'avenir ? Cherchez bien ; vous trouverez gravé sur le socle d'une statue représentant le prince en qui se résume la Bourgeoisie contemporaine cette double inscription : *Abolition des jeux, Abolition de la loterie,* deux affaires de police municipale !

Une forme sociale est légitime à deux conditions : il faut qu'elle améliore à-la-fois l'individu et la société. Par quoi l'homme s'est-il grandi de nos jours ? Par quoi a-t-il manifesté qu'il valût mieux et plus que ses ancêtres ? Est-il plus moral, plus compatissant, plus sensible, plus porté au bien, plus ennemi du mal ? Quant à la Société, en quel

temps fut-elle plus douloureusement troublée ? Partout des souffrances, et du malheur et des larmes. Ceux qui sont nés d'hier sont vieux déjà et tristes, et il n'y a plus au fond des cœurs ni de désir ni d'espérance. Allez dans ces demeures lointaines que visite quelquefois la charité, jamais le jour, vous n'entendrez que des gémissements désespérés ou des imprécations terribles. Du bourgeois au prolétaire un dédain froid et amer ; du prolétaire au bourgeois une haine ardente, inextinguible !

Il y a un puissant moyen de civilisation : le sentiment religieux. La religion est l'association des cœurs comme la politique est l'association des intérêts. Eh bien ! la Bourgeoisie a pour Dieu le néant et pour grand-prêtre Voltaire. Sa philosophie c'est qu'il n'y a pas de philosophie, qu'il n'y a ni vérité ni mensonge, et qu'il est sage de douter de toutes choses, voire de Dieu et de la vertu.

Non, la Bourgeoisie n'est plus un instrument de civilisation. La civilisation progresse lorsque l'homme et la société s'améliorent mutuellement, lorsque les droits de tous sont mieux respectés et les devoirs mieux accomplis, lorsque l'esprit s'étend, lorsque l'intelligence s'élève, lorsque les mauvais instincts se moralisent ; la civilisation progresse lorsque les forces individuelles sont bien réglées et tournées au profit de la Société, lorsque la production s'accroît et qu'en même temps les produits se distribuent d'une manière plus équitable entre les individus ; la civilisation progresse, enfin, lorsque les relations sociales sont mieux organisées.

Or, rien de cela n'est aujourd'hui. Il y a absence, tout-à-la-fois, et de bien-être matériel et de moralité, et d'instruction intellectuelle ; point de liberté générale, mais des libertés individuelles sans frein et oppressives ; la ruse, la bassesse et la violence, sont le caractère dominant de notre état social.

Si du moins les faibles obtenaient quelquefois justice ! La tyrannie se peut supporter quand il se trouve au milieu de la Société une force publique ou particulière ayant la puissance et la volonté de de faire respecter les droits de chacun : *Si le roi le savait,* disait le serf du moyen-âge, et il attendait. Aujourd'hui le roi le sait et la justice ne vient pas.

La domination de la Bourgeoisie est donc, je le répète, un contre-sens social.

Aussi bien, des signes certains attestent que cette domination n'est plus possible et va tomber.

La Bourgeoisie est cernée par trois ennemis : l'ancien régime, la démocratie et la royauté.

L'ancien régime, frappé au cœur, ne peut rien pour lui-même, mais il peut beaucoup contre la Bourgeoisie.

Quant à la démocratie, nous invoquons encore le témoignage non suspect de M. Guizot. « Vous n'avez contre la disposition révolutionnaire des classes pauvres, indépendamment de la force légale, qu'une seule garantie : le travail, la *nécessité incessante du travail ;* c'est le côté admirable de notre société. La puissance du travail et le frein que le travail impose à toutes les ambitions, à toutes

(1) Guizot, Histoire générale de la civilisation en Europe. col. 1, 7e leçon, 33.)

les prétentions, est aujourd'hui le fait le plus salutaire de la Société. Mais ne vous y fiez pas, le travail est un frein insuffisant qui manque tel jour...»

Et alors? Ainsi, toute amélioration dans la condition de la classe pauvre, toute augmentation de salaire comme toute réduction de travail équivaut à la destruction de la société actuelle. Or, s'il est dans la nature de l'homme de s'améliorer constamment, je le demande, combien de jours encore maintiendra-t-on une forme de gouvernement qui repose sur la négation de tout progrès intime ou extérieur?

Dans l'ordre purement politique, la Bourgeoisie n'est pas moins menacée. Elle est placée dans cette situation singulière qu'elle ne veut vivre avec la royauté ni sans la royauté. Les girondins essayèrent de fonder une république bourgeoise; on sait comment ils réussirent. L'histoire de ces dernières années dit suffisamment si une aristocratie bourgeoise est compatible avec la monarchie.

Contre tous ces périls, la Bourgeoisie possède un moyen de défense, c'est le cens électoral. Mais ce cens électoral, qui est le signe de sa prépondérance, est précisément ce qui rend impossible la durée de cette prépondérance. A un chef de famille éligible succéderont trois enfants qui ne seront pas même électeurs. Chaque mutation de propriété (et l'on sait si elles sont fréquentes) entraîne forcément une mutation dans le corps électoral. Comment veut-on que cette mobilité perpétuelle, que ce déclassement régulier, systématique, irrésistible de la Bourgeoisie censitaire lui permette jamais de préparer à son règne un avenir durable? Qu'est-ce que demain pour elle sinon un mot vide de sens. Cherchez donc à inculquer à une agrégation semblable, dont le personnel se renouvelle incessamment, cet esprit de suite, cette ténacité de vues, ce dévouement égoïste qui fait la gloire et le succès, mais aussi la honte de toutes les aristocraties.

A la vérité, la Bourgeoisie, maîtresse, comme nous l'avons dit, des sources de la richesse, a un moyen de contenir la démocratie; c'est de réduire le peuple à la famine en lui refusant du travail. Mais qui ne voit le profond danger de cet expédient? Mettre le peuple entre la mort et l'exercice de sa force, n'est-ce pas le contraindre à s'affranchir?

En présence de tant de causes de décadence et de ruine, le règne de la Bourgeoisie, si court qu'il ait été, serait encore un problème si l'on n'en trouvait la raison dans les circonstances tout-à-fait particulières où nous vivons. A l'aide de ces circonstances, la Bourgeoisie s'est maintenue à-la-fois contre les empiétements du pouvoir royal et contre les justes exigences de la démocratie. Mais ce n'est là qu'un simple accident historique. Chaque jour, en effet, la situation se dessine davantage, et les questions se posent avec plus de rigueur. Voilà que les partisans du pouvoir royal affichent hautement leurs prétentions à un rôle de plus en plus actif et supérieur. D'un autre côté, les manifestations démocratiques acquièrent, de jour en jour, plus d'importance. Privée d'une force qui lui soit propre, l'aristocratie censitaire ne saurait tenir contre

cette réaction double et simultanée de la démocratie et de la royauté.   E. DUCLERC.

BOURGMESTRE. C'est le nom qu'on donne aux principaux magistrats des villes de Flandre, de Hollande, d'Allemagne et de quelques cantons suisses: il répond, tantôt à la qualié de maire, tantôt à celle de gouverneur, quelquefois à celle de juge-de-paix et de commissaire de police. Les attributions des Bourgmestres ne sont point par tout identiques; elles sont plus ou moins importantes, selon les localités, et participent plus ou moins du pouvoir municipal, judiciaire et exécutif. Toutefois, comme l'étymologie du mot l'indique assez, le Bourgmestre (le Bourgeois-maître, le chef des Bourgeois, *Burgermester*) représente moins le gouvernement que la commune. Il est généralement choisi par les échevins, et ses fonctions n'ont guère qu'un ou deux ans de durée.
                    A. L.

BOURREAU. De Maistre a écrit: « Toute puissance repose sur l'exécuteur. Il est l'horreur et le lien de l'association. Otez du monde cet agent incompréhensible, dans l'instant même l'ordre fait place au chaos, les trônes s'abiment et la société disparaît. »

La terrible logique de l'auteur *du Pape* et des *Soirées de Saint-Pétersbourg* n'a converti personne. Ce hideux portrait que l'écrivain catholique a tracé du Bourreau n'est pas de nature à faire aimer l'*ordre* dans lequel cet *agent incompréhensible* est nécessaire. Que les *trônes s'abiment* plutôt que de perpétuer le bourreau. L'esprit humain ne croit plus à l'efficacité des sacrifices sanglants. « L'édifice du passé, a dit un poète, reposait sur « trois colonnes: Le prêtre, le roi et le Bourreau. » « Il y a déjà longtemps qu'une voix a dit: Les « Dieux s'en vont! Dernièrement, une autre voix « s'est élevée et a crié: Les rois s'en vont! Il est « temps maintenant qu'une autre voix s'élève et « dise: Le Bourreau s'en va! »

Cette voix est la voix de l'humanité qui proteste contre le Bourreau. Aussi, le nom même du Bourreau tend à disparaître de la langue française, en même temps que s'écroulent les deux autres colonnes du passé. A monarchie bâtarde, Bourreau honteux. Depuis que la royauté s'appelle constitutionnelle, le Bourreau s'appelle exécuteur. Quand la Société saura prévenir les crimes, elle n'aura plus besoin de supprimer les criminels: elle supprimera le Bourreau. (Voyez PÉNALITÉ, PEINE DE MORT, etc.)   T. T.

BOURSE. D'après la loi du 28 vendémiaire an IV, la *Bourse* est le lieu où se rassemblent les négociants et marchands pour se livrer à leurs opérations de banque et de commerce.—Cette définition qui, aujourd'hui encore, est la seule légale, n'a plus le mérite d'être vraie. Il arrive bien encore que les commerçants, par habitude, par nécessité, et faute de trouver un autre emplacement, se rendent aux palais appelés Bourses, mais ils n'y occupent qu'un espace resserré, où, coudoyés de tous côtés par les joueurs, étourdis par les opérations bruyantes de l'agiotage, ils trouvent à peine la place et le temps nécessaire pour traiter de leurs affaires et régulariser leurs transactions. Ce n'est même qu'à une heure avancée de la journée, quand tous les trafics sur les rentes et sur les actions industrielles sont officiellement terminés, quand la fièvre de la spéculation s'est amortie, que les négociations commerciales reprennent leur cours. Ainsi, le commerce occupe aujourd'hui le moindre temps et le moindre espace dans ces enceintes que, dans l'origine, il avait lui-même établies, et que la loi lui avait exclusivement consacrées.

Les Bourses ont acquis, de nos jours, une très-grande importance politique. Est-ce un bien? Non; car, par une fatalité constante et signalée à toutes les époques, on les rencontre toujours en lutte contre le progrès et les intérêts généraux. Au milieu des crises, la Bourse s'isole dans son égoïsme; si la France est trahie ou envahie, on la trouve liguée avec les ennemis du dehors et du dedans. Dans les saturnales du Directoire, elle s'ouvre aux scandaleux trafic des agioteurs; sous l'Empire, elle fait sourdement obstacle à la mission révolutionnaire dont un grand génie était l'instrument involontaire; sous la Restauration, elle s'associe aux ignobles menées des vampires de l'ancien régime; et, enfin, sous la quasi-légitimité, quand l'intérêt matériel est proclamé le seul Dieu du monde social, c'est elle qui fournit, tout-à-la-fois, le temple, les adorateurs et les victimes de cet ignoble culte. Et qui ne sait qu'au moment où la nouvelle du désastre de Waterloo vint consterner la France, la Bourse, reprenant confiance au sein du naufrage, opéra sur le malheur public, qu'elle cota la rente plus haut que si la France avait été victorieuse, et qu'elle évalua favorablement l'effroyable sinistre qui, après plus de vingt ans, n'est pas encore réparé. — Par ces motifs, et voyant la Bourse telle qu'elle est, nous serions plutôt tenté de la faire rentrer dans les étroites limites que la législation lui a fixées que de l'encourager à pénétrer comme elle l'a fait sur le domaine de la politique.

Il est vrai de dire, cependant, que ces assemblées journalières d'hommes éclairés et toujours en correspondance active avec les pays étrangers pourraient être d'excellents moyens de civilisation pacifique. Mais, avant qu'elle soit appelée à ce noble rôle, avant qu'elle puisse être considérée comme un soutien ou un agent utile de la fortune publique, il faudra que la Bourse ait fait son éducation, qu'elle sache apprécier les admirables œuvres du véritable crédit, et qu'elle ait compris cette grande vérité, qu'elle ne semble pas même soupçonner, à savoir: Tous les intérêts individuels ne sont respectables et légitimes qu'à la condition de se fondre dans l'intérêt général.

Cette éducation n'est peut-être pas prochaine, car elle dépend du gouvernement, qui n'oserait ni l'entreprendre, ni même y songer. Tous les pouvoirs qui se succèdent si rapidement chez nous sont trop embarrassés de pourvoir à leur conservation personnelle, pour s'occuper de réaliser cet ensemble de direction et de concours, sans lequel

les nations ne sauraient exister. Certes, sous une administration vigoureuse et morale, la Bourse ne tarderait pas à comprendre la tâche qu'elle devrait remplir, et elle la remplirait; mais, au moment où nous écrivons, il est impossible de voir dans la Bourse autre chose qu'un élément, et le plus mauvais de tous les éléments de la Société actuelle.

Que l'on invoque son opinion dans les petites crises qui troublent et agitent le monde ministériel, le pays qui ne la connaît que par l'explosion fréquente de certains scandales ne tient guère compte de ses rumeurs inintelligentes; il s'indigne plutôt qu'il ne lui sait gré de ses agitations égoïstes, et il refuse de reconnaître une influence imméritée.

Et, en effet, que signifierait aujourd'hui la personnification de la Bourse? La Bourse est-elle un corps? Est-ce une autorité? Peut-on dire la Bourse, comme on dit la Chambre, les Tribunaux, le Ministère? Non, sans doute! D'après toutes les lois antérieures au Code de commerce, et d'après ce Code lui-même, la Bourse, comme nous l'avons définie, doit être la réunion des commerçants, des armateurs, des capitaines de navires, des fabricants, des industriels, des agents-de-change, des courtiers et des commissionnaires se livrant, en public, à leurs transactions commerciales. Vous ne rencontrez dans cette définition ni un homme, ni une chose immédiatement politique. Ce que nous y voyons, c'est que si les personnes assemblées ont exécuté la loi, le vendeur aura cédé ce qu'il possède et il le livrera; l'acheteur aura payé ce qu'il achète et en prendra livraison; le rentier aura acquis ou transmis un titre réel; l'assureur aura garanti de sinistres possibles des marchandises vraiment expédiées, et ainsi du reste. Donc, de toutes les opérations proposées et acceptées, il résultera un cours officiel et général applicable à tous les actes particuliers, et nous apprécierons hautement cette concentration de relations éparses qui reporteront aux extrémités la vie qu'elles auront ranimée au foyer commun. Voilà la Bourse dans son activité légale et vraie; elle ne touche pas de suite aux plus hautes conceptions gouvernementales, elle ne régit pas la loi, elle est régie par elle; elle doit être, en un mot, à-peu-près le contraire de ce qu'elle est.

Allez, à l'heure où s'ouvrent ces enceintes commerciales, vous n'entendrez guère qu'un langage intelligible aux seuls adeptes, dont pas un mot n'exprimera pour vous une idée de commerce: des primes, des fin-courants, des marchés à livrer, etc., rien de vrai, rien de positif; enfin, vous assisterez à ces opérations qu'un de nos collaborateurs a déjà vivement flétries. (V. AGIOTAGE.)

Tout cela est coupable aux yeux de la loi. En présence des abus contre lesquels proteste chaque jour la morale publique, le gouvernement n'a pas été laissé désarmé. Et cependant il se tait! Pourquoi? Parce qu'il porte en lui-même la cause du mal. Il y a longtemps que la Bourse a fait parler d'elle. Comme en bornant même à de simples faits de commerce les spéculations privées, l'intérêt et l'ordre public sont continuellement mis en jeu ; comme aussi les moments de gêne et d'embarras ont toujours rencontré des gens prêts à les exploiter, nul gouvernement n'a entendu laisser la Bourse livrée à elle-même ; tous, au contraire, se sont réservé sur elle un droit légitime et presque absolu de discipline et de police. La Convention, le Directoire, le Consulat, l'Empire, ont tour-à-tour réglementé la Bourse, et l'institution a nécessité un grand nombre de lois qui toutes ont pour but de la soumettre à l'autorité supérieure.

Nous n'avons pas à nous occuper de ces lois ; mais il est remarquable que leurs considérants semblent s'appliquer à notre époque avec plus de force qu'à aucune autre. « Considérant, dit la loi du 28 vendémiaire an IV, » que l'ordre et la liberté, qui en est la suite, doivent régner dans « l'enceinte de la Bourse ; que la liberté et la sûreté « nécessaires au commerce ne peuvent être confondues avec la licence et le trafic de l'agiotage ; « que le négociant honnête a réclamé et obtenu, « dans tout pays commerçant, des lois protectrices « sur la légalité de ses opérations et qui en assurent « l'exécution, tandis que l'agioteur a partout cherché à les violer et à s'y soustraire, etc... « Considérant, dit l'arrêté du 2 ventose an IV, » qu'il est « d'une extrême urgence de purger la Bourse de « cette nuée d'agioteurs sans état qui s'y introduisent chaque jour.... »

Ainsi donc, les Bourses ont toujours été maintenues dans la dépendance du gouvernement ; c'est lui qui les ouvre, lui qui veille à la police intérieure, lui, enfin, qui les ferme, comme cela est arrivé plus d'une fois, quand les circonstances nécessitent leur fermeture. C'est donc au gouvernement que doivent remonter les reproches que l'on adresse à ces institutions, qui pourraient rendre de si grands services si l'on s'occupait de les diriger dans la ligne de l'intérêt national. Aujourd'hui que de récentes catastrophes, suites inévitables du trafic effréné des actions des compagnies, ont prouvé jusqu'à quel point les désordres de Bourse peuvent atteindre et compromettre le crédit général, il serait bien temps de remplir la tâche que les lois ont attribuée à l'administration. Il est bien tard, sans doute, mais le mal passé devrait être un utile enseignement pour l'avenir.

En résumé, les Bourses, en elles-mêmes, sont des établissements utiles quand une juste surveillance les maintient dans leur rôle ; mais ce n'est qu'à la longue et sous un bon gouvernement qu'elles pourront rendre les services que l'on est en droit d'attendre d'elles.　　B. PANCE.

BRANCHE. Pour rendre la filiation des familles à travers les âges plus facile à saisir, les généalogistes ont imaginé de la figurer sous la forme d'un arbre. De là le nom d'arbre généalogique ; de là aussi le nom de Branche, donné aux divers tenants et aboutissants du tronc principal. On dit, en parlant des familles royales : la Branche aînée, la Branche cadette, la Branche masculine, la Branche féminine. Par extension, on a appliqué la dénomination de Branche à chacun des divers

pouvoirs qui composent le gouvernement dans la monarchie constitutionnelle.

BRAVO. Un homme, soit étranger, soit du pays, qui n'a ou n'exerce aucune profession, mais qui s'attache à la personne de quelque chevalier ou gentilhomme, officier ou marchand, pour lui prêter aide et main-forte, ou plutôt, ainsi qu'on a le droit de le présumer, pour faire violence à autrui : voilà un Bravo.

Cette définition se trouve maintes fois répétée dans les ordonnances que l'autorité vice-royale espagnole en Italie lançait contre les Bravi, dont le nombre augmentait toujours ; de sorte que (ce sont les ordonnances qui nous le disent) soit de nuit, soit de jour, on n'entendait parler que de blessures faites en embuscade, d'homicides, de vols, d'enlèvements et de toute espèce de crimes.

Cela suffit, ce nous semble, pour donner une idée de ce que c'était qu'un Bravo.

Cette pernicieuse engence, née de l'ignorance et de la faiblesse presque fabuleuse des vice-rois espagnols, disparut avec eux.　　P. LEOPARDI.

BRÉSIL. Empire de l'Amérique méridionale, composé des anciennes colonies portugaises.

Ce fut en 1500 que le navigateur Pedro Alvares Cabral prit possession du Brésil, au nom du roi de Portugal. D'abord, le Portugal n'y envoya que ses malfaiteurs. Mais en 1531, Martin-Alfonse de Souza, envoyé comme gouverneur, y fonda la ville de Bahia ou San-Salvador, et la cour de Lisbonne comprit tout le parti qu'elle pouvait tirer de cette colonie. En effet, la prospérité du Brésil s'accrut à un tel point qu'elle excita l'envie de la France, de l'Espagne et de la Hollande. Malgré tous les efforts du célèbre Albuquerque, les Hollandais réussirent à enlever une grande partie de la colonie. Les guerres continuèrent longtemps entre les deux puissances, lorsqu'à la suite de la révolution qui appela au trône de Portugal le duc de Bragance, un traité fut conclu, par lequel les Hollandais conservaient les provinces du Brésil qui étaient tombées en leur pouvoir. Ces premières concessions inspirèrent aux Hollandais une arrogance qui dégénéra bientôt en tyrannie, et les colons Portugais, poussés à bout d'oppression, coururent aux armes ; après une lutte acharnée, la victoire leur resta, et en 1654, ils avaient recouvré toutes les provinces usurpées par leurs ennemis. Depuis lors, les Portugais sont restés paisibles possesseurs du Brésil. Mais, en 1821, le même esprit de liberté qui animait les colonies espagnoles de l'Amérique méridionale se communiqua au Brésil, et les juntes provinciales résolurent de secouer le joug de la métropole : celle de Rio-Janeiro donna le signal en saluant du titre d'empereur don Pedro, fils aîné du roi don Joao VI. Une constitution fut offerte à la sanction du peuple, et le nouvel empereur y prêta serment le 25 mars 1824. Don Pédro avait épousé en premières noces l'archiduchesse d'Autriche Léopoldine, belle-sœur de Napoléon. Après la mort de cette princesse, il obtint en mariage Amélie de Bavière, fille du prince Eugène. Ce mariage, qui eut lieu à la fin de 1829, causa aux Brésiliens une grande joie : ils espéraient encore quelque chose de leur empereur ; mais son incapacité produisait des troubles continuels, et il évita probablement une expulsion en abdiquant, le 7. avril 1831, en faveur de son fils, don Pedro II, jeune enfant à peine sorti du berceau. C'était, en quelque sorte, laisser derrière soi la guerre civile au milieu des difficultés d'une régence. Les premiers troubles se manifestèrent par quelques tentatives en faveur de l'empereur déchu ; mais ils furent promptement apaisés. En dépit des obstacles que les monarchistes n'ont cessé d'opposer aux progrès de la liberté, le Brésil a su maintenir son indépendance. Les opinions démocratiques y font tous les jours de nouveaux prosélytes ; et le Brésil, ainsi que plusieurs autres états de l'Amérique méridionale, n'attend qu'un puissant exemple en Europe pour organiser fortement le gouvernement populaire.   **E. R.**

BRISSOTINS. (V. Girondins.)

BUDGET. Les Normands appelaient *bougette* une petite bourse de cuir. De *bougette* les Anglais ont fait *Budget,* et ils ont donné à ce mot une acception métaphorique. Nous l'avons repris aux Anglais avec l'acception nouvelle qui lui avait été donnée de l'autre côté du détroit. Il désigne aujourd'hui l'exposé des recettes et des dépenses présumées de l'État, des départements et des communes.

Suivant la Charte, l'impôt foncier ne peut être consenti que pour un an ; l'usage, plus sage que la Charte, a étendu cette règle aux impôts de toute espèce. Cette obligation du pouvoir exécutif de faire approuver annuellement par les Chambres l'état des recettes et des dépenses est, d'après les publicistes de l'école anglaise, le grand ressort modérateur de la monarchie représentative. Les Chambres, en effet, pouvant refuser l'impôt au pouvoir exécutif, peuvent lui imposer des conditions, lorsqu'il vient le leur demander. C'est une garantie contre une mauvaise administration : malheureusement, l'expérience nous enseigne que cette garantie est purement illusoire. C'est que les publicistes de l'école anglaise, à force d'étudier les attributions des trois pouvoirs, ont oublié ou omis de constituer le Pouvoir d'une manière convenable.

Quoi qu'il en soit, la loi des finances ou Budget est la loi la plus importante que les Chambres aient à voter chaque année. En discutant les articles du Budget des recettes, ils ont occasion de réformer l'assiette et la perception de l'impôt. En discutant le Budget des dépenses, ils peuvent supprimer celles qui seraient inutiles ou en créer de nouvelles utiles. L'examen du Budget est un travail de révision générale qui porte sur toutes les parties de l'administration. Il n'en est point qui exige des législateurs plus de calme, d'attention et d'indépendance.

Si le devoir des députés est d'étudier sérieusement le Budget, l'intérêt des ministres est souvent d'éluder cet examen. Aussi font-ils tous leurs efforts pour atteindre ce but ; et il faut dire qu'ils y réussissent facilement.

D'abord, ils retardent la convocation des Chambres, qui ne se réunissent ordinairement que dans les derniers jours de décembre. Le Budget est présenté à la Chambre des députés vers la fin de janvier. Il est longtemps discuté dans les bureaux, et la nomination des membres de la commission chargée de l'examiner donne lieu à une foule d'intrigues. La Commission nommée trouve souvent incomplets les renseignements fournis par le ministère, lorsque celui-ci a présenté le Budget : elle demande de nouveaux documents, qu'on lui fait attendre longtemps et qu'elle n'obtient pas toujours.

Cependant, des lois importantes sont présentées, discutées, votées ; elles occupent beaucoup les membres de la Commission ; elles usent, peu-à-peu, l'attention de la Chambre entière.

Le rapport du Budget est enfin terminé, mais il a été réclamé plusieurs fois, il est souvent fait à la hâte. D'ailleurs, les beaux jours sont arrivés : les députés qui ne sont point fonctionnaires, qui vivent de leurs revenus, sentent que leurs affaires sont en souffrance, que leur fortune est compromise ; ils demandent des congés et partent, ou s'ils restent, ils sont impatients et distraits : ils ont hâte de voir clore la session. Le Budget, d'ailleurs, est mis en discussion avant qu'on ait même le temps de lire les rapports de la Commission. Les députés fonctionnaires auxquels la prolongation de la session ne porte aucun préjudice sont en nombre, et à côté d'eux, ceux qui aspirent à devenir fonctionnaires. Ni les uns ni les autres ne veulent que la réforme pénètre dans le budget des recettes, ou les réductions dans le budget des dépenses. Le projet ministériel est donc voté d'emblée, presque sans débats, car on se récrie dès qu'un orateur paraît à la tribune, on le décourage, on lui ferme la bouche. L'aspect des bancs déserts, des tribunes vides, suffit pour déconcerter et dégoûter les plus intrépides.

Le Budget, voté par un petit nombre de députés, est porté à la Chambre des pairs, composée de fonctionnaires qui l'enregistrent sans difficulté. Il n'y a pas d'amendemens possibles, d'ailleurs, parce que tout amendement devrait ramener le Budget à la Chambre des députés, et celle-ci a pris la fuite : un amendement équivaudrait presque à un refus d'impôt.

Tels sont les moyens habituels employés pour éluder le contrôle des Chambres sur le Budget. Ils sont misérables sans doute ; ils seraient impuissants contre des assemblées énergiques. Mais avec les hommes et les institutions qui nous régissent, ils suffisent et ils suffiront, tant qu'une réforme radicale n'aura pas établi dans toute leur vérité les principes de la Révolution. (V. Contributions, Impôts, Vote.)   **Courcelle-Seneuil.**

BULLE. On appelle Bulles les décrets émanés de l'épiscopat suprême. Ce nom leur vient d'une petite *boule* de métal (*bulla*), qui, jointe à l'épitre par une cordelette, en est le sceau, *sigillum.* L'histoire des Bulles est l'histoire même de la

Papauté. Cette histoire peut être divisée en quatre périodes très-distinctes.

Dans la première, il s'agit, pour l'évêque de Rome, de constituer l'Église par l'unité de la croyance et du dogme. Toutes les Bulles de cette époque, et elles sont nombreuses, sont réglementaires et concernent le spirituel : la somme en est le manuel le plus complet de l'orthodoxie. Les hérésies y sont proscrites, le rit y est promulgué, des explications y sont données sur les passages les plus ambigus de la lettre apostolique.

Dans la seconde période, la Papauté ne s'inquiète plus de ces menus détails. Après avoir organisé la discipline intérieure de l'Église, elle est toute au soin d'étendre sa juridiction. Les Bulles de Grégoire VII contre Henri IV, empereur d'Allemagne, d'Urbain II et de Boniface VIII contre Philippe-le-Bel (*Clericis laïcos*, *Ausculta fili*, *Unam sanctam*), sont les monuments les plus mémorables de la lutte violente, qui dura plusieurs siècles, entre les représentants des Césars et le successeur problématique de saint Pierre. Ces Bulles, toutes attentatoires à la liberté temporelle des rois, furent appellées *extravagantes* par leurs historiographes : elles ont conservé ce nom, même dans les recueils postérieurs des canonistes romains. Un des axiômes de l'époque est celui-ci : « Autant le soleil surpasse la lune, autant le Pape surpasse l'Empereur. » Adrien IV écrivait à Frédéric Barberousse : « Je m'étonne fort que, malgré ta sagesse, tu ne me portes pas tout le respect que tu dois au bienheureux Pierre et à la sainte Église romaine ; dans les lettres, tu places ton nom devant le nôtre ; c'est un péché d'insolence. » Dans une des Bulles de Boniface VIII, nous lisons : « Les deux glaives doivent être exercés, l'un pour l'Église, l'autre par l'Église : celui-ci est aux mains du prêtre, celui-là est aux mains des rois et des militaires, mais au gré et à la volonté des prêtres. Il faut que le glaive soit sous le glaive, et la puissance temporelle soumise à la puissance spirituelle… Il est nécessaire au salut de croire que toute créature est dans la dépendance du pontife romain. » Ce sont là, certes, de hautaines paroles, mais l'effet ne tardait pas à les suivre, et les peuples accueillaient mal les protestations des rois. Depuis le onzième siècle jusqu'aux premiers mouvements du parti réformateur, toute l'affaire des pontifes romains fut de constituer temporellement la Souveraineté de l'intelligence et de la force, du pouvoir électif sur le pouvoir héréditaire : c'est à leur intervention dans toutes les querelles domestiques des princes, dans la police même des états, que nous attribuons les rapides progrès que l'Europe catholique fit à cette époque dans les voies de la civilisation et de l'unité.

Les Bulles de la troisième période n'ont pas ce caractère de domination : la réforme a émancipé les chefs laïcs. Après avoir fulminé sans succès contre les hérésies, contre les conciles, la cour romaine en est venue à solliciter la protection des princes, à la mériter par des transactions honteuses, dans lesquelles elle fait marchandise de ses décrets apostoliques.

Enfin, dépouillée de toute prérogative temporelle, la Papauté est ramenée par la force des choses à ses occupations primitives. Toutes les Bulles des dix-septième et dix-huitième siècles ont rapport à des matières de controverse purement religieuse : de ce nombre sont celles contre Jansénius, studieux et intelligent interprète de saint Augustin ; contre Fénelon, évêque stoïcien, dont la doctrine quiétiste avait été réfutée à l'avance par saint Jérôme ; contre J.-J. Rousseau, contre les jésuites, etc.; etc.

B. HAURÉAU.

BULLE (d'or) (1). Les Bulles, connues sous le nom de *Bulles d'or*, n'émanent pas des pontifes, mais des empereurs romains. Elles sont au nombre de quatre. La plus ancienne est la Bulle d'or de Hongrie (1222), octroyée par André II. Les trois autres sont de Charles IV. L'une, de 1348, fut signée par ce prince, la deuxième année de son règne, à la requête des archevêques et des princes de Bohême ; il y confirma tous les droits politiques accordés par Frédéric II à ses sujets de Prague. L'autre, de 1349, est la Bulle d'or de Brabant. La troisième, la plus fameuse, fut promulguée, en 1356, à Nuremberg.

Cette Bulle, qui fut la Charte constitutionnelle de l'Empire germanique jusqu'à la fin du dernier siècle, a été attribuée par quelques auteurs au célèbre Bartole. Mais il est difficile de partager cette opinion quand on lit le singulier préambule qui précède ce document. L'historien Menzel rapporte que le cardinal de Talleyrand, chargé d'affaires du Pape auprès de l'empereur Charles IV, prit une part très-active à la Bulle.

De graves dissensions avaient affligé les électorats; il y avait eu péril pour l'unité. Le législateur ne dissimule pas quels désordres il veut prévenir ; l'anarchie est, il le proclame, le pire des fléaux qui affligent les états. La Bulle d'or de 1356 se compose de trente chapitres, qui sont tous rédigés dans un même esprit, avec une précision fort remarquable de toutes les circonstances à l'occasion desquelles il pourrait s'élever des contestes. La première phrase du préliminaire est cette maxime pleine d'énergie et de vérité : «Tout « royaume divisé en lui-même sera désolé, et « parce que les princes se sont faits compagnons « des voleurs, Dieu a répandu sur eux un es-« prit d'étourdissement et de vertige, etc. »

Mais Charles IV, en publiant la Bulle d'or, n'atteignit pas le but qu'il se proposait. Au lieu de fonder l'unité, il établit l'oligarchie royale et princière des sept électeurs, et prépara une funeste anarchie. Le règne de Frédéric III, qui dura cinquante-trois ans, fut le comble de la confusion.

Il est bien à regretter qu'avant de statuer définitivement sur le sort de l'Allemagne, les diplomates de Vienne n'aient pas jeté les yeux sur la Bulle de Charles IV : l'aphorisme que nous venons de citer les eût peut-être dissuadés d'un coupable projet. Ils avaient la main libre, ils s'inquiétaient si peu

____

(1) Le nom de cet acte vient d'un scel d'or (*Bulla*) qui y fut apposé.

de respecter les principes qu'ils proclamaient le plus haut! Et, d'ailleurs, ne pouvaient-ils, au nom de la vieille légitimité germanique, relever les débris de l'empire, quand ils affectaient tant d'égards pour des couronnes ducales? Ne pouvaient-ils imposer cette restauration, au nom de l'intérêt commun, quand, au mépris des droits les mieux établis et pour satisfaire de jalouses rancunes, ils confinaient le roi de Saxe dans les faubourgs de Dresde?

Désormais, que de douleurs pour l'Allemagne, que de luttes, que de tiraillements intérieurs, et peut-être que d'années perdues avant que l'unité y soit reconstituée! Que de princes, que de voleurs à entretenir avant que l'ordre ne soit rétabli dans la maison!

L'original de la Bulle d'or se conserve aujourd'hui dans les archives de l'Hôtel-de-Ville de Francfort-sur-le-Mein, où les sept électeurs se réunissaient pour choisir l'empereur d'Allemagne. B. H.

BULLETIN, rapport abrégé.—Ce mot s'applique à des objets fort différents. Quand un roi ne se porte pas bien, ses médecins rédigent, au moins une fois par jour, un Bulletin de sa santé; lequel Bulletin est rendu public par les soins des gens de service.

On donne également le nom de Bulletin au certificat qui atteste que l'on a payé à la douane les droits d'entrée ou de sortie.

Le recueil général de toutes les lois, ordonnances, etc., s'appelle *Bulletin des Lois*. (V. ci-après.)

Pour la nomination des députés, des officiers de la garde nationale, des membres des conseils généraux, les électeurs écrivent sur un carré de papier les noms des candidats qui ont obtenu leurs suffrages. Ces billets prennent le nom de Bulletin. —La Charte défend le vote à *Bulletin ouvert*, c'est-à-dire qu'elle prescrit le scrutin secret. (V. SCRUTIN.) Mais, depuis que la Charte existe, les ministres et leurs agents ne se font aucun scrupule d'en violer le texte et l'esprit, et d'exiger de ceux qu'ils tiennent sous leur dépendance la communication préalable de leurs Bulletins. Ces abus ont été vingt fois dénoncés à la tribune, mais toujours inutilement. Comme la responsabilité ministérielle n'est qu'un vain mot, une utopie ridicule, la corruption a poursuivi, poursuit et poursuivra, jusqu'à la fin...., sa marche triomphale. Ce scandale fut à son comble en 1823. « On croit, disait alors M. Jay, que la Charte reprendra son empire en 1824. » 1824 a passé, quinze années se sont écoulées depuis, et nous voilà..., comme devant. Mais on nous promet pour 1840 des événements tout-à-fait extraordinaires.

Le mot Bulletin sert, comme chacun sait, à désigner le rapport dressé par un général d'armée immédiatement après un combat. Le Bulletin est l'idée générale de la bataille. Il en décrit sommairement le plan, l'exécution et les résultats. Les détails viennent ensuite dans des relations circonstanciées.

Même aujourd'hui, que tout ce bruit ne retentit plus que dans l'histoire, on ne lit pas sans une émotion profonde les Bulletins des armées de la République et de l'Empire. Quels temps! et que notre époque est petite auprès. Ceux qui vivaient alors n'ont pas oublié quelles sensations excitaient partout la lecture de ces relations homériques. Ils n'ont pas oublié non plus l'impression douloureuse produite en 1807 par le Bulletin de la bataille d'Eylau, et en 1812 par le 29e Bulletin de la Grande-Armée. La publication de ce dernier Bulletin jeta la consternation en France. Cette phrase, d'un égoïsme si insolent : « La santé de S. M. n'a jamais été meilleure, » qui terminait le récit du désastre de l'armée, ne rassura personne. Chacun sentit instinctivement que c'en était fait de l'Empire et de l'empereur, et que les Barbares allaient venir.   DC.

BULLETIN DES LOIS. Recueil officiel des lois et ordonnances et de quelques actes du gouvernement. Il a été créé par un décret de la Convention, le 14 frimaire de an II, sous le titre de : *Bulletin des Lois de la République;* mais il n'a commencé à paraître que plusieurs mois après. Le premier acte qu'il contient est la loi du 22 prairial an II, qui crée un tribunal révolutionnaire. À compter de cette époque, les actes du pouvoir législatif prennent le titre de *lois;* jusque-là, ils avaient conservé le titre de *décret*.

Aucune loi ou ordonnance n'est exécutoire et ne commande l'obéissance si elle n'a pas été publiée par la voie du Bulletin des Lois.

Le Bulletin des Lois est imprimé aux frais de l'État, et envoyé à toutes les communes de France à leurs frais (9 fr. par an); il y forme un dépôt, assez mal conservé dans beaucoup de localités; il est, en outre, vendu par volumes ou par fragments, pour le compte de l'imprimerie du gouvernement, en sorte que chacun peut examiner à la source authentique le texte qu'il veut connaître.

Ce procédé, simple et sûr pour mettre la connaissance des lois à la disposition des citoyens, n'a pas été toujours pratiqué avec une fidélité scrupuleuse. Depuis le Directoire jusqu'à 1830, un grand nombre d'actes de toute nature, lois, traités, décrets, ordonnances, avis du conseil-d'état, n'ont point été insérés au Bulletin des Lois, et ont néanmoins été exécutés par l'administration. Plusieurs jurisconsultes en ont publié quelques-uns; mais les cartons des divers ministères recèlent encore une masse de textes peut-être aussi considérable que les volumineuses collections officielles.

Depuis 1830, toutes les fois qu'un acte antérieur non inséré est cité dans une loi ou ordonnance, il est publié à la suite dans le Bulletin des Lois; mais c'est là un simple usage qui n'est prescrit par aucun réglement.

Les décrets des assemblées révolutionnaires, et les actes du gouvernement de 1789 à 1794, sont compris dans deux collections quasi-officielles. Beaudouin, imprimeur de l'Assemblée Nationale, a publié tous les décrets de l'Assemblée sans s'occuper de la sanction royale. Le gouvernement publiait, en même temps, une collection des actes sanctionnés : ce livre est connu sous le nom de

Collection du Louvre. (V. Loi, Publication, Promulgation.) 　　　　　　H. C.

BUREAU, table ou pupitre placé, originairement, devant les siéges de quelques magistrats, tels que les présidents des parlements et autres. L'application de ce mot fut ensuite étendue au tribunal lui-même, puis aux diverses parties de l'administration.

La chambre des comptes et la chambre du parlement étaient divisées chacune en deux bureaux, dont le premier était appelé Grand-Bureau.

Il y avait encore le Bureau des finances, le Bureau des aides, le Bureau des gabelles ou des fermes, le Bureau des traites foraines, etc.

Aujourd'hui on appelle Bureau, soit une des différentes subdivisions du personnel de l'administration, soit les pièces dans lesquelles travaillent les employés.

Le président de la chambre des députés, les quatre vice-présidents et les quatre secrétaires forment ce qu'on appelle le Bureau de la chambre. —Ainsi de la chambre des pairs.

Pour faciliter la préparation de leurs travaux, les deux chambres se divisent en Bureaux. Ce sont les bureaux de la Chambre des Députés qui nomment les membres des diverses commissions. L'élection des présidents et secrétaires de bureaux a une grande importance politique; elle indique, avec plus d'exactitude souvent que ne font les votes parlementaires, les fluctuations de la majorité; et dans ces luttes intérieures se décident quelquefois les plus graves questions.

Dans les élections de députés et autres, on appelle Bureau la réunion du président, des secrétaires et des scrutateurs chargés d'ouvrir et de compter les bulletins. En cas de contestation, c'est le Bureau qui prononce sur la validité des suffrages. Ce droit a donné et donne encore lieu à beaucoup d'abus. La chambre des députés a le droit de casser les décisions des Bureaux électoraux. (V. Vérification des pouvoirs, Poste, Timbre, etc.).

BUREAUCRATIE. Ce mot a une double acception. Il signifie d'abord : gouvernement des Bureaux. Dans ce cas, il est synonyme de Centralisation. Il signifie ensuite la réunion de tous les employés de l'administration générale. Sous l'une et l'autre de ces deux faces, il est généralement pris en mauvaise part. (V. Centralisation, Employés).

BURGRAVE, des deux mots *Burg*, château, et *Graf*, comte, seigneur. —Seigneur du château.

BUTIN. « Comme on appelle *conquêtes* les villes et les terres prises sur l'ennemi, toutes les choses mobiles qu'on lui enlève forment le *Butin*. » (Vattel, *Droit des gens*.)

Cette définition est exacte aujourd'hui ; elle cesse de l'être, si on l'applique aux anciens et à nos aïeux, les Barbares. Les uns et les autres considéraient comme Butin l'ensemble des choses appartenant aux ennemis (*res hostiles*) et les personnes mêmes des ennemis. Mais à mesure que les mœurs se sont adoucies et que la modération s'est introduite jusque dans l'art de tuer les gens et de les dépouiller, on a distingué les propriétés particulières des habitants du pays ennemi des objets qui appartiennent à la nation ennemie. Alors même qu'après sa défaite un peuple cesse d'exister comme corps de nation et qu'il est incorporé au peuple vainqueur, les individus qui le composaient sont laissés en possession de leurs biens immobiliers et même de leurs effets mobiliers, sauf les occasions où le général vainqueur permet le pillage.

Chez les Grecs, le droit de disposer des dépouilles de l'ennemi et d'en régler la répartition était réservé au chef de l'armée. Il les distribuait, soit aux chefs qui avaient combattu sous ses ordres, soit aux soldats qui s'étaient distingués pendant la campagne, soit à ses amis ; il pouvait s'en attribuer à lui-même une portion qui variait chez les différents peuples. Depuis la bataille de Platée, les généraux versèrent le produit de la vente du Butin au trésor national. Ce produit était employé à des ouvrages publics, à l'ornement des temples, etc.

A Rome, le Butin était considéré comme une propriété publique. Les citoyens restés dans la ville y avaient droit comme les soldats qui l'avaient conquis. Une partie des terres confisquées sur le peuple vaincu était vendue au profit du public ; l'autre était distribuée gratuitement aux citoyens pauvres.

Grégoire de Tours donne des détails curieux sur les formalités observées par les Francs dans la distribution du Butin. Comme chez les Romains, le Butin était chez eux une propriété commune à laquelle chacun avait un droit égal ; le roi lui-même était soumis pour sa part aux chances du sort. Un vase ayant été pillé dans une église, Clovis le demandait pour le rendre à l'évêque. Mais un soldat, levant sa hache d'armes, en frappa le vase avec violence, et dit au roi : « Vous n'aurez rien ici que ce que le sort vous donnera. »

Au moyen-âge, la noblesse ne vivait que de Butin. Quand la guerre ne fournissait plus aux prodigalités des seigneurs, ils détroussaient les bourgeois. Le Butin était mis à l'abri et consommé derrière les imprenables murs des forteresses féodales. On peut voir dans les cahiers du Tiers et dans les romans historiques de Walter-Scott la description des brigandages commis par ces voleurs sur les paisibles habitants des basses terres. La société était au pillage.

Cependant la féodalité commençait à faiblir ; on sentit alors le besoin de mettre un peu d'ordre dans cet immense désordre, et d'empêcher l'élite de la société de larronner pour son propre compte. Une ordonnance de 1306 répartit ainsi le Butin : au roi l'or et les prisonniers ; le surplus au connétable. Suivant Philippe de Comines, le maréchal se réservait la dixième partie du Butin.

Un mode analogue de distribution subsiste encore en Angleterre. Un colonel a droit à 150 parts ; un feld-maréchal à 2,000. Lord Wellington a eu 17 millions et demi pour sa part du Butin fait par l'armée anglaise en France et en Espagne.

Chez nous, il est de droit que le Butin appartient

à la nation. Les produits en doivent être versés au trésor public. On abandonne seulement aux soldats la dépouille des ennemis tombés sur le champ de bataille, le pillage d'un camp forcé et, quelquefois, celui d'une ville prise d'assaut. Telle est la règle, disons-nous ; mais il s'en faut que la pratique soit conforme à la règle. Les généraux de l'Empire se sont créés des fortunes colossales sans qu'il soit entré un denier de tout ce Butin dans les caisses de l'Etat. (V. pour la question de droit les mots CONQUÊTE, CONTRIBUTION, PILLAGE, PRISE.)

E. D.

C

CABINET. Dans le langage usuel, le mot Cabinet comporte des applications infinies. Il y a des Cabinets d'anatomie, de physique, d'estampes, de lecture, etc.

Dans la langue politique, il sert aujourd'hui à désigner le ministère ; on dit indifféremment le ministère ou le Cabinet. De là le mot *Question de Cabinet* pour indiquer une discussion politique qui met en question l'existence du ministère.

Cette application du mot Cabinet vient de ce que, sous l'ancien régime, les affaires se traitaient dans le Cabinet du roi. Les chefs de service se divisaient alors en deux classes : les ministres du Cabinet et les ministres proprement dits. Les premiers avaient seuls entrée au conseil ou au Cabinet du roi.

Il y avait alors une *justice de Cabinet !*

Le mot Cabinet a une signification encore plus étendue ; il sert à désigner tout l'ensemble du gouvernement d'un pays au dedans et au dehors. On dit le Cabinet des Tuileries, le Cabinet de Saint-James, le Cabinet de Berlin, etc. On dit aussi la politique des Cabinets. (V. CAMARILLA, DIPLOMATIE, GOUVERNEMENT, MINISTÈRE.)

Le bureau central de chaque ministère où s'expédient les ampliations des ordonnances et des arrêtés ministériels, où l'on ouvre les dépêches et d'où elles partent, et où viennent converger toutes les affaires qui ne rentrent pas spécialement dans les attributions des divers bureaux, s'appelle Cabinet du ministre.

Au Palais, les pièces où travaillent les juges d'instruction, les procureurs-généraux, les procureurs du roi, leurs substituts et les officiers du parquet s'appellent aussi Cabinets. (V. COURRIER DE CABINET, etc.)

CABINET NOIR. On appela Cabinet noir, sous la Restauration, le bureau de l'administration des postes, où, dans un but d'espionnage politique, avait lieu la violation du secret des lettres. La tribune retentit souvent des plaintes soulevées par cet acte d'inquisition odieuse, contre lequel les lois avaient, d'ailleurs, prononcé des peines sévères. Le gouvernement opposa à ces accusations les dénégations les plus formelles ; mais le fait n'en était pas moins vrai, et n'en continua pas moins de subsister.

On a cité, depuis la Révolution de Juillet, quelques faits de nature à faire révoquer en doute la suppression du Cabinet noir.

C'est le propre des pouvoirs faibles et immoraux de s'engager dans ces voies ténébreuses ; mais de tels moyens ne les sauvent jamais d'une chute, et n'ont pour effet que de les avilir davantage.

F.-T.-C.

CACIQUE. Les anciens Américains appelaient Caciques les gouverneurs de province et les généraux d'armée. Les conquérants espagnols ont laissé subsister cette dénomination.

Lorsque Christophe Colomb arriva à Saint-Domingue, l'île entière était partagée entre cinq rois ou Caciques. Au Mexique et au Pérou les gouverneurs portaient également ce nom. Ainsi, tantôt les Caciques étaient Souverains absolus, tantôt ils n'étaient que les délégués d'un chef suprême, des espèces de grands seigneurs féodaux. Chez les Atzèques, le chef résidait à Mexico ; au Pérou, il habitait Cuexo.

Aujourd'hui, dans toutes les provinces hispano-américaines, on donne le nom de Cacique aux chefs indiens, soit indépendants, comme dans l'Araucaire, soit soumis, comme dans presque tout le reste de l'Amérique. Au Mexique, où le nombre des Indiens est plus que double de celui de la race blanche et des métis, des Caciques nommés par le gouvernement administrent les villages indiens. Le Caciquat constitue leur noblesse, et cette dignité ne sort pas des anciennes familles. Les Caciques sont chargés de faire percevoir la faible capitation dont est grevé chaque sujet indien, de veiller à ce que les terres soient cultivées, à ce que la tranquillité règne parmi leurs administrés. Mais, institués pour défendre leurs concitoyens contre la population blanche qui les méprise, les Caciques mexicains, abrutis, ne songent qu'à profiter de leur pouvoir pour les accabler davantage et les rançonner par tous les moyens possibles. L'orgueil des blancs déteint sur eux ; et s'ils plient humblement devant ceux-ci, le poids de leur cupidité et de leur vanité ne retombe que plus lourdement sur leurs pauvres compatriotes.   V. M.

CADASTRE. C'est une opération qui consiste à relever, sur un territoire, le nombre, l'étendue, la configuration et la nature des propriétés, dans le but principal d'asseoir proportionnellement l'impôt sur chacune d'elles.

L'ancienne France, dans presque toutes les parties de sa constitution, manquait d'unité ; l'impôt foncier lui-même ne reposait sur aucune base générale et uniforme. Divisées en pays d'élection et en pays d'état, les provinces étaient soumises à des systèmes financiers tout-à-fait divers. Les biens de la noblesse et du clergé étaient exempts de la plupart des impôts dans toutes les provinces.

Cette inégalité dans les charges publiques fut une des principales causes qui précipitèrent la Révolution. Aussi, le principe d'une base commune pour l'assiette de l'impôt foncier fut-il admis et consacré par l'Assemblée constituante. Après quelques tâtonnements pour le choix d'un bon système de répartition entre les nouvelles divisions et subdivisions du territoire, et entre les propriétaires d'une même commune, un décret du 23 septembre 1791 prescrivit la confection d'un système général qui, sous le nom de Cadastre, mît dans un rapport exact l'impôt foncier avec la nature et le revenu de la propriété territoriale.

Au milieu des périls de la Révolution, quoique nos assemblées politiques ne perdissent point de vue l'exécution du Cadastre, il était difficile de réaliser une opération aussi vaste et aussi dispendieuse.

Les premières bases du système ne furent donc jetées que sous le Consulat. Un arrêté du ministre des finances, du mois de mai 1802, créa une Commission spéciale chargée de régler le mode d'exécution. Cette Commission s'attacha d'abord à rechercher par aperçu la somme totale des revenus de la France, et pour cela on procéda à l'arpentage et aux évaluations par masses de culture dans chaque arrondissement.

Éclairé par l'expérience, on ne tarda pas à reconnaître les inconvénients de ce système, et la nécessité d'appliquer l'opération cadastrale à chaque commune en particulier. Mais les difficultés étaient grandes, et dans les premiers temps de l'empire, un jour un ministre dit avec découragement, en présence de Napoléon : « Le Cadastre « est impossible. » — « S'il en est ainsi, je veux « le Cadastre », répliqua l'homme qui savait ce que peut la force de la volonté et celle du génie.

Dans un rapport fait en 1806, le ministre des finances exposa les avantages du Cadastre appliqué à chaque parcelle de la propriété territoriale. Il en devait résulter l'égalité proportionnelle dans la fixation des cotisations individuelles; et en déterminant d'une manière incontestable les limites des diverses propriétés, on tarissait la source d'une foule de procès ruineux.

Enfin parut la loi du 15 septembre 1807; elle acheva d'organiser le Cadastre, en traçant les règles pour l'évaluation du revenu des propriétés, pour le contrôle par les propriétaires et les municipalités, et pour la formation des matrices des rôles de la contribution foncière. Un trentième de cette contribution fut affecté comme fonds spécial pour couvrir dans chaque département les frais du Cadastre parcellaire.

Depuis cette époque, l'opération a été suivie dans tous les départements avec soin, mais avec une activité fort inégale. A la fin de 1836, sur 37,331 communes, 28,262 étaient entièrement cadastrées. L'opération était complète pour qua-

torze départements. Il n'y avait que la Corse où elle n'eût pas été commencée ; enfin, les travaux restant à faire portaient sur 13,040,000 hectares.

L'achèvement du Cadastre et l'adoption d'un système général pour sa conservation ont souvent préoccupé les Chambres et le gouvernement. Depuis 1830, surtout, de vives réclamations se sont élevées, soit à la tribune, soit dans le sein des commissions de finances, pour appeler la sollicitude de l'administration sur ces deux graves objets.

A l'achèvement du Cadastre, en effet, se rattache la réalisation d'une répartition nouvelle de l'impôt foncier, entre tous les départements, d'après des bases uniformes, et dans la proportion de l'accroissement de la richesse territoriale de chacun d'eux, depuis cinquante ans. C'est une justice et une nécessité. Vicieuse dans son principe, la répartition faite en 1791 par l'Assemblée constituante s'est éloignée de plus davantage des règles d'une équitable proportionnalité. Les choses en étaient venues à ce point qu'en 1820 il fut reconnu que plusieurs départements étaient imposés pour la contribution foncière au septième de leur revenu net, tandis que d'autres n'acquittaient que le dix-septième de ce même revenu ; de sorte que, d'après un relevé fait avec beaucoup d'exactitude par l'honorable M. Desabes, député de l'Aisne, depuis 1791 jusqu'au 30 juin 1821, quarante-six départements avaient payé en plus et quarante en moins la somme énorme de 629,299,837 fr. !

Il résulte, en outre, des tableaux dressés par M. Desabes, et produits par lui à la chambre des députés dans la séance du 16 juin 1836, que malgré la réduction de la contribution foncière opérée en 1821 en faveur de plusieurs départements, les inégalités les plus choquantes existent encore ; et que tel département paie le huitième de son revenu, tandis que tel autre n'est imposé qu'au seizième.

D'aussi graves inégalités font sentir toute l'urgence de l'achèvement du Cadastre. Quand la richesse foncière de chaque portion du territoire sera régulièrement connue et déterminée, les prétextes manqueront pour refuser au pays l'application la plus large des principes d'égalité en matière d'impôt.

Mais, ici, il importe de signaler une erreur de la législation qui recule dans un lointain indéfini cet achèvement si désirable.

L'article 20 de la loi de finances du 31 juillet 1821 porte : « A partir du 1er janvier 1822, les opérations cadastrales destinées à rectifier la répartition individuelle seront circonscrites dans chaque département. En conséquence, les conseils-généraux *pourront* voter annuellement pour cet objet des impositions dont le montant ne pourra excéder trois centimes du principal de la contribution foncière. »

Ainsi, au lieu de faire une prescription rigoureuse de l'achèvement d'une opération qui touche à de si hauts intérêts, on n'en a fait qu'une faculté subordonnée aux caprices ou aux calculs égoïstes des conseils départementaux. Or, il est clair que les départements qui profitent d'une répartition vicieuse de l'impôt foncier mettront toujours fort peu d'empressement à voter des fonds pour l'achèvement du Cadastre qui doit servir à rectifier l'erreur, et, par conséquent, à augmenter leur part contributive aux charges publiques. Voici bientôt un demi-siècle qu'une grande idée a été conçue et formulée en loi, qu'un grand acte de justice a été promis; il est du devoir, il est de la dignité des pouvoirs de l'État de faire que cette promesse s'accomplisse enfin et que justice soit rendue.

Le Cadastre, après son achèvement, aura coûté au pays plus de 150 millions. C'est une richesse nationale qu'il ne faut pas laisser se perdre, et que diverses causes cependant tendent à altérer chaque jour. Le Cadastre finirait même par rester comme un vaste mais inutile et caduc monument si le gouvernement ne se hâtait d'adopter et d'appliquer un bon système pour sa conservation.

En effet, depuis 1809, époque à laquelle remonte la création du plan parcellaire destiné à représenter exactement le territoire de chaque commune dans ses plus petites divisions, soit de culture, soit de propriété, aucun des plans et des tableaux indicatifs n'a été retouché. Que de changements cependant opérés sur la surface du sol dans le cours de ces trente années! Que de terrains en friche, que de bruyères, que de marais ont cédé aux efforts patients de la culture! Combien surtout a marché depuis lors cette inévitable division de la propriété, conséquence de l'égalité civile proclamée par nos codes! En présence d'une société active, industrieuse, mobile, qui ne vit que de progrès et de transformations, le Cadastre ne peut rester stationnaire et immuable. Sous le rapport de la partie d'art, de la configuration des propriétés, il ne serait plus, avant un siècle, que ce que sont aujourd'hui les *plans-terriers* des anciennes seigneuries, un simple vestige du passé avec de rares applications aux intérêts positifs du présent.

Quant aux *matrices* qui renferment le classement des propriétés, la détermination du revenu net à l'hectare, pour chaque classe, et l'application de ce revenu à chaque parcelle, elles souffrent moins des mouvements qui s'opèrent à chaque instant dans la propriété. Confiées aux soins des directeurs des contributions directes, et confectionnées de manière à indiquer les mutations successives, elles peuvent longtemps encore suffire aux besoins journaliers. Mais déjà même cette partie du travail présente une lacune fâcheuse; elle n'indique plus le revenu réel de chaque parcelle, comme le voulaient les fondateurs du Cadastre; la fiction a pris la place de la réalité; et bien que les efforts de l'administration tendent à maintenir la proportionnalité entre ces évaluations fictives, dans une même commune, toujours est-il regrettable de voir disparaître les éléments de la proportionnalité entre toutes les parties du territoire national, grande et belle unité que l'Assemblée constituante avait espérée et que Napoléon avait voulue.

Au reste, une loi sur la conservation du Cadastre est au nombre des promesses faites par le gou-

vernement au pays dès 1830. En 1835, après bien des réclamations portées à la tribune de la Chambre des députés, une Commission fut instituée près le ministère des finances pour s'occuper de cette matière. Au mois de juillet 1837, elle fit un rapport que le ministre soumit aux conseils-généraux pour recevoir leurs observations. Un système fut alors proposé pour la conservation du Cadastre. Le gouvernement est donc en demeure de saisir promptement les chambres de cette question, qui intéresse à un très-haut point notre économie financière.   H. CORNE, député.

CADI, magistrat turc.

Les Cadis furent organisés par Othman, le fondateur du second empire turc; mais ils existaient déjà chez les Arabes du temps du khalifat. Dans l'origine, ils avaient la première place dans la classe des ulémas; mais, depuis Soliman II, ils n'ont plus occupé qu'un rang inférieur dans la magistrature.

Les Cadis cumulent les fonctions que remplissent chez nous les commissaires de police, les juges-de-paix, les notaires, les présidents des tribunaux civils et criminels; ils vérifient les poids et mesures, la qualité des denrées; ils jugent sans appel toutes les affaires contentieuses en matières civiles entre musulmans, juifs ou chrétiens, et font punir sans délai les coupables.

Le droit musulman, presque toujours ouvert à l'arbitraire par la largeur de l'interprétation que chaque magistrat peut donner au Coran et à ses gloses et commentaires, laisse aux Cadis le champ libre pour faire accorder à l'aise leurs décisions et leurs intérêts. Aussi, dans un pays où la justice est vénale comme en Turquie, ces places sont-elles fort lucratives, d'autant mieux que, dans tout procès, c'est le plaideur gagnant qui paie les honoraires des magistrats et les frais de la procédure.

Un collège spécial, le medresseh de Bajazet II, à Constantinople, est affecté à l'éducation des jeunes gens qui se destinent à cette magistrature. Une fois nommés, ils ne peuvent exercer que pendant dix-huit mois dans la même résidence. Pour passer à un grade supérieur, c'est-à-dire pour devenir mollahs, il faut qu'ils étudient une seconde fois dans un autre medresseh, celui de Soliman II. Les mollahs sont juges des grandes villes; tout Cadi a un substitut qui porte le nom de Naïb.

L'organisation exclusivement militaire des anciens osmanlis avait amené, dès le principe, la création de deux magistratures militaires supérieures, les *Cadi-el-arker* ou *Cadi-lesker*, c'est-à-dire, juges de l'armée, un pour l'Europe (Cadi-lesker de Roumélie), un autre pour l'Asie (Cadi-lesker d'Anatolie). Ces deux magistrats suivaient le prince aux armées, et exerçaient dans les camps le pouvoir judiciaire. Avec le temps, le Cadi-lesker de Roumélie, résidant à Constantinople, parvint à obtenir la prééminence sur son collègue d'Anatolie, et à changer ses attributions de juge exclusif de l'armée en celles d'inspecteur des biens domaniaux et de juge supérieur de tous les démêlés du fisc avec les particuliers. Celui d'Asie obtint les mêmes droits sur son département.

Aujourd'hui, les deux Cadi - leskers résident à Constantinople ; le grand-visir et le divan leur renvoient toutes les affaires civiles et criminelles de quelque importance ; tous les citoyens peuvent même avoir recours à eux. Ils ont, de plus, l'inspection de toutes les fondations pieuses et l'administration des établissements de charité. Tous les Cadis sont sous leurs ordres immédiats. Ils assistent au divan du grand-visir, écoutent et discutent les affaires. Le Cadi-lesker de Roumélie a le droit de prononcer les sentences. Après les Cadi-leskers, le premier Cadi est celui de Constantinople, l'*Istamboul-Cadissi*, qui est le préfet de police de cette grande ville et son premier magistrat municipal.

V. M.

CAHIERS. Les anciens États-Généraux étaient convoqués par sénéchaussée ou bailliage. Les électeurs primaires choisissaient d'abord des électeurs de second degré, qui choisissaient ensuite les députés. Les assemblées préliminaires ou primaires de chaque ordre rédigeaient des Cahiers qui étaient remis aux électeurs ; puis, de ces Cahiers partiels, les électeurs de second degré composaient un autre Cahier qui était remis aux députés.

Chaque citoyen était libre, d'ailleurs, de présenter aux commissaires, chargés de la rédaction de ces mandats, les observations qu'il jugeait convenables. En 1789, les magistrats de la ville de Paris arrêtèrent qu'un tronc serait déposé dans la grande salle de l'hôtel-de-ville « pour recevoir les « mémoires et projets que les citoyens estime- « raient utiles et nécessaires à être insérés dans les « Cahiers. » (V. Mandat).

Le Cahier de l'assemblée primaire du tiers-état rédigé par les bureaux et voté après délibération se divisait en huit chapitres. Le premier est une protestation contre la forme de convocation, contre l'oubli, soit de commune, soit de nation ; le second a pour titre : charte et constitution nationale ; le troisième traite des impôts et finances ; le quatrième, de la justice ; le cinquième, du clergé : on demande la résidence des prélats, on proscrit le cumul des bénéfices, on réclame pour les curés et vicaires ; le sixième s'occupe de l'éducation ; le septième du commerce ; et le huitième de la réorganisation de la commune de Paris.

Après l'adoption de ce Cahier, l'assemblée procéda à la nomination des électeurs. Ces électeurs nommés se réunirent à l'Archevéché ; ils prirent à l'unanimité la résolution de ne pas se joindre aux électeurs des deux autres ordres pour la rédaction des Cahiers. Trente-six commissaires furent chargés de ce travail. Le clergé et la noblesse rédigèrent séparément chacun le sien.

Aux précédents États-Généraux, voici ce qu'il advenait des mandats électoraux. Les députés de chaque ordre résumaient dans un Cahier général les *doléances* de toutes les provinces, car les citoyens ne pouvaient alors présenter que des doléances ; ils exposaient la situation du pays et finissaient en réclamant la réforme des abus. Puis, le Cahier général de chacun des trois ordres était remis au roi. Les députés du clergé et de la no-

blesse présentaient le leur debout et la tête découverte ; le député du Tiers se mettait à genoux devant le roi. Celui-ci daignait se découvrir et il répondait à-peu-près ceci : « Messieurs, je vous re- « mercie de tant de peine que vous avez prise « pour moi : je ferai voir vos Cahiers et les répon- « drai promptement et favorablement. »

Immédiatement après cette cérémonie, les pouvoirs des États-Généraux expiraient, et il était expressément interdit aux députés de s'assembler et de surveiller l'exécution des promesses royales. Après leur départ, le conseil du roi examinait le Cahier de chaque ordre. Si les demandes des États n'étaient point favorablement accueillies, les Cahiers étaient comme non avenus. Si, au contraire, il était jugé bon d'obtempérer aux vœux des populations, on publiait une ordonnance plus ou moins conforme à ces vœux. Cette ordonnance, pour avoir force de loi, devait être enregistrée au Parlement.

Voilà ce qu'étaient les Cahiers sous l'ancien régime. La collection de ces documents compose un des plus précieux monuments de l'histoire nationale ; elle doit être consultée avec soin par les publicistes qui sont curieux de connaître l'origine et les causes de la misère du peuple.   E. D.

CALENDRIER. Les peuples ont, de tout temps, attaché avec raison une grande importance au Calendrier. C'est, en effet, le Calendrier qui détermine les époques des travaux de la campagne ; qui indique le retour régulier des fêtes religieuses ou civiques ; qui règle la durée des transactions politiques ou privées ; qui précise le souvenir des événements mémorables de l'histoire. En un mot, le Calendrier est le résumé le plus utile et de l'usage le plus habituel et le plus général de l'état de la science astronomique ; car la mesure du temps ne saurait être évaluée d'une manière arbitraire : elle a forcément sa base dans le rapport qui existe entre la révolution des corps célestes et la manifestation des phénomènes naturels.

Toute l'antiquité composait l'année de douze lunaisons. Cette année n'avait, par conséquent, que trois cent cinquante-quatre jours ; et, au bout d'un certain temps, il arrivait que les époques des saisons avaient subi de notables déplacements. On obviait à cet inconvénient en intercalant, tous les deux ou trois ans, une treizième lunaison, afin de faire concorder autant que possible l'année lunaire avec le cours du soleil ; mais cette correction laissait encore subsister de graves irrégularités.

Les Égyptiens sont les premiers qui aient mesuré la durée de l'année sur la révolution apparente du soleil. Ils formèrent leur année de douze mois de trente jours chaque et de cinq jours épagomènes ou complémentaires ; mais, en négligeant une fraction de plusieurs heures, ils devaient retomber, après un temps plus ou moins long, dans l'inconvénient reproché à l'année luni-solaire.

Jules-César trouva cette année en vigueur chez les Romains. Dans la vue d'en faire disparaître l'irrégularité, il appela à Rome, vers l'an 708 de la fondation de cette ville, 44 ans avant Jésus

23

Christ, Sosigènes, astronome égyptien, renommé pour sa science. L'année civile fut réglée sur le cours du soleil, et portée à trois cent soixante-cinq jours ; tous les quatre ans, on y ajoutait un jour. Cette distribution fut observée pendant quinze siècles, quoiqu'elle donnât annuellement, sur l'année solaire et tropique un excédant de 11' 14" 30''', qui devait par la suite troubler l'ordre des saisons.

Cette différence fut plus tard constatée. Dès l'an 1412, le saint-siège s'occupa de la faire disparaître ; mais ce ne fut qu'en 1582 que le pape Grégoire XIII, avec l'aide de Luigi Lilio, habile mathématicien italien, réforma le Calendrier. On retrancha dix jours de cette année, qui ne fut dès-lors que de trois cent cinquante-cinq, et on décida que trois années séculaires qui, d'après le calendrier Julien, devaient être bissextiles, seraient communes, et qu'à la quatrième année séculaire, seulement, il serait ajouté un jour.

Une partie des sectes protestantes n'acceptèrent la réforme grégorienne qu'en 1699 ; d'autres en 1752, en 1753, et le reste en 1777. Les Russes et les autres nations attachées à l'église grecque ont persisté jusqu'à présent à suivre le Calendrier Julien, et leur année est en avance de douze jours sur la nôtre.

Les Turcs, et en général les divers peuples mahométans, ont, de tous les Calendriers, le plus imparfait : leur année est purement lunaire, composée de trois cent cinquante-quatre jours, sans intercalation d'une treizième lunaison ; de sorte que les saisons parcourent successivement tous les mois. De nos jours, les juifs sont parvenus, à l'aide d'embolismes, ou intercalations, et d'une classification des années en communes et embolismiques, ordinaires, défaillantes et abondantes, formées tour-à-tour de 353, 354, 355, 383, 384 et 385 jours, à mettre leur année luni-solaire au niveau des connaissances astronomiques.

Pendant treize années, la réforme grégorienne cessa d'être suivie en France. Le 24 novembre 1793 la Convention nationale décréta un nouveau Calendrier, qui fut appelé républicain.

« L'ère des Français, disait le décret, compte de la fondation de la République, qui a eu lieu le 22 septembre 1792 ère vulgaire, jour où le soleil est arrivé à l'équinoxe vrai d'automne, en entrant dans le signe de la Balance, à 9 heures 18 minutes 30 secondes du matin pour l'Observatoire de Paris. »

D'après le nouveau Calendrier, chaque année commençait à minuit, avec le jour où tombait l'équinoxe vrai d'automne pour l'observatoire de Paris ; elle était divisée en douze mois égaux de trente jours chacun, et se complétait par cinq jours appelés *sans-culottides* ; chaque mois était divisé en trois parties égales de dix jours chacune, ou *décades* ; les noms des jours de la décade étaient : *primidi, duodi, tridi, quartidi, quintidi, sextidi, septidi, octidi, nonidi, décadi* ; les noms des mois étaient, pour l'automne : *vendémiaire, brumaire, frimaire* ; pour l'hiver, *nivose, pluviose, ventose* ; pour le printemps, *germinal, floréal, prairial* ; pour l'été, *messidor, thermidor, fructidor.*

L'intercalation d'un jour, qui formait, dans la réforme grégorienne, les années bissextiles, et qui revenait tous les quatre ans, n'avait pas lieu invariablement à la fin de chaque quatrième année dans le Calendrier républicain ; il pouvait arriver qu'une année reçût un jour de plus, selon que le comporterait la position de l'équinoxe, afin de maintenir la coïncidence de l'année civile avec les mouvements célestes. Le jour intercalaire s'appelait *Jour de la Révolution*, et devenait le sixième des sans-culottides. La période de quatre ans après laquelle avait lieu l'intercalation du jour de la Révolution prenait le nom de *Franciade*. On appelait *sextile* l'année où se faisait cette intercalation.

La réforme républicaine ne portait pas seulement sur les divisions de l'année ; elle s'appliquait aussi aux divisions du jour. Au lieu de vingt-quatre heures, on en comptait dix seulement, dont la première commençait à minuit. L'heure était divisée en cent *minutes décimales* ; la minute en cent *secondes décimales,* etc.

Les auteurs de ce Calendrier avaient voulu en faire principalement une sorte de guide agricole. « Nous avons rangé par ordre, dit Fabre-d'Eglantine, dans la colonne de chaque mois, rapporteur, les noms des vrais trésors de l'économie rurale. Les grains, les pâturages, les arbres, les racines, les fleurs, les fruits, les plantes, sont disposés dans le Calendrier de manière que la place et le quantième que chaque production occupe sont précisément le temps et le jour où la nature nous en fait présent. »

Ce Calendrier subit, au reste, à diverses époques, des modifications assez importantes. Par exemple, on abandonna la division du mois en décades et l'on revint à la division par semaines. Si, dans les actes publics, les dates républicaines étaient employées, on en tenait peu de compte dans les relations et les transactions privées. D'un autre côté, le nouveau Calendrier nous isolait au milieu des peuples de l'Europe, et il ne fallait pas espérer le leur faire adopter, car il était calculé pour notre latitude et ne pouvait convenir aux autres pays. Par tous ces motifs, et peut-être aussi pour effacer encore cette trace de l'existence de la République, le gouvernement impérial promulgua au mois de septembre 1805 un sénatus-consulte qui rétablissait le Calendrier grégorien.   B.-C.

CALIFE, ou mieux KHALIFE. — Mot arabe qui signifie vicaire. En effet, en se proclamant le prophète de Dieu et le chef suprême de tous les prosélytes qu'il attachait à la nouvelle croyance, Mahomet voulut que ses successeurs fussent chefs spirituels et temporels de toutes les nations soumises à l'islam, et, par conséquent, ses vicaires. Ainsi, ses premiers successeurs : Abou-Bekre, Othman, Omar, Ali, furent Khalifes universels ; mais la vaste étendue de l'empire arabe favorisa bientôt la scission de l'unité gouvernementale. Il y eut des Khalifes à Bagdad ; il y en eut à Cordoue ; il y en eut au Caire. Chacun s'intitula prince des fidèles. Toutefois, le monde musulman regardait plus spé-

galement le Khalife de Bagdad comme le véri-
ble vicaire du prophète.

ors de la ruine du khalifat d'Orient par les
ols et de l'avénement de la puissance turque
Asie occidentale, une renonciation du der-
life nominal, car son pouvoir était deve-
-fait spirituel, mit aux mains des sul-
lis la succession spirituelle et tempo-
phète, et le padischah de Constanti-
dé dès-lors comme le chef légitime
s croyants.

mettant ainsi aux mains d'un
se,   voirs spirituel et temporel, en
l'ais,   Dieu dont la puissance était
sans   a qu'elle ne s'exerçât pas en
dehors   cipes du Coran, dont les nombreuses oses sont toujours restées la base de toute
législation et de tout culte chez tous les Musulmans. Le Khalife, anciennement, et aujourd'hui
le padischah, son héritier, sont aux yeux des vrais
Musulmans la représentation de Dieu sur la terre,
la personnification de son prophète; aussi doit-il
leur obéir en tout, et adorer humblement tous
leurs décrets.

On sait ce que sont devenues les populations
arabes, turques, maures et persanes sous un pareil système, et avec une pareille inintelligence
des droits de l'humanité.   V. M.

CALVINISME. Le Calvinisme est la quasi-
légitimité de la réforme protestante. Calvin, réformateur anti-catholique et chef de l'opinion réformée en France, passa toute sa vie à rétablir, au
profit de son hérésie, les institutions catholiques.
Le protestantisme dérivait du libre examen : Calvin nia la liberté. A l'autorité du Pape, délégué
de Dieu sur la terre, suivant la croyance catholique, Calvin substitua son autorité personnelle; il
s'affirma, il se *posa*, il s'*acclama* lui-même comme
a dit une secte moderne; il proclama le premier,
le dogme absurde, récemment restauré, de la
souveraineté de la raison, non pas de la raison
commune, du sens commun, mais de la raison
individuelle, du sens personnel. «L'orthodoxie est
ma *doxie* et l'hétérodoxie est la *doxie* des autres,»
disait l'évêque Warburton. C'est là tout le Calvinisme. « Crois, non pas ce que t'enseigne la tradition, non pas ce que te suggère ton esprit, mais ce
que t'affirme ma raison, sinon je te brûle; » voilà la
doctrine et la logique de Calvin.

En matière de discipline ecclésiastique il ou-
tra toutes les exagérations des plus exagérés champions de la papauté. Persuadé que sa vérité était
la vérité même, il combattit toutes les dissidences
avec la parole, avec la proscription, avec le feu,
lorsqu'il crut le feu nécessaire. Châtillon n'acceptait pas toutes ses idées sur le dogme, il niait la
prédestination : Calvin le proscrivit. Coupable du
même crime, Bolsec fut également chassé de Genève. Quant à Servet, qui trouvait la réforme Calviniste incomplète et superstitieuse, on sait que,
condamné au feu pour ses hérésies anti-catholiques
par les prêtres catholiques, il fut brûlé par Calvin
pour ses hérésies anti-calvinistes.

Dans l'ordre moral, civil et politique, sa rigueur
ne fut pas moins absolue. Gouvernée par lui, Genève était courbée sous le joug d'une inquisition
tracassière, cruelle, intolérable.

Du reste, cette institution d'une église à côté de
l'Église ne survécut pas à son fondateur. Cette
prétention orgueilleuse de trouver un milieu entre
l'autorité traditionnelle et la liberté humaine avait
contre elle la logique; elle ne fit que montrer le
peu que vaut toute la force d'un grand génie en
lutte avec la vérité.

Ceux que nous appelons Doctrinaires sont les
Calvinistes politiques de notre époque. L'histoire
de leur précurseur religieux dit assez ce qu'il
doit advenir de cette secte intolérante et vaniteuse.
(V. Doctrinaires).   E. D.

CAMARILLA. Ce mot, d'origine espagnole, et
qui est le diminutif de *Camara* (chambre), nous
sert à désigner le gouvernement occulte qui, trô-
nant dans les appartements royaux, domine si
souvent le gouvernement réel et responsable, le
contrecarre ou le fait plier.

C'est depuis l'intronisation du gouvernement
constitutionnel qu'il est le plus question de Camarilla, et la raison en est facile à saisir. Dans les
états despotiques et sous le règne du bon plaisir,
là où le prince résume en lui tout droit et toute
puissance, à moins de circonstances tout-à-fait particulières, les délégués du gouvernement sont nécessairement l'émanation directe de sa volonté ou
de son caprice, et, dès-lors, il n'y a pas d'influence extra-légale à désigner sous le nom de *Camarilla*, précisément parce que le gouvernement
n'est et ne peut être qu'une Camarilla. — Sous le
régime constitutionnel, au contraire, le gouvernement est assujéti à des règles fixées d'avance; il
ne peut s'exercer que par des ministres contresi-
gnataires, et quoique ces ministres soient choisis
par le roi, ils sont, en fait, désignés indirectement par les chambres. Il peut donc arriver, et il
arrive effectivement quelquefois, que le prince ait
la main forcée, et que le gouvernement légal se
trouve constitué en dehors, pour ne pas dire plus,
des vues intimes et des sympathies personnelles du
monarque. Alors s'établit sourdement, dans l'entourage de la domesticité de cour fait au roi, une
conspiration incessante qui débute par les commérages, poursuit par l'intrigue, et se dénoue par
une lutte ouverte, sinon par un coup-d'état : c'est
la Camarilla, — pouvoir dangereux, parce qu'il
devient légalement insaisissable, couvert qu'il est
par l'inviolabilité de la personne royale, unité qu'il
décuple et centuple en y ajoutant même des zéros;
— pouvoir fort, puisqu'il est permanent comme la
royauté, tandis que les pouvoirs réguliers, ses rivaux, sont incessamment modifiés, par l'élection
pour les députés, par les fournées pour les pairs.

En un mot, la Camarilla, comme on voit, n'est
autre chose que la cour quintessenciée, en quelque
sorte, par les préférences du monarque, réduite à
l'état de cercle intime, et s'érigeant, au coin du
feu ou dans une embrasure de croisée, en conseil
secret, en pouvoir directeur.

La Camarilla revêt différents caractères, suivant le caractère personnel du monarque : chez un roi dévôt, Camarilla de prêtres ; — chez un roi libertin, Camarilla de maîtresses et de roués ; — chez une reine, Camarilla de femmes-de-chambre, de beaux-fils et de favoris ; — chez un roi intrigant et cupide, Camarilla d'aventuriers et de chevaliers d'industrie. La Camarilla subit même, sous un seul règne, des modifications successives ; sous un Louis XIV constitutionnel, par exemple, combien de fois ne se transformera-t-elle pas, depuis la galante splendeur de l'époque-Lavallière, jusqu'au bigotisme imbécile de l'époque-Maintenon.

Il y a deux phases bien distinctes dans le règne de toute Camarilla. Le plus souvent, il arrive que le ministère est dans la Camarilla, et alors le pouvoir électif ne tarde pas à engager une lutte sérieuse contre le pouvoir royal. Quelquefois (c'est-à-dire lorsque, dans sa lutte, le pouvoir électif triomphe), le ministère est au contraire dans les chambres, et alors c'est la Camarilla qui poursuit, au nom du pouvoir royal, une lutte acharnée contre le pouvoir électif. C'est là l'histoire de tous les gouvernements monarchiques représentatifs. Quand les coups portés de part et d'autre n'aboutissent, grâce aux fictions constitutionnelles, qu'à des changements de cabinets, on appelle cela *le jeu régulier des institutions*; mais lorsqu'en définitive la collision se résout en entreprise directe du pouvoir royal contre le pouvoir électif, ou du pouvoir électif contre le pouvoir royal, alors cela devient, — dans le premier cas un coup-d'état, ce qui est la révolution des rois; — dans le second cas une révolution, ce qui est le coup-d'état des peuples.

En expliquant comment et pourquoi la Camarilla fleurit de préférence sous les gouvernements constitutionnels, nous avons prouvé qu'elle ne peut guère exister sous les gouvernements despotiques et du bon plaisir. Il nous reste à dire maintenant (et par là nous indiquerons le remède à côté du mal) qu'elle est également impossible dans les gouvernements démocratiques, où le chef de l'État a des pouvoirs limités, temporaires, donnés et révocables par l'élection. C'est le prestige du pouvoir personnel et le positif d'une grosse liste civile qui forment et entretiennent les cours, et par suite les Camarillas. Un président qui est *appointé* et non *doté*, qui *gouverne* et ne *règne* pas, ne peut avoir autour de lui que des fonctionnaires sérieux, et, par conséquent, n'a jamais de Camarilla.

ALTAROCHE.

CAMERLINGUE (en allemand *Kammer-ling*, maître de chambre). Office de cour qui désignait originairement les trésoriers de l'Empereur et du Pape. Il n'est en usage aujourd'hui qu'à la cour de Rome. Le Cardinal-Camerlingue régit l'Eglise et administre la justice ; mais ses principales attributions, qui rappellent les attributions primitives de sa charge, le placent à la tête des finances ; il a sous son autorité un trésorier-général ; il fait battre monnaie pendant la vacance du Saint-Siège et publie, au besoin, des édits. A. L.

CANADA. Pays de l'Amérique septentrionale, borné au nord par la Nouvelle-Angleterre, au sud par les États-Unis, à l'est par le golfe Saint-Laurent, à l'ouest par des pays encore inconnus. Autrefois colonie française, le Canada fut cédé à la Grande-Bretagne par le honteux traité de Versailles du 10 février 1763. Aujourd'hui, ce pays est sur le point d'échapper à la domination anglaise, qui ne s'y maintient plus que par la terreur des lois martiales et des proscriptions. Par quelle série de fautes le gouvernement anglais s'est-il aliéné cette riche colonie? Un rapide aperçu historique nous le fera connaître.

Il avait été stipulé dans le traité de cession que l'Angleterre laisserait aux Canadiens le libre exercice de leur religion, avec la pleine et entière jouissance de leurs propriétés. Bientôt après un acte de l'an 14 du règne de Georges III (1775) régularisa la législation de la colonie. Par cet acte, la loi anglaise fut adoptée en matière criminelle, avec le jugement par le jury; en matière civile, la coutume de Paris fut déclarée la loi du pays, ainsi qu'elle l'était sous la domination française.

A cette époque, toute la contrée s'appelait province de Québec. Mais, par un acte de l'an 31 du règne de Georges III (1792), cette grande province fut divisée en deux parties, séparées l'une de l'autre par le fleuve Saint-Laurent; celle qui était au-dessus du fleuve fut appelée le Haut-Canada; celle qui était plus rapprochée de la mer, le Bas-Canada.

Comme la province supérieure ne contenait guère que des colons anglais, il fut en même temps décidé que les lois de l'Angleterre y régneraient également en matière civile et criminelle. Mais, dans la province inférieure, habitée surtout par des Français, on maintint la distinction ci-dessus établie.

En même temps qu'on introduisait ces changements, on adoptait un nouveau système de gouvernement. Une législature était accordée à chaque province, composée dans l'une comme dans l'autre : 1° d'un gouverneur nommé par le roi; 2° d'un conseil législatif nommé à vie, aussi par le roi; 3° d'une Chambre d'assemblée dont les membres étaient élus par les colons.

En outre, par une loi antérieure, promulguée au moment où la lutte avec les États-Unis insurgés rendait les ministres généreux par crainte, l'Angleterre renonçait solennellement à lever aucun impôt au profit de la métropole. Cette dernière concession était la seule importante ; les autres n'étaient qu'illusoires. Ainsi l'espérait le gouvernement anglais, comme on va bientôt le voir.

Il ne faut pas se dissimuler que toutes ces dispositions étaient assez malhabiles. D'abord, la division légalement établie entre les deux provinces créait deux populations rivales avec des mœurs, des lois et une origine différentes. Ensuite, au sein de la législature, dans chaque province, il y avait des éléments de discorde qui ne devaient pas tarder à produire leurs fruits. En effet, le gouverneur et les membres du conseil législatif, nommés par le roi, c'est-à-dire envoyéd'Angleterre, ne pouvaient pas avoir des intérêts communs avec les membres de la Chambre d'assemblée choisis parmi les habitants du pays.

Outre le conseil législatif, on avait aussi créé un conseil exécutif dont les membres étaient également nommés par le gouvernement anglais. C'est dans les mains de ce conseil exécutif que résidait réellement tout le pouvoir. Car les divers gouverneurs qui se sont succédés, arrivant dans un pays qu'ils ne connaissaient pas, ont toujours été obligés d'agir suivant l'impulsion de ce conseil. Ce qui ajoutait encore aux abus, c'est que les membres du conseil exécutif ont presque toujours été, et surtout dans les derniers temps, choisis parmi les membres du conseil législatif, et les hommes parlementaires de la Grande-Bretagne laissaient subsister cet odieux cumul. Ainsi, non seulement le conseil exécutif dirigeait toute l'administration, mais il formait en même temps une des branches de la législature. Ajoutons encore que la plupart de ces mêmes hommes remplissaient les fonctions de juges, en sorte que sur les mêmes têtes reposaient, à la fois, le pouvoir exécutif, le pouvoir législatif et le pouvoir judiciaire.

Il était impossible que, dans un pareil état de choses, il ne s'élevât quelque conflit entre les Anglais venant de leur pays pour exploiter une colonie, et les colons appelés à se gouverner par eux-mêmes. C'est ce qui arriva. Nous passons beaucoup de faits qui furent des commencements d'hostilité, pour arriver à ceux où la querelle devint ouverte et violente, surtout dans le Bas-Canada.

Dans les deux provinces, on appelait *Liste civile* la somme de toutes les dépenses nécessaires à l'administration du pays. Les Anglais du conseil exécutif et du conseil législatif, qui avaient la disposition de ces fonds, voulurent se prévaloir d'une similitude de termes, pour appliquer à l'impôt général la même manière de voter que l'on avait en Angleterre pour la Liste civile, qui n'est que le revenu particulier du roi. Ils demandèrent donc que la Liste civile fût votée *en bloc*, et pour toute la durée de chaque règne. La Chambre d'assemblée répondit qu'il n'y avait aucune similitude entre les deux Listes civiles, ce qui n'était pas difficile à démontrer : elle voulut en outre examiner et discuter l'emploi de chaque somme ; elle ajouta que si elle votait une Liste civile permanente, la Chambre devenait complètement inutile ; car elle n'aurait plus d'impôts à voter. C'était un raisonnement bien clair et bien simple. On ne s'imaginerait pourtant pas quels cris d'indignation il souleva, non-seulement parmi les gens officiels de la colonie, mais aussi parmi ceux de toute l'Angleterre. On crut la colonie en rébellion ouverte. Un nouveau gouverneur fut envoyé. C'était le duc de Richemond. Il mourut bientôt après. Son successeur fut lord Dalhousie, un ancien officier et ami de Wellington. Celui-ci voulut mener les choses militairement, et crut réduire par la force les orgueilleux Français qui résistaient au gouvernement. Mais il n'obtint rien : la Chambre refusa de voter son traitement de gouverneur, ainsi que celui des membres du conseil exécutif et des juges. Lord

Dalhousie résolut d'agir sans la Chambre. Les revenus du Bas-Canada se composent : 1° des biens des jésuites (lors de l'expulsion des jésuites, ces biens devaient appartenir à la province : le conseil exécutif en appliqua les revenus aux gens officiels et au clergé protestant, dans un pays presqu'entièrement composé de catholiques ; c'était déjà un premier vol). 2° Des terres et bois de l'État ; 3° des droits payés par les seigneuries ; 4° de certains droits imposés par la législature impériale (le parlement anglais) ; 5° de certains droits imposés par la législature provinciale. Le gouverneur prétendit que les quatre premières sources de revenus étaient sous le contrôle du conseil exécutif, et il en disposa sans l'assentiment de la Chambre d'assemblée. Celle-ci, indignée, porta plainte au gouvernement de Londres ; lord Dalhousie se plaignit, de son côté, traitant tous les Canadiens français de rebelles. Déjà, il avait essayé d'opérer la réunion des deux législatures provinciales en une seule, afin d'obtenir dans la Chambre une majorité d'Anglais ; mais les deux provinces s'étaient également opposées à cette mesure. Les haines devenaient formidables. Des commissions furent envoyées d'Angleterre et ne remédièrent à rien. Pendant ces luttes, de hardis patriotes avaient déployé autant de talent que de courage. A leur tête se distinguait Louis-Joseph Papineau, qui, durant vingt ans de combats parlementaires, fut toujours élu président de la Chambre d'assemblée.

Plusieurs gouverneurs se succédèrent ; mais aucun ne voulant reconnaître les droits de la nation, l'agitation continuait. Les fonctionnaires ne touchaient qu'une partie de leurs traitements, et la portion qu'ils touchaient était illégalement perçue. Le conseil législatif, de son côté, opposait son véto à toutes les mesures que prenait la chambre d'assemblée ; il n'y avait plus ni gouvernement ni représentation. En vain, quelques hommes éclairés du parlement britannique criaient aux ministres de faire cesser cette anarchie, prédisant à l'Angleterre la perte de cette belle colonie ; on ne les écoutait pas.

Ce n'étaient pas seulement leurs droits politiques que l'on dérobait aux Canadiens, c'étaient encore leurs possessions territoriales. La chambre d'assemblée avait décidé que les revenus des jésuites seraient consacrés à l'éducation des enfants pauvres ; le conseil législatif refusa de sanctionner ce vote, et le conseil exécutif s'appliqua ces revenus à lui-même. C'était voler le peuple dans son présent et son avenir. Ce même conseil exécutif dilapidait avec effronterie les terres libres et les bois appartenant à l'État pour en enrichir ses propres membres et leurs familles. M. Roebuck a fait le tableau de ces donations scandaleuses. Nous prenons sur ce tableau une famille au hasard ; on pourra juger du reste :

« Il a été accordé à M. William Felton, membre du conseil législatif et du conseil exécutif, en terres publiques, propriétés de l'État dont la législature seule aurait dû disposer ; savoir :

« 1° à M. Felton personnellement 1,100 acres (1).
« 2° à Elisa Felton , sa fille . . . 1,200
« 3° à Charlotte Felton , id. . . . 1,200
« 4° à Fanny Felton , id. . . . 1,200
« 5° à Maria Felton , id. . . . 1,200
« 6° à Maltilda Felton , id. . . . 1,200
« 7° à Louisa Felton , id. . . . 1,200
« 8° à Octavia Felton , id. . . . 1,200

TOTAL. . . 9,500 acres. »

Voilà l'emploi que faisait l'oligarchie anglaise des propriétés publiques des Canadiens français. Beaucoup d'autres membres du conseil exécutif figurent avec leur nombreuse progéniture sur ce tableau de pillage.

Les Canadiens avaient espéré que le ministère, qui s'appelait *Réformateur*, écouterait enfin leurs patientes doléances ; mais lord John Russell laissa subsister les choses telles qu'elles étaient au temps de Liverpool. Toutefois, les réclamations devenaient plus vives ; alors le ministère *réformateur* ordonna de mettre en état d'arrestation ceux qui se plaignaient d'être volés. Des mandats d'arrêt furent lancés contre Papineau, O'Callaghan, Ovide Perrault et autres membres influents de la chambre. Des ordres furent en même temps envoyés pour arrêter d'autres habitants qui s'étaient signalés par leur patriotisme. Papineau et d'autres , avertis à temps, purent se sauver. Mais les arrestations qui réussirent amenèrent les combats partiels qui ont fait croire à une insurrection générale du Canada, tandis que ce n'était que des actes isolés , sans plan et sans combinaison. Voici comment eurent lieu les premières hostilités. Deux habitants de Saint-Jean, village situé à une petite distance de Montréal , MM. D'Avignon et Demaray, furent arrêtés chez eux, la nuit, par une troupe de cavaliers. Les soldats, au lieu de ramener leurs prisonniers per la route directe , les promenèrent en spectacle, attachés dans des charrettes , la corde au cou, les fers aux pieds et aux mains. Les paysans indignés se rassemblèrent, sommèrent la troupe de relâcher les prisonniers, et, sur son refus, l'attaquèrent et la mirent en fuite, après avoir délivré les prisonniers. Des événements en tout semblables s'étaient passés dans le district arrosé par la rivière Richelieu , et notamment aux villages de Saint-Denis et de Saint-Charles. Une attaque combinée fut donc résolue par le pouvoir exécutif contre ces deux villages. Quatre cents hommes de troupes régulières , commandés par le colonel Gore , et accompagnés d'une pièce d'artillerie, attaquèrent les paysans de Saint-Denis, dont à peine un cinquième avait des fusils ; les autres étaient armés de bâtons. Mais l'esprit français était parmi eux; le combat , commencé à neuf heures du matin , dura jusqu'à trois heures de l'après-midi ; la pièce d'artillerie fut quatre fois prise par les paysans, et quatre fois reprise par les Anglais ; enfin, une cinquième fois, elle tomba au pouvoir des Canadiens, qui la gardèrent ; et les troupes du colonel Gore durent se

retirer après avoir perdu bon nombre de leurs soldats.

Les mêmes scènes s'étaient passées à Saint-Charles , attaqué par le colonel Wetherall , à la tête de cinq cents hommes. Mais ici les troupes mirent le feu au village , et les paysans se retirèrent en bon ordre sur Saint-Denis, et Wetherall fut obligé d'opérer sa retraite.

Des forces plus considérables furent , quelques jours après, envoyées dans le district ; mais chacun des paysans était retourné à ses occupations ; car il faut bien le rappeler : il n'y eut pas, à proprement parler, d'insurrection ; les paysans s'étaient contentés de délivrer leurs défenseurs et de repousser leurs assaillants. Sur tous les autres points, les choses s'étaient passées ainsi ; mais le gouvernement anglais avait appris à quelle population il avait affaire. On résolut donc d'envoyer un dictateur avec de pleins pouvoirs pour tâcher de ressaisir cette colonie que l'on perdait par une suite de fautes volontaires. Le dictateur fut lord Durham , espèce de Pasquin politique , dont les radicaux mêmes furent les dupes ; tant on éprouve d'étonnement , en Angleterre , à entendre un grand seigneur parler de liberté , tout en pratiquant l'oppression.

Lord Durham ne se signala dans sa mission que par sa vanité aristocratique , son incapacité et son mauvais vouloir. La pacification de la colonie était au-dessus de ses forces, et il revint en Angleterre sans avoir fait autre chose que compromettre sa réputation d'homme d'état. Aujourd'hui, le Canada est gouverné par des commissions militaires qui se sont distinguées par de sanglantes exécutions. Les Anglais n'y dominent plus que par la force ; et le jour n'est peut-être pas éloigné où le Canada prendra place parmi les états libres.

Elias REGNAULT.

CANDIDAT , CANDIDATURE. On appelle Candidat celui qui sollicite une charge ou une mission quelconque. Candidature est un mot de création moderne ; il s'applique plus particulièrement aux élections parlementaires ; il caractérise la situation de celui qui brigue les suffrages des électeurs.

Candidature est aujourd'hui synonyme de privilége ; nul ne peut aborder la Candidature si le percepteur de son endroit n'a préalablement attesté qu'il paie au fisc cinq cents francs, au moins, par chacun an. Tous les citoyens sont égaux devant la loi, pourtant, s'il faut en croire la Charte. En effet ; mais , par malheur , la loi n'est pas égale pour tous les citoyens.

C'est , au reste, pour assurer le règne de l'ordre et la prépondérance des honnêtes gens que les choses sont ainsi réglées. Le moyen , je vous prie, qu'une nation subsiste longtemps si les électeurs étaient souverains à ce point qu'ils pussent choisir pour Candidat un publiciste illustre et pauvre à la place de quelque crétin obscur mais riche. Les crétins votent d'emblée les budgets, sans y regarder, et c'est ce qu'il faut ; les hommes de talent et de conscience savent les discuter et les discutent ;

1 L'acre équivaut environ à un demi-hectare.

et ceci est fort dangereux dans les monarchies constitutionnelles.

Je ne crois pas qu'il y ait dans un état, quel qu'il soit, un plus redoutable germe de dissolution et de décadence que cette institution des Candidatures privilégiées. Ouvrir la carrière de la puissance et des honneurs à ceux-là seuls qui ont le pouvoir de les acheter, c'est ouvrir la carrière à toutes les brigues et à toutes les corruptions. Concentrez les Candidatures parmi un petit nombre d'hommes plus éclairés, plus riches que le reste de la nation, vous aurez créé dans l'État deux peuples bien distincts : les acheteurs et les achetés ; il n'y aura plus d'unité qu'en un point : la corruption commune.

Il en était ainsi à Carthage. Nul n'y pouvait parvenir aux premiers postes de la République si, au mérite, il ne joignait la naissance et les richesses. Or, ce fut là, suivant Aristote, le vice capital de la constitution carthaginoise. Il considérait comme un grand mal cette exclusion forcée des plus gens de bien : « Car alors, dit-il, la vertu n'étant comptée pour rien et l'argent pour tout, l'admiration et la soif des richesses saisissant toute la cité et la corrompent ; les magistrats et les juges, qui ne le deviennent qu'à grands frais, semblent être en droit de s'en dédommager ensuite, par leurs propres mains. »

De même, à Rome, aux plus beaux temps de la République. Le patriciat avait fixé des conditions pour l'admission aux Candidatures. Il fallait avoir dix ans de service dans les armées ; 27 ans pour briguer la questure ; 30 pour le tribunat ; 37 pour l'édilité ; 39 pour la préture ; 43 pour le consulat. Tant que l'aristocratie prévalut, nul ne pouvait être consul s'il n'était patricien. Mais le peuple, dont les membres ne pouvaient prétendre aux fonctions les plus élevées, nommait ses magistrats. Et, comme il ne pouvait pas toujours choisir les plus capables, il choisissait les plus riches ou les plus intrigants. Longtemps avant l'élection, les Candidats s'évertuaient à capter la confiance des électeurs ; ils les visitaient officieusement dans leurs maisons et leur prenaient les mains avec de grandes démonstrations, lorsqu'ils les rencontraient par les rues ; pour flatter leur amour-propre, ils se faisaient accompagner par un *nomenclator*, espèce de souffleur qui leur disait à voix basse les noms de ceux qu'ils ne connaissaient point. Et puis, c'étaient des distributions d'argent que les lois prohibaient avec sévérité, parce que les lois sont rarement cyniques alors même que les mœurs sont corrompues et qui, toutefois, avaient lieu publiquement. Certes, on peut affirmer hardiment que ce fut là la cause la plus active de la décadence de Rome.

Les choses se pratiquent ainsi en Angleterre. Or, chez quel peuple la corruption des mœurs politiques fût-elle jamais plus étendue et plus profonde ?

Depuis que l'esprit de monopole a circonscrit chez nous les Candidatures, le même phénomène se produit nécessairement. Nous voyons se former rapidement cette *officiosissima natio candidatorum*, que l'habile Candidat Cicéron livrait aux sarcasmes romains, il y a tantôt deux mille ans. Agrégation d'autant plus redoutable pour les mœurs publiques et l'égalité que, dans ses tentatives de captation, elle est soutenue, guidée, excitée par les pouvoirs publics.

Dire quels maux une telle organisation des Candidatures a fait à la France et quels maux elle lui prépare, cela est facile. Mais à quoi bon ? C'est lutter qu'il faut et lutter avec une implacable énergie contre cette tendance funeste. A toutes les Candidatures privilégiées il faut opposer des Candidatures démocratiques ; à la brigue, l'activité ; à l'égoïsme, le dévouement. Alors même qu'il y a peu de chances de succès dans un collége il y faut toujours présenter des Candidats, afin de ne point laisser se fondre dans les rangs ennemis les voix fidèles. Avec des suffrages même peu nombreux, on peut forcer ses adversaires à compter, les contraindre à transiger pour une autre Candidature favorable, mais douteuse encore.

Et puis, que les Candidats se posent sans hésitation et sans crainte. Il est peu honorable d'abord, et malhabile ensuite, de se couvrir d'un masque. Je ne sais rien de plus bas que la conduite d'un homme qui ment ainsi publiquement devant des hommes. Vous êtes Royaliste ? Dites-le donc et hardiment, afin qu'on ne vous méprise pas demain. Vous êtes Républicain ? Ne le cachez point. Si vous échouez aujourd'hui, vous l'emporterez plus tard, et chacun admirera dans vous et les vôtres cette dignité supérieure qui vous fait mieux aimer une défaite honorable qu'une victoire volée.

Dans l'état actuel des choses, l'organisation et la conduite des Candidatures est, sans contredit, un des points les plus sérieux de la politique ; elle réclame au plus haut degré l'attention et la vigilance des hommes politiques. Sous un régime nouveau, cette organisation serait une des parties les plus importantes de la constitution. (V. ÉLECTION). E. D.

CANTON (1). Mot dérivé du celte *kant* ou du latin *centum*, parce que, dans le principe, le Canton était une subdivision de territoire comprenant, soit cent hommes d'armes, soit cent familles, cent domaines ou cent manoirs.

Il ne faut pas confondre le canton avec la commune ou la cité. A celle-ci se rattache l'idée d'un corps complet, qui peut avoir une existence isolée, indépendante, tandis que le Canton n'est jamais que la partie intégrante d'un corps ; ainsi, l'on voit dans certains pays, des Républiques, des communes, divisées en plusieurs Cantons.

(1) Notre organisation administrative actuelle a été, depuis son institution, l'objet de beaucoup d'éloges et de beaucoup de critiques. Dans l'article CANTON, le savant et judicieux auteur de l'*Essai sur l'organisation démocratique de la France* propose l'adoption d'un système qui a trouvé des partisans parmi les meilleurs esprits. Peut-être, ce système semblera-t-il un peu hardi aux hommes de pratique qui savent à quel point il est difficile d'innover dans tout ce qui touche aux habitudes, aux intérêts, et surtout aux préjugés locaux. Toutefois, l'idée de substituer comme unité administrative le *canton* à la *commune* mérite, au plus haut degré, d'exercer les méditations des publicistes et même de tous les citoyens.
(*Note de l'Éditeur*).

L'Assemblée Constituante partagea la France en départements, les départements en districts, les districts en Cantons, et les Cantons en communes. Le Canton n'était pas un siége d'administration comme l'étaient les départements, les districts et les communes, qui correspondaient les uns avec les autres. Il n'avait été formé que pour l'établissement de la justice de paix et pour la tenue des assemblées primaires. On n'avait donné au Canton que neuf à dix lieues carrées de superficie, de manière à ce que la justice se trouvât à la portée des habitants de la circonscription qui, par ce moyen, n'avaient également que peu de chemin à faire pour exercer leurs droits de citoyen.

Les auteurs de la constitution de l'an III (1795) avaient reconnu que la République était impossible avec le morcellement du territoire tel que l'avaient jadis opéré la noblesse et le clergé. Ils ne supprimèrent pas les communes, mais ils établirent que toute commune au-dessus de cinq mille habitants formerait un canton, et que les petites communes au-dessous de cette population se grouperaient pour former des associations d'au moins 5,000 âmes, qui prirent également le nom de Cantons. Chaque circonscription devint le siége d'une administration; cette administration fut unique pour les Cantons de la première espèce; dans ceux de la seconde, elle fut composée des délégués de chaque commune, qui continuèrent à avoir des agents particuliers pour les administrer.

Voici quels étaient les avantages et les inconvénients de ce système.

Qu'il fût formé d'une ou plusieurs communes, le Canton avait des ressources, une intelligence, une force que ne pouvaient avoir les infiniment petites divisions communales. La garde nationale, dont l'Assemblée Constituante avait autorisé l'organisation par Cantons, ne pouvait s'accorder avec la division communale, parce qu'il ne faut pas que l'autorité civile soit débordée par l'autorité militaire. Cette organisation s'harmoniait, au contraire, avec l'ordre établi par les législateurs de l'an III.

Le vice capital de cet état de choses était, comme aujourd'hui, la confusion des intérêts généraux avec les intérêts d'association particulière et de localité. Un autre vice était l'isolement où se trouvaient les populations rurales, tout-à-fait séparées des populations urbaines. La ville formait un Canton, les communes rurales en formaient un autre. Dans toute organisation politique, on ne peut établir trop de rapports, une trop grande communauté d'intérêts entre les villes et les campagnes. Les unes éclairent les autres; elles se prêtent un mutuel appui. La meilleure division cantonale sera celle où chaque ville, chaque bourg un peu considérable sera à-la-fois le centre des affaires d'intérêt public et des affaires d'intérêt privé.

Enfin, un défaut non moins grave de l'organisation cantonale de l'an III était la différence d'administration entre les Cantons formés, les uns d'une seule, les autres, de plusieurs communes.

En établissant les Cantons, on avait supprimé les districts. L'administration cantonale correspondait avec l'administration de département.

La constitution de l'an VIII revint à l'ancienne division communale, et forma les arrondissements de sous-préfecture tels que nous les voyons aujourd'hui. Les Cantons, avec une circonscription généralement mieux entendue que celle de l'an III, furent réduits à la justice de paix.

Divisée pour le service administratif en 39,000 fractions, dont la population moyenne est de 8 à 900 habitants, la France se trouve dans l'impossibilité absolue de réaliser aucun des avantages pour lesquels les hommes se réunissent en société.

Tous les bons esprits demandent l'organisation cantonale; il n'est pas en effet d'autre moyen d'obtenir cette *mutualité* de ressources, cette réciprocité de secours que les hommes se doivent dans leurs communs besoins. Une nation trop petite est réduite à l'impuissance non-seulement contre l'ennemi du dehors, mais pour assurer à ses citoyens le bien-être qui leur est nécessaire. Sans doute, une petite commune qui fait partie d'un grand système politique en obtiendra de puissants secours; mais le mieux pour les citoyens est d'être constamment à même de se prêter un mutuel appui. C'est ainsi qu'on arrive à la véritable fraternité.

Quels sont aujourd'hui les effets du trop grand morcellement du territoire? Combien d'ouvriers sans travail, combien de blessés en travaillant qui meurent de la manière la plus misérable! Combien de vieillards, d'orphelins qui n'ont ni pain, ni asile! Combien de difficultés pour l'établissement et la bonne administration des écoles! A quoi sert la garde nationale fractionnée comme elle l'est aujourd'hui? hommes et armes se rouillent sans être d'aucune espèce d'utilité. Dans l'ordre actuel, la législation qu'on a tentée pour les chemins vicinaux n'est qu'un tissu de dispositions arbitraires. Comment se font la répartition et la perception des impôts? La représentation, pour le partage des charges publiques, soit au chef-lieu de département, soit au chef-lieu d'arrondissement, ne répond point à la division du territoire. Mais ce qu'il y a de plus déplorable, c'est l'absence de rapports entre les populations pour s'entendre sur leurs communs intérêts; c'est cet isolement, si favorable au despotisme, dans lequel les citoyens ne connaissent la patrie que par les tributs qui leur sont imposés.

Constituer le Canton, c'est, en quelque sorte, constituer la société tout entière, puisqu'il s'agit de remonter à ses éléments. Il ne suffit pas de dire que l'on fera de chaque canton une grande commune où se réuniront les intérêts que les communes actuelles sont dans l'impuissance de satisfaire isolément. D'abord, un état régulier ne forme qu'une seule commune, qu'une seule cité; ne perdons jamais de vue le double principe de l'unité et de l'indivisibilité. Il importe encore de savoir pour quels intérêts, pour la satisfaction de quels besoins l'État est constitué; si le gouvernement est monarchique ou républicain.

Si parfaite qu'elle soit, la monarchie n'a et ne peut avoir d'autre intérêt que celui de sa conservation. Toute espèce d'association est pour elle une cause de mort, ou plutôt il ne saurait y avoir dans la monarchie d'association véritable ; diviser et protéger, telle est sa devise, tandis que la démocratie ne vit que par l'union des forces et des intelligences ; elle ne souffre pas qu'on la partage.

Le gouvernement démocratique n'a point d'autres intérêts que ceux de la société tout entière ; c'est pour cela qu'il réunit des intérêts qui demeurent étrangers à la monarchie, ou qui sont pour elle d'un ordre tout-à-fait secondaire ; mais il faut encore distinguer si la société forme un grand ou un petit système républicain.

Dans une infiniment petite République, où il n'y a, par exemple, qu'une seule ville, qu'une seule croyance, tout ce qui regarde les intérêts de la religion, de la localité, se confond avec l'administration, avec le gouvernement général du pays.

Dans une grande République, où les cultes sont dissidents, où les habitants sont partagés en un grand nombre de villes et de bourgs, indépendamment de l'association générale pour tout ce qu'il est possible de mettre en commun, il se forme des associations particulières pour ce qui regarde spécialement chaque culte, pour ce qui intéresse personnellement chaque localité.

Tout ce qui est d'ordre ou d'intérêt général ne peut être placé sous la direction, sous la surveillance de l'autorité chargée de l'administration d'un intérêt spécial ou d'un intérêt de localité. L'anarchie est le résultat de cette confusion ; on n'en peut sortir qu'en investissant l'autorité supérieure d'un pouvoir discrétionnaire. Dès-lors, il est essentiel de distinguer nettement ce qui est d'intérêt général d'avec ce qui est d'intérêt spécial et de localité.

L'intérêt général se forme de ce qui est nécessaire à tous. Ainsi, l'on ne doit pas seulement comprendre dans l'association démocratique la justice, la police dont chacun a besoin pour sa sûreté personnelle, la force qui vient en aide à la justice et à la police, la répartition des charges imposées aux citoyens ; on y doit comprendre encore l'instruction dont ils ont tous besoin pour l'exercice de leurs droits et l'accomplissement de leurs devoirs ; les communications entre les moindres sections politiques du territoire, et surtout les secours de toute nature que les hommes se doivent les uns aux autres. C'est de ces choses et pour ces choses que la société démocratique est constituée. Il n'est rien dans ces divers attributs qui doive appartenir aux intérêts de localité. Donc, ce qui est d'intérêt local se réduit à peu de chose : planter une promenade, établir une horloge, embellir une fontaine, se procurer un bien-être indépendant de ce que la société doit à tous les citoyens, c'est à cela que se bornent les affaires de localité. Les intérêts locaux, ainsi que les associations pour un objet spécial, sont régis, il est vrai, par des lois et à des conditions faites par le gouvernement général de l'État, mais ils n'en demeurent pas moins, comme toutes les affaires d'intérêt privé, en dehors de la grande cité, de la commune générale, qui ne peut être trop rigoureusement soumise, je le répète, au double principe de l'unité et de l'indivisibilité.

Une dernière distinction nous reste à faire. Dans l'infiniment petite République, le travail politique n'est point partagé ; mais dans une association démocratique qui, comme la France, occuperait 28,000 lieues carrées, et compterait 33,000,000 d'habitants, l'œuvre à laquelle tout le monde travaille devrait nécessairement se subdiviser. Il faudrait que cette œuvre fût la même partout, pour que tout le monde la comprît et y travaillât avec le même zèle, le même intérêt. On peut, dans la monarchie, échelonner les populations ou les individus ; on ne le peut dans la République sans lui porter une mortelle atteinte.

La grande République, au lieu d'être composée comme la petite de simples individus, doit être formée de grandes individualités, dont chacune ne doit pas occuper un terrain ayant plus d'une à deux lieues de rayon. Plus étendues, elles auraient l'inconvénient des arrondissements actuels, où il est impossible de faire du gouvernement de tous les jours, à la portée de tous les citoyens. Les subdivisions territoriales que nous indiquons ne sont autre chose que des Cantons, ils n'auraient pas d'autres attributions, d'autres travaux que ceux de la cité générale, dont ils seraient les parties intégrantes, les véritables éléments.

Vous donnerez à chaque Canton un tribunal dont les attributions seront nécessairement plus étendues que celles de nos justices de paix. Le canton aura une magistrature chargée de l'administration et de la police de la circonscription. Organisée par Cantons, où elle rendra la gendarmerie à-peu-près inutile, la force publique, appelée avec raison garde nationale, sera sous les ordres de la justice et de l'administration. Alors seulement il sera facile de ne former qu'un seul corps de la garde nationale et de l'armée active, qui se recruteront l'une par l'autre. Le Canton aura sous sa surveillance les écoles du ressort, qui ne seront plus régies par des maires ignorants. Aujourd'hui, c'est le préfet qui détermine arbitrairement la part contributive de chaque localité pour l'entretien des voies publiques. Ces travaux seront une affaire d'intérêt commun pour la cité cantonale. Les députés de la nation feront la répartition de l'impôt entre les départements ; les départements le feront entre les cantons, qui auront chacun le même nombre de représentants. Les Cantons la sous-répartiront entre les sections dont ils seront composés ; enfin, on en fera dans les sections le partage entre leurs habitants.

Le plus grand bienfait de l'organisation cantonale serait de donner aux citoyens le moyen de s'entr'aider dans leurs communs besoins. Comme leur population serait, terme moyen, de douze à treize mille habitants, les Cantons auraient assez de ressources pour fonder les établissements où seraient reçus les ouvriers blessés en travaillant, les orphelins et les vieillards indigents. Ces établissements n'auraient point le caractère de nos hôpitaux d'aujourd'hui, parce qu'au moyen de l'association cantonale la fraternité véritable deviendrait le principe, la règle générale de la société. En effet, réunis sur un même point pour les mêmes intérêts, obligés aux mêmes devoirs, ayant constamment besoin de s'appuyer les uns sur les autres, les citoyens n'auraient-ils pas, les uns pour les autres, de meilleurs sentiments?

Si les citoyens doivent s'entre aider, c'est également un devoir pour les Cantons de se prêter un mutuel secours ; les uns et les autres seront intéressés à ce qu'une partie de la société ne tombe point à la charge de l'autre, à ce que les travailleurs ne demeurent nulle part sans ouvrage, à ce que l'ordre et le bien-être se trouvent constamment assurés.

Quant à l'administration cantonale, il ne faut point oublier que le Canton sera dans la grande République ce qu'est l'individu dans un petit système républicain. Malgré la rigueur des devoirs qui lui seraient imposés, on ne peut trop exciter son émulation et son zèle. C'est au Canton à nommer tous ses magistrats ; il aura son conseil délibérant et son président ou agent du pouvoir exécutif, qui correspondra avec le commissaire placé au chef-lieu de département, pour veiller à l'exécution de la loi ; et comme il faut que la loi soit fidèlement observée sur tous les points de la République, aucune délibération de la représentation cantonale ne devra être mise à exécution avant d'avoir été soumise à un conseil ou jury, également placé au chef-lieu de département, et qui jugera si la résolution prise est ou non conforme à la loi. On ne portera point atteinte à la liberté, on ne s'assurera que du respect dû par tous les citoyens à la constitution du pays. Sur ce point, notre pensée sera précisée aux mots : CONSEIL NATIONAL et DÉPARTEMENT.

Il conviendrait de diviser les Cantons par sections à-peu-près égales, qui concourraient toutes à la formation de l'assemblée cantonale. Dans le nord de l'union anglo-américaine, les Cantons, ou *Townships*, sont divisés par districts d'écoles. Si nous suivions cet exemple, les instituteurs placés dans chaque section seraient chargés des actes de l'état-civil, du recensement de la population, et du dépôt des lois et instructions officielles ; ils seraient au nombre des fonctionnaires du Canton, et préférables, à tous égards, aux maires que nous avons aujourd'hui.

La commune actuelle disparaît entièrement dans ce système ; réduite aux simples affaires de localité, elle recouvre une liberté qu'elle ne saurait avoir dans le pêle-mêle des intérêts de tous avec les intérêts de quelques-uns.

Je n'hésite point à le dire, la République, dans un vaste pays comme est le nôtre, me paraît impossible si on ne la fonde sur l'institution cantonale ; en effet, comment constituer un corps avant d'en avoir les éléments ?

On eut la pensée, en 1830, de doter la France de l'organisation cantonale ; mais est-il possible à un gouvernement monarchique d'en réaliser le bienfait sans saper le sol sur lequel il n'est déjà pas trop solidement établi ? (V. les mots CENTRALISATION, COMMUNE, CONSEIL NATIONAL, DÉPARTEMENT, GARANTIES SOCIALES.)   A. BILLIARD.

CAPÉTIENS. Troisième dynastie des rois de France, selon les historiens ; mais première race des rois indigènes (V. CARLOVINGIENS). Les Capétiens se sont succédé en ligne directe jusqu'à Philippe VI, avec lequel commence, en 1328, la branche des Valois. Une nouvelle branche, celle des Valois d'Orléans, commence en 1498 avec Louis XII. Celle des Bourbons monte sur le trône en 1589 avec Henri IV, et se termine au 21 janvier 1793. De retour en France, les Bourbons sont expulsés momentanément en 1815, et définitivement en 1830. A cette époque, la branche des Bourbons d'Orléans fut appelée au trône par le vote de 219 députés.   E. R.

CAPI-AGASSY, ou *Capou-Agassi*. Littéralement : *maître de la porte.* Le Capi-Aghassy est le chef des eunuques blancs du sérail à Constantinople, et l'un des principaux officiers du sultan. Dans les cérémonies publiques, le Capi-Aghassy se tient toujours auprès de son maître. Sa charge est fort lucrative en raison des présents qu'il reçoit des solliciteurs.

CAPI-KIAHIA. Les Capi-Kiahias sont, à proprement parler, les chargés d'affaires des pachas auprès du sultan. La forme du gouvernement turc ayant été changée par le nouveau sultan Abdul-Medgid, et les pachas féodaux ayant été remplacés par des fonctionnaires plus dépendants de l'autorité centrale, les Capi-Kiahias auront nécessairement été supprimés.

CAPIDGY-BASCHY. Les Capidgys-Baschys sont les chambellans du grand-seigneur. Leur chef, le grand-chambellan, s'appelle *mir-alem*, à cause de l'étendard qu'il porte devant le sultan dans les cérémonies publiques. Serviteurs intimes, les Capidgys-Baschys rendent au sultan les mêmes services que rendent aux princes européens les agents de leur diplomatie secrète. Lorsque les sultans voulaient se défaire de quelque pacha redouté, c'était un Capidgy-Baschy qui était chargé de l'exécution. Ces missions leur valaient beaucoup d'argent quand ils n'y laissaient pas leur tête.

CAPITAINE. Ce grade avait autrefois beaucoup plus d'importance qu'il n'en a maintenant. On appelait Capitaine le commandant en chef d'une armée. En Grèce, les chefs militaires prennent encore le titre de Capitaines. Aujourd'hui, en France, le Capitaine est le chef d'une compagnie (V. ce mot) ; il commande la compagnie comme le chef de bataillon commande le bataillon. C'est lui qui est chargé de surveiller l'instruction, la discipline, le logement, la nourriture, la solde, etc. Un militaire médiocre ne saurait faire un bon Capitaine. Les qualités que nécessitent les fonctions de ce grade ne sont pas de celles qui s'acquièrent par le temps et l'étude. Perpétuellement et directement en rapport avec les officiers subalternes et le soldat, le capitaine a besoin de conquérir tout à-la-fois leur affection, leur confiance et leur respect. Appelé à commander directement dans les batailles, il faut qu'il réunisse la double faculté de l'initiative et de l'exécution.

Dans la marine, le commandant d'un vaisseau de l'État ou d'un navire de commerce a le titre de Capitaine. Le Capitaine de vaisseau commande un vaisseau de ligne toutes les fois qu'il n'y a pas à bord un officier d'un grade supérieur; il a rang de colonel. Le Capitaine de frégate a rang de lieutenant-colonel. Le Capitaine de corvette répond au chef de bataillon. Le Capitaine de vaisseau qui commande un bâtiment à bord duquel un chef d'escadre a son pavillon s'appelle Capitaine de pavillon.

En Turquie, le commandant en chef de la flotte est appelé Capitaine, *Capitan pacha* (Pacha Capitaine).

Sous l'ancien régime, l'officier-général chargé de commander une *Capitainerie-garde-côte,* c'est-à-dire une certaine étendue de côtes le long de la mer, prenait le titre de Capitaine. (V. GRAND-CAPITAINE.)

CAPITAINE-GÉNÉRAL. C'est le grade le plus élevé de la hiérarchie militaire en Espagne, grade qui répond assez bien à celui de maréchal de France.

Dans l'ancienne constitution du pays, il y avait autant de Capitaines-généraux qu'il y avait de provinces, ou plutôt c'était le titre des gouverneurs de celles-ci. L'Espagne était divisée en onze grands gouvernements militaires, ayant chacun pour chef un Capitaine-général. La Vieille-Castille, l'Aragon, la Catalogne, Valence et Murcie, la Navarre, la Guipuzcoa, l'Andalousie, la côte de Grenade, la Galice, l'Estramadure et la province de Madrid formaient ces onze grandes divisions. Il y a treize capitaineries générales aujourd'hui, savoir: celles que nous venons de nommer, plus, les Baléares (Mayorque, Minorque et Ibiza), et les Canaries (Canarie et Ténériffe). Les Capitaines-généraux siègent dans les capitales respectives de ces grandes circonscriptions.

Chacun de ces treize départements militaires comprend ainsi un certain nombre des quarante-neuf provinces qui forment la division actuelle de l'Espagne.

Les pouvoirs des Capitaines-généraux sont nombreux et de l'ordre le plus élevé; ils administrent la province; ils ont la direction de la police générale; ils président les tribunaux militaires; ils ont sous leurs ordres les gouverneurs particuliers des villes et les commandants des forteresses. Les Capitaines-généraux composent, avec les lieutenants-généraux, les maréchaux-de-camp, etc., l'état-major général de l'armée espagnole; celui-ci se divise en quatre classes, dont ils forment la première.

Dans leur résidence comme dans leurs tournées annuelles, les Capitaines-généraux ne revêtent pas toujours l'uniforme militaire; ils portent alors comme signe distinctif une ceinture rouge avec des bandes perpendiculaires de broderie en or larges de deux ou trois travers de doigt.

Telles étaient et telles sont encore les attributions du Capitaine-général en Espagne, depuis 1808, époque où les nouvelles assemblées apportèrent un très-petit nombre de modifications aux lois de l'ancienne monarchie qui régissent l'armée.

C. R.

CAPITAL. Ce mot est, sans contredit, un des plus importants de l'économie politique. Mais comme les développements qu'il comporte rentrent dans les mots: INDUSTRIE, PRODUCTION, SALAIRE, TRAVAIL, nous nous bornerons ici à une simple définition.

On entend par Capital tout ce qui sert à la production. En d'autres termes, les capitaux sont les instruments du travail.

Les économistes ont distingué les capitaux en productifs et improductifs.

Le Capital productif est celui qui concourt à créer de nouvelles valeurs; le capital improductif est celui qui ne produit rien: un trésor enfoui, par exemple.

On appelle Capital engagé celui qui, détourné de sa destination primitive, ne sert plus à rien; ainsi, un navire, une usine, etc. Le Capital circulant se compose des objets qui sont susceptibles d'applications diverses.

On voit par cette définition que le mot Capital n'est pas le synonyme du mot numéraire comme on l'a cru pendant longtemps. (V. INDUSTRIE, PRODUCTION, SALAIRE, TRAVAIL.)

CAPITALE. De *Caput,* tête, ville principale d'une contrée. Quelques villes sont devenues les Capitales des pays qui les environnaient, par une suite de conquêtes, comme Rome dans l'antiquité et Paris dans l'histoire moderne; d'autres, par leur position commerciale et industrielle, comme Londres; quelques-unes par un choix fait *à priori,* à cause des avantages de l'emplacement, comme Constantinople et Saint-Pétersbourg. Mais il est à remarquer que les combinaisons des hommes, même les plus prévoyants, n'ont jamais réussi à donner aux villes de leur choix l'importance que d'autres acquièrent par une suite d'événements cachés que les calculs humains n'avaient pu prévoir. Ainsi, la position de Rome était, comme centre, bien inférieure à celle de Constantinople, et cependant les destinées de ces deux villes ne peuvent se comparer; Paris, la capitale du monde moderne, est bien misérablement située sur un petit fleuve à peine navigable, ouverte de tous côtés, située à quelques lieues de la frontière, et cependant Paris surpasse en puissance toutes ses rivales mieux placées. C'est qu'il faut bien le reconnaître: il y a autre chose dans l'histoire que la main de l'homme et la sagesse des nations.

Si les Capitales ne devaient leur influence qu'à la force et à la conquête, si leurs destinées étaient accomplies après la victoire, leur rôle serait bien vite terminé. Mais après avoir été centres de puissance matérielle, elles deviennent centres de puissance intellectuelle. C'est alors que commence leur plus beau développement et leur plus glorieuse influence. Ici se présentent d'importantes considérations politiques que nous ne pouvons aborder qu'en empiétant sur une question qui doit bientôt se présenter, et que nous sommes obligés de renvoyer au mot CENTRALISATION.   E. R.

CAPITATION. La Capitation était une des cinq impositions directes de l'ancien régime.

En usage chez les Juifs qui devaient le payer à chaque dénombrement du peuple, et chez les Romains, sous les empereurs qui le portèrent à un taux excessif, cet impôt ruineux fut introduit en France par les États-Généraux de 1356. Établi d'abord temporairement, il fut rétabli par Louis XIV en 1695, puis en 1701, et, enfin, rendu perpétuel en 1745.

La Capitation était une contribution personnelle; elle frappait indistinctement sur chaque tête de citoyen; les princes de la famille royale eux-mêmes n'en étaient point exempts. Le clergé de France s'en était racheté moyennant 24 millions une fois payés. Le clergé des frontières le soldait au moyen d'un abonnement de 170,000 livres.

Dans la pensée de ceux qui l'avaient établi, cet impôt devait être proportionné à la valeur des biens; il suivait de là naturellement que la Capitation ne devait point frapper ceux qui n'avaient pas de biens. Mais il n'en était pas ainsi; le pauvre était confondu avec le riche, et obligé de payer comme lui, plus que lui. Les rôles d'après lesquels la Capitation était imposée étaient arrêtés par les intendants d'après un tarif réglé au Conseil. « Cependant, dit le savant auteur de l'*Introduction aux fastes de la Révolution française*, la répartition en était encore très-arbitraire, puisqu'elle dépendait du préjugé que les collecteurs se faisaient de la fortune des particuliers.

« L'édit de 1695 avait partagé le peuple en vingt classes différentes. Le but apparent de cette classification avait été de faire retomber le fardeau le plus pesant sur les classes les plus riches dans la proportion de leurs facultés. Mais il en fut de cet impôt comme de tous les autres; les priviléges, les exemptions, les faveurs des collecteurs, la puissance des riches, les rachats pour de faibles sommes d'argent, firent bientôt retomber tout le poids sur le pauvre peuple. »

« Presque toutes les charges, dit un écrivain du « dernier siècle (1), ont été taxées à une Capitation, « et, par une maxime qu'on appellerait plus jus- « tement un sophisme, on ne peut être soumis à « deux Capitations; de façon que plus un homme « est riche plus il est assuré de payer peu de Ca- « pitation... La même inégalité s'est introduite « parmi les Compagnies qui paient la Capitation « en corps, c'est-à-dire que le moins riche paie « autant que le plus riche... Il est honteux pour « des hommes qui, tranquilles à l'abri de la dou- « ceur des lois, passent leur vie dans l'aisance et « dans la mollesse, d'élever une voix efféminée « pour s'ériger en réformateurs, et *pour se plaindre* « *que le luxe devient cher.* »

Ajoutez à cela que la Capitation était souvent doublée, quelquefois triplée.

(1) Forbonnais.

Cet impôt si justement odieux fut aboli par la Révolution. Mais il reparut bientôt sous un autre nom. La Capitation s'appelle aujourd'hui : Contribution personnelle. (V. ce mot.)

La Capitation est, comme nous l'avons dit, d'un usage fort ancien. Sous la Rome des empereurs, elle fut portée au taux incroyable de 25 pièces d'or par tête, ou environ 336 francs. Mais comme les indigents eux-mêmes y étaient soumis, et qu'il n'y a pas de sanction contre l'impossible, il fallut bien permettre à *plusieurs têtes* de s'associer pour payer *une Capitation.*

Cette espèce d'impôt existe presque partout en Europe. En Russie, en Pologne, etc., il est payé par les paysans et par les bourgeois des villes. Les autres classes en sont exemptes, au moins directement.   E. D.

CAPITOLE. Les historiens latins racontent qu'un roi de Rome, Tarquin l'Ancien, livrant bataille à une peuplade voisine, fit vœu d'élever, s'il demeurait vainqueur, un temple consacré tout-à-la-fois à Jupiter, à Junon et à Minerve. Il remporta la victoire, mais il mourut avant d'avoir accompli son vœu. Tarquin-le-Superbe se fit l'exécuteur de ce vœu, et bâtit le Capitole. Ce nom, s'il faut en croire les traditions qui ont servi à construire l'histoire des premiers temps de Rome, fut donné au nouveau temple parce qu'en creusant la terre pour y jeter les fondements de l'édifice on trouva, à une grande profondeur, une tête d'homme (*caput*) parfaitement conservée. De là naquit la croyance, habilement fomentée et entretenue par les prêtres et les patriciens, que Rome était destinée par les Dieux à devenir la tête de l'Italie et du monde.

Le Capitole ne fut pas seulement un temple. Bâti sur le sommet de l'une des collines qui depuis furent comprises dans l'enceinte de Rome, il lui servit longtemps de citadelle. Ce fut sous la protection de ses grossières, mais fortes murailles, qu'une poignée de Romains, commandés par Manlius, vinrent se placer, avec ce qu'ils avaient de plus précieux, quand les Gaulois s'emparèrent de la ville, 388 ans avant J.-C.

A l'extrémité du mont sur lequel s'élevait le Capitole était une roche escarpée que l'on nommait la roche tarpéienne.

Quand un général romain obtenait, après une victoire remportée sur les ennemis de Rome, les honneurs du triomphe, c'est au Capitole qu'il allait rendre grâce aux dieux. Quand un ambitieux, un criminel de lèse-nation, sous la République, était condamné au dernier supplice, c'est du haut de la roche tarpéienne qu'il était précipité.

Un couvent de franciscains a été bâti sur les ruines et même avec les matériaux du temple de Jupiter Capitolin : ce couvent s'appelle *Ara cœli,* l'autel du ciel.   H. TH.

CAPITOUL. Magistrat municipal de Toulouse. Quelques historiens croient que ce mot vient de *Capitolium,* parce que les grandes assemblées des Capitouls se tenaient dans l'ancien Capitole construit par les Romains ; mais il est plus probable qu'il n'a d'autre origine que le mot *Capitulum*, chapitre, assemblée.

Bien avant l'établissement des communes, les villes du Languedoc et de la Provence étaient régies par des institutions municipales ; Toulouse eut de tout temps ses magistrats particuliers, élus par le suffrage unanime de leurs concitoyens, et composant une espèce de sénat.

Les Capitouls étaient au nombre de vingt-quatre ; ils jugeaient souverainement des délits qui se commettaient dans la cité : leurs fonctions étaient annuelles.

Alphonse, frère de saint Louis, successeur par mariage du comte Raimond VII, essaya de restreindre les prérogatives des Capitouls et de contester à la ville le droit d'élire ses magistrats sans sa participation. A sa mort, les Capitouls consentirent à prêter serment de fidélité à Philippe III, qui leur laissa leurs usages et leurs libertés. Cependant, le chroniqueur Bardin dit qu'en 1373 Louis, duc d'Anjou, frère du roi, créa les Capitouls, de son autorité, et qu'il les maintint jusqu'en 1375. On croit qu'ils avaient acheté ce privilège moyennant 600 écus d'or. Aussi, dès ce moment, ces magistrats si vénérés perdirent toute considération.

Anciennement, les citoyens appelés au Capitoulat devenaient gentilshommes de fait, mais ils perdaient les privilèges attachés à ce titre s'ils mouraient dans les six premiers mois qui suivaient leur élection. Le Parlement abrogea cette mesure, et déclara que les descendants des Capitouls jouiraient de toutes les faveurs accordées à leurs pères.

Depuis Henri IV jusqu'à la Révolution de 1789, le Capitoulat ne fut plus qu'une dignité qui conférait la noblesse, et que, sous Louis XIV, quelques bourgeois ambitionnant la gentilhommerie achetèrent à prix d'argent.

L'Assemblée Constituante décréta la suppression des différentes formes d'administration communale, et ordonna que chaque commune serait régie par un maire assisté de plusieurs officiers municipaux ; le Capitoulat s'éteignit ainsi en 1790.

I. Z.

CAPITULAIRES. On appelle en général Capitulaires (de *capitula*, petits chapitres) toutes les lois, ordonnances, décrets et réglements des rois francs. Plus d'un historien, cependant, désigne par ce mot seulement les lois de Charlemagne. Cette erreur s'explique peut-être par le peu d'importance des Capitulaires de la première race. Aussi, après avoir fait cette distinction, nous ne nous arrêterons pas aux lois des Mérovingiens, et nous nous contenterons d'un rapide aperçu sur les Capitulaires de la seconde race, qui sont restés au nombre de 152, publiés par les rois successifs depuis Pépin-le-Bref jusqu'à Charles-le-Simple. Et encore nous ne rappelons ici que les actes des Carlovingiens qui ont régné en France ; car plusieurs des descendants de Charlemagne établis en Allemagne et en Italie ont aussi laissé des Capitulaires.

Une autre erreur qui s'est aussi pendant long-temps accréditée a été de considérer les Capitulaires de Charlemagne comme un code de lois, un résumé complet de législation, comprenant tous les besoins généraux de l'époque. Cependant, au premier coup d'œil, il est aisé de voir que chacune des dispositions de ces Capitulaires ne contient que des réponses aux difficultés du moment. C'est une législation faite au jour le jour, sans ordre, sans suite, sans méthode. Il y a une réponse à tout ; mais il n'y a la prévoyance de rien. Or, ce n'est pas là le caractère du législateur. Celui-ci pose les fondements de l'avenir, et prépare les destinées nouvelles de la société. Mais Charlemagne n'était qu'un habile chef de Barbares, interposant son autorité partout où il survenait un désordre, apaisant les troubles et les inquiétudes du jour, mais ne devinant pas les accidents du lendemain. Il ne faut donc pas s'étonner de la confusion qui se trouve dans ce recueil de textes divers, correspondant à des époques éloignées, et datés de différents pays. Tantôt, ce sont d'anciennes lois nationales, révisées et publiées de nouveau, la loi salique par exemple ; tantôt, ce sont des extraits des lois lombardes, bavaroises, etc. ; puis, viennent des instructions données par Charlemagne à ses *missi dominici ;* puis, des articles contenant des jugements, des arrêts, recueillis pour établir une jurisprudence ; enfin, des actes de pure administration financière, domestique, des actes relatifs à l'exploitation des domaines privés de Charlemagne. En un mot, les Capitulaires peuvent être considérés comme les expressions journalières de la volonté du maître passée à l'état de loi ; mais ils n'offrent rien qui ressemble à un code.

Sous les successeurs de Charlemagne, les Capitulaires ne furent plus l'expression de la volonté seule du monarque. Le rapide démembrement de l'empire avait permis aux grands vassaux de se rendre indépendants, et une foule de Leudes opposaient sans cesse leurs prétentions aux décisions de leur suzerain. Dès-lors les Capitulaires furent presque toujours le résultat des délibérations de l'assemblée des Leudes que le roi consultait dans les moments difficiles. Charlemagne avait bien, de temps à autre, convoqué des Leudes dans les plaids (*placita*), que les vieux guerriers francs considéraient comme le plus sacré de leurs anciens privilèges nationaux. Ses successeurs, au contraire, n'y vinrent presque jamais que comme des suppliants. Car ils n'avaient recours aux plaids que dans leurs moments d'embarras, et les embarras ne leur manquaient pas. Il en résulta que les Leudes profitaient de la faiblesse du roi qui les appelait à son secours pour lui arracher des concessions qui donnaient un caractère légal à leurs propres usurpations. C'est ainsi qu'au plaid de Kiersi, tenu en 877 par Charles-le-Chauve, au moment où il méditait une seconde fois une descente en Italie, les Leudes lui arrachèrent un Capitulaire assez équivoque dans ses termes, mais où ils prétendirent ensuite que se trouvait consacrée comme loi l'hérédité des dignités, des offices publics, ou de ce qui fut depuis nommé les fiefs.

Assurément, en lisant le texte de l'article que

les Leudes invoquaient comme la consécration de leurs droits, il n'eût pas été difficile de l'interpréter d'une manière toute différente. Mais à quoi eussent servi ces discussions. Il y avait déjà longtemps que les Leudes avaient établi de fait cette hérédité qu'ils invoquèrent comme un droit après le Capitulaire de Kiersi. C'était le but constant de tous leurs efforts contre la royauté ; et dès l'an 806, Charlemagne lui-même se plaignait hautement de la licence et de l'infidélité avec lesquelles les comtes, et, en général, tous ceux qui tenaient des bénéfices de lui, vendaient ou aliénaient les bénéfices, et du prix qu'ils en retiraient acquéraient des *aleux* ou terres libres.

Un fait que n'avait pu empêcher la toute-puissance de Charlemagne dut nécessairement se continuer et se développer sous ses faibles successeurs. Le Capitulaire de Kiersi, quelqu'équivoque qu'il fût, ne devait donc être, en fait, que la reconnaissance et le triomphe légal des oppositions de tout genre qui avaient surgi contre la conquête carlovingienne.

Ainsi, les Capitulaires, qui avaient été un des puissants moyens de gouvernement de Charlemagne, devinrent des moyens d'attaque contre ses descendants ; et, à dater du Capitulaire de Kiersi, on pouvait prévoir que les grands vassaux prépararent une révolution nouvelle, qui devait se terminer par l'expulsion de la race royale dont ils venaient de consacrer l'humiliation.   E. R.

CAPITULATION. Transaction par laquelle le commandant d'une ville ou d'un corps de troupes fait sa soumission à l'ennemi.

On conçoit que ces sortes de transactions peuvent embrasser une foule d'objets et avoir des caractères très-différents. Depuis les fourches caudines jusques aux Capitulations dites honorables, il y a bien des degrés qu'il est inutile d'examiner ici. Nous devons dire seulement qu'on distingue d'ordinaire les Capitulations des places et villes de guerre des capitulations de troupes en rase campagne.

Quant aux premières, on convient généralement que le gouverneur d'une place peut ouvrir les portes sans manquer à son devoir lorsqu'il est devenu évident qu'une résistance plus longue aurait pour unique effet la mort inutile d'un grand nombre d'hommes et la destruction des propriétés.

Quelques esprits rigides, à la tête desquels le maréchal de Villars, ont soutenu que dans aucun cas le commandant d'une place ne doit se rendre. Ils pensent que, réduit à l'extrémité, son devoir est d'essayer, de nuit, une trouée à travers l'ennemi, dût-il ne s'échapper qu'avec la moitié de son monde. Nul capitaine, disent-ils, ne peut disposer du sort des hommes confiés à ses ordres pour la défense de l'Etat. Nul ne sait d'ailleurs si le moment où il se soumet n'est pas celui où il recevrait des secours qui lui permettraient de conserver une position militaire et des défenseurs à la patrie.

Ces maximes sont celles des héros, et c'est en les suivant qu'ils ont mérité l'admiration du genre humain. Beaurepaire se donnant la mort plutôt que de consentir à la Capitulation de Verdun, Beaurepaire est un modèle de vertu. Ces hommes qui décrétèrent que la République française ne traite pas avec l'ennemi sur son territoire, les citoyens de Sarragosse se défendant rue par rue et maison par maison, offrent aussi un noble exemple. Toutefois, l'opinion publique, qui ne se trompe jamais, n'a pas réservé toutes ses palmes pour ces courages indomptables; et si elle frappe d'une juste réprobation les lâches signataires de la Capitulation de Paris, elle glorifie avec raison les défenseurs mutilés d'Huningue.

Si les opinions sont partagées touchant les devoirs des commandants de place, elles s'accordent toutes pour réprouver la conduite des généraux et chefs de corps qui déposent les armes en rase campagne. La désastreuse Capitulation de Baylen restera éternellement une tache pour la mémoire du général Dupont. Un général en campagne n'a pas en effet pour faire excuser sa conduite les mêmes prétextes que peut faire valoir un gouverneur qui se rend. Il n'a pas, comme celui-ci, à ménager la vie et les propriétés des habitants d'une ville.

D'ailleurs, le salut du reste de l'armée exige peut-être qu'il tienne jusqu'à la mort dans le lieu où il se trouve; enfin rien ne l'autorise à délier ses inférieurs des devoirs qu'ils ont à remplir envers la patrie. Ceux-ci, de leur côté, ont le droit, et quelquefois le devoir de ne lui point obéir. Aussi, à Baylen, le général Védel eût dû désobéir à Dupont lorsque celui-ci, qu'il était venu dégager, lui ordonnait de se rendre.

Maintenant, considérant les Capitulations sous le point de vue du droit, nous avons à en dire ce que nous disons ailleurs des alliances et de toutes les conventions dites du droit des gens. Comme les gouvernements sont entre eux à l'état de nature, suivant l'expression du dix-huitième siècle, c'est-à-dire que ne relevant d'aucune autorité supérieure ils considèrent leur droit comme n'ayant d'autre limite que la force ; il s'en suit que les Capitulations sont respectées seulement quand on croit avoir intérêt à les respecter. Ainsi, même dans l'histoire de notre temps, nous voyons les conventions de ce genre presque constamment violées. C'est ce qui eut lieu à Dresde en 1813, lorsque Gouvion Saint-Cyr fut retenu prisonnier, malgré une Capitulation qui lui promettait le libre retour dans sa patrie.

De même à Dantzick. Là, après un siége héroïque de près d'un an, Rapp rendit la ville à la condition qu'on le reconduirait en France avec sa garnison. Cependant, aussitôt que l'ennemi eut les clés de la place, Rapp et la garnison furent envoyés en Ukraine. Enfin, pour ne plus citer qu'un seul exemple de foi violée, il en fut de même à Paris, lorsqu'au mépris de l'article 12 de la Capitulation signée par les généraux des puissances alliées, la nation française, dépouillée de ses propriétés, eut encore à subir les assassinats de Ney, de Labédoyère, et de tant d'autres braves. Tant d'actes de mauvaise foi et de barbarie n'auraient certes pas lieu si les nations faisaient leurs affaires et réglaient, sans l'intervention des princes, les rapports qui les doivent unir.   J. BASTIDE.

CAPITULATIONS IMPÉRIALES. Les premiers empereurs d'Allemagne juraient, à leur avénement, de conserver le culte de Dieu, de défendre son Église, d'administrer la justice, et de maintenir les droits de l'Empire ; mais, bientôt, la confédération aristocratique des princes et des électeurs ne trouva plus cette cérémonie suffisante ; elle multiplia donc les garanties et les restrictions contre l'autorité impériale. A l'avénement de Charles V, les sept électeurs dressèrent une *Capitulation (wahlkapitulation)* où étaient exposés les priviléges et immunités des électeurs, des princes de l'Empire, des villes et de la noblesse. Charles V signa cette Capitulation par l'entremise de ses ambassadeurs, et il la confirma après son couronnement. Il s'engageait par cet acte à venir le plutôt possible en Allemagne, à n'assembler aucune diète hors de l'Empire, à ne rien entreprendre contre les lois, à ne traiter avec aucune puissance, à ne faire aucune guerre sans le consentement des électeurs ; enfin, l'autorité du nouvel empereur était limitée de toutes parts, par l'intervention des sept princes qui le couronnaient ; Charles tenta, durant son règne, d'enfreindre les conditions de la Capitulation ; mais ces conditions lui survécurent. Ce fut un usage consacré dans la suite, de sorte que chaque empereur dut signer sa Capitulation avant d'être couronné. Le roi de Rome, élu du vivant de l'Empereur, était astreint à la même obligation.   **A. H.**

CARBONARI. La société des Carbonari est l'œuvre du catholicisme. Le véritable esprit catholique commençait à peine à se faire jour à travers les ténèbres dont les inondations des Barbares avaient couvert la face de la terre, que des prêtres courageux conçurent le projet de pénétrer, le crucifix à la main, dans les forêts les plus écartées, pour conquérir à la civilisation et au christianisme une foule de créatures humaines, qui y vivaient disséminées et comme sauvages.

La tâche était difficile. A force de douceur et de bienfaits, les missionnaires forestiers parvinrent à obtenir la confiance de ces êtres endurcis, mais non corrompus. Pour introduire plus facilement la religion nouvelle dans les vieilles mœurs, ils cherchèrent dans les objets qui entouraient leurs néophytes des allusions, des analogies, des emblèmes applicables aux mystères de la vie de Jésus-Christ, de sa passion, de sa croix. Ainsi, les travaux journaliers leur offraient des images, leur retraçaient des souvenirs propres à consoler, à encourager, à édifier. Ils devinrent coupeurs, scieurs, fendeurs, charbonniers, tous unis entre eux par les liens de la fraternité sous le nom de *Bons-cousins*.

Saint Thiébaud, né l'an 1017 à Provins en Brie, ordonné prêtre en Italie, solitaire en Souabe, fut un des fondateurs les plus zélés de leurs confréries, qui, après sa condamnation et sa mort, se mirent sous son patronage. Des personnes recommandables de toutes les classes de la société s'y agrégèrent : on fit un réglement pour la réception, et une sorte de catéchisme par demandes et réponses, avec des formules bizarres, mais orthodoxes.

Pour être admis il fallait des mœurs pures et de la piété. Un bon-cousin devait exercer l'hospitalité et offrir à tout homme qui était dans l'adversité *pain et pinte*, c'est-à-dire à boire et à manger, et, de plus, cinq sous et une paire de souliers tels qu'il les avait.

De ce que les bons-cousins se rencontraient le plus souvent au marché des villes, où ils allaient vendre du charbon, leurs rassemblements prirent le nom de *ventes*. Trois bons-cousins suffisaient pour former une vente ; onze la rendaient parfaite. C'était dans ces occasions, et plus encore dans les fêtes de l'église, où ils se rendaient assiduement de très-loin, que leur bienveillance mutuelle éclatait et prenait un nouveau degré d'énergie.

Les forêts de l'Allemagne, de la Franche-Comté, de l'Artois, du Jura, étaient peuplées de charbonniers. Pieux, probes, obligeants, honnêtes, ils se faisaient aimer et respecter de tout le monde.

Tels furent les charbonniers jusqu'à la fin du dix-huitième siècle.

A cette époque, un membre de la Convention nationale, fuyant la proscription, rencontra sur les rochers du Jura une de leurs confréries qui, après l'avoir recueilli, lui procura les moyens de passer en Suisse.

Au commencement du dix-neuvième siècle, les charbonniers ou Carbonari des Deux-Siciles (qui y existaient probablement du temps de la dynastie de Souabe), tout en conservant le caractère primitif de leur institution, épousèrent aussi les principes que la Révolution française venait de proclamer.

Cette transformation des confréries des Carbonari en sociétés politiques, dans un temps où la politique s'était déjà emparée de tous les esprits, n'a rien qui doive surprendre, si ce n'est la coopération très-active de la reine Caroline d'Autriche et de toute la cour napolitaine réfugiée à Palerme.

Mais la propagation rapide de ces sociétés est due aux maximes de l'Évangile, qu'elles avaient conservées dans toute leur pureté originelle, comme la garantie la plus efficace des institutions démocratiques qu'elles se proposaient d'établir.

Les propriétaires, les curés, les moines, s'empressèrent d'y prendre part. On vit jusqu'aux brigands les plus forcenés de l'époque y aspirer comme à un baptême nouveau, et, dès qu'ils y étaient initiés, pratiquer les actes les plus éclatants de bienveillance et d'humanité.

Au bout de quelques années, ces sociétés formèrent une véritable secte politique. Dès 1809, les Carbonari calabrais firent leur coup d'essai en s'insurgeant pour obtenir une constitution. Ceux des Abruzzes le répétèrent en 1814 : le roi Murat envoya les uns et les autres à l'échafaud.

Aussitôt après la Restauration, la *Carboneria* napolitaine devint tout-à-fait nationale. Les généraux et l'armée, les préfets, les magistrats, y trempèrent à l'envi. Cela fit que la révolution de 1820 n'ayant rencontré aucun obstacle, n'osa faire le moindre changement dans le personnel des agents du pouvoir, et, par cet excès de réserve, elle tomba victime de la faiblesse des uns et de la trahison des autres.

Cet événement n'eut d'autre résultat que d'avoir forcé la Sainte-Alliance à jeter entièrement le masque de libéralisme dont elle s'était couverte pour engager les peuples de l'Europe à renverser ce qu'elle appelait avec raison le colosse du despotisme.

Après que les Autrichiens, par la violation la plus frappante du droit des gens, eurent anéanti la constitution napolitaine, qui, pendant les neuf mois de sa durée, avait fait disparaître toute espèce de crimes dans ce beau pays, le pape Pie VII qui, jusqu'alors, s'était plu à proclamer que « *les Carbonari avaient du sentiment italien* », trouva bon de publier ses lettres apostoliques du 13 septembre 1821, pour annoncer à la chrétienté que « *les Carbonari s'agrégeaient des individus de toutes sectes, favorisaient les plaisirs sensuels, l'indifférence religieuse et la révolte.* »

Ce scandale politique de la cour de Rome, qui, malheureusement, n'était ni le premier ni le dernier, eut pour effet de donner à la charbonnerie un nouveau caractère. Calomniés, poursuivis par les gouvernements établis, les Carbonari ne songèrent plus qu'à les renverser.

Ainsi transformé, le carbonarisme s'introduisit en France par la Corse et par le Piémont. Il y fit beaucoup de progrès sous l'impulsion d'un comité directeur établi à Paris ; mais ses diverses tentatives d'insurrection en 1821 et 1822 échouèrent constamment (V. SOCIÉTÉS). Celles de Saumur et de La Rochelle donnèrent lieu à de mémorables procès, qui se terminèrent par le supplice du général Berton et des héroïques martyrs, Raoul, Bories, Pommier et Goubin.

Le rétablissement du despotisme en Espagne, opéré par l'armée française, découragea les Carbonari français et mit un terme à leurs efforts.

Cependant, en 1830, beaucoup d'entre eux reparurent avec fracas, non pour aider, mais pour exploiter l'œuvre du peuple.

On voit qu'en Italie comme en France, le carbonarisme n'a pas aidé bien puissamment au triomphe de la liberté. Cependant, il est juste de reconnaître qu'il a servi à répandre dans les masses des sentiments et des idées qui ne peuvent pas périr. L'heureuse alliance, non pas des souverains pontifes, mais des véritables chrétiens, avec les idées démocratiques, se resserre chaque jour plus en plus ; et, si elle n'est plus une secte, la charbonnerie n'en est pas moins à la veille de voir triompher ses vrais principes.   P. LEOPARDI.

CARDINAL. Dignitaire ecclésiastique, le plus élevé dans la hiérarchie sacerdotale après le souverain pontife, à l'élection duquel il concourt.

Dans la primitive église, ce n'était que le prêtre principal (*presbiter cardinalis*) ou le curé de chaque paroisse de Rome. Ces paroisses, qu'on appelait aussi *Cardinales*, avaient sous leur dépendance les diaconies, desservies par des diacres, et les oratoires, où officiaient des chapelains locaux. De là les Cardinaux-diacres. Mais tous ces Cardi-

naux, à quelque degré qu'ils appartinssent, demeuraient subordonnés aux évêques, et abandonnaient leur cardinalat à leur successeur, quand ils étaient eux-mêmes promus à un évêché.

Les choses se maintinrent dans cet état jusqu'au onzième siècle. Alors seulement les papes, de jour en jour plus puissants, songèrent à se former un conseil de Cardinaux d'un ordre particulier, bien que sans dénomination spéciale, et dont l'influence dut nécessairement grandir en proportion du pouvoir auquel ils faisaient cortège. Il se passa cependant un assez long temps avant qu'ils prissent le pas sur les évêques. Aujourd'hui leur préséance ne fait plus question. Ils sont en possession d'élire le Pape, non-seulement à l'exclusion des évêques, mais du clergé et du peuple romain, les maîtres de ce droit avant eux. Ils sont comme les princes de l'Église ; ils portent la pourpre ; un décret d'Urbain VIII les qualifie d'*éminence ;* ils se traitaient précédemment d'*illustrissime.*

C'est chez les évêques français que ces prérogatives ont rencontré le moins de condescendance : il y a même des exemples où ceux-ci ont repris le pas sur les Cardinaux. Au fameux concile de Clermont, Hugues, archevêque de Lyon, marchait au premier rang après Urbain II ; les autres archevêques et évêques suivaient immédiatement, et les Cardinaux qui avaient accompagné le Pape venaient ensuite. Ce n'est pas seulement à Rome, d'ailleurs, que de simples prêtres étaient appelés Cardinaux : le curé de Saint-Jean-des-Vignes, dépendant de l'évêque de Soissons, avait le même titre. L'évêque de Bourges se l'attribuait également, en tant qu'évêque ; l'abbé de Vendôme prenait celui de Cardinal-né.

De même qu'il y avait des Cardinaux prêtres et diacres, il y eut plus tard, en effet, des Cardinaux-évêques qui portèrent le titre de leur évêché. La réunion des trois classes a formé le Sacré Collège. (V. SACRÉ-COLLÉGE, CONCLAVE.) Leur nombre a varié au gré des papes et des conciles ; néanmoins, le chiffre de soixante-et-dix paraît être le plus généralement adopté. Il se rapporte, dit-on, aux soixante-et-dix anciens qui assistaient Moïse.

Inutile de retracer le cérémonial usité pour la création des Cardinaux. Nous nous bornerons à cette particularité que la nouvelle éminence, fût-elle au bout du monde, doit venir en personne recevoir le chapeau rouge des mains de Sa Sainteté. La barette seule est expédiée aux absents.

Le mot Cardinal s'est aussi parfois appliqué à des fonctions séculières ; mais toujours avec sa signification originelle, et pour désigner le titulaire principal dans les offices de même nature. Le préfet de Rome, notamment, porta longtemps le titre de prince Cardinal de la ville, et si l'on veut un exemple pris dans une position bien différente, on trouve parmi les officiers du duc de Bretagne, en 1447, un Raoul de Thorel, cardinal de Quillard, chancelier et serviteur du vicomte de Rohan, ce qui suppose des fonctions assez subalternes.   A. L.

CARICATURE. En politique, la Caricature

est de bonne guerre. C'est une arme terrible, mais non déloyale par elle-même ; car si elle exagère le faux, c'est pour empêcher qu'on n'y tombe ; si elle dépasse le but, c'est pour nous le faire atteindre : elle n'en dit trop que pour nous en faire dire assez.

Il est quelquefois nécessaire, pour faire saisir un rapport, d'enfler les termes de la proportion ; souvent, on ne peut être compris par tout le monde qu'à la condition d'outrer, de charger, de faire des *charges*. La Caricature est le miroir qui grossit les traits et rend les défauts plus saillants. O'Connell, quand il parle de la Chambre haute dans un meeting, se croit obligé d'allonger le museau de lord Winchelsea ou les oreilles de lord Lyndhurst.

La Caricature politique date de l'époque où a commencé ce qu'on appelle l'esprit public. Au temps de la Fronde elle faisait trembler Richelieu sous sa robe rouge, et plus tard elle se réfugiait en Hollande pour troubler Louis XIV dans sa grandeur. Les Anglais, dit-on, l'ont pratiquée avant nous ; elle est, chez eux, d'une liberté sans bornes, et on assure qu'ils la font d'une manière piquante, incisive, contrairement à ce que nous savons de l'esprit de John Bull, et de la pesanteur spécifique de ses épigrammes. En France, où l'on est, je crois, un peu moins lourd, le gros sel est cependant nécessaire pour le palais non encore émoussé de la multitude.

La Caricature est le plus puissant moyen de discréditer, dans l'esprit du peuple, les mauvais gouvernements. C'est le plus rude châtiment qu'on puisse infliger à leur injustice ou à leur bassesse. Elle fait plus que les rendre odieux, elle les rend méprisables : aussi voyez comme on la redoute, comme on la surveille. Il n'est rien que les comédiens ordinaires de la scène politique aient plus en horreur que le crayon de la Caricature. Philippon, Daumier, Traviès, Grandville, et vous aussi Decamps, combien de fois vos admirables croquis ont donné des insomnies à nos hommes d'état et leur ont tenu lieu de remords ?

Voici une anecdote du règne de Louis XV qui a été rappelée avec esprit par M. Courtois, et qui est bien faite pour attester la puissance de la Caricature. Pour gagner un pari, un homme avait avalé un écu de six livres qui s'arrêta dans la gorge et faillit l'étouffer. En ce moment venaient de paraître les fameuses rescriptions de l'abbé Terray. « Bah ! dit un plaisant, ce n'est rien : faites appeler l'abbé Terray, il rognera d'abord vingt sols, puis quarante, et d'ici à demain l'écu ne sera plus qu'une pièce de douze sols. » Cette plaisanterie fut traduite aussitôt en une spirituelle esquisse, où l'on voyait le contrôleur-général des finances opérer la réduction de l'écu dans la gorge du patient ; on lisait au bas : *opération financière*. On n'a pas oublié le sang-froid de l'abbé. Comme un rentier l'accusait de prendre l'argent dans les poches, il répondit : « Eh ! parbleu, où diable voulez-vous que je le prenne. » Eh bien, cette ténacité impassible de l'homme convaincu fut domptée par la Caricature du temps, et celui que ni pamphlets ni injures n'avaient pu émouvoir, resta cloué dans son hôtel par la crainte de rencontrer cette satire dessinée

qui le suivait partout, couvrait tous les murs, circulait dans tous les salons.

Vers la fin de l'an VI on fit courir dans Paris un rébus qui amusa tout le monde, excepté les membres du Directoire, et dont les figures étaient une *lancette*, une *laitue*, un *rat : l'an VII les tuera*.

Napoléon lui-même ne fut pas à l'abri des Caricatures : les Anglais, surtout, ne les lui épargnèrent pas.—Sous la Restauration, la Caricature ne fit que de rares apparitions dans le journalisme ; mais après la Révolution de Juillet elle entra de plain-pied dans la presse et s'y constitua en feuille spéciale et régulière, qui parut jusqu'en août 1835. Il ne faut que parcourir les dix volumes de ce recueil pour savoir tout ce qu'il y a en France de verve, de bon sens, de malice et d'esprit. C'est là qu'est burinée l'histoire de tous ces petits grands hommes qui ont rendu si facile la tâche des faiseurs de Caricatures ; c'est là que le sel est jeté à pleines mains sur tous les types de la dépravation moderne. Ecoutez un avare donnant une haute leçon à un bourgeois : « Toujours recevoir, mon ami, et ne rien donner ; quand je dis ne rien donner, je veux dire payer de notre personne. » Aujourd'hui Harpagon et Tartufe ont repris leur masque et brisé leur écriteau. Les lois de septembre ont forcé la Caricature de reporter sur les travers du monde une partie de cet esprit dépensé autrefois sur des personnages que ses verges raccourcies ne peuvent plus atteindre. Danton lui-même n'a pu faire de Caricatures politiques qu'en Angleterre, où ses illustres victimes ont été les premières à en rire.

On a beau faire, au surplus, la Caricature est plus forte que le réquisitoire et la prison. Elle est immortelle, car c'est une des facettes de ce diamant qu'on appelle la vérité. Elle est, en dépit des lois, dans les palais comme dans les rues ; elle est sur le fauteuil de la Chambre et sur l'habit crasseux d'un ex-ministre ; elle est dans la statuette de feu M. Lobaü comme dans le portrait de Lepeintre jeune.

Du reste, la Caricature n'est dangereuse qu'à la condition de frapper juste. Si elle porte à faux, elle n'excite que le dédain ou le dégoût, et elle tombe alors de toute la hauteur de ses prétentions à l'esprit. Tous les quolibets qu'on fit sur le sucre de betterave n'ont pas empêché les colonies de s'acclimater en France, comme Napoléon l'avait prévu.

Ainsi donc, ne craignez point les ravages de la *charge* pour un bon pouvoir, pour un pouvoir comme votre raison le construit. Un gouvernement fort et populaire, résumant en lui toute la dignité d'une nation et faisant de grandes choses, n'aurait pas à s'inquiéter des sarcasmes de la Caricature. Au triomphe de Paul-Emile, les brocardeurs qui suivaient ordinairement le char s'apprêtaient à égayer leurs lazzis la marche du consul ; mais quand apparut, revêtu de la pourpre, le vainqueur de Persée, ils restèrent muets devant tant de grandeur.   Charles BLANC.

CARLISME. On a, pendant quelques années, désigné en France, sous le nom de Carlisme, le parti légitimiste. Cette dénomination avait cessé d'être en usage avant même la mort de Charles X. (V. LÉGITIMISTES). — Elle ne s'applique plus aujourd'hui qu'aux absolutistes espagnols, c'est-à-dire aux partisans de don Carlos.

Naguère encore le Carlisme était puissant en Espagne; il représentait des intérêts qui semblaient pleins de vigueur et de durée; il se rattachait énergiquement au sol, aux vieilles traditions nationales; il puisait dans le sentiment religieux des masses une grande force d'agression. Voilà cependant que son chef est à Bourges, que ses plus fermes défenseurs ont fait leur soumission, et c'est à peine s'il lutte encore avec plus de courage que d'espoir dans les profondeurs montagneuses d'une ou deux provinces.

Il y a, certes, dans ce revirement si brusque et si complet, de quoi surprendre les esprits désœuvrés, qui ne savent point que les vieilles idées, minées par le long travail du temps, s'écroulent ainsi, tout-à-coup. La vieille monarchie des Bourbons de France semblait jeune encore et vivace au commencement de 89; quatre ans plus tard, c'était le 21 janvier 1793.

Avec les différences que nous abandonnons à la sagacité du lecteur, il en est ainsi maintenant de l'Espagne. Elle a, pendant plus d'un siècle, exécuté sans bruit son travail intérieur; et, transformée au dedans, elle cherche au dehors sa forme nouvelle.

L'Espagne, quoi qu'on en dise, est un pays profondément empreint de l'esprit d'égalité; c'est une Turquie catholique, sauf le respect du prince, qui s'est évaporé depuis longtemps. Maintenant, au milieu de ce peuple ainsi renouvelé, les traditions gothiques de la monarchie autrichienne et les allures despotiques de la dynastie des Bourbons, c'était là l'œuvre impossible.

Tous les éléments de cette restauration manquaient à-la-fois. Depuis longtemps, le génie sympathique et cosmopolite de la France avait pénétré les peuples de la Péninsule; il eût bientôt envahi les tendances morales et l'administration du pays. Tandis que les provinces se retranchaient avec énergie dans leur antique individualité, il était permis d'apercevoir déjà les premières lueurs d'un besoin vague mais réel d'unité. Arrêtée un moment par la guerre dynastique déclarée à la Révolution française, et par l'invasion à jamais déplorable de 1808, la civilisation reprit bientôt sa marche et triompha dans la Constitution de 1812, pacte fécond qui réunit, pour la première fois, sous un commun symbole, les fragments épars de cette nationalité rebelle.

Dès-lors, les idées et les intérêts que représente aujourd'hui le Carlisme étaient frappés de mort. En vain un roi perfide essaya-t-il de les ressusciter, alors qu'une violente réaction monarchique rendait facile tous les attentats; cinq ans après il pliait de nouveau sous les principes qu'il avait foulés aux pieds, et il fallut des baïonnettes étrangères pour le tirer de la prison. A l'aide de ce puissant secours, il ressaisit encore une fois le despotisme, et huit ans plus tard il ouvrait lui-même,

d'une main défaillante, la porte aux idées qu'il avait si violemment poursuivies.

Il meurt. Tous les vieux intérêts se groupent incontinent autour de son frère. Les mendiants, les vagabonds, les oisifs que nourrissait la funeste charité des couvents, les larrons qui trafiquaient de la fortune et de la conscience publiques, les conservateurs ennemis de toute innovation, les provinces les plus intéressées au maintien des vieux priviléges, toute cette agglomération diverse et misérable, trop nombreuse en Espagne, prend aussitôt les armes, et réagit avec vigueur contre l'ordre nouveau qui voulait s'établir.

La tâche était difficile et périlleuse. Pour obtenir même un semblant de succès, il lui fallait commencer d'abord par effacer non-seulement les actes, mais le souvenir des trente dernières années; poursuivre et déraciner jusque dans les profondeurs du corps social les idées, les tendances et les nécessités nouvelles; trouver de nouveaux trésors pour remplacer les trésors de l'Amérique émancipée, et alimenter la paresse vaniteuse des grands, les prodigalités de la cour, les dilapidations des favoris et des maîtresses; ressusciter les couvents pour donner aux mendiants et aux vagabonds leur pâture, et les empêcher ainsi de devenir trop dangereux pour la sécurité publique; rallumer les bûchers de l'inquisition pour inspirer une terreur salutaire aux philosophes et aux hérétiques; détruire tous les germes d'amélioration successivement introduits dans l'administration et dans les finances; supprimer le commerce et l'industrie qui sont entre les mains des révolutionnaires; isoler politiquement, intellectuellement et commercialement l'Espagne du reste du monde; repousser tous les procédés recommandés par les savants et les politiques *libérales* pour la restauration de l'agriculture; relever enfin le passé pour annuler le présent et arrêter l'avenir.

Le chef du Carlisme ne reculait pas, au reste, devant les extrémités fatales de sa situation. « Pour « bien gouverner l'Espagne, disait-il publiquement, il faut supprimer le commerce et décimer « tous les négociants. » La guerre civile était nécessaire: il la fit atroce; il confisqua toutes les propriétés des habitants des provinces occupées par ses troupes et qui n'avaient pas voulu suivre sa fortune. Ces propriétés, il les divisa parmi les siens, faisant ainsi du vol une prime à la fidélité; il se fraya vers le trône une route affreuse parmi le sang de ses concitoyens et les débris de leurs fortunes. Et cependant, au bout d'un peu de temps, il repassait la frontière de France, vaincu, fugitif, abandonné de tous, emportant avec lui les malédictions du peuple et l'avenir de la monarchie.   E. D.

CARLOVINGIENS. Chefs de la seconde race germanique qui s'établit dans la Gaule.

Les premières tribus franques qui s'associèrent aux conquêtes de Clovis formèrent leurs établissements dans le centre, l'ouest et le midi de la Gaule. Puis, à leur suite, vinrent d'autres tribus qui s'emparèrent des régions de l'est et du nord.

(V. Francs.) Clovis ne vit pas sans méfiance ses anciens frères s'établir dans les pays qu'il avait laissés derrière lui. Il se retourna donc contre les chefs des tribus austrasiennes, et s'étant défait de tous ses rivaux l'un après l'autre, soit par la ruse, soit par la violence, il réussit à établir une espèce d'unité momentanée dans tous les pays qu'il avait parcourus, depuis le Rhin jusqu'aux Pyrénées. Mais, immédiatement après sa mort, les Austrasiens se soulevèrent contre le joug qui leur avait été imposé, et pour donner à leur révolte un caractère de légalité, ils acceptèrent pour chefs de leurs guerres le fils de Clovis, qui leur avait été donné pour roi, et l'aidèrent à combattre ses frères qui régnaient sur la Bourgogne et la Neustrie. C'était entre les rois une guerre domestique et entre les peuples une guerre nationale. Aussi, les combats se suivirent sans interruption, malgré les changements de rois, et l'expression la plus terrible des haines nationales fut la lutte sanglante de Frédégonde et de Brunehaut. Sous les rois fainéants, les puissants vassaux, qui s'étaient emparé de l'autorité sous le nom de maires du palais, continuèrent la querelle, et les maires de la Neustrie étaient sans cesse occupés à repousser les envahissements des maires de l'Austrasie. Enfin ceux-ci l'emportèrent.

Ce fut Charles-Martel qui accomplit cette révolution. A la tête de ses leudes, il envahit tout le pays, depuis la Meuse jusqu'aux Pyrénées, partagea toutes les terres entre ses guerriers, et mit fin à la domination des premiers envahisseurs. Seulement, il laissa au roi mérovingien qu'il tenait sous sa tutelle un vain titre qui ne semblait plus qu'une triste dérision. Son fils, Pepin-le-Bref, en finit bientôt avec ces vieux débris : il régnait par la force, il voulut régner par le droit, et ce droit il le demanda à l'assentiment des vassaux et à la consécration religieuse; il obtint l'un et l'autre. Promené sur le bouclier par ses leudes, sacré ensuite par le Pape (752), il fut le premier chef avéré de la dynastie carlovingienne. Mais, ainsi que nous l'avons vu, la révolution carlovingienne ne fut pas seulement un changement de dynastie, elle fut dans la Gaule une nouvelle invasion d'étrangers. Cette invasion rendit encore une fois l'unité au royaume.

Cette unité, fondée sur la violence, ne devait pas durer; cependant elle sembla prendre une plus grande force sous le fils de Pepin, Charlemagne, que l'on peut considérer comme le véritable chef de la race carlovingienne. Cet infatigable guerrier prétendit aussi au rôle d'organisateur. Maître de presque toute l'Europe, il tenta de relever l'empire d'Occident, et Rome vit couronner César ce chef de hordes qui naguère habitaient les forêts de la Germanie. Mais dans tous ses plans de réorganisation, il s'occupa peu des Gaulois et de la Gaule. Il la regardait comme une contrée étrangère, où il ne prenait ni généraux, ni guerriers, dont il n'estimait que les forêts pour ses chasses d'automne, et les domaines pour leurs revenus qu'on lui voiturait chaque année dans ses résidences d'outre-Rhin, à Munster ou à Paderborn.

Tant que vécut ce premier César germain, les nations restèrent unies malgré elles sous sa domination, étrangère pour toutes, hormis la Germanie. Mais à sa mort, il arriva ce qui était arrivé après Clovis; et comme ses conquêtes avaient été plus étendues, la dislocation fut plus violente. Louis-le-Débonnaire, d'abord seul maître de l'empire, eut bientôt à lutter contre ses fils, dont l'ambition personnelle n'était que trop bien appuyée par la haine des peuples contre l'étranger. La Gaule tendit à se séparer de la Germanie, l'Italie de toutes les deux. Des guerres acharnées et meurtrières attestèrent la volonté inébranlable des peuples, et les Francs des bords du Rhin virent tous les jours décroître leur puissance dans les provinces méridionales. Ces luttes se continuèrent sans interruption depuis l'an 814 jusqu'en 888. Alors, l'empire de Charlemagne se trouva divisé en neuf royaumes, y compris ceux de Bretagne et d'Aquitaine, qui devaient servir de base aux divisions politiques modernes.

Cependant la Gaule restait encore sous l'empire des souverains étrangers; il s'était formé au milieu de tous ces événements une population mixte, composée des anciens gallo-romains et des France neustriens; cette population habitait principalement les pays compris entre la Seine et la Loire. De ce mélange de races était sorti une langue nouvelle, la langue romane, origine de la langue française. Or, cette population souffrait impatiemment de se voir gouvernée par des rois germains, qui n'avaient rien de commun avec elle, ni les habitudes, ni le langage. Aussi, à partir de l'année 888, c'est-à-dire immédiatement après la formation des royaumes nouveaux dont nous avons parlé, tous les efforts de la population gallo-franque tendent à compléter son affranchissement par l'expulsion des rois étrangers. Guidés par des chefs de leur race, les nationaux font une guerre désespérée aux Germains, et bientôt on voit régner simultanément deux rois de France, Eudes, roi élu et national, et Charles-le-Simple, roi étranger, descendant des conquérants. Le chef national qui remplaça Eudes, Hugues-le-Grand, duc de France, n'osa pas prendre le titre de roi; mais ses guerres contre le Germain Louis-d'outre-mer n'en furent ni moins vives, ni moins heureuses.

Enfin, le dernier chef national qui présida à cette lutte fut Hugues Capet, qui la termina définitivement, en 987, par l'expulsion de Louis V, le dernier des Carlovingiens. C'est à dater de cette époque que commence l'histoire de la France proprement dite. Car le véritable berceau de la France est le bassin de la Seine; son premier roi est Hugues Capet. 　　　　E. R.

CARMAGNOLE. Chanson révolutionnaire. (V. chants civiques.) C'est aussi le nom d'un costume adopté par les républicains. Ce costume était composé d'un habit-veste, un large pantalon, un bonnet de police ou un bonnet rouge. On l'appela Carmagnole, parce que c'était le vêtement ordinaire de ceux qui chantaient la *Carmagnole*. Le 18 brumaire restaura les culottes et proscrivit la Carmagnole (habit et chanson). Cela rendit le premier consul très-populaire parmi les débris de l'aristocratie et les hauts bourgeois, qui regardaient le pantalon comme une innovation révolutionnaire. (V. SANS-CULOTTES.)

CARTEL D'ÉCHANGE. Sorte de traité qui a pour objet l'échange des prisonniers faits par deux armées ennemies.

La proposition d'un Cartel d'Échange sert souvent de prétexte à des ouvertures de négociations plus ou moins importantes. C'est ainsi qu'en 1792 les généraux prussiens envoyèrent à Dumouriez un officier qui, sous couleur de traiter de l'Échange des prisonniers, prépara la trahison de ce général.

Le pouvoir de proposer et d'accepter un Cartel d'Échange appartient à un général en chef, par les mêmes raisons et dans les mêmes limites que le droit de signer un armistice. (V. ARMISTICE). J. B.

CASSATION. Juridiction supérieure qui a pouvoir d'annuler les décisions en dernier ressort des tribunaux civils ou criminels, pour violation des formes, ou fausse application de la loi.

La force des jugements repose sur la présomption que la chose jugée est la vérité même. Mais un jugement ne peut tenir de la loi une telle autorité qu'à la condition de se produire avec tous les caractères extérieurs qu'elle exige ; il ne peut s'imposer aux parties avec la puissance même de la loi s'il n'est l'application saine et fidèle des textes et des principes du droit à des faits particuliers. Lorsqu'il en arrive autrement, il est nécessaire qu'une autorité suprême puisse mettre au néant ce qui usurpe le nom de jugement et la force qui y est attachée. C'est la fonction qu'exerce dans notre hiérarchie judiciaire la Cour de Cassation.

Abandonnés à leur libre arbitre pour l'interprétation des lois, une multitude de tribunaux, sans régulateur commun, et répartis sur un vaste territoire, seraient bientôt entraînés aux plus étranges divergences. En principe, le droit resterait le même pour tous les Français. En réalité, il différerait d'un lieu à un autre, suivant la variété des usages et des traditions, suivant l'influence du climat et des mœurs. Sur notre sol nivelé, on verrait jaillir, par la diversité de la jurisprudence, les limites des anciennes provinces, et le bienfait d'une loi unique serait perdu. L'existence d'une Cour suprême et régulatrice prévient ce danger, et aide à maintenir l'unité nationale.

Dès les premiers temps de l'ancienne monarchie, la nécessité d'une autorité supérieure qui pût reviser les jugements et casser ceux entachés d'erreurs contre le droit avait été sentie ; mais c'était au roi qu'on adressait ses griefs ; c'étaient des officiers du palais qui les examinaient et prononçaient ou le rejet de la requête ou la Cassation de la sentence. Plus tard, quand le conseil du roi eût reçu une organisation régulière, cette attribution lui fut dévolue, et, sous le nom de conseil privé des parties, il remplit, soit au criminel, soit au civil, l'office de Tribunal de Cassation. Plusieurs ordonnances, et

notamment le règlement du 28 juin 1738, déterminèrent l'étendue et l'autorité de cette juridiction et les formes de procédure à suivre devant elle.

Il y avait une étrange anomalie à soumettre les décisions souveraines des grands corps de magistrature, indépendants du pouvoir royal et inamovibles, à l'autorité d'un conseil composé des familiers de la royauté, qui tenaient tout d'elle et à qui elle pouvait tout ôter. Mais les rois avaient trouvé l'origine de cette suprématie dans les traditions de l'époque féodale, et ils étaient d'autant moins disposés à s'en départir qu'ils concevaient plus d'ombrages de ce droit de remontrance que s'étaient attribué les parlements, et qu'ils étaient plus froissés des luttes incessantes que la magistrature, appuyée de l'opinion publique, soutenait contre eux.

L'Assemblée constituante était trop préoccupée des idées d'unité et en même temps d'indépendance respective des pouvoirs pour ne point placer au sommet de l'édifice judiciaire un tribunal régulateur, et n'ayant à répondre à personne de ses décisions suprêmes. La loi du 1er décembre 1790 institua le tribunal de Cassation, et conféra l'inamovibilité à ses membres. Les juges du tribunal de Cassation furent d'abord élus par le sénat, et enfin nommés par le roi comme tous les autres membres de la magistrature.

Il n'entre pas dans notre objet de retracer avec détail les différentes attributions de la Cour de Cassation. Nous nous bornerons à quelques notions générales sur sa juridiction civile, criminelle et disciplinaire.

En matière civile, les affaires sont soumises à l'examen de deux sections distinctes de la cour de Cassation, la chambre des requêtes et la chambre civile. La chambre des requêtes a pour mission de soumettre à un premier examen les pourvois dirigés contre un arrêt ou jugement en dernier ressort, d'écarter par un arrêt de rejet ceux de ces pourvois qui lui paraissent mal fondés, et de renvoyer à l'examen et à la décision définitive de la chambre civile ceux qu'elle juge plus sérieux et d'une solution plus difficile.

On a critiqué et avec raison la division de la cour régulatrice en deux chambres, dont l'une paraît n'être investie que d'un droit d'examen préparatoire, tandis que l'autre est chargée du soin d'approfondir et de résoudre les difficultés. Les magistrats qui composent ces deux chambres, revêtus du même caractère, pourvus du même degré d'instruction, ne peuvent accepter et en réalité n'acceptent pas des rôles aussi différents. Il arrive que la chambre des requêtes, entraînée par la force des choses, apporte à son examen une sévérité égale à celle de la chambre civile ; qu'elle n'admet un pourvoi que dans les mêmes conditions ou celle-ci prononcerait un arrêt de Cassation ; et il en résulte que les pourvois ont deux chances de rejet contre une d'admission, et que la chambre des requêtes, loin d'offrir une garantie de plus, de simple bureau préparatoire devient la chambre prépondérante, et absorbe en partie les pouvoirs de la chambre civile.

La voie de Cassation est ouverte contre toute décision rendue en dernier ressort par les cours royales et par les tribunaux civils et de commerce, et aussi contre les sentences en dernier ressort des juges de paix, mais pour cause d'excès de pouvoir seulement.

Le délai du pourvoi est, règle générale, de trois mois à partir de la signification de l'arrêt ou du jugement attaqué. Sa forme est celle d'une requête déposée au greffe de la cour de Cassation : une amende de 150 francs, que le demandeur en Cassation perd en cas de rejet, doit être consignée par lui, préalablement.

La demande en Cassation, en matière civile, n'arrête pas l'exécution du jugement ; *le pourvoi n'est pas suspensif.* Ce principe est fondé sur la souveraineté des décisions judiciaires rendues en dernier ressort, et dont il serait irrationnel et dangereux de laisser paralyser la force à l'aide d'un simple pourvoi.

La chambre des requêtes, après avoir entendu le rapport d'un des conseillers d'ordinaire, et, dans l'intérêt du demandeur, les observations d'un membre de l'ordre spécial des avocats établi près la cour de Cassation, enfin, les conclusions d'un avocat-général, rejette ou admet le pourvoi. Si elle rejette, son arrêt est motivé, et n'est susceptible d'aucun recours.

Dans le cas d'admission, un véritable litige va s'engager devant la chambre civile. Le défendeur est assigné, les mémoires des parties sont respectivement produits à l'audience, l'affaire suit la même marche qu'à la chambre des requêtes. S'il y a rejet du pourvoi, par une rigueur qui ne nous semble pas justifiée, le demandeur qui a réussi dans une première épreuve est néanmoins condamné au double de l'amende consignée. S'il y a Cassation, la force de la chose jugée tombe, les parties sont replacées dans le même état qu'avant l'arrêt ou le jugement, toutes les conséquences de cet arrêt ou jugement sont anéanties. L'affaire est renvoyée devant une juridiction de même degré que celle dont la décision a été cassée ; car la cour de Cassation ne vide pas les différends élevés entre les parties. Elle est gardienne d'un intérêt plus général et plus grave, l'intégrité de la loi dans ses formes et dans ses principes.

Qu'arrivera-t-il si le tribunal ou la cour royale, saisis de l'affaire après un premier arrêt de Cassation, ne se rendent pas à l'autorité de cet arrêt et qu'il y ait un nouveau pourvoi appuyé sur les mêmes moyens que le premier ? Dans le dernier état de la législation fixé par la loi du 1er avril 1837, loi qui s'applique indistinctement aux matières civiles et criminelles, la cour de Cassation prononcera, toutes les chambres réunies ; et si le deuxième arrêt ou jugement est cassé par les mêmes motifs que le premier, le tribunal ou la cour royale à qui l'affaire sera renvoyée devra se conformer à la décision de la cour de Cassation sur le point de droit jugé par cette cour.

En matière criminelle, la cour de Cassation domine tout notre système pénal, depuis les lois qui viennent en aide à la fiscalité, jusqu'à celles re-

pressives des crimes contre la nature et la société. C'est à elle qu'est remis le soin de défendre les principes protecteurs des droits généraux ou privés contre la passion qui s'emporte, la partialité qui aveugle, ou l'excessive indulgence qui fléchit. En cette matière, les formes du pourvoi et de l'instruction sont à-peu-près les mêmes que dans les causes civiles, mais la marche est plus rapide ; une seule chambre examine les motifs du pourvoi, et prononce le rejet, ou casse le jugement ou l'arrêt attaqué. En cas d'acquittement par une cour d'assises, le ministère public ne peut se pourvoir que dans l'intérêt de la loi ; la cour de Cassation, en effet, n'est pas la justice du pays ; elle peut en redresser les erreurs de droit, mais non pas enlever aux accusés qu'elle a acquittés le bénéfice de ses sentences. En matière criminelle, le pourvoi est suspensif ; en présence d'une pénalité souvent terrible et irréparable, l'humanité et la raison le voulaient ainsi. Enfin, les condamnés par arrêt criminel peuvent se pourvoir sans consigner d'amende. Lorsque la cour de Cassation annule un arrêt criminel ou un jugement correctionnel ou de simple police, elle renvoie le procès et les parties devant une cour ou un tribunal de même ordre que celui qui a rendu l'arrêt ou le jugement annulé.

La haute position de la cour de Cassation l'a fait investir d'un pouvoir disciplinaire qui lui soumet tous les corps de la magistrature. Elle a le droit de censure sur les cours royales et sur les cours d'assises ; elle peut, pour causes graves, mander les juges près du garde-des-sceaux, pour qu'ils aient à rendre compte de leur conduite ; elle peut même les suspendre de leurs fonctions. C'est elle, enfin, qui connaît des crimes et délits commis par un tribunal entier dans l'exercice de ses fonctions, et de ceux commis par les membres d'une cour royale ; elle remplit alors, à l'égard des accusés magistrats, les fonctions de la chambre du conseil et de celle des mises en accusation ; la décision sur le fond du procès est renvoyée aux tribunaux criminels ordinaires.

On ne peut, comme nous l'avons fait, jeter un coup-d'œil sur les attributions si hautes de la cour de Cassation sans être frappé des nécessités qu'impose la composition de cette suprême magistrature. Une vaste science, acquise et éprouvée par une longue vie d'étude et de pratique du droit, les mœurs les plus graves, un caractère au-dessus de l'intrigue et des suggestions de l'esprit de parti, rien de tout cela n'est de trop chez le magistrat régulateur de la justice civile et criminelle du pays, et devant qui toutes les garanties publiques et la constitution elle-même sont parfois mises en question. Qui ne se souvient de Paris mis en état de siège, et des dangers que courait la liberté placée sous le coup de l'omnipotence militaire ? Rendons justice à la cour de Cassation, qui, dans ces graves circonstances, n'a point failli à son devoir ; mais reconnaissons, en même temps, combien peu est rassurant, pour ceux qui estiment haut l'indépendance des magistrats, le mode à l'aide duquel le tribunal suprême voit remplir les vides de ses rangs. Chaque pouvoir qui s'élève fait d'un siége à la cour de Cassation une prime ou une récompense pour ses dévoués ; chaque pouvoir qui tombe aspire à y jeter comme dans un lieu d'asile quelqu'un de ses débris. Ce n'est pas cependant avec des hommes longtemps distraits de l'étude par les agitations de la vie politique, usés au froissement de toutes les opinions et de tous les intérêts, souvent pliés à la dépendance dans les postes subalternes des ministères, qu'on composera dignement ce sénat qui doit veiller à la garde de la dignité et de l'inviolabilité des lois. La haute pensée de l'Assemblée Constituante ne doit pas avorter à ce point que la cour de Cassation ne soit plus, comme le disent et le désirent quelques-uns, qu'*un rouage gouvernemental.*   H. CORNE, dép.

CASTES. Il y a cette différence entre le mot *Caste* et le mot *Classe*, que le premier indique une différence dans les conditions sociales, résultant de la diversité des races, tandis que le second exprime le même fait, résultant des institutions politiques. Ainsi, l'aristocratie de l'ancien régime, issue des races germaniques qui avaient subjugué la Gaule et asservi les Gallo-Romains, constituait une véritable Caste. La bourgeoisie actuelle au contraire, qui a une origine identique à celle du reste du peuple, mais une condition sociale très-différente, forme une classe et non une Caste. Cette distinction, du reste, est purement philologique ; car, au point de vue politique ou social, Caste ou classe c'est tout un. Les inconvénients que présente celle-là, celle-ci les offre à un égal degré ; elles entraînent l'une et l'autre les mêmes agitations, les mêmes eéchirements, les mêmes catastrophes.

L'origine des Castes se perd dans la nuit des temps. Sont-elles le produit logique, naturel et par conséquent légitime, des nécessités de la civilisation ? Ou bien, portent-elles le témoignage de quelque grand trouble, de quelque grande déviation que nous ne savons pas. Il y a longtemps que cette question divise les publicistes. Et aujourd'hui même encore elle n'est pas résolue pour tous les esprits. Il semble cependant qu'elle ne doive plus faire l'objet d'un doute pour ceux qui acceptent les principes démocratiques et ne reculent pas devant leurs conséquences logiques. Assurément, si l'on considère seulement quelque point isolé de l'histoire, il se rencontre bien souvent des races tellement abruties ou tombées que la domination d'autres plus vigoureuses soit un bienfait social. Mais quelle était la cause de la dégradation des uns et de la supériorité des autres ? Et cette dégradation comme cette supériorité sont-elles l'indice de quelque différence primitive ?

Suivant la tradition chrétienne, la race humaine est une. Caïn et Abel sont les enfants du premier homme ; égaux l'un et l'autre devant l'amour de leurs parents et de Dieu. L'orgueil est dans le cœur du premier ; il tue son frère : l'aristocratie commence.

Suivant la tradition brahmique, au contrai',

l'humanité se divise en quatre Castes principales : celle des *Brahmes*, vrais enfants de Brahma ; — celle des *Chativas*, négociants, artisans, soldats ; — celle des *Sudras*, laboureurs, hommes de peine, etc. ; — Enfin, celle des *Parias*, prolétaires, la tourbe des misérables qui sont sans moyen d'existence, tourbe réprouvée, impure. La première de ces Castes est supérieure à tous les autres ; elle est issue de la tête de Brahma, tandis que les Castes inférieures sortent des parties inférieures de son divin corps.

Ainsi, selon la tradition chrétienne, l'origine des Castes est un fait de violence ; — selon la tradition indienne, au contraire, cette forme sociale est d'institution divine. De là vient que les sociétés chrétiennes aspirent sans cesse à l'unité, à l'égalité ; tandis que les infirmes populations hindoues, malabares et cis-gangétiques croupissent dans une honteuse immobilité.

Cependant, cette idée de la diversité des races s'est perpétuée à travers les siècles ; elle est vivante encore dans une grande portion du monde. Et c'est en France, qu'il y a deux siècles à peine, un député noble aux États-Généraux disait au prince, en parlant non du peuple, mais des bourgeois, les nobles d'aujourd'hui : « Ce sont ceux-ci qui, méconnaissant leur condition ⸳ .oute sorte de devoirs, se veulent comparer à nous. Ils comparent votre état à une famille composée de trois frères. En quelle misérable condition sommes-nous tombés, si cette parole est véritable... Chacun connaît qu'ils ne peuvent se comparer à nous... Faites-les mettre en leur devoir, sire, et reconnaître ce que nous sommes nés et la différence qu'il y a...»

Mais les travaux de la science moderne ont complètement mis en lumière la question de l'origine des races humaines. Il est hors de contestation aujourd'hui qu'elles dérivent toutes sans exception d'une souche commune. Quelles que soient la conformation, la couleur, les tendances diverses, le génie particulier des différents peuples qui couvrent le globe, quelles que soient les circonstances particulières qui semblent indiquer une origine différente, toutes se rattachent par une filiation manifeste à un tronc commun. Et il est avéré que toutes les variétés qui se remarquent parmi les êtres humains constituent un fait relatif et non primordial, produit de circonstances connues ou inconnues, qui ont favorisé ou comprimé le développement de la civilisation. Le nègre lui-même, quels que soient les caractères de son état physique ou moral, est issu d'une race originairement blanche, modifiée par les influences du climat et des habitudes. Ceci est démontré par des travaux dont les conclusions sont aujourd'hui à l'état d'axiòme.

Donc la tradition chrétienne est vraie en ce sens ; donc la tradition indienne est fausse. Par conséquent, il n'y a de légitime et de vrai que ce qui tend au rétablissement de l'unité, c'est-à-dire de l'égalité.

Toutefois, quelques disciples posthumes de Grotius et de Hobbes objectent, en faveur des Castes, qu'elles ont favorisé le développement de la civilisation. Cela est vrai. De la lutte-des plébéiens contre les patriciens est sortie la liberté romaine. Et, de nos jours, la Révolution française est le produit de la réaction des races vaincues contre les races conquérantes.

Mais que faut-il admirer ici? La lutte elle-même, ou le résultat de la lutte? L'effort des opprimés, ou la violence des oppresseurs? Et si vous bénissez la victoire de ceux-ci qui a rétabli l'égalité, par quel sophisme légitimerez-vous la victoire de ceux-là qui l'avait détruite? Aberrement singulier qui jette l'esprit en des admirations que la raison condamne! Avec sa sagacité profonde, Machiavel avait le premier révélé ce que contenaient de germes heureux les agitations de la république Romaine. Mais Machiavel parlait d'une République où « il y avait deux partis : celui des grands et celui du peuple ; » et, en observant que toutes les lois favorables à la liberté étaient nées de l'opposition de ces deux partis, il se gardait bien d'en attribuer la cause à la suprématie des nobles.

Que dire enfin de ces mêmes hommes qui, prenant la cause pour l'effet, regardent l'institution des Castes comme un des moyens de la civilisation et confondent l'unité avec l'immobilité. Je ne vois point de Castes parmi les peuples de l'union américaine. Quelle société s'est jamais portée par de plus hardis mouvements dans les voies de la civilisation? Chez nous, l'esprit d'égalité a mis quatorze siècles à prévaloir contre les Castes nobiliaires. Depuis cinquante ans qu'elles sont abattues, la civilisation s'est déployée avec une incomparable vigueur. Regardez l'Asie, au contraire. Les immenses populations qu'abreuve le Gange sont divisées en Castes profondément distinctes les unes des autres. Elles ont subi toutes les conquêtes, et aujourd'hui, cent millions d'hommes portent le joug de vingt mille marchands.

En résumé, l'institution des Castes est une atteinte au principe ou au fait primitif, si mieux on l'aime, de l'unité des races humaines ; elle blesse les plus vifs sentiments de la dignité de l'homme ; elle ne favorise la civilisation qu'en s'absorbant sous les luttes sanglantes et douloureuses ; les Castes doivent disparaître dans la formation progressive des grandes nationalités, dans la restauration de l'unité. (V. CLASSES, NOBLESSE, etc.) E. D.

CASTILLE (CONSEIL DE). Sous ce nom il a existé en Espagne jusqu'au temps des dernières réformes introduites dans ce pays, un Conseil ou plutôt un tribunal supérieur divisé en trois juridictions. Les lois du royaume de Castille, depuis la conquête de Grenade, étaient communes à toutes les provinces de la monarchie, à l'exception toutefois des provinces basques, de la Navarre, de l'Aragon, du royaume de Valence et du principat de Catalogne, qui conservaient leurs lois et leurs libertés particulières (V. FUEROS).—Le *Consejo Real de Castilla* embrassait par ses trois juridictions tous les pays relevant de la couronne de Castille. La province de Madrid formait la première de ces juri-

dictions ; tous les procès y venaient en première instance devant les *Alcaldes,* ou devant les *Tenientes* de Madrid, et en appel devant le Conseil de Castille. Les deux autres étaient divisées par le Tage : tout le pays situé au sud du fleuve jusqu'à la Méditerranée, à l'exception de Valence, appartenait à la chancellerie de Grenade ; à la chancellerie de Valladolid appartenait tout le pays situé au nord de ce fleuve et au nord-est de sa source, jusqu'aux frontières de l'Alava et de la Navarre. Ces deux juridictions ou chancelleries se disaient souveraines ; mais il y avait pourtant quelques cas où des procès jugés à Madrid étaient revisés par une quatrième chambre du Conseil de Castille, qui jugeait cette fois en dernier ressort. Cette chambre s'appelait *El Consejo de los mil quinientos ducados* (le Conseil des mille cinq cents ducats), parce que les appelants par devant cette Cour suprême étaient obligés de consigner préalablement mille cinq cents ducats (environ cinq cents écus de notre monnaie).

Dans les villes principales de chaque juridiction siégeaient les *Audiencias,* jugeant en première instance, dont les plus célèbres étaient l'Audience de Séville, composée de cinq conseillers et d'un président, et l'Audience de la Galice ; la première relevant de la chancellerie de Grenade, la seconde de celle de Valladolid. Il ne pouvait être déféré à ces différentes chambres du Conseil de Castille que des affaires qui n'emportaient pas la peine capitale. Pour les crimes, il y avait dans chaque chancellerie une chambre (composée de quatre alcades, appelés *Alcaldes del Crimen,* outre le corrégidor et son lieutenant), à laquelle on donnait aussi le nom de cinquième chambre du Conseil (*quinta sala del Consejo*), et qui jugeait souverainement en matière criminelle. On donnait enfin le nom de *Real y supremo consejo de Castilla* à une espèce de conseil-d'état consultatif et délibérant sur toute matière, auquel on s'adressait principalement pour la réforme des abus, tant de l'ordre civil et judiciaire que de l'ordre administratif.   C. R.

CASUISTE. Un Casuiste est un docteur expert dans l'arbitrage des *cas* de conscience. Avant l'établissement de l'ordre célèbre fondé par Ignace de Loyola, ce n'était pas, parmi les théologiens, une profession spéciale que celle de Casuiste : c'en fut, depuis, une très-honorée et très lucrative. La morale du Casuiste est exactement celle de Tartuffe ; elle a pour axiome :

Il est avec le ciel des accommodements.

et ces accommodements sont toujours d'une pratique facile ; un jeu de mots change le vice en vertu. Si grand pécheur que vous soyez, Molina, Sanchez, Escobar, vous donneront les meilleurs papiers pour quitter ce monde et voyager dans l'autre. Pascal a fait justice de cette monstrueuse morale, et les Casuistes ne lui ont pas survécu.

Que dis-je? la race des Casuistes ne peut s'éteindre ; elle se renouvelle et se perpétue d'âge en âge comme le crime, et reparaît avec chaque génération sous des formes toujours diverses. Le général de la société, le supérieur des Casuistes contemporains repose, depuis un an, sous les cyprès de Valençay ; mais il a formé de nombreux disciples qui, tous, ont trouvé leur emploi, soit dans la diplomatie, soit dans la presse. Voici quelques solutions données récemment à des cas de conscience, qui n'avaient été prévus ni par les vingt-quatre vieillards, ni par leur illustre commentateur, le père Cauny.

Un peuple revendique son indépendance. Dès l'abord, vous êtes charmé de sa conduite, et vous faites des vœux pour lui. Enhardi par vos démonstrations amicales, il marche en avant et gagne une victoire ; aussitôt, vous proclamez son droit et jurez de le maintenir dans son antique nationalité. Mais le sort des armes est infidèle : le peuple, vainqueur la veille, est vaincu le lendemain, et, la gorge sous le fer, il implore l'assistance promise. Vous allez donc consulter les Casuistes. — « Quand vous avez promis », vous demandent-ils, « prévoyiez-vous être obligé de tenir ? » A votre réponse négative, ils répliquent : « Eh bien ! demeurez, laissez le fer achever sa victime, demeurez en paix, et que le Seigneur soit avec vous ! »

Autre exemple. — Tous les citoyens sont égaux devant la loi, et la loi châtie la rébellion contre le gouvernement établi. Cela est de principe ; mais voici un fait. Une conspiration éclate dans une ville de la frontière : les conjurés, après avoir librement triomphé quelques heures durant, se laissent acculer dans une voie sans issue ; chefs et complices sont pris et incarcérés. Or, pendant que s'instruit leur procès commun, on nous apprend que le principal accusé, dérobé nuitamment à ses juges, traverse la mer Atlantique, sous la protection du gouvernement. Les honnêtes gens s'indignent de ce privilége ; les Casuistes répondent qu'un prince n'étant pas citoyen, l'exception est parfaitement normale, et que la loi n'a pas reçu d'atteinte.

Nous n'avons ni le dessein, ni le loisir de récapituler ici tous les cas de conscience résolus par les Casuistes modernes avec la délicatesse et la bonne volonté qui les recommandent : ce vocabulaire ne serait pas moins long que la *Somme* de Martin Becan, et nous devons encore parler de ces messieurs au mot DOCTRINAIRES.   **B. H.**

CASUS FŒDERIS. Lorsqu'un traité renferme des clauses dont l'exécution est subordonnée à un événement quelconque, cet événement, en langage diplomatique, est appelé le *Casus fœderis*.

Exemple : par le traité des 22 avril et 18 août 1834, appelé traité de la quadruple alliance, le gouvernement français s'engageait à secourir l'Espagne constitutionnelle si elle en avait besoin. Plus tard, don Carlos rentra en Espagne et la guerre civile désola toute la Péninsule. C'était-là, ce semble, le *Casus fœderis* du traité de la quadruple alliance ; pourtant, le cabinet des Tuileries en jugea autrement, et les secours ne furent pas donnés.

Autre exemple : par le fameux traité d'Unkiar-Skelessi entre la Russie et la Porte, la première de ces deux puissances s'est engagée à protéger l'autre, si elle était menacée par ses ennemis ; et la Porte, de son côté, pour rendre l'œuvre de protection plus facile, a promis dans un article additionnel de fermer les Dardanelles à tous les vaisseaux de guerre, les Russes exceptés, lorsque le cabinet de Saint-Pétersbourg le jugerait nécessaire. On voit que l'appréciation du *Casus fœderis* est laissée ici à l'arbitraire de la Russie, qui pourra toujours, lorsqu'elle jugera l'occasion favorable, déclarer que le moment est venu pour elle d'exercer sa haute et envahissante protection.

Et il en est ainsi de tous les traités conclus par la diplomatie monarchique. Comme il n'existe (V. ALLIANCE) aucune puissance supérieure qui force les rois à remplir leurs engagements avec bonne foi, chacun les interprète comme il veut, suivant l'exigence de ses intérêts et la mesure de sa force. C'est un véritable état sauvage qui ne peut cesser complètement que par l'application des principes démocratiques aux relations internationales. **J. B.**

CATÉGORIES. C'est une expression du langage scholastique que la réaction de 1815 a fait passer dans la politique.

Les Bourbons avaient ressaisi la France après la bataille de Waterloo. C'était parmi eux et leurs partisans l'opinion dominante qu'une immense conspiration avait ramené Bonaparte. Il fallait punir les conspirateurs. L'Europe et les assassins du Midi le voulaient ainsi. Par la déclaration de Cambrai, Louis XVIII avait promis la punition des coupables. A peine rentré dans la capitale, il donna l'ordre de dresser les listes de proscription. Le ministre de la police, Fouché, duc d'Otrante, fut chargé du travail. Cet homme se trouvait alors dans une situation singulière ; régicide, il avait été ministre de Napoléon pendant les Cent-Jours ; il était donc en butte à la haine des plus ardents royalistes, et il sentait la nécessité de leur donner des gages. Non content d'avoir fait allouer des pensions sur les fonds de la police à plusieurs des plus importants personnages de la faction du pavillon Marsan, il allait leur sacrifier encore un grand nombre de patriotes et de bonapartistes. Plusieurs listes furent présentées au conseil, tant par Fouché que par les ministres des puissances ; elles contenaient plus de cent noms. Après plusieurs discussions, le nombre des proscrits fut réduit à cinquante-sept. Dix-neuf étaient traduits devant des conseils de guerre ; les autres recevaient l'ordre de quitter Paris sous trois jours. La liste ainsi arrêtée fut signée par le roi le 24 juillet 1815 ; c'est ce document que l'on appela depuis l'ordonnance du 24 juillet.

Cependant le cabinet Talleyrand avait été renversé comme modéré, et une administration plus royaliste avait pris sa place. Bien que l'ordonnance du 24 juillet eût déclaré close la liste des proscriptions, le parti demandait de nouvelles rigueurs. Le 17 novembre 1815, M. de Labourdonnaye monta à la tribune et développa cette proposition fameuse qui a couvert son nom d'une tache ineffaçable. Aux proscriptions individuelles décrétées par le ministère, ce fougueux réactionnaire substituait la proscription par classes de coupables, par Catégories. Il exceptait de l'amnistie promise par le roi : 1º les titulaires des grandes charges civiles et militaires qui avaient constitué le gouvernement des Cent-Jours ; 2º les généraux commandants de corps ou de place qui avaient passé à l'usurpateur ou commis des actes de violence contre l'autorité légitime ; 3º les régicides qui avaient renoncé à l'amnistie de 1814 en acceptant des places de l'usurpateur, ou en signant l'acte additionnel, ou en siégeant dans les deux chambres.

Les individus classés dans les deux premiers paragraphes étaient traduits devant les tribunaux criminels compétents, et, *si les faits étaient constants,* le tribunal devait prononcer la mort. Les régicides étaient déportés.

Une quatrième disposition décrétait la confiscation sous forme de séquestre.

Enfin, on voulait mettre à l'abri de toute recherche judiciaire, dans le présent et dans l'avenir, les assassins qui avaient servi le roi à Marseille, à Nîmes, Uzès, Avignon, Toulouse, etc.

Une commission de neuf membres fut chargée d'examiner la proposition : elle était composée de MM. Berthier de Sauvigny, Villèle, Chifflet, Corbière, Humbert de Sesmaisons, Feuillant, Aldegonde, Pardessus, Jollivet ; c'est-à-dire des membres les plus exaltés de cette assemblée fougueuse.

Cette ardeur de réaction étonna la cour, cependant, et l'effraya. Louis XVIII comprit que l'exaltation des siens cachait un empiétement sur sa royale prérogative dont il était si fort jaloux. « Il ne faut pas que l'on soit plus royaliste que le roi », dit-il. En conséquence, le ministère porta à la chambre un projet d'amnistie qui était la confirmation pure et simple de l'ordonnance du 24 juillet. Ce projet fut renvoyé à l'examen de la commission chargée d'examiner la proposition Labourdonnaye.

M. de Corbière, nommé rapporteur, fondit le projet du gouvernement dans celui de son collègue. Le nouveau projet de la commission vouait à la mort tous ceux qui avaient été complices du retour de Bonaparte ; qui, pour lui en faciliter les moyens, avaient correspondu avec lui ou ses agents ; tous les préfets, maréchaux, généraux qui avaient reconnu Bonaparte avant le 23 mars, ou qui avaient dirigé leurs forces contre les armées royales. On privait de leurs biens, titres et pensions, obtenus à titre gratuit, tous les individus placés sur la seconde liste de l'ordonnance du 24 juillet qui n'avaient pas été traduits devant les tribunaux ; la famille Bonaparte était exclue à perpétuité du royaume ; le trésor était constitué partie civile contre les proscrits. Ces Catégories étaient tellement vagues et étendues qu'il n'y avait pas une seule personne ayant marqué dans les Cent-Jours qui n'y fût comprise.

Ce grand débat soulevait, au dedans et au dehors, toutes les passions et toutes les terreurs. Plus de cent orateurs étaient inscrits pour et contre. La discussion engagée avec violence dura plusieurs jours : enfin on alla aux voix. La proposition d'étendre l'amnistie aux assassins, rejetée par la commission, reprise et soutenue par M. Trinquelague, député du Gard, fut repoussée à une majorité assez forte. « Quand on en vint aux fatales Catégories « proposées par la commission, un long frémisse-« ment régna dans l'Assemblée et dans les tri-« bunes. La chambre avait à délibérer, non-seu-« lement sur le sort de plusieurs milliers d'indi-« vidus, mais sur son propre destin. Commence-« rait-elle ou non un règne de vengeance et de « terreur ? C'était là la question. On procède au « scrutin, et les Catégories sont rejetées à une « majorité de 9 voix : 184 contre 175 (1). » Une forte majorité rejette également la confiscation. Le paragraphe concernant les régicides est adopté à la presque unanimité.

Telle est, en peu de mots, l'histoire des Catégories. Le gouvernement qui les combattit fit preuve de sagesse et d'habileté. Le parti qui, après les avoir réclamées, recula devant leur adoption, révéla, tout à-la-fois, sa faiblesse, son imprudence et son mauvais vouloir ; il s'attira, sans aucun profit, les puissantes haines qui précipitèrent sa chute.   E. D.

CATHOLICISME. (V. CHRISTIANISME.)

CAUSE. La Cause est le principe, l'origine de l'effet. *Il n'y a pas d'effet sans cause* est un axiome du bon sens le plus vulgaire comme de la plus haute métaphysique. Si l'on parvenait à connaître la Cause originelle, on comprendrait l'organisation de l'univers, et dans un ordre secondaire on ne tarderait pas à trouver des procédés d'application qui mettraient partout les faits en harmonie avec les doctrines. Mais jusqu'ici l'esprit humain, dans sa plus haute portée, n'a guère saisi qu'un petit nombre de rapports immédiats et de conséquences prochaines, auxquels on a donné mal-à-propos le nom de Causes.

La Cause des gouvernements est, sans nul doute, la nécessité de réaliser pour tous les êtres sociaux la plus grande somme possible de bien-être matériel et moral ; il y a longtemps que l'on est d'accord sur ce point, et c'est la même idée que l'on exprimait timidement sous le régime du droit divin, quand on disait : « Que les peuples n'étaient pas faits pour les princes, mais les princes pour les peuples. » Cependant l'histoire ne présente guère de gouvernements qui aient agi d'après cette Cause ; elle montre, au contraire, que le plus grand nombre a menti à son origine.

Sous un autre point de vue, et relativement à l'application, il est encore fort important d'examiner la Cause des pouvoirs *existants ;* car une fois connue, elle met en évidence leur but, leurs moyens et leur tendance. Montesquieu a fait ce travail sur la puissance romaine, mais cette puissance n'existait plus. Un pareil commentaire sur celles qui vivent serait bien plus utile. Est-ce trop hasarder que de dire, en parlant de la France, que le malaise et les déchirements de l'époque présente tiennent surtout à ce que la Cause du

(1) Lacretelle, *Histoire de la Restauration.*

26

gouvernement actuel n'est ni suffisamment démontrée, ni suffisamment admise?

Dans la conduite des affaires politiques, l'exacte appréciation des Causes est encore d'une importance capitale. C'est cette rare faculté qui a fait la gloire et la fortune de tous les hommes éminents dont le nom a survécu. Sully, Richelieu, Colbert, Turgot étaient de grands appréciateurs des Causes secondaires, et leur mérite paraît plus grand quand on voit combien les esprits les plus éclairés se sont égaré dans ces appréciations. Exemples : Un historien grec attribue l'invasion des Barbares au goût d'un roi pour les figues d'Athènes. Un moderne a écrit que la Cause première de l'institution de la République américaine était un impôt sur le thé. Il faut croire que les destinées du monde remontent plus haut, et ne pas considérer de petits incidents comme des Causes. Le germe de l'avenir est dans le passé.

Le mot Cause présente encore un autre sens ; il signifie la réunion des idées, des vœux, des sentiments, des besoins, des efforts, et, sous ce rapport, il est fréquemment employé dans le langage politique. On dit la Cause du peuple, la Cause de la royauté, et ces termes seraient facilement compris si de mauvaises passions n'en dénaturaient le vrai sens.

Enfin, dans la langue usuelle, dans le style du Palais, le mot Cause exprime l'intérêt d'une partie aux prises avec celui d'un adversaire. C'est malheureusement un axiome trop vrai que les pires Causes se peuvent gagner et les meilleures se perdre. L'organisation judiciaire actuelle explique cela.   B. P.

CAUTION. C'est une garantie subsidiaire qui assure l'accomplissement d'une convention. Au moment du contrat, si les parties ne rencontrent pas des sûretés suffisantes en elles-mêmes, elles appellent des tiers qui viennent ajouter à leur responsabilité une nouvelle garantie. Les ôtages demandés et livrés de part et d'autre dans les traités internationaux offraient l'exemple de l'extrême application de ce qui se pratique dans des obligations purement civiles. (V. OTAGES.) Aujourd'hui l'on voit encore les gouvernements se cautionner entre eux ; mais il y a toujours entre les contrats particuliers et les traités publics cette différence que les particuliers sont toujours tenus de remplir leurs obligations, et que les gouvernements s'en dispensent quand la force est de leur côté. (V. ALLIANCE, LIBERTÉ INDIVIDUELLE, TRAITÉ.)

CAUTIONNEMENT. En général, on entend aujourd'hui par Cautionnement le dépôt d'une somme ou de certaines valeurs, dont le propriétaire se dessaisit et dont il ne peut plus disposer qu'après s'être mis à l'abri de tout recours, à raison des actes que le Cautionnement est destiné à garantir.

Quand l'autorité délègue certaines fonctions, il est naturel qu'elle cherche à s'assurer par tous les moyens possibles que ces fonctions seront exercées dans l'intérêt général. Ces garanties, elle a dû

d'abord les chercher dans la capacité et la moralité des fonctionnaires ; mais apparemment elles étaient insuffisantes, puisqu'on en est arrivé à exiger une assurance pécuniaire. C'est ainsi que tous les agents, dans les mains desquels doivent être remis ou des sommes, ou des titres, ont été assujétis à verser une certaine somme d'argent pour répondre de leur gestion.

Le montant du Cautionnement a dû être déterminé tout d'abord d'après l'importance de la responsabilité ; mais il est arrivé plus d'une fois qu'il l'a été d'après les besoins du Trésor public. C'est ainsi qu'en 1816, et dès les premiers jours de la Restauration, le taux des Cautionnements a été surélevé pour faire face à des besoins pressants. On sait que par compensation les fonctionnaires furent investis du droit de présenter leurs successeurs, et de vendre leurs charges qui, jusqu'alors, ne leur étaient attribuées que dans des vues d'intérêt public. Ainsi, la vénalité perpétuelle n'a sa source que dans des causes purement précaires et accidentelles. (V. CHARGE, VÉNALITÉ.)

Quant au Cautionnement, on peut douter qu'il présente jamais de bien sûres garanties, et des exemples nombreux confirmeraient au besoin ces doutes, si le plus simple examen de la théorie ne leur donnait une force incontestable. N'est-il pas vrai que le crédit suit la progression de la fortune, et, par suite, n'est-il pas certain que plus une personne paraît offrir de responsablité positive plus elle attirera de la confiance ? Il est donc évident que plus vous éléverez le Cautionnement, plus vous donnerez de titre à la confiance ; or, vous ne pouvez pas augmenter celle-ci sans augmenter en même temps la facilité d'en abuser. Quant à nous, s'il nous paraît vrai que le dépôt d'un Cautionnement soit un obstacle à des fautes légères, il nous semble qu'il doit faciliter les graves délits. L'expérience, au surplus, est là pour prouver que jamais les coupables n'ont été arrêtés par la considération du capital qu'ils étaient obligés de sacrifier.

On peut toutefois admettre, jusqu'à un certain point, que le Trésor public a diminué ses risques par la position qu'il s'est donnée en primant tous les autres intérêts ; mais le résultat pécuniaire ne nous paraît pas en rapport avec le mal qui provient de l'institution, car, outre les reproches que nous adressons au Cautionnement, il en soulève un autre tout aussi grave, celui d'interdire l'abord de certaines fonctions aux personnes les plus capables, parce qu'elles ne possèdent pas la somme voulue. Ce mal n'est que faiblement atténué par la possibilité d'emprunter et de déléguer au créancier les droits sur le Cautionnement.

Les vices de cette création ne pouvaient pas manquer de s'accroître dans la pratique, et plus on l'a étendue plus on a mis en évidence le mauvais vouloir qui avait donné l'impulsion. Des esprits hostiles aux lumières ont trouvé dans le Cautionnement un des moyens les plus sûrs pour arrêter le cours des idées. Ce mode pécuniaire, réservé à prévenir des délits pécuniaires, a enfin été appliqué à supprimer la logique et à prévenir les écarts de la discussion. Il ne reste plus qu'à l'étendre à la pensée même.

En résumé, nous ne pouvons voir dans le Cautionnement que le produit d'une nature défiante et grossièrement matérielle ; un gouvernement rationnel trouverait dans l'élection ou dans la responsabilité de bien autres garanties que dans ce procédé de comptoir ou de boutique, qui place les agents en état de suspicion au moment où il semble les investir de la confiance publique. (V. GÉRANT, JOURNAUX.)   B. P.

CENS. Ce mot, en traversant les siècles, a pris des acceptions fort différentes.

Chez les Romains, le Cens, *census*, exprimait deux choses : le recensement des citoyens et le dénombrement des terres que les censeurs faisaient exécuter tous les cinq ans pour distribuer le peuple romain dans ses diverses tribus, et pour fixer l'impôt auquel les fonds de terre devaient être assujétis. Les individus chargés de ces opérations s'appelaient : Censiteurs, *censitores*. Par eux, l'état civil et politique de la nation était périodiquement reconstitué. Par eux aussi, le montant des impôts était fixé d'après l'âge, la capacité des personnes, la nature, l'étendue des héritages et les circonstances qui pouvaient motiver des réductions et des exceptions.

Quand les Barbares eurent envahi l'Empire, ils cherchèrent à donner à leurs institutions et à leurs usages des dénominations empruntées à la langue latine, pour peu qu'il y eût de rapport entre le passé et le présent. Ils appelèrent *Cens* les tributs que les rois, les ecclésiastiques et les seigneurs levaient, chacun pour son compte, sur les serfs de ses domaines. Ainsi, le Cens, au lieu d'être un *impôt* public, n'était plus qu'un tribut privé. Le Cens n'était sous ce rapport qu'une capitation due par des esclaves. (V. CAPITATION.)

Mais de même qu'il existait à Rome, dans l'intérêt de l'État, un impôt personnel et un impôt foncier, de même les seigneurs féodaux établirent dans leur intérêt privé, et sous une dénomination uniforme, deux signes de servitude, dont l'un atteignait les personnes, tandis que l'autre frappait le sol par une fiction de ce droit tyrannique que l'orgueil et la force avaient créé. Le propriétaire d'un héritage prétendu noble divisait son domaine, c'est-à-dire le droit abstrait et indivisible de la propriété, en domaine direct ou honorifique et en domaine utile. S'il voulait aliéner sa propriété, il en cédait seulement le domaine utile, et la redevance annuelle qu'il stipulait était sous le nom de Cens le signe permanent de son droit de suzeraineté. (V. FÉODALITÉ.)

Tous les droits et devoirs féodaux ayant été abolis par les lois des 4, 6 et 11 août 1789, interprétées et développées par les lois du 15 mars 1790, 25 août 1792 et 17 juillet 1793, le Cens féodal a, depuis longtemps, cessé d'exister parmi nous.

Ce mot Cens ne sert plus aujourd'hui qu'à désigner la quotité d'impôts exigée par la loi pour permettre aux citoyens l'exercice du droit électoral ou du droit d'éligibilité. (V. BOURGEOISIE, CANDIDATURE, ÉLECTION, ÉLIGIBILITÉ, etc.)

MAURAT-BALLANGE, député.

CENSEURS, CENSURE. Un homme n'a d'autorité personnelle, et surtout d'influence sociale qu'autant que ses semblables lui en reconnaissent.

Si donc il devait exister une fonction sociale qui réclamât toutes les garanties morales et matérielles de l'élection et de la responsabilité, ce serait, sans contredit, celle qui conférerait à un homme le droit de contrôle politique ou particulier sur les paroles, les écrits et les actes de ses égaux.

Telles furent à-peu-près les bases et les attributions de la Censure chez les Romains. Originairement instituée pour faire le dénombrement de la population, du *Cens* établi par Servius-Tullius, pour estimer les biens, arbitrer les rangs et les fortunes dans chaque classe du peuple, pour garder les registres où s'inscrivaient les citoyens, cette fonction s'éleva bientôt jusqu'à la surveillance des mœurs publiques et privées. On appela *Censores morum* ceux qui en étaient investis ; ils avaient même le droit de déposer un sénateur accusé de malversation, de dégrader les chevaliers, de faire descendre les citoyens d'une tribu à une autre. Élus d'abord tous les cinq ans, leur magistrature fut restreinte ensuite à dix-huit mois. Pendant plus d'un siècle ils ne furent choisis que parmi les patriciens qui avaient exercé l'autorité consulaire ; mais, plus tard, les plébéiens abordèrent cette dignité comme toutes les autres. Rome eut alors des Censeurs en sous-ordre, *sub censores*, pour ses colonies.

Envisagée comme contrôle spécial et préalable de la pensée, comme en pouvant autoriser ou défendre l'émission, la Censure remonte à la découverte de l'imprimerie. Et cela devait être ; car les moyens de fixer la parole, de matérialiser la pensée, devaient naturellement soulever la réaction des hommes les plus intéressés à arrêter la diffusion des lumières, à retarder le triomphe de la vérité. Aussi, de 1512 à 1728, voit-on, sur la requête des conciles, et sous l'influence des papes, les parlements condamner à être lacérés et brûlés les ouvrages signalés comme dangereux. Les bulles et les arrêts reculent les exigences de la Censure, et les étendent jusqu'aux livres de science, de physiologie, de médecine et de théologie ! On voit, tour-à-tour, les édits de Henri II, l'ordonnance de 1566 et l'édit de 1626, instituer, abroger et rétablir la peine de mort pour les contraventions des écrits en matière politique et religieuse. Puis, vient la législation de 1728, qui *réduit* à la marque, au carcan et aux galères les pénalités applicables aux éditeurs, imprimeurs et distributeurs des ouvrages mis à *l'index*. Plus l'absolutisme approche de sa fin, plus chez lui la démence se mêle à la soif d'opprimer : sous Louis XV, les productions de l'intelligence sont livrées aux flammes par la main du bourreau ! C'est en ce bon vieux temps que nos plus grands génies, traqués par les Censeurs de la Sorbonne, sont obligés de faire imprimer au dehors leurs écrits immortels, et que les œuvres de Montesquieu, de Voltaire, de Rousseau, de Raynal, de Mably, de Beaumarchais, sont décrétées d'impiété et condamnées comme entachées d'hérésie! La pensée écrite n'est pas seule persécutée : le gibet fait *justice* des hommes qui osent *mal parler* des financiers et des gens en place ; et l'on connaît le singulier vocabulaire que Piron et Duclos avaient imaginé pour causer plus librement au café Procope. Alors, on voit aussi l'étranger enchérir sur l'imbécile arbitraire de notre royauté, et les Censeurs de Munich aller jusqu'à la confiscation de la *Cuisinière bourgeoise!*...

Aussi 89 devait-il abattre ces ridicules monstruosités, et l'unanimité fut partout, à cet égard, dans les cahiers des trois ordres aux États-généraux. Tous proclamèrent que la liberté d'écrire comme celle de penser et d'agir ne devait être limitée que par l'intérêt social. La Constitution de 1791 sanctionna cette doctrine, et la Censure fut abolie le 14 septembre de la même année.

Mais le Consulat s'empressa de la rétablir, et l'Empire l'organisa, la réglementa complètement sous le nom de Direction générale de l'imprimerie et de la librairie. Chaque journal eut un Censeur. L'art dramatique fut soumis à cette étrange autorité, et à celle plus ignoble encore du ministère de la police politique.

Après la première *Restauration*, Louis XVIII, par sa déclaration de Saint-Ouen, reconnut la liberté de la presse. Mais l'article 8 de la Charte prépara jésuitiquement son esclavage ; car s'il était, absolument parlant, moral, loyal, démocratique, en un mot, de consacrer en principe que les Français ont le droit de publier et de faire imprimer leurs opinions, en se conformant aux lois qui doivent réprimer les abus de cette liberté, l'organisation et la pondération prétendue représentative des pouvoirs exécutif et législatif faisaient de cette promesse une escobarderie véritable. L'expérience le prouva bien vite : depuis cette loi du 21 octobre 1814, qui rétablit positivement la Censure et nomma quarante-deux Censeurs titulaires et *honoraires*, jusqu'aux énormes pénalités fiscales du 9 novembre 1815, des séries d'ordonnances et de dispositions soi-disant organiques tendirent, de plus en plus, à prévenir bien plutôt qu'à réprimer, à empêcher l'usage sous prétexte de préserver de l'abus.

A cette législation, abrogée en 1819, succéda en 1822 celle des *délits de tendance*, qui laissa aux ministres le pouvoir de rétablir la Censure. Suspendue donc, plutôt qu'abolie sous Charles X, cette odieuse institution reparut et dura jusqu'en 1828. Enfin, l'une des ordonnances qui déterminèrent l'insurrection des trois jours étouffait complètement la liberté d'écrire.

Cette sainte insurrection, subitement métamorphosée en une guerre aux places, en une révolution de palais, amena pour tout résultat la création d'une royauté nouvelle sans modifier, en rien de notable, les principes sociaux et politiques de nos institutions ; si la Charte octroyée fut révisée

par les délégués du privilége, on dut croire, toutefois, qu'un pas sur lequel il était impossible de revenir était fait pour la presse ; car, dans son art. 7, le nouveau pacte formulait d'une manière claire, précise, sans interprétations possibles, que la Censure ne pourrait jamais être rétablie.

Mais, par suite des mêmes déceptions constitutionnelles dans la nature et le jeu des pouvoirs politiques, elle reparut bientôt revêtue d'un caractère préventif pour les ouvrages dramatiques ; une circulaire ministérielle, du 22 juillet 1832 aux procureurs-généraux, essaya d'interdire la discussion du principe du gouvernement ; enfin, les lois du 9 septembre 1835 vinrent proclamer la Censure préalable pour les productions des arts, de la littérature théâtrale, et, en général, pour toute la presse périodique, écrasée désormais sous mille prescriptions vexatoires, sous des peines exorbitantes, ruineuses, confiscations véritables sous d'autres noms. (V. LOIS DE SEPTEMBRE.)

En résumé, la Censure fut à peu près ce qu'elle pouvait moralement, politiquement et loyalement être sous la constitution aristocratique de l'ancienne Rome. Exclusivement appliquée à la pensée sous la monarchie absolue en France, la pensée fut brutalement, ouvertement comprimée. Sous la monarchie constitutionnelle des Bourbons aînés, l'arbitraire à cet égard fut légalisé, déguisé sous de faux semblants de libéralité ; enfin, sous la dynastie d'Orléans, on vit la légalité du privilége consacrer plus que jamais toutes ces déceptions oppressives.

Après ce que nous avons dit de la Censure, n'abaissons pas nos regards sur les hommes qui ont brigué et accepté ces tristes fonctions ; ne cédons pas au désir de les clouer au pilori de l'opinion ; car il n'est pas d'institution vicieuse qui n'ait créé des serviteurs, et la guillotine elle-même trouve encore des postulants! Pitié donc pour les hommes, mais guerre impitoyable aux institutions mauvaises.—Ceux qui sont curieux de cette sorte de statistique pourront analyser le personnel de ces tailleurs de mots, de ces éplucheurs de phrases, de ces bourreaux de la pensée libre, depuis Caton exclusivement jusqu'aux docteurs de la Sorbonne au dix-huitième siècle, jusqu'aux congrégations du pavillon Marsan, en 1814, jusqu'à ces serviles et inintelligents exécuteurs des œuvres intellectuelles, dont les ciseaux fonctionnent si laborieusement dans les bureaux du ministère de la rue de Grenelle.   AUG. DUPOTY.

CENSITAIRE. Se dit de celui qui paie le cens. Autrefois, le Censitaire était celui qui prenait un fond de terre à charge de cens, c'est-à-dire de payer à un seigneur de fief une certaine redevance. Censitaire est aujourd'hui synonyme d'électeur et d'éligible ; ont seuls, en effet, le droit d'élire ou d'être élus ceux qui paient le cens électoral ; savoir : 200 fr. les électeurs, 500 fr. les éligibles. La collection bigarrée de ces modernes priviléges forme ce que nous appelons l'aristocratie Censitaire. (V. BOURGEOISIE, ÉLIGIBILITÉ, RÉFORME ÉLECTORALE.)

CENSIVE. Ce mot avait plusieurs significations. On appelait Censive l'étendue d'un fief sur lequel il était dû des cens; la nature ou la qualité des héritages tenus à titre de cens; la redevance des cens, etc.

CENT-JOURS. L'épisode des Cent-Jours est trop bien connu pour que nous ayons besoin de le retracer dans ce recueil. Un hardi coup de tête, une promenade triomphale, une campagne gigantesque, de merveilleuses combinaisons pour assurer la victoire, des hasards non moins merveilleux qui conduisent à une défaite, la chute aussi rapide que le triomphe, et, à côté de ce grand drame, la comédie d'une constitution accordée de mauvaise grâce et acceptée avec répugnance, voilà toute l'histoire d'une époque, qui fut un temps d'arrêt pour la monarchie, sans être un progrès pour la démocratie.

Cet événement ne fut qu'une révolte militaire; les impériaux y virent un soulèvement national. L'armée avait reconquis son chef; on crut que le peuple avait salué son libérateur. Ce qui n'était qu'un accident fut pris pour une révolution, et le bonheur facile d'un prétendant fut accepté comme la victoire d'un principe.

Cette fausse appréciation devint une source d'anomalies qui ajoutaient aux embarras du chef sans rien ajouter aux forces de l'État. Ceux qui avaient laissé tomber les Bourbons comme ennemis de la liberté montrèrent des exigences que Napoléon ne pouvait ni entièrement satisfaire parce qu'elles n'entraient pas dans ses principes, ni entièrement repousser parce qu'elles étaient dans les principes du temps.

Napoléon et les libéraux en étaient à ces politesses qui attestent une mutuelle défiance; n'osant se faire une guerre ouverte, ils signèrent en guise de trève une prétendue constitution qui fut appelée ACTE ADDITIONNEL (V. ce mot). Cette transaction, née d'une situation fausse, eut tous les vices de cette situation. Les circonstances étaient trop difficiles à l'intérieur pour que Napoléon cédât pas plus qu'il ne voulait accorder; elles étaient trop difficiles au dehors pour que les révolutionnaires exigeassent tout ce qu'ils étaient en droit d'obtenir. C'était sans doute générosité de la part de ceux-ci; mais cette générosité était incomplète et surtout inutile, parce qu'elle ne pouvait compter sur aucune reconnaissance. Il ne fallait rien demander pour ne pas affaiblir la puissance qui devait vaincre l'ennemi, ou tout demander pour n'avoir rien à craindre des réactions du vainqueur. Il fallait faire de Napoléon ou un simple général, ou un dictateur. Mais le général n'aurait pas eu une force personnelle assez grande pour vaincre toutes les puissances de l'Europe; le dictateur ajoutait aux dangers de la guerre les dangers de la gloire. La France, en ce moment, se trouvait dans une impasse : les libertés de la tribune compromettaient la victoire, la victoire compromettait les libertés de la tribune. Preuve manifeste que Napoléon était de trop dans le monde politique.

Les Cent-Jours ne furent ni une transition, ni une nouveauté, ni une résurrection. Ce fut une commotion galvanique, la dernière convulsion d'un grand corps qui expire; convulsion effrayante, car elle remua le monde et fit croire un instant à la vie du cadavre impérial. Mais autour de cette puissance agonisante, nulle sympathie populaire n'éleva sa voix; nul enthousiasme, hors l'enthousiasme du soldat, n'accueillit le plus étonnant des triomphes napoléoniens. La population ne regrettait pas cependant le roi qui sortait par les portes du Nord; mais elle n'affectionnait guère plus celui qui accourait des rives du Midi. Le peuple regarda cette joûte de souverains sans y voir autre chose que l'intérêt d'un spectacle assez neuf. En vain, Napoléon voulût-il réveiller la nation par les jongleries du Champ-de-Mai; il demeura bientôt convaincu qu'il n'avait d'autre peuple que l'armée, et que son trône dépendait d'une bataille.

On sait ce qui advint. Napoléon commit sa dernière faute en faisant à la générosité des Anglais un appel théâtral. Il leur préparait sans le savoir une éternelle flétrissure.

Ce n'est pas que nous leur reprochions d'avoir transporté Napoléon dans un autre hémisphère; sa mort civile était nécessaire aux libertés futures de l'Europe. Mais nous leur reprocherons avec toute la postérité de s'être faits les bourreaux de sa chair, les vautours dévorants du moderne Prométhée. Nulle voix ne doit rester muette devant ces infâmes tortures qui expriment le sang goutte à goutte, et font sentir jour par jour la froide lame du poignard : chacun doit jeter sa pierre à la face de cette odieuse oligarchie qui commanda le meurtre, et de ces lâches parlements qui, par leur silence, acceptèrent une horrible complicité.

E. R.

CENTRALISATION. Centralisation signifie la réunion des forces générales en un centre commun. Par conséquent, dans une nation, c'est la somme des forces élevées à leur plus haute puissance et ramenées à une imposante unité.

Si nous nous arrêtions au sens exact et mathématique du mot Centralisation, nous n'y trouverions sans doute rien au-delà de cette définition. Mais, en langage politique, le sens de ce mot va plus loin et renferme une idée complexe. En effet, par Centralisation, nous n'entendons pas seulement l'attraction de toutes les forces de la circonférence au centre, mais aussi le retour de ces forces agrandies du centre à la circonférence. Ainsi la Centralisation comprend trois opérations distinctes: 1° Convergence des forces de la circonférence au centre; 2° développement des forces par l'unité centrale; 3° divergence des forces développées du centre à la circonférence. C'est ainsi que de toutes les parties du corps le sang est attiré au cœur, qui le renvoie à son tour dans toutes les parties, mais plus nourrissant et plus pur. La Centralisation n'est donc autre chose que la circulation intellectuelle, politique et industrielle d'un peuple, et comme la circulation, c'est elle qui fait la vie.

On comprend dès-lors combien il est facile de mettre à néant toutes les objections que l'on oppose aux bienfaits de la Centralisation. On la compare avec emphase à un gouffre toujours béant, où tout entre, d'où rien ne sort ; et bien des gens étourdis de ce vain fracas de poésie ont cru que c'était un argument. Ces naïfs raisonneurs se seraient épargné bien des mots inutiles, s'ils avaient compris que la première loi de la Centralisation est de donner plus qu'elle ne reçoit, de rendre au-delà de ce qu'elle emprunte. Si cette loi n'est pas remplie, il n'y a plus Centralisation, mais concentration. Le centre agit alors par sa seule force d'attraction, au lieu de réagir en même temps par sa force d'expansion. Or, il ne faut juger la Centralisation que par ce qu'elle donne, et non par ce qu'elle reçoit, de même qu'il ne faut juger l'estomac que comme agent de nutrition pour tout le corps, et non comme agent d'absorption pour lui-même.

La condition matérielle pour la Centralisation, c'est qu'elle ait pour foyer une ville qui, par sa position politique ou industrielle, surpasse en puissance toutes celles qui l'environnent. C'est là le rôle des capitales. Toutefois, les capitales ne se font pas *à priori*. Il faut des circonstances souvent imprévues pour créer entre elles et les contrées dont elles font partie une suite de rapports d'où dérive un échange continuel de pensées et de richesses qui vont à elles et en reviennent sans cesse. C'est cet échange qui fait la Centralisation. D'où il suit que c'est véritablement la Centralisation qui fait la capitale, tandis que la capitale entretient la Centralisation.

La capitale devient dès-lors le lien politique de l'unité nationale, le marché général de l'industrie, le sanctuaire commun de l'intelligence ; en d'autres termes elle est le centre de la politique, le centre du commerce, le centre de la science.

Cependant, toute capitale ne réunit pas ces trois conditions. Londres, par exemple, n'a de prépondérance politique que durant la session du parlement et les réceptions de la Cour. Mais que Westminster-Hall ferme ses portes, que la Cour se retire à Windsor, toute vie politique cesse dans la capitale : une émeute n'est ni plus ni moins dangereuse dans ses murs qu'à Birmingham ou toute autre ville populeuse. Quant à la science, Londres n'exerce sur elle aucun contrôle : les universités d'Oxford, Édimbourg ou Glascow ne lui permettent pas de rivaliser avec elles. Aussi, avec ces infériorités de condition, Londres ne serait pas une capitale, s'il n'était le centre de la plus active industrie qu'il y ait au monde. C'est là qu'est toute sa puissance. Comme centre scientifique, cette capitale est nulle ; comme centre politique, elle dépend de circonstances qui sont en dehors d'elle ; comme centre industriel, elle s'élève au-dessus de toutes les autres.

L'Allemagne, avec tous ses royaumes, toutes ses constitutions et toutes ses universités, ne peut avoir ni centre, ni unité. Aussi, Vienne n'est-il guère qu'un centre de plaisirs. Grâce à la vigoureuse organisation militaire de la Prusse, Berlin est devenu un centre politique ; son habile système de douanes en fera bientôt un centre industriel ; mais cette capitale est encore

sans influence sur la science, disséminée dans les universités.

La Russie, qui s'étend des extrémités de l'Europe à celles de l'Asie, de la Baltique à l'Océan-Pacifique, ne saurait offrir un centre à ce corps démesuré ; l'unité ne peut être organisée sous tant de latitudes différentes. Saint-Pétersbourg ne doit qu'au séjour des czars une influence éphémère, et à sa situation sur le golfe de Finlande une activité commerciale que d'autres ports pourront bien lui disputer.

Ainsi donc, les diverses capitales de l'Europe manquent d'un des éléments qui font la centralisation complète. Paris seul les réunit tous trois ; Paris seul, parmi toutes les villes du monde, est un centre politique, industriel et scientifique.

Ce n'est pas néanmoins tout-à-coup que Paris a été mis en possession de cette triple suprématie qui fait sa force. C'est par l'influence politique qu'elle a commencé, et cette influence remonte bien haut, car elle date du règne de Hugues Capet. Paris n'était pourtant pas alors une ville considérable, et ne pouvait se comparer pour la richesse et l'étendue à la plupart des villes du Midi ; mais le régime féodal avait fait du roi de Paris le suzerain de tous les princes qui l'environnaient, et Paris se trouva de la sorte le centre politique de la féodalité. Depuis lors, sa fortune fut liée à celle des rois, et à mesure que s'agrandissait le cercle de la féodalité, l'importance de Paris se développait en proportion.

Dans les commencements de la monarchie des Capétiens, Paris était pour eux un séjour forcé, puisque leur royaume n'allait pas au-delà de cette portion du bassin de la Seine appelée Ile-de-France. Mais même alors que leur territoire prit de l'étendue, ils y revenaient toujours, malgré quelques infidélités passagères. Les villes méridionales, autrefois si puissantes, s'éclipsaient peu-à-peu devant leur rivale nouvelle ; Arles, Bordeaux, Toulouse et Lyon, ces grandes cités des Gaules, descendaient au second rang ; et lorsque les guerres désastreuses des Valois livrèrent aux Anglais les deux tiers du royaume, Henri V ne se crut roi de France que lorsqu'il eut été couronné dans Paris. A une époque plus récente, lorsque le fédéralisme protestant menaçait l'unité de la France, Paris devint le centre du catholicisme, et Henri IV fut obligé d'abjurer pour entrer dans la ville qui donnait la couronne.

A dater de ce règne, la Centralisation acquit une force qu'elle n'avait pas jusques-là, et ce ne fut pas la moindre des gloires de Henri IV d'en avoir compris et encouragé les effets puissants. Richelieu, en fortifiant la royauté, fortifiait sans s'en douter la ville centrale du royaume. Louis XIV trouva l'œuvre politique toute faite ; mais ce fut lui qui dota Paris de la puissance scientifique, en y réunissant les artistes, les littérateurs et les savants de tous les pays. Alors le centre politique devint aussi centre scientifique, malgré la double concurrence que le grand roi voulut plus tard lui opposer dans Versailles.

Les encyclopédistes continuèrent l'œuvre de

Louis XIV ; Paris devint le foyer de toutes les idées nouvelles, commanda une révolution, et une révolution fut faite. Ce fut alors qu'on put voir quelle est la puissance de la Centralisation. Trahi par les provinces de l'Ouest et du Midi, attaqué par les forces réunies de l'Europe, Paris oppose à tous sa formidable unité, et la Centralisation fait le salut et la gloire de la France.

Sous l'Empire, ses destinées s'agrandirent. Forcée de satisfaire au luxe d'une Cour nouvelle, en même temps qu'elle était privée des ressources extérieures par le blocus continental, la capitale devint un centre d'industrie, et depuis cette époque elle est entrée dans une voie de grandeurs nouvelles. Aujourd'hui, elle résume en elle toutes les puissances du pays, sur qui elle fait rayonner à son tour les splendeurs de son éclatante existence.

La question de la Centralisation exigerait sans doute plus de développements. Mais comme ce sujet se représentera nécessairement dans plusieurs parties de ce Dictionnaire, nous nous bornerons à cette exposition historique et à ces courtes indications, qui toutes peuvent se résumer en cette pensée : c'est que la Centralisation doit avoir pour but de donner plus qu'elle ne reçoit. Qu'il nous soit permis, toutefois, avant de terminer, de citer sur l'influence de Paris un morceau remarquable, extrait de l'introduction (encore inédite) du *Droit administratif* de M. Cormenin, et qu'il a bien voulu nous communiquer :

« Il ne faut pas non plus compter pour peu l'accroissement prodigieux de Paris, qui de toute antiquité, et comme par un hommage tacite, a été reconnu le roi et le maître des autres cités, la patrie adoptive des sciences, des arts et des lettres, le flambeau de la civilisation, le siège du gouvernement, l'entrepôt des productions du Nord et du Midi, le séjour des princes, l'arbitre du goût, du luxe et des modes.

« Paris reçoit beaucoup, mais il donne beaucoup. Il consomme, mais consommer, c'est produire. Il vend cher, mais il achète cher et il paie bien. Il s'emplit comme un fleuve, mais il reflue jusqu'à sa source. Il concentre la lumière, mais il la reflète. Il a un tronc d'une grosseur prodigieuse, mais il rend la sève qu'il aspire, et les extrémités de ses mille rameaux plient sous leurs fruits d'or. Il vivifie de son souffle tout ce qu'il touche ; il écrase de son poids tout ce qui lui résiste ; il commence les révolutions et il les finit ; il fait les rois et il les défait ; il distribue la gloire, la liberté et l'empire.

« Sans Paris, la Convention eût-elle lutté contre l'Europe ; sans Paris, les Révolutions de 89 et de 1830 auraient dégénéré en guerre civile ; sans Paris, le pouvoir exécutif, transporté à Versailles, à Blois, à Tours, à Orléans, à Lyon, à Toulouse, ne serait point obéi. Le gouvernement n'est que l'organe de Paris ; il n'est que son commis, son homme d'affaires et son serviteur. Paris tiendrait en échec le reste de la France, et de ses portes, comme des portes du vieux Memphis, s'élanceraient à-la-fois plusieurs armées.

« Paris a une force matérielle sans définition possible presque, sans mesure et sans contre-poids ; Paris n'a pas le nombre d'hommes le plus haut chiffré de la France, mais il a le nombre le plus haut réuni ; il a ce que donne la Centralisation ; il est la Centralisation même. Auprès de Paris, tout est bourg, petite ville, village ; tout aboutit à Paris, routes, canaux, télégraphes ; tout en sort et tout y rentre. Semblable à un géant féodal, il tient les départements dans une sorte de vassalité volontaire, et toutes les villes de province, rangées autour de Paris comme autant de satellites, s'éclairent et se réchauffent aux rayons de son soleil.

« Paris ne dort point, ne se repose point. Hiver et été, jour et nuit, son cerveau pense, ses bras travaillent, ses yeux veillent et ses jambes remuent.

« Sa force intellectuelle est plus grande encore que sa force matérielle : l'idée française est toute dans Paris. Paris est la plus haute expression de nos besoins, de nos sentiments, de nos passions, de nos caprices, de nos intérêts, de notre puissance et de notre génie. Aux yeux des étrangers, Paris est tout ; Paris est la capitale non de l'Europe, si vous voulez, mais des Européens. Qui dit Paris, dit la France. Paris est comme un grand royaume dans un petit royaume ; Paris est la tête et les provinces ne sont que les pieds. Or, ce sont les pieds qui marchent, mais c'est la tête qui conduit. »

A côté de ce tableau brillant des gloires de Paris, nous pourrions retracer l'histoire de ses bienfaits. Paris a été ce que doit être toute capitale, la ville de tous, n'ayant rien qui lui soit propre, aucune richesse qu'elle ne partage, communiquant au Nord ce qui lui vient du Midi, au Midi ce qui lui vient du Nord ; à chaque province ce qu'elle reçoit de toutes, et ne se réservant d'autre monopole que le monopole des sacrifices et des luttes sanglantes qu'elle soutient pour le bien général. Paris a eu par dessus toutes les autres capitales l'intelligence de la Centralisation, et c'est pour cela que Paris a mérité d'être appelé la capitale du monde. (V. FÉDÉRALISME, UNITÉ.)   ÉLIAS REGNAULT.

CENTRE. Cette classification parlementaire est spéciale à notre pays. Jusqu'à ce jour, du moins, les Assemblées britanniques sur lesquelles nous avons calqué nos usages se divisaient en deux parties bien tranchées : ceux qui soutenaient le ministère et ceux qui le voulaient renverser. Mais lorsqu'en 1814 le gouvernement constitutionnel s'établit chez nous, le fractionnement des esprits ne permettait point ces divisions si simples. Il y eut donc dans nos Assemblées politiques un nombre indéfini de fractions, comprises sous les dénominations générales d'extrême gauche, gauche, Centre gauche, Centre, Centre droit, droite, extrême droite. Ces classifications tirent leur nom des différentes parties de la Chambre où siégent leurs membres ; mais elles sont loin d'indiquer toutes les nuances des partis qui composent nos Assemblées. Que de teintes diverses depuis l'extrême droite du Centre gauche jusqu'à l'extrême gauche du Centre droit ! — Le Centre proprement dit occupe cette partie de la salle qui est derrière le banc des ministres, en face du bureau de la Chambre. C'est lui qui est principalement chargé d'interrompre par toutes sortes de mauvaises inventions les orateurs qui combattent le ministère et d'acclamer à ceux qui le soutiennent. Bonnes gens, au demeurant, s'ils n'avaient pas si souvent peur et s'ils se contentaient de manger leurs foins ou de vendre leur cassonade.   E. D.

CENTUMVIRAT, CENTUMVIRS. Vers l'an 510 de Rome, le prêteur de la ville ne pouvant suffire au jugement de tous les procès, on décida qu'il serait choisi dans chacune des trente-cinq tribus dont se composait la population de Rome et de ses environs, trois magistrats auxquels on donna le nom de *Centumvirs*, quoiqu'ils fussent au nombre de 105. Ces magistrats, nommés pour un an, assistaient le prêteur dans la distribution de la justice aux citoyens. Ils n'étaient pas juges du fait, mais de la question à résoudre.

Sous la République, ils ne siégeaient que pour les affaires peu importantes; mais, sous les empereurs, ils jugeaient à-la-fois dans les affaires civiles et criminelles.   A. B.

CENTURIES. Sous les premiers rois de Rome, qui n'étaient que les chefs de la République, tous les citoyens jouissaient des mêmes droits politiques. Ils concouraient également à la confection des lois et à la nomination des magistrats; ils décidaient de la guerre et de la paix. Cet ordre de choses fut changé sous Servius Tullius. Ce prince, avant d'accomplir ses desseins, s'était adroitement emparé de la confiance du peuple, en payant de ses propres deniers les dettes des pauvres, écrasés par l'usure et les charges de la guerre. Il leur fit accroire qu'il serait plus avantageux pour eux de vivre en repos, tandis que les riches supporteraient seuls les charges de la République; il divisa, en conséquence, les citoyens de Rome en six classes :

La première comprit les citoyens qui justifiaient par le cens d'une fortune de 100,000 as et au-dessus ;

La seconde, ceux qui possédaient de 75,000 à 100,000 as;

La troisième, de 50,000 à 75,000 as;

La quatrième, de 25,000 à 50,000 as;

La cinquième, de 11,000 à 25,000 as;

La sixième, tous ceux qui possédaient moins de 11,000 as.

Chaque classe, la sixième exceptée, fut subdivisée en Centuries ou compagnies de cent hommes.

La première forma quatre-vingts Centuries d'hommes à pied, avec armure complète, et dix-huit Centuries de cavaliers, choisis parmi les plus riches.

On ajoutait à ces quatre-vingt-dix-huit Centuries deux Centuries d'ouvriers.

La deuxième, la troisième et la quatrième classes se composèrent chacune de vingt Centuries.

La cinquième en forma trente.

L'armement et l'équipement se réduisaient suivant les facultés de chaque classe, de sorte que les hommes de la cinquième n'avaient pour armes que des frondes et des pierres.

La moitié des Centuries des cinq premières classes était composée des hommes de dix-sept à quarante-cinq ans. Ils étaient chargés de la guerre extérieure. Les hommes de quarante-cinq ans et au-dessus demeuraient dans la ville et dans les bourgs voisins pour les défendre et veiller au maintien de l'ordre intérieur.

Les classifications établies par Servius Tullius furent maintenues pendant toute la durée de la République romaine et même sous les empereurs, à cela près que le nom de Centurie, au lieu de s'appliquer à une compagnie de cent hommes, fut donné à un nombre indéterminé de citoyens.

Nous n'avons point encore parlé de la sixième classe. Quel que fut le nombre de ses membres, Servius Tullius n'en forma qu'une seule Centurie, qui fut exempte du service militaire : on donna aux citoyens qui la composaient le nom de *Prolétaires*, parce qu'il n'y avait pour eux d'autre charge que celle de donner des enfants à la patrie.

Ainsi, le peuple de Rome se trouva partagé en cent quatre-vingt-onze Centuries ; ce nombre fut par la suite porté à cent quatre-vingt-treize.

Les veuves, dans les classes riches, étaient imposées à une contribution destinée à la remonte de la cavalerie.

D'abord, cet état de choses plut beaucoup au menu peuple, qui continua, quelque temps encore, de concourir à la confection des lois et à la nomination des magistrats. Mais les riches se plaignirent d'avoir toutes les charges sans que la somme de leurs droits se fût accrue dans la même proportion. Ces réclamations furent accueillies. On établit que les citoyens, au lieu de voter ensemble par curies ou sections, voteraient par classes, l'une après l'autre, et que les quatre-vingt-dix-huit Centuries de la première classe donneraient d'abord leur suffrage. Comme on comptait les votes non par tête, mais par Centuries, et que les Centuries de la première classe, au nombre de quatre-vingt-dix-huit, pouvaient former la majorité, la Constitution porta que, si cette majorité avait lieu, on n'appellerait pas les Centuries des autres classes. Si, au contraire, la majorité ne se déclarait pas, on appelait les vingt Centuries de la seconde classe; en cas de nouveau partage, les vingt Centuries de la troisième classe, et ainsi de suite jusqu'à l'épuisement des Centuries. Mais les riches s'entendaient entre eux, de sorte que les classes inférieures ne participèrent que rarement au suffrage, tant que cet ordre de choses ne fut pas modifié. La sixième ou dernière classe n'y participa jamais.

Les prolétaires ne tardèrent pas à reconnaître qu'on les avait trompés ; mais ils n'avaient pas d'armes, et le pouvoir était aux mains des riches. L'ordre établi par Servius Tullius, et qu'on a qualifié d'admirable, devint la cause perpétuelle des collisions quelquefois sanglantes qui troublèrent la République. La partie du peuple qu'on avait abusée ne cessa point de revendiquer ses droits. Elle n'obtint que des concessions partielles, ainsi que nous l'expliquerons au mot COMICES, où l'on verra dans quels cas tous les citoyens pouvaient, sans distinction de fortune ou de cens, concourir à la confection de certaines lois ou à l'élection de certains magistrats.

L'ordre de choses établi parmi les Romains, même au temps de Servius Tullius, était, du reste, préférable à celui qui existe aujourd'hui dans notre pays. L'exemple de Rome aurait dû nous apprendre combien il est imprudent de laisser à un certain nombre de riches ou de privilégiés la direction des affaires du pays. Tant il est difficile ensuite de reconquérir des droits que l'adresse ou la force a usurpés.   A. BILLIARD.

CERCLES DE L'EMPIRE. La nouvelle organisation judiciaire établie par la diète de Worms en 1495 nécessita une nouvelle division territoriale et politique de l'Empire. Afin de mieux assujétir les divers états à la juridiction de la chambre impériale, on institua six *Cercles* qui formaient autant d'états particuliers avec un pouvoir exécutif et une petite armée. C'étaient les cercles de Franconie, de Bavière, de Souabe, du Rhin, de Westphalie et de Saxe. Les électorats et les états héréditaires d'Autriche n'y étaient point compris ; mais, au commencement du seizième siècle, quatre nouveaux Cercles furent ajoutés aux six premiers : ceux d'Autriche, de Bourgogne, de Haute-Saxe, et le Cercle électoral du Rhin. (V. CHAMBRE IMPÉRIALE).   A. H.

CÉRÉALES. (V. GRAINS).

CÉRÉMONIAL. C'est, à proprement parler, l'ordre observé dans les cérémonies politiques ou religieuses, afin d'éviter le désordre inséparable de toute réunion un peu nombreuse. Ainsi compris, le Cérémonial est de tous les temps et de tous les lieux. Mais il est un autre Cérémonial qui touche plus particulièrement à la politique. Nous voulons parler de l'*étiquette*.

On s'est beaucoup moqué de l'*étiquette*. On a eu tort, à notre avis. En politique, il faut tout étudier et ne se moquer de rien. La multiplicité des titres, des rangs et des dignités donna naissance à l'étiquette, alors que les nobles quittèrent le séjour de la campagne pour venir habiter la cour de François Ier. La faveur les avait appelés, ces nobles, mais l'étiquette seule pouvait les retenir. L'étiquette porta le dernier coup à la féodalité, en habituant la noblesse à voir dans le roi autre chose que le premier suzerain du royaume. Elle créa, de plus, pour les seigneurs un ordre de subordination tout nouveau. A partir de François Ier jusqu'à la Révolution française, je ne vois, en France, qu'un roi, un maître des cérémonies et ses sujets.

Les rois successeurs de François Ier comprirent toute l'importance politique de l'étiquette. En 1548, Henri II donna commission à maître Jean du Tillet, greffier civil du parlement de Paris, de faire *un recueil des rangs et séances entre les princes, officiers de la couronne et autres grands seigneurs du royaume de France.*

En 1585, Henri III institue la charge de grand-maître des cérémonies en faveur d'un sieur de Rhodes. Ses gages sont fixés à mille écus par an.

Nous avons, sous ce titre, le *Cérémonial français,* deux gros volumes de Théodore GODEFROI. Le premier comprend les cérémonies observées en France aux sacres et couronnements des rois et des reines, de quelques anciens ducs de Normandie, d'Aquitaine et de Bretagne ; des détails sur les entrées solennelles des dauphins, gouverneurs de provinces et autres seigneurs, dans diverses villes de France.

Le second contient les mariages et festins, naissances et baptêmes, majorité des rois, états-généraux et particuliers, assemblées des notables, lits de justice, hommages, serments de fidélité, réceptions et entrevues, serments pour l'observation des traités, processions et *Te Deum.* Théodore Godefroy composa ce recueil pour faire cesser les querelles sur la préséance, très-fréquentes, ainsi que chacun sait, sous l'ancienne monarchie, de seigneur à seigneur, et même de nation à nation.

L'ancien Cérémonial monarchique n'est pas pour nous, Français du 19e siècle, d'un grand intérêt. Cependant, il importe, nous le croyons du moins, que la science politique s'informe quelquefois des usages du passé, quelques frivoles qu'ils puissent paraître. Je l'ai déjà dit : il n'y a rien de frivole en politique.   A. T.

CHAMBRE. La politique moderne a aussi son mystère de la trinité. C'est cette espèce de gouvernement, prétendu représentatif, que nous appelons la monarchie constitutionnelle. Dans la monarchie constitutionnelle, le pouvoir se divise en trois personnes : les deux Chambres et la royauté. La réunion de ces trois personnes forme, ou est censée former le gouvernement.

Le mot Chambre appliqué à une Assemblée politique nous vient des Anglais. Ils nomment Chambre (*house*) chacun des deux pouvoirs qui, concurremment avec la royauté, forment la loi. C'est, d'une part, *the upper house,* la Chambre haute ou des lords ; c'est, ensuite, *the lower house,* la Chambre basse ou des communes. Distinction insolente qu'expliquent, toutefois, les traditions et les habitudes politiques de nos voisins. Quelques publicistes anglomanes ont voulu importer chez nous cette locution. Mais ils mettaient en oubli deux choses ; d'abord, que la Chambre des communes procède de la Chambre des lords, tandis que la Chambre des pairs de France a reçu de la Chambre des députés son institution. Ils oubliaient, en outre, que les communes anglaises viennent à la barre des lords pour recevoir les communications du gouvernement, tandisque, chez nous, c'est à la Chambre des députés que se rendent les pairs et la royauté lorsque le roi ouvre ou ferme en personne les sessions législatives.

L'existence de deux Chambres implique l'absence d'unité politique et sociale, c'est-à-dire la division du peuple en diverses classes. Il est donc évident que la nature de ces pouvoirs, leurs fonctions et le rôle qu'ils jouent dans le mécanisme du gouvernement, doivent changer suivant le ce

27

ractère, les besoins, les intérêts, les traditions, la mission des différents peuples. Ici, le pouvoir royal est très-fort : les deux Chambres ont nécessairement des attributions très-bornées. Là, domine une aristocratie puissante : la royauté est un rouage qui tourne à vide ; la Chambre élective, une pompe aspirante, mue par une force extérieure et destinée à tirer du peuple tout ce qu'il peut donner de sang et d'argent. Ailleurs, au contraire, une démocratie vigoureuse, et qui marche rapidement vers la toute-puissance, force les deux autres pouvoirs à subir sa suprématie : la Chambre *haute* est un bureau d'enregistrement, la royauté, un cachet.

Tel est, sous ses trois faces les plus saillantes, l'ingénieux mécanisme au moyen duquel les royalistes de notre temps ont voulu concilier le double principe de l'autorité et de la liberté.

Ceci n'est point, du reste, comme on l'a dit et répété, la découverte de quelque moderne génie. Le système bicamériste est vieux et très-vieux. On le retrouve dans l'ancienne constitution de Sparte. La loi s'y créait par le concours du roi, de l'aristocratie et du peuple. De même, à Rome, après la création des tribuns. Les consuls représentaient le pouvoir royal ; le sénat et les tribuns représentaient nos deux Chambres, c'est-à-dire la puissance de l'aristocratie et la puissance du peuple.

L'idée première de deux chambres législatives tempérées par le pouvoir royal est donc l'expression d'un état social tout-à-fait différent des conditions d'existence des sociétés modernes.

Voyons en effet.

Les sociétés antiques se composaient d'un petit nombre d'hommes libres, de citoyens. Le reste, majorité immense, était esclave ne comptait pour rien. Par conséquent, il n'y avait parmi les anciens rien de semblable à ce que nous entendons aujourd'hui par Démocratie. Le peuple, à Rome, à Athènes, à Sparte, etc., n'était, à proprement parler, qu'un démembrement, une branche cadette du patriciat.

Mais, de nos jours, quelle différence ! Toute cette masse qui était esclave jadis est libre aujourd'hui, et c'est le peuple. La puissance du peuple est donc décuple, centuple maintenant de ce qu'elle était autrefois. Vous jetez cet élément nouveau dans votre Constitution : à l'instant même, l'équilibre est rompu et les deux autres pouvoirs, relativement trop faibles, sont nécessairement absorbés.

C'est ce fait, c'est cette différence profonde entre l'antiquité et les temps modernes que les publicistes contemporains n'ont pas su voir ; c'est ce fait nouveau, dis-je, qui rend impossible dans les sociétés actuelles la durée de deux Chambres législatives. Oui, quelque soin que l'on prenne de diminuer ou d'annuler l'action populaire ; quelque soin que l'on prenne d'augmenter démesurément les prérogatives royales ou les priviléges de l'aristocratie, tôt ou tard, la force des choses entraîne tout, renverse le fait illogique et relève le droit.

Poursuivons le parallèle.

Dans les sociétés anciennes, c'étaient les vaincus qui payaient l'impôt. S'il y avait quelque vide dans les caisses de l'État, une aristocratie puissante et riche le comblait facilement. Aujourd'hui, au contraire, les sociétés vivent par les contributions publiques. L'impôt est payé non par le roi et les grands, mais pour les grands et le roi, et par le peuple. Or, en admettant, à quelque degré que ce soit, le peuple à l'exercice du pouvoir, il a fallu nécessairement lui attribuer le droit de régler ce qui le regarde principalement, c'est-à-dire le vote de l'impôt. Le peuple est donc libre aujourd'hui d'accorder ou de refuser l'impôt, c'est-à-dire le principe de la vie gouvernementale ; il est donc le maître, le régulateur, le dispensateur des forces sociales, le moteur des pouvoirs politiques, le Souverain.

Aussi, voyez la vanité, l'impuissance radicale du système bicamériste, et comme la logique se confirme par les faits les plus éclatants.

Sous les derniers Tudors, le pouvoir royal usurpe toutes les libertés nationales. Que fait la Chambre des pairs d'Angleterre pour arrêter ce débordement ?

Les Stuarts montent sur le trône. L'esprit de liberté se fait jour ; une vive ardeur d'innovation agite la société. L'aristocratie britannique essaie vainement de neutraliser l'ascendant des communes ; elle ne peut, malgré tous ses efforts, ni défendre l'autorité royale, ni protéger la tête du roi.

Après la dissolution de la Convention nationale, il y eut dans notre pays deux Chambres législatives. La loi était proposée par le Conseil des Cinq-Cents, admise ou rejetée par le Conseil des Anciens. Au bout d'un peu de temps, la France était en proie à l'anarchie, son territoire menacé, sa liberté perdue ; un soldat de fortune venait, qui lançait d'un pied dédaigneux, par la fenêtre, et constituants et constitués.

L'Empire se fonde ; il y a d'un côté le Corps législatif, de l'autre, le Sénat. Où est la limite du despotisme ?

Enfin, en 1830, la Chambre des pairs de France a-t-elle empêché la Chambre *basse* de disposer souverainement de toutes choses, de détruire une royauté, d'en instituer une autre, de changer de fond en comble les bases du pouvoir politique de la pairie ?

On le voit donc ; inutile quand il ne nuit pas, et toujours impuissant, le système bicamériste est radicalement contraire à la constitution sociale des nations modernes ; il n'oppose d'obstacles sérieux ni aux entreprises du pouvoir royal, ni à l'explosion des ressentiments populaires, qu'il provoque souvent, qu'il n'arrête jamais.

Un grave historien de notre temps a dit que les révolutions se commencent avec une Assemblée et se finissent avec deux. C'est là un de ces axiomes spécieux au fond desquels ne gît qu'une vaine antithèse. Le but normal de l'humanité, c'est la tendance vers l'unité. L'unité ne peut être réalisée sans secousse que par l'action régulière et *une* d'une Assemblée (V. ce mot). Laissons donc les sophistes se bercer au vain bruit de leurs mots. Voyons hardiment la vérité des choses, et cherchons à ne plus mériter cette éloquente apostrophe d'un publiciste contemporain : « Nous vivons au milieu des crises comme les statues au milieu des tempêtes ; nous les subissons sans les comprendre (1). »

                                  E. D.

CHAMBRE ARDENTE. On a appelé de ce nom, à diverses époques, des tribunaux institués en France pour la recherche et la répression de crimes spéciaux et déterminés, mais tout-à-fait différents entre eux, quoique cette communauté de dénomination pût faire croire le contraire. De plus, la raison étymologique n'est pas la même, selon qu'il s'agit de telle ou telle époque.

Fort anciennement, on nommait Chambre ardente le lieu où se réunissaient les *Capitales judices extraordinarii,* chargés de poursuivre les accusés de haute trahison envers l'État, lorsque ces accusés appartenaient à de grandes familles. On désignait ainsi cette Chambre parce qu'elle était toute tendue de noir et éclairée par de nombreux flambeaux, comme les mausolées appelés chapelles ardentes, où la grande obscurité du deuil fait paraître la lumière beaucoup plus vive.

Sous le règne de François II, une chambre particulière ayant cette dénomination fut établie dans chaque parlement du royaume, avec mission de *faire brûler sans miséricorde tous les luthériens et calvinistes qui seraient convaincus d'hérésie.* Or, ci l'épithète ardente provenait, comme on voit, de ce que le supplice des condamnés avait lieu par le feu.

Ce fut cette dernière raison qui, en 1679, trois ans après l'exécution de la marquise de Brinvilliers, fit aussi appeler Chambre ardente une Cour spéciale instituée pour la poursuite des accusés d'empoisonnement et de fabrication de poison. Ce tribunal tint d'abord ses séances à Vincennes, et ensuite à l'Arsenal. Un grand nombre de personnes du rang le plus élevé (2) furent obligées de comparaître devant lui ; mais, soit que l'accusation à leur égard ne fût pas fondée ou qu'elle manquât de preuves suffisantes, soit que leur crédit fut un bouclier assez puissant pour arrêter les coups de la justice, elles obtinrent une complète absolution. Il n'y eut de condamnée qu'une sage-femme, nommée Voisin, leur co-accusée, brûlée vive, le 22 février 1680, après avoir eu la main percée d'un fer chaud et coupée.

On a encore donné quelquefois le nom de Chambre ardente à des juridictions extraordinaires établies pour un temps limité par des commissions royales, à l'effet de connaître des graves malversations dans les finances, ou de certaines affaires de faux et de contrebande. Les auteurs désignent même ainsi une Chambre royale instituée anciennement pour s'occuper de la réforme des mala-

dreries, et une autre chargée des affaires extraordinaires du domaine.   H. B.

CHAMBRE ÉTOILÉE. Haute Cour de justice, ou, plutôt, juridiction exceptionnelle établie en Angleterre depuis Henri VII jusque vers la fin du Long Parlement. Quelques auteurs ont attribué à cette institution une origine antérieure à celle que nous indiquons ici ; mais cette opinion ne peut être justifiée par aucun document authentique.

La Chambre étoilée avait été créée en haine du jury. Alors, comme aujourd'hui en France, on appelait incapacité, ignorance, lâcheté, la fermeté, l'intelligence politique des jurys. Alors, comme aujourd'hui en France, on avait commencé par fausser cette dernière institution ; le pouvoir exécutif avait usurpé le droit de composer à son gré les jurys ; mais ce n'était pas assez, il fallait anéantir cette justice démocratique. On augmenta donc démesurément les attributions de la Chambre étoilée, en ayant soin, toutefois, de ne les point préciser exactement. Et comme les lords du conseil avaient seuls le droit d'y siéger, la royauté était sûre de ses condamnations quand elle en avait besoin. Rien n'a surpassé, depuis, la criminelle souplesse de ces détestables juges. Papistes, puritains, non-conformistes ; dissidents, religieux et politiques, la Chambre étoilée condamnait tous ceux que lui jetait le zèle ardent des gens du roi.

La Chambre étoilée fut définitivement abolie par le Long Parlement. Après la restauration des Stuarts, on tenta, mais sans succès, de la rétablir.

CHAMBRE IMPÉRIALE. Après avoir décrété la paix publique en abolissant à jamais le droit de guerre privée, la diète de Worms établit, en 1495, une Chambre impériale. L'esprit de cette institution nouvelle était plus aristocratique que monarchique. Dans l'origine, l'empereur était lui-même grand justicier ; il nommait des délégués qui jugeaient en son nom, concurremment avec les grands vassaux. Plus tard, la Diète se substitua à l'empereur dans le jugement des litiges d'intérêt public. Dès le treizième siècle, les Césars tentèrent d'instituer un tribunal impérial ; ils croyaient ainsi fortifier leur puissance ; mais cette institution qui ne put s'élever qu'à la fin du quinzième siècle trompa leurs espérances. (V. CONSEIL AULIQUE.)

La Chambre impériale fut composée d'un grand-juge choisi parmi les princes ou comtes, puis, de seize assesseurs tirés du sein de la noblesse et de la classe des jurisconsultes. Dans l'origine, l'empereur nommait les assesseurs ; la Diète approuvait la nomination ; plus tard, la Diète les nomma seule.

La Chambre impériale jugeait en appel les affaires déjà décidées par les tribunaux établis dans les États de l'Empire. Il y avait encore dans ses attributions une autre condition de l'appel. De temps immémorial, les contestations élevées entre les États fédérés de l'Empire étaient jugées par des arbitres choisis par les contendants. Ces arbitres s'appelaient *Austrègues ;* leur décision, jugement

Austrégal (1). Cette juridiction arbitrale était profondément enracinée dans les mœurs germaniques; la nouvelle institution de la Chambre impériale la consacra en évoquant à elle les arbitrages des austrègues.

La Chambre impériale s'établit d'abord à Francfort, puis, tour-à-tour, à Vorms, à Spire, à Esslingen, à Augsbourg, à Nuremberg, enfin, à Wetzlar, vers la fin du dix-septième siècle ; elle y est restée jusqu'à l'époque où elle a cessé d'exister. Elle jugeait les différends entre les grands vassaux, entre les villes libres et les nobles immédiats ; elle connaissait des dénis de justice. La lenteur de ses sentences est devenue proverbiale.   A. H.

CHAMP-DE-MARS, CHAMP-DE-MAI.

C'étaient les Assemblées nationales des Francs sous les deux premières dynasties. Fils d'une race dont tous les membres étaient soldats, et qui étaient organisés exclusivement pour la guerre, c'était dans un champ que se rassemblaient les guerriers de la Germanie pour décider à la majorité des voix des expéditions à faire ou des alliances à ménager. Chez les diverses tribus germaniques (Visigoths, Anglo-Saxons, Saxons) ces réunions portèrent les noms divers aussi : de *Conciles, Vittenagemot, Diète,* et plus tard d'*États-généraux,* de *Chambres,* etc. En France, elles furent appelées Champs-de-Mars et Champs-de-Mai, parce qu'on les tenait pendant ces deux mois de l'année.

Après la conquête, lorsque les différents chefs se furent installés dans leurs fiefs, ces assemblées ne sont plus celles de toute la nation, mais seulement celles des grands, des leudes, des évêques (2), qui se rassemblent dans quelques grandes occasions.

Quand Pepin monte sur le trône, il régularise ces réunions qui avaient presque disparu dans les règnes anarchiques des derniers Mérovingiens. Du mois de mars, il les transporte au mois de mai. Sous Charlemagne, elles deviennent périodiques sous le nom de *Placita generalia.* Sous ses successeurs, les placites généraux deviennent moins fréquents. Ils se transforment en *États-généraux* sous les Capétiens, et sont moins nombreux encore. Dans nos sessions législatives d'aujourd'hui, on retrouve une image bien modifiée sans doute de ces anciennes institutions.

Les attributions et les prérogatives de ces assemblées varièrent suivant les époques et les circonstances. Mais leur souveraineté, la souveraineté du peuple ou de ceux qui avaient usurpé le droit de le représenter, n'était alors contestée par personne. Les hommes libres réunis réglaient les intérêts généraux de la nation ; ils exerçaient une juridiction suprême sur les choses et sur toutes les personnes sans exception. Dans plusieurs capitulaires, les rois reconnaissent l'autorité de ces assemblées, et s'engagent à exécuter ce qu'elles auront résolu.

Pendant les Cent-Jours, Napoléon, pour mieux frapper l'esprit de la nation par les souvenirs de Charlemagne, et inspirer un enthousiasme si nécessaire dans ces graves circonstances, tint un Champ-de-Mai dans le vaste terrain de l'École militaire. Mais les jours de l'enthousiasme étaient passés, et ce pâle reflet des réunions nationales des vieux Francs fut sans effet sur le peuple qui savait à quoi s'en tenir sur le système impérial.

Il n'en était pas de même, lorsqu'en 91 toute la population de Paris et les députés des provinces se rassemblèrent sur cette immense esplanade, et travaillèrent à ces tertres d'où toute la France allait contempler l'autel de la patrie, élevé dans ce nouveau Champ-de-Mars qui ne devait plus perdre son nom. Alors, ce fut une véritable réunion nationale ; comme aux premiers jours où la nation des Francs décida de l'invasion des Gaules dans son Champ-de-Mars des bords du Rhin, celle-ci statua l'intégrité du territoire et l'union de tous les Français autour du même drapeau, sous la même liberté, et l'élan général de cette immense réunion fut un sûr garant des prodiges que le patriotisme allait enfanter dans sa lutte d'un quart de siècle contre toute l'Europe.   V. M.

CHAMBELLAN.

Cet office de cour est d'institution fort ancienne. On le retrouve chez les Perses. Les *actes des Apôtres* font mention d'un Chambellan d'Hérode. Les empereurs romains du haut et bas empire avaient aussi près de leur personne des officiers de ce genre, qu'on appelait *præpositi cubiculi.* On voit dans la *vie de Clovis,* de Nicolas Gilles, que, Aurélien, envoyé par Clovis près de Gombaut, roi de Bourgogne, pour lui demander la main de sa nièce Clotilde, était Chambellan du roi des Francs. Gauthier de Caux, seigneur d'Ivetot, était Chambellan de son fils Clotaire. La charge de Chambellan s'est maintenue sous les rois des deuxième et troisième races. L'office de Grand-Chambrier lui était supérieur. Le titulaire, d'après Mézeray, gardait le trésor du roi, les titres et les chartes. François 1er supprima en 1545 ce dernier office, et en conféra les principales attributions au Grand-Chambellan. C'est en mémoire de ces fonctions que les Chambellans de Napoléon portaient une clé d'or brodée sur un des côtés de leur habit. Cette charge n'existe plus aujourd'hui en France ; mais elle est toujours en vigueur en Hollande, en Autriche et dans les divers états de l'Allemagne.   B. C.

CHANCELIER.

Titre commun à différentes fonctions et dignités dans l'ordre administratif et politique. Son étymologie est incertaine.

En France, l'office de Chancelier est presque aussi ancien que la monarchie. Ceux qui d'abord en furent revêtus n'en portèrent cependant pas le titre, attribué indifféremment à tous les notaires et secrétaires du roi. Ce n'est que sous la troi-

---

(1) *Austragen,* enlever, faire disparaître la difficulté qui fait l'objet de la contestation.

(2) On trouve cependant dans les vieilles chroniques des exemples qui attestent que le droit de tous les membres libres de la société n'était point périmé. A l'assemblée de 788 assistèrent, suivant Sorberus, *pontifices, majores, minores, sacerdotes, reguli, duces, comites, præfecti, cives, oppidani.* — Mais le fait général, c'est l'usurpation progressive des nobles.

sième race qu'ils se qualifièrent définitivement : *Chanceliers de France.* C'est Beaudoin, chancelier du roi Robert, qui signe ainsi le premier, et ce titre est maintenu dans la suite à ses successeurs, à l'exclusion des notaires et des secrétaires du roi, qui n'ont plus le droit de le prendre.

Le Chancelier de France, jusqu'à la Révolution, était le chef de la justice et de tous les conseils du roi. Il pouvait à sa volonté présider tous les parlements et toutes les cours du royaume. Il était, d'après une vieille locution, *la bouche du roi*, c'est-à-dire l'interprète de ses intentions. C'est lui qui les exposait dans toutes les solennités où il s'agissait de l'administration de la justice. Les ordonnances, édits, déclarations, lettres-patentes, etc., rentraient spécialement dans ses attributions, dont plusieurs, telles que la garde du sceau royal, ne laissaient pas d'être très-productives. Les charges d'avocats au conseil du roi tombaient également dans son casuel. Il disposait enfin de tous les offices de judicature, et même de certains offices de finance et de municipalité. Les anciennes ordonnances accordent encore au Chancelier plusieurs privilèges dont le détail est inutile; l'exemption entre autres de tous les droits de péage, d'aides, etc.; elles spécifient enfin une foule d'attributions trop superficielles pour qu'on les doive rappeler.

Le Chancelier fut primitivement nommé par le roi seul. Plus tard, il fut élu en parlement par voie de scrutin, en présence du roi. Louis XI changea cet ordre et porta de nouveau au roi seul la nomination de ce haut fonctionnaire, sur qui le parlement n'eut plus aucune juridiction. L'office de Chancelier n'anoblissait point. On distinguait, en effet, entre les Chanceliers nobles et non nobles. Les premiers se qualifiaient *messire*; les seconds, *maître*. On les a depuis appelés indistinctement *monseigneur*.

Tel fut, à quelques variations près, le Chancelier de France, jusqu'à la Révolution, qui lui substitua le ministre de la justice. L'Empire eut son Archi-Chancelier (V. ce mot). La Restauration ramena le Chancelier de France, auquel elle assigna, avec l'état civil de la famille royale, la présidence de la Chambre des Pairs. Elle s'imagina puérilement ressusciter ainsi une institution que la Révolution avait abolie.

Le Chancelier de France avait disparu de nouveau après les journées de Juillet; mais la branche cadette des Bourbons a saisi l'occasion du premier mariage princier pour le faire revivre. Un ex-préfet de police de l'Empire, un ex-ministre de la Restauration, devenu président de la Chambre des Pairs, du jour où celle-ci redonna signe de vie, le baron Pasquier, a reçu officiellement le titre de Chancelier.

En général, le titre de Chancelier a plus souvent constitué une dignité qu'un véritable office. Pas de tête couronnée, pas de prince souverain, si petit fût-il, qui ne l'ait compris dans la hiérarchie de ses faveurs. Tous les États de l'Europe sans exception ont eu leur Chancelier. L'Espagne en avait un pour chacun de ses petits royaumes : Castille, Grenade, Léon, etc. L'Angleterre, par la

même raison, en comptait trois, sans parler du Chancelier de l'Echiquier dont les attributions sont toutes financières, du Chancelier de Lancastre, et des Chanceliers universitaires de Cambridge et d'Oxfort. L'Église romaine eut aussi le sien jusqu'à Boniface VIII, qui s'en appropria les bénéfices et se contenta d'un Vice-Chancelier. Ajoutons à cette nomenclature, et pour la France particulièrement, les Chanceliers d'apanage ou les gardes-des-sceaux des princes apanagés; les Chanceliers des parlements inférieurs, des présidents, de la bazoche; les Chanceliers de consulats; les Chanceliers de certaines provinces, de certains fiefs seigneuriaux, de certaines châtellenies; et si l'on veut descendre à l'application la plus infime d'une qualité répartie sur tant de titulaires, les Chanceliers de certaines communes; celui de la commune de Meaux notamment, qui n'était que le greffier de la ville, et celui des foires de Champagne et de Brie, qui avait la garde du sceau sous lequel se contractaient les marchés.

Les reines de France ne se firent faute, de leur côté, d'un Chancelier, tout-à-fait distinct de celui du roi, et à qui il est même arrivé de tenir des cours de justice spéciale, nommément sous Isabeau de Bavière, femme de Charles VI. A. L.

CHANCELLERIE. Demeure ordinaire du chancelier, qui y donnait des audiences et y exerçait en partie ses fonctions. Ce mot se prenait aussi pour l'émolument du sceau, droit établi de temps immémorial sur les actes scellés. Il désignait, en outre, le corps des officiers nécessaires au service, grands audienciers, trésoriers, référendaires, contrôleurs, chauffes-cires, etc. C'est même là sa plus ancienne acception. Vers la fin du quinzième siècle, lorsque des Chancelleries particulières s'établirent près des parlements de province, la Chancellerie de Paris, dont celles-ci étaient censées des démembrements, prit le nom de *Grande-Chancellerie.* — Le mot Chancellerie est souvent employé comme synonyme de Cabinet (V. ce mot). A. L.

CHANTS CIVIQUES. La chanson est, même avant le pamphlet, l'instrument le plus sûr et le plus actif de propagande; la précision de la forme, le retour successif du refrain, la cadence mesurée du vers, la mélodie entraînante du rythme musical, sont autant de fortes saillies par lesquelles la chanson s'accroche, pour ainsi dire, à toutes les intelligences, et se cramponne à toutes les mémoires.

Et cela se conçoit. La chanson qui, comme œuvre d'art, peut être goûtée des esprits les plus élevés, est la langue toujours claire et comprise par laquelle on peut enseigner et émouvoir les classes populaires. Leur intelligence sûre, mais moins exercée, a besoin, comme nous l'avons dit ailleurs, d'être ramenée par les précautions de la forme à la perception vive et rapide du fond. Toute pensée qu'on veut rendre saillante pour elle a besoin d'être exprimée par une formule vive et concise, ou d'une manière piquante et dramatique : dans le premier cas, c'est la chanson;

dans le second cas, c'est le pamphlet et le conte.

Nous n'avons point à nous occuper du pamphlet dont traitera, le moment venu, la plume de Timon, qui en a si haut porté l'éclat. Nous nous bornerons à dire que le pamphlet, soit discussion, soit conte, est un moyen de vulgarisation beaucoup moins rapide que la chanson : cela tient à ce que le pamphlet procède par déductions et preuves, tandis que la chanson procède par aphorismes et maximes. Le pamphlet est un raisonnement logique ; la chanson est un cri enthousiaste.

Aussi, voyez comme elle s'est incrustée dans la vie de l'homme, et de là dans l'existence des peuples ! Elle caresse près du berceau ; elle trinque à table ; elle rit et rougit au festin de noces, dote le nouveau-né au baptême comme une bienfaisante fée, et souvent pleure sur un tombeau. Pour les peuples, elle est une expression commune de joie ou de tristesse, de souffrance ou de gloire. Il n'est pas de grand mouvement populaire qui n'ait été précédé, accompagné ou suivi de la chanson, précédé surtout. Brave, ardente et généreuse, la chanson précède presque toujours : c'est le roulement des tambours avant la bataille. Puis elle suit le combattant pour l'encourager ; elle console sa défaite ou célèbre sa victoire. Lutte, deuil ou triomphe, il n'est rien dans l'histoire des nations que la chanson n'ait excité, déploré ou célébré. C'est là le Chant civique.

Quand M. Scribe a dit à l'Académie : « La chanson est morte », il a fait entendre la plus grosse absurdité dont un homme d'esprit soit capable. La chanson ne peut pas plus mourir que la littérature, que la presse, que tous les modes de communication. Que dis-je ! elle le peut encore moins, car elle est primitive, car elle est une émanation primordiale de notre nature. Il y a des peuples qui n'ont pas de civilisation et dont la langue est à demi-barbare : ces peuples ont des chansons. Il y a eu, il y a encore des hommes isolés, vivant dans la solitude et ne touchant qu'à de rares intervalles et par d'infimes liens à la vie sociale : ces hommes ont des chansons. La chanson est la fidèle, l'inséparable compagne de l'homme ; l'homme la chante à l'homme, l'homme la chante à Dieu, l'homme se la chante à lui-même. La chanson qui a commencé le monde ne finira donc qu'avec lui, et, par conséquent, elle n'est pas près de mourir, soit comme genre, soit comme influence.

Le premier, le plus célèbre de tous les Chants civiques est la *Marseillaise*. Aucun n'a exercé une plus irrésistible puissance ; aucun n'a eu une plus vaste, une plus miraculeuse destinée. « Citoyens, la patrie est en danger », dit un jour le gouvernement républicain. « Allons enfans de la patrie, le jour de gloire est arrivé... Aux armes citoyens!» crie la chanson. Y eût-il jamais appel plus hautement proclamé et plus religieusement écouté ?

Après la *Marseillaise*, que tous les peuples ont adoptée aujourd'hui comme le mot de ralliement radical et révolutionnaire, commotion électrique qui doit parcourir le monde entier, il faut citer le *Chant du Départ*, la *Varsovienne*, l'*Hymne de*

Riégo, la *Tragala*, la *Brabançonne*, etc. Quant à la *Parisienne*, c'est une œuvre sans chaleur et sans avenir, chant civique bâtard qui a emprunté son air et ses paroles à une *Cantate* précédente, digne précurseur en cela d'un établissement qui n'est qu'un pâle reflet des régimes qu'il continue au lieu de les remplacer.   ALTAROCHE.

CHARGE. C'est le nom que l'on donne, d'une manière générale, à toutes les fonctions publiques. Ce nom tire son origine de ce que, primitivement, aucune rétribution n'était attachée aux fonctions publiques, considérées alors comme une charge imposée au dévouement des citoyens.

Toute organisation régulière d'une société nécessite des offices publics ; ils sont conférés par le souverain, c'est-à-dire par les suffrages du peuple, si la constitution est républicaine, et par le bon plaisir du monarque, si le gouvernement est aux mains d'un seul. L'histoire, à chaque époque, nous montre l'application de ce principe. Dans les anciennes républiques de la Grèce et de l'Italie, dans les municipalités libres qui, au moyen-âge, couvraient une grande partie de l'Europe, les charges publiques étaient données par la voie de l'élection. Au contraire, à Rome, sous les empereurs, tout dépendait du maître ; seul, il nommait à tous les emplois. En France, à mesure que la royauté se dégagea des entraves féodales, elle tourna ses forces contre la puissance municipale, sur laquelle elle s'était appuyée d'abord ; elle lui enleva par ses édits la libre disposition des fonctions administratives et judiciaires, et les érigea en offices publics qu'elle distribuait à son gré.

Ce que les rois avaient fait d'abord pour la puissance, ils le firent ensuite pour l'argent. On acheta du prince toutes les délégations qu'il lui plut de faire, moyennant finance, de l'autorité publique, et même une foule d'emplois furent créés qui n'étaient qu'un tribut prélevé par le fisc sur la vanité. Louis XI et François Ier sont les rois de France qui ont le plus ouvertement posé le principe de la vénalité des charges.

Mais, au-dessous des charges publiques, véritables magistratures par lesquelles s'exerce le pouvoir, il existe des emplois qui participent en même temps de l'autorité publique et de l'industrie privée : de l'une, parce que l'authenticité de certains actes de la vie est attachée à l'intervention des titulaires de ces offices ; de l'autre, parce que la clientèle qui les rend lucratifs dépend, en grande partie, de la probité, de la capacité et du zèle de ceux qui les remplissent ; telles sont les charges de notaires, avoués, huissiers, commissaires-priseurs, agents-de-change. On comprend que, sous un régime où la vénalité atteignait même les fonctions de judicature, elle devait, à plus forte raison, s'étendre à des offices d'une nature mixte, et qui, sous un rapport, du moins, pouvaient prétendre à être considérés comme une propriété de famille.

Par la force de la grande réforme révolutionnaire, les offices ministériels devaient disparaître ; et, en effet, les uns furent anéantis comme des privilèges contraires au libre exercice de toutes les industries ; les autres furent rangés au nombre des fonctions publiques. Mais les idées et les mœurs avaient été, en ce point, dépassées par les lois. A l'aide des réactions politiques elles reprirent le dessus. On vit reparaître les corporations d'officiers ministériels ; et quoique la nomination en fût attribuée au chef de l'État, sans restriction aucune ; par le fait cependant, la transmission des offices n'était, le plus souvent, que la condition et le prix d'un marché privé.

Tel était l'état des choses, lorsqu'en 1816 la pénurie du trésor entraîna le gouvernement, par l'appât d'une augmentation des cautionnements de tous les titulaires d'offices, à consacrer implicitement la vénalité de ces offices, par une disposition de loi qui accorda aux titulaires le droit de présenter leurs successeurs. C'est cette faculté, à laquelle on attribue d'énormes abus introduits dans les transactions particulières sur les offices, qui soulève aujourd'hui de graves débats, et qui paraît devoir, sous peu, motiver des mesures législatives, comme elle a déjà éveillé la sollicitude de l'administration.

A cette question, deux solutions se présentent ; l'une, philosophique, faisant des principes une rigoureuse application, et entraînant toute une réforme sociale ; l'autre, pratique, tenant compte des circonstances et des difficultés d'exécution, et de deux abus choisissant le moindre.

La première, c'est de ramener les choses à leur réalité, de faire cesser la confusion de principes divers introduite dans les offices, de restituer à l'autorité publique ce qui lui appartient, à l'industrie privée ce qui est de son domaine. Dans ce système, partout où le caractère dominant serait une délégation du pouvoir collectif, afin de donner à certains actes de la vie civile solennité et force, il faudrait reconnaître qu'il y a fonction publique, et qu'au Souverain seul il appartient de la conférer au plus digne. Au contraire, lorsqu'un office n'est que le privilége concédé à quelques-uns d'exercer exclusivement une profession qui pourrait sans danger, et sous la garantie de quelques réglements spéciaux, être livrée à la libre concurrence, il ne faudrait pas hésiter à en permettre l'exercice à tous ceux qui croiraient pouvoir prétendre à la confiance publique.

La seconde solution, au milieu des embarras actuels de la fortune publique, des dangers auxquels nous expose un pouvoir singulièrement préoccupé de l'exploitation des intérêts particuliers, c'est de ne toucher au système actuel de la transmission des charges que pour des restrictions et des améliorations de détail. Et, en effet, toute réforme doit être juste et prudente. Pour être juste, et enlever aux titulaires d'offices une faculté qu'ils ont achetée chèrement à leurs devanciers, il faudrait obérer le trésor par le paiement d'énormes indemnités ; et quant à la prudence, né défend-elle pas aux amis de la morale et des libertés publiques de livrer au pouvoir l'immense appât de tant d'offices dont chacun constituerait un patrimoine et une fortune. Trop de citoyens, déjà, nous donnent le spectacle d'indignes faiblesses ou d'une

cupidité ardente pour conserver ou atteindre les moindres emplois ; que serait-ce si, pour arriver à d'opulentes charges d'avoué, de notaire, d'agent-de-change, il ne fallait qu'abdiquer sa fierté vis-à-vis du pouvoir, trafiquer de son indépendance, inféoder son vote ?

Nous voulons aussi fermement que qui que ce soit la suppression des priviléges et le libre travail de tous ; mais pour arriver là par le progrès des idées et des mœurs, avant tout, il faut permettre la destruction de ce qui reste encore d'esprit public dans les citoyens, de vérité dans la représentation nationale ; il faut repousser toute invasion nouvelle dans le domaine de la politique des intérêts égoïstes, affamés d'argent et de places.

H. CORNE, député.

CHARGÉ D'AFFAIRES. Les agents supérieurs de la diplomatie ne s'astreignent pas toujours très-rigoureusement à la résidence. Il arrive aussi, quelquefois, que les rapports de gouvernement à gouvernement, sans être précisément hostiles, ont cependant un caractère peu bienveillant. Alors, la position d'un ambassadeur devient difficile et il s'éloigne. Mais comme les relations internationales subsistent malgré ce refroidissement, on en confie la direction et la garde à des agents secondaires qui prennent le nom de Chargés d'affaires. Ces agents possèdent les mêmes immunités que les ambassadeurs eux-mêmes ; ils ont droit à une égale protection ; mais leur dignité étant moins élevée est moins gênante, les questions d'étiquette ne compliquent pas inutilement les affaires. Après la mort de Ferdinand VII, les puissances absolutistes rappelèrent les ambassadeurs qu'elles avaient en Espagne ; mais elles continuèrent à y entretenir des Chargés d'affaires. Dc.

CHARTE. On entendait autrefois par Charte ou Chartre certaines ordonnances des rois ou des grands vassaux, qui devinrent ensuite une des sources de nos coutumes. On appelait aussi Chartres les lettres d'affranchissement que les seigneurs et rois donnaient aux serfs et aux communes.

Les Anglais ont les premiers appelé du mot Charte une constitution politique ; et les Bourbons à leur retour ont importé cette locution dans le langage représentatif.

La Charte de 1814 fut-elle un don ou un contrat ? Telle a été toute la question politique dont s'est préoccupée l'opposition des quinze ans ; question qui peut sembler puérile aujourd'hui, mais qui alors était d'une grave importance. En effet, un contrat engageait irrévocablement la royauté, tandis qu'un don octroyé librement pouvait être aussi librement retiré. Bien des subtilités ont alimenté cette discussion devant laquelle toute théorie était impuissante, parce que de part et d'autre on reculait devant l'issue logique du droit contesté, qui n'était que l'application rigoureuse de l'article 14, ou la légitimité de l'insurrection.

Les faits de 1830 sont venu mettre un terme aux incertitudes parlementaires. Mais ces faits reposaient-ils sur le droit ? C'est ce qui est important pour les partisans de la démocratie, dont les principes s'appuient sur le droit, sans tenir compte des faits accomplis.

L'histoire de la Charte peut seule faire apprécier les droits respectifs de la nation et de la royauté.

La première expression de la Charte est dans la proclamation faite le 1er avril 1814 par les puissances coalisées : « Les souverains alliés professant toujours le principe que, pour le bonheur de l'Europe, il faut que la France soit grande et forte, proclament qu'ils reconnaîtront et garantiront la constitution que la nation française se donnera. Ils invitent, par conséquent, le sénat à désigner un gouvernement provisoire qui puisse pourvoir aux besoins de l'administration, et préparer la constitution qui conviendra au peuple Français. »

C'était, il faut le dire, un solennel hommage aux vaincus, que de reconnaître, après la victoire, la Souveraineté nationale, et de faire cette éclatante concession aux principes politiques de 1789. Les rois comprenaient sans doute qu'ils avaient triomphé d'un homme, mais non d'un peuple.

Le sénat se mit à l'œuvre, et l'on doit avouer qu'il y apporta de la prudence. Son projet de constitution, analogue à la Charte, appelait au trône, en vertu de la libre résolution du peuple français, Louis-Stanislas-Xavier de Bourbon et sa famille. Mais le sénat ajoutait : « Cette présente constitution sera soumise à l'acceptation du peuple Français dans la forme qui sera réglée. — Louis-Stanislas-Xavier sera proclamé roi des Français *aussitôt qu'il en aura juré l'observation.* »

Arrêtons-nous ici pour bien examiner la position des choses. 1° Le sénat reconnaît qu'il n'est pas revêtu du pouvoir constituant ; il se borne à rédiger *un projet* de constitution. 2° Le sénat proclame à son tour la Souveraineté nationale, en offrant ce projet à la libre acceptation du peuple. 3° La royauté nouvelle ne doit être sanctionnée que par le serment prêté à la constitution.

Ainsi résumé, la situation politique est bien franche ; les droits sont bien déterminés ; et si les promesses étaient tenues, il n'y aurait pas d'équivoque possible. Mais il n'en fut pas ainsi. Louis XVIII était plus exigeant que les souverains qui avaient vaincu pour lui. S'il montait sur le trône, ce n'était pas en vertu de la souveraineté nationale de 1789, c'était en vertu de son droit ; s'il signait une constitution, ce n'était pas pour reconnaître les droits du peuple, c'était pour manifester les droits constituants de la royauté. Il donnait, il n'acceptait pas. Quant à l'assentiment du peuple, il n'en était plus question ; quant au serment qui devait être antérieur à la royauté, Louis XVIII montrait le cas qu'il en faisait, en signant la Charte de la dix-neuvième année de son règne.

Ainsi, dès les premiers jours de la Restauration, les rôles étaient changés ; il y avait, en un mot, une restauration et non une révolution.

Il est donc bien évident que, dans la pensée de Louis XVIII, il restait toujours un pouvoir au-dessus de la Charte : le pouvoir royal. L'esprit du

préambule en fait foi, et le texte de l'article 14 est trop clair pour permettre le doute. Certes, en ne consultant que les paroles écrites dans la Charte, en réduisant la question à une discussion de procédure, en répétant avec les jurisconsultes : *lex dura sed scripta*, un caprice royal qui aurait anéanti la Charte était strictement légal. Mais il y avait d'autres paroles aussi, écrites dans la pensée publique ; c'étaient les paroles de tout un passé, insolement effacées par les dix-neuf ans de règne. Il y avait la conscience du droit national que les subterfuges du vieux droit monarchique ne pouvaient point dérober aux cœurs. Aussi, le préambule de la Charte ne fut-il jamais pris au sérieux par la majorité de la nation ; on le considéra comme la stérile consolation d'un vieil athlète qui, jeté par terre, prétend qu'il s'est assis. Mais toujours l'opposition, en cela d'accord avec la pensée de la majorité, soutint que la Charte était un rempart impénétrable que l'on pouvait opposer à la royauté en lui disant : « Tu n'iras pas plus loin. » Aussi avait-elle parfaitement nommé ses adversaires, en les appelant des *ultras*. Il est vrai que l'opposition n'osait guère analyser l'article 14, tant il lui semblait plein de menaçantes réserves. Voulant rester dans la légalité du texte, il y avait là quelque chose qui faisait reculer son argumentation impuissante.

Le rôle de l'opposition se borna donc toujours à défendre la Charte contre les attaques de la royauté, sans jamais songer à faire de la Charte une arme contre la royauté. Les royalistes prétendaient que la Charte était une concession qui pouvait se modifier ; les libéraux, qu'elle était un pacte inaltérable dans toutes ses parties. Préoccupés de la crainte de voir échapper cette seule garantie de la liberté, ils en faisaient quelque chose d'absolu et d'éternel. Le général Foy a parfaitement résumé la pensée libérale par ces mots fameux : « La Charte, toute la Charte, rien que la Charte. » C'était proclamer l'immobilité ; mais n'oublions pas qu'il s'agissait pour les libéraux de ne pas reculer.

Il est certain, toutefois, que la Charte pouvait et devait être améliorée. Mais dans quel sens ? Dans le sens monarchique ou dans le sens populaire ? L'article 14 laissait au roi le dangereux privilége d'être le seul juge. Or, dans ces cas solennels, le juge doit, sous peine de périr, agir dans le sens de la majorité ; car la loi de la majorité doit ressortir de la loi écrite ; sinon, la loi écrite sera effacée. Voilà ce qui explique la chute de Charles X. Il consulta les hommes d'état qui l'environnaient, et ils lui répondent qu'en appuyant ses ordonnances sur l'article 14 il était dans la légalité ; et ils ne se trompaient pas. Mais la nation lui répondit qu'il était hors de la légitimité nationale ; et elle ne se trompait pas non plus. Il n'y a, certes, rien à répondre aux arguties des avocats qui prétendent justifier les ordonnances par l'article 14. Mais il n'y a rien à répondre à la voix du peuple qui déclare qu'il ne reconnaît pas cet article. La loi pouvait être dans les ordonnances ; le droit était dans l'insurrection. En d'autres termes, quand une loi est en opposition directe avec la pensée de la majorité, cette loi est un mensonge, son application est un crime, son abolition un devoir.

Cependant, la victoire des trois jours ne fut pas le plus grand phénomène de 1830. Il s'en présenta bientôt plusieurs autres d'une nature assez étrange. Le premier fut la résurrection immédiate de la Charte. Et pourtant, si l'on considère, avec les royalistes, la Charte comme un don royal, ce don se trouvait annulé par l'expulsion du donateur. Si, avec les libéraux, l'on considère la Charte comme un contrat, ce contrat venait d'être violemment déchiré par les ordonnances, violemment déchiré par les coups de fusil. Les deux parties contractantes étaient d'accord en cela. On fut donc étrangement surpris de voir dans une proclamation de la Chambre des députés, en date du 31 juillet, la Charte invoquée comme le gage de la victoire; on fut même surpris de voir qu'il existât une Chambre des députés doublement dissoute, et par les ordonnances et par la Révolution. Puis, surgit une royauté instituée par cette même Chambre, en vertu d'un droit fondé sur cette même Charte; puis, le même jour, par un revirement soudain, la Charte de Louis XVIII se trouve anéantie par la sanction officielle de la Souveraineté nationale. Ainsi, c'est la Chambre qui fait la Révolution; c'est la Chambre, nommée par la Charte de 1814, qui, s'érigeant en Assemblée constituante, proclame le principe d'un droit national nouveau et change la Constitution. Car, jusqu'au 7 août, elle n'avait pas reconnu ce changement, puisqu'elle invoquait sans cesse la Charte, en vertu de laquelle elle siégeait.

Il serait peut-être téméraire de discuter ici les mérites de la Charte de 1830, protégée par les douanes législatives de septembre. Toutefois, il nous est permis d'affirmer qu'une Constitution qui n'a de sanction qu'un silence forcé n'a pas en elle-même des éléments très-robustes. Aussi, la loi répressive a-t-elle été prise au sérieux, et personne ne s'occupe-t-il plus de la Charte. Ce n'est plus là le palladium sacré qu'invoquait sans cesse le libéralisme, et qui servit de drapeau dans les jours de combat. La Charte de 1830 poursuit sans éclat et sans gloire sa pâle existence. Mais quel que soit son avenir, il restera toujours d'elle quelque chose : c'est l'article qui proclame la Souveraineté nationale. (V. FRANCE, CONSTITUTION.)

E. R.

CHARTE (GRANDE). Cette Charte fut appelée grande, dit Delolme, à cause de sa haute importance. — Pour se faire une idée exacte de sa valeur réelle, il faut jeter un coup-d'œil rapide sur les circonstances de son origine.

Henri Ier, troisième fils de Guillaume-le-Conquérant, voulant se faire pardonner la double usurpation qui l'avait successivement rendu maître de la couronne d'Angleterre et du duché de Normandie, donna à ses sujets anglais une Charte qui rappelait la plupart des sages dispositions jadis décrétées par Édouard-le-Confesseur. Cette Charte, dont rien malheureusement ne garantis-

sait l'exécution, était déjà complètement oubliée, quand, un peu moins d'un siècle plus tard (1199), Jean-sans-Terre monta sur le trône au détriment de son neveu, le jeune Arthur. Les crimes de ce prince, sa lâcheté, les turpitudes et les scandales de sa vie privée, lui valurent à juste titre la haine et le mépris des barons anglais, tandis que ses démêlés avec le clergé attiraient sur sa tête les foudres de l'excommunication.

Réconcilié bientôt avec le Saint-Siége, il ne reconquit pas aussi facilement la confiance de ses barons. Un grand nombre d'entre eux, désireux de mettre un terme au despotisme intolérable sous lequel gémissait l'Angleterre, tinrent plusieurs conférences pour arrêter les bases d'une Charte qui, rappelant les statuts d'Édouard-le-Confesseur et de Henri Ier, garantit enfin les droits des vassaux contre l'arbitraire du seigneur suzerain. Cette Charte, définitivement arrêtée dans la conférence qui eut lieu dans l'abbaye de Saint-Edmond, le 20 novembre 1214, fut présentée à Jean-sans-Terre le 6 janvier suivant, pour qu'il la scellât de son sceau et jurât d'en exécuter les conditions. Jean refusa d'abord; mais les barons étaient en armes, ils avaient avec eux la nation tout entière : l'usurpateur fut donc obligé de céder.

Voici, maintenant, quels étaient les principales dispositions et l'esprit de cet acte célèbre.

La grande Charte confirmait toutes les libertés et tous les droits de l'Église; elle restreignait le pouvoir exorbitant que le roi, en qualité de tuteur féodal de tout pupille son vassal, pouvait exercer sur la personne et sur les biens de ce pupille; elle déterminait la somme que devrait payer chaque baron, dans le cas où le roi serait retenu prisonnier par l'ennemi, marierait sa fille aînée ou armerait chevalier son premier né; elle décrétait l'établissement, à Westminster, d'un tribunal fixe chargé de juger les causes civiles (c'est la cour des plaids communs, *court of common pleas*); elle défendait de vendre, de dénier ou de faire attendre la justice; elle garantissait à la capitale et aux autres villes le plein exercice de leurs antiques priviléges et libertés; elle prescrivait (ce que Henri Ier avait déjà tenté), l'égalité des poids et mesures pour tout le royaume; elle voulait que tout citoyen, en temps de paix, pût en sortir ou y rentrer librement; elle déclarait, enfin, et c'est ici sa disposition la plus importante, que, désormais nul ne pourrait être privé de la liberté, dépouillé de ses biens, exilé ou molesté d'une façon quelconque, autrement qu'en vertu d'un *jugement émané de ses pairs*, première origine du jugement par jury, et garantie puissante de la liberté individuelle.

En somme, la plupart des dispositions écrites dans cet acte, d'ailleurs si remarquable, devaient tourner et tournèrent, en effet, au profit de ceux qui l'avaient dressé en vue surtout de leur intérêt personnel. Si le peuple y obtint quelques droits, s'il lui dut quelques restrictions aux avanies innombrables dont il était victime, ce fut par forme d'accessoire : le principal, c'est la liberté, ce sont les droits, les priviléges dont voulait jouir sans conteste le haut baronnage anglais, ce fils aîné de la conquête normande, qui devait plus tard concentrer dans ses puissantes mains et les pouvoirs du prince et les droits de la nation.

La Grande Charte a jeté les bases de la constitution bizarre qui pèse encore aujourd'hui sur la Grande-Bretagne. Chaque siècle a depuis apporté quelque chose à cet édifice informe, sans lui rien ôter des matériaux accumulés par les siècles précédents ; consolidé avec éclat par la révolution de 1688, mais ébranlé cent ans plus tard par le contre-coup de notre grande Révolution, il périra bientôt, nous l'espérons, sous les efforts d'un peuple intelligent qui veut reconquérir ses droits.

H. Th.

CHATEAU. Les Châteaux du moyen-âge étaient de véritables forteresses. La France féodale était couverte de Châteaux. En Espagne, les Châteaux plus rares, parce que le souverain s'opposait à leur érection. Et c'est de là, dit un auteur grave d'ailleurs, d'où est venue cette façon de parler, *faire des Châteaux en Espagne* (1).

CHATELAIN. Le Châtelain était le commandant d'un château-fort. Les seigneurs Châtelains avaient le droit de porter bannière à leurs armes quand ils allaient à *l'ost*. Tous les vassaux qui tenaient d'eux des fiefs dans le ressort de la châtellenie étaient obligés de se ranger sous leur bannière. Philippe de Valois, vaincu à Crécy, fut recueilli dans le château de Roye par le Châtelain. Le roi lui cria, dit-on : *Ouvrez, ouvrez, Châtelain, c'est la fortune de la France.*   A. T.

CHATELET. C'était un tribunal de juridiction royale ordinaire, établi à Paris, et dont le ressort était de toute part limité par les juridictions féodales des seigneurs, des monastères et des communautés. Le nom de Châtelet lui vint du lieu où il tenait ses séances, et qui, dit-on, était une forteresse bâtie par Jules César, après la conquête de la Gaule, sur la rive droite de la Seine, à l'endroit où siége aujourd'hui la chambre des notaires, et qu'on appelle encore la place du Châtelet.

L'organisation de ce tribunal, qui passerait aujourd'hui pour le comble de l'anarchie, ne s'était pourtant formée qu'à la longue et dans un but d'unité. Sa juridiction avait fini par absorber et par résumer en elle une foule de justices particulières, telles que les justices seigneuriales, le comté, la vicomté, la prévôté, le bailliage, etc. Mais il fallut dix siècles pour arriver à ce point, et lorsqu'en 1634 le Châtelet fut définitivement constitué, il était bien loin encore de réunir les conditions nécessaires pour former un véritable tribunal. Le droit de rendre la justice s'achetait par la vénalité des charges, et celui de l'obtenir se payait par les épices.

La juridiction du Châtelet, en matière criminelle comme en matière civile, était le premier degré dans un grand nombre de cas ; le Parlement de Paris était le second.

(1) SALVAING, *de l'usage des fiefs.*

Le Châtelet devait nécessairement être détruit lorsque le temps fut venu de remonter aux vrais principes de l'administration de la justice ; d'ailleurs, ses mauvais vouloirs aux premiers jours de la Révolution en motivaient et au-delà l'abolition. L'un de ses derniers actes fut la poursuite judiciaire intentée, mais non suivie, contre le duc d'Orléans (plus tard Philippe-Égalité) et Mirabeau, à propos des journées des 5 et 6 octobre. Ce tribunal fut supprimé avec toutes les anciennes juridictions par la loi du 7 septembre 1790, et remplacé par le tribunal de première instance créé par la loi du 27 ventôse an VIII.   B. P.

CHATELLENIE. Ce mot était d'usage autrefois pour désigner la seigneurie et la juridiction du seigneur Châtelain.

CHEF DE PARTI. Est-il nécessaire qu'un parti ait un Chef ? Autant vaudrait, ce nous semble, demander s'il est nécessaire qu'une armée ait un général ; un corps, une tête. Un parti qui n'aurait pas de chef en aurait trop.

C'est une opinion générale à présent que ce qu'il y a de plus mauvais dans un parti c'est la queue. Je ne suis pas de cet avis, et je dis que c'est le ventre. Le ventre est plus près de la tête ; il la voudrait supprimer pour lui succéder.

Oui, dans les partis politiques, ce sont toujours les capacités intermédiaires, ou, pour parler plus exactement, les médiocrités, qui ne peuvent se résigner à subir une influence supérieure. « Pourquoi serait-il chef plutôt que moi. Je ne veux être le satellite de personne. » Tel est le coassement ordinaire de ces tristes grenouilles.

C'est la vanité qui perd les hommes de notre temps, la vanité, ce vice exécrable, qui se décore des plus beaux noms et se cache sous le manteau de l'indépendance et de la dignité. On ne sait pas assez combien, dans les partis politiques de cette époque, cette passion coupable et vile a produit de ravages. Le secret de cet éparpillement des intelligences, de cette immense déperdition de forces, de cette impuissance radicale de tous les hommes et de toutes les opinions, c'est la vanité. On veut briller de son propre éclat, et l'on s'isole. Nul ne veut associer sa force à la force d'autrui de peur d'être éclipsé, absorbé. Les efforts nécessaires, on refuse de les tenter, si l'on n'en obtient pas et tout de suite de la gloire personnelle. Chacun veut se faire centre et rayonner sur ses voisins. Nous avons des armées de généraux, pas un soldat ; les apôtres foisonnent, les disciples ont disparu. Et vous offenseriez mortellement le plus petit hobereau de la littérature ou de la politique, si vous refusiez de voir en lui un *révélateur* ou, tout au moins, une *individualité brillante.* Mal immense et d'autant plus grand qu'il se combine avec un incroyable abaissement moral ! L'élévation des sentiments, la hauteur des idées, la générosité du cœur, la vertu, le désintéressement, le dévouement, l'abnégation, il n'y a plus que les inhabiles qui sachent ces sortes d'étrangetés et qui les mettent en pratique. Les égoïstes seront les premiers ! Telle est la morale du siècle.

A toutes les époques où s'est rencontrée cette maladie, la rubrique des ambitieux en sous-ordre a toujours été la même. Ils ont mis en avant quelque incapacité brillante, quelqu'une de ces vertus négatives, eunuques de l'ambition, dont la Providence fait largesse dans tous les temps et dans tous les lieux. C'est-là le secret de ces grandes popularités qui apparaissent dans toutes les crises, et dont la postérité s'étonne.

Souvent, au reste, il ne dépend pas plus d'un parti de se donner un Chef que de n'en point avoir. Les partis subissent ici, comme toujours, la loi des majorités. Celui-là est le Chef que désigne l'opinion publique. Et cela s'explique facilement. Lorsqu'une nation se divise en plusieurs fractions, ces diverses fractions ou quelques-unes d'entre elles ont nécessairement des communications réciproques. Par qui ces communications pourraient-elles avoir lieu, si ce n'est par les hommes qui jouissent de la confiance des ennemis comme de celle des amis?— Nous pourrions citer de ceci plus d'un exemple dans les temps anciens. Nous préférons les prendre dans le présent. Ceux qui viendront après nous aimeront mieux avoir notre opinion sur notre époque que nos conjectures sur le passé, qui leur appartiendra comme il nous appartient.

Donc, à diverses reprises, une fraction notable du parti légitimiste a voulu substituer un nouveau Chef à son Chef reconnu, M. Berryer. Cette fraction disposait de très-grands moyens d'action. Eh bien! elle n'a pas réussi.

De même, pour cette subdivision parlementaire que nous appelons le centre gauche. Quelques médiocrités quinteuses ont essayé de disputer à M. Thiers son influence. Elles ont échoué. Pourquoi? Parce que l'opinion publique a refusé de valider leurs prétentions, et qu'elle a continué à reconnaître comme Chef du centre gauche M. Thiers.

Règle générale : un parti ne saurait donc ni se passer de Chef, ni se dispenser longtemps de subir l'influence de celui que désignent les majorités.

Une autre question plus grave se présente. Un parti doit-il obéir aveuglément à son Chef. Je ne crois pas qu'il soit possible de faire à cette question une réponse positive. Il y a incontestablement des circonstances où la négative n'est pas douteuse. Cependant, nous pencherons plus volontiers pour l'affirmative. Et voici pourquoi. Un Chef de parti, par ses relations, par les moyens d'action dont il dispose, par la supériorité probable de son esprit, voit, évidemment, mieux les choses; ses résolutions, il les prend en connaissance de cause, et il sent davantage le poids de la responsabilité; car, il s'agit tout simplement pour lui d'être ou de n'être pas. En effet, tout Chef de parti qui agit contrairement à ce caractère de Chef de parti, en est, aussitôt, virtuellement dépouillé; l'opinion publique l'avait fait le Chef; il est immédiatement destitué par un consentement unanime. Thomas Wenthworth était le Chef de l'opposition parlementaire. Il se laissa nommer ministre et comte. Qu'importaient dès lors aux parlementaires les volontés du comte de Strafford.

Lorsque, malheureusement, par une suite d'intrigues persévérantes, les médiocrités d'un parti parviennent à étouffer les hommes capables et probes, et à les remplacer par des ambitieux vulgaires, vulgaires instruments, il arrive ce qui est arrivé en France il y a dix ans : on avorte, et puis il faut recommencer la même œuvre au prix de nouvelles douleurs et de nouveaux sacrifices.

Quant à ceux qui ont obtenu le difficile honneur de guider un parti, leurs devoirs sont simples à définir. C'est à eux surtout qu'il appartient de donner l'exemple du dévouement, de l'abnégation, de la probité politique et privée. Cupide, un Chef de parti cesserait bientôt d'être considéré; timide, on le mépriserait; licencieux, il perdrait toute confiance. — Un Chef de parti ne peut, d'ailleurs, être autre chose que Chef de parti. La politique est une épouse hautaine qui ne tolère aucuns soins adultères et ne pardonne aucune distraction ; elle exige tout, elle absorbe tout, et l'intelligence et la force, et la fortune et le cœur, et les jours et les nuits.

En résumé, un parti qui se laisse imposer, par quelques ambitions subalternes, des Chefs incapables, est un parti parfaitement absurde; je dirai plus, coupable. Un chef de parti qui recueille le profit et l'honneur de sa position, et qui en décline les charges et les périls, est indigne de l'estime publique et mérite un châtiment, lorsque viennent les jours de faire à chacun sa part.

E. DUCLERC.

CHEF-LIEU. Ce mot ne s'applique jamais qu'au lieu de chaque subdivision du territoire où sont établies les principales autorités de la circonscription. Ainsi, l'on ne saurait dire le *Chef-lieu* de la *France*, mais on dit le Chef-lieu d'un département ou d'un arrondissement. On donnait le nom de Capitales, et non celui de Chefs-lieux, aux villes principales de nos anciennes provinces, parce que celles-ci ont longtemps formé des états particuliers.

On place ordinairement le *Chef-lieu* dans la ville la plus importante de la circonscription. Sous une République, il faut faire en sorte de le placer au point le plus central, afin que les citoyens n'aient pas de trop grandes distances à parcourir pour l'exercice de leurs droits. Cela est aussi plus commode pour le service administratif. A. B.

CHEVALIER. Se dit d'une personne agrégée à un ordre de chevalerie, (V. CHEVALERIE).

CHEVALERIE. Envisagée comme récompense militaire, la Chevalerie est aussi ancienne que le monde. On trouve, en effet, dans le Code de toutes les nations, des peines et des récompenses.

La Chevalerie fut, à son origine, une institution éminemment sociale; mais, plus tard, le principe qui corrompt toutes choses vint dénaturer cette belle et chrétienne création du moyen-âge. La Chevalerie devint du donquichotisme ; ou bien, le chevalier, content de briller dans un tournois sous les yeux des dames, oublia qu'il fallait être brave alors même que la patrie seule avait les yeux fixés sur lui.

La Chevalerie était morte et bien morte lorsqu'il plut à Louis XI de la ressusciter dans un intérêt tout politique : il alla donc ramasser dans les plaines sanglantes de Crécy, de Poitiers et d'Azincourt, les ornements des vieux chevaliers, pour en affubler les grands de son royaume. « Le roi, qui avait des « vues secrètes et perfides, dit un historien, vou- « lait s'attacher les princes, les plus grands sei- « gneurs de sa cour, et les lier à son service par « un engagement public qui les empêchât d'en « prendre avec les autres souverains, et qui les « assujétît à des lois et à des devoirs qu'ils n'o- « sassent violer. » Louis XI honora les grands, mais ce fut pour mieux les subjuguer ; il ne les ré- compensait pas parce qu'ils étaient vertueux, mais par la crainte qu'ils ne devinssent criminels : tel fut son but lorsqu'il créa l'ordre de Saint-Mi- chel ; tel fut aussi le but de ses successeurs, qui instituèrent après lui un grand nombre d'ordres de Chevalerie.

La République proscrivit les ordres de Chevale- rie. Bonaparte les rétablit en fondant, le 19 mai 1802, la *Légion-d'honneur*. On a beaucoup disputé et on disputera encore longtemps sur les avan- tages et les inconvénients des signes extérieurs comme moyen de remplacer le mérite. La discus- sion de cette question trouvera place ailleurs (V. Récompenses). A. T.

CHIFFRE. Écriture de convention, dont on se sert pour minuter des dépêches que l'on veut te- nir profondément secrètes.

Le mot Chiffre vient de ce que, le plus souvent, dans ce genre d'écriture, les lettres de l'alphabet sont remplacées par les signes de la numération. Dans un système de diplomatie fondé sur l'intri- gue, et où les ambassadeurs ne sont que des es- pions accrédités, on conçoit qu'il se doit faire un fréquent usage de cette manière de correspondre. Le calcul cependant donne des moyens certains de traduire toutes les écritures chiffrées, pourvu qu'on en ait quelques pages. D'ailleurs, sans avoir recours aux mathématiques, il arrive souvent que l'on se procure la *clef* des dépêches d'un ambassa- deur, en l'achetant de quelqu'un de ses attachés. C'est ce qui fait que l'usage des Chiffres tombe de plus en plus en désuétude, et qu'ils ne serviront bientôt plus qu'à amuser la morgue routinière des petites chancelleries allemandes. J. B.

CHINE. Je ne sais quel auteur a dit que l'Italie était le pays du monde le moins connu en Europe. Je crois, cependant, que la Chine peut disputer à l'Italie, et avec avantage, ce triste privilége. Quelles sont les institutions sociales et politiques de la Chine? On ne le savait point du tout, naguères ; on le sait un peu mieux aujourd'hui ; mais tout cela est encore bien incomplet.

Ce qu'il y a de certain, toutefois, c'est que la Chine était déjà civilisée depuis longtemps, on ne sais pas au juste depuis quand, lorsque le peuple le plus policé de la terre croupissait encore dans une profonde barbarie. Il y avait des lettrés en

Chine lorsque nos vieux Druides sacrifiaient à Teutatès des victimes humaines.

Ces lettrés forment, avec l'empereur, le gouver- nement. Et cette institution est bien remarquable. A quelque condition sociale qu'il appartienne, tout citoyen ou sujet de l'empire chinois peut deve- nir lettré. La classe des lettrés se divise en trois grades. Ceux qui ont obtenu le premier grade lit- téraire peuvent concourir pour le second, et ceux du second pour le premier. Celui-ci conduit aux premiers postes de l'État, et l'empereur est tou- jours obligé de prendre parmi eux ses agents.

On voit que l'empereur de la Chine, qui passait, il y a peu de temps en Europe pour un formidable despote, et qui en effet possède le pouvoir su- prême, n'a pas cependant, dans la délicate ques- tion du choix des agents administratifs ou poli- tiques, la liberté d'un monarque constitutionnel.

M. Abel Résumat, auquel nous devons ce que nous savons de plus exact sur la Chine, attribue à l'institution des lettrés qui, dans sa forme actuelle, remonte au septième siècle, la longue durée de l'empire céleste, ainsi que l'ordre et la tranquillité proverbiale dont il jouit. En effet, quelle est la principale cause des troubles et des séditions qui désolent les États de l'Europe. Ce sont les distinc- tions sociales permanentes qui ferment l'accès des honneurs et du pouvoir aux hommes capables, qui sont nés pauvres ou qui ne sont pas nés. Laissez grandir un homme de génie dans vos sociétés d'Europe. S'il est en bas, il cherchera à monter. Mais il trouvera dans sa route des obstacles for- midables et peut-être invincibles. Qu'importe! sa destinée est de lutter contre les obstacles ; il lutte donc, et il vaincra ou se brisera dans la lutte. Au- tour de lui se grouperont tous ceux qui souffrent, tous ceux qui espèrent, tous ceux qui désirent, tous ceux même qui envient, et la société sera dé- chirée. En Chine, au contraire, avec cette admi- rable institution des lettrés, il n'y a pas d'intelli- gence réelle qui ne trouve sa place et la prenne. Que lui faut-il? Marcher, et la voie est ouverte. Aussi, le gouvernement chinois, incessamment vi- vifié et fortifié par tout ce qu'il y a de vigoureux dans chaque génération qui passe, n'a-t-il subi, depuis des siècles, aucune révolution. La conquête étrangère a passé sur lui; mais elle a conservé les institutions qu'elle avait trouvées debout, et le peu- ple conquérant s'est plié à la loi et aux usages du peuple conquis.

Une autre cause de cette prodigieuse durée de l'empire chinois et de la solidité de ses institu- tions, c'est l'absence du contact des civilisations étrangères. Comme la Chine est un pays très-vaste, coupé par un grand nombre de fleuves, et que les variétés de ses productions sont infinies, ses habi- tants s'adonnent peu ou point au commerce ex- térieur. Les Anglais, eux-mêmes, et les Américains, ont à peine réussi à entamer par un coin cette belle proie. Et encore l'issue qu'ils s'étaient ouverte a- t-elle été promptement fermée.

Voici à quelle occasion.

L'entrée de l'opium est prohibée dans l'Empire. Mais les Chinois sont encore plus friands d'opium qu'ils ne le sont de nids d'oiseaux. En conséquence les Anglais se sont mis à faire la contrebande. Pendant quelques années, la fraude n'a pas été découverte, ou bien les gouverneurs l'ont tolérée , et ce commerce illicite s'est rapidement étendu. La moyenne de l'opium introduit de 1821 à 1825 inclusivement a dépassé 40 millions de fr. Depuis 1825, la vente de ce poison s'est accrue dans une proportion bien plus forte encore. Mais l'audace envahissante des marchands britanniques a enfin tiré le gouvernement chinois de sa longue tolérance, et un décret de l'empereur a ordonné la cessation immédiate de ce commerce illicite, et la confiscation de l'opium qui se trouverait en dépôt dans les villes maritimes ouvertes au commerce anglais.

S'il faut en croire ceux-ci, la valeur des marchandises confisquées serait de 80 millions. Or, les fraudeurs ne veulent pas perdre ces 80 millions , et, en conséquence, le gouvernement anglais est forcé par eux de faire la guerre aux Chinois. La seule question qui suspende les hostilités est celle de savoir si l'on sera le plus fort. Mais comme les Anglais ne pourront guère que brûler Canton ou bloquer les côtes de la Chine, petit inconvénient pour les Chinois qui ne font point de commerce au dehors, il est probable que l'on s'efforcera d'arranger les affaires à l'amiable, et qu'on ne tuera pas les Chinois pour les punir d'avoir exécuté les lois de leur pays effrontément violées par d'avides marchands.

— Nous avons maintenant peu de chose à ajouter à ce court exposé. La population de l'empire est évaluée à cent millions d'habitants. La religion de la majorité est le Bouddhisme. La religion de l'Empire est la doctrine de Confucius. Les peuples de la petite Boukharie suivent les lois de l'Islamisme. Il y a aussi quelques milliers de catholiques. Mais les persécutions exercées contre eux dans ces dernières années en ont beaucoup diminué le nombre.

Les divisions administratives de l'Empire offrent une très-grande analogie avec les divisions introduites en France par la Révolution.

Enfin, on peut prévoir que, dans un temps plus ou moins éloigné, l'Angleterre et la Russie se heurteront en Asie. Or, il est probable que les complications de cette lutte convieront la Chine à un rôle plus actif dans le mouvement général des affaires du monde.   E. D.

CHOSE PUBLIQUE. (V. République).

CHOUAN. (V. Vendée).

CHRÉTIENTÉ. L'ensemble des populations chrétiennes.

CHRISTIANISME. Comme la condition de l'humanité est de marcher dans une voie dont elle ne connaît ni le commencement, ni l'issue, l'histoire ne peut qualifier les faits accomplis que par certains rapports et certaines dissemblances; aussi, malgré tout le respect que nous professons pour l'esprit d'hypothèse , ne saurions-nous admettre comme trouvée cette fameuse loi des tendances nécessaires, qui devait initier aussi parfaitement

aux mystères de l'avenir qu'à ceux du passé. Le passé présente des faits à l'intelligence : elle les recueille ; mais l'harmonie générale de ces faits lui échappe ; elle n'a pas été douée d'un organe assez subtil pour la percevoir : c'est au plus si elle peut embrasser le développement logique d'une seule idée, ou, pour nous servir d'une locution récemment adoptée, d'un seul verbe. Nous ne chercherons donc, ayant à parler du Christianisme, ni ce qui en était contenu dans les religions antérieures, ni ce qu'il contient, peut-être, d'une religion future : peu confiants dans ces distinctions aventureuses , nous nous contenterons d'exposer, avec le plus de simplicité qu'il nous sera possible, les transformations successives qu'a déjà subies le verbe chrétien et celles qu'il doit subir encore.

Que le sentiment de l'égalité se soit révélé dans la société romaine, avant la venue du Christ, cela n'est pas douteux : il nous reste même de l'école philosophique qui a précédé le plus immédiatement cette venue, de l'école stoïcienne, des monuments d'une authenticité incontestable, où la doctrine de l'égalité des âmes se trouve exposée d'une manière plus complète et plus dogmatique qu'elle ne l'est dans l'Évangile. Mais cette question de priorité ne doit pas être ici résolue. Outre que les disciples de Chrysippe se rallièrent en très-grand nombre aux apôtres du Christ, la religion catholique domina bientôt toutes les philosophies , et , dans l'ordre des sciences morales comme dans l'ordre des sciences métaphysiques, elle s'appropria tout ce qu'il lui parut bon de leur emprunter. D'ailleurs, la secte stoïcienne n'avait fait qu'émettre une opinion ; sur cette opinion le Christianisme édifia un gouvernement, une société.

Ce n'est pas à dire que, dès l'origine, aux temps même de la prédication apostolique, l'Eglise ait été constituée. Où manque l'unité, il n'y a pas de gouvernement, pas de pouvoir. Saint Cyprien, qui prit trop tard la défense des libertés épiscopales, les définit ainsi : « Chaque prêtre dirige , gouverne une portion du troupeau, et ne doit compte de sa gestion qu'à Dieu seul. » Telle était , en effet, l'anarchie de la primitive Église. L'ère du catholicisme ne commence véritablement qu'au premier concile général, celui de Nicée (325) : or (le fait est notable), c'est dans le préliminaire des actes de ce concile que, pour la première fois, nous voyons l'évêché de Rome désigné comme siége principal de la chrétienté. Quelques années après la clôture du concile de Nicée , une autre assemblée se tenait à Sardique (347), et, sur la proposition d'un illustre docteur, Osius de Cordoue, le fédéralisme épiscopal abdiquait ses antiques pouvoirs, et soumettait le monde à l'autorité du pontife romain : *« Unus eligitur ut , capite constituto , schismatis tollatur occasio. »*

Or, sur quel principe se fonde cette première organisation gouvernementale de la société chrétienne? Sur celui-ci : « Que tous les hommes, sans aucune distinction d'intelligence ou de condition, sont soumis à la loi; que l'unité de loi, dont l'interprète est l'évêque de Rome, domine toutes les consciences; que les arrêts émanés de cette *loi vi-*

vante sont infaillibles et sans appel. » Quelque temps encore, et l'esprit d'indépendance agitera l'Église et disputera contre le droit divin de l'arbitraire papal; quelque temps encore, et les évêques de Constantinople, les plus arrogants et les plus intraitables des rebelles, déclameront contre l'*orgueil italique*: malgré leurs protestations tumultueuses, malgré les remontrances de saint Hilaire et les observations plus timides de saint Augustin, l'unité s'établit, Rome étend son empire, écrase les factions et fait partout reconnaître la légitimité de son despotisme tutélaire.

Tant que dura le règne des Césars, ce despotisme ne s'exerça que sur les consciences: mais quand l'établissement impérial eut été emporté par le torrent des barbares, l'autorité papale, se trouvant seule debout au milieu de tant ruines, s'attribua la direction du glaive qu'elle laissait aux mains des rois; *jussu imperatoris moveri*, dit saint Bernard, *nutu pontificis*. Les conséquences de cette usurpation profitèrent tout à-la-fois à la religion, aux princes et aux peuples: à la religion, dont elle favorisa la propagande; aux princes, dont elle identifia les intérêts, dont elle concilia les ambitions hostiles; aux peuples, dont elle adoucit les mœurs, dont elle châtia les tyrans. Nous aurions trop à dire, si nous voulions seulement énumérer les services rendus par l'autocratie papale à la civilisation moderne. Que l'on compare l'Europe du quatrième siècle, épuisée, énervée, en proie à des maîtres farouches que n'ont arrêté, dans leur course conquérante, ni le fer des légions, ni le respect d'une possession antique, à l'Europe du onzième siècle, s'arrachant tout entière à ses fondements pour se précipiter sur l'Asie, dominée par le même esprit, unie par le même intérêt, et combattant sous la même enseigne! Quelle main pousse ou retient tant de bras? A quelle voix sont accourues, de l'une à l'autre rive de ce vaste continent, tant de nations diverses d'origine, et conduites par tant de chefs? Cette main est celle de l'évêque qui occupe le siége de Rome; cette voix est celle d'un pauvre ermite parlant au nom de la foi commune. (V. CROISADES).

« Il y a un temps de naître, dit l'*Ecclésiaste*, et un temps de mourir, le temps de planter et un temps d'arracher ce qui est planté. » Quand la chrétienté aura obtenu tous les fruits de l'enseignement papal, quand elle aura recueilli tous les bienfaits de cette discipline qui fut, aux beaux temps de Rome, si vigoureusement constituée par Grégoire VII, elle écoutera d'autres docteurs. Alors l'unité s'ébranlera devant la liberté; l'unité seule pouvait accomplir le miracle de la civilisation moderne. Si la doctrine eût été abandonnée à la dispute, elle ne fût pas devenue universelle. Un Saint-Siége, un oracle infaillible, un vicaire immédiat, étaient nécessaires à l'établissement de la religion, à l'émission des nouveautés politiques qu'elle contenait dans son dogme. Mais quand cette religion fut établie, quand son catéchisme fut enseigné dans toutes les chaires, la Papauté ayant achevé sa tâche ne put arrêter l'esprit d'examen, et, fondée sur la foi, elle succomba devant le doute.

La Réforme de l'Église commença par des imprécations violentes. Rome s'est elle-même perdue. Condamnée à l'impuissance par la loi providentielle qui ne donne qu'un temps à tous les pouvoirs, elle s'est environnée de faste, elle s'est dépravée dans l'indolence, et voici qu'une active propagande dénonce aux nations les vices et l'orgueil de cette Babylone nouvelle. Les princes et les savants de leurs universités protestent contre la chaire de Saint-Pierre devenue seigneurie; les peuples s'associent pour leur compte à ces démonstrations d'indépendance: on accuse les richesses de la cour romaine, on accuse sa domination, on accuse même les œuvres dont elle se glorifie. La révolte est prêchée partout: en Flandre, par Tanchelin; dans le midi de la France, par Pierre et Henry de Bruys; au centre, par Abeilard, Guillaume de Saint-Amond, Ockam et presque tous les scholastiques; en Angleterre, par Nigel Witaker, Alexandre de Cambridge, Walter Mapes, le Rutebeuf de la Bretagne, Alexandre Neckem de Verulam et Robert Greathead (*Capito*); en Allemagne, par Jean Semeca, Louis de Babenberg et Thierry de Niem; en Italie même, par Arnaud de Brescia, le Dante et Jérôme Savonarole. A tant d'ennemis, à tant de clameurs, Rome n'oppose que des canonistes malhabiles, que des arguments émoussés au premier choc: elle succombe enfin, et la liberté triomphe.

La seconde formule de l'égalité chrétienne a été proclamée par Wicleff, en des termes peu respectueux pour l'autorité papale; elle fut, un siècle environ après la mort de cet héroïque précurseur, consacrée par la Réforme. La Réforme apporta dans le monde ce commentaire nouveau de l'idée chrétienne: « Que toutes les consciences étant égales, Dieu se révèle directement à chacune par sa grâce; que, dans l'église des fidèles, il n'y a pas de maître, il n'y a pas d'arbitre. » Bien que ces deux formules paraissent contradictoires, elles ne le sont pas; la seconde n'est contenue que dans la première. En effet, l'une et l'autre ne se fondent-elles pas sur cet axiome commun, l'égalité des âmes? Et n'était-il pas rigoureux de conclure, avec Luther, des prémisses avouées par l'orthodoxie, que cette égalité ne comporte aucune exception?

Qu'il nous soit permis d'insister, à cette occasion, sur un point de controverse philosophique, qui a été, pour tous les historiens, un grave embarras. On s'est demandé pourquoi, dans leurs attaques contre l'orthodoxie romaine, Wicleff, Luther et Calvin avaient si vivement combattu la doctrine du libre-arbitre, qui semble, au contraire, justifier leurs œuvres et leur schisme. Est-il donc vrai que l'indépendance personnelle soit plus incompatible avec la grâce qu'avec le libre arbitre? L'Église du seizième siècle, qui nous est très-suspecte de semi-pélagianisme, tenait fort à l'hypothèse de la grâce extérieure, cette grâce qui émeut la conscience, l'encourage, la détermine par les moyens du dehors, comme la loi, les exemples et la prédication. Elle commentait sa théorie, en attribuant au Pape, criterium de toute certitude, cette action extérieure sur les consciences, et en décrétant les peines de l'Enfer contre quiconque y résisterait. Ennemis de cet arbitraire humain exercé sur les consciences humaines, les réformateurs proclamèrent la nécessité de la grâce intérieure pour le salut, et, la considérant seule comme efficace, ils enlevèrent au Pape le gouvernement des âmes pour le rendre à Dieu. Ainsi, au lieu de détruire la liberté, cette hypothèse en autorisait tous les écarts : à chacun appartenait le don de prophétie. Quel est le plus terrible argument de Wicleff contre le pape? Le pape, dit-il, est un athée : et pourquoi? parce qu'il a usurpé sur les consciences un pouvoir égal à celui de Dieu même. Voilà le grand mot de la Réforme!

Toutes les formules de l'égalité sont-elles donc épuisées? En d'autres termes, l'ère du Christianisme est-elle achevée? Non, sans doute: aux faits de conscience succèdent, dans les opérations intellectuelles, les faits de volonté; il n'est pas une doctrine philosophique qui ne le proclame, et l'on sait que les nations obéissent à la même loi morale que les individus. Les consciences ont été constituées égales; les volontés aspirent à l'être : rien de plus légitime. Or, qu'est-ce que cette égalité des volontés, si ce n'est la souveraineté du peuple, le vote universel, le gouvernement représentatif au vrai?

Et que l'on ne croie pas que nous argumentons dans le vide; que ces déductions successives de l'axiome chrétien n'ont qu'une valeur syllogistique. En quelques lignes nous venons de résumer l'histoire morale de dix-neuf siècles. Ce n'est certes pas un fait inventé pour le besoin d'un système que cet ébranlement de la société romaine sous les derniers Césars, immense éclat d'une révolution longtemps comprimée; que cette diffusion rapide de la doctrine apostolique; que cette reconnaissance d'un Dieu nouveau, père commun des esclaves et des hommes libres, arrachés par la force des choses au sauvage despotisme de Constantin? Quant à la réforme à laquelle Luther a donné son nom, elle n'a pas été appelée par un besoin moins réel, provoquée par des manifestations moins éclatantes de l'esprit public. Interrogeons tous les contemporains des martyrs de Prague; ils ont à la bouche les mêmes déclamations contre l'Antéchrist; ils sont possédés du même instinct; ils attendent avec une même foi le jour prochain de la délivrance. Bien avant que le novateur ait brûlé la bulle papale sur la place publique de Wittemberg, Rome avait perdu sa cause, le sens commun avait protesté contre l'autorité papale! Enfin, l'on sera sans doute fort empêché de ne voir qu'une utopie dans le fait le plus universel de notre époque, dans cette tendance impérieuse qui précipite vers la liberté tous les individus, tous les peuples; dans cette clameur immense qui s'élève de l'Orient à l'Occident contre le dernier joug qui pèse sur la conscience, contre la dernière fiction qui contredise l'égalité.

Le Christianisme doit donc nécessairement subir une troisième transformation. Quel en sera le mode?

Le Protestantisme a nié la légitimité de l'autocratie pontificale; il a proclamé l'indépendance absolue de la conscience individuelle. La Démocratie acceptera la négation du Protestantisme, mais non pas son affirmation. En effet, cette indépendance absolue ne suppose aucun lien entre les hommes et ruine toute société. Le Protestantisme avait retenu, de la première époque catholique, une partie de la tradition prétendue révélée, et le dogme fondamental, sinon toutes les cérémonies et toutes les formules, de l'anthropomorphisme : la Démocratie professera la plus complète indifférence sur ces choses. De la première époque catholique, la Démocratie retiendra ce principe : que le libre arbitre personnel ne saurait prévaloir sur l'autorité de la loi; de la seconde, cet autre principe : que l'universel n'a pas une existence propre en dehors du particulier. Enfin, elle conciliera ces deux principes, elle unira le particulier et l'universel, l'individu et la société, par une organisation du pouvoir où il y aura place pour l'un et pour l'autre.

Il y a peu de similitude, nous en convenons, entre les plus honorables défenseurs de notre cause et les types canonisés par le Catholicisme. Mais il n'importe. S'il est établi, et cela ne nous parait pas contestable, que la doctrine chrétienne contient le principe dont nous développons les conséquences, tant que ces conséquences ne seront pas obtenues, tant que l'humanité n'aura pas atteint ce but et n'en poursuivra pas un autre, l'ère du Christianisme ne sera pas close.

Ainsi, chrétiens du dix-neuvième siècle, confesseurs de la doctrine démocratique, ne désespérons pas de mener à bonne fin l'entreprise pour laquelle a déjà coulé sur les champs de bataille et sur l'échafaud. Toutes les formules du verbe doivent être épuisées, et quels que soient les efforts contraires à nos tendances, l'avenir est à nous.

B. HAURÉAU.

CIRCULAIRE. C'est, en général, une missive commune adressée à plusieurs personnes, et destinée à porter certains faits à leur connaissance; dans l'administration, c'est une lettre par laquelle les chefs de service font connaître aux agents de leur cercle administratif les intentions de l'autorité supérieure. La Circulaire est un précieux moyen d'ensemble et d'unité dont les fréquents abus ne doivent pas faire oublier le mérite. Dans notre pays, où les lois se succèdent les unes aux autres, sans règle et sans méthode, où notre corps de droit se compose d'éléments divers, hétérogènes et quelquefois contradictoires, il est utile que la tête de l'administration puisse diriger l'action de ses membres, et il ne faut pas imputer à la Circulaire elle-même les torts nombreux qui proviennent de la direction. Tant que nos prescriptions légales ne s'expliqueront pas par leurs motifs, tant que nos lois seront vagues et indécises, tant que le texte, en un mot, prêtera à l'interprétation, la Circulaire sera une œuvre de première nécessité; et, alors même que les lumières seraient partout répandues et que le droit et le devoir se révèleraient à tous par la seule lecture des actes du gouvernement, il serait encore utile de conserver ces rapports constants des gouvernants et des subordonnés qui tendent à maintenir la marche uniforme de la machine.

Il ne faut pas néanmoins se tromper sur la valeur de la Circulaire. Comme exprimant l'opinion administrative, elle ne fait pas loi ; les citoyens ne sont tenus de s'y conformer qu'autant qu'elle est elle-même conforme aux vrais principes. Dans l'ordre judiciaire, les tribunaux ; dans l'ordre administratif, le Conseil d'État, sont les seules autorités qui aient le droit définitif de statuer et de décider sur le sens des lois. Les agents de l'administration même, dans un ordre normal, ne sont pas non plus purement passifs, ils ne sont pas les dociles instruments d'une volonté qui peut s'écarter des règles, et la Circulaire n'est réellement un bon moyen d'administration que lorsqu'elle sert à répandre et à conserver les saines doctrines.   B. P.

CISALPINE (GAULE, — RÉPUBLIQUE). S'il faut s'en rapporter aux conjectures des archéologues modernes les plus accrédités, les Celtes, Galls ou Gaulois, qui n'étaient qu'un même peuple, seraient, dès les temps les plus reculés, venus à plusieurs reprises, du fond de l'Asie, en traversant la chaîne du Caucase, peupler l'Europe tout entière. Plus tard, c'est-à-dire deux mille ans avant notre ère, des Gaulois qui s'étaient établis sur les Alpes et y avaient pris le nom de Rhétiens auraient trouvé bon de descendre en Italie et de s'y emparer des trois cents villes bâties par leurs ancêtres, devenus Ombriens, Ausoniens, etc. Les Rhétiens ensuite se seraient transformés en Etrusques, Latins, etc.

Quelle que soit la confiance que l'on doive ajouter à toutes ces transmigrations et transformations de peuples, toujours est-il que, six siècles avant J.-C., de véritables Gaulois habitant le pays situé entre le Rhin, l'Océan, les Pyrénées, la Méditerranée et les Alpes, sous la conduite de Bellovèse, de Sigovèse et autres chefs, occupèrent la Haute-Italie. Leur domination s'étendit depuis les Alpes jusqu'au Rubicon du côté de la mer Adriatique, et jusqu'à la Macra du côté de la Méditerranée. Les Romains appelèrent ce pays *Gallia Cisalpina* (en deçà des Alpes); et l'autre pays que nous avons décrit plus haut *Gallia Transalpina* (au-delà des Alpes).

C'est de la Gaule Cisalpine (qui se subdivisait en Gaule Cispadane, en deçà du Pô, et Transpadane, au-delà du Pô) que Brennus marcha contre les Romains.

La Gaule Cisalpine fut nommée aussi *Gallia Togata*, de ce que ses habitants qui, sous César, obtinrent le droit de bourgeoisie, avaient adopté la toge romaine.

Ces dénominations, que Rome avait créées au temps de sa puissance, furent effacées par les grands événements qui lui enlevèrent l'empire du monde. Mais tel est encore le prestige de tout ce qui se rattache à la grandeur de la ville éternelle, que la République française, alors qu'elle n'avait qu'à

dire aux rois : « Descendez », pour se donner des sœurs, s'empressa de restaurer les vieux noms historiques de la République romaine.

Les noms des Républiques Transpadane et Cispadane retentirent en Italie mêlés au bruit des premiers coups de canon que l'armée française tira sur les Autrichiens. Le 22 janvier 1797, ces deux Républiques furent réunies en une seule, et celle-ci, quoique baptisée à Paris, reçut le nom de République Cisalpine. Elle comprenait la Lombardie, ancienne possession de la maison d'Autriche, Mantoue, les provinces vénitiennes de Bergame, de Brescia, de Crémone, de Vérone, de Rovigo ; le duché de Modène, les principautés de Massa et de Carrare, les légations de Bologne, de Ferrare et de la Romagne. Neuf mois plus tard on y ajouta la Valteline, Bornio et Chiaverra, détachés des Grisons.

L'Autriche la reconnut comme puissance indépendante à la paix de Campo-Formio.

Divisée en dix départements, cette République avait trois millions et demi d'habitants sur une superficie de 771 milles géographiques carrés. Milan fut le siège du gouvernement, ainsi que du grand conseil composé de 160 députés, et du conseil des Anciens, composé de 80 membres.

L'année suivante, les armées combinées des Autrichiens et des Russes la détruisirent. Les Républicains les plus dévoués se réfugièrent en France et formèrent cette belle *légion italique* qui accompagna le premier consul au passage du grand Saint Bernard, et qui, détachée de l'armée, battit à elle seule un corps de troupes autrichiennes près de Varallo, et les contraignit à abandonner leurs positions. La victoire de Marengo ressuscita la République Cisalpine sous une forme moins démocratique, et y agrégea les districts du Novarrais et du Tortonais.

L'Autriche la reconnut, pour la seconde fois, à la paix de Lunéville.

Le 25 janvier 1802 elle quitta le nom de République Cisalpine pour celui plus flatteur encore de République Italienne : Bonaparte fut élu président ; François Melzi d'Erile, vice-président.

Mais Napoléon, ébloui par l'éclat de ses victoires, oublia bientôt ce qu'il devait à l'esprit démocratique que la Révolution française avait réveillé ; il méconnut son grand rôle, il rêva l'empire, le saisit, et la République italienne, suivant l'exemple de la République française, déposa (19 mars 1805) la couronne de fer au pied du trône impérial.

Ainsi l'esprit monarchique reprit encore une fois haleine, et le nouveau fabricateur de rois, l'empereur, s'en alla mourir sur le rocher de Sainte-Hélène.   P. LEOPARDI.

CITÉ. Dans son acception la plus habituelle, ce mot n'est plus aujourd'hui qu'un synonyme de celui de ville. Quelquefois aussi il sert à désigner, dans certaines villes, à Paris, par exemple, à Londres, à Cracovie, etc., un quartier plus ancien que les autres.

Mais ni l'une ni l'autre de ces deux acceptions

ne répond exactement au sens que le mot *Cité* avait chez les anciens.

C'est que, pris dans son acception latine ou grecque, le mot *Cité* (en latin, *civitas*, en grec, πολις) représente une idée qui appartient bien plus à la civilisation antique qu'à la nôtre. Aujourd'hui, il y a des nations, des états, des peuplades, des villes; il n'y a plus de Cités proprement dites. A peine pourrait-on donner ce nom à quelques villes prétendues libres de l'Allemagne, et à quelques cantons suisses.

Par Cité, en effet, les Romains entendaient une agrégation d'hommes soumis aux mêmes lois, aux mêmes coutumes, à la même religion. Les Grecs allaient plus loin, et Aristote ne met aucune différence entre la Cité et la République.

On comprend, dès-lors, qu'il faut se garder de confondre la *Cité* avec la *ville*.

La Cité est un être moral, une unité de convention, la première unité sociale et politique; la ville est un tout matériel composé de parties juxtà-posées.

La Cité est l'ensemble des citoyens et des institutions qu'ils se sont données; la ville est l'assemblage des édifices dans lesquels ces citoyens résident. C'est ce que Cicéron exprime en moins de mots quand il dit : « Cœtus hominum jure sociati *civitates* appellantur... Domicilia conjuncta *urbes* dicimus. »

Une Cité pouvait exister sans villes proprement dites. « La Cité des Helvétiens, dit César, était divisée en quatre bourgs. » Nous voyons dans Plutarque qu'avant Thésée la Cité des Athéniens était un assemblage de douze villages.

La Cité peut donc périr et la ville continuer de subsister. C'est ce qui est arrivé à Venise quand elle a passé sous le joug de l'Autriche : la ville, c'est-à-dire les édifices, les monuments, sont encore debout; mais les institutions, les lois, ce qui constituait la *Cité,* n'est plus.

Au contraire, celle-ci peut survivre à la ville détruite. Quand les Athéniens, trop nombreux pour résister derrière leurs murailles à la multitude des Perses qui venaient les assiéger, se réfugièrent sur leur flotte, la ville fut incendiée, mais la Cité, *qui s'était mise sur la mer,* selon la belle expression de Bossuet, la Cité, après avoir contribué au gain de la bataille de Salamine, vint reconstruire une Athènes nouvelle.   T. Th.

CITOYEN. C'est un membre de la cité, c'est-à-dire du corps politique en qui réside la souveraine puissance.

Pour être Citoyen, à Rome, il fallut longtemps ces deux conditions : être de condition libre, et domicilié dans la ville. Plus tard, on se relâcha un peu sur la seconde condition, et le titre de Citoyen fut concédé à beaucoup d'hommes libres résidant hors de Rome et même de l'Italie. Antonin finit même par le rendre commun à tous les sujets de l'empire; les esclaves continuaient à en être privés.

Tant que la forme républicaine subsista à Rome, le titre de Citoyen eut une grande valeur, et fut tenu en haute estime. Sans énumérer ici tous les priviléges qu'il impliquait, il nous suffira de dire que le Citoyen romain avait droit de suffrage dans toutes les affaires publiques, qu'il votait les lois, décidait la paix et la guerre, élisait toutes les magistratures, et que, en matière capitale, il ne pouvait être jugé que par l'assemblée générale du peuple, immense jury qui prononçai. sans appel; mais quand l'empire, *né de la République,* eût tué *sa mère;* quand, à la jalouse liberté romaine, eût succédé le despotisme sans contrôle des Césars; quand la puissance publique eût passé des mains du peuple entier dans celles d'un seul homme, le titre de Citoyen, ce titre dont plus d'un roi s'était paré avec orgueil, ne fut plus qu'un vain mot et perdit tout son prestige. Faut-il s'étonner, dès-lors, qu'Antonin s'en soit montré si prodigue?

On a fait, dans les temps modernes, un grand abus de ce mot. La plupart de ceux qui s'en sont servis, n'en comprenant pas la valeur réelle, l'ont confondu, les uns avec le mot Bourgeois, les autres avec celui de Sujet (V. ces mots). J.-J. Rousseau, dans son *Contrat social,* et d'Alembert, dans l'article *Genève,* du *Dictionnaire encyclopédique,* ne sont point tombés dans cette lourde erreur, et après eux on n'est plus excusable d'y tomber.

Le Citoyen, avons-nous dit, est le membre du corps politique en qui réside la souveraine puissance : c'est ce qu'il était à Rome, à Athènes, etc. Il n'y a donc aujourd'hui de Citoyen que dans les états qui, en fait ou en droit, font résider la Souveraineté dans le peuple; et là, encore, il n'y a de Citoyens que ceux d'entre le peuple qui participent à l'exercice de cette souveraineté : c'est dire qu'en France il n'y a de Citoyens que les électeurs; tout le reste est à l'état de prolétaire, tout le reste est ce qu'étaient à Rome les esclaves.

Sous l'empire d'une religion qui, bannissant l'esclavage comme un fait monstrueux et anti-social, a proclamé que tous les hommes sont frères; sous l'empire d'une loi politique qui, bannissant toute distinction féodale, a proclamé que tous les hommes sont égaux, quiconque est né Français doit être citoyen, c'est-à-dire électeur.   II. Th.

CIVILISATION. Du mot *civilis* (qui appartient à la cité). En effet, dans les temps antiques, lorsque l'homme en lutte avec la nature n'osait encore se dire vainqueur de ce formidable adversaire, la cité résumait en elle toute la puissance, toute l'intelligence humaine. En dehors de la cité, toute existence était compromise, toute force était problématique. Pour les anciens, la société c'était la cité; pour eux, la cité renfermait toutes les idées dont se compose le mot Civilisation.

Mais du jour que la nature vaincue est devenue l'esclave de l'homme, la cité s'est trouvée trop étroite : fondée sur le privilége et l'exclusion, elle a refusé d'ouvrir ses portes à la foule. Alors sont accourus les Barbares : leur hache a brisé les murs de la cité, et le christianisme, entrant à leur suite, a proclamé la Société, mot nouveau qu'avait ignoré le monde du passé.

Toutefois, le terme de Civilisation fut conservé dans le langage politique ; mais sa signification s'était étendue. Il n'exprimait plus seulement le développement de la cité, mais le développement de la Société.

Qu'est-ce que le développement de la Société ? Si nous répondions que c'est le développement des idées sociales, nous exprimerions sans doute une vérité incontestable ; mais ce serait laisser la question subsister tout entière, et nous condamner à une définition de plus. Au risque donc de quelques longueurs, nous sommes obligés d'entrer dans certains détails.

Les idées sociales reposent sur deux ordres de faits : 1° les faits scientifiques, comprenant les conquêtes de l'art, de la science et de l'industrie ; 2° les faits politiques, comprenant l'ensemble des rapports des hommes entre eux, de l'individu avec la société, de la société avec l'individu.

Les faits scientifiques sont le résultat heureux de la lutte de l'homme contre la nature extérieure. Chaque fait de la science, de l'art ou de l'industrie, est une conquête sur la matière que l'homme asservit à ses besoins, à ses plaisirs, à sa gloire.

Les faits politiques sont les conquêtes de l'homme sur l'homme, soit de l'oppresseur sur l'opprimé, soit de l'opprimé sur l'oppresseur. Ici, comme on le voit, il y a deux séries de faits opposés qui doivent retarder ou hâter la Civilisation, selon qu'il en résulte l'asservissement ou l'émancipation.

Nous allons revenir sur cette distinction ; mais nous pouvons, dès à-présent, établir que les deux éléments principaux qui constituent la Civilisation, les faits scientifiques et les faits politiques, sont tous deux le résultat d'une lutte, commencée dès l'origine des sociétés, et se poursuivant avec ardeur à travers la succession des âges.

En effet, l'homme a toujours été placé entre deux ennemis : 1° la nature extérieure ; 2° l'homme, son semblable. Or, toutes les fois qu'il triomphe de la nature extérieure, il ajoute à sa propre liberté : il y a pour lui émancipation. Voilà donc un des éléments de la Civilisation. Mais lorsque l'homme s'est trouvé en face de l'homme, le premier résultat de la lutte a été l'asservissement des plus faibles. Là, certainement, un des éléments de la Civilisation fait défaut ; mais il arrive tôt ou tard que les opprimés réclament contre l'oppression : une lutte nouvelle s'élève, de laquelle doit sortir l'émancipation des anciens vaincus. Voilà l'autre élément de Civilisation qui vient compléter une des phases de l'humanité.

Ainsi, en définitive, le fait de la Civilisation se résume entièrement dans cet autre fait, Emancipation, soit qu'il s'agisse de la lutte contre la nature, soit qu'il s'agisse de la lutte contre l'homme.

Et qu'on ne croie pas que ce soit ici un vain jeu de mots, une classification arbitraire, créée à dessein pour tout ramener à un seul terme. Lorsque l'homme jeté tout nu sur la terre, au milieu des éléments destructeurs, a dû apprendre à se vêtir, à se loger, à se nourrir, la satisfaction de chacun de ces besoins matériels ne le délivra-t-elle pas d'un ennemi, n'ajouta-t-elle pas à sa puissance ?

Lorsqu'entr'ouvrant le sein de la terre, il lui confia les trésors de l'agriculture, en lui commandant de les centupler, ne s'est-il pas émancipé des craintes de l'avenir ? Lorsque, livrant aux flots un frêle navire, il a ordonné aux vents d'enfler ses voiles et de le pousser vers de lointaines régions, ne s'est-il pas affranchi de l'espace ? Lorsque, traçant sa pensée en caractères ineffaçables, il a dit à l'imprimerie de la perpétuer pour ses descendants, ne s'est-il pas délivré des craintes de l'oubli ? Enfin lorsque, comprimant la vapeur jusqu'à lui donner une puissance incalculable, il a commandé à cette puissance de le transporter sur ses ailes, ne s'est-il pas débarrassé des chaînes du temps ? Tout art, toute science, toute industrie est une émancipation. Toute conquête faite sur la nature tourne au profit de la liberté humaine, en ajoutant au bien-être de l'homme. C'est là, ainsi que nous l'avons déjà dit, une des conditions de la Civilisation.

Voilà pourquoi il est vrai de dire que la guerre entre peuples a été l'un des plus puissants éléments de Civilisation. Un peuple dont les connaissances scientifiques sont plus développées apporte violemment par la conquête les fruits de ses travaux à un autre peuple moins avancé : il lui impose avec sa domination un bien-être matériel qu'il ne connaissait pas jusqu'alors, ou des jouissances intellectuelles auxquelles il serait resté longtemps étranger. C'est ainsi qu'Alexandre transmit à l'Orient l'émancipation intellectuelle, et prépara l'empire des Séleucides et l'école d'Alexandrie.

Plus souvent encore la guerre prépare la Civilisation du peuple vainqueur, qui devient alors tributaire des idées scientifiques du vaincu. Ainsi, la Grèce gouvernait Rome par ses savants et ses artistes, pendant que Rome régnait en Grèce par ses proconsuls. Ainsi, les Barbares accourus pour détruire l'empire romain reçurent les enseignements de la parole chrétienne.

Cependant cette émancipation intellectuelle, de quelque source qu'elle descende, soit transmise du vainqueur au vaincu, soit enseignée par le vaincu au vainqueur, ne suffit pas longtemps aux besoins des populations : elles veulent y joindre l'émancipation politique. De là de nouvelles luttes, où tôt ou tard la victoire vient à l'appui de la justice ; et par la conquête de leurs droits, les peuples viennent compléter la Civilisation, en réunissant ensemble ses deux éléments.

Il faudrait parcourir l'histoire successive de toutes les nations pour prouver que les choses se sont ainsi passées. Mais nous croyons en avoir assez dit pour faire comprendre notre système.

La Civilisation est donc l'ensemble des conquêtes scientifiques et des conquêtes politiques.

Il suit de là, comme première conséquence, que, quels que soient les progrès de l'homme dans les arts, dans les sciences, dans l'industrie, s'il ne conquiert pas ses droits comme citoyen, la Civilisation reste incomplète ; comme seconde conséquence, que, plus s'agrandit le nombre des citoyens appelés au partage commun des droits sociaux , plus s'élargit le cercle de la Civilisation. On peut donc affirmer, en toute confiance, que l'idée civilisatrice qui domine toutes les autres est celle qui convoque tous les hommes à venir prendre place dans la grande communauté sociale , en d'autres termes , l'idée d'égalité.

Il ne nous sera donc pas difficile de réfuter cette assertion banale , que les états périssent par excès de Civilisation. Pour ceux qui ne voient dans la Civilisation que le luxe et les vices du luxe , ce paradoxe peut avoir quelque logique ; seulement , ils ont le tort de méconnaître le principe de la Civilisation , et par suite de se tromper sur ses conséquences. Ainsi que nous l'avons comprise et définie, la Civilisation repose sur la justice ; or jamais état n'a péri par excès de justice. Toujours , au contraire, la chute des empires a été précédée de quelque grande injustice, qui , d'avance , justifiait la Providence et nécessitait sa terrible intervention. Élias REGNAULT.

CIVIQUE. Adjectif qui vient du mot citoyen (en latin *civis*), et qui s'applique à tout le propre du citoyen. C'est ainsi qu'on dit les devoirs Civiques , les vertus Civiques , pour exprimer les devoirs que le citoyen doit remplir, les vertus qui doivent être son apanage.

CIVISME. Réunion de toutes les qualités qui caractérisent le bon citoyen. (V. DROITS , DEVOIRS DE L'HOMME ET DU CITOYEN.)

CLAN. Lorsque les nations celtiques s'établirent en Europe, la part du territoire attribuée à chaque chef prit le nom de *Clan'* ou de *Lan'*. Dans les îles britanniques, où la prononciation était plus dure, on disait *Clan;* dans la Gaule on disait *Lan'* par euphonie , comme depuis on a dit *Lothaire* au lieu de *Ch'lotaire*. L'Écosse est le pays où l'on retrouve le plus la trace des anciens Clans. Elle apparaît encore en Basse-Bretagne, où la langue et les usages celtiques se sont conservés. Dans le principe, les habitants du Clan étaient les membres de la même famille. Ils joignaient le nom de leur auteur commun à leur nom particulier. Ils avaient chacun leur part de la terre; mais ils n'en possédaient que la surface, tandis que le fond appartenait au chef du Clan (V. CONGÉABLE). Tous libres, quoique soumis à l'autorité de ce chef auquel ils payaient une redevance pour leurs terres , ils s'appelaient *Gwass* ou *Gwassi*, ainsi qu'on le voit dans Polybe, qui dit que les Gaulois donnent ce nom à leurs guerriers. C'est du mot *Gwass* qu'a depuis été formé le mot *Wassus* ou *Vasus;* mais il y avait une grande différence entre le guerrier gaulois et le vassal dégradé par la conquête romaine et germanique. Les guerriers gaulois se faisaient remarquer par leur grande chevelure, qui était un signe de liberté, tandis que les esclaves avaient les cheveux coupés.

Un certain nombre de Clans formaient une nation ou un peuple. Les chefs participaient tous au gouvernement de la cité. La communauté d'origine et la conservation du nom de famille par tous les membres du Clan maintenaient entre eux et les chefs des rapports qui ne pouvaient avoir le caractère de la servitude. Après tant de siècles, c'est une remarque qu'on peut faire encore en Écosse et en Basse-Bretagne, où le simple paysan ne regarde point le seigneur comme un maître, mais comme un chef qu'il désigne simplement par son nom, lorsqu'il a pour lui quelque considération.
AUG. BILLIARD.

CLASSE. Qui dit Classe dit oppression , privilége, coalition d'égoïsmes.

Or, l'oppression est la négation de la liberté ; le privilége est la négation de l'égalité ; l'égoïsme est la négation de la fraternité.

Par conséquent, les Classes politiques sont incompatibles avec le principe démocratique, en qui se résument la liberté , l'égalité , la fraternité.

Mais vous voulez donc tout niveler et tout confondre, s'écrient les conservateurs. La réponse est facile : NOUS VOULONS CONFONDRE LES CLASSES ET CLASSER LES INDIVIDUS. Et c'est là, suivant nous, la différence profonde qui distingue les temps qui vont venir des temps qui sont accomplis.

Jadis, en effet, et nous n'exceptons pas les prétendues démocraties de l'antiquité, jadis , la hiérarchie s'établissait, soit par catégories , soit par la volonté d'un seul ou de quelques uns. Aujourd'hui, au contraire, les sociétés tendent invinciblement à hiérarchiser les individus et à détruire les Classes.

Comment cette hiérarchie nouvelle se doit-elle établir ? Par le libre concours de toutes les volontés , par l'autorité souveraine régulièrement et vraiment manifestée.

Il suit de là que la hiérarchie antérieure était basée sur l'inégalité , tandis que la hiérarchie prochaine se fondera sur la diversité. Or, ce nouveau mécanisme social est incontestablement l'expression de la justice et du droit.

On aurait tort cependant d'inférer de ceci que tout le passé nous apparaît comme une série de folles violences qu'il serait juste et bon de couvrir d'un voile impénétrable. A Dieu ne plaise que nous ayons jamais contre les enseignements de l'histoire ces stupides entêtements ; à Dieu ne plaise que nous refusions jamais de voir la marche progressive de l'esprit humain à travers les âges, et de reconnaître avec les maîtres de la science moderne que le progrès est la loi générale et la perfectibilité le but de l'humanité.

Mais il nous semble, et nous disons, que l'on a étrangement abusé de ce mot de progrès. De ce que le progrès s'est manifesté, malgré tous les obstacles , dans le passé comme dans le présent, quelques esprits trop prompts, à notre sens, ont posé en principe que le passé tout entier devait être absous et glorifié. Nous pensons, nous, au contraire, que le travail de la civilisation n'est autre chose que la lutte du bien et du mal, et le triomphe nécessaire de celui-là sur celui-ci. Or, nous voyons partout , depuis une époque fatale que la tradition chrétienne fixe à la chute du premier homme ; nous voyons partout le principe d'éga-

lité gagner de proche en proche sur le principe
l'inégalité qui déborde. Nous le voyons s'avancer
suivant une progression plus ou moins vive, plus
ou moins régulière, mais continue. Nous disons
donc que l'égalité c'est l'esprit du bien; que l'inégalité c'est l'esprit du mal; et nous flétrissons hardiment l'esprit du mal partout où il nous heurte
dans le passé aussi bien que dans le présent.

Et, comme les Classes politiques ou sociales ne
sont pas seulement l'expression du principe de
l'inégalité, comme, de plus, elles en ont puissamment favorisé la durée, nous disons que tout
mécanisme politique ou social qui repose sur de
semblables bases est profondément vicieux, qu'il
est radicalement contraire au but de toute société.

Voyons, en effet, l'influence des Classes politiques sous les diverses formes de gouvernement.

Il est incontestable que toutes les Républiques de
l'antiquité ont péri épuisées par les guerres civiles.
D'où provenaient les guerres civiles? De l'antagonisme des diverses classes. — Ainsi des Républiques italiennes; ainsi de la République française, qui a plié sous l'effort réactionnaire des différentes Classes que la Révolution avait voulu
absorber.

En ce qui concerne les monarchies, la Suède
nous offre un exemple terrible. La constitution promulguée en 1720 livrait toute l'autorité du gouvernement à certaines corporations privilégiées. La
lutte s'établit entre elles et l'usurpation des plus
puissantes suivit. « Alors, dit un publiciste contemporain, une fermentation redoutable se manifesta de toutes parts; la haine et les vengeances des
divers partis devinrent les seuls mobiles des événements; chacun regarda l'État comme la proie de
son ambition et de son avarice; les assemblées ne
présentèrent plus que des scènes de tumulte; une
méfiance générale se fit partout sentir et provoqua
bientôt la guerre civile..... Enfin, une hideuse
corruption vint mettre le comble aux infortunes de
la Suède, et il fut aisé à Gustave III de s'emparer
du pouvoir absolu. » (V. BONNETS ET CHAPEAUX.)

En Pologne, il y avait trois ordres : les nobles
qui étaient tout; les bourgeois qui n'étaient rien;
les paysans qui étaient moins que rien. Or, disait
Rousseau, vers l'époque du premier partage,
« l'état de faiblesse où une si grande nation se
trouve réduite est l'ouvrage de cette barbarie féodale qui fait retrancher du corps de l'État sa partie la plus nombreuse et, quelquefois, la plus
saine. » — Maintenant, la Pologne a disparu du
des nations.

Avant la Révolution, la société française offrait
aux regards une curieuse mosaïque. Les classifications embrassaient la nation tout entière, le territoire comme les individus. Il y avait les *pays
d'État* qui bataillaient pour le maintien de leur
souveraineté particulière; il y avait les *pays d'élection* qui jalousaient les priviléges des pays d'état;
il y avait le haut clergé qui opprimait le bas clergé
et le bas clergé qui enviait l'autre; il y avait la
noblesse, et, parmi la noblesse, les hommes de qualité qui méprisaient les gentilshommes, et les gen-

tilshommes qui méprisaient les anoblis. Puis, venaient les parlementaires qui cherchaient à se
confondre parmi la noblesse d'épée et se garaient
avec une vigilance fébrile du contact de la bourgeoisie. Le haut bourgeois était plein d'une vanité
douloureuse pour lui et surtout pour les autres;
il haïssait également ses supérieurs et ses inférieurs;
un cran plus bas, le simple bourgeois imitait l'exemple du haut bourgeois. Puis, après la haute bourgeoisie et la bourgeoisie, venait la petite bourgeoisie;
puis encore les ouvriers, et, parmi les ouvriers, il
y avait 1° les apprentis et compagnons; 2° les simples ouvriers; et puis enfin les protestants et les
juifs.

Mécanisme absurde qui semait partout l'envie,
la haine et la corruption; qui fomentait incessamment l'insurrection de tout ce qu'il y a d'impur
au fond des cœurs, et qui finit par rendre le gouvernement impossible.

C'est cette société si profondément mauvaise que
contemplait Montesquieu lorsqu'il écrivait ceci :
« Alors, le magistrat, le militaire, le savant, le
laboureur, le commerçant sont joints ensemble
seulement parce que les uns oppriment les autres
sans résistance; leur union, si elle mérite ce nom,
n'est plus concorde et conformité de volontés;
c'est un amas de cadavres enterrés les uns sur les
autres. »

A cette société cadavéreuse et dissolue, nos pères
ont rendu la vie en *l'embesognant d'une autre
semence :* l'égalité. Ils ont accompli ce grand œuvre au prix des plus grands sacrifices, au prix
même de leur mémoire. Bourgeois, nobles ou plébéiens, tous plébéiens par l'esprit et le cœur, il
ont fait du Peuple la Nation. Nains, issus
de géants, léguerons-nous à nos fils les difficultés
formidables que nos devanciers nous ont épar-
gnées?   E. DUCLERC.

CLERGÉ. Un théologien moderne s'est fort
occupé d'établir que l'ordre de foi est immuable.
A cette thèse paradoxale, nous n'opposerons pas
les vicissitudes des religions diverses qui firent
leur temps avant la venue du Christ, mais l'histoire même du catholicisme, de sa prodigieuse fortune et de son abaissement présent.

Le Clergé catholique a témoigné, à une autre
époque, qu'il comprenait toute sa mission. Nous
l'admirons dans le passé, initiant les Barbares aux
pratiques civilisatrices de la religion constituée
par les docteurs de la première Église, interprétant, avec une intelligence créatrice, le dogme caché sous les formules orientales de l'évangile, et,
dégagé de soins temporels, dédaigneux de richesses mondaines, consacrant aux affligés les
bienfaits de la munificence féodale; nous l'admirons encore soulevant l'Europe, au nom de la foi
menacée par les progrès de l'islamisme, et la conduisant au berceau de Bethléem, ou bien, par la
voix de ses pontifes, poursuivant l'abus des usurpations entre les princes et le scandale de leurs
mœurs, gouvernant avec l'un et l'autre glaive, et
résolvant les questions les plus délicates de la politique internationale par de simples axiomes de

morale et de charité bien entendue. Certes, dans les temps où de si grandes choses furent accomplies par les membres de l'Église, l'Église avait l'intelligence, elle avait l'enthousiasme de son rôle, elle croyait fermement à la légitimité de son initiative.

Mais quelle différence du prêtre de ces beaux temps de l'Église au prêtre d'aujourd'hui. Le Clergé actuel se recrute dans une jeunesse peu lettrée : être prêtre est la vocation ordinaire des médiocrités intellectuelles dans certaines localités de l'Ouest et du Midi. Il y a encore une autre catégorie de prédestinés à la prêtrise, et ce n'est pas la moins considérable. Les petits séminaires, affranchis d'impôts et richement entretenus par la faveur épiscopale, sont chargés de fournir annuellement les sujets propres à la cléricature. Les moins médiocres de ces enfants, issus de parents pauvres, acceptent, par nécessité, l'avenir auquel on les condamne. Ils entrent alors dans les établissements du degré supérieur, et là, durant trois années, ils apprennent leur métier. Puis, on les expédie dans les bourgades circonvoisines, où les plus intelligents ne font qu'un noviciat ; le plus grand nombre y demeure à vie.

Toutefois, on honore généralement encore le curé de campagne. En effet, quand il ne s'avise pas d'intervenir dans les affaires litigieuses des familles, quand il ne conspire pas avec le juge de paix de son canton telle ou telle spéculation électorale, le curé de campagne a un bien beau rôle à remplir. Il y a parmi nous tant de malheureux sans consolation ! Le curé de ville, au contraire, exerce trop souvent sa charge d'âmes avec une insouciance beaucoup trop stoïcienne. Quelles sont, d'ailleurs, les exigences du monde à son égard ? On lui fait une loi d'être peu scrupuleux sur les mœurs des maisons qu'il fréquente, et il s'accommode à cela ; on ne lui demande ni le savoir de saint Anselme, ni l'âpre orthodoxie de saint Bernard, ni la candeur de Robert d'Arbrissel, et il ne se distingue, d'ordinaire, par aucune de ces qualités. Le propre de tout le Clergé, de ville et de campagne, est l'oisiveté et l'ignorance la plus profonde des choses mêmes qui concernent le dogme traditionnel : il a renoncé depuis longtemps à toute propagande, et n'a rien autre chose à cœur que de se faire supporter.

Nous ne parlons pas des évêques, l'épiscopat n'étant plus qu'une gestion administrative. Quant aux maisons conventuelles, on en bâtit de neuves, tous les jours, aux frais de la charité : on pourrait mieux employer l'aumône. Dans les villes diocésaines, les abbés et les chanoines pullulent : quelles sont leurs œuvres spirituelles ou littéraires ? Nous ne le saurions dire ; ils vivent à l'écart, et ne savent guère s'employer à rien.

Et, pour terminer ce tableau de la décadence cléricale, qu'est devenu le chef de la grande corporation, le successeur prétendu de l'apôtre préféré et de ces grands pontifes qui commandèrent aux peuples et aux rois ? Le successeur des Césars règne encore, il est vrai, sur la ville et les faubourgs sacrés ; mais qu'est-ce que ce règne, et à

quelle condition l'Autriche veut-elle bien le tolérer ? B. H.

CLUB. Du mot gallique *cluppa*, arme, massue). On sait que dans les tribus celtiques, ainsi que chez les Germains, les guerriers avaient coutume de se réunir en armes pour délibérer sur leurs intérêts communs. Leur assemblée prit le nom de leur arme et fut appelée Club.

Après l'expulsion de la race celtique, ce mot, comme beaucoup d'autres, fut conservé en Angleterre ; mais bientôt, par les changements successifs introduits dans les mœurs, les assemblées de guerriers ayant entièrement cessé, le mot Club signifia simplement toute réunion d'hommes. Aujourd'hui, dans la Grande-Bretagne, toute société littéraire, politique, gastronomique ou tabagique s'appelle Club. Ces Clubs, malgré quelques titres ambitieux, comme *Club de la réforme, Club de la liberté*, etc., ne sont guère que des réunions de gastronomes, d'ennuyés et de joueurs. Ils sont sans importance politique, et leur importance littéraire équivaut à celle de nos *cercles* de province.

En France, au contraire, les Clubs ont été des assemblées essentiellement politiques. Toute l'énergie de la Révolution se concentrait dans ces redoutables conciliabules. C'est là que le peuple luttait contre les trahisons officielles et les faiblesses parlementaires ; c'est de là que sortaient les tribuns de la Montagne, retrempés par la fougueuse éloquence des sans-culottes, pour aller rendre du cœur aux timides et réveiller l'audace de la Convention. Les Clubs ont été pour beaucoup dans le mouvement révolutionnaire qui nous a donné la force de repousser toute l'Europe, et ils peuvent à bon droit réclamer une grande part de gloire dans cette gigantesque lutte qui a sauvé la France.

COADJUTEUR. On donne ce titre à l'adjoint, au vicaire d'un évêque ou d'un archevêque. L'abbé de Gondi, depuis cardinal de Retz, a donné de la célébrité à ce titre ; et c'est lui qu'on désigne spécialement, dans l'histoire des troubles de la Fronde, par le nom de Coadjuteur.

COALISÉS. Membres d'une coalition.

COALITION. Réunion, agrégation passagère de deux ou plusieurs partis, dont les intérêts divers concordent sur un ou plusieurs points, et qui poursuivent, en commun, le même but.

On appelle également Coalition l'alliance de plusieurs gouvernements qui se liguent dans un but spécial et déterminé. Les puissances qui, en 1814 et 1815, envahirent la France formaient une Coalition ; on les désigna sous le nom générique de Coalisés.

On dit aujourd'hui la Coalition des rois contre les peuples, pour caractériser l'état de lutte et d'hostilité où se trouvent simultanément tous les rois de l'Europe contre les peuples. Comme ces princes se prêtent mutuellement et en toute occasion une assistance publique ou secrète, on dit avec raison qu'ils sont coalisés. Au reste, l'attitude des peuples a souvent conjuré les effets de cette

Coalition monarchique. Toute la sympathie des rois absolus n'a point empêché la chute de Charles X, de Guillaume d'Orange, en Belgique ; du duc Charles de Brunswick, de don Miguel et de don Carlos.

Il semble, au premier abord, que les Coalitions ne soient pas très-redoutables. Tant d'intérêts contraires s'y trouvent amalgamés qu'il paraît facile de les réduire à l'impuissance par la division : il n'en est pas ainsi pourtant ; et il y a peu d'exemples de Coalitions dissoutes avant la victoire. Et, en effet, si les partis qui composent les Coalitions ont des intérêts divergents, si elles offrent la plupart du temps une étrange cohue d'appétits cupides, de vues ambitieuses, d'irritations personnelles, capables, tout au plus, de monter en désordre à l'assaut du pouvoir ; l'intérêt qui les a unis prédomine toujours jusqu'au moment où il triomphe.— On peut comparer les Coalitions à des coins de fer dont l'action sur un point est d'autant plus forte que leurs angles extérieurs sont plus divergents.

Depuis cinquante ans et plus, tous les pouvoirs en France sont tombés devant des Coalitions.

La féodalité est tombée devant la Coalition de la royauté et de la bourgeoisie ; — de la royauté qui, désespérant de combler, par d'autres expédients, le gouffre du déficit incessamment creusé par ses avides mains, voulait assujétir à l'impôt les propriétés nobiliaires et cléricales ; — de la bourgeoisie qui voulait asseoir sa domination sur les ruines de la noblesse et du clergé, comme sur l'asservissement du peuple.

La royauté, à son tour, s'est abîmée sous les efforts combinés de la bourgeoisie et du peuple ; — de la bourgeoisie qui se croyait assez forte pour gouverner seule ; — du peuple qui voyait dans la royauté la clé de voûte des systèmes qui l'avaient si longtemps opprimé.

A son tour, encore, la bourgeoisie succomba devant la Coalition des hommes qui poussaient à ses dernières conséquences l'essor du droit individuel, et de ceux qui proclamaient l'avénement du droit social ou démocratique.

Ce fut, ensuite, une Coalition de royalistes déguisés, de faux patriotes, d'intrigants, de corrompus, et d'un petit nombre d'abusés, qui conduisit à l'échafaud les hommes de génie et d'audace qui avaient assuré le salut de la République et conquis l'indépendance du territoire.

Au 18 brumaire, une Coalition du même genre, guidée par un soldat audacieux, s'en vint effacer du tranchant de son glaive les derniers vestiges de la République expirante.

Quinze ans plus tard, l'Empire, sorti d'une Coalition d'ambitieux, se disloquait devant une Coalition de traîtres.

Quinze ans plus tard encore, c'était une Coalition de bourgeois vaniteux et de patriotes imprévoyants, qui chassait devant elle les débris de la race de Louis XIV.

Et, enfin, il y a quelques mois à peine, une Coalition parlementaire est venu ébranler sur son trône la dynastie d'Orléans.

On le voit donc, au milieu de nos sociétés mor-

celées toutes les révolutions sont préparées et accomplies par des Coalitions.

Les Coalitions disparaîtront lorsque le principe des révolutions sanglantes aura disparu ; lorsqu'il ne sera plus besoin de la force pour élever le droit.

E. D.

COCARDE. Qu'est-ce qu'une Cocarde ? Rien autre chose au fond qu'un morceau de toile peinte, et, cependant, lisez ! L'histoire de cette création révolutionnaire est des plus curieuses. La Cocarde *verte* de Camille Desmoulins, qui n'était qu'une feuille d'arbre, servit à renverser la Bastille. La Cocarde *bleue* et *rouge* des électeurs de Paris commença entre le trône de Louis XVI et la nation française la séparation que le jugement du 21 janvier eut pour but de rendre éternelle. Devenue tricolore, la Cocarde se montra plus tard sur le schako des soldats de l'empire, et il est vrai de dire qu'elle prolongea l'existence de l'aigle impériale ; car, ainsi placée, elle rappelait à chaque instant au soldat les idées qui le faisaient vaincre, alors même qu'une discipline brutale et impolitique cherchait à les lui faire oublier : je veux parler des idées de liberté et d'égalité.

Lorsqu'enfin la Cocarde redevint blanche, elle ne représenta plus que la couleur de ceux qui avaient supprimé deux couleurs sur trois, croyant faire un coup de politique. Bonnes gens, qui ne savaient pas qu'un signe est de nulle valeur quand l'opinion refuse d'y ajouter ses convictions. Les événements ont fait de la Cocarde tricolore, qui ne fut au commencement qu'un signe de ralliement, un véritable blason national.

J'ai dit que la première Cocarde fut bleue et rouge : cela résulte d'un arrêté de l'assemblée des électeurs de Paris de 1789. *Chacun*, dit l'arrêté, *portera la Cocarde bleue et rouge*. Après la prise de la Bastille, le général Lafayette, commandant de la garde nationale de Paris, fit joindre, en signe d'union, la couleur blanche aux deux autres, et il assura que cette Cocarde ferait le tour du monde. Avant la Cocarde rouge et bleue, le peuple de Paris avait pris pour signe de ralliement une Cocarde *vert tendre*, mais elle fut rejetée parce que la livrée du comte d'Artois, frère du roi, était de cette couleur, et que le prince était l'objet de l'animosité populaire.

A. T.

CODE vient de *codex*, qui signifie livre, tablette, collection de lois ; *codex* dérive lui-même de *condere*, réunir, fonder.

D'après l'Encyclopédie, le mot Code signifie *recueil de droit*.

Le savant auteur du *Répertoire de la jurisprudence du Notariat* (M. Rolland de Villargues) entend par le mot Code la collection des lois, soit qu'elles aient été rassemblées par l'autorité publique du législateur, soit par le zèle de quelques jurisconsultes.

Le mot *Code* implique une idée d'avancement chez les peuples ; c'est l'ordre qui succède à la confusion, la civilisation à la barbarie. A l'origine de la société, les hommes disséminés formaient des familles diverses; chacune dut avoir des lois spéciales et qu'on peut appeler individuelles; la force des armes et les transactions les réunirent en corps plus nombreux et plus agglomérés; les usages particuliers, les coutumes distinctes subirent l'uniforme loi du Vainqueur: il fonda la législation. Les Romains se présentent toujours à nos regards quand il s'agit de civilisation; les premiers *Codes* furent des compilations des lois romaines, telles que les Codes Papinien, Grégorien, Hermogénien, Théodosien et Justinien.

Les vicissitudes militaires entraînèrent les vicissitudes civiles; les Gaules furent arrachées à la puissance de l'Empire Romain; elles se trouvèrent fractionnées en provinces, soumises à la domination des divers peuples conquérants; elles furent régies par des coutumes différentes.

Inutile d'analyser en détail les Codes particuliers à plusieurs des peuples conquérants successifs, de la Gaule et que l'on a nommés *Codes des Barbares*, tels que la loi Gothique écrite par Alaric, roi des Visigoths; le Code des Bourguignons ou loi Gombette, dont l'étymologie vient du roi Gondebaud; la loi Salique, la loi des Frisons, émanée de Pépin et Charles-Martel. Mais on peut appliquer à cette diversité ou plutôt à cette anarchie de lois et d'usages ces belles paroles de Montesquieu: « Quand on jette les yeux sur les monuments de notre histoire et de nos lois, il semble que tout est mer et que les rivages mêmes manquent à la mer. »

Sous les rois de France parurent les édits et ordonnances. A mesure que le Royaume fut plus centralisé, la législation devint plus uniforme; cependant, la loi n'était pas encore ce que la définit Jean-Jacques Rousseau: l'*expression de la volonté générale*, puisqu'elle émanait de la monarchie absolue. Les ordonnances de Charles VII, les établissements de Saint-Louis, le code de Louis XIV, qui contenaient déjà le germe d'une législation unique, ne furent pas assez forts pour triompher des anciens usages, de cette foule de droits, de priviléges accordés aux provinces, à la noblesse, aux corporations, et engendrés par la féodalité.

Il n'y avait que le concours de toutes les volontés nationales, il n'y avait que la Révolution française elle-même qui fût capable d'anéantir l'hydre des coutumes; elle seule pouvait tout niveler, elle seule pouvait et devait créer un Code. Elle avait posé le principe de l'égalité des droits entre tous les hommes réunis en corps de nation: il devait donc y avoir et il y eut *table rase* des coutumes comme de tous les abus; un nouveau régime politique, uniforme pour tous les citoyens, devait produire l'unité de la législation. La réforme des mœurs devait amener la réforme des lois.

Il est donc juste de dire que la Révolution, par l'abolition des droits féodaux, peut être considérée comme ayant, la première, préparé un véritable Code des Français.

L'Assemblée constituante, la Législative, en reconnurent l'utilité et le principe, et la constitution de 91 annonça un Code de lois nouvelles: elle prononça même le nom de *Code civil*, qu'on pourrait appeler *Code du droit des citoyens* ou *de la cité*. La Convention nationale entreprit l'œuvre, et allait le réaliser; le Directoire continua sans achever; l'Empereur Napoléon vint pour recueillir ce que la Révolution avait semé.

Sans doute, il serait injuste de nier la puissante participation de Napoléon à l'exécution de ce magnifique monument de la raison écrite. Lorsque furent discutés dans le sein du conseil-d'état les différents projets du Code civil, il fit preuve d'une supériorité d'intelligence égale à celle qu'il avait déployée sur les champs de bataille; ses avis prévalurent souvent comme ceux de la logique. Mais après avoir rendu à César ce qui est à César, reconnaissons que, si Napoléon peut être considéré comme un des glorieux auteurs du Code civil, surtout par sa résolution persévérante et par la force de sa volonté, qui lui en fit poursuivre l'œuvre toujours commencée et jusqu'à lui toujours inachevée, on doit la rédaction de ce Code et sa science épurée aux hommes d'étude et de méditation: les Tronchet, les Portalis, les Bigot de Préameneu, les Malleville, etc. Ces hommes distingués étaient assurément bien préparés à cette grande et difficile tâche par leurs travaux antérieurs à la Révolution; mais la Révolution seule pouvait élever et encourager les lumières, qui, sans elle, n'auraient point été assez soutenues par la philosophie et le caractère de ces jurisconsultes, d'ailleurs du premier ordre.

Notre Code civil, sans en excepter le Code prussien, qui est aussi un *Code modèle*, est certainement le premier de l'Europe et du monde; la plupart des états et même les états despotiques en ont adopté les dispositions. On peut dire de lui que, comme les trois couleurs, à l'ombre desquelles il a été inauguré, il fera le tour de l'univers. C'est, au reste, ce que vient de prouver avec talent et bonheur M. Anthoine de Saint-Joseph, dans son ouvrage intitulé; *Concordance entre les Codes civils étrangers et le Code Napoléon;* ouvrage où se fait remarquer une savante et consciencieuse analyse, et qui a déjà obtenu les suffrages de nos plus compétents et de nos plus illustres jurisconsultes. Ainsi, l'appréciation du Code civil rentre particulièrement dans le cadre du DICTIONNAIRE POLITIQUE, car ses auteurs furent animés d'une pensée éminemment politique. C'est le Code civil qui a établi la division des propriétés, qui a substitué le règne de l'égalité à celui du privilège. Il n'a pas détruit, il a renoué la chaîne des temps en empruntant aux anciennes lois ce qu'elles avaient de sain et d'utile, en collationnant, qu'on nous permette le terme, le passé, le présent, et, sous certains rapports, l'avenir.

Si le Code civil a révélé et accompli une haute pensée politique, peut-on en dire autant de ces innombrables lois et de tous ces décrets prétendus politiques que nous avons reçus de l'Empire, de la Restauration, et de ce que nous appelons l'établissement de Juillet? Pourquoi la France attend-elle encore un Code politique? Quelles sont les causes de ce retard?

L'Empire était dans l'impuissance de rédiger un

Code politique. Tout étant soumis au despotisme et aux caprices du maître, la France étant tout entière armée, la gloire tenant lieu de tout le reste, l'Empire ne pouvait donner d'institutions au pays; conquérir au dehors, opprimer au dedans, museler la liberté de la presse et toutes les libertés, régner avec la censure, avec un Sénat muet, tel fut le rôle de l'Empereur. Alors que la guerre était européenne, on ne pouvait songer qu'à la guerre et aux victoires : combattre et vaincre, voilà quel était l'*esprit public*.

En 1814, la Restauration *octroya* une charte constitutionnelle, en promettant au peuple français de lui rendre ses libertés et d'exécuter les dispositions de cette charte. Mais elle s'empressa d'en violer l'esprit et le texte ; les plus rudes atteintes furent portées au pacte fondamental ; les conspirations excitées pour empêcher l'essor de l'opinion, la loi du double vote, la loi du sacrilège, les tentatives pour ressusciter le droit d'aînesse, voilà une faible partie du *Code politique* de la Restauration. Un pareil Code, si contraire à tous les souvenirs, à tous les progrès de la Révolution, devait périr ; il ne lui était pas donné de survivre, car il avait froissé les intérêts généraux et blessé les sentiments généraux du pays.

Ces intérêts, ces sentiments ont-ils été mieux satisfaits par les gouvernements issus de la Révolution de 1830? Ces gouvernements ont-ils cherché les moyens de fonder un *Code politique*? Une Charte a été jurée ; cette charte a promis les plus heureux développements : or, où sont ces heureux développements? Se trouvent-ils, par exemple, dans la loi électorale de 1831? A-t-elle suffisamment reconnu les droits imprescriptibles de l'homme et du citoyen? Elle a fermé l'accès des collèges électoraux, même aux publicistes, aux hommes de lettres, aux avocats, aux magistrats, aux médecins, aux jurés, à tous ceux enfin qui, exerçant des professions libérales, offrent, incontestablement, tous les gages de sécurité possibles à la cité et au gouvernement. Appellerons-nous développement l'absence prolongée d'une loi sur la liberté d'enseignement, écrite dans la Charte, d'une loi sur la liberté individuelle, d'une épuration des lois de la presse, et de tant d'autres lois organiques attendues et réclamées par les vœux et les besoins de la nation? Appellerons-nous développement les lois de septembre, dont leurs auteurs ont été les premiers à annoncer qu'elles ne seraient que *transitoires*, que leur principal mérite était d'être frappées de *désuétude* avant même d'exister? Aussi, depuis 1830, combien d'hommes d'état ont vécu, non pas seulement au jour le jour, mais on pourrait dire à la minute, uniquement préoccupés des moyens de garder leurs positions ministérielles? Comment ceux qui ont été obligés de déclarer à la face du pays qu'ils ne faisaient que *du provisoire*, qui ont reconnu ne pouvoir se justifier de leurs œuvres législatives qu'en les proclamant mort-nées, comment de pareils hommes d'état auraient-ils eu le pouvoir de fonder un *Code politique*?

La première condition des bonnes lois, c'est d'être conçues dans un but de durée et d'avenir. Tel est le sentiment qui a présidé à la confection du *Code civil*. La France ne doit attendre un Code politique que d'hommes désintéressés, vertueux, au-dessus du pouvoir par le cœur et l'esprit, tout en avouant l'ambition d'y arriver, mais ne l'ambitionnant que pour faire pénétrer dans la législation et l'administration les principes de justice et de morale dont la liberté est la plus simple expression.

La *table rase* faite par la Révolution est prête encore pour recevoir les nobles pensées de la *raison politique*; mais il n'appartient qu'à la vérité de tenir le burin et de graver sur l'airain le Code politique demandé et voulu par la génération présente. Certes, on ne peut guère accuser cette génération d'une trop vive impatience. Exista-t-il jamais un vœu plus légitime? Et, les hommes qui, parvenus à saisir le timon des affaires, s'occupent ensuite à refuser, à retarder les justes réclamations de l'opinion, même en osant la nier, peuvent-ils méconnaître que la Révolution qui les a élevés, sous la condition de remplir leurs solennelles promesses, que cette Révolution, dis-je, est là pour les leur rappeler, qu'elle en a le droit comme le devoir? Hortensius Saint-Albin, député.

COLLECTEUR. Lorsqu'une armée conquérante envahit une ville ou une province ennemie, elle frappe ordinairement cette ville ou cette province d'une contribution. Pour réaliser la somme qu'il demande, le vainqueur se contente d'en énoncer le montant aux magistrats du district ou du pays conquis, sans s'occuper des détails de la répartition et de la perception. Ceux qui doivent payer la contribution la répartissent et la perçoivent.

Cet usage est à-peu-près aussi ancien que la guerre telle qu'on la fait depuis trois mille ans. Les Romains qui, plus que tout autre peuple, organisèrent la conquête, firent entrer cet usage dans l'administration intérieure de l'empire. Les municipes, représentés par certains magistrats responsables, percevaient les revenus publics et en rendaient compte. Lorsque les richesses des peuples soumis à la domination romaine furent presque épuisées, les charges qui leur étaient imposées augmentaient toujours, la condition des magistrats responsables de la perception devint si dure que la plupart d'entre eux désertèrent, et que les empereurs furent forcés de porter des lois nombreuses pour les faire rester à leur poste.

Les peuples qui envahirent l'empire ne changèrent point cette manière commode de répartir et de percevoir l'impôt. Ceux qui furent chargés de le répartir et de le percevoir prirent le nom de Collecteurs ; l'impôt lui-même fut appelé *Collecte*. « Saint Louis, dit un historien, établit les tailles et des collectes. » Le nom des Collecteurs n'a, toutefois, commencé à figurer généralement dans les monuments de notre législation que par les nombreuses ordonnances fiscales du quatorzième siècle.

Chaque espèce d'impôt eut ses Collecteurs. Les

vieilles ordonnances comptent les Collecteurs de l'assise ou aide de Paris (1349) ; les Collecteurs du droit d'aubaine (1362) ; les Collecteurs des décimes (1351) ; les Collecteurs députés sur les finances des nouveaux acquêts (1529) ; les Collecteurs de l'impôt du sel ; les Collecteurs des subsides extraordinaires ; les Collecteurs des fouages ou de l'impôt établi sur les feux.

La déclaration de 1685 ordonnait aux paroisses de nommer leurs Collecteurs. Si elles n'en nommaient pas, ils étaient désignés d'office par les agents du fisc. Ils faisaient le rôle et l'assiette des tailles et les percevaient ; ils étaient solidairement responsables et contraignables par corps : aussi chacun se plaignait et cherchait à se soustraire à des fonctions trop pénibles, comme avaient fait les décurions romains.

Pour obvier à cet inconvénient, les déclarations de 1716 et de 1723 ordonnèrent de faire un tableau des noms des habitants de chaque paroisse, afin que chacun d'eux exerçât à son tour la charge de Collecteur.

Lorsque la base du droit public changea, et que le gouvernement ne fut plus considéré comme un conquérant qui commande en vertu de la loi du plus fort, mais comme le délégué du peuple, l'ancien système issu de la conquête fut modifié, et le nom de Collecteur disparut.　　　　　C. S.

COLLÉGE. On désigne par ce mot la réunion d'un certain nombre d'électeurs appelés par la loi à voter ensemble.

Dans un pays vaste comme la France, il est impossible que le corps électoral tout entier, de quelque manière qu'il ait été composé par la loi, se réunisse en une seule assemblée pour élire ses représentants. Il est donc indispensable de le fractionner, d'appeler les électeurs à former un certain nombre de Colléges. C'est ce qui a été fait par les diverses lois qui ont déterminé comment il devait être procédé aux opérations électorales.

Depuis 1789 jusqu'à la Restauration, un grand nombre de citoyens furent appelés à concourir à l'élection des représentants du pays ; mais l'élection était à deux degrés. Les assemblées primaires réunies au chef-lieu du canton nommaient des électeurs ; ceux-ci se réunissaient au chef-lieu de département pour élire les députés que le département avait droit de nommer.

La Restauration introduisit un autre système : elle créa les Colléges électoraux d'arrondissement et des Colléges de département. Les premiers, composés de tous les électeurs censitaires, se nommaient *petits* Colléges, et se réunissaient dans certains chefs-lieux d'arrondissement. Aux chefs-lieux de département se réunissaient les *grands* Colléges, où quelques électeurs, privilégiés entre les privilégiés, avaient seuls droit de voter une seconde fois et de nommer des députés.

Ce système périt avec la Restauration, mais la multiplicité des Colléges électoraux fut maintenue. Quatre cent cinquante-neuf députés sont nommés aujourd'hui par autant de Colléges. Le même système de fractionnement a été appliqué à l'élection des conseillers de département et d'arrondissement ; ils sont nommés par des assemblées d'électeurs réunis aux chefs-lieux de canton. (V. ÉLECTION, RÉFORME).　　　　　C. S.

COLONIE. La fondation des Colonies était une des fonctions essentielles des sociétés antiques. Les discordes ou l'accroissement excessif de la population y causaient des bannissements presque périodiques. Réunis sous un chef énergique, les bannis allaient chercher une nouvelle patrie, chose facile dans cet âge du monde où les peuples fractionnés en petites cités, isolés par des déserts ou des dangers de diverse nature, s'ignoraient presque les uns les autres. Quelquefois, les hommes se réunissaient spontanément à l'appel de quelque aventurier hardi, pour fonder une Colonie, et partaient comme des essaims d'abeilles lorsque la ruche est trop pleine et que le printemps est venu.

En général, les Colonies antiques furent, dès leur naissance, indépendantes de la mère-patrie. Celle-ci n'était ni assez grande, ni assez puissante pour étendre au loin son empire, et elle y songeait peu. Les relations qui existaient entre elle et ses Colonies étaient libres : c'étaient des relations de commerce, de parenté, de bonne amitié, ce qui s'appellerait aujourd'hui alliance naturelle. C'est ce que nous montre l'histoire des Colonies grecques de l'Asie-Mineure et de l'Italie qui sont les plus connues.

Ces petites sociétés écloses du sein de la civilisation grecque prospérèrent presque toutes. C'est que les colons apportaient sur un sol presque vierge les arts de la mère-patrie, et la liberté, et les vertus que l'adversité ravive. L'accroissement rapide de Milet et d'Éphèse, d'Agrigente, de Crotone, de Tarente et de Syracuse, excita l'admiration de l'antiquité et répandit sur des pays jusques-là barbares la civilisation grecque.

Les Colonies romaines eurent un autre caractère. Elles furent militaires et voisines des armées de la République. Elles firent partie d'un vaste et savant système de conquête et de domination. Toutefois, la liberté présida à leur organisation intérieure. Rome ne les considéra jamais que comme des postes militaires destinés à assurer la soumission des peuples conquis.

Les découvertes de Vasco de Gama et de Christophe Colomb donnèrent naissance à une nouvelle espèce de Colonies. Celles-ci eurent pour but, non de créer des nations nouvelles, mais d'enrichir les anciennes, et leur objet ne fut point l'empire, mais le gain.

Les succès rapides des premiers aventuriers qui allèrent chercher fortune aux Indes ou en Amérique rendirent possible la formation d'établissements plus vastes que ceux que le monde avait vus jusqu'alors.

Ces Colonies n'étaient pas libres. Le gouvernement de la métropole nommait leurs gouverneurs, faisait leurs lois, percevait leurs revenus. Quelquefois, elles furent gouvernées et administrées par des compagnies de commerce. Leur population était flottante. On y venait, le plus souvent, non pour s'y établir, mais pour faire fortune. On tenait plus à y acquérir de l'or que de la considération. Ainsi l'administration et les habitants eux-mêmes étaient dans les conditions les plus propres à corrompre, même des hommes probes. Et ce n'était pas l'élite des nations européennes qui allait s'établir aux Colonies.

De-là la décadence rapide des établissements que les Etats de l'Europe ou des compagnies de commerce ont fondés dans les deux hémisphères. Leur richesse, vraie ou présumée, fut pour eux une cause de ruine. On se les disputa comme une autre proie, et à-chaque guerre ils firent, pour ainsi dire, partie du butin.

Cependant la continuité de l'occupation du même pays par la civilisation européenne, l'épuisement des richesses naturelles, et quelquefois des événements politiques imprévus, ont changé le caractère des Colonies modernes. Partout, des intérêts permanents se sont créés et, par une loi naturelle, ont provoqué l'indépendance. C'est ainsi que presque toutes les Colonies du continent américain se sont séparées de leurs métropoles et sont devenues des nations indépendantes.

Les Colonies insulaires n'ont point eu la même force pour secouer le joug. Elles sont restées soumises. Le régime sous lequel elles vivent est plus ou moins oppressif, suivant le caractère du gouvernement auquel elles obéissent. Elles sont en tutelle, et si elles ne sont plus exploitées en détail, comme autrefois, elles le sont encore par des lois de douane qui ne sont faites ni par elles, ni pour elles.

Telles sont les Colonies intertropicales de la France. Débris du vaste système colonial conçu par nos hommes d'Etat des deux derniers siècles, elles souffrent des abus que le régime ancien avait introduits, et surtout de leur déplorable organisation sociale. Leurs rapports avec la mère-patrie présentent un système si défectueux que beaucoup de personnes n'ont pas hésité à déclarer qu'il était également préjudiciable à la France et à ses Colonies. Les économistes sont allés plus loin : ils ont soutenu que toute tentative, toute pensée de colonisation était absurde et insensée.

Nous ne défendrons point ici notre régime colonial, ni les grands hommes d'Etat qui l'ont préparé. Nous convenons des abus de ce régime, et nous pensons qu'il appelle des réformes radicales. Mais si nous voulions le juger historiquement, nous rappellerions que, dans la longue lutte soutenue par la France contre l'Angleterre, notre patrie a succombé, qu'elle a subi la dure loi du vainqueur, et nous lui conseillerions de ne renoncer à ses Colonies que lorsqu'elle aurait renoncé à réparer sa défaite.

Ce n'est point par les résultats que le système colonial a eus pour la France qu'il faut le juger, mais par les avantages qu'il a procurés à l'Angleterre victorieuse. Qui oserait dire que l'Angleterre ne doit pas à ses colonies sa puissance maritime ? Et si son pavillon ne dominait sur toutes les mers, que serait-elle ? Une puissance de troisième ordre. La France, après sa défaite, est encore une puissance de premier ordre : que serait-elle, si elle régnait sur les mers ?

Les économistes, il est vrai, ont calculé que, tout compte fait, les colonies de l'Angleterre lui ont plus coûté que rapporté. C'est ainsi que sa banque la ruine depuis un siècle et demi, ce qui n'empêche pas l'Angleterre d'être prépondérante dans les cinq parties du monde. Il est fâcheux que, dans leurs calculs, les économistes aient oublié d'évaluer en une somme ronde l'empire des mers.

Quant à la France, si elle conserve encore quelques vaisseaux marchands, si l'incurie du gouvernement, le vice des lois et des réglements lui laissent encore assez de matelots pour armer ses vaisseaux de guerre, c'est à ses colonies qu'elle le doit.

Les économistes ont fait mieux encore : ils ont soutenu que toute Colonie, tout système de colonisation étaient absurdes. Cette doctrine ne doit pas étonner. Ne s'est-il pas trouvé des docteurs pour enseigner que c'est folie à l'homme de se reproduire parce que l'éducation des enfants est coûteuse ? Comment auraient-ils permis à une nation ce qu'ils refusaient à l'individu ?

Mais qu'importent leurs théories ? Le besoin de coloniser n'est point pour une nation grande et forte une fantaisie passagère. Tout peuple tend à se développer, non-seulement par l'accroissement rapide de la population, mais par ce sentiment instinctif d'ambition et de mouvement qui est le caractère le plus noble et le plus éminent de l'âme humaine. Ce besoin peut se satisfaire un instant par le commerce et l'industrie, mais l'industrie et le commerce ne se suffisent pas à eux-mèmes : ils réclament l'espace ; l'activité d'une nation ne saurait demeurer enfermée dans ces étroites limites : elle se déploie par les voyages et les découvertes, par la guerre et la conquête, par les perfectionnements politiques et par la colonisation.

La colonisation est la forme la plus louable et la plus glorieuse de la conquête, c'est le moyen le plus direct de propager la civilisation. Elle est toujours utile, mais il est des circonstances qui la rendent particulièrement nécessaire. Ainsi, lorsque les douceurs d'une longue paix énervent les peuples et multiplient rapidement les hommes ; lorsque le monde est en proie à une concurrence effrénée, véritable guerre industrielle ; lorsque les âmes les plus hardies et les plus énergiques, emprisonnées dans un espace étroit, sont condamnées à se consumer sans profit et sans gloire ou à faire de leurs facultés un usage funeste ; lorsqu'une immense corruption résulte d'une trop longue stagnation, comme nous le voyons aujourd'hui, en France, quoi de plus utile que d'ouvrir un vaste débouché à toutes les formes de l'activité nationale ?

Non, ce n'est pas en vain qu'une nation multiplie le type de civilisation qu'elle représente, qu'elle crée des nations nouvelles destinées à perpétuer sa langue et ses souvenirs et la gloire de son nom. Les Colonies lui sont utiles parce qu'elles étendent ses relations commerciales et maritimes, parce qu'elles lui créent des alliés durables si une injuste oppression ne sème des haines contre-nature. Un peuple dont l'organisation politique est fondée sur la justice peut seul tirer d'une Colonie toute l'utilité qu'elle peut procurer, parce que lui seul peut la traiter avec justice.

Donc, un nouveau système de colonisation est nécessaire. Celui des seizième, dix-septième et dix-huitième siècles est vieilli. Celui des anciens ne convient plus à l'état du monde. La terre est trop bien explorée, les peuples européens sont trop forts et les instruments de leur puissance ont trop de portée pour qu'une colonie naissante se puisse passer de protection. Cette protection, la métro-pole peut la lui accorder au prix de médiocres avantages; mais elle doit lui laisser la liberté qui seule peut développer rapidement la richesse et la puissance qui manquent ordinairement à une so-ciété de création récente.

Toutes les fois qu'une nation prétendra gouver-ner à une grande distance, elle gouvernera mal, surtout avec nos préjugés bureaucratiques. Elle opprimera la Colonie, et la Colonie périra ou se-couera le joug dès qu'elle le pourra. Mieux vaut prévoir son indépendance et la préparer.

C'est ce que la France pourrait faire à Alger, si l'on voulait sincèrement coloniser l'Algérie.

Les tentatives de colonisation sont ordinaire-ment accompagnées de tâtonnements et d'efforts, mais il vaut mieux s'y exposer que de ne rien faire. L'Angleterre a commis bien des fautes dans ses Colonies; elle y a commis bien des crimes, surtout dans celles qu'elle doit à la conquête; mais si quelque chose peut l'absoudre, c'est sa persévé-rance à créer, même au prix d'énormes sacrifices, des établissements nouveaux. Ses Colonies, au moyen desquelles elle a pu se développer sur le monde entier, ses Colonies, qui sont aujourd'hui le plus solide appui de sa puissance, seront un de ses plus beaux titres de gloire aux yeux de la postérité.   COURCELLE-SENEUIL.

COMICES. A Rome, l'autorité suprême se par-tageait entre le peuple et le sénat. Le peuple fai-sait les lois proprement dites et nommait les ma-gistrats chargés d'exécuter ses volontés; dans certains cas, il prononçait comme juge. Le sénat n'était que le conseil du gouvernement. On appe-lait *Comices* les réunions du peuple pour l'exercice de ses droits.

Il y avait à Rome trois espèces de divisions du peuple. D'abord les habitants de la ville étaient di-visés en *Curies* ou arrondissements. Notre mot *paroisse* est celui qui correspond le mieux au mot curie. En second lieu, la ville et le territoire peu étendu qui l'environnait se partageaient en *tri-bus*, au nombre de 35. Les tribus tiraient leur ori-gine des populations dont elles étaient formées. Enfin, les citoyens romains étaient divisés en *cen-turies* au nombre de 193, suivant la fortune dont ils pouvaient justifier. La division par centuries était indépendante de la division du sol en tribus ou curies, comme l'est chez nous la qualité d'élec-teur à deux ou à trois cents francs.

On a vu au mot CENTURIES comment le roi Ser-vius Tullius avait trompé le peuple en proportion-nant les droits des citoyens à leur fortune. Avant ce prince, les Romains, tous égaux en droits, vo-taient par *curies*, soit pour les affaires générales de la République, soit pour les affaires particulières de la curie.

Les riches, qui faisaient les lois et nommaient les magistrats, qui décidaient de la guerre et de la paix, non contents des avantages que leur pro-curait cette position, réduisaient les plébéiens à la misère par les corvées dont ils les accablaient, par l'usure la plus odieuse; car il n'était point de chevalier ou de patricien romain qui ne fût usu-rier.

Tant d'injustices soulevèrent les classes infé-rieures du peuple. Elles abandonnèrent une ville où la liberté des citoyens était moins en danger pen-dant la guerre que pendant la paix. Cette multi-tude se réfugia à quelques milles de Rome, sur une colline fortifiée, qui, depuis, s'appela le Mont-Sacré. L'orgueil et l'avarice des patriciens furent obligés de capituler. Le peuple reconquit le droit de voter par tribus, sinon pour faire toutes les lois, pour nommer tous les magis-trats, pour être juge de toutes les questions dont l'appel pouvait être déféré aux citoyens, du moins, pour élire lui-même, à l'exclusion des patriciens, des magistrats chargés de le défendre contre l'op-pression des riches, pour statuer sur certaines questions, pour rendre, sous le nom de *plébiscites,* des décrets qui, dans le principe, ne furent obli-gatoires que pour ceux qui les avaient faits, et auxquels les chevaliers et les patriciens se virent, plus tard, forcés de se soumettre. Il fallut près de deux siècles pour obtenir ces diverses concessions.

Des trois espèces de divisions du peuple romain résultaient trois espèces de Comices ayant des at-tributions différentes : il y avait les Comices pa centuries, les Comices par curies et les Comices par tribus.

Les Comices par centuries avaient pour objet de nommer les consuls, les censeurs et les préteurs, qui étaient les principaux magistrats de la Répu-blique; ils nommaient aussi les pontifes.

Les lois étaient votées par centuries. On soumet-tait aussi aux centuries les questions de paix et de guerre, lorsque le sénat ne croyait pas devoir les décider lui-même, ou lorsqu'il n'était pas d'accord pour les résoudre. En cas d'appel au peuple, s'il s'agissait d'appliquer la peine de mort, les citoyens opinaient également par centuries.

Nous avons expliqué à ce dernier mot dans quel ordre les centuries étaient appelées à voter; com-ment, en cas de majorité déclarée, on n'avait be-soin d'appeler que les 97 premières centuries : les 18 centuries de chevaliers commençaient par don-ner leur opinion; les 80 autres ne venaient qu'a-près : c'était un avantage de plus pour les riches.

Les affaires soumises au vote par curies étaient de peu d'importance : elles regardaient particu-lièrement la ville. Ainsi, quand on soumettait au peuple les dispositions faites par un citoyen en fa-veur de la République ou de la ville, le vote avait lieu par curies. A la fin de la République, les 30 curies étaient représentées par trente syndics qui formaient seuls le Comice.

Dans les Comices par tribus, dont les patriciens étaient exclus, on nommait les tribuns du peuple, les questeurs, fonctionnaires chargés de lever les impôts et de régler les dépenses; les édiles, et tous les magistrats inférieurs de la République. Nous avons déjà dit que les *plébiscites* étaient rendus dans les assemblées par tribus : lorsqu'il s'agissait de condamner un citoyen à l'exil, les Comices avaient aussi lieu par tribus ; ce droit était celui dont les patriciens redoutaient le plus l'exercice.

Dans les Comices par tribus comme dans les Comices par centuries et par curies, les suffrages étaient d'abord recueillis par voix dans chaque tribu ou autre division ; ensuite, on comptait d'après le nombre des suffrages combien de tribus ou de centuries avaient voté pour ou contre : ainsi, la majorité ou la minorité ne s'établissait point par *voix* individuelles, mais par *tribus* ou par centuries.

D'après les objets dont ils avaient à s'occuper, les Comices se tenaient à jour fixé ou à des époques indéterminées.

Les Comices par centuries étaient indiqués et présidés par les consuls, ou par les magistrats qui les remplaçaient en cas d'empêchement. Ils ne pouvaient s'ouvrir avant qu'on eût consulté les augures, ce qui passait quelquefois un moyen de les ajourner. Le sénat prétendait avoir le droit de s'opposer à leur convocation ; il en usait quelquefois. Les tribuns du peuple veillaient à ce qu'on réunît les Comices aux époques fixes, à ce qu'on observât fidèlement les lois relatives à leur tenue et à leur police.

Le vote eut d'abord lieu verbalement ; il se fit ensuite par écrit. Lorsqu'une proposition de loi était adoptée par un votant, il répondait en écrivant : « *Uti rogas*, comme vous demandez » ; ce qui s'exprimait par les deux lettres V. R. S'il rejetait la proposition, le votant écrivait : « *Ab antiquo* » ou A. A., « comme par le passé. » S'il s'agissait de la nomination d'un magistrat, on n'écrivait que les initiales de son nom, car les élections se faisaient toujours sur une liste de candidats connus d'avance.

Il ne fallait ni l'avis des augures, ni l'assentiment du sénat, ni le concours des consuls, pour la formation des Comices par tribus. Les tribuns pouvaient les convoquer.

Chaque espèce de Comices avait son lieu de réunion. Les centuries se rassemblaient dans l'endroit nommé le *Comice*; les curies se réunissaient au Forum ; les tribus dans le Champ-de-Mars, hors des murs de la ville. Il n'était permis à personne d'entrer dans les Comices avec des armes.

Tant que la République ne s'étendit pas, les opérations des Comices se faisaient avec beaucoup d'ordre et de régularité. A un signal donné, les citoyens se partageaient en centuries, en curies ou en tribus. Les votes étaient recueillis par des officiers préposés à cet effet ; mais le désordre s'introduisit dans ces assemblées lorsque les habitants de la ville, qui jouissaient du droit de cité, furent admis à voter, soit individuellement, soit par dé-

putation. Les institutions romaines n'étaient point faites pour un grand système républicain.

On voit, d'après ces détails, que le peuple, lorsqu'il n'était pas appelé à combattre, ou occupé des travaux de l'agriculture, devait passer une grande partie de son temps dans les Comices. Un tiers de l'année était quelquefois consacré aux travaux de la politique, dont le sénat cherchait constamment à détourner les citoyens.

Rome, pendant toute la durée de la République, nous présente le spectacle de la lutte de l'égalité contre le privilége. Les patriciens aimèrent mieux subir les lois faites par le peuple que de consentir à l'abandon des prérogatives qui restaient aux classes riches ; de là, des collisions souvent sanglantes, des prétentions qui dépassaient la limite dans laquelle, sous un meilleur système, chacun se fût sagement renfermé. De l'aveu des hommes les plus dévoués à l'aristocratie, Rome ne fut sauvée que par les concessions arrachées de vive force aux patriciens. C'est à l'esprit d'égalité qu'on dut les bonnes lois, le retour à la justice et à la vertu ; on ne dut au privilége que la guerre incessante, qui était pour lui le seul moyen de se maintenir, que le pillage du monde entier, et la corruption dans laquelle la République s'enfonça et finit par s'engloutir.   AUG. BILLIARD.

COMITAT. La Hongrie se divise en douze provinces. Chacune d'elles est commandée par un comte supérieur. De là leur vient le nom de Comitat. La Transylvanie, l'Esclavonie, la Croatie, à l'exception des districts appelés frontières militaires, se divisent également en Comitats.

COMITÉ. Nous avons dit ci-dessus le rôle que doit jouer dans un gouvernement démocratique le pouvoir législatif, l'Assemblée. Elle doit, non pas exercer mais diriger le pouvoir exécutif.

Ici, deux questions se présentent, fort délicates l'une et l'autre : 1º De quelle manière l'Assemblée exercera-t-elle ce contrôle ? 2º Comment empêcher que la direction n'empiète sur l'exercice ?

Il est d'abord évident que l'Assemblée toute entière ne peut surveiller le gouvernement. Elle doit donc déléguer ce soin à quelques-uns de ses membres.

En conséquence, une Assemblée qui dirige souverainement les affaires du pays doit se former en Comités. Ces divers Comités auront dans leurs attributions les diverses matières de gouvernement; ils se feront rendre compte par le pouvoir et ses agents, et rendront compte eux-mêmes à l'Assemblée.

Il faut bien reconnaître maintenant que cette mission de contrôle attribuée à quelques individus fournirait nécessairement l'occasion de quelques empiétements. L'activité ambitieuse des uns, la paresseuse indifférence des autres, tendraient forcément à confondre les deux pouvoirs, législatif et exécutif, qui doivent être soigneusement distingués.

Le remède le plus efficace consisterait dans la mobilité du personnel des Comités; les commis-

COMITÉ.

saires seraient nommés pour un temps, et leur mandat ne devrait pas être renouvelé sans interruption. Tel serait le principe dont il ne faudrait se départir qu'en cas de nécessité absolue et démontrée.

Un autre remède également efficace serait la sévère et jalouse surveillance de l'Assemblée.

Au reste, avec une responsabilité sérieuse et sérieusement organisée, avec le renouvellement annuel du mandat de l'Assemblée représentative, ces usurpations seraient peu à craindre. **E. D.**

COMITÉ DE SALUT PUBLIC. Comme les précédentes assemblées révolutionnaires, la Convention nationale se divisait en Comités. Les principaux étaient les Comités de *Constitution*, de *Défense générale*, de *Gouvernement*, de la *Guerre*, de l'*Instruction publique*, de *Législation*, de *Salut public* et de *Sûreté générale*.

La royauté ayant été abolie, la Convention concentra dans son sein tous les pouvoirs, et établit le gouvernement révolutionnaire. Elle déféra, en même temps, la partie exécutive de son pouvoir aux deux Comités de salut public et de sûreté générale. Les attributions de ces deux Comités étaient diverses. Aux termes de l'article 2 de la 2e section de la loi qui les avait institués, le Comité de salut public était chargé de la surveillance immédiate de tous les corps constitués et de tous les fonctionnaires, ainsi que de toutes les mesures de gouvernement et de salut public. Il devait, chaque mois, rendre compte de ses travaux à la Convention nationale. Le Comité de sûreté générale avait dans ses attributions tout ce qui était relatif aux personnes et à la police intérieure et générale. Sur certaines matières, les deux Comités délibéraient et statuaient concurremment.

Ce qu'ont fait ces deux Comités, le monde le sait. Ils ont sauvé la France. Mais ce qu'on ne sait pas aussi bien, c'est ce qu'on peut appeler leur histoire intime, et surtout celle du Comité de salut public. C'est là pourtant celle qu'il importe le plus de connaître, car elle seule donne la clé de bien des complications dont il est fort difficile autrement de se rendre compte. Or, cette histoire n'existe pas : la plupart de ceux qui l'auraient pu faire sont morts, et n'ont laissé que des renseignements incomplets. Le seul d'entre eux qui survive est M. Barère ; nous devons à son obligeance l'article suivant, qui nous semble combler la lacune que nous signalions tout-à-l'heure (1).

(1) Depuis quarante-cinq ans, M. Barère a cessé de prendre part aux affaires publiques. Comme tous les membres du grand Comité de salut public, il en était sorti pauvre : il est resté pauvre. Depuis quarante-cinq ans, il garde le silence. Nous savions qu'il lui répugnait de le rompre. Cependant, il nous a paru que, seul survivant des hommes qui ont marqué dans cette grande époque, il était seul à même de nous fournir les renseignements que nous voulions. Nous nous sommes donc adressés à lui avec confiance ; nous avons pensé qu'il ne nous refuserait pas les moyens d'éclairer nos concitoyens sur les hommes et les choses de la Révolution. Notre espérance n'a pas été trompée : M. Barère a répondu à notre demande en nous envoyant, sous le titre de *Simples Notes* l'article que nous publions ici. Nous avons également reçu de lui des notes sur la Convention nationale. (V. ce mot.)

SIMPLES NOTES SUR LES COMITÉS DE SALUT PUBLIC.

Lorsque la Convention nationale se constitua et s'organisa, le 21 septembre 1792, elle trouva et maintint un *Conseil provisoire exécutif* et ses ministres. Elle conserva également un *Comité de défense générale* qui avait été établi après le 10 août par l'Assemblée législative.

Le conseil exécutif, préoccupé d'en finir avec les Prussiens sur la frontière de l'est, et de résister aux Autrichiens sur la frontière du nord, avait épuisé ses forces gouvernementales, que la victoire de Jemmapes rétablit un instant.

Le Comité de défense générale lui donnait peu de secours, absorbé qu'il était par l'esprit de parti. La coterie des Girondins, venue de l'Assemblée législative, luttait sans cesse avec la coterie des Dantoniens, qui devint le parti des Montagnards.

Cette lutte des deux partis, qui se renouvelait à chaque séance du soir, où les membres de la Convention nationale avaient droit d'assister, dévoila une profonde intrigue tramée par les chefs des deux partis, qui cherchaient à s'emparer de Dumouriez pour se servir, dans leurs vues ultérieures et secrètes, de l'influence d'un général victorieux.

Mais Dumouriez n'était pas facile à tromper. Il déjoua les deux partis en faisant défection, et laissa ouverte la frontière du nord en passant traîtreusement dans les rangs autrichiens.

L'impuissance notoire et le mauvais vouloir des partis qui divisaient le Comité de défense générale le firent destituer, et la Convention établit, au commencement d'avril 1793, le premier Comité de salut public, composé de douze membres. Ce Comité fut investi de pouvoirs très-étendus ; mais quoique la crise fût toute militaire, il n'y avait parmi les membres qui le composaient aucune gloire, aucun talent militaire spécial.

Heureusement, la France allait par elle-même, par l'enthousiasme de la liberté et de l'égalité, par la nationalité de ses nombreux volontaires.

Ce premier Comité eut à se débattre contre un envoyé plénipotentiaire de William Pitt, qui, sous prétexte de pacification générale, proposait l'acceptation de conditions toutes incompatibles avec le nouveau régime. Quand l'agent diplomatique eut développé son plan de contre-révolution perfectionnée, il fut mal mené par le Comité de salut public, qui ne vit en lui qu'un espion couvert du manteau diplomatique pour venir explorer la situation de la France, l'état de l'opinion, et ranimer les partis mourants. Le Comité intima l'ordre à l'agent du ministre Pitt de sortir du territoire français dans les vingt-quatre heures.

Peu de temps après, éclata la journée insurrectionnelle du 31 mai, que le Comité n'avait pu ni prévoir ni empêcher, parce que le principal auteur de ce coup de main militaire des sections armées de Paris était habile à se déguiser dans le Comité de salut public dont il était membre. Danton, qui n'avait que des moments d'audace et des paroxysmes de résolution, recula devant les désastreuses suites du 31 mai, son ouvrage. Son ambition fut déconcertée et n'osa point se montrer à découvert.

Mais la Convention sentit vivement le besoin de changer les membres du Comité de salut public, et surtout d'en éliminer Danton.

Voilà l'origine du deuxième Comité de salut public, dont les membres nouveaux furent nommés par la Convention nationale au commencement de juillet 1793.

C'était sans contredit le moment le plus critique pour la nation; elle était alors en proie à la guerre civile dans l'Ouest et le Midi; à la guerre étrangère sur toutes les frontières; à l'invasion navale de ses villes maritimes par les Anglais et les Espagnols réunis; aux efforts du fédéralisme dans la moitié des départements, qui s'étaient violemment séparés de la Convention nationale.

L'histoire de ce deuxième Comité de salut public, qui se dévoua aux plus grands travaux sans en redouter la responsabilité et les dangers évidents, est écrite dans ses deux cents rapports faits à la Convention, et dans des milliers d'arrêtés, de correspondances dans les armées et dans les départements, d'instructions militaires, de plans de campagnes et de délibérations incessantes, la nuit et le jour, depuis le commencement de juillet 1793 jusqu'au commencement de septembre 1794. (V. le *Moniteur*).

Le deuxième Comité de salut public vit, dès les premiers jours de son établissement, que les frontières envahies, les départements de l'Ouest révoltés, les places fortes et les ports vendus ou livrés à l'étranger, ne laissaient plus d'autre question à traiter que celle de l'existence même de la nation et de la conservation de son territoire et de sa liberté. La France était alors, selon l'expression des Anglais, réduite à ce point de fait: *Être ou ne pas être* (to be or not to be).

Le Comité se hâta d'organiser quatorze armées pour supporter énergiquement le poids entier de l'Europe armée et soldée par les immenses emprunts du gouvernement anglais, chef de toutes les coalitions au dehors et de tous les complots et intrigues au dedans de la France. Depuis la reprise glorieuse de Toulon, dans l'hiver de 1793, jusqu'à la reprise forcée des quatre places fortes du Nord dans l'été de 1794, le Comité parvint, avec les armées héroïques de la nation, à chasser loin des frontières les armées étrangères, à conserver l'intégralité du territoire français, l'indépendance nationale et les libertés publiques.

Après le 9 thermidor, les médiocrités ambitieuses et les passions effrénées cherchèrent à s'emparer des énormes travaux du deuxième Comité de salut public, et à profiter des victoires des quatorze armées. Elles avaient aussi un intérêt personnel à enlever le Comité des correspondances accusatrices. La nomination d'un troisième et nouveau Comité de salut public fut résolue par les agents coalisés de la réaction thermidorienne combinés avec les intrigues vindicatives de l'émigration.

Dans un premier mouvement de justice et de reconnaissance, lorsque le deuxième Comité de sa-lut public fut attaqué et dénoncé, la Convention nationale décréta, à la presque unanimité, que le Comité avait bien mérité de la nation et sauvé la patrie. La tactique des réactionnaires conventionnels fut la persistance; ils revinrent deux fois à la charge, accusant et dénonçant le Comité dont les membres avaient donné leur démission. Le procès que les réactionnaires leur intentaient n'eut pas de suites, à cause de la résistance qu'opposait l'opinion publique. En conséquence, ils provoquèrent une émeute pour se donner le prétexte de déporter sans forme de procès ni de jugement plusieurs membres du deuxième Comité de salut public.

Telle fut la récompense accordée aux hommes courageux et désintéressés qui s'étaient dévoués avec succès à tous les travaux et à tous les dangers pour le *salut de la patrie*.

Le troisième Comité de salut public se plaça sous la protection contre-révolutionnaire des députés thermidoriens et des sections royalistes de Paris; il subit, en même temps, le joug des diplomates que le gouvernement anglais fit arriver à Paris, tels que l'ambassadeur de Suède et les commissaires de l'émigration, chargés d'inspecter la conduite des hommes du pouvoir dévoués aux princes bannis. Ce Comité de salut public assista à la réaction la plus barbare depuis Lyon jusqu'à Marseille; depuis Nantes, Bordeaux et les départements du Midi jusqu'à Toulouse. Il envoya dans les principaux départements les députés réactionnaires les plus furibonds pour y présider à tous les mouvements de vengeance et de réaction contre les patriotes proscrits sous le nom de terroristes.

Ce Comité de salut public et la Convention ne virent les dangers de la situation qu'ils s'étaient faite eux-mêmes que lorsqu'ils furent en présence de l'abîme. L'armée royale catholique se coalisait avec les émigrés et les Anglais, traînant avec eux le comte d'Artois à l'île Dieu pour opérer une formidable descente sur les côtes de l'Ouest. Cette attaque imprévue réveilla le Comité et la Convention de leur coupable apathie; elle interrompit l'action réactive qu'ils avaient tolérée ou encouragée, et il fallut aller combattre et vaincre les ennemis vendéens et étrangers dans la fameuse bataille de Quiberon.

Mais il restait à la Convention nationale et au Comité de salut public une autre victoire à remporter sur des ennemis domestiques qu'on n'avait que trop ménagés et encouragés. Les sections armées de Paris s'étaient organisées pour attaquer à force ouverte la Convention nationale, la dissoudre violemment, et rappeler les princes bannis avec les émigrés. Force fut de se défendre aux Tuileries par toutes sortes de moyens, même en armant les patriotes prisonniers de la réaction. La journée du 13 vendémiaire 1795 délivra la Convention nationale, qui fit mitrailler à outrance dans Paris ces sections contre-révolutionnaires; mais cette victoire si nécessaire, quoique si déplorable, ne fit qu'accélérer la fin de la Convention nationale, dont plusieurs membres allèrent se réfugier dans le directoire exécutif et les deux conseils.

Ces trois Comités sont entrés, depuis près d'un demi-siècle, dans le domaine de l'histoire, et sont devenus justiciables de l'équitable et inexorable postérité. BARÈRE.

COMMERCE. Celui qui fait profession d'acheter des marchandises pour les revendre avec bénéfice est un commerçant; son industrie s'appelle Commerce.

La fonction économique du Commerce est de donner de la valeur aux marchandises en servant d'intermédiaire entre ceux qui les produisent et ceux qui les consomment. On en distingue plusieurs espèces.

Le négociant qui envoie ou qui va chercher des marchandises chez les nations étrangères fait le *Commerce extérieur.* Celui qui prend dans son pays des marchandises pour les revendre dans son pays fait le *Commerce intérieur.* Celui qui achète des marchandises par grosses parties pour les revendre en détail fait le *Commerce de détail.* Celui qui achète des marchandises lorsqu'elles sont à vil prix, et qui les garde pour les vendre lorsqu'elles sont à un prix plus élevé, fait le *Commerce de spéculation.* Il est inutile d'énumérer les diverses classes de commerçants que la division du travail a fait naître. Tous se proposent également de transporter les marchandises d'un lieu ou d'un temps où elles ont peu de valeur dans un lieu ou dans un temps où elles ont une valeur plus grande.

L'industrie du commerçant est aussi réellement productive que l'industrie proprement dite. Le même ballot de poivre a une valeur plus considérable à Paris qu'aux Moluques. Cette différence de valeur a été produite par le Commerce. Une livre de poivre prise séparément a plus de valeur pour celui qui n'a pas besoin du ballot tout entier que la même livre de poivre prise avec beaucoup d'autres, en gros. La valeur qu'elle a ainsi acquise est encore le fait du Commerce.

Telle est l'utilité économique du Commerce. Aucun esprit juste ne l'a contestée. Mais de vives discussions se sont élevées sur son importance et sur les encouragements qu'il convient de lui donner.

Il faut d'abord rendre justice au grand rôle que le Commerce a joué dans l'histoire du monde. Il n'y a point eu d'agent plus actif de civilisation. Combien de fois n'a-t-il pas transporté les modes, les mœurs, les idées des différents peuples avec leurs marchandises? C'est lui qui a inspiré les voyages les plus lointains et les plus périlleux, qui a poussé les hommes à l'exploration de la terre, qui seul a fait braver les mers les plus redoutées, les déserts les plus inhabitables, les peuples les plus inhospitaliers. Qui pourrait dire ce que la civilisation grecque a dû aux Caravanes qui transportaient jusqu'en Europe les produits du Haut-Orient, ce qu'a dû la civilisation moderne aux négociants de Venise, de Gênes, de la Hanse germanique? Qui pourrait assurer qu'ils n'ont point apporté avec eux l'imprimerie, la poudre à canon, la boussole, ces puissants instruments de civilisation qui ont si grandement étendu les voies et le domaine de l'humanité?

Les services que le Commerce a rendus à la civilisation sont inappréciables. Son génie cosmopolite et ami de la liberté a toujours lutté contre la tyrannie féodale et n'a pas peu contribué à l'avènement de la démocratie moderne. Le Commerce n'a guère fait moins pour la cause de la civilisation que la guerre et les spéculations de la science, et cependant il a été utile sans gloire, parce que son activité n'avait pour but qu'un gain immédiat et individuel, parce que s'il bravait les dangers, c'était sans aucune pensée de dévouement.

Aussi, des publicistes distingués pensent-ils qu'il n'est pas d'une bonne politique de pousser une nation aux entreprises commerciales. Bien qu'ils reconnaissent l'utilité du Commerce, ils se défient de l'influence qu'il exerce sur les hommes qui le pratiquent. Leurs répugnances sont fondées sur le caractère rapace et égoïste des peuples commerçants. Ils se rappellent Tyr et Carthage, et Venise et la Hollande, et ils nous montrent l'Angleterre.

Ces répugnances sont respectables et méritent d'être sérieusement considérées. Elles ne s'appliquent pas évidemment au Commerce intérieur, qui est toujours restreint dans certaines limites par les besoins de la consommation. Quant au Commerce extérieur, un gouvernement peut le gêner ou le décourager; mais il ne dépend pas de lui de faire qu'un peuple soit ou ne soit pas principalement commerçant. Qu'auraient été la Hollande et Venise, États sans territoire, si leur activité ne se fût déployée dans le Commerce et dans la fondation de colonies lointaines? La France, au contraire, avec son vaste territoire continental, ne peut jamais devenir une nation exclusivement commerçante. L'exportation de ses produits et l'importation de ceux que lui fournissent les autres peuples peuvent seules suffire à un Commerce considérable qu'elle devrait toujours faire par elle-même. Du reste, quand même elle deviendrait ce que fut la Hollande, le premier courtier de l'univers, les commerçants seraient toujours en minorité au milieu de sa nombreuse population.

La France peut, non-seulement sans danger, mais avec avantage, encourager toutes les branches de la production. L'agriculture qui exerce sur les hommes la plus salutaire influence, qui fournit les produits les plus indispensables, y dominera toujours, sans effort, sous un gouvernement vraiment national. L'industrie de fabrication et l'industrie commerciale n'y doivent être que les auxiliaires et l'ornement de l'industrie agricole. Le Commerce extérieur doit fournir des débouchés et des matières premières aux autres branches de la production. Il est bon qu'il soit exercé par des nationaux, car son esprit n'est pas sans grandeur; il tend à entretenir le goût des entreprises lointaines; il ouvre une carrière large et féconde aux âmes aventureuses. D'ailleurs, il est la base de la puissance maritime, et à ce titre seul il mériterait la plus vive sollicitude d'un gouvernement national ; car la France ne peut occuper le rang qui lui appartient dans le monde qu'à la condition d'être une puissance maritime de premier ordre. Tous les grands hommes d'état qu'elle a produits ont été d'accord sur ce point, et l'expérience a justifié leurs maximes.

Le Commerce intérieur est très-favorable à l'assimilation, à l'identification d'un même peuple. Il n'est pas susceptible de s'étendre isolément et sans mesure comme le Commerce extérieur. Il ne présente donc aucun danger, et chaque fois que le gouvernement lui crée une voie de transport nouvelle, il crée une nouvelle richesse.

Le Commerce de spéculation tend à maintenir la stabilité et l'égalité dans les prix. Il est utile au pays, mais dangereux pour ceux qui l'exercent.

Favoriser de toute manière le commerce intérieur, encourager et diriger d'une façon convenable le Commerce extérieur, tolérer le Commerce de spéculation, tel est le devoir d'un gouvernement sage. Il ne doit point craindre un développement excessif de l'industrie commerciale tant que les autres branches de la production seront également encouragées. D'ailleurs, le vrai Commerce inspire des vertus qui lui sont propres. L'ordre, l'exactitude, la bonne foi, l'économie, sont des qualités indispensables au vrai commerçant, et partout où le Commerce a prospéré, elles ont brillé d'un vif éclat. Tant que le Commerce conserve son véritable esprit d'activité loyale, il est utile à l'État et honorable pour les particuliers qui en font profession. Le règne des préjugés hostiles à la production commerciale et industrielle est passé, bien que l'opinion se ressente encore un peu de leur influence. Tous les gens sensés comprennent aujourd'hui, et tout le monde comprendra bientôt combien le plus humble producteur est plus respectable que le consommateur oisif. Espérons que sous l'influence des doctrines démocratiques, le Commerce français reprendra bientôt les bonnes traditions qu'il semble avoir abandonnées, à la suite des bouleversements sociaux et économiques de ces derniers temps, et qu'il repoussera loin de lui l'agiotage et la fraude dont il a été infecté par les hommes qui se disent les restaurateurs de la monarchie.

COURCELLE-SENEUIL.

COMMISSAIRE. Agent essentiellement révocable, chargé d'une mission ou d'un service extraordinaire, soit à l'intérieur, soit à l'extérieur. Ainsi, on nomme des Commissaires pour déterminer les frontières de deux pays limitrophes, pour régler l'usage commun de certaines choses entre deux pays, pour fixer après une guerre les tributs ou indemnités à la charge d'un ou plusieurs gouvernements.

A l'intérieur, les fonctions de Commissaire ont pour objet, soit une enquête ou une vérification spéciale, soit une surveillance particulière pour assurer l'exécution des lois ; soit l'établissement et l'organisation d'un nouveau service, d'une nouvelle administration.

Un gouvernement ne doit user qu'avec une ré-

serve extrême de la faculté qu'il a, dans les circonstances difficiles, de nommer des commissaires chargés de veiller à ce que ses ordres soient fidèlement ou rapidement exécutés. Cependant, il y aurait quelquefois de la faiblesse à ne pas employer de semblables moyens. N'hésitons point à dire que l'envoi de représentants du peuple par la Convention, soit aux armées, soit dans les départements, contribua puissamment au triomphe de la République, malgré l'abus que quelques-uns d'entre eux firent de leur autorité. En 1815, l'empereur envoya des Commissaires extraordinaires sur les points où il importait le plus de réunir des moyens de défense ou de réchauffer le patriotisme des populations. Ceux qu'il choisit parmi les anciens généraux ou parmi les anciens Représentants de la République furent aussi ceux qui opposèrent la plus vive résistance à l'étranger.

Le pouvoir législatif, le pouvoir exécutif et le pouvoir judiciaire peuvent, suivant les circonstances, nommer des commissaires, mais seulement dans les limites de leurs attributions ou de leurs droits respectifs.

Il nous reste à parler d'une dernière espèce de Commissaires. Lorsque le pouvoir exécutif croit que les tribunaux ordinaires ne montrent point assez de vigueur ou d'empressement pour le délivrer de ceux qu'il regarde comme ses ennemis, il institue ou se fait autoriser à instituer des Commissaires dont la justice est plus expéditive. Malheur au gouvernement qui se trouve réduit à de tels expédients. Aux jours de la défaite, ce sont là les méfaits qui lui sont le moins pardonnés. A. B.

COMMISSAIRE DE POLICE. Agent du pouvoir exécutif spécialement chargé de veiller à la tranquillité et à la sécurité publiques. D'après cette définition, on voit de combien d'attributions se composent les importantes fonctions de Commissaire de police. Il n'est point de magistrat plus nécessaire ; c'est à lui que recourent les citoyens toutes les fois qu'ils ont besoin de protection. D'un autre côté, les Commissaires de police sont les instruments de l'autorité supérieure toutes les fois qu'elle a besoin de prescrire le respect à la loi. En cas d'émeute ou de rassemblement, l'emploi de la force ne peut avoir lieu que sur la réquisition et après trois sommations du Commissaire de police revêtu des insignes de ses fonctions.

Les Commissaires de police sont, à-la-fois, les agents de l'administration et les agents de la police judiciaire. Dans la première qualité, ils veillent au maintien de l'ordre public ; dans la seconde, ils sont chargés de la recherche des crimes et délits qu'ils dénoncent aux magistrats de sûreté. Ainsi, les Commissaires de police forment en quelque sorte le lien qui unit la justice à l'administration.

Cette magistrature si utile n'existe que dans les communes urbaines qui ont assez de ressources pour en acquitter les dépenses ; on ne peut citer que deux ou trois communes rurales où elle soit établie. A défaut de commissaires de police, ce sont les maires et leurs adjoints qui en exercent les fonctions. Cet ordre de choses a de graves inconvénients. La police, quel qu'en soit l'objet, est une affaire d'intérêt général ; il faut que la société ait sur tous les points du sol la même force, les mêmes garanties ; que tous les citoyens y trouvent la même protection. Voilà pourquoi nous avons demandé dans un autre article que le pays fût divisé par cantons, ayant autant que possible les mêmes ressources et la même organisation administrative. Chaque subdivision politique aurait son Commissariat de police, ainsi que cela se voit dans les états de l'Union anglo-américaine.

Le système actuel donne lieu à une autre difficulté. Les maires sont élus par une fraction du peuple ou pris sur une liste de candidats élus par une fraction du peuple. Les Commissaires de police doivent-ils être également nommés par les électeurs municipaux de chaque localité ? D'après la loi du 8 juin 1792, ils étaient électifs comme les membres de la municipalité. La loi du 24 ventôse an III établit qu'ils seraient nommés par le comité de sûreté générale. Celle du 3 brumaire an IV conféra leur nomination aux administrations municipales ; depuis le 22 frimaire an VIII, ils sont nommés par le gouvernement.

Cette question ne peut se résoudre que par les changements qu'il est indispensable de faire dans la division du territoire. Dans l'état présent elle est insoluble. Il serait impossible d'avoir des Commissaires de police chargés de la surveillance de plusieurs communes, parce que la police dépend en partie de l'administration à laquelle elle rend chaque jour compte de ses actes ; et qu'en conséquence elle ne doit pas la déborder. Elle ne doit pas non plus se renfermer dans des circonscriptions qui ne s'harmonieraient pas avec l'organisation judiciaire.

Avec l'institution cantonale, les fonctions de Commissaire de police, à raison de leur caractère mixte, devraient être déléguées à la fois par le peuple et par le gouvernement, car dans le système de l'unité et pour le maintien de ce système, c'est nécessairement au gouvernement qu'appartient la nomination des agents du ministère public dont les Commissaires de police ont à recevoir les ordres et les instructions. Il me semble que le Commissaire ou les Commissaires de police devraient être choisis par le gouvernement sur une liste de candidats faite par l'administration locale. Dans le cas où aucun candidat ne serait agréé, le canton serait tenu d'en présenter d'autres jusqu'à ce qu'il y en eût un d'accepté par l'autorité suprême.

Dans les dernières années de l'Empire, on avait établi sur certains points du territoire des Commissaires généraux de police, dont le ressort se composait de plusieurs départements. Cette conception était la plus déplorable qu'on pût imaginer, parce que l'autorité des préfets et des maires se trouvait débordée par un pouvoir qui devait au contraire leur être subordonné.   A. BILLIARD.

COMMISSAIRE DU GOUVERNEMENT. Dans le temps de la République, ce nom se donnait aux magistrats chargés de remplir les fonctions du ministère public près les tribunaux.

COMMISSAIRE DU ROI. Délégué du pouvoir exécutif chargé, concurremment avec un ou plusieurs ministres, d'exposer les motifs et de soutenir, devant l'une ou l'autre des deux chambres, la discussion d'un projet de loi.

COMMISSION. De *Committere*, confier. Ce mot est à-peu-près synonyme de mandat. Charger quelqu'un d'une Commission c'est lui donner un mandat ; mais il exprime plus particulièrement les mandats ou ordres émanés de l'autorité exécutive. On disait, en France, sous l'ancien régime, et on dit encore aujourd'hui en Angleterre, que tel individu a reçu sa Commission d'officier, etc.

On appelle Commission rogatoire l'acte par lequel l'autorité judiciaire charge un magistrat d'exercer un pouvoir qui ne lui appartient pas ; de rechercher, de vérifier certains faits qui ne concernent pas sa juridiction.

De la chose, le mot a passé aux personnes. On nomme Commission la réunion des commissaires chargés de certaines missions par les pouvoirs constitués.

Dans l'origine, les tribunaux formaient de véritables Commissions. Et depuis que la magistrature est devenue un corps plus ou moins indépendant, mais, du moins, permanent, les divers pouvoirs qui se sont succédés en France se sont toujours efforcés de rétablir les Commissions judiciaires. En 1814, les Bourbons promirent solennellement l'abolition de ces sanglantes juridictions. Le mot, en effet, ne reparut point, mais il n'en fut pas ainsi de la chose. On sait le rôle qu'ont joué, dans les réactions de cette époque, les cours prévôtales. En 1832, après les journées de juin, le gouvernement actuel nomma des Commissions militaires chargées de juger les insurgés pris les armes à la main. Un arrêt de la cour de cassation déclara ces tribunaux exceptionnels contraires à l'esprit et à la lettre de la Charte, et ces tribunaux tombèrent. Le pouvoir a depuis déféré le jugement des procès politiques à la cour des pairs, qui juge en vertu d'une Commission royale, et dont la compétence n'est pas fixée.

Le conseil d'État est le conseil légal de l'administration supérieure pour toutes les parties de l'administration. Mais, en dépit de tous les vices de son organisation, le conseil d'État finit toujours par expédier les affaires, il en est quelques-unes dont il importe que la solution soit ajournée aux futurs contingents. Alors les ministres nomment pour examiner ces affaires des Commissions administratives. Il est de règle que ces Commissions commencent leur travail ; mais il est de règle aussi qu'elles ne le finissent pas. On se plaint au ministre. Ce n'est pas sa faute, il a nommé une Commission. Que veut-on de plus ?

Les deux chambres du parlement se divisent, comme nous l'avons dit, en bureaux. A la chambre des députés, lorsqu'il s'agit de faire un rapport sur un projet de loi, les bureaux nomment une commission. D'ordinaire, cette Commission est composée de 9 membres, quelquefois de 18, suivant l'importance de la matière. Jusqu'à l'année dernière, la Commission du budget était composée de 36 membres.

Cette méthode présente de graves inconvénients. Comme les nominations des bureaux se font à la majorité des voix, la minorité de la chambre n'a que fort rarement accès dans les Commissions. Jamais, par exemple, ou presque jamais un membre de la minorité n'est chargé d'un rapport important. Il est plus capable qu'un autre : qu'importe, il ne vote pas avec la majorité ; et le pays se trouve ainsi privé des lumières d'un homme capable. Ces inconvénients frappent tous les bons esprits ; mais on a fait, à diverses fois, de vaines tentatives pour établir un meilleur régime.

À la chambre des pairs, c'était, jusqu'à l'année dernière, le président qui nommait les membres des Commissions. Depuis l'année dernière, la chambre a revendiqué ce droit ; et il y a eu transaction. C'est tantôt la chambre elle-même, tantôt son président qui nomment les membres des Commissions. — Ces deux modes sont également défectueux.

E. D.

COMMITTIMUS. On appelait *Committimus, nous commettons,* le privilège d'enlever certaines affaires à la connaissance des tribunaux ordinaires pour les déférer à des juges particuliers. Ce privilége ne fut accordé, dans l'origine, qu'aux officiers et aux domestiques des maisons royales : ils faisaient évoquer les affaires intentées contre eux par devant les maîtres des requêtes de l'hôtel, et ceux-ci, comme il est inutile de le faire observer, les traitaient toujours avec certains égards. En 1320, suivant Denisart, Philippe-le-Long établit une autre chambre des requêtes, chargée de recevoir les évocations faites au parlement. Au reste, dans cette anarchie légale, il y avait privilége contre privilége : ainsi, l'on voit que certaines provinces étaient affranchies des Committimus. Tous ces abus furent réformés par la sagesse de l'Assemblée constituante.

B. H.

COMMUNAL. Qui appartient à la commune.

COMMUNAUTÉ. Possession en commun. Il semble que ce mot présente un sens tellement clair qu'il ne puisse être sujet à discussion ; et pourtant on lui a donné depuis quelque temps une signification politique si importante qu'il est devenu pour beaucoup d'esprits le synonyme d'abolition de la propriété. Il y a là, selon nous, une grave erreur de logique, et dans le mot et dans la chose.

L'organisation actuelle de la propriété présente d'immenses abus. Combattre et détruire ces abus en modifiant cette organisation, voilà quels doivent être nos efforts. Mais détruire la propriété en elle-même, faire disparaître de la société l'idée de propriété, voilà ce que nous déclarons impossible, à moins qu'on ne fasse disparaître en même temps l'idée de l'individualité humaine.

Or, on aura beau faire, il y aura toujours dans l'association humaine deux choses : la société et l'individu. L'individu ne saurait vivre sans la société ; mais aussi la société ne saurait se conce-

voir sans admettre l'individu. Ce sont deux existences corrélatives qui se supposent mutuellement, qui se complètent l'une l'autre. Aussi nous ne voulons pas examiner si le progrès social consiste à sacrifier l'individu à la société ou la société à l'individu. Cette question souvent débattue n'a pas de sens ; ces deux éléments étant aussi nécessaires l'un que l'autre, il ne faut en sacrifier aucun ; et le progrès social consiste simplement à donner un développement simultané à la société et à l'individu ; car ce qui blesse l'individu blesse la société ; ce qui satisfait la société doit satisfaire l'individu. Tout changement qui ne renferme pas ces deux conditions sera par cela seul une révolte contre la loi du progrès. Et, précisément, ce que nous reprochons à l'organisation actuelle de la propriété, c'est de ne pas tenir compte d'une foule d'intérêts individuels, c'est de constituer une innombrable multitude de parias qui ne peuvent avoir leur part dans la distribution des richesses sociales.

Or, quel serait le but de la Communauté telle qu'on est obligé de l'entendre, si l'on veut faire preuve de logique ? Ne serait-ce pas de constituer un seul intérêt collectif, et d'anéantir tous les intérêts particuliers, de créer une seule pensée générale et d'étouffer toute pensée individuelle ? Qu'il nous soit permis de le dire. Ce serait ne faire que la moitié de la besogne sociale ; ce serait mutiler la nature humaine. En effet, si l'homme n'est qu'une fraction de l'unité sociale, il forme aussi par lui-même une unité complète ; s'il agit avec les autres et par les autres, il agit aussi par lui-même ; s'il pense par les autres, il pense aussi par lui-même : il est impossible de le réduire à l'état d'abstraction. Nous allons plus loin ; nous affirmons, et les preuves ne nous manqueraient pas, que le principal travail de la civilisation a consisté à dégager de plus en plus la personnalité de chacun au milieu de l'association humaine. Aux beaux jours du patriciat antique, les plébéiens n'avaient pas de droit individuel ; ils n'avaient pas même de nom qui leur appartînt. Ils faisaient partie d'une *gens*, d'une Communauté, et tous s'appelaient Fabius ou Horatius, etc., selon qu'ils appartenaient à la *gens Fabia* ou à la *gens Horatia*. Après l'affranchissement des plébéiens, toute la race esclave resta encore sans droit individuel ; on ne la connaissait que comme la grande Communauté d'esclaves. Le christianisme est venu protester contre cette immoralité, et individualiser chaque membre du troupeau. Nous qui tendons à donner à l'idée chrétienne tous ses développements, parce que l'idée chrétienne est l'égalité, nous devons nous efforcer de faire que tout homme soit un *nombre* distinct des autres.

Or, c'est le contraire que ferait la Communauté, car elle réduirait chacun à n'être qu'un zéro.

N'est-ce pas marcher contre la logique de l'histoire ? Étudiez le sens de la lutte plébéienne contre le patricien. Les plébéiens demandaient-ils que l'individu patricien vînt se confondre dans leur Communauté ? non. Ils demandaient que l'individualité plébéienne allât prendre rang à côté de l'individualité patricienne. Et, en effet, l'égalité consiste à monter, et non pas à descendre.

Voyons maintenant si la Communauté peut être véritablement ce qu'on voudrait qu'elle fût, la destruction de la propriété. D'abord, l'on est obligé de reconnaître que, dans toute association humaine, il y a certains faits de Communauté. Même chez les tribus nomades qui parcourent les déserts, il y a des moments où la Communauté se manifeste. Lorsqu'elles dressent leurs tentes pour se reposer de leurs longues courses, il y a Communauté de domicile ; lorsqu'elles combattent leur ennemi, il y a Communauté d'intérêt. Puis, lorsque chacun replie sa tente, lorsqu'il charge ses chameaux de sa part du butin, il rentre dans son individualité. Voilà d'une part la Communauté, de l'autre la propriété particulière. Voilà la société et l'individu. Eh bien ! partout ces deux éléments se retrouvent. Que l'homme se fixe dans les villes, il y a Communauté de demeure, la cité ; puis domicile individuel, la maison. La cité représente la société, la maison représente l'individu. Or, nous disons que l'on aura beau faire, jamais la Communauté ne sera tellement complète que la propriété individuelle puisse disparaître. Supposons la Communauté poussée aussi loin qu'on puisse l'imaginer, il arrive toujours un moment où le bien commun est soumis au partage : dès-lors, la part de chacun s'individualise ; chacun a sur sa part des droits que n'ont pas les autres ; il en est maître exclusif, il en est propriétaire. On aura beau vouloir se rejeter sur des distinctions de mots, dire qu'il est possesseur, qu'il est usufruitier. Nous ne tenons pas au vocabulaire consacré ; mais le fait est le même. Lorsque la soupe commune est distribuée, chacun est bien propriétaire de la portion qui se trouve dans son assiette ; car il l'absorbe à son profit personnel. Cet exemple est sans doute bien vulgaire, mais il a le mérite d'être facilement compris. Nous disons donc qu'il est impossible de détruire l'idée du tien et du mien, parce que c'est l'idée de la personnalité humaine, et que cette idée ne s'éteint qu'avec l'individu. Il faudrait, d'ailleurs, en saine logique, que rien ne fût personnel, que les habits eux-mêmes fussent communs. Seulement, il y a une légère difficulté, c'est que tout le monde n'a pas la même taille ni la même ampleur. Or, quand un principe amené à son application logique rencontre des obstacles aussi misérables et en même temps aussi puissants que des obstacles matériels, ce principe porte en lui-même sa propre condamnation.

Nous pensons, du reste, que les partisans de la Communauté n'ont que le tort d'être préoccupés d'un mot, et que c'est là l'unique source de leurs erreurs. Nous voulons comme eux que la propriété soit autrement organisée ; nous voulons comme eux que le travail soit autrement constitué, et les fruits du travail plus équitablement répartis. Mais nous croyons aussi que comme nous ils ne veulent autre chose que l'ASSOCIATION (V. ce mot).

ÉLIAS REGNAULT.

COMMUNE. Dans le principe, on ne donna le nom de *Commune* qu'à l'association formée par les habitants d'une localité pour se soustraire au joug de leur seigneur, ecclésiastique ou séculier. C'est vers le douzième siècle que ce nom commence à se faire entendre sur divers points de l'Europe. Avant cette époque, il est difficile de retrouver aucun établissement qui ressemble à la Commune. Il ne restait plus de traces des anciennes cités romaines que les empereurs eux-mêmes avaient achevé de détruire. Si les hommes ne se vendaient plus comme des animaux, l'asservissement n'en était pas moins universel. Mais les maîtres de l'espèce humaine étaient divisés entre eux ; c'est ce qui permit aux opprimés de lever la tête et de faire des conditions avec leurs oppresseurs. Ces mots, *faisons Commune*, étaient le cri de la révolte qu'on ne parvint pas toujours à réprimer. Les Communes trouvèrent des protecteurs dans quelques princes qui s'en servirent pour abaisser les prétentions de leurs feudataires ; elles leur fournissaient des hommes et de l'argent. On a attribué à Louis-le-Gros l'affranchissement des Communes ; la vérité est que cet affranchissement s'opérait à la fois dans plusieurs contrées, soit malgré les princes, soit à raison de l'avantage qu'ils y pouvaient trouver. Elles acquirent surtout de l'importance dans les pays où la noblesse et le clergé partageaient l'autorité souveraine avec le roi. On voit successivement admettre leurs députés au parlement d'Angleterre, aux États de Bourgogne, de Bretagne et de Languedoc. Entièrement indépendantes, certaines Communes, sur d'autres points, formèrent de véritables républiques.

En Angleterre, le moment n'est pas éloigné où les Communes, d'abord si humbles, si soumises, auront entièrement triomphé de la plus puissante aristocratie qui ait jamais existé.

En France, où les provinces qui avaient des États furent successivement réunies à la couronne, les Communes, comme les provinces elles-mêmes, durent perdre de leur importance politique. Depuis la réunion, ni les unes ni les autres n'avaient à délibérer sur les questions d'ordre général. D'un autre côté, l'aristocratie, malgré ses privilèges, ne formant point, auprès du trône, une véritable représentation nationale, se vit graduellement déchoir de la puissance, du crédit qu'elle avait autrefois. Quelle que fût leur faiblesse, leur nullité politique, les Communes, où se multipliaient les hommes de métier et de travail, parvinrent à vaincre l'aristocratie, à la faire rentrer sous le niveau de l'égalité.

En France, comme en Angleterre, les Communes n'existaient autrefois que sur des points isolés. Quelques villes étaient libres ; les campagnes ne l'étaient pas, mais l'esprit d'indépendance se propageait des unes aux autres, de sorte que la servitude politique cessa un jour, comme l'esclavage personnel avait cessé lui-même. Toutefois, ce triomphe est encore loin de ce qu'il devrait être.

A raison de leur isolement ou de leur peu d'importance, toutes les Communes d'Angleterre, qui députaient au parlement ne se soutinrent pas au point où elles s'étaient d'abord placées. On donna

.e nom de *bourgs-pourris* à celles où les seigneurs étaient parvenus à disposer des suffrages.

Les droits, les attributions des Communes, particulièrement en Angleterre, n'étaient pas les mêmes partout. Leur gouvernement, dont les formes variaient, était plus ou moins aristocratique. Nulle part il n'était complètement populaire. Si puissantes qu'elles fussent, leur indépendance elle-même les privait des garanties qui leur étaient nécessaires. C'est par cette raison que quelques Républiques, qui avaient fait parler d'elles, ont entièrement disparu.

La Révolution de 1789 plaça toutes les Communes et paroisses de France, les villes, les bourgs et les hameaux sur le pied de la plus parfaite égalité. Il n'y eut point de village, ayant un clocher ou un desservant, auquel on n'accordât une municipalité et le droit de nommer ses magistrats. Il se trouva que certaines Communes avaient de 400 à 600,000 habitants, que d'autres n'en avaient pas 50.

Qui dit Commune dit association, et pour qu'une association soit réelle, il faut que ses forces, ses ressources répondent au but pour lequel elle est établie.

Telle qu'elle fut formée par l'Assemblée constituante, la Commune ne retira que de faibles avantages des droits qu'on lui avait accordés. Nous avons expliqué au mot CANTON les inconvénients de l'ordre établi par les législateurs de 1791, et démontré la nécessité d'une meilleure division du territoire.

On ne saurait trop le répéter, un pays, si étendu qu'il soit, ne doit former qu'une seule Commune : dès-lors on ne peut admettre le fractionnement du sol en parties indépendantes les unes des autres.

Les premières Communes qui se formèrent avaient ou cherchaient à se donner un gouvernement dont les attributions étaient les mêmes que celles d'une grande association politique ; elles n'étaient, en quelque sorte, que tributaires des princes auxquels, comme nous le disions tout-à-l'heure, elles fournissaient des hommes et de l'argent. Au lieu de s'isoler, ne vaut-il pas mieux que les sections du territoire ou de la population se réunissent dans un gouvernement commun pour y trouver, en matière d'intérêt public ou d'intérêt privé, les garanties qu'elles ne sauraient trouver en elles-mêmes ?

Il importe essentiellement de s'entendre sur ce qu'on appelle centralisation et décentralisation ; autrement il devient impossible de concevoir le système municipal ou cantonnal tel qu'il doit exister dans un grand gouvernement.

La Commune générale se compose de tous les intérêts pour lesquels il est possible de s'associer ; il en est dont elle ne réunit que des parties, d'autres qu'elle comprend en entier. Ainsi, quand tous les habitants d'un pays n'ont pas la même religion, la même industrie, etc., on s'associe, non pour l'industrie, pour le culte particulier à chacun, mais pour la protection qui est nécessaire à tous. Les premières Communes avaient

leur administration, leur justice, leur force personnelle ; elles se procuraient elles-mêmes les secours, l'instruction dont leurs habitants pouvaient avoir besoin. Il faut que l'association élémentaire jouisse encore, et à un plus haut degré, de tous ces avantages ; mais il faut de plus qu'elle trouve dans un centre commun une puissance, une protection qu'elle ne peut individuellement se procurer. La centralisation a pour objet de faire ce que les individus ou les associations particulières sont incapables de faire isolément. Si un abus, de quelque nature qu'il soit, a lieu sur un point du territoire, il faut qu'il y ait au centre un pouvoir par lequel cet abus soit réprimé. Ainsi la centralisation ne consiste pas à faire, au lieu et place des citoyens et des associations de citoyens, ce qu'ils sont en état de faire eux-mêmes, mais à leur assurer le plus de justice, le plus de bien-être possible.

C'est donc dans l'ignorance la plus complète de l'objet pour lequel la société doit se constituer que l'on demande la décentralisation des Communes ou cantons et des départements. Il ne s'agit que de distinguer ce qui est d'ordre général de ce qui est d'ordre spécial ou privé.

Mais, dit-on, en substituant l'organisation cantonale à l'organisation actuelle des Communes, c'est-à-dire en donnant partout à l'association politique la force qui lui manque aujourd'hui, ou en formant un faisceau de rameaux plus vigoureux, il faut craindre de rompre d'anciennes habitudes, d'anciennes affections, de faire, en quelque sorte, disparaître la patrie en cherchant à la mieux constituer.

Qu'on le remarque avec attention ; en se réunissant pour obtenir ensemble un bien-être qu'on ne peut avoir isolément, on fortifie le sentiment patriotique au lieu de l'affaiblir. Ainsi, que plusieurs Communes, incapables d'élever un asile pour les malheureux, le construisent à frais communs ; leurs habitants n'en ressentiront-ils pas plus de bien-être et de satisfaction ? Au lieu de recourir à une force étrangère, à des gendarmes ou à des Suisses, par exemple, que la garde nationale se réunisse au chef-lieu de canton, où il se trouvera également une justice qu'on ne peut avoir dans une circonscription peu étendue ; de quoi les citoyens auront-ils encore à se plaindre ?

En établissant le canton, on laisse à la Commune ce qui lui est personnel, tout ce qui est établi pour l'agrément, pour la commodité particulière de ses habitants ; on ne lui enlève rien de ce qui fait qu'on s'attache plus particulièrement à une localité. On améliore ce qui existe, et l'on rend plus d'indépendance à ce que l'on peut considérer comme le domaine ou la propriété spéciale de chaque agglomération d'habitants.

La confusion des matières d'ordre général et des affaires personnelles à la localité soulève une foule de questions insolubles. Aussi éprouve-t-on le plus grand embarras quand il s'agit de déterminer les droits des communes. L'Assemblée constituante en avait formé des corps qui délibéraient à la fois sur les questions d'ordre général et d'intérêt local. On reconnut que cette manière d'administrer était impraticable. La constitution de l'an III organisa les cantons ; nous avons expliqué les avantages et les inconvénients du système de l'an III. Le gouvernement consulaire et impérial ne vit dans les Communes que des sujets du chef de l'État qui absorba tous leurs droits.

On a donné depuis 1830 une nouvelle organisation aux Communes. Elles nomment, elles-mêmes leur conseil , et c'est dans le sein de ce conseil que le gouvernement est tenu de choisir un maire et des adjoints , chargés à la fois de l'administration générale et de l'administration locale. On a vu au mot ASSEMBLÉES COMMUNALES quelles étaient les conditions exigées pour participer à la nomination des magistrats municipaux.

L'arbitraire et l'anarchie sont les conséquences nécessaires de l'ordre actuellement établi : l'arbitraire, parce qu'il faut que le gouvernement supplée à l'impuissance des Communes et qu'il veille constamment à ce que les intérêts généraux ne soient pas sacrifiés aux intérêts de localité ; l'anarchie, parce que le pouvoir municipal chargé d'exécuter les lois n'a pas la même origine, et conséquemment les mêmes intérêts que le pouvoir législatif. Il ne saurait y avoir trop d'harmonie entre l'autorité qui exprime la volonté du pays, celle qui l'exécute et celle qui prête main-forte à cette exécution. Telles qu'elles existent aujourd'hui, les Communes seront un obstacle constant à l'établissement de la démocratie, dont il est impossible de maintenir les sommités avant d'avoir créé les éléments dont elle doit être composée ; mais les communes actuelles conviennent merveilleusement au despotisme et à l'insouciance du pouvoir monarchique pour les souffrances et les droits de l'humanité. (V. les mots CANTON, DÉPARTEMENT, MAIRE.)

AUG. BILLIARD.

COMMUNES (CHAMBRE DES). (V. PARLEMENT).

COMMUNICATION. Transmission d'un ordre , d'une réclamation , d'un projet, etc. Les relations diplomatiques , les rapports mutuels des diverses branches du pouvoir donnent lieu à des communications. Un ambassadeur est chargé par son gouvernement de faire au gouvernement auprès duquel il réside des Communications sur les divers objets qui les touchent mutuellement. Dans la monarchie constitutionnelle , les ministres transmettent aux chambres les Communications du pouvoir exécutif.

Les auteurs militaires appellent lignes de Communications certains fossés ou certaines tranchées par lesquelles on met en Communication deux corps d'armées. On rompt, on rétablit les Communications.

COMPAGNIE. Subdivision régimentaire. Les régiments d'infanterie se divisent en bataillons, les bataillons en Compagnies. Le sens de ce mot s'étend ou se rétrécit suivant les époques auxquelles il s'applique.

COMPAGNIE. C'est une réunion de marchands, de capitalistes, de fabricants ou de gens d'affaires associés pour entreprendre de grandes opérations de commerce, d'industrie, de finances ou de travaux publics. Autrefois , l'idée de *Compagnie* était inséparable de l'idée de *privilége ;* il n'en est plus tout-à-fait de même aujourd'hui, du moins en France.

L'ancienne organisation des Compagnies, que nous trouvons maintenant, et à si juste titre, contraire à l'intérêt public et aux vrais principes de l'économie politique , semblait alors une chose toute naturelle qui s'accordait parfaitement avec les jurandes et les maîtrises, les corporations et la division de la société en différents ordres. Ce n'est qu'au dix-huitième siècle que ce régime rencontra dans les philosophes et les encyclopédistes des critiques éclairés.

Les Compagnies de cette époque étaient de deux sortes. Les unes, composées de banquiers, alors connus sous le nom de *traitants*, prenaient en régie la perception des revenus de l'État. Suivant la nature des droits qu'elles avaient affermés, ces Compagnies étaient désignées sous le nom de *Compagnies des aides, des Gabelles, etc.* Les autres Compagnies, celles que l'on comprend plus généralement sous cette dénomination , étaient des Compagnies de commerce, de découvertes et de colonisation. Elles se composaient de négocians, de capitalistes qui, en achetant la protection de quelques grands seigneurs, d'une maîtresse royale ou d'un favori, obtenaient le privilége de faire seuls le commerce de la métropole avec l'étranger, mais plus particulièrement avec l'Orient. La France , l'Angleterre , la Hollande , le Danemarck, le Portugal, l'Espagne, eurent à différentes époques des Compagnies de commerce florissantes, dont les plus célèbres furent celles qui trafiquaient avec l'Inde. Aux termes de leur institution, ces Compagnies avaient , moyennant le don d'une couronne d'or à chaque mutation de roi, le droit d'entretenir des flottes et des armées, de faire la paix et la guerre; les pays dont elles parvenaient à s'emparer étaient possédés et administrés par elles en toute propriété. Tous les emplois, civils, militaires, religieux, etc., étaient à leur nomination. Quelques-unes durent à leurs succès de s'élever au rang de puissances politiques. La grande Compagnie des Indes de l'Angleterre devint même si puissante que le Parlement britannique soumit ses opérations à l'examen d'un conseil spécial nommé par lui, et qui prit bientôt l'importance d'un ministère ; aujourd'hui, le monopole commercial de cette Compagnie n'existe plus, ses revenus ne se composent que des produits territoriaux et administratifs, tels que les douanes, la poste, etc., des provinces sur lesquelles s'étend son autorité. En 1854, toutes ses propriétés, dont elle ne conserve que l'usufruit, seront réunies à la couronne d'Angleterre, qui s'est engagée à racheter les actions, moyennant une rente de 10 et demi pour cent à perpétuité, ou le remboursement du capital primitif au taux de 200 0|0.

Les partisans du système des Compagnies pré

tendaient qu'elles seules pouvaient coloniser les pays lointains et entretenir les établissements nécessaires pour faire avantageusement la traite ou commerce des denrées et marchandises que ces contrées produisent ; que seules elles pouvaient réunir des capitaux assez considérables pour équiper les flottes et faire les avances qu'exige ce genre d'opérations, et que dès-lors il était juste et nécessaire de leur accorder, exclusivement à tous autres négociants et armateurs, le privilége de s'y livrer. Tout le monde sait aujourd'hui à quoi s'en tenir sur la valeur de cette argumentation, et le prix que l'on doit attacher aux prétendus avantages du système des Compagnies ; nos pères eux-mêmes avaient exactement apprécié la valeur de ce système des Compagnies de commerce privilégiées, et les vigoureuses critiques de quelques écrivains du dix-huitième siècle n'avaient assurément rien d'exagéré. Ajoutons que les Compagnies ont presque toujours succombé par leurs propres fautes et par la concurrence des interlopes, armateurs contrebandiers qui faisaient, à leurs risques et périls, des expéditions dans les pays concédés aux Compagnies, et parvenaient à l'emporter sur elles malgré les obstacles et les dangers de toute nature qu'ils avaient à surmonter. La grande Compagnie anglaise elle-même n'a pas longtemps prospéré ; ses éternelles guerres avec les peuples de l'Inde lui ont toujours plus coûté que son commerce ne lui rapportait. En France, lorsque la Révolution a supprimé tous les priviléges, elle n'a causé aucun tort aux Compagnies de commerce, car elles étaient mortes. Depuis longtemps aussi, l'Espagne et le Portugal avaient abandonné les leurs, et il ne reste plus aujourd'hui de tout cet édifice que le pouvoir politique de la Compagnie anglaise, et la prohibition de Commerce à l'égard des colonies de quelques puissances, telles que la France, l'Angleterre, la Hollande ; mais le privilége qui subsiste n'est point exercé par des Compagnies, la nation tout entière a pris leur place.

Si l'on ne trouve plus aujourd'hui de Compagnies de commerce organisées comme celles d'autrefois, on ne peut pas dire cependant que le régime dont elles faisaient partie soit complètement abandonné. Quelques monarchies absolues nous en montrent encore des traces, que, du reste, on ne rappelle ici que pour mémoire, car, là encore, les priviléges commencent à crouler.

Telles furent les anciennes *Compagnies,* dont il ne sera bientôt plus question que dans l'histoire. Quant aux associations modernes auxquelles on donne aujourd'hui le nom de Compagnies, elles en diffèrent complètement. La plupart sont des sociétés *anonymes* libres et sans priviléges, formées de capitalistes réunis pour exploiter une industrie quelconque.

Dans ce cas, le mot Compagnie ne signifie rien autre chose que l'association de capitalistes dans un but commun. Les sociétés *anonymes* prennent toujours la dénomination de Compagnie, mais elles n'y ont aucun droit exclusif ; bien des sociétés en *commandite* suivent leur exemple sans aucun empêchement. (V. au mot SOCIÉTÉ la différence qui existe entre les divers modes d'association). C'est là une application du principe de la liberté du travail, mais une application funeste, car on peut voir dès à présent que le régime des Compagnies industrielles ne doit réussir et s'étendre qu'au détriment des travailleurs. Grave question que l'on ne peut qu'indiquer ici, et sur laquelle nous reviendrons aux mots INDUSTRIE, MANUFACTURES, SALAIRES, etc.

Les seules Compagnies actuelles, instituées par le gouvernement et jouissant de certains priviléges, d'ailleurs acquis à titres onéreux, sont les *Compagnies* d'agents de change, de courtiers, de notaires, d'avoués, d'huissiers, etc. (V. CHARGE, VÉNALITÉ.)

Cette revue de tout ce que l'on entend par le mot Compagnie ne serait pas complète si nous passions sous silence les Compagnies de travaux publics.

Lorsqu'une loi prononce l'exécution de certains grands travaux, comme une route, un canal, un chemin de fer, etc., les chambres votent les fonds nécessaires, imputables sur chaque exercice, autorisent un emprunt ou acceptent les propositions faites par des réunions de capitalistes qui se chargent de construire à leurs frais, risques et périls, et dans un temps donné, moyennant la perception pendant un certain nombre d'années de droits de péages fixés par la loi de concession. Si les chambres adoptent ce dernier système, la prospérité du commerce, la fortune du pays, se trouvent inféodés à des corporations. L'avenir est engagé. En effet, quelque maladroit ou hostile que soit un ministre, le mal qu'il fait n'a rapport qu'au présent ; son successeur peut tout changer et tout améliorer. Les Compagnies, au contraire, établissent aussi légèrement que possible, parce qu'elles ne sont qu'usufruitières, et que tout est bien, pourvu que cela dure jusqu'au moment de la réception par l'État à fin de bail ; et pendant toute la durée de celui-ci, elles réparent avec le moins de frais possible, tiennent leurs tarifs élevés, se refusent à toute amélioration indiquée par les progrès de la science, mais que le cahier des charges n'a pas prévue ; s'opposent, enfin, à l'établissement de tout nouveau travail susceptible de faire concurrence à celui qu'elles ont entrepris. Ce qu'elles cherchent par-dessus tout, c'est l'économie du présent, au risque de ce qu'on doit souffrir l'avenir, qui n'est point à elles. (V. VOIES DE COMMUNICATION.)   AD. BLAISE (des Vosges).

COMPÉTENCE. C'est le droit de prononcer sur certaines questions contestées. La compétence résulte de la capacité vraie ou de la capacité fictive. La capacité vraie n'a pas besoin d'être définie, une phrase proverbiale l'explique suffisamment ; on dit d'un homme éclairé : cet homme est compétent en pareille matière, son avis fait autorité. La capacité fictive est celle qui est attribuée à certaines personnes par leur nomination à certains offices. Ainsi, les magistrats de différents degrés sont compétents pour prononcer sur les litiges qui rentrent dans leurs attributions, et c'est la confiance royale ou ministérielle qui apprécie souverainement leur capacité. De là résulte trop souvent une Compétence en désaccord avec la capacité réelle.

A une époque qui n'est pas encore bien éloignée et qu'on ne devrait pas oublier, la constitution ne trouvait pas une garantie suffisante dans cette confiance personnelle, et la Compétence était fondée sur l'élection. Pour juger si l'Assemblée constituante s'était trompée dans ses vues, il ne faut que comparer le tribunal de cassation *élu* avec la cour de cassation *nommée*.

La Compétence, ou le droit de juger, est de tous les principes de la législation celui qui devrait être le mieux défini, car toutes les fois que la confusion vient l'atteindre, il arrive un très-grand préjudice, général ou particulier. Avant la Révolution de 1789, c'était plutôt la difficulté de trouver des juges que l'anarchie des coutumes du droit écrit qui portait le trouble dans la distribution de la justice; et aujourd'hui encore les *conflits* (V. ce mot), les empiétements, l'instabilité dans la théorie, sont des causes fréquentes de perturbation. On peut cependant établir des distinctions générales.

Quand le pouvoir législatif a voté les lois, il ne reste plus que deux autorités; le pouvoir exécutif (ou l'administration), le pouvoir judiciaire (ou les tribunaux). Il semble, dès-lors, qu'on pourrait facilement diviser la Compétence en deux grandes fractions : la Compétence judiciaire et la Compétence administrative, et que si le rôle des deux pouvoirs était bien posé, le double ressort jouerait sans chocs, sans entraves et sans complications. Mais il n'en est pas ainsi; les textes ne sont pas clairs, le bien public n'est pas toujours le seul but, et nous voyons deux pouvoirs aux prises; les administrateurs se font juges et les juges se font administrateurs.

La Compétence administrative est de beaucoup la moins compliquée, parce qu'elle se détermine seulement à raison de la matière; elle commence au conseil de préfecture et aboutit au conseil d'état. Mais la Compétence judiciaire se subdivise à l'infini à raison de la matière, des faits, des chiffres et des personnes. Quant à la matière, on divise d'abord l'attribution de juger en deux grandes catégories : la justice criminelle et la justice civile, mais ces deux justices elles-mêmes se fractionnent encore. Ainsi le criminel est distinct du correctionnel, et comprend en outre les tribunaux militaires et maritimes; et le civil embrasse les juridictions des personnes; leur qualité, leur domicile changent la Compétence, et cette variation est encore compliquée par le montant des litiges. Ce n'est pas ici le lieu d'aborder les détails de la procédure et, d'ailleurs, les questions importantes ont trouvé ou trouveront leurs places aux mots spéciaux. Nous devons seulement faire remarquer que la cour de cassation est placée à la tête de la Compétence judiciaire comme le conseil d'état au sommet de la Compétence administrative et que, cependant, certaines juridictions, comme celle des tribunaux militaires, par exemple, échappent encore à sa souveraineté.

Ceci nous amène à parler d'une Compétence que nous ne devons pas oublier et qu'on pourrait appeler la *Compétence politique,* c'est celle que la loi ou la constitution a attribuée aux deux chambres législatives, et celle-là se subdivise encore. Elle est commune aux deux assemblées en ce qui concerne les atteintes portées à leur considération, elle est spéciale à la pairie pour certains faits que l'on a envisagés comme crimes d'état. Nous avons déjà parlé de la compétence commune au mot BARRE (V. ce mot).

Quant à la Compétence spéciale à la pairie, elle fournirait matière à de plus sévères critiques; mais où saisir réellement cette *Compétence* de pouvoirs qui varie au gré des hommes du jour et sous l'inspiration d'idées en quelques sorte quotidiennes. N'avons-nous pas vu les mêmes faits jugés par les cours d'assises et par la pairie? N'avons-nous pas vu altérer les principes des lois de la presse dans le seul but de rendre compétents les dévouements les plus commodes? N'est-il pas même aujourd'hui question de définir par une loi la capacité judiciaire de la haute cour politique? On le voit donc, il nous serait tout aussi difficile de traiter de la Compétence de la chambre ou cour des pairs que d'étudier la jurisprudence qu'elle crée au jour le jour et qu'elle improvise suivant le besoin des causes qui lui sont soumises.

Nous terminerons cet article par quelques mots sur la Compétence en matière de presse. De tous les délits présumés commis par la voie de la presse il n'en est pas un seul (sauf les injures personnelles) qui n'intéresse immédiatement la société; on avait donc cru, et c'était le principe le plus incontestable, que tous les faits de presse devaient être soumis au jury, qui représente la société; mais tour à tour, tous les pouvoirs ont porté atteinte à cette doctrine, et nous en sommes arrivés enfin à ce point que les écrivains sont justiciables, soit de la police correctionnelle, soit de la cour d'assises, soit de la cour des pairs. On avait même pensé aux conseils de guerre; la cour de cassation s'y est opposée. Cette anarchie, commune du reste à tout ce qui a rapport à la Compétence, ne saurait longtemps durer.   B. P.

COMPLOT. « Il y a Complot dès que la résolution d'agir est concertée et arrêtée entre deux conspirateurs ou un plus grand nombre, quoiqu'il n'y ait pas eu d'attentat (Cod. pén., 89). »

Ainsi, trois faits nécessaires caractérisent le Complot. Il ne suffit pas qu'il y ait désir ou même volonté d'agir; il faut qu'il y ait *résolution* d'agir; il faut que cette résolution ait été concertée entre deux ou plusieurs personnes; il faut, enfin, que la résolution ait été *arrêtée.* Si la résolution d'agir existe, si même il y a concert entre des conspirateurs pour agir, mais tant que la résolution d'agir n'a pas été arrêtée, le Complot n'existe pas. Tous les criminalistes sont d'accord sur ces principes.

Mais combien de fois ces principes n'ont-ils pas été violés? Combien n'avons-nous pas vu de gouvernements traduire en crimes non pas seulement' le résolution d'agir, non pas seulement le concert pour agir, qui seuls, isolés de la résolution arrêtée, ne constituent pas encore le crime de Complot, mais un vœu téméraire, une démarche imprudente, une parole trop vive. Et combien de fois les justices exceptionnelles ont condamné comme conspirateurs, comme coupables de Complots, de simples mécontents!

La loi punit de mort le Complot comme l'attentat, la résolution arrêtée d'agir comme l'action même. Ceci nous semble une grave erreur. Qu'a-t-on voulu par cette assimilation irrationnelle? Empêcher les Complots? On n'a réussi qu'à multiplier les attentats. Du moment, en effet, que le Complot existe, le conspirateur a, selon la loi, mérité la mort. En vain, la prudence, une plus juste appréciation des choses, ou bien enfin le repentir viendrait suspendre ou détruire sa résolution, il n'est plus temps; il a conspiré : le crime est commis, la mort menace. Où fuir? les délateurs ont fait leur office et les issues sont gardées; il n'a plus qu'une chance de sauver sa tête, l'exécution du Complot, l'attentat.

Donc, la loi va directement contre le but que s'était proposé le législateur; elle rend inévitable ce qu'il voulait prévenir. Donc, il faut réformer la loi en ce point. Jamais un sage gouvernement ne confondra sous les mêmes répressions les intentions et les actes. (V. CONSPIRATION.)

E. D.

COMPTABILITÉ, établissement des comptes. Sous le régime constitutionnel, le vote ou le refus du budget étant, d'après les auteurs, le moyen le plus puissant d'action du pouvoir parlementaire sur le pouvoir exécutif, on comprend toute l'importance de la Comptabilité, qui seule peut garantir un contrôle efficace. Aussi ne doit-on pas voir simplement en elle l'art de *grouper les chiffres*, mais bien une science difficile, dont le but est de réunir, de classer, de mettre en ordre tous les éléments des comptes généraux et particuliers. Cette science, il faut le dire, n'est pas encore bien avancée chez nous, et l'administration n'est pas à cet égard au niveau de nos grandes maisons commerciales. Cela tient d'une part à ce que trop d'intérêts s'opposent à ce que la vérité se fasse jour partout, et d'autre part, à ce que l'éducation première est complètement abandonnée. Dans un état bien ordonné, personne ne pourrait débuter dans la carrière administrative sans faire preuve au moins des connaissances préliminaires de la Comptabilité, et de nombreuses écoles seraient ouvertes à l'étude. Mais le gouvernement n'a pas pris jusqu'ici les vulgaires précautions auxquelles les simples particuliers ne manquent jamais.

Par suite de cette incurie, la révision des comptes devient à peu près impossible, les chambres et la cour des comptes sont à chaque pas arrêtées dans leur examen, et ce n'est qu'à de rares intervalles que le trésor public ressaisit les fonds qui avaient été détournés de leur véritable destination. Nous pouvons rappeler à cet égard la salle à manger d'un ministre de la Restauration qui avait absorbé en ornements une centaine de mille francs ; mais c'est à peu près le seul exemple que nous ayons à citer d'une réparation efficace. On dit encore aujourd'hui que les droits résultants de la donation que fit le duc d'Orléans à sa famille avant de monter sur le trône, et ceux de la succession du duc de Bourbon, n'ont pas encore été soldés. Un tel retard ne serait pas possible avec une Comptabilité régulière.

Nous ne pouvons pas donner ici les règles détaillées d'une bonne Comptabilité ; nous ne devons poser que le principe général. Toute Comptabilité sera parfaite si la balance des recettes et des dépenses est bien établie, et si, par la clarté de ses énonciations et la logique de ses divisions, elle permet à l'instant même de vérifier les articles dont elle se compose. Cette tâche n'est pas si difficile qu'on le fait croire au public, et l'on ne trouve que bien rarement dans tous les travaux la facilité que présente celui-ci de se diviser en deux parties indiquées : la recette et la dépense, dont l'une est le contrôle de l'autre. (V. COMPTABLE, COUR DES COMPTES.)

B. P.

COMPTABLE. Le Comptable est celui qui doit un compte. Les employés des administrations publiques qui ont un maniement d'espèces ou de valeurs appartenant à l'Etat ; les receveurs-généraux, les percepteurs, les payeurs, les gardes magasins et les quartiers-maîtres sont des agents Comptables. Les Comptables sont des mandataires salariés et par conséquent responsables de leur gestion, car les choses qui leur sont confiées sont complètement en dehors de leurs droits personnels. Les bons comptables sont rares et cela se comprend ; leur mandat exige des conditions difficiles, et il n'est que trop souvent attribué aux individus plutôt dans leur intérêt privé que dans l'intérêt public.

Le Comptable n'est pas seulement l'homme qui doit établir des comptes et rendre raison des valeurs qui lui sont livrées ; il doit dresser le plan de ces comptes, en régler la marche et l'harmonie ; il doit enfin comprendre l'ensemble et diriger les détails.

Les gouvernements ont toujours apprécié la haute importance de semblables fonctions, mais cette appréciation se montre plutôt dans les précautions qu'ils ont prises que dans les soins nécessaires pour former de bons Comptables. On a soumis les agents à des mesures d'une surveillance rigoureuse, mais on ne leur a pas donné les moyens d'acquérir les données indispensables. Des inspecteurs-généraux vérifient leurs caisses, des chefs immédiats exercent sur eux une surveillance continuelle et de tous les instants ; de plus, un cautionnement leur est imposé et l'Etat possède, en outre, un privilège sur tout ce qui leur appartient. Tout cela n'a pas empêché le fait flagrant de concussion que rappelle le déficit KESSNER, et bien d'autres, qui sont restés ignorés.

Le mal ne cessera que lorsqu'on exigera certaines conditions dans les candidats, et surtout quand les places seront données dans l'intérêt du Trésor et non dans l'intérêt du Comptable.   **B. P.**

COMPTE-RENDU. Tout mandataire doit compte de sa conduite à ses commettants. C'est pourquoi certains députés publient, à la fin de chaque session, l'exposé des motifs de leurs actes parlementaires. Ce document s'appelle Compte-rendu. Il est ordinairement individuel. Mais en 1832, cent trente-trois députés publièrent un Compte-rendu collectif qui est demeuré célèbre dans les annales de la politique : voici dans quelles circonstances :

La contre-révolution venait de triompher dans la session de 1831. Les principes qui avaient présidé au nouvel établissement, les hommes qui l'avaient fondé, étaient également mis à l'écart. Indignés des tendances funestes que manifestait ouvertement le pouvoir, les patriotes résistaient avec énergie dans la chambre, dans la presse, devant les juges et dans la rue. A eux se joignait un assez grand nombre d'hommes qui s'étaient compromis vis-à-vis du nouveau pouvoir par leurs sympathies révolutionnaires, et qui ne pouvaient honnêtement déjà se convertir. Il y avait encore quelques hommes qui éprouvaient une humiliation profonde d'avoir été pris pour dupes, et qui rêvaient le moyen de s'imposer à une volonté rebelle et ingrate. Tous sentaient le besoin de coaliser leurs efforts et de relever, par quelque manifestation, la révolution compromise.

Dans ces conjonctures, M. Laffitte convoqua chez lui les députés de l'Opposition présents à Paris. Ils se réunirent au nombre de quarante-un. M. Laffitte leur proposa de rédiger une adresse au roi afin de lui exprimer les vœux de l'Opposition. Un membre de la fraction démocratique du parlement, M. Garnier-Pagès, s'y opposa ; il objecta que, d'après l'opinion même de MM. Laffitte, Barrot et autres, il n'y avait rien à espérer de la royauté ; que, par conséquent, il serait au moins inutile de lui exprimer des vœux ; et Il ajouta que si on ne croyait pas devoir faire connaître franchement au pays l'état des choses, il fallait, du moins, ne pas le tromper, en lui faisant espérer l'impossible.

Ces objections ayant été accueillies, l'idée d'une adresse au roi fut écartée.

Cependant, tout le monde était pénétré de la nécessité d'une manifestation quelconque : alors, M. Ch. Comte proposa d'adopter la forme d'un Compte-rendu. Cette proposition fut approuvée, et les députés réunis nommèrent une commission chargée de rédiger un projet de Compte-rendu. Les membres de la commission étaient : MM. le général Lafayette, Laffitte, Odilon-Barrot, Cormenin, Mauguin, Ch. Comte. A son tour, la commission réunie chargea deux de ses membres, MM. de Cormenin et Barrot, de la rédaction du projet : chacun d'eux rédigea séparément le sien. Ni l'un ni l'autre ne reçut une complète approbation. Les membres, qui ne voulaient pas rompre entièrement avec la dynastie, trouvaient trop hardie et trop compromettante la rédaction du publiciste radical. L'extrême gauche, au contraire, trouvait trop peu radical le projet de M. Bar-

rot. M. Garnier-Pagès, entre autres, faisait observer que ce document contenait certains passages qui liaient l'avenir de l'Opposition à la dynastie d'Orléans et à la forme actuelle du gouvernement ; que, par conséquent, il ne pouvait convenir à tous les députés de la gauche, et qu'il était indispensable d'en retrancher ce qui ne pouvait être adopté par tout le monde indistinctement. La fraction de l'opposition qui, depuis, fut appelée dynastique, ayant voulu passer outre, un grand nombre de députés refusèrent de signer. Alors il fut résolu que les deux projets de MM. de Cormenin et Odilon-Barrot seraient fondus en un seul, et l'assemblée chargea les deux membres de s'entendre à ce sujet.

C'était au commencement de mai 1832, le temps était superbe, et l'on nous a raconté que M. de Cormenin proposa à M. Barrot d'aller achever leur travail sous les royaux ombrages de Saint-Cloud. C'est en effet, là, à quelques pas du château, que fut rédigé ce fameux manifeste, devenu si célèbre sous le nom de Compte-rendu.

De retour à Paris, les deux députés se rendirent chez M. Laffitte, et après quelques modifications indiquées par M. Mauguin, le Compte-rendu fut définitivement adopté.

C'était une protestation vigoureuse contre la marche politique suivie par le gouvernement du roi, en même temps qu'une exposition nette et précise du système et de la conduite de l'Opposition. L'Opposition résumait ainsi ses griefs :

« Nous le proclamons avec une douloureuse et profonde conviction : que ce système se prolonge, et la Révolution de Juillet et la France sont livrées à leurs ennemis.

« La Restauration et la Révolution sont en présence ; la vieille lutte que nous avions crue terminée recommence. Que le gouvernement choisisse ; la position équivoque qu'il a prise n'est pas tenable : elle ne lui donne ni les forces de la Restauration qui est irréconciliable, ni celles de la Révolution qui s'irrite et se défie.

« La France de 1830 a pensé comme celle de 1789 que la royauté héréditaire entourée d'institutions populaires n'a rien d'inconciliable avec les principes de la liberté ; que le gouvernement de Juillet rentre donc avec confiance dans les conditions de son existence. Le monde entier sait ce que la Révolution française apporte à ceux à qui elle se donne ; mais elle veut qu'on se donne à elle sans retour, sans arrière-pensée. »

Si, maintenant, nous recherchons la pensée secrète ou avouée des divers signataires du Compte-rendu, nous rencontrons quelques détails qui ne sont pas sans intérêt ni sans importance pour l'histoire. En proposant une adresse au roi, M. Laffitte avait la presque certitude de réunir dans la chambre un assez grand nombre d'adhésions individuelles pour avoir la majorité. Ainsi armé de la puissance parlementaire, il se flattait d'imposer à la volonté du roi sa volonté. N'ayant pas réussi dans son projet, il espéra que le Compte-rendu pourrait avoir le même résultat.

L'opposition dynastique avait une pensée à-peu-près semblable : seulement, comme elle n'avait pas encore expérimenté sa faiblesse et l'implorable ténacité de la Cour, elle crut qu'il était plus sûr d'enfoncer la porte du pouvoir que de chercher à se la faire ouvrir.

L'Opposition radicale, au contraire, complètement éclairée sur la vraie situation des choses, ne voulait que compromettre vis-à-vis de la royauté toutes les nuances de l'Opposition, et créer contre la Cour triomphante un grand parti national.

Il y avait encore un petit nombre d'hommes qui, soit par sympathie pour les Bonapartes, soit par des motifs plus honorables, voulaient rompre définitivement avec la dynastie d'Orléans.

Or, les conjonctures étaient favorables. L'immense majorité de la nation était profondément irritée; chacun sentait que la France révolutionnaire était en péril. Tous les esprits étaient donc préparés, et il est difficile de dire ce qui serait arrivé, si les journées de juin n'étaient venu donner aux événements un autre cours.   E. D.

COMPTES. Ce serait en vain que les chambres examineraient chaque année le budget des dépenses et celui des recettes, si elles n'étaient appelées à vérifier les comptes. C'est une loi qui autorise la perception de l'impôt et son affectation à certaines dépenses : c'est une loi qui arrête souverainement et définitivement les Comptes.

Le Compte présenté aux chambres par le ministère comprend ordinairement le tableau général des recettes et des dépenses liquidées et effectuées, le Compte des contributions et revenus de l'État, celui des dépenses publiques et celui des services de trésorerie.

On croirait qu'avec tous ces éléments la vérification des chambres est sérieuse. Il n'en est rien, cependant : les ministres savent l'éluder par un moyen bien simple; ils gagnent du temps. Ce n'est que deux, trois ou quatre ans après la fin d'un exercice que les Comptes de cet exercice sont présentés. Dans cet intervalle, les inquiétudes qui avaient pu être éveillées par le vote du budget ou des divers crédits sont oubliées ainsi que l'objet précis de chaque dépense. Souvent, la chambre a été renouvelée, ou tout au moins le ministère qui avait demandé le budget est remplacé. S'il y a des irrégularités, on ne sait guère à qui s'en prendre. Quelle responsabilité réelle offre un ex-ministre retiré depuis longtemps des affaires, quelquefois absent au moment de la discussion des Comptes, quelquefois mort? Aussi la tolérance de la chambre est extrême. Il ne faudrait pas moins qu'une concussion ou un détournement de deniers publics pour la faire sortir de l'indifférence avec laquelle elle suit le travail des commissions de Comptes.

La vérification des Comptes par es chambres telle qu'elle a lieu aujourd'hui est, comme l'examen du budget, une jonglerie. Si des crédits n'ont pas été employés, ils sont annulés et portés en recette à l'exercice suivant; si les recettes ont été inférieures aux dépenses, le déficit est réglé et le résultat de tout ceci s'appelle *Loi des Comptes*.

COMPTES (COUR DES). La Cour des Comptes est, comme son nom l'indique, un tribunal de comptabilité; elle ne connaît que des comptes et non du mérite de la perception ou de la dépense; elle n'a sous sa juridiction que les comptables publics. Cette juridiction embrasse toute la France et les colonies.

Sa compétence comprend tous les comptes de recettes et dépenses publiques, les comptes généraux du trésor, les administrations et régies, les invalides de la marine et de la guerre, l'ordre de la Légion-d'Honneur, la caisse d'amortissement et des consignations, les monnaies et les subsistances de la marine, les pensions de tous les ministères et des administrations, les fonds et revenus des départements et communes au-dessus de 10,000 francs.

Elle prononce sur l'appel des communes ou des receveurs municipaux, relativement aux arrêts pris par les préfets en conseil de préfecture, sur les comptes des communes au-dessous de 10,000 francs; sur les arrêtés des préfets en conseil de préfecture relatifs à la comptabilité des hospices et autres établissements de charité.

La juridiction de la Cour des Comptes est souveraine. C'est elle-même qui revoit ses arrêts lorsqu'ils sont attaqués pour erreur, omission, faux ou double emploi. La violation des formes ou de la loi, par un arrêt de la Cour des Comptes, donne ouverture à un pourvoi en cassation qui doit être porté devant le conseil-d'état. Le conseil-d'état peut casser l'arrêt, mais il ne peut retenir le fonds. L'affaire, en ce cas, est portée de nouveau à la Cour des Comptes. Seulement, on a soin qu'elle ne soit pas jugée par la même chambre que la première fois.

La Cour des Comptes, créée en 1807, est composée de cent quatre magistrats inamovibles répartis en trois chambres. Ces magistrats sont : un premier président, trois présidents, dix-huit conseillers maîtres des comptes, quatre-vingts conseillers référendaires, dont dix-huit de première et soixante-deux de deuxième classe, un procureur-général et un greffier en chef.

Le travail que fait la Cour des Comptes occupait, avant la Révolution, quatre cent seize magistrats répartis en treize chambres des Comptes. Bien qu'elle ait besoin de quelques réformes, cette Cour rend de grands services. Les observations qu'elle présente chaque année au gouvernement et aux chambres servent de base à la loi des comptes, et ont fait introduire plusieurs améliorations utiles dans la comptabilité.   C. S.

COMPTOIR. Ce mot désigne la table sur laquelle les négociants débitent leurs marchandises et font leurs comptes; par extension, on a appelé Comptoirs des établissements lointains destinés à faciliter l'écoulement des produits des divers pays. C'est au moyen de ces établissements que le commerce étranger est parvenu à s'étendre. La fondation des Comptoirs à l'époque des découvertes de nouveaux pays a joué un grand rôle dans l'histoire commerciale des puissances de l'Europe; mais toutes ces entreprises ont été le fait des particuliers plutôt que celui des gouvernements. Ceux-ci n'ont pu que protéger les droits des nationaux par l'institution des consuls, qui seuls ont été revêtus d'un caractère politique (V. Consuls).

COMTE. Les mots demeurent, mais l'acception des mots change. Cela est surtout vrai en politique. Les Comtes (*comites*), chez les Romains, étaient les représentants du pouvoir de l'empereur dans les cités des Gaules, alors que les Gaules étaient divisées en provinces et en cités. Après la conquête, on trouve encore des Comtes avec le même pouvoir. Un peu plus tard, tout est changé: la révolution féodale a transformé une magistrature déléguée, conditionnelle et amovible, en une sorte de souveraineté: le Comte est un petit roi qui a son petit royaume. De nos jours, ce mot de *Comte* est vide de sens politique: la vanité seule y attache quelque prix.

Le Comte des Romains et des premiers rois français réunissait le pouvoir civil et militaire; il présidait aux assemblées du peuple; il rendait la justice; il conduisait les hommes d'armes à la guerre; il surveillait la rentrée des impôts et veillait à la police. L'autorité du Comte émanait directement du roi. Dans quelques cités, cependant, les Comtes étaient élus par les citoyens.
A. T.

COMTÉ. C'était la division politique comprise dans la juridiction d'un comte.

CONCILES. Dire que les Conciles ont fondé le christianisme, c'est dire que le dogme a été inventé, délibéré, décrété par des hommes; c'est dire, en outre, que, dans l'Église, le premier pouvoir constituant fut une assemblée élective. Or, cela n'est plus aujourd'hui contesté; trop de témoignages ont été exhumés contre les assertions frauduleuses des champions de la Papauté.

Le Christ avait dit à ses apôtres: « Partout où vous serez plusieurs réunis en mon nom, je serai au milieu de vous. » Cette parole devait être retenue. Aussitôt que la propagande nouvelle eut ému les consciences, aussitôt que la foi eut trouvé des martyrs, il s'éleva, dans le sein des associations secrètes, des esprits libres et supérieurs, qui proposèrent des modifications aux statuts organiques de la communauté, qui soumirent à l'examen des doutes indiscrets ou d'ingénieux commentaires de la lettre évangélique. Ces divers problèmes, déférés au tribunal des prêtres, des anciens, y furent agités en conseil. Tels étaient les synodes de la première église. Tant que le parti chrétien fut persécuté par les conservateurs du paganisme, il ne put que s'organiser dans l'ombre et par groupes, sans discipline, sans lois, et même sans foi commune. Le premier Concile général est du troisième siècle.

Mais, à cette époque même, l'Église n'est pas encore indépendante. En reconnaissant le Dieu des chrétiens, César s'est réservé d'exploiter l'universalité de la foi dans les intérêts de sa domination,

et, s'il ne gouverne pas les Conciles, du moins il les convoque. C'est Constantin qui appelle à Nicée trois cent dix-huit évêques pour statuer sur la distinction d'Arius; c'est lui qui convoque les Conciles de Césarée, de Tyr, et qui, peu satisfait des résolutions adoptées par ces deux assemblées, fait venir à Constantinople Arius et les évêques et remet l'affaire en délibéré. Constance, fils de Constantin, encore moins bien porté que son père à l'égard de l'église orthodoxe, convoque des synodes en faveur d'Arius à Antioche, à Philippopolis, à Jérusalem, à Smyrne, à Séleucie, etc., etc. Athanase et Libère, bien qu'ils regardent cet empereur comme le plus dangereux de leurs ennemis, le supplient néanmoins, et en termes fort soumis, de vouloir bien leur permettre de plaider de nouveau devant des juges désintéressés leur cause mal entendue. Les évêques de l'Hellespont et de la Bythinie envoient Hypatianus à Jovius afin d'être autorisés à se réunir pour réformer l'Église. Le second Concile œcuménique, celui de Constantinople, et le troisième, celui d'Éphèse, sont convoqués par Théodose-le-Jeune, *mandato junioris Theodosii*. Quand l'hérésie d'Eutychès vient encore troubler l'Église, le pape Léon sollicite humblement Théodose de rassembler un Concile contre les novateurs. Voici la première phrase de sa pétition: « *Si pietas vestra suggestioni et supplicationi nostræ dignetur annuere, ut intrà Italiam haberi jubeatis episcopale Concilium*, etc., etc. » Le cinquième, le sixième, le septième, le huitième Concile œcuménique sont également convoqués par l'empereur. Mais il s'est accompli, du quatrième au huitième concile, une grande révolution dans l'ordre politique: le torrent des Barbares a dévasté l'Empire, et l'empereur, confiné dans les faubourgs de Constantinople, n'a plus qu'une suprématie nominale. Aussi Adrien II écrit-il à Basile: « *Volumus, per pietatis vestræ industriam, Constantinopoli numerosum convocari Concilium.* » Comme le Pape a changé de langage! A ces allures impériales, est-il facile de reconnaître le successeur des martyrs livrés aux bêtes féroces de l'arène? Est-ce bien aussi l'héritier des Césars qui se soumet avec respect aux injonctions de cette volonté? C'est désormais la Papauté qui gouverne le monde catholique. Elle s'est d'abord fait donner la juridiction spirituelle des consciences: maintenant, elle commande aux princes de la terre; et ceux-ci s'inclinent devant elle; encore un peu de temps, et ils trembleront sous son glaive.

A peine la Papauté jouit-elle du pouvoir absolu, qu'elle dédaigne de convoquer les Conciles, et, par la voix de Grégoire VII, elle défend même aux évêques de se réunir avant d'avoir obtenu son autorisation. Comme elle justifie sa préférence par un jeu d'esprit attribué au révélateur, comme elle exige, sous peine d'éternelle damnation, que l'on respecte son infaillibilité prétendue, qu'a-t-elle besoin de consulter autrui? Aussi trouvons-nous, durant son règne, une longue suspension des assemblées représentatives. Mais, parvenue au faîte de sa puissance, la Papauté devait en déchoir; après avoir étonné le monde par sa grandeur, par l'audace de ses entreprises, elle devait le consterner par ses déportements et sa mollesse.

Cependant, de l'une à l'autre limite de la chrétienté s'élève une clameur menaçante : la nécessité d'une réforme est proclamée. Abandonnés par leur despote, trahis au moment du péril, les évêques s'assemblent à Constance sans attendre sa convocation officielle. Au Concile de Constance succède celui de Bâle, et tous deux décrètent l'insuffisance de la Papauté. Vainement le terrible Jules II ordonne-t-il au Concile de Latran de réhabiliter cette majesté déchue ; vainement le Concile de Trente s'occupe-t-il dix-huit ans à tenter la restauration de l'Église ! Il est trop tard : l'autorité morale n'appartient plus à la foi. Les Conciles ont fait leur œuvre ; le Pape a fait la sienne. (V. CHRISTIANISME.)　　　　　　　B. HAURÉAU.

CONCILIABULE. Ce mot s'appliquait originairement à toute assemblée de prélats hérétiques, schismatiques, ou illégalement convoqués. Aujourd'hui, il désigne une réunion secrète d'hommes qui ont ou à qui on suppose de mauvais desseins.

CONCLAVE. Après la mort de Clément XIV, les cardinaux réunis pour lui donner un successeur se disputèrent trois ans environ sans rien décider. Vainement, les rois de France et de Sicile étaient intervenus : leurs conseils et leur autorité n'avaient amené aucune solution. Il fallut enfin employer la force, et une émeute, organisée dit-on par saint Bonaventure, général de l'ordre des mineurs, assiégea les cardinaux assemblés. Cette contrainte réunit bientôt la majorité des voix sur la tête de l'archidiacre Théobald, qui porta la tiare sous le nom de Grégoire X.

Depuis cette époque il fut résolu, pour obvier à d'aussi graves inconvénients, que les cardinaux appelés à choisir l'héritier de saint-Pierre seraient enfermés sous clé, *cum clave*, dans le Vatican, sous la surveillance du cardinal camerlingue, jusqu'à la fin de l'élection. Il leur est, pendant ce temps, interdit de communiquer avec le dehors, même par lettres. Malgré la rigueur de cette discipline, malgré les précautions prises par le concile qui a rédigé le réglement du Conclave, les influences extérieures ont toujours dominé les cardinaux et entraîné leurs suffrages. La corruption est dans l'air qu'on respire à Rome : elle pénètre partout.　　　　　　　　　　　　　B. H.

CONCLUSUM. Note diplomatique qui, comme le mot l'indique, résume les prétentions de la puissance qui le signifie. Le Conclusum diffère de l'ultimatum en ce que celui-ci est censé n'admettre ni contradiction, ni modification, tandis que le Conclusum est simplement une base proposée pour des discussions diplomatiques.

Certains décrets de la Diète germanique prennent aussi le titre de Conclusum.

CONCORDAT. Quand la souveraineté des évêques romains fut définitivement constituée, toutes les franchises, toutes les coutumes de la primitive

Église furent abolies l'une après l'autre. Sans proclamer, d'ailleurs, d'une manière absolue, la légitimité de tous les faits accomplis, nous n'hésitons pas à déclarer que cette abolition fut un grand bienfait. A l'époque où les papes exercèrent avec le plus de vigueur l'autorité tutélaire confiée à leur infaillibilité prétendue, l'Église n'avait pas de discipline commune ; l'anarchie protégeait les désordres les plus schismatiques, les abus les plus affligeants pour les consciences. Afin d'établir l'unité dans le gouvernement qui leur avait été délégué, les papes commencèrent par confisquer les libertés métropolitaines, et par s'attribuer l'institution canonique en supprimant l'élection. Les Églises nationales murmurèrent ; aidée par les parlements qui protestèrent toujours, à tort ou à raison, avec une égale amertume, contre les décrets de l'autocratie romaine, écoutée par Louis IX et Charles VII, l'Église gallicane obtint de plusieurs papes la restitution temporaire de ses franchises : elles devaient lui être enfin ravies à jamais, au profit du pouvoir royal, par le Concordat de 1516.

Avant la promulgation de ce pacte, signé par Léon X et par François Ier, l'Église avait une existence indépendante ; soumise à des lois particulières, ne relevant que du Pape et déclinant toute autre juridiction, elle formait, dans l'État, une corporation, un parti. Il importait à la sûreté du prince, et tout à-la-fois à l'établissement de l'unité, que l'Église fût dépouillée de cette indépendance et rétablie sous la tutelle, sous l'autorité du pouvoir politique. Par le concordat de 1516, François Ier s'attribua le droit de nommer aux évêchés et aux grands bénéfices de son royaume, réservant au Pape la collation des titres canoniques. C'était porter le grand coup. Les métropolitains, les prieurés, les chapitres se soulevèrent contre cette usurpation, et le parlement refusa d'enregistrer le contrat solennel qui portait le sceau du successeur de saint Pierre et celui du roi de France. François Ier, revenant d'Espagne, montra que sa volonté était au-dessus de ces remontrances intéressées, et, enlevant au parlement de Paris la connaissance des différends qui pourraient s'élever au sujet des bénéfices consistoriaux, il la déféra au grand conseil.

Étrangers aux passions, aux intérêts des partis qui, durant tout le cours du seizième siècle, se disputèrent, en France, la prérogative gouvernementale et la conduite de l'opinion, nous ne savons aujourd'hui qu'applaudir à l'œuvre du chancelier Duprat. Dominés par un libéralisme étroit, les parlements n'ont jamais compris les exigences de l'unité : il a été souvent nécessaire que l'autorité royale tînt peu de compte de leur rébellion systématique, et constituât en dépit d'eux la souveraineté de son contrôle.

Au reste, le principe du Concordat de 1516 a été adopté par l'Assemblée Constituante (loi du 12 juillet 1790). Quand, au mois de juin de cette année, fut discutée la constitution civile du clergé, quelques ecclésiastiques de l'Assemblée réclamèrent énergiquement les franchises abolies par le Concordat ; Treilhard, Robespierre, Lecamus répondirent à ces réclamations en rappelant les principes d'intérêt public adoptés par la monarchie : « La juridiction spirituelle, dit Treilhard, n'embrasse que la foi et le dogme ; tout ce qui est discipline et police appartient à l'autorité temporelle. Quand le souverain croit une réforme nécessaire, rien ne peut s'y opposer. » On sait que la loi de 1790 supprima tous les bénéfices, hormis les évêchés et les cures, et conféra aux assemblées électorales le choix des évêques et des curés. (V. BÉNÉFICES.)

On sait aussi quel fut le sort de la constitution civile du clergé. Un autre Concordat, passé le 26 messidor de l'an IX, entre le gouvernement français et le pape Pie VII, fut, par un décret du corps législatif du 18 germinal an X, érigé en loi nationale. L'article le plus important de ce Concordat est ainsi conçu : « Le premier consul de la République nommera aux archevêchés et évêchés, et le Pape conférera l'institution canonique. » Enlever la nomination des ministres du culte aux assemblées électorales pour l'attribuer au pouvoir exécutif, c'était modifier étrangement les résolutions démocratiques de 1790 : du moins la dépendance du clergé était-elle maintenue par ce nouveau pacte, et dans les termes les moins équivoques.

Le Concordat de l'an IX est resté loi de l'État, mais il s'en faut que tous ses articles soient appliqués. Par une indulgence coupable, la Restauration a fermé les yeux sur les nombreux abus du clergé en matière de discipline ; elle a fait plus : elle a promulgué des ordonnances contraires aux statuts de la loi organique, et aujourd'hui l'on ne craint pas d'affirmer, en pleine chambre législative, qu'un des articles les plus essentiels du Concordat est tombé en désuétude.   B. H.

CONCUSSION. Aux termes de la Charte, les ministres ne peuvent être accusés que pour le fait de trahison ou de Concussion. La Charte de 1814 déclarait que des lois particulières spécifieraient cette nature de délits et détermineraient la poursuite. Ces lois sont encore à venir. En attendant, les ministres peuvent à leur gré commettre des Concussions, c'est-à-dire voler ou dissiper le trésor public, sans que la responsabilité les atteigne. (V. MINISTRES, RESPONSABILITÉ.)

CONDOTTIERI. Au commencement du moyen-âge, les républiques italiennes n'avaient pour défenseurs que leurs citoyens. Mais lorsque se formèrent de plus grands centres de population, tels que Venise, Florence, Gênes, Milan, Rome, Naples, etc., la guerre devint autre chose que l'explosion subite des passions des habitants d'une ville. Il fallut avoir des soldats, c'est-à-dire des hommes qui, moyennant une solde, renonçassent à tout autre métier que celui des armes. Ces hommes, il était presque impossible de les recruter au sein des républiques italiennes, que la liberté, l'industrie et le commerce avaient élevées au plus haut degré de prospérité.

Ce furent donc des étrangers auxquels les États indépendants de l'Italie confièrent le soin de leur défense. Le contrat par lequel ces étrangers s'engageaient fut appelé Condotta (*Conductio*), et les chefs qui seuls le signaient, et qui seuls en étaient responsables, Condottieri. Ils avaient leurs compagnies toujours prêtes. Et si, parfois, ils ne trouvaient pas de solde, ils faisaient la guerre pour leur propre compte, et se payaient avec le butin.

Mais tous ces Condottieri étrangers, de même que les Condottieri italiens leurs contemporains, n'appartiennent pas à cette grande École où se formèrent tant d'illustres capitaines, qui assurèrent à l'Italie, pendant plus d'un siècle, une incontestable supériorité militaire.

Ce fut le comte Albenio de Barbiano, en Romagne, qui la fonda en 1378, en organisant la célèbre *Compagnie de Saint-Georges,* où il n'admit que des Italiens.

Cet exemple fut bientôt suivi par tous les capitaines italiens, qui, joignant à l'intelligence toujours prompte et lucide des hommes du Midi l'expérience des combats presque journaliers à cette époque, ne tardèrent pas longtemps à introduire une foule d'améliorations dans l'art de la guerre.

Les succès éclatants obtenus par quelques-uns de ces chefs excitèrent un grand nombre de seigneurs à se lancer dans la carrière des armes, qui donnait de si belles récompenses. Des familles Malatesti, Bentivoglio, Sanseverino, Carrara, Gonzaga, Colonna, Orsini et bien d'autres, sortirent de nombreux Condottieri.

Dès ce moment l'institution déclina. Sous la conduite de ces nobles la guerre devint une plaisanterie. Tout s'y passait comme dans les tournois. La vénalité et la perfidie marchèrent bientôt à côté de la mollesse.

Aussi, lorsque, vers la fin du quinzième siècle, les Allemands et les Français vinrent de nouveau assaillir l'Italie ; les soldats italiens s'effrayèrent de la guerre sérieuse, et plusieurs de leurs nobles Condottieri eurent l'impudeur de combattre dans les rangs des étrangers.

C'est à cela et au manque absolu de l'infanterie chez les Italiens qu'il faut attribuer les succès rapides de l'armée de Charles VIII. En vain Machiavel s'efforça-t-il de remettre en honneur la milice citoyenne. La lutte entre la France et l'Empire s'était engagée sur le sol italien. L'Italie ne put réunir assez de forces pour résister à-la-fois aux deux parties belligérantes ; ses États perdirent leur indépendance, et les Condottieri disparurent avec elle.   LÉOPARDI.

CONFÉDÉRATION DU RHIN. L'Allemagne est la nation étrangère que la Révolution française a le plus remuée. L'ère de 89 a détruit l'empire électif de Charles IV, aussi bien que la monarchie héréditaire de Louis XIV. L'article 14 du traité de Presbourg brisait les liens de l'empire germanique en créant de nouveaux rois égaux en indépendance à l'empereur d'Autriche et au roi de Prusse. Le 12 juillet 1806, seize princes déclarèrent se séparer à perpétuité du territoire de l'empire germanique, et former une confédération particulière, sous le nom d'*États confédérés du Rhin.*

L'acte de Confédération abroge les lois de l'empire germanique à l'égard des parties contractantes et de leurs sujets. Il établit une Diète dont le siége sera à Francfort, qui réglera les intérêts communs des états confédérés, et qui sera divisée en deux colléges : le collége des rois et le collége des princes. Cette Diète n'a jamais été convoquée. Elle devait décider de toutes les contestations qui s'élèveraient entre les états confédérés; la Confédération se plaçait sous la protection suprême de l'empereur des Français qui, au décès de chaque prince primat, devait en nommer le successeur. L'acte se terminait par le réglement du contingent à fournir par chacun des confédérés pour le cas de guerre. La France devait fournir 200,000 hommes; le royaume de Bavière, 30,000; le royaume de Wurtemberg, 12,000; le grand-duché de Bade, 8,000; le grand-duc de Berg, 5,000; les princes de Nassau et les autres princes confédérés, 4,000. L'acte fut signé à Munich et ratifié par Napoléon à Saint-Cloud.

CONFÉDÉRATION GERMANIQUE. La Confédération du Rhin a disparu dans la chute de son protecteur suprême ; mais elle a donné l'idée de la Constitution générale qui régit aujourd'hui l'Allemagne. A la paix de Paris du 30 mai 1814, il fut stipulé : « Que les états d'Allemagne seraient indépendants et unis par un lien fédératif. » C'était se proposer une tâche difficile ; c'était entreprendre la reconstruction du moyen-âge pour mieux résister à l'esprit révolutionnaire qui, depuis vingt-cinq ans, avait si fort innové dans l'économie de l'Europe. Mais on abandonnait tout d'abord une ancienne institution, la plus éclatante, l'unité de l'empire germanique. Ce sacrifice nécessaire révélait la difficulté des conjonctures.

L'Autriche et la Prusse étaient en présence ; l'une avec son antiquité, l'autre avec sa jeunesse, puissantes pour se balancer, incapables l'une et l'autre de prendre la première place. Ce dualisme indestructible ramenait les choses à l'état du dix-huitième siècle, après les triomphes de Frédéric. Dès-lors, la fédération germanique avait deux têtes au lieu d'une.

Un premier plan de fédération, proposé au prince de Metternich par le prince de Hardenberg, plus favorable à la liberté de l'Allemagne, fut écarté après plusieurs négociations ; et le 8 juin 1815 vit signer à Vienne un acte de constitution fédérative qui ne donnait à l'Allemagne ni la liberté, ni l'unité.

La Confédération germanique comprend trente-huit états, dont trente-quatre sont gouvernés monarchiquement, et quatre sous une forme *républicaine*, comme le dit l'acte fédéral. Le but de la fédération est le maintien de la sûreté extérieure et intérieure de l'Allemagne, de l'indépendance et de l'inviolabilité des états confédérés. Les membres de la Confédération sont, comme tels, déclarés égaux en droits ; politesse illusoire ! Le siége de la Diète est Francfort-sur-le-Mein. Dans la Diète fédérale, les membres de la fédération votent

par leurs plénipotentiaires, soit individuellement, soit collectivement. Pour changer les lois fondamentales de la Confédération ou créer des institutions organiques, on a réparti, de la manière suivante soixante-neuf voix sur les trente-huit membres. Ces voix sont calculées sur l'étendue respective de chacun des états : l'Autriche a 4 voix, la Prusse 4, la Saxe 4, la Bavière 4, le Hanovre 4, le Wurtemberg 4, Bade, 3, la Hesse électorale, 3, le grand-duché de Hesse, 3, le Holstein 3, le Luxembourg 3, le Brunswick 2, Mecklembourg-Schwerin 2, Nassau 2, Saxe-Weimar 1, Saxe-Gotha 1, Saxe-Cobourg 1, Saxe-Meinungen 1, Saxe Hildbourghausen 1, Mecklembourg-Strélitz 1, Holstein-Oldenbourg 1, Anhalt-Dessau 1, Anhalt-Bernbourg 1, Anhalt-Koethen 1, Schwarzbourg-Sondershausen 1, Schwarzbourg-Rudolstadt 1, Hohenzollern-Hechingen 1, Hohenzollern-Sigmaringen 1, Lichtenstein 1, Waldeck 1, Reuss, branche aînée, 1, Reuss, branche cadette, 1, Schaumbourg-Lippe 1, Lippe 1, la ville libre de Lubeck 1, Francfort 1, Brême 1, Hambourg, 1.

La première séance de la Diète fédérale a eu lieu le 15 mai 1820.

Il y a deux espèces d'assemblées : 1º Assemblée générale, dite *plenum*, dans laquelle chaque membre vote d'après le nombre de voix que nous venons de signaler. Le *plenum* exige la présence de tous les membres ; la majorité est des deux tiers ; 2º Assemblée simple. Dans cette réunion le vote total se réduit à 17 voix ainsi réparties : Autriche 1, Prusse 1, Bavière 1, Saxe 1, Hanovre 1, Wurtemberg 1, Bade 1, Hesse électorale 1, Hesse grand-ducale 1, Danemarck pour le Holstein 1, Pays-Bas pour le Luxembourg 1, Maisons grand-ducale et ducale de Saxe 1, Brunswick et Nassau 1, les deux Mecklembourg 1, Holstein-Oldenbourg, Anhalt et Schwarzbourg 1, Hohenzollern, Lichtenstein, Reuss, Schaumbourg-Lippe, Waldeck 1, les villes libres de Lubeck, Francfort, Brême et Hambourg 1.

Le gouvernement fédéral, comme assemblée simple, ouvre les séances et s'occupe préalablement des propositions à faire à l'assemblée générale, au *plenum* ; mais cette dernière assemblée n'entre dans aucune discussion : elle vote purement et simplement par *oui* ou *non*. Il ne faut pas croire, cependant, qu'une répartition égale et juste des voix préside aux délibérations de la Sérénissime Diète germanique. Les discussions qui ont lieu préalablement dans l'assemblée simple à 17 voix sont toujours décisives, attendu que les grands états font une majorité toute faite de 11 voix contre 6, et que le *plenum* n'est qu'une espèce de cérémonie de cour, où l'étiquette prescrit de se conformer au réglement. La situation des petits princes est passablement ridicule : ils ne sont là qu'en qualité d'exécuteurs des hautes-œuvres de l'Autriche et de la Prusse.

Les décrets se rendent à la majorité des voix ; il suffit de neuf votants. L'Autriche préside dans les deux assemblées, et prononce les décisions, lorsque le nombre de voix se trouve égal d'un côté comme de l'autre. La Confédération n'intervient dans les affaires des différents états que quand il y a abus de pouvoir, ou quand l'ordre public paraît être menacé. C'est alors, et sur la demande du pouvoir gouvernant, qu'elle intervient pour le rétablissement des droits de la Souveraineté. Les membres de la Confédération conservent le droit de faire toute espèce d'alliance ; toutefois, ils ne doivent entrer dans aucune ligue dirigée contre la sûreté de l'union ou de ses membres ; disposition ambiguë trahissant des embarras invincibles et féconde en dissensions inévitables. Les états confédérés s'engagent à ne se faire la guerre sur aucun prétexte, mais à porter leurs différends à la Diète, qui doit essayer la conciliation, ou faire prononcer sur le litige par une instance *austrégale* bien organisé.

Toutes les forces de l'armée fédérale sont divisées en dix corps, et comprennent un total de 301,637 hommes, ainsi répartis : infanterie de ligne, 222,118 ; chasseurs, 11,694 ; cavalerie, 43,090 ; artillerie et train, 21,717 ; pionniers et pontonniers, 3,017. L'artillerie est forte de 612 bouches à feu, divisées en 76 1/2 batteries. L'Autriche fournit 94,822 hommes qui forment les 1er, 2e et 3e corps d'armée ; la Prusse 79,234 hommes qui composent les 4e, 5e et 6e corps d'armée. Le contingent de la Bavière, 35,600 hommes, forme le 7e corps d'armée. Les 8e, 9e et 10e corps d'armée sont formés avec les contingents des autres princes confédérés. Les forteresses de la Confédération sont *Mayence, Luxembourg* et *Landau*.

Les revenus de la Confédération montent à 207,557,000 écus, la dette à 832,308,000 écus, sans comprendre les dettes particulières des villes et des royaumes.

Telles sont, en substance, les dispositions générales de cet acte, qui ne rendait pas à l'Allemagne ses franchises du moyen-âge, ne lui accordait pas la liberté moderne, ne lui donnait ni l'indépendance d'une République, ni l'unité de l'Empire, et la préparait à la double dictature de l'Autriche et de la Prusse.

Cependant, dès 1815, on commençait en Allemagne à désirer des constitutions représentatives. Ce désir pouvait s'autoriser, auprès des deux grandes puissances qui rédigeaient l'acte fédéral, de l'exemple et de la tradition des anciens états, *Landstaende,* et devait être consacrée dans le pacte solennel qui constituait l'Allemagne. Mais la Bavière et le Wurtemberg s'opposèrent à cette insertion, et, pour tout concilier, on se borna à cette rédaction si pauvre et si vague : « Art. XIII. Il y aura des assemblées d'états dans tous les pays de la Confédération. » Voilà tout ce qu'obtenait le régime représentatif des temps modernes.

Néanmoins, le principe était admis et devait fructifier. La liberté représentative fut mise en face de l'unité fédérale. Successivement, le grand-duché de Bade, Hesse-Darmstadt, le royaume de Wurtemberg, même le royaume de Bavière et l'électorat de Hesse Cassel, reçurent de leurs princes des constitutions. Le principe de liberté s'organisait, et s'imposait aux monarchies absolues de Vienne et de Berlin.

L'autorité unitaire de la Diète, tout en tolérant ces libertés locales, exerçait sa dictature sur les intérêts généraux. La liberté de la presse fut l'objet de ses statuts et de plusieurs prescriptions. En 1819, la Diète adopta une proposition présentée par l'Autriche et qui établissait la censure. Comme, au moyen-âge, les États et la Diète de l'Empire se heurtaient souvent, de même les constitutions octroyées et la puissance fédérale rétablie en 1818 se combattaient : choc inévitable du mouvement de liberté et du mouvement despotique. Car l'Allemagne de nos jours n'a conservé du moyen-âge, dans ses formes politiques, qu'une imitation hypocrite. La forme est antique, le despotisme, vivant et nouveau. La Diète de Francfort est comme le porte-voix de l'Autriche et de la Prusse ; elle signifie leurs volontés, et la force qui pèse sur l'Allemagne s'enveloppe des réminiscences mensongères du passé.

Depuis 1815, il y a lutte entre la dictature organisée sous le masque de l'institution fédérale et le mouvement individuel des états qui veulent s'émanciper. Mais, il y a quelques années, la lutte était moins vive ou plutôt moins extérieure ; la Diète était contrainte à un certain respect envers des constitutions octroyées par les rois eux-mêmes. La Révolution de Juillet vint mettre au néant les détours et les fictions, et appela au grand jour tous les vœux et les efforts qui étaient dirigés vers un changement des institutions en Allemagne. Ce fut dans la Prusse que se montra la première étincelle de l'incendie qui allait parcourir l'Allemagne. Quelques troubles éclatèrent le 30 août 1830 à Aix-la-Chapelle, et se renouvelèrent tous les jours suivants à Elberfeld, à Berlin, à Breslau. Mais le gouvernement avait à sa disposition des forces militaires trop supérieures pour que tout mouvement révolutionnaire ne fût pas promptement réprimé. Aussi l'agitation n'eut cette année un caractère sérieux que dans le Brunswick, la Saxe et la Hesse. Le duc Charles de Brunswick, après avoir vu, au mois de septembre, son château pris d'assaut et incendié, eut à peine le temps de fuir en abandonnant le duché à son frère Guillaume. Dans la Saxe, l'exaltation produite par le contre-coup de la Révolution de Juillet se manifesta d'une manière aussi vigoureuse ; les couleurs françaises étaient étalées dans tous les magasins de Dresde, les jeunes gens les portaient en cravates et en écharpes. Au mois de septembre, Dresde et Leipzig étaient en pleine révolte ; le roi Antoine n'y mit un terme qu'en faisant plusieurs concessions, et en s'adjoignant comme co-régent son neveu Frédéric, qui faisait de l'opposition en sa qualité d'héritier présomptif. Dans la Hesse, l'électeur se retira devant le mécontentement du peuple, et céda le gouvernement à son fils Guillaume. En présence de ces événements, la Diète de 1830 resta en permanence. Le 23 novembre elle publia un arrêté par lequel tous les états germaniques s'engageaient mutuellement à se prêter secours ; et dans ce but les contingents devaient être tenus disponibles pendant toute la durée de la crise. Le même acte recommandait une surveillance active de la presse.

L'année suivante fut marquée par les débats entre les souverains et les Chambres, qui agitèrent presque tous les états allemands du second ordre. Quelques troubles eurent lieu dans le duché de Saxe-Altenbourg, dans la Bavière et dans le Hanovre, notamment dans les villes d'Osterode et de Gœttingue ; mais, dans l'année 1832, les mouvements révolutionnaires éclatèrent avec une violence qui troubla profondément la tranquillité de l'Allemagne. C'était le moment où les débris errants de la nationalité polonaise venaient s'asseoir à tous les foyers, et leur présence ne contribuait pas peu à entretenir l'exaltation. La presse radicale avait pris un développement redoutable. Le docteur Wirth, rédacteur de la *Tribune allemande,* déclarait devant un tribunal qu'il appellerait le peuple aux armes pour marcher au renversement des rois et à la destruction des trônes, et le tribunal l'acquittait. Des associations se formaient pour soutenir la presse par des contributions volontaires ; des messagers payés par les citoyens transportaient les journaux consignés à la poste ; une feuille interdite dans une ville se contentait de se déplacer et s'imprimait le lendemain dans une autre. Et, au milieu de cette agitation universelle, l'idée de l'unité, le rêve de la patrie allemande, préoccupait tous les esprits.

Ces vœux éclatèrent dans une démonstration qui eut un grand retentissement, et qui fut le signal de la réaction des gouvernements : nous voulons parler de la fête célébrée dans les ruines de Hambach, près de Neustadt (Bavière rhénane), le 27 mai, jour anniversaire de l'établissement de la constitution bavaroise. Une foule immense de citoyens s'y trouva rassemblée de tous les points de l'Allemagne, avec les représentants les plus connus de l'opposition radicale, les docteurs Wirth, Siebenpfeiffer, Boerne, Schuler, etc. Vingt mille hommes chantèrent en chœur la *Marseillaise,* traduite en allemand. Les vieilles couleurs de l'empire germanique, noir, rouge et or, flottèrent sur les ruines de Hambach auprès des couleurs françaises ; un grand nombre de discours en allemand et en français furent prononcés dans cette journée, qui fit trembler tous les princes d'Allemagne.

La fête de Hambach amena les fameux décrets de 1832. Par un arrêté du 5 juillet, la Diète interdit de former des associations politiques, de célébrer sans autorisation des fêtes populaires, et, dans tous les cas, d'y prononcer des discours politiques, de porter ou d'arborer des couleurs étrangères et de planter des arbres de liberté. Elle se réserva le droit de prononcer souverainement en matière de presse, et consacra le principe de l'extradition politique ; de plus, elle renouvela les dispositions prises en 1819 contre les *Burschenschaften.* Elle enveloppa dans la même réprobation les résistances constitutionnelles.

L'Autriche et la Prusse proposèrent ou plutôt imposèrent de nouvelles mesures « pour le maintien de l'ordre légal et de la tranquillité dans la Confédération germanique. » L'Autriche, prenant l'initiative, déclara que « la Révolution en Allemagne approchait à grands pas de sa maturité, et

qu'elle n'avait besoin, pour éclater, que d'être tolérée plus longtemps par la Diète. » Sur cette initiative de l'Autriche, la Prusse se joignit à elle, et tint le même langage : « Ce n'est, disaient les deux cours, qu'en faisant un emploi ferme et énergique des moyens que la constitution fédérale leur accorde, que les princes allemands parviendront à vaincre le mal qui n'est que trop manifeste, et à rétablir l'ordre en Allemagne. »

Cette fois, les deux puissances attaquèrent ouvertement l'indépendance des constitutions, et portèrent les plus profondes atteintes aux libertés parlementaires de tous les états de la Confédération. En commentant l'acte final de Vienne de l'année 1826, qui assurait l'exécution de l'article XIII de l'acte fédéral, elles blâmèrent la tendance que prenaient les chambres représentatives, tant dans leurs rapports avec leurs souverains que dans leurs rapports avec la Diète.

En effet, les assemblées législatives de différents états osaient exiger des concessions nouvelles incompatibles avec le principe monarchique ; elles osaient même montrer en perspective le refus du budget. Puis, ces chambres affectaient de se mettre au-dessus des lois fédérales, et souvent dans leur sein la Diète fut attaquée.

Pour réprimer ces abus, il fut réglé par un protocole public de la vingt-deuxième séance de la Confédération germanique, du 28 juillet 1832, que le souverain d'un état ne peut être lié par une constitution à la coopération des chambres que pour l'exercice de certains droits ; que non-seulement il peut rejeter la pétition des États, mais que le but de la fédération générale lui fait un devoir de ce rejet ; que les États ne peuvent jamais refuser à aucun souverain allemand les moyens nécessaires à un gouvernement pour remplir ses obligations fédérales et celles qui lui sont imposées par la constitution ; que la législation intérieure des états de la Confédération ne saurait porter préjudice au but de la Confédération ; qu'il serait nommé par la Diète, d'abord pour six ans, une commission chargée de prendre connaissance des délibérations qui auront lieu dans les chambres des états membres de la Confédération, de diriger leur attention sur les propositions et résolutions qui seraient en opposition avec les obligations fédérales ou avec les droits de souveraineté garantis par les traités de la Confédération ; que les gouvernements de la Confédération s'engagent les uns envers les autres, comme ils y sont tenus par leurs rapports fédéraux, à prendre et à maintenir les mesures convenables pour empêcher toute attaque contre la Diète dans les assemblées constitutionnelles, et pour réprimer ces attaques, chacun dans les formes de sa législation intérieure ; que la Diète a seule le droit d'interpréter l'acte de la Confédération et l'acte final.

Cette réserve du droit d'interprétation devait porter ses fruits, et au mois de novembre 1834 un arrêt de la Diète établit que, dans le cas où il s'élèverait dans un état de la Confédération un différend entre le gouvernement et les chambres, soit sur la limite de la coopération accordée aux

États dans l'exécution de certains droits déterminés du souverain, les membres de la Confédération s'engagent réciproquement, en cette qualité, à faire décider ces différends par des arbitres, avant d'invoquer l'entremise de la Confédération; que, pour former ce *tribunal arbitral* chacune des dix-sept voix de l'assemblée ordinaire de la Diète nommera, de trois ans en trois ans, dans les états qu'elle représente, deux hommes distingués par leur caractère et leurs sentiments; que, parmi ces arbitres, au nom de trente-quatre, il sera choisi pour une décision arbitrale devenue nécessaire, six juges arbitres, trois pour le gouvernement et trois pour les États; que ces six juges arbitres nommeront parmi les arbitres restants un surarbitre; qu'ils décideront avec le surarbitre la question litigieuse à la majorité des voix; que la sentence arbitrale aura la force et l'effet d'une décision *austrégale,* et que l'ordonnance d'exécution établie par les lois de la Confédération lui sera applicable; qu'il sera fait une application analogue du tribunal d'arbitrage pour vider les différends et les contestations qui pourraient survenir dans les villes libres entre les sénats et les autorités établies par la bourgeoisie en vertu de la constitution.

Jamais l'ancienne Diète de l'Empire n'aurait osé de si grands empiétements sur les anciens États. L'institution représentative est accablée outre mesure par l'institution fédérale. Les chambres sont citées devant un tribunal arbitral, qui ne juge qu'en première instance et n'empêche pas l'intervention souveraine de la Diète, mais seulement la suspend et la dissimule. La souveraineté locale est dégradée au point d'être l'instrument de la souveraineté fédérale, ou plutôt la souveraineté fédérale n'est ici que la souveraineté de l'Autriche et de la Prusse. Vienne et Berlin ont pour instrument les amphictyons de la Germanie.

Pour que l'Allemagne arrive maintenant à un gouvernement unitaire, il est nécessaire qu'une des deux têtes du corps germanique tombe. Or, la Prusse a déjà presque tout envahi : elle a commencé à tramer la solidarité des intérêts matériels et a imposé à l'Allemagne, qu'elle isole de l'Autriche, la législation de ses douanes et de son commerce. Que sera-ce si la guerre éclate? Elle fera de l'unité le prix de la victoire. Maîtresse de la Bohême, de la Saxe, de la Westphalie et des bords du Rhin, elle sera inévitablement acceptée par l'Allemagne pour sa souveraine. Avant la fin du siècle, la Confédération germanique sera la Prusse.   A. Hettmann.

CONFÉRENCE. Réunion des représentants de deux ou plusieurs puissances dans le but de traiter d'un intérêt commun. Des Conférences ont ordinairement lieu avant la signature d'un traité pour en discuter et régler les bases : elles se tiennent alors le plus souvent dans un lieu qui, pour cet effet, a été déclaré territoire neutre par les puissances belligérantes.

L'une des plus célèbres Conférences dont l'histoire fasse mention est celle qui s'ouvrit, en 1659, dans l'île des Faisans sur la Bidassoa, entre Mazarin et don Luis de Haro, et dont le résultat fut la paix des Pyrénées. Quant aux fameuses Conférences de Londres, qui se sont terminées, l'année dernière, par la spoliation du Luxembourg et du Limbourg enlevés à la Belgique, ces Conférences méritaient presque le nom de congrès. Les cinq grandes puissances de l'Europe y avaient en effet leurs agents qui, comme à Troppau, à Laybach, à Vérone, s'occupèrent bien plus de réformer l'esprit révolutionnaire et de défendre les intérêts monarchiques que des questions de territoire soumises uniquement, en apparence, à leurs délibérations.   J. B.

CONFESSION. La Confession était inconnue dans la primitive Église : de tous les témoignages allégués pour donner à ce sacrement l'autorité de la tradition, il n'en est pas un qui résiste à l'examen scrupuleux des textes.

Les protestants ont aboli la Confession : elle est tombée en désuétude parmi les catholiques.

La Confession sacramentelle repose sur cette hypothèse, que la conscience des prêtres est immédiatement et efficacement inspirée par la justice et la miséricorde de Dieu, quand, après avoir entendu le pécheur, il prononce ces mots : « Je vous absous. » Nous respectons la foi du passé et les institutions qu'elle a fondées, mais nous ne pouvons avoir créance dans une hypothèse qui contredit aussi ouvertement l'idée philosophique que nous avons de Dieu et de l'humanité.   B. H.

CONFLIT. Par la loi du 24 août 1790, l'Assemblée constituante a établi que « les fonctions judiciaires sont distinctes et demeureront toujours séparées des fonctions administratives. »

Ce principe est resté debout parmi toutes les vicissitudes que nous avons subies depuis cinquante années.

Mais il était difficile, et pour ainsi dire impossible, de déterminer exactement *à priori* les attributions de chacune des deux autorités, judiciaire et administrative, de fixer irrévocablement leur compétence. Le cas devait donc se présenter où l'autorité judiciaire serait appelée à prononcer sur des affaires qui seraient de la compétence du pouvoir administratif, et réciproquement. Cette incertitude de compétence est le Conflit.

« Il y a deux sortes de Conflits d'attribution : le « Conflit positif et le Conflit négatif.

« Le Conflit positif est l'acte par lequel l'admi « nistration revendique la décision d'une affaire « qui lui appartient et dont les tribunaux sont « saisis.

« Le Conflit négatif résulte de la déclaration « respective, faite par l'autorité administra « tive et par l'autorité judiciaire, que la même « affaire n'est pas de leur compétence (1). »

L'Assemblée constituante, préoccupée surtout du besoin d'assurer la marche du gouvernement et de mettre l'action gouvernementale, si souvent contrariée jadis par les évocations parlementaires,

(1) Cormenin, *Droit administratif*, Conflits.

à l'abri des empiétements du pouvoir judiciaire, déclara que « les juges ne pourraient, à peine de forfaiture, troubler de quelque manière que ce soit les opérations des corps administratifs, ni citer devant eux les administrateurs pour raison de leurs fonctions. » Les lois subséquentes de la Révolution, notamment celle de fructidor an III, qui fait défense itérative aux tribunaux de connaître des actes d'administration de quelque espèce qu'ils soient, consacrèrent et confirmèrent le principe posé par l'Assemblée constituante.

Mais il ne suffisait pas de poser le principe, il fallait le mettre en action. Et la difficulté était grande.

« Si l'on remettait la décision des Conflits à
« l'autorité judiciaire, le gouvernement passerait
« dans les tribunaux.

« Si l'on remettait la décision des Conflits à
« l'autorité administrative, et sans condition, les
« tribunaux perdraient leurs attributions et les
« citoyens leurs garanties (1). »

Tous les gouvernements qui se sont succédé depuis la Révolution ont tranché la question de la même manière; tous ont attribué au gouvernement le règlement des Conflits. La loi du 21 fructidor, an III, décida qu'en cas de Conflit d'attribution entre les autorités judiciaire et administrative, il serait sursis jusqu'à décision du ministre, confirmée par le Directoire exécutif, qui en référerait au besoin au corps législatif. Les arrêtés consulaires, les décrets impériaux et l'ordonnance réglementaire du 1er juin 1828, qui a fixé la jurisprudence des Conflits et qui gouverne aujourd'hui la matière, ont également statué que le règlement des Conflits rentre essentiellement dans les attributions de l'autorité supérieure administrative. Aux termes de cette dernière ordonnance, c'est le préfet qui élève le Conflit, c'est le ministre de la justice qui saisit le Conseil-d'État, c'est le chef du pouvoir exécutif en Conseil-d'État qui décide.

Mais cette dévolution directe au pouvoir exécutif a bien rencontré quelques critiques. Tout en proclamant que la force des principes conduit nécessairement à l'intervention de la justice gouvernementale, le savant et respectable auteur du Conseil-d'État selon la Charte, M. Sirey, demande que cette justice gouvernementale soit organisée; qu'elle offre des garanties rassurantes; qu'elle ne soit pas enfin un simple Appel du ministre au ministre lui-même. « Puisque, dit M. Sirey, dans
« l'usage, la justice gouvernementale se con-
« fond avec la justice administrative, il s'ensuit
« que la justice administrative et l'action admi-
« nistrative n'ont pas de régulateur commun. Donc
« il y a nécessité de recourir à la justice législa-
« tive. »

L'objection est certainement très-puissante. Mais il nous semble qu'elle tomberait devant une organisation régulière du pouvoir. Oui, aujourd'hui, malgré les sages dispositions de l'ordonnance de 1828, il est certain que la justice gouvernementale n'est en réalité que l'arbitraire administratif. Mais

(1) Cormenin, Droit administratif, Conflits.

faites que la responsabilité de tous les agents du pouvoir soit chose sérieuse, cherchez des garanties dans l'organisation même du pouvoir, et dès-lors, où sera le danger?

Au reste, même aujourd'hui, il y a moins d'inconvénients à attribuer la décision des Conflits au gouvernement qu'au pouvoir judiciaire, ou même au pouvoir législatif. Le pouvoir judiciaire, pouvoir permanent et collectif, c'est-à-dire envahisseur de sa nature, rendrait impossibles et le gouvernement et l'administration, s'il pouvait à son gré élever et décider les Conflits. Quant au pouvoir législatif, ce n'est point son affaire de s'immiscer dans le règlement de ces sortes de questions. Il n'a point qualité pour cela.

Il faut donc en revenir à ces axiomes mis en lumière par l'auteur des Questions de droit administratif, et dire :

« La décision des Conflits doit appartenir au
« gouvernement quel qu'il soit, monarchique ou
« républicain.

« Le Conflit est limité dans son exercice par des
« règles de pondération réciproque entre les deux
« autorités administrative et judiciaire, et par la
« responsabilité sans cesse invocable des ministres.

« En résumé, le principe est l'indépendance des
« pouvoirs; le moyen est le Conflit; la conséquence
« est l'ordre. »   E. D.

CONFORMISTES. (V. Uniformité (acte d').

CONGÉABLE (Domaine). Chez les nations celtiques, le fond du sol appartenait au chef du clan (V. ce mot); la surface appartenait aux autres habitants de la circonscription qui, dans le principe, étaient membres de la même famille. Cette concession donnait lieu à une redevance annuelle au profit du maître du fond. A des époques déterminées, tous les neuf ans, ce dernier avait la faculté de congédier le propriétaire de la surface, en lui tenant compte de toutes les améliorations et constructions qu'il pouvait avoir faites. C'est pour cela que ce genre de propriété fut appelé Domaine Congéable.

Cette manière de posséder la terre existe encore dans la plus grande partie des départements formés par la Basse-Bretagne. Elle a cessé d'exister en Angleterre. Dans les parties de ce pays où la population celtique n'avait pas été détruite, les propriétaires du fond proposèrent, il y a près d'un siècle, à leurs tenanciers de changer les Domaines Congéables en emphytéoses, à l'expiration desquelles les maîtres auraient à-la-fois la propriété de la surface et du fond. A raison du long terme, les domaniers eurent l'imprudence d'accepter, de sorte qu'ils ne se trouvèrent plus que simples fermiers aux conditions qu'on leur imposa, au lieu d'être propriétaires, et sans qu'ils reçussent l'indemnité pour les améliorations qu'ils avaient faites.

Le Domaine Congéable a ses avantages et ses inconvénients. Pour le tenancier il est, à beaucoup d'égards, préférable de posséder ainsi la terre que d'en être simplement le fermier. D'un autre côté, ce système de propriété s'oppose aux perfectionnements que le maître du fond voudrait entreprendre. A l'époque des élections, les maîtres ont plus d'une fois menacé les domaniers de l'exercice du droit qu'ils ont de les congédier. Cette menace paralyse la liberté des suffrages. Une immense amélioration à faire serait de rendre réciproque le le droit de *congément,* moyennant un remboursement proportionné à la rente que les domaniers ont à servir : il a été reconnu, à l'époque de la Révolution, que ce genre de propriété, qui donne beaucoup à réfléchir, n'avait rien du caractère féodal.   A. B.

CONGRÈS. Corps des représentants du peuple aux États-Unis.

Le Congrès se compose de deux chambres ; celle des Représentants, proprement dite, produit de l'élection directe faite par tous les citoyens, et la chambre appelée Sénat, dont les membres sont nommés par les législatures particulières des états, à raison de deux sénateurs pour chaque état de l'Union.

Le mot de Congrès était parfaitement juste au temps de la guerre de l'Indépendance, parce qu'alors tous les états formant autant de souverainetés indépendantes, les délégués, réunis en assemblée générale, y apportaient le caractère de plénipotentiaires de chaque état et non celui de représentants de l'Union. Les uns siégeaient pour le New-Jersey, les autres pour la Virginie ou le Massachusetts, aucun pour la nation américaine, qui n'était pas encore constituée. Aujourd'hui que l'individualité des états s'est à-peu-près fondue dans un centre commun, et que le gouvernement fédéral commande directement à tous les citoyens pour tout ce qui concerne les affaires générales, le mot de Congrès ne convient plus aussi bien au pouvoir qu'il sert à désigner : toutefois, consacré par l'usage et par la constitution, il servira sans doute pendant des siècles à rappeler aux Américains la glorieuse histoire de leur origine.   J. B.

CONGRÈS. Assemblée générale des ministres plénipotentiaires de plusieurs puissances réunies dans le but de résoudre certaines difficultés, soit de droit, soit de fait, relatives aux codes internationaux et à leur application.

Tel est, du moins, le point de vue sous lequel les monarques ont essayé de faire envisager les différents Congrès qui se sont tenus de nos jours. Et il est vrai de dire que si ces grandes assemblées avaient justifié la distinction que nous venons de donner, le monde n'aurait eu que des actions de graces à rendre à celui qui les aurait provoquées.

Qu'on se figure, en effet, une réunion d'hommes délégués par les différentes nations, et formant, pour toutes les nations policées, une véritable chambre de représentants. Qu'on songe à ce que serait une telle assemblée posant le principe de l'égalité entre les différents peuples, donnant au monde une constitution et des lois qui protégeraient les plus faibles, et dont l'exécution serait

garantie par les forces réunies de tous ; on concevra que ce serait là le commencement d'une nouvelle ère de justice, et il est certain que l'Europe, civilisée, jusqu'à un certain point, en ce qui concerne les rapports de citoyen à citoyen, mais sauvage encore quant aux relations de peuple à peuple, restera soumise au droit du plus fort tant qu'un véritable Congrès ne se sera pas formé dans le but que nous venons d'indiquer.

Dans tout le moyen-âge, les conciles remplirent à-peu-près le rôle que s'attribuent aujourd'hui les Congrès. Les Conciles, réunissant le pouvoir spirituel et le pouvoir temporel, eurent même une toute autre puissance que ne sauraient avoir aujourd'hui quelques diplomates siégeant à Vienne ou au *Foreign-office.* Toutefois, les conciles, parce qu'ils eurent trop à s'occuper des prétentions individuelles des papes, des empereurs et des autres princes, ne purent parvenir à poser les bases d'un véritable droit international.

Ce fut au milieu du dix-septième siècle et vers la fin de la guerre de Trente-Ans qu'eurent lieu à Munster et à Osnabruck les premiers Congrès proprement dits. Mais, malheureusement, dans ces assemblées qui paraissaient destinées à rendre le repos au monde désolé, on reconnut deux principes également opposés à la justice et à la morale, également incompatibles avec une paix durable.

Ces principes sont : 1° que les rois et princes ont un véritable droit de propriété sur le sol de leurs royaumes et sur leurs habitants ; 2° que l'inégalité de force entre les différents états constitue pour eux une inégalité de droits.

Telles sont les bases sur lesquelles sont fondées toutes les résolutions prises depuis deux cents ans par la diplomatie. C'est à elles qu'on doit ces scandaleux marchés où l'on voit des rois acheter, vendre, donner des populations comme s'il s'agissait de troupeaux, échanger des provinces avec leurs habitants, et recevoir des *milliers d'âmes* pour appoint. C'est encore en vertu de ces étranges doctrines qu'aujourd'hui, à la Diète germanique, les grandes puissances ont quatre voix chacune, comme si les plus faibles, ayant plus d'intérêt encore à l'établissement du règne de la justice, ne devaient pas au moins être traités sur le pied de l'égalité.

Les principes qui prévalurent au Congrès de Westphalie, en 1648, furent encore ceux qui présidèrent au remaniement de l'Europe lors du fameux Congrès de Vienne. Ce fut dans ce Congrès que s'établit le système qu'un auteur allemand qualifie avec raison de pentarchie européenne, parce qu'il consacre la domination exclusive de cinq grandes monarchies. Depuis 1815 la pentarchie n'a fait que croître en force et en insolence ; aussi, a-t-on vu aux Congrès de Vérone, de Troppau, de Laybach, et dernièrement aux conférences de Londres, ces cinq puissances adjuger arbitrairement des augmentations de territoire à qui bon leur semblait, et même s'immiscer violemment dans l'administration intérieure des états qui voulaient se donner des constitutions démocratiques. C'est ainsi que le Piémont, Naples, l'Espagne, le

Portugal, furent envahis en 1822 et 23 par les armées française et autrichienne, exécutrices des ordres formulés dans les différents Congrès. C'est ainsi qu'à Londres le morcellement de la Belgique vient d'être consommé par cinq diplomates qui ne représentent absolument rien que les intérêts de cinq familles en possession de trôner sur l'Europe.

Voilà ce que sont et tout ce que peuvent être les Congrès sous l'empire de la loi monarchique. La démocratie seule (V. ALLIANCE), si elle s'établissait chez tous les peuples, pourrait donner à de telles assemblées un caractère de justice et d'utilité générale. Les représentants des peuples organisés démocratiquement apporteraient, en effet, dans un Congrès, cette règle d'égalité qui régnerait dans le sein de chaque société particulière, de telle sorte qu'il n'y aurait ni première ni dernière parmi les nations. On n'y soutiendrait pas à coup sûr cette maxime, cause de tant de guerres : «Qu'un homme ou un peuple peut avoir des droits sur un autre peuple.» Un Congrès formé des députés de nations en possession de leur souveraineté, serait pour toutes ce qu'un sénat est pour chacune d'elles.   J. BASTIDE.

CONJURATION. (V. CONSPIRATION).

CONNÉTABLE (*Comes stabuli*). Mathieu de Montmorenci fut élevé à la dignité de Connétable par Philippe Auguste, l'an 1218. C'est de cette époque que nous partirons pour donner une idée de ce qu'étaient les fonctions de Connétable. Ces fonctions n'avaient rien de politique avant Mathieu de Montmorenci.

Ce seigneur étant devenu Connétable commanda les armées; mais les auteurs font remarquer que ce ne fut que par commission, et nullement en vertu de sa dignité, parce que celle de sénéchal de France, bien que vacante, n'était point encore supprimée, quoique le dernier titulaire, Thibaut, comte de Blois, fût mort depuis longtemps. Il en fut de même des successeurs de Mathieu de Montmorenci. Le commandement des armées ne fut attribué à la dignité de Connétable qu'après l'an 1262; mais, à partir de cette époque, il fut exercé par les Connétables à titre d'office, et cela avec une puissance et des droits dont les rois s'effrayèrent à la fin.

Le Connétable faisait de droit partie du plus secret conseil du roi. En temps de guerre, on ne pouvait rien ordonner qu'il ne l'eût approuvé. La guerre déclarée, le Connétable avait le commandement général de l'armée, même lorsque le roi était présent. Il avait le droit de choisir le poste qu'il jugeait le plus convenable. Il marchait toujours à l'avant-garde ou à la première ligne dans les batailles, et dans les retraites à l'arrière-garde. —Le Connétable nommait à toutes les dignités militaires; il cassait les officiers, et distribuait les peines et les récompenses suivant son bon plaisir. C'est lui qui commandait la garde du roi; tout ce qu'on prenait sur l'ennemi appartenait au Connétable, à l'exception de l'or qui retournait au roi, et de l'artillerie qui appartenait au grand-maître de l'artillerie. Tous ces droits, et une foule d'autres que nous passons sous silence, rendirent bientôt le Connétable le premier officier de la couronne. Le Connétable de Saint-Pol osa bien résister au terrible Louis XI, mais il paya de sa tête sa témérité. La dignité de Connétable resta vacante après la mort du comte de Saint-Pol. Charles VIII, successeur de Louis XI, la donna à Jean de Bourbon. Celui-ci étant mort en 1488, personne n'en fut pourvu jusqu'au règne de François Ier. Ce prince, après vingt-quatre ans d'interrègne, en revêtit Charles, duc de Bourbon. Charles de Bourbon eut pour successeur Anne de Montmorenci. Henri II ne donna à personne l'épée de Connétable. Plus tard, cette épée fut confiée à Henri de Montmorenci. De lui elle passa au duc de Luynes, qui n'en jouit pas longtemps. Le duc de Richelieu la fit donner sous Louis XIII au duc de Lesdiguières; celui-ci ne la posséda que quatre ans : il fut le dernier Connétable. Cette dignité dangereuse fut supprimée par un édit, l'an 1627.   A. T.

CONQUÊTE, acquisition; se dit également de l'action de conquérir et de l'objet conquis.—Le mot Conquête veut être envisagé sous deux points de vue différents; il soulève une question philosophique et une question politique; car, il s'agit de savoir, premièrement, si toutes les Conquêtes sont également justes; et, en second lieu, si tous les peuples sont appelés à conquérir et de quelle manière ils doivent conquérir.

Quant au premier point, je ne veux point rechercher ce qu'ont pensé du droit de Conquête ceux qui sont venus avant nous; leurs opinions sur ce sujet, comme sur beaucoup d'autres, ont varié suivant les temps et les lieux; je veux essayer seulement de déterminer le principe qui légitime ou condamne les actes des conquérants.

L'humanité a-t-elle un but, oui ou non? ou bien, jouet misérable d'un fatalisme aveugle, la race humaine est-elle condamnée à rouler éternellement d'espace en espace, d'évolution en évolution, sans intelligence et sans règle?

Là est, je crois, toute la question.

Or, tout le monde aujourd'hui est d'accord là-dessus. Chrétiens, catholiques ou protestants; philosophes, socialistes ou sociétaires, et les chercheurs qui n'ont pas encore trouvé leur étiquette, et ces vaniteux même qui se disent athées, tout le monde aujourd'hui, vaincu par l'évidence, confesse ou proclame que l'humanité suit une même voie, la perfectibilité; qu'elle marche à un même but, l'égalité.

De là résulte clairement cette conséquence que les institutions ou les Conquêtes qui ont poussé l'humanité en avant sont légitimes; que celles qui l'ont arrêtée dans sa marche sont illégitimes.

Donc, cette question qui semblait tout d'abord un ténébreux problème de philosophie se réduit simplement à ce point de fait: Y a-t-il dans le présent, y a-t-il eu dans le passé des Conquêtes qui ont favorisé, ou suspendu, ou comprimé le développement de l'humanité?

A cette question, le plus illettré peut répondre. Oui, dans tous les temps il y a eu d'horribles, d'inutiles violences. Instruments de la volonté de Dieu, mais bientôt instruments rebelles et sacriléges, des conquérants, peuple ou homme, ont exterminé les nations qu'ils devaient transformer. Ils avaient mission de refaire les sociétés, de fondre ensemble des populations ennemies, d'introduire des idées et des formes nouvelles: ils massacraient les vaincus, les futurs citoyens de la société future. Ah! dites-nous donc, apologistes imprudents des lâchetés d'hier et des lâchetés d'aujourd'hui; dites-nous si l'extermination des Américains doit valoir aux Espagnols la reconnaissance et les suffrages de la postérité. Depuis six cents ans l'Angleterre a versé sur l'Irlande toutes les humiliations, tous les désespoirs. Exaltez donc aussi l'œuvre civilisatrice de l'Angleterre, et battez des mains à ce séculaire holocauste de huit millions de catholiques!

Nous disons donc qu'il y a des Conquêtes justes et des Conquêtes injustes; nous disons qu'il y a eu des violences légitimes et des violences illégitimes. Vous le niez? Il faut dire alors qu'à certaines époques il y a eu nécessité de sacrifier au Dieu inconnu des populations tout entières. Cela, quelques esprits obstinés ou supérieurs, si mieux on l'aime, le peuvent bien admettre; nous disons, nous, que c'est un horrible blasphème, une calomnie contre la Providence. Et, par malheur, c'est de plus une très-vieille idée, une idée payenne. Aristote a fort longuement établi qu'il y a des hommes et des peuples naturellement esclaves; il regarde la prétendue infériorité morale de ces hommes et de ces peuples comme une raison suffisante pour les combattre et les réduire en servitude; et pour éviter qu'on se trompe sur sa pensée, il compare les hommes et les peuples de l'espèce privilégiée à des chasseurs qui doivent prendre et tuer des bêtes sauvages bonnes à être mangées ou immolées. Or, il faut bien remarquer que le même Aristote a pour la liberté et la vie de ceux qu'il considère comme des hommes le plus profond respect; que, non-seulement il blâme énergiquement toute violence commise à leur égard, mais encore qu'il va jusqu'à désapprouver toute Conquête, toute extension de territoire obtenue au détriment des peuples voisins.

Reste maintenant la question politique que nous avons indiquée en commençant.

Il en est des peuples comme des individus. Les uns sont actifs, les autres passifs. Ceux-ci sont destinés à recevoir de ceux-là l'initiation intellectuelle et morale. Seules, les Conquêtes des premiers sont fécondes; les seconds, lorsque quelque cause occasionnelle les pousse à se répandre sur le monde, sont des ravageurs qui ne font que des ruines. Ainsi, partout où est apparue la race gauloise, race facile et sympathique, la civilisation a fait quelque pas. Partout, au contraire, où s'est portée la race ibérienne, par exemple, race arrogante et casanière, le mouvement social s'est arrêté. Je ne veux pour preuve de ceci que deux faits: la Conquête de l'Amérique et la Révolution française.

Cette distinction doit, il nous semble, résoudre une question souvent débattue. Quel est le meilleur moyen de conserver une Conquête, se sont demandé les publicistes? Montesquieu répond après Machiavel par l'exemple des Romains. Il veut que le vainqueur « laisse les choses comme « il les a trouvées; les mêmes tribunaux, les mêmes « lois, les mêmes coutumes, les mêmes priviléges, « rien ne doit être changé que le nom et l'armée « du Souverain..... Il ne suffit pas de laisser à la « nation vaincue ses lois; il est peut-être plus né- « cessaire de lui laisser ses mœurs, parce qu'un « peuple connaît, aime et défend toujours plus ses « mœurs que ses lois. »

Cette opinion nous semble radicalement contraire à la nature des choses. Sans doute un peuple n'a point le droit de changer violemment les mœurs, les coutumes, les lois du peuple qu'il vient de conquérir; mais, d'un autre côté, il n'a pas le droit de conquérir ce peuple s'il ne s'acquitte envers lui par quelque bienfait. Et ce bienfait, c'est un état social meilleur, une civilisation plus parfaite.

En d'autres termes, une conquête n'est légitime et féconde que quand le peuple conquis est prêt à recevoir les idées, les coutumes, les mœurs du peuple conquérant; lorsque l'assimilation morale, sociale et politique des vainqueurs avec les vaincus est possible.

Ces Conquêtes bienfaisantes, rationnelles, sont donc non-seulement légitimes, elles sont seules durables. Les Romains et les Turcs se sont super-posés au lieu de se mêler aux nations qu'ils subjuguaient. Au premier choc un peu ferme leur empire s'est dissous. Au contraire, tous les éléments dont s'est formée la nationalité française se sont énergiquement mêlés; leur union est devenue indissoluble. Envahie, trahie et désarmée, la France s'est sauvée du démembrement par la seule force de sa constitution.

En résumé, nous disons qu'il y a des Conquêtes justes et d'autres qui ne le sont pas; que les Conquêtes justes sont celles qui ont réellement hâté la civilisation, et qu'ici comme partout, il faut soigneusement distinguer entre le bien et le mal.

E. DUCLERC.

CONSCRIPTION. La Conscription est le mode actuel de recrutement de l'armée française. Elle a été décrétée pour la première fois, en France, par la loi du 19 fructidor an VI. Les lois sur le recrutement de l'armée de 1802, de 1818, et celle de 1831 encore en vigueur, n'ont fait que reproduire, avec plus ou moins de développements et d'altération, des principales dispositions de la loi de l'an VI.

Aux termes de la Charte, le contingent nécessaire chaque année, pour le recrutement de l'armée, est discuté et voté par les Chambres; et, d'après la loi de 1832, ce contingent est pris par la voie du sort sur tous les Français âgés de vingt ans. (V. RECRUTEMENT.)

La Conscription est une institution éminemment nationale et démocratique, quoiqu'elle ait été gravement altérée par la faculté laissée au riche de

se faire remplacer à prix d'argent (V. REMPLACE-
MENT). Elle a donné, elle donne à la France une
armée robuste, intelligente, morale, et qu'on ne
saurait comparer, sans injure, aux armées de l'ancien régime, composées en si grande partie de
jeunes gens débiles, débauchés, de repris de justice, de déserteurs étrangers. La Conscription a
contribué puissamment, en outre, à éteindre les
dernières lueurs du fédéralisme provincial, en
réunissant sous le même drapeau, en confondant
les uns avec les autres, dans une vie commune de
dévouement, des milliers de jeunes Français de
tous les départements; et elle a mis aux mains
du gouvernement un excellent moyen de répandre l'instruction dans les classes les plus arriérées
de la population.

Le gouvernement de 1830 n'emploie ce moyen
qu'avec une réserve extrême; mais vienne un
gouvernement populaire, et l'on verra bientôt se
réaliser ce projet conçu par la plus vaste intelligence militaire des temps modernes : *Chaque
régiment aura une école pour le commencement ou
la continuation de l'enseignement dans tous les
genres, soit pour la ligne scientifique, ou pour les
arts libéraux, ou pour les simples arts mécaniques.*
(V. MILICE.)   Z. K.

CONSCRIT. Le Conscrit est le Français qui,
arrivé à l'âge fixé par la loi de recrutement, est
soumis au tirage au sort pour le contingent de
l'armée.

Il ne faut pas le confondre avec la recrue, ou
l'homme de recrue, qui est le Français désigné par
le sort pour faire partie du contingent, et déclaré
propre au service par le Conseil de révision. (V.
RECRUE.)   Z. K.

CONSEIL. Ce mot a dans la langue usuelle
des acceptions très-nombreuses. Restreint à la politique, il sert à exprimer, soit la réunion de quelques personnes délibérant sur des objets d'administration et de gouvernement, soit le lieu même
où ces personnes délibèrent. Il y a dans chaque
régiment un CONSEIL D'ADMINISTRATION. Ce Conseil est composé des officiers supérieurs réunis
pour examiner et arrêter les comptes du corps.

Mais le mot Conseil s'applique plus particulièrement au ministère. On dit le CONSEIL DES MI-
NISTRES parce que les ministres sont appelés à
donner leurs conseils au roi, chef suprême du
gouvernement, dans les monarchies absolues ou
limitées. Le Conseil des ministres délibère sous la
présidence d'un des membres du ministère qui
est appelé : *Président du Conseil.* Telle est la règle
ou plutôt la fiction constitutionnelle. Dans la
réalité, c'est presque toujours le roi qui préside
et mène son Conseil.

Le mot Conseil présente encore diverses applications. Nous allons rapidement énumérer les
principales.

Le CONSEIL GÉNÉRAL DU COMMERCE ET DES MA-
NUFACTURES est établi auprès du ministère du
commerce pour donner son avis sur les matières
qui intéressent le commerce et l'industrie.

Les CONSEILS DE GUERRE sont les tribunaux
chargés de juger les délits militaires.

Le CONSEIL DE GUERRE MARITIME juge les crimes
et les délits commis par les marins.

CONSEIL EXÉCUTIF. Ainsi fut appelée, en 1792,
la réunion des ministres chargés d'exercer provisoirement le pouvoir exécutif. Institué par la loi
du 15 août 1792. Supprimé par la loi du 12 germinal an II.

CONSEIL COMMUNAL OU MUNICIPAL. Assemblées
chargées de délibérer sur les intérêts particuliers
des communes de la même manière que les Chambres délibèrent sur les intérêts-généraux du pays.
Les explications données aux mots ASSEMBLÉES
PRIMAIRES, ASSEMBLÉES PROVINCIALES, CANTON et
COMMUNE, nous dispensent d'entrer ici dans de
longs détails. Les délibérations des Conseils municipaux ne sont valables qu'autant qu'elles sont
approuvées par l'autorité supérieure. Ces Conseils
ne se réunissent que sur la convocation du maire
dûment autorisé lui-même. On verra aux mots
DÉPARTEMENT et GARANTIES SOCIALES que l'ordre
établi n'est autre chose que l'arbitraire en lutte
avec la justice et la liberté. Tel est, au reste, le vice
général de la monarchie constitutionnelle, dans laquelle se heurtent constamment des principes entièrement incompatibles. Le caractère actuel des
communes étant mal déterminé, leurs attributions
se confondent avec celles de la cité générale. La
même confusion, la même impuissance existe dans
les Conseils municipaux; de là, cette nécessité
d'arbitraire à laquelle ils sont soumis. Si les communes, pour les intérêts locaux, étaient tout-à-
fait distinctes de la grande cité, leurs Conseils auraient la même liberté d'action que les représentants
d'une association pour des affaires d'intérêt privé.

En attendant que les attributions respectives de
la commune générale et des associations locales
soient plus nettement déterminées, la loi du 21
mars 1831 a réglé que les Conseils municipaux seraient composés

De 10 membres dans les communes au-dessous
de 500 h.

De 15	dans celles de 500 à	1,500 habit.
De 16	—	1,500 à 2,500
De 21	—	2,500 à 3,500
De 23	—	3,500 à 10,000
De 27	—	10,000 à 30,000
De 36	—	30,000 et au-dessus.

Les électeurs qui nomment les membres des
Conseils municipaux sont choisis parmi les citoyens
les plus imposés. Dans les communes de mille
âmes et au-dessous leur nombre est égal au dixième
de la population.

Ce nombre s'augmente de cinq par cent dans
les communes de 1,000 à 5,000 habitants; de quatre
dans celles de 5,000 à 15,000; de trois dans celles
de 15,000 et au-dessus. On adjoint aux électeurs
municipaux les citoyens appartenant à ce qu'on
appelle la classe ou la catégorie des *capacités.*

Est-il nécessaire d'ajouter qu'une telle combinaison est absurde? Le nombre des électeurs communaux, qui dans les communes au-dessous de

mille habitants se rapproche du suffrage universel (1), diminue à mesure que l'intelligence s'accroît.

C'est dans le sein des Conseils municipaux que le gouvernement choisit les maires et adjoints, c'est-à-dire les agents les plus directs du pouvoir exécutif. Les Conseils municipaux étant nommés par une classe d'électeurs plus étendue ou plus nombreuse que celle qui choisit les députés à la Chambre, il en résulte que ceux qui exécutent la loi s'accordent difficilement avec ceux qui l'ont faite. Il faut que les Français soient le meilleur peuple du monde pour n'être pas constamment en lutte les uns contre les autres avec de semblables institutions.   A. B.

CONSEIL D'ARRONDISSEMENT. (V. CONSEIL DÉPARTEMENTAL).

CONSEIL DE L'INSTRUCTION PUBLIQUE. Établi près du grand-maître de l'Université, et dont il est tenu de prendre l'avis dans les cas déterminés par les réglements, ce Conseil est composé de membres choisis parmi les notabilités de la science, auxquels on adjoint les inspecteurs-généraux de l'Université. Les premiers sont inamovibles; les autres dépendent entièrement de l'administration. Ils ont particulièrement à délibérer sur les changements ou perfectionnements que réclame le système de l'enseignement, et sur les difficultés qui se présentent dans l'application ou l'exécution des réglements universitaires. — L'instruction est de sa nature essentiellement progressive; conséquemment, les personnes qui la dirigent doivent toujours être au niveau si ce n'est en tête du progrès. En formant un Conseil dont les membres sont inamovibles, quel que fût d'ailleurs leur mérite au moment où on les a choisis, il est certain que l'instruction publique demeurera constamment en arrière du mouvement général des esprits. Tel qu'il est constitué, le Conseil royal de l'Université est un véritable contre-sens. La monarchie est impuissante pour donner de meilleures institutions au pays. Que faut-il faire pour que l'administration qui dirige l'enseignement réponde mieux au but pour lequel elle est instituée? C'est ce que nous dirons aux mots INSTRUCTION PUBLIQUE et GARANTIES SOCIALES.

CONSEIL DÉPARTEMENTAL OU GÉNÉRAL ET CONSEIL D'ARRONDISSEMENT. Sous la République, on avait donné à chaque département, pour la défense et la discussion de ses intérêts, une assemblée formée de membres nommés par les citoyens de la circonscription. A ces assemblées, auxquelles il trouvait trop d'indépendance, le gouvernement consulaire substitua les Conseils-généraux et d'arrondissement, dont tous les membres, révocables, étaient nommés par le chef de l'état. Cet ordre de choses dura jusqu'en 1830, où l'on demanda que le principe de l'élection fût rétabli. Rien ne convenait mieux au despotisme que d'avoir dans chaque

(1) Dans le suffrage universel il y a un électeur sur cinq à six personnes.

département des hommes à sa discrétion, qui ne formaient qu'un simulacre de représentation locale.

D'après la loi du 22 juin 1833, il y a aujourd'hui dans chaque département un Conseil-général formé d'autant de membres que le département a de cantons, pourvu que le nombre des cantons ne s'élève pas à plus de trente. Dans le cas où il est plus considérable, les cantons les moins populeux se réunissent à deux pour ne nommer qu'un député au Conseil-général.

Les membres des Conseils-généraux sont choisis par les électeurs qui nomment les députés à la chambre. Dans le cas où il ne se trouverait pas cinquante électeurs dans le canton, ce nombre est complété par les plus imposés.

Les Conseils d'arrondissement de sous-préfecture sont, d'après la même loi de 1833, composés d'autant de membres qu'il y a de cantons dans l'arrondissement; lorsqu'il y a moins de neuf cantons, les plus importants fournissent, pour compléter ce nombre de neuf, deux ou trois membres du Conseil d'arrondissement. Ces membres sont nommés par les électeurs du Conseil-général.

Depuis, comme avant 1830, les fonctions des Conseils-généraux sont de faire entre les arrondissements la répartition des contributions directes imposées à leurs départements respectifs, de délibérer sur les dépenses d'intérêt purement départemental, de donner leur avis sur les besoins de la circonscription et sur les questions d'intérêt général pour lesquelles l'administration supérieure juge à propos de les consulter.

Les délibérations sont soumises à l'approbation du ministre de l'intérieur; mais ce ministre, pour ce qui est personnel au département, ne peut allouer d'office les sommes que le Conseil-général aurait refusé d'accorder.

Les fonctions des Conseils d'arrondissement sont de répartir l'impôt direct entre les communes de la circonscription, et d'exprimer les besoins de l'arrondissement.

Les Conseils-généraux et les Conseils d'arrondissement ne peuvent se réunir en sessions ordinaires et extraordinaires que d'après l'autorisation du roi : ils nomment eux-mêmes leurs secrétaires; leurs séances ne sont point publiques; le préfet ou le sous-préfet a le droit d'y assister.

Le département de la Seine est soumis à une organisation particulière. Il n'y a point à Paris de Conseil d'arrondissement. La ville nomme trente-six membres qui forment son Conseil municipal. Ces trente-six membres, réunis à huit autres nommés par les cantons des arrondissements de Saint-Denis et de Sceaux, forment le Conseil-général du département.

Cette organisation, tant pour le département de la Seine que pour les autres départements, serait de beaucoup préférable aux créations du Consulat ou de l'Empire, si elle n'était entachée du même vice que les autres institutions sorties du gouvernement de juillet. C'est toujours la fortune ou le privilége qui est le principe de l'élection. Un autre défaut des nouvelles lois est de faire dériver des cantons les mandats conférés aux membres des Conseils-généraux et d'arrondissement. N'ayant pas d'existence réelle, les cantons n'ont aucun intérêt à défendre; il résulte de la combinaison actuelle que la balance ne se trouve pas toujours égale entre toutes les parties du département, ou que toutes les portions du territoire ne sont pas également représentées. Par exemple, dans un département qui a quatre arrondissements, si deux arrondissements ont un plus grand nombre de représentants que les deux autres, il leur est facile de faire pencher la balance de leur côté, soit pour la distribution des faveurs, soit pour celle des charges à supporter. Cet inconvénient est encore plus sensible dans les arrondissements qui ont à faire la répartition de l'impôt entre les communes. Au mot DÉPARTEMENT, nous ferons mieux connaître les vices de l'institution actuelle et les modifications qu'il y faudrait apporter. Aug. BILLIARD.

CONSEIL DE PRÉFECTURE. Commission permanente établie au chef-lieu de chaque département, pour prononcer comme juge en matière contentieuse administrative, sauf l'approbation de l'autorité supérieure, ou pour donner simplement des avis dans les cas déterminés par la loi. Les Conseils de préfecture furent institués par une loi du 28 pluviose an VIII, pour remplacer les administrations centrales de département. Ils sont composés de trois à cinq membres que le pouvoir exécutif nomme ou révoque suivant son bon plaisir.

Les principales fonctions des Conseils de préfecture, comme juges du contentieux de l'administration, sont de statuer sur certaines contestations en matière de domaines nationaux, sur celles relatives au recouvrement des contributions directes, à la répartition des sommes nécessaires pour le curage et l'entretien des rivières et canaux, aux oppositions contre la formation d'établissements insalubres; ils prononcent sur les débats qui s'élèvent entre l'administration et les entrepreneurs de travaux publics; ils n'expliquent pas les marchés, ils se bornent à les appliquer. Ils sont encore juges des questions de grande voirie, de celles relatives au partage des biens communaux.

Pour rendre leurs jugements ils doivent être au nombre de trois, non compris le préfet qui préside. L'instruction des affaires se fait sans le concours d'officiers ministériels et sur simples mémoires. Les arrêtés des Conseils de préfecture ont le caractère et l'effet des jugements en matière ordinaire : l'appel en est porté au Conseil-d'état. Il ne faut pas confondre avec les matières contentieuses ce qui est simplement du ressort de l'administration. Ainsi, le Conseil de préfecture, comme le Conseil-d'état, ne donne que de simples avis dans les questions où il est consulté par le pouvoir exécutif : par exemple, s'il s'agit d'autoriser une commune, un hospice à plaider, le Conseil de préfecture n'est pas tribunal, mais simple conseil.

Personne, au reste, n'a mieux traité les questions relatives à la compétence de cette juridiction que ne l'a fait M. de Cormenin dans son livre du *Droit administratif.*

Ce qu'il importe d'examiner, c'est de savoir si l'institution des Conseils de préfecture offre les garanties nécessaires aux citoyens, si elle n'acquerrait pas une plus haute importance dans une meilleure organisation du pays, mais nous sommes obligés de renvoyer ces questions au mot DÉPARTEMENT.   A. B.

CONSEIL DES ANCIENS ET CONSEIL DES CINQ-CENTS. Noms donnés par la constitution de l'an III aux deux corps dont le pouvoir législatif était composé. Au Conseil des Cinq-Cents appartenait exclusivement le droit de proposer les lois. Après les avoir discutées, il les adressait au Conseil des Anciens sous le titre de *Résolutions.* Le Conseil des Anciens les adoptait ou les rejetait dans leur ensemble sans y proposer aucune modification. Les résolutions admises ne prenaient le nom de loi que le jour de leur adoption. Le même jour elles étaient envoyées au Conseil des Cinq-Cents et au Directoire exécutif. Le rejet avait lieu, soit pour violation des formes constitutionnelles à l'observation desquelles le Conseil des Anciens était chargé de veiller, soit parce que la loi ne lui convenait pas.

Le nombre de *Cinq cents,* pour le Conseil qui portait ce nom, ne pouvait être dépassé, quel que fût l'accroissement de la population ou du territoire. Le Conseil des Anciens n'était composé que de deux cent cinquante membres, nombre également invariable. Chaque département concourait à l'élection des membres des deux Conseils ; ils étaient nommés aux mêmes époques, par les mêmes électeurs. On ne pouvait entrer au Conseil des Anciens qu'à l'âge de quarante ans, à la condition d'être marié ou veuf. Jusqu'en l'an VII de la République, il ne fallait avoir que vingt-cinq ans pour être admis au Conseil des Cinq-Cents. Passé cette époque il fallait avoir trente ans.

Les deux Conseils résidaient dans la même commune; mais le lieu de leur résidence pouvait être changé par la décision du Conseil des Anciens seulement. Ils étaient permanents, avec la faculté de s'ajourner à des termes qu'ils désignaient. Ils étaient renouvelés par tiers tous les ans.

Chaque Conseil était chargé de sa police intérieure; il nommait son président dont les fonctions ne duraient qu'un mois. Il n'assistait à aucune cérémonie publique, ni en corps ni par députation.

Les deux Conseils remplissant les fonctions d'assemblées électorales nommaient les membres du Directoire exécutif. Le Conseil des Cinq-Cents faisait une présentation de candidats parmi lesquels le Conseil des Anciens choisissait.

Au premier coup-d'œil rien ne semble plus rationel que cette division du pouvoir législatif en deux Chambres, dont l'une propose la loi, tandis que l'autre la rejette ou l'approuve ; rien ne paraît mieux entendu que de passer, avant de prendre une résolution, du Conseil des plus jeunes au Conseil des plus âgés. Ce que les hommes dans la force de l'âge ont résolu de faire, les hommes qui ont plus d'expérience jugent dans leur sagesse que cela doit ou ne doit pas être fait. Mais, en y réfléchissant, peut-on admettre qu'une nation a deux âges et deux volontés? On conçoit, jusqu'à un certain point, lorsque deux nations sont établies sur le même territoire, que chacune d'elles ait sa représentation pour qu'elles puissent traiter l'une avec l'autre; mais dans un pays où il n'existe plus aucune espèce de distinction de race, de naissance et de fortune, le partage du pouvoir législatif est aussi impossible que le partage d'une véritable royauté. En séparant les hommes âgés des hommes jeunes, si, d'un côté, vous avez la force et l'imprudence, de l'autre, vous aurez la faiblesse et la peur. Comment accorder ceux qui courent avec ceux qui ne marchent plus? Une nation est toujours dans l'âge de la virilité. Deux volontés pour un même objet ne peuvent enfanter que la discorde. L'histoire nous l'a enseigné; sous la Constitution de l'an III, Constitution dont certaines parties sont parfaitement conçues, la corruption fut le moyen de donner une apparence d'harmonie aux deux Conseils, et ce fut ce qui perdit la République. Lorsque le général Bonaparte voulut s'emparer du pouvoir, il ne trouva de résistance que dans Conseil des Cinq-Cents; le Conseil des Anciens, qui avait ordonné la translation du Corps législatif à Saint-Cloud, fut le premier à se soumettre, à violer la Constitution qu'il avait mission de défendre. C'est dans le Conseil des Anciens que le nouveau chef du gouvernement prit la plupart des membres du Sénat, et c'est le Sénat qui, en 1814, fut le premier à plier les genoux devant un nouveau roi, imposé à la France par les baïonnettes de l'étranger.   Aug. BILLIARD.

CONSEIL DES DIX. Le Conseil des Dix fut, à son origine, une commission extraordinaire de justice et de police, instituée vers le commencement du 14ᵉ siècle (1310) par le grand Conseil de Venise (1), après une conjuration et un soulèvement auxquels avaient pris part bon nombre de patriciens des plus marquants, sous la direction de Thiepolo, l'un d'eux.

La mission de ce tribunal exceptionnel fut uniquement d'abord de rechercher et de punir les complices de l'entreprise qui venait d'être tentée contre le gouvernement établi, en ne s'occupant toutefois que des conspirateurs appartenant à la classe aristocratique. La tâche de poursuivre les plébéiens resta dévolue à la juridiction ordinaire. Quelques historiens disent, cependant, qu'en outre de ce mandat judiciaire, il fut aussi chargé de s'opposer aux changements que le doge, Pierre Gradenigo, à la suite de sa victoire, voulait introduire dans l'administration des affaires de l'Etat.

Quoi qu'il en soit, cette magistrature, née des circonstances critiques d'un moment, ne devait pas prolonger son existence au-delà des besoins qui l'avaient fait juger nécessaire; mais, comme cela arrive presque toujours lorsqu'un pouvoir arbitraire et despotique prend pied au milieu des institutions d'un pays, sa durée, d'abord fixée à dix jours, fut successivement prolongée de dix autres jours, puis de vingt, puis de deux mois. Cette dernière prorogation, renouvelée six fois de suite, lui donna le temps et les moyens d'acquérir assez d'influence pour obtenir la continuation de son mandat pendant cinq ans. A l'expiration de ce terme, sa puissance était déjà devenue si grande qu'il put s'adjuger de lui-même une nouvelle investiture pour dix années; en consentant néanmoins à laisser ensuite le grand-conseil prononcer sur les renouvellements ultérieurs. Enfin, en 1325, son existence fut déclarée perpétuelle.

La nomination au Conseil des Dix se faisait dans l'assemblée générale de la noblesse. Les candidats devaient être nobles, âgés de quarante ans au moins, et appartenir à des familles différentes. La durée des fonctions était d'un an; et il fallait un intervalle de deux années pour que les conseillers sortants pussent redevenir éligibles.

Pendant longtemps le nombre des membres du Conseil ne dépassa point le chiffre indiqué par sa dénomination; mais il avait la faculté de s'adjoindre momentanément d'autres patriciens lorsque la gravité des affaires lui paraissait le demander. Plus tard diverses modifications furent introduites dans sa constitution, soit par le grand Conseil, soit par les Dix eux-mêmes : les unes, essentiellement organiques; les autres, purement réglementaires, c'est-à-dire relatives à la distribution des travaux. On le soumit aussi à quelques règles, mais plutôt pour bien préciser ses attributions que pour en limiter l'étendue. Son personnel fut augmenté par l'adjonction du doge et de six de ses conseillers; de sorte qu'à partir de ce moment, il se trouva en réalité composé de dix-sept personnes; avec cette différence, toutefois, entre ces deux catégories de membres d'un même corps, que les Dix restaient en exercice pendant une année et les autres seulement huit mois. De plus, le doge et ses conseillers ne pouvaient rien décider sans le concours et l'approbation des Dix, tandis que l'autorité de ceux-ci demeurait entière malgré l'absence des premiers. Il leur était facultatif aussi de se réunir et de prendre des décisions à l'insu du doge. De là résultait, comme on voit, que le premier magistrat de la République n'avait aucune prépondérance dans le Conseil, qu'il n'y était pas même sur un pied d'égalité avec la majorité de ses collègues, et que, lors des délibérations générales, tout se réduisait pour lui à la vaine prérogative de la présidence (1).

La plus importante de toutes les mesures d'organisation intérieure prises par le Conseil des Dix, celle qui contribua le plus à accroître son omnipotence, à en renforcer les ressorts, à lui faire, en un mot, complètement annihiler les autres pouvoirs de l'Etat, ce fut la concentration entre les mains de trois chefs qu'il se choisit dans son sein, des attributions sans nombre qui lui avaient été accordées ou qu'il avait successivement usurpées. Ces chefs reçurent le nom caractéristique d'*Inquisiteurs d'Etat* (1454). Dès-lors, en effet, tout tomba sous la compétence du Conseil, ou plutôt du triumvirat placé à sa tête : la justice comme l'administration, comme la diplomatie. La même main signa des arrêts de mort, des traités d'alliance ou des déclarations de guerre et des ordonnances sur les mascarades du Carnaval. Bref, le Conseil ne laissa à gérer aux autres corps constitués que ce dont il dédaignait de s'occuper lui-même. Il s'empara aussi de l'exercice du pouvoir souverain ; car, plus d'une fois, il lui arriva de casser les délibérations du grand Conseil ou du sénat, d'en dégrader les membres et de destituer le doge.

Les trois inquisiteurs d'Etat étaient secrètement choisis par le Conseil des Dix. Personne au dehors ne connaissait leur nom. Une indiscrétion à ce sujet eût attiré de graves inconvénients, peut-être même la mort à son auteur. Deux, appelés *noirs*, étaient pris parmi les Dix ; le troisième, appelé *rouge*, parmi les six conseillers du doge. Il y avait exclusion formelle contre les ecclésiastiques et les citoyens désignés par le sobriquet de *Papalins*, c'est-à-dire contre ceux que des liens de hiérarchie ou d'intérêt particulier pouvaient attacher à la cour de Rome. La durée des fonctions des inquisiteurs suivait l'ordre établi pour les deux catégories d'où ils émanaient : une année, et huit mois (1). Les Dix, en déléguant à trois d'entre eux la terrible dictature dont ils étaient armés, ne se réservèrent point l'inviolabilité : les trois élus possédaient le droit de juger souverainement les sept autres. Bien plus, lors de l'élection du triumvirat, un inquisiteur suppléant était aussi nommé, afin de le compléter dans le cas où deux de ses membres seraient d'accord pour juger le troisième.

De la part d'une pareille autorité irresponsable, sans limites et sans contrôle, la plus absolue, enfin, qui ait jamais existé, ce seul fait de n'avoir pas voulu se mettre elle-même à l'abri de ses propres coups peut donner, il nous semble, une suffisante idée de la terreur qu'elle devait inspirer aux citoyens et aux sujets de la République. C'était au point que lorsqu'un individu devenait l'objet des poursuites du triumvirat, qu'il se trouvait arrêté, exposé à périr, ses plus proches parents s'empressaient de l'abandonner, non-seulement par crainte d'être soupçonnés de complicité avec lui, mais encore parce qu'il existait des cas où la peine capitale était encourue si l'on s'entrete-

nait, soit en bien, soit en mal, des actes émanés de l'autorité inquisitoriale (1).

Si aucun frein n'arrêtait les inquisiteurs d'Etat quand il s'agissait du service de la République, et parfois aussi de satisfaire leurs passions particulières, aucun moyen non plus ne leur répugnait : ils entretenaient des espions partout, au sein des familles, chez les ambassadeurs, auprès des cours étrangères. Pouvant déléguer l'exercice de leur toute-puissance par un simple ordre écrit ou verbal, il leur était facile de porter et d'entretenir l'épouvante en cent endroits à la fois. Ils régnaient donc aussi absolument, ils étaient aussi ponctuellement obéis à Corfou, à Céphalonie, à Chypre, qu'à Venise même. Et si quelqu'une des victimes par eux vouées à la mort parvenait à trouver un refuge en pays étranger, alors des sbires mis aux trousses du fugitif savaient toujours le découvrir, l'atteindre, et le poignard de l'assassin officiel remplaçait l'onde ténébreuse du canal Orfano (2).

La jurisprudence de l'inquisition d'Etat n'admettait ni défenseurs, ni confrontation avec les dénonciateurs ou les témoins. L'accusé lui-même était destitué du droit de présenter les moindres observations ; et les interrogatoires auxquels on le soumettait n'avaient d'autre but que d'en tirer l'aveu du crime, ou des révélations propres à compromettre ses complices. L'accusé, dans ce dernier cas, était à peu près sûr d'obtenir l'indulgence ou les faveurs du tribunal : car, ainsi que le pratiquent encore aujourd'hui bien des gouvernements, celui de Venise s'attachait surtout à encourager la délation et à récompenser l'infamie.

L'aristocratie vénitienne, comme corps politique souverain, tenait sans doute beaucoup à une institution qui servait si efficacement ses intérêts ; mais les nobles d'un ordre inférieur, exclus du privilège de l'éligibilité au Conseil des Dix, auraient voulu ne pas être assujettis personnellement à son redoutable contrôle, ou du moins pouvoir mettre leur tête à l'abri de ses impitoyables rigueurs. Aussi essaya-t-on, à diverses reprises, et notamment en 1468, 1582 et 1628, d'enlever aux inquisiteurs d'Etat le droit de vie et de mort sur les patriciens. Toutes ces tentatives échouèrent. D'ailleurs, pour ne pas rester illusoire, une telle modification à l'omnipotence inquisitoriale eût dû être accompagnée de beaucoup d'autres, et alors l'édifice tout entier courait risque de crouler. Supposons, en effet, ce point obtenu : les inquisiteurs conservaient le droit de prononcer la dégradation contre le patricien, et de l'envoyer ensuite au supplice comme plébéien. Or, il fallait donc leur enlever encore ce droit ; puis, après celui-là, un autre, et ainsi de suite jusqu'à l'anéantissement total du pouvoir absolu d'où l'institution tirait sa force.

Le Conseil des Dix ne cessa d'exister qu'en 1797,

(1) L'article *Conseil des Dix*, de l'Encyclopédie, dit que les inquisiteurs d'état étaient renouvelés tous les trois mois. C'est une erreur. — Voir à ce sujet les statuts du comité des inquisiteurs d'état, mentionnés dans l'Histoire de Venise, par Daru.

(1) Par exemple, lors de la déposition du doge François Foscari, le Conseil des Dix prescrivit, sous peine de mort le silence le plus absolu sur cet acte.

(2) Lieu où l'on noyait ordinairement les malheureux condamnés par le tribunal secret.

au moment où les victoires de la France républicaine firent rayer Venise de la liste des nations.

HENRI BONNIAS.

CONSEIL-D'ETAT. Le Conseil-d'Etat, tel qu'il est aujourd'hui constitué, a un double caractère : il conseille et il juge.

Comme conseil, il est chargé d'éclairer la marche de l'administration, de l'aider de ses lumières et de ses travaux. Juge, il prononce sur les questions qui sont de la compétence de la justice administrative, c'est-à-dire qui ne sont pas du ressort des autres juridictions ordinaires ou extraordinaires.

§ 1. *Historique.* Le Conseil-d'Etat remonte aux premiers temps de la monarchie. Mais on comprend facilement qu'il n'était pas autrefois ce qu'il est aujourd'hui, et que, dans sa composition et ses attributions, il a subi des vicissitudes nombreuses.

Avant 1789, le Conseil-d'Etat ou Conseil du Roi était, en quelque sorte, le gouvernement. Législateur unique et juge suprême, le roi faisait et appliquait la loi. « De-là résultait pour le Conseil du Roi la faculté et même l'obligation de préparer non-seulement des lois, mais encore des déclarations interprétatives, et toute sorte d'édits et réglements, conformes ou non conformes aux lois ou ordonnances (1). » La législation et la jurisprudence se créaient donc simultanément. Ou, pour parler avec plus d'exactitude, la volonté du roi n'étant limitée que par les rogueries parlementaires, il n'y avait ni législation ni jurisprudence positives.

C'était l'absolutisme le plus complet, car les attributions du Conseil embrassaient toutes les questions d'ordre public et d'intérêt privé : réglement de juges en matière civile et criminelle ; demandes en cassation des arrêts et jugements rendus en dernier ressort, en contravention aux ordonnances ; affaires fiscales jugées aux cours des aides ; appels des intendants, de la chambre des comptes, et en matière de prises maritimes ; évocations pour les matières bénéficiales, domaniales et féodales ; conflits de juridiction ; demandes en interprétation de la loi ; préparation des lois, édits et réglements, etc. etc. (2)

Cet ensemble d'attributions était réparti entre cinq départements, savoir : le Conseil des affaires étrangères, le Conseil des dépêches, le Conseil des finances, le Conseil du commerce, et enfin le Conseil privé ou des parties.

La Révolution vint et le Conseil-d'Etat disparut avec le reste. Un ordre nouveau succéda, et les nouveaux législateurs s'étudièrent à faire le triage des matières judiciaires et administratives. Ce fut l'objet de la loi du 16-24 août 1790 et de quelques lois subséquentes. La loi du 6-11 septembre de la même année, notamment, essaya de déterminer ce qui était d'ordre administratif et d'ordre judiciaire. Le réglement des objets d'ordre administratif fut renvoyé aux corps administratifs ; au tribunal de cassation les attributions judiciaires de l'ancien Conseil-d'Etat.

Sous la Convention, les divers comités des Assemblées nationales ; sous le Directoire, les ministres, exercèrent ensuite et l'administration et la justice administrative.

La Constitution de l'an 8 ressuscita jusqu'à un certain point le Conseil-d'Etat de l'ancien régime. En effet, l'acte constitutionnel du 22 frimaire ne laissait aux ministres que l'action administrative. La juridiction du Conseil-d'État, largement étendue par des dispositions ultérieures ; l'irresponsabilité attribuée à ses membres, l'inamovibilité décrétée par le Sénatus-consulte du 22 floréal an XII, la faculté de préparer, d'interpréter, d'appliquer, et, même, de faire la loi, transformèrent le Conseil-d'État en corps politique, judiciaire et législatif qui absorba bientôt le gouvernement.

Sous le régime impérial, en effet, l'autorité des Assemblées s'efface comme le pouvoir ministériel ; le gouvernement, c'est l'Empereur et le Conseil-d'État.

L'Empire s'écroule et la Restauration se lève du milieu des ruines. Parmi les hommes dont elle accueille les services, beaucoup avaient servi l'Empire, et se souvenaient impatiemment du rôle subalterne qu'ils avaient joué devant le Conseil-d'État de Napoléon. En haine de cette institution, ils abolirent l'inamovibilité. D'ailleurs, un Conseil-d'État législateur ne pouvait plus co-exister avec les Assemblées législatives créées par la Charte. L'organisation du Conseil-d'État fut donc profondément modifiée, et les attributions de ses membres largement réduites.

L'ordonnance du 29 juin 1814 qui organisa le Conseil-d'État royal, dit M. de Cormenin, portait à-la-fois l'empreinte des souvenirs de l'ancien régime, de la crainte du Conseil-d'État de Napoléon et des nécessités du gouvernement représentatif (1). Le même publiciste nous apprend encore que le Conseil-d'État dont les ministres redoutaient l'ombre ne s'assembla pas une seule fois sous la première Restauration. Il ne vivait alors, il ne fonctionnait que dans ses comités ministériels, Conseils-d'État au petit pied.

A la seconde restauration, le gouvernement n'obéit plus avec la même soumission à ces mesquines répugnances. Diverses ordonnances successivement rendues en 1817, 1824 et 1828, rendirent au Conseil-d'Etat quelque chose de son ancienne valeur et à ses membres un peu plus d'indépendance.

Depuis la Révolution de juillet, il a été souvent question de réorganiser le Conseil-d'Etat ; mais toutes ces velléités de réorganisation sont encore aujourd'hui à l'état de projet. Seulement, quelques améliorations ont été introduites. Ainsi, en 1831, M. de Cormenin présenta à la chambre des députés une proposition ayant pour but de rendre publiques les audiences du Conseil-d'État, de per-

---

(1) Sirey, *Du Conseil-d'Etat selon la Charte.*
(2) Cormenin, *Droit administratif.*

(1) *Droit administratif.*

mettre la défense orale, et d'établir auprès de cette justice administrative une sorte de ministère public. Le gouvernement combattit cette motion, la fit rejeter par la chambre, et deux jours après, le garde-des-sceaux, M. Barthe, s'appropriant la pensée de M. de Cormenin, la publia sous forme d'ordonnance.

« Enfin l'ordonnance du 20 septembre 1839 vient de reconstituer le comité de législation, de définir le service extraordinaire, d'ajouter de nouveaux cas de révision aux réglements du Conseil, et de poser les bases du projet de loi qui doit régler définitivement la composition et le mode de procéder du Conseil-d'État en matière administrative et en matière contentieuse (1). »

§ 2. *Composition et attributions du Conseil-d'État.* — Le personnel du Conseil-d'État se divise en service ordinaire et service extraordinaire. Le service ordinaire comprend : 1° trente conseillers d'État, y compris le conseiller d'État, vice-président du conseil (le garde-des-sceaux est président-né); 2° trente maîtres des requêtes; 3° quatre-vingts auditeurs. Le service extraordinaire se compose de tous ceux qui ont été appelés par le roi à en faire partie comme conseillers d'État ou maîtres des requêtes. Pour être admis au Conseil-d'État comme conseiller, il faut avoir trente ans accomplis; comme maître des requêtes, vingt-sept ans; comme auditeur, vingt-et-un ans; il faut de plus, pour ce dernier titre, être licencié en droit.

Pour l'ordre de ses travaux, le Conseil-d'État se divise en six comités, savoir :

Le comité de législation;

Le comité de la guerre et de la marine;

Le comité de l'intérieur et de l'instruction publique;

Le comité du commerce, de l'agriculture et des travaux publics;

Le comité des finances;

Le comité du contentieux.

En tant que conseils, les comités délibèrent sur toutes les questions dont les ministres veulent bien les saisir. Ils soumettent leurs rapports au Conseil-d'État, qui prend des décisions sous forme d'avis. Ces avis sont purement consultatifs, et ne lient nullement l'administration.

Outre les affaires administratives qui lui sont soumises par les ministres, le Conseil-d'État connaît d'une foule de questions qu'il serait trop long et d'ailleurs peu utile d'énumérer ici; telles que, par exemple : les réglements d'administration publique; l'enregistrement des bulles et actes du Saint-Siége; les appels comme d'abus; les mises en jugement des agents du gouvernement, etc.

Sur toutes ces questions il y aurait des volumes à écrire; elles ont d'ailleurs été traitées à fond par divers jurisconsultes, et il n'entre pas dans notre objet de reproduire ici leurs arguments. En commençant cet article nous avions à choisir entre une critique didactique et une simple exposition de ce que fut, de ce qu'est aujourd'hui le Conseil-d'État. Nous avons, par plusieurs motifs, préféré ce dernier mode; et nous nous bornons à renvoyer ceux qui voudraient avoir des notions plus complètes aux ouvrages suivants : *Droit administratif,* par M. de Cormenin; — *Du Conseil-d'État selon la Charte,* par M. Sirey; — *Des Tribunaux administratifs,* par M. Macarel, etc., etc. E. D.

CONSEIL DE DISCIPLINE. Sans commettre aucun acte justiciable d'un Conseil de guerre, un soldat peut mener une conduite tellement mauvaise que sa présence dans un corps de troupes soit dangereuse pour la discipline, à cause du mauvais exemple qu'il donne à ses camarades. Dans ce cas, une ordonnance royale autorise les chefs de corps à traduire ce militaire devant un Conseil dit de discipline. Ce Conseil est nommé par le chef de corps; il n'est pas permanent; il est composé d'un officier supérieur président, de deux capitaines, de deux lieutenants. Il fait comparaître le soldat dont la conduite lui est déférée et, à la majorité des voix, il décide s'il y a lieu ou non à le faire passer dans une compagnie de fusiliers disciplinaires ou même de pionniers.

Le procès-verbal de la délibération est transmis au lieutenant-général commandant la division qui prononce.

L'institution de ces Conseils de discipline a produit d'assez bons résultats; mais elle en produirait d'excellents, si l'on voulait y pratiquer quelques réformes indiquées depuis longtemps par tous les hommes de sens et d'expérience. Z. K.

CONSEIL DE RÉVISION. La loi du 13 brumaire an V, qui est la pierre angulaire du code militaire actuel, n'avait institué qu'un seul Conseil de guerre par division. Ce Conseil jugeait sans appel. Mais la loi du 18 vendémiaire an VI créa, dans chaque division, en même temps qu'un second Conseil de guerre, un Conseil de révision chargé d'annuler les jugements entachés de vices de forme. Il peut être fait appel à ce Conseil, en révision de jugement, « soit sur la demande du commissaire du roi, soit sur la demande des parties par elles ou leurs défenseurs. »

D'après la loi du 15 brumaire an VI, qui a complété celle du 18 vendémiaire, le délai pour se pourvoir en révision est de vingt-quatre heures, à partir de la lecture du jugement faite par le rapporteur; et le commissaire du pouvoir exécutif (du roi) a, de plus, vingt-quatre heures pour se pourvoir d'office, après le délai accordé à l'accusé.

Le pourvoi doit être notifié au greffe du Conseil de guerre.

Le Conseil de révision est nommé par le lieutenant-général commandant la division. Il est permanent et composé de cinq membres. Savoir : un officier-général président; un colonel ou lieutenant-colonel; un chef de bataillon, d'escadron ou major; deux capitaines.

Le rapporteur est choisi parmi les membres du Conseil. Un intendant ou sous-intendant militaire remplit les fonctions de commissaire du roi.

(1) *Droit Administratif.*

Le greffier est ou n'est pas militaire : sa nomination est au choix du président.

L'examen du Conseil de révision porte sur l'instruction écrite qui a déjà formé la base du jugement du Conseil de guerre, dont il est fait appel, et sur ce jugement même.

Le Conseil de révision prononce, à la majorité des voix, l'annulation des jugements dans les cas suivants :

1° Lorsque le Conseil de guerre n'a pas été formé de la manière prescrite par la loi.

2° Lorsqu'il a outrepassé sa compétence, soit à l'égard des prévenus, soit à l'égard des délits dont la loi lui attribue la connaissance.

3° Lorsqu'il s'est déclaré incompétent pour juger un prévenu soumis à sa juridiction.

4° Lorsqu'une des formes prescrites par la loi n'a pas été observée, soit dans l'information, soit dans l'instruction.

5° Enfin, lorsque le jugement n'est pas conforme à la loi dans l'application de la peine.

Dans l'état actuel de la législation, le pourvoi en cassation peut être exercé concurremment avec le pourvoi en révision, mais en deux cas seulement : l'incompétence et l'excès de pouvoir.

Lorsque le Conseil de révision a annulé un jugement rendu par l'un des deux Conseils de guerre d'une division, l'affaire est portée devant l'autre Conseil de guerre. Si, après cette annulation, le second jugement *sur le fond* est aussi attaqué, c'est encore le même Conseil de révision qui prononce ; et s'il y a de nouveau annulation, il renvoie l'accusé devant le Conseil de guerre d'une division voisine qu'il désigne par sa décision.

Ce qui est étrange, et ce qui, au reste, est bien digne de notre monstrueux code militaire, c'est que ce troisième Conseil de guerre ne juge pas en dernier ressort. Le jugement qu'il rend peut être attaqué en révision, et annulé ni plus ni moins que les précédents ; de sorte qu'un accusé pourrait, à la rigueur, faire le tour de toutes les divisions militaires de France : il suffirait pour cela que chaque jugement rendu pour ou contre lui fournît matière à pourvoi en révision et annulation. (V. JUSTICE MILITAIRE).   Z. K.

CONSEIL DE RÉVISION. D'après la loi du 25 mars 1832, sur le recrutement de l'armée, les opérations du recrutement sont revues, dans chaque département, par un Conseil de révision. Ce Conseil est composé du préfet (président), ou à son défaut, du conseiller de préfecture qu'il a délégué ; d'un conseiller de préfecture, d'un membre du Conseil-général du département ; d'un membre du Conseil de l'arrondissement (pour l'arrondissement où le Conseil de révision opère), tous trois à la désignation du préfet, d'un officier-général ou supérieur désigné par le roi, d'un membre de l'intendance militaire. Ce dernier a seulement voix consultative.

Le Conseil de révision prononce sur les cas d'exemption ou de déduction, sur les substitutions de numéros et sur les demandes de remplacement. V. RECRUTEMENT).   Z. K.

CONSERVATEURS. Nom adopté par les ennemis du progrès social. Ce mot n'a pas besoin d'être défini, car il porte en lui-même sa propre signification. Repousser toute innovation comme un danger, maintenir toute institution comme un principe sacré, proclamer l'immobilité dans les formes sociales, introduire l'éternité dans les choses humaines, voilà ce que veulent les Conservateurs, ou leur nom n'a pas de sens.

Ce fut dans la lutte du libéralisme contre les partisans de l'ancienne monarchie que ceux-ci adoptèrent un titre qui était en lui-même une condamnation. Mais ce qu'il y eut de plus étrange, c'est qu'après la victoire du libéralisme les doctrinaires, qui en étaient les représentants les plus habiles, attaqués à leur tour par la démocratie, se parèrent du titre de leurs anciens adversaires, comme ils s'étaient parés de leurs dépouilles : ils s'appelèrent Conservateurs, sans calculer que c'était accuser leur propre passé et compromettre leur avenir. Ou plutôt, il n'y a pas d'avenir pour le Conservateur ; car c'est l'homme du présent, qui n'a d'autre divinité que celle du jour, d'autre religion que celle du fait matériel qui existe. Aussi, est-il obligé d'être en contradiction perpétuelle avec son principe ; et il serait fort embarrassé de rester d'accord avec la logique, à moins qu'il ne voulût entrer en concurrence avec le peuple hindou, de tous les peuples le plus Conservateur.

En Angleterre aussi, le parti aristocratique s'appelle Conservateur ; et il faut bien avouer qu'il a tout intérêt à conserver. Car ses immenses propriétés et ses innombrables priviléges valent bien la peine qu'on livre quelques batailles pour les garder. Mais par une raison opposée, la grande majorité de la nation a tout intérêt à détruire ces priviléges.   E. R.

CONSIDÉRATION (PRISE EN). C'est une locution nouvelle, introduite dans le langage politique par la Charte de 1830. Sous l'empire de la Charte de 1814, l'initiative ou la proposition des lois appartenait au roi seul. Les Chambres avaient *la faculté de supplier le roi de proposer une loi* sur un objet déterminé, lorsque la nécessité d'une loi leur paraissait démontrée, et que le pouvoir exécutif semblait n'y pas songer. La Charte replâtrée de 1830 changea cet ordre de choses et déclara (art. 15) que : « La proposition des lois « appartient au roi, à la Chambre des pairs et à la « Chambre des députés. » — En conséquence, tout député, tout pair de France a aujourd'hui le droit de soumettre à la Chambre dont il fait partie telle proposition qu'il lui plaît. Ce droit est subordonné aux formes réglementaires que voici : le membre qui veut faire une proposition la dépose, signée, sur le bureau du président. Le président la communique aux bureaux de la Chambre. Si trois bureaux, au moins, sont d'avis que la proposition doit être développée, il en est donné lecture dans la séance qui suit la communication dans les bureaux. Après cette lecture, la Chambre fixe le jour où l'auteur de la proposition en développera les motifs. Puis, quand la proposition a été développée, si elle est appuyée, la discussion est ouverte sur le principe et l'ensemble de la proposition, et le président consulte la Chambre pour savoir si elle prend en Considération la question qui lui est soumise. En cas d'affirmative, la proposition est imprimée, distribuée et renvoyée à chacun des bureaux qui la discutent, et nomment la commission chargée de faire un rapport à la Chambre.

Cette faculté d'initiative parlementaire soulève une très-grave question politique. Mais les développements qu'elle comporte seront plus logiquement placés aux mots : INITIATIVE, PROPOSITION.

E. D.

CONSISTOIRE. Le but commun de toutes les tendances réformistes du quinzième siècle avait été la destruction du gouvernement papal; les protestants d'Augsbourg et de Dordrecht n'eurent rien de plus à cœur; après avoir conquis leur indépendance par une séparation violente, ils formulèrent une nouvelle discipline, une nouvelle déclaration des droits contradictoire aux canons sur lesquels se fondait l'autocratie romaine. Cependant pouvaient-ils, quelle que fût la sincérité de leur libéralisme, abandonner complètement le principe constitutif de toute société, le pouvoir? Les divisions qui éclatèrent, dès l'abord, dans leur parti, et l'obstination tout-à-fait pontificale que chacun des novateurs mit à défendre sa propre doctrine, nécessitèrent la reconnaissance d'une autorité représentative. Suivant le principe protestant, cette autorité ne fut pas confiée à un seul homme, mais à divers sénats électifs auxquels fut attribuée la police des Églises placées sous leur juridiction. C'était le fédéralisme substitué à l'unité.

La loi de l'an x a régularisé cette constitution fédérale, en déterminant la circonscription de chaque Consistoire. C'est avec les Consistoires que correspond le ministre des cultes; il y en a, en France, 88.

L'Église protestante, qui a fait un si grand crime à l'Église romaine d'avoir aboli les anciennes coutumes, n'a pas su conserver plus religieusement ses propres traditions. Dans l'origine, les membres des Consistoires étaient nommés, au moins en partie, par le peuple des fidèles; aujourd'hui, l'élection est faite par les membres en exercice et les douze chefs de famille les plus imposés de la circonscription consistoriale. L'aristocratie de comptoir a pénétré partout.

B. H.

CONSPIRATION. Quelques auteurs ont voulu distinguer les Conspirations des conjurations; mais ils n'ont pas pu se mettre d'accord sur la différence qu'il convient d'établir entre ces deux mots. Suivant les uns, une Conspiration est une conjuration tramée par un grand nombre d'individus; les autres prétendent, au contraire, qu'une Conspiration se caractérise par le petit nombre de ceux qui conspirent. Cette contradiction prouve, ce nous semble, que la distinction dont il s'agit manque de fondement. Au point de vue étymologique,

on pourrait dire que Conspiration, *cùm spirare*, a un sens beaucoup plus large que conjuration, *cùm jurare*. On conçoit, en effet, plus facilement, la réunion d'un très-grand nombre de personnes dans un désir commun, dans une *aspiration* commune, que dans une *résolution* commune.

Mais, au point de vue politique, conjuration et Conspiration ne signifient qu'une seule et même chose : la préparation d'un attentat (V. ce mot). Dans le langage légal, la Conspiration c'est donc le complot. (V. COMPLOT)

Les Conspirations peuvent se diviser en trois catégories principales : contre la sûreté extérieure de l'État, contre sa sûreté intérieure; et, dans les monarchies, contre la dynastie régnante.

Nous ne parlerons pas ici des Conspirations contre la sûreté extérieure de l'État. Appliqué à cette sorte de crime, le mot Conspiration est tout-à-fait impropre. Ceux qui forment ou exécutent le projet de livrer à l'ennemi une place de guerre ou un passage; ceux qui pratiquent des machinations ou entretiennent des intelligences avec les puissances étrangères pour les engager à commettre des hostilités contre leur pays; ceux qui facilitent l'entrée des étrangers sur le territoire et secondent, de quelque manière que ce soit, les progrès de leurs armes, ceux-là ne sont pas des conspirateurs, mais des traîtres. (V. TRAHISON.)

Quant aux Conspirations contre les dynasties régnantes, il faut distinguer celles qui tendent à tuer le prince, et celles qui ont pour but le renversement de la famille. La résolution de tuer le prince, qu'elle soit prise par un seul ou par plusieurs, qu'elle ait pour mobile une vengeance personnelle ou le noble désir de sauver son pays de la tyrannie, n'est pas non plus, à proprement parler, une Conspiration (V. RÉGICIDE, TYRANNICIDE).

Restent donc les Conspirations qui ont pour but le renversement d'un gouvernement établi, le changement ou le renversement de la dynastie régnante.

Ici se présente la question que nous avons déjà traitée ailleurs : celle de savoir quel principe légitime ou condamne les actes des conspirateurs.

Machiavel cite, et, par précaution oratoire, il qualifie d'admirable cette maxime de Tacite : « Qu'il « faut que les hommes révèrent le passé et se sou- « mettent au présent; qu'ils désirent les bons prin- « ces et supportent les autres tels qu'ils sont. »

Au contraire, un moderne a établi que l'insurrection est le plus saint des devoirs.

L'une et l'autre de ces deux propositions a fait et fait maintenant encore l'objet de mainte dispute.

Or, il est évident que la vérité n'est ni chez Tacite ni chez Lafayette. Si Tacite a voulu dire qu'il faut supporter les mauvais princes lorsque les efforts tentés pour s'en délivrer ne peuvent aboutir et doivent, au contraire, aggraver le mal, la recommandation est prudente. Que si, au contraire, il a prétendu qu'il faut se soumettre au présent et s'applatir volontairement sous la tyrannie, la justice éternelle et tous les plus nobles instincts du cœur de l'homme protestent.

Quant à cette maxime : « L'insurrection est le « plus saint des devoirs », prise à la lettre, elle légitime le forfait d'une minorité factieuse comme l'essor légitime d'une majorité opprimée. La vérité est donc entre ces deux maximes, et il faut dire : « L'insurrection *contre un gouvernement illégitime* est le plus saint des devoirs. »

Parlons d'abord des Conspirations contre les dynasties. Le but de toute société est, nous l'avons dit, l'égalité : il semble donc que le renversement de toute dynastie soit désirable et juste ; mais, à une dynastie renversée ne succède pas toujours un gouvernement populaire. Une dynastie nouvelle prend la place de la dynastie déchue, et pèse souvent d'un plus grand poids. Une Conspiration qui a pour effet une simple usurpation, un simple changement de personnes est donc un crime social, car elle ne fait que semer le trouble, provoquer le désordre, susciter la guerre civile, sans aucun profit souvent pour l'humanité.

En ce qui concerne les Conspirations contre les gouvernements, ce fut pendant longtemps la coutume de déclamer contre ceux qui voulaient innover par la force. Des écrivains très-libéraux du siècle dernier et de notre temps ont jeté à pleines mains l'infamie sur les conspirateurs. Sans rechercher en aucune façon la moralité du but, confondant à plaisir l'effort coupable d'une ambitieuse vanité avec la louable tentative d'un patriotisme fervent, ils ont crié à l'esprit de faction, à la passion, à la cabale. Ni l'amour de la patrie, ni l'intérêt général ne poussent les conspirateurs. Gardez-vous de croire à leur loyauté. Ce qu'ils veulent, c'est le pouvoir, l'argent et les honneurs. Détruire les constitutions, bouleverser la terre, la remplir de meurtres, de sang et de carnage ; l'injustice, la cruauté, le pillage universel, la dévastation générale, le meurtre, les massacres, tels sont, tout à-la-fois, leurs moyens et leur but.

Déclamations vaines, et qui n'ont convaincu personne. Non, loyaux défenseurs de cette formule athée : « *Ego sum qui sum* », vous ne ferez jamais confondre dans un même anathème les scélérats auteurs de la Conspiration des poudres ou de la machine infernale, et ces nobles victimes, Russell, Algernon Sidney, Bories, Caron et leurs complices. — Car, il y a dans la généralité des intelligences un sentiment indestructible du bon et du mauvais, du juste et de l'injuste, sûr instinct qui manque d'ordinaire à nos petits faiseurs de systèmes.

Cette distinction établie, examinons la valeur politique des Conspirations.

Et, tout d'abord, disons qu'elles présentent d'immenses inconvénients à côté d'un très-petit nombre d'avantages. Après les troubles politiques, lorsque les peuples fatigués tombent dans un imprudent et coupable repos, il est utile sans doute que les âmes d'élite se cherchent, se communiquent, et montrent par quelques ouvertures que le sentiment et le besoin de la liberté survivent. Alors même qu'il s'irrite de l'impatiente ardeur de ces esprits actifs, le peuple sort de sa léthargie ; sa curiosité s'éveille, il se relève, écoute et se laisse

émouvoir ; bientôt son imagination est saisie, il s'intéresse aux efforts des conspirateurs, ses souvenirs et son espoir s'exaltent, et le moment vient où il ne faut plus qu'une victime pour que tout éclate.

Mais, à côté de ces avantages réels, que de dangers et pour les conspirateurs et pour leur cause. De deux choses l'une : ou une Conspiration réussit, ou elle échoue. Si elle échoue, le sang coule, un sang généreux et pur trop souvent. Que si l'on réussit, comme on a triomphé par la force, il faut se maintenir aussi par la force, et la liberté disparaît.

Et puis, pour une Conspiration qui succède, combien qui manquent le but. Machiavel a traité au long cette matière, et il prouve par de nombreux exemples que le succès d'une Conspiration est presque impossible. Pour réunir des chances favorables il faut, selon lui, qu'une Conspiration soit tramée par des hommes puissants, peu nombreux, et que le secret soit religieusement gardé ; « encore cela ne suffit-il pas toujours ; car il est « impossible d'empêcher qu'une Conspiration ne « soit découverte par une de ces trois causes : tra- « hison, imprudence ou légèreté, quand le nom- « bre des conjurés dépasse trois ou quatre. »

Quels moyens d'éviter cela ? les voici : « Le pre- « mier, le plus sûr, et, pour ainsi dire, l'unique, « est de ne pas laisser aux conjurés le temps « de vous accuser, et, pour cela, il ne faut leur « confier votre projet qu'au moment de l'exécu- « tion et pas avant. » Machiavel cite, en effet, l'exemple de Nélémate qui, avec l'aide de ses parents et de ses amis, délivra l'Épire de la tyrannie d'Aristotime, et celui d'Ortan qui, avec six complices, détruisit le pouvoir d'un mage usurpateur.

Mais on voit, de suite, que ces exemples ne sont nullement applicables à notre temps. Un conspirateur qui rassemblerait dans sa maison ses parents et ses amis, et qui leur proposerait de marcher à la conquête du pouvoir, serait parfaitement ridicule. Il faut de nombreux complices, de longues tentatives, et, avec cela, le secret ; par conséquent, des conditions impossibles.

C'est un métier de dupe que de conspirer dans un temps où la presse est à-peu-près libre, où les gouvernements disposent de budgets énormes, d'armées innombrables, du télégraphe, de la poste et de la bande ubiquitaire des mouchards.

Aussi, toutes les Conspirations modernes ont-elles échoué.

En 1793, une vaste conspiration s'ourdit dans les prisons. Arthur Dillon, Thouret, Simon du Montblanc devaient se mettre à la tête du mouvement insurrectionnel et renverser le pouvoir des Comités ; le succès semblait certain, le salut de chacun lui faisant une loi du secret ; mais les conjurés furent trahis par un complice et décapités.

Babeuf conspire. Au point de vue purement politique son projet n'était point, quoi qu'on en ait dit, l'œuvre d'un insensé ; car le républicain couvrait l'utopiste, et tous les patriotes sentaient que la République expirait sous le Directoire ; mais Grisel dénonce le complot : Babeuf est arrêté, décapité, ses amis déportés.

Vient ensuite la Conspiration des successeurs de Babeuf, Cusset, Huguet, Javogues, etc. Le gouvernement prévenu ordonne un simple changement de position aux bataillons du camp de Grenelle, et les conspirateurs qui croyaient trouver des amis sont reçus à coups de fusils.

Enfin, de toutes les Conspirations qui suivirent, depuis le Directoire jusqu'au 12 mai 1839 et dont on connaît l'histoire, nous ne parlerons que de la Conspiration de Mallet. Mallet fut un conspirateur à la manière de Nélémate et d'Ortan ; seul, il avait le secret de sa Conspiration, seul, il en avait préparé les éléments et le plan. Dans la nuit du 22 octobre 1812, il sort de prison, s'adjoint deux généraux détenus à la Force, Lahorie et Guidal ; il se présente devant un poste, ordonne aux soldats de se lever et de le suivre, et les soldats obéissent ; il ordonne l'arrestation du ministre de la police, et le ministre de la police est arrêté ; du préfet de police, et le préfet de police est arrêté ; il nomme un gouvernement provisoire, et le préfet de la Seine fait préparer les appartements de la préfecture pour recevoir le gouvernement provisoire. Maître du quartier-général, il donne des ordres à la force armée de Paris, et la force armée de Paris exécute ses ordres. Tout cède donc devant lui avec une facilité d'autant plus grande que l'entreprise semblait plus impossible. Mais la Conspiration tombait au milieu de Paris comme une bombe, nul ne savait qui étaient, ce que voulaient les conspirateurs ; point d'opposition, mais point de sympathie ; chacun restait indécis et déconcerté devant cette étrange aventure, et, à peine les chefs du gouvernement furent-ils un peu revenus de leur première surprise, que la Conspiration avait avorté. A huit heures du matin Mallet, Guidal et Lahorie étaient réintégrés dans leurs prisons, et, bientôt après, fusillés.

Nous disons donc, et l'histoire prouve surabondamment que, dans l'état actuel de nos mœurs politiques, les Conspirations ne sont pas possibles. Que l'on cherche à s'entendre, à se voir, à se communiquer, à se concerter, rien de mieux ; il faut qu'un parti sache sur quoi et sur qui il peut compter dans un moment donné. Mais une Conspiration pareille se peut organiser à la face du soleil ; insaisissable de sa nature, elle n'a point à craindre les trahisons, ni la légèreté, ni le bavardage ; elle ne porte point ce cachet de coterie et d'isolement qui rend suspectes et stériles toutes les trames clandestines.

En résumé, une conjuration enrégimentée est une conjuration manquée. La police qui fait mouvoir les ficelles n'a plus qu'à choisir son moment. Le secret, condition première et indispensable, est impossible ; car le secret ne s'assure que par le poignard, et l'on ne poignarde personne en France. Un traître passe à côté de nous, nous évitons de le saluer ; voilà tout. Et remarquez bien que, pour être logique, il faut punir une indiscrétion à l'égal d'une trahison. Or, combien de conspirateurs imberbes entrent dans les sociétés secrètes uniquement pour acquérir de la célébrité. « Je vais à ma vente », disaient, en mettant leur cravate, les jeu-

nes conspirateurs de la Restauration. Quelques uns de ces imprudents ont été tués par le gouvernement d'alors ; aucun qui ait été châtié par ses complices. Berton est mort sur l'échafaud ; Wolfel lui a survécu :—ce seul fait condamne irrévocablement les Conspirations.   E. DUCLERC.

CONSTABLE. La traduction littérale de ce mot serait *Connétable ;* et en effet ces fonctionnaires étaient autrefois appelés *Connétables inférieurs (petty constables).* L'étymologie est d'ailleurs la même. Mais là s'arrête la ressemblance.

Le Constable est un officier de paix, chargé du maintien de l'ordre, et investi du droit d'arrestation. Il porte pour insigne une petite baguette d'ébène surmontée d'une pomme en ivoire. L'individu qu'il touche de sa baguette est tenu de le suivre.

Dans les moments de trouble, tout citoyen peut se présenter au shériff du comté et offrir ses services comme Constable temporaire. Il se trouve alors investi du même droit que le Constable ordinaire. Les Constables temporaires forment une espèce de garde nationale sans armes, mais revêtue de toute la puissance de la loi. Cette magistrature pacifique a souvent rendu de très-grands services.

CONSTITUANTE (ASSEMBLÉE). L'Assemblée des États-généraux se réunit à Versailles, le 5 mai 1789. Suivant les traditions de l'antique monarchie, rien ne fut épargné, dans les préliminaires de cette réunion, pour abaisser le tiers-état et lui faire entendre qu'on ne l'avait pas convoqué de bon gré. Aussi, dès cette première séance, le tiers voulût-il répondre à ce dédain plus que téméraire par une manifestation qui portât conseil. Introduit dans la salle, le roi vint s'asseoir sur un trône et se couvrit : la noblesse et le clergé l'imitèrent. L'usage était que le tiers-état restât debout et tête nue : quelques membres du tiers avaient déjà manqué à cet usage, et de vives apostrophes s'échangeaient entre les trois ordres, quand le roi prit le parti de mettre fin à ces altercations en se découvrant lui-même. Le 17 juin, l'Assemblée se proclama, sur la motion de Sièyes, *Assemblée nationale.* Le 20 juin, une résolution ainsi formulée : «L'Assemblée nationale, considérant qu'*appelée à fixer la constitution du royaume,* à opérer la régénération de l'ordre public, et à maintenir les vrais principes de la monarchie, rien ne peut empêcher qu'elle continue ses délibérations, dans quelque lieu qu'elle soit forcée de s'établir, et que partout où ses membres sont réunis, là est l'Assemblée nationale ; arrête que tous les membres de cette Assemblée prêteront à l'instant le serment solennel de ne jamais se séparer, et de se rassembler partout où les circonstances l'exigeront, jusqu'à ce que la constitution du royaume soit établie et affermie sur des fondements solides. » Le serment fut prêté. A dater de ce jour, l'Assemblée nationale devint l'*Assemblée Constituante.*

Cette qualification nouvelle lui imposait un

mandat : elle ne l'ignorait pas, et, à peine installée, elle se mit en devoir de le remplir. L'a-t-elle fait convenablement? Un examen rapide de la Constitution de 1791 va nous l'apprendre.

La Constitution de 1791 doit être considérée sous deux aspects : elle a détruit, elle a fondé.

En déplaçant la souveraineté, en l'attribuant au peuple, elle a nié le droit divin de la monarchie, elle a proclamé l'égalité des ordres. Pour apprécier la gravité d'un tel fait, il ne faut que se rappeler les paroles prononcées, dans la séance d'ouverture des États-généraux, par le garde-des-sceaux, Barentin ; il disait aux députés réunis, en parlant de Louis XVI : « Depuis l'époque heureuse où *le ciel vous l'a donné pour maître,* etc., etc. » D'un seul trait de plume, l'Assemblée Constituante supprimait la maîtrise monarchique, et enlevait au ciel le droit d'instituer les gouvernements humains. Elle ne se contentait pas d'ailleurs d'énoncer un principe. Elle le développait dans ses conséquences les plus immédiates : abolition de la noblesse et des distinctions héréditaires ; abolition des corporations et des jurandes ; abolition des douanes intérieures ; abolition des dîmes et autres redevances seigneuriales ; abolition des propriétés du clergé ; abolition des sévices barbares exercés contre les prévenus ou les coupables. La philosophie du dix-huitième siècle n'avait pas réclamé davantage. Voilà les grandes ruines faites par la Constitution de 1791. Nous ne devons pas nous étonner des malédictions qui poursuivent encore notre première Assemblée nationale ; en commençant la réforme, elle avait porté les grands coups, et les Conservateurs lui en ont gardé rancune.

Le plus superbe et le plus violent détracteur de la Révolution, le comte Joseph de Maistre, a disserté fort ingénieusement sur l'axiome suivant, dont il avoue l'emprunt à Machiavel : « Une assemblée quelconque d'hommes ne peut constituer une nation, et même cette entreprise excède en folie ce que tous les Bedlams de l'univers peuvent enfanter de plus absurde et de plus extravagant. » Non-seulement la raison condamne cette insolente hypothèse, mais les faits la démentent. La Constitution de 1791 n'a pas duré, cela est vrai ; en dépit du décret qui condamnait la France à ne pas toucher pendant vingt années au pacte fondamental, ce pacte a été modifié dans quelques parties importantes par les Assemblées qui succédèrent à la Constituante. Mais en est-il moins prouvé que les réformes de 1791 ont réellement constitué la nation française? En deux mots, nous allons résoudre tous ces doutes.

Sur quel principe repose tout l'édifice si artistement élevé par l'Assemblée Constituante? Sur le principe de la souveraineté du peuple. Ce principe proclamé, il y a cinquante ans, était certes viable : si plusieurs atteintes y ont été portées, c'est en son nom que toujours l'ordre a été rétabli ; depuis la première déclaration des droits, il a dominé tous les gouvernements ; c'est par lui que toutes les questions publiques ont été résolues ; et loin que son autorité s'affaiblisse, il n'a jamais commandé plus impérieusement qu'aujourd'hui.

Du principe, passons aux faits.

Oui, sans doute, la Constitution de 1791 admet une hiérarchie de pouvoirs auxquels l'éternité n'est pas assurée. Quelle œuvre humaine est irréprochable? quel produit de la raison est supérieur à la loi du progrès? Mais, à côté de ces institutions que nous ne refusons pas de croire éphémères, et dont la plupart ont été tolérées, restaurées, et non pas fondées par l'Assemblée Constituante, il en est d'autres, et très-grand nombre, que rien n'ébranlera, si terribles que puissent être les secousses prochaines. La loi organique de 1791 établit l'unité du territoire par la division en départements ; l'administration de ces départements fut confiée par elle à un seul agent responsable, et en même temps elle substitua le régime d'une législation uniforme à l'anarchie des coutumes ; elle régularisa le vote de l'impôt ; elle décréta la liberté de la presse ; elle organisa le pouvoir judiciaire ; elle créa les tribunaux de paix, de cassation, le jury, la milice nationale, etc., etc. Cela peut bien s'appeler *constituer.* Le comte de Maistre écrivait, en 1796, les lignes que nous avons citées plus haut ; la plupart de ses prophéties sur la Révolution française ont été aussi peu confirmées par l'événement que ses augures non moins sinistres sur l'avenir de la démocratie américaine.

Nous n'oublions pas que des accusations plus sérieuses et plus valables ont été portées contre l'Assemblée Constituante. Elle a manqué, dit-on, d'initiative ; les sages résolutions qu'elle a prises lui ont été dictées par la volonté populaire ; elle n'a fait qu'y céder, et souvent à contre-cœur. Si l'on veut parler de ses actes politiques, on a raison : en effet, la séance du Jeu de Paume fut précédée par les émeutes électorales dont le retentissement agitait encore les provinces ; l'insurrection du 13 juillet détermina le décret du 14 sur la responsabilité des ministres ; la prise de la Bastille, la demande du renvoi des troupes étrangères ; l'incendie des châteaux, la suppression des redevances et des juridictions féodales ; l'émeute du 6 octobre, le départ de l'Assemblée pour Paris ; les fédérations de la Bretagne et de l'Anjou, celle du 14 juillet 1790. Mais ce sont là, disons-nous, les actes et non pas les travaux de l'Assemblée Constituante : ce qui lui appartient en propre, ce qu'elle a fait, c'est la loi organique de 1791 ; voilà son œuvre, voilà les pièces sur lesquelles il la faut juger.

On a d'ailleurs été sévère à l'égard de cette Constitution, et, à vrai dire, on peut beaucoup y reprendre, quand on se place au point de vue démocratique. Ce n'est pas à nous qu'il peut convenir de la défendre contre des arguments ainsi motivés ; cependant, il nous paraît injuste d'imposer, après coup, à une Assemblée représentative beaucoup plus que ne portait son mandat. La Constituante ne pouvait pas être républicaine, alors que la République n'était encore que l'utopie de quelques hommes ; elle ne pouvait pas être démocratique, alors que la démocratie n'avait fait que se révéler sur la scène politique par des déclamations vagues ou des tentatives sans formule. Déléguée par le tiers, organe de ses opinions et de ses tendances, la Constituante fut, comme lui, libérale et bourgeoise; elle fut et devait être à la Convention ce que le 14 juillet fut au 10 août.

B. HAURÉAU.

CONSTITUTION. Une Constitution est l'ensemble des croyances générales, des sentiments communs d'une nation; c'est la forme extérieure par laquelle se manifeste l'autorité. En ce sens, il n'est pas de société politique qui n'ait sa Constitution. Qu'elle soit écrite ou traditionnelle, formulée dans les Codes ou consacrée par les mœurs, sa puissance est la même, son action également incontestable. Mais du moment que les antiques formes sociales ont été ébranlées par l'idée démocratique, les peuples triomphants ont voulu que leur victoire fût inscrite dans le temple des lois, et les Constitutions modernes ont été la sanction des conquêtes populaires.

Il y a, d'ailleurs, cette différence entre les Constitutions traditionnelles et les Constitutions écrites que les premières n'étaient appuyées que sur une adhésion: la Constitution n'était légitimée que parce qu'elle ne rencontrait pas de résistance. Mais, dans la Constitution écrite, le peuple sort de la passivité pour prendre un rôle actif; il formait la partie matérielle de la nation, il entre dans le domaine spirituel; il acceptait la Constitution traditionnelle, il dicte la Constitution écrite. Voilà, en effet, le grand fait social d'aujourd'hui: le peuple a conscience de lui-même. Pendant toutes les phases de sa minorité, il a plus d'une fois sans doute eu à se plaindre de la tutelle séculaire des nobles et des rois; mais enfin il supportait la tutelle. Aujourd'hui le temps de sa majorité sont accomplis; le peuple s'est fait homme; il a revendiqué ses droits, et il les a fait enregistrer dans la Constitution.

Ainsi, toute Constitution, traditionnelle ou écrite, repose sur le consentement général; seulement, la Constitution traditionnelle n'était qu'un consentement, la Constitution écrite est un commandement. Mais le droit social a toujours été et sera toujours la volonté du plus grand nombre. Et c'est là ce qui fait la toute-puissance de l'opinion démocratique; c'est qu'elle repose sur le principe même de l'association humaine, la volonté de tous; c'est qu'elle a pour sanction la tradition de tous les siècles passés et les espérances de tous les âges à venir.

Combien, cependant, a-t-il fallu de rudes épreuves, de sanglantes métamorphoses, avant que les peuples eussent parcouru tous les degrés de l'initiation mystérieuse qui devait leur donner l'intelligence d'eux-mêmes, et leur permettre de réclamer l'inscription de leur affranchissement en tête des Codes.

C'est ici le moment de rendre à l'Angleterre un hommage qu'on ne pourrait lui refuser sans ingratitude. La première, elle a ouvert la route aux peuples, en proclamant une Constitution écrite, en inspirant à la multitude le sentiment de ses droits. Ce n'est pas que la Constitution anglaise soit un modèle à suivre: nous avons déjà, malgré les obstacles, fait plus de chemin que nos devanciers. Mais c'est quelque chose que d'avoir, avant tous autres, levé le drapeau constitutionnel, d'avoir révélé aux nations les voies glorieuses de l'avenir.

Le grand vice de la Constitution anglaise est de ne reposer sur aucune théorie, de n'être qu'un rassemblement de faits, enregistrés à mesure qu'ils se succédaient, sans lien et sans régularité. Il en est résulté une espèce d'amalgame où chaque fraction de la société politique trouve sa place en vertu de quelque événement matériel, mais sans autre principe que le fait lui-même. Aussi, voyons-nous, l'une à côté de l'autre, trois puissances différentes, la royauté, l'aristocratie et la bourgeoisie, se proclamant mutuellement souveraines et égales, et faisant consister la souveraineté dans les décisions prises en commun. Mais en vain cherchera-t-on dans la Constitution le droit qui consacre cette souveraineté. On n'y trouve aucun principe dominant; en sorte que, du jour où l'une de ces trois puissances pourrait, en fait, opprimer les deux autres qui n'ont qu'une égalité de fait, celles-ci n'auraient pour se soutenir aucun appui moral.

Dans toute Constitution doit se rencontrer l'expression du droit et du fait: le droit, c'est la volonté du plus grand nombre, c'est-à-dire la souveraineté du peuple; le fait, c'est la forme gouvernementale par laquelle s'exerce cette souveraineté. Or, la Constitution anglaise ne contient que le fait, c'est-à-dire ce qui est essentiellement passager et temporaire. Cette absence de toute théorie suffirait seule à la condamnation de la Constitution anglaise, quand même elle ne contiendrait pas un élément de dissolution et d'anarchie auquel on a donné le nom ridicule de balance des pouvoirs.

Il suit de ce que nous venons de dire que les formules des Constitutions sont toujours sujettes à révision. Une seule chose reste immuable, c'est la souveraineté de tous; par conséquent, dès que cette souveraineté déclare qu'il est utile de changer la forme par laquelle elle se manifeste, chacun doit obéissance, et le premier exemple doit venir des pouvoirs dépossédés.

En vertu des mêmes principes, il est facile de réfuter les théories qui font reposer l'association humaine sur un contrat par lequel le plus grand nombre abdiquerait une portion de son indépendance au profit d'un seul ou de quelques-uns. Cette doctrine qui dérive de l'École protestante conduit à une foule d'erreurs. D'abord, c'est constituer sur un pied d'égalité les deux parties contractantes, c'est-à-dire tous et quelques-uns, le Souverain et ses délégués. Ensuite, comme tout contrat oblige, il s'ensuivrait que le Souverain ne pourrait modifier son contrat, c'est-à-dire que le Souverain ne pourrait exercer la souveraineté.

Dire que l'autorité repose sur un contrat, c'est dire qu'antérieurement la société a pu subsister sans autorité, ce qui est impossible. L'autorité existe par elle-même dans toute société; elle n'a ni commencement ni fin. Car l'autorité n'est pas une volonté individuelle, n'est pas la volonté de quelques-uns, elle est la volonté de tous. C'est là véritablement le droit divin ; *vox populi, vox Dei*, vieille maxime, toujours neuve, comme ce qui est éternel.

Une Constitution n'est donc pas un acte par lequel les peuples créent l'autorité, ce n'est que la forme adoptée par les peuples pour exercer cette autorité. Quels que soient les pouvoirs créés par eux dans ce but, jamais ces pouvoirs ne deviennent indépendants de la volonté générale, qui conserve toujours sur eux ses droits inaliénables. Ces principes sont les seuls qui puissent garantir l'avenir contre les révolutions violentes.

Il ne faudrait pas cependant en conclure que l'organisation politique doit être soumise à des changements continuels qui jetteraient l'incertitude et le désordre dans toute les institutions, et compromettraient la dignité du gouvernement. Il faut se tenir en garde autant contre des innovations capricieuses que contre une dédaigneuse immobilité. Aussi, sommes-nous d'avis que les changements essentiels dans les formes de la Constitution ne doivent pas appartenir au pouvoir législatif ordinaire. Car ce pouvoir a surtout pour mission d'appliquer la loi existante, de développer les principes de la Constitution. Mais s'il s'agit de réformer ces principes, de les modifier dans leur essence, cette fonction importante ne devrait appartenir qu'à des assemblées spéciales nommées par le peuple qui les investit de l'autorité constituante. Dans toute démocratie bien organisée, il est essentiel de déterminer les circonstances où devrait s'exercer ce droit de révision. Dans les Constitutions de 1791, 1793 et de l'an III, l'Assemblée constituante et la Convention se gardèrent bien de proclamer l'immobilité des formules générales qu'elles adoptaient. Elles reconnurent, au contraire, d'une manière solennelle, le droit qu'avait le peuple d'intervenir pour présider aux futurs perfectionnements de l'organisation sociale.

Il serait ridicule sans doute de contester les imperfections nombreuses de ces Constitutions discutées au milieu des tempêtes. Mais est-il moins ridicule de demander la perfection à des législateurs militants, qui n'avaient pas trop de toutes leurs forces pour repousser les attaques furieuses des puissances qu'ils détrônaient. Les constituants et les conventionnels étaient plus préoccupés des menaces du passé que des espérances de l'avenir. C'est là ce qui explique et justifie ces fameuses déclarations des droits que de nos jours on a peut-être trop légèrement critiquées. Si, en effet, le législateur s'est plus occupé des droits que des devoirs, ce n'est pas, ainsi qu'on l'a prétendu, qu'il voulût proclamer l'individualisme ; mais c'est qu'il voulait protester hautement contre le passé, qui ne reconnaissait le droit que comme le privilége de quelques-uns, laissant le devoir à tout le reste. Il fallait rendre le droit au peuple qui en était dépouillé ; et c'était en même temps forcer au devoir ceux qui se plaçaient au-dessus. Invoquer les droits du peuple, c'était la première

formule nécessaire de l'égalité ; quant à ses devoirs, personne ne les contestait, et ses ennemis moins que tous autres. Il était donc nécessaire avant tout de parler de ses droits, au moment où il s'agissait de donner une leçon à ses ennemis.

Ainsi, qu'on ne l'oublie pas, les premières Constitutions écrites sont plutôt des barrières élevées contre le passé que des monuments destinés à l'avenir. Que ceux qui en doutent consultent notre Charte : chaque article est une formule d'hostilité et de défiance ; chaque pouvoir est opposé à un autre pouvoir ; mutuellement chargés de s'observer, de se contrôler, de se tenir en bride l'un l'autre, ils n'offrent de garantie qu'autant qu'ils se combattent. Monument d'anarchie et de désordre, la Charte nous léguerait pour l'avenir les plus grands malheurs, s'il ne fallait la considérer comme transition peut-être nécessaire pour initier le peuple à l'intelligence complète de ses devoirs, et pour le faire aspirer plus fortement vers l'ordre et l'harmonie, par le triste enseignement de nos désordres présents.   ELIAS REGNAULT.

CONSTITUTIONNELS.

Il n'y a guère de mot dans la langue politique dont le sens soit plus vague que celui du mot Constitutionnel.

Dans son acception générale, il veut dire : partisan d'une constitution quelconque.

Or, que signifie le mot Constitution ? Il signifie l'établissement *en commun* d'une certaine loi fondamentale. Il implique le consentement.

Et, comment s'appelle encore aujourd'hui la loi politique fondamentale qui nous régit ? On l'appelle avec raison « Charte », de même que la Charte octroyée de 1814, et non point Constitution. Car elle a été établie par quelques députés de la Restauration, sans le concours du peuple auquel on l'a notifiée.

Mais ceux qui portent le nom de Constitutionnels supposent dans leur pensée que la Charte de 1830 est une Constitution, parce qu'elle aurait été silencieusement approuvée par la majorité des citoyens.

Quoi qu'il en soit, le mot Constitutionnel est donc censé représenter aujourd'hui les partisans de la réforme politique instituée par la Charte du 7 août 1830.

Cependant, les Constitutionnels sont loin d'entendre la Charte comme l'entend la royauté.

Sous la Restauration (V. CHARTE), les Constitutionnels opposaient la Charte de 1814 à la volonté rétrograde des Bourbons aînés.

De même, aujourd'hui, les Constitutionnels prétendent faire sortir de la Charte de 1830 un certain système représentatif des bourgeois, une certaine prédominance de la Chambre élective, contrairement à la tendance des Bourbons cadets qui défendent la suprématie de l'élément monarchique sur les deux autres branches du gouvernement.

Et si les Constitutionnels ont pour eux l'assentiment du peuple dans cette prétention, la Cour soutient, sans trop de paradoxe, qu'elle est strictement renfermée dans la lettre rigoureuse de la loi.

Telle est la position actuelle des Constitutionnels vis-à-vis de l'élément principal de leur prétendue Constitution.

Si l'on prend le mot Constitutionnel dans son application présente, il emporte l'idée d'immobilité, puisqu'on est enchaîné dans les limites d'une forme définie.

On n'en rencontre pas moins des Constitutionnels qui parlent de progrès, mais de progrès sans mouvement. Or, comment progresser si l'on reste en place? Peut-être s'agit-il de marcher en tournant dans le même cercle, comme ces chevaux aveugles attelés à une meule.

En ce sens-là, le nom qui convient aux Constitutionnels serait plutôt celui de Conservateurs. (V. ce mot.)

Les véritables Constitutions démocratiques, celle de 93 entre autres, avaient introduit l'élément de progrès par le droit perpétuel de révision et de perfectionnement.   T. T.

CONSUL, premier magistrat de la République romaine. Établi, l'an 255 de la fondation de Rome, après l'expulsion de Tarquin-le-Superbe, remplacé, l'an 302 par le Décemvirat, le Consulat fut rétabli l'an 306. Supprimé de nouveau en 310 et remplacé par les tribuns militaires avec le pouvoir consulaire, puis rétabli en 388, il dure sans interruption jusqu'en l'année 541, et finit par s'absorber dans le pouvoir impérial.

Les deux Consuls étaient annuellement élus par le peuple au Champ-de-Mars. Ils prêtaient serment au peuple (seul serment rationnel, car les princes sont périssables et les nations ne meurent pas) et ils juraient de ne rien faire contre les lois. Les Consuls étaient, comme nous l'avons dit, les premiers magistrats de la République. En temps de guerre, ils commandaient les armées, levaient les troupes, nommaient les officiers. Quand le Sénat déclarait la République en péril, le pouvoir des Consuls devenait une sorte de dictature. (V. Rome).

CONSULAT. Lorsque Bonaparte abandonnait furtivement l'armée d'Égypte, il se plaçait par ce seul fait hors la loi. Il n'y avait pas de milieu pour lui entre une cour martiale et un trône, et le Directoire n'avait plus qu'à l'accueillir comme un maître, ou à l'arrêter comme un déserteur. Le Directoire n'osa faire ni l'un ni l'autre. Cet acte de vigueur eût été hors de la logique de ses antécédents, et ces indignes chefs de la République, qui accueillaient en tremblant un général revenu sans ses drapeaux, justifièrent par leur conduite cette audacieuse violation de la loi.

Dès ce jour leur abdication était écrite.

Il faut avouer aussi que l'opinion publique sanctionna la révolte, et l'accueil que reçut Bonaparte à son arrivée absolvait le coupable et condamnait e gouvernement.

Nous ne lui accorderons certes pas plus de regrets que ne lui en accordèrent ses contemporains; mais nous ne pouvons assez déplorer la perte des institutions qui lui furent confiées et qu'il com-

promit par ses honteux égarements. Les souvenirs de gloire étaient effacés, les éléments de la République dispersés, les traditions démocratiques perdues ou au moins obscurcies; et nulle voix ne s'éleva pour contredire Bonaparte, lorsque, pour justifier d'avance son usurpation, il disait à ces hommes qu'il allait chasser : « Qu'avez-vous fait de cette France que je vous ai laissée si florissante! Je vous ai laissé la paix, j'ai retrouvé la guerre. Je vous ai laissé des victoires, et j'ai retrouvé des revers. Je vous ai laissé les millions de l'Italie, et j'ai retrouvé partout des lois spoliatrices et la misère. Qu'avez-vous fait de cent mille Français, tous mes compagnons de gloire? Ils sont morts. Cet état de choses ne peut durer.....»

Toute la France répétait avec Bonaparte ces dernières paroles. Le pouvoir était, en effet, tellement avili qu'il n'y avait pas d'ambition subalterne qui ne songeât à s'en emparer. Sièyes et Barras se faisaient une guerre d'intrigues; Gohier, plus honnête que ses deux confrères, mais encore moins habile, s'appuyait sur Bernadotte et Augereau, tout prêts sans doute à en faire leur dupe. Tous prévoyaient un changement, et chacun voulait en profiter.

Déjà Sièyes s'était adressé à Moreau pour renverser ses collègues avec l'appui de ce général. Mais à la nouvelle du débarquement de Bonaparte, celui-ci avait dit à ces conspirateurs officiels : « Vous n'avez plus besoin de moi; voilà l'homme qu'il vous faut pour un *mouvement*, adressez-vous à lui. » Ils le prirent au mot, et chacun crut voir dans le vainqueur d'Égypte un instrument favorable.

Dès son arrivée à Paris, Bonaparte se trouva donc le complice obligé de ces intrigants qui étaient chargés des destinées de la République. Il fut bien vite d'accord avec Sièyes qui croyait le faire agir et n'était que sa dupe. Barras se mit aussi à la disposition *du seul homme*, disait-il, qui pût sauver la France. Roger-Ducos n'était que le valet de Sièyes. Dès-lors Gohier et Moulins se trouvaient en minorité, et il leur aurait fallu plus de talents qu'ils n'en avaient pour tenir tête aux conspirateurs. Un seul trait peut faire connaître toute l'étendue de leur naïveté. Dubois de Crancé, ministre de la guerre, se rend au Luxembourg, le 18 brumaire, et propose aux directeurs Gohier et Moulins d'arrêter Bonaparte sur le chemin de Saint-Cloud. « *Comment voulez-vous*, lui répond Gohier, *qu'il fasse une révolution à Saint-Cloud, puisque je tiens ici les sceaux de la République?* »

Tout tendait donc à favoriser l'ambition de Bonaparte, et l'impuissance des hommes honnêtes, et la bassesse des intrigants, et la lassitude de tous les citoyens, et les impatiences de l'armée. Et, il faut bien l'avouer, la France entière fut complice du 18 brumaire; car la France entière avait salué la venue de Bonaparte comme celle d'un libérateur. Mais si elle voulait la destruction d'un gouvernement lâche et corrompu, voulait-elle le néantissement d'une liberté qui lui avait coûté tant de sacrifices? Non, sans doute; car toute la population restait républicaine, et c'était pour sauver la République qu'elle s'adressait à Bonaparte. Elle demandait un changement dans les personnes et non dans les institutions, une modification dans les formes et non dans l'essence de la Constitution. Et même, si les ambitions personnelles qui voulaient se servir du jeune guerrier eussent prévu les mystifications qu'il leur préparait, si la conscience publique qui l'appelait à sauver la patrie eût compris qu'il allait l'asservir, il n'aurait eu pour le seconder ni les ambitions personnelles, ni la conscience publique.

Sièyes fut le premier à comprendre qu'il avait trouvé un maître. Ce fabricateur de Constitutions, dont Mirabeau voulait faire un grand homme, sans doute parce qu'il comprenait en lui le médiocre politique, se trouvait pris dans ses propres pièges. Bonaparte s'était de sa propre autorité fait premier Consul : Sièyes se retira ; Roger-Ducos le suivit. Ils furent remplacés par Cambacérès et Lebrun, et un acte constitutionnel du 22 frimaire an VIII (13 décembre 1799) compléta la Révolution du 18 brumaire. C'est cet acte qui s'appela la Constitution de l'an VIII. Ce fut la première phase de la monarchie encore déguisée.

En effet, quoique le second et le troisième consuls fussent comme lui nommés pour dix ans et indéfiniment rééligibles, le premier Consul seul promulguait les lois, nommait et révoquait tous les principaux fonctionnaires, officiers, juges, agents ou commissaires du gouvernement. Dans les autres actes administratifs, il n'avait laissé à ses collègues qu'une voix purement consultative, et le droit illusoire de consigner leurs opinions à côté de ses décisions souveraines. Ainsi l'égalité n'existait pas même dans le triumvirat suprême.

Quant au pouvoir législatif, on en devait la conception bizarre à Sièyes, et Bonaparte avait adopté la théorie de l'ex-constituant parce qu'elle répondait à ses vues. Le gouvernement proposait la loi. Le tribunat la discutait sans la voter. Le corps législatif la votait sans la discuter ; enfin, un sénat à vie, dit sénat conservateur, la ratifiait ou la rejetait.

Du reste, on cherche vainement dans la Charte consulaire les titres primitifs de la liberté française, les droits de l'homme, les Assemblées primaires, l'indépendance de la tribune et de la presse. Mais le pacte social était octroyé au nom de la République une et indivisible, et la France se laissa doucement tromper par les mots, en voyant renaître l'ordre et la paix à l'intérieur, et au dehors la gloire dont sous le Directoire elle était déshéritée.

Avec le Consulat s'ouvre une ère nouvelle pour la Révolution française. Toute l'énergie nationale va se porter au dehors ; l'esprit public subit une transformation totale, et se fait militaire. Car les rois attaquent en Bonaparte l'homme de la Révolution; et l'homme de la Révolution abaisse tous les trônes de l'Europe, dont il détruit à jamais la puissance morale. Cette brillante série de conquêtes commence dignement par la bataille de Marengo, et ne se termine que lorsqu'il ne reste plus rien du révolutionnaire, transformé, par une série de fautes, en fondateur de dynasties.

Mais, depuis Marengo, la puissance du premier consul s'était tellement accrue aux dépens de la liberté qu'il était difficile, même pour les plus aveugles, de conserver quelques illusions. Presque tous les chefs républicains s'étaient mis au service du maître. Cependant, il restait encore des hommes qui ne voyaient pas sans douleur tomber l'une après l'autre toutes les institutions qui avaient coûté à la France tant et de si grands sacrifices. Malheureusement, leur indignation ne se témoigna que par des conspirations maladroites qui furent habilement exploitées par l'ambitieux qu'elles menaçaient. Il sut encore rendre ces entreprises odieuses au public en les confondant à dessein avec les assassinats ténébreux des royalistes qui venaient d'épouvanter Paris par l'explosion de la machine infernale. Ce fut à cette occasion que Fouché, qui savait bien cependant d'où partait le coup, dressa une liste de cent trente patriotes que les consuls firent déporter par un sénatus-consulte rédigé au milieu de la nuit. Ce fut à cette occasion que Bonaparte osa demander une loi qui non-seulement établît des tribunaux criminels spéciaux partout où cela serait jugé nécessaire, mais aussi qui donnât aux consuls la faculté d'éloigner les personnes suspectes. Lorsque cette proposition fut portée au Tribunat, ce corps mérita noblement sa disgrâce prochaine en luttant avec énergie contre cet abus de pouvoir.

Cependant, aux yeux de la nation, Bonaparte se faisait absoudre à force de gloire. Une suite non interrompue de victoires avaient contraint l'Autriche à demander la paix. Le 9 février 1801 fut conclue la paix de Lunéville. Le 28 mars vit renaître l'harmonie entre la République française et la cour de Naples. Le 15 juillet fut signé le concordat avec le chef de l'Église romaine. Le 24 août, le 29 septembre, une double paix rattacha à la France la Bavière et le Portugal. Le 8 octobre, la paix est signée avec la Russie, et le 9 avec la Turquie. Enfin, le 25 mars 1802, la paix d'Amiens vient proclamer la pacification générale ; et l'univers entier reconnaît la République française.

Quel peuple ne se fût laissé séduire par le puissant génie qui accomplissait tous ces miracles? Aussi, le 7 juin suivant, le sénat put sans opposition proroger de dix ans la magistrature consulaire dans la personne de Bonaparte. Celui-ci répondit au message du sénat par les lieux-communs à l'usage de tous les usurpateurs. « Vous jugez que je dois au peuple un nouveau sacrifice : je le ferai si le bien du peuple me commande ce que votre suffrage autorise. » La tradition de ces hypocrisies banales n'est pas encore perdue.

Mais ce n'était pas encore assez pour lui. Tout-à-coup une question est soumise au peuple : « Napoléon Bonaparte sera-t-il consul à vie ? » Sur 3,577,885 votants, 3,368,259 se prononcent pour l'affirmative, et le 2 août la monarchie élective est proclamée.

Cependant, l'Angleterre ne remplissait pas les conditions de la paix d'Amiens. Les cabinets de

Paris et de Londres recommençaient leurs hostilités dans les journaux : les deux gouvernements faisaient des préparatifs et des armements considérables ; enfin , après un. échange continuel de notes diplomatiques , chacun comprenait que la guerre devenait inévitable. Elle éclata définitivement au mois de mai 1803 , et bientôt toute l'Europe fut en armes.

Mais l'Angleterre ne se contente pas d'une guerre ouverte et loyale. Ses nombreux émissaires répandus sur les frontières de l'Allemagne soudoient des assassins pour frapper le premier consul et comploter contre la République. Le ministre anglais à Munich , Drake , et son collègue de Stuttgard , Spencer Smith , jouèrent un rôle célèbre dans ces infâmes machinations. Bonaparte dénonça à l'Europe ces complots des agents officiels de l'Angleterre.

Bientôt , les conspirations de Georges Cadoudal et Pichegru, auxquelles Moreau ne fut pas si étranger qu'on l'a voulu prétendre, prouvèrent à Bonaparte qu'il n'avait à espérer de ses ennemis ni trêve ni relâche. Il était évident que les conspirateurs voulaient anéantir en lui la République et ses souvenirs. Bonaparte , qui s'était servi des conspirations antérieures pour obtenir le Consulat à vie , se servit de ces nouvelles machinations pour fixer l'hérédité du pouvoir dans sa famille. Le 30 avril 1804 , le citoyen Curée, membre du Tribunat, proposa de nommer empereur le premier consul. Cette proposition ne fut combattue que par Carnot. Le 2 mai , le Corps législatif s'unit par ses votes au vœu du Tribunat. Le Sénat ne fit pas attendre son consentement, et le sénatus-consulte organique fut soumis à la sanction du peuple : soixante mille registres furent ouverts dans les cent huit départements. Sur 3,574,898 votants, il n'y eut que 2,569 votes négatifs.

Le Consulat fut, sans contredit, une des époques les plus glorieuses de l'histoire française, et la plus belle période de la vie de Bonaparte.

ÉLIAS REGNAULT.

CONSULS , ministres publics chargés spécialement de veiller aux intérêts des nationaux qui commercent au dehors. Il y a des Consuls-généraux, des Consuls de première classe, des Consuls de deuxième classe et des élèves-Consuls. Les vice-Consuls et agents consulaires sont de simples correspondants nommés par le Consul dans les ports de sa circonscription. Les Consuls-généraux ont rang de contre-amiral; les Consuls de première classe, de capitaine de vaisseau ; les Consuls de deuxième classe, de capitaine de frégate. Les élèves Consuls doivent remplir les conditions suivantes : être âgés de vingt ans au moins et vingt-cinq ans au plus; être licenciés en droit et remplir certaines conditions d'instruction. Telles sont les règles posées par la loi ; elles sont suivies... sauf les exceptions.

Bien qu'on retrouve dans le moyen-âge, chez les Romains et jusque chez les Grecs quelque chose d'analogue à l'institution des Consuls, il est vrai de dire que cette magistrature politique est toute

moderne. Le grand développement qu'ont pris depuis le seizième siècle les relations commerciales pouvait seul lui, donner l'importance qu'elle a aujourd'hui.

Les Consuls sont chargés de protéger la navigation et le commerce de leurs nationaux; ils représentent à leur égard le gouvernement même qui les envoie. Ce sont eux qui informent le gouvernement des nouvelles qui intéressent la navigation et le commerce, qui veillent à l'approvisionnement des navires de guerre, à la police de la navigation sur les navires marchands, à l'administration des prises, aux sauvetages, à la restitution des déserteurs de la marine, au rapatriement non-seulement des marins, mais de tous les nationaux indigents. Ils délivrent ou visent les patentes de santé, arbitrent les différends qui s'élèvent entre les nationaux , jugent en matière civile, commerciale et quelquefois même criminelle.

Par ces diverses fonctions ils dépendent plus ou moins directement des ministres du commerce , de la justice et de la marine; mais comme ils exercent d'autres fonctions qui les rattachent au ministère des affaires étrangères, on les a placés, non sans raison, sous l'autorité du ministre de ce département.

Nous ferons seulement observer que pour le bien du service il serait nécessaire que les ministres du commerce et de la marine fussent autorisés à correspondre directement avec les Consuls, sans passer par l'intermédiaire obligé des affaires-étrangères. Toutefois, pour éviter les instructions contradictoires, ils seraient tenus d'envoyer à ce département copie de leurs dépêches.

Les grands Consulats du Levant sont de véritables missions diplomatiques. Les Consuls-généraux des puissances européennes, à Alexandrie par exemple, sont à proprement parler des ambassadeurs.

Cette institution a été organisée en France sous Louis XIV. En 1830 et 1836, les attributions des Consuls ont été régularisées par diverses ordonnances et par une loi.   E. D.

CONTENTIEUX. On appelle Contentieux ce qui fait l'objet d'une contestation en justice.

La juridiction administrative est gracieuse ou Contentieuse. Les décisions administratives qui statuent sur ce qui est d'ordre appartiennent à la juridiction gracieuse ; celles qui statuent sur ce qui est de droit appartiennent à la juridiction Contentieuse.

Les matières Contentieuses ont pour origine les contestations entre particuliers au sujet des actes de l'administration, ou les contestations entre les autorités administratives, ou, plus fréquemment, les contestations qui s'élèvent entre les particuliers et l'administration.

Les affaires que comprend le Contentieux administratif sont nombreuses et fort variées. Elles sont jugées en premier ressort par les préfets, les ministres et les conseils de préfecture, et en dernier ressort par le Conseil-d'État.

La compétence des divers tribunaux administratifs est plutôt déterminée par la jurisprudence et l'usage que par les lois. La justice administrative n'est pas toujours sûre, mais sa procédure est bien plus prompte, bien moins compliquée et surtout moins dispendieuse que celle des tribunaux civils.

Nous ne tenterons point d'énumérer les affaires qui rentrent dans le Contentieux administratif. Cette énumération serait trop longue et inévitablement incomplète ; elle serait d'ailleurs peu utile.

Un comité du Conseil-d'État porte le nom de *Comité du Contentieux*. Il remplace en quelque sorte le *Conseil des parties* qui existait sous l'ancien régime. Sous la Restauration, ce comité jugeait au nom du Conseil-d'État les contestations portées devant lui. Aujourd'hui, il instruit seulement les affaires et en fait le rapport au Conseil-d'État qui, en séance Contentieuse, rend le jugement. Ainsi, dans le Conseil-d'État, comme dans le reste de l'administration, les mêmes personnes ont la juridiction Contentieuse et donnent des avis sur les actes de la juridiction gracieuse, lorsqu'elles ne l'exercent pas directement. Cette confusion produit de nombreux abus qui ont fait demander une séparation de la juridiction Contentieuse et de la juridiction gracieuse, par l'effet de laquelle le comité du Contentieux serait détaché du Conseil-d'État. Il est certain que ce comité est une sorte de tribunal à part, du genre du conseil des parties qu'il a remplacé ; les membres du conseil des parties étaient les seuls Conseillers-d'État qui eussent un costume : on voudrait que les membres du comité du Contentieux jouissent seuls de l'inamovibilité.   C. S.

CONTINGENT. Le Contingent d'hommes à fournir par le pays est discuté et voté chaque année par les chambres.

Le tableau de la répartition entre les départements du nombre d'hommes à fournir pour les troupes de terre et de mer est annexé à la loi qui fixe ce Contingent.

Le Contingent assigné, ensuite de cette répartition, à chaque canton est déterminé par un tirage au sort des jeunes Français qui ont leur domicile légal dans le canton, et qui atteint l'âge de vingt ans révolus dans le courant de l'année qui précède celle où a lieu le tirage. (V. RECRUTEMENT).   Z. K.

CONTRAVENTION. Acte contraire à la loi. Dans l'économie de notre législation, la Contravention est le moindre de tous les délits, et comme telle elle est justiciable seulement des tribunaux inférieurs de police correctionnelle ou de simple police. Par suite, la pénalité est, en général, très-faible ; elle ne s'élève guère qu'à quelques jours de prison, et la plupart du temps elle se résume en une amende.

Cette question est cependant plus importante qu'on ne le croirait au premier aperçu. D'abord, de tous les faits punissables, la Contravention est le plus fréquent et le moins connu ; ensuite, dans certains cas, comme en matière de douanes, de

contributions indirectes, d'octroi et de presse, la peine pécuniaire est très-forte ; et, enfin, à l'aide de certaines dispositions légales qui changent les juridictions, on est parvenu à atteindre un grand nombre d'actes dans lesquels il serait impossible de rencontrer le caractère de la culpabilité. C'est ainsi que, dans le système d'hostilité adopté de tout temps contre la presse, la Contravention enlève au jury la connaissance des procès les moins graves, tandis que d'un autre côté la compétence de la Cour des pairs lui soustrait les plus importants. Ce n'est pas ici le lieu d'entrer dans les détails de la jurisprudence, nous nous bornerons à préciser un point capital. On a cru pendant longtemps que nul fait ne peut être punissable si *l'intention* de le commettre n'était prouvée, et la plupart des tribunaux partageaient cette opinion ; la Cour de cassation est d'un avis contraire. D'après sa jurisprudence, la Contravention est un fait *purement matériel*, et qui doit être puni alors même que la non-culpabilité est évidente. Ce serait un beau chapitre à ajouter à l'Esprit des lois.   B. P.

CONTRE-RÉVOLUTION. (V. RESTAURATION, RÉVOLUTION.)

CONTRIBUTION DE GUERRE. « Au pillage de la campagne et des lieux sans défense, on a substitué un usage en même temps plus humain et plus avantageux au Souverain qui fait la guerre : c'est celui des Contributions. » Les Contributions de guerre sont donc les impôts levés sur l'ennemi pour couvrir les frais de la guerre.

Il est convenu entre les nations policées que le paiement de la Contribution garantit du pillage les propriétés appartenant aux habitants du pays ennemi.

La manière de lever les Contributions de guerre a été quelquefois réglée d'un commun accord entre les puissances belligérantes soit avant, soit pendant les hostilités ! Vattel en cite un exemple curieux. Pendant les longues guerres qui ensanglantèrent le règne de Louis XIV, les Souverains ennemis convenaient et de l'étendue de pays ennemi dans laquelle chacun pourrait exiger des Contributions, et de la force de ces impositions, et de la manière dont les partis envoyés pour les lever auraient à se comporter.

Outre ces Contributions dont nous venons de parler et qui sont destinées à couvrir les frais de la guerre, il arrive souvent que le vainqueur impose au vaincu une Contribution soit en réparation du dommage éprouvé, soit pour lui enlever les moyens de nuire. C'est ainsi qu'en 1815 la France a été contrainte de payer un milliard aux étrangers. Ceci n'était plus l'exercice du droit de la guerre, même tel qu'il est réglé par le droit des gens conventionnel, c'était l'abus de la force.

Les docteurs de la monarchie ne sont guère embarrassés pour résoudre les questions de droit qui se rattachent à la Contribution de guerre. Sur qui peuvent être levées les Contributions ? Sur les ennemis, disent les docteurs ! Qu'est-ce que l'ennemi ? C'est celui avec qui l'on est en guerre. Mais comment une nation est-elle engagée dans la guerre

avec une autre nation ? Par la volonté du Souverain. Or, qu'est-ce que le Souverain ?—On le voit, toutes les questions nous ramènent toujours à ce principe fondamental. Le droit des gens ne cessera d'être le droit du plus fort que lorsque toutes ces questions auront été vidées. (V. ENNEMI, GUERRE, SOUVERAIN).
E. D.

CONTRIBUTIONS. Sous l'ancien régime, les impôts de toute sorte s'étaient établis peu-à-peu, à mesure que le pouvoir royal s'était étendu et fortifié. Ils résultaient, pour ainsi dire, d'un droit de conquête pesant sur les plus faibles et épargnant ceux qui pouvaient opposer quelque résistance. Tout moyen de faire recette paraissait bon, parce que les besoins de la cour étaient immenses, et jamais, sauf de rares exceptions, les ministres qui instituaient de nouvelles taxes ne se proposaient autre chose que de procurer au trésor du roi une recette plus considérable. Les aides, les gabelles établies sur la consommation des boissons et des sels furent l'occasion de révoltes fréquentes devant lesquelles la couronne fut, plus d'une fois, obligée de céder. La taille, ou impôt foncier, ne portait que sur le roturier, et les décimes ou dons gratuits n'avaient été obtenus du clergé que lorsque ce corps puissant s'était vu sérieusement menacé d'une réforme. D'ailleurs, l'établissement, la répartition et la perception de ces impôts n'étaient point uniformes : chaque province avait, sur ce point, ses priviléges et ses usages.

Les diverses taxes qui furent établies au dix-septième siècle eurent pour but de faire contribuer les classes privilégiées aux charges publiques. Toutefois la royauté, malgré sa toute-puissance, n'osa les imposer que d'une manière indirecte. Le timbre, la capitation, le contrôle des actes appelé aujourd'hui enregistrement, l'impôt sur le tabac, sur la poudre à tirer et à poudrer, celui sur la poste aux lettres, frappaient tous les citoyens indistinctement et atteignaient ainsi la noblesse et le clergé. Quant aux parties casuelles ou prix des charges que le roi vendait, elles formaient, avec la tontine et la loterie, la partie la plus impure des ressources du Trésor royal.

Pendant la Révolution, nos pères dont l'attention était chaque jour occupée par de nouveaux et graves événements, n'eurent pas le loisir de créer un système fixe d'impôts. Plusieurs charges temporaires établies par eux disparurent avec les circonstances qui avaient provoqué leur création. Lorsque les réformateurs les plus énergiques eurent péri et que la réaction commença à ramener les vieilles idées, on constitua successivement le système actuel, qui diffère fort peu de celui de l'ancien régime. On ne supprima guère que quelques abus, trop évidemment contraires à l'égalité pour être maintenus : au lieu de faire pénétrer la Révolution dans l'assiette de l'impôt, on revint à l'antique routine, réformant les noms sans réformer les choses.

Aujourd'hui, l'impôt a changé de nom et s'est déguisé sous celui de Contribution, qui est conforme aux principes du nouveau droit public. Mais la Contribution n'en est pas moins, comme sous l'ancien régime, une charge imposée qui frappe inégalement tous les citoyens au profit de quelques-uns.

Les Contributions se divisent légalement en directes et indirectes. On nomme directes les Contributions personnelle et mobilière, foncière, sur les portes et fenêtres et sur les patentes. Les Contributions indirectes sont : les droits sur les boissons, sur le sel, sur le tabac, sur le sucre de betterave, sur les poudres, les droits de greffe, le timbre, la poste, l'enregistrement, les douanes, les droits sur les cartes à jouer, sur les voitures publiques, le dixième des octrois et la garantie des matières d'or et d'argent. Il y a, en outre, des impôts d'un produit moins considérable, tels que les redevances des mines, les permis de ports d'armes, etc., qu'il est inutile d'énumérer.

Nous ne traiterons point ici en détail de ces diverses Contributions. Ce Dictionnaire contiendra sur la plupart d'entre elles des articles spéciaux.

Remarquons cependant que la Contribution personnelle et mobilière est peut-être plus inégalement répartie que l'ancienne capitation qu'elle a remplacée. La capitation divisait la nation en vingt classes appelées à contribuer aux charges publiques, sans exception, suivant leur fortune. L'impôt qui lui a succédé a deux éléments : l'un, la Contribution personnelle, est fixe ; il est établi sur le prix de trois journées de travail déterminé par le préfet. Tous les citoyens d'un même département paient une somme égale... Mais quoi de plus inégal qu'une pareille égalité ? La Contribution mobilière reconnaît diverses catégories, mais elle est fixée dans la proportion du loyer, non de la fortune.

L'inégalité que nous avons signalée dans l'assiette de la Contribution personnelle se retrouve dans toutes celles qui frappent des objets de consommation générale. Le pauvre consomme nécessairement autant et plus de sel que le riche. Le droit établi sur le sel lui fait donc payer une somme égale ou supérieure à celle que paie le riche. Cette prétendue égalité de charges est donc une monstrueuse iniquité.

En considérant au point de vue économique les diverses espèces de Contributions autres que la Contribution personnelle, nous en trouvons trois classes : 1° celles qui frappent la production directement, en imposant le producteur, comme les patentes, ou les instruments de travail, comme la Contribution foncière et, en partie, celle sur les portes et fenêtres ; 2° celles qui atteignent directement le travailleur, le travail ou les instruments de travail, comme celles qui sont établies sur les transactions et les transports, l'enregistrement, le timbre, les droits de navigation et sur les voitures publiques, etc. ; 3° celles qui sont établies sur la consommation ou l'usage, comme les droits sur le sel et sur les boissons, les douanes, etc. Quant aux centimes additionnels, au dixième des octrois et au décime de guerre que l'on continue de percevoir malgré la paix, ce sont des impôts sur des impôts, de véritables surcharges

L'assiette actuelle de l'impôt en France est excessivement vicieuse. L'absurdité des taxes qui frappent le producteur parce qu'il produit, et les instruments de travail parce qu'ils sont utiles, est évidente. Percevoir de tels impôts, c'est tarir dans sa source la richesse nationale. Les douanes forment à elles seules tout un système d'oppression et de privilége. Les impôts de consommation fondés sur des raisonnements spécieux pèsent toujours d'un poids plus lourd sur le pauvre que sur le riche : ils tendent directement à aggraver la naturelle et inévitable inégalité des conditions. Un tel état de choses réclame une réforme ; mais des hommes puissants sont intéressés à maintenir l'abus, et un plus grand nombre, effrayés des difficultés d'une réforme pareille, préfèrent une indolence facile, et, comme fin de non-recevoir, allèguent sans cesse les besoins du trésor.

Nous traiterons ailleurs de la réduction des charges publiques et des moyens de les réduire : ici, nous ne nous occuperons que d'indiquer une répartition meilleure.

Le problème à résoudre doit être posé en ces termes : trouver l'assiette de l'impôt qui serait la plus favorable à la production utile et la plus équitable, c'est-à-dire la plus conforme aux véritables principes d'égalité, sans compromettre les recettes du Trésor.

Pour atteindre ce résultat, il faudrait asseoir l'impôt, non sur le capital ou sur les transactions et transports, non sur les consommations ou besoins du pauvre, mais sur le produit net ou revenu.

On a dit qu'il était préférable d'imposer la consommation : ce serait vrai, peut-être, si on pouvait l'atteindre sous toutes ses formes et surtout la consommation improductive, mais cela est impossible, et, si on le tentait, ce serait de tous les impôts le plus vexatoire, le plus coûteux et le plus difficile à percevoir.

Les objets que consomme le pauvre sont peu nombreux, et la quantité consommée est immense. On peut donc les taxer et percevoir facilement les taxes ; mais la consommation du riche comprend une multitude infinie d'objets différents; la quantité consommée est peu considérable : de là des difficultés infinies de perception et un produit presque nul.

La plus grande partie des revenus se consomme. La meilleure manière d'atteindre la consommation est donc d'établir l'impôt sur le revenu net. Dans ce système, la consommation reproductive n'est pas imposée, et la portion du revenu qui se capitalise peut être imposée sans que la production en souffre aussi cruellement que de l'assiette actuelle de l'impôt.

En pratique, la réforme que nous réclamons ne serait ni aussi radicale, ni aussi difficile qu'on pourrait se l'imaginer. Voici, en termes généraux, comment elle pourrait se formuler :

1° Conserver l'impôt foncier, qui est garanti par une hypothèque et qui, en temps de guerre, fournit à l'État les ressources les plus assurées : toutefois, le réduire considérablement en temps de paix ;

2° Conserver les douanes, parce que leur suppression immédiate bouleverserait l'industrie, et parce qu'on peut les rendre fort utiles à l'augmentation de la puissance nationale : seulement, il serait indispensable d'en réviser les tarifs qui, aujourd'hui, sont souvent injustes, plus souvent absurdes ;

3° Conserver les impôts de consommation établis sur des objets d'utilité secondaire ; en établir de nouveaux sur les objets de luxe ;

4° Réduire considérablement ou supprimer les impôts sur les transactions, en conservant néanmoins des formalités utiles. Ainsi, l'enregistrement qui donne aux actes une date certaine; la garantie des matières d'or et d'argent, etc. ;

5° Abolir tous les autres impôts;

6° Établir un impôt proportionnel sur le revenu de chaque citoyen, sur ses bénéfices nets. Cet impôt serait progressif, c'est-à-dire que plus le revenu serait élevé, plus la partie proportionnelle de ce revenu consacrée aux charges publiques serait considérable.

Dans ce système il n'y aurait guère que cet impôt qui fût nouveau : encore pourrait-on le regarder comme le résultat d'une réorganisation de la Contribution personnelle. La Contribution foncière serait réservée pour le temps de guerre, la plupart des autres Contributions seraient considérablement réduites, et plusieurs, l'impôt sur le sel, entre autres, totalement supprimées.

Parmi les taxes que nous proposerions d'établir sur les objets de luxe, nous citerons celles qui existent déjà en Angleterre sur les domestiques, sur les voitures et chevaux de luxe, sur les chiens, sur les armoiries, sur les permis de chasse. L'aristocratie anglaise exerce un monopole révoltant ; mais, du moins, elle s'impose : ce n'est guère que pour l'honneur du principe ; mais enfin cela vaut mieux que de le mépriser, comme on fait chez nous. Les taxes sur les objets de luxe ont un double avantage : elles compriment une production stérile et font payer tribut à l'orgueil et à la vanité.

L'impôt sur le revenu porterait sur le produit du travail comme sur celui du capital, parce que aucune propriété, pas même la plus sacrée de toutes, celle des fruits du travail, ne doit être exempte de contribuer aux charges publiques. Dans une société bien organisée, l'exemption d'impôts emporte une sorte de dégradation civique dont le travailleur ne doit pas être flétri. Mais il faut que la part de contributions qu'il paie soit directe et avouée. Rien n'est plus immoral et plus injuste que de lui faire payer, comme aujourd'hui, d'énormes impôts de consommation, en affectant de refuser de sa part toute contribution directe aux charges publiques.

La répartition d'un impôt sur le revenu présenterait, il est vrai, quelques difficultés ; mais elles ne seraient pas insurmontables. On arrive bien à la répartition de la Contribution mobilière ; on perçoit bien par voie d'abonnement en certains cas des impôts de consommation et quelques autres. Il y aurait moyen, certainement, du moins avec un pouvoir moral, intelligent et bien intentionné, de répartir et de percevoir facilement cet impôt ; on pourrait faire nommer des répartiteurs par tous les citoyens de chaque commune pour faire le rôle annuel de cette Contribution. Pour contrôler les déclarations de chacun, les répartiteurs auraient, ainsi que l'administration, les rôles de la Contribution foncière, l'enregistrement, dont on pourrait étendre les attributions en réduisant les droits. La loi, enfin, pourrait punir d'une forte amende, égale à une année de revenu, par exemple, toute déclaration dans laquelle des valeurs produisant revenu auraient été omises. Il y aurait sans doute des inégalités de répartition, mais où n'y en a-t-il pas ? Il y aurait des réclamations, mais on pourrait les apaiser, et, assurément, l'impôt sur les boissons était plus difficile à établir que ne serait celui-ci avec un gouvernement probe et énergique.

Une réforme dans l'assiette de l'impôt est nécessaire : nous croyons avoir démontré qu'elle est possible ; mais elle ne peut venir qu'après beaucoup d'autres.   Courcelle-Seneuil.

CONTROVERSE. Le monde a été dès l'origine livré à la dispute ; ce n'est que trop manifeste. Ouvrez les annales des nations : aussi loin qu'il vous est possible de pénétrer dans le passé, aux extrêmes limites des âges historiques, vous trouverez entre les hommes des conflits, des Controverses. C'est une nécessité de notre nature imparfaite de n'arriver à la vérité que par la critique, à la paix que par la guerre, de ne fonder qu'avec des ruines.

Les catholiques ont prétendu, bien à tort, que la Controverse dogmatique avait été, pour la première fois, pratiquée dans l'Église par le moine de Wittemberg. Avant même d'être constitué à l'état de religion, le christianisme avait eu ses controversistes. Saint Paul et saint Jacques ne sont pas plus d'accord sur le mystère de la grâce que ne l'ont été plus tard Jansénius et Molina. Illigins a fait aussi un gros volume sur les dissidents des trois premiers siècles, et encore n'est-ce qu'un abrégé fort incomplet. Entre l'Église primitive et l'Église réformée, nous acceptons cette différence que, dans celle-ci, la préoccupation de chaque fidèle est de se distinguer des autres par l'originalité de sa foi, tandis que, dans celle-là, malgré le vif désir que tous les croyants avaient de s'entendre et de confesser une doctrine commune, ils ne le pouvaient pas ; toujours l'esprit de dispute les emportait au-delà des voies battues. Nous ne parlons pas seulement de ces controversistes tumultueux qui furent réprouvés comme hérétiques : que l'on nous montre deux pères canonisés qui soient contemporains et qui professent des opinions vraiment conformes ! Dans l'Église, comme dans l'École, *tot hominum capita, tot sententiarum millia.*

Il est vrai, pour parler avec Casaubon, que l'Église eut son âge viril après cette orageuse adolescence. Est-ce à dire qu'elle eut un temps de repos ; que le respect de l'unité, de la discipline, de l'orthodoxie, ait imposé quelque trêve à la Con-

troverse ? Non, sans doute ; pour s'en convaincre, il ne faut que parcourir la collection de Mauguin et les annales de Du Boullay. Ces deux ouvrages résument l'histoire morale du catholicisme depuis l'établissement réel de la Papauté jusqu'à la Réforme ; on y peut voir quelle fut, durant cette époque, la concorde des doctrines scolastiques.

Tant que la religion fut la grande affaire des peuples, la Controverse fut religieuse ; quand la critique du dogme cessa d'intéresser les esprits, on se disputa sur un autre terrain. Aujourd'hui la Controverse est politique. Consultez les écrivains d'un même parti ; combien en trouverez-vous qui ne diffèrent d'avis sur quelque point ? Et quelles dissidences entre les partis adverses ! Or, il y a toujours eu des partis, et il y en aura toujours.
         B. H.

CONTUMACE. C'est, en matière criminelle, le jugement par défaut. Lorsqu'un accusé refuse de répondre aux sommations de la justice, au jugement contradictoire, on substitue le jugement sur pièces, et la décision intervenue s'appelle jugement par Contumace. (V. Défaut, Mort civile, Séquestre.)

CONVENTION. Le 10 août 1792, quand le canon du peuple eut accompli la déchéance de la royauté, l'assemblée législative, sur un rapport de Vergniaud, décréta la formation d'une Convention nationale. Cette Convention fut constituée le 21 septembre, et, le 22, elle proclama l'avénement de la République.

Mais la République avait, au dedans et au dehors, des ennemis conjurés, et la Convention, qui avait reçu pour mandat de créer des institutions, des mœurs républicaines, se vit contrainte par les circonstances à négliger ce soin important, pour songer d'abord à sauver la patrie. Cette nécessité la domina dans toute sa carrière. Si la Convention laissa tant de part au despotisme individuel dans la gestion des affaires intérieures ; si l'anarchie des pouvoirs mit quotidiennement en péril le principe même de l'unité ; si la guerre civile fut impitoyable ; si l'ordre ne put être rétabli que par des exterminations périodiques ; si les divisions qui éclatèrent entre les partis, entre des fractions de ces partis, eurent toujours pour conséquence de sanglantes représailles, il ne faut pas chercher la cause de ces calamités ailleurs que dans la surexcitation convulsive que causèrent à une nation, à une assemblée compromises devant l'Europe, tant de complots tramés au dedans, tant de menaces proférées au dehors contre la liberté. L'invasion du territoire par le corps d'armée de Brunswick donna le signal des massacres de septembre ; la condamnation de Louis XVI fut une réponse aux ordres du jour qui annonçaient le prochain démembrement de la nationalité française ; c'est la trahison de Dumouriez, créature des Girondins, qui les conduisit à l'échafaud. Sans aucun doute, il faut faire la part des hommes dans les événements. Une révolution, dont le violent éclat avait bouleversé tant de positions acquises, devait élever sur la scène publique une certaine quantité d'intrigants : abusée par des fanfaronnades patriotiques, la confiance populaire honora plus d'un rhéteur de cabaret, et il était d'ailleurs presque inévitable que, durant une telle crise, l'esprit public se débauchât lui-même quelquefois. Mais, nous insistons sur ce point, les erreurs de fait que tous les historiens déplorent, les extravagances prétendues philosophiques que tous les bons esprits condamnent, sont principalement imputables aux circonstances, à l'exaltation provoquée par le péril, à la haine entretenue contre tous les souvenirs d'un autre temps par les guerres intérieures et extérieures, à la défiance tardive et d'autant plus soupçonneuse qui résultait de tant de trahisons patentes. La contre-révolution avait semé les vents ; elle recueillit les tempêtes.

L'histoire de la Convention est l'histoire des trois partis qui s'y disputèrent la prépondérance : le parti libéral, le parti révolutionnaire, et un troisième parti qui n'eut pas de mot d'ordre, pas de système, pas de programme, mais que l'on peut qualifier le parti des intrigants.

Représentant de la bourgeoisie, c'est-à-dire de la nation officielle constituée par la loi organique de 1791, le parti libéral fut appelé au gouvernement quand l'insurrection du 10 août eut renversé le trône. L'avait-il préparée ? non ; il la subit : il l'eût combattue, si la monarchie nouvelle eut accepté franchement, et sans esprit de retour vers le passé, les conditions qui lui avaient été faites. Les opinions les plus avancées de la robe et de la finance avaient pour organes trois ou quatre avocats de ce parti, beaux esprits de parlement, peu propres aux affaires, mais aimant le pouvoir par vanité. Aussitôt que la Convention fut assemblée, quelques jeunes députés des provinces, flattés des prévenances affectueuses qui leur furent prodiguées dès l'abord par les hommes éminents de ce parti, qui siégeait à la droite, se rallièrent à eux de très-bonne foi et dans des intentions irréprochables : un assez grand nombre de gens timides, prévenus contre les représentants de Paris qui, pour la plupart, se recommandaient moins par l'urbanité de leurs formes que par l'énergie de leur civisme, vinrent aussi s'asseoir au côté droit. La majorité fut dès-lors acquise au parti libéral. Mais ce n'était qu'une majorité parlementaire.

Le parti révolutionnaire, qui s'était formé en dehors de la Convention, conserva son influence dans la commune insurrectionnelle du 10 août et dans les clubs. Dès le premier mois de la session, il lui fut démontré que les hommes de la droite étaient insuffisants, que la France, menacée par la coalition des armées étrangères, ne pouvait être efficacement protégée par des rhéteurs, et que si l'on perdait à déclamer sur le droit commun le temps que les ennemis employaient à préparer leurs plans de campagne, le territoire serait bientôt envahi. Le parti révolutionnaire s'imposa dès-lors la mission d'entretenir dans les clubs la ferveur républicaine, d'agir sur la Convention par la commune et de faire décréter, avec une certaine violence justifiable par ses résultats, les mesures de salut public dont la majorité parlementaire

refusait de prendre l'initiative. Le parti de la droite ne tarda pas à deviner cette politique, et crut devoir la dénoncer au pays. Le pays ne l'écouta guère. C'est alors que commencèrent les grandes hostilités. Les orateurs de la droite, dont les plus notables étaient les députés de la Gironde, prirent l'offensive et accusèrent la députation de Paris devant leurs collègues, la commune de Paris devant les départements. Ces accusations violentes et la plupart calomnieuses furent repoussées d'abord par la gauche avec une grande modération : mais, de jour en jour, les événements séparèrent davantage les hommes, les opinions devinrent plus tranchées et les attaques plus vives : après quelques mois de session, les deux partis ne se trouvant plus d'accord sur aucun point, l'action du pouvoir était annulée, les armées de la République, abandonnées à la trahison, étaient battues sur tous les points, et les départements s'insurgeaient contre Paris. Paris se leva, et de nouveau la patrie fut sauvée. Le 31 mai 1793, Henriot, chef de la milice nationale, fit cerner la Convention et, pendant trois jours, la tint assiégée. Cette intimidation opportune anéantit le parti de la droite, et le conduisit sur l'échafaud qu'il avait préparé pour les plus nobles têtes du parti contraire. Triste journée que celle où cette justice fut faite ! Mais la nécessité commandait, et des deux partis, dont l'un devait écraser l'autre, ce fut le moins dévoué à la République qui succomba.

La victoire du parti révolutionnaire rétablit l'unité du pouvoir exécutif, et, sur la frontière du Nord, nos armées, après avoir éprouvé une série de revers, prirent aussitôt l'offensive. A l'intérieur, une salutaire agitation ranima la République défaillante. Mais la majorité du 2 juin n'était qu'une coalition. Les patriotes sincères auxquels s'étaient unis, au moment du péril, tous les trembleurs de la Plaine, ne tardèrent pas à s'en apercevoir. Ils n'ignoraient pas d'ailleurs que, dans les sociétés et dans la Convention même, au nombre des agitateurs effrénés qui les avaient le plus efficacement protégés contre les Girondins, il se trouvait plus d'un ambitieux, plus d'un sot et plus d'un traître.

Quand l'établissement du gouvernement révolutionnaire jusqu'à la paix eut suspendu tous les pouvoirs constitutionnels, la puissance des individus prévalut sur l'autorité de la représentation. Si tous les hommes, appelés par les circonstances à l'exercice de cette dictature, avaient eu de l'intelligence et de l'honneur, les comités révolutionnaires eussent, en peu de mois, rempli tous leurs engagements avec la République. Mais de nouvelles dissensions devaient éclater. Élevés à la direction des affaires sans l'avoir mérité par d'autres titres que l'effervescence de leur zèle ou le délire de leurs passions, aveuglés ensuite par leur fortune rapide, quelques imprévoyants alliés à quelques fourbes ne voulurent pas supporter qu'un homme leur dictât la loi de sa haute raison, et fomentèrent des complots contre sa prépondérance. Cet homme, dont tous les partis posthumes ont outragé la mémoire par des imputations calomnieuses, cet homme qu'il est permis de maudire, mais non de mépriser, Robespierre, avait entrepris, aussitôt après le 31 mai, de discipliner l'anarchie et de constituer la République, en rattachant l'avenir aux saines traditions françaises. Entouré de quelques amis, dévoués à son projet et à sa personne, il avait cru pouvoir, malgré le débordement des passions et des idées, *condamner les fonctionnaires à la probité, mettre le bon sens à l'ordre du jour* (1), relever l'État, rallier tous les honnêtes gens, réaliser en fait l'unité nominale de la République, comprimer les folles tendances, concilier les institutions républicaines avec les principes éternels de droit, d'ordre et de moralité. L'entreprise était audacieuse. Robespierre comptait, pour la mener à bonne fin, sur la popularité de son nom, sur la vertu rigide de quelques collègues, plus encore sur la lassitude des partis, et sur une réaction opportune des intérêts conservateurs. Mais à peine eut-il exprimé, à la Convention, aux Jacobins, dans les termes les plus discrets, la nécessité de ces réformes, que, blessés par des allusions dont ils comprirent la portée, les gens tarés conjurèrent sa perte.

La faction qui, la première, attaqua hautement son programme fut celle qu'il a qualifiée : « Le parti qui veut éterniser la terreur et met la morale en contradiction avec elle-même en proclamant une liberté sans Dieu. » Ce parti s'était formé dans la commune : il avait pour chef l'ignoble *Père Duchêne*; pour adhérents, le baron prussien Clootz, espèce de monomane qui, dans sa rêverie Saint-Barthélemy, rêvait une Saint-Barthélemy européenne au profit de je ne sais quelle utopie *humanitaire;* Anaxagoras Chaumette, procureur-syndic de la commune, autre exalté dont l'intelligence politique s'élevait jusqu'à l'hypothèse de la loi agraire; Ronsin, général; Vincent Momoro, Dubuisson, Proly et quelques démagogues de ruelle depuis longtemps suspects d'intrigues avec l'étranger. Ces turbulents, dont l'énergie avait été, à une autre époque, utilement employée, n'avaient pu supporter que l'*incorruptible* appelât leur loi agraire : « Un fantôme créé par les fripons pour épouvanter des imbéciles »; ils le comprirent moins encore le jour où il s'indigna contre les prêtres qui abjuraient Dieu pour adorer l'impudique Raison. S'ils s'étaient contentés de ne pas approuver, personne ne leur en eût fait un crime; mais leur opposition aux tentatives de réforme se manifesta bientôt par une résistance systématique. La loi révolutionnaire leur fut appliquée.

Le supplice de Danton, de Fabre d'Eglantine, de Camille Desmoulins, suivit celui d'Hébert et de Chaumette. Le jour où il fut admis que justice serait faite par l'échafaud de tous les hommes dangereux à la République, ces proscriptions furent annoncées pour l'avenir. En effet, le parti des intrigants, le parti de Julien de Toulouse, de Delaunay, de Fabre, de Chabot, de Bazire, de Courtois, de Barras, devait depuis longtemps des comptes à la justice, et l'anathème prononcé par

Saint-Just contre les fonctionnaires prévaricateurs leur inspira des craintes qui les rallièrent dans l'intérêt d'une commune défense. Robespierre fit auprès de Danton et de Desmoulins plusieurs tentatives pour les détourner d'une complicité périlleuse; il les défendit jusqu'à la dernière heure, à la Convention et dans les sociétés populaires : ces tentatives furent vaines; il dut les abandonner.

L'exécution des Dantonistes fut suivie de la fête de l'Être-Suprême, et de la révocation de plusieurs agents de la terreur dans les départements. C'était trop se hâter : les factions avaient encore, au sein même de l'Assemblée conventionnelle, des clients nombreux; ils associèrent à leur cause les meilleurs citoyens, par des calomnies habiles, et une immense conspiration éclata le 9 thermidor. On connaît le détail de cette fatale journée. Le décret d'accusation contre Robespierre et ses amis fut rendu aux cris de : « Vive la République! » — « La République, s'écria Robespierre, elle est perdue; les brigands triomphent! »

On sait trop les suites de ce triomphe : les massacres de Toulon, de Marseille, d'Avignon, les parodies législatives de l'an III, le relâchement de l'autorité publique, la famine, les journées de prairial et vendémiaire. Quand finit la session conventionnelle, le gouvernement républicain n'était plus qu'une fiction.

Nous ne pouvons terminer cette histoire nécessairement fort abrégée des débats de la Convention nationale sans emprunter les lignes suivantes à un écrivain qui siégea avec distinction sur les bancs de cette assemblée :

« Convoquée par les cris d'indignation du peuple français contre la royauté et la noblesse, contre les Bourbons et les émigrés en armes, la Convention dut abolir la royauté, extirper les racines de la féodalité et punir la noblesse. Elle remplit son mandat avec un courage héroïque. Destinée par ce mandat et par les besoins publics à tout renverser pour tout reconstruire, elle termina toutes les questions de légitimité, d'hérédité, de race et de dynastie, en établissant la République qui n'admet que des citoyens égaux devant les lois, et des magistrats temporaires pour n'être pas tyranniques.

« L'administration de la Convention nationale a laissé de tels exemples et des bases si utiles, soit pour les finances, soit pour les départements, que, pour détruire la République, il fallut que l'Empire érigeât des préfectures, comme Constantinople a des pachalicks, et que la royauté restaurée bouleversât l'ordre et les principes de l'administration du trésor public, pour ouvrir de nouvelles sources secrètes de dilapidation et de prodigalité.

« Née au sein des orages, la Convention vit sans cesse se former, autour d'elle et au dedans d'elle-même, les plus horribles tempêtes. La guerre civile, la guerre étrangère et la proscription devinrent les éléments de son existence et même de son pouvoir. C'est alors que les membres de la Convention durent s'armer d'une intrépidité à toute épreuve, dans les séances de l'Assemblée nationale, comme dans les camps, sur toutes les frontières, et dans toutes les Vendées : surveillant les chefs des armées, marchant comme eux et avant eux à la gloire, à l'attaque, à la défense, à la mort, on les voit à la tête des colonnes, au feu des batteries ennemies, et encourageant les citoyens dans les villes assiégées... »

La Convention nationale rédigea deux Constitutions : dans celle de 1793, il y a des parties faibles, mais de hautes vues et une admirable entente de l'organisation démocratique ; celle de l'an III vaut beaucoup moins. La Convention fonda l'École normale et l'instruction publique : le plan qu'elle adopta ne fut que modifié par l'Empire. Elle institua le Conservatoire des arts et métiers, le bureau des Longitudes et l'École polytechnique, organisa l'administration des ponts-et-chaussées et celle des postes, nationalisa la dette publique par l'établissement du grand-livre, adopta un système uniforme pour les poids et les mesures, décréta l'extinction de la mendicité et la suppression de la loterie. Elle créa quatorze armées, en régularisa l'économie, la discipline, en dirigea les mouvements. Quand elle ouvrit ses séances, la France était envahie ; quand elle les ferma, le territoire était libre, l'étranger était refoulé au-delà de nos frontières ; elle avait contraint le duc de Toscane, le landgrave de Hesse-Cassel, les rois de Prusse et d'Espagne, à signer des traités de paix avec la République.   B. HAURÉAU.

CONVOCATION. La Convocation est l'acte par lequel les membres d'une assemblée sont appelés à se réunir.

Les assemblées qui concourent au gouvernement ou à l'administration ne peuvent être convoquées légalement que par le pouvoir exécutif ou ses délégués.

Les colléges électoraux sont convoqués par ordonnance royale.

C'est aussi une ordonnance royale qui convoque les chambres législatives.

Les conseils-généraux et d'arrondissement sont convoqués par le préfet, en vertu d'une ordonnance royale qui détermine l'époque et la durée de leurs sessions.

Les conseils municipaux sont convoqués par les maires, aux époques fixées par la loi. Les Convocations extraordinaires doivent être autorisées par le préfet du département ou par le sous-préfet de l'arrondissement.

COQ GAULOIS. On croit généralement que les Gaulois, nos ancêtres, avaient pris le Coq pour emblème national, et que ce gallinacée figurait dans leurs drapeaux et leurs enseignes, comme l'aigle dans les enseignes et les drapeaux des Romains. De là vient que le même symbole a été arboré par les gouvernements issus des Révolutions de 1789 et de 1830. Toutefois, si l'on remonte à l'origine de cette opinion et que l'on consulte les vestiges du passé, on ne trouve aucune trace de l'adoption de ce signe emblématique par les Gaulois. C'est ce dont on peut se convaincre en parcourant la riche collection de médailles gauloises

que possède le cabinet d'antiquités de la Bibliothèque nationale, et les différents recueils numismatiques gravés depuis Pélerin jusqu'à nos jours. Ce que nous disons des médailles s'applique également à tous les autres monuments, de quelque nature qu'ils soient, qu'on peut raisonnablement attribuer à l'époque gauloise.

L'histoire aussi est muette à cet égard.

L'erreur que nous signalons peut avoir sa source dans une sorte de calembourg que firent quelquefois les Romains en jouant sur le nom de nos ancêtres. Les Gaulois avaient pris le nom de *Gall, Gaul* ou *Gaud,* suivant les dialectes, des immenses *forêts* qui couvraient en grande partie la surface de leur pays. En latinisant ce nom, les Romains en firent *Gallus,* qui, dans leur langue, signifiait indifféremment *Gaulois* ou *Coq.* Les Gaulois ne pouvaient prendre en bonne part un jeu de mots employé par leurs rivaux ou leurs vainqueurs dans un sens ironique, ni par conséquent adopter le Coq comme emblème national.

Depuis et jusqu'au règne de Louis XIV, on ne trouve cet emblème sur aucun monument officiel ou politique. Pas une monnaie de France, pas un jeton ne le montre une seule fois. L'académie des inscriptions et belles-lettres ne l'a jamais pris dans cette acception ; il ne figure dans aucun blason, dans aucune devise.

Le Coq, qui de temps immémorial surmonte la flèche de nos églises, ne peut avoir rapport qu'à un épisode de la légende du Christ. S'il eût pu être considéré comme un emblème Gaulois, les Francs n'eussent pas manqué de le faire disparaître. D'ailleurs, le clergé, qui favorisa la cause de ces étrangers, et leur ouvrit les portes de la Gaule, ne saurait être suspecté de secrète prédilection pour les Gaulois.

Quoi qu'il en soit, ce n'est que dans des temps très-voisins du nôtre que l'on voit le Coq employé comme emblème de la France.

Le premier exemple date de 1665. Alors, on frappa un jeton qui représentait la délivrance du Quesnoi ; dans le fond on apercevait cette ville, et, au devant, un Coq dont le chant mettait en fuite un lion, symbole de l'Espagne. La légende portait : CANTANS FUGAT.

Sur une médaille de 1679, on voit un Coq sur un globe où est écrit : SVECIA ; cette médaille a pour légende : GALLVS PROTECTOR, SVB VMBRA ALARVM.

Les étrangers se sont emparés quelquefois de cet emblème et l'ont employé dans un but satirique. Ainsi, sur une médaille relative à la jonction du prince Eugène et du duc de Marlborough, qui causa la dispersion des Français en 1706, on voit un Coq se laissant prendre à l'hameçon sur lequel il s'est avidement précipité.

Une médaille hollandaise représente le Coq français fuyant devant le lion batave ; on y lit :

NVNC TV GALLE FVGIS DVM LEO BELGA FREMIT.

En 1712, une autre médaille montre le Coq demandant la paix au lion et au léopard (à la

Hollande et à l'Angleterre) qui la lui refusent.

En 1760, on frappa à Vienne une médaille où l'on voyait l'aigle à deux têtes.déchirer le Coq et lui arracher les plumes, etc.

Il résulte de ce qui précède que l'on attribue à tort à l'emblème national que nous avons adopté aux époques de nos deux révolutions, une origine ancienne en lui · appliquant l'épithète de Gaulois; mais pour être récente, cette origine ne s'en est pas moins illustrée pendant les guerres de la République.   B.-C.

CORAN. C'est le livre sacré des Musulmans. *Coran* veut dire en arabe le livre.

Le Coran est pour les Mahométans ce que le Pentateuque est pour les Juifs, l'Évangile pour les Chrétiens, les Vedas pour les Indiens, une *révélation*, c'est-à-dire l'ouvrage de Dieu et non de l'homme, une communication du ciel et non point un traité de morale et de législation. Mahomet est le suprême envoyé du Seigneur, le sceau des prophètes, comme il s'appelle lui-même; il n'y en aura plus après lui; il est venu confirmer la mission de ceux qui l'ont précédé et dire le dernier mot de Dieu à l'humanité.Tous les révélateurs ont tenu le même langage. Les siècles en marchant ont proclamé haut leur mensonge : il ne s'en présentera plus.

Il ne faut pas s'y tromper : le Dieu que prêche Mahomet est, en effet, le même,absolument le même que celui de Moïse et de Jésus, le Dieu *unique*, que les ancêtres d'Abraham adoraient en Chaldée, que le premier des patriarches retrouva parmi les peuplades de Chanaan, qui avaient la même origine que les Chaldéens, et dont la connaissance, loin d'être un fruit des sentiments épurés de l'homme, paraît au contraire remonter aux premiers âges du monde.

Les Arabes possédaient la tradition d'un Dieu unique. Descendants d'Ismaël ils adoraient le Jéhovah d'Abraham et lui rendaient un culte de prières dans le temple de la Mecque qui, toujours selon la tradition, aurait été bâti par Ismaël en l'honneur du Très-Haut (ch. 2); mais l'idolâtrie avait étouffé l'idée première : trois cents idoles de diverses espèces envahissaient le vieux temple de la Mecque. Mahomet résolut de les renverser. Plus d'idoles ! c'est là sa doctrine fondamentale : il veut, par la solennelle unité de Dieu, ramener l'unité dans les esprits.

Mahomet soutient que la seule vraie religion est l'islamisme (*islam*, consacré, *islamisme*, consécration à Dieu). Dans l'adoration des anges et de Jésus, il ne voit qu'un retour à la pluralité des divinités païennes; il veut qu'on révère les livres saints, mais non pas qu'on adore leurs auteurs, et blâme surtout les chrétiens de faire Jésus fils de Dieu. « Les Infidèles disent que Dieu a un fils : loin de lui ce blasphème! le Seigneur se suffit à lui-même (ch. 10). » Sauf cette idée très-élevée qu'il se fait d'un Être suprême, Mahomet n'est qu'un copiste assez servile de la religion juive; il accepte tous les miracles du Vieux et du Nouveau Testament, il y ajoute même des fables qui n'a-

vaient certainement cours que parmi les moins éclairés des habitants du désert ; il croit aux anges, ministres, messagers, serviteurs de Dieu, aux bons et aux mauvais génies, à la résurrection des corps, à la rémunération future de nos actes, à toutes ces choses dont Moïse ne se doutait pas, et que les Juifs avaient empruntées à la religion des mages pendant la captivité de Babylone.

Comment le prophète pouvait concilier la prière, le repentir, la punition des fautes, la récompense des vertus avec le fatalisme, c'est ce dont il est impossible de se rendre compte ; mais toujours est-il que le caractère le plus tranché de sa doctrine, celui qui la sépare, qui la distingue le plus nettement de toute autre, c'est le fatalisme. Il l'aborde carrément, sans détour : proclamant une fois le Seigneur au-dessus de tout, il ne se dissimule ni à soi-même ni aux autres les conséquences d'une telle déclaration ; il lui attribue résolument le bien et le mal : « Si Dieu eût voulu, une seule religion aurait régné sur la terre (ch. 11); Dieu égare et dirige les humains à son gré (ch. 7); il ferme le cœur des infidèles (ch. 7); mes avis vous seront inutiles si Dieu veut vous jeter dans l'erreur (ch. 11); Dieu ne prolonge point la vie des hommes au-delà du terme marqué dans le livre (ch. 35); tout est écrit : le Coran lui-même était écrit de toute éternité dans le ciel. »

Devant cette inflexible prédestination à laquelle rien au monde ne peut échapper, je m'étonne que les Musulmans, avant de remplir sur la terre le grand rôle qu'ils ont accompli, ne soient pas tombés dans l'immobilité où devait les conduire la main inexorable qui les pousse à une inévitable fin.

Le Coran, comme le Pentateuque et l'Évangile, n'est point précisément une œuvre de réflexion, un corps de doctrines longtemps mûri, mais un ouvrage composé sous les diverses impressions des événements auxquels l'auteur prend part ; il est empreint du cachet des passions humaines. Aujourd'hui l'idée préconçue domine : il prêche la douceur ; demain la colère l'emporte, il prêchera l'anathème.

En somme, à part les violences d'un missionnaire ignorant et grossier comme le fut Mahomet, le Coran respire une mansuétude remarquable ; tous les chapitres commencent d'une manière uniforme et sacramentelle par cette invocation : « Au nom du Dieu clément et miséricordieux. » C'est là, on peut le dire, l'esprit caractéristique de la loi nouvelle, elle sera indulgente pour notre faiblesse, pitoyable pour notre repentir, douce à l'humanité ; le fils n'est plus puni des fautes du père, et nul ne portera l'iniquité d'autrui (ch. 35); Dieu n'exige de chacun que suivant ses forces (ch. 2 et 7). La morale du Prophète est aussi pure que celle du Fils de Dieu et laisse même aux débiles plus d'espoir encore de se faire pardonner leurs manquements à la foi. Une erreur involontaire qui vous écarterait du précepte ne vous rendra point coupable, vous ne le serez que si votre cœur y persiste : Dieu est indulgent (ch. 35).

La prescription qui domine les autres et les absorbe, pour ainsi dire, c'est la charité dans toute la plénitude de sa beauté et de son abnégation. Mahomet est continuellement occupé du pauvre, et recommande sans cesse l'aumône : « Faites l'aumône le jour, la nuit, en secret, en public... On leur demandera ce qui vous a fait tomber dans l'enfer, ils vous répondront : « Nous n'avons pas nourri les pauvres (ch. 74). »

Mahomet n'est pas seulement doux aux pauvres. Son âme s'est élevée parfois aux plus larges conceptions de la bonté. Après avoir prononcé cent fois l'anathème contre les Infidèles, dans un pur enthousiasme, il s'écrie : « Ayez de l'humanité pour *tous les hommes* (ch. 2). » Sainte contradiction! On est trop disposé à le voir toujours le cimeterre au poing : sa religion n'aurait pas envahi plus de la moitié du monde, si elle n'avait ravi l'âme, comme celle de Jésus, par un fond d'inépuisable générosité; il recommande la domination de soi-même (ch. 51) ; le pardon des injures (ch. 2 et 28); il aime les croyants plus qu'il ne s'aime lui-même (ch. 33); son amour s'étend sur la nature entière jusqu'aux animaux (ch. 5). » Aussi les voyageurs nous apprennent-ils qu'un grand nombre de minarets portent à leur sommet un vase rempli de graines autour duquel viennent voltiger des nuées de tourterelles. Charmante leçon vivante d'hospitalité et de bienfaisance. « On conçoit, dit fort justement M. Daveziès, qui fournit cette observation, l'ascendant du prophète sur l'esprit du peuple, quand on voit son église distribuer le pain aux pauvres et la pâture aux oiseaux. »

Tout en montrant cette vive charité, Mahomet n'a rien opéré pour les deux classes les plus malheureuses de la société, celles dont les douleurs exigeaient le plus impérieusement les réformes de la loi et de la morale, je veux dire les femmes et les esclaves. Il ne semble pas avoir idée de leurs souffrances, de leur dégradation, il voit les femmes à l'orientale, dans leur antique rôle d'instruments de plaisir et de procréation. « Les hommes sont supérieurs aux femmes, dit il avec brutalité; les femmes doivent être obéissantes (ch. 4) ; il laisse à la polygamie qu'il trouve établie de temps immémorial tout son dévergondage; il s'occupe à peine de la resserrer dans des bornes plus étroites : un homme peut épouser quatre femmes, les répudier quand il lui plaît sans avoir de compte à rendre, et encore lui est-il loisible de cohabiter avec ses esclaves femelles (ch. 4); le mari conserve le droit de frapper l'épouse désobéissante, de tuer l'épouse adultère (ch. 4). » Et c'est Dieu qui dicta le Coran! Dieu ne savait donc pas que l'abaissement des femmes et l'esclavage constituent une offense à la dignité humaine? Pour le prophète, la servitude est un fait normal qu'il regarde sans y toucher : lui-même avait des esclaves.

Il faut le reconnaître, Mahomet est certainement. un homme extraordinaire, mais il n'a rien créé en morale. Venu cinq grands siècles après le Christ, il n'apporte rien de nouveau pour l'humanité, il n'enseigne rien au monde que ce que mille autres avaient enseigné avant lui : comme Moïse aux Israélites, comme Jésus aux Juifs, il disait aux

Musulmans : « Vous êtes tous frères, l'égalité vous unit (ch. 110). » Mais comme Moïse aux Israélites, comme Jésus aux Juifs, il leur permettait d'avoir des esclaves. Le dogme admirable de la solidarité de tous les hommes, l'enivrante doctrine de l'immense fraternité humaine sont essentiellement modernes. Le législateur arabe et le législateur chrétien ont entrevu ces sublimes principes déjà entrevus par les sages qui les avaient précédés, mais ils paraissent n'avoir pas voulu s'y attacher.

Chose étrange, Moïse, Jésus, Mahomet, annoncent un Dieu universel, et ils n'annoncent point universellement leur religion, ils s'adressent à un petit nombre de peuples privilégiés, à quelques nations adoptées de Dieu. « Je n'ai été envoyé qu'aux brebis d'Israël, répond Jésus aux disciples qui intercèdent pour la Cananéenne (Saint Matthieu, ch. 15). Tu n'es point chargé de diriger les Infidèles, dit le Seigneur à Mahomet ; Dieu éclaire ceux qu'il lui plaît (ch. 2). En vérité, lorsqu'on songe que ces moralisateurs si éminents par le cœur et l'esprit en sont là, l'âme s'exalte à considérer les droits imprescriptibles que l'Éternel progrès a consacrés pour tous les hommes. Ne nous lassons donc point, nous qui jouissons du bien dont ne jouissaient pas nos pères ; travaillons avec un ferme courage pour que nos neveux goûtent à leur tour ceux qui nous sont encore refusés. Les temps de la grande délivrance sont proches. (V. Mahométisme)   W. Schoelcher.

CORDELIERS. C'est le nom d'une des sociétés populaires qui se formèrent à Paris au commencement de la Révolution. A cette époque où tous les intérêts et toutes les passions étaient en lutte, chaque parti sentait le besoin de combiner ses efforts et d'acquérir plus d'influence. Des clubs furent organisés, et, pour la plupart, ils prirent le nom des lieux où se tenaient leurs séances. Le principal correspondant des Jacobins à Paris fut le *club des Cordeliers*, ainsi appelé parce qu'il tenait ses séances dans un ancien couvent de Cordeliers, rue des Cordeliers, actuellement place de l'Ecole-de-Médecine. Le club des Cordeliers fut d'abord composé des patriotes les plus énergiques, et il seconda puissamment le développement de la Révolution. Au 10 août, au 31 mai, ce furent les Cordeliers, qui, de concert avec les Jacobins, organisèrent l'insurrection du peuple. Mais, bientôt les hommes les plus marquants de la Société ayant été absorbés par les Jacobins, les Cordeliers, dominés par des capacités secondaires et animés par des passions peu élevées, sortirent de la vraie ligne révolutionnaire. Au commencement de venôse an II, l'hostilité éclata ouvertement entre eux et les Jacobins. Tous les chefs des Cordeliers, révolutionnaires exagérés, furent sacrifiés.

Les amis de la Révolution ont exprimé sur cette mesure des Comités des jugements fort divers. Les uns ont loué Robespierre et ses amis d'avoir délivré la République d'hommes qui la compromettaient par le dérèglement de leur conduite et le cynisme de leurs allures. D'autres lui ont reproché d'avoir ainsi attaqué le principe révolutionnaire dont les Hébertistes étaient les représentants aux yeux du peuple, et, tout en réprimant une exagération coupable, d'avoir épouvanté et refroidi le patriotisme. Il y a du vrai dans l'une comme dans l'autre de ces appréciations. Il est certain que la disparition des plus ardents révolutionnaires a rendu plus facile le triomphe de la contre-révolution au 9 thermidor. Mais, d'un autre côté, c'était entre les comités et les Hébertistes une lutte à mort. Placé entre les modérés et les exagérés, le comité de salut public n'avait pas le choix des moyens. Si elle venait à tomber entre les mains des exagérés ou Hébertistes, la République était perdue ; le 9 thermidor a prouvé qu'elle était perdue également par les soi-disant modérés : il fallait donc vaincre en même temps ces deux obstacles également redoutables. Le comité de salut public les vainquit ; mais il s'affaissa sous sa victoire et la coalition des deux factions ultrà-révolutionnaire et modérée ou corrompue, au 9 thermidor, décida la perte du grand comité de salut public et celle de la République.   E. D.

CORDON SANITAIRE. Lorsqu'une épidémie sévit avec violence dans quelque localité, il est d'usage d'interrompre, ou au moins de surveiller avec une certaine rigueur, les communications avec le pays atteint du fléau. Dans les ports de mer on se contente de séquestrer, pendant un certain temps, les hommes et les choses ; ce séquestre s'appelle quarantaine. Mais lorsqu'on veut interrompre les communications par terre, on établit à une certaine distance un corps de troupes destinées à surveiller toutes les personnes qui pourraient arriver directement ou indirectement des pays où règne l'épidémie. Ce corps de troupes s'appelle Cordon Sanitaire.

Beaucoup de médecins néanmoins affirment que toutes ces précautions sont inutiles, parce que, disent-ils, les épidémies ne sont pas contagieuses et ne se développent que sous certaines conditions atmosphériques qu'on ne saurait ni prévoir ni combattre.

Quoi qu'il en soit, comme ces théories sont loin d'être décidées par la science, on ne peut contester à un gouvernement le droit de prendre dans ce cas toutes les précautions qu'il jugerait convenables, en ayant soin toutefois de n'y apporter aucune rigueur inutile. Nous sommes loin de ces temps où l'on environnait d'une barrière infranchissable toute ville pestiférée, de manière à condamner à une mort certaine tous les malheureux qui s'y trouvaient enfermés. Mais il faut aussi nous garder de l'imprévoyance des Turcs qui, jusqu'à ces derniers temps, n'opposaient au fléau ni soins, ni précautions hygiéniques.

Si, du reste, nous nous occupons dans ce recueil du Cordon Sanitaire, c'est que de nos jours on s'en est servi comme d'un instrument politique, destiné à toute autre chose qu'à combattre la contagion. Ainsi, sous la Restauration, le Cordon Sanitaire placé aux Pyrénées, lorsque la fièvre jaune sévissait à Barcelone, était plutôt destiné à sur-

veiller les mouvements des libéraux d'Espagne qu'à servir de barrière aux progrès d'une maladie qu'on ne redoutait pas. Bientôt après, en effet, le Cordon Sanitaire fut transformé en armée d'invasion.

CORONER. Magistrat dont les fonctions consistent à faire décider par un jury choisi dans le voisinage comment et par qui a été commise toute mort violente. Comme cette décision rentre dans la procédure criminelle, et que ces magistrats ne sont censés agir qu'en vertu d'un ordre direct de la couronne, on les appelle *Crowners* ou *Coroners*.

Il y a deux Coroners dans chaque comté, élus par les propriétaires (*free-holders*) ; mais leur nomination doit être sanctionnée par la chancellerie. Autrefois, ils ne pouvaient être choisis que parmi les nobles et hommes de haute lignée. Car, sous le règne d'Édouard III, la chancellerie refusa de sanctionner l'élection d'un Coroner, *quia communis mercator fuit*. Aujourd'hui, l'Angleterre a un peu plus de respect pour les marchands, et les Coroners sont choisis indifféremment parmi les gentilshommes et les commerçants.

CORPORATION. Agrégation d'un certain nombre de personnes, réunies en corps, pour exploiter une branche de commerce ou d'industrie.

Les Corporations, que nous pouvons aujourd'hui juger sévèrement en nous reportant à l'époque où elles ruinaient la société française, étaient à l'origine des institutions salutaires, car c'est par leur moyen que les communes parvinrent à s'affranchir de la servitude féodale. Dans la lutte des cités contre les seigneurs, il était nécessaire de concentrer toutes les forces et de régulariser les efforts ; le classement des citoyens d'après leur profession, l'établissement des compagnies offrait alors le meilleur procédé d'organisation et de discipline. A l'aide de ces catégories, représentées au conseil commun par leurs délégués, il devenait facile de lever les impositions, de répartir les charges et de régulariser l'appel aux armes. Sous l'influence de ces premières nécessités et sous l'impulsion des sentiments généreux qui présidaient à la lutte, il était impossible que des intérêts égoïstes se fissent jour, et l'histoire des Corporations à leur naissance ne présente que la première lueur de l'esprit national et patriotique, qui devait plus tard se développer en France.

Mais quand les besoins communs de la défense et de la conservation cessèrent, chaque intérêt isolé tendit à s'assurer et à se maintenir, et comme alors aucune idée d'un grand ensemble n'était arrivée à maturité, toutes les compagnies se créèrent des positions individuelles qu'elles cherchèrent constamment à fortifier. De là vinrent les statuts, les priviléges et les empêchements apportés à l'admission des étrangers. Le mal tout entier n'existait pas encore, parce que ces droits prétendus n'avaient aucune sanction ; mais il fut complet quand la royauté, dans un but purement pécuniaire, approuva et patenta, moyennant une somme versée, des institutions vicieuses.

Les Corporations furent alors un véritable fléau, et l'on peut en juger la portée quand on voit qu'elles avaient pris pour maxime et pour base cette déclaration que le droit de travailler était un droit royal que le prince pouvait vendre.

Il y avait longtemps que de tels abus étaient condamnés, quand la Révolution de 1789 vint en faire justice, et déjà un édit de 1776 leur avait porté le coup le plus rude; mais l'art. 7 de la loi du 2 mars 1791 les a complétement détruits. Il est maintenant loisible à toute personne de faire tel négoce et d'exercer telle profession, art ou métier qu'elle juge convenable, à la charge seulement de payer patente et de se conformer aux prescriptions de la loi et aux réglements de police.

On aurait cependant tort de croire que l'esprit de Corporation ait été entièrement aboli; le mot n'existe plus il est vrai; mais on retrouve encore quelques compagnies auxquelles s'adresseraient avec justice les reproches formulés autrefois contre les Corporations. Il faut même avouer que depuis 1789 tous les gouvernements ont tenté de reconstituer l'ancien régime sous ce rapport, et que l'égalité dans l'admission aux charges proclamée par les Chartes n'est guère qu'une fiction constitutionnelle. Mais le principe a été posé, les malheurs ont été dévoilés, et il ne faudra pas beaucoup de temps encore pour que les conséquences soient déduites.　　　　　　　　　　　　　　B. P.

CORPS. Il y avait sous l'ancien régime des Corps d'états ou de métiers, des Corps judiciaires, tels que les parlements ou cours souveraines; des Corps politiques, tels que la noblesse et le clergé. Les membres de ces Corps étaient unis entre eux, non-seulement par une communauté de fonctions, mais par une communauté de droits et de priviléges. Leurs fonctions, droits et priviléges étaient presque toujours viagers, quelquefois héréditaires: de là le nom de Corps que l'on donnait à ces réunions d'hommes parmi lesquels une tradition constante, connue sous le nom d'*esprit de corps*, faisait régner une sorte de vie commune et continue.

Ces Corps, exerçant sur la société une action personnelle et permanente, limitaient le pouvoir du gouvernement et celui qui appartenait à chacun d'eux.

En établissant l'égalité des droits, en détruisant les priviléges, en rendant toutes les fonctions publiques dépendantes du gouvernement ou du Peuple, la Révolution a détruit les Corps puissants qui avaient exercé sur l'ancien régime une vaste influence. Maîtrises, Jurandes, Parlements, Noblesse disparurent sous le niveau révolutionnaire. Les priviléges et l'esprit de Corps tenaient trop profondément à l'ancien ordre de choses pour ne pas être hostiles au nouveau: ils furent brisés.

Malgré les tentatives contre-révolutionnaires qui ont eu lieu depuis cette époque, ils n'ont point été reconstitués; cependant, comme cela arrive ordinairement, le nom a survécu à la chose. On dit encore qu'il y a des Corps politiques, administratifs et judiciaires; sous l'Empire, il y avait un Corps législatif.

La pairie de la Restauration pouvait être considérée comme un Corps politique. Ses membres avaient des priviléges communs et exerçaient en Corps une haute fonction; ils étaient liés entre eux par une législation civile particulière. Heureusement, la pairie de la Restauration n'a fait que paraître.

La pairie actuelle, bien moins puissante que celle de la Restauration, n'a point encore d'esprit de Corps: comme institution, elle manque de vie.

Quant à la chambre des députés, qui est incessamment renouvelée, et dont les membres ne sont réunis que peu de temps pour remplir une fonction commune, elle n'a pas et ne peut point avoir d'esprit de corps. Une assemblée qui représenterait le peuple entier serait trop grande pour être un corps particulier, individuel.

Il n'y a donc point en France d'autre Corps politique que le Corps électoral actuel. Les électeurs ont un privilége commun; ils exercent en commun une fonction publique. Mais ce Corps, disséminé sur toute l'étendue du territoire, appelé rarement à exercer son pouvoir, perdu d'ailleurs dans la masse du peuple, n'a point encore, Dieu merci, une tradition ferme et vivante.

Bien qu'il règne dans les bureaux de l'administration une routine qui peut ressembler à une tradition, il n'y a point de Corps administratif. L'employé de l'administration n'a d'autre pouvoir que celui qui lui est délégué par son supérieur hiérarchique; il peut être révoqué à volonté: partant, il n'a point d'indépendance, et il ne peut exercer d'influence que dans l'ombre, et, pour ainsi dire, à la dérobée.

La magistrature inamovible a une certaine indépendance, des fonctions communes et une tradition suivie; mais son autorité soigneusement limitée, les divisions politiques, le scandale de certaines nominations et les tendances démocratiques de la société, ont, jusqu'ici, empêché l'esprit de Corps d'y prendre une grande force.

Reste le clergé, qui n'est plus un corps politique, mais dont la constitution puissante a résisté à l'impulsion imprimée aux idées par la Révolution. Le clergé, indépendant du gouvernement, quoique salarié par l'État, le clergé privé de dotations et de priviléges est encore un Corps étendu et fort, qui exerce une vaste influence: c'est, à proprement parler, le seul qui existe dans notre société moderne.　　　　　　　　　C. S.

CORREGIDOR. Officier de justice, sénéchal, bailli, quelquefois gouverneur d'une ville ou chef de la justice. Dans l'ancienne acception de ce mot, en Espagne, il répondait assez bien à l'*urbis præfectus* des Latins. Le *corregimiento* était l'emploi, le ministère, la dignité du Corrégidor, et aussi la juridiction, le département, le territoire dépendant ou le ressort de cet emploi.

Le Corrégidor est aujourd'hui un magistrat chargé d'exercer en première instance les fonctions du ministère public tant au civil qu'au criminel, en même temps que certaines branches de la police d'une portion plus ou moins grande du territoire appelé *corregimiento*. Il y a des Corrégidors lettrés (*letrados*), des Corrégidors politiques ou de cape et d'épée, et des Corrégidors militaires (*Corregidores letrados, politicos o de capa y espada, y Corregidores militares*); leurs prérogatives sont égales, à cette différence près que les seconds et les troisièmes doivent prendre l'avis, en ce qui concerne les affaires contentieuses, des alcades *mayores* qui leur sont adjoints comme assesseurs. Les corregimientos sont divisés en trois classes ou en trois degrés, selon leur importance, et rétribués proportionnellement. Le mot *Corregidor* signifie proprement *correcteur, redresseur*, et convient parfaitement à l'emploi auquel on l'a appliqué.   C. R.

CORRUPTION. C'est l'altération des sentiments de justice et d'honnêteté placés au fond du cœur de l'homme; c'est l'inspiration de la conscience sacrifiée aux vils calculs de l'égoïsme.

Dans la vie privée, la Corruption est comme une maladie accidentelle qui atteint quelques natures faibles ou dégradées. C'est un vice qui se cache, et qui ne trouve d'école où on l'enseigne, de société où on l'absolve et le préconise que dans les repaires du crime ou de la débauche. Dans la vie publique, la Corruption, à certaines époques, est érigée en système, pratiquée largement et à la face du jour. Ceux qui l'exercent se font gloire d'être de grands politiques, et ceux qu'elle atteint essaient de se justifier, en proclamant comme une règle de raison et de sagesse la mobilité des convictions.

De même qu'il n'y a que deux grands ressorts des actions humaines, l'intérêt ou le devoir, de même aussi, en politique, il n'y a que deux écoles: l'une, qui pense et proclame que la morale est une; qu'il n'y a pas une morale pour l'homme privé, et une autre pour l'homme public: l'autre, qui ne croit pas à l'alliance possible de la morale et de la politique; qui rabaisse l'art du gouvernement à un matérialisme cynique.

Il n'est que trop commun de rencontrer des hommes d'Etat qui appartiennent à cette école; elle domine surtout le lendemain des grandes crises politiques. C'est que, dans un pays remué de fortes émotions, il y a, dans la plupart des âmes faibles, une réaction de lassitude et de dégoût, un besoin immense de repos et de jouissances matérielles.

Un pouvoir énergique et loyal aurait hâte de réveiller les citoyens de cette torpeur, de faire appel aux convictions, aux sentiments généreux. Dans le but même de sa conservation, il comprendrait le danger de s'appuyer trop sur l'intérêt, parce que l'intérêt, soumis à l'empire variable des circonstances, commande aujourd'hui la trahison, comme il commandera demain le dévouement.

Mais un pouvoir sans point d'appui au cœur de la société, uniquement préoccupé d'une politique au jour le jour, sans grandeur et sans avenir, s'applaudit de voir venir à lui la foule des hommes affamés de ses faveurs; il entretiendra cette misérable émulation; et non content de ceux qui s'offriront à lui, il ira tenter encore les consciences qui se tenaient à l'écart.

Un gouvernement corrupteur se proclame avec affectation l'ami, le patron tout spécial des intérêts matériels; il essaie de désintéresser le pays des questions de principes, parce qu'il sait bien que le matérialisme politique c'est la mort de l'esprit public, cette âme des peuples libres. Des organes payés par lui manifestent ses doctrines; ils ne parlent qu'avec dédain de la foi politique, de la fixité des convictions; ils n'ont, pour les hommes qui y croient, que d'amers sarcasmes.

La Corruption politique s'attache surtout à vicier les institutions dans leur source. Dans les monarchies constitutionnelles, c'est à la conscience électorale des citoyens qu'elle tend le plus de pièges; c'est contre elle qu'elle dirige avec le plus de persévérance ses mortelles séductions. Alors, les fonctions publiques ne sont plus envisagées au point de vue de l'intérêt général, mais comme un énergique moyen de captation. Elles ne sont plus la récompense des loyaux services et des caractères éprouvés, mais une monnaie offerte aux hommes de facile composition.

Et cependant quelle profonde atteinte ne porte pas à la morale publique ce trafic d'honneurs et de hautes positions? Les fonctionnaires savent à quel prix s'obtient la faveur; et il est facile de comprendre quelle malheureuse émulation cela tend à exciter parmi eux. La jeunesse aussi l'apprend, la jeunesse qui se presse à l'entrée de toutes les carrières publiques; elle apprend, par ces pernicieux enseignements, qu'un caractère ferme et des convictions inflexibles sont un bagage toujours incommode, souvent funeste, sur la route des emplois publics; et si ses généreux instincts ne luttaient contre l'immoralité qu'on lui enseigne, la jeunesse, espoir de l'avenir, arriverait dans la vie politique plus débile, plus effacée, plus livrée à toutes les suggestions de l'égoïsme que notre génération elle-même.

Au reste, la Corruption ne découle pas d'une seule source, et elle peut prendre plus d'une forme, surtout dans les gouvernements représentatifs où diverses fractions de la masse des citoyens confèrent à quelques-uns, avec l'honneur de les représenter, la faculté de stipuler des intérêts restreints et même individuels.

Mais la pire de toutes les Corruptions, celle qui atteint le plus profondément le caractère de l'homme et la sainteté de la fonction, et l'intérêt de la représentation nationale, c'est la brigue des emplois pour le compte et le profit personnel du député. A combien de faiblesses, de concessions indignes, de dévouements calculés n'est-il pas condamné celui qui, se frayant la route du parlement, s'est dit: « Me voici dans le chemin qui conduit aux belles positions, aux honneurs, à la fortune. »

Aujourd'hui, le mal est bien senti. De toutes parts on comprend qu'il n'y aura de pureté et de force morale dans la représentation nationale que lorsque les calculs d'avantage individuel ne pourront pas même y avoir accès ; le sentiment d'une réforme nécessaire a pénétré partout, et ce que les mœurs publiques réclament, la loi ne peut tarder à l'accomplir. 　　　H. CORNE, député.

CORTÈS. Assemblées des députés ou des représentants de la nation espagnole. Sous l'ancienne monarchie on entendait par Cortès, en Castille, la réunion des trois ordres du royaume : le clergé, la noblesse et le peuple, que le roi convoquait pour traiter et résoudre les affaires dites d'État. En Catalogne, c'était le congrès général du Principat, que le roi convoquait et présidait en personne. En Navarre, les Cortès se composaient et se composent encore aujourd'hui des trois États ou bras du royaume, savoir : le bras ecclésiastique, le bras militaire ou de la noblesse, et le bras des communes, représentées par des députés spéciaux. Mais les plus célèbres Cortès et les plus populaires furent sans contredit les Cortès d'Aragon, composées de quatre bras ou quatre ordres, à savoir : de la noblesse de première classe, de la petite noblesse, des députés des villes et villages, et des représentants du peuple et du clergé. Aucune loi ne pouvait être mise en vigueur qu'elles ne l'eussent discutée et votée. Le roi ne pouvait ordonner aucune levée d'impôts, quelque petite qu'elle pût être, déclarer la guerre, conclure la paix, ou frapper monnaie sans leur consentement. Elles avaient le droit de surveiller toutes les branches de l'administration publique, de réformer les abus de tout ordre, et, finalement, le droit, qui pouvait seul sanctionner tous les autres, de déposer le roi, s'il manquait à son serment de maintenir et de défendre les libertés de la nation. Le *gran justiza,* qui les présidait, assis sur un trône, entouré des grands, des notables (*ricos hombres*), et des députés des communes et du clergé, voyait le roi, la tête découverte, venir se prosterner à ses pieds, et lui faisait prononcer, à haute voix, la formule du serment par lequel il s'engageait, devant tous, à défendre les libertés nationales. Le jour de l'avénement, le Justiza, tenant sur la poitrine du roi une épée nue, lui disait ces paroles mémorables que nous nous plaisons à placer ici en vieux castillan et en français, à l'usage de tous :

« *Nos otros, que, cada uno por si, somos tanto*
« *como os, y que juntos podemos mas que os, os*
« *hacemos nuestro rey, contando que gardareis*
« *nuestros fueros ; si no, no.* »

« Nous autres, qui, chacun individuellement, sommes autant que vous, et qui, réunis, pouvons plus que vous, nous vous faisons notre roi, à la condition que vous garderez nos libertés ; si non, non. »

Ces libertés succombèrent comme celle de l'Espagne entière sous Charles Quint, dans la guerre des *Comuneros.* Même sous ce roi, la gloire remplaça mal la liberté ; puis, vint l'affaissement sous ses descendants et sous la maison de Bour-

bon, jusqu'au grand mouvement qui souleva l'Espagne tout entière contre Napoléon. Les Cortès reparurent alors, et donnèrent à la Péninsule la constitution de 1812, au nom de laquelle elle se débattit glorieusement contre le puissant empereur. C'est, à toute époque, par les Cortès, que la liberté a réclamé en Espagne les droits généraux et protesté contre le pouvoir royal ; et c'est à elles maintenant à assurer le triomphe progressif de la liberté sur ce pouvoir qu'elles n'ont qu'en partie désarmé. (V. ESPAGNE.) 　　　　C. R.

CORVÉE. On donnait ce nom, sous l'ancien régime, à un impôt souvent oppressif, qui pesait sur la personne même du contribuable.

La Corvée consistait dans l'obligation de « tout ouvrage ou service de corps, ou effectué par le moyen de charrois ou de bêtes de somme, pendant les jours fixés par l'autorité royale ou par l'autorité seigneuriale. »

Il y avait deux sortes de Corvées : la Corvée publique et la Corvée particulière.

La Corvée publique était due à l'État pour la construction ou la réparation des ponts, des chaussées et chemins. Celle-là était utile : c'est à elle que la France doit l'exécution de ces belles routes qui facilitèrent les communications entre les différents points du royaume, donnèrent l'impulsion et des débouchés aux industries locales, et contribuèrent puissamment aux progrès de la civilisation. À l'époque où elle fut établie, le gouvernement n'eût jamais pu rassembler assez d'ouvriers pour accomplir ces grands travaux ; et les administrations étaient trop imparfaites pour pouvoir subvenir aux salaires par la levée de contributions en argent.

Les ecclésiastiques et les nobles étaient, comme les roturiers, tenus aux Corvées publiques ; mais ils avaient le privilége de se faire remplacer. Dans plusieurs provinces, le gouvernement accordait aux paroisses la faculté de convertir les Corvées personnelles en argent.

Primitivement, les Corvées publiques étaient obligatoires pour les hommes libres ; toutefois, quelques seigneurs essayèrent de déroger à cette règle. C'est ce qu'on voit par un capitulaire de Charlemagne daté de « l'an 783, *après la mort de la reine de Hildegarde* », et dans lequel il est défendu aux comtes « de charger d'aucune Corvée les hommes libres pour leur service particulier. »

Les Corvées particulières consistaient dans l'obligation à laquelle étaient assujétis, dans l'origine, les serfs, et, depuis l'affranchissement des communes, les paysans libres, envers leurs seigneurs, de faucher leurs foins, de labourer leurs terres, de faire leurs moissons, leurs vendanges, etc.

Le Corvéable devait être averti deux jours à l'avance. Son seigneur ne pouvait exiger de lui de travail ni avant ni après le soleil couché, et il avait le *droit* de se refuser à toute Corvée qui pût mettre sa vie en péril ou l'entraîner à faire « ce qui est déshonnête et que la pudeur défend. » Mais il était rare que le Corvéable eût assez de courage pour tenter d'exercer un tel droit.

Les Corvéables se fournissaient eux-mêmes des instruments nécessaires et se nourrissaient à leurs frais. Quelquefois ils devaient faire travailler avec eux leurs bœufs, leurs chevaux, et autres bêtes de somme. Les Corvées n'étaient régulièrement exigibles que dans l'étendue d'une seigneurie ; mais, le plus souvent, les seigneurs exigeaient des Corvéables qu'ils se transportassent à plusieurs lieues de leurs habitations.

Ordinairement le nombre des Corvées était fixe ; mais il arrivait aussi qu'elles étaient à la volonté du seigneur, et, c'est ce qu'on appelait *Corvées à merci*. Cependant cet abus disparut graduellement. Les rois défendirent aux possesseurs de fiefs d'exiger de leurs vassaux plus de douze Corvées par an ; savoir : trois au plus dans un même mois, et une seule dans une même semaine.

Dans son court ministère, Turgot supprima les Corvées, et les remplaça par un impôt qui, toutefois, n'atteignait pas le clergé, et auquel on reprochait, entre autres *vices*, d'attenter aux priviléges de la noblesse, en faisant peser sur tous les biens nobles une charge jusqu'alors « taillable et roturière. » Le parlement fit des remontrances dans ce sens ; et, parmi les considérations qu'il fit valoir, on remarque celle-ci, qui fut suggérée par le prince de Conti : « que la Corvée était un trait caractéristique qui séparait les dernières classes du peuple des supérieures. » L'opposition des parlements provoqua le lit de justice du 12 mars 1776, dans lequel l'édit d'abolition des Corvées fut enregistré par exprès commandement de la couronne. Cependant, après la retraite du ministre, un édit du 19 août 1776, enregistré au parlement, rétablit les Corvées.

Elles ne furent définitivement abolies qu'en 1789, par l'assemblée nationale.　　B. C.

CÔTES. Frontières maritimes d'un pays.

La pleine mer est un bien commun dont l'usage appartient à toutes les nations. Si l'une d'elles prétendait interdire aux autres le droit d'y pêcher ou d'y naviguer, ce serait une tyrannie contre laquelle le monde entier devrait se liguer ; mais ce qui est vrai de la haute mer ne l'est point des eaux qui sont rapprochées des rivages et qui les baignent : celles-ci font partie de la Côte, et comme telles elles entrent dans le domaine public d'une nation. On peut donc, sans blesser l'équité, empêcher les étrangers de naviguer ou de pêcher le long des Côtes pour la même raison et au même titre qu'on peut leur interdire d'aborder sur le rivage ou de s'y établir. Si un état ne possédait pas ce droit, il serait sans cesse exposé aux surprises et à l'invasion de ses ennemis ; il n'aurait plus, à proprement parler, de frontières.

Mais s'il est reconnu que la mer qui baigne une Côte appartient au propriétaire de cette Côte, il n'est pas aisé de déterminer la limite précise de ce droit sur les eaux. Bodin prétend que la domination du prince s'étend à trente lieues de la terre-ferme. L'Angleterre s'est attribué l'empire des mers jusqu'aux rivages des pays qui l'environnent, c'est-à-dire qu'elle a prétendu être maîtresse exclusive de la mer d'Irlande, de l'Océan germanique et de la Manche que, pour cette raison, elle affectait d'appeler mer britannique ou canal d'Angleterre. Tous les peuples maritimes de l'Europe, excepté la France, ont accepté plusieurs fois cette insolente domination, et nous devons dire à l'honneur de Louis XIV que, dans le traité de Bréda, il fit rayer un mot qui impliquait de la part de nos voisins un droit sur le canal de la Manche. ๏

Aujourd'hui, on paraît être généralement convenu de fixer à une portée de canon l'étendue de la zône maritime qui tient au rivage. Ainsi, dit Vattel, le vaisseau pris sous le canon d'une forteresse neutre n'est pas de bonne prise. Mais il n'existe pas à ce sujet de règle absolue, même parmi les auteurs qui traitent du droit public, et c'est là un des points qu'un congrès aurait à décider s'il était convoqué dans un autre intérêt que celui de quelques dynasties.

Nous ne parlerons pas du prétendu droit de naufrage, droit inhumain et absurde, en vertu duquel on croyait autrefois que les bâtiments échoués et toute leur cargaison appartenaient aux maîtres du rivage. Hâtons-nous de dire que ce préjugé odieux a presque entièrement disparu. On comprend maintenant que les objets rejetés par la mer doivent être restitués à leur malheureux propriétaire. C'est seulement en l'absence de celui-ci que les débris d'un naufrage peuvent être acquis, soit au premier occupant, soit au domaine public, suivant les usages locaux.

Nous avons dit que la puissance à qui appartient une Côte peut en interdire l'accès aux bâtiments étrangers : toutefois, celle qui pousserait l'exercice de ce droit jusqu'à repousser les malheureux menacés de naufrage ou même les embarcations qui naviguent le long d'une Côte sans y faire de contrebande et sans nuire aux pêcheries, devrait être considérée comme faisant de son droit un usage exclusif et tyrannique, et justifierait les représailles les plus dures.

Il y a même certains cas où l'équité naturelle veut que l'accès des Côtes soit laissé libre : c'est celui où ces Côtes forment un détroit par lequel il est nécessaire de passer pour se rendre dans une mer intérieure, et qui n'appartient pas à la même puissance que les rives du détroit. Ainsi le Danemarck et la Suède ne sauraient justement interdire le passage du Sund aux vaisseaux qui se rendent dans les ports de la Baltique, bien que ceux-ci soient obligés de naviguer à portée du canon de l'une des deux Côtes : seulement, elles peuvent exiger un droit de péage pour s'indemniser des frais d'entretien des phares, fanaux et balises établis dans un intérêt général.

Il en est de même des passages des Dardanelles et du Bosphore. La Russie et la Turquie n'ont pas le droit d'arrêter les bâtiments qui veulent les traverser pour se rendre soit à Trébizonde, soit dans un des ports du Danube. En s'arrogeant ce droit par le traité d'Unkiar-Skelessi, la Russie s'est placée, sous ce rapport, en dehors de la famille des nations européennes, et celles-ci ont manqué à leur devoir autant qu'à leur dignité en ne protestant pas contre l'usurpation de la mer Noire.

J. Bastide.

COULEURS. Les anciens, qui cherchaient partout des symboles, en avaient trouvé dans les Couleurs. Ainsi, le blanc, qui offrait à leur esprit l'idée de la plus pure lumière, était affecté à la Divinité et aux prêtres, ses représentants sur la terre. La mer paraît toucher le ciel à l'horizon ; elle renferme un coquillage d'où l'on tire la pourpre : dès-lors, la pourpre désigna la royauté ; elle exprima et l'origine divine de son pouvoir, et sa suprématie sur les autres fonctions politiques, etc.

Les nations, les castes, les partis, les corporations industrielles, toutes les fractions du corps social, avaient aussi adopté des Couleurs. Il n'y a pas jusques aux conducteurs de chars dans les jeux du cirque qui n'aient eu leurs Couleurs distinctives. On sait qu'ils étaient divisés en quatre factions : la blanche, la rouge, la verte et la bleue ; que le peuple prenait parti pour l'une ou pour l'autre, et que cette diversité de sentiments causa souvent des séditions, et alluma même, sous le règne de Justinien, une guerre civile dans laquelle il périt quarante mille hommes. Dans les sociétés secrètes, telles que les francs-maçons et les compagnons du devoir, les différentes communions et les grades hiérarchiques sont désignés par des Couleurs spéciales.

La croix blanche des Armagnacs et la croix rouge des Bourguignons furent des signes de ralliement qui occasionnèrent en France, au commencement du quinzième siècle, une longue suite de troubles et de sanglantes rencontres ; et, quelques années plus tard, l'Angleterre fut couverte de ruines et de cadavres pendant les violents démêlés qui mirent aux prises les partisans de la maison d'York et de celle de Lancastre, qui avaient pris pour emblèmes : les premiers, une rose blanche ; les seconds, une rose rouge.

Longtemps, le blanc fut la Couleur nationale de la France. Au commencement de la Révolution, il fut remplacé par *les trois Couleurs*.

Pendant les guerres de la Vendée, on désigna les républicains sous le nom de bleus et les insurgés sous celui de blancs ; ceux-ci, à cause de la cocarde qu'ils avaient arborée ; ceux-là, à raison de la Couleur dominante de leurs uniformes.

En 1815, après les Cent-Jours, les réactionnaires royalistes qui désolèrent les départements du Midi reçurent le nom de Verdets parce qu'ils avaient pris la Couleur verte pour signe de ralliement. Aujourd'hui encore, les légitimistes affectent de porter cette Couleur dans leurs vêtements (V. Pavillon.)

B.-C.

COUP-D'ÉTAT. On appelle ainsi l'acte par lequel un gouvernement modifie ou détruit, au préjudice des intérêts généraux, tout ou partie des lois constitutives d'un pays, soit en employant la violence ou la corruption, soit en usant seulement de l'ascendant moral qu'exerce tout pouvoir établi.

Ce mot entraîne avec lui un sentiment de réprobation, et en même temps l'idée d'une lutte contre les intérêts populaires ; car personne ne s'aviserait jamais, croyons-nous, d'appeler ainsi l'acte d'un pouvoir despotique qui aurait la fantaisie de rendre l'exercice de quelques droits, la jouissance de quelques libertés au pays qu'il gouverne, fût-ce même aux dépens de la constitution en vigueur. C'est encore là, il faut le dire en passant, un hommage que le bon sens public rend à la vérité des principes, en condamnant, même par les formes du langage, tout ce qui est hostile aux intérêts généraux. Les Coups-d'État sont presque toujours des moyens *in extremis* dont les gouvernements despotiques ou quasi-despotiques font ressource quand ils n'en ont plus d'autre ; sous une organisation sociale démocratique, ce serait un non-sens : la volonté nationale étant représentée et pouvant à chaque instant modifier ou changer la constitution elle-même pour la maintenir au niveau du progrès des besoins, des lumières, des intérêts du pays, il n'y a pas de Coup-d'État possible ; un changement par d'autres voies que la représentation nationale serait un attentat, une conspiration, mais non pas un Coup-d'État.

La fin du dix-huitième siècle a été signalée par un événement que le cri public a qualifié de Coup-d'État, c'est l'attentat du 18 brumaire. Cependant le général Bonaparte ne faisait point réellement partie du pouvoir exécutif lorsqu'il accomplit sa criminelle entreprise ; et ceux des membres du Directoire qui entrèrent dans cette conspiration pour renverser la constitution de l'an III y jouèrent un rôle trop inférieur et trop ridicule pour qu'on puisse dire que ce fut le gouvernement lui-même qui agît en cette occasion. Toutefois, il faut, pour rendre hommage à la vérité, dire que la lâche conduite des trois directeurs [1] qui se firent les complices de ce crime de lèse-nation, ne servit qu'à mieux faire ressortir la patriotique résistance de Moulins et de Gohier, qui protestèrent jusque sous les verrous du général Moreau, devenu à ce moment leur geôlier au Luxembourg. Quant à Bonaparte, il fut seul la tête et le bras du complot, il suffit à tout et n'eut autour de lui que des comparses obéissantes qui préludaient déjà aux plates adulations de la cour impériale.

Quoi qu'il en soit, le 18 brumaire est regardé comme un des exemples les plus frappants de Coups-d'État, en même temps qu'il est une ineffaçable tache à la gloire de Napoléon. Qu'étaient donc devenues alors les vertus républicaines et le patriotisme dans ce cœur dévoré d'ambition, où, dès cet instant, on ne trouve plus que trahison et mensonge : « Je jure, citoyens directeurs, disait-il encore quelques jours avant, que cette épée ne sera jamais tirée que pour la défense de la République et celle de son gouvernement. » Et le 18 brumaire même, au conseil des anciens : « Nous voulons la République, nous la voulons fondée sur la vraie liberté, sur le régime représentatif. Nous l'aurons,

---

(1) Ces trois directeurs étaient Sieyes, Roger-Ducos et Barras.

je le jure, en mon nom, au nom de mes compagnons d'armes. »

Plus tard , en juillet 1830 , nous retrouvons le Coup-d'État dans toute l'exactitude de sa définition : lutte du pouvoir royal qui ne veut plus se soumettre à la Constitution qu'il a jurée, et qui essaie , par la violence , de changer les principaux points du pacte fondamental ; alors le peuple se réveille, s'irrite, répond à la violence par la force ; et , ajoutant une page héroïque à l'histoire des combats populaires de la liberté et de l'égalité contre les défenseurs des priviléges et de l'aristocratie, il chasse honteusement cette portion de la race bourbonnienne qui, disait-on avec tant de vérité , n'avait , dans l'exil , rien appris et rien oublié !

Mais, est-ce que les leçons de l'histoire, même la plus contemporaine, ont jamais arrêté dans leur imprudente marche les gouvernements qui cherchent leur appui ailleurs que là où est la seule véritable force, ailleurs que dans le peuple? 1830 et son terrible résultat sont à peine passés depuis deux ans que voilà la branche cadette débutant à son tour dans la même carrière. Le 6 juin 1832, Paris est mis en état de siége ; le gouvernement , par une ordonnance royale, arrache les citoyens à leurs juges naturels, à ceux que leur garantissent la Constitution et les lois , et les jette en proie à la justice expéditive des conseils de guerre. Pourtant, ce Coup-d'État vient échouer devant un arrêt de la Cour de cassation , entraînée elle-même par l'opinion publique ; et le pouvoir, s'apercevant, quoiqu'un peu tard, qu'il a fait un pas de trop, s'arrête ou plutôt recule dans cette dangereuse voie, et laisse à la magistrature le soin de lui donner , à la face du pays , une leçon de légalité et de respect pour la foi jurée. Cependant la nation n'oubliera pas cette violation du serment prêté à la Constitution , et , dès ce jour, se formule et se pose un parti radical jusque-là dispersé et qui va se grossir à chaque nouvelle faute du pouvoir. — A une époque plus rapprochée de nous encore , le dernier Coup-d'État, en Europe, a été celui du nouveau roi de Hanovre , inaugurant son règne par la menace et la violence pour renverser la Constitution même en vertu de laquelle il venait d'être appelé au trône. Quelle sera l'issue de cette coupable entreprise contre les quelques libertés publiques dont jouissait le Hanovre ? Le temps se chargera de nous l'apprendre ; en attendant, les Hanovriens, en consultant l'histoire , y trouveront bien des enseignements divers à l'usage des peuples frappés par des Coups-d'État !

On comprend , en effet, qu'en présence d'un Coup-d'État , tous les moyens de résistance sont permis à une nation ; par un tel acte, tous les citoyens se trouvent en état de légitime défense , puisque le premier pas dans une pareille voie, si on le laisse faire, a pour résultat d'abandonner, exposées au caprice et à l'arbitraire d'un pouvoir désormais sans frein , les personnes et les choses. Et il est si vrai que, dans un pareil cas, tous les moyens, même les plus opposés à nos mœurs et à nos sentiments publics , peuvent être exercés et même

admis, qu'à propos du 18 brumaire, M. Thiers lui-même, qui a fait, Dieu merci, ses preuves d'amour pour le pouvoir et de respect pour ses prérogatives , émet une pensée qui va nous servir de conclusion. Répondant à cette discussion qui fut quelquefois soulevée, de savoir s'il y avait eu, en effet, aux Cinq-Cents, des poignards tirés contre Bonaparte , il s'exprime ainsi :

« Il est possible aussi que des poignards fussent « dans plus d'une main. Des républicains qui « croyaient voir un nouveau César pouvaient s'ar- « mer du fer de Brutus , sans être des assassins. « Il y a une grande faiblesse à les en justifier. »

                          P. D.

COUR. On désigne par ce mot, — soit la sphère au milieu de laquelle la royauté se meut, — soit la collection des personnes attachées directement ou indirectement au service de la personne royale, haute et basse livrée, domestiques de toute sorte et de tous honoraires, — en un mot, des titulaires de ces fonctions ou plutôt de ces positions qu'on appelle grandes charges de la couronne.

La *Cour,* dans le premier sens, est un nom de lieu : c'est le château, le *chez le roi,* les Tuileries, Neuilly, Fontainebleau, peu importe : les épiciers bien pensants de notre époque *vont à la Cour* les jours de grandes réceptions.—La *Cour,* dans le second sens, est un nom collectif : on est de la Cour comme on est de la chambre (trop souvent aujourd'hui des deux à-la-fois , pour le dire en passant). La Cour veut, la Cour voyage, et *Cour* alors se prend à-peu-près comme camarilla..... ou plutôt, ainsi que nous l'avons exprimé à ce dernier mot, la Cour est le principe dont la camarilla est l'essence.

Nous avons dit que la Cour se compose de la domesticité du roi, de tout ce qui est de la suite du roi, de la maison du roi, soit dans l'ordre civil, soit dans l'ordre militaire. C'est l'aristocratie qui envahit ces positions, et chaque règne a sa Cour, comme il a son aristocratie. Le régime déchu, qui appliquait les traditions de l'antique monarchie, avait une vaste Cour de ducs et pairs, Cour dans laquelle l'aristocratie entrait enfant par la porte des pages , et sortait ensevelie sous les cordons, les pensions et les titres honorifiques.—Le régime actuel, pour qui les traditions de l'antique monarchie ne sont encore qu'un point de mire, est une aristocratie de marchands bouffis, de financiers cupides et de hobereaux besogneux ; la Cour est étroite, parce que son budget de dépenses est serré et qu'il faut savoir mettre le prix, même aux Cours et aux aristocraties. Si bien que, grâce d'une part à l'influence égalitaire de la Révolution de 1830, — grâce, d'autre part, à l'esprit d'économie et d'épargne de la liste civile, il n'y a pas aujourd'hui de Cour dans l'aristocratique et majestueuse acception du mot : il y a seulement quelques douzaines de serviteurs gagistes autour desquels vont graviter quelques douzaines d'ambitions aventurières. Mais pour être une Cour mesquine et râpée, ce n'en est pas moins une Cour avec ses influences exclusivement dynastiques. De la Cour splendide de l'antique monarchie à la cour grelue de la monarchie nouvelle, il n'y a de réalisé qu'un progrès à notre bénéfice : c'est que la Cour des vieilles races était avant 89 profondément enfoncée dans le sol, tandis que la Cour actuelle n'est qu'une végétation sans racines et sans force : l'une était une forêt qu'il a fallu défricher, abattre et brûler, l'autre est une couche de champignons fortuitement éclos qu'il suffira de râcler d'un coup de ratissoire.

La Cour se trouve constituée de telle façon, sous toutes les monarchies, qu'elle sacrifie nécessairement les sentiments et les intérêts nationaux au sentiment et à l'intérêt dynastiques. La Cour, en effet, ne tient pas à la nation et n'est rien en elle ni pour elle. La nation est servie plus ou moins habilement par des fonctionnaires dont le premier est roi ; la Cour est tout simplement le domestique plus ou moins nombreux, plus ou moins resplendissant de ce premier fonctionnaire. Le plus mince commis d'un ministère importe au pays, parce qu'il le sert ; mais que lui importe le valet-de-chambre ou le cocher qui ne sert que le ministre ? La Cour, dans le véritable esprit des institutions actuelles, n'est, pour ainsi dire, que la femme de ménage de la royauté. Cela est si vrai que vous pouvez la supprimer tout entière, supprimer même la liste civile qui la nourrit, sans que ces institutions en soient le moins du monde modifiées ; l'antichambre et l'office de l'intérieur royal s'en apercevront, sans doute, mais pas du tout la nation. Comment voulez-vous que la Cour, ne procédant ainsi que du roi, dépendant de lui, sous son obéissance monarchique et à sa solde pécuniaire, ne soit pas contraire par position et par intérêt à l'esprit national, dans cet antagonisme, érigé en gouvernement constitutionnel, du pouvoir monarchiquement constitué, et du pays représenté électivement? Comment voulez-vous que la Cour soit autre chose qu'une émanation de l'influence royale, influence que chaque courtisan grossit de la sienne propre et multiplie par ses individualités même les plus infimes ?

La Cour est donc un ennemi que la démocratie ne doit pas perdre de vue ; l'opinion publique le sentait si bien que le pouvoir naissant crut prudent, en 1830, de la caresser en disant : « Plus de Cour ! »

Nous avons indiqué, dans un autre article de ce Dictionnaire, un remède facile et qui sera parfaitement applicable au mal que nous signalons. Qu'on réduise la liste civile au strict nécessaire du fonctionnaire-roi, et lorsqu'il sera uniquement entouré des personnes que relieront à lui le dévouement désintéressé et le zèle monarchique, il n'y aura plus de Cour redoutable, il n'y aura plus même de Cour.   ALTAROCHE.

COURONNE. Symbole de la souveraineté ou récompense civique.

Les premiers empereurs romains ne portaient que des couronnes de laurier. Les Couronnes des premiers rois de France étaient de métal, mais très-simples avant Charlemagne : celle que portait cet empereur était d'or, enrichie de pierres précieuses, rehaussée de quatre fleurons. C'est la première couronne qu'on mettait sur la tête des rois le jour de leur sacre.

La Couronne des rois de France resta longtemps ouverte, mais François Ier prit la Couronne fermée pour contrecarrer Charles V, ou bien, suivant Ducange, parce qu'il s'aperçut que les rois d'Angleterre, qui lui étaient inférieurs en dignité, la portaient de la sorte. Il se peut encore, dit le même savant, que François Ier prit la couronne fermée pour se distinguer des princes non souverains, des ducs et des comtes qui avaient aussi le droit de porter Couronne.   A. T.

COURONNEMENT. (V. Sacre.)

COURRIER. Nous avons dit ci-dessus (V. Ambassade) que l'ambassadeur a droit à tout ce qui peut favoriser l'accomplissement de sa mission. Par conséquent, on ne saurait, sans violer le droit des gens, l'empêcher de communiquer librement avec son Souverain ou avec les alliés de son Souverain. Ces communications ont lieu, soit par la voie ordinaire de la poste, soit par les Courriers. La personne d'un Courrier est donc sacrée et inviolable. Lorsque les ennemis traitent de la paix au milieu de la guerre, les plénipotentiaires peuvent envoyer des Courriers. Seulement, pour éviter toute fraude on a soin, d'ordinaire, de marquer aux Courriers leur route hors de laquelle leurs passeports ne pourraient plus leur servir. Il est bien entendu, au reste, que les ambassadeurs et Courriers ne jouissent de ces immunités qu'autant qu'ils n'agissent point en ennemis. Les jurisconsultes conviennent tous qu'on peut très-légitimement arrêter les Courriers et saisir les dépêches d'un ambassadeur qui viole le droit des gens. Un Courrier qui userait de son caractère pour faire l'office d'espion perdrait également son inviolabilité.   E. D.

CRÉANCE (lettres de). Tous les agents diplomatiques, à quelque ordre qu'ils appartiennent (V. Ambassadeur), doivent être porteurs de lettres ou diplômes servant à déterminer le genre et l'étendue des fonctions qu'ils ont à remplir dans les pays étrangers. C'est ce qu'on nomme Lettres de Créance.

La remise des Lettres de Créance des ambassadeurs est, dans quelques cours, soumise à des formalités dont nous n'avons pas à nous occuper, puisque ce sont des affaires d'étiquette, et non de droit public.

En effet, lorsqu'un ambassadeur a déposé ses Lettres de Créance, c'est-à-dire la *partie ouverte* de son mandat destinée à faire connaître qui il est et ce qu'il vient faire, le gouvernement auprès duquel on l'envoie n'a pas le droit de ne pas l'admettre. L'ambassadeur comme le plénipotentiaire représente un Souverain, et ne tient ses pouvoirs que de lui.

Il n'en est pas de même de cette classe d'agents diplomatiques que l'on désigne sous le nom de

Consuls. Ceux-ci ayant à traiter non pas seulement avec le gouvernement du pays où ils se trouvent, mais avec les autorités subalternes et les particuliers, il faut, pour qu'ils puissent entrer en fonctions, que leurs Lettres de Créance soient homologuées par le gouvernement de leur résidence. Cette autorisation d'exercer les fonctions de consul est ce qu'on nomme *Exequatur*.

Il nous reste à examiner la question de savoir à qui appartient le droit de signer des Lettres de Créance. Et cette question nous ramène à constater de nouveau l'étrange confusion qui règne dans les États dits constitutionnels, en ce qui concerne le droit des gens. Il est évident que les ambassadeurs ne peuvent être accrédités que par le Souverain. Or, chez nous le Souverain, aux termes de la Charte, ce sont les deux Chambres et le roi. Les Lettres de Créance, signées par le roi seul et son ministre, ne donnent donc pas un caractère suffisant à nos agents diplomatiques, et les actes consentis par eux peuvent être regardés comme nuls.

Quand donc cessera un état de choses où les plus simples notions de droit public se trouvent ainsi violées, et où, par suite, une nation comme la France se voit quelquefois représentée au dehors par un homme à qui l'immense majorité des Français ne voudrait pas confier une procuration par devant notaire.   J. B.

CRÉDIT. Dans le langage commercial, le mot Crédit sert à désigner la confiance qu'une personne accorde à une autre, lorsqu'elle lui prête de l'argent, ou lorsqu'elle lui vend des marchandises dont elle n'exige pas le paiement immédiat. C'est donc, en même temps, pour l'emprunteur, la faculté d'user des ressources d'autrui. Le Crédit public n'est pas autre chose. Mais il y a cette différence que, dans le Crédit privé, le prêteur compte toujours sur le remboursement plus ou moins prochain du capital prêté. En ce sens, accorder Crédit c'est simplement accorder terme. S'il s'agit au contraire du Crédit public, le prêteur n'exige rien autre chose que le service régulier des intérêts de la somme prêtée. Car il suffit que ce service public soit bien assuré pour qu'il puisse, dès qu'il le voudra, rentrer dans son capital, par la négociation de son titre. Dans ce cas, c'est un nouveau prêteur qui le remplace, sans que rien soit modifié dans les conditions de l'emprunt; et c'est ainsi que la créance, passant de main en main, offre toujours au prêteur la ressource du remboursement, sans que l'emprunteur y soit jamais tenu lui-même.

Le Crédit public se fonde donc uniquement sur les garanties que présente l'État, relativement au service de la rente.

La mesure du Crédit public s'établit, 1° par les conditions plus ou moins avantageuses que les prêteurs font au gouvernement; 2° par les avantages plus ou moins grands que trouve le prêteur dans la vente de son titre.

Quelques mots suffiront pour nous faire comprendre.

Voyons d'abord les conditions de l'emprunt.

Dans les transactions entre particuliers, le prêteur livre un capital réel, moyennant un prix d'intérêt plus ou moins élevé, selon les circonstances. Dans les emprunts des gouvernements, au contraire, l'intérêt est fixé d'avance par l'emprunteur, qui, en même temps, reconnaît aux prêteurs un capital plus considérable que celui qu'ils versent réellement. Ainsi, le gouvernement dit aux capitalistes : « Je veux emprunter une somme de..... au taux de 5 0|0 ; combien voulez-vous me donner par chaque 100 fr. dont je me reconnaîtrai votre débiteur ? » Selon que les capitalistes dans leurs offres approcheront plus ou moins de 100 francs, on reconnaîtra le degré de confiance qu'ils auront dans le gouvernement, ou, en d'autres termes, on aura la mesure de son Crédit. Nous aurons occasion, au mot EMPRUNT, d'établir tous les vices de ce système.

Une fois l'emprunt contracté, le capital donné par le prêteur se négocie sur la place : s'il augmente, c'est que la confiance augmente, en d'autres termes, le Crédit. Par exemple, si l'État a reçu 80 fr. pour chaque 5 fr. de rente et que ce capital se négocie à 100 f., cette augmentation prouve que la confiance se développe en même temps que le prix du capital. Il ne faut pas croire cependant que cette confiance soit toujours dans une proportion directe avec l'augmentation du capital. Car, souvent, cette augmentation tient à d'autres causes parmi lesquelles les spéculations de bourse, les hasards du jeu et l'accumulation des capitaux, tiennent une grande place.

Il ne faut pas croire non plus que le Crédit public doive se mesurer d'après les mêmes règles que le Crédit privé. Cette théorie de J. B. Say est d'autant plus erronée qu'elle peut séduire par son apparente simplicité. « Il ne peut y avoir, dit cet écrivain, deux arithmétiques différentes, l'une pour les individus, l'autre pour les nations. » Sans doute ; et si les opérations étaient semblables, les calculs devraient être les mêmes. Mais l'individu emprunte en s'obligeant à rembourser le capital ; l'État emprunte en s'obligeant à servir les intérêts. S'il rembourse, il choisit le moment qui lui convient. C'est-là une différence immense entre les deux emprunts : une autre différence, c'est que le prêteur peut toujours se rembourser en négociant son titre, ce qui serait difficile pour celui qui prête à un particulier. Enfin, le prêteur de l'État voit augmenter dans ses mains le capital prêté ; ce qui n'arrive jamais dans les emprunts entre particuliers. Il y a donc, non pas deux arithmétiques différentes, mais deux différentes manières d'appliquer l'arithmétique, selon qu'il s'agit d'emprunts publics ou privés. Par conséquent, la mesure du Crédit ne doit pas être la même.

En effet, la solvabilité du particulier, c'est-à-dire la garantie qu'il offre, dépend surtout des capitaux qu'il possède. Or, l'État ne possède point de capitaux. Première différence. Ensuite, le particulier qui sera libre d'engagements aura d'autant plus de Crédit. L'État, au contraire, aura moins de Crédit s'il n'a jamais emprunté que si, ayant déjà emprunté, il a rempli ses engagements. Seconde différence. Que penser donc de cette assertion de J. B. Say : « La situation la plus favorable pour une nation, relativement au Crédit public, c'est lorsqu'elle est toujours en état d'emprunter et qu'elle n'emprunte jamais. » Qu'est-ce d'abord que d'être *en état d'emprunter?* N'est-ce pas avoir du Crédit. Cela revient donc à dire que la meilleure manière d'avoir du Crédit, c'est d'avoir du Crédit.

On pourrait avoir beaucoup plus de raison à renverser la proposition, et dire que la meilleure méthode pour un Etat d'augmenter son Crédit, c'est d'emprunter et de remplir ses engagements. Certes, les arguments et les exemples ne manqueraient pas à l'appui de ce raisonnement. Car la France n'a jamais eu plus de Crédit que depuis qu'elle a augmenté ses dettes ; et l'Angleterre, qui a amoncelé emprunts sur emprunts, a vu continuellement accroître son Crédit à mesure que s'accroissait sa dette. Seulement, il ne faudrait pas pousser cet argument jusqu'à ses dernières conséquences ; car tôt ou tard, de grands désastres seront le fruit de cet abus du Crédit.

Mais nous avons dû faire ces réflexions pour prouver à quel point on s'égare, lorsqu'on veut trop simplifier la science en traitant les questions financières d'une nation, comme le doit et l'avoir du père de famille. — (Voir pour la question du Crédit dans ses rapports avec l'industrie et la production, les mots BANQUE, INDUSTRIE, etc.)

ELIAS REGNAULT.

CRIME. Le Code pénal appelle *Crime* une infraction aux lois qui est passible d'une peine afflictive et infamante. Voilà une définition bien peu philosophique, il faut en convenir. Le Crime serait donc l'accomplissement d'un acte quelconque, prohibé sous une peine déterminée, et nous ne serions pas plus avancés en criminalité au dix-neuvième siècle que l'an premier de la création du monde. Alors Adam et Ève commirent, dit-on, le premier Crime en mangeant du fruit *défendu.* Or, ceux qui se donnent pour les représentants de Dieu sur la terre, les législateurs de droit divin, les rois, en un mot, aimant avant tout qu'on obéisse à leurs lois telles quelles, auraient religieusement conservé jusqu'à nous ce sens primitif du Crime, et l'auraient ainsi défini pour toujours : faire ce qui est *défendu.*

Mais ce qui est défendu varie comme les lois ; et les lois, nous le savons, varient selon les temps et les lieux. Il en résulte que le Crime change selon les lieux et les temps. Ce qui est Crime dans une *partie* du monde est vertu dans une autre. Ce qui était vertu à cette époque est Crime à telle autre. La morale devient de la topographie ou de la chronologie. En quelle année, en quel pays a-t-on commis le forfait, a-t-on accompli le haut-fait? Sous quelle ère, sous quelle latitude, par quel degré de chaleur, voilà les questions à poser, avant de résoudre s'il y a Crime ou vertu dans telle ou telle action. Exemples :

Dans l'ordre religieux, d'abord, on peut affirmer que presque toutes les vertus du paganisme sont les crimes du christianisme et *vice versa.* Bacchus

était le dieu de l'ivresse ; or, l'ivresse est un des sept péchés capitaux. Chaque péché capital correspond de même à une divinité olympienne. Mars, Vénus, Mercure représentent le meurtre, le plaisir, le vol, ainsi des autres.

L'Aréopage faisait boire la ciguë à qui croyait en un seul Dieu. L'inquisition faisait brûler ceux qui croyaient en plusieurs dieux.

C'était un Crime de divulguer les mystères de la religion antique. C'est une vertu d'initier à la foi nouvelle, de propager parmi les hommes la sagesse et la vérité.

C'était un Crime chez les Juifs de manger du porc. C'est un Crime chez les chrétiens de faire gras le vendredi.

Dans l'ordre moral, mêmes divergences. C'est un Crime en Europe que le suicide, même forcé par la misère ; c'est une vertu dans l'Inde, soit pour la femme en mémoire de son époux, soit pour le prêtre en l'honneur de son idole.

Dans l'ordre civil, le vol était une vertu à Lacédémone ; car on récompensait le voleur le plus adroit. Chez nous le vol est puni d'une peine afflictive et infamante : c'est un Crime.

Dans l'ordre politique, les différences sont plus nombreuses et plus tranchées encore. C'est là que la moralité des actions humaines change du blanc au noir et du jour au lendemain ; c'est là que tout est relatif et mobile, que rien n'est fixe ni absolu. C'est là enfin que le philosophe peut se demander dans cette alternativité des principes, dans cette indétermination des règles, où est le bien, où est le mal.

Là, en effet, l'action devient bonne ou mauvaise, non plus comme dans l'ordre religieux, ou moral, ou civil, d'un siècle ou d'un monde à l'autre, mais au même lieu, en même temps. C'est l'oscillation du pendule, le va et vient de la navette, avec toute la promptitude comme avec toute la contradiction de leur mouvement. On récompensera demain ce qu'on a puni la veille.

Hier, on guillotinait les quatre sergents de La Rochelle comme des coupables, aujourd'hui, on les honore comme des martyrs. Dans le même pays, l'insurrection est proclamée le plus énorme des attentats et le plus saint des devoirs. Chez un même peuple, du temps d'Henri IV, ce fut un Crime de tuer un lapin, et du temps de Clodion, ce n'était pas même un Crime de tuer un homme. Le plus souvent, les lois politiques sont lois de circonstance, lois au jour le jour suivant le besoin du législateur. Elles ressemblent presque toutes à l'enceinte de Romulus ; elles ne sont faites que pour retenir et comprimer. Malheur à l'esprit libre qui veut les enfreindre et s'affranchir. Celui-là, comme Rémus, a mérité la mort. Or, la peine, en ce cas, peut bien être afflictive, mais elle ne sera pas véritablement infamante. Et alors, d'après la définition même du Code pénal, il n'y a point de Crime politique. Car le Crime est toute infraction passible d'une peine afflictive et infamante. La conscience publique, si arriérée qu'elle soit, si aveuglée qu'on la suppose sur son avenir, a toujours un vague instinct de la destinée ; et tout en réfrénant l'impatience des hommes avancés, tout en les arrêtant par la prison et même par la mort, elle ne saurait cependant les flétrir comme de vrais criminels; car elle sent qu'elle marche où ces hommes veulent la faire courir; que ce n'est plus qu'une question de temps, et qu'il n'y a point de véritable Crime à avoir pris les devants. Le Crime en politique est donc souvent de la vertu intempestive. Les coupables, comme les quatre sergents de La Rochelle, n'ont que le tort d'avoir eu trop tôt raison.

Si donc en résumé, le Crime, dans quelque ordre qu'on le veuille prendre, politique, civil, moral ou religieux, est de nature changeante et méconnaissable, il faut qu'il ait été mal défini dès le principe, car le Crime doit avoir un caractère immuable autant que la conscience de l'homme peut l'être. Il est donc nécessaire de le définir autrement, et de manière à le faire connaître par tous et partout. Il ne faut donc pas dire que le Crime consiste à *faire ce qui est défendu*, car ce qui est défendu, comme nous l'avons démontré, dépend du caprice des souverains et des ans. Mais il faut dire : que le Crime consiste à *faire ce qui doit être défendu*.

Ce qui doit être défendu, c'est l'injuste. L'injuste est ce qui nuit au droit d'autrui. Chaque homme a le droit d'être, c'est-à-dire d'avoir le libre exercice et l'entier développement de toutes ses facultés. Donc un acte, quel qu'il soit, permis ou prohibé par la loi, accompli avec ou sans le code, ayant pour but d'attenter au droit d'autrui, est un véritable Crime dans le sens absolu du mot. Qu'importe que les législateurs aient ou n'aient pas attaché à cet acte la peine afflictive et infamante; qu'importe même qu'ils l'aient autorisé et récompensé? Il n'en est pas moins Crime selon la conscience de l'homme qui est aussi celle de Dieu. Ainsi, l'empiétement des colons sur la liberté des esclaves, même sanctionné par la loi; ainsi, l'usurpation des maîtres sur le travail des ouvriers, réglée par le code; la tyrannie d'un roi sur un peuple, même de par une charte; ne sont-ce pas là des crimes de lèse-humanité, des actes injustes, préjudiciables au droit que tout homme a de vivre, c'est-à-dire d'avoir ici-bas sa part de satisfaction comme il a eu sa part de besoins, comme il a fourni sa part de travail.

Une philosophie nouvelle regarde ce qu'on appelle vulgairement le Crime comme une protestation du principe de l'expansion passionnelle contre le mode de compression que les sociétés modernes ont emprunté à la philosophie passée. Les sectateurs de Fourier affirment que le Crime n'est qu'une vertu en subversion, et que le milieu social étant changé, il n'y aura plus de Crime, ou, pour parler leur langue, plus de fausse note, une fois que l'harmonie sera constituée par la loi d'expansion générale.

Dieu le veuille! En attendant cet âge d'or, il n'en est pas moins vrai qu'à présent le Crime n'est pas ce qui est défendu, mais ce qui doit être défendu. Et la définition du Crime par le code pénal étant ainsi modifiée, il reste à modifier le code pénal lui-même.

FÉLIX PYAT

CRISE. Ce mot désigne, en général, un état d'incertitude, de souffrance et d'épreuve. Il est d'un fréquent usage dans le langage habituel de la presse périodique. Lorsqu'on attend des événements dont le caractère n'est pas encore déterminé, lorsqu'on prévoit une péripétie nouvelle dans les luttes politiques, on dit qu'une Crise se prépare.

Depuis quelque temps, ce mot a été employé plus spécialement à indiquer les interrègnes ministériels. Ainsi, lorsque d'anciens ministres ont donné leur démission, et que ceux qui doivent les remplacer ne sont pas encore connus, on dit qu'il y a une Crise ministérielle. Il est certain que c'est un temps d'épreuve pour les candidats au ministère, pour les chambres, pour la royauté, pour tous ceux en un mot qui participent aux intrigues à la suite desquelles les ministères sont créés de notre temps.

On dit aussi que le commerce et l'industrie sont en état de Crise, lorsque les affaires sont suspendues et qu'un grand nombre de commerçants ou d'industriels manquent à leurs engagements. Le principal caractère de ces Crises est l'affaiblissement ou la ruine du crédit, la détresse des personnes qui se livrent habituellement aux opérations commerciales ou industrielles.

Ces catastrophes ont pour cause ordinaire des troubles, les excès du commerce ou des spéculations malheureuses, enfin, des variations soudaines dans le prix des marchandises.

Ainsi, en 1814, lorsque le comte d'Artois abattit la barrière de nos douanes devant les productions anglaises, nos commerçants et nos manufacturiers virent baisser tout-à-coup les prix sur la foi desquels ils avaient produit. Une grande partie des capitaux qu'ils avaient mis sous forme de marchandises se trouva brusquement anéantie, au moment même où le crédit disparaissait devant les armées des ennemis de la France. La Banque fut presque réduite à une liquidation, et beaucoup de maisons puissantes succombèrent.

Cependant, les Anglais ayant fait d'excellentes affaires, surtout sur les premières importations de denrées coloniales, les multiplièrent sans mesure, comme si l'élévation des prix, résultat du système continental, devait se maintenir. Bientôt, sous l'influence d'importations énormes et sans rapport avec les besoins de la consommation, les prix baissèrent rapidement. Alors le commerce anglais essuya des pertes considérables et fut en proie à une Crise violente que la dépréciation des billets de la banque d'Angleterre aggravait encore. En 1825, des spéculations exagérées, suivies de grandes pertes, ont produit des désastres semblables en France et en Angleterre.

Les Crises commerciales se propagent d'un pays à un autre. Lorsqu'un négociant étranger éprouve des pertes et fait faillite, cette faillite entraîne souvent celle de ses correspondants étrangers. Nous avons vu, en 1836 et en 1838, les Crises commerciales des États-Unis réagir en France et en Angleterre. Tous les peuples commerçants sont solidaires les uns des autres : des besoins mutuels et le crédit ont établi entre eux des liens indissolubles, et aucun d'entre eux ne peut éprouver de pertes notables sans que tous les autres soient frappés du même coup.

Les Crises commerciales ne sont que la multiplication des désastres particuliers que l'imprévoyance ou des accidents inattendus font éprouver journellement au commerce. Y a-t-il un moyen de les prévenir, d'établir un juste équilibre entre la production et la consommation, de faire disparaître l'erreur des spéculations commerciales? Grave problème pour la solution duquel l'économie politique est jusqu'à ce jour restée impuissante ! C. S.

CROISADES. Une histoire des Croisades, si abrégée qu'elle puisse être, occuperait trop d'espace dans ces colonnes; nous ne saurions même qu'envisager rapidement le côté moral de ces grandes émigrations.

Les critiques du siècle dernier les ont fort mal jugées. Aujourd'hui que l'opinion est formée sur l'importance de Constantinople, comme station continentale et maritime, on ne peut s'étonner qu'au douzième siècle l'Europe se soit soulevée à la seule nouvelle des périls qui menaçaient une cité de si grand renom. Quant aux résultats des Croisades, ils ont été encore moins bien appréciés par les mêmes écrivains. A les entendre, ces courses lointaines n'auraient été que l'effort stérile d'une sauvage démence. On a prouvé de notre temps que, loin d'avoir été stériles, elles ont puissamment contribué à civiliser l'Orient et l'Occident; que, loin d'avoir été conseillées par la démence, elles ont été l'œuvre d'une intelligente politique.

Mais ce qui nous émerveille le plus dans les Croisades, ce n'est pas la prudence des chefs qui les décident, ce n'est ni le développement intellectuel et scientifique, ni l'émancipation communale qui en sont les produits, c'est l'entraînement subit de ces masses chrétiennes, c'est l'enthousiasme qui les précipite de toutes les rives de la France, de l'Angleterre et de la Germanie à l'autre limite du monde connu, ralliées par un seul mot : *Dieu le veut!* inspirées par un seul but, la conquête de quelques pieds de terre où le corps du Sauveur a reposé pendant trois jours. Quelle n'est pas la puissance de la foi! Les Croisades ont dévoré plus de deux millions d'hommes.

On ne saurait trop souvent évoquer de tels souvenirs en témoignage du désintéressement qui est le fonds de tous les actes populaires. Bien que son objet change sans cesse, la foi habite toujours dans le cœur des nations; elles sont toujours prêtes au sacrifice. Mais quand l'initiative politique est exercée par des pouvoirs abrutis, cette foi sommeille. B. H.

CROISSANT. Les Turcs croient que la lune opère une influence mystérieuse et fatale sur les destinées de leur empire. Ce fut à l'éclipse totale de lune qui eut lieu en l'an 64 de l'Hégyre qu'ils attribuèrent le mauvais succès du passage du Raab. Ils observent toujours la lune avec soin lors de la fête du Rhamazan; et si, par hasard, elle s'éclipse ce jour-là, tout l'empire est plongé dans la consternation. C'est ce qui arriva dans le XVe siècle. Alors des prières publiques furent ordonnées dans toute l'étendue des possessions du grand-seigneur; mais l'événement ne confirma pas les craintes des vrais croyants, ou peut-être leurs prières eurent-elles la vertu de détourner les malheurs dont ils étaient menacés.

Les Turcs n'ont d'armoiries ni publiques ni particulières; la noblesse de race est une institution inconnue parmi eux; et d'ailleurs le Coran leur interdit la représentation de toute image d'êtres animés. Ils peignent ou brodent assez souvent des lunes et des croissants sur leurs drapeaux et leurs bannières, et, insensiblement, ils font de cette figure le type ou l'emblème de leur empire. « Cet empire », disent-ils, « peut bien diminuer ou s'amoindrir, comme fait la lune; mais il ne saurait être anéanti complètement par quelque révolution que ce puisse être. »

De l'adoption de cet emblème il est arrivé qu'on a dit : *L'empire du Croissant,* ou seulement *le Croissant,* pour désigner la Turquie. On dit proverbialement l'*orgueil du Croissant* pour exprimer le sentiment qui porte les sultans à prendre des qualifications pompeuses et à se présenter comme les souverains les plus éclairés et les plus puissants de la terre.

Un ordre de chevalerie fondé par René d'Anjou, roi de Sicile, vers le milieu du XVe siècle, avait le nom d'*ordre du Croissant.* (V. ORDRES DE CHEVALERIE.) B. C.

CUMUL, accumulation entre les mains d'un seul individu de plusieurs places et de plusieurs traitements.

Le publiciste, sans contredit, le plus fort de ce temps-ci, malgré les erreurs capitales où il est tombé, M. Rubichon, ne voit que deux nations en Europe : l'une qui boit du vin et l'autre qui boit de la bierre. « Leur génie diffère autant que leur « boisson. Les peuples du nord, ceux enfin qui « boivent de la bierre, sont généralement plus de « force de tête et plus de suite dans l'esprit que « les peuples du midi. Un ouvrier anglais fera « mieux son métier qu'un ouvrier français; mais « il ne fera que son métier, et l'ouvrier français « les fera tous. Les peuples du midi ont dans l'es- « prit plus de souplesse, d'élasticité, de ressources, « et tout cela argent comptant (1). »

Il faut convenir que les honnêtes gens qui gouvernent la France, pays essentiellement vinicole, comme chacun sait, ont singulièrement exagéré dans la pratique la distinction lumineuse de M. Rubichon. Êtes-vous l'ami d'un ministre, ou mieux encore le protégé de sa maîtresse : soyez en paix, Son Excellence fera de vous comme ces couteliers de Delphes dont parle Aristote, qui forgeaient leurs couteaux à plusieurs fins. La magistrature, l'administration, les finances, la guerre, la marine, et voire même la science, tout cela vous est ouvert. De tout un peu ou beaucoup : prenez; c'est à votre merci.

(1) *Du mécanisme social en France et en Angleterre.*

Un bonhomme qui, depuis dix années, vit honorablement avec 1,500 livres qu'il gagne, avait sous la Restauration une douzaine de places qui lui rapportaient net quarante mille francs. Homme de lettres passablement médiocre, assez habile arrangeur de mémoires, il était employé à la liste civile et au ministère de l'intérieur, membre de trois commissions et conservateur de deux bibliothèques ; directeur de l'enregistrement dans une ville du nord, inspecteur des forêts dans un arrondissement du midi, il avait un bureau de tabac à Paris et un bureau de poste en province ; et tout cela, argent comptant, comme dit M. Rubichon.

Sous l'empire, c'était peut-être mieux encore. Plagiaire de l'empereur Caligula, un conseiller d'état, baron de l'empire, chef d'une direction générale, avait nommé son cocher et ses deux chevaux employés au ministère de l'intérieur. *Lerouge,* expéditionnaire ; *Legris,* id.; *Leblanc,* commis-rédacteur, figuraient sur les états du personnel administratif, et M. le cocher signait pour tous trois, les uns portant l'autre, la feuille des émargements.

Ce qu'il y a de plus funeste dans le Cumul, c'est qu'issu de la corruption il la propage et la perpétue : aucun abus n'est plus tenace que celui-là ;

> Laissez-lui prendre un pied chez vous,
> Il en aura bientôt pris quatre ;

et comme dit un autre poète : *vires acquirit eundo.*

Le Cumul c'est, en effet, cet animal immonde qui s'engendre de lui-même. La place produit l'employé et l'employé, à son tour, produit la place. Supposez le protégé d'un ministre occupant quatre emplois différents ; un autre ministre arrive avec trois protégés, et c'est peu ; il réduit l'ancien cumulard à la portion congrue et distribue aux siens les trois places vacantes. Mais les émoluments des quatre places qui faisaient vivre largement un seul employé ne sont plus assez forts pour en nourrir plusieurs : qu'à cela ne tienne, on augmentera leurs appointements ; puis un ministre viendra, qui, trouvant ces places trop rétribuées, les divisera de nouveau, et ainsi de suite, jusqu'à ce que le contribuable en crève.

En 1828, le scandale et l'abus étaient arrivés à leur comble. M. de Cormenin, que le département du Loiret venait d'envoyer à la Chambre, signala son entrée dans la carrière politique par une pétition qui eut un grand retentissement et qui porta au Cumul une atteinte profonde. Le pétitionnaire résumait ainsi, avec largeur et précision, les caractères généraux du mal :

« Le Cumul altère profondément dans les juges « les garanties de leur indépendance.

« Il s'oppose, dans les marins et les militaires, « à l'exactitude de la discipline et aux besoins du « service.

« Il empêche les corps administratifs d'étudier « et de satisfaire les besoins spéciaux de leur em- « ploi.

« Il scandalise dans les ecclésiastiques qui sem- « blent sacrifier, non pas au Dieu de l'Evangile, « mais au veau d'or.

« Il couronne l'intrusion, la cupidité, la flatte- « rie, la paresse, l'impuissance.

« Il enchaîne la division féconde et salutaire du « pouvoir.

« Il énerve la moralité des fonctionnaires.

« Il corrompt la science.

« Il étouffe le génie.

« Il dévore le budget. »

Quand vint la Révolution de juillet, l'abus semblait déraciné ; et, en effet, épouvanté un moment de la lumière accusatrice qui s'était faite sur lui, il se cacha si bien pendant quelque temps qu'on ne l'apercevait plus ; mais la nouvelle monarchie l'a ressuscité avec bien d'autres. Il y a quelques années, par exemple, un ex-procureur du roi près d'un tribunal de province était, en même temps, secrétaire d'un des chefs supérieurs de l'administration centrale, sous-chef dans un bureau, simple copiste dans un autre, et toujours argent comptant. Or, je le demande, que serait-il arrivé si le secrétaire avait transmis au sous-chef et le sous-chef au copiste des ordres que le copiste et le sous-chef eussent refusé d'exécuter ? Heureusement pour la régularité du service et le respect de la hiérarchie que ni l'un ni l'autre de cet employé ne remplissait ses fonctions.

Funeste par ses effets, le Cumul est lui-même l'effet d'une cause plus haute : c'est là qu'il faut remonter, si l'on veut sérieusement le détruire ; en vain couperait-on quelques branches gourmandes de cet arbre parasite, si l'on ne porte la cognée au cœur de la racine.   E. D.

CZAR. Lorsque Wladimir Ier, grand-duc de Russie, embrassa le christianisme, en 988, ce furent des missionnaires de Constantinople qui portèrent chez les Russes l'Alphabet, la religion, et quelque chose des mœurs de l'empire grec. A cette époque, le titre de César était le plus noble de la cour de Byzance, après celui de l'empereur, puisqu'il désignait l'héritier. Les Russes l'adoptèrent, et il se transforma en celui de Czar ou Tzar, qui désigne aujourd'hui l'autocrate de toutes les Russies. (V. Autocrate, Russie.)   V. M.

D

DANEMARCK. A l'extrémité nord-occidentale de l'Europe, une étroite et longue presqu'île, flanquée de quelques îles de diverses grandeurs, sépare la mer du Nord de la Baltique et pénètre jusqu'au milieu du grand golfe que forment les côtes méridionales de la Norwège et de la Suède. Cette grande péninsule avec les trois archipels : Danois, Jutlandais et de Fœro est le Danemarck.

Célèbre dans l'histoire par d'étranges vicissitudes guerrières et politiques, le Danemarck, déchu de son ancienne grandeur, se compose aujourd'hui des trois archipels ci-dessus nommés y compris l'île Bornholm ; du Jutland septentrional, du Jutland méridional, ou duché de Schleswig ; du duché de Holstein ; de celui de Lauenbourg cédé par la Prusse en remplacement de la Poméranie Suédoise ; de la seigneurie de Pinneberg, du comté de Rantzau et de la ville d'Altona. — Par ces dernières possessions le Danemarck a été rattaché à la Confédération germanique ; il a une voix à la Diète et fournit sa quote part du 10ᵉ corps d'armée de la Confédération.

C'est par les derniers traités de paix que le Danemarck a été ainsi limité et amoindri. Uni à la Norvége et à la Suède par l'avénement et les conquêtes de Marguerite, à la fin du quatorzième siècle ; séparé de la Suède en 1570 par la paix de Stettin, ce pays possédait encore, à l'époque de la Révolution Française, Héligoland et la Norvége. Mais les mystiques voleurs qui présidèrent le congrès de Vienne, pour punir les Danois de leur longue fidélité envers la France, leur enlevèrent la Norvége qui, en récompense des services parricides de Bernadotte, fut violemment réunie à la Suède. L'Angleterre garda Héligoland.— Ce démembrement n'a pourtant pas, autant qu'on pourrait le croire, diminué l'importance extérieure du Danemarck ; c'est ce que nous ferons voir, en peu de mots, après avoir présenté un résumé succinct de son histoire politique.

L'histoire politique du Danemarck mérite d'être sérieusement étudiée ; elle offre la démonstration complète et irrécusable de quelques-uns des principes que nous avons essayé de mettre en lumière dans plusieurs endroits de ce Dictionnaire.

Au commencement, une nation libre. L'égalité règne parmi ces formidables Normands. Leur roi n'est point un monarque, mais un chef de guerre électif et révocable. Le peuple, tout le peuple, choisit celui qui doit commander ; èt si celui qui commande se rend indigne ou incapable, le peuple qui l'a fait roi le dépose, et, au besoin, le bannit ou le condamne à mort. Malgré cette terrible responsabilité personnelle, l'autorité royale est extrèmement bornée. Le roi ne règne qu'en vertu d'une capitulation où sont écrits les droits du peuple et les lois fondamentales du pays. Au roi, le commandement des armées, la présidence du sénat, l'administration de la justice et rien que cela. Le gouvernement proprement dit appartient aux États. Ce sont ceux qui dans leurs assemblées annuelles décident de la paix, de la guerre et des alliances ; ce sont ceux qui font les lois, disposent des grandes charges, règlent les contributions, etc. Sans leur consentement le roi ne peùt rien, et, pendant l'intervalle des sessions, il est obligé de prendre sur les affaires les moins importantes l'avis de quatre grands dignitaires qui le surveillent et gouvernent conjointement avec lui.

Sous ce gouvernement très-peu monarchique les Danois acquièrent dans le nord de l'Europe une irrésistible ascendant.

Mais bientôt l'autorité royale cherche à s'étendre. Reine du Danemarck, de la Norvège et de la Suède, Marguerite obtient (1397) des États des trois royaumes un règlement dont l'article 1ᵉʳ décrète que dans le cas où Eric, son héritier présomptif, laissera une descendance, le roi sera choisi dans sa famille. Première atteinte à la liberté absolue d'élection qu'avaient auparavant les Danois, bientôt suivie d'autres empiétements.

Cependant la Souveraineté du peuple était encore la loi fondamentale du pays, à tel point que dans la suite Christiern II ayant mérité de perdre la couronne, les habitants du Jutland, du Schleswig et du Holstein, lui firent signifier sa déposition par le premier magistrat de Jutland. Le tyran subit son arrêt.

Mais au milieu des luttes qu'avaient entraînées l'émancipation de la Suède et la soumission définitive de la Norvège, le Danemarck s'était affaibli au dedans et au dehors, et il avait perdu son antique prépondérance. Au dedans, depuis les premières usurpations de Marguerite, la liberté avait disparu peu-à-peu ; le roi et les nobles s'étaient emparés de la Souveraineté. Puis, comme il arrive toujours, la lutte ne tarda pas à s'établir entre les deux ravisseurs victorieux. L'aristocratie vainquit ; le pays devint la proie d'une anarchie effroyable. — De l'anarchie au despotisme il n'y a qu'un pas. Le peuple, oublieux de la liberté qui jadis avait fait sa gloire et sa force, aveuglé par les astucieuses menées d'un prince quasi-bourgeois, et par les jongleries patriotiques des chefs de la bourgeoisie et du clergé, le peuple, dis-je, abdiqua entre les mains de Frédéric III tous les droits qu'avaient reconnus et proclamés les anciennes constitutions du pays ; il offrit au roi, qui fit le sacrifice d'accepter, la puissance absolue et l'hérédité de la couronne dans sa famille (1660).

A partir de cette époque, l'histoire du Danemarck n'offre plus rien qui soit digne de remarque ; le peuple plie sous le joug ; les rois gouvernent bien ou mal et, sauf la révolution de palais accomplie en 1772, tout reste dans le repos.

C'est ainsi que pour n'avoir pas veillé avec une attention suffisante à la conservation de leur liberté, les Danois, jadis libres et puissants, tombèrent successivement sous le joug énervant de l'aristocratie et de la royauté.

Maintenant, la seule question qu'il importe d'examiner est celle de savoir quel rôle le Danemarck est appelé à remplir dans la politique générale de l'Europe ?

M. de Ségur raconte, dans ses mémoires, que Frédéric II écrivant au roi de Suède, Gustave III, pour le féliciter de la révolution qui avait rétabli son autorité lui disait : « Jouissez de vos succès ; travaillez à rétablir dans votre pays l'ordre et la paix ; mais songez bien qu'aujourd'hui, lorsqu'il existe trois ou quatre grandes puissances, qui peuvent chacune mettre sur pied trois ou quatre cent mille hommes, un roi de Suède ne doit plus prétendre à la gloire des armes et des conquêtes. » — L'avis était profondément sage et la suite le prouva.

Or, il en est du Danemarck comme de la Suède. Il est trop voisin de la Prusse et de la Russie pour essayer des acquisitions continentales. Le rôle à venir du Danemarck est donc uniquement maritime et commercial. Dès le milieu du siècle dernier le gouvernement Danois avait compris cette situation. Christiern VI et Frédéric V son fils encouragèrent de tous leurs efforts l'industrie et le commerce. Violemment comprimé de 1807 à 1814 par les brigandages maritimes de l'Angleterre, le commerce Danois reprit à la paix générale un nouvel essor. Il a aujourd'hui une très-grande importance. Le commerce de commission procure aux Danois des bénéfices considérables, et leur marine marchande augmente tous les jours. Le Danemarck est donc naturellement et nécessairement l'allié de la France.

L'Angleterre a honteusement témoigné en 1807 qu'elle ne se faisait aucune illusion à cet égard (1). Il est à désirer que nos hommes d'État fassent preuve de la même sagacité politique. (V. Détroit, Mer, Suède, Russie).   E. D.

DANTONISTES. Après la campagne de 93, si habilement préparée et si vigoureusement conduite par le comité de salut public, tout péril extérieur avait cessé pour la République. Partout repoussés du sol, de la France les ennemis étaient réduits à se défendre chez eux et s'y défendaient mal. Alors commencèrent à se faire jour au dedans les rivalités redoutables et les mauvaises passions qui ont amené la catastrophe du 9 thermidor et perdu la République. Les uns, nouveaux modérés, accusaient le comité de salut public de tendre au-delà des nécessités réelles le ressort révolutionnaire; les autres, patriotes exagérés, s'écriaient que le comité n'allait ni assez vite ni assez loin. Il y avait parmi les uns et les autres des hommes sincères; mais il y avait aussi des royalistes déguisés et des agents de l'étranger.

Quoi qu'il en soit, le comité de salut public, que les victoires des armées républicaines avaient affermi, venait d'être confirmé par la Convention. Alarmé de voir poindre de nouvelles factions au sein de la Convention et des sociétés populaires, il surveillait avec une égale inquiétude les modérés et les ultra-révolutionnaires. « L'une de ces factions, disait Robespierre, dans son rapport sur les principes de la politique intérieure de la République, nous pousse à la faiblesse; l'autre, aux excès. L'une veut changer la liberté en bacchante; l'autre, en prostituée. »

Sur ces entrefaites, Danton était revenu de Bar-sur-Aube, mais ce n'était plus le lion du 10 août; les affections de la famille l'avaient amorti; il était fatigué d'audace. D'ailleurs, à des qualités magnifiques, Danton joignait d'immenses défauts.

Les grands services qu'il avait rendus à la République avaient exalté outre mesure sa vanité naturelle, maladie trop commune chez les grands et les petits hommes de tous les temps. Danton se croyait seul capable de gouverner; ce qu'il dit en mourant : « Je laisse la France dans un gâchis épouvantable; il n'y en a pas un qui s'entende à gouverner » était depuis longtemps sa pensée intime, et il n'épargnait au comité ni les sarcasmes, ni les menaces. Danton devint donc, par la force des choses, le chef, l'instrument de tous ceux qui attaquaient, au nom de la clémence, le gouvernement révolutionnaire, de ceux qui redoutaient les investigations rigoureuses du comité de salut public, de ceux, enfin, que fatiguait la mise à l'ordre du jour des vertus républicaines. Toute cette mauvaise queue de la Révolution prit ou reçut dès-lors du nom de son chef, le nom de Dantonistes. Comme les ultra-révolutionnaires, la faction Dantoniste mettait la République en péril. Après de longues hésitations, après des tentatives inutiles auprès de Danton, de Camille et des autres principaux révolutionnaires, les comités qui avaient sacrifié à la République les républicains exagérés ou Hébertistes, se résignèrent à lui sacrifier également les républicains modérés et corrompus ou Dantonistes. « Le comité de salut public, dit à ce sujet un historien de notre temps (1), peut être accusé d'avoir sacrifié Danton et ses amis à sa popularité; mais il est cependant une autre explication historique à donner de ce drame jeté ainsi au milieu de notre grande période révolutionnaire; c'est que, si, après la mort des ultra-révolutionnaires le comité eût laissé agir les modérés, ils n'eussent pas tardé à triompher et à s'emparer d'un pouvoir que les Décemvirs du comité avaient la conscience de diriger patriotiquement. L'énergie gouvernementale qui faisait la force de la nation et de la Convention eût été remplacée alors par un système dont, à leurs yeux, la conséquence eût été la perte de la République. » — Les conséquences du 9 thermidor, accompli par les doublures du Dantonisme, ont trop prouvé que les Décemvirs du comité voyaient et jugeaient bien.   E. D.

DAUPHIN. On ne sait pas bien précisément à quelle époque ce mot, emprunté au vocabulaire de l'ichtyologie, prit rang dans le calendrier des dénominations héraldiques. Les uns en font remonter la date vers le milieu du neuvième siècle, d'autres la placent trois cents ans plus tard. On n'est pas mieux d'accord sur les motifs qui portèrent le seigneur suzerain de la province naguère appelée Dauphiné (aujourd'hui les départements de l'Isère, de la Drôme et des Hautes-Alpes), à substituer ce titre assez singulier à ceux de comte de Vienne, de Grenoble, de Briançon, etc., qu'il possédait auparavant. Mais comme ce sont là des choses maintenant oiseuses, bonnes tout au plus à occuper un instant l'attention des historiographes-chroniqueurs du moyen-âge, nous ne chercherons ni à éclaircir si le premier qui prit le

---

(1) Voir le discours prononcé par Canning à la Chambre des communes, après *l'expédition* de Copenhague. (Février 1808) *Recueil des discours de G. Canning*, t. 1.

(1) Léonard Gallois.

titre de Dauphin fut un Bozon, un Guy ou un Berthold, ni à scruter les raisons d'un pareil choix.

Après avoir successivement passé, par héritage ou mariages, de la famille des anciens seigneurs du Viennois et du Grésivaudan à la maison des ducs de Bourgogne, puis à celle de Latour-Dupin, ce titre et l'autorité qu'il indiquait échurent à Humbert II, qui, en 1349, fit donation de sa principauté à la couronne de France, dans la vue, dit-on, de placer sous la protection d'un prince puissant ses sujets incapables par eux-mêmes de résister aux continuelles attaques des comtes de Savoie.

Depuis lors, le fils aîné du roi de France a toujours porté le titre de Dauphin, et le nombre des princes qui en ont été revêtus, y compris l'héritier déchu de Charles X, encore vivant aujourd'hui, s'élève à vingt-cinq. Parmi tous ces Dauphins, l'histoire de la monarchie française signale particulièrement celui qui, plus tard, occupa le trône sous le nom de Louis XI.

En 1830, le titre de prince royal fut substitué à celui de Dauphin.   H. B.

DE. Régulièrement, cette particule nobiliaire précédait toujours un nom de fief seigneurial : ainsi, Raoul *de* Créquy, Mathieu *de* Montmorency, etc. C'était le signe caractéristique de l'ancienne noblesse, de la noblesse de race, de la noblesse féodale, la seule estimée. Les anoblis, en plaçant un *de* devant leurs noms bourgeois, faisaient chose illogique et partant ridicule. Les De Bernard, les De Mouton, les De Fèvre, les De Gobert, et autres noms de ce genre, appartiennent évidemment à des familles d'anoblis.

Dans quelques anciennes provinces, en Normandie notamment, beaucoup de gens, sans tomber dans l'écueil où donnaient les anoblis, s'attribuent cependant la particule nobiliaire, au moyen d'une fraude assez adroite, qui consiste à accoler à leurs noms roturiers ceux de quelques pièces de terre dont ils sont propriétaires ; de là viennent les Regnoult *du* Pré, les Bénard *du* Chaussay, etc.

Aujourd'hui que la noblesse n'a plus d'existence légale, le premier venu a la liberté de prendre cette particule, sans s'exposer à être inquiété par les gens du roi. Il n'en était pas de même autrefois, parce que la possession de ce signe de noblesse favorisait l'usurpation des priviléges qui n'appartenaient qu'aux nobles, et au nombre desquels figurait en première ligne la franchise de l'impôt.   B.-C.

DÉCADE. Nom que l'on donnait à une division du mois dans le calendrier républicain. La Décade se composait de dix jours. Nous en avons donné les noms à l'article Calendrier.

DÉCADENCE. Depuis le commencement des temps, certains peuples ont, tour-à-tour, paru dans le monde et l'ont dominé. Successivement, ils sont tous tombés en Décadence et, pour quelques-uns, c'est à peine si le bruit qu'ils firent jadis retentit jusqu'à nous.

Or, savons-nous quelle cause patente ou secrète a édifié leur grandeur et précipité leur chute. « Ce n'est pas la fortune qui gouverne le monde, a dit Montesquieu ; on peut le demander aux Romains qui eurent une suite continuelle de prospérités quand ils se gouvernèrent sur un certain plan, et une suite non interrompue de revers quand ils se conduisirent sur un autre. Il y a des causes générales, soit morales, soit physiques, qui agissent, dans chaque monarchie, l'élèvent, la maintiennent ou la précipitent ; tous les accidents sont soumis à ces causes ; et si le hasard d'une bataille, c'est-à-dire une cause particulière, a ruiné un état, il y avait une **cause générale** qui faisait que cet état devait périr par une seule bataille. »

Cette explication de Montesquieu n'explique rien, car Montesquieu tranche la question par la question. Certes, il est incontestable que les Romains, au moment de leur Décadence, ne suivaient point les maximes politiques de leurs ancêtres. Mais pourquoi les avaient-ils abandonnées, et dépendait-il d'eux de les garder encore ? Voilà la vraie, la seule question, et Montesquieu ne l'a point résolue.

S'il faut en croire un moderne, les peuples tombent en Décadence par deux raisons : 1° lorsqu'ils ne se mêlent point à des étrangers ; 2° lorsque le sol épuisé ne produit plus de forêts. Dans le premier cas, le sang de ces peuples s'appauvrit ; dans le second, la terre livrée au soleil ne produit plus les substances nécessaires à la vie de l'homme, et la Décadence physique de l'espèce produit la Décadence morale.

Malheureusement pour cette explication, les Romains ne commencèrent à déchoir qu'après avoir admis un grand nombre d'étrangers dans le sein de leur République, et les historiens rapportent qu'au plus fort de leur Décadence, les terres furent abandonnées par les laboureurs et se changèrent en forêts.

Les explications de Montesquieu et celles du moderne sont donc insuffisantes ou erronées ; et cela devait être. Savons-nous seulement la destinée de l'homme ? Savons-nous d'où il vient et où il va ? Savons-nous pourquoi il existe, et quel est le but de sa mort ? Et nous voudrions expliquer la cause pourquoi les peuples viennent et disparaissent ! Ayons un peu moins d'orgueil et confessons notre ignorance ; les grands peuples et les grands hommes, dans le passé le plus lointain, comme dans le plus lointain avenir, sont l'instrument et le secret de Dieu.

Observons seulement que les temps qui s'approchent ne ressemblent déjà plus, sous ce rapport, aux temps qui sont accomplis. Non, il n'est besoin que de jeter les yeux sur le train général du monde, de contempler ce magnifique spectacle des peuples qui s'avancent et des peuples qui renaissent, pour demeurer convaincu qu'un grand et irrésistible mouvement emporte l'humanité vers des destinées inconnues jusqu'ici. La civilisation passait de main en main et se succédait, en quelque sorte, jadis ; elle se répand, grandit et se développe partout et simultanément aujourd'hui. L'Europe, l'Amérique, l'Asie, suivent la marche à des intervalles inégaux ; l'Egypte est venu reprendre chez nous cet esprit qu'elle nous avait transmis par la Grèce et par Rome, et la France jette sur l'Afrique barbare de sanglantes et fécondes semences de sa nationalité.

Jeunes et vieux, hommes de la génération présente, admirons, suivons, activons ces merveilleux mouvements ; car ce sera notre gloire éternelle que la France de notre temps ait été choisie pour donner le branle à cette évolution nouvelle de la destinée humaine.   E. D.

DÉCEMVIRAT, DÉCEMVIRS.

Rome manquait de règles fixes pour un grand nombre de questions d'ordre public et d'intérêt privé. Le jugement des affaires était livré au libre-arbitre des magistrats. Vers l'an 300 de la fondation de la ville, des commissaires furent envoyés à Athènes pour y prendre copie des lois de Solon et pour recueillir des renseignements sur la législation des autres peuples de la Grèce. A leur retour, le peuple élut dix magistrats qu'il chargea tout à la fois de rédiger un code et de diriger les affaires de la République. Ces magistrats furent appelés *Décemvirs*. Ils réunissaient à la puissance des consuls, chefs de l'administration et de la justice, celle des tribuns, défenseurs des droits du peuple.

Les Décemvirs s'acquittèrent de leur mandat à la satisfaction générale, rendant la justice de la manière la plus exacte, sans négliger la rédaction du code dont ils avaient spécialement à s'occuper. La célèbre loi des *douze tables*, qui continua de servir de base au droit public et au droit privé des Romains, fut leur ouvrage. Les dix premières tables furent d'abord soumises à la sanction du peuple. Il en restait deux à faire, mais comme le jour des élections approchait, une nouvelle nomination de Décemvirs parut nécessaire. Elle différa beaucoup de la première ; par les intrigues et l'audace d'Appius Claudius, les hommes justes et probes du premier Décemvirat furent écartés. Appius Claudius et ses amis formèrent la nouvelle administration. On avait cru qu'ils seraient l'appui du peuple, ils ne furent que les tyrans de la République. Les premiers Décemvirs n'avaient en tout que douze licteurs ; les seconds parurent dans le Forum accompagnés de cent vingt faisceaux. Cet appareil de force répandit la terreur parmi les citoyens. Les sentences des Décemvirs étaient sans appel ; comme marques de la puissance souveraine, des haches furent attachées aux faisceaux des licteurs. Patriciens et plébéiens, tout fléchit sous l'autorité des Décemvirs. On les appelait les dix Tarquins, parce qu'à l'exemple du dernier roi de Rome, ils dédaignaient de consulter le sénat sur les affaires de la République. Bientôt, leur audace n'eut plus de bornes ; on les vit s'entourer de jeunes patriciens, cupides et corrompus, qui les encourageaient dans leurs attentats contre la fortune et la personne des citoyens. Quelque temps, une égale terreur régna sur toutes les classes ; elle n'épargna les patriciens que pour sévir avec plus de rigueur contre les plébéiens. Les uns furent frappés de verges, les autres de la hache, et pour que la cruauté ne fût point stérile, la confiscation des biens, au profit des bourreaux, suivait le supplice de celui qui les possédait. La mémorable aventure de Virginie, que son père immola plutôt que de la voir esclave et livrée à la brutale passion d'Appius, mit enfin un terme aux crimes des Décemvirs qui avaient eu la coupable pensée de se perpétuer au pouvoir.

Rome délivrée de ses tyrans reconquit une liberté que trop de confiance lui avait fait perdre. Le consulat, le tribunat et l'appel au peuple furent rétablis. Sur la proposition du tribun Duilius, il fut décidé que la création de magistrats, du jugement desquels on ne pourrait appeler au peuple, serait, ainsi que l'abolition du tribunat, des crimes punis des verges et de la hache.

Les deux dernières tables de la loi sont l'œuvre des derniers Décemvirs. Montesquieu reconnaît que ce code était plus favorable aux patriciens qu'aux plébéiens. La révolution qui renversa les Décemvirs donna de nouvelles garanties au peuple contre les prétentions du patriciat.

Les ennemis de la Révolution française ont comparé le comité de salut public, la Convention elle-même, au Décemvirat des Romains. Il n'y a pas l'ombre de ressemblance entre l'un et l'autre. La lutte mémorable de la Convention, toujours si désintéressée et si pure, contre tous les rois et tous les patriciens de l'Europe, n'eut pour objet que le triomphe des principes d'éternelle justice, d'éternelle vérité.   Aug. BILLIARD.

DÉCHÉANCE.

Par le fait, et dans le langage habituel, la Déchéance se confond souvent avec l'abdication et la déposition. Cependant il y a quelque différence.

L'abdication, comme on l'a vu, suppose l'intervention explicite ou implicite de la volonté du monarque déchu.

La déposition est le fait d'un peuple ou d'une portion du peuple, indépendamment des actes commis par le roi.

La Déchéance est le fait personnel du roi, fait constaté et consacré par les représentants du peuple. — Un prince qui viole les conditions en vertu desquelles il exerce son pouvoir est virtuellement déchu de la royauté.

Ainsi, lorsque la convention réunie sur la convocation de Guillaume d'Orange, le 22 janvier 1689, déclara que « le roi Jacques s'étant efforcé de renverser la constitution du royaume, en rompant le contrat original entre le roi et le peuple ; ayant violé les lois fondamentales par le conseil des jésuites et d'autres pernicieux esprits, et s'étant évadé du royaume, avait abdiqué le gouvernement et qu'ainsi le trône était vacant, » la convention prononçait une véritable Déchéance. C'est ce qu'exprimait avec plus de sincérité la déclaration de la convention écossaise : « Le roi Jacques, par sa mauvaise administration et l'abus qu'il a fait de son pouvoir, est déchu de tout droit à la couronne.

Le 26 décembre 1789, Joseph II fut déclaré, par les États de Belgique, déchu de la souveraineté pour avoir violé la *joyeuse entrée*.

Les Déchéances soulèvent une question de droit et une question politique.

La question de droit avait une très-grande importance lorsque le principe de la souveraineté était mal défini.

Si, en effet, la souveraineté réside dans la personne du prince, comme elle est de sa nature essentiellement indivisible et inaliénable, il est clair que le prince ne peut jamais tomber en Déchéance. Fût-il le plus stupide ou le plus scélérat des hommes, c'est un crime que de songer seulement à le remplacer, même par son plus proche parent. Que si, au contraire, la souveraineté se partage entre deux ou plusieurs pouvoirs, comment l'un aurait-il l'autorité de prononcer la Déchéance de l'autre? Par exemple, dans un pays où une assemblée et un prince exerceraient leur pouvoir au même titre, sans prédominance de l'un sur l'autre, comment l'assemblée aurait-elle le droit de prononcer la Déchéance du prince? Et si elle s'arrogeait ce droit, le prince ne pourrait-il pas se prétendre fondé à prononcer à son tour la Déchéance de l'assemblée? Cette question est légalement insoluble, et l'acte de 1689 le prouve bien par l'ambiguïté qu'il laisse relativement aux droits du parlement pour prononcer la Déchéance du monarque.

Toutes ces difficultés qui ont si fort embarrassé les publicistes du temps passé disparaissent devant le principe de la souveraineté du peuple. Sous l'empire de ce principe, tous les pouvoirs étant délégués sont essentiellement révocables. Et c'est ce qu'avait stipulé à l'égard de la royauté la constitution de 1791 (ch. II, section 1re, § 4, 5, 6 et 7.)

Reste la question politique.

La constitution de 91 décidait qu'après la déchéance le roi serait dans la classe des citoyens, et pourrait être accusé et jugé, comme eux, pour les actes postérieurs à sa Déchéance. Or, c'est là une pure illusion. Jamais vous ne ferez qu'un roi déchu, s'il reste dans le pays où il a régné, y vive comme un simple citoyen. Le voulût-il résoudre, les ambitieux et les intrigants qui jugeraient bon de se servir de lui sauraient bien faire sortir son nom de la retraite au défaut de sa personne. S'il quitte son pays pour aller vivre au dehors, le danger n'est pas moindre. Pour n'en citer qu'un exemple, la famille Bonaparte, déchue du trône en 1815, n'a cessé depuis ce temps de conspirer pour le reconquérir. — Au reste, comme nous avons déjà traité cette question, nous nous bornerons à ces courtes considérations (V. ABDICATION).

La Charte de 1814 n'avait pas prévu les cas de Déchéance ; et cela était logique ; car la Charte de 1814 ne dérivait pas de la souveraineté du peuple. La Charte de 1830, proclamée au nom de ce principe, a également passé sous silence cette grave question.   E. D.

DÉCIME. La loi du 6 prairial an VII établit à titre de subvention ordinaire de guerre une surcharge d'un Décime par franc en sus des droits d'enregistrement, d'hypothèque, de timbre, de greffe, de voitures publiques et autres objets soumis aux contributions indirectes, garantie sur les matières d'or et d'argent, amendes et condamnations pécuniaires et sur les droits de douane. Cet impôt n'avait été établi que pour un an , à cause de la guerre. Depuis cette époque, la guerre a cessé, les années se sont écoulées , et le Décime, toujours maintenu et renouvelé, subsiste encore, et aggrave d'une somme considérable les charges des contribuables.

DÉCLARATION DE GUERRE. Comme il n'existe point de tribunal où les états soient forcés de faire juger leurs différends, c'est aux armes, au jugement de Dieu, comme on disait au moyen-âge, qu'ils ont nécessairement recours pour les vider. « Là où les particuliers plaident, dit Grotius, les souverains tirent l'épée ; ils n'ont pas d'autre moyen pour obtenir justice ou venger leurs injures. »

Dans les pays où le droit de souveraineté est usurpé par un homme, cet homme précipite souvent son peuple dans tous les maux de la guerre pour des querelles qui n'intéressent que sa personne, ou sa famille ou ses maîtresses. C'est ce qu'on voit à chaque page de l'histoire du monde ; c'est ce qui aura lieu tant que la souveraineté ne sera pas restituée de fait et de droit aux nations.

Mais en supposant même un état de choses où la guerre ne pût être faite que par les délégués du souverain véritable, c'est-à-dire par les représentants du peuple, il y aurait encore pour les organes du pouvoir suprême quelques obligations à remplir dans l'exercice du droit terrible de guerre.

La première de ces obligations est celle de *déclarer la guerre* avant de commencer les hostilités, même dans le cas d'une guerre défensive. L'état de guerre doit être notifié à la puissance ennemie, sans quoi les entreprises que l'on fait contre elle sont justement qualifiées d'actes de brigandage et de piraterie : c'est ce qui arriva lors de la rupture de la paix d'Amiens par les Anglais. Il doit être notifié aux neutres, afin qu'ils puissent éviter de se mettre en conflit avec une des puissances belligérantes. Dans un état monarchique, il doit être notifié aux nationaux eux-mêmes , sans quoi leur ignorance pourrait faire qu'ils compromissent leurs biens, leur liberté et leur vie. Nous disons dans un état monarchique , parce que, dans une démocratie, l'état de guerre étant l'œuvre de tous, nul ne saurait ignorer s'il existe. Enfin il est nécessaire de fixer par un acte précis le commencement des hostilités, afin de faciliter le réglement des réclamations réciproques lorsque la paix en vue de laquelle toute guerre se soutient aura été conclue.

Quant à la forme des Déclarations de guerre, l'usage n'a rien consacré à cet égard. Autrefois, les princes s'envoyaient des hérauts ; aujourd'hui on se dénonce l'état de guerre par un manifeste diplomatique qui est accompagné du rappel des ambassadeurs. On conçoit, au reste, que cette forme importe peu , pourvu que le commencement des hostilités ait une date certaine et soit officiellement connu dans le monde civilisé.   J. B.

DÉCLARATION DES DROITS. La Déclaration des Droits, émanée de l'Assemblée nationale en 1791, a été l'objet d'une critique exagérée et d'une admiration excessive. Comme toute chose nouvelle, elle a eu à subir plus de haines et plus d'honneurs qu'elle n'en méritait. Il était impossible, en effet, que le jugement des contemporains fût dégagé de passions, ou plutôt c'est à ces passions elles-mêmes que ce manifeste a dû son existence ; aussi, est-ce sous le point de vue historique seul qu'il faut le considérer, si l'on en veut pénétrer le sens et bien comprendre la signification.

Qu'on ne s'arrête même pas à la date de sa promulgation (le 14 septembre 1791); mais qu'on se reporte à l'époque où se fit, pour la première fois, dans l'Assemblée nationale, la lecture de la *Déclaration des Droits de l'homme :* ce fut le 1er octobre 1789, alors que la lutte était ouverte entre la cour et la nation, alors que l'existence même de l'Assemblée était en question, et que la monarchie, invoquant ses antiques prérogatives, s'agitait violemment pour arracher aux représentants du peuple des droits qu'elle considérait comme des usurpations. Ce jour-là même se donnait à Versailles une fête où les gardes-du-corps, réunis aux officiers du régiment de Flandre, prodiguaient à l'Assemblée nationale des insultes publiques. La guerre était ouverte entre les courtisans et les citoyens, entre les partisans de l'ancien régime et ceux qui s'essayaient à conquérir la liberté.

Ce fut donc au moment même où l'on contestait les droits du peuple que l'Assemblée nationale se hâta de les proclamer. C'était une manière d'en finir avec de vaines discussions et de triompher de la mauvaise volonté d'un roi pusillanime.

Ainsi, la Déclaration des Droits de l'homme fut un défi jeté à l'avenir, un monument élevé à l'avenir, une protestation contre les anciens abus plutôt que la consécration des besoins nouveaux, une proclamation de guerre plutôt qu'une constitution.

Voilà pourquoi l'on ne s'occupa que des droits de l'homme sans faire mention de ses devoirs. Ses devoirs, l'ennemi ne les contestait pas : il n'y avait donc pas à les rappeler ; mais ses droits, attaqués chaque jour, disputés pied à pied, outragés dans le secret des conseils et dans l'ivresse des factions, voilà ce qu'il fallait consacrer, proclamer avec solennité, sans même s'arrêter devant les exagérations que produisent toujours les obstacles.

N'allons donc pas chercher dans la Déclaration des Droits autre chose que ce qui s'y trouve. Pour nous, c'est un manifeste insurrectionnel, une mesure de salut public qui ne devait pas avoir plus de durée que les circonstances qui l'ont fait naître, mais justifiée d'avance par ces circonstances. Aussi nous n'avons pas à nous étonner de l'assertion de Mirabeau, lorsqu'il disait : « La Déclaration des Droits de l'homme ne sera que l'almanach d'une année. » S'il la considérait comme constitution, il ne pouvait guère y voir une œuvre d'avenir ; s'il l'acceptait comme un cri de guerre, il fallait que le triomphe s'accomplît rapidement.

Toutefois, deux grands principes ont survécu à cette première constitution de la République naissante, le principe de l'égalité consacré par l'article 1er, et celui de la souveraineté du peuple, proclamé dans ces mots de l'article 14 : « La loi « est l'expression de la volonté générale. » Ou plutôt ces deux articles ne renferment qu'un seul et même principe, l'égalité. En effet, reconnaître la loi comme l'expression de la volonté de tous, c'est reconnaître le droit de chacun à y concourir également.

La constitution de 1793, qui ne fut pas présentée à la sanction du peuple, était aussi précédée d'une Déclaration des Droits conçue à-peu-près dans des termes semblables.

La constitution du 5 fructidor an III (28 août 1795) consacra les mêmes principes. Mais il est à remarquer que, parmi les droits que l'Assemblée nationale et la Convention en 1793 déclarés naturels et imprescriptibles, elles avaient placé *la résistance à l'oppression.* En 1795 ces mots furent effacés : c'est qu'en effet ils ressortaient naturellement des autres droits ; mais l'Assemblée nationale avait besoin de les exprimer formellement, parce qu'ils résumaient toute sa pensée.

La différence entre les époques nous explique aussi pourquoi la Convention fit suivre la Déclaration des Droits de celle des devoirs. Le droit s'était manifesté d'une manière terrible sans s'arrêter devant les plus cruelles nécessités ; le droit était devenu incontestable. Jusque-là il n'y avait pas eu de concessions à faire : or le devoir est une concession ; on put y songer après la victoire.

Au surplus, quoique cette modification ait comblé une importante lacune, il faut convenir que la Déclaration de 1795 n'est pas, dans ses détails, plus à l'abri de la critique que les deux autres. Mais n'oublions pas que ces constitutions, formées au milieu des orages, ne sont que les premiers essais d'un peuple émancipé de la veille, et nous pourrions à bon droit nous étonner d'une sagesse aussi subite, d'une maturité aussi spontanée.

Au surplus, ce ne sont pas ces Déclarations écrites qui font le droit : il existe indépendamment d'elles et pourrait se manifester sans elles ; car si le droit ne reposait que sur un écrit, on pourrait changer le droit en changeant l'écrit. C'est donc à tort qu'on s'est imaginé que le droit public n'avait d'autres bases que les chartes ou les constitutions. Les constitutions ne sont que des règlements d'ordre public, des formules pour l'organisation du pouvoir exécutif. Or ces formules peuvent varier selon les besoins et les progrès de l'esprit social ; tandis que le droit est en soi invariable. Aussi, tous les changements introduits dans la constitution ne peuvent se faire qu'en vertu du droit et d'accord avec le droit ; car la constitution n'est, pour ainsi dire, que l'instrument du droit et sa manifestation matérielle.

Il nous semble donc peu important, inutile même dans un état normal, de faire une Déclaration écrite qui n'ajoute rien au droit. Si ce droit ne préexiste pas, toutes les chartes ne sauraient re créer ; qu'il préexiste, toutes les oppositions ne sauraient le détruire.

Nous voulons bien cependant qu'après une lutte qui a pour objet la manifestation du droit, on proclame la victoire en proclamant le droit pour lequel on combattait. Mais ce n'est là qu'un enregistrement, et, comme nous l'avons dit, un défi jeté au vaincu , et nullement un enseignement offert aux vainqueurs, qui avaient déjà la conscience de leurs droits, puisqu'ils ne combattaient qu'en vertu de cette conscience.

D'ailleurs, proclamer un droit, c'est admettre qu'on peut en douter; lui offrir une sanction écrite, c'est lui donner la date de cette sanction. Or un droit qui commence par une date finira aussi par une date ; et c'est réduire les lois primordiales et éternelles des sociétés aux misérables chances de la durée, aux impitoyables destructions du temps.

Aussi voyez ce qui est arrivé de toutes ces Déclarations des Droits : elles ont besoin de se confirmer l'une par l'autre et vont se perdre dans le tourbillon des révolutions qui se succèdent. L'Assemblée nationale et la Convention avaient posé des droits *imprescriptibles*, et ces droits ne résistèrent pas au premier souffle de l'intrigue. C'est que l'homme ne donne pas un caractère d'éternité à ce qui est fragile, pas plus qu'il ne peut briser ce qui est éternel. Ainsi, parmi ces droits imprescriptibles se trouvent la liberté, la propriété et la sûreté. Or, la liberté rencontre une entrave dans chaque loi sociale, la propriété se trouve sans cesse modifiée, et le sera bien davantage encore ; quant à la sûreté, c'est moins un droit qu'une manière d'être. Il ne reste donc que l'égalité : et c'est là, selon nous, le seul droit divin des sociétés, la base de toutes les constitutions de l'avenir : mais quand le sentiment de ce droit sera dans le cœur de tous, une déclaration législative sera inutile. L'homme ne fait pas une loi primordiale ; il l'accepte et en règle l'application ; lorsqu'il voudra s'élever plus haut, il sera aussi ridicule que s'il voulait décréter l'existence de Dieu.   ÉLIAS REGNAULT.

DÉCLARATION DU DANGER DE LA PATRIE. Au moment où la coalition austro-prussienne s'avançait menaçante contre les frontières de la France, lorsque les émigrés et leurs complices de l'intérieur conspiraient avec l'étranger la contre-révolution et le démembrement de la France , l'armée de ligne était livrée à l'anarchie, et son effectif de guerre incomplet ; les gardes nationales volontaires étaient mal armées, mal équipées et à peine organisées ; l'armement et l'approvisionnement des places fortes présentaient l'aspect le plus déplorable. De là une inquiétude convulsive dans les masses populaires ; de là des terreurs exagérées chez les uns , et chez les autres une exaltation extrême, qui pouvaient engendrer la démoralisation et des mouvements désordonnés funestes à l'indépendance du pays.

L'Assemblée législative comprit tout le péril de cette situation violente , et elle voulut rassurer les timides et donner aux braves la certitude qu'elle se mettrait résolument à leur tête le jour où il faudrait appeler la nation aux armes pour la défense de la Révolution et du territoire.

Elle prit donc l'engagement solennel de déclarer le danger de la patrie du jour où ce danger serait assez grand et assez imminent pour exiger des mesures extraordinaires et le développement des forces nationales. En même temps elle décréta les formes constitutionnelles dans lesquelles le Corps législatif ferait la Déclaration du danger de la patrie ; et , dans une série d'articles remarquables , elle arrêta toutes les dispositions extraordinaires qui devaient suivre immédiatement cette Déclaration.

Voté, le 4 juillet 1792, par l'Assemblée législative , ce décret , qui est marqué au coin d'une grandeur antique , fut sanctionné le 7 du même mois.

L'Assemblée ne fut pas infidèle à ses promesses : le 11 juillet, elle fit la première application de la loi qu'elle venait d'inscrire dans le code national. Au milieu d'un religieux silence , son président se leva, et d'une voix calme et sonore il prononça ces paroles mémorables : *Citoyens , la patrie est en danger.* Les tribunes et l'Assemblée les accueillirent spontanément par le cri de *Vive la nation !* Ce fut le signal précurseur de vingt années de triomphes sur les monarchies de droit divin !   **Z. K.**

DÉCORATION. C'est un moyen de gouvernement à l'usage des monarchies. L'origine en est toute féodale ; c'est la représentation éteinte de la féodalité ; c'est une chevalerie mutilée , réduite à des proportions mesquines.

Dans les républiques anciennes, les acclamations du peuple et la joie de la conscience suffisaient à celui qui avait rendu d'éminents services à l'État. Sous ce régime sévère, un acte de vertu ou de dévouement était une chose sainte. On ne se dévouait pas dans un but intéressé, dans l'espoir d'obtenir une satisfaction d'amour-propre ou d'argent, mais pour remplir les devoirs du citoyen. Les récompenses n'étaient point de cette vie, les héros savaient que sur d'autres rivages ils seraient reçus et fêtés par les dieux de la patrie.

Dans les temps modernes, une pensée égoïste a prévalu ; on a traité les hommes comme s'ils ne devaient agir noblement et utilement qu'en vue du gain ou de la vanité.

On ne chercha plus alors le mobile des belles actions dans la conscience humaine, dans l'amour de la patrie, dans le dévouement, dans la sainte religion du devoir; on le chercha dans les plus mauvaises passions.

Cette distinction a été saisie par Montesquieu, lorsqu'il a dit que le principe des monarchies est l'honneur, c'est-à-dire l'honneur artificiel créé par les hommes , tandis que la vertu est le caractère distinctif des républiques.

Il y a donc quelque chose d'immoral au fond de ces prétendues institutions d'honneur. Le législateur avoue ainsi qu'il a perdu l'espoir d'obtenir gratuitement des services pour le pays, et qu'il est obligé d'avoir recours aux instincts passionnés de l'amour-propre.

Cette simple vue de la question devrait suffire pour déterminer la suppression de tous les ordres de chevalerie.

Cependant, comme il faut un prétexte honorable aux institutions même les plus mauvaises, on a dit que les décorations étaient destinées à récompenser les grands services, à signaler à la reconnaissance publique les citoyens qui avaient exposé leur vie ou dévoué leurs talents dans l'intérêt général.

Envisagées même sous ce point de vue restreint, les décorations n'ont pas rempli le but pour lequel elles avaient été créées. Les princes les ont distribuées, non plus sur le rapport des chefs d'armée, mais trop souvent sur la prière des courtisans et des courtisanes. Il a été fait plus encore : un trafic honteux a été établi sur les décorations ; on les a vendues, payées ; on a battu monnaie avec le signe de l'honneur ; et tandis que des misérables, chargés de richesses volées, se pavanaient la poitrine couverte de décorations, de simples soldats, criblés de blessures, vieillis sous le harnais, périssaient dans les hôpitaux, sans avoir obtenu le ruban qu'une fausse éducation leur faisait désirer.

L'Empire seul mérite une réserve à ce sujet, et Napoléon, tant qu'il a vécu comme monarque, n'a donné la croix de la Légion-d'Honneur qu'à ceux qui l'avaient méritée sur le champ de bataille ; depuis, elle a été prodiguée à ce point qu'elle semble faire partie du costume obligé des législateurs, des courtisans et de tous les commis et fonctionnaires publics.

On chercherait en vain aujourd'hui à redonner un peu de valeur aux décorations. Nos mœurs démocratiques les frappent de discrédit, et les distinctions entre les classes comme entre les individus deviennent de jour en jour plus difficiles.

Que celui donc qui veut se dévouer au service de la patrie n'espère plus un ruban, une croix d'or ou de diamants, mais qu'il se confie à la reconnaissance publique ; son nom vivra dans la mémoire des hommes, par les traditions et par l'histoire ; et si l'ingratitude vient l'atteindre, il aura toujours eu pour récompense le témoignage de lui-même, cette satisfaction intérieure, le parfum de sa propre vertu, qui ne périront qu'avec lui.

CHAPUYS-MONTLAVILLE, député.

DÉCRET. On désignait sous le nom de Décret les actes des trois assemblées révolutionnaires.

Cette dénomination reparaît sous le Consulat et l'Empire. La constitution de l'an VIII donnait au premier consul, outre le droit de proposer la loi et de retirer le projet avant qu'il fût voté, le pouvoir de faire des Décrets qui acquéraient force de loi, si, dans les dix jours de leur promulgation, ils n'étaient pas annulés, pour cause d'inconstitutionnalité, par le Sénat Conservateur.

Napoléon, consul et empereur, a largement usé et abusé du Décret ; et le Sénat-Conservateur n'a jamais exercé son pouvoir de révision.

Depuis la chute de l'Empire, on a souvent attaqué devant les tribunaux les Décrets inconstitutionnels. Mais la Cour de cassation a constamment déclaré qu'ils ont force de loi, parce qu'ils n'ont point été réformés dans les délais exigés par la constitution en vigueur. Ces Décrets ne peuvent donc être abrogés ou modifiés que par le pouvoir législatif. La jurisprudence distingue néanmoins les Décrets portant des dispositions purement réglementaires, lesquels peuvent être modifiés par des ordonnances du pouvoir exécutif. (V. Loi.)

DÉCURIE. Troupe de dix hommes ou subdivision composée de dix citoyens ou de dix chefs de famille. Le *Décurion* est celui qui a l'inspection ou le commandement de la Décurie.

A Rome tout citoyen était soldat, de sorte que l'ordre établi dans la population de la ville et de ses environs était le même que l'ordre établi dans l'armée. Il en résultait que l'administration supérieure était constamment à même de vérifier les ressources et les besoins de chaque individu.

Cet ordre était suivi dans les communes et républiques du moyen-âge qui avaient leurs *dizeniers* et leurs *centeniers*. Ces moyens de contrôle n'existent plus aujourd'hui. (V. GARDE NATIONALE et RECENSEMENT.)

DÉFENSE. Ce mot signifie également l'acte par lequel on veut imposer sa volonté, et l'acte par lequel on veut soustraire un autre, ou soi-même, à la volonté d'un tiers.

La Défense de faire une chose est une restriction du droit d'autrui, un empiétement sur sa liberté. C'est une violence purement morale, si la Défense n'est suivie d'aucun acte matériel. C'est une violence morale et physique, si les faits accompagnent les paroles. Si la Défense, sous ce point de vue, est quelquefois légitimée par l'intérêt social, elle devient aussi quelquefois un acte de tyrannie.

La Défense de soi-même, ou d'autrui, est, au contraire, l'usage d'un droit naturel. Elle s'exerce par des voies de fait, quand on repousse la force par la force. Elle s'exerce par la parole et par des actes judiciaires, quand on défend devant les tribunaux ses biens, son honneur, ou sa vie. Dans l'un comme dans l'autre cas, la Défense est le plus sacré des droits, et elle devient quelquefois le plus saint des devoirs, ou de l'homme envers lui-même, ou de l'homme envers la société. Elle est un droit, car inspirée par le sentiment, par le besoin irrésistible de notre conservation, elle fait évidemment partie de notre constitution morale. Elle est un devoir privé ou un devoir public, car si l'individu ne peut, en s'abjurant lui-même, disposer contre la volonté de Dieu de sa personne et de sa liberté, l'homme social ne peut pas non plus abandonner, sans forfaiture, les droits qu'il a conservés en entrant dans la société, et qu'il a promis de maintenir dans un intérêt commun.

Sans doute la Défense doit être sage, mesurée aux droits, aux besoins, aux nécessités de celui qui est obligé d'y avoir recours. Si elle sort de ces limites, ce n'est plus une Défense, c'est une attaque qui provoque et légitime l'emploi des mêmes moyens de la part de celui qui était d'abord l'agresseur. Mais, renfermée dans ces justes bornes, modifiée par ces conditions, la Défense devient, pour ainsi dire, la pierre de touche de la liberté et de la tyrannie. La liberté a peu de chose à craindre, quand la Défense, libre et sans entraves, peut venir, sous le soleil et sous la garantie des lois, appeler à son secours la vérité et la justice. Mais la liberté a cessé de vivre, quand la Défense étouffée dans la nuit et sous les verrous n'a plus que des plaintes impuissantes à adresser à des bourreaux.   MAURAT-BALLANGE, député.

DÉFICIT. On dit qu'il y a Déficit dans la caisse d'un comptable lorsque l'argent qui devrait y être ne s'y trouve pas.

On entend plus ordinairement encore par Déficit un excédant des dépenses sur les recettes du Trésor public. Ainsi on prévoit pour l'exercice 1839 un Déficit de 78 millions et pour celui de 1840 un Déficit de 200 millions.

Ce mot est entré dans la langue usuelle depuis que l'on discute publiquement les recettes et les dépenses de l'État. Énumérer les différents Déficits qui ont été couverts par des expédients et des ressources extraordinaires, ce serait faire l'histoire entière de nos finances; car l'existence d'un Déficit est l'état normal, l'absence de Déficit une exception fort rare, même en temps de paix et de prospérité matérielle.

DÉGRADATION. La Dégradation est une peine militaire inhérente à la peine de mort, à celles des fers et de la détention.

Aucune loi n'a spécifié les formes dans lesquelles s'accomplirait la Dégradation. Celles qui sont en usage sont le résultat de vieilles traditions qui se sont perpétuées depuis un temps immémorial. (V. JUSTICE MILITAIRE.)   Z. K.

DÉLATION. C'est la révélation mystérieuse d'un fait qui peut compromettre la fortune, l'honneur ou la vie de quelqu'un.

A Rome, chaque citoyen avait, en certains cas, le droit et le devoir d'en accuser un autre. Ce droit ne fut dans l'origine qu'une conséquence du gouvernement qui régissait le peuple romain. Quand la souveraineté est exercée par la nation, il est naturel de considérer chacun de ses membres comme dépositaire des droits de tous. Le même système fut suivi sous les Empereurs par pure habitude, mais alors on vit paraître une race d'hommes qui furent appelés *délateurs,* race impure qu'enfanta la corruption des cours et l'action avilissante de la tyrannie. « Quiconque (dit Montesquieu) avait bien des vices et bien des talents, une âme bien basse et un esprit ambitieux, cherchait un criminel dont la condamnation pût plaire au prince. C'était la voie pour aller aux honneurs et à la fortune. »

Les Délateurs avaient le huitième des biens des proscrits, et même le quart quand il s'agissait d'un crime de lèse-majesté. Cet appât excita tellement leur émulation qu'ils se portèrent à des excès inouïs, et qu'on vit un patricien pousser l'infamie jusqu'à venir accuser son père.

Sous les bons empereurs, ces hommes odieux furent inconnus ou en horreur. Antonin-le-Pieux en fit mourir plusieurs. D'autres furent battus de verges, exilés, ou mis au rang des esclaves. Les lois du Code et du Digeste les flétrissaient en termes énergiques, et leur nom seul devenait la plus sanglante injure pour celui à qui on en faisait l'application.

Les Délateurs ne se rendirent pas moins redoutables à Venise par le nombre et par l'importance des victimes qu'ils sacrifièrent à leurs passions ou à celles des autres. Pour leur donner plus de sécurité et pour exciter leur audace, une bouche de pierre recevait dans le silence des ténèbres les infâmes bulletins qu'ils y plongeaient. « On eût dit, pour nous servir encore de l'énergique expression de Montesquieu, la bouche même de la Tyrannie. »

La profession de Délateur fut toujours inconnue en France. Le gouvernement monarchique et absolu concentrant en lui seul tous les pouvoirs sociaux, se chargea de faire poursuivre par ses délégués tous les crimes et tous les délits. Cependant il s'est toujours trouvé bon nombre d'hommes disposés à révéler secrètement aux magistrats le mauvais vouloir, les projets ou les tentatives des ennemis du gouvernement, et quelquefois même à supposer des crimes là où n'existaient que quelques apparences habilement envenimées. On les a appelés dénonciateurs, dénomination qui comporte généralement une idée peu favorable, mais qui est cependant moins désobligeante ou moins injurieuse que la première. Le *dénonciateur* peut être animé par le sentiment du bien public. Le *Délateur,* dans la véritable acception de ce mot, n'est excité que par des passions honteuses. Le premier, quand il dénonce l'homme pervers à l'indignation publique, remplit un rigoureux devoir. Le second, quand il cherche à se grandir par l'imposture, les sacrifie tous impudemment à sa cupidité ou à sa haine.   MAURAT-BALLANGE, député.

DÉLIBÉRATION. « Nous guidons les affaires en leurs commencements », dit Montaigne, « et les tenons à notre mercy; mais, par aprez, quand ils sont esbranlez, ce sont eulx qui nous guident et emportent, et avons à les suivre..... De toutes choses les naissances sont foibles et tendres : pourtant fault-il avoir les yeulx ouverts aux commencements ; car, comme lors, en sa petitesse, on n'en descouvre point le dangier, quand il est accru, on n'en descouvre plus le remède. »

Ceci veut dire qu'avant d'agir il faut délibérer; en d'autres termes, que la tête doit gouverner le bras.

La meilleure organisation politique est donc celle qui, distinguant soigneusement la pensée et l'action, la tête et le bras, déterminera nettement les fonctions respectives de ces deux éléments.

Dans les monarchies absolues, l'action et la pensée se confondent.

Dans les monarchies constitutionnelles, elles se confondent et se contrarient tout à-la-fois.

En effet, le prince absolu légifère, gouverne, juge et administre ; ce qu'il a résolu, il l'exécute. —

Quant au roi constitutionnel, il est souvent contraint de vouloir comme pouvoir exécutif ce qu'il n'a pas voulu comme pouvoir législatif, et *vice versâ*.

Au contraire, sous un régime démocratique, le pouvoir législatif produit la pensée; le pouvoir exécutif, l'action. Celui-ci agit, celui-là délibère; il n'y a ni contrariété ni confusion. (V. Assemblée, Réglement.)   E. D.

DÉLIT. Infraction coupable à la loi. Le mot Délit est le terme général qui embrasse tous les faits que la société veut prévenir ou réprimer; le grand ouvrage de Beccaria est intitulé des *Délits et des peines*. Mais la législation a toujours distingué plusieurs catégories dans cette grande généralité. Par suite, des mots différents ont été employés pour désigner en particulier tels ou tels faits qui, en définitive, ne sont toujours que des violations plus ou moins graves des mêmes principes. Ainsi, l'on a divisé et scindé l'idée de l'ensemble tandis qu'il n'eut peut-être fallu que graduer la pénalité. Par cette détermination forcément arbitraire, de simples Délits sont devenus des crimes et de véritables crimes sont devenus des Délits.

Quoi qu'il en soit, nos codes ont classé les infractions à la loi dans l'ordre suivant: Les crimes, punis d'une peine infamante, et soumis à la cour d'assises; les Délits, atteints d'une peine correctionnelle, ressortant des tribunaux ordinaires, et les contraventions, réprimées par l'amende ou quelques jours de prison, jugées par les juges. de simple police. Cette classification méthodique dans l'application de la peine n'est pas à beaucoup près aussi logique dans la fixation du caractère du fait à poursuivre, et cela tient à un motif facile à comprendre. Le législateur n'a tenu compte que des éléments matériels, et il a négligé toutes les considérations morales. Ainsi, le vol d'un pain, la nuit, avec fracture d'une vitre, commis par un homme qui meurt de faim, est un crime, et le vol de centaines de mille francs commis en plein jour à l'aide d'abus de confiance, par un millionnaire, est un simple Délit. Il en est ainsi de mille autres incidents, et l'étude du droit criminel manifeste d'étranges anomalies qu'il eût été possible d'éviter en ne conservant, comme nous l'avons dit, qu'un seul terme et en graduant seulement les peines. Ce procédé, sur le mérite duquel nous n'avons pas besoin d'insister, conduirait nécessairement à l'établissement d'un seul tribunal, le jury pour tous les faits répréhensibles, et alors, il nous semble que l'on posséderait tous les véritables éléments d'une justice égale, commune et incontestable pour tous les membres de la société.   B. P.

DÉMAGOGIE, DÉMAGOGUE. La Démagogie est l'exagération et l'abus de la démocratie. Le Démagogue est un faux démocrate; il veut réaliser à son point de vue ce que l'aristocratie cherche à établir dans son intérêt: la supériorité politique et sociale de certains individus. La démocratie, au contraire, c'est l'égalité. La Démagogie

est donc le pendant de l'aristocratie; l'une et l'autre violent également le principe de la Souveraineté du peuple.

Tel est le sens logique de ces deux mots: Démagogie, Démagogue. Mais les absolutistes, les aristocrates et voire même les bourgeois, appellent injurieusement démagogues, les apôtres, les disciples et les martyrs de la démocratie, les démocrates. C'est une vieille tactique qui commence à être usée.

DÉMEMBREMENT. (V. Aliénation.)

DÉMOCRATIE. L'étymologie de ce mot en explique le sens; il se compose de deux mots grecs: Δῆμος, peuple, et κράτος, commandement, pouvoir.

La Démocratie est le gouvernement du peuple, la mise en œuvre de la Souveraineté populaire.

La Démocratie est donc une idée nouvelle, un fait nouveau. Les républiques de l'antiquité n'étaient nullement démocratiques. Leurs constitutions n'admettaient point l'égalité, même entre les hommes libres. A Rome, à Athènes, à Sparte, il y avait des classes politiques; à Rome, par exemple, les patriciens, les chevaliers et les plébéiens; les uns et les autres avaient des priviléges, ils n'avaient point, à proprement parler, des droits.

Ce qu'on entendait alors par Démocratie ce n'était donc pas l'égalité civile et politique. On appelait démocratique un état dans lequel prédominait l'élément populaire. Ainsi, Rome était une aristocratie, bien que les plébéiens y eussent des priviléges plus ou moins étendus. Le gouvernement d'Athènes, au contraire, était regardé comme démocratique; et cependant les nobles Athéniens étaient seuls admissibles à certaines fonctions dont le peuple était exclus. — Cette distinction, pour le dire en passant, répond à bien des comparaisons sophistiques sur les républiques de l'antiquité et les gouvernements modernes.

La Démocratie est le triomphe complet du principe de l'égalité; elle est le fait définitif de notre époque, le fait de l'avenir. Ce mot réclame donc une étude approfondie et de sérieux développements. Mais comme il renferme deux ordres d'idées: l'un, philosophique ou de principe; l'autre, politique ou d'application, il nous a paru que ces développements seraient plus logiquement placés aux mots: Souveraineté et République. (V. ces deux mots).   E. D.

DÉMOLISSEUR. Ce mot est récent dans la langue politique, et il n'y a guère été employé jusqu'ici qu'à titre d'injure. Les hommes qui tirent profit des abus ou des mauvaises lois, ceux même qui, sans l'appât d'un lucre immédiat, croient en conscience la fortune publique et le repos de tous intéressés au maintien de l'ordre établi, quel qu'il soit, se font les uns et les autres peu de scrupule d'appeler *Démolisseur* quiconque fait la guerre aux abus, prêche la réforme des mauvaises lois, s'efforce d'améliorer l'ordre établi. En ce sens, les auteurs de la Révolution française de 1789 furent de bien grands Démolisseurs. Les Benjamin-Constant, les Manuel, les Foi, les Casimir Perrier, tous ceux qui, sous la Restauration, travaillaient à ramener un pouvoir évidemment rétrograde vers les principes libéraux proclamés par la Constituante, étaient aussi des Démolisseurs. Aujourd'hui, les Démolisseurs sont les hommes qui veulent mettre fin au désordre au milieu duquel nous vivons, les hommes qui aspirent à remplacer ce gouvernement sans énergie, sans unité, sans dévouement, qu'on appelle monarchie constitutionnelle, par un gouvernement qui ait pour base la volonté de tous, pour but le bien-être de tous, pour moyen une représentation véritable des intérêts légitimes de tous. Voilà ceux qu'on appelle maintenant des Démolisseurs. Et sans doute ils le sont, ils doivent l'être ; car comment arriver à mettre, en quoi que ce soit, le bien à la place du mal, si l'on ne commence par détruire celui-ci, par déblayer le terrain qu'il occupe. Ainsi appliqué, ce mot n'a donc rien que d'exact. Mais ce qui n'est pas juste, c'est le sens défavorable qu'on y attache trop souvent. Pour la plupart de ceux qui l'emploient, il est synonyme d'anarchiste, d'ennemi du repos public, de partisan du désordre. Cette assimilation est aussi injuste que fausse, et rien ne la justifie. Les anarchistes aujourd'hui sont ceux qui veulent, n'importe dans quel intérêt, immobiliser l'état de choses où nous sommes, état de choses qui est l'anarchie même ; les ennemis du repos public sont ceux qui prônent et défendent une constitution sociale où le pauvre, ne pouvant toujours *vivre en travaillant,* est trop souvent poussé par le besoin à *mourir en combattant;* les partisans du désordre enfin sont ceux qui favorisent ou qui exploitent les illégalités, les monopoles, les priviléges, toutes choses qui ne peuvent exister qu'en violation des principes éternels de l'ordre, c'est-à-dire de l'équité. H. Th.

DÉMONÉTISATION. Démonétiser, c'est ôter à une certaine espèce de monnaie ses fonctions de mesure légale des valeurs. Le droit de démonétiser appartient au gouvernement, comme celui de battre monnaie.

La monnaie n'a d'autre valeur que celle que lui donnent le commerce et le crédit. Bien que démonétisée, une pièce de monnaie peut encore servir autrement que comme simple marchandise, mais on ne peut obliger un créancier à la recevoir en paiement.

En battant monnaie comme en démonétisant, le gouvernement n'affecte que les créances qui existaient avant l'émission de la monnaie ou la Démonétisation. Il ne peut qu'imposer l'obligation de recevoir en paiement et supprimer cette obligation.

DÉPARTEMENT. Mot qui s'applique souvent aux subdivisions du ministère. (V. Ministère).

DÉPARTEMENTS. Nom donné depuis 1789 aux sections politiques du territoire qui ont remplacé les provinces. La division de la France en départements fut une des œuvres les plus coura-

geuses de l'assemblée constituante, une de celles qui exigèrent le plus d'abnégation de soi-même, de dévouement à la patrie. Anciennes lois, anciennes habitudes, anciennes formes de justice et d'administration, anciennes prérogatives de personnes et de localités, tout se trouva détruit le jour où cette division fut établie. Elle opéra une rupture complète entre l'avenir et le passé. Par elle, il devint facile de ramener tous les intérêts, comme toutes les parties du sol, au principe de l'unité, d'élever, sur un plan régulier, l'édifice qui allait succéder aux inégales constructions d'autrefois. Ce qu'il y a de remarquable dans la division par départements, ce n'est pas seulement le partage de la France en fractions à peu-près égales, c'est l'étendue donnée aux nouvelles circonscriptions politiques. Chacune d'elles a la mesure d'intelligence, de ressources qui lui est personnellement nécessaire, sans qu'aucune puisse prédominer les autres ou lutter contre le gouvernement général de l'État. Il n'est point non plus de proportion plus commode pour le service de l'administration. Renfermée dans un cercle plus étroit, celle-ci aurait moins de force et de lumière ; elle ne correspondrait point assez rapidement avec le centre commun, si son rayon était plus étendu. Quoiqu'on n'ait pas aussi bien compris l'organisation intérieure des nouvelles subdivisions et leurs rapports avec le gouvernement général, il n'en est pas moins vrai que les cadres formés par l'assemblée constituante sont une des idées les plus heureuses de la Révolution. Il n'y aurait pas moins d'inhabileté que d'imprudence à rien changer à l'œuvre de nos prédécesseurs.

L'assemblée constituante divisa les Départements en districts, d'un tiers environ moins étendus que les arrondissements d'aujourd'hui. Les districts étaient partagés en cantons, les cantons en communes.

Chaque département avait une *Administration* (expression inexacte, mais qui est celle de la loi), laquelle administration, nommée par les électeurs réunis au chef-lieu, se subdivisait en deux corps : l'un appelé *Conseil,* l'autre *Directoire du département.*

Les attributions du conseil, qui avait tous les ans une session de quinze jours, étaient à-peu-près les mêmes que celles des Conseils-généraux d'aujourd'hui.

Formé de huit membres, le directoire était chargé de l'expédition des affaires, tant d'intérêt général que d'intérêt local. Il y avait, auprès de chaque directoire, un magistrat appelé *Procureur-syndic du département,* dont la fonction spéciale était de veiller à l'exécution de la loi. Il était également élu par les citoyens.

Comme celle du Département, l'*Administration du district* se divisait en deux corps, le *Conseil* et le *Directoire de district.* Il y avait aussi un *Procureur-syndic de district.*

On n'avait pas constitué d'administration pour les cantons. (V. ce mot.)

Les districts correspondaient avec les *Municipalités* ou *Administrations de commune* organisées de la même manière que celles des circonscriptions supérieures.

Les administrations municipales étaient subordonnées aux administrations de district; celles de district à celles de département, et ces dernières à l'*autorité du roi*.

On ne tarda pas à reconnaître les vices de l'ordre établi par l'assemblée constituante. A proprement parler, le gouvernement n'avait personne, dans chaque circonscription administrative, pour veiller à l'exécution de ses volontés. Les procureurs-syndics n'étaient et ne pouvaient être que les hommes de la localité. Partagé entre plusieurs membres dont la compétence ou les attributions étaient mal déterminées, le pouvoir exécutif remettait en question les affaires d'ordre général sur lesquelles l'autorité suprême avait déjà délibéré. Dans ce système, qui manquait d'ensemble, d'unité, de lien entre les parties intégrantes et le centre commun, on ne savait où trouver la responsabilité.

La Convention modifia l'ordre établi par l'assemblée constituante. Elle supprima les districts, constitua les cantons et réforma les petites municipalités dont l'impuissance était notoire. Ainsi, le Département fut un corps composé d'un certain nombre de grandes individualités placées sous la direction immédiate d'une administration supérieure.

Cette administration était composée de cinq membres nommés par les électeurs de la circonscription. On institua près de chaque administration un commissaire révocable, nommé par le gouvernement, et chargé de veiller à l'exécution de la loi. Il devait être choisi parmi les citoyens du département.

Les administrations de département étaient placées sous l'autorité des ministres, qui pouvaient les dissoudre et annuler leurs actes ou refuser de les sanctionner.

Une organisation analogue fut donnée aux cantons, qui étaient subordonnés aux administrateurs de département.

Ces dispositions furent établies par la constitution de l'an III. Nous verrons plus tard quels en étaient les avantages et les inconvénients.

La constitution de l'an VIII maintint, sous le nom de *Préfets*, les commissaires institués dans les départements; elle ne les plaça pas auprès, mais au-dessus de l'administration. Aux *Corps administratifs*, composés de cinq membres, elle substitua les *Conseils de préfecture*, dont les pouvoirs étaient beaucoup moins étendus, ou qui ne participaient qu'indirectement à l'exercice du pouvoir exécutif. Les corps administratifs étaient élus par les citoyens: le premier consul se réserva la nomination des conseils de préfecture comme celle de toutes les autorités du département. On a vu aux mots CONSEILS-GÉNÉRAUX, également établis par la constitution de l'an VIII, quels étaient alors leur caractère et leurs attributions.

Le gouvernement consulaire détruisit l'organisation cantonale de l'an III; il revint aux 59 à 40,000 fractions du territoire connues sous le nom de communes, et dont l'impuissance convenait beaucoup mieux aux vues du nouveau législateur. Les départements furent divisés en arrondissements de sous-préfecture, comprenant chacun un certain nombre de communes placées sous la direction d'un agent intermédiaire ou de transmission, appelé *Sous-préfet*. Les 86 départements de la France se partagent en 363 arrondissements, y compris ceux de chef-lieu, qui sont placés sous l'autorité immédiate des préfets.

Cet état de choses s'est maintenu depuis 1800, sauf quelques modifications que nous avons fait connaître aux mots CONSEIL GÉNÉRAL et CONSEIL D'ARRONDISSEMENT.

Telle qu'elle fut faite, soit par les législateurs de 1791, soit par ceux de l'an III et de l'an VIII, l'organisation départementale a constamment laissé beaucoup à désirer. La constitution de 1791 avait fait des départements, des districts, des moindres communes, des espèces de républiques superposées les unes sur les autres, sans lien avec le gouvernement général de l'État. La constitution de l'an III avait soumis les administrations de canton et de département au libre arbitre des ministres et de leurs commis; quant à la constitution de l'an VIII, c'est le despotisme pur et simple qu'elle avait établi.

Le mal vient de ce qu'on ne s'est pas fait une idée plus exacte du département que de la commune, de ce qu'on ne s'est pas rendu compte de ce qu'il faut entendre par République, et des différences qui doivent exister entre un grand et un petit système républicain.

Nous l'avons dit ailleurs, la France ne forme qu'une seule cité, qu'une seule commune, et cette commune ne peut comprendre que les objets qui intéressent au même degré tous les membres dont elle est composée. Les départements ne sont autre chose que des subdivisions de la grande commune. Ils ne constituent pas des gouvernements à part, des administrations qui puissent s'isoler de l'administration générale de l'État. Il existe, à la vérité, des intérêts personnels aux localités et dont l'administration doit leur être entièrement abandonnée à des conditions fixées par la loi. De quelque nature qu'ils soient, il importe que ces intérêts ne se confondent jamais avec ceux de la société tout entière. Nous renvoyons sur ce point le lecteur aux explications que nous avons données dans les articles CANTON et COMMUNE.

De ce que le département est une fraction de la cité générale, il ne faut pas conclure qu'il doit être le siège d'une autorité proconsulaire qui s'exerce arbitrairement sur les associations ou sur les individus placés au-dessous d'elle. Il ne faut pas non plus mettre ceux-ci à la merci des ministres et de leurs commis. Qu'il s'agisse d'intérêts généraux ou d'intérêts locaux, vous ne pouvez pas davantage superposer des Républiques les unes aux autres; il n'existe point de féodalité républicaine. Pour être vraie, la République ne doit se composer que d'individus ou d'individualités qui atteignent jusqu'au gouvernement général de l'État. Ce problème ne se présente point dans un petit système républicain, où chacun est en rapport immédiat et journalier avec le gouvernement de la cité.

Il ne suffit pas d'avoir au centre commun des représentants des diverses parties du territoire, auxquels on signalera les abus des proconsuls ou des agents subalternes de l'autorité suprême. La justice politique, comme la justice en matière d'intérêt privé, doit constamment se trouver, sur tous les points du territoire, à la portée de tous les citoyens.

Telle qu'elle est aujourd'hui constituée, l'administration départementale, comme l'administration générale de l'Etat, réunit trois pouvoirs : d'abord, elle est chargée d'exécuter les ordres, les volontés de l'autorité suprême ; en second lieu, elle est juge et partie dans les débats qui s'élèvent entre elle et les citoyens ou communautés de citoyens, et qui se résolvent par les règles du droit privé ; enfin, elle décide si ce que les citoyens ou les associations de citoyens veulent faire ou ne pas faire est contraire, soit à l'intérêt public, soit à la constitution. Il suit de là que l'administration est un arbitre, souverain juge, non-seulement des fautes d'autrui, mais de ses propres fautes. Elle prend, il est vrai, l'avis de conseils, qui s'appellent Conseil de préfecture ou Conseil d'état : mais, en définitive, comme le dit leur nom, ce ne sont que des conseils et non des jurys ou des tribunaux. Toutes les fois qu'une question de droit public ou de droit privé est à résoudre entre l'administration et les citoyens, elle a tout nécessité qu'une autorité indépendante statue sur cette question ; autrement, il n'existe ni droit ni garanties pour les citoyens.

Mais une autre difficulté se présente : à raison de l'impuissance des communes, il faut que l'administration départementale supplée par son intelligence, par sa force, à leur faiblesse, à leur incapacité, qu'elle ait une volonté pour ceux qui n'en peuvent avoir. L'arbitraire trouve encore ici le moyen de se justifier : nous avons démontré, ailleurs, la nécessité de constituer des unités sociales qui aient une puissance, des ressources, des lumières, que les communes actuelles ne sauraient avoir.

Mieux compris, mieux organisés qu'ils ne l'étaient par la constitution de l'an III, les Cantons, ainsi que les citoyens, ne seront point placés sous l'autorité arbitraire d'un préfet, d'un commissaire ou d'un ministre, mais sous une juridiction formée de leurs délégués, et qui jugera si leurs actes sont ou non conformes à la loi.

De même que le pouvoir des tribunaux en matière ordinaire, le pouvoir départemental doit se composer de deux éléments, d'un commissaire ou d'un ministère public qui veille à l'exécution de la loi, et d'un jury indépendant qui, en cas de difficulté pour cette exécution, ou pour la solution de toute question de droit public, décide si la chose qu'on demande peut être accordée, ou si la chose qu'on fait est ou n'est pas contraire à la loi.

Ainsi, qu'un particulier, qu'une communauté de citoyens demande à disposer d'un cours d'eau, objet qui appartient au domaine public, ou qu'ils sollicitent l'autorisation de former un établissement d'instruction ou de bienfaisance ; dans ce cas, c'est le préfet, c'est le ministre, assistés ou non assistés de conseils, qui refusent ou accordent l'autorisation demandée. Si des difficultés surviennent sur l'exercice de certains droits, c'est encore l'administration qui prononce. Dans ces cas et dans une foule d'autres analogues ou pareils, c'est nécessairement à la Société et non point à un individu qu'il appartient de statuer, de résoudre la difficulté.

Ces distinctions étaient nécessaires pour bien faire comprendre ce que c'est qu'un Département, en quoi consiste ou doit consister l'autorité placée dans ce Département.

Ayez dans chaque circonscription départementale un commissaire, un procureur, un préfet, comme il vous plaira de l'appeler, dont la mission se bornera à transmettre aux cantons les instructions, les ordres qu'il aura reçus, et à exécuter toutes les mesures prescrites par la loi. Ce commissaire sera nécessairement l'homme du gouvernement, qui le nommera, e révoquera, le déplacera, non point arbitrairement (V. GARANTIES SOCIALES), mais lorsque cela sera déclaré juste ou nécessaire.

Dans le même lieu que ce commissaire, siégera la juridiction dont nous venons de parler, et qui statuera en premier ressort sur les questions de droit, d'intérêt communal ou d'intérêt public que feront naître les circonstances ou les lois du pays. Nous l'avons déjà dit, la nomination des membres de cette juridiction appartient de plein droit aux citoyens.

Dès-lors, il ne faut pas que ce soit un ministre qui maintienne ou annule à sa volonté les actes du jury départemental ; il est encore de toute nécessité qu'il y ait au centre de l'Etat un pouvoir qui, comme la Cour de cassation, décide en dernier ressort si les actes qui lui seront déférés, soit par les citoyens, soit par les commissaires de Département, sont ou non conformes à la loi, et ce pouvoir doit émaner du libre suffrage des citoyens, comme tous les autres pouvoirs de l'Etat.

Il en est, dans une grande République, des intérêts politiques comme des intérêts privés, qui doivent trouver d'autant plus de garanties que l'on se rapproche davantage du centre commun à tous ces intérêts. En matière d'ordre public il ne faut pas plus placer d'autorité arbitraire l'une sur l'autre que de République sur la République. Aujourd'hui, plus vous approchez du Gouvernement, plus l'arbitraire s'accroît, tandis qu'au contraire c'est la justice qui doit s'accroître. C'est le seul moyen d'appliquer ou de réaliser le double principe de l'unité et de l'indivisibilité, sans lequel il n'est ni avenir, ni sûreté pour les états et pour les individus. Dans l'ordre actuel, les Départements ne sont, sous certains rapports, que des Pachaliks, où l'on n'échappe à une autorité despotique que pour tomber sous un pouvoir, qui seulement frappe de plus haut, mais avec le même despotisme, sur les citoyens et les associations de citoyens.

Ces explications font voir ce qu'il y avait d'incomplet, d'imparfaitement compris dans les pre-

40

mières constitutions des Départements. De la manière dont nous entendons l'organisation à donner à ces divisions du territoire, les arrondissements de sous-préfecture ne nous paraissent pas moins inutiles que les districts. Les conseils-généraux eux-mêmes n'ont plus l'importance qu'on pourrait leur supposer. Néanmoins, ils sont indispensables pour délibérer sur les affaires d'intérêt général, qu'on peut regarder comme étant plus personnelles au Département. Ainsi, la constitution peut établir que les Départements seront chargés par délégation de certains travaux, de certains établissements dont il est plus avantageux de leur laisser le soin, et même la direction. De plus, il est nécessaire que les divers Cantons aient chacun leur délégué au Département pour faire entre eux le partage des contributions imposées par la représentation nationale, ou qui sont nécessaires aux besoins de la circonscription.

Nous n'avons rien dit dans ce long article qui ne se puisse justifier par l'expérience et l'observation. Dans le système que nous indiquons, ni les intérêts publics, ni les intérêts privés ne se trouvent isolés du gouvernement central, qui doit tous les protéger. (V. FÉDÉRALISME.)

Nous ne saurions trop le répéter, le point essentiel est de bien comprendre pour quel objet la Société se constitue, et de se bien convaincre que, pour les intérêts privés eux-mêmes, comme pour les intérêts généraux, une autorité nationale fortement constituée au centre commun est le plus sûr moyen de faire de la France un ensemble harmonieux de puissance, de justice et de liberté.

AUG. BILLIARD.

DÉPENSES. On a dit que l'impôt était le meilleur placement que les contribuables pussent faire de leur argent. Cela pourrait être vrai, si les Dépenses de l'État étaient toutes commandées par l'utilité publique, si les ressources que produit l'impôt étaient administrées avec probité, intelligence et économie. Malheureusement, il n'en est point ainsi, et l'on a pu, avec justice, regarder cet axiome optimiste comme une ironie.

Toutes les Dépenses devraient servir à maintenir et à augmenter la moralité, la puissance et la richesse de la nation. Les frais nécessités par l'application d'un système d'instruction publique bien entendue, par des récompenses nationales méritées, par le besoin de remplir les engagements de l'État envers ses créanciers, par une guerre légitime, par des travaux publics sagement distribués, seraient des Dépenses utiles et contre lesquelles la critique la plus sévère ne pourrait soulever aucune objection.

Loin de là, le budget des Dépenses, en France, est depuis longtemps celui de l'univers entier qui contient le plus de Dépenses inutiles. Nous ne rappellerons point les intolérables abus de l'ancien régime ; ils furent la cause efficiente de la Révolution qui les fit un moment disparaître. Les Dépenses ordonnées par nos assemblées nationales, à la fin du siècle passé, furent commandées, d'abord, par des besoins de réforme, bientôt, par l'impé-

rieuse nécessité de sauver la patrie menacée. La corruption eut une large part dans le régime impérial, et les ressources de l'État commencèrent à être employées dans l'intérêt personnel du chef du gouvernement. Il fallait solder ces sénateurs qui avaient contribué au renversement de la République, solder ces généraux qui s'étaient attachés à la fortune d'un soldat heureux afin de mieux faire la leur ; il fallait payer les services des émigrés qui voulaient bien s'attacher au nouveau régime, payer un nombreux personnel administratif et fiscal pour opprimer le peuple, payer une police vigilante et vexatoire.

La Restauration trouva ce système en vigueur et le perfectionna. La nouvelle forme de gouvernement représentatif qu'elle apportait provoquait d'elle-même la corruption. Le pouvoir était entre les mains d'une faction, et des députés choisis par un petit nombre de privilégiés étaient les modérateurs de ce pouvoir. Bientôt, un contrat tacite livra les biens de l'État au pillage. Ils servirent à assouvir la rapacité des émigrés, à contenter ceux qui avaient des positions acquises, à créer des places pour les ambitions nouvelles et pour les nouvelles influences. Le personnel administratif s'étendit, et l'on put compter les fonctionnaires par centaines de mille : le pouvoir s'étudia à multiplier leur nombre, afin de s'assurer des créatures, et à établir leurs appointements au taux le plus bas pour ne pas révolter entièrement l'opinion publique.

La Révolution de juillet suspendit un moment l'envahissement du budget de l'État par les traitements des fonctionnaires. Elle réduisit la plupart de ceux qui étaient susceptibles d'être réduits ; elle en fit aussi supprimer quelques-uns. Mais bientôt, le nouveau pouvoir reprit le système de ses prédécesseurs et l'étendit. Comme eux, il gouverna dans un but égoïste et eut besoin de dévouements à gages : non-seulement il employa les armes que lui fournissait le vieil arsenal de corruption de l'Empire et de la Restauration, mais il s'en créa de nouvelles. Les traitements, réduits sous l'impression de 1830, furent successivement ramenés à leur taux primitif ; d'autres furent augmentés, et l'armée des fonctionnaires s'accrut encore. Puis, des opérations financières ruineuses, et par une politique inhabile des Dépenses considérables que rien ne justifiait, quelques travaux publics, chèrement payés par l'État, ont servi, sous ce régime, comme sous les précédents, à dissimuler le pillage de la fortune publique ; mais ce pillage n'en a pas moins été réel et flagrant.

Ce serait vainement que l'on voudrait réformer cet état de choses, tant que le pouvoir n'émanera pas directement de la nation et ne gouvernera pas dans l'intérêt national. Tout gouvernement qui a un but égoïste est obligé, pour subsister, de s'appuyer sur des dévouements égoïstes. De là, d'innombrables abus. Alors le produit des sueurs du contribuable n'est plus employé à des Dépenses utiles, mais à la plus détestable corruption. Un gouvernement qui a pour but l'intérêt public peut seul réformer les Dépenses inutiles, parce que, fondé sur la confiance de tous, il peut se passer de l'appui gagé de quelques intrigants et que, seul, il est assez fort pour n'être pas amené par la crainte à leur payer tribut.   C. S.

DÉPENSES IMPRÉVUES. Dans le langage parlementaire, les Dépenses se divisent en Dépenses prévues et en Dépenses imprévues, en Dépenses ordinaires et Dépenses extraordinaires.

Les Dépenses imprévues sont celles qui ne figurent pas dans la loi des finances par l'effet de l'imprévoyance volontaire ou involontaire du législateur. Les Dépenses prévues sont celles qui ont été directement présentées aux chambres et autorisées par elles. Les Dépenses imprévues causent les demandes de crédits supplémentaires et complémentaires : elles s'élèvent quelquefois à des chiffres énormes. Quelques efforts qui aient été faits pour stimuler la prévoyance de ceux qui préparent le budget, les Dépenses imprévues sont toujours considérables, même dans les années les plus calmes, parce que la chambre les autorise plus facilement sous la forme d'ouverture de crédits supplémentaires.

Les Dépenses extraordinaires sont celles qui ne sont pas destinées à se reproduire annuellement d'une manière permanente.

DÉPORTATION. La peine de la Déportation remonte à la plus haute antiquité. C'est le bannissement perpétuel et aggravé par la perte du droit de cité. « Le déporté, disait le jurisconsulte Marcien, perd les droits civils, mais il reste dans le droit des gens. » Le droit des gens comprenait celui d'acquérir, de posséder et de contracter.

La Déportation a passé dans nos lois et y a conservé le même caractère que dans la loi romaine. « Elle consiste à être transporté et à demeurer à perpétuité dans un lieu déterminé par le gouvernement, hors du territoire continental de la France. » Elle comporte la mort civile. « Néanmoins le gouvernement peut accorder au déporté, dans le lieu de sa déportation, la jouissance de ses droits civils ou d'une partie de ces droits. »

Cette peine, en tout temps réservée aux délits politiques, n'existe plus chez nous, à proprement parler, que dans le Code. Le gouvernement n'ayant point fixé un lieu de Déportation, les condamnés sont détenus dans une prison. (V. DÉTENTION.)

Il est à regretter que la Déportation aille ainsi se confondre, sauf quelques légères différences, avec la détention et la réclusion. Lorsque les législateurs anciens et modernes ont affecté cette peine aux condamnés politiques, ils ont pensé, avec raison, que ces condamnés, dont la culpabilité ne tenait ni aux vices de l'âme, ni aux mauvaises habitudes du corps, pouvaient jouir utilement de la liberté. Tout le crime du condamné politique est souvent de n'avoir pu se soumettre aux institutions ou au gouvernement de son pays, d'avoir tenté de renverser l'ordre établi pour le remplacer par un ordre qu'il croyait meilleur. Quoi que l'on puisse faire, ce condamné ressemble toujours plus à un vaincu qu'à un coupable. Il peut être dangereux de le laisser vivre dans une société qu'il a troublée, mais il n'y a nul danger à l'envoyer, sous un ciel nouveau, chercher une patrie nouvelle. Il a commis une infraction aux lois de la société dans laquelle il vivait, mais non aux lois éternelles de toute société. Il est juste qu'il conserve, comme le voulait la loi romaine, les droits communs à tous les hommes.

Pourquoi la Déportation, libéralement et loyalement exécutée, ne serait-elle pas appliquée, avec le bannissement, à tous les condamnés politiques qui n'auraient pas commis de crime contre la sûreté extérieure de l'État ? Transportés sous un autre climat, les déportés seraient encore utiles et cesseraient d'être dangereux. Dans les temps de discordes civiles, où les condamnations politiques sont fréquentes, l'importance des personnages les plus haut placés diminue bientôt, lorsqu'ils quittent un instant la scène des affaires publiques. La déportation des Girondins n'aurait pas, moins que leur mort, assuré l'unité du gouvernement révolutionnaire. Rappelés après la défaite de leurs adversaires, ils n'eussent pas été plus dangereux que le petit nombre d'entre eux qui avaient échappé à l'échafaud. Puisque Louvet devait rentrer à la Convention, il aurait mieux valu qu'il y rentrât avec Vergniaud et Pétion qu'avec des hommes moins éminents. Si leurs doctrines avaient eu encore quelque vertu, elles auraient été utiles à la République ; si elles n'en avaient pas eu, ces hommes ne seraient pas de nouveaux parvenus au pouvoir, mais ils auraient conservé une vie qui pouvait encore être utile. Lorsque les déportés de fructidor sont rentrés en France, ils n'ont causé aucun trouble, et lorsque les proscrits de la Restauration, échappés aux bourreaux des Bourbons, ont de nouveau foulé le sol de leur patrie, il n'y ont apporté aucune modification, aucun changement : ils y ont commencé une vie nouvelle.

Si, au contraire, la stabilité des institutions et du gouvernement condamne les déportés à un éternel exil, ils peuvent se faire une patrie, comme les presbytériens chassés d'Angleterre au dix-septième siècle. Les enfants de ces hommes qui n'avaient pu vivre sous un roi ont fondé une république florissante.

La prospérité des colonies peuplées de déportés puritains inspira au gouvernement anglais la pensée de rendre la Déportation féconde en l'appliquant à la création de colonies pénales. Cette peine fut infligée aux délits non politiques, et un grand nombre de condamnés furent transportés sur les plages incultes de l'Australasie. (V. BOTANY-BAY.) Mais bientôt on s'aperçut de l'erreur qui avait fait étendre la peine de la Déportation aux délits non-politiques. Les escrocs et les faussaires qui avaient violé les lois constitutives de toute société étaient peu propres à fonder eux-mêmes une société. Ils se trouvèrent incapables de travailler et dégradés par l'habitude de tous les vices. Après plusieurs années d'une persévérance honorable pour le gouvernement anglais, il fut évident que la colonie ne pouvait être fondée que par des colons libres qui y apporteraient leurs capitaux et leur industrie, qui viendraient discipliner et moraliser les condamnés. C'est ainsi qu'a été fondée, sur une base solide, la colonie de la Nouvelle-Galles du Sud.

L'histoire de cette colonie pénale n'aurait été guère propre à tenter l'opinion en faveur d'établissements du même genre, si elle eût été bien connue. Mais de loin on ne voyait que le succès, et plusieurs conseils généraux demandèrent que la France établit une colonie pénale au-delà des mers.

Diverses publications vinrent éclairer l'opinion sur ce sujet. Elles enseignèrent comment la colonie de la Nouvelle-Galles du Sud n'était parvenue à un certain degré de prospérité que par l'émigration de colons libres et que la Déportation, loin d'intimider les escrocs et les voleurs de Londres, était recherchée par eux. Depuis cette époque, il n'a guère été question en France de colonies pénales.

Nous devons ici mentionner la tentative que fit le gouvernement pour obtenir des chambres les fonds nécessaires à l'établissement d'une prison politique dans l'île Bourbon. Si cette tentative eût réussi, on n'aurait point réalisé la Déportation, qui suppose la liberté du condamné; on aurait créé une peine nouvelle, la détention hors de la patrie.

On doit désirer que le gouvernement désigne enfin un lieu de Déportation, destiné au séjour et à l'établissement des condamnés politiques. Cette peine remplacerait souvent, avec avantage, la peine de mort, qui, en matière politique, est si souvent un scandale public. Mais il serait insensé de l'étendre, à l'exemple de l'Angleterre, aux délits ordinaires pour fonder une colonie pénale. L'établissement d'une colonie est toujours difficile et laborieux, même avec d'honnêtes gens; il est impossible avec le rebut de la Société.

Les colonies pénales établies dans l'intérieur de la France ne peuvent être confondues avec celles que l'on voudrait jeter au-delà des mers : elles méritent des encouragements particuliers, mais il n'y a rien de commun entre elles et la Déportation.   C. S.

DÉPOUILLEMENT. Dans nos premières assemblées législatives, le vote avait lieu publiquement. Quand chaque membre de la représentation nationale avait dit *oui* ou *non*, les secrétaires de l'Assemblée faisaient le *recensement* des votes. La réaction de l'an III introduisit le vote secret, et ce mode s'est perpétué jusqu'à nous. Depuis cette époque on fait le *dépouillement* des votes.—Voici en quoi consiste cette opération.—Lorsque chaque votant a déposé une première boule dans l'urne destinée à constater le scrutin, et une seconde dans l'urne destinée à constater le nombre des votants, les secrétaires de l'Assemblée comptent les boules contenues dans l'urne des votants, puis ils divisent et comptent séparément les boules blanches et les boules noires contenues dans l'urne du scrutin. Le nombre des boules blanches contenues dans l'une des deux urnes doit correspondre avec le nombre des boules noires conte-

nues dans l'autre et *vice versâ*. L'urne du scrutin fait connaître le nombre des votants qui se sont prononcés pour ou contre la proposition; l'autre fournit le moyen de contrôler l'exactitude du scrutin. Ce mode de procéder a été depuis longues années l'objet de beaucoup de critiques. (V. Scrutin.) Mais il est consacré par la Charte, et la Charte, comme chacun sait, peut bien être replâtrée, mais non pas révisée.

DÉPUTATION. Se dit également de la fonction du député et du mandat de l'électeur. On dit d'un candidat qu'il brigue la Députation. On appelle aussi Députation la réunion de plusieurs commissaires chargés de porter à un représentant de l'autorité des félicitations, des réclamations ou des remontrances. Lorsque le roi se rend dans le sein des chambres pour ouvrir les sessions législatives, les chambres nomment une Députation qui est chargée de le recevoir et de le conduire à sa place.

DÉPUTÉS. D'après la constitution actuelle, il y a en France deux chambres législatives. L'une nommée à vie et composée par le pouvoir royal; c'est la chambre des Pairs; l'autre, élective et temporaire : c'est la chambre des Députés. Les Députés sont donc les fondés de pouvoirs, les mandataires des électeurs. La dénomination de ces mandataires a varié suivant nos diverses constitutions. Les membres des anciens États-généraux s'appelaient Députés. Lorsque les États de 89 se déclarèrent Assemblée nationale constituante, les Députés prirent le nom de Représentants. La constitution de 91 leur conserva ce titre. L'acte constitutionnel de 93 nomme Députés les membres de la représentation nationale. La constitution de l'an III (1795) ne parle ni de représentants, ni de Députés. Les législateurs élus par les assemblées électorales prennent le titre de membres du Corps-législatif. La constitution de l'an VIII, et le sénatus-consulte organique de 1804, instituent les tribuns, qui discutent la loi, et les membres du corps-législatif, qui la votent. Cependant, on retrouve le nom de Député dans le sénatus-consulte organique de 1802. L'acte additionnel restitue aux membres de la représentation nationale le titre de Représentants illustré pendant la période républicaine. Enfin, la Charte de 1814 leur donne de nouveau le nom de Députés. La Charte de 1830 a conservé cette appellation.

Dans les pays étrangers qui vivent sous un gouvernement représentatif, les membres de la représentation nationale s'appellent tantôt représentants et tantôt Députés; Belgique, représentants; Espagne, Députés; Angleterre, membres pour... (Les pairs et les membres qui représentent l'Écosse au parlement d'Angleterre sont appelés représentants dans l'acte passé dans le parlement d'Écosse, à Édimbourg, le 5 février 1707); Prusse, le décret relatif à la publication d'une Constitution (20 mai 1815) appelle représentants les membres de la représentation du peuple (1); Bavière, Députés;

(1) On sait que cette Constitution n'a jamais été mise en vigueur.

SAXE, Députés ; HANOVRE, Députés ; WURTEMBERG, représentants ; BADE, Députés ; HESSE-DARMSTADT, Députés ; SAXE-GOTHA, Députés ; SAXE-COBOURG, Députés ; SUISSE, la Diète se compose des Députés des divers cantons ; HOLLANDE, membres des États-généraux ; SUÈDE, membres des États ; NORWÈGE, représentants ; POLOGNE (Charte constitutionnelle du 27 novembre 1815), nonces et Députés ; HONGRIE, Députés ; HAÏTI, représentants ; ÉTATS-UNIS, représentants ; PROVINCES UNIES DE L'AMÉRIQUE DU SUD, représentants ; VENEZUELA, représentants ; COLOMBIA, représentants, etc.

En France, le nombre des membres de la représentation nationale a varié comme leur dénomination. Les États-généraux de 89 se composaient de 1,200 membres. Aux termes de la Constitution de 91, le nombre des représentants est de 745.— Il y aura un Député par 40,000 individus, dit la Constitution de 93. Constitution de 95 (an III), 500. An 8: Tribunat, 100 membres; Corps-législatif, 300. Acte additionnel, 629. Sous la Restauration, le nombre des Députés a beaucoup varié. Il est aujourd'hui de 459.

Ces 459 membres composent la Chambre des députés : le troisième pouvoir de l'État, selon l'étiquette monarchique, le premier, suivant la réalité des choses.

Sous la Restauration, la subordination ou la prépondérance de la Chambre élective ne faisait pas légalement question. Instituée par le roi, la prérogative parlementaire s'inclinait devant la prérogative royale. Mais la Révolution de 1830 a consacré un ordre de faits et d'idées tout nouveau. A la suite de cette Révolution, le principe de la Souveraineté du peuple a été inscrit en tête de la Charte, et, en vertu de ce principe, c'est du pouvoir électif que tous les autres pouvoirs ont reçu leur investiture. Le pouvoir électif est donc légalement le premier des pouvoirs de l'État; il occupe dans la Constitution actuelle la place que s'était réservée le pouvoir royal dans la Charte octroyée de 1814.

Mais cette suprématie est vivement contestée et combattue par les partisans de la prérogative royale; et la lutte plus ou moins acharnée, mais continue, des deux prérogatives, forme ce que la logomachie constitutionnelle nomme le jeu régulier des institutions représentatives. Lutte dangereuse qui tient incessamment la Société en suspens entre deux révolutions, et qui ne cessera que devant l'application sincère et complète de cet article de la Charte : Tous les Français sont égaux devant la loi, c'est-à-dire, quand la loi sera égale pour tous les Français. Du moment que la nation tout entière sera admise à nommer les membres de la Chambre des députés, et que tous les citoyens seront légalement admis à en faire partie; lorsque, pour franchir l'enceinte sacré du Parlement, il ne sera plus indispensable de payer cinq cents francs d'imposition, l'intromission de cette nouvelle puissance au sein des institutions politiques absorbera pacifiquement toutes les prétentions et toutes les résistances qui, aujourd'hui, compliquent d'une façon si funeste, mais, malheureusement, inévitable, le mécanisme du gouvernement.

Quoi qu'il en soit, la Chambre des Députés est partie intégrante du gouvernement de l'État; elle participe dans les mêmes limites que les deux autres pouvoirs à la formation de la loi. A cet égard, elle n'a de privilége qu'en matière d'impôts. « La Chambre des Députés reçoit toutes les propositions d'impôts, dit la Charte; ce n'est qu'après que ces propositions ont été admises qu'elles peuvent être portées à la Chambre des pairs. »

Comme l'inviolabilité est une condition nécessaire de l'accomplissement de son mandat, le député est inviolable. Aucune contrainte par corps ne peut être exercée contre lui durant la session et dans les six semaines qui l'auront précédée ou suivie. Aucun membre de la Chambre ne peut non plus, pendant la durée de la session, être poursuivi ni arrêté, en matière criminelle, sauf le cas de flagrant délit, qu'après que la Chambre a permis sa poursuite.

Les autres questions qui se rattachent à ce mot ont déjà trouvé ou trouveront leur place aux mots: ASSEMBLÉE, CANDIDAT, CHAMBRE, INITIATIVE, PRÉROGATIVE, etc.   E. D.

DÉROGATION. On dit qu'une disposition législative postérieure déroge à une disposition antérieure, quand elle introduit dans la loi un changement sans indiquer formellement l'abrogation de la disposition première. Le mot Dérogation est à-peu-près synonyme d'abrogation tacite ou virtuelle. (V. ABROGATION.)

DESPOTISME. Pouvoir absolu et sans contrôle. Telle est la définition académique de ce mot. En ce sens, tout pouvoir qui serait l'expression de la volonté de tous devrait exercer le Despotisme, puisque rien ne peut s'opposer à la volonté de tous. Mais, dans le langage politique moderne, le mot Despotisme est toujours pris en mauvaise part, et signifie abus de pouvoir. Aussi, personne aujourd'hui ne s'avoue partisan du Despotisme; c'est un mot proscrit même par les défenseurs des institutions surannées qui pourraient le faire revivre. Mais ce proscrit cherche encore à s'introduire au milieu de nous sous des noms simulés, et se déguise pour nous combattre.

DÉSUÉTUDE. En matière législative, il y a Désuétude quand une loi a depuis longtemps cessé d'être observée. Mais il faut que l'inobservation soit générale et continue, et non locale ou interrompue. La Désuétude entraîne l'abrogation.

DÉTENTION. Dans sa signification habituelle, ce mot est synonyme d'emprisonnement. Le Code pénal même, qui lui a récemment attribué un sens restrictif, l'emploie quelquefois dans son acception vulgaire (notamment art. 24 et 41).

C'est lors de la révision du Code pénal, en 1832, que cette dénomination nouvelle a été donnée à une peine aussi ancienne que les premiers attentats contre la liberté des hommes.

« Quiconque, dit l'art. 21, aura été condamné

« à la Détention, sera renfermé dans l'une des
« forteresses situées sur le territoire continental
« du royaume , qui auront été déterminées par
« une ordonnance du roi rendue dans la forme
« des réglements d'administration publique. —
« Il communiquera avec les personnes placées
« dans l'intérieur du lieu de Détention , ou avec
« celles du dehors, conformément aux réglements
« de police établis par une ordonnance du roi. —
« La Détention ne peut être prononcée pour
« moins de 5 ans ni pour plus de 20 ans, sauf le
« cas où elle est appliquée au banni rentré (V.
« BANNISSEMENT). »

La Détention entraîne comme conséquences légales la dégradation civique, l'interdiction du condamné, auquel il est nommé un tuteur , comme à
un enfant ou à un fou, pour toute la durée de la
peine , et , enfin, la surveillance de la haute police
pendant toute la vie du condamné.

La Détention diffère des autres modes d'emprisonnement en ce que le condamné n'est pas enfermé dans une *maison de force* comme les condamnés à la réclusion , ou dans une *maison de
correction* comme les condamnés à l'emprisonnement proprement dit. Le lieu de la Détention est
nécessairement une forteresse. Les condamnés à la
Détention ne sont pas contraints au travail comme
les reclus et les emprisonnés.

Ces différences sont motivées par le caractère
politique des délits qui font encourir la Détention.
Ainsi, la Détention est prononcée contre ceux qui
entretiennent, avec les ennemis de la France, une
correspondance dont le résultat est de leur fournir
des instructions nuisibles à la situation militaire
ou politique de la France ou de ses alliés ; contre
les fonctionnaires qui violent un dépôt de plans
stratégiques , confié à leur garde, pour livrer ces
plans aux agents d'une puissance étrangère, neutre
ou alliée (81). La Détention frappe le ministre
d'un culte qui célébrerait un mariage sans justification préalable de l'acte civil , alors que cette
contravention aurait déjà été deux fois commise
par lui (200) ; ou celui qui, dans un écrit pasto-
ral , provoquerait directement à la désobéissance
aux lois ou aux actes de l'autorité publique ,
tendrait à soulever une partie des citoyens contre les autres (205). Enfin, et c'est là le
rôle principal de la Détention , cette peine est déclarée applicable en cas de complot *simple*, contre la sûreté intérieure de l'Etat. (V. ATTENTAT),
c'est-à-dire quand la *résolution d'agir, concertée et
arrêtée, n'a été suivie d'aucun acte commis ou commencé pour préparer l'exécution du complot.* Celui
qui *seul*, et sans concert ou assistance , formerait
une pareille résolution , et commettrait ou commencerait un pareil acte , serait également puni
de la Détention (86, 87, 89, 90).

Ces subtiles définitions reportent involontairement l'esprit vers les temps de luttes ardentes où
elles ont été introduites dans la loi. C'est ainsi que
les partis vainqueurs se font des armes légales
contre les vaincus. Et depuis, les lois de septembre ont encore aiguisé ces armes pour les tourner
contre la Presse.

Encore si la loi définissait nettement la peine! le malheureux condamné aurait au moins
quelque garantie contre l'arbitraire d'un pouvoir
qui le traite logiquement en ennemi. Mais nos lois
pénales sont faites de telle sorte qu'on peut dire
qu'elles ne différencient guère les peines que par
le lieu et la durée. Il dépend ensuite du pouvoir
d'aggraver ou d'adoucir les peines comme bon lui
semble. En politique surtout, cette latitude peut
entraîner une responsabilité terrible. N'avons-nous
pas vu un directeur de prison , invoquant l'article 20 du Code pénal et des réglements de police , faire sur des Détenus politiques l'essai du
régime cellulaire absolu, sans travail et sans communication ; isolement mortel que les plus inexorables de nos philantropes osent à peine essayer
sur les criminels les plus endurcis !   H. C.

DÉTROIT. Un Détroit est un canal naturel
par lequel deux mers ou deux parties de mer communiquent entre elles.

Les Détroits offrent des frontières militaires importantes. Ils sont sur mer ce que les défilés sont
sur terre. La puissance qui possède les deux rives
d'un Détroit peut à son gré empêcher le passage,
du moins elle en a la faculté matérielle. Mais l'é-
quité et l'usage des nations civilisées s'opposent à
ce qu'il en soit ainsi (V. CÔTES). Un gouvernement
ne saurait, sans tyrannie et sans s'exposer à de
justes représailles, empêcher les vaisseaux étrangers de traverser un Détroit dont les rivages lui
appartiennent. La Turquie, par exemple, doit souffrir que tous les bâtiments, pourvu qu'ils ne soient
pas ennemis, passent librement sous le canon des
Dardanelles et du canal de Constantinople. C'est
une servitude naturelle à laquelle il y aurait injustice de vouloir s'affranchir. La Turquie ne serait
recevable à fermer la Mer noire que si cette mer
tout entière lui appartenait avec les rivières qui
y versent leurs eaux. C'est ainsi qu'autrefois les
Romains, maîtres de toutes les contrées que baigne la Méditerrannée, eurent un instant le droit
d'interdire le passage entre les colonnes d'Hercule.
Nous ne voyons guère aujourd'hui dans le monde
entier que la petite mer, ou, pour mieux dire, le
golfe d'Azof qui soit dans le domaine d'une seule
puissance, et, par suite, le Iénikalé qui y conduit
est le seul qui puisse être fermé.

On comprend que la possession des Détroits a
dû toujours être un objet d'ambition pour les puissances maritimes. C'est, en effet, pour elles un
moyen de prépondérance ; quelquefois même elle
est nécessaire à leur existence. Ainsi, les Russes
ont besoin des Dardanelles et du Sund, ou, du
moins, il faut qu'ils soient complètement rassurés
contre toute éventualité qui, en fermant ces deux
passages, les confinerait dans une sorte de prison.
De son côté, l'Europe a intérêt à ce que les Russes,
tout en conservant la liberté de passer le Sund et
les Dardanelles, ne puissent pas interdire aux autres nations ces deux Détroits. Le devoir des gouvernements est donc de veiller, pour le Sund, à
ce que la Russie n'absorbe pas la Suède et ne domine pas le Danemarck ; pour les Dardanelles, à

ce que l'insolent traité d'Unkiar-Skelessi ne devienne pas la loi de la Mer noire.

Les principaux Détroits de l'Europe, après ceux que nous venons de citer, sont, comme on sait :— le Pas-de-Calais dont personne, aujourd'hui, ne s'attribue la possession exclusive, bien que la politique britannique ait eu longtemps cette prétention ;— le Détroit de Gibraltar, que l'Angleterre domine par la forteresse du même nom, dont elle s'est emparée dans la guerre de la succession d'Espagne : conquête qui a été consacrée par le traité d'Utrecht en 1713 ; — Le Canal d'Otrante, dont les Anglais ont également la clef par la possession des îles Ioniennes ; — et, enfin, le passage entre la Sicile et l'Afrique, passage que garde l'île de Malte occupée encore par l'Angleterre.

Dans le reste du monde la même puissance occupe : — le Détroit de Bab-el-Mandel par Aden et Socotora, à l'embouchure de la Mer rouge ; — le Détroit d'Ormus, à l'entrée du golfe persique, par l'île du même nom ; — le Détroit de Malaca par Malaca et Singapour ; etc., etc.

Si l'on jette un regard sur la carte, on verra qu'au moyen des points que nous venons d'indiquer, et des garnisons qu'elle a mises partout, l'Angleterre est maîtresse de presque toutes les grandes voies de commerce maritime.

J. BASTIDE.

DETTE PUBLIQUE. On appelle ainsi toutes les dettes que contracte un gouvernement lorsqu'il emprunte , ou lorsqu'il se reconnaît débiteur à quelque titre que ce soit.

En France , la dette se compose :

1º Des rentes perpétuelles 5, 4 $\frac{1}{2}$, 4, et 3 p. 0/0 ;

2º Des rentes *viagères* et des pensions qui s'éteignent par le décès des titulaires ;

3º Des *cautionnements* versés au trésor public et dont l'Etat paie les intérêts ;

4º De la *dette flottante.*

Les rentes perpétuelles sont ainsi appelées par opposition aux rentes *viagères* , lesquelles s'éteignent à la mort de ceux au profit de qui elles ont été constituées, tandis que le débiteur d'une rente perpétuelle n'est libéré que par le remboursement intégral du capital. Cette partie de la dette s'appelle aussi *dette consolidée.* Ce nom vient de ce que, d'après l'art. 98 de la loi du 8 vendémiaire an VI , la Dette publique fut réduite des deux tiers, et que l'Etat ne reconnut que le troisième tiers, qui prit à cette époque le nom de *tiers consolidé.*

Les *cautionnements* ne sont véritablement que des emprunts forcés. En effet, l'Etat oblige les fonctionnaires et les titulaires de charges qui y sont soumis à verser des cautionnements en numéraire , dont les intérêts sont servis au moyen de l'impôt.

La *dette flottante* se compose des emprunts temporaires auxquels le trésor a recours , soit pour faire face aux divers déficits occasionnés par l'excédant des dépenses sur les recettes , soit pour créer des valeurs qui puissent permettre d'attendre la rentrée des ressources ordinaires ou extraordinaires.

Cette dette a donc un double but : le premier , de procurer au trésor les sommes qu'il avance sans voies et moyens ; le second , de maintenir le niveau entre les ressources et les dépenses, quand celles ci anticipent sur la rentrée des recettes.

Par conséquent , il y a une partie de ces emprunts qui doit nécessairement être comprise dans la somme de la Dette publique ; car aucune des ressources votées ne devant la couvrir , il faudra que, tôt ou tard, elle vienne s'ajouter à la dette consolidée. Mais l'autre partie de ces emprunts devant être couverte par les impôts s'éteindra à mesure de la rentrée des recettes.

Les ressources dont use le trésor pour le service de la dette flottante consistent principalement dans l'émission des BONS ROYAUX (V. ce mot) et dans les placements des communes et de certains établissements publics. Pour bien comprendre cette dernière disposition , il faut se rappeler que la loi défend aux communes et aux départements de disposer des fonds qui attendent un emploi ; elle leur enjoint de les envoyer au trésor, d'où les communes les retirent au fur et à mesure de leurs besoins. Ces rentrées et ces sorties sont pour beaucoup dans le mouvement de la dette flottante. Elles sont une source de graves inconvénients : elles ajoutent à la fois à la fluctuation de la dette , aux incertitudes sur sa quotité réelle, et aux difficultés de sa suppression. Dès que les Chambres ont autorisé l'émission des bons royaux, spécialement pour le service de la dette flottante, il serait à désirer qu'on se bornât à cette ressource, surtout alors qu'en cas d'insuffisance de la somme allouée, les ministres ont, ainsi que nous l'avons déjà dit, la faculté de faire des émissions supplémentaires. Cela diminuerait beaucoup la complication des difficultés qui se présentent chaque fois que l'on veut déterminer au juste le montant de la dette flottante.

En effet , cette dette se compose d'éléments si divers, qu'il est, pour ainsi dire , impossible d'en fixer exactement la quotité (1). Ainsi, le découvert du trésor , au 1er janvier 1831 , était porté par M. le baron Louis , alors ministre des finances , à 240 millions. Puis , quelques jours après , M. Humann déclarait à la tribune , d'après des renseignements officiels, que le déficit était de 251 millions ; il était ensuite reconnu par M. Louis comme étant de 256 millions ; enfin , d'après le compte général de l'administration des finances, le chiffre exact de cette dette était, au 1er janvier 1832, de 330,833,021 fr. 50 c.

Depuis 1830, on a , par des ventes de bois de l'Etat et par des crédits extraordinaires, cherché à diminuer la dette flottante ; mais il survient toujours de nouveaux déficits qui paralysent tous les efforts.

Après avoir déterminé les différentes natures de

(1) Une partie de la dette flottante consiste en déficits accumulés dont une portion , s'élevant à 67,300,000 fr. , remonte à une époque antérieure au 1er avril 1814.

la Dette publique, il nous reste à examiner rapidement les considérations générales qui ressortent de cette importante question.

Et d'abord, quelle a été, dans le passé, l'utilité de la Dette publique? Quelle doit-elle être dans l'avenir?

Il y a là deux questions distinctes qu'il faut bien se garder de confondre, sous peine de tomber dans de graves erreurs.

Quant à la première, il est certain qu'en dépit de tous les raisonnements contraires, les faits sont venu établir d'une manière incontestable l'utilité de la Dette. En effet, depuis un demi-siècle, l'accroissement graduel des richesses de la France a été en raison directe de l'accroissement graduel de l'emprunt et de l'impôt. Et non-seulement les richesses ont augmenté dans les mêmes proportions que la Dette; mais encore, par un phénomène qui semble étrange, plus l'Etat a fait d'emprunts, plus il lui est devenu facile d'en faire. En sorte que si la Dette est aujourd'hui cinq fois plus forte qu'elle ne l'était il y a cinquante ans, le pays est aussi cinq fois plus riche. Il en résulte donc, d'abord, un fait incontestable, c'est que l'augmentation de l'impôt et de la Dette n'a point arrêté l'augmentation des richesses.

Mais on pourrait répondre que cet accroissement de richesses aurait eu lieu sans l'augmentation de la Dette. C'est là qu'est la question principale : eh bien, c'est là ce que nous nions.—Il faut distinguer, en effet, entre les capitaux actifs et les capitaux inactifs ou *économies*. Ceux-ci restent improductifs tant qu'on ne leur offre pas un placement tout à la fois productif et exempt de péril. Or, la constitution d'une Dette publique a eu précisément pour résultat de convertir les économies en capitaux actifs.

Remarquons, en outre, que, dans de certaines limites, l'augmentation de l'impôt favorise, en la stimulant, l'augmentation de la production. Car, en augmentant l'impôt, le gouvernement crée des consommations extraordinaires qui provoquent et centuplent les efforts de la production; et de-là résultent de nouvelles richesses.

Il ne faut pas en conclure cependant qu'on puisse forcer les conséquences de ce principe, et le pousser à l'extrême. Il en est de l'emprunt comme de toute chose : si l'on en abuse on en détruit les bons effets. Voilà où en est aujourd'hui l'Angleterre. Personne ne met plus en doute sa banqueroute plus ou moins prochaine, et ce sera pour elle un malheur effroyable. Mais, en France, nous ne sommes pas arrivés à ces terribles extrémités, et, jusqu'ici, la Dette a eu pour effet de déployer l'activité des producteurs et de leur donner le secret de leurs forces, qu'ils auraient probablement méconnues, s'ils n'avaient pas été contraints d'en user. Il y a dans la vie des nations certaines circonstances qui ressemblent à des malheurs, et qui ne sont que des enseignements nécessaires pour hâter les développements de la civilisation.

Voilà donc deux effets certains de la Dette : elle a augmenté la richesse publique en créant des capitaux mobiles, elle a forcé les producteurs à augmenter la production. Voilà les services incalculables qu'elle a rendus au passé.

C'est ici que se représente la seconde question. Quelle est pour l'avenir l'utilité d'une Dette publique? On doit comprendre facilement quelle sera notre réponse, puisque nous n'avons considéré la dette que comme une excellente méthode d'enseignement pour apprendre aux nations à augmenter la somme de leurs productions et à faire circuler plus activement leurs capitaux. Or, sous ces deux rapports, nous croyons que la Dette a donné toutes les leçons qu'on en pouvait espérer. Le producteur n'attend plus les excitations de l'impôt pour ajouter à l'activité de son exploitation. L'impulsion est donnée et les développements ne s'arrêteront plus. D'un autre côté, les économies sont toujours sûres de trouver un emploi et de circuler librement, même sans le secours des emprunts publics. L'esprit d'association ne se laissera pas décourager par quelques essais malheureux, il ouvrira bientôt une nouvelle source de richesses, car l'association appliquera directement les grands capitaux à l'exploitation de l'industrie, et produira, en même temps, des capitaux mobiles, par l'achat et la vente des actions.

Elle agira donc directement sur la production, tandis que la Dette n'agissait qu'indirectement; et, aussi bien que la Dette, elle activera la circulation des économies disponibles. D'ailleurs, il n'y a pas de limites à l'action de l'association, puisqu'elle peut s'adresser à tous les capitaux : la Dette au contraire est limitée dans le cercle des impôts qui ont de certaines bornes qu'on ne peut franchir sans périls.

L'emprunt, selon nous, a produit tous les biens qu'il peut produire, l'association est en mesure d'en produire de nouveaux. Dès-lors, l'emprunt doit s'arrêter, et l'association être encouragée.

Ainsi, tout en reconnaissant les immenses bienfaits que nous devons au système des emprunts publics, nous sommes forcés de dire que nous n'avons plus à lui demander les mêmes services. C'est donc la science économique du passé. Mais il en est de ce système comme de beaucoup d'autres : le bien qu'ils ont pu faire dans le passé ne doit pas nous engager à leur livrer notre avenir.

Il n'est pas difficile de voir, par conséquent, que nous ne sommes pas de ceux qui veulent perpétuer la Dette, et lui donner une extension indéfinie. Cette question devant recevoir ses développements au mot EMPRUNT, nous ne nous y arrêterons pas ici (V. EMPRUNT). Mais nous sommes obligés, avant de terminer, de combattre certains sophismes que mettent en avant ceux qui voudraient nous maintenir sous le régime éternel de l'emprunt.

« La Dette publique, dit-on, sert à fonder le crédit, et à faire baisser le taux de l'intérêt. »

Si par ces mots *fonder le crédit*, on veut dire que le gouvernement qui n'a jamais emprunté trouvera de l'argent à des conditions moins avantageuses que celui qui ayant déjà emprunté a rempli fidèlement ses engagements, on peut voir au mot CRÉDIT que nous avons adopté cette opinion. Aussi, cela rentre-t-il parfaitement dans notre thèse, quand nous disons que la Dette a produit d'excellents résultats dans le passé. Mais il s'agit maintenant de son utilité présente ou future. Or, le gouvernement verrait-il diminuer son crédit, parce qu'après avoir plusieurs fois emprunté, et avoir toujours rempli scrupuleusement ses engagements, il finirait par rembourser? Qui pourrait le soutenir? Ce n'est pas la Dette qui fait le crédit, c'est le paiement de la Dette. Le crédit, c'est la confiance : or, la confiance augmentera d'autant plus que la Dette diminuera.

On s'est accoutumé, depuis quelque temps, à considérer le taux de la rente comme la mesure de la confiance qu'inspirait telle ou telle forme de gouvernement, tel ou tel événement politique. C'est une grave erreur. D'abord, le peuple de la Bourse ne constitue pas le public : il y a là une nation en dehors de la nation, avec des mœurs différentes, une différente politique et une différente conscience. Les sentiments du public extérieur, du véritable public, sont souvent en opposition directe avec ceux du public de la Bourse. Quand le premier applaudit, l'autre critique, quand l'un est dans l'enthousiasme, l'autre est dans la terreur. Et ce ne sont pas seulement les hommes politiques, les amis du changement, qui sont ainsi en désaccord avec les hommes de Bourse. Mais l'industrie pacifique, le commerce laborieux, protestent souvent par leurs souffrances contre ce crédit factice et cette confiance mensongère dont se vantent les gouvernements en affichant le cours de la rente.

Quant à faire baisser le taux de l'intérêt soit dans les fonds publics, soit dans l'industrie, il ne faut pas non plus à cet égard attribuer à la Dette plus de puissance qu'elle n'en a. En effet, cette baisse n'est que le résultat de l'abondance des capitaux. Le cours de la rente ne fait que constater cette baisse, mais à coup sûr il ne la produit pas directement. Et encore, en admettant que la Dette publique ait eu cet effet par la circulation active qu'elle a d'abord créée, cela ne prouverait pas son utilité dans l'avenir. Cette circulation pourra être animée par mille autres moyens.

Un autre argument qu'on a fait valoir en faveur de la permanence d'une Dette publique, c'est qu'elle est le moyen d'entretenir dans la nation un sentiment général d'indépendance, et d'attacher un plus grand nombre de citoyens à l'existence du gouvernement par le lien de leur propre intérêt.

Si l'on a voulu parler de l'indépendance extérieure, il peut y avoir quelque chose de vrai dans cette proposition. S'agit-il de l'indépendance des citoyens vis-à-vis du pouvoir? Alors ces deux propositions se combattent, car il n'y a rien de si contradictoire que l'intérêt personnel et l'indépendance. Aussi, n'est-ce pas une dérision que de venir invoquer l'indépendance des rentiers? Ne les voit-on pas, au contraire, toujours humbles et soumis, suivre avec empressement toutes les impulsions du pouvoir, s'opposer à toute amélioration, et se déclarer hostiles à toutes les réformes. Pour eux, toutes les questions politiques sont des questions de hausse ou de baisse, tous les devoirs du gouvernement se concentrent dans le maintien de la rente. Pour eux, le siége du pouvoir est au palais de la Bourse, et l'autel de la patrie est dans l'enceinte du parquet. Citoyens oisifs et consommateurs improductifs, ils n'apportent même pas leur portion d'impôt au pays. Oui, sans doute, ils sont attachés au gouvernement par les liens de l'intérêt, et c'est pour cela qu'ils ne sont pas indépendants, et c'est pour cela qu'ils deviennent un argument contre la Dette; car ils ne sont pas attachés à tel ou tel gouvernement qui leur semble honnête; mais ils sont attachés à tous les gouvernements, même aux plus mauvais. Ils sont eux-mêmes un moyen entre les mains des gouvernements, qui exploitent leurs peurs et s'appuient sur leurs passions. En Angleterre, par exemple, ce pays des plus monstrueux abus, qu'est-ce qui fait durer ces abus, qu'est-ce qui les fera vivre longtemps encore, malgré les efforts des esprits les plus éclairés? N'est-ce pas la masse énorme des rentiers, qui soutiennent et soutiendront le gouvernement quel qu'il soit et quoi qu'il fasse? Et, précisément, un des plus graves reproches à faire à la Dette, c'est qu'elle crée des intérêts distincts des intérêts communs, c'est qu'elle forme une classe de citoyens qui n'ont avec les autres aucune communauté de sentiments.

En résumé, tout ce que l'on peut dire, selon nous, en faveur de la Dette, s'applique au passé. C'est un système financier qui aura bientôt fait son temps, qui a été utile, mais qui deviendrait dangereux. L'Angleterre nous a conduits dans cette voie : nous avons bien fait d'y entrer. Mais ne suivons pas l'Angleterre jusqu'au bout, car elle nous conduirait avec elle à une ruine certaine.

ELIAS REGNAULT.

DEVISE. La Devise est une image emblématique accompagnée de paroles explicatives, qu'on adopte comme l'expression d'un but vers lequel on tend. Les Devises de quelques-uns de nos rois n'ont été sous ce rapport que de sanglantes ironies ou d'odieux mensonges. Celle de François Ier, représentant une salamandre dans les flammes, avec ces mots : *Nutrio et extinguo* (je nourris et je détruis), ne semblerait-elle pas faire allusion à la conduite de ce prince, qui soutenait en Allemagne les luthériens qu'en France il livrait aux bûchers? Charles IX avait pour Devise une colonne avec cette exergue : *Pietate et justitiâ* (par la piété et la justice); et c'est ce même roi qui commanda les massacres de la saint Barthélemy!   B.-C.

DEVOIR. Un phénomène remarquable dans la formation des langues, c'est l'énergie toute particulière des substantifs formés avec l'infinitif du verbe, et, par suite, la difficulté de les soumettre à une définition précise. Par une propriété non moins étrange, ces mots qui renferment cependant des idées très-complexes s'expliquent si bien d'eux-mêmes qu'aucun développement ne saurait y rien ajouter, et que l'analyse s'arrête devant cette lucidité d'expression qu'elle ne pourrait égaler. Ainsi *l'Etre*, le *Savoir*, le *Devoir*, le *Pouvoir*, portent en eux une signification si nette qu'il aurait témérité à vouloir les éclaircir par des dissertations. En présence de tant de clarté, tout doit paraître obscur : la seule chose permise, si l'on ne veut pas s'égarer, c'est d'interroger l'étymologie.

En suivant cette voie modeste, mais sûre, le mot Devoir, dans sa signification propre, nous conduit à l'idée de dette matérielle, et, dans son sens politique, à l'idée de dette sociale. Et, en effet, le Devoir n'est pas autre chose : c'est la dette que chacun doit à tous, que chacun doit à chacun ; dette héréditaire de l'humanité que nos pères nous ont transmise, que nous transmettrons à nos enfants, et dont nul ne peut repousser l'imposante solidarité ; dette que l'on n'éteint pas même en l'acquittant, toujours renouvelée, alors même qu'elle est toujours payée. Malheur donc au débiteur récalcitrant ! c'est lui qui a fait naître le crime, le juge et le bourreau !

Le Devoir est né avec la Société, c'est-à-dire avec l'homme, car le Devoir n'est que la suite des rapports de l'homme à l'homme, un échange mutuel d'aide, de protection et d'amour. Aussi, toutes les idées sociales sont renfermées dans ce seul mot. Le Devoir n'est pas seulement la base de l'édifice humain ; c'est son ensemble et son essence, sa gloire et sa splendeur.

C'est en vertu de cette inhérence intime que le Devoir s'agrandit à mesure que la Société se développe, et le perfectionnement moral de l'homme n'est autre chose que le sentiment plus intelligent du Devoir.

Et, en effet, plus on remonte dans les sociétés antiques, plus ce sentiment est obscur. Chez les Romains, dont la langue traduit si exactement les idées, on chercherait vainement l'équivalent de notre mot Devoir. *Munus* et *Officium* signifient une fonction publique ; on y trouve bien les rapports de la patrie avec le citoyen, du citoyen avec la patrie, mais nullement des citoyens entre eux. D'ailleurs, il n'y avait ni *munus* ni *officium* relativement au plébéien, à l'étranger, à l'esclave. C'est que le mot Devoir est une parole chrétienne, l'expression résumée de ce précepte de l'Evangile : « Aimez-vous les uns les autres » ; le complément de cet axiome nouveau dans le monde : « Il n'y aura « parmi vous ni premier ni dernier. »

Les anciens connaissaient donc les Devoirs du citoyen, mais non les Devoirs de l'homme ; ils comprenaient l'association civile, mais point la fraternité humaine.

On s'est souvent égaré dans de longues discussions pour savoir si le droit était antérieur au Devoir, ou le Devoir antérieur au droit. Ceux qui ont soutenu la première hypothèse, en marchant sur les traces de Jean-Jacques, prétendent que l'état social reposant sur un contrat primitif par lequel les hommes ont aliéné une portion de leur liberté, les Devoirs ne naissent qu'au moment du contrat et en vertu du contrat. Plus d'une fois déjà, dans ce recueil, nous avons fait justice de cette erreur. Ces droits antérieurs à la Société, cette prétendue liberté primitive de l'homme, ne sont que les produits d'imaginations ignorantes. Il n'est pas vrai de dire que l'homme naisse libre ; de tous les êtres

vivants, il n'en est pas qui soit à sa naissance dans un plus complet esclavage : il est esclave de sa faiblesse, esclave de sa nudité, esclave de son ignorance. Or, qui le protège, le vêtit et l'instruit ? la Société. Qui le débarrasse de ses entraves natives ? la Société. Comment arrive-t-il à la liberté ? lorsque la Société lui a donné la force et l'intelligence. Qu'il aille donc invoquer ses droits antérieurs, ses droits primitifs, quand il ne peut les exercer qu'en vertu des Devoirs que d'autres ont remplis envers lui et qui lui imposent des obligations imprescriptibles, c'est-à-dire des Devoirs éternels.

Loin donc que la Société soit une aliénation de la liberté, elle en est la source, la garantie et le développement : c'est pourquoi chaque progrès social est un progrès dans la liberté ; car à mesure que pénètre dans l'esprit de tous le sentiment du Devoir, chacun vient ôter à son frère une des chaînes qui l'entravaient. C'est le contraire cependant qui devrait arriver dans l'hypothèse du contrat social. En considérant la Société comme une servitude organisée, à mesure que le lien social se resserrerait, la servitude deviendrait plus pesante. D'où vient alors que nous soyions plus libres que nos pères, et que tout présage dans l'avenir une liberté plus grande ? Est-ce un immense contre-sens de l'humanité, une erreur de logique chez les nations passées ou présentes ? Non, non ; l'erreur est dans la tête des philosophes qui ont chanté dans leurs naïves pastorales la vertu des sauvages, et reconstruit l'Eden au milieu des forêts.

Mais le sentiment social, qui ne se trompe jamais, ne s'est pas laissé préoccuper par de vaines théories : toujours, il a placé le Devoir avant le droit, et n'accorde le droit qu'à condition du Devoir. Pourquoi, par exemple, les mineurs n'ont-ils pas de droits ? Parce que leur position ne leur impose pas de Devoirs ; mais dès qu'ils sont parvenus à l'âge où la Société peut en exiger d'eux, elle leur prescrit ce qu'ils ont à faire, en leur accordant ce qu'ils ont à prétendre. Pourquoi le criminel est-il placé hors du droit ? C'est qu'il a méconnu le Devoir : la Société lui retire ce que la Société lui avait donné, parce qu'il lui a refusé ce qu'elle lui demandait. Si, cependant, le droit était antérieur au Devoir, il y aurait une souveraine injustice à punir le criminel, car il pourrait toujours arguer de son droit pour repousser le Devoir, sans qu'on eût aucune bonne raison à lui opposer.

Cette théorie serait donc aussi dangereuse qu'elle est fausse. L'aristocratie seule a soutenu pendant quelque temps qu'elle avait des droits et pas de Devoirs. Ce n'est pas à nous qu'il appartient de réhabiliter de pareils systèmes ; rappelons-nous bien que nos droits résultent de nos Devoirs.

Car dans le mot Devoir sont compris toutes les idées sociales que nous défendons : la Fraternité qui nous lie les uns envers les autres, l'Égalité qui nous donne le droit d'exiger pour nous ce que nous devons aux autres, la Responsabilité qui appelle chacun à rendre compte à tous, et tous à chacun.

ÉLIAS REGNAULT.

DEUILS DE COUR. Tout, dans les cours,

est soumis à l'étiquette, même l'expression de la douleur ; et l'on s'y afflige de la mort d'un personnage dans la proportion du rang qu'il occupait. Anciennement, le deuil de nos rois était pourpre. C'est ce que nous apprend Monstrelet à propos de la mort de Charles VI. « Le service fait, dit-il, le roi (Charles VII) se vêtit de pourpre, qui est la coutume de France. » Les reines prenaient le blanc ; ce qui les faisait nommer *reines blanches*. Anne de Bretagne est la première qui ait pris les vêtements noirs. Les grands seigneurs avaient seuls le droit de porter le deuil des rois ; le chancelier et les prêtres s'en abstenaient. Les grands deuils se partageaient en trois temps : la laine, la soie et les pierres noires. « Quand les deuils sont en jours pairs, est-il dit quelque part, on prend le noir dans la première moitié, et le blanc, ou le petit deuil, dans la seconde. Quand ils sont en jours impairs, la plus forte moitié se porte en noir. » Les veuves ne pouvaient paraître à la cour qu'après les six premiers mois de leur deuil. Aujourd'hui tout cela est bien simplifié ; et le noir est la seule couleur affectée aux deuils de cour.

B.-C.

DEY. Titre qu'on a fort souvent confondu avec celui de *Bey*.— Le Dey d'Alger, chef de la milice turque, gouvernait en cette qualité. Ce chef était électif comme tous les autres et censé inamovible. Une fois nommé, il jouissait du pouvoir absolu, sauf les priviléges de la milice, ceux des ulémas ou gens de loi, et les cas soumis au Divan, Conseil où n'étaient appelés ni les Arabes, ni les Maures. Le premier Dey fut Khaïr-Ed-Din, amiral de Soliman II. Ce serait un long récit que l'histoire des successeurs de Khaïr-Ed-Din, de cette sanglante anarchie au milieu de laquelle une semaine, un jour voyait quelquefois plusieurs Deys élus, puis égorgés. Parmi les plus longs règnes d'Alger, nous devons citer le dernier, celui d'Hussein, que son adresse avait porté au trône, et que son opiniâtre avarice en précipita. (V. ALGER, BARBARESQUES, BEY.) P.

DIADÈME, sorte de couronne dont les rois se ceignaient le front. C'était primitivement un simple bandeau tissu de laine ou de soie blanche ; il s'y mêla depuis de l'or, des perles et des pierreries. Cet ornement royal eut une origine symbolique, comme tous les autres usages de l'antiquité. Les buveurs s'en servaient d'abord pour se garantir des fumées du vin en se serrant la tête : les rois l'adoptèrent ensuite, comme pour se garantir d'un autre genre d'ivresse : celle de la puissance. On dit figurément de celui qui s'empare du trône qu'il a *ceint le Diadème*. B.-C.

DICTATEUR, DICTATURE. Le Dictateur était un magistrat extraordinaire que l'on nommait chez les Romains, dans les circonstances difficiles. Il tirait son nom soit de sa nomination par le consul (*quòd a consule* DICERETUR), soit des édits ou des ordres qu'il publiait (*à* DICTANDO, *quòd multa* DICTARET).

La Dictature paraît avoir été empruntée aux Albains ou aux Latins.

L'histoire romaine étant pleine d'incertitudes pendant plus de deux cents ans, on ne saurait fixer l'époque où fut nommé le premier Dictateur ; on ignore même jusqu'à son nom.

Lorsqu'une révolte intérieure ou une guerre extérieure menaçait la ville de périls imminents, la puissance des consuls ne paraissait pas suffisante, parce qu'on pouvait toujours appeler de leurs décisions. On avait alors recours à un remède extrême, en confiant à un seul citoyen des pouvoirs illimités et sans contrôle. On ne lui donnait aucun collègue qui pût contrarier ses actes par une opposition dangereuse ; et toutes ses décisions étaient sans appel.

Le Dictateur n'étant point, comme les autres magistrats, nommé par les suffrages du peuple, un des consuls, d'après l'ordre du sénat, choisissait le personnage consulaire qu'il en jugeait digne. Il faisait ce choix après avoir consulté les auspices, et, ordinairement, pendant le silence de la nuit.

A la nomination d'un Dictateur, tous les autres magistrats, excepté les tribuns du peuple, cessaient leurs fonctions. Cependant, les consuls continuaient d'agir, mais sous les ordres du Dictateur, et sans aucune marque extérieure d'autorité en sa présence.

Quant au Dictateur, il était toujours accompagné de vingt-quatre licteurs portant leurs verges et leurs faisceaux. Il exerçait une autorité suprême et sans appel. Il avait le droit de disposer de la vie et des propriétés des citoyens ; mais il lui fallait le consentement du sénat et l'ordre du peuple pour disposer des revenus publics.

Le pouvoir dictatorial était pourtant circonscrit dans certaines limites. Ainsi, le Dictateur n'était nommé que pour six mois ; souvent même il abdiquait aussitôt après la conclusion de l'affaire qui avait provoqué sa nomination. Quelques-uns, comme Cincinnatus, ne conservèrent le pouvoir que quinze jours ; d'autres, comme Q. Servilius, huit jours seulement.

Mais le frein le plus puissant aux abus de l'autorité dictatoriale était le droit qu'avait chaque citoyen de faire rendre compte à ce magistrat, quand il rentrait dans la vie privée, de ses fonctions.

Au surplus, ce ne fut guère qu'aux premiers temps de la République qu'on eut fréquemment recours à cette magistrature, alors que les institutions, encore incertaines, avaient besoin d'un appui extra-légal.

A l'époque de Sylla, il y avait cent vingt ans qu'on n'avait élu de Dictateur. On sait comment ce farouche patricien s'empara violemment du pouvoir en se donnant lui-même la dictature perpétuelle, dont bientôt il se lassa. Mais l'exemple devait être suivi, et César commença, sous ce titre, le pouvoir impérial.

Nous n'avons pas à nous occuper de la Dictature comme élément de la politique moderne. Une institution dont le principe est l'anéantissement des volontés générales et des volontés individuelles, une protestation odieuse contre l'intelligence publique et particulière, un insolent mépris de tout droit et de toute pensée, une institution pareille ne saurait être invoquée de nos jours sans crime ou sans folie. Aucune circonstance ne pourrait la justifier, aucun danger l'absoudre, aucune limite la faire tolérer.

Il n'y a pas de circonstances exceptionnelles où la voix des citoyens doive être étouffée ; il n'y a pas de moment, même transitoire, où la majorité n'ait le droit d'être consultée. Invoquer la Dictature, c'est invoquer la violence ; invoquer la violence, c'est avouer qu'on est en minorité ; c'est se condamner soi-même en protestant contre le principe le plus sacré de la démocratie, le principe de la majorité.　　　　ELIAS REGNAULT.

DIÈTE (*Reichtag, diæta*). Institution politique du moyen-âge qui s'est conservée dans quelques États de l'Europe moderne avec différentes modifications. La Diète la plus ancienne était celle de l'Empire germanique, qui se rassembla d'abord à Nuremberg, plus tard à Ratisbonne. L'empereur y était représenté par un commissaire choisi parmi les princes de l'Empire ; les électeurs par des envoyés, à-la-fois membres de la Diète et ministres plénipotentiaires de leur cour. La Diète était composée de trois colléges. Le premier collège était celui des trois électeurs, le second celui des princes séculiers et ecclésiastiques : les villes impériales formaient le troisième collége. Il fallait à la Diète l'approbation de l'empereur, comme aux conciles celle du Pape. Tant que les décisions de la Diète attendaient la sanction impériale, elles s'appelaient *Placita imperii*. La décision ratifiée s'appelait *Conclusum imperii :* elle devenait loi de l'Empire. Après la paix de Presbourg, en 1805, la Diète de Ratisbonne fut dissoute ; le congrès de Vienne institua, en 1815, celle de Francfort. (V. CONFÉDÉRATION GERMANIQUE.) — Il y a encore des Diètes en Suisse et en Norwége. En Suisse, la Diète est le pouvoir central et exécutif, et s'appelle *Tagsatzung ;* elle se compose de vingt-deux membres envoyés par les vingt-deux cantons qui forment la République helvétique. La Diète siége tour à tour à Berne, à Lucerne et à Zurich ; elle reste pendant deux ans dans chacun de ces trois cantons à qui on a donné le nom de *Vorort* (lieu de présidence). (V. SUISSE.) La Diète de Norwége, dite *Storthing*, est composée de deux cent cinquante membres, élus par les bourgeois et les paysans, les deux seuls ordres qui existent en Norwége. Cette Diète est convoquée tous les trois ans et se rassemble à Stockholm. Pour que les lois votées par la Diète deviennent lois de l'État, il faut l'approbation du roi de Suède, qui y est représenté par un commissaire choisi parmi ses ministres. (V. SUÈDE.)

DIÉTINE. Assemblées électorales de district, composées des nobles du district, et chargées d'élire les députés nobles à la Diète polonaise. Avant les Jagellons, les membres de la haute noblesse avaient seuls le droit de voter dans les Diétines tenues dans chaque palatinat. En 1404, Jagellon, voulant lever un impôt considérable, appela à la Diète les députés de toute la noblesse. Depuis lors, jusqu'à la Constitution de 91 inclusivement, les nonces ou députés nobles élus dans les Diétines devaient être envisagés comme les représentants de la nation entière. Le statut constitutionnel du 22 juillet 1807, donné par Napoléon au duché de Varsovie, décréta que les députés des communes nommés dans les Assemblées communales par les électeurs non nobles seraient admis à faire partie de la Diète conjointement avec les nonces, nommés par les Diétines ou Assemblées des nobles de chaque district. Aux termes de cet acte, les Diétines étaient composées des nobles du district. Chaque Diétine nommait un nonce et présentait des candidats pour les Conseils de département et de district, et pour les justices de paix. Les Diétines étaient présidées par un maréchal à la nomination du roi. La Charte constitutionnelle donnée au royaume de Pologne par Alexandre, le 27 novembre 1815, ressuscita presque textuellement les dispositions du statut de 1807, en ce qui concerne les Diétines. Les Diètes et les Diétines ont disparu avec le royaume de Pologne à la suite de la victoire remportée par les Russes sur l'insurrection de 1830.

DIGNITAIRES, personnes revêtues d'une dignité.

DIGNITÉS. Autrefois, ce mot s'employait dans une acception fort étendue ; il désignait tous les emplois civils et ecclésiastiques, de nature à honorer, à *dignifier* ceux qui en étaient pourvus. Les fonctions de cardinaux, d'archevêques, d'abbés, de doyens, et même de chantres étaient des Dignités ; les titres de duc, de marquis, de baron ; les charges de présidents, de conseillers et autres offices de judicature, étaient aussi des Dignités. Aujourd'hui, ce mot ne s'applique qu'aux plus hauts emplois de l'État, de l'armée et de l'église. B.-C.

DIME. L'histoire ne nous apprend point d'une manière positive de quelle manière était rétribué le clergé chrétien aux premiers siècles de l'Église. Il est probable que pendant longtemps les prêtres vécurent des dons volontaires des fidèles, sans pouvoir exiger aucun salaire pour des fonctions que l'Évangile même avait déclarées gratuites. Cependant il n'est pas douteux, et quelques lois du Code l'attestent, qu'ils ne tardèrent pas à réclamer comme une propriété la rétribution que les fidèles leur avaient d'abord spontanément offerte.

Lorsque l'invasion de l'empire romain par les Barbares vint établir la prépondérance ecclésiastique, les prêtres exigèrent une redevance de la dixième partie des fruits de la terre : ce fut la Dime. On rapporte son établissement au huitième siècle de l'ère chrétienne. A cette époque on prétendait qu'elle était de droit divin et qu'elle avait été établie par l'Ancien Testament. Charles-Martel, qui avait distribué à ses compagnons d'armes quelques Dimes, fut bien et duement damné par le clergé.

Un capitulaire de Charlemagne de l'année 802 est le premier titre solennel de l'établissement de la Dîme. Depuis cette époque jusqu'à nos jours, dans plusieurs pays de l'Europe, et en France jusqu'à la Révolution, la Dîme a été la plus importante des redevances que la société féodale payait à ses divers dominateurs.

Suivant le droit commun, les Dîmes appartenaient au curé; mais, pendant le dixième et le onzième siècles, elles avaient en grande partie été données par les évêques à des couvents et communautés religieuses, dont les membres à cette époque remplissaient souvent les fonctions de curés. Aussi ont-ils conservé jusqu'à la Révolution le nom de curés primitifs et la possession de presque toutes les Dîmes.

Bien que le droit canonique assujettît à la Dîme tous les produits, la loi française ne la considérait comme établie que lorsque son établissement résultait de titres ou de l'usage. La Dîme n'était point d'ailleurs partout et en tout cas la dixième partie du produit.

La Dîme était spécialement destinée à la construction et à la réparation des églises, à l'achat des ornements ou des livres nécessaires à la célébration de l'office divin et aux salaires des curés. Mais la majeure partie des Dîmes recevait une toute autre destination.

Pendant le moyen-âge, beaucoup de seigneurs, sous prétexte de défendre les abbayes ou couvents contre toute attaque, se firent concéder le droit de dîmer sur une certaine étendue de terrain; beaucoup usurpèrent les Dîmes purement et simplement, malgré les excommunications portées par les conciles, ou en obtinrent la concession tantôt par la ruse et tantôt par la violence. Les Dîmes furent annexées au fief et s'appelèrent Dîmes inféodées ou militaires. Dans quelques localités, l'agriculteur payait deux fois la Dîme, une fois au seigneur, l'autre fois au décimateur ecclésiastique.

Les papes et les divers souverains de l'Europe se sont longtemps disputé le droit de nommer aux bénéfices ecclésiastiques et ils trafiquèrent à-peu-près constamment de ce droit.

A l'époque de la Révolution, les curés n'avaient guère que la Dîme verte ou menue, qui se percevait sur les menus fruits de la terre et de la grosse Dîme, ce que l'on nommait alors la portion congrue, c'est-à-dire fort peu de chose. Presque tout le produit de la grosse Dîme appartenait au décimateur nommé par la cour, qui, ordinairement, menait joyeuse vie et dépensait d'une façon plus ou moins scandaleuse le revenu de l'Église.

L'Assemblée constituante abolit la Dîme. Mirabeau l'évaluait alors à un tiers du produit net de l'agriculture. Aujourd'hui, le salaire du clergé actif est pris sur les ressources générales de l'État.

　　　　　　　　　　　　　　C. S.

DIPLOMATE. Agent des relations de peuple à peuple, de gouvernement à gouvernement.

DIPLOMATIE. Science des rapports internationaux. (V. les mots ALLIANCE, AMBASSADEUR, CONGRÈS, TRAITÉ DE PAIX).

Pour être accrédités auprès des puissances étrangères, les agents employés dans les relations de peuple à peuple ont besoin de lettres écrites par leur Souverain et qui expliquent leur qualité, le but de leur mission et l'étendue de leurs pouvoirs. Ces lettres s'appelaient autrefois diplôme. De là, les mots Diplomate et Diplomatie.

DIPLOME. Ce mot a été autrefois employé comme synonyme, ou à-peu-près, de *titre, charte,* etc. (V. ci-dessus.)

Aujourd'hui, il désigne une espèce de brevet de capacité, délivré après examen, et exigé pour l'exercice de certaines professions. Le Diplôme, constatant le grade obtenu dans les diverses Facultés, est obligatoire, notamment pour les médecins, les avocats et autres juristes, les professeurs de l'Université, etc.

Dans l'état actuel, cette obligation est trop souvent une entrave illusoire, qui n'a guère d'autre mérite que d'enrichir le fisc. Les Diplômes ne se délivrent pas gratuitement. Ceux qui ont recours à un médecin, à un avocat, à un professeur n'apprécient pas sa capacité d'après son Diplôme.

Néanmoins, cette institution peut être un bon germe à développer par un gouvernement démocratique; car la Démocratie, qui suppose l'égalité, admet nécessairement la hiérarchie, et, par conséquent, la constatation des aptitudes diverses de chaque homme.

DIRECTOIRE. Quel que soit le jugement que l'on porte sur les vaincus du 9 thermidor, il est certain que les vainqueurs ont mérité par leurs vices et leur incapacité une flétrissure éternelle. Vadier, Tallien, Fréron, Fouché, etc., qui renversèrent les triumvirs en les accusant d'ambition, firent preuve d'une ambition au moins égale; et après les avoir signalés comme d'odieux proconsuls, ils devinrent proconsuls à leur tour. Ce fut une œuvre de vengeance personnelle et d'usurpation publique.

Il faut convenir aussi que l'unité dans le gouvernement disparut avec Robespierre, et que sa sanglante succession se trouvant partagée, le premier résultat de cette mutation fut l'affaiblissement de la République. Personne n'avait confiance dans le pouvoir nouveau; un discrédit mortel frappa les assignats et jusqu'aux domaines nationaux. Le pain du soldat n'était pas assuré; la solde manqua, et le recrutement lui-même venant à cesser, la gloire des armées se trouva compromise en même temps que leur existence matérielle.

La Convention, fractionnée et divisée en une multitude de partis qui se menacent mutuellement, a perdu la puissante impulsion qui la dirigeait. Mutilée à chaque mouvement qui déplace le pouvoir, elle décrète bientôt une nouvelle épuration pour se délivrer des thermidoriens (12 germinal), et ne se sauve à la journée du 1er prairial qu'avec l'appui des sections. Dès-lors, incapable de diriger plus longtemps les destinées orageuses de la France, elle proclame son abdication dans la constitution de l'an III, et divise en deux conseils l'unité de la représentation nationale.

Mais ce qui modifiait profondément le passé ré-volutionnaire, c'est que le pouvoir dirigeant fut enlevé aux représentants pour être confié à un Directoire exécutif composé de cinq membres. Il y avait, en outre, un article de la nouvelle Constitution qui violait ouvertement la liberté des élections. La Convention devait former les deux tiers de la législature, et un tiers seulement des deux Conseils était laissé à la nomination du peuple.

Non-seulement cette disposition choquait vivement les hommes sincèrement attachés à la République, mais encore elle fournit aux ennemis de la Révolution une heureuse occasion de l'attaquer avec ses propres armes. En effet, le parti des royalistes et celui de l'étranger se répandirent en déclamations perfides, et leurs accusations qui étaient les mêmes que celles des patriotes ne pouvaient être combattues que par ce triste argument des gouvernements faibles, la nécessité.

Le Directoire se trouva donc, même avant son installation, entouré de difficultés et menacé avec violence. Sur quarante-huit sections qui, à Paris, composaient la garde nationale, quarante-trois se soulevèrent et se réunirent en armes. En vain, pour mettre fin à ces hostiles manœuvres, la Convention proclama, le 2 vendémiaire, l'acceptation de la Constitution par la majorité des Assemblées primaires de la République. Les sectionnaires ne cachant plus leurs desseins contestaient fièrement l'autorité de la Convention. La contre-révolution était imminente lorsque la répression de la révolte fut confiée au vainqueur de Toulon. On connaît les événements du 13 vendémiaire, ce fut la dernière insurrection dont Paris fut témoin, après tous les orages de la Révolution. Cette journée fut une occasion de célébrité pour Bonaparte, et bientôt de gloire pour le gouvernement nouveau en lui préparant les belles campagnes de l'Italie. Chose étrange ! c'est le même homme qui, au 13 vendémiaire, assure l'installation des Directeurs, et qui, au 18 brumaire, leur porte le dernier coup. Mais entre ces deux époques, il a pour lui et contre eux les campagnes d'Italie et d'Égypte, toute sa gloire et toutes leurs fautes. L'homme du 13 vendémiaire envahit de sa renommée les annales du Directoire. Le règne populaire de Bonaparte date de cette époque, et à mesure que la pentarchie se dégrade par ses vices et sa mauvaise administration, le général destiné à la détrôner marque chacun de ses pas par une victoire. Les triomphes de cette époque n'appartiennent pas au gouvernement; ils s'accomplissent sans lui pour tourner bientôt contre lui.

C'est même une circonstance particulière de ces temps que cette opiniâtreté du public à ne tenir compte au Directoire que de ses défaites, en donnant à chacun des généraux la propriété particulière de sa gloire. Rien ne prouvait mieux, comme l'a fait observer un historien, la profonde déconsidération où était tombé le Directoire.

Aussi, serait-ce une grave erreur de ne voir dans le 18 brumaire que le coup hardi d'un soldat aventureux. Cet événement, comme nous l'avons déjà dit (V. CONSULAT), veut être considéré sous deux faces diverses. Si l'on n'y voit que le renversement d'un gouvernement sans force et sans dignité, Bonaparte est excusable, car il avait toute la France pour complice. Mais la France cherchait dans le 18 brumaire la restauration de la République; Bonaparte y cherchait un trône, et c'est ici son crime, parce qu'il viola les volontés du pays, parce que sous le libérateur l'usurpateur se cachait.   ELIAS REGNAULT.

DISCIPLINE. La Discipline est la base essentielle de toute organisation militaire. Sans Discipline, il n'y a pas d'armée, pas de sécurité pour le pays.

À tout instant, il faut que le supérieur soit sûr de trouver chez tous ses inférieurs une obéissance prompte et dévouée à ses ordres qu'il juge à propos de donner; car le destin des combats, c'est-à-dire la vie de milliers de citoyens, le sort de l'État, peuvent dépendre de la moindre hésitation, du moindre retard dans l'exécution d'un ordre. Le dévouement le plus pur à la patrie, l'extrême bravoure, comme l'extrême prudence, comme la lâcheté, ont besoin d'être guidés, contenus, excités, réprimés. Le soldat qui fait feu avant l'ordre, qui sort du rang emporté par son ardeur, commet un acte aussi funeste parfois que le crime de celui qui jette son arme et tourne le dos à l'ennemi.

Or, c'est par la Discipline que le conscrit, le volontaire novice sont initiés au métier, apprennent à se servir de leurs armes, à supporter, sans murmures, les gênes et les privations de l'état militaire, à subordonner leur volonté à celle du chef, à s'en remettre à lui du soin de les conduire, de les diriger, de veiller à leur sûreté, de pourvoir à leur subsistance, etc., etc.

En un mot, la Discipline réunit et condense en un seul faisceau toutes les passions individuelles, toutes les forces morales et physiques; et ce faisceau devient, aux mains du chef, un levier puissant à l'extrémité duquel il peut peser de tout le poids de son talent, de son génie, de son énergie.

La Discipline est aussi la sauve-garde des peuples chez qui se fait la guerre. Elle protège leurs personnes et leurs propriétés dans les limites que viennent fixer les besoins, les nécessités de la guerre. Saint-Just faisant fusiller des volontaires pour avoir pris des œufs dans la basse-cour d'un paysan brabançon enseignait à nos soldats, par un exemple terrible, le respect dû à la Discipline. Mais plus tard, et notamment en 1813 et 14, nos armées furent obligées de vivre de la maraude et de la maraude organisée par ordre, car elles n'avaient pas d'autres ressources contre la faim.

Les règles de la Discipline militaire et les limites de l'obéissance qu'elle impose sont difficiles à établir; elles varient et doivent varier avec les mœurs, avec la constitution politique et sociale, avec le caractère de chaque peuple, avec le mode de recrutement de leurs armées. De même, et par les mêmes motifs, les châtiments, les punitions que la Discipline inflige, ne doivent pas être constants à toutes les époques et chez toutes les nations

La Discipline des troupes de Sparte n'était pas celle des soldats d'Athènes ; et les armées du grand roi étaient soumises à d'autres règles que les armées de la Grèce. Dans la Rome des Scipions et dans la Rome des Césars, la Discipline différa essentiellement. La Discipline russe, introduite pour un seul jour dans l'armée française, y produirait l'insurrection et l'anarchie.

Chez un peuple comme le nôtre, qui recrute ses armées de nationaux, qui n'admet dans leurs rangs ni déserteurs étrangers, ni mercenaires, ni repris de justice ; chez un peuple à qui la nature a donné en partage toutes les vertus guerrières, qui brille entre tous par son intelligence et l'état avancé de sa civilisation, il est évident que la Discipline doit être libérale, non acerbe dans ses formes ; qu'elle doit demander beaucoup au cœur, à l'intelligence, et n'avoir recours, pour exiger l'obéissance, qu'à des punitions qui frappent l'homme sans le dégrader. Elle doit interdire strictement aux chefs les châtiments corporels, les paroles injurieuses, méprisantes ; et s'il se trouve des soldats dont les mauvais penchants résistent à son action ainsi limitée, ils doivent être séparés de leurs camarades, placés dans des corps spéciaux et soumis à une discipline plus sévère.

Les idées d'égalité ont pénétré partout, dans la caserne comme dans la chaumière, comme dans l'atelier ; partout, l'injustice révolte et exaspère ; il faut donc que les exigences de la Discipline soient les mêmes pour tous, que les règlements soient appliqués à tous avec équité, avec intelligence.

Pour que la subordination règne dans notre armée, pour que les chefs y soient obéis sans arrière-pensée, sans récriminations, sans des rancunes qui feraient une explosion terrible dans telles ou telles circonstances, il faut aussi que les inégalités de position y soient en harmonie avec les inégalités naturelles, que les grades et les récompenses soient toujours accordés aux plus dignes, jamais aux favoris et aux intrigants.

En 1789, toute l'armée fut en proie subitement à l'indiscipline et à la révolte ; les règlements si durs, si cruels, observés jusque là rigoureusement, furent foulés aux pieds par le soldat. On sait assez pourquoi : les officiers de naissance, c'est-à-dire presque tous les officiers, étaient haïs ou méprisés par leurs subordonnés.

La Discipline de l'armée française est remarquable, maintenant, en ce qu'on obtient beaucoup du soldat avec peu de punitions. Si certains régiments, certains corps font, parfois, exception à cet heureux état de choses, il ne faut pas en accuser les soldats, mais les chefs, et assez habituellement les colonels seuls. Le soldat est partout le même ; mais il devient bon, médiocre ou mauvais, suivant la manière dont il est commandé.

Politiquement, les limites imposées à l'obéissance par les règlements sur la Discipline sont marquées par la formule du serment imposé aux officiers et soldats : *Je jure fidélité et obéissance..., à la Charte constitutionnelle et aux lois du royaume.*

V. Obéissance.)   Z. K.

DISCOURS DE LA COURONNE. Il est un jour de l'année où, dès huit heures du matin, les tambours battent le rappel dans toutes les rues de la capitale. Ce jour-là, toute la garnison est sur pied ; le passage des ponts et des quais, depuis l'habitation royale jusqu'au palais de la chambre élective, se trouve interdit à la population et gardé, de toutes parts, par une triple haie de gardes nationaux et municipaux, de troupes de ligne, infanterie et cavalerie, sans compter les agents de police. Ce jour-là, tout le monde officiel, toute la *camarilla,* toutes les épaulettes d'état-major sont en mouvement et se pressent dès le matin dans les antichambres des Tuileries. Ce jour-là surtout, la Chambre des Députés présente un aspect inaccoutumé. Et d'abord, une estrade élevée remplace dans l'hémicycle le bureau du président et des secrétaires de la Chambre. Sur cette estrade, recouverte d'un riche tapis, est disposé un magnifique fauteuil qui simule le trône. Au-dessus de ce fauteuil s'élève un baldaquin rehaussé de riches palmettes d'or. Dès dix heures, toutes les tribunes hautes et basses de la salle sont occupées par un public privilégié ; et, quelques heures après, les députés, les pairs et les membres du conseil-d'état, viennent successivement prendre dans l'enceinte les places qui leur sont destinées.

Pourquoi donc tout ce mouvement, tout ce fracas, tout ce dérangement, toute cette pompe ? C'est que ce jour est le seul de l'année où les trois grands pouvoirs de l'Etat vont se trouver officiellement en présence ; c'est que ce jour est celui où la royauté va se rendre en personne au palais Bourbon pour y ouvrir la session des chambres législatives.

En effet, vers une heure, le canon des Invalides se fait entendre ; le roi quitte les Tuileries, accompagné de toute sa famille, précédé et suivi d'une foule de généraux, de dignitaires, d'aides-de-camp, d'officiers de tous grades et de toutes armes. Puis, quelques minutes après, Sa Majesté, comme on dit, arrive au palais Bourbon et s'assied à la place qui lui a été préparée.

Dès que tout le monde s'est également assis, le *roi se couvre* et prononce sa harangue. Cette harangue, est-il besoin de le dire, n'est jamais une exposition lucide et détaillée de tous les actes du gouvernement pendant l'année qui vient de s'écouler ; ce n'est point même un hommage rendu à la Souveraineté du peuple. Non ! Attendrissement obligé sur des félicités plus domestiques que nationales, banalités, souvent même mensonges sur l'état de nos relations avec les autres puissances ; réticences et dissimulations sur une foule de questions qui intéressent la dignité nationale ; silence complet sur les questions les plus importantes pour l'industrie et les classes ouvrières, voilà surtout ce qui caractérise depuis longtemps ce qu'on appelle en France le *Discours de la Couronne.*

Et c'est là une des plus pompeuses mystifications de la monarchie constitutionnelle.   F. A.

DISCUSSION Ce mot, qui signifie examen, recherche, s'applique de préférence, en politique, aux débats de la presse et du parlement, et à l'examen public des lois. Ainsi, mettre une loi en discussion, c'est la soumettre aux délibérations de tous, par les journaux, de quelques-uns, par les chambres.

La discussion a cet avantage qu'elle ne laisse aucun côté de la question dans l'ombre, qu'elle éclaire tous les citoyens sur la valeur des mesures qui les intéressent; et comme les différents partis se mêlent également à la Discussion, aucun des avantages, aucun des inconvénients ne passe sans être signalé.

Il n'y a même pas à craindre que l'aveuglement des partis défigure une question en lui donnant une couleur qui leur est propre. L'opinion publique ne se trompe pas au milieu de ces luttes et sait toujours distinguer la vérité.

Il y a aujourd'hui certaines institutions et certains pouvoirs qui, par la loi, ne peuvent être mis en discussion. Cette mesure de prudence ne serait-elle pas un aveu de faiblesse, et ce qui est fort par soi-même doit-il redouter l'examen? Les institutions vraiment solides, celles qui ont leur racine dans l'opinion de la majorité, n'ont pas besoin de se faire protéger par des lois répressives. Elles vivent de leur vie propre, et pareilles aux bons navires, elles appellent les tempêtes afin de mieux prouver leurs forces.

DISJONCTION. La loi du 22 messidor an IV, qui rappelle les dispositions de la loi du 19 octobre 1791, a ordonné que les tribunaux ordinaires seuls devraient connaître des crimes et délits qui auraient été commis par des militaires, de complicité avec des citoyens non militaires et non assimilés aux militaires par les lois, en raison de leurs fonctions. Après l'échauffourée du 30 octobre 1836 et le verdict rendu par le jury de Strasbourg, dans le procès qui en fut la suite, le gouvernement proposa aux chambres un projet de loi qui devait annihiler ces sages dispositions. D'après ce projet, quand un crime ou un délit aurait été commis par des militaires en complicité des citoyens, la cause des premiers devait être disjointe de celle des seconds : les militaires auraient comparu devant les conseils de guerre et les citoyens devant les tribunaux de droit commun. Dans ce système, il pouvait arriver (et le cas se serait présenté fréquemment), que des hommes coupables au même degré eussent été, les uns envoyés à la mort par la justice exceptionnelle; les autres, au contraire, innocentés par la justice ordinaire, et réciproquement. De même, un innocent aurait pu être fusillé pendant que son prétendu complice aurait entendu prononcer son acquittement.

La raison publique se révolta contre une si monstrueuse absurdité; et le projet de loi, enfanté par quelque cerveau dans le délire de la réaction monarchique, fut mis à néant.   Z. K.

DISLOCATION. La Chambre *désigne* et *renverse* les ministères; le roi les *nomme* et les *destitue*; ils se *disloquent* d'eux-mêmes. Quand les ministres ne sont pas d'accord sur quelque point capital, si la minorité persiste dans son opposition et que l'opinion de la majorité soit partagée par les pouvoirs publics, la minorité quitte la place et le ministère se trouve disloqué. Le mot Dislocation a donc un sens restreint, il équivaut à démembrement.

DISPONIBILITÉ. La loi du 19 mai 1834 sur l'état des officiers a déterminé les positions dans lesquelles peut se trouver l'officier. La Disponibilité est une de ces positions; elle est spéciale à l'officier-général ou d'état-major appartenant au cadre constitutif, et momentanément sans emploi. (V. ÉTAT DES OFFICIERS.)

DISSOLUTION. Nul ne l'ignore : le caractère distinctif des monarchies constitutionnelles, c'est l'antagonisme des pouvoirs. Dans les diverses péripéties de la lutte, la dernière raison légale du pouvoir électif, c'est le refus du budget; la dernière raison légale de la royauté, c'est la Dissolution du pouvoir électif.

Quand la volonté du pouvoir électif prévaut et que le roi cède sans essayer de résistance, il change son ministère et nomme les personnes que lui désignent les vœux de la Chambre. Que si, au contraire, le roi s'obstine et veut maintenir son ministère contre le vœu du pouvoir électif, il dissout ce pouvoir et en appelle au jugement du pays, c'est-à-dire du corps électoral.

Certes, ce mécanisme paraît fort simple et n'offre rien que l'esprit ne puisse concevoir théoriquement. Aussi, les théoriciens de la monarchie constitutionnelle le regardent-ils comme le palladium de leur construction politique. « Une Assemblée ne se modère pas elle-même, dit Benjamin Constant. Le *véto* royal nécessaire pour les lois de détail est insuffisant contre la tendance générale; il irrite l'Assemblée hostile sans la désarmer : la Dissolution de cette Assemblée est le remède unique. »

Singulier remède en vérité que celui-là. Et comme la théorie reçoit des faits de profonds démentis !

La Dissolution du pouvoir législatif est, dites-vous, un moyen infaillible de prévenir ses empiétements et de rétablir l'équilibre des pouvoirs. Mais vous oubliez donc ce qui s'est passé en Angleterre pendant la première moitié du dix-septième siècle. De 1603 à 1649, il n'est pas un parlement qui n'ait été ajourné, prorogé ou dissous : les Stuarts ont-ils réussi par ces Dissolutions répétées à sauver leur monarchie? Le second d'entre eux a-t-il pu seulement sauver sa tête? Et le dernier roi de la branche aînée des Bourbons comment s'est-il perdu? par une Dissolution.

Les faits historiques prouvent donc directement le contraire de ce qu'ont voulu prouver Benjamin-Constant et les autres publicistes constitutionnels.

D'ailleurs, à défaut de l'irrécusable démonstration des faits, une logique rigoureuse conduit directement à la même conclusion. Je suppose la royauté et la Chambre élective en présence. Un dissentiment profond les sépare. Il ne s'agit plus désormais de quelque loi de détail ou de quelque vaine question de personnes ; il s'agit de tout un système politique à maintenir ou à changer. La Chambre s'obstine et le roi la dissout.

C'est à merveille. Maintenant, que va-t-il arriver ? Les électeurs sanctionneront-ils les actes de leurs mandataires qui ont provoqué la Dissolution, ou bien désapprouveront-ils ces actes pour sanctionner la volonté royale ? — On peut affirmer hardiment que, quand une Chambre se met en hostilité avec le pouvoir exécutif, c'est que, presque toujours, le pouvoir exécutif a soulevé au sein de la nation de nombreux mécontentements. Rarement, les Chambres prennent l'initiative de ces luttes ; elles ne font qu'obéir à une impulsion venue du dehors. C'est donc à un adversaire, non à un juge, que la royauté fait appel par la Dissolution ; elle est donc à-peu-près certaine de perdre son procès. Et, en effet, on citerait difficilement l'exemple d'une Dissolution qui, au milieu d'une lutte de prérogatives, ait donné gain de cause à la prérogative royale.

Mais, dit-on, il n'y a de limite à l'usurpation éventuelle des Assemblées que dans la faculté de Dissolution ; et l'on cite à l'appui les événements du siècle dernier. La Constitution de 91 avait, en effet, refusé au roi le pouvoir de dissoudre la représentation nationale. Mais si Louis XVI avait eu ce pouvoir qu'en eût-il fait ? Au 20 juin, au 10 août et même auparavant, aurait-il jamais réussi à renvoyer les députés de Paris ? L'acte additionnel avait bien attribué à l'Empereur le pouvoir de dissoudre la Chambre des représentants. L'Empereur était un homme d'une volonté puissante. Osa-t-il un seul instant essayer, en 1815, de dissoudre le pouvoir électif ?

Ceux-là donc qui voient dans la faculté de Dissolution attribuée au pouvoir royal une garantie de stabilité, d'indépendance et de force pour la monarchie, font preuve d'un esprit étrangement frivole ou d'une singulière préoccupation.

Il est certain, au contraire, que, dans les grandes crises, la faculté de Dissolution est inutile, et que, dans les temps calmes, elle est dangereuse.

A la vérité, les publicistes de la monarchie constitutionnelle objectent qu'il n'y a pas d'autre moyen d'empêcher le débordement de l'autorité représentative. Cela est vrai.   E. D.

DISTRICT. V. Département.

DIVISION. A tous les degrés de la hiérarchie, l'administration, en France, subit la loi de la centralisation. De même qu'il y a des communes, des sous-préfectures, des préfectures ; de même il y a, au sommet de l'échelle, des bureaux, des Divisions ou directions et des ministères. Le ministre donne des ordres au chef de Division, qui les transmet au chef de bureau, qui les transmet à ses subordonnés. Puis, le chef de bureau soumet son travail au chef de Division qui le soumet au ministre, et le ministre statue dans les matières qui sont de la compétence ministérielle. — Sous l'Empire, comme on sentait le besoin de payer

l'égal empressement des auteurs et des victimes de la Révolution vers la servitude, on avait créé des Directions générales. Ces Directions générales comprenaient plusieurs Divisions et formaient, à proprement parler, de petits ministères. La Restauration ayant relevé le pouvoir ministériel, il était logique que les Directions générales fussent supprimées ; mais la Restauration subissait les nécessités qu'avait subies l'Empire ; elle avait besoin de maintenir ou de créer de grandes charges pour satisfaire de grandes exigences, et les Directions générales furent maintenues. La Révolution de Juillet ne laissa debout que les Directions générales des postes, des pont-et-chaussées, de l'enregistrement et des domaines. Toutefois, comme le nouveau régime était placé, vis-à-vis des personnes, dans les mêmes conditions que les régimes précédents, on prit un juste-milieu et l'on créa des Directions à la place des Divisions. Les fonctions du directeur sont les mêmes que celles du chef de Division, mais son titre est plus relevé, et par conséquent il est plus payé. Les directions servent d'ordinaire à rémunérer les conversions ou les services des membres du Parlement. A la même époque, en 1830, le traitement des chefs de Division fut réduit de 12,000 à 10,000 fr. Mais peu de temps après, il fut de nouveau porté à 12,000 fr. Les crédits nécessaires à cette augmentation n'ayant pas été accordés par les chambres furent imputés sur les crédits affectés aux traitements des employés inférieurs. (V. Employés.)

Le mot Division est souvent employé dans les débats parlementaires. Lorsqu'un article en discussion contient deux propositions qui peuvent se scinder, les membres qui veulent adopter l'une et rejeter l'autre demandent la Division, qui est de droit.

On appelle aussi Division un corps d'armée composé de deux brigades. (V. Général.)

DIVAN (Conseil). Avant que l'Empire turc ne fût tombé en dissolution, l'autorité despotique y était, partout, tempérée par des Divans. Dans les provinces, outre les membres permanents de ces conseils où les gens de loi siégeaient toujours, on y appelait, suivant les circonstances, les anciens de la milice, les notables des villes, les principaux ayants ou beys, etc. Le Divan dit *de l'Arsenal*, ou du Capitan-Pacha, administrait la marine et les îles ; celui que présidait le grand-visir, deux fois par semaine, rendait la justice comme tribunal suprême. C'est devant ce tribunal qu'étaient portées les accusations contre les agents du pouvoir ; mais nous ne devons nous arrêter qu'à ses attributions politiques.

Ce Divan, dont la plupart des écrivains ont donné une idée incomplète, en l'appelant un Conseil-d'État, était réellement un Conseil de cabinet, convoqué, présidé par le premier ministre, et dont tous les membres du cabinet faisaient partie. Il y a, pourtant, cette grande différence entre le Divan et les Conseils européens, c'est que des hommes indépendants du ministère y avaient voix délibérative. Sans compter les *visirs du banc*, dont l'admission date de temps immémorial, les chefs des Janissaires et des Emirs y représentaient les intérêts populaires, et l'opinion publique y avait appelé successivement d'autres personnages qui s'expliquaient en toute liberté sur les affaires de l'État.

Maintenant que le sultan Mahmoud a tout changé sans rien fonder, personne ne peut plus dire ce qu'est le Divan. Tout ce qu'on sait, c'est que l'influence étrangère le domine, et qu'on ne délibère plus à Constantinople.   P.

DOCTRINAIRES. Ce mot signifie, dans un sens général, une société d'hommes unis par une doctrine commune. Aussi, peut-il être pris en bonne et en mauvaise part.

En bonne part, quand la doctrine dont l'association s'est proposé la propagande est conforme aux principes que proclame la raison publique; en mauvaise part, quand, novateurs ou réactionnaires extravagants, les associés n'ont pour fonds commun qu'une hypothèse sans légitimité.

Le qualificatif *Doctrinaire* est aujourd'hui spécialement employé pour désigner certaine coterie de prétendus hommes d'état, qui, par une interprétation inusitée de cet axiome, la souveraineté de la raison, ont fait beaucoup de bruit dans ces derniers temps.

Rien ne paraît plus orthodoxe que de déclarer la raison souveraine. M. Cousin, dans la célèbre préface de ses *Fragments*, a prouvé que la raison est impersonnelle; il a ajouté, ce que nous ne croyons devoir ni confirmer, ni contester ici, que les concepts de la raison ont plus qu'une valeur subjective. M. Cousin appartenait à l'école doctrinaire; il en était le philosophe: on pouvait donc croire que cette école élevait si haut la raison avec des intentions irréprochables; on pouvait croire que, la question étant portée sur le domaine des choses politiques, elle ne refuserait pas de développer sa doctrine de l'impersonnalité de la raison, en reconnaissant à la conscience populaire, dépôt de la raison commune, tous les droits qui émanent de la Souveraineté. Mais les Doctrinaires ne voyaient aucun profit à être démocrates, et, pour échapper à la conclusion qu'on attendait de leur logique, ils invoquaient la parole d'Aristote, qui définit la raison le privilége des âmes libres: au lieu donc de réclamer, au nom de la raison universelle, l'égalité de toutes les volontés, ils arguèrent du fait de l'inégalité politique pour mettre en doute l'universalité de la raison.

On comprit alors que leur doctrine, exprimée en des termes inintelligibles, était purement une protestation de l'aristocratie bourgeoise contre les tendances démocratiques. Or, en même temps, on se rappela que tel n'avait pas toujours été leur langage, et on leur reprocha leur inconséquence. Ils répondirent que la science ne crée pas les faits, mais les accepte, et critiquèrent fort injurieusement la philosophie du siècle dernier, qui avait osé prostituer la science au service des passions révolutionnaires. Cette réponse démontra complètement que, pour l'école doctrinaire, la raison

souveraine n'était que la raison plus ou moins éclairée de quelques pédants ambitieux.

Tous les témoignages du passé s'accordent à nous signaler l'extrême confusion des sectes en révolte contre l'autorité. Dès que l'esprit individuel s'établit arbitre de la foi, il est soudain frappé de vertige. L'histoire des variations de l'école doctrinaire serait longue à raconter. Ce n'est pas que toutes ces variations aient été motivées par des retours sincères, par des aberrations loyales. L'école dont nous parlons n'est pas illettrée, et sachant quelle a toujours été l'instabilité des coteries et des sectes, elle a invoqué comme un privilége personnel la faculté de contradiction. On refusera dans un autre âge de croire à ce cynisme. Et cependant nous ne calomnions pas. Le sens commun est essentiellement dogmatique; nos esprits forts se sont constitués ecclectiques. L'ecclectisme est la plus commode des doctrines, si même c'en est une: comme on suppose, par cette manière de considérer les choses, qu'il y a du bien dans tout, sans avoir besoin d'affirmer ce qui est le mieux, on peut se permettre, sans remords de conscience, de servir, tour à tour, les causes les plus hostiles et de changer de camp avec la fortune.

Dans les premières années de la Restauration, la secte Doctrinaire, qu'on appelait alors la Coterie du Canapé, se donnait pour dévouée tutrice du trône. Accueillie d'abord avec considération, elle vit bientôt son crédit chanceler: la raideur génevoise des trois hommes d'état qui représentaient officiellement convenait moins à la Cour que le laisser-aller de bonne maison affecté par les conseillers en fortune. Ils prévinrent leur disgrâce en se séparant de la monarchie avec un éclat opportun. Cependant, aussi timides qu'envieux, ils gardèrent encore, à l'égard de la couronne, toutes les formes d'un respect courtisan, alors qu'ils poursuivaient le sacerdoce avec une rhétorique pleine d'acrimonie. La Révolution de Juillet fut un événement qui les surprit, mais dont ils s'empressèrent de profiter. Admis dans le gouvernement nouveau et disposant de la faveur, ils ne tardèrent pas à recruter une petite armée de fidèles, et cet accroissement de forces enflant encore leur orgueil, ils ne projetèrent pas moins que d'accaparer le pouvoir. On sait quelle fut la conduite des Doctrinaires à l'égard des ministres qui furent alors donnés pour collègues à MM. Guizot et de Broglie, et quelles intrigues réhabilitèrent la faction, alors même qu'on pouvait la croire irrévocablement compromise. Caresser la Cour, annihiler la Chambre, corrompre la presse, telle a toujours été leur méthode de gouvernement. Les résultats obtenus de ces pratiques ont été que, depuis dix ans, nous avons toujours subi l'imminence ou la réalité d'un cabinet Doctrinaire. Tantôt avec la Cour, tantôt avec le Parlement, modifiant leur langage et leur conduite suivant les circonstances et habiles à excuser leur mobilité par de monstrueux sophismes, ils ont toujours assiégé ou possédé le ministère. Peu leur importe qu'on les recherche par attachement ou qu'on les subisse par crainte. Ce n'est ni l'amitié, ni l'estime qu'ils ambitionnent.

Un parti qui a des principes les respecte avant tout ; le parti Doctrinaire qui n'en a pas pense que la fin sanctifie les moyens, et l'unique fin est pour eux la possession du pouvoir. Cette passion immorale est celle qui a décrié les jésuites.

Un parti qui représente une opinion nationale, un parti dont les efforts sont encouragés par la raison publique, un parti dans lequel vit la foi des masses, est toujours calme et digne : sa confiance dans l'avenir ne l'abandonne dans aucune disgrâce, et lui défend l'emploi de la violence, soit pour conquérir, soit pour conserver le pouvoir. Le parti Doctrinaire, qui ne représente que lui-même, l'orgueilleuse individualité de ses docteurs, a professé, du haut de la tribune législative, qu'il n'y a pas de gouvernement possible sans intimidation, et l'on n'a pas oublié qu'il entend par ce terme une terreur permanente et la suppression de toutes les libertés.   B. HAURÉAU.

DOCTRINE. Une Doctrine est une opinion sur la vérité.

Nous disons *une opinion*, parce que la logique est la science des idées et non pas la science des choses. A combien de systèmes contradictoires n'a-t-elle pas conduit l'intelligence? Que de conceptions n'a-t-elle pas vérifiées et démontrées également vraies? « *Quid est quod dialectica tam diversas et tam adversas, ne dicam perversas, habeat sententias?* » Cette diversité, pour ne pas dire cette perversité, nous autorise à prétendre qu'une Doctrine n'est qu'une opinion.

Entre les opinions, on a distingué les opinions probables et les opinions nécessaires. On sait que les casuistes ont étrangement abusé de cette distinction. Nous ne saurions l'admettre sans la définir autrement que Sanchez, mais notre définition serait telle : l'opinion probable est la Doctrine individuelle ; l'opinion nécessaire est la Doctrine de l'autorité ; l'autorité est le sens commun.

On s'est élevé de nos jours, et avec raison, contre les systèmes qui n'ont d'autre fondement que la contemplation d'une individualité abstraite et opposée, toujours identique à elle-même : il a été facile de prouver, même contre Platon, que rien dans les phénomènes n'est plus variable et plus concret que les idées du sujet : il n'est pas moins évident que les idées du sujet ne sont pas des conceptions pures, indépendantes ; qu'elles lui sont, au contraire, imposées par le travail des siècles, par les temps, les lieux et l'expérience. L'accusation portée contre les psychologues atteint tous les contemplatifs, et, par ce terme, nous ne désignons pas seulement telle ou telle secte religieuse ; nous qualifions ainsi tous les gens qui, sans égard aux faits, à la tradition, au sens commun, rêvent des systèmes et s'abreuvent d'hypothèses plus ou moins indigestes sur la nature de l'homme, sur les conditions de l'état social et les réformes applicables à cet état, soit dans l'avenir, soit dans le présent.

Toutes les opinions, toutes les Doctrines ont un critérium. Ce critérium est l'opinion collective. Qu'est-ce qu'un monomane? c'est un homme qui argumente sur des prémisses repoussées par la raison commune. Aucune dialectique n'est plus austère que la sienne ; dans sa démence, il vous confond par la rigueur de ses syllogismes ; à cet imperturbable disputeur vous ne pouvez rien opposer, si ce n'est qu'il procède d'une utopie inadmissible, qu'il est fou. Entre la monomanie et le bon sens, il y a des degrés, nous le savons ; il y a des Doctrines moins absurdes que les hallucinations d'un insensé ; mais toute erreur est appréciable par le même critérium. Quand vous entendez un docteur proclamer qu'il a découvert l'absolu, que la Société suit une voie qui l'écarte de sa fin, que le jugement public est perverti, qu'il n'y a de vérité, de talent que dans sa Doctrine particulière, soyez assuré que cet homme est un faux prophète. Un révélateur s'annonce toujours comme vénérant la tradition et la raison contemporaine ; la bonne nouvelle qu'il apporte n'est que l'expression d'un désir qui était déjà dans toutes les consciences ; il ne fait que le dégager des vœux moins légitimes et le revêtir d'une formule saisissante.

Ainsi, défions-nous de nous-mêmes ; si bien ordonné que nous paraisse un plan que nous avons conçu, n'ayons pas la témérité superbe de ne croire qu'à notre logique : apprécions d'abord la probabilité de notre Doctrine en la comparant à la Doctrine sanctionnée par l'assentiment universel ; examinons, avec l'attention la plus scrupuleuse, si, par quelque point, elle n'est pas contradictoire à la foi populaire ; cette foi résume tous les progrès accomplis et toutes les tendances vers l'avenir.

Il n'y a que des opinions dans ce monde, mais il y en a de saines et de folles, et les opinions saines sont beaucoup plus expérimentales que spéculatives. C'est l'instinct qui nous guide vers la vérité, et cet instinct n'est pas individuel ; il n'est donc licite à aucun individu de se poser en juge suprême des consciences, de nier le passé, de blasphémer contre le présent, et de prétendre réglementer l'avenir suivant sa fantaisie. On ne saurait être sage quand on est désavoué par l'autorité (V. ce mot).   B. H.

DOGE. Titre que portait à Gênes et à Venise le premier magistrat de la République. Lorsque, après les invasions des Barbares, les cités italiennes commencèrent à se reconstituer, le peuple songea tout d'abord à se donner non un roi, mais un chef, *dux*, qui le conduisît dans la paix et dans la guerre. A Venise, cette dignité fut à vie ; à Gênes, elle était bisannuelle ; mais le Duc ou Doge pouvait être réélu après un laps de deux ans. Dans la crainte qu'il n'abusât de l'autorité dont il était revêtu, le corps des sénateurs exerçait sur lui une surveillance de tous les instants. A Venise, les pouvoirs du Doge furent d'abord assez mal définis. Nommés par le libre choix du clergé, des grands et du peuple, les Doges se virent, dans le principe, revêtus d'une autorité si absolue, que l'abus qu'ils en firent excita des soulèvements dont le résultat légitime fut de brider leur despotisme. Mais bientôt ce pouvoir, absorbé tout entier par la faction aristocratique, ne fut plus qu'un vain titre. La révolution que le peuple avait faite fut , comme bien d'autres, détournée de son but, et les fruits en furent escamotés par ceux qui s'é-taient servis des bras du peuple pour l'accomplir.

Aux assemblées générales du peuple qui, pa-reilles aux comices de Rome, nommaient le Doge à la pluralité des suffrages, succéda un conseil de quarante-sept membres ; plus tard, ceux-ci élurent soixante d'entre eux pour former un sénat, qui, devenu héréditaire, fut le palladium de l'aristo-cratie. Six sénateurs furent adjoints au Doge comme conseillers intimes ; plus tard, un nouveau comité fut créé et partagea les fonctions de ces six premiers conseillers, de telle sorte que l'autorité réelle du Doge devint à-peu-près nulle. Le gou-vernement de Venise ne fut plus qu'une oligarchie composée de quelques familles riches et pesant, sans aucun contrepoids, sur le peuple. Le Doge était élu par quarante-et-un membres tirés du grand conseil pour l'élection.

Après une période éclatante de gloire et de con-quêtes, les gouvernements vieillis de Gènes et de Venise, corrompus dans leur essence et sans base dans la portion courageuse et énergique du peu-ple, étaient déjà réduits à une nullité politique presque complète lorsque la conquête française leur porta le dernier coup. La constitution nou-velle de l'Europe, en 1815, donna Gènes à la Sar-daigne et Venise à l'Autriche. Aujourd'hui, la dignité comme le nom de Doge n'existent plus que dans l'histoire.   V. M.

DOMAINE. « L'Etat, c'est moi », disait Louis XIV, et Louis XIV avait raison ; car, de son temps, le roi était la personnification de la France, le Souverain. Il n'y avait alors, à proprement par-ler, qu'un Domaine, le Domaine du roi, qui com-prenait toutes les propriétés publiques ou appar-tenant à l'Etat. Les lois de l'Assemblée consti-tuante ayant changé la base du droit public et distingué le monarque du Souverain, devaient né-cessairement distinguer aussi le Domaine qui pou-vait être laissé à la disposition du prince, de ce qui était le Domaine, la propriété de la nation, du Souverain. En effet, la loi des 21 décembre 1789 —2 janvier 1790 et celle des 26 mai—1er juin 1791 détruisirent en principe et en fait l'ancien ordre de choses. Aujourd'hui, on distingue : le *Domaine de l'Etat,* le *Domaine public,* le *Domaine de la Couronne,* les *Domaines engagés,* les *Domaines nationaux,* les *Domaines communaux,* le *Domaine extraordinaire* et le *Domaine privé.*

Le *Domaine de l'Etat* comprend les propriétés dont l'Etat jouit comme propriétaire et dont il perçoit directement le revenu. Ce Domaine se compose aujourd'hui :

1o Des immeubles, forêts, rentes, créances pro-venant de l'ancien Domaine de la couronne et de l'ancien clergé ou des communautés religieuses, et qui n'ont pas été aliénés ;

2o Des édifices et autres biens meubles et im-meubles affectés au service des différents minis-tères et administrations ;

3o Des biens qui faisaient partie de l'ancien Do-

maine extraordinaire, et qui doivent retourner au Domaine de l'Etat ;

4o De tous les biens vacants et sans maître ;

5o Des biens dépendant des successions qui re-viennent à l'Etat, à défaut d'héritiers ;

6o Des biens acquis par les condamnés depuis leur mort civile encourue, et dont ils se trouvent en possession au jour de leur mort naturelle ;

7o Des parties du Domaine public qui, par les changements de destination, rentrent dans le Do-maine aliénable de l'Etat ;

8o Des biens provenant de la dotation de l'ancien sénat et des sénatoreries, et réunis au Domaine de l'Etat en vertu de la loi du 28 mai 1829. La va-leur totale de ces différentes propriétés s'élève, suivant les évaluations d'un tableau récemment présenté aux Chambres, à la somme de 1 milliard 325 millions 571 mille 639 francs ; SAVOIR :

Biens affectés à des services publics.	586,096,774 f.
Forêts.	726,993,456
Biens divers	8,685,570
Salines de l'Est. . . .	3,795,839
Lais et relais de mer . . .	Mémoire.
	1,325,571,639 f.

Pour le service de l'administration, le Domaine de l'Etat se divise en deux parties : le *Domaine* proprement dit, qui est administré par la régie de l'enregistrement et des domaines, et les *Forêts* qui sont confiées à une administration particulière.

Sous l'ancien régime, le Domaine de l'Etat était de droit inaliénable, parce qu'une fois sorti des mains du prince, il ne pouvait plus se renouve-ler, annuellement, comme l'impôt. Chaque dis-traction du Domaine était alors une diminution parcellaire du revenu public. Les lois de la Ré-volution ont, au contraire, décrété l'aliénabilité perpétuelle du Domaine, parce qu'alors l'impôt sur la terre et sur les personnes avaient été substitué au revenu foncier. (V. ALIÉNATION, APANAGE, DO-TATION.)

Le *Domaine public* se compose de toutes les parties du territoire qui ne sont pas susceptibles d'être asservies aux règles de la propriété privée, tels que les chemins, routes et rues à la charge de l'Etat, les fleuves et rivières navigables et flotta-bles, les rivages, lais et relais de mer, les ports, havres, rades, etc. Le Domaine public diffère du Domaine de l'Etat en ce qu'il n'est pas directement productif, et que par sa nature même il est essen-tiellement inaliénable. Une route, par exemple, une place de guerre, inaliénable en tant que route ou place de guerre, deviennent aliénables, lors-qu'elles cessent d'être, ou route ou place de guer-re, lorsqu'en un mot, elles passent du Domaine public au Domaine de l'Etat.

Le *Domaine de la couronne* est un démembre-ment du Domaine de l'Etat. Les seuls apanages qui existassent en France à l'époque de la Révolu-tion de Juillet, ceux de la maison d'Orléans, ont, aux termes mêmes de leur institution, fait, virtuel-lement retour au Domaine de l'Etat, par l'avéne-ment du duc d'Orléans à la couronne. La loi de

1832 les a affectés au Domaine de la couronne. Aujourd'hui, ce Domaine produit annuellement, suivant les chiffres fournis par l'intendance de la Liste civile, un revenu de 6,674,889 fr. Le Domaine de la couronne est inaliénable. Le roi n'en jouit que comme usufruitier ; la nue-propriété appartient à l'État. Ce Domaine jouit de plusieurs priviléges ; il est exempt de l'impôt, et n'est soumis qu'aux charges départementales et communales. Ses revenus font, actuellement, partie intégrante de la Liste civile. (V. ce mot.)

Les *Domaines engagés* n'ont plus guère qu'une valeur historique. On appelait ainsi les immeubles que les anciens rois distrayaient de leur Domaine, soit pour constituer des apanages (V. ce mot) aux princes de leur famille, soit pour les besoins de la guerre, soit pour récompenser les services de tout genre des courtisans des deux sexes. Les aliénations ou plutôt les dilapidations du Domaine effectuées à ces divers titres finirent, par absorber les richesses foncières qui, par leur destination primitive, devaient subvenir aux dépenses de l'État, et il fallut y suppléer au moyen de l'impôt. En vain, quelques princes essayèrent d'arrêter ce débordement ; tous leurs efforts furent vains, et cela devait être ; car, comme leur volonté seule s'opposait au mal, leur volonté venant à changer lui donnait de nouveau carrière. Les Domaines engagés qui n'ont pas été réintégrés à l'État sont aujourd'hui, moyennant certaines conditions, acquis aux anciens détenteurs.

A l'époque de la Révolution, on appela *biens* ou *Domaines nationaux* les biens ecclésiastiques qui furent enlevés au clergé, et les biens des émigrés que le gouvernement national fit séquestrer. En échange de ces propriétés, les traitements et pensions du clergé furent mis à la charge de la nation : les émigrés ont reçu de la Restauration un milliard d'indemnité.

Les *Domaines communaux* sont les biens qui appartiennent en commun à une commune et dont les habitants jouissent comme co-propriétaires.

Création de l'Empire, le *Domaine extraordinaire* disparut avec l'empereur. Il se composait de biens mobiliers et immobiliers acquis en vertu de conquêtes et de traités. C'est au moyen du Domaine extraordinaire que l'empereur subvenait aux dépenses des armées et qu'il récompensait les services militaires rendus à l'État. Le Domaine extraordinaire était encore affecté à la confection des grands travaux publics. Quelques dotations accordées par l'empereur sur le Domaine extraordinaire subsistent encore ; celles qui étaient situées hors du territoire ont été supprimées en 1814 ; les autres font tous les jours, par l'accomplissement des conditions de reversibilité, retour, soit à l'État, soit aux anciens propriétaires, et notamment à la maison d'Orléans, le principal d'entre eux.

Enfin, le *Domaine privé*, création toute récente, se compose des biens que le roi actuel possédait avant son avénement au trône et de ceux qu'il acquiert pendant la durée de son règne. (V. DOTATION.)

On voit par ce résumé succinct que les questions politiques qui ressortent du mot Domaine ont déjà trouvé place dans divers articles de ce Dictionnaire. Nous nous bornerons donc à quelques courtes considérations sur le Domaine de l'État et sur le Domaine public.

Et d'abord est-il bon que l'État soit propriétaire ? Nos lois ayant consacré la perpétuelle mobilité des propriétés immobilières, la logique ne commande-t-elle pas de livrer à l'industrie privée l'exploitation du sol tout entier ?

En fait, la manière dont l'État possède donne, certes, beau jeu à ceux qui s'aviseraient de soutenir ce système. Il n'y a pas en France un propriétaire si ignare, si dépourvu de capitaux qu'on le suppose, qui ne tire meilleur parti de son bien que ne fait le Gouvernement des biens de la nation. Par exemple, la couronne retire des forêts dont la jouissance lui est attribuée un revenu moyen de 46 fr. par hectare, tandis que les forêts de l'État ne produisent qu'environ la moitié de cette somme.

Cependant, une mauvaise conséquence ne permet pas de nier un bon principe. Or il est évident que, par leur nature, certaines propriétés, les chemins par exemple, les rivières, les ports, les monuments, objets d'art, etc., doivent nécessairement rester dans les mains de l'État. Quant aux propriétés immobilières, productives de revenu, si l'État voulait et pouvait aujourd'hui cesser d'être un rentier oisif ; si, au lieu de jouir passivement, il exploitait avec une intelligente activité, le Domaine produirait des effets merveilleux, et il pourrait servir à corriger la plupart des vices et des inconvénients de la propriété privée.—Voici, à cet égard, un point de vue que nous livrons aux méditations de tous ceux qui se préoccupent, par des motifs bons ou mauvais, de la situation des classes pauvres.

Un fait déplorable mais qui frappe tous les yeux c'est que, depuis longtemps en France, l'agriculture est en décadence, et que le règne animal diminue dans une effrayante proportion. Suivant un tableau dressé par M. Rubichon, le nombre de livres de viande consommé par chaque habitant de Paris s'élevait, en moyenne, vers la fin du siècle dernier, à 141 ; — de 1806 à 1810, 131 ; — de 1821 à 1822, 123 ; — de 1828 à 1829, 108 ; — il n'était plus en 1836 que de 93 ; et, depuis cette époque, il a encore diminué.

D'où vient cela ? Tout le monde en convient : de la constitution de notre système agricole, de la division excessive de la propriété, du manque de capitaux, et, par suite, de l'absence de grande culture et de suffisants moyens de fécondation.

Faut-il donc, pour combattre ces effets désastreux, rapporter l'art. 745 du Code civil ? Faut-il, abjurant tout le passé révolutionnaire et démocratique de la France, reconstituer la grande propriété, c'est-à-dire l'aristocratie ? Faut-il maudire le travail de nos pères et relever ce que maudissaient nos aïeux ? Vaine et ridicule entreprise de la déraison contre l'impossible !

Cependant le système actuel est vicieux et veut être changé. Le remède souverain, divers publi-

cistes de diverses écoles l'ont signalé, c'est l'association. Mais l'association rencontre et rencontrera, malheureusement, trop longtemps encore,
dans l'intérêt mal compris des petits propriétaires ruraux, de redoutables résistances. Or, nous
croyons que le Domaine de l'État administré, non
plus passivement comme aujourd'hui, mais sous
l'influence d'une idée, d'un système, pourrait servir à combler cette lacune entre le présent et l'a-
venir.

Nous voudrions, d'abord, que ce Domaine fût
augmenté, et que, pour l'accroître, le droit de succession fût aboli, en ligne collatérale, à partir du
troisième ou du quatrième degré. On succède aujourd'hui jusqu'au douzième degré; mais tout le
monde s'accorde à reconnaître que rien ne justifie
cette exagération du droit de succession. Toutefois, pour ne point troubler ce qu'on appelle les
droits acquis, cette réduction n'aurait lieu qu'à
partir d'un certain nombre d'années après le vote
de la loi abolitive.

Une masse plus ou moins considérable d'immeubles tombant ainsi, annuellement, à la disposition de l'État, l'administration du Domaine serait
autorisée à convertir, soit par des ventes et achats,
soit par des échanges, une portion de ses biens
meubles et immeubles en propriétés territoriales.
Ces propriétés seraient cultivées, non en céréales,
comme sont nécessairement les biens des propriétaires qui manquent de capitaux, mais en prairies,
culture qui exige beaucoup d'avances. On aurait
ainsi, tout-à-la-fois, les avantages de la grande et
ceux de la petite propriété, sans les inconvénients
de celle-là, qui entraîne nécessairement une organisation sociale et politique entièrement incompatible avec l'État intellectuel et moral de la
France, avec ses passions comme avec ses intérêts. L'État, seul grand propriétaire; la petite propriété, individuelle, telle serait alors la situation
de la France.

De cette sorte, l'État fournirait à l'agriculture et
à la consommation les moyens de fécondation et
de subsistance qui leur manquent aujourd'hui,
qui menacent de leur manquer chaque jour davantage, et nous serions affranchis de la nécessité
désastreuse de demander aux étrangers ce qui
doit former la base de la nourriture des riches et
des pauvres, c'est-à-dire des bœufs et des moutons.

Il y aurait encore un avantage, le plus décisif,
à nos yeux. C'est que les propriétaires ruraux, si
rebelles aujourd'hui à toute pensée d'association,
y seraient naturellement amenés, par l'exemple
d'une pratique vivante, voisine, et des immenses
bénéfices de la grande culture réalisée par l'association de tous, par l'État.

Nous ne savons si notre esprit s'abuse; mais
cette idée nous paraît simple et d'une exécution facile. Les avantages qu'elle présente sont palpables;
les inconvénients, nous ne les voyons pas. Ce qui
est certain, en tout état de cause, c'est que l'état
actuel des choses, en ce qui concerne l'administration du Domaine et la subsistance du peuple,
est nuisible à la richesse de l'État et menace la

Société de troubles incessants. Il y a évidemment
quelque chose à faire : qu'on le fasse.—E. DUCLERC.

DOMICILE. C'est, dans la règle générale, le
lieu où le citoyen a fixé son principal établissement; mais, dans l'application, l'on peut avoir
en même temps plusieurs domiciles à raison de
certains devoirs à remplir ou de certains droits à
exercer. En d'autres termes, la loi reconnaît un
Domicile de fait et un Domicile *d'élection*. Le premier se détermine par des actes matériels, dont
l'appréciation bien rarement douteuse est de la
compétence des tribunaux; il est indivisible, et
quand aucune déclaration contraire ne le modifie,
il devient le cercle unique dans lequel sont renfermées toutes les actions civiles ou publiques du
citoyen. Cependant, il ne faut pas le confondre
avec la *résidence* qui, variable de sa nature, ne
devient un Domicile que par une succession de
faits établissant la fixité. Le second, au contraire,
est divisible, puisque, moyennant certaines formalités, la loi permet de l'établir dans tous les
lieux où l'on veut accomplir certains actes.

Évitant d'entrer dans d'inutiles et fastidieux
détails de procédure, nous ne parlerons que du
Domicile politique. Ici, comme partout, la loi a
soigneusement veillé aux intérêts des puissants. Le
pauvre est trop heureux quand il a un Domicile,
et il est puni s'il n'en a pas (V. VAGABONDAGE);
mais le riche peut en avoir plusieurs, à la ville
et à la campagne, partout où sa fortune lui donne
voix prépondérante. Les uns sont municipaux, si
l'on peut s'exprimer ainsi, les autres sont purement politiques. Ceux-là ont pour but de faire intervenir les riches dans l'élection des représentants
des communes; ceux-ci de leur faire élire les représentants de la nation. Ainsi, le même homme pourra voter à Paris pour le conseil départemental, à la
campagne pour le conseil municipal, et dans un
département éloigné pour son député. Certes, si
tout le monde votait, cette grande extension des
facultés électives n'aurait rien de blessant; mais
comment, dans un pays d'égalité, comprendre
qu'un très-petit nombre de gens vote tant de fois,
tandis que l'immense majorité ne vote pas une
seule? Et n'a-t-on pas déjà vu souvent des élections fraudées par la possibilité du transport du
Domicile politique? Il y a, certainement, comme
on dit en langage parlementaire, *quelque chose à
faire ici*, mais rien de complet n'est possible
que par une réforme radicale.   B. P.

DON. Sous l'ancien régime, plusieurs provinces avaient conservé leur représentation locale,
leurs états, et étaient demeurées libres de l'administration royale. Elles n'étaient soumises à aucun
des impôts établis par le roi : elles préféraient accorder, lorsque les besoins de la couronne l'exigeaient, des subsides qu'elles appelaient Dons
gratuits. Ces provinces tenaient beaucoup à leur
privilège d'établir et de percevoir l'impôt qu'elles
payaient et affectaient d'offrir spontanément, sous
la dénomination de *Don* gratuit, ce qui n'était, en
réalité, qu'un abonnement.

Le clergé, lui aussi, se prétendait exempt d'impôt de par ses franchises et immunités. Néanmoins, il fut contraint de contribuer pour sa part aux charges publiques. D'abord, il accorda des aides et décimes, de temps en temps, et lorsque les demandes du roi étaient trop impérieuses. Enfin, le décime devint permanent : par le contrat passé à Poissy en 1561, le clergé s'engagea à racheter le sort principal des rentes alors constituées sur la ville de Paris, montant à la somme de 7,560,058 livres et à en payer les arrérages à l'acquit du roi : ce que le clergé dut payer pour cet objet retint le nom de décime.

Par le même contrat, le clergé prit l'engagement de payer au roi pendant six ans la somme de 1,600,000 livres. Cette subvention renouvelée presque tous les cinq ans reçut par la suite le nom de Don gratuit. On donna plus tard le même nom à plusieurs subsides accordés en diverses circonstances et à divers titres. Ainsi, en 1573, Don de 800,000 livres pour les frais de voyage du duc d'Anjou nommé roi de Pologne ; en 1626, Don de 1,745,500 livres pour le siége de la Rochelle ; en 1620, Don de 3,000,000 de livres pour le même objet, etc.

Il est à remarquer que les sommes que payait ainsi le clergé ne sont pas toujours appelées Don gratuit. Cette dénomination même fut rare dans les premiers temps. Ce n'est que vers le dernier siècle que le clergé paraît attacher une importance particulière à cette dénomination. A chaque demande qu'on lui adresse, il se plaint de son extrême pauvreté, vante sa libéralité, sa bienveillance envers le roi, et ne s'exécute qu'à la dernière extrémité. Il semblait défendre ses prétendues immunités avec plus d'opiniâtreté, à mesure que les progrès de l'esprit public dirigeait contre elles de plus fortes attaques. A la veille de la Révolution, le clergé et la noblesse offraient encore un Don gratuit pour subvenir aux besoins du roi, sans faire brèche à leurs priviléges.

Du reste, la plupart des impôts consentis par la société féodale portèrent à l'origine le titre de *Dons*. Les contribuables s'efforcèrent toujours de donner à ces subsides, souvent très-lourds, l'apparence d'offrandes volontaires, afin de conserver aussi longtemps que possible leurs immunités et franchises locales. Toutes les charges connues sous le titre de Don eurent cette origine. Les prétextes sous lesquels les rois demandèrent des secours aux assemblées varièrent souvent. De-là la multiplicité, des noms que portent les Dons accordés aux différentes époques de la monarchie. Il serait inutile de les énumérer aujourd'hui : ils n'ont plus d'intérêt que pour ceux qui s'occupent de l'histoire financière de la société féodale.   C. S.

DOTATION. On a souvent confondu ce mot avec le mot apanage. L'apanage était, en effet, une Dotation. Cependant, on distingue aujourd'hui la Dotation de l'apanage. Apanage emporte l'idée d'une Dotation en immeubles ; Dotation ne s'applique plus qu'à une concession pécuniaire, bien que l'on dise encore la *Dotation de la couronne* pour le *domaine de la couronne*.

Sous l'ancien régime, les princes fils puînés du roi étaient, comme chacun sait, richement apanagés aux frais du domaine de l'état. Et, bien que ces concessions territoriales eussent pour but d'assurer aux princes apanagistes un revenu immuable en fonds de terre à la décharge perpétuelle du trésor public, comme ces princes avaient l'humeur libérale et la main facile, le trésor public comblait de temps à autre les déficits de l'apanage. Les princes même qui n'étaient pas fils puînés du roi participaient à ces largesses. Un jour, c'était Monseigneur de Vendôme ; il partait pour l'Italie et avait besoin de remonter ses équipages. Un autre jour c'était le prince de Conti ; moyennant l'acquit de ses dettes, S. A. vendait l'opposition qu'elle avait l'intention de faire en parlement. Les mémoires de Saint-Simon et ceux de ses contemporains sont pleins d'histoires de cette sorte. Et c'était le bon temps de la monarchie : alors Louis le Bien-Aimé donnait à son amie Mme la comtesse du Barri une chambre meublée en or massif, et la canaille ne le savait point.

La Révolution vint, qui changea brutalement ce doux état de choses ; la nation racheta, moyennant des rentes apanagères, les apanages qui avaient été concédés sur le domaine de l'État. Puis, l'Empire. L'empereur ressuscite et apanages et Dotations. Après l'Empire, la Restauration ; puis, enfin, l'*Établissement* de Juillet.

Ici, les questions d'apanage et de Dotation prennent une face nouvelle. Les apanages sont déclarés radicalement incompatibles avec le nouveau droit public de la France, avec sa nouvelle législation, avec ses nouvelles mœurs (V. APANAGE). Et la loi du 2 mars 1832 décide, art. 21 : « En cas d'insuffisance du domaine privé, les Dotations des fils puînés du roi et des princesses ses filles seront réglées ultérieurement par des lois spéciales. » D'où il suit qu'en cas de suffisance du domaine privé les enfants du roi seront dotés aux frais de ce domaine, et sans qu'il soit besoin d'aucune loi spéciale à cet effet.

Qu'est-ce donc que cette institution du domaine privé ?

Les anciens rois regardaient comme leur propriété la France ; mais, par contre, il leur faut rendre cette justice, dès leur investiture, ils regardaient comme propriétés de la France leurs propres biens. Princes apanagistes, pour la plupart, comme le chef de la dynastie d'Orléans, ils considéraient que toutes les acquisitions qu'ils avaient pu faire provenaient directement de l'apanage, et devaient comme lui faire retour à la couronne.

Mais qu'on entend bien mieux les affaires, de notre temps ! On s'est donc avisé que cette dévolution avait une origine purement féodale ; que, de plus, elle avait des inconvénients graves de diverses natures. On a dit qu'il fallait laisser aux princes des affections de famille, des biens privés, et que cela était bien plus avantageux que ce qui se pratiquait dans les derniers temps.

En conséquence, au moment où le prince qui règne actuellement en France a été appelé au trône par le suffrage de 219 députés et par le libre silence du peuple, au lieu de donner ses biens à la nation qui, bon gré malgré, lui donnait tant, il en a gardé par devers lui l'usufruit et en a transmis à ses enfants la nue-propriété. Puis, quelques mois plus tard, une loi de l'État a sanctionné cet arrangement de famille en décidant ce qui suit : « Le roi conservera la propriété des biens qui lui appartenaient avant son avènement au trône ; ces biens et ceux qu'il acquerra, à titre gratuit ou onéreux, pendant son règne, composeront son domaine privé. » (Loi du 2 mars 1832, art. 22.)

Ainsi donc, aux termes de cette loi, qui, pour le dire en passant, déroge à tous les monuments de notre législation, le roi doit imputer les Dotations de ses enfants, fils et filles, sur son domaine privé, à moins d'insuffisance patente, constatée, chiffrée et démontrée.

Or, en dépit de cette prescription, le duc d'Orléans a été doté de deux millions de revenu ; plus, un million d'épingles à l'occasion de son mariage ; plus, trois cent mille francs de douaire pour sa femme. Sa sœur, la reine des Belges, a également reçu du trésor public un million. Enfin, enhardie par la coupable facilité dont la chambre avait fait preuve dans cette double circonstance, la liste civile a demandé pour le second fils du roi, et comme fiche de consolation de l'apanage refusé, une dotation annuelle de 500,000 fr.; plus, 500 mille francs d'épingles ; plus, un douaire de 300 mille francs.

De justifier l'insuffisance du domaine privé, il n'en était nullement question. Pourquoi d'ailleurs ? Comme auparavant, la Chambre complaisante semblait n'y rien trouver à redire. Heureusement qu'excitée par la voix puissante et connue qui avait sonné la charge contre l'apanage, l'opinion publique s'est réveillée, et, soumise à son irrésistible influence, la Chambre a rejeté en principe et en fait les Dotations. Il est entendu, désormais, que le trésor public est déchargé, à toujours, du soin de subvenir à l'établissement des princes de la famille royale.

Et, de fait, l'apanage ayant été rejeté, le rejet de la Dotation était chose logique. Les Dotations, comme les apanages, présentent de graves inconvénients ; comme les apanages elles rendent les princes indépendants du gouvernement et des chambres ; elles donnent à des individus privilégiés une puissance dangereuse et leur livrent de redoutables moyens de corruption. Les Dotations sont donc un dangereux non-sens dans un pays qui veut être libre, tranquille, et conserver l'esprit d'égalité.

A la vérité les logiciens de la monarchie objectent qu'il est impossible de faire descendre un prince au niveau d'un simple citoyen, qu'il faut à une royauté du prestige et de la splendeur, et que, si l'on veut économiser sur la royauté, autant vaut, pendant que l'on est en train, économiser la royauté elle-même.

Ce raisonnement ne manque vraiment pas de logique.

E. D.

DOUANE. Les Vénitiens et les Génois appelaient *Dogana* l'impôt qui se percevait sur les marchandises, au nom du doge ou duc, à l'entrée et à la sortie de leur territoire. C'est de là que vient le mot Douane. Il désigne chez nous l'établissement au moyen duquel sont perçus les droits imposés sur certaines marchandises à l'entrée et à la sortie du territoire.

Sous le régime féodal, tout seigneur pouvait frapper d'un droit arbitraire les marchandises qui passaient sur ses terres, et, jusqu'à la Révolution, les marchandises ont été taxées à l'entrée et à la sortie de certaines provinces. Ces droits multipliés rendaient leur circulation intérieure difficile et dispendieuse.

Pendant longtemps, aucun système ne domina l'établissement des tarifs de Douane : le pouvoir ne voyait dans cet impôt qu'un moyen de faire recette et n'en comprenait point la portée. Henri IV accordait à un courtisan, comme un privilége sans conséquence, le droit de percevoir quinze sols sur tout ballot de marchandises qui sortirait du royaume. Plus tard, les financiers se félicitaient de ce que l'impôt, qui se confondait pour le consommateur avec le prix des objets, ne soulevait point d'importunes réclamations.

Cependant les hommes, qui au 17e et au 18e siècles, firent des recherches sur la création et la distribution des richesses, aperçurent bientôt l'influence que les droits de Douane exerçaient sur la production, sur la consommation et sur le commerce extérieur. Ils créèrent à ce sujet des systèmes qui ont eu quelque influence sur l'établissement des tarifs.

La Révolution a détruit les Douanes intérieures. Depuis cette époque, la réforme du tarif des Douanes extérieures a été souvent entreprise et souvent abandonnée. Chaque tentative, en soulevant les intérêts particuliers et les systèmes économiques opposés, a provoqué des luttes et des tiraillements dont le tarif actuel est le résultat.

Il est généralement reconnu aujourd'hui que l'établissement des droits de Douane a un double objet : 1° d'assurer un revenu au Trésor ; 2° de donner au gouvernement les moyens d'exciter ou de réprimer le développement de telle ou telle industrie, de tel ou tel genre de commerce.

Le gouvernement exerce cette action de diverses manières.

Il interdit l'entrée du territoire à certaines marchandises étrangères, et assure ainsi aux nationaux qui produisent des marchandises de même nature le monopole du marché intérieur.

Il établit sur certains produits étrangers des droits plus ou moins élevés, qui, s'ajoutant au prix naturel, empêchent le producteur étranger de les vendre dans le pays à des prix moins élevés que ceux de la production nationale.

Il excite l'importation ou l'exportation de certains produits en accordant une certaine somme ou prime à quiconque importe ou exporte telle ou telle quantité de ces produits ; enfin, il restitue à l'exportateur de certains produits le droit qui a été perçu à l'entrée sur les matières premières qui ont servi à leur confection.

A ne considérer ces divers moyens qu'au point de vue économique, il est évident que les prohibitions, les droits à l'entrée, les primes et restitutions à l'exportation ont pour effet d'élever, au détriment des consommateurs nationaux, le prix de certaines marchandises. Quant aux primes à l'importation, elles ont pour résultat de faire payer à l'État, c'est-à-dire à tout le monde, une partie du prix naturel que les consommateurs de la marchandise dont l'importation est ainsi favorisée auraient seuls payé.

Aussi, les économistes anglais et, après eux, J.-B. Say et ses disciples, ont-ils blâmé les gouvernements de vouloir exercer, par les tarifs de Douane, une action quelconque sur les mouvements de la richesse. « Laissez faire! laissez passer! » se sont-ils écriés. A l'appui de leurs doctrines, ils ont cité l'exemple de la Suisse qui, sans Douanes et malgré la stérilité naturelle de son sol, est parvenue à un haut degré de prospérité industrielle ; ils ont dit que les droits protecteurs éteignaient l'activité des industriels protégés, en les privant du stimulant de la concurrence étrangère; ils ont montré la fâcheuse influence de la contrebande sur la moralité des peuples, et les tristes accidents qu'elle provoque ; ils ont rappelé les succès de la fraude. Le gouvernement n'a-t-il pas donné en une seule année et sur le seul article des sucres raffinés, à titre de restitution de droits, huit millions de plus qu'il n'avait perçu? N'a-t-on pas vu des fabricants de tissus de coton donner, par un apprêt particulier, un poids excessif à leurs produits, et fabriquer, non pour vendre au consommateur, mais pour recevoir une prime égale au prix d'une marchandise impropre à la consommation?

Certes, on ne peut nier que les restrictions imposées par les tarifs de Douane n'entraînent de nombreux inconvénients ; on ne peut nier les abus qui résultent du système actuel ; la plupart sont flagrants, et notre intention n'est pas de les contester.

Mais nous croyons que, dans l'état présent de l'industrie et des relations internationales, il est bon que le gouvernement exerce, par les Douanes, une influence directe et régulatrice sur la production et sur la consommation générales.

L'action des Douanes a certainement pour résultat d'élever le prix de certaines marchandises ; mais cet inconvénient n'a pas toute la gravité que les économistes lui ont attribuée.

Plusieurs des restrictions qui résultent des tarifs de Douane ont pour but d'encourager la marine nationale. Peut-on fixer à quelle somme la France paierait trop cher une grande puissance maritime ?

Le commerce établit entre les peuples des liens de dépendance réciproque dont les résultats civilisateurs sont excellents. Cependant, une nation exposée à faire et à souffrir souvent la guerre ne peut, sans inconvénient, dépendre des nations rivales pour l'approvisionnement des objets qu'elle consomme en grande quantité. En cas de guerre l'élévation soudaine du prix de ces objets, l'abaissement soudain du prix des produits que l'étranger prenait en échange, pourraient causer de graves perturbations. Les privations imposées à l'Europe, et surtout à la France, par le système continental, frappèrent ce système d'impopularité et en rendirent l'application à-peu-près impossible. Les liens commerciaux ne sont sans inconvénient qu'entre les peuples qui ne sont pas destinés, par leur situation et par la nature des choses, à se faire la guerre.

Si les peuples avaient tous le même caractère, si, seulement, ils étaient soumis au même gouvernement et aux mêmes lois, on devrait sans doute renoncer aux douanes et au système protecteur ; mais, tant qu'il existera entre eux des inégalités d'aptitude industrielle ; tant que la diversité des lois et des gouvernements, le sentiment de la nationalité, s'opposeront aux transports de capitaux et d'industrie que supposent les théories des économistes, on pourra justifier certaines restrictions des tarifs par le besoin de conserver la richesse nationale des peuples les moins industrieux.

« On ne peut acheter un produit qu'avec un produit équivalent », disent les économistes : donc un peuple ne peut être appauvri par l'action libre du commerce, puisqu'il reçoit toujours une valeur équivalente à celle qu'il donne.

Ce raisonnement est spécieux, mais il manque d'exactitude. La valeur des marchandises, on le sait, n'est point absolue ; elle résulte de l'opinion. Or, l'opinion d'un peuple peut être moins raisonnable que celle d'un autre ; elle peut être fondée sur un désir immodéré de jouissances, sur la paresse, etc. Il est facile à un peuple, comme à un particulier, de diminuer ses richesses par des échanges commerciaux qui supposent une consommation considérable et improductive. Un peuple qui échange des matières premières, des capitaux disponibles sous la forme de numéraire, contre des produits destinés à une consommation immédiate et improductive, s'appauvrit infailliblement : il dévore ses instruments de travail et se ruine comme le prodigue. Il est bon d'observer que la concentration, dans quelques mains, des fortunes, c'est-à-dire des capitaux accumulés, des instruments de travail, est favorable à cet appauvrissement, parce que le riche oisif ne produit point et consomme ordinairement beaucoup.

Des restrictions de Douane sagement combinées tendent à corriger les erreurs de ce genre que l'opinion, résultat de tant de causes diverses, peut faire commettre à un peuple. Elles élèvent le prix des produits de l'industrie étrangère et en restreignent ainsi la consommation. Cette élévation de prix est un tribut levé par l'État sur les consommateurs des marchandises imposées. Ceux-ci ne sont appauvris qu'au profit de l'État, c'est-à-dire de tous les contribuables ; l'établissement de la taxe les oblige à payer une plus forte somme pour obtenir la même quantité d'objets de consommation improductive qu'auparavant. L'effet immédiat de l'appauvrissement est de les pousser au travail, à la production, ou tout au moins à l'économie.

En même temps, l'élévation factice du produit de l'industrie étrangère excite l'ambition du travailleur et du capitaliste : ils s'efforcent de réaliser des bénéfices en fournissant aux besoins de la consommation à meilleur marché que l'étranger : ils travaillent, ils produisent. Ainsi, les sages restrictions, en matière de douane, ont pour effet de conserver à la nation les instruments de travail, les capitaux accumulés entre les mains des riches et d'exciter, à-la-fois, au travail le producteur et le consommateur.

Lorsque nous avons supposé que le consommateur était riche, nous avons voulu indiquer seulement la richesse relative ; nous avons supposé que les restrictions frappaient plus rigoureusement les objets dont la consommation est le moins indispensable.

Les économistes modernes qui ont proclamé la doctrine du *laissez faire* n'ont pas tenu compte du caractère et des passions des peuples ; ils ont considéré l'homme comme une matière brute qui suivait le mouvement fatal des capitaux au lieu de le causer : ils ont cru à tort qu'un peuple travaillerait également sous le régime de la liberté commerciale et sous un régime restrictif.

Leur système est fondé sur cette hypothèse, qu'il suffit à un pays d'être dans les conditions matérielles les plus favorables au développement de telle ou telle branche d'industrie pour que cette industrie y prospère. C'est une erreur. L'ignorance, l'apathie, l'élévation de l'intérêt, suite de la disette des capitaux, peuvent l'empêcher même de naître. L'application des capitaux et du travail à telle ou telle espèce d'industrie dépend peut-être plus encore des préjugés et de la routine que des circonstances économiques. C'est contre ces préjugés que l'action du gouvernement doit s'exercer, en élevant le prix des produits de l'industrie qu'il veut exciter, afin d'encourager les producteurs à s'y engager, de les indemniser des pertes que causent toujours les premiers tâtonnements de l'inexpérience, et de ne pas laisser improductifs les éléments de la richesse nationale.

Et quel élément de richesse est plus considérable et plus fécond que le travail? Tout système protecteur bien entendu doit avoir pour but de stimuler l'industrie et le travail ; il doit favoriser l'introduction à bon marché des matières premières et des instruments, et repousser les produits du travail étranger.

Mais tel objet est le produit d'une industrie et doit servir de matière première à une industrie. Evidemment, il devra être admis avec plus de facilité que les objets susceptibles d'être immédiatement livrés à la consommation, et qui sont inaptes à la production.

Les capitaux disponibles doivent être considérés comme la principale des matières premières, comme le plus énergique instrument de travail. Les importations de numéraire sont donc très-favorables au développement de la richesse nationale : elles ont pour effet l'abaissement de l'inté-

rêt et l'élévation des prix ; deux causes d'aisance pour toutes les classes de citoyens. Ainsi, les fausses théories des anciens économistes sur la balance du commerce conduisaient à des résultats pratiques plus avantageux et plus exacts que les doctrines des économistes modernes.

Les tarifs de Douanes protecteurs ont pour but principal de donner aux peuples dont l'éducation commerciale et industrielle est moins avancée les moyens et le temps de faire cette éducation, sans être accablés par la supériorité de leurs voisins. Si l'on admettait la liberté du commerce dans toute son étendue, les peuples les moins industrieux seraient inévitablement appauvris et ruinés par leurs voisins plus habiles. L'équilibre finirait toujours par s'établir, disent les économistes. Sans doute ; mais seulement après que la ruine des peuples les moins industrieux serait complète.

Les tarifs protecteurs sont une arme offensive pour les nations les plus industrieuses, défensive pour celles qui le sont moins. Ce serait folie d'y renoncer, surtout en présence des prohibitions et des restrictions de toute sorte établies et maintenues par l'Angleterre. On a déjà remarqué combien cette puissance, dont les missionnaires prêchent bien haut la liberté commerciale, est elle-même éloignée de l'admettre, malgré sa supériorité industrielle. Elle invite les autres nations à se désarmer, et elle, la plus forte, la plus envahissante, elle reste armée.

L'influence qu'elle a exercée sur les destinées du Portugal montre mieux que toutes les théories quel est le résultat des liaisons commerciales entre un peuple industrieux et un peuple non industrieux. Avant le traité de Methuen, l'Angleterre, déjà riche par son industrie, manquait de capitaux. Le Portugal, au contraire, possédait des richesses considérables, surtout en numéraire accumulé ; il vivait sur ses profits du seizième siècle. Il se mit à acheter des objets de consommation qui tiraient presque toute leur valeur du travail anglais : en échange, il donnait un peu de comestibles, mais surtout des matières premières et du numéraire.

Il fut bientôt évident que ce commerce appauvrissait le Portugal et enrichissait l'Angleterre. L'abaissement du taux de l'intérêt fournit aux producteurs anglais de nouvelles ressources, et le prix des immeubles anglais s'éleva. En même temps les capitaux disponibles du Portugal diminuaient ; le prix de ses immeubles s'abaissait, et l'intérêt de l'argent s'élevant toujours, augmentait les difficultés qui entravaient le développement de l'industrie nationale. Les matières premières et les capitaux métalliques procuraient à l'Angleterre de nouvelles richesses. Le Portugal avait diminué les siennes en achetant des objets de simple consommation.

Des causes politiques ont, il est vrai, concouru avec les causes économiques à l'appauvrissement du Portugal. Les grandes familles, propriétaires des instruments de travail, ont mieux aimé acheter les produits des manufactures anglaises que d'utiliser leurs richesses au profit des travailleurs de leur pays. La paresse naturelle de la population portugaise est bien connue, et l'influence du clergé catholique, notamment en ce qui concerne l'intérêt de l'argent, a pu exercer une action funeste. Mais plus ces causes étaient puissantes, plus le Portugal avait besoin d'un système prohibitif énergique. Il fallait apprendre aux Portugais à payer l'étranger avec les produits de leur travail et non avec les richesses que leurs pères leur avaient léguées. Le marquis de Pombal l'avait bien compris.

C'est pour éviter à leurs compatriotes le sort du Portugal que la plupart des gouvernements de l'Europe ont répondu par des prohibitions aux prohibitions de l'Angleterre, qu'ils ont renouvelé avec lenteur, et sous une forme pacifique, le système continental. (V. DOUANES ALLEMANDES). Ils ont senti que l'Angleterre avait pris pour rôle d'exciter les peuples aux dépenses folles, comme un usurier excite un jeune homme prodigue : ils ont mis les peuples en tutelle et leur ont imposé la nécessité de réduire leurs dépenses ou de ne les payer qu'avec les produits de leur travail. La guerre que l'Angleterre fait au gouvernement chinois, pour le contraindre à laisser empoisonner ses peuples, montre jusqu'où peut aller le cynisme de la politique britannique et combien sont sages les tarifs de Douane qui repoussent les produits de son industrie.

La Suisse a pu se passer de Douanes, parce que sa pauvreté primitive la défendait; parce que sa population, sobre dans ses goûts de consommation, laborieuse et façonnée depuis longtemps à l'industrie, ne fournissait aucune prise à la concurrence étrangère. Elle n'a d'ailleurs pu jamais songer à jouer un rôle politique bien actif.

La France, dont la situation est si différente, doit conserver les barrières protectrices de ses Douanes. Puissance essentiellement politique et militaire, elle doit concentrer ses ressources, établir son industrie sur les matières premières que son agriculture produit, et ne point s'asservir à l'industrie des nations rivales. Mais elle doit avant tout réformer un tarif dont les diverses dispositions se contredisent ou sont contrariées par une vicieuse répartition de l'impôt. Il faudrait qu'en établissant ses tarifs, le gouvernement ne protégeât ni aveuglément, ni avec excès, qu'il ne se laissât point dominer par les exigences passionnées, et presque toujours injustes de l'intérêt particulier ; qu'il ne perdît jamais de vue que toute protection impose un tribut au consommateur et doit aiguillonner l'industrie, non lui rendre l'indolence profitable.

La question du tarif des Douanes se rattache à beaucoup d'autres, et notamment à celles relatives au commerce extérieur, à la distribution des richesses, aux salaires, etc. Mais celles-ci n'entrent point directement dans notre sujet, et nous n'avons pas besoin de les aborder. A plus forte raison ne tenterons-nous pas la critique, même superficielle, du tarif actuel des Douanes françaises. Nous avons voulu seulement réfuter des théories spécieuses qui jouissent aujourd'hui de la faveur publique et qui, cependant, à nos yeux, sont fausses et pourraient causer des erreurs funestes aux vrais intérêts de la France. COURCELLE-SENEUIL.

DOUANES ALLEMANDES. De tous les faits commerciaux qui se sont produits depuis dix ans, celui de l'union des Douanes Allemandes est sans contredit le plus important. Le congrès de Vienne avait placé le germe de l'association des Douanes dans le pacte fédéral même ; l'article 19 de cet acte porte que « les États confédérés se réservent de délibérer, dès la première réunion de la Diète à Francfort, sur la manière de régler les rapports de commerce et navigation d'un État à l'autre. » Il a fallu dix-huit ans pour réaliser ce projet, et ce n'est qu'après la Révolution de juillet que l'Union a pris quelque consistance et les formes d'une association sérieuse. Jusqu'à ce moment, le fractionnement commercial de l'Allemagne participait de sa division politique ; tout était coupé par des barrières, par des lignes de Douanes, chaque petit prince avait son système de finances, d'impôts et de monopoles ; des mesures fiscales aussi variées que nombreuses entravaient tout, paralysaient les transactions les plus simples et faisaient de l'Allemagne une espèce d'échiquier industriel où chaque case était pour ainsi dire hermétiquement fermée. Avec un pareil système, les capitaux restaient sans mouvement, les échanges ne se faisaient qu'au prix des plus grands sacrifices, et le transit des marchandises éprouvait des difficultés sans fin. Cet état de choses avait été moins sensible pendant les longues guerres de 1793 à 1814; mais, aussitôt que la paix donna une meilleure direction et une plus grande vigueur au travail, le besoin de débouchés se fit sentir, et les gouvernements comme les particuliers comprirent que ces ruineuses entraves devaient disparaître, si l'on ne voulait pas rester en arrière du mouvement industriel des autres peuples. La presse des petits États constitutionnels agita d'abord la question, puis on forma des congrès commerciaux à Vienne et à Stuttgart. Le problème fut difficile à résoudre : la divergence des intérêts suscitait des embarras sans nombre, et l'horreur des gouvernements d'outre-Rhin pour toute innovation aurait probablement maintenu la situation commerciale de l'Allemagne dans le plus déplorable *statu quo*, si les lois de Douanes françaises, promulguées à partir de 1820, n'avaient retiré à quelques États de la confédération germanique une grande partie de leurs débouchés. Le roi de Wurtemberg vint à Paris en 1824, dans l'espérance d'obtenir quelques concessions en faveur du commerce et de l'industrie de son royaume, menacés de mort par les récentes lois de Douanes françaises. Après avoir sollicité en vain auprès de M. de Villèle, il se vit contraint à chercher chez ses voisins d'Allemagne les issues que la France lui fermait. A son retour de Paris, il entama immédiatement des négociations avec le roi de Bavière, et, le 28 juillet 1824, un premier traité d'alliance commerciale fut signé entre les gouvernements de Bavière, de Wurtemberg, et des principautés de Hohenzollern-Sigmaringen et

Hohenzollern-Hechingen. La Bavière et le Wurtemberg invitaient les États voisins à donner leur adhésion, espérant unir ainsi les États du Midi et et du centre de l'Allemagne dans une seule ligue commerciale. Il n'était pas question alors de communiquer ce traité aux États du Nord, avec l'invitation d'y adhérer : les rois de Bavière et de Wurtemberg s'applaudissaient de cet accroissement de leur puissance, et croyaient opposer une barrière à l'ambition et à l'envahissement de la Prusse.

Ce traité du 28 juillet 1824, qui excita un grand enthousiasme dans le midi de l'Allemagne, causa les plus vives inquiétudes dans le Nord, parce qu'à Berlin on soupçonna l'Autriche d'avoir poussé à cette alliance commerciale pour s'attacher plus étroitement les deux plus importants des États secondaires de la confédération, et enlever à la Prusse toute influence sur les destinées de l'Allemagne centrale. Dès-lors, le cabinet de Berlin conçut la pensée de sa ligue commerciale : il fit des propositions à quelques petits États allemands enclavés dans son territoire ; et, en 1826, la Prusse et la Hesse-Électorale posèrent les premiers fondements d'une association commerciale qu'on appela l'*Union prussienne*. Plusieurs petits États, notamment les duchés d'Anhalt-Kœthen, Anhalt-Dessau et Hesse-Hombourg, s'y joignirent. De son côté, l'association bavaro-wurtembergeoise s'augmenta du royaume de Saxe, du grand duché de Hesse-Darmstadt, des duchés de Saxe-Weimar, Saxe-Meiningen, Saxe-Altenbourg, Saxe-Cobourg et de divers États moins importants du centre de l'Allemagne.

Après une foule d'hésitations et de dissidences, grâce à la politique habile du cabinet de Berlin, les deux ligues se fondirent en une seule association, et signèrent, le 22 mars 1833, l'acte qui constitua l'Union des Douanes allemandes actuelle, dont la Prusse est l'âme. Plus tard, les enclaves de la Thuringe, Bade, Nassau et la ville libre de Francfort complétèrent l'Union, qui comprend aujourd'hui la majorité de la confédération germanique. L'Autriche est restée étrangère à l'Union et a été jouée par la Prusse avec un art infini. M. de Metternich ne vit dans les propositions de la Prusse à quelques petits États qu'une mesure de police. Depuis quatre ans, seulement, il a compris que la monarchie de Frédéric pousse doucement la monarchie de Marie-Thérèse en dehors de la solidarité germanique. Le Hanovre et le Brunswick se sont abstenus également d'adhérer à l'Union allemande, parce que les souverains des deux pays, unis par des liens étroits de parenté avec la maison régnante d'Angleterre, ne veulent pas faire tort au commerce de ce pays. Le duché de Holstein et les deux grands duchés de Mecklembourg, qui touchent à la mer, qui n'ont pas de manufactures et qui échangent les produits de leur agriculture contre les produits des fabriques anglaises et françaises, sont et demeureront, autant qu'il leur sera possible, en dehors de l'association. Il en est et sera de même des trois villes anséatiques de Brème, Hambourg et Lubeck. A part les

États, le reste de la confédération germanique est entré dans l'Union et s'est ainsi rangé sous le protectorat de la Prusse.

L'Union est classée en dix *cercles* (1) douaniers, régis par les mêmes principes, les mêmes tarifs et les mêmes réglements. Elle comprend plus de vingt-cinq millions d'âmes et huit mille lieues carrées d'Allemagne. Elle vient de se lier avec la Hollande par une convention signée à Berlin le 21 janvier 1839. Elle travaille à se rattacher par des conventions semblables la Suisse et la Belgique, et poursuit avec persévérance auprès des États dissidents les accessions qui lui manquent.

Les limites extérieures de l'association, c'est-à-dire les frontières gardées par un corps de douaniers, offrent un développement de 1,664 lieues de Prusse. Les pays qui bordent cette frontière sont : la Belgique, le Danemarck, la Pologne, le Mecklembourg, la Russie, le Brunswick, le Hanovre, l'Autriche, la Suisse et la France. L'association touche de plus, par une ligne de 130 lieues de côtes, à la Baltique.

On sent, de prime-abord, que la fusion de ces États a été extrêmement favorable au service administratif des Douanes. Tel État qui se trouvait, avant l'Union, chargé d'un corps de douaniers, n'a plus aujourd'hui qu'une dépense très-modique à faire pour ce service ; d'autres États, qui se trouvent tout-à-fait dans l'intérieur de l'association, ne supportent plus aucune charge. Six des cercles de l'Union touchent à la frontière générale ; les autres sont à l'intérieur et, par conséquent, ne participent pas au service des Douanes. Cette division a été adoptée pour ne pas compliquer l'ensemble du système. On n'y trouve point les petits États de l'Allemagne, parce qu'ils sont arrivés à l'association sous le patronage d'un des grands pays. Ainsi, par exemple, le Wurtemberg a absorbé les deux Hohenzollern : le cercle de Thuringe comprend les quatre duchés de Saxe, la principauté de Reuss et plusieurs autres petites souverainetés. Malgré ces adjonctions, la Thuringe, comme le Wurtemberg, n'a qu'une voix dans les décisions. Pour qu'une mesure soit valable, il faut que les dix États principaux, ou pour mieux dire les dix unités, donnent leur adhésion ; la résistance d'un seul des dix gouvernements paralyserait tout. L'association est obligatoire pour tous les États jusqu'en 1842 ; à partir de cette époque, les termes sont de douze ans.

Quant à l'administration des douanes, elle est extrêmement simple. Chacun des pays associés reçoit, pour la garde de sa frontière, une somme

(1) Voici le tableau de ces cercles avec leur population et superficie :

	habitants		lieues carrées
Prusse,	13,690,653	—	5,157
Bavière,	4,251,118	—	1,477
Saxe,	1,595,688	—	260
Wurtemberg,	1,631,779	—	385
Bade,	1,232,185	—	280
Hesse-Électorale,	640,674	—	182
Hesse-G.-Ducale,	769,691	—	119
Thuringe,	908,478	—	233
Nassau,	373,601	—	83
Francfort,	60,000	—	4
	25,153,867	—	8,900

fixe prélevée sur le produit des Douanes, et les recettes sont ensuite partagées d'après la population des États de l'Union, Si les frais de Douanes étaient mis à la charge des gouvernements qui touchent aux frontières, il se trouverait que, eu égard à l'étendue des limites, plusieurs d'entre eux supporteraient des frais hors de proportion avec leur revenu, calculé sur la population, et que d'autres, le Wurtemberg, par exemple, qui n'a que trois lieues de frontière à garder, recevraient une part trop forte des produits. La répartition des recettes se fait d'après des comptes généraux dressés au bureau central du contrôle, et à la fin de chaque exercice les États se paient entre eux leurs comptes. Ceux qui ont trop reçu font le solde de ceux qui n'ont pas perçu les sommes qui leur reviennent d'après le chiffre de leur population ; de sorte qu'il n'y a pas de caisse centrale qui vienne compliquer le mouvement des fonds. Il y a pour l'apurement de ces comptes des conférences annuelles où l'on s'occupe des améliorations à introduire dans le système et des instructions à donner à tous les agents des Douanes de l'Union.

Le tarif est ordinairement fixé pour deux ans ; mais ce terme n'est pas de rigueur. On l'a basé, autant que possible, sur l'ancien tarif prussien, plus élevé que ne l'étaient ceux de la plupart des États de la confédération germanique. Ce tarif n'admet pas de prohibition.

Les articles qui entrent en franchise sont au nombre de vingt-huit, parmi lesquels on remarque la houille et les matières qui servent à la fabrication des pâtes céramiques. Tous les objets qui ne figurent pas dans le tarif sont frappés d'une taxe uniforme de 1 fr. 85 cent. par quintal prussien (467,66 grammes). Tous les droits sont établis d'après le poids, d'après le volume ou d'après les unités, mais jamais sur la valeur. On a favorisé, dans l'application des tarifs, l'entrée de ce qu'on appelle les matières premières, et on a cherché à protéger par des droits plus forts les produits manufacturés. Les objets les plus imposés sont la quincaillerie fine, l'horlogerie, l'orfévrerie, les pâtes céramiques et les glaces. Les rubans, la passementerie, la batiste, paient environ 80 fr. le quintal ; les dentelles le double. Les chevaux et mulets paient 5 fr. 30 cent. par tête. Les bœufs, 18 fr. 65 cent. ; et les vaches, 11 fr. 15 c.; les eaux-de-vie et les vins supportent un droit de 57 fr. 50 cent. par 100 litres, ce qui équivaut à 144 fr. par barique, droit qui fait le plus grand tort aux celliers du Médoc et aux caves de la Champagne et de la Bourgogne. Le sucre brut destiné aux raffineries paie 18 fr. 55 cent. par quintal. Lorsqu'il est livré directement à la consommation sans être raffiné, il acquitte 24 fr. 40 cent., et le sucre blanc raffiné 40 fr. 80 cent. Le quintal de fer acquitte à l'entrée 3 fr. 71 cent., et toutes les fontes entrent en franchise complète, ainsi que la laine brute, le coton brut, les peaux et les cuirs.

L'union des Douanes a subitement donné à l'Allemagne tous les avantages d'un grand pays : l'approvisionnement intérieur est devenu très-facile ; une foule d'objets qu'on cherchait autrefois à l'étranger sont aujourd'hui livrés par les États associés. Les capitaux de la Bavière se portent maintenant dans le Wurtemberg, et réciproquement ; les ouvriers ne sont plus assujétis à une seule et même localité, et l'industriel peut choisir l'emplacement de sa manufacture sans crainte d'être gêné par cent lignes de Douanes et mille lois contradictoires. Le résultat général et actuel obtenu par l'association est un plus grand développement des facultés productives, un accroissement de richesses et de bien-être, une liberté d'action qui aura, dans l'avenir, les plus heureuses conséquences pour l'Allemagne.

Sous le rapport politique, l'organisation de l'Union est une révolution complète : car elle a détruit, au profit de la Prusse et de la civilisation, la monstrueuse complication établie par le congrès de Vienne, et qui rendait impossibles nonseulement le commerce et l'industrie, mais aussi l'unité et la nationalité allemandes.

Une convention, conclue le 30 juillet 1838, entre les gouvernements associés, a réglé les bases d'un système monétaire commun à tous les États de l'Union, et a donné cours partout à la monnaie et au papier-monnaie prussiens. Dans les conférences tenues à Berlin, l'année dernière, on a adopté un système unitaire de poids et mesures. Toutes ces dispositions ont augmenté l'importance de la Prusse, et l'art. 32 de la loi du 22 mars 1833, qui établit le droit réciproque d'intervention des États associés dans les affaires les uns des autres, soumet de fait à son contrôle la plupart des actes d'administration intérieure des autres États, et même leurs actes extérieurs en ce qui concerne les intérêts matériels.

Ainsi, la Prusse s'achemine vers un ordre de choses qui absorbera presque toute l'Allemagne ; l'unification des peuples allemands, prophétisée par Napoléon à Sainte-Hélène, se trouve réalisée, et l'Allemagne est près de retrouver l'unité et de reprendre place parmi les grandes nations. Il était réservé à une association de Douanes d'accomplir ce que n'ont pu ni la religion, ni l'enthousiasme politique !   A. HETTMANN.

DRAGONNADES. « Vers la fin de 1684 et au commencement de 1685, tandis que Louis XIV, toujours puissamment armé, ne craignait aucun de ses voisins, les troupes furent envoyées dans toutes les villes et dans tous les châteaux où il y avait le plus de protestants ; et comme les dragons, assez mal disciplinés dans ce temps, furent ceux qui commirent le plus d'excès, on appela cette exécution la *Dragonnade* (1). »

Depuis que ces lignes ont été écrites, le pluriel a prévalu et l'on dit les *Dragonnades*.

Ces Dragonnades, tristes fruits de la révocation de l'édit de Nantes, ont fait à la mémoire de Louis XIV une tache ineffaçable.

Si on ne les connaissait que par ce que Voltaire en rapporte, on s'en ferait une idée fort inexacte. Partout où elles s'exercèrent, ces persé-

(1) Voltaire, *Siècle de Louis XIV*, ch. 36.

cutions firent couler en abondance le sang et les larmes ; mais, nulle part, elles ne prirent un caractère aussi violent et ne provoquèrent d'aussi terribles représailles que dans les Cévennes. Là, ce ne fut plus une persécution, ce fut une guerre civile parfaitement caractérisée, une guerre civile avec tous les excès, toutes les fureurs que le fanatisme religieux peut produire.

Deux figures y font tout d'abord saillie et méritent surtout d'être remarquées, parce qu'elles résument à elles seules les deux partis contraires. L'une est celle de Baville, intendant du Languedoc, homme dur, impitoyable, digne instrument du ministre (1), qui, du sein d'une cour devenue dévote après avoir été longtemps licencieuse, écrivait en 1685 ces paroles atroces : « Sa Majesté « veut qu'on fasse éprouver les dernières rigueurs « à ceux qui ne voudront pas se faire de sa re- « ligion. »—L'autre figure est celle de Jean Cavalier, qui, de garçon boulanger, s'était fait chef de bande. Jeune, mais prudent et brave ; sans instruction, mais doué des grandes qualités de l'âme que l'instruction ne donne pas, Jean Cavalier fut l'un des plus intrépides, des plus habiles et des plus heureux adversaires des troupes royales (2).

Baville avait juré d'éteindre dans le sang le protestantisme du Languedoc ; il ne tint que trop bien parole. Bientôt les Cévennes devinrent le théâtre d'une guerre de cannibales : tout protestant qui tombait vivant dans les mains des troupes royales était immanquablement mis à mort au milieu des tortures les plus affreuses. Les Cévenols, de leur côté, n'épargnaient pas les catholiques. Ils rendaient massacres pour massacres, incendies pour incendies.

Cette lutte, inutile autant que funeste, occupa successivement trois maréchaux de France, Montrevel, Villars et Berwick ; les désastres de la guerre de la succession et l'épuisement des Cévenols purent seuls y mettre fin.—Déplorons en terminant l'aveuglement de ceux qui croient que c'est par les persécutions et les supplices qu'on peut combattre victorieusement des principes enracinés dans le cœur des hommes. Cette vérité n'est pas moins applicable à la politique qu'à la religion. (V. ABJURATION).   H. TH.

DRAPEAUX. Ce sont de grandes pièces d'étoffes, de couleurs déterminées, chargées d'emblèmes ou d'inscriptions, fixées par un des côtés le long d'un grand bâton ou hampe, et servant à guider les troupes dans la mêlée et à leur faciliter les moyens de se reconnaître et de se rallier. Les soldats doivent défendre leurs Drapeaux jusqu'à la dernière extrémité, et se faire tuer plutôt que de les abandonner à l'ennemi.

Sous l'ancienne monarchie et du temps même de la Restauration, on ne remettait aux régiments des Drapeaux neufs qu'après les avoir solennellement bénis. C'était presque toujours des évêques

(1) Louvois.
(2) Jean Cavalier est mort en Angleterre avec le titre de gouverneur de l'île de Jersey

qui accomplissaient cette cérémonie. Un des plus beaux discours de Massillon est celui qu'il prononça pour la bénédiction des Drapeaux du régiment de Catinat.

Anciennement, le Drapeau royal portait le nom de *Pennon*; sous Charles VIII, on l'appela *Cornette royale* ou *Cornette blanche*. Ce même nom de *Cornette* désigna, dès le temps de Louis XII, les Drapeaux de la cavalerie légère.

On ne déployait la cornette blanche que quand les rois étaient à l'armée. Les militaires qui servaient sous cette cornette ne recevaient d'ordres que du roi ; c'étaient des princes ou de grands officiers de la couronne. Il fallait que le porte-cornette blanche restât sur le champ de bataille mort ou vif. Quand il était fait prisonnier, le roi était tenu de payer sa rançon. Il se logeait près de l'habitation royale, et la cornette blanche était placée dans la ruelle de son lit. Ces usages bizarres ont fait leur temps. Il n'y a plus en France, depuis 1789, ni pennon royal, ni cornette blanche, ni aucun Drapeau particulier à la royauté ; il n'y a que le Drapeau national.

Les Drapeaux des Turcs, appelés *Tugs*, ont une forme particulière. Ils consistent en une queue de cheval teinte en rouge, attachée et arrêtée par un bouton d'or, à l'extrémité d'un bâton de médiocre longueur. Quand le grand-seigneur marche à la guerre, on porte devant lui sept de ces tugs. Le grand-visir et trois des principaux pachas de l'empire ont le privilège d'en arborer trois ; les pachas non visirs, deux, et les beys, un seulement.

Les Turcs ont encore un Drapeau, le *Bajurac*, ou étendard de Mahomet. Celui-ci est conservé précieusement dans le sérail de Constantinople. Les Turcs croient qu'il a été apporté du ciel et donné à Mahomet comme un signe infaillible de sa victoire sur les chrétiens. Par un usage passé en loi, lorsque, dans des circonstances graves, le sultan fait exposer cet étendard, tous les Turcs qui ont atteint l'âge de sept ans sont tenus de prendre les armes, s'ils ne veulent passer pour ennemis du prophète.   B.-C.

DROIT. Comment définir le mot le plus abstrait et le plus usité, le plus clair à l'esprit et le plus obscur à l'analyse ? On ne saurait se faire comprendre que par des équivalents qui eux-mêmes auraient besoin d'être expliqués. Dirons-nous par exemple que le Droit, c'est le juste ? Mais qu'est-ce que le juste ? C'est ce qui repose sur le Droit. Ainsi, nous sommes toujours entraînés dans un cercle infranchissable où les mots restent sans force devant la pensée impatiente, où la langue refuse de se prêter aux exigences de la démonstration. Il semble qu'il soit dans le génie des peuples d'environner de mystère les paroles qui renferment le plus de puissance.

Toutefois, par une heureuse compensation, l'on retrouve dans le langage primitif une admirable simplicité qui en révèle le véritable sens par une comparaison matérielle et, pour ainsi dire, vulgaire. Par exemple, si nous dégageons le mot Droit de toutes les abstractions qui l'obscurcissent, si, le faisant sortir du langage figuré, nous le ramenons a son sens propre, au lieu d'un substantif, nous aurons un adjectif, qualifiant ce qui ne dévie pas ; nous aurons mathématiquement la notion de la ligne droite, c'est-à-dire du meilleur chemin à suivre. En effet, en morale et en politique, le Droit n'est que l'expression figurée de la ligne droite.

En latin, le mot *rectum* offre absolument la même image et le même sens, comme en anglais le mot *right* et en allemand *recht*, tous deux dérivés du premier.

Rectum signifie également *Droit, juste* et *honnête*. Il en est de même de ses deux dérivés. Ils renferment également l'idée du vrai, comme dans cette phrase anglaise : *you are right, tu dis vrai*.

En effet le Droit, le juste, l'honnête, le vrai, ne sont que la même pensée avec des termes différents.

Mais qu'est-ce que le vrai ? Nous l'avons déjà dit au mot AUTORITÉ (V. ce mot). Le vrai, c'est la voix du grand nombre, le sentiment commun. Nous nous appuierons ici de l'opinion de Vico ;

« Le principe du Droit, dit-il est *le juste dans son unité*, autrement dit, l'unité des idées du genre humain concernant les choses dont l'utilité ou la nécessité est commune à toute la nature humaine. Le pyrrhonisme détruit l'humanité, parce qu'il ne donne point l'unité. L'épicuréisme la dissipe, en quelque sorte, parce qu'il abandonne au sentiment individuel le jugement de l'utilité. Le stoïcisme l'anéantit, parce qu'il ne reconnaît d'utilité ou de nécessité que celles de l'âme et qu'il méconnaît celles du corps ; encore *le sage* seul peut-il juger de celles de l'âme. La seule doctrine de Platon nous présente *le juste dans son unité;* ce philosophe pense qu'on doit suivre comme la règle du *vrai* ce qui semble *un*, ou *le même* à tous les hommes. (1) »

Plus loin, Vico ajoute : « L'étude des actes de la liberté humaine, si incertaine de sa nature, tire sa certitude et sa détermination du *sens commun* appliqué par les hommes aux *nécessités* ou *utilités* humaines, *double source du Droit* (2). »

Ainsi, le vrai, le juste, le Droit, c'est ce que les hommes ont sanctionné par leur consentement. D'où il résulte qu'il n'y a pas de Droit antérieur à la Société, ni en dehors de la Société.

De là vient que les Droits de l'homme ne sont autre chose que les Droits sanctionnés par la Société, et que ses devoirs ne sont que les règles prescrites par la Société.

Quant au Droit individuel, ainsi que nous l'avons déjà dit, il n'existe pas ; car l'homme n'a de droit comme individu que parce qu'il est une fraction du tout social.

On comprend dès lors que nous ne reconnaissons pas davantage un prétendu Droit naturel où l'homme sans devoirs marcherait dans sa liberté et son indépendance primitives. Il n'y a jamais eu pour l'homme d'autre état de nature que l'état

(1) Science nouvelle.
(2) Idem.

de société. Il ne saurait y avoir pour lui d'autre Droit naturel que le Droit social.

Une fois le juste et le vrai déterminés par l'accord commun , il en est résulté un ensemble de rapports de la Société avec les individus et des individus entre eux. La connaissance de ces rapports a constitué une science qu'on a appelé le Droit. C'est le *jus* des Romains , le *law* des Anglais , le *Recktswissenschaft* des Allemands. On l'appelle aussi chez nous Jurisprudence. Il serait beaucoup mieux de n'employer dans ce sens que ce dernier mot. Cela éviterait des équivoques.

Quoi qu'il en soit, en conservant la locution ordinaire , on peut diviser le Droit en plusieurs branches selon les matières qu'il embrasse.

Le DROIT DES GENS est l'ensemble des rapports des différentes nations entre elles. On l'appelle, depuis peu, DROIT INTERNATIONAL.

Le DROIT CANONIQUE est la collection des préceptes tirés de l'Écriture , des décisions des Conciles, des décrets et constitutions des Papes, des sentiments des pères de l'Église et des ouvrages approuvés et consacrés par la tradition.

Le DROIT POLITIQUE a pour objet tout ce qui concerne le gouvernement d'un État.

Le DROIT CIVIL est l'ensemble des rapports des citoyens entre eux. Il désigne encore les lois qui concernent les matières civiles seulement ; il est en ce sens opposé au DROIT CRIMINEL, c'est-à-dire aux lois qui concernent les matières criminelles.

Le DROIT se divisait encore autrefois en Droit écrit et Droit coutumier.

Le DROIT ÉCRIT n'était autre chose que le Droit romain qui régissait un grand nombre de provinces ; on l'appelait Droit écrit parce qu'avant la rédaction des coutumes il était en France la seule loi écrite.

Le DROIT COUTUMIER était fondé sur les usages, les mœurs et les coutumes de certaines provinces, formant autant de lois pour les habitants. Dans leur origine ces lois n'étaient point écrites, mais reposaient sur la tradition. Ce ne fut guère qu'au quinzième siècle qu'elles commencèrent à être rédigées par écrit.

Enfin, le Droit coutumier et le Droit écrit furent réunis en un seul corps de lois par Napoléon, et malgré leurs imperfections, nos codes forment un ensemble de législation que toute l'Europe nous envie.

Le Droit, considéré comme science des rapports de la Société avec les individus et des individus entre eux, offre le résumé des Droits et des devoirs. C'est en cela que son étude doit être considérée comme utile, tandis que dans les écoles on a réduit l'enseignement à de frivoles controverses sur les textes et à de stériles dissertations sur les antinomies.　　　ELIAS REGNAULT.

DROITE. Ainsi que nous l'avons expliqué au mot CENTRE, la Chambre des députés se divise en diverses parties qui tirent leur nom de la position qu'elles occupent, relativement au bureau du président. Sous la Restauration le côté Droit, de la Chambre était occupé par les membres les plus ardents de l'opinion royaliste. Depuis la Révolution de Juillet, une douzaine d'honorables membres, débris de l'opinion légitimiste, se trouve éparpillée parmi des députés de toutes les nuances. En conséquence, le mot Droite ou côté Droit ne désigne plus un parti politique.

DUC. C'est la traduction d'un mot latin qui veut dire *général*.

Avant Constantin, les généraux ou Ducs romains réunissaient le pouvoir civil et militaire. Constantin sépara ces deux pouvoirs. Clovis, maître des Gaules, les réunit. Les Ducs des Mérovingiens étaient, tout à-la-fois, fonctionnaires civils et militaires. Ils administraient la justice, la guerre, les finances et la police.

Les Ducs, supprimés par Charlemagne comme trop puissants, reparaissent à la fin de la seconde race. La faiblesse des derniers Carlovingiens leur permet de convertir leurs commissions temporaires en des dignités héréditaires : ils se font seigneurs propriétaires des pays dont l'administration leur avait été confiée. — La puissance usurpée de certains de ces Ducs mit très-souvent en péril la fortune de la monarchie des Capétiens. Ces Ducs formaient comme la tête de cette aristocratie puissante et batailleuse dont Charles-le-Téméraire, Duc de Bourgogne, fut le dernier représentant.

Boulainvilliers porte à cent vingt le nombre des Ducs de la monarchie; et à cinq cents le nombre des comtes soumis à ces Ducs.   A. T.

DUCHÉ. L'autorité d'un duc s'étendait sur douze comtés. Ces douze comtés formaient par conséquent un Duché. C'est l'opinion de Du Tillet, mais on trouve des ducs qui n'avaient sous eux que deux ou trois comtes. Preuve que les Duchés n'avaient pas tous la même étendue, ni tous les ducs la même puissance.

Les rois de la troisième race érigèrent plusieurs terres en Duchés. Des édits de Charles IX et de Henri III, portent que la terre d'un Duché doit valoir 8,000 écus de rente.   A. T.

DUEL. La coutume du Duel s'efface de jour en jour de nos mœurs; mais il ne faut espérer l'en voir complètement disparaître que lorsque les progrès de la politesse et de la moralité ne permettront plus le retour de certains actes contre lesquels la législation est désarmée, ou qui, livrés à la publicité, ont pour effet de frapper de ridicule la partie lésée, ou de confondre dans une même réprobation le coupable et la victime. Pour qu'un homme dont on a outragé le père, déshonoré la sœur, souillé la couche conjugale, qu'on a taxé de lâcheté, de bassesse, de trahison, ne demandât pas aux hasards d'un combat singulier la réparation de semblables griefs, il faudrait que la loi ne fut pas impuissante à lui donner satisfaction. Dans des cas de cette nature, les peines les plus sévères ne sauraient prévenir les Duels, parce que l'efficacité des lois prohibitives résulte moins de l'économie de leurs dispositions que des circonstances extérieures, et que ces lois doivent, avant toutes choses, trouver un point d'appui et une sanction morale dans l'opinion.

Le Duel était inconnu de l'antiquité : si l'on voit, dans les historiens grecs et romains, quelques exemples de combats singuliers, ces rencontres avaient toujours pour motif le service de la patrie. L'établissement de cette coutume paraît devoir être attribué aux nations septentrionales qui, au quatrième siècle, firent irruption dans l'empire romain; seulement, le Duel avait, parmi elles, pour objet exclusif, la recherche de la vérité dans les affaires criminelles et même dans les contestations civiles; car, dans l'opinion de ces peuples, Dieu donnait infailliblement la victoire à l'innocence et au bon droit. C'est en ce sens qu'en 501 la loi Gombette sanctionna le Duel parmi les Bourguignons. De tout temps aussi, les Francs avaient adopté cet usage. On voit, en effet, dans la *Vie de Louis-le-Débonnaire*, Bertrand demander à se purger d'un crime qu'on lui imputait, par la voie des armes, *more francis solito*. Les Goths et la plupart des peuples de la Germanie et des pays voisins sembleraient néanmoins avoir ignoré le Duel. En 505, Théodoric, roi des Goths, charge Colossée, qu'il avait nommé gouverneur de la Dalmatie et de la Basse-Pannonie, d'abolir cet usage, qui s'était introduit depuis peu parmi les anciens sujets de l'empire; et, dans une lettre qu'il adresse à cette occasion aux habitants de ces contrées, il leur propose l'exemple des Goths « qui ne cherchaient point à se faire eux-mêmes une justice qu'ils étaient sûrs d'obtenir des lois. » Théodoric n'est pas le seul qui ait tenté, sinon d'empêcher les Duels, du moins de les rendre plus rares. Grimoald, roi des Lombards, réformant un édit de Rothar, son prédécesseur, ordonna, en 668, que « dans les questions d'État et lorsqu'il s'agirait de possessions de biens, les Duels ne fussent plus permis après trente ans. » Plus tard, Liutprand, autre roi lombard, dans une loi de l'an 725, proteste « qu'il ne saurait approuver la ridicule coutume des Duels, par lesquels on avait la témérité, au gré du caprice des hommes, de forcer Dieu à manifester la vérité; » mais, en même temps, il déclare « qu'il est dans la nécessité de tolérer cet abus, parce que les Lombards y sont fortement attachés. »

Introduite en France, cette coutume ne tarda pas à y passer dans les mœurs. La chevalerie s'en empara, et, la première, en fit une règle fondamentale du point d'honneur. Plus d'une fois alors, le Duel remplit une mission morale, en contraignant de puissants seigneurs à respecter les droits de la veuve et de l'orphelin, la vie et l'honneur de leurs sujets. Mais de tels exemples furent bien rares, et ils ne se rencontrent guère que dans le temps de la plus grande ferveur de la chevalerie. Louis VII fut le premier roi de France qui s'attacha à restreindre le nombre des cas dans lesquels le Duel était licite. Saint-Louis renchérit encore sur les exceptions prescrites par ce roi : mais ni l'un ni l'autre n'eurent le pouvoir de se faire obéir. Philippe-le-Bel, au contraire, permit le Duel par une ordonnance de l'an 1306; mais il fallait se pourvoir d'une autorisation du roi. Cette ordonnance, souvent enfreinte, demeura toutefois en vigueur pendant plus de deux siècles.

En 1547, à la suite du dernier combat autorisé entre Jarnac et La Châteigneraye, un édit de Henri II prohiba les Duels d'une manière absolue. Henri III renouvela cette défense, sous les peines les plus graves, et s'étaya de l'autorité du concile de Trente, qui réputait le Duel crime de lèse-majesté divine et humaine. Depuis lors, tous les rois firent serment à leur sacre de maintenir rigoureusement les lois rendues contre les fauteurs de ce genre de combat.

Malgré la sévérité des ordonnances, les Duels furent très-fréquents sous Henri III. Jusqu'alors, les témoins n'avaient été que de simples spectateurs, chargés de régler les conditions du combat, et de veiller à ce que tout se passât avec loyauté ; mais, en 1577, au Duel de Quélus et d'Entragues, Livarot et Maugiron, témoins du premier, et Ribeirac et Schomberg, témoins du deuxième, voulurent aussi se battre, et ce mauvais exemple des *seconds* se perpétua jusque vers le milieu du siècle dernier. Le roi, pénétré de la plus vive douleur en apprenant la mort de Quélus et de Maugiron, leur fit élever un superbe mausolée dans l'église de Saint-Paul. De là est venue cette façon de parler : « Je le ferai tailler en marbre, » pour dire : « Je le tuerai en Duel. »

Vainement Henri IV, par un édit de 1609 ; Louis XIII, par des déclarations de 1611, 1613, 1614, 1617, par un édit de 1623 et par une autre déclaration du 26 juin 1624, s'attachèrent-ils à proscrire le Duel ; cette coutume prenait chaque jour plus d'intensité. Sous Louis XIII, elle fut portée à ce point qu'on ne s'abordait plus qu'en se demandant qui s'était battu dans la journée. Le duc de Bouteville qui, depuis, fut décapité pour cause de Duel, était le grand promoteur de ces sortes d'affaires. « Tous les matins, dit La Houssaye, les *braves* s'assemblaient chez Bouteville, dans une grande salle basse, où l'on trouvait toujours du pain et du vin sur une table dressée tout exprès, et des fleurets pour escrimer. » Cette salle était l'école des Duels, et, pour ainsi dire, le conseil de guerre des duellistes. Le commandeur de Valençay, que le pape Urbain VIII fit depuis cardinal, y tenait le haut bout, comme *brave à trois poils*, et avait une telle démangeaison de se battre qu'un jour il voulait appeler en Duel Bouteville, son meilleur ami, parce qu'il ne l'avait pas pris pour second dans un Duel arrivé deux ou trois jours auparavant. Cette querelle ne fut apaisée que par une autre que Bouteville prit de gaîté de cœur contre le marquis de Portes, où Valençay servit de second contre Cavois, lequel reçut de Valençay un coup fourré dont il pensa mourir. Avant le combat, le marquis avait dit à Valençay en lui montrant Cavois : « Monsieur, je vous amène le meilleur écolier de Du Perche ; ainsi vous allez trouver chaussure à votre pied. » Valençay dit à Cavois en le perçant : « Mon cher ami, ce coup ne vient pas de Du Perche, mais vous avouerez qu'il est bon. »

Il y avait alors peu de Duels dont les motifs fussent plus sérieux.

Dans la première année de son règne, en 1643, Louis XIV rendit contre le Duel un édit, qu'il renouvela à différentes époques, et notamment en 1651, 1670 et 1679. Cet édit prononçait la peine de mort et la confiscation des biens contre les duellistes, lors même que les deux adversaires auraient survécu ou auraient été se battre en pays étranger. Les laquais qui, sciemment, avaient porté les cartels, étaient punis du fouet et de la marque, et, en cas de récidive, condamnés aux galères à perpétuité. Les témoins étaient privés des charges et emplois dont ils pouvaient être pourvus ; ils étaient en outre passibles de la confiscation du quart de leurs biens. L'édit indiquait, toutefois, certains expédients dont ceux qui avaient été provoqués pouvaient se servir pour mettre leur honneur à couvert, et, à cet effet, établissait un *tribunal d'honneur,* juge souverain des différends. Tant qu'il vécut, Louis XIV tint sévèrement la main à l'exécution de l'édit de 1643 ; cependant on a compté que, pendant les vingt premières années de son règne, seulement, il avait été délivré par la chancellerie plus de mille lettres de grâce à des duellistes.

L'édit de Louis XIV ne fut jamais abrogé sous l'ancienne monarchie. Toutefois, pendant le règne de Louis XV, les Duels furent très-fréquents. Mais, comme à la faveur des idées philosophiques qui régnaient alors, les mœurs s'étaient considérablement adoucies, ces sortes de combats devinrent beaucoup moins meurtriers. Ils eurent leur code, où était établie une gradation dans les injures et dans la satisfaction qu'on avait droit d'en tirer. Dans quelques cas, on se battait seulement au *premier sang;* ce qui inspira à J.-J. Rousseau cette énergique apostrophe : « Au premier sang, grand Dieu ! Eh ! qu'en veux-tu faire de ce sang, bête féroce? Le veux-tu boire? » A cette époque aussi, les auteurs comiques commencèrent à tourner le Duel en dérision, Fagan entre autres, qui, dans ses *Originaux,* a fait du duelliste Brettenville un personnage si plaisant et si ridicule.

Le nombre des Duels diminua sensiblement sous Louis XVI. Lors de la Révolution, la première assemblée législative crut devoir annuler toutes les procédures commencées pour cette cause et abroger l'édit rigoureux de Louis XIV. Cette absence de toute répression sembla exercer une favorable influence sur les esprits, d'ailleurs préoccupés des grands intérêts qui se débattaient alors. Le régime militaire de l'Empire redonna plus tard quelque vigueur à la manie des Duels ; et, sous la Restauration, l'occupation de la France par les armées étrangères, l'insolence des anciens nobles et les haines politiques, occasionnèrent fréquemment de sanglants conflits.

Depuis 1830, les dissentiments politiques ont aussi provoqué quelques Duels ; et les meilleurs esprits, poussés par un faux point d'honneur, n'ont pu se défendre de sacrifier au préjugé. La tolérance de l'autorité, qui se bornait quelquefois à empêcher les rencontres, l'indulgence du jury quand les cours d'assises étaient saisies d'affaires de ce genre, ont contribué pour beaucoup à entretenir le mal.

Cependant le moment approche où il doit en grande partie disparaître. La jurisprudence adoptée dans ces derniers temps par la cour de cassation, qui assimile le Duel au meurtre et considère les témoins comme des complices, passibles des mêmes peines que le principal accusé, a déjà produit de bons résultats. Il devient plus difficile de se procurer des témoins. Depuis longtemps, il est vrai, les témoins parvenaient presque toujours à concilier les différends; mais l'état de choses actuel les atteignant eux-mêmes, ils auront un nouveau et puissant motif pour redoubler d'efforts. Ils seront même déterminés à refuser finalement leur assistance, à raison du danger qu'ils courraient, sinon d'une condamnation capitale, que les jurys, par un reste de tradition, éviteront de prononcer, du moins d'un long emprisonnement préventif. Dans les cas ordinaires, cet artifice légal suffira certainement pour prévenir les Duels, que les satisfactions qu'on peut obtenir par les autres moyens de répression, et surtout par l'intervention de la presse, contribuent encore à rendre plus rares; dans les autres cas, il faut s'en remettre au progrès un peu lent de la raison publique.

F.-T. B.-CLAVEL.

DUPLICATA. Il y a cette différence entre l'*ampliation* et le *Duplicata* que celui-ci équivaut à l'original même d'une minute, tandis que l'ampliation n'est qu'une expédition, une copie. Une ampliation ne peut être admise comme preuve légale qu'après vérification et certificat. Le Duplicata au contraire a la même valeur que l'original.; c'est, à proprement parler, un double original. Les actes de l'État civil, les actes diplomatiques sont libellés en Duplicata. L'importance de ces actes en explique suffisamment la raison.

DYNASTIE. Suite de rois d'une même famille. La France compte trois Dynasties principales: celles des Mérovingiens, des Carlovingiens et des Capétiens. Quant à la famille napoléonienne, comme elle ne peut offrir véritablement qu'un seul monarque, on ne peut pas lui donner le nom de Dynastie, en dépit de toutes les réclamations de l'imperceptible parti qui s'appelle Bonapartiste.

La Dynastie capétienne s'est subdivisée successivement en plusieurs branches. La première branche collatérale fut celle des Valois, puis celle des Bourbons, et en dernier lieu celle des Orléans.

Les questions de Dynastie ont eu une très-grande importance lorsque les peuples étaient considérés comme des propriétés appartenant à des races souveraines. Mais aujourd'hui que la Souveraineté du peuple n'est plus contestée en France, les Dynasties n'ont plus de droits à invoquer. Le peuple fait et défait les rois; et même les subtiles argumentations sur le *parce que* et le *quoique* sont une reconnaissance de ce droit souverain; car la puissance qui peut faire un roi parce qu'il est Bourbon, ou quoiqu'il soit Bourbon, pourrait aussi bien en faire un autre quoiqu'il ne fût pas, ou parce qu'il ne serait pas Bourbon.

E

ÉCHANSON (GRAND), officier de cour dont les fonctions consistaient à verser à boire aux rois dans les festins d'apparat. L'origine de cette charge remonte à la plus haute antiquité, puisque la fable nous montre Jupiter ravissant Ganymède pour en faire son Échanson. On voit dans la Bible que des Échansons étaient attachés à la personne des Pharaons. Dès les premiers temps de la monarchie française, les Échansons figurent parmi les grands-officiers de la couronne. De Hugues-Capet à Saint-Louis, ils paraissent avoir rempli, outre leur charge ordinaire, un office de plume; car on lit qu'ils signaient tous actes et patentes émanés de la cour. L'Empire rétablit la charge de Grand-Échanson. La Restauration la maintint; alors, ce dignitaire ne versait à boire au roi que dans les occasions solennelles; hors de là, ses fonctions étaient remplies par les gentilshommes de la chambre. Anciennement, le titre de Grand-Échanson était tenu en si grande estime en Allemagne qu'il était attaché au premier électorat, dont était investi le roi de Bohème.   B.-C.

ÉCHELLES. On nomme Échelles du Levant, ou simplement Échelles, les ports de la Méditerranée qui sont soumis à la puissance ottomane. Chacune des Echelles était autrefois le centre d'un commerce plus ou moins considérable dont, après la chute des républiques italiennes, la France a eu, pendant longtemps, le monopole. Les nouvelles relations qui s'établissent entre l'Orient et l'Occident de l'Europe paraissent devoir rendre à quelques-unes des Échelles l'importance qu'elles ont eue jadis.

ÉCHEVIN. Sous les rois de la première et de la seconde race, on donnait le nom d'Échevin, dérivé de *Scabinus*, qui, en basse latinité, signifiait juge, homme savant, aux assesseurs du comte, magistrat qui remplissait les fonctions de juge d'une ville et de son territoire, et quelquefois commandait les troupes. Dans la suite, et particulièrement à Paris, l'Échevin fut une sorte d'officier municipal, investi de l'administration et de la police, sous la direction d'un prévôt des marchands, et avec l'assistance d'un procureur du roi et de la ville. Dans quelques villes de provinces, les Échevins s'appelaient capitouls, consuls, et le prévôt des marchands maire ou mayeur. La durée des fonctions du prévôt des marchands et de ses assesseurs, ou Échevins, était limitée à deux ans. Le prévôt était choisi par le roi. Les Échevins étaient renouvelés par moitié chaque année, le 16 du mois d'août. Un des Échevins qui devaient remplacer les sortants était tiré du corps des conseillers de ville ou de celui des quartiniers; l'autre était pris parmi les avocats ou les notaires, ou dans les six corps des marchands. Les Échevins de Paris devaient y être nés. Le prévôt des marchands, les quatre Échevins, les conseillers de ville, les quartiniers, et deux notables bourgeois délégués par chaque quartier, concouraient à l'élection. Peu de jours après cette opération, le prévôt des marchands et les Échevins portaient le scrutin au roi, le haranguaient, et les nouveaux élus prêtaient serment entre ses mains. L'échevinage conférait la noblesse et exemptait de tous subsides, aides, tailles et subventions. Dans les autres villes, les fonctions correspondantes à celles de prévôt et d'Échevin étaient toutes électives.

Les Échevins connaissaient des causes entre marchands, de ce qui concernait la police sur les rivages, des différends qui naissaient au sujet des rentes de la ville entre les payeurs et les rentiers, de toutes les querelles entre les bateliers, des délits commis par les marchands, facteurs et officiers de police dans l'exercice de leurs charges. Appel de leurs jugements était porté au parlement. Ils prenaient aussi toutes décisions relatives à la voie publique, à la sûreté des citoyens, aux logements des gens de guerre, etc.

Un édit de François Ier, du mois d'avril 1515, autorisa les Échevins « à avoir prison dans l'Hôtel-« de-Ville pour la punition et la correction des « délinquants. »

Depuis la Révolution, les Échevins ont été remplacés par les officiers municipaux et ensuite par les maires et leurs adjoints.　　　　　B.-C.

ÉCOLE MILITAIRE.

D'après la loi du 14 avril 1832 sur l'avancement, un tiers des sous-lieutenances est donné aux sous-officiers des corps dans lesquels ont lieu les vacances, et les deux autres tiers sont réservés aux élèves de l'École Militaire. Que doit être cette École mise ainsi en possession de fournir à l'armée la majeure partie de ses officiers? A quelles conditions faudra-t-il satisfaire pour être admis au nombre de ses élèves? Quelles obligations seront imposées aux élèves pour leur promotion à la sous-lieutenance? Le législateur ne l'a pas dit; il a laissé, par son silence, au pouvoir royal le soin de régler, comme bon lui semblerait, la constitution de l'École Militaire. Cette omission est fort grave, et l'on pourrait à bon droit s'étonner qu'elle ait été commise, si l'on ne se rappelait que la majorité qui a voté la loi du 14 avril chercha par tous les moyens à donner à la prérogative royale la plus grande action possible sur l'armée. Les hommes qui firent si petite la part de l'ancienneté dans la distribution des emplois, en même temps qu'ils établissaient le bon plaisir sous le titre de choix du roi, ces hommes durent éviter soigneusement de fixer des règles qui auraient apporté des entraves à cette autocratie militaire qu'ils constituaient.

La prérogative royale a largement usé dans ses intérêts de l'immense latitude qui lui avait été abandonnée à dessein; elle a fait de l'École Militaire une voie réservée aux plus riches pour parvenir rapidement à l'épaulette. La première condition imposée par elle à l'admission de chaque candidat, ç'a été de payer, pendant le temps du séjour à l'École, une pension annuelle de quinze cents francs. Cette dépense, si on la joint aux frais nécessités par l'achat d'un trousseau considérable, par les voyages, par l'enseignement littéraire et mathématique, fort cher, comme l'on sait, par l'équipement à l'arrivée au régiment; cette dépense constitue une véritable taxe qui interdit, en fait, l'entrée de l'École aux citoyens de la classe pauvre et même à ceux de la petite propriété, et donne l'assurance que les grades d'officier ne seront pas envahis par des fils du peuple, par des soldats parvenus. Autrefois, pour être reçu dans les compagnies de cadets-gentilshommes, dans les Écoles Militaires, il fallait faire preuve de noblesse; maintenant il faut faire preuve de richesse. La différence établie est logique; car autrefois la monarchie s'appuyait sur la noblesse, et à présent elle s'étaie de l'aristocratie de fortune.

Ne fût-ce que sous le rapport de cet abus inouï introduit pour servir les vues d'une politique égoïste, qui exclut le mérite pauvre, qui craint de voir des épaulettes sur l'uniforme du prolétaire, l'École Militaire serait déjà une institution mauvaise, dangereuse pour l'armée et pour le pays. Mais à cela ne se bornent pas les vices que renferme sa constitution actuelle.

Si l'on examine le programme des concours auxquels sont soumis les candidats à l'École, celui de l'enseignement théorique et pratique qui est donné aux élèves, et si l'on énumère les conditions auxquelles ces élèves reçoivent la sous-lieutenance, on verra qu'on n'exige d'eux qu'une chose: à savoir qu'ils possèdent une certaine instruction littéraire, scientifique et militaire. Quand on a constaté qu'ils connaissent un peu de mathématiques, un peu de chimie, de physique, etc.; qu'ils ont étudié leur cours d'art militaire; quand ils ont prouvé que l'École du soldat, l'École du peloton et l'École du bataillon, l'exercice d'une pièce d'artillerie, leur sont familières, on leur donne l'épaulette. Cependant, si l'instruction est d'une importance extrême dans la carrière militaire, comme dans toutes les autres carrières, elle ne suffit pas pour légitimer la possession d'un grade: Laplace eût fait peut-être un détestable officier; et le plus fort en art militaire, le plus ferré sur la théorie, peut n'être pas capable de figurer en serre-file sur un champ de bataille. Aux talents que donne l'étude, des qualités essentielles doivent se réunir chez ceux auxquels on confère un grade qui n'est pas sans importance dans la hiérarchie militaire et qui conduit à des grades plus élevés : il faut qu'ils sachent commander au soldat, ou qu'au moins ils soient aptes à s'initier à cette science ardue ; il faut qu'ils sachent obéir, il faut qu'ils aient de la fermeté, du sang-froid, une bravoure intelligente , et surtout de la *vocation* pour le métier des armes. Or, tout cela ne saurait s'estimer dans des examens , par des interrogatoires; et l'on ne s'inquiète pas le moins du monde de recruter pour l'École Militaire des élèves qui en possèdent quelque chose. Ayez de la fortune, ayez quelque instruction, passez deux ans à l'École, et vous passez officier : on n'exige de vous rien de plus.

Les conséquences les plus funestes résultent de cette mauvaise organisation formulée par ordonnance royale. En effet, l'École Militaire crée dans l'armée deux classes d'officiers, *les officiers d'École et les officiers de troupe ;* ceux-ci, généralement pauvres, ceux-là, généralement riches ou au moins dans l'aisance ; les uns qui sont sous-lieutenants à 20 ou 22 ans; les autres qui ne le deviennent qu'à 28 et 30 ans, et souvent plus tard ; les uns qui sont sûrs de parvenir aux grades supérieurs ; les autres que la retraite atteindra quelquefois avant qu'ils soient capitaines ; les uns, qui, en entrant au régiment , ignorent le soldat , le sous-officier, le langage qu'il faut parler à chacun ; les autres, qui les connaissent à fond , qui ont vécu avec eux, partagé leurs dangers, leurs peines et leur gloire pendant la guerre , leurs ennuis et leurs travaux pendant la paix.

De là, pour la discipline et pour la composition de l'armée, tout autant de causes d'affaiblissement et de ruine, que les plus beaux raisonnements du monde ne sauraient dissimuler et que trahissent de tristes réalités.

Nous ne voulons pas qu'on donne à nos critiques une signification qu'elles n'ont pas dans notre pensée, et qu'elles ne pourraient avoir sans injustice. Nous ne croyons pas que l'École Militaire donne nécessairement de mauvais officiers; pas plus que nous n'admettons que la classe des sous-officiers produise nécessairement de bons officiers. Nous entendons seulement que le mode d'admission à l'École laisse beaucoup trop au hasard, tandis que l'on *pourrait* opérer avec une presque certitude en tirant les sous-lieutenants de la troupe. Nous ajouterons même que nous sommes persuadés non-seulement qu'il sort des élèves d'excellents officiers , ce que les guerres de l'empire, celle d'Afrique et les travaux de la paix ont suffisamment prouvé ; mais encore que la majorité des *officiers d'École* est ordinairement au niveau des emplois qu'ils occupent dans le cours de leur carrière. Malheureusement, il y a une minorité très-nombreuse qui ne ressemble pas à la majorité, et il y a des officiers excellents à trente ans qui ont été d'abord au-dessous de leurs fonctions, par la raison toute simple qu'on les a promus trop tôt : tel peut être officier à dix-huit ans , tel autre à vingt-cinq ans seulement.

Nous n'avons pas tout dit encore de l'influence crnicieuse de l'École Militaire sur l'armée.

La loi du 14 avril 1832 a prescrit , comme nous l'avons fait observer, que les deux tiers des sous-lieutenances seraient dévolus aux élèves, et qu'un tiers seulement reviendrait aux sous-officiers. Ce tiers est insuffisant pour donner un avancement convenable au grade inférieur : après huit ans et dix ans de service , le meilleur sous-officier attend l'épaulette, et souvent l'attend plusieurs années encore. La carrière militaire offre donc trop peu d'avantages pour attirer sous les drapeaux les hommes qui font la force et la gloire des armées , les volontaires , les militaires par vocation ; elle détermine à peine quelques réengagements parmi les premiers d'entre les sous-officiers, les sergents-majors et les maréchaux-des-logis-chefs. De là, en grande partie, ce nombre effrayant et toujours croissant des conscrits qui usent de la faculté que la loi donne aux riches de se faire remplacer ; de là aussi cette pénurie de sujets propres à faire de bons sous-officiers, qu'on **éprouve dans** tous les corps de troupes.

Nous devons reconnaître , cependant, pour ne pas exagérer les résultats fâcheux de l'existence de l'École, que ce tiers des sous-lieutenances laissé à la troupe n'est pas distribué avec impartialité et intelligence. Trop souvent, au lieu d'être la récompense des plus méritants, et par suite un encouragement à tous, il devient la proie de jeunes gens, fils , parents , protégés de la cour, des généraux , des colonels , des députés, etc., qui paraissent à peine dans les régiments , qui servent mal , ou du moins d'une manière fort médiocre, restent quelque temps soldats , sous-officiers, et obtiennent tout de suite l'épaulette. Mais supposons toute l'équité, toutes les lumières désirables chez ceux qui président à la répartition des sous-lieutenances réservées aux sous-officiers, le mal sera un peu atténué , sans doute , mais non, détruit : restera toujours le privilège écrasant de l'Ecole Militaire.

Toutes ces causes que nous signalons n'ont pas produit encore leur *maximum* d'effet , grâce à la Révolution de juillet, qui a jeté dans les rangs de l'armée une foule de jeunes soldats, dont quelques-uns y sont encore, et qui a fait, en contradiction à la loi d'avancement, des promotions énormes parmi les sous-officiers ; grâce aussi aux guerres de l'Empire , qui ont légué à notre jeune armée beaucoup d'officiers ; mais à mesure que la paix se prolonge, on rentre dans les termes de cette loi, et il devient chaque jour de plus en plus évident que les choses ne sauraient rester plus longtemps sur le pied où on les a mises, sans un préjudice capital pour l'armée et pour le pays.

Depuis bien des années , des hommes qu'on n'accusera certes pas d'opposition factieuse, car ils se sont montrés les soutiens dévoués de la monarchie, ont proposé de supprimer l'Ecole Militaire. En 1830 , sous l'impulsion du mouvement démocratique , quand on cherchait par tous moyens à attacher l'armée au nouvel établissement monarchique , on parla beaucoup aussi de la destruction de l'Ecole, qui introduisait le privilège dans l'armée. La logique militaire se trouvait d'accord avec la logique politique. Mais c'est là, nous le croyons, un remède héroïque qu'il serait mauvais d'appliquer. S'il est nécessaire, en effet, de donner à l'armée des officiers qui soient doués de ces qualités si précieuses dont nous avons parlé ; il n'est pas moins indispensable qu'ils possèdent une instruction solide. Car, plus nous allons, et plus la guerre exige des connaissances étendues ; l'art militaire peut se révéler parfois à quelques génies incultes, mais au vulgaire il faut, pour en pénétrer les secrets, de hautes études et de savantes leçons. Or, on est forcé de reconnaître que, dans les régiments, les nécessités du service, l'instruction des hommes, les manœuvres, les théories, etc., prennent beaucoup trop de temps pour permettre au sous-officier, et encore moins au soldat, des études sérieuses et suivies qui le mettent à même de rivaliser en instruction avec les officiers sortis de l'École.

Pour cette raison, nous pensons qu'il faut, non pas renoncer à l'École Militaire, mais lui donner, à la place de celle qui la régit, une constitution dont les dispositions principales seraient celles-ci : 1° N'admettre comme élèves que des sous-officiers des corps de troupe de l'armée, ayant au moins un an d'ancienneté dans leur grade, et comptant trois ans de présence au corps, déduction faite de tout congé ; connaissant très-bien le service de leur emploi pratiquement et théoriquement ; reconnus aptes à occuper bientôt un grade plus élevé ; montrant du zèle et l'amour du métier ; 2° considérer ces sous-officiers, pendant leur séjour à l'École, comme détachés de leur corps ; leur continuer la solde et les prestations de leur grade, l'habillement, l'équipement, les signes distinctifs, sans aucune modification ; 3° les soumettre à des concours publics à l'entrée comme à la sortie de l'École ; et repousser sévèrement ceux qui ne seraient pas capables ; faire dans ces retranchements notables au programme actuel d'admission, car dans cette École composée de sous-officiers, déjà au fait d'une partie des manœuvres et des théories, on pourra reporter sur les études scientifiques une forte partie du temps qui est absorbé maintenant à Saint-Cyr par l'instruction pratique et les leçons sur la théorie ; 4° fixer à deux ans la durée de séjour à l'École.

Comme mesures préliminaires, donner aux Écoles régimentaires une meilleure organisation et des ressources suffisantes pour que ceux qui sont déjà instruits avant leur entrée au régiment puissent conserver et accroître l'instruction acquise, pour que ceux qui ne le sont pas puissent le devenir ; débarrasser le service intérieur et le service de place de cette foule de détails oiseux, de corvées, de gardes inutiles, qui fatiguent incessamment le soldat et le sous-officier, lui ôtent tout loisir pour l'étude ; enfin, abolir le remplacement, mesure qui amènera sous les drapeaux une grande quantité de jeunes gens instruits.

Du reste, la base essentielle de ce projet est la même que celle de toute réforme radicale, tant dans l'armée que dans la cité ; c'est un système d'enseignement national qui assure à tout citoyen les moyens de s'instruire, quelle que soit sa position de fortune.

Ces changements obvieraient évidemment aux vices principaux reprochés à l'École de Saint-Cyr ; et ils conserveraient à l'armée une pépinière d'officiers d'une instruction éprouvée où elle recruterait ses ingénieurs et le corps d'état-major, qui aurait comme maintenant une École d'application. Cependant, malgré tant d'avantages ainsi obtenus, nous sommes loin de penser qu'on dût conserver à l'École les deux tiers des sous-lieutenances qui lui sont attribués à mesure des vacances ; en temps de paix, dans le cours régulier des choses, deux cinquièmes seraient bien suffisants pour arriver au but qu'on se propose en établissant une École. Tous ne sont pas destinés à parvenir aux grades élevés de la hiérarchie, où l'instruction joue surtout un grand rôle ; beaucoup sont confinés dans les grades inférieurs par leurs facultés et y rendent de bons services ; plusieurs pourront, soit par l'effet des circonstances, soit par leur volonté, ne pas arriver à l'École ; et les uns et les autres devront néanmoins trouver un avancement en rapport avec leur capacité et les services qu'ils rendront à l'État.

Il resterait donc toujours deux voies ouvertes qui conduiraient à la sous-lieutenance : l'École et le service non interrompu dans la troupe. L'une serait un peu plus courte que l'autre, mais au moins chacun pourrait suivre à son gré celle qui lui plairait, et il n'y aurait pas de jalousies possibles, parce qu'il n'y aurait de privilége que pour la capacité et le mérite. D'ailleurs, tous les officiers auraient une origine commune : tous auraient été soldats, caporaux, sous-officiers, tous auraient porté le sac et le fusil et pris leur part à la gamelle de la chambrée ; tous connaîtraient le beau et le vilain côté de la vie militaire, ses joies et ses douleurs, ses ennuis et ses plaisirs ; tous auraient obéi et commandé avant de recevoir l'épaulette ; enfin, il est à peu près certain que cette dure expérience du métier de soldat, que la nécessité de se rendre digne du grade de sous-officier avant l'entrée à l'École, éloigneraient de la carrière militaire tous ceux qui n'auraient pas pour elle une vocation prononcée.

En tout état de cause, pour ne pas brusquer la transition, pour donner aux Écoles régimentaires le temps de se développer, on laisserait exister pendant quelques années l'École de Saint-Cyr, en supprimant toutefois immédiatement la taxe pécuniaire, en soldant ses élèves et en réduisant considérablement leur nombre ; on lui donnerait une part dans les deux cinquièmes dont nous venons de parler, et elle alimenterait en outre le corps d'état-major.   Z. K.

ÉCOLE POLYTECHNIQUE. Au moment de la Révolution, les officiers de l'artillerie, du génie, les ingénieurs des mines, les ingénieurs des ponts-et-chaussées, les ingénieurs des constructions maritimes sortaient d'Écoles spéciales dont chacune portait le nom du corps qu'elle alimentait de fonctionnaires.

Les connaissances exigées des candidats à ces Écoles étaient peu étendues; elles embrassaient à peine le cours entier de mathématiques élémentaires; l'École des ponts-et-chaussées recevait même ses élèves sans aucun examen préalable. Toute l'instruction donnée ne comprenait qu'une partie du cours de mathématiques spéciales, la géométrie descriptive, la coupe des pierres, la charpente et leurs applications aux besoins du service public duquel dépendait chaque École. La physique et la chimie ne figuraient en quelque sorte que pour mémoire sur les programmes d'enseignement. Du reste, les moyens d'instruction étaient très-bornés; ainsi, l'École d'artillerie ne possédait ni bibliothèque, ni modèles, ni laboratoires, et c'était tout au plus si elle avait à sa disposition des bouches à feu de toutes les espèces en usage. L'École des mines manquait de tout, même de minéralogie; et celle des ponts-et-chaussées était obligée, pour donner à ses élèves de légères notions de physique et de chimie, de les envoyer auprès des savants de la capitale.

L'organisation de ces Écoles spéciales, si l'on excepte celle du génie, si connue alors en Europe sous le nom d'École de Mézières, était très-défectueuse. Aussi furent-elles complètement désorganisées par la Révolution arrivant escortée de l'émigration, de la réquisition et des urgentes nécessités d'une guerre générale. Après le 9 thermidor, elles existaient plutôt de nom que de fait. A cette époque, l'École des ponts-et-chaussées, dont tous les élèves avaient été transformés en officiers du génie, ne comptait plus un seul élève. L'École du génie, transférée depuis quelque temps à Metz, ne trouvait pas à se recruter. L'École d'artillerie n'était guère plus heureuse, et l'École des constructions maritimes avait suspendu ses cours depuis le mois d'août 1793.

Sur le rapport de Fourcroy, la Convention décréta l'établissement de *l'École centrale des travaux publics*, destinée à remplacer à elle seule toutes les Écoles dont nous venons de parler. Mais l'expérience démontra tout de suite l'erreur dans laquelle on était tombé; et deux lois promulguées, le 22 octobre 1795, changeant le nom et la destination de *l'École centrale des travaux publics*, établirent une division aussi juste que féconde: *l'École centrale* devint *l'École Polytechnique*, et elle ne fut plus qu'une École préparatoire aux Écoles spéciales à chaque service public, qui furent réorganisées sur un nouveau plan et converties en *Écoles d'application*. Dans la première, on dut enseigner les mathématiques transcendantes, la géométrie descriptive, la physique, la chimie, etc.; dans les secondes, les applications de ces sciences à l'art de l'ingénieur civil et militaire, de l'artilleur, etc.

Entre cette organisation des Écoles des services publics et l'organisation antérieure, il y avait, on le voit, une différence capitale. Sous le rapport de l'enseignement, la différence n'était pas moins grande entre les Écoles anciennes et celles qui prirent date du 22 octobre 1795. Depuis lors, en effet, on exigea des candidats à l'École Polytech-

nique la connaissance de tout le cours de mathématiques spéciales, c'est-à-dire qu'ils durent savoir pour être nommés élèves plus de mathématiques qu'on n'en apprenait dans les anciennes Écoles spéciales; en outre, le temps d'étude auquel étaient assujétis les élèves de ces Écoles fut augmenté de tout le temps consacré à l'enseignement polytechnique; enfin, cet enseignement embrassa les plus hautes parties des mathématiques, de la physique, de la chimie; et, dans les Écoles qui firent suite à l'École Polytechnique, l'enseignement fut exclusivement consacré aux applications de ces sciences.

La création de l'École Polytechnique et des Écoles d'application des services publics a toujours passé à juste titre pour une des plus belles conceptions du génie de la Révolution; cette célèbre institution portait, en effet, dans son sein: Centralisation, Unité, Civilisation.

Du reste, ce qui parle plus haut que tous les éloges, c'est qu'après quarante-cinq ans, après tant de révolutions et de réactions, l'arbre planté des mains de la grande Convention reste encore debout plein de sève et de force. On a modifié sans doute bien des détails; on a changé certains modes d'examen, d'enseignement, ajouté, retranché à tel ou tel programme des cours; mais, au fond, l'institution reste toujours la même.

La monarchie, par une mesure toute financière en apparence, lui a cependant porté une grave atteinte. A partir de la création de l'École Polytechnique jusqu'en 1805, les élèves recevaient une solde de 99 centimes par jour; de plus, les moins aisés, jusqu'à concurrence des deux cinquièmes du nombre total des élèves, avaient droit à un secours annuel de 180 francs. Avec le traitement résultant de ces deux sommes, avec de légers sacrifices faits par leurs familles, les plus pauvres pouvaient subsister, dans Paris, pendant le temps d'étude qui précédait leur entrée aux Écoles d'application, où des appointements suffisants pour vivre leur étaient alloués; même, ceux des élèves qui pouvaient le faire, abandonnaient leur solde pour qu'elle fût répartie entre les plus pauvres de leurs camarades. Combiné avec les Écoles centrales, où l'on pouvait être admis gratis sur une simple déclaration d'indigence, ce système permettait l'entrée de l'École Polytechnique aux fils des citoyens sans fortune. Mais en 1805, époque de réaction monarchique, les élèves de l'École Polytechnique furent casernés; on leur imposa l'obligation de payer une pension annuelle de 800 francs (pension qui depuis 1816 est de 1,000 francs), et ils durent, en outre, se munir d'un trousseau d'une valeur de 750 francs. Ces exigences fiscales ont produit un résultat déplorable que nous allons traduire en chiffres. En 1799, un relevé fait par le conseil de l'École classait ainsi les élèves: *Sans fortune*, 160; *présumés dans l'aisance*, 75; *présumés riches*, 39; *total*, 274. Au moment où nous écrivons, pour avoir la statistique de la fortune des élèves de l'École, il faudrait renverser complètement ces proportions.

Le pauvre ne peut payer l'instruction qui se

vend dans les colléges; il ne peut payer ni le trousseau, ni la pension de l'École Polytechnique : le pauvre n'entre plus à l'École Polytechnique.

Cependant les jeunes gens qui travaillent avec le plus d'ardeur, le plus de passion, sont ceux qui ont leur chemin à faire, un avenir à se créer. Au contraire, ceux qui ont en perspective l'assurance d'une fortune brillante, ou seulement médiocre, n'ont, en général, qu'un goût fort peu vif pour tout travail qu'ils ne sont pas obligés de faire. D'où sont sortis d'Alembert, Laplace, Monge, Arago, Gay-Lussac, et tant d'autres illustres savants ? De la classe la plus pauvre de la société, de cette classe qui est proscrite de l'École Polytechnique par ordonnance royale. Jusques à quand la monarchie fera-t-elle durer cet inique, cet odieux ostracisme ?

Dans ces derniers temps, quelques critiques ont été publiées contre la grande extension qu'a prise à l'École Polytechnique l'enseignement des sciences exactes. On a prétendu que l'étude des mathématiques transcendantes, des parties élevées de la physique et de la chimie, étaient inutiles pour les fonctionnaires civils et militaires que l'École fournit à la France. C'est une grave erreur qu'il importe de ne pas laisser se propager. D'ailleurs, la réfutation en est facile; elle ressort du moindre examen de la tâche qui est assignée aux officiers d'artillerie, du génie, aux ingénieurs des ponts-et-chaussées, des mines, etc.

Nous prenons pour exemple le service de l'artillerie.

Dans le métier de l'officier d'artillerie, il y a deux services bien distincts : le service dans les régiments, ou, pour employer l'expression consacrée, dans le personnel; et le service dans le matériel.

L'instruction nécessaire à un officier dans le personnel n'est, à peu de chose près, que celle que doit avoir l'officier d'infanterie ou de cavalerie; car son service se réduit à conduire une certaine quantité d'hommes, de chevaux, de bouches à feu et de voitures, et à en tirer le meilleur parti possible sur le champ de bataille. Mais, dans le matériel, le rôle de l'officier d'artillerie change complètement. Là il est chargé de la fonte des bouches à feu, de la construction des affûts et voitures, de la fabrication du fer, de la poudre, des projectiles, de toutes les armes offensives et défensives. En temps de guerre, lorsque la fortune conduit nos armées à l'extérieur, l'officier d'artillerie doit aussi utiliser les ressources du pays où il se trouve, réparer ou improviser des forges, des arsenaux, des fonderies, des fabriques d'armes, de poudre, etc. Or, n'est-il pas évident que tous ces soins exigent des connaissances approfondies en chimie, en physique, en mécanique, etc. Dans une fonderie, dans un arsenal, on pourra sans doute employer à la rigueur des officiers privés d'une forte instruction scientifique; mais ce sera seulement à condition qu'au-dessus d'eux il se trouvera, pour les diriger, pour leur apprendre la routine de telle ou telle partie du service, des officiers capables et très-instruits.

L'artillerie a de grands progrès à réaliser, et ces progrès dépendent essentiellement ceux qui s'opèrent journellement dans toutes les parties des sciences; c'est là encore une raison péremptoire, ce nous semble, de la nécessité d'avoir des officiers qui soient parfaitement au courant de la marche de la science.

Ce que nous disons du service de l'artillerie s'applique avec non moins de force aux services du génie, des ponts-et-chaussées, des mines, des constructions maritimes, etc. Dans ceux-ci, comme dans celui-là, il y a deux parties bien distinctes : l'une qui n'exige pas de connaissances scientifiques, l'autre qui en a le besoin le plus absolu. Ainsi, pour marcher à la sape contre un bastion, pour ouvrir une galerie de mine, pour charger une route d'une certaine quantité de mètres cubes de pierre, pour radouber un vaisseau, il n'est pas nécessaire d'avoir reçu l'instruction polytechnique: le premier sous-officier intelligent, le premier conducteur ou agent en sous ordre, mènera à bonne fin tous ces travaux; mais à cela n'est pas borné, tant s'en faut, le rôle des ingénieurs civils et militaires.

Qu'on se garde donc bien d'écouter des critiques perfides. Avec de la science, un homme est propre à tout; dénué de science, il perd la plus grande partie de sa valeur. Ne voilons pas le soleil, élargissons le champ qu'il féconde de ses rayons.

Z. K.

ÉCOLES. A diverses époques, les Écoles ont joué un rôle important dans l'histoire. Turbulentes par nature, on les voit, dans le moyen-âge, fortes des priviléges qu'elles avaient obtenus des rois, troubler à tous moments la tranquillité publique, molester les prêtres et les bourgeois, et lutter à force ouverte contre le pouvoir souverain. Sous Henri III, imbues déjà de principes démocratiques, elles prennent parti pour les ligueurs, adhèrent au gouvernement quasi-républicain qui avait pour chefs les Seize, et assistent à la journée des Barricades sous le commandement du duc de Brissac.

De là jusqu'à la Révolution de 1789, elles ne se signalèrent que par quelques émeutes sans importance; mais, à cette dernière époque, elles manifestèrent leur enthousiasme pour le nouvel ordre de choses, et fournirent de nombreux volontaires aux armées destinées à couvrir nos frontières de l'est et du nord.

Sous la Restauration, les Écoles de droit et de médecine participèrent à tous les mouvements populaires, les provoquèrent le plus souvent, se mêlèrent à toutes les sociétés secrètes, et notamment aux *Carbonari*. En 1830, jointes aux autres Écoles, elles prirent une part décisive aux journées de Juillet, et depuis elles n'ont cessé de servir de tous leurs efforts la cause de la liberté.

Ce n'est pas seulement en France que les Écoles ont paru sur la scène politique. Dans toute l'Allemagne, les élèves des universités travaillent de longue main à réformer les constitutions féodales qui régissent la plupart des états de la Confédération germanique. C'est dans ce but qu'en 1775 ils formèrent les *Illuminés*, et que, dans la suite, ils se firent agréger à toutes les autres sociétés progressives qui s'établirent sous différents noms. En 1789, ils saluèrent l'avénement de notre Révolution, et favorisèrent ensuite les entreprises de nos armes, sur le succès desquelles ils comptaient pour l'affranchissement de leur pays. Trompés dans leur attente, vaincus, humiliés dans leur orgueil national, ils se remirent à l'œuvre; et, dès 1810, ils s'affilièrent successivement aux sociétés secrètes, telles que le *Tugend Bund*, l'*Association de Charlottenbourg*, la *Ligue germanique*, les *Chevaliers noirs*, les *Concordistes*, le *Keusser-Bund*, les *Manteaux rouges*, la *Bande noire*, les *Blauen-Vergnügen*, etc., qui, toutes avaient pour objet l'indépendance et l'unité de l'Allemagne, et l'établissement d'un régime qui proclamât l'égalité des droits pour tous les citoyens.

Les souverains alliés encouragèrent ces associations, traitèrent avec elles, et s'en firent de puissants auxiliaires dans leur guerre contre Napoléon. Mais, une fois vainqueurs, ils violèrent tous leurs engagements, et n'apportèrent que de faibles et insuffisants palliatifs aux abus qu'on avait voulu détruire, et finirent par proscrire les sociétés mêmes auxquelles ils devaient leur triomphe.

Cependant, ces sociétés ne périrent pas. Les universités devinrent leur refuge. Les principes sur lesquels elles reposaient furent hautement professés par les étudiants, qu'on vit même, à la fête séculaire de la Réformation, qu'ils célébrèrent en 1817 au château de Wartbourg, brûler publiquement le traité de la Sainte-Alliance. Leur audace alla plus loin encore. Le 23 mars 1819, Kotzebue qui, dans un journal, avait écrit contre les droits des peuples, fut frappé mortellement d'un coup de poignard par un étudiant appelé Karl Sand, au cri de *vive Teutonia!*

Le congrès de Carlsbad, assemblé en cette même année, ordonna à cette occasion une enquête dont le résultat révéla l'existence et la puissante organisation de nouvelles sociétés d'étudiants sous les noms de *Teutonia*, de *Burschenschafft*, etc. Cette découverte amena de nombreuses arrestations parmi les étudiants; les statuts des universités subirent une révision radicale; l'espionnage fut organisé sur une vaste échelle: mais, malgré toutes ces mesures et d'autres encore, les sociétés secrètes ne purent être complétement éteintes en Allemagne.

En Pologne aussi, les étudiants se sont mêlés au mouvement politique. En 1819, Thomas Zan, professeur à l'université de Wilna, fonda la *société des Rayonnants* (Promienisty), pour le maintien de la nationalité et de la langue polonaises, et trouva dans ses élèves des adeptes dévoués. La société se propagea rapidement parmi les étudiants des autres villes. Plus tard, contreminée par le pouvoir, elle jugea prudent de se constituer sous un autre nom, celui de *société des Philarètes*. Mais enfin, découverte en 1823, elle devint l'objet d'atroces persécutions, sans être pour cela dissoute. En 1830, les Philarètes contribuèrent puissamment à l'insurrection de la Pologne.—(V. pour les autres

questions qui se rattachent à ce mot: INSTRUCTION PUBLIQUE, UNIVERSITÉ, ETC.)   B.-C.

ÉCONOMIE. Les Grecs auxquels nous avons emprunté ce mot s'en servaient pour désigner la *loi de la maison*, la règle suivant laquelle les biens de la famille devaient être administrés. Cette règle était d'une grande simplicité; elle ne renfermait guère que deux préceptes, épargner et surveiller le travail des esclaves.

Chez nous, le mot Économie a deux acceptions. Tantôt, on appelle de ce nom l'art avec lequel sont disposés les divers éléments qui composent un tout systématique; on dit l'Économie d'un ouvrage, d'un plan, d'un système. Tantôt, Économie s'emploie comme synonyme d'épargne: un homme est économe lorsqu'il a l'habitude de ne faire que la dépense nécessaire; il économise lorsqu'il réduit une dépense; on dit aussi, mais improprement, qu'il fait des Économies lorsqu'il accumule des réserves.

Économiser les revenus publics est un art connu dans les Républiques, mais incompatible, suivant les publicistes du jour, avec les principes et l'esprit de la monarchie. Notre histoire confirme parfaitement cette maxime. La monarchie absolue s'est ruinée; elle a épuisé les ressources nationales à satisfaire l'avidité du cortège de laquais, de courtisans et de courtisanes dont elle était entourée: la monarchie représentative a gaspillé avec plus de pudeur; mais elle n'en a pas moins dissipé une grande partie des sommes levées sur les sueurs des contribuables.

L'Économie ne consiste pas à réduire aveuglément les dépenses, mais à ne faire que des dépenses utiles. Un État peut consommer des sommes immenses pour assurer son indépendance, pour développer dans de sages proportions ses forces morales et matérielles, sans que son gouvernement cesse d'observer la plus stricte économie.

A proprement parler, l'Économie est l'art d'obtenir les plus grands résultats avec les moindres ressources possibles. Son importance dans l'administration des revenus publics est évidente. Qui pourrait dire à quel point de prospérité la France serait parvenue, si ses finances avaient toujours été administrées avec Économie? Mais il n'appartient qu'aux gouvernements qui représentent tous les intérêts de la nation d'être économes. Ceux qui sont fondés sur le privilège mettent au pillage la fortune publique, au profit des privilégiés, au détriment des non-privilégiés. Plus les priviléges sont partagés, plus leur avenir est borné; plus il y a d'instabilité dans les positions personnelles, plus l'Économie est impossible. Chacun se hâte alors comme aux banquets des vieillards. Si nous voulions en citer des exemples, nous n'aurions pas besoin de les chercher ailleurs que dans l'histoire contemporaine.

ÉCONOMIE POLITIQUE. Dans tous les traités complets de politique, on trouve des principes et des préceptes relatifs à l'accroissement ou à la consommation des richesses. Longtemps, l'Économie n'a été qu'une branche de la science politique. Les hommes ne se sont guère appliqués à l'étudier spécialement que depuis environ trois siècles. On s'est livré à de longues discussions sur les maximes que les gouvernements devaient suivre pour augmenter la richesse publique, avant d'avoir expliqué de quelle manière les richesses sont créées et consommées.

Enfin, l'Économie politique est devenue plus spéciale ; elle s'est constituée science à part et s'est séparée complètement de la politique. On l'a définie : « La science qui enseigne comment les richesses sont produites, distribuées et consommées dans les sociétés. » J.-B. Say est le premier qui ait nettement professé que la politique est étrangère à l'Économie politique, le premier qui ait composé un traité méthodique et rationnel de cette dernière science.

Beaucoup de personnes, effrayées du nom pompeux d'Économie politique, se figurent à tort que cette science n'est qu'un ramas d'hypothèses entassées à grands renforts de raisonnements. L'Économie politique, réduite à la définition que nous avons citée plus haut, est une science très positive, fondée comme la physique sur les faits éclairés par l'induction : c'est en même temps une science fort simple et qui ne compte qu'un très petit nombre de principes.

Mais la plupart des auteurs qui en ont fait l'objet de leurs études n'ont pu s'empêcher de faire invasion sur le terrain de la politique. J.-B. Say lui-même n'a pas toujours respecté une limite qu'il avait sagement posée. Il ne s'est pas contenté d'exposer les lois suivant lesquelles les richesses sont produites, distribuées et consommées, il a voulu dire comment ces lois étaient modifiées par l'influence des causes politiques. Enfin, lui et surtout ses disciples sont allés plus loin ; ils ont voulu soumettre les gouvernements à leurs préceptes et distraire de la science politique ce qui est relatif à l'action des gouvernements sur la production, la distribution et la consommation des richesses.

Chose étrange et qui ne peut s'expliquer que par l'état de désordre où sont les matériaux de la science politique ! on a proposé de soumettre les sociétés aux lois de la production des richesses, d'imposer à l'intelligence et à la moralité libre de l'homme la domination des instruments, des choses matérielles, chasser, en un mot, toute idée de prévoyance des conseils politiques.

Ainsi, pour *laisser faire* et *laisser passer*, les gouvernements devraient abandonner le rôle d'éducateurs des peuples qui leur est confié ; ils devraient souffrir que les faibles devinssent la proie des forts, tant que ceux-ci ne transgresseraient pas des lois dirigées uniquement contre la violence matérielle ! Ils respecteraient les mouvements spontanés de la richesse, même lorsque ces mouvements auraient pour résultat de renverser toute morale et tout ordre ; ils laisseraient corrompre, dégrader, affamer, anéantir des générations entières, et ils n'interviendraient pas ! Ils laisseraient exercer sur la nation, par des nations étrangères,

la même influence qu'exerceraient au sein de la nation même quelques privilégiés, et ils n'interviendraient pas ! Ils détruiraient tous les liens de solidarité que l'association politique et civile établit parmi les hommes, ou mieux, ils seraient des geôliers et des bourreaux aux gages des oppresseurs !... On peut soutenir un tel système à la tribune de la chambre des pairs ; mais il ne saurait entièrement prévaloir tant que subsistera le sentiment de la dignité, de la moralité humaines.

Il serait injuste d'accuser l'Économie politique, la science, des erreurs dans lesquelles sont tombés les modernes économistes : il est facile de les réfuter par des principes qu'eux-mêmes ont reconnus, par des principes dont la vérité est incontestable. Leur faute est d'avoir voulu renverser la hiérarchie scientifique, soumettre une science d'observation à une science d'application. Ils ne ressemblent pas mal à des physiciens qui voudraient anéantir la mécanique, sous prétexte qu'elle contrarie les *lois naturelles* de la physique ; à des physiologistes qui, pour un motif semblable voudraient anéantir la médecine.

Ces empiétements des économistes sur le domaine de la politique ne peuvent manquer d'être réprimés tôt ou tard par l'opinion. En attendant, il serait sage de donner une place à l'Économie politique proprement dite dans l'enseignement général. Il serait important d'en faire connaître les principes à tous les citoyens s'il était possible. Cette connaissance servirait à détruire beaucoup de préjugés ; elle mettrait en honneur le travail et réhabiliterait peut-être les fonctions sociales les plus utiles à la Société, trop abandonnées aujourd'hui pour des fonctions moins utiles ou même nuisibles.

                        C. S.

ÉCONOMISTES. Tout le travail intellectuel de la France pendant les deux derniers siècles fut dirigé par une pensée novatrice et révolutionnaire. Haine de la tradition féodale, désir ardent de donner à la science et à la Société des bases rationnelles, tels sont les deux sentiments qui ont dominé toutes les œuvres remarquables qu'ont produit, durant cette période historique, la littérature, la philosophie, les sciences physiques et politiques. La littérature, les sciences physiques, la philosophie s'émancipèrent les premières ; bientôt, le besoin de passer à l'application des théories imprima aux travaux de l'esprit une direction plus positive.

Le désordre des finances de l'État et la misère des peuples inspirèrent les premières recherches sur la production et sur la distribution de la richesse. Les travaux de ce genre qui furent faits sous le règne de Louis XIV étaient prématurés ; ils n'eurent point à proprement parler un caractère scientifique. Au dix-huitième siècle, ils prirent une autre couleur et tendirent à fonder un corps de science sous le nom d'*Économie politique*. On appela *Économistes* les hommes qui tentèrent de pénétrer les secrets de la nature et des mouvements de la richesse. Ils reconnaissaient pour chef le médecin Quesnay.

On leur a reproché d'avoir pris un ton dogmatique, d'avoir été animés par un esprit de secte. Mais quelle science peut être créée sans enthousiasme? Leur plus grand tort fut d'écrire beaucoup de livres dans un style ridicule et ennuyeux.

Cette École réclama hautement la liberté de l'industrie et la non-intervention du gouvernement. On s'explique facilement la défiance que leur inspirait le pouvoir d'alors, et les Économistes furent excusables de regarder le gouvernement comme un ulcère, comme un fléau.

Leurs écrivains les plus connus sont Quesnay, Mercier de la Rivière et le marquis de Mirabeau; ils fournirent à la France un excellent administrateur, Turgot. A l'Assemblée constituante, ils furent représentés par Dupont (de Nemours).

Les hommes les plus remarquables de cette École furent de grands propriétaires fonciers. Ils étaient naturellement portés à donner aux intérêts de l'agriculture une attention trop exclusive. C'est ainsi que plus tard J.-B. Say, élevé dans le commerce et pour le commerce, a commis plusieurs erreurs en confondant les intérêts de la classe des négociants avec l'intérêt public. La position sociale des écrivains a toujours été dans les sciences politiques une puissante et involontaire cause d'erreur.

De nos jours on ne parle guère des Économistes du siècle dernier qu'avec un certain dédain. Leur mémoire mériterait plus de respect. Ce sont eux qui, les premiers, ont indiqué la production, la distribution, la consommation des richesses comme l'objet d'une science. Ils ont porté l'influence de la pensée française en Italie, en Espagne, en Angleterre, et inspiré Smith dont le livre refait, dont les doctrines complétées par J.-B. Say, ont fait le tour du monde, et définitivement créé une science nouvelle.

Aujourd'hui, on appelle Économistes tous ceux qui s'adonnent à l'étude de l'économie politique.

C. S.

ÉCUSSON. En termes de blason, on appelle Écusson le champ sur lequel sont peintes des armoiries. Si les armoiries appartiennent à un homme, ce champ a la forme d'un *écu*, ou bouclier équilatéral dont les angles inférieurs sont arrondis; si elles appartiennent à une femme, le champ a la forme d'un losange. Avant 1789, l'écu était ordinairement *timbré*, c'est-à-dire surmonté d'un casque ou d'une couronne, et flanqué de *supports*, ou figures d'hommes ou d'animaux qui paraissaient le soutenir. C'était au timbre de l'écusson que l'on reconnaissait le rang qu'occupait dans la hiérarchie nobiliaire la famille à laquelle s'appliquaient les armoiries: de trois quarts, le casque indiquait un écuyer; de face, un chevalier; quand la visière en était baissée, un duc. Des couronnes particulières désignaient les barons, les comtes, les marquis, etc. Dans quelques villes, à Paris notamment, les bourgeois avaient le droit de porter des armoiries, mais leur écusson ne pouvait avoir de timbre. Lorsque Napoléon créa son aristocratie, il lui affecta également des armoiries: le blason

subit alors quelques modifications; et l'on substitua des toques de formes et d'ornements divers aux casques et aux couronnes dont les Écussons étaient timbrés sous le régime antérieur. B.-C.

ÉCUYER. Cette qualification est d'origine fort ancienne. Il existait à Rome une classe de gens de guerre qui partageait avec les *gentiles*, ou gentils, l'honneur d'être réputée la plus brave de toutes: cette classe se composait des *scutarii*, ou écuyers. Les Barbares, à l'imitation des Romains, formèrent des corps d'élite auxquels ils donnèrent les mêmes noms. Les Francs et, en général, les peuples germaniques, avaient, de temps immémorial, une institution qui offrait quelque ressemblance avec celle des Écuyers: quand, parmi eux, un jeune homme était en âge de porter les armes, il recevait du prince, ou de son père, ou de quelque parent, un bouclier et un javelot; alors, il cessait d'être simple membre d'une famille; il devenait l'homme de la nation et un de ses défenseurs.

Au moyen-âge, on appelait Écuyers les nobles qui faisaient le service militaire à la suite des chevaliers, en attendant que la chevalerie leur fût conférée. Ils accompagnaient à la guerre et dans les tournois ceux auxquels ils étaient attachés; ils portaient leur écu et leur lance. Leur naissance fût-elle plus illustre que celle de leur maître, ils se découvraient devant lui, s'asseyaient à ses côtés sur un siège plus bas que le sien, et ne se plaçaient pas à la même table. Ils n'avaient point le droit de se vêtir avec une égale magnificence, et ne pouvaient avoir sur leurs habits aucune broderie ou ornement d'or. L'Écuyer qui frappait un chevalier, hors le cas de légitime défense, était condamné à avoir le poing coupé.

Outre les Écuyers qui étaient attachés à la personne des chevaliers, il y en avait, principalement en Angleterre, qui tenaient ce titre de la qualité de leurs fiefs: ils étaient Écuyers, parce que leur terre était érigée en *écuage*, comme d'autres étaient barons et marquis, parce qu'ils possédaient une terre érigée en baronie ou en marquisat.

Le titre d'Écuyer n'avait d'abord appartenu qu'aux gentilshommes voués au métier des armes; dans la suite, il fut pris par les gens de robe et autres officiers qui jouissaient de la noblesse. B.-C.

ÉCUYER (GRAND). C'était un officier de la couronne, qu'on appelait primitivement *maître de l'écurie du roi*. Cette charge ne remontait pas au-delà du treizième siècle. Le Grand-Écuyer, qu'on désignait communément sous le nom de *Monsieur le grand*, disposait de tous les fonds destinés aux dépenses de la grande écurie du roi. Les gouverneurs, sous-gouverneurs, précepteurs et maîtres des pages étaient à sa nomination. Aucune académie d'équitation ne pouvait, sans son autorisation expresse, s'établir à Paris ni dans les autres villes du royaume. Au nombre des prérogatives singulières dont il jouissait, il faut citer celle-ci: lorsque le roi faisait à cheval une entrée solennelle, le Grand-Écuyer le précédait immédiatement portant à la main l'épée royale dans un fourreau de velours bleu parsemé de fleurs de lys d'or. Outre le Grand-Écuyer, il y avait aussi le *premier Écuyer,* dont 'a principale fonction consistait à donner la main au roi quand il montait en voiture. La petite écurie était placée sous sa direction. Ces dignités de cour n'existent plus aujourd'hui en France ; le roi n'a qu'une seule écurie, et l'*Écuyer-commandant,* qui en a l'administration, n'est qu'un simple employé au traitement de dix mille francs.   B.-C.

ÉCUYER TRANCHANT. Cet officier découpait à la table du roi dans les repas de cérémonie, aux jours du sacre, de la cène, d'une entrée solennelle, et dans d'autres rares occasions.   B.-C.

ÉDILE. Magistrat romain qui avait la surintendance des édifices publics et la surveillance des bâtiments particuliers. Il était aussi chargé du service des ponts-et-chaussées, de la police des marchés, de celle des jeux et des spectacles. On n'établit d'abord que deux Édiles ; plus tard, il y en eut quatre. Leur charge était fort onéreuse, parce qu'ils donnaient à leurs dépens *les grands jeux.* Les Plébéiens, qui n'étaient point assez riches pour remplir ces fonctions, les abandonnèrent aux patriciens. Les Édiles étaient nommés tous les ans par le peuple réuni en tribus ; ils jouissaient de la plus haute considération. Il ne faut pas confondre leur fonction avec celle de préfet de Rome. Ce dernier magistrat, qui remplaçait les consuls ou l'empereur absents, pour l'administration de la ville, était au-dessus des Édiles.

ÉDIT (*edictum*). Ce mot appartient à la langue politique des Romains. Varron définit l'Edit : un commandement du magistrat, *jussum magistratûs.* Ce commandement du magistrat romain n'obligeait que ceux qui étaient sous sa juridiction, il était réputé de nulle valeur après l'expiration des pouvoirs du magistrat qui l'avait donné. Pour être exécutoire, même pendant la durée de sa magistrature, il fallait que l'Edit ne fût pas contraire aux ordonnances des magistrats supérieurs, ou bien aux lois et commandements du prince souverain.

L'empereur Auguste ayant appelé ses ordonnances du nom d'Édits, les autres empereurs usèrent de la même forme de langage, de telle sorte que le mot d'Edit devint peu-à-peu synonyme de loi. C'est dans ce dernier sens que nous le trouvons très-souvent employé dans les ordonnances des rois de France.

Les Édits étaient résolus dans le conseil du roi ; de là, ils étaient portés au parlement où ils étaient vérifiés. Ces Édits étaient perpétuels et irrévocables : *Voulons et ordonnons par manière d'Édit et constitution irrévocables... Avons ordonné et ordonnons par manière de constitution et Édits perpétuels.*

L'Édit de Nantes a mérité qu'on en fît une histoire particulière. Ce fameux Edit contenait plusieurs articles secrets, circonstance qui lui donnait presque la forme d'un traité ; cependant, cet Édit manque des caractères qui font le véritable traité.   A. T.

ÉGALITÉ. Aucun mot de notre langue politique n'a produit plus de fastueuses erreurs, plus de fureurs systématiques que le mot Egalité : nul principe n'a été attaqué avec plus de violence et défendu avec plus de maladresse. D'imprudentes applications, d'impitoyables hostilités l'ont tour-à-tour compromis ; amis et ennemis l'ont exposé, tantôt au ridicule, tantôt à la haine ; et cependant, l'Egalité est devenue le principe du droit moderne, le fondement de la politique, le dogme religieux de la Société. Le règne de l'Égalité est désormais si incontestable qu'on ne doit pas même songer à ses faibles ennemis ; il n'y a plus qu'à la défendre contre ses propres partisans qui, trop souvent, s'égarent en des systèmes différents et rêvent d'impraticables théories. Depuis la communauté monacale jusqu'à la communauté d'Owen, il y a bien des systèmes intermédiaires qui ont tous pris pour étiquette l'Egalité, et qui tous tendraient à la compromettre si elle n'avait pas en elle-même une vitalité assez robuste pour résister à ces enthousiasmes fébriles. Platon a mieux dit que tout cela, et Platon s'est trompé : avec sa communauté de biens et de femmes, il anéantit l'individu et matérialise la Société, comme nos Procustes modernes, qui prennent le nivellement pour l'Egalité.

Toutefois, malgré les divergences des systèmes d'application, tout le monde aujourd'hui est d'accord sur la théorie : chacun reconnaît le principe de l'Egalité, il est inscrit en tête de nos constitutions, il est invoqué dans les discussions de tous les partis. Il est bien vrai que cette Egalité n'existe pas de fait ; il est bien vrai que les partis lui donnent chacun leur interprétation ; mais ce qui n'est pas moins vrai, c'est que chacun lui rend hommage. Que cet hommage soit plus ou moins sincère, cela importe encore peu ; le principe qui contraint à l'hypocrisie est toujours un principe dominateur.

Nous ne nous arrêterons donc pas aux inégalités de fait qui partout nous environnent, dans notre charte, dans nos codes, dans nos institutions ; en dépit du fait, le droit est reconnu ; il ne peut tarder à triompher.

Car, dès qu'un principe est consacré dans tous les esprits, dès qu'il est proclamé par la constitution, il faudra bien qu'il fasse accepter ses conséquences.

Lorsque nous avons fondé l'autorité sur les décisions de la majorité, notre principe eût manqué de bases, si nous n'avions dû l'appuyer sur l'Egalité. D'où vient, en effet, cette légitimité, cette vérité qui ressort de la volonté du grand nombre ? C'est que chacun étant égal à chacun, nul ne peut se prétendre supérieur à tous ; car la somme des raisons individuelles qui forme la raison commune sera toujours bien au-dessus de chaque raison isolée, et chaque individualité représentant un nombre égal, la valeur intellectuelle et morale de la majorité sera aussi incontestable qu'une valeur mathématique, sans qu'on puisse opposer la qualité à la quantité ; ou plutôt c'est la quantité qui fera la qualité.

Ainsi donc, l'Egalité, voilà le dogme fondamental

de notre politique ; la majorité, voilà la manifestation du dogme ; l'autorité, voilà sa consécration.

Sans l'autorité, point de gouvernement possible ; sans la majorité, point d'autorité ; mais, sans l'Egalité, la majorité n'a plus ni sens ni valeur morale.

L'Egalité est donc la base fondamentale de l'édifice social ; la Souveraineté du peuple n'est pas autre chose.

Nous avons déjà eu plus d'une fois l'occasion de remarquer que les mots nouveaux ne se forment pas à l'aventure, mais représentent nécessairement des idées nouvelles. Ainsi, le mot Egalité n'a pas son équivalent dans les langues antiques, car l'idée ne date que du christianisme. Il y avait bien une certaine communauté de droits parmi les hommes de la même caste ou de la même cité ; mais cette communauté n'existait pas en vertu de l'Egalité humaine ; c'était, au contraire, une protestation contre cette Egalité ; c'était un privilége des membres d'un même corps, ou des citoyens d'une même ville. Les patriciens s'appelaient *pares inter se*. Il y avait, en effet, parité plutôt qu'Egalité ; ils se reconnaissaient une nature semblable et par suite des droits semblables ; mais cette parité était précisément l'exclusion de tous les autres hommes.

Remarquons, en outre, que les anciens ne reconnaissaient pas l'Egalité humaine. On n'avait de droits que parce qu'on était dans la cité ; on n'était homme que parce qu'on était citoyen. Aujourd'hui, on est citoyen parce qu'on est homme. L'Egalité civile résulte de l'Egalité humaine.

Les Hébreux, en proclamant tous les hommes descendants d'un même père, avaient bien eu l'idée de la fraternité universelle qui doit nécessairement conduire à l'Egalité ; mais l'obligation où se trouvait leur sublime législateur d'élever une barrière infranchissable entre eux et les gentils, rejetait ceux-ci hors du droit commun et ramenait aux idées païennes d'exclusion et d'inégalité. Ce fut la mission du Christ de convoquer au même banquet les Hébreux et les gentils : « Tous les hommes sont « frères, dit-il ». Dès-lors surgit l'idée d'Egalité dont la communion catholique devint le magnifique symbole.

Toutefois, le monde antique était si fortement organisé avec ses chaînes et ses priviléges, que l'Egalité fut renfermée dans le domaine spirituel ; et, pendant dix-huit cents ans, le royaume de César, toujours debout, retarda l'émancipation de l'humanité. C'est à la France qu'il appartenait de proclamer l'Egalité dans le domaine politique.

Et c'était bien à la France qu'était réservée cette gloire spéciale, que, seule, de tous les pays modernes, elle possédait dans sa langue le mot qui devait exprimer cette idée d'affranchissement dans toute son étendue et toute sa puissance. Que l'on consulte le vocabulaire de toutes les langues européennes : il n'en est pas qui puisse représenter dans son énergie le mot Egalité.

Nulle part, en effet, plus qu'en France, on n'a le sentiment de l'Egalité, et c'est même la force de ce sentiment qui a jeté dans des impatiences pratiques dont on ne s'est pas toujours tiré avec bonheur, et qui fait naître tous les jours des théories hasardeuses qui ne résisteraient pas à l'application. L'importance de la question est donc d'arriver à une interprétation vraie, sans se laisser entraîner à de stériles imitations du passé, et sans livrer l'avenir à d'aventureuses spéculations, dont le moindre défaut serait d'être en contradiction avec la physiologie humaine.

En effet, quoique les hommes naissent égaux, ils ne naissent pas semblables. Il faut des aptitudes diverses pour les diverses fonctions. La division du travail ressort non-seulement de la variété des obstacles matériels que nous oppose le monde extérieur, mais aussi des variétés de l'organisation humaine. C'est encore là un argument en faveur du lien social ; car nul homme n'ayant en lui la réunion des forces nécessaires pour triompher des forces extérieures, il a bien fallu que chacun empruntât la puissance qui lui manquait afin d'apporter à son tour la puissance qui était en lui. La diversité des penchants était donc une nécessité des destinées humaines : nul de nous, il est vrai, ne peut dire où va l'homme. Nul ne sait à quelle pensée dans les pensées divines répond son existence avec ses miracles variés, avec ses conquêtes intellectuelles qui ne s'arrêtent pas. C'est là l'abîme que nous n'avons pu sonder ; c'est là le soleil que nous n'avons jamais pu regarder en face. Mais ce qu'il nous est donné de savoir, c'est que dans cette marche constante de l'homme, dans ce long travail de la civilisation, dans cette lutte menaçante contre la nature extérieure qu'il humanise, pour ainsi dire, en l'asservissant, la condition nécessaire du triomphe est qu'il divise ses forces, que chacun choisisse sa place sur le champ de bataille, que chacun désigne son ennemi, non pas au hasard, mais d'après la force qu'il reconnaît en soi-même, d'après la faculté où il se sent le plus puissant.

C'est même cette diversité entre les individus qui est une des distinctions les plus tranchées entre l'homme, et les animaux. Chez ceux-ci tous les individus de la même espèce ont les mêmes aptitudes ; chez eux, point de division du travail ; le castor architecte fait en même temps la charpente et la maçonnerie : aucun de ses voisins ne se charge de couper pour lui les branches, d'élaguer les arbres, de charrier les poutres ; nul ingénieur ne choisit la position de sa demeure : il est lui seul son propre architecte, son ingénieur, son géomètre. Mais aussi par cela qu'il est seul, il fait depuis cinq mille ans les mêmes constructions ; tandis que l'homme, qui avait commencé plus mal que lui, avait déjà, il y a plus de quatre mille ans, élevé une tour pour escalader les cieux.

Nous avons insisté à dessein sur ce fait social de la plus haute importance, la division du travail, résultant de la diversité des aptitudes, parce que de là ressort la seule application possible du principe de l'Egalité, si l'on ne veut tomber dans les absurdes théories d'un nivellement universel. — Qu'est-ce, en effet, en politique, que la division du travail, sinon la hiérarchie ? Non pas la hiérarchie exclusive des anciens, fondée sur la famille et par conséquent en désaccord avec la nature ; mais la hiérarchie basée sur les aptitudes de chacun et distribuée selon les indications de la nature. Toutes les fonctions seront ouvertes à tous, voilà l'hommage rendu à l'Egalité humaine ; chacun choisira sa fonction selon son aptitude, voilà l'Egalité pratique dans le droit de choisir ; mais chacun exercera des fonctions différentes, voilà la hiérarchie résultant de la liberté du choix. Toutefois, comme il faut une règle dans la classification de la hiérarchie, on doit laisser à l'élection le soin de déterminer le rang et les fonctions de chacun : voilà encore l'Egalité de tous distribuant leurs suffrages selon les mérites de chacun.

Par conséquent, l'Egalité entraîne nécessairement l'élection ; l'élection dispose la hiérarchie ; la hiérarchie constitue la société.

C'est ainsi que tous les grands principes sociaux se trouvent intimement liés : on ne peut attaquer l'un sans attaquer l'autre. C'est ainsi qu'en politique toute vérité est une vérité d'ensemble ; que nulle erreur n'est une erreur isolée. Il faut se tromper en tout, ou avoir raison en tout.

Élias Regnault.

ÉGLISE. Ce mot signifie réunion, assemblée.

§ 1. *Primitive Église.* On désigne par ce terme la société des premiers chrétiens. Cette société était purement nominale. Dans l'époque antérieure à la constitution de la papauté romaine (V. Christianisme, Concile), nous ne trouvons d'autres chefs visibles que les pasteurs élus par leur troupeau particulier : l'identité de la croyance, identité d'ailleurs contestable sur plus d'un point, était le seul lien moral qui unit les fidèles. Aussi, dans les lettres des apôtres, le terme d'*Église* est-il quelquefois employé pour désigner une seule famille, plus souvent, les chrétiens d'une ville, d'une province. On disait encore, quelques siècles après la prédication apostolique, que l'Église était une robe sans couture, mais de nuances diverses.

§ 2. *Église universelle.* Nous avons fait connaître le jour natal de la papauté. Les actes qui consacraient la juridiction de ce pouvoir lui ayant attribué la suprématie sur toutes les consciences, il était normal que le représentant de la Souveraineté catholique prétendît imposer la loi de ses décrets à l'universalité des croyants. Un despotisme vigoureux, dont on ne peut contester les résultats salutaires, maintint l'unité pendant plusieurs siècles ; cette unité fut rompue par le schisme du patriarchat de Constantinople.

§ 3. *Églises schismatiques.* Cette première rupture constitua l'Église grecque. Quatre siècles après éclatèrent les grandes discordes de l'Occident, et les Églises se multiplièrent autant que les sectes. Nous devons aussi considérer comme schismatiques les Églises dites nationales, qui, depuis la Réforme, ont invoqué certaines franchises, certains canons fort peu authentiques, dont elles se sont prévalues contre les décrets des conciles et des papes ; bien que ces Églises n'aient pas implicitement rejeté le dogme catholique, elles se

sont, par le seul fait de leur résistance, posées révolutionnairement au-dessus de l'autorité.

Ce qu'avaient fait les nations, les individus l'ont fait à leur tour ; les consciences privées se sont émancipées, et l'émancipation a bientôt produit l'indifférence. L'indifférence en matière de religion est aujourd'hui professée et pratiquée publiquement : il n'y a plus de communion, plus d'Église. On peut protester contre cet état moral ; mais il n'est pas permis de le contester. La réforme proclama la déchéance de la Souveraineté romaine ; le jour où elle fit entendre cette terrible parole : « *Deficit ecclesiæ veritas !* » La raison publique décréta quelques siècles après que les synodes d'Augsbourg et de Dordrecht eurent formulé les dogmes réformateurs, que la vérité n'habitait ni l'un ni l'autre sanctuaire.

B. H.

ÉGYPTE. Géographiquement, l'Égypte ne comprend que la partie septentrionale de la vallée du Nil. Elle forme une espèce d'île étroite et longue qui commence où finit la Nubie, aux cataractes de Philœ, se prolonge du midi au nord jusqu'à la Méditerranée, et qui est borné à l'est par l'isthme de Suez et la mer Rouge ; à l'ouest, par la partie orientale de la région du Maghreb, la Lybie des anciens. Le Nil, comme chacun sait, traverse l'Égypte dans toute sa longueur, et, par ses débordements annuels, il change son sol naturellement sableux et aride en une terre prodigieusement fertile. C'est ce phénomène dont la cause n'était pas bien connue des anciens et que des travaux modernes ont exactement fixée, qui explique la constante supériorité de l'Egypte sur les contrées environnantes. En effet, pendant que les populations voisines étaient obligées de vivre dispersées, les Egyptiens agglomérés sur un étroit espace se sont rapidement fondus en société. D'ailleurs, la configuration géographique du pays y aidait puissamment. Tandis que le Nil lie par une communication facile et sûre le midi avec le nord et la mer, plusieurs vallées s'ouvrant entre la rive droite du fleuve et la mer Rouge mettent l'Egypte en communication avec cette mer et le golfe Arabique. De là, des relations nombreuses avec l'Asie, l'Afrique et l'Europe.

Politiquement, c'est à dire considérée comme une réunion d'Etats soumis à un même gouvernement, l'Egypte a, aujourd'hui, une bien autre importance et une bien autre étendue. Le grand homme qui la gouverne a soumis, tour à tour, le royaume de Sennaar, le Chendy, le pays des Chayké, le Dongolah, et, enfin, tous les pays situés le long du Nil et qui composent la vaste contrée connue sous le nom de Nubie. Il a même forcé les peuplades errantes des déserts qui environnent l'Égypte à reconnaître sa domination. Puis, s'avançant vers le sud-est, ses armées ont assujéti les peuples de la Péninsule arabique. Enfin, dans la campagne de 1833 contre les Turcs, son fils, Ibrahim-Pacha, a conquis la Syrie et le district d'Adana jusques aux défilés du Taurus, et la bataille de Nezib gagnée par les Egyptiens, au mois de juin 1839, a rendu cette conquête définitive. De telle sorte que, constituée en un état indépendant, l'Egypte doit, dans un avenir peu éloigné, comprendre tous les pays situés entre le Taurus, l'Euphrate, le Tigre, la frontière occidentale de la Perse, le golfe Persique, la mer Rouge, l'Abyssinie, la Lybie et la Méditerranée. La diplomatie européenne s'efforce depuis longues années de prévenir ce résultat; mais, jusqu'ici, l'intérêt de la civilisation a prévalu et il prévaudra sans doute, dans la suite.

Ce que fut l'Egypte, on le sait. Gouvernée d'abord théocratiquement, elle passa vers l'an 5867 avant l'ère chrétienne sous le joug de la monarchie héréditaire. Envahie et saccagée par les Pasteurs (2082 av. J.-C.), elle fut délivrée par Aménophis-Thouthmosis (1822), que les Egyptiens reconnaissants reconnurent pour chef de la 18e dynastie. Puis, elle subit successivement le joug des Perses, la domination des Grecs, celle des Romains, et, enfin, celle des Musulmans.

Nul peuple, dans le passé ou dans le présent, n'a plus que les Egyptiens rendu de services à la civilisation. Civilisée d'abord par l'Inde, et probablement par l'Ethiopie, l'Egypte civilisa la Grèce et Rome, qui ont civilisé l'Occident. Aujourd'hui, nous voyons s'opérer en elle un phénomène dont le développement historique de l'humanité n'offre pas encore d'exemple. Tombée dans la barbarie, elle renaît à la civilisation; violemment démembrée, elle tend de nouveau à l'unité; et ce phénomène est l'œuvre et la gloire de la France.

Il se rencontre ainsi de temps à autre dans l'histoire, des événements dont l'homme n'a point le secret, et qui attestent également son orgueil et la profonde sagesse de Dieu. Un jour du dernier siècle, le 30 floréal an VI de la République, une armée de soldats et de savants français partait de Toulon. Un mois plus tard, le 1er messidor, elle débarquait en Egypte; en quelques jours, elle avait subjugué le pays, rempli l'Afrique et l'Asie de merveilles, épouvanté l'Angleterre jusque sur les bords du Gange, et réveillé l'Orient d'un long sommeil. Trois ans plus tard, ce rêve brillant s'était évanoui, l'Egypte retombait sous le joug des Turcs, l'Angleterre cessait de trembler pour ses possessions de l'Inde, les Français quittaient l'Egypte sur les vaisseaux de leurs ennemis, et rien ne restait plus de ce brillant épisode que les conquêtes de la science et le retentissement d'une immense gloire.

Je me trompe. Les Français étaient seuls partis, la France était restée. Elle avait déposé sur la terre des Pharaons un germe vigoureux qui devait s'enraciner et croître au milieu des tempêtes. A quelque temps de là, un enfant de la barbarie musulmane venait prendre en main la tradition civilisatrice de la France et la faire triompher. Cet homme était Méhémet-Ali.

On a entassé beaucoup d'accusations contre cet homme. Les Anglais surtout qu'exalte la reconstitution d'une Egypte française, ne cessent de représenter Méhémet comme un despote homicide, plein de cupidité et des plus détestables vices. L'Egypte est placée entre Malte et Calcutta, Méhé-

met ne permet pas aux marchands de la Cité de commercer librement : quoi de plus? Cet homme doit être mis au ban du monde civilisé !

Certes, nous en conviendrons facilement. La vie du régénérateur de l'Egypte n'est pas exempte de tout blâme. Il a sacrifié à l'avenir de son pays le présent tout entier, hommes et choses; le malheureux fellah, courbé sous un joug terrible, n'est que l'instrument passif d'un homme et d'une idée, et il est vrai de dire que, relativement à certains pays de l'Europe, l'état actuel de l'Egypte est affreux.

Toutefois, pour être juste, il ne faut pas comparer l'Egypte à ce qu'on voudrait qu'elle fût, mais à ce qu'elle était. La domination de Méhémet est dure, cela est vrai; mais la domination des Mamelouks était insupportable. Avant lui, une anarchie effroyable rongeait l'Egypte; il a rétabli l'autorité, à son profit, sans doute, mais aussi au profit de l'Egypte, car l'autorité, même illimitée d'un seul, est cent fois préférable à l'autorité illimitée de quelques-uns.

On demande ce qu'il a fait pour le pays ? le voici : Il lui a donné une marine et une armée nationales; il a purgé son sol des brigands qui l'infestaient; il a rétabli l'ordre et la paix dans tous les territoires soumis à son gouvernement; avant lui, les bandes nomades qui campent sur les confins de la Syrie, de l'Egypte, sur les plateaux de la Nubie et de l'Arabie, pillaient continuellement les laboureurs et les caravanes; aujourd'hui, le laboureur récolte la moisson qu'il a semée, et les caravanes voyagent sans crainte. Il y a maintenant en Egypte des écoles où l'on enseigne les mathématiques, la médecine, les principales connaissances et professions savantes ou industrielles. Qui a fondé ces écoles et qui les entretient? Méhémet-Ali. C'est lui qui a, pour ainsi dire, naturalisé en Egypte toutes les grandes découvertes du génie européen, l'imprimerie, la vapeur, le télégraphe, le gaz, etc. Il a fait un code, il a fixé la valeur des monnaies, enfin, il a donné à l'Egypte une organisation administrative et financière calquée sur les méthodes françaises. Bonaparte, en rassemblant au Caire les cheikhs, les ulémas, les primats des villes, les officiers des janissaires, les chefs du commerce, les principaux Cophtes et Syriens, avait institué en Egypte une sorte de représentation. Méhémet-Ali s'est emparé de cette idée. « Les provinces, dit M. Jomard, viennent d'être divisées en départements, en arrondissements et sous-arrondissements. Des assemblées provinciales sont établies. Une *assemblée centrale* ou *divan général*, composé des députés de toutes les provinces, au nombre de plus de 180 membres, a été réunie dans la capitale; une trentaine d'officiers civils et militaires, attachés à l'administration actuelle, en faisaient partie. Il y a eu, en août 1829, une première réunion de ce divan au palais d'Ibrahim-Pacha et en sa présence, dans laquelle on a délibéré sur les affaires de l'intérieur de l'Egypte. »

Tel est donc aujourd'hui l'état de l'Egypte. En dépit de toutes les déclamations contraires, il y a là une nationalité, il **y a** le germe, développé déjà, d'un état puissant et durable. L'intérêt de la civilisation est que les obstacles qui s'opposent encore à la réalisation définitive de l'indépendance égyptienne soient aplanis, détruits. L'Europe ne manquera pas, sans doute, à cette tâche. Les regrets de la Turquie, la jalouse prévoyance des Russes, la convoitise des Anglais, ne sont pas une raison suffisante pour sacrifier la jeunesse à la caducité, le présent et l'avenir au passé.   E. D.

ÉLECTEUR. C'est celui qui a le pouvoir d'élire. Je dis le *pouvoir* et non pas le *droit*, parce que le droit réside essentiellement dans chaque membre du corps social. Quant au pouvoir, c'est autre chose. Les gouvernements s'étant arrogés la fonction de discerner la capacité électorale, un nombre plus ou moins grand d'individus en a seul été investi. — En France et sous les lois organiques décrétées par la Restauration, il fallait, pour être Électeur, payer 300 fr. de contributions. Ce chiffre a été réduit d'un tiers par la loi électorale de 1831 qui nous régit maintenant. Certaines catégories d'individus ont, en outre, été adjointes à ces électeurs censitaires. (V. Adjonctions.) Les Électeurs sont aujourd'hui au nombre de 180,000 environ. Ils formeraient une classe dangereuse pour les libertés publiques, si le monopole qu'ils exercent pouvait se consolider. Mais le déclassement inévitable et continu des membres du corps électoral ne permet pas qu'ils se constituent en une véritable aristocratie. D'ailleurs, ce monopole est incessamment menacé et sera bientôt détruit par la réforme électorale. (V. ce mot.)

ÉLECTEUR DE L'EMPIRE. L'ancienne Allemagne ne fut jamais, en réalité, une monarchie pure, mais une vaste fédération aristocratique, dont le chef était entouré de prérogatives plus honorifiques qu'effectives. L'Empire était tout ensemble héréditaire et électif: on élisait la race; mais la race une fois élue, l'hérédité suivait presque toujours son cours sous les formes d'une élection. — Le caractère électif de l'Empire fut irrévocablement établi par la bulle d'or: elle fondait une oligarchie princière et royale de sept Électeurs: c'étaient l'archevêque de Mayence, archi-chancelier du Saint-Empire en Allemagne; l'archevêque de Cologne, archi-chancelier du Saint-Empire en Italie; l'archevêque de Trèves, archi-chancelier du Saint Empire dans les Gaules; le roi de Bohême, archi-échanson du Saint-Empire; le comte palatin du Rhin, archi-maître-d'hôtel; le duc de Saxe, archi-maréchal, et le marquis de Brandebourg, archi-chambellan. Les traités de Westphalie ajoutèrent un huitième Électeur. Ces créateurs du César moderne se disaient les égaux des rois: ils se considéraient quelquefois comme les collègues de l'Empereur qu'ils avaient fait: ils avaient le *jus de non evocando*, le droit de juger sans appel à l'empereur, ils prenaient le droit de s'assembler entre eux, et de délibérer sur les plus grandes affaires de l'Empire. — Cette oligarchie des huit Électeurs périt avec l'Empire: elle

fut effacée par la plume et l'épée de Napoléon, le glorieux niveleur. L'Allemagne change sous la main du conquérant: il ne prend rien pour lui-même, mais avec son épée, il fait des lots et des rois. Les Électeurs de Bavière et de Wurtemberg ne disposeront plus du globe impérial, mais eux-mêmes porteront le sceptre; la paix de Presbourg les constitue rois. L'Électeur de Mayence devient grand-duc de Francfort, et l'Électeur de Bade est également nommé grand-duc: tous les deux déclarent, le 12 juillet 1806, se séparer à perpétuité du territoire de l'Empire germanique et entrer dans la confédération du Rhin. L'électorat de Saxe fut érigé en royaume par le traité de Posnanie, du 11 décembre 1806, et l'électorat de Hesse disparut en 1807, dans le nouveau royaume de Westphalie, qui disparut à son tour dans la chute de son fondateur.   A. H.

ÉLECTION. L'Election s'étend ou se resserre selon que le gouvernement affecte la forme aristocratique, monarchique ou démocratique.

Ainsi, lorsque le peuple, comme à Rome, est divisé en plusieurs tribus, si le vote se recueille par tribus, et que vous mettiez la *plebe*, c'est-à-dire les masses, dans une seule tribu, tandis que l'aristocratie sera distribuée dans les autres tribus, il est évident que, par le jeu de cette combinaison, vous placez la prépondérance dans l'aristocratie, puisqu'elle fait la loi. Or, qui fait la loi, la fait à son profit; qui a la puissance, gouverne.

Dans les états monarchiques à base de légitimité, le vote n'est pas un droit, mais une concession. Un roi, malgré sa puissance, ne peut corrompre toute la nation; mais il peut dominer la volonté et s'approprier l'intelligence d'un petit nombre, exécuter par ses mains et voir par ses yeux. L'or, les grâces, les dignités et les priviléges sont les liens par lesquels un roi s'attache les grands. Lorsque la monarchie est absolue, il les attire à sa cour, les retient, les efféminе et les surveille; lorsque la monarchie affecte quelque forme constitutionnelle, il leur communique et mesure la puissance du vote politique; mais le vote doit toujours porter l'empreinte originelle de la monarchie, d'où il suit que plus il se retire vers l'unité, plus il se rapproche de la royauté.

Le vote dans les républiques est universel. Lorsqu'elles sont petites, et que tout l'État est dans la Cité, on vote à haute voix sur la place publique, comme à Athènes.

En Suisse, il y a des cantons où, lorsqu'on propose une mesure dans l'assemblée du peuple, on lève les mains. C'est le vote par acclamation.

En Angleterre, la réforme parlementaire n'est qu'une modification du vote; le vote est toujours une révolution politique: il retire ou donne la puissance, du moins il la déplace.

Aussi la loi première, la loi-matrice est-elle toujours la loi d'Election. Si la Charte avait immobilisé le système électoral, nous aurions été à tout jamais monarchistes, oligarques ou démocrates. Mais en laissant le vote politique à son élasticité naturelle, elle a permis au législateur de parcourir, à son gré et tour-à-tour, toutes les gammes de l'octave électoral. Avec un corps de fonctionnaires, on a le despotisme plat, tout plat, autrement dit le despotisme illustré, celui de l'Espagne ou celui de la Prusse. Avec trois ou quatre degrés on arriverait à l'oligarchie territoriale la plus oppressive et la plus intense. Avec l'abaissement du cens à 100 fr. et l'adjonction des capacités, on aurait un système métis, peureux, mesquin, grelottant, terre à terre, moitié manant, moitié bourgeois. Avec le suffrage de tous, on atteindrait, non pas tout de suite, mais au bout d'un certain nombre d'épreuves successives et sincères, à la représentation vraie du pays. On voit donc que la loi électorale, selon qu'elle se resserre ou s'élargit, va du côté du despotisme ou du côté de la liberté.

Chez nous, le système électoral repose sur la propriété foncière. Les mots inscrits sur la bannière de nos conservateurs, sont ceux-ci : Hors de la propriété foncière, point de salut. Nous sommes encore dominés par le préjugé féodal, et nous ne nous apercevons pas que ce qui était déjà faux et absurde sous ce régime, est mille fois plus faux et plus absurde dans les temps où nous vivons! Alors, on ne tenait compte que de la terre, parce que la terre était tout et l'homme rien. On était du moins conséquent en attachant des prérogatives à la possession des terres. Mais aujourd'hui que l'homme est tout, comment, par voie de conséquence, n'attacherait-on pas les mêmes prérogatives à la qualité d'homme?

Depuis longtemps, la puissance immobilière a rencontré deux rivales qui se partagent avec elle l'empire et les destinées du monde : l'industrie et l'intelligence.

Comment peut-on dire que les plus riches ont plus d'intérêt à l'ordre que les plus pauvres? comme si les bouleversements sociaux n'étaient pas plus souvent organisés par le caprice, l'orgueil et l'oisiveté des riches, que par le désespoir nécessiteux des pauvres! comme si l'intérêt des pauvres à la conservation de l'ordre n'était pas proportionnel, et comme si, pour être conséquent dans le sens de cette objection, il ne faudrait pas concentrer exclusivement l'éligibilité parmi les plus hauts imposés!

Ne croirait-on pas que la Société n'existe que pour et par la propriété des immeubles? La propriété foncière est déjà suffisamment protégée par le Code civil et par les magistrats. On peut supposer un pays sans parlement, où la propriété foncière ne périra point pour cela.

On dirait en vérité que les propriétés mobilières industrielles, commerciales, n'ont pas besoin de lois? Est-ce que la propriété foncière seule contribue aux charges de l'État? est-ce qu'il n'y a pas tel industriel qui verse, dans le trésor de l'État, vingt fois plus que tel électeur foncier et que tel député? est-ce que les propriétaires de rentes n'ont pas autant d'intérêt que le propriétaire territorial au repos de l'État, eux dont la fortune baisse avec le discrédit de l'État et hausse avec son crédit, sous la pression des événements, comme le mercure descend ou monte, sous la pression de l'air, dans le tube du thermomètre? est-ce qu'ils

n'ont pas autant et plus d'intérêt à avoir de bonnes lois sur le crédit public, lois que ne comprennent guère et dont ne se soucient pas les propriétaires fonciers? est-ce qu'il ne faut pas aussi des lois sur l'amélioration des sciences, des arts et des lettres, sur l'enseignement, sur la justice, sur la police, sur la presse? Pourquoi les propriétaires territoriaux seraient-ils plus compétents que d'autres pour exprimer, défendre et représenter les droits immatériels de l'intelligence? Est-ce que les lois sur la garde nationale, sur le recrutement de l'armée, sur la liberté individuelle, sur l'inviolabilité du domicile et de la conscience, sur les matières civiles et pénales, intéressent exclusivement les fonciers? et n'y a-t-il donc pas hors de leurs rangs des artistes, des savants, des industriels, des professeurs, des fils de famille, des époux, des pères et des citoyens.

L'électorat à un seul degré, tel que le constitue la loi du 19 avril 1831, n'est que de l'oligarchie. L'électorat à deux degrés n'est lui-même qu'un radicalisme bâtard. Il n'y a de vrai en matière d'Élection que l'égalité du droit personnel, c'est-à-dire le SUFFRAGE UNIVERSEL (V. ce mot.) T.

ÉLECTORAT. Pays soumis au gouvernement d'un Électeur de l'Empire germanique.

ÉLEUTHÉRIES, fêtes de la Liberté, dans l'ancienne Grèce. Elles furent instituées en mémoire de la bataille de Marathon, dans laquelle les Athéniens et les Platéens, commandés par Miltiade, vainquirent les armées de Darius, roi des Perses, 490 ans avant notre ère. Ces fêtes étaient consacrées à Jupiter Eleuthérios, ou libérateur, parce que les Grecs avaient attribué leur victoire, qui assurait la liberté commune, à la protection particulière de ce Dieu. Elles avaient lieu tous les cinq ans, et étaient solennisées par des courses de chars et des combats gymniques.

Les Romains eurent aussi leurs fêtes de la Liberté, qu'ils entourèrent de beaucoup d'éclat.

Les fêtes qui étaient célébrées du temps de la République française, sous le nom de *sans-culottides*, pendant les cinq jours complémentaires du nouveau calendrier, avaient quelque analogie avec les Eleuthéries des Grecs. B.-C.

ÉLIGIBILITÉ, ÉLIGIBLE. L'Éligibilité est la faculté d'être élu. L'Éligible est celui qui réunit les conditions nécessaires pour être élu. — Ces conditions sont aujourd'hui les suivantes : être Français, âgé de trente ans, payer 500 fr. de contributions, etc. — L'Éligibilité est, sous tous les rapports, un non sens. Tout citoyen étant de droit électeur est de droit Éligible. Cherche-t-on des garanties dans la personne de l'électeur? C'est alors surtout qu'il est illogique et absurde d'en demander à l'Éligible. — La destruction du cens d'Éligibilité sera un des premiers bienfaits de la réforme électorale. (V. ce mot.)

ÉMANCIPATION. Lorsqu'un Romain voulait affranchir son fils de la puissance paternelle, il le vendait fictivement à un de ses amis, qui aussitôt, l'affranchissait. Après trois ventes et trois affranchissements successifs, le fils était maître de ses droits (*sui juris erat*). Comme dans l'acte de vente le père prononçait ces paroles : MANCUPO TIBI *hunc filium,* cette formule sacramentelle de la vente, faite dans un but d'affranchissement, donna son nom à l'acte définitif de liberté, qui fut appelé Emancipation. Son véritable sens est donc, affranchissement définitif.

Mais c'était chez les Romains un acte purement civil, de même que. chez nous, l'Emancipation du mineur. Aujourd'hui, ce mot est entré dans le langage politique avec le même sens d'affranchissement. En effet, émanciper un peuple, émanciper une classe, c'est lui donner l'exercice des droits communs, c'est l'appeler à l'égalité. C'est ainsi qu'on a nommé Emancipation catholique l'acte par lequel les catholiques d'Angleterre furent affranchis des exclusions politiques qui leur fermaient le parlement et toutes les hautes charges de l'Etat. Cependant ce n'était pas une Emancipation complète, puisqu'il reste encore plusieurs fonctions auxquelles ils ne peuvent prétendre.

D'ailleurs, l'Emancipation des nations comme celle des individus ne peut s'opérer que par degrés, et c'est la suite de ces affranchissements successifs qui constitue le progrès de la civilisation (V. CIVILISATION). On dirait que l'Emancipation opérée par le père de famille à Rome, qui abandonne son fils pour le reprendre, le délivre pour le ressaisir encore, n'est que le symbole des actes de la nature, qui n'abandonne jamais entièrement la chaîne qui retient ses enfants, mais se contente d'en détacher successivement quelques anneaux qu'elle resserre de temps à autre, pour avertir l'homme qu'il n'est pas encore entièrement libre.   E. R.

EMBARGO. Mot emprunté à la langue espagnole. Il exprime l'acte d'un gouvernement qui arrête dans un de ses ports les vaisseaux neutres ou ennemis ; mettre Embargo sur un port, c'est en interdire la sortie à tous les bâtiments qui s'y trouvent.

Quant aux bâtiments neutres, l'Embargo a pour effet d'empêcher qu'ils n'aillent porter à l'ennemi la connaissance de quelque fait qu'on veut tenir caché, comme préparatif d'expédition, sinistre intérieur, etc. L'Embargo, à leur égard, n'est qu'une mesure de précaution justifiée par le droit de sûreté personnelle. On ne saurait avec justice le convertir en saisie que dans le cas où les bâtiments prétendus neutres auraient commis quelque acte d'hostilité ; si, par exemple, ils étaient chargés de contrebande de guerre ou d'agents ennemis ; dans ce cas, le tribunal maritime du lieu faisant fonction de conseil des prises juge la validité de la saisie.

En ce qui concerne les bâtiments qui appartiennent à une puissance ennemie, on doit remarquer que l'Embargo frappe uniquement des propriétés privées, puisque les vaisseaux de guerre n'y sont jamais exposés. Ceci est encore une des nombreuses anomalies que présente ce qu'on appelle, mal à propos, le code des droits internationaux. Ainsi,

lorsque la guerre éclate entre la Prusse et la France, par exemple, les marchandises françaises qui se trouvent emmagasinées à Berlin sont respectées par le gouvernement prussien, tandis que ces mêmes marchandises peuvent être, suivant le prétendu droit des gens, frappées d'Embargo et saisies, si elles se rencontrent à bord d'un vaisseau à Stralsund ou à Dantzick.

La France, ainsi que nous le faisons remarquer en d'autres endroits de ce livre, notamment au mot BLOCUS, a constamment lutté, depuis Louis XIV jusqu'à nos jours, pour faire prédominer dans les guerres maritimes les principes que le progrès de la civilisation a introduits dans les guerres continentales. Elle a soutenu contre l'Angleterre que les propriétés privées devaient être respectées dans les ports et sur l'Océan aussi bien que dans les campagnes et les villes, et lorsqu'elle a suivi une conduite contraire, ce n'a été que parce que l'exemple de ses ennemis l'y contraignait.

Disons que l'Embargo mis sur un port, lorsqu'il entraîne la saisie de propriétés privées et d'hommes non employés au service de guerre, est un acte qui sent l'ancienne barbarie. La simple interdiction de sortie d'un port est, sans doute, un acte légitime quand il est nécessité par le besoin de la défense ; mais la saisie ne saurait jamais être autorisée qu'à titre de représailles contre un ennemi qu'on ne peut rappeler autrement aux vrais principes d'équité internationale.   J. B.

ÉMEUTE, sédition locale. Si l'émotion qui produit l'Émeute se généralise, elle devient révolte, et l'Émeute, guerre civile. Les Émeutes dérivent naturellement des mauvaises constitutions sociales et politiques. En effet, les majorités ont le droit de commander ; les minorités, celui de demander. Que si vous refusez aux majorités le moyen légal de manifester leurs volontés, aux minorités celui d'exprimer leurs vœux et leurs besoins, vous rendez inévitable l'emploi des moyens irréguliers, de la force, c'est-à-dire l'Émeute ou la guerre civile. Sous l'empire d'une constitution vicieuse, on ne peut donc blâmer les Émeutes que par des raisons d'humanité et d'opportunité ; d'humanité, parce qu'il est toujours regrettable de voir couler le sang ; d'opportunité, parce qu'une Émeute inopportune peut ajourner longtemps une révolution salutaire.   E. D.

ÉMIGRATION ÉMIGRÉS. Ces deux mots n'ont pris place dans le vocabulaire politique qu'à dater de 1789 ; jusque-là, les Émigrations partielles ou générales de certains peuples n'avaient pas eu ce caractère éminemment politique qui a imprimé au front de la noblesse française d'alors une tache indélébile, *la tache de l'étranger.* —L'Émigration a commencé aussitôt après la prise de la Bastille et cette fameuse nuit du 4 août, où l'Assemblée constituante décréta l'abolition des titres et privilèges de la noblesse ; cette date est d'autant plus importante à bien préciser qu'elle est une réponse péremptoire à ce prétendu argument trop souvent répété en faveur de l'Émigration : que l'imminence des dangers personnels que coururent les nobles au moment de la terreur ne leur avait pas laissé le choix possible entre rester ou fuir. Mais cette excuse, qui fut sérieuse, peut-être, pendant quelques instants en 1793, n'avait aucun sens, aucune vérité trois années plutôt, alors que Louis XVI trônait encore et que la masse de la nation, imbue du fétichisme de son éducation monarchique, ne rencontrait d'opposition à ses élans d'amour et d'enthousiasme pour son roi que dans les soupçons de quelques patriotes plus clairvoyants. A ce moment-là, l'Émigration de la noblesse fut une véritable conspiration pour reconquérir les priviléges que la volonté nationale venait d'abolir, et ce crime de lèse-patrie fut d'autant plus abominable que ces descendants de l'antique chevalerie française ne reculèrent devant aucun moyen de réussite, pas même devant le plus exécrable de tous, celui de livrer à l'étranger le sol sacré de la patrie. Excuser ou même expliquer l'Émigration par la terreur, c'est confondre la cause et l'effet, c'est tourner dans un cercle vicieux; car il est incontestable que cette fuite ou plutôt cette conspiration avouée et agissante de la noblesse, dès 1789, a été, par l'importance des dangers qu'elle faisait présager, une des causes de l'irritation révolutionnaire qui s'empara du pays, en révélant aux patriotes les vrais projets de l'aristocratie et en leur montrant combien la guerre devait être implacable avec de tels ennemis.

Ou bien, une Émigration n'est que l'abandon pur et simple du territoire, et le droit naturel garantit à tous cette liberté d'action; seulement, la patrie est alors dégagée de toute obligation envers le citoyen qui l'abandonne, et n'a plus aucun droit à lui conserver;—ou bien, cette fuite, a un caractère d'hostilité contre le pays, c'est un attentat, et le pouvoir, qui a mission de défendre la société qu'il gouverne, peut et doit user de tous les moyens possibles de répression.

Le caractère distinctif de toutes les aristocraties, c'est de se soutenir et se défendre mutuellement, quels que soient les temps et les lieux; c'est ainsi qu'en 1789 les nobles de France, se considérant plutôt comme les compatriotes des nobles de tous les pays que comme les concitoyens des Français, couraient, au nom des intérêts méconnus de l'aristocratie, implorer les secours de la gendarmerie européenne contre les Français eux-mêmes. L'Émigration fut un acte exécrable; et si l'Assemblée constituante ne prit aucune mesure répressive contre elle, cela fut dû sans doute, soit à l'influence de la parole vendue de Mirabeau, soit à la confiance de l'Assemblée en sa propre force, qui lui permettait de dédaigner cette fuite des Émigrés qui, selon la belle expression de Lemontey, n'était qu'*une transpiration naturelle de la terre de la liberté!* Mieux éclairée ou plutôt peut-être entraînée par la marche si rapide des événements, l'Assemblée législative dut recourir à des moyens sérieux, et le 8 novembre 1791, elle rendit un décret qui accordait aux Émigrés un délai de deux mois pour rentrer en France, et prononçait la peine de mort contre ceux qui, après cette époque, resteraient en état de rassemblement factieux.

Au surplus, l'attitude de l'Émigration sur le sol étranger eût suffi à elle seule pour donner la mesure de l'action qu'elle commettait; elle fut constamment le jouet des puissances, et présenta sans cesse, à Worms, sous le prince de Condé aussi bien qu'à Coblentz sous les frères du roi, le spectacle des divisions les plus déplorables et des prétentions les plus ridicules. Sans racines dans le pays qu'ils abandonnaient, et, à part quelques dévouements chevaleresques, sans énergie et sans courage, ils usaient leur temps en de stériles intrigues pour susciter des troubles: « Remuez, écrivaient-ils à leurs quelques partisans restés en France, *remuez et nous entrerons!* » Et ceux-ci, comme s'il se fût agi d'une scène de tragédie burlesque, répondaient gravement: « *Entrez et nous remuerons!* » Ils se partageaient à l'avance les grades, les emplois, les faveurs, et leur aveuglement allait si loin qu'ils redoutaient comme de fâcheux concurrents les nouveaux auxiliaires qui survenaient; aussi, épluchaient-ils avec tant de soin les titres de chacun des arrivants que cela fit dire à un homme d'esprit: « *A Coblentz, quand deux Émigrés se rencontrent, ils s'épurent!* »

Au point de vue de l'économie politique des nations, la rentrée des Émigrés aux affaires, en 1815, en montrant combien cette absence de vingt-cinq ans les avait rendus complètement étrangers aux besoins, aux mœurs, aux progrès, à la situation générale de leur pays, a donné la mesure exacte de ce qu'est une Émigration politique; on a pu voir alors combien ces gens de *la France extérieure*, ainsi qu'ils appelaient eux-mêmes le lieu de leur exil, étaient antipathiques à cette France réelle qui, sans eux, avait parcouru l'Europe à pas de géants, et l'intelligence des plus habiles d'entre eux n'eut d'autre réponse à faire que de détrôner par une date la Convention, le Directoire, le Consulat et l'Empire, pour ne pas interrompre, même d'un seul jour, la succession légitime de nos rois par la grâce de Dieu.   P. DUBOSC.

ÉMIR, commandant, gouverneur, et par extension, prince ou roi, *princeps, dux, rex.* Le mot Emir vient du verbe arabe (*amar*) commander, ordonner. Les Musulmans qui prétendent à ce titre se coiffaient, avant les réformes de Mahmoud, du turban vert, qui est l'insigne distinctif de Mahomet, et dont, au reste, les gens de loi prétendent partager le privilége. Beaucoup d'Émirs, hommes charitables et pleins de foi, croient guérir les maladies par l'imposition des mains et par la prière. Leurs doyens ont, de droit, voix délibérative dans les divans. (V. DIVAN.)

On usurpe ce titre saint. Des chefs des Druses et d'autres peuplades se font appeler Émirs. Les fonctionnaires chargés de conduire les caravanes de la Mecque se disent *Émirs des pèlerins.* Enfin, nous avons vu Abd-el-Kader se faire Émir avant de se déclarer sultan; et ç'a été pour les bons musulmans, qui le regardent avec raison comme schismatique, la preuve d'une audace inouie de la part de cet aventurier.

EMPEREUR. On sait que les Romains avaient contre le nom de roi un préjugé qu'ils ne purent jamais vaincre, tant la royauté avait laissé dans Rome de souvenirs durables ! Aussi, les hommes qui rétablirent dans l'Empire le gouvernement monarchique, gouvernèrent-ils d'abord sous des titres de magistratures républicaines. Le monarque ne prit pas le nom de roi, mais celui de prince et d'Empereur(*imperator*).—Napoléon Bonaparte usa dix-huit siècles plus tard de la même hypocrisie. L'Empereur n'était d'abord que le chef de la République ; et jusqu'en 1808 on put lire sur la monnaie : d'une part, RÉPUBLIQUE FRANÇAISE ; de l'autre, NAPOLÉON EMPEREUR.— Il y a maintenant des Empereurs en Autriche, en Russie, au Brésil, en Chine, au Japon, chez les Birmans, etc.

EMPIRE. Si l'on ne considère l'Empire que comme le règne d'un homme parvenu au pouvoir suprême à force d'astuce et de génie, il est permis de s'élever avec indignation contre l'usurpateur des droits du peuple, et de confondre dans les mêmes réprobations l'Empire et l'empereur. Mais si, portant ses vues plus haut et plus loin, on demande au régime impérial ce qu'il a fait pour la Révolution dont il est émané, on reconnaîtra que cette dernière phase du grand mouvement populaire n'a été ni la moins utile ni la moins glorieuse.

La Révolution, en effet, ne s'est pas concentrée dans des individualités ; elle ne s'est pas même renfermée dans des formes de gouvernement. La Révolution n'a été ni Mirabeau, ni Robespierre, ni Napoléon ; elle ne s'est personnifiée exclusivement ni dans la Constituante ni dans le Comité de salut public, ni sur le trône impérial ; mais, toujours vivante lorsque ses représentants disparaissaient, elle n'a fait que se transformer en augmentant sa puissance. Avec Mirabeau elle démolissait, avec Robespierre elle luttait, avec Napoléon elle triomphait. Mirabeau jeta un cartel au descendant des antiques monarques ; Robespierre le fit monter sur l'échafaud ; Napoléon s'assit sur son trône : — ce dernier acte fut, sans contredit, le plus audacieux, le plus révolutionnaire. L'Europe monarchique fut moins émue de la mort du roi que du couronnement d'un plébéien.

Napoléon empereur ne fut que le représentant couronné du peuple triomphant : c'était le dernier des vainqueurs de la Bastille.

Il le disait lui-même dans ses moments de charlatanisme ; mais il croyait mentir en le disant, et il n'était que vrai, tout en étant hypocrite.

Il ne pouvait être grand qu'en étant révolutionnaire ; il ne pouvait être quelque chose que comme agent de destruction.

Qu'importe, après tout, qu'égaré par son ambition personnelle, il n'ait frappé sur les rois que pour relever leurs trônes au profit de sa famille ? Qu'importent les petitesses de sa pensée personnelle, s'il ne faisait qu'obéir à la pensée providentielle ? Malgré toutes les prétentions de son génie, il n'était que l'instrument aveugle du génie révolutionnaire ; il s'imaginait que les monarchies n'étaient faibles que par le personnel des monarques, et il changea le personnel, et il hâta de quelques années la décrépitude des monarchies.

Napoléon a dépouillé la royauté de tous ses prestiges, et par les rois qu'il a renversés, et par les rois qu'il a faits. La décadence du vieil édifice social s'est révélée aussi bien par l'impossibilité de reconstruire que par la facilité de détruire. Les révolutions d'autrefois n'étaient que des changements de dynastie ; grâce au sabre de Napoléon, les changements de dynasties ne seront que des essais malheureux et des modifications sans durée.

Mais pour accomplir cette œuvre, pour compléter ainsi la Révolution de 1789, il fallait que les forces gigantesques de la France fussent concentrées dans une puissante unité qui leur permit d'agir sans contrôle et sans obstacle : c'est pour cela qu'il est permis de glorifier l'Empire, quoique les vues étroites et personnelles de Napoléon n'engagent à aucune reconnaissance envers l'empereur. E. R.

EMPIRE GERMANIQUE. La nationalité germanique commence avec le démembrement de l'Empire de Charlemagne. Les Allemands, lorsque Charles-le-Gros fut déposé en 888, se constituèrent en nation distincte et séparée des Français. C'est à l'ouverture du dixième siècle (911) qu'on voit se produire les premiers linéaments de l'unité allemande. L'empereur était le chef de ce vaste Empire composé de cinq peuples : les Lorrains, les Francs, les Souabes, les Bavarois et les Saxons. Il exerçait une souveraineté générale avec le concours d'une diète ; il convoquait les conciles et commandait les armées ; il était l'arbitre suprême de la religion, de la guerre et de la Société.

Mais cette unité prématurée de l'Empire rencontra de formidables obstacles. Les ducs et les hauts barons exerçaient sur leur territoire une véritable souveraineté (*Landeshoheit*), et ne voulaient reconnaître dans l'empereur qu'un simple suzerain. La lutte fut longue, et l'Empire finit par y succomber. Au treizième siècle, l'empereur Frédéric II reconnut expressément les priviléges des princes séculiers. On lisait dans la constitution de *Juribus principum secularium*, a. 1232: « Unus quisque principum libertatibus, jurisdictionibus, comitatibus, centis, sive liberis sive infeodatis, utatur quiete, secundum terræ suæ consuetudinem. » C'était reconnaître l'indépendance complète des princes de l'Empire, c'était abdiquer l'autorité monarchique.

Le même Hohenstaufen, qui reconnut les droits des princes séculiers, avait auparavant consacré l'indépendance des princes ecclésiastiques (1); car c'étaient de puissants princes et seigneurs que les archevêques de Mayence, de Cologne, de Trèves, que les évêques de Strasbourg, de Bamberg, de Wurtzbourg, de Brême et de Lubeck.

Quant aux descendants des anciens hommes libres (*arimans*), qui avaient de petits domaines

---

(1) Voyez les dispositions 6, 8, 11 dans la constitution de Frédéric II de *Juribus principum ecclesiasticorum*.

et une haute origine, ils aimèrent mieux dépendre de l'empereur que de prêter foi et hommage à ses grands vassaux ; ils formèrent ce qu'on appela la *noblesse immédiate* de l'Empire. La noblesse immédiate servait, pour ainsi dire, de milice à l'empereur ; elle lui obéissait avec orgueil pour se sauver de l'obéissance envers des princes moins considérables.

Les villes qui furent assez puissantes pour se soustraire au joug des grands vassaux acquirent, comme les ducs et les évêques, la souveraineté territoriale, et pour la garder, elles briguèrent le patronage de l'empereur ; elles furent *libres* et *impériales.* Leur liberté était réelle, mais irrégulière et sans détermination précise. Ainsi, leur présence à la diète de l'Empire par des députés n'était consacrée par aucune loi positive. L'empereur les y appelait selon son bon plaisir, mais le droit n'existait pas.

L'empereur, défendu par la noblesse immédiate et par les villes, avait donc pour ennemis les princes qui défendaient avec tant d'opiniâtreté leur souveraineté individuelle.

L'empereur gouvernait l'Empire et lui donnait des lois avec la coopération d'une diète générale. Les princes gouvernaient leur territoire avec la coopération d'États provinciaux où figuraient leurs vassaux et les députés des villes médiates : les États provinciaux délibéraient sur les taxes, sur les réglements et les lois qui ne rentraient point dans la compétence de la *Diète générale.* (V. DIÈTE.)

On voit combien était complexe le système politique de la constitution germanique, combien l'unité, la variété, la règle, le hasard, la loi et l'anarchie s'y trouvaient confondus. Il a manqué à la fortune de l'Allemagne que Charles IV ait eu du génie politique ; avec du génie, cet empereur pouvait, au milieu du quatorzième siècle, constituer vigoureusement l'Empire Germanique.

Malheureusement Charles IV, par la bulle d'or, ne confirma point l'unité allemande ; il ne fonda que l'oligarchie et prépara les dissensions anarchiques qui éclatèrent avec une déplorable énergie sous le long règne de Frédéric III. Son successeur Maximilien travailla, avec le secours de la diète de Worms, à rétablir un peu d'ordre ; mais il ne le fit qu'au prix du démembrement de l'autorité impériale.

Après avoir établi la paix publique, en abolissant le droit de provocation ou de défi, la diète de Worms établit une chambre impériale, institution nouvelle dont l'esprit était plus aristocratique que monarchique. (V. CHAMBRE IMPÉRIALE.)

L'empereur sentit bientôt que cette juridiction générale, au lieu de renforcer le pouvoir impérial, élevait contre lui une autorité rivale. Il se hâta, en conséquence, de créer à Vienne un conseil aulique, dont les juges étaient nommés par l'empereur, et dont la juridiction fut déclarée égale à celle de la Chambre impériale (V. CONSEIL AULIQUE.) Cette double création du Conseil aulique et de la Chambre impériale est une révélation profonde de la discorde intérieure qui travaillait déjà l'Allemagne.

La confédération aristocratique des princes et des électeurs multipliait les garanties et les restrictions contre l'autorité impériale. Les sept électeurs, à l'avénement du jeune Charles V, dressèrent un acte de capitulation où étaient exposés les priviléges et immunités des électeurs, des princes de l'Empire, des villes et de la noblesse. (V. CAPITULATIONS IMPÉRIALES.)

Enfin, la Réforme vint développer tout ce que la constitution germanique contenait de révolte et de résistance contre la suprême unité. Le Pape et l'Empereur succombèrent ensemble. Sans la Réforme, la constitution germanique pouvait être ramenée par le génie d'un empereur à l'accord et à l'harmonie. Par la Réforme, la constitution fut entraînée à toutes les dissidences, et l'ère des révolutions commença.

Luther se mit à innover dans des thèses dès 1516 ; la guerre de trente ans commença en 1618. Un siècle avait suffi à créer une Allemagne nouvelle. Dans les traités de Westphalie, la paix entre la France, l'Empereur et l'Empire fut conclue à Munster ; la paix entre la Suède, l'Empereur et l'Empire fut signée à Osnabruck ; c'est par le traité d'Osnabruck que furent décidées toutes les affaires allemandes.

La religion et la constitution s'y trouvaient réglées. La transaction de Passau de 1542 et la paix de religion de 1555 étaient confirmées. Les protestants restaient en possession des biens ecclésiastiques, médiats ou immédiats qu'ils détenaient au 1er janvier 1524. Les États jouissant de la souveraineté territoriale étaient maintenus dans le droit de changer et de réformer la religion, suivant l'état normal des années 1624 et 1619 et suivant la teneur des pactes faits avec leurs sujets. Les protestants étaient affranchis de l'autorité spirituelle et ecclésiastique du Pape et des prélats catholiques. La Chambre impériale devait être composée de vingt-quatre membres protestants et de vingt-six catholiques. Le conseil aulique même devait recevoir six protestants. Il fut statué que dans les causes de religion ou autres, entre catholiques et protestants ou entre protestants seuls, un nombre égal de juges des deux religions devait prononcer. Pour les *diètes de députation,* on devait choisir un nombre égal d'États catholiques et protestants, à moins qu'elles ne fussent convoquées pour une cause extraordinaire. Dans ce dernier cas, si l'intérêt était protestant, les députés devaient être tous protestants ; catholiques, si la religion catholique était seule en cause ; mixtes, s'il y avait conflit des deux religions.

Pour ce qui concernait la constitution politique, les États étaient maintenus à jamais dans l'exercice de la souveraineté territoriale et des autres droits et privilèges dont ils avaient joui précédemment. Cette souveraineté territoriale s'étendait aussi bien sur les affaires ecclésiastiques que sur les temporelles. Et les États arrivaient au dernier degré d'émancipation politique, puisqu'il était loisible à chacun d'eux de contracter des alliances, tant entre eux qu'avec les puissances étrangères, pourvu cependant que ces alliances ne fussent pas dirigées contre l'empereur et l'Empire, ni contraires à la paix publique ou à celle de Westphalie.

Les villes libres et immédiates jouissaient enfin, soit à la diète générale de l'Empire, soit dans les diètes particulières des cercles, d'une voix délibérative qui devait avoir la même force que celle des autres États de l'Empire. Mais les deux colléges supérieurs de la diète trouvèrent souvent moyen de décider par transaction les affaires avant qu'elles fussent portées au collége des villes. On renvoya à la prochaine diète le réglement de l'élection du roi des Romains, la formation d'une capitulation impériale perpétuelle, la correction et le rétablissement de la matricule, la réformation de la justice et tous les autres objets qui n'avaient pu être réglés par le traité même d'Osnabruck.

Les traités de Westphalie furent pour l'Allemagne comme une grande Charte; ils eurent force de loi pendant cent cinquante ans. Mais, aussitôt après le traité d'Osnabruck qui avait réglé la constitution germanique, cette constitution languit, et le moment même qui lui imprimait sa dernière forme en vit commencer la décadence. D'abord, l'Allemagne, qui avait été secourue par la politique de Richelieu, eut à se défendre contre les armes de Louis XIV, et la France, trente ans après les traités de Munster et d'Osnabruck, réveilla les anciennes inimitiés. L'autorité impériale, affaiblie par les dernières transactions, trouva dans l'irritation du patriotisme allemand une obéissance plus empressée qu'il ne l'eût obtenue dans la paix, et les guerres de Louis XIV favorisèrent la puissance de la maison d'Autriche. Durant le dix-septième siècle, la maison d'Autriche maintint l'Allemagne contre les entreprises de Louis XIV; mais dans le dix-huitième siècle, la constitution germanique n'eut plus de ressort ni dans le principe du pouvoir supérieur, ni dans le jeu de ses diverses parties. Ainsi, en 1707, la diète fut obligée d'intervenir pour réformer les abus de la Chambre impériale de Wetzlar qui, fermée depuis trois ans, déniait la justice à l'Allemagne entière. Puis, l'activité de la diète elle-même était continuellement entravée par des divisions toujours renaissantes entre les catholiques et les protestants : c'était une manie générale de schisme et de discorde.

Enfin, l'économie de la fédération germanique fut surtout troublée par l'apparition soudaine d'une puissance nouvelle, de la Prusse, qui, s'élevant en face de l'Autriche, rendait désormais impossible l'unité primitive et impériale. La Révolution française acheva ce que la monarchie de Frédéric avait préparé : la ruine de l'Empire germanique.

Par le traité de Lunéville, en 1801, la France recevait sur la rive gauche du Rhin le comté de Falkenstein et de Frickthal, avec toutes les possessions de l'Autriche, avec tous les domaines qui faisaient partie de l'Empire. L'article 7 de la paix de Lunéville énonçait un principe dont on était déjà tombé d'accord à Rastadt, que l'Empire germanique serait tenu de donner aux princes héré-

ditaires, qui se trouvaient dépossédés sur la rive gauche du Rhin, un dédommagement pris dans le sein de l'Empire même. Mais plus d'une année s'écoula sans que le corps germanique et la cour de Vienne entreprissent la répartition de ces dédommagements. Le premier consul, alors allié de la Russie, l'engagea à intervenir avec lui dan la négociation à suivre pour l'exécution de l paix de Lunéville, et l'on vit le czar et le premier magistrat de la République française associés pour rétablir l'équilibre qui subsistait avant la guerre entre les principales maisons d'Allemagne.

Une des plus notables institutions du moyen-âge vint alors rendre son dernier témoignage. Le 24 août 1802, la députation de la Diète germanique, dite *Reichdeputation,* ouvrit ses séances à Ratisbonne, et le 25 février 1803, elle promulgua un *recèz* en quatre-vingt-neuf articles, qui réglait les affaires de l'Allemagne. La Diète elle-même approuva au nom de l'Empire le *Conclusum* (V. Diète) de la députation, confirma les lois encore existantes du corps germanique, et déclara le maintien de l'ancienne constitution dans tous les points qui n'avaient point été ébranlés.

Déclaration impuissante! vains efforts! L'heure de l'Empire germanique avait sonné; contemporain de l'éclat du moyen-âge et de la papauté, cet Empire était appelé au tombeau depuis longtemps; il se faisait attendre; il n'avait plus droit à la vie, et, depuis un siècle et demi, s'il existait, c'était par grâce; il reçut le dernier coup à Austerlitz, où il s'est couché pour un sommeil éternel.

A. HETTMANN.

EMPLOYÉ. (V. FONCTIONNAIRE.)

EMPRUNTS PUBLICS. En matière commerciale, l'Emprunt est une opération par laquelle on reçoit une certaine somme d'argent, avec obligation de la rembourser dans un délai déterminé. Il n'en est pas de même des Emprunts publics, c'est-à-dire des Emprunts contractés publiquement par les gouvernements. En effet, l'Emprunt public est une émission d'inscriptions de rentes ; c'est une vente faite par l'Etat de rentes destinées à être payées à perpétuité par les citoyens, sans que l'Etat s'engage à en restituer le capital. Ceux qui les achètent peuvent les revendre à d'autres; mais nul ne peut exiger de l'Etat le remboursement des sommes qui lui ont été payées. C'est donc une véritable aliénation, plutôt qu'un Emprunt. Le gouvernement met aux enchères une portion du revenu public et la livre à perpétuité à celui qui lui en donne le plus haut prix, et celui-ci la revend ensuite en détail.

D'où résulte un premier principe : c'est que l'Etat n'est jamais tenu de rembourser le capital de sa dette.

Mais il n'en faut pas conclure que cette faculté lui soit interdite. L'examen de cette question trouvera sa place au mot REMBOURSEMENT.

Une seconde conséquence de ce mode d'opération, c'est que le gouvernement aliène les revenus, non-seulement des générations présentes, mais aussi des générations à venir : c'est là, sans contredit, l'argument le plus grave que l'on puisse opposer au système des Emprunts.

Une autre source d'abus d'où résultent des pertes réelles, c'est la forme même sous laquelle le gouvernement emprunte. Ainsi, il délivre des rentes au taux de 5, 4 ou 3 francs d'intérêt pour 100 francs de capital, et ne reçoit de ces 100 francs qu'une partie plus ou moins grande, selon le crédit dont il jouit. Par conséquent, au moment où il emprunte, il reconnaît devoir plus qu'il ne reçoit : la totalité de la dette est réelle, tandis qu'une portion de la recette est fictive. C'est simplement de l'usure déguisée.

On peut s'en convaincre par le tableau suivant des Emprunts faits depuis 1815.

En 1816, 6,000,000 de rentes 5 0/0 émis, ont donné pour 100 fr. de capital 57 fr. 26

En 1817,	30,000,000	do	57 51
En 1818,	14,925,000	do	66 50
En 1819,	12,313,433	do	67 »
En 1821,	12,514,220	do	85 55
En 1823,	23,114,516	do	89 55
En 1831,	7,142,858	do	84 »
En 1832,	7,614,218	do	98 50

Dans une seule occasion, l'État a reçu un capital supérieur à celui dont il se reconnaissait débiteur. Le 12 janvier 1830, il négocia un Emprunt de 3,234,950 fr. de rentes au taux de 4 0/0, et il reçut 102 fr. 07 c.

Mais, en présence de ce fait unique, quelles pertes énormes ont été subies sur tous les Emprunts antérieurs ? Prenons le plus considérable et l'un des plus onéreux, celui de 30 millions de rentes.

En adjugeant cet emprunt au taux de 57 fr. 51 c. (1), l'État s'est reconnu débiteur d'une somme de 600,000,000, tandis qu'il n'en recevait qu'une de 345,000,000. Première fiction.

L'État, en négociant 5 fr. de rente pour un capital de 57 fr. 51 c., au lieu de payer 5 0/0, paie véritablement 8 fr. 69 c. Seconde fiction.

Il y a donc fiction sur le capital et fiction sur l'intérêt.

Et, par conséquent, si le gouvernement veut rembourser le capital, il y a, outre les intérêts payés, un profit net, pour les prêteurs, de 42 fr. 49 c. 0/0, c'est-à-dire une perte réelle pour l'État de 254,940,000 sur la totalité du capital.

Certes, en droit commun, de pareils engagements seraient annulés comme usuraires, et la morale publique s'en affecterait ; mais il faut tenir compte des besoins de l'État et des difficultés qui l'obligent à se soumettre aux conditions qu'on lui fait ; car ce qui rend les Emprunts onéreux, c'est qu'ils se font, en général, dans des circonstances extraordinaires. Or, ces circonstances mêmes diminuent le crédit et ajoutent aux charges de l'Emprunt. Il en est toujours ainsi dans les questions d'argent : plus on a besoin, moins on en trouve. C'est un cercle fatal où les états sont renfermés non moins que les particuliers.

Les économistes ont donc cherché par quels

(1) Ces 30 millions furent négociés en 1817 et 1818 en diverses fractions et à divers prix, qui ont donné une moyenne de 57 fr. 51 c.

moyens il serait plus facile d'obvier à ces inconvénients, et plusieurs systèmes ont été proposés, parmi lesquels on en remarque deux qui sont directement opposés l'un à l'autre : l'un consisterait à faire les Emprunts à *capitaux fixes* ; l'autre à *capitaux fictifs*.

Pour bien comprendre cette distinction, il faut se rappeler qu'une rente perpétuelle se compose de deux éléments : l'*intérêt* et le *capital*. Par conséquent, les conditions de l'Emprunt ne peuvent varier qu'à l'égard de l'un ou de l'autre de ces éléments. Ainsi, les transactions entre particuliers consistent, pour l'emprunteur, à recevoir un capital réel et à en payer un intérêt plus ou moins élevé ; mais, dans le mode suivi par les gouvernements, on reconnaît aux prêteurs un capital plus considérable que celui qu'ils versent réellement, et on leur alloue un intérêt qui ne varie pas. Dans le premier cas, c'est un Emprunt à *capitaux fixes*, dans le second c'est un Emprunt à *capitaux fictifs*.

Ceux qui veulent que l'on emprunte à capitaux fictifs, c'est-à-dire que l'on continue le système actuel, prétendent que le capital n'étant jamais remboursable, c'est comme si l'État ne le devait pas. Il ne faut donc pas s'en préoccuper. Mais les intérêts formant la dette véritable, c'est l'intérêt qu'il faut chercher à réduire, dût-on augmenter indéfiniment le capital ; car ils ne reconnaissent au capital aucune limite parce qu'il n'entraîne, selon eux, aucune obligation.

Ce système nous semble renfermer plus d'une erreur. Et d'abord, ainsi que nous l'avons vu, si l'on négocie du 5 à 57 fr. 51 c., c'est se faire illusion sur la quotité de l'intérêt, puisqu'en réalité, quoique la rente soit déclarée à 5 0/0, elle se monte par rapport au capital reçu à 8 fr. 69 c. Ensuite, que l'on sache que l'État n'est pas tenu de rembourser à une époque fixe, il ne faut pas pousser la fiction jusqu'à considérer le capital comme non avenu. Emprunter toujours pour toujours réduire l'intérêt, c'est introduire l'infini en matière de finances, et il faudra bien un jour que ce rêve ait une fin ; l'Angleterre est là pour nous le prouver.

D'ailleurs, l'intérêt ne diminue pas dans la même proportion que le capital augmente ; et, avant que l'on arrive à réduire, par exemple, l'intérêt à 2 0/0, il faudra accumuler des milliards et surcharger le capital jusqu'à ce qu'il s'affaisse dans une banqueroute. Ces courtes considérations répondent à ceux qui prêchent la perpétuité de la dette et qui sont les partisans les plus exclusifs des Emprunts à capitaux fictifs. N'y a-t-il pas, d'ailleurs, une témérité bien grande à fermer toute voie au remboursement par l'accumulation d'un capital gigantesque, et à condamner un État à traîner éternellement la chaîne d'un système financier dont on comprend aujourd'hui déjà tous les périls, et qu'il sera permis à l'avenir de repousser entièrement.

Examinons maintenant le système de ceux qui voudraient que les Emprunts se fissent à capitaux fixes, ou, en d'autres termes, sans accroissement de capital.

Afin d'être plus clair, nous nous bornerons à citer les arguments que fait valoir à l'appui de ce système M. Juvigny, dans son traité *sur le meilleur système d'Émprunts publics*. Cet auteur voudrait que l'État, en empruntant, demandât un capital fixe à des capitalistes, en adjugeant l'Emprunt à celui qui prêterait au moindre intérêt. Dans ce cas, le gouvernement se réserverait le droit de réduire plus tard l'intérêt, en garantissant, toutefois, le prêteur contre toute réduction pendant un certain temps déterminé, deux ans, par exemple, à dater du jour de l'adjudication.

Appliquant ce système aux 30 millions de rente négociés en 1817, il en prouve tous les avantages en opérant sur un espace de quinze années.

Il suppose, par exemple, le capital qu'on a reçu alors (345 millions) négocié à 12 0/0. Le service des intérêts eût été d'abord de 41,407,200 fr. ; mais, dans l'espace des sept premières années écoulées, de 1817 à 1823 inclusivement, la valeur de l'argent est tombée graduellement d'environ moitié, puisque le taux général de l'intérêt, qui, en 1820, était d'environ 10 0/0, n'était plus qu'à 5 0/0 vers la fin de 1823, selon que cela résulte du cours de la rente 5 0/0, qui, à cette époque, avait dépassé le pair. Le gouvernement aurait donc pu profiter de cette amélioration progressive du crédit public, pour réduire le service de la dette dans la même proportion. Or, en consultant les mercuriales de la Bourse, on voit qu'il aurait pu opérer ces réductions aux époques et dans les proportions ci-après :

1° Convertir le 12 0/0 en 9 0/0 au commencement de 1819 ;

2° Convertir le 9 0/0 en 7 0/0 au commencement de 1821 ;

3° Convertir le 7 0/0 en 5 0/0 au commencement de 1824.

Ainsi, le service annuel des intérêts étant en 1817 et 1818 de 41,407,200, la dépense durant ces deux années eût été de 82,814,400

Le 12 0/0 étant converti en 9 0/0, le service annuel n'aurait plus été que de 31,055,400, et les deux années 1819 et 1820 auraient coûté. . 62,110,800

Le 9 0/0 étant converti en 7 0/0, le service annuel aurait été de 24,154,200 fr., ce qui donne pour les trois années 1821-22 23. . . . 72,462,600

Enfin le 7 0/0 étant converti en 5 0/0, à partir de 1824, le service annuel des intérêts n'aurait plus été que de 17,253,000 f. par an, ce qui donnerait, pendant les huit années écoulées de 1824 à 1831 inclusivement. . . . . , . . . 138,024,000

Total de la dépense du service des intérêts durant quinze ans. 355,411,800

Le service des intérêts de ce même Emprunt contracté à capital fictif, a coûté 30 millions par an, ce qui fait pour les quinze années. 450,000,000

Excédant de dépense résultant de cette dernière combinaison. 94,588,200

Il ne faut pas, sans doute, se laisser séduire trop facilement par ces combinaisons qui semblent à M. Juvigny sans réplique. Les conversions sont plus aisées à faire sur le papier que sur la place, et ces réductions rapides de 12 à 5 ne marcheraient pas si vite dans des négociations sérieuses. Toutefois, nous devons avouer que, s'il nous fallait choisir entre les deux systèmes, celui-ci nous semblerait préférable. D'abord, un avantage certain, c'est que l'État ne devrait que le capital qu'il aurait reçu, ce qui, dans ce seul emprunt de 1818, produit, ainsi que nous l'avons vu, une différence de plus de 255 millions. Et puis, quand même les intérêts ne se réduiraient pas aussi promptement que le calcule M. Juvigny, il est constant qu'au bout d'un certain nombre d'années l'État devrait y trouver un avantage. Il y aurait donc, en définitive, profit sur le capital et profit sur les intérêts.

Mais ce système aussi bien que le premier a le grave inconvénient de grever l'avenir au profit du présent. C'est là, dans les questions d'Emprunt, une objection à laquelle il n'y a rien à répondre ; c'est le côté le plus abusif de la dette ; car il dépendrait d'un mauvais gouvernement de mettre une nation à l'encan et de livrer à tout jamais ses revenus aux capitalistes qui se présenteraient pour enchérir. Remarquons bien, en outre, que si on lègue aux générations à venir des charges trop pesantes, elles n'auront rien de mieux à faire que de se débarrasser de leurs dettes par une banqueroute, terme inévitable de ces Emprunts amoncelés sans prévoyance. Or, c'est là un malheur immense, non-seulement pour les particuliers dépouillés, mais aussi pour l'État, qui perd son crédit et compromet sa moralité en se libérant. Aussi, les États n'arrivent à ces extrémités que lorsqu'elles sont devenues des nécessités ; et il faut donc bien se garder de préparer ces nécessités.

Nous l'avons déjà dit au mot DETTE ; nous ne pensons pas que le système des Emprunts doive être le système financier de l'avenir. Toutefois, il n'est pas d'une sage politique de sortir brusquement et sans transition des voies habituelles, et, aujourd'hui, s'il fallait subvenir à des besoins extraordinaires, il y a, selon la nature des dépenses, différentes marches à suivre.

Ainsi il faut distinguer entre les dépenses productives et les dépenses improductives (1).

Les dépenses improductives ne devant rien donner à l'avenir, ne doivent pas être supportées par l'avenir. Il faudra, par conséquent, les demander à l'impôt.

Les dépenses productives devant donner un profit à l'avenir pourront être supportées par l'avenir ; il faudra donc les demander à l'Emprunt.

Un exemple nous fera mieux comprendre.

Les dépenses de la guerre sont improductives. Le capital que l'on place dans ces dépenses ne produira jamais d'intérêt. Elles sont, en outre, faites

(1) Il ne s'agit ici bien entendu que d'un produit pécuniaire, de dépenses produisant ou non un intérêt direct.

Ainsi, quoique la guerre puisse avoir pour résultat définitif un agrandissement de territoire ou tout autre avantage, comme les dépenses appliquées à la guerre ne produisent pas pécuniairement un intérêt direct, on les appelle improductives.

entièrement pour les besoins du moment. Dans ce cas, nous disons qu'il faut subvenir à ces dépenses par l'impôt.

Voici comment. Supposons qu'il faille 100 millions. Il est très-facile de répartir cette somme sur cinq années d'impôts ; ce qui ferait une augmentation annuelle de 20 millions. Il est non moins facile de faire consentir les fournisseurs à recevoir leurs paiements par cinquièmes d'année en année. Dans beaucoup de cas, ils n'ont pas été payés aussi promptement. L'État serait donc libéré sans perte au bout de cinq ans. Si, au contraire, on avait demandé ces 100 millions à l'Emprunt, d'abord, on courrait le risque de ne pas recevoir les 100 millions ; car, au moment d'une guerre, il est probable que l'on ne négocierait pas au pair ; ensuite, quelle serait la situation au bout de cinq ans ? Il aura fallu augmenter les impôts de cinq millions pour le service des intérêts, d'un million pour le service de l'amortissement ; en sorte qu'au bout de cinq ans, l'État aura payé trente millions et restera débiteur de cent millions, et, pour tout cela, il n'aura peut-être reçu que quatre-vingt-dix millions et souvent moins. Donc, il y aura en tout avantage à recourir à l'impôt (1).

Il en est autrement des dépenses productives. Supposons, par exemple, la même somme à appliquer en travaux publics, à un chemin de fer. Ce chemin une fois terminé produira des recettes. D'ailleurs, il devient par lui-même une représentation réelle du capital qu'il a coûté. Il profitera à l'avenir. Aussi, quand même on léguerait à l'avenir une dette résultant de cette entreprise, comme il jouit du capital immobilisé et des intérêts produits par l'entreprise, il n'y a aucun inconvénient à lui en transmettre les charges.

Qu'on n'oublie donc pas cette distinction importante. Dans tous les cas de dépenses extraordinaires, il faut consulter la nature des dépenses. S'il s'agit de dépenses improductives, il faut recourir à l'impôt ; s'il s'agit de dépenses productives, il faut recourir à l'Emprunt.

Élias Regnault.

ENCLAVE. Se dit d'une portion de territoire matériellement séparée du pays dont elle fait politiquement partie, et renfermée de toutes parts dans des territoires étrangers.

La carte d'Allemagne, malgré les modifications qui y ont été apportées par les traités de Presbourg et de Vienne, présente encore un grand nombre d'Enclaves. La Hanovre possède plusieurs Enclaves, dont l'une, le cercle de Gœttingue, offre une étendue assez considérable. Hambourg en a une à l'embouchure de l'Elbe ; le Brunswick est, pour ainsi dire, formé de cinq Enclaves ; le duché d'Oldembourg en a deux fort éloignées de son centre, et dont il est séparé par le Weser et l'Elbe. La

plupart des autres petites principautés sont également morcelées, au point qu'on a peine, au premier coup-d'œil, à reconnaître là où se trouve leur territoire principal. Une partie de l'ancien département français du Mont-Tonnerre forme maintenant, sur la rive gauche du Rhin, une Enclave qui appartient à la Bavière. Enfin, la Prusse en possède quatre petites disséminées dans le centre de l'Allemagne et sur le Rhin, et une autre presque aussi importante que la Prusse proprement dite, formée des anciennes provinces de Clèves, de Berg, de Westphalie et du grand-duché du Bas-Rhin.

Le mode de communication entre les divers états et leurs Enclaves est ordinairement l'objet d'un traité spécial entre ces états et ceux dont le territoire doit être traversé pour les communications. Les principes d'équité qui règlent cette matière sont ceux que le droit civil applique dans des circonstances analogues. Le propriétaire du terrain enclavé a droit au libre passage, mais il doit user de son droit de manière à ne porter nul préjudice à celui qui supporte cette servitude naturelle.

Les principes et les traités n'ont pas empêché que souvent les Enclaves ne devinssent des causes de dissensions ; les nations ont donc un intérêt direct à ce que chaque état forme une masse compacte, afin d'éviter des occasions de guerre, afin aussi de n'avoir plus à garder des lignes de frontières hors de toute proportion avec l'étendue du sol qu'elles occupent. Avec le système de douane actuellement accepté en Europe, le morcellement des territoires a encore pour les revenus publics des inconvénients immenses qu'il est facile de saisir, et la Prusse a su, dans ces derniers temps, les faire valoir avec beaucoup d'habileté, pour englober presque tous les petits états dans son union dite des Douanes allemandes. (V. ce mot.)   J.-B.

ENNEMI. Chez les anciens, tout étranger était un ennemi ; *peregrinus, barbarus, hostis* étaient trois synonymes. Les progrès de la civilisation ont heureusement réformé la grammaire en ce point. Un étranger n'est plus nécessairement un Ennemi ; et en temps de paix, s'il se conforme aux lois du pays, il obtient les mêmes égards et la même protection, sinon les mêmes droits que les nationaux. On entend aujourd'hui par Ennemi celui avec qui l'on est en guerre. Chaque individu de la nation avec qui l'on est en guerre est réputé Ennemi. Mais on n'a le droit de le traiter comme tel que lorsqu'il a les armes à la main. Les femmes, les enfants, les vieillards et tous les individus non militaires ou non assimilés aux militaires doivent être protégés dans leurs personnes et dans leurs biens, sauf les droits et les nécessités de la guerre. (V. Butin, Contribution de guerre, Guerre.)

ENQUÊTE. Le mot français *Enquête* et le substantif anglais *Inquiry*, dérivés l'un et l'autre du latin *quærere* ou *inquirere*, expriment l'action de chercher ou de réunir toutes les preuves qui peuvent servir à éclairer une question d'intérêt public ou privé. L'Enquête est comme un instru-

---

(1) Il est évident toutefois que, s'il s'agissait de sommes beaucoup plus fortes, on serait obligé de recourir à l'Emprunt ; mais c'est qu'alors on se trouverait dans des circonstances extraordinaires, et tellement exceptionnelles qu'on ne peut raisonnablement leur appliquer les règles générales d'économie politique.

ment d'investigation dont la société a saisi ses mandataires, ses agents et ses magistrats, afin qu'ils puissent arriver plus sûrement à la connaissance de la vérité. Elle suppose toujours l'audition des témoins et l'examen des opinions qui militent pour ou contre l'objet de ses recherches. Mais, sur quelque chose que se porte son investigation, elle n'a point pour mission de trancher définitivement la question de droit ou de fait; son but unique est de faciliter, par cette espèce de débat préalable et contradictoire, la décision et le jugement des pouvoirs publics.

Presque toujours, les mesures et les travaux projetés par l'administration sont précédés d'une Enquête *de commodo et incommodo*. Quelques dispositions de l'ordonnance de 1667, l'instruction ministérielle du 20 avril 1813 et l'ordonnance royale du 28 février 1831, déterminent les formes de ces Enquêtes.

Il y a aussi des *Enquêtes ministérielles* pour les questions d'intérêt général. Les commissions formées pour ces recherches spéciales sont toujours provoquées par le rapport d'un ministre de la couronne et instituées par une ordonnance royale. C'est ainsi que des commissions d'Enquête ont été successivement nommées, depuis dix ans, pour examiner la situation de l'industrie et du commerce, la réforme pénitentiaire, la conservation et l'occupation de l'Afrique, les chemins de fer, la vénalité des offices, etc. Il serait difficile de dire s'il est résulté quelque avantage pour le pays de ces nombreuses investigations. En général, toute Enquête ministérielle est aujourd'hui plus ou moins entachée d'impuissance. Formée d'hommes choisis par le gouvernement ou placés sous sa dépendance, elle en partage nécessairement l'esprit, les vues et les intérêts. Son moindre inconvénient est de ne rien produire d'effectif, tout en ayant l'air de donner satisfaction au pays; car, souvent, en dénaturant les faits ou en les présentant sous un faux jour, elle sert bien plus à tromper qu'à éclairer l'opinion publique.

Le droit d'Enquête n'est pas moins nécessaire au pouvoir législatif qui fait la loi qu'au pouvoir exécutif chargé d'en faire l'application.

Il est donc une des attributions les plus importantes de la représentation nationale, qui peut voter une *Enquête parlementaire*, chaque fois qu'elle ne se croit point suffisamment instruite sur une question de sa compétence. Malheureusement, la Chambre des députés n'a fait jusqu'à présent qu'un faible usage de ce puissant instrument d'investigation; presque toujours, elle s'est abstenue d'y recourir, soit par oubli des intérêts généraux, soit par déférence pour le pouvoir exécutif. Là encore s'est fait sentir la fâcheuse influence de l'esprit de routine et de monopole, que nous signalions tout-à-l'heure. Cependant, à une époque où il y a tant de questions importantes à examiner, tant d'intérêts à débattre et tant d'améliorations à opérer, l'Enquête parlementaire pourrait rendre d'excellents services au pays. Ce serait un moyen infaillible d'éclairer l'opinion, de rallier les esprits vers un but commun, de vaincre la résis-

tance des mauvaises passions, et d'accomplir pacifiquement les réformes les plus utiles.

Les hommes politiques de l'Angleterre comprennent mieux l'importance du droit d'Enquête. Quoique cette précieuse attribution ne lui soit garantie par aucun acte constitutif, ni par aucun réglement écrit, la Chambre des communes s'en est montrée extrêmement jalouse dans tous les temps. Aussi, l'Enquête ministérielle n'est-elle, audelà de la Manche, qu'une exception à la règle générale; on la réserve pour les cas où les recherches devenues nécessaires entraîneraient de trop grands déplacements et de trop longues études.

Hors ces cas, le parlement attribue à ses commissions d'Enquête l'investigation de tous les faits, de toutes les mesures et de tous les travaux qui intéressent le plus la liberté, la prospérité et la grandeur de la nation.

Le comité se compose ordinairement de sept membres des communes, y compris celui qui en a fait la proposition. Il agit au nom, et peut exercer, au besoin, tous les pouvoirs de la Chambre. On ne se borne pas à lui accorder, en le constituant, la faculté de mander et d'examiner les papiers, les citoyens, les archives (*powers to send forth and examine papers, persons and records*). « Le comité peut faire comparaître devant lui et sans délai, dit M. Léon Faucher (1), toutes les personnes qu'il juge utile ou convenable d'interroger. Quiconque refuserait de se présenter ou de répondre serait sur-le-champ appréhendé au corps et remis à la garde du sergent d'armes (chef des huissiers de la chambre), en vertu d'un *writ* ou mandat d'arrêt, rendu par l'orateur sur la demande du président du comité. Il est encore loisible à l'orateur de convertir par un *warrant* (mandat de dépôt) cette détention provisoire dans les bâtiments de la chambre en une détention à Newgate pour toute la durée de la session. »

La prévarication des témoins appelés devant le comité est punie comme une atteinte aux priviléges des communes. Les travaux de l'Enquête ne doivent pas se prolonger au-delà des limites de la session. Toutefois, le parlement, à sa prochaine réunion, peut autoriser le comité déjà nommé à reprendre ses investigations. Dans ce cas, deux rapports, un pour chaque session, sont présentés à la chambre. Les communes peuvent ordonner un supplément d'instruction, si la question ne leur paraît pas suffisamment éclaircie par la première enquête.

Maintenant, il est triste mais nécessaire d'ajouter que la profonde corruption, inhérente au gouvernement oligarchique de l'Angleterre, a pénétré jusque dans les comités d'Enquête.

On les accuse de favoriser quelquefois, par des motifs peu honorables, les spéculations de l'industrie privée. On cite même plusieurs entreprises de travaux de canalisation et de chemins de fer, qui ont acheté à prix d'or les comités d'Enquête nommés par le parlement. Un autre incon-

(1) *Courrier français* du 13 janvier 1835.

vénient résulte de la rétribution accordée aux commissaires pendant la durée de leurs travaux : il leur arrive souvent, dit-on, de faire traîner les choses en longueur, pour conserver plus long-temps une position lucrative.   A. GUILBERT.

ENREGISTREMENT. Inscription sur un re-gistre spécial d'un acte auquel on veut assurer une date certaine et un caractère positif.

L'Enregistrement, tel que nous le comprenons aujourd'hui, n'a plus d'importance que dans les transactions privées, mais il a joué autrefois un grand rôle dans les affaires publiques, et ce n'est pas aller trop loin que d'assurer qu'il fut une des causes immédiates de notre première Révolution, et de l'établissement du système représentatif en France. Cette assertion s'explique en peu de mots.

Au sein de l'anarchie qui dévorait le pays sous les anciens rois, quand la féodalité luttait contre le pouvoir d'un seul, la royauté comprit qu'elle augmenterait sa force en régularisant ses actes, en leur donnant une date, en les faisant enregistrer ; mais comme elle ne pouvait leur donner elle-même qu'une sanction contestable, elle recourut à la seule autorité facilement admise dans tous les temps, à l'autorité chargée de rendre la justice, aux parle-ments. Ceux-ci acceptèrent le droit d'enregistrer, mais ils n'entendirent pas le restreindre à une simple formalité, et ils le corroborèrent bientôt par la prérogative de faire des remontrances. Telle fut l'origine de la haute puissance des parlements et de leur lutte continuelle contre la royauté. Cette lutte, comme on le sait, amena en dernier résul-tat la convocation des États-Généraux de 1789 et la destruction simultanée des deux pouvoirs qui se combattaient.

Maintenant, l'Enregistrement a rempli son rôle politique ; il est remplacé par la promulgation des lois (V. ce mot) ; mais, dans les affaires civiles, il rend encore d'éminents services par la régularité qu'il établit, et il est ainsi rentré dans le sens de son institution. En effet, il n'avait été imaginé, sous Philippe-le-Bel, par un notable citoyen, que dans le but de conserver des notes particulières.

Enfin, on trouve dans l'Enregistrement un pré-cieux moyen de statistique, car son chiffre aide à saisir les mutations et les divisions de la propriété. Sous ce rapport, tout autant que sous celui des produits dont il augmente les revenus de l'État, on retrouve encore dans cette institution tout le mérite d'une idée utile.   B. P.

ENTÉRINER. Viser un acte afin de lui don-ner une sanction légale. L'Entérinement est du ressort du pouvoir judiciaire ; il remplace, sous plusieurs rapports, l'ancienne formule de l'enre-gistrement, et il est, en matière politique, em-ployé pour donner une nouvelle force aux décisions du pouvoir royal. C'est ainsi que les *grâces* accor-dées par la royauté, ainsi que quelques titres qu'elle confère, sont soumises à l'Entérinement des tribunaux. Mais il y a cette différence entre l'en-registrement d'autrefois et l'Entérinement d'au-jourd'hui, que celui-ci est toujours forcé et n'ad-met point les remontrances.   B. P.

ENTREPOT. Lieu où les marchandises peu-vent rester déposées jusqu'à ce qu'on les exporte ou qu'on acquitte les droits auxquels elles sont sou-mises. Le système des Entrepôts a d'abord été ima-giné dans le but de permettre au commerce natio-nal de réexporter les marchandises qui n'ont pu trouver place dans la consommation intérieure ; plus tard, il a été étendu, dans l'intention de per-mettre au commerçant de ne payer les droits d'oc-trois et de douanes qu'au fur et à mesure des re-traits qu'il fait de ses marchandises.

L'origine des Entrepôts remonte à Colbert (1664) ; mais ils subirent une longue interruption et ne re-parurent qu'en 1815, et encore furent-ils long-temps restreints aux ports de mer. Aujourd'hui, en vertu de la loi du 27 février 1832, la faculté d'Entrepôt est accordée à toute ville même de l'in-térieur de plus de 10,000 âmes, à la condition de pourvoir aux dépenses occasionnées par la création de ces établissements, soit pour les bâtiments, soit pour les salaires des agents.

Nous n'avons pas à entrer ici dans le détail des services que les Entrepôts sont appelés à rendre ; ces graves questions sont du ressort de l'économie politique ; nous nous bornons à dire que ces éta-blissements sont au moins des moyens d'atténuer en partie les vices depuis si longtemps constatés dans le régime des douanes.   B. P.

ENSEIGNES. On appelle ainsi, du latin *insi-gnire* (marquer, rendre remarquable), tout objet apparent et visible à distance, servant, à la guerre, de signe de ralliement aux soldats d'une même armée. Les Grecs, sous les noms de συμϐολον et de πολυσμα, les Romains sous ceux de *signum* et de *vexillum*, désignaient toutes sortes d'Enseignes formées de figures soit en relief ou en bas-relief, soit peintes ou appliquées sur étoffe. Cependant cha-que Enseigne avait un nom et un aspect particu-liers, suivant le corps auquel elle était affectée. C'est ainsi qu'en France, par exemple, dans des temps plus près de nous, les Enseignes de la cava-lerie ont reçu le nom d'*étendards*, et celles de l'in-fanterie le nom de *drapeaux*, sans perdre pour cela leur dénomination générique.

Tous les peuples ont eu des Enseignes caracté-risées par quelque symbole qui leur était propre : c'était, le plus ordinairement, des figures d'ani-maux, représentations mystiques du dieu protec-teur de la nation.

Les Égyptiens faisaient peindre sur leurs En-seignes des taureaux, des crocodiles, et souvent trois serpents ; les Scythes, un foudre ; les Perses, un aigle d'or, ou un arc et un carquois ; les Mèdes, trois couronnes ; les Assyriens, trois co-lombes, etc., etc.

Chez les Hébreux, trois tribus avaient une En-seigne commune. L'Enseigne de Juda, d'Issachar et de Zabulon représentait un lion ; celle de Ruben, de Siméon et de Gad, une figure d'homme ; celle d'Ephraïm, de Manassé et de Benjamin, un bœuf ; enfin celle de Dan, d'Aser et de Nephtali, un aigle tenant un serpent dans ses serres.

Les Babyloniens avaient pour Enseigne trois

éléphants ; les Cappadociens, une balance ; les Phrygiens, un porc.

On retrouve également les Enseignes symboliques parmi les Grecs d'Europe. Les Arcadiens eurent le dieu Pan ou la lune ; les Messéniens, un renard ; les Lacédémoniens, un dragon ou un delta ; les Argiens, un alpha ou un crapaud, ou un rat ; les Corinthiens, un Neptune sur une langue de terre, et un cheval pégase, volant au-dessus. On voyait, sur les Enseignes des Athéniens, un hibou et quelquefois un bœuf ; sur celles des Locriens, un Hercule tenant à la main les cornes arrachées d'un taureau ; sur celles des Macédoniens, la massue d'Hercule.

Dans l'origine, les Enseignes des Romains consistaient seulement en une botte de foin attachée à l'extrémité d'une longue perche ; plus tard, ils lui substituèrent successivement l'image d'un loup, celle d'un sanglier, celle du minotaure ; enfin, au temps de Marius, ils adoptèrent l'aigle, qu'ils ont conservée jusqu'au règne de Constantin, où elle fut remplacée par une croix avec les initiales du nom de Jésus-Christ.

Ce genre d'Enseignes était aussi en usage parmi les peuples germaniques et autres barbares du Nord, qui s'établirent sur les débris de l'Empire romain. On voit que les Sicambres portaient sur leurs Enseignes une tête de bœuf ; les Ripuaires, une épée. Nos premiers rois ont fait peindre sur les leurs, d'abord, trois crapauds, puis des fers de lance, des croix, et enfin des fleurs-de-lis.

De nos jours, il n'y a plus à proprement parler d'Enseignes ; il n'y a que des drapeaux de couleurs diverses. Quelques nations font peindre ou sculpter sur ou au-dessus de ces drapeaux des figures d'animaux symboliques. Ainsi, les Français ont adopté le coq ; les Anglais, le léopard ; les Espagnols, les Belges, les Hollandais, les Danois, le lion ; les Prussiens, une aigle noire ; les Autrichiens et les Russes, une aigle à deux têtes ; les Turcs, trois croissants ; les Romains, des clés en sautoir, etc.   B.-C.

ENVOYÉ, agent diplomatique de second ordre. Il y a des Envoyés ordinaires et des Envoyés extraordinaires. Les uns et les autres ne sont point, comme l'ambassadeur, essentiellement revêtus du caractère représentatif. Le droit des gens leur attribue cependant les mêmes immunités.

ÉPARGNE (CAISSE D'). Une caisse d'Épargne est un lieu de placement et de dépôt destiné aux petites sommes. C'est la banque des petits capitalistes, des travailleurs.

Les caisses d'Épargne sont d'institution très-récente en France. La première disposition législative à laquelle elles aient donné lieu est l'ordonnance du 18 juin 1829.

Ces établissements ont pour but de rendre possible et de régulariser le placement des petites sommes, depuis le minimum de 1 fr. jusqu'à 300 fr. Les hommes bienfaisants qui les ont fondés, le plus souvent à leurs frais, se proposaient de faciliter aux ouvriers les moyens de capitaliser le fruit de leurs économies, d'attacher cette classe

intéressante à la grande famille sociale par le puissant lien de la propriété. Leur intention était honorable et juste ; elle prouvait qu'ils avaient bien compris une des maladies les plus profondes des sociétés modernes, l'isolement du capitaliste et de l'ouvrier.

Les caisses d'Épargne ont reçu des encouragements nombreux et mérités. Elles ont été vantées par le grand publiciste populaire, M. Cormenin ; elles ont eu aussi le malheur de devenir un thème de discours d'apparat, une sorte de lieu commun à l'usage des philantropes.

Cependant, depuis plus de dix ans qu'elles ont eu part aux faveurs du législateur lui-même, elles n'ont point produit le résultat qu'on attendait d'elles. A peine un sixième de la classe ouvrière peut-il réaliser des économies et les placer à la caisse d'Épargne. Les salaires sont à un tel taux et l'industrie souffre de telle sorte que l'ouvrier ne peut pourvoir à sa subsistance et à celle de sa famille qu'à force de privations. Presque tous les fonds déposés aux Caisses d'Épargne appartiennent à des gens à gages.

Il serait injuste de tirer de cette circonstance un argument contre les Caisses d'Épargne : leur utilité est incontestable ; mais il est incontestable aussi qu'elles ne peuvent être considérées comme une panacée sociale universelle.

L'organisation actuelle de ces établissements soulève d'ailleurs diverses difficultés.

Les dépôts faits aux Caisses d'Épargne sont les plus sacrés de tous ; on ne saurait trop les assurer contre toute chance de perte. La loi du 5 juillet 1835 interdit la formation de toute Caisse d'Épargne qui ne serait pas autorisée par ordonnance royale, et admet les Caisses d'Épargne autorisées à verser leurs fonds en compte courant au trésor public. Cette faculté leur était déjà accordée par l'ordonnance de 1829, ainsi que la bonification d'un intérêt de quatre pour cent.

Ainsi, le gouvernement est moralement responsable de toutes les opérations des Caisses d'Épargne dont il autorise les statuts ; il est directement et matériellement responsable des fonds versés au trésor en compte courant par ces établissements qui peuvent les réclamer d'un instant à l'autre. Or, la somme des fonds ainsi versés ne s'élève pas à moins de cent millions.

Dans les temps ordinaires, et aujourd'hui notamment, cette somme embarrasse le trésor qui ne peut lui donner un emploi productif et qui en paie l'intérêt. Cet intérêt impose à l'État une perte sèche d'environ quatre millions par an.

Dans un temps de crise politique, le trésor ne pourrait-il pas être surpris et gêné par des demandes soudaines de remboursement pour des sommes considérables ? Peut-on calculer ce qui adviendrait en cas d'invasion ou de révolution ? Convient-il de laisser le crédit public sous le coup d'accidents que les banques de circulation les plus prudentes n'évitent qu'à force de précautions et de peines ?

Nous ne le croyons pas. Le crédit de l'État est, Dieu merci, assez bon pour pouvoir se passer des dépôts des Caisses d'Épargne. Il lui serait facile de trouver des capitaux moins exigeants, qu'il pourrait rembourser ou conserver à volonté, et dont le loyer lui coûterait beaucoup moins cher.

Que deviendraient alors les fonds des Caisses d'Épargne? Ils se placeraient dans chaque localité de manière à être directement utiles à la production; ils serviraient à établir le crédit privé, plus propre mille fois que les Caisses d'Épargne à rendre l'ouvrier intelligent et actif possesseur d'un capital; ils seraient placés sur hypothèque. — Sur hypothèque, grand Dieu!... — Pourquoi pas? Ils se placent bien ainsi aux États-Unis, en Angleterre, dans le Mecklembourg, en Suisse, en dépit de toutes les théories des économistes; ils se placent bien en rentes, en actions de banque et de canaux.   C. S.

ÉPAVES. On appelle Épaves tous les objets mobiliers dont le propriétaire n'est pas connu. Autrefois, les Épaves appartenaient de droit au seigneur haut-justicier dans les terres duquel elles étaient trouvées; mais, avant qu'elles lui fussent légitimement acquises, il fallait qu'il les fît publier trois dimanches de suite à la porte de l'église, sans que personne les réclamât. Dans quelques provinces, le délai était de quarante jours. Les choses qui n'avaient pas de maître, telles que les bêtes sauvages, n'étaient pas considérées comme Épaves.

Par extension, on rangeait dans la classe des Épaves les débris des navires naufragés et les marchandises que les flots de la mer poussent sur le rivage. De nos jours encore, les pêcheurs et autres habitants des côtes de la Bretagne sont dans cette opinion; et il n'est pas rare de les voir dans les temps d'orage, sur les pointes des rochers, attendre que quelque désastre leur envoie une proie.

Dans les colonies, on a été plus loin encore, s'il est possible : tout homme de couleur qui ne pouvait représenter le titre de son affranchissement était regardé comme Épave, et, à ce titre, devenait la propriété de la colonie, qui le faisait vendre à l'encan!   B.-C.

ÉPERONS. Les Éperons étaient une des pièces dont on équipait le chevalier le jour de sa réception. Les seuls chevaliers avaient le droit de porter des Éperons dorés; les écuyers ne les pouvaient porter qu'argentés. Quand, pour quelque mauvaise action, pour forfaiture, pour trahison, le chevalier subissait la dégradation, on commençait par lui couper les Éperons qu'on lui avait chaussés. On attachait aux Éperons une telle importance qu'ils étaient la marque essentielle, le symbole de la chevalerie. De là sont venues ces locutions proverbiale : *gagner ses Éperons, chausser les Éperons,* pour exprimer une action brillante à l'aide de laquelle on obtient une distinction honorifique ou une position élevée.   B.-C.

ÉPHÉMÉRIDES, du grec εφημερις, journal. Ce mot se prend dans une double acception : il désigne à-la-fois des tables astronomiques indiquant, pour chaque jour, le lieu où une planète se

trouve, à midi, dans le zodiaque; et une sorte de calendrier historique présentant la réunion de tous les événements remarquables arrivés aux mêmes quantièmes du mois, abstraction faite de l'année.   B.-C.

ÉPHORES, magistrats de Lacédémone, qui réunissaient à l'autorité judiciaire l'autorité tribunitienne. Comme les archontes d'Athènes, les Éphores donnaient leur nom à l'armée; ils censuraient, punissaient les rois et les sénateurs, convoquaient et présidaient les assemblées du peuple, faisaient fonctions d'augures; ils surveillaient l'éducation et les exercices de la jeunesse; ils décernaient des récompenses nationales. Leur pouvoir était immense; aussi, les cinq Éphores n'étaient-ils élus que pour un an, et ne pouvaient-ils rien décider qu'à l'unanimité.

Il paraît que la puissance politique des Éphores, sinon leur institution primitive, date de plus d'un siècle après Lycurgue. Leur nom d'*εφορᾶν* exprime la haute inspection qu'exerçaient ces magistrats populaires. On sait que pour régner sans contrôle, Cléomène assassina les Éphores en charge, et que cet attentat fut comme le prélude de la décadence de la République.   P.

ÉPISCOPAT. Ce terme désigne la dignité d'évêque; il signifie proprement *surveillance, intendance;* les évêques veillaient sur le troupeau des fidèles et le gouvernaient. L'Épiscopat était dans la primitive Église une fonction élective; l'élection par les laïques fut supprimée par le concile de Latran en 1215; l'élection par le clergé tomba en désuétude et fut définitivement abrogée par le Concordat. Aujourd'hui, les évêques sont nommés par le chef de l'État et reçoivent du pape l'institution canonique. (V. CONCORDAT, ÉVÊQUE.)

ÉPREUVES JUDICIAIRES. Les anciens avaient imaginé ce singulier moyen de découvrir la vérité. On en trouve des vestiges dans Sophocle, dans Callimaque. De leur temps, quiconque voulait être cru dans son affirmation n'avait besoin que de tenir à la main un fer rouge. Cet argument était sans réplique.

Si le moyen-âge n'a pas inventé les épreuves, du moins les a-t-il étendues, perfectionnées. Elles eurent à cette époque leur formulaire sacramentel et leur code, où tout était prévu. La démonstration qui en résultait était le *jugement de Dieu;* et, bien qu'à ce compte la divinité eût souvent commis de graves erreurs, comme cela était manifeste pour tous, on n'en persistait pas moins à recourir, dans tous les procès où il y avait doute, à ce procédé judiciaire.

On comptait sept épreuves principales : celles du serment, du duel, de l'eau froide, de l'eau chaude, du fer chaud, de la communion et de la croix.

Dans l'épreuve du serment, ou *purgatoire canonique,* le prévenu, ou *jurator,* ou *sacramentalis,* jurait sur la croix, sur les reliques ou sur les tombeaux des saints, sur l'évangile. Dans les cas graves, on faisait jurer plusieurs personnes avec le prévenu. La formule du serment était celle-ci : « Je jure que je crois qu'il dit la vérité. » On admettait quelquefois le serment de personnes qui ne pouvaient avoir connaissance du fait contesté : ainsi, un père jurait que sa fille était fidèle à son mari.

Quand une des parties refusait d'admettre l'épreuve du serment, on permettait le duel. S'il arrivait que l'on produisît des témoins, la partie contre laquelle ils allaient déposer les accusait d'être subornés, les appelait en combat. Ils étaient obligés de se battre, et l'issue du duel décidait de leur probité et du fonds du procès.

Au jour fixé pour le combat, les deux adversaires étaient couchés dans une bière, on disait sur eux l'office des morts, et on les avertissait que le vaincu serait tiré par les pieds hors de la lice et attaché au gibet. Alors, après avoir pris les précautions les plus minutieuses pour empêcher que leurs armes ne fussent enchantées, ou qu'ils n'eussent sur eux quelques caractères magiques ou talismans capables de neutraliser l'intervention céleste, les juges du camp donnaient le signal du combat, qui avait lieu en présence de la foule assemblée. Le vainqueur était maître absolu de la vie du vaincu, et pouvait impunément la lui ôter.

Les hommes qui avaient passé soixante ans, les infirmes, les prêtres et les femmes ne se battaient pas. Ils choisissaient des champions, le plus souvent gagés, qui consentaient à se battre à leur place, et qui avaient le poing coupé s'ils succombaient.

L'épreuve de l'eau froide ne s'administrait qu'aux gens de peu. On liait la main droite de l'accusé avec son pied gauche, et on le plongeait ainsi dans une cuve pleine d'eau qu'on avait eu soin de bénir, pour que, sanctifiée par cet exorcisme, elle rejetât de son sein tout ce qu'on y introduirait d'impur, sans égard aux lois de la pesanteur. Le criminel devait en conséquence surnager, et l'innocent aller au fond de l'eau. L'innocence de plusieurs fut si bien démontrée qu'ils se noyèrent ; d'autres purent surnager, parce qu'on enveloppait le corps des éprouvés de fortes cordes qui suffisaient souvent pour les ramener à la surface.

Voici comme on procédait à l'épreuve de l'eau chaude. Dès que le liquide était en ébullition, le juge y suspendait une pierre un anneau à une profondeur proportionnée à la gravité du crime. L'accusé plongeait sa main dans l'eau pour aller saisir l'objet qui y était suspendu, et quand il l'en retirait, on l'enveloppait d'un sac sur lequel le juge et la partie adverse mettaient l'empreinte de leur sceau. Le troisième jour on ôtait l'appareil. S'il y avait des traces de brûlure, l'accusé était déclaré coupable, et puni de la peine qu'il avait encourue ; dans le cas contraire, il était déclaré innocent. On pouvait se soustraire à cette épreuve en payant une somme d'argent ; c'est ce que la loi salique appelle « racheter sa main. »

On subissait de deux manières l'Epreuve du fer chaud. L'accusé marchait nu-pieds sur un certain nombre de socs de charrue rougis au feu, ou bien il portait à la main une barre de fer rouge du poids de trois livres. Quelquefois aussi il introduisait sa main dans un gantelet de fer qu'on tirait d'un brasier ardent. Dans ces différents cas, les traces de brûlure, après les trois jours voulus, indiquaient la culpabilité. Les prêtres, les moines et les femmes étaient principalement soumis à cette épreuve. Le fer était béni, et conservé avec soin dans les églises et les monastères qui jouissaient du privilége de l'administrer. On rapporte un trait caractéristique du peu de foi que juges et peuple apportaient dans l'efficacité de ce moyen de conviction. Au treizième siècle, un homme refusait de subir l'Epreuve du fer chaud, alléguant qu'il n'était pas un charlatan. Comme le juge insistait : « Je prendrai volontiers ce fer ardent, lui dit-il, pourvu que je le reçoive de votre main. » Le juge décida qu'il ne fallait pas tenter Dieu.

Les trois Epreuves qui précèdent étaient particulièrement désignées sous le nom commun d'*ordalie*, du mot saxon *ordal*, jugement.

L'Epreuve de la communion était spéciale aux prêtres accusés de quelque crime. Il leur était ordonné de célébrer la messe et de dire à haute voix au moment de communier : « Que le corps du Seigneur me serve aujourd'hui d'Epreuve ! » Quelques catastrophes arrivées par cas fortuit à des prêtres qui avaient subi cette Epreuve, et dans lesquelles on voulut voir une punition du ciel, firent nommer cette cérémonie la *plus vraie* et la plus terrible de toutes les Epreuves ; ce qui confirme ce que nous avons dit du discrédit dans lequel étaient tombées ces pratiques au temps même de leur pleine vigueur.

Enfin, l'Epreuve de la croix consistait à tenir les bras étendus tant que durait l'office divin. L'accusé qui en sortait victorieux était réputé innocent. Quelquefois, on soumettait simultanément à cette Epreuve l'accusateur et l'accusé : celui des deux qui se fatiguait le premier était considéré comme le coupable ou le calomniateur. Dans son testament, Charlemagne ordonna que les différends qui naîtraient à l'occasion du partage de ses états entre ses enfants fussent jugés par l'Epreuve de la croix. Si cela ne prouve pas qu'il y eût confiance, cela prouve au moins qu'il voulait prévenir l'effusion du sang.

Bien que tout le monde fût à-peu-près d'accord sur l'absurdité de ces pratiques, il fallut néanmoins surmonter une infinité d'obstacles pour les abolir. Défendues par quatre conciles provinciaux en 829 et par le quatrième concile de Latran en 1215, stigmatisées par les évêques, sans crédit dans l'opinion, mais préconisées et entretenues par les moines et par quelques curés qui en tiraient un revenu, elles bravèrent longtemps encore la réprobation générale, et ne cessèrent complétement que vers le commencement du dix-septième siècle.

F.-T. B.-CLAVEL.

ÉQUILIBRE. La balance ou pondération des pouvoirs est le principe des gouvernements constitutionnels : l'Équilibre est le résultat de cette pondération. Et comme la balance des pouvoirs est une chimère, l'Équilibre est nécessairement une chimère aussi. De ceci, l'histoire d'Angleterre et la nôtre, depuis vingt-cinq ans, nous offrent des preuves sans réplique. Dans les deux pays on a vu tour à tour le fléau de la balance précipité dans les abîmes, et l'un des deux plateaux lancer l'autre dans les espaces. Mais les théoriciens *à priori* ont pour les faits qui condamnent leurs théories un mépris souverain, et ils aiment mieux renoncer à la raison qu'à leurs hypothèses. Il y a des têtes romanesques même parmi les politiques, et celles-là sont inguérissables.

ÈRE, point fixe dans l'histoire, d'où l'on commence à compter les années, et qui est ordinairement marqué par quelque événement considérable. L'étymologie de ce mot et l'époque à laquelle il a été introduit dans l'usage ont été fort controversées. Ce qui paraît probable, c'est qu'il a été adopté vers le temps d'Auguste, et qu'on l'a formé des initiales d'*ab exordio regni Augusti* (du commencement du règne d'Auguste), employées comme signes abréviateurs : de là serait venu le latin *aera*.

Sans parler des Ères des Indiens, des Chinois, des Chaldéens, des Perses, des Phéniciens, qui remontent à la création du monde et présentent souvent des périodes de plusieurs millions d'années, on trouve dans l'histoire des différents peuples beaucoup d'époques qui ont servi de point de départ pour la chronologie. Les principales Ères sont celles des Grecs modernes (qui commence 5509 ans ans avant J.-C.); des Juifs (3761 ans); des Athéniens, ou chronologie des marbres de Paros (1582 ans); des Olympiades (776 ans); de la fondation de Rome (753 ans); de Nabonassar (747 ans); des Séleucides (314 ans); l'Ère actiaque, ou de la bataille d'Actium (31 ans); enfin l'Ère des Mahométans, ou Hégire, qui part de l'an 622 de notre Ère.

C'est en l'an 527, seulement, que l'Ère chrétienne a été fixée. Il n'y avait pas moins de huit opinions différentes touchant l'époque où l'on devait placer la naissance de Jésus-Christ. Les calculs que présenta alors à ce sujet Denys-le-Petit, abbé romain, réunirent l'assentiment général, et il fut convenu que l'on compterait l'Ère chrétienne du 1er janvier après le 25 décembre de l'an de la fondation de Rome 753. Cependant, ce comput ne passa définitivement dans l'usage que sous Charles-Martel, au septième siècle.

L'Ère républicaine décrétée par la Convention nationale commença, en France, le 22 septembre 1792, et fut abandonnée en 1806, comme nous l'avons dit au mot CALENDRIER.   B.-C.

ESCLAVAGE, ESCLAVE. L'Esclavage est une de ces grandes hontes de l'humanité qui font que l'on courbe la tête presque avec désespoir lorsqu'on en suit les traces en lisant les récits des âges passés. Si haut que l'on remonte dans l'histoire, on trouve l'Esclavage établi et formant pour ainsi dire la base de l'organisation sociale. Une masse énorme d'hommes a, depuis quarante siè-

cles, rempli dans l'humanité le rôle des fondations d'une maison : enfouis au fond des ténèbres de l'abrutissement moral, ils portaient passivement le vaste édifice, pendant qu'un petit nombre d'êtres privilégiés jouissait à la surface de la vie et de la lumière.

L'Esclavage est un fait qui s'explique malheureusement de lui-même; il est tout simple que celui qui ne se respecte point dans son semblable oblige à le servir l'homme qu'il peut dompter. Pour celui-là un homme est un animal comme les autres, et il l'utilise à son profit ainsi qu'il ferait d'une mule ou d'un chien. La pensée des anciens ne s'était élevée que partiellement à la conception de la noblesse indélébile de l'être humain, de son droit inaltérable à l'indépendance, et, non-seulement ils regardaient l'Esclavage comme une chose naturelle et permise, mais encore comme un principe gouvernemental, un moyen d'être pour la Société. Sauf quelques rares intelligences devancières, ils n'admettaient pas que la Société pût fonctionner autrement. On a peine à le croire aujourd'hui, et pourtant nous n'exagérons rien, les plus beaux génies de l'antiquité en sont là : Platon et Aristote ne conçoivent pas une cité privée d'Esclaves. Si nous pouvions les comparer à des mécaniciens, nous dirions qu'en construisant leur machine gouvernementale ils y font entrer la servitude comme un rouage indispensable. Voici, à-peu-près, tout leur raisonnement : « la nature veut que l'homme vive en société ; la société ne peut être sans Esclaves; donc la nature veut que les Esclaves soient Esclaves. » C'est pour fortifier cette belle thèse et en légitimer la monstruosité qu'Aristote, entassant sophismes sur sophismes, arrive, entraîné par la logique, à lancer cette incroyable proposition : « Il y a deux sortes de nature humaine, celle des Esclaves et celle des maîtres. »

Mais l'Esclavage n'est point uniquement une offense à l'humanité; ce qu'il a enfanté de vices, de barbaries, de désordres, est incalculable ; il fut le plus grand obstacle au progrès vers lequel on marche de nos jours avec une admirable rapidité, comparativement avec ce qui s'est opéré durant la longue et funeste période où il a régné sur les centres de civilisation. C'est l'Esclavage qui donnait aux mœurs des anciens la violence et la cruauté dont nous avons horreur; c'est l'Esclavage qui engendra peu-à-peu la haine et le mépris pour l'agriculture et le commerce, ces deux sources fécondes d'où découlent en abondance les trésors du bien-être et de l'amélioration générale; c'est à l'Esclavage que les plus grands philosophes de l'antiquité, et Cicéron lui-même, doivent d'avoir regardé le travail comme incompatible avec les devoirs du citoyen. Du moment que faire œuvre de ses mains devient le lot exclusif de l'Esclave, l'homme libre s'y déshonore ; nous avons vu le même effet se produire au moyen-âge dans un autre ordre d'idées, et nous le voyons encore se reproduire sous nos yeux au sein des colonies à nègres. Tant que les Grecs et les Romains, et nous ne parlons que de ceux-là, parce que leur gloire,

leur puissance, leurs travaux , leurs souvenirs enfin , résument à-peu-près, pour l'Occident, du
moins , l'histoire entière : tant que les Grecs et les
Romains n'eurent pas honte de se vouer à des ouvrages mécaniques , ils furent indépendants et
forts; mais, à mesure que la servitude étendit sa
lèpre dévorante sur leur corps social, elle transforma ces illustres citoyens en peuples de parasi-
tes , d'oisifs éhontés, qui, pour ne pas déroger en
travaillant, faisaient trafic de leurs voix sur les
places publiques : « Race d'humbles clients , mal
nourrie aux frais du trésor, » (*Acharniens,* d'A-
ristophane), « vivant des aumônes de quelques patriciens, et passant les jours entiers dans le Cirque, à voir les fêtes barbares que leur donnaient
les despotes de la Grèce ou les empereurs de Rome,
avec quelques oboles qu'on leur distribuait à l'entrée, pour qu'au moins ils ne mourussent pas de
faim sur les degrés de l'amphithéâtre. » (Plutarque,
Vie de Périclès.)

On ne saurait croire jusqu'à quelles aberrations
de certaines idées préconçues peuvent nous mener : « L'une des plus belles et des plus heureuses
choses, dit Plutarque, que Lycurgue introduisit
onc en sa ville, fut le grand loisir qu'il fit avoir à
ses citoyens, ne leur permettant pas qu'ils se pussent employer à métier quelconque vil ou mécha-
nique (*Vie de Lycurgue*). » Or, comment Lycurgue
procura-t-il si grand loisir à ses concitoyens : en
chargeant les Ilotes de tout faire. Montesquieu
compare avec beaucoup de justesse les cités grecques et romaines à des camps d'armées permanentes. Les citoyens étaient véritablement entre-
nus par les Esclaves ; la vie matérielle reposait,
non sur eux, mais sur les Esclaves. Aussi, le nombre des citoyens devait-il être limité au nombre
des Esclaves que l'on avait pour les nourrir : c'est
pour cela qu'Aristote dit textuellement dans son
célèbre ouvrage de la *Politique* (liv. VII, ch. 5,
v. 10) : « Il faudra, pour obvier à l'inconvénient
d'une trop nombreuse population, recourir à l'a-
vortement, si l'ordre ou les usages établis empêchent qu'on expose les enfants (qu'on les abandonne à la mort). » Tout se touche; en économie
comme en morale, une faute mène au crime.

Quel grand et terrible exemple de la faiblesse
humaine ! Platon , Aristote, Cicéron, vingt autres
de ces hommes d'un esprit si lumineux ont accepté comme un fait naturel, presque nécessaire,
l'un des crimes les plus odieux que le genre humain ait commis envers lui-même. Eh ! pourquoi
s'en étonner ! Qu'est-ce que le génie d'un individu
en comparaison des lumières que les siècles ra-
massent en s'écoulant.

Quoique l'Esclavage fût répandu sur tout le
monde civilisé et ait passé dans les mœurs depuis
de longues générations ; quoiqu'un petit nombre
seul de nations barbares fussent étrangères à ce
mode affreux d'organisation, comme les Alains ,
par exemple, dont Ammien Marcellin nous dit :
« La servitude est inconnue chez eux (liv. XXXI ,
ch. 2); les livres conservent encore la mémoire de
certaines époques primitives presqu'édéniques, où
les habitants de la terre étaient tous libres et vi-

vaient dans une heureuse indépendance. Hérodote,
entre autres, notait, en parlant d'une querelle
faite aux Pélages par les Athéniens, que « les Athéniens, alors, n'avaient ni esclaves ni serviteurs
(liv. VI, ch. 137). » La valeur de tels souvenirs ne
pouvait être tout-à-fait perdue, et, dès les temps
les plus reculés, quelques-unes de ces âmes d'élite
qui devançaient les siècles avaient attaqué l'Esclavage et contesté à l'homme le droit de réduire son
semblable en servitude. Les philosophes opposés
aux doctrines d'Aristote soutenaient « que le pouvoir du maître est contre la nature, que la loi seule
fait la différence entre l'homme libre et le serviteur. Or, ajoutaient-ils, l'Esclavage est inique,
puisque la violence l'a engendré. (*Politique d'A-
ristote*, l. I , ch. 2) » D'un autre côté, quelque
abruties que fussent les victimes, la douleur les
poussait incessamment à la révolte ; leurs guerres
et la philosophie ensemble triomphèrent à la fin
des arguties de l'égoïsme, de la résistance des
puissants; l'inviolabilité de la liberté individuelle
fut décrétée par la conscience universelle ; elle
devint une des lois du monde, et rendit impossible la perpétuité de l'Esclavage. — Sans doute,
l'homme d'aujourd'hui, en tant qu'individu, ne
vaut pas mieux que l'homme d'autrefois , mais la
masse de la société moderne est plus avancée en
morale et en justice que la masse de la société antique ; c'est un résultat très-simple de l'amélioration des idées générales élaborées par les siècles,
une conséquence de la loi de perfectibilité, nous
pourrions dire un produit purement organique
des conditions de la vie. L'expérience nous donne
leçon tous les jours.

Aujourd'hui, le principe de la fraternité de tous
les hommes est reconnu ; malgré les serfs qui gémissent encore attachés à la glèbe, l'Europe y a
donné son consentement unanime ; elle est en
marche vers sa complète réalisation, et celui qui
interroge l'avenir peut entrevoir sans être trop téméraire le jour où il ne restera pas un Esclave sur
la surface du globe. Jour heureux et sublime, où
la grande famille humaine communiera dans un
même esprit !   V. SCHOELCHER.

ESPAGNE. C'est le nom donné à la presqu'île
située entre les 5° 43' 34" de longitude occidentale
et les 6° 59' 6" de longitude orientale, à l'extrémité occidentale du continent européen , dont les
Pyrénées la séparent par une barrière d'environ
quatre-vingt douze lieues de parcours. L'Espagne
est aussi fréquemment désignée chez les auteurs
anciens sous les noms d'Hespérie, d'Hispanie, d'I-
bérie, ou de Péninsule hispanique, ibérique, etc.

Considérée physiquement et d'un point de vue
général , la Péninsule hispanique apparaît divisée
en cinq grands bassins principaux, auxquels correspondent cinq grands fleuves : l'Èbre, le Duero,
le Tage, le Guadiana et le Guadalquivir. Elle peut
se diviser encore en cinq autres bassins de moins
grande importance, formés par cinq cours d'eau
pareillement moins considérables, le Guadalaviar,
le Xucar, la Segura, le Mondego et le Minho.

De ces fleuves, les cinq principaux ont ensemble

850 lieues de parcours, ce qui fait plus de quatre fois le diamètre moyen du territoire. Malheureusement, les bancs de sable qui engravent le cours inférieur de ces grandes routes fluviales, et le peu de profondeur de leur embouchure, ne permettent point d'y pratiquer des ports. Profondément encaissés, et coulant avec rapidité entre de hautes berges, il est rare qu'il soit possible de naviguer dans leur cours supérieur ou d'y former des dérivations pour l'arrosement des terres.

L'Èbre, le Tage, le Guadalquivir, le Duero, le Minho, le Guadiana, sont au nombre des fleuves navigables; mais il n'y a que les deux ou trois premiers dont le volume d'eau soit assez considérable pour se prêter à la circulation des bateaux pendant toute l'année.

Deux bandes de terre longues et étroites, l'une tout-à-fait au nord sur l'Océan, l'autre tout-à-fait au sud sur la Méditerranée, semblent en dehors du système de ces bassins. La première de ces corniches, formée par le revers septentrional des Pyrénées, s'étend le long de la côte de l'océan cantabrique, des sources de la Bidassoa à celles de l'Èo, et comprend toute la Biscaye, Santander et les Asturies; l'autre, d'une moins grande étendue, sur le littoral opposé, déroule ses fertiles et délicieuses vallées au revers méridional des Alpujarras, entre ces montagnes et les rivages de la Méditerranée, de la Punta de Elena à la Torre del Salto de la Mora.

L'Espagne est donc séparée du continent européen par une barrière de neuf à dix mille pieds d'élévation: les deux mers l'entourent et l'isolent. C'est ce qui frappe d'abord on considère le système général et la constitution physique de la Péninsule. Ce qui ne frappe pas moins, à l'examiner de plus près, c'est de voir ses principales provinces séparées dans son propre sein par d'autres barrières de montagnes qui suffiraient à former les frontières d'états entièrement indépendans. Nous insistons sur ce caractère distinctif du territoire espagnol: loin d'être indifférent à l'histoire de ses destinées, il en est peut-être l'explication et la clé. C'est ce caractère qui les a déterminées en grande partie, et c'est là, sans nul doute, qu'il faut chercher la cause, au moins principale, qui, de tout temps, l'a tenu éloigné d'une constitution nationale unitaire, et, par une invincible tendance naturelle, porté au morcellement et à l'individualisme provincial.

Jetée par sa position géographique à l'extrémité du monde connu des anciens, l'Espagne fut, malgré tout, peuplée de bonne heure, et de bonne heure fréquentée par les peuples navigateurs de l'Orient. La beauté de son ciel, la fertilité de son sol, la renommée des richesses qu'elle recélait, tout contribua à les y attirer, et à donner à ce point extrême du monde ancien une importance relativement égale à celle qu'a depuis acquise l'Amérique. C'est par là que l'Espagne reçut les premiers germes de la civilisation, et qu'elle entra dans le mouvement général du commerce et de la politique des peuples de l'antiquité.

La Péninsule était, lorsque les Romains la con-

nurent, partagée en un grand nombre de nations plus ou moins barbares, appartenant probablement à deux races primitives, mais subdivisées entre elles en une infinité de peuplades et de tribus dont les noms seraient trop longs à rapporter ici.

Les Phéniciens, suivant la tradition recueillie par Varron, seraient venus en Hispanie immédiatement après les Ibères et les Perses, et avant les Gaulois de la seconde migration que Varron appelait Celtes, et dont s'est formée la nation des Celtibères. Et ce fut, ainsi que nous croyons l'avoir démontré ailleurs, aux troubles apportés dans la Péninsule par ce second envahissement des Gaulois et aux inquiétudes qu'il causa aux Phéniciens de Cadiz, qu'il faut attribuer l'appel fait par ceux-ci à leur frères les Carthaginois, et par suite la lutte bisséculaire de l'Espagne contre les Romains.

Politiquement, l'Espagne a donc été, dès la plus haute antiquité, comme un champ clos où les peuples, les cultes et les civilisations sont venus se heurter à mi-chemin sur la route des deux continents. Toutes les nations qui se sont faites par leurs œuvres une large et glorieuse place dans l'histoire, les Celtes, les Phéniciens, les Carthaginois, les Romains, les Goths, les Arabes sont descendus successivement en armes sur cette terre pour se la disputer.

Rangée définitivement sous les lois de Rome par Auguste, l'Espagne reçut de lui une administration générale; il fonda la liberté de ses municipes. Les cités, laissées libres, s'administrèrent elles-mêmes. Chaque cité, divisée en trois classes, les patriciens, les bourgeois et les artisans, nommait un conseil, en qui résidait le pouvoir local; et les traces que laissa ce régime municipal furent si profondes que, malgré les immenses mutations qui ont bouleversé le monde, elles se retrouvent çà et là jusque de nos jours, avec le caractère évident de leur origine.

Envahi comme les autres peuples du grand Empire devenu chrétien, l'Espagnol ne rejeta point la civilisation romaine. Les Goths, qui, eux-mêmes, l'avaient en grande partie adoptée, la conservèrent en Espagne, et le latin continua d'être la langue commune aux deux peuples. Ce qui distingua les Goths, ce fut leur orgueil national ou mieux originaire. Ils s'attribuèrent exclusivement la royauté. Nul ne pouvait être élu roi s'il n'était, comme disait leur loi, de l'*illustre sang des Goths*. Récesswinth avait cependant tenté la fusion des deux peuples, et les Romains et les Goths allaient se mêler et s'unir lorsque la conquête arabe vint faire prendre un autre cours aux destinées de l'Espagne.

Nous ne saurions ici raconter en détail comment l'Espagne chrétienne se développa et se constitua dans cette longue lutte: c'est à l'histoire à nous en instruire à fond. Nous dirons seulement que, dans les vicissitudes de ces guerres, se fondèrent un grand nombre de souverainetés, avec des chefs particuliers, indépendans les uns des autres. Ces petits États se réunirent peu-à-peu; mais, bien que sous un même chef, ils ne laissèrent pas de conserver leur nom et leurs délimitations géographiques ainsi que certains priviléges qui rappelaient le temps de leur fondation et de leur gloire; et, lors même que tous furent réunis sous un seul roi, ce roi les gouverna chacun à un titre différent et selon des lois à part (V. le mot FUEROS). Les *Cortès* générales du royaume elles-mêmes, bien que portant ce nom de *générales,* furent rarement autre chose que de grandes assemblées où l'esprit provincial prédomina. Chacun avait ses titres, ses droits, ses priviléges, à faire valoir, titres, droits et priviléges acquis au prix du sang et des services rendus. Il les fit valoir, jusqu'à ce que la monarchie de Charles-Quint, prenant son point d'appui au dehors, vînt comprimer et anéantir pour plusieurs siècles cette expression de l'ancienne liberté espagnole. L'Espagne néanmoins, même sous Charles-Quint, garda ses anciennes divisions, et le grand monarque ne régna point au même titre et avec les mêmes droits en Castille, par exemple, qu'en Navarre ou en Biscaye.

Quatorze grandes circonscriptions partageaient l'Espagne ainsi constituée, savoir :

Le royaume de Galice. — Le royaume de Léon. — La principauté des Asturies. — La Castille-Vieille. — La Castille - Nouvelle. — L'Estramadoure. — L'Andalousie. — Le royaume de Murcie. — Le royaume de Valence. — Le principat de Catalogne. — Le royaume d'Aragon. — Le royaume de Navarre. — Les provinces Basques ou Vascongades. — Les îles Baléares.

Ces quatorze grandes circonscriptions ou royaumes ont été, par un acte récent des Cortès, subdivisés en quarante-huit provinces, savoir :

1º La Galice en quatre, dont les chefs-lieux sont la Corogne, Lugo, Orense et Pontevedra ;

2º Le royaume de Léon en trois (Léon, Salamanque et Zamora) ;

3º La principauté des Asturies, district unique (Oviédo) ;

4º La Castille-Vieille en huit (Burgos, Valladolid, Valence, Avila, Ségovie, Soria, Logrogno et Santander) ;

5º La Castille-Nouvelle en cinq (Madrid, Tolède, Ciudad-Réal, Cuenca et Guadalajara) ;

6º L'Estramadoure en deux (Badajoz et Caceres);

7º L'Andalousie en huit (Cordoue, Jaen, Grenade, Almérie, Malaga, Séville, Cadiz et Huelva);

8º Le royaume de Murcie en deux (Murcie et Albacete) ;

9º Le royaume de Valence en trois (Valence, Alicante et Castellon) ;

10º Le principat de Catalogne en quatre (Barcelone, Tarragone, Lérida et Gironne) ;

11º Le royaume d'Aragon en trois (Saragosse, Huesca et Terruel) ;

12º Le royaume de Navarre, district unique (Pampelune) ;

13º Les provinces Basques en trois (Alava, Biscaye et Guipuzcoa) ;

14º Les îles Baléares, district unique (Palma).

Telle est la division territoriale actuelle de l'Espagne.

On connaît les causes et l'histoire de la grande lutte de l'indépendance au commencement de ce siècle; et comment, dans le réveil universel des idées de liberté provoqué par nos pères, l'Espagne fut constituée sur de nouvelles bases par ses représentants réunis en Cortès à Cadiz, en 1812 ; on sait les événements qui suivirent. Dans un travail de révision devenu nécessaire, la constitution des Cortès a été modifiée et refaite par d'autres Cortès en 1837. C'est cette dernière constitution qui régit l'Espagne.

D'après elle, la souveraineté nationale est pleinement consacrée. Le droit de faire les lois appartient aux Cortès. Les Cortès se composent de deux chambres égales en droits législatifs, le Sénat et le Congrès législatif. Toutes deux sont élues. Seulement, les députés au Congrès sont nommés suivant le mode direct ; les sénateurs sont choisis par le roi sur une liste de trois candidats proposés par les mêmes électeurs qui nomment les députés aux Cortès. Sont électeurs tous les Espagnols de la classe des citoyens actifs. Pour être éligible au Sénat, il faut être Espagnol, âgé de quarante ans, et posséder des moyens d'existence reconnus. Tout Espagnol, de l'ordre séculier, âgé de vingt-cinq ans accomplis, remplissant les conditions déterminées par la loi électorale, est éligible au Congrès législatif.

Les pouvoirs du roi diffèrent peu en Espagne de ceux que déterminent les Chartes constitutionnelles de France et d'Angleterre : il sanctionne et promulgue les lois ; il rend des ordonnances pour leur exécution, possède le droit de grâce, peut déclarer la guerre ou conclure la paix dans l'intervalle des sessions, à la condition toutefois qu'il réunira les Cortès dans un délai déterminé pour leur rendre compte de ses motifs. Le roi ne peut, sans une loi spéciale : 1º modifier l'intégrité du territoire espagnol ni recevoir sur ce territoire des troupes étrangères ; 2º ratifier les traités d'alliance offensive, ceux relatifs au commerce et ceux qui stipuleraient des subsides en faveur d'une puissance étrangère ; 3º s'absenter du royaume ; 4º se marier ni permettre le mariage des personnes que la constitution appelle à la succession du trône ; 5º enfin abdiquer la couronne, même en faveur de son successeur immédiat. La succession étant reconnue par la constitution de 1837, conformément aux anciennes constitutions de la monarchie espagnole, dans l'ordre naturel de primogéniture tant pour le sexe masculin que pour le sexe féminin, il va sans dire que tout ce qui concerne le roi s'entend également de la reine, comme dans le cas présent, par exemple.

Tout ce que le roi ordonne ou dispose dans l'exercice de ses fonctions doit être contresigné par un ministre, sous peine de n'avoir point force de loi.

Les ministres peuvent être sénateurs ou députés ; mais ils ne peuvent voter, même dans la chambre à laquelle ils appartiennent.

Le pouvoir d'appliquer les lois, tant au civil qu'au criminel, appartient aux tribunaux et aux juges.

Outre ses représentants aux Cortès, chaque province a encore une députation provinciale; chaque ville ou village une administration intérieure ou municipalité élue.

48

Tel est en gros l'organisation politique actuelle que l'Espagne s'est donnée par ses représentants aux Cortès, à Madrid, le 8 juin 1837.

Quelque attardée que soit d'ailleurs l'Espagne dans la route de la civilisation, l'heure de la régénération a sonné pour elle. Son temps viendra. Il ne lui faut, répéterons-nous ici, que quelques années de paix et de liberté pour reprendre son rang intellectuel parmi les nations, comme elle y reprendra son rang politique. Son rôle est marqué d'avance par sa position géographique même; et, à la voir s'avancer entre les eaux de l'Océan et de la Méditerranée comme une vaste jetée poussée par l'Europe pour combler l'intervalle qui la sépare de l'Afrique, on sent qu'elle sera dans l'avenir le plus naturel intermédiaire, et un agent actif et puissant entre les deux continents, quand la civilisation et les idées européennes auront redonné la vie et le mouvement à la vieille Mauritanie, comme elles les ont redonnés à la vieille Égypte et à la vieille Hellénie.   C. R.

ESPION, ESPIONNAGE. L'Espion est un individu qui, sous un nom ou un caractère supposé, observe des faits, écoute des discours, épie des intentions, pour aller ensuite en faire son rapport à celui qui l'emploie. L'Espionnage est l'acte et le métier de l'Espion.

Il y a deux sortes d'Espions : les uns, qui fonctionnent à l'intérieur, relèvent de l'administration de la police; ils servent, soit à surveiller les malfaiteurs et à découvrir les crimes, soit plutôt, dans les troubles civils, à pénétrer dans le domicile des citoyens pour y éventer des complots après les avoir quelquefois provoqués. Les fonds secrets sont destinés, en partie du moins, à solder cette espèce d'Espionnage.

L'Espionnage doit être soigneusement distingué de la police dont il n'est pas même, quoiqu'on en dise, le moyen obligé. La police, sous une autorité nationale et fonctionnant dans l'intérêt de tous, serait un pouvoir tutélaire auquel chacun viendrait prêter sa force. L'Espionnage est la ressource d'un gouvernement qui se sent faible, parce qu'il n'est que l'expression d'un intérêt individuel au milieu des intérêts généraux. La police devrait être la gardienne de l'ordre et de la morale publique; l'Espionnage est un moyen de corruption qui ne rend pas même en services utiles ce qu'il fait perdre de valeur morale à ceux qui l'emploient, car il n'a jamais rien empêché, rien prévenu.

Si les agents de police ne pouvaient pas être justement qualifiés d'Espions, ils seraient respectés comme des fonctionnaires, comme des agents de la puissance sociale; on ne leur donnerait plus ainsi qu'on le fait aujourd'hui le nom le plus injurieux; les hommes honnêtes parmi eux n'auraient pas à rougir; la sécurité publique et la morale sociale auraient tout à y gagner.

Il est une autre sorte d'Espions : ce sont ceux dont on se sert pour savoir ce qui se passe à l'extérieur, notamment dans les pays avec lesquels on est en hostilité.

L'emploi de pareils agents peut être difficilement condamné ou approuvé d'une manière absolue. Sans doute, lorsque les révélations sont données par un transfuge et un traître, il y a immoralité à les provoquer et à les recevoir; c'est même une haute imprudence que de se fier aux rapports d'un être aussi avili, et la morale est d'accord avec le bon sens pour nous rendre suspects les services d'un pareil Espion.

Mais il arrive que le chef d'une armée ayant besoin de connaître la force et la position de son ennemi envoie un agent désigné dans les lignes; cet agent est quelquefois un officier qui se dévoue au danger d'une mort ignominieuse pour servir son pays. S'il est découvert, rien ne peut le sauver : toutes les nations civilisées et sauvages sont d'accord pour le condamner au supplice, car leur propre sécurité leur fait une loi d'imprimer la terreur aux Espions. C'est ainsi que, dans la guerre de l'indépendance américaine, mourut le major André, malgré le chagrin que Washington lui-même éprouva de ne pouvoir le sauver. Un tel Espion doit être certainement absous aux yeux de la morale, bien qu'on doive toujours regretter de ne l'avoir pas vu employer son courage avec franchise et à la face du soleil.   J. B.

ÉTABLISSEMENTS. Ce mot se trouve souvent dans les écrits du treizième siècle pour désigner les ordonnances et les édits des rois de France. Mais on appelle plus particulièrement de ce nom un recueil de lois que saint Louis fit rédiger, en 1270, peu de temps avant la seconde croisade. Ce recueil est divisé en deux livres. Le premier contient 168 chapitres, le deuxième 42, en tout 210 chapitres. « Nous avons ordonné ces Établissements, dit saint Louis, parce que nous voulons que le peuple qui est dessous nous puisse vivre loyalement et en paix; nous voulons que l'on use *ès cours loies* par tout le royaume et seigneurie de France. » Ces paroles qu'on trouve dans la préface des Établissements témoignent seulement des bons désirs de saint Louis. Pour pénétrer toute la pensée du législateur, il faudrait analyser une à unes toutes les dispositions qui entrent dans cette compilation savante qu'on appelle les Établissements de saint Louis. On y a fait entrer des citations, des canons, des chapitres, des décrétales, des lois du digeste, etc. On a mis enfin le droit romain à côté du droit féodal. Les Établissements furent rédigés afin de faciliter l'union de ces deux droits. Saint Louis fit ce qui est dit dans l'Évangile; il mit une pièce de drap neuf à un vieux vêtement, afin que le neuf emportât une partie du vieux et le déchirât encore davantage.

Les Établissements de saint Louis ont donné lieu à plusieurs difficultés. On a nié qu'ils aient été faits et publiés en plein parlement. On a nié qu'ils aient été faits et publiés, en 1270, avant le départ de saint Louis pour l'Afrique. La discussion de ces questions serait ici sans intérêt. Nous renvoyons les lecteurs curieux aux auteurs qui ont agité la matière (1).   A. T.

(1) *Ordonnances des rois de France*, tom. I. — *Essais*

ÉTAT. C'est le nom de toute société humaine considérée comme individualité politique indépendante. Ce mot est employé dans toutes les langues d'origine latine ou germanique ; il a pour racine les deux verbes qui désignent l'existence, la vie.

Les républiques de quelque nature qu'elles soient et les monarchies sont également des États. Peuple et nation ne sont point synonymes d'État. Ces deux mots s'appliquent à toutes les personnes qui composent la société politique. Le peuple n'est que l'universalité des citoyens considérés comme un individu mobile ; la nation est le peuple considéré comme race. L'État, c'est quelquefois l'ensemble des citoyens et du territoire. On dit qu'un État s'étend, s'agrandit, etc.

A proprement parler cependant, l'État c'est l'abstraction, l'idéal, la personne politique. On ne le voit pas, mais on le comprend, mais on lui reconnaît des fonctions, des droits et des devoirs très-étendus. Les intérêts de l'État touchent tous les citoyens et souvent n'en touchent aucun en particulier. Ils ne sont pas liés d'une manière sensible aux intérêts de chaque citoyen.

Un homme d'État est celui qui comprend les droits, les devoirs, les fonctions, les intérêts de l'État, et qui est apte à gouverner, c'est-à-dire à représenter l'État, à stipuler, à agir en son nom. On peut gouverner sans être un homme d'État, et on peut être un homme d'État sans gouverner.

Le gouvernement ne doit pas être confondu avec l'État. Les personnes, les institutions qui gouvernent changent souvent ; l'État naît ou meurt dans d'autres conditions que le gouvernement. (V. GOUVERNEMENT, NATION, PEUPLE, SOCIÉTÉ.)

ÉTATS-GÉNÉRAUX. Appelés depuis leur origine (1303) jusqu'à la fin du seizième siècle *États libres et généraux.* Assemblées des représentants des trois ordres : clergé, noblesse et tiers-état, librement élus par tous les membres de chaque ordre. Les deux ordres qui n'étaient qu'une faible minorité possédaient la plus grande partie des propriétés territoriales. Le tiers-état comprenait tout ce qui n'était ni noble ni prêtre, c'était l'immense majorité de la population ; le tiers-état, c'était la nation. Tout contribuable, quel que fut le chiffre de la taxe de l'impôt qu'il payait, était électeur et éligible.

L'émancipation des communes, à la fin du onzième siècle, avait été de la part de la royauté une nécessité. C'était pour la couronne une question d'existence. L'autorité royale se bornait au domaine de la couronne. Paris et deux autres villes composaient en réalité le royaume de Philippe Ier. Les envahissements incessants des seigneurs féodaux et du clergé, le mode de partage héréditaire par apanage, plus funeste à la royauté que le partage suivant la loi salique observé sous les deux premières races, avaient réduit le roi à un

tel état de faiblesse qu'il ne pouvait soutenir une guerre contre le plus petit châtelain. La royauté n'était plus qu'un titre sans autorité réelle. Tout le pouvoir, tous les éléments de force et de richesses étaient passés entre les mains des deux aristocraties dominantes. Ansel Garlande, grand-sénéchal et principal ministre de Philippe Ier, ne vit qu'un seul moyen de salut pour la royauté expirante, l'appui des communes. Ce projet lui fut sans doute inspiré par Abélard, son ami. Et seul peut-être, Abélard avait compris toutes les conséquences de l'émancipation des communes. Les croisades imprimèrent à cette Révolution une heureuse et rapide activité.

L'institution des États-Généraux était le complément nécessaire de l'émancipation des communes. Aucun lien politique ne rattachait les villes aux villes, les provinces aux provinces. La réunion des députés de toutes les parties de la population ouvrit l'ère de la *nationalité française.* Ce n'était encore qu'un essai, qu'un vœu. Et plusieurs siècles devaient s'écouler avant que le vœu devint une réalité.

La royauté aux abois avait appelé à son aide les communes. A la fin du onzième siècle, les mêmes motifs la contraignirent à s'appuyer sur les représentants de toutes les communes de la France. Philippe, excommunié par le pape, déclaré par lui déchu du droit de régner, menacé de se voir remplacé sur le trône par un prince étranger auquel le même pape avait donné le royaume frappé d'interdit ; Philippe-le-Bel, abandonné par les grands seigneurs et par le clergé, ne pouvait trouver d'appui que dans la nation elle-même, et les États-Généraux furent pour la première fois convoqués en 1303. Philippe-le-Bel fut sauvé. La France ne fut point livrée au prince allemand que le pape lui avait imposé.

Mais le danger passé, les conseillers de la couronne ont tout tenté pour rompre l'unité nationale, pour rendre nulle cette grande et belle institution dont les premiers actes avaient sauvé la France et la dynastie.

Les successeurs de Philippe-le-Bel divisèrent la France en deux grandes fractions qu'on appela *Languedoc* et *Languedoil.* Il y eut deux Frances, l'une méridionale, l'autre septentrionale. Chacune eut ses assemblées des États. L'unique objet des convocations de ces assemblées, c'était le besoin de subsides en hommes d'armes et en argent. Ce qu'une fraction refusait, l'autre l'accordait. Les ministres, suivant le même système, ne convoquèrent souvent les assemblées que par provinces. Les États-Généraux proprement dits ont été fort rares, presque jamais complets. L'absence d'une loi fondamentale rendait inutiles tous les efforts du patriotisme et du courage des députés. Toutes ces assemblées, même celle des notables dont les membres étaient nommés par l'autorité royale, se sont montrées également dévouées à l'honneur, à la prospérité de la France. Toutes ont manifesté la plus énergique insistance pour la réforme des abus. Toutes ont cru aux paroles royales, à la foi des serments, aux engagements

sur les institutions de saint Louis, par Arthur Beugnot. —*Histoire de saint Louis*, par Ducange.

les plus solennels et les plus sacrés, et toutes ont
été trompées; mais leurs actes restent comme autant de protestations contre les usurpations, les méfaits de l'autorité royale.

Toutes ont reconnu et proclamé le principe de la
souveraineté nationale. Ce principe a été solennellement exprimé par les États-Généraux de 1484.
Le procès-verbal de cette assemblée, rédigé par
Masselin, est un des plus beaux chapitres de notre
histoire nationale.

Quand les États-Généraux de France sont assemblés, tous les autres pouvoirs sommeillent,
écrivait au commencement du dix-septième siècle
le savant annotateur des *Formules de Marculfe*.
Ces quelques mots résument l'opinion de nos pères
sur les attributions de ces assemblées.

Composés d'éléments hétérogènes, divisés en
trois fractions opposées d'opinion et d'intérêt, les
États-Généraux tels qu'ils étaient constitués ne pouvaient opérer une réforme sociale complète. Leurs
décisions n'étaient valables que dans le cas où
les trois ordres étaient unanimes. Si cette maxime
de notre ancien droit public a garanti le troisième
ordre du despotisme des deux premiers, il n'en
est pas moins vrai qu'elle rendait toute réforme
impossible. On ne peut nier cependant que dans
plusieurs circonstances graves les États-Généraux
n'aient rendu d'éminents services.

La plus ancienne de ces assemblées a soustrait
la France à la suzeraineté du pontife de Rome.
Sous les premiers Valois, les États-Généraux ont
énergiquement repoussé la domination d'une dynastie étrangère. L'opposition seule des députés
de Bourgogne, à l'assemblée de Cognac, a suffi
pour annuler le honteux traité souscrit à Madrid
par François Ier, et conserver à la France du seizième siècle l'une de ses plus belles provinces que
ce prince avait cédé à Charles-Quint.

Les États-Généraux d'Orléans (1560) ont doté
la France d'une législation complète sur toutes les
parties de l'administration publique. Son Code,
intitulé *de la Marchandise,* est devenu la loi commune du commerce des deux mondes.

Les États-Généraux n'avaient pas été assemblés
depuis 1614. Des questions de préséance et d'étiquette, les prétentions insolentes de l'ordre de la
noblesse, avaient provoqué la prompte dissolution
de cette assemblée.

En 1651, Louis XIV feignit de les convoquer.
Les plénipotentiaires des puissances étrangères
avaient exigé que le traité à intervenir fût ratifié
par les États-Généraux. L'assemblée fut officiellement annoncée; les assignations furent remises
aux électeurs de Paris et de la banlieue. Tous les
huissiers du Parlement et du Châtelet furent occupés à ces notifications. Le jour, le lieu de l'assemblée avaient été fixés. Les députés élus, les cahiers
rédigés. L'insistance des puissances étrangères
n'était pas sérieuse. L'orgueilleux monarque abandonna toutes ses conquêtes, signa le traité le plus
désastreux, et l'assemblée ne fut pas réunie. Sous
la régence, le duc de Saint-Simon et le comte de
Boulainvilliers, organes de l'opinion publique,
qui déjà était une puissance, avaient déterminé le
régent à convoquer les États-Généraux. Le cardinal Dubois, alors aux gages de l'Angleterre, s'y
opposa, et le vœu de la France ne fut point réalisé.

Le cri: États-Généraux se fit entendre dans le
Dauphiné en 1787, et ce cri retentit dans toute la
France; il trouva de l'écho dans tous les Parlements, dans toutes les assemblées des pays d'État.
Les nouveaux édits bursaux éprouvaient partout
des refus. Le trésor royal était épuisé. Les coups
d'état tentés par les ministres et par les gouverneurs des provinces provoquèrent une résistance
unanime. Il fallut céder, et les États-Généraux,
promis par la Cour, mais ajournés à quelques
années, furent enfin convoqués.

Les vœux de la France pour une réforme radicale et absolue furent exprimés avec une unanimité spontanée dans tous les cahiers des trois
ordres. Tous imposaient aux députés l'obligation
de faire avant tout une constitution dont les bases
étaient formulées dans les cahiers. Les leçons du
passé n'avaient pas été perdues. Ces cahiers conféraient aux États-Généraux, qualifiés dans le
texte même du mandat *Assemblée nationale,* le
droit de faire tout ce qu'ils ont fait et plus qu'ils
n'ont fait; ils étaient les représentants directs de
quatre millions d'électeurs. Que l'on compare les
éléments de la représentation nationale de 1789,
les hommes et les choses d'alors et de l'époque actuelle, et l'on sera convaincu que les cabales, les
intrigues ministérielles, l'esprit de coterie, les corruptions, n'ont de chances de succès que sur les
assemblées peu nombreuses. Et lorsqu'à ces premiers abus se joint la rééligibilité indéfinie des
députés élus, les intérêts généraux s'effacent devant l'intérêt privé, les ambitions individuelles se
liguent pour étouffer les efforts du patriotisme. La
France entière se trouve inféodée à une aristocratie nouvelle qui envahit tous les pouvoirs. Le gouvernement représentatif, faussé dans son principe,
n'est plus qu'une déception. — Les gouvernements
représentatifs n'ont péri que par le *patriciat.*
L'Assemblée constituante, fidèle à son mandat,
avait aboli le patriciat; elle proclamait tous les
Français égaux. Les États-Généraux de France
avaient reconnu le principe; mais ils avaient reculé
devant l'application. Les éléments dont ils étaient
composés les rendaient impuissants à faire cette
réforme. Les États-Généraux sont aujourd'hui impossibles. Le temps des ordres, des corporations
privilégiées est passé. Le patriciat bourgeois a les
mêmes tendances, entraîne les mêmes abus que
le patriciat du parchemin.

La France contemporaine demande une Assemblée nationale; c'était aussi le vœu de la France
ancienne. Ce vœu fut réalisé en 1789, parce que
la France d'alors était représentée par quatre millions d'électeurs. Quel intervalle immense sépare
les législateurs de 1789 et ceux qui nous ont donné
les Chartes dites constitutionnelles. L'appréciation
des deux systèmes d'élection n'est qu'une question
de chiffres et de bonne foi. La rééligibilité immédiate était formellement prohibée par les cahiers. La
taxe des députés était à la charge du trésor public.
Cette indemnité avait toujours été en usage, avec

cette seule différence, qu'en 1789 les provinces, les communes payaient cette taxe, et le nombre des députés du tiers variait suivant les localités. La double représentation du tiers-état, en 1789, n'était pas une innovation, mais un usage consacré par une tradition séculaire.　　　　**D.-Y.**

ÉTATS-UNIS ou CONFÉDÉRATION ANGLO-AMÉRICAINE. Les guerres de religion qui troublèrent la Grande-Bretagne au commencement du dix-septième siècle forcèrent un grand nombre de ses habitants à chercher une autre patrie. Ils s'établirent sur le bord opposé de l'Atlantique, où ils formèrent plusieurs colonies qui prirent le nom de NOUVELLE-ANGLETERRE. On ne leur imposa d'autres conditions que celle de dépendre de la métropole qui, ne leur accordant qu'une faible protection, les laissa à-peu-près maîtres de s'organiser comme ils l'entendraient. Animés d'une foi ardente, c'est de la religion qu'ils firent ressortir la justice et la liberté. Sujets d'une monarchie, ils se constituèrent en république, ou, pour être plus exact, ils ne formèrent que de grandes communes, indépendantes les unes des autres, et conséquemment plus faciles à maintenir sous le joug métropolitain. D'autres colonies anglaises, dont l'origine était moins pure et le gouvernement moins libéral, celle de Pensylvanie exceptée, s'étaient établies au sud de la Nouvelle-Angleterre. Fatiguées des prétentions de la métropole, qui voulait créer et percevoir certains impôts sans leur assentiment, les colonies du nord et du sud se confédérèrent en 1774; après avoir proclamé leur indépendance, elles la conquirent, grâce à l'appui du peuple français, qui aspirait aussi à la conquête de sa liberté. Telle est l'origine des États-Unis, dont le territoire, la population et les richesses se sont accrus depuis dans une proportion si surprenante.

L'Union anglo-américaine qui, dans le principe, se bornait aux treize états placés sur les bords de l'Atlantique, entre les 30 et 45 degrés de latitude, s'étend aujourd'hui jusqu'aux rives du grand Océan. Treize nouveaux états se sont formés derrière les anciens, dans l'immense vallée du Mississipi.

La population, qui n'était que de 4 millions d'habitants en 1790, s'est élevée dans la proportion du tiers aux deux cinquièmes dans chaque période de dix ans : elle est aujourd'hui de 15 à 16 millions d'habitants.

Quant aux revenus, plus difficiles à apprécier, on en jugera par l'accroissement du commerce avec les autres pays. En 1790, les produits des États-Unis, livrés à l'exportation, ne donnaient qu'une somme de 100 millions de francs ; ces produits dépassent aujourd'hui la somme de 600 millions.

Quelle est la cause principale d'un progrès aussi rapide, d'un accroissement aussi prodigieux? La liberté, ou, ce qui est le même chose, le droit de participer au gouvernement de ses propres affaires. De là, une administration économe, n'ayant d'autre but que le bien-être commun, profitant de la paix pour acquitter les dépenses de la guerre.

Après avoir été grevée d'une dette considérable, contractée pour la conquête de leur indépendance, les Etats-Unis sont le seul gouvernement qui se soit entièrement libéré de son arriéré, et, qui plus est, le seul où il se fasse chaque année une réserve qu'on partage entre les différents états.

A l'époque de la déclaration d'indépendance, les citoyens de l'union Anglo-Américaine étaient déjà presqu'égaux en droits. Aujourd'hui, cette égalité est complète. Pour être admis à voter dans les assemblées de la nation, il suffit d'être libre, âgé de vingt-et-un ans, domicilié dans le pays depuis un temps déterminé, de faire partie de la milice, et d'être soumis, dans quelque proportion que ce soit, aux taxes qu'ont à payer tous les citoyens. Ainsi, le suffrage universel existe aux Etats-Unis. Loin d'y trouver des inconvénients, on en reconnaît chaque jour les heureux effets.

Il n'est point de pays au monde où les affaires publiques soient gérées à meilleur marché. Le traitement du président de la République ne s'élève qu'à 25,000 dollars, 135,000 fr. par an. Les ministres n'ont que 30 et quelques mille francs. Sénateurs ou représentants, les députés au congrès reçoivent 45 fr. par jour. La moyenne du traitement des gouverneurs ou présidents des différents états est de 13 à 14,000 fr.

L'instruction élémentaire ou nécessaire à tous les citoyens est le premier objet des dépenses publiques. Pour ne citer qu'un exemple, l'état de New-York, dont la population est de 2 millions d'âmes, a, dans ce moment, 10,000 écoles, c'est-à-dire une école par 200 habitants. Le nombre des élèves qui suivent ces écoles est de 529,000. La population des enfants de cinq à seize ans étant de 540,000, on voit que personne n'est privé du bienfait de l'éducation.

Les hospices, les routes, les chemins de fer, les canaux, les prisons, les secours aux banques, sont ensuite les objets qui fixent le plus particulièrement l'attention du gouvernement de chaque état. Le gouvernement central s'occupe particulièrement de la marine et de tout ce qui peut favoriser le développement de l'industrie et du commerce.

L'armée fédérale ne compte que 12,500 hommes, officiers et soldats; mais la milice établie dans les divers états, et constamment tenue en activité, forme un effectif de 1,350,000 hommes. La position des Etats-Unis dispense le gouvernement central d'entretenir des forces plus considérables.

Cette prospérité toujours croissante des États-Unis, et qui est le résultat incontestable du gouvernement du peuple par le peuple, a porté d'excellents esprits à prendre leur gouvernement pour modèle. On a eu sérieusement la pensée de diviser la France en un certain nombre d'états se gouvernant eux-mêmes, mais formant une confédération pour les intérêts qu'il serait indispensable de mettre en commun. Il n'est point d'idée plus malheureuse : nous le démontrerons au mot FÉDÉRALISME. L'Union anglo-américaine, quelle que soit sa force actuelle, n'a elle-même que peu de confiance dans l'avenir. Des symptômes de faiblesse, d'impuissance, de déchirements prochains, se révèlent à chaque instant. On s'est grossièrement mépris lorsqu'on a attribué le progrès, le bien-être de la confédération anglo-américaine, à l'indépendance des différents états vis-à-vis du gouvernement central. Ce progrès, ce bien-être étaient l'effet de la République générale ou particulière, de la participation à un grand ou à un petit gouvernement, et non point de la séparation des intérêts. Il est, d'ailleurs, difficile que des républiques voisines les unes des autres, confédérées pour certains intérêts, celui de la défense commune, par exemple, demeurent unies par des liens bien étroits, lorsqu'elles ont des mœurs et des lois essentiellement différentes. Les états du nord de l'Union ne se composent plus aujourd'hui que d'hommes libres. Dans les états du sud, un tiers de la population est esclave. Qu'on le remarque attentivement, plus les prérogatives du maître comme citoyen sont élevées, sont étendues, plus la distance est grande et difficile à franchir entre lui et son esclave. Si l'intérêt, si le bon sens des habitants du midi ne les déterminent pas à abolir l'esclavage, cette plaie sera une cause perpétuelle de discorde et de séparation entre les différents états.

Il n'est aucun pays qui ait d'aussi mauvaises lois civiles que les États-Unis; il n'en est aucun où la justice en matière d'intérêt privé soit plus ruineuse, plus difficile à obtenir. C'est encore un effet de la division des états.

On cite l'Union anglo-américaine pour l'excellence de son système municipal. Les communes, dont les attributions sont fort étendues, puisque celles-ci comprennent un grand nombre d'objets d'intérêt général, s'administrent, il est vrai, avec une grande liberté : elles font beaucoup par elles-mêmes; mais leur indépendance à-peu-près absolue est la cause de leur faiblesse, de l'impuissance où elles sont d'empêcher le mal et souvent de faire le bien. Nous avons expliqué au mot COMMUNES qu'un pays, si étendu qu'il soit, ne forme qu'une seule commune, qu'une seule cité, que sa puissance consiste dans la centralisation, c'est-à-dire dans les garanties de justice et de force que l'on trouve au centre commun.

On craint que l'Union anglo-américaine ne tombe quelque jour sous le gouvernement d'un despote. La République est trop bien établie aux États-Unis pour qu'elle produise autre chose que la République. L'expérience et le raisonnement feront comprendre aux habitants de ce pays combien il y aurait pour eux d'avantages à centraliser, si ce n'est la gestion de toutes les affaires, du moins les garanties nécessaires à un plus grand nombre d'intérêts.

L'association ou la confédération générale s'affaiblit de tout ce qui se trouve en dehors de son gouvernement, et les associations particulières de communes ou d'états s'affaiblissent non-seulement de ce qui n'entre pas dans le gouvernement général, mais jusqu'à un certain point de ce qu'elles ont mis en commun. Ainsi, l'état de New-York, avec ses deux millions d'habitants et un territoire qui pourrait contenir une population quatre ou cinq fois plus considérable, formerait un gouvernement beaucoup plus fort, s'il réunissait en lui-même la direction et la gestion de tous ses intérêts.

Les États-Unis ont deux espèces de constitutions : celles de chaque état pour son propre gouvernement, et celles de la confédération pour le gouvernement des intérêts communs. La constitution générale est incontestablement plus parfaite que les constitutions particulières; cela vient de ce qu'elle est le produit de l'intelligence de tous les états.

Le pouvoir législatif dans chaque état, celui de Vermont excepté, et dans le gouvernement central, est exercé par deux chambres, l'une dite des Représentants, l'autre qui s'appelle le Sénat. Dans les états, les deux chambres se nomment la *Législature;* on les désigne par le nom de *Congrès* dans le gouvernement général. La chambre des représentants appartient essentiellement à la population. Dans toute l'étendue de l'Union, chaque circonscription de 47,500 habitants nomme directement un député; quelle que soit l'étendue des états, ils n'élisent chacun que deux sénateurs. Les représentants expriment l'opinion générale du pays; les sénateurs, dont le nombre est le même pour chaque état, rétablissent l'égalité entre les grands et les petits états; c'est pour cela qu'en Amérique deux chambres sont, jusqu'à un certain point, nécessaires.

Ce n'est pas la division du pouvoir législatif en deux chambres qui rend meilleure la République des États-Unis, mais la distinction ou la séparation que l'on a établie entre les différentes branches de l'autorité suprême. Le sénat américain n'est pas seulement une branche du pouvoir législatif; il est de plus le grand conseil du gouvernement; il est chargé de résoudre les questions ou les difficultés de droit public qui surviennent dans la marche des affaires. Les questions qui ne sont pas résolues par le sénat sont décidées par la cour suprême, dont les attributions sont plus larges et l'autorité plus réelle que celles de notre conseil d'état. Au moyen de ce pouvoir qui explique la loi toutes les fois qu'il s'agit de l'intérêt public, l'agent ou les agents du pouvoir exécutif ne sont point comme chez nous juges entre eux et les citoyens, entre le pays et l'étranger; ils ne sont que les instruments de la volonté nationale, sans qu'ils puissent participer à l'expression et à l'interprétation de cette volonté. C'est cette distinction de pouvoirs qui fait la force de la République anglo-américaine pour tous les intérêts qu'embrasse le gouvernement général.

En résumé, les États-Unis doivent leur vie, leur force à la République; il ne leur manque, pour assurer leur avenir, que de rassembler un plus grand nombre d'intérêts dans la cité générale, dont à cela près la constitution nous paraît la plus parfaite qui ait jamais existé. Si la confédération anglo-américaine se fondait dans un gouvernement unique pour tous les intérêts, elle n'aurait besoin que d'une seule chambre qui n'aurait que plus de force comme pouvoir législatif, tandis que la magistrature chargée de juger les questions de droit public acquerrait elle-même une plus grande autorité.

Il résulte des explications dans lesquelles nous venons d'entrer qu'on ne peut, malgré tout ce qu'elle a de bon, appliquer sans danger la constitution anglo-américaine à aucun autre pays. Les diverses républiques qui se sont formées en Amérique et qui ont pris cette constitution pour modèle n'ont pas tardé à en éprouver les fâcheux effets. L'union fait la force, comme elle fait la lumière et la justice ; mais il faut que cette union soit complète, car si les intérêts qu'on tient divisés l'emportent sur ceux qu'on rassemble, il est de toute évidence que la République ne pourra subsister.   Aug. Billiard.

ÉTENDARD. C'est le synonyme poétique de drapeau. C'est un mot du *style noble,* comme on dit en rhétorique, et qui exprime dans la langue des dieux ou des poètes la même idée que ce mot si plébéien de drapeau. Il s'agit toujours d'un signe de ralliement quelconque, que ce soit le *labarum* de Constantin, la *bannière* des chevaliers, l'*oriflamme* des rois, ou le *guidon* des simples soldats.

Les hommes vivant à l'état d'antagonisme ont toujours eu besoin de se reconnaître entre eux comme amis et comme ennemis. De là, l'origine de l'Étendard ou drapeau. Elle date de si loin qu'on n'en saurait dire l'époque. Autant vaudrait-il tenter d'assigner le jour où deux hommes ont commencé à être en guerre l'un contre l'autre. L'Étendard est le nom visible d'un chef, d'une famille, d'une cité, d'une province, d'une nation. C'est un nom qui se prononce aux yeux, pour ainsi dire, et qui représente partout la nation, la province, la cité, la famille, le chef, quelque éloignés qu'ils soient du lieu où flotte l'Étendard. L'Étendard, c'est la patrie.— L'Étendard n'a pas toujours flotté ; il n'a pas toujours été un morceau de drap, un drapeau fait à l'image des peuples dont il était le symbole ; il affecta d'abord une forme analogue au caractère, aux mœurs, aux coutumes ou à l'esprit de ceux qu'il représentait. Les anciennes nations, si profondément mystiques, adoptèrent pour Étendard des signes et des figures créés à leur ressemblance. Les unes avaient choisi le hibou à cause de sa vigilance ; les autres, l'aigle à cause de sa suprématie. D'autres se contentaient d'une gerbe de blé ou d'une tête de bœuf pour exprimer leur vie pastorale ou champêtre. Mais bientôt ces nations, tout en conservant ces figures symboliques pour Étendard, y ajoutèrent un *drapeau,* c'est-à-dire un lambeau d'étoffe de diverses couleurs. La raison en est simple. L'Étendard s'adresse aux yeux. Or, quoi de plus palpable à la vue que la couleur. Les hiéroglyphes s'effacent ou se brouillent à une certaine distance ; mais la couleur se distingue et se reconnaît d'aussi loin que peut aller le regard humain.

L'Étendard, chez les nations modernes, se compose aussi de couleurs et de formes. On sait quelles nombreuses phases de transformations a subies

l'Étendard ou le drapeau de la France. Il a varié comme le gouvernement, c'est-à-dire à l'infini, depuis l'abeille jusqu'à l'aigle, depuis la blancheur de l'aube jusqu'à la multiplicité de l'arc-en-ciel. Nous avons à l'heure qu'il est le drapeau tricolore surmonté du coq gaulois.

Il viendra un temps où la variété de l'Étendard, signe de l'égoïsme et de la lutte des hommes entre eux, disparaîtra de la terre. C'est le temps prédit ou rêvé par un doux philosophe, le temps de la paix universelle, le temps désirable où les nations, ce dernier mot de l'individualisme, ne seront plus qu'une nation. Déjà les Étendards ont cessé d'être, comme ils étaient au moyen-âge, pour le seigneur et pour la province ; les peuples seulement se distinguent et se séparent encore par des formes et des couleurs. Mais l'avenir verra les Étendards des nations s'en aller comme ceux des provinces, et tous les peuples du monde se mêler ou se confondre sous un drapeau unique, celui de l'humanité.   Félix Pyat.

ETHNARQUE, gouverneur d'une nation. Ce mot est dérivé du grec εθνος, nation, peuple, et d'αρχη, pouvoir, puissance. On appelait, dans le Bas-Empire, Ethnarque le gouverneur d'une province. — L'*ethnarchie* était la province gouvernée par l'Ethnarque ; c'était aussi le nom de la dignité dont il était revêtu.

ETHNOGRAPHIE, partie de la statistique qui a pour objet l'étude et la description des divers peuples.

EUROPE. L'Europe est la plus petite des cinq parties du monde énumérées par les géographes. Sa surface est de 485 mille lieues carrées de 25 au degré équatorial. Sa population totale s'élève environ à 230 millions d'habitants. L'accroissement annuel de cette population est, dit-on, d'un million d'âmes.

Les limites de l'Europe sont, au nord et à l'ouest, l'Océan ; au sud, la mer Méditerranée, les Dardanelles, la mer de Marmara, le canal de Constantinople, l'Hellespont et la crête du Caucase depuis cette mer jusqu'à la mer Caspienne ; à l'est, la mer Caspienne du Caucase à l'Oural, le cours de l'Oural jusqu'aux montagnes qui portent le même nom, puis enfin la chaîne de ces montagnes et la rivière de Kara qui se jette dans l'Océan glacial.

Le point le plus méridional de l'Europe se trouve dans l'île de Candie (cap Matala), vers le 35e degré de latitude nord ; son extrémité septentrionale est le Cap Nord, dans une île de la Norwége, sous le 71e degré. De l'est à l'ouest, elle s'étend depuis le 58° 50' de longitude est (monts Ourals) jusqu'au 12° 65' de longitude ouest (côte occidentale de l'Irlande).

Si l'on compare l'Europe aux autres contrées, on voit qu'avec tous ses royaumes elle n'excède pas en étendue le double du bassin de l'Amazone, et pourrait être contenue au moins trois fois dans la Russie d'Asie. Sa population tout entière n'est guère plus nombreuse que celle de la Chine. Toutefois, cette population forme environ le quart de celle qu'on attribue à la surface du globe.

Les peuples de ce coin de terre si petit, et relégué vers le pôle, jouissent en revanche d'un avantage géographique qui est refusé aux autres parties du monde. Leurs côtes sont profondément découpées par des golfes et des mers intérieures, de telle sorte que le développement des frontières maritimes de l'Europe dépasse de beaucoup celui des côtes de l'Afrique et de l'Asie.

Cette immense étendue de côtes, en facilitant les communications de peuple à peuple a été, sans nul doute, une des causes physiques de la puissance européenne et de nos progrès dans la civilisation. Il faut y joindre l'heureuse disposition de ces fleuves et rivières qui coupent l'Europe en tout sens. Ils n'ont pas, il est vrai, l'imposante grandeur des cours d'eau de l'Amérique et de l'Asie; mais leurs bassins ne sont pas non plus séparés par des chaînes presque inaccessibles, et leurs eaux, comme celles de l'Asie centrale ou de l'Afrique, ne vont pas se perdre dans des mers fermées ou dans des marécages.

Enfin, l'Europe jouit d'un climat tempéré, qui ne se retrouve nulle part ailleurs sous la même latitude. Ainsi, tandis qu'à Naples la neige est un phénomène presque inconnu, New-York, situé sous le même parallèle, voit chaque année la mer se couvrir de glaces. Nous apprenons que les Russes aux environs de Khiva souffrent en ce moment un froid de plus de vingt degrés, et cependant les rives de l'Oxus sont aussi près du soleil que les chaudes campagnes du royaume de Valence.

Tels sont les traits généraux qui distinguent l'Europe proprement dite, considérée dans ses limites géographiques. Maintenant, si par le mot Europe nous entendons, comme on le fait souvent dans le langage politique, l'ensemble des nations qui forment la Société européenne, nous serons obligés d'étendre le cercle et d'y comprendre la plupart des États américains, l'Égypte qui ne peut certes pas rester en dehors de nos systèmes d'alliance et de droit public, et enfin l'Inde anglaise elle-même, puissance née de l'Europe, et qui pèse d'un si grand poids dans l'équilibre de cette partie du monde.

Considérée de ce point de vue, la société européenne embrasse une grande partie du monde connu. Maintenant, quelle est l'origine de cette société? quelles ont été les causes de son prodigieux développement et de sa puissance actuelle? quels sont les rapports qui existent entre ces divers éléments et les lois générales qui les régissent. Nous allons essayer de dire quelques mots sur ces immenses questions.

Depuis les temps où son histoire commence à nous être connue, l'Europe a toujours tendu vers l'unité. D'abord la conquête romaine, en soumettant l'Italie, l'Espagne, la France, l'Angleterre et l'Écosse, la Russie et tous les pays situés au sud du Danube, fit de ces vastes provinces un tout, sinon homogène, soumis du moins aux mêmes lois. Cette unité, que la force seule avait imposée,

reçut une première atteinte par le partage que fit Constantin, et ne tarda pas à se briser entièrement dans le cours du cinquième siècle sous la grande invasion des peuples appelés barbares.

Mais, en même temps que la puissance des Césars s'évanouissait, une autre puissance qui avait également établi son siège dans Rome faisait peu à peu la conquête de l'Europe, et remplaçait l'unité romaine par l'unité catholique.

Au neuvième siècle, toutes les peuplades conquérantes, venues de la Norwége, de la Russie, des bords de la Caspienne et même, dit-on, des contrées les plus reculées de l'Asie, tous ces barbares conquérants étaient absorbés dans la société chrétienne, ou bien avaient été expulsés et détruits. L'histoire des conversions et des luttes armées contre les Ariens et les idolâtres est l'histoire de l'Europe jusqu'au siècle de Charlemagne. A cette époque, toute la partie du monde que nous habitons, si l'on excepte l'Espagne envahie par les Maures, était réunie dans les liens d'une même loi religieuse, en tête de laquelle se trouve écrit le principe d'égalité et de charité ou de dévouement.

Si l'on remarque que les fondateurs de cette religion avaient, en outre, consacré le principe d'élection comme base de l'autorité, et qu'ils avaient imposé aux hommes du pouvoir l'obligation d'être les premiers serviteurs de leurs subordonnés, on comprendra que l'Europe possédait dès cette époque les éléments nécessaires pour s'organiser comme en une seule famille.

L'institution des conciles œcuméniques faisait de toutes les nations européennes une grande république dans laquelle une immense assemblée de représentants était appelée à régler d'une manière uniforme les rapports généraux des souverains. Il y avait là une base puissante pour l'établissement d'un code de droit public uniforme et protecteur des intérêts de l'humanité.

Malheureusement, il arriva que l'Orient se sépara de la communauté qui commençait à relier les peuples occidentaux. En même temps, les successeurs de Charlemagne et ceux de Saint-Pierre entreprirent de convertir chacun à leur profit la République chrétienne en monarchie. L'autorité démocratique des conciles, attaquée et ruinée au nom du pouvoir spirituel par les papes et du pouvoir temporel par les empereurs, ne tarda pas à s'affaiblir d'autant plus rapidement que les conciles, au lieu de poursuivre leur mission populaire, se perdirent trop souvent dans ces subtilités métaphysiques qui firent la honte du Bas-Empire.

Toutefois, une grande pensée vint pour quelques siècles resserrer les liens de l'unité européenne. Pendant plus de deux cents ans, notre société tout entière poursuivit un but commun: la conquête de ce pays qui sert de lien aux trois parts de l'Ancien-Monde, et qui a été le berceau de leurs législateurs sacrés.

Comme entreprise religieuse, nous ne pouvons plus guère comprendre les croisades; mais nous comprenons et nous devons poursuivre encore leur pensée politique, qui était de mettre entre les mains de l'Europe la clé de l'Orient. Cette pensée, il est vrai, fut mal ou même ne fut point réalisée. La Syrie resta peu de temps au pouvoir des croisés, et l'ancienne Byzance tomba elle-même sous la domination des Mahométans. Mais qui pourrait affirmer que les croisades n'ont pas été cependant utiles à l'Europe, et que sans cette pression constante exercée pendant deux siècles sur l'Orient, l'invasion musulmane se fût arrêtée plus tard aux montagnes de l'Albanie ?

Un autre résultat heureux produit par les croisades, et sur lequel la politique la plus clairvoyante ne comptait pas sans doute, ce fut l'abaissement et la ruine de la plupart des seigneuries féodales qui morcelaient le sol et tenaient ses habitants divisés et esclaves. A la suite de ces guerres lointaines, il ne reste plus debout que quelques puissances royales qui s'agrandissent en absorbant les puissances secondaires, et en même temps on voit s'élever ces villes libres, petites républiques qui, liguées sous le nom de Hanse, s'enrichissant dans les voies nouvelles que la guerre a ouvertes au commerce, offrent à l'abri de leurs murs les premières institutions de liberté civile.

Alors aussi commencent entre l'Angleterre et la France ces longues guerres, qui jusqu'au règne de Charles VII comprimèrent l'essor de notre nation, agent actif et incessant de la civilisation unitaire de l'Europe. Ces guerres virent tomber l'antique chevalerie devant l'invention nouvelle des armes à feu, et elles se terminèrent, comme on sait, par l'affranchissement presque complet du sol de la France.

Vers le même temps, et sous le règne de Ferdinand et d'Isabelle, l'Espagne se voyait également, par l'expulsion des derniers Maures, délivrée des restes de la domination étrangère.

De nouvelles voies s'ouvraient au commerce par le sud de l'Afrique, et la découverte de Christophe Colomb venait, pour ainsi dire, ajouter à l'Europe un nouvel hémisphère. Les éléments qui, plus tard, rendirent si redoutable la puissance de Charles-Quint, commençaient à se réunir, tandis que, de son côté, la France recueillait les forces qui lui furent si nécessaires pour défendre l'Europe contre la monarchie universelle du roi des Espagnes et des Indes.

A peine la France avait-elle été délivrée de l'invasion anglaise qu'elle travailla à resserrer son unité nationale en s'assimilant la Bourgogne et en détruisant les restes du fédéralisme seigneurial caché sous le beau nom de Ligue du bien public. Bientôt après, Charles VIII institua les premières armées régulières, et aussitôt il entreprit d'assurer par les armes la prépondérance de la France en lui donnant au cœur de l'Europe occidentale la Lombardie.

Ce fut là encore l'origine de longues guerres et le premier commencement de ce qu'on peut appeler l'histoire diplomatique de l'Europe. C'est, en effet, dans les luttes de la France contre la maison d'Autriche que l'on voit paraître, pour la première fois, l'idée d'un équilibre européen et d'un système de contreforces destiné à liguer tous les États secondaires contre la puissance prépondé-

rante. Jusqu'à ce jour, la science diplomatique ne s'est pas proposé autre chose, et il faut lui rendre cette justice de dire qu'elle ne pouvait guère atteindre un but plus élevé, puisque les diverses forces qui ont tenté de réunir l'Europe en un tout homogène ne l'ont fait que dans un intérêt égoïste, et nullement pour l'avantage général des nations.

Aussi, l'Europe prêta secours à la France contre Charles-Quint; puis, inquiète de l'esprit envahissant de François Ier, elle prit parti contre ce prince. Les prétentions temporelles du saint-siége donnèrent naissance à la réforme de Luther et à la fameuse union des États protestants appelée ligue de Smalkalden. Partout, on s'organisa vigoureusement contre le pouvoir, parce que partout le pouvoir manquait à la condition qui seule peut le rendre légitime, savoir : le dévouement aux intérêts de ses subordonnés.

Les petits États eurent donc raison de se défendre contre les divers essais de monarchie universelle; et, lorsque vint la guerre de trente ans, Gustave-Adolphe, Maurice de Saxe, Richelieu, furent vraiment les boulevarts de la liberté de l'Europe contre la tyrannie de la maison d'Autriche. Mais les diplomates qui, après trente ans, eurent le bonheur de signer la fin de la guerre, n'en commirent pas moins une faute, faute inévitable peut-être de leur temps, mais cependant funeste : ce fut, tout en posant des limites aux grandes ambitions, d'invoquer uniquement les droits des princes et nullement ceux des peuples.

Tel est, en effet, le caractère dominant des traités d'Osnabruck et de Munster, qui, jusqu'à ces derniers temps, ont servi de code international à l'Europe. On y prend des précautions contre les envahissements possibles des grands monarques, on y organise plus ou moins heureusement un système de conservation et de résistance, on y consacre avec beaucoup de soin le droit de propriété des rois sur leurs sujets; mais, cela fait, on laisse toutes les questions d'avenir en suspens, on ne songe pas surtout à établir aucun lien commun entre les peuples.

Ces vices se retrouvent dans tous les traités de pacification générale qui ont mis fin aux grandes guerres européennes depuis deux cents ans. A la paix de Nimègue, qui marque l'apogée de la gloire de Louis XIV, à celle d'Utrecht, qui termina la guerre de la succession d'Espagne, on retrouve toujours cette pensée qui préoccupe par dessus tout les plénipotentiaires : donner des garanties aux propriétaires des divers gouvernements. A l'exception de la France, qui, à plusieurs reprises, a défendu par les armes les droits de tous, et notamment le principe de la liberté des mers, on ne trouve que rois stipulant les intérêts de leur dynastie et leur domaine.

Dans les débats qui préludèrent, vers le milieu du dix-huitième siècle, à la fameuse guerre de la succession d'Autriche, on vit apparaître une foule de mémoires dans lesquels les divers prétendants réclamaient l'héritage, l'un en vertu de son contrat de mariage, un autre comme y ayant droit du chef de sa trisaïeule.

49

Des États disparurent de la carte de l'Europe; d'autres, la Russie et la Prusse, prirent rang tout à-coup parmi les puissances; mais la base des relations diplomatiques ne changea pas. Ce fut toujours le droit de propriété consacré sous le beau nom de droit divin. C'est au nom du droit divin que les électeurs de Brandebourg voient consacrer leurs conquêtes à la fin de la guerre de Sept-ans; c'est au nom du même droit qu'ils partagent la Pologne avec la Russie et l'Autriche. Aujourd'hui encore, c'est en qualité de propriétaires que les princes transigent entre eux et signent des traités. Ceux de 1815, aussi bien que ceux du seizième siècle, établissent pour chaque monarque une sorte de compte en partie double où, quand il y a perte de territoire, la balance est soldée par une quantité d'âmes à prendre dans telle ou telle province. Enfin, depuis 1830, nous avons encore vu les mêmes principes soutenus à l'égard du Luxembourg et acceptés par des gens qui se disent les représentants de la Révolution française.

Toutefois, ce prétendu droit divin n'est pas regardé comme un droit véritable par ceux-là mêmes qui l'invoquent; car ils ont hâte de l'abandonner aussitôt qu'ils se trouvent aux prises avec l'autorité des faits accomplis. Ils n'ont soutenu ni le droit de Guillaume sur la Belgique, ni celui de Charles X sur la France; et comme ils ne reconnaissent pas non plus le principe en vertu duquel Guillaume et Charles X ont été dépossédés, nous pouvons en conclure qu'il n'y a pour eux d'autre droit que la force, qu'à leurs yeux les chefs des peuples sont entre eux à l'état sauvage. C'est, au reste, ce qui s'avoue hautement et s'imprime encore aujourd'hui dans toutes les histoires des congrès, dans tous les traités de droit public.

On y avoue également que les arrangements pris depuis deux siècles, en vue de ce qu'on appelle l'équilibre européen fondé sur l'intérêt de quelques familles, n'ont jamais assuré le repos des États d'une manière certaine pour une période de temps même assez courte; que les morcellements de territoire nécessités par les prétentions personnelles et par l'envie d'établir matériellement une balance impossible, sont au contraire une cause de désordre et de troubles; enfin, qu'un code international, destiné à régler d'une manière uniforme les droits et les devoirs de chacun, est encore à faire.

Tel est aujourd'hui l'état des relations internationales en Europe. C'est au principe de la Souveraineté populaire qu'il appartient de faire luire la lumière au milieu de ce chaos et de fonder le véritable règne du droit en faisant reconnaître la maxime, déjà vieille mais jamais appliquée, que les gouvernements sont faits pour les peuples et non les peuples pour les gouvernements. Déjà, elle est adoptée chez presque toutes les nations qui nous environnent. Partout, chez elles, il y a ce qu'on appelle avec raison un parti français. Ce parti existe en Espagne, en Italie, en Grèce, sur les bords du Rhin, en Pologne, en Angleterre, même en Russie. Ses progrès sont lents, mais incessants; et c'est à lui qu'est réservé l'honneur de donner à l'Europe cette unité vers laquelle elle fait effort depuis tant de siècles. De grandes ambitions ont tenté à plusieurs reprises de transformer l'Europe en une grande monarchie; elles ont échoué. D'autres ambitions en ont fait ce que nous voyons aujourd'hui, une sorte d'olygarchie toujours agitée que dominent quinze familles royales et qu'exploite la corporation marchande des aristocrates anglais. Nous croyons qu'il est réservé à la France de la faire enfin arriver au but qu'elle poursuit depuis tant de siècles en la constituant en République démocratique. J. BASTIDE.

ÉVÊQUE. On ne distingue pas, avant le deuxième siècle, l'épiscopat de la prêtrise : c'était une seule et même dignité. Suivant saint Jérôme, l'établissement de la hiérarchie qui constitua l'Évêque, ἐπισκόπος, supérieur au prêtre, πρεσβύτερος, eut son origine dans un sentiment d'orgueil. Nous voulons croire que cette imputation est stoïquement calomnieuse, et que la distinction des pouvoirs fut introduite par la nécessité de discipliner l'Église, nécessité inconnue dans le premier siècle où l'on ne songeait qu'à la propagande.

Les pouvoirs primitifs des Évêques ont été singulièrement modifiés depuis le concordat de François Ier. Le concordat de 1801 leur a ravi les dernières de leurs prérogatives par l'article suivant : « Les Évêques nomment les curés; leur choix ne peut tomber que sur des personnes agréées par le chef de l'État. » (Art. 10.)

ÉVOCATION. Dans le langage du droit, ce mot exprime l'acte par lequel le jugement d'un crime ou d'un délit est légalement transféré d'une juridiction à une autre. Il s'applique plus spécialement aux cas prévus par les articles 235 et 342 du Code d'instruction criminelle.

L'article 235 donne aux Cours royales (1) le pouvoir de se substituer aux magistrats ordinairement chargés de l'instruction, d'ordonner les poursuites, de se faire apporter les pièces, d'informer ou faire informer, et de *statuer ensuite ce qu'il appartiendra*. Quand une Cour royale use de cette faculté, on dit qu'elle *évoque* l'affaire. Le but du législateur, indiqué dans la discussion du Code, a été de créer un mode pour empêcher qu'aucun crime ne reste impuni par suite de la négligence ou de la malversation des officiers publics chargés de la poursuite des criminels. Mais on comprend qu'un mauvais gouvernement puisse, dans un but politique, se servir de son influence sur le pouvoir judiciaire afin d'étouffer une affaire scandaleuse, ou de sauver des coupables qu'il protège, ou même de priver des prévenus des garanties que leur offre la marche habituelle de l'instruction judiciaire. Tout cela résulte du droit donné à la Cour royale de *statuer*, après sa propre information. On a vu, dans nos temps de troubles politiques, plus d'un exemple de pareils abus du pouvoir confié à la magistrature dans un intérêt de bon ordre social.

(1) Toutes les chambres assemblées, et sur la dénonciation d'un membre de la Cour. (Décret du 20 avril 1818, art. 11.)

D'autres abus ont aussi résulté de l'espèce de droit d'Évocation créé par l'article 542. Cet article attribue à la Cour de cassation le pouvoir de renvoyer la connaissance d'une affaire d'un tribunal à un autre tribunal du même degré, pour cause de *sûreté publique* ou de *suspicion légitime*. Appliqué au jugement des délits politiques, cet article peut, surtout dans les époques d'agitation, influer gravement sur le sort des accusés. Et comme la Cour de cassation ne peut statuer que sur la réquisition du procureur-général, fonctionnaire éminemment politique, l'initiative de ces mesures exceptionnelles est à la discrétion du pouvoir exécutif, dont l'intérêt particulier n'est que trop souvent, sous notre constitution, différent de l'intérêt national. — Autrefois, les évocations étaient exercées par le roi. L'exercice en était fréquent.   H. C.

EXACTION. Ce mot a un sens très-général; il est formé des deux mots latins : *ex* et *agere*, agir en dehors, c'est-à-dire en dehors du droit et de la justice. Aussi, le mot Exaction s'applique-t-il à tous les actes extra-légaux commis par les agents du pouvoir. (V. ABUS D'AUTORITÉ, CONCUSSION.)

EXARCHAT. Dans le moyen-âge, on a donné le nom d'Exarchat et celui de *décapole* à une province d'Italie dont Ravenne était la capitale, et qui comprenait, outre cette ville, Césarée, Classe, Cervia, Césène, Imola, Forlimpopoli, Forli, Bologne et Faenza. Les papes en jouissaient en vertu d'une donation de Pépin-le-Bref dont l'authenticité a été contestée. L'Exarchat était aussi la dignité, le gouvernement, ou le département de l'exarque.

EXARQUE. On désignait ainsi, vers la fin de l'empire romain, le gouverneur-général de l'Afrique. En 567, Flavius Longinus, patrice, gouverneur-général d'Italie au nom de Justin II, empereur d'Orient et d'Occident, prit le titre d'Exarque, au lieu de celui de duc que portait son prédécesseur. Il étendit considérablement le pouvoir dont il était investi, et ceux qui lui succédèrent marchèrent sur ses traces. La condition des Exarques fut celle des satrapes sous les anciens rois de Perse; ils gouvernaient souverainement; mais ils étaient tributaires et pouvaient être révoqués.

Exarque fut aussi le nom d'une dignité ecclésiastique, qui ne subsiste plus que dans l'Église grecque. On désigne sous ce titre un député envoyé par le patriarche pour visiter les provinces.   B.-C.

EXCELLENCE, titre que l'on donne dans les cours aux plus hauts dignitaires, tels que les ministres et les ambassadeurs. C'est Henri IV qui, le premier, en 1593, qualifia d'Excellence le duc de Nevers qu'il envoyait en ambassade auprès du Pape. Cet usage fut depuis généralement adopté. Les ambassadeurs de la République de Venise furent les seuls à qui on refusa longtemps cette qualification; ils ne l'obtinrent enfin, de l'Empereur et du roi d'Espagne, qu'en 1636, après une délibération solennelle. A Venise, on se montrait beau-

coup moins scrupuleux : les sénateurs étaient sans difficulté traités d'Excellence par les bourgeois et par le peuple. Ce titre est tombé aujourd'hui dans un tel discrédit en Italie, qu'il n'est personne qui ne s'y voie salué de l'épithète d'*eccellenza*. B.-C.

EXCISE. L'Excise est en Angleterre ce que les contributions indirectes sont en France, l'impôt le plus détesté du peuple, parce que c'est celui qui frappe la consommation des denrées dont l'usage est le plus général.

Les licences des débitants de boissons et les droits que l'échiquier perçoit sur les ventes aux enchères sont compris dans l'Excise. On classe, en outre, sous cette dénomination générique, les droits sur la drèche, sur les spiritueux, sur le thé, sur le savon, sur le papier, sur le verre, sur les briques et tuiles, sur le houblon, sur l'amidon, sur le vinaigre, sur les bouteilles de grès, sur les parfums et sucreries (*sweets*), sur les imprimés, sur la chandelle. Ces quatorze derniers impôts sont placés ici dans l'ordre de l'importance de leur produit.

D'après le compte de finances de 1834 que nous avons sous les yeux, l'Excise rapportait 16,690,000 liv. sterl. (417,250,000 fr.). Les frais de perception s'élevaient à 891,395 liv. sterl. (22,284,875 fr.)

EXCOMMUNICATION. L'Excommunication était la peine portée par les papes ou par les évêques contre les clercs et les laïques rebelles aux décrets de l'Église. Retranchés de la communion, condamnés à la mort spirituelle, ils devenaient un objet d'horreur, même pour leurs proches, et les restes de leurs tables étaient jetés aux chiens. On vit des serviteurs, des courtisans abandonner leurs maîtres; on vit des armées refuser l'obéissance à leurs chefs, après que la main du souverain pontife se fut appesantie sur eux. Pour avoir tué un laïque, on était puni de mort; pour avoir tué un clerc, on était excommunié. Qu'il était haut placé dans la vénération des peuples ce tribunal qui pouvait ainsi substituer un châtiment moral aux tortures et aux exécutions décrétées par la loi séculière ! Qu'elle était vraiment divine cette justice qui flagellait avec la parole, et qui relevant la victime de l'anathème, par une année d'expiation, la rendait à la société, régénérée par la pénitence et purifiée de toute souillure !

Les chefs de l'Église ont abusé de l'Excommunication, et cet abus en avait compromis l'efficacité, longtemps avant que l'autorité du saint-siége eût perdu son empire sur la conscience des peuples.   B. H.

EXÉCUTOIRE. Ce mot, appliqué comme adjectif à un acte, à un jugement, à une loi, indique que toutes les formalités ont été remplies, et que les magistrats, les agents de l'autorité, la force publique, doivent concourir à leur exécution. C'est par cette raison que tous les titres exécutoires sont suivis d'une formule par laquelle le souverain ordonne de se conformer à leur contenu. En ce sens, le mot Exécutoire est aussi employé comme substantif ; on appelle un Exécutoire la partie des actes qui n'ont rapport qu'à l'exécution.

EXÉQUATUR. Mot latin dont la signification littérale est : *qu'il accomplisse.* C'est le nom que l'on donne à l'acte par lequel un gouvernement, après avoir reçu les lettres de créance (V. ce mot) d'un agent diplomatique, l'autorise à exercer ses fonctions.

L'Exéquatur ne peut émaner que de l'autorité souveraine ou de son délégué spécial, et recevoir l'Exéquatur d'une puissance c'est reconnaître son droit de souveraineté sur le pays où l'on envoie un agent diplomatique. Un membre de la chambre des députés a fait dernièrement remarquer que le consul anglais résidant à Alger fonctionnait encore en vertu de l'Exéquatur donné par le dey avant la conquête, et qu'il n'avait pas demandé celui de la France. L'orateur y voyait avec raison la preuve que l'Angleterre ne reconnaît pas notre souveraineté sur l'Algérie, et que le gouvernement français ou ne croit pas à cette même souveraineté, ou ne sait pas la faire reconnaître.

EXIL. L'Exil était sous l'ancien régime une peine que le roi prononçait contre ceux qui avaient encouru sa disgrâce. Il était interdit à l'exilé d'habiter tel ou tel lieu déterminé, la Cour, par exemple, et de s'en approcher au-delà d'une certaine distance. Quelquefois aussi l'Exil consistait à être relégué dans un lieu particulier d'où on ne pouvait s'éloigner sans permission.

L'Exil était une peine très-fréquemment appliquée à cette époque. Elle frappait ordinairement les courtisans. Les mémoires des deux derniers siècles mentionnent plusieurs Exils fameux et entre autres ceux du comte de Grammont et de Bussy-Rabutin, tous deux coupables d'avoir contrarié les amours de Louis XIV.

Bonaparte, en rétablissant la monarchie absolue, rétablit aussi l'Exil. Il exila madame de Staël et plusieurs autres personnages. Au lieu de livrer Dupont à la justice ordinaire après la capitulation de Baylen, il préféra l'exiler *dans ses terres.*

On dit ordinairement que l'Exil n'est plus connu en France. Cette assertion est vraie en ce sens que l'Exil en entrant dans les lois a perdu en partie son caractère essentiellement arbitraire. Mais la peine elle-même subsiste encore. Elle est portée notamment par l'article 635 du Code d'instruction criminelle et par l'article 229 du Code pénal. Et la surveillance de la haute police, cette peine, si fréquemment, si légèrement ajoutée à une autre peine, ne permet-elle pas d'exiler le condamné d'une façon aussi arbitraire que sous l'ancien régime ? L'Exil d'aujourd'hui ne diffère de l'Exil ancien que par le jugement qui le précède, mais qui ne l'inflige pas toujours.

Dans le langage de la conversation, le bannissement et la déportation sont confondus sous le nom commun d'Exil. On dit aussi que les condamnés par contumace pour cause politique sont exilés. (V. BANNISSEMENT et DÉPORTATION.)

EXPORTATION. L'exportation consiste à conduire sur les marchés étrangers des marchandises achetées sur le territoire national.

Les anciennes ordonnances relatives aux droits de rewe, de haut passage, d'imposition et de traite foraine, droits confondus aujourd'hui sous le nom commun de DOUANE, semblent avoir été dictées par le désir d'empêcher les Exportations. Depuis l'ordonnance de 1376, portée par Charles V, jusqu'à celle de 1564 rendue par Charles IX, le législateur n'a guère frappé les marchandises qu'à l'Exportation. Denrées alimentaires et objets de luxe, tout est indifféremment atteint par ces ordonnances ; elles imposent également les céréales, le bétail, les métaux, les fourrages, les cuirs, les chanvres et les draps de laine, de soie, d'or et d'argent.

Plus tard, on a adopté un système favorable aux Exportations, et par lequel on espérait amener l'importation d'une quantité considérable de numéraire. Ce système a été partagé par la plupart des États européens, et il règne encore, modifié par le temps, mais non détruit. Il gêne incontestablement le commerce qui, dans un grand nombre de cas, aurait plus d'avantage à importer certaines marchandises que du numéraire. C'est pour cela que nos modernes économistes, trop exclusivement préoccupés des intérêts du commerce, ont demandé l'abolition des droits de Douane. (V. DOUANES.)

Les tableaux d'Exportation qui se trouvent dans les comptes de toutes les administrations de douanes ne contiennent que des résultats fort inexacts. Les droits d'Exportation sont si minimes que les douaniers ne prennent pas la peine de vérifier exactement les déclarations du commerce : or, ces déclarations accusent presque toujours une valeur moindre que la valeur réelle. Cette inexactitude des tableaux d'Exportation donne lieu chaque jour aux calculs les plus singuliers contre lesquels on doit se tenir en garde. Personne ne sait positivement comment se balancent les importations et les Exportations.   C. S.

EXPOSÉ DES MOTIFS. Lorsqu'un ministre présente à l'une des deux chambres un projet de loi, il expose dans un discours préliminaire les motifs qui militent en faveur des propositions du gouvernement. C'est ce discours préliminaire que l'on appelle : Exposé des Motifs.

EXPOSITIONS NATIONALES. Deux sortes d'Expositions doivent intéresser particulièrement une nation : l'Exposition de l'industrie et celle des beaux-arts.

L'institution de la première remonte au Directoire ; elle fut dictée par une pensée politique. Sans racines au cœur de la nation, le gouvernement directorial cherchait à caresser les manufacturiers et les industriels, germe précieux d'une aristocratie nouvelle que l'on s'efforçait dès-lors de constituer. En conséquence, le Directoire annonça comme fête digne d'illustrer le sixième anniversaire de la République l'ouverture de la première Exposition de l'industrie.

Bonaparte devait nécessairement obéir à la même pensée ; il chercha, lui aussi, à éblouir la nation par le luxe des grands spectacles. Et, à vrai dire, il était beau et il pouvait être utile de voir les industries de tout genre venir se grouper dans la capitale de la France, qui était alors celle du monde. Les encouragements du chef de l'État, le suffrage ou les critiques des artistes et des savants, devaient nécessairement donner à l'industrie une impulsion puissante ; et cela était logique dans un gouvernement jaloux de la splendeur extérieure, et qui voulait écraser l'Angleterre en rivalisant d'industrie avec elle.

L'époque actuelle est essentiellement industrielle. Aussi, depuis vingt ans, les Expositions de l'industrie ont-elles pris un immense développement. Mais il y aurait beaucoup à faire pour les rendre vraiment dignes de la mission qu'elles devraient remplir. Les Expositions ne sont guère aujourd'hui que des lices ouvertes aux productions du luxe. Or, un gouvernement sage et national doit surtout porter ses vues et ses encouragements sur les découvertes utiles, encourager et récompenser les hommes généreux qui consacrent leurs veilles à chercher les moyens de rendre meilleure la condition des plus pauvres ; et malheureusement ce ne sont guère là les résultats actuels des Expositions industrielles.

Et puis, ne serait-il pas raisonnable et d'une sage prévoyance de chercher à décentraliser quelque peu le mouvement du commerce et de l'industrie. Quant à moi, je voudrais que l'on ouvrît une Exposition annuelle ou bis-annuelle dans les principales villes de nos départements. Les Expositions centrales n'auraient lieu alors à Paris que tous les dix ans ; et cette Exposition solennelle serait, pour ainsi dire, le compte-rendu des progrès de l'industrie pendant ces dix années. Le gouvernement donnerait de dignes récompenses aux découvertes les plus utiles.

Il faudrait aussi trouver le moyen de faire participer à ces Expositions l'agriculture, mère de l'industrie et du commerce et nourricière du peuple.

Pendant la grande époque de la République française, toutes les idées tendaient au même but : l'amélioration du sort du peuple. On honorait principalement les arts utiles ; dans les fêtes publiques, le premier pas était donné à l'agriculture. Depuis, on a comparativement donné à l'industrie une impulsion excessive ; et l'abus de l'industrie, l'industrialisme, a tout envahi, même les cultivateurs. Aussi, combien de terres incultes en France pourraient être fructifiées et nourrir une population qui devient de jour en jour plus nombreuse. La quantité de gens des campagnes qui affluent dans les grandes villes pour y gagner de plus forts salaires n'est-elle pas effrayante ? Les terres languissent, les hommes qui eussent été forts et robustes s'ils fussent restés dans leurs paisibles chaumières, viennent s'étioler physiquement et moralement dans nos villes ; puis, après avoir perdu plusieurs années dans les débauches des grands centres de population, ils retournent porter au milieu des paysans les vices dont ils se sont imprégnés, et la corruption s'agrandit.

Il importe donc, au plus haut degré, de mieux régler les développements de l'industrie et d'encourager surtout, comme nous l'avons déjà dit, non les inventions bizarres ou luxueuses, mais les découvertes vraiment utiles. Alors les Expositions industrielles ne soulèveront plus aucunes critiques.

Les Expositions des arts répondent à un autre ordre, d'idées, à d'autres besoins. L'art n'a point comme le commerce, une utilité positive, il ne peut, ne doit être jugé, analysé que par l'âme ; il faut qu'il soit indépendant de toute spéculation, et comme sa mission est, avant tout, de moraliser le peuple, il faut qu'il puisse s'adresser directement à lui, sans avoir à subir d'autre censure qu'une censure morale. Je voudrais aussi que l'Exposition des arts ne fût point patronée par un homme ; car l'art abdique ainsi en quelque sorte sa liberté et par conséquent sa dignité. L'art a le droit et le devoir de traduire les puissants à la barre de son puissant tribunal ; il est la justice des peuples, le sanctuaire conservateur des annales de la vertu et des crimes des tyrans ; il éternise les belles actions et il imprime sur les mauvaises le doigt brûlant de la justice.

Il faut donc aux productions des arts une Exposition digne d'eux, une Exposition nationale dans un local national. Le pays auquel les artistes consacrent leurs veilles, leurs créations, les intimes émanations de leur génie, leur doit un vaste monument où ils puissent exposer leurs ouvrages. Il faut que les artistes, eux aussi, puissent élever leur tribune au milieu des masses, qu'ils jouissent de leur liberté de la presse.

L'expérience a démontré jusqu'à l'évidence la plus complète que le mode actuel de *Salon* est on ne peut plus vicieux. J'indiquerai donc ici quelques modifications à apporter dans les Expositions des arts.

On regarderait comme souverainement injuste qu'un littérateur ne pût faire imprimer son œuvre sans qu'elle eût d'abord subi l'examen d'un jury d'auteurs : les membres de ce jury fussent-ils des hommes du plus grand mérite. Or, quelle raison qu'il n'en soit pas ainsi pour les artistes ? La liberté des Expositions est non-seulement un acte de haute justice, mais encore une question d'humanité. Je ne puis dire à quel point je trouve coupables les hommes qui viennent s'ériger en maîtres, pour accueillir ou repousser les ouvrages de leurs confrères. D'où leur vient le droit de réduire par un véto un artiste au désespoir, trop souvent à l'affreuse misère, parce qu'il voit la nature autrement qu'eux ?

Le caractère des artistes est extrêmement impressionnable ; c'est cette exaltation même qui crée les grands talents, car elle leur fait envisager la nature sous un point de vue original ; mais cette impressionnabilité les rend souvent injustes à l'égard d'œuvres senties différemment que les leurs ; c'est pourquoi il ne faut pas en faire des juges, des arbitres, car leur partialité pour tel ou tel genre les entraîne souvent, à leur insu même, aux abus les plus graves.

Un jury, de telle manière qu'il soit formé, est une création nécessairement défectueuse : je me sers d'un mot adouci. Les membres d'un jury, quels qu'ils soient, forment un tribunal exceptionnel, d'autant plus dangereux qu'ils sont sous l'influence de préjugés d'école et de goût bien souvent passagers.

Que l'on consulte les archives des académies, on verra qu'elles ont trop souvent perpétué les traditions systématiques adoptées suivant les époques, qu'elles ont fait une guerre acharnée aux novateurs que le génie entraînait vers des régions nouvelles.

Les corporations sont des chaînes qui retiennent dans la médiocrité des hommes qui sans cela eussent porté leurs regards vers les plus hautes sphères. Le jury met obstacle à la communication des artistes avec le public. Or, le public est en définitive le souverain juge. Le public prend ses jouissances partout où il les trouve en rapport avec ses goûts et ses besoins. Les ouvrages d'art lui étant destinés, il n'est pas juste de le tyranniser en lui triant les objets de son affection obligée, en lui imposant des admirations forcées.

Organisées comme elles le sont aujourd'hui, les Expositions sont une institution monarchique. C'est Louis XIV qui, le premier, *daigna* leur octroyer une salle de son Louvre ; les ouvrages des académiciens furent seuls admis. Les autres artistes exposaient en plein air leurs productions, sur la place Dauphine. Cet état de choses dura jusques en 1789.

A cette époque, les Expositions furent rendues à la liberté. Le 22 août 1791, l'Assemblée nationale faisant droit à une pétition des artistes, et aux conclusions de Barère, rendit un décret donnant à chacun le droit d'exposer.

Le jury fut rétabli sous l'Empereur et continua à fonctionner malgré les plus justes réclamations.

A mon avis, les expositions devraient être permanentes, renouvelées tous les six mois. Il y aurait deux galeries : dans l'une seraient placés les ouvrages des artistes ayant été admis aux précédentes expositions, et ayant obtenu des prix, des médailles, etc.; dans l'autre, les ouvrages des artistes exposant pour la première fois.

Chaque peintre ou sculpteur ne pourrait être admis qu'avec un certificat signé d'un maître connu; ce certificat, placé au-dessus de l'ouvrage, engagerait ainsi la responsabilité morale du présentateur. On éviterait par là un débordement d'œuvres ridicules. L'artiste auquel un certificat aurait été refusé trouverait sa garantie en en appelant, dans son atelier, au public lui-même.

Après avoir exposé deux ou trois fois dans cette salle d'introduction, les jeunes gens passeraient dans la galerie consacrée aux maîtres.

Par ce genre d'admission, les artistes seraient, dès leur début, vus et jugés par le public qui deviendrait chaque jour plus éclairé et, partant, plus sévère. Pendant six mois, l'opinion aurait le temps de se former irrévocablement sur une œuvre d'art,

car s'il y avait, d'une part, action de la *camaraderie*, il y aurait, de l'autre, réaction de la partie saine du public. Les artistes ne pourraient plus alléguer la jalousie et la haine de leurs confrères, chacun étant à même de faire apprécier son talent. Si, après plusieurs tentatives infructueuses, ils voyaient leurs efforts inutiles, ils pourraient, jeunes encore, embrasser une autre carrière.

Les Expositions durant six mois, les artistes auraient plus d'occasions de vendre leurs ouvrages, à cause de la quantité d'étrangers qui se succèdent journellement à Paris ; tandis qu'avec notre mode actuel, le *Salon* une fois fermé, les artistes remportent leurs œuvres dans leurs ateliers et perdent alors tout espoir de s'en défaire. C'est là ce qui les rend si dépendants du pouvoir.

On repousserait toute copie exécutée d'après les maîtres. L'expertise de deux ou trois restaurateurs de tableaux suffirait pour cela.

Tout ouvrage d'art en rapport trop direct avec l'industrie serait aussi refusé. Ils se trouvent exposés en permanence dans les magasins des marchands.

Une commission, composée d'hommes recommandables pris dans toutes les classes des citoyens, expulserait les compositions contraires aux mœurs et serait obligée de motiver cette exclusion.

Les ouvrages commandés par le gouvernement, placés par leur destination dans un monument public, ne seraient pas admis non plus; il y aurait à cela le double avantage de laisser plus de place à ceux qui ont besoin de se faire connaître, et de permettre à l'artiste de songer exclusivement aux exigences monumentales de l'endroit que doit occuper son ouvrage sans se préoccuper de l'effet du Salon.

Pour donner un stimulant aux artistes, pour que le public pût constater les progrès des arts dans notre patrie, tous les dix ans, ainsi que pour l'industrie, serait ouverte une Exposition solennelle ; les ouvrages les plus remarqués pendant ce laps de temps y seraient seuls admis. Le gouvernement décernerait alors des récompenses dignes d'une grande nation.

Pour ne pas laisser ces récompenses à l'arbitraire du pouvoir, les noms des ouvrages désignés par la voix publique seraient inscrits sur un registre ouvert aux artistes, et où ils viendraient sanctionner ou réprouver ce choix par un *oui* ou un *non*. Chacun serait obligé d'ajouter son nom à son vote, ce qui aurait une grande influence morale.

Que ceux qui craignent que la grande quantité d'ouvrages de styles différents corrompe le goût public, se rassurent. Le contre-poison se trouve tout naturellement et en permanence dans les galeries du Louvre. C'est là que les anciens maîtres dictent leurs immortelles leçons.

Il ne faut pas même redouter les écarts du génie, les différentes manières de sentir l'art. C'est de ce choc que naît la vérité. D'ailleurs, la nature n'est pas coulée tout entière dans le même moule. Le domaine de l'art est incommensurable. Qui oserait fixer des bornes au génie humain ?

DAVID (d'Angers.)

EXPULSION. Ce mot ne se trouve pas dans nos lois ; il indique, en effet, un acte de violence qui prendrait difficilement place dans la législation habituelle d'un pays. L'Expulsion ne peut s'appliquer que dans des temps de crises, et qu'aux étrangers dont la présence pourrait compromettre la sécurité de la nation, et c'est alors un fait plutôt de politique que de droit ordinaire. A l'égard des nationaux, les lois n'ont pas parlé de l'Expulsion, elles ont trouvé de plus sûres garanties dans le bannissement et la déportation. (V. ces mots.)

EXTRÊME DROITE. C'est la quintessence de la Droite. Dans cette partie de la Chambre siégeaient sous la Restauration les ultrà-royalistes, les apologistes des assassins et des assassinats du Midi, ceux qui disaient : Le roi quand même. Depuis 1816, leur nombre a toujours été en diminuant, et leurs débris clair-semés sont devenus fort raisonnables ; aussi le mot Extrême droite ne sert-il plus à désigner un parti ou une opinion.

EXTRÊME GAUCHE. L'Extrême gauche actuelle est un peu nuancée, et il est assez difficile de la définir exactement. Des membres qui la composent, les uns, en très-petit nombre, sont réellement, sincèrement et sans arrière-pensée, radicaux, révolutionnaires et républicains. Les autres sont plus révolutionnaires que républicains; d'autres enfin plus républicains que révolutionnaires. Il en est d'autres qui, par divers motifs, se tenant en dehors des faits actuels et désespérant tout-à-fait du présent, hésitent cependant à s'engager avec l'avenir. Mais en dépit de toutes les hésitations, la force des choses tend nécessairement à une fusion complète entre ceux qui adoptent dans toute son étendue et toutes ses conséquences logiques et nécessaires le principe de la Souveraineté du peuple.

F

FACTION. Ce qui s'appelle amitié entre les hommes probes, dit Cicéron, est Faction entre les méchants. Chez les Romains qui nous ont transmis ce mot, une Faction était donc une réunion de mauvais citoyens associés pour faire le mal. Cette dénomination a aujourd'hui le même sens, mais elle ne s'applique qu'aux partis ou aux coteries politiques.

Tout parti, toute coterie politique dont le but est contraire au droit public, au droit commun, est Faction. Le droit public est fondé sur un grand et fécond principe, la Souveraineté du peuple. Tout parti, toute coterie qui se propose d'éluder ou d'empêcher l'exercice de cette souveraineté est donc Factieux.

On peut encore définir, et plus exactement peut-être, une Faction — un parti, une coterie qui agit politiquement dans un intérêt privé, dans un intérêt distinct et contraire à celui de l'État.

Tout parti vaincu n'est pas une Faction, comme on a voulu le persuader à la France. Tout parti victorieux n'a point pour lui le droit ; car ce n'est point la victoire qui distingue les Factions des partis honnêtes, des partis qui ont le bien public pour but ; ce n'est point la victoire d'un jour qui confère la légitimité véritable.

Une Faction peut dominer le gouvernement et même le posséder ; elle peut faire des lois et se servir des ressources et du nom de l'État dans un intérêt contraire à celui de l'État ; mais elle n'en est pas moins Faction, et tout ce qu'on peut lui accorder, c'est le titre de Faction dominante.

Quiconque appartient à une Faction est factieux.

Un gouvernement est factieux lorsqu'il exerce ses fonctions dans un intérêt privé, lorsqu'il met au pillage les biens de l'État, lorsqu'il trafique de l'honneur national, lorsqu'il viole ou élude par des actes et des lois hypocrites les principes sacrés du droit commun pour opprimer les bons citoyens et étouffer toute résistance. Un roi est factieux lorsqu'il gouverne dans son intérêt personnel, dans un intérêt dynastique, et non dans l'intérêt public, dans l'intérêt de l'État.

Un parti qui prend les armes contre le gouvernement établi peut, au contraire, ne pas être une Faction, lorsque son but est désintéressé, pur et conforme à l'intérêt de l'État.　　C. S.

FAISCEAUX. Les Faisceaux, devenus à Rome le signe extérieur du pouvoir exécutif, étaient de véritables instruments de supplice. Formés de verges liées par des courroies, et au milieu desquelles était placée une hache, ils étaient portés par les licteurs qui servaient à-la-fois aux magistrats d'huissiers, de gardes et de bourreaux.—Dans les pompes triomphales, on ornait les Faisceaux de branches de laurier. Les consuls avaient douze licteurs ; les préteurs, deux ; les proconsuls, six ; les dictateurs, vingt-quatre. Les empereurs, qui confisquèrent tous les pouvoirs, ne manquèrent pas de se donner des Faisceaux. Ils eurent des licteurs en nombre illimité.

FAMILLE. « La plus ancienne de toutes les sociétés et la seule naturelle, dit J.-J. Rousseau, est celle de la Famille. »—On est en droit de contester également les deux propositions que renferme cette phrase du *Contrat social*. La Famille n'a, certes, pas été la plus ancienne des sociétés ; car la conception de cette forme sociale suppose un développement intellectuel et moral qui n'a pu s'accomplir qu'après une longue suite d'années malheureuses. Si les faits historiques nous manquent pour démontrer, matériellement, un état antérieur à l'état de Famille, la raison en est bien simple ; c'est que la tradition ne commence qu'avec la Famille, et qu'il a fallu les souvenirs du foyer domestique pour faire entendre les premières paroles de l'histoire. Mais en consultant la nature humaine, en étudiant les destinées de l'homme qui n'est arrivé à chacun de ses développements que par des initiations successives, il est permis d'affirmer que l'idée sociale a dû être longtemps élaborée avant de s'élever à la sublime conception de la Famille. Avant le mariage a existé l'union vague et temporaire ; avant la Famille, la communauté que certains politiques ont rêvée comme une nouveauté, tandis qu'elle remonte au-delà des temps historiques. Il n'est guère besoin d'autre argument pour faire justice de ces théories d'un autre âge qui ne paraissent neuves qu'à force d'être vieilles.

Quant à cet autre paradoxe de Rousseau, qui consiste à montrer la Famille comme la seule Société *naturelle*, il n'est que la conséquence de l'erreur fondamentale de ce philosophe toujours préoccupé d'un prétendu état de nature qu'il oppose à l'état de société. Nous avons déjà plus d'une fois eu l'occasion de prouver qu'il n'y avait pas pour l'homme d'autre état naturel que l'état social ; or, cet état social se développe par une série de transformations qui, toutes, reposent sur la nature et l'organisation humaines. Si donc la Famille est une Société naturelle, ce que nous sommes loin de contester, la cité ne l'est pas moins ; car elle n'est que le développement de la Famille ; et la nation l'est tout autant, car elle est le développement de la cité. Rousseau n'a jamais voulu voir comme faits naturels que les faits antiques, oubliant dans ses divisions arbitraires que les déductions et les développements d'un fait sont aussi naturels que le fait lui-même.

Quoi qu'il en soit, la Famille est une révolution immense dans les destinées humaines. Si l'homme social n'a pas commencé avec elle, c'est avec elle du moins que commence l'homme historique. On pourrait en ce sens accepter comme vrais les enseignements de la Genèse sur l'apparition du premier homme. Le premier homme ne se manifeste qu'avec le premier couple humain ; et, en admettant l'existence des préadamites, ils seraient restés sans traditions et sans souvenirs, parce qu'ils étaient sans Famille.

Ce qui a fait d'ailleurs considérer la Famille comme la première institution sociale, c'est qu'avec elle sont nées les grandes institutions qui ont servi de base à tout le droit de l'antiquité, le mariage, la puissance paternelle et l'hérédité. Puis, au milieu d'elles se développe la religion, présidant aux cérémonies nuptiales, unissant la Famille dans le culte du foyer domestique, et consacrant les sépultures par le culte des ancêtres.

Ainsi, avec la Famille se manifeste la pensée religieuse ; avec elle commence la pensée historique. La Famille fait des deux sexes un seul individu et crée l'être collectif ; par ses cérémonies religieuses, elle met l'homme en communication avec la Divinité ; et par la consécration des tombeaux elle forme un lien éternel entre le passé et l'avenir.

Auspices, mariage et sépulture, voilà donc les trois grandes institutions sociales qui se trouvent résumées dans une seule : la Famille.

La Famille serait ainsi le fondement de la Société païenne. C'est aussi l'opinion de Vico, qui a même basé sur la Famille toute la mythologie grecque, et quoique ses explications ingénieuses puissent être contestables, elles n'en témoignent pas moins une étude profonde des mystères de l'antiquité.

Nous allons résumer en quelques mots la théorie de ce savant philosophe.

Lorsque l'idée d'une puissance supérieure, maîtresse du ciel et armée de la foudre, a été personnifiée par les premiers hommes sous le nom de JUPITER, la seconde divinité qu'ils se créent est le symbole du mariage. JUNON est sœur et femme de Jupiter, parce que les premiers mariages consacrés par les auspices eurent lieu entre frères et sœurs. Du mot Ἥρα, Junon, viennent ceux de Ἥρος, héros ; Ἡρακλῆς, Hercule, *hereditas*, etc. Junon impose à Hercule de grands travaux ; cette phrase, traduite de la langue poétique en langue vulgaire, signifie que la piété accompagnée de la sainteté des mariages forme les hommes aux grandes vertus.

DIANE est le symbole de la vie plus pure que menèrent les premiers hommes depuis l'institution des mariages solennels. Elle cherche les ténèbres pour s'unir à Endymion. Elle punit Actéon d'avoir violé la religion des eaux sacrées, qui, avec le feu, constituent la solennité des mariages.

APOLLON est le dieu de la lumière, c'est-à-dire de la lumière sociale, qui environne les héros nés des mariages solennels, des unions consacrées par les auspices.

Après les dieux du mariage viennent les dieux des tombeaux ; après Jupiter, Junon et Diane, les dieux MANES.

Puis, les pères de Famille ne trouvant pas dans les fruits spontanés de la terre une nourriture suffisante, ils mettent le feu aux forêts et commencent à cultiver le sol. Ces premiers essais de l'agriculture sont exprimés symboliquement par trois nouveaux dieux : VULCAIN, le feu qui féconde la terre ; SATURNE, ainsi nommé de *Sata*, semences ; et CYBÈLE, ou la terre cultivée.

Enfin, les combats livrés par les pères de Famille aux vagabonds qui envahissaient leurs terres donnent lieu à la création du dieu MARS.

Il y a, certes, quelque chose de séduisant dans ce tableau allégorique où toutes les vertus et toutes les connaissances semblent s'élancer à-la-fois du sein du foyer domestique pour aller enseigner aux hommes les bienfaits de la Famille. Tous les éléments de la Société civile et religieuse sont créés ; car le père de Famille est prêtre, juge et législateur.

Ce n'est pas tout encore ; il n'y avait ni identité de race, ni continuité, et, par conséquent, ni passé ni avenir. Mais avec le mariage légal, avec la Famille naît le sentiment de l'identité. L'homme passe de l'état accidentel à l'état stable, de l'état passager à l'état perpétuel. Il prend un nom, et le nom se conserve dans la Famille. L'homme a la conscience de son immortalité.

Avec l'état fixe naît la propriété, sublime conception de l'intelligence humaine : c'est par l'idée de propriété que l'homme triomphe de la nature et asservit toutes les forces extérieures qui le menaçaient. La propriété est encore consacrée par les tombeaux qui deviennent, selon la belle expression d'un écrivain de l'antiquité, les liens du genre humain, *fœdera generis humani.*

En même temps que la propriété, se révèle l'autorité. Dans les premiers âges les deux mots sont synonymes. *Auctor* signifie en même temps père, souverain et propriétaire.

La Famille ne fut d'abord composée que des parents et des enfants. Mais bientôt les hommes qui étaient restés dans la communauté de femmes et de biens, et par conséquent exposés à toutes les violences qu'entraînait cet état vague et désordonné, furent contraints de demander protection aux pères de Famille devenus forts par leur unité, riches par leurs propriétés. Ceux-ci reçurent ces malheureux réfugiés et tuèrent ceux qui osaient faire des courses sur leurs terres. Mais ces réfugiés ne furent protégés par les chefs de Famille qu'à la condition qu'ils gagneraient eux-mêmes leur vie en travaillant pour leurs protecteurs. Ils deviennent les clients, les serviteurs, *famuli*, et de là vient le mot Famille. Dès-lors, la Famille comprend non-seulement les enfants, mais toute la suite des serviteurs ; et soumis entièrement à l'autorité du chef de Famille, ils n'ont pas d'autre nom que lui ; toutes leurs individualités se confondent en une seule. Mais les enfants du chef sont appelés *liberi* (libres), les serviteurs s'appellent *vernæ*. Remarquons d'ailleurs que ce dernier mot a une terminaison féminine, comme si le principe actif, ou libre n'était pas en eux. Aussi, Ballanche prétend-il que le mot *mulieres* que l'on trouve dans la loi des Douze Tables signifie les hommes d'une race inférieure. Il explique de la même manière les peuples amazones. Cette hypothèse un peu hardie est cependant assez bien justifiée par toutes les idées de l'antiquité.

En effet, cette protection accordée aux *famuli* est toute matérielle ; ils ne sont pas admis à partager les bienfaits moraux et civils de la Société qui les accueille ; on les éloigne de toutes les initiations religieuses et, par conséquent, de tous les droits : il n'y a pour eux ni auspices, ni mariages, ni tombeaux consacrés ; il n'y a donc ni propriété ni hérédité, ni passé, ni avenir ; ils n'ont point de Famille, car ils ne sont que les membres inférieurs de la Famille du chef dont ils portent le nom.

À cette époque, l'autorité des pères de Famille est sans bornes. Prêtres, guerriers et législateurs, ils garantissent la sécurité de la Famille par des terreurs salutaires et maintiennent par des peines cruelles les hommes grossiers dont ils dirigent l'intelligence naissante.

Il fallut sans doute bien des années pour organiser le gouvernement de la Famille ; et ce n'était là qu'un état social fractionné, morcelé, sans unité et sans puissance d'avenir. Aussi, les pères de Famille durent-ils se rapprocher, s'associer et se concentrer dans une habitation commune. Ce fut l'origine de la cité.

La cité ne fut d'abord que l'image exacte de la Famille. Aux pères seuls appartiennent tous les droits ; seuls, ils consultent les auspices, contractent les mariages et consacrent les tombeaux ; seuls, ils ont la propriété et l'autorité. Leurs enfants, quoique libres, n'ont de droits civils qu'à la mort de leurs auteurs, et les serviteurs restent dans la même dépendance qu'autrefois sans qualités et sans noms. Domptés par la sévérité du gouvernement de la Famille, les hommes se trouvent préparés à obéir au gouvernement civil. L'autorité souveraine qui appartient aux pères dans l'état de Famille, appartient à la réunion des pères, ou Sénat dans la cité. Les sénateurs s'appellent *patres* ; leur race, *gens patricia* ; la cité, *res patria* ; de là le mot *patrie,* qui a pour sens primitif *association des pères.*

Cette souveraineté collective, qui avait pour base et pour modèle la souveraineté individuelle de chaque père de Famille, formait comme on le voit une pure aristocratie ; ce fut même la seule aristocratie complète, car chacun de ses membres réunissait en lui tous les attributs de la souveraineté, les pouvoirs exécutif, législatif et judiciaire, et ces pouvoirs se résumaient tous en un seul, le pouvoir religieux.

À Rome, ces droits demeurèrent généralement confondus dans les mêmes mains ; et chaque père put exercer à-la-fois les fonctions de prêtre, de législateur et de guerrier. Mais dans tout l'Orient, après la première époque, il s'opéra une division dans les fonctions ; les pères de Famille se partagèrent les rôles politiques. Les uns se réservèrent le culte, les autres la législation, les troisièmes la guerre. Dès-lors s'établirent les castes.

Les castes furent donc dans l'origine un véritable affaiblissement du pouvoir qui appartenait au père de famille. Tout individu ne se trouva désormais en possession pleine et entière de la souveraineté. Nulle caste même ne put l'exercer toute seule ; il fallait une réunion pour que la souveraineté fût complète.

Ce système des castes, qui diminua l'autorité individuelle du père de Famille, fortifia toutefois l'aristocratie en elle-même, parce qu'il en résulta une puissante hiérarchie qui opposait à tous les efforts du peuple exclu autant de barrières qu'il y avait de classes à franchir.

Ainsi, en Occident, chaque Famille avait à sa tête le Souverain, prêtre, législateur et guerrier ; en Orient, il se fit des Familles de prêtres, de législateurs et de guerriers, et il fallait le concours des trois Familles pour faire la Famille souveraine.

D'où il suit qu'en Orient les classes inférieures ne pouvaient attaquer que la classe qui se trouvait immédiatement au-dessus d'elles ; et en supposant un triomphe, elles rencontraient plus haut un nouvel ennemi qui remettait tout en question. En Occident, au contraire, et à Rome surtout, où chaque père de Famille avait conservé la plénitude de la souveraineté, lorsque le patriciat était ébranlé, c'était la souveraineté tout entière qui se trouvait compromise ; et comme, selon le droit romain, la souveraineté était individuelle et qu'un seul droit conférait tous les autres, la moindre réclamation des plébéiens acquérait une importance qui nous explique toutes les colères de la résistance. Ainsi, lorsque les plébéiens demandent qu'on leur permette le mariage, *connubium*, c'était demander en même temps le droit d'être admis à la religion du foyer, au culte des tombeaux ; c'était le droit d'avoir une Famille à eux, un nom à eux ; c'était le droit de propriété et d'hérédité, etc. Aussi, cette question qui fut la cause de longues et violentes luttes, ne reposait-elle pas, ainsi que plusieurs historiens l'ont cru, sur le droit de se marier avec les patriciens, mais bien sur le droit de se marier comme les patriciens. Ils demandaient pour eux *connubia fratrum* (les mariages des frères), et non pas *connubia cum patribus*.

Il fallut bien qu'enfin l'on cédât aux incessantes réclamations des plébéiens ; et, dès-lors, avec le mariage ils obtinrent les priviléges de la Famille, avec les priviléges de la Famille les priviléges de la cité. Car ce qu'il y a de remarquable dans la constitution antique, c'est que les droits civils entraînaient les droits politiques, ou plutôt ces droits se confondaient ensemble ; et cela devait être, puisque la cité n'était que l'image agrandie de la Famille, puisque la constitution politique n'était que le développement de la constitution domestique.

Ce n'est donc pas en vain que nous sommes entrés dans tous ces détails historiques ; la Famille est le symbole de toute la civilisation politique et religieuse des temps antiques. Le père de Famille nous apparaît toujours armé du glaive de la justice ou du couteau des sacrificateurs : c'est tantôt Brutus, tantôt Abraham ; et le sublime infanticide du plébéien Virginius n'est peut-être qu'une allégorie des conquêtes nouvelles de la classe inférieure, s'élevant au niveau des patriciens par un sanglant holocauste.

Aujourd'hui, la Famille n'est plus une institution politique, mais purement civile. Le père de Famille n'est ni un farouche pontife, ni un juge inexorable ; son pouvoir est une tutelle pacifique, sa souveraineté un mandat de confiance. Ses enfants sont politiquement indépendants de lui ; ils n'en dépendent civilement que par leur faiblesse. Les lourdes chaînes qui les attachaient à leur auteur ont été remplacées par les liens intellectuels de l'affection et de la reconnaissance.

Il n'y a plus aujourd'hui de culte du foyer. Le paganisme dont les symboles avaient été empruntés à toutes les traditions de la Famille, avait laissé debout cette religion des dieux Lares qui étaient pour ainsi dire les pères des dieux de la patrie. Le culte individuel subsistait à côté du culte social. Mais à mesure que la patrie grandissait, le foyer s'amoindrissait, et les dieux domestiques se trouvèrent bientôt détrônés par les dieux de la cité. Après les cités vinrent les nations, et, à chaque développement social, la Famille voyait diminuer son importance politique, ou plutôt chaque développement n'était qu'une transformation de la Famille qui perdait de son individualité en prenant une forme nouvelle. Ainsi, la cité ne fut que la Famille des Familles ; la nation fut la Famille des cités ; puis le Christianisme, en proclamant la fraternité de tous les hommes et l'unité de toutes les nations, proclama la Famille du genre humain.

ÉLIAS REGNAULT.

FASTES, du latin *fari*, parler. Les Fastes, dont on attribue l'établissement à Numa, et dont les pontifes étaient dépositaires, ne furent d'abord qu'un simple calendrier, où étaient indiqués les jeux, les fêtes, les cérémonies publiques, divisés en jours *fastes* et *néfastes*, les uns consacrés au repos, les autres aux affaires. Dans la suite, ils reçurent une autre destination : on y relata les événements qui pouvaient intéresser l'histoire de la République, tels que guerres, batailles gagnées ou perdues, conquêtes, traités de paix, institutions de fêtes, dédicaces de temples, érections de théâtres, cirques ou autres édifices, etc. Ils devinrent en quelque sorte le journal officiel du gouvernement romain.

B.-C.

FAUCONNIER DE FRANCE (GRAND). C'était autrefois une charge de cour qui avait été démembrée de celle de grand-veneur. L'officier qui était revêtu de cet emploi avait la surintendance de la fauconnerie du roi. On sait que le faucon est un oiseau de proie, qui, dans le moyen-âge, avait été dressé pour les chasses nobiliaires, et qui servit à cet usage jusqu'au dix-septième siècle. Les nobles se faisaient peindre un faucon sur le poing ; cela équivalait à un écu armorié. Abandonnée depuis longtemps, la chasse au faucon vient d'être remise en usage par quelques anciennes familles nobles des départements du Midi et de l'Ouest.

B.-C.

FAVORI, FAVORITISME Le Favoritisme est une des plaies de la monarchie. C'est lui qui, dans tous les temps, homme ou femme, amour ou amitié, a fait les plus abondantes saignées aux finances des peuples, depuis le Favoritisme mignon de Henri III jusqu'au Favoritisme prostitué de Louis XV.

Il est particulièrement humiliant et désastreux sous la monarchie absolue, où le favoritisme des maîtresses, comme celui des flatteurs, s'escompte en places, dignités, argent, prodigués sans contrôle. Les caprices des Favoris et favorites se combinent avec les caprices du monarque, et tous se favorisent réciproquement : ce sont autant de *bons plaisirs* qui se multiplient l'un par l'autre.

Sous les monarchies constitutionnelles, le Favoritisme est moins humiliant peut-être, en ce qu'il est moins important, moins palpable, et ne se manifeste pas en personnalités si notoires et si tranchées ; là où il y a des limites au pouvoir, il y en a nécessairement au Favoritisme. Mais il n'est pas moins désastreux, en ce qu'il s'étend de haut en bas, et supplée pour ainsi dire à la qualité par la quantité. Il n'y a plus guère de ces hautes têtes de Favoris ou de favorites, dont l'éclatante fortune absorbait les fortunes en sous-ordre, astres entourés de satellites; mais il y a des Favoris sans nombre, en haut, en bas, à droite, à gauche; Favoris de cour, Favoris de ministres, Favoris de députés, Favoris de préfets, Favoris de brigadiers de gendarmerie, monnaie des anciens Favoris royaux, comme les généraux, successeurs de Turenne, furent la *petite monnaie de M. de Turenne.*

Le Favoritisme est moins saillant aujourd'hui, précisément parce qu'il est partout: pour nous servir d'une vieille métaphore, il s'est infiltré dans toutes les veines du corps social. On a comparé le gouvernement constitutionnel à une machine; il serait presque exact de dire que le Favoritisme est l'huile qui en graisse les rouages.

L'histoire du Favoritisme et des Favoris serait une histoire de crimes, de vices, de meurtres et de débauches, sous les reines surtout, auprès de qui le Favoritisme revêt son caractère le plus ignoble: mais cette histoire n'entre pas dans le cadre de notre ouvrage.

Quant aux effets du Favoritisme, nous devons renvoyer le lecteur à ce que nous avons dit de la *Camarilla* et de la *Cour* (V. ces deux mots). Les Favoris sont en effet une camarilla concentrée, une cour résumée en un individu.

Quant au remède, il est aussi le même. Sous les gouvernements démocratiques, c'est la loi faite pour tous qui commande: or la loi n'a pas de Favori.   ALT.

FAYETTISTES, *Feuillants* ou *Modérés,* termes équivalents pour désigner, dans le vocabulaire patriotique de 1792, ceux des royalistes qui avaient adhéré de bonne foi, mais sans vues ultérieures à la déclaration constitutionnelle de 1791. Les événements qui suivirent l'insurrection de Paris ayant ébranlé la monarchie et séparé ses intérêts des intérêts de la Révolution, comprimirent la chimère de ces gentilshommes libéraux, auxquels s'étaient ralliés quelques bourgeois de familles parlementaires. En opposition à la Société des *Amis de la Constitution,* séant aux Jacobins, ils constituèrent le club des Feuillants. Lafayette et Bailly, celui-ci maire de Paris, celui-là commandant de la Garde nationale Parisienne, dirigeaient ce club qui, dépourvu de toute influence sur l'assemblée représentative, mal vu par le peuple, suspect à la cour, contraria mais ne put arrêter la propagande démocratique, conseilla mais ne put convaincre la majorité du parti royaliste obstinée dans ses mauvais desseins.

Tous les actes de la vie de Lafayette ne doivent pas être imputés au parti qui porta son nom. La position politique du général en chef de la Garde nationale et son caractère personnel lui firent adopter plus d'une résolution diversement appréciable, sur laquelle le club des Feuillants ne fût pas appelé à délibérer. La révolution du 10 août,

en prononçant la déchéance de la royauté, dispersa les derniers affiliés de ce club où l'on parla beaucoup, mais où l'on agit peu.   B. H.

FÉCIAL, officier public chez les Romains, dont le principal ministère était de déclarer la guerre ou de proposer la paix. Les Féciaux, au nombre de vingt, formaient une espèce de sacerdoce. Cette institution, dont l'origine paraît remonter aux premiers temps de Rome, cessa de subsister, lorsque la puissance de la République commença à décliner.

FÉDÉRALISME. Système politique dans lequel plusieurs États, voisins les uns des autres, mettent en commun le gouvernement de certains intérêts, particulièrement celui de la paix et de la guerre, en se réservant la direction exclusive de leurs autres affaires.

Montesquieu a défini le Fédéralisme avec autant de concision que de justesse, en l'appelant « une société de sociétés. » Des rois se coalisent; ils s'entendent pour fournir, dans un intérêt commun, des contingents d'hommes et d'argent; ainsi la confédération germanique est l'association de plusieurs princes souverains; mais le mot Fédéralisme ne s'applique d'une manière exacte qu'à l'union de plusieurs petites républiques qui constituent un gouvernement central afin d'obtenir une puissance qu'elles ne sauraient avoir isolément. Montesquieu semble donner la préférence à ce système sur tous les autres. « Composé de petites républiques, il jouit de l'autorité du gouvernement intérieur de chacune; et, à l'égard du dehors, il a, par la force de l'association, tous les avantages des grandes monarchies. » — « La Grèce, » disait Aristote, « aurait vaincu l'univers, si les peuples dont elle se compose fussent demeurés constamment unis. »

Nous avons vu, dans les temps modernes, s'élever à un haut degré de splendeur les Provinces-Unies de la Hollande. La confédération suisse se soutient depuis plusieurs siècles. C'est par l'association de leurs forces que les Anglo-Américains se sont affranchis de la métropole. Réunis au nombre de vingt-quatre États par un pacte fédéral, ils forment aujourd'hui une des plus puissantes nations du Monde.

Faut-il conclure de ces exemples et de ces autorités que le système fédéral soit, en effet, le plus fort et le meilleur des gouvernements? A l'époque de la Ligue et après la chute de la monarchie, il fut question de faire de la France une république fédérative. Cette pensée de morceler le pays ne fut pas moins qu'un crime aux yeux des défenseurs du double principe de l'unité et de l'indivisibilité. Que des républiques distinctes les unes des autres, dont les lois et les mœurs sont essentiellement différentes, s'unissent par un lien fédéral, toutes, assurément, y trouveront leur avantage. Ainsi, lorsque la république romaine ne parvenait pas à soumettre entièrement une république voisine, elle se confédérait avec elle, en plaçant à Rome le centre ou le chef-lieu de la confédération,

Par ce moyen, elle devenait la métropole des autres Etats.

Mais qu'un grand pays qui n'appartient qu'à un seul peuple, ou qui s'est affranchi de l'autorité d'un seul homme, se morcèle en plusieurs républiques, unies seulement par quelques intérêts, c'est renoncer à sa force, à sa propre intelligence, sans y être forcé par aucune espèce de nécessité.

On répond à cela que la République est impossible dans un pays étendu comme la France. Elle n'a, dit-on, de réalité que par le concours immédiat et journalier des citoyens dont elle se compose. S'il est des intérêts que l'on peut mettre en commun, il en est pour lesquels la division est nécessaire. Dans une grande république, ajoute-t-on, il n'existe de liberté qu'au centre, tandis que la tyrannie pèse sur les extrémités.

Les publicistes de l'antiquité ont consacré cette doctrine, que la République devait se renfermer dans un espace très-resserré, pour que les citoyens fussent constamment à même de participer au gouvernement de la cité, soit comme législateurs, soit comme juges, soit comme surveillants du pouvoir exécutif. Telle est la République dans son acception la plus rigoureuse. Mais l'expérience nous l'a enseigné, la République n'est pas moins réelle lorsque, à raison des distances, les citoyens se font représenter par des mandataires au centre des communs intérêts ; les délibérations ont même plus de calme et de maturité.

S'il est avantageux de mettre certains intérêts en commun, pourquoi ne trouverait-on pas le même avantage à y mettre le gouvernement des autres affaires ? Ainsi, vous avez déjà mis en commun tout ce qui est relatif à la défense du pays contre l'étranger ; vous avez pu y ajouter, comme on l'a fait en Amérique, tout ce qui concerne le commerce et les moyens d'échange, tant à l'intérieur qu'à l'extérieur : pourquoi ne mettriez-vous pas également la justice en commun ? « La république des Lyciens, dit Montesquieu, était une « association de vingt-trois villes. Les juges et les « magistrats des villes étaient élus par le conseil « commun. S'il fallait donner un modèle d'une « belle république fédérative, je prendrais la ré- « publique de Lycie. »

La raison pour laquelle la république des Lyciens était préférable à celle de Hollande ou à celles d'Amérique, c'est qu'elle se rapprochait davantage du principe de l'unité.

Après avoir mis en commun la défense du territoire, le commerce intérieur et extérieur, la justice civile et politique, si vous joignez à cela les secours que les hommes se doivent les uns aux autres, dans les maux de toute nature dont ils sont affligés, l'éducation nécessaire à tous les membres de la Société, les communications du centre aux extrémités, ne donnez-vous pas plus de force à la République, plus de bien-être aux citoyens ?

En Amérique, en Suisse, les magistrats de l'ordre judiciaire et de l'ordre administratif sont tous nommés par les divers Etats des cantons de la confédération. Le même vice existait en Hollande ; ce qui ne veut pas dire que, dans le système de l'u-

nité, les magistrats doivent, sans exception, être nommés par le gouvernement central : il en est dont la nomination appartient au gouvernement ; d'autres doivent être nommés par les citoyens de chaque subdivision du territoire.

Aux Etats-Unis, comme en Suisse, chaque Etat fait et modifie, comme bon lui semble, ses lois civiles et criminelles ; c'est pour cela que les premières, surtout, sont généralement détestables. Chaque Etat peut également changer sa constitution, pourvu qu'il conserve les formes républicaines. Des vingt-quatre constitutions particulières qui existent dans l'Union anglo-américaine, il n'en est pas une qui soit aussi bien entendue que la constitution générale. C'est qu'il est impossible de réunir autant de lumières dans une petite république que dans le foyer d'un grand système républicain.

La différence entre les lois établit en quelque sorte des religions différentes. Faites par le concours de tous, quand elles sont pareilles pour tous, les lois deviennent une religion commune à tous les habitants du pays. Quels immenses avantages politiques et matériels ne recueillez-vous pas de cette communauté de lois pour toutes les parties de la République ! L'esclavage, cette plaie de l'Amérique, eût depuis longtemps disparu des Etats de l'Union, si le Nord et le Midi eussent fait leurs lois en commun. Mais le plus grand mal est le peu de garanties que trouvent les citoyens dans une justice, dans un pouvoir qui s'arrête à la limite de chaque canton ou de chaque Etat. Ayez une question d'intérêt privé ou d'intérêt politique à résoudre dans le canton de Zug, le moins considérable de la Suisse, ou dans l'Etat de Rhode-Island, le plus petit de l'Union anglo-américaine, les juridictions et les justiciables sont tellement rapprochés que la justice n'y vaut pas mieux en dernier qu'en premier ressort. Ne serait-il pas plus avantageux pour la Suisse, comme pour l'Amérique, d'avoir au chef-lieu de la Confédération une cour suprême qui dominerait les passions et les intérêts de localité.

Mais, dira-t-on, il est des affaires que les habitants de chaque province, de chaque Etat, peuvent régler eux-mêmes sans recourir au centre commun. Qu'on le remarque attentivement, la centralisation ne consiste pas à faire, à la place des citoyens d'une localité, ce qu'ils feront beaucoup mieux eux-mêmes, mais à leur assurer au centre commun la justice, la protection, qui souvent leur manquent chez eux pour le règlement des affaires les plus insignifiantes. C'est la justice et non l'arbitraire qu'il importe de centraliser. Nous avons vu récemment en Amérique des citoyens se rendre justice eux-mêmes, parce qu'ils n'avaient point, dans leurs Etats respectifs, de tribunal qui eût assez de lumières ou d'autorité.

Il n'est, en définitive, aucune question d'ordre public ou d'ordre privé qu'il ne soit avantageux de ramener à un centre commun. Plus vous réunirez d'intérêts dans ce centre, plus vous aurez de puissance, de justice, de véritable liberté.

Mais comment empêcher, dans une grande république, que le pouvoir central ne s'exerce pas avec tyrannie sur les extrémités? Nous nous sommes expliqués sur ce point aux mots CANTON et DÉPARTEMENT. Les autorités, placées dans chaque subdivision du territoire, ne sont, les unes, que des instruments de transmission, les autres, que des garanties intermédiaires constituées dans l'intérêt réciproque de l'État et des citoyens. Tels sont, par exemple, les tribunaux qui s'élèvent de degré en degré, depuis la justice de paix jusqu'à la cour suprême.

Il n'y a de bon dans le système fédéral que ce qui fait l'objet de l'association; en-dehors, vous ne voyez que faiblesse et misère. A côté de l'union qui existe pour certains intérêts, la division pour les autres est un dissolvant perpétuel dont rien ne peut empêcher les désastreux effets. J'admire les publicistes qui s'étonnent de ce que les États-Unis, à peine sortis d'une jeunesse qui fut si vigoureuse, laissent déjà voir les symptômes de la décrépitude et d'une dissolution prochaine. C'est que, à moins d'être favorisé par des circonstances particulières, comme l'Union suisse ou comme l'Union anglo-américaine elle-même, le système Fédéral ne saurait longtemps durer.

, La constitution des Anglo-Américains a servi de modèle aux républiques qui se sont formées sur le nouveau continent, de même que la Charte française a été copiée par quelques États européens. L'expérience a fait voir qu'il n'était point, de part et d'autre, de pire exemple à suivre; la demi-monarchie ou la demi-république ne peut être partout qu'un mauvais gouvernement. Il n'est pas sûr même que ce soit un bon moyen de transition.

Toutefois, il ne faut pas toujours blâmer une province, un État de ce qu'il hésite à confondre ses intérêts avec ceux de la province ou de l'État voisin. Avant toute chose, il importe de considérer si l'on trouvera plus de sûreté dans l'association qu'on n'en trouverait en soi-même. Par exemple, si le jugement des affaires qu'il s'agit de centraliser doit être soumis à un pouvoir arbitraire, juge en sa propre cause, il vaut mieux ne pas sortir de sa propre juridiction, quand les magistrats dont elle se compose offrent plus de garanties au pays et aux citoyens. Il est donc essentiel d'établir au centre commun une autorité qui rende le gouvernement général préférable au gouvernement particulier. C'est cette autorité qui a manqué en partie aux essais de république tentés dans notre pays. Nous examinerons au mot GARANTIES SOCIALES quel en est le caractère, quelles en doivent être les attributions et de quelle manière on doit les constituer. Alors il ne sera pas difficile de démontrer que la liberté et la justice ont plus de réalité dans un grand que dans un petit système républicain.

Si les républiques fédératives des temps anciens ou des temps modernes ont eu leurs jours de gloire et de prospérité, c'est qu'avant toute chose, elles étaient composées d'éléments qui donnent un ressort puissant aux populations. La République y était née de la République. Mais si uni qu'il soit par des liens communs, un faisceau formé de tiges différentes ne saurait avoir la force de l'arbre qui tient au même sol par toutes ses racines, ni étendre au-dessus du peuple d'aussi nombreux rameaux. (V. RÉPUBLIQUE.)

A. BILLIARD.

FÉDÉRATION, FÉDÉRÉS. La Bastille ayant été détruite et la noblesse abolie, il fut résolu que, dans une grande solennité publique, le peuple serait appelé à fraterniser. En conséquence, des délégués furent envoyés à Paris par tous les départements, par les corps constitués, par l'armée, etc., etc.; et, le 14 juillet 1790, premier anniversaire de la prise de la Bastille, eut lieu au Champ-de-Mars la fête de la Fédération.

En 1815, Napoléon, sentant bien que le vrai point d'appui lui manquait, eut l'idée d'une Fédération nouvelle. Il convoqua le Champ-de-Mai (V. ce mot). Mais si la haine contre les Bourbons était vigoureuse et vivace, la défiance contre l'empereur n'était pas moins énergique; et les Fédérés de 1815 ne ressemblèrent à ceux de 89 que par le patriotisme et le dévouement. L'empereur n'osa pas mettre à l'épreuve ce dévouement qui s'adressait à la France et non à la personne impériale; il eut peur des Fédérés, et il succomba. Le titre de Fédéré devint, après sa chute, un titre de proscription.

FÉLONIE. Un vassal qui violait les engagements qu'il avait contractés envers le seigneur dont il tenait son fief se rendait coupable de Félonie: de là, ces mots qui reviennent si souvent dans les anciens auteurs, *vassal félon, chevalier félon.* Dans son acception primitive, le mot Félonie exprime donc des rapports de hiérarchie qui ne subsistent plus aujourd'hui. Aussi, le mot est-il peu usité; on s'en sert cependant encore, et il est à-peu-près synonyme de trahison.

FÉODALITÉ. Système social et politique qui pesa longtemps sur l'Europe, et que la Révolution de 1789 a détruit à jamais parmi nous.

Comment s'établit ce système? Quels furent son origine, son caractère, les droits et les devoirs qui en étaient la conséquence? C'est ce que nous essaierons d'indiquer aussi rapidement qu'il nous sera possible de le faire au mot DROITS FÉODAUX, et plus particulièrement au mot FIEF. Nous nous bornerons à signaler ici la différence qui existe dans la signification de ces deux mots : FÉODALITÉ et FIEF.

On entendait par Féodalité l'ensemble de lois, règlements et usages qui constituaient le régime féodal. Ces lois n'étaient pas partout les mêmes. Elles variaient sur beaucoup de points, suivant les lieux, les temps et les circonstances qui avaient présidé à leur établissement. Plus dures et plus tyranniques pour les peuples qui avaient été complètement asservis, elles avaient conservé quelque mesure à l'égard de ceux, qui ayant eu assez de courage pour résister à leurs oppresseurs, avaient pu les amener à des transactions plus équitables. Mais partout elles avaient attenté à la dignité de l'homme et enchaîné sa liberté. Partout elles

avaient rompu l'unité du gouvernement, fractionné le pouvoir, créé mille États dans l'État, et constitué l'anarchie en permanence à la place de ce
grand pouvoir que se promettaient les fondateurs.
Pendant tout le temps qu'elle a vécu, la Féodalité
n'a pas cessé d'opprimer les faibles, d'exciter
l'ambition des grands, de provoquer la révolte, le
pillage et la guerre civile. Honneur à ceux qui
'ont détruite! Ils ont bien mérité de l'humanité.

Le fief était le moyen par lequel s'était établi
le régime féodal. Il formait, en se multipliant, en
se divisant et sous-divisant, les anneaux de cette
chaîne immense dont les deux bouts allaient se
réunir dans les mains de la Féodalité : le fief était
la cause particulière ; la Féodalité l'effet général.
Il ne pouvait y avoir de Féodalité sans fief, de
même qu'on ne saurait concevoir une royauté
sans royaume. Il est donc impossible de traiter
séparément ce qui se rapporte à ces deux objets,
sans s'exposer à des redites inutiles. Voilà pourquoi nous renvoyons à l'article FIEF ce que nous
avons à dire encore sur cette importante matière
qui sera toujours une des pages les plus curieuses
de notre histoire et l'une des plus grandes leçons
pour les générations à venir.

MAURAT BALLANGE, député.

FÉODAUX (DROITS). On appelait ainsi les
droits actifs et passifs que les lois et les usages
avaient attachés à la possession des fiefs.

Les auteurs distinguaient, en général, trois
sortes de Droits Féodaux : les droits essentiels, les
droits naturels et ordinaires, et les droits extraordinaires ou accidentels. Ils rangeaient dans la première catégorie la fidélité du vassal vis-à-vis de
son seigneur suzerain, fidélité qui, suivant quelques autres, n'était autre chose qu'une reconnaissance toujours subsistante du droit de suzeraineté.
Ils plaçaient dans la seconde ceux que l'usage
avait attachés presque partout à la tenure féodale,
tels que le *relief*; le *quiret*, les *lods et ventes*, le
rachat, la *garde noble*, etc.; enfin, ils comprenaient
dans la dernière ceux qui d'un usage moins général tenaient moins à la nature des fiefs qu'aux
caprices et aux passions de ceux qui les avaient
établis. De ce nombre étaient les *corvées*, les *banalités*, les *droits de guet*, de *pêche*, de *chasse* et
tant d'autres plus ou moins odieux, plus ou moins
immoraux, dont la Révolution a fait justice et
contre lesquels criait en vain, depuis tant de
siècles, la voix de l'humanité.

Mais cette classification n'était-elle pas inexacte
et arbitraire ? Peut-on dire qu'il y a quelque
chose *d'essentiel* dans la violence ? peut-on dire
qu'il y a quelque chose de *naturel* dans la servitude et l'oppression ? peut-on enfin tracer avec
certitude une ligne de démarcation entre ce qui
était *d'un usage plus général* et ce qui était *d'un
usage moins étendu*, quand chaque province, et
souvent chaque localité, avait ses règles et ses
exceptions ?

Il existe une division beaucoup plus simple que
nous avons déjà indiquée au commencement de
cet article. Les Droits Féodaux n'avaient réelle-

ment que deux caractères bien distincts. Celui
qui recevait, ou faisait ériger un domaine en fief,
était assujéti à certains devoirs vis-à-vis de celui
qui lui faisait cette concession. Ces devoirs formaient pour lui des droits passifs. Il acquérait
d'un autre côté une foule de prérogatives à raison
de son fief et sur tout ce qui en dépendait. Ces
prérogatives constituaient ses droits actifs. Les
premiers consistaient principalement dans le serment de fidélité qu'il devait prêter à son suzerain,
dans l'obligation qui lui était imposée de le suivre
à la guerre, de lui fournir des voitures de transport, et de lui faire hommage de son fief à des
époques déterminées. Ces droits étaient même, dans
l'origine, les seuls qui fussent imposés aux conces-
sionnaires. Mais, quand les fiefs furent devenus héréditaires, quand cette hérédité leur eût
donné une indépendance qui rendait tout-à-fait
illusoire la fidélité féodale, on chercha à suppléer
aux devoirs méconnus par des redevances pécuniaires. Tels furent les droits de rachat, de cens,
de lods et ventes et de garde noble qui avaient
pour objet d'indemniser le bailleur de la perpétuité
du fief et d'en assurer le service.

Les seconds, c'est-à-dire les droits actifs, étaient
dus au preneur par cela seul qu'il possédait un
fief. Tels étaient les droits de banalité et de justice,
d'où naquit avec l'hérédité des fiefs, cette maxime
autrefois si connue : *Les justices sont patrimo-
niales en France*. D'ailleurs, il était facile à un
vassal de se procurer vis-à-vis d'un autre tous les
droits de son suzerain. Il lui suffisait pour cela
d'acquérir une partie quelconque de fief, par
voie de sous-inféodation ou de bail à cens. On
appelait ce contrat jeu de fief, et la partie sous-
inféodée arrière-fief. Le tiers qui l'acceptait devenait vassal du concessionnaire primitif. A son tour,
il pouvait user du même expédient pour se procurer des vassaux, et ainsi de suite, de telle sorte
que le même fief pouvait en se divisant et sous-
divisant engendrer successivement une foule de
droits et de devoirs de même nature.

Il serait fort difficile, et d'ailleurs tout-à-fait
inutile aujourd'hui, de présenter dans un cercle
étroit une nomenclature complète de tous les
Droits Féodaux. Les seigneurs en s'emparant du
territoire s'étaient attribué la propriété de tout ce
qui couvrait le sol. Aucun des éléments alors connus n'avait pu leur échapper. Ils avaient parqué
les hommes. Ils leur faisaient payer également la
terre qui les nourrissait, l'air, l'eau et le feu qui
leur étaient nécessaires pour préparer leur subsistance. Enchaînés à la glèbe comme de vils
troupeaux, il ne leur était pas seulement permis
de disposer d'eux-mêmes; on leur enviait, on leur
enlevait les plus doux sentiments du cœur, et les
joies de la famille, et ce bonheur mystérieux que
la jeunesse et l'innocence ne peuvent donner
qu'une fois.

Des millions d'hommes ont traîné leur vie dans
ces tortures. Tristes victimes de l'habitude et de
l'ignorance, ils avaient fini par accepter les orgueilleuses prétentions de leurs maîtres. N'étaient-
ils pas d'un sang plus pur ceux qui faisaient peser

sur leurs frères cette odieuse tyrannie? n'étaient-ils pas trop heureux de vivre ceux qui la souffraient en silence? Mon Dieu! comme la langue humaine est habile à justifier par des contre-sens les crimes de l'humanité!

MAURAT BALLANGE, député.

FERME GÉNÉRALE. L'usage d'affermer les revenus publics est ancien : il remonte aux Romains et a duré en France, presque sans interruption, jusqu'à la Révolution.

La Ferme était spécialement appliquée aux impôts dont les produits étaient difficiles à évaluer ou exposés à de grandes variations, tels que les gabelles ou droits sur le sel, les aides ou droits sur les boissons, la traite foraine ou droits de douane, en un mot tous ceux qui se classeraient aujourd'hui au rang des contributions indirectes.

Chaque localité était imposée à un titre particulier, sous un nom particulier, avec un mode particulier d'assiette et de répartition ; il était naturel que la ferme fût divisée : elle le fut.

A mesure que l'administration fit des progrès vers l'uniformité, les fermes s'étendirent. D'abord elles ne comprenaient qu'un bailliage ; puis, elles embrassèrent le territoire d'un évêché ; plus tard, une province entière ; enfin, sous le règne de Henri III, elles devinrent générales pour chaque espèce d'impôt dont un seul bail disposa pour toutes les parties du royaume où il était établi.

Les baux étaient conclus de gré à gré entre les ministres et les fermiers. Il est facile de comprendre combien les intérêts du trésor étaient mal défendus. Les ministres recevaient de grosses sommes, ou ils avaient un intérêt direct, sans mise de fonds, dans le bail. Les fermiers obtenaient, par ce moyen, les conditions les plus avantageuses.

Sully introduisit l'adjudication aux enchères publiques pour la ferme des gabelles et pour celle des droits de traite foraine. Cette mesure doubla presque les recettes. Son exemple ne fut pas suivi, même après que Colbert l'eût relevé.

Le fermier qui passait le bail était contraignable par corps : c'était ordinairement un prête-nom, un pauvre-diable cautionné par des millionnaires. Outre les cautions dont les noms figuraient dans le bail, il y avait les croupiers ou simples bailleurs de fonds, dont la situation était la même que celle des associés commanditaires de notre temps.

Les fortunes colossales et rapides des Fermiers généraux, leur luxe effréné ont été dès longtemps un scandale public. Mais c'est surtout pendant les derniers siècles de l'ancien régime que l'indignation publique atteignit son comble. Ces hommes étaient ordinairement les usuriers en titre de la couronne ; non contents des avantages de leur bail, ils faisaient à l'État des avances à gros intérêt. Montesquieu disait que les tribunaux auraient interdit sans hésiter un fils de famille qui aurait eu recours aux mêmes expédients financiers que le roi de France. Des pièces authentiques conservées par l'histoire prouvent que Montesquieu avait raison.

Les peuples étaient livrés aux fermiers ; les impôts les plus injustes et les plus immodérés étaient perçus avec la dernière rigueur. Lorsque, sous le ministère de Mazarin, le banqueroutier Carticelli, devenu surintendant des finances, livra aux fermiers les produits de la taille, on compta à-la-fois dans le royaume 23,000 prisonniers pour les tailles, dont 5,000 périrent de misère. Les employés des Fermes sont aussi accusés par les contemporains d'avoir perçu indûment et pour leur propre compte. Il n'y avait guère de recours contre la Ferme, car elle possédait des tribunaux dans lesquels elle était juge et partie. Pour la poursuivre jusqu'au dernier degré de juridiction, il fallait être riche, et c'est aux pauvres surtout qu'elle s'attaquait. Dans les grandes affaires, elle écrasait encore ses adversaires par ses trésors, par son crédit, par les immenses ressources de corruption dont elle disposait.

Au dix-huitième siècle, on débattit vivement la question de savoir s'il valait mieux que l'État perçût ses revenus par régie ou qu'il les affermât. Montesquieu et la plupart des philosophes de ce temps prirent parti contre la Ferme.

La question avait déjà été discutée dans le conseil. La perception des revenus avait été confiée à la compagnie fondée par Law. Mise en régie par cette compagnie, elle avait produit un bénéfice net de quinze millions, non compris le produit de la vente des tabacs. A la chute du Système, le gouvernement établit une régie directe, mais mal organisée.

Cette organisation ne dura que cinq ans : les administrateurs de la régie ne faisaient rentrer les droits qu'avec lenteur et pour cause. En entrant aux affaires, le cardinal Fleury livra de nouveau à des fermiers les droits sur la consommation. Ces fermiers s'engagèrent à payer quatre-vingt millions ; mais ils surent se faire abandonner, par une clause du bail, les sommes dont les comptables de la régie étaient reliquataires. Ces sommes montaient à plus de soixante millions. Il n'est pas étonnant que Voltaire ait défini les fermiers : « Des hommes qui jouissent des revenus publics et qui en donnent quelque chose au roi. »

Durant sa trop courte administration, Turgot mit en régie plusieurs branches du revenu public. Enfin, la Révolution fit disparaître la Ferme et les fermiers, aux applaudissements de toute la France. (V. PERCEPTION, RÉGIE, TRAITANT.)　　　C. S.

FÊTES NATIONALES. Les yeux comme l'oreille sont le chemin du cœur. Et les grands spectacles sont nécessaires aux grands peuples. Aussi, fouillez dans les plus anciennes archives du monde et partout vous retrouverez l'homme fêtant la commémoration des grandes époques. — Dans le récit de ces Fêtes, chacune dans un livre ouvert, on peut jusqu'à un certain point retrouver le secret du génie des nations diverses.

En Égypte, le peuple essentiellement agricole offrait à Isis, son institutrice, les prémices de ses moissons. Le inondations du Nil, si bienfaisantes pour le pays, avaient aussi leurs Fêtes. Le carac tère des Fêtes égyptiennes était sage, austère, leur but, philosophique et moral. Les phénomènes de la nature, les découvertes astronomiques, les secrets de l'agriculture et des arts, les préceptes sacrés des sciences économiques, devenaient ainsi un enseignement pour les masses.

En Grèce, comme en Égypte, les Fêtes primitives portaient un caractère champêtre ; elles subirent plus tard l'influence de la civilisation, de la philosophie. Contrainte de lutter continuellement par les armes, il fallait nécessairement que chacun de ses citoyens fût guerrier. Aussi, là, plus que chez tout autre peuple, s'occupait-on d'accroître la force physique et morale de l'homme. Les Fêtes de la Grèce offraient un abrégé de ses annales et rappelaient les traits glorieux de l'histoire nationale ; des chants, des danses, des luttes, de majestueuses représentations des chefs-d'œuvre d'Euripide et de Sophocle, des statues de Phidias et d'Alcamène, des tableaux d'Appelle étaient présentés à ce peuple si passionné pour toutes les gloires, et Pindare et Simonide chantaient les vainqueurs des jeux olympiques devant toute la Grèce assemblée.

Rome, constamment en guerre avec ses voisins, était obligée d'entretenir parmi ses citoyens les passions guerrières. Aussi, leurs réjouissances étaient des luttes à mort ; les triomphateurs traînaient les rois vaincus enchaînés à leurs chars de victoire, et les mœurs se pervertissant chaque jour par le luxe et la satiété de la victoire, leurs divertissements devinrent bientôt d'affreux massacres.

En France, sous l'ancien régime, si la nation avait vaincu ses ennemis, c'était son chef qui triomphait ; alors se succédaient fêtes et carrousels en l'honneur du triomphateur ; seulement, il était permis au peuple d'examiner ce qui se passait à travers les grilles dorées ; et si, parfois, on lui octroyait la licence de devenir acteur dans cette allégorie en action, on l'excitait à se ruer sur du vin et des comestibles comme une meute affamée libre après la chasse de faire sa curée. Spectacle affligeant et démoralisant tout à la fois, rixes honteuses dont se repaissaient les oisifs de la cour.

Quand l'ange consolateur de la liberté en eut proclamé le nom sacré, l'idée des Fêtes Nationales n'échappa point à l'esprit organisateur des grands hommes qui surgirent.

Voici le programme de ces Fêtes :

A l'Être-Suprême et à la Nation ; — au Genre humain ; — au Peuple français ; — aux Bienfaiteurs de l'Humanité ; — aux Martyrs de la Liberté ; — à la Liberté ; — à l'Égalité ; — à la République ; — à la Liberté du Monde ; — à l'Amour de la Patrie ; — à la Haine des Tyrans et des Traîtres ; — à la Vérité ; — à la Justice ; — à la Pudeur ; — à la Gloire et à l'Immortalité ; — à l'Amitié ; — à la Frugalité ; — au Courage ; — à la Bonne Foi ; — à l'Héroïsme ; — au Désintéressement ; — au Stoïcisme ; — à la Foi conjugale ; — à l'Amour paternel ; — à la Tendresse maternelle ; — à la Pitié filiale ; — à l'Enfance ; — à la Jeunesse ; — à l'Age viril ; —

à la Vieillesse ; — au Malheur ; — à l'Agriculture ; — à nos Aïeux ; — à la Postérité ; — au Bonheur.

Sous l'Empire, le peuple disparaît entièrement ; le chef seul est tout ; à lui seul est attribué le succès des batailles. Les Fêtes Nationales confisquées à son profit deviennent pour lui des Fêtes de famille. Un de ses lieutenants meurt : c'est le brave maréchal Lannes. On lui fait faire de somptueux obsèques militaires. Le peuple voit défiler sous ses yeux ce pompeux appareil de douleur officielle. Ce n'est pas la patrie qui pleure ici son illustre enfant, c'est l'empereur qui fait rendre les derniers devoirs à l'un de ses plus braves, de ses plus dévoués serviteurs.

Au temps de la République, Hoche meurt, c'est la France en deuil qui assiste à la Fête funèbre, et jusque dans le plus petit hameau chacun pleure la perte que viennent de faire la patrie et la liberté.

La vieille monarchie ressuscite ; le programme des Fêtes change :

Couronnement ; — Mariage ; — Baptême ; — Fête du Souverain ou de sa Famille ; et depuis 1830 un anniversaire, célébré plus mesquinement chaque année, de la Révolution de Juillet. Il y avait, du moins, sous l'Empire des réjouissances pour les glorieuses conquêtes de nos armées.

Lorsque Robespierre présentait à la Convention, le projet de décret qu'elle adopta à l'unanimité, il savait bien que ce programme aurait la sanction de toute la saine portion de l'Assemblée ; car ce programme était le résumé des vertus républicaines. Ce n'était plus ici les représentations immorales ou mesquines des anciens temps ; c'étaient des Fêtes vraiment populaires, morales dans leur but et dans leurs effets ; des Fêtes qui excitaient dans le peuple le sentiment du grand et du beau, et qui élevaient au-dessus des vulgaires préoccupations son intelligence et son cœur.

Il n'entre pas dans notre objet de retracer ici toutes ces grandes Fêtes de la République, si belles, si majestueuses, si profondément empreintes de l'enthousiasme électrique de cette époque ; nous nous contenterons seulement d'esquisser en peu de mots celle qui fut célébrée en l'honneur de l'Être-Suprême, l'an II de la République.

Ce fut la plus belle Fête de la République. Dès le matin du jour consacré, chacun s'empresse de décorer les maisons de festons et de drapeaux pour célébrer plus dignement la Fête de la Divinité. Les vieillards distribuent des armes à leurs fils, défenseurs de la liberté ; le canon gronde, le tambour résonne, les jeunes gens armés de fusils forment un bataillon carré autour de leurs sections respectives. Les femmes portent des bouquets, les jeunes filles des corbeilles de fleurs, les hommes tiennent à la main des épées et des branches de chêne. Une salve d'artillerie annonce le départ. Le peuple, assemblé dans le Jardin National, se range autour d'un amphithéâtre destiné à la Convention. Les sections et les autorités arrivées, la cérémonie commence.

Le président de la Convention, Robespierre, paraît à la tribune élevée au milieu de l'amphithéâtre. Il expose les motifs qui ont déterminé cette Fête et invite le peuple à honorer l'auteur de la Nature.

Près de là, s'élève un monument où est représenté le monstre désolant de l'Athéisme, soutenu par l'Égoïsme, la Discorde et la Fausse Simplicité qui, sous les haillons de la misère, laisse entrevoir les décorations dont se parent les esclaves de la royauté ; sur le front de ces figures on lit : *Seul espoir de l'étranger.* Le président s'approche et met le feu à ce groupe, et du milieu de ses débris fumants surgit la figure allégorique de la Sagesse.

Après un chant simple et grave, le tambour se fait entendre ; le peuple, divisé en deux colonnes, les hommes d'un côté et les femmes de l'autre, marche sur deux files parallèles. Le bataillon carré des jeunes gens suit toujours le même ordre. Les représentants du peuple sont placés au centre ; l'Enfance couronnée de violettes, l'Adolescence de myrtes, l'Age viril de chêne et la Vieillesse de pampre et d'olivier, les entourent. Chaque représentant porte à la main un bouquet de blé, de fleurs et de fruits, symbole de sa mission.

Au centre de la représentation nationale, quatre taureaux, couverts de festons et de fleurs, traînent un char qui porte un trophée composé des instruments des arts et métiers et des productions du territoire français, emblème admirable qui montre les héros et les bienfaiteurs de l'humanité conduisant la charrue de la main qui dompte les rois et les esclaves.

Après avoir couvert de fleurs la statue de la Liberté, le cortége arrive au Champ-de-Mars. Là, sur une montagne immense que couronne l'arbre de la Liberté, s'élève l'autel de la Patrie devant lequel se placent les représentants. D'un côté, sont rangés les hommes ; ils chantent la première strophe du *Chant du départ* dont tout le peuple répète le refrain ; de l'autre, les femmes qui chantent la seconde strophe ; la troisième est répétée par la foule. Les femmes soulèvent leurs jeunes enfants dans leurs bras et les offrent à l'auteur de la Nature ; les jeunes filles jettent des fleurs vers le ciel ; les jeunes gens remettent leurs épées à leurs pères et jurent de faire triompher partout la Liberté et l'Égalité. Une bruyante décharge d'artillerie, symbole de la vengeance nationale, enflamme le courage des républicains. Un chant mâle et guerrier répond au bruit du canon ; tous les citoyens confondent leurs sentiments dans un embrassement fraternel, et le cri formidable de *Vive la République !* s'élève triomphant vers le ciel.

Au lieu des haies de gendarmes et de sergents-de-ville que nos yeux sont condamnés à rencontrer dans toutes les réjouissances publiques, un simple ruban tricolore servait de barrière à cette immense multitude armée, enivrée de gloire et d'orgueil. C'est ainsi que la République savait impressionner les masses en les faisant participer à ces grandes représentations nationales, en leur montrant que la patrie n'oubliait jamais ceux qui se dévouaient pour elle. Tel est le secret des œuvres gigantesques qu'elle accomplit pendant sa courte apparition. Elle posa alors des principes qui guideront les générations futures, et lui ont assuré à jamais leur vénération et leur sympathie. Lorsque l'humanité enfin affranchie sera fraternellement assise au grand banquet social, lorsque le soleil n'éclairera plus que des hommes libres, qu'un peuple de frères, alors la justice seule régnera sur le monde régénéré ; ce sera l'arc-en-ciel, signe de réconciliation entre le ciel et la terre.

DAVID D'ANGERS.

FETVA. On sait que chez les Turcs tout est basé sur la loi religieuse dont l'*uléma* est le dépositaire et l'organe. Une décision du muphti, chef du corps, se nomme *Fetva.* Le muphti ne juge directement que comme membre du divan impérial dont il signe tous les arrêts ; mais ses Fetvas motivent un grand nombre de jugements et font jurisprudence. Le plus pauvre musulman peut demander au muphti son avis ; seulement, il faut que la requête soit résumée en peu de mots. La décision est aussi très-concise.

Ce chef de la foi étant choisi dans l'uléma, par le grand-seigneur, est bien souvent un instrument de la politique du sérail. Pourtant l'accord n'existe pas toujours, et on ferait une liste bien longue des favoris, des ministres que les muphtis ont proscrits malgré leur maître. Les sultans mêmes ont vu leur pouvoir s'écrouler devant un Fetva. Celui en vertu duquel on étrangla Ibrahim, en 1649, était ainsi conçu : « Tout homme, fût-il empereur, doit comparaître devant la justice de Dieu. » Les janissaires qui déposèrent Sélim, en 1807, recoururent au muphti en ces termes : « Un empereur qui se met en opposition avec les préceptes du Livre-Saint mérite-t-il de rester sur le trône ? »— « Non, Dieu le sait », telle fut la réponse.

Ce laconisme disparaît dans quelques grandes circonstances. Lorsqu'il s'est agi d'exciter le fanatisme, de prêcher la guerre contre les chrétiens, on a vu les Fetvas devenir des homélies, des mandements pleins de l'enflure orientale. Mais les temps sont changés ; de nos jours, les muphtis ont autorisé des réformes qui auraient été déclarées impies dans le siècle précédent, et c'est en vertu d'un Fetva qu'on a introduit dans l'armée turque l'usage des baïonnettes. (V. DIVAN, GRAND-SEIGNEUR.)

P.

FEUDATAIRE. (V. VASSAL.)

FEUILLANTS. (V. FAYETTISTES.)

FEUILLE DES BÉNÉFICES. C'était, sous l'ancienne monarchie, une sorte de ministère-d'État, dont était pourvu un membre du clergé. La nomination aux archevêchés, aux évêchés, aux abbayes, aux prieurés royaux, ne se faisait que d'après le travail du prélat chargé de la Feuille des Bénéfices. Les jésuites, les jansénistes et toutes les fractions ennemies du catholicisme se disputaient ce poste important, qui n'exerçait pas seulement son influence sur le temporel des prêtres, mais qui faisait en même temps prévaloir dans l'Église telle ou telle doctrine religieuse.

B.-C.

FIEF. Concession de choses immobilières que

les rois firent seuls dans l'origine, sous la condition de certains devoirs et de certaines redevances. Les seigneurs imitèrent dans la suite l'exemple des rois.

Ainsi que nous l'avons déjà dit au mot FÉODALITÉ, l'ensemble de ces concessions a constitué le régime féodal. Né au milieu des invasions, des révolutions et de l'anarchie, son origine a été enveloppée jusqu'à ce jour d'une obscurité profonde. Nous n'avons point la prétention de la dissiper; nous n'essaierons pas non plus de discuter les nombreux systèmes qu'on a élevés sur ce sujet. Pour accomplir une pareille tâche, ce ne serait pas un simple article, ce serait des volumes qu'il faudrait faire. Nous nous bornerons donc à résumer, dans quelques aperçus généraux, ce qui nous paraîtra tout à-la-fois le plus important et le plus certain.

On a cru trouver les premiers germes du régime féodal dans les mœurs des peuples germains qui envahirent le midi de l'Europe. On lit, en effet, dans César et dans Tacite, que les chefs de ces nations barbares étaient toujours environnés d'un certain nombre d'hommes dévoués qu'on appela plus tard *leudes*, *fidèles*, ou *antrustions*. Ces hommes consacraient leur vie au prince qu'ils avaient choisi, le suivaient dans toutes ses guerres, bravaient pour lui tous les périls, et recevaient, en échange de leurs sacrifices, la meilleure part du butin. Tant qu'ils se bornèrent à des courses vagabondes, ce butin ne dut consister qu'en choses mobilières, en troupeaux et en esclaves; mais, quand ils voulurent se fixer dans les pays dont ils avaient fait la conquête, ils dépouillèrent les nations vaincues d'une portion de territoire et la partagèrent entre eux. Il serait impossible de dire aujourd'hui, avec certitude, sur quelles bases s'opéra ce partage; toujours est-il que, comme ces peuplades errantes et guerrières ignoraient complètement le système des impôts publics, leurs chefs durent se réserver des domaines bien considérables, puisqu'ils étaient obligés d'y prendre tout ce qui leur était nécessaire pour soutenir des guerres continuelles. Ces ressources, toutefois, ne tardèrent pas à s'épuiser, et alors ils détachèrent successivement différentes portions de leurs domaines pour les donner à leurs *leudes*, qui, en raison de ces concessions, leur prêtaient serment de fidélité et s'obligeaient à les suivre dans toutes les expéditions qu'ils voulaient entreprendre. Ces dons, purement temporaires, étaient toujours révocables à la volonté de leur auteur.

Telle fut la première origine des Fiefs. A côté de ces propriétés, il y en avait d'autres qu'on appelait *aleux* ou terres libres. C'était probablement celles qui avaient fait l'objet du partage après la conquête. Elles étaient héréditaires et pouvaient être possédées par tous les hommes libres, Francs, Romains ou Gaulois. Ceux-ci étaient conduits à la guerre par un officier qu'on appelait *comte*, tandis que le *leude* ou *duc* y menait les hommes de son Fief.

De ce que les Fiefs n'étaient que temporaires, tandis que les aleux jouissaient du privilège de l'hérédité, il semblerait devoir résulter que les premiers étaient très-inférieurs aux autres. Mais il n'en était pas ainsi: le leude, seigneur de Fief et vassal du roi, jouissait d'une foule de prérogatives. Celui qui le tuait payait 600 sous de composition, tandis qu'on n'en donnait que 200 pour le meurtre d'un ingénu. L'un ne pouvait être convaincu de crime pour cause de contumace, tandis que l'autre était réputé coupable par le seul fait de son absence. Le premier n'était sujet à l'épreuve de l'eau bouillante que pour une accusation de meurtre; le second y était soumis pour les moindres crimes... Cela fit qu'un grand nombre d'hommes libres imaginèrent de donner leurs aleux au roi pour les recevoir de lui à titre de Fiefs: c'est ce qu'on appela *Fiefs de reprise*.

C'était un principe fondamental de la féodalité que ceux qui étaient sous la puissance militaire de quelqu'un étaient aussi sous sa juridiction civile. La justice fut donc, dans les Fiefs anciens comme dans les nouveaux, un droit inhérent au Fief, et les comtes en furent investis, par le même motif, dans l'étendue de leurs comtés. Il ne faut pas croire, cependant, que les seigneurs jugeassent seuls à la manière des pachas musulmans: ils convoquaient, à cet effet, des espèces de *plaids* ou d'assises; et, comme il ne leur fallait pas moins de douze personnes pour rendre une décision, ils complétaient par des notables le nombre des juges en titre qui devaient les assister. Cette justice, au surplus, n'était pas purement gratuite. Comme elle n'était, chez les nations violentes, qu'une garantie accordée au coupable contre la vengeance de l'offensé, le condamné était obligé de payer une certaine somme, en outre du prix de l'offense, pour la protection qu'il recevait. Cette rétribution s'appelait *fredum*, d'un mot germain qui signifie *paix*, et elle formait un des principaux émoluments de celui par lequel et au nom duquel la justice était rendue.

Ce ne furent pas seulement les chefs militaires qui reçurent, donnèrent et reprirent des propriétés en Fief. Les églises acquirent au même titre des biens très-considérables qui leur furent successivement enlevés et rendus. De là, les juridictions ecclésiastiques; de là, aussi, pour les évêques, les abbés ou leurs avoués, l'obligation d'aller à la guerre et d'y conduire leurs vassaux. Cette obligation convenant peu à leur profession, ils s'en plaignirent à Charlemagne et obtinrent la dispense qu'ils sollicitaient.

Le besoin toujours plus pressant d'assurer la fidélité des vassaux et d'en augmenter le nombre, au milieu des guerres continuelles qu'ils étaient obligés de soutenir, conduisit les faibles successeurs de Clovis à beaucoup de concessions dont ils eurent lieu ensuite de se repentir. Les comtes n'étaient d'abord envoyés dans leurs districts que pour un an. Plus tard, ils achetèrent la continuation de leurs offices. Les Fiefs n'étaient que temporaires: ils devinrent viagers; et lorsque, effrayés de la route dans laquelle ils s'étaient engagés, les rois voulurent essayer de ressaisir le pouvoir qu'ils avaient perdu, ils trouvèrent une opposition devant laquelle ils furent obligés d'humilier leur couronne. C'est dans le traité d'Andely que fut commencée cette funeste révolution. Les seigneurs, réunis pour traiter de la paix entre Gontrand et Childebert, obligèrent ces deux princes à déclarer qu'ils ne seraient plus libres de retirer ni les bénéfices anciens ni ceux qu'ils donneraient à l'avenir. Ils les contraignirent même à restituer ceux qu'ils avaient enlevés depuis la mort des derniers rois, et ils s'assurèrent ainsi durant leur vie la possession de leurs dignités.

Cet état de choses fut de nouveau confirmé en 615, lors du supplice de Brunehaut, de cette reine si remarquable par ses talents et par ses vices, qui périt victime des tentatives qu'elle avait faites pour reconquérir des prérogatives irrévocablement perdues. Dès-lors, ces prérogatives diminuèrent de jour en jour. Warnachaire, qui avait été l'âme de la conjuration contre Brunehaut, fut nommé maire de Bourgogne, et contraignit Clotaire à s'interdire la faculté de le déplacer pendant sa vie. Ce changement en produisit un autre. Jusqu'alors, les maires avaient été nommés par le roi ; ils le furent depuis par la nation. Ainsi s'éleva, à côté de l'autorité des rois, une autorité rivale qui ne tarda pas à l'absorber. Les maires, qui ne régnaient que par la protection qu'ils accordaient à la noblesse, se gardèrent bien de rétablir l'amovibilité des offices ; loin de là, Charles-Martel en créa beaucoup de nouveaux ; et il paraît même que quelques-uns étaient déjà héréditaires, quand la couronne passa publiquement sur la tête de Pépin, son fils. Mais, par une contradiction assez bizarre, tandis que les Fiefs tendaient à se perpétuer dans les familles par droit de succession, le pouvoir royal était entraîné dans une direction toute différente. Les maires étant électifs et les rois héréditaires, il se fit, lors de la confusion de ces deux grandes autorités, une espèce de transaction. Complètement soumise à l'élection dans la personne de Pépin, la couronne y fut encore sujette en partie pour ses successeurs. Elle fut élective parce que la nation était appelée à choisir son souverain ; mais elle fut aussi héréditaire parce qu'on choisit toujours dans la même famille.

Les règnes énergiques de Charles-Martel, de Pépin et de Charlemagne, avaient contenu tous les ordres de l'État dans les limites de leurs devoirs. Les faiblesses monastiques de Louis-le-Débonnaire, les haines de ses enfants et leurs divisions sanglantes, les en firent sortir de nouveau. Après la funeste bataille de Fontenay, où cent mille hommes perdirent la vie, les seigneurs, effrayés de ces guerres de famille qui menaçaient de les anéantir, contraignirent Lothaire, Louis et Charles à passer un traité qui renversa la constitution politique de la monarchie. La noblesse fut dispensée de suivre ses princes dans les guerres qui ne seraient pas défensives, et, de concessions en concessions, elle acquit assez de puissance pour pouvoir, un peu plus tard, déclarer la guerre à ses princes mêmes.

De cette époque datent également les grands changements effectués dans les Fiefs et dans les aïeux. Nous avons dit que quelques Fiefs étaient héréditaires dès l'avénement de Pépin. Mais ce n'était qu'une exception qui se perdait dans la règle générale. Le capitulaire dressé par Charles-le-Chauve, en 877, les rendit tous héréditaires, ainsi que les comtés. Par une conséquence nécessaire, les arrière-Fiefs, c'est-à-dire les parties détachées des Fiefs par leurs possesseurs, ne purent plus revenir au roi ; en sorte que la puissance royale se trouva pour ainsi dire reculée d'un degré, quelquefois de deux, et souvent davantage.

Les changements dans les aïeux ne furent pas moindres que dans les Fiefs. Dès le règne de Charlemagne, un homme libre pouvait bien faire ériger son aïeu en Fief par un autre que par son Souverain ; mais cet aïeu conservant toujours son caractère primitif vis-à-vis du roi, le possesseur n'était pas moins obligé de remplir les devoirs que sa tenure lui imposait. Il fut stipulé par le traité dont nous avons déjà parlé que tout homme libre pourrait à l'avenir choisir pour seigneur qui bon lui semblerait. Ainsi, en soumettant un aïeu à un seigneur étranger, au lieu de le soumettre au roi, et en le reprenant ensuite en Fief, tout homme libre pouvait éluder le pouvoir royal et s'en débarrasser complétement. Par là, ceux qui étaient autrefois directement sous la puissance du roi, devinrent insensiblement vassaux les uns des autres, et les Fiefs et les arrière-Fiefs se multipliant à l'infini, il n'y eut plus à côté de la couronne que des vassaux indépendants par droit héréditaire, et des arrière-vassaux sur lesquels elle n'avait conservé qu'une action purement nominale.

Un pareil état de choses ne pouvait enfanter que le désordre et l'anarchie. Les seigneurs, souvent plus puissants que le roi, se révoltaient contre lui, se faisaient la guerre entre eux, pillaient, incendiaient réciproquement leurs propriétés et celles de leurs vassaux. Pour soutenir ces guerres continuelles, il fallut bâtir des châteaux-forts, décimer les populations et frapper ce qui survivait des charges les plus accablantes. Impôts sous toutes les formes, corvées de toute espèce, ce n'était pas encore assez pour assouvir l'inépuisable voracité de cette nuée de petits tyrans qui s'étaient abattus, comme des oiseaux de proie, sur une terre désolée. A ces hommes de sang et de larmes, à ces passions brutales et féroces, il fallait pour ainsi dire tous les maux de l'humanité. La pensée de l'homme et sa dignité, la pudeur des vierges, la foi des épouses, tout fut conquis, usurpé, flétri, et sur ce sol où la liberté avait régné pendant tant de siècles, on ne vit plus bientôt que des hommes également dégradés par leur tyrannie ou leur servitude.

Au milieu de tant de naufrages, la royauté avait presque entièrement disparu. Les derniers rois de la seconde race ne se distinguaient plus que par la foi et hommage qu'on leur rendait encore. Privés de leurs domaines, réduits aux seules villes de Reims et de Laon, séparés de cette foule d'arrière-vassaux qui ne relevaient plus d'eux qu'en passant par un pouvoir plus grand que le leur, ils étaient également incapables d'attaquer et de se défendre. Pour comble de maux, les Normands ravageaient alors le royaume. Ils entraient sur des bâtiments légers par l'embouchure des grandes rivières, et dévastaient, en les remontant, tout ce qui se trouvait sur leur passage. Les villes de Paris et d'Orléans arrêtaient les incursions de ces barbares, et les empêchaient de se rendre maîtres du cours de la Seine et de celui de la Loire. Hugues Capet possédait ces deux villes qui étaient pour ainsi dire les deux clés du royaume, et comme il se trouvait, par ce moyen, seul capable de le défendre, on jugea tout naturel de lui déférer une couronne qu'il était seul en état de porter. Ce fut ainsi que la royauté passa des faibles successeurs de Charlemagne dans la famille des Capétiens. L'Empire en était déjà sorti pour passer à un prince allemand, dans un temps où les Fiefs étaient encore électifs en Allemagne, et il fut soumis à l'élection. A l'avénement de Hugues Capet, tous les Fiefs étaient héréditaires en France. La couronne, qui n'était plus qu'un grand Fief, fut héréditaire comme eux.

Il n'entre point dans notre plan de raconter les luttes si longues et si nombreuses que les rois et les communes soutinrent à partir de cette époque, contre les seigneurs féodaux ; les uns pour agrandir leur pouvoir, les autres pour reconquérir leurs droits. Nous ferons seulement quelques courtes observations à ce sujet.

Si ces luttes eurent toutes pour la nation un résultat avantageux, il faut cependant convenir que le principe et la moralité des unes et des autres furent bien différents. Les communes, en s'armant pour résister à l'oppression, demandaient ce que la faiblesse et l'imprudence de leurs rois leur avaient fait perdre, ce que la violence leur avait enlevé. Réduit à la condition la plus dégradante et la plus dure, le peuple réclamait de ses tyrans le droit de vivre et de s'appartenir. L'esclavage ne prescrit jamais.

Mais de quel droit les successeurs de Hugues Capet venaient-ils attaquer un principe qui était le leur? Fils heureux de la féodalité, qu'avaient-ils à dire à des pairs qui, loin de s'opposer à leur usurpation, l'avaient soutenue et protégée? Encore, si, devenus les chefs de la nation, ils ne s'étaient fait ingrats que pour le bonheur du peuple! Mais la manière dont ils le traitaient à son tour prouve trop qu'ils n'étaient dirigés que par une ambition égoïste. S'ils soutinrent quelquefois les communes pour s'en faire un appui contre leurs vassaux, ils protégèrent aussi leurs vassaux contre les communes quand ils y furent excités par les intérêts de leur politique. Ainsi, ingrats envers les uns, indifférents envers les autres, despotes envers tous, ils finirent, en prenant partout et toujours, par élever un pouvoir immense. Mais, en dégageant la couronne des liens de la féodalité, ils la laissèrent peser sur le peuple, et quand ils voulurent embrasser d'un même coup-d'œil leur point de départ et le but qu'ils avaient atteint, ils furent tellement embarrassés de leur principe qu'ils ne trouvèrent rien de mieux à faire que de le cacher dans le ciel, et

d'emprunter, par un blasphème, à la Divinité ce que la raison humaine leur refusait.

Voilà, si je ne me trompe, la véritable origine de ce prétendu droit divin qui a exercé tant de plumes menteuses et soulevé tant de vanités despotiques. Quand l'homme ne peut justifier ses actes, il cherche à les envelopper de nuages, et le ciel indigné fut toujours un vaste arsenal pour les imposteurs titrés.

Cette mystérieuse consécration du pouvoir royal lui devint peut-être plus indispensable encore, quand par la grande Révolution de 1789 la nation eut détruit complétement la féodalité. Comment conserver l'hérédité de la couronne lorsque l'abolition des Fiefs ramenait naturellement la royauté à son point de départ, c'est-à-dire au peuple qui l'avait donnée avant l'usurpation féodale, au peuple qui est le seul dispensateur légitime de l'autorité souveraine. Il fallait chercher le droit autre part que dans la raison humaine sincèrement manifestée, autre part que dans la vérité des faits historiques ; car la raison et l'histoire conduisaient directement à l'élection. De là ce droit abstrait, indépendant de toute convention, et beaucoup plus sûr en effet que les constitutions convenues ou imposées. Ce que la force a créé, la force le renverse. Ce que la convention a établi se détruit par une convention contraire, par l'inexécution de l'une des parties contractantes et par l'indépendance des générations futures qui ne sont jamais liées complétement par un contrat politique. Mais ce qui vient de la Divinité est immuable comme elle, et voilà pourquoi la royauté, en perdant le droit féodal, se cramponna au droit divin comme à sa dernière ancre de salut. Nous l'avons vue pendant quinze années caresser cette vieille chimère; et quand le peuple d'un seul effort eut expulsé l'une et l'autre, n'avons-nous pas vu, chose plus étonnante encore! afficher des prétentions *quasi* semblables, à une nouvelle couronne nouvelle, dès le jour où elle commençait à poindre au-dessus de l'urne électorale?

Heureusement, le temps n'est plus où quelques individus pouvaient si facilement s'entourer de prestige aux yeux d'une multitude ignorante. Cinquante années de révolutions, d'essais et de déceptions, ont pu apprendre aux moins clairvoyants ce que valent les hommes et les choses. Heureux le peuple qui saura profiter de ces laborieuses expériences, et qui fondant ses institutions sur le bonheur et les droits de tous, pourra également éviter le monopole et l'anarchie !

MAURAT-BALLANGE, député.

FINANCES. (V. MINISTÈRE DES)

FIRMAN. Le nom de *Firman* ou *Ferman* s'applique, en général, à tout acte public émané du gouvernement turc, et expédié dans la même forme, qu'il s'agisse d'un édit, d'une ordonnance, ou simplement d'un brevet, d'un passeport, d'un ordre quelconque. Le divan délibère sur les Firmans lorsque le cas l'exige, et ils y sont toujours l'objet d'un rapport, au moins sommaire. Le ministre compétent, le fonctionnaire chargé de la remise, de l'exécution, les vise ou plutôt les paraphe.

On date les Firmans de la *Porte de félicité,* et quelquefois de l'*étrier impérial,* termes qui rappellent le temps où le palais des sultans tatars était une tente. Tous sont écrits en caractères spéciaux et portent en tête, non la signature, mais une espèce de chiffre du grand-seigneur en lettres entrelacées, lequel est apposé par un secrétaire ayant le titre de *Nichandgi-Effendi,* et droit de séance au divan. A mi-page, au-dessous du chiffre, on lit :.— « Voici ce que commande ce signe impérial « dont le pouvoir procède de l'assistance divine. « —Moi, qui par l'excellence des faveurs du Très- « Haut et par l'éminence des bénédictions du chef « des prophètes, suis le sultan des glorieux sul- « tans, l'empereur des puissants empereurs, le « distributeur des couronnes aux *Cosroës* de la « terre, l'ombre de Dieu, l'asile de l'humanité, le « défenseur des infortunés, l'exterminateur des « infidèles et des polythéistes, le second Alexan- « dre régnant sur l'Orient et l'Occident, le ser- « viteur des nobles villes de la Mecque et de « Médine, lieux sacrés où tous les musulmans « adressent leurs vœux ; le protecteur de la sainte « Jérusalem, le Souverain de Damas, odeur des « paradis, etc., etc., ... ayant remonté « humblement à ma sublime Porte..... J'ordonne « à mes fidèles pachas, aux mollahs, cadis et mous- « selims de mon glorieux empire, etc. »　　P.

FISC. Les Romains appelaient *Fiscus* le panier d'osier dans lequel les revenus publics étaient portés à dos de mulet. Ce mot désigna, d'abord, le trésor public ; et, au commencement de l'Empire, le trésor particulier du prince. On sait qu'à cette époque l'administration des provinces de l'Empire fut partagée entre le Sénat et le prince : le revenu de celles qu'administrait le Sénat était versé dans l'*ærarium* ou trésor de la République ; le revenu des autres appartenait au *Fisc* ou trésor impérial. En peu de temps, l'autorité du Sénat et le trésor de la République firent place au pouvoir de l'empereur et à son trésor : tous les revenus de l'Empire furent versés au Fisc.

Le caractère injuste et rapace de l'administration romaine est bien connu. Le nom du Fisc qui avait été invoqué pour autoriser d'innombrables spoliations revenait souvent dans les plaintes des peuples opprimés : il survécut aux Empereurs et à l'Empire ; il fut appliqué au trésor des rois de France. On l'emploie encore aujourd'hui.

Il est à remarquer toutefois que ce nom a presque toujours été employé en mauvaise part. Il désigne le trésor percevant l'impôt, le trésor pressurant les peuples et dévorant les fruits de leur travail. Lorsque le trésor paie, il s'appelle simplement le Trésor ; lorsqu'il fait rentrer les impôts les plus odieux, il s'appelle le Fisc.

On dit qu'un homme d'état est *fiscal,* lorsqu'il ne songe qu'à augmenter les produits de l'impôt : on dit aussi dans le même sens une *loi fiscale,* une aveugle *fiscalité.*

Mais les excès que l'on peut reprocher au Fisc et à la Fiscalité de notre temps sont les moindres de ceux dont l'ancien Fisc s'était rendu coupable. Le principal aliment des haines qu'il inspirait était la confiscation.

La confiscation a été introduite dans les lois romaines par Sylla. Après sa victoire sur le parti populaire, il proscrivit une quantité considérable de citoyens et adjugea leurs biens au trésor public. Ce bon exemple ne fut pas perdu : dans les guerres civiles qui eurent lieu après la mort du terrible dictateur, un grand nombre de citoyens furent privés de la vie et de leurs biens. Enfin, sous le régime impérial, la confiscation, c'est-à-dire l'adjudication des biens au Fisc, s'organisa en système, se régularisa, s'étendit. Le Fisc avait de grands besoins : les prodigalités extravagantes des empereurs, la nécessité de fournir des subsistances à la populace de Rome, les révolutions fréquentes et les gratifications énormes auxquelles elles donnaient lieu, épuisaient rapidement les revenus de l'empire. Les confiscations furent un moyen de recette : elles frappèrent d'abord ces immenses fortunes des sénateurs romains, riches du pillage du monde civilisé ; bientôt, elles atteignirent les fortunes les plus modestes.

La confiscation n'était d'abord qu'un accessoire de la peine capitale : elle fut bientôt ordonnée dans plusieurs autres cas, et, vers la fin de l'Empire, il n'y avait guère de propriété qui fût à l'abri du Fisc ; il avait absorbé presque toutes les richesses accumulées par la civilisation ; il avait dévoré des hameaux, des villages, des villes, des contrées entières, fonds et habitants.

Aussitôt qu'il y eut dans les divers pays de l'Europe un pouvoir assez fort pour manier cette arme offensive de la confiscation, la confiscation reparut. Les légistes retrouvèrent l'effrayante énumération des droits du Fisc que fait au digeste le jurisconsulte Callistrate, et chaque Souverain s'efforça de son mieux de succéder aux droits des Empereurs romains. Les rois de France furent ceux qui, dans cette entreprise, eurent le plus de succès.

Dès que la royauté fut en mesure de confisquer les biens des grands vassaux, de la haute noblesse, elle s'empressa de le faire ; elle pouvait se fonder en même temps sur le droit romain et sur le droit féodal qui autorisait, dans certains cas déterminés, le souverain à reprendre le fief que le vassal était censé tenir de lui. Au moindre prétexte, les rois étaient excités à confisquer, parce que les biens adjugés au Fisc étaient ordinairement donnés à des personnes de leur entourage. La fortune des grands vassaux avait eu pour origine l'usurpation et le pillage. Les grandes fortunes qui s'élevèrent depuis Philippe-le-Bel tirèrent des confiscations ou du démembrement du domaine leur principal accroissement.

Les confiscations s'étendirent avec le pouvoir royal : elles se multiplièrent à mesure que ce pouvoir acquit de la force. Dans les trois derniers siècles, elles avaient donné à la justice criminelle un caractère fiscal que les progrès de la civilisation modéraient à peine et, quelque temps avant la Révolution, Beccaria disait avec l'assentiment de toute l'Europe : « Les délits étaient le patrimoine du prince : le pouvoir destiné à défendre la Société avait intérêt à ce qu'elle fût attaquée. » Le même publiciste attribuait à la fiscalité la barbarie de l'ancienne procédure criminelle qui traitait les accusés à-peu-près comme les chauffeurs traitent leurs victimes.

La Révolution trouva la confiscation établie ; elle en fit usage. Cette noblesse qui s'était enrichie par la ruine de la première noblesse et par le pillage du trésor public vit ses biens revenir au Fisc, à l'État. On put lui appliquer cette parole célèbre : « Subissez la loi que vous avez faite vous-même. » Elle avait provoqué la confiscation des biens de l'ancienne noblesse ; elle en avait profité, ses biens revinrent à la nation. Les royalistes qui se sont emportés contre la Révolution n'ont pas songé qu'elle n'avait employé que les armes de la monarchie. L'histoire de la royauté n'offre qu'une série presque continue d'actes semblables à ceux qu'on a tant reprochés à la Révolution.

Bonaparte hérita de la confiscation qui n'a été abolie que par la Charte de 1814.

Elle n'a même été abolie que de nom. Les amendes, cumulées avec les frais, équivalent pour le pauvre à une véritable confiscation. On peut donc dire que si la confiscation est abolie, c'est seulement au profit du riche.

Les fortunes moyennes ne sont pas toujours à l'abri de la confiscation. Les amendes auxquelles l'application des lois de Septembre pourrait donner lieu seraient pour un très-grand nombre de personnes une confiscation. Lorsque la cour des Pairs a réuni par centaines, dans un même procès, des accusés appelés de tous les points de la France, lorsqu'elle les a condamnés solidairement aux frais, n'a-t-on pas pu dire que l'arrêt qui les frappait un arrêt de confiscation ?

La confiscation existe aussi, mais à juste titre, dans les lois relatives aux douanes et aux contributions indirectes.

L'usage de la confiscation a été accompagné d'abus nombreux et révoltants qui ont rendu son nom odieux. Dans le plus grand nombre des cas où elle était appliquée par la loi romaine ou par l'ancienne jurisprudence française, elle était injuste, et cependant on lui doit peut-être l'unité de la France.

Aujourd'hui, elle ne serait plus justifiée par une nécessité politique. Les fortunes datent d'hier et il y en a peu qui puissent faire ombrage au pouvoir. Mais il serait utile peut-être de la rétablir contre les personnes seulement qui seraient condamnées pour concussion ou détournement de deniers publics, de telle sorte que les fortunes élevées aux dépens de la fortune publique pussent revenir au trésor public.   C.-S.

FLEURS DE LIS. Depuis Louis VII, dit le Jeune, au treizième siècle, les rois de France ont pris pour armes des Fleurs de Lis. Antérieurement ils n'avaient que des symboles personnels : ainsi, par exemple, le symbole adopté par Childéric I était des abeilles ; le symbole de Childéric II des

serpents à deux têtes, etc. On voit figurer, tour-à-tour, parmi les armes des premiers rois francs, trois crapauds, trois croissants, trois couronnes, un lion. Louis-le-Jeune fit parsemer de Fleurs de Lis sans nombre les habits de son fils Philippe-Auguste, lorsqu'il le fit sacrer à Reims ; il en fit peindre sur ses bannières, sur son écu ; graver dans son sceau royal. L'adoption des Fleurs de Lis était une consécration mystique de la disposition de la loi salique qui ne permet pas que les femmes succèdent au trône ; elle s'appuyait de ce texte de l'Évangile : « Considérez comment croissent les lis des champs ; ils ne travaillent point, ils ne *filent* point ; » texte qu'on interprétait ainsi, à l'aide d'un jeu de mot : « Le royaume de France ne peut tomber en quenouille. » Charles V réduisit à trois le nombre des Fleurs de Lis, et l'usage s'en est conservé jusqu'à notre première révolution, époque à laquelle le coq devint le symbole de la République.
                                        B.-C.

FONCTION. Du mot latin *fungi* (s'acquitter) on a fait Fonction, l'accomplissement d'un devoir. *Fonction* et *place* étaient, à l'origine, synonymes ; mais le bon sens public a donné à chacun de ces termes une signification différente, et l'on dit maintenant, presque tous les jours et de presque tous les fonctionnaires, ils ont la place, mais ils ne remplissent pas les Fonctions ; ce qui, pour ne pas pousser trop loin la crudité du langage, revient à dire qu'ils reçoivent le prix et les honneurs attribués à des services qu'ils ne rendent pas.

L'usage a plus spécialement affecté le mot *Fonction* à la désignation des emplois publics. En ce sens, les Fonctions sont une délégation du Souverain. Ainsi, dans une république, les plus hautes Fonctions sont celles du chef élu par le peuple ; dans une monarchie reposant comme la nôtre sur la souveraineté nationale, les plus hautes Fonctions sont celles du roi.

Si l'on veut maintenant quelques détails sur les Fonctions ou plutôt sur les attributions, il faut remonter à la Charte de 1830, commentée par l'Almanach royal. Toutes les Fonctions dépendent du pouvoir exécutif, qui réside dans la personne royale, et cette personne répartit, entre diverses administrations, le service public, dont elle augmente ou diminue les branches d'après des convenances accidentelles. De cette délégation première, distribuée entre un petit nombre de personnes, résulte le droit, pour quelques individus, de se faire représenter par subdélégation dans les diverses parties du service qui leur est propre. Ainsi, le ministre de la justice, par exemple, subdélègue des agents de tous les ordres pour exercer la justice distributive ; le ministre de la guerre subdélègue des employés de tous les degrés pour gérer les affaires de la guerre, etc., et tous, si l'on comprenait bien le mot Fonctions, depuis le procureur-général jusqu'au gendarme, depuis le maréchal jusqu'au sergent sauraient bien qu'ils sont soldés par la Société à raison de services qu'ils doivent rendre et que la Société ne leur doit rien si ces services ne sont pas rendus.   B. P.

FONCTIONNAIRE. Littéralement, celui qui remplit une fonction. Mais combien, dans la pratique, de fonctionnaires qui ne remplissent pas leurs fonctions !

En France, la carrière des Fonctions publiques est peu honorée, peu lucrative, et cependant très-courue. Dès qu'un jeune homme est sorti du collége et qu'il a pris quelque teinte du Droit, sa famille cherche à le faire pénétrer par quelque issue parmi cette foule compacte qui vit, tant bien que mal, des débris du budget ; et l'on rencontre souvent dans les grandes administrations publiques de jeunes hommes qui auraient pu rendre dans la société active de bons et utiles services, et qui végètent inutilement dans le paresseux espoir d'un avenir qui vient rarement.

Ces mœurs datent chez nous de l'Empire ; et le sujet vaut bien la peine qu'on s'y arrête un moment.

La manie des places a deux causes principales : la constitution actuelle des pouvoirs publics et les fausses idées que l'on a trop généralement encore sur le travail.

L'Empire avait besoin d'exercer sur les individus un haut et puissant patronage ; il créa pour les grandes familles les grandes fonctions, et, pour les petites, il multiplia les petites places : à celles-là, les charges de la cour, de la judicature et de l'armée ; à celles-ci, les bureaux de tabac, de papier timbré, de poste, etc., etc.

Fondés sur le même principe d'exclusion, la Restauration et le gouvernement actuel suivirent les mêmes errements. La partie du budget consacrée aux dépenses du *personnel* devint une sorte de taxe des pauvres établie au profit de la classe moyenne et des débris de la noblesse.

Il est facile de voir, toutefois, que la multiplication indéfinie des Fonctions en devait réduire proportionnellement la rétribution. C'est ce qui arriva. Et nous voyons aujourd'hui des jeunes gens qui, après un surnumérariat de deux ou trois années, reçoivent 6 ou 700 francs d'appointements ; c'est-à-dire tout juste ce qu'il faut pour ne pas mourir de faim. Que faire cependant ? Chercher une carrière nouvelle ? Mais on a sacrifié les plus belles années de sa vie. Renouveler un tel noviciat, se lancer dans les chances de l'inconnu : il faut un grand courage pour le tenter. D'ailleurs, cette position si médiocre où l'on est se peut améliorer ; elle est enviée par de si nombreux compétiteurs ! Alors on en vient à penser que le mieux est de se résigner, et on se résigne, on s'étiole dans une carrière sans issue, presque sans désir ; et bientôt l'État n'a plus à son service que des intelligences rabougries et des caractères sans vigueur.

Une cause surtout tend à aggraver le mal. Cette condition si mesquine des employés subalternes est, de plus, fort précaire. La toute-puissance d'un ministre les a introduits dans le sanctuaire ; le caprice d'un autre ministre les en fera sortir ; et comme leur état manque de sécurité, il manque également de dignité. Cela est un grand mal ; car, que peut un pouvoir dont les instruments sont privés de la considération qui fait la vraie force ?

Il y aurait deux moyens de relever dans l'opinion le personnel des administrations publiques. Il faudrait d'abord que ce personnel fût recruté comme celui du service actif des Ponts-et-Chaussées, par exemple, parmi de jeunes hommes qui, dans des examens publics, auraient fait preuve de capacité. Le second moyen consisterait à soustraire les employés au despotisme sans contrôle et sans responsabilité des ministres et des chefs de service. Nous avons une loi qui assure l'état des officiers ; il faudrait une loi qui assurât l'état des employés.

Mais ce double moyen, on se gardera bien d'y recourir. Jamais le gouvernement actuel ne restreindra volontairement le droit de vie et de mort qu'il possède sur les hommes qu'il emploie. Il aime mieux, dans ses instruments, la souplesse et l'humilité que la fermeté et l'élévation. Qu'en a-t-il besoin, d'ailleurs ? A cette puissante influence morale que devraient avoir les Fonctionnaires, ne supplée-t-on pas, au besoin, par des coups de canon ?

FONCTIONNAIRES-DÉPUTÉS. C'est une question bien vivement débattue, et cependant bien simple au fond, que celle de savoir s'il convient que les Fonctionnaires publics soient admis dans le sein du pouvoir législatif. Pour la résoudre, il suffit de bien connaître la nature et l'objet du Gouvernement.

Sur quoi repose le principe du gouvernement actuel ? Sur la division des pouvoirs. Un homme peut-il faire en même temps partie du pouvoir exécutif et du pouvoir législatif ? Peut-il être, tout-à-la-fois, la tête et le bras ? La Charte attribue expressément au roi cette double capacité législative et exécutive. Mais cette capacité doit-elle être étendue aux délégués du pouvoir royal ? En principe, il est évident que non.

Cependant, les Fonctionnaires sont censés avoir acquis, par l'exercice des fonctions publiques, des lumières et une expérience dont il est bon que l'État profite sous toutes les formes. Il y a donc, en certains cas, utilité à faire fléchir le principe. — Nous ne voulons pas contester d'une manière absolue cette proposition ; mais il doit être bien entendu que l'admission des Fonctionnaires au sein du pouvoir législatif est l'exception, et que la règle, c'est l'exclusion. Ainsi, qu'on admette les ministres, les titulaires de quelques grandes fonctions politiques, les supériorités de la judicature et de l'armée, nous le concevons ; mais que la chambre soit envahie par les Fonctionnaires, voilà qui est, à notre avis, souverainement déraisonnable et illogique, nous dirons plus, dangereux.

En effet, quel est le résultat de ce que nous voyons aujourd'hui. De deux choses l'une : ou le Député subit l'influence de l'administration, ou, brisant les liens de la hiérarchie, il ne tient aucun compte de la pensée de ses supérieurs. Dans le premier cas, il y a servilisme ; dans le second, insubordination et anarchie ; dans tous les deux, péril.

Mais, disent les défenseurs des Fonctionnaires,

si vous décrétez l'inéligibilité des Fonctionnaires vous attentez à la liberté, aux droits de l'électeur. Plaisant sophisme, en vérité ! Ah, certes, s'il ne fallait pas payer, pour être éligible, 500 fr. de contributions, s'il ne fallait pas remplir encore d'autres conditions de capacité, si le choix de l'électeur se pouvait exercer avec une complète liberté, si, enfin, tout citoyen était éligible, nous comprendrions un pareil argument ; mais, aujourd'hui, mais sous l'empire d'une législation qui fait du droit d'élire et d'être élu, un privilége presque inabordable, il est absurde de prétendre qu'une restriction de plus est une atteinte au droit.

On argüe encore de la mobilité universelle, de l'incertitude des choses et des idées. « Il n'y a, dit-on, rien de stable dans aucune partie de notre société, point d'influence qui se maintienne. Or, les Fonctionnaires, par leur institution même, sont obligés à se gouverner par des précédents, à se diriger par des maximes qui font jurisprudence... Les Fonctionnaires forment la seule classe qui puisse remplacer, parmi nous, ces classes à influence permanente, dont l'appui, dont la présence manque à notre système, et qui ont souvent été jugées indispensables pour en assurer la perpétuité. » Soit. Mais quel est parmi nos pouvoirs politiques celui qui a essentiellement mission de représenter le principe de stabilité ? N'est-ce pas la Chambre des pairs ? Et la Chambre élective, au contraire, n'est-elle pas constituée pour représenter l'élément mobile et progressif ? Donc, dans l'esprit même des institutions actuelles, si l'on regarde les Fonctionnaires *comme les principaux dépositaires de l'élément de stabilité*, c'est à la Chambre des pairs qu'il faut les envoyer et non pas à la Chambre des Députés. Logiquement placés au Luxembourg, ils faussent évidemment l'esprit et l'institution de la Chambre élective.

Par conséquent, en principe, les Fonctionnaires doivent être exclus du sein de la Chambre élective ; en fait, il peut être utile d'établir des exceptions à l'égard d'un très-petit nombre de fonctions essentiellement politiques ; par conséquent, encore, l'état actuel des choses qui livre le pouvoir législatif à l'invasion des fonctionnaires, et les fonctions à l'invasion des législateurs est dangereux, impolitique, immoral et veut être détruit.   E. D.

FONDS PUBLICS. On désigne ainsi les rentes de diverses natures que le Trésor public sert aux créanciers de l'État.

Ces rentes peuvent, jusqu'à un certain point, être assimilées au revenu d'un fonds de terre, d'un capital productif. Elles représentent l'intérêt de sommes absorbées par le service public, et sont, pour ainsi dire, hypothéquées sur la propriété nationale. C'est pourquoi on les appelle Fonds publics. (V. DETTE, EMPRUNT, RENTE.)

Cette dénomination de Fonds publics a été probablement empruntée aux Anglais. En France, les dépenses qui, sous l'ancien régime, la Restauration surtout et le gouvernement actuel, ont donné lieu à la dette n'étaient pas assez nationales pour que cette dette fût considérée comme un Fonds public.

FONDS SECRETS. Tout est Fonds Secret dans les monarchies absolues. Le Trésor de la nation, c'est le Trésor du prince. Il y puise à pleines mains. Maître de la vie et des biens de ses sujets, ou à peu près, sous des noms plus ou moins tempérés, il ne doit de comptes qu'à lui-même, et il n'a pas l'habitude de s'en rendre. Dans ces sortes de gouvernements, chacun ou chacune veut être favori ou maîtresse du prince. Car s'approcher de sa personne sacrée, c'est s'approcher de la source des grâces et surtout des revenus. On obtient alors des blancs-seings ou des bons sur le Trésor, pour des sommes indéterminées, mais fort grosses, à prétexte de services rendus dans tous les genres possibles à la précieuse personne du Souverain. Mais, même sous les monarchies absolues, il doit y avoir et il y a des Fonds ou une caisse à part pour soudoyer des espions, gagner des cupidités ambitieuses, éventer ou provoquer à prix d'or de sourdes conspirations, racheter des écrits clandestins, apaiser des ressentiments légitimes, étouffer les élans de la pensée.

Sous les gouvernements représentatifs, il en est autrement. Les impôts y sont perçus avec égalité et considérés comme le produit du travail et des sueurs du peuple. C'est donc aux représentants du peuple à veiller sur la Caisse publique et à vérifier scrupuleusement les dépenses que les ministres ordonnancent. La perception d'un centime doit être autorisée et son encaissement justifié, régularisé, connu. La nation, par l'organe des chambres législatives, ouvre des crédits sur ses propres Fonds, et les ministres ne peuvent prendre et dépenser les crédits que dans les limites, d'après le mode et pour les objets qui leur sont indiqués. Des comptes en matières et en deniers viennent, après la dépense faite, démontrer qu'elle a été régulièrement faite. Voilà le mécanisme bien simple de l'organisation financière d'un pays libre.

Mais n'y a-t-il pas des menées à surveiller dans les pays étrangers, des trames à déjouer, des intelligences à pratiquer, et peut-on risquer ostensiblement et faire connaître les agents qu'on emploie ? C'est pour cela qu'on ouvre toujours un chapitre de Fonds Secrets au budget des affaires étrangères. Que d'espions titrés, que de personnages couverts de décorations et de respects, vivent dans nos murs, et qui sont aux gages des polices étrangères. Nous leur redevons la pareille, et nous opposons corruption à corruption, ce qui est assurément fort peu moral, et ce qui tombera et devra tomber lorsque les peuples feront eux-mêmes leurs affaires. Il sera digne des gouvernements d'alors, puissent nos enfants le voir ! d'agir dans leurs rapports mutuels, avec bonne foi et avec une éclatante publicité.

Quant aux Fonds Secrets d'intérieur, on pourrait à la rigueur en admettre une faible partie, mais à la charge seulement d'en rendre compte, du moins avec autant de précision que possible, et dans des formes régulières.

Mais l'emploi de ces Fonds, d'ailleurs exorbitants, est si arbitraire et si corrupteur, que les consciences honnêtes les ont toujours réprouvés. Depuis l'établissement du faux représentatif sous lequel nous gémissons, les Fonds Secrets n'ont guère été employés qu'à supplémenter sans contrôle les avidités besogneuses de la liste civile, les maîtresses des princes et des ministres et des secrétaires de princes et de ministres; qu'à augmenter, tout en respectant un simulacre de légalité, les appointements rognés des directeurs-généraux et des premiers commis; qu'à tenter les fidélités ébranlées des soi-disants patriotes, ou à précipiter la honte de leur apostasie; qu'à subventionner les journaux de préfecture qui meurent faute d'abonnés; qu'à donner des primes, sous toutes sortes de noms, aux libellistes de la police ou aux journaux grands et petits qui tarifent leur dévouement et qui célèbrent les louanges du ministère ou versent sur les plaies de ses adversaires le poison de leurs calomnies anonymes; qu'à raccommoder les accrocs des échancrures que les rejets des chambres font à certains crédits financiers, sur l'obtention desquels on comptait trop.

Toutes ces corruptions-là sont notoires, quoiqu'on ne puisse pas les prouver, comme on prouve que deux et deux font quatre. Mais on les reconnaît visiblement à leurs effets. L'imagination les augmente, et la corruption s'étend par le soupçon de la corruption aussi bien que par l'effectif de la corruption même.

L'emploi de ces honteux moyens est surtout intolérable à l'égard de la presse. Aussi les ministères, même les plus dépravés, s'engagent toujours solennellement à ne pas subventionner les journaux. Mais comme les journaux ministériels, quotidiens ou hebdomadaires, ne pourraient vivre sans subvention, et qu'en effet, dès que le ministère s'en va, et que les tuyaux du gaz sont fermés, ils mettent la clé sous la porte, il en faut conclure que, de leur vivant, ils ne se nourrissaient que de la pâtée des Fonds Secrets. Ces détestables manœuvres finiront, on doit l'espérer. Elles font un mal infini au pays, elles en font plus encore peut-être aux ministres. Tout journal ou revue crédité par les Fonds Secrets, perd, par l'approche de cette souillure, les abonnés honnêtes et indépendants qui faisaient sa moralité, sa force et son influence. Il cesse d'être une magistrature, il n'est plus qu'une spéculation. Ses rédacteurs n'exercent plus un sacerdoce, ils ne font qu'un métier de valet. M.

FORCE. Qu'est-ce que la Force? Est-ce la faculté, la puissance d'imposer des obligations à autrui? La Force est-elle le droit? Le droit existe-t-il indépendamment de la sanction qu'il reçoit de la Force? Où réside la Force et que prouve la Force?

Toutes ces questions mènent loin. Elles touchent à bien des points qui doivent trouver place ailleurs : nous allons cependant essayer de les circonscrire, et de dégager du sein des contradictions et des hypothèses le principe qui manifeste la légitimité de la Force, le droit.

On a bien déraisonné depuis le commencement des temps sur ces grandes questions, et s'il est vrai que les proverbes soient la sagesse des nations, les nations ont prouvé que les fondements de leur sagesse n'étaient pas bien solidement assis.

La raison du plus fort est toujours la meilleure

a dit le fabuliste; *Force ne fait pas droit*, avaient dit avant lui les législateurs et les opprimés. C'est l'histoire des langues d'Esope, et, si l'on consulte les philosophes, on rencontre à chaque pas dans leurs livres de semblables disparates.

Les écrivains protestants, surtout, se sont embourbés dans un galimathias inextricable. « Tout pouvoir d'obliger une créature intelligente, telle qu'est l'homme, dit l'un d'eux, est fondé sur la puissance et sur la volonté de la rendre plus heureuse ou plus malheureuse qu'elle n'est si elle désobéit. » — Or, il suit logiquement de cette proposition que tout individu peut, au gré de son intelligence et de son libre-arbitre, rendre les hommes heureux ou malheureux à sa manière. Le droit ici ne s'arrête que là où s'arrête la Force; ce qui est insoutenable.

Locke exprime en d'autres termes la même idée : « Ce serait en vain, dit-il, qu'un être intelligent prétendrait soumettre les actions d'un autre à une certaine règle, s'il n'est en son pouvoir de le récompenser lorsqu'il se conforme à cette règle, et de le punir lorsqu'il s'en éloigne. » — Suivant Locke, le fondement du pouvoir serait donc, non pas le consentement, mais l'espérance et la crainte. Dès que l'inférieur n'aurait plus rien à craindre ou à espérer de son supérieur, le sujet, du Souverain, il serait libre de toute obligation, le droit de celui-ci n'étant fondé que sur la Force. Un tel principe, s'il était vrai, légitimerait également tous les despotismes et toutes les révoltes; il conduit directement à l'anarchie.

« Chacun, dit Puffendorf, doit travailler principalement à user de ses facultés et de ses Forces d'une manière conforme aux maximes de la droite raison. » — Mais qu'est-ce que les maximes de la droite raison? Comment connaître ces maximes? Comment en vérifier la valeur? Le libre-arbitre y suffit-il? Puffendorf répond affirmativement. Mais, quoi qu'il en dise, notre prétendu libre-arbitre ne dépend pas entièrement de nous; l'effet en peut être annulé, ou suspendu, ou altéré par mille causes diverses et extérieures qui nous travaillent à notre insu. Deux routes s'ouvrent devant moi; je prends à gauche plutôt qu'à droite. Pourquoi?

Aussi, le philosophe est-il conduit de conséquence en conséquence à déclarer, qu'après avoir fait ce qui dépend de nous, il faut abandonner le reste à la Providence divine, et se préparer autant que possible à recevoir tranquillement ce qui arrivera. Mais, en vérité, ne serait-il pas plus sage, plus modeste et moins pénible de prendre ce parti avant d'avoir fait de ses Forces un essai souvent funeste? C'est ainsi que l'esprit s'égare et vient aboutir au fatalisme lorsqu'il prend pour base de ses déductions le principe individuel. Non, il n'est pas vrai que, comme le dit Hobbes, chacun ayant naturellement droit sur tout, chacun peut aussi prétendre régner sur chacun. Et c'est le contraire qui est vrai. « Que ferais-tu, ô Philippe, disait à Philippe II son confesseur, si, lorsque tu dis oui, tout le monde disait non. »—Voilà le principe.—Tous ont le droit d'imposer des obligations à chacun; nul n'a, personnellement, le droit d'en imposer à tous ou à quelques-uns. — La Force se confond avec le droit lorsqu'elle sert à manifester et à faire prévaloir la volonté de tous. La Force comme le droit réside essentiellement dans le peuple. Enfin, toute Force individuelle est coupable, et veut être réprimée lorsqu'elle n'est pas l'instrument de la volonté générale, lorsqu'elle ne fait point partie intégrante de la Force sociale. E. D.

FORFAITURE. Le mot Forfaiture a la même étymologie qu'exaction. Il signifie également agir en dehors. Mais dans le langage légal il a un sens plus précis. Aux termes des articles 121, 126 et 127 du Code pénal: sont coupables de Forfaiture et punis comme tels de la dégradation civique, tous les officiers judiciaires qui auront provoqué, donné ou signé un jugement, une ordonnance ou un mandat tendant à la poursuite personnelle ou accusation, soit d'un membre de la Chambre des pairs, de la Chambre des députés ou du Conseil-d'État sans les autorisations prescrites par les lois de l'État; — les fonctionnaires publics qui auront, par délibération, arrêté de donner des démissions dont l'objet ou l'effet serait d'empêcher ou de suspendre soit l'administration de la justice, soit l'accomplissement d'un service quelconque; — les juges, les procureurs-généraux, etc., qui se seront immiscés de quelque façon que ce soit dans l'exercice du pouvoir législatif; — les juges, etc., qui auront excédé leurs pouvoirs en s'immisçant dans les matières attribuées aux autorités administratives. Tout crime commis par un fonctionnaire public dans l'exercice de ses fonctions est une Forfaiture. Enfin, l'article 183 déclare coupable de Forfaiture et punit de la dégradation civique tout juge ou administrateur qui se sera décidé par faveur pour une partie ou par inimitié contre elle.

Ces sages dispositions ne sont jamais appliquées, 1° parce que nous manquons d'une loi sur la responsabilité des agents du pouvoir; 2° parce que le pouvoir se croit tenu de couvrir tous les actes de ses agents; 3° parce que, sauf des cas très-rares, il est impossible d'obtenir du Conseil-d'État, c'est-à-dire du gouvernement lui-même, l'autorisation de poursuivre un fonctionnaire.

FOREIGN OFFICE. Ces deux mots anglais signifient littéralement: *Bureau étranger*. C'est le ministère des relations extérieures; il est situé à Londres dans *Downing street*: ce qui fait que quelquefois on emploie ce dernier mot dans les journaux pour parler du ministère, comme on dit chez nous *l'hôtel des Capucines* au lieu du ministère des affaires étrangères.

C'est au Foreign Office qu'ont eu lieu, touchant les affaires des Pays-Bas, ces nombreuses conférences, d'où sont sortis tant de protocoles et qui ont consommé, en définitive, la ruine de la Belgique et de la Hollande. Le Foreign Office est, depuis 1830, le siège d'une sorte de congrès permanent où se traitent les intérêts de l'Europe sous la haute direction de lord Palmerston. S'il est vrai, comme le reconnaissent tous les publicistes, que le choix de l'endroit où un congrès s'assemble soit de la plus haute importance et suffise pour assurer la prépondérance à l'État qui reçoit chez lui les diplomates étrangers, il faut convenir que l'Autriche, la France, la Russie et la Prusse font preuve d'une rare abnégation et d'une grande modestie en s'effaçant ainsi devant ceux qui leur font depuis si longtemps les honneurs du *Foreign Office*. J. B.

FORTS DÉTACHÉS. La nécessité de protéger Paris par des fortifications a été reconnue depuis longtemps. Hommes d'état et militaires ont toujours été d'accord sur ce point.

Paris, capitale de la France, tête et cœur de la nationalité française a dû, à plusieurs reprises, son salut aux murailles qui l'environnèrent autrefois; et, en sauvant Paris, ces murailles sauvèrent la France. Depuis qu'elles ont été abattues, l'expérience a prouvé trop souvent combien elles étaient regrettables. Après la bataille de Malplaquet, des partis ennemis poussèrent jusqu'à Compiègne; et, sans le miracle inespéré de Denain, les destinées de la France se seraient jouées dans une dernière bataille, sur les hauteurs de Paris, dénué de toutes fortifications qui pussent venir en aide au courage de l'armée, au dévouement de cette population héroïque dont Louis XIV fit alors le plus bel éloge en écrivant à Villars, au moment le plus critique de la lutte: « Si vous êtes vaincu, écrivez-le à moi seul; je passerai par Paris, je *les* connais; je vous amènerai cent mille hommes. »

En 1792, une défaite à Valmy aurait amené en trois jours l'armée de Brunswick aux portes de Paris, qui n'aurait eu d'autres obstacles matériels à lui opposer que quelques redoutes en terre, construites à la hâte entre Saint-Denis et Montmartre.

En 1814 et en 1815, l'absence de fortifications respectables autour de Paris a eu la plus désastreuse influence sur l'issue de la guerre. Dans la campagne de 1814, surtout, dans les vastes combinaisons de cette stratégie qu'on n'admirera jamais assez, le rôle que Paris peut être appelé à jouer en cas d'invasion a été très-nettement indiqué. Napoléon avait résolu, comme on sait, de prendre pour bases d'opérations les places fortes de l'Est, de s'appuyer sur les braves populations de la Lorraine, de l'Alsace, de la Franche-Comté, de la Champagne, de la Bourgogne, d'abandonner Paris à ses propres et immenses ressources, et de manœuvrer sur les derrières de l'ennemi: il aurait ainsi isolé Blücher et Schwartzenberg de leurs dépôts et de leurs renforts, coupé leurs communications, et, un jour, il serait venu les broyer entre Paris et son armée. Mais Paris, livré aux lâches et aux traîtres, se rendit après quelques heures de combat, et sa capitulation perdit la France et fit la Restauration. Certes, il en eût été tout autrement, si les hommes chargés de la défense de Paris avaient su et avaient pu réveiller au cœur des Parisiens les nobles passions qui les animaient vingt ans auparavant. Mais quelque confiance qu'on doive avoir dans le patriotisme, dans le courage des citoyens de Paris, quand il sera bien dirigé, il reste toujours constant qu'il faut appuyer l'élément moral de la défense par l'élément matériel, c'est-à-dire par des fortifications. Meilleures seront ces fortifications, moins il en coûtera de sang et de ruines pour défendre la capitale du pays, et plus sûre sera défense; car s'il est utile de créneler les maisons, de les démolir au besoin; s'il est grand de les laisser brûler et écraser par les obus, les bombes et les boulets, de barricader, de couper les rues et les carrefours, il est sage de prévenir autant que possible l'emploi de ces mesures extrêmes.

Dans toute invasion tentée par l'Europe monarchique contre la France révolutionnaire, Paris sera désormais le point objectif de l'attaque, car Paris est la place forte de la Révolution, la ville commune de la France, comme on l'a dit si justement en 1793. Pour cette raison encore, il est de toute nécessité que Paris soit fortifié. Les traités de 1815, en ouvrant de vastes trouées dans notre frontière, de l'Isère à la Sambre, ont rendue plus urgente que jamais la construction de Fortifications autour de la capitale.

Sous l'impression des événements de 1830, lorsque tous les esprits étaient dans l'attente d'une guerre générale, l'opinion publique s'émut, comme en 1792, comme en 1814 et en 1815, à la vue de Paris sans remparts. Allant au plus pressé, et fort aise d'ailleurs d'employer des milliers d'ouvriers dépourvus de moyens d'existence, le gouvernement se décida tout de suite à faire construire le vaste camp retranché qui s'étend maintenant entre la Marne et la Seine, occupant, par des ouvrages de fortifications passagères, Nogent, Fontenay-sous-Bois, Rosny, Noisy, Romainville, une faible partie du canal de l'Ourcq, et se prolongeant jusqu'à Saint-Denis par le canal de ce nom, qui lui sert de fossé. Le front de bandière de ce camp à quatorze mille mètres de développement. Cinquante mille hommes peuvent suffire à le défendre. Sa position est des meilleures : elle permet, en raison des passages de la Seine et de la Marne, dont il est maître, de tourner, par la gauche et par la droite, l'ennemi qui assaillirait Paris sur le pourtour de la ville; mais, pour qu'il ne puisse être tourné lui-même, il faut que les passages de la Seine et de la Marne, en arrière de son front, soient fortement occupés.

Ce camp retranché n'est qu'un des termes de la solution du problème de la défense de Paris, cela est évident, et n'a d'ailleurs jamais été contesté. Cependant ce fut trois ans seulement après juillet 1830, que le gouvernement demanda aux Chambres les fonds nécessaires pour compléter le système défensif à peine ébauché par la construction du camp retranché.

Dans la session de 1833, le maréchal Soult présenta à la Chambre des députés un projet de loi portant demande d'un crédit de trente-cinq millions pour élever autour de Paris des ouvrages de fortification permanente. Au projet de loi furent annexés les plans et devis explicatifs de la dépense proposée. D'après ces plans, dressés par le comité du génie, malgré les objections d'une minorité illustre, dix-sept Forts devaient être élevés autour de Paris, savoir : sur la rive gauche de la Seine :

1° Le Fort de Gravelle, au bas d'Issy, dans la plaine de Grenelle, sur le fleuve;

2° Le Fort de Vanvres, entre le village de ce nom et Vaugirard;

3° Le Fort de Montrouge, un peu en avant de ce village;

4° Le Fort de l'Observatoire;

5° Le Fort d'Italie, en arrière d'Ivry;

6° Le Fort du Mont-Valérien;

Et sur la rive droite de la Seine :

1° Le Fort de Charenton, au coin du parc de Vincennnes et dominant le pont d'Alfort;

2° Le Fort de Vincennes;

3° Le Fort de l'Épine, entre Montreuil et Charonne;

4° Le Fort de Bruyères, au-dessus de Belleville;

5° La redoute de Saint-Chaumont, entre Belleville et les prés Saint-Gervais;

6° Le Fort d'Orléans, au débouché du faubourg de La Villette;

7° Le Fort de Chartres, au débouché du faubourg de La Chapelle;

8° Le Fort Philippe, entre Clichy et Montmartre;

9° Le Fort de Clichy, entre Villiers et les Thernes;

10° La redoute de Passy, au point où le faubourg se lie au mur d'enceinte;

11° La redoute d'Auteuil.

Les Forts étaient des pentagones présentant chacun cinq fronts bastionnés. Les redoutes étaient aussi pentagonales, mais elles n'avaient point de bastions. Les uns et les autres étaient revêtus en maçonnerie, avec une contrescarpe et un chemin couvert. Ils renfermaient des casemates pour le logement des troupes et pour l'artillerie, des poudrières et des magasins de vivres. Ils pouvaient contenir 1,000 hommes de troupes, 25 milliers de poudre. Leur armement était de 80 bouches à feu.

En outre des 17 Forts et des camps retranchés dont nous avons parlé, le mur d'octroi qui environne Paris devait avoir partout six mètres de hauteur, être garni de deux rangées de créneaux et flanqué par soixante-cinq tours ou bastions destinés à porter ensemble 325 bouches à feu.

Contraire à tous les principes de l'art, blâmé, d'avance, par Vauban, par Cormontaigne, nos grands ingénieurs, par Napoléon et par toutes les sommités militaires, ce dispositif de défense fut critiqué et ruiné, au point de vue militaire, par Haxo et par son collègue au comité du génie, le général Valazé. Il fut démontré que les Forts détachés n'empêchaient nullement le camp retranché d'être pris à revers par la droite et par la gauche; que le mur d'octroi, de six mètres de hauteur, épais seulement de cinquante centimètres dans la moi tié de son élévation, n'avait qu'une valeur défensive très-bornée; qu'un des Forts emporté ou écrasé par le feu de l'ennemi, livré par lâcheté ou par trahison, ouvrait une large trouée à l'ennemi, un passage abrité contre les feux de flanc des Forts latéraux; enfin tout le monde comprit que, pour obtenir le maximum d'énergie dans la défense de la capitale, il ne fallait pas isoler d'elle ses défenseurs dans des Forts détachés, mais bien les laisser au milieu des masses, où leur énergie se retremperait, au besoin, au feu du dévouement qui anime toujours les grandes réunions d'hommes.

Au lieu de ce système de Forts détachés, la minorité du comité du génie, ayant à sa tête Haxo et Valazé, appuyée sur les leçons de l'expérience et sur les préceptes les plus incontestables, proposait de construire autour de Paris, à deux mille mètres moyennement du mur d'octroi actuel, une enceinte bastionnée continue, enfermant les faubourgs de Passy, de Monceaux, des Batignolles, de Montmartre, de Clignancourt, La Chapelle, La Villette, Belleville, Ménilmontant, Charonne, Bercy, Vaugirard, le Petit-Montrouge, le Petit-Gentilly. Cette enceinte, équivalente à quatre-vingts fronts, n'exigeait guère que 50,000 hommes pour sa défense; et elle devait coûter de 45 à 50 millions, si l'on suivait les plans publiés dans un mémoire du général Valazé.

Les avantages de l'enceinte continue sur les Forts détachés ressortaient de la moindre discussion; nous ne pouvons les énumérer ici, mais nous ferons remarquer (ce qui, à notre avis, était le point capital du débat *militaire*) que l'enceinte se prête admirablement à une défense de la cité par la garde nationale; que c'est là ce qu'il faut obtenir avant tout, car Paris, nous le répétons, doit pouvoir être abandonné à ses propres forces en cas d'invasion.

En dépit de toutes les objections, le gouvernement persistait dans son déplorable projet; la ceinture de Forts allait enserrer Paris, quand le peuple intervint dans le débat et força la monarchie à reculer.

Une simple comparaison établie entre la distance des Forts aux divers quartiers de la capitale, et la portée des bouches à feu de notre artillerie, montre le rôle qui était réservé à ces nouvelles bastilles; et le projet de loi disparut devant l'indignation populaire.

Sept ans se sont écoulés depuis cette grave querelle, et Paris n'a pas été fortifié. Cependant un tel état de choses ne saurait se prolonger sans compromettre gravement la responsabilité des hommes chargés de la direction des forces nationales.

Z. K.

FOURCHES PATIBULAIRES. C'étaient autrefois des piliers de pierre soutenant une traverse en bois à laquelle on suspendait les corps des suppliciés après l'exécution. Ce nom de Fourches leur avait été donné dans l'origine, parce que, pour soutenir la traverse, au lieu de piliers de pierre, on se servait primitivement de pièces de bois dont l'extrémité supérieure avait la forme d'une fourche.

Ces Fourches étaient toujours placées hors des villes, bourgs ou villages, dans un lieu bien apparent, afin que la vue des cadavres qui y étaient attachés inspirât aux citoyens plus d'horreur pour le crime.

Le nombre des Fourches que les seigneurs hauts-justiciers avaient le droit de faire ériger sur leurs terres, variait selon la qualité des fiefs. Les simples seigneurs jouissant de ce privilége ne pouvaient avoir que des Fourches à deux piliers; les seigneurs-châtelains pouvaient en avoir à trois piliers; les barons, à quatre, les comtes, à six. Le roi pouvait faire élever autant des Fourches que bon lui semblait. Les Fourches tombées devaient être rétablies dans le cours de l'année; à défaut de quoi, il fallait se pourvoir d'un ordre du roi pour les relever.

On a remarqué, comme rapprochement curieux, que les Fourches de Montfaucon portèrent en quelque sorte malheur à ceux qui les élevèrent ou les firent réparer. Ainsi, Enguerrand de Marigny, qui les établit, y fut attaché le premier; Pierre Remy, argentier de Philippe-le-Bel, les fit réparer et y fut pendu; plus tard, Jean Monnier, lieutenant civil de Paris, en ordonna la reconstruction et fut contraint peu après d'y venir faire amende honorable.

Les Fourches patibulaires cessèrent d'exister en France vers la fin du siècle dernier, lorsqu'il fut ordonné d'enterrer les suppliciés.   B.-C

FRANC-MAÇONNERIE. Cette société se compose aujourd'hui d'hommes de tous les rangs, de toutes les professions, de toutes les communions religieuses, de tous les partis politiques, de toutes les nations, liés entre eux par le serment de s'aimer comme des frères, de s'aider dans le besoin, de se secourir dans le danger, de s'animer à faire le bien, de garder un secret inviolable sur tout ce qui caractérise leur institution, et se reconnaissant au moyen de signes et de mots particuliers qu'eux seuls peuvent comprendre et qui sont les mêmes dans tous les pays où la Maçonnerie est établie.

La société a des établissements, auxquels elle donne le nom de *loges*, sur tous les points du globe; ostensibles dans les Etats libres, occultés sous les gouvernements absolus. Une statistique dressée en 1822 sur des documents incomplets fait monter à environ trois mille le nombre des loges en activité à cette époque.

Dans chaque ville, les Francs-Maçons forment une ou plusieurs loges. Chacune est gouvernée par un chef qui prend le titre de *vénérable*, et qui, de même que les officiers inférieurs, chargés de la conduite des *travaux*, du maintien de la discipline, ou de fonctions purement administratives, est renouvelé chaque année par un scrutin auquel prennent part sans distinction tous les membres de la loge. Cependant, nul ne peut être élu à une fonction quelconque, s'il n'est revêtu du grade de *maître*.

Il existe dans la capitale de chaque Etat indépendant un ou plusieurs centres maçonniques di-

recteurs sous la dénomination de *grands-orients*
ou de *grandes-loges*, formés des représentants élus
à cet effet par les loges isolées, et présidés par un
grand-maître électif. La différence des *rites*, ou
sectes maçonniques, amène habituellement ce partage du pouvoir central; mais elle n'a pas pour
effet de relâcher le lien fraternel qui unit les Maçons, et elle ne les dispense pas de se rendre les
uns aux autres, quand l'occasion s'en présente,
les bons offices qui dépendent d'eux.

Tout homme doué d'intelligence, et d'une probité reconnue, est apte à devenir Franc-Maçon;
toutefois, il n'est admis dans l'association qu'après
avoir subi des *épreuves physiques et morales*, destinées à faire connaître la portée de son esprit, ses
plus secrets sentiments, et l'influence que le trouble de ses sens peut exercer sur sa volonté. Si cet
examen lui est favorable, il *reçoit la lumière; il*
est *initié.*

Il y a trois degrés d'initiation: l'*apprentissage,*
le *compagnonage* et la *maîtrise;* on ne parvient
de l'un à l'autre qu'après des délais déterminés et
en se soumettant à de nouvelles épreuves.

La Franc-Maçonnerie voile sous des symboles
ses principes et son but. Elle dit à l'*apprenti* qu'il
va contribuer à construire figurément le *temple
de Salomon,* et que sa part de travail consistera à
dégrossir la pierre brute; au *compagnon,* qu'il est
appelé à *façonner la pierre cubique,* à l'aide de la
règle, du *compas,* de l'*équerre* et du *niveau.* Elle
apprend au *maître* comment Hiram-Abi, architecte du temple de Jérusalem, fut traîtreusement
mis à mort par trois compagnons à qui il avait
refusé une *augmentation de salaire,* parce que *leur
temps n'était pas fini.*

Telle est, avec la communication des *signes,* des
attouchements, des *mots de reconnaissance,* l'initiation que reçoivent les adeptes. La Maçonnerie
laisse à leur pénétration le soin de trouver le sens
de ces symboles. Elle n'a pas d'explications plus
complètes, pas de corps de doctrine plus clairement formulé. Elle agit sur l'esprit de ses membres à leur propre insu, par la seule vertu de son
organisation et des *habitudes* qu'elle leur fait contracter. Elle ne dit pas: « Tous les hommes sont
égaux; » mais elle autorise l'admission de tous les
hommes, quelles que soient leur condition et leur
fortune, et elle donne à tous le droit de suffrage
dans les élections, ne dérogeant à ce principe d'é-
galité qu'en créant des aptitudes rationnelles pour
l'éligibilité aux fonctions de la loge. Elle ne se fait
pas l'apôtre de la démocratie; mais toute son organisation est démocratique dans l'acception la
plus étendue de ce mot. Elle ne prescrit pas la
tolérance religieuse; mais elle ne repousse de l'initiation ni le catholique, ni le protestant, ni le Juif,
ni le mahométan, ni le déiste. Elle ne s'élève pas
contre les haines nationales; mais elle appelle à
elle les hommes de tous les pays et leur commande
de s'entr'aimer comme des frères. Au contraire, elle
proscrit sévèrement les discussions qui s'élèvent dans les loges les matières politiques et religieuses, évitant avec soin tout ce qui pourrait diviser les éléments si divers d'opinions et d'intérêts

dont elle se compose, et qui, malgré cette diversité
d'intérêts et d'opinions, sont appelés à concourir
au même but.

Les habitudes qu'ils contractent dans les loges,
les Maçons les reportent naturellement au-dehors:
le despotisme leur devient insupportable; ils s'indignent de l'intolérance religieuse; ils sentent tout
ce qu'il y a d'aveugle et de barbare dans les haines
nationales; et l'influence de la Maçonnerie, qu'ils
ont subie sans la comprendre, ils l'exercent à leur
tour sur le reste de la société par la seule effusion
des sentiments dont ils sont pénétrés.

Aussi, dès que la Franc-Maçonnerie s'élança hors
de l'Angleterre, où elle avait longtemps été circonscrite dans une corporation d'ouvriers constructeurs, pour aller se répandre dans toutes les contrées de l'univers civilisé, la vieille société féodale
se sentit aussitôt travaillée d'un impérieux besoin
de réformes qui ne tarda pas à se traduire en faits.
Car il ne faut pas s'y méprendre: la philosophie
du dix-huitième siècle, apôtre si fervente des idées
de progrès, les avait puisées dans les sanctuaires
maçonniques. Les dates en font foi.

Importée d'Angleterre vers 1700, vingt ans
après la Franc-Maçonnerie couvrait déjà les deux
hémisphères. Les intérêts attaqués discernèrent
tout d'abord leur véritable ennemi, et ils appelèrent aussitôt sur lui les foudres de l'excommunication et les rigueurs du bras séculier. Pour résister aux coups qui lui furent portés, il ne fallut
pas moins à la Maçonnerie que la protection de la
haute aristocratie et des princes mêmes qu'elle
avait eu l'habileté d'attacher à ses mystères et
d'investir de ses dignités les plus élevées.

Aujourd'hui, ces poursuites ont cessé dans tous
les États de l'Europe, excepté dans les possessions
russes et autrichiennes et en Italie: c'est que les
idées que la Franc-Maçonnerie avait mission de
propager se sont vulgarisées et devront leur triomphe définitif à leur propre valeur, maintenant bien
appréciée par tous les esprits. Si la Franc-Maçonnerie a pu porter ombrage aux rois et aux papes,
ce temps est passé. Les loges ne sont et ne peuvent plus être que de simples réunions de bienfaisance et d'assistance mutuelle; c'est-à-dire ce qu'il
y a de plus inoffensif au monde.

On a beaucoup écrit sur l'origine de cette société. Suivant les autorités les plus graves, elle
aurait pris sa source dans les institutions mystérieuses de l'antiquité païenne. Quinze années de
recherches assidues nous mettent à même de justifier par des preuves sans réplique la vérité de
cette opinion. De ces temps reculés, la Maçonnerie
s'est perpétuée sans interruption jusqu'à nous.
Sous la forme d'une corporation d'ouvriers constructeurs appelés dionysiastes et liés au sacerdoce
par l'initiation, elle se répandit de l'Egypte dans
la Grèce, dans l'Asie-Mineure, dans la Phénicie,
élevant dans tous ces pays les édifices consacrés au
culte, d'après des types symboliques consacrés. De
Tyr, où elle venait de bâtir un temple d'Hercule et
d'Astarté, la corporation des dionysiastes fut appelée à Jérusalem pour y bâtir, sur le même plan,
le temple de Salomon. C'est alors qu'avec son con-

cours s'est formée, sous le nom de Hasidéens, la société des Francs-Maçons telle que nous l'a transmise l'Angleterre. A chaque légion romaine était attaché un collége architectonique. A l'époque de la conquête de la Judée, ces colléges adoptèrent les mystères des Hasidéens et les portèrent dans toutes les parties de l'empire. Des débris de ces colléges se formèrent ces compagnies d'ouvriers voyageurs qui, dans le moyen-âge, construisirent les églises et tous les monuments d'architecture gothique qui subsistent encore en grande partie dans toute l'Europe. Vers le huitième siècle, une de ces compagnies passa en Angleterre, s'y établit à demeure, et s'y perpétua jusqu'à l'an 1700, époque à laquelle elle admit dans son sein des personnes étrangères à l'art de bâtir, qui en firent une institution politique et la propagèrent au-dehors.

De la Franc-Maçonnerie sont sortis, à partir du siècle dernier, une foule d'autres sociétés secrètes, telles que les *Templiers,* les *Illuminés,* etc., etc.

F.-T. B.-Clavel.

FRANCE. Il suffit d'étudier la conformation géographique de la France pour avoir le secret de son importance politique et commerciale et le pressentiment de ses hautes destinées. Placée au centre de l'Europe intellectuelle, communiquant sur toutes ses frontières avec toutes les idées du dehors, servant de lien aux peuples du Nord et du Midi et d'obstacle à leurs mutuelles ambitions; riche de ses productions intérieures que multiplie la diversité de ses climats, puissante par ses relations extérieures que favorise le développement de ses côtes, pays agricole et commerçant, industriel et militaire, elle renferme dans son sein tous les éléments de force que doivent assurer le hasard d'une position heureuse et les prévoyances d'un calcul intelligent.

Au nord, la Manche et le Pas-de-Calais, la Belgique et le Luxembourg, le grand-duché du Bas-Rhin et le cercle du Rhin, la mettent en communication avec les îles britanniques, la Hollande et la Prusse; à l'est, le grand-duché de Bade, la Suisse et le royaume sarde, la réunissent aux populations germaniques et italiennes; au sud, la Méditerranée et l'Espagne la lient à l'Afrique; à l'ouest, l'Océan-Atlantique la met en rapport avec les peuplades du Nouveau-Monde.

Sa géographie intérieure est non moins remarquable; en nous arrêtant seulement aux divisions principales, nous reconnaîtrons que la France est partagée en deux moitiés inégales par une chaîne de montagnes qui commençant avec les Vosges, au nord, descendent et s'embranchent avec les Ardennes jusqu'aux montagnes de l'Auvergne. Si nous nous plaçons à l'extrémité méridionale de cette chaîne, en nous tournant vers le nord, nous aurons à notre gauche trois bassins principaux formés par autant de fleuves qui coulent sur des lignes presque parallèles et vont se jeter, l'un, dans la Manche, les deux autres, dans l'Océan-Atlantique. Le premier de ces bassins est celui de la Seine; les deux autres ceux de la Loire et de la Gironde. Ces fleuves, qui ont autrefois servi à des

divisions politiques, sont aujourd'hui les grandes lignes de communication qui lient entre eux les habitants de l'intérieur par de nombreux affluents et des canaux tracés avec intelligence, tandis qu'en même temps ils offrent de faciles débouchés pour le commerce extérieur.

Sur la droite de la chaîne montagneuse dont nous avons parlé, une seule grande vallée, profonde, fertile et embaumée, descend rapidement vers la mer; c'est la vallée du Rhône. Située entre les montagnes de l'intérieur et les Alpes, protégée par les premières contre les vents humides de l'ouest, elle offre tout le luxe d'une végétation orientale, et semble emprunter à ces beaux pays de l'Est avec lesquels elle communique si facilement par la Méditerranée, leurs doux fruits, leur ciel bleu et leurs parfums.

Le Rhin, la Moselle et la Meuse, qui font aussi partie du système hydraulique de la France, lui ouvrent les contrées du Nord, et lorsque les prohibitions commerciales qui arrêtent la prospérité commune des peuples pourront être définitivement abolies, la France, par ces grands canaux artériels, sera le centre des communications qui joindront la Méditerranée à la mer du Nord.

Que l'on place ensuite ces bassins divers des races différentes d'hommes, des Grecs abordant par Marseille et le Rhône, des Espagnols arrivant par les Pyrénées, des Italiens pénétrant par les Alpes, des populations Kymriques venant des bords du Danube, des Celtes répandus sur tout le territoire, transformés d'abord par la conquête romaine, puis retrempés par les Germains au nord et les Visigoths au midi; que tous ces peuples se débattent ensemble, se heurtent, se confondent et s'assimilent par des guerres et des traités, jusqu'à ce que de toute cette confusion il émane un seul peuple rassemblé dans une puissante unité de territoire, de mœurs et de langage, on reconnaîtra en lui le Français d'aujourd'hui.

C'est précisément parce que le peuple français se confond dans toutes ses origines, que comme Français il ne commence pas avec elles. L'histoire de France aurait besoin d'être divisée en deux parties bien distinctes; l'une qui comprendrait l'*Histoire des origines,* l'autre qui serait l'histoire de France proprement dite. Or, ainsi que nous l'avons déjà soutenu (V. Capétiens et Carlovingiens), l'histoire de la France ne commence qu'avec Hugues Capet, parce qu'alors seulement se manifeste un peuple uni de langage et de mœurs, qui doit se développer sans cesse aux dépens de ses puissants voisins. Alors aussi commence la langue nouvelle, la langue romane d'où doit sortir la langue française; car un peuple ne peut avoir une nationalité distincte que lorsqu'il a une langue distincte. Aussi la lutte s'établit-elle entre les peuples de la langue romane contre les peuples de la langue germanique. Et après que ces derniers sont chassés du nord de la France, la lutte reprend entre les peuples de la langue d'oui, établis dans le bassin de la Seine, et les peuples de la langue d'oc, établis au-delà de la Loire. C'est en effet le bassin de la Seine qui est le véritable ber-

ceau de l'Empire français. Il a fallu bien des efforts , bien des combats sanglants pour que les
peuples de l'île de France s'emparassent l'un après
l'autre des trois grands bassins de la Loire, de la
Gironde et du Rhône , tous trois plus riches en
villes puissantes et en biens matériels que le bassin rétréci de la Seine. Mais il y avait dans cette
dernière localité une force d'initiation, une spontanéité d'intelligence, une vigueur de persévérance
qui devait lui assurer le triomphe définitif.

Il n'entre pas dans le plan de ce recueil de suivre en détail les agrandissements successifs de ce
petit royaume de France, dont les forces expan-
sives ne s'arrêtent pas , jusqu'à ce qu'il rencontre
pour limites les mers et les montagnes. C'est une
marche constante, c'est un progrès continu que
rien n'arrête, que tout favorise, depuis les croisades, qui affaiblissent les seigneurs et déplacent
les propriétés, jusqu'aux guerres désastreuses de
Jean et de Charles VII , qui moissonnent les plus
hautes têtes de l'aristocratie dans les champs de
Crécy et d'Azincourt. Pourquoi dans ces temps désastreux la pensée de l'histoire s'occupe-t-elle à
suivre la royauté, même lorsqu'elle est représentée par un maniaque recevant la loi d'une femme
adultère ! C'est qu'alors la royauté représente la
France ; c'est que l'unité française s'attache aux
pas de ce spectre errant, dont les royales misères
commandent encore autant de respect que de pitié. Partout ailleurs sont des Normands, des Bretons, des Bourguignons, et c'est près de ce grabat
où se débat en écumant un vieillard imbécile, que
la France se recueille en silence et prépare le
châtiment des traîtres. Mais ce n'est ni aux hommes d'armes , ni aux fiers barons, ni aux dignitaires de l'Eglise qu'elle confie le soin de sa vengeance : c'est dans les derniers rangs du peuple
qu'elle trouve un miraculeux secours , car le peuple seul aime la royauté, et le peuple seul, avec
cet admirable instinct que possèdent les multitudes, a compris que la royauté, c'est l'unité de la
France. Et voilà que d'un côté s'avance cette jeune
fille du peuple portant le glaive en main , et couvrant de son drapeau la royauté nue et dépouillée ;
et voilà que de l'autre accourent les vaillants chevaliers accoutumés aux victoires et parés des dépouilles de la noblesse vaincue : et la fille du peuple renverse devant elle les vaillants chevaliers, et
relève sur toutes les villes le drapeau de la France.

Il y a dans l'apparition de Jeanne-d'Arc , dans
ses victoires et jusque dans sa mort, quelque chose
de si merveilleux que l'histoire semble sortir du
domaine des faits naturels : c'est, qu'en effet,
Jeanne-d'Arc est une révélation nouvelle, une manifestation de la pensée populaire, et comme une
parole anticipée de la voix démocratique de l'avenir. Elle ne sera comprise, ni par le roi qu'elle a
sauvé, ni par les seigneurs qu'elle a menés à la
victoire, ni même par les ennemis dont elle a brisé
la puissance. Il était peut-être réservé à la démocratie moderne d'arriver à l'intelligence complète
de ce miraculeux événement, et de saluer dans
Jeanne-d'Arc son premier révélateur.

Cependant la France, délivrée par le peuple, est
encore déchirée par l'aristocratie, et le ciel lui envoie dans Louis XI un nouveau vengeur ; mais celui-ci n'a rien de poétique , rien qui soit du domaine de l'imagination : c'est un sombre niveleur
qui promène sa faux royale sur toutes les tiges
aristocratiques qui menacent de s'élever jusqu'à
lui. Les seigneurs n'ont pas compris dans Jeanne-
d'Arc l'émanation spirituelle du peuple ; il faudra
bien qu'ils subissent encore sans s'en douter son
représentant matériel dans l'ermite sanguinaire du
Plessis-les-Tours. Avant Louis XI , l'existence de
la France comme royaume était toujours problématique ; l'unité était toujours menacée, et les seigneurs rivaux ne cachaient nullement leur intention de la morceler pour l'affaiblir. « J'aime tant
le bien du royaume de France, disait insolemment
le duc de Bretagne, qu'au lieu d'un roi j'en voudrais six. » Mais Louis XI sut diviser ses puissants
adversaires, s'empara d'abord de la Normandie,
et racheta du duc de Bourgogne les villes de la
Somme. Ensuite les possesseurs des trois grands
fiefs, Bourgogne, Provence et Bretagne, étant
morts sans enfants mâles, il démembra la première succession (1477) , recueillit la seconde en
vertu d'un testament (1481), et la troisième échut
à la couronne de France par un mariage (1491).
Déjà la Guienne était rentrée sous sa domination
par la mort opportune de son frère : ainsi s'accomplit l'ouvrage de l'abaissement des grands. La
France atteint cette unité qui la met pour toujours
à l'abri des révoltes féodales, et lui permet de
prendre rang dans les grandes nations de l'Europe.

Au moment où Louis XI détruisait le monde
féodal, des chrétiens exilés de Constantinople apportaient à l'Europe les trésors littéraires de l'antiquité; l'imprimerie apporte aux hommes une
puissance inconnue ; Colomb leur révèle un nouvel hémisphère ; la Réforme est sur le point d'attaquer l'antique siége de Rome ; la lutte de la
France avec la maison d'Autriche va commencer.
L'histoire aborde un nouvel univers.

Cependant les anciens éléments s'agitent encore
pour y prendre place. L'aristocratie vaincue s'empare des idées nouvelles pour les transformer à
son usage, et les guerres religieuses de la France
ne sont que la reproduction des guerres féodales
sous un autre prétexte. Les seigneurs qui animent
les protestants au combat prêchent en même
temps le fédéralisme qui doit leur rendre leur
entière puissance. Les catholiques défendent l'unité
de la France et font absoudre par là leurs sanglants
excès.

Le protestantisme n'a nulle part affranchi les
peuples , parce que le protestantisme c'est l'idée
individuelle ou aristocratique. C'est du catholicisme que doit sortir la formule de l'égalité, et
c'est la France, vraie patrie de la catholicité, qui
doit l'enseigner au monde. Le peuple catholique
de Paris éleva les premières barricades qui virent
fuir la royauté.

Avec les guerres religieuses et le règne de Henri IV, l'aristocratie perd le reste de sa puissance.
Quelques gentilshommes veulent encore essayer

de lutter contre le pouvoir unitaire de la couronne. Mais ils tombent sous la main de fer du roi Riche-chelieu, qui sauve la monarchie malgré le roi no-minal Louis XIII.

En abaissant la maison d'Autriche, Richelieu donna naissance au système de la balance euro-péenne. Les relations diplomatiques se réguli-sèrent, et des traités confirmèrent l'existence des gouvernements populaires qui s'étaient affranchis les armes à la main.

Enfin, Louis XIV complète l'unité de la France dans l'unité de la monarchie. L'Europe jalouse se réunit pour accabler un pays dont les forces se multipliaient d'une manière si prodigieuse. Louis XIV leur répondit en déployant fastueuse-ment toutes ses ressources. Ce prince eut une fois sous les armes huit cent mille hommes, cent soixante mille matelots, onze mille soldats de ma-rine, mille élèves de marine, cent quatre-vingt-dix-huit vaisseaux de soixante canons et trente galères armées. L'unité républicaine devait plus tard surpasser les merveilles de l'unité monar-chique.

Sous Louis XIV, l'influence morale de la France se fait sentir dans toute l'Europe; toute l'Europe accepte ses leçons. Dans les pays mêmes qui la combattent, en Angleterre, en Allemagne, en Ita-lie, en Espagne, on suit les édits de Louis XIV pour la justice, ses règlements pour la marine et le commerce, ses ordonnances pour l'armée, ses institutions pour la police des chemins et des villes. La France, même alors qu'elle est vaincue sur les champs de bataille, fait la loi au monde par ses mœurs et ses idées. Les ministres habiles qui se-condent ce fastueux monarque songent dès-lors à établir l'uniformité des poids et des mesures, à abolir les coutumes provinciales, à réformer le Code civil et criminel, et à parvenir à l'égale ré-partition de l'impôt. Enfin, chose étrange, on a trouvé dans les papiers de son administration des projets pour reculer la frontière de la France jus-qu'au Rhin et pour s'emparer de l'Égypte.

Au dix-huitième siècle, l'Europe accepte encore la suprématie intellectuelle de la France, qui a levé l'étendard contre le pouvoir de l'église ro-maine. Les papes ne comprennent plus le christia-nisme; les philosophes de l'école française le dé-veloppent sans s'en douter dans leurs prédications sur l'égalité. Le peuple a la conscience de ses droits; la monarchie chancelle, et après de vaines luttes contre sa propre impuissance, elle abdique en convoquant les États-généraux. Depuis 1789 jusqu'en 1793, toutes les guerres intérieures et extérieures de la France furent des conquêtes vers l'unité. Cette unité depuis longtemps conçue fut enfin réalisée matériellement par l'unité territo-riale. La division de la France par départements détruit à jamais les anciennes provinces qui se vantaient d'être des nations à part : les Normands, les Aquitains, les Bretons disparaissent, et depuis les Pyrénées jusqu'à l'Escaut il n'y a plus que des Français.

Napoléon continua vigoureusement l'œuvre ré-volutionnaire : la France jette sur tous les trônes

des rois français et chez tous les peuples des idées françaises; les rois sont passés et les idées restent.

L'Europe est devenue française sous les pas de Napoléon.

Aujourd'hui la France est la suzeraine politique de l'Europe; c'est un hommage que tous lui ren-dent en acte et en pensée. Quand la France re-mue, l'Europe est ébranlée; quand la France est en repos, l'Europe fait silence autour d'elle. Les monarques absolus la surveillent comme la seule puissance qui doivent leur devenir un obstacle; les peuples opprimés la contemplent comme la seule nation qui doive leur apporter leur affran-chissement. Il n'appartient qu'aux grands hommes et aux grandes nations d'inspirer ainsi à-la-fois la crainte et l'espérance : aussi, la France doit-elle bien se pénétrer de la difficulté de sa mission pour en bien accomplir toute la grandeur; car le peuple à qui tous les autres peuples réunis ont confié la magistrature de la pensée et le sacerdoce de l'in-telligence, leur doit à son tour des sacrifices qui soient en rapport avec la gloire qu'il recueille de leurs hommages.   ÉLIAS REGNAULT.

FRANCHISES. Il est probable que ce nom a d'abord désigné les droits qui appartenaient aux Francs, aux hommes libres. Lorsque s'établit la maxime féodale : « nulle terre sans seigneur » et que le servage fût de droit commun, ceux qui pu-rent faire exception et, sans être seigneurs, se soustraire au servage, possédèrent des Franchises. Toutes les communes, et surtout les villes murées avaient des Franchises, nom sous lequel se con-fondaient souvent les immunités et les priviléges. Ainsi, le droit d'assecoir et de percevoir l'impôt, de ne le payer que lorsqu'il avait été consenti, de ne point recevoir d'hommes de guerre dans leurs murs, même à la suite du roi, et une infinité d'autres de moindre importance, étaient autant de Franchises.

Les pays d'États avaient aussi les leurs, et les rois, à leur couronnement, juraient de les res-pecter.

Le droit d'asile était une Franchise appartenant à certains lieux consacrés. Le clergé avait aussi les siennes, et notamment le fameux bénéfice de clergie, par lequel tout clerc ou homme lettré n'é-tait justiciable que des tribunaux ecclésiastiques.

Les ambassadeurs (V. ce mot) jouissent encore généralement de certaines Franchises.

Mais le régime des Franchises est passé en France depuis que la liberté a été déclarée de droit commun par la Révolution. Les Franchises ont péri, avec les immunités et les priviléges, dans la célèbre nuit du 3 août 1789. L'égalité devant la loi a été établie pour les personnes et pour les terres. Il n'y a plus ni *Franchise* ni *aleu*, parce que toute personne est devenue franche, toute terre est devenue aleu.

FRANCS. Dès les premières années de l'ère chrétienne, les peuples de la Germanie causaient déjà de vives inquiétudes aux Romains. Aussi, depuis cette époque, vit-on toutes les forces de l'Empire se diriger successivement vers les frontières septentrionales de la Gaule, pour opposer une digue, toujours impuissante, aux incursions réitérées de ces barbares.

Ceux de tous qui se montrèrent le plus redoutables étaient, vers le milieu du troisième siècle, les Francs, ou hommes libres, formés de la confédération de diverses tribus germaniques, telles que les Saliens, établis sur les bords de l'Yssel; les Ripuaires, habitant les bords du Rhin; les Sicambres, dont le territoire était compris entre la Roer et la Sieg; les Chauces, les Cattes, les Chérusques, etc., qui occupaient les marécages du Bas-Rhin et du Wéser.

Comme toutes les nations germaniques, les Francs, qui pourtant connaissaient l'agriculture, le commerce et l'art de travailler les métaux, menaient une vie nomade, abhorraient la civilisation et les villes, ne pouvaient se soumettre à aucun joug politique, et s'adonnaient presque uniquement à la guerre. Leur religion était le druidisme. Ils croyaient qu'Odin, le Dieu suprême, n'ouvrait son paradis, appelé Valhalla, qu'aux hommes qui mouraient en braves, les armes à la main. Les femmes étaient pour eux l'objet d'une pieuse vénération; et, bien qu'ils les achetassent, une seule devenait la compagne de leur vie, et ils éprouvaient au plus haut degré l'amour de la famille.

Leurs lois qu'ils ont conservées jusqu'au onzième siècle, et qui ont été publiées vers le sixième sous les noms de lois salique et ripuaire, avaient subi peu de modifications. Chaque tribu séparée choisissait ses rois (kœnings), qui étaient de simples chefs militaires égaux en droits à leurs compagnons, dans une famille privilégiée, celle des Méréwings ou Mérovingiens. Ils avaient pour principes que l'homme ne peut être contraint de faire ce qui contrarie sa volonté, et qu'il peut renverser, quand il lui plaît, les princes qu'il a élevés sur le pavois.

Chaque tribu réglait ses affaires domestiques dans des assemblées générales appelées *Maïs*; les affaires de la confédération étaient discutées dans d'autres assemblées nommées *Champs-de-Mars*, auxquelles participait la masse libre de toutes les tribus. La plus parfaite égalité présidait, sans acception de sexe ni de rang, au partage des successions; et c'est par une fausse interprétation de la loi salique qu'on a, dans des temps postérieurs, exclu les femmes et les puinés du droit d'hérédité au trône. Les crimes étaient rarement punis de mort, et encore était-il possible de s'en affranchir à l'aide de la *composition* (wehrgeld). Si cet accommodement était refusé, la loi accordait le combat judiciaire. Quand il était accepté, la loi taxait le coupable, pour le meurtre d'un Franc, à un wehrgeld de deux cents sous d'or; pour celui d'un Germain, à un wehrgeld de cent soixante sous. Pour celui d'un Romain, l'indemnité était de cent sous seulement. Le meurtre d'une femme était fixé au double de ces sommes; celui d'un évêque, à neuf cents sous d'or.

A l'exemple des autres peuples germaniques, les Francs cherchaient à s'étendre dans la Gaule aux dépens de la domination romaine. Seulement, les Visigoths, les Bourguignons entre autres, venaient en corps de nation avec leurs femmes, leurs enfants, leurs troupeaux, leurs richesses, et avaient à peine pris possession d'une contrée qu'ils s'y établissaient à demeure, partageaient les terres avec les vaincus et finissaient par se livrer à l'agriculture et aux arts mécaniques. Les Francs, au contraire, n'envahissaient un pays que pour faire du butin; ils se logeaient chez les habitants comme des soldats, y vivaient à discrétion, sans songer à devenir propriétaires, et se réservaient toujours les moyens de retourner dans la Germanie dont ils faisaient le centre de leurs opérations. C'est à la seule influence du christianisme qu'ils durent plus tard des mœurs sédentaires et le goût de la civilisation. Jusque-là, leur vie guerrière et aventureuse leur assura une grande supériorité sur les autres nations barbares et prépara leur domination.

C'est vers l'an 253, sous le règne de Valérien, qu'eut lieu la première expédition importante de la confédération franque. En cette année, les peuples dont elle se composait passent le Rhin, traversent la Gaule dans toute sa longueur, entrent en Espagne, saccagent Tarragone, s'emparent de quelques vaisseaux sur les côtes de la Catalogne, et vont porter leurs ravages jusque dans la Mauritanie. Claude, Aurélien et enfin Probus, en 277, les combattent, les refoulent dans les marais des bords du Rhin, et leur imposent un tribut annuel de seize mille soldats. A partir de cette époque, mêlés aux Romains, on les voit s'élever par intervalles aux plus hautes dignités de l'armée et de la cour, et souvent gouverner les souverains.

Ces barbares ne se piquaient pas d'une grande fidélité à exécuter les traités; toujours repoussés et vaincus, ils revenaient constamment à la charge plus forts et plus audacieux.

De nombreuses hordes de Huns, de Slaves, de Vandales et d'Alains, fondirent sur les Gaules en 406. Les Francs et les Alamans leur disputèrent vainement le passage du Rhin; ils furent vaincus. Les Barbares qui se répandirent alors dans les provinces de l'Empire n'en purent être expulsés depuis. En 409, une partie de leurs tribus, après avoir dévasté le pays dans tous les sens pendant trois années, passèrent les Pyrénées, pillèrent l'Espagne et se la partagèrent.

Les Francs avaient de nouveau pénétré dans les Gaules à la suite de l'invasion. Leur tribu principale, les Saliens, avait pour roi, Chlogio, qui habitait vers le pays de Tongres. En 428, il s'avança vers Cambrai, surprit les Romains, les battit, s'empara de la ville, la mit au pillage, et peu de temps après, il occupa sans obstacle tout le pays jusqu'à la Somme. Mais, en 436, Ætius, qui gouvernait la Gaule au nom de Valentinien III, repoussa vers l'Escaut et la Dyle les Saliens alors gouvernés par Chéréwig ou Mérovée, successeur de Chlogio.

Un danger commun rapprocha quelques années après les Romains et les Francs. Attila, roi des Huns, avait envahi les Gaules en 451 et y commettait les dévastations les plus terribles, détruisant les églises, les cités, brûlant les campagnes et exterminant les populations. Les Francs, toujours commandés par Mérovée, se rangent sous les aigles romaines, et contribuent pour la plus grande part à la victoire remportée sur le barbare dans les plaines de Châlons.

En 458, les Francs avaient repris leurs anciennes positions dans la Gaule et s'étaient étendus sur quelques points. Ils étaient partagés en plusieurs tribus indépendantes, qui parcouraient le pays, dévastaient les villes et les églises, et remportaient le butin qu'elles avaient fait dans leurs camps et leurs forêts. Cependant les Saliens, commandés par Childéric, s'avançaient vers le midi et l'ouest; ils étaient maîtres de plusieurs villes, de Tournai et d'Arras, notamment, et poussaient leurs incursions jusqu'à la Somme. D'autres chefs étaient établis à Cambrai, à Calais et dans le voisinage du Mans.

Ægidius, chef des milices romaines, occupait une partie du pays situé entre la Meuse et la Loire, et, à l'exemple des tribus germaniques qui avaient envahi la Gaule, tentait de s'y créer une souveraineté indépendante. Il prit à sa solde les Saliens, qui avaient chassé leur roi Childéric. A la mort d'Ægidius, Childéric est rappelé. En 481, son fils Clovis lui succède, et conçoit le dessein de former un établissement durable dans la Gaule. Les guerriers qu'il commandait ne dépassaient pas le nombre de quatre mille. Il grossit son armée de quelques bandes d'aventuriers germains, et vint attaquer près de Soissons les milices romaines sous les ordres de Syagrius, fils d'Ægidius. Vaincu, Syagrius se réfugia chez Alaric II, qui régnait sur les Visigoths, dans le midi de la Gaule. Alaric livra Syagrius à Clovis, qui le fit mourir. Dès ce moment, la domination des Saliens s'étendit jusqu'à la Seine.

Celle des Romains avait été complétement détruite par la bataille de Soissons; et les Barbares étaient désormais uniques possesseurs de la Gaule. Les Bourguignons, qui étaient établis entre le lac de Genève et la Moselle; les Visigoths, qui occupaient tout le midi, des Alpes à l'Océan, et de la Loire au Tage, s'étaient dès longtemps convertis au Christianisme, mais ils avaient adopté le schisme d'Arius. La confédération Armoricaine, formée des peuples qui habitaient entre la Seine et la Loire, étaient les seuls chrétiens orthodoxes que renfermât la Gaule. Quant aux Francs, ils étaient encore idolâtres. Le clergé catholique songea à les attirer à lui, à s'en faire un bouclier, et au besoin un instrument. De son côté, il pouvait leur faciliter les moyens d'accroître leur puissance, à l'aide de l'influence qu'il exerçait sur l'esprit des peuples et par sa mission religieuse et par sa constitution toute démocratique, et par les priviléges et l'indépendance qu'il avait obtenus des Empereurs et qu'il conservait sous le gouvernement des Barbares. L'Église choisit donc les Francs pour en faire son bras droit et pour acquérir, sous leur nom, la domination de l'Occident. Remi, évêque de Reims s'aboucha avec Clovis, et c'est probablement à son instigation que ce roi épousa Clotilde, nièce de Gondebaut, roi des Bourguignons, la seule femme catholique qu'il y eût dans les familles des rois de race germanique établis dans les Gaules. Clotilde, pieuse et douce, assouplit le caractère farouche de Clovis, et le disposa graduellement à recevoir le baptême.

Il s'en présenta bientôt une occasion favorable. Les Alamans se préparaient à passer le Rhin en 496. Sigibert, roi des Ripuaires, et, comme Clovis, de la famille des Mérovingiens, réclama le secours de son parent. Les Saliens unis aux Ripuaires attaquèrent les Alamans à Tolbiac, près de Cologne. Le combat fut terrible. Les soldats de Clovis allaient céder, lorsque ce roi, invoquant le dieu de Clotilde, promit de se faire chrétien s'il obtenait la victoire. Son vœu fut exaucé; les Alamans succombèrent, et quelques-unes de leurs tribus vinrent se ranger sous les drapeaux du vainqueur.

La victoire de Tolbiac augmenta la renommée de Clovis et lui acquit une grande influence. Remi le pressa d'accomplir sa résolution. Trois mille Saliens se convertirent avec lui. Dès ce moment, le roi Franc songea à se rendre maître du pays qui s'étendait entre la Seine et la Loire et qu'occupaient les peuples de la confédération Armoricaine. Il éprouva une plus vive résistance qu'il n'avait pensé, et échoua dans sa tentative. Mais les évêques négocièrent une association entre les Francs et les Armoricains, qui se placèrent sous le commandement de Clovis. Les restes des milices romaines se rangèrent également sous sa loi; et il se trouva ainsi le maître de presque toute la Gaule septentrionale. Alors les Francs considérèrent ce pays comme une nouvelle patrie; ils y formèrent des établissements; et ce fut là l'origine de la monarchie française. (V. GAULES.)   B.-C.

FRANCS-JUGES. Un des phénomènes politiques les plus singuliers dont l'Allemagne du moyen-âge ait offert l'exemple, c'est, sans contredit, l'existence de ces tribunaux libres qui s'enveloppaient de mystère pour prononcer des sentences de mort et qui les faisaient exécuter par leurs propres membres.

La Westphalie paraît avoir été le berceau de cette institution, qu'on désignait sous divers noms : *vehme ding,* tribunal vehmique; *frey ding,* tribunal libre; *heimliche acht,* tribunal secret; *concilium sanctissimum arcanumque dilectissimorum integerrimorumque virorum,* conseil très-saint et secret d'hommes très-excellents et très-intègres, etc.

Le suprême tribunal secret siégeait à Dortmund.

C'est dans le quatorzième siècle qu'il est question, pour la première fois, du tribunal secret en termes clairs et précis. Les Francs-Juges, dès cette époque, se donnaient Charlemagne pour fondateur. En vertu de cette origine prétendue, l'empereur régnant était le chef nominal de tous les tribunaux secrets de l'Allemagne; mais, pour qu'il pût exercer son autorité, il fallait qu'il fût lui-même Franc-Juge. Les Francs-Comtes, qui présidaient les tribunaux secrets, recevaient de l'empereur, à titre de fief, l'investiture de leur charge.

Les membres de l'ordre se partageaient en deux classes : ceux de la première s'appelaient les *loyaux Francs-Juges*, les *chevaliers Francs-Juges avec armes et écu*. Ils étaient nobles et militaires.—Les membres de la deuxième classe étaient qualifiés de *véritables Francs-Juges*, de *saints juges du tribunal secret*. Ils se composaient, en général, de bourgeois.

Il n'y avait que les seuls tribunaux de Westphalie qui eussent le droit de recevoir de nouveaux Francs-Juges. Tout candidat devait être né d'un légitime mariage et jouir d'une bonne réputation.

Les réceptions se faisaient dans des lieux secrets, loin des regards profanes. Le récipiendaire jurait sur le sabre du Franc-Comte d'être fidèle au tribunal secret, de le défendre « contre père, mère, frères, sœurs, femme, enfants, tous les hommes enfin, le chef de l'empire seul excepté ; » de maintenir, exécuter et aider à faire exécuter les jugements du tribunal secret ; de dénoncer les délits dont il pourrait avoir connaissance, etc. « Ce n'est qu'après l'accomplissement de cette formalité, dit le code de Dortmund, que le Franc-Comte instruira le récipiendaire des signes mystérieux auxquels les Francs-Juges se reconnaissent entre eux. »

Les crimes et les délits pour lesquels on pouvait originairement être cité au tribunal secret étaient : 1° l'abjuration de la religion chrétienne ; 2° les pratiques de la magie, la violation et la profanation des églises et des cimetières ; 3° l'usurpation du pouvoir souverain consommée à l'aide de la ruse ; 4° les attentats commis dans les maisons et sur les chemins publics ; 5° les violences sur les femmes enceintes, les malades et les marchands ; 6° le vol, le meurtre et l'incendie ; 7° la désobéissance au tribunal secret. Les Francs-Juges connaissaient en outre de certaines contestations civiles.

Chaque tribunal avait des séances publiques qui se tenaient le jour, en plein air ; et des séances secrètes qui se tenaient pendant la nuit, dans une forêt ou dans des lieux souterrains. Les seules affaires civiles étaient instruites et jugées publiquement.

On citait l'accusé à trois reprises différentes. S'il faisait défaut, il était condamné, les deux premières fois, à une amende ; la dernière fois, au *ban*, c'est-à-dire à la mort.

Dès qu'un jugement avait été rendu par le tribunal secret, il était interdit aux Francs-Juges de s'informer des raisons qui l'avaient motivé ; et si l'ordre leur en était donné, ils devaient le mettre à exécution, lors même qu'ils auraient cru à l'innocence de l'accusé.

On a dit que l'hypocrisie est un hommage rendu à la vertu ; on peut dire avec autant de raison que l'institution et la longue existence de cette étrange autorité judiciaire témoignent du besoin qu'ont les peuples d'obtenir justice. Toutefois, il est facile de concevoir quels énormes abus résultèrent d'une telle organisation. Les empereurs, les princes séculiers et ecclésiastiques, essayèrent, à diverses époques et par divers moyens, de porter remède au mal. Mais c'est en vain qu'ils s'efforcèrent de limiter la compétence des tribunaux secrets et de

donner des garanties aux accusés. Pendant de longues années, les choses continuèrent sur le même pied ; et l'on voit par différents actes que les tribunaux secrets existaient encore en 1664.

Au reste, ces tribunaux n'ont jamais été formellement abolis par les lois de l'empire. En 1800, l'empereur donnait même encore des Francs-Comtés à titre de fiefs. Mais l'institution était bien dégénérée de sa puissance première. A cette époque, le tribunal de Dortmund, qui subsistait toujours, était réduit à juger des affaires de simple police et de délimitation de propriétés. Sa juridiction ne dépassait pas le territoire de la ville ; il n'avait plus de séances secrètes.   B.-C.

FRATERNITÉ. Nous avons dit (V. FAMILLE) que chacune des transformations de la Société n'avait été qu'un développement de la famille, c'est-à-dire un progrès nouveau vers l'égalité, car l'idée d'égalité ne repose que sur le sentiment de Fraternité. Lorsque tous les patriciens se considéraient comme égaux, c'était comme membres de la grande famille patricienne ; lorsque les citoyens se considéraient comme égaux, c'était comme membres de la famille civile. Le christianisme seul proclama tous les hommes égaux en les appelant tous frères. Mais cette idée resta longtemps à l'état de sentiment religieux sans application politique. Ce fut la République française qui proclama en tête de sa Constitution la Fraternité universelle ; et la politique de l'avenir ne doit être que le développement de cette formule. (V. ÉGALITÉ.)

FRAUDE. La Fraude est, en matière de contributions indirectes, ce que la contrebande est en matière de douanes, un commerce en contravention aux lois.

La contrebande prend quelquefois aussi le nom de Fraude, lorsqu'elle emploie la ruse et non la force pour introduire illicitement des marchandises.

Les prohibitions ou les impôts trop élevés excitent la Fraude en créant une énorme différence entre le prix des objets qui ont été soumis aux formalités prescrites par la loi et celui des objets qui s'y sont soustraits par la Fraude ou par la contrebande. L'appât que les tarifs exagérés présentent aux contrebandiers ou aux Fraudeurs est d'autant plus grand que les marchandises qui en sont frappées peuvent être transportées avec plus de facilité. Ainsi, nos tarifs de douane relatifs aux dentelles, aux montres, en ont favorisé l'introduction par Fraude ou par contrebande. L'élévation de certains droits d'octroi sur les boissons alcooliques a produit le même effet.

FRONDE. Ce nom a été donné à une émeute, moitié sérieuse, moitié burlesque, qui éclata à Paris, en 1648, sous la régence d'Anne d'Autriche. Cette année-là, le parlement de Paris souleva la capitale et les provinces contre Mazarin. Le but avoué des frondeurs était de forcer la cour à renvoyer ce ministre en Italie. Ce but fut atteint. Mazarin céda à l'orage, mais il revint, et il devait revenir, malgré sa qualité d'étranger, dont on lui faisait un crime ; la victoire de Rocroi l'avait naturalisé Français. Pourquoi donc refuser un asile et le pouvoir à celui qui avait reculé toutes les frontières de la France ? Mazarin absent, quel homme d'état eût initié Louis XIV à la politique de Richelieu ? Ce qu'il y a de certain, c'est que le peuple ne partagea point cette animadversion des princes, des grands et des parlementaires contre Mazarin. Le peuple ne prit qu'une faible part aux troubles de la Fronde ; il comprit l'utilité des sacrifices qu'on lui demandait, et il laissa là le coadjuteur de Paris et les brouillons parlementaires qui ne pouvaient rien lui donner, et qui boudaient la gloire de la France parce que cette gloire était due à la politique d'un ministre qui les avait fait trembler. La crainte seule de trembler sous Mazarin, comme il avait tremblé sous Richelieu, souleva le parlement de 1648. Les troubles finirent en 1654.

A. T.

FRONTIÈRES.

C'est, comme on sait, la ligne qui sert de limites à chaque État. Toutefois, ce mot, dans son acception étymologique, emporte quelque chose de plus que l'idée d'une simple délimitation, c'est le *front* qu'un État présente aux autres États. Dans ce sens, il implique tout au moins la possibilité d'hostilité et de lutte.

On distingue les Frontières de terre et les Frontières maritimes ; quant à celles-ci nous n'avons rien à ajouter ici à ce que nous avons dit aux mots Côtes et Détroit.

Celles de terre sont déterminées par les traités ; elles suivent ordinairement la crête d'une chaîne de montagnes ou le thalweg d'une rivière ; quelquefois, comme nous le voyons entre la Belgique, la Prusse et la France, c'est une ligne idéale imaginée par les diplomates, et dont la Frontière, plus ou moins avancée d'un côté ou de l'autre, n'exprime que le degré comparatif de force dont pouvaient user les contractants.

L'établissement des Frontières n'est donc le plus souvent qu'une application du prétendu droit du plus fort, c'est un réseau de forteresses et de bureaux de douanes qui enveloppe les peuples et sépare, souvent de la manière la plus funeste, des populations faites évidemment pour former une même famille.

Les diplomates, en traçant sur la carte leurs lignes de Frontières, n'ont même presque jamais obéi à ce qu'ils disent être leur grand principe : la nécessité de l'équilibre entre les États. Ainsi, quand ils ont séparé des peuples parlant la même langue, obéissant au même esprit, vivant dans la même enceinte de fleuves, de montagnes et de rivières, ils ont préparé pour l'avenir des luttes et des commotions, ils ont inutilement multiplié les places de guerre et les armées.

Les exemples, à l'appui de ce qu'on vient de dire, sont nombreux, et il n'est personne en France qui n'en ait au moins un présent à l'esprit. Il est évident que si nous possédions nos Frontières naturelles, c'est-à-dire si nous étions assis sur le Rhin, l'Escaut et les Alpes, nous n'aurions pas besoin de ravir tant de bras à l'agriculture pour les charger du mousquet, nos campagnes et nos villes les plus riches ne seraient pas stérilisées et étouffées par les exigences du génie militaire. L'Europe, de son côté, ne serait pas condamnée depuis vingt-cinq ans à cette paix armée, plus désastreuse que la guerre.

J. B.

FUEROS.

Mot espagnol corrompu du latin *Forum*, marché, place publique, lieu où l'on s'assemble pour négocier, discuter, délibérer et, par suite, lieu où l'on rend la justice, barreau.

Quand les Goths promulguèrent un nouveau code, à l'exclusion de la loi romaine, ils intitulèrent ce code *Forum Judicum*. Les Espagnols traduisirent ce titre par *Fuero-Juzgo*.

Le Dictionnaire espagnol définit le mot *Fuero :* loi, statut, coutume, ordonnance particulière d'un État, d'une province, ou même d'une ville, *lex municipalis* ; for, juridiction, droit, justice, équité, autorité, pouvoir, puissance. *Tambien se someten los seglares al fuero y jurisdiccion ecclesiastica :* (les séculiers sont aussi soumis à la puissance et à la juridiction ecclésiastiques.) « Les lois ne peuvent défendre quelque chose, dit Alfonse-le-Savant dans *las Siete Partidas* (exordio del tit. 2 de la partida primera), que lorsqu'elles sont revêtues de la force et du pouvoir que nous avons dit, lesquels ont pour marque trois caractères : le premier, l'*Usage ;* le second, la *Coutume ;* le troisième, le *Fuero* (comme qui dirait l'assentiment et la publicité). Du temps naît l'*usage ;* de l'usage, la *coutume ;* et de la coutume, le *Fuero*... (*Nasce del tiempo*, uso ; è *del uso*, costume ; è *de la costume*, Fuero). »

Dans le sens général, les Fueros sont donc, en Espagne, les lois particulières stipulant les priviléges, les immunités, les prérogatives et les libertés locales d'un royaume, d'un duché, d'un comté, d'une ville ou d'un couvent ; diplômes, priviléges, chartes octroyées par les grands pouvoirs naissants en Léon, en Navarre, en Aragon, en Castille, en Catalogne, par les rois et les comtes de ces différents pays, soit à toute une vaste circonscription territoriale, soit à un simple municipe, au fur et à mesure que la puissance chrétienne retirait quelque lambeau de l'Espagne des mains des conquérants musulmans ; contrats synallagmatiques, engageant et liant étroitement et diversement ces grands pouvoirs aux diverses parties de la nation espagnole à mesure qu'elle se formait. De là, la diversité et le caractère politique particulier qui la distinguent entre les nations européennes ; caractère qu'on ne peut comprendre sans la connaissance de son passé, l'un des plus complexes et des plus exceptionnels que l'histoire signale.

C. R.

G

GABELLE. C'était le nom que portait autrefois l'impôt sur le sel.

L'établissement de la Gabelle remonte à l'année 1317. Une ordonnance de Philippe-le-Long remplaça une imposition du cinquième denier des biens par un droit de huit sous par muid sur le sel, et par une imposition de quatre deniers par livre de marchandises vendues. Les états assemblés en 1318 réclamèrent contre ces deux taxes, et le roi déclara qu'elles n'étaient que temporaires.

Mais la substitution de l'impôt de consommation à l'impôt direct était trop favorable aux intérêts des puissances qui dominaient l'ancienne France pour ne pas être maintenue. Philippe-de-Valois s'attribua le monople du sel et établit des greniers où on le vendait à son profit « dont il acquit, dit un contemporain, l'indignation et malgrâce des grands comme des petits et de tout le peuple. » Les états réclamèrent encore, et on renouvela les promesses faites par Philippe-le-Long. Le monopole du sel quelquefois interrompu ne fut point cependant aboli.

Après la dissolution des états de 1468, Louis XI éleva de quatre livres par muid l'impôt qui était perçu sur le sel. François Ier porta cet impôt à quarante-cinq livres tournois par muid. Sous son règne, le mode de perception varia plusieurs fois. Il fut presque toujours tyrannique. La répartition, du reste, n'était pas égale par tout le royaume : plusieurs provinces s'étaient rédimées du régime des Gabelles, soit moyennant une somme une fois payée, soit moyennant un abonnement annuel.

La Gabelle causa de nombreuses révoltes. La plus terrible fut celle de 1547, à laquelle toute la Guyenne participa et qui fut suivie de supplices et d'exactions atroces.

Depuis cette époque, cet impôt a été perçu sans donner lieu à aucune perturbation sérieuse, quoiqu'il ait été augmenté plusieurs fois et notamment par Richelieu, en 1629. Il était acquis au trésor par droit de prescription, ou, comme on disait autrefois, il était tombé dans le domaine de la couronne. Mais au moindre trouble, la perception en était impossible, et dans les dernières années de Louis XIV, on vit des soldats qui avaient déserté en masse venir vendre du sel en contrebande jusqu'à Meudon.

La Révolution fit disparaître les Gabelles, et la consommation du sel fut libre jusqu'à ce que, en 1806, Bonaparte renouvela cet impôt sans en rappeler le nom impopulaire. Aujourd'hui, chaque kilogramme de sel dont la valeur intrinsèque est de 3 à 4 centimes, paie un droit de 30 centimes au fisc. Cet impôt rapporte au trésor près de 60 millions levés principalement sur la nourriture du pauvre.

GARANTIES. Il y a deux espèces de Garanties, celles qui sont nécessaires aux individus et celles dont la Société a besoin elle-même pour sa sûreté. Les hommes qui veulent former un corps politique ne s'associent qu'à de certaines conditions. S'ils mettent en commun leur intelligence, leurs ressources, s'ils engagent une partie de leur liberté au profit de l'association, c'est afin d'avoir plus de sûreté pour leur personne, pour leur domicile, pour leur industrie, pour leurs propriétés. Si ce sont des personnes de religion différente qui se réunissent, elles stipuleront, de la manière la plus expresse, que l'exercice de leur culte, non-seulement sera respecté, mais défendu contre les atteintes qu'on voudrait lui porter. Si la Société ne se forme que d'hommes égaux en droits, et il est difficile de concevoir une société qui ne serait pas fondée sur le principe de l'égalité la plus parfaite, chaque membre de ce corps se réservera le droit d'exprimer librement sa pensée sur toute chose, pourvu que la morale publique n'en soit point offensée, que l'on ne cause aucun dommage à la fortune, à l'honneur de ses associés.

Les Garanties qu'on exige dans ces différents cas se nomment Garanties *individuelles*. Elles ne sauraient exister réellement que dans la République. Le caractère essentiel du despotisme est de se croire le droit de disposer comme il lui plaît de la personne, de la fortune de ses subordonnés, de leur imposer sa croyance, de comprimer leur pensée sous prétexte qu'ils y sont eux-mêmes intéressés.

La Société tout entière, quand il s'agit de résoudre une question, de prendre un parti quelconque, de se défendre contre les agressions dont elle peut être l'objet, ne forme elle-même qu'un individu de la fortune, de la vie, de l'honneur duquel personne ne doit disposer à sa volonté.

On nomme Garanties *sociales* les sûretés nécessaires à l'État.

Il est aisé, dans les articles préliminaires ou généraux d'une Constitution, d'établir en principe que ces droits, individuels ou collectifs, seront placés sous la sauve-garde de tous, et même de prononcer des peines contre ceux qui voudraient y attenter. Mais à quoi servent de telles promesses ou de tels engagements si la loi fondamentale ne donne pas en même temps le moyen de les réaliser ?

A mesure que les idées de justice et de liberté sont devenues plus nettes, les citoyens ont exigé plus de gages contre l'arbitraire. Les rois ont compris eux-mêmes l'avantage qu'il y avait pour eux à respecter la propriété, l'industrie de leurs sujets; mais il a été plus difficile de leur faire comprendre le respect qu'on doit à la personne, au domicile, à la croyance, à la libre expression de la pensée. Il serait facile d'en expliquer la raison.

Quant aux Garanties nécessaires à la Société elle-même, la royauté les comprend encore moins. Mais, comme les peuples étaient fatigués d'arbitraire, on a imaginé, pour les satisfaire, la responsabilité des ministres et des autres agents du pouvoir, responsabilité insaisissable et pour laquelle, chez nous, une loi toujours promise reste toujours à faire. Quand le mal est fait, quand l'injustice est consommée, lorsque l'imprudence ou l'ambition d'un ministre a causé la ruine du pays, la mort du coupable ne remet pas les choses dans l'état où elles étaient auparavant. Ne vaut-il pas mieux prévenir l'injustice, empêcher le mal de se faire, que de s'exposer à des fautes dont la réparation est impossible?

Le moyen de réaliser les Garanties nécessaires à la Société et aux citoyens, c'est de séparer les pouvoirs de l'État, de manière à ce que personne ne soit juge en sa propre cause. Pour les Garanties individuelles, que la loi soit précise et le tribunal indépendant, alors vous n'aurez pas à craindre que l'on attente impunément à l'exercice de vos droits, au maintien des conditions fondamentales qui régissent la Société.

Les règles qui s'appliquent aux citoyens doivent s'appliquer à l'État lui-même. C'est de la séparation du pouvoir qui *exécute* et du pouvoir qui *statue* que résulte la sûreté nécessaire à la Société.

Cette séparation des pouvoirs n'existe pas le moins du monde en notre pays.

A l'exception des tribunaux qui prononcent sur certains crimes ou délits, nous n'avons en France, pour toutes les matières d'intérêt général, que deux pouvoirs, celui qui fait la loi et celui qui est chargé de l'exécuter. Toutes les fois qu'une difficulté survient dans le cours de l'exécution, c'est le pouvoir exécutif qui prononce: de là, cet arbitraire perpétuel, cette absence totale de Garanties, non-seulement pour la Société, mais encore pour les citoyens, lorsque leurs intérêts sont en lutte avec l'intérêt public; de là ces fautes qu'il n'est plus possible de réparer.

Au temps de la République, le Corps législatif s'était réservé avec raison le droit de paix et de guerre, celui d'accepter ou de rejeter les traités avec l'étranger. Mais ces questions ne sont pas les seules pour lesquelles il soit nécessaire de mettre la Société et les citoyens à l'abri des abus de l'autorité. L'Assemblée constituante avait attribué au conseil des ministres, siégeant comme conseil d'État, le droit de statuer sur toutes les questions d'intérêt et de droit public qui pouvaient survenir dans la marche des affaires. C'était donner au conseil des ministres le droit de juger ses propres fautes; c'était créer un roi à plusieurs têtes, la pire espèce de rois qui puisse exister. Le despo-

tisme impérial reconnut lui-même la nécessité de tempérer le pouvoir des ministres; Napoléon créa le Conseil d'État qu'il consultait ou dont les ministres étaient tenus de prendre les avis toutes les fois qu'une question d'intérêt public était à résoudre. Mais le Conseil d'État lui-même offrait-il des Garanties suffisantes? L'empereur se passait de ses avis quand cela lui convenait; l'arbitraire n'en pesait pas moins de tout son poids sur la France. Aujourd'hui, le Conseil d'État, dont les membres sont nommés et révoqués par les ministres, n'est qu'une commission permanente dont la juridiction est d'ailleurs fort restreinte, et dans laquelle il n'est de sûreté réelle ni pour l'État, ni pour les citoyens. Les ministres ont, comme l'avait l'empereur, la faculté de rejeter les avis du Conseil d'État, qui, dès-lors, n'a ni le caractère de jury, ni celui de tribunal souverain pour prononcer, au nom de la Société, dans l'intérêt des gouvernants et des gouvernés.

C'est surtout dans un pays étendu comme le nôtre qu'il est indispensable de trouver au centre commun des garanties contre l'arbitraire qui s'exerce constamment sur les extrémités; c'est par cette raison que l'on comprend mal la République en France, et qu'elle n'y a jamais existé réellement. Il est de toute nécessité que les résolutions des communes et des départements ne soient point, en définitive ou en dernier ressort, soumises au libre arbitre des ministres ou de leurs commis; qu'il y ait au centre commun un pouvoir indépendant pour statuer entre la Société et les membres dont elle se compose. Ce n'est pas l'arbitraire, nous l'avons dit ailleurs, mais la justice qu'il importe de centraliser.

Vous n'arriverez à ce résultat qu'en créant un troisième pouvoir, un véritable jury national dont les décisions seront souveraines, soit qu'il s'agisse de prononcer dans l'intérêt du pays seulement, soit qu'il s'agisse de statuer entre le pays et les citoyens. Ainsi, vous aurez le pouvoir chargé de faire la loi, le pouvoir chargé de l'exécuter et le pouvoir chargé de résoudre les difficultés qui naîtront dans le cours de l'exécution.

Il n'est aucune République ancienne ou moderne qui n'ait dû sa force et sa durée à cette distinction des pouvoirs. A Rome le peuple faisait la loi; le Sénat résolvait les questions de droit public; les consuls n'étaient chargés de l'exécution pure et simple de ce que le peuple ou le Sénat avait décidé; mais jamais ils n'étaient juges de leurs propres actes, de leurs propres fautes; jamais ils n'avaient à résoudre aucune question d'intérêt national. Les collisions qui troublèrent si souvent la République ne provenaient pas de la division des pouvoirs, mais de ce que les pouvoirs n'avaient pas tous le même intérêt, parce qu'ils n'avaient pas tous la même origine.

En Amérique, le Sénat ne siége pas seulement comme Chambre législative; il est juge d'un grand nombre de questions de droit public. Dans beaucoup de cas, le président ne peut agir avant de connaître, non pas l'avis, mais la volonté du Sénat. La Cour suprême, dont les attributions se rapprochent de celles de notre Conseil d'Etat, mais qui prononce souverainement ou sans que ses arrêts soient soumis aux ministres, complète les garanties nécessaires à l'État et aux citoyens. Nous ne voulons pas dire cependant qu'il faille suivre de point en point l'exemple des États-Unis. Vous ne pourrez constituer la République en France, c'est-à-dire donner de la force à la justice et à la liberté, sans faire, de la manière la plus nette, cette séparation entre les différents pouvoirs. Il faut que l'autorité qui fait la loi, que l'autorité qui en résout les difficultés, ne puissent jamais avoir qu'un seul intérêt; que le jury national ait la même origine que le Corps législatif; qu'ils soient les membres, les organes du même corps, et que l'instrument, chargé d'exécuter leurs volontés, ne puisse jamais s'immiscer dans le jugement de questions qu'il n'appartient qu'à la nation de décider.   A. BILLIARD.

GARDE. De tout temps les rois ont eu près de leurs personnes des gens de guerre qui veillaient à leur sûreté. Grégoire de Tours fait mention d'une grosse Garde qui accompagnait toujours le roi Gontran, petit-fils de Clovis, depuis que ses deux frères, Chilpéric, roi de Soissons, et Sighebert, roi d'Austrasie, avaient été assassinés.

La Garde ordinaire de nos rois, depuis le commencement de la monarchie jusqu'à Philippe-Auguste, ne consistait qu'en deux bandes d'*ostarii*, l'une, d'huissiers pour garder le dedans du palais; et l'autre, de portiers, pour garder le dehors. Les huissiers étant devenus militaires, prirent le nom de sergents d'armes, qu'ils conservèrent tant qu'ils furent employés à la guerre.

Louis XIV est le premier des rois de la troisième race qui ait eu pour la Garde de sa personne une milice nombreuse et choisie. Sa Garde, qu'on appela *maison du roi*, comprenait les Gardes-du-corps, les gendarmes, les chevau-légers, les mousquetaires, la gendarmerie, les grenadiers à cheval, les régiments des Gardes françaises et suisses, et les cent-suisses. Cette maison subsista ainsi jusqu'en 1789. En 1814, Louis XVIII essaya de la rétablir sur le même pied, mais après quelque temps il ne resta plus que les Gardes-du-corps, la Garde royale et les Cent-Suisses: les autres corps avaient été successivement licenciés.   B.-C.

GARDE IMPÉRIALE. Corps d'élite institué par le Directoire sous le nom de Garde directoriale, et conservé successivement par le Consulat et par l'Empire, pour la sûreté de la suprême magistrature de l'État. La Garde impériale s'est immortalisée par sa bravoure; elle était la terreur des étrangers, et son concours assurait toujours la victoire. Elle fut en partie détruite à la bataille de Waterloo. B.-C.

GARDE NATIONALE. Force publique non soldée, chargée de la défense intérieure du territoire. La Garde Nationale est une institution révolutionnaire. Elle fut établie sur ce principe que les droits ne peuvent exister sans les devoirs. Tout citoyen participant au gouvernement de son pays doit concourir à sa défense. Ainsi, d'après la loi de 1791, la Garde Nationale ne se composait que de citoyens *actifs*, c'est-à-dire ayant le droit de voter dans les Assemblées de la nation. Ainsi constituée, la Garde Nationale se maintint, mais en perdant chaque jour de son importance, jusqu'à l'époque de l'Empire. La nécessité de défendre le territoire que l'ennemi allait envahir, la fit renaître, en 1813, avec une organisation différente. Le gouvernement de la Restauration feignit quelque temps de s'appuyer sur cette force populaire; mais sous un régime où les droits politiques n'appartenaient qu'à un petit nombre de privilégiés, il était difficile que la Garde Nationale ne devînt pas une gêne, un embarras pour ceux qui s'étaient réservé d'une manière exclusive la gestion des affaires du pays. Lorsque arriva la Révolution de 1830, la Garde Nationale avait été dissoute ou n'existait plus que de nom sur quelques points ignorés. Alors elle reparut et se reconstitua d'elle-même dans toute l'étendue de la France; trois millions de citoyens demandèrent des armes; mais cet élan fut comprimé par une suite de trahisons à l'intérieur et de lâches capitulations au dehors. Le premier prétexte qu'on imagina fut l'impossibilité d'armer un aussi grand nombre d'hommes; on voulait faire croire ensuite que cet armement ne serait d'aucune espèce d'utilité. Le motif véritable est qu'on ne pouvait rétablir la Garde Nationale sans donner à la France une organisation moins favorable aux vues du despotisme, sans contrebalancer les devoirs par les droits, sans arriver, il faut le dire, au gouvernement de tous, au lieu du gouvernement par un seul ou par quelques-uns.

Aujourd'hui la Garde Nationale, qui, à la vérité, a conservé ses cadres dans presque toutes nos villes, n'existe en réalité qu'à Paris, où elle ne compte qu'un petit nombre de défenseurs d'un ordre de choses si différent de ce qu'on avait espéré. Le pouvoir s'étonne de ce que la milice citoyenne ne soutient pas avec plus de zèle des institutions, des lois à la formation desquelles elle n'a pas concouru. On prétend que la force armée n'a pas le droit de raisonner, qu'elle ne doit qu'obéir; mais faut-il rappeler à un pouvoir qui l'a trop vite oublié que, si l'on est Garde National, c'est que, avant tout, on est citoyen?

L'organisation de la Garde Nationale est subordonnée à la division du territoire. Le fractionnement de la France, en 39,000 petites communes, est une des causes, on peut dire la principale cause pour laquelle la Garde Nationale ne s'est pas maintenue dans notre pays. Des populations trop peu nombreuses, ayant trop peu d'intelligence et de ressources, manquant de lieux de réunion pour les intérêts publics et les intérêts privés, ne formant pas en réalité les parties intégrantes du système politique, trop disproportionnées les unes à l'égard des autres, incapables enfin de se défendre avec le peu de force qu'elles produisent, ne considèrent le service de la Garde Nationale que comme une affaire de circonstance, et non point comme une obligation permanente pour ces citoyens.

La loi de 1791 avait, il est vrai, organisé la Garde Nationale par cantons; mais est-il rationnel de constituer les cadres de la force publique en dehors des cadres de l'administration à laquelle cette force doit obéir? On ne tarda pas à reconnaître que l'anarchie était le résultat d'une organisation pareille, qu'il était de toute nécessité que la Garde Nationale ne sortît pas de la limite des communes dans lesquelles se renfermait l'autorité administrative.

On ne peut établir la Garde Nationale par cantons qu'au moyen de l'organisation cantonale. Tel est le projet qu'on avait conçu en 1830, et qui, comme tant d'autres, demeura sans exécution. Si la France était divisée par cantons qui ne seraient point la destruction de ce qui est, mais la création de ce qui n'existe pas; si l'on fondait réellement l'association politique au lieu de se jeter dans de vaines utopies, ou de rester dans un état de division et de faiblesse qui convient merveilleusement au pouvoir; si l'administration, la justice, si les moyens de se procurer les secours que les hommes se doivent les uns aux autres se réunissaient au canton, alors la Garde Nationale s'y constituerait et s'y maintiendrait comme un des éléments de cette cité élémentaire sans laquelle la cité générale ne saurait exister.

Alors il ne serait plus nécessaire de se faire protéger par des gendarmes. La Garde Nationale comprendrait que la défense du territoire, que la surveillance intérieure lui appartiennent, parce qu'il y aurait pour tous une patrie, tandis que la patrie est un mot vide de sens pour une foule d'individus. La Garde Nationale aurait son état-major, son poste principal au chef-lieu de canton; elle serait placée sous la direction, sous les ordres immédiats de la justice et de l'administration; mais dans un tel état de choses, il faudrait que tout homme, valide et ayant un domicile, fût Garde National, et que tout Garde National jouît, ou s'il était encore trop jeune, eût la certitude de jouir un jour des droits de citoyen. C'est par l'union intime du devoir et du droit, c'est en mettant les hommes vis-à-vis les uns des autres, en les plaçant sur le pied de l'égalité, en les obligeant à s'entre-aider constamment, que se réaliserait le problème de la fraternité.

Il est un autre problème qui se résoudra par une meilleure division du territoire et une meilleure organisation de la Garde Nationale. Depuis longtemps on se demande quel est le moyen d'avoir une armée active qui ait les mêmes sentiments, les mêmes intérêts que la nation, qui ne puisse jamais former un corps à part, qui ne sacrifie point la patrie aux vues coupables d'un général ambitieux.

Lorsque vous aurez une Garde Nationale permanente, constamment intéressée et nécessaire au maintien de l'ordre intérieur, c'est cette Garde Nationale qui alimentera l'armée active, qui lui donnera son esprit, ses sentiments. Ainsi, qu'à l'âge de dix-huit ans on soit tenu de faire partie de la milice sédentaire; que de dix-huit à vingt on s'exerce au maniement des armes, on s'habitue à la discipline. Lorsque la patrie aura besoin de soldats, les jeunes gens qu'on fera tirer au sort connaîtront déjà l'état militaire, tandis qu'il faut aujourd'hui dix-huit mois et deux ans de garnison pour former un soldat. L'engagement sera comme aujourd'hui de six ou sept ans. Mais s'il est inutile de tenir sur pied des forces considérables, les jeunes gens qui obtiendront des congés viendront reprendre un service moins fatigant dans leurs cantons respectifs. Ils donneront à la milice sédentaire un esprit plus guerrier, en même temps qu'ils se retremperont dans l'esprit national.

Ce système se pliera à toutes les nécessités. Craignez-vous ou prévoyez-vous la guerre, vous pouvez, en faisant par exemple une levée de cent mille hommes, en laisser la moitié dans les rangs de la Garde Nationale, ce sera une réserve qui ne vous coûtera rien, et qui cependant sera toujours prête à marcher au premier appel. Avec un tel système de réserve et de congés, vous aurez une armée aussi nombreuse que le réclameront vos besoins, en réduisant et l'augmentant suivant les bonnes ou les mauvaises dispositions de l'étranger. Soutenue, alimentée par une Garde Nationale compacte, constamment animée par l'intérêt, par l'amour de la patrie, cette armée n'aura-t-elle pas une force invincible?

Qu'on le remarque avec attention; il ne s'agit pas de rester constamment sur le pied de guerre, de tenir la population sous les armes depuis dix-sept ou dix-huit ans jusqu'à soixante, comme chez les Romains au temps de la République. En faisant de la Garde Nationale une institution toujours nécessaire, vous n'aurez besoin d'y appeler que les hommes jeunes. Si l'étranger menaçait de toutes parts notre indépendance, c'est alors que tous les citoyens prendraient les armes. On ferait ce que les Allemands appellent une *Landsturm,* ou le soulèvement général du pays contre l'étranger.

En France, on regarde généralement la question de l'armée comme tout-à-fait distincte de la Garde Nationale; la question de la Garde Nationale comme indépendante de la question ou de l'organisation politique, tandis que ces questions se lient étroitement l'une à l'autre, qu'il est impossible, comme on vient de le voir, d'en résoudre une seule sans les résoudre toutes-à-la-fois.

A. BILLIARD.

GARDE ROYALE. Ce corps fut formé en 1814 des débris de la Garde impériale, et renouvelé ensuite presque entièrement. En 1830, la Garde royale fut le seul corps qui lutta énergiquement contre l'insurrection populaire. Elle fut dissoute de fait après les journées de juillet.

GARDES-DU-CORPS. Cette troupe formait quatre compagnies, ayant chacune son capitaine, et faisant le service à tour de rôle par trimestre, près de la personne du roi. La plus ancienne était la compagnie écossaise, qui devait son établissement à Charles VII, en 1423. La première des compagnies françaises fut instituée en 1474 par Louis XI; elle comptait cent gentilshommes, appelés plus tard les *gentilshommes au bec de corbin.* La seconde compagnie française date de 1479, sous le même règne. Ce fut François Ier qui créa la troisième. Ces compagnies furent originairement de cent hommes chacune ; mais Louis XIV, à diverses reprises, en augmenta le personnel : chaque compagnie se composait de quatre cents hommes en 1676.

Pour être admis dans les Gardes-du-corps, il fallait être noble ou au moins appartenir à une famille riche. On exigeait aussi que le postulant fût d'un âge mûr, d'une taille élevée, bien fait de sa personne, d'un visage agréable et qu'il professât la religion catholique. Le capitaine de service était logé près de la chambre du roi, et devait, la nuit, garder les clés du château sous son chevet.

GARDES-FRANÇAISES. En 1563, Charles IX créa ce régiment pour faire partie de la Garde des rois. Son institution provoqua des résistances et causa du trouble dans l'infanterie ; mais sa fermeté et sa modération conjurèrent l'orage, et il fut conservé. A l'époque de son établissement, il se composait de dix compagnies, qui furent dans la suite portées à trente-trois.

On ne recevait aucun étranger dans ce corps ; les Alsaciens eux-mêmes en étaient exclus.

On sait quel rôle brillant les Gardes-françaises jouèrent lors de notre révolution de 1789, et comment elles contribuèrent à la prise de la Bastille.

GARDES MUNICIPALES. Ce sont celles qui ont pour charge spéciale de veiller au bon ordre et à la tranquillité des villes et des chemins publics. Dans l'ancienne monarchie, elles portaient les noms de *maréchaussée* et de *guet*. Avant la Révolution de 1789, on comptait trente-et-une compagnies de maréchaussée à cheval, dans les généralités et provinces du royaume. Il y avait en outre une compagnie du connétablie, des Gardes de la prévôté, etc., qui avaient des fonctions analogues. L'institution de la maréchaussée était due à Philippe Ier. Elle fut supprimée en 1060, et rétablie en mars 1720.

Après 1789, elle prit le nom de *gendarmerie*, et en 1830, à Paris, celui de *Garde municipale*.

GARDES PRÉTORIENNES. C'était le nom que l'on donnait aux Gardes des empereurs romains. Choisies d'abord par Scipion l'Africain, parmi les plus braves soldats de l'armée, et divisées ensuite par Auguste en plusieurs corps, elles étaient commandées par deux officiers généraux. Leur paie était double de celle des autres soldats, et leur nombre s'élevait à dix mille hommes, partagés en neuf ou dix cohortes. Les Gardes prétoriennes eurent beaucoup de part aux révolutions de l'empire ; c'était elles qui faisaient et défaisaient les empereurs.

GARDES-SUISSES. Depuis la première alliance de la France avec les cantons suisses, nos rois, en différentes occasions, prirent à leur service des compagnies de cette nation. Le corps des Gardes-suisses, créé en 1478 par Louis XI, fut définitivement constitué en 1616 sous le règne de Louis XIII, chaque compagnie était de cent hom-

mes. Dans la suite, il se composa de douze compagnies de deux cents hommes chacune.

Ce corps avait la liberté de conscience et la faculté d'administrer la justice dans son sein, suivant les lois de la Suisse.

La Garde suisse eut à diverses époques le triste avantage de manifester son dévouement à la personne des rois de France. Elle fut du petit nombre des troupes qui défendirent Louis XVI au 10 août ; elle fut alors presque entièrement détruite.

La Restauration rétablit les Gardes-suisses, qui eurent encore beaucoup à souffrir dans les journées de juillet 1830.

Indépendamment des régiments suisses, Louis XI avait institué une compagnie d'élite de la même nation, composée de cent hommes, et qui fut appelée dans l'origine *Gardes-du-corps*, et depuis, les *Cent-Suisses*.

Lorsque Louis XIV visitait une tranchée, il en faisait garder la tête par un détachement de cette troupe.

Les Cent-Suisses portaient des mousquets à l'armée, et des hallebardes quand ils étaient de service dans les châteaux royaux. Ils avaient deux uniformes, l'un pour l'armée, l'autre pour les jours de cérémonies : celui-ci était l'ancien costume national de la Suisse. Au commencement de la Restauration, on voulut leur rendre ce costume ; mais le ridicule en fit justice, et on y renonça presque aussitôt.　　　　　　　　　　　　B.-C.

GAUCHE. Un médecin qui fut libéral donne une explication toute physiologique de ces mots *Droite* et *Gauche*, qui servent à désigner les deux fractions parlementaires les plus opposées. Le côté droit du corps humain contient une plus grande masse de muscles que le côté Gauche ; mais, en revanche, c'est à Gauche que se trouve située la région du cœur. «C'est pour cela, dit-il, que dans nos luttes politiques, le parti qui se présente comme le plus éminemment patriotique ou libéral occupe la Gauche des Assemblées, tandis que le côté droit est préféré par les amis de l'autorité et du pouvoir monarchique.» — Quoi qu'il en soit de cette explication, il est certain que, depuis le commencement de la Révolution jusqu'à ces derniers temps, les hommes qui siégeaient sur les bancs de la Gauche se sont montrés les défenseurs vigilants du principe de la liberté, tandis qu'à l'extrémité opposée, les membres de la droite défendaient plus particulièrement le principe du pouvoir. Mais, depuis quelque temps, sans doute par un effet de cette anarchie intellectuelle et morale qui divise les esprits et les cœurs, ces anciennes divisions ont beaucoup perdu de leur valeur. Il y a sur les bancs de la droite aussi bien que sur ceux de la Gauche des zélateurs de la liberté, et il ne serait pas bien difficile de trouver dans le sein de la Gauche un assez grand nombre d'hommes qui sont plus préoccupés de se hisser au pouvoir que de sauvegarder les libertés publiques. — On appelle *Gauche dynastique* cette portion de l'ancienne opposition qui ne sépare point la dynastie d'Orléans de ses projets ultérieurs, et *Gauche puri-*

taine ou *extrême Gauche* les hommes pour lesquels l'existence de cette dynastie est très-secondaire.

GAULES. Avant la conquête de Jules-César, le territoire de la Gaule était compris entre la rive gauche du Rhin, le canal britannique, l'Océan, les Pyrénées, la mer Méditerranée, les Alpes et le Jura. Le nom de Gaule lui avait été donné par ses habitants, du mot celtique *wall* ou *gall*, forêts, parce que ce pays était presque entièrement couvert de bois. Cette circonstance influait sur la température, qui était beaucoup plus froide alors qu'aujourd'hui.

Les peuples qui couvraient la Gaule se divisaient en trois races : celle des Galls, pure de tout mélange ; celle des Gallo-Kimris, et celle des Kimris-Belges.

Les tribus galliques formaient trois grandes confédérations : 1° Les Arvernes, ou habitants des hautes terres, s'étendaient sur tout le grand plateau borné par la Loire, les Cévennes et la Garonne ; leur capitale était *Gergovie* (Clermont), et ils dominaient les *Helvii* (Vivarais), les *Velauni* (Velay), les *Gaballi* (Gévaudan), les *Ruthenii* (Rouergue), les *Cadurci* (Quercy), etc. 2° Les Eduens occupaient les vallées de la Saône et de la Haute-Loire ; ils avaient pour capitale *Bibracte* (Autun), et dominaient les *Ambarri* (Bresse), les *Segusii* (Forez), les *Mandubii* (Auxois), les *Bituriges* (Berry), etc. 3° Les Séquanes étaient établis entre le Jura, la Saône et le Rhône ; leur capitale était *Vesuntio* (Besançon). En dehors de ces trois confédérations, il y avait les Allobroges, dont le territoire était situé sur le versant occidental des Alpes et s'étendait jusqu'au Rhône, et les Helvètes qui habitaient entre le Haut-Rhin, le Jura et le Haut-Rhône. Ces deux puissantes tribus étaient indépendantes et ne voulaient entrer dans aucune ligue.

Les Gallo-Kimris avaient pour principale confédération celle des peuples Armoricains, entre Loire et Seine, et à la tête desquels étaient les *Vénètes* (Vannes). Sous sa domination s'étaient placés les *Andes* (Angers), les *Turons* (Tours), les *Carnutes* (Chartres), les *Senones* (Sens), les *Lingons* (Langres) ; et, à l'occasion, se ralliaient à cette ligue les peuples qui habitaient entre la Loire et la Garonne, tels que les *Pictones* (Poitou), les *Santones* (Saintonge), les *Lemovici* (Limousin), les *Petrocorii* (Périgord), etc.

Enfin les Kimris-Belges comprenaient les *Remi* (Reims), les *Suessiones* (Soissons), les *Bellovaci* (Beauvais), les *Ambiani* (Amiens), les *Atrebates* (Arras), les *Eburoni* (Liége), les *Nervii* (Mons), les *Treviri* (Trèves), etc.

Chacune de ces tribus avait son gouvernement particulier ; ici, la forme en était monarchique ; là, républicaine. Nulle part cependant les fonctions de *Rhey*, ou roi, ne passaient par héritage du père aux enfants. Comme les chefs des républiques, les rois étaient élus, et leur autorité était très limitée. En général, les diverses nations gauloises élisaient annuellement un magistrat qui avait pour mission de veiller aux intérêts de la République, et un chef militaire chargé de la défendre

contre toute agression étrangère. Les Eduens avaient un chef suprême appelé *Vergobret*, qui était investi de l'autorité la plus étendue, qui pouvait même disposer à son gré de la vie de ses sujets ; mais cette autorité ne durant qu'une année, il n'avait garde d'en abuser ; car rentrant, à l'expiration de sa charge, dans les rangs des simples citoyens, il n'aurait pas manqué d'être sévèrement puni. Le Vergobret désignait son successeur ; mais, s'il venait à mourir dans le cours de son exercice, le choix du nouveau Vergobret était dévolu aux prêtres. Nul membre de sa famille ne pouvait lui succéder, ni remplir de son vivant aucune fonction publique. Pour surcroît de précautions, les Eduens, de même que les autres nations gauloises, avaient placé, à côté de leur chef, comme surveillant, un sénat dont les pouvoirs consistaient à déclarer la guerre, à traiter de la paix, à délibérer les lois, à régler enfin tout ce qui pouvait intéresser la République. Ailleurs que parmi les Eduens, les sénats élisaient le premier magistrat.

Ce qu'on connaît des lois civiles des Gaulois se réduit à peu de chose. L'autorité paternelle n'avait point de limites. Un père pouvait disposer de ses enfants et même leur ôter la vie, sans avoir à en rendre compte à personne. La communauté de biens entre époux était de règle absolue. Primitivement, un Gaulois ne pouvait avoir qu'une femme ; plus tard, et notamment à l'époque de la conquête, la polygamie était permise. Les lois donnaient aux maris le droit de vie et de mort sur leurs femmes. Lorsqu'un homme marié venait à mourir, ses parents s'assemblaient, et, s'ils soupçonnaient que la mort du défunt pût être attribuée à sa femme, ils la faisaient appliquer à la question. Si des aveux donnaient la certitude de son crime, elle périssait par le feu.

Nous ne sommes guère mieux instruits de la religion primitive de nos pères ; on croit cependant qu'elle prescrivait l'adoration du soleil, de la lune, des étoiles, du tonnerre, des fleuves, des arbres, des pierres. Il est probable que, plus tard, à l'exemple des peuples voisins, les Gaulois personnifièrent les objets de ce culte grossier, et eurent des dieux qui équivalaient au Jupiter, au Mercure, à l'Hercule des Grecs et des Romains.

Environ six cents ans avant Jésus-Christ, les Kimris ou Cimbres, peuples nombreux qui habitaient la Crimée, firent irruption sur l'Europe septentrionale et occidentale, s'établirent successivement dans le vaste espace compris entre la Scandinavie (Suède) et les chaînes des Alpes et des Pyrénées, et y apportèrent la religion druidique. Les historiens romains, les seuls parmi les anciens qui aient écrit sur cette religion, ne nous ont transmis à cet égard que des renseignements vagues et incomplets. Mais l'*Edda* des Scandinaves, retrouvé dans le siècle dernier, peut répandre quelque lumière sur ce sujet, si, d'ailleurs, on tient compte des modifications qui peuvent résulter de la différence des langues et des mœurs.

Les druides, ministres de cette religion, étaient partagés en quatre classes principales. Les Druides proprement dits enseignaient la religion, la morale, les sciences naturelles, la littérature et les arts. Leur enseignement était une initiation. Les Bardes ou poètes sacrés chantaient les grandes actions des citoyens et les exploits des guerriers. Les Eubages sacrifiaient les victimes et prédisaient l'avenir. Les Causidices interprétaient les lois et prononçaient comme juges dans les affaires criminelles. Quiconque ne déférait point à leurs décisions était exclu de la participation aux sacrifices. C'était une peine très-grave : ceux qui en étaient frappés étaient mis au rang des impies et des scélérats ; tout le monde s'éloignait d'eux ; tout accès en justice leur était fermé. Les druides étaient dispensés du service militaire, et ne payaient aucun des tributs qui pesaient sur les autres Gaulois. Ils exerçaient sur l'esprit des peuples une haute influence ; ils étaient les véritables souverains du pays.

Lorsque les Romains se furent rendus maîtres de la Gaule, leur premier soin fut d'étouffer sa nationalité sous une organisation toute nouvelle. Les ligues qui avaient existé entre les différentes tribus furent dissoutes et la nation tout entière amenée à l'unité, au moyen d'une division systématique du territoire, qui forma quatre provinces : l'Aquitaine, la Belgique, la Lyonnaise, la Narbonnaise. Plus tard, le nombre des provinces fut porté à dix-sept. Les Gaules, les îles britanniques et l'Espagne furent placées sous l'autorité d'un préfet du prétoire, qui résidait à Trèves, et avait un vicaire dans chacune des grandes divisions de sa préfecture. Des recteurs, avec le titre de présidents ou de proconsuls, étaient à la tête de chacune des dix-sept provinces, et il y avait dans chaque cité des comtes qui présidaient à l'administration de la justice et aux affaires de police et de finances. A côté de ces fonctionnaires émanés du pouvoir impérial, il y avait dans les cent quinze cités des Gaules une magistrature populaire, sorte de sénat, qu'on appelait curies. Chargées d'abord de défendre les intérêts des villes, les Curiales finirent par être rendues solidaires du paiement des contributions et des levées de soldats. Alors, au lieu d'être briguées comme une distinction honorable, ces fonctions furent déclinées comme un intolérable impôt ; et il fallut employer la violence pour les faire accepter. «Ceux mêmes, dit un historien, qu'un jugement avait déclarés infâmes, ne pouvaient échapper à l'honneur de servir leur pays. »

Quelque tyrannique qu'ait été pour la Gaule la domination des Romains, elle lui fit cependant faire un pas immense vers la prépondérance dont elle a joui depuis lors. Elle passa en quatre siècles d'un état demi-barbare à une haute civilisation. L'agriculture, le commerce, l'industrie, les arts, les sciences, les lettres, y avaient rencontré une terre fertile ; et bientôt cette province n'eut rien à envier sous ces divers rapports à la métropole.
                              B.-C.

GAZETTE. Un livre publié dans ces derniers temps a prouvé que les journaux furent connus des Romains. De temps immémorial, les Gazettes

existent à la Chine, et tous les jours on y imprime, sous la direction de la cour, la *Gazette de l'Empire céleste*. Cet usage, qui a acquis aujourd'hui une si grande importance, fut introduit à Venise au commencement du dix-septième siècle, et les feuilles y reçurent le nom de Gazettes, parce que chaque exemplaire détaché valait une petite pièce de monnaie du pays appelée *Gazzetta*. C'est en 1631 que le médecin Renaudot établit parmi nous la première publication de ce genre sous le titre de *Gazette de Paris*. Cette feuille, qui prit plus tard le titre de *Gazette de France*, existe encore aujourd'hui. Les Gazettes littéraires ne datent que de 1665.

Comme tous les autres produits de la presse, les Gazettes ne voyaient le jour en France qu'en vertu de priviléges du roi et sous le bon plaisir de la censure. On peut juger dès-lors de quelle nature étaient les discussions politiques qui leur étaient permises. Dans le siècle dernier, au plus fort du mouvement philosophique qui emportait les esprits, des spéculateurs fondèrent en Hollande une Gazette, qui, à la faveur de l'indépendance dont jouissait la presse dans ce pays, traita avec une entière liberté toutes les questions à l'ordre du jour. Cette Gazette fut recherchée avec avidité. Mais le rédacteur ne sut pas toujours se contenir dans de justes bornes, et il arriva souvent qu'il ouvrit ses colonnes à des mensonges intéressés et à de noires calomnies ; ce qui attira le discrédit sur sa feuille et le mépris sur sa personne ; et, dès ce moment, le nom de *Gazetier* devint une sorte d'injure.

La Révolution de 1789 commença une ère nouvelle pour la presse périodique. Les faits qui s'y rattachent depuis cette époque seront traités à l'article JOURNAUX (V. ce mot).   **B.-C.**

GÉMONIES. Lieu où l'on suppliciait autrefois les malfaiteurs à Rome. C'était une espèce de puits placé au milieu de la ville et dans lequel on précipitait les victimes. On laissait ensuite pourrir leurs cadavres sur ses bords. Ainsi, on eut long-temps en France les fourches patibulaires où blanchissaient, pendus à des chaînes, les corps des suppliciés. A Rome, comme en France, la législation réforma plus tard cette pénalité barbare ; on sentit que l'exposition publique de cadavres livrés à la putréfaction était un opprobre pour l'humanité.

Le souvenir des anciennes Gémonies s'est perpétué dans le langage figuré. On s'est servi souvent de cette expression pour désigner la honte qui attend certaines réputations, certains noms, que l'équitable postérité traînera *aux Gémonies*.
                              V. M.

GENDARME, GENDARMERIE. Le mot Gendarme est très-vieux ; il désignait autrefois la partie armée de la nation (*gens armata*) ; on l'a appliqué ensuite à diverses compagnies militaires. Aujourd'hui, on appelle Gendarmes les individus, moitié soldats et moitié magistrats, qui composent la Gendarmerie.

La Gendarmerie a été instituée en 1791. Elle remplaçait l'ancienne maréchaussée. Les Gendarmes, dans l'origine, n'étaient justiciables que de la juridiction civile ; mais aujourd'hui, ils dépendent entièrement du ministère de la guerre, et sont soumis à la juridiction militaire. L'organisation de la gendarmerie a beaucoup varié. Aux termes de l'ordonnance de 1820, qui est actuellement en vigueur, elle se divise en légions, et les légions à leur tour se divisent en compagnies, lieutenances et brigades. Cette utile milice se recrute parmi les meilleurs sujets de l'armée. Les militaires ont souvent réclamé contre ce mode de recrutement, qui prive l'armée de ses hommes d'élite.

GÉNÉRAL. L'institution régulière des officiers-généraux date en France de Philippe-Auguste. Mais cette régularité était encore fort irrégulière ; il y avait des capitaines-généraux, des colonels-généraux, des lieutenants-généraux, des mestre-de-camp-généraux, des maréchaux-de-camp, etc. Au commencement de la Révolution, en 1793, à cette époque qui, aux yeux d'un trop grand nombre d'ignorants, passe encore pour le type de l'anarchie et du désordre, l'armée reçut cette belle organisation dont la forme subsiste encore aujourd'hui. Les officiers-généraux reçurent alors des dénominations correspondantes à leurs véritables fonctions. Ceux qui commandaient une brigade furent appelés généraux de brigade ; ceux qui commandaient une division, généraux de division. Ces dénominations furent conservées sous l'Empire ; mais elles disparurent à la Restauration. Les généraux de brigade reprirent alors le titre de maréchaux-de-camp ; les généraux de division, celui de lieutenants-généraux. Il n'y a rien eu de changé à cet égard à la chute de la Restauration (V. Ma-RÉCHAL).—Un écrivain moderne a tracé le tableau suivant des connaissances et des vertus que doit posséder un Général : Connaissance de soi-même, des hommes, de la nation, de ses subordonnés, de la nation qu'il doit combattre et des généraux ses adversaires ; — connaissance de l'art de la guerre, des langues, de l'histoire, de la géographie, de la physique, des mathématiques et du dessin, de la politique, de la législation et du droit public ; — les vertus civiques et morales à un degré éminent, la justice tempérée par l'humanité bienveillante, le courage allié à la prudence, la perspicacité des vues et l'activité de l'exécution, la bonne foi et la probité la plus désintéressée et la plus scrupuleuse.   E. D.

GÉNÉRALITÉ. On appelait ainsi, sous l'ancien régime, l'étendue de pays que comprenait la juridiction d'un bureau de finances et qui était soumise à l'administration d'un général des finances.

Les généraux des finances furent établis sous le règne du roi Jean. En accordant une aide extraordinaire, les états nommèrent neuf officiers chargés de surveiller la rentrée et l'emploi des deniers publics. Ce furent les premiers généraux des finances. Leur surveillance s'étendait à tout le royaume, sur tous les élus ou grénetiers qui, dans chaque province, faisaient rentrer les produits des aides et des gabelles. Ces généraux formaient la chambre des aides qui, plus tard, prit le nom de cour des aides.

Vers la fin du quatorzième siècle, le royaume fut divisé entre quatre généraux des finances. Ces quatre premières grandes divisions financières ou Généralités furent celles de Languedoc, de Languedoil, de Normandie et d'entre-Seine et Yonne. Les généraux avaient le droit de surveiller et de révoquer les officiers inférieurs et de juger les contestations qui s'élevaient entre les percepteurs et les redevables. Leurs fonctions étaient à-la-fois administratives et judiciaires.

Cette confusion cessa en 1388. A cette époque, deux des quatre généraux furent chargés des fonctions judiciaires ; les deux autres exercèrent les fonctions administratives.

Aucune division territoriale de la France ne subit un plus grand nombre de variations que sa division financière. Les Généralités furent souvent remaniées, étendues, supprimées. Sous François Ier, il y en eut seize. A l'époque de la Révolution, il y en avait vingt-neuf, dont les chef-lieux étaient : Aix, Amiens, Auch, Besançon, Bordeaux et Bayonne, Bourges, Châlons-sur-Marne, Dijon, Grenoble, La Rochelle, Lille, Limoges, Lyon, Metz, Montauban, Montpellier, Moulins, Nancy, Orléans, Paris, Perpignan, Poitiers, Rennes, Riom, Rouen, Caen et Alençon, Soissons, Strasbourg, Tours, Valenciennes.

La division de la France en Généralités la fractionnait en portions fort inégales. Cette division n'était point le résultat d'un système préconçu et bien arrêté. Le nombre des Généralités avait été augmenté successivement, plutôt pour fournir un prétexte à la création d'offices nouveaux que pour toute autre cause.

Aux receveurs généraux des finances on avait adjoint des officiers, sous le titre de trésoriers de France et d'intendants ou commissaires départis. La réunion du général, des trésoriers et de l'intendant constituait le bureau des finances. La somme imposée à chaque Généralité par le conseil était répartie par le bureau entre les élections ou sous-divisions financières soumises à des élus. L'intendant, accompagné d'un trésorier, se transportait dans chaque élection. Là, avec les élus qu'il désignait, il procédait à la sous-répartition de l'impôt entre les villes et paroisses. La répartition individuelle était faite par les collecteurs. (V. COLLECTEURS.)

GENTILHOMME, *gentis homo.* Ce mot désignait chez les Romains un Barbare, un homme que la possession d'un bénéfice militaire obligeait d'aller à la guerre. Ainsi, tout soldat barbare cantonné dans l'Empire était Gentilhomme. La qualification de Gentilhomme devint plus tard commune à tous ceux dont la guerre était l'unique occupation.

Au moyen-âge, tout soldat était noble et tout noble soldat.

GENTILLATRE, petit gentilhomme dont on fait peu de cas.

GÉRANT. L'obligation de présenter un Gérant spécialement responsable, est une des entraves opposées par la législation actuelle de la presse, à la libre publication des journaux politiques.

C'est la loi du 18 juillet 1828, promulguée sous le ministère Martignac, qui a remplacé par un Gérant l'éditeur-responsable créé par la loi du 9 juin 1819. Les lois antérieures soumettaient la publication des journaux à la nécessité de l'*autorisation* préalable ; la législation de 1819 a fait faire un pas vers la liberté en n'exigeant plus que la *déclaration*. Cette déclaration devait être fournie par le propriétaire ou l'éditeur-responsable ; elle devait être précédée du dépôt d'un cautionnement par le propriétaire du journal. Aucune condition particulière n'étant imposée à l'éditeur-responsable, il arriva que les journaux présentèrent des éditeurs dont toute la fonction consistait à subir les peines corporelles prononcées pour les délits commis par la voie des journaux. La loi de 1828 voulait créer une responsabilité plus sérieuse, et elle la fit porter sur un ou plusieurs Gérants qui durent être propriétaires d'une part dans l'entreprise, et d'une partie, au moins, du cautionnement intégralement déposé sous leur nom. La loi leur donnait en outre le droit d'user de la signature sociale, et elle exigeait que le nom du gérant-signataire de la feuille déposée pour minute au parquet du procureur du roi, fût imprimé au bas de tous les exemplaires du journal. La loi du 9 septembre 1835 a maintenu ce système ; et elle a de plus interdit au Gérant condamné, même pour une simple contravention, la faculté de signer le journal pendant toute la durée de la peine et de l'interdiction du droit civil.

Le but de la loi a été manqué, comme il était facile de le prévoir. Un journal, entreprise à-la-fois politique et industrielle fort importante, peut être fondé par une société soumise aux règles du Code de commerce. Une pareille société, soit en nom collectif, soit en commandite, est toujours gérée par un ou plusieurs hommes qui présentent à leurs associés des garanties de capacité et de moralité suffisantes pour qu'on leur confie la gestion d'intérêts graves. C'est à ces hommes, directeurs véritables du journal, que la loi aurait dû s'adresser pour frapper, en cas de délit, ceux qui sont réellement responsables. Or, ces hommes sont toujours, et suffisamment, désignés lors de la publication des actes de société exigée par le Code de commerce. Pourquoi la loi a-t-elle voulu donner à l'État, pour le cas où il deviendrait créancier par suite d'une condamnation, un débiteur spécial différent du débiteur des autres créanciers de la société ? On avait espéré obvier à cet inconvénient en déclarant (art. 5) que le gérant-responsable surveillerait et dirigerait par lui-même la rédaction du journal. Dans la plupart des journaux, au moins à Paris et dans les grandes villes, cette condition est facilement éludée au moyen d'un traité particulier entre les directeurs réels de la société et le Gérant légalement responsable. La fiction des anciens éditeurs-responsables continue ; il y a encore un homme qui dirige la rédaction et un autre qui subit la peine encourue pour les délits commis par cette rédaction. Seulement, il est plus difficile, aujourd'hui qu'auparavant, de trouver des éditeurs-responsables, parce qu'ils doivent être propriétaires, et que toute leur fortune personnelle est engagée dans la responsabilité ; et si leur part de cautionnement leur est prêtée par l'entreprise du journal, cette part est exposée au recours de leurs créanciers personnels.

Tout ce système est hostile à la liberté de la presse ; à cette liberté qui vit de sincérité, de publicité, de responsabilité réelle. Tant que les directeurs de journaux ne seront pas débarrassés de toute entrave, et sérieusement responsables des écrits publiés par eux, il n'y aura pas de liberté véritable.

Nous expliquerons au mot JOURNAL les conditions relatives au cautionnement fourni par les Gérants et leurs relations avec l'entreprise du journal.

H. C.

GIRONDINS. Aucun parti, dans aucune Assemblée représentative, ne peut être plus justement qualifié *parti d'alluvion* que le parti Girondin.

Si nous analysons les éléments divers qui le composaient, nous y trouverons les Girondins proprement dits, les Brissotins ou hommes d'État, les Rolandistes ou modérés, et les philosophes. Il est vrai que l'on emploie indifféremment telle ou telle de ces appellations pour désigner tout le parti ; mais c'est par métonymie : en réalité, Vergniaud, Brissot, Roland et Condorcet, unis dans un intérêt identique lorsqu'il s'est agi pour eux de combattre le parti de la Montagne, ne représentèrent, à la droite, ni des intérêts communs, ni de communes idées ; ralliés sous un même drapeau, ils ne portaient pas les mêmes couleurs.

Parmi les Girondins proprement dits ou députés de la Gironde, quelques-uns, comme Vergniaud et Gensonné, n'avaient pas désiré la déchéance de la monarchie, mais avaient accepté la République quand elle fut constituée. On sait qu'après les événements du 20 juin 1792, Gensonné fit tenir à Louis XVI une supplique dans laquelle il promettait à la royauté, menacée par les tendances révolutionnaires de l'extrême gauche, l'appui de l'opposition constitutionnelle, si, toutefois, la couronne voulait s'engager à ne pas violer elle-même la Constitution. Ces intrigues furent interrompues par le canon du 10 août. On sait encore que, dans cette journée, lorsque le roi, chassé des Tuileries, se réfugia dans l'enceinte de l'Assemblée législative, Vergniaud, qui occupait le fauteuil, dit au roi : « L'Assemblée nationale connaît tous ses devoirs ; elle regarde comme un des plus chers le maintien de *toutes les autorités constituées*. »

Nous n'hésitons pas à croire que ce royalisme ait été sincère ; nous avons d'ailleurs la preuve de cette sincérité dans la haine implacable vouée par Vergniaud et Gensonné aux principaux artisans de la Révolution du 10 août, haine féconde en scandales parlementaires, manifestée dès les premières séances de la Convention, et enfin châtiée par l'échafaud. Outre Vergniaud et Gensonné, il faut compter parmi les députés de la Gironde qui virent avec déplaisir l'avènement de la République, l'avocat Guadet, homme vain, intolérant, qui, par ses violences quotidiennes, exaspéra toutes les rancunes et compromit la majorité.

Grangeneuve et Boyer-Fonfrède furent peut-être les seuls républicains sans arrière-pensée qui représentèrent le département de la Gironde au côté droit de la Convention ; mais dominés par leurs collègues, qui leur étaient supérieurs par le talent, ils acceptèrent leurs passions querelleuses et la solidarité des entraves sans nombre suscitées par eux à la propagande révolutionnaire.

Les hommes d'État (cette qualification est de l'époque) siégeaient les uns au côté droit, les autres à la Plaine. Ce qui recommandait cette fraction du parti Girondin, c'était un vrai savoir, quelque pratique du gouvernement et une admiration vive pour la République américaine ; ce qui la déconsidéra promptement dans l'opinion, ce fut sa hauteur, ce furent ses prétentions mal justifiées à la direction suprême de toutes les affaires intérieures et extérieures. Dans un temps de calme, elle eût peut-être donné les plus sages conseils ; dans un temps de crise, elle ne put faire prévaloir sa politique incertaine, expectante : la République ne pouvait être sauvée par le calcul, mais par l'audace. Au reste, il s'en fallait bien que les hommes d'État fussent d'accord sur toutes les questions. Le plus éminent d'entre eux, Brissot de Warville, ou plutôt de Ouarville, avait le caractère entreprenant et entendait d'une façon toute particulière la politique extérieure de la France républicaine. Pour la plupart, ils s'inquiétaient moins de l'avenir du présent ; mis en possession du pouvoir par la Révolution, ils tenaient avant toutes choses à ne pas céder la place et affectaient un dédain souvent injurieux à l'égard de la minorité démocratique qui n'avait pas encore fait preuve de son aptitude aux affaires. Du dédain à l'égard de Robespierre, de Carnot, de Merlin, de Cambon !

Les Rolandistes ou modérés n'avaient ni chefs, ni mots d'ordre. On les appelait *Rolandistes* par dérision, parce que la plus forte tête du parti était madame Roland. Si l'on veut connaître les principes des modérés, on peut lire les ouvrages de cette femme bel esprit, ceux de Dussaulx, les discours de Salles, de Pontécoulant, de M. Daunou, et la vie de Pétion. Loyauté dans le but, timidité dans l'exécution, voilà le naturel de presque tous les modérés. Démocrates par le sentiment, bourgeois par les habitudes et trop peu volontaires pour dominer leur penchant au quiétisme, ils faisaient nombre dans le corps d'armée Girondin ; ils votaient non-seulement avec les accusateurs des massacres de septembre, mais ils prenaient peu de part aux combats quotidiens. Nous n'hésitons pas à dire que la France a de graves reproches à leur adresser. Si, moins aveuglés, moins dupes des pro-

fessions de foi méridionales déclamées par les avocats Girondins, ils n'avaient pas, dans les premiers mois de la session conventionnelle, accordé leurs suffrages aux motions contre-révolutionnaires de la droite, l'extrême gauche n'eût peut-être pas été réduite à la nécessité de s'appuyer sur la démocratie extra-parlementaire pour sauver la Révolution.

Il nous reste à parler de la fraction des philosophes. Condorcet en était l'inspirateur ; Rabaut Saint-Étienne, Kersaint et quelques autres en étaient les adhérents. Dans un des plus remarquables discours qu'il prononça vers la fin de sa carrière politique, Robespierre s'est vivement élevé contre les encyclopédistes, et leur a attribué le décri des principes éternels d'ordre et de légitimité. On ne pourrait dire que cette accusation ait été directement adressée par le socialiste de la Montagne aux philosophes voltairiens de l'ancienne droite ; mais, en rendant justice à la distinction de leur esprit, à la sincérité de leur propagande, on doit reconnaître que leurs tendances ont toujours été plutôt sceptiques et libérales que dogmatiques et révolutionnaires. Dans les premières séances de la Convention, ils pratiquèrent rigoureusement la suspension du jugement apodictique ; entre les deux partis, ils hésitèrent à choisir l'un ou l'autre et voulurent rester neutres. Mais certaines affinités latentes entraînèrent bientôt les sophistes dans le camp des rhéteurs.

Voilà les éléments du parti Girondin. Nous avons dit qu'entre ces coteries diverses, il n'y avait pas une idée commune. Nous devons cependant tenir compte d'un fait appréciable dans le bulletin des séances de la Convention : ce fait est que le mot *Peuple*, lorsqu'il est pris en bonne part, ne signifie, dans le langage de la droite, que les olygarques dont la souveraineté a été reconnue par la Constitution de 1791, et que, dans le langage de la gauche, il est employé dans une acception beaucoup plus étendue. Les vrais républicains du parti Girondin eussent voulu trancher à huis-clos les affaires de la Révolution, et ne compromettre la cause de la liberté par aucun des excès que devait fatalement amener le concours enthousiaste des masses plébéiennes. Mais ce concours était indispensable. Avec des discours, si sublimes qu'ils pussent être, avec des décrets, quelle qu'en fût la sagesse, la Convention n'eût pas garanti le territoire contre les armées du dehors, elle n'eût pas terrifié les conspirateurs du dedans. Or, où pouvait-elle trouver ailleurs dans le peuple, dans le vrai peuple du 20 juin et du 10 août, ce qui lui manquait pour écraser les ennemis de la patrie ?

Du 22 septembre 1792 au 31 mai 1793, il y eut guerre ouverte, au sein de la Convention, entre le parti qui voulait et celui qui ne voulait pas que la Révolution s'appuyât sur le peuple. Cette guerre fut terminée par l'intervention des sectionnaires de Paris, qui vinrent, à plusieurs reprises, demander la mise en jugement des députés qui les calomniaient. N'oublions pas de dire que l'initiative de la terreur exercée contre les opinions avant été prise par le parti Girondin lui-même ; que ce parti, comptant trop sur l'adhésion inconstante de la Plaine, avait non-seulement annoncé des projets de vengeance, mais avait assigné devant un tribunal exceptionnel les plus énergiques patriotes du forum, mais avait fait prononcer dans les rues de Paris, par des bandes armées, des imprécations, des paroles de mort, contre les révolutionnaires de l'extrême gauche.

Le 2 juin, vingt-neuf députés de la Gironde furent décrétés d'accusation. Quelques-uns prirent la fuite ; le plus grand nombre fut incarcéré. A ces derniers la loi fut appliquée ; ils avaient prévu la condamnation, ils subirent le supplice avec un courage qui, plus que toute autre cause, a rendu leur nom célèbre.

Parmi ceux qui échappèrent au tribunal révolutionnaire par une fuite précipitée, nous devons citer Guadet, Buzot, Barbaroux, Pétion, Louvet et Lasource. Ils se retirèrent dans les départements de l'Eure et du Calvados, où ils avaient de longue main dressé les cadres d'une armée insurrectionnelle. C'est ici l'occasion d'examiner si l'accusation de fédéralisme, portée contre les Girondins a la valeur d'un fait historique.

Dès les premiers jours de la Révolution, l'extrême gauche avait proclamé la prépondérance morale de Paris sur toute la France ; elle avait en outre émis en principe qu'il importait avant tout au salut de l'État que Paris fût sauvé, que Paris demeurât le siége du pouvoir central, et, comme on disait alors : « La place forte de la République. » L'outrecuidance des députés de la Gironde se révolta contre ce principe. Guadet, le plus imprudent, le plus indiscret des membres du parti, proposa quelques semaines avant les événements du 31 mai que le siége de la Convention fût transporté à Versailles ; on a souvent cité la phrase déclamatoire dans laquelle Isnard annonçait que Paris serait châtié par la ruine, si la plus légère atteinte était portée à l'inviolabilité des membres de l'Assemblée nationale. Les preuves ne manquent pas pour démontrer que, suivant le parti Girondin, il fallait, même durant la crise révolutionnaire, ne laisser à la capitale que peu ou point d'influence sur les destinées de l'État. Mais entre cette opinion, si mal raisonnée qu'elle fût, et un plan de République fédérative, plan conçu à l'avance et d'une exécution préméditée, il y a certes une grave distinction à établir. Les Girondins furent toujours soupçonnés, non sans raison, de tenir peu à l'indivisibilité de la République ; mais l'épithète de fédéralistes ne leur fut justement appliquée qu'après le 31 mai. On vit alors ceux d'entre eux qui avaient pris la fuite prêcher ouvertement l'insurrection départementale, courir dans les villes, dans les campagnes, ameutant contre les autorités, contre le despotisme de Paris, toutes les passions contre-révolutionnaires, s'allier (cela fut le comble de leur criminelle démence) avec les chefs vendéens, et marcher contre la Convention, à la tête d'une armée qui était moins républicaine que royaliste. Buzot, Salles, Pétion, Barbaroux, Lasource, Isnard étaient les meneurs de cet odieux complot : l'exécution en fut hautement annoncée par une proclamation du général Wimpfen. Mais l'espoir des conjurés était chimérique, et à la première rencontre, leurs bandes furent dispersées par les troupes de la Convention.

On a souvent présenté les Girondins comme de nobles victimes. Nous n'hésitons pas à reconnaître que, si la nécessité commanda les sévices qui furent exercées contre eux, l'échafaud vit tomber d'illustres têtes. Mais qu'il nous soit permis de condamner les idées fausses, de flétrir les mauvaises passions du parti. Ces idées, nous en avons énoncé quelques-unes dans cette courte notice ; ces passions, nous avons dit quelles représailles elles provoquèrent. Il nous reste à rappeler le rôle joué, après l'affaire du 9 thermidor, par ceux des Girondins qu'avait épargnés un oubli volontaire. Réintégrés sur leur siége dans la Convention, ils n'y signalèrent leur retour que par d'infâmes vengeances. Le farouche Isnard, envoyé en mission dans le Midi, ne s'y employa qu'a soulever les populations contre les prétendus *Robespierristes*. On l'entendit adresser à des bandes d'égorgeurs ces paroles que l'histoire a conservées : « Si vous n'avez pas d'armes, fouillez dans le sein de la terre, cherchez les ossements de vos pères, et courez sur leurs assassins. » De tous les Girondins réhabilités, Lanjuinais fut le seul, peut-être, qui ne s'associa pas aux sanglantes représailles de la réaction.   B. HAURÉAU.

GLÈBE. Expression féodale qui signifiait un fonds de terre auquel les serfs de main-morte étaient tellement attachés, qu'ils ne pouvaient transporter leur domicile ailleurs sans la permission du seigneur sous l'autorité duquel la violence et la force les avaient placés.

Il y avait deux espèces de serfs de main-morte. Tous étaient attachés au sol (*adscripti seu Glebœ addicti*). Cependant, on distinguait entre ceux qui l'étaient par la naissance et ceux qui ne l'étaient qu'accidentellement, en raison de la Glèbe qu'ils possédaient. Ces derniers pouvaient devenir libres en abandonnant leur héritage ; les autres pouvaient être poursuivis partout pour le paiement de la taille qu'ils devaient au seigneur, et on les appelait pour ce motif *gens de poursuite*. (V. MAIN-MORTE.)

GONFALONIER. Un capitulaire de Charles-le-Chauve donne le nom de Gonfalonier à l'officier qui portait la bannière des églises appelée *Gonfanum*. On donnait encore ce titre à quelques chefs de républiques d'Italie.

GOUVERNEMENT. « Pour vivre seul, dit Aristote, il faut être un Dieu ou une bête féroce. » De là résulte logiquement cette conséquence que l'homme est un animal social, et qu'il ne peut exister autrement qu'en société.

Seul, au milieu de l'univers, monstre inconnu et d'une incommensurable faiblesse, l'homme ne vivrait pas un seul instant ; jouet impuissant des caprices de la nature, le moment de la création serait pour lui le moment de la fin.

Il est donc vrai de dire, comme on l'a déjà dit dans ce livre, qu'il n'y a pas de contrat social dans le sens rigoureux du mot; car, encore une fois, il ne dépend point de l'homme de vivre ou de ne vivre pas en société. La société pour l'homme est un état forcé. Et c'est du reste ce qu'ont établi, depuis bien des siècles, un grand nombre d'anciens auteurs qui ont défini l'homme un animal fait pour la société civile, naturellement propre à la société civile.

Mais s'il est vrai que le principe de la vie soit en dehors de l'homme, s'il est vrai qu'il ne soit point loisible à l'être humain de ne recevoir pas la vie, ou quand il l'a reçue de la prolonger à son gré, il est vrai aussi, il est incontestable, qu'il possède virtuellement, personnellement, naturellement la faculté de régler les conditions de son existence.

Or, il en est du principe social comme du principe vital; le principe social est la vie morale des peuples; l'homme n'est donc pas libre de vivre seul; mais si l'état de société est pour lui un état nécessaire, il n'est pas moins vrai qu'il a le droit essentiel, personnel, naturel de régler souverainement les conditions de l'association.

Donc, s'il est vrai de dire que la *société humaine* est un fait naturel, primitif, et qu'elle ne dérive point d'un contrat librement consenti, il n'est pas moins vrai de dire que toute *société civile* repose sur un contrat positif.

Il n'y a donc pas, si l'on veut, contrat social, mais il y a partout contrat civil, contrat politique.

Ce contrat est la loi fondamentale qui régit le corps politique.

Le Gouvernement est le mobile qui met en action cette loi fondamentale.

La fonction, le but du Gouvernement, c'est d'appliquer au bonheur de tous, à l'avantage de tous, cette loi fondamentale, ce pacte originel qui est l'expression légitime et réelle des besoins de tous, de la volonté de tous.

De là suit encore forcément cette conséquence que le Gouvernement est le délégué de la société.

Maintenant quelle est la forme légitime de cette délégation?

Il est certain que le peuple étant souverain, peut se donner la forme de Gouvernement qui lui plaît; qu'il peut se soumettre à la direction d'un prince; qu'il peut confier à quelques-uns la gestion de ses intérêts; et, enfin, qu'il peut, s'il le veut, se gouverner lui-même par l'intermédiaire d'agents élus, temporaires et responsables : il est certain, en un mot, qu'il peut, selon sa volonté, instituer, ou une monarchie, ou bien une aristocratie, ou bien encore une république.

Mais, si les déductions qui précèdent sont exactes, il est clair que chacune de ces formes de Gouvernement cesse d'être légitime au moment même où elle cesse de dépendre directement de la volonté générale. Ainsi, le principe du Gouvernement, c'est la volonté générale; le but du Gouvernement, c'est le bonheur général. La meilleure forme de Gouvernement sera donc celle qui résumera cette double condition d'émaner de la souveraineté du peuple et d'assurer le bonheur du peuple.

Voilà le droit; cherchons l'application.

Il y a eu dans les *temps anciens*, il y a de nos jours différentes sortes de Gouvernement. Ici, la monarchie; là, le pouvoir aristocratique; plus loin, le Gouvernement populaire. Et ces diverses formes de Gouvernement se subdivisent en une infinité de combinaisons diverses. Depuis le prince africain qui dispose librement de la vie de ses sujets, jusqu'au monarque européen dont la puissance est contenue dans des bornes plus ou moins étroites; depuis le cacique sauvage qui gouverne sa tribu, par cela seul qu'il est vieux, jusqu'au magistrat républicain de la Suisse dont les pouvoirs émanent des suffrages du peuple, nous voyons les combinaisons organiques varier à l'infini.

Où est la vérité? où est l'erreur?

Les partisans du Gouvernement monarchique prétendent que le pouvoir social est essentiellement répressif, qu'il a pour but essentiel de réprimer les mauvais penchants de l'homme et de mettre à couvert des injures de leurs semblables tous les membres de la Société. Il faut donc, suivant eux, qu'il y ait au-dessus du peuple un pouvoir vigoureux, énergique, doué à-la-fois d'intelligence et de force; d'intelligence, pour veiller aux besoins communs; de force, pour faire rentrer d'autorité dans le devoir ceux qui s'en écartent.

Mais ce n'est là évidemment qu'une petite portion des attributions du Gouvernement. Le Gouvernement n'est pas seulement un sergent-de-ville; c'est un être moral, intelligent et actif, qui a pour mission de moraliser, d'instruire et de guider la Société.

A côté d'avantages réels, le Gouvernement monarchique a des inconvénients qui ne lui permettent point d'accomplir cette mission si compliquée. Tout Gouvernement monarchique repose logiquement sur le principe héréditaire; or, comme le remarque très-bien Rousseau, c'est un mot très-sensé que celui du jeune Denys à qui son père, en lui reprochant une action honteuse, disait : « T'en ai-je donné l'exemple », et qui répondit : « Votre père n'était pas roi. » Tout concourt, ajoute Rousseau, à priver de justice et de raison un homme élevé pour commander aux autres, et il est vrai, en fait, comme il le dit encore, que pour qu'un état monarchique fût bien gouverné, il faudrait que sa grandeur ou son étendue fût mesurée aux facultés de celui qui gouverne. On dit à la vérité que le principe monarchique est un principe d'ordre et de stabilité, et que l'hérédité est préférable aux périls de l'élection. Mais on oublie les régences; on oublie les usurpations. N'essayons pas de suivre des yeux les traces de sang, et de compter les débris qui se voient à chaque pas dans l'histoire des monarchies : regardons le présent. En Portugal, en Espagne, une jeune femme et une jeune fille règnent en vertu d'une double usurpation; en France, une dynastie a remplacé violemment une autre dynastie, en Russie, en Allemagne, en Italie, toutes les royautés se sont établies et se maintiennent par la violence. L'Europe, presque tout entière, est gouvernée monarchiquement, et l'Europe est chaque jour menacée ou bouleversée par des révolutions.

C'est pour cela qu'aujourd'hui encore un certain nombre d'esprits penchent pour les institutions aristocratiques. On cite en exemple Venise et l'Angleterre, pour prouver l'excellence de ces sortes d'institutions. Nous dirons seulement que l'état actuel des sociétés européennes est incompatible avec une semblable forme de Gouvernement: l'Europe entière tend avec énergie vers l'égalité, et l'aristocratie est encore plus que la monarchie hostile à l'égalité.

Reste le Gouvernement démocratique.

« S'il y avait un peuple de Dieux, a dit Rousseau, il se gouvernerait démocratiquement. Un Gouvernement si parfait ne convient pas à des hommes. » Et l'on s'est armé contre la démocratie de cet aphorisme. On a eu tort. Ce qui résulte des paroles de Rousseau, le voici : la forme démocratique ne convient qu'à des êtres égaux. Or, comme dans le passé et dans le présent l'inégalité a été le lot de l'humanité, la forme démocratique ne convient qu'à des Dieux, les seuls êtres que notre esprit conçoive comme parfaitement égaux. Si Rousseau avait pu voir dans l'avenir une nation composée de citoyens et non pas de sujets, il n'aurait certainement pas rejeté le Gouvernement démocratique dans le monde des abstractions.

Et, en effet, Rousseau avait un vif sentiment du besoin de l'autorité; il sentait également qu'une certaine dose de liberté est nécessaire. Or, il n'y a que le gouvernement démocratique qui puisse concilier dans le droit et dans le fait l'autorité et la liberté. Où le peuple est réellement souverain, cesse la vieille lutte de l'Empereur et du Pape.

Mais comme on a trouvé dans chacune de ces formes de Gouvernement prise à part beaucoup d'inconvénients à côté d'un petit nombre d'avantages, on a eu l'idée de les combiner et de faire simultanément une part au pouvoir monarchique, une part à l'aristocratie, une autre part au peuple. Telle fut la pensée des législateurs de Sparte et de Rome, pensée que Machiavel, Montesquieu et tous les publicistes à la suite exaltent à l'envi. Mais ils négligent un point de vue essentiel ; ils oublient que la combinaison des trois pouvoirs est sortie de circonstances sociales et politiques tout-à-fait différentes de celles qui se rencontrent dans les Sociétés modernes. Là où se trouve quelque famille puissante au-dessus d'autres familles puissantes aussi et qui dominent la masse du peuple, cette division du pouvoir se conçoit. Mais dans les sociétés modernes où le peuple, augmenté de toutes les races qui jadis étaient esclaves, dépasse en nombre, en force et en richesses collectives toutes les autres fractions sociales, une telle division est souverainement illogique et absurde.

Dès-lors, il n'y a de logique, et tous les esprits tendent aujourd'hui à cette conclusion, que deux espèces de Gouvernement : les Gouvernements de droit divin et les Gouvernements issus de la volonté du peuple. Or, la volonté divine n'existe pour l'homme qu'après qu'elle s'est manifestée ; et elle n'a qu'un moyen de se révéler à l'intel

ligence humaine : le consentement commun, la voix du peuple ; *vox populi, vox Dei*.   E. D.

GOUVERNEMENT PROVISOIRE. (V. PROVISOIRE.)

GOUVERNEMENT RÉVOLUTIONNAIRE. (V. RÉVOLUTIONNAIRE.)

GRACE. Nous avons expliqué comment l'amnistie diffère de la Grâce, qui est la remise faite au coupable de tout ou partie des peines corporelles auxquelles il a été condamné en raison d'une infraction quelconque (V. AMNISTIE.)

Le Droit de Grâce est une attribution politique de la plus haute importance. La charte le donne au roi, qui l'exerçait aussi sous l'ancienne monarchie. Dans un gouvernement démocratique, il doit appartenir au pouvoir exécutif. Mais il ne doit plus être considéré comme une simple faculté laissée à un homme pour manifester sa clémence, ou comme un moyen d'ordre à l'usage des directeurs de prisons. L'exercice du Droit de Grâce et de commutation doit être réglé par la loi ; car il est le principe d'où peuvent sortir, dans un bon système pénitentiaire, les moyens de rendre le repentir efficace pour le criminel et pour la Société.
                           H. C.

GRAINS. On comprend sous le nom générique de Grains ou de céréales les fruits qui produisent le froment, le seigle, l'orge, l'avoine. Le maïs, le sarrazin, le riz, etc., sont aussi quelquefois désignés sous cette dénomination.

Les Grains fournissent à l'homme les aliments dont la consommation est la plus générale et la plus considérable. L'abondance ou la disette de Grains ont toujours compté au nombre des événements politiques, et la plupart des gouvernements ont fait des lois sur la culture ou le commerce des céréales.

Avant d'être l'objet des préoccupations du législateur, les Grains ont occupé l'opinion publique ; ils ont fait le sujet d'un nombre infini de discours, et nous doutons que la vie entière d'un homme suffit à lire les écrits auxquels la culture et le commerce des Grains ont donné lieu. En général, les auteurs qui ont traité ces matières se sont livrés à la fougue de leur imagination, et ils ont commis d'étranges écarts ; ils ont émis les théories les plus extravagantes et abusé de toutes les données de la statistique, de telle sorte qu'on ne doit affirmer un fait relatif à la culture ou au commerce des céréales qu'avec une extrême réserve. Essayons cependant de poser quelques principes.

Le prix de toute marchandise a deux termes, l'offre et la demande. L'offre dépend habituellement de la production, la demande de la consommation.

La production des objets que fabrique l'industrie est à-peu-près fixe : une usine d'une force donnée confectionne presque constamment la même quantité de produits. Lorsque les frais de production s'abaissent par l'introduction de procédés nouveaux, cette altération des prix a un caractère permanent. La consommation, au contraire, est inconstante ; elle se règle tantôt sur les caprices de la mode, tantôt sur l'importance des débouchés que les événements politiques peuvent ouvrir ou fermer. Des deux termes qui concourent à former le prix des objets manufacturés, la production est l'élément fixe ; la consommation, l'élément variable.

Lorsqu'il s'agit des Grains, au contraire, la consommation est l'élément fixe : c'est de l'inégalité de la production que viennent la plupart des variations dans les prix. Ainsi il s'en faut de beaucoup que la même quantité de terre cultivée par les mêmes hommes, suivant les mêmes méthodes, donne une quantité de produits toujours égale. Mais la consommation des céréales est à-peu-près invariable : elle n'augmente guère lorsque le prix des Grains baisse, et elle diminue peu lorsque ce prix s'élève, parce qu'elle a pour cause le besoin le plus impérieux et en même temps le plus limité, et non la fantaisie de l'homme.

Il résulte de là que le prix des Grains n'a point de rapports fixes, connus, avec la production. Un économiste anglais prétend qu'un déficit d'un dixième dans la récolte produit une augmentation de prix de trois dixièmes ; que deux dixièmes de déficit correspondent à une augmentation de huit dixièmes ; et qu'un déficit de trois dixièmes correspond à une augmentation de seize dixièmes. L'expérience a confirmé, autant qu'il est possible de l'apprécier, ce calcul déjà assez ancien.

On sent, en effet, que tout autre besoin cessant en présence de la faim, chacun emploie à se procurer du pain toutes ses ressources plutôt que d'en manquer. Il suit de là que les variations dans le prix des Grains dépendent beaucoup des moyens pécuniaires des classes inférieures. Dans les pays où le pauvre ne gagne dans les années ordinaires que ce qui lui est strictement nécessaire pour vivre, il meurt de faim ou par l'effet de la mauvaise nourriture, dès que le prix des Grains s'élève à un certain taux. Ce prix ne doit pas s'élever si haut que dans les pays où le gouvernement et les aumônes des riches viennent au secours du pauvre. Plus la richesse est également répartie, plus le prix des Grains s'élève, lorsque la récolte est insuffisante.

L'abondance ou la disette des Grains est indépendante de la volonté de l'homme ; l'influence des saisons domine toutes les autres, et il est impossible de la combattre par des dispositions législatives.

Il s'est rencontré cependant des économistes, et en grand nombre, qui ont méconnu cette vérité, triviale tant elle est évidente, et qui ont demandé au législateur de régulariser le prix des céréales par des lois. C'était demander l'impossible : aussi a-t-on vainement employé en France, et surtout en Angleterre, des moyens artificiels de toute sorte, tantôt pour élever, tantôt pour abaisser le prix des Grains. Les deux pays ont quelquefois suivi deux systèmes de législation contraires, et le résultat était le même.

Les alternatives d'abondance et de disette ou de famine ont toujours affligé les populations. Si la disette et la famine font souffrir le pauvre et le tuent, l'abondance ruine quelquefois le fermier et le grand propriétaire, surtout dans les pays de grande culture. L'intérêt du fermier se trouve, en ce cas, contraire à celui de la masse de la population. De même que, dans les années de disette, le prix des Grains s'élève hors de toute proportion avec le déficit, dans les années d'abondance, un léger excédant suffit pour causer une baisse considérable. Les frais de culture cependant ne varient pas : l'abondance ne les couvre pas ; la disette produit des bénéfices. C'est ce que Quesnay avait fort bien compris, et ce que des nombreuses enquêtes n'ont pas encore fait comprendre à tous les économistes anglais.

Dans les pays de petite culture, l'abondance enrichit l'agriculteur au lieu de le ruiner, parce qu'il consomme plus de Grains qu'il n'en vend.

Toutes les lois relatives aux céréales ont eu pour but de rendre le prix des Grains aussi uniforme que possible. D'après la législation actuelle, l'importation n'est permise, dans les années d'abondance, qu'au prix d'un droit fort élevé. Lorsque le prix du blé s'élève au-dessus d'un certain taux, les droits qui frappent l'importation s'abaissent jusqu'à une entière franchise. Le commerce des Grains dans l'intérieur de la France est libre, depuis 1789, des entraves qu'avait établies l'ancien régime. Les accaparements font l'objet de dispositions pénales, et le commerce des Grains est interdit à ceux qui sont assez puissants pour accaparer en grand. Il est difficile d'ajouter des lois nouvelles utiles à celles qui existent déjà sur ce sujet. Mais si le prix des Grains a peu varié depuis que cette législation a été complétée, ce n'est pas à elle qu'il faut en faire honneur.

Il serait peut-être possible d'abaisser le prix des Grains d'une manière permanente, en diminuant les charges qui pèsent sur l'agriculture, en lui donnant le moyen de payer moins cher le loyer des capitaux qu'elle emploie. Mais, si l'on s'en rapporte à Malthus, dont les théories, souvent attaquées, n'ont pas été détruites, la population augmenterait à mesure que le prix des subsistances s'abaisserait, et les souffrances qu'inflige la disette resteraient les mêmes. Dans ce cas, il serait encore bon de réduire les frais de production des céréales ; car un accroissement de la population est un accroissement de force productive en temps de paix, de force offensive et défensive en temps de guerre.   C.-S.

GRAND CAPITAINE. « Résolution simple et qui décela non pas le Grand Capitaine, mais le grand homme, » dit un célèbre historien contemporain, en parlant d'un coup de génie du général Bonaparte en Italie. Cette antithèse est spécieuse, mais elle n'est que spécieuse. On n'est un Grand Capitaine qu'à la condition d'être un grand homme. Bien des guerriers ont montré un talent de premier ordre sur le champ de bataille que la postérité n'a point classés parmi les Grands Capitaines. L'homme qui, après avoir défendu et sauvé son pays, est appelé à le gouverner et le gouverne justement ; qui montre dans les conseils de la nation la prudence et la fermeté dont il a fait preuve parmi les hasards de la guerre ; qui sait entretenir l'esprit militaire en le conciliant avec le respect de la liberté ; qui assujettit les soldats à la discipline la plus sévère sans détruire en eux le sentiment de la dignité humaine : voilà vraiment le Grand Capitaine ; voilà les grandes physionomies que la postérité charge de toute la gloire de leur époque.

Ces hautes individualités sont rares ; c'est à peine si l'on en rencontre quelques-unes, de loin en loin, à travers les âges ; et cela n'a rien qui doive étonner. L'art de la guerre, dans ses combinaisons multiples et pressantes, exige en effet une supériorité de génie dont la Providence doit nécessairement être avare. Placez un homme qui a reçu le génie des arts ou celui des lettres dans telle condition que ce soit, il lui sera difficile, peut-être, de percer la foule et d'atteindre la renommée ; mais il y parviendra certainement tôt ou tard ; si ce n'est aujourd'hui, demain. Mais il n'en est pas ainsi de l'homme de guerre ; il faut, sous peine de n'être rien, qu'il vienne à l'heure du siècle. Que Bonaparte paraisse dans le monde cent ans plus tôt, et le vainqueur d'Austerlitz, le chef du grand empire, ne sera plus qu'un officier subalterne, grondeur et mécontent. Supprimez la Révolution française : vos maréchaux plébéiens feront de médiocres avocats ou d'estimables cultivateurs.

Quand l'inspiration fait défaut à l'artiste, il quitte sa palette et attend le dieu. Mais à l'homme de guerre il le faut du génie à jour fixe ; qu'il hésite un seul instant, et l'occasion a disparu, et, avec l'occasion, le Grand Capitaine. Et combien il est difficile de marcher toujours d'un pas ferme sous la pensée de quelque désastre possible et d'une responsabilité formidable ! Pour moi, je suis convaincu que le sort des journées qui ont eu les résultats les plus terribles n'a tenu qu'à peu de chose. Peut-être, par exemple, le sentiment des destinées qui se liaient à la bataille de Waterloo a-t-il seul empêché le génie indécis de l'empereur de fixer la victoire.

Il serait plus court d'énumérer les qualités et les connaissances dont un Capitaine n'a pas besoin que de dire celles qui lui sont indispensables. Les qualités physiques et morales et les connaissances positives que doit posséder un chef d'armée sont tellement nombreuses et variées qu'elles ne se sont peut-être jamais trouvées réunies dans un seul individu. Un aspect noble, propre à inspirer le respect aux soldats ; de la santé, sans laquelle point d'activité ; une vue parfaite ; telles sont les conditions physiques principales. Viennent ensuite les qualités morales et intellectuelles : l'amour de la patrie, la soif de la vraie gloire, la justice, l'intégrité, le courage à affronter le blâme non mérité, la clairvoyance, la persévérance, la connaissance des moindres détails des quatre armes ; savoir : l'infanterie, la cavalerie, l'artillerie, le génie ; l'administration, la tactique, la stratégie, la géographie, l'histoire, l'art d'écrire et de parler ; une connaissance approfondie du cœur humain, des

notions étendues sur les peuples et les armées ennemis ; et cependant, même avec toutes ces qualités réunies, un homme de guerre n'est point encore un Grand Capitaine ; il faut en outre qu'il ait reçu de Dieu le feu sacré, le génie.

Quelques exemples préciseront mieux notre pensée.

Xénophon fut un Grand Capitaine. Mais aussi de combien de philosophie, de combien de lumières, de quelle fermeté de cœur et d'esprit n'eût-il pas besoin pour exécuter une retraite de six cents lieues dans un pays mal connu, sur un terrain inégal et coupé par de grands fleuves, environné de populations acharnées à sa ruine, et poursuivi par des forces bien supérieures ! De combien d'éloquence et d'adresse n'eût-il pas besoin pour maintenir l'ordre et la discipline parmi des troupes composées de peuples divers, et dont le caractère se pliait difficilement à l'obéissance !

Epaminondas a un mérite de premier ordre. En butte à la jalousie de ses obscurs concitoyens, il eut l'immense gloire de retremper leur cœur et de vaincre deux fois en bataille rangée les invincibles Spartiates.

Roi et Capitaine à-la-fois, Philippe établit parmi les Macédoniens une discipline ignorée avant lui. Il inventa un ordre régulier et nouveau dans la guerre.

Peu d'hommes seraient plus grands que lui dans l'histoire sans le voisinage de son fils, Alexandre. Celui-ci a laissé dans le doute si la haute philosophie et la connaissance de l'homme surpassaient en lui le grand cœur et les vertus militaires. Supérieur à tous les autres Capitaines, il ne lui manqua, pour mettre le sceau à sa gloire, qu'un adversaire digne de lui.

Le héros carthaginois est tellement grand, neuf et varié dans ses entreprises, qu'il ne ressemble à aucun autre. Abandonné par ses concitoyens à son propre génie, il sut créer une armée composée des peuples les plus divers et les soumettre tous à l'ordre et à la discipline, en ne leur donnant pour patrie que ses tentes. Les délices de Capoue ne sont qu'une vulgaire calomnie. S'il ne subjugua point Rome, c'est parce qu'elle était défendue par tout ce que l'on connut jamais de vertus civiques et guerrières. Jamais il ne fut plus sublime que la veille de Zama. Là, ses nombreux, ses immortels trophées ne l'éblouirent point ; ils ne lui fermèrent point les yeux sur le changement de sa fortune ; et l'amour de la patrie lui apprit à ne point dédaigner d'implorer la paix en présence d'adversaires tant de fois vaincus.

Bientôt apparut César qui obscurcit les hauts faits de Marcellus, de Marius et de Sylla, du Sabin Sertorius et de Pompée lui-même. Général, écrivain, orateur, politique, habile à se concilier les cœurs et à dominer les esprits, imployable devant la mauvaise fortune et grand devant toutes les grandeurs, César est le modèle des Capitaines.

Sous l'invasion des Barbares, l'art militaire disparaît ; il n'y eut pas un grand Capitaine parmi tous ces chefs de bandes qui inondèrent l'Europe.

Gustave-Adolphe s'est fait une belle place parmi les premiers capitaines, pour avoir retrouvé leur de combattre régulièrement et appliqué victorieusement, sur les champs de bataille, ses belliqueuses théories.

La témérité inconsidérée de Charles XII le place bien au-dessous de son prudent adversaire.

Si Cromwell eût fait la guerre hors de son île, je crois qu'il eût conquis une place parmi les Grands Capitaines. Il avait, à un haut degré, toutes les qualités nécessaires pour cela : aussi hardi que prudent, la nature lui avait départi une irrésistible autorité personnelle.

Frédéric II se servit avec habileté des innovations de Gustave-Adolphe ; il sut, à l'exemple d'Annibal, employer utilement des vagabonds de diverses contrées. S'il eût donné à la Prusse des institutions vigoureuses, la victoire n'aurait pas abandonné, après sa mort, les enseignes prussiennes, et la postérité ne lui contesterait pas le nom de Grand.

Enfin, au milieu des guerres de la République française, déjà illustre par de nombreuses victoires, surgit le jeune Bonaparte. Général et consul de la République, chacun sait par quelle puissance de génie il se manifesta tout d'abord. Mais, parvenu au trône impérial, sa gloire de Capitaine s'accroît-elle en proportion de sa fortune ? Non. Les victoires d'Austerlitz, de Wagram et de Friedland, considérées isolément, n'ont rien d'extraordinaire. Habitué comme il l'était à des guerres continuelles, surpasse-t-il ses ennemis dans la supériorité des ordonnances militaires, ou dans l'administration et l'institution de ses nombreuses armées ? Se fait-il aimer de ses alliés ? Gagne-t-il au moins le cœur de ses frères eux-mêmes et de ses compagnons d'armes, auxquels il distribue des couronnes royales ? Se montre-t-il enfin complètement digne de la haute puissance, grâce à laquelle il lui est donné de régler les destinées d'une grande partie du genre humain ? Non.

Et puis quand viennent les mauvais jours sa tête se perd. Avec quatre cent mille hommes victorieux, il se laisse battre par les alliés qui, bien que supérieurs en nombre, n'ont pas un seul capitaine de renom ? Il se retire devant les vaincus de la veille, et il abandonne des places fortes plus de cent mille soldats. La défection des Bavarois et des Saxons ne met-elle point en doute son habileté à gagner les esprits des corps militaires des alliés ? Après avoir repassé le Rhin, aveuglément obéi comme il l'était de cette France populeuse et guerrière, avec une capitale comme la brave et généreuse ville de Paris, comment ne sut-il pas creuser aux Barbares une vaste tombe et y précipiter les quatre cent mille ennemis qui débordaient sur le territoire français, encore brûlant d'une gloire récente ? Ni Marius, qui passa au fil de l'épée trois millions de Barbares, ni César lui-même, ne dédaignèrent, lorsque la fortune le voulut ainsi, la guerre de stricte défense. Pourquoi Napoléon la dédaigna-t-il ? Pourquoi n'eut-il point de confiance dans les populations françaises ?

Débarqué de l'île d'Elbe, il se montre encore une fois géant, mais seulement jusqu'à Paris. Là, sous le manteau impérial, il retombe dans les mêmes aberrations qui avaient causé sa première

chute. Comme capitaine, il reprend son invariable système des attaques. A l'aube du triste jour de Waterloo, il en aperçoit les conséquences, il balance à jeter le dernier coup de dé ; il temporise et succombe pour jamais.   Général PEPE.

GRAND DUC. Originairement, les chefs de la plupart des grandes maisons d'Allemagne portaient le titre de Duc. Mais quelques-unes d'entre elles, telles que la Hesse, Bade, le Mecklembourg, etc., étant devenues plus puissantes, leurs chefs prirent, pour se distinguer, le titre de Grand Duc. Les princes de la maison impériale de Russie se sont également attribués le titre de Grand Duc comme les princes autrichiens celui d'archiduc. Les rois de Pologne étaient Grands Ducs de Lithuanie.

GRAND SEIGNEUR. C'est la traduction imparfaite du mot *Padischah* par lequel les Turcs désignent leur souverain. *Padischah* signifie proprement *grand roi* ou *grand empereur*, et ne s'applique qu'au sultan seul. Les Turcs emploient la dénomination de *Kral* pour les souverains étrangers.

GRANDE-BRETAGNE. Le nom de Grande-Bretagne appartient spécialement au royaume-uni d'Angleterre et d'Écosse. Sa population, réunie à celle de l'Irlande, est d'environ vingt-huit millions d'habitants. Mais si l'on ajoute à son territoire intérieur tous les pays qui lui obéissent dans les différentes parties du globe, on verra que de tous les États de l'Europe, c'est la Grande-Bretagne qui compte le plus grand nombre d'hommes soumis à sa domination.

Voici un état approximatif des colonies qu'elle occupe : — Dans le nord de l'Amérique, le bas et le haut Canada, l'île du Prince-Édouard, le cap Breton et Terre-Neuve, et le territoire d'Hudson Bay. La population de ces contrées est d'un million 600,000 habitants. — Dans l'Amérique du Sud, Demerara, Essequibo, Berbice, Honduras, les îles de Falkland ; 120,000 habitants. — Dans les Antilles, la Jamaïque, la Trinité, Tabago, la Grenade, Saint-Vincent, la Barbade, Sainte-Lucie, la Dominique, Antigue, Montserrat, Nevis, Saint-Kitts, Anguilla, Tortola et les îles Vierges, la Nouvelle-Providence et les îles Bahama, les îles de Saint-Georges et les Bermudes ; 1,000,000 d'âmes. — En Afrique, le cap de Bonne-Espérance, l'île Maurice, Mahé, les îles Seychelles, Sainte-Hélène, l'Ascension, Sierra-Léone, Gambie, Acera, cap Coast ; 359,000 habitants. — Dans l'Australie, la Nouvelle-Galles du Sud, l'île de Van-Diémen, la rivière du Cygne, le détroit du Roi-Georges, l'île de Norfolk ; 230,000 habitants. — En Asie, l'île de Ceylan ; 400,000 habitants. La présidence du Bengale, de Madras et de Bombay ; 85,000,000 âmes.

En Europe, Jersey, Guernesey, Gibraltar, Malte, Gozo, Corfou, Céphalonie, Zante, Sainte-Maure, Ithaque, Naxo, Cerigo et Héligoland ; 450,000 habitants.

Si, à ces gigantesques possessions, l'on veut joindre les établissements nouveaux que font les Anglais sur les bords du golfe Persique, on se convaincra que Balbi ne doit pas avoir exagéré la vérité lorsqu'il assure que le monarque de la Grande-Bretagne règne sur 142,000,000 d'âmes.

Dans toutes ces colonies, de mœurs, de langues et d'habitudes si diverses, il eût été difficile d'introduire un système unique d'administration. Aussi, la forme du gouvernement varie-t-elle suivant les localités. Au surplus, les Anglais se sont montrés, en général, fort peu jaloux d'introduire dans les contrées dont ils s'emparaient, la liberté politique qu'ils se vantent de posséder chez eux. Nous n'entrerons donc pas dans le détail des diverses formes d'administration qui se rencontrent dans les colonies anglaises, comme pour être en contradiction perpétuelle avec les principes dont leurs gouvernants se glorifient sans cesse.

La constitution politique de la Grande-Bretagne n'a pas été, comme celles de la plupart des États modernes, formée dans un ensemble unique à la suite d'un mouvement révolutionnaire. Elle est, pour ainsi dire, faite de toutes pièces, et chacun de ses articles appartient à des époques différentes. Fondée sur des concessions ou des conquêtes successives, elle a enregistré des faits accomplis, mais sans unité, sans méthode et surtout sans prévoyance de l'avenir.

Qu'on se figure le despotisme le plus intolérable prenant possession d'un pays, provoquant par la nature même de ses excès d'incessantes réclamations, d'abord, de la part des hommes puissants qui l'ont aidé ; puis, de la part des classes nombreuses qu'il a opprimées, cédant à l'une de ces réclamations afin d'écarter les autres, mais ne cédant que du jour où la résistance devient un danger ; accordant un jour quelque chose aux grands pour les exciter contre le peuple, un autre jour quelque chose au peuple pour l'exciter contre les grands ; arrêtant une révolte par une concession, étouffant une menace par une faveur ; puis, enregistrant l'une après l'autre toutes ces concessions, ces faveurs, ces conquêtes, et leur promettant une obéissance qu'il élude, alors qu'il le peut faire sans danger, telle est l'histoire de la formation de la Constitution britannique depuis Guillaume-le-Conquérant jusqu'à nos jours. Cet acte fondamental est une sanction perpétuelle de la force ; l'idée du droit n'y est que secondaire, et subordonnée toujours aux faits nécessaires, que l'on accepte parce qu'on ne peut les repousser.

Aussi, pour se faire une juste idée de cette constitution, il faut reprendre tous les détails historiques par lesquels elle se trouve expliquée, et consulter chaque règne si l'on veut avoir le secret de chaque article. Guillaume-le-Conquérant fut le seul qui ne lui donna rien, parce que seul il osa opprimer franchement, et faire accepter sa volonté comme une loi. Mais quarante ans après la conquête, Henri Ier ayant occupé le trône au détriment de son frère aîné, eut besoin pour maintenir son usurpation de rechercher la faveur des barons normands et même des Saxons. Il rédigea donc une Charte par laquelle il adoucit la rigueur des lois féodales en faveur des barons, y ajoutant cette clause remarquable : qu'il voulait, comme condi-

tion de cette faveur, que les barons stipulassent de leur côté des libertés au profit de leurs vassaux respectifs. Il eut soin en même temps d'abolir les lois de Guillaume qui pesaient le plus lourdement sur les classes inférieures, telle par exemple que la loi tyrannique du *couvre-feu*.

Henri II, prince d'une haute intelligence, s'efforça de se créer un appui contre l'ambition des barons par de bonnes lois, où la condition des vaincus se trouvait quelque peu améliorée, et il renouvela solennellement les *Constitutions* de Henri Ier (1164). On doit encore à ce prince des changements notables dans l'organisation judiciaire. Ce fut alors que parut une première ébauche du *jury*, qui devait former une des lois fondamentales de la Constitution britannique.

Mais le despotisme et les excès du roi Jean devaient être encore plus profitables à la nation par les soulèvements qu'ils occasionnèrent. Chassé de tous côtés par les populations révoltées, il ne restait plus autour de lui que sept compagnons lorsqu'il signa, à *Nuning-Mead*, la Charte forestière, et en même temps la Grande Charte que les Anglais considèrent encore comme la base de leur Constitution (1215).

En effet, quoique cette Charte eût pour but principal l'indépendance des hauts barons vis-à-vis de leur suzerain, il s'y trouve quelques principes généraux qui devaient, en définitive, tourner au profit de la masse du peuple. Ainsi, elle prescrit l'égalité des poids et mesures par tout le royaume ; mais ce qui est bien plus important, elle garantit la liberté individuelle et les droits de chacun, et consacre le jugement par jury. « Nullus homo « liber capiatur, vel imprisonetur, vel disse- « sietur de libero tenemento suo, vel libertatibus « vel liberis consuetudinibus suis ; aut utlagetur, « ant exuletur, aut aliquo modo destruatur : nec « super eum ibimus, nec super eum mittemus, « nisi per legale judicium parium suorum, vel « per legem terræ. Nulli vendemus, nulli nega- « bimus, aut differemus justitiam vel rectum. » (*Magna Charta*, cap. 29.)

Ce chapitre remarquable, rédigé dans un temps où les droits de l'individu étaient si peu de chose, contient tous les éléments de ces libertés politiques dont les Anglais se sont toujours à juste titre montrés si jaloux. Il est vrai que ce ne fut souvent qu'une vaine formule, et qu'il fallut plus d'une fois la rappeler aux rois ; mais le peuple qui ne l'oubliait pas pouvait toujours justifier son insurrection par des droits reconnus et des concessions écrites.

Les longs troubles du règne de Henri III furent encore favorables à la cause du peuple, en amenant dans la Constitution un élément nouveau, qui devait se développer et dominer tous les autres. Nous voulons parler de l'élément représentatif. Simon de Montfort, comte de Leicester, s'étant emparé de l'autorité, voulut consolider son pouvoir par la convocation d'un Parlement. Le Parlement n'était pas chose nouvelle ; mais on n'appelait ainsi que la réunion des seigneurs et des dignitaires de l'Église. Simon de Montfort leur adjoignit des écuyers de tous les comtés, des citoyens de toutes les villes, et des bourgeois de tous les bourgs. La représentation nationale s'introduisit ainsi dans la Constitution.

Ce n'est pourtant pas de cette époque que les historiens anglais font dater la première assemblée du Parlement, parce qu'ils considèrent Simon de Montfort comme ayant agi illégalement en sa qualité d'usurpateur. Mais les rois légitimes trouvèrent l'exemple bon à suivre, et, en 1295, Édouard Ier fit aussi un appel aux représentants des comtés, des villes et des bourgs ; dès-lors, leurs droits devinrent incontestables. Nous avons déjà, au mot BILL, signalé les différences que l'on établissait au Parlement entre les représentants des lords et ceux des communes. La formule des lettres de convocation indiquait cette différence. Les premiers étaient appelés *de arduis negotiis regni tractaturi, et consilium impensuri*; les secondes, *ad faciendum et consentiendum.*

Édouard ordonna en outre que la grande Charte serait lue deux fois par an dans chaque cathédrale, et que la peine d'excommunication serait prononcée contre quiconque la violerait. Mais une loi bien autrement importante vient sous son règne s'ajouter à la Constitution, c'est celle qui décrète qu'aucun impôt ne pourra être levé sans le consentement réuni des lords et des communes. « Nullum tallagium vel auxilium, per nos, vel hæredes nostros, in regno nostro ponatur seu levetur, sine voluntate et assensu, archiepiscorum, episcorum, comitum, baronum, militum, burgensium et aliorum liberorum hominum de regno nostro. » (Stat. An. 24, Ed. 1.)

On voit à quelle époque remontent les articles fondamentaux de la Constitution. Le statut que nous venons de citer, *de tallagio non concedendo*, et la Grande Charte sont véritablement les deux monuments principaux sur lesquels reposent les droits politiques de la Grande-Bretagne. Il faut, sans doute, bien des années encore pour leur donner un pouvoir que ne puisse contester la royauté. Il faut traverser les guerres contre la France dont les succès mêmes deviennent funestes aux libertés populaires ; il faut subir les querelles sanglantes de la rose rouge et de la rose blanche, les tyrannies des Tudors, les caprices des Stuarts. Il faut même que Charles Ier porte sa tête sur l'échafaud pour avoir méconnu la loi d'Édouard Ier; mais après toutes ces guerres, la Constitution s'affermit, les droits des citoyens sont reconnus ; les trois pouvoirs s'établissent. Les communes, les lords et la royauté se trouvent en possession simultanée du gouvernement, sans qu'on puisse dire quel jour s'est formée cette trinité mystérieuse, sortie pour ainsi dire de la nature des choses, et résumant la succession de tous les droits.

Par l'acte d'union avec l'Écosse (1706) et avec l'Irlande (1799), ces deux pays sont soumis à la même Constitution politique; mais les différences dans les mœurs, la religion et les coutumes légales des trois royaumes empêcheront encore longtemps qu'ils soient liés par une véritable unité qui fasse des trois peuples une seule nation.

Quoi qu'il en soit, la Constitution britannique, longtemps vantée par Montesquieu et les autres écrivains du dix-huitième siècle, a servi de modèle à la plupart des Constitutions modernes qui ont été arrachées aux royautés affaiblies de l'Europe.

On ne doit pas, cependant, ajouter une foi entière aux principes de liberté que proclame cette Constitution, ni s'imaginer que les intérêts populaires soient réellement représentés dans la Grande-Bretagne. La représentation qui, en droit, semble ouverte au grand nombre n'est, en fait, accessible qu'à une minorité privilégiée. La corruption la plus effrénée souille les élections; les votes sont achetés, le désordre est payé, et les immenses richesses territoriales que possèdent les familles nobles mettent à leur disposition les voix de la majorité des électeurs. Pour lutter contre les nobles, il faut recourir aux mêmes moyens, de sorte que l'élection appartient presque toujours au plus haut enchérisseur. La moyenne de ce qu'il faut dépenser pour obtenir un siége au Parlement équivaut à cent mille francs; et comme les luttes sont d'autant plus vives qu'on s'est acquis plus d'influence, la dépense est proportionnée au talent du candidat. C'est ainsi que les élections d'O'Connell coûtent généralement de quatre à cinq cent mille francs. L'argent domine toutes les questions, et l'on pourrait appliquer à la Grande-Bretagne le mot de Jugurtha sur Rome : « Elle se vendrait elle-même s'il se présentait un acquéreur assez riche. » Dans un pays ainsi organisé, la liberté ne peut être qu'un vain mot et l'égalité une solennelle imposture.

Cependant, cette imposture même a eu son utilité. Les autres peuples, qui voyaient les mots sans voir le fond des choses, croyaient sérieusement à des institutions qui avaient de si beaux noms; et le jour où il leur fut donné d'en emprunter quelque chose, ils le firent avec une sincérité qu'ils eussent cherché en vain chez ceux qui leur servaient de modèles. Ainsi, la Grande-Bretagne conservait pour les autres des traditions qu'elle ne comprenait pas, et quoiqu'on ne trouvât chez elle que des mots, ces mots avaient par eux-mêmes une telle puissance qu'ils devenaient une source d'idées nouvelles pour ceux qui voulurent les appliquer avec franchise. La Grande-Bretagne fut la gardienne des trésors de l'avenir dont elle s'était elle-même interdit la jouissance.

La législation de la Grande-Bretagne est encore plus que sa Constitution, une mosaïque bizarre à laquelle chaque époque a fourni son principe, chaque règne sa couleur. Lois saxonnes, lois normandes, lois de l'Église, lois de la Réforme, lois des Tudors, lois des Stuarts, lois des Brunswicks, sont entassées l'une sur l'autre, sans règle, sans méthode, sans analogie. Qu'on se représente un vaste monument où chaque âge apporte son style d'architecture, où se pressent sans choix la construction grossière du pirate danois auprès de la flèche élancée de la cathédrale gothique; la colonne byzantine soutenant un fronton de la renaissance; le Grec auprès du Romain; la brique auprès du marbre ; le dolmen auprès de l'autel catholique, ensemble confus de choses dissemblables et de pensées incohérentes ; qu'on ajoute à cette Babel législative tous les arrêts des juges de différents âges devenus des lois, tous les commentaires devenus des principes, et l'on pourra se faire une idée de la législation britannique.

Ce ne sont pas des principes qui ont fait la loi, ce sont des événements : la loi est une puissance de fait, reconnue comme fait, sanctionnée comme fait, mais ne reposant en aucune façon sur le droit. Cette absence de toute notion de droit se révèle à chaque instant dans les écrits des publicistes anglais. Ainsi Delolme, parlant de la liberté individuelle qui comprend, selon les légistes anglais, le droit de *propriété*, la *sécurité personnelle* et la *faculté locomotive*, ajoute : « Chacun de ces « droits est inhérent à la personne de tout *An-* « *glais*. » Ce n'est pas comme *hommes*, c'est comme *Anglais*, que les citoyens de la Grande-Bretagne ont des droits. Et pourquoi ont-ils ces droits ? c'est parce qu'ils les tiennent de la grande Charte ! N'est-ce pas abdiquer sa propre nature, n'est-ce pas méconnaître la dignité humaine, que de fonder tous les droits politiques et civils sur un écrit vermoulu, arraché à la faiblesse d'un tyran ? Les Anglais ont cru par ces vanteries nationales se mettre au-dessus des autres peuples ; ils n'ont fait que se placer au-dessous de tous les autres hommes qui ont toujours réclamé des droits comme inhérents à leur nature et indépendants de tous les actes écrits. Car les actes ne donnent pas des droits : ils ne font que les enregistrer.

Que résulte-t-il de cet étrange oubli de la nature humaine ? C'est que la loi étant au-dessus du droit, les Anglais ne peuvent réclamer que ce que la loi leur donne, et que la plus importante de toutes les lois, celle qui régit les personnes et les choses, est dans son principe même une grossière insulte à chaque citoyen, une négation complète de tous les droits privés. En effet, la loi civile et criminelle ne reconnaît dans toute la Grande-Bretagne que les droits d'un seul, les droits du monarque : tous les autres sont comme s'ils n'existaient pas. Si un voleur est poursuivi et condamné, ce n'est pas pour avoir porté atteinte à la propriété d'un citoyen, mais pour avoir porté atteinte à la propriété du monarque, le seul propriétaire légal qui existe dans l'État ; car toute propriété lui appartient ; les citoyens ne sont considérés que comme des usufruitiers. Si un meurtrier est puni, ce n'est pas pour avoir outragé par la violence la Société dans la personne d'un citoyen ; c'est pour avoir frappé un sujet du roi. Ainsi, le roi seul est offensé dans toutes choses ; c'est au roi seul qu'est faite la réparation, parce que seul il a des droits civils.

On conçoit qu'en réalité cette propriété unique ne saurait exister ; mais la propriété du sujet n'est qu'une possession de fait, et dans toute la législation anglaise, on chercherait vainement quelque notion des droits sacrés de l'homme.

Il est facile d'expliquer par ce singulier système l'indifférence générale des Anglais pour tout ce qui concerne la législation et la politique des na-

tions étrangères, car c'est là un trait caractéristique même des hommes les plus éminents de la Grande-Bretagne. Et, en effet, cela se conçoit. Comme ils n'ont aucune idée des droits de l'homme en général, mais seulement des droits de l'Anglais en particulier, ils ne se sentent rien de commun avec les autres hommes. Leur politique consiste à s'isoler, à ne s'occuper que d'eux et de leurs affaires ; et il ne faut pas s'étonner après cela de voir un des membres les plus distingués de l'opposition radicale (M. Roebuck) proclamer en plein Parlement que la politique du continent ne doit pas occuper les moments de la chambre, et que les intérêts anglais sont les seuls qui doivent être discutés dans le Parlement anglais. C'est le même sentiment, avec bien moins de logique, qui a fait adopter à certains publicistes français cette maxime qui est une hérésie sociale : « Tout pour la France et par la France. »

L'administration de la justice offre dans la Grande-Bretagne le même caractère que les lois politiques et la législation civile, c'est-à-dire qu'elle a retenu quelque chose de chacun des siècles écoulés. En premier lieu, l'Écosse a une juridiction séparée, une procédure distincte et même une législation différente. Le reste de la Grande-Bretagne obéit à une juridiction unique, grâce à la centralisation créée par les usurpations successives des Cours de Westminster. En effet, depuis le règne d'Édouard III, les douze grands juges, formant trois des grandes Cours qui siègent à Westminster (1), tiennent sous leur ressort toutes les Cours de l'Angleterre. Tous les trimestres, chacun d'eux, tour à tour, est envoyé dans les différentes provinces pour y tenir les grandes assises tant civiles que criminelles. C'est ce qu'on appelle les *circuits*. Cette immense extension de pouvoir a seule maintenu l'unité dans la jurisprudence. C'est encore un fait qui tient lieu de loi.

Autour de ces trois principales Cours se sont formées à différentes époques d'autres grandes Cours, comme la *Cour d'appel de la Chambre des pairs*, la *Cour criminelle* de la même Chambre, la *Cour de chevalerie* et la *Cour de la chancellerie*.

Cette concentration des grandes Cours de justice, à Londres, leur a donné une force immense ; et comme elle leur a facilité les moyens d'usurper toutes les juridictions inférieures, il en résulte que les plaideurs sont obligés d'accourir à Londres, des extrémités de l'Angleterre, pour toute affaire de quelque valeur.

Ce n'est pas tout. Les Cours de Westminster étant à-la-fois juges de première instance et d'appel, presque tous les habitants du royaume sont contraints de venir à Londres se précipiter dans ce gouffre judiciaire pour réclamer leurs droits. Le barreau de la capitale ne se contente pas d'être la source de tous les procès et de tous les profits. A l'époque des *circuits*, les avocats de Londres parcourent le royaume à la suite des juges de Westminster, et y plaident presque toutes les causes.

_____

(1) La Cour du *Banc du Roi*, la Cour des *Plaids communs*, la Cour de l'Échiquier.

importantes. Cette concentration puissante de tous les hommes de loi, juges, avocats et procureurs, est une source d'abus si criants, qu'il ne faut pas s'étonner que Bentham dans ses écrits la signale sans cesse comme la plaie honteuse de la Grande-Bretagne.

Pour ce qui regarde l'administration municipale, le pays est divisé en comtés, cités, bourgs et villages ayant chacun leurs fonctionnaires. A la tête du comté est le *Sheriff*, investi du pouvoir exécutif et servant de lien entre la royauté et les différentes municipalités. Le comté est divisé par *centaines* (*hundreds*), ainsi nommées parce que, autrefois, chaque division se composait de cent maisons ou de cent hommes d'armes. A la tête de chaque *centaine* est un *Bailli* dont l'autorité est aujourd'hui presque nulle.

Les autres grands officiers du comté sont le *haut-constable*, chargé de la police ; les *Coroners* appelés à examiner les cas de mort violente et à décider leur renvoi le grand jury, enfin le *clerc du marché* (*clerk of the market*) dont l'office répond à celui d'inspecteur-général des poids et mesures.

Les cités sont gouvernées par un conseil de douze *Aldermen*, sous la direction d'un maire nommé par eux.

Chaque cité exerce chez elle une certaine juridiction comprenant, d'après les vieilles Chartes, la *haute*, *moyenne* et *basse justice* dans toutes les matières civiles et criminelles. Mais ce droit est fort limité et presque fictif. Car les grandes Cours de Westminster peuvent toujours évoquer toutes les causes ; on les réserve donc pour les sessions trimestrielles des *circuits*.

Le maire, quoique nommé par élection, est considéré comme le lieutenant du roi ; et en cette qualité, toutes ses ordonnances pour le gouvernement de la cité ont force de loi.

Les bourgs sont aussi administrés par un maire ; mais dans quelques-uns, il n'y a qu'un bailli. Ce magistrat remplit aussi les fonctions de juge-de-paix.

Le village est ordinairement placé sous la direction immédiate du seigneur de l'endroit (*lord of the soil*), qui a même le droit de tenir toutes les trois semaines une Cour de justice (*Court Baron*), composée des francs-tenanciers (*free-holders*) ; mais quoique ce droit ne soit pas aboli expressément, il est tombé en désuétude.

Ainsi, donc, à tous les degrés de la hiérarchie se retrouvent dans la Grande-Bretagne les mêmes anomalies et les mêmes contrastes, un mélange constant de servitude et de liberté, d'intelligence précoce et d'ignorance obstinée. Elle a fourni des institutions aux autres pays, et dans son orgueil elle ne leur a rien emprunté ; elle a fait sans cesse entendre à l'Europe le mot de liberté, et elle n'en comprend pas elle-même le sens. Elle a servi au progrès politique des nations qui l'environnent, et elle se renferme opiniâtrément dans un édifice vermoulu dont la chute prochaine est inévitable. Le temps n'est pas éloigné peut-être où cette puissance factice étonnera le monde du spectacle de

sa ruine, et la reine des eaux ne laissera plus après elle d'autres souvenirs que ceux de Tyr, de Carthage et de Venise.   ÉLIAS REGNAULT.

GRANDESSE. Dignité particulière à la nation espagnole. Les *Grands d'Espagne* sont plus que les comtes, plus que les marquis et les ducs eux-mêmes. Leurs anciennes prérogatives consistaient à se couvrir en présence de la royauté et à s'asseoir devant elle sur un banc réservé appelé *banc de la Grandesse*. Ils étaient considérés comme les premiers, les plus nobles et les meilleurs de la nation (*optimates*). Aussi, lit-on, dans les *Siete Partidas* (Leg. 2, tit. 9, part. 2), que le roi doit donner préférablement les grands offices de l'État aux membres de la Grandesse, afin d'être plus noblement et plus honorablement servi (*Que el rey sea mas noblemente servido dellos, è su corte mas honrada por ellos*). Dans quelques provinces on dit *Grandaria* au lieu de *Grandeza ;* mais le mot est tenu pour barbare par Covarrubias et le Dictionnaire de l'Académie espagnole.   C. R.

GRANDS. Toutes les sociétés anciennes étaient plus ou moins infectées d'aristocratie ; et il en est encore ainsi de la plupart des sociétés modernes. Comme les nobles possédaient plus de richesses, plus de pouvoir, une plus grande force et une intelligence plus cultivée que les autres citoyens, comme, en un mot, ils primaient leurs concitoyens, on leur a, dès l'origine, donné le nom de Grands. En latin, le mot qui correspond à celui de Grands a cela de singulier qu'il est plus expressif, par cela même qu'il est moins absolu. Le mot *majores* implique l'existence du comparatif *minores*. Le peuple, en effet, chez les Romains, était un véritable mineur, dont les patriciens, les Grands étaient les tuteurs.

Il suit de là que le dernier terme de l'émancipation du peuple sera la destruction ou plutôt l'absorption de l'existence politique et sociale des Grands. Et c'est ce qu'exprimait avec l'énergie pittoresque de l'époque, un publiciste de la première période révolutionnaire : « Les Grands, disait-il, ne nous paraissent Grands que parce que nous sommes à genoux : levons-nous. »

On a discuté longtemps la question de savoir si les dissensions qui agitent fatalement toutes les sociétés aristocratiques doivent être attribuées à l'insolence des Grands ou bien aux passions envieuses des petits. Il y a des exemples pour et contre. Machiavel observe cependant que ces dissensions sont plus souvent occasionnées par les Grands, parce que, dit-il, la crainte de perdre est plus énergique encore que le désir d'acquérir, et que l'homme ne croit s'assurer ce qu'il tient déjà qu'en acquérant de nouveau.

Soutiendra-t-on l'opinion contraire ? Dira-t-on que le peuple est plus encore que la noblesse enclin aux empiétements ? Soit. Mais que prouve cela ? sinon que l'insolence et le luxe des riches et des Grands sont précisément ce qui excite dans l'âme des petits le besoin insatiable des innovations. Que ceux-ci ne soient point incessamment humiliés et froissés par le spectacle de la splendeur et de l'arrogance des autres, où sera le mobile des passions haineuses, le germe des luttes anarchiques? Relevez les petits, ils ne chercheront plus à rabaisser les Grands. C'est de l'inégalité que sortent le désordre, la dépravation, l'immoralité, les sanglantes guerres civiles: L'ordre véritable, l'ordre intellectuel et moral, la stabilité, la tranquillité ne sont compatibles qu'avec l'égalité ; car l'égalité c'est l'unité sociale.   E. D.

GRÈCE. Nous ne nous étendrons pas sur l'histoire ancienne de ce pays auquel nous devons nos sciences, nos arts, notre civilisation, et dont le nom seul rappelle ce qu'il y eut de plus grand et de plus glorieux dans l'antiquité, le triomphe de l'intelligence sur la force matérielle, celui d'une population libre sur les hordes d'esclaves lancées à millions par leurs despotes. S'il est vrai que chaque peuple doit, à son tour, briller sur le monde, la Grèce a eu longtemps l'honneur de ce grand rôle. Mais un jour est enfin venu où elle s'est éteinte dans une obscurité profonde. Et voilà maintenant qu'après quinze siècles d'oubli elle semble vouloir sortir d'un long sommeil.

On sait comment les Grecs indigènes furent civilisés, dix-huit siècles avant notre Ère, par des colonies Égytiennes et Phéniciennes. Cinq siècles plus tard, les Grecs commencent à leur tour à lancer leurs colonies sur toutes les contrées riveraines de la Méditerranée, l'Asie-Mineure, la Syrie, l'Égypte, la Cyrénaïque, la Gérule, l'Italie, les bords du Pont-Euxin, et dans toutes les îles qui couvrent ces mers. Plus tard, les guerres avec la Perse, les conquêtes d'Alexandre et l'élévation de ses généraux achèvent d'étendre l'influence Grecque en Asie. Rome se civilise par la conquête, et le monde devient Gréco-Romain. La chute de l'Empire d'Occident sous la pression des Barbares dont l'Europe moderne est la fille, et la persistance de celui d'Orient jusqu'au quinzième siècle au milieu de tant d'attaques étrangères, de tant d'invasions diverses, témoignent de l'énergie avec laquelle la race Grecque s'était implantée en Asie, pour y durer jusqu'à l'époque actuelle, et se retrouver encore au cœur de l'Asie-Mineure, en Arménie, sur l'Euphrate, en Syrie et en Égypte.

La fondation de l'Empire de Constantinople avait établi une ligne de démarcation profonde entre la Grèce proprement dite, celle qui s'est insurgée si glorieusement en 1821, et ses autres provinces Européennes ou Asiatiques. La Hellade resta généralement étrangère à toutes les commotions qui agitèrent l'Empire ; la quatrième croisade la fit tomber au pouvoir des seigneurs Allemands et Français qui se la partagèrent ; revenue aux Paléologues, elle succomba avec le dernier des Constantins. Mahomet II, après la prise de Constantinople, se hâta de la conquérir, avec la Macédoine et la Morée ; il ne trouva de résistance que chez les Épirotes, qui, commandés par l'héroïque Scander-Beg, repoussèrent toutes ses attaques. C'est de cette époque que commence véritablement l'histoire de la Grèce moderne.

Pendant quatre siècles la plus honteuse et la plus abjecte servitude pesa sur cette terre de si glorieuse mémoire. La législation, l'exclusion des emplois et du service militaire, un costume spécial qui les désignait à la haine et au mépris du Musulman, la partialité des tribunaux, la tyrannie des Pachas omnipotents et les vexations des agents subalternes encore plus rapaces, abrutirent les Hellènes et éteignirent longtemps chez eux jusqu'à l'espérance de revoir enfin des jours meilleurs. Le Péloponèse et ses îles passèrent tour-à-tour des Turcs aux Vénitiens, et des Vénitiens aux Turcs. Comme maîtres, les uns et les autres se valaient ; les Grecs restèrent constamment opprimés ; et non-seulement ils l'étaient dans la Hellade et dans la Morée, mais encore dans tout le reste de l'Empire, où leur nombre allait diminuant sans cesse comme il arrive de toutes les populations conquises. Le dix-septième siècle marqua cependant l'origine de l'influence des familles Grecques de Constantinople, dites Fanariotes du nom du faubourg qu'elles habitaient. L'incapacité des Turcs mit à profit l'intelligence et l'activité des Grecs dans les relations de la Porte avec les puissances Européennes. Forts, parce qu'ils s'étaient rendus nécessaires, les Fanariotes en profitèrent pour se faire concéder les Hospodorats de Moldavie et de Valachie, et accaparer tous les emplois de Drogmans, qui leur donnèrent une influence énorme dans l'État et auprès de tous les visirs et pachas Ottomans. Mais, dominés par l'intérêt personnel, ce ne fut que très-subsidiairement qu'ils s'occupèrent de leurs malheureux compatriotes. Cependant, grâce à leur influence toujours croissante, ceux-ci qui jusqu'alors n'avaient eu pour leur commerce ni crédit, ni protection, finirent par obtenir l'un et l'autre et purent créer des factoreries, des comptoirs, des magasins ; ils acquirent quelques richesses, l'esprit public commença à se former, et des relations s'établirent entre l'Archipel et les États civilisés de l'Europe.

En même temps, la Russie, unie à la Grèce par la communauté de religion, par les prophéties populaires, qui annonçaient que le pays serait délivré du joug ottoman par une nation blonde, fomentait des troubles chez les Monténégrins et les Souliotes de l'Albanie, les Maïnotes du Péloponèse, toutes populations indomptées et qui avaient constamment résisté à l'étranger. Catherine II protégea la révolte du Thessalien Papas-Oglou ; mais les secours russes, mal dirigés, arrivèrent trop tard, et, comptant trop sur l'étranger, les Grecs retombèrent plus que jamais sous le despotisme turc. L'affaiblissement de la Turquie sous Sélim et Mahmoud, ses guerres malheureuses contre la Russie, la révolte permanente de ses pachas, donnèrent un nouvel espoir aux Grecs. En 1821, l'insurrection éclata. Ipsilanti, Mavromichali, Colocotroni et Nicétas dirigèrent les premiers coups. On sait l'histoire de cette lutte à jamais glorieuse. Les jours antiques reparurent avec leur héroïsme et leurs dévouements. Partout, les Hellènes affranchis battirent les Turcs, sur terre comme sur mer. Toute l'Europe répète les noms de Odyssei et de Botzaris qui mourut comme Léonidas; de Canaris, le vengeur de Chio et le destructeur de tant de flottes ottomanes. Pendant que la Grèce soutenait, aux applaudissements de tous les peuples, cette lutte inégale, une foule d'officiers de toutes les nations, de jeunes gens dévoués à la liberté, venaient se ranger sous ses drapeaux et prêter à sa jeune armée l'appui de leur expérience et de leur courage. Le corps régulier des Philhellènes rendit d'immenses services à la cause de l'indépendance; et l'enthousiasme excité dans toute l'Europe par cette sainte insurrection valait à sa cause des secours abondants en armes, en numéraire et en effets de toutes sortes, fruit de souscriptions universelles.

Un congrès national s'était rassemblé au mois de décembre 1821; il rédigea une constitution, qui fut publiée dans toute la Grèce. Légèrement modifiée en 1823, elle fut entièrement refondue et promulguée à Trézène en 1827. Le fond en était complètement républicain. Pouvait-il en être autrement sur le sol classique de la liberté?

Cependant, le débarquement de l'armée égyptienne, commandée par Ibrahim, vint compromettre de nouveau le succès de la révolution grecque. Missolonghi succomba après une héroïque résistance... L'opinion publique força, en 1828, le gouvernement de la Restauration à une expédition qui eut pour résultat de faire rembarquer Ibrahim et purgea la Morée de tout soldat turc. En même temps, la bataille de Navarin venait d'anéantir la marine turco-égyptienne, faute politique, sans doute, mais faute utile aux Grecs. Après une résistance calculée, le Divan se laissa enfin imposer l'indépendance de la Hellade; et le protocole du 3 février 1830, arrêté entre la France, l'Angleterre et la Russie, décida que la Grèce aurait un roi. Le choix tomba sur Othon, le second fils du roi de Bavière.

Ce choix burlesque fut peu du goût des Hellènes, qui croyaient avoir gagné, par leur sang, le droit de se gouverner à leur guise; les intrigues russes exploitèrent ce mécontentement; l'autorité bavaroise s'implanta avec difficulté. Les coffres étaient absolument vides, il fallut avoir recours aux emprunts. La France, généreuse, comme d'habitude, en fit presque tous les frais.

Tant bien que mal, Othon règne aujourd'hui en Grèce; il trône à Athènes, qui, logiquement, est devenue la capitale du nouveau royaume, et commence à être une ville importante, par son commerce et sa population. — Les limites du nouvel État s'étendent, au nord, du golfe de Volo à celui d'Arta, le long du fleuve Aspro-Potamo (l'ancien Achéloüs) et du mont Œta, qui le séparent de la Turquie. Il comprend ainsi la Hellade proprement dite, le Péloponèse et une portion des îles de l'Archipel. Sa superficie totale est de 3,220 lieues carrées dont 1,314 pour la Hellade, 1,422 pour la Morée et 484 pour les îles. Sa population paraît s'élever à près de 700,000 âmes, et elle augmente rapidement depuis la paix. Au temps de sa prospérité, la Grèce possédait au moins 6,000,000 d'habitants et pouvait mettre sur pied 400,000 hommes.

Le pays est divisé en dix nomes, partagés eux-mêmes en éparchies. Ces dix nomes sont ceux d'Argolide et Corinthe, d'Achaïe et Élide, de Messénie, de Laconie, d'Arcadie, d'Attique et Béotie, de Locride et Phocide, d'Acarnanie et Etolie, d'Eubée, des Cyclades. Ces divisions qui correspondent à nos départements et à nos arrondissements sont administrées, les nomes par un nomarque ou préfet; les éparchies par un éparque. Les communes sont sous l'autorité d'un démogéronte ou maire, aidé par un conseil municipal et confirmé dans sa charge par le nomarque.

L'administration supérieure du royaume, d'après l'ordonnance de 1835, se compose de huit ministères, calqués sur les nôtres, comme tout le reste des institutions. La religion catholique grecque est la religion de l'État; tous les cultes sont tolérés. Malheureusement, il règne encore dans les classes inférieures beaucoup de fanatisme et d'hostilité contre les Européens d'une autre religion. L'armée bien incomplète cherche à se régulariser. On a licencié les Palikares ou irréguliers, qui ont fait les succès de la guerre de l'indépendance, pour les remplacer par des troupes en partie bavaroises. Elle ne compte pas plus de 12,000 hommes. La flotte n'a que quelques bâtiments de petite dimension; tous les petits vaisseaux qui ont fait la victoire de la Révolution sont retournés aux particuliers auxquels ils appartenaient.

Les revenus sont de plusieurs millions au-dessous des dépenses, évaluées à quinze millions en 1836; aussi, la Grèce est-elle obligée d'avoir recours à des emprunts que, jusqu'à présent, elle a fort mal remboursés; mais il faut tenir compte aussi des difficultés de la situation. L'équilibre s'établira plus tard. Tout est à créer en Grèce, et ce n'est pas en dix années que se relève un pays ruiné depuis cinq siècles. Le commerce est assez florissant, surtout dans les îles. Syra, Hydra et Spezzia, sont le siège d'un centre d'activité très-remarquable. Le mouvement total de la navigation s'élève à plus de 3,000 navires jaugeant ensemble près de 350,000 tonneaux. Les exportations consistent principalement en soie brute, raisin de Corinthe, huile d'olive, vins, laines et peaux de chèvre. Elles font tout au plus le quart de la valeur des importations, formées de toutes sortes de marchandises européennes, et qui peuvent s'élever à quarante millions.

La Grèce est une des contrées de l'Europe les plus heureusement situées pour le commerce. Elle l'a prouvé dans les temps anciens; elle est appelée à le prouver encore dans les temps modernes, lorsque la paix et le travail auront cicatrisé les plaies de tant de siècles d'oppression.

La population actuelle, quoique bien altérée dans son essence par le mélange de tant de peuples envahisseurs, rappelle encore cette nation intelligente et active, souvent perfide, des temps anciens. Celle de la Hellade est beaucoup plus mélangée d'Albanais et de Valaques que celle de la Morée et des îles, où le type s'est mieux conservé. Dans le Magne, sur les côtes de la Laconie, résident les intrépides Maïnotes, qui se van tent, à juste titre peut-être, de descendre des anciens Spartiates. Malheureusement, leurs rivages ont trop souvent donné asile aux pirates Cacovouniotes, la terreur de tout l'archipel. L'esclavage et l'oppression ont longtemps donné aux Grecs tous les vices des esclaves. Mais un jour viendra où, redevenus libres, ils redeviendront aussi ce qu'étaient leurs glorieux ancêtres.

Dans l'état actuel des choses, la Grèce n'occupe qu'une place bien mince en Europe ; les limites de Volo et d'Arta ne lui ont attribué qu'une étendue égale à la neuvième partie de la France. Il eût été à désirer sans doute qu'au lieu d'en faire un royaume insignifiant, l'Europe en eût fait un tout compact, qui réunît toutes les populations grecques de l'Albanie, de la Macédoine, de la Roumélie et de toutes les îles de l'Archipel, populations nombreuses et actives, et bien supérieures aux quelques Musulmans restés maîtres de ces faibles régions. Dans l'état actuel de décadence de l'Empire turc, proie facile pour tout envahisseur entreprenant et tenace, il eût été politique de réunir en un seul faisceau des populations unies par l'origine du langage et de la religion pour les opposer avec succès à l'extension trop grande d'un ambitieux voisin. Les étroites préoccupations des aristocraties française et anglaise en ont décidé autrement. Lorsque le géant du Nord aura fait de Constantinople la seconde capitale de son immense Empire, et dominera de la mer Blanche et de la Baltique à la mer Rouge et aux bouches de l'Euphrate, il sera trop tard peut-être pour s'opposer encore à d'autres envahissements.   V. M.

GUERRE. Lutte armée entre deux ou plusieurs états, ou bien au sein d'une même nation entre des partis différents. La Guerre est une série d'actes violents par lesquels une puissance cherche à faire prévaloir, contre une autre puissance, des prétentions justes ou injustes. C'est, en un mot, l'appel à la force matérielle.

Il semblerait devoir résulter de ce qui précède que là où règne la guerre, là aussi doit avoir disparu tout autre droit que celui de la force. Entre deux états souverains qui ne relèvent que d'eux-mêmes et qui ont tiré l'épée pour une querelle dans laquelle ils sont à-la-fois parties, juges et exécuteurs des jugements, on croirait que l'épée décide de tout comme arbitre suprême : il n'en est pas ainsi. Chez les peuplades sauvages elles-mêmes, bien plus, dans les discordes civiles, tous rapports d'équité ne sont pas anéantis entre les combattants. Partout il existe des règles pour l'état de guerre, règles que le plus faible, il est vrai, invoque souvent en vain, mais qu'il n'est pas possible néanmoins de violer sans se faire condamner par l'opinion publique.

Ces règles, dans l'état de civilisation où est arrivée l'Europe, forment une sorte de corps de jurisprudence qui repose en partie sur ce qu'on appelle les principes de droit naturel, et en partie sur de nombreuses conventions. Il se trouve dans les livres des publicistes, lesquels, à la vérité, sont loin d'être d'accord entre eux.

Au reste, toutes les questions de droit que peut faire naître l'état de guerre se rattachent aux déclarations d'hostilité, aux levées de soldats, aux siéges et blocus, à la navigation, à la situation neutre, à la fixation des frontières, aux trèves, aux prisonniers, aux traités, etc., etc., et comme chacun de ces mots forme le sujet d'un article spécial, ce serait ici une répétition inutile que de donner, même en abrégé, le code complet de l'état de guerre.

Pour les personnes qui voudraient approfondir la matière, nous les renverrons aux traités des publicistes, et notamment à ceux de Grotius, Vattel, Pinheiro-Ferreira, etc., etc.

GUILLOTINE. Instrument de supplice d'origine anglaise, qu'un sentiment d'humanité fit introduire en France peu de temps après la Révolution de 1789, comme un adoucissement aux modes d'exécution pratiqués sous l'empire de l'ancienne législation pénale, et qui devint presque aussitôt une sorte d'arme de guerre entre les mains de la Révolution française, attaquée à-la-fois dans ses foyers, ses principes et son existence, par les discordes politiques, la révolte intérieure et l'invasion étrangère.

Tout devait être extraordinaire dans l'histoire de cet instrument de mort. Son invention fut marquée par un trait de bizarrerie qu'il serait difficile d'expliquer aujourd'hui : on le nomma la *maiden,* c'est-à-dire la vierge.

D'après les savantes recherches de l'antiquaire Pennant, c'est dans une forêt du comté d'Yorck que la Guillotine a été appliquée, pour la première fois, à l'exécution des criminels. Connue sous le nom de Hardwick, cette forêt formait une juridiction indépendante qui s'étendait sur dix-huit villes ou hameaux enclavés dans ses limites. Elle était régie en matière criminelle par ses anciennes coutumes locales, et il paraît qu'au nombre de celles-ci il fallait compter la décapitation au moyen de la *maiden*. La forêt touchait par un de ses côtés à la ville d'Halifax, où le tribunal de la juridiction se réunissait pour prendre connaissance des délits et faire exécuter ses jugements.

On a remarqué qu'un principe d'intimidation en avait déterminé l'établissement dans la Grande-Bretagne. Chose étrange ! après un intervalle de cent cinquante ans, une grande nation du continent relève tout-à-coup chez elle la même machine par un principe d'humanité. L'invention qui avait eu pour but de rendre la pénalité plus barbare au moyen-âge, est considérée par les Français, à la fin du dix-huitième siècle, comme l'instrument le mieux fait pour adoucir la rigueur des châtiments !

Depuis la révolution du 14 juillet 1789, la peine de mort avait été réduite, par un décret de l'Assemblée nationale, à une simple décollation, conformément au principe si juste et si élevé qui réclamait l'égalité de peine pour tous les hommes, sans distinction de rang. Mais la loi, en ne déterminant point le mode d'exécution d'une manière précise, semblait s'en rapporter au ministre de la justice pour le choix des moyens. Le garde-des-sceaux, Duport, se trouva dans un étrange embarras qu'il fit connaître aux représentants de la nation. Ce fut alors qu'un député, le docteur Guillotin, proposa à la Constituante l'adoption immédiate d'une machine à décapiter, qui, au fond, n'était pas autre chose que la *maiden*. Un autre savant, M. Louis, secrétaire perpétuel de l'académie de chirurgie, écrivit un mémoire à l'appui de cette proposition.

Après une discussion assez longue sur une matière qu'on ne pouvait approfondir sans présenter les plus tristes images, l'Assemblée Constituante décréta, le 21 janvier 1790, l'adoption de l'appareil de mort qui lui avait été proposé par un de ses membres. Un autre décret autorisa le gouvernement « à faire toutes les dépenses nécessaires pour parvenir à ce mode d'exécution, de manière qu'il fût uniforme dans tout le royaume. »

Donc, la nouvelle machine se dressa sur nos places publiques pour accomplir les jugements de la justice criminelle ; et, bientôt après, le peuple, qui ne savait de quel nom l'appeler, lui donna, avec sa logique ordinaire, celui du docteur Guillotin.

Personne ne respecte plus que nous les intentions des deux savants français qui se sont fait les apologistes du mode d'exécution emprunté à l'ancienne justice d'Halifax. Toutefois, plus leur parole a eu d'autorité, plus il nous paraît utile de combattre ce qu'elle peut avoir d'erroné. Signalons rapidement le vice ou l'erreur de quelques-unes de leurs déductions scientifiques.

Il leur semblait que la mort obtenue par un procédé si simple serait la plus douce possible. La décollation s'opérera en un instant, suivant le vœu et l'esprit de la loi, disaient-ils ; conséquemment, les souffrances du condamné ne pourront avoir de durée, ni subsister après le supplice. Comment des physiologistes qui avaient fait une étude profonde de l'organisme humain ne s'aperçurent-ils pas que ce raisonnement reposait sur une hypothèse au moins très-contestable ? N'aurait-il pas été plus logique de dire que la décollation s'accomplirait trop vite pour que le sentiment cessât au delà de la vie ?

En effet, dans cette tête, dont la chute a suivi celle du couteau, le *moi humain* subsiste encore ; il conserve avec ses cinq sens, que la nature a si admirablement rapprochés de l'organe avec lequel ils correspondent, un sentiment vague de son identité, semblable à celui qu'on remarque avant la mort chez l'homme qui meurt de maladie. C'est une vérité que des expériences faites au pied de l'échafaud ont mise hors de doute ; c'est le résultat des observations recueillies par *Sommering*, Sue, Majon, Castel, Aldini ; et la médecine unit sa voix à celle de l'humanité, de la raison et de la justice, pour rejeter à-la-fois et la peine capitale et le mode de son exécution.

Nous terminerons par un vœu qui trouvera de l'écho dans tous les cœurs généreux. Le quinzième siècle a vu surgir la *maiden* du sein d'une société féodale : puisse le dix-neuvième siècle, cette grande époque du développement moral et politique des peuples, voir l'abolition de la Guillotine !

A. GUILBERT.

H

HABEAS CORPUS (ACTE D'). Avant le fameux bill de 1679, les rois d'Angleterre pouvaient presque aussi impunément que la cour de Versailles se jouer de la liberté des personnes. L'histoire politique du seizième et du dix-huitième siècles en fournit une multitude d'exemples.

Dès l'année 1215, il est vrai, tout emprisonnement arbitraire avait été déclaré illégal par la Grande-Charte. Même, pour mieux garantir, à cet égard, la liberté individuelle, on avait accordé au citoyen mis en état d'arrestation la faculté de réclamer un *writ d'habeas corpus*, c'est-à-dire un ordre motivé de sa détention. Mais la couronne ne faisait nul compte de ces réserves, et la lâche complaisance de la magistrature ne laissait aucun recours à l'opprimé contre la violation du plus précieux de tous les droits.

Ainsi, sous le règne de Charles 1er, la résistance aux taxes illégales établies par le roi était punie par la confiscation de la liberté, et nous dirions presque de la personne du réfractaire.

Le parlement, convoqué en 1626, voulut mettre un terme à ces coupables excès par la déclaration connue sous le nom de *Pétition des droits*. Au nombre des députés qui votèrent cette consécration nouvelle des libertés du citoyen, étaient vingt-sept membres auxquels le roi avait infligé arbitrairement la peine de la prison, avant la convocation de l'assemblée, et que le peuple, par une juste compensation, avait choisis pour ses représentants. Charles fut obligé, après bien des tergiversations, de donner la sanction royale à la *Pétition des droits*.

Mais, aux yeux du monarque, cette sanction, quelque solennelle qu'elle fût, était une lâche concession qui ne pouvait entraver l'autorité discrétionnaire du chef de l'État. Il continua donc de faire bon marché de la liberté des citoyens, et en cela il trouva malheureusement des imitateurs dans les divers gouvernements qui lui succédèrent, sans en excepter le protectorat de Cromwell.

Il était de la dernière urgence d'entourer la liberté individuelle de garanties plus efficaces. Les représentants de l'Angleterre le comprirent enfin, grâce aux remontrances énergiques d'un petit nombre d'hommes, parmi lesquels il faut mettre en première ligne le célèbre Shaftesbury. En 1679, les communes votèrent l'acte d'*Habeas corpus*, que les Anglais regardent encore aujourd'hui comme une précieuse annexe de la Grande-Charte. Cette fois, dans le but d'enlever tout prétexte à l'arbitraire de la couronne ou de la magistrature, on eut soin d'énoncer clairement le droit et d'attacher à sa violation des peines extrêmement rigoureuses.

L'acte consacre et définit minutieusement les formes auxquelles le prisonnier devra recourir pour obtenir l'ordre motivé de son arrestation, et, s'il y a lieu, son élargissement immédiat. Il confère à celui-ci le droit de demander le *writ d'Habeas corpus* au lord chancelier ou aux douze juges, qui doivent accéder à sa réclamation et l'admettre à bail, sous peine d'encourir à son profit une amende de cinq cents livres sterling ; la loi ne refusant le bienfait de la mise en liberté moyennant caution qu'au prisonnier détenu pour une offense capitale ou pour trahison. Encore veut-elle que ce dernier, s'il n'est pas mis en état d'accusation ou traduit devant les tribunaux dans un temps déterminé, soit affranchi de toute poursuite et rendu à la société.

D'après l'acte, tout geôlier qui refuse d'exécuter l'ordre d'*Habeas corpus* ou de donner copie du mandat d'arrêt se rend passible d'une amende de cent livres sterling. La loi déclare que le même motif qui aura fait emprisonner un détenu une première fois, né pourra suffire, après qu'il aura été libéré, pour le faire réintégrer en prison. En dernier lieu, elle ajoute qu'aucun sujet anglais, habitant le royaume, ne pourra être envoyé ni en Écosse, ni en Irlande, ni à Jersey, ni dans aucun établissement d'outre-mer. Les peines les plus graves et les plus accablantes, avec incapacité de recevoir le pardon royal, sont prononcées contre tous les individus qui participeraient à la violation de cette importante disposition, comme conseillers, auteurs, complices ou accessoires.

On le voit, l'acte d'*Habeas corpus* offre de grandes et nobles garanties à la liberté individuelle. Mais il ne faut pas en conclure qu'il a tout prévu et qu'il ne laisse aucune place aux abus. C'est, d'ailleurs, un vice capital que son action puisse être momentanément suspendue par la chambre des communes chaque fois qu'une crise politique vient à troubler le repos de l'état ou à menacer l'existence du gouvernement. Si courte que soit la suspension, elle n'en a pas moins l'inconvénient de livrer tous les citoyens sans défense à la vindicte du pouvoir. On sait l'usage que les Pitt et les Castlereagh en ont fait, à deux époques différentes, pour comprimer ou réduire les esprits généreux qui cherchaient à éclairer l'Angleterre sur ses véritables intérêts. **A. GUILBERT.**

HANOVRE. Le royaume de Hanovre date de 1814. Il comprend les pays réunis sous la domination de l'ancienne maison électorale de Brunswick-Lunebourg ; savoir : le duché de Brême avec le pays de Hadeln, la principauté de Lunebourg, une partie du duché de Lauenbourg, le duché de Verden, les principautés de Kalenberg et de Hildesheim, les comtés de Hoya et de Diepholz. A ces provinces, il faut ajouter les possessions suivantes, qui sont plus ou moins éloignées et qui forment des enclaves : les principautés d'Osnabruck, de Grubenhagen et de Goettingue, les comtés de Lingen et de Bentheim, les cercles de Meppen et d'Emsbuhren, la Frise orientale, le pays de Harling, enfin le bailliage d'Hofeld. L'ensemble de ces provinces couvre une étendue d'à-peu-près sept cents lieues carrées, avec une population d'un million cinq cent mille âmes. Le Hanovre occupe la cinquième place à la diète de Francfort ; il a quatre voix dans le conseil *plenum*, et fournit un contingent de 13,054 hommes à l'armée fédérale.

Dans les anciens États héréditaires du Hanovre, le pouvoir était divisé entre quatre familles princières ; mais, à la fin du dix-septième siècle, ces quatre couronnes se réunirent sur la tête de l'électeur Georges, plus tard roi d'Angleterre, sous le nom de Georges Ier, en sa qualité d'arrière-petit-fils de Jacques Ier. Depuis cette époque jusqu'à l'avénement de la reine Victoria, la maison de Brunswick-Lunebourg a gouverné les deux pays d'Angleterre et de Hanovre.

En 1801, le premier consul de la République française offrait le Hanovre à la Prusse pour prix d'une amitié sincère. La Prusse désirait cette proie, mais elle n'osait la prendre. En 1803, le général Mortier en fit la conquête. Après la paix de Tilsitt, lorsque Napoléon fit sortir des royaumes de la victoire et de sa volonté, le Hanovre fut coupé en deux : une moitié passa au nouveau royaume de Westphalie, composé de différents États enlevés à différents maîtres ; l'autre moitié fut incorporée dans les départements anséatiques.

La domination française a rendu de grands services au Hanovre : elle a ruiné la féodalité. La constitution westphalienne établissait l'égalité de tous devant la loi et le libre exercice des cultes ; elle supprimait les anciens États, les corporations et leurs privilèges. Malheureusement, Waterloo remit le Hanovre entre les mains de l'Angleterre. Une réaction violente suivit les premières années de la Restauration. Les anciens États furent rétablis et la noblesse recouvra tous les privilèges qu'elle avait perdus pendant les six années de l'occupation française. Il fut triste de voir ce pays exploité, pendant les quinze années de la Restauration, par un gouvernement bicéphale, professant, dans l'Angleterre, un système de liberté, et dans le Hanovre, tout ce qu'un monarchisme féodal et hautain, tout ce qu'un absolutisme plein de mépris pour les droits populaires, peuvent offrir de plus rude et de plus inflexible.

Aussi, l'irritation du pays allait-elle toujours croissant depuis 1814. Le duc de Cambridge, nommé gouverneur-général en 1816, convoqua une assemblée d'États, composée de députés nobles au nombre de quatre-vingt-cinq. Ces États reçurent une nouvelle organisation, en 1819, par l'adjonction des propriétaires fonciers non nobles et la création d'une seconde chambre. Ni cette amélioration apparente ni une administration réformée en 1822 ne purent calmer l'agitation sourde qui régnait dans le pays, et lorsqu'en 1830 la Révolution de juillet vint secouer les populations allemandes si longtemps contenues, le Hanovre ne tarda pas à prendre part au mouvement général. Au mois de janvier 1831, des troubles assez graves éclatèrent à Osterode et à Goettingue ; on parvint à étouffer la révolte. Cependant le gouvernement fit quelques concessions à l'esprit public, et, tout en sévissant contre les insurgés, il consentit à élaborer, d'accord avec les Etats, une nouvelle constitution, plus conforme aux véritables besoins du pays. Cette nouvelle constitution, préparée et discutée par une commission spéciale, fut formellement adoptée et jurée par le roi Guillaume IV, le 26 septembre 1833.

C'est cette charte constitutionnelle que le duc de Cumberland, dès son avénement au trône, a suspendue, comme n'ayant pour lui aucune force obligatoire. Cette constitution maintenait les anciens Etats provinciaux et constituait en outre deux chambres : la première, composée des membres du haut clergé et de la noblesse ; la seconde, de trois députés des corporations religieuses ; trois députés nommés par le roi au nom de certains colléges religieux ; un député de l'université de Goettingue ; deux députés du consistoire protestant ; un député du chapitre de Hildesheim; trente-sept députés des villes et des bourgs ; trente-huit députés, propriétaires fonciers, sans aucune condition de noblesse ou de privilége, pourvu qu'ils payassent un impôt de 300 thalers (1,000 francs).

On voit avec quelles restrictions les franchises constitutionnelles étaient octroyées par la constitution de 1833, où la liberté est à-peu-près aussi parcimonieusement mesurée que dans celle de 1819. Toutefois, la mesure brutale et illégale du roi Ernest a excité un mécontentement général et a provoqué une lutte opiniâtre entre le roi et le pouvoir électif. Cette lutte dure depuis trois ans et ne paraît pas près de finir. Le caractère germanique s'y est essayé noblement à l'opposition constitutionnelle et à la pratique de la liberté : il a montré de la persévérance, du tact, de l'adresse, de la dignité.   A. H.

HARO. Clameur jadis familière aux Normands. En voici l'histoire en quelques mots. Raoul ou Rollon, ayant été mis en possession de la Normandie par Charles-le-Simple établit, dit-on, une police si exacte dans ses états que, lui mort, son nom effrayait encore les malfaiteurs. Ce seul cri de *Haro* (entendez Rollon), était seul plus puissant qu'un officier de justice. « Quand quelqu'un souffre grief, dit un historien, s'il crie *ah ro ;* implorant la sainte mémoire de son prince, il arrête par cette clameur, comme par la main d'un sergent, celui qui lui fait tort. »

HATTI-SCHÉRIF, *Ecrit sacré* émané de la propre main du grand-seigneur. Véritable lettre de cachet, jadis, le Hatti-Schérif était souvent un arrêt de proscription, qui, pour atteindre le fonctionnaire ou le vassal contre lequel il était lancé

devait être tenu secret. Aujourd'hui, la Porte ottomane emploie quelquefois cette forme pour donner plus de poids à ses mesures. Dans des circonstances politiques graves, une proclamation se fait quelquefois par Hatti-Schérif. Au besoin, cet acte peut annuler les firmans, quoique ceux-ci soient revêtus du sceau de l'Empire. (V. FIRMAN, GRAND-SEIGNEUR).

HAUTESSE. On dit *Sa Hautesse* pour désigner le Sultan, comme on dit *Sa Sainteté* pour désigner le Pape, comme on dit *Sa Majesté* pour désigner un roi quelconque, en langage monarchique et même constitutionnel. C'est une de ces expressions inventées par la flatterie pour parler d'une tête couronnée ou pour s'adresser à elle avec le respect de convention commandé par l'étiquette. Le *vous* est essentiellement brutal et sonne mal aux oreilles princières ; il est mieux séant de parler au figuré et à la troisième personne du singulier, parce que ces espèces d'idoles qui gouvernent les peuples sont trop vénérables pour qu'on ose les considérer en face et les interpeller directement.

Les Turcs feraient sagement de renoncer à toutes ces façons de parler qui blessent la dignité des peuples aussi bien que la logique grammaticale. Aujourd'hui que la démocratie commence à s'infiltrer dans la société musulmane, et que le gouvernement ottoman tient d'une main courageuse le drapeau de la réforme, *Sa Hautesse* commence à *sentir son vieux temps.* Mais les locutions courtisanesques disparaîtront en Turquie comme ailleurs, en même temps que les idées et les sentiments qu'elles représentent. Le fonds finira par emporter la forme.

HÉBERTISTES. Toutes les révolutions ont eu leurs partis extrêmes. Quand, au progrès pacifique et mesuré, au développement des idées et des faits, succède un de ces élans rapides qui exaltent les intelligences, et bouleversent les institutions, non-seulement la carrière est ouverte aux hypothèses téméraires, mais encore il y a dans tous les esprits une tendance aventureuse qui excuse peut-être les écarts les plus désordonnés. Ajoutons, afin de dire toute la vérité, que les ambitieux de second ordre, trop peu discrets pour attendre les circonstances et en profiter lorsqu'elles se présentent, s'associent presque toujours, dans ces instants de crise, aux novateurs les plus turbulents, et ne tardent pas à compromettre, par une criminelle initiative, ceux de leurs complices dont la démence est loyale.

Il nous serait difficile aujourd'hui d'établir, dans le parti connu sous le nom d'*Hébertistes,* des distinctions exactes entre les personnes, et nous ne voulons calomnier aucune mémoire. D'ailleurs, la plupart des adhérents de ce parti sont restés fort obscurs ; quand on parcourt la liste qui en fut dressée par le tribunal révolutionnaire, on n'y trouve que peu de noms connus : ils firent plus de bruit collectivement qu'individuellement. Chaumette, Hébert, Ronsin et Clootz appartiennent seuls à l'histoire.

Dirons-nous de Chaumette qu'il fut de mauvaise foi ? Certes, nous n'avons aucune sympathie pour cet homme : mais, sans le justifier, nous croyons pouvoir expliquer toute sa conduite en écartant le soupçon de perfidie. Chaumette fut, dit-on, le principal instigateur des ignobles saturnales appelées *Fêtes de la Raison ;* ce fut lui qui, procureur-général de la commune, excita le peuple à mutiler les temples catholiques, qui proclama la nécessité de changer toute la morale, et de substituer, dans le cœur du vrai citoyen, une vertueuse férocité à cette bienveillance native qui est le lien des sociétés. Toutes ces extravagances ne sont-elles pas, en quelque sorte, motivées par le caractère intempérant de Chaumette, par la rudesse de son esprit peu cultivé ? Les biographes nous apprennent que, jeune encore, le futur *Anaxagoras* s'échappa de la maison paternelle, s'engagea comme mousse sur un navire, y devint timonier, puis, fatigué de ses courses maritimes, se fit déposer à terre et accourut à Paris, où ses connaissances acquises lui permirent de s'élever jusqu'à l'emploi de clerc chez un procureur. Le 14 juillet le surprit dans cette condition. Dès que les clubs furent ouverts, il s'y distingua par l'énergie de sa propagande démagogique. Élu procureur de la commune, il fut tel qu'il devait être dans l'exercice de cette fonction : obéissant à la fougue de ses instincts indisciplinés, souvent exalté jusqu'à la frénésie et prenant pour des révélations de l'avenir les divagations de son esprit malade, mais toujours, il nous semble, de bonne foi.

Quel jugement porterons-nous sur Hébert ? Ce nom repousse : le souvenir du *Père Duchesne* n'éveille que l'idée d'un fanatisme stupide et d'une ignoble littérature. Mais la question est de savoir si cette grossièreté de sentiments et de langage fût l'expression vraie de l'individu, ou si, comme on l'a prétendu, *l'œil hagard* d'Hébert était l'œil d'un traître aux gages de l'étranger. Nous ne pensons pas à cette dernière hypothèse. Cependant, comme on ne saurait assimiler l'exaltation du *Père Duchesne* à celle de l'auteur des *Fragments sur les institutions républicaines,* il faut admettre un autre élément que l'effervescence démagogique dans la personnalité tristement fameuse dont nous recherchons les mobiles. Hébert ne nous paraît pas seulement avoir eu des idées fausses, et nous n'attribuons pas à une éducation imparfaite le cynisme de sa plume. Qu'on se rappelle quelques-uns des actes de sa vie : s'il n'est pas prouvé qu'il ait été un des assassins de la princesse de Lamballe, il fut du moins soupçonné de cette atroce vindicte, et, en semblable matière, le soupçon est suffisant pour flétrir. Après avoir été un des principaux acteurs de la journée du 31 mai, il ne se contenta pas de la proscription des Girondins ; dans la prison et jusque sur la guillotine, on le vit les poursuivre de ses lâches injures : chargé d'interroger les enfants de la reine, il leur fit des questions obscènes pour avoir occasion de calomnier la pudeur maternelle. On connaît ses discours dans les clubs, ses motions à la commune. Personne ne montra plus de couardise sur l'échafaud ;

il pleurait, il suppliait, il implorait sa grâce : il fallut que le bourreau le portât sur la planche fatale : il était évanoui. Tant de dureté dans l'exercice d'un terrible pouvoir et tant de lâcheté dans les périls personnels ne s'allient jamais chez un homme qui a la conscience droite.

Ronsin était un de ces individus plus énergiques qu'intelligents qui, dans les discordes civiles, s'élèvent par l'audace aux premiers emplois. La Révolution l'avait trouvé poète obscur ; elle en fit un général d'armée. Cette fortune inouïe lui donna le vertige ; il se crut prédestiné à jouer le rôle de Cromwell. Lyon et la Vendée n'ont pas encore perdu le souvenir des exécutions impitoyables par lesquelles il rendit son nom fameux. Impliqué dans la conspiration Hébertiste, il sut au moins mourir avec courage.

L'esprit le plus original de cette faction, recrutée d'ailleurs parmi les écervelés et les fanatiques, fut sans contredit Anacharsis Clootz. Il mérita bien, par l'étrangeté quelquefois bouffonne de ses idées philosophiques, d'être le révélateur du cénacle Hébertiste. Nous ne voulons pas dire que, dans ses écrits, tout soit extravagant : ils se recommandent par d'ingénieuses utopies, par une certaine élévation dans la manière de considérer les faits et de les réduire en système, par un style brillant et coloré, par un enthousiasme d'autant plus vrai qu'une logique à-la-fois rigoureuse et téméraire ne le désavouait pas. Clootz avait sur la commune de Paris une action dangereuse ; mais, s'il trempa dans la conspiration de ventôse an II, on ne peut lui attribuer que la responsabilité morale des événements qui la précédèrent : il n'était pas homme d'action, bien qu'il fit souvent preuve de courage personnel.

Il nous faut conclure par un exposé sommaire des faits accomplis sous l'influence des Hébertistes, et des accusations qui motivèrent la sentence portée contre eux.

Si la plupart de ces *tape-dur* (ils ne se défendaient pas de cette qualification) combattirent pour la liberté dans la journée du 10 août, quelques-uns ne restèrent pas étrangers aux massacres de septembre : s'ils contribuèrent efficacement à réprimer l'influence du parti girondin, leurs actes postérieurs au 2 juin témoignent que le salut de la République les préoccupait fort peu dans cette affaire ; qu'entraînés, les uns par leur ambition, les autres par leur tempérament agitateur dans le parti du mouvement, ils rendirent à la Révolution un service plus opportun que désintéressé. La moralité de leur conduite peut d'ailleurs être appréciée par le résultat qu'ils se proposaient d'atteindre.

On ne doute plus aujourd'hui que si l'emploi de la terreur comme moyen de gouvernement fut une nécessité fatale de la dernière crise révolutionnaire, les excès commis dans l'exercice de cette sinistre omnipotence sont presque tous imputables à des adhérents de la faction Hébertiste : nous n'insistons pas sur ce point. Ce qui nous importe davantage, c'est de rappeler que cette faction tendit constamment au but coupable d'anéantir l'autorité législative, afin d'y substituer la domination à-peu-près absolue de la commune de Paris.

Comme on avait eu besoin d'Hébert et de Chaumette pour vaincre les Girondins, on les avait ménagés quelque temps ; ces ménagements exaltèrent leur audace , et alors même qu'on était sur le point de se séparer d'eux , ils révélèrent leur ambitieux projet par des manœuvres qui provoquèrent la vindicte légale. Ronsin et Mazuel publièrent des pamphlets contre le comité de salut public , dont la commune réclamait les prérogatives ; Hébert agita les clubs ; un soulèvement général de tous les *purs sans-culottes* fut décidé , et le jour en fut pris : on assure que le plan était de décimer la Convention et de gouverner militairement jusqu'à ce que la France , suivant l'expression de Clootz , fût vraiment *démocratisée*. Ce complot ayant été découvert, l'exécution en fut prévenue. Hébert et une partie de ses complices passèrent sous le joug de la loi, le 4 germinal an ΙΙ; le 24, Chaumette , Gobel et quelques autres subirent la même peine. Aucun parti ne laissa moins de regrets.   B. HAUREAU.

HELLÈNES. Nom générique des Grecs de la Grèce proprement dite ou Hellade et du Péloponèse. Son origine remonte à Hellen, fils de Deucalion, qui régnait en Thessalie 1500 ans avant notre ère, et remplaça par celui d'Hellènes le nom de Pélasges que portaient ces peuples. Tel était l'empire des souvenirs chez cette nation poétique que les noms donnés à certaines tribus par les fils et petits-fils d'Hellen, Dorus, Eolus, Achœus et Ion ont survécu à travers toutes les époques et désigné les grandes colonies, les grandes migrations de Grecs qui ont empli l'Italie méridionale, l'Asie-Mineure et l'Archipel.   V. M.

HEPTARCHIE. C'est le nom collectif que l'on donnait à sept royaumes fondés en 449 dans la Grande-Bretagne par les Saxons et les Angles, qui, appelés par les Bretons comme auxiliaires dans leurs guerres contre les Ecossais, s'étaient emparés du pays et l'avaient partagé entre leurs principaux chefs. Ces royaumes étaient ceux de Kent, de Northumberland , de Bernicie, de Déire , de Sussex, de Wessex et d'Essex. En 527, les Angles firent une nouvelle invasion, s'établirent sur les côtes orientales, s'étendirent peu à peu, et fondèrent le royaume d'Est-Anglie, en 571, et celui de Mercie, en 584, qui prirent la place des royaumes de Déire et de Bernicie. L'Heptarchie subsista, avec quelques modifications, jusqu'à l'an 828, époque à laquelle Egbert en fit la conquête et lui donna le nom d'Angleterre, et fit des anciens royaumes autant de shires ou comtés.   B. C.

HÉRÉDITÉ. Le sentiment de la sociabilité humaine ne serait qu'une vaine abstraction, un fait impuissant, s'il n'était complété par le sentiment de la perpétuité. Il faut que le lien qui unit entre eux les hommes contemporains d'une époque unisse aussi entre elles toutes les époques ; il faut que l'homme soit en communion d'esprit et de pensée, non-seulement avec les choses du présent, mais avec celles du passé et de l'avenir ; qu'il reçoive en naissant la somme des richesses intellectuelles et matérielles qui l'entourent, et, qu'en mourant, il lègue à ceux qui viennent après lui ces richesses accrues et développées : c'est ce phénomène social que l'on appelle Hérédité.

Puissance mystérieuse qui recueille les dernières paroles d'un siècle qui s'endort pour les transmettre au siècle qui va naître, l'Hérédité perpétue les destinées humaines sans jamais leur permettre de s'interrompre, sans jamais égarer une parcelle des trésors accumulés pendant la durée des âges. L'Hérédité, c'est l'unité de la vie humaine, c'est l'immortalité sur la terre.

Mais cette transmission ne s'opère pas seulement pour les faits favorables. Le mal se lègue aussi avec le bien, les fautes avec les bienfaits, et une solidarité non interrompue de succès et de revers avertit à chaque instant l'homme qu'il se doit aux autres comme à lui-même, et qu'il ne peut s'isoler sur la terre ni pour jouir ni pour souffrir.

En effet, chaque époque doit accepter les conséquences de l'époque qui l'a précédée. Si elle recueille les fruits, elle subit aussi les charges ; si elle profite des uns, elle paie aussi pour les autres. Il n'y a point pour les sociétés de bénéfice d'inventaire.

Cette idée générale de transmission et de solidarité ne se manifeste d'abord que sous les formes particulières de la famille et de la parenté légale ; et comme des pouvoirs de la famille sortirent les pouvoirs politiques, le système d'Hérédité, qui était la base de la famille, devint aussi la base des fonctions politiques.

Toutefois, ce n'est point sur des idées purement sociales que repose l'Hérédité de ces temps primitifs. C'est un privilége accordé aux pères de famille et concentré en eux. Aussi , dans toutes les transformations de l'Hérédité, nous reconnaissons des transformations politiques correspondantes. D'abord, dans la civilisation orientale, nous trouvons non-seulement l'Hérédité de la caste, mais l'Hérédité chez les dignitaires de la caste. A l'époque grecque et romaine , l'Hérédité n'existe plus dans les dignités, mais uniquement dans la caste. Mais lorsque le monde gréco-romain va se perdre et se dissoudre dans le régime impérial, ce nouveau pouvoir des Césars ne sait pas s'appuyer sur le fait antique de l'Hérédité, et l'élection militaire, exercée violemment par les Prétoriens, avilit à-la-fois les gouvernants et les gouvernés.

L'empire tombe sous la hache des barbares, et l'univers semble un instant dans une confusion générale. Mais les hommes de la Germanie, qui viennent peupler de leurs tribus les vieilles villes romaines, y apportent en même temps leurs idées de propriété individuelle , qui doivent être la source d'un droit politique nouveau. Les chefs de guerriers partagent entre leurs fils les territoires conquis et les leur transmettent, non plus comme un héritage politique, mais comme une succession privée. Or, comme à cette époque toute puissance

-s'attache à la possession des richesses territoriales, il s'en suit que les grandes propriétés deviennent des centres de gouvernement, et que l'Hérédité de la terre devient par le fait l'Hérédité du pouvoir.

Cette Hérédité de pouvoir qui s'attachait à la succession territoriale devait avoir des résultats très-importants pour la royauté, en devenant l'origine d'une puissance nouvelle qui s'élevait à côté de la monarchie et en fut longtemps la rivale, la féodalité. Nous avons déjà dit au mot CAPITULAIRES comment les comtes et les vassaux qui avaient reçu des rois des fiefs ou bénéfices en récompense de leurs services guerriers, parvinrent peu-à-peu à rendre ces bénéfices héréditaires. A dater du capitulaire de Kiersi, cette Hérédité ne leur fut plus disputée, et bientôt tout l'empire germanique, l'Italie et la France furent couverts de petites souverainetés héréditaires qui formèrent l'ensemble du droit politique au moyen-âge.

Mais à côté de la hiérarchie héréditaire féodale s'élève la hiérarchie élective sacerdotale. Le catholicisme a pressenti les idées d'avenir. La démocratie se développe dans le sanctuaire des temples et se manifeste par la voix des conciles.

Deux formes sociales aussi différentes ne pouvaient être longtemps en présence sans se combattre, et les longues luttes du sacerdoce et de l'empire ne furent que des actes de ce drame sanglant que ne comprirent ni les spectateurs ni les acteurs. D'un côté, la force morale de l'intelligence; de l'autre, toutes les brutalités de la force matérielle; d'un côté la parole, de l'autre le glaive; d'un côté l'élection, de l'autre l'Hérédité.

N'allons pas cependant, ainsi qu'on l'a fait de nos jours, transformer les papes en héros démocratiques, pleins d'un saint enthousiasme pour les droits méconnus des peuples. Beaucoup d'entre eux étaient sans doute excités par l'ambition personnelle, un petit nombre par le zèle religieux; mais quel que fût leur mobile, on ne peut leur refuser la gloire d'avoir été les premiers organisateurs de la hiérarchie élective, les premiers prédicateurs d'une politique future dont ils n'avaient pas conscience.

C'est peut-être même à ce défaut d'intelligence de ses propres œuvres que la Papauté doit sa défaite; car la victoire resta définitivement aux pouvoirs héréditaires, et, au seizième siècle, l'Église humiliée n'était plus que la vassale et l'instrument de la royauté.

Le protestantisme vint : en prêchant l'individualisme trop peu respecté par les catholiques, il préparait la chute des trônes fortifiés depuis longtemps par l'Hérédité. Une circonstance singulière, c'est qu'à la même époque un corps puissant, qui devait porter les premiers coups à l'Hérédité, empruntait à l'Hérédité même cette force qui devait le rendre vainqueur dans la lutte. La vénalité des fonctions judiciaires assurait à la magistrature parlementaire l'Hérédité des charges, et, par suite, l'indépendance. Ce fut donc l'Hérédité parlementaire qui compromit l'Hérédité monarchique, en même temps que le protestantisme les compromettait toutes deux.

Nous ne parlons ici que de la France, parce que de toutes les nations c'est celle qui est la plus avancée dans cette question sociale comme dans beaucoup d'autres.

La Révolution française fut, contre l'Hérédité, une protestation solennelle, formulée d'abord dans la nuit du 4 août 1789, puis dans la journée du 10 août 1792. Tous les anciens pouvoirs étant anéantis dans leur essence, l'Hérédité, qui n'est qu'un attribut de ces pouvoirs, disparaît avec eux.

Alors bien des ambitions se heurtent, bien des espérances s'éveillent, bien des intrigues se croisent, se font jour et se précipitent dans de sanglantes mêlées, et compromettent par de furieuses batailles le principe sacré de l'élection, jusqu'à ce qu'un soldat heureux ressuscite en sa faveur l'Hérédité vaincue. Le sénatus-consulte organique du 18 mai 1804 fut une bien autre révolution que celle du 18 brumaire. Cette dernière n'avait fait que changer une constitution; l'autre effaçait toute constitution, car elle anéantissait la souveraineté populaire par l'anéantissement de l'élection.

Mais on ne réveille pas impunément un principe qui sommeille. Le mot Hérédité devenait la première condamnation de l'Empire; car, au-dehors, il y avait des princes qui proclamaient ce même mot pour contester les droits de Napoléon; et ils devaient, aux jours de ses malheurs, venir invoquer contre lui ce même principe qu'il avait si imprudemment fait sortir de l'oubli.

Au surplus, comme il ne dépend pas d'un homme de rappeler des idées que le temps a effacées, ni le génie de Napoléon ni les efforts de ses successeurs n'ont réussi à rendre au principe de l'Hérédité la sanction qu'il avait perdue. Il ne peut plus rien désormais contre les révolutions; et deux prétendants réfugiés à l'étranger sollicitent en vain les peuples au nom d'un droit dont leur double déshéritance atteste la vanité. L'aigle et les lis, promenant sur toutes les rives leur mutuelle infortune, enseignent au monde comment on peut compter sur le prestige de l'Hérédité.

Mais ce n'est pas seulement à l'Hérédité royale que la révolution de 1830 a porté de mortelles atteintes. Le seul corps héréditaire qui restât debout auprès du trône, comme pour supporter les premiers coups qui pourraient le menacer, la pairie s'est vue dépouiller de ce dernier privilège, qui en faisait une image affaiblie de l'ancienne noblesse. Ceux qui soutiennent l'utilité de la Chambre haute ont sans doute dû voir avec douleur cette mutilation; car, sans l'Hérédité, la pairie n'a plus ni indépendance ni vie politique. Mais ceux qui, meilleurs logiciens, assurent que le gouvernement représentatif n'a pas besoin de cette superfétation, ont trouvé dans l'abolition de l'Hérédité de la pairie une preuve de leur assertion; car, depuis cette abolition, quoiqu'il y ait nominalement deux fractions dans le parlement, la Chambre élective gouverne toute seule et a réduit l'autre à n'être plus qu'une Chambre d'enregistrement. Et qui s'en plaint, après tout? La pairie peut-être. Mais, tout en se plaignant, elle accepte la part qu'on lui fait, et prouve par là qu'elle n'en mérite pas d'autre. Ses actes la condamnent mieux que tous les discours de ses adversaires.

« Aujourd'hui, de tous les pouvoirs qui reposaient sur l'Hérédité, la royauté seule conserve ce frêle appui. C'est un isolement qui doit donner à réfléchir; il y a plus d'un danger à rester le seul représentant d'un principe qui s'éteint.

Nous n'avons parlé jusqu'ici que de l'Hérédité dans les fonctions politiques. Toutefois, l'Hérédité dans la propriété privée est un fait antérieur, et sera, nous n'en doutons pas, un fait plus durable. Cependant ici encore, le temps et les progrès intellectuels ont apporté de notables changements et de profondes modifications. Le système de propriété a été si considérablement altéré par des améliorations successives, que l'Hérédité a dû subir les mêmes vicissitudes. La révolution la plus importante, sans contredit, a été l'abolition du droit de primogéniture. Par là, non-seulement, les richesses générales se sont accrues en vertu de la division des propriétés et des efforts individuels des propriétaires nouveaux, mais aussi la conscience publique a reçu satisfaction par un hommage à l'égalité. Ainsi, le partage égal entre tous les enfants a été en même temps un sage principe d'économie politique et un progrès immense en morale.

Aujourd'hui, cependant, une grave préoccupation s'est emparée des esprits. On se demande si l'Hérédité elle-même n'est pas une injustice : on montre d'un côté le petit nombre d'heureux appelés, en naissant, au partage d'une fortune qu'ils n'ont méritée ni par le travail, ni par l'intelligence, de l'autre côté, l'immense majorité des infortunés voués par avance à la servitude d'un travail sans fruit et sans repos. A la vue de ces contrastes, il est permis, sans contredit, d'élever un doute inquiétant sur la légitimité de cet état social où il y a tant d'appelés et si peu d'élus. Mais, en même temps, si l'on considère la force de la coutume, la puissance des intérêts, les droits acquis, les habitudes prises, et même, si l'on veut, les préjugés dominants, l'on pourra se convaincre que l'abolition entière de l'Hérédité est au moins une question prématurée.

Aussi quelques bons esprits ont-ils proposé comme moyen transitoire de diminuer les droits héréditaires de la ligne collatérale. Déjà dans un article de ce recueil (V. le mot DOMAINE), cette question a été incidemment traitée, et l'auteur propose d'abolir le droit de succession en ligne collatérale, à partir du troisième ou quatrième degré. Cette sage mesure rencontrerait, nous le croyons, peu d'adversaires ; car elle n'a pas cet aspect d'injustice qu'aurait l'abolition de l'Hérédité en ligne directe. Il est peu d'hommes qui en travaillant songent au bien-être de leurs collatéraux même les plus proches ; il en est peu qui ne songent à l'avenir de leurs enfants. Si c'est un préjugé, il est au moins assez puissant pour mériter encore d'être respecté. Les appréciations absolues du bien et du mal sont tellement difficiles, que le législateur doit tenir compte des préjugés domi-

nants, s'il veut tenir compte des sentiments de la majorité.

Nous ne voulons pas terminer sans rappeler un principe que nous avons plus d'une fois eu l'occasion de développer, c'est que nulle institution n'a pu être sans avoir eu sa raison d'être ; c'est que toutes ont eu leur sanction dans le consentement public, et que leur légitimité n'a cessé que du jour où elles ont perdu cette sanction.

Ainsi l'Hérédité en matière politique a donné à la marche des gouvernements la suite et la fixité nécessaires pour développer les faits sociaux qu'ils avaient mission de propager. Conservatrice des traditions elle ne permettait pas de lacunes dans les idées, ne laissait pas perdre un seul anneau dans la chaîne des temps. Alors qu'un petit nombre d'hommes avaient la conscience de l'avenir, l'Hérédité, placée dans les régions du pouvoir, leur transmettait toutes les lumières acquises, et leur enseignait à conserver le feu sacré et à le faire étinceler d'un éclat plus vif. Mais aujourd'hui, que le flambeau de l'avenir brille aux yeux de tous, aujourd'hui, que chacun se sent appelé à prendre sa part dans la direction sociale, l'Hérédité politique n'a plus de sens : ou plutôt, le domaine politique, formant le vaste et commun héritage de tous, il ne peut y avoir dans cet héritage de droits réservés, il ne peut y avoir un successeur privilégié qui dérobe à ses frères la portion la plus brillante de sa succession. ÉLIAS R.

HÉRÉSIE. Nous lisons dans un écrivain catholique : *Hœresis est sententia humano sensu electa, scripturæ sacræ contraria, palam edocta, pertinaciter defensa.* Cette définition pourrait être ainsi traduite : « Une Hérésie est une opinion individuelle, contraire au sens commun, prêchée et défendue avec le délire opiniâtre de la vanité. » Le sens littéral du mot *Hérésie*, αἵρεσις, *choix*, est fort clair. L'Hérétique est un Doctrinaire, un Idéologue ; il s'est retranché du monde, il s'est fait une croyance, il n'y a pour lui d'autre criterium que sa fantaisie : l'autorité prétendrait vainement lui imposer une contrainte, il ne lui reconnaît pas de droits sur son libre-arbitre. Interrogez-le sur les sentiments qu'il professe : jamais aucun de ces révélateurs qu'il considère en grande pitié ne se posa devant le vulgaire avec une égale assurance.

Il ne convient pas d'exposer ici les différentes Hérésies qui ont affligé le christianisme, et même d'aborder l'examen des plus sérieuses dissidences. Il nous suffit d'en caractériser l'esprit.

L'unité est-elle compatible avec la liberté ? Cela n'est pas douteux ; l'ordre est dans le rapport, mais à la condition que l'unité sera toujours sauve. Il y a des temps où le pouvoir est assez fort pour tolérer sans péril tous les écarts de la liberté ; il y en a d'autres où le pouvoir, manquant lui-même de sanction, livré à l'anarchie, ne représentant que des opinions et des intérêts de parti, ne pourrait, sans violer la conscience publique et la provoquer à ces remontrances vigoureuses qu'on nomme révolutions, interdire la propagande des opinions individuelles. Il y a enfin d'autres temps où le pouvoir se doit à lui-même, et à la majorité qu'il représente, de sévir avec énergie, de statuer juridiquement sur toutes les hypothèses hétérodoxes, de comprimer à la hâte toutes les tendances hostiles du sentiment aux mœurs, aux intérêts publics. Quand, au moyen-âge, un Hérétique avait été retranché de la communion des fidèles, on le fuyait avec plus d'horreur qu'un lépreux. Dans une époque moins éloignée de la nôtre, on a vu des populations entières accourir sur la place des exécutions et témoigner leur assentiment non-équivoque aux sévices exercés contre une opinion proscrite. Mais, de nos jours, quelle clameur de réprobation est entendue aussitôt que la plus légère menace est faite à la liberté! L'unité morale est toujours dans les masses, organes du sens commun; mais, quelquefois, cette unité n'est pas officiellement représentée. Protester alors contre le pouvoir de fait, contre l'autorité nominale qui gouverne et ne règne pas, ce n'est pas être Hérétique : au contraire.   B. H.

HERMINE. Cette fourrure a été dans tous les temps un attribut honorifique. Les rois, les princes, les ducs et pairs en doublaient autrefois les manteaux qu'ils revêtaient aux jours de grandes cérémonies; les présidents à mortier en garnissaient leurs robes; les chanoines en mettaient au bas de leurs aumusses; les docteurs en théologie, en droit, en médecine, la portaient sur l'épaule. L'hermine a peu perdu de sa faveur; elle est encore la marque distinctive de certaines dignités et de la première magistrature.

Deux ordres de chevalerie ont porté le nom d'*ordre de l'Hermine*. Le premier fut institué en 1365, par Ferdinand V, duc de Bretagne; le second, en 1464, par un autre Ferdinand, roi de Naples.   B. C.

HIÉRARCHIE. On entend par Hiérarchie cet ensemble des fonctions sociales qui constitue les différents degrés de subordination et de commandement. C'est la division politique du travail, l'application pratique des diverses aptitudes de chacun. Nous avons déjà plus d'une fois eu l'occasion de parler des nécessités d'une Hiérarchie pour la constitution de toute société. (V. AUTORITÉ, ÉGALITÉ). Car ce n'est pas la Hiérarchie en elle-même que les révolutions ont attaquée, mais les vices de sa constitution. Elle reposait sur les hasards de la naissance; elle doit reposer sur les suffrages de l'élection. L'Église catholique a offert sous ce rapport le plus parfait modèle de constitution qu'il ait été donné aux hommes de réaliser.

HISTOIRE. L'Histoire est le récit des événements accomplis. L'historien rappelle à la postérité ce qu'ont fait les hommes chargés de diriger la société : il les critique; il les juge. Ecrire l'Histoire, c'est en réalité exercer une magistrature politique de la plus haute importance.

Non-seulement l'historien dispense l'éloge et le blâme, mais il prépare des enseignements politiques à la postérité. Aujourd'hui que la méthode expérimentale a pénétré toutes les branches de la science, l'Histoire est devenue plus que jamais la base de la politique. Elle sert à maintenir ou à redresser les traditions : malheureusement, elle les égare aussi quelquefois.

Qui pourrait nier l'influence qu'exerce depuis environ trente ans l'Histoire mal racontée des dix premières années de la Révolution? Que de notions fausses et de préjugés absurdes n'y ont pas puisé les générations nouvelles? Qui pourrait dire l'influence utile qu'aurait exercée l'Histoire de cette époque écrite avec sincérité et probité?

Il importe donc beaucoup à la société que l'Histoire soit bien faite; mais par quel moyen l'obtenir? Pourrait-on imaginer une censure ou une répression qui ne produisît des effets mille fois plus funestes que la liberté? La liberté réfute une Histoire mauvaise par une autre Histoire, mauvaise aussi peut-être, mais à un point de vue différent, qui neutralise ou affaiblit l'effet de la première. C'est ainsi que l'opinion se corrige, avec lenteur il est vrai et d'une manière imparfaite, mais plus sûrement qu'avec une Histoire officielle.   C.-S.

HOBEREAU. Petit gentilhomme de campagne.

HOLLANDE. La Hollande est une monarchie. Bornée au nord et à l'ouest par la mer du Nord; à l'est, par la Confédération germanique, et au sud par la Belgique, elle comprend aujourd'hui les pays qui formaient autrefois les Provinces-Unies, c'est-à-dire la Hollande proprement dite, 'a Gueldre, la Zélande, l'Utrecht, la Frise, l'Over-Yssel et la Groningue; les pays de la Généralité ou des États-Généraux, c'est-à-dire le Brabant septentrional avec plusieurs districts, le Limbourg, la Gueldre supérieure; la partie orientale du grand-duché de Luxembourg, etc.

Pour l'administration, tous ces pays se divisent en dix provinces qui se subdivisent en districts, lesquels, à leur tour, se subdivisent en cantons. Les dix provinces sont : la Hollande septentrionale, la Hollande méridionale, la Zélande, le Brabant septentrional, l'Utrecht, la Gueldre, l'Over-Yssel, la Drenthe, la Groningue, la Frise, le Limbourg et Luxembourg.

La Hollande possédait autrefois des colonies considérables; mais à la suite des vicissitudes qui ont précipité sa décadence, elle a été réduite à consentir des cessions fort importantes. Il lui est cependant resté de très-riches possessions qui forment ce que l'on appelle l'Océanie, l'Afrique et l'Amérique hollandaise.

Suivant Balbi, la totalité de la monarchie hollandaise donne une superficie de 244,000 carrés et une population de 12,000,000 d'âmes.

Ces 12,000,000 d'âmes forment un peuple de négociants. Extrêmement industrieux, les Hollandais sont des commerçants entreprenants et hardis. Ils ont été un moment les facteurs du monde; mais leur prospérité ne reposait que sur cette seule base, le commerce; et avant eux l'exemple de Carthage, comme celui de Venise et de Gênes, avait fait voir que le commerce n'est et ne doit être que l'accessoire dans la constitution politique des états.

Quoi qu'il en soit, élevés par le commerce, les Hollandais ne se maintiennent que par le commerce, et leur avenir n'est que là; mais c'est un avenir secondaire, et la dissolution si brusque et si facile du royaume des Pays-Bas montre toute la vanité des tentatives qui auraient pour but de faire de la Hollande une puissance continentale : sa force est ailleurs comme ses intérêts. L'histoire de sa grandeur et de sa décadence le prouve clairement. Si donc elle comprend sa situation, cessant de regretter la Belgique, elle se tournera de nouveau vers la mer, vers cette mer qu'elle combat depuis des siècles et qu'elle a soumise : là, elle trouvera pour alliés, pour amis, tous les peuples, et un seul ennemi, l'Angleterre. Or, c'est l'Angleterre qui a dès longtemps préparé et précipité sa chute.

Nous n'avons rien dit des institutions politiques de la Hollande. Nous croyons, en effet, devoir renvoyer au mot PAYS-BAS l'exposition succincte de ces institutions. La constitution politique actuelle de la Hollande date de l'établissement du royaume de ce nom, et, de plus, c'est sous cette dénomination de Pays-Bas que sont plus particulièrement et historiquement connues les provinces qui composent aujourd'hui la Hollande. — Observons seulement que la grandeur de ce peuple illustre est contemporaine de la période républicaine de son histoire, et qu'il n'a fait que décroître depuis l'établissement de l'hérédité du stathoudérat dans la personne du prince d'Orange, Guillaume IV. E. D.

HOMMAGE. L'Hommage était la reconnaissance de la tenure féodale. Le vassal qui faisait Hommage, mettait ses mains jointes dans celles du seigneur, et le seigneur baisait le vassal à la bouche en signe de confiance et d'amitié réciproque. L'usage exigeait que l'Hommage fût à genoux, nue tête, sans manteau, ceinture, épée ni éperons. La forme d'Hommage dont nous venons de parler était la plus commune, mais elle n'était pas la seule usitée. Chaque seigneur pouvait prescrire la forme d'inféodation qui lui convenait le mieux sans consulter d'autre règle que son caprice ou son humeur. Un seigneur du Maine, par exemple, avait trouvé plaisant d'obliger son vassal à contrefaire l'ivrogne devant lui. Le baron de Moncontour exigeait, comme condition préalable d'investiture, que son vassal lui présentât une alouette liée sur un char à bœufs. Tous ces faits et beaucoup d'autres usages que nous pourrions citer, révélaient, il faut le dire, un singulier mépris de la dignité humaine.

Il arriva de là que les vassaux furent très-souvent obligés de s'adresser au parlement de leur province pour faire changer la forme de l'Hommage qu'on prétendait leur imposer.

L'Hommage était accompagné d'un serment. Ce serment obligeait le vassal à tous les devoirs de la vassalité.   A. T.

HONNEURS. C'est le nom qu'on donne à certaines formes de politesse, à certaines cérémonies d'apparat, à des distinctions, à des prérogatives particulières. L'ancienne monarchie avait multiplié les Honneurs; on comptait alors les grands Honneurs, les Honneurs de la cour, les Honneurs de l'église, les Honneurs militaires, les Honneurs funèbres.

Les deux révolutions qui ont passé sur ces usages les ont à peine effleurés. La plupart subsistent encore; et il n'y a guère que les Honneurs de la cour et ceux de l'église qui aient subi des modifications essentielles.   B. C.

HONORAIRE. Ce qui porte honneur ; il est très-singulier que le même mot signifie aussi le prix alloué à un service. Ainsi, après un certain nombre d'années, un officier public sortant de l'activité reçoit comme récompense une qualification *Honoraire*, et le même mot comme substantif n'est plus qu'une rétribution pécuniaire qui n'a pas nécessairement de rapports immédiats avec l'honneur.

En prenant ce mot Honoraire comme récompense de longs travaux consciencieusement remplis, il a certainement une valeur vraie ; mais comme un certain nombre d'années inutiles procurent le même résultat, il n'a guère d'importance, et les citoyens qui deviennent membres Honoraires après avoir été membres actifs dans telle ou telle catégorie ne reçoivent plus qu'un titre futile.   B. P.

HONORIFIQUE. On appelle Honorifique une fonction dont l'honneur est le seul salaire ; telles sont celles de député, de membre des conseils-généraux, des maires, etc. On a eu lieu souvent de remarquer que les fonctions Honorifiques sont remplies avec plus de zèle et de dévouement que les autres. Une de nos plus belles institutions, la magistrature commerciale est purement Honorifique, et l'on peut affirmer que les tribunaux consulaires ne sont pas moins éclairés et sont beaucoup plus actifs et assidus que les tribunaux civils.   B. P.

HORS LA LOI ou **HORS DE LA LOI.** Mettre Hors la loi, c'est déclarer que tous les rapports sociaux, civils et politiques sont rompus entre la société, représentée par un gouvernement et un ou plusieurs individus. Sous quelque aspect qu'on envisage la mise Hors la loi, elle présente le caractère d'un acte politique qui ne peut être justifié que par le salut de l'État.

La mise Hors la loi échappe à toute théorie, et nul ne saurait l'admettre comme moyen de gouvernement régulier. Nous irons même plus loin et nous dirons que, sauf des circonstances très-rares et tout-à-fait exceptionnelles, soustraire un seul citoyen à l'application des lois existantes, lui retirer les garanties sociales qui protègent tout individu né sur le territoire est un aveu de faiblesse. Le dernier exemple d'une mise Hors la loi a été l'ordonnance de Louis XVIII, qui enjoignait à tout Français de courir sus à Napoléon revenant de l'île d'Elbe.

La mise Hors la loi est un violent procédé qui a fait son temps. Comme désormais, le gouvernement doit nécessairement être le représentant de la majorité, on peut affirmer que ceux qui proposeraient une mise Hors la loi, se mettraient Hors la loi eux-mêmes. **B. P.**

HOSTILITÉS. On appelle ainsi tous les actes par lesquels se manifeste l'état de guerre.

Suivant les temps et les lieux, les Hostilités changent de caractère et de nature. Ainsi, chez les nations anciennes, elles consistaient dans l'emploi de tout ce qui peut nuire à la nation ennemie et aux individus composant cette nation. Il en est de même aujourd'hui chez les peuples non civilisés. La guerre pour eux suspend entre ennemis presque tous les rapports d'équité naturelle. C'est une sorte de *mise hors la loi* réciproque, de laquelle il résulte qu'on a le droit de courir sus à ses adversaires et de leur faire tous les maux qui sont matériellement possibles. Aussi voyons-nous les anciens et les Barbares avoir recours à toutes sortes de moyens pour détruire leur ennemi. Nous les voyons se livrer au pillage systématique et régulier des pays conquis, réduire leurs habitants en esclavage, tuer les prisonniers, incendier les villes et les campagnes, ne reconnaître, enfin, aucune distinction entre le soldat ennemi et le simple habitant, entre les propriétés privées et celles qui appartiennent à l'État contre lequel la guerre est dirigée.

Aujourd'hui, les progrès de la civilisation, les rapports multipliés qui existent entre les citoyens des différents pays, la crainte des représailles et aussi l'institution des armées régulières ont puissamment contribué à modifier ce sauvage état de choses. Il semble généralement convenu en Europe que le but de la guerre est d'amener l'ennemi à composition, non pas de le détruire. On distingue soigneusement les biens de l'État des biens appartenant aux particuliers, et la personne de ceux-ci est généralement respectée lorsqu'ils ne portent pas les armes. Une seule exception est faite à cette règle lorsqu'il s'agit, ainsi que nous l'avons remarqué ailleurs, de guerre maritime. Sur mer, les propriétés privées peuvent être saisies et les passagers inoffensifs faits prisonniers. Telle est la coutume, sinon le droit ; mais, à part cette anomalie qui disparaîtra sans doute dans un temps peu éloigné, les règles énoncées plus haut sont définitivement établies : le général qui ferait la guerre comme on la faisait il n'y a pas encore beaucoup d'années, serait mis au ban de l'opinion publique. L'incendie du Palatinat serait traité de brigandage. L'emploi du poison, soit pour corrompre les eaux, soit pour rendre les armes plus meurtrières, passerait justement, non pour un acte d'Hostilité, mais pour un assassinat. Les contributions de guerre elles-mêmes levées sur les particuliers, soit en argent, soit en nature, sont regardées seulement comme une avance qui doit être remboursée à la fin de la guerre par un des États belligérants. Le chef qui s'écarte de cette règle et qui, par conséquent, n'apporte pas la plus grande régularité dans la levée des contributions sur les pays ennemis risque de se voir accuser d'abus d'autorité et de pillage. Nous en avons vu un exemple dans la présente guerre d'Afrique, lorsque deux ou trois Arabes sont venus en France se plaindre de la conduite qu'avait tenue à leur égard un général français. Il y a un siècle qu'une telle plainte aurait été impossible. Aujourd'hui, grâce à la publicité que la presse donne à tous les faits, grâce à la puissance que l'opinion publique reçoit de cette publicité, il existe un tribunal où tous les griefs des opprimés peuvent se produire. Les gouvernements, même ceux qui prétendent ne relever que de Dieu et de leur épée, sont obligés de compter avec le sentiment de justice qui vit au cœur des nations, et il n'en est pas un seul qui ose dédaigner de se justifier devant elles quand il est accusé. **J. B.**

HUISSIERS. Ce mot vient de *huis*, porte. Les Huissiers sont en effet des préposés chargés d'ouvrir et de fermer les portes. Il y en a dans la maison du roi, chez les ministres et dans les deux chambres. On les appelait autrefois sergents de service. Dans le sein des deux chambres, leurs fonctions ne sont point purement domestiques comme chez les ministres, le roi, etc.

HUSTINGS. (V. MEETINGS.)

I

IDÉOLOGUES. La tourmente révolutionnaire avait interrompu les études philosophiques ; l'école de Condillac, de laquelle étaient sortis tant de révolutionnaires éminents, Garat, Daunou, Condorcet et le conservateur Cabanis, s'était vue frappée de mutisme avant d'avoir achevé sa propagande. Quand l'agitation cessa dans le Forum, quand à l'enthousiasme national succéda l'indifférence en matière de salut public, les marchands revinrent à leurs comptoirs et les philosophes à leurs livres. C'est alors que Destutt de Tracy annonça la renaissance de l'école empirique par la publication de ses *Éléments d'Idéologie* (1801). Le succès de cet ouvrage, auquel l'auteur annexa, vers la même époque, plusieurs traités explicatifs, fut un encouragement pour les disciples dispersés. Destutt de Tracy leur donna rendez-vous dans sa maison d'Auteuil, qui devint bientôt une véritable académie. On sait, de reste, que Napoléon n'aimait pas les Idéologues : il dédaignait leurs travaux comme une occupation frivole ; et, pour employer à quelque chose ces rêveurs inoccupés, il leur ouvrit les portes du Sénat-Conservateur, en leur fermant celles de l'Académie des sciences morales et politiques. On sait encore qu'un illustre Idéologue se vengea de ce dédain en accolant l'épithète de *Brutiste* au nom du grand capitaine.

Ni la raison ni les faits ne motivent cet échange de mauvais procédés. Si nous sommes loin de prétendre que l'esprit ne fit pas de conquêtes durant la période impériale, nous sommes loin d'approuver la sentence injurieuse prononcée contre la science des idées par l'homme d'État qui, dans les temps modernes, comprit et protégea le mieux les sciences et les écoles d'application.

Cette aversion affectée par Napoléon à l'égard de l'Idéologie et des Idéologues est d'autant plus fâcheuse qu'elle a donné crédit aux prétentions les plus insolentes. Ainsi, malgré tout ce qu'on a dit et écrit, depuis le Consulat, pour rendre à la philosophie première ses titres et son rang, malgré la confusion dans laquelle sont successivement tombées toutes les écoles anarchiques, où l'on s'est efforcé de n'argumenter que sur des phénomènes, malgré le renom bien acquis de quelques Idéologues contemporains, le préjugé vit encore ; les corps bruts sont toujours étudiés avec une prédilection exclusive, et les problèmes les plus graves de la métaphysique demeurent irrésolus pour le plus grand nombre de nos téméraires classificateurs. Nous ne saurions trop souvent rappeler que, dans l'ordre des sciences exactes, la première est l'Idéologie ; que tout système d'explication naturelle est nécessairement fondé sur le rapport du sujet et de l'objet, et que ce rapport est une des thèses de la critique rationnelle ; nous ne saurions trop dire que si les genres et les espèces sont des réalités dans l'absolu, ces réalités ne sont pas appréciables par le criterium empirique, et qu'avant de raisonner sur des substances, il est bon de savoir comment l'esprit les pose, si toutefois il est permis de les poser. Ce n'est pas d'ailleurs annihiler la philosophie que de la contraindre à subir les axiomes du sens commun : le sens commun est l'objet de la philosophie la plus élevée, la plus féconde et la plus nécessaire.

Après avoir proclamé la valeur scientifique de l'Idéologie, pour bien faire entendre que nous sommes loin de nous associer à l'opinion peu flatteuse que Napoléon avait des Idéologues, nous pouvons rechercher et apprécier les motifs de cette opinion. La République avait ébranlé tout ce qu'elle n'avait pas détruit ; emportée par les événements, elle n'avait pu réaliser ses vastes plans d'organisation intérieure, et ce n'était pas une médiocre affaire pour son héritier illégitime que de rétablir l'ordre où avait passé la tempête. Pour y parvenir, Napoléon devait de préférence demander conseil aux hommes de pratique. Les principes avaient été si bien établis par la Convention que les législateurs de l'Empire pouvaient s'épargner le soin de discuter à nouveau sur les bases dog-

matiques du droit administratif. Il était d'ailleurs dans la nature intellectuelle de Napoléon de concevoir avec rapidité et de précipiter l'exécution de toutes choses : plein de confiance dans la pureté de son coup-d'œil, il se donnait peu le temps de délibérer ; entouré d'hommes spéciaux, respectueux devant son initiative, et prompts à donner une forme à toutes ses pensées, il n'avait, comme le Dieu de Moïse, qu'à prononcer une parole pour que la lumière fût faite. Ce n'était pas dans la coterie des Idéologues que Napoléon pouvait trouver de tels serviteurs : outre qu'il y régnait un certain esprit de liberté, ces philosophes étaient plus enclins à la méditation qu'à l'action. Dans tous les emplois qui leur furent imposés, ils firent preuve de l'incapacité la plus notoire ou de la plus incorrigible paresse. Leur place n'était pas au Sénat, mais à l'Athénée.   B. H.

ILLÉGALITÉ. Acte contraire à la loi. (V. LÉGALITÉ).

ILOTE, ILOTISME. Historiquement, l'esclavage s'explique. C'est une singularité dangereuse que de le vouloir justifier philosophiquement. Strabon, Aristote, tous les conservateurs de l'antiquité ont posé en principe le fait qu'ils voulaient maintenir. L'esclavage leur était commode : ils ont dit que l'esclavage était de droit divin. Mais, aujourd'hui, à quoi bon réhabiliter les sophismes de ces conservateurs intéressés ? Pourquoi fournir aux adversaires de l'égalité des arguments que le bon sens leur refuse.

Qu'il y ait des hommes faits pour commander et d'autres pour obéir, que la force musculaire ne doive être que l'instrument de la force intellectuelle, ou, pour mieux dire, que les fonctions sociales diffèrent selon les aptitudes particulières, cela n'est pas douteux ; mais de cette diversité naturelle, toute variable, individuelle et mobile, conclure à l'éternel abaissement de toute une espèce, voilà qui n'est pas tolérable ; voilà ce que repoussent avec une égale énergie et la morale, et la philosophie, et l'intérêt social, et les plus vifs sentiments de la dignité humaine offensée.

Même dans les sociétés antiques, il s'est trouvé des esprits éclairés pour combattre cette opinion que l'esclavage est de droit naturel, qu'il n'est que la classification légitime, logique et régulière des *natures serviles*.

Et, en effet, l'histoire est là pour prouver que telle n'est point l'origine de l'esclavage. À l'appui de leurs affirmations, les apôtres de la servitude n'apportent que des hypothèses toutes fort contestables, tandis que les plus incontestables monuments du passé démontrent clairement que la seule violence a produit l'esclavage ; que l'infériorité morale et intellectuelle des espèces est l'effet et non la cause de l'esclavage.

Les Ilotes étaient des êtres abjects. L'étaient-ils naturellement ? L'intérêt social exigeait-il que la liberté leur fût ravie ? L'histoire répond.

Au fond du golfe de Laconie vivait une population dont Homère avait chanté jadis l'antiquité, la vaillance et la liberté : c'étaient les Ilotes ou Élotes. Agis Iᵉʳ, roi de Sparte, assiégea leur ville, la prit, en renversa les murailles, et réduisit en servitude la population tout entière. Bientôt, le mot Ilotisme devint, à Lacédémone, le synonyme d'abjection. Mais ces hommes autrefois libres, courageux et vaillants, l'esclavage seul les avait fait esclaves. Plongés dans le plus profond avilissement, chargés des plus dégoûtants offices, chassés pendant la nuit de l'enceinte des villes, régulièrement fustigés à des époques fixes, les Ilotes avaient fini par tout perdre, tout jusqu'au sentiment et au souvenir.

Cependant leur dégradation même ne suffisait point pour assurer la tranquillité de leurs maîtres, des *naturellement libres*. Quand la multiplication trop rapide des Ilotes inspirait quelque crainte à l'aristocratie lacédémonienne, elle faisait broyer sur la pierre leurs enfants nouveau-nés. Si le danger devenait plus intense, elle coupait le mal dans sa racine en exterminant un certain nombre d'adultes. Les historiens rapportent que, dans une seule nuit, deux mille de ces malheureux furent tués. Poussés à bout, se révoltaient-ils ? Alors l'ordre était rétabli pour longtemps : un massacre général suivait la révolte vaincue, et c'étaient les jeunes aristocrates de Sparte qui servaient de bourreaux !

On a peine à croire jusqu'où ces dominateurs scélérats avaient poussé la logique. Un esclave qui portait trop haut sa tête, ou que la nature avait doué d'un visage noble et d'une fière attitude, était naturellement dévoué à la mort. Une santé vigoureuse, un certain embonpoint, l'apparence d'un certain bien-être étaient aussi une infaillible cause de mort, et l'on punissait d'une amende, comme coupable envers la société, le maître imprudent qui permettait à ses esclaves de se trop bien porter.

Enfin, pour détruire en eux tout ce qui pouvait rester encore de l'être humain, on les forçait à s'enivrer, et on les livrait ainsi au mépris des enfants libres.

Voilà comment étaient devenus *naturellement* esclaves les descendants de ceux dont le vieil Homère avait chanté les vertus.   E. D.

IMMUNITÉ. L'Immunité est une exemption de contribuer aux charges publiques.

Sous l'ancien régime, il y avait beaucoup d'Immunités dont jouissaient certaines provinces, certaines villes, certaines classes de personnes. Les immunités locales étaient, en général, consacrées par les capitulations qui étaient intervenues entre la couronne et les habitants des provinces et des villes. Les Immunités dont jouissaient certaines classes de citoyens résultaient de l'usage et des mœurs : elles n'étaient pas toutes gratuites.

L'exemption de la taille était une Immunité importante dont se glorifiait la noblesse. L'exemption du service militaire était une Immunité au profit du clergé. La liste des petites Immunités locales ou personnelles qui existaient autrefois remplirait plusieurs volumes.

La Révolution a détruit presque toutes les Immunités qui existaient avant elle et fait disparaître de la langue politique un mot qui impliquait la négation des devoirs sociaux. (V. Privilège).

IMPORTATION. C'est l'introduction des marchandises étrangères sur le territoire national.

La plupart de nos lois de douane ont pour but d'empêcher l'Importation de certaines marchandises ou de la soumettre à certaines conditions. Elles devraient favoriser l'Importation des instruments de travail et faire obstacle à l'Importation des objets de luxe. Malheureusement toutes leurs dispositions ne sont pas conçues dans cet esprit.

IMPOSITION. IMPOT. Ces deux mots qui devraient signifier, l'un, l'action d'imposer, l'autre, le tribut imposé, sont devenus synonymes. L'Imposition foraine, l'Imposition du cinquième ou du vingtième des biens, l'imposition de un ou plusieurs sols sur les marchandises vendues en tel ou tel lieu étaient connues depuis longtemps dans l'ancienne France.

Le nom d'Impôt, plus exact, est plus moderne et nous ne croyons pas qu'il date de plus de deux siècles.

Les jurisconsultes définissent l'Impôt : la portion des biens de chaque citoyen que prend le gouvernement. Cette définition est exacte, même aujourd'hui que l'Impôt a pris le nom modeste de contribution.

Il est probable que l'Impôt est aussi ancien que les sociétés politiques. En tout cas, il a des lettres de noblesse fort respectables ; car on a trouvé des quittances d'Impôt parmi les morceaux de papyrus qui enveloppent les momies égyptiennes.

Chez les anciens, l'Impôt fut établi d'abord sur le capital que possédait chaque citoyen. Le cens des Romains comprenait ce que nous avons divisé en contribution foncière, personnelle et mobilière : il était réparti sur toutes les richesses qui appartenaient à chacun. Cette manière d'asseoir l'Impôt a été longtemps en usage ; longtemps on a imposé la terre par arpent et demandé aux citoyens le cinquième, le dixième ou le vingtième de leurs biens. C'est par ce vicieux établissement de l'Impôt et par une législation atroce, que le fisc romain put parvenir à consommer presque toute la richesse que l'industrie de l'antiquité avait produite. C'est par ce moyen que nos rois auraient atteint le même résultat, s'ils avaient eu plus de puissance.

A côté de l'Impôt sur le capital se sont établis depuis fort longtemps les Impôts sur les consommations et sur les jouissances qui ont pris dans les sociétés modernes un développement si extraordinaire.

Aujourd'hui, nous n'avons plus d'Impôt qui frappe ouvertement le capital : l'Impôt foncier lui-même est établi sur le revenu. Cependant, comme il a le capital pour gage et que les opérations cadastrales sont fort rares, il ne diffère pas autant de l'ancienne taille qu'on le pourrait croire. Cela est si vrai que la loi a prévu le cas où l'Impôt absorberait la valeur de la terre et au-delà. En ce cas, le propriétaire peut se libérer en cédant sa terre à la commune. Mais cette cession autrefois fréquente est à-peu-près inconnue de nos jours. (V. Contributions, Répartition).

INAMOVIBILITÉ. (V. Amovibilité.)

INAUGURATION. Ce mot indique les formes publiques qui accompagnent l'installation d'un établissement, d'une institution, d'un monument. Comme tout spectacle agit puissamment sur l'esprit des masses, une inauguration sérieuse n'est pas sans importance sous le rapport de la morale et de l'intérêt public. La République avait établi des fêtes qui faisaient partie des institutions nationales ; les Inaugurations, qui, par leur objet positif, frappent plus vivement l'imagination, atteindraient plus facilement ce but ; mais il y a longtemps qu'en remplaçant par de ridicules cérémonies les formes graves qui devraient y présider, on leur a fait perdre leur véritable caractère. (V. Fêtes publiques).   B. P.

INCAS. Nom que portaient les souverains du Pérou lors de la conquête de ce pays en 1520. Les Incas descendaient de Manco et d'Oello, sa femme, qui apparurent soudain, quatre siècles environ avant la découverte, sur les bords du lac de Titicaca, et appelèrent à la civilisation les Péruviens jusqu'alors barbares et anthropophages. On ignore d'où venait ce couple bienfaisant ; mais il apparut aux Péruviens étonnés comme envoyé du ciel. Manco enseigna aux hommes la culture, le soin des troupeaux, l'architecture ; Oello montra aux femmes le tissage des vêtements et les soins de la famille. Le culte du soleil fut institué et remplaça les fétiches et les sacrifices barbares par lesquels chaque tribu croyait honorer ses dieux. Le partage des terres, le travail en commun, l'amour fraternel de toutes les familles furent prescrits et observés. En reconnaissance de ces bienfaits, la royauté fut déclarée héréditaire dans la famille de Manco, et les souverains portèrent le nom d'Incas. Douze princes se succédèrent jusqu'au seizième siècle. Ils firent de l'empire du Pérou un empire riche et florissant : leurs routes, leurs canaux, leurs monuments, dont beaucoup subsistent encore, témoignent de la civilisation avancée à laquelle était arrivé le pays. Quant au gouvernement, il était absolu dans toute l'acception du mot, et les lois qui prescrivaient la fraternité, le travail, le respect pour la vieillesse, prescrivaient aussi le dévouement absolu aux ordres de l'Inca. C'était un despotisme paternel, mais qui, entre les mains d'un mauvais prince, fût devenu bien lourd. Les historiens espagnols, un peu suspects sans doute, puisqu'ils cherchaient à justifier les atrocités de la conquête, prétendent que les Incas avaient un nombreux sérail ; leurs sujets ne les abordaient qu'un tribut à la main et n'osaient jamais les regarder en face ; on était sans pitié pour tout rebelle, et des provinces entières se laissaient égorger à un seul signe de l'Inca. A la

mort du monarque, un certain nombre de victimes humaines étaient immolées sur son tombeau Tous ces faits, qu'on n'a que faiblement démentis, sont assez peu d'accord avec les vertus touchantes et la perfection du gouvernement dont quelques historiens et philosophes du siècle dernier dotaient les Indiens. Quoi qu'il en soit, la conquête espagnole ruina cette civilisation imparfaite sans doute, mais très-remarquable. L'empire des Incas fut détruit : Athualpa, Inca de Quito, étranglé à Caxamarqua ; Huescar, son frère, Inca de Cuzco, avait été assassiné quelque temps auparavant. Manco-Capac et son fils Tupac-Amaru, descendants des Incas, firent insurger les Indiens en 1560 ; leur tentative ne fut pas heureuse. Les Espagnols en profitèrent pour commettre d'horribles cruautés, frapper la capitation sur les Indiens et instituer pour eux le travail forcé des mines. En 1781, un descendant de Tupac-Amaru leva de nouveau l'étendard de l'indépendance. Vaincu comme ses ancêtres, il périt sur l'échafaud ; en lui finit la race des Incas. Cependant quelques Cauques se vantent encore de descendre de ce sang illustre. Ils prirent une part active à la guerre de l'indépendance, qui, en 1821, sépara le Pérou de la métropole, et sont confondus avec le reste de la population Hispano-Indienne, qui s'est formée par le mélange successif des races pendant trois siècles, et compose aujourd'hui la nation péruvienne. (V. Pérou.)   V. M.

INCOMPATIBILITÉS. Dans tous les pays que régissent des institutions représentatives, on s'est préoccupé avec raison du danger que présente le cumul des fonctions publiques et du mandat législatif. (V. Fonctionnaires-Députés.)

La constitution des États-Unis et la constitution française de 91 en ont prononcé l'Incompatibilité absolue.

En Angleterre, on a essayé de faire prévaloir le même principe, et si l'on n'a pu l'établir dans toute sa rigueur, on a réussi du moins à éloigner de la chambre élective les agents subalternes du pouvoir exécutif, et à circonscrire leur nombre dans une proportion sans valeur. Sur les six cent cinquante-huit membres dont se compose la chambre des communes, on ne compte guère que soixante fonctionnaires.

Chez nous, la loi du 19 avril 1831 a établi deux sortes d'Incompatibilités : les Incompatibilités absolues et les Incompatibilités relatives.

Il y a Incompatibilité absolue lorsque l'exercice de la fonction publique est inconciliable avec l'exercice de la fonction législative. Ainsi, les préfets, sous-préfets, receveurs-généraux, receveurs particuliers des finances et payeurs ne peuvent être députés. Et cela est parfaitement rationnel, car tous ces agents sont trop immédiatement soumis à la direction et au contrôle de leurs supérieurs administratifs, et le bien du service exige, en outre, qu'ils soient tenus de rester constamment à leur poste.

On appelle Incompatibilités relatives celles qui résultent de la situation personnelle de certains fonctionnaires vis-à-vis de tel ou tel collége électoral. Ainsi l'article 65 de la loi de 1831 a décidé que les officiers-généraux commandant les divisions et subdivisions militaires, les procureurs-généraux près les cours royales, les procureurs du roi, les directeurs des contributions directes et indirectes, des domaines et enregistrement et des douanes, ne pourront être élus par le collége électoral d'un arrondissement compris en tout ou en partie dans le ressort de leurs fonctions. Le législateur a considéré que ces divers fonctionnaires pouvaient, par leur position même, exercer sur la liberté des électeurs dont ils brigueraient les suffrages une influence corruptrice.

Relatives ou absolues, toutes ces Incompatibilités n'ont nullement atteint le but que l'on voulait atteindre ; elles n'étaient point assez rigoureuses pour combattre avec avantage les causes nombreuses qui tendent à engorger nos assemblées de fonctionnaires. Aussi, dès le lendemain même du jour où la loi a été mise en vigueur, a-t-on senti la nécessité d'en étendre largement les dispositions.

Ce n'est pas ici le lieu de dire par quelles voies directes ou indirectes on a tenté de chasser du sein des pouvoirs parlementaires ce funeste germe de corruption. Un tel historique ne serait ni intéressant ni utile. Il suffira de dire qu'après bien des tâtonnements une commission parlementaire a proposé, par l'organe de l'honorable M. Maura-Ballange, les résolutions suivantes :

« 1° Les membres de la chambre des députés qui ne sont investis d'aucunes fonctions publiques salariées au moment de leur élection ne peuvent y être promus pendant la législature à laquelle ils appartiennent, et jusqu'à la réunion d'une nouvelle législature.

« Sont exceptés des dispositions qui précèdent :

« Les ministres ;

« Les sous-secrétaires-d'état ;

« Les secrétaires-généraux des ministères ;

« Les directeurs-généraux ;

« Le préfet de la Seine ;

« Le préfet de police ;

« Le procureur-général près la cour royale de Paris ;

« Les ambassadeurs et ministres plénipotentiaires ;

« Le vice-président du conseil-d'état ;

« Le grand-chancelier de la Légion-d'Honneur ;

« Le commandant en chef de la garde nationale de Paris ;

« Le gouverneur de la banque de France ;

« Le gouverneur des possessions françaises en Afrique.

« 2° Les députés qui exercent des fonctions publiques salariées au moment de leur élection ne peuvent être promus, sauf dans les cas exceptés par le précédent article, qu'à des fonctions d'un degré immédiatement supérieur, et dans l'ordre hiérarchique et régulier des divers services publics auxquels ils appartiennent. »

Ce serait là, sans contredit, une amélioration fort désirable ; mais elle ne suffit pas. Ces restrictions n'excluent pas de l'enceinte législative les agents, même subalternes, du pouvoir exécutif ; par conséquent, elles n'assurent point l'indépendance du pouvoir législatif, et tel doit être le but et l'effet de toute réforme. Ce que l'on ne pourra pas obtenir pendant la durée des législatures, on l'obtiendra avant ou après. On aura détruit un élément de corruption en en laissant subsister deux. Est-il donc si difficile d'être logique ?   E. D.

INCOMPÉTENCE. (V. Compétence.)

INCONSTITUTIONNEL, ce qui est contraire à la constitution. Tout acte émané du pouvoir et qui viole les garanties constitutionnelles est Inconstitutionnel. Toute manifestation morale ou matérielle émanée des citoyens, et qui viole les prérogatives attribuées par la constitution aux pouvoirs publics est Inconstitutionnelle. Sous l'empire des constitutions qui ne sont point sujettes à révision, tout progrès est entaché d'inconstitutionnalité ; toute mesure de salut public est Inconstitutionnelle (V. Légalité). Le mot Inconstitutionnel disparaîtra de la langue politique le jour où la loi sera véritablement l'expression de la volonté générale.

INDEMNITÉ. Réparation d'un dommage. Ce mot, dont chaque lettre nous a coûté plus de cent millions, n'est pas près de s'effacer de la langue politique, et longtemps encore il rappellera un tribut honteux payé par les vainqueurs aux vaincus soutenus par l'étranger.

Au retour des Bourbons, la France devint la conquête des gentilshommes qu'elle avait rencontrés et battus dans les rangs ennemis ; le pays fut livré à leur exploitation. Malgré les promesses de la Charte de 1814, on s'était plu à maintenir en France deux classes de biens, les uns patrimoniaux, les autres nationaux ; les premiers, libres de toute espèce de suspicion ; les seconds, placés en quelque sorte hors du commerce et grevés d'un esprit de retour de la part des anciens propriétaires. On n'ignore pas que ces anciens propriétaires avaient partout obtenu tous les emplois publics, s'étaient partagé les ressources existantes et indemnisés à leur manière sur les fonds de l'État ; on sait aussi que les propriétés nationales, divisées, transmises de mains en mains, échappaient à toute revendication ; enfin, ces sortes de biens étaient rentrées dans la circulation et les possesseurs avaient repris toute l'assurance que de vaines rumeurs avaient quelque temps troublée ? Cependant, il se trouva des hommes capables de préparer et de faire voter une loi d'Indemnité qui grevait le trésor d'un milliard et qui était destinée à réparer les dommages causés à ces hommes qui depuis leur exil volontaire, et il faut le dire, leur trahison, avaient retrouvé dans les caisses publiques bien au-delà de leur patrimoine obéré ! Telle est, aujourd'hui, toute l'histoire de l'Indemnité. Ce mot représente un milliard de dette. Ajoutons, pour être justes, qu'il s'associe à la réduction de l'intérêt, essayée pour la première fois sous le ministère de M. de Villèle.

Le mot Indemnité se rapporte encore à une autre réparation d'une nature à peu près identique ; nous voulons parler du paiement proposé ou exigé pour les faits relatifs à l'émancipation de Saint-Domingue.

A ces deux exceptions près, il paraît que l'Indemnité doit disparaître du domaine politique, car il ne nous semble pas que, toutes les fois qu'une modification nécessaire dans le gouvernement d'un État s'accomplit, les individus puissent prétendre à la réparation de dommages personnels.

Dans le langage de la jurisprudence, l'Indemnité est l'équivalent des dommages et intérêts, et alors le sens du mot prend encore une grande extension en raison des travaux d'intérêt public qui viennent porter atteinte au droit reconnu de propriété. Le principe posé par nos codes est que nul ne peut-être exproprié que par des motifs d'intérêt général et à la condition d'une indemnité préalable. Ce principe atténué par plusieurs lois de détail n'est pas encore parfaitement défini. Aujourd'hui même encore il apporte le plus grand obstacle à l'exécution des canaux, des chemins de fer, etc. C'est donc au mot TRAVAUX PUBLICS que nous pourrons donner les règles qu'il serait bon d'admettre pour ne pas entraver les droits généraux par les exigences particulières.   B. P.

INDÉPENDANCE. Ce mot, ainsi que celui de liberté, a été bien souvent prononcé dans les discussions politiques qui nous ont occupé depuis quarante ans. Mais il est évident qu'appliqué à l'individu en société il ne peut avoir de sens que lorsqu'il sert à combattre l'oppression. C'est assez dire, par conséquent, que dans un état social bien organisé, il ne saurait y avoir une indépendance absolue pour aucun individu. Il ne saurait même y en avoir pour le pouvoir ou au moins pour les agents du pouvoir ; car étant toujours responsables vis-à-vis du souverain, c'est-à-dire de tous, l'Indépendance serait en contradiction avec cette responsabilité. Entre les pouvoirs et les individus, comme entre individu et individu, il doit y avoir mutuel secours, par conséquent mutuelle dépendance. Toute société, d'ailleurs, n'est que la dépendance organisée ; et c'est pourquoi les organisations politiques présentent tant de difficultés, car il ne faut ôter à l'indépendance de chacun que ce qui est nécessaire pour la sécurité de tous.

L'Indépendance de chaque nation vis-à-vis des autres semblerait au premier coup-d'œil mériter d'être défendue d'une manière absolue. Cela ne tient qu'à l'absence de tout droit international, et par suite à l'état d'antagonisme où se trouvent aujourd'hui toutes les contrées des deux mondes. C'est de cet état d'hostilité permanente qu'a surgi la fameuse doctrine de la non-intervention ou de l'Indépendance absolue. Mais il est évident que du jour où des idées communes auront créé entre tous les peuples des liens communs, l'Indépendance absolue de chaque nation devra cesser, et

elles se devront réciproquement compte des faits qui pourraient compromettre les intérêts généraux.

INDÉPENDANTS. Nom d'une secte religieuse qui a joué un grand rôle dans l'histoire politique de l'Angleterre. On a aussi donné aux Indépendants le nom de *Brownistes*, de Robert Brown, le fondateur de cette secte, homme d'une foi ardente, d'une rare énergie et d'un courage éprouvé, qui mourut en 1630, dans la geôle de Northampton, à l'âge de quatre-vingts ans.

L'origine même de cette société religieuse fut une protestation contre les formules absolues et les prétentions exclusives du nouveau protestantisme anglais : sortis de la secte des Puritains, comme les Presbytériens et les Anabaptistes, les Indépendants se trouvèrent de bonne heure en désaccord avec leurs frères, et en opposition avec l'Église établie. Jamais l'autorité et la hiérarchie ecclésiastiques n'eurent de plus redoutables adversaires. Selon ces sectaires, le clergé, tel que les intérêts et les passions l'avaient fait, était l'ennemi naturel de la religion, et entre ses mains, comme dans celle de l'Antéchrist, les sacrements les plus saints perdaient leur efficacité.

Par une conséquence logique de leur principe, ils ne reconnaissaient ni au roi d'Angleterre, ni à l'Église anglicane, ni à aucun autre pouvoir ecclésiastique le droit de diriger les consciences en matière religieuse. Ils soutenaient hardiment, à une époque où les protestants rivalisaient d'intolérance avec les catholiques, qu'il fallait laisser à toutes les sectes la liberté d'adorer Dieu à leur manière, tant que leurs croyances n'avaient rien de contraire à l'ordre et à la morale.

Le gouvernement de leur Église était purement démocratique. Chaque congrégation ou communauté religieuse se constituait au moyen d'un acte d'association signé par tous les frères. Elle choisissait un ministre dans son sein par voie d'élection, et comme elle ne reconnaissait à celui-ci aucun caractère indélébile, elle pouvait, au besoin, le faire rentrer dans la vie ordinaire. Un des frères, par l'imposition des mains, conférait le sacerdoce au ministre élu, dont les devoirs se bornaient à la prédication, à l'administration des sacrements et à la protection des pauvres. Le ministre n'intervenait point dans l'acte du mariage, qui était considéré comme un acte purement civil.

Avec de pareilles doctrines et une pareille constitution, les Indépendants devaient s'attirer la haine de tous les pouvoirs. Aussi la persécution s'attacha-t-elle à eux depuis le règne d'Élisabeth jusqu'à l'expulsion du dernier des Stuarts. On condamna, on flétrit publiquement leurs livres, on jeta leurs personnes dans les prisons, on les traîna à la potence. Un grand nombre, pour échapper à cette tyrannie, se réfugièrent sur le continent, et allèrent fonder des églises à Middlebourg, à Amsterdam et à Leyde.

Mais, sous le règne de Charles Ier, les Indépendants devaient prendre une terrible revanche. Ils contribuèrent puissamment à assurer le triomphe du Long Parlement et à faire tomber sous se coups la monarchie et l'Église anglicane. A cette époque, leur courage fut vraiment irrésistible, leur ascendant prodigieux. Ces hardis novateurs avaient formé le projet de changer entièrement la face de l'Angleterre, comme on le voit par la pétition qu'ils adressèrent au parlement, au mois de juin 1647, sous le nom d'*humble représentation.*

Ils voulaient établir un gouvernement démocratique et dont le premier magistrat serait nommé par la nation. Le parlement devait être renouvelé de deux ans en deux ans; la durée des sessions, au moins, de cent vingt jours, et, au plus, de deux cent quarante. Ils demandaient, en outre, l'abolition des petits bourgs et l'augmentation du nombre des membres par comté, de manière que le droit de suffrage fût également réparti sur le territoire en raison de la population et des taxes. Le peuple aurait nommé ses magistrats, et nul citoyen n'aurait pu être exclu des emplois; le service militaire aurait été libre, l'emprisonnement pour dettes aboli; un traitement fixe accordé à tous les ministres de la religion, sans distinction de culte, aurait permis de supprimer l'impôt ruineux des dîmes. Enfin, les lois civiles eussent été réformées, refondues en un seul code et rendues égales pour tous.

Les Indépendants ont beaucoup perdu aujourd'hui de l'ardeur et du zèle de leurs pères pour la liberté civile, politique et religieuse. Toutefois, il faut leur rendre cette justice, qu'ils sont naturellement ports vers les idées d'amélioration, de progrès et d'affranchissement. Ils forment encore, par leur nombre et leur intelligence, une des subdivisions les plus importantes de la classe immense des non-conformistes. D'après un recensement officiel publié en 1832, cette secte comptait environ seize cent quarante-trois congrégations en Angleterre et dans le pays de Galles. (V. ANGLICAN, PRESBYTÉRIEN, PURITAIN.)　　A. GUILBERT.

INDES ANGLAISES. Les Indes anglaises (que l'on désigne aussi sous les noms d'Hindoustan, d'empire Anglo-Indien ou Hindo-Britannique) se composent du vaste territoire asiatique, borné au nord par la Confédération des Seiks, le Thibet et le Népal; au sud par l'Océan indien, à l'ouest par le cours de l'Indus, à l'est, par les états Birmans et le golfe du Bengale. C'est l'héritage d'Akbar et d'Aureng-Zeb, le théâtre où Tamerlan (Timour-Lenk), Mahmoud le Gnazévide et Nadir-Cha, promenèrent la dévastation et la conquête, celui encore où, avant eux, Alexandre avait porté ses armes dans les temps historiques; Bacchus, dans les temps fabuleux. D'après les délimitations consacrées par les Brames, l'Inde proprement dite s'étendait du 8e au 35e degré de latitude nord et du 65e au 91e degré de longitude est. Mais, déjà, sous Aureng-Zeb, l'empire Mongol avait franchi ces limites, et l'Angleterre aspire chaque jour à les reculer. Dans son ensemble, cette vaste contrée offre, d'après l'ingénieuse remarque de W. Jones, la figure d'un grand quadrilatère qui se divise en deux vastes triangles, dont la base commune est la ligne de jonction des bouches de l'Indus à celles du Gange et du Bramapouttra. Cette ligne, qui comprend toute la largeur de l'Hindoustan de l'est à l'ouest, n'a pas moins de six cent quatre-vingts lieues de poste d'étendue. C'est à-peu-près la distance qui sépare Bayonne de Constantinople. Ce territoire est l'un des plus favorisés qui existent sous le double rapport orographique et hydrographique. Au nord les monts Himalaya, les plus hauts sommets du globe, dont quelques-uns s'élèvent à vingt-quatre mille pieds au dessus du niveau de la mer, puis les monts Soliman qui bornent le bassin de l'Indus, enfin tout le système connu sous le nom de chaînes des Gattes, voilà pour l'orographie. Les deux magnifiques cours de l'Indus et du Gange, unis au Bramapouttra, son puissant affluent; voilà pour l'hydrographie. Nulle part la nature n'étala de plus fertiles bassins et n'excita, par tant de richesses réunies, la convoitise humaine. Aussi le pays a-t-il subi bien des jougs divers et traversé une longue suite de vicissitudes dont nous n'avons pas à tracer l'histoire.

Dans son état actuel, l'Inde britannique est divisée en quatre grands gouvernements, savoir: la présidence du Bengale, celle de Madras, celle de Bombay et celle d'Agra ou des provinces de l'ouest, qui forment ensemble l'Inde anglaise continentale, régie par la *Compagnie des Indes orientales.* L'île de Ceylan est seule en dehors de ce régime; elle se trouve comprise dans le ressort direct de la Couronne.

Cette organisation d'un gouvernement marchand sous le nom de *Compagnie des Indes,* est l'un des faits les plus curieux et les plus grandioses des siècles modernes. Quelle existence que celle d'une association commerciale qui a commencé par les plus minces opérations du trafic colonial pour aboutir à la fondation de l'un des plus puissants empires connus. Fondée en 1600 à l'aide de quelques vaisseaux, la Compagnie des Indes est parvenue, dans le cours de deux siècles, à force de patience et d'habileté, à ranger sous sa loi cent millions de sujets médiats ou immédiats. Dans le début, la concession dont elle fut l'objet ne devait être que temporaire, et un décret d'Élisabeth avait limité à quinze ans la durée du privilège. Cependant il dure encore. Constituée solidement de 1702 à 1708 et malgré les désastres qui la mirent en faillite en 1773, elle est devenue peu à peu ce que nous la voyons aujourd'hui, une puissance à-la-fois commerciale et politique, mais beaucoup plus politique que commerciale. Dans un acte public tout récent, en date du 28 août 1833, la Compagnie a renoncé au monopole des relations de la Chine et suspendu indéfiniment tout négoce, mais en revanche elle a été investie du gouvernement direct et immédiat de l'empire Hindo-Britannique jusqu'au 30 avril 1843. La seule condition imposée à cette délégation du pouvoir souverain consiste à soumettre les actes de la Compagnie au contrôle d'un conseil spécial (*board of control*), dont les membres ont le titre de commissaires pour les affaires de l'Inde.

La constitution virtuelle de la Compagnie existe d'ailleurs à-peu-près intacte depuis son organisation de 1708. Le capital est de 6 millions de livres sterling, plus de 150 millions de notre monnaie. L'intérêt au taux de 10 et demi pour cent se répartit, à ce qu'il semble, entre trois mille six cents propriétaires environ. La *cour* des propriétaires règle les affaires de la Compagnie. Le porteur de 500 livres sterling d'actions a le droit de présence aux débats sans pouvoir voter; le porteur de 1,000 livres a droit à un vote; 3,000 livres valent deux votes; 6,000 livres, trois votes; 10,000 livres et au-dessus, quatre votes, qui forment le *maximum* dévolu à un porteur unique. Les femmes, les étrangers peuvent posséder, prendre part aux débats et voter. Le nombre des votants est évalué à deux mille. En 1832, deux mille deux cent onze votes appartenaient à des hommes, trois cent soixante-douze à des femmes. La *cour* des propriétaires se réunit tous les trois mois pour nommer, sous de certaines conditions, la cour des directeurs, composée de trente membres, dont vingt-quatre seulement en activité, six sortant chaque année et servant au roulement. La *cour* des directeurs se partage la gestion des affaires sociales divisées en trois branches: 1° l'intérieur et la comptabilité avec huit directeurs; 2° les affaires politiques et militaires avec sept directeurs; 3° le comité législatif des revenus et de la justice avec sept directeurs. Un président et un vice-président, élus chaque année, surveillent tout cet ensemble. La cour des directeurs tient une séance chaque semaine, et ne peut rien mettre en délibération si treize membres au moins ne sont pas présents. Les attributions de cette cour sont encore, quoiqu'un peu restreintes, des plus vastes, et ses fonctions des plus enviées. Le gouvernement suprême des Indes obéit à ses instructions. Les nominations dans les diverses et nombreuses branches du service indien lui appartiennent. En revanche, les places de juges, d'évêques et d'officiers dans l'armée envoyée d'Europe ressortent du Conseil des Indes, et la Couronne s'est en outre réservé le droit d'accorder ou de refuser sa sanction au choix des gouverneurs généraux et des chefs d'armée.

C'est surtout au dernier acte, intervenu entre la Compagnie et le gouvernement britannique, que l'on doit les modifications apportées aux pouvoirs, autrefois discrétionnaires, de la cour des directeurs. Le Conseil de l'Inde ou *bureau de contrôle*, institué par la Couronne, s'est saisi en grande partie de l'influence exorbitante que l'ancienne charte laissait à la gestion sociale. Aujourd'hui, les grandes mesures administratives et politiques qui ont l'Inde pour objet, émanent de l'initiative ministérielle, et ce qui n'était naguère qu'une possession commerciale commence à devenir, pour l'Angleterre, une partie intégrante de son empire. La situation actuelle est un pas dans cette voie, une combinaison mixte qui doit évidemment aboutir au désintéressement des actionnaires et à l'exploitation directe, par les mains de l'état, du territoire indien. On aurait même déjà franchi ce pas si l'on n'avait été arrêté par les difficultés du remboursement immédiat. En attendant, la Compagnie a consenti à soumettre aux agents de l'état sa correspondance officielle et particulière, et à recevoir d'eux ses

inspirations les plus essentielles. Elle a renoncé au monopole commercial qu'elle maintenait dans l'Inde et qui, il faut le dire, lui était plutôt onéreux. Elle est devenue une simple régie exploitant les revenus du territoire hindou au mieux de ses intérêts et avec quelques garanties contre des exactions trop criantes. Toutes ses propriétés mobilières et immobilières ont été transférées à la Couronne le 22 avril 1834, quoique la Compagnie en ait retenu l'administration jusqu'à désintéressement intégral. Le dividende des actionnaires est payé sur les revenus de l'Inde, et garanti en outre par un fonds de dépôt de 2 millions de livres sterling. Le remboursement du capital ne peut, d'après l'acte de 1833, avoir lieu qu'au taux de 200 pour cent.

Les territoires indiens possédés ou protégés par l'Angleterre sont évalués, dans les états officiels, à 1,128,000 carrés, habités par environ deux millions d'âmes. Le gouverneur général, envoyé par la Compagnie, administre ou maintient dans l'obéissance ces états et ces populations. Il a sous lui les gouverneurs de Madras, de Bombay et d'Agra, et un conseil composé de quatre membres ordinaires et du général en chef des armées. Les pouvoirs de ce monarque, élu par des marchands, sont plus étendus que ceux de divers rois de l'Europe. Quoique soumises au contrôle métropolitain, ses décisions sont exécutoires provisoirement, ce qui les rend très-difficilement révocables. Chaque présidence est administrée par un gouverneur en conseil.

Outre ses états immédiats, la Compagnie a su ranger sous sa tutelle médiate, divers états nominalement gouvernés ou par des princes mongols, comme Delhi, le royaume d'Aoudh, le Dekkan; ou par des chefs afghans comme les nawabs de Bhopal, de Tonk, de Karnoul, de Sutchin, ou par des princes hindous, comme la confédération mahratte, ou par des chefs radjpouts, comme les districts de Djaypour, de Radjpoutana, de Malivâ, de Gouzerât, de Satara, de Mahadi-Scindia, de Mysore, ou enfin par des princes seiks, comme divers cantons du Lahore. Le plus déchu de ces rois est le descendant de Tamerlan, le dernier débris échappé au naufrage des grandeurs mongoles, l'empereur de Delhi, que l'Angleterre a enchaîné dans le faste et énervé par le cérémonial. Sa cour est encore ce qu'elle était du temps d'Aureng-Zeb, mais toute puissance réelle, sérieuse s'en est retirée. La pension de l'empereur a été fixée en 1830 à 15 lacks de roupies, c'est-à-dire à environ 3,700,000 francs. Parmi les autres souverains dont les états relèvent du gouvernement anglo-indien, on peut citer le roi d'Aoudh, qui commande à une population de six millions d'Asiatiques, et règne sur 26,000 milles carrés de territoire; le Nizâm qui a compté dix millions d'âmes et 100,000 milles carrés; Goualior, avec cinq millions d'âmes et 42,000 milles carrés; le Baroda, qui entretient dix mille hommes sous les armes; les radjas de Djapour et d'Oudeipour, qui peuvent lever soixante mille soldats et la meilleure cavalerie de l'Hindoustan.

Il est à remarquer que la politique du gouvernement anglais vis-à-vis de ces princes indépendants est une politique d'inertie et de mansuétude. La Compagnie a compris depuis longtemps que la civilisation a par elle-même une force trop irrésistible pour qu'il soit inutile d'aider à sa marche par des moyens violents. Aussi les chefs indigènes sont-ils peu-à-peu attirés vers une influence qui n'a pas l'air de s'imposer, et ne se caractérise que par une grande réserve. Ce système sera certainement le meilleur et le plus sûr pour opérer dans l'Inde une fusion entre les vainqueurs et les vaincus. Cependant jusqu'ici la démarcation existe toujours d'une manière tranchée, et, quelque puissants qu'ils soient, les Anglais campent encore en Asie. Il ne manque au peuple conquis que de sentir sa force, pour qu'il en vienne à rejeter au sein des flots cette race que les flots lui ont apportée. Si ce réveil a jamais lieu, il sera terrible.

Le gouvernement administratif et judiciaire de l'Inde britannique est des plus simples. Il vise à l'économie du temps, ce but suprême de toute organisation anglaise. Les différentes branches du service sont dirigées par un petit nombre de secrétaires du gouvernement que secondent des secrétaires-adjoints. La besogne du pouvoir exécutif se partage en six bureaux : celui des finances, celui des douanes, du sel et de l'opium, celui du commerce, celui de l'armée, celui de la marine, celui du conseil de santé. C'est à-peu-près l'organisation européenne. Il y a en outre à Calcutta une direction générale des postes, plusieurs comités des comptes, des monnaies, de l'instruction publique et du culte. L'organisation judiciaire, plus incomplète, est souvent confondue avec d'autres attributions hétérogènes. Calcutta a une cour suprême anglaise, et d'autres cours suprêmes dirigeant l'application des lois indigènes. Puis viennent les cours d'appel et de circuit, ou cours provinciales, puis des cours de districts, enfin des tribunaux secondaires où l'on ne juge que les causes de 500 roupies (1250 francs). Toutes ces fonctions sont magnifiquement rétribuées. Dans les cours suprêmes les juges ont de 200,000 à 150,000 francs de traitement ; dans les cours provinciales, 100,000 ; dans les cours de district, 50 à 60,000, et dans les autres de 10,000 à 15,000 francs.

Le plus grand revenu de l'Inde anglaise se compose de l'impôt foncier. La croyance que la terre appartient au souverain en rend la perception facile. Il n'y a plus de propriétaires alors, il n'y a que des tenanciers. L'impôt territorial s'élève, année commune, à 10,000,000 livres sterling environ (255 millions de francs). Les plus grandes ressources du fisc, après celle-là, sont la vente de l'opium, qui rapporte environ 56 millions de francs ; le monopole du sel, évalué à 25 millions, enfin les droits de douanes et d'octroi, qui paraissent être assez modérés. Le total des recettes dans les quatre gouvernements va, en moyenne, à un peu plus de 400 millions de francs. Les dépenses ordinaires ne montent pas à cette somme, mais à la moindre hostilité elles la dépassent, et c'est ainsi que la Compagnie se trouve presque toujours endettée. La brusque cessation du commerce de l'opium

avec la Chine peut, dans ce sens, lui porter un coup funeste, et compromettre sa position financière.

La presse est libre dans l'Inde anglaise, et on y imprime près de quatre-vingts journaux et recueils périodiques. L'instruction primaire est très-répandue, et la proportion des enfants qui fréquentent les écoles, au nombre total des habitants, y est dans le rapport de 1 à 5. La police de l'empire se fait au moyen d'une milice et d'une gendarmerie à pied et à cheval. L'organisation de l'armée est un modèle qui, appliqué en Algérie dès les premiers jours de l'occupation, nous eût épargné d'immenses embarras et d'énormes dépenses. Elle est prise principalement dans la population indigène, et contenue tant par le bien-être qu'on y assure au soldat que par la présence des chefs européens. A côté de trente-quatre mille soldats venus d'Europe, on a deux cent mille fantassins et cavaliers hindous recrutés parmi les populations les plus belliqueuses. Ces militaires indigènes que l'on nomme *Cipayes* sont une fort bonne troupe, bien armée, bien disciplinée, et qui a déjà fait ses preuves dans les campagnes de la Birmanie et de l'Afghanistan.

Les deux principaux éléments de la population de l'Hindoustan sont les Musulmans et les Hindous proprement dits. Ces deux races vivent mêlées sur ce territoire sans pouvoir se confondre jamais. Entre leurs mœurs, leur civilisation, leur langue, leur caractère physique, il n'y a point de rapprochement possible. Les Hindous, beaucoup plus nombreux, repoussent tout amalgame qui violerait leurs catégories religieuses. Non-seulement le contact d'un étranger est, à leurs yeux, une souillure, mais il existe entre eux d'inexorables distinctions de castes. Le brame, le xattria, le vayscia, le soudra, le paria, sont séparés l'un de l'autre par des abîmes. Les types sont aussi variables que les castes. En général, les habitants des plaines sont plus petits et plus sveltes ; les montagnards et les habitants des plateaux, d'une taille plus riche, ont aussi le système musculaire plus développé. Le teint est d'un brun olivâtre ; le tour de la figure est ovale, le front élevé, les cheveux sont noirs et lisses, les sourcils arqués, l'expression du visage est calme, grave, affectueuse, méditative. Toutes les parties du corps sont délicates, gracieuses, bien attachées, chez les femmes surtout. Ces dernières pourraient souvent passer pour des modèles, tant à cause de la beauté des formes que pour l'harmonie et la douceur des traits. On remarque chez elles des articulations de la plus grande souplesse, des cheveux longs et soyeux, des yeux noirs et langoureux, la peau d'un brun diaphane et plein de vie. Le type musulman est loin de cette régularité et de cette perfection.

Tel est, dans une vue sommaire, la constitution des Indes anglaises. Quand on étudie cet empire avec quelque attention, on ne peut se défendre d'un sentiment de surprise. Il y a un siècle à peine qu'une poignée d'Européens conduits par le colonel Clive vint s'installer d'une manière définitive sur les bords du Gange. Ils y fondèrent un comptoir qui n'aspirait d'abord qu'à un développement commercial. Peu-à-peu cette cité marchande devint le centre d'un grand empire militaire, régi par une compagnie de spéculateurs. Cette Compagnie dompta d'abord la puissance mongole dont elle envahissait le territoire, puis elle se défit successivement du roi de Mysore, le célèbre et malheureux Tippo-Saëb, du vaillant prince des Mahrattes Mahadi-Scindia, après quoi elle eût encore à lutter pendant quarante années consécutives contre des confédérations particulières, toujours à cheval et jamais domptées. Cette première phase de l'occupation dans laquelle se signalèrent les Clive, les Wellesley, les Hastings, les Cornwallis nous conduit jusqu'aux entreprises contemporaines dont l'univers a retenti, à cette guerre des Birmans, épisode plus glorieux que profitable, qui signala l'administration de lord Bentink, et à la campagne contre le Kaboul, qui vient de mettre en relief l'esprit actif et aventureux de lord Auckland. Reste maintenant à vider le démêlé pendant avec la Chine, dans lequel se rencontrent à-la-fois tant de grandeur et tant d'injustice, tant de hardiesse et tant d'immoralité.

Ce qu'il y a de plus beau dans ce spectacle, en dehors de tout sentiment de rivalité jalouse, c'est de voir l'Asie si largement entamée par la civilisation européenne. Ce continent, qui semblait voué à une immobilité éternelle, et qui depuis vingt siècles avait perdu le sentiment d'un état meilleur, ce territoire, théâtre des plus brillantes sociétés antiques, ne s'appartiennent plus désormais, et se défendent mal contre l'invasion d'idées, de mœurs, d'institutions nouvelles. La Russie attaque l'Asie par le nord-ouest, l'Angleterre par le sud-est, et les deux conquérants que séparaient quinze cents lieues d'espace à-peu-près impraticable en sont déjà venus à se rencontrer sur la frontière persane. Il se peut que la force d'inertie des sociétés astiatiques les protége encore quelque temps contre une fusion complète avec leurs vainqueurs ; mais c'est là une question de temps, et il est évident que la victoire restera à la civilisation la plus avancée. Si la guerre contre la Chine aboutit à des résultats de quelque importance, la métamorphose de l'Asie pourra ainsi devenir complète, et se poursuivre sur tous les points. Loin de nous l'idée d'approuver la politique qui préside à ce mouvement et surtout les moyens qu'elle met en usage, mais à côté de la part périssable de l'homme, il y a là-dedans une vue de la Providence, qu'on ne saurait ni oublier ni méconnaître.   L. R.

INDIVIDU, INDIVIDUEL, INDIVIDUALISME.

Individu se dit de l'homme pris dans son unité particulière, qui en fait un être existant de sa vie propre, considérée dans son unité collective, la Société.

L'Individuel est ce qui appartient à l'Individu.

L'Individualisme est un système qui place l'Individu avant la Société, la partie avant le tout, le particulier avant l'universel.

De tous les systèmes qui ont agité les écoles philosophiques, religieuses et politiques, il n'en est point qui ait autant occupé les esprits que la question de savoir ce que, dans la Société, il fallait accorder à l'Individu, ce qu'il fallait lui ôter.

Cette question est au fond de toutes les querelles des écoles grecques, de toutes les controverses du moyen-âge, de toutes les agitations de la Réforme. Elle s'est renouvelée dans les orages de la Révolution, dans la polémique du libéralisme, et, aujourd'hui, nous n'avons des dissentiments politiques que parce que les idées ne sont pas bien arrêtées sur ce point.

Cependant les écrivains de l'école démocratique doivent à cet égard se mettre facilement d'accord, s'ils se rappellent que tous leurs principes politiques reposent sur un fait unique, la majorité.

Or, la majorité étant la loi, la vérité, l'Individu qui s'isole est hors de la loi, hors de la vérité.

Celui qui dit dans son orgueil : « La raison, c'est moi », nie la Société, et par conséquent se nie lui-même. En effet, ainsi que nous l'avons déjà soutenu, l'Individu ne peut se concevoir en dehors de la Société. Non-seulement il ne serait pas capable d'avoir une pensée, mais encore son existence matérielle est impossible : il équivaudrait à zéro. C'est la société seule qui lui donne une valeur personnelle, et comme membre de la Société il équivaut à 1, c'est-à-dire qu'il sort du néant pour entrer dans l'existence. Dira-t-il donc qu'il est plus fort que ce qui le fait naître, qu'il est au-dessus du principe qui lui donne l'être?

Et, encore, ne l'oublions pas ; ce n'est que le système démocratique, ce n'est que le principe de la majorité qui consacre son existence comme individu : en effet, proclamer la majorité, c'est proclamer les droits de chacun à faire partie de cette majorité ; c'est reconnaître l'égalité, c'est faire que chacun puisse compter pour 1. Mais si l'on compte pour 1 dans la somme des membres réunis, on ne compte pour rien lorsqu'on refuse de faire partie de cette somme, on n'est plus qu'une voix sans écho, une ombre sans corps, une molécule tourbillonnant dans le vide.   E. R.

INDIVISIBILITÉ. (V. UNITÉ.)

INDUSTRIALISME.

On a nommé Industrialisme un penchant excessif pour l'industrie et pour les questions qui s'y rattachent. Ce mot est de notre temps. On l'a employé pour caractériser l'état des esprits après le triomphe d'une doctrine politique suivant laquelle le gouvernement doit négliger les besoins moraux de la société et s'occuper exclusivement des besoins matériels. Il y a déjà plusieurs années que cette politique a prévalu en France, et son impuissance a parfaitement démontré que ceux-là seuls sont aptes à gérer les affaires de la société, qui comprennent et respectent ses besoins moraux. L'Industrialisme est une sorte d'athéisme politique extrêmement nuisible aux progrès de l'industrie légitime.

INDUSTRIE.

L'Industrie est l'action des forces physiques et morales de l'homme appliquée à la production. Elle consiste à prendre une chose dans un état et à la rendre dans un autre état où elle a plus de valeur. On la divise ordinairement en trois classes :

1° L'Industrie agricole s'applique principalement à provoquer l'action productive de la nature dans les végétaux et dans les animaux, ou à recueillir leurs produits;

2° L'Industrie commerciale donne de la valeur aux choses, en les mettant à la portée du consommateur;

3° L'Industrie manufacturière donne de la valeur aux choses en les transformant.

Dans l'usage ordinaire, on appelle simplement Industrie, l'Industrie manufacturière, et l'on désigne les trois modes principaux de la production par les trois mots corrélatifs *Agriculture, Commerce, Industrie*. C'est dans ce sens que nous allons prendre ce dernier mot.

L'Industrie manufactière est aussi ancienne que l'homme, mais il n'y a pas longtemps qu'elle a acquis le développement dont nous sommes éblouis aujourd'hui. Chez les Grecs et à Rome l'Industrie ne dépassa guère le toit domestique : elle était exercée par l'esclave, ou, si un homme libre s'en occupait, il faisait œuvre servile et se dégradait dans l'opinion. Ainsi contrainte, l'Industrie ne put grandir. Toutes les forces sociales étaient portées vers la religion, la politique, la guerre, la jurisprudence et les arts. L'agriculture, honorée d'abord, périt plus tard sous les exactions du fisc, et les sociétés anciennes s'écroulèrent au milieu d'un luxe alimenté par le pillage et par le commerce. L'histoire des sociétés industrieuses qu'absorbèrent les Romains ne nous est point parvenue.

Le christianisme amena l'émancipation morale de l'Industrie; mais elle fut longtemps contenue par les préjugés et la tyrannie des seigneurs féodaux. Il fallut que la bourgeoisie devînt indépendante, qu'elle marchât l'égale de la noblesse, à l'abri de la loi, pour que l'Industrie parvînt au point de prospérité où elle est arrivée aujourd'hui.

Il y a peu de temps que le travail qui constitue l'Industrie a été multiplié par une extrême division, par la spécialité; il y a peu de temps que la science, le capital et la main-d'œuvre, dont le concours est indispensable à la production industrielle, grandissent chacun en particulier et savent s'unir promptement au besoin. Il y a peu de temps que les machines qui centuplent les forces et les richesses de l'homme sont devenues prépondérantes.

L'importance économique de l'Industrie manufacturière est évidente. On n'en a peut-être pas assez suffisamment étudié la valeur politique.

L'Industrie multiplie les objets d'échange, les marchandises d'une nation; elle donne de la vie au commerce maritime en lui demandant des matières premières et en lui rendant des produits manufacturés; elle emploie utilement des bras et du temps qui, sans elle, n'auraient guère produit. Mais jusqu'à quel point convient-il de favoriser ses développements? Là est une question formidable.

La plupart des économistes la résolvent facilement avec la loi du *laissez faire;* mais comme cette loi est absurde, et, d'ailleurs, inapplicable, il est indispensable que l'on trouve pour ce problème une autre solution.

Presque tous les gouvernements de l'Europe encouragent, autant qu'il est en eux, les progrès de l'Industrie; ils s'efforcent non-seulement de faire fabriquer par chaque nation tous les objets qu'elle consomme, mais encore de la faire triompher sur les marchés de ses voisins. Cette politique, vivement attaquée, peut cependant être facilement défendue au point de vue de la multiplication de la richesse.

Cependant n'est-il pas alarmant de voir les capitaux s'agglomérer par grandes masses et, s'appropriant les découvertes de la science, élever et entretenir ces usines immenses où sont façonnés à bon marché tous les objets que réclament les besoins d'une civilisation plus avancée? Ne doit-on pas être effrayé de voir les hommes s'entasser autour de ces vastes machines et s'y attacher comme des appendices; vivre au jour le jour du produit de l'usine, sans espérance d'améliorer leur sort, et avec la crainte continuelle d'être victimes de la ruine réelle ou fictive du fabricant : ces hommes, privés dès l'enfance de tout enseignement moral, abrutis par un travail continu et par les excès, énervés par la monotonie de leurs occupations, peuvent-ils donner à la patrie des citoyens, des défenseurs? On ne doit guère y compter. L'indépendance morale, la force de l'esprit et du corps ne sont guère compatibles avec tant de misère.

On ne peut interdire à l'Industrie les formes écrasantes qu'elle a prises depuis quelque temps, et il est bien difficile, d'améliorer la condition des ouvriers qui travaillent dans les grandes fabriques. Combien est triste cependant le sort de ces hommes dévoués au malheur par le hasard de leur naissance, martyrs forcés du luxe et de la civisation actuelle!

Les gouvernants ne doivent jamais perdre de vue que tout encouragement excessif donné à l'Industrie multiplie cette classe malheureuse de la société. La politique et la morale leur imposent également le devoir de ne pas la multiplier sans nécessité. Qu'un peuple s'efforce de produire les objets de la consommation, rien n'est plus sage et plus légitime. Mais dès qu'il s'agit de favoriser la production d'objets d'exportation, il faut prendre garde à la production que l'on encourage, et préférer celle qui ménage ou fortifie les hommes à celle qui les détruit, l'agriculture à l'Industrie manufacturière.

On a discuté la question de savoir dans quelle proportion devaient se trouver la population agricole et la population manufacturière dans un état bien constitué. Cette question est oiseuse, mais il est certain qu'entre deux états, placés d'ailleurs dans des conditions parfaitement égales, celui qui posséderait la population agricole la plus nombreuse serait la plus puissant.

L'Industrie, du reste, est un auxiliaire excellent pour l'agriculture. Elle la sollicite sans cesse à produire plus de subsistances et de matières premières qu'elle n'en consomme. En retour elle offre des objets de luxe de toute sorte, des ustensiles, des vêtements, etc.

On parle souvent d'une réforme de la constitution actuelle de l'Industrie; mais jusqu'ici on en a mieux montré la nécessité qu'on n'en a indiqué les moyens. Les améliorations qui nous paraîtraient les plus utiles seraient l'établissement du crédit personnel au moyen de nombreuses et bonnes banques ; l'union des professions industrielles qui n'exigent ni grands capitaux ni machines considérables à la profession d'agriculteur ; enfin l'association des ouvriers aux fabricants, de telle manière que le manœuvre pût jouir de quelques intervalles de repos, sans mourir de faim. Mais ces améliorations ne peuvent guère être l'objet de dispositions législatives. En ces matières, le gouvernement aurait plus d'influence peut-être en agissant par voie de conseil que directement ; qu'il pousse les capitaux et l'Industrie vers l'agriculture, et les hommes vers l'association. Il ne manquerait pas de citoyens qui lutteraient sans cesse contre les mauvaises tendances de l'Industrie et qui les corrigeraient, s'ils se sentaient soutenus par la bienveillance du pouvoir.   C. S.

INDUSTRIEL. Ce mot récent et quelque peu barbare désigne proprement celui qui travaille à la production des richesses, qui exerce l'Industrie. On distingue parmi les Industriels, les agriculteurs, les manufacturiers et les négociants, les savants, les entrepreneurs et les ouvriers.

Cet mot se prend aussi ironiquement en mauvaise part. Industriel, dans ce cas, est à-peu-près synonyme de chevalier d'industrie ; il indique une nuance entre l'escroc et le voleur.

INFANT, INFANTE. Proprement, enfant qui ne peut encore parler, du latin *infans* (*ab in et fando*). C'est le nom commun à tous les enfants des rois d'Espagne, à l'exception du premier, qui porte le titre de prince des Asturies. Le premier fils de roi qui, en Castille, fut nommé infant fut le fils aîné de Ferdinand II, roi de Léon et de Castille, qui reçut au baptême le nom de Sancho. Le même titre fut donné à son frère Ferdinand et successivement à tous les fils du roi. — On appela par suite *infantado* les terres et les rentes, l'apanage en un mot, donné aux infants pour leur entretien. Ces apanages furent d'abord nombreux en Castille et dans le royaume de Léon, et ce nom fut d'abord donné à beaucoup de lieux qui, originairement, avaient formé la dotation des fils des rois de Léon et de Castille. Mais il n'est demeuré qu'à l'ancien domaine des ducs de l'Infantado, composé de cinq villes de l'Alcarria, dont le roi Alfonse (Alonso-el-Sabio), dota dona Mayor Guillen, et que celle-ci laissa à sa fille dona Béatrix, reine de Portugal. — L'usage du mot *Infant* dans cette acception politique particulière que lui ont donnée les Espagnols ne date pas de plus loin que le treizième siècle. — Le mot *infanzon* pour désigner les *infanzones*, au pluriel, fils des grandes familles, se trouve fréquemment dans les vieux actes et les anciennes chroniques. Il équivalait au titre de noble, de chevalier, d'Hidalgo (*hijo d'Algo*, fils de quelque chose). Il a servi jusqu'à ces derniers temps à désigner la noblesse dans le royaume d'Aragon et dans le royaume de Navarre, avant les modifica-

tions territoriales et politiques apportées à l'ancienne constitution d'Espagne.   C. R.

INITIATIVE PARLEMENTAIRE. Ce mot soulève deux ordres d'idée : l'un, purement réglementaire ; l'autre, essentiellement politique.

Il s'agit, en effet, de savoir premièrement de quelle manière doit s'exercer l'initiative parlementaire, et, en second lieu, s'il est juste, logique et rationnel que l'initiative appartienne indistinctement à chacun des trois pouvoirs dont la réunion compose la puissance législative ; ou bien, si le bon sens et la logique ne commandent pas impérieusement l'attribution à un seul pouvoir de cette faculté si puissante, l'Initiative.

Nous avons déjà dit quelques mots de la question réglementaire à l'article CONSIDÉRATION (prise en). Nous compléterons au mot PROPOSITION ce qui nous reste à dire sur ce point. Ici, nous voulons seulement parler de la question politique.

La charte de 1814, émanée du roi souverain, consacrait la prédominance du principe monarchique.

La charte de 1830, décrétée au nom de la souveraineté du peuple, implique logiquement la prédominance du principe parlementaire ; mais, en fait, elle proclame l'égalité absolue des trois pouvoirs.

Sous l'empire de la charte de 1814, l'Initiative était le privilège exclusif de la couronne. Les chambres avaient seulement *la faculté de supplier le roi de proposer une loi sur quelque objet que ce soit.* (Art. 19.)

Sous l'empire de la charte de 1830 : « la proposition des lois appartient au roi, à la chambre des pairs et à la chambre des députés » (Art. 15.)

Voilà les deux systèmes. Celui-ci est plus conforme aux règles de la justice, celui-là satisfait mieux à la logique ; mais ils sont l'un et l'autre également vicieux.

En effet, quel est le but de l'institution des assemblées représentatives ? Elles sont chargées d'exprimer les besoins du peuple. On les investit de cette mission, dit Benjamin Constant, parce que les membres de ces assemblées, pris dans le sein du peuple même, sont censés connaître tous ses besoins. Or, il est de toute évidence que les assemblées représentatives seraient tout-à-fait incapables de répondre au but de leur institution, si elles n'étaient pas pleinement investies du droit de proposer directement les mesures que leur semble commander l'intérêt public. Il est donc nonseulement juste, mais nécessaire, d'admettre le pouvoir électif au partage de l'Initiative. Et c'est du reste ce qu'ont cessé de réclamer les libéraux tant qu'a duré la Restauration. Les publicistes monarchiques eux-mêmes reconnaissaient implicitement le droit, en soutenant que *la faculté de supplier* était, au fond, un droit réel d'Initiative.

Les législateurs de 1830 ont donc été fondés à modifier en ce point l'œuvre du législateur de 1814.

Mais en rétablissant la justice, ils ont détrôné

la logique. La logique, en effet, veut impérieusement l'unité du gouvernement. Elle admet la division des pouvoirs, mais elle ne peut souffrir que les divers pouvoirs se fassent concurrence; ils doivent tendre ensemble, au même but, mais non par les mêmes moyens; la division des pouvoirs entraîne forcément la diversité des attributions. Non, il n'y a, il ne peut y avoir dans l'État qu'une seule pensée. D'où qu'elle vienne, toutes les forces constitutives doivent, sous peine de choc et d'explosion, concourir à l'exécution de la pensée gouvernementale. Et si l'on introduit dans la constitution plusieurs forces motrices; si, à la place de la hiérarchie on crée la concurrence; à la place d'un corps mécanique, plusieurs centres de mouvement, il est clair que l'on décrète l'anarchie.

Ces deux systèmes sont donc, comme nous l'avons dit, également vicieux; l'un est injuste, l'autre illogique; le premier a produit une révolution, le second produit la négation du gouvernement, en attendant qu'il produise à son tour une autre révolution.

Pour rentrer dans le vrai, il faut absolument concilier la justice avec la logique; attribuer le droit d'initiative à un seul pouvoir, au pouvoir qui est spécialement chargé d'exprimer les besoins du peuple, au pouvoir électif.

Chose étrange! les partisans de la prérogative royale et ceux de la prérogative parlementaire se récrient également contre cette conclusion. Les uns veulent le maintien de ce qui est, de ce qu'ils appellent l'équilibre des pouvoirs; les autres consentiraient bien à dépouiller les chambres du droit d'initiative, mais ils repoussent énergiquement la pensée d'en dépouiller la royauté; ils proclament que ce serait l'établissement de la république.

Il faut reconnaître qu'il y a quelque chose de vrai dans ce dernier argument. Mais de deux choses l'une: il faut ou bien que la royauté domine, ou bien qu'elle descende; l'équilibre, la balance, la pondération des pouvoirs, tout cela est une illusion, une chimère, qui n'a jamais existé et qui n'existera jamais.   E. D.

INNOVATION. Pris dans son sens le plus vrai, le mot Innovation signifierait l'introduction d'une *chose nouvelle;* par conséquent en bonne logique, il faudrait rayer ce terme du langage politique. Car rien n'est absolument nouveau, et tout fait politique a besoin, pour s'accomplir utilement, d'être le développement et la conséquence d'un fait antérieur. Aussi, les ennemis du progrès ont-ils presque toujours employé le mot Innovation dans un sens défavorable. Pour effrayer les esprits timides et les modérés, ils ont représenté toute mesure progressive comme un fait sans lien avec le passé, par conséquent sans fruit pour l'avenir. C'est un des sophismes les plus habituels de l'esprit de parti; mais il est facile d'en faire justice en prouvant la fausseté du terme, et en ramenant toujours la question à son véritable point de vue. Il suffit pour cela de considérer toute institution nouvelle comme le développement e. l'a

mélioration d'une institution ancienne. Elle ne peut même avoir quelque mérite qu'à cette condition. (V. Novateurs).

INQUISITEUR D'ÉTAT. (V. Conseil des Dix.

INQUISITION. Les écrivains libéraux qui ont été les éducateurs de notre jeunesse ont tant décrié l'Inquisition que tout homme d'une érudition et d'une audace ordinaires ne saurait aujourd'hui prononcer le nom de ce tribunal sans éprouver au moins un léger frisson. Au souvenir de l'Inquisition, de sanglants fantômes et des juges sinistres apparaissent; des chevalets, des potences, des flammes, se dressent sur le fond indécis d'un ciel livide: l'esprit erre avec effroi au milieu de ses propres évocations. Abhorrée par les réformistes du seizième siècle dont elle avait condamné les précurseurs et dont elle persécutait encore les adhérents dans les pays restés catholiques, universellement réprouvée depuis la déchéance de l'autorité papale, comme un instrument terrible aux mains d'une tyrannie dont il avait été fait justice, calomniée par tous les écrivains formés à l'école de l'indifférence, l'Inquisition a été enfin idéalisée par des romanciers habiles, qui ont acquis un crédit historique aux fantaisies de leur imagination.

Deux catholiques modernes ont cependant essayé de réhabiliter cet objet d'épouvante, et tous deux l'ont fait avec talent: nous voulons parler du comte Joseph de Maistre et de M. H. Lacordaire, le premier dans ses *Lettres sur l'Inquisition espagnole,* le second dans un *Mémoire pour les Frères prêcheurs.* Mais ces apologies, où l'esprit de parti n'est guère moins ardent que dans les amplifications des philosophes, n'ont eu que peu ou point d'influence sur l'opinion; la critique et la foi s'accommodent volontiers de l'erreur, et l'on peut même dire qu'elles inclinent au mensonge.

Il n'y a pas une histoire vraie de l'Inquisition. Ce serait entreprendre une tâche impossible que de vouloir résumer en quelques pages ces annales obscures: ce qui d'ailleurs nous importe davantage, c'est la moralité de l'institution, et sur ce point nous avons assez à dire pour négliger les détails anecdotiques.

Suivant le comte de Maistre, l'Inquisition fut un tribunal de pénitence: à la mission de rechercher les hérétiques (*inquirere*), de les détourner de la voie perverse par la prière, la patience et l'enseignement, le souverain pontife n'en ajouta pas d'autre: l'Église a toujours abhorré le sang. Cela est vrai; mais il faut dire aussi que l'Église ne défendit jamais de le verser. Quand ses missionnaires, après avoir rédigé l'arrêt d'un coupable, le livraient aux juges séculiers en leur recommandant à son égard la clémence et la commisération, ils n'ignoraient pas que déjà les torches étaient prêtes. Si le sang leur avait causé tant d'horreur, ils n'auraient condamné qu'une fois: à la vue du premier supplice motivé par leur verdict, ils se seraient démis d'un arbitrage dont on interprétait la sentence avec tant de cruauté. Ne sait-on pas, au contraire, qu'après avoir invoqué la miséricorde, ils se seraient indignés contre elle ? Ne sait-on pas qu'avant l'époque où l'Inquisition fut constituée, Rome avait asservi le glaive, et qu'il lui obéissait en frappant ? C'est faire jouer à l'Église un rôle indigne d'elle, que de nous la montrer aux genoux de ses barbares cathécumènes, implorant une pitié qu'elle n'obtient jamais, recommandant à leur tutelle des pécheurs qu'ils égorgent au seuil du confessionnal, et, malgré le charitable désespoir que lui inspirent ces holocaustes, ne cessant pas néanmoins, durant plusieurs siècles, d'approvisionner de victimes leur *quemadero* toujours fumant. Les néo-catholiques ne devaient pas soutenir une aussi misérable thèse ; ils devaient reconnaître la participation plus ou moins directe de l'Église romaine dans tous les autos-da-fé qui ont ensanglanté la France, l'Espagne et les États-Germaniques. Mais ce sang était-il si pur ? Mais la nécessité ne commandait-elle pas ces tristes sacrifices ? Mais n'a-t-on pas raconté les faits avec un art calomnieux ? Telles devaient être, à notre sens, les principales questions posées sur le tribunal de l'Inquisition par quiconque ne partageait pas les préjugés vulgaires et désirait les détruire.

Le sang qui fut versé était-il si pur ? — Au dix-neuvième siècle, il paraît barbare d'en douter. Il est si loin de nos idées de flétrir dans une conscience une opinion, quelle qu'elle soit, en matière de culte ; il est si loin de nos mœurs d'invoquer la justice contre une hérésie religieuse ! Cependant on ne peut demander à l'Église du moyen-âge des idées et des mœurs identiques aux nôtres. Or, les Albigeois qui avaient renouvelé la plus détestée de toutes les hérésies, qui s'étaient constitués eux-mêmes à l'état d'ilotisme dans la société chrétienne ; les Juifs, nation puissante, chargée d'un crime que devaient expier tant de générations ; les Arabes, encore maîtres de Grenade, deux fois maudits, et comme conquérants et comme infidèles, ne pouvaient invoquer le droit commun devant des juges catholiques. Que parlons-nous de droit commun, alors qu'un chevalier français osait dire, sans blesser la délicatesse publique, qu'on n'est jamais tenu de garder sa foi avec les ennemis de la foi ? Il fallait qu'un terrible anathème pesât sur ces grands coupables ! Aussi, quels qu'aient été les sévices exercés contre eux par le tribunal de l'Inquisition, furent-ils encore moins sévères que ne le demandait la voix du peuple. Nous en avons des témoignages.

Quelques mots sur la nécessité. — Nous le savons, ce n'est pas un argument fort accrédité de nos jours ; mais encore est-il qu'il en faut tenir compte, car si les philosophes ont une morale, les peuples en ont une aussi, et nous ne savons pas que jamais un scrupule de conscience ait compromis le salut d'un peuple, quand la nécessité réclamait l'emploi des mesures les plus énergiques. Or il n'est pas douteux que l'Inquisition ait contribué pour sa part autant que les armées de Ferdinand-le-Catholique à purger l'Espagne de l'islamisme. Les cortès constituantes de 1812 recon-

nurent elles-mêmes ce bienfait, dans le rapport qui conclut à l'abolition de l'office inquisitorial. Quant aux Juifs, « era verdaderamente un *pueblo incluido in otro pueblo*, c'était vraiment un peuple renfermé dans un autre peuple », dit le même rapport cité par l'auteur des *Lettres* ; ils étaient riches, ils étaient puissants, ils avaient assez compté sur leur nombre pour tenter un soulèvement contre les catholiques, et c'est en obéissant au vœu des cortès que Ferdinand invoqua contre leur esprit rebelle la justice préventive de l'Inquisition. La religion et l'État se rendirent un mutuel office. Disons encore, pour ce qui concerne les hérétiques d'Albi, que si l'Église primitive, faisant œuvre de propagande et non de pouvoir, n'avait pas exercé contre les sectes d'autre châtiment que l'anathème, l'Église du douzième siècle, constituée temporellement, attaquée par les défectionnaires dans le principe même de son autorité, devait traiter cette révolte avec toute la rigueur que, de nos jours, le gouvernement dont le siège est à Paris déploierait à l'égard d'une province insurgée contre l'unité française. Au moyen-âge, le lien politique étant la communauté de la foi, désavouer cette foi commune c'était rompre avec l'association au nom d'une liberté qui, dans aucun temps, n'a été reconnue légitime. Rome envoya contre les Albigeois une armée de volontaires ; elle leur associa des propagandistes pleins de foi, pleins de zèle ; elle institua, pour rechercher et punir les coupables, un tribunal révolutionnaire jusqu'à la paix, le Tribunal du Saint-Office, qui mit la terreur à l'ordre du jour, emprisonna les suspects, fit passer les relaps sous le joug de la loi, et rendit à l'Église une province rebelle qui, après avoir levé le drapeau du fédéralisme, avait massacré, dans la personne de l'inquisiteur Pierre de Castelnau, un représentant, un mandataire inviolable du souverain.

Mais (telle est l'objection la plus vulgaire), cette terreur fut barbare, ces représailles furent impitoyables ! — Nous n'avons certes pas l'intention de justifier les actes, encore moins d'excuser les crimes : nous ne voulons pas motiver l'établissement de la juridiction inquisitoriale. Il faut d'ailleurs jeter un voile sur les sentences de tous les tribunaux exceptionnels : ils n'ont pas délibéré dans le calme, et la passion étourdit, le péril exaspère. Encore est-il que l'Inquisition n'inventa pas de supplices : elle appliqua la torture ; mais sommes-nous encore si loin du temps où la torture fut abolie ? Elle livra les condamnés aux flammes séculières ; mais les protestants du seizième siècle furent-ils eux-mêmes plus indulgents à l'égard des catholiques ? On peut, sur ce point, consulter les annales de l'Angleterre et de l'Allemagne. Partout où l'Inquisition n'eut affaire qu'à des individus isolés, elle fut d'une clémence à jamais mémorable : quand elle provoqua des sévices, ce fut au nom de l'État menacé par des factions hérétiques.

Que la critique cesse enfin d'être injuste envers le passé. Une institution qui a duré six siècles, eut sa raison d'être. Nos sentiments réprouvent la contrainte exercée contre les consciences, nous avons abandonné les questions de foi religieuse au critère individuel : c'est là le fait contemporain, et contre ce fait aucune protestation ne saurait prévaloir ; l'opinion est assez puissante pour repousser toute tentative de despotisme doctrinal. Laissons donc à la philosophie militante des deux derniers siècles, ses déclamations passionnées et souvent mensongères ; l'ennemi qu'elle a vaincu ne se relèvera pas, et nous n'avons plus rien à redouter d'une histoire équitable. Toute rancune est désormais puérile.   B. HAURÉAU.

INSCRIPTION MARITIME. L'armée de mer a longtemps été recrutée en France par des enrôlements forcés. Les jeunes gens des provinces situées le long des rivages de la mer étaient saisis par des archers de la marine, classés et embarqués sur les vaisseaux de l'état, chaque fois que le gouvernement avait besoin de matelots. Ce mode de recrutement est encore employé en Angleterre, où il est connu sous le nom de *press*.

En France, il a changé de forme depuis la fin du dix-septième siècle, par l'établissement de l'Inscription maritime.

Sont compris dans l'Inscription maritime, c'est-à-dire inscrits sur les registres particuliers, les marins de tout grade et de toute profession naviguant dans l'armée navale ou sur tous les bâtiments de commerce ; ceux qui font la navigation ou la pêche de mer sur les côtes ou dans les rivières jusqu'où remonte la marée, et, pour celles où il n'y a pas de marée, jusqu'à l'endroit où les bâtiments de mer peuvent remonter ; ceux qui naviguent sur les pataches, allèges, bateaux et chaloupes, dans les rades et dans les rivières, jusqu'aux limites ci-dessus indiquées.

Sont en outre compris dans l'Inscription maritime tous les Français âgés de dix-huit ans révolus qui veulent continuer la navigation ou la pêche, après avoir rempli une des conditions suivantes : avoir fait deux voyages de long cours ; avoir fait la navigation pendant dix-huit mois ; avoir fait la petite pêche pendant deux ans ; avoir servi pendant deux ans en qualité d'apprenti marin.

L'Inscription maritime est vulgairement connue sous la dénomination de *classes*, parce que ce nom est ancien, et parce que les marins sont distribués en quatre classes, dont la première comprend les célibataires ; la seconde, les veufs sans enfants ; la troisième, les mariés sans enfants ; la quatrième, les pères de famille. Les marins des dernières classes ne sont appelés au service de l'État que lorsque les premières ont été épuisées.

Toutes les côtes de France sont divisées en cinq arrondissements d'Inscription maritime, dont les chefs-lieux sont Cherbourg, Brest, Lorient, Rochefort et Toulon. Ils s'étendent, savoir : le premier, de Dunkerque à Granville ; le second, de Granville à Quimper ; le troisième, de Quimper à la rive droite de la Loire ; le quatrième, de la rive gauche de la Loire à Saint-Jean-de-Luz ; la cinquième comprend toutes les côtes de la Méditerranée. Les arrondissements sont divisés en syn-dicats et quartiers, de telle sorte que les marins aient toujours auprès d'eux un officier ou un préposé de l'administration de la marine. Cette administration est dépositaire des rôles d'équipage des bâtiments qui prennent la mer ; elle peut ainsi facilement constater et suivre tous les mouvements de la population maritime.

Les Français compris dans l'Inscription maritime sont soumis à la conscription, mais ils ne peuvent être employés que dans l'armée navale ou dans les arsenaux de la marine. Ils ne sont pas exempts du service de la garde nationale.

Les marins inscrits peuvent en outre être appelés à servir sur les vaisseaux de l'État toutes les fois que le gouvernement juge à propos de les requérir, jusqu'à l'âge de cinquante ans. A cet âge, la vétérance leur est acquise, et ils ont droit à une pension sur la caisse des invalides de la marine, pourvu qu'ils aient trois cent soixante mois de service dans la marine militaire ou sur les vaisseaux de l'État. La pension est réglée en raison de la durée des services, de l'âge et des infirmités. Un an de service dans la marine de l'État compte pour dix-huit mois en temps de paix et pour trois ans en temps de guerre. Les équipages des corsaires qui obtiennent des lettres de marque jouissent des mêmes avantages que les marins employés sur les vaisseaux de l'État.

Ainsi, en retour des charges qui leur sont imposées, tous les marins sont considérés comme employés à un service public. Qu'ils naviguent sur les bâtiments de commerce ou sur ceux de l'État, ils ont droit à des récompenses communes : ils sont aussi soumis à des peines communes.

Les peines disciplinaires qui peuvent être infligées à bord de tout vaisseau français, non-seulement aux marins, mais aux passagers, sont très-sévères. Les plus fréquemment infligées sont : 1° les fers aux pieds sur le pont pendant un ou plusieurs jours, avec continuation pendant la nuit ; 2° les coups de corde donnés sur le gaillard d'avant par un quartier-maître ; 3° la bouline, c'est-à-dire des coups de garcette plus ou moins nombreux appliqués par un nombre déterminé de matelots rangés sur deux haies, au milieu desquels passe et repasse au pas le condamné, que chacun de ces matelots est obligé de frapper ; 4° la cale, qui consiste à élever le condamné jusqu'à l'extrémité de la grande vergue et à le laisser tomber perpendiculairement dans la mer à une ou plusieurs reprises. Ces peines, à-peu-près inconnues sur les navires du commerce, sont appliquées avec beaucoup d'arbitraire sur les vaisseaux de l'État. Un code pénal maritime réclamé avec instance par l'armée de mer, et préparé sous le ministère de M. Hyde de Neuville, est encore soumis à l'examen du conseil-d'état.

L'Inscription maritime présente sur l'ancien mode de recrutement de l'armée de mer plusieurs avantages. Elle fournit à l'État le moyen d'obtenir des matelots sans avoir recours aux formes tyranniques de la *presse* anglaise, et les hommes qu'elle procure à la marine royale sont déjà éprouvés et habitués à la mer.

Cependant, le mode actuel de recrutement de l'armée de mer a soulevé et soulève encore de nombreuses réclamations. Il a été attaqué, surtout au nom de l'égalité inscrite dans la Charte et mieux encore dans la conscience nationale. Ces attaques nous semblent peu fondées, parce que l'égalité ne saurait enlever au gouvernement le droit de pourvoir à la sûreté nationale, de conserver à la France une bonne armée de mer. S'il y a des réformes à faire dans notre marine, ce n'est pas dans le mode de recrutement des équipages.

Il est vrai que pour avoir constamment à sa disposition les 18,000 marins qui composent l'armée navale en temps de paix, le gouvernement est quelquefois obligé de garder des matelots à bord de ses vaisseaux plus longtemps que les conscrits ne restent sous les drapeaux dans l'armée de terre. Cet inconvénient tient au petit nombre des hommes inscrits sur les registres de l'Inscription maritime ; et si la France possède peu de marins, c'est surtout parce que des impôts mal assis rendent notre navigation beaucoup plus chère que la navigation étrangère. Les choses en sont à ce point que le gouvernement lui-même préfère souvent, pour des transports en Afrique, des navires étrangers aux navires français.

La discipline qui règne à bord des vaisseaux de l'État est la principale cause des plaintes que soulève le mode de recrutement adopté pour l'armée de mer. La nécessité de garder le silence à bord, la contrainte imposée aux plus chères habitudes des matelots sur les navires de l'État, font considérer dans nos ports le service de la marine militaire comme plus pénible que les travaux forcés. Peut-être y aurait-il des réformes à introduire sur ce point : c'est du moins l'avis des hommes les plus compétents dans la matière.

Quant au mode de recrutement consacré par les lois sur l'Inscription maritime, il est difficile et peut-être impossible de l'améliorer. (V. MARINE)
C. S.

INSTITUT. (V. ACADÉMIE.)

INSTRUCTION PUBLIQUE. L'enseignement est l'alimentation spirituelle de l'homme.

Dans nos sociétés modernes, on peut le diviser en trois classes : 1° enseignement formel donné par l'État ; 2° enseignement religieux direct ; 3° enseignement qui résulte de l'exemple et du contact des hommes, soit dans la famille, soit dans la Société.

Il y a dans l'enseignement deux parties distinctes, l'éducation et l'Instruction : la première s'applique aux facultés morales, la seconde aux facultés intellectuelles.

Dans les républiques de l'antiquité, le pouvoir politique distribuait l'éducation aux enfants et aux citoyens ; l'Instruction était donnée par des particuliers, suivant les désirs et les facultés de chacun.

A l'époque où le christianisme s'établit, le pouvoir politique avait cessé de distribuer l'éducation : celle qui résultait de l'exemple était corruptrice.

Les chrétiens, et spécialement ceux qui se livrèrent au sacerdoce, donnèrent aux peuples une éducation nouvelle ; l'Instruction fut libre comme par le passé.

Mais l'éducation qui émanait du clergé était plus religieuse que politique. La cause de cette tendance est fort simple : plus on approche des temps modernes jusqu'à la Révolution française, plus l'homme, l'individu, perd de son importance politique.

Outre l'éducation, le clergé a longtemps donné l'Instruction, sinon exclusivement, du moins avec plus d'autorité que les laïques. Ceux-ci ont cependant pris sur lui, comme Instituteurs, un ascendant décisif depuis trois siècles : pendant que le clergé restait stationnaire, ils faisaient d'immenses progrès.

Jusqu'au seizième siècle, l'éducation imposée aux peuples par le clergé domina ; depuis cette époque, les laïques ont chaque jour acquis de l'influence sur l'éducation, et, à la fin du dix-huitième siècle, le clergé avait entièrement perdu la direction morale de la Société.

La Révolution éclata ; elle emporta la monarchie qui avait été complice des tentatives rétrogrades du clergé : elle appela tous les citoyens à la vie politique.

A une société nouvelle il fallait une nouvelle éducation donnée par le pouvoir qui réunissait l'autorité morale et l'autorité politique. Dans l'état où se trouvaient les esprits, l'éducation religieuse était difficile, vu la perturbation introduite dans les idées religieuses. L'éducation politique était nécessaire, et les circonstances la réclamaient impérieusement : elle fit l'objet de plusieurs projets fort remarquables et de quelques essais demeurés imparfaits.

Bonaparte n'imagina rien de mieux que de rétablir le régime contre lequel la Révolution avait été faite. Il crut avoir fait beaucoup en confiant au clergé et à l'Université le soin d'enseigner aux citoyens Dieu et l'Empereur. Il tomba, et les Bourbons continuèrent ce système jusqu'à la Révolution de juillet.

Depuis 1830, l'état de l'enseignement est singulier. L'éducation confiée aux prêtres est rapidement emportée par l'influence de l'opinion publique : l'Université ne s'occupe que de l'Instruction. Les Français ne reçoivent donc point d'éducation régulière.

Cet état de choses est détestable, et il ne peut cesser que par la constitution d'une autorité morale que ne possèdent ni le clergé ni le pouvoir politique.

En attendant que cette autorité soit constituée, les faiseurs de systèmes sur l'enseignement ont fait table rase, et on peut librement chercher les principes sur lesquels il doit être organisé.

Si les Français ont à remplir des droits et des devoirs politiques, il est indispensable que le pouvoir donne une éducation politique. Tant que cette éducation ne sera pas fondée franchement, la Société sera dans le provisoire et à la merci des révolutions. Il est impossible de se passer impunément de direction morale ; les mœurs les plus fortes n'y sauraient tenir.

L'Etat doit une éducation commune à tous les citoyens, et il ne la donne à aucun ; il doit également à tous les citoyens l'Instruction primaire, et il ne la donne qu'à quelques-uns, en dépit des promesses législatives.

Dans la seconde partie de l'enseignement, qui est l'Instruction, tout n'est pas à créer ; mais il y a de grandes réformes à introduire.

L'Instruction, comme l'éducation, doit être dirigée par le pouvoir politique : si la première forme des hommes, la seconde forme des travailleurs. Or, une bonne distribution des travailleurs est le premier des intérêts matériels.

Non pas que nous veuillions, comme l'ont rêvé quelques utopistes, attribuer au pouvoir politique la faculté de distribuer à chacun sa tâche, arbitrairement et en détail, dans le vaste atelier de la Société. Nous désirerions seulement qu'il intervînt pour donner une direction générale.

Ainsi, aujourd'hui, il est évident que l'Instruction que nous appelons secondaire occupe trop le place dans la Société et dans la vie des hommes. Qu'on l'encourageât lorsque la Société avait surtout besoin de clercs, d'hommes lettrés, cela était naturel. Mais aujourd'hui que les clercs abondent, que les préjugés sociaux les multiplient, il serait important de donner à l'enseignement une direction propre à faire autre chose que des littérateurs, des médecins et des avocats. Il faut au moins introduire dans l'Instruction secondaire un enseignement qui apprenne aux jeunes gens l'agriculture, l'industrie, le commerce. Il serait à désirer que l'Instruction secondaire occupât moins de temps, qu'elle en laissât davantage à l'Instruction professionnelle.

Nous n'insisterons point sur ce qu'il y a de contraire à l'égalité dans l'organisation actuelle de cette Instruction secondaire, et cependant il serait facile d'élever contre elle de graves objections sous ce rapport.

Dès que la routine aura fait place aux vrais principes, il deviendra évident :

Que l'Etat doit à tous les citoyens une éducation commune et politique ;

Qu'il leur doit également une forte Instruction primaire ;

Que l'Instruction actuellement appelée secondaire devra être partagée entre l'Instruction primaire et l'Instruction professionnelle.

Alors les législateurs comprendront que l'administration des établissements d'Instruction est bien moins importante que le choix des matières de l'éducation et de l'Instruction ; qu'il ne suffit pas d'avoir des collèges bien régis et régulièrement tenus, pour obtenir des citoyens probes et robustes, des travailleurs actifs et intelligents ; pour avoir organisé l'Instruction publique.

Quant à l'organisation actuelle de l'Instruction publique et aux questions de détail qui s'y rattachent, V. UNIVERSITÉ.   **C. S.**

INSTRUCTIONS. On appelle ainsi les ordres et documents qui sont remis à un ambassadeur ou chargé d'affaires.

On conçoit que ces Instructions sont nécessairement secrètes, surtout lorsqu'il s'agit de suivre une négociation. En effet, comme avant de signer un traité les puissances marchandent ordinairement pour leurs intérêts réciproques ; comme personne ne dit dès l'abord son dernier mot, il faut que le chargé d'affaires puisse demander plus afin d'obtenir moins, et pour cela que personne ne connaisse le véritable *ultimatum* renfermé dans ses Instructions.

Un agent diplomatique peut-il dépasser ses Instructions ou s'en écarter ? Doit-on lui en donner de telles qu'il se trouve lié dans ses mouvements et obligé, à chaque difficulté, de consulter le pouvoir qu'il représente ? Ces questions ont beaucoup occupé les publicistes. La vérité est que, sous quelque gouvernement que ce soit, il y aura toujours avantage à ce que l'agent diplomatique chargé des intérêts d'un souverain jouisse, sous sa propre responsabilité, de la plus grande latitude possible. L'histoire, au reste, nous montre fréquemment des ambassadeurs qui ont bien mérité de leur pays pour avoir négligé leurs Instructions écrites, et pour avoir pris à la lettre leur titre de plénipotentiaires.

On donne aussi des Instructions à un général, à un officier de mer : à ce dernier elles sont remises cachetées pour être ouvertes lorsque le porteur est parvenu à un lieu indiqué. Ces Instructions indiquent, soit des opérations militaires à effectuer, soit des négociations diplomatiques. Dans l'un et l'autre cas, le pouvoir qui les remet doit mettre d'abord tous ses soins à bien choisir la personne qu'il investit de sa confiance. Ce choix fait, il lui faut s'en fier à la prudence, au courage et au génie de son agent. Un gouvernement sera toujours mal servi quand il voudra l'être uniquement par des automates dont il voudra tenir les fils entre ses mains.   **J. B.**

INSURRECTION. « La révolte n'est jamais permise. »

« L'insurrection est le plus saint des devoirs. »

Tel est encore aujourd'hui l'état de la question. Pour les uns, toute résistance au pouvoir établi est un crime. Les autres, au contraire, regardent comme légitimes toutes les entreprises de l'esprit de liberté.

Cet antagonisme s'explique. Nul pouvoir jusqu'ici n'est parvenu à concilier les deux grands principes qui divisent le monde : l'autorité et la liberté. Toutes les actions humaines sont donc ou approuvées ou flétries suivant le point de vue où se place le juge ; et comme chacun part d'un principe divers les disputes sont infinies.

Rendez à César ce qui est à César, dit notre sublime législateur ; mais il ajoute incontinent : Et à Dieu ce qui est à Dieu.

La question revient aussitôt : car qu'est-ce qui est à César, qu'est-ce qui est à Dieu ? Et si ce que je dois à Dieu implique la négation de ce que je dois à César, que faire? Comment choisir sans être coupable?

Les interprètes de la loi divine sont tombés dans toutes les sortes de contradictions à cet égard. Cela devait être ; car depuis dix-huit siècles le représentant de Dieu sur la terre et les successeurs de César se sont presque toujours combattus. Et la question s'est encore obscurcie lorsque le Pape a mis aux pieds de l'Empereur le pouvoir qu'il tenait de l'investiture divine.

Un grand pas sera fait lorsque ces deux expressions diverses d'un même principe auront disparu pour se confondre dans une puissante et solide unité ; et la solution sera complète du jour où le principe de l'autorité étant établi et universellement reconnu, le principe de liberté pourra se développer régulièrement, sans péril et sans secousses.

Ce qui rend si redoutables aujourd'hui toutes les expansions du génie individuel, toutes les insurrections morales ou matérielles, c'est qu'elles mettent en question non-seulement l'existence des personnes qui exercent l'autorité, mais l'autorité elle-même. Vous tuez un roi quelque part ; ce n'est pas seulement un coupable qui a disparu du monde matériel, c'est quelque chose du principe d'autorité qui disparaît du monde moral.

Les théocrates ont tiré de ceci un argument qui est irréfragable au point de vue monarchique. Il y a, disent-ils, nécessité d'élever le principe d'autorité au-dessus de tous les efforts de l'individualité humaine : donc il y a nécessité de constituer un juge suprême qui soit chargé de prononcer entre les peuples et les rois ; et ce juge suprême c'est le Pape.

L'idée est belle, sans contredit, et fort élevée : mais par qui sera constitué ce juge suprême? d'où tirera-t-il son droit et sa force? De Dieu? Mais comment Dieu manifestera-t-il sa volonté? Nous voilà revenus à la nécessité du consentement commun, à la souveraineté du peuple, réellement et sincèrement manifestée. Et c'est là, en effet, qu'il faut toujours aboutir, de quelque point que l'on parte si l'on marche logiquement! Quand le peuple, la Société, fait acte de souveraineté, où est le droit de résistance ?

Jusque-là, jusqu'à ce que l'autorité soit vraiment établie et une, jusqu'à ce que la liberté se puisse faire jour par l'expression pacifique de toutes les volontés, les Sociétés seront toujours à la veille des subversions, l'esprit d'Insurrection menacera toujours le pouvoir. Les causes particulières comme les causes générales concourront ensemble aux mêmes renversements. Voici un homme que la nature a doué de talents supérieurs : cet homme est pauvre. Dans vos sociétés privilégiées, où la naissance et la richesse sont la source de toute considération et de tout pouvoir, à quoi va-t-il appliquer sa force ? Au sein d'une organisation démocratique où nulle barrière n'opposerait au développement de ses facultés un obstacle insurmontable, ces facultés tourneraient tout entières au profit de la Société. Mais ici, cela ne peut être. Cette supériorité que vous avez parquée en dehors

de votre organisation politique et sociale réagira désespérément contre elle, et vous pouvez mesurer le retentissement de ses protestations parmi les classes innombrables que vous avez déshéritées. Ces classes une fois émues, n'espérez pas de les contenir. Cherchez parmi tous les débris des vieilles institutions, inventez des combinaisons nouvelles, vous n'en trouverez pas une qui soit capable d'un tel effort de résistance.   E. D.

INTENDANTS. C'était le nom que portaient, sous l'ancien régime, les principaux délégués du pouvoir administratif.

Dans l'histoire des deux premières races, il est question d'envoyés royaux (*missi dominici*), chargés de réformer les abus, de redresser les griefs dans les diverses provinces de l'Empire et d'apporter au roi d'utiles informations. Ces agents du pouvoir central eurent probablement peu d'influence dans la monarchie irrégulière des Francs ; ils disparurent, lorsque triompha l'anarchie féodale.

Saint Louis rétablit cette magistrature : ceux qui en furent revêtus portèrent le titre modeste d'*enquêteurs*. Plus tard on les appela *maîtres des requêtes enquêteurs*, et plus tard encore *commissaires départis pour l'exécution des ordres de Sa Majesté*. Enfin, en 1629, ils acquièrent des attributions nouvelles, complétées par l'ordonnance de 1635, en vertu de laquelle on les appela *intendants du militaire, justice, police et finance*. Supprimés un moment en 1648 par l'effet des discordes civiles, ils reparurent bientôt et subsistèrent jusqu'à la Révolution.

A la fin du siècle dernier, les attributions des Intendants étaient très-étendues. Il y en avait un par généralité et lorsque son ressort était trop vaste, il pouvait se faire remplacer par un délégué. Il devait faire au moins une tournée par an dans tout son ressort où il remplissait en même temps les fonctions d'inspecteur et d'administrateur. Comme inspecteur, il rendait compte, dans ses mémoires ou rapports au roi, de la conduite des juges, des officiers de police et de finances, des ecclésiastiques et de l'état de l'agriculture, de l'industrie, du commerce.

Administrateur à-peu-près souverain dans les provinces d'élection, il décidait seul de la répartition des impôts entre les diverses localités ; de la quantité et du moment des corvées ; des nouveaux établissements de commerce ; de la distribution des troupes dans les divers endroits de la généralité ; du prix et de la répartition des fourrages accordés aux gens de guerre. C'était par ses ordres et sous sa direction que se faisaient les achats de denrées pour remplir les magasins du roi ; c'était lui qui présidait à la levée des milices et qui décidait les difficultés y relatives. Dans les pays d'états, l'autorité de l'Intendant était moins étendue, mais elle était encore fort grande. Il pouvait convoquer les assemblées des villes pour faire renouveler les corps municipaux. Les officiers municipaux, les baillis, les sénéchaux étaient à ses ordres, ainsi que la force armée des garnisons et des milices. Il lui était enjoint de protéger le peuple contre les malversations des financiers, contre la tyrannie des nobles et l'usure des bourgeois. Les communautés ne pouvaient plaider sans son autorisation et il jugeait toutes les affaires pour lesquelles il était commis par arrêt du conseil. L'appel des ordonnances des Intendants qui appartenait d'abord aux parlements fut attribué au Conseil-d'Etat.

Les Intendants étaient ordinairement choisis parmi les maîtres des requêtes au conseil ; mais, quelquefois, le ministre les prenait ailleurs et souvent parmi les membres des cours souveraines.

Les fonctions des Intendants étaient assez importantes pour leur mériter les bénédictions des peuples si elles eussent été bien exercées ; mais peu d'entre eux satisfirent les provinces soumises à leur administration. La manière dont ils répartissaient l'impôt excitait des réclamations générales. Le voyageur distinguait les pays d'élection dos pays d'état en voyant l'extrème pauvreté des premiers et l'aisance des seconds. On vit un village qui avait 4,000 livres de revenu imposé à 7,000 livres : on vit dans une seule généralité trois cents collecteurs, baillis ou maires d'une seule province demeurer en prison une année entière pour n'avoir point apporté la taille de leurs villages rendus insolvables. Aussi, la France entière applaudit-elle à l'abolition de cette magistrature.

Il y avait aussi sous l'ancien régime des Intendants d'armée, de marine, des armées navales, du commerce, des bâtiments, de l'argenterie et des revenus, des meubles de la couronne, de la fonte des monnaies, des devises et édifices royaux. Leurs attributions sont indiquées par leurs titres.

C. S.

INTERDIT. L'Interdit est l'excommunication généralisée ; on excommunie un homme, on Interdit une famille, une commune, un royaume. Ce fut d'abord une punition purement religieuse et morale, une justice qui frappait les crimes en dehors ou au-dessus de la loi. Un jeune homme ravit une jeune fille, saint Basile jette l'Interdit sur le ravisseur, sur ses complices et sur toute la bourgade qui lui a donné asile. Prétextat, évêque de Rouen, est assassiné dans sa propre église ; Leudovalde, évêque de Bayeux, prononce un Interdit contre toute la ville ; on voulait ainsi forcer le coupable à se découvrir, ou ceux qui le connaissaient à le dénoncer, en faisant de la cause de la moralité la cause de tous.

Bientôt ces Interdits changent de nature et de but devinrent dans les mains d'ambitieux pontifes des instruments de vengeance et de pouvoir.

Rien en effet de plus terrible que l'appareil de l'Interdit. Partie de Rome, la fulmination se répétait dans toutes les chaires du royaume frappé, se proclamait à son de trompe dans toutes les villes, s'affichait aux portes des églises ; puis, si le Souverain ne demandait pas grâce, aussitôt toutes les cérémonies religieuses étaient suspendues, les portes des temples fermées ; plus d'offices, plus de sacrement ; on descendait les statues saintes de leurs piédestaux, les cloches des clochers, les vases des autels ; on les posait à terre et on les couvrait de voiles noirs. Ils semblaient porter le deuil. Un criminel voulait-il décharger sa conscience, il ne trouvait pas de prêtre pour l'entendre, et il était forcé de vivre avec son crime. Les morts étaient ensevelis sans prières, ou jetés dans les fossés, objet de dégoût même pour les parents ; les mariages se célébraient dans les cimetières ; hors le baptême pour les enfants et la confession pour les mourants, toute communication entre Dieu et l'homme était rompue ; c'étaient des populations entières condamnées à être athées.

Mille causes diverses pouvaient provoquer les Interdits : on cite parmi les plus célèbres celui que lança Calixte II sur les terres des croisés qui n'accomplissaient pas leurs vœux. Celui prononcé par Innocent III, en 1208, contre Jean, roi d'Angleterre, parce qu'il avait chassé les moines de Cantorbéry ; et enfin celui que le même Innocent fit subir à la France pour forcer Philippe-Auguste à reprendre sa femme Ingherburge.

Les Interdits amenèrent plus d'un schisme dans l'Église, et souvent les évèques refusèrent de les exécuter. Le concile de Tolède, sentant combien c'était une arme dangereuse, défendit en 683 de les faire servir à des ressentiments particuliers ; le concile de Ravenne de les prononcer pour des causes purement pécuniaires, et le concile de Bâle de les faire peser sur une ville pour la faute d'un particulier.

L'Interdit était prononcé par le pape ou par l'évêque ; il fut quelquefois demandé au Souverain pontife par des rois qui ne pouvaient pas forcer leurs barons à respecter les priviléges des communes ; l'Interdit devenait dans ce cas un auxiliaire de la liberté.

Du reste, l'Interdit est aujourd'hui complètement tombé en désuétude, et ne s'applique plus qu'aux ecclésiastiques ; interdire un prêtre, c'est le déposséder pour un temps de l'exercice de ses fonctions.

E. L.

INTÉRÊT. L'Intérêt est le prix de l'usage des capitaux, le prix du crédit.

Le concours des capitaux est nécessaire à toute espèce de production ; le taux de l'Intérêt influe donc sur le prix de tous les produits. C'est pourquoi les gouvernements ont souvent pris des mesures pour l'abaisser, mesures mal conçues, et qui presque toutes ont eu un résultat contraire à celui qu'on se proposait. Telles sont les dispositions de nos lois qui établissent un Intérêt *légal*, et frappent ceux qui prêtent leurs capitaux à un Intérêt plus élevé que celui que le législateur a fixé.

Il faut distinguer dans l'Intérêt deux parties, savoir : le prix du loyer des capitaux et la prime d'assurance contre les risques de perte que court le prêteur. L'Intérêt proprement dit, ou prix de l'usage des capitaux, dépend uniquement, comme le prix de toute marchandise, du rapport qui existe entre l'offre et la demande. La partie de l'Intérêt qui représente la prime d'assurance contre les chances de perte se mesure à la confiance. Toutes les causes qui peuvent diminuer la confiance élè-vent donc le prix de l'Intérêt.

Ainsi, toutes choses égales d'ailleurs, le taux de l'intérêt est plus élevé pour le pauvre que pour le riche, pour l'homme dont la probité est inconnue ou suspecte que pour celui dont la probité est reconnue ou présumée, pour celui qui emprunte afin de consommer que pour celui qui emprunte afin de produire, pour celui qui offre un gage imparfait que pour celui dont le gage est facile à transformer en capital disponible, pour celui qui emprunte à long terme que pour celui qui emprunte à courte échéance.

La confiance dépend en outre des garanties que les lois et l'état politique de la Société offrent aux prêteurs.

Le gouvernement n'a donc que deux manières d'abaisser utilement le taux de l'Intérêt, en favorisant l'accumulation des capitaux disponibles et en assurant la sécurité des prêteurs, des possesseurs de capitaux contre toute perturbation violente.

De ce que le bas prix de l'usage des capitaux est une bonne chose, il ne faudrait pas conclure que la prospérité d'un État se mesure au taux de l'Intérêt. Smith a remarqué qu'après la paix de 1763, le taux de l'Intérêt s'éleva en Angleterre, parce que cette paix procurait aux capitaux de nouveaux emplois productifs. J.-B. Say a observé que l'abaissement du taux de l'Intérêt en France, en 1812, coïncida avec une grande détresse industrielle. La confiance n'était pas encore altérée à cette époque; mais les industriels étaient découragés et ils n'offraient plus aux capitaux un emploi productif. Aux États-Unis, le taux de l'Intérêt est assez élevé, malgré l'état prospère de l'industrie, parce que les capitaux s'y engagent promptement et que les capitaux engagés n'ont aucune influence sur le taux de l'Intérêt.

En effet, on ne peut prêter à Intérêt que les capitaux qui, n'ayant point trouvé d'emploi, sont susceptibles d'être appliqués à un usage indéterminé. Lorsque l'on prête un capital engagé tel qu'un fonds de terre, une maison, un instrument de travail, un objet de consommation, le prix du loyer ne porte pas ordinairement le nom d'Intérêt. Dans le commerce, les crédits que les marchands s'accordent au prix d'un Intérêt ont pour objet non la marchandise vendue, mais le capital qu'elle représente et qui devient disponible lorsqu'elle a été revendue au consommateur.

Les capitaux ne sauraient demeurer longtemps à l'état d'abstraction; ils cherchent sans cesse un emploi. Faute d'emploi productif, ils s'engagent souvent sous la forme de numéraire, parce que la monnaie étant la marchandise qui sert de type à l'évaluation de toutes les autres, les capitaux placés sous cette forme sont ceux dont il est le plus facile de changer l'emploi, sont le plus immédiatement disponibles. Il n'est pas rare d'entendre dire à une personne qui a une somme en numéraire: « J'ai à ma disposition une somme de… »

C'est pourquoi certains économistes ont avancé que l'abondance ou la rareté du numéraire cause

l'élévation ou l'abaissement du taux de l'Intérêt.

Leur opinion est erronée. Les capitaux disponibles des particuliers sont plus souvent sous la forme de créances que sous la forme de numéraire, et les sommes en numéraire ne deviennent elles-mêmes disponibles que lorsqu'elles ont été exportées, échangées contre des créances ou contre des marchandises dont la consommation reproduit des capitaux disponibles. Qu'importe que la France possède huit, douze ou vingt fois autant de numéraire que sous le roi Jean, si la valeur de ce numéraire a baissé dans la même proportion que la quantité s'en est accrue? Le taux de l'Intérêt n'en est pas affecté. S'il est vrai, comme on le dit, que la France possède trois milliards de numéraire et l'Angleterre douze cent millions seulement, il est clair que la quantité de numéraire n'influe pas, dans les temps ordinaires, sur le taux de l'Intérêt.

Aussi, Smith et ses disciples n'ont-ils pas hésité à dire que le taux de l'Intérêt ne dépendait nullement de la quantité de numéraire en circulation. « Le numéraire, disaient-ils, est un capital engagé destiné à un certain service. Le service des échanges et des évaluations peut être fait également par une grande ou par une petite quantité de numéraire : cette quantité n'affecte que le prix des choses. »

Rien ne dément cette théorie dans les temps ordinaires, et elle est fort belle assurément. Mais elle est démentie par l'histoire des temps de crise. Supposez une brusque dépréciation de la monnaie, soit par la découverte de nouvelles mines, soit par l'introduction d'un papier à cours forcé. Les débiteurs se libèrent promptement, et la masse des capitaux disponibles augmente pour quelque temps et le taux de l'Intérêt s'abaisse, à moins qu'une autre influence, la défiance par exemple, ne contribue à l'élever. Supposez au contraire que la quantité de la monnaie en circulation diminue subitement par la diminution du papier des banques de circulation ou autrement, la monnaie peut manquer pour les paiements et le besoin de monnaie en faire payer l'usage momentané fort cher. C'est ce qui est arrivé à Londres en décembre 1825. On y a vu alors d'excellentes maisons de commerce emprunter sur le pied de 72 pour cent. Toutes les sommes prêtées étant exigibles en numéraire, il est clair que l'Intérêt peut s'élever ou s'abaisser de tout le prix du loyer de la monnaie.

Mais si les rapports qui existent entre le taux de l'Intérêt et la quantité de la monnaie en circulation sont sensibles dans les courtes périodes de crise, il n'en est pas de même dans les temps ordinaires. Alors entre deux nations qui font une égale quantité d'affaires, celle qui emploie le moins de numéraire métallique est la plus habile; elle obtient le même service à moins de frais. On a cependant félicité la France, d'avoir trois milliards de numéraire. Autant eût valu la féliciter de faire traîner lentement, avec cent chevaux sur de mauvaises routes, un fardeau qui dans d'autres pays est facilement et rapidement transporté par une petite locomotive, sur un chemin de fer.

INTÉRIM. Mot emprunté du latin, que l'on emploie quelquefois pour dire : *l'Entre-temps* (*Dictionnaire de l'Académie*). Quand un ministre, un préfet ou un autre fonctionnaire est absent ou empêché de remplir ses fonctions, un collègue ou subdélégué administre par Intérim. On dit, dans ce cas : tel ministre, tel conseiller de préfecture fait l'Intérim, est chargé de l'Intérim. En 1839, lors de la chûte du ministère Molé, dit du 15 avril (1837), la crise parlementaire était si violente qu'aucun ministère ne pouvait se constituer. On vit alors l'exemple unique d'un *ministère intérimaire* complet. Il a duré du 1er avril au 12 mai 1839.

INTERPELLATIONS. On nomme Interpellations les questions qui sont adressées aux ministres par les membres des assemblées délibérantes, sur tel ou tel sujet de politique intérieure ou extérieure. Les ministres ont parfaitement le droit de refuser de répondre aux Interpellations qui leur sont faites, s'ils jugent qu'une réponse soit préjudiciable aux intérêts de l'Etat. Mais ce droit de silence n'implique en aucune manière la négation du droit d'Interpellation. Quelques partisans exagérés du pouvoir ont cependant contesté, soit directement soit indirectement, ce droit inhérent, en quelque sorte, au mandat du législateur; mais les arguments qu'ils ont fait valoir n'ont aucune valeur. Le plus spécieux est le danger qu'il y aurait à divulguer certains faits qui doivent rester secrets ; mais cet argument tombe de lui-même, puisque le danger ne peut être que dans la réponse et que, comme nous l'avons dit, les ministres sont toujours libres de ne pas répondre. On a voulu établir en principe ou en coutume que les Interpellations ne pourraient avoir lieu que du consentement de la majorité : c'est une erreur le droit d'Interpellation est un droit individuel. La majorité a le droit de le régler, non de l'étouffer. Qu'il ne soit pas licite à un membre de troubler une discussion pour poser aux ministres des questions tout-à-fait étrangères au débat qui s'agite ; qu'on oblige celui qui veut faire des Interpellations à fixer un jour pour cela ; que la majorité fixe elle-même le jour qui lui convient, rien de plus juste. Mais son autorité s'arrête là. Elle est ici purement réglementaire ; et le droit que la majorité peut revendiquer de fixer elle-même le jour des Interpellations ne doit jamais devenir entre ses mains un moyen indirect de supprimer les Interpellations.   E. D.

INTERPRÉTATION DES LOIS. L'application des lois n'est pas toujours sans difficultés, parce que le sens de leurs dispositions est quelquefois, à cause de leur concision même, équivoque et douteux. Il devient alors nécessaire de les interpréter.

L'Interprétation pour le *passé*, quand le sens de la loi est contesté, est attribué au jury : c'est ce que les publicistes appellent l'Interprétation judiciaire ou de doctrine.

Quand une contrariété absolue entre les décisions des divers tribunaux chargés successivement

de l'application d'une même loi accuse une insuffisance ou une obscurité réelle, il faut que le sens de la loi soit fixé pour l'avenir, afin que les citoyens puissent connaître clairement la loi à laquelle ils doivent obéissance : c'est là ce qu'on appelle l'Interprétation authentique ou de législation. Elle appartient essentiellement au législateur lui-même. Le droit romain avait consacré cette maxime : *Ejus est interpretari cujus est condere legem*.

En France, quand le roi réunissait tous les pouvoirs, il avait naturellement le droit d'Interprétation (1). L'exercice de ce droit fut souvent contrarié par les parlements.

Lors de la séparation des pouvoirs législatif, judiciaire et administratif, opérée par la Révolution, ce qui regarde l'Interprétation des lois fut laissé dans une assez grande confusion. Ainsi, la loi des 16-24 août 1790, fondamentale pour l'organisation judiciaire, interdisait aux tribunaux de faire des réglements, et leur prescrivait de s'adresser au pouvoir législatif, quand ils croiraient qu'il y aurait lieu soit d'interpréter la loi, soit d'en faire une nouvelle. C'était empêcher, avec raison, que le pouvoir judiciaire n'usurpât les fonctions législatives. Mais, presque à la même époque, on attribuait au pouvoir législatif le droit de s'immiscer dans les fonctions judiciaires. La loi des 27 novembre et 1er décembre 1790 créait un tribunal de cassation unique pour assurer, contre la diversité de jurisprudence des divers tribunaux, l'unité de la loi. Ce tribunal ne devait jamais entrer dans l'appréciation des faits, mais seulement décider, en cas de recours, si la loi avait été bien ou mal appliquée, et renvoyer, s'il y avait lieu, devant un autre tribunal. La décision du tribunal de cassation sur le droit n'étant point obligatoire pour le nouveau tribunal chargé de juger la cause, il aurait pu s'établir une lutte indéfinie entre le tribunal de cassation et les autres tribunaux, si une disposition spéciale de la loi n'y avait mis un terme. L'article 21 décida donc que « lorsqu'un « jugement aurait été cassé deux fois, et qu'un « troisième tribunal aurait jugé en dernier ressort « de la même manière que les deux premiers, la « question ne pourrait plus être agitée au tribunal « de cassation qu'elle n'eût été soumise au corps « législatif, qui, dans ce cas, devait porter un dé- « cret *déclaratoire* de la loi, auquel le tribunal de « cassation devait se conformer dans son juge- « ment. » Ainsi la question du procès était tranchée par un acte de la puissance législative.

Cette confusion de pouvoirs fut maintenue dans la constitution de 1791 et dans celle de l'an III.

Ce ne fut qu'en l'an VIII, lorsqu'on régla toute l'organisation judiciaire, que le législateur recula devant les inconvénients de l'intervention d'un texte de loi spécial dans une difficulté particulière.

La loi du 25 ventôse disposa que si, après une première cassation, le deuxième jugement était attaqué par les mêmes moyens que le premier, la question serait portée devant toutes les sections

(1) Ordonnance de 1667.

60

réunies de la Cour de cassation. Mais cette loi ne disait point encore ce que deviendrait l'affaire quand la Cour de cassation, sections réunies, aurait annulé le deuxième jugement, et que le troisième serait encore attaqué par les mêmes moyens.

On était ainsi sorti de la confusion des pouvoirs, mais non pas de la difficulté même; il pouvait arriver qu'un procès n'eût pas de terme. Le débat n'était pas vidé entre les deux espèces d'Interprétation, l'Interprétation de doctrine par une autorité secondaire chargée d'appliquer la loi d'une affaire particulière, et le droit d'Interprétation générale, qui a trait à la législation.

C'est alors que l'administration impériale s'est jetée entre les autorités secondaires et l'autorité législative, pour s'attribuer le droit d'Interprétation ; c'est alors qu'on a vu le conseil-d'état (1), qui n'était pas juge de questions privées, et qui, par conséquent, n'avait pas l'Interprétation doctrinale, qui n'était pas non plus pouvoir législatif, et n'avait pas l'Interprétation générale, s'arroger cependant ce droit d'interpréter les lois. C'était encore un nouveau mode d'usurpation. Tant que l'Empire a été le plus fort, on s'est soumis; mais, depuis, on a vivement attaqué cette usurpation. Le conseil-d'état a commencé par reculer, en déclarant dans un avis spécial (2) « que sa décision « interprétative étant accordée à l'occasion d'un « procès et pour lever l'obstacle qui empêchait le « jugement, et étant d'ailleurs rendue par le roi, « chef suprême de l'État et source première de la « justice, n'est qu'une Interprétation judiciaire « qui n'a ni le caractère, ni les effets d'une Inter- « prétation législative, que l'intervention de l'au- « torité législative pouvait seule lui attribuer. »

Puis est venue la loi du 30 juillet 1828, qui a rendu au pouvoir judiciaire le droit de décider des questions judiciaires.

Comme la loi de l'an VIII, elle ordonnait que le deuxième pourvoi serait jugé par toutes les sections réunies de la Cour de cassation ; mais elle ajoutait que si le deuxième arrêt ou jugement en dernier ressort était alors annulé, le jugement de l'affaire serait, dans tous les cas, renvoyé à une cour royale qui prononcerait toutes les chambres assemblées. Ce dernier arrêt était *définitif*; il n'y avait plus lieu à pourvoi en cassation, en sorte que la troisième cour royale, libre dans son Interprétation de la loi, était réellement juge souverain. Grave inconvénient ; car la lutte entre les cours royales et la Cour de cassation pouvait ainsi se perpétuer, et la jurisprudence pouvait se diversifier à l'infini.

La loi de 1828 voulait bien opposer à cette tendance un obstacle insurmontable, en ordonnant que, dans *tous* les cas de renvoi devant une troisième cour royale, il en serait référé au roi, pour être ultérieurement procédé, sur ses ordres, à l'Interprétation. Une loi *interprétative* devait être présentée aux chambres, dans la session qui suivrait le référé. La loi interprétative servant ainsi de

(1) Décret du 16 septembre 1807.
(2) 26 décembre 1823.

règle pour l'avenir, le doute ou l'obscurité n'existait plus ; et la lutte devenait impossible, sur ce point, entre les diverses juridictions.

Mais, outre que les difficultés peuvent se multiplier à l'infini, la loi de 1828 avait été conçue sous l'empire de ce préjugé, transmis par les lois précédentes, que toutes les fois qu'une affaire revenait pour la deuxième fois à la Cour de cassation, il fallait bien que la loi fût obscure, qu'il y avait nécessairement lieu de l'interpréter, et que, pour cela, il fallait recourir au pouvoir législatif.

C'était une erreur. L'obscurité de la loi est la moindre cause de la persistance des cours royales dans une opinion différente de celle de la Cour de cassation. Ce sont souvent des lois fort claires qui donnent lieu aux plus grandes disputes des jurisconsultes. Les faits l'ont prouvé ; et l'inefficacité ou l'inutilité du référé a été bien démontrée par l'expérience.

Il fallait donc revenir au seul mode praticable et rationnel, dans un gouvernement où les trois pouvoirs législatif, exécutif et judiciaire *doivent* être très-nettement séparés, et sous une organisation judiciaire qui admet, avec grande raison, un tribunal unique, arbitre suprême des questions de droit. Il fallait attribuer à la Cour de cassation le pouvoir de décider *souverainement*, pour un cas déterminé, comment la loi doit être expliquée, entendue, *interprétée*. Il fallait, de plus, faire dépendre l'Interprétation législative d'une difficulté judiciaire, et ne plus faire intervenir le pouvoir législatif toutes les fois que l'esprit de chicane ou les disputes scholastiques mettraient deux ou trois cours royales en opposition avec la Cour suprême.

C'est ce qui a été fait par la loi du 1er avril 1837.

Suivant cette loi, après le deuxième pourvoi, l'affaire est renvoyée devant une troisième cour royale, qui doit juger définitivement le fait; mais cette cour royale est tenue de se conformer à la décision de la Cour de cassation sur le point de droit.

La loi de 1837 ne s'occupe plus de l'Interprétation législative.

On peut dire qu'aujourd'hui, en réalité, l'Interprétation législative est sans but. Le pouvoir législatif est multiple et essentiellement variable ; il n'y a donc aucune raison plausible pour venir demander aux législateurs de 1840 le sens d'une loi rendue en 1810 : le pouvoir législatif n'a pas de consultation à donner : or une loi interprétative n'est véritablement qu'une consultation ou une décision sur un point de droit douteux.

Que si une imperfection de la loi est révélée par les hésitations de la jurisprudence, la presque permanence du pouvoir législatif permet que la loi soit immédiatement abrogée ; mais on procède alors par abrogation, ou par modification, et non par Interprétation.

On ne peut plus désormais élever ce doute, que de bons esprits ont encore jeté dans les plus récentes discussions, de savoir si la disposition interprétative ne devait pas faire corps avec la loi primitive, tellement qu'elle régit le passé aussi bien que l'avenir. Nous sommes, Dieu merci, sortis à jamais du régime des *déclarations royales*, qui pouvaient rétroagir et permettaient de frapper un homme en vertu d'une loi postérieure à l'action commise.

L'unité dans l'application de la loi doit résulter de l'intervention souveraine de la Cour de cassation ; mais cette unité, si désirable et dont la conquête nous a coûté tant d'efforts, ne sera plus l'immobilité ; car la Cour de cassation elle-même peut revenir sur sa jurisprudence quand elle reconnaît une erreur ; et le pouvoir législatif est toujours là pour réformer la loi au besoin. L'instrument est donc bon ; et avec une constitution politique qui porterait au tribunal suprême et au corps législatif les hommes les plus capables et les mieux intentionnés, il n'y aurait plus d'obstacles à ce que les lois fussent sainement interprétées dans l'intérêt véritable des citoyens. HENRY CELLIEZ

INTERRÈGNE. Dans les monarchies électives il y a Interrègne lorsque le titulaire de la royauté meurt sans successeur désigné. Dans les monarchies héréditaires, l'Interrègne a lieu toutes les fois que le trône est vacant, soit parce que le roi est mort sans héritier, soit parce qu'il a été chassé du trône.

L'Interrègne est donc l'époque pendant laquelle, pour une cause ou pour une autre, le trône demeure vacant.

Ces sortes d'événements prouvent deux choses. La première, que la stabilité n'est pas l'attribut exclusif des monarchies ; la seconde, que la légitimité royale ou dynastique n'est pas un principe. Qu'est-ce, en effet, qu'un principe qui disparaît avec un homme ou avec une race ?

Les Interrègnes prouvent encore qu'il n'y a pas de principe vrai en dehors de celui que nous défendons ; car le peuple, lui, ne meurt jamais, et sa souveraineté ne connaît pas d'Interrègne.

Au point de vue philosophique, la supériorité du principe démocratique est donc évidente. Elle est également incontestable au point de vue pratique. Car s'il est vrai que le roi soit la source de l'autorité et le lien de la société, il en résulte logiquement que la société est virtuellement dissoute par la disparition violente ou naturelle de la personne royale, par l'Interrègne.

C'est du reste ce que Grotius reconnaît à moitié, lorsqu'il dit : « Quand la famille royale vient à manquer la souveraineté retourne *à chaque peuple.* » E. D.

INTERVENTION. Lorsque deux puissances sont en guerre et qu'une troisième vient prendre part à leur querelle, soit comme auxiliaire de l'une d'elles, soit pour faire valoir des prétentions personnelles, il y a de sa part *Intervention.*

L'Intervention peut également avoir lieu dans une guerre civile, quand une puissance étrangère prête son appui, soit à un gouvernement contre les partis qui l'attaquent, soit aux insurgés eux-mêmes, comme il arriva dans la guerre des Etats-Unis d'Amérique, lorsque le cabinet de Versailles porta secours aux colonies anglaises révoltées contre leur métropole.

Enfin, il y a un troisième cas d'Intervention :

c'est celui qui a lieu lorsqu'un gouvernement, mécontent de la conduite intérieure d'un gouvernement voisin, inquiet des conséquences que cette conduite peut avoir pour lui-même, emploie la force des armes pour changer la constitution de ce gouvernement ou modifier son administration. La guerre de 1823, entreprise par les Bourbons pour rétablir ou appuyer le pouvoir absolu dans la Péninsule, en offre un exemple fameux. C'est de cette dernière espèce d'Intervention que nous avons seulement à nous occuper ; les deux premières rentrent dans les cas généraux de déclarations de guerre, de traités d'alliance, de reconnaissances de nationalités, etc.

Un gouvernement a-t-il le droit de se mêler des affaires intérieures d'un pays voisin ? Est-il excusable aux yeux de l'équité lorsque, sans provocation directe, il envahit ce pays, chasse les autorités établies et prête main-forte aux citoyens qui, sans lui, seraient les plus faibles ? Ces questions, en quelque sorte métaphysiques, ont beaucoup occupé les publicistes, qui sont néanmoins arrivés à des résultats à-peu-près stériles, parce qu'ils ont presque toujours eu le tort de se tenir dans les abstractions et de rechercher des solutions absolues.

Pour prendre l'exemple cité plus haut de la Restauration intervenant en Espagne afin d'y rétablir *el rey neto*, nous dirons que, dans cette occasion, ce n'était pas la conduite de la Restauration qui était mauvaise, mais bien son principe qui était vicieux. Louis XVIII était coupable d'intervenir en faveur de la légitimité contre un peuple qui s'essayait au gouvernement démocratique. Cela est incontestable. Mais supposez, au contraire, que le principe de la légitimité soit aussi sacré que certains esprits le croient, et qu'il est mauvais à nos yeux, Louis XVIII alors, en renversant les cortès, aura fait une œuvre non-seulement excusable, mais dont on devra le glorifier.

Il est certain, en effet, que les deux principes qui vivent aujourd'hui en Europe, celui de la légitimité monarchique et celui de la souveraineté du peuple, ne sauraient subsister longtemps ensemble sans que l'un détruise l'autre. On conçoit assez bien que des républiques olygarchiques aient pu autrefois être tolérées par des royautés absolues. Les unes et les autres reposaient sur un principe commun, le privilége de la naissance. Mais aujourd'hui il ne s'agit plus de républiques telles qu'on en a vu dans l'antiquité et dans le moyen-âge. Les gouvernements démocratiques qui cherchent à se fonder prennent pour base l'égalité. Leur seule présence est la négation du principe des anciens gouvernements : ceux-ci doivent donc se regarder comme insultés et menacés dès le moment où une démocratie s'élève à côté d'eux, et, en conséquence, il est naturel qu'ils prennent les armes pour se défendre.

Telle était du moins la théorie qui prévalut dans les conseils de l'Europe monarchique au temps des congrès de Vérone, de Troppau et de Laybach. La France et l'Autriche intervenaient alors en Espagne et en Italie pour y étouffer l'élément révolutionnaire ; mais, depuis, les royautés ont compris qu'il était de leur intérêt d'agir avec plus de prudence ; elles ont senti, après la Révolution de juillet, que tous leurs efforts n'empêcheraient pas le principe nouveau de triompher tôt ou tard, et que peut-être ces efforts eux-mêmes ne feraient que hâter l'avénement de la souveraineté populaire en Europe. Les royautés se sont donc attachées uniquement à gagner du temps, et, au lieu du principe d'Intervention si brutalement proclamé en 1792 et en 1823, elles ont mis en avant le principe opposé de la non-Intervention. C'est celui qu'on invoque aujourd'hui de toutes parts pour étouffer la propagande démocratique ; c'est celui à l'aide duquel nous laissons, depuis dix ans, se détruire elle-même cette malheureuse Espagne, incertaine de savoir si la branche aînée des Bourbons lui a fait plus de mal avec son Intervention que la branche cadette avec sa non-Intervention.   J. B.

INTIMIDATION. Le monde a plus été gouverné par la peur que par la raison ; plus par l'égoïsme que par le dévouement. Des inférieurs aux supérieurs, des sujets aux princes, la bienveillance et l'amour ne sont qu'un accident, et la justice y est rare. La protection chez les princes tourne infailliblement à l'oppression ; et chez les sujets l'esprit de liberté gêné, comprimé, annulé, tourne infailliblement aussi à la révolte.

Ainsi, d'une part, crainte de l'oppression et oppression, et, de l'autre, peur incessante de la révolte : voilà le tableau historique des monarchies ; la peur, voilà le mobile de l'ancien monde.

Le système d'Intimidation est donc fort vieux ; la tradition atteste que le premier-né du premier homme l'a inauguré sur son frère Abel. Mais le mot lui-même est nouveau ; il est entré depuis quelques années seulement dans la langue politique. Peu sûrs de leur droit et pressés par des agressions formidables, les hommes qui gouvernent aujourd'hui la France furent conduits, par le péril et la peur, à réagir violemment contre leurs adversaires. Un système de terreur fut organisé et vigoureusement pratiqué ; mais, comme le mot de terreur rappelait des souvenirs qui fournissaient aux souteneurs du nouveau système leurs arguments les plus effectifs contre la démocratie, on prit à la République l'efficacité de la chose, et on lui laissa l'horreur du nom. La terreur monarchique fut appelée Intimidation.

Or, il se trouve entre la terreur révolutionnaire et l'Intimidation monarchique une différence capitale. A part les moyens qui furent nécessairement proportionnés au danger, la terreur révolutionnaire avait pour but le triomphe de l'égalité. La terreur de 1815 et celle de 1832, au contraire, avaient pour objet la consolidation du privilége. La première, instituée passagèrement, devait cesser à la paix ; l'autre, instituée au sein de la paix, était érigée en système et devait durer toujours. Dans la pensée de ceux-là qui en avaient été les plus ardents fauteurs, la condition première du maintien de leur construction, c'était la guerre civile, toujours active ou menaçante. Ces hommes de lutte et de discorde sentaient et proclamaient

qu'il ne fallait point laisser se rouiller les armes de la résistance ; ils voyaient et disaient que, pour combattre victorieusement la réaction simultanée des vieilles idées et des idées jeunes, il fallait s'engager dans une lutte constante, désespérée, avec la ferme résolution de n'en jamais sortir. Pratiqué dans la rue à coups de canon, le système fut étendu par d'innombrables incarcérations et complété par une législation de fer.

Ce n'est pas tout : quoique violemment changées, les institutions restées debout *donnaient encore au mal de grandes facilités.* On y découvrait *des provocations continuelles, incessantes, à l'esprit révolutionnaire, au développement des mauvaises passions, des intérêts illégitimes, des prétentions démocratiques.* L'Intimidation suspendue sur la société ne suffisait pas ; on conçut alors l'Intimidation à l'individu, et de le contenir chaque jour par l'incertitude du lendemain.

« Vous n'avez contre la disposition révolutionnaire des classes pauvres », disait un des chefs de la réaction, « vous n'avez aujourd'hui, *indépendamment de la force légale,* qu'une seule garantie efficace, puissante, le travail, *la nécessité incessante du travail.* »

Ce que l'on entendait par-là, ce n'était point ce travail nécessaire auquel l'homme est convié par sa nature et par sa destinée, ce travail qui l'arrache aux funestes entraînements de l'oisiveté et qui l'élève en le moralisant. Non, ce n'était point le travail, mais la nécessité incessante du travail, d'une fatigue sans fin, sans cesse et sans espoir, d'un labeur qui, courbant le travailleur sur son métier comme le bœuf sur son sillon, finit par atrophier son intelligence, tuer son âme et le ravaler au rang de la brute. Eteindre toutes les nobles facultés de l'homme, comprimer tous les élans de son cœur par la tension douloureuse et continue que donne à l'esprit la peur du lendemain, tarir jusque dans les enfants les germes de la vie, intimider l'essor des intelligences : voilà ce que l'on voulait, voilà le moyen de gouvernement que l'on a préconisé, prêché, mis en œuvre.

Mais la faim ou la peur de la faim n'est pas pour les sociétés privilégiées un plus puissant moyen d'Intimidation et de conservation que le bourreau. Cette garantie que l'on cherche contre l'ascendant des classes déshéritées dans la pérennité de leurs souffrances n'est pas seulement odieuse et absurde, elle est encore illusoire.

Et, d'abord, il y a contre elle un fait décisif : c'est la loi générale, constante, inévitable, qui pousse l'humanité vers l'amélioration morale et matérielle de tous et de chacun : amélioration d'où dépend essentiellement la paix et le bonheur des sociétés.

Ce n'est point, en effet, par la souffrance imméritée, ce n'est point par des sacrifices sans compensation et forcés que vous attacherez jamais l'homme à ses devoirs. Non rien n'est plus antisocial que la misère du peuple. Et, prenez-y garde : dans un pays où tout est joie pour les uns et douleur pour les autres, les spectacles de chaque jour sont éminemment corrupteurs ; ils suscitent dans le cœur de ceux qui souffrent des penchants terribles, et dans leur esprit de redoutables méditations. Qu'attendez-vous de ce père de famille, tout pâle de faim, et qui, au prix d'un travail journalier de quinze et dix-huit heures, peut à peine nourrir ses enfants, lorsque ses yeux sont incessamment frappés d'éblouissants contrastes ? Et croyez-vous qu'elle sera bien vive envers votre civilisation la ferveur de ce fils désolé qui ne peut verser des larmes sur la tombe de sa mère, dont la pelle indifférente du fossoyeur a dispersé les ossements, lorsqu'il voit des colonnes de marbre et des pyramides de bronze nommer la poussière orgueilleuse de quelque heureux fripon. Non, non, n'espérez pas avoir conquis la sécurité lorsque vous aurez tout comprimé, tout épouvanté, lorsque vous aurez mis la piété filiale, l'amour paternel, le dévouement, et le devoir et le droit aux prises avec vos lois, avec votre organisation sociale et politique.

Ah ! soyez-en convaincus, il n'est aucun moyen moral ou matériel de faire durer longtemps parmi les hommes la même injustice. L'intimidation, qu'elle ait pour arme une baïonnette ou la misère, y fait défaut aussi bien que la corruption. Voulez-vous sérieusement la paix, l'ordre et la tranquillité ? Voulez-vous extirper du sein de la société le germe tenace des passions subversives, des intérêts illégitimes : ouvrez la carrière à toutes les passions utiles, à tous les intérêts légitimes. Créez une organisation bienveillante et forte à-la-fois, capable de concilier les intérêts divers dont l'antagonisme ébranle la société et la remplit de trouble et d'angoisse ; — le pouvoir cessera aussitôt de faire peur et d'avoir peur.   E. DUCLERC.

INTROUVABLE (CHAMBRE). On nomme ainsi la chambre de 1815. Introuvable en effet, car il n'eût pas été possible d'en trouver une autre semblable. *La chambre sera bonne parce qu'elle sera autre*, disait-on dans un mémoire présenté à Louis XVIII en faveur de la dissolution de cette assemblée réactionnaire.—Ce qu'a fait la chambre Introuvable, on le sait ; elle a provoqué et secondé les sanglantes réactions de cette époque ; par rancune, par haine, par envie, elle imita toutes les rigueurs provoquées à une autre époque par des nécessités de salut public. Il fallut, pour arrêter ses débordements, que la prérogative royale se crût en péril. Louis XVIII ne voulut pas, suivant une expression d'alors, que la chambre fût plus royaliste que le roi, et il signa l'ordonnance du 5 septembre. (V. RESTAURATION.)

INVALIDES. L'hôtel des Invalides a été fondé en 1671, par Louis XIV, pour servir de refuge aux soldats pauvres et vieux ou blessés : il peut contenir mille hommes.

Cet établissement national destiné à récompenser des services militaires humbles, mais utiles a été imité par la plupart des nations de l'Europe et a valu maints éloges à son fondateur. Ce n'est guère que de notre temps qu'il a trouvé des critiques parmi les économistes. On a dit qu'au lieu d'admettre les soldats âgés ou blessés aux Invalides, il vaudrait mieux leur payer la somme que coûte leur entretien, parce qu'ils en tireraient un meilleur parti au sein de leurs familles. Cette critique ne manque pas de justesse, et l'administration l'a si bien senti que, pour beaucoup d'Invalides, le droit d'admission à l'hôtel a été converti en une pension.

L'hôtel des Invalides est néanmoins un noble et glorieux établissement. C'est la retraite la plus convenable et la plus douce pour les soldats qui sont nés et qui ont vécu sous les drapeaux, pour ceux qui n'ont point de famille ; et combien de pauvres n'ont point de famille, lorsqu'ils sont devenus vieux et infirmes!

Il est bon d'ailleurs que les récompenses nationales frappent tous les yeux, qu'elles soient éclatantes. Leur éclat ajoute beaucoup à leur prix et plus encore à leur utilité.   C. S.

INVASION. Faire Invasion dans un pays, c'est y pénétrer à l'aide d'une armée, quel que soit le but qu'on se propose par cet acte d'hostilité.

Historiquement, le mot Invasion est consacré d'une manière plus spéciale à certaines expéditions militaires. La plus célèbre de toutes est celle qu'on appelle la *grande Invasion des Barbares*, et qui eut lieu au cinquième siècle. Elle eut pour résultat, comme on sait, de renverser l'empire romain et d'infuser pour ainsi dire, au milieu des populations de l'Europe, des éléments nouveaux venus du Nord et de l'Orient.

En France, le mot Invasion, pris absolument, signifie le double envahissement de notre pays opéré, en 1814 et 1815, par les armées coalisées. C'est un mot qui, pour tous les cœurs patriotes, réveille des souvenirs de deuil et ravive les plus chers sentiments de nationalité.   J. B.

INVIOLABILITÉ. Aux termes de la Charte, la personne du roi est inviolable et sacrée.

Les pairs jouissent également d'une sorte d'Inviolabilité en ce sens qu'aucun d'eux ne peut être arrêté que de l'autorité de la chambre, et jugé que par elle en matière criminelle.

Les députés sont également inviolables ; aucune contrainte par corps ne peut être exercée contre eux durant la session, et dans les six semaines qui l'auront précédée ou suivie. Aucun membre de la chambre ne peut, en outre, pendant la durée de la session, être poursuivi ni arrêté en matière criminelle, sauf le cas de flagrant-délit, qu'après que la chambre a permis sa poursuite.

Enfin, les ministres ne peuvent être accusés que pour fait de trahison et de concussion. La chambre des députés a seule le droit de les poursuivre et de les traduire devant la chambre des pairs, qui a seule le droit de les juger.

La Charte consacre donc deux sortes d'Inviolabilité : l'une, perpétuelle et absolue, qui couvre la personne royale ; l'autre, temporaire et conditionnelle, qui garantit la sécurité des législateurs et des agents du pouvoir exécutif.

L'Inviolabilité perpétuelle implique l'irresponsabilité : quelque faute, quelque crime qu'ait commis le prince, il ne peut être personnellement responsable puisqu'il est inviolable et sacré, et que, par conséquent, il n'est pas permis d'y toucher. Cette sorte d'inviolabilité s'explique par des raisons que les publicistes monarchiques ont longuement déduites ; mais elle ne se conçoit, ni philosophiquement, ni moralement, ni au point de vue de l'équité. Philosophiquement, il est absurde, en effet, qu'un homme puisse être criminel impunément ; moralement et au point de vue de l'équité, cela est immoral et inique. L'histoire, du reste, témoigne que la pratique n'admet pas plus que la théorie ce nébuleux principe. Tous les princes passés et présents avaient été déclarés inviolables, et combien dont le sacré caractère a été rudement violé.

Sous l'empire du droit divin, l'Inviolabilité se conçoit théoriquement. Elu de Dieu, le prince ne doit compte qu'à Dieu. Mais comment se manifeste la volonté de Dieu ? Par la voix du peuple. Or, si le peuple peut élever et sacrer un roi, comment soutenir qu'il ne lui est pas permis de l'abaisser et de le dépouiller ?

L'Inviolabilité temporaire se conçoit très-bien, au contraire : elle est utile, car elle assure l'indépendance du législateur contre les agressions du pouvoir ou des individus ; elle n'est point inique, car elle n'exclut pas la responsabilité ; elle l'ajourne seulement.

Ces deux sortes d'Inviolabilités répondent à deux ordres d'idées différents. Comme dans les monarchies limitées ou absolues, le pouvoir ne procède point de la société, il y a toujours entre eux lutte ouverte ou cachée : chacun s'efforce incessamment d'empiéter sur l'autre ; et les priviléges et les droits varient perpétuellement, selon que le pouvoir est plus faible ou plus fort. L'Inviolabilité perpétuelle est donc une garantie donnée au pouvoir contre la société, une négation de sa souveraineté ; tandis que l'Inviolabilité temporaire est un bouclier qui couvre contre les atteintes du pouvoir les droits du peuple. Nous avons dit quel est, suivant nous, le caractère, l'utilité relative et la moralité de cet antagonisme ; mais, comme la pérennité et l'Inviolabilité de la Charte qui la consacre sont choses convenues, il durera tant que la Charte sera inviolée. Observons seulement que, dans les démocraties, tous les pouvoirs et tous les individus sont personnellement responsables. (V. Responsabilité.)   E. D.

IRLANDE, l'une des Iles Britanniques, séparée de l'Angleterre par le canal de Saint-Georges, et de l'Ecosse par un autre canal de cinq lieues de largeur. Elle a cent lieues de longueur sur soixante de largeur, et par conséquent sa superficie est de six cents lieues carrées. Sa population est de sept millions cinq cent mille âmes.

L'Irlande est divisée en quatre provinces : Ulster, Connaught, Leinster et Munster. Ces provinces sont subdivisées en trente-trois comtés. Dans l'*Ulster* : Donegal, Fermanagh, Tyrone, Londonderry,

Antrim, Down, Arenagh, Monaghan, Cavan ;—dans le *Leinster* : Longford, West-Meath, East-Meath, Dublin, Wicklow, Louth, Kilkenny, Kildare, Kings-County, Queens-County, Castlereagh, Wexford ;—dans le *Connaught* : Galloway, Roscommon, Mayo, —Sligo, Leitrim ; — dans le *Munster* : Waterford, Cork, Kerry, Clare, Tipperary, Limerick.

Ses principales rivières sont le Shannon, le Barow, le Blackwater, la Boyne et le Liffey. Un canal ouvre une communication entre la mer du Nord et l'Océan. Les lacs principaux sont l'En et les Neaghs ; ils sont l'un et l'autre parsemés d'îles.

Il paraît hors de doute que les premiers habitants de l'Irlande formaient une partie de cette grande famille celtique qui peupla les Gaules, la Bretagne et l'Espagne. Quelle que soit l'obscurité qui environne l'histoire de ces puissantes tribus que versa l'Orient sur nos contrées, il paraît certain que les Celtes furent les premières races qui peuplèrent les parties occidentales de l'Europe. Ce qui est encore moins incontestable, c'est que, parmi les monuments de l'ancienne langue celtique, c'est en Irlande que l'on retrouve le dialecte le plus pur.

On pourrait croire, d'après le voisinage des deux îles, que les fortunes de la Bretagne et de l'Irlande furent soumises aux mêmes variations, et que les nombreuses hordes de populations diverses qui bouleversèrent la première contrée ont dû poursuivre leurs émigrations et leurs conquêtes sur la contrée voisine : ce serait tomber dans une grande erreur. Les Romains, par exemple, demeurèrent pendant près de quatre cents ans en possession de la Bretagne, sans qu'un seul de leurs guerriers ait jamais abordé sur les côtes irlandaises ; et plus tard, lorsque la Gaule belgique versa ses populations envahissantes sur les rives de la Bretagne, elles ne tentèrent pas de pénétrer dans l'île voisine qui servait d'asile aux Celtes dépossédés.

Les Irlandais restèrent donc longtemps soumis à l'organisation celtique des Clans, ne reconnaissant d'autre autorité que celle de leurs chieftains, et se livrant entre eux de furieuses batailles. L'introduction même du christianisme n'apporta que peu de changements à ces mœurs guerrières, quoiqu'il se formât bientôt en Irlande une milice ecclésiastique qui se distinguait par ses talents et ses hautes connaissances. De ses rangs sortit Pélage, l'adversaire illustre de saint Augustin, et plus tard Jean le Scot, surnommé Erigène.

Cependant, quoiqu'elle eût échappé aux conquêtes des races germaniques, ou plutôt parce qu'elle avait échappé à ces conquêtes, l'Irlande restait en-dehors des progrès de la civilisation européenne. Tandis que partout ailleurs la hiérarchie féodale, remontant de suzeraineté en suzeraineté, venait se concentrer dans l'unité royale, les clans celtiques d'Irlande conservaient leur mutuelle indépendance, et le pays, divisé entre l'autorité d'une multitude de chieftains qui prenaient le titre de rois, s'affaiblissait par les guerres perpétuelles de toutes ces petites ambitions au même niveau.

Ce fut au milieu de ces éléments de dissolution que des barons anglais cherchant aventure débarquèrent sur les côtes d'Irlande et s'établirent dans la province de Munster. Les divisions des chieftains favorisèrent leur invasion ; car l'alliance de ces hommes d'armes, couverts de fer, était fort utile dans ces petites guerres, où les habitants à demi-nus ne pouvaient guère résister à de si formidables adversaires. Mais, après avoir apporté le secours de ses armes, le baron anglais savait profiter de ses avantages pour lui-même et se faisait payer en terres le prix de ses services. De sorte que bientôt il y eut au sein de l'Irlande une colonie anglaise, dont les mœurs, les coutumes et le langage formaient un singulier contraste avec ceux qui les environnaient. Cette colonie s'appelait le *Pale* ou l'enclos, et les seigneurs qui en occupaient le territoire s'appelaient les barons du Pale. Ces barons s'assemblaient en parlement pour diriger les affaires de la colonie, et ils étaient à-peu-près indépendants des rois anglais, qui ne conservaient sur eux qu'une autorité nominale.

Mais à l'avénement de la race des Tudors, lorsque les guerres civiles qui déchiraient l'Angleterre furent apaisées, les rois anglais jetèrent les yeux sur ce pays dont leurs sujets leur avaient ouvert la conquête, et Henri VII ordonna que ses possessions irlandaises seraient soumises aux mêmes lois que l'Angleterre. Il stipula, en outre, que le parlement irlandais ne s'assemblerait qu'en vertu d'une ordonnance royale, et déclara les lois de ce parlement obligatoires pour toute l'Irlande. Ainsi la tyrannie légale envahissait toute la contrée, même avant qu'elle fût entièrement soumise par la force des armes.

Henri VIII alla plus loin et prit le titre de roi d'Irlande. Bientôt la religion improvisée de ce réformateur burlesque fut importée dans ce malheureux pays, et alors commença un système d'oppression qui, par sa durée, n'a d'exemple dans les annales d'aucune nation. —

Lorsque la réforme fut imposée à l'Angleterre, elle fut facilement acceptée par un clergé déjà initié aux controverses qui avaient occupé le continent, et beaucoup d'entre les ecclésiastiques mettaient secrètement en doute l'autorité du Pape, avant que le roi leur ordonnât de la méconnaître. En Irlande, la situation n'était pas la même : les hauts dignitaires de l'Église étaient tous Anglais, et n'avaient aucune communication avec les humbles curés, qui, ainsi que les fidèles, parlaient une langue différente de celle de leurs chefs et se considéraient comme appartenant à une différente nation. Dans cet état de choses, l'abjuration des évêques n'eut aucune influence sur le petit clergé ni sur le peuple, et même cet acte d'apostasie des ecclésiastiques anglais fut pour tous les Irlandais un nouveau motif de haine contre les étrangers. En même temps, le parlement irlandais, qui ne se composait véritablement que d'Anglais, fut fermé aux catholiques ; en sorte que les pouvoirs civil et ecclésiastique, placés entre les mains des hérétiques étrangers, furent tous deux regardés avec une égale horreur.

Alors commencèrent les spoliations. D'abord, tous les biens ecclésiastiques furent confisqués au profit de la couronne. Puis, sous prétexte que les lois anglaises régnaient sur tout le pays, tous les chefs irlandais qui ne pouvaient pas justifier d'un titre de propriété conforme à ces lois, étaient expulsés de leurs domaines que l'on livrait à des seigneurs accourus des bords de la Tamise.

Élisabeth poursuivit l'œuvre de spoliation avec une énergie de cruauté qui a laissé de longs souvenirs d'exécration. Elle ne prenait pas la peine de dissimuler sa pensée, qui était d'exterminer les indigènes pour faire occuper tout le pays par des colons appelés de l'Angleterre et de l'Écosse. Les révoltes que l'on provoquait nécessairement par la persécution, devenaient de nouveaux prétextes pour des actes de tyrannie, et les malheureux Irlandais ne trouvaient de ressources ni dans la soumission ni dans la résistance. C'était une conquête sans lutte, sans combats et sans gloire ; c'était le pire des envahissements, l'envahissement judiciaire.

Dans de pareilles circonstances, tout événement devient une occasion de révolte, et les guerres civiles qui précédèrent la chûte de Charles Ier durent nécessairement offrir aux colères des Irlandais un favorable moment de vengeance. D'ailleurs, le fanatisme protestant qui les persécutait depuis tant d'années était accusé de tolérance par les révolutionnaires anglais. Il y avait donc un double motif pour les enfants d'Erin de se soulever contre ce gouvernement nouveau. La réaction fut terrible, et les cruautés proportionnées aux souffrances. Une vaste Saint-Barthélemy vengea les meurtres juridiques commandés par le protestantisme ; expiation horrible qui se trouvait expliquée, sinon justifiée par les sanglantes exécutions de tant de martyrs catholiques.

Alors commença au sein de l'Irlande une guerre civile qui avait tous les caractères d'une guerre de sauvages. L'incendie et le pillage étaient la règle commune des deux partis : il n'y avait de raffinements que pour le meurtre. Enfin, les Irlandais réunis aux royalistes étaient parvenus à se rendre maîtres de toutes les forteresses et de presque toutes les villes du royaume ; mais rien ne mit fin aux horreurs de l'anarchie : les habitants ne surent ni organiser un pouvoir régulier ni se soustraire aux conséquences fatales des ravages qu'ils avaient eux-mêmes faits. La destruction était telle que, dans plusieurs provinces, les populations étaient retournées à l'état nomade, parcourant les campagnes avec leurs tentes et leurs troupeaux, et s'arrêtant aux endroits où elles trouvaient de l'eau, de l'herbe et du bois. Quelques cantons étaient même si misérables que, suivant un triste proverbe du pays, il n'y avait pas d'eau pour noyer un homme, de bois pour le pendre, ni de terre pour l'ensevelir. D'immenses portions de territoire demeuraient incultes et désolées, et il fallait pour les traverser porter avec soi des vivres comme dans un désert.

Cet état de choses durait depuis huit ans, lorsque Cromwell vint demander compte aux malheureux Irlandais d'une insurrection qu'il avait déshonorée par tant d'excès. Les cruautés de ce farouche vainqueur firent oublier celles des révoltés, et, selon l'énergique expression de Tacite, il obtint la paix en créant la solitude. Le sol de l'Irlande, comme un domaine légalement confisqué, fut partagé, vendu, donné. On en livra la plus grande partie à des négociants qui avaient avancé des fonds pour soutenir la guerre; une portion fut distribuée aux officiers et aux soldats, en récompense ou en paiement de leurs services. L'Irlande devint un fonds sur lequel on acquitta toutes les créances que réclamaient les vainqueurs; elle servit à combler la dette immense de la guerre civile, et à satisfaire l'avidité de l'armée (1).

Quant aux malheureux débris de la nation proscrite, on les transporta dans le territoire de Connaught. Séparée du reste de l'Irlande par la rivière de Shannon, cette province offrait un terrain assez vaste, que la peste et les massacres avaient rendu entièrement libre et désert. Un ordre du parlement prescrivit sous peine de mort aux Irlandais catholiques d'être rendus tel jour dans cette enceinte, et donna aux dominateurs anglais le droit de tuer tous ceux qui en sortiraient, sans excepter les femmes et les enfants.

Toutefois, cette violente séquestration ne fut maintenue que pendant les premières années de la conquête; bientôt les catholiques se répandirent de nouveau dans le pays; et, chose singulière, ce peuple de persécutés croissait et se multipliait beaucoup plus que ses cruels dominateurs. Aussi, lorsque survint la révolution de 1688, les catholiques purent-ils opposer une puissante diversion en faveur de Jacques II. Il fallut trois ans de guerre pour les soumettre; enfin le siége et la prise de Limerick éteignit les espérances des Stuarts, et livra les catholiques à la merci des orangistes.

La contrée fut de nouveau soumise aux confiscations, et les courtisans whigs du roi Guillaume accoururent de toutes parts pour prendre part à la curée.

Cependant il faut dire à l'éloge de Guillaume qu'il essaya de tempérer les rigueurs de la victoire, en se montrant plus indulgent envers les catholiques que la plupart de ses partisans, dont il eut souvent à combattre le zèle intéressé.

Mais, sous la reine Anne, la persécution légale se renouvela avec une violence qui rappelait les jours odieux d'Élisabeth. Ce fut alors que parut cette loi infâme intitulée : « Acte pour prévenir les développements du Papisme. » En vertu de cette loi, tout héritier d'un catholique qui se déclarait protestant acquérait par cette abjuration la propriété paternelle du vivant même de son père, et au détriment de ses cohéritiers. C'était introduire dans les familles la dissolution et la haine. Nul catholique ne pouvait hériter d'un protestant; il était interdit au père catholique d'élever ses enfants ou d'être leur tuteur; ils devaient être livrés au plus proche parent protestant ou à un tuteur nommé par la cour de la chancellerie. Aucun protestant

(1) Villemain. *Histoire de Cromwell.*

propriétaire ne pouvait épouser une femme catholique. Enfin il était interdit à tout catholique d'acquérir des propriétés territoriales ou de faire des baux à long terme; ils n'étaient attachés à la terre que par le travail; ils n'avaient d'autre droit que d'être les vassaux agraires des protestants.

Tel était le code de morale que formulait le parlement irlandais sous l'inspiration de la cour d'Angleterre. Tous les événements politiques, même extérieurs, devenaient de nouveaux prétextes pour un redoublement de rigueurs. Ainsi l'insurrection écossaise en 1715 réagit contre les Irlandais. A cette occasion le parlement recommanda aux magistrats de sévir avec vigueur contre les prêtres catholiques, s'ils ne voulaient être déclarés ennemis de la constitution. En 1726, il fut ordonné que tout prêtre catholique qui ferait un mariage entre catholiques et protestants serait convaincu de félonie et condamné à mort. En 1744, les établissements monastiques furent abolis, les églises fermées, le culte interdit, les prêtres poursuivis et traqués comme des bêtes fauves, et tous les catholiques désarmés. Une nouvelle insurrection de l'Écosse, en 1745, vint ajouter aux terreurs des protestants, et l'on osa délibérer dans le conseil privé de Dublin, s'il n'était pas convenable de faire un massacre général des catholiques.

Si jamais il fut prouvé qu'une persécution violente est incapable de détruire la foi, ce fut surtout en Irlande. Malgré les renforts qu'ils recevaient de l'Angleterre, les protestants demeuraient toujours dans une minorité numérique qui les épouvantait, tandis que s'amoncelaient autour d'eux des populations affamées. Bien plus : les oppresseurs souffraient même des avantages qu'on leur faisait. Si le propriétaire protestant voulait disposer de sa terre, l'interdiction qui frappait les catholiques l'empêchait de trouver des acquéreurs. S'il voulait augmenter la valeur de sa propriété par un long bail, il cherchait vainement autour de lui des fermiers; s'il désirait placer de l'argent sur hypothèque, il n'osait le prêter à un propriétaire catholique, il courait risque de voir disparaître son gage entre les mains du fils de ce catholique, qui pouvait déposséder son père en se faisant protestant. Enfin, le protestant voyait diminuer ses ressources par l'incapacité légale de tous ceux qui l'environnaient. Toutes les opérations industrielles étaient entravées, toutes les transactions mutilées, et il se trouva lui-même le premier intéressé à violer les lois qui lui accordaient ses odieux priviléges. Partout se faisaient secrètement des contrats en opposition avec la loi. Il se forma une législation de contrebande dont la nation entière devenait complice. C'était un remède sans doute aux iniquités légales; mais ce remède était bien faible, car chacun pouvait être ainsi victime de la mauvaise foi de l'homme avec qui il contractait sans l'intervention de la loi. Le père restait toujours exposé aux spoliations de son fils; la propriété des catholiques était sans garantie; la vie du prêtre dépendait de la probité de ceux qui connaissaient son asile, et le mariage ne pouvait être contracté avec une certitude de durée.

Diverses tentatives furent donc faites par les protestants eux-mêmes pour introduire quelques améliorations dans la loi. En 1762, le parlement irlandais vota une loi qui autorisait les catholiques à prêter sur hypothèque. Mais cette loi fut rejetée par le parlement anglais. En vain fut-elle introduite encore à la session suivante, en vain fit-on valoir son utilité pour les protestants non moins que pour les catholiques, elle fut repoussée une seconde et une troisième fois. Ce fut en 1772, seulement, que fut faite la première concession. Et quelle concession! Dans une loi sur le dessèchement des marais, il est dit que « comme le voisinage de ces marais est très-insalubre, il sera permis aux catholiques de faire dans les environs des baux à long terme pour les dessécher et les cultiver. » L'année suivante, on admit enfin la loi qui autorisait les catholiques à prêter sur hypothèque. Ce n'est pas que le gouvernement se fût ralenti volontairement de ses rigueurs; mais une voix partie des rives lointaines de l'Atlantique venait de l'avertir des dangers auxquels le pouvoir s'expose, en méconnaissant les droits d'un peuple. Le soulèvement des États-Unis profitait à l'Irlande. En 1778, un acte fut passé pour abroger les pénalités renfermées dans l'acte odieux du règne d'Anne. Par cette première mesure de justice, les catholiques furent autorisés à faire des baux à longs termes, à posséder des propriétés territoriales et à les transmettre à leurs descendants, et cette clause infâme fut abolie, qui permettait au fils de saisir par l'abjuration le domaine de son père.

En même temps les catholiques, ayant la conscience de leur force et de leurs droits, s'étaient, dès l'année 1783, formés en association dans le but d'obtenir par les voies légales un soulagement à tant de souffrances. Leurs efforts furent secondés par tous les Irlandais protestants qui voulaient l'indépendance de leur pays. De vives discussions avaient lieu dans le parlement, et alors, pour la première fois, on entendit quelques voix s'élever au sein de la législature pour demander la complète émancipation des catholiques. Mais c'était plus que n'osaient espérer les amis les plus chauds de la cause persécutée. Toutefois, plusieurs adoucissements furent obtenus; les catholiques purent être tuteurs de leurs enfants, et il ne fut plus permis à tout magistrat de condamner arbitrairement à l'amende ou à la prison le catholique qui refusait de déclarer où et quand il avait assisté à la messe, le nom de l'officiant et des assistants, etc. En 1792, on leur permit d'entrer au barreau, et les mariages mixtes furent autorisés.

En 1793, les progrès et le triomphe de l'esprit révolutionnaire en France augmentèrent les craintes du gouvernement anglais, lui firent faire de nouvelles concessions. Alors fut accordé le fameux bill connu sous le nom de RELIEF BILL (*Bill de soulagement*).

La principale clause de ce bill admettait les catholiques à l'exercice des fonctions civiles et militaires. Mais il y avait une foule de restrictions qui laissaient la mesure incomplète.

Ils pouvaient aussi concourir aux élections du parlement; mais ils ne pouvaient être admis à la chambre. C'était reconnaître leurs droits sans les satisfaire entièrement.

Aussi, dès que le gouvernement fut un peu revenu de ses terreurs, il donna les preuves les plus manifestes de ses dispositions à l'égard des Catholiques, en rappelant le lord lieutenant comte Fitz-William qui les favorisait ouvertement. Mais de nouveaux éléments venaient de se joindre au parti catholique. Tous les Irlandais qui voulaient affranchir leur pays de la domination anglaise, tous les dissidents protestants, demandaient la réforme des abus, et une association secrète dont les forces étaient considérables, offrit ses services et sa coopération. Elle s'appelait l'association des Irlandais unis : on ne sait pas bien jusqu'où s'étendaient ses relations avec la grande association catholique. Toujours est-il qu'elle entretenait une correspondance active avec la République française; et l'on disait qu'elle pouvait réunir trois cent mille combattants. En présence de dangers si imminents, des cris de concession se firent entendre dans les parlements irlandais et anglais; mais une méthode contraire fut adoptée par le pouvoir. On vit s'organiser sous l'influence du gouvernement les fameuses sociétés orangistes, composées des partisans de la domination anglaise et des fanatiques du protestantisme. Alors commencèrent des scènes de violence provoquées à dessein pour pousser à la révolte. C'était une issue facile à prévoir, et la révolte éclata avec toute la fureur qu'inspiraient les méfaits nouveaux ajoutés à la longue série des anciennes persécutions. La lutte fut terrible, les cruautés inouïes des deux côtés. Toutefois, une chose à remarquer, c'est que cette insurrection appelée l'Insurrection catholique avait pour chefs principaux des protestants. C'était une insurrection nationale aussi bien que religieuse. En effet, elle s'étendit en un moment sur tous les pays entre Dublin et les montagnes de Wicklow. Un gouvernement provisoire fut installé à Wexford, sous le nom de Directoire exécutif de la République irlandaise. Mais le mouvement n'avait pas été simultané. Les insurrections de l'Est et du Sud étaient comprimées au moment où éclata celle du Nord; et déjà cette dernière était presque apaisée, lorsque le débarquement de quinze cents Français sous les ordres du général Humbert apporta aux Irlandais un secours tardif. Toutes les troupes anglaises, après avoir triomphé sur différents points des paysans irlandais armés de piques et de bâtons, concentrèrent leurs forces pour attaquer les Français. Le général Humbert avec sa petite troupe renforcée de quelques insurgés fut attaqué à Ballinamuch par une armée de trente mille hommes. Ses soldats firent des prodiges; mais il fut contraint de capituler. Dès-lors les insurgés ne purent plus tenir la campagne. Les plus exaltés ou les plus compromis se retirèrent dans les bois et les montagnes, d'où ils sortaient pour surprendre et massacrer les agents de l'autorité. Mais le pays tout entier était dans une morne stupeur : l'espoir des Irlandais avait été dans la France, et ils apprenaient avec douleur que la paix venait d'être signée à Amiens. Beaucoup refusaient de le croire, et quelques-uns s'écriaient naïvement : « Est-il possible que les Français soient devenus orangistes ? »

Le gouvernement anglais profita du découragement général pour resserrer le lien politique entre l'Irlande et l'Angleterre. Alors fut proclamé l'acte d'union (1802) qui abolissait le parlement national et introduisait dans le parlement anglais cent membres irlandais.

Si l'union eût été l'égalité, l'Irlande ne pouvait que gagner à cette mesure ; car depuis longtemps son indépendance n'était que nominale. Mais le même système de vexations se continua avec moins de moyens d'y résister. L'Irlande était alors à l'état d'un pays nouvellement conquis. Des armées anglaises la parcouraient dans tous les sens ; toutes les villes recevaient de fortes garnisons. Les réclamations étaient interdites et la plainte considérée comme séditieuse.

Ce n'était pas le moment pour les catholiques d'élever la voix, et plusieurs années se passèrent dans une muette oppression et un désespoir concentré.

Cependant le 24 mai 1809, une assemblée générale des catholiques fut réunie à Dublin, dans le but de rétablir l'ancienne association. Ce fut-là que Daniel O'Connell parut pour la première fois comme le champion public et avoué des Catholiques. Depuis ce jour il a consacré à la cause de son pays toute la puissance de son infatigable énergie. Malgré les découragements de la souffrance, malgré les imprudences d'une juste colère, O'Connell a su diriger ses compatriotes dans une voie nouvelle de conquêtes, en ne s'écartant jamais de la légalité, en ôtant tout prétexte à ses nombreux ennemis. Echauffés par son impulsion, gouvernés par son intelligence, les Irlandais n'ont jamais cessé depuis qu'il les dirige d'avancer vers des améliorations successives. L'association catholique (voyez ce mot), telle qu'elle fut organisée par O'Connell est un chef-d'œuvre de patience, d'audace et d'adresse. Grace à ses efforts soutenus, l'acte d'émancipation fut imposé à des ministres récalcitrants. Si aujourd'hui encore un gouvernement timide recule trop longtemps devant la solennelle réparation qui est due à l'Irlande, O'Connell conserve encore assez de puissance, et l'Irlande assez d'énergie pour obtenir par la contrainte ce qu'on refuse à leurs prières. Il leur suffira d'oser.

ELIAS REGNAULT.

ISLAMISME. Nom propre de la religion mahométane, culte qui compte aujourd'hui environ cent millions de prosélytes. Cette dénomination vient du mot arabe *Islam,* qui signifie soumission à Dieu. Le prophète avait ainsi désigné la religion qu'il était venu enseigner au monde, et dont tous les principes rappellent sans cesse l'obéissance passive due à Dieu et à son lieutenant sur la terre, au khalife.

Ce principe fit la fortune et la force des nouveaux dogmes que cet homme extraordinaire vint prêcher avec tant de succès aux populations arabes. L'obéissance non pas à un homme, mais à Dieu qui parlait par sa bouche, devint ainsi facile à cette race hardie et vagabonde, qui, après 2,000 ans, vivait encore comme au temps d'Ismaël son père, alors que le Seigneur avait dit d'elle : « Que « belliqueuse et farouche, plantant ses tentes , « voyageant loin des pays habités , sa main serait « levée contre tous les peuples, et que tous les « peuples auraient la main levée contre elle. »

Longtemps presque inconnue du monde ancien, dont le séparaient la nature du sol qu'il habitait et de son climat, le peuple arabe apparut tout-à-coup au septième siècle, innombrable et victorieux , lançant ses essaims enthousiastes sur l'Asie, l'Europe et l'Afrique, et se faisant en moins de cinquante années un empire plus vaste que celui de l'apôtre armé de l'Hellénisme, d'Alexandre , à qui l'Orient avait dû jadis sa rénovation. Ce phénomène unique dans l'histoire était l'ouvrage d'un seul homme.

Lorsque Mahomet conçut le projet de prêcher un culte nouveau , il n'ignorait pas le caractère du peuple sur lequel il devait agir. Quinze années d'une vie orageuse pendant lesquelles, malgré sa noble origine , tour-à-tour soldat et conducteur de chameaux , il avait parcouru tout l'Hedjaz, la Syrie et une portion de l'Egypte, l'avaient instruit suffisamment de l'esprit arabe et des ressources que cet esprit pouvait offrir à un homme de génie qui saurait l'émouvoir et le diriger. Marié à trente ans avec la riche veuve Cadisha, il put se livrer à loisir à ses contemplations mystérieuses , et quinze années passées dans le silence et l'obscurité lui permirent d'étudier la Bible et l'Evangile , les différents dogmes des religions sabéennes qui se partageaient l'Arabie. Le Coran fut le résultat de ces méditations ardentes, de ces projets d'ambition et de gloire formés dans la prière et dans l'enivrement de ses propres espérances : car si parfois Mahomet sut plus tard justifier quelques-uns de ses caprices par des chapitres du livre sacré publiés fort à propos, il paraît le plus souvent de bonne foi sur le reste, et sa conduite est généralement celle d'un enthousiaste convaincu. Disons aussi que les particularités de sa vie ont été singulièrement altérées et embellies par ses historiens, et que les miracles qu'on lui a prêtés sont positivement niés par lui ; il n'avoue que ses visions merveilleuses , ses entretiens avec l'ange Gabriel qui lui dictait le Coran, ses voyages à travers les cieux et les mondes sur la jument grise El-Borak, dont le galop est plus vite que l'éclair... Miraculeux détails dont il avait besoin pour confirmer l'autorité de sa parole , et frapper plus fortement les esprits.

A quarante ans , dans la plénitude de l'âge et du génie, mûri par ses méditations de vingt années, Mahomet apparaît tout-à-coup en prophète. Une voix lui a crié : Tu es l'apôtre de Dieu, et je suis Gabriel... Dès-lors sa mission commence ; sa femme est son premier disciple, sa famille la suit ; Ali se proclame son lieutenant ; la persécution va éprouver les nouveaux néophytes , et donner au culte naissant la sanction qui fait les martyrs et plus tard le triomphe. Aussi malgré la résistance des Koreischites, dont l'aristocratie se sentait menacée dans sa base, malgré celle des Juifs, qui, nombreux et puissants, voyaient avec peine un culte réprouvé s'élever contre eux, le dogme nouveau triomphe et le prophète est accepté. C'est Omar qui, son ennemi d'abord, accourt tomber à ses pieds et s'écrie : Je veux croire en Dieu et en son apôtre. C'est le vieil Abou-Sophian, son oncle, mais le plus acharné des Koreischites, qui se convertit et va détruire lui-même l'idole vénérée des Takisittes. C'est le Negus d'Abyssinie, ce sont les princes de la Mésopotamie qui lui envoient des ambassades. Dix ans après la fuite de la Mecque à Médine (622, date de l'hégyre), on le voit rentrer triomphalement dans sa ville natale, et conduire à la Caaba purifiée par lui 80,000 pèlerins ses fidèles, et mourir entouré de ses ardents disciples, auxquels il promet la conquête du monde au nom du Dieu tout puissant dont il est l'apôtre, et dont ils vont être les soldats.

Les commencements de l'Islamisme forment une épopée magnifique, illustrée par tout ce que l'élan populaire et religieux a de plus hardi. Nous n'en retrouvons d'exemple analogue dans l'histoire chrétienne qu'aux premières croisades, alors qu'à la voix de l'ermite Pierre, l'Occident tout entier se leva pour la guerre sainte, et rendit cinq siècles après à l'Islamisme guerre pour guerre, enthousiasme pour enthousiasme.

C'est que la parole de Mahomet était ardente et ne laissait pas de prise à la discussion ; il parlait « au nom de Dieu grand et miséricordieux, seul « et unique Dieu, dont il était le prophète... Du « Dieu auquel l'Occident et l'Orient appartiennent. « Qui remplit l'univers de son immensité et de sa « science... » Les Arabes s'inclinaient et croyaient ; ils s'animaient de ses promesses et de ses espérances. « Dans les combats, s'écriait-il, les anges « sont de notre côté. Je les vois s'avancer vers « nous dans ce nuage ; j'entends Gabriel qui parle « à son cheval Hisoum ; c'est le glaive de Dieu qui « frappe ; nous sommes vainqueurs... » Ainsi la conversion des infidèles par le glaive était dans le principe même de l'Islamisme. Les bons musulmans devaient avoir sans cesse au cœur le feu sacré du prosélytisme. La guerre contre les non-croyants devait être éternelle, car il disait encore : « Combattez les Infidèles jusqu'à ce qu'il n'y ait « plus lieu aux dissentions ; combattez jusqu'à ce « que la religion de Dieu règne seule sur la terre. »

Cette guerre contre les Infidèles, el-djehad, était donc essentiellement une guerre de propagande et d'envahissement ; elle était le principe fondamental de l'Islamisme, car avec les réprouvés il ne pouvait y avoir que des trèves, mais point de paix. Aussi la guerre sacrée était-elle obligatoire pour tous les musulmans ; les femmes, les enfants et les esclaves en étaient seuls exempts ; mais ils devaient eux-mêmes prendre les armes dans les cas extrêmes. Enrôlé volontaire au service de Dieu, le musulman n'avait droit à aucune rémunération. Quand il n'y contribuait pas de sa personne il devait y contribuer de son bien ; la dé-

sertion et le refus de s'associer aux frais nécessités par la guerre étaient frappés d'anathème légal.

Ce système, sur lequel nous insistons, parce qu'il était l'essence du culte mahométan, avait des règles établies. Les jurisconsultes musulmans, prenant pour base le Coran, source et raison dernière de toute leur théologie et de toute leur jurisprudence, les avaient tracées ; au temps de l'enthousiasme religieux il n'était point permis de s'en écarter. Ainsi, le Djehad ayant pour but la conversion des Infidèles, on ne devait y avoir recours qu'autant que ceux-ci refusaient d'embrasser de plein gré l'Islamisme. En conséquence, l'imam ou chef spirituel devait, avant d'entrer en campagne, faire aux populations un appel religieux : si elles y répondaient, plus de guerre ; mais si elles refusaient, on faisait un second appel, non plus religieux, mais politique ; on les invitait à l'acquittement d'un tribut. La conversion même tardive de l'Infidèle vaincu et soumis l'exemptait toujours et immédiatement du tribut exceptionnel. On comprend combien ce système dut faciliter les conversions.

Aux termes du Koran, le musulman peut tuer le vaincu ou le faire esclave, mais il ne doit exercer aucune cruauté sur les prisonniers. On épargne les femmes, les enfants et les vieillards ; le butin est une proie légitime ; ce qu'on ne peut emporter il faut le détruire ; tous les moyens sont bons pour combattre les ennemis de Dieu. Une disposition expresse interdit de leur vendre, même en temps de paix, des munitions de guerre, des armes et des chevaux.

Tout était organisé parmi les musulmans pour propager et maintenir les doctrines du prophète : institutions, mœurs, habitudes. Lorsque l'élan des Arabes fut arrêté, lorsque établis sur le Nil, dans le nord de l'Afrique, en Espagne, sur les bords fertiles de l'Euphrate et du Tigre, sur ceux de l'Indus et de ses affluents, ils eurent perdu dans les douceurs de la paix et de l'opulence l'ardeur de leurs premières guerres ; lorsque les Khalifes eurent fait de Bagdad le centre d'une civilisation remarquable ; qu'ils y favorisèrent les arts, les sciences et le commerce, alors on se relâcha singulièrement de ces principes austères et farouches ; il y eut quelques relations avec les chrétiens. Cette modification de l'Islamisme, si avantageuse à la civilisation générale, fut interrompue par l'arrivée des Turcs, qui, plus incultes et plus fanatiques, se déclarèrent les champions de l'Islam et voulurent reprendre la propagande armée des Arabes dont le rôle était achevé. La réaction de l'Occident contre l'Orient, à l'époque des croisades, les invasions mongoles arrêtèrent son élan. Il ne redevint menaçant pour l'Europe qu'au quinzième siècle, alors que, débarrassés des Mongols, les sultans turcs maîtres de l'Asie-Mineure vinrent menacer Constantinople et détruire enfin ce qui restait du misérable empire grec. Alors les jours triomphants de l'Islamisme parurent revenir ; pleins d'espérances, les Osmanlis accouraient se ruer sur l'Occident, et ne doutaient pas de la victoire. Fondé uniquement sur la conquête et or-

ganisé seulement pour la guerre, le gouvernement turc était dominé par cette pensée exclusivement religieuse, fondement de l'Islamisme,
la soumission de la terre entière aux dogmes
du Coran. La guerre sainte devait être l'état normal de la nation ; tout dans les lois, les mœurs,
les formes du gouvernement, les habitudes de
la vie rappelait sans cesse ce principe et le
premier devoir de tout croyant. Successeurs des
Khalifes qui leur avaient légué l'autorité, représentants de Mahomet, l'apôtre de Dieu, les sultans osmanlis devaient toujours marcher à la conquête du monde. Ils ne devaient point habiter des
palais de pierre, mais des maisons de bois, image
de la tente qui avait abrité les premiers sultans.
C'était de la porte de cette tente, de l'étrier, de la
selle de leur cheval de bataille, qu'étaient datées
leurs ordonnances ; c'était en ceignant en grande
cérémonie le sabre d'Othman, symbole de la force
et de la guerre éternelle contre les Infidèles qu'ils
prenaient possession du pouvoir impérial.

Deux motifs, l'un religieux, l'autre purement
humain, firent naître et entretinrent l'ardeur avec
laquelle les musulmans répondirent longtemps
d'eux-mêmes à la guerre sacrée. Le premier était
puisé dans de magnifiques espérances pour la vie
future, et dans le mépris de la mort inspiré par
un fatalisme absolu. A chaque page de son livre,
le prophète répète que le paradis est le prix du
combattant mort pour la foi ; que le lâche et le déserteur sont dévolus à l'enfer ; que nul n'évite sa
destinée ; que le terme est également près pour le
brave et pour le fuyard ; que tomber sur le champ
de bataille ce n'est pas mourir, mais vivre ; et
que le martyr doit trouver dans la mort bien au-
delà de ce qu'il laisse dans ce monde inférieur.

Le second motif s'adressait, non plus à l'âme
du vrai croyant, mais à tous les instincts grossiers de bonheur présent et de bien-être matériel
obtenus même au prix du pillage et de la violence. Le partage du butin était organisé de manière à ce que chacun eût un intérêt direct à la
victoire ; les terres conquises étaient partagées
également, à moins qu'on ne préférât en conserver la possession aux vaincus ; mais alors on les
frappait d'une capitation dont le produit allait au
trésor.

De ces principes barbares semés dans la loi, on
pourrait conclure que des cruautés sans nombre
furent commises. A la louange de l'Islamisme, il
faut dire que le sort des chrétiens en Orient, surtout sous la domination arabe, fut beaucoup
moins malheureux qu'on ne le croit généralement,
et la preuve en est dans leur nombre et dans les
richesses qu'ils ont pu acquérir, les églises, les
monastères qu'ils ont conservés. Malgré tout son
enthousiasme convertisseur, Mahomet avait posé
des principes de tolérance qui furent respectés :
« Si Dieu l'avait voulu, disait-il, une seule reli-
« gion aurait gouverné la terre. » Il voulait qu'on
épargnât les peuples du Livre, c'est-à-dire les
Juifs, les chrétiens et les sectateurs de Zoroastre,
car il leur avait emprunté à tous pour son nouveau
culte, et ces religions professaient comme la sienne

l'unité de Dieu. A ses yeux, Moïse et Jésus-Christ
étaient de grands hommes, ses précurseurs ; mais
les chrétiens commettaient un acte d'idolâtrie en
adorant comme Dieu celui qui n'était qu'un prophète.

Malgré les efforts de Mahomet pour maintenir
l'unité de sa doctrine, le Koran était souvent trop
obscur pour qu'il ne donnât pas lieu à des interprétations, sources elles-mêmes d'hérésies. Il les
prévoyait, lorsqu'il s'écriait dans une discussion
avec un musulman récalcitrant : « Vous voyez cet
« homme, eh bien, il donnera un jour naissance
« à une race qui sortira de la religion, comme la
« flèche sort de l'arc pour n'y plus rentrer. » En
effet, à peine fut-il mort que déjà s'élevaient des
dissidences pour sa succession, et relativement à
la divinité du Koran. L'habileté d'Abou-Beckre fit
avorter le schisme commençant ; mais bientôt l'a-
vénement d'Ali, l'affection des Persans pour ses
descendants directs, amenèrent cette grande scission qui partagea les musulmans en deux sectes
principales : les Sunnites et les Schiites. Les premiers, nommés ainsi de *sunna,* la tradition, s'accordent à regarder la succession des premiers
Khalifes telle qu'elle a eu lieu comme légitime, et
mettent au nombre des articles de la foi musulmane les explications théologiques données en diverses circonstances par les principaux compagnons de Mahomet, Abou-Beckre, Omar et Osman. Les Sunnites se partagèrent en quatre rites,
se regardant également comme orthodoxes, et
nommés Hanbalites, Schaféites, Malékites et Hané-
fites, des noms de leurs fondateurs Hanbal, Scha-
fei, Malek et Habou-Hanifa. Les Sunnites se firent
toujours remarquer par leur ferveur et leur intolérance ; attachés à la lettre du Koran ils repoussèrent toujours toute relation avec les Infidèles, et
restèrent bon gré malgré généralement ignorants
et fanatiques. Tels furent les Osmanlis, les plus
zélés Sunnites de tous les musulmans.

Les Schiites, composés principalement des Persans et des Indous convertis, regardèrent au contraire comme hérétiques les partisans de la *Sunna*
et des premiers Khalifes. A la formule consacrée :
« *Il n'y a d'autre Dieu que Dieu et Mahomet est
« son prophète,* ils ajoutèrent : *et Ali son neveu.* »
La rivalité de ces deux grandes sectes engendra
entre elles de longues guerres qui, comme ailleurs, firent couler des flots de sang. Depuis un
siècle, une autre secte puissante, celle des Wahabites, les protestants de l'Islamisme, s'est développée, et a fait de nombreux prosélytes dans l'O-
rient. Ils professent un pur déisme, et ne regardent Mahomet que comme un prophète beaucoup
trop vénéré. Le Koran est à leurs yeux une œuvre
toute humaine, qui ne doit avoir de force que
comme code de morale. Un grand nombre d'autres sectes moins importantes s'élevèrent et tombèrent tour-à-tour.

Les succès des premiers temps de l'Islamisme
s'expliquent facilement par l'époque à laquelle
Mahomet parut, alors que les deux grands empires
de l'Orient, celui de Constantinople et celui de
Perse, épuisés par une longue lutte, laissaient le

champ libre à tout conquérant actif et ambitieux. Les hérésies sans nombre qui avaient travaillé le dogme chrétien en Syrie et en Egypte avaient encore relâché les esprits. Aussi lorsque les Arabes se montrèrent, ardents, pleins d'enthousiasme, avec les magnifiques promesses de leur prophète, tout plia devant eux, et le nombre des conversions fut infini. L'appel à une religion victorieuse parut un bienfait à beaucoup de populations froissées par le régime impérial de Constantinople ou le despotisme persan. D'un autre côté, ce culte nouveau que Mahomet avait habilement accommodé aux mœurs et aux habitudes orientales était mieux compris que les principes austères du christianisme qui flétrissaient la polygamie et l'esclavage et prescrivaient la lutte contre la chair. Son paradis sensuel avec ses houris fut plus facilement saisi que le ciel abstrait des chrétiens. Du reste ses principes moraux étaient ceux de Moïse et de Jésus-Christ; il les trouva sans grande peine dans la Bible et dans l'Evangile. L'aumône, l'humilité, la fraternité *entre les fidèles*, le pardon des injures, prêchés à chaque chapitre du Koran, ne furent que des réminiscences de ces deux livres précieux qu'il avait étudiés.

Malheureusement, il manquait au fondateur de l'Islamisme une instruction sérieuse, et le Koran, où furent déposés ses enseignements, cette base de l'organisation politique et religieuse des musulmans, malgré toutes les gloses et les explications sans nombre des docteurs, renferme une foule de chapitres contradictoires et de principes dont la conséquence directe devait être un jour la ruine de l'Islamisme et des peuples qui suivaient sa doctrine. Et ce n'est point la consécration de la polygamie et de l'esclavage que nous accuserons le plus de ce funeste résultat, mais bien le précepte de la haine contre les Infidèles et leurs œuvres, celui de l'obéissance passive au lieutenant du prophète, et le dogme de la fatalité. Voilà selon nous les trois vices profonds de l'Islamisme.

La polygamie était une institution enracinée dès l'origine chez les peuples orientaux; elle n'empêcha pas les Perses, les Chinois, les Juifs, d'arriver à une civilisation avancée; partout elle fut toujours plutôt le luxe des grands et des riches que l'état normal du peuple, que sa pauvreté dut toujours borner à l'entretien d'une seule femme. L'éducation de sérail fut, il est vrai, la perte des races princières, mais on n'en peut accuser l'Islamisme, qui ne fit que tolérer ce qu'il avait trouvé. Mahomet lui-même, qui ne permettait que quatre femmes légitimes, s'en était donné douze, et ne limitait pas le nombre des concubines. La chasteté, du moins dans l'homme, ne fut jamais la vertu de prédilection des Orientaux.

L'esclavage fut également accueilli par Mahomet; mais, sans justifier une institution éternellement odieuse et immorale, il importe de rectifier ici des idées généralement fort erronées sur sa condition chez les musulmans. Chez aucun peuple l'esclavage ne fut plus doux, entouré de plus d'égards, nous dirons même de considération. Le prophète a posé pour premier principe l'égalité

des hommes : nulle part ce principe ne fut mieux observé; aujourd'hui encore le fils du porteur d'eau est l'égal du fils du visir; l'humble artisan parvient par son courage, souvent même par un simple caprice du sultan, aux premières dignités de l'État.

Le Koran garantissait la condition des esclaves et favorisait leur affranchissement : « Le fidèle « qui affranchit son semblable s'affranchit lui-« même des peines de ce monde et des tourments « du feu éternel. » D'ailleurs l'esclave faisait partie de la famille : attaché au maître, il attendait sans la désirer l'époque de sa liberté. Rien de plus commun que son mariage avec la fille de son maître, s'il était bien fait, fidèle et brave, comme l'élévation au rang d'épouse de la femme esclave qui devenait mère. L'esclavage était ainsi une sorte d'adoption qui incorporait l'esclave à la famille et le lançait souvent sur le chemin de la fortune et des dignités.

Le grand vice de l'Islamisme était donc la constitution du pouvoir souverain, absolu dans toute l'étendue du mot. Sacré aux yeux de tout bon musulman, quel que fût le monstre ou l'idiot qui fût revêtu du titre de lieutenant du prophète, la loi le faisait maître absolu de la vie et des propriétés des croyants. A sa voix le vrai croyant se laissait égorger, le pacha baisait dévotement l'instrument de mort que le maître lui envoyait lorsqu'il en était mécontent. Si le sultan, le khalife, l'émir étaient absolus, tout représentant de la puissance l'était également de par la loi. Ce principe, en multipliant à l'infini le nombre des oppresseurs, faisait le fondement de l'administration de tous les états musulmans. Ainsi l'oppression allait croissant du chef supérieur à l'inférieur, et se multipliait sur une déplorable échelle : système abrutissant qui fit la ruine de l'Asie.

Joignons à cela l'état d'avilissement où le fanatisme des vainqueurs mit les populations vaincues et qui ne voulurent pas embrasser le dogme de l'Islam; l'oppression des rayas, consacrée et favorisée par les principes religieux, par les décisions du corps des docteurs de la loi, toujours intolérants; puis cette paresse naturelle aux peuples orientaux, favorisée par ce dogme écrasant de la fatalité, qui jette l'homme pieds et poings liés aux mains d'un hasard aveugle, et paralyse tout ce qu'il peut y avoir d'intelligence et d'activité...

Aussi quel qu'ait été le génie intime de Mahomet et son action énorme sur l'Orient tout entier, en fait de philosophie et de morale, il n'a rien apporté de neuf; il eut le mérite de réunir les populations arabes, de les lancer par l'enthousiasme religieux; mais à part les succès de ses missionnaires dans l'Afrique intérieure et sur quelques hordes de l'Asie, la civilisation générale doit peu à l'Islamisme. En prescrivant la haine de l'Infidèle « dont il ne peut jamais venir rien de « bon » Mahomet posait lui-même la borne fatale contre laquelle devait venir un jour se briser son œuvre; en muselant la pensée humaine, il ne songeait pas que le jour de la réaction viendrait, et que, dès-lors, la religion, toute d'enthousiasme et de foi, s'en irait en lambeaux dès qu'on viendrait à la discuter.

Aussi qu'est-il advenu après tant de siècles et de guerres? L'Islamisme a perdu successivement toutes ses conquêtes; il s'est affaissé sur lui-même, s'enveloppant comme d'un linceuil des ruines qu'il avait faites autour de lui. Le vice des constitutions a fait le vice des populations, et elles ont dépéri d'une manière fatale, si bien que les pays musulmans ne nourrissent pas aujourd'hui le quart de la population qu'ils avaient aux époques anciennes. Dernière conséquence du dogme de la fatalité que le prophète établit à chaque page, le vrai croyant s'est endormi dans une apathie profonde. La force vient de Dieu, dit-il, l'homme n'est qu'un instrument dans ses mains; dans tout ce qu'il fait, bien ou mal, il ne suit que la loi de la nécessité. Après une bonne ou une mauvaise action, après un succès ou un revers, il n'y a pour lui qu'une justification, qu'un éloge: c'était écrit, Dieu l'a voulu. Avec de pareils principes, toute liberté de l'homme moral et intellectuel se trouve détruite; tout homme qui se présente aux autres avec une force supérieure est accepté. Le droit n'existe plus; il est remplacé par le fait.

Ainsi, parce que la base des institutions et des croyances était mauvaise, l'empire musulman est tombé en décadence, et s'effacera un jour de la terre, à moins d'une rénovation totale, sous l'influence européenne, qui, seule, peut lui redonner de la vie. Par la force des choses, l'Islamisme doit tomber aussi, car lorsque les principaux dogmes d'une religion ne peuvent plus servir au gouvernement des peuples que cette religion seule a agglomérés et unis, une transformation totale de ces préceptes et de cette religion doit se faire. Nous pensons que cette heure est arrivée: ce qui s'accomplit en Egypte et en Syrie, sous la main vigoureuse de Méhémet-Ali; ce qui s'élabore à Constantinople sous l'influence d'Osmanlis élevés aux sciences et à la philosophie européennes, tout ce grand enfantement d'un Orient nouveau, contre-coup de la commotion imprimée au monde par la Révolution française, par les germes civilisateurs qu'elle a déposés en Egypte, répondent de cet avenir.

En effet, lorsque les gouvernants, si longtemps à la tête du mouvement répulsif que le peuple musulman entier manifestait contre les Infidèles subissent eux-mêmes leur ascendant et s'efforcent de répandre parmi leurs administrés les idées qui ont fait la fortune de l'Europe, l'Islamisme, attaqué dans cet enthousiasme de propagande qui était sa force, ébranlé dans sa croyance qui lui promettait jadis l'empire de la terre, abattu et sans force, tandis qu'autour de lui l'élément chrétien a grandi de tout le progrès intellectuel et social que comportaient ses principes et sa morale; l'Islamisme, disons-nous, n'est plus qu'une civilisation arriérée qui tombe, une religion qui s'éteint.

VICTOR MARTIN.

ITALIE. Jetons d'abord un coup-d'œil sur la statistique de la péninsule italique. Sa population se compose de vingt-et-un à vingt-deux millions d'habitants répandus sur une surface de quatre-vingt-dix mille six cent cinquante-deux milles carrés; ce qui fait un peu plus de deux cent trente-et-un habitants par mille carré. Son revenu avoué est de trois cent vingt-trois millions trois cent soixante-dix francs. Son armée active, d'environ cent dix-sept mille hommes.

Le royaume de Piémont garde les postes avancés de l'Italie du côté de la France; c'est ce qu'on peut appeler l'Italie française. L'armée sarde est de soixante mille hommes; le revenu public, de soixante millions de francs; la population, de trois millions et demi d'habitants; l'étendue territoriale, de dix-huit mille cent quatre-vingts milles carrés.

L'enclave de Monaco, qui appartient comme on sait à un pair de France, le duc de Valentinois, vit, je veux dire végète, sous la protection immédiate du roi de Sardaigne qui y tient garnison. La population de cette principauté microscopique est de cinq mille habitants, et son revenu public de neuf cent mille francs.

L'Italie allemande, ou royaume lombardo-vénitien, a une étendue de dix-sept mille huit cents milles carrés; sa population est évaluée à cinq millions d'habitants, sur lesquels l'Autriche perçoit l'énorme revenu de cent vingt-deux millions de francs; l'armée lombarde, portée à cinquante mille hommes, ne réside point en Italie; elle est dispersée dans les corps autrichiens qui gardent les provinces héréditaires.

Tel est le tableau succinct des deux états qu'on peut regarder comme la clef de l'Italie. Passons le Pô, maintenant; que trouvons-nous? Deux petits duchés, satellites de l'Autriche, et une légation romaine où elle tient garnison. Les duchés de Parme et de Modène ne donnent pas à eux deux neuf cent mille habitants; celui de Parme est le plus peuplé. Le duc de Modène a hérité, par la mort de sa mère, du duché de Massa et Carrara: ce sont vingt-cinq mille âmes de plus à torturer.

La chaîne de l'Apennin court au midi du duché de Modène, et c'est au pied de ses hautes cimes que viennent expirer les belles régions lombardes.

La Toscane est comme le seuil de l'Italie méridionale, pays mixte, pays de transition, elle forme le point de passage entre l'Italie autrichienne et l'Italie italienne. Son étendue est de six mille trois cent vingt-quatre milles carrés, sur lesquels on compte une population de treize cent mille habitants environ; le revenu public ne dépasse pas dix-sept millions de francs; l'armée est de quatre à cinq mille hommes.

Les Lucquois, voisins des Toscans, forment une population de cent quarante-quatre mille habitants sous un petit prince absolu de la branche des Bourbons d'Espagne, qui a sa capitale, sa cour, ses grands-officiers, ses chambellans.

La Toscane est enveloppée de trois côtés par les états de l'Eglise, qui s'en vont serpentant du royaume de Naples jusqu'au Pô. C'est un abîme au milieu de l'Italie, abîme insatiable où se sont engloutis tant de libertés, tant de générations, tant d'efforts généreux, tant de nobles pensées, une civilisation tout entière. Un homme était venu qui avait jeté un pont sur cet abîme ; ses armées, ses lois l'avaient franchi ; le pont s'est écroulé, et l'abîme a dévoré ses lois, ses armées ! Le territoire temporel de l'Église a treize mille milles carrés ; son revenu est incertain ; nous indiquons trente millions de francs comme un chiffre approximatif. La population totale est de deux millions cinq à six cent mille habitants ; la ville de Rome contribue pour cent quarante-cinq mille ; l'armée papale est de six mille hommes.

La petite république de Saint-Marin, véritable colifichet politique, est jetée au milieu des légations comme un îlot perdu au sein des mers. Elle compte six à sept mille âmes tout au plus.

Abordons les dernières terres de l'Italie, le royaume des Deux-Siciles, le plus grand, le plus beau, le plus fertile de la péninsule. Sept millions quatre cent vingt mille habitants couvrent une étendue de trente-et-un mille huit cents milles carrés ; l'armée s'élève à trente mille hommes ; le revenu public à quatre-vingt-quatre millions.

Quant à la condition politique de tous ces états, on sait ce qu'elle est, on sait que de la Sicile aux Alpes l'Italie n'est qu'une vaste exploitation d'hommes ; sous dix noms différents, c'est partout le même despotisme, la même oppression. Le prince n'a pas un devoir, le peuple n'a pas un droit. Le mot droit même est un mot séditieux ; le prononcer, c'est faire acte de révolte ; il n'y a de garanties ni de libertés pour personne. L'Italie est le règne du bon plaisir monarchique par excellence, sans contrepoids, sans contrôle, sans frein.

L'ordre civil et judiciaire est digne de l'ordre politique. En diverses provinces on a gardé quelques lambeaux de la législation française, mais on les a tellement tronqués, tellement mutilés qu'ils sont méconnaissables. Notre code civil, par exemple, proclamait l'égalité devant la loi, le roi de Sardaigne a rétabli les fidéi-commis, les majorats, toutes les vieilles iniquités de la féodalité ; aux nobles seuls appartiennent les grades militaires ; les hautes fonctions administratives et politiques sont leur apanage.

Le code autrichien régit la Lombardie. Les mémoires de Pellico ont appris au monde les formes et la pénalité de cette législation barbare.

La Toscane, qu'on a baptisée l'oasis de l'Italie, se perd dans un labyrinthe de vieilles coutumes qui varient de ville à ville, de village à village, qui ne sont pas même écrites, et qui n'en ont pas moins force de loi. Elle est encore plus mal dotée sous le rapport de l'impôt, lequel est réparti sans égalité, sans justice et comme au hasard : un volume suffirait à peine pour dérouler toutes les parties de cette organisation surannée ; les jurisconsultes les plus retors s'y perdent eux-mêmes.

Que dire de l'État romain ? L'organisation papale est une sorte de *Noli me tangere*. On ne sait par où y toucher. On dirait un squelette qui doit tomber en poussière au moindre souffle. Si la Toscane administrative est un labyrinthe, l'administration romaine est un chaos d'institutions hétérogènes qui se combattent comme les éléments avant la création.

Le royaume des Deux-Siciles a conservé, quoiqu'en changeant les noms, beaucoup des formes de l'administration et de la législation françaises, à l'exception toutefois de l'état civil, qui a été rendu au clergé, comme dans le reste de l'Italie. Pour ce qui est des institutions judiciaires, l'arbitraire les a viciées dans leur principe : la loi est flexible ; les tribunaux sont à la merci du prince, et, quant au système d'impôt, le gouvernement semble avoir pris pour règle de conduite ce mot insolent de la reine Marie-Caroline : la Sicile est une éponge d'or ; il n'y a qu'à la presser.

Ahi serva Italia, di dolore ostello !

Ainsi donc voilà un état homogène dans ses éléments physiques, que la politique a fractionné en dix états distincts, dont chacun a ses lois particulières, son organisation spéciale ! Voilà vingt-deux millions d'hommes parqués comme des troupeaux dont les propriétaires usent et abusent avec impunité, et là, pourtant, de grands souvenirs, de grandes espérances veillent dans l'ombre ; là des cœurs généreux battent pour la délivrance : mais que d'entraves ! que de barrières ! que de puissances malfaisantes conjurées contre l'indépendance et le droit ! Jamais système d'oppression ne fut concerté avec plus d'ensemble, cimenté avec plus de force, soutenu avec plus de violence, avoué avec plus d'impudeur ! Divisés par la vanité, par l'avarice sur leurs intérêts privés, les princes sont unis dans une pensée commune de tyrannie, et s'entendent pour asservir.

S'il nous était permis de faire passer sous les yeux du lecteur les diverses parties de ce tableau de souffrance, on verrait sur le premier plan des misères calculées, les calamités systématiques, les institutions oppressives qui pèsent sur la péninsule de douleur ; au second plan s'élèveraient les résistances, les pensées muettes, les tentatives comprimées, les espérances toujours éteintes et rallumées toujours ; dans le fond du tableau, les yeux exercés verraient poindre les premières lueurs d'une aurore consolante qui adoucit l'amertume de tant de maux, et annonce le jour des réparations.

Mais ce n'est pas ici le lieu de se répandre en lamentations sur l'état présent de l'Italie ; c'est son avenir qu'il nous importe de constater. La politique est la science de l'avenir bien plus que du présent. La situation actuelle de la péninsule est provisoire ; elle est intolérable ; en assemblant les chiffres qui précèdent, nous avons voulu donner à ce fait toute la rigueur d'une démonstration mathématique. Le système du morcellement et de l'individualisme social est poussé là jusqu'à ses dernières limites, et arrive à ses dernières conséquences. Cette Italie, dont la nature a fait un *peuple*, n'est encore politiquement qu'une réunion de *peuplades* vivant les unes à côté des autres en état de défiance et d'hostilité : la jalousie et la haine veillent en armes à leurs frontières. Le *divide et impera* est la règle suprême de tous leurs princes. Cet état de choses est si violent qu'il ne saurait durer. L'école impie qui avait érigé en principe que la société est un état de guerre est définitivement vaincue ; sa dernière expression, résumée dans cette formule bourgeoise : *Chacun pour soi, chacun chez soi,* est venue expirer honteusement aux pieds de la tribune française. Le dogme de la fraternité et de l'amour a surgi triomphant des ruines de ces vieux systèmes vermoulus et poudreux que toute la logique de Hobbes n'a pu sauver du néant.

Les saines doctrines ont déjà pénétré en Italie malgré tous les efforts, tous les sophismes qu'on leur oppose. L'unité est devenue la pensée constante des esprits les plus éminents, et, quoique peu visible encore, un travail sourd s'opère en ce sens d'une extrémité à l'autre de la péninsule. On commence à sentir qu'avant d'être Lombard, Toscan, Romain, Sicilien, on est Italien, et l'on fraternise dans toutes les rencontres. Les princes mêmes ont rêvé cette unité, que Machiavel déjà prêchait aux Médicis. Le Saint-Siège l'a plusieurs fois tentée ; l'Autriche essaya naguère de la constituer sous le nom de Confédération italique ; le duc de Modène, lui-même, l'a rêvée, et ses émissaires intriguaient pour lui dans plusieurs cours de l'Europe, lorsque la révolution de Juillet est venu déjouer ses trames occultes.

Dans l'état actuel de l'Europe, l'unité italienne ne saurait s'établir au profit d'aucune dynastie, d'aucun prince ; elle ne peut, elle ne doit se fonder que pour la satisfaction des intérêts nationaux ; en d'autres termes, pour le peuple et par le peuple.

Cette notion d'unité, ce besoin d'ensemble avait frappé Napoléon qui a eu des vues quelquefois si lumineuses sur l'avenir de l'Europe, et il rendait à cette idée un éclatant hommage lorsqu'il dictait cette ligne prophétique : « Rome est sans contre-« dit la capitale que les Italiens choisiront un « jour. » Toutefois, il ne se dissimulait pas les difficultés de l'exécution, difficultés à ses yeux plus physiques encore que politiques. « L'Italie dit-il, « isolée dans ses limites naturelles, séparée par la « mer et par de très-hautes montagnes du reste de « l'Europe, semble être appelée à former une « grande et puissante nation, mais elle a dans sa « configuration géographique un vice capital que « l'on peut considérer comme la cause des mal- « heurs qu'elle a essuyés et du morcellement de « ce beau pays en plusieurs monarchies ou répu- « bliques indépendantes. Sa longueur est sans pro- « portion avec sa largeur (1).

Cette circonstance a pu être en effet dans le passé un obstacle à l'unité péninsulaire, mais l'avenir se présente avec des conditions qui atténuent la difficulté géographique. L'industrie corrigera les fautes de la nature, et réunira ce qu'elle semble avoir divisé ; les chemins de fer rapprocheront les villes continentales, comme les bateaux à vapeur rapprochent les villes maritimes. Qu'importera la longueur de la péninsule, lorsqu'en quelques heures les Calabrais pourront se transporter sur les Alpes,

et la Sicile voler au secours de Venise et de Gênes ?

Il est vrai que l'Italie pour être libre, pour être une nation aura plus à faire qu'une autre ; puissance de terre et de mer, il lui faudra des armées robustes et aguerries pour garder les Alpes, il lui faudra surtout des flottes nombreuses pour couvrir ses côtes ; mais elle trouvera en elle, lorsque son jour viendra, assez de ressources pour que rien de ce qui lui sera nécessaire ne lui soit impossible. Aux époques glorieuses de son histoire, nous ne voyons pas qu'elle soit jamais restée au-dessous de sa position quelle qu'elle fût. Ce qu'elle a su faire jadis elle le saura faire encore. Il ne s'agira plus pour elle de se jeter sur le monde pour le conquérir, il s'agira de vivre. Or l'instinct de conservation est de tous le plus industrieux, le plus actif. Lorsqu'il fallut des ports aux Romains, ils les eurent ; quand il leur fallut une marine, ils la créèrent comme ils avaient créé des soldats, une tactique, des armées. Et quant à l'Italie du moyen-âge, si on la compare aux nations d'alors on ne la trouve inférieure à aucune : elle dut sa ruine à ses rivalités domestiques bien plus qu'aux invasions étrangères, au moins jusqu'au seizième siècle, et les villes, les flottes italiennes périrent par les villes italiennes, par les flottes italiennes.

En dirigeant sur un point unique, celui de la défense, de l'existence communes, les efforts qu'ils ont trop longtemps tournés les uns contre les autres, les Italiens seront étonnés eux-mêmes des forces qu'il leur sera possible de réunir et des résultats auxquels il leur sera donné d'atteindre. Mais pour cela, nous le répétons, il leur faudra agir avec ensemble et se dépouiller de toute individualité jalouse. Certes, ils ont expié assez cruellement leurs divisions intestines et leur égoïsme municipal pour ne pas tomber dans les fautes, dans les crimes qui, pendant tant de siècles ont ensanglanté leurs nobles villes. Eclairés par le passé, les enfants sauront préserver leur avenir des mauvaises passions de leurs pères. A ce prix il leur est permis de tout espérer, ils pourront tout oser.

Et puis à l'heure suprême de la lutte, ils ne seront pas seuls ; lorsque le moment enfin viendra de remanier les traités iniques et déshonorants qui nous gouvernent et de reconstituer sur des bases plus équitables, plus solides le droit public de l'Europe, l'Italie trouvera dans la France une alliée naturelle et une assistance active et efficace ; il est contraire à nos intérêts, à nos traditions, à nos sympathies de souffrir l'abaissement de notre illustre voisine au profit d'une puissance rivale. La péninsule infortunée aura tout à gagner et sera plus favorisée qu'aucune autre nation européenne à la refonte du corps social.

Mais il importe qu'elle se prépare à cette œuvre formidable par des études sévères, par des travaux sérieux, de peur que l'heure de la délivrance ne la prenne au dépourvu ; elle ne doit pas se dissimuler à elle-même les difficultés de l'entreprise, mais il ne faut pas non plus qu'elle se les exagère ; ces difficultés, nous l'avons dit, ne sont pas si terribles. Et remarquons, en terminant, que

(1) *Mémoires de Napoléon,* écrits par le général Montholon, chap. IV t. III.

l'opinion de Napoléon, quelque poids qu'elle ait, n'est pas sans appel et qu'elle est d'ailleurs toute spéciale : le grand capitaine a vu la question en homme de guerre, plus qu'en homme d'état, et, ici, il a trop pris ce qui a été pour la mesure et la règle de ce qui peut être, de ce qui sera ; tout porte à croire, tout donne à espérer que la guerre ne sera pas la loi suprême de l'avenir, et que l'humanité marche à des destinées pacifiques ; le travail d'unité qui s'est opéré au sein des états particuliers s'opérera plus tard d'état à état, de peuple à peuple. De même, qu'il y eut jadis une Provence, une Gascogne, un Aragon, une Castille avant qu'il y eut une France et une Espagne, il y a encore aujourd'hui, une Bavière, une Saxe, une Toscane, une Sicile en attendant qu'il y ait une Allemagne, une Italie. Ainsi, la France, l'Espagne, l'Allemagne, l'Italie elle-même se fondront tôt ou tard dans une magnifique unité sociale, et réaliseront ainsi cette république européenne qui fut le rêve de Henri IV, et qui est l'espoir de nos générations tourmentées.

CHARLES DIDIER.

J

JACOBINS. Durant tout le cours de la Révolution française, le pouvoir fut partagé entre les chambres constitutionnelles et les assemblées extrà-parlementaires. Ce partage devait avoir d'heureuses et de fâcheuses conséquences. Il est bon que les mandataires du pays soient surveillés avec rigueur ; mais il est à craindre que cette surveillance, quand elle est active, assidue, ne se convertisse en un véritable despotisme. Que devient alors l'autorité représentative ? Quelle confiance le pays peut-il avoir en des hommes qui, choisis par lui comme les plus dignes de veiller à ses intérêts, se sont laissé ravir l'initiative politique et subissent la loi de telle ou telle coterie ? Il importe, même durant une crise révolutionnaire, que les assemblées électives aient la prééminence dans l'État : elles doivent se considérer comme responsables de l'anarchie lorsque, inférieures à leur mission, elles permettent que, du dehors, on exerce sur elles une contrainte impérieuse. Il est bien évident que si la Révolution française n'avait pas eu ses assemblées populaires, le mouvement par lequel fut entraînée la royauté eût été moins rapide ; mais aussi faut-il dire que si les assemblées légales eussent trouvé en elles-mêmes assez d'énergie et de volonté pour satisfaire librement au vœu national, avant qu'il eût pris le canon pour formule, la République eût été constituée avec moins de désordres, et les factions n'eussent pas été encouragées dans leurs tentatives par un précédent calamiteux. Or, c'est une faction qui, le 9 thermidor, perdit la République.

De toutes les réunions extrà-parlementaires qui exercèrent cette influence, cette contrainte sur les assemblées électives, aucune n'est plus fameuse que celle des *Amis de la Constitution* ou des *Jacobins*. Dès l'ouverture des États-généraux, plusieurs cercles politiques se formèrent à Versailles : une de ces sociétés est connue sous le nom de *club Breton*. Quelques députés de la Bretagne en avaient été les fondateurs ; divers députés du côté gauche s'y étaient ensuite fait admettre, et l'on y comptait Chapelier, Lanjuinais, Sieyes, Barnave, les Lameth, présidés par le duc d'Aiguillon. Sans être turbulente, cette société n'était pas inactive,

et plusieurs fois elle adopta des motions qui, le lendemain, furent sanctionnées par l'Assemblée nationale. Quand les événements du 6 octobre transportèrent à Paris le siége du gouvernement, les membres du club Breton qui, pour la plupart, étaient députés, choisirent pour lieu de leurs séances le couvent des Jacobins de la rue Saint-Honoré, et firent un réglement nouveau pour une nouvelle assemblée, qui prit le nom de *Société des Amis de la Constitution*. Mais comme dans tous les clubs de diverses nuances, on prétendait avoir pour la Constitution le même respect, le même amour, le peuple distingua celui de la rue Saint-Honoré de tous les autres, en l'appelant le *club des Jacobins*. Le qualificatif de *Jacobin* fut, dès-lors, synonyme de *patriote*, d'*ami du peuple* ; il le fut plus tard de *sans-culotte* et de *montagnard*.

Agrandir le cercle des admissions, établir des correspondances avec les départements et constituer dans toutes les villes des sociétés analogues et affiliées, tel fut le premier soin des députés de la gauche. C'était organiser une conspiration patente. Le couvent des Jacobins fut bientôt le rendez-vous des plus énergiques patriotes : quand on s'y était fait admettre, on avait son diplôme révolutionnaire. Les départements s'empressèrent de répondre à l'appel du club parisien ; on rapporte que, dans une seule séance, soixante-douze sociétés lui demandèrent l'affiliation ; il entretenait avec elles des relations par une correspondance active et par un journal officiel. Jaloux de la prépondérance que cette association donnait au côté gauche, le côté droit, conseillé par Malouet et Virieu, organisa une association rivale sous le nom de *Club des Impartiaux ;* elle se réunit aux Grands-Augustins et eut aussi son journal, le *Journal des Impartiaux*, rédigé par Salles de la Sarthe. L'imitation fut malheureuse : elle ne releva pas le parti royaliste. Un nouvel effort fut tenté : Bailly, Lafayette, Sieyes et l'évêque d'Autun, l'un et l'autre transfuges des Jacobins, Chapelier, Rœderer et quelques autres députés de la droite constituèrent, au Palais-Royal, la *Société patriotique de* 1789 ; mais les réunions de cette société furent peu fréquentes et plutôt gastronomiques que politiques.

On ne peut nier l'influence qu'eurent les Jacobins sur les deux premières assemblées nationales : pas une question n'y fut agitée qui n'eût été résolue d'avance dans la réunion de la rue Saint-Honoré. Moins hostile à la royauté que le club des Cordeliers, plus strictement constitutionnel, le club des Jacobins ne retentit de motions républicaines qu'après la fuite de Varennes ; encore ne furent-elles pas bien accueillies : « Ce n'est pas à moi, dit alors Robespierre, que la fuite du premier fonctionnaire public doit paraître un événement désastreux. Ce jour peut être le plus beau de la Révolution ; il peut le devenir encore, et le gain de quarante millions d'entretien que coûtait l'individu royal sera le moindre des bienfaits de cette journée. » Danton ne fut pas plus respectueux à l'égard de « l'individu déclaré roi des Français. » Toutefois, les républicains ne furent en majorité, dans la société des Jacobins, que peu de temps avant l'insurrection du 10 août.

Cette société n'exerça pas un empire aussi absolu sur la Convention que sur les deux assemblées qui l'avaient précédée. On ne cessa pas d'y délibérer avec ardeur et d'y proposer les mesures les plus extrêmes ; mais la vigueur de l'assemblée constitutionnelle, le point d'appui qu'elle trouva dans la commune du 10 août, jusqu'au jour où fut ourdie la conspiration d'Hébert, et dans les comités de salut public et de sûreté générale jusqu'au 9 thermidor, la protégèrent, autant que faire se pouvait, contre la tyrannie clubiste.   B. H.

JACOBITES. Parti célèbre dans l'histoire d'Angleterre par son attachement à la maison de Stuart.

L'existence de ce parti date de la révolution de 1688 qui détrôna Jacques II et l'obligea de chercher un asile sur la terre étrangère. Les Jacobites refusèrent de reconnaître la légalité de ce grand acte de justice ; accusant la nation anglaise de s'être rendue coupable de rébellion envers ses rois légitimes, ils repoussèrent les princes de la maison de Hanovre comme des usurpateurs. La défaite de Jacques II, qui avait débarqué en Irlande avec des troupes françaises, n'avait point découragé les Jacobites. Leurs espérances s'étaient reportées sur le fils et sur le petit-fils de ce prince. Le caractère aventureux, la bravoure et les qualités personnelles du prétendant Charles-Édouard leur inspirèrent surtout une grande confiance. Lorsque celui-ci se présenta en Écosse, en 1745, plusieurs milliers d'hommes résolus se rangèrent sous son drapeau et s'associèrent à sa fortune.

Les Jacobites expièrent cruellement les brillants succès qui marquèrent les premières opérations de la petite armée du Prétendant. Un grand nombre de montagnards furent égorgés sans pitié ; on poursuivit, on brisa, on dispersa les clans ou tribus des hautes terres, qui avaient conservé jusqu'alors leur organisation féodale. Dans quelques localités, on affecta de faire juger les officiers et les soldats écossais par un jury anglais, afin qu'il y eût comme une vengeance de peuple à peuple dans leur condamnation. Les lords Cromarty, Kil-

marnock et Balmérino furent condamnés tous trois à la peine de mort par la chambre des pairs, érigée en cour de grande sénéchaussée. Enfin, l'exil et la confiscation frappèrent tous ceux qui échappèrent aux représailles de la guerre ou qui ne périrent point sur l'échafaud.

On se tromperait si l'on supposait que les Jacobites étaient disposés à se faire les instruments d'un pouvoir réactionnaire. Il y avait parmi eux des hommes de toutes les opinions, des catholiques, des protestants, des presbytériens. La plupart, avant d'embrasser la cause de la famille déchue, avaient exigé des garanties pour le maintien des libertés et de l'ancienne constitution de l'Angleterre. Chez les Écossais, le dévouement aux Stuarts était un instinct de nationalité. Ce peuple éprouvait un attachement chevaleresque pour les princes qui avaient régné autrefois sur lui, et qui lui rappelaient son ancienne indépendance. Aussi, un grand intérêt s'attache-t-il encore aujourd'hui en Écosse aux sentiments et aux souvenirs des Jacobites, comme on le voit par les poésies et les romans de Robert Burns, de Walter Scott et de Thomas Campbell.

En 1784, le gouvernement anglais amnistia tous les Jacobites par un acte de grâce. Il rappela les enfants des exilés sous les toits de leurs pères, et en réintégra même quelques-uns dans leurs droits à la pairie. Quatre ans après, le prince Charles-Édouard mourut à Florence, sans enfants légitimes.   A. GUILBERT.

JACQUERIE. La Jacquerie n'est pas seulement une révolte de paysans contre les seigneurs, une insurrection contre l'étranger. Combinée avec les efforts des États, si hardis dans leurs tentatives de gouvernement parlementaire, la Jacquerie est la manifestation d'un instinct révolutionnaire qui provoque une double lutte contre les seigneurs et contre l'étranger, luttes inséparables, nécessaires l'une à l'autre, qui ont besoin de triompher toutes deux, sous peine d'être vaincues toutes deux.

Dans quelles circonstances, en effet, éclate la Jacquerie ?

Jean II, l'un des plus misérables rois de France, soldat courageux, mais sans le moindre talent militaire, administrateur inhabile, gouverne la France. En arrivant au trône, pour complaire aux nobles, il a ordonné de surseoir au paiement des dettes ; pour salarier ces nobles qui vivent à sa cour dans la débauche, il a accablé le peuple d'impôts. Quand ces ressources ne suffisent plus, il altère les monnaies et défend aux prévôts de révéler le véritable titre de l'argent ; faux monnoyeur, il contraint ses officiers à être ses complices.

Pendant que le peuple est en proie à la misère, les militaires et les nobles se livrent plus que jamais au faste ; dans ce pays où l'on aime la magnificence, ils se rendent ridicules à force de magnificence ; et le peuple gémit de voir consumer en dépenses superflues et en débauches l'argent qu'il a donné pour soutenir la guerre. En effet, l'Anglais qui tient la Guienne, la Gascogne, qui de Bordeaux a fait la capitale de ses terres françaises, l'Anglais ravage le royaume de France. Le roi Jean, avec une armée de beaucoup supérieure à celle du prince de Galles, se laisse battre par lui, rend son épée et va captif en Angleterre, laissant l'administration du royaume à un enfant qui n'a pas vingt ans, qui, une année auparavant, a conspiré contre la vie de son père, et s'est enfui lâchement à la bataille de Poitiers avec les troupes qu'il commandait.

Le royaume était en péril : on eut recours au remède ordinaire, les États-Généraux. La tenue des Etats, indiquée par le roi Jean, est devancée pour aviser plus vite aux moyens de faire face aux besoins de l'État. De la noblesse qui était à Poitiers, partie avait été tuée ou faite prisonnière, partie avait pris honteusement la fuite ; il ne restait donc de cette noblesse que des hommes qui, trop jeunes pour avoir porté les armes, ne pouvaient avoir une grande considération, ou des gens qui, s'étant déshonorés par leur fuite, étaient haïs ou méprisés. Beaucoup de prisonniers se firent représenter aux Etats par procuration ; quelques évêques firent de même ; les députés des villes, ceux de Paris surtout, y eurent donc toute l'influence.

Est-il besoin de dire combien l'autorité royale y fut humiliée. On dénonce les prodigalités du roi, on signale les abus et les désordres, les Etats consentent un subside, mais ils ne se fient pas au dauphin, ils veulent nommer les receveurs et vérifier leurs comptes ; ils demandent l'arrestation de sept officiers, parmi lesquels sont le chancelier et le président du parlement, et leur jugement par des commissaires nommés par les Etats ; ils imposent au dauphin un conseil pris dans les trois ordres. Celui-ci essaie de résister à ces innovations ; il dissout les Etats-Généraux, fait demander des subsides aux Etats des provinces, par des conseillers qu'il envoie dans les bailliages ; il s'y présente lui-même ; mais tout cela lui réussit peu. Alors il se fait l'imitateur de son père, il a recours à un odieux moyen mis tant de fois en usage ; il fabrique une nouvelle monnaie à laquelle il donne une valeur nominale double de sa valeur réelle. Le peuple s'émeut à l'instigation de Marcel, prévôt des marchands et député du tiers-état de la ville de Paris ; on déclare qu'on NE VEUT PAS de la nouvelle monnaie, on refuse de la recevoir autrement qu'au taux de l'ancienne.

Vainement le dauphin revient à Paris, et somme-t-il Marcel de faire cesser l'empêchement qu'il mettait à la circulation de sa monnaie, Marcel refuse et fait armer les habitants de Paris. Ici commencent des scènes qui auront leurs analogues et une autre issue quelques siècles plus tard.

Hors de Paris règne le plus affreux désordre : les soldats licenciés par la trève, formés en compagnies, courent le pays, dévastant, pillant et violant. Ils portent l'épée appelée brigantine et on les nomme les *brigants ;* ils torturent les paysans pour en obtenir de l'argent ; les Anglais font de même en dépit de la trève, et les soldats de Charles-le-Mauvais imitent fidèlement cet exemple. Les habitations et les couvents sont abandonnés ; on se sauve vers Paris et vers Orléans. Pour éviter

le massacre, beaucoup d'hommes, de femmes et d'enfants passent la nuit sur des bateaux amarrés au milieu des rivières ; un grand nombre de familles se réfugient dans des souterrains où elles restent enfermées avec leurs bestiaux, et dans lesquels on creuse des puits pour avoir à-la-fois de l'air et de l'eau.

Dans cette partie désolée de la France, toutes les routes se couvraient d'herbe ; il n'y avait plus de récolte, le champ n'était plus labouré que par le pieu qui retenait la tente de tous ces soldats qui ne faisaient qu'y passer tour-à-tour en courant.

Le mal devait empirer encore : les nobles pris à la bataille de Poitiers quittèrent l'Angleterre sur parole et revinrent dans leurs domaines pour chercher leur rançon ; ils arrachèrent la dernière maille aux paysans, puis ils se firent un jeu de les torturer pour leur extorquer ce qu'ils n'avaient plus.

Amis et ennemis pillaient de concert, et personne ne prenait la défense du peuple.

Tant de maux tirèrent les paysans de leur torpeur : le Soissonnais, le Beauvoisis, la Picardie, les virent se lever, s'armer, s'organiser en légions qui donneront naissance aux armées nationales, remplaceront l'infanterie féodale des communes et prépareront les Etats à entendre parler du peuple. Ce furent les Jacques. Guillaume Caillet, Guillaume Lalouette, deux paysans, et le Grand-Ferré, valet de ferme de ce dernier, sont leurs chefs : leur courage sera aussi grand que leur fortune est modeste.

Humilié dans son orgueil national par l'invasion anglaise, appauvri par elle, torturé par les seigneurs, le paysan n'avait plus que du mépris pour ces nobles qui s'étaient laissé battre à Poitiers, avaient abandonné leur prince, et qui, loin de défendre le sol dont ils étaient propriétaires, ne s'opposaient point aux progrès des Anglais : « Ils ne sont bons, disait-il, qu'à tourmenter les pauvres paysans, les ruiner, abuser insolemment de leurs femmes et de leurs filles ; monstres mangeant les autres (1), n'employant leurs épées qu'à couper les bras de leurs vassaux ; vermine du monde, rats de grenier (2), qui vivent de la sueur du peuple sans travailler. » Le paysan leur renvoyait le nom de Jacques Bonhomme qu'ils lui avaient donné par dérision, et qui devait lui rester pourtant, non plus comme une injure, mais comme le souvenir d'une époque où les tentatives d'affranchissement jetèrent au moins un reflet de gloire sur les malheurs publics.

> Jacques Bonhomme,
> Cessez, cessez, gens d'armes et piétons
> De piller et manger le bonhomme
> Qui, trop longtemps, Jacques Bonhomme
> Se nomme.

Il fallait aux Jacques un courage surnaturel, une haute confiance dans la force du peuple, un sentiment bien profond de leurs maux, pour oser

(1) Mézerai.
(2) Fodéré.

entreprendre à-la-fois une guerre contre les Anglais, les brigands français et navarrais, et contre les nobles. Mais le besoin de l'indépendance les exalte, les transporte ; ils commencent contre les Anglais cette vigoureuse résistance qui ne triomphera complétement que sous Charles VII, et contre la féodalité, cette lutte à mort où le peuple aura bientôt les rois pour auxiliaires, et qui doit durer quatre siècles encore.

Les Anglais continuent leurs courses sur les rives de la Loire, vers Orléans, Tours, Poitiers et Nantes. Ils prennent Meun et Beaugency ; des bandes commandées par Philippe de Longueville, par le duc de Lancastre, par le Gallois Griffith, viennent jusqu'à trois lieues de Paris, et le dauphin, qui a cinq mille chevaux, n'ose pas en sortir. Sans cavalerie, sans cuirasse, sans cottes de mailles, les Jacques, qui ne savent pas la guerre, remplacent la tactique par le courage ; ils fortifient les villages, placent des sentinelles dans les clochers pour avertir de l'approche des ennemis, et au signal ils courent aux armes ; ils se servent de l'épée et de la lance, mais surtout de la hache ; leur vêtement est la casaque nommée jacquette.

Les Anglais et les bandes sont harcelés de toutes parts ; partout à leur approche on sonne le tocsin et on se met en défense ; c'est un combat incessant, une guerre de détail qui décime les armées ; les corps des soldats vont engraisser pour une récolte future les sillons qu'ils ont ravagés.

Les Jacques attaquent en même temps les châteaux où sont les nobles leurs ennemis, et où d'autres se fortifient pour courir sur eux. Ce sont les forteresses d'où on les opprimait, les barrières qui arrêtaient tout au passage, affranchissement et richesses : ils les dévastent et les brûlent. C'est une guerre d'extermination. Malheur à ceux qui n'auront pas fui assez tôt, qui se laisseront surprendre dans leurs manoirs : ils seront massacrés sans pitié ; les femmes et les filles nobles souffriront les outrages qu'ont soufferts tant de fois les filles du peuple ; les paysans paient à leurs seigneurs tout leur arriéré de vexations.

Senlis et Meaux leur ouvrent leurs portes ; Marcel, qui comprend tout l'avantage de la diversion des Jacques, se hâte de mettre à profit ce nouvel élément de succès pour la cause populaire, et Paris leur envoie huit cents hommes, savoir trois cents *compagnons*, commandés par Pierre Gilles, épicier, et cinq cents *bourgeois* à la tête desquels marche Vaillant, le prévôt des monnaies.

Les Jacques sont entraînés, disent-ils, par une force surnaturelle ; ils obéissent à un invincible désir d'affranchissement ; ils sont cent mille (1) ; ils marchent comme un incendie furieux qui éclate tout d'un coup et qui ravage en courant tous les lieux où il passe. Mais les étais de la féodalité ne sont pas encore assez vermoulus pour qu'elle soit détruite ; mais l'embrasement n'est pas assez général ; il ne fera pas tant de ruines qu'on ne les puisse bientôt relever.

Il restera du moins de l'émancipation des pay-

sans par les armes, en même temps que les bourgeois s'émancipaient par les Etats, une grande leçon révolutionnaire qui ne sera pas perdue pour l'avenir.

Les Jacques ont trop d'ennemis à combattre ; leur fortune va décroître. Grand-Ferré, après un rude combat, tout couvert de sueur, boit de l'eau froide et tombe malade de la fièvre. Les Anglais, qui n'ont pu le prendre bien portant, viennent sans bruit et en petit nombre pour le prendre dans son lit ; sa femme qui veille lui crie : « Grand-Ferré, voilà l'ennemi ! » Grand-Ferré se lève, s'adosse à la muraille, et avec sa hache met en fuite les Anglais ; puis il boit encore de l'eau, n'ayant rien autre chose, et il se recouche pour mourir.

Guillaume Caillet a été envoyé à Lyon (1) par Marcel pour entraîner les Lyonnais à se ranger du parti des Parisiens et à prendre le chaperou ; mais le sénéchal Imbert de Groslée détourne de l'alliance des Jacques cette ville où d'autres prolétaires se léveront plus tard et vaincront sans résultat, parce que, ainsi que les Jacques, ils auront été seuls dans la lutte.

Secondés par le pouvoir, les Jacques eussent expulsé les Anglais ; mais ni le régent, ni les nobles ne songeaient plus aux Anglais et ne pensaient qu'à détruire ce nouvel ennemi. La noblesse est solidaire comme les rois semblent l'être encore contre les peuples. Jean de Grailly, le seigneur de Coucy, le comte de Foix, le Captal de Buch lui-même, qui reconnaît la domination anglaise, les attaquent de tous côtés ; les gentilshommes de Beauvoisis, du Vermandois et autres, demandent du secours à leurs amis de Flandre, du Brabant, du Hainaut et de Bohême ; un grand nombre de nobles de ces pays vint se joindre à eux, et, tous ensemble, ils se jetèrent sur ces paysans, les *découpèrent*, les taillèrent en pièces, les pendirent *par troupeaux* aux arbres qu'ils trouvaient.

Le régent, qui n'avait pas osé se mesurer aux Anglais, envoie des troupes pour détruire les Jacques et marche lui-même contre eux.

Le Navarrais, qui allait se déclarer pour les Parisiens contre le régent, n'est pas arrêté par la considération que les Jacques pourraient faire une diversion puissante en sa faveur, et qu'en se battant contre les nobles ils priveront le régent du secours de ceux-ci ; il les attaque. Il est assez probable que la haine contre le peuple armé ou réclamant des droits politiques fut le sentiment général qui empêcha le Navarrais de profiter des avantages de l'insurrection et l'arma contre elle ainsi que les nobles et le régent.

Le Navarrais prit les Jacques par trahison ; tout n'était-il pas de bonne guerre contre le peuple ! Il invita leurs chefs à venir traiter, et, durant les pourparlers, il les fit égorger. Ses bourreaux appliquèrent sur la tête de Guillaume Caillet, qu'on appelait leur roi, une couronne de fer rouge, comme sur celle du Christ on avait mis une couronne d'épines... Puis on lui trancha la tête.

Ainsi les trois puissances qui, outre l'Angleterre, déchiraient le pays, le régent, le Navarrais et la noblesse, quoique divisés entre eux, agissent contre le peuple dans un but commun.

Les histoires, les chroniques, les mémoires, tous d'accord pour placer la Jacquerie durant la captivité du roi Jean, diffèrent sur la date précise de l'insurrection; tous disent qu'elle éclata au mois de mai, les uns en 1356, les autres en 1357, d'autres encore en 1358. Quelques auteurs anciens, et après eux M. Sismondi, assurent que la Jacquerie ne dura que six semaines; mais les trois dates citées tour-à-tour feraient penser qu'elle a duré ces trois années; au surplus, les Jacques ont été jusqu'au nombre de cent mille, dit Froissard; ils ont livré bon nombre de combats aux trois ennemis auxquels ils avaient à faire; ils ont détruit une grande quantité de châteaux; ils ont pu s'entendre avec Marcel, parlementer avec le Navarrais; si le récit de Fodéré est vrai, Guillaume Caillet est venu à Lyon pour entraîner les Lyonnais dans le parti parisien; mais, ce dernier fait même, fut-il contesté, il est impossible que les autres faits se soient passés en six semaines: les secours venus de Flandre, du Hainaut, du Brabant, de Bohème, sur la demande des nobles, ne permettent pas d'admettre cette courte durée.

Quoi qu'il en soit du temps qui s'écoule entre l'insurrection et la destruction totale des insurgés, les Jacques sont les sentinelles avancées d'une révolution qui éclatera un jour avec d'autant plus d'énergie qu'elle aura été comprimée plus longtemps; ils sont un anneau de cette longue chaîne qui lie les uns aux autres, esclaves, serfs et prolétaires, et dont les batailles successives pousseront l'humanité dans des voies nouvelles: ils succomberont pour revenir pour toujours.

Les Jacques tombent; Marcel et le gouvernement parlementaire tombent aussi, et sans que ces deux événements soient la suite nécessaire l'un de l'autre, ils semblent être unis par ce lien invisible qui tient les destinées humaines. Après eux la monarchie rassurée et la féodalité puissante et restaurée se livrent à toute l'énergie de la vengeance; les supplices épouvantent Paris; la liberté battue avec les Jacques semble avoir succombé avec Marcel; les nobles recommencent leurs exactions; les bandes se reforment, dirigées par eux. Ce sont les *tard-venus*, la réaction des nobles contre le peuple.　　　KAUFFMANN.

JANISSAIRES. Fantassins turcs formant autrefois la garde du Grand-Seigneur. Cette milice, établie par un prince conquérant au quatorzième siècle, et supprimée au dix-neuvième par un prince réformateur, offre encore une preuve ajoutée à tant d'autres, que les institutions humaines ont, comme tout le reste, leurs périodes d'enfance, d'âge viril et de caducité.

Mourad ou Amurat Ier avait déjà étendu ses conquêtes dans la province de la Romanie ou de la Thrace, et subjugué les nations esclavones situées entre le Danube et l'Adriatique, lorsque son visir *Kara-Khalil-Tschendereli*, lui proposa de créer un corps d'armée composé entièrement de jeunes chrétiens que l'on forcerait d'embrasser l'islamisme. Il prétendait qu'en formant une armée d'enfants chrétiens on encouragerait le reste des Infidèles à embrasser l'islamisme.

Le conseil du visir fut agréé. Lorsque l'édit de Mourad fut proclamé, plusieurs milliers de captifs européens furent instruits dans la religion mahométane, endurcis à la fatigue par des exercices guerriers, formés à l'obéissance par une rigoureuse discipline. La nouvelle milice fut inaugurée par *Haji-Beklash*, derviche que ses prophéties et ses miracles avaient rendu célèbre. Placé devant leurs rangs, il déploya la manche de sa robe sur la tête du plus avancé des soldats, et leur donna sa bénédiction en disant: « Qu'ils soient appelés Janissaires (*Yeni-Tscheri*, nouveaux soldats), que leur aspect soit toujours redoutable, leurs mains toujours victorieuses, leurs glaives toujours tranchants, que leurs lames soient toujours suspendues sur la tête de leurs ennemis, etc., etc.

Le nombre des Janissaires n'était que de mille dans le temps primitif de leur institution (en 1362); mais tous les ans l'on contraignait mille autres jeunes chrétiens, captifs dès leur plus jeune âge, à embrasser la religion mahométane et l'état militaire. Lorsque le nombre des prisonniers était insuffisant, on complétait les enrôlements aux dépens des chrétiens sujets du sultan.

On s'expliquerait difficilement l'idée bizarre qu'eut leur fondateur d'emprunter les différents noms de leurs grades aux emplois de la cuisine: ainsi le colonel du régiment fut appelé *Tschorbadji-Badschi* (premier faiseur de soupe); après celui-ci, les officiers les plus élevés en grade furent nommés, l'un, *Aschtschi-Baschi* (premier cuisinier); l'autre, *Sakka-Baschi* (premier porteur d'eau), etc.

L'idée qui présida à cette institution, l'une des plus vigoureuses, sans contredit, qui aient jamais existé, atteste la politique profonde de son fondateur, car le corps des Janissaires se recrutant, ainsi que nous l'avons vu, parmi les tributaires enlevés et convertis par la force, s'accroissait d'autant plus rapidement par la conquête qu'un avancement certain était promis en récompense à leur docilité et à leur courage; et que ces hommes endurcis, devenus étrangers à tout esprit de famille et animés d'un prosélytisme ardent, étaient exclusivement dominés par l'esprit de corps: toutes causes qui, au temps de leur institution, concoururent à leur donner une supériorité décidée sur les troupes chrétiennes, placées dans des conditions absolument opposées. Il faut ajouter à cela qu'aucun des princes d'Occident n'entretenait alors de corps d'infanterie organisé, soumis à un exercice de chaque jour, et récompensé par une paie régulière, par des privilèges ou de l'avancement, puisque ce ne fut qu'environ un siècle plus tard (1422) que Charles VII, roi de France, créa des armées permanentes soldées.

Mais on ne peut disconvenir que les principaux éléments de la supériorité des Janissaires sur les troupes de la chrétienté d'alors, ne fussent basés sur une démoralisation dont l'histoire du despotisme n'offre pas un second exemple. Les khalifes, à la vérité, avaient environné leur trône d'une garde d'esclaves turcomans dont ils s'étaient assuré l'obéissance et la fidélité, en leur interdisant toute communication avec leurs familles, et en les payant libéralement. On sait aussi que les conquérants asiatiques, pour éteindre tout sentiment de nationalité dans l'âme de leurs soldats, et les accoutumer au joug d'une discipline inflexible, les ont toujours envoyés dans des contrées lointaines. Mais les Turcs sont les seuls qui aient brisé sans remords les liens les plus sacrés, les seuls qui aient donné au monde le spectacle d'une armée dont l'élite se composait d'hommes réduits pour se soustraire à l'esclavage au renoncement de leur patrie, de leur famille, de leurs croyances religieuses.

Un corps dont on avait étendu les droits et les priviléges pour l'intéresser à conquérir, devait nécessairement finir par se rendre redoutable à l'autorité des sultans : aussi les Janissaires avaient acquis avec le temps trop de puissance pour ne pas devenir turbulents et ambitieux. Cette tendance s'était déjà laissé entrevoir sous le règne de Soliman ; mais si ce prince fut assez fort et assez habile pour les contenir dans les bornes de l'obéissance, on vit sous ses successeurs cette milice séditieuse ébranler par de fréquentes révoltes le trône qu'elle était appelée à défendre. Les Janissaires régnèrent véritablement en maîtres à Constantinople pendant trois cents ans, également détestés du peuple qu'ils opprimaient et des sultans, que leur attitude toujours menaçante avait réduits à trembler devant eux.

On a vu que le mode de recrutement adopté lors de leur formation avait subsisté jusqu'au temps de Mohammed IV, époque la plus florissante de ce corps d'élite. Mais, depuis lors, les Janissaires se recrutèrent exclusivement des enfants nés parmi eux, car presque tous avaient une ou plusieurs femmes, et des indigènes même furent à la fin admis dans leurs rangs : c'est de cette époque que date la décadence rapide de cette troupe dégénérée que notre siècle a vu anéantir.

Depuis le règne de Mohammed IV la destruction des Janissaires a été l'un des principaux objets que les sultans ont eu en vue. Mahmoud Ier et Abdul-Hamid avaient fait d'infructueuses tentatives pour dissiper leur masse encore formidable, malgré le déclin de leur valeur et le relâchement de leur discipline. Le malheureux sultan Sélim III tomba du trône en 1807 pour avoir voulu hasarder la même réforme. L'année suivante, le visir Moustapha-Baraïctar entreprit de remettre Sélim sur le trône. Moustapha IV, qui lui avait succédé, ne livra qu'un cadavre au téméraire ministre, qui vengea ce meurtre en immolant le meurtrier et en proclamant sultan Mahmoud II. Ce prince, héritier des vues de Sélim et de son projet de supprimer les Janissaires, n'osa pourtant attaquer de front cette troupe devenue inutile et onéreuse à l'état, mais toujours prête à combattre pour défendre les priviléges du corps contre la puissance impériale.

La révolution grecque offrit à Mahmoud un prétexte d'affaiblir ces prétoriens arrogants, en les envoyant combattre au nom de l'islamisme les insurgés chrétiens. Au commencement de 1826, ils se trouvèrent assez peu nombreux pour que le sultan essayât de les assujétir au joug de la discipline. Les Janissaires, se confiant dans l'expérience du passé, résistèrent obstinément à toute idée de réforme, et le 15 juin 1826, après une lutte violente dans laquelle Mahmoud risqua de perdre et le trône et la vie, leur corps fut anéanti. Il ne se relèvera probablement pas ; car il est douteux que le parti anti-réformiste qui s'agite à Constantinople cherche jamais à rétablir un pouvoir militaire, dont la tyrannie révolutionnait l'empire au gré de ses caprices, et menaçait sans cesse, non-seulement sa tranquillité, mais encore son existence.   D.-D.

JANSÉNISME. Voltaire, parlant des Jansénistes, dans son *Discours sur le siècle de Louis XIV*, convient qu'ils étaient, en général, fort honnêtes gens, très-dévoués à leur opinion et pleins d'aptitude pour la philosophie ; mais il ne peut comprendre quelle intime faiblesse les détourna de la voie directe, et leur inspira ces misérables préoccupations sur la grâce et la liberté, qui égarèrent leur raison et tourmentèrent leur vie. Choses puériles, en effet, questions indignes d'un vrai philosophe, que celles qu'il faut résoudre avant de pouvoir seulement émettre une hypothèse sur la condition humaine ! Quelle n'était pas la démence de ces pauvres docteurs de Port-Royal ? Ne s'inquiétaient-ils pas de rechercher si l'homme est dans l'ensemble de la nature, ou s'il constitue (ainsi que bien des gens le disent encore sans se comprendre, ou le pensent sans se l'avouer) une nature à part, indépendante des corps organisés, se mouvant sans loi, suivant les fantaisies d'une spontanéité imaginaire lorsqu'elle est mal définie ?

Malgré tout ce qui nous pousse à renouveler une telle controverse, en dépit de Voltaire, et à réhabiliter la logique outragée des Jansénius, des Pascal, des Arnauld et des Nicole, nous devons nous en abstenir dans ces colonnes. Nous ne pouvons pas non plus insister sur le point de fait si longtemps débattu entre les écoles rivales, et il faut nous croire sur parole quand nous disons que les cinq fameuses propositions se trouvent réellement dans l'*Augustinus* de l'évêque d'Ypres ; que tout son volumineux traité est une critique de la raison individuelle ; qu'il y proclame, à chaque page, l'absolu de la grâce et la dépendance de la volonté. On voudra bien ne pas contester davantage la valeur de notre affirmation, si peu orthodoxe qu'elle puisse paraître, quand nous nous permettrons d'émettre qu'entre les sentiments de Saint-Augustin, de Gottschale, de Calvin et de Jansénius, il est impossible d'établir une distinction sérieuse.

Les pères jésuites ne pensaient pas tout-à-fait ainsi. Infatués de leur congruisme et de toutes les rêveries sophistiques de Molina, ils ne voulurent jamais concéder que le commentaire de Jansénius fût l'interprétation fidèle de la lettre augustinienne. Jaloux, d'ailleurs, de la bonne réputation acquise par les solitaires de Port-Royal, ils ne manquèrent pas de découvrir en quoi s'accordaient Calvin, Baïus et l'auteur des cinq propositions. Or, Calvin et Baïus avaient été condamnés par l'Église : puissants auprès du pape, les Jésuites demandèrent une bulle contre Jansénius et l'obtinrent ; protégés par la Sorbonne, ils firent exclure de la faculté les fauteurs de l'hérétique ; élevés par l'intrigue aux plus hautes dignités de la cour, ils sollicitèrent une lâche persécution contre les religieux et les religieuses de Port-Royal. Louis XIV céda comme Innocent X ; il fit mettre à la Bastille les docteurs anti-molinistes qui soutenaient l'efficacité de la grâce prévenante, et le lieutenant-civil d'Aubrai, chargé d'une expédition contre l'abbaye de la rue St-Jacques, enleva les sœurs les plus rebelles pour les disperser dans d'autres couvents. Loin d'abattre les Jansénistes, ces premières rigueurs les irritèrent contre le parti jésuite et ses adhérents ; alors se fit entendre l'éloquente protestation de Pascal. La persécution s'était adoucie, la dispute recommença plus acerbe que jamais : une question subsidiaire fut posée et contradictoirement résolue. Un livre du père Quesnel, Janséniste, contenait quelques opinions touchant la grâce qui, dissimulées avec art, ne furent aperçues que par les Jésuites. Arnauld était mort, Quesnel fut vivement défendu, mais sans succès, et poursuivi jusque dans l'exil par Louis XIV et par Philippe V, dont les confesseurs tenaient pour Molina. Bientôt les prisons d'état suffirent à peine pour contenir les victimes volontaires qui s'offrirent à la haine implacable des jésuites : on ne put leur imposer silence que par une proscription générale.

Il ne faudrait pas conclure de ce silence forcé que la cause des Jansénistes fût irrévocablement perdue. Malgré la complicité des jésuites, des cours de France et d'Espagne, et d'une série de papes semi-pélagiens, la doctrine de la prédestination double, qui n'est autre, au fond, que l'harmonie préétablie de Leibnitz et de Malebranche, le déterminisme de Hobbes et le réalisme idéaliste de M. Schelling, survécut à Port-Royal et au père Le Tellier. Nous ne savons pas qu'on ait encore entrepris l'examen philosophique de cette grave dispute entre les partisans de Jansénius et ceux de Molina, dispute qui, pendant un siècle environ, agita l'Église et deux royaumes ; mais le sujet est digne d'intéresser en critique, et nous ne doutons pas que ses conclusions ne soient favorables à la grande école de Port-Royal. Nous nous réservons de dire encore quelques mots sur les Jansénistes à l'article MOLINISTES.   B. HAURÉAU.

JÉSUITISME. Dans le langage usuel, ce mot est synonyme d'hypocrisie : qui dit Jésuite, dit implicitement fourbe, calomniateur, etc.

Parmi les écrivains qui ont fait cette réputation détestable aux frères de la Compagnie de Jésus, il faut d'abord citer Pascal. Cette réputation est-elle méritée ? On l'a contesté souvent, plus souvent on a été de l'avis de leurs détracteurs, et l'opinion publique a sanctionné l'arrêt porté contre eux. Nous n'aimons pas à protester contre l'opinion, il y a toujours péril : il suffit d'ailleurs d'ouvrir le moins téméraire des écrits dogmatiques publiés par quelques docteurs de l'ordre, pour se convaincre de la perversité des doctrines professées par les Jésuites. On leur doit l'invention des cas de conscience ; et, si dégagé que l'on soit de toute rancune, il est bien difficile de trouver une excuse à cette morale relâchée. L'*Éthique* d'Épicure est certes moins accommodante et plus conforme à l'esprit de l'Évangile que la *Somme* du père Bauny. Que serait-ce si nous citions un des vingt-quatre vieillards, Molina, Sanchez, Escobar, Hurtado, etc., etc ? Si Pascal s'est quelquefois permis de leur imputer des opinions qui ne sont pas toujours l'interprétation sincère de leurs écrits, il faut dire cependant, pour la décharge de cet illustre janséniste, qu'il n'a pas encore cité tous les passages contre lesquels il y avait lieu d'argumenter.

Par égard pour certains Jésuites, dont la vie fut exemplaire, dont les travaux ont enrichi la science, on a voulu donner à croire que les étrangetés morales émises par les casuistes n'avaient pas été le sentiment de toute la congrégation ; on a distingué les Jésuites espagnols, hollandais, italiens et français : cette distinction n'a pas de valeur. Le régime constitutionnel de la société, qui s'est bien adouci, était extraordinairement sévère à l'époque où furent publiés les écrits dénoncés par les *Provinciales :* le fondateur de l'ordre avait accordé aux autorités hiérarchiques les pouvoirs les plus étendus ; il avait soumis tous les inférieurs à l'obéissance la plus passive, et pas un livre n'est sorti de l'officine jésuite sans le visa d'un provincial. D'ailleurs, il ne faut pas oublier que le principe même de l'association et, en quelque sorte, l'article fondamental de sa charte était l'unité la plus absolue, la solidarité la plus complète. Cette unité fit la puissance de la société : s'il faut l'admettre pour comprendre les envahissements successifs de cette puissance terrible et mystérieuse, il ne faut pas la nier pour excuser quelques hommes honorables qu'une erreur de jugement ou le hasard de l'éducation rendirent complices d'odieuses doctrines.

C'est, en effet, quelque chose de prodigieux que la fortune de la Compagnie de Jésus : en la voyant s'élever si haut, après avoir eu de si humbles commencements, des esprits crédules pouvaient croire au miracle. Ce miracle a été accompli par la discipline sévère de la société, par la prudence de ses réglements, par la stricte observation du secret et par l'énergie des hommes placés à la tête de la conspiration. Il ne faut pas omettre que la doctrine casuistique, écartant toute espèce de scrupules sur l'emploi des moyens, permettait d'arriver au but par toutes les voies, et que le but avait été, dès l'origine, fortement déterminé par le fondateur de l'ordre. Aucune congrégation ne fut gouvernée par un code plus curieux à consulter que celui dont Ignace de Loyola et son complice Lainez rédigèrent les articles : nous disons mieux ; jamais société secrète ne fut organisée en vue d'un

résultat plus subversif de toute légitimité temporelle, avec une division de pouvoirs plus exactement définie, avec une police plus vigoureuse. En
lisant les statuts de l'ordre, on se persuade que le
fondateur avait lui-même le pressentiment du brillant avenir réservé à ses cathécumènes : il leur
promet l'empire sur les peuples et les rois.

Aussi, à peine constitués, les voit-on s'empresser
d'obéir à la parole du maître, et se répandre en Espagne, en Allemagne, dans les Pays-Bas, sur les côtes
d'Afrique, dans l'Amérique méridionale et jusque
dans la Chine. Mal vus en France, ils ont recours à la
ruse pour s'y établir. Sous la qualification modeste
d'écoliers, ils viennent à Paris en petit nombre ;
quelques années après, les écoliers demandent et
obtiennent d'Henri II la permission de fonder un
collége selon leur règle : le parlement refuse d'enregistrer les lettres-patentes du roi, le roi insiste,
l'archevêque de Paris et le doyen de la faculté de
théologie protestent avec le parlement : ce sont là
d'insurmontables obstacles. Ignace écrit de Rome
à ses confédérés pour leur conseiller la patience,
et il intrigue auprès du pape, amasse des aumônes, alimente sa petite armée. En France, les humbles écoliers sont devenus des profès, des coadju-
teurs fort bien en cour et très-chaudement recommandés par les princes. A la faveur des ducs de
Guise, ils font céder l'archevêque et le parlement.
Menacés alors par l'Université, ils s'inclinent devant elle, puis relèvent la tête, puis l'abaissent de
nouveau, tour-à-tour fiers et suppliants, suivant la
nécessité des circonstances : c'est encore l'affection
de la cour qui leur fait gagner cette cause.

Quelle fut, à son égard, leur reconnaissance ?
On le sait trop. Aussitôt qu'ils virent les chances
plus belles à favoriser la cause de l'étranger que la
cause des rois leurs protecteurs, ils se mirent au
service de l'Espagne et conspirèrent le massacre
de Henri III. Il ne peut être mis en doute que si
les Jésuites furent hautement protégés par ce
prince inepte et malheureux, ce furent néanmoins
les Jésuites qui, séduits par l'assurance d'une protection encore plus efficace, dirigèrent le poignard
de Jacques Clément. Protégés par la cour de Rome,
ils avaient, au seizième siècle, osé remettre en
honneur la doctrine de l'omnipotence papale. Voici
l'opinion de Molina, adoptée par tous les pères de
la société : « Habet (pontifex) supremam et am-
« plissimam potestatem super omnes principes...
« potest deponere reges eosque regnis suis pri-
« vare... legesque eorum infirmare... idque non-
« solum censuris, sed penis externis ac vi et armis. »
Alléchés par les promesses de l'Espagne, et comprenant bien que la vacance du trône de France
devait précéder la réalisation de ces promesses,
ils introduisirent dans leur catéchisme politique
cette autre doctrine : « Potest tyrannus quocum-
« que privato interfici. (Suarez, lib. 6, c. 4.) »
Comme ils avaient applaudi au massacre de la
Saint-Barthélemy avec une rhétorique féroce, ils
applaudirent au meurtre d'Henri III avec non
moins d'enthousiasme, et canonisèrent le meurtrier. Voilà des faits historiques.

Dans notre époque où c'est une manie de tout

poser en problème, on s'est demandé si par hasard
le parti de la ligue n'avait pas été le vrai parti national, et quelques gens se sont rencontrés pour
défendre ce monstrueux paradoxe. Comme si le
parti national pouvait être, au XVIe siècle, ailleurs
que là, où se trouvait le légitime représentant de
la monarchie! Tel n'était pas le parti des Jésuites.
Durant les orages de la ligue, ils furent les meneurs de tous les complots dont le but était de livrer à l'Espagne la couronne de France : les conciliabules de la faction se tinrent dans leur collége
de la rue Saint-Jacques, *cette caverne de tyran-
neaux*, comme l'a qualifié l'Université de Paris
avec une heureuse énergie. Après le retour
d'Henri IV, chassé de Paris par arrêt du parlement, ils armèrent contre la vie du prince la main
fanatique du jeune Châtel : l'insuccès de cet assassinat ne les ayant pas découragés, ils se constituèrent en conspiration permanente, et toujours
protégés par le pape, ils obtinrent enfin du roi de
France, malgré les sages conseils de Sully, un édit
qui les réintégra dans leurs priviléges.

Après avoir soulevé la France, ils allèrent répandre, en Angleterre, leurs funestes doctrines. Le
parlement sévit contre eux et leurs adhérents et leur
défendit, sous les peines les plus sévères, l'entrée
du royaume. Que firent alors nos implacables Jésuites? ils appelèrent le roi d'Espagne à la conquête de cette Babylone, et ne restèrent pas étrangers à plusieurs tentatives de régicide. En Flandre,
mêmes complots, même interdiction du territoire :
en Italie, dans les Etats de Venise, un décret du
sénat porte défense à tout citoyen d'être en correspondance avec aucun membre de la société de
Jésus, sous peine irrémissible de bannissement ou
des galères : en Portugal, ils attentent publiquement à la vie du roi, et, malgré les preuves accablantes de l'instruction, on n'ose les poursuivre,
tant on redoute les ressentiments de Rome. Pour
raconter en détail les crimes de la compagnie de
Jésus, les différends qu'elle eut avec les divers
états, et les intrigues qu'elle ourdit dans leur sein ;
pour énumérer les édits de proscription qu'ils
arrachèrent à la faiblesse ou à la politique des
rois, il faudrait un volume. Sous Louis XIII, ils
gouvernèrent la France : persécuteurs acharnés
des Jansénistes, ils obtinrent de Louis XIV tout ce
que rêva leur ambition démesurée. Enfin, sous
Louis XV, toujours remuants, toujours glorieux
de leur fortune, toujours odieux aux parlements
et à l'Université dont ils défiaient l'autorité, ils
appelèrent sur eux de nouvelles vindictes : leur
constitution, leurs livres, leurs maximes régicides
tardivement désavouées, furent de nouveau soumis à l'examen : dans la séance du 6 août 1762,
le parlement de Paris, toutes les chambres réunies, les condamna d'une voix unanime : cet arrêt
fut sanctionné par le plus grand nombre des parlements du royaume, et, deux ans après, par un
édit du roi ; enfin, le pape lui-même, cédant aux
sollicitations pressantes des princes chrétiens,
menacés sur leur trône par l'audacieuse rancune
de la faction Jésuite, prononça, le 21 juillet 1773,
l'abolition de la compagnie de Jésus. Reconstitués

par une bulle du 7 août 1814, ils furent, deux ans après, expulsés de Russie où, durant leurs adversités, ils avaient trouvé un asile ; l'Autriche et le Portugal leur fermèrent leurs frontières ; avec la Restauration, ils pénétrèrent clandestinement en France, et fondèrent sous la protection des évêques, diverses maisons religieuses. La Révolution de juillet vint encore une fois interrompre leur ténébreuse propagande.

Il est à remarquer que de tous les ordres religieux, aucun ne recruta d'aussi nombreux sociétaires que celui des Jésuites. Très-courtisans des vanités temporelles, ils offraient à leurs adeptes un avenir séduisant. L'ordre des Jésuites est aussi un de ceux qui produisirent le moins pour la science : spécialement occupés de controverses morales, insignifiantes ou dangereuses, ils négligèrent l'érudition. Après avoir fait tant de bruit dans le monde, ils n'ont guère laissé d'eux que le souvenir des crimes dont ils ont été complices, et quelques principes éternellement condamnables, reproduits, de nos jours, par de malencontreux sectaires. Le seul bienfait dont nous devons leur tenir compte, c'est d'avoir introduit dans l'enseignement plusieurs méthodes heureusement inventées et d'avoir formé des humanistes de distinction.

B. H.

JEU DE PAUME. Convoqués par Louis XVI pour combler le déficit des finances, les Etats-Généraux furent ouverts à Versailles dans la salle des Menus, le 5 mai 1789. Dès la première séance, la vanité de la noblesse offensa l'amour-propre du tiers, et le tiers se vengea de ses dédains en affectant devant le prince de ne reconnaître aucune distinction entre les ordres. Après avoir monté les degrés qui conduisaient à l'estrade préparée, le roi s'était assis et couvert ; la noblesse et le clergé en firent autant : contre tous les usages, le tiers eut l'audace de les imiter. Ce fut son premier acte d'indépendance. Les discours d'ouverture ayant été prononcés, le roi sortit de la salle ; la noblesse et le clergé le suivirent et se retirèrent dans leurs chambres respectives pour procéder à la vérification des pouvoirs ; le tiers protesta contre ces vérifications partielles en demeurant dans la chambre commune et en continuant ses délibérations, comme si l'absence des deux premiers ordres lui eût été indifférente. Pendant un mois, des essais de conciliation furent tentés ; de nombreuses défections dégarnirent les rangs de la noblesse et du clergé, et enfin, le 12 juin, le tiers commença l'appel général des bailliages, sans tenir compte des prétentions hautaines et de l'hostilité persévérante témoignée par la majorité de la noblesse et la minorité du clergé. Le 17, sous la présidence de Bailly et sur un rapport de Sieyes, le tiers décréta que l'assemblée composée des représentants envoyés directement par les quatre-vingt-seize centièmes de la nation prendrait le titre d'*Assemblée nationale* ; qu'il travaillerait sans retard à rédiger une nouvelle constitution ; que la représentation étant une et indivisible, aucun membre des Etats n'avait le droit d'exercer ses fonctions représenta-

tives à l'écart de ses collègues, *séparément de l'Assemblée*. C'était porter un coup terrible aux privilèges. La cour savait que le tiers était bien résolu à ne pas céder ; elle savait en outre que la nation sanctionnerait tous ses votes et tiendrait peu compte de ce qui pourrait être décidé dans les réunions du parti contraire : elle avisa donc à faire cesser cette anarchie des ordres, et le moyen qu'elle crut le meilleur pour y parvenir fut d'exiler Louis XVI à Marly pour quelques jours, et d'interdire aux députés du tiers l'entrée de la salle où ils s'étaient constitués en assemblée permanente.

Dès le matin du 20 juin, des hérauts d'armes publient une proclamation ainsi conçue : « Le roi « ayant résolu de tenir une séance royale aux « Etats-Généraux, lundi 22 juin, les préparatifs à « faire dans les trois salles qui servent aux assem- « blées des ordres, exigent que ces assemblées « soient suspendues jusqu'après la tenue de ladite « séance. » En même temps, un détachement de Gardes-Françaises est envoyé à l'Hôtel des Etats pour en défendre l'approche. Vers neuf heures, Bailly se présente à la porte principale, suivi des deux secrétaires de l'Assemblée et d'une foule immense : on leur refuse l'entrée. Vainement de vives protestations sont adressées à l'officier de garde, M. de Vertan ; celui-ci oppose la rigueur de sa consigne. Durant ces colloques, les députés du tiers arrivent en grand nombre, et, réunis sur l'avenue de Versailles, ils délibèrent sur le parti qu'il leur reste à prendre. L'exaspération est telle qu'on parle sérieusement d'aller à Marly tenir séance sous les fenêtres du roi. Enfin un avis meilleur est ouvert, c'est celui de se transporter à la vaste salle du Jeu de Paume, rue Saint-François (ou du Vieux-Versailles), et d'y continuer les séances de l'Assemblée nationale. Deux députés vont la retenir : bientôt, le président Bailly s'y rend avec ses collègues.

La salle n'était pas préparée pour cette solennité : Bailly monte sur une table, d'où il domine l'assemblée tumultueuse. La séance est ouverte, et les délibérations commencent. Sur la proposition de Mounier, tous les membres présents jurent de ne pas se séparer avant d'avoir accompli la réforme constitutionnelle.

Tout un peuple, inondant jusqu'aux faîtes des toits,
De larmes, de silence ou de confuses voix,
Applaudissait ces vœux augustes (1).

Un seul député, Martin d'Auch, du bailliage de Castelnaudary, refuse de prêter le serment. Le Chapelier propose une adresse au roi : « Il veut qu'elle apprenne à S. M. que les ennemis de la patrie obsèdent sans cesse le trône, et que leurs conseils tendent à placer le monarque à la tête d'un parti. » Ces expressions sont trouvées trop fortes, et le projet d'adresse n'a pas de suites. Enfin, vers six heures du soir, l'assemblée se sépare en s'ajournant au 22.

Cette fameuse séance du Jeu de Paume eut toutes les conséquences qu'en pouvaient attendre, à cette époque, les révolutionnaires les plus enthousiastes. Elle exaspéra la cour, et en même temps elle lui

(1) André Chénier, *le Jeu de Paume*.

inspira les projets de résistance qui furent confondus dans la journée du 14 juillet.   B. H.

JOURNAUX. Les Journaux sont des instruments politiques d'une très-grande importance. Sans entrer ici dans des considérations générales qui seront mieux placées aux mots PRESSE et LIBERTÉ DE LA PRESSE, nous devons dire que c'est surtout par les Journaux que s'exerce aujourd'hui l'immense pouvoir de la presse.

Depuis l'invention de l'imprimerie, les livres ont été le principal instrument de cette influence, et, depuis que les livres se sont fractionnés en publications périodiques et quotidiennes qu'on a appelées Journaux, les Journaux, si merveilleusement propres à la vulgarisation, nous pourrions dire à l'infiltration des idées, sont devenus les agents les plus puissants de la souveraine du monde, la pensée.

C'est surtout depuis la fin du dix-huitième et le commencement du dix-neuvième siècles, que les Journaux ont pris un développement considérable. Avant cette époque, les gazettes traitaient peu les matières politiques; elles n'étaient guère que des recueils littéraires, scientifiques ou anecdotiques. Le dix-neuvième siècle, qui commence réellement avec la Révolution française, a donné un grand essor à cette nature de recueils, et il a créé les Journaux politiques.

Les chiffres qui suivent donneront une idée de l'importance des Journaux dans toutes les parties du globe.

A la fin de 1836, on comptait

En France (Journaux de toutes sortes).	234
En Angleterre.	274
En Belgique.	52
En Prusse.	288
Dans les autres états allemands.	305
En Autriche.	82
En Hollande	150
En Suisse.	36
En Russse et en Pologne.	84
En Portugal.	12

C'est-à-dire pour toute l'Europe. 1517

A la même époque, il y en avait en Amérique (principalement aux États-Unis). . . 1,138

En Asie.	27
En Afrique.	12
Dans l'Australie.	9

En France, en Angleterre, aux États-Unis et dans les pays libres, les Journaux politiques sont très-nombreux; en Allemagne et dans les pays de gouvernement absolu il y a, relativement, un plus grand nombre de Journaux littéraires et scientifiques. Quelques-uns de ces Journaux comptent une très-grande quantité de lecteurs. En France, la moyenne des abonnés d'un Journal publié à Paris est ordinairement de 1,500 à 3,000; il y a quelques exemples de 10,000, 20,000 et jusqu'à 30,000 abonnés. En Angleterre, le chiffre le plus élevé, pour les Journaux quotidiens, ne dépasse pas 10,000. La moyenne est à-peu-près la même qu'en France; mais les feuilles hebdomadaires y sont fort recherchées; plusieurs atteignent le

chiffre de 8, 10, 12, 15 mille acheteurs; 2 s'élèvent à 47 et 48,000. La presse hebdomadaire est encore peu répandue en France.

Si l'on songe que chaque exemplaire est toujours lu par plusieurs personnes, on comprend quelle influence doivent exercer des publications répandues à un aussi grand nombre d'exemplaires chaque jour ou chaque semaine : là est tout le secret de la puissance des Journaux.

Le caractère de cette puissance et la nature de l'influence qu'elle obtient, sont difficiles à apprécier d'une manière positive; mais elles varient nécessairement suivant le caractère propre des Journaux de divers pays.

En Angleterre, l'organisation de la presse quotidienne et hebdomadaire est principalement mercantile. La plus grande partie de chaque feuille est consacrée à la publicité (1), et aux annonces. La critique y tient peu de place; la polémique y est vive, acerbe, peu élevée, grossière souvent; la doctrine en est presque toujours exclue. Les rédacteurs des Journaux sont salariés à la tâche comme les imprimeurs. Le Journal et sa direction appartiennent aux capitalistes, qui font diriger cette exploitation suivant les nécessités de la meilleure vente. Aussi les journalistes y sont-ils généralement des hommes de métier. La critique et la doctrine ont pour domaine des revues mensuelles ou trimestrielles qui jouissent d'une grande réputation.

Chez nous, cette dernière sorte de publication s'acclimate à grand'peine. Les Journaux quotidiens conviennent mieux aux lecteurs français, parce qu'ils sont plus complets et généralement mieux faits. On y attache moins d'importance à la partie de pure publicité; les annonces n'y comptent que comme accessoire, important quelquefois, mais toujours secondaire. La critique y est développée; la polémique ordinairement vive mais digne et sincère. Les rédacteurs des Journaux français sont des hommes politiques; les propriétaires de chaque Journal impriment, il est vrai, à la politique, la direction qui leur convient; mais, jusqu'ici, c'est principalement par le choix des rédacteurs qu'ils exercent cette influence. En France, la profession de journaliste est estimée; elle compte dans la carrière politique; elle peut conduire à toutes les fonctions publiques; et les hommes politiques les plus importants sont souvent les collaborateurs actifs du Journal qui représente leur opinion. Nous pouvons dire, sans crainte d'être accusé d'une préférence aveugle pour notre patrie, que les Journaux français sont, en somme, les mieux faits de tous. Ce qui le prouverait, au besoin, c'est que, dans presque tous les pays, il y a des Journaux rédigés en langue française par des Français, sur le modèle des Journaux français.

La conséquence de ces différences de caractère entre la presse anglaise et la presse française, c'est qu'en Angleterre les Journaux suivent l'opinion

(1) Le nom générique des Journaux, en Angleterre, est *New-Papers*, papiers-nouvelles.

publique, et qu'en France ils créent réellement l'opinion ou la dirigent. Il est vrai que la faculté de se réunir quand bon leur semble n'a pas été enlevée aux Anglais ; là, il n'y a pas, comme en France, des lois qui prohibent les associations et défendent aux hommes de communiquer les uns avec les autres. L'opinion publique peut donc se former autrement que par la lecture des feuilles publiques.

Une autre conséquence de cette influence réciproque de l'opinion sur la presse et de la presse sur l'opinion, c'est qu'en Angleterre les Journaux sont réellement libres, tandis qu'en France ils sont environnés d'entraves : le droit de timbre, quoique fort élevé, n'est pas, en Angleterre, à cause des mœurs du pays, un obstacle sérieux à la diffusion des Journaux. En France, c'est une quasi-prohibition, qui, jointe aux autres empêchements, comprime l'essor de la presse.

Le gouvernement, en France, a toujours redouté l'influence des Journaux, et c'est un curieux spectacle que les véhémentes expressions d'effroi dictées par cette crainte aux orateurs du gouvernement dans les nombreuses discussions des lois relatives à la liberté, je me trompe, à l'esclavage de la presse.

L'abolition de toute censure et la déclaration de la liberté de la presse, prononcées en 1789 dans la Déclaration des Droits, qui depuis forma le préambule de la constitution de 1791, donnèrent naissance à une quantité innombrable de publications de toutes sortes (1). Mais toutes ces feuilles ne purent pas toujours jouir de la liberté, souvent décrétée en principe ; les Journaux durent subir, soit les nécessités révolutionnaires, soit les atteintes oppressives des contre-révolutionnaires triomphants. Les journalistes ont leur part dans toutes les réactions. Enfin l'Empire, qui étend sur tout sa tyrannie, ne peut laisser vivre les Journaux. Pour établir un Journal il faut une autorisation spéciale, et quand il existe une police est chargée de le surveiller. La moindre infraction aux volontés, aux caprices du maître, peut être suivie de la confiscation.

La Restauration s'est bien gardée de répudier les instruments d'arbitraire que lui léguait l'Empire. Elle les a renouvelés pour son usage, et pendant longtemps les Journaux ont été soumis encore, soit à la nécessité de l'autorisation préalable, soit à la censure. En 1819, réaction en faveur de la liberté. Un système complet de législation est institué par trois lois successives : répression (17 mai), procédure (26 mai), journaux (9 juin). Cette loi forme, avec l'article 11 de la loi du 25 décembre 1822 et les lois du 18 juillet 1828 et du 14 décembre 1830, le dernier état de la législation sur les Journaux et écrits périodiques, jusqu'au système *suppressif* établi par les fameuses lois du 9 septembre 1835. Dans l'intervalle de 1819 à 1828 la liberté de la presse a été plusieurs fois

suspendue par les moyens ordinaires : l'autorisation préalable ou la censure.

Les dispositions restrictives de la liberté, qui frappent aujourd'hui les Journaux politiques, sont : la déclaration préalable, le dépôt d'un cautionnement, la responsabilité d'un ou plusieurs gérants signataires du Journal et propriétaires du cautionnement, les droits de timbre et de port perçus sur chaque exemplaire, et enfin la *suppression* radicale de la discussion de certains sujets. Le tout se complique des entraves apportées à la liberté de l'imprimerie.

La déclaration, substituée à l'autorisation préalable, d'abord, par la loi du 9 juin 1819, puis, par celle du 18 juillet 1828, doit comprendre : le nom de tous les propriétaires, autres que les commanditaires, leur demeure, leur part dans l'entreprise ; le nom et la demeure des gérants responsables ; l'affirmation que ces propriétaires et gérants réunissent les conditions de capacité prescrites par les lois ; l'indication de l'imprimerie dans laquelle le Journal ou écrit périodique devra être imprimé. Toutes les fois que l'une de ces conditions vient à changer, il faut renouveler la déclaration. Si cette déclaration complexe est reconnue *fausse* ou *frauduleuse*, en quelqu'une de ses parties, le Journal *cesse de paraître*, et la peine pécuniaire est une amende du dixième en minimum, et de la moitié en maximum du cautionnement, c'est-à-dire 10,000 à 50,000 francs pour les Journaux quotidiens. L'erreur ou la négligence sont punies d'une amende de 500 francs : ce sont les tribunaux correctionnels et non le jury qui sont juges des contraventions à ces dispositions.

Le chiffre du cautionnement et les dispositions y relatives ont varié depuis 1819. Sous les lois de 1819, 1828 et 14 décembre 1830, on pouvait le fournir en rentes, ce qui permettait le *prêt* du cautionnement au gérant responsable, la rente n'étant pas saisissable par ses créanciers personnels ; la loi de septembre 1835 a exigé le dépôt en *espèces*, ce qui rend la condition beaucoup plus dure et beaucoup plus difficile à remplir. C'est le principal obstacle à la fondation de tout nouveau Journal. Le cautionnement des Journaux quotidiens, ou paraissant plus de deux fois par semaine, était fixé en 1819 à 10,000 francs de rente ; en 1828, à 6,000, en 1830, à 2,400 fr. Le 9 septembre 1835, il a été élevé à 100,000 francs en numéraire. Les cautionnements des Journaux paraissant à des intervalles plus éloignés ou dans les départements, sont proportionnellement réduits jusqu'à 75,000 francs jusqu'à 7,500. — L'objet du cautionnement est de mettre dans la main du pouvoir un gage réel pour le recouvrement des amendes auxquelles peuvent être condamnés les Journaux. Ce cautionnement doit donc toujours être maintenu au complet. Les nombreuses formalités administratives et la longueur de leur accomplissement rendent les mutations très-difficiles et très-onéreuses. Les Journaux ne trouvent à emprunter qu'à des conditions ruineuses et souvent gênantes pour la direction. Il y a tel Journal, auquel un simple bailleur de fonds pour une portion du cautionnement

(1) La seule nomenclature des Journaux publiés pendant la période révolutionnaire, accompagnée de quelques notes explicatives, forme un gros vol. in-8 : *Bibliographie des Journaux*, par M. D...

peut imposer son caprice, sous peine d'arrêter la publication, parce qu'il n'a prêté qu'à la condition de se retirer si un article lui déplaît.

Le gérant, dont nous avons ailleurs expliqué l'origine et la position, doit être propriétaire d'un tiers du cautionnement. Un Journal peut avoir jusqu'à trois gérants. Quand le rédacteur en chef ou l'un des propriétaires n'est pas gérant, ce qui arrive fréquemment, cette obligation d'avoir un censeur intérieur en permanence peut être fort pénible pour les journalistes s'ils ne trouvent pas réunis tout à-la-fois la fortune et le dévouement politique. La loi qui a créé ou maintenu les gérants responsables est une loi hypocrite ; sous prétexte d'imposer une responsabilité sérieuse, qui, généralement, devait être et a été éludée, elle a jeté un obstacle grave dans l'intimité même des entreprises de Journaux.

Toutes ces dispositions, qui enchaînent la liberté en prétendant la régler, sont ignorées en Angleterre, en Belgique, aux Etats-Unis. Il serait injuste de dire qu'elles ont contribué à assurer la supériorité des Journaux français. Cette supériorité tient au caractère même de la nation : en France, la fibre politique est trop sensible, la vie de chacun est trop percée à jour, et la surveillance réciproque des partis est trop active pour que les Journaux puissent impunément perdre la dignité qui convient à la presse politique. Les lois sur les déclarations, les cautionnements, les gérants, n'ont produit d'autre résultat que de livrer la presse à une sorte de féodalité politique et industrielle. Les partis riches peuvent avoir leurs Journaux, qui se subdivisent en un nombre infini de nuances, souvent insaisissables ; même, les Journaux sont quelquefois l'organe d'un intérêt purement individuel, pourvu que cet intérêt soit puissant par la fortune ; tandis que le parti des pauvres, le parti de tout le monde, le parti démocratique, a toujours une peine infinie à s'élever, pécuniairement, jusques aux conditions nécessaires pour fonder et soutenir des Journaux.

Les droits de timbre et de poste ajoutent à ces difficultés. Nous n'entrerons pas ici dans les détails des dimensions et du chiffre du timbre. Il nous suffira d'expliquer, pour faire comprendre l'énormité de cette disposition fiscale, que chaque exemplaire de chaque Journal quotidien, du format ordinaire, est chaque jour frappé d'une empreinte qui est payée 5 centimes, et que chaque exemplaire envoyé dans les départements coûte 4 centimes à la poste. C'est, pour le timbre, 18 francs par an, et pour la poste, 14 francs 40 c. Or, les frais de papier, tirage, pliage et bande ne coûtent que 12 francs. La comparaison de ces chiffres montre combien le fisc pèse sur les Journaux. Et ce n'est point par des raisons financières que cet impôt est maintenu : il ne rapporte que deux à trois millions par an ; il est simplement l'expression de la volonté d'empêcher la diffusion des Journaux. La suppression de l'impôt du timbre a été souvent demandée, et si les Journaux intéressés au monopole n'avaient pas résisté à cette amélioration, il y a longtemps que le pouvoir aurait été contraint de céder aux unanimes réclamations de l'opinion publique. Il est certain que si l'on supprimait le timbre, les Journaux, facilement livrés à 20 ou 25 francs par an se multiplieraient rapidement, et produiraient en droits de poste plus qu'ils ne produisent en droits de timbre.

Un gouvernement démocratique affranchirait la presse périodique de toutes ces entraves; mais il garantirait la liberté même en assurant fermement la responsabilité personnelle des directeurs effectifs des Journaux, soit devant les tribunaux, soit devant l'opinion publique. C'est ainsi qu'on ne saurait méconnaître la sagesse des dispositions qui contraignent les Journaux à publier les réclamations des tiers nommés ou désignés, et les renseignements ou explications officielles des agents du pouvoir. Mais tout ce qui tend à restreindre la publicité et la liberté de discussion doit être effacé du code démocratique de la presse.

Nous ne voulons pas flétrir ici, en les exposant, les lois du 9 septembre 1835; elles méritent qu'un article spécial les juge, soit dans leur caractère propre, soit dans leurs conséquences politiques. Lois de circonstances, destinées à périr sous la réprobation publique, elles ont aggravé la position des Journaux, surtout par les restrictions qu'elles apportent à la discussion des doctrines et des opinions. Tout écrivain indépendant doit avoir sans cesse présentes à l'esprit leurs dispositions prohibitives. La monarchie se défend en qualifiant crime l'expression d'un *vœu* ou d'un *espoir*. La pénalité est portée à une telle exagération qu'elle devient presque impraticable : les amendes peuvent monter jusqu'à 200,000 francs ; la prison jusqu'à vingt ans. Nous ne parlons pas de la mort ou de la déportation, qui peuvent être appliquées pour des *écrits* assimilés à des *attentats*. Les lecteurs et les amis d'un Journal ne peuvent plus, sous peine d'amende et de prison, se cotiser publiquement pour aider la feuille amie à supporter les condamnations judiciaires. Les formalités des jugements ont été modifiées, et les accusés privés d'une partie des garanties, soit de la procédure, soit de la juridiction du jury. Cette législation a tué des Journaux ; elle en a empêché d'autres de s'établir.

Enfin les lois de septembre ont poussé au maximum les gênes imposées aux Journaux; et si la presse périodique comprenait toujours ses propres intérêts et ceux de la patrie, chaque Journal devrait porter en épigraphe, comme son *delenda Carthago* : « L'abolition des lois de septembre. » (V. Censure, Gérant, Jury, Liberté, Presse, Timbre, Lois de septembre.) Henry Celliez.

JUDICATURE. État, condition, profession de juge, de toute personne employée dans l'administration de la justice.

JUDICIAIRE. Cette qualification s'applique à tout ce qui est relatif à la justice, à l'administration de la justice. (V. Organisation judiciaire, Pouvoir judiciaire.)

JUGE, JUGEMENT. On donne le nom de

Juge à tout citoyen qui exerce une portion du Pouvoir judiciaire (1).

L'autorité judiciaire se compose de deux éléments, la *juridiction* et le *commandement.* C'est-à-dire que, pour exercer la plénitude de l'autorité judiciaire, le Juge doit pouvoir d'abord déclarer que telle loi est applicable à tel fait particulier (*jus dicere*, dire le droit, *juris-dictio*), et décider en conséquence, sur le cas particulier; puis commander l'exécution de cette décision, qui porte le nom de Jugement.

En France, tous les Juges n'exercent pas dans toute cette plénitude l'autorité judiciaire: elle n'appartient qu'aux Juges *ordinaires*, c'est-à-dire que les Juges ordinaires ont seuls la puissance de faire exécuter leurs Jugements. Tous les Juges *exceptionnels*, c'est-à-dire tous ceux qui n'ont que le droit de connaître d'un certain genre d'affaires et de juger jusqu'à une certaine somme, rendent des Jugements qui doivent être exécutés, mais ils ne sont pas chargés d'assurer cette exécution. Si, par exemple, on conteste sur l'exécution d'un Jugement émané d'un tribunal de commerce, c'est le tribunal civil, ou ordinaire, qui a juridiction et commandement, qui statue sur la difficulté et assure l'exécution.

Il y a, dans le langage vulgaire, une grande confusion entre les mots Juge et Magistrat. Les publicistes distinguent. Ils n'accordent le titre de Magistrat qu'aux Juges qui, dans une circonscription déterminée, ont, tout-à-la-fois, par le droit de leur office et à titre universel, la juridiction et le commandement. Les personnes et les choses, tout est soumis à leur autorité; ils sont les arbitres de toutes les destinées, les gardiens de toutes les propriétés, les garants de l'exécution de tous les engagements (2). Tels sont de nos jours, en France, les Juges des tribunaux de première instance et des cours royales.

Toutefois, cette distinction, peut-être un peu subtile, est rarement observée dans l'usage. On donne même la qualification de Magistrat aux officiers du ministère public qui ne sont pas Juges, qui n'ont que le commandement et point la juridiction; car ils sont autorisés à disposer de la force publique toutes les fois qu'il devient nécessaire de l'employer pour que force reste à la justice, mais ils ne sont point investis du droit de rendre les Jugements.   H. C.

JUIFS. Les institutions politiques et religieuses de ce peuple antique, dont les débris épars sur tous les points du monde connu suivent encore les mêmes lois et observent le même culte depuis plus de trente-deux siècles, offrent une ample matière aux méditations des philosophes et des pu-

blicistes. Nous n'avons pas à nous occuper ici de l'origine ni des phases diverses de la vie nomade du peuple hébreu sous le gouvernement des patriarches. Ces premières époques appartiennent à l'histoire générale que tout le monde connaît.

L'existence politique des Juifs ne date que de Moïse, leur premier législateur et leur premier chef.

Environ quinze siècles avant l'ère vulgaire, végétait, au fond d'une province d'Égypte, une peuplade pauvre, misérable, abrutie par un long servage, sans autre loi que de vagues traditions, sans autre culte que des superstitions grossières, véritable paria voué au mépris, aux plus dures privations et aux plus ignobles travaux; et déjà l'Asie et l'Afrique comptaient de puissants empires, de magnifiques cités; partout brillaient les prodiges d'une civilisation très-avancée et dont la tradition remontait à une époque dont il est impossible de préciser la date.

La peuplade juive, au milieu des splendeurs des sciences et des arts, semblait condamnée à une éternelle obscurité, lorsque parut au milieu d'elle l'homme extraordinaire qui devait lui donner un rang parmi les nations, un gouvernement, un culte et une patrie. Cet homme providentiel fut Moïse: placé par des événements extraordinaires hors de la classe des esclaves, Moïse, élevé à la cour du Pharaon, avait pu se faire initier à la science secrète des prêtres égyptiens. Il conçut dès-lors le généreux et hardi projet de civiliser peu à peu ses compatriotes, qui n'avaient pas même la pensée d'un changement possible dans leur déplorable situation.

Il ne s'agissait pas seulement de réformer des institutions vicieuses, il fallait tout créer: les bonnes croyances et les mœurs, et rappeler au sentiment de la dignité humaine, des esclaves ignorants, sans souvenir du passé, sans pensée d'avenir. Il fallait toute la puissance d'un dévouement surhumain et tout le courage d'une infatigable persévérance pour oser tenter l'exécution d'une entreprise sans exemple dans l'histoire.

Le principe de l'existence d'un dieu suprême et unique enseigné secrètement à quelques adeptes, mais plus ou moins défiguré par d'absurdes superstitions, parut à Moïse un puissant moyen de succès. Il fut le premier peut-être qui osa professer au grand jour cette doctrine jusqu'alors couverte d'un voile mystérieux, et en faire la base d'une religion publique et populaire.

Le dieu suprême Jehova, que les Égyptiens adoraient dans leurs temples sous de mystérieux symboles devint le dieu des Juifs. Et pour conserver à ce culte toute sa puissance et sa pureté, le prophète-législateur en fit un dieu jaloux qui veut être aimé sans partage, qui proscrit l'usage des figures et des emblèmes matériels, et punit sur les enfants l'idolâtrie des pères. C'est Jehova qui leur parle par la voix de Moïse; c'est par la bouche de son prophète qu'il leur apprend comment il a créé le monde, comment il a puni la faute du premier homme, comment il avait châtié par le déluge la corruption du genre humain,

(1) Nous indiquerons au mot POUVOIR JUDICIAIRE la nature et l'étendue de l'autorité confiée aux Juges, et ses relations avec l'autorité confiée aux pouvoirs législatif et exécutif. — Au mot ORGANISATION JUDICIAIRE, nous indiquerons les relations des Juges entre eux, avec la nation et avec les citoyens, pour l'administration de la Justice. — Voyez aussi JURY, JUSTICE.

(2) Bodin, *République.* — Loyseau, *Des Offices.* — Henrion de Pansey, *De l'Autorité judiciaire.*

comment il a consacré la famille du *juste*, dont la postérité avait fondé toutes les nations nouvelles ; comment enfin, il a fait du peuple juif son peuple chéri.

C'est avec ce peuple seul qu'il se manifeste, c'est avec lui seul qu'il fait alliance, c'est à lui qu'il promet la possession d'un pays de délices, de cette terre de Canaan arrosée par le Jourdain et où l'attendent le repos et le bonheur. Le temps d'accomplir ses promesses est venu : mais son peuple d'adoption doit avant tout briser le joug honteux des Égyptiens, et marcher sous ses auspices vers ce beau pays de Canaan, habité par une nation idolâtre et sacrilége qui doit être exterminée.

Les Juifs se réunissent, et tous partent sous la conduite de Moïse.

Ils échappent miraculeusement à la poursuite des Égyptiens ; Jehova est au milieu d'eux, nul autre mortel que le grand-prêtre ne doit approcher du sanctuaire qu'il s'est choisi. Ces promesses de jouissances matérielles, ces menaces de châtiments sensibles pouvaient seules impressionner les Juifs, encore ignorants et barbares. Rien aussi n'était plus capable de leur inspirer cet orgueil national, cette confiance des plus grandes choses, cette antipathie pour les nations étrangères et l'horreur de la servitude.

Une distance peu considérable séparait de Canaan le petit pays qu'habitaient les Juifs en Égypte. Une marche de quelques semaines suffisait pour arriver à la *terre promise*. Mais ce temps était trop court pour accoutumer ce peuple enfant à ses nouvelles mœurs, à ses nouvelles croyances. Moïse avait tout prévu : il les fit errer longtemps dans les déserts de l'Arabie. Il multiplia les cérémonies du nouveau culte et rattacha à la religion les principaux actes de la vie publique et privée et tous les événements heureux et malheureux.

Une obéissance passive, une soumission absolue aux volontés de Dieu exprimées par son prophète, pouvaient seules ouvrir à la peuplade errante l'entrée du territoire de Canaan. Les moindres murmures, les plus légères manifestations d'hésitation étaient sévèrement punis.

Sous prétexte de désobéissance, tous les hommes faits sortis d'Égypte furent exclus de ce bienfait : deux seulement furent admis. Et Moïse prit possession de la terre promise à la tête d'une génération nouvelle habituée à la soumission et instruite par la punition infligée à ses pères.

Les Juifs s'établirent enfin dans la terre de Canaan, après avoir exterminé les peuplades qui l'habitaient. Ils s'établirent sur les deux rives du Jourdain. Les douze tribus se divisèrent en autant de petites républiques. Le lien politique fut rompu. L'anarchie en fut l'inévitable conséquence. Cette funeste éventualité n'avait pas échappé aux prévisions du législateur ; il avait cru prévenir ce malheur et ramener les tribus à l'unité d'action, de vœux et de doctrine, en annonçant au nom de Dieu la venue d'un envoyé, ou Messie, qui affranchirait la nation de l'oppression comme il l'avait délivrée de la servitude. Cette promesse était exprimée en termes mystérieux, mais le mystère

même en augmentait la puissante influence. Ces promesses pouvaient s'appliquer à toutes les circonstances et prévenir le découragement et le désespoir qui tue les nations.

Le gouvernement établi par Moïse était une théocratie pure. L'autorité passa bientôt dans les mains des grands-prêtres, et souvent le sceptre et l'encensoir furent disputés les armes à la main. La nation elle-même devint la proie de l'étranger. Elle avait déjà subi toutes les formes de gouvernement : au règne des magistrats absolus qu'elle s'était donnés sous le nom de Juges, elle substitua la monarchie ; ses formes gouvernementales furent longtemps en contradiction manifeste avec les principes de la loi mosaïque, et Samuel, après avoir vainement exposé au nom de Dieu les malheurs et les crimes du pouvoir royal, sacra les premiers rois de Judée. Ce changement fut le signal des calamités dont fut affligée la nation juive qui, malgré sa répugnance pour la domination étrangère, s'offrit spontanément aux Romains.

La Judée, devenue province de l'empire, fut d'abord gouvernée par les deux frères d'Archelaüs, sous le titre de tétrarques. Les Juifs n'étaient plus ce que les avaient faits les institutions de leur législateur ; ils avaient passé sous plusieurs dominations étrangères. Transportés d'abord sur les rives de l'Euphrate, ils avaient adopté insensiblement les mœurs et les opinions des peuples de ces contrées ; des colonies assyriennes s'étaient mêlées dans la Judée aux familles juives qui s'y étaient maintenues ; et c'est de ce double mélange que sortit un peuple nouveau sous le nom de Samaritains. Le dogme mosaïque perdit sa pureté primitive : le judaïsme se partagea en plusieurs sectes rivales ; les dissidences d'opinion amenèrent la guerre civile : c'est au milieu de ces déplorables collisions que parut Jésus.

La polémique qui, depuis, s'éleva entre les Juifs et les nouveaux chrétiens, fut la cause ou le prétexte de cette terrible guerre des Juifs commencée sous Néron et qui se termina sous Titus par la ruine de Jérusalem et la destruction des temples. La nationalité juive a péri sous les ruines de la cité sainte. Vingt siècles se sont écoulés depuis, et les Juifs espèrent encore une nouvelle Jérusalem et le rétablissement du royaume d'Israël.

Le mosaïsme, comme toutes les religions modernes, n'a pas conservé longtemps la vérité primitive de doctrine ; il se divisa bientôt en plusieurs sectes rivales : chacune d'elles prétend être la seule orthodoxe et accuse les autres d'hérésie. Les principales sont celles des Samaritains, des Caraïtes, des Saducéens, des Pharisiens, des Esséniens ; ces divisions existaient déjà depuis longtemps avant l'ère chrétienne.

Moïse n'avait pas voulu faire des Hébreux un peuple conquérant ; mais les restrictions qu'il avait prescrites pour la profession des armes rendaient insuffisants les moyens de défense. Le gouvernement ne pouvait appeler sous les drapeaux ceux qui venaient récemment de bâtir des maisons, les nouveaux mariés et les fiancés. Dans le cas de siége, les peines les plus sévères étaient appliquées à ceux qui couperaient des arbres fruitiers, quelque urgent que fût le besoin de bois. Il était ordonné de tuer l'ennemi qui faisait résistance, et de réserver ceux qui déposaient les armes ; ceux-ci restaient à la disposition du vainqueur, la rançon lui appartenait. Comment accorder les dispositions de cette loi avec l'ordre émané de Dieu de passer indistinctement au fil de l'épée les sept nations maudites, les Herréens, les Amoréhens, les Jébuséens, etc.?

La loi de Moïse prescrivait la plus sévère probité dans les transactions civiles. « Il ne faut tromper qui que ce soit. » Quelques docteurs ont été plus loin, ils ont soutenu que c'était un plus grand crime de tromper un étranger qu'un Juif. Il en est tout autrement de l'usure. L'usage en est consacré par le *Deutéronome* « tu prendras usure de « l'étranger, mais de tes frères tu n'en prendras « point. »

Les Juifs ne forment plus qu'une corporation religieuse ; ils n'ont plus rien de ce qui constitue une nation. Depuis vingt siècles, la loi de Moïse n'est plus applicable que comme loi religieuse, elle est sans application possible dans ses dispositions politiques et gouvernementales. Ils attendent encore le Messie, qui leur rendra leur ancienne patrie, un territoire, un gouvernement ; ils regardent leur état actuel comme transitoire. Tout est changé pour eux et autour d'eux ; ils ont vu d'anciennes nations disparaître : gouvernement, mœurs, lois, tout a été renouvelé ; toutes les populations ont été déplacées, toutes les formes de gouvernement changées ; eux seuls se prétendent inamovibles. On les trouve partout dans le même état d'isolement. Habitants de tous les pays, ils sont partout étrangers ; ils doivent à la funeste position qu'ils se sont faite tous les malheurs, tous les désastres, toutes les humiliations, toutes les proscriptions qu'ils ont subis. Les sages conseils ne leur ont pas manqué ; le vœu d'une réforme a été souvent exprimé dans d'excellents écrits par les plus honorables et les plus savants Israélites. L'un d'eux, dans un ouvrage qui a eu un grand retentissement, écrivait, il y a deux ans: « Plusieurs pra« tiques dans le culte juif ne répondent plus à « l'esprit de leur institution ; il en résulte un effet « fâcheux pour le vrai sentiment religieux. Une « réforme dans le judaïsme est devenue néces« saire ; cette vérité ne trouve plus de contradic« teurs éclairés et de bonne foi. »

« Il s'agit de mettre ce culte en rapport avec « une civilisation avancée, et de rendre plus facile « aux Israélites l'accomplissement de leurs de« voirs ; il s'agit, en un mot, de résoudre ce pro« blème : *Être réellement citoyen sans cesser d'être* « *Juif.*

« Le Talmud étant une dérogation à la loi mo« saïque, il faut désormais une dérogation au « Talmud ou la symbolisation de cette partie de « la loi de Moïse, qui n'a pu être que temporaire ; « il faut que le judaïsme soit régénéré dans le « sens de la raison. »

Le *problème* est résolu de fait en France depuis cinquante ans. — Tous les Israélites, comme les sectaires de tous les autres cultes, peuvent y jouir des droits de citoyens sans cesser d'appartenir au culte qu'ils ont adopté, sans cesser d'exercer avec une entière indépendance leurs devoirs religieux. Mais le mot citoyen, tel que l'entend l'auteur de la question, doit être pris dans sa plus large expression.

Le mosaïsme a compris dans une même loi les devoirs et les droits politiques et religieux. Cela devait être ainsi dans un gouvernement dont le principe était essentiellement théocratique, et tant que ce gouvernement a existé, tant que les Juifs ont existé comme corps de nation. Mais il est absurde de prétendre que l'autorité politique de cette loi a survécu à la nationalité juive. Les Juifs restent soumis à la loi politique du pays qu'ils habitent ; mais ils ont persisté à s'y considérer comme étrangers ; ils ont préféré aux avantages de la loi commune les inconvénients inévitables d'une protection, d'une tolérance précaire chèrement payée. Partout ils se sont placés hors du droit commun ; ils se sont, par leur isolement volontaire, exclus de toutes les fonctions publiques et libérales. Ils n'ont été que marchands, et leurs richesses n'ont été pour eux qu'un malheur de plus. Malgré toute leur prévoyance à se ménager en France, à force d'argent, la protection des courtisans et des grands du royaume, ils se sont vu dépouiller de tout ce qu'ils possédaient ; ils ont subi tous les genres d'opprobre et de spoliation sous les règnes de Philippe-Auguste, de Louis VIII, de Louis IX, de Philippe-le-Hardi, de Philippe-le-Long, de Charles-le-Bel, de Philippe de Valois, du roi Jean, de Charles V et de Charles VI. Pierre, le vénérable abbé de Cluni, avait demandé la confiscation de leurs biens pour subvenir aux frais des croisades. Les persécutions ne se sont ralenties que dans le dix-septième siècle. Ils ont obtenu la permission de se livrer au commerce, mais seulement dans un petit nombre de villes désignées. Mais, là aussi, on leur assigna un quartier spécial, comme on isole les pestiférés. Partout, avant et depuis le moyen-âge, ils étaient astreints à porter un signe distinctif : en France et dans d'autres pays, ils portaient un chapeau rouge ou jaune, une plaque de cuivre sur la poitrine ; les femmes étaient assujéties aux mêmes avanies. Ils payaient un florin par chaque heure qu'ils séjournaient dans la ville d'Augsbourg, et ils ne pouvaient demeurer plus de trois heures à Trente. A Toulouse, au VIIIe siècle, on les soufflettait trois fois chaque année à la porte de l'église cathédrale. A Béziers, on les chassait de la ville à coups de pierres le jour des Rameaux, et ils ne pouvaient y rentrer qu'après le dernier de la fête de Pâques.

Massacres en masse, bannissement, confiscation, supplices de tous genres, les Juifs n'ont échappé à aucune espèce d'oppression et de cruauté. — Les accusations les plus absurdes, les plus horribles, leur ont été prodiguées. On les a mille fois accusés d'immoler des enfants en haine du christianisme ; de profaner des hosties consacrées. (Un monument public expiatoire, placé au coin de la rue des Juifs, à Paris, avait perpétué cette absurde accusation.) On les accusait de sortilége, d'outrager des crucifix, et enfin d'empoisonner les eaux des fontaines et des rivières. Le temps et les progrès de la raison publique ont fait justice de ces horribles et absurdes accusations. En supposant même que quelques-unes fussent réelles, c'était le crime de quelques fanatiques, et non de la société juive tout entière.

Les Juifs occupent une grande place dans notre législation révolutionnaire. — Des décrets des 28 septembre 1789, 16 avril 1790, mettent les Juifs d'Alsace sous la sauvegarde de la loi.— Un autre, du 18 janvier de la même année, avait admis aux droits de citoyens les Juifs portugais, espagnols et avignonnais, établis en France. — Le tribut qu'avaient imposé aux Juifs de la Lorraine Henri II et Louis XIII, sous le nom de *droit d'habitation*, de *protection* et de *tolérance*, fut supprimé par un décret du 30 juillet 1790. L'Assemblée législative et le Gouvernement consulaire ont réglé la liquidation de la dette de la communauté juive de Metz.

Au mépris de la loi de septembre 1792, quelques rabbins donnaient la bénédiction nuptiale avant la cérémonie civile ; il leur fut ordonné, par un décret impérial de 1802, de se conformer à la loi commune. Des plaintes d'usure contre les Juifs s'élevèrent sur plusieurs points de l'empire en 1806. L'empereur Napoléon ordonna la suspension des poursuites des créanciers Juifs contre leurs débiteurs non négociants. Napoléon dominait alors l'Europe : la nécessité de réprimer l'usure, autant que celle d'établir la réforme du judaïsme, le détermina à convoquer à Paris l'assemblée des Juifs de tout l'empire et des pays étrangers.—Le grand Sanhédrin s'assembla en février 1807, dans la grande salle Verte de l'Hôtel-de-Ville de la capitale. Rien ne manqua à la pompe de cette solennité ; d'éloquents discours y furent prononcés ; un débat intéressant fut soutenu par les docteurs de la loi ; mais la réforme désirée ne se réalisa point. C'était une répétition du colloque de Poissy entre les catholiques et les protestants, dans le XVIᵉ siècle. Or, Les controverses théologiques dominent dans ces assemblées mixtes. Le colloque de Poissy divisa plus que jamais les partis que l'on voulait rapprocher. La guerre civile devint plus active et plus sanglante. Le grand Sanhédrin de 1807 n'a point laissé de trace dans l'histoire des premières années du XIXᵉ siècle. Les espérances des hommes sages et éclairés du culte mosaïque ont été déçues, et la réforme, objet de leurs vœux et de leurs efforts, est encore une question d'avenir.

DUFEY (de l'Yonne).

JUNTE. Littéralement, le mot *Junte*, *junta*, signifie réunion. Dans son acception habituelle, il répond plus particulièrement à notre mot *Comité*. De même qu'il y a eu en France des comités de salut public, de sûreté générale, de constitution, d'instruction publique, etc.; de même que nous avons aujourd'hui des comités de réforme électorale, l'Espagne a eu ses Juntes de gouvernement,

de soulèvement, d'armement, de défense, etc.

Souvent, dans l'histoire d'Espagne, le mot Junte sert à désigner des assemblées politiques qui étaient en réalité de véritables cortès. Ainsi les assemblées qui suivirent immédiatement les conciles des Goths sont appelés par les chroniqueurs espagnols *curies* ou *Juntes mixtes*. Ces assemblées n'étaient légalement composées que des membres de la noblesse et du clergé. Toutefois, les bourgeois commencèrent dès-lors à y être admis ; mais le nombre de leurs représentants était extrêmement borné.

On a encore donné le nom de Junte à des assemblées plutôt consultatives que législatives, et comme l'observe Marina, à un concours de personnes appartenant aux diverses classes de l'état, choisies par le prince lui-même pour lui donner des conseils dans les affaires importantes du gouvernement. L'assemblée convoquée en 1419 par le roi Jean Iᵉʳ, et qui, aux termes de la lettre de convocation, était appelée « pour assister aux conseils du roi, » appartient précisément à cette classe. Telles furent encore les Juntes de Sagonte et de Palenzuela, convoquées à l'occasion des troubles qui désolèrent l'Espagne pendant la minorité d'Alphonse XI : « L'autorité de ces congrès fut toujours précaire : tantôt ils avaient pour objet de concilier des prétentions particulières et des intérêts opposés ; tantôt ils étaient destinés à préparer les affaires qui devaient être soumises aux cortès générales qui devaient suivre, ou à exécuter ce qui aurait été décidé dans celles qui avaient précédé. (1) »

A certaines époques de crise, les Juntes générales ont concentré dans leur sein toute l'autorité du gouvernement. Lorsque les villes de la Castille donnèrent à l'Espagne le signal de ce grand mouvement national qu'on nomma depuis la révolte des communes (*la rebelion de las comunidades*) « les promoteurs du soulèvement de Tolède, Hernando de Avalos, Pedro Laso de la Vega et le jeune Juan de Padilla, qui devint bientôt l'âme et le chef des Comuneros, invitèrent les autres villes à réunir leurs procurateurs pour se concerter et pour diriger la résistance nationale. Le lieu de réunion fut la ville d'Avila ; les membres de l'assemblée s'appelèrent députés des communes (*diputados de la comunidad*), et l'assemblée prit le nom de Sainte Junte (*Santa Junta*). Après les premières délibérations, elle se transporta à Tordesillas... En peu de jours, un gouvernement fut organisé... et la Sainte Junte prit en main l'administration du pays. (2) »

Le même caractère apparaît dans les Juntes insurrectionnelles de 1808. On vit alors les Juntes provinciales *d'armement et de défense* se former comme par enchantement sur tous les points de l'Espagne, constituer par leurs délégués une *Junte centrale du gouvernement* et une autorité exécutive nommée *régence* ; et, enfin, répondre par un soulèvement général au décret de la pré-

(1) Marina, *Théorie des Cortès.*
(2) Louis Viardot, *Revue républicaine.*

tendue Junte *nationale* de Bayonne qui venait de livrer l'Espagne au frère de Bonaparte. Puis, obligée de se dissoudre devant les progrès de l'invasion, la Junte centrale convoque, en se séparant, les *Cortès générales constituantes* à Cadix. Ce furent ces cortès qui votèrent la fameuse constitution de 1812, et qui donnèrent, en ce temps là, au monde un exemple dont il a depuis profité, et dont l'Espagne peut à bon droit être fière.

Cette institution des Juntes est inhérente à la constitution politique et administrative de l'Espagne. Chez nous, le pouvoir est centralisé, et n'est réellement complet qu'au centre. Au-dessous du pouvoir central, toutes les attributions sont limitées et passives. Nos administrations départementales et communales ne sont, à proprement parler, que des rouages, nécessaires sans doute, mais impuissants par eux-mêmes. L'exemple des départements soulevés contre la Convention en est une preuve sans réplique.

Mais il n'en est point ainsi du pouvoir municipal dans la péninsule. La municipalité Espagnole n'est pas seulement un rouage, elle est un moteur; elle constitue un véritable gouvernement. Et, bien que les *ayunmientos* soient directement ou indirectement tombés peu-à-peu sous la domination de la royauté, ils possèdent encore des attributions et une puissance qui manquent heureusement à nos conseils municipaux. De là vient que les provinces espagnoles résistent si facilement et avec tant d'ensemble au pouvoir central, et s'organisent en dehors de lui.

Ceci, toutefois, est bien plutôt l'histoire du passé que celle de l'avenir ou même du présent. Le principe de l'unité a gagné du terrain en Espagne comme ailleurs; d'une manière moins apparente, peut-être, mais tout aussi réelle. Et si les provinces vivent encore à présent d'une vie individuelle, leur individualité est évidemment moins ferme et moins tranchée qu'elle n'était jadis. C'est là une vérité qu'on ne saurait nier; et s'il plaisait à quelques esprits de la contester, qu'ils comparent l'influence des anciennes Juntes à l'impuissance de celles qui se sont levées en 1836 contre le pouvoir central établi à Madrid. Au bout de quelques jours elles avaient cessé de vivre. Et quel pouvoir, cependant, que celui devant qui elles ont cédé ! E. D.

JURANDE. C'est le nom que l'on donnait, sous l'ancien régime, à la charge de. Juré d'une communauté de marchands et d'artisans.

Les corporations de marchands et d'artisans remontent à une haute antiquité. Le code Justinien atteste qu'il en existait dans les républiques grecques, aussi bien qu'à Rome.

Pline et Plutarque attribuent à Numa l'institution de ces corporations à Rome. Il les créa, disent-ils, afin de modérer l'ardeur des luttes politiques, en fournissant matière à l'activité des esprits remuants, en divisant les citoyens en fractions diverses trop occupées de leurs intérêts propres ou de leurs divisions intérieures pour attaquer le gouvernement d'une manière sérieuse. Il

y aurait bien des observations à faire sur cette assertion de Pline et de Plutarque, mais elles n'appartiennent pas à notre sujet.

Chez les Romains, la plupart des hommes qui exerçaient une même profession étaient réunis en une association qui avait ses statuts, ses usages, ses chefs reconnus et à laquelle les contributions de chaque associé procuraient des ressources pécuniaires importantes. Ces corporations avaient des droits et, par exemple, celui de succéder en certains cas à un membre de la communauté; elles avaient des charges communes et, entre autres, tous les membres étaient solidairement responsables de ce que chacun d'eux devait au fisc. Elles constituaient de véritables corps politiques. Politiquement, elles gênaient l'action du pouvoir central et servaient souvent de point d'appui à l'esprit d'opposition. Mais c'étaient des éléments vivaces assez forts pour survivre à la dissolution du pouvoir politique, comme l'histoire l'a prouvé.

Financièrement, les corporations offraient des ressources faciles au gouvernement; par elles il pouvait rançonner, suivant ses caprices, la société tout entière.

Economiquement, les corporations étaient un fléau. Elles assuraient le monopole de chaque branche des services utiles à des hommes indolents qui prélevaient sur le consommateur les sommes que les exactions leur enlevaient. C'est par leur intermédiaire que presque toutes les richesses accumulées par la civilisation de plusieurs siècles ont été rapidement dévorées : c'est par elles que le vaste édifice de la société romaine s'est écroulé, miné par l'appauvrissement et la dépopulation.

Cependant elles survécurent à l'empire, et il y a de fortes raisons de croire que leur existence n'a point été interrompue par les invasions des peuples barbares. Ce qu'il y a de certain, c'est qu'elles ont paru puissantes et considérées, comme des institutions anciennes, au sein de la société féodale, dans tous les pays de l'Europe.

Nos anciens jurisconsultes attribuent cependant à saint Louis, le Numa de l'ancienne France, l'établissement des communautés de marchands et d'artisans. S'il ne les établit pas, il travailla du moins à les organiser.

Il ordonna qu'il y eut dans chaque communauté des préposés pour avoir inspection sur les maîtres. Une ordonnance du roi Jean porte : « Qu'en tout métier et toutes marchandises qui sont et se vendent à Paris, il y aura visiteurs, regardeurs et maîtres qui regarderont par lesdits métiers et marchandises, les visiteront et rapporteront les défauts qu'ils trouveront, aux commissaires, au prévôt de Paris ou aux auditeurs du Châtelet. » L'intérêt des consommateurs servit de prétexte à l'établissement de ces préposés, mais l'avidité du fisc en fut le véritable motif. Il ne s'agissait en réalité que de multiplier le produit des amendes.

Plus tard, ces préposés, obligés de prêter serment, furent appelés *jurés;* dans quelques communautés ils prirent le nom de *gardes*, et dans d'autres, celle de *jurés-gardes*. Les corporations de femmes, celles des lingères et des couturières, par exemple, avaient des *jurées*. Ces jurés, gardes, jurés-gardes étaient élus par les communautés qu'ils représentaient et dont ils étaient chargés de défendre les droits et priviléges.

Leurs fonctions, peu étendues d'abord, allèrent toujours se multipliant, grâce aux réglements fiscaux, qui, alléguant des motifs d'intérêt public ou de surveillance légitime, enchaînèrent l'industrie de toute façon. Il est difficile de se faire une idée de la multitude des détails qu'embrassent certaines ordonnances, soit lorsqu'elles approuvent les statuts des communautés, soit lorsque, sous prétexte de police, elles établissent un maximum de prix sur diverses marchandises. On sent en les lisant que le législateur cherche les dispositions les plus inapplicables pour obtenir des contraventions et des amendes. Il est facile de comprendre que les jurés des communautés, chargés le plus souvent de dénoncer les contraventions, devaient tirer des réglements plus de bénéfices que le fisc lui-même, et que la véritable victime de tant de protecteurs était, en définitive, le consommateur.

Lorsque les réglements eurent été multipliés de telle sorte qu'il fût impossible d'en imaginer de nouveaux, l'autorité royale trouva un autre moyen de tirer de l'argent des Jurandes. En 1691, Louis XIV enleva aux communautés le droit de nommer leurs jurés et se l'attribua. Il vendit les charges à titre d'office en même temps que beaucoup d'autres. La plupart des communautés les rachetèrent et obtinrent, moyennant finance, le droit de nommer leurs jurés comme par le passé.

En 1776, Turgot abolit les Jurandes en même temps que les communautés d'ouvriers et d'artisans. Son successeur au ministère s'empressa de les rétablir, et elles revécurent jusqu'à la Révolution.

Les anciennes ordonnances sont remplies de dispositions contre la profusion des banquets auxquels donnait lieu l'élection des jurés : elles accusent souvent aussi les jurés d'avoir acheté leur élection à prix d'argent ou d'avoir perçu indument des redevances à titre de droit de visitation. De tout temps cette charge avait donné lieu à beaucoup d'abus. Celui des perpétuels et fastueux repas est le plus ancien et le plus général. Il a été reproché à toutes les corporations ou confréries depuis les Romains jusqu'à nos jours. Les aldermen de Londres et les bourgmestres hollandais y ont acquis une réputation qui est devenue proverbiale.

Aujourd'hui, les fonctions des jurés et gardes-jurés dont l'exercice pouvait être réellement utile aux consommateurs, et quelques autres encore, sont exercées par la police municipale.

On pourrait trouver plusieurs points de comparaisons entre les anciennes communautés de marchands ou artisans et certaines associations qui existent dans quelques branches de commerce ; mais l'esprit de corps a été détruit avec les réglements des maîtrises par l'admission du principe de la libre concurrence. (V. MAÎTRISES.)

Il ne paraît pas jusqu'à présent que les fonctions de surveillance soient mieux ou plus mal remplies que par le passé, au moins quant à celles qui intéressent la salubrité. COURCELLE-SENEUIL.

JURIDICTION. Ce mot, qui vient de *jus dicere* (dire droit), *juris dictio*, comporte plusieurs acceptions.

Il signifie, en général, le pouvoir de celui qui a le droit de juger ou d'appliquer la loi à des cas particuliers.

Les autres acceptions rentrent plus ou moins dans cette signification générale. Ainsi, on applique le mot Juridiction au ressort, à l'étendue du lieu où le juge exerce un pouvoir : telle ville est dans la Juridiction de tel tribunal. Ainsi encore, on désigne par Juridiction le tribunal même où se rend la justice ; et c'est dans ce sens qu'on emploie les mots *degrés de Juridiction*.

Dans presque tous les Etats, on reconnaît, pour toutes les affaires d'une certaine importance, deux degrés de Juridiction. En France, dans les matières civiles ordinaires, les tribunaux de première instance forment le premier degré, et les Cours royales le deuxième degré de Juridiction ; c'est-à-dire qu'un procès jugé en première instance peut être de nouveau porté, par voie d'appel, devant une Cour royale.

Autrefois la Juridiction variait suivant les lieux ou les personnes ; il y avait Juridiction royale, seigneuriale, municipale ; Juridiction laïque, ecclésiastique, etc. Aujourd'hui, par application du principe que tous les Français sont égaux devant la loi, la Juridiction est la même pour tout le monde, et la *qualité* des personnes n'exerce plus d'influence légale. La Juridiction se détermine par trois objets principaux : le territoire, les matières, l'exercice de certaines professions.

Le territoire : Le magistrat n'a Juridiction que sur le territoire qui lui est assigné par la loi. Il juge, en matière civile, criminelle, commerciale, ce qui regarde les biens situés dans le territoire et les personnes domiciliées dans la circonscription.

Les matières : La Juridiction ordinaire s'étend, en général, aux matières civiles et criminelles. Il y a Juridiction exceptionnelle pour les matières commerciales et administratives et pour certaines matières criminelles, telles que les attentats à la sûreté de l'état.

Les professions : Les marins, les militaires, sont soumis, en matière criminelle et disciplinaire, à des Juridictions spéciales. Les pairs de France sont jugés par leur Chambre en matière criminelle. Les ouvriers et fabricants sont soumis, pour les contestations relatives à leur profession, à la Juridiction des prud'hommes, etc.

On distingue la Juridiction contentieuse et la Juridiction volontaire. La première s'exerce entre parties qui se contredisent ; il y a jugement après débat. La Juridiction volontaire s'exerce, comme disait Pothier, *in volentes et non inter volentes* ; elle s'exerce quand le magistrat prononce sur une demande qui n'est pas susceptible de contradiction par une autre partie, par exemple, sur une adoption, sur l'émancipation d'un mineur, etc. Quand la Juridiction volontaire s'exerce par le Conseil-d'Etat, pour certaines matières, elle prend le nom de *Juridiction gracieuse.* (V. JUGE, JUSTICE.)

JURISPRUDENCE. Science du droit et des lois (1).

Ce mot signifie également l'ensemble des principes qu'on suit dans chaque pays, ou dans chaque matière : Jurisprudence française, —commerciale, — criminelle, etc.

Dans un sens plus restreint, on entend par Jurisprudence la manière dont les tribunaux décident ordinairement l'application de telle ou telle loi. En ce sens, la connaissance de la Jurisprudence complète la connaissance de la loi, puisqu'elle apprend comment la loi est ordinairement appliquée. L'unité de la Jurisprudence importe autant à la bonne administration d'un pays que l'unité de la loi. Avant la Révolution, la Jurisprudence variait avec les juridictions, comme la loi et les coutumes variaient suivant les provinces. L'institution d'un tribunal suprême unique, dont les arrêts ne font pas loi pour l'avenir, mais dirigent les autres tribunaux dans l'application de la loi, n'a pas médiocrement contribué au maintien de l'unité française, la principale conquête de la Révolution.

JURY. Tout jugement criminel se réduit à un syllogisme : Un tel a méchamment commis telle action ; — or la loi prononce telle peine contre celui qui a méchamment commis telle action ; — donc un tel doit être condamné à telle peine.

Pour déclarer ceci : — Un tel a méchamment commis telle action ; — il suffit de l'examen attentif de tout homme sain d'esprit. Tout homme peut apprécier les circonstances qui prouvent que l'action a été commise, qu'elle a été commise par tel individu, que l'intention de cet individu a été mauvaise. En d'autres termes, tout homme est apte à déclarer l'existence du fait criminel et la culpabilité de l'accusé.

Pour déclarer ceci : — La loi prononce telle peine contre celui qui a méchamment commis telle action ; — il faut une connaissance spéciale et approfondie de la loi.

Enfin, pour prononcer ceci : — Un tel doit être condamné à telle peine ; — il faut être revêtu, au nom de la Société, de la puissance coërcitive, de l'autorité judiciaire.

Le Jury est une assemblée de citoyens chargés de prononcer, en présence du juge, sur l'existence du fait criminel et sur la culpabilité de l'accusé. Quand le Jury a déclaré l'accusé coupable de tel fait, le juge lit le texte de loi applicable au fait,

et prononce l'application de la loi au coupable, c'est-à-dire la condamnation.

Nous sera-t-il nécessaire de rechercher ici l'origine de l'institution des jurés? Voudrions-nous examiner si l'on en trouve les éléments chez tous les peuples, depuis les Assyriens jusqu'aux Francs et aux Saxons? Si les *sophetim* des Juifs, les *héliastes* des Athéniens, les *selecti judices* des Romains présentent une analogie suffisante avec le Jury moderne? Ferons-nous seulement remonter l'institution du Jury à la coutume établie chez les peuples de la Germanie de faire assister le chef militaire qui jugeait les différends, par sept ou par douze compagnons de celui qui était appelé devant le tribunal? Attribuerons-nous tout l'honneur de l'institution du Jury à la nation anglaise?

Ces diverses opinions ont été fort controversées et ont donné lieu à de nombreuses discussions. Ce n'est point ici le lieu de les reproduire, de les analyser, et de prendre parti dans cette lutte historique. Examinons le système du jugement par Jury en lui-même.

Nous avons dit le caractère essentiel du jugement par Jury : c'est la distinction entre le fait et le droit. Au Juré, la déclaration du fait ; au juge, l'application du droit.

Mais pour que le degré de culpabilité puisse être bien apprécié par les jurés, pour qu'ils puissent discerner si le caractère de l'accusé, sa position sociale, son intérêt dans l'action commise, permettent d'admettre raisonnablement les preuves résultant des débats; il faut que les jurés puissent bien connaître et apprécier l'intérêt, la position, le caractère de l'accusé. Pour cela, il faut qu'ils aient vu souvent, et bien vu, soit l'accusé lui-même, soit des hommes de même caractère, de même position, de même condition que l'accusé. Il faut en un mot qu'ils soient les *égaux* de l'accusé; qu'ils aient vécu avec lui ou avec ses égaux.

« Si les juges sont les supérieurs de l'accusé, « a dit un illustre magistrat (1), ils le méconnais- « sent parce qu'ils le méprisent; s'ils sont ses « inférieurs ils le méconnaissent parce qu'ils le « haïssent. Le mépris rend les uns inattentifs, et « la haine rend les autres injustes. »

Il faut de plus que le juré soit un homme d'une capacité vulgaire, c'est-à-dire qu'il ait l'usage de ses facultés intellectuelles et une certaine expérience de la vie. Il faut que le juré soit appelé passagèrement à remplir les fonctions de juge, et qu'il n'en puisse point contracter l'habitude. Nous pourrions citer à ce sujet la belle discussion de l'Assemblée constituante; mais nous sommes aises de pouvoir à nous appuyer de l'autorité d'un monarque absolu. En 1768, l'impératrice Catherine de Russie disait dans une instruction qu'elle avait créée à la commission législative :

« Dans la *recherche* des preuves d'un délit, il « faut de l'adresse et de l'habileté; il faut de la « clarté et de la précision pour *exprimer le ré-* « *sultat* de ces recherches; mais pour *juger*, d'a-

(1) Les Institutes de Justinien donnent de la Jurisprudence cette définition ambitieuse : *Divinarum atque humanarum rerum notitia, justi atque injusti scientia.*—Connaissance des choses divines et humaines, science du juste et de l'injuste.—Ainsi définie, la Jurisprudence serait la science universelle.

(1) Servan. *Réflexions sur quelques points de nos lois.* 1784.

« près ce résultat même, il ne faut que le simple
« bon sens, qui guide plus sûrement que le savoir
« d'un juge accoutumé à vouloir trouver partout
« des coupables. »

Le mode de formation du Jury répond-il, en
France, aux conditions nécessaires d'égalité, de
capacité, d'indépendance que nous venons d'indiquer? La lecture de la loi suffira pour nous édifier sur ce point.

Nul ne peut remplir les fonctions de juré s'il n'a
trente ans accomplis et s'il ne jouit des droits politiques et civils. Les jurés sont pris parmi les
membres des colléges électoraux, auxquels on adjoint : les fonctionnaires publics nommés par le
roi exerçant des fonctions gratuites ; les notaires,
après trois ans d'exercice de leurs fonctions ; et ,
sous certaines conditions de domicile, les officiers
jouissant d'une pension de retraite de 1,200 francs
au moins ; les docteurs et licenciés des facultés de
droit, des sciences, des lettres ; les médecins ; les
membres et correspondants de l'Institut ; les membres des sociétés savantes reconnues par le roi (1).

C'est-à-dire que la liste générale des jurés pour
toute la France ne comprend pas deux cent mille
citoyens : elle laisse en dehors *huit millions* de
Français en âge viril. Et les deux cent mille jurés
sont précisément les privilégiés de la fortune ou
de l'éducation. Et la statistique criminelle montre
que le plus grand nombre des accusés appartient
à la masse nombreuse des hommes pauvres et
ignorants.

Où donc est l'égalité entre le juré et l'accusé?
Pourra-t-il bien connaître la position sociale, le
caractère, l'intérêt de l'accusé, ce juré, privilégié
par sa fortune ou par son éducation, auquel la
misère et l'ignorance n'inspirent que du mépris, parce qu'il ne les connaît pas, parce qu'il
n'a pas vécu l'égal des pauvres et des ignorants? Pourra-t-il apprécier à leur juste valeur
les influences exercées sur les actions de l'accusé
par ce milieu délétère de la misère et de l'ignorance? Pourra-t-il équitablement décider le *degré* de culpabilité? déterminer, avec cette précision que nécessite l'application imminente d'une
loi pénale, les circonstances aggravantes ou atténuantes?

En matière politique, les résultats de l'inégalité
entre l'accusé et les jurés sont encore plus iniques.
Les délits politiques sont, en général, produits
par la lutte qui agite incessamment le monde, entre les privilégiés de l'ordre politique et ceux que
le privilège laisse en dehors. Or, le jugement des
délits politiques, c'est-à-dire des délits commis ordinairement par ceux ou pour ceux qui sont privés
par la constitution de l'exercice de tous *droits
politiques,* ces délits sont toujours jugés par des
hommes jouissant des droits civils et politiques :
c'est une condition essentielle de la loi.

Est-il donc vrai de dire que l'institution du
Jury réalise le jugement de l'accusé par ses *pairs?*

Que sera-ce si nous continuons la lecture de la
loi? Dans les trois derniers mois de chaque an-

née, les préfets extraient, sous leur responsabilité, des listes générales, une liste pour le service
du Jury de l'année suivante. Cette liste est composée du quart des listes générales, sans pouvoir
excéder le nombre de trois cents noms, si ce
n'est dans le département de la Seine, où elle est
composée de 1,500. Nul n'est porté deux ans de
suite sur cette liste (1).

Ainsi, ce n'est pas assez du privilége de 200,000
sur plus de huit millions ; on fait encore des exceptions dans le privilége. Et le choix de ces exceptions est abandonné, sans aucun contrôle populaire ou même constitutionnel, à l'arbitraire
d'un seul homme par département, d'un administrateur révocable, qui n'est ni commandé par
le sort, ni assujéti à suivre aucun ordre de tableau ; qui peut restreindre ses choix dans la moitié et souvent dans une moindre portion de la
liste générale ; qui, opérant à une époque rapprochée de celle des jugements, peut souvent varier ses choix d'après la connaissance qu'il a de la
nature des affaires et de la qualité des prévenus.

Où est la garantie des citoyens? Que devient
l'indépendance des jurés? Chacun de nous pouvant être à tout moment compris dans une injuste
accusation, n'est-il pas sans cesse menacé de l'arbitraire qui peut être funeste à tous les accusés?
Qu'on ne dise pas que la pratique dément ces funestes prévisions. Il n'est que trop vrai, dans nos
temps de discordes politiques, que l'opinion dicte
les choix des préfets ; et beaucoup de citoyens,
inscrits sur la liste générale des jurés, n'ont jamais
été désignés par les préfets pour le service
annuel.

Quand la liste a été ainsi épurée, suivant le caprice administratif, la formation du Jury de chaque assise trimestrielle est abandonnée au sort.
Le premier président de la Cour royale tire au sort,
sur la liste transmise par le préfet, trente-six
noms qui forment la liste des jurés pour la durée
de la session des assises (2). On y ajoute quatre
jurés supplémentaires pris parmi ceux qui habitent
la ville où siége la cour d'assises.

Cette liste de quarante peut être encore réduite
par les empêchements légitimes, ou par l'absence
de quelques-uns. Il suffit qu'il reste trente jurés
présents pour que le Jury soit complet.

C'est sur ces trente noms que l'on tire au sort,
en présence de l'accusé et de son conseil, les noms
des douze jurés qui composeront son tribunal. Dans
une si étroite limite, le droit de récusation accordé
à l'accusé devient illusoire : il partage, d'ailleurs,
ce droit avec le ministère public, en sorte qu'il
ne peut l'exercer que sur douze noms au plus,
neuf au moins.

En Angleterre, on admet trois sortes de récusations : récusation générale, qui s'exerce contre
le shériff, magistrat chargé de la composition de
la liste, et qui peut porter deux fois de suite sur
la liste entière ; récusation individuelle, motivée
sur des causes spéciales et déterminées de suspi-

(1) Code d'Instruction criminelle, art. 381, 382.

(1) Code d'Instruction criminelle, art. 387.
(2) Code d'instruction criminelle, art. 383.

cion; récusation péremptoire, sans motif indiqué, qui s'étend jusqu'à trente-cinq en cas d'accusation de haute trahison, jusqu'à vingt dans les autres cas.

Dans le système de l'Assemblée constituante (loi des 16-29 septembre 1791), l'accusé pouvait récuser jusqu'à vingt jurés sans donner de motifs, et un plus grand nombre indéfiniment en indiquant des motifs dont le tribunal appréciait la validité.

Le Jury est enfin composé, après cette triple épuration de la loi, du préfet et du ministère public; les douze jurés sont présents; ils ont assisté aux débats, ils se sont retirés dans la chambre de leurs délibérations. Quelle sera la majorité nécessaire pour déclarer l'accusé coupable? Nous rougissons d'avoir à le confesser: c'est la *simple* majorité, la majorité d'*une* voix qui pourra condamner. Cinq de ces jurés, qui n'ont été admis qu'après tant de précautions, cinq pensent que je suis innocent, et cependant je suis condamné! Telle est la volonté d'une des tristes lois de septembre 1835; loi de haine! car elle a été rendue sur ce motif, allégué sans pudeur, que la majorité de huit voix produisait *trop d'acquittements!* La machine à condamnations politiques ne fonctionnait pas assez vivement, et on n'a pas craint de porter la perturbation dans toute l'administration de la justice criminelle, en abaissant la majorité à un chiffre jusqu'alors inconnu.

En effet, le chiffre de la majorité avait souvent varié, depuis que l'Assemblée constituante avait substitué le jugement par Jury à la justice arbitraire du régime absolu. La loi de 1791 et le code du 3 brumaire an iv exigeaient dix voix pour la condamnation. Le Code d'Instruction criminelle n'exigeait que sept voix; mais la Cour, alors composée de cinq juges, pouvait réunir sa majorité à la minorité du Jury pour prononcer l'acquittement. Condamné par sept voix du Jury, l'accusé pouvait être acquitté par quatre voix de magistrats. La loi du 4 mars 1831 avait enlevé aux juges ce droit qui violait l'institution du Jury, et elle exigeait huit voix pour la condamnation. C'est là ce qu'a détruit la loi de septembre, qui se contente de sept voix sur douze pour faire tomber une tête ou priver un citoyen de sa liberté. La même loi a ordonné le vote au scrutin secret, afin de soustraire les jurés à la crainte des vengeances politiques. Cette disposition a peu d'importance, parce qu'elle n'a pas détruit la délibération des jurés entre eux.

Le principe de certitude du jugement par Jury repose sur la présomption d'évidence du fait, résultant de la déclaration *unanime* des jurés. En principe donc l'unanimité devrait être exigée pour prononcer la culpabilité. Les Anglais l'ont ainsi compris; mais, sentant que les erreurs préjudiciables à la société seraient fréquentes si une voix suffisait pour absoudre un criminel, ils ont voulu y obvier par un usage qui conduit aux résultats les plus bizarres: ils exigent que le verdict, quel qu'il soit, du Jury, soit prononcé à l'unanimité. Il faut absolument que tous les douze se mettent d'accord pour répondre *oui* ou *non*. Et comme la discussion pourrait être interminable, on a imaginé de contraindre les jurés en les privant de feu, de lumière et de vivres; on les enferme, et on ne leur donne pas un verre d'eau jusqu'à ce qu'ils soient tombés d'accord. Cet usage barbare, qui rend maître de la décision celui des jurés qui joint à la plus grande ténacité de caractère la constitution physique la plus robuste, donne lieu en Angleterre à de vives réclamations.

A la majorité de sept voix, le calcul des probabilités établit que le Jury doit se tromper une fois sur quatre; à huit voix, une fois sur huit; à neuf voix, une fois sur vingt-deux. Et comme l'erreur peut être en faveur de l'accusé aussi bien que contre lui, il résulte de ces calculs que, sur un grand nombre de condamnations, on peut estimer, si le Jury a jugé à sept voix, que la prison ou l'échafaud ont frappé un innocent sur huit condamnés; à huit voix, un innocent sur seize condamnés; à neuf voix, un innocent sur quarante-quatre condamnés.

En présence de ces effrayants résultats, quelle voix ne s'élèverait pour réclamer la réforme radicale de notre loi criminelle!

Pour nous, l'unanimité nous semble un beau rêve, bien rarement réalisable en pratique. La société serait en péril, et l'impunité aurait trop de chances, si l'hésitation d'un seul homme suffisait à infirmer la conviction de onze autres. Mais si deux jurés sur douze, surtout avec le vote secret, s'accordaient à déclarer l'innocence, alors il y a raison suffisante pour douter; et, dans le doute, il vaut mieux acquitter un coupable que condamner un innocent. En ceci, comme en beaucoup d'autres points, c'est l'Assemblée constituante qui a le plus approché de la vérité.

Tel qu'il existe chez nous, le Jury est d'une imperfection déplorable; mais il est le germe de la seule institution judiciaire vraiment démocratique. C'est une conquête de la Révolution qu'il faut soigneusement conserver et étendre. L'essence du Jury est l'égalité; c'est là ce qui fait que, dans une monarchie même constitutionnelle et représentative, le Jury ne peut pas arriver à sa perfection, parce qu'il est, par essence, en contradiction avec les autres institutions, nécessairement fondées sur l'inégalité des rangs et des conditions.

Dans un gouvernement démocratique, il n'y a de vrai Jury que celui qui se compose de la masse des citoyens. Pour déterminer la vérité relative d'un Jury dans une monarchie tempérée, nous emprunterons les paroles d'un magistrat dont le nom fait autorité, M. Henrion de Pansey (1).

« Là seulement est le véritable Jury, où la volonté de l'homme a le moins d'influence possible sur la liste des jurés; où ceux qui doivent y être inscrits sont désignés par la loi avec une précision qui ne laisse rien à l'arbitraire; où, une fois formée, elle est invariable; où, pour l'appel de ceux qui doivent figurer dans les dif-

(1) *De l'Autorité judiciaire.*

« férentes affaires, l'ordre du tableau est religieu-
« sement gardé ; où le nombre des récusations
« péremptoires est tel que l'on peut dire que cha-
« que juré est du choix du prévenu ; enfin où,
« lorsque l'accusation est intentée par le gouverne-
« ment et dans son intérêt, le poids d'un aussi
« puissant accusateur est balancé par des garan-
« ties spéciales dont la loi prend soin d'environner
« l'accusé. »

Nous n'avons parlé dans cet article que du Jury
en matière criminelle, parce qu'il est le seul établi en France. En Angleterre, l'institution du Jury
s'applique aussi aux affaires civiles. L'Assemblée
constituante a soigneusement discuté, en 1790, si
la loi sur l'ordre judiciaire déclarerait qu'il y aurait des jurés en matière civile. La crainte de
n'arriver pas promptement à l'application a fait
repousser le principe, malgré les énergiques paroles de Duport, rapporteur du décret. « Séparer
« le fait du droit est une chose très-difficile ; mais
« juger sans faire cette séparation est une chose
« impossible. — Il n'y a donc que le nom des ju-
« rés qui fait peur. — C'est un droit du Peuple,
« c'est un droit éternel, inattaquable, de garder
« les pouvoirs qu'il peut exercer. Or il peut exer-
« cer celui de décider du fait, il faut donc le lui
« conserver. »

Depuis, le principe du Jury s'est fait jour dans
la loi sur l'expropriation forcée pour cause d'utilité publique. Il a été le seul moyen de sortir des
difficultés suscitées dans l'exécution des travaux
publics par l'avidité obstinée des propriétaires. Il
faut espérer que ce commencement de pratique
conduira à l'application successive du Jury dans
d'autres matières.   HENRY CELLIEZ.

JURY D'ACCUSATION. L'Assemblée constituante (1) avait décidé que nul homme ne pourrait être poursuivi devant un tribunal criminel et
jugé que sur une accusation reçue par un Jury
composé de huit citoyens. Cette garantie puissante
pour la liberté des citoyens, empruntée à la loi
anglaise, a été effacée de la loi lors de la discussion
du Code d'Instruction criminelle. Le Jury répugnait alors au pouvoir qui cherchait à le restreindre autant que possible. Les fonctions attribuées
au Jury d'accusation furent déférées à une section
spéciale créée à cet effet dans chaque Cour royale.
Aujourd'hui il n'y a plus qu'un Jury de jugement, qui porte simplement le nom de JURY. (V.
ce mot).

JUSTE-MILIEU. Ce mot, malgré sa physionomie ridicule, mérite un sérieux examen.

Il n'est pas une invention contemporaine : à
toutes les époques agitées, on voit paraître quelqu'un de ses équivalents, et toujours il désigne
un parti qui veut immobiliser l'état de transition
et prendre possession du fait sans vouloir entendre au droit, qu'il parle au nom du passé ou de
l'avenir. De là une singulière violence dans cet élément de modération ; une violence d'autant plus

(1) Loi des 16-29 septembre 1791, titre VI.

révoltante qu'elle est une insulte grossière et volontairement inintelligente à la raison, à la logique, à l'humanité.

In medio virtus, in medio veritas, c'est là une
vieille banalité d'une justesse incontestable. Mais
pour dire où est le *milieu,* il faut savoir où est la
circonférence. Sans doute, il y a toujours eu, il y
aura toujours des opinions exagérées comme des
cervelles extravagantes et des passions sans frein ;
mais est-on sûr d'avoir raison par cela seul qu'on
a des ennemis déraisonnables ? N'est-il pas certain, au contraire, que cette passion exclusive du
fait, que cette aversion pour le dogme, pour le
droit, pour les théories, qui est le caractère distinctif de ce parti à toutes les époques, est une
preuve irrécusable d'erreur ou de mensonge ? Les
partisans du passé ont, en effet, une apparence de
raison, une ombre de raison, car ils ont dans
l'histoire un fantôme de droit ; ils peuvent montrer la tradition, œuvre de la Providence, et d'ailleurs ils ont possédé comme le fait régnant possède, et ce titre vaut l'autre.—Et, d'un autre côté,
ceux qui appellent l'avenir ne le font jamais qu'en
invoquant une loi d'équité qui est au cœur de tous
les hommes ; et qui, liant aussi par la tradition,
l'avenir au passé par l'anneau du présent, dit que
ceux qui n'ont jamais possédé et qui ne possèdent
pas doivent arriver à leur tour à l'empire comme
ceux qui ont régné et comme ceux qui régnent.

Le Juste-Milieu, lui, ne dit rien que ceci : Je
possède parce que je possède ; je règne parce que
je suis le plus fort.

C'est une fanfaronnade qu'on ne proclame pas
longtemps impunément.

Et pourtant la Société ne peut vivre seulement
d'espérances et de regrets : à travers des principes et des intérêts vaincus qui réclament contre
leur déchéance ; des intérêts et des principes qui
veulent dominer à leur tour et s'agitent pour
s'emparer de la toute-puissance, il faut qu'elle
subsiste dans un fait assez robuste pour résister à
ces chocs d'action et de réaction, pour conserver,
sans catastrophe, la régularité du développement
qui est sa loi. Il faut, enfin, qu'entre tous ces ennemis qui se poursuivent avec acharnement, un
arbitre souverain puisse imposer à chacun le frein
de la modération, et les forcer tous à respecter les
lois de la civilisation.

C'est là le rôle que, dans ces derniers temps, le
Juste-Milieu a prétendu se donner, rôle auguste
qui attribuerait au parti qui le remplirait la véritable légitimité sociale.

Mais cette prétention dans le parti qui a pris le
nom de Juste-Milieu était entachée de paradoxe et
de mensonge.

De paradoxe, car il n'est pas vrai ce parti
fût un milieu entre deux principes hostiles ; il n'est
pas vrai que l'ancien régime existât encore comme
élément social en 89, et à plus forte raison après
1830. Cette dernière révolution, qui châtia si promptement et si complètement la tentative extrême de
quelques vieux insensés, serait une preuve suffisante (s'il fallait des preuves) que l'ancien régime
ne possédait plus en propre aucune espèce de for-

ces dans la nation : ni force morale, puisque lui-même avait cru devoir préparer secrètement sa restauration comme une intrigue de coulisses ; ni force matérielle, les circonstances de sa défaite le disent assez.

Le lendemain de la Révolution il n'y avait donc plus à prendre un milieu entre l'ancien régime qui ne vivait plus sous aucune forme, et par conséquent n'avait plus besoin d'être protégé contre aucun ennemi, et des ennemis qui n'eussent pas été sérieux s'ils se fussent acharnés puérilement sur ce cadavre.

La vérité est que l'élément qui, depuis 89, règne sous le nom de tiers-état, cherchait à dissimuler encore son avénement, et, ne se connaissant aucun principe qui fût un titre à l'empire, il se donnait ce mandat de médiateur pour essayer de détourner de lui les hostilités populaires et de les diriger précisément contre ce cadavre de l'ennemi commun, vaincu et mort depuis cinquante ans.

Cette tactique instinctive avait plusieurs avantages. Premièrement, elle conservait au tiers-état l'usage de ces armes philosophiques du dix-huitième siècle qui avaient abattu l'ancien régime et qui étaient populaires autant que bourgeoises ; en second lieu, elle gardait indivise la gloire des grandes guerres qui ont donné à la France pour longtemps une prééminence militaire incontestée : cette gloire aussi était bourgeoise et populaire à-la-fois, et n'excluait que l'ancien régime. De là, la restauration du drapeau tricolore et les apothéoses de l'empire.

Mais le secret de cette comédie fut promptement trahi par l'attitude du Juste-Milieu au-dehors. Toute sa diplomatie fut un travail persévérant pour maintenir l'Europe telle que Waterloo l'avait faite, pour raffermir les alliances de l'ancien régime ébranlées par la secousse de la Révolution ; en un mot, pour entrer en ligne avec les aristocraties contre les innovations.

Au-dedans, sa politique devint *conservatrice* : le mot dit tout. La légitimité n'avait pas tenté autre chose que *conserver* tous les éléments du passé.

Ainsi, au-dehors et au-dedans le Juste-Milieu se trouvait bien réellement, non au milieu, mais à l'extrémité des opinions en débat ; au-delà de ses tendances, il n'y a que des questions de personnes dynastiques, questions vaines, de jour en jour plus abandonnées, et qu'un accident sans valeur peut faire tomber demain. Et, cependant, c'est ce qu'il voulait cacher, c'est ce qu'il essaie encore de dissimuler sous mille grossiers sophismes.

Pourquoi cette timidité à s'avouer ? Je l'ai déjà indiqué : parce que, si matérialiste que soit un parti, il sent qu'il ne peut vivre sans se couvrir de quelque principe qui lui fasse au moins un semblant de légitimité.

Or, les principes au nom desquels la Révolution de 89 s'est faite, la philosophie du dix-huitième siècle va beaucoup plus loin qu'il ne convient au Juste-Milieu d'aller ; elle renferme la loi d'une liberté plus large et d'une égalité plus réelle. Mais chercher à justifier le point où on voudrait s'arrêter, ce serait livrer à l'ennemi la partie de cette philosophie toute-puissante qu'on répudierait ; c'est-à-dire la philosophie elle-même tout entière, car un principe n'est pas divisible ; ce serait renoncer à l'ombre de la légitimité qu'on en avait tirée en 89 ; ce serait se mettre franchement du côté du privilége et de l'inégalité. Le Juste-Milieu amené là n'aurait pas pour deux jours à vivre.

Mais comment cette ruse a-t-elle pu durer si longtemps.

C'est que, depuis 89 jusqu'en 1830, le tiers-état n'a jamais régné sous son nom propre.

Tantôt, Napoléon le couvrait de son génie, et tout en l'organisant législativement lui imposait une loi d'égalité qui ne permettait à aucun de ses mauvais instincts de se manifester.

Plus tard, la Restauration elle-même n'a pu gouverner que par lui, par l'aristocratie d'argent et les légistes ; mais les faveurs individuelles dont elle comblait ses impuissants amis, et surtout le souvenir amer de son origine, attiraient sur elle les haines populaires. Le jour où elle voulut porter le pouvoir effectif hors du tiers-état, où elle essaya de le rendre à son parti caduc, fut son dernier jour.

1830 laissa donc, pour la première fois, régner visiblement et à découvert le tiers-état. Alors il lui fallut, bon gré mal gré, organiser lui-même, lui seul, la *résistance* aux tendances de liberté ; il lui fallut se placer à une des extrémités des opinions controversées ; et, ainsi, c'est au moment même où il a pris le nom de *Juste-Milieu* qu'il cessait de le mériter, car jusque-là il avait pu, tout en régnant de fait, passer pour le modérateur du souverain nominal.

La prétention du Juste-Milieu actuel est donc un paradoxe historique ; mais de plus c'est un mensonge : ce parti ne croit pas lui-même à sa légitimité ; et il en donne la preuve par son horreur pour toute discussion de principes.

La souveraineté de la discussion libre est, en effet, le principe de la démocratie moderne, comme le nombre était celui de la démocratie antique. Ce principe renferme tout : la liberté, l'égalité, le pouvoir même qui ne peut puiser ailleurs que dans le libre consentement sa force morale et sa force matérielle.

Tout parti qui recule devant cette épreuve se déclare illégitime, et ne peut régner qu'en entretenant dans les esprits un désordre qui, bien que secondé par les événements, a son terme nécessaire.

Le gouvernement du Juste-Milieu peut se résumer en une seule tendance : étouffement de la discussion. De son premier avénement, qui fut signalé par l'adoption de toutes les lois de la Restauration contre la presse jusqu'aux lois de septembre, la guerre a été incessante et progressive. A ce dernier terme et à propos d'un accident sans relation avec l'opinion, on a pris une mesure décisive dont l'occasion était depuis longtemps attendue. On a supprimé la discussion des principes politiques. Depuis l'*Esprit des Lois*, on n'avait pas vu en France de coup-d'état plus monstrueux, philosophiquement parlant. A la vérité, cet attentat était irréalisable ; mais la tentative suffit pour juger les instincts du parti qui cherchait à le commettre.

Par-là , le Juste-Milieu déclarait qu'il ne se croyait capable de gouverner que par les escroqueries de la corruption et par les violences de la force ; par-là , il renonçait à toute légitimité de droit ; par-là , enfin , il se mettait à la merci des conspirations, si la sagesse de la nation et sa confiance dans sa puissance ne lui avaient pas donné de plus sûres armes.

Mais il ne faut pas croire que cette brutale politique , pour tourner sûrement contre le parti qui l'a employée, ne doive pas être funeste à la nation elle-même. Déjà les résultats se montrent dans le lointain , et même tout près de nous, ils se manifestent par des symptômes dont nul homme de bonne foi ne peut nier la gravité ; déjà , par les vices organiques des corps représentatifs, une réforme parlementaire paraît inévitable , et pourtant l'absence de toute discussion préalable rend chacun incertain sur ses limites et sur ses conséquences ; déjà , en un mot , on voit qu'il est plus aisé de créer des électeurs nouveaux que des idées nouvelles.

Ces embarras et ces doutes n'existeraient pas si, depuis dix ans, on avait laissé circuler largement la discussion dans le pays.

Aujourd'hui on assure que la presse libre servirait à la propagation d'idées fausses et mettrait en communication des passions dévastatrices. — Ce n'est pas mon sujet : il me suffit d'avoir montré que la discussion n'a été étouffée qu'en haine des idées vraies et des besoins légitimes. Que ce crime ait produit une situation périlleuse , je le vois trop bien. L'histoire est pleine de ces inconséquences des partis qui se plaignent des maux qu'ils ont faits, et qui commettent des crimes nouveaux pour pallier les suites de crimes antérieurs. Ce qui va se passer sera un exemple de plus.

Pour moi , j'ai à tirer de tout ce qui précède une conclusion , et la voici :

Tout gouvernement, qu'il hérite ou non d'une révolution , est nécessairement un *Milieu ,* une moyenne entre les principes et les intérêts du passé vaincus par le progrès social , et ceux de l'avenir qui réclament l'empire au nom d'un droit nouveau. Pour conserver la paix publique, pour protéger contre toute violence sauvage les intérêts qui meurent et les principes qui s'avancent et qui n'ont pas encore prouvé leur droit ; le gouvernement , quel qu'il soit, s'il a une véritable légitimité historique , s'il est réellement Milieu des idées générales et des intérêts constitués , n'a qu'une politique à suivre : c'est celle de la franchise et de la confiance dans l'intelligence nationale ; c'est de croire lui-même à sa légitimité et d'agir en conséquence ; c'est de se persuader qu'on ne cache plus rien , qu'on ne trompe plus les nations, que l'idée est toujours la plus forte, que la presse est devenue comme le sang dont la circulation fait vivre les peuples , et que la comprimer, la troubler dans son cours, c'est vouloir faire naître mille maladies sourdes ou violentes et souvent mortelles.

Dans un livre où l'on attache une si juste importance à la définition, peut-être aurais-je dû faire quelques réserves à l'occasion de certains mots employés dans cet article, et auxquels on donne souvent un sens que je rejette. Tel est, par exemple, celui de *bourgeoisie.* Je suis profondément convaincu que ceux qui ont voulu faire de la *bourgeoisie* une classe actuellement distincte dans la nation ont été induits en erreur par des faits locaux, restreints, accidentels, créés même fictivement dans des vues essentiellement éphémères. Cette distinction , à peine perceptible dans quelques villes, disparait entièrement dans les campagnes où manque toute limite entre les conditions les plus réellement diverses, du moins toute limite d'intérêt. S'il est très-vrai que la possession exclusive des capitaux industriels donne naissance à une nouvelle aristocratie, on ne peut la confondre avec la bourgeoisie qui sera la première à souffrir de ce monopole du crédit.

Il est évident à mes yeux qu'une classification nouvelle ne pourrait s'établir dans la nation qu'à la suite d'un travail d'idées pour ainsi dire scientifiques, et quant à moi je doute que cette classification se fasse jamais : nous marchons trop directement à la démocratie pure par toutes les voies de l'activité humaine. Mais, pour le passé, j'ai dû employer les expressions reçues de *bourgeois* et de *tiers-état* pour désigner le parti qui, sans principe, ou par routine et par peur de l'inconnu, ou par haine des violences dont on menaçait l'ordre établi, ou par des habitudes vaniteuses de corporations, s'opposait à toute innovation dans le sens de l'égalité et de la liberté. Le temps dissoudra cette cohésion de hasard et de passion , et au moment où j'écris elle est déjà presque brisée, précisément parce qu'elle n'était pas formée autour d'un principe, mais qu'elle était l'œuvre d'un instinct et d'accidents qui avaient concouru dans le même sens. L'instinct cède et cédera devant les idées.

Trouver des idées nettes est la grande difficulté de cette époque, de quelque côté qu'on l'étudie.

           ANS. P.

JUSTICE. La Justice est la volonté ferme et constante de rendre à chacun ce qui lui appartient (1). Unie au sentiment profond de l'égalité humaine, cette précieuse vertu est la source de toutes les autres vertus politiques : elle est alors synonyme d'équité.

Mais dans leur langage technique, toujours hérissé de distinctions, les publicistes et les jurisconsultes reconnaissent deux significations différentes aux mots Justice et Équité. Ils appellent Juste (du mot *Jus* , Droit) ce qui est conforme à la loi ; et comme la loi, trop souvent émanée du plus fort, n'est pas toujours équitable, il peut arriver que les hommes chargés de rendre la Justice soient contraints de violer l'équité pour ne point violer la loi.

(1) Définition des Instituts de Justinien : *Justitia est constans et perpetua voluntas jus suum cuique tribuendi.*

On emploie le mot Justice dans un sens plus restreint pour désigner l'ensemble des corps judiciaires ; c'est ainsi qu'on dit : La Justice est saisie de cette affaire.

L'administration de la Justice, c'est-à-dire l'attribution ou la conservation à chaque citoyen de ce qui lui appartient légalement, est un attribut essentiel de la souveraineté ; c'est le souverain qui a, seul, puissance pour faire la loi, pour l'exécuter et pour contraindre les citoyens à l'exécuter. Or, le Peuple seul est souverain ; toute Justice doit donc émaner du Peuple : tel est le principe. Il est reconnu et appliqué par tous les gouvernements démocratiques.

Sous l'ancienne monarchie, le principe de l'attribution du droit de Justice au souverain était aussi reconnu ; et comme, sous l'état féodal, le seigneur était souverain, le seigneur était juge. Le roi avait aussi sa Justice dans ses domaines ; mais c'est à titre de seigneur supérieur, de chef de la hiérarchie féodale et comme *grand-fieffeux* du royaume, qu'il attira peu-à-peu en son pouvoir toute la Justice supérieure, au moyen de l'extension du droit d'appel. Pendant longtemps il prit une part personnelle à l'administration de la Justice, d'ailleurs déléguée volontairement aux parlements, aux bailliages, aux sénéchaussées et à d'autres juridictions. Enfin, en 1789, la Révolution trouva le roi maître absolu de l'administration de la Justice, comme il était maître de tous les autres pouvoirs. Le roi s'appelait alors le souverain.

La Révolution, qui proclama la souveraineté du Peuple, donna au Peuple le droit de Justice, en lui conférant l'élection des juges ; car c'est par l'élection que le Peuple exerce sa souveraineté.

La Restauration, qui niait la souveraineté du Peuple, rendit au roi le droit de Justice. Cette contre-révolution était d'ailleurs bien préparée par le régime despotique de l'empire ; et l'auteur de la Charte octroyée ne faisait que continuer son prédécesseur lorsqu'il portait la déclaration suivante : « Toute Justice émane du roi ; elle s'administre en son nom par des juges qu'il nomme « et qu'il institue. »

Les théoriciens de la monarchie moderne ne manquaient d'ailleurs pas d'autorités pour justifier cette confusion de pouvoirs. On sait qu'ils reconnaissent, avec Machiavel et Montesquieu, que les trois formes de gouvernement, Monarchie, Aristocratie et Démocratie, sont également bonnes, qu'elles peuvent être appliquées avec des résultats également heureux, suivant les temps et les lieux. Mais ils soutiennent que chacun de ces gouvernements renferme un principe de dissolution qui, en se développant, corrompt leur nature et les conduit, par une pente nécessaire, à un état de choses aussi vicieux que le gouvernement auquel il correspond est bon en lui-même. Et ils regardent la monarchie constitutionnelle établie sur les règles qui ont prévalu en Angleterre et en France, et qui se propagent dans beaucoup d'autres pays, comme un heureux alliage des trois formes simples de gouvernement. Ils croient que les trois pouvoirs qui représentent ces trois modes de gouvernement réagissant sans cesse les uns sur les autres, doivent se contenir réciproquement en équilibre, et que cette réaction nécessaire neutralise autant qu'il est possible le principe de dissolution inhérent à la nature de chacun d'eux.

Quant à l'application, ils ne sont pas d'accord entre eux, ni souvent avec eux-mêmes. Tantôt ils disent que le pouvoir judiciaire doit être éminemment distinct de l'exécutif et du législatif, tantôt ils assurent que le pouvoir exécutif se divise en deux ou trois branches ; et l'une de ces branches est l'administration de la Justice.

Il ne faut donc pas s'étonner que, succédant à l'empire, niant la souveraineté du Peuple, et rédigée par des élèves de Montesquieu, à l'instar de la constitution anglaise, la Charte de 1814 ait proclamé que le roi, chef du pouvoir exécutif, est la source de toute Justice et doit nommer les juges qui agissent en son nom.

Mais, en 1830, la souveraineté du Peuple a été de nouveau proclamée, sinon reconnue ; et la conservation de l'article de la Charte de 1814 est une anomalie, une des nombreuses contradictions entre les principes admis par tout le monde et les règles établies par quelques-uns.

HENRY CELLIEZ.

K

KHAN, titre que portent les chefs des populations turques, tartares et mongoles de l'Asie centrale. Le Khan est le chef de la tribu, il est la montagne de la horde (traduction littérale du mot Khan). Le pouvoir des Khans n'avait pas de limites lorsque cette dignité était portée par les Gengis-Khan, les Timour-Lenc, les Nadir-Sha. Parmi les tribus elles-mêmes il ne trouvait de bornes dans l'indépendance native et le genre de vie des nomades auxquels le Khan commandait. Aujourd'hui que, domptées par la Russie et la Chine, toutes les hordes tartares sont disséminées dans les vastes plateaux du Turkestan et de la Mongolie, le titre de Khan n'a plus rien qui puisse effrayer le monde comme au jour où Gengis et ses fils, précipitant les innombrables cavaliers mongols au pillage de l'Asie, dominèrent de la mer Baltique à l'océan oriental, et placèrent les Khans mongols sur tous les trônes de l'Asie-Mineure, de la Perse, du Mavar-al-Nahar et de la Chine. Telle fut la modification profonde imprimée à toute l'Asie par cette invasion que tous les chefs qui, après la ruine des Mongols, purent occuper quelques lambeaux de cet immense empire, prirent le nom de Khans en souvenir du glorieux Gengis, dont presque tous voulaient descendre.—Aujourd'hui, les souverains de Khiva, de Khokhan et de Boukhara portent le nom de Khan.—Le sultan des Turcs l'ajoute à son nom comme délégation du pouvoir suprême. En Perse, ce n'est plus qu'un titre honorifique, répondant à celui de gouverneur, et qu'on ajoute au nom propre des grands de l'État.   V. M.

L

LANDAMMANN. Président d'un canton en Suisse. (V. Suisse.)

LANDGRAVE, (*Landgraf*). Titre de souverain en Allemagne. Ce fut au onzième siècle que les Markgrafen (marquis) de Saxe, de Hesse, etc., à qui l'empereur avait confié la défense des Marches, changèrent leur titre de Margrave en celui de Landgrave et acquirent la souveraineté.

A la paix de Presbourg, la plupart des petits princes et comtes souverains d'Allemagne perdirent toute suprématie politique et la souveraineté territoriale dont ils avaient joui comme membres immédiats de l'empire. Ces princes conservaient, comme propriétaires privés, leurs domaines, leurs revenus et leurs titres; mais de souverains, ils devenaient sujets. Aujourd'hui, il n'y a que le Landgrave de Hesse-Hombourg à qui les traités de Vienne aient conservé la souveraineté. Il a une voix dans le conseil *plenum* de la diète et fournit à l'armée fédérale un contingent de deux cents hommes.

LANDSGEMEINDE. Assemblée cantonale dans les cinq cantons primitifs de la Suisse. (V. Suisse.)

LANDSHAUPTMANN. Administrateur d'un cercle en Autriche; espèce de préfet.

LANDWEHR, LANDSTURM. En Prusse, tout homme naît soldat, sauf les cas d'exception prévus par la loi. Tout Prussien, de vingt à vingt-cinq ans, est soumis au service militaire : le riche et le pauvre doivent passer sous les drapeaux. Le riche ne peut être exempté du service à aucun prix; seulement, il peut entrer dans le corps des cadets et des élèves militaires, ou bien, s'il s'engage à dix-sept ans comme volontaire, ou s'il a fait des études assez fortes pour passer un examen et s'il s'arme et s'équipe à ses frais, il n'est tenu de servir que pendant une année. En temps de paix, le soldat passe trois ans au régiment, avec des semestres pendant l'hiver, et il reste deux ans dans la réserve de guerre.

De vingt-cinq à trente-deux ans, il fait partie de la *Landwehr* de premier ban avec les jeunes gens de vingt à vingt-cinq ans qui n'auraient pas été appelés au service. Cette Landwehr a ses officiers et ses magasins d'armes et d'habillements ; elle est exercée deux fois par an. La *Landwehr* de second ban comprend les hommes âgés de trente-deux à trente-neuf ans et ceux qui sont sortis des cadres de l'armée. Comme elle se compose d'hommes qui ont tous servi, on ne la réunit que très-rarement et elle est exercée moins souvent encore. Sa destination est de garder les places fortes, et, au besoin, d'appuyer l'armée active.

Enfin le *Landsturm*, formé de tous les hommes qui ne font point partie de l'armée active et des deux bans de la Landwehr, depuis dix-sept jusqu'à cinquante ans, ne se rassemble que dans les cas extrêmes. Ainsi, la Prusse a une armée active, deux bans de Landwehr, et, dans une lutte contre l'invasion, la levée en masse, le Landsturm ; contre l'ennemi elle se meut comme un seul homme, prompte, aguerrie, ardente, et, par cette sage combinaison, un pays peuplé seulement de douze millions d'habitants et doté d'un faible revenu de cent quatre-vingt-dix millions, peut, en six semaines, mettre en campagne cinq cent mille hommes exercés et disciplinés, c'est-à-dire autant que la France avec sa population de trente-trois millions et avec son budget d'un milliard. En temps de paix, la Prusse entretient une armée de trois cents dix mille hommes (cent dix mille hommes sous les drapeaux, deux cent mille hommes de réserve de guerre).

L'infanterie se compose de quatre régiments de la garde, un bataillon de chasseurs de la garde, un bataillon de tirailleurs de la garde, un bataillon d'élèves de la garde, quarante régiments de ligne, quatre sections du corps des chasseurs et quatre sections du corps des tirailleurs.

La cavalerie se compose ainsi :

Pour la garde : un régiment de gardes-du-corps, un régiment de cuirassiers, un régiment de dragons, un régiment de hussards, un escadron d'élèves ou de cadets.

Pour la ligne : huit régiments de cuirassiers, quatre régiments de dragons, douze régiments de hussards, huit régiments de hulans.

L'artillerie est organisée en neuf brigades, et le corps du génie est divisé en neuf divisions de pionniers. Il y a de plus trois corps d'inspection de pionniers et trois d'ingénieurs.

Le corps des invalides se compose de deux compagnies de la garde, seize compagnies de la ligne, un bataillon d'invalides à Berlin.

La *Landwehr* se compose de quatre régiments d'infanterie de la garde, un bataillon d'élèves de l'Ecole Militaire de la garde, deux régiments de cavalerie de la garde, trente-deux régiments de ligne, huit bataillons de réserve de Landwehr.

Il y a aussi un corps de gendarmerie.

Toutes ces troupes, distribuées en neuf corps d'armée, en divisions et en brigades, par ordre de numéros, sont surveillées et commandées par des généraux. Le gouvernement les tient toujours en état de disponibilité complète. Les officiers-généraux sont ainsi classés : *Feld-maréchal,* grade correspondant à celui de maréchal de France ; général d'infanterie ou de cavalerie, commandant un corps d'armée ; ce grade n'existe pas en France ; général-lieutenant, grade correspondant à celui de lieutenant-général ; général-major, ce grade correspond à celui de maréchal-de-camp. Il faut observer qu'en Prusse le gouvernement est très-avare de grades ; il n'y a pas dans ce moment de feld-maréchal ; ce titre n'est accordé qu'aux généraux qui ont remporté une grande victoire en bataille rangée : il y a seulement trois ou quatre généraux d'infanterie ou de cavalerie, quoiqu'il y ait neuf corps d'armée ; souvent une division est commandée par un général-major, et un régiment par un simple major. Non-seulement cette conduite du gouvernement est, pour lui, l'objet d'une grande économie, mais en temps de guerre elle est, pour les officiers, un stimulant des plus énergiques.

En temps de paix, et sans y comprendre la Landwehr, chaque corps d'armée présente sous les armes treize mille hommes environ, mais au moyen de la réserve de guerre et de la Landwehr, ce nombre peut être porté à quarante mille hommes exercés, dans l'espace de trois ou quatre semaines.

En temps de paix encore, les chevaux de l'artillerie et des équipages sont placés chez des fermiers qui s'en servent pour leurs travaux, mais qui doivent, au premier appel, les représenter en bon état.

Nous n'entrerons pas dans de plus grands détails sur l'armée prussienne ; ils nous écarteraient de notre but ; qu'il suffise de répéter que cette organisation renferme tous les éléments de force, de puissance et d'action qu'un pays peut désirer : économie, troupes exercées et fortement disciplinées, mobilité et disponibilité immédiate des corps, etc., etc., et qu'elle peut être cités pour modèle à suivre par la France. Pourquoi donc les Français ne seraient-ils pas tous soldats de plein droit, par droit de naissance et de courage ? Qui mieux que l'enfant de la France aime les armes et les jeux de la guerre ? La France veut-elle être invincible contre l'Europe ? Il faut qu'elle bannisse de ses lois l'injurieuse loterie de la conscription qui semble faire du service militaire une disgrâce ; il faut qu'elle ait, comme la Prusse, l'égalité devant les armes, comme elle a déjà l'égalité devant la loi.

LAZARET. Lieu réservé où les marchandises suspectes de contagion sont purifiées, et où les passagers venant de pays suspects sont mis en quarantaine. Depuis quelques années, des esprits hardis et aventureux ont demandé la suppression des Lazarets et des quarantaines ; ils alléguaient le tort que les quarantaines font éprouver au commerce, dans le but de conjurer un danger qui, suivant eux, n'existe pas. L'administration a constamment refusé de régler ses prescriptions sur leurs affirmations qui ne sont encore que des hypothèses ; elle s'est contentée d'adoucir graduellement la rigueur des précautions sanitaires. Elle a fait sagement : nous dirons pourquoi au mot POLICE SANITAIRE, où nous discuterons la question des quarantaines dans ses rapports avec le commerce et la politique.

LÉGALISATION. C'est la déclaration par laquelle un officier public atteste la vérité des signatures apposées à un acte, ainsi que les qualités de ceux qui l'ont fait ou reçu, afin qu'il soit ajouté foi à ces signatures.

Pour que la Légalisation soit utile, il faut donc que l'officier public ait caractère suffisant, et que sa signature même soit connue et authentique. Comme l'authenticité est relative, il est souvent nécessaire que plusieurs signatures soient successivement légalisées. Ainsi, par exemple, un citoyen donne un certificat à un autre citoyen qui veut en faire usage en pays étranger, le maire légalise la signature du citoyen de sa commune ; le président du tribunal civil légalise celle du maire ; le ministre de la justice légalise la signature du président ; le ministre des affaires étrangères légalise celle du ministre de la justice ; l'ambassadeur français, dans le pays étranger, légalise la signature de son ministre. Et le certificat peut être utilement produit. Il en sera de même pour un acte quelconque passé en pays étranger, qu'on voudra faire valoir en France. Ce sont les Légalisations successives qui attesteront l'origine de l'acte. Mais l'acte en lui-même ne reçoit aucune approbation par la Légalisation. Chaque fonctionnaire ne fait qu'attester la signature précédente, qui est connue de lui à raison de ses attributions.

Cette série de formalités, qui est une garantie de la sincérité des rapports entre les citoyens d'un pays et entre les hommes des diverses nations, est souvent longue à parcourir, trop compliquée, et par suite trop coûteuse. C'est à l'organisation politique à les simplifier, et la politique démocratique peut seule atteindre ce but ; car seule elle peut lutter efficacement contre l'intérêt des fonctionnaires, qui doivent chercher à maintenir tout ce qui ajoute à leur importance en les rendant nécessaires.   H. C.

LÉGALITÉ. Ce mot abstrait revient souvent dans les luttes politiques. Le pouvoir cherche à dominer jusqu'à l'oppression, sans sortir de la Légalité. Les partis opposés cherchent dans la Légalité un point d'appui pour résister à l'oppression du pouvoir ou pour le combattre. C'est en ce sens qu'un député a pu prononcer à la tribune ce mot qui a joui d'une célébrité temporaire : *La Légalité nous tue.*

Si la loi était toujours bonne, la Légalité ne tuerait jamais personne. Car la Légalité consiste dans « l'observation fidèle de la loi. » La Légalité ne peut devenir meurtrière que si la loi offre des armes à la passion.

La loi a tant varié depuis cinquante ans, en France ; elle a été si souvent refaite, ou modifiée, ou altérée, qu'il est difficile, en chaque sujet, de tracer la juste limite de la Légalité. Cette incertitude prête à l'arbitraire, et l'arbitraire prête à la légitime défense qui permet souvent une attaque opportune contre les abus de l'ordre constitué. C'est là un des meilleurs éléments du progrès politique et social.   H. C.

LÉGAT, *legatus*, envoyé, délégué de la cour romaine. Suivant la mission qui lui est donnée, le Légat prend divers titres.

Il y avait les *Legati nati*, Légats-nés, évêques principaux constitués par le Pape dans les divers états catholiques, sur un Siége supérieur aux autres : en France, l'évêque de Reims qui avait le privilége de sacrer les rois, celui d'Arles et celui d'Avignon ; en Germanie, l'évêque de Mayence ; en Angleterre celui de Cantorbéry : ils étaient les plus hauts dignitaires de l'Église dans ces états, les représentants les plus directs de la papauté.

Le Légat *à latere* est un cardinal envoyé dans une cour catholique, comme ambassadeur extraordinaire, ou bien un évêque chargé de l'administration temporelle d'une province des Etats romains.

Les rois de France ont toujours mal supporté l'autorité que les Légats s'attribuaient, au nom du Pape, sur les églises confiées à leur tutelle. On en a la preuve dans les décisions nombreuses qu'ils firent rédiger par leurs jurisconsultes pour limiter l'étendue de cette juridiction, pour y échapper, pour en appeler comme d'abus. — Suivant Dumoulin, il est de principe qu'un pape ne peut envoyer en France un Légat extraordinaire : qu'un Légat n'y peut exercer aucun pouvoir, s'il n'a reçu l'autorisation expresse du roi. (*Regul. cancell.* 18, c. 198).

Il n'y a plus d'autres Légats temporels que ceux de Bologne et de Ravennes : les provinces qu'ils gouvernent s'appellent Légations. Il a été souvent question de ces provinces dans nos démêlés récents avec la cour romaine, au sujet de l'occupation d'Ancône.   B. H.

LÉGAT A LATERE. (V. LÉGAT).

LÉGION-D'HONNEUR. C'est un grand malheur, compensé par de faibles avantages, que la perpétuité des partis, que l'hérédité, pour ainsi dire, de leurs affections et de leurs haines, de leurs préjugés en tout sens. Ainsi se transmettent, d'une génération à l'autre, des résistances qui continuent de gêner la marche naturelle des choses, longtemps encore après que les causes qui les rendaient légitimes ont disparu.

Le coup-d'état de brumaire et tout ce qui l'a suivi ont laissé, dans une partie des opinions populaires, des rancunes qui s'étendent très-injustement à toutes les institutions de l'Empire et notamment à la Légion-d'Honneur qui fut une grande pensée, sérieuse dans son principe, féconde et surtout démocratique dans ses résultats.

Et démocratique à tel point qu'une institution de cette nature me paraît essentielle et nécessaire aux grandes démocraties modernes, et plus particulièrement à la France qu'à toute autre nation.

N'est-il pas singulier qu'on ait confondu la Légion-d'Honneur avec la noblesse impériale, expédient puéril d'un homme pressé de créer des dévouements individuels, de faire autour de son trône militaire une féodalité d'occasion, de produire par tous les moyens des excitations générales tournées à son profit particulier ; rénovation du passé qui était une insulte à la tradition nationale, et qui, ridicule par en haut, devait aller corrompre par la vanité jusqu'aux classes populaires. Et cependant, on ne fait en général aucune distinction dans le blâme qu'on jette sur ces deux institutions, non-seulement différentes, mais hostiles entre elles.

A quoi sert-il de faire des romans sur la nature humaine ? Pourquoi mentir, dans l'organisation politique, à des vérités qu'on trouve autour de soi multipliées autant de fois qu'on y voit d'hommes agissant, qu'on rougirait de méconnaître dans les transactions de la vie privée ? Je ne veux pas nier le dévouement à la vertu, à la vérité, à la patrie : mais je dis qu'il n'est pas permis de supposer partout ces mobiles ; je dis qu'on doit chercher et qu'on peut découvrir les circonstances où ces mobiles déterminent les actions des hommes ; je dis enfin que le législateur ne peut, sans préparer d'immenses dangers, sans offrir une récompense à l'hypocrisie, sans décourager la vertu sincère, prendre ce dévouement pour la loi organique de l'activité humaine.

Cela est vrai dans tous les temps, mais beaucoup plus aujourd'hui que jamais ; beaucoup plus lorsque la chûte de toute religion révélée, de tout dogme positivement divin, lorsque l'envahissement progressif d'un panthéisme vague, laisse l'individu perdu dans une foule sans direction, et la foule sans action sur l'individu, place le législateur directement en face des multitudes, sans aucun moyen supérieur d'influer sur elles, sans autre puissance que des forces purement humaines.

Or, parmi les moyens humains il en est peu d'aussi élevés que celui de l'honneur, que le respect de soi-même et le désir de l'estime d'autrui.

Les castes s'en vont : ainsi plus d'esprit de corps, plus de cet orgueil collectif qui, avec d'immenses abus, offrait quelques bons résultats, et qui, notamment, donnait à chacun l'honneur de tous à garder, et à tous celui de chacun. Les distinctions s'effacent, l'individu, confondu dans une masse où tout est égal, manque de ces mille petits freins que créent des habitudes dès longtemps prises, des alentours toujours surveillants et toujours les mêmes, des devoirs particuliers limités et nettement tracés dans le cadre général de la société.

Et, en outre, à mesure que la démocratie s'étend et se fortifie, les fonctions deviennent plus généralement temporaires et par conséquent elles n'offrent à l'ambition que des satisfactions passagères et n'assurent jamais la fortune.

Quel but reste donc à la passion individuelle dans une démocratie avancée? L'argent.

C'est ce triste résultat qu'il faut prévenir autant que possible ; et le seul palliatif qu'on puisse employer, le seul qui ne soit pas directement contraire à la nature de la démocratie, c'est le système des distinctions comme récompenses personnelles.

Je ne sais si le remède est applicable au tempérament de tous les peuples : peut-être celui de la race américaine n'est-il pas propre à le supporter, et les fondateurs de cette démocratie le crurent ainsi puisqu'ils prirent un grand soin de faire tomber l'ordre de Cincinnatus qui était sorti de l'insurrection des États-Unis. Mais peut-être se repentiraient-ils de leurs craintes de ce temps-là s'ils pouvaient voir aujourd'hui les mœurs de leur pays.

Quoi qu'il en soit, je n'ai pas besoin de prouver que le tempérament français est particulièrement disposé à subir l'influence d'une pareille institution. C'est même parce qu'il y est si propre qu'on repousse les distinctions personnelles et qu'on les déclare dangereuses.

« Puérilités ! » dit-on. Mais qu'est-ce qui n'est pas puéril, hélas ! dans les objets de l'ambition humaine ?

« Excitation à la vanité. » A l'orgueil, faut-il dire, car la vanité est l'orgueil d'une supériorité mensongère ; or, la vertu, le talent, les services rendus ne sont point des fictions, ce sont de légitimes sujets d'orgueil. Et remarquez que hors des distinctions honorifiques, il ne vous reste que les vanités du luxe et les supériorités que procure l'argent : préférez-vous celles-là aux autres ?

On admire, et avec raison, cette déclaration solennelle usitée sous la République : « N. a bien mérité de la patrie. » Oui, cela était grand et puissant : mais les décrets s'oublient ; la décoration en serait un monument durable. Le citoyen porterait le décret sur son cœur et aux yeux de tous.

Dans une république de 25,000 citoyens, comme Athènes, ou bien, divisée comme Rome, en classes où chacun prenait et gardait facilement sa notoriété, le service ne s'oubliait pas ; le souvenir restait attaché à la personne, parce que la personne était distincte. (Et encore n'est-il point prouvé qu'à Rome les récompenses civiques ne fussent pas perpétuées sur la personne même qui les avait obtenues.)

Mais chez une nation nombreuse, où tous les rangs se confondent sans cesse, où nul signe extérieur ne distingue, hors de la fonction, l'homme qui a peut-être sauvé son pays, il serait dérisoire d'invoquer, comme objet de récompense, le souvenir commun.

Et enfin, la France a-t-elle eu à regretter l'effet de cette institution, bien qu'elle fût, dans son plan même, entachée de vices graves ; bien qu'elle ait été, dès le premier jour, corrompue par la faveur ; bien qu'elle ait été depuis lors odieusement avilie dans un but de misérable égoïsme? Les armées auparavant se battaient héroïquement : mais s'est-on battu plus mal depuis lors ?

Aimez-vous mieux que le courage s'excite en vue de la solde ? en vue de l'avancement ? Mais qu'offrirez-vous au conscrit qui sait que son éducation ne lui permet pas d'espérer une fortune militaire et qu'une croix sur sa poitrine rend pour toujours illustre ?

Voulez-vous que le savant méprise toute recherche qui ne conduira pas à des profits industriels? Qu'il néglige la théorie, source de toute application utile ? L'exemple des États-Unis prouve que ce n'est que trop la tendance et le résultat de la démocratie, et la médiocre uniformité des esprits y est une triste forme de l'égalité. Puisque nous avons l'exemple devant les yeux, pourquoi n'en pas profiter ?

« Mais, » dit-on, « il faut que celui qui fait bien trouve en lui-même sa récompense. » Et pourquoi cet ascétisme singulier ? Pourquoi ne trouverait-il pas sa récompense en lui et hors de lui à-la-fois ? Pourquoi cette avarice ? Craignez-vous donc que le bien ait trop d'attraits et que les belles actions et les existences dévouées deviennent trop communes et trop nombreuses ? Pourquoi se jeter dans l'abstraction et supposer l'homme isolé quand il est destiné à se mouvoir dans un milieu où il est sans cesse à la fois effet et cause ?

N'est-il pas bon encore d'attacher l'homme pour ainsi dire, à la meilleure action, au plus noble souvenir de sa vie? de l'en rendre inséparable, de le lui mettre toujours sous les regards, pour qu'il le garde, le conserve, et le défende avec sollicitude contre toute vile pensée et toute basse tentation ; toujours sous les regards de ceux qui l'entourent, pour qu'ils lui soient des témoins qu'il ne s'en rend indigne à aucun instant, pour qu'il leur soit un modèle vivant et une constante leçon ? Rendre perpétuelle la mémoire des belles actions, et restreindre au temps de l'expiation, le souvenir des crimes, ce sont deux grands axiomes de la vraie politique et aussi de l'équité.

Mais je sens que ma préoccupation m'entraîne trop loin du fait et que ce fait peut paraître démentir ma théorie. Je sens que le lecteur ne voit que ce qui est, tandis que je songe à ce qui devrait, à ce qui pourrait être.

Je m'arrête donc, mais avant de quitter mon sujet, sur lequel je crains bien que ma pensée ne soit mal interprétée, je m'assure encore, par la réflexion, que les distinctions honorifiques et viagères n'ont rien qui contrarie ou qui dénature les idées et les instincts d'égalité qui sont les miens et ceux de mon temps ; et qu'au contraire rien n'est plus propre à seconder les progrès de la démocratie, à l'ennoblir, à élever sa nature et ses résultats. Le point important c'est de prendre des garanties pour l'emploi de cette immense force morale. Ceci n'est plus mon sujet.   Ans. P.

L'art. 87 de la Constitution du 22 frimaire an 8 disait : « Il sera décerné des récompenses nationales « aux guerriers qui auront rendu des services « éclatants en combattant pour la République. » La Légion-d'Honneur fut fondée le 19 mai 1802 (29 floréal an 10). La loi rappelle d'abord la disposition de la Constitution qui vient d'être citée, puis elle ajoute : « Et pour récompenser aussi les « *services et les vertus civiles,* il sera fondé une « Légion-d'Honneur. »

Les membres de la Légion furent astreints à prêter entre leurs serments celui de s'opposer à tout ce qui pourrait rappeler le régime féodal, *les titres et les qualités qui en étaient l'attribut*; et celui de concourir de tout son pouvoir au maintien de la liberté et de l'égalité.

Étaient membres de droit les militaires *qui avaient reçu des armes d'honneur*. Étaient admissibles ceux qui avaient rendu des *services majeurs à l'État dans la guerre de la liberté,* et les citoyens qui, *par leur savoir, leurs talents, leurs vertus, avaient contribué à établir ou à défendre les principes de la République, ou fait aimer et respecter la justice ou l'administration publique.*

Le grand Conseil d'administration était chargé de nommer les membres de l'ordre.

Ce grand Conseil était composé de sept *grands officiers,* dont les trois premiers étaient les trois Consuls. Les quatre autres étaient pris dans le sein 1° du Sénat, 2° du Corps-législatif, 3° du Tribunat, 4° du Conseil d'État, et nommés respectivement chacun par ces Corps. Le premier Consul était président de droit du Conseil et chef suprême de la Légion.

Outre ces sept grands officiers, la Légion se composait de quinze cohortes, formée chacune de

   7 grands officiers.
  20 commandants.
  30 officiers.
350 légionnaires.
——
407

En tout 6,112 membres.

Une dotation de 200,000 fr. de rente en biens nationaux était affectée à chaque cohorte et distribuée ainsi :

A chaque grand-officier. . . . . 5,000 fr.
   — commandant. 2,000
   — officier. 1,000
   — légionnaire 250

Chaque cohorte avait son chef-lieu, où devaient se trouver un hospice et des logements.

En temps de paix, après la première organisation, il fallait vingt-cinq ans de services dans des fonctions publiques pour devenir membre de la Légion. En temps de guerre, les actions d'éclat étaient un titre; mais les vacances n'étaient remplies qu'à la fin de la campagne.

On ne pouvait obtenir un grade supérieur sans avoir passé par les grades inférieurs (1). Les années de campagne comptaient double.

L'article 9 disait : « Dans les dix années de paix qui pourront suivre la première formation, les places demeureront vacantes jusqu'au dixième de la Légion et par la suite jusqu'au cinquième. »

Aucune de ces prescriptions ne fut observée. A sa formation la Légion était, comme on l'a vu, de 6,112 membres. Le 1er janvier 1831, le nombre de ses membres s'élevait à 42,894, et le 1er novembre 1838 à 50,398. Il s'est augmenté certainement depuis lors dans une forte proportion. La loi votée par la Chambre des pairs à la suite de la proposition de M. Mounier, attend encore qu'on lui donne vie constitutionnelle ; elle attendra longtemps sans doute, chaque cabinet étant bien aise de faire entrer ses créatures avant de fermer la porte des abus.

LÉGISLATEUR. Celui qui fait les lois. Quelquefois un seul homme, prenant son pouvoir; soit dans la supposition d'une inspiration divine, soit dans la renommée de sa sagesse, a donné à un peuple des lois obéies. Ainsi, Moïse chez les Juifs, Numa chez les Romains, Solon à Athènes, Lycurgue à Sparte, ont été des Législateurs. Le plus souvent, les lois ont été l'ouvrage d'assemblées plus ou moins nombreuses. A Rome, la loi des douze tables a été portée par les décemvirs, chargés de la mission spéciale de Législateurs; le peuple entier, et quelquefois les seuls plébéiens faisaient des lois. Dans les États modernes, les lois émanaient des conseils des princes. Mais presque toujours les lois ont porté le nom d'un homme. A Rome on les désignait par le nom du tribun ou du consul qui les proposait ou les promulguait. Quand Justinien ou d'autres empereurs avaient chargé une assemblée de jurisconsultes de refondre les lois, le Code qui en résultait prenait le nom de l'empereur. Quand les princes ou les rois avaient fait préparer un édit ou une ordonnance par leurs conseillers, ils la publiaient de leur propre autorité ou sous leur nom.

Mais toujours, quelle qu'ait été la forme constitutive de l'État; quel qu'ait été, si nous pouvons ainsi dire, l'éditeur responsable de la loi, le Législateur, individuel ou collectif, a été celui qui exerçait la puissance souveraine. La fonction de législateur est, en effet, l'attribut essentiel de la souveraineté. La loi n'est obéie qu'à la condition que celui qui la fait, que le Législateur soit réputé souverain.

Dans les États monarchiques, c'est le monarque qui est Législateur; dans les États aristocratiques, c'est le corps des nobles; dans les États démocratiques, c'est le peuple. Nous prenons ici les distinctions généralement adoptées; car jamais aucune nation n'a été démocratiquement consti-

---
(1) Le 24 mai 1810, Napoléon envoya à l'archiduc Charles la simple croix d'argent. Il lui disait dans sa lettre : « Cette croix est portée aujourd'hui par 20,000 soldats qui ont été mutilés ou se sont distingués sur le champ d'honneur. »

t'iée dans la sincère acception du mot démocratie.

Il est néanmoins reconnu par tous les publicistes que le droit de souveraineté, et par conséquent la fonction de Législateur appartient au peuple.

La souveraineté du peuple, et c'est une conquête toute moderne de la philosophie et de la Révolution, est passée de l'état de théorie soumise à discussion à l'état de principe incontesté. On ne dispute plus que sur l'application. Dans l'avenir donc, le Peuple sera le souverain Législateur comme il sera le souverain juge, comme il sera le souverain exécuteur de la loi. Alors seulement existera en fait comme en droit la véritable démocratie, qui n'a existé jusqu'ici qu'en germe et à l'état d'ébauche dans la pratique de quelques nations, ou en théorie spéculative dans les livres de quelques grands philosophes.

Dans les États constitutionnels, ou monarchies représentatives, qui ont la prétention d'allier les trois formes monarchique, aristocratique et démocratique, le Législateur est complexe. Il se compose d'une assemblée élue, censée représenter le Peuple; d'une assemblée permanente, censée représenter l'aristocratie, et d'un monarque, chef de l'État. Ce régime bâtard paraît devoir être la transition par laquelle passent fatalement les nations pour arriver à l'État démocratique. (V. POUVOIR LÉGISLATIF, LOI, INTERPRÉTATION, PROMULGATION.)　　　　　　　　　　　　　H. C.

LÉGISLATIF (CORPS). Ce mot emporte avec lui l'idée d'unité et de souveraineté. C'est dans ce sens qu'il fut employé par les auteurs de la Constitution de 1791. Ne formant qu'une seule chambre, le Corps-Législatif avait seul mission de proposer et de faire les lois du pays, sans qu'aucun autre pouvoir eut le droit de les modifier. Le refus de sanction par le roi n'était que suspensif. D'après la Constitution de 1793, le Corps-Législatif était dessaisi de la souveraineté; il se bornait à préparer la loi et à la proposer au peuple qui l'admettait ou la rejetait dans ses assemblées primaires. La Constitution de l'an III rendit le pouvoir souverain au Corps-Législatif, mais elle le divisa en deux conseils : l'un, appelé *Conseil des Cinq-Cents*; l'autre, *Conseil des Anciens*. Le premier proposait, le second acceptait ou rejetait la loi. Ainsi partagée, la puissance législative ne formait plus un corps, mais deux êtres d'âge, de caractère différents, et qu'il était impossible de mettre d'accord.

Sous le Consulat et sous l'Empire, ce qu'on appelait le Corps-Législatif n'était qu'une assemblée de muets ou d'eunuques, acceptant les ordres d'une autorité supérieure qui, dans une foule de cas, ne daignait pas même lui demander son concours.

Le mot de Corps-Législatif a disparu du dictionnaire politique depuis 1814. Le pouvoir de faire les lois s'est partagé entre le roi, une Chambre des Pairs et une Chambre des Députés. Jusqu'en 1830, au roi seul ou à ses ministres appartenait le droit de proposer la loi. Depuis 1830, l'initiative a été accordée aux Chambres; mais proposées, acceptées ou amendées par les Chambres, les lois ne prennent ce nom que lorsqu'elles ont reçu la sanction du roi.

Ce système a été emprunté à l'Angleterre où il était le résultat de la nécessité. Dans ce pays, placées l'une en face de l'autre, l'aristocratie et la démocratie forment deux puissances réelles, deux corps véritables qui conviennent d'armistices dans leur intérêt commun, et chez qui l'égalité de force fait avorter les fruits que l'un ou l'autre pourrait isolément produire.

En France, où la Chambre des Pairs ne constitue point une véritable aristocratie, et où la Chambre des Députés, comme élément démocratique, n'a pas plus de réalité, ce qu'on appelle puissance législative n'est qu'un conflit constamment négatif, d'où il n'est pas sorti, depuis vingt-six ans que nous en sommes fatigués, un seul acte qui ait quelque chose de cette grandeur, de cette virilité, si remarquables dans les œuvres de nos législateurs républicains.

En Amérique, la puissance législative est exercée par deux Chambres, qui sont appelées le Congrès. Cette division est, en quelque sorte, commandée par le système fédéral. Formée des députés élus par chaque circonscription de 47,500 habitants, la Chambre des Représentants exprime la volonté générale du pays, tandis que le Sénat, auquel chaque État, quelle que soit son importance, ne peut envoyer que deux membres, rétablit l'équilibre ou l'égalité de force entre les différents États. Produit d'un système vicieux, un tel ordre de choses ne peut amener que des déchirements, ou l'usurpation du pouvoir suprême par quelque ambitieux, qui comprendra que la souveraineté, pour être réelle, ne doit jamais se partager.

Peuple ou roi, on ne fait de grandes choses qu'en exerçant seul la puissance législative, qui est le premier attribut de la souveraineté. Voilà pourquoi Richelieu, Louis XIV, Napoléon, et surtout nos Assemblées nationales ont élevé ces monuments que nous admirons. Ils ne sont l'œuvre que d'un seul homme, que d'un seul corps et non de membres épars, appartenant à des êtres différents.

Il résulte de ce qui précède que le mot de Corps-Législatif ne peut logiquement s'appliquer qu'à la nation, qu'au souverain lui-même, ou à la représentation réelle du souverain. Mais, comme le pouvoir de faire les lois n'est pas le seul attribut de la souveraineté, qu'elle a encore la puissance exécutive, et celle d'expliquer ou d'interpréter les résolutions qu'elle a prises, il nous semble que le mot de *Corps-Législatif* n'est pas une expression exacte, et qu'il convient de dire le pouvoir législatif, le pouvoir exécutif, et le pouvoir judiciaire ou interprétatif.

Ces trois pouvoirs sont les trois facultés d'un même corps, d'un seul individu, qu'on ne peut diviser en plusieurs parts, sans amener la désorganisation et la mort.

C'est au mot POUVOIR que nous nous réservons de définir le caractère de chaque attribut de la souveraineté, d'en déterminer les limites et d'expliquer comment ces organes d'un même corps doivent concourir au développement de la force et du bien-être général.   Aug. Billiard.

LÉGISLATION. Ce mot est pris tantôt pour la science des lois, tantôt pour l'ensemble des lois d'un peuple.

J'examinerai successivement ces définitions.

Le premier de ces deux sens le rend synonyme du mot *droit* dans l'une de ses significations, et je me hâte d'ajouter que ce sens est mauvais ; qu'il donne lieu à des interprétations dangereuses, et que la confusion qu'il a souvent fait naître a produit d'immenses désordres politiques, ou du moins qu'il a couvert mille fois d'injustes prétentions qui n'auraient pas osé se montrer au grand jour sous leur véritable aspect. — N'avons-nous pas entendu, il y a peu de temps, le premier ministre d'un gouvernement né de la souveraineté populaire déclarer qu'à ses yeux la Législation constitutionnelle, le droit écrit, renfermait le droit national tout entier, et que, par conséquent, toute idée de progrès ou de modification serait séditieuse. Ce paradoxe était grossier, sans doute, et, pourtant, il est de nature à être accepté par beaucoup d'esprits paresseux, parce qu'il dispense de se mettre à la recherche des véritables fondements du droit, des éléments créateurs de la loi, recherche difficile et obscure encore aujourd'hui, même sous le point de vue purement scientifique, et quand les clameurs des intérêts en lutte ne viendraient pas troubler celui qui en fait l'objet de son étude. — Mais, avant tout, il faut faire tomber les ambiguités de langage; car, comme on l'a dit : le mauvais langage engendre les idées fausses, et celles-ci conduisent aux mauvaises actions.

Quelle est donc la limite entre le *droit* et la *loi* ?

Qu'est-ce qui les distingue ?

Quand la *lettre* impose-t-elle l'obéissance? Quand permet-elle une réclamation qui peut aller jusqu'à une tentative de modification ?

Et, en second lieu, quelle est précisément la sphère de la loi faite de la main de l'homme? Où s'arrête le droit social, exprimé localement par un peuple, temporairement par une ou plusieurs générations, relativement à l'ordre éternel, au droit providentiel, qu'en vertu de sa liberté l'homme a le pouvoir de troubler, mais qu'il ne trouble qu'en produisant un désordre dont il est victime? A quel signe certain l'individu ou le plus petit nombre saura-t-il reconnaître qu'il est dans une exception légitime, que le droit éternel est en lui qui résiste à la loi ; que l'injustice est du côté du plus grand nombre, qui fait la loi parce qu'il est le plus fort?

Et cette exception n'est pas chose rare : elle est continuelle, elle ne cesse jamais de se représenter à tous les instants de la vie collective, qui est un incessant progrès. Car comment s'opère le progrès en tout sens ? Qui en prend l'initiative? Est-ce jamais le plus grand nombre ? — Je vais plus loin, est-ce jamais une collection quelconque? Est-il

un seul des progrès constatés par l'histoire, idée pure, découverte scientifique, application mécanique, qui ne soit l'œuvre distincte de l'individu? Les religions, les philosophies, l'Amérique, la poudre à canon, la boussole, la vapeur et même l'imprimerie, quoique prétendent les vanités locales, sont-ce des associations qui ont produit tout cela dans la pensée-germe? Que cette pensée fût elle-même une simple addition à des pensées antécédentes, peu importe : le fait décisif, qui était peut-être à l'état latent, vague, informe dans l'atmosphère générale, n'a pris un corps que grâce à l'effort individuel.

Ainsi, l'individu est toujours la cause du progrès dans toutes les directions, et, pour qu'il lui donne vie et force, il faut qu'il se fasse d'abord d'une minorité un moyen de propagande.

Or, qu'est-ce que le progrès, sinon une guerre contre la croyance et l'intérêt régnants, contre la majorité en un mot?

Ainsi encore tout progrès est une insurrection contre la loi. La loi est donc constamment illégitime, relativement au droit de l'avenir.

Mais, pourtant, tout mouvement n'est pas un progrès, et s'il est vrai que toute passion, même dirigée en sens inverse de la marche de l'humanité, soit nécessaire comme cause, il est très-vrai aussi que c'est un devoir aux dépositaires de la vérité de faire opposition aux mauvaises tendances, quand ce ne serait que pour produire une réaction, cause à son tour d'un progrès plus rapide.

Enfin on ne peut nier qu'historiquement la possession ne soit un droit. Ainsi le fait régnant est légitime à ce titre, et il faut bien que la Société vive en un fait constitué : elle ne peut exister en l'air et sans corps, pour ainsi dire, entre le passé et l'avenir.

Quel est donc le caractère distinctif du droit *nécessaire*? Ce n'est pas ici le lieu de le dire ; car il faudrait pour cela un livre, et jamais peut-être ce livre ne fut plus difficile à faire, grâce à l'absence de toute croyance générale, de toute religion révélée qui nous donne une base solide du droit, en le plaçant hors des atteintes de l'erreur et de la passion humaine, au-delà de l'humanité et de ses controverses.

Il suffit, pour ce recueil, d'avoir posé la difficulté, qui est une sorte de définition.

Mais cette définition doit au moins être claire, et nous allons tâcher de la rendre telle par des exemples pris dans le passé.

Aristote, qui se voyait en face des mêmes obscurités, laissait à la Providence le soin de les résoudre. Il attribuait donc franchement le caractère du droit au fait victorieux, ne voulant pas supposer que l'ordre éternel pût être, même passagèrement, troublé par l'erreur ou la passion de l'homme. C'était, au fond, nier la liberté; mais dans l'ordre purement philosophique on ne pouvait guère faire d'objection raisonnable à ce système. Le droit était dans la force ; et que dire contre la force quand on n'a que des arguments humains? Cette philosophie, qui allait bien à la démocratie antique, gouvernée exclusivement par le nombre, fut attaquée et détrônée par le christianisme, qui plaçait le droit dans un dogme surhumain et révélé (1).

Le christianisme a renversé la base sur laquelle reposait la loi antique : la fatalité ou la force. Il est vrai que l'antiquité couvrait cette loi des voiles multipliés et entrelacés de mille fictions religieuses et politiques ; sans quoi toute société eût été impossible, et la vie sauvage eût recommencé, sans aucune des superstitions qui rendent possible la vie sauvage elle-même. Le christianisme a brisé la loi du nombre.

Le christianisme s'en va. Retomberons-nous sous l'empire de cette loi grossière ?

D'après ce qui se passe à présent chez les peuples les plus avancés en démocratie, on pourrait le craindre, si on s'arrêtait à la physionomie superficielle des faits.

Mais il suffit de quelque réflexion pour s'assurer que cette loi du nombre n'a pas les mêmes caractères, n'est pas de la même nature dans l'avenir que dans le passé.

Le caractère de la société antique, c'est l'exclusion : la cité est fermée ; tout ce qui n'est pas en elle est, non-seulement étranger, mais barbare, mais à peine humain. Et Rome étendait cette particularisation, cette séquestration jusqu'aux animaux, jusqu'aux choses sans vie, qui n'avaient ou n'avaient pas l'empreinte de la propriété romaine et se classaient, dans toutes les transactions, d'après cette distinction. Le progrès général de la civilisation a été, dans la cité comme dans la famille, de faire tomber ces barrières exclusives. L'histoire du droit romain tout entier, à partir des Douze-Tables, et au travers du long travail du droit prétorien, n'a pas d'autre sens, soit relativement aux hommes, soit par rapport aux choses. Le christianisme continua et acheva l'œuvre, non pas en constituant l'égalité politique, ce qu'il n'a jamais fait ni même prétendu faire, quoiqu'on en ait dit, mais en créant hors de ce monde une patrie commune où régnait l'égalité des âmes. De cette égalité essentielle et éternelle résultait la fraternité des peuples ; et la conversion des barbares, conquérants de l'empire, fut une éclatante démonstration de cette grande assimilation chrétienne. Si l'on dit qu'au moyen-âge et depuis lors les nationalités n'en ont pas moins été hostiles, je ferai remarquer que cette hostilité n'avait aucun des caractères de l'orgueilleuse exclusion de Rome : ce sont des ennemis mais des égaux, en lutte pour des intérêts. Et c'est tellement le christianisme qui était le principe de cette égalité, qu'elle se retrouve partout, sauf dans les guerres contre les *infidèles*. La cité était bien encore fermée à leur égard, mais la cité comprenait toutes les nations chrétiennes : or, ces nations ont si longtemps vécu dans ce sentiment qu'elles l'ont conservé même après la chute du dogme chrétien.

(1) Cette philosophie n'en a pas moins été restaurée de nos jours dans une chaire célèbre, par une théorie qui aboutissait à l'*absolution du vainqueur*.

Ce point étant établi, je prie qu'on étudie dans quel cas il arrive que la loi du plus grand nombre peut blesser le droit ou l'équité éternelle.

Si trois hommes sont isolés au milieu d'un désert, deux d'entre eux peuvent faire facilement contre le troisième une loi de mort qui sera un assassinat. Mais pourquoi ce crime se commet-il ? Parce que le sentiment commun de l'humanité, l'équité, ne peut venir au secours du faible opprimé ; parce que deux, trois, mille individus qui accourraient indignés si l'assassinat se commettait sous leurs yeux, ne peuvent interposer leur conscience et la force qui la sert ; parce que la société humaine est absente.

La loi injuste est celle qui viole le sentiment commun de la conscience humaine. Mais ce crime se pouvait, se devait commettre d'autant plus aisément que les nations étaient plus isolées, qu'elles communiquaient moins avec la famille universelle ; qu'elles avaient des relations politiques moins intimes, moins continues, moins fortement entrelacées les unes aux autres.

Quoi qu'on fasse, et grâce à l'imprimerie, les idées, les mœurs, les intérêts intérieurs même des peuples, se rapprochent chaque jour d'une similitude de plus en plus complète, et (sauf les intérêts internationaux, sur lesquels il faudrait des explications trop longues pour les faire entrer dans ce raisonnement) toutes les nations tendent évidemment à ne former qu'une famille dont tous les membres seront solidaires, comme le sont aujourd'hui entre eux les citoyens d'un même peuple. Ajoutez à ce qui existe déjà les développements de la presse, tels que les donnera un avenir prochain, et les merveilles qui se préparent par les nouveaux moyens de communication matérielle, et vous concevrez un état nouveau dans lequel on pensera, on sentira en commun et uniformément ; où une iniquité législative révoltera tous les cœurs, comme fait à présent un crime particulier ; où toutes les forces s'uniront aussi et instantanément pour la répression. Quelque éloignée que soit encore aujourd'hui la diplomatie de représenter le vrai sentiment des peuples, n'est-il pas vrai que déjà elle se montre d'accord pour réprimer des iniquités qu'autrefois elle ne se croyait pas même le droit de blâmer ?

Ainsi, en prenant comme symbole du *droit* éternel le sentiment commun de l'humanité, il est certain que la *loi* s'en rapprochera nécessairement de plus en plus, et que la majorité, localisée dans un coin, n'aura plus la faculté de commettre ces crimes qui se traduisaient en lois. Il est certain encore que la force ne sera plus nécessaire, et que les débats particuliers seront pacifiques, soit parce qu'ils auront été précédés d'une discussion nécessaire, soit parce que nul n'aura l'idée de s'insurger contre l'évidente toute-puissance du juge universel.

Mais ici s'élève une objection : « Oui, le triomphe du sentiment commun sera certain ; mais n'avez-vous pas dit que le progrès est une insurrection contre l'idée régnante, contre l'intérêt établi, contre le sentiment commun en un mot ? Or, qu'a-

vez-vous fait en donnant une souveraineté irrésistible à ce sentiment, sinon mieux assuré la défaite de toute minorité, c'est-à-dire de tout progrès.

Il faut jeter un coup-d'œil sur l'histoire et voir
dans quel sens ont été dirigés les progrès de toute
nature. Il n'en est aucun qui n'ait eu pour but ou
pour résultat de faire tomber les exceptions, les
inégalités, les priviléges qui, on ne sait pourquoi,
se trouvent toujours plus énormes à mesure qu'on
remonte plus haut dans l'histoire de la société.
Quel sera le dernier terme de cette marche continue vers l'égalité? Nul ne peut le dire.

Mais qui est-ce qui pourrait affirmer, avec quelque apparence de raison, que cette marche se di-
rigera dans un sens contraire précisément quand
le plus grand nombre, entre lequel existent les
inégalités, n'aura plus qu'une intelligence, une
vie commune; quand cette intelligence, partout
présente et partout active, pourra se saisir de tout
ce qui viendra la servir? Ce qui rend aujourd'hui
les intérêts constitués puissants contre le progrès,
c'est l'ignorance de la majorité réelle, ignorance
qui l'isole, et livre la pensée nouvelle aux hostili-
lités de mille ennemis avant qu'elle ait pu parvenir à s'emparer du plus grand nombre. Alors, isolement et ignorance, ces obstacles capitaux auront
disparu. Chaque intelligence, libre dans ses mouvements, agira sur l'intelligence générale, qui ré-
pondra à l'impulsion si elle est juste, et la condam-
nera par son inertie si elle est fausse; mais qui,
en aucun cas, ne prendra parti pour des iniquités constituées au profit d'intérêts partiels. En
réalité, ce n'est jamais l'intérêt du plus grand nombre qui se trouve menacé; si cela pouvait paraître, ce ne serait que par suite d'un contresens
dans les termes; c'est toujours une association particulière qui usurpe le nom de la majorité par
ignorance ou indifférence de la majorité véritable.

Et si cette réponse ne semble pas concluante, si
l'insuffisance de la démonstration laissait des doutes, j'invoquerais à mon tour la Providence, non
plus comme Aristote pour la rendre complice de
tous les petits et criminels triomphes des passions
accidentelles, mais pour la montrer évidemment
présente dans les mouvements de l'humanité, vivant d'une existence commune. Je démontrerais,
comme les géomètres, *par l'absurde*. Je dirais
qu'il se peut bien que des majorités locales se révoltent par des crimes contre le droit universel;
mais que si, à un instant donné, l'humanité entière commettait un forfait de ce genre, la Providence elle-même serait bien réellement vaincue,
l'ordre universel serait bien véritablement renversé; il n'y aurait plus ni vérité ni erreur, ni
vertu ni crime; il n'y aurait plus de raison pour
que la société subsistât le lendemain d'un pareil
phénomène, comme il n'y aurait plus de raison
pour que l'ordre physique du monde durât un seul
jour, si l'un des corps célestes, quittant son orbite, courait capricieusement au travers de l'espace, sans respect pour la route qui lui fut éternellement tracée (1).

(1) Je sais bien qu'on peut dire, en invoquant l'histoire,

Le second sens du mot LÉGISLATION est matériel,
pour ainsi dire. Justes ou injustes, créés par des
pouvoirs légitimes ou illégitimes, en harmonie
ou en discordance avec l'esprit, les mœurs, les besoins de tous, les lois existent, et la puissance publique est armée pour les faire exécuter; la résistance
est inutile ou périlleuse. Dans tous les cas, pour
obéir ou résister, il faut connaître la loi, et, en effet, un axiome légal, c'est que nul n'est censé l'i-
gnorer.

C'est une première fiction écrite en tête de nos
codes qui en contiennent tant d'autres.

Qui connaît réellement la loi, toute la loi? Personne, assurément. On dit vulgairement que nos
lois sont au nombre de cinquante mille : qui pourrait l'affirmer ou le nier? Ce serait déjà un travail
énorme de les compter. Et si, aux lois proprement
dites, on ajoute les décrets et ordonnances, les arrêtés et les avis du conseil-d'état qui ont force de
loi, les instructions ministérielles qui les expliquent, les arrêts de la Cour de cassation qui les interprètent et qui font jurisprudence; enfin les innombrables réglements de police locale qui sont
obligatoires pour les forains comme pour les habitants; si l'on songe, en outre, que tous ces textes
n'ont aucune péremption régulière; qu'on peut
remonter à deux ou trois siècles et y trouver des
lois encore en vigueur; que cela s'est vu, il y a peu
d'années, et précisément pour une des plus atroces lois qui aient jamais été faites; que non-seulement pour les lois et ordonnances on peut remonter ainsi le cours des temps, mais que les *arrêts
du conseil*, les décisions des parlements et jusqu'aux lois romaines ont encore souvent une autorité qui ressemble fort à celle de nos codes; si,
enfin, on considère avec quelle prodigieuse fécondité nos corps représentatifs ajoutent chaque année à cette effroyable masse de textes impératifs,
on trouvera sans doute que l'axiôme est une dérision d'assez mauvais goût.

En effet, on peut dire qu'il n'y a plus de jurisconsultes; il y a des bibliothèques et des hommes
qui savent y chercher. Et, d'un autre côté, au Palais on ne plaide plus le droit; on plaide le fait
purement et simplement.

Est-ce ce résultat qu'on devait attendre de la
simplification tentée dans les codes de Napoléon?
Qu'avons-nous gagné à cette simplification? Rien,
et nous y avons perdu dans la majorité de la
magistrature et du barreau, cette tradition
de l'histoire du droit, par la connaissance intime
des lois romaines et des coutumes, qui éclairait
autrefois la discussion et la justice. Ce mal serait
moins grand si l'enseignement officiel du droit, au
lieu de poursuivre terre à terre quelques difficultés au travers des broussailles de petites parties
des codes, s'élevait jusqu'aux idées générales,

que ce droit, auquel j'attribue l'éternité, a cependant varié
comme les autres éléments de l'humanité; que l'esclavage a
été légitime aux yeux du monde entier, et que, sous ce rapport et sous d'autres encore, la morale universelle s'est modifiée dans le cours des siècles. L'objection est plus spécieuse
que fondée; je trouverai sans doute l'occasion d'y répondre
dans l'article LÉGITIMITÉ.

était plus tourné vers la philosophie du droit, et préparait ainsi aux esprits, à défaut de la science minutieuse, des directions nettes pour se tirer du dédale des textes (1).

Cet état de choses ne peut se prolonger longtemps sans amener un désordre encore plus grand. Le seul moyen d'y remédier, c'est d'instituer une commission permanente de codification, chargée : premièrement, de dépouiller les textes, d'en extraire les dispositions encore en vigueur et de rejeter le reste ; de former ainsi des codes réguliers et complets qui soient bien réellement la loi vivante, et qui renferment dans une classification facile la loi tout entière ;

Secondement, de fondre dans ces codes les lois nouvelles, à mesure qu'elles sont faites, et de publier tous les cinq ans ou tous les dix ans une édition nouvelle où seraient comprises toutes les dispositions relatives à chacune des parties du code général ;

Troisièmement, de signaler à mesure les hiatus, les lacunes, les contradictions, les ambiguïtés qui peuvent naître du rapprochement de dispositions diverses.

On pourrait donner à cette commission une attribution encore plus large : on pourrait la charger d'appeler l'attention du législateur sur les imperfections de la loi quand elles sont démontrées par l'expérience ou produites par le mouvement des faits.

Ainsi, depuis que les codes de Napoléon ont été rédigés, les matières commerciales ont pris une importance toute nouvelle ; la juridiction civile a vu sa matière décroître à mesure que croissait celle de la juridiction consulaire. Des matières toutes nouvelles ont sollicité l'action de la loi : les assurances, l'organisation des sociétés commerciales, les jeux de Bourse, etc.—Dans le Code civil, des parties capitales, comme les hypothèques, comme les dispositions relatives à l'état des personnes, et bien d'autres encore ; le chaos qu'on appelle le droit administratif, le Code de procédure tout entier, réclament impérieusement une révision ou du fond ou de la forme.

Rien de tout cela ne se fait pourtant, ni ne se fera. D'une part, les ministres, un instant au pouvoir, ne sont occupés, tant qu'ils y restent, qu'à s'y défendre, et n'ont le loisir de songer à aucun travail de longue haleine ; et, de l'autre, la composition des chambres législatives, et surtout leur mode vicieux de délibération, les rendent au plus haut degré impropres à des travaux de cette nature.

Il est donc bien temps de recourir à un élément plus spécial et plus actif.

Cette commission de codification qui devrait, sous peine d'être inutile, se composer d'un très-petit nombre, serait, j'en conviens, armée d'une influence immense. Mais le conseil-d'état, qui a créé les codes, avait une tâche plus haute et plus

difficile encore, puisqu'il devait transformer les mille éléments du droit ancien en un droit nouveau, fondé sur un autre état politique, sur un autre territoire, sur d'autres idées, d'autres intérêts et d'autres mœurs. Et cependant il accomplit merveilleusement sa tâche.

Toute la difficulté consiste, là comme ailleurs, dans le choix des hommes auxquels on confiera cette grande mission. Les ministres seront suspects de choisir d'après la faveur personnelle, les chambres mêmes d'après la camaraderie politique : à qui donc s'en remettre ? — Mais ici finit mon sujet.   Ans. P.

LÉGISLATIVE (ASSEMBLÉE).

Les membres de l'Assemblée constituante s'étaient interdit l'exercice du mandat représentatif dans la seconde législature. Un tel désintéressement, certes fort honorable, était inconsidéré. Les circonstances réclamaient à la tête des affaires des hommes éprouvés, investis déjà de la confiance nationale, sûrs d'eux-mêmes, ou du moins connaissant la mesure de leurs forces. Les hommes nouveaux, à leur entrée dans le monde politique, trahissent toujours leur peu d'expérience par des excès ou des tâtonnements ; et, durant un tumulte révolutionnaire, il n'est pas moins dangereux d'hésiter que de passer le but.

Les séances de l'Assemblée Législative furent ouvertes le 1er octobre 1791 : l'Assemblée constituante s'était séparée la veille ; il n'y eut pas d'interrègne parlementaire. La nouvelle Chambre se composait de 745 membres, dont près de 400 étaient avocats ou gens de loi ; aussi devait-on y parler beaucoup, mais agir peu. Représentant l'intérêt bourgeois, satisfait par la constitution décrétée, la majorité s'imposa la tâche d'immobiliser la Révolution. Son début parlementaire fut une cérémonie ridicule qui donna la mesure de son esprit : les soixante députés les plus âgés, après s'être réunis aux archives, entrèrent processionnellement dans la salle des séances, servant d'escorte à l'archiviste, qui portait, les yeux baissés, l'acte constitutionnel : cet acte fut déposé sur la tribune, et tous les membres vinrent, les uns après les autres, la main droite étendue sur la pancarte libératrice, prêter le serment de vivre libres ou de mourir. Cette conduite eut peu de succès au-dehors de l'Assemblée. La majorité ne s'annonçait pas comme devant régenter l'opinion, ni même comme devant la suivre. Entre les deux partis qui s'étaient déjà livré de terribles combats et se menaçaient encore, entre la cour et les révolutionnaires, cette majorité bourgeoise voulut se faire une place et s'y maintenir : le terrain était difficile ; harcelée des deux côtés avec une égale vigueur, avec une égale impatience, se défendant mal et n'attaquant jamais, fort soucieuse d'opérer une conciliation impossible, obligée de s'effacer dans tous les instants de crise pour laisser les partis hostiles en venir aux mains, elle n'eut bientôt plus qu'une initiative nominale ; tout le mouvement politique fut extra-parlementaire.

Les partis avaient sans doute leurs représentants

dans l'Assemblée ; mais les gens de l'ancienne cour y étaient en trop petit nombre pour livrer de sérieux combats ; et quant aux révolutionnaires, divisés sur des questions de principes et de personnes, sans chefs reconnus, sans discipline, ils n'obtinrent jamais que des succès contestés, des majorités de hasard. Dans la seconde séance, 2 octobre, ils firent voter par l'Assemblée, dans un instant de dépit, la suppression des mots *sire* et *majesté; ce* décret fut rapporté le lendemain. Il leur arriva beaucoup de ces mésaventures. L'extrême droite essaya-t-elle de faire entendre quelques paroles de blâme? On lui commanda le silence. L'opinion de la majorité était mal faite, car elle se contredit souvent ; mais elle obéissait, dans toutes ses résolutions spontanées, à un instinct conservateur qui souvent lui tint lieu de principes. Tel n'était pas l'instinct populaire : aussi, les événements vinrent-ils lui apporter de graves mécomptes et déranger les plus ingénieuses de ses combinaisons.

Exclus du parlement par une démission volontaire, les chefs des partis opposés cherchèrent dans la presse, dans les clubs, des centres et des moyens d'action. Robespierre fonda *le Défenseur de la Constitution*, qu'il eût mieux appelé *le Défenseur de l'Unité constitutionnelle*, et vint, aux Jacobins, livrer aux orateurs de la gauche libérale ces combats dans lesquels, malgré tous les prestiges de l'éloquence girondine, il remporta d'éclatantes victoires. Là, se rencontraient chaque soir Brissot, Guadet, Buzot, Danton, Camille Desmoulins, Billaud-Varennes et toute la cohorte des patriotes parisiens, hommes d'exécution, peu tolérants à l'égard des rhéteurs. Les discussions étaient orageuses ; elles révélaient toute l'énergie des révolutionnaires et la puissance du mouvement qui précipitait la royauté. Le club des Jacobins était devenu le conseil permanent de la Révolution. La contre-révolution avait aussi, hors de l'Assemblée Législative, ses organes et ses conventicules : on conspirait, aux *Feuillants*, en faveur de l'utopie constitutionnelle émanée de Sieyes; on conspirait à la cour, avec plus de zèle encore, la restauration de la monarchie, la suppression de toutes les libertés acquises ; on entretenait avec l'étranger, avec les émigrés réunis sur les frontières, des correspondances suivies ; on se promettait, avec la plus naïve confiance, le prochain retour des princes, l'expulsion d'un parlement rebelle et de faciles victoires contre l'armée de la Ligue. Attentive à tous les bruits qui lui venaient du dehors, inquiétée par la marche rapide des événements, mais incapable de prendre un parti résolu, l'Assemblée Législative semblait assister au spectacle de ces luttes intestines, et n'y prendre part que pour sanctionner les faits accomplis.

Le théâtre du combat s'élargit quand éclata la guerre avec l'Autriche. Louis XVI s'était fait arracher cette déclaration de guerre ; il redoutait autant une victoire qu'une défaite. Les premières rencontres ne furent pas heureuses pour l'armée française ; la trahison avait livré nos frontières. A la nouvelle de ces désastres, une exaltation fébrile

transporta les masses : à l'émeute du 20 juin, où la royauté reçut le plus sanglant des affronts, succédèrent rapidement les motions relatives à la déchéance, la fédération de 1792, les enrôlements volontaires, la journée du 10 août et les massacres de septembre. En quelques semaines, tout l'échafaudage constitutionnel, si artistement édifié par la première Assemblée nationale, succombait sous un terrible effort, et l'Assemblée Législative, tour-à-tour invoquée par le peuple, par le roi, faisant des vœux pour la constitution et la laissant périr, était elle-même emportée par ce mouvement rapide.   B. H.

LÉGISLATURE. Dans tous les pays qui vivent sous des institutions représentatives, le corps-législatif est élu pour un nombre d'années plus ou moins restreint. On appelle Législature le temps qui s'écoule entre la nomination et la dissolution de l'assemblée. Le mot session s'applique aux travaux annuels de l'assemblée. D'où il suit qu'à moins d'une dissolution précipitée, chaque législature comprend plusieurs sessions. Dans les états de l'Union-Américaine, le mot Législature s'applique au pouvoir législatif lui-même ; ainsi, par exemple : la Législature de Virginie, la Législature du Maine, etc., etc. La Législature générale de l'Union prend, comme chacun sait, le nom de CONGRÈS. (V. ce mot.)

LÉGITIMISTES. Littéralement, partisans de la légitimité.

D'où suit cette question : Qu'est-ce que la légitimité ?

Un de nos collaborateurs a répondu en disant que la légitimité réside essentiellement dans tout pouvoir librement accepté. Mais les Légitimistes ne l'entendent pas ainsi. Suivant eux, la légitimité c'est le principe de l'hérédité monarchique, et ce principe est représenté, en France, par la branche aînée de la dynastie des Bourbons. Or, ce principe est évidemment faux. Et d'abord, la légitimité ne se confond pas nécessairement avec l'hérédité monarchique. Le roi est aussi légitime dans les monarchies électives qu'il le peut être dans les monarchies héréditaires et absolues ; et certes, nul parmi les publicistes les plus exaltés de l'ordre monarchique ne s'est avisé de nier la légitimité du pouvoir dans les républiques anciennes ou modernes. Le landamman de la Suisse, le stathouder de Hollande, le président des Etats-Unis sont ou étaient aussi légitimes sur leur siége que le sultan des Turcs ou l'autocrate russe chacun sur son trône.

Mais, dit-on, ce qui est légitime ici cesse de l'être un peu plus loin. La république est légitime aux Etats-Unis par exemple ; mais elle ne saurait l'être en France. La ligne féminine est légitime en Angleterre ; elle est illégitime en Prusse et en Autriche. Et pourquoi ? Les Légitimistes répondent : Parce que cela a été ainsi établi. Mais établi par qui ? Par la loi. Ils reconnaissent donc une loi antérieure à leur prétendue légitimité. Mais celui qui a le droit de faire la loi a incontestablement celui, non-seulement de l'interpréter, mais encore de la changer. Par conséquent, si quelqu'un a eu le droit de déclarer autrefois que la légitimité c'était en France la maison de Bourbon, il y a incontestablement aujourd'hui quelqu'un qui a le droit de déclarer que la légitimité ce n'est pas la maison de Bourbon. Ce quelqu'un, quel est-il ? Voilà la question.

L'école démocratique répond : Ce Quelqu'un, c'est le Peuple. L'école bourgeoise ou constitutionnelle répond de son côté : Ce Quelqu'un, c'a été les 219 députés qui, en 1830, ont élu roi le chef de la branche cadette de la maison de Bourbon, Louis-Philippe d'Orléans.

Quoiqu'il en soit de cette assertion contradictoire, du moment que, dans son essence, la légitimité est la conformité à la loi, *legi intimus,* ce qui est en intimité avec la loi, comme la loi déclare formellement illégitimes et factieuses les prétentions de la branche aînée des Bourbons, il s'ensuit naturellement que sa prétendue légitimité n'est qu'un être de raison, et que, par conséquent, les légitimistes sont en contradiction flagrante avec le principe même de la légitimité.

Contestera-t-on le principe que nous venons de poser ? Dira-t-on que la légitimité, une fois établie, est essentiellement inaliénable et indestructible ? Mais sur quoi réussirait-on à fonder cette thèse insoutenable. Sur quoi ? Je ne vois qu'une base : l'intérêt du peuple, la nécessité. Or, je rétorque immédiatement l'argument, et je dis : Si l'intérêt du peuple, si la nécessité commandent le maintien de la légitimité, ils en peuvent aussi commander la destruction. Et c'est précisément ce que dit Montesquieu : « Quand la loi politique qui a établi dans l'État un certain ordre de succession, dit ce grand publiciste, devient destructive du corps politique pour lequel elle a été faite, il ne faut pas douter qu'une autre loi politique ne puisse changer cet ordre ; et bien loin que cette même loi soit opposée à la première, elle y sera, dans le fond, entièrement conforme, puisqu'elles dépendront toutes deux de ce principe : Le salut du peuple est la suprème loi. »

Aussi, les faits les plus éclatants sont venus, qui ont clairement découvert aux yeux des peuples la vérité des principes que nous venons d'exposer. Il y a cinquante ans, les Légitimistes étaient en possession de toutes les forces organiques de la société ; ils avaient l'armée, le pouvoir judiciaire, le clergé ; le sol presque tout entier leur appartenait ; ils avaient le monopole des fonctions politiques. Eh bien ! tout cela est tombé de leurs mains. Vingt-cinq ans plus tard, ils ressaisissent leur position perdue, et au bout de quelques années tout était perdu de nouveau, et le vieux représentant de la légitimité s'en allait lentement mourir sur une terre qui n'était point sa patrie.

L'avenir sera-t-il pour eux autre que le présent ? Ils le disent, et quelques-uns le croient sincèrement : mais quelle illusion ! Est-ce que le passé se refait au profit de quelqu'un ? Non ; l'avenir n'est à personne ici-bas, et, comme l'a dit un poète, l'avenir n'appartient qu'à Dieu. Or,

d'une volonté irrésistible, Dieu a condamné toutes les prétendues Légitimités monarchiques de ce temps-ci, et s'il eût voulu les relever, il ne les eût point aussi violemment abaissées. Dieu ne commande point aux hommes d'adorer ce qu'il lui-même leur apprend à mépriser. Que les Légitimistes cessent donc et d'espérer et de regretter. Leurs regrets honorent leur dévouement et ne sont point sans poésie ; mais leurs espérances sont factieuses et leurs regrets inutiles. Que veulent-ils ? Reconquérir la France ou la servir ? La reconquérir est une folle espérance, car la France a fait usage de sa force, et une surprise n'est plus possible. Le plus sage est donc de la servir ; or, la France aujourd'hui c'est la Révolution.　　　E. D.

LÉGITIMITÉ. Tout pouvoir, librement accepté, est légitime. ☉

Ainsi, ce serait se placer à un point de vue faux et paradoxal que de partir d'une théorie particulière à tel pays ou à telle époque pour condamner, comme illégitimes, tous les gouvernements qui, en des temps et des lieux différents, ne se trouveraient pas conformes à cet invariable modèle. Mais pourquoi dis-je *invariable ?* N'est-il pas certain que le cours du temps emporterait pièce à pièce cette théorie absolue, qui dans un siècle se trouverait aussi loin de la vérité du moment qu'elle l'est aujourd'hui de la vérité du passé ?

Le dogme politique qui a pris ce nom spécial de *légitimité,* et qui consacrait l'hérédité du pouvoir comme une loi anté-sociale, a donc pu être juste et vrai, quand la constitution de la société donnait en effet un caractère de sainteté à l'hérédité naturelle, quand c'était la loi universellement admise, quand les peuples s'y soumettaient avec la même foi qu'apportaient à l'exercer, dans la famille et ailleurs, les individus qui les composaient.

Cependant il est évident que tout gouvernement sera suspect d'illégitimité, qui ne permettra pas de vérifier si réellement l'obéissance qu'il obtient est libre ou non.

Par l'abrutissement des uns et la ruse intéressée des autres, par la possession exclusive et l'usage héréditaire des armes, par une corruption hiérarchique qui fait que, de degrés en degrés, le tyran inférieur consent à la servitude pour lui-même à condition qu'il l'imposera à ceux qui sont au-dessous de lui, par mille autres combinaisons, il se peut que le plus grand nombre, quoique le plus fort en fait, obéisse malgré lui, et ne montre qu'un semblant menteur de consentement. Ainsi, l'argument tiré de la paix du despotisme est essentiellement vicieux, quoiqu'il soit très-vraisemblable que souvent le despotisme a été librement accepté.

Il y a donc présomption d'illégitimité et de violence matérielle ou de corruption toutes les fois que le pouvoir n'est pas positivement et formellement sanctionné par le consentement individuel de ceux qui y sont soumis.

De là est sortie la théorie tout entière de la démocratie moderne ou de la souveraineté populaire. Quoi que puissent alléguer les partisans de toute autre doctrine, il leur est impossible de rien prouver en faveur de la légitimité de leur pouvoir; les faits qu'ils citeraient seraient sans valeur parce qu'ils n'auraient aucun sens moral; leurs raisonnements seraient sans force parce qu'ils manqueraient d'une base réelle. La présomption de droit est contre eux, et toutes leurs hypothèses ne sont que des attaques contre le droit lui-même.

A quelque point de vue qu'on se place, philosophique ou même religieux, le but final de l'homme sur la terre, c'est la liberté (V. ce mot).

Les gens qui ont dit que ce but est *le bonheur*, n'ont pas vu qu'ils faisaient un jeu de mots puéril. La liberté, c'est la vie développée dans tous les sens; et comme la vie est une, elle ne se développe jamais sur un point, sans qu'elle cherche à s'étendre sur tous les autres, à-la-fois ou successivement.

Si le but de la vie était le bonheur sans la liberté, ce serait le rétrécissement de toutes les facultés, non pas seulement de l'intelligence, mais encore du sentiment et même de la sensation : ce serait progressivement l'existence de l'homme inférieur, de la bête, du végétal, d'une pierre; ce serait enfin la mort.

Et en effet, la théorie du bonheur, comme but, se résume bien ainsi pratiquement dans la pensée intime de ceux qui la produisent : user toutes les forces physiques suivant l'incitation des passions animales à mesure qu'elles se développent. Mais ce système qui est une renonciation à l'intelligence et à la conscience, place l'homme au-dessous de la brute, qui possède l'instinct à défaut d'autres modérateurs. L'homme dénué d'instinct, revenant à la conscience et à l'intelligence, serait conduit fatalement à la mort par la première passion qu'il éprouverait : enfant, il s'étoufferait de nourriture. —Si l'on dit que c'est aller trop loin et que l'homme n'usera de ses privilèges d'organisation que dans une certaine mesure, utile à la satisfaction de la passion bestiale, nous répondrons qu'il n'y a point de mesure certaine dans le développement des facultés; *un peu* entraîne le tout. L'invidu ferait ce qu'a fait l'humanité.

Le but de la vie sociale, comme de la vie individuelle, c'est aussi la liberté dirigée par l'intelligence et la conscience. Si l'humanité a une loi générale de développement, l'intelligence et la conscience sont les deux forces prédominantes qui décident, directement ou indirectement, tous les mouvements partiels et généraux.

Cela peut être nié dans un temps où le fatalisme a encore été donné comme base à l'histoire. Il n'est donc pas superflu d'en dire deux raisons principales.

L'homme agit ou sur l'univers extérieur ou sur l'homme, son semblable. Dans le premier cas, celui d'une lutte contre les causes inintelligentes, son mode de puissance est l'intelligence. Supposons-la poussée à un certain degré, l'homme ne trouve plus d'obstacles invincibles. La science n'a plus de mystères, l'industrie n'a plus de limites. Les ba-

tailles perdues à cause d'un brouillard auraient été gagnées si le général eût été plus savant météorologiste.

Dans le second cas, celui de l'action de l'homme sur l'homme, il est trop évident que si l'intelligence consiste à trouver et à démontrer la vérité *relative* au temps, aux circonstances, aux passions, aux croyances, elle ne peut pas ne point entraîner après elle tous ceux qu'elle aura convaincus. Et d'ailleurs la sympathie de l'homme s'accroît à mesure qu'il rencontre dans l'être plus d'intelligence; il en a pour le végétal plus que pour un caillou; pour un animal plus que pour un arbre; pour l'homme plus que pour une brute; pour l'homme supérieur, quand la passion ne le fait pas ennemi, plus que pour l'homme inférieur ou médiocre. A quoi bon ces détails? L'homme aime la vie, non pas seulement en lui, mais hors de lui; or, l'intelligence, c'est la vie, la vie d'autant plus attractive, qu'au contraire de la vie animale, elle ne se manifeste que par l'expansion et n'a aucun besoin égoïste de consommation et d'absorption.

De ces prolégomènes généraux il suit qu'un gouvernement se rapprochera d'autant plus de la légitimité absolue qu'il assurera mieux le libre développement de la société dans toutes les directions individuelles et collectives; que la liberté sera plus grande à mesure que l'intelligence prendra un rang plus haut parmi les forces organisées; qu'elle s'élevera à ce rang d'autant plus facilement que tous les citoyens auront le droit d'exprimer leur part de sentiment et de pensée, et de la faire coopérer à l'élection du pouvoir suprême, c'est-à-dire de compléter la vérité de la pensée et du sentiment commun, c'est-à-dire de participer à la création de la loi; enfin que la société sera d'autant plus parfaite et mieux disposée à suivre rapidement la loi du développement de l'humanité, que chacun de ses membres sera plus intelligent, plus propre à se laisser pénétrer par l'intelligence des autres, en un mot que tous seront plus égaux entre eux par l'esprit, plus semblables entre eux par le sentiment, en restant libres dans les mobiles de leur action individuelle.

Voilà une théorie de la souveraineté légitime. Mais qu'est-elle séparée des difficultés de l'application? En dehors d'elle se trouvent les faits existants et les passions; le passé et le présent. L'avenir, sans doute, appartient à la théorie: rien ne peut, ni les éléments subsistants, ni les exceptions et les déviations créées par les passions, prévaloir contre la loi nécessaire, contre la force véritable, la force résumée de l'humanité entière déployant invinciblement sa végétation providentielle. Mais qu'est-ce que l'avenir, sinon un fantôme qu'on n'atteint jamais, puisqu'il est vrai que, dans les perspectives qui s'ouvrent devant nous, si loin qu'on les suive du regard, on ne découvre pas un seul jour où l'exception ne vienne troubler la règle, et la passion gêner l'intelligence et limiter son empire? Cette théorie abstraite est donc insuffisante; il faut chercher la théorie applicable en tenant compte de ces deux obstacles perpétuels : les faits existants et la passion luttant contre le droit.

Ces deux obstacles n'en forment qu'un en réalité. Le passé a laissé des intérêts constitués, des croyances qui les soutiennent; l'avenir renferme des intérêts différents qui réclament par des idées nouvelles : les passions individuelles ou collectives se mêlent au combat en se portant, soit d'un côté, soit de l'autre, suivant le hasard des circonstances et des organisations. Mais il faut bien remarquer que plus l'égalité politique s'étend et se complète, et moins les individualités, si exceptionnelles qu'elles soient, ont d'empire sur les hommes et les événements; que plus les hommes sont égaux et se voient tels, moins ils sont disposés à accepter les illusions qui créent les supériorités immenses; que plus les intérêts généraux se rapprochent des intérêts individuels, et moins ceux-ci se prêtent, par ignorance, à ces sacrifices qui facilitent les empiétements et le despotisme du héros de toutes les espèces. Ainsi, plus nous irons vers la démocratie et moins nous verrons d'exceptions à cette grande classification des intérêts et des idées que font le passé et l'avenir; moins les individualités de hasard auront d'influence prédominante, moins les associations artificielles, formées par les castes, usurperont sur les droits du nombre.

Pourtant l'inégalité de l'intelligence entre les classes créées par les inégalités d'avantages matériels, faussera longtemps encore la loi du nombre et de l'intelligence même. Longtemps le plus grand nombre ne verra pas son intérêt où le lui montrera l'intelligence, et le petit nombre refusera de voir le droit là où ne sera pas son intérêt.

C'est donc encore en vue de cette longue exception qu'il faut étudier aujourd'hui la théorie du pouvoir légitime. Si injuste qu'elle soit, elle est invincible par la violence; les coups de main des passions impatientes n'y pourraient rien, et l'Histoire nous prouve que rien de durable ne s'est fait que par la propagation des idées, lesquelles ont un cours fort différent de celui que les révolutionnaires, en général, ont imaginé jusqu'ici. Est-il besoin même de cette preuve expérimentale? L'énoncé de la question ne suffit-il pas, puisqu'il indique qu'il s'agit de changer les convictions du plus grand nombre sur son intérêt et sur son droit?

Or, avant d'arriver à la notion exacte de son droit, il est malheureusement probable que le plus grand nombre passera par une notion exagérée; cela serait même certain si l'intelligence pure ne prenait auparavant une puissance plus assurée que celle qu'elle a aujourd'hui.

Posséder est un droit à conserver; et d'un autre côté, celui qui, sans raison, est privé de la possession, a aussi un droit à posséder. Dans quelle balance se pèseront ces deux droits ennemis? Qui sera arbitre entre eux? La société contemporaine est tout entière divisée par la question même, car *posséder* signifie ici tenir le sceptre social, faire la loi, user de la toute-puissance dans tous les sens où peut s'exercer l'action de l'homme sur l'homme et sur les choses. Personne donc n'est étranger au débat; celui qui n'y serait pas intéressé par un désir d'influence sur autrui, s'y voit compromis par le désir naturel de disposer au moins de lui-même, et chacun se trouve à-la-fois juge et partie.

C'est donc à un juge supérieur qu'il faut s'adresser. Ce juge sera l'humanité entière parlant par la tradition, c'est-à-dire par l'intelligence et par la conscience universelle.

Ainsi, le débat s'établit entre les intérêts constitués et ceux qui cherchent à s'emparer de l'empire, et les deux parties se divisent en majorité et en minorité. Majorité tacite ou formellement nombrée par le scrutin; peu importe au fond. Mais cela importe beaucoup pour la forme et le caractère de la lutte. Tant que les combattants ne se sont pas comptés, il règne une certaine obscurité qui est, sous un point de vue, une garantie de modération chez les plus forts, qui ne sont jamais bien sûrs de leur force. Au contraire, dans la démocratie pure, nul doute sur ce point : les plus forts pourraient abuser, sans crainte, de leur prédominance assurée, et on verrait certainement d'effroyables massacres d'hommes et de choses, si des conditions sociales nouvelles ne venaient pas modérer l'ardeur du combat et en limiter le champ.

Examinons ces conditions.

D'abord il n'est pas de fraction sociale, fût-elle beaucoup la plus forte, qui puisse se passer entièrement de l'élément le plus faible. On n'imaginerait pas de caste plus absolue par ses moyens de pouvoir que ne l'était la féodalité, seule armée, seule exercée à la guerre, seule en possession des lieux qui rendent la guerre décisive. Et cependant il y avait une limite nécessaire à son oppression sur les vilains : c'était le besoin qu'elle avait d'eux; c'était l'obligation pour elle de les laisser vivre pour qu'elle vécût, et se nourrir pour qu'elle ne mourût pas de faim. La solidarité sociale, la fraternité humaine se montraient donc encore sous cette triste forme. Aujourd'hui, à bien plus forte raison : on parle d'une aristocratie d'argent; mais que pourrait-elle sans les travailleurs qu'elle exploite? Que pourrait-elle contre eux, je ne dis pas armés, mais intelligents? Si cette tyrannie existe, elle ne durera donc que jusqu'au jour où elle sera devenue assez oppressive pour faire naître un besoin général de résistance : elle tombera devant la solidarité nécessaire des divers éléments sociaux.

En second lieu, quand un peuple en est à cette égalité politique où les suffrages se comptent, l'égalité est bien avancée partout; il n'existe plus de ces différences capitales, immenses, qui excitent des passions sans mesure. La passion de la guerre est tempérée par la médiocrité des objets de la guerre. Et, d'un autre côté, l'égalité a tellement mêlé les familles, enchevêtré les classes les unes dans les autres, qu'il n'est plus possible de faire de grandes classifications de combat, et que tel qui se trouverait tiré en un sens par son intérêt se trouve entraîné dans le sens opposé par ses affections. Le scrutin lui-même n'est donc pas impitoyable. Pour que le contraire se voie, il faut comme aujourd'hui, aux Etats-Unis, des différences de races, des hostilités de couleur et de peau; il faut que d'un côté soit l'homme rendu féroce par l'habitude du despotisme, et, de l'autre, une sorte de bête que l'esclavage a dégradée de l'humanité. Et, encore, se trouve-t-il bien des abolitionistes, même au sein des états du sud, tant la solidarité humaine est vivace et invincible! On remarquera, du reste, que cet exemple sort de notre hypothèse, car les noirs ne vont point déposer leur vote au scrutin, et il n'y a pas ici l'égalité politique que nous avons supposée.

Toutefois, quelles que soient les raisons qui puissent faire croire à la modération de la majorité dans les démocraties, il ne faut pas reculer devant la question de principe, qui est immense, qui renferme la politique, la philosophie, la morale de la société démocratique. Ce principe ne court aucun risque, en effet, lorsque les éléments de modération sont seuls en action, dans les temps calmes, et quand la société accomplit des révolutions secondaires et intérieures, conséquences naturelles de quelque révolution capitale dans les droits personnels ou dans la constitution de la propriété; mais dès que les passions collectives se précipitent en tumulte sur le sceptre social pour s'en servir et en abuser, alors se présente le danger des excès des majorités réelles ou fictives; alors serait utile une barrière dès longtemps reconnue de tous et sanctionnée par la conscience générale.

Où donc est cette barrière? Quelle est donc la limite du droit de la majorité (1)?

Il y a une école contemporaine qui dit résolument que ce droit n'a point de limite; que la souveraineté du nombre est absolue; que la majorité ne se trompe jamais; que les crimes qu'elle commettrait deviendraient de saintes actions; que l'individu, enfin, n'existe pas, ou n'existe que comme unité destinée à figurer dans un chiffre; ce qui revient à déclarer que la société n'a pas de morale, car quelle serait la loi de quiconque aurait le droit de tout faire et le pouvoir de tout faire? Evidemment cette omnipotence physique et morale serait la puissance de Dieu; une pareille prétention de la part d'une fraction quelconque de l'humanité ne serait donc qu'une usurpation impie. L'origine moderne de cette doctrine est le *Contrat social* de Rousseau. Je ne veux pas refuser ma part d'admiration à ce beau

(1) Cette question et les développements qui suivent semblent, au premier abord, en contradiction avec les principes établis en plusieurs endroits de ce Dictionnaire. Mais la contradiction n'est qu'apparente. L'argumentation de l'auteur aboutit, en effet, à cette conclusion : « Le droit de la majorité est renfermé *dans les lois générales de la conscience humaine.* » Or, qui est-ce qui proclame ces lois ? L'auteur le dit lui-même en terminant son article : c'est le suffrage du plus grand nombre, librement exprimé et éclairé par la discussion ; en d'autres termes : la majorité.

Seulement, l'auteur en accordant au plus grand nombre le droit de *décision,* réserve formellement à la minorité le droit de *pétition,* c'est-à-dire le droit d'agir incessamment sur la décision de la majorité pour la modifier ou la changer. Et c'est aussi ce qui a été sans cesse exprimé partout ailleurs.

« Les minorités *commandent,* les minorités *demandent,* » d'où il suit que les minorités ont le droit essentiel, indéniable et inaliénable de demander. Voilà ce que nous avons dit et nous le répétons.   (*Note de l'Éditeur*).

travail; mais on ne peut nier qu'il n'ait pour base le grand paradoxe qui a vicié toutes les conceptions politiques de son auteur. Le parti pris par suite d'une vue incomplète de l'histoire de médire du présent au profit du passé, de chercher la vertu dans la simplicité antique, conduisait Rousseau à nier la loi du progrès de l'humanité. Aussi, pour lui, le modèle de la République c'est la cité antique, la cité fermée, la nationalité exclusive, le patriotisme hostile à la fraternité humaine. Aussi partout éclate dans le *Contrat social* une aversion mal déguisée pour le christianisme, dont il fallait en effet nier le travail civilisateur pour exalter l'étroite et haineuse vertu civique de l'antiquité. L'école de Rousseau, sur ce point, est devenue un parti, non pas aussi nettement délimité qu'on le figure à présent dans la Révolution française, mais qui a depuis complété sa notion en empruntant aux procédés jacobins leur sens le plus rétrograde. Et, ce qui est remarquable, un démembrement de ce parti s'est formé, qui, sans s'arrêter à la contradiction fondamentale des idées, s'est emparé du sentiment paradoxal de Rousseau pour l'allier aux doctrines les plus despotiques et les plus odieuses du catholicisme romain.

Je ne puis entrer dans la discussion de tous ces systèmes, dont la triste confusion arrête encore et arrêtera longtemps la révolution démocratique. Je dois me borner ici à examiner la thèse générale.

Si, dans une nation, dans une société particulière de la grande société humaine, la majorité avait un droit illimité, il s'ensuivrait que, par exemple, dans la république de Saint-Marin, quelques bourgeois pourraient un jour décréter le massacre des vieillards, l'infanticide, l'abolition de tous les devoirs, l'obligation de tous les crimes, et qu'aux yeux de l'humanité indignée ces abominations devraient passer pour vertueuses et légitimes. Il s'en suivrait que partout où trois hommes se trouveraient ensemble, séparés de la protection commune, et constitués ainsi en société particulière, deux d'entre eux pourraient légitimement décréter l'assassinat du troisième.

On ne peut admettre de semblables énormités.

S'il est vrai que le contrat social antérieur et formel soit une pure fiction, il ne serait pas moins absurde de supposer que l'individu acceptât la vie à la condition du suicide, la vie commune à la condition d'abdiquer son libre-arbitre, son intelligence, sa conscience. L'individu, à cet égard, représente l'humanité, laquelle n'est composée que de consciences individuelles constituant une conscience commune, et l'un, pas plus que l'autre, l'unité pas plus que la collection, ne peut renoncer à la condition suivant laquelle ils existent tous deux, même comme éléments de nombre, savoir la liberté de conscience.

Or, la liberté de conscience, considérée en politique, ce n'est pas la libre communication de l'homme avec Dieu, c'est la libre communication de l'homme avec l'homme, de l'unité avec la collection, de la minorité avec la majorité.

C'est la communion des consciences individuelles, c'est leur solidarité nécessaire dans l'existence commune pour l'exécution de la loi commune : là est la vie pour l'individu, là est aussi
la vie générale par la communauté de l'inspiration divine, pour l'accomplissement de la loi providentielle.

Arrêtons-nous ici : la limite du droit de la majorité est, sinon fixée, du moins entrevue, et connue sous son aspect capital, dans sa nature générale.

Si, sur trois hommes constitués en société particulière, deux n'ont pas le droit d'assassiner le troisième, et cela en vertu seulement de ce qu'ils
constituent la majorité ; s'il est constant, par conséquent, que dans une société particulière la majorité peut être poussée, par des erreurs et des
passions locales et passagères, à violer la morale
universelle, la loi de la grande société humaine ;
si cela est prouvé surabondamment par les variations que les notions générales du droit humain
ont subies depuis que s'écrit l'histoire et à dater
seulement du temps où l'esclavage était légitime
pour la grande intelligence d'Aristote ; il s'ensuit
que toutes les majorités partielles seront faillibles
à l'égard de la loi de l'humanité, et qu'il faut conserver un moyen de les y rappeler. Ce moyen,
c'est la communication incessante des consciences
et des intelligences ; c'est le droit d'appel des minorités au tribunal de l'humanité entière ; c'est la
faculté de provoquer l'intervention de l'humanité
accordée au petit nombre contre le plus grand, au
faible contre le fort. N'est-ce pas ce qui arrive dans
la vie privée chez les nations civilisées ? Est-ce que
les violences du plus fort ne sont pas tacitement repoussées par l'appel que le plus faible est en mesure de faire à tout instant à la protection, à la
sympathie de tous ?

Cette intervention était impossible quand, d'une
part, les nationalités exclusives détruisaient ou
entravaient la solidarité unanime ; quand, de l'autre, il n'existait aucune concentration de la conscience universelle, aucun organe de la pensée commune, par lequel on pût toujours se faire entendre de tous. Cet organe existe aujourd'hui
dans la presse, et on ne peut nier que beaucoup
de crimes politiques, faciles autrefois, ne soient
devenus impossibles, depuis que le cris de la
victime peuvent aussitôt retentir au fond de toutes
les consciences par cet écho universel.

J'ai expliqué ailleurs (V. Législation) comment
tout progrès a pour instrument nécessaire une
minorité ; comment la majorité constituée a toujours un intérêt réel ou putatif à repousser le progrès, c'est-à-dire la révolution. La souveraineté
absolue de la majorité entraînerait donc, comme
conséquence forcée, l'immobilité dans toutes les
directions de la vie humaine ; elle constituerait
une opposition constante à la loi du développement providentiel de l'humanité. Sans doute, il
viendra un temps où le plus grand nombre sera
assez éclairé pour reconnaître par lui-même que
tout progrès est un bienfait ; mais, d'abord, nous
sommes fort éloignés de ce temps, et longtemps

encore le fait constitué aura une autorité irrationnelle ; et, ensuite, entre le progrès et l'innovation ou le changement, la distinction n'est pas toujours facile à établir du premier coup-d'œil. La
majorité, qui ne pourra se livrer aveuglément à
tout mouvement, quel que soit son mobile, et qui
devra résister souvent, ne sera-t-elle pas portée à
résister toujours ? Il faut donc que les conditions
du mouvement qu'on lui demande de faire ou
d'accepter aient été débattues devant elle et démontrées par le débat justes et profitables. C'est
encore là un grand résultat de la liberté de conscience politique.

Enfin, les éléments du passé, bien que condamnés par le cours des choses, ont un rôle dans
l'enfantement de l'avenir ; ils en forment une partie essentielle, et doivent se combiner avec lui
peu-à-peu et suivant les lois de la végétation providentielle. Ainsi, sans admettre que ces éléments
aient une Légitimité absolue, on peut dire qu'ils
sont légitimes comme créateurs des droits et des
intérêts nouveaux, et qu'ils ne pourraient être
tués brusquement sans crime.

La majorité numérique qui se porterait à ces
massacres d'hommes et de choses commettrait
donc un abus de la force et un attentat préjudiciable à l'intérêt permanent et général.

Il faut que la minorité qui vient du passé, comme
la minorité qui marche vers l'avenir, soit protégée
contre l'abus violent de la majorité. Dans une démocratie complète, et c'est celle à laquelle marchent toutes les nations sorties des races occidentales, le danger de cet abus est évident, permanent, mathématique, pour ainsi dire : où trouver
le remède ? Dans les lois générales de la conscience humaine. Et remarquez, car cela est à mes
yeux de la plus haute importance, comment les
deux droits qu'on met en hostilité permanente se
trouvent ici d'accord pour confirmer la même règle. Ce qui est une protection du droit inviolable
de l'individu est en même temps la loi de conservation et de progrès pour la société, pour l'humanité entière. De telle sorte que cette opposition
prétendue, entre le droit social et le droit individuel, est une pure imagination de la tyrannie,
une invention destinée à légitimer les excès de la
cupidité personnelle ou collective. La société
trouve sa sécurité et son perfectionnement dans
cette même règle de l'inviolabilité de la conscience
et de l'intelligence qui est le droit naturel et imprescriptible de l'individu. Ainsi, en géométrie,
quand on arrive par deux formules différentes à
la démonstration de la même vérité, cette vérité
paraît plus certaine, et donne à celui qui l'aperçoit, ainsi illuminée de tous côtés, une véritable joie, et la plus pure que puisse connaître
l'homme.

A ne considérer que les lois physiques particulières à la terre que nous habitons, rien ne devrait empêcher les astres de se précipiter les uns
sur les autres, ou de se confondre dans l'espace ;
mais l'univers est dirigé par les lois d'une gravi-
tation universelle qui prévient cet immense désordre. Ainsi du monde purement humain. A ne

voir que l'intérêt du nombre, d'un nombre qui se compte et se sait le plus fort, on devrait conclure que les minorités seront incessamment écrasées, et que la société s'arrêtera dans une éternelle immobilité sur le champ de ce grand massacre : il n'en sera rien, grâce à la loi supérieure qui inspire le sentiment de l'humanité entière, unie par un invisible, mais indestructible lien.

Toutefois, tant que la politique n'aura pas pour but de favoriser l'action de ce flux et reflux du sentiment universel sur les passions locales et temporaires, de la société universelle sur les nationalités, il arrivera des désordres particuliers, résultat des excès des majorités emportées, lesquels entraînant des réactions suivies de nouvelles aggressions, tiendront le monde civilisé dans l'angoisse, les existences collectives dans la fièvre de la violence, les existences individuelles dans la douleur, la morale publique elle-même dans une incertitude corruptrice. Les troubles dont la première Révolution française fut accompagnée et suivie n'eurent pas d'autre cause : l'accablement politique et philosophique, le désordre moral qui durent depuis plus de quarante ans, sont les suites naturelles d'un emportement qui avait dépassé, n'importe par quelles causes, les limites du vrai et de l'équité.

Le premier remède qui s'offre à nous, celui qui nous est le plus immédiatement indiqué par l'état de la civilisation, c'est la liberté de conscience politique; c'est la franchise de toutes les manifestations qui peuvent mettre le sentiment et les idées de la minorité en contact avec la majorité, qui peuvent faire que l'une agisse sur l'autre, qu'elles se pénètrent l'une et l'autre de façon à se transformer mutuellement plutôt qu'à se détruire. Le second sera de faire que nul droit, nulle idée, nul intérêt ne reste étranger à la création de la loi.

Les moyens de police ou d'administration par lesquels ces deux réformes peuvent s'exécuter ne sont pas dans le sujet de cet article.

Il me suffit de résumer ces trop longs développements par cette définition de la Légitimité, telle que la proclame l'état général de la civilisation présente :

Tout gouvernement sera légitime, qui sera formé par le suffrage du plus grand nombre, constaté par un scrutin universel, à condition qu'une libre discussion aura éclairé ce suffrage préalablement, et agira toujours pour le modifier, suivant le besoin des temps.   ANSELME PETETIN.

LÈSE-MAJESTÉ. La loi qualifie crime de Lèse-Majesté l'attentat contre la personne du roi. Ce crime est puni comme le parricide, et, avant que la confiscation n'eût été nominalement abolie par la charte de 1814, il emportait de plus la confiscation des biens.

Reste maintenant à déterminer ce que c'est qu'un attentat contre la personne du roi. Contre sa vie, la chose se conçoit facilement. Est coupable de complot ou d'attentat tout individu qui aura résolu ou entrepris de lui donner ou de lui

faire donner la mort. Mais contre sa personne ! Qu'est-ce qu'un attentat contre la personne du roi ? « Il y avait à Rome, dit Montesquieu, une *loi de majesté* contre ceux qui commettaient quelque attentat contre le peuple romain. Tibère se saisit de cette loi et l'appliqua, non pas aux cas pour lesquels elle avait été faite, mais à tout ce qui put servir sa haine ou sa défiance. Ce n'étaient pas seulement les actions qui tombaient dans le cas de cette loi, mais des paroles, des signes et des pensées mêmes. »—Nos mœurs repoussent invinciblement une pareille tyrannie, mais nos lois l'autorisent. Car elles déclarent que tous ceux qui, soit par des discours tenus dans les lieux ou réunions publics, soit par placards affichés, soit par des écrits imprimés, auront excité directement les citoyens à commettre le crime de Lèse-Majesté, seront punis comme les auteurs du crime lui-même. Ainsi, une parole, un écrit, peut entraîner, contre un citoyen, la peine de mort, le supplice des parricides. Et de fait, nous avons vu un magistrat réclamer, contre le gérant d'un journal, l'application de ce châtiment suprême. Il est vrai que pour qu'il y ait crime, il faut qu'il y ait provocation directe. Mais qui est juge de l'existence du fait ? Ce sont les hommes. Et quand donc les instruments ont-ils manqué à la tyrannie ? Quel Tibère n'a pas eu son sénat ? Il faut le dire, parce que cela est, la tyrannie la plus féroce n'a de barrière aujourd'hui que dans la puissance des mœurs publiques. Ces mœurs sont telles, qu'elles ne permettent pas à un pouvoir quel qu'il soit d'abuser de cette loi terrible. Mais, de même que les mauvaises mœurs engendrent les mauvaises lois, les mauvaises lois à leur tour provoquent le relâchement des mœurs. Peu à peu, par une suite d'essais, d'abord timides mais répétés, on accoutume les peuples à supporter ce qui, de prime-abord, leur eût semblé intolérable; et la tyrannie s'établit par la corruption. Que la loi protège la vie et la personne du chef de l'État, rien de mieux; sous quelque gouvernement que ce soit, cela est utile, convenable, nécessaire. Mais il est indispensable que la loi soit uniquement répressive; il ne faut point qu'en aucun cas elle puisse être tournée à l'offensive, et devenir menaçante pour la liberté.   E. D.

LÈSE-NATION. Ce mot sert à désigner certains crimes commis contre le droit des gens. Ainsi, l'assassinat de Bonnier, Roberjot et Jean Debry, au congrès de Rastadt, fut un crime de Lèse-Nation. Ce fut aussi un crime de lèse-humanité; et la nation française, par l'organe de ses représentants, dénonça cette action infâme à l'indignation de l'univers. Les princes, ministres, généraux, etc., qui compromettent gravement l'honneur, les intérêts et le salut de leur pays, commettent aussi des crimes de Lèse-Nation. Mais ces sortes de crimes prennent le nom de haute trahison. (V. RESPONSABILITÉ, TRAHISON.)

LETTRES CLOSES. Le roi convoque les chambres législatives; il le fait au moyen de Lettres individuellement adressées à chaque député ou pair, et que l'on nomme Lettres closes. Qu'arriverait-il si le roi refusait ou négligeait d'envoyer ces Lettres ? S'ensuivrait-il que les législateurs n'auraient point le droit de se réunir ? Non, évidemment ; car l'omission ou le refus du roi ne saurait infirmer le droit que le mandataire a reçu de ses commettants et le dispenser du devoir de venir siéger au Parlement. Voici donc la position. Le député est obligé par la constitution d'exercer sa fonction législative ; il ne le peut faire que sur l'invitation expresse du roi. Il est clair qu'il y a contradiction. Le moyen de faire disparaître cette contradiction, ce serait de fixer *à priori* un jour de l'année pour la réunion du pouvoir législatif. Le roi pourrait, suivant les besoins, devancer ce jour ; il ne pourrait le différer. C'est, du reste, ce qu'avaient sagement établi nos constitutions révolutionnaires. « Les représentants de la nation se réuniront le premier lundi du mois de mai, » disait la Constitution de 91 ; celle de 93 fixait le 1er juillet. La Charte de 1814, au contraire, et celle de 1830, pour laisser au pouvoir royal une latitude absolue n'ont rien stipulé à cet égard. Et la Charte, comme chacun sait, ne peut être modifiée dans aucune de ses dispositions. Peut-être y a-t-il là quelque imprudence.   E. D.

LETTRES D'ANOBLISSEMENT. (V. ANOBLISSEMENT)

LETTRES DE BOURGEOISIE.

Le droit de Bourgeoisie était, depuis l'affranchissement des communes, accordé par l'autorité municipale. Le *manant* et l'étranger qui le réclamaient devaient se présenter au magistrat, faire appuyer leur demande par deux bourgeois, et justifier de la propriété d'une maison. Depuis on a appelé Lettres de Bourgeoisie ou d'anoblissement les actes qui exemptaient les bourgeois de tout ou partie des impôts, du logement des gens de guerre, etc. — Un édit de juillet 1705 révoqua les exemptions antérieurement accordées aux bourgeois de Paris, des villes franches ou abonnées, sauf à se faire confirmer dans leurs droits par de nouvelles Lettres de Bourgeoisie, et ce, moyennant finances. C'était, dans le fait, un nouvel impôt sur la vanité bourgeoise.

LETTRES DE CACHET.

On appelait ainsi les ordres du roi, scellés de son cachet particulier, dont un des officiers de la couronne était dépositaire, et pour les distinguer des *lettres-patentes,* qui ne pouvaient être scellées que du sceau de l'Etat et par le chancelier. L'usage des Lettres de Cachet était très commun sous les règnes des derniers rois ; ces lettres étaient à la disposition non plus d'un chambellan, comme dans l'origine, mais du ministre qui avait dans son département *la maison du roi.* Il a fallu une révolution pour délivrer la France de l'arbitraire des Lettres de Cachet. Elles livraient, aux caprices, aux passions des ministres et des courtisans, l'honneur, la vie, la liberté, la fortune de toutes les familles.

Nos immenses recueils de législation sont pleins de réclamations, de remontrances du parlement, de délibérations des assemblées des notables, des états-généraux, contre l'abus des Lettres de Cachet. Mais l'abus se propageait de règne en règne, de génération en génération, avec une progression effrayante. La plus ancienne, la plus respectable des autorités, l'autorité paternelle était violée avec la plus scandaleuse impunité. Malheur au bourgeois, au riche capitaliste qui avait une belle fille et une grande fortune. Sa fille lui était enlevée, le mariage devenait forcé, et une Lettre de Cachet légitimait un acte que les lois classaient au rang des plus grands crimes. Ce brigandage était plus que toléré sous le règne des derniers Valois. C'était un moyen fort commode de venir en aide aux maisons titrées et de créer une position honorable aux cadets de famille, qui n'avaient que la cape et l'épée.

Le mot, du reste, est moins ancien que la chose. Les Lettres de Cachet sont signalées pour la première fois dans les actes des États d'Orléans (1560). L'article 111 de l'ordonnance *touchant la noblesse* dispose :

« Et parce qu'aucuns, abusant de la faveur de nos prédécesseurs par importunité ou plutôt subrepticement ; ont obtenu quelquefois des Lettres en vertu desquelles ils ont fait séquestrer des filles et icelles épousées ou fait épouser contre le gré et vouloir des pères et mères, parents, tuteurs et curateurs, chose digne de punitions exemplaires...

« Enjoignons à tous juges procéder extraordinairement, et comme les crimes de rapt, contre les impétrants et ceux qui s'aideront de telles Lettres, sans avoir aucun égard à icelles. »

Cette ordonnance n'était que la sanction des décisions de l'Assemblée des États-généraux ; elle était à peine promulguée que le principal auteur de cette sage loi, l'Hospital, n'en put réprimer la violation manifeste : une bande de jeunes gentilshommes de la Guienne enlevait les riches héritières ; à leur tête était le comte de Trans. L'Hospital, qui se trouvait alors à Bordeaux, le fit amener devant lui, et se disposait à le traduire devant le Parlement. Mais le coupable était neveu de Frise, secrétaire des commandements de la reine-mère et allié aux premières familles parlementaires de Bordeaux : il ne fut pas même arrêté. L'autorité du chef de la justice fut impuissante.

Avant et depuis cette époque, d'autres ordonnances ont proscrit l'arbitraire des Lettres de Cachet et ont été violées avec la même impunité On évaluait à quatre-vingt mille les Lettres de Cachet lancées pour cause de religion. Sous le *pacifique* ministère du cardinal de Fleury, le jansénisme, les convulsions, le protestantisme, les refus de sacrements, ont été la cause ou le prétexte d'une foule de proscriptions arbitraires. Tout écrit indépendant ou entaché de philosophie était condamné au feu et l'auteur jeté dans les cachots de la Bastille et de Vincennes.

Il est impossible de préciser le chiffre des Lettres de Cachet mises à exécution sous le long ministère du duc de La Vrillière, qui garda son portefeuille plus d'un demi-siècle (exemple inouï de longévité ministérielle). La comtesse de Langeac, maîtresse en titre du vieux ministre, et son amant le chevalier d'Arc, tenaient à Versailles et à Paris boutique ouverte de Lettres de Cachet. L'assortiment était toujours au complet. Le prix ordinaire était de 25 *louis*. C'est un fait attesté par tous les publicistes contemporains.

Les lettres de Cachet ont eu leurs apologistes. C'était, disaient les hommes du pouvoir, un moyen salutaire d'assurer l'honneur des familles, que la condamnation d'un de ses membres à une peine infamante eût flétri.

C'était en France, en 1784, que M. de Vergennes, ministre des affaires étrangères, écrivait au lieutenant de police de soustraire à la juste sévérité des lois un homme accusé publiquement de rapt, de vol et d'assassinat, pour *éviter le déshonneur que sa famille n'a que trop lieu de redouter*. Une Lettre de Cachet confina pour quelque temps le coupable à Bicêtre, et tout Paris s'entretenait encore de son triple forfait, quand on le vit se promener en toute liberté. L'assassin s'était fait espion.

Un écuyer du roi, maître-de-camp de cavalerie, M. de Montchenu, avait tué son valet de chambre; la justice ordinaire n'eut point à s'occuper de cette affaire. Une Lettre de Cachet ouvrit les portes de la Bastille au coupable, qui bientôt rendu à la liberté reprit à la Cour son rang et son grade. Il tua son nouveau valet-de-chambre. Rentré à la Bastille le 6 mars 1750, il en sortit le 20 du même mois.

Les Lettres de Cachet étaient à-la-fois un instrument de proscription et de mort contre la vie, la fortune, l'honneur et la liberté des citoyens honnêtes, et de protection pour les criminels puissants. On cite des nobles, de hauts financiers pour qui la Bastille fut un asile contre les justes poursuites de leurs créanciers. Je ne citerai qu'un seul fait sur mille pour démontrer qu'elles ont été également funestes au commerce et à l'industrie. Tout était privilège autrefois. Le monopole exploitait toutes les branches de fabrication. Malheur aux industriels dont les découvertes et les succès contrariaient les fabriques privilégiées. On les surchargeait d'impôts, et après les avoir ruinés, on les jetait à la Bastille ou ailleurs. Auteurs, libraires, imprimeurs, industriels de tout genre figurent dans ces longues suites de proscriptions.

Rubigny-Bertheval, tanneur du quartier Saint-Antoine, avait consacré toute sa fortune, et quinze ans de voyages dans le Nord, pour rendre à la tannerie française son ancienne supériorité. Il avait rendu publics les nouveaux procédés qu'il devait à ses études et à ses expériences. Cette industrie fut frappée d'un premier impôt que les fermiers firent tripler en 1759. Les tanneurs réclamèrent. L'abbé Terray répondit à leurs plaintes en faisant emprisonner plusieurs fabricants du Midi. La plupart des ateliers avaient succombé. Le courageux industriel du faubourg Saint-Antoine révéla dans un mémoire le préjudice immense que causait au trésor public la régie privilégiée. Rubigny-Bertheval avait pour lui la puissance de l'opinion. La

régie lui déclara une guerre à outrance. Son directeur écrivait, en 1776, à l'inspecteur de police Bertin, attaché spécialement à son administration : « La compagnie est instruite que c'est le sieur Bertheval qui a écrit contre elle ; il faut faire des procès à ce particulier ; l'*écraser* si faire se peut : vos places en dépendent. »

L'inspecteur tenait à son emploi ; il avait imaginé de faire apposer de fausses marques aux cuirs confectionnés par Bertheval ; mais celui-ci avait déjoué cette honteuse tentative. La régie ne se rebuta point, et en 1779 une Lettre de cachet fut remise au commissaire de police Chenon. Le 16 décembre, à sept heures du matin, Bertheval fut arrêté et conduit à la Bastille.

A cette nouvelle, un cri d'indignation s'éleva, et l'émeute vint gronder autour du château royal. La cour et les ministres s'émurent, et le prisonnier fut rendu à la liberté le 24 du même mois.

On a fait à Malesherbes l'honneur d'une réformation qu'il désirait sans doute, mais qu'il ne put réaliser. On a dit qu'appuyé par le roi lui-même il avait fait ouvrir les portes des prisons à tous les détenus par Lettre de Cachet : c'est une erreur.

Malesherbes ne fit mettre en liberté que deux victimes du pouvoir arbitraire de ses prédécesseurs. Tous ses efforts s'étaient bornés à composer une commission de magistrats du parlement chargés d'examiner les demandes de Lettres de Cachet. Cette commission pouvait devenir, sous l'influence ministérielle, un terrible tribunal d'inquisiteurs. L'avenir effraya Malesherbes : il abandonna son projet.

Toutes ces circonstances sont révélées par un écrivain qui ne peut être suspect : l'intendant Sénac de Meillan, ami de Malesherbes. « M. de Malesherbes, dit-il, ayant été nommé ministre, s'empressa de faire usage de la visite des prisonniers d'état. La prévention favorable qu'on avait pour le vertueux ministre a fait répandre le bruit qu'il en avait délivré un nombre considérable. Il m'a dit lui-même, avec la franchise qui le caractérisait, et lui faisait repousser les éloges qui n'étaient pas mérités, *qu'il n'en avait fait sortir que deux...*» (*Du Gouvernement, des mœurs et des conditions en France avant la révolution*, par Sénac de Meillan, p. 155, édition de Hambourg. 1795). L'usage des Lettres s'était maintenu pendant quatre cents ans.

Les parlements s'étaient souvent prononcés contre cet abus; mais ils s'étaient bornés à de simples remontrances; ils ne le proscrivirent par d'énergiques arrêts que lorsqu'ils se sentirent eux-mêmes frappés.

Les quatre millions d'électeurs de 1789 réclamèrent avec une vertueuse unanimité l'abolition des Lettres de Cachet, et l'Assemblée constituante a pu croire que le vœu de la France entière avait été compris par les ministres de Louis XVI, et qu'une loi pour la réforme d'un abus proscrit par la justice et l'humanité était inutile. Un fait nouveau lui prouva que les traditions ministérielles n'étaient pas oubliées : les cartons du ministre

Saint-Priest en renfermaient encore en octobre 1789.

Le roi avait quitté Versailles et habitait le château des Tuileries ; il avait accordé un appartement à madame de la Roche-Aymond, qui trouva très-mauvais que madame Élisabeth *ait eu la fantaisie de l'occuper*.

Le domaine possédait un vaste hôtel voisin du château royal, loué par bail à raison de 8,000 fr. par M. Beugnet, qu'il avait sous-loué à un prix beaucoup plus élevé à divers locataires. Madame de la Roche-Aymond convoitait ce vaste hôtel. Les ordres sont donnés pour le mettre immédiatement à sa disposition. Une Lettre de Cachet émanée des bureaux de M. de Saint-Priest enjoint aux locataires de déguerpir sans délai. Quelques-uns obéirent par crainte ; d'autres persistèrent à garder leurs logements. La presse, libre alors, leur vint en aide. Interpellé sur ce fait, le ministre répondit que tout s'était passé à son insu, et que c'était l'effet d'une surprise, d'une erreur involontaire. Un comité fut nommé pour se faire rendre compte des prisonniers détenus par Lettres de Cachet ou autres actes arbitraires, et les Lettres n'ont été abolies que par un décret du 16 mars 1790.

La Lettre de Cachet obtenue par madame de La Roche-Aymond a sans doute été la dernière ; le mot a disparu de nos lois d'administration publique. Mais l'abus s'est reproduit sous d'autres noms : avant, pendant et depuis la Restauration, combien de détentions arbitraires pourraient être citées. Le nombre, pour Paris seulement, s'élèverait à un chiffre effrayant. Les ministres de la Restauration n'ont-ils pas déclaré hautement à la tribune que sans arbitraire il n'y avait pas de gouvernement monarchique possible.

DUFEY (de l'Yonne).

LETTRES D'ÉTAT. On appelait ainsi, avant 1789, des Lettres de grande-chancellerie contresignées par un secrétaire-d'état, que le roi accordait aux ambassadeurs, aux officiers militaires, aux personnes absentes pour un service public, afin de surseoir à toutes poursuites qui pourraient être faites en justice, contre eux, en matière civile, durant un temps limité par ces lettres.

LETTRES DE JUSSION. Sous le régime monarchique antérieur à 1789, le roi commandait par lettres scellées, adressées à des juges supérieurs ou autres, de procéder à l'enregistrement de quelque édit, ordonnance ou déclaration, ou de faire quelque autre chose qu'ils avaient refusé. C'étaient les *Lettres de Jussion*. Quand les premières lettres n'avaient pas eu leur effet, par suite de la résistance dont les corps judiciaires donnaient d'assez fréquents exemples, le roi en faisait expédier d'autres qu'on appelait *itérative Jussion*, ou *seconde Jussion*, ou *seconde Lettre de Jussion*. Depuis que la Révolution a enlevé aux cours supérieures le droit de délibérer sur l'enregistrement des lois, le nom des Lettres de Jussion a disparu avec leur usage.

LETTRES DE MARQUE. C'est la commission d'un corsaire. Il est admis par ce qu'on appelle le droit des gens qu'un gouvernement peut donner à des particuliers de sa nation ou d'une nation étrangère l'autorisation de capturer sur mer les propriétés appartenant aux citoyens d'un pays avec lequel il est en guerre. Cette autorisation s'appelle Lettres de marque. L'armateur qui en est muni fait ce qu'on appelle la course, d'où lui vient le nom de corsaire. Faute de Lettres de marque, le corsaire serait considéré comme forban et pendu en cette qualité avec son équipage aux vergues du premier navire qui parviendrait à s'emparer de lui. (V. MER)　　　　J. B.

LETTRES PATENTES. « Ce sont des lettres du roi, scellées du grand-sceau : elles ont pour objet, et doivent être obtenues, lorsqu'il s'agit de quelque établissement, privilège, octroi, grâce, etc.

« Les Lettres-Patentes n'ont force de loi qu'après qu'elles ont été vérifiées dans les parlements, les *parties intéressées* ouïes et duement appelées.

« On les appelle *Lettres-Patentes* parce qu'elles sont ouvertes, par opposition aux Lettres de cachet qui sont closes et cachetées du cachet du roi. » (Denisart, 1778.)

Ainsi le nom de Lettres-Patentes était réservé aux actes du pouvoir royal relatifs à des intérêts privés. Cette dénomination n'a plus aucune signification légale. Néanmoins on la voit encore figurer au *Bulletin des Lois* en tête de quelques actes de la juridiction gracieuse, tels que création de titres, changements de noms, etc. L'Empire l'avait conservée pour les constitutions de majorats. C'est un des mille abus de détail par lesquels s'introduisait la restauration des formes monarchiques.

LETTRES ROYAUX. Avant 1789, on désignait sous la dénomination générique de Lettres Royaux tous les actes émanés du roi, et portant le nom de Lettres qui étaient scellées du grand ou du petit sceau.

LIBELLE. (V. PAMPHLET).

LIBÉRALISME. Il y a peu de mots plus difficiles à définir que celui-là. Le Libéralisme est-il une doctrine ? Demandez à la très grande majorité des libéraux sur quoi repose ce qu'ils appellent leur opinion ; ils seront bien empêchés de vous satisfaire. Rien n'est plus vague dans leur esprit : beaucoup de préjugés et une défiance d'ailleurs très légitime à l'égard d'un pouvoir quelconque, voilà tout leur fond. Cependant, il a été écrit quelques livres pour défendre les idées dites libérales : Le Libéralisme prétend donc être considéré comme une doctrine. Essayons de le faire.

Avant de poser la liberté comme un principe, il faut bien prendre garde. Il n'y a rien de supérieur à un principe, et qui le pose doit en accepter toutes les conséquences. On entend sans doute ce que nous voulons dire quand nous parlons de

société, de gouvernement : la société ou plutôt le
gouvernement qui la représente dicte des lois,
oblige tous les individus à les respecter, et prononce des peines contre les infracteurs. Mais s'ils
sont libres, si leur droit est antérieur aux devoirs
que les décrets leur commandent, il n'y a pas de
raison morale pour qu'ils s'y soumettent ; la contrainte est une tyrannie, la peine une violation de
la loi naturelle. Cette opinion est-elle celle que
professent nos libéraux ? Ils n'oseraient le dire, et
cependant c'est la conclusion rigoureuse de leurs
prémisses. Nous les défions d'échapper à ce dilemme : ou la liberté n'est qu'un fait, une convention, une pure tolérance du pouvoir constitutionnel, et alors ce n'est pas elle qu'il faut invoquer contre les abus de ce pouvoir ; ou la liberté est un principe, et alors c'est la société qui
est conventionnelle ; il appartient à l'individu de
marcher dans sa force et dans son isolement, d'opposer à l'arbitraire de la loi la souveraineté de sa
conscience.

On a beaucoup divagué pour ne pas faire ces
aveux ; toujours est-il qu'ils ont été arrachés aux
seuls logiciens de l'école, à Benjamin Constant, à
Charles Comte. Suivant nous, une doctrine qui
conclut à l'individualisme, conclut à l'impossible,
à l'absurde.

Certes, l'individu est quelque chose en soi (si
toutefois la science humaine exprime la vérité) ;
nous voulons qu'on en tienne compte, nous voulons qu'on lui accorde assez de liberté dans ses
mouvements pour qu'il puisse obéir aux instincts
de sa nature et remplir sa fonction personnelle.
Mais la société n'est-elle pas elle-même intéressée à l'accomplissement de cette œuvre ? La nature individuelle est-elle distincte de la nature
collective ? Ce sont là des questions qui ont été déjà
résolues dans ce *Dictionnaire*.

Ce que nous nous proposons seulement d'é-
tablir ici, contre la doctrine libérale, c'est qu'il ne
peut être permis de se prévaloir contre les décrets
sociaux de droits antérieurs à ces décrets. La société peut être mal représentée, mais elle-même
elle ne peut mal faire. Protester contre une représentation vicieuse et abusive, ce n'est pas argumenter sur la thèse libérale, c'est rappeler au
pouvoir qu'il a reçu mission d'agir autrement
qu'il n'agit, c'est opposer à ses actes les conditions de son mandat, et ce mandat, ce n'est pas
l'individu qui l'a conféré.   E. H.

LIBERTÉ. Lorsque l'homme se meut dans
les milieux matériels qui l'enveloppent sans l'arrêter, lorsque, franchissant le monde visible, il promène sa pensée dans les régions infinies de l'intelligence, non-seulement il porte en lui le sentiment de sa force, mais, ce qui le grandit encore
à ses propres yeux, il comprend que cette force est
soumise à sa volonté, et qu'elle peut agir ou se
reposer en vertu de son libre arbitre. Soit qu'il
cède aux obstacles, soit qu'il les fasse plier, soit
qu'il avance, soit qu'il recule, soit que, dans ses
luttes opiniâtres, il s'arrête pour reprendre haleine,
soit que, poussant ses triomphes jusqu'au bout, il

ne s'endorme qu'au sein de la victoire, toujours il
entend en lui-même une voix intérieure qui lui
crie que chacun de ses actes est libre, et toujours
il a cru aux paroles de cette voix. Cette liberté
d'action dont chaque homme a conscience a été
appelée par les philosophes Liberté morale. En vain
les disputeurs des écoles ont-ils contesté cette Liberté, en vain ont-ils opposé à cette Liberté la
puissance aveugle des causes déterminantes : à
toutes les époques et dans toutes les sociétés, le
genre humain a protesté contre ces argumenta-
tations ; et, dédaignant la discussion de vaines
arguties, il s'est proclamé libre parce qu'il se sentait libre. C'est, en effet, sur ce sentiment de Liberté que repose la responsabilité, cette sauve-
garde des sociétés ; c'est sur la responsabilité que
reposent les notions du bien et du mal, de la
vertu et du vice, et toute la théorie des peines et
des récompenses.

Mais, si l'homme se sent libre dans la sphère
de son individualité, il ne peut agir ni se mouvoir sans entrer dans la sphère des individualités
qui l'environnent. Or, par cela même qu'il se sait
libre, il comprend que les autres ont la même Liberté que lui ; et, comme il veut que sa Liberté
soit respectée, il consent volontiers à ce que celle
des autres le soit également. Il met donc librement un frein à sa Liberté dans tous les cas où
elle pourrait gêner la Liberté des autres ; mais
aussi il demande en retour le même sacrifice pour
lui ; et ces mutuelles concessions, devenues des
garanties de sécurité, fortifient la Liberté de chacun, tout en paraissant la restreindre. Qu'est-ce,
en effet, que la Liberté, sinon la garantie des droits ?
Et comment cette garantie s'exerce-t-elle, sinon
en donnant et en recevant ? C'est une véritable
association, et, comme dans toutes les associations,
on reçoit plus qu'on ne donne ; car ce qui est
donné n'est qu'une fraction individuelle qui va se
partager entre tous : ce qui est reçu vient de tous
pour aller se concentrer sur chacun. Ainsi, la
somme des concessions faites à chaque individu
étant bien supérieure à sa concession propre, la
somme de ses Libertés se trouve augmentée en
proportion. Par conséquent, la première condition pour être libre, c'est de respecter la Liberté
des autres : en d'autres termes, la Liberté n'est
autre chose que l'égalité.

Mais, entre ces individualités, toutes inégales,
il pourrait y avoir collision. Qui sera le juge ? qui
pourra maintenir l'équilibre ? Ce sera un être collectif chargé de diriger les intérêts communs,
parlant au nom de tous et commandant à chacun
avec l'assentiment de tous. Cet être collectif s'appelle le Pouvoir. Le Pouvoir est l'union de l'autorité et de la force (1) ; l'autorité, qui est la voix
de la raison générale ; la force, qui est la concentration en une seule de toutes les puissances individuelles. Or, la raison particulière de chaque
individu étant comprise dans la raison générale,
il s'ensuit qu'il est tenu d'obéir à l'autorité sous
peine d'être en révolte contre lui-même ; car, en

(1) Lamennais.

obéissant à l'autorité, il ne fait qu'obéir à la loi qu'il a lui-même faite ; c'est-à-dire que, même dans son obéissance, il fait acte de Liberté, en ce sens que, dans la société et vis-à-vis de la société, l'homme est, selon la belle expression de De Maistre, librement esclave : d'où il résulte encore que le Pouvoir n'est que la garantie de la Liberté.

Voilà donc la Liberté humaine considérée dans trois conditions différentes : 1° par rapport à l'homme dans sa vie individuelle ; 2° par rapport à l'homme dans sa vie de relation avec les autres hommes, ou autrement sa vie civile ; 3° par rapport à l'homme dans sa vie de relation avec le pouvoir, ou autrement sa vie politique.

Dans le premier cas, et tant qu'il agit dans la sphère individuelle, sa Liberté est illimitée ; il est en possession de la souveraineté pleine et entière qui est en lui (1). Voilà le premier sentiment de Liberté.

Mais, lorsqu'il agit dans la sphère des autres individualités, il restreint sa souveraineté en tant qu'elle blesserait la souveraineté des autres, auxquels il reconnaît les mêmes droits qu'à lui. A côté du sentiment de la Liberté, vient se placer le sentiment de l'égalité.

Enfin, quand il agit dans la sphère politique, il reconnaît la suprématie du pouvoir qu'il a fait et soumet sa Liberté à ce contrôle qu'il a librement consenti. Au sentiment de Liberté et d'égalité, se joint alors le sentiment de l'autorité.

Liberté, égalité, autorité, tels sont les éléments principaux de la vie sociale.

Qu'on n'aille pas croire, toutefois, que ces trois éléments puissent être séparés sans perdre mutuellement de leur puissance. Par un phénomène étrange et qui paraît contradictoire, plus l'homme semble abdiquer de sa Liberté, plus il est réellement libre. Supprimez l'autorité, l'égalité et la Liberté seront en péril ; faites disparaître l'égalité et ces mutuelles concessions que se font les hommes en vertu de cette égalité, la Liberté ne sera qu'un vain mot. En effet, la Liberté n'est que le développement des forces actives de l'homme : or, ces forces seraient arrêtées par le plus petit obstacle matériel, si l'on concevait l'individu abandonné à ses efforts isolés, si, par un concours mutuel de secours, il ne trouvait un soutien chez les autres auxquels il prête son assistance. Malgré l'appui de quelques-uns, il risquerait encore de rencontrer des obstacles de la part de quelques autres, si l'autorité ne venait écarter ces obstacles, en apportant dans les travaux de tous l'ordre et l'harmonie. Il faut donc que la Liberté soit garantie par l'égalité, et toutes deux par l'autorité. Alors les forces actives de l'homme se développent dans toute leur énergie, alors la Liberté se déploie dans toute sa puissance.

(1) Et encore est-il bon de remarquer que cette Liberté illimitée, que cette souveraineté absolue, ne sont que des abstractions ; car il est impossible de concevoir l'homme isolé : il tient à la société par tous les points ; son isolement ne peut être qu'un accident. Nous ne voulons donc dire autre chose, sinon que l'homme, dans sa vie intérieure, est souverain.

Ce ne sont là, à vrai dire, que des formules, et il s'en faut bien que la pratique sociale ait toujours été complètement d'accord avec la rigueur de ces principes : mais encore faut-il bien les connaître pour savoir apprécier les enseignements du passé et prévoir les tendances de l'avenir.

Il est constant que l'humanité, comme l'individu, subit ses lois de développement, et doit parcourir toutes les phases d'une éducation difficile avant d'avoir cette intelligence de soi-même que donne la maturité. Ce serait donc méconnaître la nature humaine que de demander aux siècles antiques le dernier mot des sciences sociales dont, même aujourd'hui, nous avons tant de peine à rassembler les premières syllabes. Si nous interrogeons, en effet, les faits du passé, nous voyons tantôt la Liberté portée à l'extrême, se détruisant de ses propres mains, pour avoir méconnu l'autorité, tantôt l'autorité se perdant par l'excès de sa force et succombant sous ses propres abus, pour avoir étouffé la Liberté. Nulle part cette heureuse conciliation de la Liberté et de l'autorité qui sert à les fortifier toutes deux ; partout des oscillations qui emportent un principe au-delà de ses limites pour le faire revenir en deçà du point de départ ; l'anarchie produite par la Liberté, le despotisme organisé par l'autorité, de continuelles réactions, et par conséquent de continuelles souffrances, et ces deux éléments de la vie des nations, devenus des éléments de destruction, parce qu'ils se combattent au lieu de se combiner ensemble.

Et pourtant chacun de ces essais, chacune de ces formes incomplètes apportait avec soi son progrès et son utilité. Pour ne nous occuper que des temps modernes, il est incontestable que l'autorité papale, qui se proclamait comme la *loi vivante* à laquelle devaient se soumettre tous les hommes, sans appel et sans examen, il est incontestable que cette autorité a rendu à la civilisation d'immenses services. (V. CHRISTIANISME.) Il est non moins incontestable que la réforme, en invoquant la Liberté d'examen pour chacun, avec le droit de juger souverainement ce qui est vrai ou faux, a fourni à l'intelligence des moyens de développement dont l'aveuglement pontifical comprimait le ressort. Alors chacun s'élança de son côté à la recherche de la vérité, sans ordre, sans frein, sans méthode : tout fut d'abord confusion et chaos, mais tout fut mouvement ; et, dans cette fiévreuse agitation des esprits, se firent entendre des paroles nouvelles qui appelaient l'homme à de nouvelles destinées.

Le principe de liberté passa bientôt de la religion dans la philosophie, et le système de Descartes se présenta comme la théorie philosophique de l'insurrection religieuse de Luther.

La philosophie du dix-huitième siècle, application rigoureuse du principe cartésien, attaqua toutes les vieilles institutions au nom de la liberté, et, malgré leurs dissidences intérieures, les encyclopédistes détruisirent à jamais l'autorité déjà ébranlée du trône pontifical.

Après les conquêtes religieuse et philosophiques, vinrent les conquêtes politiques. Les

disciples de Jean-Jacques et de Voltaire se partagèrent la direction de l'assemblée nationale, et
firent l'application pratique de la liberté qu'on
leur enseignait depuis deux cents ans. Leurs
longues et cruelles dissentions prouvèrent bientôt qu'ils ne considéraient la liberté que sous un
de ses aspects, en ne tenant compte que de la
souveraineté individuelle. Car si ce fut au nom
de la liberté que se produisirent les faits du 14
juillet et du 10 avril, ce fut aussi au nom de la
liberté que s'accomplirent les journées du 31 mai
et du 9 thermidor. Le même mot était invoqué
contre Louis XVI et Bailly, contre Vergniaud et
Robespierre. C'était prouver suffisamment qu'on
ne s'entendait pas.

Si en effet, lorsque chacun se proclame, en
vertu de sa raison personnelle, souverain indépendant, il n'a que faire d'écouter la raison des
autres : si ce principe est adopté, il en faut subir
les conséquences, et les conséquences sont le désordre et l'anarchie. Les hommes de la Montagne
eurent bientôt compris cette vérité, non qu'ils
l'eussent théoriquement conçue, mais parce que,
placés à la tête des affaires, ils étaient forcément
amenés au principe de l'autorité. Mais alors se
trouvant en contradiction directe avec leurs premières prédications, ils furent attaqués au nom
de la divinité qu'ils avaient enseignée, et ils durent succomber.

Napoléon, en détruisant la Liberté de tous, mit
sa raison personnelle à la place de la raison générale, et s'imagina créer l'autorité. Mais il ne créait
autre chose que la Liberté pour lui seul.

La Restauration prétendit faire, par la charte, un compromis entre la Liberté et l'autorité.
Mais l'autorité pour elle était le pouvoir d'un
seul, et elle pensait faire une grande concession
en partageant ce pouvoir entre quelques-uns. De
la sorte, l'autorité, au lieu d'être la raison générale, n'était que la raison particulière d'une faible
minorité. On affaiblissait l'autorité dans son essence, et on la mettait en face des hostilités incessantes de ceux qu'elle avait exclus. Or, toutes
les fois que l'on affaiblit l'autorité, nous l'avons
déjà dit, on affaiblit aussi la Liberté, et, ce qui est
encore plus fâcheux, on les met en hostilité l'une
contre l'autre.

Les réactions furent vives et la lutte énergique.
En juillet 1830, la Liberté triompha; mais elle se
retrouva le lendemain ce qu'elle avait été la veille,
comprimée et méconnue, tandis que l'autorité retombait dans les mêmes erreurs et les mêmes affaiblissements. Voilà le danger d'aujourd'hui. Pour
nous, quand nous demandons que l'autorité soit
confiée à tous, parce qu'il est de son essence d'être
le produit de la raison de tous, nous parlons sans
doute au nom de la Liberté et de l'égalité; mais nous
prêchons aussi la cause de l'autorité. Tant qu'un
seul individu est exclu, on l'insulte comme agent
libre, on l'opprime comme semblable et égal ; il
protestera donc, et cette protestation sera une
cause de désordre. Mais lorsque tous seront appelés à l'exercice de l'autorité, nul ne pourra gêner cette autorité dans son exercice, sans violer en

même temps la Liberté qui l'a constituée, et l'égalité dont elle est l'expression. ELIAS REGNAULT.

LIBERTÉ INDIVIDUELLE. La loi étant
l'idée commune d'une société, cette idée a besoin
d'être respectée de tous et de chacun. Mais ce
respect veut être garanti ; et lorsque les prescriptions morales sont insuffisantes, une répression
matérielle devient nécessaire. Aussi, dans tous
les temps et dans toutes les sociétés a-t-on investi
le pouvoir du droit de punir, en frappant le délinquant soit dans ses biens, soit dans sa Liberté,
soit même dans sa vie. Mais en même temps que
l'on armait le pouvoir de ce droit, on soumettait
ce droit à certaines conditions de forme, destinées
à protéger les individus contre les injustices et
les erreurs. Tout accusé doit être jugé avant d'être
puni ; or, entre le moment du jugement et celui
du méfait, il faut prendre les précautions nécessaires pour qu'il ne puisse échapper aux suites
d'une condamnation, si elle doit avoir lieu ; de là
la nécessité d'une arrestation provisoire. Mais,
d'un autre côté, il faut que cette arrestation ne
puisse être ni arbitraire ni inutilement prolongée.
De là, la nécessité de garanties qui protégent celui
qui est arrêté contre toute violence et toute vexation, qui protégent les citoyens contre toute arrestation qui ne semblerait pas suffisamment justifiée.

C'est l'ensemble de ces garanties qui sert en même temps de sanction et de défense à la Liberté individuelle. Ainsi, la privation de la liberté pour un
fait punissable est un hommage rendu à la société ;
les précautions prises pour que cette privation ne
puisse être imposée que dans des cas déterminés,
sont un hommage à l'individu. Car, nous avons
déjà plus d'une fois eu l'occasion de le dire, toute
loi doit tenir compte de la société et de l'individu.

D'où vient donc que cette question de la Liberté
individuelle ait tant occupé les esprits? D'où vient
qu'une vérité aussi simple ait fait naître de si
longues discussions ? C'est que l'on était surtout
préoccupé des faits antérieurs et des abus que
l'on avait détruits. A l'origine de la Révolution,
un des reproches les plus graves que l'on fit à la
royauté, était l'excessif abus des lettres de cachet
qui, sans formalité judiciaire, privaient de leur liberté des citoyens inoffensifs, et les précipitaient
vivants dans une tombe éternelle. Ce n'est point
par hasard que la victoire du 14 juillet fut un des
premiers actes de l'insurrection populaire ; c'était
résumer en une seule journée les plaintes de tant
d'années pendant lesquelles on avait vainement
demandé justice ; et l'on voyait, dans la destruction de la Bastille, l'établissement définitif de la
Liberté individuelle.

Aussi remarquez avec quel soin, dans les constitutions qui se succèdent rapidement, le législateur prend toujours sous sa sauvegarde la Liberté
individuelle. D'autres articles que l'on proclamait
fondamentaux sont effacés ou profondément modifiés : les articles sur la liberté individuelle restent invariables, sinon dans les termes au moins
quant aux principes.

L'article 7 de la constitution de 1791 porte :

« Nul homme ne peut être accusé, arrêté, ni détenu que dans les cas déterminés par la loi, et selon les formes qu'elle a prescrites. »

L'article 10 de l'acte constitutionnel présenté au peuple par la Convention, en 1793, répète encore mot pour mot l'article précédent.

L'article 8 de la constitution directoriale de 1795 ne sort pas des mêmes termes.

Bien des événements se passent avant la constitution consulaire; bien des changements sont survenus; et cependant, la pensée ambitieuse qui médite de plus grands changements encore, respecte les opinions populaires sur la Liberté individuelle. Le titre VII de la constitution de l'an VIII contient une série de dispositions toutes relatives à cet important sujet.

La constitution impériale de 1804 entre dans de plus grands détails qui témoigneraient de la vive sollicitude des législateurs sur les précieuses garanties de la Liberté individuelle, si les faits, en contradiction avec l'esprit et le texte de la loi, ne venaient accuser une fastueuse hypocrisie. Voici deux dispositions remarquables si elles avaient été mises à exécution :

Art. 60. « Une commission de sept membres, nommés par le sénat et choisis dans son sein, prend connaissance, sur la communication qui lui en est donnée par les ministres, des arrestations effectuées conformément à l'article 46 de la constitution, lorsque les personnes arrêtées n'ont pas été traduites devant les tribunaux dans les dix jours de leur arrestation. Cette commission est appelée *Commission sénatoriale de la Liberté individuelle.* »

Art. 61. « Toutes les personnes arrêtées et non mises en jugement après les dix jours de leur arrestation, peuvent recourir directement, par elles, leurs parents ou leurs représentants, et par voie de pétition, à la commission sénatoriale de la Liberté individuelle. »

Placer la Liberté individuelle sous la sauvegarde du plus grand corps de l'État, était une noble pensée, si cette pensée eût été sincère. Mais, même avec l'intention de dédaigner cette loi, la proclamer avec tant de solennité, c'était rendre hommage à l'opinion publique.

L'article 4 de la charte de 1814 rentre dans les termes des constitutions de la République :

« Leur Liberté individuelle (des Français) est également garantie : personne ne pouvant être poursuivi ni arrêté que dans les cas prévus par la loi et dans la forme qu'elle prescrit. »

Cet article se trouve répété dans l'acte additionnel. (Art. 61.)

Ainsi, tous les gouvernements qui se succédaient, sentaient le besoin de se concilier la faveur populaire en reconnaissant un principe qu'aucune révolution ne faisait oublier. Peu d'entre eux cependant étaient de bonne foi; et si Napoléon violait en silence, par des actes de volonté arbitraire, les dispositions du *sénatus-consulte* organique, Louis XVIII violait ouvertement la charte par des lois arrachées à la complaisante servilité des chambres. En effet, la loi du 29 octobre 1815 est en contradiction formelle avec la charte. L'ar-ticle 1er suffit pour en faire connaître l'esprit. Voici ce qu'il porte :

« Tout individu, quelle que soit sa profession, civile, militaire ou autre, qui aura été arrêté comme prévenu de crimes ou de délits contre la personne et l'autorité du roi, contre les personnes de la famille royale ou contre la sûreté de l'État, *pourra être détenu jusqu'à l'expiration de la présente loi,* si, avant cette époque, il n'a été traduit devant les tribunaux. »

Toutefois, ici du moins, l'on supposait que le prévenu serait traduit devant les tribunaux. Mais la loi du 12 février 1817 va bien plus loin dans l'arbitraire.

« Tout individu, y est-il dit, prévenu de complots ou de machinations contre la personne du roi, la sûreté de l'État ou les personnes de la famille royale, pourra, jusqu'à l'expiration de la présente loi, *et sans qu'il y ait nécessité de le traduire devant les tribunaux,* être arrêté et détenu en vertu d'un ordre signé du président de notre conseil des ministres et de notre ministre secrétaire d'état au département de la police générale. »

Cette loi était le rétablissement des lettres de cachet et une flagrante violation de la charte. La vive lutte des passions politiques ne la justifiait pas, et quoique la loi ne fût faite que pour un an, elle était tombée en désuétude même avant son expiration, tant l'opinion s'était fortement prononcée contre une mesure aussi arbitraire.

Ce qui prouve combien le sentiment des droits individuels est puissant dans le cœur de l'homme, c'est que c'est toujours la même question qui se représente à toutes les époques où le peuple se soulève contre les tyrannies du pouvoir. Ainsi, en Angleterre, lorsque les communes firent entendre à Charles Ier leurs hardies remontrances, ce qui les occupait surtout c'était d'enlever à la royauté le droit d'arrestation dont elle faisait un si coupable abus. Le parlement de 1626 formula, à cet effet, la fameuse *Pétition des droits,* qui fut véritablement le premier signal de la révolution. Malgré ses résistances, Charles fut obligé de sanctionner cette *Pétition.* Mais après avoir obtenu les subsides, il viola sa parole, et la lutte recommença jusqu'à ce qu'à force d'obstination la monarchie succombât.

Ce ne fut pourtant qu'en 1679 que les Anglais obtinrent une garantie réelle de Liberté individuelle par l'acte d'*Habeas corpus* (voyez ce mot) qui est devenu une des lois fondamentales de leur constitution.

Mais il y a dans cette loi un vice capital, c'est qu'elle reconnaît elle-même des cas où elle peut être suspendue, et tout en proclamant le droit, elle le livre à la merci du pouvoir. Aussi, les ministres se sont-ils trop souvent emparés de cette concession, et l'exception a fini par devenir la règle.

Nous ne sommes pas de ceux qui prétendent qu'on ne peut altérer une charte ou modifier une constitution. Mais si la modification est en sens inverse du progrès social, si elle consiste à retrancher les droits pour lesquels ont combattu les peuples, tandis qu'elle ne saurait être admise que pour développer ces droits, alors elle devient un acte coupable et dangereux.

Depuis la Révolution de 1830, le gouvernement n'a jamais été assez hardi pour violer ouvertement et en face toutes les lois sur la Liberté individuelle ; mais il a clandestinement fait abus de la faculté accordée à ses nombreux agents d'arrêter les citoyens sur les soupçons les moins fondés. L'article 93 du Code d'instruction criminelle veut que, dans le cas de mandat d'amener, tout individu arrêté soit interrogé dans les vingt-quatre heures. Or, il est arrivé trop souvent qu'à défaut d'exécution de cet article, des arrestations sans motif se sont prolongées avec une négligence arbitraire, contre laquelle toutes les réclamations sont restées vaines. Ensuite, même alors que l'interrogatoire devait faire tomber tout soupçon de culpabilité, les détentions ont été continuées sans motif ; un temps infini s'écoulait entre l'arrestation et le jugement ; et quoiqu'un acquittement vînt donner tort aux rigueurs inutiles du pouvoir, il s'est souvent écoulé six mois, et plus, pendant lesquels un homme, déclaré innocent par un jugement solennel, avait été violemment privé de sa Liberté. Tous ces abus viennent de la trop grande facilité avec laquelle les juges d'instruction délivrent des mandats d'amener. Il y a sur cette matière de grandes réformes à introduire dans la législation ; car, s'il n'y a, pour les garanties de la Liberté individuelle, nulle autre chose que la vaine formalité d'un mandat d'amener, les garanties deviennent illusoires dès que ce mandat est accordé sans examen et sans contrôle.

La prison est un véritable supplice ; c'est une peine appliquée avant qu'il y ait un coupable. Il faut donc que les magistrats n'en usent qu'avec la plus scrupuleuse discrétion, et qu'en cas d'erreur, cette erreur puisse toujours être justifiée par de graves présomptions. On ne fait peut-être pas assez attention à l'immense attribution de pouvoirs accordés aux juges d'instruction. C'est un sujet qui mérite de fixer toute l'attention du législateur.

Une autre disposition de la loi veut que les maisons d'arrêt soient entièrement distinctes des prisons établies pour peines. (Art. 603 et 604 du Code d'instruction criminelle). En effet, entre le prévenu et le coupable, il y a une distance énorme. Celui qui n'est privé de la Liberté que par précaution, ne peut être assimilé à celui qui est détenu par châtiment. Les confondre dans les mêmes rigueurs, les soumettre aux mêmes sévérités, est une odieuse injustice. Et pourtant, malgré le texte formel de la loi, les prévenus et les condamnés sont trop souvent associés, trop souvent on livre l'innocence aux moqueries et aux leçons du vice endurci. Ce mépris de la loi n'a pas même la triste excuse de la nécessité.

Ce serait ici peut-être le lieu d'examiner si la mise en liberté, moyennant caution, conformément à l'article 114 du Code d'instruction criminelle, n'établit pas un privilège injuste en faveur des riches. Il y a, d'ailleurs, dans cet article une restriction qui le rend illusoire dans tous les faits où il s'agit d'une poursuite politique. En effet,

comme cette mise en liberté n'est que facultative, il s'ensuit que la chambre du conseil refuse ordinairement son autorisation toutes les fois que le gouvernement croit avoir à faire à un ennemi politique. C'est une persécution légale qu'on est bien aise de pouvoir impunément appliquer.

Il faut donc l'avouer, toutes les questions concernant la Liberté individuelle sont encore mal déterminées et mal résolues. La prison, antérieure au jugement, devrait être imposée avec une modération que nos codes et nos usages ne connaissent pas. On multiplie sans nécessité, on prolonge avec excès les détentions, soit en vertu des lois, soit par les rigueurs inhumaines des magistrats. On oublie qu'il y a du danger à trop familiariser les citoyens avec la prison ; car, l'injustice qui pèse sur l'individu est une atteinte portée à la société.   E. R.

LIBERTÉ COMMERCIALE. Depuis que l'économie politique existe comme science, les économistes s'élèvent en chœur contre tous les obstacles qui gênent la liberté absolue des transactions commerciales. Ils repoussent sur tous les points l'intervention du gouvernement, et c'est à peine si quelques-uns d'entre eux font de légères concessions.

Autrefois on suivait des maximes différentes ; on invoquait sur tout des réglements administratifs ; il n'existait point de commerce, point d'industrie qui ne fussent patentés, fleurdelisés.

S'il fallait absolument choisir entre les anciennes doctrines et les nouvelles, nous préférerions assurément celles qui réclament la liberté commerciale. La concurrence est, en elle-même et abstraction faite de périls qu'elle entraîne, un principe énergique de progrès et d'améliorations, c'est le grand ressort de l'industrie. Mais il est certain que ce principe abandonné à lui-même emporte des abus qu'un gouvernement qui désire conserver la foi publique ne peut tolérer. Ainsi, l'établissement des vérificateurs de marchandises à la halle de Paris nous paraît excellent, et il est fâcheux qu'on n'en ait pas fait une plus large application. Il serait à désirer que, dans les grands centres commerciaux au moins, l'état et la qualité des marchandises fussent vérifiés et certifiés par des agents commissionnés pour cela. La fraude est le fléau du commerce ; on doit la combattre par tous les moyens, même lorsqu'elle invoque la Liberté.   C. S.

LIBERTÉ DES MERS. (V. MER.)

LIBERTÉ DE LA PRESSE. (V. PRESSE.)

LIBERTICIDE, de *libertas*, liberté, et *occidere*, tuer. Celui qui attente à la liberté. Ce serait un long travail, et qui ne serait pas sans péril, que de faire l'énumération de tous les princes qui ont mérité cette qualification. Mais on peut dire que tous les rois constitutionnels y sont exposés par la force même des choses ; car, comme l'antagonisme est la loi première de cette admirable forme de gouvernement, le roi est nécessairement conduit à empiéter sur les libertés du peuple. — Voir sous Charles X les ordonnances de juillet.   E. D.

LICTEURS. Espèce de sergents qui accompagnaient les principaux magistrats de la République romaine lorsqu'ils paraissaient en public. Ils remplissaient à-la-fois les fonctions de gardes et de bourreaux ; ils portaient un faisceau de verges au milieu desquelles était une hache. Le nombre des Licteurs était rigoureusement déterminé par la loi. Les consuls en avaient 12, les préteurs 2, le dictateur 24. Lorsque les décemvirs parurent accompagnés de 120 Licteurs, le peuple romain regarda cette démonstration de force comme un attentat à sa liberté.

LIGUE. Une Ligue est une association, une conspiration. Ce mot se prend en bonne ou en mauvaise part, suivant le dessein des fédérés. Quelquefois cette fédération est purement défensive ; le plus souvent elle a un but insurrectionnel, et toute insurrection n'est pas légitime.

Nous ne pouvons, dans cet article, motiver un jugement sur toutes les Ligues dont il est mention dans les annales des peuples ; nous ne parlerons que de deux Ligues fameuses qui eurent la France pour théâtre de leurs entreprises, et sur lesquelles on a prétendu, de nos jours, réformer l'opinion.

Vers l'année 1418, éclata la Ligue *du bien public*. Louis XI venait de monter sur le trône. Sous les règnes précédents, la monarchie avait porté de graves atteintes à l'autorité féodale, et le nouveau roi paraissait fort peu disposé à écouter les hautaines remontrances de ses grands vassaux ; il aimait les gens de la bourgeoisie, les fréquentait, et ne dédaignait pas de suivre leurs conseils. La haute noblesse s'indigna de cette préférence, et se leva pour reconquérir ses priviléges auliques. Dans cette ligue entrèrent le duc de Berry, frère du roi, les ducs de Calabre, de Bourbon, de Bretagne, de Bourgogne, de Nemours, les comtes de Dunois, d'Armagnac, de Dammartin et autres gentilshommes redoutables par leur puissance et leurs richesses territoriales, et par la force militaire dont ils pouvaient disposer. Le duc de Bourbon, dit l'historien Matthieu, était *l'intelligent agent* de la faction. Louis XI essaya d'abord de calmer les rebelles : il envoya des ambassadeurs. Ce fut une démarche inutile. Les princes répondirent que l'amour du bien public ne leur permettait pas de transiger, et qu'ils ne déposeraient pas les armes avant d'avoir rétabli l'ordre dans la royauté. Louis XI voulut réparer immédiatement cet échec diplomatique : il marcha vers l'Auvergne et réduisit les ducs de Bourbon et de Nemours. Pendant ce temps, le duc de Berry remontait la Loire avec une armée formidable ; de son côté, le comte de Charolais s'avançait à la tête de vingt-six mille hommes ; le rendez-vous des fédérés était sous les murs de Paris. Ils comptaient que, sur leur passage, toutes les villes s'empresseraient de reconnaître et de saluer leurs prétendus libérateurs. C'était une illusion qui fut suivie de cruels mécomptes : « Le roi haï des grands, fait observer Duclos, parce qu'il réprimait leur ambition, était aimé des peuples. » Louis XI accourt défendre Paris, et, le mardi 16 juillet, une

terrible bataille fut livrée à quelques lieues de la ville : les chances du combat, d'abord incertaines, se décidèrent pour la monarchie. La paix fut alors proposée et conclue à Saint-Maur. Pour conditions de la paix, les fédérés demandèrent les uns des adjonctions de territoire, les autres des pensions ; un d'entre eux n'inclina son épée qu'après avoir obtenu le bâton de maréchal de France. Quant au bien public, « on n'en parla, dit Matthieu, qu'après que tout fut fait. » La nécessité contraignit le roi à conclure ces marchés compromettants ; on sait comment il reprit ensuite l'avantage et recouvra son royaume.

Il s'est rencontré, parmi les écrivains modernes, des gens assez amoureux du paradoxe ou assez aveuglés par l'esprit de parti pour outrager la mémoire de Louis XI, et regretter le régime anarchique dont il poursuivit la réforme avec autant de zèle que d'intelligence. Il nous suffit d'opposer à leurs déclamations frivoles que le calamiteux traité de Saint-Maur anéantissait implicitement la nation française, tandis que la politique habile de Louis XI eut pour résultat de sauver le royaume d'une invasion menaçante et d'affranchir le peuple de ses tyrans domestiques.

La Ligue du *bien public* ne fut pas la plus sanglante de toutes celles que fomentèrent en France les ambitions des particuliers. Nous avons raconté le massacre de la Saint-Barthélemy (V. ce mot) et présenté cet événement comme la conséquence naturelle des faits antérieurs, comme le dénouement d'une sanglante tragédie où les deux partis rivaux avaient joué l'un et l'autre un rôle également odieux : nous en avons en outre apprécié les résultats dans l'intérêt de la monarchie française, délivrée d'ennemis puissants et acharnés à sa ruine. Mais qui avait donné ce conseil de meurtre ? La cour romaine. Nous avons flétri ce conseil. Il nous reste à dire que, n'ayant pas recueilli de la victoire tous les profits qu'elle en espérait, elle prit le parti d'armer contre l'État l'ambition des chefs catholiques, après avoir invoqué le salut de l'État pour obtenir le massacre des chefs protestants.

Une *sainte* Ligue fut secrètement organisée, vers l'année 1570 : les instruments de Rome étaient, dans cette affaire, un avocat nommé David, l'un des meneurs de la bourgeoisie parisienne, chargé de préparer le soulèvement, et les princes de la maison de Guise, appelés à diriger et à gouverner la France après l'expulsion de la dynastie capétienne. Henri III avait refusé de sanctionner plusieurs articles du concile de Trente, et, si bon catholique qu'il fût, il n'avait pas désespéré de se rallier par quelque sage accommodement les débris de la faction protestante. Les amis de la maison de Guise exploitèrent auprès des fanatiques cette tendance vers l'hérésie ; ceux-ci poussèrent en avant les gentilshommes catholiques, en leur soufflant à l'oreille que si les protestants revenaient à la cour, ils y usurperaient leurs dignités et leur crédit. Une vaste conspiration fut ourdie : elle eut Paris pour centre, et ses ramifications s'étendirent au-delà des frontières. Henri III se crut forcé de traiter avec la Ligue et de sanctionner sa turbulente propagande ; mais il fut mal récompensé de cette faiblesse : à l'ombre de sa protection s'éleva la formidable dictature des Seize, et là journée des Barricades l'exila de Paris ; la Ligue offrit alors la couronne à Philippe II d'Espagne, et, pour mieux lui préparer les voies, elle arma d'un poignard régicide la main de Jacques Clément. Les excès des conjurés sauvèrent la monarchie française et la France avec elle : devant l'imminence d'une invasion espagnole, les bourgeois de Paris se repentirent d'avoir servi la cause des missionnaires ultramontains, et proposèrent la paix avec la couronne à Henri de Navarre, qui s'empressa d'accepter l'une et l'autre.

Pour justifier la *sainte* Ligue, on n'a trouvé qu'un argument ; on a dit : Toutes les manifestations populaires doivent être respectées, et la Ligue ne fut pas autre chose. Le principe est fondé, mais l'application en est fausse. Au seizième siècle, le peuple n'était pas distinct de la bourgeoisie, ou, pour mieux dire, la bourgeoisie était le peuple même. Si nous n'hésitons pas à reconnaître la part active que prirent les bourgeois de Paris qui préparèrent et suivirent la déchéance du roi, on nous accordera que la dissolution de la Ligue et la restauration de la monarchie furent aussi leur ouvrage. Et, d'ailleurs, il n'est pas vrai que l'initiative de l'insurrection appartienne à l'élément démocratique. Pleins des souvenirs de la Saint-Barthélemy, et n'ignorant pas que la faction protestante en avait gardé rancune à la royauté, les bourgeois de Paris se laissèrent persuader qu'en extirpant l'hérésie ils feraient les affaires de la couronne ; ils furent détrompés, et témoignèrent de leurs mécomptes, quand ils virent clairement que les meneurs du complot travaillaient les uns pour la maison de Lorraine, les autres pour celle d'Espagne. Quels étaient ces meneurs ? Presque tous portaient le froc : c'étaient Jean Prévôt, curé de Saint-Séverin, Jean Boucher, curé de Saint-Benoît, et Matthieu de Launoy, chanoine de Soissons. Nous avons fait connaître les maximes politiques des jésuites (V. ce mot). Jean Boucher fut un de leurs plus illustres docteurs en cette matière ; il prêcha sans détour que la couronne et la vie des rois étaient de droit divin à la discrétion des papes, et que, pour n'avoir pas exterminé le dernier des hérétiques, Henri III avait mérité la mort.

Ces fanatiques avaient encore du crédit dans la bourgeoisie, mais ils le devaient bientôt perdre : ils appartenaient au passé par leurs doctrines. Le parti qui représentait les idées les plus avancées, le parti qui devait rendre la paix à la France, était alors celui des *politiques*, des parlementaires. Il professait la tolérance en matière de religion, et le mémorable édit de Nantes fut inspiré par ses conseils.   B. H.

LIMITE DES POUVOIRS.

Ici, comme sur bien d'autres points, la mauvaise constitution des choses a réagi sur les mots et embrouillé les idées.

Quant aux pouvoirs purement législatifs, il faut d'abord mettre de côté ce qu'on a nommé la théo-rie de l'*équilibre*. Cette théorie, imaginée en Angleterre, pays de la fiction, pour couvrir la souveraineté très-réelle de l'aristocratie, fut importée en France par Montesquieu. Ce grand esprit, honteux de la fainéantise vile où la noblesse française était tombée de son temps, ne put voir sans envie un mécanisme politique qui donnait à l'aristocratie un si beau rôle. Sa passion lui fit illusion sur ce sujet ainsi que sur d'autres, et, d'ailleurs, la nature toute rétrospective de son intelligence, ne le portait guère à prévoir les tendances de l'avenir.

Sous le patronage de ce nom illustre s'est formée l'école qu'on a appelée *doctrinaire*, et qui, par manie philosophique et littéraire, bien plus que par passion politique, a mis un soin persévérant, et, certes, bien malheureux, à importer dans la constitution de la France cette théorie, née de l'histoire particulière, des mélanges de races, des intérêts compliqués et exclusifs de l'Angleterre. Mais quand la France n'eût pas été, par ses instincts, par son passé, par les transformations successives de ses éléments organiques, directement antipathique à cet ordre d'idées, à la fiction, la composition seule de cette école, qui n'a jamais pu même se métamorphoser en parti, aurait démontré son impuissance radicale. C'étaient tous ou à-peu-près tous des bourgeois lettrés qui travaillaient au profit de l'aristocratie. Quant à l'aristocratie elle-même, elle les désavouait et les désavoue encore avec un profond dédain.

Mais le succès que cette école n'obtenait pas auprès de l'aristocratie, elle le trouva dans le tiers-état, qui, comme il a été dit ailleurs (V. Juste-Milieu), avait un intérêt très-grand à envelopper, à cacher dans la fiction le rôle de domination qu'il prétend exercer depuis 89. D'ailleurs, les deux invasions donnèrent une victoire de circonstance à ces théories. Le roi restauré les professait personnellement depuis longtemps ; — les Anglais avaient la haute main dans la restauration et s'en firent les directeurs suivant leurs idées ; et, enfin, la France, qui ne pouvait plus s'adresser à la franche doctrine philosophique de la Révolution vaincue par l'invasion, et qui ne voulait pas accepter la monarchie pure que lui auraient imposée les Bourbons, se résigna à une transaction et subit ce régime de fiction sous lequel elle espérait réparer ses forces épuisées et régulariser sa vie intérieure, troublée par le despotisme de l'empire et par un immense changement dans la loi civile et dans l'assiette de la propriété.

Par toutes ces causes, la fiction représentative de l'équilibre des pouvoirs dura quinze ans. Après quoi elle finit comme c'était sa destinée nécessaire, par une violence d'un des trois pouvoirs prétendus légaux.

Qu'était-ce en effet que cet équilibre ?

L'équilibre, c'est l'immobilité. A la condition de ne faire aucun mouvement, la machine politique, comme toute chose, pourrait en effet durer longtemps : je dis *durer* et non pas vivre. Mais tout est mouvement, et dès qu'une force quelconque donne une impulsion qui est suivie, cette force est souveraine ; dès qu'il y a résistance, il y a lutte, puisque le mouvement est nécessaire, et la lutte se termine par la victoire de l'élément prédominant.

Je suppose ici que les éléments sont tous réels et ont une force propre. Que serait-ce s'il était vrai qu'un ou plusieurs sont tellement dénués de raisons d'existence qu'en fait ils sont eux-mêmes de pures fictions?

Telle est la vérité pourtant, vérité à présent si généralement reconnue, que l'équilibre des pouvoirs n'est plus qu'une banalité parlementaire et une niaiserie bonne à arrondir les périodes des harangues officielles.

Le tiers-état, seul élément réel, seul souverain constitutionnel, se cachait donc sous cet étalage. Le roi, fait par lui, chargé de créer le troisième pouvoir, la chambre des pairs, était dans sa main par le refus possible de l'impôt, et ne pouvait rien que par lui au-dedans. Et ce n'est, en effet, qu'au dehors qu'il a pu suivre une politique exclusivement dynastique et monarchique, grâce au mystère dont cette nature d'action est nécessairement entourée, à l'impossibilité de la surveillance, à l'irrévocabilité des résultats.

Dans cet arrangement, le tiers-état n'a pas craint de faire une large part à une royauté ainsi dépendante par le point essentiel. Outre la composition de la chambre des pairs, il lui a donc remis encore une puissance énorme sur le corps électoral : la royauté a été son chargé d'affaires contre le grand nombre et contre l'intelligence innovatrice.

Mais il est résulté de là que la vie représentative n'a pris, dans le tiers-état même, qu'un développement restreint, et n'a eu d'influence que sur les intérêts locaux, partiels, particuliers même, sans accroître l'énergie et la force morale de la nation.

Le calcul mathématique suffit pour montrer comment les citoyens même privilégiés qui composent le corps électoral ne doivent apporter aucune ardeur politique à l'exercice de leur privilège. Le calcul, en effet, prouve que leur action individuelle est tout-à-fait insignifiante.

Suivons le sort d'un vote individuel, et voyons sa valeur.

D'abord le nombre des éligibles est restreint, et, même avant le scrutin, l'électeur se trouve, par deux conditions, celle du cens et du domicile des candidats, enchaîné dans l'expression de ses pensées et de sa volonté. En comparant seulement les nombres, celui des électeurs et celui des éligibles, il y a toute probabilité que les premiers ne peuvent choisir précisément les hommes qui les représenteraient le mieux.

Le député nommé, il devient un 459ᵉ d'une chambre, qui n'est elle-même que le tiers du pouvoir législatif. Mais, dans cette chambre, se trouvent, pour plus d'un tiers, des voix acquises d'avance à une opinion et à un intérêt contre lesquels le député vient lutter : je veux parler des fonctionnaires salariés. Si l'on y ajoute ceux qui sont disposés à le devenir ou qui sont engagés d'une manière indirecte, par la pa-

renté, par les marchés, etc., on verra que la majorité est très-vraisemblablement engagée d'avance, au moins quant à la question politique fondamentale. Que devient donc le député indépendant au milieu de cette majorité toute faite? Quelle est désormais la valeur de son vote?

Mais, poursuivons. La majorité telle qu'elle est formée a voté; que deviennent ses décisions? La chambre des pairs, pouvoir entièrement étranger à l'électeur, a la faculté de les réduire au néant.— Admettons qu'elle ne le fasse point : la royauté, à son tour, peut l'annuler formellement et complétement. Et même, sans prendre cette voie directe et préventive, elle peut aller, quand elle y a un intérêt pressant, jusqu'à la violer dans son texte promulgué, comme cela s'est vu assez souvent pour que l'électeur sache à quoi s'en tenir.

Voyez comme de diminution en diminution la valeur du vote du député, et encore plus de l'électeur, se réduit absolument à rien! Aussi l'électeur et le député agissent-ils conformément à cette conviction : chacun ne voit dans le vote qu'un instrument de crédit personnel, et c'est à ce seul titre que l'élection politique intéresse. Sous tous les autres rapports, sa nullité a conduit le corps privilégié à la plus profonde indifférence.

En fait, donc, l'*équilibre* est plus dérisoire que jamais. Il n'y a qu'un pouvoir capable d'agir, c'est la royauté, qui, par la bourse, la banque, le commerce, la presse fiscale de ce temps et l'espèce d'opinion qu'elle crée, se trouve dans la main de la haute bourgeoisie.

Cette fausse idée de l'équilibre venait peut-être cependant d'un sentiment juste.

Il est vrai que, dans tout régime représentatif, il se forme une majorité et une minorité; une majorité qui se croit tous les droits parce qu'elle a tout le pouvoir. Or, ne serait-il pas équitable que la minorité eût, constitutionnellement, une représentation qui pût la défendre, et qui, sans arrêter le mouvement nécessaire, le ralentirait cependant assez pour prévenir les violences grossières du plus fort?

Cela serait en effet très-bon, mais impossible par beaucoup de raisons dont une seule suffit.

Ou le pouvoir modérateur (à supposer qu'on pût le faire sortir de tous les éléments hostiles qui composent les minorités) serait armé d'un droit réel de résistance, d'un *veto* absolu, ou bien il n'aurait qu'un pouvoir limité et inférieur à celui qui lui serait opposé. — Dans le premier cas, on n'aurait fait que mettre en présence, en ordre de bataille deux ennemis de force inégale, on aurait préparé le massacre de propos prémédité.—Dans le second, la résistance de la minorité deviendrait bien vite dérisoire et ridicule. La majorité se moquerait de la formule constitutionnelle, et suivrait son penchant, comme cela est arrivé toutes les fois qu'on a prétendu établir par les textes des contrepoids, des ralentissements, des entraves, à une force reconnue souveraine.

Ce n'est donc pas dans la Limite des pouvoirs législatifs qu'il faut chercher une protection pour la minorité.

Nous trouverions aussi peu de respect pour la nature des choses dans la délimitation actuelle des autres natures de pouvoirs : exécutif, judiciaire, etc.

Cherchons brièvement une meilleure classification.

Toute démocratie régulière, c'est-à-dire où tous les pouvoirs émanent du peuple, sans distinction de castes, a pour éléments nécessaires :

1° Un pouvoir constituant qui détermine les conditions générales suivant lesquelles les lois sont faites et exécutées. Sous peine de passer par des crises révolutionnaires successives, la nation doit donner à ce pouvoir une action périodique ;

2° Un pouvoir législatif, divisé ou non quant à la délibération, mais libre de toute intervention des autres pouvoirs ;

3° Un pouvoir exécutif chargé de faire respecter la loi et de protéger les décisions qui l'interprètent ;

4° Un pouvoir judiciaire chargé d'interpréter la loi quand son sens fait naître des conflits entre les intérêts particuliers.

On cherche à présent, et depuis longtemps, les bases d'un autre pouvoir, moitié judiciaire, moitié administratif, dont la mission serait de prononcer sur l'interprétation de la loi, dans le cas où il y a conflit entre les intérêts particuliers et l'intérêt de l'État. C'est ce qu'on appelle la justice administrative, aujourd'hui confiée au Conseil-d'État. Et il faut remarquer que cette juridiction devient de plus en plus importante, à mesure que l'État se mêle davantage aux intérêts particuliers, et s'occupe avec plus de détail de toutes les branches de l'activité générale. Aussi des intérêts immenses lui sont-ils confiés depuis quelques années, lesquels iront toujours croissant en nombre et en grandeur.

La difficulté est ici palpable. Plus les juges seront indépendants de l'État et se rapprocheront de la justice ordinaire, et plus on verra s'accroître le danger qu'on redoute, celui de confier à des particuliers le sort des intérêts publics attaqués par l'intérêt particulier ; au contraire, plus les juges ressembleront à des fonctionnaires dépendants, moins on redoutera ce péril ; mais plus, d'un autre côté, on sera près de cette iniquité d'un pouvoir à-la-fois juge et partie. — Toutes les combinaisons de nomination, d'élection, de fonctions temporaires, révocables ou inamovibles, portent vers un danger ou vers l'autre, et toute mesure mitoyenne est impossible, car elle serait accusée de renfermer les vices des deux extrêmes.

Si cette difficulté est soluble, ce ne peut être qu'en élevant beaucoup la magistrature à qui cette grave mission sera donnée ; en la plaçant autant au-dessus des intérêts particuliers que de l'influence du pouvoir administratif. Il est évident qu'elle doit être nommée par la législature seule et par des scrutins de liste qui éloignent autant que possible la prédominance même de la majorité temporaire. Cette précaution prise, il faudra se fier beaucoup au sentiment civique : on ne comprend pas assez qu'il dépend presque entièrement du législateur de créer ce sentiment. Il le fait naître en montrant seulement qu'il y croit. Les États-Unis se sont donné une magistrature de ce genre, et qui, même dans la constitution américaine, a de bien autres attributions et une tout autre puissance. Malgré d'immenses débats entre les intérêts et les passions des états confédérés, ils n'ont pas eu jusqu'ici à se plaindre de ce tribunal.

A cette magistrature exceptionnelle appartiendront encore plusieurs des attributions de la Cour de cassation qui ne sont point actuellement confiées sans inconvénient à un tribunal de composition ministérielle. Ainsi l'interprétation suprême de la loi civile, quand il y a dissidence entre les juridictions inférieures, ou entre le pouvoir exécutif et un tribunal inférieur sur le sens de la loi politique ; ainsi, dans quelques cas importants, le réglement des attributions de juges. Si l'on craignait l'encombrement, on pourrait ne donner à ce tribunal qu'une juridiction d'appel, dans le plus grand nombre des cas, les tribunaux inférieurs étant constitués avec des garanties suffisantes.

Quant aux autres pouvoirs, leur délimitation aujourd'hui est obscure, surtout à cause de l'absence d'un pouvoir constituant.

Dans un régime libre, tous les pouvoirs se touchent et se limitent réciproquement. Mais comment suivre le cours de tous ces fleuves divers, quand on ne sait pas où sont leurs sources ? On ne peut donner la définition exacte d'un droit qu'en indiquant son origine ; et les obligations de celui qui vote la loi, de celui qui l'interprète, de celui qui l'applique, de celui qui doit y obéir, dérivent exclusivement de la définition qui sera donnée du pouvoir d'où émane la loi. Les droits du souverain tracent de proche en proche les droits et la fonction des collections et de l'individu, de la commune et du département, du simple citoyen et du fonctionnaire, du justiciable et du magistrat. Tous aboutissent l'un à l'autre et tous vont aboutir au pouvoir constituant, qui est la clé de voûte de la loi politique, et n'a rien au-dessus de lui, que le droit.

Le régime présent, gêné par le dogme de l'hérédité royale, n'a pas voulu appeler la discussion sur ce point principal. De là beaucoup de non-sens ridicules, gravement débités dans le monde officiel. Mais comme on ne se fiait guère au crédit de ces sornettes sur l'esprit public ; comme d'un autre côté on ne voulait pas reconnaître au peuple le pouvoir constituant et qu'on n'osait pas invoquer la légitimité héréditaire, on a pris le parti bref de sommer l'intelligence de s'arrêter aux confins de ces questions : c'est là le sens des lois de septembre.

Et on peut dire hautement que c'est là une faute de la peur. La royauté pouvait très-logiquement sortir du pouvoir constituant du peuple, et on s'est trouvé en de telles circonstances qu'il était bien facile d'accorder le droit et le fait, bien facile même d'obliger la royauté à entrer dans ce système de la souveraineté populaire. Mais il n'y a qu'une chose qui égale la bassesse des courtisans, c'est leur bêtise.   Ans. Petetin.

LIMITES. (V. Frontières.)

LIS (fleur-de-). Il règne sur la Fleur-de-Lis un très-grand nombre d'opinions. Ainsi on dispute encore sur la forme et sur l'origine de cet emblême, particulièrement adopté par les rois de France, à partir de Louis-le-Jeune. Les uns voient dans cet emblême royal une véritable Fleur-de-Lis ; le père Chiflet veut que les Fleurs-de-Lis soient des abeilles ; un autre dit que ce sont des trèfles ; Foncemagne et les Bénédictins trouvent que la Fleur-de-Lis ne ressemble pas mal à une hallebarde. « La figure que décrit le haut d'une hallebarde, dont la pointe supérieure est accompagnée de deux autres pointes recourbées en bas en forme de croissants, a vraisemblablement donné naissance, disent les Bénédictins, à l'ornement des sceptres et des couronnes auxquels Rigord et les auteurs qui l'ont suivi ont appliqué le nom de *Fleurs-de-Lis*. » Foncemagne qui, avant les Bénédictins, avait développé cette opinion dans un mémoire lu à l'Académie des Inscriptions le 25 février 1746, se fonde sur ce que le mot *lilium* désigne non-seulement le Lis des jardins, mais encore un ornement quelconque qui imite les fleurs. Nos bons aïeux qui aimaient mieux croire que chercher adoptèrent sans scrupule une ancienne tradition qui disait qu'un ange avait apporté la Fleur-de-Lis à Clovis lorsqu'il fut baptisé à Reims. Cette opinion, que leur foi ne contredisait pas, flattait leur patriotisme. Si l'on cherchait bien, on trouverait dans le sentiment de la nationalité la cause d'une bonne partie des opinions merveilleuses placées çà et là dans les pages de notre histoire, et dont on va jusqu'à chercher la source dans une niaise et stupide crédulité.   A. T.

LISTE CIVILE. C'est par ce nom poli et parfaitement faux que l'on désigne le traitement énorme payé par les contribuables à la royauté.

Il n'y a pas de Liste civile en Russie, en Autriche, en Prusse, en Sardaigne, ni dans aucune des monarchies absolues. Le pape n'a pas non plus de Liste civile. Le conseil des Dix à Venise n'en avait pas. Le premier fonctionnaire des Etats-Unis reçoit annuellement, pour prix de sa présidence, une somme qui n'atteint pas le chiffre de 150,000 francs, en y comprenant tout ce qu'on appelle frais de bureaux, de secrétaire, de représentation, etc.

En France, au temps où Louis XIV prononçait cet effrayant résumé de l'état social, *l'état, c'est moi*, tous les revenus de l'Etat étaient indistinctement dans les mains du monarque. Il en prenait pour sa personne et pour ses courtisans ce qu'il lui plaisait : sa volonté était sans contrôle, ses prodigalités sans retenue, ses dilapidations sans limites. On sait quel abîme de tels désordres avaient déjà creusé quand le vieux roi s'éteignit en emportant avec lui les dernières splendeurs de la monarchie. On sait aussi comment ces désordres s'augmentèrent sous cette longue orgie de la Régence, et sous la dynastie des cotillons entretenue par la honteuse lubricité de Louis XV. Son successeur recueillit ce triste héritage : mais les temps étaient mûrs, la nation fatiguée, la vieille constitution monarchique épuisée, haletante ; l'heure de la révolution était sonnée, la Constituante arriva.

Elle écrivit au chapitre II de la constitution l'art. 10 qui est ainsi conçu :

« La nation pourvoit à la splendeur du trône « par une Liste civile dont le corps législatif dé-« terminera la somme, à chaque changement de « règne, pour toute la durée du règne. »

C'est la première apparition de la Liste civile dans nos lois publiques. Elle est, comme on voit, contemporaine de notre première constitution, et c'était sans doute une grande conquête que de porter la lumière dans le dédale obscur de nos finances, de surprendre et d'arrêter à leur source les monstrueux abus de la cassette royale, où allaient s'enfouir les plus beaux revenus du trésor. C'était donc un progrès que de créer la Liste civile, c'était un progrès plus grand que de s'en passer.

Aussi vous ne trouverez pas de Liste civile en 92 et dans les années suivantes, et l'histoire ne dit nulle part que le peuple ait réclamé contre cette privation.

Le consul à vie, qui commença par la sobriété pour finir par l'intempérance, se contenta d'une somme de 500,000 francs par an pour frais de représentation, et nous n'avons pas appris que la France ait jamais mieux été représentée qu'à Marengo par la victoire, ou à Campo-Formio par la diplomatie.

Mais la coupe du pouvoir est enivrante ; elle donne cette espèce de fièvre aiguë qu'on appelle l'usurpation. Consul la veille, on est empereur le lendemain, et la liste civile reparaît avec le sénatus-consulte organique de 1804. L'homme qui avait saisi la grande épée de Charlemagne ne craignit pas d'épouser en même temps la cassette royale de Louis XVI. Il écrivit à l'article xv du titre III :

« La liste civile *reste réglée* ainsi qu'elle l'a été « par les articles 1 et 4 du décret du 26 mai « 1790. »

Comment trouvez-vous ce mot *reste réglée* après tout ce qui s'était passé de 1790 à 1804? Il y a des expressions qui sont à-la-fois un principe et une histoire. La pensée contre-révolutionnaire de l'Empire est empreinte ici et se confond avec une audacieuse réaction contre ces grandes années où fut le berceau même du vainqueur de l'Italie.

Nous ne poussons pas plus loin l'historique de la Liste civile : aux esprits curieux qui voudront approfondir ce triste sujet, nous indiquerons outre la loi du 1er juin 1791, les sénatus-consultes des 30 janvier 1810, 1er mai 1812, 14 avril 1813 ; les lois du 8 novembre 1814 et du 15 janvier 1825.

Ils y verront les acquisitions et les échanges du domaine de la couronne, ses modifications peu sensibles, et ils seront amenés comme par la main à l'époque de 1830, où un roi élu par deux cent dix-neuf personnes prit la place d'un roi chassé. — Ici nous entrons dans les faits actuels et nous ne pouvons résumer que des redites.

A ce moment, le prince prétendant passait pour un honnête bourgeois, bon père d'une nombreuse famille, riche d'ailleurs de sa personne et fort soigneux de ses deniers. Sous la Restauration, il avait dit à M. Kératry, qui l'a imprimé : *Je ne conçois le trône aujourd'hui que comme une présidence héréditaire.* En 1830, il faisait publier par ses prôneurs qu'il ne comprenait pas qu'on pût demander plus de 500,000 francs par mois pour la couronne. 500,000 francs par mois! C'est déjà bien honnête, en effet; mais la France n'eût pas marchandé pour six millions par an.

Cependant on présente une première Liste civile, sous le ministère Laffitte : elle était l'œuvre de M. Thiers, qui avait consulté, comme on pense, les intéressés. Les prétentions avaient grandi, et le chiffre de 6 millions s'était enflé du triple. L'opinion publique trouva qu'on allait bien vite : les événements firent ajourner la loi. Casimir Périer en présenta une seconde dans laquelle la fixation des appointements de la royauté était laissée en blanc. Mais les formes législatives sont lentes, et en attendant on payait au roi par douzièmes, et d'avance, la somme d'un million 500,000 francs par mois. On se traîne ainsi jusqu'au mois de mars 1832.

C'est de cette époque que date ce que M. Dupin appelle l'établissement royal de la branche d'Orléans. La Liste civile du nouveau régime se compose :

1° D'une dotation mobilière et immobilière appelée *dotation de la couronne;*

2° D'une somme annuelle payable toujours par douzièmes, et d'avance, sur le trésor.

La dotation mobilière comprend les pierreries, les tableaux, les collections précieuses, les meubles, décorations, etc., qui font partie des palais, des musées et des manufactures royales. Ces valeurs sont estimées à 32 millions.

La dotation immobilière renferme le Louvre, les Tuileries, l'Elysée-Bourbon, Versailles, Trianon, Fontainebleau, Compiègne, Saint-Cloud, Marly, Saint-Germain-en-Laye, Meudon, l'hôtel des Menus-Plaisirs, le Garde-Meuble, les châteaux de Bordeaux, de Pau, de Strasbourg, les manufactures de Sèvres, des Gobelins et de Beauvais. Ces bâtiments ont une étendue si vaste qu'ils forment 1,500 arpents de toiture. De plusieurs de ces domaines dépendent des eaux, des parcs et des forêts dont le revenu annuel est estimé à plus de 4 millions.

Enfin la somme annuelle payable par le trésor à Louis-Philippe a été fixée, par la loi du 2 mars 1832, à *douze millions.*

Jusqu'à l'avénement de ce roi qu'on appelle élu, il était d'un usage invariable que les biens personnels possédés par le prince rentrassent dans le domaine de la couronne. La royauté nouvelle n'a pas jugé convenable de faire ce sacrifice. — Deux jours avant la proclamation du 7 août, elle fit donation à ses enfants de tous ses biens patrimo-

niaux, avec toutes les améliorations qu'y avait ajoutées le duc d'Orléans, moyennant son esprit d'ordre et les 7 millions qu'il avait reçus du milliard donné aux émigrés. Louis-Philippe s'en réserva la jouissance, et la loi sur la Liste civile dut se compliquer de nouvelles dispositions:

1° Sur l'apanage du duc d'Orléans, le domaine de la reine et la dotation des enfants;

2° Sur le domaine privé.

En cas de décès du roi, le domaine de la reine doit consister en un revenu qu'une loi déterminera. L'Elysée-Bourbon sera sa demeure.

Le prince royal a reçu tant qu'il était garçon une somme annuelle d'un million; elle a été portée au double depuis son mariage.

Enfin l'art. 21 ajoute qu'*en cas d'insuffisance du domaine privé* les dotations des fils et des filles du roi seront réglées par des lois spéciales.

C'était ouvrir la porte à la mendicité. Le domaine privé s'est fait indigent, et déjà l'Etat est venu à son secours en donnant un million de dot à la reine des Belges, sous prétexte d'insuffisance.

Or écoutons sur l'insuffisance du domaine privé quelques lignes de M. de Cormenin, qui a tout dit sur cette question avec une énergie, une variété, une puissance de talent incomparables :

« En droit, le domaine privé a été constitué par l'article 21 de la loi du 2 mars 1832, uniquement constitué pour doter et établir les princes et princesses. Or, vous avez pu acheter pour augmenter le domaine privé; vous n'avez pu vendre pour le diminuer, ni emprunter à son dam, ni employer, à autre fin que dots et dotation, ses revenus et capitaux.

« Voilà la loi, voilà le droit.

« En fait, l'énorme richesse du domaine privé peut s'établir, se contrôler et se prouver de quatre manières.

« 1° Si je prends pour base le chiffre du revenu avoué par le ministère, et si j'y ajoute les acquisitions et les impenses, je trouve un capital de 74 *millions,* au plus bas calcul, et c'est le mien;

« 2° Si je prends pour base l'enregistrement de la donation du 7 août, les acquisitions et impenses, je trouve un capital de 77 *millions,* et c'est le chiffre de M. Charamaule;

« 3° Si je prends pour base le prix vénal, fonds et superficie de 41 mille hectares seulement de forêts du domaine privé, des actions des canaux, des acquisitions et des impenses, je trouve un capital de 111 *millions.*

« 4° Enfin, si je prends pour base le prix vénal, fonds et superficie, des 59,000 hectares de forêts du domaine privé (chiffre de M. de Montalivet), des revenus des canaux (chiffre de la donation), des impenses du Palais-Royal (chiffre de la *Liste civile dévoilée*), et des acquisitions d'excédant (chiffre du *Moniteur*), je trouve un capital de CENT TRENTE MILLIONS.

« Et faites attention que, dans ces quatre manières de dresser le compte du domaine privé, il n'est pas question une seule fois des valeurs du portefeuille. (1) »

(1) *Lettres sur la Liste civile. — Conclusum.*

Grâce aux admirables pamphlets de ce publiciste, le domaine privé qui tendait la main pour apanager les princes s'est vu repoussé avec honte. Il l'a été avec la même confusion quand il est venu demander l'aumône de 500,000 francs par an pour M. le duc de Nemours qui prenait femme.

Chaque fois que la royauté est venue solliciter de nouveaux présents du trésor, on n'a pas manqué de dire que la Liste civile était obérée, que le domaine privé avait été absorbé par la munificence de la couronne, que les embellissements de Fontainebleau, le musée de Versailles et les innombrables largesses de la monarchie avaient fait une énorme brèche au magnifique édifice de l'opulence royale. Les ministres se présentaient devant les commissions de la chambre, armés du registre et du bilan où l'actif succombait sous le poids d'un passif surchargé.

Pour faire apprécier la valeur de ces doléances, récapitulons les sommes que la famille royale a touchées depuis dix ans, soit de la part du trésor, soit de son revenu personnel :

Liste civile à 12 millions par an, pour 10 ans. . . . . . . ci. .	120,000,000 f.
Perçu en plus depuis août 1830, jusqu'en mars 1832. . . . . ci.	9,000,000
Pour le prince royal jusqu'en 1837 (1 million par an). . . . . . ci.	7,000,000
Depuis son mariage (2 millions). ci. . .	6,000,000
Pour la reine des Belges, 1 million, ci. .	1,000,000
Revenu des domaines de l'État et de l'apanage d'Orléans, 4 millions au moins par an, pour 10 ans, ci.	40,000,000
Revenu du domaine privé (2,500,000 fr. par an), pour 10 ans, ci.	25,000,000
TOTAL. . .	**208,000,000 f.**

Cette Liste civile si indigente a donc eu dans les mains 208 millions ; et notez que nous avons coté au plus bas, car d'après les chiffres de M. de Cormenin le revenu annuel étant de 25 à 26 millions, nous arriverions à un total de 250 à 260 millions pour dix ans.

A côté de cet actif et pour éclairer complétement la question, placez l'aperçu des dépenses.

M. de Rémusat, dans son rapport sur le projet de loi de la liste civile, avait évalué à 6 millions par an les frais d'entretien, matériel et personnel du château. Prenons cette évaluation. Ce sera pour 10 ans, 60 millions ci.	60,000,000 f.
Entretien et réparation des bâtiments à un million 500,000 francs par an (et c'est beaucoup) pour 10 ans, 15 millions, ci. .	15,000,000
Entretien du mobilier et des manufactures, un million par an, et c'est énorme. Pour 10 ans, 10 millions, ci. . . .	10,000,000
Versailles a coûté, dit-on, 7 millons, mettons-en 10, ci.	10,000,000
Fontainebleau a coûté 2 millions, mettons-en 4, ci.	4,000,000
Ajoutez maintenant les achats de tableaux, les encouragements, secours, munificences, un million par an, et c'est prodigieux. Pour 10 ans, 10 millions, ci. . .	10,000,000
TOTAL. . .	**109,000,000**

Voulez-vous enfler ce chiffre, portez-le à 150 millions ; si le revenu a produit 250 millions, restera toujours 100 millions d'économie pour dix ans, ou dix millions par an.

Ainsi 250 millions ont été absorbés depuis la Révolution de Juillet par une seule famille. Ne comptons pas le nombre infini de citoyens qui auraient pu vivre à l'aise des miettes de ce festin ; appliquons seulement cette somme aux grands travaux publics qui ajoutent des sources nouvelles de richesse générale. Avec un prêt de 14 millions l'État aide une compagnie à faire les trente lieues de chemin de fer qui lieront Rouen à Paris ; avec un prêt de 100 millions on aurait pu jeter les rails sur la longue ligne qui va de Paris à Bayonne ; avec les 250 millions convenablement appliqués, on aurait pu, avec l'industrie privée, rapprocher les deux extrémités du pays, unir Marseille au Havre, couvrir la France de ces nouveaux sillons sur lesquels les idées auraient circulé avec les hommes, et qui eussent offert à-la-fois un débouché aux produits, un aiguillon aux intérêts, un véhicule aux lumières, une force toute-puissante à l'homogénéité du peuple français, et à l'unité centralisante du pouvoir.   ARMAND MARRAST.

LIT DE JUSTICE. Ce mot qui, littéralement, désignait le trône sur lequel le roi était assis quand il siégeait dans les cours souveraines ou les parlements du royaume, s'appliquait par extension et au figuré aux assemblées solennelles qui se tenaient en présence du monarque et avaient pour but soit l'enregistrement des édits, soit le règlement des affaires d'état. Sous l'ancienne monarchie, les Lits de justice étaient la dernière raison de la royauté. Comme on n'admettait pas que qui que ce fût pût résister à la volonté du roi, il suffisait de la faire exprimer par lui-même pour l'ériger en loi. Aussi tous les Lits de justice rappellent-ils plus ou moins une idée de violence. C'est, en effet, dans de telles assemblées qu'ont été imposées toutes les résolutions contre lesquelles s'élevaient les parlements. Les formes observées étaient, au surplus, en rapport avec l'objet qu'on voulait atteindre. On permettait l'apparence d'une délibération ; mais d'abord personne ne pouvait prendre la parole qu'après s'être agenouillé devant le roi et avoir obtenu de lui l'autorisation de parler, et, ensuite, quels que fussent les votes, le chancelier se bornait à dire : *Le roi a ordonné et ordonne qu'il sera procédé à l'enregistrement des lettres sur lesquelles il a été délibéré ;* et la séance était levée.

Il serait déplacé d'énumérer ici les différentes occasions où presque tous les rois crurent devoir recourir à ces procédés de justice sommaire qui devaient périr par leurs abus. Nous nous bornerons à citer deux faits historiques. Ce fut dans un Lit de justice que le jeune Louis XIV vint insulter le parlement de Paris en s'y présentant la cravache à la main, et ce fut aussi dans un Lit de justice que le même parlement déchira le testament de Louis XIV décédé.

Au reste, longtemps avant leur abolition, les Lits de justice avaient déjà perdu la plus grande partie de leur autorité. S'il n'était pas permis aux parlements de résister à l'enregistrement des actes qu'on leur imposait, ils avaient ou prenaient le droit de les attaquer par des remontrances qui détruisaient leur force en leur ôtant le caractère sacré sans lequel nulle loi ne saurait exister ; et l'histoire nous apprend que lorsque cette lutte de la royauté et des parlements fut enfin comprise par le pays, les Lits de justice n'étaient déjà plus que des formalités ridicules dont il ne fut même pas fait mention dans la constitution nouvelle.

Aujourd'hui les lois ne sont plus soumises à la vérification et à l'enregistrement ; elles sont votées par les chambres, et la promulgation est la seule forme qui les rend exécutoires.   **B. P.**

LIVRÉE. L'origine de la Livrée remonte au temps du vasselage personnel. Les rois, les chevaliers, les comtes et les barons du moyen-âge avaient des *compagnons* auxquels ils donnaient deux robes par an ; le don de ces robes s'appelait *livraison :* de là est venu le nom et l'usage des Livrées. Des compagnons, la Livrée est passée aux simples domestiques : c'est le signe d'une domesticité dégradante. Toutefois, disons-le, la Livrée dégrade celui qui l'impose bien plus que celui à qui elle est imposée. C'est une flétrissure que la puissance impose à la faiblesse ; c'est une marque de dépendance que le riche fait porter au pauvre qui le sert. Le sacrifice de la liberté ne suffit pas aux riches puissants, il faut que leur vanité y ajoute le stigmate de la servitude.   **A. T.**

LIVRE D'OR. On appelait ainsi le registre où étaient inscrits les noms des nobles Vénitiens.

LIVRE ROUGE. Livre relié en maroquin rouge, sur lequel étaient inscrites les dépenses secrètes de Louis XV et de Louis XVI.

L'énormité du déficit avoué qui existait dans les finances du royaume où furent convoqués les états-généraux de 1789, était attribuée, non sans raison, aux faiblesses des rois, aux excès de leurs courtisanes et de leurs courtisans. On ne sait qui, le premier, révéla que l'état de ces dépenses scandaleuses se trouvait à Versailles : les ministres opposèrent à cette dénonciation un démenti formel. Quand Necker vint aux affaires, le comité des pensions de l'Assemblée nationale demanda que ce registre lui fût communiqué ; Necker, cédant à contre-cœur, dissimula les pièces les plus compromettantes. Après les événements du 10 août, les scellés ayant été apposés sur le mobilier des résidences royales, le fameux Livre rouge fut découvert. La Convention en fit publier le contenu.

Si ardente que fût déjà l'indignation de la France contre la royauté, la lecture de ce registre infâme devait ajouter aux plus vifs ressentiments. Eh quoi ! le pays avait été grevé de charges sans nombre, le produit de ses charges était demeuré insuffisant, la France avait été menacée de la hideuse banqueroute, et cela parce que des rois et des princes ne sauraient payer trop cher les faveurs de leurs prostituées ! Le Livre Rouge devait figurer dans les pièces du procès qui eut pour dénouement la journée du 21 janvier 1793. Les écrivains royalistes qui, depuis 1815, en ont appelé de l'arrêt prononcé sur la tête de Louis XVI, ont pu justifier par des sophismes les crimes officiels de la monarchie ; quant aux crimes secrets, quant aux turpitudes enregistrées sur les feuillets du Livre Rouge, ils ont compris que la pudeur publique leur défendait d'en essayer l'apologie. **B. II.**

LOGES, lieu où s'assemblent les francs-maçons. On donne aussi le nom de *Loge* à toute fraction de cette société ayant un titre distinctif, se réunissant à jours fixes, sous la direction d'un président et autres officiers particuliers, dans un même local, et procédant à des *réceptions* en vertu de *constitutions* qui lui sont délivrées par une grande Loge ou grand Orient, corps qui exerce à-la-fois les deux pouvoirs législatif et administratif.

Les partis politiques ont, à toutes les époques, cherché un point d'appui dans les Loges, les uns en s'efforçant de pousser ces aggrégations à des démonstrations publiques en leur faveur, les autres en s'appliquant à y organiser des conspirations. Tous y ont échoué. La composition même de la franc-maçonnerie devait mettre obstacle à leurs vues. Il est clair que, lorsque toutes les opinions et tous les intérêts qui se produisent au-dehors ont là leurs représentants, et lorsque le premier venu, pourvu qu'il soit revêtu du caractère de maçon, a le droit de se faire admettre aux *travaux* de toutes les Loges, il est impossible de se faire de ces associations un instrument docile pour atteindre à un but égoïste, et de trouver parmi elles le secret nécessaire au succès d'une conjuration.

Le seul parti qui puisse se servir avec utilité des sociétés de francs-maçons est le parti démocratique, mais à la condition de respecter les croyances de chacun, attendant seulement des habitudes matérielles que l'on contracte dans ces sociétés et de l'influence que ces habitudes exercent naturellement sur les esprits, la réalisation de ses vues de liberté et d'égalité. (V. FRANC-MAÇONNERIE.)   **B.-C.**

LOI. Grammaticalement, la Loi peut être définie : un acte obligatoire de l'autorité souveraine, qui règle, ordonne, permet ou défend.

Un publiciste a dit : une Loi est une intention juste et utile exprimée par une volonté souveraine.

La première définition suffit si l'on veut savoir à quoi l'on doit obéir pour ne pas se briser contre l'ordre établi dans une société. La seconde satisfait mieux l'esprit qui cherche à cette obéissance forcée une sanction morale.

Toutefois, les définitions en quelques mots sont rarement complètes. Cela est vrai, surtout pour un mot comme celui-ci, qui couvre tant d'idées complexes. Il convient donc de renvoyer aux articles LÉGISLATION et LÉGITIMITÉ pour la nature de la Loi et son caractère obligatoire ; aux articles LÉGISLATEUR, LÉGISLATIF (CORPS), POUVOIR, SOUVERAINETÉ, pour le caractère de l'autorité et de la volonté souveraine, et pour les corps politiques auxquels est attribué le droit et le pouvoir de porter la loi.

Nous n'envisagerons ici le mot Loi que dans sa signification restreinte et spéciale, en recherchant à quels actes de l'autorité souveraine notre régime constitutionnel attribue les effets de la loi.

Tant de pouvoirs divers ont, depuis cinquante ans, exercé de fait cette autorité souveraine, et manifesté leur existence par des actes qualifiés Lois, qu'il règne dans cette multitude de textes une grande confusion. Aucune règle certaine pour reconnaître (1) quels actes législatifs ont ou n'ont pas été respectés par les actes postérieurs. Il y a même certains de ces actes qui n'ont pas été revêtus de toutes les formes voulues pour commander l'obéissance. Pour savoir quels actes *peuvent* avoir force de Loi, s'ils n'ont point été postérieurement abrogés, il faut consulter la Constitution sous l'empire de laquelle ils ont été promulgués ; tous les actes réguliers seront obligatoires. Quant aux doutes sur la régularité, les contestations nées de l'incertitude dans la législation, ont forcé la jurisprudence à prononcer assez fréquemment pour qu'il y ait une présomption générale. Ainsi, on peut regarder comme ayant force de Loi : — Les décrets de la Convention rendus dans la simple forme de : *Passé à l'ordre du jour,* publiés de la manière alors prescrite. — Les arrêtés rendus par les *comités* de la Convention nationale, pour toutes les matières placées sous les attributions du pouvoir exécutif, et qu'ils ont réglées d'une manière générale. — Les décrets du gouvernement impérial, même ceux postérieurs à la suppression du tribunat, qui n'ont point été attaqués par le sénat pour cause d'inconstitutionnalité. (V. DÉCRET).— Les avis du conseil-d'état, interprétatifs de Lois, qui ont obtenu l'homologation du gouvernement impérial. — Les traités politiques lorsqu'ils ont été légalement publiés.

Aujourd'hui les actes obligatoires pour les citoyens s'appellent *loi, ordonnance, arrêté, règlement,* suivant l'autorité de laquelle ils émanent. Nous ne nous occupons ici que de la Loi proprement dite ; des articles spéciaux traitent des autres actes.

La Loi est l'œuvre collective de la chambre des députés, de la chambre des pairs et du roi. Pour l'exécution de cette œuvre collective, voici quelle est la marche tracée par la Charte et par les réglements parlementaires (2).

Conformément à l'article 15 de la Charte, le droit de proposer la Loi appartient à chacun des trois agents de la puissance législative. (V. INITIATIVE.)

Si la loi est proposée par le roi, un ministre présente à l'une des deux chambres indifférem-

ment (1), le *projet de Loi* de la part du roi. Ce projet est *nécessairement* mis en discussion.

Si la Loi est proposée par un membre de l'une des chambres, il faut d'abord que la chambre se l'approprie, afin d'obéir à l'article de la Charte, qui donne le droit d'initiative, non pas à chaque membre du parlement, mais à chaque chambre. C'est ce qui a lieu par la *Prise en considération.* (V. ce mot). Alors, la proposition individuelle n'appartient plus à son auteur ; il ne peut plus la retirer ni la modifier. La chambre seule a le droit de retrait ou d'amendement. La prise en considération assimile la proposition à un projet de Loi présenté au nom du roi, et dès ce moment, la discussion obéira aux mêmes formes ; avec cette différence que le résultat conserve le titre de *projet de Loi,* après avoir été voté par les chambres si la proposition primitive est émanée du roi, tandis qu'il s'appellera *résolution* de la chambre, si la proposition primitive a été faite par un membre et prise en considération.

Le projet de Loi, ou la proposition, est imprimé, distribué à tous les membres de la chambre, et soumis à une commission, comme il est dit au mot COMMISSION. La commission discute, elle peut modifier le projet primitif. Elle choisit un rapporteur qui lit le rapport à la séance indiquée par la chambre, ou, le plus souvent, se contente de le déposer sur le bureau du président. Le rapport, et à sa suite le projet primitif et le projet amendé par la commission, sont imprimés et distribués à tous les membres. Quant il y a lieu, on y joint les pièces ou documents qui doivent éclairer la discussion. Chaque membre de la chambre peut ainsi étudier les questions à débattre.

Au jour fixé par la chambre, les membres qui veulent parler se font inscrire pour ou contre le projet. Si le projet ministériel a quelque importance, un ou plusieurs commissaires du roi sont chargés de le défendre. On commence par discuter le principe et l'ensemble du projet. C'est ce qu'on appelle la discussion générale. On a souvent critiqué cet usage de nos assemblées délibérantes, comme prolongeant les discussions et favorisant l'émission d'un grand nombre de discours écrits, ordinairement peu écoutés, et plutôt destinés aux électeurs qu'aux députés. Sans doute, nous sommes loin d'approuver l'inutile verbiage qui fatigue trop souvent les débats parlementaires ; mais cet inconvénient tient à beaucoup d'autres causes qu'à l'usage des discussions générales. Il tient à la composition même de la chambre des députés, et surtout au mode vicieux de former les commissions et de préparer les discussions. Si la confiance de la chambre dans ces travaux préparatoires pouvait être plus grande, les débats solennels seraient moins longs et moins chargés d'incidents et de digressions. Mais il faut reconnaître que les discussions générales sont indispensables ; c'est là seulement que les orateurs peuvent examiner et débattre le principe même de chaque loi ;

---

(1) Voyez ce qui a été dit à ce sujet au mot LÉGISLATION, et le mode indiqué dans cet article et dans l'article ABROGATION, pour mettre un peu d'ordre dans ce chaos. — Pour les actes antérieurs à la révolution, ayant eu force de Loi, voyez CAPITULAIRES, ÉTABLISSEMENTS, ÉDIT, LETTRES-PATENTES, ORDONNANCES.

(2) Réglement intérieur adopté par la chambre des pairs, le 19 juin 1833 et modifié le 3 avril 1838. — Réglement de la chambre des députés.

(1) Toutefois, les lois d'impôt doivent être portées d'abord à la chambre des députés.

c'est là qu'ils peuvent élaborer, sans égarer le débat, les théories et les systèmes dont il s'agit de faire l'application. Sous ce rapport, la discussion générale, en même temps qu'elle permet et favorise l'heureux développement des principes et des idées politiques dégage les débats de détail, des considérations élevées qui embarrasseraient alors la discussion et détourneraient les esprits.

Quand la discussion générale est déclarée close, par un vote spécial, la chambre décide, par un autre vote, si elle veut passer à la discussion des articles. Ce vote est le moyen offert à ceux qui veulent rejeter la loi dans son principe, sans examiner les dispositions particulières.

Quand la chambre a décidé qu'elle passerait à la discussion des articles, cette discussion se poursuit d'article en article, tant sur le projet de la commission que sur le projet primitif, et sur les amendements qui peuvent être proposés par tous les membres de la chambre. (V. AMENDEMENT).

Jusque-là, la chambre vote par assis et levé, à moins que vingt membres ne réclament le scrutin secret ou que deux épreuves douteuses ne l'aient rendu nécessaire.

Sur l'ensemble de la loi, le vote est toujours recueilli par scrutin secret. Toutefois, il y a exception pour les Lois relatives à des intérêts communaux ou départementaux, qui peuvent être votées par assis et levé s'il n'y a aucune réclamation. On a voulu étendre cette faculté à toutes les lois pour abréger quelquefois la formalité du scrutin. Cette proposition a été rejetée par respect pour le principe du scrutin secret. (V. SCRUTIN).

Quand le projet a été adopté par l'une des deux chambres, il est porté à l'autre chambre. Si c'est un projet proposé primitivement par le gouvernement, c'est le ministre qui présente à la deuxième chambre le projet de loi adopté par la première. Si c'est une proposition émanée d'un membre de la chambre, la résolution adoptée est directement envoyée à l'autre chambre par un message. (V. MESSAGE).

La même série de formalités est observée, à peu de chose près, dans la chambre des pairs et dans celle des députés.

Le projet ou la résolution adopté par les deux chambres est enfin sanctionné par le roi. Cette sanction couronne l'œuvre législative. (V. SANCTION et VETO). Toutefois, la Loi sortie de ce triple travail n'est exécutoire que dans un délai déterminé après sa promulgation, qui résulte de l'insertion au *Bulletin des Lois*. (V. PROMULGATION et BULLETIN DES LOIS).

Le procédé que nous venons de décrire est à-peu-près le même dans tous les pays de gouvernement représentatif. Seulement le travail intérieur de chaque chambre ne suit pas toujours exactement la même marche d'opérations. En Angleterre, par exemple, au lieu de la prise en considération, on procède par une triple lecture de la motion à des intervalles déterminés; mais la base des opérations est toujours la même : double dé-

libération par les deux chambres et sanction par le chef du pouvoir exécutif.

En France, il y a beaucoup à dire sur la façon dont le gouvernement applique les règles communes de l'élaboration des Lois. Ou la préparation des projets est incomplète parce qu'elle sort des bureaux ministériels sans autre contrôle ; ou bien elle est confiée à des commissions spéciales, choisies *ad hoc* par le ministère, et qui discutent beaucoup sans rien produire, parce que leurs fonctions sont éphémères et gratuites. Il y a un conseil-d'état, dont la principale attribution devrait être la préparation des Lois, et qui ne s'en occupe jamais. D'un autre côté, on n'use pas de l'immense ressource qu'offre la publicité. Si un ministre, après avoir fait élaborer un projet par le conseil-d'état, le livrait, en tant que projet, à la publicité, quelque temps avant de le porter aux chambres, la presse s'en emparerait, et le discuterait sous toutes ses faces. La multiplicité des journaux permettrait à presque toutes les opinions de se faire jour, de s'établir, de se combattre ; et la loi arriverait aux chambres toute discutée ; les législateurs seraient mieux éclairés sur la valeur de la loi projetée, sur l'accueil que lui ménageait l'opinion publique. Le ministre même pourrait corriger les imperfections qui lui seraient signalées. Mais le gouvernement redoute la publicité, et ne pouvant y soustraire ses actes, il s'efforce de les lui livrer le plus tard possible. La grande science du gouvernement semble être aujourd'hui tout entière dans ce misérable principe : gagner du temps.

Quand la Loi est dûment votée, sanctionnée et promulguée, elle doit recevoir son application; mais l'étendue de cette application, ou l'effet de la Loi, varie suivant sa nature. Il faut ici distinguer les Lois qui intéressent directement l'ordre public et les mœurs, les Lois personnelles et les Lois réelles.

Les Lois d'ordre public, de police, de sûreté, obligent tous ceux qui habitent le territoire (1). Ainsi, les crimes, délits et contraventions commis en France, même par des étrangers, sont jugés par les tribunaux français, suivant la Loi française. De pareilles dispositions l'emportent même sur le statut personnel des étrangers. Ainsi il a été décidé par la cour de cassation qu'un étranger qui serait admis à se remarier, suivant la législation de son pays, ne pourrait, en France, contracter un nouveau mariage.

Les Lois personnelles, celles qui règlent l'état et la capacité des personnes, régissent les Français, même résidant en pays étranger (2). Ainsi un mariage contracté par un Français en pays étranger, conformément à la loi étrangère, mais dans un cas prohibé par la Loi française, ne produirait point d'effet en France. Réciproquement, la France respecte, à l'égard des étrangers, leur statut personnel.

Les Lois réelles, celles qui régissent les choses, ne dépassent pas les limites du territoire, mais elles obligent tous ceux qui y résident. Ainsi, tous

(1) Code civil, art. 3.
(2) Code civil, art. 3.

les immeubles de France, même ceux possédés par étrangers, sont régis par la loi française (1).

Enfin, quand la loi touche à des intérêts privés, les parties peuvent, par des conventions particulières, déroger à la loi générale, pourvu que cette loi n'intéresse point l'ordre public et les bonnes mœurs (2).

Le Code civil, qui a posé tous ces principes dans ses articles préliminaires, y a ajouté cette disposition de souveraine justice, que la loi ne dispose que pour l'avenir, qu'elle n'a point d'effet rétroactif. L'importance de cette règle n'a pas besoin d'être démontrée. Et nous en avons vu un exemple en matière d'interprétation. (V. INTERPRÉTATION, ABROGATION).   H. C.

LOI AGRAIRE. Ceci est un mot dont on a grandement abusé dans les luttes politiques de ce siècle. La Loi Agraire est un fantôme qu'on a souvent élevé pour représenter les révolutionnaires comme des spoliateurs de propriétés. On attribuait alors aux mots Loi Agraire cette signification : « Un acte du pouvoir législatif qui aurait pour ob- « jet de mettre les propriétés individuelles en « commun afin de les partager ensuite entre tous « les citoyens.» Puis, on se donnait le facile avantage de détruire cette définition de fantaisie en disant que le lendemain d'un pareil partage l'inégalité recommencerait entre les citoyens, pour peu que l'on fût plus pressé de jouir que son voisin , etc.

La Loi Agraire n'a jamais eu cette signification que dans l'esprit de ceux qui la voulaient combattre.

La Loi Agraire, à Rome, était en effet relative au partage des terres (de *ager,* champ). Elle fut un des instruments de la lutte séculaire entre le peuple et les patriciens ; mais elle n'emportait pas cette absurde idée du partage égal et définitif. La Loi Agraire avait deux chefs : le premier défendait aux citoyens de posséder plus d'un certain nombre d'arpents. Le second ordonnait que les terres *conquises* fussent partagées entre les plébéiens.

La Loi Agraire était une arme dont les tribuns du peuple se servaient contre les patriciens. Avec cette menace on pouvait faire céder les patriciens, car si on obtenait la Loi Agraire, la plupart possédant plus de biens qu'il n'était permis par l loi, ils se les voyaient arrachés ; et le partage fait au peuple des terres conquises leur ôtait l'espoir d'accumuler de nouvelles richesses. De là, les rudes secousses qui agitaient la République quand cette terrible discussion était soulevée. Lorsque les Romains étendirent au loin leurs conquêtes, la distribution des terres conquises aux citoyens pauvres devint plus difficile. Ils ne recherchaient guère une propriété qui les aurait éloignés du Forum. Aussi, il y avait longtemps qu'on n'avait invoqué la Loi Agraire quand les Gracques réveillèrent cette vieille querelle avec le patriciat.

(1) Code civil, art. 3.
(2) Code civil, art. 6

Mais la puissance des grands s'était alors accrue ; et ils purent soutenir cette lutte violente qui aboutit, après Marius et Sylla, César et Pompée, à la ruine de la République et à l'établissement de l'Empire.

En 1793, les souvenirs de la République romaine animaient les révolutionnaires. Les ennemis de la Révolution, au milieu de beaucoup d'autres accusations absurdes ou infâmes, jetèrent en avant le mot de Loi Agraire, mais en négligeant de l'expliquer, et en lui donnant le sens de partage égal. Il vint un moment où la Convention crut devoir rassurer les citoyens sur les atteintes qu'on l'accusait de vouloir porter aux propriétés. Elle rendit le 18 mars 1793 un décret qui punissait de mort quiconque proposerait une Loi Agraire ou toute autre subversive des propriétés territoriales, commerciales et industrielles. Et, le même jour, sur la proposition du même rapporteur Barère , la Convention , voulant aussi témoigner sa sollicitude pour les citoyens non-propriétaires et pour la ferme exécution des mesures révolutionnaires, décrétait : l'organisation de secours publics; l'établissement d'un impôt progressif sur toutes les fortunes ; le partage des biens communaux ; la vente des biens nationaux par petits lots ; la destruction des châteaux féodaux ; l'expulsion des étrangers sans aveu qui fomentaient la contre-révolution ; une adresse au peuple français sur l'état révolutionnaire ; la punition sévère de ceux qui prendraient part aux mesures contre-révolutionnaires à l'occasion du recrutement.

Cet ensemble de mesures indique assez dans quel esprit la Convention honorait d'un décret les menaces de Loi Agraire.

Ce même décret fut renouvelé trois ans plus tard dans un but tout différent par les contre-révolutionnaires du Directoire, qui punissaient de la mort ou de la déportation toutes sortes de provocations, entre autres, « au rétablissement de la « royauté, ou de la constitution de 1793 , ou de « tout gouvernement autre que celui de la consti- « tution de l'an III (c'était le juste-milieu républi- « cain), et au *pillage* des propriétés particulières « sous le nom de Loi Agraire ou de toute autre « manière. » Ainsi, le Directoire et les Conseils entendaient par Loi Agraire le *pillage* des propriétés. Le considérant de ce décret était : « que le « corps législatif ne peut trop se hâter d'atteindre « par des lois claires et précises les agents du « royalisme et de l'anarchie. » On ne peut rien, en effet, de plus clair et de plus précis.

De nos jours, dans les moments d'effervescence, et quand le peuple manifestait sa légitime impatience du fardeau que lui impose la constitution actuelle de la société, nous avons entendu répéter ces vagues accusations de tendance à la Loi Agraire. Accusations absurdes ! Au reste, cela doit peu nous étonner : c'est toujours le même parti contre-révolutionnaire qui les suscite, afin d'effrayer les propriétaires, de leur présenter la Révolution comme une terrible spoliatrice. C'est une vieille tactique qui se reproduit même dans les lois. On copie sans vergogne jusqu'aux expressions, et on se contente de changer les dates des constitutions et les noms des gouvernements !

H. C.

LOI MARTIALE. L'autorité, c'est un principe incontestable, ne doit jamais rester désarmée : chargée de protéger l'Etat contre les tentatives factieuses des minorités, elle doit toujours pouvoir opposer à leurs assauts un rempart inexpugnable. C'est un malheur, sans doute, quand cette autorité est exercée par des mains perverses : c'est alors que les peuples ont recours à leur *ultima ratio,* et qu'ils témoignent par un soulèvement unanime que la majorité n'est plus avec les représentants du pouvoir. Nous sommes de ceux qui déplorent les désastres qui accompagnent trop souvent les révolutions, mais qui acceptent les révolutions comme de cruelles nécessités.

Elles sont, du reste, plus rares dans nos sociétés modernes que dans les anciennes républiques, et les réformes qui doivent établir des rapports plus directs entre les gouvernants et les gouvernés, entre le pouvoir exécutif et le souverain, en préviendront, il faut l'espérer, le retour encore trop fréquent.

Pour se défendre contre les violences des partis, les pouvoirs constitués ont deux glaives : les lois pénales, sujettes à peu de variations et fondées sur le droit commun, et les lois exceptionnelles, applicables en des circonstances toujours mal déterminées. Il ne faut user de ces dernières qu'avec une extrême réserve, car si elles sont quelquefois efficaces, quelquefois aussi, c'est en les invoquant que les gouvernements comblent les susceptibilités populaires, et appellent sur leurs têtes un prompt châtiment. Il est, d'ailleurs, dangereux, en temps ordinaire, d'accorder au pouvoir exécutif une trop grande liberté d'action : un peuple ne se soulève que le jour où sa patience est fatiguée, et, jusqu'à ce jour, les gouvernements mal inspirés à l'égard de la nation ont tout le loisir d'abuser des lois exceptionnelles.

La Loi Martiale appartient à cette catégorie. Nous n'avons pas à dissimuler la gravité des faits qui engagèrent la commune de Paris à solliciter de l'Assemblée nationale d'énergiques moyens de répression. La victoire du 14 juillet avait été suivie d'exploits moins glorieux contre des citoyens peut-être coupables, mais peut-être innocents. Les passions étaient exaltées, la famine ajoutait encore à l'effervescence, et le peuple avait pris la terrible habitude de faire lui-même justice des suspects ; l'autorité des pouvoirs constitutionnels avait besoin d'être affermie : l'Assemblée nationale décréta la Loi Martiale.

Cette loi devait être appliquée dans les formes suivantes :

« ARTICLE 1er. Dans les cas où la tranquillité publique sera en péril, les officiers municipaux du lieu seront tenus, en vertu du pouvoir qu'ils ont reçu de la commune, de déclarer que la force militaire doit être déployée à l'instant pour rétablir l'ordre public, à peine d'en répondre personnellement ;

« ART. 2. Cette déclaration se fera en exposant à la principale fenêtre de la maison de ville, et dans toutes les rues, un drapeau rouge ;

« ART. 3. Au signal seul du drapeau, tous attroupements, avec ou sans armes, deviennent criminels, et doivent être dissipés par la force. »

Les autres articles de la loi enjoignent aux gardes nationales, aux commandants des troupes réglées et de la maréchaussée, de marcher à l'appel et sous la conduite des officiers municipaux, lesquels seront tenus de faire trois sommations avant d'employer les armes.

La Loi Martiale avait été demandée le 21 octobre par la commune de Paris ; l'Assemblée nationale chargea son comité de constitution de lui présenter immédiatement un projet de décret qui fut adopté le 22 ; le 23, elle fut proclamée dans les rues principales de Paris par les huissiers de l'Hôtel-de-Ville, revêtus de leurs insignes, à cheval, précédés et suivis par un détachement de cavalerie. Si elle n'avait eu pour résultat que d'intimider les agitateurs, on ne pourrait que louer la prudence de l'Assemblée nationale ; mais l'application en fut invoquée dans une triste circonstance, le 17 juillet 1791, et la nécessité n'excuse pas les massacres de cette journée.

Louis XVI avait été arrêté fuyant à l'étranger : cette désertion avait achevé de le perdre dans l'esprit du peuple, et toutes les voix demandaient que l'Assemblée le déclarât déchu du trône. Une pétition fut rédigée dans ce sens, et le jour fut pris par les sociétés populaires pour la soumettre à la signature des citoyens. Le lieu du rendez-vous, désigné à l'avance, était le Champ-de-Mars.

Le peuple y accourt de grand matin, et deux hommes sont découverts sous l'autel où la pétition était déposée. Le bruit se répand, faux ou vrai, que ces hommes avaient auprès d'eux un baril de poudre et une mèche allumée : comme on les conduisait à l'Hôtel-de-Ville, ils sont arrachés aux mains des gardes et massacrés. Aussitôt le conseil s'assemble à l'Hôtel-de-Ville, le drapeau rouge est déployé, et des troupes sont dirigées sur le Champ-de-Mars, où le peuple venait de toutes parts signer la pétition : cette réunion était inoffensive, néanmoins les sommations sont faites par Lafayette et Bailly, et aux sommations succèdent plusieurs décharges meurtrières.

La Convention abrogea la Loi Martiale. On l'a rétablie de nos jours sous le nom de loi sur les attroupements, avec cette modification que les conseils électifs ne sont plus appelés à apprécier la gravité des circonstances ; c'est un agent du pouvoir exécutif qui fait la sommation et commande l'emploi des armes.

B. H.

LONG PARLEMENT. La Révolution française eut, pour accomplir ses volontés, trois assemblées, fameuses à différents titres, la Constituante, la Législative et la Convention.

La Révolution anglaise fut commencée, poursuivie et terminée par une seule assemblée à qui sa durée fit donner le nom de Long-Parlement. Les trois assemblées françaises représentent les phases diverses du mouvement révolutionnaire. Le Long-Parlement représente à lui seul toute la Révolution. Ce n'est qu'en se modifiant lui-même qu'il modifie la marche des choses ; ce n'est qu'en succombant le premier qu'il laisse succomber son œuvre ; c'est par lui que triomphe, c'est en lui que périt la Révolution, et sa permanence, qui ressemble à une usurpation, semble justifiée par les événements.

Parcourons rapidement l'histoire de cette mémorable existence.

Charles Ier avait en vain tenté de gouverner sans le contrôle des parlements. Pendant douze ans qu'il avait gouverné seul, la monarchie, délivrée des luttes parlementaires, n'avait rien gagné à ce repos : l'esprit de réforme travaillait sans relâche, et les prédications des chaires avaient remplacé les enseignements de la tribune.

Toutes les discussions se concentraient d'abord dans des questions religieuses. Les nouveaux réformateurs, appelés presbytériens, ne voulaient aucune autorité supérieure dans l'église. On avait aboli la papauté ; ils demandaient l'abolition de l'épiscopat. D'autres, poussant jusqu'au bout la logique de la réforme, ne voulaient aucune espèce de clergé et faisaient consister la religion dans les communications individuelles de l'homme avec Dieu. C'étaient les puritains ou indépendants. Nous allons retrouver ces deux partis sur le terrain politique.

En Écosse, où les grands et la noblesse étaient jaloux de l'autorité épiscopale, les presbytériens furent bientôt les plus forts et les plus nombreux : des réunions se formèrent pour la défense de la foi, et ce fut alors que l'on rédigea ce fameux acte appelé *Covenant* qui devint le symbole de la ligue contre le papisme et l'épiscopat, et bientôt contre la royauté et l'aristocratie.

Richelieu, qui venait d'écraser les protestants à La Rochelle, fut cependant le premier à encourager les fanatiques de l'Écosse : il leur envoya de l'argent et des armes, des troupes furent levées pour la défense du *Covenant*, et pendant que Charles luttait en vain contre les difficultés financières occasionnées par l'absence du Parlement, une armée écossaise s'avançait sur les frontières. De leur côté, les Anglais, qu'agitaient les mêmes querelles religieuses et qu'indignaient les usurpations politiques de la couronne, considéraient les Écossais plutôt comme des libérateurs que comme des ennemis. Charles s'aperçoit qu'il ne peut plus rien que par la volonté populaire et se décide à convoquer un parlement. C'était trop tard pour qu'on pût lui en savoir gré.

Le 3 novembre 1640, s'assembla ce fameux Parlement que la monarchie accepta comme un pis-aller et qui devait renverser la monarchie.

Trois partis principaux se montrèrent bientôt dans cette assemblée. Le premier, celui de la réforme modérée. Il voulait abolir les impôts illégalement perçus, les emprisonnements arbitraires, en un mot, les actes réprouvés par les lois connues du pays. Ce parti admettait pourtant la souveraineté absolue du roi, mais il croyait en

même temps que cette souveraineté, absolue en principe, était tenue de s'exercer suivant certaines règles, certaines formes, et dans certaines limites, et que ces règles, ces formes, ces limites, étaient suffisamment établies et garanties dans la grande charte, dans les statuts confirmatifs, dans les lois anciennes du pays. Ce parti, qui ne comprenait certes pas la logique des révolutions, domina d'abord dans la chambre. Ce fut la première phase de la Révolution.

Le second parti pensait que les anciennes garanties n'étaient pas suffisantes, qu'il y avait un grand changement, une véritable révolution à faire, non pas dans les formes, mais dans la réalité du gouvernement ; qu'il fallait retirer au roi et à son conseil l'indépendance de leur pouvoir et placer dans la chambre des communes la prépondérance politique ; que le gouvernement enfin devait appartenir à cette assemblée. Ce parti qui tenait du reste beaucoup à conserver les formes monarchiques était celui des Presbytériens qui gouvernèrent la chambre tant que dura la guerre contre le roi. Ce fut la seconde phase.

Le troisième parti, peu nombreux d'abord, et qui devait enfin l'emporter, disait qu'il fallait changer, à la fois, le fond et la forme du gouvernement, que toute la constitution était radicalement vicieuse. Il ne s'agissait pas pour lui de modifier simplement les relations du Parlement avec la couronne, il voulait supprimer la couronne et réformer le Parlement. Ce parti était celui des Indépendants.

Au milieu d'eux se tenait, encore obscur et inconnu, Olivier Cromwell qui, dès les premières réunions du Parlement, résuma les idées de son parti par ces mots, qu'il répétait souvent : « Je sais bien ce que je ne veux pas ; je ne sais pas encore ce que je voudrais. » Le triomphe des Indépendants fut la dernière phase de la Révolution.

Cependant, le roi avait déjà tant de fois abusé de son droit de dissolution, que le Parlement, pour se garantir contre cet acte d'autorité, se constitua en assemblée permanente. C'était déjà une grave atteinte portée à la logique de ceux qui s'appuyaient sur la constitution, c'était le premier défi porté à la royauté. Charles sanctionna le bill de permanence. Dès-lors, il devait comprendre que toute résistance lui était interdite.

Mais par un de ces retours soudains des esprits faibles qui se jettent dans la violence quand ils n'ont pas su défendre des droits acquis, étant venu lui-même dans le sein du Parlement pour arrêter cinq membres, il acheva de se compromettre aux yeux de la nation et ne fit que manifester sa mauvaise volonté et son impuissance.

Ce Parlement sur lequel Charles avait compté comme sur un instrument nécessaire pour combattre l'Écosse insurgée, devenait lui-même l'agent le plus actif d'une insurrection légale. Après de longues luttes, où le Parlement se montrait d'autant plus exigeant qu'il avait plus de raisons pour se défier de la bonne foi du roi, celui-ci justifie ces défiances en levant l'étendart royal à Nottingham le 14 août 1642. La guerre commence. Le parti des réformateurs modérés disparaît du Parlement. Quelques-uns s'enrôlent sous la bannière de Charles. Les Presbytériens dominent.

Leurs premiers essais ne furent pas heureux : l'armée royale gagna plusieurs batailles, mais ces défaites successives n'ôtaient rien aux prétentions du Parlement ni à sa menaçante opiniâtreté.

Enfin, la victoire de Marston-Moor, remportée par Cromwell, justifie l'audace parlementaire en même temps qu'elle apporte une influence nouvelle au parti des Indépendants. Ceux-ci ne cachent plus leur dessein de détruire la monarchie et la noblesse. De violentes discussions éclatent dans le sein des communes. Les Presbytériens comptaient dans leurs rangs les orateurs les plus distingués : ils formaient exclusivement la chambre des pairs, ils s'appuyaient sur l'armée d'Écosse qui bornait tous ses vœux à l'établissement du règne presbytérien et qui désirait un traité avec le roi. Mais les Indépendants avaient pour eux l'énergie et la logique révolutionnaire, les hommes nouveaux qui s'étaient élevés par leurs talents, toutes les sectes enthousiastes qui ne reconnaissaient d'autre pouvoir que celui de Jésus-Christ et qui voulaient le gouvernement de ses élus : ils avaient surtout les victoires des généraux les plus habiles, car, tandis que les chefs presbytériens nobles, Essex et Manchester, se laissaient battre, les chefs indépendants, Cromwell et Fairfax, se signalaient par de nouveaux triomphes. Un autre grand avantage des Indépendants, c'était de vouloir une chose absolue et décisive, tandis qu'il y avait une sorte d'embarras et d'inconséquence dans la conduite des Presbytériens qui ne voulaient pousser la révolution que jusqu'à un certain point, et respectaient le roi en lui faisant la guerre.

Pour l'emporter sur leurs adversaires, il fallait que les Indépendants enlevassent le commandement des armées aux chefs presbytériens. Ce fut dans ce but que fut présenté le fameux acte de *renoncement à soi-même*, qui ordonnait que tout membre du Parlement ne pourrait accepter un emploi civil et militaire. Cette motion était surtout dirigée contre Essex, qui était le chef avoué et le plus puissant des Presbytériens. Ceux-ci acceptèrent la loi dans l'intention de s'en servir contre Cromwell. Mais aussitôt après la loi passée, le Parlement, par un nouvel acte, prolongea le service de Cromwell pendant quarante jours, nonobstant l'acte de *renoncement*. Les quarante jours expirés, une nouvelle prorogation fut accordée, suivie encore de trois prorogations successives. Ensuite, Cromwell n'en parla plus, et il devint trop puissant pour que personne s'avisât d'en parler.

La bataille de Naseby, dans laquelle Charles fut vaincu en personne par Cromwell au moment où Fairfax, qui commandait en chef, était complètement battu, donna de nouvelles forces au Parlement. De nouvelles élections pour remplir les pla-

ces vacantes par la mort ou la proscription, y fortifièrent le parti des Indépendants. Cependant les presbytériens y étaient encore en majorité, mais leurs rivaux dominaient dans l'armée : c'était le fruit de l'adresse de Cromwell. Ce fut désormais de ce côté qu'il chercha un appui.

Le roi, qui s'était réfugié en Écosse où il comptait de nombreux partisans, venait d'être livré au Parlement pour une somme de 400,000 livres sterling (10 millions). Il était renfermé dans le château d'Holdenby. Cromwell et les Indépendants comprirent dès-lors que le sort des événements ne tenait plus qu'à la personne du roi, avec lequel les Presbytériens étaient encore en négociation.

L'autorité du Parlement se trouvait alors gravement compromise par l'armée qui l'avait fait vaincre. La guerre était terminée en Angleterre et en Écosse, mais l'Irlande était tout entière soulevée en faveur du roi. Le Parlement avait résolu de licencier une partie de l'armée et d'en envoyer une autre partie en Irlande. Or, l'armée ne voulait être ni licenciée, ni engagée dans une guerre qu'elle considérait comme un exil. Les soldats se rassemblèrent, chaque régiment choisit des représentants qui se réunirent en un conseil appelé *Conseil des agitateurs*. Ce conseil devait délibérer de concert avec un conseil supérieur formé de généraux et d'officiers. Ces deux chambres, d'une espèce nouvelle, avaient, par leurs épées, un grand avantage sur le Parlement de Westminster. Les communes indignées menacèrent à leur tour. Ce fut alors que Cromwell, présent à leurs séances, laissa percer ses desseins secrets, en disant tout bas à Ludlow : « Ces gens-là ne se tiendront pas tranquilles que l'armée ne leur ait tiré les oreilles. »

Sa conduite dans ces circonstances fut un modèle de fourberie. Nommé commissaire par les communes pour aller transiger avec l'armée, il flattait secrètement l'esprit séditieux des troupes, en même temps qu'il semblait défendre tout haut les droits du Parlement.

Au milieu de tous ces désordres, une entreprise audacieuse fut exécutée par un agent subalterne ; mais son impunité prouva que le coup partait de haut. Un simple cornette nommé Joyce, suivi de cinq cents cavaliers, parut la nuit devant Holdenby, et demanda qu'on lui livrât le roi. Le chef parlementaire, abandonné de ses soldats, fut obligé de céder, et le roi, conduit à l'armée, devint ainsi prisonnier des Indépendants. En même temps, Cromwell quittait Londres, et l'armée s'avançait sur la ville : elle demandait l'expulsion de onze membres presbytériens ; le parlement se vit contraint de céder, tandis que Cromwell semblait se laisser guider à la merci des événements qu'il dirigeait.

Cependant le commun conseil (1) de Londres et la population de cette cité, qui voulaient la conservation de la royauté, étaient opposés aux concessions que le Parlement faisait à l'armée. Les

(1) Conseil municipal.

apprentis et les jeunes gens s'étant donc portés à Westminster, demandèrent avec menaces le rappel des onze membres. Les chambres s'ajournèrent. Dans l'intervalle, cent députés du parti indépendant, effrayés de ces violences ou les prenant pour prétexte, sortirent de Londres et se retirèrent au camp de Fairfax.

Par cette retraite, les presbytériens reprirent la majorité et votèrent le rappel des proscrits, tandis que l'armée, en donnant asile aux transfuges, semblait donner asile au Parlement. C'était au moins pour elle le prétexte d'une violence. Fairfax, excité par Cromwell, marcha sur Londres, disant qu'il venait rétablir l'indépendance du Parlement. Les membres fugitifs furent remis en possession de leurs siéges, les onze presbytériens chassés de nouveau, et le Parlement, placé sous le glaive, vota un jour d'actions de grâces solennelles. Sur la demande de Fairfax, de nouvelles entraves furent mises à la presse, et Cromwell, qui commençait à ne plus cacher sa pensée, répétait qu'il fallait *purger* la chambre.

Cependant le Parlement continuait toujours ses négociations avec le roi, quand tout-à-coup celui-ci s'échappa de Holdenby, se réfugia à l'île de Wight, où commandait le colonel Hammond, homme dévoué à Cromwell, ce qui fit supposer avec quelque raison que ce dernier avait provoqué cette fuite.

Sur ces entrefaites, les agitateurs, qui prenaient alors le nom de Niveleurs, présentèrent au Parlement une pétition menaçante dans laquelle, au nom de neuf régiments de cavalerie et de seize régiments d'infanterie, ils demandaient la dissolution du Parlement et le renouvellement biennal. C'était aller trop vite pour Cromwell. Dans une revue générale de l'armée, il fit saisir quelques niveleurs, et l'un d'eux, désigné par le sort, fut fusillé. Mais il n'alla pas plus loin, satisfait de montrer qu'il dominait en même temps les deux puissances rivales, l'armée et le Parlement.

Une nouvelle guerre et de nouvelles victoires vinrent encore ajouter à son influence. Les presbytériens écossais, qui voulaient aussi conserver la royauté vaincue, venaient d'entrer en Angleterre, réunis aux royalistes du nord. Cromwell, dans une campagne rapide, dispersa leurs armées, et entra triomphant à Edimbourg. Mais il n'y resta que le temps nécessaire pour assurer sa victoire. Les presbytériens des communes pressaient les négociations avec le roi; mais l'armée cantonnée à Windsor déclara que le roi ne pouvait être appelé au gouvernement, et n'appartenait plus qu'à la justice.

Cette déclaration menaçante fut suivie d'un nouvel enlèvement du roi, qui fut conduit de l'île de Wight dans un château près de Windsor.

Le Parlement se plaignit à Fairfax, qui, pour toute réponse, menaça de marcher sur Londres. Plusieurs membres proposèrent alors de déclarer l'armée traître à la patrie, et de décréter d'accusation les principaux chefs. L'armée répondit en marchant sur la ville; les Indépendants, réduits à la minorité, saluèrent son arrivée avec joie, sans

songer que de pareils alliés deviennent toujours des maîtres.

Une fois l'armée à Londres, il lui fallait agir. Le 6 décembre 1648, toutes les troupes furent mises sous les armes, et le colonel Pride, avec son régiment, occupa toutes les avenues de la chambre. Tous les membres désignés comme presbytériens furent repoussés des portes, et trente-neuf des plus marquants furent arrêtés et conduits en prison. Ce qu'il y avait de plus étrange, c'est que le général en chef Fairfax ne fut pas averti de ces mesures, tandis que Cromwell affectait aussi de n'en avoir rien su, mais déclarait qu'il acceptait les faits accomplis.

Depuis ce jour, les communes livrées entièrement aux Indépendants ne firent qu'enregistrer les volontés de l'armée. Celle-ci, qui avait réellement fait la révolution, estimait qu'elle ne serait complète que par la mort du roi. Les chefs ambitieux la voulaient, parce qu'ils considéraient Charles comme un obstacle et un embarras; les républicains parlementaires la voulaient de bonne foi, parce qu'ils croyaient cette mort nécessaire à l'établissement de la liberté : à leur tête étaient Vane, Ludlow, Sidney et Hutchinson.

Un comité de trente-huit membres fut, en conséquence, désigné par le Parlement pour dresser l'acte d'accusation. Sur son rapport, Charles fut décrété de haute trahison, et les communes nommèrent pour le juger une haute-cour spéciale composée de cent cinquante personnes, députés, officiers, magistrats et citoyens. L'opposition des presbytériens fut violente : dans leurs sermons, leurs pétitions et leurs adresses ils réclamaient l'inviolabilité du roi qu'ils avaient eux-mêmes renversé, et l'Ecosse, qui, la première, l'avait attaqué, fit entendre aussi ses réclamations. Mais les Indépendants étaient persuadés qu'ils faisaient une œuvre sainte, et ils demeurèrent inébranlables. Le 20 janvier 1649, Charles parut devant ses juges, et, le 30, il fut exécuté devant son palais de White-Hall.

La République fut aussitôt proclamée. On créa un conseil-d'état composé de quarante-et-un membres à la tête desquels étaient Cromwell et son gendre Ireton. Le premier acte des communes, devenues la représentation de la souveraineté populaire, fut l'abolition de la chambre des pairs, qui n'avait signalé son existence que par une opposition tracassière en même temps que peureuse à toutes les mesures hardies que nécessitaient les circonstances.

Cependant la permanence de la chambre des communes excitait les plaintes du parti démocratique : c'était une véritable oligarchie succédant à la royauté. Des pamphlets républicains dénonçaient au peuple *les secondes chaînes de la Grande-Bretagne*. Les niveleurs sommaient le Parlement de tenir ses promesses d'affranchissement : ils demandaient l'entière liberté de conscience, la promulgation des lois dans la langue nationale, l'égalité de tous devant la loi, le jugement des détenus dans un court délai, l'exclusion de la force militaire dans toute affaire civile.

Des réclamations aussi justes ne leur valurent que des persécutions Les hommes du Parlement semblaient concentrer la révolution dans leur triomphe personnel : appuyés par Cromwell, qui trouvait son compte à ce que les libertés fussent restreintes, ils asservirent la presse, interdirent toute discussion politique aux prédicateurs dont ils avaient eux-mêmes encouragé le fanatisme, et punirent même de mort quelques-uns de ceux qui réclamaient hardiment les droits au nom desquels l'insurrection avait combattu. Le Parlement s'attirait ainsi la haine de ceux qui lui avaient donné le pouvoir, et éloignait de lui tous les hommes qui l'auraient défendu contre les entreprises d'un ambitieux.

Il ne devait pourtant tomber qu'après avoir vaincu tous ses ennemis. L'Irlande entière était soulevée : Cromwell y fut envoyé, et de rapides victoires et d'horribles cruautés ramenèrent tout le pays sous la domination anglaise.

Ce fut alors le tour de l'Écosse. Charles II venait d'être rappelé par les presbytériens, et ces étranges alliés s'avançaient en Angleterre. Cromwell accourt, et les journées de Dunbar et de Worcester laissent le Parlement sans ennemis, et Cromwell sans rivaux.

Il ne restait donc plus que deux puissances en Angleterre, le Parlement et Cromwell, qui n'ayant plus d'ennemis communs, devaient bientôt rompre leur alliance.

Dès le retour de Cromwell, plusieurs membres, excités par lui, présentèrent un bill pour régler la forme et l'époque d'une représentation nouvelle. Mais la vive résistance qu'il rencontra le fit songer à d'autres moyens. Toute l'armée était à lui; les républicains voyaient avec indignation se perpétuer une chambre qui n'avait plus aucun mandat légal, et les royalistes profitaient du mécontentement général pour déclamer à leur aise contre le Parlement.

Cependant Cromwell hésitait à recourir à la violence. De toutes parts des pétitions étaient adressées au Parlement, demandant ou commandant sa dissolution. Le Parlement répondait à ces attaques par une activité prodigieuse, faisant la guerre avec la Hollande et préparant à l'intérieur une vigoureuse organisation. Il est certain que Cromwell, lorsqu'il s'empara du pouvoir, exécuta peu de grandes choses qui n'aient été dès-lors conçues et commencées.

Enfin, après quatre mois d'intrigues et d'attente, désespérant d'amener la chambre à se dessaisir volontairement du pouvoir, Cromwell résolut d'y aviser lui-même.

Le 20 avril, il tint chez lui une réunion d'officiers et de députés pour mettre fin, disait-il, à la tyrannie du Parlement. Il espérait cependant que le jour même le Parlement prononcerait volontairement sa dissolution. Mais pendant qu'il attendait, on vient lui annoncer que la chambre s'avise de délibérer sur un autre sujet : transporté de colère, il fait commander quelques compagnies de grenadiers, marche à leur tête à Westminster, distribue les soldats dans le vestibule, et entre brus-

quement dans la salle. Cependant il s'asseoit, écoute pendant quelque temps, puis s'adressant à Harrison qui était à côté de lui : « Le moment est venu, » dit-il. Aussitôt il se lève, interrompt la discussion, il commence une invective contre le Parlement, lui reproche d'embrasser les sales intérêts des presbytériens, de s'éterniser dans le pouvoir, et d'être un instrument indigne que le Seigneur a rejeté : « Allez, allez, s'écrie-t-il en s'élançant furieux au milieu de la salle, je mettrai fin à vos bavardages. » Puis courant çà et là et frappant du pied : « Vous n'êtes plus un Parlement, dit-il. Qu'on les fasse entrer, qu'on les fasse entrer. » A ces mots la porte s'ouvre, et le lieutenant-colonel Wolsey paraît à la tête de deux files de mousquetaires. Henri Vane, l'un des meilleurs républicains de la chambre, s'étant récrié contre cette violation, Cromwell s'écrie : « Sir Henri Vane, Henri Vane, le Seigneur me délivre de sir Vane. » Puis regardant Martin et Wentworth : « Vous êtes, dit-il, des débauchés; » à d'autres, « vous êtes des ivrognes; » à d'autres, « vous êtes des hommes injustes et corrompus. » Puis, montrant la masse de l'orateur : « Otez de là cette marotte. » Enfin, après avoir fait sortir tous les membres, il ferma les portes, et se retira dans le palais de White-Hall, désormais seul maître de la Grande-Bretagne.

Telle fut la fin de ce Long-Parlement, qui, malgré ses dissensions intérieures, fit tant et de si grandes choses, qui poursuivit au milieu de ses épurations successives la logique des circonstances. « Aucune époque, dit un écrivain royaliste, n'a produit de plus grands hommes que ceux qui siégeaient dans cette assemblée. » Malheureusement, la perpétuité de leur pouvoir, même après que la révolution était terminée, ressemblait trop à une usurpation pour ne pas offrir un prétexte à un usurpateur plus habile.   ÉLIAS REGNAULT.

LORD. Ce mot est, en Angleterre, une qualification honorifique. Passé de la vieille langue saxonne dans la langue anglaise, il signifiait dans la première *force, appui,* et désigne, en général, dans la seconde, un supérieur, un seigneur, un noble. Le titre de Lord se donne à tous les membres de la Chambre haute et aux fils des ducs, même du vivant de leur père; il se donne à certains hauts fonctionnaires, comme au chef de la justice, au grand-juge, au chancelier, au grand-amiral, au maire de Londres, etc.; il se donne aux quinze juges de la cour criminelle d'Écosse; il se donne enfin, pour ne plus citer que cet exemple, à des personnes d'un rang inférieur qui possèdent des terres seigneuriales : aussi les appelle-t-on quelquefois *lords de terre,* pour les distinguer des autres. — Les lords forment, avec le clergé anglican, la caste des privilégiés ou la haute aristocratie anglaise. Ils possèdent la plus grande partie du sol et de la richesse publique; ils ont seuls, avec leurs enfants, des chances d'arriver aux charges et aux dignités de l'État; et la chambre des communes, grâce à un détestable système d'élection, que le bill de réforme n'a que très-imparfaitement amendé, a été pendant longtemps dans leur dépendance absolue. Le bill de réforme a relâché les liens de cette dépendance et introduit, dans la chambre, à côté de l'élément aristocratique, un élément nouveau, je veux dire la bourgeoisie. De là les conflits qui, depuis quelques années, se sont élevés entre les deux chambres, conflits qui paralysent l'action du gouvernement, arrêtent tout progrès, et dureront tant que l'élément démocratique, le seul auquel appartienne légitimement la puissance, n'aura pas conquis sur les deux autres la prédominance qui lui est due.　　　　　　　　　　H. Th.

LORD-MAIRE. C'est le premier magistrat de Londres. Sa juridiction s'étend sur la ville, les faubourgs et le fleuve qui les traverse. La charge de Lord-Maire, qui date du treizième siècle, est élective et annuelle. Pour y parvenir il faut être membre de l'un des douze principaux corps de métiers de Londres, avoir rempli une fois au moins les fonctions de schérif, qui sont aussi annuelles et électives, être au nombre des aldermen, espèce d'officiers municipaux qui exercent en même temps quelques fonctions judiciaires.—L'élection du Lord-Maire a lieu le jour de la Saint-Michel, à Guildhall. Les corps de métiers, sous la présidence des shérifs, désignent deux candidats, et la cour des aldermen choisit pour Maire l'un des deux. Cette élection est soumise à l'approbation du roi, qui ne la refuse jamais. — L'installation du Maire a lieu quelques jours après, et donne lieu à des fêtes qui portent encore le cachet des mœurs et des coutumes du moyen-âge.　　　H. Th.

M

MADAME. Ce mot était autrefois un titre d'honneur qu'on donnait à toutes les filles de France. Le mot *Madame* seul servait à désigner la fille aînée du roi ou du dauphin, ou bien encore la femme de *Monsieur*, frère du roi.

MADEMOISELLE. Le mot *Mademoiselle* seul désignait la fille aînée de *Monsieur*, frère du roi, ou la première princesse du sang royal, quand elle était fille.

MAGISTRAT. Nous avons expliqué au mot JUGE ce qu'on doit rigoureusement entendre par Magistrat. Dans le langage ordinaire, même officiel et parlementaire, on donne à ce mot un sens plus large. Il s'applique à tous les membres du corps judiciaire, et il s'étend aux principaux fonctionnaires publics, directement délégués par le pouvoir exécutif. Ainsi on dit souvent d'un préfet, d'un Maire, qu'ils sont des Magistrats. Au commencement de leur institution nouvelle, depuis la loi du 7 pluviose an IX jusqu'au code d'instruction criminelle en 1808, les substituts des procureurs-généraux chargés de la poursuite du délit s'appelaient *Magistrats de sûreté*. Magistrat s'emploie, absolument et collectivement, dans quelques villes, pour désigner le corps des officiers municipaux.

MAGISTRATURE. La dignité, la charge de magistrat. Il s'emploie aussi pour signifier le corps entier des magistrats, et le temps durant lequel un magistrat exerce ses fonctions.

MAGNATS. Nom que portent en Hongrie les individus de la haute noblesse. Quelques nobles polonais le portaient également. Autrefois le magnatisme conférait en Hongrie des priviléges qui sont successivement tombés devant la domination autrichienne et les modifications que le temps a apportées aux institutions du moyen-âge. Le titre de Magnat n'est plus aujourd'hui qu'un titre honorifique pour les grands dignitaires.

Comme toute l'Europe au moyen-âge, la Hongrie, après l'établissement des Magyars au dixième siècle et leur fusion imparfaite avec la population slave qui occupait ces contrées, s'était constituée en monarchie féodale. Les Slaves vaincus, les simples soldats magyars formèrent le peuple, *misera contribuens plebs*, partagé entre les conquérants dont les chefs s'organisèrent en suzerains ou Magnats, en nobles propriétaires terriens, et en armalcites ou gentilshommes, qui n'avaient que leur épée. Après l'introduction du christianisme, un autre ordre égal à la noblesse vint se joindre à ces trois premiers ordres : c'était le clergé. Les Magnats, occupant le premier rang, possédant d'immenses propriétés et un nombre considérable de serfs, disposant de toute la petite noblesse qui n'avait presque pas de biens, formèrent une aristocratie vigoureuse qui dicta sa volonté aux rois qu'elle voulut bien se donner, et traita avec eux de puissance à puissance. Les rivalités de ses membres, leurs ambitions incessantes, amenèrent à la longue ces déchirements qui, après deux siècles de guerres civiles et étrangères avec les Turcs, les Polonais et les Autrichiens mirent enfin la Hongrie aux mains de ces derniers à la fin du dix-septième siècle. Depuis ce moment, la politique lente mais systématique du cabinet autrichien a constamment tendu à l'absorption des Magnats et de leur influence. L'ébranlement communiqué à l'Europe par notre révolution de 89 se fit sentir fortement en Hongrie, et éveilla un désir de réforme qui produisit à la diète de 1791 plusieurs mesures importantes. La loi relative au droit des communes qui furent reconnues, la constitution du 5 mai qui consolida le pouvoir monarchique et garantit les droits de la nation aux dépens de l'aristocratie, enfin le plan d'une émancipation future du peuple agricole. Toutes ces mesures,

adoptées par les Magnats eux-mèmes, conjointement avec les autres membres de la diète, furent
le dernier coup-porté à leur pouvoir et à leur influence.   V. M.

MAHOMÉTANS. Sectateurs de la religion
prêchée par Mahomet. On leur donne indistinctement ce nom ou celui de Musulmans. Au mot
ISLAMISME nous avons exposé les principes de cette
religion et fait un rapide historique de son établissement. Aujourd'hui, quoique le temps de la ferveur et de l'enthousiasme religieux soient passés
pour le Mahométisme, les fidèles sont encore nombreux, et quelque incertains que puissent être
d'ailleurs les calculs sur la population en Orient,
nous pensons que ce n'est point en exagérer le
nombre que de le porter à 110 millions.

En effet, toute l'Asie occidentale et une portion
de l'Indoustan et de la Malaisie sont musulmanes;
toute l'Afrique septentrionale, le Soudan et le
Bournou, au sud du lac Tchad, le sont également.
Malgré les hérésies et les schismes qui n'ont pas
plus épargné l'islamisme que le christianisme, il
n'y a aujourd'hui de scission importante qu'entre
les Schistes et les Sunnites, qui sont constamment
ennemis et se maudissent réciproquement. Joignons aux dissidents la secte des Wahabites,
ces protestants de l'Islam, qui se sont révélés si
vigoureusement dans le siècle dernier et au commencement de celui-ci en Arabie.

Les quatre rites, Hanbalite, Ahaféïte, Malékite
et Hanéfite qui partagent les Sunnites ne sont
point considérés comme hérésie. Aujourd'hui, du
reste, les vrais croyants cernés de tous côtés par
les Européens, et ne voyant pas se réaliser ces
magnifiques promesses de l'empire du monde que
le prophète avait faites à sa religion deviennent
assez tièdes et ne se préoccupent plus guère de
disputes religieuses; la guerre sainte contre les
Infidèles n'est plus chez eux à l'ordre du jour; les
plus fanatiques n'ont gardé contre les chrétiens
qu'une haine prudente qui sait se taire tant que
l'occasion n'est pas favorable pour la faire éclater
impunément.

Les Schistes sont multipliés en Perse, dans l'Indoustan et la Malaisie, où leur nombre peut s'élever à 20 millions. Leurs ennemis les plus acharnés sont les Turcomans, bien aises de trouver un
prétexte religieux pour excuser leurs brigandages
dans les terres persanes. Aux Turcomans on peut
joindre les Boukhares du Turkestan, qui, fort zélés Sunnites, et, par conséquent, très-intolérants,
font de Boukhara la ville sainte de la Haute-Asie,
et ne subiront que par force le contact des Européens. Ce fanatisme des habitants peu civilisés du
Turkestan se retrouve chez les Maures de l'Afrique
septentrionale et du royaume de Bournou. Le
même genre de vie engendre les mêmes mœurs
et les mêmes préjugés. Dans l'Asie occidentale, au
contraire, en Egypte, et dans la Turquie d'Europe, les Mahométans, dominés par l'influence
européenne, commencent à regarder d'un œil
plus calme les chrétiens avec lesquels ils se trouvent constamment en contact, et leurs gouver-

nements sont les premiers à leur donner l'exemple
d'une fusion qui ne pourra s'accomplir que dans
un temps fort long peut-être, mais qui s'accomplira
certainement un jour. Par la force des choses, le
Mahométisme éprouvera une transformation qui
le rapprochera du christianisme, dont il fut si
longtemps l'ennemi : résultat nécessaire de l'infiltration graduelle parmi les nations musulmanes
de notre industrie d'abord, puis de nos arts, de
nos lois et enfin de nos mœurs.   V. M.

MAHOMÉTISME. Religion de Mahomet. (V.
ISLAMISME.)

MAILLOTINS. Le maillet était une sorte de
marteau de plomb dont les Français du quinzième
siècle se servaient dans les combats. Les Parisiens
firent usage de maillets lors des émeutes qui eurent lieu au commencement du règne de Charles VI pour s'opposer à la levée de certains impôts
que le peuple trouvait trop onéreux et dont l'emploi d'ailleurs ne devait pas tourner au profit du
public. Les Parisiens irrités enfoncèrent les portes
de l'Hôtel-de-Ville, prirent tous les maillets de
plomb qui s'y trouvaient et s'en allèrent par la
ville, tuant tous les fermiers des aides qu'ils rencontraient. Le nom de *Maillotins* fut donné à tous
ceux qui trempèrent dans cette sédition.   A. T.

MAIN-DE-JUSTICE. On a représenté l'autorité de la justice par un emblème composé d'une
verge surmontée d'une main ouverte. Cette Main-
de-Justice a été donnée aux anciens rois de France
avec le sceptre, parmi les attributs figuratifs de
leur puissance.

De la, on emploie allégoriquement l'expression
Main-de-Justice pour désigner l'autorité de la justice, et la puissance qu'elle a de faire exécuter ce
qu'elle ordonne, tant sur les personnes que sur
leurs biens.

On dit aussi d'un homme qui est emprisonné
préventivement, ou d'un bien mis sous le séquestre : il est sous la Main de la Justice.

MAIRE. Principal agent de la commune,
chargé à-la-fois de l'administration locale et de
la gestion des affaires d'intérêt général, sous la
direction des chefs de province ou de département. Ce mot vient du latin *major*, parce que les
fonctions de Maire, dans les anciennes communes, étaient remplies par le plus âgé des membres
du corps municipal. Le Maire était assisté d'é-
chevins ou scabins (1) qui délibéraient avec lui
sur les affaires de la commune.

L'importance des fonctions de Maire, la considération attachée à cet emploi, varient suivant le
plus ou moins d'étendue et d'indépendance du
pouvoir municipal. A Londres, par exemple, où
l'administration de la Cité forme un gouvernement, indépendant, sous beaucoup de rapports,
du gouvernement général, le Lord-Maire, qu'élisent les citoyens, exerce au nom du peuple un

(1) Du celtique *scab*, siège. — *Scabins*, ceux qui siégent.

pouvoir qui a lutté plusieurs fois, avec avantage, contre celui de la royauté. En France, avant la révolution de 1789, l'autorité des Maires n'a jamais été bien puissante, qu'ils fussent nommés, soit par le peuple, soit par une partie du peuple, soit par le chef de l'État. Il n'est pas ici question des Maires du palais, qui, chargés de l'administration des domaines de la couronne, sous les rois fainéants, étaient devenus leurs premiers ministres et avaient fini par usurper entièrement l'autorité de leurs maîtres. Nous ne parlons que des magistrats municipaux. Avant 1789, l'institution des Maires n'était pas générale. Les baillis, les sénéchaux, les syndics de communauté, les seigneurs clercs ou laïcs, à Paris le prévôt des marchands, à Toulouse le capitoul, étaient chargés du service administratif de leur localité, qui se confondait souvent avec l'autorité judiciaire.

L'Assemblée Constituante sépara la justice de l'administration. Elle établit des corps municipaux dans toutes les localités qui portaient le nom de paroisse ou de commune. Chaque circonscription eut un Maire, un procureur-syndic et un conseil municipal, tous nommés par les citoyens. Les Maires exerçaient les fonctions qu'ils remplissent encore aujourd'hui. Les procureurs-syndics étaient chargés de requérir l'application de la loi, de veiller à sa fidèle exécution. Nous avons expliqué, aux mots CANTON et COMMUNE, les modifications qui furent faites à ce système et signalé une partie des inconvénients de l'ordre actuellement établi.

Dans l'organisation communale ou cantonale, les Maires sont les agents qui ont les rapports les plus directs avec le peuple. Il ne saurait y avoir trop d'harmonie entre ces magistrats et les citoyens, entre eux encore et le pouvoir suprême, dont ils exercent l'autorité. Aujourd'hui, les corps municipaux sont élus par les citoyens payant, suivant la richesse individuelle dans les localités, de 75 centimes à 100 francs de contribution directe. C'est parmi les membres du corps municipal que le gouvernement est tenu de choisir les Maires, ou agents du pouvoir central dans chaque localité; mais, d'un autre côté, les magistrats qui font les lois du pays sont élus par les citoyens ayant au moins 200 francs de contributions. Il résulte de cet arrangement que les hommes qui participent à la confection des lois, ont d'autres vues, d'autres idées que ceux qui sont chargés de les exécuter; de là des difficultés, des collisions continuelles entre les communes et le gouvernement général de l'État. Il est de toute nécessité que les personnes qui concourent au gouvernement des affaires publiques aient toutes la même origine pour avoir toutes le même intérêt.

Il importe encore que l'agent de l'association générale ne soit pas en même temps l'agent d'une association particulière. On ne peut trop distinguer, séparer les affaires d'intérêt personnel et local des affaires d'intérêt commun à tous les citoyens. Ce n'est pas nous, assurément, qui demanderons que les Maires exercent une autorité qui puisse lutter contre celle du souverain, que celui-ci s'appelle peuple ou qu'il s'appelle roi; nous demanderons, au contraire, que l'agent du pouvoir exécutif, placé dans chaque circonscription élémentaire du territoire et représentant principal de la population, ne puisse, pas plus que les citoyens, désobéir aux ordres de l'autorité suprême, mais, en même temps, que la commune et son magistrat, ainsi que les simples individus, trouvent, au centre commun, une protection, une justice puissante contre l'arbitraire, au lieu d'être, comme ils le sont aujourd'hui, soumis aux caprices d'un préfet ou d'un commis.

Les fonctions de Maire sont fort étendues; elles réunissent, en quelque sorte, toutes les attributions du pouvoir central exécutif. Le Maire est l'instrument du ministre de la justice pour la répression et la constatation immédiate des crimes et délits; il est celui du ministre de l'intérieur pour le maintien de la police générale et locale, pour assurer partout l'observation des devoirs imposés aux citoyens et l'exercice de leurs droits, pour accomplir les nombreuses mesures d'administration et d'intérêt public qui sont dans les attributions de ce département et dans celles des ministres de l'instruction publique et du commerce; il est l'agent du ministre des finances pour faire la répartition et pour assurer la rentrée des impôts directs; il reçoit les réclamations des contribuables; enfin, c'est lui qui, représentant à-la-fois la justice, l'intérieur et la guerre, constate l'état civil des citoyens, les appelle lorsqu'ils doivent faire partie de la garde nationale qui est placée sous ses ordres, ou lorsqu'ils doivent tirer au sort pour concourir, comme soldats, à la défense générale de l'État.   AUG. BILLARD.

MAIRE DU PALAIS. Grégoire de Tours ne dit pas un mot des Maires du Palais. Le silence de cet historien a de quoi surprendre, quand on songe à la fortune que l'avenir réservait aux Maires du Palais. Involontairement, l'homme attribue une origine illustre aux grandes institutions et aux grandes réputations. Il n'en est rien cependant. La puissance a commencé par la faiblesse; la gloire à son lever n'a rien qui éblouisse les yeux. Quel était, au juste, avant Clotaire II le pouvoir des Maires du Palais? Ce pouvoir n'était pas bien grand; il était tout intérieur et ne s'étendait pas au-delà des murs du palais du roi. Pepin-le-Vieux, maire de Clotaire II, est le premier dont l'histoire signale l'autorité. La longue anarchie qui suivit la mort de Clotaire II ajouta tous les jours quelque chose à la puissance des Maires. On les voit tour-à-tour tuteurs des rois mineurs, régents du royaume, lieutenants-généraux; rois enfin autant qu'on peut l'être quand il y a encore un roi nominal. L'histoire nous les montre, pendant une longue suite d'années, occupés à caresser la faiblesse des rois fainéants, et employant tous les moyens qu'ils peuvent imaginer pour rendre cette faiblesse incurable. Dans les guerres civiles, si communes à cette époque, ils paraissent seuls à la tête des armées; quand un ennemi se présente à la frontière, c'est toujours un Maire du palais qui commande l'armée chargée de le repousser. Si les actes de l'époque ne portaient pas la signature des rois fainéants, on ignorerait à tout jamais le nom des derniers descendants de Clovis.

Toutefois, ce n'est pas seulement dans la faiblesse des rois fainéants qu'il faut chercher les causes qui accrurent le pouvoir des Maires du Palais. Le secret de l'élévation de la famille des Pepins doit être cherché dans l'institution même de la mairie du palais. Le peuple élisait les Maires ; il recevait ses rois du hasard de l'hérédité. Ce fait seul peut rendre compte de tout ce qui arriva. Les Maires s'étant trouvés plus capables que les rois commencèrent par les dominer ; plus tard la mairie absorba la royauté et cela devait être. L'imbécillité des rois avait fait descendre la royauté au second rang ; le génie des Maires avait élevé la mairie bien au-dessus du trône. De cette sorte, Pepin-le-Bref n'eut pas besoin de monter, mais bien de descendre pour aller s'asseoir sur le trône dégradé des Mérovingiens. La race des Carlovingiens eut pour elle la légitimité que donnent les services et la volonté nationale. Le faible compétiteur de Pepin ne pouvait invoquer que le droit de la naissance : c'étaient deux légitimités contre une. Pepin-le-Bref, premier roi de la race carlovingienne fut le dernier Maire du palais. **A. T.**

MAIRIE. Lieu ou siége le maire pour l'exercice de ses fonctions, et où se réunit le conseil municipal.

MAITRE (GRAND). C'est le titre qu'on donne au chef d'un ordre de chevalerie, au président d'une secte de francs-maçons. Le chef de l'Université a été qualifié de Grand-Maître, notamment sous l'Empire. Certaines fonctions de cour ont aussi ce titre : tel est le Grand-Maître des cérémonies. Avant 1789, il y avait en France un Grand-Maître de l'artillerie, un Grand-Maître de la cavalerie, etc.

MAITRISE. Sous l'ancien régime, les membres des corporations industrielles étaient partagés en trois classes, apprentis, compagnons et maîtres. Les apprentis étaient placés chez le maître pour apprendre le métier ; les compagnons étaient ceux qui avaient fini leur apprentissage sans être passés maîtres : les maîtres seuls avaient le droit d'entretenir des rapports avec le public, d'acheter, de vendre, en un mot d'exercer la profession. Les maîtres possédaient donc le monopole des métiers ; les apprentis payaient pour s'instruire chez les maîtres, et les compagnons travaillaient pour le compte des maîtres, moyennant un salaire déterminé ; mais il leur était interdit d'élever boutique pour leur propre compte.

La plupart des communautés ou corps de métiers étaient régis par des statuts délibérés entre les maîtres, et auxquels les rois donnaient, moyennant finance, la forme et la force des ordonnances royales. Ces statuts réglaient sévèrement les rapports de maître, de compagnon et d'apprenti ; ils classaient et séparaient soigneusement les diverses professions industrielles et ren-

daient les innovations difficiles et même périlleuses. On ne peut aujourd'hui se faire une idée des ridicules procès que les communautés s'intentaient les unes aux autres, sous prétexte d'usurpation de droits et de priviléges. Ce fut surtout au seizième siècle que les statuts se multiplièrent, et qu'ils donnèrent lieu à d'interminables contestations.

Les qualités requises pour passer maître n'étaient pas les mêmes dans tous les états. Le temps de l'apprentissage variait, mais il était fort long dans presque tous les corps de métier : il durait ordinairement cinq ou sept ans. Après avoir fini l'apprentissage et obtenu des jurés ou gardes du métier un certificat de bonnes mœurs, l'aspirant devait passer un examen en présence de ces jurés et faire un chef-d'œuvre. Il devait aussi, et c'était le point le plus important, faire une série de visites et de cadeaux, donner un grand repas de réception et payer un droit à la communauté. On estimait à 3,000 livres environ les frais nécessaires pour passer maître dans les divers corps d'état, au dix-huitième siècle.

Les fils du maître étaient exempts de la formalité d'apprentissage, de l'obligation de faire le chef-d'œuvre et de presque toutes les dépenses de réception : c'était un privilége de leur naissance. Dans certaines communautés, les filles de maîtres apportaient en dot ce privilége à leurs maris.

La plupart des statuts avaient pour but principal de protéger le monopole des maîtres. La veuve de maître qui se remariait perdait le droit d'exercer le métier, si elle n'épousait pas un maître. Dans la communauté des pâtissiers et dans plusieurs autres, les veuves conservaient la Maîtrise pendant leur veuvage en ne pouvant prendre de nouveaux apprentis ; mais ceux qui s'étaient engagés avant la mort du maître terminaient avec la veuve leur apprentissage.

Les Maîtrises recommandées dans le langage hypocrite des ordonnances comme utiles au bien public étaient en réalité très-préjudiciables au consommateur. Le monopole que les statuts consacraient élevait le prix des choses : le consommateur payait indirectement le temps perdu en apprentissage, les frais de réception et les riches repas. Les compagnons pauvres étaient sans avenir, et les novateurs poursuivis sans pitié devant la justice comme perturbateurs de l'ordre établi. Les économistes s'élevèrent avec force contre cette organisation de l'industrie ; mais les intérêts attaqués résistèrent fortement. Turgot détruisit pour un moment Maîtrises et communautés ; mais elles reparurent bientôt et ne succombèrent que par les efforts gigantesques de la Révolution.   **C. S.**

MAJESTÉ. Qualification honorifique que la bassesse des courtisans s'est habituée à donner aux rois, et que l'usage a ensuite généralement consacrée. On a dit que cet usage est d'origine moderne, c'est une erreur ; il est aussi vieux que la flatterie. On en trouve des traces dans Horace, lequel, s'adressant à Auguste, lui disait :

> Sed neque parvum
> Carmen majestas recipit tua.

(Mais votre Majesté ne reçoit point des vers faibles.) On voit, plus près de nous, ce titre employé dans une épitre dédicatoire, en tête d'un livre publié sous le règne de Charles VII; l'historien Varillas le donna aussi à Louis XI, et le même prince le reçut du roi de Naples et du duc de Milan.

Cependant cette épithète n'était donnée en général qu'aux rois les plus puissants. C'est en 1576 seulement que les rois de Portugal, dans la personne de Sébastien, ont été qualifiés pour la première fois de *Majesté*, par Philippe II, roi d'Espagne, dans l'entrevue de Guadalupe. Ferdinand-le-Catholique et Isabelle, sa femme, n'étaient traités que d'*altesses*. Philippe Iᵉʳ, roi de Castille, ne reçut jamais d'autre qualification. Charles-Quint fut le premier roi d'Espagne que l'on salua du titre de *Majesté;* encore était-ce en sa qualité d'empereur d'Allemagne.

Jusqu'à Henri VIII, les rois d'Angleterre ne furent appelés que *votre grâce*. La courtoisie de François Iᵉʳ valut à Henri le titre de *Majesté*, qu'il continua de porter ensuite, et dont ses successeurs ne se dessaisirent plus.

Philippe II, chef de la maison d'Autriche, était qualifié de *votre sérénité*. Le titre de *Majesté* fut concédé au duc de Brandebourg, devenu roi de Prusse en 1701, aux termes d'un traité solennellement débattu entre ce prince et les rois de France et d'Espagne.

Les rois paraissent tenir beaucoup à ces dénominations fastueuses; ce dernier exemple en est la preuve. Ils veulent éblouir les peuples, et se soucient médiocrement de s'en faire aimer. Il n'y en a pas un seul qui ait ambitionné le titre de *votre bonté*, de *votre justice*, ou tout autre de même nature, et il ne s'est trouvé aucun courtisan assez mal avisé pour oser le leur donner.   B.-C.

MAJORATS. Les Majorats sont, ou pour mieux dire, étaient de véritables substitutions perpétuelles, établies dans certaines familles au profit de l'aîné des héritiers mâles. Ces substitutions, nécessairement composées de biens immobiliers, de rentes sur l'État, ou même, par tolérance, d'actions de la banque de France, étaient destinées à perpétuer l'éclat des noms et la puissance des familles. Elles tiraient leur nom du mot latin *natu major*, aîné, et ne s'éteignaient que par la défaillance d'héritiers mâles.

On distinguait deux sortes de Majorats : les Majorats *de pur mouvement* et les Majorats *sur demande*.

Les Majorats de pur mouvement étaient accordés par le prince sur son domaine. Sous l'Empire, l'empereur en a constitué un grand nombre sur le domaine extraordinaire. Mais, depuis l'Empire, on n'en peut citer qu'un seul exemple : celui du Majorat constitué en rentes au profit du duc de Richelieu. La raison en est simple. La constitution de cette sorte de Majorats étant nécessairement l'objet d'un acte législatif, la publicité ne permet pas le renouvellement des aliénations scandaleuses qui, lorsque la volonté du prince était l'u-

nique loi, démembraient la fortune publique au profit des courtisans.

Les Majorats *sur demande* étaient, comme leur nom l'indique, des substitutions autorisées par le roi sur la demande des particuliers. Ils se composaient, comme les autres, de biens immobiliers, et ils étaient constitués par lettres-patentes du grand sceau. Beaucoup de ces Majorats, fondés sous la Restauration, ont été, depuis la révolution de Juillet, volontairement révoqués par les fondateurs.

C'était une conséquence naturelle de la loi du 12 mai 1835. Cette loi contenait, en effet, à l'égard de l'institution des Majorats, les dispositions suivantes :

ART. 1ᵉʳ. Toute institution de Majorats est interdite à l'avenir.

2. Les Majorats fondés jusqu'à ce jour avec des biens particuliers, ne pourront s'étendre au-delà de deux degrés, l'institution non comprise.

3. Le fondateur d'un Majorat pourra le révoquer en tout ou en partie, ou en modifier les conditions.

4. Néanmoins, il ne pourra exercer cette faculté s'il existe un appelé qui ait contracté antérieurement à la présente loi un mariage non dissous ou dont il soit resté des enfants. En ce cas, ce Majorat aura son effet restreint à deux degrés, ainsi qu'il est dit dans l'article précédent.

5. Les dotations ou portions de dotations consistant en biens soumis au droit de retour en faveur de l'État continueront à être possédés et transmis conformément aux actes de l'investiture, et sans préjudice des droits d'expectative ouverts par la loi du 5 décembre 1814.

J'ai dit que l'annullation volontaire des Majorats était la conséquence naturelle de cette loi abolitive. Et, en effet, ce qui donnait du prix à l'institution, c'était la perpétuité. Limiter la durée du Majorat, c'était le détruire dans son principe. Qu'importent deux générations à celui dont l'orgueil voulait l'éternité !

Désormais, les questions qui se rattachent aux Majorats n'offrent donc plus d'intérêt qu'au point de vue purement judiciaire. Au point de vue politique, elles sont absolument nulles. Pendant quelques années encore, les tribunaux auront à décider sur les cas où les Majorats de pur mouvement, qui subsistent encore, devront faire retour à l'État; ils auront à vider quelques questions de jurisprudence relatives à la transmission, à la révocation volontaire ou à l'extinction des Majorats sur demande; mais, comme institution politique, je le répète, les Majorats, désormais, sont comme s'ils n'étaient pas.

Toutefois, le passé, à cet égard, est encore si près de nous, qu'il est nécessaire de dire quelques mots de l'institution elle-même. L'avenir est l'enfant du passé, et, de ce qui fut, on peut tirer pour ce qui sera quelques enseignements utiles.

On peut dire que, sous le rapport politique, la question des Majorats est une question de chronologie comparée.

Les Majorats existaient sous l'ancien régime.

C'était une partie essentielle du droit public d'a-
lors, le complément des substitutions, des retraits
lignagers, des abolitions de dettes, etc.

A la Révolution, ils furent abolis ; l'institution
était trop évidemment contraire aux nouvelles
mœurs et aux principes du nouveau droit public
pour qu'on la laissât debout. Les substitutions et
les retraits lignagers étant abolis, tous les biens
immobiliers étant livrés à la circulation par l'égalité
du partage, les Majorats devenaient un non sens.

Le Consulat le comprit ainsi et ne les rétablit
pas. La première rédaction de l'article 896 du
Code civil (13 floréal an XI) les proscrivait comme
les avait proscrit la loi de 90.

Mais, au Consulat succède l'Empire. Le sénatus-
consulte de floréal an XII rétablit franchement,
en France, la forme monarchique. Deux ans plus
tard, l'empereur rétablit les titres nobiliaires.
(Décret du 30 mars 1806. — Sénatus-consulte du
14 août suivant.) Et, enfin, le 3 septembre 1807
paraît le nouvel article 896 du Code civil. Cet
article prohibe les substitutions en général, mais il
déclare que « néanmoins les biens libres formant
la dotation d'un titre héréditaire que l'empereur
aurait érigé en faveur d'un prince ou chef de
famille pourront être transmis héréditairement
ainsi qu'il est réglé dans l'acte impérial du 30
mars 1806 et par le sénatus-consulte du 14 août
suivant. »

Ainsi, on peut suivre, dans les lois successives,
l'enchaînement logique de la réaction.

1804.—Rétablissement de la monarchie.

1806.—Rétablissement des titres nobiliaires.

1807.—Rétablissement des Majorats.

Du reste, l'empereur ne cherchait pas à dissimuler sa pensée contre-révolutionnaire : « L'objet de cette institution, disait le préambule du
décret du 1er mars 1808, a été, non-seulement
d'entourer notre trône de la splendeur qui convient
à sa dignité, mais encore de nourrir au cœur de
nos sujets une louable émulation, en perpétuant
d'illustres souvenirs et en conservant aux âges
futurs l'image toujours présente des récompenses
qui, sous un gouvernement juste, suivent les
grands services rendus à l'État. »

La Restauration, en consacrant l'hérédité de la
pairie, conserva l'institution des Majorats. C'était
un jalon d'attente pour le droit d'aînesse.

Enfin, le gouvernement qui suivit la révolution
de Juillet n'ayant pu, malgré tous ses efforts,
maintenir l'hérédité de la pairie, les Majorats
furent abolis, comme nous l'avons expliqué ci-
dessus.

On le voit donc, le caractère politique de l'institution des Majorats ressort des époques où elle
subsista. Le gouvernement penche-t-il vers l'égalité ? les Majorats disparaissent. Y a-t-il, au contraire, réaction du principe aristocratique et monarchique ? les Majorats reparaissent. Or, quelle
est la loi de l'avenir ? La logique le prouve : c'est
le développement de l'égalité. L'institution des
Majorats est donc radicalement incompatible avec
l'état à venir et actuel de la société.

Une personne qui écrivait sous la Restauration

a, au moins implicitement, soutenu le contraire,
en disant que l'institution des Majorats ne porte
pas atteinte aux droits de la généralité des citoyens
et qu'il ne faut point la confondre avec le droit
d'aînesse. Cette proposition est mêlée de vrai et
de faux. Qu'il ne faille pas confondre les Majorats
avec le droit d'aînesse, cela est vrai jusqu'à un
certain point. Matériellement, l'un est moins injuste que l'autre. Tandis que le droit d'aînesse
dépouille les enfants puînés de la totalité des biens
patrimoniaux, le Majorat ne réserve à l'aîné qu'une
part plus grande du patrimoine commun. Mais
ne peut-on pas dire qu'il n'y a point de degrés
dans l'injustice.

La question, du reste, n'est point celle-là. Le particulier a peu d'importance auprès du général. Or,
s'il est vrai que les Majorats ne blessent point les
individus comme les blesse le droit de primogéniture, il est certain qu'ils blessent également la
généralité des citoyens, la société, et, sous ce rapport, la proposition que nous avons rapportée est
évidemment fausse.

En effet, la loi a décrété l'égalité entre tous les
enfants d'un même père — l'existence des Majorats détruit cette égalité.

Elle a décrété l'aliénabilité perpétuelle et incessante des propriétés immobilières : — l'existence
des Majorats met obstacle à leur aliénation.

Suivant la loi, le propriétaire est maître de sa
terre, il en peut user et abuser, sauf les exceptions :—l'existence des Majorats détruit le titre du
propriétaire, et le change en un simple fidéi-
commis.

La loi grève, au profit du Trésor, toutes les
ventes, donations ou échanges d'immeubles : —
l'existence des Majorats, en empêchant les ventes,
donations ou échanges des biens constitués en
Majorats, prive le Trésor, c'est-à-dire le public,
des droits dont il eût profité, si ces biens eussent
été libres.

La loi veut que les propriétés immobilières aillent toujours se divisant : —l'existence des Majorats en favorise la concentration.

Enfin, le caractère de la loi, c'est la généralité,
l'universalité ; elle doit être la même pour tous
les citoyens d'un même pays : — l'existence des
Majorats, au contraire, implique une législation
exceptionnelle, un état social exceptionnel.

Et, maintenant, si des considérations politiques
nous passons aux considérations morales, la question est également claire et non moins grave. Car,
comme l'a dit un publiciste, il est profondément
immoral de laisser subsister un privilège qui tend
à mettre la désunion et le trouble dans les familles,
ou qui permet à ceux qui en jouissent d'abuser
de leur crédit, de contracter des dettes et de laisser
leurs créanciers sans moyen de se faire payer.

E. D.

MAJORITÉ. Le mot Majorité porte en lui-
même sa propre signification. En politique, il
veut dire le plus grand nombre.

Nous avons déjà dit (V. AUTORITÉ, LÉGITIMITÉ,

etc.) qu'il n'y avait, pour arriver à la connaissance de la vérité sociale ou relative, nul autre moyen que de consulter la voix de la Majorité. Cette assertion est appuyée sur les faits de l'histoire et de la science.

En effet, quoique le mot Majorité soit nouveau en politique, le fait est très-ancien, et c'est précisément parce que ce fait a existé en tous temps et en tous lieux, sans que jamais on l'ait contredit, qu'il porte en lui un caractère de vérité incontestable et d'éternelle légitimité.

En philosophie, on a rendu hommage à la Majorité en reconnaissant l'autorité du sens commun. En religion, le mot catholique veut dire universel, et, dans toutes les sociétés, ce qu'on appelle opinion publique n'est que la manifestation de la voix générale, de la Majorité.

Mais ce fait, quoique contemporain des premiers âges, n'en a pas moins subi, dans les formes de sa manifestation, les lois du progrès.

Ainsi, tous les gouvernements anciens, toutes les révolutions du temps passé devaient nécessairement reposer sur l'assentiment du plus grand nombre. Régner ou renverser sans cet assentiment eût été chose impossible. Mais on voit que cet assentiment ne se manifestait qu'en ne pas s'opposant. C'était une sanction négative, une Majorité passive, un acquiescement indirect. C'était un acte de conscience plutôt que de volonté, de sentiment plutôt que d'intelligence.

Aujourd'hui, au contraire, l'humanité, qui sait pourquoi elle agit et comment il faut agir, prétend être consultée directement : elle ne veut plus se borner à examiner des faits accomplis pour les accepter ou les repousser, elle veut qu'on les lui soumette avant leur accomplissement. Enfin, elle aspire à un rôle actif après avoir terminé son rôle passif. Le temps est venu pour elle de commander après avoir sanctionné, de diriger après avoir approuvé, de se manifester par la volonté après s'être manifestée par la conscience.

Et voyez comme tout se tient dans les faits matériels de la politique comme dans ses faits intellectuels. Il a été dit avec vérité, dans ce recueil (V. le mot CHRISTIANISME), que la première formule de la doctrine chrétienne était l'égalité des âmes ; la seconde, sortie de la réforme, l'égalité des consciences ; la troisième, exprimée par notre révolution, l'égalité des volontés. Eh bien ! c'est pour constituer dans la politique active cette troisième formule du christianisme, que nous demandons que le règne de la Majorité soit reconnu, c'est-à-dire que le suffrage universel donne à chacun le droit de manifester sa volonté.

Qu'on ne s'y trompe pas. C'est là le seul terme aux agitations et aux mécontentements qui, sans cesse, compromettent l'état social. Une fois que tous auront été consultés et qu'il résultera évidemment du scrutin que la Majorité s'est prononcée en faveur de telle ou telle mesure, nul ne pourra plus être admis à s'opposer à cette mesure.

La violence ne sera plus à craindre, car la Majo-

rité n'en aurait pas besoin, et la minorité pourrait toujours espérer de prévaloir à son tour.

Il ne reste donc plus qu'à examiner quels sont les droits de la minorité. Nous nous réservons de traiter cette question au mot MINORITÉ.　　E. R.

MALANDRINS. Il est particulièrement fait mention des Malandrins sous le règne du roi Jean. Ces Malandrins étaient des bandits de diverses nations que les rois prenaient à leur solde en temps de guerre, et qu'on licenciait à la paix. Mais leur licenciement ne s'effectuait jamais qu'au grand préjudice du pauvre peuple. — Les bandes indisciplinées des Malandrins commirent de très-grands ravages en France. Après de vains efforts tentés pour en délivrer le pays, les Malandrins cédèrent sous Charles V à l'ascendant du connétable Duguesclin. Ce guerrier les amena en Espagne contre Pierre-le-Cruel, roi de Castille. On les trouve le plus souvent désignés dans l'histoire sous les noms de *Cottereaux, Routiers, Brabançons, Grandes Compagnies, etc.*

MALTE. Située au milieu de la Méditerranée, entre la Sicile, la régence de Tripoli et l'Archipel, l'île de Malte participe à-la-fois de l'occident et de l'orient. Cette position lui donne une grande importance au point de vue politique et commercial. Les Carthaginois avaient compris que la possession de ce point maritime leur était nécessaire pour la sécurité de leurs relations avec les peuples de l'Asie occidentale, de l'Europe méridionale et de l'Égypte ; aussi s'en rendirent-ils maîtres et s'y maintinrent-ils depuis l'an 528 avant J.-C. jusqu'à l'an 242, c'est-à-dire pendant 286 ans. L'utilité de Malte comme point de relâche et comme arsenal ne pouvait échapper aux Romains dès le début des guerres puniques. Malte était sur le chemin de Carthage. Elle tomba longtemps avant cette puissante métropole et compléta le système colonial de Rome dans la Méditerranée, comme elle avait complété celui des Grecs avant l'occupation des Carthaginois. Vandales, Goths, Grecs du Bas-Empire, Arabes, Normands, Allemands, Français, Espagnols, chevaliers de Rhodes, s'établirent successivement dans cette île, dont les avantages ne pouvaient être compensés par la possession d'aucun autre point maritime. Dans les temps modernes, l'importance de Malte comme poste militaire n'a fait que s'accroître ; la France, sous le gouvernement du Directoire, voulut en faire une étape indispensable dans sa route vers l'Égypte et les Indes-Orientales ; l'Angleterre en a fait un boulevard presque inexpugnable, du haut duquel elle peut surveiller les mouvements des puissances européennes, couver des yeux l'Orient, tenir en échec toutes les marines rivales de la sienne, et commander à ses garnisons de Gibraltar et des îles Ioniennes.

Pour comprendre les avantages précieux que la possession de Malte peut offrir à une puissance maritime, il faut connaître la topographie du littoral de cette île.

Toute la partie méridionale est inaccessible à

cause de la ceinture de rochers perpendiculaires qui l'entoure, et de l'absence de tout endroit favorable à un débarquement. Là, où une solution de continuité dans la chaîne de remparts naturels pouvait faire craindre une attaque, on a élevé des forts et des batteries qui suffisent pour éloigner tout danger. A l'est et au nord-est, les ports de Marsa-Scala, de Saint-Thomas et de Marsa-Scirocco s'ouvrent aux vaisseaux que poussent les vents d'Asie et d'Afrique. A partir du nord-est jusqu'au nord-ouest, toute la partie septentrionale est découpée par une infinité d'anses fortifiées qui sont autant d'asiles sûrs pour les bâtiments surpris par la tempête dans le canal de Malte. Des ouvrages formidables rendent l'abord du rivage, dans ces différents ports, extrêmement dangereux, si ce n'est impossible.

Deux ports immenses, dont l'un est subdivisé en quatre anses plus petites, mais toutes singulièrement commodes, se dessinent à l'endroit où s'élève la Cité-Valette, capitale de l'île. Le mont Sceberras, sur lequel est bâtie la ville proprement dite, s'avance sous la forme d'une étroite langue de terre au milieu des deux ports principaux; protégé, du côté où il tient à la terre-ferme, par les fortifications de la Florianne, cet appendice se termine, à sa pointe nord, par le château Saint-Elme, immense forteresse capable de résister longtemps à l'ennemi le plus habile et le plus obstiné. Le port de gauche, ou de l'ouest, pourrait, à lui seul, contenir l'escadre la plus nombreuse; ses flots baignent une petite île sur laquelle on a construit un fort. L'entrée de ce fort est défendue par une autre forteresse dont les feux peuvent se croiser avec ceux du château Saint-Elme, situé vis-à-vis. Le port de droite, ou de l'est, est accidenté par quatre pointes de terre qui s'avancent dans sa largeur et qui forment dans leurs intervalles les anses de moindre grandeur dont nous avons parlé. Deux de ces promontoires supportent les faubourgs de la capitale; tous les quatre sont hérissés de forts, de batteries à fleur d'eau, de bastions couronnés de pièces d'artillerie, d'ouvrages de toute espèce creusés dans le roc vif et invisibles à l'extérieur. La forteresse de Ricazoli, élevée à l'extrémité de la pointe la plus éloignée des faubourgs, est destinée à croiser ses feux avec ceux du château Saint-Elme et à interdire l'accès du port principal. Si une flotte ennemie parvenait à échapper au canon de ces deux citadelles, elle rencontrerait plus loin les batteries de la seconde pointe, puis l'artillerie du château Saint-Ange, qui s'élève sur la troisième, puis, enfin, les boulets lancés des bastions de la quatrième. On peut donc dire hardiment que le siège de la ville, de ce côté, est impossible, et que l'escadre la plus formidable serait inévitablement détruite si elle tentait de pénétrer dans ce bassin. Du côté de la terre, les faubourgs, assis sur les anses que nous venons de mentionner, sont protégés par une première enceinte de fortifications, puis, par une seconde tellement vaste qu'elle pourrait contenir tous les habitants de la campagne, plusieurs régiments, et un matériel considérable.

Il est facile de se convaincre, d'après ces détails, que Malte ne peut être prise que par famine ou par trahison; la nature et l'art ont tant fait pour fortifier cette colonie, que ses maîtres peuvent braver les efforts de l'armée la plus intrépide et des flottes les plus nombreuses.

Voilà pourquoi Malte est une colonie éminemment précieuse; voilà pourquoi Bonaparte en prit possession en 1798, avant d'avoir posé le pied sur le sol de l'Égypte; voilà pourquoi les Anglais s'en emparèrent en 1800, après deux ans d'un blocus qui avait réduit aux plus cruelles nécessités la petite garnison française, commandée par le brave général Vaubois; voilà pourquoi, enfin, l'Angleterre conserva sa nouvelle conquête en dépit du traité d'Amiens, qui stipulait la restitution de Malte à l'ordre de Saint-Jean-de-Jérusalem. Malte, ce rocher perdu au milieu de la Méditerranée, fut la principale cause de la rupture de la paix rétablie par la convention du 25 mars 1802; il est vrai que ce rocher valait bien une guerre.

L'occupation de Malte par les Anglais, indépendamment de la possession de Gibraltar et de Corfou, suffirait pour tenir éternellement la France en échec dans la Méditerranée, quelque développement que puisse prendre notre marine. Elle suffit ainsi pour assurer à la Grande-Bretagne une prépondérance incontestable en Orient. Si la guerre venait à éclater entre les puissances européennes à propos de la question turco-égyptienne, Malte y jouerait à coup sûr un rôle important, et bienheureux sera celui entre les mains de qui elle restera définitivement!

Ce serait méconnaître le but de la politique anglaise pendant les guerres de la Révolution et de l'Empire que de ne pas rapporter la prise et la conservation de Malte, en dépit des traités les plus solennels, à un système général dans lequel la Méditerranée devait nécessairement entrer comme les autres mers du globe. Posséder l'île de Van-Diémen, c'était s'assurer le monopole de la navigation dans les mers de l'Australie, et, par suite, dans tout le grand Océan; s'installer à l'île de France, c'était s'établir en maîtres dans la mer des Indes, dont cette colonie est la clé; Sainte-Hélène était le point central qui permettait de surveiller les mouvements des autres marines dans l'Océan Atlantique. La tête de ce vaste développement colonial, si habilement combiné, était le cap de Bonne-Espérance, qui domine l'entrée de deux grandes mers. En Amérique, la Trinité devait ouvrir à ses possesseurs le golfe du Mexique, et tenir, à l'aide de la Jamaïque, toutes les Antilles dans un état de dépendance presque absolu; les îles Bermudes, situées plus haut dans le rayon de la Caroline, semblaient destinées à servir de sentinelle avancée en face des Etats-Unis, et de point de ralliement entre le Canada et les Iles-sous-le-Vent. Tous ces divers points ont été, comme chacun sait, successivement pris et occupés par les Anglais. Il ne leur reste plus qu'à s'établir dans la Magellanie pour être maîtres de la principale entrée des Océans Pacifique et Atlantique à l'extrémité sud du nouveau continent. C'était naturellement à

Malte qu'était réservé l'honneur de compléter ce système de domination maritime en assujétissant la Méditerranée à l'Angleterre. Si l'on ajoute à tout cela les divers points isolés que les Anglais occupent au cœur même de certains pays qui ne leur appartiennent pas, tels que Balize dans la péninsule d'Yucatan, voisine du Mexique, l'archipel des Malouines à l'extrémité de l'Amérique méridionale, Bathurst dans la Sénégambie, Aden à l'entrée de la mer Rouge, et Formose, qui ne peut manquer de leur échoir à l'issue de leur guerre avec la Chine, on aura une idée exacte du plan conçu par la Grande-Bretagne pour asservir les mers et préparer de nouvelles usurpations sur les continents qui ne font pas encore partie de son empire.

De toutes ces acquisitions, Malte sera la plus précieuse pour les Anglais tant que la question d'Orient ne sera pas définitivement résolue : aussi sommes-nous persuadés qu'aucun sacrifice ne leur coûterait pour conserver ce poste si important s'il était sérieusement menacé.   F. LACROIX.

MALTOTE. La taille ou impôt foncier que percevaient au treizième siècle les rois ou les seigneurs s'appelait, dans le latin de cette époque, *tallia* ou *tolta*. Les suppléments que Philippe-le-Bel ajouta à cet impôt, les centimes additionnels de ce temps-là furent nommés *Maltôtes*, parce que le peuple regardait cette partie de la taille comme induement et injustement levée. On appelait aussi Maltôte les sommes que les agents du fisc exigeaient des contribuables outre ce qui était dû : c'étaient de véritables concussions. Dans la suite, les suppléments de taille prirent des noms plus honnêtes, celui de *taillon*, par exemple : le nom de Maltôte ne désigna plus que la concussion, et encore d'une manière vague. Il pénétra dans la langue usuelle, et on dit encore quelquefois *faire la Maltôte* au lieu de *frauder*.

MALTOTIER. On appelait de ce nom celui qui levait la Maltôte. Les Lombards et les Juifs qui, au treizième siècle, partageaient avec très-peu de personnes la science des calculs, étaient en possession d'inventer et de percevoir les impôts, d'affermer les revenus de la couronne. Ils s'enrichissaient rapidement, soit aux dépens du fisc, soit aux dépens des contribuables. Pour leur faire rendre gorge, Philippe-le-Bel les fit arrêter et leur imposa de fortes taxes. L'histoire de la monarchie nous fournit plusieurs exemples de mesures de ce genre prises contre les traitants.

MAMLOUK. *Mamelouk*, *Mameluk*, et plus exactement *Mamlouk*, signifie possédé, et par conséquent, esclave. C'est le nom d'une milice qui a fourni à la Perse, à la Mésopotamie, à la Syrie, à l'Egypte des généraux, des ministres, des rois et même des dynasties royales. Le mot est arabe et connu principalement dans l'Orient méridional et islamique. L'institution est probablement vieille comme le monde asiatique. L'esclave favori a toujours été élevé par son maître aux plus hautes di-

gnités, et, par une sorte de représaille plus imprescriptible que les droits de la reconnaissance, l'esclave, ministre, général a rendu au roi son maître ce que celui-ci ou ses aïeux avaient fait eux-mêmes à leurs bienfaiteurs ; il l'a assassiné et détrôné. Dans les pays en proie au despotisme, le trône est toujours au concours, tantôt entre les princes de la famille régnante, plus souvent entre ces mêmes princes et leurs grands officiers.

Les rois seljoukides de la Perse avaient déjà des Mamlouks sous Maseoud. Au douzième siècle, le roi de Moussol, Alparslan, son neveu, avait pour atabek ou grand-visir, Zenguy, qui le détrôna, et fut assassiné par ses Mamlouks. Les deux fils de Zenguy, l'un roi de Moussol et l'autre roi d'Alep et de Damas sous le nom de Noureddin, avaient autour d'eux des gardes-du-corps primitivement achetés comme esclaves. Les khalifes fatimites du Caire avaient des esclaves nègres pour leur garde particulière ; cette garde fut détruite par Saladin, qui aida son oncle Schirkou, général de Noureddin, à se débarrasser d'Adhed, le dernier de cette race de rois fainéants. Saladin, devenu sultan d'Égypte et de Syrie, fit des Mamlouks blancs de la garde particulière un petit corps d'armée qui combattit toujours à ses côtés, et au milieu duquel il fut battu par Baudouin-le-Lépreux dans la plaine d'Ascalon. Les faibles enfants de Saladin et de Malek-Adel, son frère, ne trouvant que que des séditieux dans leurs généraux, des traîtres et des assassins dans leurs pachas, avaient reporté toute leur confiance vers ces esclaves, parents d'adoption qu'ils avaient achetés jeunes, qu'ils élevaient pour en faire leur *halcas* ou garde particulière d'abord, et puis leurs principaux officiers, visirs, ministres, généraux. Vers 1245, Melek el Saleh-Negmeddin avait établi ses Mamlouks dans une caserne de l'île de Roudha, au bord du Nil, appelé *Bahr*, en face de Gizè ; les Mamlouks prirent de là le nom de *Bahrites*. Vers 1277, Kalaoun logea ses Mamlouks dans les *bordj* ou châteaux répandus en Egypte, de là leur vint le nom de *Bordjites*. Les Mamlouks-rois ou sultans d'Egypte et Syrie sont connus sous ces deux dénominations : les Bahrites commencent à Ibek, époux de la sultane Sehegeret-Eddor ; les Borjites à Barkouk.

Bibars et Kalaoun sont les plus illustres sultans bahrites. Le premier gagna le trône par des assassinats et s'y maintint par son génie. Il avait déjà été un des meurtriers de Melek-el-Saleh au moment de la captivité du roi saint Louis. Il tua aussi Koutouz ; il se présenta après cette action au grand-visir ou atabek, qui demanda : Qui a tué le sultan ? C'est moi, répond Bibars. En ce cas, reprit l'atabek, règne à sa place. Maintes fois, en Egypte et dans d'autres pays, ce catéchisme a été répété par demandes et par réponses, véritable formule sacramentelle des successions musulmanes. Bibars laissa deux enfants qui régnèrent deux ans, au moins de nom. Kalaoun, autre soldat heureux, les détrôna, et, après un règne de onze ans, il eut la rare fortune de mourir de mort naturelle, et de laisser une série de successeurs de sa propre fa-

mme qui occupèrent le trône pendant une centaine d'années. Le dernier fut détrôné par Bar-
qouq à la fin du quatorzième siècle. Le plus remarquable de tous, et par ses qualités et par la
durée de son règne, est Nasser-Mohammed, qui
mit les émirs turbulents en coupe réglée, encouragea l'agriculture, rendit le peuple heureux, refit
les canaux du Caire et d'Alexandrie; fit venir de
Sienne des colonnes de granit, bâtit d'admirables
mosquées, des collèges immenses. Ce fut un
Louis XI sultan, un Pharaon musulman. Il mourut à cinquante-huit ans, après quarante-quatre
ans de règne partagés en trois époques par deux
abdications.

Les sultans bordjites durèrent jusqu'à la conquête de l'Égypte par Sélim Ier. Dès lors l'Egypte
fut gouvernée par des beys vassaux de la Turquie
sous un pacha. Celui-ci, sorte de procureur-général de la Porte, fut souvent chassé ou tué par les
beys qui poursuivaient l'indépendance du pays ou
qui étaient poussés par les factions rivales. La
grande ambition des beys était d'être gouverneurs
de la ville du Caire, sous le titre de *scheikh-el-
baled*. La Syrie et l'Égypte, depuis la conquête
turque, ont été en proie à une anarchie qui n'a été
interrompue que par rares intervalles, lorsque
quelque pacha ou quelque bey, doué d'habileté
ou de volonté, était au pouvoir. Mais alors il avait
à lutter non seulement contre ses rivaux les beys
inférieurs, contre ses officiers, contre les soldats de
sa garde particulière, véritable continuation des
anciens Mamlouks, mais de plus contre les intrigues de la Porte, qui prenait toujours ombrage
d'une notabilité qui se signifiait par l'ordre et à
plus forte raison par l'éclat.

Les Français, arrivant en Egypte à la fin du siècle dernier, trouvèrent un état de choses tout-à-
fait pareil. Aly-Bey, qui avait réalisé jusqu'à un
certain point l'indépendance des sultans bahrites
et borjites, avait été assassiné par son propre fils
adoptif, par son Mamlouk Mourad, après avoir
échappé à vingt tentatives d'assassinat et à autant
de firmans de déchéance.

Ces précédents peuvent nous faire comprendre
l'état actuel de l'Egypte. On a dit que Mehemet-
Ali avait détruit les Mamlouks; c'est une erreur.
Les anciens maîtres de l'Egypte, vassaux plus ou
moins rebelles de la Porte, ont été, il est vrai, détruits par l'heureux pacha vainqueur des Anglais
et réorganisateur du pays. Mais l'institution des
Mamlouks subsiste. Mehemet Ali a des Mamlouks,
son fils Ibrahim-Pacha, son petit-fils Abbas-Pacha
ont des Mamelouks, achetés jeunes, élevés militairement comme les anciens Icoglans des sultans
de Constantinople, possédés par la plus horrible,
par la plus complète intimité, selon la signification orientale du mot *Mamlouk*. Ces jeunes esclaves grandissent de taille et de rang; ils deviennent
ministres, généraux comme par le passé; ils n'attendent que la mort du nouveau Bibars, du nouveau Kalaoun, du nouveau Nasser-Mohammed,
pour se poser prétendants à ce trône perpétuellement au concours.

Les premiers sultans Mamlouks bahrites furent

aussi surnommés Turcomans; les Mamlouks
bordjites eurent le surnom de Circassiens; les beys
furent surnommés Ghoses, ce qui revient à peu
près à Turcomans. — La patrie de la plupart de
ces Mamlouks avait, comme on voit, fourni ces
surnoms. La quatrième série de sultans Mamlouks s'appellera probablement albanaise ou macédonienne, et il n'est pas impossible que quelques
aventuriers de l'Europe plus occidentale, renégats
heureux comme les plus fameux deys d'Alger, entrent en concurrence avec les Mamlouks musulmans.   E. de S.

MANDARINS. C'est le nom que l'on donne
aux fonctionnaires du gouvernement chinois qui
remplissent les divers postes civils et militaires.
Tous sont essentiellement amovibles. Cette dignité
est conférée par l'empereur, et le meilleur moyen
d'y arriver est de se signaler par quelque action
d'éclat ou des services rendus au pays. Le plus
grand nombre des Mandarins est même tiré de la
classe inférieure.

Les Mandarins se divisent en deux grandes
classes : les grands Mandarins et les Mandarins
subalternes. Les premiers sont gouverneurs-généraux des provinces, commandants des armées,
présidents supérieurs des tribunaux, inspecteurs
des lettres, etc. Leur nombre est évalué à neuf
mille. Les Mandarins subalternes au nombre de
quatre-vingt-un mille, remplissent toutes les
fonctions qui dépendent de la première classe.

Le pouvoir des Mandarins est absolu; il représente celui de l'empereur, que la constitution du
pays rend souverain maître de la vie et des biens
de ses sujets. Aussi, peut-on leur reprocher, en
général, toutes les iniquités et tous les excès du
despotisme oriental. Précédés de bourreaux armés
de bambous, ils rendent, fort sommairement, la
justice en faisant rouer de coups les délinquants
lorsque la faute est légère; les crimes sont justiciables de tribunaux particuliers. Cette omnipotence des Mandarins dans les actes de leur administration, bien qu'ils soient responsables devant
l'administration supérieure, qui leur fait aussi
bien donner la bastonnade qu'au simple particulier, a le grand inconvénient d'abandonner le peuple à leurs caprices. Aussi, il en résulte que, au
lieu de remplir leurs fonctions paternellement,
ainsi que cela est écrit dans le texte des lois dont
ils sont institués les gardiens, ils ne sont autre
chose que les satellites absolus d'un despote absolu lui-même.   V. M.

MANIFESTE. On entend par ce mot l'exposé
public qu'une puissance en contestation avec une
autre fait de ses droits, de ses griefs, du but
qu'elle se propose en prenant les armes, et quelquefois des moyens qu'elle prétend employer pour
atteindre ce but.

Un Manifeste est une sorte de plaidoyer dans lequel on s'efforce de se concilier l'opinion publique
en démontrant que l'on agit conformément aux
principes de l'équité naturelle. On voit qu'il ne
faut pas confondre le Manifeste avec la déclara-

tion de guerre, bien que l'un accompagne l'autre fréquemment.

On a fait observer dans plusieurs articles de ce Dictionnaire que les puissances monarchiques ne reconnaissant au-dessus d'elles aucune autorité, ne relevant en définitive que de Dieu, dont elles ne se soucient guère, et de leur épée, n'ont jamais admis en réalité d'autre droit que celui du plus fort. La plupart des traités dont l'histoire fasse mention et dont l'ensemble compose une sorte de code du droit public ne sont, pour la plupart, que la consécration de violences commises et d'attentats heureux. Il est donc au moins singulier de voir ces mêmes puissances, dans leurs querelles, invoquer la raison et la justice à l'appui de leur cause, et même, chose étrange, en appeler au jugement des peuples en même temps qu'elles traitent les peuples comme des troupeaux que l'on vend, échange ou égorge impunément. Il y a là une inconséquence que l'on ne sait comment expliquer, sinon en disant que les gouvernements les plus despotiques sont contraints par la force même des choses à reconnaître le principe sacré auquel appartient l'avenir : la souveraineté des nations.

Le gouvernement anglais est le seul qui, dans presque toutes les circonstances, se soit montré logique en commençant les hostilités contre un gouvernement étranger. Ne reconnaissant d'autre règle souveraine que la force, d'autre légitimité que le succès, il ne perd point son temps en Manifestes, il ne s'amuse pas même à notifier à ses ennemis l'état de guerre : ses déclarations, c'est l'incendie de Copenhague ; c'est, après la paix d'Amiens, la capture sur nos côtes de nos pêcheurs, conduits sur les pontons meurtriers de Portsmouth et de Chatam ; c'est aujourd'hui l'attaque de Beyrouth et la saisie des vaisseaux du pacha d'Égypte. Une telle conduite, disons-nous, est logique ; mais elle n'en a pas moins contribué plus que toute autre chose à faire de l'olygarchie anglaise un objet odieux pour toutes les nations.

Il ne nous est pas possible de mentionner ici tous les Manifestes qui, dans les temps modernes, ont été lancés par les diverses puissances au moment de se faire la guerre. Nous croyons cependant utile de reproduire le fameux Manifeste de Brunswick, parce qu'il est le résumé des prétentions de l'Europe monarchique placée en face de la France et comme le point de départ de toute tentative de contre-révolution. Cette pièce diplomatique reçoit encore un nouvel intérêt des événements qui se passent dans le moment où nous écrivons.

Déclaration de S. A. S. le duc régnant de Brunswick-Lunebourg, commandant les armées combinées de LL. MM. l'Empereur et le roi de Prusse adressée aux habitants de la France.

« LL. MM. l'Empereur et le roi de Prusse m'ayant confié le commandement des armées combinées qu'ils ont fait rassembler sur les frontières de France, j'ai voulu annoncer aux habitants de ce royaume les motifs qui ont déterminé les mesures

des deux souverains et les intentions qui les guident.

Après avoir supprimé arbitrairement les droits et possessions des princes allemands en Alsace et en Lorraine, troublé et renversé dans l'intérieur le bon ordre et le gouvernement légitime, exercé contre la personne sacrée du roi et contre son auguste famille des attentats et des violences qui se sont encore perpétués et renouvelés de jour en jour, ceux qui ont usurpé les rênes de l'administration ont enfin comblé la mesure en faisant déclarer une guerre injuste à S. M. l'Empereur et en attaquant les provinces situées en Pays-Bas ; quelques-unes des possessions de l'empire germanique ont été enveloppées dans cette oppression, et plusieurs autres n'ont échappé au même danger qu'en cédant aux menaces impériales du parti dominant et de ses émissaires ;

« S. M. le roi de Prusse, unie avec S. M. I. par les liens d'une alliance offensive et défensive, et membre prépondérant elle-même du corps germanique, n'a donc pu se dispenser de marcher au secours de son allié et de ses co-états, et c'est sous ce double rapport qu'elle prend la défense du monarque et de l'Allemagne.

« A ces grands intérêts se joint encore un but également important et qui tient à cœur aux deux souverains, c'est de faire cesser l'anarchie dans l'intérieur de la France, d'arrêter les attaques portées au trône et à l'autel, de rétablir le pouvoir légal, de rendre au roi la sûreté et la liberté dont il est privé, et de le mettre en état d'exercer l'autorité légitime qui lui est due.

« Convaincus que la partie saine de la nation française abhorre les excès d'une faction qui la subjugue, et que le plus grand nombre des habitants attend avec impatience le moment de se déclarer ouvertement contre les entreprises odieuses de leurs oppresseurs, S. M. l'empereur et S. M. le roi de Prusse les appellent et les invitent à retourner sans délai aux voies de la raison et de la justice, de l'ordre et de la paix. C'est dans ces vues que moi, soussigné, général-commandant en chef des deux armées, déclare :

« 1° Qu'entraînées dans la guerre présente par des circonstances irrésistibles, les deux cours alliées ne se proposent d'autre but que le bonheur de la France sans prétendre s'enrichir par des conquêtes ;

« 2° Qu'elles n'entendent point s'immiscer dans le gouvernement intérieur de la France, mais qu'elles veulent uniquement délivrer le roi, la reine et la famille royale de leur captivité, et procurer à S. M. T. C. la sûreté nécessaire pour qu'elle puisse faire sans danger, sans obstacle, les convocations qu'elle jugera à propos, et travailler à assurer le bonheur de ses sujets, suivant ses promesses, et autant qu'il dépendra d'elle ;

« 3° Que les armées combinées protégeront les villes, bourgs et villages, et les personnes et les biens de tous ceux qui se soumettront au roi, et qu'elles concourront au rétablissement instantané de l'ordre et de la police dans toute la France ;

« 4° Que les gardes nationales sont sommées de

veiller provisoirement à la tranquillité des villes et des campagnes, à la sûreté des personnes et des biens de tous les Français jusqu'à l'arrivée des troupes de LL. MM. I. et R., ou jusqu'à ce qu'il en soit autrement ordonné, sous peine d'en être personnellement responsables; qu'au contraire, ceux des gardes nationaux qui auront combattu les troupes des deux cours alliées et qui seront pris les armes à la main seront traités en ennemis et punis comme rebelles à leur roi et comme perturbateurs du repos public;

« 5° Que les généraux, officiers, bas-officiers et soldats des troupes de ligne françaises sont également sommés de revenir à leur ancienne fidélité, et de se soumettre sur-le-champ au roi, leur légitime souverain;

« 6° Que les membres des départements, des districts et des municipalités seront également responsables, sur leurs têtes et sur leurs biens, de tous les délits, incendies, assassinats, pillages et voies de fait qu'ils laisseront commettre ou qu'ils ne se seront pas notoirement efforcés d'empêcher dans leur territoire; qu'ils seront également tenus de continuer provisoirement leurs fonctions jusqu'à ce que S. M. T. C., remise en pleine liberté, y ait pourvu ultérieurement, ou qu'il en ait été autrement ordonné ou le sera dans l'intervalle;

« 7° Que les habitants des villes, bourgs et villages qui oseraient se défendre contre LL. MM. I. et R. et tirer sur leurs troupes, soit en rase campagne, soit par les fenêtres, portes et ouvertures de leurs maisons, seront punis sur-le-champ suivant la rigueur du droit de la guerre, et leurs maisons démolies ou brûlées. Tous les habitants, au contraire, desdits villes, bourgs et villages qui s'empresseront de se soumettre à leur roi en ouvrant leur porte aux troupes de LL. MM., seront à l'instant sous leur sauve-garde immédiate; leurs personnes, leurs biens, leurs effets seront sous la protection des lois, et il sera pourvu à la sûreté générale de tous et de chacun d'eux;

« 8° La ville de Paris et tous ses habitants sans distinction sont tenus de se soumettre sur-le-champ et sans délai au roi, de mettre ce prince en pleine et entière liberté, et de lui assurer, ainsi qu'à toutes les personnes royales, l'inviolabilité et le respect auquel le droit de la nature et des gens obligent les sujets envers les souverains. LL. MM. I. et R. rendent personnellement responsables de tous les événements, sur leurs têtes, pour être jugés arbitrairement, sans espoir de pardon, tous les membres de l'Assemblée nationale, du département, du district, de la municipalité et de la garde nationale de Paris, les juges-de-paix et tout autre qu'il appartiendra; déclarent en outre Leurs dites Majestés, sur leurs foi et parole d'empereur et de roi, que si le château des Tuileries est forcé ou insulté, que, s'il est fait la moindre violence, le moindre outrage à Leurs Majestés, le roi, la reine et la famille royale; s'il n'est pas pourvu immédiatement à leur sûreté, à leur conservation et à leur liberté, elles en tireront une vengeance exemplaire et à jamais mémorable, en livrant la ville de Paris à une exécution militaire et à une

subversion totale, et les révoltés coupables d'attentat, au supplice qu'ils auront mérité. LL. MM. I. et R. promettent au contraire aux habitants de la ville de Paris d'employer tous leurs bons offices auprès de S. M. T. C. pour obtenir le pardon de leurs torts et de leurs erreurs, et de prendre les mesures les plus rigoureuses pour assurer leurs personnes et leurs biens s'ils obéissent promptement et exactement à l'injonction ci-dessus.

« Enfin LL. MM., ne pouvant reconnaître pour lois en France que celles qui émaneront du roi jouissant d'une liberté parfaite, protestent d'avance contre l'authenticité de toutes les déclarations qui pourraient être faites au nom de S. M. T. C., tant que sa personne sacrée, celle de la reine et de toute la famille royale ne seront pas réellement en sûreté; à l'effet de quoi LL. MM. I. et R. invitent et sollicitent S. M. T. C. de désigner la ville de son royaume la plus voisine de ses frontières, dans laquelle elle jugera à propos de se retirer avec la reine et sa famille, sous une bonne et sûre escorte qui lui sera envoyée pour cet effet, afin que S. M. T. C. puisse en toute sûreté appeler auprès d'elle les ministres et les conseillers qu'il lui plaira de désigner, faire telles convocations qui lui paraîtront convenables, pourvoir au rétablissement du bon ordre et régler l'administration de son royaume.

« Enfin, je déclare et m'engage encore, en mon propre et privé nom, et en ma qualité susdite, de faire observer partout aux troupes confiées à mon commandement une bonne et exacte discipline, promettant de traiter avec douceur et modération les sujets bien intentionnés qui se montreront paisibles et soumis, et de n'employer la force qu'avec ceux qui se rendront coupables de résistance ou de mauvaise volonté.

« C'est par ces raisons que je requiers et exhorte tous les habitants du royaume de la manière la plus forte et la plus instante de ne pas s'opposer à la marche et aux opérations des troupes que je commande, mais de leur accorder plutôt partout une libre entrée et toute bonne volonté, aide et assistance que les circonstances pourront exiger.

« Donné au quartier-général de Coblentz, le 25 juillet 1792. »

Signé CH.-G.-FERD.,
Duc de Brunswick-Lunebourg.

Déclaration additionnelle de S. A. S. le duc régnant de Brunswick-Lunebourg à celle que S. A. S. a adressée, le 25 de ce mois, aux habitants de la France.

« La déclaration que j'ai adressée aux habitants de la France, datée du quartier-général de Coblentz, le 25 de ce mois, a dû faire connaître suffisamment les intentions fermement arrêtées de LL. MM. l'empereur et le roi de Prusse, en me confiant le commandement de leurs armées combinées. La sûreté et la liberté de la personne sacrée du roi, de la reine et de la famille royale étant un des principaux motifs qui ont déterminé l'accord de LL. MM. I. et R., j'ai fait connaître par ma déclaration susdite à la ville de Paris et à ses habitants la résolution de leur faire subir la punition la plus terrible, dans le cas où il serait porté la moindre atteinte à la sûreté de S. M. T. C., dont la ville de Paris est rendue particulièrement responsable. Sans déroger en aucun point à l'art. 8 de la susdite déclaration du 25 de ce mois, je déclare en outre que si, contre toute attente, par la perfidie ou la làcheté de quelques habitants de Paris, le roi, la reine et toute autre personne de la famille royale étaient enlevés de cette ville, tous les lieux et villes quelconques qui ne se seront pas opposés à leur passage et n'auront pas arrêté leur marche, subiront le même sort qui aurait été infligé à la ville de Paris, et que la route qui aurait été suivie par les ravisseurs du roi et de la famille royale sera marquée par une continuité d'exemples des châtiments dus à tous les fauteurs ainsi qu'aux auteurs d'attentats irrémissibles.

« Tous les habitants de la France, en général, doivent se tenir pour avertis du danger qui les menace, et auquel ils ne sauraient échapper s'ils ne s'opposent pas de toutes leurs forces et par tous les moyens au passage du roi et de la famille royale, en quelque lieu que les factieux tenteraient de les emmener. LL. MM.I. et R. ne connaîtront la liberté du choix de S. M. T. C. pour le lieu de sa retraite, dans le cas où elle aurait jugé à propos de se rendre à l'invitation qui lui a été faite par elle, qu'autant que cette retraite serait effectuée sous l'escorte qu'elles lui ont offerte : toutes déclarations quelconques au nom de S. M. T. C., contraires à l'objet exigé par LL. MM. I. et R., seront, en conséquence, regardées comme nulles et sans effet.

« Donné au quartier-général de Coblentz, le 27 juillet 1792. »

Signé Cн.-G.-Ferd.,
Duc de Brunswick-Lunebourg.

J. Bastide.

MARAIS. Dès les premières séances de la Convention, de vives hostilités séparèrent le côté droit du côté gauche : au côté droit, se trouvait la plus grande partie des Girondins ; à l'extrémité du côté gauche, sur les bancs les plus élevés, étaient les Montagnards ; au centre, les députés de la Plaine, que, dans ses chefs, on avait baptisé d'un nom plus énergique, les *crapauds du Marais*.

Le Marais n'eut jamais de programme politique, mais, suivant les occasions, il vota pour l'un ou l'autre des partis contendants et détermina, par ses variations, les inconstances de la majorité. Au 2 juin, le centre, ou le Marais, s'associa aux adversaires des Girondins : vainement, le 8 thermidor, Robespierre fit un appel à cette partie de l'assemblée et lui rappela que, restée en dehors des luttes parlementaires, elle ne pouvait sacrifier à des passions ameutées les amis les plus vrais de la République, les conspirateurs l'avaient entraînée dans leur cause.

Parmi les députés du Marais, il y avait des hommes qui devaient, plus tard, exercer une haute influence; qui, muets durant la Terreur et dissimulant avec les circonstances, se réservaient pour une époque plus calme, et firent payer cher

leurs services aux différents pouvoirs qui les acceptèrent.

B. H.

MARATISTES. Presque tous les historiens de la Révolution française nous ont fait de Marat un être fantastique, un autre Thersite, qu'ils ont placé au second plan du tableau, soit pour compromettre la majesté de l'ensemble, soit pour faire valoir par un tel contraste les figures plus ou moins idéales qu'ils voulaient grouper en pleine lumière.

Nous n'avons pas dessein d'analyser ici et de juger toutes les opinions qui ont été accréditées sur ce mystérieux personnage : ce qui nous importe c'est d'établir une distinction entre sa conscience et ses œuvres. Sa conscience, nous la croyons irréprochable : la diversité des calomnies est un argument contre elles, et, d'ailleurs, nous ne trouvons dans la vie de Marat rien qui nous autorise à douter de sa bonne foi. Pour ce qui concerne ses œuvres, nous sommes loin de vouloir les célébrer : l'effervescence de son tempérament l'entraîna bien souvent à des excès; nous n'avons pas à les rappeler, ils sont connus.

Au surplus, ce n'est pas de Marat que nous avons à parler, mais des Maratistes. Or, la conscience est personnelle à l'homme ; quant aux œuvres, si elles sont condamnables le parti ou la faction qui les approuve qui les sanctifie, en assume la solidarité ; quelquefois il fait plus, il les imite. Que David, ami de Marat, connaissant le fond de cette nature âpre, mais généreuse, ait voulu immortaliser son martyre, nous ne trouvons à cela rien à reprendre : mais que d'ineptes fanatiques fassent graver le portrait de l'*Ami du peuple* avec cette légende : *Sancte Jesus, Sancte Marat;* que le club des Cordeliers aille demander son cœur pour lui dresser un autel ; que la Convention chasse Mirabeau du Panthéon pour y placer Marat ; c'est là une canonisation à jamais déplorable ! Quand la violence rend des services, il faut les accepter ; mais il ne faut jamais encourager la violence par de telles apothéoses. La déification de l'*Ami du peuple* donna du crédit au *Père Duchêne*, et l'on sait quelle fâcheuse influence eut la faction d'Hébert (V. Hébertistes). Les adhérents de cette faction tenaient tous à honneur d'être appelés *Maratistes*.

B. H.

MARÉCHAL. Le titre de Maréchal n'eut rien de très-relevé sous les deux premières races. Claude Fauchet appelle Maréchaux les écuyers d'écurie des rois mérovingiens. Daniel dit que l'office de Maréchal était autrefois une intendance sur les chevaux du prince, semblable à celui du connétable, mais subordonné et inférieur à celui-ci. Il est question du Maréchal dans la loi salique et dans l'ancienne loi des Allemands comme d'une charge qui regardait l'écurie. Sous la troisième race, il n'en est plus ainsi. A partir du règne de Philippe-Auguste on voit les Maréchaux commander les armées. La dignité de Maréchal de France ne fut d'abord pas héréditaire, elle ne fut pas même à vie. Quand celui qui en avait été honoré recevait un autre emploi incompatible avec les fonctions de Maréchal, il cessait de l'être. Il y a dans l'histoire un grand nombre de faits qui prouvent l'existence de la loi dont nous parlons. Nos pères regardaient comme un abus qu'un homme possédât une charge dont il ne pouvait remplir les fonctions ; ils n'ignoraient pas d'ailleurs que la loi de l'incompatibilité des fonctions donne à l'État le moyen de récompenser un plus grand nombre de citoyens.

D'abord il n'y eut qu'un seul Maréchal de France, mais, insensiblement, on en augmenta le nombre. Sous saint Louis, on en trouve deux ; François Ier en créa un troisième ; Henri II en nomma un quatrième ; François II en fit un cinquième par extraordinaire. Les états de Blois, sous Henri III, ordonnèrent que le nombre des Maréchaux serait fixé à quatre, mais Henri IV ne tint pas compte de cette loi ; il fit des Maréchaux en grand nombre. Le nombre de ces officiers alla toujours en se multipliant, au point qu'on en comptait seize en 1651 et vingt en 1703.

Les Maréchaux de France avaient pour fonctions de maintenir la discipline dans les armées. Ils devaient faire des inspections à des époques réglées. Leur dignité était au nombre de celles qu'on appelait charges de la couronne. Les Maréchaux de France faisaient hommage entre les mains du roi et prêtaient serment de fidélité au prince en recevant l'investiture de leur charge.

Réunis en tribunal, les Maréchaux jugeaient des querelles sur le point d'honneur ; la compétence de leur juridiction s'étendait à une foule d'autres questions relatives à la guerre et à la noblesse.

Les Maréchaux de France jouissaient de certains droits pécuniaires sur la solde des soldats et sur les denrées qui se distribuaient dans le camp. Le revenu de leur charge était de cinq cents livres sous Philippe de Valois ; plus tard, ils eurent douze mille francs et davantage en temps de guerre. Je passe le chapitre des droits purement honorifiques.

Les Maréchaux portaient comme marque de leur dignité deux bâtons d'azur semés de fleurs-de-lys en or ; le roi leur donnait le bâton le jour de leur installation et un cheval en temps de guerre.

On connaît l'histoire des Maréchaux de l'Empire. Leur gloire brille à côté de celle du grand capitaine qui mit entre leurs mains le bâton de commandement de la vieille monarchie. L'histoire dira l'usage qu'ils en firent.—Le traitement d'activité des Maréchaux de France de nos jours est de trente mille francs. La dernière loi sur l'état-major général de l'armée de terre en a fixé le nombre à six. Tant que nous vivrons sous ce régime-ci, on peut affirmer que cette loi ne sera pas observée, car nous n'avons pas eu de guerre depuis dix ans, et le gouvernement a trouvé bon de donner le bâton à cinq généraux.   A. T.

MARCHÉ. On appelle ainsi le lieu où se rendent ordinairement ceux qui veulent acheter et vendre. C'est en prenant ce mot au figuré que les économistes disent que toutes les marchandises à vendre dans un lieu sont sur le Marché.

On nomme aussi Marché la conclusion d'une vente : c'est dans ce sens que l'on dit : « Passer un Marché. » En général, les Marchés passés entre particuliers ne sont soumis à aucune forme déterminée. La forme des Marchés que l'État ou les établissements publics passent avec les particuliers est souvent déterminée par les lois qui ordonnent l'adjudication. (V. ce mot.)

MARIAGE. Vico définit le Mariage *l'union charnelle faite selon la pudeur, et avec la crainte d'un dieu.*

Mais aujourd'hui, chez nous, le Mariage est devenu indépendant de toute sanction religieuse. C'est la conséquence nécessaire de notre loi constitutionnelle, qui ne reconnaît pas de religion de l'État.

Réduit ainsi aux proportions d'un contrat civil, le Mariage ne comporterait que la moitié de la définition de Vico ; c'est « l'union charnelle faite selon la pudeur. » C'est, comme le dit encore Vico, la *Vénus humaine* succédant à la *Vénus brutale.* Il est vrai que, suivant la logique de ce célèbre philosophe, la *Vénus divine*, c'est-à-dire le Mariage religieux, doit venir sanctifier la *Vénus humaine.* Mais dans notre époque, où toutes les solennités du culte ont perdu leur puissance morale, il faut bien accepter l'indifférence religieuse dont le législateur nous donne le premier l'exemple. Cette indifférence pour le passé est d'ailleurs nécessaire pour préparer les voies aux formes nouvelles du culte de l'avenir. Car, on peut en être convaincu, le triomphe définitif des institutions démocratiques devra être signalé par une formule religieuse qui ne sera que le développement de l'idée chrétienne fortifiée par un symbole nouveau. (V. RELIGION.)

Il nous est donc permis, même aujourd'hui, de voir dans le Mariage un lien moral dont la puissance est indépendante de la lettre du Code, et qui emprunte sa force à des considérations d'un ordre plus élevé que les formules changeantes des dispositions législatives.

La loi de conservation de l'espèce a produit le rapprochement des sexes, et les voluptés sensuelles de l'acte conservateur, devaient suffisamment répondre de son accomplissement. Mais, jusque-là, l'homme est dans les mêmes conditions que la brute. Cette femelle, qu'il a trouvée sur son chemin, ne devient pas sa compagne ; ce rapprochement momentané ne produit pas l'union, ou au moins l'union ne survit pas aux fatigues du plaisir. Cet être nouveau, qui va devoir la vie à une rencontre fortuite, peut-être à une violence brutale, ne recevra ni nom ni secours de celui qui lui envoie l'existence. Ce n'est pas un enfant qui naît, c'est un petit laissé à la charge de la femelle séduite ou opprimée. Il n'y a ni paternité, ni filiation, ni alliance, ni tradition.

Mais avec le sentiment social, qui est la première loi de la nature humaine, cet état de communauté vagabonde ne peut durer. De sa compagne de hasard, l'homme fait bientôt une compagne d'habitude ; bientôt il donne à son union un caractère social en garantissant sa durée par de solennelles promesses, en prenant pour témoins de sa parole, soit les bosquets qui abritèrent ses premières amours, soit la terre qui lui servit de couche nuptiale, soit le feu où il a préparé le repas fait à deux. Idole, fétiche, divinité matérielle, qu'importe ce qu'il invoque pourvu qu'il y ait en lui la foi? Qu'importe que cette foi soit superstition, si elle est la sanction du serment? La superstition est la morale des premiers âges, le lien des sociétés primitives ; c'est le sentiment religieux s'égarant dans son expression, mais se manifestant dans sa puissance. Et, après tout, chacune des formes religieuses qui ont régné tour-à-tour sont-elles autre chose que des superstitions tour-à-tour perfectionnées? Preuve évidente que le sentiment religieux demeure inaltérable dans le cœur de l'homme : il n'y a de changé que les formes du culte.

L'union étant ainsi consacrée par le consentement mutuel des deux êtres, sanctionnée par le serment social ou religieux, le Mariage donne aussitôt aux actes humains un caractère d'unité, de suite et de perpétuité. Les parents sont liés à l'avenir par leurs enfants, les enfants sont liés au passé par leurs parents. La tradition commence et, avec elle, l'histoire, enseignement perpétuel de la solidarité humaine. Aucune des conquêtes faites par l'intelligence n'est perdue ; le fils les recueille pour les transmettre à ses descendants avec les additions qu'il y a faites. La famille se rassemble autour du foyer, image de la société primitive d'où doit sortir la cité.

Toutefois, l'antiquité ne considéra pas le Mariage comme l'union de deux êtres parfaitement égaux, socialement rapprochés pour donner le jour à un être semblable à eux. Le père seul, chef de la famille, dictait des lois à tout ce qui l'environnait, et son autorité s'exerçait sur la femme avec non moins de rigueur que sur les enfants. Roi, juge et pontife, il réunissait en lui les fonctions du souverain, du magistrat et du prêtre. Aussi, même chez les deux peuples qui ont manifesté au plus haut point le sentiment religieux et qui sont les véritables fondateurs de notre société chrétienne, les Juifs et les Romains, la dissolution du Mariage était permise par la répudiation de la femme. Mais c'était un acte de haute juridiction qui n'appartenait qu'au mari. Dans l'un et l'autre pays, le divorce ne devint permis qu'au moment où les sociétés hébraïque et romaine portaient déjà en elles tous les signes de la décadence.

La répudiation, chez les Romains, n'était qu'une conséquence rigoureuse de toute la législation domestique. La femme, en se mariant, tombait sous la puissance du mari, *in manum, in potestatem viri conveniebat ;* elle n'acquérait à son égard que les droits d'une fille, et l'époux prenait toute l'autorité d'un père. Le Mariage n'était pas un lien d'égalité. Par la même raison, la femme ne changeait pas de nom, mais ajoutait au sien celui de son mari au génitif, c'est-à-dire au cas qui indique la possession, *Antonia Drusi, Marcia Catonis.* Elle

était comme une chose possédée, comme un bien nouveau acquis par le chef de famille.

Nous n'avons parlé que des peuples les plus remarquables des sociétés antiques. Mais si nous portons nos regards vers les nations de l'Orient, qui marchant les premières dans les voies de la civilisation, se sont laissé devancer par toutes les populations qui les suivaient, nous retrouverons la femme dans un état d'infériorité sociale qui n'en fait qu'un instrument de plaisir, un agent matériel de procréation. Dans ces pays, où la politique européenne s'obstine follement à maintenir l'immobilité, les rapports des deux sexes en sont encore à ce qu'exigeaient les précautions premières contre l'extinction de l'espèce. La polygamie, qui était autrefois une garantie de multiplication, n'est plus maintenant qu'un perfectionnement de sensualité pour l'homme, un esclavage raffiné pour la femme.

Heureusement que la civilisation en s'avançant vers l'occident a laissé derrière elle la polygamie, avec son cortège de soupçons, de jalousies et de meurtres ; et la société gréco-romaine, si elle ne rendit pas à la femme toute sa dignité, sût au moins préparer les voies à son affranchissement en lui réservant les douceurs de la famille et les honneurs sans partage d'une glorieuse maternité.

Il était réservé au christianisme de bien comprendre le sens moral du Mariage en plaçant l'épouse sur le même trône que l'époux, en faisant du couple humain un seul corps, une seule pensée, une seule âme. Le Mariage est autre chose, en effet, que la consécration du plaisir, la mise en possession d'une femme, ou l'autorisation légale d'augmenter la population. Tout cela était déjà dans la pensée païenne, et dans cette pensée l'homme se constituait maître, juge et souverain, la femme demeurait esclave, malheureuse si l'on resserrait ses chaînes, plus malheureuse encore si on les brisait. Mais, pour nous, le Mariage, c'est la réunion de deux individus en un seul être, la transformation de la double nature en une nature unique plus puissante et plus belle ; ce n'est pas seulement le rapprochement d'un homme et d'une femme, c'est l'être humain complétant son unité par la cohésion intime du principe actif et du principe passif, désormais confondus dans une glorieuse harmonie. Avant le Mariage, je vois l'homme et la femme, l'un fort par l'intelligence, l'autre puissante par le sentiment ; après le Mariage, je vois l'être humain résumant dans son unité toutes les puissances qui se trouvaient séparées dans chaque moitié de lui-même : alors l'intelligence est embellie par le sentiment, le sentiment fécondé par l'intelligence.

Le Mariage fait donc un être humain nouveau, ayant des organes extérieurs doubles par ses deux individualités corporelles, mais confondant ces deux individualités dans une seule âme, une seule pensée, une seule volonté.

Il y a là une création tout entière, création sociale, dernier terme et complément de la création divine. Après l'enfant, l'adulte ; après l'a-

72

dulte, l'homme, avec la différence de sexes ; après l'homme, l'être humain réunissant la double nature active et passive, la double forme masculine et féminine, androgyne social, être unique et double dont les deux corps, concentrés dans une seule âme, sont destinés à jouir des mêmes joies, à souffrir des mêmes douleurs.

L'époux selon la Bible dit à sa femme : « Tu es la chair de ma chair, les os de mes os. » L'époux selon l'Évangile ajoute : « Tu es l'âme de mon âme. » Et, en effet, le Mariage des temps anciens était l'union physique de l'homme et de la femme ; aujourd'hui, c'est une union physique et morale. Et n'oublions pas que plus la civilisation se développe, plus le côté moral des actions humaines prend d'empire. Ainsi, le Mariage, qui n'était dans le principe que l'association de deux corps pour la production d'un troisième, est devenu aussi l'association de deux âmes pour la production d'une pensée commune. Sans doute, il y a encore dans le Mariage la recherche de la jouissance matérielle, mais elle est demeurée une question secondaire, et, au moment où il engage sa foi, l'homme songe assurément moins à la mère de ses enfants qu'à la compagne de sa vie, il pense moins à quelques nuits de volupté qu'à de longs jours de bonheur.

On a confondu l'effet du Mariage avec la raison du Mariage. Son effet, sans doute, peut être la production des enfants, mais sa raison est la réunion des deux moitiés de l'espèce humaine pour en faire un seul être.

Il n'est pas hors de propos de faire remarquer combien cette appréciation vraie du Mariage peut servir utilement à résoudre de graves problèmes en droit politique. Ainsi, plus d'un publiciste a été embarrassé d'expliquer pourquoi la femme serait exclue des votes dans les élections, des délibérations dans les assemblées publiques. Mais sa pensée ne s'y trouve-t-elle pas avec la pensée de son époux, sa volonté avec la volonté de celui qui ne fait qu'un avec elle ? Son âme se manifeste par un de ses organes, et ce serait un contresens de demander un double vote, là où il ne doit y avoir qu'une seule volonté. On objectera, sans doute, que cette volonté pourrait ne pas se trouver identique chez les deux époux. Mais ce serait là reconnaître dans le Mariage un principe opposé à l'essence même du Mariage ; et quoiqu'on ne puisse pas espérer de rencontrer toujours dans cette institution la perfection idéale que la société lui suppose, la loi ne saurait admettre deux volontés après avoir elle-même ordonné aux époux de n'en avoir qu'une. Car, à consulter le véritable sens du Mariage, la femme qui a une autre volonté que son mari, le mari qui a une autre volonté que sa femme, commet un adultère moral.

Ceux qui n'admettraient pas cette théorie du Mariage, n'auraient rien à répondre aux réclamations de la femme le jour où elle viendrait demander sa part dans l'exercice des droits politiques.

Jusqu'ici, nous n'avons considéré dans le Mariage que l'union de l'homme et de la femme

constituant l'être humain avec tous ses attributs. Mais voici que de ces deux corps confondus en un, il s'élance une créature nouvelle, il naît un enfant sorti des flancs de l'un et de l'autre, produit par la puissance fécondante du père, développé par la gestation laborieuse de la mère. Alors, de même que dans la dualité spirituelle des époux, l'unité se manifeste par la pensée commune, de même dans la dualité corporelle l'unité se manifeste par la naissance de l'enfant commun. Ce n'est pas tout encore. Jusque-là, le Mariage n'était que le rapport de deux êtres entre eux ; maintenant il va être le rapport de ces deux êtres avec un troisième. Nous n'avions jusqu'ici que l'unité dans la dualité ; nous avons désormais l'unité dans la trinité : père, mère, enfant, tous trois formant ensemble une nouvelle individualité appelée famille ; famille, être social, base des sociétés primitives, image de toutes les sociétés à venir. Ainsi, dès sa formation, le Mariage produit l'être humain *époux*, composé de l'homme et de la femme ; dans son développement, il produit l'être social *famille*, composé du père, de la mère, de l'enfant.

L'homme, avec la différence des sexes, voilà le principe constituant de l'être humain, époux ; l'être humain avec ses deux sexes, voilà le principe constituant de l'être général, société.

De tout ce qui précède, il résulte que si le Mariage doit être considéré comme un contrat civil, il porte en lui des caractères qui ne se rencontrent pas dans les autres contrats. En effet, dans ceux-ci, l'homme engage ses intérêts matériels : dans le Mariage, il engage sa personne, et non pas seulement sa personne matérielle, mais aussi sa personne morale et spirituelle ; fortement enchaîné à sa moitié, il ne peut plus disposer ni de son corps ni des affections de son âme ; il est tout à une femme, comme elle est toute à lui.

Ce contrat est, en outre, illimité, et doit l'être. Car le Mariage unit deux esprits aussi bien que deux corps. Or, en supposant que la morale sociale pût permettre d'engager le corps pour un temps donné, ni la morale ni la logique ne permettraient qu'on limitât l'engagement de ses affections et de sa pensée. Ce serait sans doute étrange chose que de dire à une femme : « Je m'engage à servir à vos plaisirs pendant dix ans. » Mais il serait bien plus étrange de lui dire : « Je m'engage à vous aimer pendant dix ans, ni plus ni moins. »

De plus, tous les autres contrats produisent des effets civils par le simple engagement des parties contractantes : il suffit que cet engagement soit prouvé de quelque manière. Pour le Mariage, le consentement des parties ne suffit pas. Le contrat n'existe qu'autant qu'il est sanctionné publiquement au nom de la société par le magistrat social ou religieux. Et, en effet, il s'agit d'un changement d'état, il s'agit de créer dans la société un être nouveau. Il faut que la société intervienne. Le Mariage n'est donc un contrat civil que pour tout ce qui regarde les engagements matériels et pécuniaires, et ces engagements peuvent être réglés par les parties contractantes elles-mêmes; mais il devient un contrat social dans l'engagement moral qui unit les deux êtres, et cet engagement doit être prononcé par le magistrat ou le prêtre représentant la société.

Assurément toutes ces différences sont assez sensibles pour que le Mariage ne doive pas être considéré comme un contrat ordinaire. Et cependant il reste encore à examiner s'il faut attribuer au Mariage un caractère plus solennel qui l'élève, pour ainsi dire, au-dessus de toutes les actions humaines : c'est le caractère d'indissolubilité.

Avant d'entrer dans les détails de cette grave question, qu'il nous soit permis d'émettre quelques considérations générales : elles ne seront pas inutiles pour l'éclaircissement du sujet.

En étudiant les lois diverses sur le Mariage, selon les différentes époques historiques, la première conclusion à laquelle on est naturellement amené, c'est que plus la civilisation se développe, plus le lien conjugal se resserre. A l'origine des sociétés, communauté, union de tous avec tous; dans le monde oriental, polygamie, union simultanée d'un avec plusieurs; dans le monde gréco-romain, monogamie avec répudiation et divorce, union successive d'un avec plusieurs; dans le monde chrétien, Mariage indissoluble, union d'un avec un. Après avoir suivi cette marche progressive, ne serait-il pas étrange de voir une institution retourner en arrière, et le Mariage revenir au système du paganisme?

N'oublions pas que, même aux yeux des partisans de la dissolubilité, le divorce n'est pas considéré comme une chose bonne en elle-même, mais comme un mal nécessaire servant de remède à un mal plus grand. La question se réduit donc à savoir s'il n'y a pas plus d'abus avec le divorce que sans le divorce. Puis, vient cette autre conclusion : ne vaut-il pas mieux prévenir le malheur en réglant plus sagement les conditions du Mariage, que rendre ce malheur plus grand par la dissolution du Mariage?

Dans tous les cas, on admet que le divorce ne peut être qu'une exception à un principe, nullement un principe lui-même. Cela est si vrai, que tous les Mariages sont faits dans une intention de perpétuité. Cette perpétuité est dans la formule que prononce le magistrat au moment où il consacre l'union; elle est dans la pensée des époux, dont la jonction doit former l'être humain complet; elle est dans la nature même du lien d'où va sortir l'être social, famille. Car la longue éducation des enfants, sur lesquels doivent veiller les époux, va nécessairement les conduire jusqu'aux limites de la vie. Et c'est là encore une des raisons les plus puissantes en faveur de l'indissolubilité, c'est que l'homme n'a pas le temps d'élever plus d'une famille.

Et remarquez que cette exception du divorce semble une telle énormité que, même dans les temps où elle était admise, ni le magistrat, dans sa consécration, ni les époux, dans leur engagement, n'osaient en faire mention. C'était un cas qu'il leur était défendu de prévoir. Et cela devait être : il n'y aurait plus eu de Mariage s'il n'y avait pas eu intention formelle de perpétuité. Comment donc admettre, après le contrat, une exception qu'on ne pouvait insérer avant le contrat? Comment oser réaliser ce qu'on n'oserait pas prévoir?

Aussi, de quelles soupçonneuses formalités avait-on environné le divorce! Un acte consacré par la loi semblait, d'avance, flétri par la loi. Le législateur, épouvanté du funeste présent qu'il faisait à la société, se contredisait dans sa logique et s'égarait dans sa judiciaire. Facile et intolérant à-la-fois, il permettait un acte en s'efforçant de le rendre impossible, il autorisait un principe et tremblait à son application.

Il est vrai que ces précautions mêmes ont été un argument pour les partisans du divorce. « Si l'on s'expose, disent-ils, à franchir toutes ces difficultés, c'est qu'on sera déterminé par des motifs invincibles. »

Or, quels sont ces motifs qu'admettait le Code civil?

1° L'adultère;

2° Les excès, sévices ou injures graves;

3° La condamnation à une peine infamante;

4° Le consentement mutuel des époux.

Eh bien! j'ose le dire : ces quatre causes accordées au divorce sont autant de routes ouvertes aux passions, autant de provocations offertes au mal que l'on veut éviter.

1° *L'adultère.* Il est évident que l'adultère doit toujours être considéré comme un crime punissable; mais, si la peine du crime est le divorce, ne voit-on pas que souvent le châtiment deviendra une récompense? L'adultère n'est qu'un divorce momentané, et, pour punir ce divorce, on le rendra éternel, on proclamera la perpétuité de l'acte coupable, on légalisera le crime que l'on prétend réprimer!

« Si la dissolution du lien conjugal, dit M. de Bonald, est permise, même pour cause d'adultère, toutes les femmes qui voudront divorcer se rendront coupables d'adultère, et l'accusation d'adultère sera la monnaie courante (1). »

A cela on s'écrie : « Mais quoi! s'il pouvait en être ainsi, c'est que la société serait corrompue jusqu'à la moelle des os (2). » Ce n'est pas là répondre. Il s'agit de savoir si la loi doit ouvrir les voies à la corruption, ou bien lui opposer de salutaires obstacles.

« L'indissolubilité! s'écrie-t-on encore, ne crée pas seulement l'adultère : elle crée le mensonge dans l'adultère et l'hypocrisie dans l'amour (3). » De ces deux propositions, la première est évidemment contestable; et l'accusation pourrait se rétorquer contre le divorce. L'indissolubilité, sans doute, n'empêche pas l'adultère, mais le divorce, qui ne l'empêche pas davantage, se présente pour le sanctionner; et la puissance qui sanctionne un fait pourrait bien le créer (4).

(1) Considérations sur le Divorce, chap. 9.
(2) Revue du Progrès, juillet 1840.
(3) Idem.
(4) Dans un débat qui eut lieu au parlement anglais sur la

Quant à la seconde proposition, nous avouons que nous n'en sommes guère ébranlé : mieux vaut cent fois le mensonge dans l'adultère que la hideuse vérité, mieux vaut l'hypocrisie dans l'amour coupable que l'impudique effronterie.

2° *Excès, sévices ou injures graves.* Ici se représentent les mêmes arguments que pour l'adultère. Le fait que l'on veut prévenir, on l'encourage, le mal que l'on prétend condamner, on le sanctionne. C'est mettre le divorce à la disposition d'un époux brutal, qui pourra toujours, à force de mauvais traitements, arriver à la dissolution qu'il a résolue.

3° *La condamnation à une peine infamante.* S'il y avait quelque chose qui pût justifier le divorce, ce serait sans doute la flétrissure imprimée au front d'un époux et frappant d'une terrible solidarité l'être malheureux qui porte son nom. Et cependant, même dans ce cas, nous ne ferions pas une exception au principe sacré de l'indissolubilité.

Il faudrait peut-être examiner d'abord si ce crime, qui n'est que l'acte d'un seul, n'est pas le triste fruit de quelque mystérieuse infortune, de quelque désordre intérieur dont tous deux seraient complices, si le fait extérieur qui entraîne la condamnation ne ressort pas de quelque fait intime où le plus coupable ne serait pas le condamné. Qu'on pèse ces considérations, et on les trouvera peut-être fécondes en enseignements. Oui, toujours il y a et toujours il doit y avoir une solidarité morale entre ces deux parties d'un même corps, entre ces deux éléments d'une même âme. La loi de leur existence est de répondre l'un de l'autre, d'être heureux ensemble ou de pleurer ensemble, et c'est en vertu de cette loi qu'ils se doivent une surveillance mutuelle et des soins réciproques qui chassent les coupables pensées et éloignent les occasions de tomber.

On aura beau faire d'ailleurs, jamais le divorce ne rendra les époux étrangers l'un à l'autre. Il restera toujours quelque souvenir de cette union flétrie, mais non brisée par le crime. L'épouse du condamné sera en vain séparée de lui par le divorce, elle ne saurait être autre chose que la veuve d'un mari vivant, et ce veuvage sera, comme tous les autres, un lien avec le passé. Si de ce lien doit sortir une flétrissure, ce n'est pas le divorce qui peut effacer un fait désormais accompli ; et si la réhabilitation de la femme tient à un vain changement de nom, pourquoi laisser aux enfants, dont l'innocence, à coup sûr, ne saurait être douteuse, le nom que repousse leur mère. Telle serait, en effet, la logique du divorce : il faudrait briser tous les liens ou les respecter tous.

N'est-il pas plus selon la morale sociale et selon la pensée du Mariage, de réserver à l'époux qui a failli les consolations de l'épouse qui a conservé la droiture du cœur, n'est-il pas plus

doux de voir la vertu indulgente alléger les fers de celui qui s'est laissé égarer, que de voir l'innocence impitoyable repousser du pied celui qui n'a plus d'appui qu'en elle. Une des plus nobles figures de l'antiquité, n'est-ce pas cette Antigone qui soutient les pas errants de l'Œdipe maudit ? Et ce qui l'a vouée à une éternelle admiration, ce n'est pas seulement la perfection du sentiment filial, c'est, pardessus tout, le pieux dévouement de l'innocence protégeant un grand coupable, c'est la pureté virginale couvrant de ses saintes ailes le parricide et l'incestueux, c'est la silencieuse protestation de cette sublime vagabonde, qui ouvre ses bras au proscrit des cités, à l'exilé des temples, et caresse noblement ce front flétri par le stigmate vengeur des lois divines et humaines.

4° *Le consentement mutuel des époux.* On a tellement compris le danger de cette clause, que pour l'admettre on redouble de précautions, on multiplie les obstacles, on condamne les époux à une amende pécuniaire (1), attachant ainsi par une double contradiction, une pénalité à un fait que l'on autorise.

Mais à quoi, en définitive, aboutissent tous ces obstacles ? A des questions qui peuvent toujours se résoudre à force d'argent. De sorte qu'il ne résulterait de toute cette procédure dispendieuse qu'un privilége de plus pour les riches. Si le remède est salutaire, pourquoi donc en exclure les trois quarts de la population ? « La faculté du divorce sera-t-elle comme ces spectacles où le riche entre à grands frais et se place commodément, et où le pauvre, qui veut voir aussi, assiége les fenêtres et les toits (1). »

Le consentement mutuel, affranchi d'obstacles, est un encouragement offert à toutes les passions ; environné d'obstacles, il présente une barrière infranchissable au plus grand nombre. Ses dangers dans le premier cas, son injustice dans le second, suffisent à l'appréciation d'une aussi triste ressource.

Si nous avons examiné avec quelques détails les anciennes erreurs du Code civil, c'est pour ne laisser aucune objection sans réponse. Car, en développant plus haut notre théorie sur le Mariage, nous en avions fait ressortir virtuellement l'indissolubilité. En effet, dès que par la réunion des deux sexes, l'être humain s'est manifesté dans son intégrité, dès que par la dualité corporelle il est arrivé à l'unité spirituelle, il est contre tous les principes de la loi sociale de faire rétrograder l'être d'un état plus parfait à un état plus imparfait, d'annihiler une création et de dédoubler, pour ainsi dire, une existence. Je dis plus : c'est un fait en lui-même tellement impraticable que jamais la désunion n'est complète. En vain le divorce vient dire aux époux qu'ils sont désormais étrangers l'un à l'autre. C'est un mensonge qui

---

nécessité de restreindre la faculté de divorcer, un orateur avança que sur dix demandes en divorce pour cause d'adultère, il y en avait neuf où le séducteur était convenu d'avance avec le mari de lui fournir des preuves de l'infidélité de sa femme.

(1) En cas de consentement mutuel, la propriété de la moitié des biens des père et mère était assurée aux enfants, avec jouissance à l'époque de leur majorité.
(2) M. de Bonald.

se trahit par tout ce qui est en eux et en dehors d'eux ; ils ont beau se fuir et se maudire, l'ineffaçable souvenir des joies passées, la triste communauté des douleurs présentes, les plaintes et les regrets, les accusations et les larmes, tout leur rappelle cette invincible chaîne, dont les anneaux se développent à mesure qu'ils s'éloignent, sans jamais se briser, sans jamais se dissoudre.

Et puis, encore, encore, la famille, cette trinité sociale, il faudrait aussi la décomposer, si l'on voulait poursuivre la logique du divorce. Mais non : l'on n'ose pas accepter les conséquences de ces tristes préceptes, et tous les partisans du divorce s'évertuent à démontrer qu'ils ne portent pas atteinte à la famille. Etrange raisonnement ! Qu'est-ce qui fait le père et la mère ? c'est le titre d'époux. Otez ce titre, il n'y a plus de paternité. Encore une fois, le but du mariage n'est pas la production des enfants, car ce but peut être atteint sans le mariage. Mais le mariage a été institué pour que les enfants eussent un père avoué qui répondît d'eux, pour que les pères fussent tenus de prendre soin de leurs enfants. Or, pourquoi ce père est-il avoué par ses enfants, avoué par la société? à cause de son titre d'époux. Effacez ce titre, et vous créez aussitôt un état de bâtardise rétrospective où la mère ne porte plus le nom de ses enfants, où ces tristes débris d'une famille qui n'est plus se demandent en vain lequel ils doivent aimer, lequel ils doivent fuir, d'accord seulement dans le sentiment de leur honte, et comprenant tous que la famille a perdu sa moralité en perdant son unité.

Une chose digne de remarque, c'est que chez les nations même où le divorce était permis, on a toujours environné de respect les époux qui n'usaient pas de ce triste privilège. A Rome, le plus bel hommage qu'on pût faire à la femme était d'inscrire sur sa tombe cet éloge funèbre : *Conjugi univiræ, à la femme qui n'eut qu'un époux.* C'est un grand malheur dans un état quand l'opinion est plus morale que la loi.

Nous ne voulons pas nier les longues infortunes, les tortures continuelles que le Mariage entraîne trop souvent. Ce que nous nions, c'est que toutes ces douleurs doivent être attribuées à l'indissolubilité en elle-même, quand elles ne sont dues qu'à la légèreté qui préside à cette union indissoluble. Le mal ne vient pas de la perpétuité de la chaîne, mais de la facilité irréfléchie avec laquelle on s'enchaîne. Le principe du mariage n'est donc pas qu'il se puisse rompre, mais qu'il ne se puisse former sans être solide. Nous l'avouons, le code du mariage est à refaire ; non pas avec le divorce, mais avec les précautions nécessaires pour chasser la pensée du divorce.

Qu'au lieu de permettre à des mineurs d'engager leur corps et leur âme à un âge où ils ne peuvent engager la moindre partie de leurs biens, on n'autorise le mariage qu'à vingt-cinq ans pour l'homme, à vingt ans pour la femme; qu'au lieu de l'affichage précipité des bans on donne à cet acte solennel une solennelle publicité; qu'au lieu de se hâter comme pour une mauvaise ac-

tion, l'on soit forcé de mettre un intervalle d'un an entre la demande constatée et la célébration ; qu'au lieu, surtout, de considérer le Mariage comme une société commerciale où il ne faut tenir compte que du capital apporté, l'on consulte et la moralité et l'intelligence, et l'harmonie des caractères ; alors on aura prévenu l'existence du mal et l'on ne discutera plus sur un remède plus fâcheux que le mal lui-même.

Toutefois, comme il reste encore au législateur la triste mission de faire la part aux passions humaines, si, malgré ces précautions, l'adultère ou l'infamie s'introduisait dans la famille, il restera, comme moyen de châtiment, la séparation, qui présente toujours une porte ouverte à l'indulgence et au repentir ; qui, si elle affaiblit des liens sacrés, ne les brise pas ; qui, si elle éloigne les époux, laisse toujours à la famille son unité, au Mariage sa perpétuité. ÉLIAS REGNAULT.

MARINE. On pouvait discuter, il y a deux siècles, la question de savoir si la France doit être une puissance maritime. Alors, son industrie suffisait à peine à sa consommation : elle n'avait point, à proprement parler, de commerce extérieur et ni l'industrie ni le commerce ne tenaient en politique le rang élevé qu'ils occupent aujourd'hui. A cette époque, cependant, elle songea à devenir une puissance maritime de premier ordre. Dans l'assemblée des notables tenue en 1626, Richelieu disait : « Nous avons toutes les commodités pour nous rendre forts sur la mer : nous avons les grands bois et le fer pour la construction des vaisseaux, les toiles et les chanvres pour les voiles et les cordages, les matelots et les mariniers en abondance, qui, pour n'être pas employés par nous, vont servir chez nos voisins ; nous avons les meilleurs ports de toute l'Europe, nous tenons la clé de toutes les navigations de l'est à l'ouest et du sud au nord ; et nous souffrons que nos voisins nous assujétissent à toutes les rigueurs de leurs lois... Nous sommes sur mer à la discrétion de tous !... »

Notre Marine fut donc créée par le sentiment de l'honneur national et, comme le disait Richelieu, à l'*invitation de la nature*, elle jeta un grand éclat durant les rares intervalles de temps pendant lesquels la France fut bien gouvernée, et l'établissement maritime fut toujours très considérable.

S'il était honorable pour la France d'avoir une Marine au dix-septième siècle, il lui est indispensable aujourd'hui de ne céder sur les mers à aucune puissance. Placée par la Révolution dans la nécessité de régénérer l'Europe ou de périr, sans alliés parmi les gouvernements, elle ne peut se développer régulièrement qu'à l'aide d'une grande force navale. Tant qu'elle ne la possédera pas, son industrie sera étouffée pendant la paix par l'industrie étrangère, et pendant la guerre, il lui sera difficile de tenter des opérations décisives contre l'ennemi.

La France a, sur tous les peuples, l'avantage des ressources naturelles. Ses ports, ses arsenaux militaires sont admirablement placés pour défendre la Marine marchande et pour attaquer l'ennemi quel qu'il soit. Cherbourg défend le Hàvre et garde la Manche ; Brest protége Saint-Malo et observe le canal de Saint-Georges et l'Irlande, côté vulnérable de l'Angleterre ; Lorient est près de Nantes ; Rochefort commande le golfe de Gascogne, et Toulon le golfe du Lion. Les fers, les chanvres, abondent chez nous comme au temps de Richelieu ; les matelots ne manquent pas et les bois y sont en bien plus grande abondance qu'en Angleterre et qu'en Hollande.

Malheureusement, les divers gouvernements qui ont présidé aux destinées de notre patrie n'ont pas apporté dans l'administration de la Marine cette volonté constante et ferme qui ont fait la grandeur de l'Angleterre ; et, comme les bonnes armées de mer ne s'improvisent pas, nous avons succombé dans toutes les luttes que nous avons soutenues contre nos rivaux, mieux gouvernés.

Chez nous, l'administration de la Marine, malgré ses incontestables progrès, est encore fort arriérée ; c'est chez elle que les vieux abus se sont le mieux conservés. Éclipsée par les triomphes de l'armée de terre, humiliée par ses propres désastres, oubliée par l'opinion publique, notre armée de mer s'est relevée avec peine du découragement où les fautes de l'empereur l'avaient fait tomber. L'administration de la Marine, placée loin du contrôle de la presse et n'ayant pour la surveiller dans les chambres qu'un petit nombre de marins dont elle tient le sort entre ses mains, a été plus lente que tout autre à accepter les réformes que des hommes distingués, mais isolés, réclamaient d'elle.

Nous allons donner un aperçu succinct des éléments de force navale que possède la France.

Ses ports militaires, les plus beaux du monde, se placent par rang d'importance dans l'ordre suivant : Brest, Toulon, Rochefort, Lorient et Cherbourg. Saint-Servan, Dunkerque, Bayonne et le Hàvre, sont aussi appelés à jouer un rôle important en temps de guerre en recevant les navires à vapeur.

La Marine française est faible aujourd'hui parce qu'elle ne possède qu'un petit nombre de matelots. L'inscription maritime fournit à-peu-près le même nombre d'hommes que vers la fin du dix-septième siècle. Ce nombre présente la même force réelle, mais non la même force relative. A la fin du dix-septième siècle, la France était la nation qui avait le plus de matelots : aujourd'hui elle ne vient guère qu'au troisième rang. On évalue à cent soixante-dix-huit mille le nombre des matelots à bord des navires anglais ; celui des matelots de la Marine des États-Unis est inconnu, mais, quoiqu'elle emploie beaucoup d'étrangers, ce nombre est considérable.

L'inspection des quartiers de l'inscription maritime, faite en 1835, avait donné les résultats suivants :

Le nombre total des marins inscrits en France était de 90,000. Sur ce nombre, il y avait 57,000 capitaines, maîtres, pilotes, novices et mousses.

Sur les 33,000 autres marins, il n'y en avait que 34 ou 35,000 qui fussent propres au service, en prenant les matelots de vingt à quarante ans et les officiers mariniers de vingt à quarante-cinq ans.

En adoptant une autre base, on a évalué à un chiffre plus élevé les ressources de la France en matelots et on a dit : « Le commerce emploie 27,000 marins à la navigation au long-cours, aux grandes pêches, au grand cabotage, et 23,000 au petit cabotage : quant au service ordinaire de la Marine royale, il retient 18,000 hommes de l'inscription maritime. » On peut donc porter à 68,000 le nombre des matelots valides, ressource encore peu considérable si l'on songe qu'elle ne pourrait suffire qu'à l'armement de quarante vaisseaux, cinquante frégates et deux cent vingt bâtiments d'un ordre inférieur dont devrait, dans l'état normal, être composée notre flotte, aux termes de l'ordonnance du 1er février 1837.

Pour obvier à cette pénurie de matelots, le gouvernement a, dans ces derniers temps, imaginé l'expédient des équipages de ligne fournis par la conscription et recrutés dans les départements situés sur les côtes. La force de ces équipages est ordinairement de 7,000 hommes, qui, avec les 18,000 matelots de l'inscription maritime, composent l'armée navale.

Cet expédient est bon assurément : il serait meilleur si la condition du matelot à bord des vaisseaux de l'état encourageait les engagements ou si, après ses sept années de service, le conscrit matelot trouvait de l'emploi à bord des navires du commerce.

Mais il n'en est pas ainsi. Il se fait très-peu d'engagements. Quant au commerce, il offre si peu de ressources que nos matelots sont souvent réduits à chercher du service à bord des navires étrangers.

Il est impossible que le nombre de nos matelots s'accroisse tant que notre Marine marchande n'aura pas plus d'activité. Deux causes l'empêchent de grandir, d'abord la cherté du frêt, ensuite le défaut de traités de commerce avantageux à la France.

La cherté du frêt est telle que le gouvernement lui-même employait naguère des bâtiments étrangers pour le service des transports à Alger. Une enquête fut faite, il y a seize ans, sur les causes du haut prix de construction. Elle donna les résultats suivants :

En France, le prix du fer est beaucoup plus élevé que dans les États-Unis, en Angleterre et en Hollande ; mais le prix du travail y est plus bas, et, toute compensation faite, nous construisons à-peu-près au même prix que les trois nations nommées plus haut. En Suède et en Norwége, on construit à meilleur marché ; un brick de deux cents tonneaux, doublé en bois, coûte 57,000 fr. à Dunkerque ; en Norwége, il ne coûterait que de 26 à 27,000 fr., et en Suède, que 20 ou 22,000 fr.

Le prix des rations de bord n'est pas plus élevé dans nos ports que dans ceux des États-Unis, de l'Angleterre et de la Hollande ; mais les marins du

Nord vivent avec plus d'économie, et leurs rations coûtent moins que les nôtres.

Les gages du matelot français sont moins élevés que ceux des matelots anglais, américains et hollandais ; ils sont plus élevés que ceux du Nord et de l'Italie. En prenant pour point de départ un navire de 200 tonneaux, en réduisant à dix, chiffre exact pour plusieurs pays, le nombre des hommes d'équipage, et en composant les équipages de chaque nation d'individus d'un grade égal, on peut établir de la manière suivante le taux comparatif des gages des marins de diverses nations :

	France.	Anglet.	États-Unis.	Suède.	Sardaig.	Italie Autrich.
	fr.	fr.	fr.	fr.	fr.	fr.
1 Capitaine. .	130 à 150	150 à 175	150 à 250	50	100	90
1 Second. . .	80 90	80 90	120 150	40	50	50
6 Matelots. .	270 300	330 360	360 420	144	162	198
1 Novice. . .	30 »	40 »	40 »	16	15	20
1 Mousse. . .	20 »	25 »	25 »	12	10	12
10	530 à 590	625 à 690	695 à 885	262	337	370

La cherté relative de notre frêt tient surtout à ce que notre marine emploie comparativement un plus grand nombre d'hommes que les marines étrangères. De là, la nécessité de consacrer de plus grands espaces aux logements et aux vivres, de sorte qu'il en reste moins pour le frêt productif. Ainsi, en même temps que le produit est moindre la dépense est plus forte. L'équipage d'un navire de deux cents tonneaux employé à la navigation lointaine coûte, chaque année, en y comprenant les gages et la nourriture, savoir :

S'il est Français,   de 1,045 à 1,324 fr.

        Anglais,   de 1,015 à 1,275

        Américain,   de   995 à 1,255

        Autrichien. . . 625

        Suédois. . . . . 526 fr.

        Sarde. 728

La nécessité, pour la marine française, d'employer un plus grand nombre d'hommes, est attribuée : 1° à l'obligation d'embarquer des mousses et, en certain cas, des chirurgiens ; 2° à un système de mâture, de voilure et de gréement qui rend la manœuvre de nos navires plus compliquée et exige plus de bras ; 3° à l'ignorance habituelle de nos matelots, qui force de suppléer à la qualité par la quantité. — Un nombreux état-major, un cuisinier, l'avitaillement très-coûteux de la table des officiers, contribuent d'une manière notable à la cherté de notre navigation.

Les autres causes qui contribuent à rendre la navigation française plus chère que toutes les autres, sont : l'obligation imposée d'embarquer un grand nombre de rechanges ; la fréquence forcée des armements et des réarmements : la plus longue durée des voyages ; la surabondance des quarantaines ; les droits d'octroi perçus sur les consommations faites à bord ; l'obligation de payer, dans tous les cas, les droits de pilotage et le taux élevé de ces droits ; la multiplicité des formalités pour avaries et ventes de navire ; les prescriptions faites par les chancelleries consulaires.

De l'enquête de 1824, il résulte donc clairement : 1° que la marine française est plus favorisée par la nature que celle des trois nations les plus commerçantes du monde ; 2° que les causes de la cherté relative de notre navigation tiennent surtout à nos mœurs et à des lois vicieuses que le gouvernement peut facilement corriger. Mais cette enquête faite, le gouvernement s'est reposé et a presque oublié la marine. Un mode de jaugeage, qui nous rendait dupes de toutes les nations, n'a été changé que depuis très-peu d'années.

De l'enquête de 1824, il résulte encore qu'il ne suffit pas à un peuple de naviguer à meilleur marché pour avoir la marine la plus considérable. Il faut encore des débouchés, et, dans cette question, l'influence politique domine toutes les autres. Dès qu'un gouvernement national s'occupera sérieusement d'ouvrir des débouchés au commerce maritime de la France, il rencontrera la rivalité jalouse et implacable de l'Angleterre. Il ne faut pas se dissimuler qu'il est impossible de donner à notre marine un grand développement tant que la politique anglaise restera la même, ou tant que la marine anglaise ne sera pas détruite.

Il est donc probable que la prochaine guerre maritime, qui peut être décisive, sera faite avec nos ressources actuelles. Il convient de ne pas les prodiguer.

Le petit nombre de nos matelots a soulevé de nombreuses et justes critiques sur la manie des constructions navales, manie dont l'administration de la Marine s'est montrée possédée sous l'Empire et depuis.

En effet, il serait inutile, et dangereux même, de construire et d'armer des vaisseaux pour les confier à un équipage inexpérimenté. Ce serait construire pour l'ennemi. L'histoire des dernières guerres le prouve. Il convient donc que le nombre des vaisseaux soit en rapport avec celui des matelots dont la France peut disposer. Il faut, de plus, entretenir à flot et constamment occuper des escadres assez considérables pour suffire aux premières opérations d'une guerre. Il faut que les matelots soient habitués à leur vaisseau et à la discipline militaire. Sous ce rapport, notre Marine a fait depuis quelque temps de notables progrès. Autrefois, on faisait d'immenses constructions et, en cas d'événement, on armait à la hâte : on dépensait des sommes énormes et on n'avait que des équipages inhabiles. Aujourd'hui on a réduit les constructions et rendu les armements permanents, double réforme fort avantageuse.

Mais il y a encore beaucoup à faire pour introduire l'ordre dans l'administration du matériel naval. Jusqu'ici on a construit sans autre but que celui d'occuper les ouvriers des ports. Les magasins de la Marine sont remplis d'objets de construction ou d'armement, dont la plupart sont mal faits ou trop vieux pour servir : il y en a d'ailleurs qui s'y trouvent à profusion, tandis que d'autres manquent entièrement ; de sorte que chaque fois qu'il s'agit d'armer un vaisseau, on éprouve de fâcheux mécomptes : l'état souffre à-la-fois des inconvénients de l'abondance et de ceux de la disette.

On a aussi tenté quelques réformes dans cette partie. Depuis 1776, sous prétexte de centralisation, un bureau ou magasin général recevait toutes les matières que possédait chaque arsenal de la Marine. Il était impossible à ceux qui tenaient les écritures de ce magasin d'apprécier et de suivre les objets dans leurs diverses transformations. De là, ce désordre incroyable attesté par tous ceux qui visitaient nos ports militaires ; de là, l'impossibilité bien constatée pour l'administration de la Marine de faire un inventaire ou même de présenter un compte du matériel qui approchât de l'exactitude.

Depuis 1828, le magasin général ne reçoit plus que les matières brutes ; les objets en voie de confection sont confiés aux quatre directions, des constructions navales, du mouvement du port, de l'artillerie, et des travaux hydrauliques, qui demeurent responsables chacune des objets qui lui sont confiés. Cependant, le désordre est encore bien grand et le matériel naval est exposé à bien des vols, surtout à Toulon, où l'arsenal est à-peu-près ouvert. Les escouades de gardiennage sont nombreuses, mais la plupart des gardiens sont invalides.

L'administration de la Marine emploie 14,000 ouvriers qui, en temps de paix, travaillent très-irrégulièrement, et auxquels on est pour ainsi dire dans la nécessité de fournir de l'ouvrage. Cette nécessité entraine l'État dans de nombreuses et inutiles dépenses. Un excellent projet d'application de l'armée aux travaux des ports, présenté par M. le vice-amiral Grivel, n'a pas eu de suite, au grand regret de toutes les personnes compétentes.

La distribution des travaux dans nos ports atteste sur plusieurs points l'influence de la routine la plus absurde. On ne décore plus les navires de statues, et la Marine entretient des maîtres sculpteurs comme au dix-septième siècle. Nos vaisseaux contiennent beaucoup plus de pièces de fer qu'autrefois, et les forges manquent à Brest et à Toulon, au point qu'on n'y a pas d'instruments pour ouvrer le vieux fer et pour l'utiliser.

Nous avons dit le nombre des soldats de l'armée de mer. La France a pour le commander 3 amiraux, 10 vice-amiraux, 20 contre-amiraux, 80 capitaines de vaisseaux dont 30 de première classe, 160 capitaines de corvette, 500 lieutenants de vaisseau, 200 élèves de première classe. On voit que le nombre des amiraux, vice-amiraux et contre-amiraux est excessif : en revanche, celui des capitaines est à peine suffisant ; il n'y a pas assez d'officiers inférieurs, mais ceux qui existent sont capables et bien exercés ; quelques personnes disent même trop exercés.

La France compte en ce moment 14 vaisseaux armés portant ensemble 998 bouches à feu ; 12 frégates armées portant 604 bouches à feu ; 35 bricks et 100 bâtiments inférieurs également armés, et 29 bâtiments à vapeur de la force de 60 à 220 che-

vaux. Elle possède en outre 4 vaisseaux en disponibilité, portant ensemble 360 bouches à feu ; 5 vaisseaux désarmés que l'on ne peut guère faire entrer en ligne de compte, et 23 vaisseaux dont la construction est poussée de 6 à 22 vingt-quatrièmes d'achèvement ; 10 frégates désarmées et 14 en visite ou en réparation, et 20 frégates en construction de 8 à 22 vingt-quatrièmes d'avancement. On compte en outre en construction 7 bateaux à vapeur, dont 3 de la force de 450 chevaux, 2 de 220 chevaux et 2 de 160 chevaux. Il faut joindre à cela les 10 paquebots de l'administration des postes. Le nombre des bouches à feu que possède l'administration de la marine s'élève à 8,000.

Ces forces ne sont pas considérables ; mais, habilement employées, elles pourraient produire un grand effet. Sur mer plus que sur terre, le génie du chef peut suppléer aux forces matérielles et faire triompher de petites escadres. Le secret est, suivant le précepte de Napoléon, d'avoir constamment des forces supérieures sur le point où le combat s'engage. Ce secret n'est connu que des grands capitaines sur mer comme sur terre. C'est au gouvernement à les trouver et à fortifier la discipline, à inspirer aux chefs la subordination et la confiance aux soldats. C'est par l'indiscipline et par l'incapacité des chefs que nous avons éprouvé les désastres d'Aboukir, de Trafalgar et tant d'autres : ce n'est ni par défaut de ressources matérielles, ni par défaut de matelots.

Nous aurions donné quelques documents sur les forces navales des diverses nations de l'Europe ; mais ceux qui existent sont extrêmement incomplets et ne présentent point le caractère de certitude que nous aurions désiré.

Le *Journal de la Marine* donnait dernièrement le tableau suivant du nombre des navires que possède chacune des puissances qui se meuvent dans la sphère politique européenne. Peut-être intéressera-t-il nos lecteurs ?

ETATS.	Vaisseaux,	Frégates,	Bâtiments divers.	Total.
France.	46	56	239	417
Autriche.	3	3	61	12
Prusse.	0	0	1	1
Hollande.	8	21	129	158
Royaume sarde. . .	2	3	7	12
Grand duché de Toscane. . . .	0	0	1	1
Etats de l'église et du pape.	0	0	8	8
Royaume des Deux-Siciles.	2	5	10	17
Portugal.	1	6	37	44
Espagne.	10	16	30	56
Danemarck. . . .	4	7	14	25
Norwège et Suède.	10	13	238	261
Angleterre.	165	117	324	606
Empire russe. . . .	46	30	107	183
Empire ottoman. .	23	28	120	171
Royaume de Grèce.	0	0	14	14
Egypte.	11	7	11	32

Ce tableau ne nous apprend pas combien des vaisseaux qui y figurent sont hors de service ou à-peu-près. Nous le savons peut-être pour la France ; mais qui pourrait nous l'apprendre pour les autres nations ? D'ailleurs, les navires construits ne sont qu'un des nombreux éléments dont se compose la force navale. Il serait plus intéressant de savoir de combien de matelots chaque état peut disposer. Jusqu'à ce qu'une guerre ait donné la mesure exacte des forces navales de chaque état, on n'en pourra juger que par conjecture et sur des données générales. D'après ces données, le gouvernement russe s'épuise en constructions; il a des vaisseaux nombreux, dirigés par des conscrits: les États-Unis, au contraire, forment presque uniquement des matelots: la France ne peut redouter jusqu'à présent que la Marine anglaise.   COURCELLE-SENEUIL.

MARSEILLAIS (LES). Les citoyens de Marseille vinrent en grand nombre à Paris vers la fin de juin 1792, pour assister aux fêtes de la fédération ; ils étaient dans les plus mauvaises dispositions à l'égard de la royauté. La cour en eut la preuve dans une adresse, lue le 12 juillet à la chambre, et signée par tous les officiers municipaux et les notables de Marseille, moins quatre. C'étaient les fonctionnaires et les citoyens les plus haut placés d'une grande ville qui parlaient en ces termes : « Que le pouvoir exécutif soit nommé et destitué par le peuple, comme les autres fonctionnaires, et qu'on n'accrédite plus les coupables maximes qui tendraient à faire croire qu'un roi héréditaire peut représenter la nation ! » Quels sont donc là les sentiments des fédérés plébéiens? Bien que les démocrates n'eussent pas encore pris jour pour renverser la royauté, il était manifeste que l'heure fatale ne pouvait tarder. Aussi, les députés républicains que Marseille comptait dans l'Assemblée législative eurent-ils soin de prolonger le séjour des fédérés à Paris. Ils étaient casernés dans le faubourg Saint-Marceau. C'est de là qu'ils descendirent dans la nuit du 9 au 10 août, conduits par Barbaroux et par Fournier, et vinrent prendre position aux Cordeliers ; ils combattirent vaillamment au siège des Tuileries, et deux jours après la révolution qui détrôna Louis XVI, ils vinrent faire cette déclaration au sein de l'Assemblée : « Marseille regarde les rois comme les fléaux de la terre ! »   B. H.

MAXIMUM. On appelle ainsi le prix au-delà duquel le gouvernement révolutionnaire défendit de vendre et d'acheter certains objets de consommation.

Pendant que la Révolution frappait les privilèges et les privilégiés, pendant qu'elle luttait contre la guerre civile et occupait les rois coalisés contre la France, le peuple des villes, et notamment celui de Paris, fut exposé à de cruelles privations. Le désordre matériel qui signala la transition de l'ancien régime au régime nouveau avait paralysé tout commerce et toute industrie : les capitaux se cachaient sous la double influence des craintes naturelles et des manœuvres contre-révolutionnaires. La dépréciation des assignats (V. ce mot), résultat des émissions excessives et de l'agiotage, aggravait encore la misère des petits rentiers et des ouvriers, dont le salaire s'élève toujours difficilement, même dans les circonstances où son élévation est la plus légitime.

C'était surtout par le haut prix des subsistances que la dépréciation des assignats se manifestait et affligeait le peuple. On proposa, pour obvier à cet inconvénient, de fixer, par un décret législatif, le prix des denrées, ou du moins de déterminer le Maximum du prix auquel elles pourraient s'élever, de pourvoir, par une mesure extraordinaire, à une situation tout-à-fait exceptionnelle.

Il serait peut-être difficile de dire quel homme ou quel parti demanda le premier un Maximum : le 18 avril 1793, cette mesure fut réclamée à la barre de la Convention par une pétition que présenta le président du département de Paris. Cette pétition demandait : 1° la fixation d'un Maximum du prix du blé dans toute la République ; 2° l'anéantissement du commerce des grains ; 3° la suppression de tout intermédiaire entre le cultivateur et le consommateur ; 4° un recensement général du blé après chaque récolte. Les moyens proposés par le département de Paris n'étaient pas irréprochables, mais ils indiquent clairement la méfiance que les indignes spéculations de la monarchie avaient soulevée contre le commerce des blés.

Quoi qu'il en soit, la discussion sur l'établissement d'un Maximum commença le 30 avril à la Convention. Ducos se prononça avec beaucoup d'énergie et d'habileté contre cette mesure ; il vanta et fit valoir, par les meilleurs arguments, le système de la liberté absolue du commerce. Ce que prouva le mieux son discours, ce fut l'insuffisance d'un Maximum qui ne s'appliquerait qu'aux produits de l'agriculture. La discussion, interrompue par les querelles qui s'élevaient fréquemment à cette époque entre les Montagnards et les Girondins, fut reprise au commencement de mai. Elle aboutit à un décret évidemment incomplet dont les principales dispositions ordonnaient : 1° un recensement général des grains ; 2° l'anéantissement du commerce des blés en gros ; 3° l'établissement d'un Maximum fixé dans chaque département d'après les dernières mercuriales des districts et devant décroître du 1er juin au 1er septembre. Ces mesures, dont l'exécution ne pouvait manquer d'être vexatoire, étaient au moins inutiles ; elles n'atteignaient point le but, parce qu'elles n'atteignaient qu'une denrée.

Aussi, les plaintes des pauvres continuèrent et, après la chute des Girondins, la discussion du Maximum occupa de nouveau la Convention. Un décret du 3 septembre 1793 établit pour les grains un Maximum uniforme dans toute la République et prohiba le commerce des blés. Le 29 septembre, un décret plus complet classa comme objets de première nécessité et soumit au Maximum les marchandises et denrées dont l'énumération suit, savoir : la viande fraîche, la viande salée et le lard, le beurre, l'huile douce, le bétail, le poisson salé, le vin, l'eau-de-vie, le vinaigre, le cidre, la bière, le bois à brûler, le charbon de bois, le charbon de terre, la chandelle, l'huile à brûler, le sel, la soude, le savon, la potasse, le sucre, le miel, le papier blanc, les cuirs, les fers, la fonte, le plomb, l'acier, le cuivre, le chanvre, le lin, les laines, les étoffes, les toiles, les matières premières qui servent aux fabriques, les sabots, les souliers, les colza et rabette, le tabac. Le Maximum, ou plus haut prix, de toutes les denrées et marchandises fut fixé jusqu'au mois de septembre 1794 au prix que chacune d'elles avait en 1790 et le tiers en sus, déduction faite des droits fiscaux. Le même décret frappait d'une amende ceux qui vendraient ou achèteraient au-delà du Maximum, et ordonnait leur inscription sur la liste des suspects. Il fixait le Maximum des salaires au taux de 1790 avec addition de moitié en sus.

L'exécution de ce décret fut réglée par celui du 22 février 1794, qui compléta les premières mesures en fixant le prix des transports, qui devait être ajouté au Maximum du lieu de fabrique, ainsi que les bénéfices du marchand en gros et du marchand en détail. A ce décret était annexé le tableau général du Maximum pour toute la République, travail de statistique immense exécuté en quatre mois, malgré des difficultés innombrables.

Les lois qui établirent un Maximum ont été violemment attaquées à l'époque où elles furent rendues, et surtout après que la réaction thermidorienne les eut emportées. Ces lois se justifient cependant par les circonstances dans lesquelles elles furent rendues et par les événements qui suivirent leur abolition. Elles donnèrent aux assignats ce que le régent avait vainement essayé de donner aux billets de la banque de Law, un cours forcé, une valeur qui n'avait d'autre origine que la prescription du législateur. Une quantité donnée d'assignats représentant une quantité déterminée de marchandises ou denrées de première nécessité, eut une valeur fixe, et la subsistance du peuple, qui avait rendu tant de services à la cause nationale, fut assurée.

Les lois sur le Maximum attaquaient, il est vrai, les principes chéris des économistes, la liberté illimitée du propriétaire, le droit d'user et d'abuser de sa chose; mais elles ne touchaient à rien que l'ancienne monarchie eût respecté : le pouvoir qui les porta n'excéda point ses droits légitimes, car il protégea par ces lois, autant qu'il était en lui, la Révolution, la propriété et le travail.

Les citoyens que ces lois atteignaient principalement avaient presque entièrement cessé de contribuer aux charges publiques. On ne pouvait obtenir d'eux le paiement de leurs contributions et, au bout de quelques années, l'arriéré dont ils étaient débiteurs s'élevait à quatorze milliards. Ainsi abandonnée par leur égoïsme, la Révolution courait aux abîmes; ne valait-il pas mieux la sauver par les lois sur le Maximum que par la banqueroute?

Si le gouvernement révolutionnaire n'eût, par cet expédient, assuré le cours des assignats, il était placé dans la nécessité de faire banqueroute ou de laisser la France et la Révolution à la merci de l'Europe coalisée. De nouvelles émissions d'assignats augmentaient la dépréciation de cette monnaie et conduisaient rapidement à la banque-

route. Ne pas tenter de nouvelles émissions, c'était livrer la France. Les agioteurs, auxquels les fluctuations du cours des assignats étaient si favorables, auraient préféré ce dernier parti, ainsi que la plupart de ceux qui ont décrié les lois sur le Maximum. Mais les hommes sincères et éclairés ne sauraient méconnaître la sagesse des mesures combinées par le Comité de salut public pour relever le cours de la monnaie révolutionnaire. Si ces mesures, et en particulier l'établissement du Maximum, avaient besoin d'être justifiées, il suffirait de considérer ce qui arriva lorsque le 9 thermidor eut renversé ceux qui avaient constitué la République et traversé victorieusement la période des tempêtes. Alors, la banqueroute vint prouver la supériorité de l'administration financière du grand Comité de salut public.

Les décrets sur le Maximum et leur exécution restent comme un des témoignages les plus imposants de l'énergie du gouvernement révolutionnaire. Jamais peut-être le pouvoir n'était allé si loin; jamais il n'avait tant osé avec succès. Le rétablissement du Maximum fut réclamé, tant que les assignats subsistèrent, par les révolutionnaires purs. On sait comment leurs réclamations furent accueillies par les hommes de la réaction thermidorienne.

Le Maximum est encore inscrit dans le Code civil et dans le Code pénal, mais il ne s'applique plus qu'au prêt à intérêt, et l'on sait combien les dispositions législatives, mal conçues du reste, qui limitent à 5 ou 6 pour cent le prix du loyer des capitaux sont ouvertement et impunément violées.

Le Maximum n'est plus aujourd'hui qu'un thème ouvert aux déclamations des économistes, gens qui sacrifieraient volontiers au *laissez faire* l'univers entier, et qui appliquent aux temps les plus critiques les maximes des temps de calme. Et maintenant, qu'on nous pardonne d'avoir si longuement défendu, contre des préjugés trop accrédités, une des mesures qui ont été le plus reprochées à la mémoire de nos pères.　　C. S.

MÉDIATION. Lorsque deux États sont en guerre entre eux ou seulement en contestation, il arrive fréquemment qu'une troisième puissance interpose ses bons offices pour prévenir les hostilités ou rétablir la paix. Cette intervention bienveillante est ce qu'on appelle Médiation. Quelquefois la Médiation est spontanée; quelquefois elle est sollicitée par les états qui sont en désaccord ou seulement par l'un d'eux.

Le rôle de médiateur est souvent pris par un des alliés d'une des parties contendantes; dans ce cas, la Médiation a pour objet de constater si le *casus fœderis* est véritablement arrivé, et si elle n'amène pas une conclusion le médiateur se joint ordinairement à son allié pour déclarer ou soutenir la guerre.

Il se peut aussi que, dans un traité, on constitue à l'avance une puissance quelconque comme médiatrice pour tous les différends qui pourront s'élever à l'avenir. Tel était le sens littéral du traité qui donnait à l'empereur des Français le titre de Médiateur de la confédération du Rhin.

En général, l'office de Médiateur consiste à transmettre les propositions que font les puissances hostiles, à prendre l'initiative de celles que l'amour-propre les empêche de faire directement, en un mot, d'employer tous les moyens pour ramener la paix. Mais le Médiateur ne prononce pas de sentence. Ceux qui l'ont appelé ou accepté ne sont pas tenus à respecter son opinion, et c'est en cela qu'il diffère de l'arbitre : celui-ci rend de véritables arrêts, et il est obligé au moins d'honneur à les faire exécuter ; le Médiateur, au contraire, n'est nullement garant des traités et conventions conclus sous ses auspices.   **J. B.**

MEETINGS. En Angleterre comme en France, la masse du peuple est exclue de l'exercice des droits politiques. Mais en Angleterre, du moins, la constitution admet le peuple à manifester publiquement, légalement, ses vœux, ses intérêts, ses besoins ; tandis que chez nous, le seul fait de la réunion de vingt personnes assemblées pour délibérer sur un objet quelconque d'intérêt public, est réputé séditieux et puni par la loi. Chez nos voisins on voit des réunions de vingt, trente, quarante, quatre-vingts mille citoyens assemblés sur la place publique, écoutant les paroles ardentes des orateurs populaires, délibérant sur les motions *les plus incendiaires,* comme disent les conservateurs de ce côté du détroit, et couvrant de signatures les motions les plus menaçantes pour l'ordre établi.

Ces réunions s'appellent Meetings.

Aussi, voyez la puissance des mœurs et des habitudes ! Il n'y a peut-être pas d'exemple d'un Meeting qui se soit terminé par une émeute. Le peuple exerce un droit : ce droit n'est pas contesté ; le pouvoir ne s'efforce pas d'en empêcher violemment l'exercice : le peuple n'ayant pas à se défendre ne cherche point à attaquer ; il a la conscience que la loi le couvre, que le pouvoir le respecte, il ne lui vient pas en pensée de protester par la violence contre une loi injuste et oppressive, et de sortir de la légalité pour attaquer le pouvoir. Chez nous, au contraire, dès qu'il y a cent personnes réunies sur un point, il est certain qu'il y aura quelque trouble. Considérés comme factieux par la loi, traités comme factieux par le pouvoir, les citoyens font acte de faction.

Je ne dis pas que l'introduction des Meetings en France fût absolument sans danger pour l'ordre public ; non, je sais bien qu'il est dans le caractère, dans la nature, dans le génie de ce peuple de passer sur-le-champ de la parole à l'action. Dès qu'il pense, il faut qu'il applique. Cela est vrai, et c'est une disposition que, pour beaucoup, nous ne voudrions pas détruire. Mais il est certain qu'en ce qu'elle peut avoir de dangereux et de vraiment redoutable, cette disposition se peut corriger. Il est certain que ses inconvénients tiennent surtout à l'infirmité de nos mœurs politiques, à la défiance perpétuelle du pouvoir envers la société, à l'antagonisme dans lequel ils vivent l'un vis-à-vis

de l'autre, à l'oppression, enfin, à la gêne insupportable dans laquelle celui-ci retient celle-là. Supposez que la loi autorise les réunions qu'elle réprime aujourd'hui, et que les citoyens n'aient pas à combattre pour revendiquer l'exercice d'un droit, sacré en principe, et, en fait, essentiellement nécessaire à l'ordre, je dis que ce qui est est aujourd'hui réellement dangereux ne le sera plus du tout ou le sera beaucoup moins.

Il n'est pas vrai qu'en politique la défiance soit la mère de la sûreté.   **E. D.**

MEMORANDUM. Mot latin qui signifie littéralement : chose dont on doit se rappeler. C'est une sorte de note diplomatique signée, par laquelle une puissance fait connaître à une autre ses prétentions. Le Memorandum diffère du manifeste en ce qu'il est moins explicite et ne contient pas de déclarations de principes. Il se distingue de l'ultimatum en ce qu'il est moins supérieur dans la forme, et n'exprime pas de condition *sine quâ non.*   **J. B.**

MENDICITÉ. La Mendicité est aussi ancienne que la propriété, aussi ancienne que la société : toujours, à côté du riche, on a vu le pauvre, celui qui ne possède rien, qui attend son existence du bon plaisir d'autrui.

C'est en vain que, dans presque tous les pays civilisés, les efforts du législateur ont été dirigés contre la Mendicité. Elle est encore, suivant les énergiques expressions d'un rapporteur du Comité de salut public, une accusation ambulante, une dénonciation vivante contre le gouvernement, qui s'élève tous les jours au milieu des places publiques, du fond des campagnes et du sein de ces tombeaux de l'espèce humaine, décorés par la monarchie du nom d'*hôtel-Dieu* et d'*hôpitaux.* Le problème de la Mendicité n'est point encore résolu et il devient chaque jour plus difficile à résoudre.

Les personnes qui reçoivent des secours de la charité publique doivent être distinguées en plusieurs classes : 1° les personnes valides qui, habituées à l'oisiveté et à la débauche, vont demander l'aumône sous prétexte d'infirmité ou d'accidents : ce sont les mendiants proprement dits ; 2° ceux qui, par insuffisance de salaire ou défaut d'emploi, ne peuvent gagner leur vie et celle de leur famille en travaillant : ce sont les indigents ; 3° ceux auxquels l'âge ou les maladies ne permettent pas de travailler.

Les mendiants proprement dits étaient autrefois beaucoup plus nombreux qu'aujourd'hui ; leur multitude, leur audace effrayaient les sociétés du moyen-âge. Ils avaient une sorte d'organisation civile : protégés par une piété mal entendue et par le désordre ou plutôt l'absence de l'administration publique, ils menaient joyeuse vie, sans posséder et sans travailler.

Aussitôt que le pouvoir politique fut assez fort pour s'occuper d'administration et assez hardi pour braver de fausses interprétations de l'Évangile, il attaqua la Mendicité dans les villes. Dès le

...eizième siècle, on faisait travailler les mendiants dans des établissements publics, à Genève, à Venise, à Milan, à Anvers, à Amsterdam. Dans les premières années du siècle suivant, on tenta de détruire la Mendicité à Paris, on assiégea les cours des Miracles, et les mendiants furent renfermés dans des ateliers de charité.

Cependant, la Mendicité ne fut point affaiblie dans les campagnes, où elle garda longtemps sa première forme. Dans les villes même elle résista d'abord : plus tard elle se déguisa quelque peu sous le nom et les formes de l'indigence et se groupa autour des troncs des églises. Le clergé l'encouragea trop souvent par des distributions d'aumônes ; les mendiants furent pour lui comme en Espagne et en Italie, une sorte d'arme politique. Aujourd'hui même il existe en France des localités où le clergé dispose d'une petite armée de mendiants déguisés en indigents, armée qui comprend le quart de la population.

A l'époque de la Révolution, la monarchie avait établi des renfermeries où les mendiants étaient forcés de travailler : les indigents, les vieillards, les enfants, les malades pauvres avaient les aumônes distribuées par le clergé, les hospices et les hôpitaux. La Mendicité pure régnait toujours dans les campagnes et reparaissait ouvertement dans les villes, dès que l'administration se relâchait.

La dissolution de l'ancien régime et les troubles révolutionnaires multiplièrent le nombre des mendiants. L'Assemblée Législative et la Convention Nationale s'occupèrent successivement de détruire la Mendicité.

Le 11 mai 1794 (22 floréal an II), le Comité de salut public présenta, par l'organe de Barère, à la Convention Nationale un rapport remarquable, dans lequel la question de la Mendicité était considérée de haut et d'un point de vue nouveau. « Dans une démocratie qui s'organise, disait-il, tout doit tendre à élever chaque citoyen au-dessus du premier besoin, par le travail s'il est valide, par l'éducation s'il est enfant, et par le secours s'il est invalide ou dans la vieillesse. N'oublions jamais que le citoyen d'une république ne peut faire un pas sans marcher sur son territoire, sur sa propriété. » Partant de ce principe, le Comité de salut public demandait qu'il fût établi dans chaque département un registre intitulé : *Livre de la bienfaisance nationale*. « La terre, disait-il, est la première créancière de la République ; elle nourrit la liberté. » Le premier titre du livre de la bienfaisance nationale était en conséquence destiné aux *cultivateurs vieillards et infirmes* ; le second, aux *artisans vieillards ou infirmes*, et le troisième aux *mères et veuves chargées d'enfants dans les campagnes*. Les pauvres inscrits sur ce livre devaient recevoir une pension et des secours extraordinaires en cas de maladie ; une fête nationale devait être consacrée *au malheur*. D'après les données statistiques que le Comité de salut public possédait, il évaluait la somme nécessaire annuellement pour le service de ces pensions à douze millions deux cent quarante-quatre mille

francs, les secours aux malades restant en dehors de ce chiffre.

C'est à-peu-près la somme qui a été consacrée annuellement à la Mendicité depuis cette époque.

Ainsi, le gouvernement révolutionnaire proclamait hautement : « Que l'industrie et l'agriculture surtout devaient avoir leurs invalides comme la guerre ; que le trésor public devait s'ouvrir en même temps pour le défenseur et pour le nourricier de la patrie. » Tous les secours que distribuait la bienfaisance nationale devaient être envoyés à domicile. Le rapport de Barère critiquait avec violence, mais avec justice, le régime des hospices et des hôpitaux ; il accusait amèrement « le contraste des bâtiments brillants et des salles infectes, des administrateurs dans les délices et des pauvres entassés dans le même lit, des avenues brillantes et des tombeaux hideux, une humanité apparente et une barbarie réelle, des secours promis et une mort anticipée, » et « cette pitié stérile et barbare qui appelle les malheureux qu'elle immole. » Sa conclusion était : *Plus d'aumône! plus d'hôpitaux!*

Telles étaient les maximes dont le Comité de salut public tentait l'application au milieu des difficultés, des obstacles, des périls de tout genre. Dans ce système, le gouvernement avait le droit, après avoir satisfait à l'humanité, de requérir que les mendiants fussent appliqués à un travail forcé.

Aujourd'hui, les moyens proposés par le Comité de salut public soulèveraient de graves objections. Mais en 1794 on ne savait pas encore jusqu'où pouvaient aller les abus de l'industrie : les calculs faits depuis par Malthus et son école n'étaient pas connus.

Après le 9 thermidor, il ne fut plus question que de savoir comment les dépôts de Mendicité seraient administrés. Le Directoire s'en occupa ; Bonaparte, plus habile à exagérer qu'à inventer, leur donna des proportions colossales et proscrivit rigoureusement la Mendicité. La plupart de ces vastes dépôts de l'Empire ont péri par la force des choses ou par les vices de leur administration. Ceux qui ont survécu sont encore, pour les mendiants, un épouvantail et, pour l'administration, un objet de dépenses ruineuses ; ils coûtent des sommes énormes, et la mortalité y est plus grande que dans les hôpitaux.

La solution du problème de la Mendicité n'est donc pas plus avancée qu'à la fin de l'ancien régime. Dans beaucoup de départements, la Mendicité et le vagabondage sont tolérés, au mépris des lois ; ils subsistent même dans les départements qui ont un de ces dépôts, que l'on considère, que l'on administre et que l'on soigne comme des objets de luxe. Les secours, distribués concurremment par le clergé et par des commissions de philanthropes patentés, donnent lieu à une foule d'abus ; ils servent plus souvent à soudoyer l'espionnage et l'hypocrisie qu'à soulager des misères réelles.

Pour faire définitivement disparaître la Mendicité, il faut attaquer ce fléau dans sa source, comme se proposait de le faire le Comité de salut public ; il faut corriger les abus d'un régime qui fait des mendiants et des indigents pour les livrer ensuite aux expériences des philanthropes ; il faut détruire ces réunions affreuses d'êtres humains dont des hospices nous donnent le hideux spectacle ; il faut fortifier les liens de famille chez le pauvre au lieu de les affaiblir, disperser les vieillards, les enfants, les infirmes, au lieu de les entasser ; il faut, en un mot, reprendre les traditions de 1794.

Laissons les questions relatives à l'indigence, elles trouveront mieux leur place dans un autre article (V. Paupérisme). Revenons à la Mendicité proprement dite.

Dans tout système, il est nécessaire d'avoir des dépôts de Mendicité, dont l'organisation est extrêmement importante. Jusqu'ici, les mendiants, contre lesquels les lois ont été appliquées, ont été enfermés dans un espace étroit comme une prison et occupés à un travail qui ne permet point de déplacement. Il vaudrait mieux, à notre avis, les organiser en colonies agricoles. Enfermer les mendiants, et surtout les vagabonds des campagnes, c'est les condamner à un supplice horrible, si horrible que la plupart en meurent, au témoignage de M. Villermé, dans les douze premiers mois de leur détention. Pourquoi les enfermer ainsi ? N'y a-t-il pas assez d'hommes libres et laborieux qui se consument lentement, eux et leur postérité, dans les travaux de l'industrie manufacturière ? Le travail, auquel les mendiants sont livrés dans les dépôts, est-il si rare, si précieux, si rétribué, qu'on doive le préférer à tout autre ? Non ; presque partout les ateliers de charité font une désastreuse concurrence aux ateliers libres ; ils multiplient des produits déjà surabondants et réduisent les prix à un taux ruineux pour les travailleurs non-subventionnés, pour lesquels la bienfaisance publique devient ainsi un épouvantable fléau. Mais il est si agréable aux administrateurs d'un dépôt de Mendicité de résider dans une ville !

L'agriculture est de toutes les industries celle qui craint le moins la concurrence. Cent, deux cent mille agriculteurs de plus ou de moins ne feraient guère sentir leur influence sur le prix des produits agricoles. D'ailleurs, il est urgent de faire baisser le prix d'un grand nombre de ces produits et notamment celui de la viande, de la laine et des autres dépouilles des animaux. Nous doutons même que l'abaissement permanent et normal du prix des grains fût regardé par les agriculteurs eux-mêmes comme une calamité. L'agriculture n'est-elle pas de toutes les industries celle dans laquelle la consommation suit, du pas le plus égal, la production ?

L'agriculture française attend de grands progrès, et c'est à augmenter la production agricole que travailleront toujours les bons gouvernements. L'agriculture, d'ailleurs, fortifie le corps et laisse à l'esprit toute la liberté désirable ; elle donne à la patrie des citoyens vigoureux dont le travail augmente sans cesse la valeur capitale du sol et prend pour caisse d'épargne le territoire national ; elle mérite donc, sous tous les rapports, la préférence du législateur.

Pourquoi nos dépôts de Mendicité ne seraient-ils pas établis en plein air, au milieu des landes incultes de la Sologne et du Berry, de la Bretagne, de la Gascogne, du Lyonnais, de la Lorraine, etc.? Pourquoi n'appliquerait-on pas à nos terres incultes cette industrie persévérante par laquelle les abbayes de Tongerloo et d'Everbode ont créé la fertilité de la Campine de Brabant ? Pourquoi ne reprendrait-on pas avec des mendiants bien dirigés les travaux de défrichement que des compagnies de pauvres volontaires ont exécutés sur tant de points, et si longtemps, avec succès ?

La colonie agricole de Frederick's Oord, fondée dans les Pays-Bas en 1818, nous offre un bel exemple du succès que l'on peut obtenir en faisant exécuter par des mendiants soumis à un régime sévère, mais humain, des travaux de défrichement. En seize ans, les travailleurs employés dans cette petite colonie ont reproduit, outre leur dépense quotidienne, tous les frais de leur premier établissement et ils ont substitué de bonnes terres à des landes incultes qui n'étaient d'aucun rapport.

Nous regrettons de ne pouvoir entrer ici dans aucun détail sur l'organisation intérieure de cette colonie agricole. Nulle part, l'activité intelligente et continue, l'esprit d'ordre et d'économie n'ont produit des résultats plus remarquables que dans cet établissement où les mendiants valides suffisent à l'entretien des femmes, des enfants, des infirmes, et acquièrent un pécule ; où les moindres forces sont utilisées par un système de culture aussi bien entendu que fermement dirigé. Nous recommandons seulement le dépôt de Frederick's Oord à l'attention de toutes les personnes qui s'occupent sérieusement des moyens de défricher avec fruit les terres incultes et de détruire la Mendicité.

Quoi que l'on pense de l'utilité d'une réforme des dépôts, on ne peut se refuser à reconnaître l'insuffisance du régime actuel pour éteindre la Mendicité. Dans nos institutions actuelles, tout la provoque : les expédients employés pour la réprimer coûtent des sommes énormes et ne servent qu'à entretenir la fortune et l'influence des philanthropes de profession ou du clergé, suivant les localités. Pour détruire la Mendicité, il faut des remèdes plus héroïques ; il faut l'attaquer d'abord dans ses causes et la réprimer avec humanité, mais avec sévérité ; il faut abolir l'aumône et reconnaître franchement que le secours accordé au travailleur inoccupé ou invalide est l'acquittement d'une dette sacrée ; il faut transporter dans les campagnes le mendiant, et non l'enfermer dans les villes ; il faut lui conserver, au besoin lui créer une famille, et non rompre pour lui tous les liens sociaux ; il faut l'ennoblir par le travail, au lieu de l'humilier par l'ostentation de l'aumône et rappeler sur ses traits, flétris par son vil métier, la dignité qui convient à l'homme libre.   C. S.

MENEURS. On appelle Meneurs les hommes qui mènent un parti, une faction. Il y a cette différence entre le mot chef de parti et le mot Meneur, que celui-là est presque toujours pris en bonne part, et celui-ci, au contraire, toujours en mauvaise part. Un Meneur est presque toujours un ambitieux subalterne qui, pour parvenir, compte plus sur l'intrigue et sur la sottise d'autrui, que sur son mérite et la raison publique. Un chef de parti, qui s'efforce de faire prévaloir une doctrine qu'il croit bonne, est un homme honorable, digne d'estime, de considération et de respect. Le Meneur, au contraire, qui ne cherche à faire prévaloir que l'intérêt, la vanité, la cupidité de sa triste personne, est digne de haine et de mépris. Il va sans le dire qu'on a souvent essayé de flétrir du nom de Meneurs des hommes les plus dévoués, les plus respectables, et dont la résolution et l'activité faisaient peur.   E. D.

MER. On doit distinguer la pleine Mer de celle qui baigne les côtes ou qui forme des baies, des golfes, des rades, des détroits. Nous expliquons dans cet ouvrage aux mots Côtes, Détroits, Blocus, etc., comment les eaux qui bordent les rivages font en quelque sorte partie des pays auxquels ces mêmes rivages appartiennent. Le droit de sécurité suffit pour donner à chaque état un droit de propriété sur les espaces de Mer d'où les vaisseaux ennemis pourraient lui faire courir quelque péril. Ainsi un gouvernement peut empêcher la navigation étrangère dans les eaux, il peut en toute équité interdire, s'il lui plaît, l'entrée des golfes et baies dont il possède tout le périmètre ; il n'a rien à démêler, dans ce cas, qu'avec les citoyens de son propre pays s'il gêne arbitrairement la liberté de leur commerce.

Mais il n'en est pas de même de la pleine Mer, établie comme une grande route au milieu des nations qu'elle lie entre elles d'un bout du monde à l'autre. La pleine Mer est la propriété commune de toutes, et nulle ne saurait sans tyrannie y prétendre d'autre droit que celui de passage. Cette vérité est tellement évidente que l'on comprend bien qu'il se soit trouvé des oppresseurs pour la fouler aux pieds, mais non pas des sophistes pour la nier. Elle l'a été cependant. Les Anglais ont prétendu à plusieurs reprises que l'empire de certaines Mers, et même quelquefois de l'Océan tout entier, leur appartenait, et ils ont trouvé des écrivains pour soutenir cette prétention inique. Tout le monde a entendu au moins parler de la fameuse discussion qui, sous le règne de Charles Ier, roi d'Angleterre, eut lieu entre Selden et Grotius touchant la liberté des Mers.

Vers l'année 1609, le publiciste hollandais publia un livre intitulé *Mare liberum* pour établir le droit réclamé par sa nation de naviguer dans les Indes-Orientales, malgré l'opposition des Espagnols et des Portugais. Quelques années après, Selden fit paraître son *Mare clausum* pour répondre à l'ouvrage de Grotius. En 1636, une déclaration royale ordonna que trois exemplaires du plaidoyer de Selden contre la liberté des Mers, plai-

doyer où, suivant la déclaration royale, *se trouve être établie la preuve du domaine souverain de la Grande-Bretagne sur les mers d'Ecosse et d'Irlande* fussent déposés aux archives du conseil de la cour de l'échiquier et de l'amirauté. Selden, pour appuyer son opinion, va jusqu'à invoquer les poètes anciens et des passages de l'Ancien-Testament. Le gouvernement anglais l'adopta tellement que Charles Ier chargea Carlston, son ambassadeur à La Haye, de porter plainte aux Etats-Généraux contre l'audace de Grotius, qui avait soutenu la liberté des Mers, et de demander qu'on en fît un exemple (*Biographie universelle*). Cromwell soutint les mêmes principes, dont le fameux acte de navigation de 1652, confirmé par Charles II en 1661, n'est qu'une application ; et ce fut pour le soutenir que l'Angleterre fit alors la guerre aux Provinces-Unies. Enfin Guillaume III, dans un manifeste où il reprochait à Louis XIV d'avoir laissé violer par ses sujets le droit de souveraineté de l'Angleterre sur les Mers britanniques, et Georges III, au commencement de ce siècle, ont suffisamment prouvé qu'ils n'avaient point abandonné la doctrine de Selden.

Si le gouvernement français eut à plusieurs reprises l'honneur de protester vigoureusement contre l'usurpation anglaise, l'ouvrage de Selden, néanmoins, n'avait point reçu jusqu'à ces derniers temps de réfutation raisonnée. Ce fut en 1811 qu'un diplomate français, M. Gérard de Rayneval, remplit victorieusement cette tâche en publiant son livre *De la liberté des Mers*. Voici comment cet homme d'état résume la discussion de Grotius et de Selden, discussion qui a servi de base à tout ce qu'on a pu dire sur la matière : « Il serait trop long, dit M. de Rayneval, d'entrer dans le détail des moyens qu'ont employés ces deux écrivains célèbres, nous nous bornerons au résumé suivant : Grotius a appuyé sa doctrine sur des raisons morales et sur des raisons naturelles ou physiques. Les premières sont fondées sur l'inutilité de réduire en domaine privé un élément dont l'usage, savoir la navigation et la pêche, est inépuisable ; les seconds résultent de la nature même de la mer : elle est *res interminata;* par conséquent elle n'est point susceptible de limites ni du domaine privé, comme l'est le gouvernement. Selden, de son côté, a soutenu que la Mer est susceptible de bornes fixes et déterminées ; qu'il ne faut point, pour cet effet, considérer la surface mobile de l'eau, mais le fond qui est immobile ; et que les différentes espèces de pêches peuvent être diminuées par la concurrence. »

C'est sur de pareilles considérations, toutes dérivées de l'égoïsme le plus impudent, que les divers gouvernements anglais se sont fondés pour établir des maximes de droit public qui ne sont celles d'aucune nation. Appuyées par la force, elles ont été trop souvent respectées par les nations du continent. Mais à mesure que les peuples sauront mieux s'unir ensemble pour résister à l'oppression, il sera de moins en moins facile à l'égoïsme d'un seul état d'usurper l'usage exclusif d'un élément que la Providence a plus évidemment disposé que tous les autres pour qu'il fût la propriété commune de tous les hommes et servît entre eux de lien.   **J. BASTIDE.**

MERCURIALES. On appelle Mercuriales la constatation que les municipalités sont chargées de faire, à chaque foire ou marché qui se tient dans leur commune, du prix-courant des denrées de première nécessité. Les Mercuriales sont arrêtées immédiatement après la clôture des ventes. On les inscrit date par date sur un registre spécialement destiné à cet usage, et elles doivent être envoyées le 15 et le 30 de chaque mois par les maires aux sous-préfets.

L'usage des Mercuriales remonte à l'ancien régime. Une ordonnance de 1667 porte que : « en toutes villes et bourgs où il y a marché, les marchands faisant trafic de blé et autres espèces de gros fruits, ou les mesureurs, doivent faire rapport, par chaque semaine, de la valeur et estimation commune des fruits. » L'utilité de ces évaluations officielles est évidente. Indépendamment des données qu'elles fournissent à la science, elles servent à déterminer le prix du pain, à régler le prix des fournitures diverses exigées par les nécessités des différents services publics, etc.—Une circulaire ministérielle du 1er avril 1817 indique la meilleure manière de rédiger les Mercuriales. Il s'agit de multiplier chaque quantité voulue par son prix et de diviser la somme des produits par le total des ventes. On a ainsi la certitude que le prix des plus fortes parties exerce son influence, tandis qu'il n'en serait pas ainsi si l'on se bornait simplement à diviser la somme des prix par le nombre des articles vendus.—Enfin, une instruction générale de la règle oblige les receveurs à faire chaque année, dans les mairies de leur arrondissement, le relevé des Mercuriales, de le tenir au courant et de l'afficher dans un endroit apparent du bureau.

—On appelle également Mercuriales les discours que les procureurs-généraux, les procureurs du roi, les chefs de tribunaux prononcent à la rentrée des cours et tribunaux.

MÉROVINGIENS. Au moment où l'empire romain, croulant de toutes parts, semblait une proie offerte à l'avidité de tous les peuples barbares qui se pressaient sur ses frontières, quelques tribus de la grande ligue germanique dont les membres prenaient depuis deux siècles le nom de Franks, descendirent à diverses reprises des bouches du Rhin et de la Meuse pour avoir leur part des dépouilles romaines. Parmi ces tribus, la plus avancée vers l'ouest et le sud de la Gaule était celle des Sicambres, ou des enfants de Mérewig ou Mérovée. Ils s'appelaient ainsi du nom d'un de leurs anciens chefs, renommé par sa bravoure et respecté de toute la peuplade comme un aïeul commun.

Toutefois, jusqu'en l'année 480, les mouvements de ces tribus sont trop incertains et l'histoire trop obscure pour qu'on puisse déterminer, d'une manière précise, le siége principal de leur résidence.

Toujours errants et toujours en guerre, ils se déplacent continuellement et s'avancent de préférence vers les fertiles régions du sud. Mais à l'époque dont nous parlons, à la tête des enfants de Mérovée se trouvait un jeune homme nommé Clovis dont le génie ambitieux entreprit de fixer d'une manière solide l'empire vagabond des Franks de la Gaule. Soutenu par l'influence des chrétiens, dont il avait embrassé la croyance, Clovis poussa ses conquêtes jusqu'aux rives de la Loire, attaqua ensuite les Burgondes, se rendit maître de toutes les cités des bords du Rhône et de la Saône, puis se rejetant vers le midi, détruisit l'empire des Visigoths, et ne s'arrêta qu'aux pieds des Pyrénées.

Quoique toutes ces conquêtes fussent plutôt des courses militaires que des établissements solides, les Franks de Clovis se firent une réputation qui les rendit désormais redoutables et ne devait pas laisser éteindre leur nom, ainsi qu'il était arrivé à tant d'autres barbares qui avaient pénétré dans l'empire romain. Possesseurs de tout le territoire qui s'étendait du Rhin à la Meuse et de la Meuse à la Loire, ils y formaient plusieurs royaumes, sous la conduite des enfants et descendants de Clovis qui, en souvenir du chef de leur race, s'appelaient rois Mérovingiens.

Cependant, malgré leur apparente unité, il y avait entre les tribus frankes de profondes inimitiés. Ceux qui habitaient les pays situés entre le Rhin et la Meuse ne voulaient pas accepter la suprématie des premiers conquérants établis entre la Meuse et la Loire. Les premiers s'appelaient Franks Austrasiens, les seconds Franks Neustriens. Les hostilités des Austrasiens et des Neustriens étaient d'ailleurs encouragées par l'ambition des chefs de race mérovingienne, toujours en guerre entre eux. Mais bientôt ces chefs eux-mêmes devinrent les instruments passifs de vassaux puissants qui gouvernaient sous leur nom avec le titre de maire du palais.

Cependant, les Neustriens, plus mêlés à la civilisation gallo-romaine, avaient perdu leurs habitudes guerrières, et les Austrasiens, recrutant sans cesse de nouvelles hordes parmi les populations germaines d'outre-Rhin, pressaient vivement leurs rivaux. Par un heureux concours de circonstances, il se trouva que les maires du palais d'Austrasie qui avaient établi de force l'hérédité de leur charge, fournirent une suite d'hommes remarquables depuis Pépin d'Héristal. Agissant au nom des rois mérovingiens, qu'ils tenaient sous leur tutelle, ils étendirent leurs conquêtes non-seulement sur la Neustrie, mais encore dans le pays d'au-delà de la Loire. Le plus célèbre d'entre eux, Charles Martel, s'avança jusqu'aux Pyrénées.

Son fils, Pépin-le-Bref, hérita de sa puissance, mais, plus hardi que lui, il se débarrassa de son pupille Mérovingien en le faisant enfermer dans un couvent. Le pape confirma son élévation au trône et, en 752, la race mérovingienne disparut. (V. CARLOVINGIENS, FRANKS, etc.)   **E. R.**

MESSAGERS D'ÉTAT. Dans tous les pays

où le pouvoir législatif se divise en deux chambres ou assemblées, les deux chambres ont des rapports, des communications nécessaires. Ainsi, lorsque la session étant ouverte, les deux chambres sont constituées, c'est-à-dire lorsqu'elles ont vérifié les pouvoirs de leurs membres, lorsqu'elles ont élu leur président, leurs vice-président et secrétaires, elles s'en donnent réciproquement avis. Lorsqu'un député fait une proposition, que cette proposition est prise en considération, discutée et adoptée, et qu'enfin elle est devenue ce qu'on appelle une *résolution de la chambre*, cette résolution est envoyée à la chambre des pairs. Il en est de même de la chambre des pairs à l'égard de la chambre des députés. Ces communications réciproques se font par l'intermédiaire d'agents spéciaux, qui sont appelés Messagers d'état. Ces agents ont été institués par le réglement du 13 août 1814, aux termes duquel « les chambres communiquent « entre elles par l'intermédiaire de leurs prési- « dents, dont les lettres sont portées par des Mes- « sagers d'état, précédés par deux huissiers ; ces « Messagers sont reçus au bas de l'escalier et in- « troduits dans la chambre par deux huissiers, etc. « etc. » Dispositions puériles, et qui témoignent bien de l'époque où elles furent adoptées.

Au mot Messager d'état se rattache indirectement, comme on voit, une question fort importante, celle du mode de communication réciproque des deux branches du pouvoir législatif. Mais ce n'est point ici le lieu de la traiter. (*Voyez* RÉSOLUTION.)

MINISTÈRE. Fonction, office public. — On donne particulièrement ce nom à l'administration centrale des affaires d'un État. Sous des dénominations différentes, il n'est point de gouvernement qui n'ait son Ministère. Ainsi, à Rome, la préfecture de la ville était le Ministère de l'intérieur, l'édilité celui des travaux publics, la préture celui de la justice, la censure celui de la police, la questure celui des finances ; l'attribution principale du consul était la guerre, la grande affaire des Romains.

Suivant l'importance ou la multiplicité des affaires, le service de l'administration se partage en un plus ou moins grand nombre de départements qui se rangent dans trois fonctions principales, celle de l'intérieur, celle de l'extérieur et celle des finances ou des contributions et revenus nécessaires aux besoins de l'intérieur et de l'extérieur. Ainsi, un pays, si étendu qu'il soit, pourrait n'avoir que ces trois départements. Mais l'intérieur, dont les attributions sont immenses, peut se diviser en deux départements : l'intérieur proprement dit est le gardien de la constitution, chargé de tout ce qui concerne la division et l'organisation administratives, les secours que les citoyens se doivent les uns aux autres, le développement des sciences et de l'industrie ; il ouvre et entretient les communications nécessaires entre les diverses parties du territoire ; il veille au maintien de l'ordre général, à ce que les citoyens exercent librement leurs droits publics et privés, à ce

qu'ils s'acquittent des devoirs qui leur sont imposés. Le département de la justice, qui n'est qu'un démembrement de celui de l'intérieur, se renferme dans la spécialité indiquée par son nom ; si l'ordre, que maintient le département de l'intérieur, est troublé, il est chargé de la répression des coupables. Il veille à ce que la justice en matière d'intérêt privé soit exactement distribuée entre les citoyens.

L'extérieur forme deux départements, celui qui est chargé de l'établissement et du maintien des rapports politiques et commerciaux de la nation avec les autres nations ; on l'appelle le département des relations extérieures ou des affaires étrangères. C'est lui qui, en cas d'infraction au droit des gens ou aux conventions faites avec l'étranger, est chargé d'obtenir, par la voie des armes, la réparation de l'injure ou du dommage qu'on a fait au pays. Mais, comme la défense d'une grande nation réclame une administration fort étendue, ce département se partage, pour l'ordinaire, en deux : celui de la guerre, dont le service se borne à l'organisation, à l'entretien de l'armée de terre, y compris les travaux de fortification, et celui de la marine, dont le nom explique la spécialité.

Les finances forment quelquefois deux départements : celui qui reçoit et celui qui paie. Sous le gouvernement impérial, le premier de ces départements était celui des finances proprement dites, l'autre s'appelait le Ministère du trésor.

Ainsi, dans l'ordre logique, les divers départements du Ministère se classent ainsi qu'il suit : l'intérieur et les démembrements qu'on en peut faire, la justice, les affaires étrangères, la guerre, la marine et les finances.

La distribution du travail administratif est donc soumise à des règles, à des lois qu'on ne peut enfreindre sans jeter le désordre dans le pays, ou sans s'exposer à des dépenses au moins inutiles. C'est ce que l'Assemblée Constituante avait parfaitement compris. Chargés, de plein droit, de la puissance exécutive, qui leur fut déléguée par le peuple, les législateurs de 1791 n'avaient pas pensé que le roi pût diviser ou distribuer à son gré le travail de l'administration. Par une loi du 27 avril 1791, l'Assemblée détermina le nombre et les attributions des départements du Ministère. Je ne vois pas que depuis, aucune loi, aucune constitution ait attribué au chef de l'Etat la faculté, dont on a si souvent abusé de nos jours, d'accroître ou de réduire arbitrairement le nombre des départements ministériels, d'en déplacer les attributions, quelquefois pour moins d'un an, pour moins de six mois, pour moins de huit jours. A chaque distribution de portefeuilles, les nouveaux ministres se partagent les employés et les affaires, à la manière des barbares, qui faisaient deux parts du manteau ou de l'armure d'un vaincu. La moitié d'une affaire, quelquefois la moitié d'un employé passe dans un nouveau département, tandis que la seconde moitié reste dans un autre. C'est ce qu'on appelle de l'ordre dans notre pays. Ce ne sont plus les hommes qui doivent être faits pour les Ministères ; mais les Ministères se réduisent ou s'agrandissent suivant la fantaisie ou la capacité des administrateurs. Ces changements se décident en quelques heures. Hier, c'était l'Intérieur qui avait les Cultes; aujourd'hui, on les passe au ministre chargé de la répression des voleurs.

La division du Ministère en six départements, telle que l'avait établie la loi du 27 avril 1791, n'était peut-être pas aussi logique qu'elle devait l'être ; mais il était facile de la rectifier. Ainsi, l'Assemblée constituante avait maintenu et l'on a continué de maintenir les Colonies dans le département de la Marine, confusion qui a produit les plus funestes résultats. On a considéré les Colonies comme une propriété de la Marine ; on les a régies, on les a administrées comme des vaisseaux, tandis que les Colonies sont des communes, des habitations plus ou moins éloignées de la métropole, qui ne doivent avoir de rapports avec la Marine que par la protection qu'elle est chargée de leur assurer. Les Anglais ont beaucoup mieux compris la question en réunissant dans un même Ministère les Colonies et le Commerce.

On a placé les Postes dans le département des Finances, parce qu'elles sont une source de revenu pour l'État. Que les produits, ou plutôt que les économies de cette administration soient versées dans les caisses de l'État, rien de plus juste ; mais l'administration des Postes, qui a pour principe l'utilité publique et non la contribution qu'elle paie au trésor, ne serait-elle pas mieux placée entre les mains du ministre qui aurait aussi les routes, les canaux et chemins de fer dans son département ?

Les avis sont partagés sur le point de savoir s'il est plus avantageux d'augmenter que de réduire le nombre des départements ministériels. Aucun travail ne doit dépasser les forces de celui qui en est chargé ; d'un autre côté, lorsque les départements ministériels sont trop nombreux, les attributions se croisent, les opérations manquent de l'ensemble qui leur est nécessaire ; contrairement au but qu'on s'était proposé, on en ralentit le mouvement au lieu de le rendre plus rapide. Il me semble qu'un pays tel que la France doit avoir au moins huit Ministères : le travail serait trop divisé s'il en avait plus de dix.

Dans notre système de gouvernement, si l'augmentation du nombre des portefeuilles a l'avantage de satisfaire un plus grand nombre d'ambitions, d'un autre côté, plus vous réunirez de ministres dans le conseil, plus il y aura de déchirements dans le sein du pouvoir exécutif. Les divers départements ministériels ne sont que les parties intégrantes d'un même corps, et ce corps ne doit avoir qu'une seule volonté, qu'une seule direction. En matière d'exécution, que la responsabilité se partage le moins possible. Dans les petites républiques, où chaque administrateur rend directement compte de sa gestion, soit au peuple, soit à un sénat, et dans les grandes républiques où un président, seul chargé de la puissance exécutive, répond de tous les agents qu'il emploie, les désordres que nous venons de signaler ne sont jamais à craindre.

Ces guerres intestines qui ont lieu dans le gouvernement constitutionnel ne font que rendre les changements de ministres plus fréquents, tandis que les Ministères restent toujours. Or, plus les ministres passent vite, plus les Ministères acquièrent de force et d'autorité. Alors, des abus qui s'enracinent naissent une foule d'autres abus. La plupart des ministres qui entrent aux affaires, ne sachant pas ou n'ayant pas le temps d'apprendre leur métier, il en résulte que les réformes sont impossibles, ou bien elles sont tellement superficielles que le bienfait en demeure inaperçu. Trois années de l'administration de Colbert produisirent plus de changements utiles dans le Ministère qu'il ne s'en est opéré depuis l'établissement du gouvernement constitutionnel. Il y aurait trop d'ignorance à prétendre que, s'il en est ainsi, c'est qu'il ne reste plus de réformes à faire. Pour opérer des améliorations véritables dans l'administration du pays, que les ministres, répétons-nous, restent plus long-temps en place, et qu'ils soient tous soumis à une direction suprême, tenue de rendre compte au peuple de l'usage qu'elle aura fait de son autorité.

Le travail dans chaque Ministère se subdivise en trois parties principales, l'Administration proprement dite, le Personnel et la Comptabilité.

Lorsque l'Assemblée constituante eut déterminé les attributions des différents Ministères, le pouvoir exécutif distribua le travail entre divers chefs de service auxquels on ne donna que le titre de chefs de division. Plus tard, on jugea convenable de créer des directions ou de donner ce nom à des divisions plus importantes, placées sous les ordres d'un fonctionnaire plus élevé. Il est d'une sage administration de n'établir que le moins de directions possible et de ne pas trop multiplier les divisions. De notre temps, on a créé beaucoup trop d'employés supérieurs ; et comme la plupart sont remplacés à chaque changement de ministre, il en résulte que l'administration devient de plus en plus faible, de plus en plus improductive. Le ministre s'instruit mieux lui-même, il dirige plus facilement les différentes branches de son service avec de simples chefs de division. D'ailleurs, les commis auxquels on donne des titres ou un rang trop élevé absorbent une trop forte part des fonds affectés aux dépenses de chaque département. Les employés inférieurs ne sont pas suffisamment rétribués. Il y a un grand nombre de commis dans l'administration centrale qui attendent un modique traitement pendant plusieurs années, et à qui ce traitement, quand ils l'ont obtenu, ne suffit pas au plus strict nécessaire. La Convention accordait à chaque Ministère trois mille francs par tête d'employé ; mais alors le traitement des chefs de division ne s'élevait nulle part à plus de dix mille francs. La dépense serait moins forte et le service mieux fait si les employés inférieurs étaient moins nombreux et mieux rétribués.

Chaque ministre change à son gré la distribution du travail dans ses bureaux ; il serait peut-être nécessaire de déterminer également par une loi les attributions des diverses sections de chaque Ministère.

Les départements qui ont un grand nombre d'employés ou de divisions, réunissent dans ce qu'on appelle le secrétariat général les parties qu'il importe de ramener à un centre commun, ou de faire ressortir d'un centre commun.

Voici de quelle manière le travail est aujourd'hui réparti dans les différents départements du Ministère qui sont au nombre de neuf.

I. INTÉRIEUR, dont les subdivisions principales sont : 1° Le *secrétariat général* chargé de la réception, de l'enregistrement, de la distribution des dépêches ainsi que de leur départ, des archives de l'état et de celles du département, du dépôt des lois et ordonnances pour ce qui concerne l'Intérieur et de tout ce qu'il est nécessaire de centraliser ; 2° la *direction* ou *division du personnel* des fonctionnaires de l'ordre administratif et de tout ce qui concerne les élections ; on a réuni à cette division l'administration des gardes nationales qui devrait former une division à part ou qui serait mieux placée dans l'administration des communes et départements ; 3° la direction de la police politique qui serait à peu près inutile ou qui aurait un autre objet sous la République ; 4° celle de l'*administration communale et départementale* chargée d'une foule de détails qui se réduiraient de beaucoup, si l'administration cantonale était constituée ; 5° la *division des Beaux-Arts*, dont le travail est peu considérable depuis qu'on en a séparé le sciences et les lettres qui ont passé au département de l'instruction publique ; 6° la *division* ou *direction de la comptabilité*.

II. INSTRUCTION PUBLIQUE : quatre divisions : —1° celle du *secrétariat particulier*, qui a les attributions du secrétariat général des autres Ministères ; 2° celle du *personnel* et de l'administration des établissements d'instruction supérieure et d'instruction élémentaire ; 3° celle des *sciences et des lettres* ; 4° celle de la *comptabilité*.

III. AGRICULTURE ET COMMERCE : quatre divisions : — 1° Le *secrétariat général* comprenant, on ne sait pourquoi, les haras et l'administration de certains établissements d'utilité publique, tels que les établissements thermaux, qui devraient appartenir à l'intérieur ; 2° la *direction du commerce, des arts et manufactures, de l'agriculture et des subsistances* ; 3° la *direction du commerce extérieur* ; 4° la *comptabilité*.

IV. LES TRAVAUX PUBLICS, qui se partagent en trois divisions, celle des *ponts-et-chaussées*, celle des *travaux de bâtiments* et celle de la *comptabilité*.

On a successivement détaché l'Instruction publique, le Commerce et les Travaux publics du département de l'Intérieur. Il est vrai que ce dernier département était trop considérable pour un seul ministre. Il y aurait plus d'ensemble et d'activité dans le service administratif, si ces départements se réduisaient à deux au lieu d'être au nombre de quatre. L'instruction supérieure et l'instruction élémentaire doivent être placées sous les ordres du ministre, qui a dans ses attributions l'administration communale et départementale. Les sciences et les lettres sont insépa-

rables des beaux-arts. Les travaux de bâtiments devraient également revenir à l'Intérieur. Enfin les Cultes seraient mieux placés dans ce département que dans celui de la Justice, avec lequel ils n'ont aucune espèce de rapport.

On formerait un autre Ministère des ponts-et-chaussées, de l'industrie agricole et manufacturière, du commerce intérieur et extérieur, de l'administration des postes et de celle des colonies. Ces diverses branches de service s'enchaînent les unes aux autres, elles se prêtent toutes un mutuel appui.

V. MINISTÈRE DE LA JUSTICE : cinq divisions : celle des *affaires civiles* et celle des *affaires criminelles*, et, comme dans les autres Ministères, celles du *secrétariat général* et de la *comptabilité*. Les cultes, ainsi qu'on l'a déjà remarqué, sont, on ne sait pourquoi, dans ce département, à moins que ce ne soit pour la convenance personnelle du ministre.

VI. LES AFFAIRES ÉTRANGÈRES. — Département qui n'a point de secrétariat général et qui se partage en trois directions : la *direction politique*, la *direction commerciale* et la *direction des fonds*. Il y a, de plus, les *archives*, dont le garde est placé sur le même pied que les directeurs.

VII. LA GUERRE. — Partagée ordinairement en quatre grandes directions, celle du *secrétariat*, celle du *personnel*, celle de l'*administration*, celle des *fonds et du contentieux*.

Deux services spéciaux sont régis à part. Ce sont ceux de l'*artillerie* et du *génie*. Le dépôt des documents relatifs à la guerre forme encore une direction. Enfin on a chargé ce département de l'administration des affaires d'Afrique, qu'on aurait dû dès l'origine réunir à la section des colonies. Quand il s'agit de conserver un pays, il ne faut pas y faire la guerre pour la guerre ; on ne saurait trop rechercher les moyens de le rattacher à la métropole : il n'est pas présumable qu'on les trouve au département de la guerre.

VIII. LA MARINE, divisée en cinq sections : le *secrétariat* et le *conseil d'amirauté*, le *personnel*, l'*administration du matériel et des ports*, les *colonies* et le *comptabilité*.

IX. LES FINANCES. — Ce département se divise en deux parties, la première comprenant l'*administration centrale* ; la seconde les directions qui ont chacune le *personnel*, l'*administration et la comptabilité* du service spécial dont elles sont chargées. L'administration centrale se divise ainsi qu'il suit : un secrétariat chargé du personnel des contributions directes et de l'inspection générale des finances ; un secrétariat général ayant la distribution du travail et la centralisation des directions extérieures ; une division ou direction des contributions directes ; une direction du mouvement des fonds ; une direction de la dette inscrite ; une direction de la comptabilité générale des finances ; une direction du contentieux et une caisse centrale, chargée de recevoir toutes les valeurs qui arrivent au trésor et d'acquitter les ordonnances des différents ministres. Les directions générales ou extérieures sont celles des *contribu-*

tions indirectes, des *douanes,* de l'*enregistrement*
et du *timbre,* des *postes,* des *forêts,* et des *monnaies.*   AUG. BILLIARD.

MINISTÈRE PUBLIC. Ce que nous aurons à dire sur ce mot ne peut être que le complément des articles ACCUSATEUR PUBLIC et ACCUSA-
TION, où sont exposées les idées générales qui se
rattachent au sujet.

Il est trop vrai, comme l'ont exprimé avec force
les auteurs de ces articles, que rien n'est plus
éloigné de la haute conception d'où est sortie l'institution du Ministère public que la façon dont cette
institution se réalise et s'applique chez nous. Cela
vient, sans aucun doute, de la fausse idée qu'ont
de leur mission ceux qui sont chargés de remplir
cette grande fonction sociale, car, sauf un intérêt
de vanité mal entendue, on ne leur en trouve aucun qui puisse les pousser à la pervertir ainsi.

Or, comme il n'est pas possible d'arrêter le dé-
ploiement de ce faux zèle par une pénalité quelconque, le remède ne se trouve que dans un choix
sévère des personnes, sévérité qui devrait s'attacher encore plus à la gravité et à la probité du
caractère qu'au talent et à l'éloquence. La plupart
des excès où se sont portés dans ces derniers
temps, où se portent encore chaque jour les organes du Ministère public, viennent en effet des
mauvais choix qui ont été faits, et ces choix n'ont
pas eu pour cause des erreurs de hasard, ou des
abus isolés de favoritisme : ils proviennent d'un
système calculé par les passions politiques.

Dans tout gouvernement de majorité, il est évident que les délits et les crimes politiques ont un
caractère distinct des crimes et des délits ordinaires. Comme la majorité qui fait la loi et l'applique aujourd'hui peut devenir demain minorité;
comme la minorité est, en fait, au sujet de la loi
et de ses conséquences, toujours en dissidence
avec la majorité, il s'en suit que le gouvernement
ne peut pas prétendre que tous les actes commis
contre lui, soient commis contre la morale et contre la société. Et c'est là l'idée qui a fait réclamer
si long-temps et accepter comme un très grand
progrès la compétence du jury relativement aux
crimes et aux délits politiques. C'est aussi parce
qu'ils le comprennent ou le sentent ainsi que ceux
qui veulent confondre le gouvernement et la société, c'est-à-dire nier la souveraineté populaire, ont toujours cherché et cherchent encore à
arracher au jury tout ce qu'il est possible de soustraire à sa juridiction, sous un prétexte ou sous
un autre, à la faveur de tel ou tel accident public
ou privé.

Je ne veux pas dire que le jury ait, ni directement, ni indirectement, le droit de modifier la
loi faite par la majorité législative. Mais en supposant la loi immuable dans l'esprit de ceux qui
l'ont créée, elle est livrée à tous les caprices de la
passion lorsqu'il s'agit de l'exécuter. Et ces caprices, on peut prévoir quelle sera leur tendance
uniforme : ils auront toujours pour but d'étendre
l'autorité exécutive, de la perpétuer telle qu'elle
est, d'arrêter le développement de toute pensée,

et les conséquences de toute action dont le résultat serait de pousser la majorité nationale à la destituer ou à la modifier.

Il est donc très important que des magistrats
indépendants du pouvoir exécutif examinent si
ce qu'ils poursuivent comme un crime n'est pas
un acte de légitime défense contre la force sans
droit; si même ce ne serait pas un acte particulier de dévoûment à la cause de tous, aux droits
généraux, une véritable défense de la loi, violée
par ceux qui sont chargés de l'exécuter.

Ainsi, dans les procès politiques déférés au jury,
le Ministère public ne remplit pas une magistrature sociale, il n'est pas magistrat dans le sens
exact du mot; il est l'avocat de l'une des deux
parties qui plaident contradictoirement devant le
même juge qui est ici le jury, seul magistrat véritable, seul chargé des pouvoirs sociaux. L'accusé
vient plaider qu'il a eu raison de faire ce qu'il a
fait; qu'il l'a fait en vertu d'un droit qu'a tout citoyen, ou en vertu de la loi, ou bien outre la loi,
ou bien même contre la loi, quand l'accusé prétend
que la loi n'est pas l'œuvre de la majorité, ou dans
les cas extrêmes, lorsque, sans nier la loi, il dit
que cette majorité a violé, en la créant, un droit
naturel imprescriptible!

Dans tous ces cas, sauf le dernier, c'est l'accusé
qui plaide réellement le droit de tous, qui défend
l'intérêt général des gouvernés contre l'intérêt particulier des gouvernants, et que c'est en lui, non
dans l'accusateur, que se personnifie la société entière. L'accusateur ne fait que plaider le droit des
gouvernants, leur droit à agir ainsi qu'ils l'ont fait,
le sens de la loi tel qu'ils prétendent l'appliquer,
ou la légitimité de la loi qu'ils invoquent, et il
plaide devant un juge, le pays, qui peut repousser
toutes ses conclusions.

Comment concilier cette situation avec l'attitude
que se donne toujours et dans tous les cas le ministère public? Comment se permet-il d'usurper la
fonction de magistrat, et de parler et d'agir absolument comme s'il défendait la société contre le
crime d'un citoyen, la morale universelle contre la
perversité individuelle? En un mot, pourquoi se
pose-t-il en magistrat, quand il n'est qu'un plaideur en face de son adversaire et devant son juge?
N'est-ce pas chercher à tromper ce juge? et, dans
l'état présent des choses avec la composition actuelle du jury, n'est-il pas vraisemblable qu'il sera
trompé? Il a vu hier, il verra demain le même homme
poursuivre de véritables délits sociaux au nom de
la morale publique, n'est-il pas porté à croire aujourd'hui que les rôles sont les mêmes et que la
parole de l'accusateur a le même poids dans les
causes politiques? J'ose dire que cette erreur a été
presque partout commise, et, ce qui est plus fort,
c'est que lorsqu'un accusé a voulu, par hasard, rétablir la vérité des positions respectives, il a été
traité comme s'il attentait à l'autorité même de la
loi et de son organe.

Et cependant, qu'y a-t-il de plus incontestable
que cette égalité des rôles qu'il cherchait à rétablir? Même sous le gouvernement constitutionnel,
tel qu'il est chez nous organisé, l'accusateur, dans

les procès politiques, est-il autre chose que l'agent direct du ministère dont les actes sont mis en cause par la résistance ou l'agression d'un citoyen? Si cet agent était vraiment magistrat, le ministère qui l'emploie serait donc aussi magistrat; mais le même ministère est celui qui provoque la poursuite; mais il peut, en outrepassant, en exagérant, en violant la loi, provoquer autant de délits qu'il commettra lui-même de crimes. Et s'il avait à ce sujet la moindre autorité magistrale, à quoi bon le jury? A quoi bon le procès? A quoi bon les plaidoiries réciproques?

C'est par cette confusion intéressée que, dans les tempêtes politiques, la justice devient un exécrable instrument des passions tour à tour triomphantes et la plus triste parodie de la plus sainte des choses humaines. Ce n'est pas seulement, comme le dit l'éloquent auteur de l'article ACCUSATION, parce que l'homme de parti apparaît alors sous la toge du magistrat; car l'homme de parti peut-il jamais cesser de l'être? Sa conviction peut-elle, à volonté, l'abandonner parce qu'il lui plaira de remplir tel ou tel rôle? Mais c'est parce que l'homme de parti, au lieu de rester tel aux yeux de tous, se cache sous la toge, pour donner à ses passions, à son parti, une autorité que lui refuse la nature des choses. Et alors, en effet, se montre avec plus d'évidence ce mélange monstrueux du pouvoir qui poursuit et du magistrat qui condamne. Le plus fort vient proclamer hautement que celui qu'il accuse est coupable par cela seul qu'il est son ennemi. Ce n'est plus la justice qui punit, c'est la proscription qui massacre.

Nous venons de prévoir deux cas: celui où l'accusé prétend que la loi a été violée, exagérée, faussée; et celui où il affirme que ce qu'on donne pour loi n'est pas loi, mais la volonté arbitraire d'un individu ou d'une minorité. Il en est un troisième, celui où l'accusé, sans contester le caractère de la loi, prétend qu'il a dû la violer parce qu'elle était injuste; en d'autres termes, parce qu'elle est un abus de la majorité sur la minorité. J'ai dit que ce cas est extrême, et pourtant il doit se présenter souvent dans les pays de souveraineté populaire directe ou indirecte: nous l'avons vu fréquemment dans les procès politiques qui ont eu lieu sous le régime actuel de la France.

Dans cette hypothèse, il est vrai que le Ministère public représente la majorité, c'est-à-dire le souverain. Mais il est vrai aussi que l'accusé peut représenter une minorité considérable, et il serait absurde de dire que la minorité est criminelle par cela seul qu'elle n'est pas la majorité. Il est donc absurde de traiter l'accusé comme ayant commis un crime social; le plus qu'il ait pu faire ou tenter, ça été de troubler le repos du plus grand nombre. Mais le plus grand nombre même peut se trouver directement intéressé à ce que la minorité fasse valoir son droit; il suffit pour cela de supposer qu'il a été aveuglé, trompé, emporté lorsqu'il a fait la loi qui motive la résistance; il suffit de supposer qu'il pourrait bien revenir à une volonté différente, à l'occasion de cette résistance ou de toute autre manifesta-

tion. Et rien même n'est plus vraisemblable, si l'on admet le progrès comme la loi de la société humaine. (V. les articles LÉGISLATION et LÉGITIMITÉ.)

Le rôle du Ministère public a donc encore ici un tout autre caractère que lorsqu'il poursuit des crimes qui attentent à la morale universelle: caractère de modération, non pas seulement dans la forme, mais au fond; car le gouvernement qu'il représente n'a pas contre la minorité un droit absolu, mais seulement un droit transitoire et que la contestation même élevée par la minorité peut faire anéantir demain.

De toutes ces considérations, je tire cette conséquence que la justice ordinaire et la justice politique seront toutes deux mauvaises ou du moins suspectes (ce qui peut-être est pire), aussi longtemps qu'on n'aura pas séparé les deux attributions du Ministère public. Pour avoir des serviteurs zélés, le pouvoir politique confiera toujours la magistrature de l'accusation à des hommes que les raisons qui les font choisir rendent vraisemblablement incapables de représenter la société dans la fonction la plus haute, la plus grave qu'elle puisse confier à l'impartialité individuelle. Des instruments dont la première qualité doit être la plus obéissante abnégation, ne peuvent pas être chargés de peser avec une équité prudente et froide, les motifs de croire et de douter, d'accuser et d'excuser, etc., de présenter, avec la suprême compassion et avec l'inexorable sévérité de la justice, les causes qui font l'homme faible et faillible, et les raisons qui font la société sacrée.

Il est difficile, je ne dis pas assez, il est impossible que le même homme remplisse également bien ces deux fonctions; qu'il réunisse en lui et sépare à volonté des habitudes d'esprit et de mœurs si contraires. Il est également impossible que des jurés qui viennent de voir cet homme requérir, avec toute l'autorité de la société menacée, leur vote contre un crime que toute conscience condamne, sachent ne voir en lui, un instant après, que l'agent passionné de fonctionnaires passionnés, que le serviteur d'hommes qui défendent leur pouvoir et leurs profits personnels. Inévitablement, dans leur esprit comme dans celui de l'accusateur lui-même, ces deux rôles se confondent, et y jettent un trouble également dangereux pour la justice, quelle que soit la nature du crime qu'elle poursuit.

Les difficultés que présenterait cette nécessaire séparation d'attributions ne sont pas si grandes qu'on le croirait au premier abord. Premièrement, les crimes et délits politiques sont habituellement peu nombreux hors des grands centres de population, et ces délits, dont le plus grand nombre est commis par la voie de la presse, n'entraînent pas l'emprisonnement préventif. Il ne peut donc y avoir grand inconvénient à amener tous les procès politiques aux sièges des cours royales; et là se trouveront toujours assez de fonctionnaires de l'ordre administratif auxquels on pourra confier le mandat de l'accusation. A Paris, où se rencontrent la plupart des procès de cette espèce, un agent direct et spécial du ministère pourrait en avoir la charge exclusive. Ainsi, les intérêts du pouvoir seraient toujours défendus selon son gré, et il n'aurait pas à demander des services d'une nature pénible à des magistrats auxquels ils répugnent par des raisons d'opinion ou de position. Ainsi, il pourrait, sans embarrasser la justice ordinaire d'une foule de médiocrités ardentes, donner à ceux qui le serviraient bien un avancement conforme à ses intérêts, mais qui ne nuirait jamais aux droits de magistrats moins bruyants et plus utiles ; ainsi, enfin, on ferait disparaître du Ministère public ce zèle tapageur qui risque de devenir les mœurs communes, depuis qu'on a vu les fortunes scandaleuses qu'elle a produites.

Est-ce enfin un sentiment et un langage dignes de la société que ces violences grossières, que cet acharnement sans justice et sans goût contre les accusés, cette partialité pour certains témoins, ces insinuations calomnieuses contre d'autres, que ce spectacle répugnant et triste qui nous a été donné dans de récents et célèbres débats ?

Et ici une autre observation se présente :

Toutes les fois qu'une cause attire l'attention générale, nous voyons se renouveler un abus contre lequel on a déjà réclamé, et qu'on ne persiste pas moins à répéter, comme si c'était un acte régulier et utile de la justice : je veux parler de la publicité donnée à l'acte d'accusation et aux détails de l'instruction avant l'ouverture des débats.

Un accusé est détenu, il est au secret, il ne sait rien de ce qui se passe au dehors, rien de l'interprétation qu'on donne à ses propres interrogatoires, de ce qu'ont pu dire sur et contre lui des témoins dont les noms, la moralité, l'intérêt dans la cause lui sont inconnus. Il ne peut rien contester, rien examiner, rien nier. Et c'est dans cette situation que le Ministère public, qui se fait un point d'honneur de rassembler toutes les preuves, toutes les apparences, tous les indices, vraisemblables ou non, qui se donne la tâche de noircir l'accusé par tout ce qu'il peut trouver dans sa vie à l'appui de cette intention ; c'est alors qu'il fait répandre une œuvre qui est avidement dévorée, parce que, outre l'intérêt sérieux du crime, elle renferme des germes d'émotion dramatique ; œuvre qui, sous cette forme, est une véritable diffamation en vertu de l'axiôme : *Tout accusé non convaincu est présumé innocent.*

Ainsi, bien long-temps avant que les débats soient ouverts, l'accusé est condamné dans l'opinion publique universelle. En peut-il être autrement ? Les charges sont nombreuses, accumulées, et elles sont seules ; elles restent deux ou trois mois, quelquefois six mois et plus, sans qu'on vienne apporter une seule raison de douter sur ces affirmations, si positives et faites d'après des preuves judiciaires.

Ainsi les jurés, qui sont mêlés au public, bien long-temps avant qu'ils soient investis de leur mission, ont déjà une opinion bien arrêtée ; ils ont dû, comme tout le monde, être amenés à discuter, avec leurs alentours, sur le crime et sur l'accusé ; à prendre parti pour ou contre, et probablement contre, puisque rien ne parle pour lui ; à engager ainsi leurs votes d'avance et sans s'en douter, car une opinion, une fois manifestée et soutenue, même dans la plus frivole dispute, devient, par la seule obstination de l'amour-propre, une conviction entêtée qu'on n'ose plus abandonner. Et le juré abandonnera d'autant moins la sienne, qu'elle sera plus grave aux yeux de ceux à qui il a pu la faire connaître.

Qu'on ne dise pas que la question de conscience est trop sérieuse pour qu'un homme, quelque puéril qu'il soit, ne renonce pas à un pareil engagement d'amour-propre une fois qu'il se sent en face d'un verdict de vie ou de mort. Plus la question est importante, plus on rougirait de s'être prononcé légèrement. Et d'ailleurs, ne sait-on pas avec quelle promptitude la conscience devient complice d'un jugement faux ? Avec quelle facilité elle se porte à soutenir une opinion que l'imagination a déjà entourée de toutes sortes de sophismes ? — Vous en appelez à la conscience ? Mais comment voulez-vous qu'elle vous entende quand toutes ses issues sont fermées par une mauvaise conviction ? Quand toutes les preuves que vous pouvez apporter sont, à mesure que vous les produisez, anéanties par une prévention aveugle et sourde ?

Lors même que les jurés ne risqueraient pas de se trouver individuellement engagés avant les débats, par des discussions extra-judiciaires, ne serait-ce rien pour former cette prévention, close d'avance à la lumière des débats, que l'action continuelle de la prévention publique ? Croyez-vous que, même pénétré de la terrible mission qu'il aura à remplir, le juré le plus honnête et le plus éclairé, le juré le plus ferme de jugement et de conscience, puisse rester insensible, impénétrable à cette atmosphère de haine et de réprobation qu'a préparée la publicité de l'accusation, et qu'il respire, pour ainsi parler, en public comme au foyer domestique ?

Et, ce que nous disons des jurés, on doit le dire aussi des juges, dont le rôle, quoiqu'il semble passif en tout ce qui concerne l'appréciation du fait, a une si forte influence par le langage, par l'attitude, par le geste même, sur les convictions du jury.

J'ai insisté sur cet abus, parce qu'il suffirait seul pour caractériser le déplorable esprit qui anime le Ministère public, grace au vice d'organisation que j'ai signalé. Attirer l'attention du public, et par elle, celle du pouvoir, prouver un zèle ardent plutôt que consciencieux, violer la justice dans ce qu'elle a de plus sacré pour arracher aux danseurs et aux comédiens une heure de cette curiosité de la foule, qui est l'universel moyen de fortune, voilà où en est tombée cette sublime institution, qui doit guider la société dans son œuvre la plus redoutable, dans celle qui touche le plus près aux droits de la Providence !

— Encore un mot sur un détail : mais tout est

important en cette matière. — Quiconque a suivi les audiences de la cour d'assises, particulièrement à Paris, où le parquet est encombré, a dû voir combien de fois une instruction, poursuivie pendant des mois entiers contre un détenu, terminée et couronnée par un acte d'accusation en bonne forme, s'évanouit à l'audience devant la première explication, devant le premier témoignage. Cela vient de ce que les prévenus eux-mêmes n'ont pas su s'expliquer leur innocence. Il est bien vrai qu'ils ont (art. 217 du Code d'instr. crim.) la faculté de présenter des notes et mémoires avant l'arrêt de mise en accusation. Mais comment le feraient-ils, puisqu'ils n'ont pas su se justifier de vive voix? Il faudrait donc que l'accusé fût en mesure de consulter un conseil, et pour cela, que les interpellations de l'art. 294 lui fussent adressées bien avant le moment fixé par cet article, c'est-à-dire au terme de l'instruction et avant l'arrêt de mise en accusation. — Les prévenus s'en trouveraient mieux et la justice ne s'en trouverait pas plus mal, car elle préviendrait le scandale de ces longues détentions sans cause, qui n'en sont que plus odieuses pour tomber ordinairement sur des malheureux sacrés à tous les titres.

ANSELME PETETIN.

MINISTÉRIALISME. Ce mot est le synonyme de servilisme; il sert à caractériser l'obséquiosité des députés ministériels à l'égard des ministres, et par conséquent, il se prend toujours en mauvaise part.

MINISTÉRIEL. Qui dépend d'un ministre. C'est ainsi que l'on dit un département Ministériel, une décision Ministérielle.

Par extension, on appelle Ministériel, le parti parlementaire qui soutient les ministres. Dans la pensée de ceux qui l'emploient et dans la pensée même de ceux auxquels elle s'applique, cette qualification est injurieuse. Et la raison en est bien simple! Certes, il est très licite, il est même honorable de soutenir de son vote et de son actif concours, un ministère qui fait le bien du pays. C'est même le devoir d'un honnête homme de prêter son appui à ceux qui exécutent ce qu'il croit juste et bon.

Mais il faut que ces mutuels rapports de celui qui exécute et de celui qui approuve, soient honorables et puissent être avoués hautement. Or, il n'en est pas ainsi, par malheur, chez nous du moins, depuis que le gouvernement constitutionnel y est en vigueur. Chaque ministère a, dans les chambres, un plus ou moins grand nombre d'adhérents qui le soutiennent, si l'on peut ainsi parler, de père en fils, quelque chose qu'il veuille, ou qu'il fasse. Depuis vingt-cinq ans, on peut dire que sauf des exceptions insignifiantes chaque ministère en tombant a transmis à son successeur la majorité qui l'avait soutenu. Depuis dix ans surtout, les divers ministères qui se sont succédé sont tombés tour à tour, et les Ministériels qui les avaient tous fait vivre sont toujours restés debout après eux, se modifiant, croissant ou diminuant, mais tou-

jours prêts à soutenir les futurs ministres comme ils avaient soutenu les ministres passés.

Ceci, du reste, est une conséquence nécessaire de notre organisation politique: nous le voyons trop clairement. Le pouvoir exécutif a, sur la composition du pouvoir législatif, une influence tellement décisive que le plus grand nombre, ou, du moins, un très grand nombre des membres de ce dernier pouvoir sont nécessairement à la dévotion du gouvernement. Or, les ministres ne sont que les agents peu durables de la puissance exécutive; et il s'en suit nécessairement que la fraction Ministérielle ou, pour mieux dire gouvernementale, des membres du parlement, passe comme un bagage, comme une sorte de mobilier successoral d'un ministère à l'autre.

Quoi qu'il en soit, l'existence d'un parti Ministériel immuable au sein des vicissitudes Ministérielles, est un grand mal: tout le monde le voit; et l'on peut affirmer hardiment que la seule existence de ce parti a produit sur la moralité publique des effets désastreux. Même, au point de vue de la théorie constitutionnelle, le ministérialisme est une plaie profonde qui épuise toutes les forces du corps politique. Comme, en effet, la théorie constitutionnelle repose sur cette idée que les trois pouvoirs doivent graviter autour l'un de l'autre, et chacun dans sa sphère, avec une égale indépendance, du moment que l'un des pouvoirs est affaibli ou vicié, la théorie est détruite et le gouvernement livré à l'anarchie ou à l'arbitraire.

Mais si l'on sort des vagues imaginations qui composent cette théorie particulière, on reconnaît tout d'abord que l'existence d'un parti Ministériel permanent est un hommage très singulier mais très réel, rendu au principe de l'unité. Par la force même des choses, il est inévitable, il est nécessaire que l'un des trois pouvoirs s'asservisse les deux autres, le parti Ministériel sert précisément à asservir le pouvoir législatif au pouvoir exécutif.

Reste maintenant à savoir si c'est là un bon moyen de réaliser l'unité dans la politique.　E. D.

MINISTRES. Les Ministres sont les agens du pouvoir exécutif. Aux termes de la constitution actuellement en vigueur dans notre pays, ce pouvoir tout entier appartient au roi seul. Mais, en même temps qu'il est pleinement investi du droit d'agir et de commander, le roi est, d'un autre côté, frappé d'une incapacité personnelle absolue; il peut tout, mais à l'aide seulement d'un Ministre qui contre-signe ses décisions et en assume la responsabilité: sans un Ministre, légalement, le roi ne peut rien.

Les Ministres, dans une monarchie constitutionnelle, sont donc le grand ressort du mécanisme gouvernemental.

Ici deux points de vue se présentent:

1° Quelle est la nature et l'étendue du pouvoir des Ministres?

2° Quelle est la véritable source du pouvoir ministériel? de quelle manière s'exerce ce pouvoir? quel en est l'effet sur e corps politique?

Le premier point de vue est purement organique ou réglementaire ; le second est plus spécialement politique. — Nous traiterons ici du premier, renvoyant au mot POUVOIR MINISTÉRIEL, les graves considérations qui se rattachent au second.

Les Ministres sont nommés par le roi. Celui-ci leur délègue sa capacité exécutive, et ils la communiquent, à leur tour, aux agents secondaires chargés de diriger les diverses parties de l'administration.

Le roi décide souverainement sur toutes les questions qui sont de sa compétence : les Ministres contre-signent les décisions royales.

Aux termes de l'article 46 de la Charte, ils peuvent être membres de l'une ou de l'autre Chambre. Mais qu'ils en soient ou n'en soient pas membres, ils y peuvent entrer et doivent être entendus quand ils le demandent.

Ils font des réglements et prennent des arrêtés qui sont obligatoires, pourvu, toutefois, que ces arrêtés soient strictement conformes aux lois.

Ils ordonnent les dépenses, dressent chacun le budget de son département, présentent leurs comptes aux chambres, passent des marchés, surveillent la gestion administrative des communes et des départements, et exercent dans certains cas et dans certaines limites, une juridiction contentieuse. Cette juridiction provient d'une délégation spéciale du pouvoir exécutif ; mais elle n'a encore reçu aucune espèce d'organisation.

On conçoit que ces attributions si vastes, si diverses, qui touchent à des intérêts si nombreux et si puissants, entraînent nécessairement une grande responsabilité. La Charte déclare en effet les Ministres responsables ; mais cette responsabilité est-elle bien réelle. Non ! tout le monde en convient : en France, la responsabilité des agents du pouvoir n'est qu'un mot. (V. ABUS D'AUTORITÉ, RESPONSABILITÉ.)

MINISTRES D'ÉTAT. L'institution des Ministres d'Etat a subsisté sous divers régimes. L'empereur avait créé un certain nombre de ces fonctionnaires ; les présidents des sections du conseil d'Etat, plusieurs directeurs généraux dont les fonctions avaient quelque chose de ministériel étaient Ministres d'Etat.

Sous la Restauration, le Ministère d'Etat devient l'hôtel des Invalides du pouvoir. Chaque ministre déchu retombe Ministre d'Etat, avec un traitement annuel de 20,000 fr. et le droit de faire partie du conseil privé du monarque.

Enfin, le gouvernement qui succède à la révolution de Juillet maintient tout d'abord les Ministres d'Etat ; plusieurs personnages considérables de l'ancienne opposition sont investis de ce titre ; mais, au bout de quelques jours, la réaction des esprits emporte l'institution.

Quelle fut la cause première, quel fut le but de cette suppression? Ce fut surtout, il faut le dire, une réaction contre les personnes. Les deux derniers règnes avaient multiplié les Ministres d'Etat ; c'était pour le budget une charge très lourde ; on ne résista pas au désir de frapper les principaux instruments d'une politique exécrée, et de réa-

liser en même temps une économie assez forte.

Il y avait, toutefois, un autre motif plus élevé. L'institution telle que nous l'avaient léguée l'Empire et la Restauration n'avait pas sa place marquée dans notre organisation politique. Quelle est, en effet, la loi du gouvernement constitutionnel? C'est qu'il n'y a pas d'action sans responsabilité. Or, les Ministres d'Etat avaient, comme conseils, une influence, une action positive sur le gouvernement et l'administration. Le pouvoir exécutif avait alors deux sortes d'agents : les uns responsables, les Ministres avec portefeuille ; les autres, non responsables, les Ministres d'Etat. Et pourquoi cette distinction? Les uns, à la vérité, exécutaient directement, personnellement les résolutions du gouvernement ; mais les autres concouraient à créer la pensée du gouvernement. Et il est bien évident que pensée ou action, lorsque du moins la pensée produit l'action ; il est évident, disons-nous, que la responsabilité doit être la même.

Ce vice de l'institution est incontestable, et il apparaît surtout dans la pensée de l'auteur de l'acte additionnel : « L'empereur, y est-il dit, envoie dans les chambres des Ministres d'Etat qui y siégent et prennent part aux discussions, mais qui n'ont voix délibérative que dans le cas où ils sont membres de la chambre comme pairs ou élus du peuple. » Ainsi, voilà des hommes qui apportent dans une assemblée délibérante le poids d'une position considérable et peut-être d'un grand talent ; ils influent sur les discussions et sur les résolutions de l'assemblée, ils y portent la parole du gouvernement, ils y défendent sa pensée, et ils ne sont ni responsables de ce qu'ils disent, ni solidaires de ce que l'assemblée décide ! N'est-ce pas là une contradiction choquante, et, pour tout dire en un mot, une impossibilité morale?

Sans doute, lorsque les corps législatifs sont appelés à délibérer sur tel ou tel projet de loi, s'il se trouve hors de leur sein des hommes spéciaux dont les lumières et l'expérience puissent éclairer les délibérations et les résolutions parlementaires, il est bon d'envoyer ces hommes à côté du Ministre responsable, afin qu'ils l'aident de leurs conseils et même de leur parole. Mais ce doit être là une commission transitoire et non pas une fonction permanente. Les *commissaires du roi* sont aujourd'hui chargés de ces sortes de commissions, et il n'est nullement nécessaire de ressusciter à ce propos les Ministres d'Etat.

Reste maintenant un point de vue qui ne manque pas d'importance. On a vu que sous la Restauration les Ministres déchus devenaient *ipso facto* Ministres d'Etat et qu'ils jouissaient d'un traitement considérable. A-t-on bien fait de supprimer ce traitement et de laisser sans rémunération aucune les hommes qui se consacrent au service de l'Etat? En présence de ce qui existe aujourd'hui parmi nous, cette question est assez difficile. — Nous dirons toutefois notre pensée tout entière.

Une chose surtout distingue l'aristocratie de la démocratie.

Dans un gouvernement aristocratique, le corps des nobles sert ou du moins peut servir l'Etat gratuitement. Les priviléges dont il jouit lui donnent une telle supériorité de fortune et de position qu'il n'a pas besoin de recevoir directement du trésor public ce que lui assurent les institutions qui régissent la propriété et qui président à la distribution des richesses. Dans la démocratie, au contraire, toutes les fortunes étant nécessairement bornées et toutes les fonctions étant des charges sociales, il est logique et nécessaire que les travailleurs politiques soient rémunérés de leur travail et rémunérés par la société. Or, dans toutes les branches de l'industrie et du commerce, on peut jusqu'à un certain point acquérir ce qui est nécessaire pour le présent, et faire une épargne pour les mauvais jours ou pour la vieillesse. Dans la carrière politique, au contraire, cela est moralement impossible. Tout homme qui entre pauvre dans les fonctions publiques, et qui en sort riche ou seulement aisé, est nécessairement un voleur. Pourquoi cette différence entre les travailleurs industriels et les travailleurs politiques? Il est évident que rien ne la justifie. Il faut donc, dans un état démocratique, que l'homme qui sert son pays reçoive le prix de ses services ; il faut de plus que celui qui l'a servi honorablement, consciencieusement, sinon glorieusement, soit également mis à l'abri du besoin.

Sous ce rapport, comme la France est un pays profondément démocratique, il serait utile de rétablir les Ministres d'Etat. Mais, d'un autre côté, par l'effet des vices de notre constitution politique, les changements de ministères sont tellement fréquents, et l'appât d'une retraite lucrative serait un tel stimulant pour les viles ambitions que crée et qu'entretient le régime où nous vivons, qu'il serait vraiment dangereux d'y songer. La moralité publique y perdrait ce qu'il lui reste encore à perdre, et le trésor public y perdrait énormément aussi. Or, si je ne me trompe, de là suit une conséquence naturelle et bien simple : c'est que notre état social exige une institution que notre organisation politique rend moralement et matériellement impossible.   E. D.

MINORITÉ. Nous avons tant de fois déjà dans ce recueil proclamé les droits de la majorité, la souveraineté de tous, l'infaillibilité de la volonté générale, que nous croyons n'avoir laissé à nos lecteurs aucun doute sur cette importante question. Toutefois, de très bons esprits, fort disposés d'ailleurs à reconnaître la vérité de nos axiomes, se sont montrés inquiets de cet absolu pouvoir que nous remettions entre les mains de la majorité ; et préoccupés du souvenir des différentes tyrannies qu'il a fallu combattre tour-à-tour, ils ont demandé avec quelque effroi si la souveraineté du nombre ne serait pas une tyrannie nouvelle, si de cette autorité inattaquable de la majorité, ne sortirait pas nécessairement l'oppression de la Minorité. Cette préoccupation est honorable, et le problème mérite une solution. Car si à l'oppression de la majorité par la Minorité, devait succéder l'oppression de la Minorité par la majorité, il y aurait un moindre mal sans

doute, mais il y aurait mal, et notre théorie serait défectueuse.

Déjà l'on a pu voir, au mot LÉGITIMITÉ, que les écrivains de ce *Dictionaire* se sont inquiétés de cette question, et il nous reste peu de chose à ajouter pour compléter nos doctrines à ce sujet.

Commençons d'abord par bien poser la question ; autrement nous risquerions de retomber dans les vieilles querelles philosophiques sur le particulier et l'universel, dont les querelles politiques modernes sur l'individu et la société ne sont après tout qu'une application pratique. Or il est manifeste que, rigoureusement, le particulier ne peut pas se séparer de l'universel ; car le particulier est l'élément de l'universel, et l'universel n'est que la représentation complexe du particulier. Il en est de même de l'individu et de la société. La société ne peut pas plus se séparer de l'individu, que l'individu de la société. Donc, le mal fait à l'individu est une atteinte à la société, aussi bien que le mal fait à la société est une atteinte à l'individu.

Et ici nous parlons de l'individu parce qu'il est la manifestation la plus simple de la Minorité, parce qu'il est la Minorité réduite à son expression la plus élémentaire.

Il faut toutefois le reconnaître : la discussion oblige quelquefois à disjoindre abstractivement ce qui est réellement uni, et à considérer à part chacun des éléments d'un ensemble. C'est sous ce point de vue qu'il nous faut examiner les droits de la Minorité en opposition avec ceux de la majorité.

On a souvent accusé Rousseau d'avoir enfanté cette doctrine politique qui sans pitié sacrifie l'individu à la société ; et sous ce rapport, comme sous bien d'autres, le *Contrat social* est chargé d'une foule d'iniquités. Mais le *Contrat social* se défend de lui-même, précisément parce qu'il ne s'y trouve aucun principe bien arrêté, car on y rencontre de tout. Rousseau cherchait avec sincérité le vrai, mais il s'en écartait souvent, parce qu'il ne le cherchait que dans sa conscience individuelle. Aussi ne faut-il pas s'étonner de ses propositions contradictoires, qui ne témoignent que des incertitudes d'une ame aspirant naïvement à la vérité, mais la devinant sans l'atteindre, parce qu'elle s'aventurait sans méthode. Au reste, ces incertitudes de Rousseau doivent l'acquitter de toute accusation, et pour la question même que nous traitons, nous trouverons dans le *Contrat social* une solution bien opposée assurément aux doctrines qu'on lui prête.

« Il faut, dit-il, se servir des lumières des individus pour montrer au public le bien qu'il désire sans le voir, et du sentiment public pour ramener les individus au bien qu'ils connaissent sans le vouloir. »

Ce peu de mots résume toute la question. Aux masses appartient le sentiment, aux individus la connaissance. A la majorité, l'instinct social, et l'instinct ne s'écartant jamais des lois divines, ne se trompe jamais ; à la minorité, les récherches de la science et toutes ses erreurs. N'oublions pas, du reste, qu'un des signes de l'intelligence, c'est de pouvoir se tromper. Enfin, aux individus appartient l'initiative, aux masses la sanction.

Ceci posé, examinons comment se manifeste la pensée de la Minorité, soit dans ses vœux, soit dans ses regrets; car il y a deux espèces de Minorité, celle de l'avenir et celle du passé.

Il est évident que la première a d'abord pour organe la voix d'un petit nombre d'hommes, quelquefois même d'un seul individu; et cependant une idée, quelque nouvelle qu'elle paraisse, ne surgit pas tout-à-coup dans le cerveau d'un individu; elle n'appartient pas même à l'individu, car si elle n'a pas ses racines dans le sentiment public, elle ne doit prétendre à exercer sur les esprits aucun empire, aucune influence. Qu'on interroge les époques des réformes et des grandes rénovations, partout et en tout temps, la venue du réformateur a été annoncée par un immense désir qui révélait les insuffisances du passé et les espérances de l'avenir; jamais le Messie ne s'est présenté sans avoir été appelé, et lorsque le Verbe nouveau se manifeste, il ne fait que répondre au sentiment public qui dès long-temps l'invoque sans le connaître. Le réformateur n'est donc pas celui qui improvise une idée nouvelle; c'est celui qui résume en une formule saisissable les besoins inquiets, les aspirations vagues, les agitations désordonnées qui tourmentent l'humanité. Ainsi donc encore, c'est dans les masses que s'élabore l'idée, c'est l'individu qui énonce la formule.

Toutefois, la formule n'est pas aussitôt adoptée qu'énoncée : aussi, entre son énonciation et sa sanction par la majorité, il se passe un temps d'épreuve qui sert, pour ainsi dire, à en constater la vérité. Car, dans ces époques de souffrance, où tout le monde a sa part de douleur, les ames impatientes embrassent avec avidité la première doctrine qui leur offre une lueur d'espérance, et s'égarent trop souvent dans des théories fausses ou incomplètes, qui ne sont qu'un changement dans le mal ou un remède insuffisant. De là, une multitude de minorités errantes, partout repoussées par la majorité, qui, dans son impossibilité majestueuse, oppose son instinct infaillible aux erreurs des écoles, et triomphe par le sentiment des vains efforts de la science. Ainsi, dans notre époque de transition douloureuse, où chacun de nous se débat contre les désespérantes doctrines du passé, et aspire à une foi nouvelle où il se puisse reposer, on a vu les esprits les plus intelligents se précipiter vers les sectes nouvelles, interroger toute doctrine, et chercher dans toute formule un soulagement à leurs anxiétés. Beaucoup s'y sont égarés à tout jamais; d'autres sont revenus de leurs nobles illusions, pour recommencer leur vie de recherches laborieuses et d'amères déceptions.

Au surplus, ce qui doit signaler le véritable sentiment et la véritable formule de l'avenir, c'est que la Minorité qui l'exprime va toujours se recrutant, toujours grossissant. L'erreur seule peut perdre du terrain; le vrai ne recule jamais. Ainsi, le sentiment démocratique qui était à peine, il y a cinquante ans, au fond de quelques ames d'élite, domine aujourd'hui tous les esprits, même ceux qui n'en ont pas conscience, ou qui ne veulent pas l'avouer. Il ne lui manque plus qu'une formule qui le résume complètement pour entraîner à lui-même les timides, et triompher de toutes les résistances.

D'où il résulte qu'une fois la véritable formule énoncée, la Minorité qui l'exprime passe rapidement à l'état de majorité, et l'idée contenue dans la formule domine la société, jusqu'à ce qu'elle ait reçu tous ses développements.

D'un autre côté, les intérêts constitués, les droits anciens ne cèdent que difficilement aux intérêts, aux droits nouveaux. De là des luttes qui ne cessent pas, même quand les droits nouveaux ont conquis la majorité. C'est alors que l'ancienne majorité, vaincue par ses pertes successives, se voit réduite au petit nombre, et forme ce que nous avons appelé la Minorité du passé. Or, voilà encore la grande différence entre la minorité du passé et la minorité de l'avenir; c'est que la première perd tous les jours quelques uns de ses membres, et finit par disparaître entièrement, tandis que la seconde se multiplie sans cesse et se rapproche de plus en plus de la majorité, qu'elle oblige enfin de venir à elle.

On sent dès lors l'importance d'un moyen politique qui puisse toujours constater les progrès et le véritable état de l'opinion publique : or, cette opinion ne pouvant se vérifier que par le nombre, il s'ensuit qu'aucune fraction du nombre total ne saurait être négligée; par conséquent, le seul moyen d'éviter les incertitudes et d'ôter tout prétexte aux violences, est le suffrage universel.

Revenons maintenant à la question qui nous occupait d'abord, la sécurité de la minorité et le maintien de ses droits; car ses droits doivent toujours rester sacrés, soit que, résistant au progrès social, elle se maintienne dans la formule du passé, soit que, devançant la foule, elle pressente, avant toute réalisation possible, les améliorations de l'avenir.

Pour en finir tout d'abord avec ceux qui contestent le droit absolu de la majorité, nous aborderons leur thèse portée à ses dernières conséquences. « Si, disent-ils, la majorité avait un droit illimité, il s'ensuivrait que partout où trois hommes se trouveraient ensemble, constitués en société particulière, deux d'entre eux pourraient légitimement décréter l'assassinat du troisième.»

Ceux qui ont pu prendre au sérieux une pareille objection, ne se sont pas assez rendu compte de la puissance morale de la majorité, ou plutôt de la raison de cette puissance. Croirait-on, par hasard, que la raison de cette puissance réside simplement dans le nombre? que quelque chose d'aussi matériel, d'aussi fatal que le nombre, pût être l'expression du vrai, du juste, du beau? Non, sans doute. Ce qui fait que la majorité est souveraine, sainte, infaillible, c'est qu'elle renferme en soi la collection complète de tous les élémens sociaux; c'est qu'on y trouve l'humanité tout entière, avec tous ses organes, toutes ses pensées, tous ses sentiments. Ce n'est qu'à cette condition qu'une collection d'hommes peut s'appeler peuple ou nation. Ce n'est qu'à cette condition qu'il peut y avoir majorité dans le sens social, c'est-à-dire volonté générale, intelligente et infaillible. Car, encore une fois, la majorité, ce n'est pas un nombre balancé par un nombre inférieur, c'est le sentiment social se manifestant dans sa plus haute expression. Qu'on ne vienne donc pas nous parler de ce que feront trois hommes, dix hommes, cent hommes, etc.; car trois hommes, dix hommes, cent hommes n'ont pas en eux ce qu'il faut pour être une nation; et ils seraient certainement incapables de formuler aucune idée sociale de quelque portée : ils ne pourraient que faire quelques réglements de police intérieure. Et encore, plus leur nombre diminuerait, plus le sentiment social s'affaiblirait, et nous conviendrons volontiers que si trois hommes étaient isolés dans un coin du globe, il y a toute probabilité que deux d'entre eux se ligueraient pour opprimer le troisième, ou même pour le tuer, quitte, ensuite à s'entr'égorger mutuellement. Mais nous n'admettons pas qu'on puisse arguer de ce fait contre nos doctrines sur la majorité; car la majorité, bien que constatée matériellement par le nombre, est encore autre chose que le nombre.

Qu'on réfléchisse bien à cette distinction, et l'on comprendra facilement que dans certaines réunions d'hommes, le nombre peut être oppressif; mais que dans toutes les collections d'hommes qui constituent un peuple, une nation, avec tous ses élémens, la majorité ne peut être oppressive. Car la majorité, c'est une idée sociale, une foi sociale se manifestant par la voix du plus grand nombre. Or, si le fondement de la foi sociale (et c'est ce que nous demandons), repose sur le respect dû aux décisions de la majorité, il faut, si l'on ne veut pas en même temps consacrer l'immobilité, il faut que ces décisions puissent varier en temps opportun et suivre les impulsions progressives de l'esprit humain. Or, ces impulsions, ainsi que nous l'avons dit, viennent toujours de la Minorité. Il faut donc que la Minorité puisse toujours faire entendre sa parole pour appeler la majorité dans les voies nouvelles. Une entière liberté de discussion est donc la condition nécessaire de sa sécurité, en même temps qu'elle est un encouragement à ses efforts. C'est ainsi que les droits de la majorité se complètent et se justifient par les garanties accordées à la Minorité.

Comme moyen d'application de nos théories sur la majorité, nous avons été conduits au suffrage universel; comme moyen de contrôle et de garantie pour la minorité, nous sommes conduits à la liberté de la presse.

Élias Regnault.

MISSI DOMINICI. Les Missi Dominici étaient des officiers que les rois carlovingiens envoyaient dans les provinces avec des pouvoirs très étendus. On pourrait comparer ces officiers royaux aux proconsuls des Romains, si ce n'est que ces derniers résidaient dans les provinces qu'ils étaient chargés de gouverner, au lieu que les Missi ne faisaient que passer, ne s'arrêtant que le temps nécessaire pour remplir leur mission. L'institution des Missi est antérieure au règne de Charlemagne, mais elle doit à cet empereur le lustre dont elle brille dans l'histoire. Peu importante avant Charlemagne, l'institution des Missi prit une importance remarquable sous le règne de ce grand prince. Le grand empereur en tira bon parti dans l'intérêt de sa puissance; les instructions données à ces Missi prouvent d'ailleurs que Charlemagne attendait de cette institution un remède aux maux sans nombre qui désolaient la société de son temps. Quand on les examine avec quelque attention, on en saisit tout de suite l'esprit et la haute portée. On se convainc que le guerrier qui les dicta avait très bien vu la nature des obstacles qui s'opposaient à l'établissement de la société civile parmi les français du huitième siècle. Les Missi reçurent des instructions en conséquence.

L'établissement de la société civile demande un pouvoir fort et obéi partout et par tous; on trouve quelque chose qui va là dans les instructions rédigées pour les Missi.

L'établissement de la société civile exige qu'il y ait une justice forte, mais impartiale; on trouve encore quelque chose qui va là dans les instructions données aux Missi.

L'établissement de la société civile veut dans les fonctionnaires de tout ordre une conduite irréprochable sous tous les rapports. Le devoir des Missi était de surveiller les comtes, d'écouter les plaintes que l'on portait contre eux, de casser les jugements iniques, de prêter, en un mot, appui au faible contre le fort.

L'établissement de la société civile suppose des lois et l'exécution rigoureuse de ces lois; les Missi étaient chargés de publier dans les plaids les ordonnances du royaume et de veiller à leur exécution.

L'établissement de la société civile suppose une force publique; le devoir, un des devoirs principaux des Missi, était d'appeler cette force sous les drapeaux, de la réunir en armée, de la faire marcher contre l'ennemi, de la tenir réunie et de la licencier avec le moins de désordre possible.

L'établissement de la société civile suppose des impôts, des fonctionnaires qui les perçoivent, et une propriété commune : les instructions des Missi sont complètes sous ces deux rapports. Ordre leur est donné de dénoncer et de poursuivre les dilapidateurs de la propriété publique, ou, comme on disait alors, des *bénéfices royaux*. Sous Charlemagne, s'approprier la terre de l'État, c'était affaiblir le pouvoir, car le pouvoir des rois Mérovingiens tirait une partie de sa force des terres appartenant à l'État. Un capitulaire de Charles-le-Chauve appelle les Missi *reipublicæ solatiatores*. Les causes des veuves, des enfants, des orphelins et des pauvres leur étaient particulièrement recommandées.

L'anarchie importée des forêts de la Germanie dans les Gaules fut plus forte que la volonté de Charlemagne. La société dont il rêvait l'établissement ne put pas s'établir. L'institution des Missi alla luttant chaque jour contre la résistance des grands vassaux, de telle sorte que son but, qui était de mettre sous la main du pouvoir dirigeant les forces vives de la nation, ne fut que très imparfaitement atteint. Les comtes et les barons de Charlemagne dépossédèrent ses petits-fils au profit d'un des leurs. Hugues-Capet est moins grand que Charlemagne, mais il fut plus heureux. Les baillis de la septième race firent ce que n'avaient pu faire Les Missi Dominici.   **A. T.**

MISSION. Indépendamment de ses fonctionnaires diplomatiques, militaires et civils, il arrive souvent qu'un gouvernement emploie des agents spéciaux dont la fonction est temporaire et s'applique à certains objets déterminés. On dit alors que ces agens sont chargés d'une *Mission.*

On comprend qu'il est impossible d'énumérer tous les genres de Missions qui peuvent être confiées, soit à de simples citoyens, soit à des fonctionnaires, d'ailleurs en exercice. Toute espèce de rapport des gouvernements entre eux ou des peuples avec les gouvernements peut en effet devenir l'objet d'une Mission.

La Convention Nationale confiait des Missions à ses propres membres. Les uns étaient envoyés auprès des armées de la République pour y surveiller de près les généraux et les fournisseurs, rétablir les liens de la discipline et faire circuler partout l'esprit du gouvernement; d'autres parcouraient les départements, transmettant quelquefois, il faut le dire, l'impulsion du centre d'une manière inintelligente et brutale. Lors du jugement de Louis XVI, nous trouvons que quinze représentants étaient en Mission.

Cet usage, adopté par la Convention, a été vivement critiqué, et il ne paraît pas qu'il puisse être justifié complètement, surtout en ce qui regarde la présence aux armées, d'hommes non militaires, et cependant supérieurs aux généraux. En fait, néanmoins, l'intervention des commissaires de la Convention a été bien loin d'entraîner les inconvénients que l'on aurait pu y croire nécessairement attachés. La jalousie ne régna pas toujours entre eux et les chefs des armées, et ils contribuèrent souvent à nous assurer la victoire. Il est certain que dans aucune circonstance, la présence dans les camps d'un représentant du peuple ne causa point la vingtième partie des maux qu'entraîne pour notre armée d'Afrique chaque voyage princier en Algérie.   **J. B.**

MISSIONS. Ce mot ne devrait pas trouver place dans ce Dictionnaire, s'il n'impliquait une œuvre éminemment sociale et politique. Ce que les efforts héroïques des prédicateurs du Catholicisme chez les nations barbares peuvent produire d'utile au point de vue de la vraie civilisation, ne sera peut-être appréciable que dans un temps assez éloigné; mais quelques résultats sont déjà tombés

dans le domaine historique, et c'est par ce côté, indépendamment des conséquences futures, que les Missions appartiennent à la science politique.

Au moyen âge, la prédication du Christianisme se faisait à main armée; le produit le plus positif de cet état religieux fut la conquête passagère d'un tombeau incessamment arrosé du sang des enfants de l'Europe et de l'Orient. Mais quand le monde occidental sentit le besoin de se préoccuper de ce qui se passait dans son propre sein, et que le clergé romain eut compris qu'il y avait plus de véritable gloire à retirer des conquêtes pacifiques, on vit une pieuse phalange d'hommes intrépides et dévoués se répandre dans les parties les plus lointaines du monde connu, pour arracher à l'ignorance et à la barbarie les peuples qui étaient encore dans les ténèbres d'une civilisation sans avenir. Peu à peu, les Missions se régularisèrent et portèrent des fruits précieux au point de vue moral et social, en même temps que, dans certaines contrées, elles secondaient puissamment l'action politique des conquérants et des colonisateurs.

Le nouveau monde fut plus accessible que la société asiatique aux prédications des missionnaires. Il était tout naturel, en effet, que l'Orient où trois grandes religions, l'Islamisme, le Brahmanisme et le Bouddhisme, avaient jeté de profondes racines, repoussât énergiquement les leçons des apôtres catholiques : tandis que les peuples américains qui, pour la plupart, professaient des croyances incohérentes, et se faisaient remarquer par la mobilité de leur caractère, devaient aisément se laisser subjuguer par l'ascendant de la parole évangélique.

Les Missions espagnoles de l'Amérique méridionale eurent un caractère politique bien tranché. Elles ne cherchèrent pas à seconder les conquérants; elles organisèrent pour leur propre compte, et créèrent de petites sociétés avec des lois plus ou moins habilement adaptées aux peuples qui consentaient à s'y soumettre. Les nombreux villages, connus sous le nom de *Missions,* étaient autant de petits états gouvernés par des ecclésiastiques, et dans lesquels le pouvoir politique se confondait avec l'autorité religieuse. Il ne serait pas sans intérêt d'examiner de près ces petites sociétés isolées, pour savoir ce que deviennent des populations vierges et malléables entre les mains d'hommes d'église peu habiles à l'exercice des pouvoirs civil et administratif. On ne sera sans doute pas peu étonné, si nous affirmons que les jésuites en particulier se sont toujours distingués par leur esprit d'organisation, et ce tact politique qui sait concilier les intérêts de secte et les exigences de l'ambition avec les besoins véritables des gouvernés (1).

(1) Un seul fait suffira pour donner une idée de l'intelligence politique des missionnaires du Paraguay : Les jésuites ayant remarqué que la population de ce pays tendait à diminuer, et finirait par s'éteindre si l'on n'arrivait pas à la renouveler, décrétèrent, comme lois d'État, que les jeunes filles se marieraient à 10 ans et les garçons à 13 ans; que les femmes ne jouiraient du privilège de laisser pousser leurs cheveux que lorsqu'elles auraient été mères; enfin,

Dans le Canada, les Missions furent plus désintéressées ; elles n'organisèrent pas à leur profit, mais elles favorisèrent puissamment, dans plusieurs circonstances critiques, l'action politique des maîtres du pays. C'est aux missionnaires que les Français furent redevables de l'utile et constante alliance des Hurons contre les tribus sauvages qui combattaient sous le drapeau de l'Angleterre. Toutes les fois qu'il fallait négocier la paix, ou un armistice, ou un échange de prisonniers, c'étaient ces intrépides apôtres qu'on prenait pour médiateurs. Combien ont payé de leur vie leur généreux dévoûment ! Combien ont couronné par le martyre une vie d'abnégation, de fatigues et d'épreuves de toute nature ! Il est probable que les différentes nations dont se composait la population de la nouvelle France auraient fini par former, grâce aux leçons de nos missionnaires, une société viable et remarquable par sa moralité, mais les Anglais ont détruit cette œuvre si bien commencée ; l'usage des boissons alcooliques qu'ils ont popularisé parmi les indigènes a décimé ces malheureux avec une rapidité effrayante. On cite des tribus de quarante ou cinquante mille individus qui, sous la domination anglaise, se sont complètement éteintes. La nation hurone, par exemple, cette nation si intelligente, si brave, si chevaleresque, est entièrement détruite.

Mais le pays où les Missions ont obtenu les résultats les plus merveilleux, au point de vue qui nous occupe, c'est sans contredit la Chine. On sait que les missionnaires jésuites étaient parvenus, à force d'habileté et de persévérance, non seulement à se faire tolérer en Chine, mais encore à intervenir dans les affaires politiques de cet empire. Qui peut dire où aurait conduit cet état de choses, si l'influence des missionnaires se fût maintenue dans l'extrême Orient ? — A l'heure où nous écrivons, d'autres apôtres, non moins courageux, prêchent la religion chrétienne en Chine, en dépit des interdictions formidables dont la menace est constamment suspendue sur leur tête. La persécution et les supplices ne les effraient pas ; et tous les ans leurs héroïques efforts sont récompensés par la conversion d'un grand nombre de payens. Les néophytes sont autant d'amis de l'Europe, et il est aisé d'apprécier les conséquences de ces progrès relativement au grand problème de la fusion de l'Orient avec l'Occident. Quelques chiffres, cités à ce propos seront peut-être considérés comme un document utile par tous ceux qui se préoccupent de cette immense question sociale et politique. D'après les renseignements les plus authen-

que tous les habitans des Missions seraient réveillés une heure avant la messe, *sans être obligés de se lever.* Les curés prenaient le plus grand soin de ne laisser que les vieillards libres de ne pas se remarier. Il est difficile de pousser plus loin le désir d'obtenir d'un nombre d'habitans déterminé tout ce qu'on peut en attendre pour la reproduction de l'espèce. Certes, c'est là de l'économie sociale bien caractérisée. — Les Missions n'existent plus, mais les administrateurs du pays ont conservé ces traditions, et la politique des gouvernans actuels est la continuation des jésuites, sauf les modifications introduites par le despotisme du dictateur Francia.

tiques et les plus récents, voici le nombre des catholiques dans les différentes divisions de l'Asie.

Asie occidentale : environ 660,000 ;

Asie centrale, comprenant : Asie russe, Thibet, Bengale, Bombay, Madras, Pondichéry, Ceylan, Malabar, environ 800,000 ;

Asie orientale, divisée en Chine et Indo-Chine, pour la première, y compris la Corée, 320,000 ; quant à l'Indo-Chine, on lui attribue le chiffre de 432,000 convertis, répartis dans les royaumes de Pégu, d'Ora, de Siam, de Cochinchine, le Tong-King occidental et le Tong-King oriental. En tout, pour l'Asie orientale, 752,000, et pour l'Asie entière, 2,211,000 catholiques. Si, à ce nombre, on ajoute les chrétiens protestants, en petit nombre, il est vrai, et si l'on tient compte de la décadence notoire des religions d'Orient, on pourra se faire une idée des envahissements progressifs de l'Occident sur la société asiatique, envahissements qui, le canon aidant peut-être, deviendront de plus en plus sensibles jusqu'au jour où s'opérera la grande communion des deux mondes.

Un peuple aussi utilitaire que les Anglais ne pouvait pas laisser s'organiser isolément et sans en tirer parti, l'œuvre des Missions protestantes. Les missionnaires anglais sont, en effet, des espèces de commis-voyageurs politiques et commerciaux, qui font servir la Bible à l'accomplissement des projets ambitieux de leur patrie. Répandus dans toute l'Océanie, ces sectaires, presbytériens, méthodistes, wesleyens, et autres, font les affaires du gouvernement anglais en même temps que les leurs. Ils commencent par s'emparer de l'esprit des populations ignorantes des îles du grand Océan ; puis ils leur donnent des lois politiques et religieuses, éloignent avec une brutalité révoltante les étrangers dont la présence porte ombrage à leur domination jalouse, et fraient ainsi les voies à l'usurpation de la métropole qui, au bout d'un certain temps, vient sanctionner par une prise de possession officielle les empiétemens successifs de ses agents. Rien de plus violent et de plus impitoyable que le pouvoir des missionnaires de cette nation dans les différentes parties de l'Océanie ; on sait les affreuses persécutions que les prêtres français ont eues à subir depuis 1830, dans les îles Sandwich, de la part des protestans protégés par le pavillon britannique ; il n'a pas fallu moins que l'envoi d'une frégate française dans ces parages pour garantir désormais nos prédicateurs des outrages de leurs ennemis. A la Nouvelle-Zélande, ces pieux personnages, dont l'avidité scandaleuse n'a cessé d'arracher des concessions de terrains aux indigènes (1), ont préparé d'office l'usurpation que le parlement anglais vient de consacrer par la réunion de cette grande île à l'empire britannique. En Chine, les artisans qui, sous la robe de missionnaires, servent les intérêts

(1) Un M. Marsden, missionnaire, obtint le don de 13,000 acres d'excellente terre parfaitement arrosée, avec un petit port, pour 48 haches en fer, qui avaient dû couter une centaine de francs !

les plus odieux, bien loin de s'aventurer dans l'intérieur de l'empire, comme les apôtres français, se bornent à faire le commerce de Bibles dans les villes du littoral maritime, et prêtent l'appui de leur influence morale aux contrebandiers qui apportent aux Chinois la mort avec l'opium. Dans l'Inde, les prédicateurs protestants ne cherchent qu'à détacher de la foi catholique les néophytes convertis par nos missionnaires; ils s'occupent fort peu, du reste, de la diffusion des lumières parmi les adorateurs de Brahma. Les Anglais ont trop d'intérêt à maintenir le peuple hindou dans l'ignorance pour exciter leurs missionnaires à éclairer les sujets de la Compagnie. Il n'y a pas bien long-temps que des vaisseaux partis d'Angleterre portèrent dans l'Inde des cargaisons d'idoles, et ce n'est qu'en 1829 que les *suttis*, ou sacrifices de veuves ont été abolis par ordre du gouverneur-général, lord William Bentinck!

Mais c'est surtout dans l'île d'O-Taïti que les missionnaires anglais ont déployé de la façon la plus remarquable les ressources de leur activité et de leur génie despotique; on ne saurait croire jusqu'à quel point ces serviteurs d'un Dieu clément ont poussé la tyrannie envers un peuple confiant et inoffensif, quelle législation draconienne ils ont imposée à leurs *sujets* (1), car on peut s'exprimer ainsi. Ces hommes qui prêchent le désintéressement, s'enrichissent par le commerce, donnent la Bible en paiement des denrées qu'ils achètent, frappent la population d'un impôt considérable affecté à l'entretien des Missions; s'opposent à l'établissement de consuls autres que ceux de leur nation, enfin assujétissent ce riche pays à un monopole écrasant. Voilà comment ces ministres de Dieu comprennent l'apostolat; il est vrai qu'en Angleterre, on n'est jamais exclusivement et franchement prêtre, ni militaire, ni même philosophe; on est avant tout *Anglais*. Nul doute que tôt ou tard toute l'Océanie n'obéisse à la Grande-Bretagne; ce résultat aura été en très grande partie le fruit des efforts des missionnaires de cette nation. Nos lecteurs comprennent maintenant l'importance que peuvent avoir les Missions religieuses au point de vue politique, surtout quand le prêtre est anglais.

Nous n'ajouterons plus qu'un mot, pour terminer cet article: il n'est pas indifférent aux gouvernements civilisés que les Missions prospèrent de plus en plus. L'Angleterre en tire un profit matériel et presque immédiat; et le reste de la société européenne, moins préoccupé de projets ambitieux, peut s'en servir efficacement comme d'un instrument civilisateur merveilleusement propre à accélérer la solution d'un grand problème social.

(1) On trouve dans ce code monstrueux des réglements et des peines contre le tatouage, la danse et autres exercices ou plaisirs de tout temps en usage parmi les habitants. A une certaine époque, les Missionnaires poussèrent la cruauté jusqu'à souffrir que le roi fît mettre à mort les malheureux qui s'endormaient à l'église en écoutant leurs insipides sermons. Le résultat de ces institutions barbares a été la démoralisation de ces pauvres insulaires, et la prompte dépopulation du pays.

et politique: la communion de l'Occident et de l'Orient.   FRÉDÉRIC LACROIX.

MOBILISATION. Mise en activité d'une force sédentaire. Ce mot s'applique particulièrement à la garde nationale, dont on détache des colonnes pour le maintien de l'ordre dans les autres communes, ou qui forme des corps chargés de la défense des frontières en cas de péril extérieur. D'après la loi du 22 mars 1831 sur l'organisation de la garde nationale, les colonnes, qui se portent au besoin dans les autres communes, se composent des citoyens appartenant au service ordinaire, et les corps qu'on peut envoyer à la frontière sont pris parmi les citoyens inscrits sur le contrôle ordinaire et sur le contrôle *extraordinaire*. Le service de ces corps, employés comme auxiliaires de l'armée, ne peut pas durer plus d'un an. Cette espèce de levée n'a lieu qu'en vertu d'une loi, qui fixe le nombre des hommes mis en activité, et qui détermine également l'âge des citoyens appelés. La liste comprend d'abord les célibataires de 20 à 35 ans; suivant le besoin, on y ajoute les veufs sans enfants, les mariés sans enfants, et même les mariés avec enfants, mais les uns et les autres jusqu'à l'âge de trente ans seulement.

Il est juste que, en cas de danger, tous les hommes valides soient appelés à la défense du pays; mais pour que ce concours soit utile, il ne faut pas que les citoyens soient divisés en deux classes, l'une faisant partie du service ordinaire de la garde nationale, et l'autre appelée seulement dans les circonstances extraordinaires. En outre, il importe essentiellement que la garde nationale ne soit point une fiction; il faut qu'elle existe, qu'elle soit constamment nécessaire sur tous les points du territoire. Les corps détachés ne sont obligés qu'à une année de service; il serait difficile, en effet, d'exiger davantage de citoyens qu'on ne peut trop long-temps éloigner de leurs familles, de leurs travaux, et que d'autres peuvent remplacer. Dès-lors, il est de toute nécessité que les hommes appelés soient d'avance habitués à la discipline et exercés au maniement des armes. L'instruction nécessaire au soldat demande plusieurs mois, quelquefois une année entière. Si, comme nous l'avons dit à l'article GARDE NATIONALE, tous les citoyens, riches ou pauvres, étaient portés sur les rôles de la milice sédentaire, depuis l'âge de dix-huit ans; s'ils faisaient tous partie du service local; si, au moyen de l'institution cantonale, la garde nationale avait une existence réelle; si enfin elle ne formait qu'un seul corps avec l'armée active, l'une se recrutant par l'autre, alors on comprend quelle force en retirerait le pays. Il aurait constamment à sa disposition, pour plus ou moins de temps, le nombre de soldats dont il aurait besoin, et qui ne seraient ni un embarras, ni un sujet de dépense improductive. On ne saurait trop le répéter, nos institutions civiles et militaires sont autant de créations isolées, parce que, dans notre pays, on a peur, et pour cause, de la véritable association politique, de l'union des forces, comme de l'union des ressources et des intelligences. Voilà pourquoi l'armée, et la Mobilisation des gardes nationales ne peuvent nous rendre qu'à grands frais les services qu'on en devrait attendre. Il faut le dire aussi avec franchise, les militaires qui s'occupent de l'organisation de l'armée ne sont point assez versés dans les questions d'intérêt politique, et nos administrateurs civils ne comprennent point assez les questions militaires. Il est vrai que le système actuel s'oppose à ce que le soldat ait les lumières du citoyen, et à ce que le citoyen connaisse mieux le métier et les devoirs du soldat.

AUGUSTE BILLIARD.

MODÉRANTISME. La modération est certes une vertu recommandable chez les hommes politiques; mais le Modérantisme est tout autre chose : « S'il fallait choisir, dit un célèbre révolutionnaire, entre l'exagération du patriotisme et le marasme du Modérantisme, il n'y aurait pas à balancer. » Il est mauvais d'énerver l'esprit public. Si quelquefois un gouvernement a trouvé des sûretés dans la compression des instincts populaires, le plus souvent il a eu lieu de se repentir d'avoir préféré le marasme à l'exagération. C'est surtout dans les temps de révolution qu'il est périlleux de ne pas céder, avec prudence toutefois, à l'entraînement désintéressé des majorités plébéiennes : y résister, c'est se compromettre, c'est se condamner à l'emploi de la violence; et la violence ne réussit pas d'ordinaire aux pouvoirs dont on connaît trop bien l'origine. D'autre part, une révolution a toujours des ennemis extérieurs; et quel concours peut-on espérer de la nation active, dans un jour d'alarme, lorsqu'on se l'est aliénée par des dédains et des sévices?

Tout ce qui a été dit, dans ce Dictionnaire, du JUSTE-MILIEU, peut se dire également du Modérantisme. Entre toutes les opinions qui partagent les hommes et constituent les partis, quelle est l'opinion modérée, le parti mitoyen? A cette question il n'est pas facile de répondre. Il se rencontre, de nos jours, des hommes qui rêvent encore le rétablissement des choses antérieures à la révolution de 89 : entre ces hommes et ceux qui ne veulent rien de plus, mais rien de moins que la constitution de 1791, il y en a qui regardent cette constitution comme attentatoire à la légitimité monarchique, et qui néanmoins considèrent comme impossible la restauration intégrale de l'édifice démoli pièce à pièce par l'Assemblée constituante. De cette opinion à celle qui professe le parti démocratique, il y a certes un immense intervalle, qui n'est pas inoccupé; et cependant la vraie doctrine démocratique n'est pas la limite extrême : il s'est formé, sous nos yeux, une fraction de niveleurs, qui, nous aussi, nous accuse de Modérantisme!

Il n'y a qu'un seul critérium pour distinguer le modérantisme de l'opinion modérée, et ce critérium est le sentiment de la majorité : la majorité n'est jamais avec les partis extrêmes, car elle représente les idées et les intérêts du présent, et les partis extrêmes vivent dans l'avenir ou dans le passé. Quant

au Modérantisme, ce n'est pas même une opinion et cependant rien n'est plus individuel; le Modérantisme est la manie commune des parvenus : libéraux tant qu'ils aspirent au pouvoir, leur premier soin, lorsqu'ils y sont arrivés, est de fermer aux autres la voie qu'ils ont suivie. Ils ont exploité les vœux et les passions du plus grand nombre; ils se sont fait porter au faîte par les sympathies populaires; ils s'efforcent aussitôt d'étouffer ces vices, ces passions; ils désavouent les auteurs de leur puissance; ils se font oppresseurs après avoir déclamé dans les plus beaux termes contre l'oppression, et ils appellent cette apostasie scandaleuse « l'intelligence des nécessités gouvernementales. » L'ambition est l'unique mobile de tous ces Fabius.

B. H.

MODÉRÉS. Nous avons, dans le précédent article, émis ce principe : que l'opinion du plus grand nombre est toujours l'opinion modérée; il nous reste à prouver que, par une singulière contradiction dans l'emploi des termes, les adhérents du *modérantisme* ont toujours été répudiés par le plus grand nombre, aussitôt qu'ils ont joui du pouvoir, ou du moins aussitôt que leur ambition telle quelle a été satisfaite par une position acquise.

On citerait peu de noms plus honorés, en France, que ceux de Mounier, de Lally, durant les premiers mois de l'Assemblée constituante. Ils avaient donné des gages à la Révolution dans la séance du jeu de Paume; membres des comités législatifs, amis de Necker, ils avaient eu l'initiative des réformes les plus impatiemment attendues, ils s'étaient posés comme les adversaires les moins traitables du parti de la cour; on parlait avec passion de leur beau caractère et de leur civisme énergique : mais à peine eurent-ils formulé leurs doctrines sur le gouvernement, à peine eurent-ils obtenu, dans le pays et dans l'assemblée, assez de crédit pour oser prétendre régenter l'opinion, que le pays et l'assemblée se séparèrent d'eux et les déclarèrent complices de la minorité. Même sort fut celui de Bailly, et plus tard de Condorcet, de Brissot, de Guadet : le propre des esprits faibles et des ambitieux, est d'oublier, lorsqu'ils tiennent le pouvoir, les engagements que leur ont dictés les partis dont le concours a fait leur fortune.

Quand, en 1833, le duc de l'Infantado fut remplacé, dans les conseils du roi Ferdinand, par M. Zéa, toute l'Espagne applaudit; il lui semblait qu'après les jours d'épreuve, jours sanglants et néfastes, une ère de paix et de liberté allait commencer pour elle. Mais M. Zéa, cherchant des appuis à la royauté dans les notables de la noblesse, de la magistrature et de l'armée, délaissant et, bien mieux, persécutant, par l'intérêt mal entendu de son *despotisme éclairé*, les fidèles de la vieille cour et les fauteurs des principes de 1812, ne fut bientôt plus, au jugement des patriotes qui avaient salué l'avènement de son ministère, qu'un apostat, un adversaire du progrès constitutionnel, un modéré. M. Martinez de la Rosa, son successeur, ne conserva pas plus long-temps sa popularité, non plus que MM. de Toreno, Isturiz, Argüelles, d'Ofalia. Préoccupés les uns et les autres d'établir la jeune royauté sur une assise moins mobile que la confiance populaire, ils se sont imaginé que par un acte de sa volonté, un ministère pouvait vivifier une fiction; qu'entre le parti basque et les juntes libérales ils réussiraient à constituer, dans le pays, une majorité neutre, une classe et une opinion moyennes. On connaît l'issue de leurs expériences; on sait que de tumultes ils ont provoqué, et à quel état ils ont réduit le pouvoir! Si déplorables que soient les faits accomplis, il ne faut en attribuer toute la responsabilité aux *hommes d'état*, aux modérés. En repoussant le peuple, ils se sont isolés, ils ont trahi leur propre faiblesse.

En France, nos Modérés d'aujourd'hui sont: M. Barrot et ses amis. On n'a pas oublié quel crédit ils avaient sur l'opinion à l'époque du Compte rendu; suspecter alors leur intelligence ou leur délicatesse, c'eût été commettre le plus monstrueux blasphème: mais aussitôt qu'ils ont quitté l'Opposition pour devenir ministériels, ils ont perdu la faveur dont ils jouissaient auparavant; associés aux actes d'un cabinet repoussé par la majorité extra-parlementaire, ils n'ont pas été plus ménagés que les hommes dont ils se déclaraient fauteurs; il faut même reconnaître que le public s'est montré d'autant plus sévère à leur égard, qu'il avait eu plus de penchant pour leur caractère, plus de confiance dans leur intégrité.

Est-ce à dire qu'il est dans la nature des majorités de porter envie à toute fortune nouvelle, de n'estimer, dans les hommes politiques, qu'un patriotisme négatif, et qu'à leur jugement il suffit d'occuper ou d'approcher le pouvoir pour être perdu d'honneur ?

Ou bien, est-il vrai que la corruption soit le fond de toutes les consciences? Que les différences dans les positions motivent seules les différences dans le langage? Que la foi dans les principes n'est qu'une fiction dépourvue de réalité? Que tôt ou tard l'homme le plus recommandé se lasse de paraître vertueux ?

Il est incontestable que, de nos jours, le pouvoir n'est pas dans les bonnes graces des majorités: elles ont cruellement appris à s'en méfier. Il n'est pas moins certain, pas moins triste, que la constance et le désintéressement politiques sont des vertus rares, et l'ambition tourne bien des têtes. Mais cela peut servir à expliquer des faits particuliers et non pas le discrédit de tous les hommes qui passent de l'Opposition au Gouvernement. La raison de ce discrédit est complexe: il est motivé tout à la fois par certaines habitudes parlementaires et par la nature même du régime représentatif.

Un parti parlementaire a toujours à défendre une position; mal vu du gouvernement, il est obligé de chercher un point d'appui en dehors de la chambre, dans l'opinion. Or, l'opinion n'accorde rien à qui ne s'engage pas avec elle. Il est, d'ailleurs, indispensable au parti qui prétend imposer au pouvoir une direction plus convenable, de s'appuyer, au sein même de la chambre, sur le parti le plus voisin, et de céder à quelques unes de ses exigences pour l'avoir en aide dans l'occasion. Mais quand l'adversaire commun est renversé, quand un des groupes qui constituent le parti de l'Opposition devient à son tour le parti du pouvoir, il oublie vite à quelles conditions il a remporté la victoire; menacé par ses alliés de la veille, il leur résiste, et cette résistance est bientôt devenue une hostilité systématique.

Il faut aussi considérer que lorsqu'un ministère succombe, le ministère qui lui succède n'est pas ordinairement formé dans le parti qui lui est le plus adverse. Il n'y a pas de contradictions brusques dans un gouvernement représentatif, parce que rien n'y est laissé au bon plaisir: aussi tout y est transitoire. Et c'est là précisément ce que ne veulent jamais comprendre les hommes que les majorités appellent aux affaires. Aussitôt qu'ils tiennent les portefeuilles, ils s'imaginent n'en devoir jamais être dépossédés, et cette illusion les perd. En effet, tandis que l'opinion suit sa marche naturelle, tandis que la majorité s'éclaire et signale de nouveaux abus, réclame des réformes nouvelles, ils s'immobilisent à un parti pris qui, la veille de leur installation au pouvoir, était un progrès relatif, et qui, le lendemain, les laisse en arrière, en retard. Voilà comment ils provoquent la clameur publique après avoir été, pendant un jour, les héros de l'opinion; voilà comment ils deviennent Modérés.

Un Modéré est, à proprement parler, un homme stationnaire. Il ne faudrait pas croire que cette qualification de Modéré ait aussi quelque chose de flatteur. Nous avons dit qu'il fallait bien distinguer la Modération du Modérantisme; il nous reste à motiver cette distinction.

Lafayette et Bailly furent des *Modérés*. Eh bien! n'est-ce pas Lafayette et Bailly qui, sans respect pour le droit de pétition, ordonnèrent et consommèrent le massacre du Champ-de-Mars? N'est-ce pas le parti des Modérés, dans l'Assemblée constituante, qui félicita les auteurs de ces meurtres? N'est-ce pas lui qui, pour protéger contre les assauts populaires une monarchie déchue dans l'opinion, décréta cette fameuse loi martiale qui fut le premier pas dans les voies exceptionnelles? Pétion, Vergniaud, Gorsas, étaient aussi des Modérés: ne furent-ils pas les créateurs du comité des onze? Aussi implacables dans leurs ressentiments que les plus acerbes démocrates, se firent-ils un scrupule de persécuter les écrivains qui n'étaient engoués de leur fade politique? N'étaient-ce pas des Modérés de leurs amis qui, aux approches du 31 mai, colportant dans les rues de Paris des placards meurtriers, les commentaient en demandant au peuple la tête des vrais patriotes? Danton lui-même, lorsqu'il commit l'erreur de se rallier au parti bourgeois, parla de modération, de clémence; et c'était le même homme qui, ministre de la justice, n'avait pas craint de remercier, au nom de la République, les exécuteurs de septembre !

Il est bien vrai que les partis extrêmes ne peu

vent pas toujours se défendre, lorsque les événements mettent le pouvoir entre leurs mains, d'employer des moyens énergiques pour se maintenir. Mais quand il serait prouvé que les nécessités fâcheuses s'imposent d'elles-mêmes à tous les partis appelés au gouvernement, et qu'ils sont tenus de les subir, cette démonstration ne conclurait pas en faveur des Modérés.   B. H.

MŒURS. On appelle *Mœurs* les habitudes qui constituent le fond de la vie publique ou privée. Elles sont bonnes ou mauvaises suivant le point de vue où se place celui qui les juge.

Si c'est d'un point de vue religieux, il prononcera d'après le dogme qui fait sa loi.

Si c'est d'un point de vue politique, d'après le but qu'il donne à l'association nationale.

Si c'est d'un point de vue philosophique, d'après la destination qu'il attribue à l'homme dans l'ordre universel.

Dès que le sentiment général manque d'une base fixe soit en religion, soit en politique, soit en philosophie, *les Mœurs* deviennent un mot d'une signification tout-à-fait arbitraire, vague, et mobile, au gré des passions collectives ou particulières. Les Mœurs ne sont plus alors qu'un assemblage de conventions traditionnelles qui peuvent varier à l'infini et qui n'ont plus de limites que les extrêmes, bons et mauvais, de la nature humaine. Elles peuvent arriver jusqu'à la bestialité; car l'homme, par un côté, touche à la brute.

Les lois alors, n'ont plus de fondement, elles n'ont plus d'objet; elles n'auraient plus de force quand même il se trouverait des hommes exceptionnels pour les écrire, car il ne s'en trouverait point pour les exécuter.

Alors l'homme religieux, l'homme d'état, le philosophe, ont raison de tomber dans le désespoir et de se regarder comme sans mission jusqu'à ce qu'une nouvelle croyance vienne leur donner un point d'appui pour agir sur cette masse inerte.

Telle est aujourd'hui notre situation.

Des hommes pleins de foi cherchent avec ardeur et dans des directions diverses à fonder par la religion ou la philosophie, cette croyance publique sans laquelle la société flotte au hasard, fatiguée de son propre poids, tourmentée par une activité sans but, et voit toutes ses forces se tourner au mal et s'accroître chaque jour les chances de sa dissolution.

Pourtant faut-il attendre, les bras croisés, le terme inconnu de leur labeur? N'y-a-t-il rien à faire auparavant pour le législateur et l'homme d'État? Et faut-il, jusque-là, accepter les hypocrisies officielles qui résultent de toutes ces lois du passé auxquelles on conserve leur autorité sans croire à leur valeur, et dont le magistrat est le premier à se moquer dès qu'il a dépouillé sa toge? Hypocrisies qui sont elles-mêmes la plus active des causes corruptrices?

C'est ici qu'on sent toute la fausseté de cette distinction à la mode, entre les lois politiques et les lois qu'on appelle *sociales*.

Le premier et le plus puissant remède serait

précisément dans un pouvoir politique qui, n'ayant rien à cacher, rien à demander à la fiction, rien à attendre de la tolérance publique et des complicités de partis, se sentirait la force d'appeler à lui toutes les volontés probes, éclairées, énergiques; qui, armé du secours qu'il en recevrait, oserait se montrer sincère, se montrer inflexible ou clément suivant les indications de ce qui reste d'honnêteté dans les Mœurs.

« Mais, dira-t-on, quelles sont ces indications? Vous avouez vous-même qu'elles manquent, puisque toute croyance a disparu? »

Je dis qu'il reste toujours au fond des nations une tendance au vrai et au bien, sans quoi la société se dissoudrait en une heure; je dis que cette tendance peut être vague, indécise, incertaine, au point de donner à tous les mauvais instincts individuels une liberté d'action qui accroît encore le désordre général; mais qu'un pouvoir hardi, et confiant en lui-même saurait la saisir et s'en armer contre les individualités vicieuses. Je dis que quel que soit le désordre moral, il demeure toujours dans la conscience universelle un instinct d'estime pour ce qui vient de cette partie intelligente de l'homme qui l'élève, un instinct de mépris pour cette partie bestiale qui le pousse à la satisfaction des appétits animaux.

Or, si les lois, les institutions, les actes du pouvoir, avaient aux yeux de tous cette tendance uniforme et évidente, les Mœurs retrouveraient bientôt une assiette fixe; et en outre on préparerait bien plus utilement le terrain aux doctrines qui chercheraient à agir sur la conviction universelle.

Je prends cette règle, quoiqu'elle puisse paraître grossière à cause de sa simplicité même, beaucoup plus volontiers que celle que, dans ces derniers temps, on est allé chercher dans la distinction théorique de l'égoïsme et du dévoûment.

Qu'est-ce que l'égoïsme? Et qu'est-ce que le dévoûment? Il faudrait d'abord faire une grande dissertation sur ces définitions et probablement on n'arriverait à rien de clair. Probablement on ne ferait que préparer au pouvoir et aux individus quelque nouveau moyen d'hypocrisie. L'abus insolent qu'on a fait de ces formules n'est-il pas déjà un exemple suffisant?

Donner aux Mœurs le dévoûment pour base, le dévoûment politique, tel qu'on l'entendait, c'est d'un seul trait rayer toutes les vertus qui se rapportent à la famille et à la vie privée; c'est, de plus, ou reconstruire la cité antique, la cité fermée, limiter l'homme et ses idées et ses affections, aux frontières de la patrie, le séparer de l'humanité, dont la solidarité devient de jour en jour plus évidente; ou bien le perdre et le noyer dans un cosmopolitisme qui éteint tout patriotisme et substitue aux devoirs positifs et déterminés, des phrases creuses et sans valeur; c'est, sous tous les aspects, imaginer un système de vertus *impossibles*, comme disait St-Just; c'est, ajouterai-je, préparer des excuses et des apologies pour le plus grossier et le plus bestial égoïsme.

Car comment nier que l'homme agisse en vertu

d'impulsions qui partent de lui seul et se rapportent à lui-même? Comment, en ce sens, nier l'égoïsme en tant que principe de toutes les actions humaines, à moins de supposer une vie fantastique qui placerait l'homme hors de l'homme même, et sa virtualité dans quelque chose qui ne serait pas lui?

C'est donc cette virtualité même, laissée là où elle est, prise telle qu'elle est, qu'il faut inciter à se manifester dans une des deux voies qu'elle est toujours libre de choisir. L'homme n'est pas libre d'être égoïste ou de ne l'être point, parce qu'il n'est pas libre de sentir, de penser et d'agir par une personnalité étrangère : mais il est libre d'écouter les idées qui le mènent en haut ou les appétits qui l'attirent en bas; il est libre d'être plus ou moins raisonnable, ou plus ou moins bestial dans ses habitudes et dans ses Mœurs.

Quelques uns, peut-être, trouveront le conseil trivial et affirmeront qu'il n'y a pas, qu'il n'y a jamais eu de gouvernement assez dépravé, assez ennemi de lui-même et de la société, pour adopter une autre règle de morale et de conduite.

Ma réponse est dans ce qui se passe sous nos yeux. Ce qui se passe prouve suffisamment qu'un pouvoir, constitué de telle façon qu'il ait à lutter contre des tendances propres à telle époque ou à tel pays, peut être conduit à distraire une nation de ses tendances naturelles, en la poussant hors de toutes ses forces et dans toutes les directions vers les préoccupations de la matière; en favorisant la végétation de tout ce qui peut étouffer les idées, c'est-à-dire en excitant la croissance des passions brutales.

Et, passant du raisonnement à l'examen des faits, je prierai qu'on qualifie ces apologies officielles des *intérêts matériels;* — cette définition, non moins solennelle du *bon citoyen* auquel on donnait pour type l'homme exclusivement occupé de sa cupidité privée; — les procédés suivis à l'égard de ce qui reste d'institutions religieuses, impudemment proclamées moyen de police et de gouvernement, par les plus hauts magistrats; — l'esprit constant des récompenses accordées aux arts et aux lettres, suivant lequel l'immoralité des hommes, des doctrines et des œuvres est ouvertement encouragée par toutes sortes de faveurs et notamment par celle de servir immédiatement le pouvoir dans ses débats avec l'esprit public; — l'universelle partialité pour la richesse, dans la constitution comme dans les lois pénales et même civiles, dans la distribution de la justice comme dans celle des emplois; — enfin, la complaisante tolérance pour les scandaleux divertissements de la jeunesse qu'on veut tenir éloignée des préoccupations politiques.

Si tout cela ne suffit pas pour constater un système, et si ce système n'est pas expliqué par ce que j'ai dit plus haut, j'ai tort.

Or, ce système constitue une corruption organisée, et tout chef de famille la repousserait loin de ses enfants, si elle était introduite dans les mœurs du foyer domestique. Comment comprendre que le gouvernement d'un pays tel que le nô-

tre n'ait pas même la moralité bornée d'un père bourgeois?

En tout ce qui regarde l'action du gouvernement, son action sur lui-même et sur les éléments qui dépendent directement de lui, rien n'est si simple, ni si aisé à suivre que la règle de morale que j'indique.

Mais poussée plus loin, appliquée à la société même, et par exemple, sous forme de répression pénale, elle présente, je le sais, de très grandes difficultés. La première et la principale, c'est de la limiter. On peut la porter jusqu'à un ascétisme absurde; on peut aussi, même dans des limites raisonnables, ne point trouver de juges capables de l'appliquer.

Je répondrai aux deux objections à la fois.

Hommes, pères, mêlés à toutes les réalités vivantes de la société, les jurés ne seront pas disposés à seconder un rigorisme contre nature; ils seraient plutôt, aujourd'hui, suivant l'objection opposée, portés à refuser d'appliquer de saines et salutaires sévérités. Mais de ce qui serait à craindre aujourd'hui d'une génération qu'on peut dire franchement viciée par l'enseignement et les exemples d'en haut, il ne faut pas conclure à ce qui se ferait quand d'autres pratiques, un autre esprit, une meilleure morale auraient long-temps agi, auraient peu à peu transformé les habitudes et les Mœurs.

En résumé, les Mœurs, à défaut d'une croyance religieuse qui donne aux hommes une discipline commune, ne sont guère qu'une certaine mesure de convenance que chacun s'impose, en vue d'autrui, dans la satisfaction de ses propres passions. Ainsi chacun influe sur tous et tous font la loi de chacun. Le gouvernement, avec l'énorme influence dont il dispose, formerait, s'il le voulait, une moyenne qui, avec le secours des honnêtes gens, dominerait bientôt toutes les influences particulières et qui créerait la loi publique. Long-temps encore il pourra se borner à ce genre d'action indirecte; l'action directe ou répressive appartiendra à une société meilleure que celle-ci.

Cependant les lois politiques ont des résultats généraux qu'il est possible de constater par aperçu. Ainsi toutes les institutions et toutes les formes qui tendent à l'égalité, travaillent évidemment à détruire dans les Mœurs l'élément de la passion telle que les traditions du moyen-âge nous l'ont léguée. Les inégalités de naissance, en effet, créaient entre les individus des impossibilités qui irritaient au plus haut degré les instincts naturels, et, sans empêcher le développement des sympathies qui sortent des rapprochements journaliers, elles les condamnaient à une contradiction éternelle, à des efforts violents chez les natures énergiques, à des souffrances sans fin chez les âmes faibles. L'égalité des conditions met un terme à ces luttes du sentiment contre la fiction. Sans doute elle ne tarira pas tout d'un coup cette source de la passion : car, d'une part, les générations, comme les individus, ont une sorte de tempérament héréditaire, entretenu par les habitudes universelles, par les lettres, par les arts, par toutes les préoccupations qui font l'éducation du cœur comme de l'esprit; — et, en second lieu, les autres inégalités ayant disparu, il reste encore l'inégalité de richesses. Celle-ci, il est vrai, n'est pas un obstacle absolu, il peut être franchi par les seules forces de l'individu, mais il n'en concourt pas moins à entretenir les irritations de la passion.

Cette passion, dira-t-on, n'est pas autre chose que l'aliment qui a nourri jusqu'ici la poésie moderne et surtout le roman, la grande poésie de la société contemporaine. Sommes-nous donc condamnés à la voir disparaître et avec elle toute idéalité, toute élévation du cœur, au-delà des appétits animaux? Quel triste progrès! Et quel odieux perfectionnement!

Il est très vrai que le cours naturel des choses entraîne ces exaltations extrêmes qui ont un charme particulier pour les ames à qui les agitations sont nécessaires, et les événements qui depuis cinquante ans ont bouleversé le monde, la société intérieure des nations, les classes et les familles même, ont généralisé d'une manière effrayante cette faim insatiable du drame: elle est partout aujourd'hui, en haut, en bas et jusque dans les tranquilles obscurités des conditions moyennes. A défaut d'agitations réelles et de drame personnel, cette foule affamée d'émotions la cherche dans le roman, auquel ce besoin universel a donné un développement monstrueux. Il en est venu à disputer le terrain, dans la presse de chaque jour, aux intérêts collectifs et particuliers de la politique, et la passion individuelle s'est promptement approprié cet instrument des passions générales.

Mais, encore une fois, cet état est une conséquence d'événements qui n'ont rien de régulier, et une suite d'habitudes diverses et qui se soutiennent les unes les autres. Ces causes disparaissant, la société subira les effets de l'égalité, qui seront de supprimer les extrêmes dans la passion comme ailleurs. Toutefois, ils ne supprimeront point la passion elle-même. L'élément d'idéalisme que nous sommes habitués à appeler de ce nom, est un fait de race contre lequel ont vainement lutté toutes les traditions de la civilisation antique. L'antiquité avait aussi, et bien plus fortement, les distinctions de castes, et pourtant elle ne connut point cette espèce de passion; les races du nord l'apportèrent avec elles et la mêlèrent pour jamais aux instincts des nations modernes: elles ont fait l'éducation du sentiment de ces nations comme l'antiquité classique a fait l'éducation de leur intelligence, et l'un des deux élémens ne disparaîtra pas plus que l'autre. Il se transformera sans doute, mais il se perpétuera.

Que cette tranquille passion de l'avenir tente peu les ames altérées d'agitations et qui n'aiment la vie que par ses excès, cela se conçoit, et même se pardonne. Leur malheur est grand en effet: il leur faut l'exception, il leur faut des sommets escarpés: elles ne voient plus devant elles qu'une route unie et plate; la désolation qui les saisit c'est la tristesse de la mort.

Plaignons-les; mais ce qui fait leur malheur est

un immense bonheur pour les foules qui marcheront devant elles dans des voies aplanies et qui ne se déchireront plus aux ronces de mille misères enfantées par l'inégalité. L'industrie abat les forêts séculaires; elle dompte les magnifiques caprices des torrens et des fleuves; elle détruit tous les charmes de la nature exceptionnelle: mais elle fertilise tout, mais elle utilise tout, mais elle délivre l'homme de la servitude que lui impose la nature brute; elle le prive de l'héroïsme des efforts et des élans; mais elle le soustrait à la fatigue et à la souffrance.   ANSELME PETETIN.

MOLDAVIE. Province appartenant nominalement à l'empire turc et située au-delà du Danube. Enclavée à l'est, par les dernières acquisitions russes sur le Pruth, la Bessarabie; à l'ouest, par la Transylvanie et la Bukhovine, provinces autrichiennes, et au sud, par la Valachie, elle s'avance ainsi entre les possessions russes et autrichiennes comme un promontoire entre deux mers prêtes à l'emporter. La Moldavie forme sur le versant oriental des monts Karpathes une longue plaine que sillonnent en entier le Pruth et le Sereth. Son étendue est de 2,100 lieues carrées; sa population de 500,000 habitants, professant en majeure partie la religion grecque, est formée de Slaves, de Moldovenys indigènes, de Valaques et de Zigueunes, tribu indoue campée en Europe depuis cinq siècles, nombreuse surtout en Moldavie et en Valachie.

D'une admirable fertilité, cette province se prêterait à toutes les cultures; mais l'état d'oppression dans lequel ont toujours vécu ses habitants a toujours mis obstacle aux progrès de l'agriculture et du commerce. Le vin, le miel et le bétail sont les seuls articles d'exportation. Le peuple vit dans des cabanes de boue et se nourrit de farines de sarrazin ou de maïs. Tous les arts mécaniques sont exercés par les Zigueunes, et le commerce par les juifs. Les seules villes du pays sont Yassi, centre du gouvernement et habitée par le boyard, et Galatz, située au point de jonction du Pruth avec le Danube, où se fait tout le commerce.

La Moldavie a fait partie de la Turquie depuis le commencement du seizième siècle; elle fut d'abord gouvernée par des ducs à la dévotion de la Porte; dans le dernier siècle, les sultans conférèrent cette dignité à des Grecs du Fanar, qui exploitent le pays à leur guise. Les guerres désastreuses avec la Russie en séparèrent successivement la Bukhovine et la Bessarabie. En 1822, un hospodar moldave fut nommé; depuis cette époque, la Moldavie se gouverne par ses propres lois, elle reconnaît simplement la suzeraineté de la Porte et paie tribut; c'est la Russie qui a exigé cette indépendance en même temps que celle de la Valachie, où ses intrigues se préparent un parti puissant. Dans les circonstances actuelles, cette influence du cabinet de Pétersbourg sur la Moldavie l'emporte de beaucoup sur celle de Constantinople elle-même. L'empire turc, entamé de tous côtés, privé de la Grèce et de la Servie, entamé sur les provinces danubiennes, aurait fort à faire pour disputer une province éloignée à son formidable voisin.

L'importance de la Moldavie ne peut se mesurer sans doute à son état actuel, aujourd'hui que ce pays, ruiné par tant de guerres, est sans population et sans commerce ; mais sa position au revers des Karpathes, sur le Danube et le Pruth, artères commerciales d'une grande importance, lui donnent une valeur énorme aux yeux des puissances qui convoitent depuis si long-temps la possession exclusive du Danube inférieur, ce débouché magnifique de toute l'Allemagne méridionale dans la mer Noire et vers l'Orient. Une bonne administration qui réunirait en un seul faisceau la Moldavie, la Valachie et la Bulgarie, ferait de ces trois provinces le pays le plus fertile, le plus riche et le plus commerçant de l'Europe. L'Autriche y a bien songé plus d'une fois et ses dernières acquisitions dans la Gallicie, la Bukhovine et sur l'Adriatique avaient pu lui donner l'espérance d'avoir part un jour à ce magnifique héritage ; mais la Russie, qui exploite si habilement les tendances de toutes les populations slaves rapprochées d'elle par la conformité de langage et de religion, n'oubliera pas de se faire la part du lion lorsque l'imprudence de l'Europe l'aura laissée s'avancer jusqu'au Bosphore. (V. VALACHIE.)   V. M.

MOLINISTES. Molina est un célèbre théologien du seizième siècle : il appartient à l'école des jésuites espagnols, dont les doctrines furent agréées, avec le temps, par toute sa corporation. Quand éclata la grande querelle entre les partisans de la grace efficace et ceux du libre arbitre coopérant, ces derniers furent appelés Molinistes. Molina avait provoqué cette controverse dans son traité : *De Concordiá gratiæ et liberi arbitrii.*

En peu de mots, quelle était la doctrine opposée par les jésuites aux plus sincères interprètes de la lettre augustinienne ? Suivant Molina et toute la secte, la grace secourable que Dieu dispense à ses élus n'a pas un effet souverain sur leur conscience ; il leur reste la faculté naturelle d'obéir ou de résister à ses inspirations : Dieu est en quelque sorte le moniteur de l'ame humaine, mais cette ame est douée d'attributs qui constituent une personnalité libre, volontaire.

Cette doctrine est purement et simplement une absurdité.

Admettons toutes les hypothèses catholiques sur l'ame et sur Dieu, et raisonnons.

La grace est venue éveiller, dans votre conscience, un bon désir ; mais vous y avez résisté. D'où vient cela ? Vous avez suivi votre volonté personnelle, et elle vous a conseillé la résistance.

Mais cette résistance a été ou n'a pas été fondée sur des motifs.

Si vous avez résisté sans motifs évidents, par un caprice de révolte, il suit qu'il y a dans votre conscience un instinct irrationnel qui vous mène contrairement à la loi de Dieu et ne vous laisse pas même la faculté de délibération. Telle était la fable manichéenne. Mais cette fabuleuse doctrine tombe devant la critique. En effet, vous n'êtes pas l'auteur de votre être, et la foi catholique vous défend d'attribuer votre origine à une autre volonté que celle de Dieu. C'est donc Dieu qui vous a fait ce que vous êtes ; il a déposé dans votre conscience tous les instincts qui s'y trouvent, et il est contradictoire à la définition même de Dieu qu'il vous ait façonné pour lui désobéir aveuglément.

Mais, non ; vous avez résisté sciemment, votre liberté vous le permettait ; vous aviez des motifs pondérables, des motifs sérieux qui vous détournaient de la voie où vous poussait la grace. Mais quels étaient ces motifs ? Ils tenaient leur puissance ou de votre spontanéité ou de considérations relatives aux lieux, aux temps, etc., etc., à quelques unes des catégories péripatéticiennes. S'ils étaient spontanés, ils appartenaient à l'ordre des idées acquises par la conscience, et c'est Dieu, disons-nous, qui a prédisposé votre conscience à cette acquisition. S'ils étaient relatifs à des circonstances extérieures, il n'y a pas eu de liberté dans votre résistance, car ces motifs ont été déterminants, et il n'était pas en votre pouvoir de changer le milieu dans lequel vous avez délibéré. En effet, que l'on suppose l'objet existant en dehors du sujet : il existe alors dans son lieu, avec sa propre nature, et cette nature n'est pas plus libre que celle du sujet, puisqu'elle est un des phénomènes de la loi universelle.

Toutes les issues sont donc fermées à qui prétend échapper à la domination absolue de la grace. C'est ce que démontra surabondamment le fameux évêque d'Ipres, dans son commentaire d'Augustin. Pascal n'a pas été moins concluant dans ses premières lettres.

Nous avons dit, au mot JANSÉNISTES, que, malgré toute la rigueur de sa logique, Port-Royal succomba devant les intrigues des jésuites. Le grand-inquisiteur d'Espagne, Quiroga, fatigué par la controverse des deux partis, soumit la question au pape Clément VIII. Celui-ci s'en référa à l'avis d'un conseil. Ce conseil n'osa pas se prononcer, tant la difficulté lui semblait ardue. On persécuta néanmoins les Jansénistes. L'opinion moliniste est aujourd'hui la plus accréditée dans l'Église, si toutefois il est vrai que l'Église ait encore une opinion.   B. H.

MONARCHIE. C'est surtout en face de mots tels que celui-ci qu'on sent l'importance des définitions. Comme tous ceux qui désignent une des formes principales de gouvernement, il renferme implicitement, non pas seulement l'idée d'un intérêt particulier constitué dans l'état, mais une classification générale des intérêts sociaux, un mode d'existence qui embrasse tous les ordres de gouvernés.

Une fausse interprétation de ces termes devenant commune et populaire suffirait donc pour donner naissance à un arrangement politique contraire à la nature des choses, pour produire, par conséquent, mille germes de désordre, pour mettre en guerre des intérêts qui, en réalité, n'auraient aucune raison de se combattre, enfin pour causer des révolutions douloureuses sans que nul progrès compensât les misères qui les auraient accompagnées.

Cela signifie-t-il que les peuples s'agitent jamais pour d'abstraites questions de mots, et qu'il n'y ait pas toujours une cause positive à leurs mouvements? Je suis bien loin de cette opinion des aventuriers de la politique et de la philosophie. Mais je crois qu'à côté de l'*idée pure* dans laquelle l'analyse peut résumer tout mouvement historique, et qui est un anneau nécessaire de la grande chaîne du progrès humain, il y a toujours la passion, qui en est le corps, pour ainsi dire, la passion éphémère, sans passé et sans avenir, et qui, tout en prenant une place immense dans les événements, ne fonde pourtant aucun monument, ne laisse aucune autre trace que celle des larmes et du sang dont elle couvre les pages de l'histoire.

Or, c'est cette passion pour qui les mots sont une arme; arme meurtrière long-temps après qu'elle a cessé d'être utile; avec laquelle les partis se poursuivent et se massacrent quand, depuis long-temps, le triomphe de l'idée qui a produit le mouvement est assuré. Affirmer que la société ne présente jamais de ces désordres sans objet, ce serait prétendre que le corps humain n'est point sujet aux maladies.

Je ne veux pas pousser plus loin cette distinction de la passion et de l'idée. Il me suffit d'avoir ainsi préparé le terrain où j'aurai, dans le cours de cet article, à placer quelques aperçus qui, autrement, risqueraient de paraître étranges dans ce recueil.

La Monarchie n'est pas un élément qui ait une nature propre et absolue, qu'on puisse prendre pour le type de l'organisation sociale, qui soit liée indivisiblement à tel ou tel état général et lui serve de symptôme. En effet, par quelque délibération antérieure que se forme la volonté du corps politique, il faut toujours qu'en se réalisant elle se traduise par l'unité d'action. Mille volontés, par quelque véhicule qu'elles soient mues, n'arriveront pas à coopérer ensemble à un seul et même acte, parce qu'au fond elles sont diverses, partant d'individualités différentes. Il faut donc qu'elles fassent une délégation dans l'accomplissement de laquelle leurs divergences seront sacrifiées, et qui implique toujours une part quelconque de libre arbitre chez celui qui exécute : part de bien ou de mal, cela dépend du choix de l'agent et des conditions d'action qui lui sont imposées.

Quelles seront ces conditions quant à la durée, quant à l'objet, quant à la responsabilité de la puissance déléguée?

Toute la théorie de la Monarchie et toute son histoire sont renfermées dans ces limites.

Au premier coup d'œil, on découvre que, sous tous ces rapports, le pouvoir d'exécution a dû emprunter des milliers de combinaisons à des sociétés politiques, différentes par les origines, par la race, par les époques, par les accidents historiques; et la Monarchie, qui n'est qu'une des formes générales du pouvoir d'exécution a dû aussi varier successivement par la domination de toutes ces causes. Elle n'offre donc pas à l'étude une série de modifications procédant l'une de l'autre, mais une variété de principes et de formes résultant du mouvement qui se faisait dans les éléments essentiels de la société humaine, par exemple, dans les races, les castes et la famille, et ce n'est que depuis peu de siècles que la question de la Monarchie se trouve liée intimement au progrès de la société vers l'égalité.

Durant toute l'antiquité, le labeur progressif se porta sur trois éléments : la race, la caste et la famille. La Monarchie suivit, sans force propre, les mouvements qui lui furent imprimés par cette grande évolution intérieure pour laquelle elle ne fut jamais qu'un instrument accidentel et extérieur : tantôt renfermée dans la caste, tantôt dans la famille, tantôt propriété de l'individu. On peut voir par l'embarras et le décousu des classifications d'Aristote, combien peu la nature de la Monarchie se liait, dans les idées générales de son temps, à l'organisation intime de la société.

En effet, moins il y avait de communauté dans la vie générale et plus les castes étaient nécessaires pour conserver et propager les traditions et les idées; moins la souveraineté sociale était étendue et compacte, et plus le pouvoir paternel devait conserver de force et d'absolutisme. Il fallait que l'autorité fût quelque part : elle n'était pas dans la loi commune de la collection, elle devait donc être dans la sphère bornée de la caste et de la famille.

Mais aussi, elle existait là sans limitation et sans modération. L'individualité était plus complètement confondue et perdue dans la caste antique qu'elle ne le fût jamais sous le despotisme militaire des sociétés où depuis a régné le principe germain. Si la loi royale ne pouvait modifier en rien l'état organique des castes, ni intervenir dans les affaires de la famille, elle pouvait tout sur l'individu, et l'idée des contrepoids eût paru folle si quelqu'un avait pu l'avoir et la produire. L'idée des contrepoids est déjà un principe d'égalité : et l'égalité ne se concevait ni d'une classe à une autre, ni du roi au sujet. Les longs débats entre les plébéiens et les patriciens, dont l'histoire de Rome est remplie, ne se rapportaient pas à l'idée d'équilibre mais à celle de partage.

Ainsi, comme source de l'autorité, le fait providentiel de la conquête, le mystère inexpliqué des castes, et l'autorité religieuse du père de famille, voilà la grande loi, celle sous laquelle le monde gravitait, s'avançant de plus en plus vers la constitution d'une autorité centrale et commune, c'est-à-dire de l'égalité; et comme forme et comme réalisation de cette autorité, la royauté ou sacerdotale ou militaire, soumise à tous les accidents que produisait la végétation de la race, de la caste et de la famille. L'histoire de Rome est un résumé de cette loi. Rome, par son besoin ca ractéristique d'assimilation et de propagande, qui devait servir d'instrument au christianisme même, était destinée à parcourir rapidement toutes les phases qu'ont traversées les sociétés antiques. La vie ardente et abondante qui circulait dans les veines de cette race, la faisait passer vite d'un état à un autre, et c'est là que nous voyons le plus clairement la lutte des races et des castes entre elles, et le progrès de l'autorité centrale en même temps que celui de l'égalité individuelle.

Mais les limitations de la race, de la caste et de la famille s'étant effacées, non brusquement, mais peu à peu par des extensions successives et presque inaperçues, leur force nous frappe moins dans le spectacle de l'histoire que celle des pouvoirs qu'elles constituaient pour les diriger et qui se montrent seuls agissant et vivant extérieurement. De plus, ces pouvoirs étaient toujours par rapport à elles, agressifs et destructeurs en vertu de la loi même de la civilisation, tandis qu'elles n'avaient qu'une force de résistance, force moins visible et moins bruyante, et qui était destinée à jouer le rôle peu éclatant de vaincue perpétuelle.

C'est ainsi que Rome a légué au monde moderne l'idée du pouvoir unique, central, souverain, l'idée de la Monarchie.

Cette idée, combinée d'une certaine façon que ce n'est pas le lieu d'exposer ici, avec le sentiment civique, avec l'esprit collectif de la patrie et de la cité, émanation de l'instinct, de la race et de la caste, a formé le fond commun sur lequel s'est développé le pouvoir politique au travers de tout le moyen-âge. Les classes lettrées, les prêtres et les gens de loi, romains par leur éducation, la soutinrent et la propagèrent avec une persistance opiniâtre; les prêtres, surtout dans les premiers siècles de l'Eglise, en vertu de cette séparation de la terre et du ciel, qui était un dogme d'abord, et puis qui était aussi une bonne tactique au milieu des obstacles de toute nature que le christianisme rencontrait et qu'il n'aurait pas vaincus s'il n'avait désintéressé premièrement le pouvoir temporel. Plus tard, en effet, après d'immenses triomphes, le christianisme tenta cette dernière conquête, cette absorption de l'Etat par l'Eglise, de la Monarchie dans la Papauté, et malgré un semblant de victoire, on peut dire que de ce jour commença pour lui la chute; de ce jour, la puissance temporelle fut secrètement et d'avance l'alliée de tout ce qui viendrait protester contre le dogme et diviser l'autorité spirituelle; de ce jour on peut dater cette guerre qui devait finir par la désertion des princes qui abandonnèrent l'Eglise et par la tyrannie de ceux qui, lui restant fidèles, la subordonnèrent pourtant à leur politique comme un instrument.

Quant aux gens de loi, toutes les traditions du droit romain leur enseignaient le pouvoir Monarchique comme le régulateur et le modificateur suprême de la société civile et politique; et le monde romain ayant fini par embrasser tout le monde civilisé, le pouvoir royal leur parut l'arbitre même des destinées de l'humanité et de la civilisation. De plus, leur intérêt direct, aussi bien que celui des prêtres, était d'élever ce pouvoir qui les protégeait contre la force des conquérants germains, organisés féodalement et qui à leurs savantes traditions opposaient de *barbares* coutumes. A dater, donc, de la vulgarisation du droit romain, les gens de loi vinrent se réunir aux prêtres pour soutenir la royauté. Ils firent, à son profit, une théorie de la loi et de l'autorité qu'ils arrangeaient comme ils pouvaient avec les axiomes de la société romaine et avec les usages de la féodalité.

Cet amalgame n'était pas facile.

Bien qu'organisée en castes, la féodalité différait essentiellement de la société antique, en ce sens que la domination d'une race sur l'autre n'était pas collective, mais se subdivisait à l'infini en autant d'individus indépendants qu'il y avait de membres de la classe dominante; en ce sens aussi que la classe dominante était hiérarchiquement divisée et formait une échelle du serf au suzerain; en ce sens enfin que l'individu de la classe privilégiée faisait entrer dans son privilége la terre en même temps que les hommes, et que cette terre, en droit, n'appartenait que très indirectement au domaine du suzerain.

Les gens d'église, qui professaient le dogme de l'égalité des âmes, poussaient instinctivement la royauté à égaliser sous sa souveraineté tous ces échelons secondaires. Ils anéantissaient ainsi beaucoup de résistances de détail et locales que leur opposaient les seigneurs, soit comme possesseurs de terres, soit comme possesseurs d'hommes.

Les gens de loi tendaient au même but en vertu d'autres impulsions. Ils voyaient, comme je l'ai dit, dans leurs traditions savantes, les empereurs, véritables destructeurs de la loi romaine, investis du droit de bouleverser les castes par l'affranchissement et par les dignités; du droit de conférer l'existence politique à des populations entières en les appelant dans la cité romaine, indéfiniment étendue; d'intervenir même dans la famille pour y modifier et l'autorité paternelle et l'ordre des successions. Sans chercher par quelles usurpations progressives les chefs de la caste militaire étaient arrivés à user de tous ces pouvoirs, à remuer la société tout entière; sans étudier quels mouvements intérieurs et moraux avaient rendu la société capable de subir de pareilles révolutions, capable même de les solliciter par la voix de la religion et de l'humanité, ils trouvèrent tout naturel de transférer aux suzerains germains l'autorité des empereurs.

Mais ils rencontrèrent des obstacles sur lesquels ils n'avaient pas compté. — Si les castes de la société antique étaient usées, les castes germaines étaient toutes jeunes et vigoureuses; — si les longs frottements, si les profonds bouleversements, si les continuels mélanges de populations victorieuses et vaincues qui avaient accompagné et suivi des guerres immenses et incessantes, avaient affaibli l'esclavage antique, et uniformisé les hommes sous le pouvoir chargé d'accomplir ces bouleversements; — si, enfin, l'égalité des âmes prêchée par le christianisme avait peu à peu changé et détruit la notion de l'esclavage, il n'en était pas ainsi de la société qui s'était formée à la suite des invasions germaines. La domination des vainqueurs était récente, rien ne l'avait encore troublée, et enfin le servage féodal n'avait rien d'absolument hostile aux dogmes chrétiens.

Ainsi, outre que cette société neuve n'avait point subi les épreuves qui avaient changé la civilisation romaine, les moyens mêmes qui avaient produit cette modification ne s'appliquaient pas à la féodalité. Il fallut donc commencer un travail nouveau.

Voyons comment la royauté et ses alliés y procédèrent.

L'autorité féodale, embrassant la terre aussi bien que les hommes, le suzerain eut un point fixe de séjour et un centre d'action. Par un habile usage de son droit nominal, il agrandit peu à peu son domaine en expropriant des rivaux que ce droit transformait en rebelles, et en même temps il étendit la compétence même de son droit par rapport à tous les éléments de la vie civile et politique. Il fallut de longs et sanglants débats pour amener la royauté féodale à pouvoir s'étendre ainsi systématiquement; il fallut que bien des querelles de familles et des rivalités de races fussent vidées. Mais peu importe le chaos sanglant au dessous duquel vivaient et se fortifiaient ces éléments divers : ne regardons que le résultat.

Ce résultat obtenu, le centre fixe de la Monarchie une fois bien posé, c'est alors que les gens de loi furent utiles; c'est alors qu'ils firent un habile usage des enseignements du droit romain : dans la forme, en employant sans cesse cette arme de la fiction par laquelle avait été tuée sans bruit et sans combat la vieille législation des Douze-Tables : au fond, en la faisant manœuvrer sans cesse contre les feudataires qu'il s'agissait de déposséder, ou contre les priviléges individuels qu'il s'agissait de détruire. La fondation des communes fut un des incidents de cette longue guerre. Elle assura à la bourgeoisie des centres de force, comme la royauté en avait pris elle-même; elle lui permit de recueillir soigneusement et de conserver à jamais toutes les concessions de droit et de fait que laissaient échapper les membres de la caste privilégiée; en sorte que le cours du temps, la marche naturelle des choses, étaient pour la bourgeoisie et contre l'aristocratie. La formation des nationalités diverses servit encore l'agrandissement de la Monarchie.

Tant que la féodalité avait été un grand corps superposé à l'Europe entière, sans autre distinction que celle de la propriété de la terre, une grande confédération où le même droit donnait à tous une existence analogue, les feudataires avaient pu se soutenir l'un l'autre contre la royauté, former des ligues, coaliser les forces les plus éloignées et détruire ainsi, de fait, la suzeraineté. Mais quand tous ces éléments confus se furent classés et organisés en nations, l'esprit collectif vint au secours des rois en limitant l'étendue des ligues féodales, en donnant aux suzerains tout l'appui des haines et des affections populaires, en

mettant à leur disposition contre leurs vassaux le crime de trahison qui devenait réel et palpable et ajoutait une grande puissance au crime de lèse majesté. Celui-ci n'attaquait que la personne du suzerain; l'autre attentait aux intérêts, à l'honneur, aux passions, à la sécurité du peuple entier, du vilain comme du noble.

Le clergé, par toutes les raisons que j'ai dites, secondait les progrès de la Monarchie. Une fois le grand combat de la Royauté et de la Papauté définitivement terminé, le clergé ne crut pouvoir mieux faire que de se mettre au service de la Monarchie et d'en obtenir tout ce qu'il pourrait de faveurs et de priviléges; et cela lui convenait si bien qu'il ne cessa point, dans les moments mêmes où la Papauté entrait en querelle avec les rois, et qu'il imagina, pour ces circonstances, des théories d'indépendance au profit des églises nationales relativement à Rome.

Mais, de récompense en récompense et de privilége en privilége, le clergé devint une classe puissante dans laquelle la noblesse même ne dédaigna pas d'entrer à grands flots. Il fut bientôt un ordre privilégié comme elle, et il eut le même intérêt qu'elle à repousser l'invasion de la bourgeoisie et de la royauté, son alliée.

Ainsi, un des combattans changeait de camp. Un autre ne devait pas tarder à le suivre. La royauté, en pleine possession de la prédominance féodale, victorieuse de toutes les ligues des seigneurs, n'avait plus aucune raison de les abaisser davantage. Leur cause, au contraire, redevenait la sienne, puisqu'elle appartenait à leur caste et que le titre de leurs priviléges sortait de la même origine. Elle se mit donc avec eux contre les bourgeois.

Un incident de la dernière bataille lui avait d'ailleurs vivement fait sentir qu'il était temps d'arrêter le développement du tiers-état. Sous prétexte de religion, les grands s'étaient donné pour alliée une fraction de la bourgeoisie et avaient ainsi déployé une force qui les avait conduits tout près de la victoire. La royauté usa donc de cette victoire qui lui était échue à grand peine; elle en usa complètement et se délivra une bonne fois de toute inquiétude du côté de la noblesse; puis elle se hâta de se mettre en garde contre la bourgeoisie et contre le protestantisme républicain.

Mais entre les deux guerres, il y eut une trève pleine de splendeur. La Monarchie triomphante, personnifiée dans l'homme qui restera le vrai type de la royauté moderne, se reposa un demi-siècle ayant à ses pieds d'un côté l'aristocratie qu'elle venait d'abattre; de l'autre, la bourgeoisie qu'elle avait élevée comme un soutien; la bourgeoisie, qui n'osait pas même écouter son instinct d'indépendance, et qui se trouvait peut-être orgueilleuse d'être chargée de la même chaîne qui garrottait son ennemie.

Toutefois la division des castes n'en restait pas moins réelle et ne devenait que plus choquante par le développement de l'intelligence générale. Il fallait enfin que les castes rendissent compte de leur existence et de leurs droits ; et c'était la première fois qu'elles se trouvaient forcées à cette justification. A Rome, elles s'étaient peu à peu distendues et dissoutes à mesure que la conquête accroissait le domaine romain, à mesure que des peuples nouveaux y entraient, s'assimilant aux anciens ; généralisant chaque jour davantage cette fraternité de la cité, qui finit par embrasser le monde. Et par une conséquence naturelle de cette assimilation fraternelle, l'esclavage lui-même s'adoucit de plus en plus, devint moins absolu et rendit plus facile l'affranchissement individuel et collectif. — Tout cela se fit sans que nulle doctrine (et pas même le christianisme) y coopérât directement ou exclusivement, par la suite et l'enchaînement des événements.

Les castes féodales et la royauté, qui en était la tête, ne voulaient pas et ne pouvaient pas finir ainsi. Par une conséquence de toutes les causes qui avaient constitué le tiers-état, celui-ci se trouvait trop fort pour supporter long-temps patiemment une infériorité que rien ne pouvait plus justifier. — Et enfin, par suite du progrès universel de l'intelligence et de la moralité humaine, nul fait ne pouvait plus subsister s'il ne savait répondre au sentiment de la justice et rendre raison de lui-même.

Voilà ce qui fait de la Révolution française un acte historique d'une importance et d'une solennité incomparables ; c'est qu'elle a mis en jugement, pour ainsi dire, cette organisation des castes qui subsistait sans explication depuis le premier âge des sociétés, et qui se perpétuait au gouvernement du monde sans pouvoir invoquer un droit, sans pouvoir même s'appuyer sur une force vivante, mais en s'autorisant seulement d'actes de force perdus dans le passé, en exploitant, non pas même la foi actuelle des peuples, mais le pli de leur conscience, la tradition de leur crédulité.

Quand les castes privilégiées et la royauté, qui les représentait, furent interrogées sur leur droit par le tiers-état, au nom de la justice et en vertu du libre examen, elles répondirent, non en invoquant ouvertement le vieux droit de la conquête, auquel il eût été trop facile de répliquer par le droit de la révolte, mais par un certain *droit divin*, composé des traditions de la force, de l'habitude de l'obéissance et de quelques lambeaux de dogme réunis et rajustés pour la circonstance.

La mauvaise foi puérile de cette justification révolta la conscience universelle. On sait quel fut son arrêt et de quelle terrible façon il fut exécuté.

Mais ici quelques réflexions sont nécessaires.

La Monarchie, telle qu'on a pu la rêver en contemplant le trône de Louis XIV ou les despotismes de l'Asie, n'est pourtant qu'une délégation suivant l'observation que j'ai faite en commençant. Seulement, cette délégation n'est et ne peut être que celle d'une caste, qui remonte à un fait antérieur de violence, à une oppression de conquête, à la domination d'une race sur une autre. Elle est donc triplement inique ; — elle part d'un acte de violence ; — elle est l'expression d'une minorité accidentellement investie de la force ; — enfin, elle se prolonge au travers de générations qui n'ont point participé au mandat.

Et cependant, il est certain que nul pouvoir ne durerait contre la volonté de la grande majorité ; comment donc la Monarchie, dans de pareilles conditions, a-t-elle pu subsister durant de longs siècles ? Cela vient de l'organisation même des castes, qui, pesant l'une sur l'autre et s'exploitant l'une l'autre, sont autant d'auxiliaires pour la puissance tyrannique qui les domine toutes : chaque degré soutient soigneusement le degré supérieur, sentant bien que sa propre existence, son propre privilége en dépendent. — Pour qu'un tel état de choses prenne fin, il faut que la classe inférieure, sur laquelle pèsent toutes les autres, acquière une telle puissance de nombre, de richesse, d'intelligence même, qu'elle se sente intimement l'égale de toutes les autres en droit et leur supérieure en force.

Et, encore une fois, il ne faut pas chercher à établir une règle générale pour un cas tout nouveau dans l'histoire du monde : la tactique de l'oppression par les castes a été éternelle et universelle ; l'émancipation est un fait unique encore et qui ne s'est vu que dans la Révolution française et dans l'insurrection américaine, opérée aussi par l'impulsion révolutionnaire de la philosophie française.

Ainsi, comme résumé suprême, comme clé de voûte de l'organisation des castes, la Monarchie devait tomber devant l'instinct nouveau et tout-puissant de l'égalité. Mais est-il certain qu'en tant que Monarchie, en tant que gouvernement d'un seul, elle fût absolument condamnée à périr au moment où s'est accomplie la Révolution française ?

En la supposant débarrassée des castes, en admettant qu'elle fût le produit d'une délégation sincère et rationnelle, qu'elle régnât par l'égalité ; qu'elle fût en un mot, non un droit prétendu et né dans le passé, mais une fonction actuelle et vivante, n'avait-elle aucune chance de vie utile, et les violences mutuelles auxquelles se livrèrent les partis révolutionnaires pour la proscrire, même sous cette forme, n'ont-elles pas été l'œuvre de ces passions dont je parlais en commençant, qui sont sans valeur historique, qui prennent des mots pour prétexte et pour arme, et qui poursuivent ainsi des buts qu'elles ne savent pas ou ne veulent pas avouer ?

Avant de repousser cette supposition, je demande qu'on se souvienne :

Que dans tout le cours de la guerre philosophique qui précéda et produisit la Révolution française, il ne fut presque pas question de la royauté, et que l'ardeur des attaques porta exclusivement sur les ordres privilégiés ; cela est facile à vérifier par une rapide revue des écrivains raisonneurs, comme des écrivains railleurs ;

Que l'*utopie* d'une royauté régnant par l'égalité fut la pensée de beaucoup d'hommes de grand poids ; que, notamment, elle eut un commencement d'exécution sous l'administration de Turgot, l'une des plus fortes intelligences et l'un des plus nobles cœurs qui aient jamais touché à la politique ;

Qu'enfin, si on dit que les faits ont prononcé, j'en peux répondre autant de mon côté et à bien plus forte raison, puisque la royauté déléguée, la *royauté-fonction* est revenue après le 21 janvier, après thermidor et brumaire, au travers des massacres, de la guerre civile et de l'invasion. Et quant à moi, je puis expliquer par l'emportement des passions individuelles ou collectives, mais toujours irrationnelles, ces malheurs sans résultats, tandis qu'on ne peut justifier tout ce temps, tous ces efforts, tout ce sang et ces pleurs perdus, sans attaquer la conscience, l'intelligence ou le courage de la nation.

Est-ce d'ailleurs une hypothèse vaine et de pure curiosité que je pose ici? Ou bien y verrait-on le désir de restaurer la mémoire de tel ou tel des partis révolutionnaires sacrifiés dans la lutte?

Mon intention est plus large; et je repousse toute tradition particulière pour ne reconnaître que la grande tradition nationale de la démocratie. Or, c'est la trace de cette tradition que je cherche à démêler au milieu des ruines dont les passions ont encombré l'histoire.

Je n'ai pas besoin de dire que toute ma sollicitude se porte ici sur la cause de l'équité démocratique et que je ne veux point nier la solidarité d'intérêt et de passion qui unissait la royauté, chef de castes, à ces castes elles-mêmes. Si cette alliance était indissoluble, si la monarchie était en effet indivisiblement attachée à l'unique constitution des ordres privilégiés en France et au dehors, il fallait l'abattre, cela est évident et ce n'est pas moi qui le nierai.

Quant à la monarchie de ce temps, elle s'est trouvée naguères en France, elle se trouvera bientôt partout maîtresse de son propre destin.

Par quelques ruses, par quelques violences que les monarchies européennes s'efforcent désormais de maintenir ou de restaurer le régime des castes, le jour approche où ces tentatives seront démontrées vaines et tourneront contre elles-mêmes. Plus elles auront resserré en bataille et rendu compacte autour de leurs trônes, l'armée des castes, mieux elles auront combiné entre elles leurs tactiques par la confédération de leurs intérêts, plus certaines et plus générales elles auront préparé leur commune ruine et celle des privilégiés, leurs alliés et leurs séides. L'ère des castes est finie : il n'est pas un coin de l'Europe et de l'Amérique civilisée où on osât produire à haute voix un seul argument en leur faveur. Quand une institution en est arrivée là, au sein d'une civilisation dont toutes les forces dépendent de la conscience générale formée par la publicité, tout est dit sur elle.

Si, à défaut de classes privilégiées par la naissance, on voulait en créer artificiellement en s'appuyant sur d'autres bases (comme cela est essayé à présent en France), on peut prédire que ces combinaisons factices nuiraient à la Monarchie plus

qu'elles ne la serviraient. En effet, en cherchant bien on ne trouve que deux éléments qui puissent prêter à une pareille expérience : l'armée et la propriété.

Pour être un instrument suffisant, il faut que l'armée soit nombreuse; nombreuse, elle appartiendra toujours au peuple plus qu'à la royauté ou aux classes exceptionnelles; elle ne pourra être séparée de la vie commune ni physiquement ni moralement; elle sera sans cesse pénétrée par l'atmosphère où le peuple vit lui-même, et qui, quoi qu'on fasse, et malgré l'influence de quelques accidents, la rendra toujours semblable à lui. La première occasion décisive où on voudrait employer cet instrument, le verrait donc certainement éclater dans la main de ceux qui chercheraient à en abuser à leur profit (1).

Quant à la propriété, en quoi est-elle plus monarchique que démocratique? Où commence-t-elle? où s'arrête-t-elle? On parle des hommes de loisir : cela était bon à dire du temps de l'esclavage direct ou indirect. Il n'y a plus d'hommes de loisir; l'homme le plus riche est forcé au travail pour conserver, comme le pauvre pour acquérir. La différence est dans l'importance et l'abondance des résultats. Enfin si on persistait, si on faisait un choix, en fixant un chiffre qui fût la limite où commencerait le privilége, on préparerait imprudemment contre la propriété même une guerre qui, pour être impuissante, du moins dans un avenir prévoyable, n'en livrerait pas moins la société à d'immenses désordres.

En se donnant pour ce qu'elle peut être désormais, c'est-à-dire une fonction consentie dans une société d'égalité, la royauté aurait encore à répondre à la théorie sur un point capital, l'hérédité. C'est bien assez pour elle d'avoir à faire cette justification difficile : il serait sage d'accepter sous les autres rapports les conditions absolues que le temps lui a faites, et qui se résument toutes dans ce mot : *Egalité*. En agissant autrement, elle se prépare à tomber définitivement au milieu des malédictions universelles, et en laissant après elle dans un trouble long-temps périlleux tous les éléments sociaux qu'elle aura essayé de corrompre et qu'elle aura certainement corrompus dans une proportion quelconque.

Avec les inégalités tombent toutes les théories d'équilibre entre les pouvoirs, et c'est pourquoi je n'ai rien à dire de cette forme de Monarchie qu'on a empruntée à l'Angleterre et qu'on a faussement nommée *représentative;* théorie de transition entre les époques où les castes règnent sans contes-

(1) Je parle ici de l'armée telle que la fait notre mode actuel de recrutement. Mais il faudrait prévoir de tout autres résultats si on changeait ce mode, en vertu de systèmes nouveaux, qui se produisent depuis quelque temps, et qui sont de nature à offrir de fortes tentations à la royauté. Tel est, entre autres, le système du recrutement par le salaire proposé récemment par un fonctionnaire, lequel constituerait l'armée comme corps permanent dans ses éléments, vivant à part de la nation, et formant une sorte de profession industrielle. La civilisation politique de la France serait frappée de mort le jour où une pareille idée serait amenée à exécution.

tation et celles où la conscience publique a adopté le dogme de l'égalité dans toute sa netteté. Ce n'est pas en un jour que se fait cet immense progrès ; à mesure qu'il s'avance, les castes veulent bien entrer en compte et en partage avec les individualités ou les collections qui s'élèvent d'en bas. On leur livre une part de pouvoir plus ou moins grande et toujours dissimulée sous mille combinaisons qui ne permettent que le moins possible aux concurrents d'apercevoir leurs forces respectives, afin de prévenir un combat à outrance dont l'issue serait ainsi connue d'avance. La royauté est au milieu qui joue là le rôle d'un nuage ou d'un paravent.

Mais quand le sentiment de l'égalité est assez général et assez formel pour que la démocratie demande aux castes raison, non de la limite de leur droit, mais du fond même de ce droit, alors les théories d'équilibre n'ont plus d'objet. Et cela est si vrai que, quoique d'impudents rhéteurs osent encore aujourd'hui vanter, *in globo*, ces théories comme le dernier terme de la science humaine et le chef-d'œuvre de la sagesse politique, pas un pourtant n'aurait le front d'en exposer et d'en justifier les détails comme cela se faisait en France sous la Restauration. Pourquoi? C'est que la Révolution de Juillet a définitivement balayé tous les débris d'aristocratie qui tiraient diversement leur origine des castes et qui avaient sauté par dessus 89. On a bien vu la toute-puissance de la logique nationale à ce sujet lorsqu'il s'agit de décider pour ou contre l'hérédité de la pairie.

Sous une monarchie *représentative* et démocratique, les corps législatifs ne pourraient donc être les représentants d'éléments différents qui se feraient *équilibre*. Ce seraient les mandataires de la nation qui demanderaient compte à la royauté des fonctions qui lui auraient été déléguées.

Quant à la forme de ce compte, quant à l'étendue même de la responsabilité qui en serait la conséquence, ce sont des objets que je n'ai point à traiter ici. Je risquerais de faire un roman sur l'avenir.   ANSELME PETETIN.

MONARCHIENS. Ce mot apparaît, pour la première fois, dans le vocabulaire des partis, en 1791. Ce fut la qualification injurieuse par laquelle le peuple désigna les membres du *club Monarchique*, fondé à Clermont-Tonnerre, en opposition au *club des amis de la Constitution* ou des *Jacobins*. L'histoire des Monarchiens est bien connue, elle se lie à toute notre histoire révolutionnaire. Irrégulièrement comprimés en 1791, par les manifestations populaires, ils provoquent, par leurs menées, en 1792, un décret qui condamne à la peine de mort « quiconque tenterait ou proposerait de rompre l'unité de la République, celle de son gouvernement, ou d'en détacher des parties pour les unir à un territoire étranger. » Après le 9 thermidor, les Monarchiens reparaissent de nouveau ; leur audace provoque le coup-d'état du 18 fructidor, et enfin, au 18 brumaire, s'ils ne réussissent pas à rétablir les anciens titulaires de la royauté, il réussirent du moins à relever le

pouvoir monarchique. La faction se perpétue sous l'Empire ; elle triomphe en 1814, et couvre la France de sang et de deuil. Enfin, en 1830, elle sort plus corrompue, plus audacieuse, sinon plus forte que jamais d'une révolution qui semblait devoir l'anéantir. — Les Monarchiens, bariolés de quelques débris du Directoire et de l'Empire, s'appellent aujourd'hui Conservateurs.

MONARQUE. Ce titre est synonyme de roi ; il désigne le suprême magistrat qui a la prétention de gouverner seul ou à qui la flatterie persuade qu'il gouverne seul un état ; car, en réalité, il n'y a pas de Monarque, dans l'acception rigoureuse de ce mot. A Vienne, le Conseil aulique ; à Constantinople, le Divan, limitent plus ou moins le pouvoir despotique du souverain.

Dans les monarchies constitutionnelles, le Monarque n'est, à proprement parler, qu'un fonctionnaire public, qui ne diffère d'un président de république que par l'hérédité et par quelques prérogatives personnelles qui sont, d'ailleurs, purement nominales.

Ainsi en France, par exemple, « le roi…. déclare la guerre, fait les traités de paix, d'alliance et de commerce, nomme à tous les emplois d'administration publique, et fait les règlements et ordonnances nécessaires pour l'exécution des lois (art. 13 de la Charte) ; » mais, d'une part, il lui est formellement interdit « de jamais suspendre les lois elles-mêmes et de dispenser de leur exécution » et, d'un autre côté, il ne peut légalement faire aucun acte de puissance souveraine qu'avec le concours et sous la responsabilité d'un ministre.

Il est vrai que si c'est là l'esprit et la lettre de la Charte, les faits ne s'y conforment pas toujours, et que l'incurie du représentatif et le servilisme des grands dignitaires de l'État semblent en général s'accorder pour laisser à la volonté du Monarque toute la liberté d'action qu'elle peut désirer.   B. C.

MONITEUR. De tous les bienfaits dont nous a dotés l'élan national de 1789, le plus précieux sans contredit est la presse libre et quotidienne : jusqu'alors la presse avait été comprimée, vivant au jour le jour de quelques madrigaux ou de quelques bruits de salons ; la philosophie, les grandes idées d'égalité, de liberté et de fraternité, se réfugiaient dans des volumes compactes, qu'approuvaient parfois sans les lire les censeurs royaux, et que plus souvent le bourreau brûlait en place de Grève, par arrêt du parlement. Le *Journal de Paris*, le *Mercure de France* et ses charades, la *Gazette de France* et ses commérages à demi-mot, suffisaient à défrayer la curiosité des Français de 1780 et de 1788. Aux Français de 1789, il fallait la presse politique ; à cette époque où chaque journée, chaque minute, chaque heure, apportait ses enseignements ; où les événements se pressaient avec la rapidité de l'éclair ; où les idées, si long-temps comprimées, se faisaient jour de toutes parts, l'*Almanach des Muses* et la critique acrimonieuse des recueils littéraires étaient des éléments qui ne suffisaient plus à la curiosité, disons mieux, aux besoins intellectuels de la nation. La presse quotidienne prit donc naissance en même temps que la Révolution ; en même temps qu'elle eut à subir toutes les résistances des ordres privilégiés.

Dès l'ouverture des états généraux, l'attention de la France tout entière fut absorbée par les luttes des trois ordres ; un journal parut donc, décrétant par son apparition la liberté de la presse périodique. C'était le *Courrier de Provence*, rédigé par Mirabeau. Le compte rendu des séances des états s'y trouvait tracé en traits brûlans par l'illustre orateur, chez qui le style du publiciste était digne de l'éloquence du tribun. Un arrêt du conseil, des premiers jours de mai, supprima le *Courrier de Provence*. Mirabeau publia alors, chaque jour, une *lettre* qui n'était autre que ce journal débaptisé et placé sous l'égide de l'inviolabilité du représentant du peuple aux Etats.

On voit que le *Moniteur* n'est point contemporain des premiers jours de la Révolution ; elle était déjà affermie, la Bastille était renversée, la liberté de la presse devenue à la fois un droit et un fait, que le *Moniteur* n'existait pas encore. On trouve bien en tête du *Moniteur* une introduction qui est une sorte d'histoire des états généraux, et des élections de 1788-1789 ; ce journal prend bien date du 5 mai 1789, suivant pas à pas, dans sa triple fraction, nobiliaire, cléricale et plébéienne ou plutôt bourgeoise, la future Assemblée Nationale ; détaillant longuement et très complètement les journées les plus agitées de la Révolution, 12, 13, 14 juillet et jours suivans ; 5 et 6 octobre ; mais ce n'est en réalité que le 24 novembre que le *Moniteur* a commencé. Jusque-là, ce n'est qu'une sorte d'histoire longuement et consciencieusement développée, reproduction parfois incomplète des pamphlets, des brochures et des feuilles de l'époque, et surtout de l'ex-*Courrier de Provence* de Mirabeau, qui ne fut ajoutée comme corps d'ouvrage, bien plus que comme complément du journal, qu'en l'an IV. Toute cette partie additionnelle et complémentaire du *Moniteur* n'est pas la moins curieuse à consulter et à étudier.

Dès sa publication, le *Moniteur* fut toujours, et comme forme matérielle et comme division des matières, ce qu'il est demeuré pendant de longues et orageuses années ; son esprit suivit toujours la même gradation. Malgré la rareté des articles politiques de 89 à 92, et leur absence pendant la période conventionnelle, le *Moniteur* eut toujours un caractère propre, qui le distingua toujours de toutes les autres publications quotidiennes ; il ne fut jamais un de ces organes des besoins ou des passions populaires qui donnent le ton à l'énergie des citoyens, et préparent le mouvement, mais il le suivit toujours, et par une pente si insensible qu'il semblait n'avoir jamais été en arrière. Ainsi, pour citer un exemple, le *Moniteur* avait toujours présenté ses comptes rendus des séances de la Convention sous le jour le plus favorable aux Girondins jusqu'à l'époque de la défection de Dumouriez ; Rabaut Saint-

Etienne quitta alors sa rédaction, et le *Moniteur* se trouva rédigé dans un sens plus chaud, plus ardent, dans le sens de la Montagne, sans que la transition apparaisse d'une manière trop sensible.

Nous n'oserions pas affirmer que le *Moniteur* fut journal officiel en 1789 ; nous serions plutôt portés à croire le contraire ; mais il y aurait à établir d'abord une distinction entre la feuille officielle d'alors et celle d'aujourd'hui. Le *Moniteur* d'alors était l'organe officiel de la nation ; celui d'aujourd'hui est l'organe du gouvernement. De 89 à 93, les tribunaux, les délibérations, les élections des municipalités, et enfin, les séances du parlement y occupent une place assez considérable ; à peine y voit-on se glisser modestement quelques lettres patentes du roi ; les nouvelles de la cour y sont clair-semées, à de grands intervalles.

En revanche, la critique littéraire, l'analyse des voyages, les extraits et l'examen des ouvrages historiques, philosophiques et dramatiques de quelque importance y occupent une large place. Peu à peu, cependant, les assemblées législatives empiètent sur l'espace réservé aux affaires étrangères, exposées en général avec beaucoup de suite, de logique et de développement : on pourrait ne recourir qu'au seul *Moniteur* pour faire une histoire complète de toutes les parties de l'Europe en 1789, 1790, etc. Les théâtres, où l'Opéra-comique était en grande estime, disparaissent peu à peu du bas de la page ; le cours des fonds et des effets publics atteste par sa disparition des mesures prises contre l'agiotage et les hommes de bourse ; la Convention, la Commune, les Jacobins envahissent les douze colonnes du *Moniteur* ; de longs et nombreux suppléments suffisent à peine à faire connaître les mesures de salut public et de législation, les victoires et les défaites de nos armées, les adresses des sections et des villes, les trames et la punition des ennemis du peuple, les séances si laborieuses du conseil général de la commune, celles si agitées et si retentissantes des Jacobins ; là, tout est plein d'émotions ; l'intérêt est excité à chaque page, à chaque ligne : malgré soi, l'on se reporte à l'époque où les événemens relatés se passaient ; on vit de la vie des hommes prodigieux de ces temps si peu connus, si peu appréciés ; on les applaudit à la tribune ; on les suit de l'œil dans les clubs, aux comités ; on épie leur conduite, on scrute leurs convictions les plus intimes ; on partage leurs haines ou leurs sympathies ; on donne une larme, un regret, ou une approbation tacite à leur mort ; on se laisse entraîner malgré soi dans ce tourbillon révolutionnaire dont on ne connaissait encore que la mauvaise face, et l'on s'étonne ensuite de la modification que la lecture attentive et consciencieuse des années 1792, 1793 et 1794, ont apportée dans les idées qu'on avait pu se faire de ces jours si agités d'après quelques historiens qui ont subordonné les faits à leurs opinions.

La période directoriale est bien moins intéressante que celle qui la précède ; les discussions des conseils n'avaient plus cette fougue, cette activité, cette ardeur, qui disparaît dans la réaction contre-révolutionnaire du 9 thermidor. Aussi, la critique littéraire reparaît-elle alors plus délayée que jamais; l'esprit public, enthousiaste des victoires, dont les bulletins étaient insérés au *Moniteur*, demandait à se délasser des luttes violentes qui l'avaient, jusqu'à ce moment, remué d'une façon si prodigieuse. Le *Moniteur* est allé depuis lors, de dégradation en dégradation, et nous prenons ici ce mot dans le sens tout-à-fait physique; si l'Empire ajoutait aux intéressantes discussions du conseil d'État sur nos codes, de nombreux et brillans bulletins de victoire, que Moscow et Waterloo devaient changer en bulletins de défaite, la Restauration, qui n'avait pas de victoires à célébrer, donna au *Moniteur* la physionomie qu'il a conservée jusqu'à ce jour : la Révolution de juillet, en y inscrivant nombre de nominations de fonctionnaires, qui sont, depuis, devenus très humbles sujets du pouvoir, n'enleva au *Moniteur* que d'immenses fleurons et culs-de-lampes fleurdelysés aux armes des Bourbons aînés, dont l'éclat ne survécut point aux ordonnances de Charles X, au dessus desquelles ils s'épanouirent, pour la dernière fois, le 26 juillet 1830. Quelques nominations de petits ou gros fonctionnaires, des ordres du jour, des proclamations; de serviles félicitations périodiques au chef de l'État; des dépêches télégraphiques, des nouvelles auxquelles leur insignifiance donne droit de cité dans ses colonnes, des ordonnances royales, des lois promulguées, quelques articles littéraires peu remarqués; enfin, tout au long, les oraisons parlementaires délayées dans d'immenses supplémens: voilà le *Moniteur* de la Restauration, voilà le *Moniteur* d'aujourd'hui.

Qu'il y a loin de cette feuille terne et froide qui, de son passé, n'a conservé que le format, et sur laquelle on daigne à peine laisser tomber un regard indifférent, à ce grand livre national dont les pages brûlantes sont le miroir de notre Révolution; à ce journal fidèle qui embrasse et contient toute cette époque mémorable; tout ce qui a été dit et fait en Europe, en France, à Paris, dans nos départemens, dans nos assemblées nationales, à la commune de Paris, dans les clubs, dans les districts, dans les sections et dans les armées durant cette grande période; écrit jour par jour, par des témoins oculaires en présence des témoins intéressés des deux partis; où les principaux acteurs de la Révolution, dépouillés de cette sorte de toilette que les historiens leur donnent toujours, se mettent eux-mêmes en scène, et ont pour ainsi dire broyé les couleurs des tableaux dans lesquels ils figurent.

L'utilité de ce vaste océan de publicité, dont nous venons de tracer à la hâte l'historique, est immense. Là, en effet, sont renfermés les écrits par lesquels les philosophes, les publicistes, les gens de lettres, les législateurs ont préparé, développé et consommé le grand événement qui a changé la face du monde social; là, sont enregistrés minutieusement, et avec l'impartialité de l'histoire, les paroles, les démarches, les actes journaliers qui caractérisent les hommes de la Révolution; là, se trouvent recueillis les débats de toutes nos assemblées nationales, les rapports qui y ont été faits, les motifs des décrets qu'elles ont portés et ces décrets eux-mêmes; les actes de la commune de Paris et de celles de toute la France; les nombreuses pétitions des sections, des clubs, des sociétés populaires; les relations des grands événemens et des fêtes nationales; là, sont encore consignés les efforts gigantesques du peuple français pour combattre la ligue de tous les rois de l'Europe, et les rapports de nos généraux de terre et de mer, sur l'esprit, l'organisation, les marches, les combats, les siéges, les revers, les succès des quatorze armées et des diverses escadres de la République, ne forment pas la partie la moins imposante et la moins instructive de cet immense recueil; là, sont consignés, jour par jour, heure par heure, les progrès qu'ont fait en peu d'années les sciences morales et politiques, celle de la législation, la connaissance des droits de l'homme, de ses devoirs envers la société, et de tout ce qui peut contribuer à son bonheur. Ces progrès ont été immenses, parce que tout ce que la France renfermait d'esprits éclairés, actifs et aimant l'humanité, fut appelé à y travailler simultanément. Aussi, peut-on dire que la majeure partie des bons ouvrages qui ont paru depuis peu, tant sur la législation civile que sur l'histoire politique, financière et militaire de la révolution ne sont qu'une reproduction partielle et souvent textuelle du *Moniteur*. L'étude du *Moniteur* nous semble donc indispensable à tout historien, publiciste, économiste, avocat, législateur, diplomate, savant, etc., et surtout à tout homme qui voudra connaître la vérité sur une époque qui a été si étrangement défigurée par la mauvaise foi, l'ignorance et les passions contre-révolutionnaires. Il y a pour tout le monde d'utiles enseignemens à y puiser.   NAP. GALLOIS.

MONNAIE. La Monnaie est une marchandise qui dans les sociétés civilisées s'échange communément contre toutes les autres.

Le cuir, le sel, des pièces ou des clous de fer, des morues sèches, des coquillages ont servi de Monnaie chez divers peuples et en divers pays. Les nations civilisées se servent toutes, pour cet usage, de pièces d'or, d'argent ou de billon frappées en forme de cylindre plat, ayant un poids et un degré de finesse déterminés.

Plusieurs motifs ont fixé ce choix des matières d'or et d'argent. La marchandise-Monnaie n'étant point destinée à une consommation réelle, mais seulement à servir d'instrument d'échanges, doit être susceptible de conserver long-temps sa valeur sans altération : il est important que son prix ne soit pas sujet à des variations fréquentes et considérables, car elle est, quoique d'une manière imparfaite, la mesure commune de toutes les valeurs; il faut qu'elle soit facile à diviser et qu'elle puisse contenir sous un petit volume une valeur assez forte, afin de faciliter les échanges dont le commerce a besoin. Il est évident que la Monnaie d'or et d'argent est celle qui satisfait le mieux à toutes ces conditions.

L'utilité de la Monnaie, en tant qu'instrument

d'échanges, n'étant fondée que sur une convention tacite, sur un usage, il semble que l'on peut donner une valeur fictive à une marchandise commune, telle que du papier : c'est ce que les gouvernements ont souvent tenté ; mais, comme les lois ne régissent jamais qu'un peuple, et que, chez ce peuple même, elles varient souvent, il faut, pour que la Monnaie soit acceptée sans difficulté et à un cours régulier, qu'elle ait une valeur intrinsèque en rapport avec son titre. D'ailleurs, une Monnaie de papier, qui n'aurait de valeur que par une fiction, finirait bientôt par ne présenter à l'esprit aucune idée nette : on ne peut pas séparer d'un objet matériel la valeur, qui n'a d'autre fondement que les goûts ou les besoins variables de l'homme, comme on sépare l'idée de grandeur, de dimension, qui est fondée sur le témoignage toujours identique de nos sens. Il est donc indispensable de prendre à chaque instant pour type de comparaison de la valeur des autres marchandises, une marchandise connue, ne fût-ce que pour donner à chaque vendeur un gage réel et équivalent en échange de l'objet qu'il livre à l'acheteur.

Mais, à mesure que la civilisation fait des progrès, et que la propriété est assurée par les lois, le vendeur consent facilement à céder sa marchandise sans recevoir immédiatement un gage réel, à faire crédit. Un des effets notables du crédit est de diminuer l'usage de la monnaie.

Lorsque le crédit prend la forme de billets ou promesses de payer, qui servent aux échanges comme Monnaie, il diminue davantage encore l'usage de la marchandise-Monnaie. Mais il est bon d'observer que la valeur de ces billets est toujours fondée sur celle de la somme d'or et d'argent contre laquelle ils doivent être échangés.

S'il existait une marchandise d'une valeur invariable, ce serait assurément la plus propre à servir de monnaie. Mais il n'en existe point : le prix de l'or et de l'argent varie, comme celui de toutes les autres marchandises, suivant les rapports qui existent entre l'offre et la demande.

Les Monnaies sont encore sujettes à d'autres variations, lorsqu'elles conservent leur nom et que leurs qualités intrinsèques ont été altérées. (V. ALTÉRATION.)

Cependant les changements de valeur des Monnaies sont fâcheux ; ils dérangent les idées reçues, jettent l'inquiétude dans toutes les transactions et troublent surtout le crédit. En effet, si leur valeur augmente, toutes les dettes sont augmentées au préjudice des débiteurs ; si elle diminue, toutes les dettes sont réduites au préjudice des créanciers, ce qui appelle alternativement deux grands fléaux, l'usure et la banqueroute.

La valeur relative des métaux entre eux varie comme celle des mêmes métaux par rapport aux autres marchandises. Les lois qui établissent que telle quantité d'or est égale à telle quantité d'argent, établissent un principe que les lois du commerce viennent souvent démentir. Il ne doit y avoir qu'une seule unité monétaire. Mais il est commode d'avoir de la monnaie de métaux d'un prix différent. Le commerce corrige facilement le défaut d'exactitude de la loi dans la fixation de la valeur relative des diverses monnaies, et la fixation légale prévient toute difficulté dans les paiements.

En France, l'unité monétaire est une pièce d'argent, le franc ; en Angleterre, c'est une pièce d'or, la livre sterling. Chez nous, la monnaie d'or est une simple marchandise, dont le prix s'évalue en monnaie d'argent ; en Angleterre, la monnaie d'argent, au contraire, s'évalue en monnaie d'or ; elle est la marchandise. Le système monétaire français est évidemment le meilleur, parce que la valeur de l'argent est moins sujette aux variations soudaines que celle de l'or. Ce dernier métal, moins encombrant et aussi généralement reçu que l'argent est beaucoup plus commode à transporter par fortes sommes : les émigrations, les guerres, les simples besoins du change en affectent souvent la valeur d'une manière sensible et causent par suite une perturbation dans le prix des choses, chez les peuples dont l'unité monétaire est une pièce d'or.

Une monnaie encombrante présente d'ailleurs un autre avantage que nous devons signaler : elle provoque le commerce à créer et à faire circuler les signes de la monnaie, la monnaie de papier qui est de toutes la plus économique. Dans plusieurs villes de France où l'usage a particulièrement favorisé le cours de la monnaie de billon, on a depuis long-temps répandu et accepté un papier de circulation, les *bons de sous*, véritables billets de banque : des particuliers ont jusqu'à présent émis ces bons de sous librement et avec concurrence, sans qu'aucun abus ait montré la nécessité de faire de ces bons l'objet d'un monopole, d'en concentrer l'émission dans quelques mains privilégiées.

C. S.

MONOPOLE. MONOPOLEUR. On appelle Monopole la faculté exclusive de vendre une ou plusieurs marchandises, et Monopoleur celui qui jouit du monopole.

Il fut souvent admis en Europe que le droit de faire le commerce était une propriété du pouvoir politique et que nul ne pouvait trafiquer sans y être autorisé, et suivant les limites de son autorisation. Ce principe également reconnu dans la société romaine et dans la société féodale, servit de prétexte à l'établissement d'une infinité de Monopoles. Il serait même plus exact de dire que l'industrie et le commerce de la France furent fondés sur le Monopole ; jusqu'à la Révolution, en effet, le Monopole était la règle, la liberté, l'exception.

Les Monopoles les plus remarquables furent ceux que le gouvernement constitua au profit de diverses grandes compagnies commerciales, pendant les dix-septième et dix-huitième siècles, et surtout le Monopole du commerce des blés établi, au profit de Louis XV et de sa cour, et connu sous le nom de *Pacte de Famine*.

Le mauvais succès des grandes compagnies coloniales, les horribles résultats du pacte de famine donnèrent de la force aux arguments des économistes qui réclamaient avec force la liberté du commerce et de l'industrie ; la Révolution abolit les Monopoles qui n'avaient été qu'un moyen de pillage et d'extorsions.

Tout Monopole présente l'inconvénient d'élever artificiellement le prix des marchandises au profit du Monopoleur ; celui-ci, sûr ou à peu près sûr de son bénéfice, délivré de l'aiguillon puissant de la concurrence s'inquiète fort peu de chercher de nouveaux perfectionnements. Le Monopole nuit ainsi au progrès de l'industrie ; il nuit aussi par l'exclusion portée contre ceux qui voudraient et pourraient introduire de nouveaux perfectionnements.

Depuis la Révolution, la liberté de l'industrie et du commerce est la règle, et le Monopole, l'exception. On peut cependant signaler encore les Monopoles du sel, de la poudre, du tabac, des armes de guerre, réservés chez nous au gouvernement. Le Monopole existe encore, sous diverses formes et à divers degrés, dans beaucoup de branches d'industrie. Ainsi, les lois relatives aux brevets d'invention et à la propriété littéraire, les lois qui exigent l'autorisation du gouvernement pour la création des sociétés anonymes, des banques, constituent une sorte de Monopole : les droits de douane qui frappent à l'importation diverses marchandises étrangères, constituent aussi un Monopole au profit des producteurs français de marchandises similaires.

Les Monopoles sont aujourd'hui réprouvés par l'opinion, et le nom de Monopole est odieux. Cependant, il y a des Monopoles utiles et très justifiables parmi ceux que nous venons d'indiquer, et nous croyons qu'il serait très peu sage de s'abandonner sans réserve aux promesses de la concurrence : elle aussi trouve le moyen de constituer des Monopoles. Que la liberté soit la règle et le Monopole, l'exception, rien de plus juste ; mais ce serait folie d'aller, sous l'influence de la haine qu'inspire un nom, renverser des lois et des institutions nécessaires à notre prospérité commerciale et industrielle.

Le mot Monopole est aussi employé par métaphore, dans la langue politique. Ainsi, on dit que la loi électorale établit un Monopole au profit de 180,000 électeurs et au préjudice du reste du peuple. Dieu veuille que cette expression métaphorique ne devienne jamais littéralement exacte, que la loi électorale ne donne lieu à aucun achat et à aucune vente !   **C. S.**

MONSIEUR. Le mot, Monsieur, tout seul, désignait le frère aîné du roi régnant.

MONSEIGNEUR. C'est un titre d'honneur, propre à qualifier une foule de personnages, tels que princes, ministres, cardinaux, évêques, archevêques, etc. Plus anciennement, ce titre d'honneur était reservé aux seuls chevaliers. On se servait à volonté, en parlant d'un chevalier, des mots *Monsieur, Monseigneur* ou *mon Sire*. Le sire de Joinville traduit ces paroles : *ad te levavi animam meam*, par ces autres : *beau sire Dieu, j'élève mon âme vers toi*. Les habitants de Reims adressaient en 1372 au pape Clément VI une lettre qui commence ainsi : *A notre très saint Père Jésus-Christ, monsieur Clément, etc.*

MONTAGNARDS. MONTAGNE. Nous avons déjà parlé des dissentiments graves qui, dès les premières séances de la Convention, éclatèrent entre la gauche et la droite (V. CONVENTION). Procédant ensuite à l'analyse de ces deux partis collectifs, nous avons signalé, dans celui de la droite, des éléments très divers (V. GIRONDINS.); d'où l'on a pu conclure que si l'issue du combat avait favorisé ce parti, les avantages de la victoire eussent été disputés entre les vainqueurs : c'est là l'écueil de toutes les coalitions.

Le parti de la gauche paraissait mieux uni, mieux discipliné ; on pouvait croire que la puissance de l'instinct révolutionnaire y devait dominer toujours les tendances individuelles. D'ailleurs, c'était dans ce parti qu'avaient pris rang les hommes à principes ; ils se connaissaient avant de se rapprocher, par leur profession de foi ; et c'est une garantie de bon accord qu'une alliance dans laquelle il ne peut y avoir de surprise. Cependant, ce parti même n'était pas formé d'éléments homogènes ; une cruelle discorde devait tôt ou tard se révéler.

Les membres les plus énergiques de l'assemblée s'étaient placés aux plus hauts bancs du côté gauche, ce qui leur fit donner le nom de Montagnards ; quand la discussion quotidienne eut partagé l'assemblée en deux fractions définitivement hostiles, on appela Montagnards tous les députés de la gauche ; avec le temps, ce qualificatif fut même accepté dans l'idiome parlementaire.

Nous avons dit quelles étaient les prétentions des Girondins. Considérant les cahiers de 1789 comme l'expression la plus avancée du sentiment populaire, ils avaient accepté la révolution du 10 août, mais ne l'avaient pas faite. Quand la déchéance de la royauté fut accomplie, au moins s'efforcèrent-ils de conserver intactes la plupart des institutions monarchiques, et de comprimer, par une résistance opportune, le mouvement qui entraînait les masses vers la démocratie. L'entreprise était périlleuse, et les Vergniaud, les Brissot, les Guadet n'étaient pas hommes à se bien conduire ; ils s'exposaient d'ailleurs à susciter contre eux-mêmes, au sein de l'assemblée, une opposition d'autant plus formidable que le concours du peuple ne lui faisait pas défaut dans les circonstances décisives. Malgré l'avertissement qui leur avait été donné par les tristes représailles de septembre, les Girondins restèrent persuadés que devant la faconde de leurs avocats, devant le prestige de ces renommées provinciales, les masses plébéiennes s'inclineraient avec recueillement. Infatués de leurs souvenirs classiques, ils aimaient à se rappeler les vers où le poète raconte les prodiges opérés par l'homme supérieur au milieu des tumultes civils, et chacun d'eux se posait en *virum quem* avec une insupportable arrogance. Cette tenue dédaigneuse eût certes pu recommander leur politique, s'il n'avait pas suffi d'en énoncer les axiomes pour se compromettre auprès des révolutionnaires du forum. Aussi, dès que les hostilités furent engagées dans la Convention, prirent-elles immédiatement un caractère qui ne permit plus d'espérer une réconciliation.

Les Montagnards avaient pour eux la logique française, si prompte à éprouver les principes par les faits, si ardente à développer toutes les conséquences contenues dans les prémisses acceptées. À leur sens, les événements du 10 août, loin de résoudre la question, n'avaient fait que la poser (1); détrôner un roi, ce n'était que congédier un administrateur sans mandat; il fallait rompre avec le passé par son supplice; il fallait ensuite établir l'ordre dans la famille politique, procéder à l'installation d'un pouvoir nouveau, l'assujétir à des institutions nouvelles, conformes à l'idéal le plus séduisant, et néanmoins essentiellement perfectibles; il fallait, avant tout, dans les circonstances difficiles où la coalition extérieure plaçait la République, protéger la nationalité française par une propagande armée contre tous les trônes, et respecter, même dans ses écarts, un peuple affranchi de la veille, exaspéré par sa propre victoire, plein d'amour pour sa liberté, plein de haine contre l'oppression, et connaissant mal encore ses devoirs et ses droits. Ces nécessités étaient comprises par tous les Montagnards, et, dès l'ouverture de l'assemblée conventionnelle, ils s'efforcèrent de démontrer aux Girondins qu'ils devaient les subir. Obstinés dans leur utopie du gouvernement bourgeois, ceux-ci fermèrent les yeux pour ne point voir les dangers de la patrie, et les oreilles pour ne pas entendre les vœux révolutionnaires manifestés à la tribune des clubs. Les Montagnards étaient encore en minorité dans l'assemblée constitutionnelle, et ils avaient peu l'espoir d'amener leurs collègues, en dépit de leur aveuglement obstiné, à l'intelligence de la situation : ils eurent donc recours à la propagande extra-parlementaire. Plus assidus aux Jacobins et aux Cordeliers qu'à la Convention, ils conspirèrent pour le peuple la disgrace de leurs adversaires, et, admirablement servis par le bon sens de la population parisienne, ils se trouvèrent bientôt en mesure de faire cesser le feu des tirailleurs et de commencer une attaque régulière. On sait quelles en furent les chances : voyant leurs lignes ébranlées, les Girondins invoquèrent contre les Montagnards des mesures exceptionnelles, et obtinrent encore de la majorité ce dernier témoignage d'une confiance déjà fort équivoque : loin de les relever, cet emploi tardif des moyens extrêmes ne fit que hâter leur chute.

Avec la proscription des Girondins, commencent les dissentions intérieures du parti Montagnard. Sans entrer dans le détail des faits qui suivirent la journée du 2 juin 1793, nous nous efforcerons de caractériser en peu de mots les opinions bien distinctes qui jusqu'alors sont restées confondues, et de mettre en lumière les causes de ces ruptures diversement appréciées qui perdirent la République à l'heure même où, désespérant de leurs armes, les rois allaient croire à son avenir.

(1) « La révolution commence quand le tyran finit. »
St-Just.

La France devait s'isoler des états monarchiques et se constituer politiquement sans tenir compte des résistances, des menaces, des complots du parti royaliste intérieur et extérieur : telle était l'opinion de tous les patriotes. C'était en outre l'avis du plus grand nombre, que, des institutions du passé aucune ne devait subsister; que la République ne tenait par aucun lien à la monarchie; qu'elle n'avait pas de tradition. Erreur funeste, qui légitimait toutes les extravagances de la politique spéculative! Sans doute la société ne reste jamais dépourvue de toute autorité sur le fanatisme individuel; elle est protégée contre l'esprit de système par le rempart du sens commun, et par cet instinct de conservation qui ne l'abandonne jamais : mais lorsque le désordre est dans un grand nombre de têtes, la répression ne s'opère pas sans quelques difficultés. Que d'obstacles ne rencontrèrent pas les hommes vraiment politiques du parti Montagnard, lorsqu'après l'exécution des Girondins, il leur fallut organiser la France nouvelle, maintenir l'État contre tant de factions survivantes, combattre au dehors, au dedans, tant d'ennemis avoués, tant d'amis dangereux de la République!

Faisons d'abord la part des mauvais sentiments individuels, de l'ambition, de la vanité, de l'hypocrisie et de la lâcheté; on ne peut nier qu'à toutes les époques et sous tous les régimes, il y ait eu des gens lâches, hypocrites et vains : après une révolution qui avait déplacé tant d'existences, qui avait par conséquent provoqué tant de convoitises, qui avait introduit sur la scène politique tant d'hommes nouveaux sans engagements, sans autres titres que la ferveur d'un zèle quelquefois aveugle, il eût été miraculeux que les passions personnelles n'exerçassent pas une certaine influence sur les événements. C'est, du reste, un fait avoué par un homme que l'on n'accusera sans doute pas d'avoir calomnié la République. Robespierre s'exprimait en ces termes la veille du 9 thermidor : « En voyant la multitude des vices que le torrent de la Révolution a roulés pêle-même avec les vertus civiques, j'ai tremblé quelquefois d'être souillé aux yeux de la postérité par le voisinage impur de ces hommes pervers qui se mêlaient dans les rangs des défenseurs sincères de l'humanité. » Cette crainte était un pressentiment trop bien fondé.

Outre les passions, il y avait à combattre les opinions insensées, les systèmes individuels sur la meilleure constitution de l'état social et de l'état politique. Il y avait, dans le parti Montagnard, tous les éléments propres à former une de ces factions prétendues socialistes, qui ne tendent pas à moins qu'à nier la société, puisqu'elles lui enlèvent le principal de ses attributs, l'autorité. Mais ces éléments restèrent isolés; le *Credo* de Babeuf est moins une doctrine qu'une protestation contre l'aristocratie bourgeoise, représentée par le Directoire. Il est toutefois incontestable que les déclamations de Diderot sur la propriété avaient trouvé des approbateurs enthousiastes dans la portion la moins éclairée du parti révolutionnaire.

Si nous en tenons peu de compte, c'est qu'ils ne constituèrent pas un parti.

Il y eut, si l'on peut ainsi parler, plus d'accord parmi les novateurs dévoyés, sur la légitimité de l'anarchie politique. Tous ces termes se contredisent, nous le savons; mais comment le langage, qui est la formule la plus vraie de la logique se prêterait-il à l'expression des paralogismes les plus monstrueux? Il y eut donc une faction qui, se posant comme seule mandataire du souverain, prétendit obliger l'Assemblée représentative au respect de sa volonté, substituer le pouvoir municipal au pouvoir conventionnel, et gouverner le pays par les clubs. Nous avons parlé de cette tentative à l'article HÉBERTISTES. Quand un parti ose, dans l'Etat, usurper les fonctions exécutives et législatives, il est bien près de déclarer que tout gouvernement est une tyrannie. Les amis d'Hébert avaient trop d'ambition pour faire ouvertement une telle profession de foi; mais en les voyant tout bouleverser pour établir leur omnipotence, en les voyant résister quotidiennement aux pouvoirs constitutionnels, avilir la Convention, calomnier les meilleurs citoyens, et ne reconnaître d'autre vérité que la guillotine, on devait s'habituer à croire que toute autorité était une fiction despotique. Le glaive de la Révolution fut appelé sur leurs têtes.

Mais les lois politiques ne sont pas la seule sauvegarde de la société : c'est aussi le devoir d'un gouvernement de protéger les lois morales. Or, il se rencontra dans le parti Montagnard quelques êtres dépravés qui, après avoir abusé des fonctions publiques, n'eurent pas même la pudeur de dissimuler leurs coupables déprédations. La portion saine du parti, qui les avait ménagés long-temps, crut enfin devoir leur adresser des réprimandes et des menaces. Ceux-ci avaient des amis qui acceptèrent leur défense. Après des disputes équivoques et des allusions transparentes, on en vint aux accusations directes; elles furent d'abord portées par la faction contre le pouvoir exécutif : les accusateurs étaient gens d'esprit, leur conscience n'était pas trop chargée, et ils jouissaient d'une renommée de civisme si bien établie, que s'ils n'avaient pas adopté la pire de toutes les causes, ils eussent triomphé devant l'opinion. Mais leur entourage suffisait pour les compromettre : quelle malheureuse mission s'étaient-ils donnée que celle de défendre Barras, Ricord et Fréron, connus pour avoir enlevé de Toulon plusieurs fourgons chargés d'objets précieux; Julien, de Toulouse; Delaunoy, Chabot, Fabre d'Eglantine et Bazire, suspects d'avoir reçu chacun dix mille francs pour falsifier un décret de la Convention nationale; Merlin de Thionville « fameux par la capitulation de Mayence, plus que soupçonné d'en avoir reçu le prix (1); » Courtois, qui avait exploité sa parenté avec Danton pour obtenir un marché de fournitures où il avait volé la République; Lacroix, le déprédateur de la Belgique, et d'autres gens de cette sorte, dont l'improbité notoire contrastait

(1) Discours de Robespierre, rapport de Courtois.

si étrangement avec la vertu rigide de la majorité? Encore s'ils s'étaient contentés de recommander de tels hommes! Mais non : c'est le propre de toutes les factions d'attaquer pour se défendre. Ils attaquèrent donc, et avec ardeur, le Comité de salut public, soit à la Convention, soit aux jacobins, soit aux cordeliers, ils publièrent des pamphlets calomnieux contre les membres de ce Comité et contre les ministres, et parvinrent enfin, après beaucoup de clameurs, à organiser une conspiration où ils attirèrent, par des flatteries, Danton et Camille-Desmoulins. Quand elle fut découverte, l'opinion publique, qu'ils avaient abusée, se sépara d'eux : se voyant surpris dans leurs propres pièges, ils invoquèrent la clémence et détournèrent leurs accusations contre le parti des hébertistes. Cette tardive capitulation ne put les sauver.

Accoutumés à dire toute notre pensée, nous n'hésitons pas à déclarer encore une fois que, suivant nous, la portion saine du parti Montagnard, celle qui représenta le mieux les sentiments de la France, qui comprit le mieux ses intérêts, celle qui, dans cette affreuse tourmente, fit preuve du sens le plus droit et contribua le plus efficacement au salut de l'empire, eut pour inspirateur et pour chef Maximilien Robespierre. Nous avons exposé précédemment (V. l'article CONVENTION) quels furent les principes de ces énergiques républicains, quelles furent leurs tendances, avec quelle sagacité ils surent distinguer le vrai du faux dans toutes les opinions auxquelles le désordre des esprits concilia les suffrages, avec quelle rectitude de jugement ils firent valoir les éternelles maximes de l'unité politique et de la solidarité nationale, avec quelle vigueur ils déjouèrent les complots des ordres privilégiés, et combattirent les factions qui prétendaient conduire le peuple à la liberté par le déréglement des mœurs ou par l'anarchie politique. Il nous reste à dire quelques mots sur l'événement fatal qui les interrompit dans leur œuvre, et perdit avec eux la République française.

Robespierre succomba, comme César, sous l'accusation d'avoir ambitionné la dictature; il succomba, comme César, trahi par le plus grand nombre de ses amis. Nous devons à un illustre citoyen, mort il y a peu d'années au milieu de nous, à Philippe Buonarotti, un document précieux sur cette tragique catastrophe : c'est la liste des membres de la Convention qui préparèrent le plus activement la journée du 9 thermidor. Cette liste porte les noms suivants :

Sieyes, Rewbell, Merlin (de Thionville), Barras, Fréron, Rovère, Poultier, Bourdon de l'Oise, Tallien, Legendre, Geoffroy, Lecointre de Versailles, Fouché, André Dumont, Courtois, Clausel, Dubois-Crancé, Ruamoz, Vadier, Amar, Jagot, Carnot, Billaud-Varennes, Collot d'Herbois, Barère, Voulland, Charles Duval, Bayle, Granet, Montaut, Garnier (de l'Aube), Thirion, Panis, Cambon, Thuriot, Bentabolle, Léonard Bourdon, Robert-Lindet, Merlin (de Douai,) Brival, Eschassériaux, Charlier, Dubaran, Féraud, Goupilleau, Delmas, Elie Lacoste.

On le voit, c'est aux amis de Danton, c'est aux

amis d'Hébert, c'est à la portion impure du parti Montagnard qu'il faut attribuer la responsabilité de l'attentat thermidorien. Dans la liste que nous venons de publier se trouvent quelques noms d'hommes honorables qui s'associèrent au complot avec une imprudence dont ils ne tardèrent pas à se repentir. Après avoir exploité leur alliance, les thermidoriens eurent hâte de les inscrire sur leurs tables de proscription.

B. HAURÉAU.

MONTS-DE-PIÉTÉ. Établissements autorisés, ouverts au public, qui prêtent à gros intérêts sur des objets remis en gage, qu'ils ont le droit de vendre, si, à une époque déterminée, ils n'ont pas été remboursés du capital, des intérêts et des frais.

Nous n'avons pas l'intention d'exposer ici le mécanisme de cette institution qui remonte à une époque fort ancienne et ne s'accorde guère avec les notions les plus simples de l'économie politique. Mais il est nécessaire d'en dire quelque mots, car, par malheur, elle joue encore un rôle dans la science politique.

Dans l'origine, les Monts-de-Piété eurent pour but, si non pour résultat, de soustraire les pauvres aux excès de l'usure. Ils ne prélevaient aucun intérêt sur leurs capitaux prêtés, et le bénéfice revenait directement aux indigents. Ajoutez que les premiers établissements de ce genre ont été créés dans un but hostile avoué contre les juifs, qu'ils furent autorisés par un pape, et vous ne serez plus surpris de la dénomination qui leur fut d'abord donnée et qu'on eut bien soin de leur conserver par la suite.

Il serait assez inutile de tracer l'historique des Monts-de-Piété. Le premier s'établit en 1451. Le pape Léon X en autorisa un autre en 1551. Ils ne tardèrent pas à s'étendre dans les pays industrieux et commerçants, comme les Flandres et l'Artois; mais ils ne réussirent pas d'abord en France. Une tentative infructueuse fut faite sous Louis XIII en 1628, ils reparurent sous Louis XVI; et ce n'est qu'après une suspension de fait, motivée par la première Révolution, qu'ils furent enfin définitivement légalisés par un décret impérial du 24 messidor an XII, qui règle encore aujourd'hui la matière.

Au commencement, le désir de disputer aux juifs la puissance qu'ils avaient acquise par leur intelligence des affaires, fut le motif déterminant de l'institution des Monts-de-Piété. Ce même motif, c'est-à-dire la volonté de lutter contre l'usure a toujours dominé depuis. Mais les législateurs se sont bien gardés d'examiner d'abord la question de l'usure et ensuite la nature du remède. L'un des motifs du décret dont nous venons de parler en fournit une preuve évidente. Voici, en effet, ce que disait l'orateur du gouvernement, Regnault de St-Jean-d'Angely:

« *En tout temps*, il existera une classe *active industrieuse*, qui, dans les circonstances ordinaires, restera éloignée tout autant de la richesse que de la pauvreté, la *classe ouvrière*.

» Lorsque le travail est suspendu, cette classe a besoin de secours momentanés, et elle ne les obtient qu'en engageant les objets qu'elle a pu acquérir dans des jours meilleurs; mais de vils intrigants lui feront toujours payer cher leurs services, et c'est pour obvier à ce mal, que le gouvernement a jugé nécessaires des établissemens qu'il surveillerait par lui-même. »

Telles sont les doctrines économiques et sociales qui ont jusqu'ici présidé à la fondation des Monts-de-Piété. La Convention seule, préoccupée des intérêts du peuple et jalouse de trouver un meilleur agent de secours que le Mont-de-Piété, la convention ordonna, par un décret du 4 pluviôse an XI, qui aurait encore aujourd'hui force de loi, « qu'il lui serait fait un rapport sur la question de savoir » s'il est *utile* au bien général de conserver les établissemens connus sous la dénomination de » Monts-de-Piété. »

Le rapport n'a point été fait, et aucun des gouvernements qui ont tant exploité l'héritage de la Convention, n'a recueilli cette part de la succession. Ainsi en fait, en droit, en morale, la question reste entière:

Examinons la rapidement.

La plus forte autorité en faveur des Monts-de-Piété est certainement Regnault de St-Jean-d'Angely, qui est venu le dernier et s'est posé comme législateur. Or, personne aujourd'hui ne soutiendrait les prémisses de son raisonnement; on ne trouverait plus un conservateur assez hardi pour affirmer, que, dans une société bien organisée, il y aura toujours une classe laborieuse, qui malgré ses efforts tiendra toujours un milieu déplorable entre l'aisance et l'indigence. Mais, en admettant le fait comme nécessaire, les Monts-de-Piété n'offriraient certainement pas le moyen de parer aux inconvénients d'un tel état de choses.

Il faut donc reprendre les choses à leur point de départ. Nous ne voulons rien exagérer, et nous constatons tout d'abord, que, dans certains cas, la possibilité de trouver une somme d'argent, en engageant un certain nombre d'effets mobiliers, peut aider à tourner une difficulté, à éviter un malheur, à prévenir une catastrophe. Nous disons que cela est certainement arrivé quelquefois. Mais la nature même des circonstances et des conditions du prêt prouve suffisamment qu'il n'est efficace que dans des occasions fort rares et en présence d'une absolue nécessité. Or, comme de grands établissements ne sauraient prendre pour base de leurs opérations des chances exceptionnelles, il s'ensuit que la règle générale des Monts-de-Piété ne peut-être et n'est réellement qu'une exception, et l'on est encore invinciblement ramené à l'étude du principe.

Mac-Culloch, le célèbre économiste anglais, avance que le prêt sur gage a dû nécessairement exister et existera toujours dans toutes les sociétés civilisées. Admettons qu'il ait raison, s'ensuit-il que le prêt sur gage entraîne nécessairement la fondation d'un monopole au profit de grands établissements qui, dégagés de toute concurrence, portent toujours très haut le prix de leurs services? S'il est à craindre, comme on l'a dit, que des intrigants abusent de la misère des emprunteurs, il est à espérer qu'avec de bonnes lois on pourrait réprimer les abus en tirant de l'application les bienfaits dont elle est susceptible. Nous en avons quelques exemples dans ce qui se fait pour le gage et pour le nantissement dans des cas particuliers; les habitudes mêmes du commerce dans l'emploi de la consignation et de la commission fourniraient d'utiles renseignements, et, quant à nous, nous ne doutons pas que le découragement, né à la vue des obstacles, n'ait seul empêché souvent de les vaincre. Il le faudrait pourtant, car si l'on n'avait pas eu recours à d'autres procédés que les Monts-de-Piété, il est évident qu'à la longue ils seraient devenus les dépositaires de la plus grande partie des choses mobilières du pays; ce qui serait un résultat déplorable. Il nous parait donc qu'il eût été de tout point préférable d'établir de sages prescriptions et de laisser ensuite agir les intérêts privés et l'industrie particulière qui, se pliant à chaque nature de faits et à tous les accidents, n'eussent pas été forcés d'imposer les mêmes conditions à toutes les personnes et à toutes les choses.

Au point de vue de l'économie politique, on doit faire encore de plus grands reproches aux Monts-de-Piété. L'agent le plus actif de la prospérité et de la fortune publique, après la production, est à coup sûr la circulation; or, les Monts-de-Piété l'arrêtent à l'instant même. Si les valeurs produites vont s'accumuler dans des dépôts et restent stationnaires, il y a nécessairement inertie et ruine. Plus le système s'étendra plus le mal deviendra incurable.—On fait remarquer, il est vrai, que le capital avancé devient lui-même productif. Mais, outre qu'il est douteux, d'abord, que l'on ait trouvé le moyen de conduire la somme empruntée à une bonne destination, il ne faut pas oublier que les Monts-de-Piété ne peuvent pas avancer la totalité de la valeur des gages, sous peine de s'exposer à des pertes qu'ils ont surtout à tâche d'éviter. En moyenne, l'avance n'est guère que des deux tiers de la valeur estimée, et l'estimation a lieu au rabais; donc, il restera toujours un tiers immobilisé et infertile. Étendez le calcul à plusieurs millions et voyez la conséquence! Mais il y a plus; la chose primitive aura toujours été se dégradant, et pendant cette dégradation elle aura donné lieu à des frais de conservation énormes. Nous ne pousserons pas plus loin la démonstration.

Au point de vue de la morale, les Monts-de-Piété offrent plus de périls encore. S'il est utile que l'homme, pressé par le besoin, et qui ne veut pas se dessaisir complètement de sa chose, trouve un prêteur disposé à lui faire une avance nécessaire sur un gage, il est plus utile encore que, dans le plus grand nombre des cas prévus par les Monts-de-Piété, l'emprunt ne soit pas facile. La probabilité, la possibilité future de retirer l'objet engagé, dissimulent trop aux yeux de l'emprunteur sa position malheureuse qu'il vaudrait mieux qu'il comprît tout d'abord. L'aversion à se séparer d'une propriété à laquelle il s'est attaché, lui donnerait souvent la force de lutter contre des accidents auxquels il se soumet quand il trouve de trop faciles expédients. La commodité qu'il rencontre l'habitue à demander un secours sans contrôle, et ce n'est pas trop dire, à éviter l'amitié bienveillante qui donnerait en même temps l'assistance et le conseil. D'autres circonstances plus fréquentes encore révèlent mieux la profondeur du mal. Il est un fait trop concluant: c'est que les jours où les Monts-de-Piété font le plus de prêts, sont précisément ceux qui précèdent immédiatement les jours des saturnales et de l'orgie. Le carnaval, les dimanches et les lundis leur rapportent bien plus que ne font la misère et les nécessités de la semaine.

Ajoutons une conséquence qui a presque la rigidité des chiffres. L'expérience prouve que, la plupart du temps, l'engagement aux Monts-de-Piété équivaut en dernier résultat à une vente, à un abandon définitif de la chose mise en gage, et que si un certain nombre d'emprunteurs prévoyants renouvelle l'engagement, en payant les frais et les intérêts pour un nouveau terme, le plus grand nombre ne le fait pas. Dès lors, il est évident qu'il aurait mieux valu à l'origine que l'objet mis en gage fût vendu. Le prix n'eût pas été probablement moindre que celui qui résulte, en définitive, d'une expropriation forcée, et l'emprunteur n'eût payé ni intérêts ni frais. On peut vouloir contester ce résultat, mais il paraît cependant assez positif; il est justifié par l'existence de ces bureaux dont toutes les combinaisons consistent à racheter les reconnaissances des Monts-de-Piété, pour procurer la vente des gages.

On peut aller plus loin encore: on peut dire que, par cela seul qu'il a prêté, tout Mont-de-Piété a tué le crédit de son emprunteur. En fait, il lui a pris ses valeurs les plus positives; en droit, il s'est approprié les meilleures garanties contre tous les autres créanciers; en moralité, en opinion, il a rendu tout autre emprunt impossible; car, qui prêterait à l'homme qui n'ayant pas d'amis, de relations, de connaissances, s'est vu contraint de recourir à cette dernière de toutes les ressources?

Enfin, et ceci mérite une bien sérieuse attention, il n'est pas une catastrophe commune aux créanciers ordinaires et aux débiteurs, où l'on ne trouve les Monts-de-Piété nantis en vertu de leur privilége de tout l'actif solide de la déconfiture.

Ces aperçus ne sont point nouveaux, mais on ne peut les rendre trop saisissables pour tout le monde, et ce qui précède n'est que le résumé d'une étude sérieuse et réfléchie. Nous avons dû nous abstenir des détails et cependant il faut signaler une amélioration importante qui ne peut que précéder bien d'autres changements si désirables.

Un des plus grands vices des Monts-de-Piété consistait dans l'impossibilité de retirer le gage à moins de rapporter la totalité de la somme empruntée. Il y avait là une combinaison machiavélique qui, en diminuant outre mesure la possibilité du retrait du gage, augmentait d'autant les chances de l'appropriation aux Monts de Piété. Ce sinistre est aujourd'hui diminué, au moins à Paris et le remboursement partiel, rendu possible, pallie l'inconvénient principal. Mais il reste assez de tristes conséquences tous les jours plus évidentes, pour que l'on puisse affirmer sans crainte que les Monts-de-Piété sont un mal.

Quant à nous, il nous est bien facile de résumer notre pensée. Si le prêt sur gage est un bien, réglez-en l'usage, faites les lois nécessaires, mais n'en faites pas un monopole privilégié. Les opérations, les combinaisons particulières, offriront mille fois plus d'avantages aux intérêts nécessiteux, que vos établissements favorisés, s'appuyant sur leur patente et placés à l'abri de tout concours. Si un tel prêt, ou plutôt une série de prêts répétés, est un mal, supprimez dans nos codes, tous ce qui se rapporte à des usages vrais, légitimes et utiles que le commerce pratique, et qui bravent fréquemment la censure des tribunaux. Mais soit que dans le problème à résoudre, il y ait un bien ou un mal, examinez au moins la question des Monts-de-Piété, précisez la théorie, réglez l'application, prévoyez les conséquences et faites en sorte qu'un membre de l'Institut, un professeur d'économie politique (1), ne puisse pas venir affirmer, sans être contredit, que « ces établissements sont des abîmes ouverts » sous les pas du malheureux plutôt que des asiles » pour échapper au malheur. »   B. PANCE.

MORALE PUBLIQUE. « La morale, dit Pascal, élève un tribunal plus haut et plus redoutable que celui des lois. » Cette maxime est concordante à celle-ci, qui n'est pas moins vraie : Les lois sont l'ouvrage des mœurs.

Mais de quelle morale, de quelles mœurs s'agit-il ? Non pas sans doute de la Morale des philosophes, car elle est toujours à l'état de controverse, et s'il est incontestable que leurs écrits aient une certaine influence sur l'opinion, il l'est aussi qu'ils ne lui imposent pas tous leurs décrets, qu'elle reste juge en dernier ressort des affirmations contradictoires. Et qu'est-ce que l'opinion considérée sous cette forme ? C'est la Morale publique.

L'école doctrinaire avait des motifs pour poser en principe l'universalité de la raison ; elle a pu mal entendre ce principe et en déduire des conséquences erronées ; mais cela n'infirme pas la vérité de l'axiome fondamental. Oui, sans doute, la raison est universelle, et c'est là même ce qui légitime son autorité. Il en est ainsi de la Morale. Consultez tout un peuple sur une question qui se résout par la conscience, vous n'aurez qu'une seule réponse, car les avis non conformes à celui de l'immense majorité auront été inspirés par l'intérêt ou la vanité, et ils ne prouvent rien contre l'universalité de la loi morale. Sur le point de fait, un tribunal d'arbitres hésite fort souvent ; sur le point de droit, jamais. Il y a plus : si la Morale écrite était conventionnelle, si elle n'avait pas d'autre fonction que la volonté du législateur, il n'y a pas une loi contre laquelle l'individu n'aurait le droit de s'inscrire, il n'y a pas un crime qu'il ne pourrait justifier.

Argumenter contre la Morale publique en alléguant la variabilité de ses commandements, c'est aussi conclure d'un fait vrai à de fausses conséquences. L'opinion, la conscience humaine sont essentiellement muables ; la foi commune appelle cette mobilité l'élément du progrès. Un instinct inéluctable, *ineluctabile fatum*, pousse l'humanité dans la voie de ses destinées ; comme le coursier biblique, elle ne sait rester en place, il faut qu'elle s'agite, il faut qu'elle marche, il faut qu'elle obéisse à son essor naturel. Ce fut un préjugé de l'école d'Athènes de considérer les phénomènes de la pensée comme seuls dignes d'intéresser la science, de poser les idées comme seules éternelles et d'argumenter sur cette éternité. Chaque printemps nous ramène les fleurs et chaque automne les fruits : les astres nous apparaissent et nous échappent aux heures que les siècles n'ont pas changées, ils ne brillent pas pour nous d'une lumière plus vive ou plus pâle que pour le nomade Chaldéen : les glaces couvrent toujours les cîmes hyperboréennes, et le vent de feu souffle toujours au désert. Ce qu'il faut dire contre Platon, c'est que la pensée de l'homme a seule, dans l'ensemble des choses, le privilège de n'être jamais identique à elle-même. Si toutes ses agitations ont un but déterminé, ce but recule sans cesse, rien n'arrête la colonne lumineuse qui lui désigne sa route. Mais il ne faut pas que le scepticisme vulgaire se fonde sur cette incontestable mobilité, pour nier l'autorité de la Morale publique : les formules de la Morale varient sans doute, mais les axiomes qu'elle proclame sont éternels. On trouvera, dans les annales de l'antiquité, l'éloge de certains faits que condamne notre conscience et que châtie la loi moderne : cela prouve que la raison agit constamment sur elle-même, et que cette action n'est pas stérile. Mais que l'on nous montre un code où il soit établi que l'égoïsme est la loi des êtres, que la vertu est une fiction contraire à une tendance naturelle de l'humanité, et le devoir, un sophisme de l'esprit de système. Un historien de l'antiquité avait affirmé que le mot loi, νομος, ne se trouvait pas dans tout Homère : on lui a prouvé qu'Homère reconnaissait des lois même dans l'antre des Cyclopes. Les formules de la Morale varient, mais le principe en est immuable : ce principe est la loi vivante de l'humanité ; elle est son mobile, elle est sa conscience même.

Admettre que les formules de la Morale ne sont pas toujours identiques, c'est, en apparence, autoriser les révoltes du scepticisme individuel. Loin de nous cette pensée. Dans leurs variations, ces formules sont absolues, car elles sont, à chaque époque, le dernier mot de la conscience publique. Maintenant est-il permis de s'élever contre elles, sinon par des actions, du moins par des paroles ? Est-il permis d'émettre toutes les doctrines qui peuvent être inspirées par la fantaisie, bien qu'elles outragent les mœurs ? Cette licence ne sera jamais tolérée. Pourrait-elle l'être ?

B. HAURÉAU.

(1) M. Blanqui aîné, *Histoire de l'économie politique*

MOTION. Au mot INITIATIVE nous avons indiqué les questions de droit public qui se rattachent à la faculté qu'ont aujourd'hui les membres du pouvoir législatif de proposer directement les mesures qu'ils croient utiles. Nous avons ensuite renvoyé au mot PROPOSITION l'exposition des principes et des usages qui règlent l'exercice de ce droit. En ce qui concerne les habitudes parlementaires de notre pays, nous n'avons donc rien à dire du mot MOTION. Ce mot, d'ailleurs, n'y est plus guère usité. En Angleterre, on l'emploie dans le même sens que nous employons ici le mot PROPOSITION. Quand un membre du parlement veut exercer son droit d'initiative, il expose en termes généraux dans une Motion les motifs du bill qu'il demande l'autorisation de présenter. La chambre désigne ensuite le jour où elle veut entendre la lecture du bill en question; et par le fait même de la lecture, la discussion est ouverte. On voit par là que le droit d'initiative n'est pas soumis, chez nos voisins, aux entraves dont l'entoure chez nous la peur qui travaille le pouvoir, quand il s'agit de publicité.

MOUCHARD. Espion de police; telle est la définition de ce mot dans le dictionnaire de l'Académie. Mais la police ayant des espions de tout genre et de toute nature, il n'est pas hors de propos de donner ici une idée exacte du mot Mouchard dans son acception la plus vulgaire.

Mezeray, parlant de Democharès, inquisiteur de la foi, dit qu'il s'appelait Mouchy et que ses espions se nommaient Mouchards.

On lit dans Voltaire (Histoire du Parlement de Paris): « Le fameux Mouchy, qu'on appelait Democharès, était proprement un délateur, un espion du cardinal de Lorraine, c'est pour lui qu'on inventa le sobriquet de Mouchard pour désigner les espions; ce nom seul est devenu une injure. »

Cette étymologie est contestée par Ménard, qui prétend qu'on appela les espions Mouchards, du mot Mouche.

Quoi qu'il en soit, on désigne sous le nom de Mouchards ou Mouches, les individus que des officiers de justice détachent pour suivre ceux qu'ils ont ordre de surveiller ou d'arrêter, et l'on comprend sous la dénomination de Mouchard, tout ce qu'il y a de plus abject dans la classe nombreuse des suppôts de la police.

Le Mouchard sait l'émeute, il la possède comme l'A B C de son métier, il l'enfante, il la compose, il la suit, il l'amène au point où on la lui a demandée; puis il la livre pieds et poings liés, ou lui facilite les moyens de se disperser selon que les besoins du jour le comportent.

L'humanité gémit en songeant qu'il se trouve des hommes capables de remplir de tels emplois et l'on doit plaindre les gouvernements qui sont obligés, pour se maintenir, d'avoir recours à de semblables moyens.

Quand les gouvernements, devenus l'expression et l'instrument de la volonté de tous, n'auront plus à combattre par la force les réclamations justes ou injustes de l'opinion publique, il est permis de croire que l'on verra disparaître de la scène politique ces fonctions si basses et si honteuses. Cette espérance, du reste, n'est point une vaine hypothèse de l'esprit de parti. Non! Il y a des faits très récents qui la justifient. Le gouvernement populaire qui s'est établi en Espagne après l'abdication de la reine régente, Christine, a formellement aboli les dépenses secrètes de la police politique.　　　　　　　**P. C.**

MOUVEMENT. Quelle que soit l'opinion que l'on se fasse sur le passé, le présent et l'avenir du monde, c'est une vérité devenue triviale aujourd'hui, que l'humanité n'est point stationnaire, qu'elle ne végète point et qu'elle vit, qu'elle marche toujours, à travers toutes les résistances, vers le suprême but que Dieu nous cache, et où il nous attend. Que de changements, que de subversions et combien de profonds bouleversements depuis le commencement du passé que nous connaissons! Que d'évolutions souterraines ou extérieures au sein du monde physique! Et dans le monde moral, quelles spéculations inouïes, incompréhensibles, l'esprit humain n'a-t-il pas conçues, enfantées et réalisées. Voyez autour de vous, et dans les monuments qui nous restent de ceux qui nous ont précédés: qu'est-il resté debout? rien! ni les idées, ni les intérêts, ni les langues; les passions elles-mêmes ont changé de nature; ou tout au moins d'objet! Et ces évolutions diverses de l'esprit humain et de la matière ne sont pas encore à leur terme; toutes les combinaisons ne sont pas épuisées, toutes les idées, toutes les institutions, toutes les langues ne sont pas encore venues. Ce Mouvement perpétuel que de petits savants, fatigués de leurs courses perdues à la recherche de la pierre philosophale, cherchent encore à réaliser dans quelque détail, existe donc, il existe dans le monde moral et dans le monde matériel, dans l'ensemble des choses, dans l'univers.

Or, il est évident pour tout homme qui pense, et qui croit, — et ici comme partout, au reste, la raison justifie la foi, — il est évident, disons-nous, que ce Mouvement est déterminé, surveillé, conduit, tour à tour contenu et précipité par une force intelligente et dominatrice. *L'homme s'agite et Dieu le mène!*

Et puisqu'il en est ainsi, quel est notre devoir à tous? Il est facile à connaître. Instruments libres de la suprême intelligence, nous devons aider au Mouvement qui nous emporte, l'activer avec sagesse, avec mesure, le suivre du moins et surtout ne le point contrarier. Il faut marcher, marcher sans cesse vers de nouveaux horizons: là est la véritable force, la vraie sagesse, la véritable et bonne intelligence.

Nous disons avec sagesse et avec mesure, parce que les Mouvements des passions, même généreuses, rompant la chaîne qui lie l'avenir au passé, au lieu de hâter l'humanité vers son but, risquent de l'emporter hors de ses voies. Mais s'il est vrai que la sagesse soit nécessaire, qu'il faille modérer l'essor des espérances fougueuses, il est vrai aussi que toute résistance systématique est coupable, que la résistance érigée en principe est une usurpation déloyale du passé sur le présent ou du présent sur l'avenir.

La vérité ici est au milieu : entre ceux qui veulent courir et ceux qui veulent rester assis. E. D.

MUFTI. C'est à tort que les Encyclopédies et les dictionnaires français disent que le *Mufti* ou *grand Mufti* est en Turquie le chef de la religion. Les Muftis ne sont que des jurisconsultes ou plutôt des avocats consultants, qui occupent dans la hiérarchie religieuse et judiciaire un rang assez subalterne. Cependant, leurs consultations écrites ont valeur de sentence et peuvent être opposées aux décisions des juges ; on comprend que ce privilége, assez bizarre, du reste, donne aux Muftis une véritable influence.

Le chef de la religion, dans l'empire Ottoman, est le *Cheik-ul-Islam.* Il est en même temps grand-prêtre et ministre de la justice. Son autorité est respectée dans toute la monarchie, tandis que celle du *Chérif de la Mecque*, tradition vivante du prophète sur la terre, est aujourd'hui tout-à-fait illusoire. Après le *Cheik-ul-Islam*, viennent les deux *Kadi-Lesker* de Roumélie et d'Anatolie, puis d'autres fonctionnaires ayant tous le titre d'*Ulémas.* Les *Mollas* sont les délégués ou représentants du *Cheik-ul-Islam* dans certaines grandes villes et les provinces de l'empire. Ce sont de véritables préfets religieux et judiciaires. Tous les tribunaux, toutes les *médressch*, ou écoles, toutes les mosquées de leur ressort, sont soumis à leur contrôle. Les Muftis ne figurent pas du tout comme *fonctionnaires* dans cette organisation. Ils jouent tout simplement le rôle de *conseils* ; seulement leurs avis écrits et signés ont force de sentence dans la plupart des procès.

On voit que les définitions de tous ces titres sont singulièrement erronées dans les encyclopédies. Il nous a paru important de les rectifier.

F. L.....x.

MUNICIPALITÉ. Malgré les travaux nombreux et importants dont l'histoire du moyen-âge a été le sujet dans ces dernières années, on n'a pas encore tracé distinctement les deux lignes traditionnelles qui aboutissent à notre institution Municipale, la Municipalité romaine et la commune féodale.

Cette institution pourtant tient certainement des deux origines. Par les républiques italiennes, par les cités du midi de la France, le régime romain s'est évidemment perpétué au travers des invasions, quoiqu'en se dégradant de plus en plus à mesure qu'on approche du nord. Au nord, l'association des bourgeois en commune, pour résister aux tyrannies féodales, n'est pas moins incontestable dans son originalité. Il est vrai que ce sont moins les institutions du Municipe qui conservèrent en France, et donnèrent même aux premières communes bourgeoises une sorte de physio-

nomie romaine, que les traditions des lettres antiques et du droit romain, restauré presque au moment où naissait la commune. Les gens de loi du tiers-état s'emparèrent avidement de ces traditions pour en revêtir l'organisation qu'ils soutenaient, de concert avec la royauté, contre l'aristocratie militaire. Délimiter exactement ces sources de l'institution contemporaine, n'est pas un travail qui puisse se faire ici ; mais il fallait bien dire que, malgré son désir d'innovation, la Constituante fut obligée d'admettre, dans l'organisation nouvelle, ce que l'opinion générale renfermait et lui imposait.

On a proposé, dans ce Dictionnaire, une restauration de la commune cantonale : il ne nous appartient pas de la juger. La question de possibilité dans l'exécution étant mise à part, elle présente incontestablement des avantages nombreux qui, d'ailleurs, ont été bien exposés. Mais cette question même est grave, et, dans tous les cas, elle né pourrait être posée que dans un avenir éloigné ou du moins indéterminé. N'est-il pas permis d'en tirer dès à présent le germe d'une amélioration facilement praticable ?

La Municipalité représente aujourd'hui deux sortes d'intérêts.

Le premier est tout moral : elle est une école pour l'éducation politique élémentaire de la population, et une école, non seulement d'idées, mais encore de sentiments et d'habitudes. Les résultats qu'on cherche, ou qu'on fait semblant de chercher, dans la diffusion de l'enseignement littéraire (qui est sans doute une chose excellente en elle-même), se trouvent bien plus directement dans cette leçon journalière des faits à laquelle chacun prend part, et qui se grave dans l'esprit et dans le cœur par la toute-puissance de l'intérêt et de l'habitude. Cette habitude de voir ses affaires confondues, dans l'affaire commune, est la vraie base de la vie politique dans un pays libre. Par là, chaque homme devient citoyen : autrement, il n'est qu'une unité sans valeur ; autrement, il suit, sans résistance et sans intelligence, toutes les impulsions qui viennent, soit des partis, soit du pouvoir. De telle sorte qu'au milieu d'un peuple ainsi dénué de volonté collective, les révolutions peuvent sortir de la cause la plus faible et la plus éphémère ; et que, même bonnes et progressives par leur principe et leur but, elles restent nécessairement sans vertu et sans réalisation ; elles échouent quand il s'agit d'appliquer leurs meilleures innovations. Tel est le cercle dans lequel tourne depuis si longtemps notre pays : tous les gouvernements qui se sont emparés successivement de ses révolutions ont été impuissants dès qu'ils ont cherché à agir autrement que par la répression. Mais la répression n'est pas la vie ; c'est tout le contraire. Que peut-il y avoir à réprimer, sinon quelques excès des cupidités individuelles, dans cette masse immense et inerte, qui est bien une population, mais qui, certes, n'est pas une nation ?

Pour ce progrès moral du pays, deux éléments surtout seraient puissants : la vie municipale énergique et vraie, et la diffusion de la presse politique, d'une presse sincère et non pas organisée par des coteries, dans des vues d'intérêt personnel ; et l'un des deux éléments n'agira pas sans l'autre, ou il agira dans un sens mauvais, comme cela se voit depuis que des lois nouvelles ont donné une sorte de vie électorale à la Municipalité. Les journaux, organes de partis sans nationalité, trop chers pour descendre dans les foules, ne peuvent y répandre des notions générales, et y créer des passions collectives; les instincts de la localité sont donc restés seuls en possession de l'activité municipale, et ils s'y sont montrés sous des aspects tristement égoïstes et ignares. Les ennemis systématiques de la liberté se sont emparés de ce résultat pour prouver qu'on avait poussé trop loin la confiance légale dans le peuple. Ils n'ont pas voulu voir que la liberté est comme la production : mauvaise seulement quand elle est mal répartie et mal équilibrée, mais qu'elle n'est jamais excessive. Si l'on veut s'en assurer par le témoignage irrécusable des faits, on n'a qu'à comparer l'administration municipale des grandes villes avec ce qu'elle était avant que l'élection la rapprochât de celle-ci qu'une force presque fictive. Toutefois, la vie publique circule dans ces grands centres et y produit des effets qu'il est impossible de nier. Pour que ces effets se montrent dans les petites Municipalités, il faut donc y créer la vie publique, et cela ne se peut aujourd'hui que par la presse, seul moyen de délibération préalable dans la démocratie moderne.

Nous nous rapprochons ici de l'idée de M. Billiard : mais la tenant, comme nous l'avons dit, de difficile et lointaine réalisation, nous nous bornerons à demander une révision de la circonscription communale actuelle, dans un but de plus grande concentration. Il ne s'agirait pas de rien changer à l'ensemble de la machine administrative, mais seulement de recomposer, par agglomérations, les communes de faible population, partout où les dispositions ou l'étendue du terrain ne s'y opposeraient pas. Ainsi, on accroîtrait les probabilités d'un bon corps municipal, si difficile à former aujourd'hui dans plus des deux tiers des communes.

Enfin, il serait à désirer que la réforme électorale, qui est, à présent même, demandée dans des proportions diverses, pût de quelque façon lier la Municipalité à l'élection politique. Par cette seule fusion, serait d'un seul coup atteint un résultat immense, l'homogénéité et la solidarité du sentiment civique en France.

L'intérêt moral, une fois satisfait en ce qui regarde la Municipalité, l'autre nature d'intérêts ne court plus aucun risque. On peut sans danger, ou doit augmenter beaucoup le pouvoir de l'autorité locale, non pas seulement en ce qui touche la localité même, et les intérêts bornés qu'elle renferme, mais encore quant aux intérêts généraux

qu'elle régit par fragments pour ainsi dire. Sur ce dernier objet, l'autorité centrale ne doit jamais sans doute abandonner son droit de surveillance, son pouvoir de répression ; mais elle doit laisser à l'initiative Municipale une liberté dont elle n'abusera pas long-temps quand elle se verra vigoureusement réprimée.

Du reste, dans l'état moral où se trouvent encore les populations rurales, cette liberté serait une innovation absurde, il faut se hâter de le dire; et c'est pourquoi, à moins d'aimer les utopies, il est tout-à-fait inutile de poser aujourd'hui les bases détaillées de l'organisation Municipale et du mode d'existence de cette unité administrative. Ce qu'on peut demander se borne aux trois points que nous avons touchés : Une révision de la circonscription des communes rurales ; une plus directe intervention du peuple dans l'élection Municipale, avec une plus grande liberté dans le mode d'action du corps élu, et surtout du maire ; enfin, l'affranchissement fiscal de la presse, qui permette à la discussion politique de pénétrer partout et de démontrer l'homogénéité, l'unité indissoluble des intérêts locaux et généraux, de lier la commune au département, le département à la nation tout entière.

Ces trois points ne sont que préparatoires si l'on veut ; mais si cette préparation était accomplie, que resterait-il à faire? Y a-t-il encore quelque incertitude sur la limite des intérêts locaux et des intérêts généraux? Peut-on craindre sérieusement des conflits entre l'autorité locale et le pouvoir central? Le reste n'est donc plus que matière de règlement.   A. P.

MUROS (INTRA et EXTRA), littéralement, *dans les murs, hors des murs.* Nous donnons ici la définition de ces deux composés, parce qu'ils servent aujourd'hui à désigner certains collèges électoraux. En général, la circonscription administrative a servi de base à l'établissement de la circonscription électorale. Cependant, il est des localités où il a bien fallu tenir compte de la population. Il eût été ridicule, en effet, qu'une ville, peuplée de cent cinquante à deux cent mille habitants, fût comptée comme une autre ville peuplée seulement de trois à quatre mille âmes. On a donc été obligé de diviser certains arrondissements administratifs, en deux, trois ou quatre arrondissements électoraux : les électeurs urbains forment les collèges *intrà-muros,* et les électeurs ruraux, les collèges *extrà-muros.* Et comme, *intra* ou *extrà-muros,* notre système électoral produit, à peu près infailliblement, les mêmes résultats, il arrive trop souvent que, suivant la parole du poète,

...... Intrà muros peccatur et extrà.

MUTATION. La transmission des biens d'une personne à une autre se nomme Mutation : toute Mutation est, en France, l'objet d'un impôt.

Il serait difficile de justifier d'une manière rationnelle les impôts établis sur les Mutations de propriété. Que tout propriétaire d'un instrument

de travail, que tout consommateur, et celui surtout qui consomme des produits de luxe, paient une
redevance au trésor public, cela se conçoit et s'explique ; mais à quel titre le fisc frappe-t-il toute
transmission de propriété, soit qu'elle ait lieu par
décès, soit qu'elle ait lieu par donation ou par vente ? Évidemment, les droits de Mutation ne sont
fondés que sur l'usage et sur ce principe de l'ancien droit que, si les transmissions de propriétés
sont reconnues et valables, c'est au prince qu'on
le doit et qu'on le paie.

L'impôt établi sur les Mutations de propriété
est une charge énorme qui frappe aveuglément et
inégalement les contribuables. D'après les chiffres
officiels, les biens qui avaient changé de propriétaire en 1835, étaient évalués, savoir : les
meubles à 1,250,487,406 fr., et les immeubles à
2,474,177,592 fr., formant un total de 3,724,614,
999 fr. Sur les mutations de meubles, le fisc avait
perçu 17,457,801 fr., et sur les mutations d'immeubles, 102,413,005 fr., en tout 119,870,807 fr.
Dans ce chiffre, le droit perçu pour les transmissions d'immeubles par vente, figure pour une
somme de 72,216,353 fr., environ les 3|5 du tout.

L'impôt établi sur les transmissions de meubles
n'en atteint qu'une très faible partie, et la fraude
est si facile, que le fisc a été obligé de se conten-
-ter d'un droit proportionnel minime. La plupart
des transmissions de meubles se font sans qu'il en
reste aucune trace : l'impôt atteint donc surtout
les meubles dont l'existence est constatée par inventaire, et les ventes de meubles faites en justice, il frappe donc le plus souvent les mineurs,
les saisis, les faillis, les absents, les veuves, en
un mot les malheureux et les faibles, ce qui est
injuste.

Les droits de Mutation auxquels les transmissions d'immeubles donnent lieu sont beaucoup
plus élevés : le fisc ne craint pas ici que son gage
lui échappe : il perçoit de 4 à 9 p. 0|0 de la va-
leur des immeubles transmis à titre gratuit, et 5
et 1|2 p. 0|0 sur la plupart des ventes, de telle
sorte qu'en moins de trois générations la valeur
entière du patrimoine immobilier des familles est
versée au trésor public.

Cet impôt énorme, dont il est impossible de justifier l'assiette, se répartit au hasard entre les
contribuables et les héritages : il pèse plus ou
moins, suivant la durée plus ou moins longue de
la vie des propriétaires, suivant que les ventes,
les donations sont plus ou moins fréquentes. Nous
ne parlerons pas des droits de succession, qui cependant méritent de soulever des objections nombreuses, surtout pour les successions en ligne directe ; mais dans quel but existe le droit établi sur
les transmissions d'immeubles à titre onéreux ?
Pourquoi, lorsque l'état fait des sacrifices afin
d'encourager le commerce des denrées et marchandises, chercherait-on à prévenir les développements du commerce des immeubles ? Le jour où
l'on est sorti du régime des substitutions et des
majorats, n'aurait-on pas dû laisser à la transmis-

sion des immeubles les facilités qui sont accordées
à la transmission des marchandises proprement
dites ? Pourquoi cette exception au préjudice de
la propriété foncière, de l'agriculture ?

Est-ce parce que les capitaux placés en biens
fonds sont placés à perpétuité, parce qu'ils vont
augmenter les forces productives de la nation, et
qu'ils l'enrichissent sans la corrompre ? Est-ce
parce que cette propriété est accablée sous les charges des contributions directes ? Est-ce parce qu'un
mauvais régime hypothécaire la prive de tout crédit ; parce qu'elle est livrée, comme une proie,
aux officiers ministériels, aux gens de loi ; parce
qu'elle offre des ressources dans les temps difficiles, lorsque toutes les branches des revenus publics deviennent improductives ?

Nous savons qu'il existe contre les propriétaires
de terres de vieux préjugés, comme si la terre appartenait toujours à une aristocratie insolente.
Mais il faut que l'opinion revienne à des idées plus
exactes : il faut rappeler souvent des chiffres plus
éloquents que toutes les déclamations. En 1835,
on comptait en France 10,893,528 cotes foncières,
dont 5,205,411 au dessous de 5 fr. ; 1,751,994 de
5 à 10 fr. ; 1,514,251 de 10 à 20 fr., et 13,361
seulement de 1,000 fr. et au dessus. La propriété
foncière, ainsi divisée, est grevée d'une dette hypothécaire de plus de onze milliards, portant un
intérêt qui varie entre 5 et 15 p. 0|0.

La détresse des propriétaires de terre, des agriculteurs en général, est évidente, et les droits de
Mutation n'ont pas peu contribué à l'amener. Ils
viennent, comme un sinistre, à l'improviste, dépouiller les successions de capitaux disponibles,
ou bien ils gênent les transactions, les rendent
difficiles et pleines de fraudes : les clauses introduites dans les actes pour échapper aux exigences
du fisc donnent lieu à une multitude de contestations, de procès, et le fisc moissonne encore, en
même temps que les gens de loi, par le timbre,
par l'enregistrement, par les droits de greffe.

Si l'État ne peut se passer du produit des droits
de Mutation, si la propriété foncière ne peut pas
être dégrevée, si elle doit se contenter, comme
aujourd'hui, du tiers environ du produit des
terres et payer, à elle seule, annuellement, 450
millions d'impôt, on pourrait au moins supprimer
les droits de Mutation et augmenter le montant de
l'impôt foncier, de manière à les remplacer. Les
charges régulières et prévues sont beaucoup plus
faciles à supporter, et dérangent moins les affaires
des contribuables que celles qui frappent soudai-
nement et à l'improviste. Une augmentation de
l'impôt foncier équivaut à une diminution de la
valeur des immeubles imposés : cette diminution
est une grande calamité ; mais une fois acceptée,
elle prend place dans les transactions, et ne trouble nullement le cours régulier des choses. Elle est
en tous cas bien préférable à ces dérangements
subits, à ces destructions rapides des fortunes
immobilières que causent souvent les droits de
mutation.   •   C. S.

N

NABAB, ou mieux, *Nawab,* pluriel arabe de *Naïb* (prononcez *Naëb*). On sait que les Orientaux en général, emploient le pluriel pour désigner les chefs politiques éminents. — Le singulier est trop mesquin. — Le souverain des Indes, par exemple, ne pouvait s'appeler que *Shah-un-Shah* (roi des rois). Les Turcs n'emploient pas le pluriel ; mais ils admettent différents degrés de royautés, et il va sans dire que leur empereur occupe le premier rang. Le sultan est le roi par excellence, le *Padishah* ou *grand empereur ;* les rois des autres pays ne sont que des *Králs.* C'est par ces puérilités que les potentats d'Orient se consolent de leur abaissement.

Nawab est un mot d'importation arabe dans l'Indoustan. Il désignait, dans la hiérarchie musulmane, les gouverneurs de province. Les attributions de ces délégués de l'empereur n'étaient pas bien déterminées ; ils cumulaient les pouvoirs politique, civil et administratif. Cette confusion dont le modèle existe dans l'ancienne organisation du pachalik turc, favorisait singulièrement le despotisme de ces souverains au petit pied ; par cela même elle s'accordait merveilleusement avec les principes d'un peuple qui, en s'installant victorieusement sur les rives de l'Indus et du Gange, avait commencé par confisquer la propriété dans toute l'étendue de ces vastes contrées, monstruosité renouvelée plus tard par les Anglais (1).

Aujourd'hui le mot *Nawab* n'a pas, dans l'Inde, la même signification qu'en Perse où il ne s'emploie que dans son sens primitif. C'est tout simplement parmi les Anglais, comme parmi les indigènes, un titre d'honneur qui s'applique d'une manière indéfinie et indifféremment à toute personne occupant de hauts emplois dans l'administration musulmane. Dans le style politique, dans les lettres et écrits diplomatiques, on ne s'en sert jamais comme désignation d'office. Ce n'est pas seulement une erreur de langage que de l'employer ainsi ; cela entraîne l'idée de priviléges qui n'appartiennent qu'aux familles royales ou princières.

On va même jusqu'à donner le titre de *Nawab* à des Européens qui exercent sur leur entourage l'influence que donnent les lumières et la fortune.

(1) Les anglais n'ont fait, dans certaines provinces de l'Hindoustan , que substituer une conquête à une autre. Ils se sont déclarés, comme leurs prédécesseurs, propriétaires du sol, bien que le droit de propriété fût très formellement consacré dans l'ancienne société indienne. Ils ont bien voulu permettre aux *riotts,* ou paysans, de se racheter, eux et leurs familles, en cultivant la terre au nom et pour le compte de la compagnie. Ces malheureux paient au fisc jusqu'à 50 p O[0 du revenu, ce qui, comme on le pense bien, les réduit à une misère affreuse.

La plupart des Anglais qui reviennent jouir, à Londres, des richesses qu'ils ont amassées au Bengale, sont Nawab.

C'est ainsi que la vanité des hommes laisse complaisamment les titres pompeux survivre aux fonctions et aux priviléges qu'ils désignaient.

En France, quoiqu'il n'y ait plus ni duchés, ni comtés, ni marquisats, ni baronies, il y a encore, hélas ! beaucoup de ducs, de comtes, de marquis et de barons ; ces nobles de pacotille, que la loi ne protége même plus contre le plagiat et la contrefaçon, sont autant de Nawab. **F. L —x.**

NATION. A proprement parler, le mot Nation représente toute collection d'hommes ayant une croyance commune. C'est ainsi qu'on a pu donner le nom de Nation à l'ensemble de toutes les populations arabes, quoiqu'elles fussent divisées en tribus ; à la réunion de toutes les peuplades grecques, quoiqu'elles fussent partagées en différents états ; à l'agglomération de toutes les races celtiques, quoiqu'elles fussent morcelées par le système fractionnaire des clans. En ce sens, le mot Nation signifie simplement *race ;* aussi, les Romains n'avaient-ils qu'un seul et même terme, *gens,* pour désigner la race et la Nation.

Mais, considéré dans un sens plus limité, le mot Nation indique une forme sociale, dans laquelle un certain nombre de villes ou d'Etats particuliers, soit de même race, soit de races différentes, obéissent à une loi commune et à un gouvernement commun.

Cette forme sociale et les idées qui s'y rattachent appartiennent entièrement aux temps modernes ; et si l'on se rappelle ce que nous avons déjà dit dans plus d'un article de ce recueil, il n'est pas difficile de constater les différents développements sociaux, qui ont dû conduire les populations à cette unité morale qu'on appelle Nation.

En remontant par la pensée à l'état primitif des sociétés, on peut se représenter les hommes vivant dans un système grossier de communauté, où le travail est presque nul, parce que tout est à chacun, où les affections sont à peine éveillées, parce que leur seul amour n'est que le plaisir des sens. Cette époque ne nous a pas laissé de traditions, et ne pouvait pas nous en laisser. Car tout homme était sans ancêtres et sans descendants qui lui fussent propres. C'était le temps de l'individualisme le plus complet ; car on aura beau faire, la communauté a pour conséquence forcée l'individualisme.

Mais bientôt les hommes les plus intelligents se sont attachés à une ou plusieurs compagnes qui se donnaient exclusivement à lui. Ils en ont eu des enfants qu'ils peuvent appeler leurs. La famille commence et avec elle la tradition : et comme nécessairement l'histoire ne commence qu'avec la tradition, l'on peut dire que le premier état social de l'homme est historiquement la famille.

En même temps se révèle une idée sociale nouvelle, source féconde de bien-être matériel et de sentiments moraux, la propriété.

Si la propriété se borne à l'asservissement et à l'éducation des animaux qui doivent fournir à l'homme sa nourriture et ses vêtements, chaque famille continue sa vie nomade et reste dans son isolement, ou même dans un état d'hostilité avec les autres familles. Telle est la condition des populations pastorales. Tant qu'elles ne se fixeront pas au sol, elles devront renoncer à tout progrès, à tout développement ultérieur ; elles ne se formeront jamais en corps de Nations. Et nous en avons un exemple bien frappant. La population arabe, qui est peut-être la première qui se soit constituée en familles, est aujourd'hui l'une des dernières dans l'échelle de la civilisation. Ce n'est pas qu'il lui manque aucune condition intellectuelle ; car ceux de ses enfants qui sont allés à la suite de Mahomet s'établir dans les villes, ont dépassé tous les peuples de leur époque dans les sciences, les lettres et les arts. Quant aux Arabes donc, l'immobilité de leur civilisation n'a tenu qu'à la mobilité de leur vie.

Mais lorsque l'idée de propriété s'est manifestée par l'occupation du sol, lorsque la famille s'est identifiée avec la terre, chaque jour a révélé un progrès nouveau, parce que chaque jour a rencontré sa difficulté. Dans ce rude combat avec la nature, l'homme peut à bon droit appeler siennes les richesses qu'il recueille ; car elles sont le produit de son intelligence, le prix glorieux de ses fatigues. Alors se construisent les demeures fixes qui attachent les familles au sol, en même temps que cette union intime avec la terre est sanctifiée par les idées religieuses. Les Dieux du foyer domestique accueillent l'homme à son berceau, et la consécration des tombeaux le protège encore à sa mort.

Cependant cette fixité des familles les rapproche naturellement l'une de l'autre, soit pour la sûreté commune de leurs demeures, soit pour la garantie mutuelle de leurs propriétés. Il se forme une association entre les chefs de famille : de leurs intérêts communs dérivent des lois communes ; de cette association des familles naît la patrie ; de la réunion des demeures naît la cité.

La cité fut la forme sociale de toute l'antiquité gréco-romaine. Malheureusement, en même temps que la cité servait de lien à toutes les familles qui s'y trouvaient concentrées, elle consacrait cette union par l'exclusion de tous les autres hommes. En sorte que le mot patrie, qui était un symbole d'affection entre concitoyens, était aussi un symbole d'hostilité contre les étrangers. L'amour des uns puisait sa force dans la haine des autres. Il y avait bien cependant entre les cités grecques, par exemple, des croyances religieuses communes, qui pouvaient à la rigueur les faire considérer comme formant entre elles une seule nation. Les législateurs

sacerdotaux avaient même cherché à les ramener à l'unité par l'institution de fêtes religieuses et de jeux publics, qui réunissant, à des époques fixes, les citoyens de toutes les cités, semblaient les inviter à confondre leurs intérêts comme leurs croyances. Mais ce n'étaient là que des rapprochements momentanés : l'idée de Nation était quelque chose dont ils n'avaient pas l'intelligence : la patrie était tout pour eux, et la patrie c'était la cité. De là, ces hostilités continuelles, ce long antagonisme, ce cruel droit de la victoire qui soumettait les vaincus à l'esclavage. De là, ces législations diverses faites dans l'enceinte de chaque cité, et rejetant hors du droit tout homme qui était hors de cette enceinte. Si, par hasard, dans de solennelles occasions, ou dans un immense danger, toutes les cités se réunissent contre un ennemi, ainsi que cela se fit à la guerre de Troie, et dans l'invasion médique, ce n'était pas encore là la lutte d'une grande nation contre une autre ; c'était une ligue de plusieurs peuples également menacés qui faisaient trêve à leurs hostilités particulières pour repousser un danger commun. Mais dès que le danger disparaissait, les alliés se séparaient pour redevenir ennemis. Ainsi, soit dans leurs fêtes religieuses, soit dans leurs alliances guerrières, les cités se considéraient comme dans un état de trêve, sans jamais avoir la pensée qu'elles fussent les membres d'un même corps appelé Nation. Après les fêtes, la guerre ; après l'alliance, la servitude : c'était pour les cités l'époque de l'individualisme.

Mais la guerre même devait conduire à l'unité qu'elle semblait exclure, et l'antagonisme accomplir ce que repoussait le sentiment social. Les longues luttes de Sparte et d'Athènes devaient hâter ce résultat ; en combattant pour la suprématie, elles combattaient pour l'unité. Ce fut la puissance macédonienne, il est vrai, qui eut les bénéfices de cette lutte ; mais Philippe, en mettant fin par la conquête à toutes ces rivalités, constitua réellement la nation grecque, et la mit en état de marcher sous Alexandre à la domination du monde.

Les villes italiques nous offrent les mêmes phénomènes et les mêmes résultats. Elles formaient plutôt une confédération qu'une nation. Rome les mena violemment à l'unité, et avec elles tout le monde connu. Mais cette unité ne formait pas une nation, parce que les vainqueurs laissèrent à chacun des peuples vaincus ses lois particulières, et ceux-ci, bien que confondus dans un sort commun par la conquête, n'étaient pas admis aux privilèges du droit civil. Ils étaient sujets de Rome, sans être citoyens Romains. Il fallut de longs bouleversements avant que l'unité de l'asservissement se transformât en unité nationale. Ce ne fut que sous Caracalla que tous les sujets de l'empire furent reconnus citoyens Romains. Malheureusement, la Nation se trouvait constituée en droit, au moment où, de fait, elle allait se dissoudre. On faisait de l'unité avec tous les éléments anciens, quand mille éléments nouveaux introduisaient dans l'Empire une désastreuse multiplicité, et l'on offrait les bienfaits de la nationalité universelle, alors que toute nationalité allait disparaître sous les coups des Barbares.

Ainsi, dans toute l'antiquité gréco-romaine, il n'y eut pas, à proprement parler, de Nation. Tout était dans la cité : la cité était le plus grand développement de l'idée sociale. Mais lorsque les barbares eurent anéanti toutes les puissances du vieux monde, lorsque les tribus germaniques et gothiques se furent partagé l'empire, la cité antique fut détruite à jamais. Chacune des tribus, campée sur la portion de territoire conquis, soumit toutes les villes de ce territoire à une loi commune. Tels furent les éléments grossiers des Nations modernes.

Mais il fallait bien des transformations avant que la Nation ne fut constituée. L'unité ne se trouvait ni dans la pensée, ni dans les habitudes des tribus germaniques. Quel sera donc le fait social, quelle sera l'institution nouvelle d'où sortira cette unité? Ce sera la royauté. Que l'on consulte toutes les phases de l'histoire européenne : tant que la royauté est faible, tant qu'elle lutte contre les puissants vassaux qui l'entourent, le sol reste morcelé, les habitants se considèrent comme des peuples différents. Dès que la royauté ne rencontre plus d'opposition, l'unité s'établit, les Nations modernes sont formées. Ainsi, Henri VIII constitua la Nation anglaise; Charles-Quint, la Nation espagnole ; Louis XIV, la Nation française. Ailleurs, Pierre-le-Grand crée la Nation russe par le despotisme ; Frédéric II, la Nation prussienne. Et ce qui prouve combien cette unité résultant du pouvoir d'un seul est nécessaire pour la constitution première de la Nation, c'est que les pays qui y ont échappé au moyen-âge et qui semblaient entrer les premiers dans les voies de la liberté, ont toujours été, depuis, asservis et opprimés, sans pouvoir reconquérir leur rang de Nation. Ainsi, les villes italiennes qui ont étonné le monde par leurs richesses et leur puissance pendant le treizième et le quatorzième siècles, qui, toutes, furent affranchies avant le douzième siècle, ont causé, par cette liberté précoce, le morcellement de l'Italie, destinée, depuis ce temps, à subir la loi de ses voisins, sans pouvoir aspirer elle-même au titre de Nation. Il en a été de même des villes flamandes.

Toutefois, il ne suffit pas seulement qu'une main habile réunisse ensemble plusieurs territoires, et crée ainsi l'unité matérielle : s'il n'existe pas entre les populations ainsi rapprochées d'unité morale, de pensée commune, on chercherait vainement les éléments d'une Nation. Charlemagne se flattait bien d'avoir fait une Nation impériale avec tous ses peuples conquis ; à peine est-il mort, que tous ces peuples se soulèvent et détruisent son œuvre. C'est qu'une Nation, en effet, ne se fait pas simplement par une agglomération d'hommes et des adjonctions de territoires : il faut encore qu'elle soit composée d'éléments homogènes ; il faut que tous les habitants soient animés d'une même pensée, tendent vers un but commun, que toutes les forces sociales se prêtent un mutuel appui et se confondent ensemble dans une heureuse harmonie.

Et, en effet, chaque Nation ayant, comme chaque individu, à accomplir une mission qui lui est propre, cette mission ne s'accomplit qu'en vertu d'une idée dominante, qui seule fait la Nation. Si cette vérité avait besoin d'être prouvée, elle le serait suffisamment par les vaines tentatives des conquérants, lorsqu'ils ont imaginé d'agglomérer des terres conquises pour en faire un tout social. Napoléon veut donner une couronne à un de ses frères, et fait un royaume de toutes pièces qu'il appelle Westphalie. Il fallait la folie de l'orgueil pour croire à sa durée. On peut improviser un trône ; on n'improvise pas une Nation. Car, encore une fois, une Nation ne vit que par une pensée sociale, qui la fait ce qu'elle est, et reçoit d'elle son développement.

Il est donc aisé de prévoir l'avenir non seulement des agglomérations nouvelles, que l'ambition ou la diplomatie s'efforce vainement de constituer en Nation, mais encore des vieux états qui, ayant perdu la pensée sociale qui leur donnait de la force, doivent infailliblement aller s'incorporer dans une Nation supérieure. Sans parler de l'empire turc, dont les destins sont marqués, qui doute, par exemple, que la Bavière, la Saxe et tant d'autres petits états de la confédération germanique n'aillent bientôt se confondre dans l'unité allemande que prépare lentement la Prusse? N'y a-t-il pas quelque chose de dérisoire à appeler la Belgique une Nation? Et le Portugal, pourra-t-il être long-temps détaché de la Péninsule espagnole?

En effet, à mesure que se développe l'humanité, les éléments sociaux se compliquent et se mêlent davantage, et chaque progrès correspondant à une pensée plus large veut, pour se manifester, de plus grandes forces. En sorte qu'il y a une tendance toujours plus manifeste vers des concentrations plus puissantes.

Ainsi, dans l'origine, nous avons vu la communauté qui correspond à l'individualisme personnel ; puis, par l'union consacrée de l'homme et de la femme, du père et des enfants, l'individualisme de famille ; ensuite, par l'association des familles, l'individualisme de la cité ; enfin, par la réunion des cités, l'individualisme de la Nation. Mais chacune de ces formes sociales tend de plus en plus à rapprocher les hommes entre eux et à donner des éléments nouveaux à la société, sans négliger aucun des éléments anciens. La famille n'est qu'une communauté mieux dirigée et plus intelligente ; la cité est une grande famille ; la Nation, une cité centriple. Le jour viendra où toute l'humanité ne sera qu'une seule et même Nation.　　　　ELIAS REGNAULT.

NATIONAL. Ce qui appartient à la nation. Ce mot a aussi été employé pour désigner certaines formes de gouvernement, certaines conquêtes obtenues sur le pouvoir. Ainsi, on dit *institutions nationales* par opposition aux institutions purement monarchiques ou aristocratiques.

NATIONALITÉ. On a pu voir par l'article

précédent comment il faut considérer la nation. Le mot Nationalité peut être pris dans le même sens. Cependant on emploie généralement ce terme dans le sens de race. Ainsi, lorsqu'on dit la *Nationalité arabe*, la *Nationalité turque*, on désigne par là l'ensemble des populations de race arabe ou de race turque.

NATIONAUX. Nous appelons nationaux ceux de nos compatriotes qui voyagent ou qui résident en pays étranger. Cette qualification est très expressive, car elle implique que le caractère national est indélébile et que la protection de la patrie lointaine suit le voyageur partout où le portent ses pas. Nous sommes loin cependant de l'époque où ces deux mots sacramentels : *sum civis*, suffisaient pour garantir de tout péril la vie et la liberté d'un homme.

Les Nationaux jouissent, ou doivent jouir, chez les nations étrangères des mêmes droits que les étrangers ont chez nous. C'est-à-dire que, soumis aux lois du pays où ils se trouvent, ils sont comme les indigènes sous la protection de ces lois. C'est le droit et le devoir de tout gouvernement de s'assurer si les gouvernements étrangers n'abusent pas de leur puissance pour opprimer les Nationaux qui résident sur leur territoire. Les ambassadeurs et les consuls sont spécialement chargés de ce soin.

Une difficulté assez grave s'est présentée récemment. Le chef d'un des états de l'Amérique du Sud, a décidé qu'au bout de trois années de résidence les étrangers seraient dénationalisés. Cette prétention a donné lieu à de graves débats, et on a contesté le droit du gouvernement Argentin. Tout bien considéré, cependant, ce gouvernement était dans la rigoureuse limite de son droit. Sa conduite était, peut-être, impolitique, elle était dure, peu généreuse ; mais elle ne blessait point les principes du droit public. Il est de principe, en effet, qu'un peuple peut établir chez lui les lois et règlements qui lui conviennent. Si ces lois et règlements blessent les étrangers, ils ont un moyen tout simple de s'y soustraire, c'est de quitter le pays dont l'hospitalité leur semble trop chèrement achetée. Seulement, il faut que ces lois et règlements s'appliquent à tous les étrangers sans distinction ; car si elles ne s'appliquaient qu'à ceux-ci et non pas à ceux-là, ce serait un acte marqué d'hostilité envers le pays des moins favorisés.   E. D.

NATURALISATION. La Naturalisation est l'acte par lequel un individu, né dans un pays étranger, est assimilé à ceux qui sont nés dans le pays où il se fait naturaliser.

La Naturalisation confère donc la qualité de sujet ou de citoyen, suivant que la nation dans laquelle on est admis, est régie par un gouvernement monarchique ou démocratique.

Généralement, la Naturalisation fait perdre au Naturalisé les droits qu'il avait dans son pays en vertu de sa naissance. Il a changé de nation. Sa patrie adoptive l'arrache à sa patrie naturelle. Un homme ne peut pas avoir deux patries Ç'a été

pour Lafayette une glorieuse exception que de recevoir la qualité de citoyen des États-Unis sans perdre sa qualité de citoyen français.

Un peuple doit toujours être fort scrupuleux sur les Naturalisations. Quoique le citoyen attaché à sa patrie doive éprouver un sentiment de joie quand un étranger veut en partager la destinée, cependant un certain sentiment de doute et de défiance doit aussi, dans beaucoup de cas, accueillir celui qui renonce à sa patrie pour en solliciter une autre. Il est rare qu'une pareille transmigration ne soit pas dictée par quelque motif égoïste. Mais quand la Naturalisation résulte d'un long séjour et de grands services rendus à la Nation adoptive, alors elle est honorable et pour le nouveau citoyen et pour sa nouvelle patrie.

Un peuple qui se constitue admet plus facilement les étrangers au droit de cité. C'est ce qui est arrivé aux États-Unis. Il suffisait d'abord d'une simple déclaration de résidence. Depuis 1816, il faut un acte en règle émané d'une cour de justice, après un séjour constaté de cinq années, et après une renonciation formelle à tous droits et titres dans le pays de naissance, et après de nombreuses formalités. Cet acte doit être soumis au congrès. La jeune république a compris, en effet, que la Naturalisation est un acte du pouvoir souverain.

En France, nous semblons l'avoir oublié. Car le roi n'est plus le souverain. Et cependant, par une tradition de l'ancien régime, perpétuée sous l'Empire et sous la Restauration, c'est encore, depuis 1830, le roi qui confère la Naturalisation, qui peut à son gré faire des citoyens de tous les étrangers qui ont résidé en France pendant dix ans. Même, une année de séjour suffit à ceux qui « auraient rendu des services importants à l'État, ou qui apporteraient dans son » sein des talents, des inventions ou une industrie utiles, ou qui formeraient de grands établissements. »

Seulement, le roi ne peut pas, tout seul, faire de ces citoyens, des législateurs. Une ordonnance de 1814, contemporaine de la Charte (4 juin) exige que, pour être admis à la Chambre des députés ou des pairs, le citoyen naturalisé obtienne de nouvelles lettres de Naturalisation, *vérifiées* par les deux chambres. C'est ce qu'on appelle les lettres de *Grande Naturalisation*. Les chambres pourraient-elles répondre négativement à une demande de *vérification*, et repousser ainsi un membre nouveau? Ou bien ne s'agit-il ici que d'une simple formalité d'enregistrement? La question ne s'est jamais présentée et n'est pas résolue.

La Naturalisation confère tous les droits civils et politiques dont jouit l'homme né sur le sol français de parents français. Mais elle n'entraine pas la jouissance des mêmes droits, ni l'obligation aux mêmes charges, pour les enfants du citoyen naturalisé, nés avant la Naturalisation.

La Naturalisation d'un Français en pays étranger lui fait perdre sa qualité de Français (Code avil, art. 17). Toutefois, un décret du 26 août 1811 règle un mode d'autorisation, au moyen duquel les Français ainsi naturalisés étrangers conservent certains droits civils.

La Naturalisation, en France, est régie par la constitution du 22 frimaire an VIII, deux décrets du 17 mars 1809 et du 26 août 1811, et par l'ordonnance du 4 juin 1814. HENRI CELLIEZ.

NATURALITÉ. Un avis du conseil d'état du 17 mai 1823 établit une distinction entre les lettres de Naturalisation et les *lettres déclaratives de Naturalité.* Un des considérants de cet avis dit que, le caractère distinctif consiste en ce que les lettres de naturalisation confèrent à l'étranger qui les obtient, la qualité de citoyen, et sont ainsi constitutives d'un droit nouveau; tandis que les lettres déclaratives de Naturalité constatent que celui qui les obtient a conservé cette qualité, et ne sont, en effet, que déclaratives d'un droit acquis et subsistant.

Ainsi, les lettres de Naturalité se délivrent à l'étranger déjà naturalisé qui demande un acte pour prouver sa qualité.

Cette différence n'existait pas dans le droit de l'ancien régime. On nommait lettres de Naturalité les lettres accordées en grande chancellerie, qui conféraient la qualité de Français. H. C.

NAVIGATION (ACTE DE). C'est le nom que l'on donne à une loi anglaise qui passe à bon droit pour avoir fondé la grandeur maritime de la Grande-Bretagne.

Cet acte assure aux sujets anglais l'exercice exclusif du commerce des colonies anglaises; il interdit aux navigateurs européens d'importer dans l'empire britannique des marchandises provenant d'un autre pays que celui auquel ils appartiennent; il interdit aux mêmes navigateurs le cabotage, qui est ainsi réservé aux sujets anglais; enfin, il promet aux vaisseaux de construction anglaise, ou appartenant à des sujets anglais, des avantages particuliers dans les tarifs de douane.

Les dispositions prohibitives qui constituent cet acte ont été attaquées par les économistes; mais il n'en est pas moins certain que c'est à ces prohibitions que la marine anglaise doit l'immense puissance qu'elle a acquise depuis, et qui a fait la puissance de l'Angleterre. Puissance artificielle, a-t-on dit, que celle qui repose sur les prohibitions du régime colonial et de l'acte de Navigation! Eh! qu'importe que cette puissance soit l'œuvre de la politique? Est-elle pour cela moins réelle ou moins durable, ou moins honorable? Que de nations plus heureusement dotées par la nature n'ont pu y parvenir!

La France, qui pendant si long-temps posséda de riches colonies et entretint une marine considérable, ne sut point adopter, sous l'ancienne monarchie, le régime établi en Angleterre par l'acte de Navigation. Non pas que les lumières ou les avertissements aient manqué au gouvernement : nous avons sous les yeux un petit livre imprimé en 1754, dans lequel les avantages que procurait à

l'Angleterre l'acte de Navigation sont indiqué avec précision. L'auteur anonyme de cet ouvrage, y montre avec beaucoup de force que l'établissement colonial de la France, plus riche que celui de l'Angleterre, doit infailliblement périr si la législation ne favorise la multiplication des marins et la construction des vaisseaux en France. Neuf ans après la publication de ce livre, les prédictions sinistres qu'il contenait furent réalisées à la lettre, et l'ancienne monarchie, si prodigue de prohibitions contre les Français, ne sut ou n'osa pas en établir contre les marines étrangères. Le cabotage et le commerce de nos colonies furent principalement exercés par des étrangers jusqu'à la Révolution.

Le mérite d'avoir introduit dans nos lois les dispositions de l'acte de Navigation appartient au comité de salut public. Sur un rapport présenté au nom de ce comité, le 31 septembre 1793, la Convention Nationale jeta les bases de la législation qui protège encore aujourd'hui notre marine. Malheureusement, cet acte réparateur venait bien tard : notre marine, affaiblie sous l'ancien régime, désorganisée par l'émigration, vendue à Toulon par les royalistes, était presque anéantie, et l'on ne peut refuser son admiration au gouvernement, assez prévoyant et assez hardi pour ne pas désespérer, en de telles circonstances, de la relever un jour. Il est probable que si la Convention n'avait pas donné à la France son acte de Navigation, les gouvernements qui lui ont succédé ne l'auraient pas porté, et l'on doit s'étonner que cet acte, qui a rendu la vie à notre marine, ait été oublié par les rédacteurs des traités de 1815.

Nous ne tenterons point de faire ressortir ici les avantages que la loi du 21 septembre 1793 assure à la France : nos lecteurs le comprennent assez. Nous les renvoyons d'ailleurs à l'excellent rapport présenté au nom du Comité de salut public, par Barère : ils y verront quels étaient les vues et le langage d'un pouvoir indignement calomnié par les ennemis de notre patrie.

L'acte de Navigation de 1793 contient celles de toutes les prohibitions qui ont été les plus utiles, les plus indispensables à la France. Il est fâcheux seulement que la perte de nos colonies diminue les résultats que ces prohibitions auraient pu produire. On les appréciera mieux qu'on ne le fait aujourd'hui, si jamais la France possède un gouvernement national capable de le venger des humiliations que les Bourbons lui ont fait subir en 1763, en 1815 et depuis. C. S.

NÉGOCIATIONS. NÉGOCIATEURS. On appelle Négociation toute démarche faite pour arriver à un armistice, à une capitulation, à un traité de paix ou de commerce, à la conclusion d'une alliance, etc... Celui qui est chargé d'une telle démarche prend le nom de Négociateur. Les Négociations embrassent, on le voit, presque toutes les opérations de la diplomatie. Elles sont, comme la guerre, un moyen de conquête, de défense, quelquefois de ruine, et l'on peut dire avec raison qu'elles sont, en général, beaucoup plus puissantes que les armes. Les plus grands capitaines n'ont mérité leur réputation qu'en unissant la qualité de Négociateur à celle d'homme de guerre. Eugène de Savoie, Marlborough, Frédéric, Napoléon furent des négociateurs du premier ordre. D'Avaux et Servien, dont les noms aujourd'hui sont presque inconnus, ne rendirent pas à la France des services moins importants, dans le congrès de Munster, que Turenne et Condé ne lui en avaient rendu sur les bords du Rhin et dans les campagnes de Flandre.

A qui appartient le pouvoir de nommer les Négociateurs? Cela dépend évidemment de l'objet sur lequel doivent porter les négociations. Ainsi, lorsqu'il s'agit d'arriver à un traité de paix, de commerce ou d'alliance, la puissance souveraine a seule le droit de nommer les agents chargés d'en poursuivre la conclusion. Dans ce cas même, les Négociateurs ne peuvent consentir aucun arrangement définitif. Pour que le traité existe, il faut que leur signature soit ratifiée par leur Gouvernement.

Il n'en est pas de même, comme nous le disons ailleurs, d'un simple armistice, ou d'une capitulation. Les généraux d'armée et les chefs de corps agissant isolément ont le droit de conclure toutes les conventions de cette nature. Ils peuvent, en conséquence, déléguer eux-mêmes ce droit à des Négociateurs.

Chacun sait que l'ouverture des Négociations pour la paix n'arrête pas les hostilités. Aussi, lors de la guerre de Trente Ans, on continua de se battre avec acharnement plusieurs années encore après que des conférences s'étaient ouvertes dans les villes de Munster et d'Osnabruck. On négociait en 1712, lorsque Villars remporta sur les Alliés la victoire de Denain, qui permit à la France d'obtenir, dans le traité d'Utrecht, des conditions beaucoup plus avantageuses qu'on ne voulait lui en accorder après les malheurs d'Hochstedt, de Ramillies et de Malplaquet. Quatre jours après que les plénipotentiaires français et alliés eurent signé la paix à Nimègue, en 1678, un combat long, acharné, sanglant, eut lieu auprès de Mons, entre les troupes de Guillaume d'Orange et celles du maréchal de Luxembourg. Cette bataille néanmoins n'empêcha pas les Négociations de suivre leur cours et la paix d'être ratifiée. Il en fut autrement dans la campagne d'Égypte, lors de la capitulation d'El-Arish. Kléber avait consenti à l'évacuation de l'Egypte par les troupes françaises: au moment de l'embarquement, les Anglais voulurent que les soldats de Kléber déposassent leurs armes, ce qui était une condition toute nouvelle. Ici, les Anglais se mirent complètement dans leur tort, puisque, la convention conclue étant de nature à n'avoir pas besoin de ratification supérieure, toute Négociation était terminée, et les arrangements entre les armées arrêtés définitivement par la signature des généraux. Aussi Kléber regarda-t-il avec raison l'exigence nouvelle des Anglais comme une violation de la capitulation d'El-Arish, et il répondit à ce manque de foi par la victoire d'Héliopolis.

Nous venons de dire que l'ouverture des Négociations n'empêche pas que les hostilités ne soient poursuivies jusqu'à la conclusion et la publication des traités. Néanmoins, l'état de paix commence pour la personne même des Négociateurs dès l'ouverture des conférences. Chez toutes les nations anciennes et modernes, civilisées ou presque sauvages, un plénipotentiaire, un héraut, un simple trompette envoyés en parlementaire, sont regardés comme inviolables, à moins, toutefois, qu'ils n'abusent de leur caractère sacré pour se livrer à l'espionnage ou à la trahison. Un gouvernement, un parti se vouent eux-mêmes à l'exécration de tous les siècles, lorsqu'ils violent le privilége des Négociateurs, soit pendant que ceux-ci accomplissent leur mission, soit même, lorsqu'ayant échoué, ils s'en retournent dans leur pays. C'est ainsi que l'assassinat des plénipotentiaires français à Rastadt a couvert les puissances alliées d'une honte ineffaçable.

On a beaucoup discuté sur la question de l'inviolabilité des Négociateurs dans les guerres civiles. Comme dans ces sortes d'occasion les deux partis se traitent réciproquement d'usurpateur et de rebelle et se mettent l'un l'autre hors la loi, il suit de là qu'ils se font souvent une loi de ne point suivre les règles ordinaires du droit des gens. Dans les guerres des Pays-Bas, le duc d'Albe fit pendre un trompette du prince d'Orange, disant qu'il n'était pas obligé de donner sûreté à un envoyé du chef des rebelles. Vattel dit avec son bon sens ordinaire que le duc d'Albe viola en cette occasion, comme en bien d'autres, les lois de la guerre qui doivent être observées même dans les guerres civiles: « Comment, en effet, viendra-t-on à parler de paix dans ces occasions malheureuses, par quel moyen ménagera-t-on un accomodement salutaire, si les deux partis ne peuvent se faire porter des messages, et s'envoyer réciproquement des personnes de confiance en toute sûreté? — Prétendre forcer les ennemis, quels qu'ils soient, à respecter les lois de la guerre dans le temps qu'on s'en dispense à leur égard, c'est vouloir porter ces guerres aux derniers excès de la cruauté; c'est les faire dégénérer en massacres sans règles et sans mesure par un enchaînement de représailles réciproques. »   J. B.

NÉPOTISME. Du mot latin *nepos*, neveu. Relativement aux personnes, le mot Népotisme a un sens plus restreint que le mot favoritisme; mais au fond c'est la même chose. Le Népotisme est le favoritisme appliqué aux parents; le favoritisme est le Népotisme exercé sur des protégés quels qu'ils soient. L'un et l'autre ne sont pas connus dans les pays où les emplois publics sont conférés par l'élection, et où, par ce moyen, l'État est mis à l'abri de ces funestes et honteuses influences qui déshonorent trop souvent les monarchies.

NEUTRALITÉ. C'est l'état d'un peuple qui garde la paix entre des puissances belligérantes. Tous les peuples peuvent donc être neutres, dans un cas donné; car, quelle que soit la force du lien qui tient unies les nations civilisées, cette force n'est pas telle encore qu'elles ne se puissent isoler l'une de l'autre, soit pour faire la guerre, soit pour conserver la paix.

Maintenant, quels sont les droits et les devoirs des neutres ? Comme d'après le prétendu droit des gens qui est aujourd'hui en vigueur parmi les nations Européennes, la guerre maritime n'a de commun que le but avec la guerre continentale, les droits et les devoirs des neutres ne sont pas les mêmes sur terre et sur mer. — Parlons d'abord de la Neutralité dans les guerres continentales. (V. ci-après, pour la guerre de mer, le mot NEUTRES.)

Il y a deux sortes de Neutralité : l'une accidentelle, résultant de la volonté individuelle du neutre ; l'autre permanente, consacrée par le droit public des états. La Neutralité que garderait l'Espagne, par exemple, entre la France et l'Angleterre, serait une Neutralité accidentelle, qui pourrait cesser d'un moment à l'autre, parce qu'il ne dépendrait que de la volonté des Espagnols de prendre parti pour ou contre nous. La Suisse, au contraire, et la Belgique, sont constituées en état de neutralité permanente, c'est-à-dire elles ne peuvent, sans violer les règles de droit international, établies et reconnues en Europe, agir pour ou contre une puissance belligérante.

La Neutralité implique l'inviolabilité : — c'est le droit du neutre. Elle implique, d'une manière également absolue, l'impartialité : —c'est son devoir. D'où il suit que si son territoire est violé, le neutre n'est plus tenu à l'impartialité, et que, d'un autre côté, s'il cesse de garder la plus exacte impartialité, il cesse d'être inviolable. En d'autres termes, la violation de son droit le délie de ses devoirs, comme la violation de ses devoirs anéantit son droit.

Tels sont les principes rigoureux : mais les faits y sont peu conformes. Passagère ou permanente, la Neutralité n'est le plus souvent qu'un mensonge. — Le besoin, comme l'observe un publiciste très judicieux (1), force quelquefois les parties belligérantes à tirer des subsistances des pays neutres ; les opérations de la guerre exigent impérieusement le passage des troupes ; souvent même le théâtre de la guerre s'y établit ; les places fortes sont occupées, etc., etc. — Cela est vrai, et l'histoire est pleine de preuves à l'appui ; car, dans leurs sanglantes entreprises, les puissances les plus loyales ne respectent guère que le droit canon. Mais de ces faits, faut-il, avec M. de Rayneval, conclure à l'abandon des principes ? Faut-il dire que la nécessité autorise les parties belligérantes à en agir ainsi ; que le chef d'une armée peut faire tout ce que son salut exige ; que l'extension du droit au delà du besoin absolu constitue seule la violation du principe ? — Nous ne le pensons pas. Que sert, en effet, de poser des règles, si l'on admet aussitôt qu'elles puissent être violées sans crime ?

(1) Gérard de Rayneval, *Institutions du droit des gens*, t. II, p. 53.

Tout au moins, faut-il distinguer. On peut admettre jusqu'à un certain point qu'une puissance en use ainsi librement, à ses risques et périls, vis-à-vis d'une autre puissance, neutre par le seul fait de sa volonté. Mais lorsque la Neutralité d'un peuple est entrée dans le droit public, qu'elle fait corps avec lui, qu'elle est consacrée par la libre volonté de tous les souverains et par l'exprès consentement du peuple neutre, lorsque cette Neutralité est mise sous la sauvegarde d'une convention solennelle et générale, nul ne peut sans blesser toutes les puissances y porter la moindre atteinte. — Remarquez bien le but de la Neutralité. C'est d'abstraire, en quelque sorte, le pays neutre du sein des peuples qui se font la guerre. Moralement et matériellement, un pays neutre est comme s'il n'était pas ; il ne compte pas sur la carte, il ne doit, sous aucun rapport, entrer dans les calculs de probabilité. C'est un mur d'airain, c'est le néant, c'est le vide que la frontière d'un pays neutre : il est moralement impossible d'aller au-delà.

Certes, nous voyons bien à quelles conséquences mène ici une logique rigoureuse. Elle conduit à établir que le neutre ne doit et ne peut rien faire pour ou contre aucune des parties belligérantes ; qu'il ne peut leur fournir des subsistances ; et qu'il est tenu de refuser le passage, même à une armée battue et poursuivie, alors même qu'il n'existe pas d'autre chemin de retraite : ce qui est évidemment contraire à l'humanité, ce qui est absurde. Mais que prouve cette antinomie entre le principe et ses conséquences ? que la Neutralité permanente d'un peuple est elle-même une chose absurde, une impossibilité morale et matérielle. Non, il n'est ni permis, ni possible de restreindre ainsi le rôle d'un peuple ; cette muraille de la Chine, élevée autour de lui sous le nom de Neutralité, n'est qu'un nébuleux mensonge. Et pour les nations qui se fient à l'efficacité d'un tel bouclier, c'est un profond péril. L'exemple de la Suisse, en 1814, ne l'a que trop prouvé.

De ce qui précède, il suit :

1° Qu'un peuple, en vertu de sa souveraineté, peut rester neutre entre d'autres peuples qui se font la guerre ;

2° Que la Neutralité implique, d'une part, la plus exacte impartialité, et de l'autre, l'inviolabilité ;

3° Que la Neutralité permanente d'un peuple conduit à l'absurde, qu'elle est dangereuse pour lui et périlleuse pour ses voisins ;

4° Que c'est une institution contraire aux vrais principes de la morale et du droit ;

5° Qu'en fait, il n'y a pas de neutralité, et que par conséquent, il est au moins inutile d'établir en droit ce qui est pratiquement impossible ;

6° Enfin, que l'institution des neutralités permanentes doit disparaître du droit public européen.   E. D.

NEUTRES. Plusieurs articles de ce Dictionnaire ont fourni l'occasion de remarquer, et nous avons constaté ci-dessus, que le droit des gens n'est pas le même sur terre et sur mer.

Profondément et heureusement modifié par la civilisation, en ce qui concerne les guerres continentales, ce droit est resté barbare en ce qui concerne les guerres maritimes. Ainsi, tandis que les propriétés particulières sont respectées dans les guerres de terre, elles font partie du butin, elles sont confisquées dans les guerres de mer. Et les personnes suivent les choses. Sur terre, la guerre n'a d'action que sur l'individualité nationale, sur le gouvernement et sur ses instruments immédiats ; les habitants du pays sont personnellement garantis dans leurs personnes ainsi que dans leurs biens. Sur mer, au contraire, les individus non militaires, les commerçants, les passagers appartenant à la nation ennemie, peuvent être saisis et retenus prisonniers. Tel est le prétendu droit des gens en vigueur encore aujourd'hui.

Mais si les précédents et la réciprocité expliquent, sans le justifier, cet état de choses, il est bien certain que les Neutres doivent être affranchis des rigueurs que la guerre maritime fait peser sur les belligérants. Que ceux-ci poussent jusqu'aux dernières limites les conséquences de leurs ressentiments, si l'humanité réprouve leur conduite, du moins la politique les conçoit, et il y a comme une sorte d'équité dans cette mutuelle barbarie. Mais de quel droit assujétir à des rigueurs inhumaines celui qui reste Neutre au milieu des contendants ? La guerre maritime est-elle donc un fléau universel ? Ne peut-elle se localiser comme la guerre de terre ? Et parce qu'en un coin du monde quelques carcasses de bois se choquent avec fureur, faut-il que la guerre étende partout ses ravages, sème partout la crainte et détruise partout la liberté et la sécurité des transactions ?

Deux intérêts sont ici en présence : l'intérêt des puissances belligérantes, l'intérêt des peuples qui veulent conserver la paix, des Neutres. De ces deux intérêts, quel est le plus respectable, lequel doit être sacrifié ? Aucun : l'un et l'autre sont également respectables, ni l'un ni l'autre ne doivent être sacrifiés : car si le droit de conservation milite plus fortement en faveur du premier, le second a pour lui le droit et le principe de la liberté des transactions.

Cependant, cette question si simple tant que l'on reste sur le terrain des principes, devient fort épineuse sitôt que l'on entre dans la pratique. Ainsi, tandis que certaines puissances ont voulu exagérer le droit des belligérants, d'autres ont voulu, avec raison, le resserrer dans de plus justes limites. De là, deux jurisprudences contradictoires dont le conflit a plus d'une fois ensanglanté le monde et dure encore, malgré les progrès de la civilisation.

Parmi ceux qui prétendent soumettre tous les pavillons au droit du plus fort, nous trouvons en première ligne l'Angleterre, qui, plus d'une fois, a réussi par la violence à imposer à quelques nations timides ou peu puissantes, la reconnaissance

de ses barbares coutumes. La France, au contraire, et c'est pour ce pays un éternel honneur, a constamment défendu les vrais principes de la matière, les principes qui, en assurant les droits de chacun, des belligérants aussi bien que des Neutres, sont en même temps les plus conformes aux exigences de l'humanité et à l'intérêt de la civilisation.

Nous ne voulons pas exposer ici l'origine et les progrès de cette double jurisprudence, depuis le commencement des grandes guerres maritimes ; il suffira d'établir simplement les principes du droit actuellement en vigueur parmi les peuples européens.

La mer est libre à l'égard des Neutres ; ils conservent le droit d'y naviguer et d'y faire le commerce. Seulement, les puissances belligérantes ont le droit de s'assurer si les bâtiments qui naviguent sous pavillon neutre sont réellement Neutres, s'ils ne favorisent pas leurs ennemis : de là, le droit de visite. (V. ce mot.)

Ces principes sont généralement reconnus : mais ici commence le dissentiment. Ainsi, d'un côté, la France, et la presque unanimité des peuples maritimes, ont posé en principe : — 1° que le pavillon couvre la marchandise ; — 2° qu'un bâtiment neutre peut être visité par un bâtiment belligérant pour s'assurer de son pavillon et de son chargement, dans ce sens qu'il n'a pas de contrebande ; — 3° que la contrebande est restreinte aux munitions de guerre ; — 4° que des bâtiments neutres peuvent être empêchés d'entrer dans une place, si elle est assiégée, pourvu que le blocus soit réel, et qu'il n'y ait pas de danger évident à y entrer.

La Grande-Bretagne, au contraire, a toujours contesté et conteste encore ces bases fondamentales du droit maritime européen. Elle prétend : —1° que le pavillon ne couvre pas la marchandise ; — 2° que par marchandises de contrebande, il faut entendre non seulement les munitions de guerre, telles que poudre, boulets, bombes, fusils, etc. ; mais encore les marchandises propres à construire les vaisseaux, telles que bois, chanvre, goudron, etc ; — 2° qu'un bâtiment neutre a bien le droit d'aller d'un port ami dans un port ennemi, mais qu'il ne peut pas trafiquer d'un port ennemi à un port ennemi ; — 4° que les bâtiments neutres ne peuvent pas naviguer de la colonie à la métropole ennemie ; — 5° que les puissances neutres n'ont pas le droit de faire convoyer par des bâtiments de guerre leurs bâtiments de commerce, ou que dans ce cas il ne sont pas affranchis de la visite ; — 6° enfin, que l'entrée des ports ennemis est interdite aux bâtiments neutres, alors même que le blocus n'est pas réel.

Mises en avant à l'époque de la guerre de 78, ces prétentions furent formellement repoussées par toutes les puissances maritimes et provoquèrent la neutralité armée de 1780. Alors, les puissances du nord, adoptant les principes reconnus, proclamés et défendus par le gouvernement français, déclarèrent qu'elles feraient la guerre à la puissance belligérante qui violerait ces principes : — 1° que le pavillon couvre la marchandise (la contrebande exceptée) ; — 2° que la visite d'un bâtiment neutre par un bâtiment de guerre doit se faire avec tous les égards possibles;—3° que les munitions de guerre, canons, poudre, boulets, etc., seulement, sont objets de contrebande ; — 4° que chaque puissance a le droit de convoyer ses bâtiments marchands, et que, dans ce cas, la déclaration du commandant du bâtiment de guerre est suffisante pour justifier le pavillon et la cargaison des bâtiments convoyés ; — 5° enfin, qu'un port n'est bloqué par une escadre que lorsqu'il y a danger évident d'y entrer, mais qu'un bâtiment neutre ne pourrait être empêché d'entrer dans un port précédemment bloqué par une force qui ne serait plus présente devant le port, au moment où le bâtiment se présenterait, quelle que fût la cause de l'éloignement de la force qui bloquait.

Devant cette confédération imposante, l'Angleterre, sans renoncer d'une manière explicite, à ses coutumes, y renonça pourtant de fait ; car elle s'abstint de violer aucun des principes posés dans la déclaration des puissances.

Mais la guerre ayant éclaté sur terre et sur mer entre la Révolution française et l'Europe, l'Angleterre remit en avant ses anciennes prétentions, et déclara de nouveau : — 1° que les marchandises propres à la construction des vaisseaux sont de contrebande; — 2° que les neutres n'ont pas le droit de faire convoyer leurs bâtiments de commerce, ou du moins que la déclaration du commandant de l'escorte n'ôte pas le droit de visite; — 3° qu'une place est bloquée non seulement par la présence d'une escadre, mais lors même que l'escadre est éloignée de devant le port.

Intimidés, les États-Unis, acceptèrent le droit anglais. L'Angleterre essaya ensuite de l'imposer par la force aux autres nations maritimes; mais les puissances du nord résistèrent encore; une nouvelle neutralité armée fut signée le 16 décembre 1800, entre la Russie, la Suède, le Danemarck et la Prusse. Cette convention, appelée la quadruple alliance, consacra de nouveau et de la manière la plus formelle, les principes du droit français.

C'était décréter l'isolement de l'Angleterre et l'alliance française. Les Anglais le sentirent, et le chef, le moteur, l'ame de la confédération, Paul Iᵉʳ, mourut.

Mais quels que soient les moyens à l'aide desquels le gouvernement britannique a essayé de faire prévaloir ses sauvages maximes, l'intérêt de l'Europe a résisté et couvert la civilisation Le triomphe des principes proclamés et constamment défendus par tous les gouvernements se sont succédé en France, formellement reconnus et acceptés par toutes les puissances maritimes de l'Europe, est désormais assuré.

C'est par la décadence de toutes les marines, que les Anglais ont pu imposer, tantôt aux États-Unis, tantôt à la Russie et à quelques nations plus faibles, l'observation momentanée de leurs maximes tortionnaires. Mais aujourd'hui, la situation des choses n'est plus la même.

Les traités de 1815, si désastreux pour nous à tant d'égards, ont cependant favorisé notre développement maritime. En voulant exiler du continent notre influence et notre activité, on nous a contraints à chercher l'une et à tourner l'autre vers la mer. C'est ce qui est arrivé; et en dépit de l'insuffisance des deux gouvernements qui ont succédé à l'Empire, notre état naval est aujourd'hui plus considérable et, comparativement, plus redoutable qu'il ne l'a jamais été depuis soixante ans. En même temps, le blocus continental a porté ses fruits. Les industries nationales, fondées sous l'influence de cette forte et salutaire pression, ont cherché au dehors les débouchés que ne leur fournissait plus assez largement la consommation continentale. De là, le rapide accroissement de toutes les marines secondaires, notamment de la marine danoise, de celle des États-Unis, de la Suède, de la Russie, etc.

A la prochaine guerre maritime, peut-être que par un dernier reste d'insolence, les Anglais essayeront encore de remettre en vigueur leurs vieilles prétentions; mais la politique les forcera bientôt à les abandonner. Car les puissances maritimes, relativement plus fortes qu'elles ne l'étaient dans la seconde moitié du dernier siècle, ne toléreront plus les procédés barbares qu'elles réprimèrent jadis, lorsque la suprématie navale de l'Angleterre était à son apogée. La France n'oubliera pas, d'ailleurs, qu'elle a dans son vieux droit un levier politique d'une incomparable puissance.

E. D.

NIVELEURS. Les révolutions sont assurément des fléaux nécessaires, mais encore est-il qu'elles sont des fléaux. La condition normale de l'esprit humain n'est pas de marcher à la conquête de la vérité par des secousses intermittentes, qui ont toujours pour résultat fâcheux une perturbation de l'ordre social, et qui, trop souvent sont suivies, soit d'un affaissement morbide, soit d'une exaltation délirante. Il est donc à déplorer que l'obstination des partis conservateurs nécessite ces partis-pris énergiques, soulève ces colères tumultueuses qui poursuivent quelquefois le mal là où il n'est pas, et dont les violences compromettent les plus justes causes. Toutes les révolutions légitimes ont servi le progrès, mais non pas toutes autant qu'elles l'auraient dû. Pourquoi? Parce que les pouvoirs nouveaux auxquels a été confié l'héritage et la tutelle de ces révolutions n'en ont pas voulu développer toutes les conséquences, ou parce que les révolutionnaires eux-mêmes se sont laissé entraîner par une ardeur immodérée au-delà des bornes que leur marquait l'état moral de la société. Une révolution doit avoir pour but, pour fin, d'arracher le pouvoir aux mains de ceux qui en font un mauvais usage, pour le confier à des mains plus intelligentes ou plus intègres, de détrôner un parti pour restituer la prépondérance à la nation. On se méprend, lorsqu'on suppose qu'une révolution fait table rase de tous les intérêts, de toutes les idées que ces [illegible], et [illegible] l'é-[illegible] des coteries conservatrices, il est permis de reconstituer à nouveau la société entière suivant l'idéal conçu par quelques imaginations plus ou moins éclairées. Cela n'est pas réformer, mais bouleverser; cela n'est pas innover dans la voie du progrès rationnel, mais substituer une faction à une faction.

Et qu'y a-t-il de plus aventureux, de plus téméraire, de plus extravagant que l'esprit individuel? Nous entendons autour de nous des gens qui déclament en fort beaux termes contre notre société perverse et qui, pour l'amender, commencent par lui apprendre qu'il n'y a dans le cœur aucun mauvais penchant, dans l'esprit, aucune idée relativement fausse; qu'en toute occasion il faut suivre la nature, comme le plus habile de tous les guides : et quelle nature! un monstre burlesque créé par la fantaisie pour le service d'un système. Cette doctrine paraît sans contredit fort étrange : mais est-elle nouvelle? Nos sectaires ne peuvent s'attribuer la gloire de l'invention. Ils ne peuvent même se flatter d'avoir les premiers poussé jusqu'à l'absurde les conséquences de ces prémisses : avant eux, les Caïnistes, dont Irénée nous a laissé un portrait si peu flatteur, avaient fait consister la perfection dans l'accomplissement effronté de toutes les œuvres de ténèbres; ils avaient célébré la victoire de Caïn et la trahison de Judas; ils en avaient appelé, au nom de la nature, de l'arrêt porté contre les fils de Sodome. Quand l'esprit individuel se donne pleine licence, il atteint bientôt l'extrême limite d'une idée. Quelle considération lui serait un sérieux obstacle, lorsqu'il ne tient plus compte du sens commun? Ainsi nous entendons encore des gens qui, d'ailleurs émus par une charité généreuse, s'élèvent contre l'inégalité des fortunes, et proposent d'y remédier par une révision de tous les contrats qui régissent la propriété; qui, prévoyant bien l'opposition des intérêts et de ce qu'ils appellent les préjugés de leurs contemporains, ne doutent pas d'établir leur formule de la communauté sociale au dessus de tous les faits présents, ainsi qu'une émanation de la sagesse absolue, et prétendent s'assujétir le troupeau des hommes par la spoliation et la violence. Croient-ils donc, eux aussi, avoir conçu quelque chose de nouveau? Croient-ils avoir les premiers affirmé le droit de chacun à toutes choses, et proclamé que la justice naturelle veut une égale distribution des richesses entre tous les citoyens? Outre les écrivains que l'on a classés dans la catégorie des utopistes, les partisans de la communauté ont encore eu d'autres précurseurs.

En se séparant de l'Eglise romaine, Luther avait compris qu'il ne pouvait légitimer sa révolte qu'en invoquant un principe supérieur aux décrets de l'autorité. Or, on ne fabrique pas un principe pour le besoin d'une situation; il faut qu'on le trouve préexistant dans la raison publique. Celui dont Luther s'était armé pour combattre l'autorité romaine, avait été la liberté de conscience. Avant lui, avant Jérôme de Prague, avant tous les *témoins de la vérité*, l'opinion avait admis et consacré ce principe; Luther eut le courage de le poser à la face de Rome, et la gloire de vaincre en son nom. Mais cette victoire fut vivement disputée, et, pour mener à bonne fin une entreprise comme la sienne, le réformateur dut faire plus [illegible] appel aux instincts révolutionnaires de son [illegible]. De trop fervents disciples interprétèrent la parole du maître autrement qu'il ne l'avait dite, et n'ayant plus d'autre foi que la liberté, ils protestèrent contre toutes les entraves qui en gênaient le plein exercice. Comme Luther s'était affranchi de la domination romaine, ils réclamèrent leur affranchissement de toute autorité; comme Luther avait livré l'évangile à tous les fidèles en leur disant de ne pas reconnaître d'autre loi, ils enseignèrent que tous les pouvoirs avaient l'usurpation pour origine, que toutes les distinctions humaines étaient une insupportable tyrannie; Luther avait dit, après Wicleff : « Vivons sans pape, à la manière des Grecs »; ils dirent : « vivons sans seigneurs, sans maîtres, sans magistrats civils ou politiques et partageons-nous leurs domaines; c'est notre bien qu'ils nous ont volé. »

A la tête de ces Niveleurs, Thomas Muncer parcourut la Thuringe et la Souabe, soulevant le peuple des campagnes. C'était un homme qui avait les allures propres à son rôle : Une barbe longue, une figure amaigrie par le jeûne et les méditations, et une démarche d'inspiré. En peu de temps, il se fit une armée de partisans qui préludèrent à l'établissement de leur société cénobitique par la dévastation et le pillage de quelques villes. Après avoir fait cette course, ils étaient bien au nombre de six mille, chargés d'un riche butin et résolus à le défendre, mais dépourvus d'armes offensives et peu disciplinés. Les princes protestants, à la requête de Luther, les voulurent d'abord traiter avec ménagement, et leur adressèrent des messages de paix, les invitant à rentrer dans l'ordre et leur promettant l'oubli de leur rébellion. Ils s'obstinèrent et furent massacrés.

Ce n'est pas que les griefs de Muncer et des siens fussent tous mal fondés; on n'entraîne pas après soi avec des mots vides une foule aussi considérable; on n'embauche pas des populations dans un parti par l'unique appât d'une criminelle rapine. Mais, en admettant la légitimité des griefs, on ne peut voir qu'une folie dans la réforme violente tentée par Muncer et aussi bien dans son projet de société communiste. En fait, il avait contre sa réforme les esprits les plus avancés du parti luthérien, l'immense majorité de leurs adhérents, et tous les catholiques; en principe, la société dont il avait, disait-il, entrevu l'idéal dans un songe prophétique, n'était, en effet, qu'une pure rêverie. Il en est de même de nos modernes Niveleurs. Ont-ils si grand tort quand ils dénoncent l'exploitation de l'homme par l'homme, quand ils accusent les abus de la propriété mal acquise, quand ils condamnent l'isolement du travail, quand ils appellent de leurs vœux ardents un ordre de choses plus équitable et des garanties plus sérieuses, plus efficaces, contre la tyrannie du savoir-faire? Non sans doute; leurs plaintes sont dans le vrai; mais ils sont dans le faux quand d'un mot, d'un trait de plume, ils annullent le milieu au sein duquel ils ont été destinés à vivre, pour improviser une société nouvelle suivant leurs propres conceptions; quand ils prêchent la destruction des obstacles qu'ils rencontrent à l'établissement de leur chimère, sans considérer que ces obstacles sont souvent des intérêts respectables; ils sont dans l'absurde quand ils professent que cette chimère est pour eux, comme pour les clients de Muncer, une grande communauté cénobitique où il n'y aura place ni pour l'individu, ni pour la famille, ni pour la nation.

Dans son *Histoire de la Religion et de la République*, sous Charles V, J. Sleidan nous a transmis de curieux détails sur les requêtes des Niveleurs. En voici la substance. Ils entendaient élire les ministres de l'Eglise, enseigner la pure parole de Dieu, ne plus payer d'autres dîmes que la dîme du froment, et être affranchis du servage, la loi de Dieu étant une loi d'égalité; ils réclamaient encore de leurs seigneurs le libre usage des eaux et des forêts, l'attribution aux communes de toutes les terres sur lesquelles aucun particulier n'avait un droit de propriété garanti par un titre d'acquisition, et l'abolition des impôts sans nombre introduits sous divers prétextes dans la coutume féodale. Nous ne condamnons certes pas ces remontrances; elles étaient fondées: mais elles venaient trop tôt, puisqu'il a fallu le travail révolutionnaire d'environ quatre siècles pour que satisfaction leur fût accordée. Il n'y a pas, dit-on, de droit contre le droit: cela est incontestable. Mais qu'est-ce que le droit? Est-il absolu? ou plutôt le progrès incessant des esprits et des idées ne modifie-t-il pas chaque jour la notion du droit? Et s'il arrive que le sentiment de l'oppression ou la prévision conceptuelle d'un lointain avenir élève un ou plusieurs individus au dessus de la notion contemporaine, dira-t-on que ce sentiment, que cette prévision les autorisent à protester les armes à la main contre le fait condamné par leur conception individuelle, par leur justice idéale? Quand cette licence est prise, la société se soulève pour défendre, elle aussi, ce qu'elle appelle le droit; elle écrase, sans même les comprendre, les plus intelligents prophètes, et le progrès suit sa marche lente, mais régulière.

Quel parti Luther devait-il prendre à l'égard des Niveleurs?

Il écrivit à Muncer et à ses paysans pour les inviter à rentrer dans l'ordre; il leur dit que les oppresseurs du peuple auraient tôt ou tard leur châtiment, mais que Dieu ne permet pas au citoyen de se séparer de l'État, aux particuliers de constituer une faction dans la société; que la nécessité veut qu'il y ait un gouvernement et des magistrats dans toute association politique; qu'enlever aux magistrats leur juridiction, c'est ruiner toute république.

Il écrivit aux seigneurs que l'origine du tumulte était dans leur insupportable orgueil et leur convoitise rapace; il leur conseilla de s'amender, d'écouter les plaintes des paysans en ce qu'elles avaient de légitime, d'accorder l'élection des ministres, de supprimer les dîmes, et d'alléger le poids des redevances.

Enfin, dans une lettre aux paysans et aux princes, il les conjura de s'entendre; il dit à ceux-ci qu'ils ne devaient pas s'acharner contre la commune, à ceux-là qu'ils ne devaient pas prendre les armes contre les magistrats, et qu'ils feraient sagement les uns et les autres de soumettre leurs différends à l'arbitrage de quelques gens de bien choisis par les deux partis.

Mais, pendant qu'il leur adressait ces excellents conseils, voilà que les paysans déjà battus en plusieurs rencontres, envahissent la Franconie, égorgeant les catholiques et les magistrats de l'une et l'autre religion. Alarmé par cette nouvelle, et ne se dissimulant pas le tort que de tels missionnaires font à la propagande réformiste, Luther appelle aux armes contre ces *méchants et parricides brigands*.

Ce n'est pas sans dessein que nous rappelons la conduite tenue par Luther à l'égard des Niveleurs. Il eût trahi sa mission, s'il eût fermé l'oreille aux plaintes des paysans; mais il eût inévitablement compromis la cause de la liberté de conscience, s'il eût encouragé la rébellion provoquée par Muncer au nom de la liberté politique.

L'esprit humain conçoit toujours au-delà de la réalité, il est même accordé à certaines intelligences supérieures de prévoir assez loin dans le futur. Mais cette prévision n'est jamais tout-à-fait lucide; entre les jalons que l'on voit des yeux de l'esprit dans le champ sans limite que l'on appelle l'avenir, il y a d'épais brouillards qui ne permettent pas de distinguer la route qui doit conduire de l'une à l'autre étape. Quelle est donc la témérité de ces enthousiastes qui, sur la foi d'une vision indécise, s'élancent à corps perdu dans la région des nuages, et qui, pour atteindre plus tôt que les autres un but fantastique, n'entreprennent pas moins que de s'ouvrir un passage à travers le sang et les ruines? Chaque chose doit venir à son temps; chaque époque doit porter ses fruits. Tous tant que nous sommes nous avons bien assez affaire de remplir la fonction qui nous est imposée: ne prétendons pas usurper celle que l'avenir réserve aux générations qui suivront la nôtre.　　　　　　　　　B. HAURÉAU.

NOBLESSE. Le fait de la Noblesse, comme l'esclavage, comme le droit d'aînesse, comme la tutelle de la femme, se retrouve à l'origine de la plupart des peuples, mais non pas de tous. C'est donc un fait naturel, mais non pas nécessaire.

Fût-il même universel, les lumières que des événements incontestables ont jetées sur sa formation, à des époques et chez des races rapprochées de nous, prouveraient quelle marche invariable a suivie partout le droit humain, le progrès de la force morale, parallèle à celui de l'intelligence, toujours suivi de nouveaux progrès matériels, de nouvelles victoires remportées par la volonté de l'homme sur la nature extérieure.

Par quelque cause que fût produite la supériorité d'une race sur les autres, on voit partout les races fortes se jetant sur les plus faibles, les asservir par les armes, s'établir au milieu d'elles, les organiser et les faire travailler à leur profit par un système d'institutions politiques et religieuses.

Que cette force parût immédiatement déléguée par la Providence; qu'elle fût, même aux yeux des vaincus, une manifestation de la volonté de Dieu, c'est ce qui se comprend fort bien lorsqu'on sait ce qu'ont été les religions primitives. Quant à nous, nous n'y pouvons voir que la force : pure et simple.

Sans doute, les vainqueurs, se réservant une vie oisive, condamnant au labeur matériel les populations soumises, n'ayant à s'occuper que de l'art de la guerre et de la science du gouvernement, se transmettant de génération en génération les traditions de cette science, ont dû conserver long-temps une véritable supériorité héréditaire. Mais tout cela est parfaitement explicable, et il est surprenant qu'aujourd'hui encore on se donne des tortures d'érudition pour prouver que la Noblesse eut un mystérieux et divin caractère; qu'elle fut une sorte de sacerdoce délégué positivement à telle race par Dieu même, et pour toute la durée de l'humanité.

Si on va plus loin, si on cherche l'origine de cette supériorité de force d'une race sur l'autre; si on prétend que dans cette supériorité même se retrouve la délégation de la Providence, nous dirons que cette force a pu provenir de mille causes diverses et toutes de hasard. Ainsi, une tribu grandissant dans une contrée où la chasse était le seul exercice et la seule source de subsistance, a dû emprunter à ces habitudes une vigueur d'ame et de corps qui la devait faire plus tard apte à dominer les nations de mœurs plus douces. Ainsi des hommes condamnés, comme les Normands, à la vie périlleuse et aventureuse de la mer, ont dû prendre peu à peu une hardiesse de naturel et même une force physique qui les rendaient propres au brigandage et les préparaient à l'invasion d'où résulta enfin pour eux un établissement fixe dans un pays et au milieu de peuples d'occupations et de caractère pacifiques.

Mais qu'importe la durée des conséquences de la violence? Cette durée peut-elle donner aux œuvres de la force une légitimité qu'elles n'avaient pas à leur origine? Aussi long-temps que l'empire des classes victorieuses ne leur fut pas contesté, que la notion du droit ne dépassa pas 'organisation par castes, elles furent légitimes sans doute; mais, comme tant d'autres faits antiques, elles sont devenues illégitimes du jour où la conscience humaine a admis le sentiment de l'égalité.

Or, remarquons combien ce progrès de la conscience humaine, dans l'institution politique,

se lie étroitement à la marche de l'intelligence sur les matières religieuses. La Noblesse, ou les conquérants, était, aux yeux des vaincus, de la race des dieux, quand on croyait à la révélation immédiate : partout on trouve cette prétention non seulement chez les peuples, non seulement dans les traditions des castes privilégiées, mais encore chez les héros, les hommes d'élite : tous les guerriers d'Homère, Alexandre, César même, descendaient des dieux; tous ils avaient reçu, par transmission, une part du sang et de la force des dieux. Aujourd'hui, ce qui reste de préjugés vagues sur la Noblesse, les allusions à l'antiquité de la race, sont des appels à des croyances perdues. On n'ose plus les invoquer formellement; on n'ose plus chercher le premier anneau de la chaîne, mais on s'efforce de le placer si haut que l'œil ne le puisse découvrir, et là, dans les nuages, il touche aux époques où la noblesse était divine.

D'où vient cet embarras? Qu'est-ce que cette fausse honte? C'est un aveu que les origines divines sont abolies.

Le christianisme d'abord est venu détruire la Noblesse antique en proclamant l'égalité des ames, et créer une nouvelle Noblesse, celle du prêtre, dépositaire, sans hérédité, de la force et de la volonté de Dieu.

Le grand progrès politique du christianisme, ce fut l'abolition des limites héréditaires entre les castes. Sa Noblesse n'était pas héréditaire. Le rôle naturel de cette Noblesse était de combattre toutes les autres; et en effet, elle le remplit aussi long-temps que son dogme fut en progrès vigoureux. La dégénérescence du christianisme commença le jour même où la Noblesse des prêtres fit alliance avec la Noblesse héréditaire; ce jour-là il trahit son dogme, il devint un pouvoir matériel, il détruisit de ses propres mains le principe de sa force : il abdiqua.

En effet, les deux Noblesses, alliées d'intérêt, tombèrent au même instant.

Ainsi, désormais plus de mystérieuses origines, plus de généalogies remontant à une source inconnue, à Dieu; plus de races prédestinées à régir d'autres races prédestinées à obéir. La force pour cause de tous ces classements de l'homme; la supériorité héréditaire pour conséquence de ce premier acte de violence; l'égalité naturelle, loi fondamentale, s'élevant peu à peu contre la force sans droit, armant les bras en même temps que les consciences, amenant l'abdication progressive des vainqueurs, les soumettant enfin à l'égalité par la force, aidée du droit.

Telle est l'histoire résumée de toutes les Noblesses.

Si l'on contestait cette origine des castes, il faudrait en indiquer une autre. Et laquelle trouverait-on qui ne fût pas absurde?

On a parlé du droit d'aînesse, délégation naturelle du pouvoir paternel! — Mais où est la trace de cette source d'aristocratie?

Et d'ailleurs, le propre des castes c'est l'hérédité, c'est la détention, à l'infini, des familles dans les mêmes conditions, dans les mêmes fonctions, hautes ou basses. Que deviennent donc les aînés dans ce système ? Prétend-on que les aînés s'élevaient tous à la Noblesse en laissant descendre les cadets dans les castes inférieures ? Mais où serait l'hérédité ? D'ailleurs , les castes de l'Inde et de l'Égypte nous sont connues : quel indice fournissent - elles qui appuie cette supposition ?

Dira-t-on que les castes ont été formées sur un plan médité par des législateurs, attribuant à chaque race sa fonction ? — Mais cela supposerait que ces législateurs ont agi sur des populations où régnait l'égalité ; et alors, comment admettre qu'elles eussent accepté des parts si inégales ? Aux uns le travail physique et douloureux, tandis que d'autres se réservaient les paisibles méditations de la science ? Aux uns les professions serviles et infâmantes, tandis que d'autres s'emparaient du noble métier de la guerre, s'attribuaient à jamais la puissance et les instruments de la domination ?

Enfin, prétendrait-on que dans le sein d'une même nation, et au milieu de l'égalité naturelle, les individus les plus forts et les plus habiles se sont entendus entre eux pour se donner les meilleurs rôles à remplir, en condamnant les autres aux plus basses fonctions sociales ? — Mais ici encore on admet implicitement que cela se fit au milieu d'une égalité première. Or, comment ce travail d'association, entrepris aux yeux de tous, se serait-il accompli sans réclamation ? Comment se serait-il brusquement limité ? Comment s'arrêterait-il précisément au moment où la lumière historique se répand sur l'humanité, de telle sorte que toutes les races nous apparaissent, au seuil de l'histoire, enchaînées dans des classifications immuables, et ne nous laissent découvrir que bien plus tard le mouvement d'assimilation qui commence la dissolution des castes ?

Et enfin, nous avons tout près de nous la formation d'une Noblesse : consultons l'histoire des invasions germaines, elle nous dira explicitement ce que l'antiquité nous laisse deviner.

Ainsi c'est par la conquête, et par des conquêtes successives que se formèrent, que s'étagèrent, pour ainsi dire, les unes sur les autres les diverses castes qui représentent les diverses races de conquérants. Chacune, à son tour, contente de posséder la suprématie, ne chercha point à bouleverser l'existence de celles qui s'étaient, avant elles, emparées du sol ; et la domination prit les formes les plus variées parmi les populations d'un même territoire, les Plébéiens gardant la disposition de leurs esclaves, vaincus primitifs, ou vaincus postérieurs ; la Noblesse gardant, par le gouvernement, la suprématie sur les Plébéiens.

Le christianisme, la poudre à canon, la presse, telles sont les trois forces qui ont tué le régime des castes dans le monde occidental.

Le christianisme a détruit la notion de l'hérédité, en proclamant l'égalité des ames, par conséquent l'égalité d'origine ;

La poudre a enlevé à la caste des guerriers les instruments de la force que les nobles se seraient transmis héréditairement, et qui leur auraient conservé l'empire, malgré la révolte du sentiment de l'égalité ;

La presse, enfin, a détruit la Noblesse du prêtre en centuplant, par la cohésion, l'intelligence générale, et en attaquant, par la philosophie, tout dogme de révélation immédiate, en desséchant, ainsi, la source du privilége théocratique, l'autorité de la foi.

Cette immense révolution dans l'organisation de la famille humaine, la constitue sur des bases toutes nouvelles, et ouvre devant elle les horizons d'une fraternité véritable, que les calculs mathématiques, comme les instincts du sentiment, prouvent être désormais sa destinée nécessaire et irrévocable.

Cependant une grande partie des populations qui couvrent le globe, conservent encore cette classification comme principe de leur existence, et elle fut, durant de longs siècles, la loi de l'humanité entière. Examinons donc quelles ont été et quelles sont ses raisons d'être.

Dans un temps où la pensée n'avait que de très faibles moyens de propagation, où elle ne se communiquait que d'un individu à l'autre, la caste conservait et répandait les idées. Ainsi la théocratie de l'Inde et celle de l'Égypte ont été long-temps dépositaires de toutes les notions supérieures de la science , de la religion , de la politique. Par l'initiation héréditaire, elles mettaient en sûreté des trésors que mille accidents auraient pu disperser et faire perdre pour jamais, si elles avaient été confiées seulement à l'individu.

De plus, en l'absence de la presse, par laquelle les idées deviennent aussitôt la propriété de chacun, et où chacun met l'intelligence publique en communauté de ses propres progrès, la caste était encore un moyen de progrès, après avoir été un moyen de conservation. Chaque génération héritait des progrès accomplis et y ajoutait ses propres perfectionnements. Et comme chaque race était renfermée dans une fonction toujours la même, celle-ci dans la science pure ou dans la politique, cette autre dans les arts, une autre dans les métiers, elle y devenait d'une habileté extrême.

Il est vrai que cette habileté ne pouvait guère devenir si grande que dans *le procédé*, c'est-à-dire dans les fonctions où l'idée initiale n'a point à varier, mais où elle doit être successivement modifiée dans ses applications. De là beaucoup d'œuvres antiques qui nous étonnent par leur perfection extrême , parce que nous les trouvons à côté d'une barbarie, extrême aussi, dans la région des idées et des sentiments.

Dans l'Europe moderne , et tout près de nous , il est une nation dont la faculté spéciale et providentielle paraît être l'habileté dans *le procédé* matériel ; une nation qui perfectionne tout, qui utilise tout, qui , sans avoir presque rien inventé dans les sciences , a porté l'industrie plus loin qu'aucun autre peuple ; qui , enfin , montre une profonde et incurable incapacité dans les arts , et qui pourtant exploite le monde entier : eh! bien, cette nation est précisément celle qui, au milieu de toutes les autres, garde le plus religieusement l'instinct de la caste, et qui n'a pu s'en défaire ni par la liberté religieuse ni par la liberté politique.

Cet instinct est exclusif du progrès général des esprits, du progrès de la conscience universelle. La raison en est simple : c'est que le sentiment de l'immobilité de l'individu dans sa caste, sentiment qui naît avec lui, qui croît avec lui, qu'il transmet héréditairement, ce sentiment ne lui permet même pas d'imaginer ou de chercher d'autres combinaisons que celles qu'il voit réalisées ; il admet, sans discussion, cette justice imparfaite qu'il trouve établie, et croirait commettre un sacrilège en portant son esprit vers des rapports généraux calculés différemment. Or, les grandes pensées sociales ne naissent jamais que dans une sorte de cerveaux indisciplinés qui nient hardiment le droit établi ; ou, du moins, qui prennent toute la liberté dont ils ont besoin, sans égard pour ce qui les entoure. A quoi leur servirait de le mesurer, s'ils le jugeaient ou le sentaient éternel ?

Le régime de la caste a encore pour inconvénient nécessaire de détruire toutes les vocations naturelles. Il donne bien à tous les individus de la caste un enseignement dont ils ne trouveraient pas ailleurs l'équivalent ; mais tous ne sont pas également propres à le recevoir, et ceux qui le reçoivent, en dépit de leur nature particulière, resteront médiocres, tandis qu'ils auraient pris place au premier rang dans d'autres carrières. — En résumé, c'est, sauf les faveurs du hasard, un bouleversement universel des vocations et des aptitudes ; c'est la proscription des supériorités naturelles. Quand il lui naissait un rejeton malingre et maladif, la caste guerrière de la féodalité était bien forcée de le couvrir de sa lourde armure : eût-elle perdu à en revêtir quelque jeune et vigoureux vilain, condamné à devenir pâtre ou moine ?

C'est par cette brèche, ouverte dans toutes ses barrières par la plus vulgaire raison, que la Noblesse de tous les temps se laissa envahir par l'aristocratie naturelle.

L'histoire de Rome tout entière est une magnifique exposition de cette évolution qu'ont accomplie successivement toutes les nations antiques et modernes. Peut-être demanderait-elle à être écrite de nouveau à ce point de vue contemporain ; peut-être nous manque-t-il un tableau bien net de cette perpétuelle révolte des castes inférieures contre la Noblesse, des plébéiens contre les patriciens, mis en regard de l'affranchissement progressif des esclaves et de l'émancipation de la famille. — Mais ce grand tableau, ce n'est pas ici le lieu de le faire ni même de l'esquisser.

La Noblesse antique, tête de toute cette société des castes, ne fut d'abord qu'une descendance des vainqueurs. On se glorifiait d'être de la race des forts et de remonter, par eux, jusqu'aux dieux. Voilà pourquoi Homère ne nous présente jamais ses héros sans établir leur généalogie.

Mais bientôt l'idée de la valeur morale qui devait résulter de cette origine d'exception, se mêla indivisiblement à celle de la naissance. Par le mouvement perpétuel vers l'égalité, du milieu de la foule des vaincus, dont les vainqueurs ignoraient les origines, s'élevèrent des hommes d'élite qui firent concevoir la vertu sans ancêtres. De là, une confusion naïve qui s'aperçoit chez tous les écrivains anciens qui cherchent à définir la Noblesse. Homère, Euripide, Caton, Aristote, Horace, Ovide, Juvénal oscillent tous entre ces deux sources de Noblesses : la naissance et la vertu individuelle.

L'organisation politique arriva peu à peu à les confondre ; peu à peu les Plébéiens entrèrent en partage avec la Noblesse pour toutes les fonctions publiques et pour le sacerdoce même, centre de tous les pouvoirs. Ainsi, par le même mouvement, la Noblesse se défaisait, pour ainsi dire, et les Plébéiens s'anoblissaient. Un mouvement analogue s'opérait au dessous. L'affranchissement des esclaves devenait progressivement plus facile, plus multiplié, universel ; mais aussi la condition de l'esclave se faisait parallèlement de plus en plus semblable à la condition du maître ; il acquérait la propriété de sa vie, puis de son pécule, puis, jusqu'à un certain point, de sa famille, puis de son temps, puis de sa personne même qu'il pouvait racheter avec son pécule. Il n'était plus à la fin qu'un serviteur, une sorte d'employé qui occupait tous les degrés de l'échelle sociale, à côté des libres et presque sans différence avec eux.

Ainsi finissait, avec l'aide du Christianisme, la caste antique, quand se constitua la Noblesse moderne.

On sait tous les systèmes qui se sont produits sur ce difficile sujet. Dubos, Montesquieu, Mably, Boulainvilliers, M. de Sismondi, M. Guizot, chacun a expliqué à sa façon l'établissement féodal. D'autres sont venus depuis qui ont essayé la critique ou la conciliation de tous ces systèmes, et ces derniers, en utilisant les travaux de leurs devanciers, nous semblent s'être plus approchés de la vérité (1).

Disons, autant que cela se peut, en quelques mots, ce qui nous paraît aujourd'hui vraisemblable.

La guerre antique avait deux formes et deux résultats, quant aux hommes : captifs, pris dans le combat, elle les faisait esclaves ; envahis et conquis sur le sol ou dans la cité, elle les faisait simplement sujets, mais sujets sans propriétés ; elle les condamnait à un travail, dont les instruments même ne leur étaient donnés qu'en usufruit. Toutes les conquêtes de Rome passèrent successivement par cet état ; ce ne fut que peu à peu qu'elles entrèrent dans l'égalité politique, et pro-

(1) Parmi ceux-ci, il faut citer d'abord M. Pierre Leroux qui, dans l'article *Bénéfices* de l'*Encyclopédie nouvelle*, a jeté sur la question le coup-d'œil le plus lumineux, et M. Granier de Cassagnac qui, au travers de beaucoup d'idées étranges et fausses, a pourtant signalé des points de vue vastes et nouveaux.

bablement les premiers Plébéiens de Rome avaient été ainsi conquis par les Patriciens. Donc, deux conditions de la personne, en dehors de la liberté politique, mais aussi deux conditions de la propriété. Le droit romain est tout plein de la distinction entre ces deux natures de biens : le domaine *quiritaire*, le domaine possessoire (*bonitaire*) ; comme l'histoire de Rome est pleine des débats qui, à l'occasion des lois agraires, avaient pour but la transformation d'une de ces deux propriétés en l'autre. C'est là que quelques uns ont vu l'origine première de la terre d'aleu et du fief.

Rome attribuait une partie des terres conquises aux vétérans de ses armées, qui devaient les tenir comme en fief, les cultiver et les garder comme *bénéfices*, car c'était là leur nom.

Ces *bénéficiers* restaient attachés par la reconnaissance au consul, au préteur, au général qui leur avait fourni la terre et les instruments de travail : César et Auguste se firent suivre dans leurs guerres par des milliers de ces vétérans.

Plus tard Alexandre Sévère étendit et consolida cette institution. Il distribua aux généraux et aux soldats des terres garnies *d'esclaves* et d'instruments aratoires, et qui devaient passer à leurs descendants si ceux-ci continuaient le service militaire, *si hœredes illorum militarent*, dit Lampride.

N'est-ce pas là le fief, proprement dit ?

Plus tard encore, ce ne fut plus à des Romains que ces concessions furent faites, mais à des chefs Francs et Wisigoths, à la condition aussi de défendre l'empire. Mais ici, il faut remarquer une différence. Les bénéficiers romains restaient citoyens romains et, quant à leur bénéfice, sans hiérarchie, directement bénéficiers de l'Empereur.

Les barbares, eux, arrivaient avec une organisation propre, avec une hiérarchie qui n'était connue et reconnue que par eux. C'étaient leurs chefs qui traitaient pour eux : c'étaient leurs chefs qui devenaient bénéficiers directs de l'empire ; les inférieurs relevaient des chefs, de degré en degré.

Que plus tard, par la conquête, des races germaines s'emparassent d'autres lambeaux de la terre romaine, n'était-il pas naturel qu'elles s'y établissent suivant un mode qu'elles trouvaient tout préparé ?

Comment ces bénéfices devinrent une propriété héréditaire, comment ils prirent plusieurs formes par le travail du temps, le mouvement naturel de la propriété, et l'ascension progressive des vaincus sous le nom de bourgeois et de vilains, c'est l'histoire entière de la féodalité.

Il suffit ici de montrer la liaison entre des faits historiques que le système qui fait sortir la féodalité tout entière et parfaite des forêts de la Germanie, laissait séparés par un hiatus inexplicable.

Non, tout se tient, et toutes les causes expliquent tous les effets dans ces grandes évolutions des races. Le mouvement même d'émancipation qui avait presque détruit les castes dans l'empire romain ne fut pas perdu : il avait détruit l'escla-

vage, et, si brutale que fût la féodalité, elle ne revint pas sur ce progrès immense.

Ce qui fut vraiment nouveau dans l'état fondé par la féodalité, ce fut le caractère profond d'individualisme qui marque tous les actes et toutes les œuvres de cette race. Ce caractère résista à ce qui restait du civisme romain sur le sol, et dans les populations conquises ; il résista même au christianisme, représenté par la Noblesse religieuse du prêtre. Le prêtre devait être naturellement hostile à cette Noblesse héréditaire de la force matérielle ; il l'attaqua, il la vainquit un instant par le dogme ; il ne put la vaincre dans l'organisation politique. Bien plus, il se laissa corrompre par elle ; il devint son allié et son complice, et quand le sentiment de l'égalité, aidé par la philosophie contre la féodalité, comme il avait été aidé par le christianisme contre la caste antique, se releva en 1789, il eut à renverser en même temps ces deux ennemis.

Cette fois sa victoire a été décisive. Il ne reste de privilége héréditaire que dans la propriété. Mais ce n'est plus de la conquête qu'il tire directement son droit, et c'est ce qui donnera aux luttes dont il pourra être l'objet un caractère que n'eut point le débat entre les castes, entre les races victorieuses et les races asservies.

Malgré tout, le passé laisse encore des traces dans les mœurs bien long-temps après qu'il a disparu des lois. C'est la majorité qui décide celles-ci ; elle peut donc obliger la minorité dans tout ce qui touche à la vie publique, mais elle ne peut pas l'empêcher de conserver ses habitudes particulières dans tout ce que la loi n'atteint pas. Ainsi, aujourd'hui encore, la manie de la noblesse conserve un grand empire dans une partie de la société, importante par sa richesse et par sa cohésion en familles alliées. De plus, l'Europe presque entière garde, dans les lois mêmes, la distinction des races. Et comme la féodalité était à peu près exclusive de la nationalité, la noblesse de tous les pays se regardait presque comme de la même famille. Quoique affaibli, ce sentiment a laissé quelque chose dans les habitudes d'esprit de la noblesse contemporaine, même en France. Elle doit se regarder comme alliée à ce qui reste en Europe d'aristocratie, et c'est cette sorte d'instinct qui fit l'émigration de la première révolution française.

D'un autre côté, l'ardeur de cupidité qui a saisi le tiers-état, arrivé à l'empire, l'a rendu peu scrupuleux sur les moyens. La Noblesse se flatte de rester au dessus du soupçon de la richesse mal acquise en conservant, par les alliances, la trace de ses possessions et de son illustration anciennes.

Mais ces instincts disparaissent de jour en jour par le mouvement général des choses. Toute fortune immobile est désormais une fortune annulée au bout de peu de générations. Il faut donc que la Noblesse se mêle à la spéculation, et elle s'y résigne, depuis quelques années, avec une violence qui égale au moins la cupidité du tiers-état. L'élection étant à présent le seul moyen d'arriver au pouvoir, la Noblesse est encore condamnée à se faire agréer par le plus grand nombre si elle ne veut être exclue de toute fonction. Et l'égalité seule, franchement acceptée, peut la faire entrer dans les sympathies de la démocratie.

Enfin, il s'est fabriqué tant de noblesse de contrebande depuis que la noblesse féodale a été vaincue par la royauté, les anoblis de l'ancien régime, la noblesse de l'empire, et aujourd'hui même les usurpateurs grotesques de titres et de noms d'emprunt, ont jeté et jettent tant de ridicule sur les appellations mêmes qui distinguent la Noblesse, que les gens de goût renoncent à se mettre à part de tout le monde pour ne pas se trouver en si mauvaise compagnie.

Le droit de la naissance une fois aboli dans les mœurs comme dans les lois, la société marche, au milieu de toutes les contradictions illogiques du présent, à la constitution de l'aristocratie naturelle qui ne pourra être que le produit de l'élection.

Mais l'élection, même la plus vraie, renferme un inconvénient auquel il faut que l'avenir réponde.

L'élection, c'est une façon de traduire la moyenne des intelligences; la moyenne, c'est la médiocrité. La direction sociale semblerait donc devoir appartenir à la médiocrité, et déjà cela se voit aux États-Unis où la constitution s'approche le plus de la démocratie.

Mais une bonne organisation de l'élection, combinée en vue de ce vice, peut, jusqu'à un certain point, l'atténuer. On l'atténuera encore en donnant, par une liberté immense, une grande puissance à l'intelligence libre, à la discussion générale qui précède le vote, à la presse, en un mot. Il faut que cet élément prenne officiellement la place que lui assigne son incalculable valeur; il faut qu'il soit l'atmosphère où se prépare en germe, où vit, où se développe toute pensée et tout acte politique. Première et sincère représentation de l'intelligence commune, il faut qu'il domine le scrutin même et qu'il soit encore plus sacré que lui, encore plus inviolable pour les pouvoirs matériels, pour les minorités et pour la majorité même. Il est, en effet, supérieur à la majorité : il est la voix de l'humanité, parlant à une nation, la voix de la tradition en même temps que celle de l'avenir.

Enfin, si malgré tout, le produit de l'élection ne représentait encore qu'imparfaitement l'aristocratie de l'intelligence, si les esprits éminents et les plus prévoyants de l'avenir restaient encore en dehors de l'action politique, il faut se souvenir premièrement que l'avenir ne doit pas se réaliser aussitôt qu'il a été conçu; que ce serait là pour la société une vie d'incessants bouleversements et de perpétuels massacres; qu'il faut laisser à la végétation naturelle des faits, le temps de combiner tous les éléments qui doivent former l'avenir; — et en second lieu (ce qui est la même chose sous une autre face), que l'intelligence n'est pas tout l'homme ni la société tout entière; que le sentiment y tient aussi sa place; que le sentiment dans les choses publiques, c'est la vertu, c'est le dévoûment aux intérêts géné-

raux et qu'ainsi l'aristocratie naturelle ne se compose pas seulement des hommes les plus intelligents, mais des hommes chez qui l'intelligence s'unit aux instincts du dévoûment, à la sympathie plus vive pour les intérêts en dehors de l'individualité, — et l'élection est très propre à produire l'aristocratie de cette double et nécessaire supériorité, la seule qui soit utile dans l'action. — La supériorité de l'esprit, séparée de cet instinct de la réalisation, restera dans la spéculation libre, et agitera les esprits pour les préparer au mouvement.

A. P.

NOMARQUE. L'organisation administrative donnée à la Grèce par son nouveau gouvernement est en grande partie calquée sur la nôtre. Ce pays est aujourd'hui divisé en départements qui s'appellent *nomes*, et subdivisé en arrondissements, qui prennent le nom d'*éparchies*. Le chef administratif de chaque nome s'appelle Nomarque, et ses subordonnés immédiats s'appellent éparques. Les maires appelés démogérontes, sont nommés par les communes; mais leur nomination doit être approuvée par le Nomarque.

NOTABLES. Au mot ASSEMBLÉE nous avons dit ce qu'étaient jadis les anciennes assemblées de Notables, et nous avons démontré historiquement le peu que valent les institutions qui ne tirent point d'un principe vrai leur raison d'être et leur force. Imaginées par les agents du pouvoir royal dans le but de donner le change au peuple, de lui cacher le despotisme, sous une façon de représentation nationale, les assemblées de Notables ne servirent en rien ni la liberté ni la puissance du pays, et lorsque la royauté fut enfin réduite à rendre ses comptes, elle ne trouva chez les Notables ni la force ni la volonté de la secourir. Grande et salutaire leçon pour ceux qui gouvernent les peuples ! Mais l'expérience des aïeux a-t-elle jamais servi aux descendants? que sont nos assemblées politiques d'aujourd'hui, sinon des assemblées de Notables. Le roi choisissait autrefois les Notables : il choisit directement aujourd'hui les membres de la Chambre des pairs; et, quant à la Chambre des députés, chacun sait à quel point le pouvoir royal exerce d'influence sur sa composition. Aussi, nulle différence essentielle entre les anciennes assemblées et les nouvelles, si ce n'est la périodicité. Annuelles, maintenant, elles ne se réunissaient que très rarement autrefois. Du reste, mêmes effets, même spectacle, le même égoisme, la même servilité. Difficiles seulement et peu malléables en ce qui touche leurs intérêts privés, les Notables d'à présent font preuve en toute occasion de la plus déplorable, de la plus coupable facilité, lorsque l'intérêt des classes non représentées ou l'intérêt du pays est seul en jeu. Cela doit être : l'homme est perfectible, sans doute; mais, par cela même, il n'est point parfait; et c'est pour cela qu'il importe de le placer dans un milieu où ses mauvais penchants, vigoureusement contenus, ne puissent pas trop librement se donner carrière.

—Le mot Notables ne s'applique plus aujourd'hui

qu'à une institution commerciale : il sert à désigner les commerçants qui sont chargés d'élire les membres des tribunaux de commerce. Ici, comme partout ailleurs, le pouvoir a admis le principe électif pour le fausser dans l'application. Les anciennes lois, plus libérales, disaient : « Les consuls sont des juges élus *entre les marchands* pour vider sur-le-champ, gratuitement et sans procédures, suivant les principes, leurs différends et demandes sur le fait de la marchandise, etc. »

Jaloux de tout concentrer, l'auteur du Code de commerce dit, au contraire, que les membres des tribunaux de commerce seront élus par les commerçants *Notables*, par les chefs des maisons de commerce les plus anciennes, les plus recommandables, et que distinguent le plus la probité, l'esprit d'ordre et l'économie. Or, quel sera le juge de ces conditions ? Désigner les maisons les plus anciennes, cela est facile. Mais comment, à moins de vérifications incompatibles avec la liberté du commerce et de l'industrie, savoir au juste quelles sont les maisons les plus recommandables par la probité, l'esprit d'ordre et d'économie ? L'art. 69 du Code de commerce charge le préfet de dresser la liste des commerçants Notables : du préfet la liste passe au ministre de l'intérieur, qui est chargé de l'approuver. Mais pourquoi le préfet ? pourquoi le ministre ? Quel rapport particulier et direct y a-t-il entre le chef supérieur ou délégué de l'autorité administrative, et les individus qui exercent le commerce ?—N.... fait de mauvaises affaires. Qu'en savent le préfet et le ministre, et que leur importe ? — La mauvaise pensée du législateur impérial est ici flagrante : ce n'est pas au commerce qu'il a voulu donner des garanties, mais à lui-même. Ce n'est pas la juridiction commerciale qu'il a voulu perfectionner ; c'est son pouvoir personnel qu'il a voulu étendre et consolider. De là, la violation du principe électif par l'institution des commerçants Notables ou électeurs privilégiés ; de là l'intervention, tout au moins superflue, de l'autorité administrative, dans une question purement commerciale.

La justice et l'intérêt bien entendu du commerce veulent que cet état de choses soit changé. Il faut que les juges consulaires soient élus entre les marchands et par les marchands. Qu'importe que les maisons de commerce soient anciennes, si elles sont respectables ? Et qu'importe même qu'elles soient florissantes, si elles existent ? Il faut donc, nous le répétons, que tous les marchands soient admis à élire les titulaires de juridictions commerciales. Ayant tous le même intérêt, ils ont tous le même droit, et doivent tous l'exercer également.

Il semble d'ailleurs, qu'on ait fait ici du privilège pour le plaisir d'en faire. Car, en quoi, s'il vous plaît, le pouvoir serait-il menacé, par l'intervention de tous les marchands dans les élections consulaires ? Et même n'est-ce pas une raison, parce que le monopole existe dans la région des intérêts politiques, pour l'exclure du sein des transactions civiles ? Vous refusez à celui-ci le droit d'élire les personnes chargées de le repré-

senter politiquement : accordez-lui donc, ne fût ce qu'à titre de dédommagement, le pouvoir de choisir les hommes qui sont investis par la loi du droit de statuer sur ses intérêts les plus immédiats. Comme d'ailleurs vous n'avez pas sans doute la pensée d'immobiliser à jamais les règles qui circonscrivent aujourd'hui l'exercice des droits politiques, laissez à ceux que cette organisation laisse en dehors, ce moyen si facile et si peu dangereux de s'exercer à l'accomplissement d'une fonction plus haute et plus générale. Vous n'y perdrez rien et la société y gagnera.   E. D.

NONCE. Les Nonces, jadis appelés *missi sancti patris*, *missi apostolici*, *legati missi*, sont les ambassadeurs que le Pape envoie auprès des Etats catholiques. Il y a des Nonces ordinaires et des Nonces extraordinaires, comme des ambassadeurs ordinaires et des ambassadeurs extraordinaires. Les Nonces avaient, dans plusieurs pays, une juridiction ecclésiastique particulière. Mais en dépit de quelques entreprises faites à diverses époques, ils n'obtinrent, en France, d'autres immunités et d'autres droits que ceux que le droit des gens confère à tous les agents diplomatiques.

On appelle *nonciature* la charge de Nonce. Dans les pays où les Nonces exercent quelque juridiction, le ressort de cette juridiction s'appelle également *nonciature*.

En Pologne, les députés nobles envoyés par les provinces à la diète, sont appelés Nonces. (V. POLOGNE).

NOTE DIPLOMATIQUE. Les négociations se conduisent, comme toutes autres affaires, au moyen de conversations que les diplomates ont ensemble. Il arrive quelquefois que chacun rédige son dire par écrit. Cette rédaction, ordinairement non signée, prend le nom de *Note verbale*. Elle est uniquement destinée à aider la mémoire et à fixer le point de la discussion. C'est, comme on le voit, la moins importante de toutes les pièces diplomatiques.

NOTES SECRÈTES. On comprend sous cette dénomination la partie non officielle, non ostensible, des instructions que reçoit un ministre ou un ambassadeur.

— En 1818, alors qu'on espérait, en France, la prochaine évacuation du territoire, des membres du parti de l'émigration adressèrent un Mémoire aux cabinets étrangers, pour exposer leurs appréhensions contre les tendances révolutionnaires, et discuter les moyens les plus propres au rétablissement de l'*ordre social*. Ce Mémoire fut appelé *Note secrète*.

Organe d'un parti qui avait contracté l'habitude d'implorer le secours de l'étranger, l'auteur, après avoir exposé la situation morale de la France, et signalé le progrès des idées révolutionnaires, concluait en indiquant la nécessité de prolonger, pendant quelque temps encore, l'occupation du territoire français.

Ce fut à la même époque que lord Stanhope fit entendre, à la Chambre des lords, les plus véhémentes imprécations contre la France, et qu'il proclama hautement que le démembrement de ce pays était un acte de première justice.

« Rien ne devait subsister d'un état qui avait si long-temps bouleversé l'ordre social, et qui, même sous les Bourbons, conservait encore son esprit révolutionnaire ; la France devait être divisée en trois parts, et il fallait qu'elle redevînt ce qu'étaient les Gaules après la conquête de Jules César. Tel était l'esprit des traités de 1815. »

Un semblable discours, loin d'exciter l'indignation des royalistes, n'avait fait qu'exciter leur espoir ; mais l'empereur Alexandre, qui n'avait pas encore renoncé aux idées libérales, accorda peu de crédit à ces négociateurs.

Le prince de Metternich, de son côté, fit plus que de repousser les conclusions du Mémoire, il communiqua la Note secrète au gouvernement français, et les journaux allemands en publièrent le contenu.

Le rédacteur de la Note secrète fut, dit-on, M. le baron de V...   P. C.

NOTIFICATION. Acte par lequel une puissance fait connaître officiellement et de manière à ce qu'on doive y avoir égard une résolution prise par elle. Ainsi, lorsqu'un gouvernement met un port ennemi en état de blocus, il doit notifier ce fait à tous ceux qu'il peut intéresser, ou au moins à leurs représentants. On déclare la guerre à une puissance ; on notifie la déclaration de guerre à toutes les puissances neutres.

O

OBÉISSANCE. Les questions morales et politiques qui se résument dans ce mot, sont assurément les plus délicates et les plus difficiles à résoudre, en l'état actuel de nos mœurs et de nos idées.

Obéissance passive, baïonnettes intelligentes ; il y a un abîme entre ces deux propositions, et pour combler cet abîme, rien que le sentiment individuel.

La formule du serment est celle-ci : « Je jure fidélité au roi, obéissance à la charte constitutionnelle et aux lois du royaume. » Mais, si, pour obéir à la loi, je suis contraint de n'être plus fidèle au roi ?

Et la loi même, jusqu'à quel point y faut-il obéir ? — « Je désobéirai à votre loi pour obéir à ma conscience », disait naguère un député aux applaudissements de tous les cœurs généreux. Cependant la loi doit être l'expression de la conscience publique, et qu'est-ce, en balance, que la conscience individuelle ?

C'est un grand péril pour la paix publique et pour la morale que cette universelle contradiction ; et le péril est d'autant plus grand qu'il est absolument interdit de porter la lumière au fond de cette obscurité.

Le temps viendra nécessairement où la notion du devoir et du droit sera plus simple et la pratique moins épineuse.   E. D.

OCÉANIE. Ce cinquième monde qui, en dehors du continent australien, ne se compose guère que d'une succession d'archipels, plus ou moins considérables, ce cinquième monde que l'on nomme indifféremment *Océanie* ou *Monde-Maritime*, se développe sur une ligne de quatre mille lieues dans un sens, et de deux mille lieues dans un autre, entre le 91e degré de longitude orientale, et le 105e degré de longitude occidentale, entre le 36e parallèle boréal et le 56e parallèle austral.

Les anciens n'ont eu connaissance de ces terres que d'une manière confuse, et leur géographie ne semble pas être allée au-delà des premiers groupes malais que leur situation pourrait rattacher à l'Asie plutôt qu'à l'Océanie. Ils connaissaient Sumatra, sur laquelle on plaçait le mont Ophir, Java, Timor, les Philippines, peut-être aussi les Moluques ; mais leur science s'arrêtait à ces notions, mêlées de quelques indications fort obscures sur la Chine. Au moyen-âge, ces existences sont moins incertaines. La propagande mahométane, la conquête mongole ont rayonné en Asie, et déjà les archipels des Indes sont soumis à l'islamisme. On arrive ainsi au magnifique mouvement du seizième siècle, à Vasco de Gama et à Christophe Colomb. Ce fut là une époque merveilleuse et devant laquelle on ne saurait trop s'incliner. L'Europe, une faible portion de l'Asie, le nord de l'Afrique, voilà ce que l'on connaissait alors du globe, et trois siècles à peine nous séparent de ce temps. Colomb s'élance et conquiert un monde ; Gama cotoie l'Afrique dans un développement de trois mille lieues et lui arrache le secret de sa limite. Magellan ose se mesurer avec l'Amérique à peine découverte ; il la double au milieu de nombreux dangers, et ouvre le premier un victorieux sillon dans les eaux de l'océan Pacifique.

C'est Magellan, en effet, qui le premier, en 1520, traversa la mer du Sud, et exécuta ce que l'on nomme le tour du monde. Dans sa traversée il ne rencontra que trois ou quatre petites îles ; mais en se rapprochant de l'Asie il aborda aux Moluques et aux Philippines. On sut dès lors que ce vaste espace était occupé en grande partie par les flots d'un océan qui baignait de petits groupes, épars sur son immensité. Les reconnaissances successives ne firent que confirmer cette donnée. Garcia de Loysa, en 1525, Sébastien de Cano, Salazar et Saavedra, Juan Gaëtan et Mendana ajoutèrent de nouveaux documents au faisceau des découvertes accomplies. Drake recommença, vers 1597, la circumnavigation de Magellan, et apporta son tribut de travaux. On connaissait dès lors la Nouvelle-Guinée, les îles Salomon, les îles Marquises ou Nouka-Hiva. L'espagnol Quiros, pilote de Paz de Torres, y ajouta le groupe de Taïti; Schouten et Lemaire, quelques portions de la Nouvelle-Guinée; Hertog, Edels, Nuits, Carpenter et Pelsart, tous les cinq Hollandais, divers fragments de ce continent considérable qui prit dès lors le nom de Nouvelle-Hollande. Tasman, navigateur judicieux, alla plus loin : il fixa les limites de cette vaste terre et reconnut le premier la Nouvelle-Zélande. Dampier, Padilla, Le Barbinais, Anson, Byron, Wallis, Carteret, Bougainville, continuèrent ces reconnaissances de détail, et préparèrent les voies à Cook, qui devait asseoir, sur des bases solides, la géographie générale de l'Océanie. Cook est un de ces hommes qui, en s'emparant d'une tâche, la mesurent d'un regard puissant, et si immense qu'elle soit, la dominent tout entière. Dans ses trois voyages successifs, il s'identifia l'Océanie, en fixa la configuration, en dressa la carte, éclaira les reconnaissances précédentes, les appuya de découvertes nouvelles, et recueillit une telle moisson de matériaux, qu'il ne laissa à ses successeurs que la perspective de glaner après lui. La Nouvelle-Calédonie, les Nouvelles-Hébrides, les îles Sandwich, la Nouvelle-Zélande, Tonga, Taïti, Nouka-Hiva, les détroits de Torrès, de Cook et de Behring furent les théâtres successifs d'explorations précises, savantes et rigoureuses. L'histoire naturelle de ces contrées n'eut point de secrets pour les deux Forster, Banks, Solander et Anderson, ses compagnons de voyage, auxquels le grand capitaine dut une grande partie de l'intérêt de ses relations. La France ne voulut pas à son tour demeurer en arrière dans cette prise de possession du Monde Maritime. Bougainville avait devancé Cook; Surville, Marion et l'infortuné Lapeyrouse lui succédèrent; d'Entrecasteaux alla ensuite reconnaître la Louisiade et ce mouvement de voyages de découvertes, repris au début du siècle avec Baudin, puis interrompu par les longues guerres de l'empire, s'est continué de nos jours par les circumnavigations de Freycinet, de Duperrey et de d'Urville. En Angleterre, les traditions de Cook n'ont pas été non plus abandonnées. Portlock, Dixon, Edwards, Vancouver, Bligh, Flinders, et plus près de nous, Beechey et Dillon, ont exécuté d'importants travaux sur divers points des archipels océaniens. L'Espagne y a de son côté envoyé Bonecheo et Malespina; l'Union américaine, Porter, Paulding et Morrell; la Russie, Krusenstern, Kotzebue, Lutke et Billinghausen. Ainsi, aucune des grandes puissances maritimes n'est demeurée étrangère à la conquête pacifique de cette cinquième partie du monde, acquise désormais à la science par un demi-siècle d'infatigables travaux.

Cette diversité d'efforts tout récents explique pourquoi les divisions géographiques de l'Océanie varient non seulement de peuple à peuple, mais d'explorateur à explorateur. L'arbitraire y règne encore comme dans tout ce qui est près de son berceau. Le temps n'a pas fait justice des folles prétentions des uns, de l'ignorance des autres. Aucun des navigateurs qui ont sillonné l'Océanie, ne s'est privé du plaisir puéril d'imposer des noms aux terres qu'il rencontrait, soit au mépris des noms indigènes, toujours si respectables, soit au préjudice des noms consacrés par les premiers découvreurs. De là résulte une effrayante synonymie qui aboutirait, poussée plus loin, à une confusion complète. Tel groupe a quatre ou cinq noms, tel îlot aura été baptisé par trois capitaines et dans trois langues. On ne sait encore qu'adopter des Marquises ou des îles de Nouka-Hiva; de Tonga ou des îles des Amis; des Sandwich ou des îles Hawaï; des îles de la Société ou de Taïti; et ainsi du reste. Les géographes n'ont pas voulu, de leur côté, demeurer en arrière, et ils ont reproduit, dans leurs divisions générales, le même conflit de dénominations. Entre ces diverses autorités, nous avons cru devoir choisir la plus rationnelle et la plus imposante, celle du capitaine d'Urville, le meilleur, le plus consciencieux explorateur de l'Océanie depuis Cook.

Le capitaine d'Urville n'a pas été guidé, dans ses travaux, par le désir de s'approprier, comme l'ont fait beaucoup d'autres, la gloire de ses devanciers. Il n'a pas débaptisé les terres visitées avant lui pour avoir l'honneur de s'en déclarer le parrain. Partout où il a rencontré des noms indigènes bien caractérisés, il les a respectés comme un vestige intéressant de la civilisation primitive; partout où ces noms n'ont pu être fixés d'une manière certaine, il a conservé religieusement les droits des premiers découvreurs. Quant aux divisions générales, une étude attentive des archipels océaniens lui a suggéré un système qui puise sa valeur dans des faits ethnographiques désormais avérés. Ainsi, en sillonnant les flots de l'Océanie, les navigateurs ont pu s'assurer qu'elle renfermait trois races fort distinctes : l'une composée d'hommes cuivrés d'une fort belle taille et généralement bien proportionnés; la seconde ne présentant que des sujets d'un type noir ou fuligineux, aux cheveux frisés, crépus, floconneux quoique rarement laineux, aux formes chétives, grêles et disgracieuses; enfin une troisième race, participant de la première et de la seconde, et présentant entre elles comme un terme moyen, composée surtout d'hommes au teint fortement cuivré et presque bistre, avec des formes sveltes, des visages effilés, et une taille au dessus de la moyenne. Une quatrième race fort connue, celle des Malais qui habitent les archipels indiens, complète cette division qui, fondée sur des observations précises, sort de la ligne des nomenclatures arbitraires. Chacune de ces races a d'ailleurs son caractère. La première obéit à des lois parfaitement constatées, et vit dans un état social qui ressemble à une oligarchie, parfois même à une monarchie; la seconde végète dans l'état de nature et ne semble guère dépasser la condition de la brute; la troisième reconnaît des chefs et se place, pour la civilisation, entre les deux nuances. La première race est soumise au *tabou*, interdiction religieuse qui frappe certains hommes et certaines localités, boit le *kava*, liqueur fermentée obtenue avec la distillation du *piper methysticum*, ne se sert point d'arcs, mais de casse-têtes. La seconde race n'offre aucune trace de semblables usages, et de jouissances aussi raffinées; elle vit en proie à tous les besoins et connaît l'usage des flèches et de l'arc. La troisième race semble employer à la fois ces armes et les casse-têtes, mais elle demeure étrangère au *tabou*; et au lieu du *kava*, elle emploie le bétel et l'areck, ce qui la rapproche des Malais. Quant à ces derniers, leurs caractères principaux sont trop connus pour qu'on les retrace ici.

De ces circonstances ethnographiques sont nées quatre divisions fondamentales pour l'Océanie, savoir :

1° L'Océanie orientale, ou POLYNÉSIE, comprenant les peuples jaunes ou cuivrés, qui parlent la même langue, à d'imperceptibles nuances près, reconnaissent le *tabou* et vivent dans un état supérieur aux autres races. Dans cette division sont compris l'archipel des Sandwich (Hawai), ceux de Nouka-Hiva (Marquises), de Pomotou, de Taïti, d'Hamoa, de la Nouvelle-Zélande, de Tonga, de Chatam et plusieurs autres.

2° L'Océanie boréale, ou MICRONÉSIE, ainsi nommée parce qu'elle ne comprend que de petites îles, dont Gouahan dans les Mariannes, Pounipet dans les Carolines, Baubelthouap dans les îles Pelew, sont les principales. Dans cette nomenclature sont renfermées les peuplades qui différent de groupe à groupe pour les mœurs, le gouvernement et le langage. Les groupes les plus essentiels de cette division sont ceux de Gilbert et de Marshall, les Mariannes, les Carolines, les îles Pelew, y compris un grand nombre d'îles inhabitées jusqu'au 40° de latitude septentrionale.

3° L'Océanie méridionale comprenant les peuples océaniens qui se rapprochent du Nègre par le type, et nommée à cette intention MÉLANÉSIE. Cette division enveloppe toutes les tribus placées au dernier degré de l'intelligence humaine, et n'ayant pu s'élever encore à aucune forme précise de gouvernement. Point de lois, point de cérémonies régulières, à peine quelques mœurs. Partout l'instinct le plus brutal et la sauvagerie la plus farouche. Le noyau de cette vaste division est la Nouvelle-Hollande ou Australie, continent immense et presque désert. Il faut y joindre les grandes îles de la Tasmanie ou Terre de Van-Diémen, la Nouvelle-Guinée, la Louisiade, la Nouvelle-Bretagne, la Nouvelle-Irlande, la Nouvelle-Calédonie, les Nouvelles-Hébrides, les îles Loyalti, Nitendi et Viti ou Fidji.

4° Enfin, l'Océanie occidentale ou MALAISIE, comprenant tous les archipels qui peuvent être regardés comme satellites du continent asiatique, les îles de la Sonde, Sumatra, Java, Bornéo, Timor, etc., etc.; les Philippines et les Molu-

ques. Les peuples qui les habitent appartiennent à une race bien connue et souvent décrite.

Telle est la division la plus heureuse que l'on ait trouvée jusqu'ici pour l'Océanie. Elle a cela d'avantageux, qu'elle découle de rapports constants et d'observations rigoureuses. Ainsi, là où l'on rencontre une race cuivrée ou jaune soumise au *tabou* et buvant le *kava*, on peut se dire parmi les Polynésiens. L'arek et le bétel trahissent autant qu'une couleur un peu plus foncée les Micronésiens; la peau noire et un abrutissement complet signalent les Mélanésiens. Le Malais se tient en dehors de ces trois races et a sa physionomie propre, déjà transformée par le contact européen.

Nous n'avons pas la prétention de faire ici la géographie complète de l'Océanie. Ce n'est ni le cadre, ni le lieu. Quelques aperçus sommaires peuvent, toutefois, suffire pour donner une idée générale de ces terres disséminées sur le vaste Océan Pacifique.

L'hypothèse accréditée par Malte-Brun et reproduite par divers géographes, que les archipels océaniens ne sont que les sommets, et pour ainsi dire, les arêtes d'un monde englouti, semble avoir été ruinée de nos jours par des observations plus judicieuses et plus précises. L'Océanie, tout invite à le croire, est la plus récente, la plus jeune des parties du globe. Quiconque l'a parcourue, a pu lui dérober le secret de sa formation. Deux agents énergiques y concourent; ici les volcans, là les madrépores. Autour des pics ignivomes s'amoncellent des îles de lave, onduleuses et tourmentées; dans les centres de travail des lithophytes, coraux vivants, la mer soulève des îlots unis et peu saillants. Taïti et les Sandwich appartiennent à la première de ces origines; Tonga-Tabou, Pomotou procèdent de la seconde. Ainsi, l'eau elle-même coopère aux créations géogoniques; ainsi, dans les profondeurs de la mer, la pierre végète, se meut, s'anime, et des myriades d'architectes y construisent les aiguilles fatales contre lesquelles viendront se briser d'imprudents vaisseaux. On se ferait difficilement une idée de la régularité qui préside au développement de ces îlots de corail. On les voit poindre, on les voit grandir. Ce n'est d'abord qu'une couronne de récifs qui, graduellement exhaussée, sort du sein de l'océan en forme de corbeille et conserve, dans son centre, un petit lagon, véritable coupe d'eau salée; puis quand les détritus madréporiques ont peu à peu enrichi le sol, une végétation spontanée s'y manifeste et l'écueil se pare d'une ceinture de cocotiers et de palétuviers qui le signalent au navigateur.

L'ethnographie des terres océaniennes n'est pas moins mystérieuse que sa géologie. Dans cinq ou six groupes distincts, éloignés les uns des autres de cinq cents à mille lieues, la même race a été retrouvée, rappelant les mêmes mœurs, les mêmes lois, les mêmes préjugés et le même idiome. C'est la race polynésienne; celle qui tient la tête des peuples océaniens. D'où vient cette race? Quelle loi de migration a présidé à son éparpillement? Quelle tendance régulière a pu déterminer une dissémination aussi inexplicable et aussi confuse? On ne saurait le dire d'une manière concluante. Sur toutes ces îles, la navigation, encore dans l'enfance, témoigne que la haute mer n'a été pour ces peuples que le théâtre de voyages involontaires et l'aspect seul de leurs frêles pirogues suffit pour éloigner l'idée qu'elles aient pu servir à des excursions lointaines. Cependant les mêmes hommes se retrouvent dans des îles différentes à douze cents lieues de distance l'une de l'autre. Qui pourra donner la clé de ce problème anthropologique?

Quant au caractère de ces peuples, il y a peu de chose à dire des Malais, qui ne tiennent à l'Océanie que de loin, et moins encore des deux races inférieures, noire et cuivrée, qui se partagent l'Océanie occidentale. L'anthropophagie sur quelques groupes, un état misérable sur tous, une cruauté farouche, une aversion profonde pour les étrangers, tels sont les traits principaux qui les distinguent. Mais la race polynésienne mérite plus d'attention. Tout ce qui fait l'orgueil des nations civilisées, la dignité naturelle, le respect de la foi jurée, le désir de connaître, le besoin d'activité, l'aptitude à tous les rôles et à toutes les fonctions, l'intelligence des choses nouvelles, se rencontre chez ces tribus à un degré qui charme et qui étonne. Limitée à un seul groupe, la Nouvelle-Zélande, l'anthropophagie y est regardée moins comme une satisfaction physique que comme une excitation morale. Il est honorable pour le vaincu d'être dévoré par le vainqueur. C'est le sort des armes : des deux parts on y compte. Tout prisonnier est avili s'il ne meurt. L'anthropophagie ne règne, d'ailleurs, qu'entre tribus belligérantes et seulement durant la guerre, ou bien encore de chefs à esclaves. La présence des Européens suffira pour extirper cette horrible coutume.

L'état social de ces tribus n'est autre chose que cette organisation instinctive commune aux peuples enfants. La population se partage en chefs et en esclaves, et chacune de ces classes exprime dans son maintien et porte sur ses traits le sentiment de sa dignité ou la conscience de son abjection. Le tatouage est le blason des chefs ; ses lignes constituent toute une science héraldique. Entre nobles, la hiérarchie s'établit un peu par le sang, beaucoup par le courage. Les instincts guerriers ayant, chez ces peuples et chez les Néo-Zélandais surtout, absorbé tous les autres, le pouvoir a dû aller naturellement vers la force en délaissant l'intelligence. Les habitudes belliqueuses ont en revanche servi à maintenir, chez plusieurs tribus, la beauté du type, la vigueur musculaire des formes. A la Nouvelle-Zélande, où le sang polynésien s'est conservé dans sa pureté, les sujets sont robustes et svelts, avec un teint d'un jaune plein de vie, des yeux bien découpés, un angle facial qui rappelle celui des Européens, des cheveux noirs et lisses, des lignes correctes, trop labourées seulement par le tatouage.

Dans les autres îles, le type a beaucoup déchu sous l'influence du croisement européen. Taïti et les Sandwich n'offrent plus que des générations énervées et abâtardies. Tout esprit indigène s'est retiré de ces îles, livrées aux exagérations du puritanisme religieux. Ce sont maintenant de petits royaumes, gouvernés par des missionnaires anglicans ou américains. Rien ne s'y dérobe à leur juridiction, pas plus le temporel que le spirituel. Quand les populations ne sont pas au prêche, elles travaillent pour leurs évangélistes ; elles ne quittent la Bible que pour aller féconder de leurs sueurs le champ de la mission. Du reste, l'originalité primitive a disparu de ces pays transformés par l'esprit évangélique. La nudité de ces enfans de la nature scandalisait les pasteurs qui les ont forcés de s'affubler à l'européenne. Le vêtement national a fait place à un costume sans nom. Les anciennes coutumes, le *tabou*, le *kava*, tout a cédé devant cette loi nouvelle et impérieuse, et c'est à peine si aujourd'hui les groupes de Tonga-Tabou et de la Nouvelle-Zélande peuvent encore se défendre contre ce despotisme religieux.

Jusqu'ici, cette propagande était demeurée tout entière entre les mains du clergé luthérien, maître absolu, depuis un demi-siècle, d'une portion de la Polynésie. Cependant, quelques missionnaires catholiques, sortis des maisons de Paris, se sont récemment rendus sur les lieux afin d'élever autel contre autel, église contre église. Un évêque *in partibus*, M. de Pompallier, a fondé un établissement religieux sur la Nouvelle-Zélande : deux prêtres de sa mission ont converti les petites îles de Gambier ; d'autres ont paru à Taïti, à Tonga-Tabou, aux Sandwich. Mais nous craignons que les succès de ces apôtres ne répondent pas à leurs efforts. L'Angleterre ne souffre de concurrence ni pour son culte, ni pour son commerce, et elle sait comment on se débarrasse de rivaux gênans. Déjà elle s'est offusquée du passage de quelques bâtimens de guerre français sur les points principaux de l'Océanie, et des satisfactions incomplètes qu'ils y ont obtenues. Elle vient à son tour d'envoyer quelques corvettes pour effacer les traces de cette manifestation, et pour rendre à ses missionnaires leur ancienne prépondérance. Devenues le théâtre principal de la pêche à la baleine, les mers du Sud ne pouvaient se dérober au patronage des Anglais, et, pour y mieux assurer leur empire, le capitaine Hobson a récemment pris possession, au nom de la reine Victoria, de la Nouvelle-Zélande et des îles adjacentes. Quant à la France, ici comme partout, elle arrivera trop tard. Une expédition partie récemment de nos ports de l'ouest, avec l'aide de l'État et sous l'empire d'une idée de colonisation, trouvera installée sur les lieux une rivale qui ne se laisse jamais devancer par personne. Voici deux siècles que la Grande-Bretagne procède ainsi en tous lieux, en toute occasion. Elle supplée au droit par le fait : elle est parvenue, à force d'audace, à reculer le jour de l'expiation et à balancer victorieusement la justice par la force.

Les divers règnes de la nature ne sont pas riches en Océanie, ce qui apporte une preuve de plus à l'idée qu'elle est d'une formation récente. L'arbre à pain (*artocarpus incisa*) est la plus grande ressource de ces îles. Ce végétal y atteint une hau teur de quarante pieds, et y donne une nourriture abondante et saine. Son fruit cuit sous la cendre a le goût le plus exquis; il rappelle et supplée nos meilleurs farineux. Ces arbres n'exigent d'ailleurs aucune culture, et ils forment sur tous ces archipels des greniers naturels et inépuisables. La nombreuse famille des palmiers se retrouve, dans ses principales variétés, sur tous les groupes océaniens. Des forêts de palétuviers, de *casuarinas*, d'*encalyptus*, de *banksias* couvrent les grands archipels et plusieurs îles secondaires; la partie méridionale de la Nouvelle-Zélande offre, au sein de ses vertes forêts, un grand nombre d'arbres qui affectent le port de nos espèces. Pour les plantes, la nomenclature serait fort longue. Les *euphorbiacées* s'y font remarquer par leurs magnifiques couleurs et par une grande variété dans les espèces. On y trouve aussi la ketmie, comestible (*hibiscus esculentus*) dont les capsules pyramidales se terminent en pointes recourbées; l'ixore écarlate (*ixora coccinea*), éclatante de fraîcheur et d'aspect; le poivre de Taïti et de Tonga (*piper methysticum*), qui sert à la fabrication du *kava*; puis une quantité innombrable de lianes, comme la *bruguiera*, de charmantes liliacées, des *zenthora*, des *zamia australis*; enfin des plantes cosmopolites comme le samole, la salicaire, etc.

Parmi les animaux, le cochon tient une place importante : c'est le seul qu'on retrouve sur presque tous les groupes océaniens. Cependant, la Nouvelle-Hollande renferme des espèces très curieuses, et qui lui semblent particulières : des marsupiaux de plusieurs sortes, le kangourou, le dasyure, le wombat, l'ornythorinque et l'échidné. L'ornythorinque est l'un des animaux les plus bizarres parmi ceux que l'on nomme les *paradoxaux*. Son corps couvert de poils, son bec de canard, ses pieds garnis d'ergots venimeux, en font une sorte de créature fantastique. Il pond des œufs, à ce que l'on assure, et réunissant sur son corps le poil et la plume, il participe à la fois de l'oiseau, du quadrupède et du reptile. L'échidné n'est pas moins remarquable par les piquants dont il est hérissé, son museau allongé, ses mâchoires dépourvues de dents, et sa langue extensible comme celle du fourmilier. Les reptiles abondent à la Nouvelle-Hollande, mais on en trouve peu dans le reste de l'Océanie. Les oiseaux se rencontrent sur toutes les îles en nombreuses espèces. Le magnifique oiseau de Paradis appartient à la Papouasie, annexe de la Nouvelle-Guinée.

Telle est l'Océanie. Elle n'a pas encore, dans l'ensemble des existences terrestres, une destination proportionnée à son étendue; mais l'avenir lui réserve sans doute une place meilleure. Les résultats que les Anglais ont obtenus sur un ou deux points de l'Australie, à Sidney et à Hobart-Town, par exemple, attestent que le sol de ces contrées lointaines n'attend que le bras de l'homme pour fournir la preuve de sa fécondité. Il n'est pas de culture européenne qui n'ait réussi sur ces deux points et qui n'ait payé par d'abondantes récoltes les soins d'une exploitation facile. Sidney, plus connue en Europe sous le nom de Bo-

tany-Bay, destinée d'abord à n'être qu'un bagne, un lieu de déportation, un asile pénitentiaire, est devenue, en trente années, l'une des plus belles et des plus riches colonies du monde. C'est un empire nouveau que l'Angleterre s'est ménagé pour l'avenir, non loin de son bel empire des Indes. La population libre y a pris maintenant tout-à-fait le dessus et la classe des *convicts* ou déportés, y vit subordonnée et à l'état de caste. Le but primitif est donc faussé, mais un autre but a été atteint. Pour le compléter aujourd'hui; l'Angleterre vient de s'approprier la Nouvelle-Zélande, placée à portée de la métropole australienne et pouvant se mouvoir dans son rayon. Le sol de la Nouvelle-Zélande n'est ni moins heureux ni moins salubre que celui de Sydney, et cette possession nouvelle complètera cette première série d'empiétements. Après avoir marché pendant un siècle et demi à l'usurpation des territoires asiatiques et américains, l'Angleterre ne semble pas plus lasse que le premier jour. Suzeraine de cent quarante millions de sujets médiats et immédiats, régnant sur sept cent soixante-quinze mille lieues carrées de territoire, elle ne se montre encore ni fatiguée ni assouvie. Son activité est bien celle de César : elle croit n'avoir rien fait tant qu'il lui reste quelque chose à faire. La France se laissera-t-elle ainsi déposséder et restera-t-elle seule impassible au milieu des grandes initiatives qui se produisent dans le monde ?

LOUIS REYBAUD.

OCCIDENT. Ce mot, dans le langage politique, exprime l'ensemble des nations qui habitent le sud-ouest de l'Europe, et qui toutes ont cela de commun, qu'elles tendent, avec plus ou moins d'activité, à se constituer démocratiquement. Dans ce sens on doit entendre par pays d'Occident, tout ce qui se trouve par rapport à l'est de l'Europe, au-delà du Rhin et de la chaîne des Alpes.

Déjà les peuples renfermés dans cette vaste limite, et auxquels il est convenable de joindre celui des îles Britanniques, ont fait de grands et nobles efforts pour s'unir par les liens d'une organisation politique fondée sur le principe de la souveraineté du peuple. Il n'a pas tenu aux habitants des deux Péninsules, à ceux de la Belgique et des bords du Rhin, aux démocrates anglais, et surtout à la France, que l'Occident ne format déjà depuis longues années une fédération, ou pour mieux dire une véritable république de nations. Si les intérêts des privilégiés de toute espèce ne s'interposaient pas entre ces divers éléments qui tendent à s'associer, l'Occident de l'Europe présenterait aujourd'hui une masse compacte que tous les efforts de l'absolutisme oriental ne sauraient entamer. Chacun sait que malheureusement il n'en est pas ainsi. Graces à l'aristocratie anglaise et à ce je ne sais quoi qu'on appelle le *juste milieu* français, il arrive que l'Occident est profondément déchiré et livré comme une proie à ses ennemis du nord et de l'orient. Le gouvernement anglais s'est séparé violemment de la France ; dont il redoute les principes, pour former une alliance monstrueuse avec la Russie. Cette même Angleterre exploite le Portugal et maintient l'Espagne en état de troubles. Naples avait essayé dernièrement, dans l'affaire des soufres de Sicile, de secouer le joug du monopole anglais, la faiblesse de la France a obligé Naples à se soumettre. Le reste de l'Italie gémit sous la domination directe ou sous l'influence meurtrière de l'Autriche. La Suisse, qui devrait être une barrière, a été disposée de telle sorte, qu'elle offre des débouchés toujours ouverts à ceux qui voudront envahir l'Occident, et déjà elle se trouve entraînée dans la sphère des puissances qui habitent la rive droite du Rhin. Là, s'est formé sous le nom d'Union de douanes allemandes, une véritable ligue politique qui pèse sur nos frontières, détache de nous la Hollande et même la Belgique, détruit notre commerce de transit, et élève entre l'est et nous une muraille qui chaque jour devient plus difficile à renverser.

Cette situation est critique, mais il dépendrait d'un bon gouvernement en France de la faire cesser. Le véritable rôle de l'Occident, à l'exception toutefois de l'Angleterre qui, jusqu'au moment d'une révolution radicale, doit être comptée désormais parmi les ennemis de l'Europe ; le véritable rôle de l'Occident, disons-nous, serait de prendre exemple sur ce qui se passe entre la Prusse et les États allemands. L'Espagne, le Portugal, le Piémont, Naples, la Suisse, la Belgique, la Hollande, et la France à leur tête, ont entre eux une population de près de soixante-dix millions d'ames; ils possèdent la moitié du bassin de la Méditerranée et les plus belles contrées de l'Europe. Une union de douanes de commerce et de politique entre ces divers peuples, auxquels devraient se joindre, en certaines circonstances, les États-Unis d'Amérique, assurerait à l'Occident la prépondérance à laquelle il a droit par sa civilisation plus parfaite. Richelieu et Louis XIV paraissent avoir senti cette grande idée lorsque, luttant contre la maison d'Autriche, ils ont essayé d'établir les barrières de l'Occident au Rhin et aux Alpes. Mais les alliances de famille sur lesquelles ces hommes d'état ont voulu faire reposer l'union occidentale, n'ont point produit et ne pouvaient produire l'effet qu'on en espérait. L'égoïsme de famille, en effet, comme l'égoïsme individuel, ne donnera jamais que division et antagonisme. Il est réservé, nous le croyons, à la démocratie de faire ce que la monarchie a tenté en vain. C'est elle qui un jour, —puisse-t-il être proche! —constituera l'Occident en une grande république fédérale, dans laquelle il n'y aura plus ni entraves commerciales pour appauvrir les peuples, ni guerres pour les décimer.   J. B.

OCCUPATION. Les guerres ont pour objet en général, soit la conquête d'un pays, soit le redressement d'un ou de plusieurs griefs réels ou prétendus. Dans le premier cas, l'armée victorieuse

s'empare de l'Etat conquis. Elle ne l'occupe pas, elle s'y établit et le domine. Ainsi, on ne dit pas que les troupes de Guillaume de Normandie aient occupé l'Angleterre ; de même, nous n'occupons pas l'Algérie, nous la faisons nôtre.

Dans le second cas, au contraire, il arrive qu'après avoir envahi une contrée, les armées envahissantes y restent un temps déterminé, soit pour assurer la réparation de l'injure qu'elles prétendent avoir été faite à leur pays, soit pour prévenir quelque entreprise qui leur soit contraire. Elles y restent encore pour y percevoir le montant des contributions qui, presque toujours, frappent le vaincu. L'Occupation est la saisie d'un gage opérée à main armée.

C'est ainsi qu'après 1815 les ennemis occupèrent une partie de nos départements pour s'assurer de la rentrée des contributions de guerre, et en même temps pour protéger les princes restaurés.

En 1823, les Français occupèrent l'Espagne pour y affermir Ferdinand VII, mais non pas, comme on sait, pour lui faire payer les frais de la guerre: ce qui faisait dire si plaisamment à Paul-Louis Courrier, en parlant de notre pays, que « occupant, occupé il paie toujours l'Occupation. »

Depuis ce temps, nous avons occupé Ancône qui devait nous servir de gage contre l'ambition autrichienne dans la péninsule italique; mais ce que la bravoure de Combes et de Gallois nous avait donné, la lâcheté de nos gouvernants l'a perdu, et, tandis que les Anglais et les Autrichiens occupent tout un empire à l'extrémité de la Méditerranée, nous désavouons un ministre qui a laissé entrevoir la possibilité pour nous d'occuper une des Baléares.

Ce que nous venons de dire suffit pour fixer le véritable sens du mot Occupation. Elle diffère de la conquête comme la possession d'un gage diffère de la propriété.   J. B.

OCHLOCRATIE. L'Encyclopédie définit l'Ochlocratie : « l'abus qui se glisse dans le gouvernement démocratique lorsque la vile populace est seule maîtresse des affaires. »

La définition, comme on voit, est quelque peu aristocratique. Les partisans de la monarchie et de l'aristocratie s'efforcent, en effet, de flétrir le régime où ils n'occupent pas le rang qu'ils voudraient avoir. Ce qui est certain, c'est que l'Ochlocratie est la négation de la démocratie. Par démocratie nous entendons l'Égalité. L'Ochlocratie, au contraire, suppose la domination d'une classe, jadis opprimée, et l'asservissement d'une autre classe, jadis oppressive. Il est certain également que si l'Ochlocratie est à redouter, c'est seulement dans les monarchies et parmi les aristocraties : car, alors, il y a réaction nécessaire du bas en haut, et la réaction peut et doit naturellement arriver à un tel point, que l'équilibre se trouve violemment rompu.   E. D.

OCTROI. L'Octroi est l'ensemble des droits que

les communes, dont les revenus ne couvrent pas les dépenses, imposent sur les objets de consommation, les fourrages, les combustibles et les matériaux de construction. C'est aussi le nom donné à l'administration qui perçoit cet impôt indirect. Cette douane intérieure a passé par tous les régimes sous des noms différents : la République seule en affranchit les citoyens pendant quelques années ; mais l'Octroi n'a pas tardé à revenir avec ses barrières et ses commis occuper son ancienne place, en vertu des lois du 11 frimaire an VII, du 2 vendémiaire et du 27 frimaire an VIII ; l'Empire, en 1809, lui donna de la force en lui donnant de l'unité, et la Restauration le maintint dans la loi organique de 1814.

Il y a aujourd'hui en France plus de quatorze cents Octrois qui rendent à peu près quatre-vingts millions. Sur cette somme, il faut compter celui de Paris pour près de trente millions. De ces Octrois, quelques uns sont donnés à bail en vertu de marchés conclus entre les communes et des fermiers ; les autres sont dirigés par des administrations particulières organisées par les maires.

L'Octroi a donc des bureaux, des receveurs, des commis, une administration, enfin ; et, par conséquent, des frais de perception qui varient suivant que les villes, ouvertes ou fermées, sont plus ou moins faciles à garder. Les villes ouvertes sont Paris, Lyon, Marseille, Bordeaux, Rouen, Toulouse, Nantes, Versailles, Orléans, Rennes, Caen et Montpellier. De toutes ces villes, Rennes est celle où les frais de perception sont le moins élevés ; ils n'y sont en effet que de 7 fr. 70 c. 0|0 de produit. A Rouen, qui est à l'extrémité de l'échelle ascendante, ils s'élèvent à 17 fr. 14 c. 0|0. Des villes fermées, de Strasbourg, Lille, Metz et Toulon, cette dernière est celle où la perception coûte le moins : les frais n'y sont que de 7 fr. 55 c. 0|0 ; à Metz, où ils s'élèvent le plus haut, ils sont de 10 fr. 66 c. 0|0. Paris est, relativement aux frais de perception, en dehors de ce tableau, comme il est en dehors de la loi commune qui régit les Octrois.

Ainsi, dans les grandes villes, les frais de perception varient de 7 à 17 0|0. Dans les petites communes, au contraire, où les revenus sont peu considérables, où le nombre des objets soumis aux droits ne saurait être bien grand, et où il faut néanmoins une certaine quantité de commis, les frais s'élèvent parfois jusqu'à 30 0|0 ; les habitans sont de la sorte frappés de droits assez élevés sans que la commune trouve de grandes ressources dans l'impôt.

Une malheureuse organisation a présidé à l'établissement des taxes diverses des Octrois. La plupart ne présentent aucun rapport avec la valeur des objets qui en sont frappés. Ainsi quelques objets paient plus de 25 0|0 de leur valeur ; d'autres n'en paient pas le trentième.

C'est en vain que l'on élève des réclamations ; les administrations se préoccupent beaucoup plus des difficultés qu'il y aurait à opérer la perception ramenée à une base légitime et vraie, que du soin d'établir cette base elle-même.

Ainsi, imitant malheureusement les impôts indirects qui perçoivent un droit unique sur tous les vins, quelle que soit leur qualité, l'Octroi frappe d'une taxe égale le vin de luxe et le vin de la qualité la plus inférieure, les vins de Bordeaux, de Champagne, de Bourgogne, qui valent de deux cents à huit cents francs la pièce, et le vin du pauvre, qui coûte de trente à cinquante francs. Pour les riches, l'impôt est du dixième au vingt-cinquième de la valeur ; pour les pauvres, il est de cinquante à soixante-quinze pour cent. Dans les années d'abondance il est de cent pour cent. Si un pareil impôt est injuste, combien ne le paraîtra pas davantage celui qui dans certaines villes pèse sur la piquette qui paie un droit égal à celui des vins fins !

Si dans la formation des tarifs on considérait moins l'objet et son affinité avec tel ou tel autre ; si on se demandait plus souvent dans quelles conditions se trouvent les personnes qui le consomment, et pourquoi il est consommé de préférence à un autre, on trouverait facilement les vraies bases de l'impôt : on reconnaîtrait par exemple que la piquette est, durant l'hiver, la boisson des ouvriers ; qu'elle remplace le vin, parce que le vin est trop cher pour ceux qui ont de nombreuses familles, et l'on hésiterait peut-être à taxer de l'eau rougie comme du Johannisberg ou du Porto.

Une chose digne de remarque, et qui fera comprendre qu'en établissant la taxe on a cherché les objets qui devaient rapporter le plus, sans songer au consommateur, c'est que la viande de boucherie est soumise au droit d'Octroi dans toutes les villes, tandis que les objets de consommation de luxe échappent à la taxe dans un grand nombre de villes. Le porc est partout soumis aux droits ; le sanglier ne l'est que dans huit des dix-sept grandes villes où l'Octroi rend plus de 400,000 f.; le chevreuil ne l'est que dans sept ; le lièvre dans cinq ; les pâtés dans trois ; les truffes dans quatre ; les huîtres dans neuf ; les perdrix, les bécasses dans cinq. Ainsi, le plus souvent la consommation de luxe échappe à l'impôt que supporte celle de première nécessité.

Peut-être se consolerait-on de la pesanteur de l'impôt, si les produits sagement employés servaient intégralement à augmenter les moyens de prospérité des villes... Mais outre ses frais de perception, la commune voit encore le gouvernement prélever le dixième du revenu net de l'Octroi ; en sorte que dans les grandes villes les produits sont diminués de 19 à 22 0|0 ; dans les petites communes, d'environ 40 0|0. Ce n'est pas tout : les Octrois, en même temps qu'ils opèrent la perception sur les objets portés à leur tarif, reçoivent sur quelques uns de ces objets des sommes qui, sous le nom de droits d'entrée, de consommation, de décime, de timbre, sont remises nettes au Trésor, sans que l'État ait rien à dépenser pour les frais de perception ; seulement, il donne aux villes qui opèrent ces perceptions, une indemnité de 62 c. 1|2 pour 100 fr. De son côté, le gouvernement, représenté par les impôts indirects, reçoit dans quelques villes les droits d'Octroi sur les vins sortant des magasins de l'intérieur pour être livrés à la consommation ; il constate, par l'exercice, les manquants sur les vins et les droits à payer sur la bière, et il exige pour ces droits qu'il perçoit ou seulement qu'il constate, 2 fr. 50 c. pour 100 fr., c'est-à-dire qu'il se fait donner quatre fois autant qu'il donne lui-même dans un cas absolument identique.

Plusieurs conseils municipaux ont réclamé contre ce prélèvement du dixième, qui n'est autre que le décime de guerre perçu encore, quoique la France soit depuis long-temps en paix. La presse indépendante de province a élevé la voix pour combattre cette taxe, qui enlève aux villes une partie de leurs ressources. La voix des conseils municipaux et la voix de la presse n'ont pas été entendues.

De nombreux économistes demandent la suppression de l'Octroi, comme vexatoire dans ses formes, immoral en ce qu'il pèse plus lourdement sur la consommation du pauvre que sur celle du riche, fatal au commerce et à l'industrie, dont il entrave par ses barrières la libre circulation. Ils recherchent les moyens de donner aux villes des revenus suffisants pour parer à leurs besoins, tout en supprimant les Octrois. Des systèmes ont été élaborés, et quelque préférables qu'ils soient à l'état actuel des choses, ils rencontreront de vives résistances ; les travaux élaborés en dehors de l'administration, qui trouve plus commode d'employer les éléments qu'elle a sous la main que d'en chercher de nouveaux, sont condamnés à demeurer stériles jusqu'à ce qu'un pouvoir nouveau établisse un nouveau système financier dans toute la France. L'Octroi ne semble pas se douter que ce jour puisse venir jamais : il paraît ne craindre ni suppression, ni transformation ; il grandit toujours, et chaque année il étend ses chaînes sur de nouvelles communes.   KAUFFMANN.

OFFENSIVE. C'est l'état de celui qui attaque. On dit *prendre l'Offensive*, lorsqu'au lieu d'attendre son ennemi, on va au devant lui ; ou lorsque, après avoir résisté à ses attaques, on le force à quitter le rôle d'agresseur, à passer de l'*Offensive* à la *défensive*.

C'est une grande question pour les militaires et les politiques, de savoir s'il vaut mieux, quand la guerre menace, se jeter tout de suite sur le pays ennemi, ou attendre l'ennemi chez soi. L'une et l'autre opinion ont eu, suivant les circonstances, ses antagonistes et ses prôneurs. Dans ces derniers temps surtout, un parti politique s'est efforcé de poser en principe absolu qu'il fallait faire la guerre chez soi. « Chacun chez soi, chacun pour soi », a-t-on dit avec une trivialité énergique, mais misérablement égoïste. Un autre a dit avec plus d'élévation dans la forme, mais une égale lâcheté de pensée : « Le sang de la France n'appartient qu'à la France. » Enfin un homme a osé écrire que pour prendre les armes, il fallait attendre que l'ennemi eût envahi le territoire de la France.

Il y a beaucoup de lâcheté, mais aussi beaucoup de bêtise au fond de ce prétendu principe. Le plus simple bon sens dit, en effet, que sauf des cas d'exception, il vaut mieux porter la guerre chez son ennemi, que de l'attirer chez soi. La guerre est un grand fléau ; pourquoi la retenir dans ses foyers, s'il est possible de l'en chasser ? Nous sommes peu touchés de cette raison, qu'il est plus facile de bien établir ses communications, d'assurer ses approvisionnements et de réparer ses pertes sur son propre territoire que sur le territoire ennemi. Bien établir ses communications, cela dépend uniquement de l'habileté stratégique des généraux qui commandent les armées. Un général habile assure partout ses communications ; un incapable les laisse partout exposées. Il en est de même des approvisionnements : cette branche si importante du service militaire est entièrement subordonnée à la capacité administrative du général ou de ses agents. On peut même affirmer que s'il est ferme et habile, un chef d'armée sera mieux approvisionné au dehors qu'au dedans. Au dehors, il commande seul, rien ne résiste à ses ordres, et sa volonté n'est bornée que par les devoirs de l'humanité. Au dedans, au contraire, il a besoin de s'entendre avec son gouvernement : l'un et l'autre ont beaucoup à ménager ; l'unité d'action est rompue ; et d'ailleurs, qui ne le sait ? tous les gouvernements ne sont pas également bons, également intelligents, également actifs. Nous croyons donc, que sauf des cas très rares, il vaut mieux attaquer que de se défendre. Napoléon, en 1815, hésita quelque temps entre deux partis : il attendit. Certes, nous n'avons pas la témérité insensée de dire qu'il eut tort et que ce fut là ce qui le perdit. Peut-être cependant que, si, profitant du premier moment de stupeur qu'avait produit en Europe son éclatant retour, réunissant alors tous les éléments d'agression que les Bourbons n'avaient pas eu le temps de détruire, il eût obéi à sa première inspiration et se fût jeté sur les armées éparses de l'Europe, peut-être, disons-nous, que le résultat n'eût pas été identiquement le même, et que Napoléon n'aurait eu à compter qu'avec la France.

Il faut, du reste, en cette question, considérer principalement le caractère du peuple qui fait la guerre, et surtout son organisation politique. Le régime féodal était peu propre aux grandes évolutions extérieures : le pouvoir central n'était pas assez fort. Il en est de même aujourd'hui en France, quoique les causes de cette faiblesse ne soient pas exactement les mêmes. Cependant s'il est un peuple au monde qui soit propre à l'Offensive, c'est assurément le peuple français. Les Espagnols, au contraire, se défendent mieux qu'ils n'attaquent. Il en est ainsi des Turcs. Les Polonais n'ont jamais su se bien défendre sur leur propre sol ; les Anglais de même. Les Écossais ont toujours résisté aux agressions de leurs redoutables voisins que les Irlandais n'ont jamais pu repousser. Nous disons donc que, règle générale, il vaut mieux prendre l'Offensive que garder la défensive. Tous les grands peuples ont ainsi fait. Cela ne dit point qu'il ne faille pas se défendre chez soi lorsque la nécessité y oblige. Il le faut, au contraire, et jusqu'à la dernière extrémité.   **E. D.**

OFFICES. Ce mot est un nouvel exemple de l'influence qu'exerce sur le langage la corruption des mœurs. Office veut dire *devoir, charge*. Or, aujourd'hui les Offices assurent plutôt des droits qu'ils n'imposent des devoirs à leurs titulaires, et ils ne grèvent de charges que les justiciables.

Sous l'ancienne monarchie, la question des Offices avait une haute importance politique. C'est par l'aliénation des grands Offices de l'Etat que se forma, au moyen âge, la puissance des barons féodaux. Plus tard, ce fut par la vénalité des charges que la bourgeoisie s'émancipa et se put graduellement élever au partage du pouvoir et des honneurs. Lorsque vint la Révolution, par le long travail des esprits, la vénalité des fonctions publiques était virtuellement abolie. En vain Montesquieu s'était-il efforcé de lui rendre quelque lustre, Voltaire et d'autres écrivains avaient battu en brèche ce dangereux principe et l'avaient complètement détruit. L'Assemblée Constituante ne fit que sanctionner l'anathème.

Montesquieu avait cependant raison en un point : c'est que la vénalité des Offices est une conséquence, je ne dirai pas forcée, mais naturelle de l'état monarchique. La monarchie a besoin de créer des familles, de favoriser par là l'esprit traditionnel, et, comme le dit Montesquieu, de rendre les ordres de l'Etat permanents. Aussi avons-nous vu la réaction des idées monarchiques emporter avec elle la résurrection de la vénalité. En accordant contre le vœu de la loi, contre l'esprit de nos institutions, aux officiers ministériels, le droit de désigner leur successeur, qu'a-t-on fait, si ce n'est consacrer l'hérédité de leurs fonctions, ou du moins en autoriser la transmission en dehors de l'autorité publique ?

De là, des conséquences fatales. La transmission de la charge étant laissée au libre arbitre du titulaire, il en fixe lui-même le prix ; ce prix est exorbitant, hors de toute proportion avec les produits légitimes de la charge. Que fait alors l'acquéreur ? Obligé de trouver dans le fruit de son travail de quoi payer son Office, de quoi couvrir les frais de l'exploitation, de quoi fournir à sa subsistance, il se livre à des opérations illicites, il viole les tarifs établis, il surcharge les frais de la procédure ; où il faudrait dix feuilles de papier timbré, il en met cent ; enfin, par une tolérance coupable, le pouvoir judiciaire se rend complice de ces vols ; et au milieu de ces déplorables transactions, la moralité publique se perd, la fortune des clients est compromise et la dignité de la justice avilie.

Ces abus sont flagrants ; beaucoup d'officiers ministériels sont les premiers à les signaler : mais comment les détruire ? Un ministre l'a tenté, et il est tombé. Les détruire radicalement ne paraît guère possible aujourd'hui ; mais il semble qu'il serait possible de les atténuer. On pourrait,

par exemple, fixer le prix des charges et poursuivre avec une impitoyable rigueur toutes les transmissions illégales ; on pourrait établir un nouveau tarif et veiller avec fermeté à son exécution. Dans cette hypothèse, il faudrait augmenter le cautionnement, le confisquer pour le premier *fait de charge*, et forcer le titulaire à résigner son Office à la première infraction ; il faudrait, enfin, fixer de rigoureuses conditions d'admission. Ces améliorations rencontreraient probablement peu de résistance, ou du moins il serait facile d'en triompher.

Quant à détruire radicalement l'abus, nous le répétons, c'est chose impossible sous l'empire de l'organisation politique actuelle ; car les officiers ministériels ont dans le corps électoral une telle influence qu'ils tiennent le gouvernement en échec.

Tous les problèmes se tiennent, on le voit. La clé de toutes les réformes les plus nécessaires, c'est la réforme de la loi électorale. Alors seulement le pouvoir sera délivré des mille petites tyrannies qui le rendent aujourd'hui le serviteur d'un petit nombre d'hommes et le tyran du plus grand nombre.   **E. D.**

OFFICIEL. Terme d'origine encore récente, qui implique l'approbation donnée par le gouvernement aux nouvelles, aux actes, aux traités, etc., portés à la connaissance du public. Ce mot n'a été créé qu'à l'époque où le pouvoir a reconnu la nécessité de sortir des mystères qui environnaient l'ancienne monarchie, et qui avaient précipité sa ruine. Cela veut dire que le peuple ayant une fois manifesté sa force et sa volonté, on fut forcé de compter avec lui et de lui révéler une partie des choses qui l'intéressent. Si le peuple a plus gagné que perdu à cette concession obligée, c'est une question douteuse. Ce qui est certain, c'est qu'un pouvoir national, en donnant à ses communications un caractère officiel, centuplerait sa force en corroborant l'unité, en resserrant la centralisation. Nous en voyons la preuve dans les immortels efforts de la Convention qui, délibérant et agissant à jour ouvert, se créa pour organe le *Moniteur* et le *Bulletin des Lois*, et rendit *Officiel* tout ce qui remplissait ses colonnes.

On s'est depuis défié d'un journal auquel une telle puissance avait été transmise ; on l'a divisé en deux parties, dont l'une conserve le caractère de l'officialité, tandis que l'autre n'est qu'une simple indication des vues gouvernementales toujours facilement désavouées, le cas échéant.

Mais cette puissance a été bien autrement atteinte par les mensonges produits sous le masque Officiel. Pour conserver cette vertu, qui créait un ressort nouveau, il eût fallu que l'organe restât pur, et les pouvoirs ont altéré successivement son type de pureté. Aujourd'hui, à moins de bonnes garanties, le mot Officiel est trop souvent synonyme de mensonge.   **B. P.**

OLIGARCHIE. Ce mot ne diffère que par l'étymologie du mot aristocratie. Comme l'aris tocratie, en effet, l'Oligarchie n'est que le gouvernement d'un petit nombre. — Nous avons déjà, dans plusieurs articles, indiqué les considérations principales qui se rattachent à cet ordre d'idées. Nous ajouterons cependant quelques mots.

Il se rencontre dans l'histoire et il existe encore aujourd'hui des gouvernements véritablement oligarchiques, mais qui diffèrent les uns des autres en beaucoup de points. Quel peuple a les mêmes traditions? Cependant quelles que soient les circonstances de leur formation et leurs conditions d'existence, ces gouvernements produisent tous au dedans à peu près les mêmes effets. Il peut y avoir de la vertu dans une monarchie fortement constituée: Le représentant du pouvoir y est placé par l'imagination même des peuples à un tel degré de hauteur, que les ames y sont peu accessibles à l'envie. Quelle ambition assez grande pour combler cet énorme abîme qui sépare le trône des simples citoyens! D'ailleurs, il y a peu de froissements personnels entre le prince et les sujets, et pourvu que le gouvernement ne soit pas trop dur, que les impôts ne soient point exagérés et que la lubricité du prince s'arrête au seuil du foyer domestique, les choses y marchent tant bien que mal jusqu'au jour de la catastrophe. La France était grande sous Louis XIV et il n'y avait que la noblesse qui fût corrompue : la nation elle-même ne l'était point.

Dans un gouvernement oligarchique, au contraire, il est à peu près impossible que la corruption ne soit pas universelle. Les fortunes, quelque disproportionnées qu'elles soient, ne le sont pourtant pas de telle sorte que tout sentiment d'égalité n'y puisse naître et se dévolopper. Le peuple touche toujours par quelque coin à quelque degré de la noblesse. Le sentiment rapproche quelquefois les ames, et la vertu, le courage, le talent, les services rendus y exhaussent les plébéiens au niveau des plus grands. De là des causes puissantes d'assimilation, mais aussi des causes de lutte et d'anarchie; car en même temps que le travail des esprits, aidant à la marche naturelle des choses, développe tous les germes d'égalité, l'esprit de conservation réagit parmi la noblesse avec une force désespérée et provoque de sanglants désastres.

Le meilleur moyen de corriger ce vice fondamental des gouvernements oligarchiques, c'est de porter au dehors l'activité publique. Rome le fit par la conquête; Carthage et Venise par le commerce; l'Angleterre de nos jours par le commerce et la conquête. C'est là, nous le répétons, le seul moyen d'empêcher que l'Etat ne soit chaque jour troublé par quelque dissension et dévoré par la compétition universelle des esprits et des appétits. Aussi sommes-nous étonné de voir des publicistes du siècle dernier et du temps présent affirmer que les gouvernements aristocratiques ne sont point favorables au développement du commerce. L'histoire prouve, au contraire, que cette assertion est une profonde erreur. Pour qu'une aristocratie subsiste, en effet, et se conserve, il faut qu'elle possède à elle seule la richesse terri-

toriale tout entière; il faut que par un ensemble d'institutions fortement combinées, la possession du sol soit irrévocablement fixée en un petit nombre de mains. Dès-lors quel peut être le sort de tout ce qui n'est point l'aristocratie? l'esclavage ou le servage; il faut que le plébéien soit nourri par le noble, qu'il en soit le client. Mais l'esclavage ne dure pas; par mille causes diverses, les esclaves deviennent libres. Or, pour qu'ils soient véritablement libres, il faut qu'ils aient par eux-mêmes des moyens d'existence, d'accroissement, de richesse. Et en quoi peuvent consister ces moyens, si ce n'est dans l'industrie et le commerce?

Nous disons donc qu'un peuple gouverné par un petit nombre d'hommes, doit nécessairement, forcément, et en dépit de tous les obstacles, devenir commerçant. L'Angleterre en est une preuve actuelle et irrécusable. Et en Russie où l'aristocratie est si puissante, quelle est la condition de tous les hommes qui s'affranchissent du servage? le commerce : il n'y en a pas d'autre. Mais pour se mettre en relation avec les peuples étrangers, pour commercer avec eux, pour leur imposer ses produits, il faut une grande puissance. Aussi tous les gouvernements aristocratiques ont-ils été redoutables pour leurs voisins. Ils ont fait le commerce pour éviter l'anarchie; ils ont fait la guerre pour assurer, pour étendre leur commerce. Une grande gloire extérieure est donc parfaitement compatible avec un gouvernement olygarchique; mais la paix intérieure, les vertus publiques, l'ordre moral et l'esprit de fraternité n'y sont pas possibles. Une autre forme de gouvernement peut seule fonder à la fois la grandeur au dehors et la paix au dedans. Grace à Dieu, l'avenir des sociétés sera moins troublé, moins sanglant que leur passé, moins corrompu que leur présent.   E. D.

OLYMPIADE. Période de quatre années qui servait chez les Grecs à supputer le temps. Cette manière de compter tirait son origine de l'institution des *Jeux olympiques*, qu'on célébrait tous les quatre ans en Élide. (V. ci-après.) Les Olympiades commençaient au solstice d'été, vers le mois de juillet. Certains auteurs en fixent l'époque à la nouvelle lune après le solstice. Elles étaient ordinairement désignées par les noms des athlètes qui avaient été vainqueurs aux jeux olympiques. Toutefois, ces jeux ayant subi, dans le principe, de longues et fréquentes interruptions, l'ère commune des Olympiades ne date que de la vingt-septième, où *Corébus* remporta le prix de la course, et depuis laquelle les jeux olympiques ne furent plus interrompus. Ce point chronologique, fort célèbre dans l'histoire, remonte à l'an du monde 3128, c'est-à-dire vingt-trois ans avant la fondation de Rome, et sept cent soixante-seize avant l'ère vulgaire. Jésus-Christ est né la première année de la cent quatre-vingt-quinzième Olympiade. On ne trouve plus aucune supputation des années par cette méthode après la trois cent quatrième Olympiade.

qui répond à l'année 447 de notre ère. Il est aisé de sentir combien les Olympiades ont été utiles pour fixer la chronologie de l'histoire ancienne.

OLYMPIQUES (*Jeux*). C'étaient des jeux solennels qui se tenaient tous les quatre ans, durant cinq jours, sur les bords du fleuve Alphée, près d'Olympie, dans le Péloponèse. Ils avaient lieu vers le solstice d'été, au commencement du mois de juillet. On y accourait non seulement de tous les points de la Grèce, mais des pays les plus éloignés. Les Jeux Olympiques étaient principalement consacrés à des exercices corporels. Aucun étranger n'était admis à y concourir; il fallait être Grec d'origine, de condition libre et de mœurs irréprochables. Il y avait des magistrats spécialement chargés de la police de ces jeux et des juges du camp qui décernaient les prix. Ces prix étaient une palme et une couronne d'olivier sauvage; mais les honneurs et les récompenses ne se bornaient pas là. Quand les vainqueurs retournaient dans leur patrie, tous les citoyens allaient au devant d'eux. On les recevait d'une manière vraiment triomphale et, montés sur un char à quatre chevaux, ils entraient dans la ville, non par la porte, mais par une brèche qu'on pratiquait exprès aux murailles. On leur attribuait en outre divers priviléges considérables et des pensions sur le trésor public. A Athènes, ils étaient nourris le reste de leurs jours aux dépens de la République. Enfin ce peuple, idolâtre de spectacles, confondait dans les mêmes hommages et les triomphateurs et les chevaux à la vitesse desquels ils devaient leur victoire. Ceux-ci étaient également nourris sans rien faire pendant toute leur vie; on leur consacrait des monuments, et leur nom, leur pays, leur âge, étaient inscrits en lettres d'or sur des tables d'airain! Ce fut à partir de la vingt-septième célébration de ces jeux que le registre public des Eléens reçut pour la première fois le nom de l'athlète qui avait remporté le prix à la course du stade. (V. OLYMPIADE.) Cet usage se continua, et les noms des vainqueurs, indiquant les différentes olympiades, formèrent ainsi comme autant de points fixes pour la chronologie.   N. P.

OMNIPOTENCE. On emploie ce mot qui signifie Toute-Puissance, dans deux acceptions. On dit Omnipotence du jury, Omnipotence parlementaire.

L'Omnipotence du jury a donné lieu à beaucoup de discussions. On conteste, en droit rigoureux, au jury le droit de rendre un verdict négatif quand les faits sont évidents pour sa conscience, mais que les circonstances les rendent excusables ou que la loi paraît appliquer une peine hors de proportion avec le délit. C'est pour empêcher le jury de faire ce dernier usage de son Omnipotence qu'on lui attribue la faculté de déclarer qu'il y a des *circonstances atténuantes*, et de contraindre ainsi la Cour à abaisser la peine d'un degré. Il

n'en est pas moins vrai que l'Omnipotence du jury existe en fait, et que nulle puissance humaine ne peut empêcher douze jurés, mus par une opinion consciencieuse, de faire une déclaration contraire à la matérialité des faits, si cette déclaration a pour résultat de sauver un homme repentant ou de proclamer quelque bon principe. C'est ce qui arrive souvent dans la pratique.

Quant à l'Omnipotence parlementaire, on en parle beaucoup depuis quelques années, en France. Elle est le but réel des efforts de la bourgeoisie dans la recherche de ce qu'on appelle la sincérité du gouvernement représentatif. La poursuite de cet idéal a ce bon côté qu'elle peut conduire à force de discussions et de recherches à reconnaître quelle est la meilleure forme de gouvernement.   H. C.

OPIMES, du latin *opimus*, abondant, riche. Les Romains appelaient dépouilles Opimes celles qu'un général remportait sur le général ennemi. Les dépouilles Opimes étaient consacrées à Jupiter et suspendues dans son temple. Les dépouilles dont nos généraux se rendent maîtres ne sont plus appelées Opimes, et on ne les suspend plus au temple de Jupiter. Les généraux qui ont fait les guerres de l'Empire ont remporté beaucoup de dépouilles, mais ils se les sont consacrées à eux-mêmes. — On dit familièrement que MM. tels ou tels sont enrichis des dépouilles Opimes du budget.

OPINER. Exprimer une opinion.
La charte garantit le libre exercice de ce droit. — Elle déclare que les Français ont le droit de publier et de faire imprimer leurs opinions en se conformant aux lois qui doivent réprimer les abus de cette liberté. — Elle déclare, en outre, que toute loi doit être discutée et votée librement par la majorité de chacune des deux chambres.

Ainsi, deux modes différents d'Opiner, d'exprimer son opinion : la Presse et la Tribune. Ce n'est pas ici le lieu de traiter à fond l'une et l'autre question. Disons seulement à l'égard de la presse que la liberté d'émettre par cette voie une opinion quelconque, n'est maintenant qu'un mot vide de sens. Sous prétexte de prévenir les abus de la liberté, on a détruit la liberté même. (V. PRESSE.)

Quant à la tribune, ce n'est pas encore tout-à-fait la même chose. Mais à défaut de dispositions répressives, incompatibles avec l'existence même du gouvernement représentatif, le pouvoir pèse d'un tel poids sur les délibérations parlementaires, qu'il est bien difficile, pour ne pas dire impossible, d'élever les débats à de certains niveaux. On peut, cela est vrai, caractériser librement certains faits secondaires, mais défendre ou attaquer certains principes, comparer entre elles les diverses formes de gouvernement, cela ne se peut qu'au prix des précautions oratoires les plus subtiles, d'une audace peu commune et de la plus rare présence d'esprit. Plaisante liberté vraiment qu'une liberté qui s'exerce sous la perpétuelle menace d'une interruption violente ou d'un brutal rappel à l'ordre!

La majorité a d'ailleurs un autre droit dont elle peut abuser contre la liberté des opinions, c'est celui de prononcer la clôture des délibérations : — l'on voit facilement en effet, où cela peut conduire.

On a tenté également d'extorquer au profit des majorités le droit d'autoriser les interpellations. Nous avons déjà fait justice de cette prétention exorbitante (V. INTERPELLATIONS.) et il y a lieu de croire que cette tentative illibérale ne prévaudra pas. Il est trop évident, que ce serait là une violation formelle de l'esprit de la charte.

Voilà pour le droit. Voyons maintenant la manière d'exercer le droit.

Un membre de la législature peut-il exprimer son opinion comme il lui plaît et comme il l'entend? Peut-il, à son gré, lire ou parler? Nous ne le croyons pas. La tribune est faite pour la parole et non pour l'écriture; pour l'orateur, non pour l'écrivain. A celui-ci donc la presse; à l'autre seul la tribune. Que diriez vous d'un homme qui pour écrire un livre monterait sur la borne et crierait à tue-tête? Un *orateur* qui lit n'est certes pas moins ridicule.

C'est en vain qu'on objecte la liberté. La liberté ici n'a que faire. Elle n'est pas plus compromise par l'obligation de parler que par l'obligation de parler français. S'il était vrai que chacun eût le droit d'exprimer son opinion *comme il le peut et comme il l'entend*, il n'y aurait pas de raison pour empêcher la libre irruption de toutes les variétés du patois. C'est déjà bien assez de la contrebande ! Donc, les discours écrits doivent être supprimés. Ils sont interdits en Angleterre et aux Etats-Unis : il faut qu'ils le soient chez nous. — « Voulez-vous que nos assemblées représentatives soient raisonnables? Imposez à ceux qui veulent y briller la nécessité d'avoir du talent. » (*Benj. Constant.*) —« La méthode des discours écrits est vicieuse en elle-même : elle ne fera jamais des hommes de force dans une assemblée politique; elle favorise l'inertie de la pensée, et, comme l'habitude de se faire porter, elle jette dans l'engourdissement et l'indolence. » (*Mirabeau.*)

Autre question. — Le président d'une assemblée peut-il exprimer son opinion comme le peut faire un simple membre? — Bentham se prononce pour la négative d'une manière très absolue. Mais on ne voit pas trop pourquoi. Sans doute, le fauteuil n'est point la tribune, et il ne peut pas être permis au président d'opérer à son gré cette transformation. Mais pourquoi l'empêcher de quitter celui-là pour celle-ci, de descendre du siège élevé où l'ont placé les suffrages de ses collègues pour exercer son droit de législateur? Cela se pratique ainsi chez nous. Quand le président veut parler, il parle, mais il parle comme député, non comme président, et il est obligé de se faire remplacer au fauteuil de la présidence par un vice-président. Ni la dignité du président, ni la liberté de l'assemblée, ni l'ordre des délibérations ne courent par là le moindre péril. (V. PRÉSIDENT, PRESSE, TRIBUNE, etc.)   E. D.

OPINION. C'est le sentiment que l'on a d'une chose.

Les Opinions sont donc nécessairement infinies et contradictoires, car il n'est rien de si divers et de si variable, de si faible tout à la fois et de si hardi, que l'esprit humain. On a dit que les proverbes sont la sagesse des nations. Or, quel proverbe n'a sa contre-partie? quelle maxime est également vraie à cinq cents lieues, à cinq cents ans de distance? Et que dis-je, à cinq cents ans! aux mêmes époques, chez les mêmes peuples, quelle universelle compétition, quelle incessante lutte entre les principes, les idées et les faits !

Montaigne a écrit un admirable chapitre sur cette proposition : — que le goût des biens et des maux dépend en grande partie de l'Opinion que nous en avons; — et il aboutit à cette conséquence que : « Si les maux n'ont entrée en nous que par » nostre iugement, il semble qu'il soit en nostre » pouvoir de les mespriser ou contourner à bien. »

Peut-être n'est-ce là qu'une pétition de principes; car c'est un bien chétif et bien indocile instrument que notre jugement. Tant de causes, d'ailleurs, intimes ou extérieures, le faussent ou l'altèrent !

Mais il semble qu'il y ait un autre enseignement à tirer de ceci.

S'il est vrai que la valeur des choses dépende de l'Opinion que nous en avons, il est clair qu'il n'y a de vrai pour l'homme que ce qui résulte du témoignage de ses sens. Quelle que soit la forme, la couleur, la capacité, l'*être* d'une chose, cette chose n'aura pour un homme que la forme, la couleur, la capacité, l'*être* que ses sens peuvent apercevoir ou percevoir. *Video, ergo est*, voilà toute la philosophie.

Supposons maintenant deux hommes regardant tous deux le même objet : l'un voit blanc, l'autre voit gris. Il y a contradiction : où est la vérité? Chez l'un des deux probablement; mais quel moyen de dégager cette vérité, de la constater? Si vous laissez en présence ces témoignages opposés, ces deux sens si différents, comment finira la contradiction? Elle ne finira pas, cela est clair; à moins toutefois que l'un des contradicteurs ne tue l'autre.

Il faut donc ici nécessairement une intervention; il faut que d'autres hommes viennent et s'accordent à dire : *cela est blanc* ou *cela est gris*; et alors de cette généralité de témoignages identiques sortira la vérité.

De là suit logiquement que le sens individuel peut trouver la vérité, mais que le sens commun peut seul la prouver. L'homme a le sentiment plus ou moins vrai des choses et le peut exprimer; l'humanité seule, organe de Dieu, formule la certitude. En d'autres termes, il n'y a de vrai pour l'homme, et je dis pour l'homme vraiment raisonnable, que ce qui résulte non pas du témoignage de ses sens, mais du témoignage commun des sens des autres hommes, du consentement général.

De là aussi des applications précises. Comme l'esprit humain, quand il agit isolément, est également capable de concevoir la vérité ou l'erreur il est juste et sage, tout à la fois, de respecter les Opinions individuelles et de s'en défier. Par conséquent, il faut donner à ces Opinions la liberté de se produire, et créer en même temps une autorité qui constate ce qu'elles ont de vrai ou de faux. La liberté d'exprimer son Opinion, voilà le droit de l'individu : — La liberté de juger les Opinions individuelles, voilà le droit de la société. Ces deux droits, au lieu d'être hostiles, sont au contraire inséparables ; et qui blesse l'un, blesse l'autre. La question est maintenant de savoir quel est le meilleur moyen de mettre en pratique ce double droit : d'assurer la liberté des Opinions individuelles et de faire prévaloir la souveraineté de l'Opinion publique. Mais ce n'est point le sujet de cet article. (V. AUTORITÉ, LIBERTÉ, POUVOIR.)　　E. D.

OPIUM. Grace à l'Angleterre, ce mot, qui ne devrait figurer que dans un ouvrage de thérapeutique, trouve naturellement place dans ce dictionnaire. En effet, une drogue médicinale est devenue, entre les mains des marchands anglais, un ressort politique, si l'on peut dire ainsi. L'Opium, considéré comme poison, est aujourd'hui un moyen de conquête. L'histoire enregistrera ce fait comme un phénomène unique dans les fastes du genre humain.

La compagnie des Indes-Orientales s'était avisée, il y a quelque trente ans, que les Chinois étaient le peuple le plus voluptueux de la terre, et qu'ils commençaient à se livrer à l'usage de l'Opium. Elle savait, d'un autre côté, que certaines portions de son territoire étaient propres à produire le pavot d'où l'on extrait ce suc empoisonné. La culture de l'Opium fut immédiatement soumise au monopole, et ses exportations de ce narcotique eurent lieu de l'Inde en Chine, avec tout le succès qu'on en avait espéré.

Le gouvernement de Pékin, qui s'aperçut des ravages que cette drogue funeste faisait parmi ses sujets, en prohiba l'introduction et la vente. Dèslors, une contrebande active s'établit dans la rivière de Canton et sur plusieurs points du littoral de la Chine. Les Chinois, dont le penchant pour le narcotique proscrit était puissamment excité par la persécution, se firent les complices des Anglais dans ce commerce illicite. La consommation s'accrut à tel point, qu'au bout d'une période de vingt années, le chiffre des ventes avait décuplé.

Cet état de choses était doublement désastreux pour l'empire chinois. D'abord les livraisons d'Opium ne se faisant qu'au comptant, il en résultait une perte annuelle de près de cent millions de francs en numéraire et en lingots, qui passaient dans les coffres des négociants anglais et de la Compagnie ; de sorte que la Chine devait, au bout d'un petit nombre d'années, se trouver totalement privée de richesses métalliques. Ensuite, et cette considération était bien autrement puissante, l'usage toujours croissant de l'Opium jetait la démoralisation dans toutes les classes de la société chinoise et augmentait dans une proportion formidable le nombre des décès annuels.

D'après la quantité d'Opium importée, le poids

de chaque caisse, le maximum de ce que le plus fort fumeur peut consommer par jour, et le temps moyen de l'empoisonnement, il est facile d'apprécier approximativement le nombre d'individus annuellement démoralisés et assassinés. Les chiffres suivants, basés sur des données officielles, nous paraissent assez curieux pour figurer dans cet article :

La caisse d'Opium pèse en moyenne 100 catties ou environ 61 kilogrammes ;

En 1836-37, l'importation a été de 34,000 caisses, soit 2,074,000 kilogrammes.

Le maximum de ce que le plus grand fumeur d'Opium peut consommer quotidiennement est de 3 à 6 drachmes anglais (12 à 24 grammes), soit en moyenne 4 drachmes 1|2 (18 grammes), qui multipliés par trente jours, donnent 6,570 grammes ou environ 12 kilogrammes 1|2 par an.

Si l'on divise 2,074,000 kilogrammes, chiffre de l'importation, par 12 kilogrammes 1|2, maximum du fumage individuel, on trouvera le nombre des personnes empoisonnées annuellement ; ce nombre est d'environ 319,077. L'Opium pouvant se fumer au moins deux fois, et passant toujours de la pipe des riches dans celles des domestiques et des pauvres, il faut doubler ce chiffre, et nous aurons par an, 638,154 personnes ruinées financièrement, moralement et physiquement.

Il faut ajouter mille caisses d'Opium turc qui représentent 61,000 kilogrammes. En répétant les mêmes calculs, on trouve, en sus, 18,768 personnes annuellement empoisonnées. — En tout : 656,922 individus.

Le temps moyen de l'empoisonnement pour ceux qui ne font pas un trop grand abus de l'Opium est de dix ans (les fumeurs sont démoralisés et morts intellectuellement bien avant dix ans, mais il s'agit ici de la destruction physique). Ainsi donc, en supposant que la consommation de l'Opium n'augmente plus à l'avenir, au bout de dix ans, à partir de 1837, il y aura en Chine 656,922 individus tués annuellement par cette substance.

Si l'on réfléchit maintenant que ce vice affreux est principalement répandu dans l'armée, dans la classe la plus éclairée et parmi les hauts fonctionnaires, on pourra se faire une idée de ses conséquences pour l'empire de la Chine.

Croire que l'Angleterre n'a vu dans cet état de choses que de grands avantages commerciaux pour ses sujets, pour ses possessions de l'Inde et pour elle-même, ce serait faire preuve d'une grande simplicité et ignorer complètement la nature du génie britannique. Dans cette question, en effet, le côté politique a été pris en considération bien plus que le côté commercial. Qui ne sait que c'est une condition d'existence pour la Grande-Bretagne, de découvrir sans cesse de nouveaux débouchés pour ses produits ? Or la Chine, avec ses trésors naturels, sa variété de climats et de productions, ses grands centres de population, son génie si industrieux, l'étendue de son littoral, est le pays qui devait le plus tenter la cupidité ambitieuse des fournisseurs du monde. Mais cette proie, comment la saisir? par la force des armes? Un pareil moyen est ruineux et ne serait peut-être pas sans péril. Il est plus sûr et plus commode de démoraliser préalablement le peuple chinois et de l'abrutir au point qu'il ne puisse plus opposer de résistance. On comprend maintenant comment l'Opium est devenu entre les mains des Anglais un exécrable ressort politique.

Les Chinois, au reste, savent bien à quoi s'en tenir sur les projets futurs de l'Angleterre, et quant à celle-ci, ses vues sont assez clairement exprimées dans les dépêches de ses agents politiques.

Les Chinois, alarmés des progrès de la démoralisation et de la dépopulation de leur empire, justement effrayés du parti que les Anglais pourraient tirer un jour de cet affaiblissement continu, ont cherché à couper le mal dans sa racine. La vente frauduleuse et l'usage de l'Opium ont été prohibés sous les peines les plus terribles. Presque en même temps, les Anglais, qui avaient provoqué de toute manière le ressentiment de l'Empereur, furent expulsés du territoire chinois. L'occasion était trop belle pour que les agents britanniques la laissassent échapper. Ils s'arrangèrent de façon à faire naître un conflit sanglant, d'où est sortie une guerre sérieuse entre l'Angleterre et la Chine. On a vu dans cette lutte odieuse, une nation prétendue civilisée revendiquer par les armes le droit d'empoisonner un peuple de deux cent millions d'âmes. Les vainqueurs, trop prudents et trop habiles pour brusquer les événements, n'ont pas encore jeté le masque. Mais désormais la Chine est à leur discrétion, et ils n'auront qu'à étendre la main au premier moment favorable pour saisir leur victime épuisée et sans défense. L'Opium aura transplanté la puissance britannique en Chine.

La postérité jugera la moralité de ce procédé politique.　　　　　　FRÉDÉRIC LACROIX.

OPPOSITION. L'état social est un état de lutte. A toutes les époques, les intérêts du présent combattent la réaction simultanée des intérêts de l'avenir et de ceux du passé. Et à mesure que les siècles marchent, substituant des intérêts nouveaux à de vieux intérêts, des passions à d'autres passions, la lutte ne cesse point elle ne fait que se transformer. Le but, il est vrai, reste toujours le même : le progrès; mais la nature et le caractère des moyens nécessaires pour y arriver varient suivant que les mœurs s'améliorent et que se perfectionnent les institutions politiques. Irrégulière, sanglante et souvent pleine de grandeur à certaines époques et chez certains peuples, elle devient ailleurs régulière, pacifique et quelquefois encore remplie d'un intérêt puissant. Là ou se massacraient les ennemis discutent maintenant des adversaires. Car si dans les états despotiques les minorités ne prouvent leur émancipation progressive que par des révoltes et leur avènement que par des massacres chez, les peuples libres, au contraire, les idées nouvelles marchent à découvert, les intérêts nouveaux se produisent et se consti-

tuent au grand jour et il n'est pas besoin que les uns et les autres déchirent avec violence, pour se faire jour, la couche épaisse des vieux intérêts et des vieilles idées.

C'est là le grand avantage des institutions libérales; elles épargnent au monde beaucoup de sang.

Mais ce n'est pas ici le lieu d'exposer les idées générales qui ressortent du sujet. Un autre l'a déjà fait ailleurs. (V. AUTORITÉ, LIBERTÉ, MAJORITÉ, MINORITÉ.) Nous voulons seulement dire en peu de mots les caractères de cette lutte dans les monarchies constitutionnelles.

Dans ces sortes d'états le pouvoir législatif se divise ordinairement en trois branches distinctes et théoriquement indépendantes l'une de l'autre : la royauté et deux Chambres. Le pouvoir royal est un ; mais les deux autres ne le sont point ; ils se composent de deux éléments principaux : la majorité et la minorité ou l'Opposition. L'Opposition comprend tout ce qui ne fait point partie de la majorité. C'est dire qu'en général, elle forme une agrégation assez peu homogène. Presque toujours, en effet, elle se divise et se subdivise en une multitude de fractions, de coteries, de nuances et même d'individualités. Suivant que les principes, les circonstances, les faits, les antipathies ou les sympathies personnelles et surtout l'ambition ont plus ou moins d'empire sur les assemblées politiques, la majorité voit se former autour d'elle de petits corps de partisans, toujours en défiance les uns des autres, unis seulement par le commun désir de monter à l'assaut du pouvoir.—Ce phénomène est à la vérité, beaucoup plus rare en Angleterre qu'en France. Soit que les mœurs politiques y soient plus honnêtes, soit que la tradition n'y soit pas la même et que les mêmes influences n'y jettent point dans les esprits un semblable désordre, l'Opposition aussi bien que la majorité est beaucoup plus homogène là que chez nous. Comme tous les membres du parlement admettent, en général, le même principe de gouvernement, la majorité et la minorité ne se divisent que sur des questions secondaires. Je dis secondaires, non pas que ces questions n'aient une haute importance. Elles en ont une très haute, au contraire, puisqu'il s'agit des tendances générales suivant lesquelles se doit développer la politique intérieure et extérieure du pays; mais ces questions sont secondaires en ce sens qu'elles n'affectent point le principe même du gouvernement, et que, tories, whigs ou même radicaux acceptent comme fondement de l'ordre politique la monarchie héréditaire. Ceci, toutefois, se rapporte plus exactement au passé qu'au présent et surtout à l'avenir. Depuis que l'émancipation a ouvert aux catholiques et aux Irlandais les portes du parlement, la majorité et l'Opposition ont cessé de présenter l'homogénéité qu'on y voyait jadis. En même temps, quelques radicaux plus hardis laissent éclater des aspirations dès longtemps oubliées dans la patrie de Milton et de Cromwell; et l'on peut déjà prévoir le jour où à l'ancienne Opposition de *faits* viendra se joindre une redoutable opposition de principes.

Cela est ainsi chez nous depuis longtemps. La

République en passant sur ce sol fécond n'y a pas laissé que des ruines. En voyant ce qu'ont fait pour ce pays, le despotisme impérial et la monarchie constitutionnelle ; comment du débordement périlleux on nous avait répandus celui-là, celle-ci nous a ramenés à un rétrécissement honteux et également plein de périls, beaucoup d'esprits ont regardé comme certain que le mal ne provenait point de telle ou telle direction, de tel ou tel système, de telle ou telle application, qu'il ne provenait point surtout de la volonté inintelligente ou mauvaise de telles ou telles personnes, mais qu'il avait une cause plus haute et que pour le détruire, il fallait porter sur le terrain des principes tous les efforts de l'esprit d'innovation.

A côté de cette fraction de l'Opposition, il en est une autre, aujourd'hui plus considérable. Celle-ci est une Opposition de faits. Elle admet, comme la majorité, le principe du gouvernement ; mais elle pense, contrairement à la majorité, que ce principe a été mal pratiqué et qu'il eut pu recevoir des applications différentes. C'est une contrefaçon un peu pâle du whiggisme britannique.

Viennent ensuite les opposants de circonstance. Ce sont les membres qui votent habituellement avec le ministère, mais qui sur une question isolée, grave ou de peu, se rangent du côté de l'Opposition. Ainsi, par exemple, lors qu'après la révolution de Juillet, l'hérédité de la pairie, fut mise en discussion, beaucoup de membres qui appuyaient la politique du ministère votèrent contre le principe de l'hérédité, malgré les sympathies évidentes et avouées du gouvernement pour ce dangereux principe. Ce jour là l'Opposition fut la majorité.

Faut-il parler maintenant des oppositions personnelles? Oui, assurément, car elles jouent un rôle trop important pour qu'on les puisse passer sous silence. Des subversions et des entreprises où se sont abîmés tant de consciences, des nombreuses crises ministérielles qui résultent logiquement de l'antagonisme des pouvoirs, est sortie une classe d'hommes qui considèrent le pouvoir comme leur apanage. Pour ceux-là il n'est que deux situations possibles, une Opposition factieuse ou un portefeuille. Ne leur parlez pas de principes : le seul principe de leurs actions, c'est l'amour du pouvoir. Ils veulent le pouvoir pour le pouvoir, et ils ne reculeront devant aucune extrémité pourvu qu'ils l'atteignent : semblables à ces viles natures qui, dans les relations privées, vont jusqu'à déshonorer, jusqu'à flétrir l'objet de leur passion pour le forcer d'être à eux. Aussi, quels que soient les hommes qui gouvernent, quelle que soit leur vertu, leur capacité, quels que soient leurs actes, rien ne satisfera ces opposants résolus ; du moment que la plus excellente mesure n'a pas été conçue par eux, proposée par eux, ils la combattent. Et si par suite de cette lutte ils ont vaincu leurs ennemis, ils feront le lendemain ce que ceux-ci voulaient faire la veille, si même ils ne font pas plus mal. Ces hommes, trop nombreux de nos jours, sont la peste des États : ils avilissent également et le pouvoir et l'Opposition : le pouvoir par leurs vices et

leur impuissance ; l'Opposition, par l'audace effrontée de leurs palinodies.

Suivant l'ordre des idées, ce serait ici le lieu de dire quelques mots de la tactique de l'Opposition. Mais, outre que d'autres en ont parlé savamment, il n'est guère utile de compliquer une exposition générale, de détails et de combinaisons qui varient nécessairement au gré d'une multitude de circonstances très diverses et d'influences toutes particulières. Disons seulement que la plus grande habileté pour l'Opposition, c'est de savoir toujours être l'Opposition. Non pas assurément qu'il lui soit défendu de chercher à devenir majorité : elle y doit tendre au contraire et de toutes ses forces. Mais elle doit conquérir la majorité à ses principes, non se laisser conquérir par la majorité ; elle doit attirer la majorité à elle, non se fondre dans la majorité ; elle doit en un mot devenir majorité par ses principes, non par ses hommes.

Ceci nous conduit à une question tranchée d'une manière tout-à-fait contradictoire par deux excellents esprits. «Toute Opposition qui n'est pas systématique, dit Timon, n'a pas de caractère, de principe, d'influence, de but, ni même de nom. Elle ne fait pas les affaires de la France ; elle ne fait pas même les siennes.» Bentham, au contraire, combat l'*Opposition quand même;* il pose en principe qu'une Opposition systématique est contraire aux plus simples notions de la morale ; car, dit-il : « Il n'est pas loyal qu'un homme parle contre son opinion ; il n'est pas loyal que trouvant une mesure bonne, il la combatte par haine pour ses auteurs, ou que, la trouvant mauvaise, il la soutienne parce qu'elle vient de ses amis. »

La contradiction est grave comme on voit ; mais il nous semble cependant qu'il est facile de la résoudre. Toute Opposition doit être systématique en ce sens qu'elle se rattache à un système, à un ordre d'idées bien arrêté, bien digéré. Que si maintenant les hommes qui sont au pouvoir et que l'Opposition considère comme funestes au pays, proposent par hazard quelques mesures utiles, l'Opposition devra considérer sa force. Si elle est assez puissante pour renverser ces hommes et les remplacer par d'autres meilleurs, elle repoussera la mesure, quelle qu'en soit l'utilité ; parce que s'il est vrai qu'entre deux maux il faut choisir le moindre, il est vrai aussi qu'entre deux biens il faut choisir le plus grand. Que si, au contraire, l'Opposition est assez peu nombreuse pour ne pouvoir pas renverser le ministère, elle acceptera ce qu'elle ne peut empêcher ; et elle l'acceptera d'autant plus, qu'en définitive, le bien que font les méchants tourne souvent contre eux. S'il plaisait au plus détestable ministère d'abolir les lois fiscales qui font de la liberté de la presse un vain mot, il faudrait accepter le présent des deux mains quelque perfide que fût l'intention de ceux qui l'auraient concédé.

« C'est une cruelle alternative, ajoute Bentham, pour un homme d'une probité reconnue de voir une classe d'hommes fixés à un poste élevé et faisant un mal proportionné à leur élévation, ou bien d'être obligé, pour les chasser de leur poste, de faire de continuels efforts pour représenter comme funestes des mesures dont il reconnaît lui-même l'utilité. » — Sans doute, mais la monarchie, ce nous semble, n'a pas été inventée pour le repos des consciences.　　　　　　　　　E. D.

OPPRESSION. L'Oppression résulte de l'exercice injuste de la force de la part d'un contre plusieurs ou de plusieurs contre tous.

L'Oppression est, à proprement parler, le mal politique. Elle prend toutes les formes. Il y a mille manières d'empêcher, dans un intérêt privé et égoïste, le développement moral et intellectuel d'un citoyen ou d'une classe de citoyens, de leur enlever en quelque sorte le libre arbitre.

La loi religieuse, la morale établie par la tradition signalent l'Oppression, la condamnent et la flétrissent. Toutes les lois civiles et criminelles sont ou doivent être conçues, à fin de la prévenir et de la réprimer ; tous les pouvoirs politiques sont ou prétendent être institués dans le même but. Le progrès des sociétés humaines vers l'égalité tend à réduire incessamment l'empire de l'Oppression ; mais il est difficile d'espérer qu'elle disparaîtra complètement de la terre.

Les divers modes d'Oppression prévus et punis par les lois ne sont pas de notre domaine. Nous n'avons à nous occuper ici que de l'Oppression politique proprement dite, de celle qui résulte de l'abus du pouvoir politique.

Lorsqu'une classe de citoyens ou une coterie s'empare du pouvoir et exclut de l'exercice du droit de souveraineté électorale le reste du peuple, elle opprime. Le gouvernement qu'elle constitue est chargé d'opprimer à son profit et de faire des lois elles-mêmes un instrument d'Oppression.

Une démocratie parfaite offre plus de garanties contre l'Oppression politique que toute autre forme de gouvernement. Cependant, il ne serait pas impossible que, dans un pays où la religion et les mœurs auraient peu d'empire, la majorité opprimât la minorité. Aucune institution ne saurait corriger une telle aberration. Entre les oppresseurs et les opprimés, il n'y aurait d'autre juge que Dieu.

Il ne faut point attendre des institutions humaines une perfection absolue. Les meilleures sont celles qui laissent le moins de prise à l'Oppression, celles qui garantissent le mieux contre l'Oppression intérieure et extérieure le peuple qui les a adoptées.

C'est surtout par la religion et par les mœurs que l'on peut suppléer à l'insuffisance des institutions politiques et combattre l'Oppression ; c'est en cultivant le sentiment de la solidarité des citoyens, de la fraternité, que l'on peut opposer à l'égoïsme des oppresseurs des obstacles efficaces. Les rédacteurs de la déclaration des droits de 1793 l'avaient senti. L'article 34 de cette déclaration est ainsi conçu : « Il y a oppression contre le corps social lorsqu'un seul de ses membres est opprimé. Il y a Oppression contre chaque membre lorsque le corps social est opprimé. »

L'article précédent proclamait le droit de résistance à l'Oppression, et l'article suivant imposait au peuple le devoir de s'insurger contre le gouvernement qui violerait les droits du peuple. Quelque soin qu'y eussent mis les rédacteurs de la déclaration des droits, ils n'étaient point parvenus à définir l'Oppression d'une manière claire, pratique, légale.

Nous croyons, en effet, qu'il est impossible de donner une définition légale de l'Oppression, et qu'il est impossible de la détruire absolument par des institutions quelconques. Sur le droit de résister à l'Oppression est fondé le droit de la guerre. La guerre décide en définitive entre l'oppresseur et l'opprimé ; elle tranche le nœud que la philosophie, la politique, la justice humaine, sont impuissantes à délier.　　　　　　　　　C. S.

ORATEUR. L'Orateur est un homme qui parle avec éloquence sur toutes sortes de sujets. Mais ici nous ne devons nous occuper que de l'Orateur politique.

L'Orateur, chez les anciens, défendait sur la place publique, au Forum, devant l'aréopage ou le sénat, la cause des lois, de la liberté et des accusés politiques.

On ne voit pas que Démade, Eschine, Démosthènes, Cicéron et Hortensius, aient été gradués dans les universités de Rome et d'Athènes, ni qu'avant de prendre la parole, ils exhibassent un certificat du percepteur de leur endroit, portant qu'ils payaient bien et duement, après possession annale, un cens contributif de cinq cent francs pour le moins. — Ces belles et heureuses inventions n'ont trouvé cours que chez les modernes. — La nature n'y fait absolument rien. Bel organe, geste noble, logique serrée, mouvements, figures, éloquence persuasive, nos législateurs n'ont fait nul compte de ces dons merveilleux de la Providence et du génie. C'est l'impôt qui fait l'Orateur, et c'est peut-être pour cela que la plupart des Orateurs se croient obligés, à leur tour, de tant plaider et de tant parler en faveur de l'impôt qui a tant fait pour eux.

Le comble de l'art aujourd'hui, l'art poussé aux dernières limites, c'est de parler jusqu'à extinction de chaleur vitale. On a dit que le soleil ne se couchait jamais sur les domaines de la monarchie espagnole. Il ne se couche pas, en Amérique du moins, sur les discours des orateurs, car ils parlent quelquefois trois jours de suite.

En France, on va un peu plus vite en besogne. Mais pour parler un peu moins long, on n'avance guère davantage.

Les Orateurs parlementaires ne font guère que remâcher à la tribune les raisons, bonnes ou mauvaises, que la presse leur a déjà triturées à belles dents. Puis, quand ils les ont bien amplifiées, délayées et noyées, les journaux les reprennent et les étalent tout au long dans leur compte-rendu, et puis, le lendemain, personne n'y songe plus. Il n'y a pas un seul discours de nos Orateurs actuels qui puisse supporter la lecture. Il faut les entendre, il ne faudrai' pas les imprimer.

Ce qui gâte l'éloquence parlementaire, c'est l'avocasserie. Les avocats qui, sauf quelques légères exceptions, sont tous des parleurs, ont beau jeu dans les collèges électoraux. Présomptueux, ambitieux et prêts d'avance sur tout objet, ils envahissent la chambre et la tribune, et ils empêchent d'y monter les hommes instruits, mais simples et timides, les causeurs d'affaires. Ils ergotent, ils pointillent, ils se tortillent, ils font un vacarme, prétendu oratoire, des plus étourdissants. Maîtres absolus de la tribune par leurs cris et leurs haut-le-corps, ils se ruent sur les affaires et ils emportent tous les bons, honorables et lucratifs emplois, à la pointe de leur langue. Le vocabulaire politique s'emplit de mots vides et sonores, de périphrases ampoulées, de distinctions subtiles, d'où les avocats seuls se démêlent comme ils peuvent. Habitués à plaider le vrai et le faux, le pour et le contre, il leur est impossible de dire s'ils sont libéraux ou ministériels. Est-ce qu'ils le savent eux-mêmes? C'est la plaie des assemblées délibérantes, et comment la guérir?

Les militaires brusquent les questions, les professeurs les subtilisent, et les philosophes les embrouillent. C'est assurément une fort belle chose que la cuisine parlementaire si l'on en juge par les résultats, mais il ne faut pas la voir faire.

Mais puisque l'Orateur est, comme tant d'autres infirmités des gouvernements humains, un mal nécessaire, il faut tâcher d'en corriger les vices autant que la faiblesse de nos institutions et de notre nature le comporte, et voici quelques préceptes oratoires, bons à méditer, que nous empruntons à Timon et que nous tirons de son *Livre des Orateurs*.

— On ne doit pas, à toute heure et pour toute cause, monter à la tribune, discourir, se prodiguer.

Un argument répété est comme un dîner réchauffé.

Il ne faut pas, quand un orateur-chef a frappé du tranchant de son glaive, qu'un orateur-soldat vienne donner au même endroit de coup de plat de sabre.

Quand l'assemblée est prête à pleurer, il faut la laisser sur son émotion et ne pas la faire rire.

L'éloquence parlementaire ne doit pas s'abandonner, sans frein, à ses transports, comme une désordonnée. Elle a besoin, pour plaire, pour convaincre ou pour émouvoir, de guide, de règle, d'expérience, et je dirai à l'Orateur :

« Entrez en matière avec simplicité et tirez naturellement votre exorde de votre sujet. N'affectez pas une fausse modestie ni un dédain superbe. Ne soyez ni humble, ni fier, soyez vrai. Ne vous noyez pas surtout dans le fastidieux parlage de vos précautions oratoires.

» Que votre exposition soit nette, variée, attachante, et que, dans l'ordre ingénieux de vos faits, on voie déjà poindre et surgir l'ordre de vos moyens.

» Si vous êtes militaire, ne contez pas des histoires de vivandières, avec des jurons et la pipe à la bouche. Ne retroussez pas votre moustache en

façon de hérisson; et n'écorchez pas le français comme un Pandour, en mettant des *s* où il n'en faut pas, et en ôtant les *t* d'où il en faut.

» Si vous êtes avocat, ne levez pas douloureusement les yeux et les bras vers Jupiter tonnant, à propos d'une virgule oubliée. Ne parlez pas, comme un bas Normand, le patois des assignations à personne ou à domicile. Ne délayez pas une seule idée, et quelle idée! dans un océan de paroles, et surtout n'oubliez pas, quand vous aurez commencé, de finir.

» Si vous êtes savant, n'employez pas les mots techniques pour faire paraître que vous en savez beaucoup plus que nous, et que nous ne sommes pas dignes de vous ouïr. Ne vous laissez pas entraîner à des digressions infiniment trop prolongées, et songez que la chambre n'est pas une académie, que le discours n'est pas une leçon, et que les lois ne doivent pas être rédigées en style d'école.

» Choisissez avec un instinct rapide et sûr, parmi les moyens qui s'offrent à vous, le moyen du jour qui peut-être n'est pas le plus solide, mais qui, d'après la disposition particulière des esprits, la nature de l'affaire et la singularité de la circonstance, est le plus propre à faire impression sur l'assemblée.

» Ne cherchez pas à tout dire, mais à bien dire.

» Si la chambre est distraite, ramenez-la par la grandeur de la cause ou par le sentiment de son devoir. Si elle est tumultueuse, étouffez le bruit sous l'éclat tonnant de votre voix.

» Quand le vingt-neuvième orateur a épuisé la question, ne la traitez pas pour la trentième fois. Ne remontez pas dans l'ordre de vos preuves jusqu'à notre père Abraham. Ne dites pas que Dieu a fait le ciel et la terre et qu'un jour le monde finira, mais finissez.

» Attachez-vous au côté neuf de la question, ce qui jette dans les esprits une diversion agréable, et vous fera passer pour ingénieux.

» Nouez vos transitions sans embarras, et que la discussion les amène.

» Si l'attention de la chambre est épuisée, ne montez pas à la tribune, car on ne vous écouterait plus, et il est mortel pour un orateur de n'être pas écouté.

» De même qu'il n'y a que les grands objets qui s'aperçoivent de loin, comme une maison, un arbre, une montagne, de même il n'y a que les raisons apparentes qui frappent le gros de l'auditoire, négligez le reste.

» Telle puissante raison qui, la veille, aurait mis la chambre en émoi, la trouvera inerte le lendemain; si cette raison est dans votre discours rayez-la; ne la dites pas, si vous improvisez.

» Si l'on a été plaisant avant vous, changez de manière et soyez grave, et si l'on a été grave, soyez plaisant. Songez que l'oreille n'aime pas à être toujours occupée du même son, et que vous parlez devant une assemblée française, la plus distraite, la plus capricieuse, la plus femme de toutes les assemblées du monde.

» Ne faites pas toujours le rieur, car on dirait : ce n'est qu'un homme d'esprit. Ne faites pas toujours le raisonneur, car on dirait : il n'a qu'un ton.

» Si vous voulez être perpétuellement intéressant, soyez perpétuellement divers.

» Tant qu'un médicament ne produit que de la moiteur, il assouplit la peau. Si l'effet s'en prolonge, il la glace. Il en est de même du discours.

» Ne frappez pas à coups redoublés sur le marbre de la tribune, de peur que vous n'effrayiez les gracieuses Cariatides qui le supportent, et qu'au lieu de partager votre émotion, on n'éprouve seulement que la crainte que vous ne vous fouliez le poignet.

» Ne parlez que pour dire quelque chose, et non pas seulement pour qu'on dise que vous avez parlé.

» Si vous avez quelque document nouveau et décisif, tenez-le en réserve, et ne le portez dans la discussion que lorsque vous aurez bien préparé les esprits à le recevoir et qu'ils n'attendront plus que cette pièce, en quelque sorte, pour prendre un parti.

» Ne raillez pas pour le seul plaisir de railler et pour faire briller votre esprit, mais pour montrer le ridicule ou le faux d'un argument. Que si votre adversaire vous lance une personnalité, alors terrassez-le, et si vous pouvez, d'un seul coup.

» Soyez maître de vos passions pour diriger celles des autres.

» Poussez dans la théorie les conséquences de vos principes aussi loin qu'elles peuvent raisonnablement aller ; mais ne demandez dans la pratique que ce que vous pouvez obtenir.

» Enfin, songez que vos lois vont faire le bonheur ou le malheur du peuple, le protéger ou l'opprimer, le moraliser ou le corrompre. Parlez donc comme s'il vous écoutait ! Parlez comme s'il vous voyait ! Ayez toujours devant vous sa grande et vénérable image ! »

ORDONNANCE. Isolément employé, ce mot s'applique particulièrement aux actes du pouvoir royal, qui s'appellent Ordonnances du roi.

Dans les pays de gouvernement mixte, comme celui qui régit aujourd'hui la France, il est fort important que la constitution détermine avec soin la limite que ne doit point dépasser le pouvoir royal agissant par Ordonnance. C'est pour avoir laissé cette limite dans le vague que la Charte de 1814 a fourni tout à la fois un prétexte au coup-d'état du 25 juillet 1830, et un cri de ralliement à l'insurrection. L'article 14 disait : « Le Roi.... » fait les réglements et Ordonnances nécessaires » pour l'exécution des lois et la sûreté de l'état. » Sous prétexte de la sûreté de l'état, le roi voulut changer, par ordonnance, deux lois fondamentales, les lois relatives aux élections et à la liberté de la presse. Ce fut l'occasion de la Révolution de 1830.

Dans les modifications qui furent alors apportées à la Charte, on supprima la « sûreté de l'état. » L'article 13 est aujourd'hui ainsi conçu : « Le Roi fait » les réglements et Ordonnances nécessaires pour » l'exécution des lois, sans pouvoir jamais ni suspendre les lois elles-mêmes ni dispenser de leur » exécution. »

Ainsi se trouve nettement posé dans la constitution le principe déjà admis antérieurement par la jurisprudence, reconnu par tous les publicistes, et ainsi exprimé par M. de Cormenin, dans ses *Questions de droit administratif* : « Les Ordonnances ne sont et ne peuvent être que le développement naturel et nécessaire de la loi, qui ne pose que le principe et ne règle pas les détails. Elles sont donc sans autorité, si elles contreviennent à la loi, ou la suppléent dans des matières qui sont de la compétence purement législative. »

Les citoyens ne sont pas tenus d'obéir à une Ordonnance rendue en dehors des pouvoirs confiés au roi par la constitution. Les tribunaux doivent en refuser l'exécution. Et si le pouvoir veut l'exécuter par violence, le devoir des citoyens est de résister par la force.

— Le mot Ordonnance reçoit encore plusieurs autres acceptions, qui toutes répondent à sa signification étymologique. Ainsi, les décisions du conseil d'état, en matière contentieuse, qui sont approuvées par le roi et ont tout le caractère d'un arrêt, s'appellent des Ordonnances.

Dans le même sens, on dit Ordonnance du juge, quand le juge donne un ordre sur la requête qui lui en est faite ; Ordonnance de la chambre du conseil ; Ordonnance d'acquittement, Ordonnance de référé, etc.

On appelait Ordonnances, avant la Révolution, les lois générales rendues par le Roi. On comprenait sous ce nom générique, tant les *Ordonnances* proprement dites, que les édits, déclarations, lettres-patentes. On sait que les Ordonnances statuaient sur la matière générale ; les Edits, sur des objets déterminés ; les Déclarations expliquaient, réformaient ou révoquaient un édit, une Ordonnance, une coutume ; les Lettres-patentes statuaient sur des intérêts particuliers.   H. C.

ORDONNANCER. Terme de finances. Quand un ministre donne l'ordre de payer le montant d'un état, d'un mémoire, d'un compte quelconque, cela s'appelle Ordonnancer le paiement. C'est dans le même sens qu'on appelle Ordonnance le mandement donné à un trésorier de payer une certaine somme. Mais ce dernier terme est aujourd'hui peu usité.

ORDRES DE CHEVALERIE. L'origine de cette institution ne paraît pas remonter au delà de la première croisade, qui eut lieu en 1095. Jusqu'à cette époque, la chevalerie n'avait formé qu'un corps sans cohésion et en quelque sorte livré à l'anarchie. Elle avait bien des préceptes nettement formulés, une hiérarchie de grades, un rituel d'initiation ; mais pas d'organisation, pas de centre commun, pas d'assemblées, si ce n'est aux solennités des tournois et aux autres fêtes publiques ; encore n'y avait-il dans ces réunions fortuites, ni délibération, ni concert sur les points qui pouvaient intéresser l'institution. Le reste du temps, chaque chevalier représentait à lui seul la chevalerie tout entière, s'en attribuait la souveraine autorité, et agrégeait, au rang des membres de ce corps qui bon lui semblait, le premier venu, pourvu que ce fût un noble. Ce que les romanciers du moyen-âge débitent touchant les ordres des *Chevaliers de la Table Ronde*, des *Chevaliers du Cygne*, etc., antérieurement aux croisades, ne repose sur aucune base sérieuse et n'est que le produit de leur imagination. Les agrégations pieuses qui s'étaient formées précédemment pour protéger, contre les attaques des Arabes voleurs, les pèlerins qui traversaient la Terre-Sainte, ne constituaient, ni par leur durée, qui était temporaire, ni par leur organisation, qui n'était assujettie à aucune règle fixe, ce qu'on pourrait appeler proprement un ordre : ce n'était qu'un assemblage de chevaliers réunis pour accomplir en commun un *vœu de chevalerie*.

Les Ordres de chevalerie existaient de temps immémorial dans la Perse. Ils étaient la continuation de l'initiation mithriaque, dont l'emblème, comme on le sait, était tout militaire, et dont les adeptes du premier degré portaient le titre de *soldat*. Dans les commencements de l'Islamisme, les Arabes empruntèrent cette institution aux Persans et y introduisirent quelques idées bibliques. C'est ce que prouve l'*Histoire du chevalier Habib*, dont l'auteur vivait du temps de Salah-Eddin, ou Saladin. Quelques croisés, en contact habituel avec les Sarrasins, habitants des villes conquises, se firent admettre dans les initiations des sectes mahométanes et en particulier dans celle des *mastékiyé*, dont les principes de liberté et d'égalité universelles s'accordaient d'ailleurs parfaitement avec l'esprit du christianisme. De là sont nés tous ces ordres de chevalerie qui, au douzième siècle, s'établirent dans la plus complète indépendance des princes ; tels que les *Templiers*, les *Chevaliers de Saint-Lazare*, les *Hospitaliers de Saint-Jean*, les *Chevaliers de Calatrava*, d'*Alcantara*, de *Saint-Jacques*, les *Chevaliers Teutons* et d'autres encore. On ignore quel était, dans le principe, le régime intérieur de la plupart de ces ordres ; mais les pièces du procès intenté en 1305 aux Templiers, démontrent que ces chevaliers avaient des mystères et une initiation, à l'instar des ordres de chevalerie mahométans.

Les rapports journaliers des Templiers avec le fameux ordre des Assassins, et les traités d'alliance qu'ils avaient faits avec cet ordre ennemi des rois et des prêtres, l'esprit d'indépendance qui se manifestait parmi eux et qu'ils propageaient dans le peuple, tant à l'égard du Souverain temporel qu'à l'égard du Pape même, la tolérance religieuse dont ils faisaient profession, comme l'atteste notamment l'historien Mathieu Pâris, mort en 1259 ; la découverte, dans l'enceinte même du Temple, du *Baphomet* et d'autres symboles gnostiques servant aux initiations, furent les causes principales des persécutions auxquelles on soumit les Templiers et qui finalement amenèrent leur chute.

A partir de ce moment, on voit les souverains de l'Europe, dans les États desquels existaient des maisons des divers Ordres de chevalerie, s'attacher, suivant l'opportunité des circonstances, à supprimer ces Ordres, ou à en réunir la grande maîtrise à la couronne. On les voit aussi créer de nouveaux Ordres de chevalerie inféodés à leur personne, pour les opposer aux Ordres indépendants et neutraliser ainsi leur redoutable influence. Ce fut l'œuvre de près de deux siècles.

Dans la suite, la création d'Ordres de chevalerie eut en général des motifs moins graves. On institua l'un en mémoire d'une victoire signalée remportée sur l'ennemi ; l'autre, à l'occasion d'un mariage, d'un couronnement ; celui-ci, en commémoration d'un désastre public ; celui-là, pour perpétuer le souvenir du gracieux don d'une tresse de cheveux fait par une dame à son souverain, etc.

A une époque plus rapprochée, on fondait un Ordre dans le but de récompenser et de stimuler par une distinction particulière le courage et le talent, et l'on mettait dans la distribution de ce glorieux insigne une sobriété qui lui donnait plus de prix et le faisait rechercher avec plus d'ardeur.

Mais tout vieillit, même les institutions les plus utiles. Aujourd'hui les idées sérieuses ont fait de trop grands progrès pour que les Ordres de chevalerie n'aient pas perdu beaucoup de leur vogue passée. D'ailleurs pour arriver à ce résultat il aurait suffi de la profusion avec laquelle ont été répandues les décorations dans ces derniers temps. Il n'est si mince employé, si modeste bourgeois, qui ne puisse maintenant parvenir à en orner sa boutonnière, pour peu qu'il y mette de bonne volonté et de politesse.

—Nous pensons qu'on ne trouvera pas sans intérêt ici la liste complète des ordres de chevalerie institués en Europe depuis l'origine jusqu'à nos jours, et que nous n'avons encore vue nulle part. La voici :

AIGLE BLANC (ordre de l'), fondé par Uladislas, roi de Pologne en 1325, à l'occasion du mariage de son fils Casimir avec la fille du grand-duc de Lithuanie. Restauré en 1705, par Frédéric-Auguste, électeur de Saxe, roi de Pologne.

AIGLE NOIR (— de l'), créé le 18 janvier 1701, par Frédéric, électeur de Brandebourg, lors de son couronnement comme roi de Prusse.

ALCANTARA (— d'), primitivement *ordre du Poirier*. Institué en 1170, prit le nom d'ordre d'Alcantara à l'époque où les chevaliers se chargèrent de la défense de cette ville contre les attaques des Maures.

ALEXANDE (— de SAINT-), institué en Russie par Pierre le Grand en 1700.

ALEXANDRE NEWSKI (— d'), établi dans le même état par Catherine Ire en 1725.

AMARANTE (— de l'), fondé par Christine, reine de Suède, en 1645.

ANDRÉ (— de SAINT-), créé en Ecosse par Jacques III, en 1452.

ANDRÉ (— de SAINT-). Le czar Pierre le Grand établit cet ordre en Russie en 1689.

ANNONCIADE (— de l'). C'est, dit-on, Amédée VI, comte de Savoie, qui fonda cet ordre en 1355, en mémoire du don que lui avait fait une dame d'un bracelet de ses cheveux tressés en lacs d'amour.

ANNONCIADE (— de l'), ou de SAINT-MICHEL, fondé par le duc de Mantoue en 1618.

ANTOINE (— de SAINT-), créé dans le Hainaut en 1382, par le comte Albert de Bavière, pour perpétuer le souvenir de la maladie appelée le *Feu de Saint-Antoine*. Ne subsista que peu de temps.

ARGONAUTES DE SAINT-NICOLAS (— des), institué à Naples en 1382, par Charles III de Durazzo.

AVIS (— d'). Cet ordre s'établit en 1147 en Portugal, sous le règne d'Alphonse Ier.

BAIN (— du), institué par Henri IV, roi d'Angleterre, à son couronnement en 1399; restauré par Georges Ier en 1725.

BANDE (— de la), fondé en Espagne comme ordre indépendant en 1232.

BOUCLIER D'OR ET DU CHARDON (— du), existait en Ecosse en 1370.

BRICIENS (— des), institué par Albert, roi de Suède, en 1365.

CALATRAVA (— de), fondé en Castille, en 1158, sous le règne de Sanche III.

CALZA (— de la), établi à Venise en l'an 1400.

CATHERINE (— de SAINTE-), ordre indépendant, dont l'origine remontait aux premières croisades.

CATHERINE (— de SAINTE-), institué en Russie par Catherine Ire, en 1715.

CHARDON (— du), créé en Ecosse par Jacques V, en 1540.

CHARITÉ CHRÉTIENNE (— de la), institué en France, en 1590.

CHIEN (— du). Les croisades donnèrent naissance à cet ordre, qui parait avoir peu duré.

CHRIST (— du). Fondé en Portugal, en 1318, par Denis Ier. On croit que cet ordre n'est autre que celui des Templiers, sous un nom différent, et qu'il a, comme avait celui-ci, une doctrine secrète. Des Portugais ont, dans ces derniers temps, conféré cet ordre en France sous la forme d'un grade maçonnique.

CHRIST (— du). Un autre ordre militaire, sous ce nom, avait été institué en Livonie, en 1205, par Albert, évêque de Riga, dans le but de défendre les nouveaux convertis contre les attaques des païens. Depuis, il fut réuni à l'ordre Teutonique.

CHRIST (— du SANG DU), créé par le duc de Mantoue , Vincent de Gonzague, en 1608.

CHRIST MILITANT (— du), établi dans la Russie blanche, en 1325.

CINCINNATI (— des), décrété par le congrès des Etats-Unis d'Amérique, le 14 avril 1783.

COLLIER (— du). Cet ordre fort ancien à Venise, était conféré par le doge et le sénat. Il parait que l'ordre de l'Annonciade avait aussi le nom d'*ordre du Collier*.

COLOMBE (— de la), fondé en Espagne, dans le royaume de Castille, en 1379.

CONCORDE (— de la), érigé dans l'électorat de Brandebourg, en 1660.

COURONNE DE FER (— de la), établi par Napoléon, en 1805, lors de son couronnement comme roi d'Italie.

CROISSANT (— du). Dut son institution à René d'Anjou, roi de Naples , en 1448.

CROIX BOURGUIGNONNE (— de la). On place la création de cet ordre, peu connu, en l'année 1535.

CYGNE (— du). Cet ordre, dont l'existence est fort problématique, aurait été institué en 711 par Thierry, duc de Trèves.

DENIS (— de SAINT-), établi en France, en 1267.

DRAGON (— du), prit naissance en Hongrie, en 1413.

ÉLÉPHANT (— de l'), créé par Christiern Ier, roi de Danemarck, en 1478.

ÉPÉE (—de l'), ordre indépendant, dont le siège était en Chypre. Il datait de 1195.

ÉPÉE (— de l'). Celui-ci, qui a peut-être une origine commune avec le précédent, existait depuis long-temps en Suède, lorsqu'il fut reconstitué en 1748 par le roi Frédéric.

ÉPERON (— de l'), institué en 1266 par Charles d'Anjou, roi de Naples.

ÉPERON D'OR (—de l'), fondé par le pape Pie IV, en 1269.

ÉPI (— de l'), se forma en Angleterre au temps de la première croisade.

ESCLAVES DE LA VERTU (— des), s'établit en Allemagne en 1690.

ESPRIT (— du SAINT-). Henri III, roi de France, institua cet ordre le 31 décembre 1578.

ESPRIT DU NŒUD (— du SAINT-), fondé en 1352 par Louis, prince de Tarente, roi de Naples.

ÉTIENNE (— de SAINT-). L'institution en est attribuée à Côme Ier, grand-duc de Toscane (1560). L'ordre de Saint-Etienne a été rétabli pour la Hongrie, en 1740, par le pape Benoît XIV.

ÉTOILE (— de l'), institué en France par le roi Jean, le 6 novembre 1351.

ÉTOILE POLAIRE (— de l'), ordre fort ancien en Suède. Restauré en 1748.

FIDÉLITÉ (— de la), fondé, en 1672, par Christiern V, roi de Danemarck.

FIDÉLITÉ (— de la), instituée en Russie par Frédéric Ier, en 1701.

FOUS (— des). Dans le but de ramener l'union entre les nobles du pays, Adolphe, comte de Clèves, établit cet ordre en 1380.

FRATERNITÉ (— de la), fondé en 1708.

GÉNÉROSITÉ (— de la), établi dans l'électorat de Brandebourg, en 1685.

GENET (— de la fleur de), créé en France sous le règne de Louis IX , en 1234.

GEORGE (— de SAINT-), institué en Angleterre, sous Édouard III, en 1349.

GEORGE D'ALFAMA (— de SAINT-), établi en Espagne, en 1201.

GEORGE DE MONTESA (— de NOTRE-DAME DE SAINT-), institué en Espagne, en 1317.

GÉRON (— de SAINT-), fondé en Allemagne, en 1154.

GLADIATEURS (— des), établi en Livonie , en 1204.

HERMINE (— de l'), institué en 1464 par Ferdinand, roi de Naples.

HERMINE (— de l'). Précédemment, en 1365, Ferdinand V, duc de Bretagne, avait créé un autre ordre sous ce titre.

HUBERT (— de SAINT-). L'ordre qui portait ce nom fut fondé, en 1473, par Gérard V, duc de Flandre. Aboli en 1487.

JACQUES DE L'ÉPÉE (—de SAINT-), institué en Espagne, en 1170, sous le règne de Ferdinand II, roi de Léon et de Galice.

JANVIER (— de SAINT-), créé en 1738 par don Carlos , roi de Naples.

JARRETIÈRE (— de la), fondé en Angleterre, en 1349, par le roi Édouard III. On sait l'origine de cette institution : la belle comtesse de Salisbury laisse tomber sa jarretière , que le roi s'empresse de ramasser ; les courtisans rient ; et le roi, remettant la jarretière à la comtesse, dit : *Honni soit qui mal y pense*. C'est la devise de l'ordre.

JEAN ET DE SAINT-THOMAS (—de SAINT-) d'Acon, institué en 1258.

JÉSUS-CHRIST (— de), créé en France en 1208.

LAZARE (— de SAINT-), établi par les croisés au commencement du XIIe siècle. Réuni en 1606 à l'ordre de *Notre-Dame du Mont-Carmel*, il en fut séparé sous le règne de Louis XIV, et depuis, il y a été réuni de nouveau.

LÉGION-D'HONNEUR (— la), créé sous le Consulat par une loi du 19 mai 1802, pour récompenser les services civils et militaires en France. Réorganisé par Louis XVIII le 26 mai 1816. (V. LÉGION-D'HONNEUR.)

LIS (— du), institué en 1546 par le pape Paul III, pour la défense du patrimoine de saint Pierre.

LIS (— de NOTRE-DAME DU), fondé en 1148, sous le règne de don Garcias, roi de Navarre.

LORETTE (—de NOTRE-DAME DE), institué à Rome en 1587, par le pape Sixte-Quint.

LOUIS (—de SAINT-). Louis XIV créa cet ordre le 10 mai 1693, pour récompenser les services militaires.

LUNE (— de la), fondé en Sicile, par Jean, roi d'Aragon, en 1464.

LYON (— des COMTES DE), établi en France par Louis XV, en 1745.

MALTE (— de). C'est le même ordre qui, fondé à la fin du XIᵉ siècle sous le titre de *Chevaliers hospitaliers de Saint-Jean de Jérusalem*, prit plus tard celui d'*ordre de Rhodes*, lorsqu'il s'empara de cette île, en 1310, et celui d'*ordre de Malte*, en 1530, par suite de la donation que lui fit Charles-Quint de l'île de ce nom. Le 29 novembre 1798, après la prise de Malte par les Français, l'empereur de Russie, Paul Iᵉʳ, s'intitula grand-maître de l'ordre, et le 7 août 1816, l'empereur d'Autriche décida que cet ordre resterait dans ses états, ce qu'il était alors, jusqu'à l'extinction de ses membres. (V. ci-dessous ORDRE DE MALTE.)

MARC (— de SAINT-), Institué à Venise, en 1562.

MARIE-LA-GLORIEUSE (— de SAINTE-), créé à Rome en 1618, par le pape Léon XI.

MARIE-THÉRÈSE (— de), fondé en Autriche, à l'occasion de la victoire remportée à Chotzemitz, au mois de juin 1757.

MARTYRS (— des), ordre indépendant, établi à l'époque des croisades (1219).

MAURICE (— de SAINT-), eut pour fondateur, en 1416, Amédée VIII, comte de Savoie; fut restauré vers la fin du XVIᵉ siècle par Emmanuel-Philibert, duc de Savoie.

MÉRITE (— du), institué en Hollande par le roi Louis Napoléon. Cet ordre et celui de l'*Union* (voir ci-après) furent ensuite réunis en un seul.

MÉRITE (— du), créé en Grèce, en 1832, par le roi Othon.

MÉRITE MILITAIRE (—du), établi, en 1759, par Louis XV en faveur des officiers étrangers et protestants.

MÉRITE MILITAIRE (— du), fondé par Stanislas-Auguste, roi de Pologne, en 1791.

MICHEL (— de SAINT-). Charles VII avait projeté la fondation de cet ordre; ce fut Louis XI qui la réalisa le 1ᵉʳ août 1469. Il fut restauré et réuni par Henri III, en 1569, à l'ordre du St-Esprit, dont il fut de nouveau séparé en 1665.

MICHEL (— de l'AILE DE SAINT-), fondé, en 1171, dans le Portugal, sous le règne d'Alphonse Henriquez.

MONT-CARMEL (— de NOTRE-DAME DU). Henri IV l'institua en 1608. (V. ordre de SAINT-LAZARE).

MONTEJA (— de), établi en Espagne en 1223.

NAVIRE ET DU CROISSANT (—militaire des CHEVALIERS DU) On place en l'année 1270 la création en France d'un ordre indépendant sous ce titre.

NOBLE PASSION (— de la), établi dans la Saxe-Weissenfels, en 1704.

ORDO DISCIPLINARUM, institué en Bohême sous le règne de l'empereur Sigismond, au commencement du quinzième siècle.

OURS (— de l'), fondé en Suisse, en 1213, par l'empereur Frédéric II. En 1395, la confédération helvétique le conserva.

PASSION DE JÉSUS-CHRIST (— de la), établi en France, en 1382.

PATRICK (— de SAINT-), créé en Irlande, en 1786.

PAUL (— de SAINT-), fondé à Rome, en 1540, par le pape Paul III.

PIERRE (de SAINT-), institué dans les états pontificaux par Léon X, en 1520.

PORC-ÉPIC (— du), autrement dit du *Camaïl* ou d'*Orléans*. Cet ordre fut établi en France par Louis, duc d'Orléans, fils de Charles V.

RÉDEMPTION (— de la), ordre indépendant, établi en Palestine, en 1212. Il est conféré aujourd'hui dans plusieurs états de l'Europe sous forme de grade maçonnique.

RUPERT (— de SAINT-), fondé en Allemagne, en 1701 par Jean-Ernest de Thun, archevêque de Salzbourg.

SAUVEUR (— du), institué en Grèce par le roi Othon, le 1ᵉʳ juin 1833, en mémoire de la délivrance de ce pays.

SAUVEUR DE MONTREUIL (—de SAINT-), fondé en Espagne, en 1120, sous le règne de Clément VII, roi d'Aragon et de Castille. Aboli en 1492.

SANG (— du PRÉCIEUX). C'est le même que l'*ordre du sang du Christ*. (V. ci-dessus.)

SCAMA (— de la), établi en Espagne, en 1420.

SÉPULCHRE (—du SAINT-), formé en Palestine vers 1100. Se confère aujourd'hui comme grade maçonnique.

SÉRAPHINS (— des), fondé en Suède, en 1334, par Magnus IV, en mémoire du siège d'Upsal.

SINCÉRITÉ (— de la), institué, en 1690, par Jean-Georges III, duc de Saxe.

STANISLAS (— de SAINT-). Stanislas-Auguste institua cet ordre et le plaça sous l'invocation du patron de la Pologne, le 8 mai 1765, à son avénement au trône. Il fut réorganisé en 1816 par l'empereur Alexandre.

TABLE RONDE (— de la). L'origine de cet ordre est fabuleuse. Il florissait en Angleterre au quatorzième siècle. Les Anglais prétendent qu'il fut restauré en 1344.

TAPIS (— du), fondé en Angleterre, en 1553, par la reine Marie Iʳᵉ.

TEMPLIERS (— des), formé en Palestine, en 1118. Après la chute de Jérusalem, se répand en Europe (1187); est aboli en 1311. Plusieurs associations secrètes prétendent que cet ordre n'a jamais cessé d'exister et qu'il s'est conservé dans leur sein jusqu'à nos jours.

TEUTONIQUE (—), établi en 1190. Acquit la Nouvelle Marche de Brandebourg en 1402, et la Samogitie en 1404; fut supprimé entièrement en 1809.

TOISON D'OR (— de la), institué par Philippe, duc de Bourgogne, en 1429. Si l'on en croit la chronique, ce fut en l'honneur d'une dame de Bruges, que la couleur de ses cheveux rendait un sujet de plaisanterie pour les courtisans, et que le duc voulut venger par cet hommage tout particulier.

TOISONS D'OR (— des TROIS), créé en France, le 15 août 1809, par Napoléon. Il n'y eût d'autres promotions que celles du grand-chancelier et du grand-trésorier.

TRINITÉ (— de la SAINTE-), formé, en 1211, comme ordre indépendant.

TRUXILLO (— de), établi en Espagne, en 1227.

TUSINI (— de). Cet ordre fut institué en Bohême où il conserva son principal établissement.

UNION (—de l'), fondé par Louis Napoléon, roi de Hollande, en 1806. (V. ci-dessus ORDRE DU MÉRITE.)

WOLDIMIR (— de SAINT-), institué en Russie, en 1632, par Alexis Mikhaïlovitch.   B-C.

ORDRE DE MALTE.

ORDRE DE MALTE. Les ordres religieux et militaires ont eu leur utilité : ils façonnaient au joug de la discipline les hommes de guerre à qui le régime féodal inspirait des idées d'indépendance souvent funestes à l'État, et qui, sous leur bannière seigneuriale, ne comprenaient guère que l'héroïsme individuel ; ils enseignaient la sociabilité à des nobles portés par éducation et par principe, à vivre dans l'isolement et dans l'anarchie ; ils provoquaient, par l'influence de l'esprit de corps, des miracles de bravoure et de dévoûment ; enfin, ils étaient quelquefois d'utiles instruments pour les puissances qui les faisaient servir à leurs vues politiques. Les ordres militaires et hospitaliers de Terre-Sainte, au milieu du désordre et de la dépravation de mœurs qui suivirent l'établissement du royaume de Syrie, donnèrent l'exemple du respect de la hiérarchie, et furent, dans les derniers temps, la seule force que les souverains de Jérusalem purent opposer à leurs ennemis.

Parmi les Ordres qui ont le plus marqué dans l'histoire, ceux du Temple et de Malte sont au premier rang. L'Ordre du Temple a été cent fois jugé et apprécié. Nous n'en parlerons pas ici ; aussi bien il n'a pas fourni une carrière publique assez longue pour avoir acquis l'influence politique que lui réservaient sans doute ses richesses, sa bra voure chevaleresque et le caractère élevé de quelques uns de ses membres. L'Ordre de Malte est moins connu au point de vue où nous nous plaçons dans cet article, et il a été d'un grand poids dans les affaires européennes jusqu'au dix-huitième siècle. C'est pourquoi nous allons rappeler ses phases principales et analyser sa constitution, qui offre un sujet d'étude assez intéressant.

Fondé au milieu du onzième siècle, durant la première croisade, l'Ordre de Saint-Jean de Jérusalem fut d'abord exclusivement religieux. Ce caractère lui fut conservé par son premier chef, Gérard, de Martigues, en Provence; mais Raymond Dupuy, son successeur, comprenant mieux le parti qu'on pouvait tirer d'une association composée d'hommes intrépides et dévoués, lui assigna une mission à la fois charitable et guerrière. Il l'organisa suivant ce double but et lui donna pour base un mélange d'aristocratie et de démocratie, avec intervention de la Papauté. En 1310, les Hospitaliers de Saint-Jean, battus comme toutes les armées chrétiennes de Syrie, furent obligés de quitter la Terre-Sainte. Ils s'établirent dans l'île de Rhodes, poste avancé contre l'Islamisme et boulevart plus inexpugnable que leur château de Margat et que leur couvent de Jérusalem. Dans leur nouvelle résidence, ils purent aisément harceler l'empire ottoman et lui faire payer cher ses récentes victoires. L'Ordre de Saint-Jean, réorganisé, enrichi d'une partie des biens des Templiers, pourvu d'une marine qui commençait à devenir respectable, et grossi par l'admission des personnages les plus illustres de l'Europe, devint le seul bouclier que la chrétienté pût opposer aux infidèles pendant cette trêve forcée. Il fut impitoyable pour les Turcs, les décima sur mer et sur les côtes de l'Asie-Mineure et les dépouilla d'une bonne partie de leurs richesses. Il contribua à détourner de l'Europe chrétienne les regards des conquérants de Constantinople, et fit ainsi une utile diversion à leurs projets d'invasion en Occident.

Le monde musulman se vengea exemplairement du mal que lui faisaient les chevaliers de Saint-Jean. Il eut l'idée de créer aux portes de l'Europe occidentale la contre-partie de la république militaire de Rhodes. — Alger fut le brûlot qu'il attacha aux flancs de la chrétienté, en représailles des humiliations et des dommages qu'il avait soufferts de la part des terribles hospitaliers.

A Rhodes, on a vu des hommes venus de tous les pays chrétiens s'associer pour vexer et rançonner les Turcs; — à Alger, on vit des musulmans de toutes les contrées orientales se réunir pour enlever à la catholicité ses hommes et ses trésors. La plupart des chevaliers de Rhodes étaient des aventuriers de bonne maison, que la perte de leurs richesses ou leur titre de frère cadet obligeaient d'aller chercher fortune hors de leur pays; — le plus grand nombre des sujets du dey d'Alger étaient des renégats, des vagabonds ramassés dans les bourgades d'Égypte, de Syrie et de Turquie, des vauriens qui ne demandaient pas mieux que d'aller tenter en Afrique les chances du sort.

De part et d'autre, l'État se soutenait au moyen de la piraterie, du pillage, des rançons et des dons volontaires des associés. De part et d'autre, on versait le sang et l'on détroussait les vaisseaux marchands au nom de la religion. A Rhodes, on espérait faire son salut en égorgeant et en ruinant les infidèles; — à Alger, on croyait se rendre digne des joies du paradis de Mahomet en rapportant après le combat, le plus grand nombre possible de têtes de chrétiens. Les chevaliers de Rhodes faisaient languir dans l'esclavage des milliers de prisonniers musulmans; — les Algériens se plaisaient à retenir dans les fers et vendaient, comme une marchandise, les serviteurs du Christ qui avaient eu le malheur de tomber dans leurs mains.

L'Ordre de Saint-Jean de Jérusalem s'était établi au sein même du monde musulman, dans un poste fortifié par la nature; — la régence d'Alger avait choisi pour résidence un lieu voisin de la chrétienté, et qui, par sa position formidable, pouvait défier les efforts de l'agresseur le plus puissant.

Rhodes était une république militaire; — Alger s'organisa sur le même modèle. Le grand-maître de l'Ordre de Saint-Jean était nommé par les chevaliers et reconnaissait l'autorité suprême du pape dont il savait cependant éluder les ordonnances; — le chef de l'odjeac d'Alger était aussi électif et se disait vassal du sultan, quoiqu'il transgressât toujours les volontés du padichah.

Dans les deux gouvernements, un conseil composé de hauts fonctionnaires assistait le chef dans les circonstances importantes. Les principaux emplois se correspondaient avec une exactitude singulière : si à Rhodes il y avait un *amiral*, à Alger il y avait un *amirante de la mar*, dont les fonctions étaient les mêmes; si à Rhodes le commandant des forces militaires était en même temps chargé de l'administration de la guerre, à Alger un même personnage était, sous le titre d'*aga*, ministre et chef de l'armée; et ainsi de suite. Dans l'Ordre de Saint-Jean, un conseil particulier nommé *Egard* se réunissait auprès de chaque bailli conventuel; dans la régence, chaque dignitaire éminent assemblait auprès de sa personne un divan composé de fonctionnaires de second ordre.

Les chevaliers de Rhodes furent expulsés de leur île par une puissance musulmane; — le gouvernement algérien a été détruit par une puissance chrétienne. Ce fut surtout la France qui fut humiliée par la défaite de l'Ordre de Saint-Jean, à Rhodes, en 1523, car les chevaliers français étaient en majorité et avaient la plus grande part de gloire à revendiquer dans les fastes militaires de la confrérie; — pour dernière représaille, c'est par la France qu'Alger a été anéanti.

Ainsi, il y a eu entre ces deux républiques, similitude de but, de moyens, d'organisation et de destinée. C'est un phénomène peut-être unique dans l'histoire.

Les débris de l'Ordre de Saint-Jean se réunirent dans l'île de Malte, dont Charles-Quint fit donation au grand-maître, en 1530. Cette donation avait été de la part de l'Espagne un acte de sage prévoyance. En effet, l'Empereur plaçait Malte, position maritime très importante, entre les mains d'une puissance neutre, qui ne pouvait avoir de préférence marquée pour aucun gouvernement en particulier, qui préserverait la Péninsule et le royaume des Deux-Siciles d'une invasion des Turcs, et pourrait, au besoin, aider puissamment la politique impériale dans ses projets contre l'Afrique.

Peu à peu l'Ordre se fortifia et s'organisa dans sa résidence définitive. Villiers-de-l'Ile-Adam l'avait immortalisé par la défense de Rhodes; La Valette ajouta à sa gloire en détruisant avec une poignée d'hommes une armée nombreuse de musulmans réunie sous les forts de l'île. Si les Turcs se fussent emparés de Malte en 1565, l'Italie et l'Europe occidentale eussent été menacées d'un grand danger.

Sous le magistère de De Paule, les statuts de l'Ordre furent révisés et complétés. C'est ici le lieu de dire quelques mots de l'organisation du gouvernement de Malte. — L'association de Saint-Jean était à la fois aristocratique, monarchique et républicaine : *aristocratique*, car les chevaliers seuls partageaient avec le grand-maître le pouvoir législatif et exécutif; *monarchique*, car elle était gouvernée par un chef inamovible, investi des droits de souveraineté; *républicaine*, car les trois classes de l'Ordre nommaient un chef toujours choisi dans leur sein, et concouraient, avec le grand-maître, à la confection et à l'exécution des lois. Ce mélange d'éléments hétérogènes devait produire, et produisit en effet, à différentes époques, de graves perturbations dans le sein de la confrérie. Toutes les fois, par exemple, que le grand-maître, abusant des attributions exorbitantes de son titre, opprimait ses co-associés, toute la démocratie de l'Ordre se révoltait au nom du principe en vertu duquel elle s'était donné un maître. Il y avait lutte entre les deux forces rivales, et quel qu'en fût le résultat, elle était toujours désastreuse pour l'Ordre, qui s'affaiblissait en proportion de la durée et de la vivacité du conflit. C'est là l'éternelle histoire des institutions politiques qui reposent sur des éléments contradictoires.

Le mode adopté pour l'élection des grands-maîtres était un modèle d'absurdité; il semblait qu'on se fût ingénié à neutraliser par tous les moyens possibles le principe de cette institution. Du reste, les chevaliers de Malte n'étaient pas encore, sous ce rapport, de la force des Vénitiens, qui avaient atteint le beau idéal de l'élection à plusieurs degrés. Voici de quelle manière on procédait à la nomination des doges de Venise : — Tous les nobles âgés de trente ans au moins s'assemblaient dans le palais de Saint-Marc. On mettait dans une urne autant de boules qu'il y avait d'électeurs présents. Trente de ces boules étaient dorées; ceux à qui le sort les donnait en mettaient neuf, également dorées, parmi vingt-quatre blanches, et les neuf électeurs entre les mains de qui elles tombaient en élisaient quarante autres, tous de familles différentes, mais parmi lesquels il leur était permis de se comprendre eux-mêmes. Le sort réduisait les quarante à douze; ces douze en

choisissaient vingt-cinq, lesquels se réduisaient à neuf, qui, à leur tour, en nommaient quarante-cinq; de ces derniers il n'en restait que onze, et ceux-ci en élisaient enfin quarante-un, qui étaient les derniers et véritables électeurs du doge; et encore s'ils n'étaient pas confirmés par le grand conseil, fallait-il procéder à une nouvelle nomination des quarante-un. On voit que cette opération était une espèce de distillation du principe électif. Nous donnons ceci comme le chef-d'œuvre du genre.

L'Ordre de Malte devint une superfétation en Europe, du moment qu'il n'y eut plus de Turcs à poursuivre dans la Méditerranée, et que les idées religieuses et aristocratiques qui l'avaient enfanté eurent disparu, au souffle de la philosophie du dix-huitième siècle. L'île qu'il occupait devint un objet de convoitise pour plusieurs puissances à qui il importait, pour la réalisation de leurs vues politiques, de posséder ce rocher fortifié au milieu de la Méditerranée. Depuis long-temps, du reste, cette association fameuse tombait de faiblesse et de décrépitude. Les idées révolutionnaires s'y étaient introduites; il y avait à Malte une société de *jacobins*. L'assemblée législative avait décrété, le 19 septembre 1792, l'abolition de l'Ordre en France, et la réunion au domaine de l'état de tous les biens qu'il possédait dans le royaume. Malte n'était plus rien, privée de l'appui de la France, qui était comme sa mère-patrie. Aussi Bonaparte n'eût-il qu'à se présenter devant cette île pour se faire ouvrir les portes de sa capitale. Livré à nos troupes le 12 juin 1798, ce poste maritime fut remis aux Anglais le 9 septembre 1800, après un blocus de plus de deux ans, pendant lequel la garnison française et son commandant, le général Vaubois, avaient donné des preuves d'une constance et d'une énergie à toute épreuve.

Le traité d'Amiens (25 mars 1802) avait stipulé la reconstitution de l'ordre de Saint-Jean sur des bases nouvelles, et son rétablissement dans l'île de Malte. Mais cet ordre était mort pour toujours; il avait accompli sa mission politique, et n'avait plus rien à faire en Europe, surtout depuis que l'intégrité de l'empire ottoman était reconnue nécessaire par les gouvernements occidentaux. Du reste, l'Angleterre trancha la question, en se refusant obstinément à rendre Malte, dont la possession lui était devenue indispensable. Cette violation du traité enfanta de longues guerres, au bout desquelles l'ancienne résidence des chevaliers de Saint-Jean est restée définitivement au pouvoir des Anglais.

En résumé, l'ordre de Malte a été utile à l'Europe chrétienne, qu'il a préservée pendant long-temps des agressions des Turcs et des ravages des pirates barbaresques. Comme puissance neutre et indépendante, il a empêché les nations maritimes de s'installer sur un point fortifié qui, dans d'autres mains que les siennes, aurait pu devenir dangereux pour les intérêts des autres peuples.

Nous avons à peine besoin de dire qu'on essaierait inutilement, de nos jours, de rétablir une association semblable à celle de Saint Jean. Da pareilles institutions sont aujourd'hui sans objet et seraient un non-sens. FRÉDÉRIC LACROIX.

ORDRE DU JOUR. Les chambres fixent elles-mêmes, jour par jour, l'ordre de leurs travaux. C'est l'indication de cet ordre que l'on nomme l'Ordre du jour. D'ordinaire, l'Ordre du jour est indiqué par le président; les chambres n'exercent qu'un droit de contrôle : elles se contentent d'approuver ou de modifier. — La fixation de l'Ordre du jour donne quelquefois lieu à des tactiques assez misérables. Quand le ministère est intéressé à précipiter ou à différer une discussion, un président qui méconnaît ses devoirs, peut indiquer l'Ordre du jour en l'absence de l'Opposition. Or, il est de règle que lorsque l'Ordre du jour a été fixé, les membres absents lors de cette fixation ne peuvent en exiger le changement. L'Opposition n'a qu'un moyen de déjouer ces petites entreprises : c'est l'exactitude. L'exactitude est ici de l'habileté. — L'Ordre du jour est affiché dans la salle des séances et ordinairement publié à l'avance par les journaux.   E. D.

ORDRE (Rappel à l'). L'article 22 du règlement de la chambre des députés est ainsi conçu :
— « Le président rappelle seul à l'Ordre l'orateur qui s'en écarte. La parole est accordée à celui qui, rappelé à l'Ordre, s'y est soumis et demande à se justifier : il obtient seul la parole.

« Lorsqu'un orateur a été rappelé deux fois à l'Ordre, dans le même discours, le président, après lui avoir accordé la parole pour se justifier, s'il la demande, doit consulter la chambre pour savoir si la parole ne sera pas interdite à l'orateur pour le reste de la séance sur la même question.

» La chambre prononce par assis et levé, sans débats. »

Aux termes de l'article 23 du même règlement : « Si un membre de la chambre trouble l'ordre, il y est rappelé nominativement par le président ; s'il insiste, le président ordonne d'inscrire au procès-verbal le rappel à l'Ordre. En cas de résistance, l'assemblée prononce l'inscription au procès-verbal avec censure. »

Le règlement de la chambre des pairs est conçu en des termes à peu près identiques.

Ces dispositions ne sont assurément pas bien sévères. Si l'on en excepte le règlement espagnol, d'après lequel il faut trois rappels à l'Ordre pour que la parole puisse être retirée à l'orateur, il n'en est aucun qui soit aussi modéré. En Angleterre, par exemple, la parole peut être retirée après un premier rappel à l'Ordre; le membre délinquant peut être censuré; et la censure peut aller jusqu'à l'emprisonnement, et même jusqu'à l'exclusion de la chambre : Ce qui, pour le dire en passant, est une violation formelle du principe de la souveraineté électorale.

Aux États-Unis, la souveraineté du peuple est mieux respectée. Mais, au premier rappel à l'Ordre, le membre qui parle doit s'asseoir sur-le-champ : le président ou l'assemblée décide ensuite s'il peut continuer son discours. La chambre peut refuser cette faculté, et, suivant la circonstance, exprimer un blâme formel.

Ainsi, on le voit, de tous les règlements usités parmi les assemblées délibérantes, le règlement français est le plus favorable à la liberté de la tribune. Il nous semble pourtant n'être pas à l'abri de toute critique. Qu'est-ce qu'un rappel à l'Ordre? C'est un jugement. Or, quel est le magistrat parlementaire? C'est le président. Donc, le président devrait être seul chargé de rappeler l'orateur à l'Ordre, de lui accorder ou de lui refuser la parole; d'ordonner l'inscription au procès-verbal avec censure, etc., etc. L'intervention directe de l'assemblée nous semble ici dangereuse ; car elle a pour effet de détruire toute responsabilité. Un président est toujours responsable : une majorité échappe à la responsabilité par le nombre. Et par cela même, un président est à l'abri des emportements que subissent avec une si grande facilité les assemblées délibérantes.

Il y aurait donc, nous le croyons, une garantie bien plus efficace pour la liberté de la tribune dans l'autorité discrétionnaire, mais responsable, du président, que dans l'autorité également discrétionnaire, mais irresponsable, de l'assemblée ; et il serait utile de modifier dans ce sens les dispositions réglementaires dont il est ci-dessus question.   E. D.

ORDRE PUBLIC. Un ancien a dit dans le sens le plus étendu que *la vertu c'est l'ordre.* Ceux qui ont écrit sur les arts ont ramené la beauté et la perfection à l'idée de l'Ordre. Cette idée ne pouvait manquer d'être réclamée par la politique, qui est l'art des arts, et qui préside à la formation et à la conservation des sociétés. A qui l'Ordre est il plus nécessaire qu'à cette agglomération d'êtres animés, réunis à leur principe par le sentiment de leurs besoins réciproques et agités par toutes les passions qui surgissent de ces besoins eux-mêmes?

Si l'idée de l'Ordre est aussi ancienne que la société, le mot Ordre public pris dans l'acception politique paraît être chez nous d'origine moderne. Il remonte à l'époque révolutionnaire, à l'organisation de la première garde nationale, instituée par l'Assemblée Constituante, qui, en proclamant les droits du peuple français, et en lui restituant ses libertés, voulut donner à ce grand rétablissement toute sa sanction, en assurant le maintien de l'Ordre public, c'est-à-dire l'obéissance aux lois, le respect des personnes et la propriété, bases sacrées, sans lesquelles on ne pourrait concevoir l'existence d'un Etat. L'Ordre public protégé par la Nation armée, c'est l'ordre social lui-même.

Mais, s'il est reconnu que dans tout pays civilisé l'Ordre public est indispensable à la tranquillité de tous les citoyens, qu'il n'est pas moins indispensable que la loi et la justice triomphent de la désorganisation et de la violence, il ne s'ensuit pas que les gouvernements n'aient pas abusé de cette dénomination d'Ordre public : ils ont trouvé souvent des ressources puissantes d'oppression dans les moyens de force que la loi leur confie, et que la nécessité dépose en leurs mains. Sous l'heureux prétexte de l'Ordre public, ils ont souvent étouffé les généreux sentiments, paralysé les légitimes progrès demandés par la raison. Trop de fois le pouvoir s'est écarté de la sainte mission d'Ordre public, et s'est exposé à ce qu'on le crût lui-même premier auteur et fauteur d'anarchie. Les faits à l'appui de cette assertion sont constans et nombreux dans l'histoire de tous les temps; l'histoire moderne et contemporaine en fournirait plus d'un exemple. Mais nous ne voulons pas prendre un texte dans des citations, qui, par une apparence de personnalité, feraient perdre de vue la généralité des principes et sembleraient nuire peut-être à l'impartialité de notre définition. Nous ne pouvons cependant oublier une circonstance caractéristique survenue près de nous, il y a quelques années, et que les hommes libres ont plus d'une fois rappelée avec une véritable douleur.

Ainsi, lorsqu'en présence du grand mouvement de 1830, la Pologne implorait notre appui, lorsqu'il avait été solennellement proclamé *qu'elle ne périrait pas,* lorsque son héroïsme se débattait vainement contre ses tyrans, et lorsque le sac de Varsovie vint couronner l'œuvre du despotisme triomphant, serait-il possible que ce fût au nom de l'Ordre public et de la paix européenne qu'un ministre de 1830 aurait proféré devant une chambre française, ces paroles funèbres, présage d'une politique d'abandon trop malheureusement révélée depuis par les événements, *l'Ordre règne dans Varsovie!* Long-temps avant qu'un pareil blasphème eût été prononcé, Tacite avait dit: *Solitudinem faciunt, et pacem appellant.* La solitude des tombeaux, ils l'appellent la paix!

A nos yeux, le véritable Ordre public est celui qui assure dans tous les sens le développement pacifique de la liberté, l'essor naturel de toutes les intelligences, et qui fait marcher la société d'une allure régulière vers le noble but qu'elle doit atteindre.

D'après cette définition de l'Ordre, nous ne pouvons classer comme mesures d'Ordre public, la mise en état de siége d'une grande capitale fort peu séditieuse, certains procès contre la presse, certaines lois réactionnaires, certaines juridictions exceptionnelles, etc., etc. C'est cependant au nom de l'Ordre et du salut public que le pouvoir les a présentées à la France! N'avons-nous pas vu encore repousser au nom de l'Ordre public tout progrès électoral et toute amélioration intérieure d'une chambre de députés qu'on dit envoyée par le peuple? Pour nous, nous croyons être les sincères amis de l'Ordre public bien entendu en affirmant qu'il gagnera beaucoup à ce que l'on fasse le contraire des actes que nous venons de signaler et à ce qu'en même temps les bases de la liberté soient agrandies. Plus elles seront larges, plus elles seront fortes et durables.

H. SAINT-ALBIN, député.

ORGANISATION. Ce mot s'applique à l'ensemble des diverses parties dont se compose le corps ou une fraction du corps politique. L'Organisation d'un pays diffère de sa constitution en ce que l'une est simplement la disposition des organes et leur appropriation aux usages auxquels ils sont destinés, tandis que l'autre est la vie donnée à ces organes. L'une est la partie anatomique; l'autre, la partie physiologique. Elles sont nécessairement inséparables. On ne peut se faire législateur sans connaître le mécanisme des sociétés dans ses moindres éléments. L'erreur du plus grand nombre des publicistes est ordinairement de poser des systèmes sans égard pour les constructions en sous-œuvre qui doivent soutenir leur édifice.

Avant de rien proposer, de rien entreprendre, il importe de se bien assurer si les instruments dont on dispose, ne feront pas un service contraire à celui qu'on en veut obtenir. Le plus positif des publicistes anciens et modernes, Aristote, qui se raillait quelquefois des utopies de son maître Platon, disait avec raison que *la politique est la science architectonique.* A tous ceux qui demandent les biens, les avantages sociaux dont nous sommes privés aujourd'hui, nous ne cesserons de répondre: ayez d'abord une Organisation qui se prête à l'accomplissement de vos desseins. Pygmalion fit sa statue avant de demander à Jupiter qu'il l'animât. L'Organisation est donc la grande affaire dont il importe essentiellement de s'occuper.

Les peuples expriment leurs besoins, leurs souffrances, mais ils ne voient pas toujours le remède qu'il convient d'y appliquer. Le mal vient presque toujours de la mauvaise Organisation du pays. Le changement de personnes n'y apporte qu'un soulagement passager. Ainsi, comme on le voit de notre temps, prétendre que telle famille vaut mieux que telle autre pour gouverner la France, c'est ne pas comprendre que le mal est dans le sol même, dans le vice des organes qui forment son gouvernement.

L'Organisation du territoire ou plutôt celle de la société doit toujours être d'accord avec l'Organisation du pouvoir. Si l'autorité est exercée au nom d'un seul, dans l'intérêt d'un seul, l'Organisation politique ne ressemblera en aucun point à celle qui convient au système républicain. Ainsi, pour que le gouvernement royal ait de la force, il importe de diviser à l'infini le territoire, d'isoler les populations les unes des autres, tandis que les diverses branches du pouvoir suprême se réunissent toutes dans la personne du même individu. C'est le tyran, bon ou mauvais, suivant le cœur ou l'intelligence que la nature lui a départi.

Dans les républiques, au contraire, il importe de ne former qu'un faisceau de la population; c'est là que se trouvent l'intelligence et la volonté, tandis que, pour l'exercice du pouvoir suprême, divers organes, indépendants les uns des autres, remplissent des fonctions distinctes, mais toujours sous l'empire de cette commune intelligence et de cette volonté unique.

Si un pays veut passer de la monarchie à la République, il ne suffira pas, pour rendre la métamorphose complète, d'envoyer au centre commun des représentants des diverses parties du sol et de nommer à la place du roi une assemblée ou un comité qui en exerce les pouvoirs : on ne fera que de la royauté à plusieurs têtes, la pire espèce de royauté qui puisse exister. Un tel pouvoir ne saurait être que temporaire ; alors, il est capable de grandes choses, d'efforts surhumains, témoin la Convention qui eut une intelligence, une force qu'on n'eut jamais trouvées dans la personne d'un simple dictateur ; mais il était impossible que son autorité se perpétuât. La Convention n'était qu'un pouvoir constituant.

En toute espèce d'Organisation, monarchique ou républicaine, la première condition est donc de mettre la division territoriale en harmonie avec la nature du pouvoir dirigeant. Il serait difficile de constituer la République en France avec le morcellement qui existe aujourd'hui. Dans une infiniment petite république où le peuple entier, réuni sur la place publique, exerce lui-même les fonctions législatives, on s'éclaire, on se prête chaque jour un mutuel appui ; mais, dans une grande république dont les unités sont éloignées du centre, il est nécessaire que ces unités aient une population assez considérable pour que les citoyens puissent réciproquement s'instruire et participer avec intelligence au travail de leur gouvernement. C'est pour cela que nous avons demandé, avec tant d'instance, l'Organisation cantonale (V. Canton) qui serait, à notre avis, le véritable commencement des améliorations promises.

Quant aux pouvoirs dont se forme le gouvernement général de l'Etat, leur Organisation est soumise à des règles immuables dont il n'est pas une qu'on puisse enfreindre sans péril pour l'existence de la société. Les intérêts pour lesquels la République se constitue, peuvent être plus ou moins nombreux, et, comme dans le système fédéral, se réduire à deux ou trois objets ; la République peut être fondée sur le principe démocratique ou sur le principe aristocratique : — quelle qu'en soit la nature, sa force, sa durée, sont particulièrement subordonnées à la manière dont l'autorité se partage entre les différents pouvoirs.

A Athènes comme à Sparte, à Carthage comme à Rome, aux Etats-Unis d'Amérique comme dans les républiques de l'antiquité, le fond de l'Organisation est le même. Partout, deux pouvoirs principaux, celui qui fait la loi, c'est le peuple ou une délégation du peuple, et celui qui résout, au nom du peuple, les difficultés d'administration et de gouvernement, c'est le sénat dont le nom se retrouve dans presque tous les systèmes républicains. Le pouvoir exécutif, quelque nom qu'il prenne, qu'il soit exercé par un ou par plusieurs magistrats, n'est que l'instrument du pouvoir qui juge et de celui qui fait la loi.

Dans certaines républiques, à Sparte et à Rome, des magistrats, sous le nom d'Ephores ou de Tribuns, sont chargés de veiller au libre exercice des droits civiques, à ce que aucun pouvoir ne sorte des limites marquées par la constitution.

L'organisation de la République se trouve souvent contrariée par des circonstances, par des intérêts sous l'empire desquels un peuple est placé. Ainsi, dans le système fédéral, on ne met que certaines affaires en commun parce qu'on trouve ou qu'on croit trouver plus d'avantage à se réserver la direction de ses autres intérêts ; mais, comme nous l'avons dit au mot Fédéralisme l'Etat périt, ou est à chaque instant en danger de périr, lorsque les intérêts pour lesquels on ne s'associe pas l'emportent sur ceux que l'on met en commun.

Ou bien le peuple se trouve divisé en deux camps différents, celui des riches et celui des pauvres : si les premiers exercent des droits auxquels les seconds ne peuvent participer, il en résulte des déchirements où périt souvent la République ; elle ne peut vivre qu'avec le principe de l'égalité. Ce fut la lutte perpétuelle entre l'oligarchie et la démocratie qui perdit la République romaine.

Ou bien, comme à Sparte, la République s'isole au milieu d'une population ennemie et captive ; la richesse cesse d'être équitablement répartie : l'oligarchie, l'avarice finissent par triompher ; sans avoir recours aux armes, à l'aide même de l'immoralité de l'un ou de l'autre, le peuple vaincu finit par l'emporter sur le peuple vainqueur.

Ou bien, comme à Athènes, trop jaloux de l'exercice de ses droits, le peuple livre au sort le choix des magistratures qui ne devraient être données que par l'élection, et le pouvoir se trouve souvent entre les mains des hommes les plus incapables et les plus corrompus.

Ou bien enfin, et c'est là le vice de toutes les républiques de l'antiquité, l'esclavage fausse partout les idées de justice et de liberté.

Si nous passons maintenant aux essais que nous avons tentés en France, on est forcé de reconnaître que ce ne sont ni les mauvaises passions, ni l'audace d'un général qui ont fait périr la République. La cause de sa perte était dans le vice même de son organisation. Assurément, la Révolution avait fait de grandes choses ; elle avait admirablement nivelé le terrain sur lequel la République allait s'établir ; mais dans toutes nos constitutions, le peuple ne se réserve qu'un pouvoir, celui de faire la loi, de fixer l'impôt et de statuer sur les cas de paix ou de guerre ; il laisse, soit au roi, soit aux ministres, soit à un conseil exécutif, le droit d'être juge dans toutes les affaires qui intéressent la nation, de prononcer dans leur propre cause, de rectifier eux-mêmes les erreurs qu'ils ont commises.

Ajoutez à cela que la société, dans ses éléments, n'est pas distribuée comme elle doit l'être ; que les masses sont trop faibles ou trop nombreuses, et qu'il n'y a d'admirable que la division par départements.

C'est dans une grande association républicaine qu'il importe essentiellement d'établir au centre un pouvoir qui résolve toutes les questions d'ordre public et d'intérêt national, de former un foyer de garanties : car, par quels liens pourrez-vous rattacher les extrémités au centre commun, et faire un faisceau de tous les intérêts ? Autrement vous n'aurez que de l'isolement et de l'arbitraire.

Un dernier principe d'Organisation républicaine est de n'avoir aucun organe qui se divise en deux parties, et dont chacune exerce isolément la même fonction, par exemple, deux chambres qui, l'une à l'autre, concourent séparément à la confection de la loi : La République périra nécessairement dans la lutte de ces deux éléments que l'on ne peut mettre d'accord qu'avec de l'or ou du sang.

En résumé, l'Organisation du corps politique ressemble en tout point à l'Organisation du corps humain, où chaque organe, dans un but général, concourt aux opérations de la vie, sans que son travail se confonde avec celui des autres organes, et où, sous l'empire de la même autorité, tout se réduit à ces trois fonctions : vouloir, exécuter et juger.   AUG. BILLIARD.

ORTHODOXIE. Ce mot est un composé des deux mots grecs ορθος droit, et δοξα opinion ; il veut dire conformité à une opinion droite, à la vérité. Mais qu'est-ce que la vérité ? Nous voilà conduits de plein saut devant les fondements de la certitude. « L'Orthodoxie est ma *doxie*, et l'hé- » térodoxie est la *doxie* des autres, disait l'évê- » que Warburton. » — Le mot est plaisant ; mais la doctrine du révérend évêque est la consécration éclatante du sentiment individuel et elle légitime tous les écarts de l'esprit. Il faut donc chercher ailleurs et reconnaître l'autorité du sens commun. C'est là l'origine du catholicisme ; c'est, en politique, la souveraineté du peuple. Hors de la souveraineté du peuple en effet, hors du sens commun, il n'y a pour l'ordre matériel et moral que trouble et péril.   E. D.

ORIENT. L'Orient est cette partie du monde qui a servi de berceau à toutes les générations humaines et dans laquelle ont paru les législateurs sacrés dont l'Europe entière et plus de la moitié du reste de notre globe reconnaissent l'autorité. « C'est de l'Orient, écrivait Napoléon, que s'élèvent » comme le soleil tous les grands hommes et toutes » les grandes choses. » Et pourtant, chose singulière ! ce pays d'où ont surgi, à plusieurs siècles de distance, les pensées réformatrices qui ont donné naissance aux révolutions judaïque, chrétienne et musulmane, ce pays est la terre classique de ce que dans le langage moderne on appelle le principe de la résistance. Tandis que l'Europe toujours inquiète poursuit aventureusement le progrès à travers mille transformations, l'Orient, toujours immobile et grave, voit dans son vaste sein les mêmes coutumes se propager d'âge en âge ; des conquérants dont notre imagination suit à peine les immenses voyages, les Alexandre, les Gengis, les Timour, les Nadir-Shah, et dix autres moins brillants mais non moins dévastateurs ont eu beau passer à chaque siècle sur cette terre, ils y ont laissé moins de traces que le vaisseau qui traverse

les mers. La domination européenne elle-même n'est pas parvenue à la modifier essentiellement. Tandis que la Chine se glorifie de ses traditions invariables qui remontent à plus de cinquante siècles, les trônes de Teheran, de Lahore, d'Ummerapoura, sont encore aujourd'hui ce qu'étaient, il y a trois mille ans, ceux d'Assuérus et de Sémiramis. L'Arabie, le Kourdistan, les steppes de la Caspienne et de l'Aral sont habitées par des tribus nomades dont on croirait lire l'histoire contemporaine quand on parcourt les pages de la Bible.

On peut donc considérer l'Orient et l'Occident comme voués par quelque vue secrète de la Providence aux deux pensées opposées de la conservation et du progrès. De là peut-être la cause mystérieuse qui a de tous temps poussé les uns contre les autres les peuples de ces deux grandes portions du monde ; de là les efforts qu'ils ont si souvent renouvelés pour s'asservir et se mélanger. Dès l'antiquité, nous voyons les Perses incessamment occupés à faire invasion en Europe. A cette époque, les Athéniens à Marathon, et Alexandre en refoulant la guerre jusqu'aux bords de l'Indus, ont bien mérité de la civilisation occidentale menacée par les barbares dorés de l'Orient. Plus tard, l'invasion mahométane suscita la grande et glorieuse réaction des croisades.

Mais en même temps que l'Occident luttait par les armes, il employait encore un autre moyen plus lent mais plus sûr de saisir la prépondérance sur son éternel antagoniste.

Dès les premiers siècles, le grand commerce, celui qui a pour objet d'établir des échanges entre les divers produits des extrémités du monde, se trouva exclusivement concentré entre les mains des nations occidentales. Carthage et ses colonies en furent long-temps en possession ; après elles, il appartint à Venise jusqu'au moment où le génie des Portugais trouva, pour arriver aux Indes, une route plus longue mais plus facile et plus sûre que celles dont les caravanes possédaient le secret à travers les déserts qui séparent la Méditerranée du golfe Persique et de la mer Rouge. Ce nouveau passage une fois découvert, les sources du commerce furent exclusivement le partage de ceux qui surent le garder, des Portugais d'abord, des Espagnols, des Hollandais, et enfin des Anglais, qui de nos jours ont su conquérir aux Indes un des plus vastes empires connus, et assurer sur toutes les mers, à leur pavillon, une influence à peu près sans rivale.

Mais aujourd'hui, l'abaissement de l'empire turc et plus encore les progrès de la science, la découverte de la vapeur et l'invention des chemins de fer rétablissent, pour les nations de l'Occident, la possibilité de se rendre aux Indes par les voies anciennes de l'Euphrate et de l'Égypte. Quelle est la puissance qui prendra sous sa haute protection ce passage redevenu nouveau par lequel, en quarante-cinq jours, les dépêches parviennent de l'Inde Anglaise à Londres ? Tel est le véritable sens de ce qu'on appelle la Question d'Orient. Pendant que l'empire de Constantinople s'affaissait sous le poids de la protection russe, des intrigues anglaises et des vices inhérents à l'Islamisme, Mehemet-Ali essayait de fonder au point de partage de l'Europe et de l'Asie, un empire indépendant, mais que l'influence française pouvait aisément pénétrer de toute part. Cet empire vient de tomber en quelques jours. L'influence française se trouve, pour long-temps, peut-être, exclue de l'Orient où il ne reste plus rien debout que les diplomaties anglaise et russe se disputant un terrain que l'anarchie turque couvre de sang et de ruines. A laquelle des deux restera l'avantage? Se partageront-elles la riche proie que le canon de Saint-Jean d'Acre vient d'abattre à leurs pieds, de telle sorte que les Russes gardent la ligne de l'Euphrate et les Anglais celle de la mer Rouge? Un tel partage est-il possible? Les Russes, héritiers de la finesse des Grecs et de l'ambition romaine, consentiront-ils à cet arrangement? Les Anglais, fiers de leur victoire et déjà occupés à joindre l'Euphrate à la Méditerranée, par des canaux et des chemins de fer, laisseront-ils s'établir auprès d'eux une si puissante rivalité commerciale? Enfin, les autres puissances de l'Europe, et avec elles les États-Unis, ne comprendront-elles pas qu'il leur convient de placer la route des Indes sous la sauve-garde d'une autre force que celle de l'autocrate russe ou des monopoleurs anglais? Le temps seul peut résoudre toutes ces questions qui semblent aujourd'hui décidées au grand détriment de tous les peuples et à la honte de la France. Mais quel que soit l'orgueil triomphal de nos ennemis, ce grand procès n'est pas encore définitivement jugé. Il sera repris le jour où notre pays sortira de sa torpeur et de son abaissement, et alors nous avons la confiance que les affaires d'Orient seront réglées de manière à ce que la puissance qui a déjà tant fait pour affranchir la Méditerranée, soit aussi, en Égypte et en Syrie, la gardienne des droits de toutes les nations.   J. BASTIDE.

ORLÉANISME. Pendant la première révolution il se forma autour du duc d'Orléans un parti d'ambitieux vulgaires et cupides qui conçurent un moment la pensée de faire dégénérer la révolution en un simple changement de dynastie. Il n'est pas historiquement démontré que le duc d'Orléans ait personnellement pris part à ces coupables menées. Quoi qu'il en soit, l'énergie des pouvoirs révolutionnaires déjoua tous les projets de la faction et l'Orléanisme disparut avec ses chefs. Mais, il ne tarda pas à reparaître. Les espérances des conjurés se reportèrent alors sur le fils d'Egalité, aujourd'hui Louis-Philippe, roi des Français. Quelques tentatives eurent lieu sous l'Empire, principalement en Angleterre, en Espagne et en Sicile pour remettre en lumière des prétentions jusque-là malheureuses; elles n'aboutirent point. Mais, sous la Restauration, l'intrigue fut renouée et conduite avec plus de vigueur par des hommes puissants et habiles, et elle réussit enfin, en 1830, à la faveur de la confusion qui accompagna la Révolution de Juillet.

L'histoire du parti orléaniste est un curieux exemple de la paix, de la sécurité, de la stabilité que procurent aux états les familles royales.
        E. D.

OSTRACISME. C'est le nom que portait, à Athènes, une espèce particulière de bannissement.

Lorsqu'un citoyen s'était distingué par de grandes actions, par des services éminents, rendus à la République, lorsqu'il avait acquis une influence capable d'inspirer des craintes sérieuses aux amis de la liberté, ou qu'il devenait une cause de division, on provoquait contre lui l'Ostracisme. Le décret de bannissement était prononcé par l'assemblée du peuple. Chaque citoyen inscrivait son vote sur un coquillage : de là le nom d'*Ostracisme*.

Beaucoup d'historiens ont considéré l'Ostracisme comme une peine ordinaire, et ils se sont emportés contre l'ingratitude d'une république qui bannissait ses citoyens les plus éminents. Mais on a parfaitement démontré que l'Ostracisme n'était qu'une précaution politique honorable pour ceux qui en étaient l'objet : on ne l'appliquait pas contre ceux qui s'étaient rendus dangereux à la liberté par des moyens sordides.

En 1792, lorsque la question de la guerre devint, entre Robespierre et Brissot, l'objet d'une lutte acharnée, il y eut des conciliateurs qui rappelèrent l'Ostracisme aux deux adversaires et leur proposèrent un bannissement volontaire. On fit peu de cas de cette proposition et on eut raison. Dans une république bien établie et sagement constituée, l'Ostracisme pourrait être cependant une précaution quelquefois utile.   C. S.

OTAGES. Vattel définit les Otages « des personnes considérables que le promettant livre à celui envers qui il s'engage, pour les retenir jusqu'à l'accomplissement de ce qui lui est promis. C'est encore ici, dit-il, un contrat d'engagement dans lequel on livre des personnes libres, au lieu de livrer des villes, des pays, ou des joyaux précieux. »

A ce sujet les jurisconsultes et les publicistes ont examiné les questions suivantes : — « Quel droit le détenteur a-t-il sur un Otage? — La liberté de l'Otage est-elle seule engagée? — Quand doit-on renvoyer les Otages? — Peuvent-ils être retenus pour un autre sujet? — Le peuvent-ils être pour leurs propres faits? — Par qui doivent-ils être entretenus? — Un sujet peut-il refuser d'aller en Otage? — Un Otage peut-il s'enfuir? — L'Otage qui meurt, doit-il être remplacé? — Quand finit l'engagement de l'Otage? — Quel effet produit, à leur égard, la violation du traité pour lequel ils sont engagés?

A toutes ces questions les règles du droit international donnent les solutions suivantes :

Celui qui reçoit des Otages, n'a d'autre droit que celui de s'assurer de leur personne, de prendre les précautions nécessaires dans ce but, en respectant toutefois les droits de l'humanité. Entre nations civilisées on n'exige d'ordinaire que la parole des Otages. — La liberté seule des Otages est engagée. — Ils doivent être renvoyés aussitôt que les engagements dont ils garantissaient l'exécution, ont été remplis. — Il suit de là naturellement qu'ils ne peuvent être retenus sous aucun autre prétexte. — Il est vrai qu'ils peuvent l'être pour leurs propres faits, car si, par exemple, ils commettent quelque attentat, ils se placent par cela même hors des conditions qui protégent les Otages, pour retomber sous le coup des lois à la juridiction desquelles les étrangers sont soumis. — Les Otages doivent être entretenus par leur Souverain, pour le service duquel ils sont employés. — Aller en Otage, c'est accomplir un service public. Un sujet ou un citoyen ne peut donc refuser d'aller en Otage quand le Souverain le lui commande. — Un Otage qui s'enfuit fausse la parole de son Souverain et, par conséquent, la sienne. Or, il n'est pas permis de fausser sa parole. Un Otage ne peut donc s'enfuir. — A cette question. L'Otage qui meurt, doit il être remplacé? Vattel répond : Non. Nous croyons le contraire. L'Otage n'est pas une personne, c'est un gage, et le gage doit subsister jusqu'à l'entier accomplissement des conditions dont il garantit l'exécution. — L'engagement de l'Otage finit naturellement avec le traité pour lequel il est engagé. — Enfin, quant à la question de savoir quel effet produit à l'égard des Otages, la violation du traité par lequel il sont engagés, il faut examiner par qui le traité a été violé. Si c'est par le souverain qui a donné les Otages, ceux-ci sont *ipso facto* prisonniers. Mais si, au contraire, c'est celui qui a reçu les Otages qui manque à ses engagements, les Otages sont virtuellement libres; ils peuvent légitimement tout faire pour se procurer la liberté, et leur souverain a aussi le droit et le devoir de la leur procurer par tous les moyens.

Voilà, aussi succinctement que possible, les règles établies par le droit des gens à l'égard des Otages. Mais cette partie du droit public n'a plus et n'aura point, surtout dans l'avenir, l'importance qu'elle a eue jadis. Jadis, il y avait parmi chaque peuple quelques personnes tellement puissantes, qu'en les donnant comme Otages, on engageait, pour ainsi dire, une portion de l'Etat. Il n'en est plus ainsi maintenant, et l'importance des individus tend chaque jour à décroître. D'un autre côté, les rapports internationaux perdront nécessairement le caractère sauvage qu'ils ont encore aujourd'hui à beaucoup d'égards; un véritable droit règlera tôt ou tard ces rapports, et les commandements de la morale y auront quelque poids. Alors les peuples qui traiteront, n'exigeront d'autre garantie qu'une parole solennellement donnée à la face des autres peuples. Et si des garanties matérielles sont reconnues nécessaires, ces garanties seront des choses et non plus des personnes (V. OCCUPATION). **E. D.**

OSMANLIS ou OTTOMANS, nom sous lequel la nation turque est généralement connue en Europe, et qui vient d'Osman, fondateur de l'empire turc.

Les Osmanlis ont joué un grand rôle dans l'his-

toire de l'Asie et de l'Europe modernes. Leurs phalanges guerrières ont envahi, dans le cours d'un siècle, la plupart des contrées que baignent la Méditerranée et la mer Noire, et ces conquêtes, accomplies en dépit du courage de la chrétienté, ont mis la société européenne à deux doigts de sa perte. La prise de Constantinople par Mohamed II, en 1453, introduisit un élément nouveau dans le droit public du monde occidental et rompit son unité religieuse. Peu s'en fallut que ce mémorable événement n'eût pour les peuples chrétiens des conséquences bien autrement funestes, car Constantinople devint le point de départ des incursions dévastatrices de la race ottomane dans les états slaves et germaniques. La Hongrie et toutes les provinces danubiennes payèrent un large tribut de sang aux fils d'Osman, dont les hordes belliqueuses se seraient répandues dans tout l'Occident, si elles n'avaient pas rencontré, sous les murs de Vienne, l'épée victorieuse de Sobieski.

L'Asie-Mineure tout entière jusqu'aux confins de la Perse, tous les territoires qui forment le pourtour du Pont-Euxin, l'Afrique septentrionale, depuis la mer Rouge jusqu'à l'empire de Maroc, que baigne l'Océan atlantique; l'Archipel, les provinces grecques et slaves, jusqu'aux frontières de l'Autriche, ont obéi à la race ottomane. Comment peut-il donc se faire que les Osmanlis soient aujourd'hui réduits à la condition la plus humiliante? C'est qu'ils n'étaient organisés que pour la conquête, et que lorsque le moment fut venu pour eux de fonder des institutions durables, ils se trouvèrent hors de leur élément national. Tandis que tout marchait autour d'eux, ils restaient aveuglément attachés à leurs traditions; tandis que l'Europe complétait son émancipation intellectuelle, ils s'endormaient dans une orgueilleuse apathie; le Coran était comme une grande muraille chinoise entre eux et les peuples civilisés qui les entouraient. Un jour, ils essayèrent de sortir de leur long assoupissement; mais il était trop tard; ils se trouvèrent en arrière de plusieurs siècles, et furent obligés de commencer leur éducation sociale depuis les premiers éléments de cette difficile initiation. Il n'a pas convenu à la politique européenne de laisser s'accomplir ce travail de réforme. En matière de civilisation, les traînards sont rarement épargnés par l'avant-garde.

Les Ottomans ont eu leurs grands hommes; ils peuvent citer avec orgueil leur premier chef, Osman, puis Mohammed II, Murad II, Bajazet II, Soliman-le-Magnifique, des familles entières de grands vizirs; ils ont une histoire aussi brillante, à une certaine époque, que celle de la nation chrétienne la plus fière de son passé; ils ont eu leurs arts, dont ils laisseront de beaux échantillons, et une civilisation assez bien appropriée aux idées de leur pays et aux exigences de leur climat; une seule chose leur a manqué : une religion favorable au progrès. Ce n'est pas un paradoxe de dire que les peuples ont été ce que leurs religions les ont faits. L'histoire de l'humanité témoigne de la vérité de cette assertion, et la race ottomane est un des exemples les plus frappants de cette influence des institutions religieuses sur la destinée des nations.

Quel que soit le degré d'infériorité où elle se trouve réduite, la race ottomane doit être comptée pour quelque chose dans le grand problème de l'avenir de l'Orient. Alors même qu'elle tomberait sous le joug des Russes, il nous paraît peu probable qu'elle soit destinée à disparaître ou même à être complètement absorbée par une nationalité étrangère. Les Osmanlis se modifieront et se complèteront sous l'influence de la civilisation européenne ; mais il faudra que le maître futur des domaines de cette race affaiblie, s'assimile la société ottomane qui, du reste, ne demande pas mieux que de se refaire à l'image de l'Occident. Il y a là une grande œuvre de transformation à accomplir.

F. LACROIX.

OUBLIETTES. On donnait autrefois, dans certaines prisons, le nom d'*Oubliettes*, et dans certains cloîtres, celui d'*in pace*, à des cachots souterrains dans lesquels on renfermait les malheureux qui, voués à une réclusion perpétuelle, ne devaient plus revoir la lumière du jour. On appelait aussi et plus généralement *Oubliettes* une sorte de supplice auquel étaient livrés les prisonniers dont on voulait se défaire clandestinement. Ce supplice consistait en un jeu de lames tranchantes qui dépeçaient en un instant le corps des victimes que l'on précipitait d'une grande hauteur sur cet instrument de mort. On voit encore dans le château de Blois l'emplacement des Oubliettes qui y existèrent jadis. La politique de Richelieu, très peu scrupuleuse, comme on sait, eut recours à cet abominable procédé pour anéantir des hommes dont l'opposition ouverte ou secrète lui était redoutable, ou des complices qu'il avait intérêt à faire disparaître. Il possédait, à Bayeux, une maison où il avait fait établir des Oubliettes. L'orifice du gouffre qui leur servait d'entrée était caché par un plancher mobile, qui, par la pression d'un ressort, fléchissait sous le poids du malheureux destiné à mourir et le lançait sur l'appareil infernal. Vers le milieu du siècle passé, cette maison fut démolie. On y trouva un puits profond dont l'entrée était scellée et qui contenait les ossements de plus de quarante cadavres mutilés, avec les débris de leurs vêtements et les objets précieux qu'ils portaient sur eux. Richelieu ne remettait pas à d'autres qu'à lui-même le soin de ses exécutions. Il attirait par des caresses dans cette maison ceux dont il voulait se débarrasser ; puis, leur ouvrant l'accès d'un escalier dérobé, il pressait de ses mains le fatal ressort. Les constructeurs de ces Oubliettes furent les premiers qui périrent dans leurs profondeurs. Si quelque chose peut ajouter à l'horreur qu'inspire le régime sous lequel la France a gémi si long-temps, c'est que de pareils crimes aient pu s'accomplir impunément à l'abri de la puissance dont les coupables étaient investis, et qu'aucune institution politique ne venait balancer dans l'intérêt de la justice et de l'humanité.   B.-C.

OUVRIER. — L'Ouvrier est celui qui, ne possédant pas les instruments de travail et les matières premières nécessaires à l'exercice de son industrie, travaille pour le compte d'autrui, moyennant salaire.

Si l'on avait fait, il y a soixante ans, un dictionnaire politique, ce mot n'y aurait point figuré. L'organisation des maîtrises contenait l'industrie dans des limites étroites et plaçait le compagnon dans une sorte de domesticité à l'égard du maître. L'Ouvrier n'avait point encore conquis l'indépendance qu'il possède aujourd'hui, même lorsqu'il exerçait une industrie en dehors des métiers jurés.

La destruction de l'ancien régime a donné aux Ouvriers plus d'indépendance légale. Le développement de l'industrie les a multipliés et ils sont devenus une classe particulière, trop souvent isolée du reste de la société par les préjugés et par l'injustice des lois ou d'un pouvoir livré à une faction.

Les Ouvriers se sont eux-mêmes relégués, nous dirons presque constitués en une classe à part, ayant ses intérêts privés et réclamant au nom de ces intérêts. Nous constatons ce fait et nous le déplorons, parce qu'il peut avoir des conséquences funestes ; mais comme il est d'une extrême gravité et qu'il peut produire des événements politiques, nous ne pouvons le passer sous silence.

Nous ne comparerons point, comme on l'a fait souvent, l'état des Ouvriers de nos jours avec celui des ouvriers du siècle passé. Nous reconnaissons volontiers que la plupart des Ouvriers de nos jours sont mieux vêtus et mieux nourris que leurs pères.

Ce progrès que l'on invoque à tout propos, ne prouve nullement qu'ils aient tort de se plaindre, d'aspirer à une destinée meilleure. A ne considérer la question qu'au point de vue matériel, on pourrait faire observer que les progrès du bien-être matériel, du *comfort*, ont été plus considérables pour la classe moyenne que pour la classe ouvrière, et que celle-ci, par conséquent, a le droit de réclamer son rang dans l'échelle proportionnelle du bien-être. Mais nous croyons que la question doit être posée en d'autres termes.

Cette condition meilleure que les progrès de la civilisation ont faite aux Ouvriers est encore bien éloignée du beau idéal. On peut consulter sur ce sujet toutes les personnes qui ont sérieusement observé l'industrie française : elles sont unanimes.

Il y a des lieux en France où les enfants vont se corrompre dès l'âge le plus tendre, où la famille cesse d'exister, où la prostitution est enseignée, où la promiscuité est fréquente ; des lieux où les forces physiques et morales de l'homme se consument rapidement ; où il n'y a plus, pour ainsi dire, ni vertu, ni vice, ni juste, ni injuste, ni Dieu, mais seulement un supplice sans fin et sans espoir, exercé, au nom d'une fatalité aveugle, sur des innocents. Ces lieux sont la plupart des grandes manufactures.

La condition d'un grand nombre d'Ouvriers français est déplorable. Un travail de treize à quinze heures et demie par jour produit à peine ce qui est nécessaire à leur subsistance quotidienne. Ils n'ont aucun instant à consacrer au délassement du corps ou à la culture de l'esprit. Toujours incertains du lendemain, ils n'ont aucune ressource lorsque les maladies ou la cessation des travaux viennent les atteindre; ils sont alors réduits à la mendicité, à l'hôpital.

Nous ne tenterons point de faire le tableau de la misère des classes ouvrières; il a été souvent tracé par des plumes éloquentes et chacun peut l'étudier facilement. La légitimité des plaintes et des réclamations des ouvriers est évidente, il est impossible d'en douter sincèrement.

Mais où trouver un remède à cette immense plaie sociale? Des fabricants humains et éclairés ont proposé quelques améliorations; ils en ont eux-mêmes exécuté plusieurs à leurs frais. Mais ces améliorations partielles et imparfaites n'ont produit que des résultats médiocres; elles n'ont point pénétré d'ailleurs dans la plupart des manufactures.

Des théoriciens, dont les leçons ont été quelquefois écoutées par la classe ouvrière, proposent des remèdes plus héroïques. Tous veulent remanier la société de fond en comble et en changer l'organisation. Les uns prétendent avoir trouvé le secret d'une harmonie qui ferait disparaître du monde social, le mal et la coercition; d'autres veulent changer la constitution de la propriété, attribuer une large part des instruments de travail ou tous les instruments de travail à l'Etat et mettre tous les citoyens à la ration et à la tâche; d'autres enfin s'arrêtent à telle nuance de cette doctrine, et plusieurs, la propriété individuelle.

Aucune de ces théories ne nous semble avoir résolu le problème. Il n'est pas facile de transformer la société aussi promptement qu'un philosophe transforme ses opinions. On ne fait pas disparaître la liberté du cœur humain aussi aisément que d'une théorie sociale.

Les abus de la concurrence sont nombreux, évidents, immenses; mais est-il parfaitement juste de les attribuer uniquement au principe lui-même? Est-on bien sûr qu'ils ne dérivent pas d'une autre cause? Faut-il se hâter de condamner ce principe fécond de la concurrence? Oui, si l'on a trouvé une loi d'harmonie, certaine, infaillible. Non, si, dans les théories proposées pour le remplacer, il n'y a rien de certain, et telle est notre opinion.

Est-ce à dire pour cela qu'il faille maintenir strictement le déplorable état de choses qui existe? Quelques matérialistes osent bien le proposer. A les entendre « la condition actuelle des Ouvriers résulte de la nature même des choses. La misère de l'Ouvrier vient uniquement de son imprévoyance; il se livre à un usage immodéré des boissons et aux plus dégoûtantes orgies. Plus il s'abandonne à ses sales penchants, plus il est soumis, comme le prouve l'exemple des Ouvriers de Lille. S'il jouit, au contraire, d'une certaine aisance, il devient turbulent et indocile, comme le

prouve l'exemple des Ouvriers de Lyon. » De là ces sages docteurs concluent, comme leur maître, M. Guizot : « Que l'obligation de travailler sans relâche, à peine de mourir de faim, est un *frein moral* dont l'ouvrier a besoin et qui est indispensable au bon ordre de la société. »

Il est impossible de flétrir suffisamment ces maximes impies qui, sous une forme ou sous une autre, sont souvent professées avec plus ou moins de franchise dans le monde, et particulièrement à la tribune de la chambre des députés. Elles ne sont pas nouvelles, car ce sont celles que, de nos jours encore, on a fait valoir en faveur du maintien de l'esclavage.

Il est facile d'y répondre. D'abord il s'en faut de beaucoup que les Ouvriers aient l'imprévoyance dont on les accuse, et qu'ils se livrent à l'ivrognerie autant qu'on le dit. Ceux qui les ont observés savent que leur sobriété, leur prévoyance, leurs qualités morales sont en raison directe de leur salaire et de l'humanité des maîtres, en raison inverse de la durée du travail quotidien. Les vices qu'on leur attribue et qui, malheureusement ne sont guère moins répandus dans les autres classes de la société que dans la leur, diminuent à mesure que leur condition s'améliore. Loin de justifier les abus dont les Ouvriers sont aujourd'hui victimes, leurs vices n'en sont qu'un résultat, une accusation aussi éloquente que douloureuse.

Ceux des Ouvriers de Lille qui sont les plus malheureux et les plus corrompus sont, il est vrai, les plus paisibles, les moins ambitieux. Mais que prouve ce fait? qu'ils sont plus abrutis. Les bêtes de somme n'ont point d'ambition.

Les Ouvriers les mieux rétribués, ceux de Lyon, par exemple, sont plus inquiets; ils aspirent à l'égalité politique. Ne s'en montrent-ils pas dignes par leurs mœurs et par leur instruction? Et cette égalité proclamée par l'Évangile, pour laquelle nos pères ont si généreusement versé leur sang, n'est-elle pas l'avenir de la société française? Nous savons qu'elle a des ennemis, c'est un fait ancien. Les maîtres de l'antiquité, les nobles du moyen-âge l'avaient en horreur; l'esclavage et le servage n'en ont pas moins été abolis. Ne doit-on pas changer un régime dans lequel une famille de sept personnes, travaillant continuellement, ne réalise que 10 fr. par semaine, ou 20 c. par personne et par jour?

Nous croyons que ce régime doit être changé ou plutôt grandement amélioré; mais nous avons peu de foi dans les moyens proposés. On a trop cherché dans des institutions toutes nouvelles, dans des artifices de forme le remède aux maux que les plaintes des Ouvriers signalent: on n'a, pour ainsi dire, pensé à réformer que l'organisation matérielle, comme si la société était une matière brute, inerte; comme si l'organisation extérieure était tout, et si les âmes qu'il s'agit d'élever et d'émanciper n'étaient rien.

La question a donc été réduite à une question de pitance, de salaire: elle a été débattue, elle est encore débattue sous cette forme. De là des discussions et des divisions pour savoir si cette question était politique, et en quoi l'organisation politique influait sur la solution qui devait être donnée.

Aussi beaucoup de personnes n'ont vu dans la lutte qui s'est élevée au sujet des réclamations des Ouvriers que la lutte de deux intérêts opposés et égoïstes. Ainsi envisagée, elle ne pouvait avoir d'autre solution que la guerre et l'oppression du vaincu par le vainqueur. Au fond, telle est la solution indiquée par la plupart des doctrines qui ont été émises de part et d'autre.

Ce n'est pas à ce point de vue que la question doit être considérée, mais à un point de vue plus haut, religieux, politique et moral. Il faut voir s'il n'y a pas dans la société actuelle des causes, de l'ordre spirituel, qui y jettent le désordre et la division; si c'est le droit de propriété qui est la cause du mal, ou si ce n'est pas plutôt la manière dont il est compris et exercé; si enfin le matérialisme du pouvoir politique n'a pas produit le mal et n'est pas un obstacle aux tentatives qui auraient pour but d'amener un ordre meilleur, conforme à la devise de nos pères : *Liberté, Égalité, Fraternité?*(V. Paupérisme, Prolétariat, Salaires.)

C. S.

P

PACHA. Contraction de deux mots persans, *pai chah* (pied du chah). Ce titre est une tradition de l'institution des officiers des hautes charges dont parle Xénophon. Ce corps de fonctionnaires fut créé par Cyrus, qui voulut que chaque titulaire fût considéré comme identifié avec la personne du souverain, en d'autres termes, comme étant la chair de sa chair. Les employés de l'administration intérieure furent les *yeux;* les espions, les *oreilles;* les percepteurs, les *mains;* les juges, ou organes de la loi, la *langue;* les Pachas, en qualité de ministres, de vizirs et de généraux, étaient, pour ainsi dire, les *pieds* du monarque. De là, le nom qu'ils reçurent et qu'ils ont conservé.

Il y a des Pachas à une, à deux et à trois queues. Les trois queues sont l'emblème de l'autorité absolue. Chaque queue donne droit à un traitement considérable. Ces queues sont des paquets de crins de cheval que les Turcs appellent *tough,* et elles servent d'étendards aux armées. Quand les sultans étaient encore dans l'usage de marcher en personne à la tête de leurs troupes, six toughs indiquaient leur présence. Le grand vizir et les Pachas de premier rang ont le droit de se faire précéder par trois queues.

Souvent le titre de Pacha à une ou deux queues est purement honorifique.   F. L.....x.

PACHALIK. Gouvernement provincial dans l'empire ottoman. Comme modèle d'organisation despotique, le *Pachalik* offre un utile et curieux sujet d'étude.

Le sultan est le délégué du prophète, et ce dernier est le représentant de Dieu sur la terre. L'heureux mortel qui trône a Constantinople, le Padichah, peut pressurer ses sujets à son gré; nul n'a le droit de s'en indigner, car il est une espèce d'incarnation de l'absolutisme, sous la protection du créateur et maître de toutes choses. Le Pacha, qui est le lieutenant du Padichah, jouit de toutes les attributions de celui-ci dans certaines portions de l'empire. Comme le potentat dont il est l'image, il dispose librement de la vie et de la fortune de ses administrés; il personnifie en lui tous les pouvoirs : autorité militaire et financière, police, justice, tout se résume en lui, tout part de lui et aboutit à lui. Malheureusement l'argent est le dernier mot de cette omnipotence. Le sultan n'exige de son délégué qu'une seule chose, le tribut convenu. Le Pacha n'a que deux objets en vue : le paiement du tribut et l'augmentation de sa fortune particulière. Il sait qu'il ne sera maintenu par la faveur de son souverain qu'autant qu'il soldera exactement ses quartiers. En conséquence, le gouvernement n'est pour lui autre chose qu'une affaire de piastres. Pour arracher le plus d'argent possible aux habitants de son Pachalik, il emploie le moyen le plus commode : il met les impôts en adjudication; le plus offrant et dernier enchérisseur obtient la ferme de la province, moyennant une somme déterminée versée dans les coffres du gouverneur. Les fermiers règlent comme bon leur semble le budget de leur district et emploient le mode de recette qui leur convient le mieux. Généralement, les fermiers principaux prennent des sous-fermiers, et cette multitude de vampires, qui travaillent pour leur compte aussi bien que pour celui du Pacha, s'ingénie à trouver les moyens les plus sûrs d'épuiser toute la richesse du pays. On peut se faire une idée des souffrances du peuple entre les mains de ces *hommes d'affaires* qui ont une double préoccupation : payer leur contingent et s'engraisser eux-mêmes des sueurs du peuple. Les opprimés ne se plaignent pas, car ils savent que le Pacha donnera toujours raison à ceux dont il attend ses ressources financières; ils se contentent de dissimuler, autant que possible, leurs revenus et leurs économies, ou bien ils ne travaillent que pour se procurer le strict nécessaire, peu empressés de faire des profits destinés à tomber dans la bourse du fermier. De là , appauvrissement continuel des provinces, désaffection des habitants et affaiblissement progressif de l'État.

Quelquefois les concussions des Pachas leur procurent l'envoi du cordon, et l'arrivée des capidgis, chargés de leur notifier les volontés du grand seigneur, est souvent pour eux l'annonce d'un châtiment trop mérité. Mais la confiscation empressée des biens du Pacha défunt, au profit de la Porte, montre que le chef de l'empire a vu dans cet acte sanglant une occasion favorable pour dépouiller un avare gorgé d'or, et non un moyen de rendre au peuple ce qui lui a été extorqué.

Ajoutez à ces causes de souffrances pour la population des provinces, les guerres que se font les Pachas, toujours jaloux de la puissance et des trésors de leurs voisins.

On voit qu'au point de vue absolutiste, le Pachalik est une institution parfaitement rationnelle ; c'est l'idéal du gouvernement despotique, le résumé de toutes les monstruosités auxquelles doit nécessairement donner naissance un principe absurde appliqué dans toute sa rigueur.

« C'est un fait digne de remarque, dit Volney, que la plupart des états de l'Asie et de l'Afrique, surtout depuis Mahomet, ont été gouvernés par ces principes, et qu'il n'y a pas eu de pays où l'on ait vu tant de troubles dans les états, tant de révolutions dans les empires. N'en doit-on pas conclure que la puissance arbitraire dans le souverain n'est pas moins funeste à l'état militaire qu'à la régie des finances ? » — Ruine, faiblesse, anarchie, telles sont, en effet, les conséquences fatales du despotisme organisé, comme il l'a toujours été, dans l'Islamisme. Toute l'histoire de l'Orient peut servir de démonstration à cette vérité.

Disons toutefois que le hatti-shérif de Gulkhanè a restreint, d'une manière notable, la puissance des gouverneurs de province, et modifié essentiellement le Pachalik, tel qu'il était organisé sous l'ancienne loi politique. Les Pachas sont maintenant gênés dans l'exercice de leur autorité, et les clameurs soulevées par leurs iniquités leur attirent infailliblement les foudres du divan impérial. Mais le principe subsiste et le despotisme a poussé de si profondes racines dans le sol de la Turquie, que le gouvernement central ne pourra jamais traiter ce mal presque incurable que par des palliatifs.   F. L.....x.

PACIFICATEUR, PACIFICATION.

Comme la paix est ordinairement le but avoué de la guerre, le titre de pacificateur est celui que les guerriers et même les conquérants ambitionnent le plus. La victoire, en effet, n'est complète et définitive que lorsqu'elle amène une pacification générale, à laquelle le victorieux préside et dont il dicte les conditions. Une pacification, pour être réelle, doit être fondée, autant que possible, sur les avantages réciproques des parties belligérantes. Si elle établit l'oppression systématique de l'une d'elles, ce n'est plus une pacification, mais ce que

l'on pourrait appeler la guerre à l'état latent. Aussi les fameux traités de 1815 n'ont point, comme on l'a prétendu, pacifié l'Europe. Ayant enlevé violemment à la France une partie des possessions qui lui étaient nécessaires pour faire équilibre sans effort aux puissances qui l'environnent, ils ont déposé au milieu de nous un germe de guerre qui doit éclore inévitablement. De même, en 1823, les Bourbons de France n'ont point pacifié la Péninsule, ainsi que ses flatteurs le disaient. Tout ce qu'ils ont fait, ç'a été d'imposer à l'Espagne un repos apparent, auquel n'ont pas tardé à succéder les agitations des discordes civiles. Le czar n'on plus n'a point pacifié la Pologne. Il a imposé un silence de mort à Varsovie ; il n'y a pas établi l'ordre, quoiqu'en ait dit un obscur diplomate. Tuer ou garrotter n'est pas fonder la paix, et nous en trouvons la preuve dans ce qui se passe sous nos yeux, puisque malgré la compression violente exercée sur les peuples par les grandes puissances, malgré tous les *Te Deum* chantés en l'honneur du rétablissement de la tranquillité générale, l'Europe tout entière ne cesse de forger des armes, de bâtir des places fortes et d'entretenir deux millions de soldats. Pour que le monde fût vraiment pacifié et que les nations pussent sans folie arriver au désarmement, il faudrait que les principes de la Révolution eussent une garantie solide dans une bonne constitution territoriale de l'Europe. Jusque là on pourra ne pas être en guerre, mais on ne jouira pas non plus de l'état de paix.

J. B.

PACIFICATION (ÉDIT DE).

On désigne sous ce nom plusieurs ordonnances de nos rois, rendues à la suite de troubles provoqués par les dissidences religieuses. Destinés en apparence à concéder aux protestants le libre exercice de leur culte, ces édits consacraient en réalité une sorte de trêve conclue avec des rebelles trop puissants pour être immédiatement réduits ; trève qu'on se réservait tacitement de rompre dans des conjonctures favorables. Il convient toutefois de faire exception pour l'*édit de Nantes*, donné avec une entière bonne foi par Henri IV, et pour l'édit de 1788, par lequel Louis XVI mit enfin un terme aux querelles religieuses qui avaient si longtemps désolé la France.

Les persécutions auxquelles les protestants avaient été en butte depuis le règne de François Ier, loin de nuire à la propagation de leurs doctrines, y avaient aidé, au contraire, par l'intérêt universel qu'elles avaient appelé sur les victimes. Le supplice d'Anne Dubourg, ordonné par Henri II, augmenta encore le nombre des partisans du protestantisme, à ce point que, sous le règne suivant, celui de François II, un sixième de la population de la France avait abjuré le catholicisme.

Cette prospérité de la réforme avait enhardi ses adhérents, irrité au dernier point ses adversaires, et de toutes parts éclataient des collisions individuelles entre les deux partis, qui faisaient présager des troubles sérieux dans tout le royaume. Il fut question, en 1560, d'établir, en France, le tribunal de l'inquisition, constitué comme il l'était en Espagne; L'Hôpital, par l'*édit de Romorantin*, détourna en partie ce malheur; la *chambre ardente*, qu'il institua pour juger les hérétiques, se composa d'évèques seulement et forma une section spéciale des parlements.

Sous la minorité de Charles IX, le pouvoir parut s'attacher à ramener le calme dans les esprits; diverses ordonnances furent faites dans ce but, entre autres celle qui proscrivait les qualifications de *huguenots* et de *papistes*; mais toutes les mesures mises en usage ne produisirent aucun résultat satisfaisant. C'est alors qu'eut lieu le *colloque de Poissy*, assemblé, en 1561, par Catherine de Médicis, pour conférer sur les matières de la religion et arriver à terminer toutes les disputes par un accord amiable. Mais ce colloque, où siégeaient les évèques en quelque sorte comme juges, et où les ministres protestants comparaissaient comme des accusés, ne servit qu'à redoubler la fureur des partis.

Cependant, peu après, les protestants obtinrent un premier *édit de pacification*, qui les autorisa à tenir des prèches hors des villes. Cet édit fut le signal de la guerre civile; le massacre des protestants, aux portes de Vassy, en Champagne, par le duc de Guise, en fut le prélude. A la nouvelle de cet événement, tous les réformés du royaume prennent les armes, et le prince de Condé se met à leur tète. Bientôt les deux partis en viennent aux mains, avec des succès divers. Les campagnes sont ravagées, les temples et les églises sont tour à tour réduits en cendres; ce ne sont partout qu'assassinats, empoisonnements. Enfin, les calvinistes, battus successivement à Dreux, à Jarnac et à Moncontour, acceptent la paix en 1570.

Deux ans plus tard, le massacre de la Saint-Barthélemy provoque un nouveau soulèvement de tous les calvinistes de France. La lutte s'engage plus violente que jamais, et se continue pendant plusieurs années avec des alternatives de succès et de revers. Néanmoins la victoire parait finalement se prononcer en faveur des protestants; et en 1576, Henri III, d'après les suggestions de la reine-mère, accorde aux réformés un nouvel *édit de pacification*. Ils obtiennent le libre exercice de leur religion; on s'engage à ne pas inquiéter les prêtres qui s'étaient mariés et à donner légitimation à leurs enfants; ils sont autorisés à tenir des synodes; on leur accorde, dans plusieurs parlements, des chambres spéciales, mi-parties de catholiques et de réformés; et Henri III couronne toutes ces satisfactions par le désaveu public de la Saint-Barthélemy.

Cet édit, essentiellement juste en principe, et auquel on ne pouvait reprocher que d'avoir été obtenu par la force des armes, donna naissance à une association secrète formée de catholiques exaltés, qui, fomentée par les jésuites, se propagea bientôt dans tout le royaume, prit le nom de *sainte ligue*, et ne craignit plus alors d'agir ouvertement. Henri III fut contraint de révoquer l'édit de pacification et d'entrer dans cette ligue. On sait les guerres qui suivirent, qui mirent encore une fois la France en feu, et ne finirent qu'après l'assassinat de Henri III par Jacques Clément et la prise de Paris par Henri IV.

En montant sur le trône, Henri IV n'oublia pas ses anciens co-réligionnaires. En 1596, il rendit l'*édit de Nantes* par lequel les protestants furent confirmés dans tous les priviléges que les rois précédents avaient été contraints de leur accorder.

Tant que Henri IV vécut, les protestants ne furent point inquiétés; mais, à sa mort, le nouveau gouvernement, par différents actes, leur fit pressentir le retour de la persécution. Une sourde agitation se propagea parmi eux et devint bientôt menaçante; des troubles éclatèrent sur divers points; Louis XIII leur ordonna de rendre les places de sûreté dont ils étaient en possession, en vertu de l'édit de Nantes; ils s'y refusèrent, et un soulèvement général s'ensuivit. De part et d'autre on prit les armes. Les places de sûreté furent successivement emportées par l'armée royale; La Rochelle elle-même, malgré sa situation inexpugnable, fut prise par Richelieu. Cet événement obligea les protestants à se soumettre, quelles que pussent être les conséquences de cette détermination extrême. Toutefois Richelieu les traita avec quelque douceur; et, par l'*édit de grâce* de 1629, il se borna à les exclure de fait de toutes les chargés et à leur interdire les assemblées politiques qu'ils avaient pris l'habitude de tenir avec l'autorisation du roi, mais dont la faculté ne leur était pas conférée par l'édit de Nantes. Le but de Richelieu était de les ramener au catholicisme par la persuasion; et les importantes affaires qui occupèrent tous les instants de son ministère purent seules l'empêcher de suivre les négociations qu'il avait entamées à cet effet.

Les protestants avaient joui, depuis lors, d'une complète tolérance; lorsqu'en 1666, Louis XIV préluda à la révocation de l'édit de Nantes par un *édit contre les relaps*. Les protestants virent là une menace; ils commencèrent à émigrer. Ce fut en vain que Colbert représenta au roi le préjudice que cette mesure causait à l'industrie, aux arts et au commerce français, en leur enlevant leurs sujets les plus distingués; il ne put déterminer le monarque à la révoquer. Louis XIV voulait l'unité religieuse de la France. Rien ne fut capable de le détourner de ce dessein, qui devint la grande préoccupation de toute sa vie. Une assemblée secrète des chefs protestants, convoquée à Toulouse, décide sur ces entrefaites (1679) la reprise générale du culte proscrit; cette mesure se réalise particulièrement, à un jour donné, dans le Vivarais, le Dauphiné et les Cévennes; elle est le signal d'horribles massacres, et le prétexte de la révocation formelle de l'édit de Nantes, le 22 octobre 1685. Des contrées entières sont dépeuplées par la désertion de leurs habitants. La fureur des persécutions religieuses ne connait plus de bornes; au lieu de prêtres, on emploie les soldats à faire des conversions ; et c'est ce qu'on appelle les *dragonnades* ou *la mission bottée*. Une loi sacrilége livre au bourreau les cadavres des protestants qui n'ont pas voulu se convertir à l'article de la mort ; enfin, le massacre qui suivit, en 1701, la *révolte des Camisards,* dans le Languedoc, couronne dignement cette longue série d'actes sauvages.

La régence du duc d'Orléans apporta quelque trève aux protestants ; mais sous le ministère du duc de Bourbon, la persécution reprit avec une nouvelle force. Une déclaration de 1724 proclama, entre autres choses, les mariages des protestants illégitimes. Le ministère du cardinal de Fleury se montra plus tolérant ; mais après lui, des milliers de protestants furent conduits à la mort ou aux galères. Déjà, cependant, il s'était opéré une réaction dans les esprits ; la franc-maçonnerie avait habitué à la tolérance religieuse, et la philosophie l'avait formulée en précepte. Le temps approchait où la persécution cesserait, faute de persécuteurs. Les exécutions de Calas et de Labarre, stigmatisées avec tant d'énergie et de persévérance par Voltaire, contribuèrent puissamment à dessiller les yeux du public, et préparèrent l'*édit du 29 janvier* 1788, par lequel Louis XVI rendit aux protestants tous les droits dont ils avaient été injustement dépouillés.   F.-T.-B. CLAVEL.

PACTA CONVENTA. Base fondamentale de l'ancienne constitution de Pologne. On appelait ainsi l'acte par lequel les nouveaux rois s'engageaient, aussitôt après leur couronnement, envers la nation qu'ils étaient appelés à gouverner. —Ces conventions solennelles fixaient les limites de leur autorité. — Ils ne pouvaient les franchir sans se rendre, par le fait seul de cette violation, passibles de déchéance. La nation était dès-lors affranchie du serment de fidélité.

Adoptée après l'extinction de la dynastie des Jagelons (1571), la formule des *Pacta conventa* a été observée depuis, de règne en règne jusqu'à la constitution votée en 1791. — Une chose bien remarquable, c'est qu'il n'y est point question des divers ordres de l'État. Les *Pacta conventa* sont considérés comme un grand acte national. Mais dans le fait ce n'était là qu'un pacte entre la royauté et l'aristocratie polonaise, toujours jalouse de ses priviléges, qu'elle appelait les droits de la nation.

Voici les principales dispositions de cet ancien pacte essentiellement féodal.

1o Au pouvoir de la nation appartient et appartiendra toujours le droit d'élire les rois. Aucun roi ne pourra directement ni indirectement se nommer un successeur ;

2o Les rois élus ne pourront plus prendre le titre de seigneurs héréditaires. — Cet usage, adopté par les rois Piaste et Jagelon, est désormais aboli ;

3o Le roi ne pourra, sans l'assentiment préalable et unanime des états (la noblesse et le haut clergé), réunis en diète, déclarer la guerre, ordonner une levée générale d'hommes de guerre,

augmenter les impôts établis, ni les droits de douanes, ni envoyer des ambassadeurs aux puissances étrangères dans les cas où il s'agira d'affaires d'une haute importance ;

4o Dans le cas où les opinions du conseil du sénat seraient divisées, le roi se réunira aux sénateurs, qui voteront conformément à la loi et dans le sens de l'intérêt du bien public ;

5o Les diètes ordinaires seront convoquées de plein droit (*absolutim*) tous les deux ans, et plus souvent s'il est nécessaire pour le bien général. La durée de la session ne pourra excéder six semaines ;

6o Les charges publiques et les domaines royaux ne seront conférés qu'aux nobles Polonais, à l'exclusion absolue des étrangers ;

7o Le roi ne pourra contracter mariage ou divorcer sans le consentement du sénat ;

8o Si le roi venait à faillir, en quoi que ce fût, aux droits, libertés, immunités, à aucune des clauses qu'il aurait juré d'observer dans les *Pacta conventa*, ses sujets seraient dès-lors et de plein droit affranchis des liens de leur serment de fidélité.

Ce dernier article, le plus important de tous, a été inséré pour la première fois dans les *Pacta conventa* de 1571.

Les autres articles fixaient les droits et les prérogatives de la couronne. — Le roi nommait les sénateurs, tous les dignitaires de la Pologne et de la Lithuanie. Les revenus de toutes les starosties bénéficiaires, dont les domaines royaux composaient la dotation, étaient en grande partie absorbés par les sommes affectées aux titulaires. Il n'en restait qu'un excédant peu considérable pour ce qu'on appelait la *manse royale.*

La liste civile de la couronne de Pologne était aussi restreinte que son autorité. Les nobles auteurs des *Pacta conventa*, avaient tout prévu pour la conservation de leur grande fortune et de leur indépendance. — Les barons anglais, dans la grande charte de 1215, s'étaient montrés aussi jaloux de leurs priviléges, mais plus prudents, plus habiles, plus prévoyants que les nobles Polonais dans les *Pacta conventa* de 1571.

DUFEY (de l'Yonne).

PACTE DE FAMILLE. On donne ce nom à un traité qui fut conclu pendant la guerre de sept ans entre les rois de France et d'Espagne, tant pour eux que pour le roi des Deux-Siciles et l'infant duc de Parme, tous membres de la maison de Bourbon. Cet acte stipulait pour toutes les branches de cette maison l'obligation de se porter secours en tout état de cause, et déclarait ennemi de toutes les puissances contractantes, quiconque le deviendrait de l'une d'elles. On peut voir là comme le germe d'une alliance occidentale qui aurait eu des fruits heureux si elle n'avait pas été fondée sur la base fragile des intérêts dynastiques. Le Pacte de Famille, conclu le 16 août 1761, n'empêcha pas que moins de deux ans plus tard, les Bourbons ne signassent ce traité de Paris, si particulièrement désastreux pour la France, par lequel elle céda le Canada aux Anglais, et vit se consommer, pour long-temps, la ruine de sa puissance maritime.   **J. B.**

PADICHAH. C'est le titre que prend le chef de l'Empire ottoman. Autrefois, les sultans ne le donnaient qu'au roi de France et à l'empereur d'Autriche. Les autres souverains n'étaient que des *Králs* ; aujourd'hui l'empereur de Russie et plusieurs autres monarques européens sont des *Padichahs.* C'est une grande concession que l'orgueil musulman a faite à la chrétienté.

PAGES. Les riches Romains entretenaient des pages (*pædagogiani pueri*) pour leur service domestique et les faisaient instruire par de vieux esclaves qu'on appelait pédadogues (du grec παιδαγωγὸς, précepteurs d'enfants). La chevalerie moderne s'est emparée de cette institution; le premier degré de sa hiérarchie se composait des pages, désignés aussi sous les noms de damoiseaux et de varlets, qu'il ne faut pas confondre avec les gros varlets, ou garçons : ceux-ci étaient des domestiques, dans l'acception commune de ce mot. Les pages étaient qualifiés tantôt de *mattre*, tantôt de *sire* ou de *beau sire.* C'étaient les novices de la chevalerie.

On retirait les fils des nobles, à l'âge de sept ou huit ans, des mains des femmes, pour les placer auprès de quelque puissant chevalier. « C'est un bel usage de notre nation, dit Montaigne, qu'aux bonnes maisons nos enfants soient reçus pour y être nourris et élevés pages, comme en une école de noblesse; et est discourtoisie, dit-on, et injure d'en refuser un gentilhomme. » Cette place n'avait rien que d'honorable, bien que les fonctions qui y étaient attachées pussent aujourd'hui paraître viles. Les Pages suivaient partout leur maître et leur maîtresse : à la chasse, dans leurs promenades, dans leurs visites, dans leurs voyages; ils portaient leurs messages, les servaient à table, etc. « Les premières leçons qu'on leur donnait, dit Sainte-Palaye, regardaient principalement l'amour de Dieu et des dames; l'un ne devait pas aller sans l'autre, et l'amant qui *entendait loyaument servir une dame* était sauvé, suivant la doctrine de la dame des Belles-Cousines. » Les dames enseignaient aux Pages la religion et la galanterie. Les Pages devaient de bonne heure faire choix d'une des plus belles, des plus nobles et des plus vertueuses dames des cours qu'ils fréquentaient, et lui rapporter, comme à l'Être suprême, tous leurs sentiments, toutes leurs pensées et toutes leurs actions. Les hommes leur enseignaient le métier des armes, et les faisaient préluder, dans leurs jeux, aux exercices des tournois et aux luttes plus sérieuses de la guerre. Il s'établissait dès-lors entre le chevalier et le Page un lien étroit qui aidait à la puissance de l'un et à la fortune de l'autre, et entretenait cet esprit de caste, ame et ciment de la féodalité.

Dans les derniers temps de la monarchie absolue, il n'y avait plus que les rois et les princes du sang qui eussent des Pages, et on n'était ad-

mis à le devenir qu'en faisant preuve de la plus ancienne noblesse. Dès le règne de Louis XIV, on voit plusieurs écrivains, la Fontaine entre autres, s'attacher à frapper de ridicule la vanité des gentilshommes qui prétendaient à entretenir des Pages auprès de leurs personnes. En reconstituant le système nobiliaire, aboli par la Révolution, Napoléon rétablit également les Pages; mais ce furent alors de simples fonctionnaires d'apparat, sans aucun emploi domestique. La Restauration en maintint l'institution sur cette base. Le gouvernement de Juillet n'a pas encore de Pages.   **B.-C.**

PAIN. Le Pain est le plus indispensable de tous les objets de consommation et celui dont l'approvisionnement et la qualité importent le plus au bien-être des populations. Aussi, depuis un temps immémorial, la fabrication et le commerce du Pain sont sous la surveillance directe et immédiate de l'autorité, à Paris et dans les principales villes de France.

En général, cette surveillance s'exerce de la manière suivante : nul ne peut exercer la profession de boulanger sans une permission spéciale du maire ou, à Paris, du préfet de police; chaque boulanger est tenu d'avoir constamment une réserve de farine fixée par les réglements, et qui équivaut ordinairement à l'approvisionnement d'un mois; l'autorité a le droit de vérifier, quand elle le juge convenable, la qualité du Pain préparé par les boulangers, et de provoquer contre eux, s'il y a lieu, l'application des art. 475, 477 et 478 du code pénal; enfin, le prix du Pain est taxé d'après celui des blés et farines, et les boulangers ne peuvent vendre au dessus du prix fixé par la taxe. Ces dispositions, qui attentent quelque peu à la liberté illimitée, si chère aux économistes, n'ont point cependant, soulevé d'objections sérieuses. (V. GRAINS.)   **C. S.**

PAIR. On donne ce nom à tout membre du corps politique appelé Pairie.

PAIRIE. Il ne s'agit pas ici de remonter le cours du temps et de raconter les phases diverses de cette institution militaire, honorifique, nobiliaire et judiciaire. Partout où elle a existé, la Pairie ou le duché-Pairie n'a été qu'une forme particulière de l'aristocratie; à son origine, elle fut un titre plus qu'une force, et ce n'est pas en France, mais en Angleterre qu'elle apparut avec le pouvoir d'un des grands corps de l'état, et qu'elle a joué un rôle important dans le développement de la puissance nationale.

Nous laisserons de côté l'histoire et les origines de la Pairie. Ce n'est pas à leur naissance que nous prenons les corps politiques : il faut les voir tels qu'ils sont à l'époque présente, et pour les apprécier sainement, il importe de les considérer non plus dans leurs rapports avec des formes sociales brisées, mais avec celles dont les générations contemporaines ont déjà creusé le moule pour un temps prochain.

La France et l'Angleterre sont les deux seuls pays

dans lesquels il y ait une Pairie. — En Espagne, en Portugal, aux États-Unis, en Belgique, il y a des sénateurs, des *proceres*, une seconde chambre, enfin, qui entre en partage de la fonction législative. Mais la Pairie ne borne pas là ses attributions et elle a conservé des anciens abus une partie de la puissance judiciaire ; elle participe même au pouvoir exécutif.

Le sujet que nous devons rapidement esquisser ici soulève donc deux questions importantes : 1° Qu'est-ce que la Pairie dans un état constitutionnel ? Peut-elle exister avec le principe de la souveraineté populaire et le dogme de l'égalité ? — 2° Le système d'une seconde chambre adopté aux États-Unis, consacré par notre constitution de l'an III, imité par tous les pays qui ont, depuis peu de temps, emprunté les usages parlementaires, ce système, disons-nous, est il nécessaire, utile à la force ou à l'unité du pouvoir, à l'organisation du progrès dans la société ?

1° *De la Pairie en France.* — En France la Pairie n'est plus qu'un mot. Il n'y a jamais eu chez nous de pairie politique. Les États-Généraux avaient trois ordres, ils ne constituaient qu'une chambre et un pouvoir. A l'époque où l'état de la propriété, de la richesse, des mœurs féodales auraient permis l'établissement d'une Pairie, l'esprit national y a toujours résisté. L'esprit national, en effet, depuis la première heure où il a pu se révéler, a montré le même caractère, le même besoin d'expansion, le même instinct de sociabilité. Or, la sociabilité, c'est la facilité des relations, et la facilité des relations entraîne l'égalité. Si la monarchie a eu ses jours de puissance et de grandeur, c'est qu'elle a servi ce sentiment national : c'est là qu'elle a puisé la force nécessaire pour abattre ces hautes baronnies qui encombraient le territoire. Bien loin donc de faire de la Pairie un corps politique, la monarchie, dès qu'elle a pu s'émanciper, a détruit peu à peu cette distinction nobiliaire. Jamais elle ne fut organisée sérieusement : et lorsqu'en 1814, les Bourbons crurent avoir créé une Pairie en jetant des fleurs de lys d'or sur les manteaux des sénateurs de l'empire, de quelques marquis ruinés, ou de quelques banquiers enrichis, ils purent s'apercevoir bientôt qu'ils avaient implanté sur notre sol, un arbre qui n'y jetterait pas de racines. La Pairie débuta, en 1815, par l'assassinat du maréchal Ney : cette empreinte lui est restée. Des fournées nombreuses, quatre votes populaires, dans quinze ans, ne suffirent pas à l'effacer ; elle ne put conquérir ni l'influence, ni le crédit, ni l'autorité de la puissance ; le secret de ses discussions ajoutait encore à son impopularité. On avait espéré lui donner de la force par l'hérédité, mais qu'est-ce que l'hérédité ? Un moyen de conservation. L'hérédité conserve la force, quand la force existe ; elle ne la crée pas : et l'on a pu se convaincre, en 1830, de la fragilité de l'édifice quand on l'a vu ruiné par le premier souffle de la révolution des trois jours. La Pairie s'est disloquée d'elle-même ; plus de la moitié de ses membres a résigné ses fonctions ; on les a remplacés par les débris de la chambre des députés et par quel-

ques hommes de bonne volonté qui ont voulu être législateurs sans peine, titrés sans crédit, juges sans responsabilité. On a refait la charte sans eux, on les a dépouillés de l'hérédité malgré eux ; on a laissé la royauté maîtresse de nommer les nouveaux pairs sur une liste de catégorie. L'ancienne Pairie n'avait pas la force, on a enlevé à la nouvelle l'indépendance. Dénuée de toutes les conditions qui donnent à un corps politique le mouvement et la durée, convaincue elle-même par une expérience constante du peu qu'elle pèse dans la confection des lois, elle a cherché dans les fonctions judiciaires une compensation à ce dénuement.

Mais l'autorité qui s'attache à la justice, ne s'acquiert pas à aussi bon marché. La justice a besoin surtout de formes régulières, écrites d'avance, sérieusement débattues, religieusement observées. Le premier élément de son autorité, c'est que l'accusé croie en elle; son essence même, c'est l'impartialité. Point de justice sans garantie pour les prévenus ; point de justice si le juge est suspect de parti pris ou de passion ; point de justice si les attributions du tribunal ne sont réglées avec précision ; point de justice enfin si l'instruction, les débats, les jugements portent la plus légère trace d'arbitraire.

Or, où est la loi qui règle les attributions de la cour des pairs? Il n'y en a point. Un simple article de la charte lui renvoie les attentats à la sûreté de l'État; et ces attentats ne sont pas définis. Sa procédure dépend de son caprice ; elle observe, quand il lui plaît, les prescriptions du code d'instruction criminelle, elle les dédaigne, pour peu que ces prescriptions la gênent. Elle accorde des défenseurs, mais elle limite la défense : nulle forme protectrice ne lui est commandée ; celles qu'elle conserve lui sont imposées par nos mœurs et non par une obligation rigoureuse. Souveraine dans la procédure, elle l'est encore dans l'application de la peine ; la loi n'est plus dans ses mains cet être moral, inflexible, devant lequel tous les hommes sont égaux; elle distingue, au contraire, le rang et la qualité des personnes, non pas seulement pour atténuer la peine, mais aussi pour l'aggraver; non pas seulement pour graduer le châtiment suivant la responsabilité des coupables, mais pour appliquer, par exemple, dans la même cause, un châtiment correctionnel, la prison, au chef du complot, et une peine afflictive et infamante aux instruments du même complot.

Est-ce là de la justice ? Voilà cependant où en est la Pairie. — Comme corps politique, elle n'a jamais eu en France une existence sérieuse, et tout-à-l'heure en examinant ce qu'est la pairie anglaise, nous prouverons que notre pays ne fournissait aucune assiette solide à un pouvoir aussi absorbant de sa nature. — Cette existence qu'elle n'a pas eue, la tient-elle de la charte de 1830? Les faits répondent, et loin de les avoir exagérés, nous les avons plutôt affaiblis. — Pourrait-on enfin créer une Pairie avec notre société actuelle? On en jugera bien mieux quand nous aurons dit ce qu'est la Pairie chez nos voisins.

2° *De la Pairie en Angleterre.* En Angleterre;

en effet, la Pairie n'est pas un mot seulement, c'est une chose — puissante par la tradition, par les services rendues, par la richesse, par la propriété, et plus encore par les préjugés de la nation et par sa constitution féodale et municipale. Hatons-nous d'ajouter que la chose aujourd'hui n'est plus entière, et nulle part peut-être l'action de ces principes que la France a jetées en toute l'Europe, n'a été constatée, rendue sensible d'une manière plus évidente. Voyez, en effet, ce qui se passe à cette heure. Depuis bientôt sept ans, la direction des affaires publiques en Angleterre, appartient à un gouvernement qui est incessamment combattu par la chambre des pairs. Eh bien! sa faiblesse ne tient pas à cette cause. Donnez-lui seulement trente voix de majorité aux communes et sa marche sera facile. Mais à cette même Chambre il ne réunit dans les questions importantes et où se débat sa propre conservation qu'une majorité de 5 à 6 voix, et pourtant il règne. La source du pouvoir est donc déplacée là-bas comme ici, par le fait seul du bill de réforme, écho affaibli de notre révolution de juillet. Mais ce bill avait été préparé, demandé pendant vingt-cinq ans, et si notre dernière insurrection lui a donné la victoire, c'est que la grande voix de 89 avait retenti au sein de la vieille féodalité britannique. Pitt, en nous combattant, ruinait l'aristocratie, et il élevait la classe moyenne. Il aurait pu devenir pair d'Angleterre et il n'y aurait pas manqué plus que son père s'il n'avait senti que déjà les flots de la société nouvelle étaient soulevés, que la lame battait le privilège, et que le courant des idées portait toute la puissance vers les assemblées émanées de l'élection. C'est avec ce levier qu'il fit faire à la nation anglaise les plus énergiques sacrifices; sa parole si souvent âpre et sévère, il l'enfonçait comme un coin dans la chambre des communes, et il ébranlait avec elle toutes les forces de la nationalité.

Dès ce jour la chambre des lords perdit quelque chose de son prestige, et le temps n'a fait que l'affaiblir encore. Est-ce à dire qu'il soit près de disparaître? non assurément. Des corps constitués aussi fortement ont la vie dure. La Pairie a tout fondé en Angleterre : l'agriculture, l'industrie, le commerce, les voies de communication, la prospérité au dedans, la grandeur au dehors. C'est elle qui a contribué par son immobilité même à fortifier dans les Anglais cet esprit de suite, cette constance dans les desseins, qui donne tant de relief à leur intelligence, tant de bonheur à leur fortune. Voilà le bien et nous ne le dissimulons pas. Mais aussi c'est elle qui est la cause de tout le mal, et si vous voulez juger de son étendue jetez un regard sur la société anglaise.

Figurez-vous qu'un territoire peuplé de vingt-huit millions d'âmes appartient à un petit nombre de familles. La terre n'est qu'un vaste majorat donné aux aînés; l'impôt, un second majorat qui passe aux cadets. On évalue aujourd'hui à dix-huit mille familles le nombre de ces heureux privilégiés. — Que devient le reste? Le reste travaille sans repos, le reste émigre, le reste meurt de faim dans les rues ou dans ces prisons qu'on appelle Maisons des Pauvres. Nulle part la condition du peuple n'est aussi malheureuse : ses privations sont de tous les instants, ses souffrances échappent à toute description. Là, l'humanité n'est rien, le citoyen peu de chose, le riche est beaucoup, le noble est encore plus. Cherchez dans toutes les nations les préjugés les plus absurdes : ils ont un culte dans ce pays. L'Inde n'a pas plus de castes que la Grande-Bretagne, et dans la distance qui les sépare elle a creusé des abîmes moins profonds. Or, comme cette inégalité était contre nature, il a fallu appeler tous les artifices de la législation pour la maintenir; il a fallu agir incessamment par la loi sur les mœurs, et maintenir les mœurs elles-mêmes par l'influence des idées religieuses. De là, un clergé puissant, riche, associé au pouvoir; de là, des usages prévus, fixés, une vie écrite d'avance, une société où la convention est tout, où l'élan, la spontanéité sont réprimés par la loi ou condamnés par les habitudes, où tout est à la fois monotone et factice : l'Angleterre n'est plus qu'un théâtre éclairé par un pâle soleil où chaque individu récite le même rôle qui passe ainsi de père en fils, avec des modifications insensibles dans le costume.

Comment cette population, qui a reçu des dons si précieux, supporte-t-elle un état social aussi désolant? Comment ces vastes fortunes subsistent-elles depuis des siècles à côté de ces misères infinies? comment la Pairie, qui a créé tout ce monde, n'a-t-elle pas été brisée par quelque colère du peuple? Une constitution dure-t-elle si long-temps quand elle a violé tous les principes? Non sans doute. Ainsi, ni les a-t-elle pas violés tous; et savez-vous comment un pair d'Angleterre, ministre de la reine Élisabeth, établissait la nécessité de la loi des pauvres? La théorie est curieuse : elle mérite d'être connue et elle explique mieux que de longs volumes cet édifice social, objet de tant de débats.

Le territoire est la propriété du peuple souverain. — Mais ce qui est à tous ne peut être cultivé par tous; et comme il importe que la terre rende tous ses produits, elle a été attribuée par les lois aux familles nobles, qui en sont les détenteurs à titre perpétuel. Toutefois la légitimité de leur possession suppose qu'aucun membre de la famille nationale ne soit privé de ce qui lui est nécessaire. Ainsi la loi ne permet au riche de jouir que lorsque le pauvre est nourri. La conséquence du droit d'aînesse et de l'inaliénabilité des biens est donc la taxe des pauvres : cette taxe doit devenir une loi fondamentale, car elle existe au même titre que la fortune : ce titre est perpétuel.

C'est du peuple qu'émanent tous les biens, c'est le peuple qui est encore la source de tous les pouvoirs. Mais les pouvoirs éparpillés sont de la poussière, et de même qu'il était utile au plus grand bien du peuple que le territoire fût concentré en un petit nombre de mains, de même il a fallu concentrer dans ces mains toute la puissance publique. C'est ainsi que les lords spirituels ou temporels se sont adjugés le droit de faire des lois, de changer l'ordre de succession à la couronne, de la représenter dans tous les comtés, de garder pour eux la direction des affaires , le commandement des flottes et de l'armée, l'administration à l'intérieur, le jugement souverain de toutes les contestations qui s'élèvent dans les possessions coloniales, les premiers emplois de la magistrature, etc.

Rien n'a donc échappé à la Pairie anglaise. Elle avait trouvé la féodalité établie par la conquête : elle l'a réduite en système et en a fait la base même de la constitution.

Mais cette hypocrisie, qui fait émaner du peuple un principe ruineux pour le peuple, n'aurait pas suffi à créer de longues illusions. Aussi la Pairie anglaise ne s'y est-elle pas trompée; en confisquant du même coup et la terre et le budget, elle jetait la population tout entière dans un bagne immense; mais en la condamnant au travail, elle y a ajouté la liberté. Les produits de la terre sont bornés; le travail de l'homme est indéfini à une condition seulement, c'est que l'individualité soit constamment stimulée par le besoin, constamment protégée, encouragée dans ses entreprises. Ainsi, faciliter les mouvements des capitaux par le crédit, toutes les aventures de l'industrie par une concurrence effrénée, pousser à la production sans mesure et sans terme, voilà ce que la Pairie dut faire au-dedans; et prévoyant que cette production elle-même aurait bientôt sa limite dans la consommation, elle a cherché par toutes les mers, sur toutes les terres des débouchés nouveaux. La nécessité des envahissements, des conquêtes, de tous les actes violents et iniques qui souillent l'histoire du gouvernement britannique, découle donc de la constitution intérieure de ce pays.

Voilà quelle est la Pairie anglaise ; en elle, on peut le dire, s'est résumé non seulement le gouvernement, mais la richesse, le territoire et l'impulsion donnée au commerce et à l'industrie de cette nation. C'est elle qui a engendré le double système qui a porté la grandeur, qui porte la ruine de la Grande-Bretagne. Production furieuse au dedans, envahissement illimité au dehors; ajoutez que, pour consolider sa suprématie, elle n'a négligé aucun de ces signes visibles qui parlent aux yeux des peuples. C'est elle qui est la première partout; c'est elle qui fait l'ouverture des parlements; la chambre des communes ne parait en sa présence que debout et chapeau bas, tandis que les lords sont couverts et assis. Ils ont établi parmi eux la hiérarchie qu'ils voulaient asseoir dans la société; ils ont leurs bancs séparés de baron, de vicomte, de comte, de marquis et de duc. Ils se distinguent par leurs hermines comme par leurs couronnes. Enfin, et indépendamment du faste de leur luxe, de la splendeur de leurs châteaux, des magnificences de leurs galeries, la langue elle-même leur donne un nom qui les rapproche de la divinité, et pour le peuple qu'ils éclaboussent, qu'ils pressurent et qu'ils dévorent, ils sont toujours des *seigneurs* (*lords*).

Ce tableau bien incomplet de la Pairie anglaise suffit, sans autre développement, pour établir que, dans un état bien ordonné, une si monstrueuse institution heurte toutes les idées de bon sens et

révolte ce qu'il y a de plus saint dans la dignité humaine.

Mais à défaut d'une pairie féodale, constituée dans ces conditions, est-il utile à un pays d'avoir deux chambres émanées l'une et l'autre de l'élection et chargées de faire les lois? Cette question a déjà été traitée dans ce Dictionnaire et nous pouvons nous dispenser d'y revenir. Un mot seulement pour ce qui regarde la France. Jamais, dans les temps anciens, il n'y a eu deux sortes d'états-généraux. La Constituante, la Législative et la Convention ont suffi à l'œuvre le plus formidable de notre histoire. La division en deux chambres est contemporaine de l'affaiblissement de la république; elle en a préparé la ruine. Voilà les faits, et ces faits confirment les principes. La représentation nationale doit être une, la force du pouvoir est la conséquence de cette unité. En créant deux chambres, on cherche un équilibre impossible, on amène des luttes inévitables. Notre pays est homogène, notre puissance est centralisée, la délégation du pouvoir populaire en deux fractions serait une anomalie et un contre-sens. Si vous voulez deux degrés de discussion pour la confection des lois, faites qu'un conseil-d'état les élabore au grand jour de la publicité. Il y a mille moyens d'obtenir deux degrés de discussion ; il n'y en a pas deux d'avoir une représentation nationale qui soit digne de la souveraineté dont elle émane. ARMAND MARRAST.

PAIX. Hobbes dit que l'état de guerre est l'état naturel de l'homme. Si par état naturel on entend cette manière d'exister, qui précède les sociétés, et qui même se perpétue sous diverses formes au sein d'une civilisation peu perfectionnée, il est certain que Hobbes a raison. Si au contraire on définit l'état naturel cet état qui est le but de l'espèce humaine, toujours perfectible, et dans lequel tous les droits seraient respectés, tous les devoirs accomplis, on doit dire alors que c'est la Paix et non la guerre qui est conforme à la nature de l'homme.

Qu'est-ce en effet que la guerre? c'est un moyen violent d'obtenir ce que l'on a le droit ou le désir de posséder, de refuser ce que l'on a le droit ou le désir de ne pas accorder. Une guerre juste, c'est la force mise au service de l'équité. Mais la force individuelle trahit souvent la cause la plus sainte: elle donne raison tantôt à l'un, tantôt à l'autre, de telle sorte que là où règne la force, personne n'est assuré de rien, pas même de sa propre existence. De là pour les individus humains la nécessité d'opposer la force de tous à celle de chacun, afin de faire respecter les lois de ces autres pouvoirs dont la conscience nous a été donnée, la justice et la raison. De là les associations civiles destinées à faire cesser entre particuliers cet état de guerre, qui semble notre manière d'être primitive sinon naturelle.

Lorsque deux individus appartenant à une même association sont en lutte, la puissance sociale juge leur différend et les force à se soumettre. Mais les états sont entre eux, comme nous le faisons remarquer ailleurs, dans cette situation que

Hobbes regarde comme l'état de nature. En droit ils sont égaux ; sous le rapport des forces ils présentent une effrayante inégalité, et cependant ils n'ont à mettre au service de leur droit rien autre chose que leur force individuelle, disproportionnée avec celle de leurs ennemis. Que résulte-t-il de là ? C'est que dans les rapports de nation à nation la force brute décide presque toujours, et la fin des hostilités, au lieu d'être la paix, c'est-à-dire le rétablissement du droit et de l'égalité, n'est autre chose que la consécration d'un fait violent, l'oppression du faible par le fort, le commencement d'une lutte sourde substituée à une lutte ouverte, en un mot c'est la continuation véritable, sous un autre nom, de l'état de guerre.

Au point de vue philosophique, il n'existe donc pas de paix réelle entre les états que nous voyons, mais des intervalles de calme forcé, imposés aux moins habiles ou aux moins heureux, par ceux qui possèdent la puissance ou que favorise la fortune. Pour que la Paix existât avec toutes les conditions d'équité et de durée, il faudrait que les états formassent tous ensemble une société fondée à peu près sur le modèle des sociétés civiles les plus perfectionnées. Il faudrait que la force de tous fût au service du droit de chacun, et que le monde, dans ses rapports généraux, fût administré comme une grande république. C'est un idéal que le monde n'atteindra peut-être jamais, mais vers lequel toute politique doit tendre ; car, s'il n'est pas possible de l'obtenir, on peut toujours s'en rapprocher, et la reconnaissance, quoique bien stérile encore, du principe de la souveraineté du peuple est, il faut le dire, un grand pas de fait dans cette voie.

Des considérations générales que nous venons d'exposer, il suit dès à présent une conséquence, c'est que la Paix, quelque charme que ce mot puisse exercer sur les imaginations les plus généreuses, ne doit cependant être recherchée, dans l'état actuel des choses, qu'avec réserve et prudence. Sans doute il faut vouloir la Paix, mais la vouloir partout et toujours, alors que chaque état ne possède en effet que son épée pour faire respecter ses droits, c'est proclamer une obéissance aveugle au règne de la force brutale. Une nation qui déclarerait, comme notre gouvernement a voulu le faire en notre nom, que son dessein arrêté est de ne faire la guerre pour aucun motif, cette nation abdiquerait par ce seul fait sa personnalité, elle tomberait dans le mépris des autres et d'elle-même ; les autres peuples l'abandonneraient, et ses propres citoyens n'étant plus réunis par le lien commun de l'honneur national, descendraient rapidement jusqu'au dernier degré de l'égoïsme et de la corruption. Aussi avons-nous vu tous les états qu'un sort contraire condamnait à ne plus vouloir ou ne plus pouvoir faire la guerre, disparaître pour ainsi dire de la scène du monde, tandis que leur prospérité intérieure, loin de s'accroître dans un repos honteux, faisait place, comme en Espagne, à la misère publique et aux discordes intestines. Il faut donc vouloir la Paix pour son pays, mais il faut la vouloir sans faiblesse, sans concessions. Il ne faut la rechercher ni aux dépens de son honneur, ni aux dépens des autres peuples, que l'on a le devoir de protéger quand on en a la force : car, permettre à l'injustice de se consolider par la violence, professer dans les rapports de peuple à peuple la maxime, chacun chez soi, chacun pour soi, ce n'est pas faire un sacrifice à la Paix, c'est perpétuer cet état d'antagonisme et de luttes brutales que Hobbes dit avec raison être le point de départ de l'humanité d'abord sauvage.

(V. Traité.)
Jules Bastide.

PALAIS. Au propre, ce mot désigne la demeure des rois et celle des prélats ; il exprime aussi, par extension, toute maison construite avec magnificence. Le nom de Palais, dérivé du latin *palatium,* tire son origine de l'édifice qu'Auguste fit élever sur le mont Palatin, une des sept collines de Rome, et dont les ruines, qui existent encore, couvrent toute l'étendue de cette colline. Au figuré, on entend par Palais le prince et ses courtisans ; les intérêts communs à tous ces personnages. Une *révolution de palais* est un changement subit de souverain ou de système politique, par suite d'une intrigue ou d'une conspiration, qui n'amène toutefois aucune modification essentielle dans la constitution de la société.   B.-C.

PALATIN, ou COMTE PALATIN, du latin *comes palatinus.* On donnait autrefois ce titre, en Allemagne, à tous les seigneurs qui étaient attachés au palais des empereurs. Il ne fut plus appliqué dans la suite qu'à quelques princes qui possédaient des *palatinats* (V. ci-après). Le palatin du Rhin avait rang de huitième électeur et était architrésorier de l'empire. Sa famille était appelée la *maison palatine.* Aujourd'hui, on qualifie de Palatin, en Pologne, le gouverneur d'une province, et, en Hongrie, le dignitaire investi des fonctions de vice-roi.   B.-C.

PALATINAT. Anciennement plusieurs principautés de l'Allemagne portaient ce titre : il y avait le Haut et le Bas-Palatinat, le Palatinat de Bavière et le Palatinat du Rhin, ainsi nommé de la situation des Etats dont il se composait et qui s'étendaient le long des bords de ce fleuve. On désignait habituellement le dernier par le seul nom de Palatinat. Il fut donné en 1623 à l'électeur Maximilien de Bavière, et fut particulièrement attribué à une branche de cette maison. En 1777, il fit retour à la Bavière, sauf une partie qui fut cédée à l'Autriche. Pendant les guerres de la Révolution et de l'Empire, la France s'était emparée d'une portion du Palatinat; les traités de 1814 et de 1815 la restituèrent à l'Allemagne.

On nomme en Pologne *Palatinat* une province et la dignité de gouverneur à qui l'administration en est confiée.   B.-C.

PAMPHLET. § 1. *Historique.* Le Pamphlet est une des formules les plus naturelles de l'esprit français; c'est pourquoi sa toute-puissance ne sera amais contestée dans ce pays-ci. Les révélations et les plaisanteries des pamphlétaires du siècle dernier ont plus empêché l'ancienne monarchie de dormir que les gros livres de philosophie.

Il serait difficile de faire remonter l'origine du Pamphlet politique au-delà du seizième siècle. Antérieurement à cette époque, on ne trouve chez nous que de l'esprit littéraire, sauf Rabelais, dont les intentions plus hardies percent à travers le voile prudent dont il les a couvertes. Quant au Pamphlet du temps de Charles IX, il est sérieux et raisonneur; jamais anecdotique ni plaisant. A cette époque, la satire discute, en se laissant aller quelquefois à de grandes violences d'expression, mais elle ne cherche pas à mordre; elle tue à coups de poignard.

Dans les *Mémoires de Condé*, le recueil le plus célèbre de Pamphlets appartenant à cette période, tout est grave et sérieux; l'ironie ingénieuse et fine n'y a place nulle part. Rabelais est complètement oublié. — Mais à peine Henri III est-il monté sur le trône, qu'une grêle de Pamphlets anecdotiques et cruellement moqueurs tombe sur le monarque et ses courtisans. Nous ne parlons pas des *Mémoires de la Ligue;* c'est encore de la discussion théologique et politique; nous voulons seulement désigner les écrits qui attaquent, sous une forme légère et mordante, les infamies et les absurdités de ce temps d'anarchie.

Henri III meurt sous le poignard de Jacques Clément. Aussitôt éclate une recrudescence de haineuse fureur chez les Ligueurs, amis des Guises. On s'égare au milieu de la multitude de Pamphlets huguenots et catholiques qui fit irruption pendant cette crise politique et religieuse. Quatre ans plus tard, en 1593, les états généraux furent appelés à prononcer sur les droits que le fils de Jeanne d'Albret, le duc de Mayenne, le duc de Savoie et le jeune Guise prétendaient avoir au trône de France. Alors parut la *Satire Ménippée*, cette ravissante comédie échappée à la plume courageuse de six hommes de cœur et de génie, cet admirable monument de l'esprit français, qui a conservé tout son parfum de fraîcheur, malgré les deux siècles et demi qui nous séparent de l'époque où elle parut. Tout le monde a lu ce Pamphlet qui couvrit d'un ridicule ineffable les factions, un moment réunies dans la même assemblée. Tout le monde connaît le *Catholicon d'Espagne*, l'*Abrégé de la tenue des Etats*, et les *Découvertes dans la lune*, pièces détachées qui forment ensemble ce chef-d'œuvre de verve sardonique, et de spirituelle malice. Nul doute que cette satire de l'anarchie qui régnait alors n'ait contribué puissamment à amener une solution dans le sens de l'unité du pouvoir.

Entre la Ligue et la Fronde, il y a une lacune dans l'histoire anecdotique sous forme de Pamphlets. Mais, sous le ministère de Mazarin, l'esprit français ressaisit son arme la plus naturelle et la plus redoutable. C'était l'époque de la résistance du Parlement contre le pouvoir royal, l'époque de la réaction fédéraliste contre les idées unitaires de Richelieu, échues en héritage à un homme habile,

mais faible. L'élève du cardinal n'était pas à la hauteur de son rôle; aussi fut-il violemment assailli par la multitude de ses ennemis, nobles, prêtres, magistrats, bourgeois ambitieux et cupides. Le conseiller d'Anne d'Autriche faillit être enseveli et étouffé sous un monceau de Pamphlets, et les Pamphlets amenèrent l'émeute, laquelle amena la chute momentanée de Mazarin.

A tous les moments de lutte énergique contre l'autorité ministérielle, on est sûr de voir le Pamphlet exercer une royauté de fait que les corps constitués eux-mêmes n'auraient osé contester. Ainsi, à peine le chancelier Maupeou a-t-il donné carrière à ses rancunes contre le Parlement, qu'un débordement effrayant de satires va le faire pâlir jusque sur les marches du trône. La quantité de Pamphlets dirigés contre le *Parlement intrus*, cette création audacieuse du chancelier, égale presque celle des *Mazarinades*. On est épouvanté de la dépense d'esprit et de verve de bon aloi qui eut lieu durant cette période de querelles acharnées entre la royauté, jalouse de ses droits, et les privilégiés, infatués de leurs prérogatives.

L'archevêque de Sens et Lamoignon, auteurs du célèbre projet des *Cours plenières* et des *grands bailliages*, servirent pendant long-temps de points de mire aux pamphlétaires. Après un rude et sanglat combat, la satire l'emporta, et les ministres restèrent sur le champ de bataille.

Le dix-huitième siècle fut sans contredit l'ère la plus glorieuse du Pamphlet. Tandis que la philosophie faisait son œuvre dans les hautes régions de l'intelligence, le Pamphlet soutenait une guerre acharnée contre les abus, la corruption de la cour, la vénalité de la magistrature et l'absurde despotisme d'une législation arriérée de plusieurs siècles. C'était une véritable pluie de satires mordantes, de réquisitoires formulés avec esprit, d'épigrammes qui emportaient la pièce. Malgré la surveillance de la police, les pamphlétaires faisaient imprimer leurs opuscules et les répandaient à profusion dans le public qui les lisait avec avidité. Le dépit des courtisans et des ministres n'avait pas tardé à se changer en terreur. L'effroi était général à Versailles. Chaque jour le roi et les princes trouvaient des Pamphlets adroitement cachés sous leur serviette. Les ordres les plus rigoureux ne pouvaient empêcher l'introduction de cette denrée maudite dans la demeure royale. On vit alors le roi de France trembler devant un simple pamphlétaire retiré à Londres, d'où il décochait en toute sécurité ses traits redoutables contre la Dubarry et son auguste amant. La capture de l'auteur du *Gazettier cuirassé* et de la *Gazette noire* fut une véritable affaire d'état. On organisa une expédition militaire placée sous le commandement d'un capitaine des gardes qui avait stipulé une pension et un pot-de-vin considérable pour récompense de sa hardiesse, s'il réussissait dans son entreprise. Mais le chevalier Morande, prévenu à temps, déjoua le complot qui se tramait contre lui, et le glorieux capitaine, au lieu d'enlever le pamphlétaire, comme il l'avait espéré, fut lui-même rossé d'importance. Quelque temps après, cependant, le fougueux libelliste capitulait avec la cour, à la suite d'une longue négociation, à laquelle Beaumarchais prit une part fort active.

Les Pamphlets philosophiques de Voltaire, les satires politiques que l'auteur du *Mariage de Figaro* mettait si habilement sous forme de plaidoyers et d'œuvres dramatiques, secondèrent puissamment l'action des réformateurs du dix-huitième siècle. L'immense sensation produite par le chef-d'œuvre scénique de Beaumarchais prophétisait à elle seule une révolution, et la parole incisive de l'adversaire de Goezman devait résonner à l'oreille du roi comme un lugubre son de cloche.

Le Pamphlet n'avait rien à faire pendant la Révolution, aussi garda-t-il le silence durant toute cette glorieuse période. Sous le Consulat et sous l'Empire, il fut tenté de se réveiller, car le nouveau régime, installé par l'ingrat héritier de la République, méritait bien de tomber sous sa férule. Mais le despotisme du sabre ferma la bouche aux gens d'esprit; et un autre despotisme, celui de la gloire, protégea le vainqueur de l'Europe contre la causticité des pamphlétaires. Ajoutons que l'exil des révolutionnaires restés fidèles à leurs principes, contribua puissamment à débarrasser la nouvelle aristocratie de cette phalange ennemie, plus terrible que les gros bataillons.

Sous la Restauration, le Pamphlet se personnifia dans un homme : Paul-Louis Courier. Lui aussi peut revendiquer une bonne part dans la destruction d'un régime qu'il avait flagellé sans pitié, aux applaudissements de la France presque tout entière.

Enfin, depuis la Révolution de 1830, le sceptre du Pamphlet est tombé en des mains non moins redoutables. Littéraire comme Courier, fécond, varié, piquant, populaire comme lui, avec autant de verve, autant d'esprit, de courage, plus de science politique et plus de cœur peut être que Courier, M. de Cormenin a porté aux abus des coups également mortels. Courier contribua puissamment, nous l'avons dit, à la chute d'une race exécrée. Plus que personne, M. de Cormenin a contribué à ébranler un détestable système politique. Plus de cent millions conservés au pays, l'institution des apanages à jamais détruite, deux ministères renversés, le principe des dotations princières violemment ébranlé, voilà les résultats des Pamphlets, sans compter les impressions produites sur le public, et dont les effets se verront plus tard.
FRÉDÉRIC LACROIX.

§ II. PHYSIOLOGIE DU PAMPHLET. — L'orateur parle aux députés, le publiciste aux hommes d'état, le journal à ses abonnés, le Pamphlet à tout le monde.

Le discours parlementaire se prononce devant une audience mêlée d'aristocratie et de populaire.

Le Pamphlet a pour auditoire tout un peuple, un peuple immense de travailleurs intellectuels.

On a demandé à quoi tenait l'universalité de la langue française? Elle tient à sa clarté. Il n'y a rien de plus universel que la lumière.

Le Pamphlet est par dessus tout français, chez

les modernes, comme il était par dessus tout athénien chez les Grecs.

Le Pamphlet doit être riche de couleur, simple d'allure, étincelant de clarté, exact de calcul, hardi de raisonnement, varié de ton, s'il veut plaire, et il veut plaire, puisqu'il est français. Il parle à chacun son langage, puisqu'il a plusieurs langages. Avec le logicien, il argumente; avec le mathématicien, il chiffre; avec le publiciste, il enseigne; avec le poète, il chante; avec le peuple, il cause.

Comme le Français est un peuple imaginatif, il veut que, sans la lui dérober, on lui cache parfois la vérité sous le voile d'une fine allégorie; que l'argumentation osseuse et rude du logicien se recouvre de chair et s'anime, et qu'elle devienne chaude et colorée jusqu'à la poésie.

Comme le Français est dialecticien, il veut d'autres fois qu'on lui montre la vérité toute nue, sans parure de langage, sans autre tissu que celui du raisonnement, et il se fâche si vous raisonnez faux, et il le sent, et il vous le dit.

Comme le Français est rapide de pensée, qu'il finit les phrases que vous commencez, et qu'il va vite à la conclusion, il faut souvent ne lui dire que la moitié des choses, et lui laisser le plaisir de surprendre le reste.

Comme le Français est vif, impétueux, ardent, il veut qu'on aille par bonds, qu'on se précipite, qu'on se mêle à ses passions, qu'on se jette dans ses colères, qu'on rie de ses joies, qu'on ait des hymnes pour la gloire et pour la liberté, et des imprécations contre la tyrannie.

Il y a de tout cela dans le peuple français, et il faut qu'il y ait de tout cela aussi mêlé d'ombre et d'éclat, d'art et de négligences, de raison et de passion, de sérieux et de narquois, de verve et de dégoût, de logique et de figures, de vifs abords et de conclusions brusques, d'apostrophes et de résumés dans le Pamphlet; qu'il soit, tour à tour, sérieux, badin, positif, allégorique, simple, figuré, agressif ou défensif, et en tous points accommodé au génie de notre nation qui n'aime ni ce qui est obscur, ni ce qui est long, ni ce qui est pesant, ni ce qui affirme sans prouver, ni ce qui veut trop prouver, trop expliquer, trop dire.

Le pamphlétaire, en quelques tours de phrase, épuise la question; il la résout une heure avant que tel orateur ne l'ait seulement posée. Tandis que l'orateur se fatigue et s'égare dans le labyrinthe de ses précautions oratoires, le pamphlétaire part devant comme une flèche, tire de l'aile, va tout droit, arrive au but.

Le pamphlétaire peut dire tout ce que dit l'orateur. Mais l'orateur ne peut pas dire, tant s'en faut, tout ce que dit le pamphlétaire. Celui-ci n'est borné ni par le sujet, ni par les circonlocutions, ni par les personnes qui siègent devant lui, qui l'écoutent et qui le jugent, comme l'orateur; ni par le despotisme des partis, ni par les conventions des sociétaires, ni par les caprices de l'opinion, ni par les préjugés inintelligents des abonnés, comme le journaliste; ni par la solennité du ton et la gravité des matières, comme le publiciste. Il n'est pas tenu, sous peine d'amende, de claustrer son indignation dans une feuille longue de cinq décimètres, large de six et au timbre de cinq centimes.

Le pamphlétaire a quelquefois l'avantage d'être l'homme le plus connu de la cour, quoiqu'elle ne l'ait jamais vu, et de la connaître mieux que personne, quoiqu'il n'y mette jamais les pieds. On l'y hait jusqu'à l'appeler un scélérat, mais on l'y estime jusqu'à ne point tenter de le corrompre. Il a, en effet, ses raisons d'honnèteté pour ne pas accepter de l'or; il a ses raisons d'indépendance pour ne pas vouloir être valet; il a ses raisons de logique pour aller à l'abordage des sophismes; il a ses raisons de vérité pour ne pas trahir la vérité, quand son devoir est de la dire ferme et haut. Et cependant, il faut bien compter avec le pamphlétaire, comme avec une puissance, lorsqu'il s'avance porté sur les bras de cent journaux, fort de sa force et de la leur. N'y a-t-il donc pas quelque moyen de conjurer ces tempêtes inconnues qui soufflent à renverser les tourelles du despotisme! Comment s'y prendre, puisqu'on ne peut apprivoiser ces terribles pamphlétaires pour river du moins, entre leurs doigts, leur plume de fer? C'est de les tuer, ce qui serait plus tôt fait, ou ce qui serait peut-être mieux encore, selon moi, c'est de gouverner dans l'intérêt du pays.

Si le Pamphlet est à la portée de tout le monde, c'est qu'il parle comme tout le monde.

S'il chiffre ses raisonnements, c'est qu'il a affaire à des gens qui veulent, pour toute preuve, qu'on aligne droit ses zéros.

S'il raisonne ses chiffres, c'est que d'autres ont un certain art qui n'est pas le sien, de les grouper et de démontrer très mathématiquement que deux et deux font cinq. S'il est coloré, c'est que les figures plaisent au peuple, et que, ce que le philosophe comprend par l'argumentation, le peuple le comprend par l'image.

S'il est court, c'est que c'est le seul moyen de tout dire à des gens qui n'ont pas le temps de tout entendre.

S'il est malin, c'est que le Français est le plus raisonnablement spirituel de tous les peuples, et que tout le monde, en France, a de l'esprit, excepté les sots, et il n'y a pas de sots.

S'il est hardi, c'est qu'il lui faut prendre l'abus au collet, le tirailler, le secouer, et le serrer près du bouton, jusqu'à ce qu'il rende gorge.

Enfin, s'il ne laisse plus rien à dire lorsqu'il a dit, c'est qu'il dirait mal s'il ne disait tout.

Pour durer plus d'un jour, pour se répéter d'écho en écho, il faut que le Pamphlet plaise à tous, et cependant qu'il ne ressemble à personne; qu'il relève la grandeur des choses par la simplicité de l'expression; qu'il soit incisif sans être injurieux, familier sans être trivial, original sans être bizarre, naturel à la fois et plein d'art, facile et travaillé, écrit pour l'académie et lu par le peuple.

A la différence du pamphlétaire, l'orateur sème en bonne terre, en terre bien fumée, en terre de budget.

Le pamphlétaire se déchire et s'ensanglante les mains et les pieds aux ronces du chemin, et c'est là toute sa moisson.

Le discours mène aux honneurs, à la fortune, à l'académie, aux ambassades, aux grosses jugeries, au ministère.

Le Pamphlet mène au mépris des beaux discours, à la haine furieuse et empestée des courtisans, à une renommée orageuse et disputée, à la cour d'assises et à la prison, au guet-apens, si ce n'est à l'hôpital, et aux retours de la popularité, plus brusques, plus subits, plus variables que les girouettes de nos toits, plus agités que les vagues profondes de l'Océan lorsqu'il est soulevé par la tempête.

Allez cependant, allez toujours, pamphlétaire, si telle est votre destinée. Il y a quelque chose au dessus de toutes les récompenses et de tous les sacrifices, c'est la vérité.　　TIMON (1).

PANAMA, ville de Colombie située dans le golfe et sur l'isthme de Panama. Il s'y est passé, en 1825, un événement politique d'une très grande importance. Après que Bolivar eut assuré la liberté de sa patrie et celle du Pérou, il conçut l'idée de rapprocher dans une assemblée solennelle toutes les républiques américaines, afin qu'elles pussent s'entendre sur leurs intérêts communs et resserrer les liens de la solidarité qui les unit. La ville de Panama fut désignée pour être le siége du congrès, et tous les pays républicains du Nouveau-Monde, Etats-Unis, Mexique, Guatemala, Colombie, Pérou, Bolivia, Chili, Buénos-Ayres, Uruguay, Haïti, furent invités à envoyer des représentants à la réunion fraternelle qui devait avoir lieu sur le point de jonction des deux Amériques. Opposer un congrès de peuples libres aux congrès de rois dont l'Europe avait toujours eu le triste spectacle; montrer pour la première fois des nations régénérées par le baptême de l'indépendance, occupées à organiser la liberté dans leur sein et à former une sainte coalition contre leurs ennemis; faire ainsi la glorieuse contre-partie de ces conciliabules de ministres et de diplomates où quelques ambitieux se partagent des peuples comme des troupeaux : c'était là une idée grande, originale et féconde en heureux résultats pour l'Amérique toute entière; c'était aussi une leçon donnée à la vieille Europe, pour qui les congrès ont toujours été une occasion d'avanies et d'humiliations. Malheureusement, le projet de Bolivar ne put recevoir une exécution complète. Quelques unes des nouvelles républiques étaient trop occupées de leurs troubles intérieurs pour pouvoir penser à autre chose, et d'un autre côté, les plénipotentiaires qui s'étaient rendus à Panama à l'époque désignée furent obligés de se séparer pour échapper aux terribles épidémies qui ravagent pendant certains mois de l'année les provinces de l'Amérique centrale. En conséquence, le congrès républicain fut dissous par la force des choses avant d'avoir rien résolu d'une manière définitive.

— Il a été question à différentes époques de

(1) *Livre des Orateurs.*

percer l'isthme de Panama. Cette entreprise, dont les difficultés ont toujours découragé ceux qui s'en étaient chargés, sera certainement un jour mise à fin. Alors les Océans Atlantique et Pacifique, aujourd'hui séparés, au centre de l'Amérique, par une étroite langue de terre, seront réunis par un canal qui admettra les bâtiments de toutes les nations. L'Océanie sera ainsi considérablement rapprochée de l'Europe, car les vaisseaux n'auront plus à subir les lenteurs du passage par le cap Horn ou le détroit de Magellan. Ce sera un nouveau débouché ouvert au commerce et à la population surabondante de quelques états de l'ancien monde. Malheur à la France si elle ne sait pas mettre à profit cette précieuse ressource, et si elle ne prend pas les devants sur ses rivales pour s'établir d'une façon sérieuse et durable dans les îles qui forment cette cinquième partie du monde! Elle perdrait une admirable occasion d'augmenter ses richesses commerciales, et par conséquent d'accroître sa puissance.

F. L.....x.

PANTHEON. On nommait ainsi, dans l'ancienne Rome, un temple bâti par Agrippa, gendre d'Auguste, qui le dédia spécialement à Jupiter Vengeur. Il fut cependant appelé Panthéon parce que suivant la signification du mot, on y voyait les statues de presque toutes les divinités. Ce temple subsiste encore aujourd'hui sous le nom de *Sainte-Marie-de-la-Rotonde.* Le Panthéon français, construit sur un plan à peu près semblable, fut d'abord consacré à sainte Geneviève; mais un décret de l'Assemblée Législative en changea la destination, et dédiant ce temple à toutes les gloires nationales, décida qu'on y déposerait la dépouille des hommes qui, par d'éminents services, auraient bien mérité de la patrie. C'est ainsi qu'à divers titres les honneurs du Panthéon furent accordés aux restes de Jean-Jacques Rousseau, de Voltaire et de Mirabeau. Le corps de ce dernier fut retiré, comme on sait, lorsqu'on y transporta celui de Marat, qui devait lui-même, quatre mois plus tard, en être ignominieusement chassé. Lors de la rentrée des Bourbons, le Panthéon fut replacé sous l'invocation de la patronne de Paris. Enfin, depuis 1830, il a été rendu au culte des grands hommes, mais l'inscription révolutionnaire et le fronton sculpté par David (d'Angers) sont là seuls pour l'attester. Aucun mort illustre n'est venu y prendre place; et devant les réactions politiques, devant l'inconstance des pouvoirs, qui tour à tour font et défont les héros, improvisent des demi-dieux ou traînent aux gémonies ceux qu'on encensait la veille, par respect pour la cendre des morts, il est à désirer que les caveaux du Panthéon restent encore longtemps vides. Le véritable Panthéon des grands hommes est la mémoire des peuples. Aucune puissance ne saurait les en chasser.   N. P.

PAPAUTÉ. PAPE. Dire que toutes les associations tendent à l'unité, c'est simplement énoncer un fait. Or, la science de l'homme ne va pas au-delà; la concordance de certains faits lui permet d'en proclamer la nécessité, mais elle ne saurait concevoir d'autres conséquences produites par les mêmes causes. Ce que nous appelons la loi constante de l'humanité, n'est que l'enchaînement observable des manifestations humaines; tout notre savoir est empirique.

Cet exorde n'est pas hors de propos. En effet, quelques historiens, aheurtés à un libéralisme borné dans ses vues, illogique dans sa méthode, se sont posé d'étranges questions sur la légitimité des pouvoirs. Quant à la Papauté, puisque c'est le sujet qui nous intéresse dans cet article, ils se sont demandé si, par hasard, il n'aurait pas été plus profitable au développement du Christianisme, qu'aucune autorité n'eût été constituée dans l'Eglise, au dessus de l'Episcopat. Nous voulons nous épargner de répondre à cette question : ce n'est pas assurément qu'elle nous embarrasse, mais nous désirons éviter une discussion superflue, et, pour le faire, il nous suffit d'établir cet axiome : que toute association humaine aspire à l'unité.

Dès son origine, la société chrétienne avait été plus activement que toute autre travaillée par cette tendance. Les missionnaires partis de Jérusalem avaient *porté la bonne nouvelle à toute créature,* et sans convertir à leur croyance telle ou telle cité, ils avaient trouvé des partisans, ils s'étaient associé des adeptes dans toutes les cités, dans toutes les nations connues. Entre les confesseurs d'une même foi, séparés les uns des autres par d'immenses intervalles, il était indispensable qu'il y eût des rapports constants : ces rapports furent entretenus par des correspondances épistolaires. Nous en possédons quelques unes; quel en est l'objet? la discussion des dogmes de la foi nouvelle, l'explication des mystères, l'amplification de la lettre sacrée. Or, ces correspondances ne pouvaient pas être irrégulièrement adressées à tel ou tel membre de l'association. Il fallut donc que, dans chaque ville où résidaient quelques fidèles, un d'entre eux fût choisi pour recevoir et communiquer aux autres les avis, les nouvelles, les remontrances qui concernaient l'assemblée, l'*Eglise :* ce choix, suivant les mœurs antiques, et aussi à cause de certaines idées particulières à la communauté chrétienne, désigna les vieillards, les anciens. Telle est l'origine de cette discipline presbytérienne qui fut le premier gouvernement établi dans l'Eglise.

Mais, avec le temps, cette discipline devint insuffisante. En effet, l'autorité presbytérienne ne pouvait s'exercer que sur les habitants d'une même cité, sur les fidèles d'une même église; elle n'était un correctif qu'au fédéralisme individuel. Bientôt il fut nécessaire d'associer ensemble tous ces groupes, d'agréger ces églises diverses; et, pour atteindre ce but, pour satisfaire à ce besoin d'unité qui est l'inspiration de toutes les consciences, il fut convenu que les églises les plus proches d'une ville importante auraient cette ville pour centre commun, et que le plus vénéré des prêtres, des vieillards, exercerait sur ses collègues une *surveillance* régulière. Voilà l'Episcopat constitué.

Encore un peu de temps, et le fédéralisme épiscopal sera lui-même absorbé par les patriarchats, qui abdiqueront à leur tour leur omnipotence pour établir dans l'Église un représentant visible de l'unité mystérieuse, un chef suprême de la communauté, un prêtre supérieur à tous les prêtres, un évêque plus puissant que tous les évêques, un patriarche plus éminent que tous les patriarches, et le choix libre d'une assemblée électorale attribuera cette prépondérance au pasteur de l'Eglise Romaine.

Nous n'éprouverions aucun embarras, disons-nous, s'il nous était imposé de démontrer historiquement que ces diverses transformations du gouvernement catholique eurent toutes leur raison d'être ; nous ne serions pas non plus au dépourvu d'arguments, s'il s'agissait pour nous de les légitimer par des considérations de l'ordre philosophique. Mais nous avons à dessein écarté toutes les objections de cette nature qui pouvaient nous être faites, en posant, au début de cet article, un axiome contre lequel il n'y a pas de protestation valable. Il nous importe toutefois d'exposer en quelques mots quelles circonstances engagèrent les derniers représentants de l'aristocratie épiscopale à l'acte d'abdication sur lequel repose l'établissement légal de la Papauté. Ce qui nous engage d'ailleurs à entrer dans ces détails, c'est que, même de nos jours, M. le comte de Maistre a eu l'étrange audace d'affirmer, contre tous les témoignages de l'histoire, que le gouvernement monarchique avait été l'état primitif de la société chrétienne ; nous aurons ruiné cette utopie, quand nous aurons déterminé le jour natal de la Papauté.

L'Eglise avait accompli déjà trois siècles de vie et de révolutions intérieures : commentés par tant d'illustres prédicants, les dogmes de la foi chrétienne avaient subi l'épreuve de bien des interprétations contradictoires ; cependant l'accord commençait à s'établir, et l'orthodoxie allait être constituée, quand l'hérésie d'Arius et des querelles de prééminence entre les divers patriarchats vinrent de nouveau remplir l'Eglise de tumulte et de confusion. Nous n'avons qu'à mentionner les luttes du patriarche d'Alexandrie et du patriarche de Constantinople ; elles sont fameuses dans l'histoire. C'était d'ailleurs un fait de tous les jours que l'appel d'un hérétique condamné à la juridiction d'un autre siége : jugées à Rome, à Byzance, les mêmes erreurs étaient de nouveau soumises à l'examen des évêques d'Antioche, d'Alexandrie, et l'on voyait souvent l'arrêt prononcé dans telle province complètement réformé dans telle autre ; c'était une satisfaction d'amour-propre que se donnaient les patriarches jaloux de leur indépendance et de leurs prérogatives. Dans cet état de choses, comment les fidèles pouvaient-ils se confier à la sagesse de leurs gouvernants ? Quelle pouvait-être la certitude pour les consciences catholiques ? L'hérésie d'Arius, en venant agrandir la plaie de l'Eglise, contraignit à l'emploi du seul remède efficace. Des conciles généraux avaient été convoqués ; ils avaient condamné l'erreur, mais ne l'a-

vaient pas vaincue : tandis que les évêques d'Occident excommuniaient le philosophe, ceux d'Orient donnaient acte de leur adhésion à ses nouveautés. Toute l'Eglise était en proie à cette discorde : après trois siècles de méditations sur l'évangile de saint Jean, la divinité du Christ était redevenue un problème, et l'on pouvait douter comment il devait être résolu ! Assurément cela était grave. Ce qui ne l'était pas moins, c'est qu'il n'y avait pas d'issue légale à ce conflit ; c'est que la constitution de l'Eglise obligeait au respect de la croyance adoptée par les évêques d'Orient, et au respect de celle que les évêques d'Occident tenaient pour orthodoxe, bien qu'ils fussent loin de s'accorder. Vainement, un concile général, le concile de Nicée avait statué sur l'objet de la controverse ; avec des équivoques on avait suscité de nouvelles discordes.

En présence de ces difficultés, un concile général fut convoqué, vers le milieu du quatrième siècle, à Sardique, en Illyrie, aux confins des deux empires d'Orient et d'Occident. Les évêques ariens s'y rendirent, mais, désespérant, dès l'ouverture du concile, d'attirer la majorité dans leur parti, ils s'éloignèrent sous divers prétextes. Après leur départ, Osias, évêque de Cordoue, qui avait été l'âme du concile de Nicée, soumit le décret suivant à l'acceptation de ses collègues : « Si » un évêque, condamné dans quelque cause, et » néanmoins pensant avoir raison, veut faire appel de son jugement, vous plaît-il, mes frères, » d'accorder cet honneur à la mémoire de saint » Pierre, que les évêques qui l'ont condamné en » écrivent sur-le-champ à l'évêque de Rome ; et » que, si l'évêque de Rome demande que le jugement soit renouvelé, il le soit, et lui-même » fournisse des juges ; que s'il déclare, au contraire, le jugement valable, il le soit comme ils » l'ont voulu ? Si cela vous plaît à tous, mes frères, décrétons-le. » Et tous les évêques assemblés répondirent d'une seule voix : « Il nous plaît, » *placet*. » Si le concile de Sardique prit une semblable décision, il est bien évident que le patriarche de Rome ne jouissait auparavant d'aucune prépondérance constitutionnelle sur ses collègues. Ce décret est d'une haute importance : avant le concile de Sardique, nous voyons bien les évêques des églises d'Afrique, de Syrie et même de Constantinople accorder au siége de Rome certaines prérogatives honorifiques ; mais rien de plus. Avec l'année 347 commence pour l'Eglise un ordre de choses tout nouveau ; la juridiction disciplinaire qui a été accordée à l'évêque de Rome aura bientôt pour conséquence de le constituer souverain absolu de toutes les consciences, arbitre infaillible de toutes les controverses qui auront le dogme pour objet.

Après avoir sommairement exposé les origines de la Papauté, il nous reste à dire quelle fut la grandeur et quelle fut la décadence de cette institution, qui a présidé au développement des nationalités modernes.

L'histoire de la Papauté peut se diviser en quatre périodes.

Durant la première, qui commence au concile

de Sardique, et finit avec l'intervention des Francs dans les affaires civiles de l'Italie, au temps d'Etienne et de Pepin (753). Le Pape ne possède que le gouvernement intérieur de l'Eglise, ou, comme on disait alors, le gouvernement de l'Eglise intérieure ; il décide dans les matières de foi ; mais, quant aux questions de discipline, où les intérêts de l'Eglise se confondent ou peuvent se confondre avec les intérêts de l'Etat, elles appartiennent à la suprême compétence de César. Voici comment Osias distinguait le pouvoir papal du pouvoir impérial ; il écrivait à l'empereur Constance : « Dieu » t'a confié, à toi, l'empire, à nous l'Eglise. Il » ne nous est pas permis, à nous, de posséder le » gouvernement de la terre, et toi, tu ne possèdes » pas celui du tabernacle. » Ce n'est pas là le langage que tiendront les Boniface VIII et les Grégoire VII. Et encore, il ne faut pas s'y tromper, au temps même d'Osias les droits du Pape sur le gouvernement du tabernacle n'étaient pas fort étendus. Constantin, en adoptant le Dieu des chrétiens, n'avait pas abdiqué le pouvoir qu'il tenait de son origine sur tous les sujets de l'Empire ; ses successeurs n'entendaient pas non plus aliéner leur toute-puissance, et soumettre leurs volontés à celles d'un évêque dont les tendances révolutionnaires leur avaient été plus d'une fois suspectes ; aussi n'eussent-ils pas toléré que des comices religieux, des synodes, des conciles (V. ce mot), fussent convoqués sans leur permission, dans telle ou telle ville de leur domaine. Ils ne refusaient pas de s'associer à la propagation de la croyance catholique, mais à la condition qu'avant tout leurs attributions gouvernementales seraient respectées. Et non seulement ont les voit eux-mêmes assembler les conciles, mais encore, dans plusieurs circonstances, se réserver le choix des évêques, expulser de leurs siéges des prélats qui ne sont pas à leur convenance, et promulguer de leur chef des lois concernant les choses ecclésiastiques.

Tel fut le premier état de l'Eglise. L'invasion des Barbares le modifia singulièrement. En se laissant convertir à la religion des chrétiens, les chefs barbares ne pouvaient être malveillants à l'égard de leurs directeurs spirituels, et ceux-ci furent plus pressés de constituer, à la faveur du tumulte, leur liberté politique, que d'enseigner à leurs catéchumènes quelles étaient avant l'invasion, les prérogatives constitutionnelles des Césars d'Occident. On voit à la date de l'année 587, le pape Pélage écrire à l'évêque de Constantinople : « Que le droit de convoquer les conciles généraux » appartient, par tradition, au siége apostolique : » prétention nouvelle assurément, mais peut-être d'autant mieux fondée. Avec le temps, le siége de Rome acquiert des richesses, il augmente ses patrimoines, il s'environne de splendeur. Les souverains de Byzance étaient encore représentés, en Italie, par l'exarque de Ravenne : mais l'autorité de ce gouvernement était à peine égale, au temporel, à celle que les Papes s'étaient acquise par des agrandissements successifs. Entre les deux gouvernements une querelle éclate ; Grégoire III, menacé par les ressentiments de l'Empereur et les

redoutant, appelle à son secours le chef des Francs, Charles Martel. Charles occupé par les Arabes dont les bandes victorieuses désolaient le midi de l'Empire, promet au pontife de venir au plus tôt à son aide. Mais voici qu'en peu de temps la situation politique de l'Italie est complètement changée ; descendus de la Germanie, les Lombards se sont rendus maîtres de la plupart des places latines et menacent Rome. Pépin, et après lui Charlemagne, viennent remplir la promesse de Charles Martel et délivrer la ville sainte.

C'est ici que nous devons consigner un événement dont les conséquences seront graves. Au temps de Constantin, les évêques de Rome ne possédaient leur titre qu'après avoir été consacrés par l'Empereur. Après la délivrance de l'Italie par Charlemagne, le pape Léon III, ne prenant conseil que de sa gratitude à l'égard du chef des Francs, le salua empereur d'Occident et lui posa la couronne sur la tête aux acclamations d'un peuple immense. Entre ces deux faits, l'investiture des évêques par les Césars, et le couronnement d'un César par un évêque, ne comprend-on pas qu'il y a tout l'intervalle nécessaire à l'établissement d'un droit nouveau ? Ce droit n'est pas proclamé par Léon à la face de Charlemagne ; non sans doute, il ne l'eut osé : mais à la mort de Charlemagne et de Léon, l'évêque Pascal, élu Pape, prend possession du siége de Rome sans attendre la confirmation impériale, et bientôt Nicolas, joignant une couronne aux emblèmes pontificaux, mérite par sa conduite superbe à l'égard des successeurs de Charlemagne qu'un historien fasse de lui cet étrange panégyrique : « Depuis le bienheureux Grégoire le Grand, aucun Pape ne fut comme Nicolas ; il commanda aux rois et aux tyrans, et leur fit voir une telle autorité qu'on l'eût dit le maître du monde. »

Nous n'avons pas à raconter ici par quelle succession d'envahissements, d'ailleurs fort profitables à la cause de la civilisation européenne, le pouvoir temporel passa des mains des Empereurs à celles des Papes : il nous suffit de montrer cette révolution dans ses origines pour prouver qu'elle a été sanctionnée par le consentement des peuples. Nous donnons à consulter les annales de la France et de la Germanie.

La troisième période de la Papauté est le commencement de sa décadence. La voix de Luther a été entendue par les princes séculiers ; les désordres intérieurs de l'Eglise et le scandale des mœurs romaines ont ébranlé ce gouvernement qui avait pour rempart, non le glaive, mais la foi. A la suite des guerres de la Réforme, le Saint-Siège a perdu ses attributions temporelles ; les princes, les rois se sont affranchis de sa tutelle ; ils se laissent dire par leurs courtisans qu'ils sont, eux aussi, vicaires de Dieu sur la terre, qu'ils sont la foi vivante ; ils permettent à leurs jurisconsultes de fonder leur droit divin sur l'hérédité, et cette révolte, d'abord timide contre l'absolutisme universel de l'évêque de Rome, est bientôt suivie d'une solennelle déclaration d'indépendance.

Enlever au Pape son ancien droit, le droit de conférer l'Empire, si bien écrit dans les ouvrages des canonistes romains, c'était beaucoup retrancher à sa puissance, mais ce n'était pas lui porter le coup le plus terrible. L'établissement des églises nationales eut pour conséquence, sinon immédiate, du moins prochaine, la déchéance spirituelle de la Papauté. Vainement l'évêque de Rome s'efforça de retenir par des concessions opportunes sa souveraineté qui s'échappait de ses mains; vainement il accepta la Pragmatique et le Concordat : céder, ce n'était qu'avouer une incurable faiblesse. La Papauté était entraînée par un courant rapide : ni l'adresse, ni le courage ne firent défaut aux derniers patrons de l'Arche Sainte, mais il ne leur était plus permis de jeter l'ancre ; les vents contraires les poussaient irrésistiblement vers l'abîme. Les peuples reçurent avec indifférence la nouvelle de ce naufrage.

Nous n'avons pas à dire comment, dans le siècle dernier, la propagande philosophique attribua le gouvernement spirituel, avec toutes ses prérogatives, aux docteurs indépendants : nous n'avons pas à raconter ici les dissidences fameuses qui, à l'occasion du Molinisme, du Jansénisme et du Quiétisme, comprimèrent la conscience romaine devant la logique des laïcs émancipés ; nous n'avons pas à énumérer les échecs successifs qui anéantirent cette puissante aristocratie qui, pendant une si longue durée de siècles, avait tenu la pensée humaine asservie à son joug. Il nous suffit d'enregistrer un fait accompli. Comme temporelle et comme spirituelle, la puissance du Pape n'est plus aujourd'hui qu'une fiction. Hors de l'enceinte des sept collines, combien y a-t-il de chrétiens qui sachent même le nom pontifical de l'homme qui a été choisi de son vivant comme successeur de Grégoire VII et de Léon X ?

Nous n'interpellerons pas l'arbitre des destinées sur les causes, sur la raison de ces vicissitudes. Le sort de la Papauté a été celui de tous les établissements humains; elle a été, elle n'est plus ! La même loi préside à l'érection et à la ruine de tous ces pouvoirs. Durant l'accomplissement de la mission qui leur a été prédestinée, ils étonnent le monde par la splendeur de leur majesté, par l'audace de leurs entreprises, par la magnificence de leurs ouvrages : et puis cette majesté s'efface, cette vigueur tombe, la décrépitude succède à la virilité. Pourquoi cette inconstance dans la fortune des gouvernements? pourquoi cette transmission continuelle des attributs de la Souveraineté ? Là est le mystère.   B. HAURÉAU.

PAPISME. Nous avons, dans un précédent article, exposé les phases diverses du gouvernement pontifical. Quand éclata la rupture du seizième siècle, quand la Réforme arbora son drapeau, deux partis se formèrent. Celui-ci, ne voulant céder ni devant les manifestations hostiles de l'esprit public, ni devant les remontrances des conciles, défendit avec courage la tradition canonique, qui attribuait à la conscience papale une souveraineté sans contrôle sur toutes les consciences chrétiennes : celui-là, entraîné dans les voies de la nouveauté, vivement stimulé par d'é-

loquentes déclamations contre les désordres du Saint-Siége, contre les abus de l'omnipotence, proclama la liberté de l'Eglise et réussit à l'émanciper par sa résistance opiniâtre. Ces novateurs s'appelaient eux-mêmes, les *Indépendants*, les *Apostoliques*, les *Réformés*, les *Protestants*; ils appelaient les adhérents au parti contraire, les *Romanesques*, les *Miliciens de l'Anté-Christ*, les *Pontificiens*, les *Papistes*. Calvin fait un fréquent usage du premier de ces qualificatifs réprobateurs dans son livre de l'*Institution*; Luther et les controvertistes latins emploient plus volontiers le terme de *Pontificii*; l'église de Charenton consacra celui de *Papistes*. Nous disons aujourd'hui dans le même sens, les *Ultramontains*.

Quel est le fond du Papisme? On peut comparer les écrits de Bellarmin et ceux du comte de Maistre, on verra que ni la révolution du seizième siècle, ni la propagande de l'*Encyclopédie*, ni l'indifférence du siècle à l'égard de la papauté, n'ont ébranlé la foi des Papistes modernes. Ce qu'ils veulent encore, c'est ce qui était avant l'année 1515; pour eux, la réforme n'est qu'un accident provoqué par une querelle de moines, accident bien malheureux, dont les conséquences sont hautement accusatrices de la dépravation humaine, mais dont il est impossible de justifier l'éventualité par des raisons de l'ordre moral; l'état de l'opinion ne leur prouve rien qu'une parcimonie boudeuse du créateur dans la distribution de ses graces actuelles.

Il faut le dire aussi, pour convertir les Papistes, on a employé les plus mauvais arguments. Bossuet, qui a favorisé tant d'erreurs, a principalement accrédité celle-ci : « Le pape est souverain ; il est infaillible ; mais sa toute-puissance est limitée par les canons des conciles.» Outre que cette proposition contient un paralogisme manifeste, elle ne peut même avoir le moindre poids dans une controverse ecclésiastique. Que Bossuet invoque les canons des conciles de Constance et de Bâle, qui attribuent aux assemblées épiscopales le gouvernement de l'Eglise, les Papistes lui opposeront d'autres canons décrétés par d'autres conciles, lesquels consacrent expressément la prépondérance absolue, sans limite, du successeur de saint Pierre. Pour ruiner le Papisme, ce qu'il faut invoquer, ce n'est pas la lettre d'un canon, c'est l'arbitrage suprême de la conscience publique. A qui repousse ce critérium, nous n'avons rien à démontrer.   B. H.

PARIAS. Suivant la tradition indienne, Brahma a créé quatre castes, sortant de sa bouche, de son bras, de sa cuisse et de son pied : les Brahmanes (caste sacrée), les Kchatryas (caste guerrière), les Vaysias (marchands industriels), les Soudras (laboureurs et professions diverses). LES PARIAS sont en dehors de toute caste. Aucune des grandes sectes religieuses ne les admet dans son sein, si ce n'est la secte de Vichnou, suivant l'abbé Dubois. Ce sont des excommuniés, réputés infames, dont on ne sait ni la race ni l'origine, repoussés des temples, étrangers à tous les actes de la vie sociale, condamnés à vivre dans des habitations isolées, comme les Juifs et les lépreux au moyen-âge. N'étant d'aucune caste ni d'aucune secte, ils ne suivent aucune prescription religieuse. Ils boivent du vin et des liqueurs et mangent des aliments défendus par la religion de l'Inde. Leur nombre est considérable. Ils habitent des huttes misérables, resserrées en petits villages qu'on appelle *pautchin.* Ils passent pour les ames des grands coupables qui expient dans cette condition leur vie antérieure. Il ne leur est permis de parler aux hommes des castes qu'en se couvrant la bouche de la main, pour intercepter leur haleine. Quand ils aperçoivent un brahmane, ils sont tenus de s'enfuir pour ne pas souiller ses regards. S'il arrive qu'un Vaysia ou un Soudra les touche, il doit se purifier aussitôt, par le bain, de ce contact impur. Un Kchatrya, ou homme de la caste guerrière, a le droit de tuer un Paria qui le toucherait par mégarde.

Cette barbare exclusion de toute une race proscrite a persisté dans l'Inde depuis les temps historiques, et aujourd'hui encore l'invasion européenne n'y a presque rien changé. La condition des Parias est pire que celle des esclaves de toutes les époques. Car l'esclave, au moins, est une chose, sinon une personne, une propriété sauvegardée du moins par l'intérêt du propriétaire. La condition de l'esclave dépend d'une loi politique que le progrès des mœurs a successivement entamée et qu'elle abolira bientôt. La condition du Paria dépend d'un préjugé religieux qui est demeuré immobile comme l'antique dogme de l'Orient et qui ne disparaîtra qu'avec le dogme lui-même.

On applique quelquefois ce nom de Paria aux prolétaires de notre société qui n'ont aucune place reconnue dans la hiérarchie politique, qui sont en dehors de tous les droits de citoyen. Mais la loi civile leur accorde, du moins, une certaine protection. L'Europe ne reconnaît point de Parias dans l'ordre civil, et les Parias politiques briseront un jour les castes privilégiées, afin qu'il n'y ait plus qu'une seule caste : l'espèce humaine.   T. T.

PARLEMENTS. Ces cours supérieures établies par Philippe le Bel et ses successeurs n'ont de commun que le nom avec les *Parliaments* ou *cour du roi* des temps antérieurs. Leurs attributions étaient exclusivement judiciaires comme celles de quelques grands bailliages institués tribunaux d'appel par Louis IX.

Sous la première race, les justices seigneuriales jugeaient souverainement. Charlemagne, pour donner à la puissance féodale, dont il s'était fait le chef suprême, de la consistance et de l'homogénéité, avait rétabli les assises des provinces (V. MISSI DOMINICI). Mais l'institution des *Missi dominici* et des recours au Parlement cessa d'exister sous les faibles successeurs de Charlemagne. La révolution de l'affranchissement communal rendit inutile le rétablissement des *Missi dominici* et de là la cour du roi. L'indépendance des juridictions seigneuriales ne pouvait plus co-exister avec les prescriptions des chartes d'affranchissements. Tou-

tes les communes avaient recouvré le droit d'élire leurs magistrats. Enguerrand de Marigny gouvernait la France sous le nom de Philippe le Bel, et avec le titre de *gouverneur principal de l'*ÉTAT et *de co-adjuteur du* ROYAUME. Il ouvrit une nouvelle voie judiciaire supérieure. L'ordonnance de création de ces cours d'appel en fixait les attributions. Elles furent d'abord ambulatoires comme l'avaient été les anciens Parliaments. L'ordonnance royale qui les instituait, portait : « Il sera établi deux échiquiers à Rouen, deux grands-jours à Troyes, deux Parlements à Paris, et deux à Toulouse. » Celui de Paris ne fut sédentaire qu'en 1303. Deux sessions chaque année avaient paru suffisantes pour l'expédition des procès de chaque ressort. Telle fut l'origine des Parlements ; rien dans l'ordonnance de création ne leur conférait d'attributions politiques.

Nous nous bornerons à indiquer les dates de créations des Parlements ; ils n'appartiennent à la spécialité de ce Dictionnaire que depuis l'époque où par des usurpations successives ils se sont érigés en corps politiques. — Ces cours étaient au nombre de treize, savoir : *Toulouse*, institué en 1302 ; (l'Aquitaine, dont cette ville était la capitale, avait déjà une juridiction supérieure appelée *Parlement* fondée, en 1280, par Philippe le Hardi) ; — *Paris* fut sédentaire en 1303 ; — *Grenoble*, l'ancien conseil delphinal, fut érigé en Parlement en 1431 ; — *Bordeaux*, 1460 ; — *Dijon* (l'ancien royaume avait un Parlement depuis le règne de Clotaire II, à la fin du sixième siècle ; le nouveau fut établi en 1476) ; — *Rouen* (l'ancien échiquier fondé par Raoul ou Rolon, premier duc de Normandie, fut érigé en Parlement en 1515) ; — *Aix*, appelé Parlement en 1415, puis *Conseil éminent* de Provence en 1424, a repris son premier titre en 1535 ; — *Rennes* (la juridiction supérieure, appelée *grands-jours* sous les anciens ducs de Bretagne, fut érigée en Parlement en 1553) ; — *Pau*, appelé successivement, sous les rois de Navarre, *Cour majeure*, *For de Navarre*, *Conseil souverain*, institué Parlement en 1620 ; — *Metz*, 1633 ; — *Douai*, ancien conseil souverain, érigé en Parlement en 1686 ; — *Besançon*, ancien Parlement du comté de Bourgogne, reconstitué en 1715.

Les plus anciens Parlements n'étaient en réalité que des commissions temporaires dont le personnel était renouvelé, tous les ans, par le roi et son conseil. — Les présidents et les conseillers seuls recevaient des gages réglés par le nombre des journées d'exercice. Depuis, ces charges érigées en titres d'office devinrent la propriété des familles, sous François Ier qui les rendit vénales. Le droit de juger ne fut plus qu'une marchandise.

Ces Parlements et ceux qui furent établis postérieurement n'étaient pas, comme ils l'ont prétendu, substitués aux pouvoirs, aux attributions de ces assemblées où les *optimates*, les officiers de la couronne, les prélats délibéraient en présence du monarque sur la paix, la guerre, les alliances, les finances et même sur les points les plus importants de la discipline ecclésiastique. Ils étaient *ju-*

geurs, et rien de plus. Ils succédaient aux grands bailliages institués par Louis IX. Philippe le Long, qui régna plus d'un siècle après Philippe le Bel, ne considéra les Parlements que comme le premier ordre dans la hiérarchie judiciaire, puisqu'il défendit l'entrée des Parlements aux prélats, attendu que comme en leur double qualité de seigneurs temporels et de chefs des diocèses, ils pouvaient avoir des intérêts à débattre devant ces Parlements, il eût été plus qu'inconvenant qu'ils y fussent à la fois juges et parties.

Depuis l'érection des Parlements, les rois avaient conservé leur grand conseil et leur conseil privé; les Parlements n'avaient à prononcer que sur les procès ordinaires. Au quatrième siècle, ils commencèrent à intervenir dans l'ordre politique; mais cette intervention fut plus qu'une usurpation, ce fut l'œuvre d'un crime. Isabeau de Bavière traînant à sa suite son époux en démence, avait vendu et livré au roi d'Angleterre, Henri V, le trône de France, sa fille, et frappé d'exhérédation le dauphin son fils. Le Parlement de Paris, non content d'approuver l'infâme traité de Troyes, déclara, par un arrêt, le dauphin déchu de ses droits, en proclamant l'anglais Henri V roi de France. L'université, la faculté de théologie suivirent l'exemple du Parlement.

Le duc d'Orléans disputait à Anne de Beaujeu, fille de Louis XI, la régence pendant la minorité de Charles VIII. Le Parlement de Paris n'avait pris aucune part à ce débat; il n'avait pas même demandé à se trouver à l'assemblée des états généraux; il s'était placé en dehors de la ligue du bien public. Le duc d'Orléans tenta vainement de faire sortir le Parlement de Paris des limites de ses attributions judiciaires, et de s'y faire un parti. Le premier président, de la Vacquerie, répondit au prince, ces paroles si souvent citées depuis : « Le Parlement est institué pour rendre » justice aux peuples; les finances, la guerre, le » gouvernement du roi ne sont point de son res- » sort. »

Le Parlement fit plus encore, il exhorta le prince à ne point déchirer, par la guerre civile, le royaume dont il était l'héritier présomptif. Le duc d'Orléans insista et laissa sa demande par écrit; le Parlement ne crut pas même devoir répondre à cette protestation.

Les moyens de publicité étaient alors très restreints, et les rois envoyaient leurs édits et leurs ordonnances aux Parlements pour y être enregistrés et *vérifiés*. Cette vérification ne s'appliquait qu'à l'identité matérielle de l'acte; mais les parlements l'interprétèrent bientôt dans un sens plus large; ils prétendirent que cette *vérification* s'étendait aux dispositions même de l'édit ou de l'ordonnance. Le juge dirigea le législateur.

Jusqu'au règne de Louis XII, les Parlements dont le personnel était réglé chaque année par le roi et son conseil, se composaient de seigneurs, de comtes, de barons (ceux-ci siégeaient en épée) et de légistes non nobles. Les grands baillis, institués par Louis IX, étaient les grands juges du royaume. Louis XII ordonna que les baillis et les prévôts ne pourraient exercer leurs fonctions judiciaires, s'ils n'étaient lettrés et gradués. Mais Louis XII fit une faute grave, il donna le funeste et premier exemple de la vénalité des charges. Après lui, le chancelier Duprat mit aux enchères les charges de judicature, et soutenu par la duchesse d'Angoulême et par Anne de Pisseleu, favorite de François Ier, il brava les remontrances du Parlement contre le concordat de Léon X et la création de nouvelles et nombreuses charges de conseillers dans tous les Parlements de France. Il multiplia sans mesure et sans prudence les édits bursaux. La résistance du Parlement finit par succomber.

La proscription des huguenots, l'assassinat juridique d'Anne Dubourg, les scènes sanglantes qui se prolongèrent sous les règnes de Henri II, de François II, les massacres de la Saint-Barthélemy sous Charles IX, sont présents à tous les souvenirs; les Parlements ont joué un rôle souvent équivoque dans ces temps déplorables.

Au milieu de ce pêle-mêle de crimes et de calamités de toute nature apparaissent, à de rares intervalles, quelques hommes courageux et dévoués; mais cette opposition généreuse était tout individuelle; les corporations judiciaires cédaient à la peur et à de lâches passions.

Depuis le seizième siècle nous trouvons les Parlements en pleine possession du pouvoir politique. Leur refus d'enregistrer les décisions des états généraux d'Orléans avait révélé toute l'étendue de leurs projets d'avenir. Hardis et entreprenants sous les derniers Valois, ils traversèrent silencieux, et la tête basse, le règne de Richelieu; mais devenus plus fiers, ils cassent les testaments de deux rois et s'emparant de quelques paroles de Bodin aux états de Blois, ils se posent *états généraux au petit pied* et s'arrogent le pouvoir législatif. Ils tonnent contre Mazarin, et tremblent à la vue du fouet de Louis XIV, dont ont les vit bientôt annuler les dispositions testamentaires; la Fronde ne fut que l'échauffourée d'une coterie d'intrigants ambitieux, sans places, sans caractère; ils parlent au nom de la nation qui les désavoue par son silence. Le jansénisme, les convulsionnaires, les billets de confession ne sont que des intrigues de sacristie; leur impuissance contre les envahissements de l'autorité royale, et les malversations des ministres est définitivement constatée par ce Dubois, né plébéien, qui fut le plus habile politique et l'homme le plus immoral de son temps.

Nous nous hâtons d'aborder la dernière période du pouvoir des Parlements, et cette longue lutte contre la réformation projetée par Maupeou. Les Parlements furent long-temps les plus forts, la nation cette fois était avec eux et pour eux, mais ce qu'elle regardait comme une inspiration patriotique, comme un dévoûment honorable et désintéressé n'était en réalité qu'une déception. L'égoïsme et l'esprit de corps se montrent enfin à découvert : une révolution vraiment nationale allait sortir de cette collision d'intérêts privés. Un premier essai tenté dans la petite province de Berry avait prouvé les avantages de l'administration du pays par le pays ; l'impôt territorial sur les biens de toute nature avait été adopté dans l'assemblée des notables, et les Parlements refusèrent d'enregistrer les édits qui dotaient la France de deux institutions éminemment utiles, éminemment justes ; exempts jusqu'alors de toutes contributions publiques, habitués depuis long-temps à diriger la haute administration civile et judiciaire, ils ne virent dans les nouveaux édits que l'abaissement de leurs prérogatives et la réduction de leurs revenus. Cependant, eux aussi réclamaient *les états généraux*, ils se flattaient de composer l'immense majorité dans cette assemblée : ils se croyaient encore au temps où le peuple applaudissant à leur opposition contre les dilapidations du trésor public et contre Maupeou, écrivait sur toutes les murailles du Palais, en saluant leur retour de l'exil, *Vivant patres conscripti pro salute patriæ.*

L'égoïsme parlementaire survécut à la supression juste et nécessaire des juridictions souveraines qui n'étaient plus en harmonie avec les nouvelles institutions demandées par les cahiers de quatre millions d'électeurs, et les vœux et les besoins de la France entière.

Depuis l'union des Parlements, en 1753, les états provinciaux et les populations entières s'étaient associés à leur résistance. La lutte fut longue, terrible et souvent ensanglantée. Les états et les Parlements de Bretagne, du Dauphiné et de toutes les autres villes parlementaires de la France, bravèrent toutes les forces de la cour. Les emprisonnements, l'exil, les échafauds, les plus terribles moyens de répression ne firent qu'irriter les populations indignées. Les Parlements s'étaient confédérés, ils avaient pour eux l'opinion publique, ils triomphèrent. Mais cette puissance qui faisait toute leur force les abandonna dès qu'ils eurent refusé l'impôt territorial et l'établissement des administrations provinciales ; les premiers, ils avaient provoqué la convocation des états généraux, mais à l'époque des élections, les hautes magistratures n'obtinrent qu'un très petit nombre de nominations.

Peu de temps après, l'Assemblée Constituante supprima les Parlements. Cette suppression résultait nécessairement des principes de réforme exprimés dans les cahiers des trois ordres. L'unité de lois et de juridiction pour toutes les parties de la France exigeait une réorganisation complète et absolue de l'ordre judiciaire.

Le mot Parlement n'est plus rationnellement applicable qu'à l'Angleterre et à la Sicile, qui pendant notre période révolutionnaire avait reçu des Anglais une constitution calquée sur celle qui régit la Grande-Bretagne. (V. ÉTATS GÉNÉRAUX ; PROVINCIAUX (ÉTATS); PROVINCIALES (ASSEMBLÉES); PRAGMATIQUE SANCTION, ETC.)

DUFEY (de l'Yonne).

PARLEMENTAIRE. On appelle de ce nom l'agent chargé, dans le cours d'une campagne, de proposer une capitulation, un armistice, un échange de prisonniers, etc. — C'est, en un mot, une personne chargée de négocier, de *parlementer* avec l'ennemi.

Le Parlementaire peut être envoyé par tout commandant de place ou chef de corps agissant isolément. Il en doit être ainsi, puisque les uns et les autres sont hors d'état d'en référer à aucune autorité supérieure pour ce qui concerne les concessions à faire ou les avantages à poursuivre.

Les Romains employaient en qualité de Parlementaires des officiers spéciaux appelés *feciales*. Dans le moyen-âge, ces mêmes officiers prirent le nom de hérauts. Les hérauts avaient en outre des fonctions plus étendues, celle de porter les déclarations de guerre, les propositions de paix, etc.

En l'absence des hérauts, et lorsque l'usage de ces officiers fut passé de mode, les chefs de corps et commandants de place négocièrent au moyen de tambours et de trompettes, qui annonçaient au loin leur mission en arborant un drapeau blanc.

Aujourd'hui, on s'adresse réciproquement en qualité de Parlementaires des officiers d'un grade quelconque, ou même des soldats et des bourgeois.

Suivant les règles du droit des gens, conformes en cela aux lois de l'humanité et du bon sens, la personne d'un Parlementaire, qui s'est fait reconnaître pour tel, est inviolable et sacrée ; celui qui leur fait insulte doit être sévèrement puni par son gouvernement, sous peine pour celui-ci d'être lui-même regardé comme l'ennemi de toutes les nations.

Si les Parlementaires n'étaient pas inviolables, il s'ensuivrait en effet qu'il ne serait jamais possible d'ouvrir aucune négociation, et que les guerres seraient éternelles. De cette considération toute puissante on doit conclure que les Parlementaires doivent être respectés même dans les discordes civiles, puisque l'humanité a un plus grand intérêt à en voir arriver la fin.

Mais, si le Parlementaire véritable doit être couvert par la protection de toutes les sociétés humaines, si l'offense commise envers lui est un véritable crime qui viole tout ce qu'il y a de plus sacré, quiconque usurpe ce nom mérite les peines les plus sévères.

Aussi, le prétendu Parlementaire qui joue le rôle d'espion est justement puni de mort. La même peine doit être infligée à plus juste titre encore aux personnes qui, dans une ville assiégée, à l'insu, ou malgré l'autorité du commandant, essaieraient de parlementer avec l'ennemi. Au chef seul appartient ce droit. Nous disons à l'article CAPITULATION sous quelles réserves il lui est permis d'en user. Nous répéterons seulement ici ce que disait Villars, avec le sentiment profond des devoirs d'un homme de guerre. L'opinion de ce général, qui eut le bonheur de sauver la France, était qu'un commandant de place ne doit jamais parlementer, mais faire sauter les ouvrages et se faire jour l'épée à la main.   J. B.

PARTI. « S'il faut raisonner sans prévention, je ne sais, Mirza, dit Usbek, s'il n'est pas bon que dans un état il y ait plusieurs religions... Les religions sont des rivales qui ne se pardonnent rien. La jalousie descend jusqu'aux particuliers ; chacun se tient sur ses gardes, il craint de faire des choses qui déshonoreraient son parti et l'exposeraient au mépris et aux censures implacables du parti contraire. »

On voit clairement par ceci que Montesquieu regarde comme un fait heureux la coexistence de plusieurs sectes religieuses au sein d'un même État. C'était l'opinion de son temps. La philosophie combattait le catholicisme au nom de la liberté de conscience : elle était naturellement conduite à ériger en principe ce qui n'était au fond qu'un argument de polémique. Aujourd'hui cette lutte est finie. La tolérance en matière de religion a prévalu dans les esprits et dans les mœurs ; nous n'avons donc rien à craindre des ardeurs dominatrices du sacerdoce, et nous sommes par-là mieux placés pour voir la vérité. Eh bien ! la vérité n'est pas évidemment dans cette assertion de Montesquieu. Non, il n'est pas bon qu'il y ait plusieurs religions dans un état. Le but de la société civile, c'est l'union des esprits et des cœurs, c'est la paix. Or, il est constant, et l'histoire en fournit mille preuves, que la multiplicité des religions est la cause la plus énergique, la plus irrésistible des dissensions et de l'anarchie.

Certes, s'il existe au sein d'un même peuple des religions différentes, il ne faut pas que d'intolérants sectaires entreprennent de rétablir violemment l'unité par la persécution. Mais, de ce qu'il n'est pas permis d'employer la force à dompter les consciences rebelles, de ce que l'intolérance, poussée au-delà des bornes, devient criminelle, il ne s'en suit pas, tant s'en faut, que la multiplicité des religions soit un bien. C'est un mal au contraire et un mal très grand ; car il n'y a pas de société véritable sans unité ; et il est véritablement trivial de dire que la multiplicité exclut l'unité.

Peut-être Montesquieu n'a-t-il fait ici qu'appliquer aux choses de la religion les considérations si connues de Machiavel sur les agitations de la république romaine. Mais, que dit Machiavel ? Approuve-t-il, offre-t-il comme un fait heureux le principe de ces agitations ? Non. Car le principe de la longue lutte des plébéiens contre les patriciens, c'était l'oppression que ceux-ci faisaient peser sur ceux-là, et partout, Machiavel s'indigne de cette oppression. Sans doute, il signale les heureux effets de cette lutte ; mais les effets seulement. Il dit : « Si les troubles de Rome ont occasioné la création des tribuns, il faut les louer. » — Et pourquoi ? « Parce que les *tribuns mirent le peuple à même d'avoir sa part dans l'administration publique*, et qu'ils furent les gardiens les plus assurés de la liberté romaine. » Machiavel n'exalte donc pas en elle-même la lutte quelquefois sanglante des deux partis ; il ne dit pas que la discorde soit un bien désirable, et dont il faille cultiver le principe ; il dit, au contraire, et ceci est incontestable, que, lorsqu'au sein d'un

même état vivent des classes différentes, des classes oppressives et des classes opprimées, il est bon que celles-ci réagissent contre celles-là, et que, pesant sur les institutions de tout le poids de leurs justes exigences, elles rétablissent l'égalité, qui est le partage de quelques uns et le droit de tous.

Donc, s'il est puéril de s'effrayer à la vue des grands tumultes que raconte l'histoire ; s'il faut reconnaître que ces troubles ont quelquefois servi aux progrès de la civilisation, il ne faut pas dire cependant que l'existence de plusieurs partis dans l'État soit une chose désirable, et qu'il faille se réjouir de leurs dissensions. Les factions sont les maladies du corps politique. Le remède à ces maladies, c'est, à la vérité, la lutte, et le triomphe des opprimés contre les oppresseurs ; mais il y a quelque chose qui vaut mieux que la médecine, c'est la santé.

Gardons-nous, d'ailleurs, de juger le présent et l'avenir sur le passé. Il est possible que jadis l'activité des peuples n'ait eu d'autre exutoire que l'émeute ou la guerre civile. Mais aujourd'hui, quelle que soit encore notre infériorité, nous sommes placés dans des conditions meilleures. La civilisation a conquis la liberté de la presse ; et, du jour où cette première conquête aura produit ses conséquences, il est vraisemblable que nous n'aurons plus à gémir sur ces collisions douloureuses qui nous indignent encore et nous affligent à plusieurs siècles de distance. La paix publique sera par là mieux assurée, la dignité humaine plus relevée, et nous ne croyons pas que la vigueur des peuples en soit affaiblie. Car, ce qui fait la vigueur des peuples, c'est l'exercice de leurs facultés, et l'avenir leur fournira, certainement, de plus dignes, de plus douces et en même temps plus hautes occupations que la guerre civile. Non ! Il ne faut pas croire que la guerre civile rende un peuple plus fort. Sans doute l'énergie qu'il y déploie est un signe de force, mais cette force s'use par un trop violent exercice. — « Un peuple en révolution est plus près de conquérir ses voisins que d'en être conquis » , s'écriait Danton. Oui, assurément ; mais considérez que Danton parlait au commencement d'une révolution, au moment où un peuple long-temps comprimé brisait ses barrières et débordait de toutes parts avec une irrésistible puissance. Mais, que les troubles engendrés par une réaction légitime, nécessaire, se perpétuent, et le mot de Danton ne sera plus vrai, et c'est précisément le contraire qui sera vrai. Vous avez vu le passé, voyez le présent : il y a cinquante ans que nos troubles durent ; au début, nos pères ont tout fait plier sous le poids de leurs volontés, et nous, leurs fils, où sommes-nous ? Ils ont vaincu l'Europe, et nous reculons devant elle ; ils ont coupé la tête d'un roi, et nous sommes à la merci d'un sergent de ville !

E. DUCLERC.

PARTISAN. On appelle de ce nom une personne qui s'attache à la fortune d'un parti. En ce temps de discordes civiles, on dit que tel citoyen est Partisan de la monarchie, et que tel autre, au contraire, est Partisan de la République. — Le mot Partisan a encore une autre acception. Lorsqu'un pays est envahi et que les armées régulières, démoralisées et désorganisées ne peuvent suffire à le défendre, il arrive que des citoyens courageux prennent spontanément les armes et combattent sans ordre, au gré des circonstances, pour la défense de leur patrie. Ces défenseurs improvisés prennent le nom de Partisans. La guerre de l'Indépendance, soutenue par la nation espagnole contre l'empereur Napoléon, a universalisé en Europe les mots *guerillas* et *guerilleros*. Les *guerilleros* étaient des Partisans ; les *guerillas*, des corps de Partisans. — Les Partisans peuvent être regardés comme les corsaires de la terre ferme. Ils doivent par conséquent être traités par l'ennemi comme les militaires réguliers, et non point assimilés aux pirates. Le traitement réservé aux pirates, s'il était infligé à un Partisan, serait, à notre sens, une atteinte au droit des gens. En vain dirait-on que les Partisans n'ont pas reçu mission de leur souverain : lorsque la patrie est en danger tout citoyen est soldat ; tout citoyen a non seulement le droit, mais le devoir de prendre les armes et de repousser l'invasion.   E. D.

PARTIBUS (IN), sous entendu *infidelium*. On appelle évêque *in partibus* le prélat qui est investi d'un évêché dont le siège est situé dans les pays occupés par les infidèles, et où ne se trouve cependant aucune communauté chrétienne. C'est donc un titre purement nominal, une charge sans fonctions : rien de plus.   B.-C.

PASSEPORT. Les Passeports ne sont point une invention nouvelle en France. Ils existaient, sous l'ancien régime, avec des formes plus ou moins gênantes. Les principes de la saine liberté ont toujours été opposés à la création des passeports. La raison en est simple ; c'est que l'homme ne tient pas par des racines à la terre ; et qu'il n'est pas destiné à mourir au lieu de sa naissance; il ne peut donc être condamné à ne changer de place qu'avec la permission des gouvernements. C'est dans l'article 3 de la loi du 10 vendémiaire an IV, dit un publiciste, qu'on trouve l'établissement régulier des Passeports, dont l'usage est si peu compatible avec la liberté individuelle toujours garantie aux citoyens, et surtout avec le *droit naturel et civil* proclamé par la constitution de 1791, droit reconnu à tout homme d'aller, de rester, de partir, sans pouvoir être arrêté, ni détenu que selon les formes déterminées par la Constitution. Tandis que plusieurs institutions utiles, créées par la Révolution, ont été oubliées, proscrites ou détruites au nom des gouvernements appelés pour les maintenir ou les améliorer, comment se fait-il que les Passeports aient survécu ? La loi de vendémiaire an IV que la Convention avait cru devoir porter afin de préserver la République des dangers qui la menaçaient au dedans et au dehors, cette loi, par son texte, semblait n'être que d'urgence

et seulement provisoire ; son article 1er était ainsi conçu :

« *Jusqu'à ce qu'autrement il en ait été ordonné*, aucun individu ne pourra quitter le territoire de son canton et voyager sans être muni et porteur d'un Passeport signé par les officiers municipaux ou l'administration municipale du canton. »

Les gouvernements qui se sont succédé depuis la Convention se sont bien gardés d'en *ordonner autrement ;* plusieurs auraient plutôt renchéri, s'il eût été possible, sur les sévères dispositions de la loi que nous venons de citer. L'Empire, la Restauration ont cru trouver dans les Passeports des moyens de police et de surveillance, en même temps qu'ils y ont vu une recette de plus pour le trésor ; ils les ont donc soigneusement conservés, maintenus, exigés. Un décret impérial proclame que : *le prix des Passeports est fixé : pour ceux à l'intérieur du royaume, 2 fr.; pour ceux à l'étranger*, 10 *fr., y compris le papier, le timbre et l'expédition. Ces prix sont imprimés sur les Passeports.* Voilà pour le fisc.

Tout individu, voyageant sans Passeport, est arrêté et détenu jusqu'à justification de son domicile et réclamation par des citoyens connus et domiciliés, et jusqu'à ce qu'il se soit mis en règle ; à défaut de pouvoir remplir ces formalités, il est réputé vagabond et poursuivi comme tel. (Loi précitée du 10 vendémiaire an IV, titre 5 art. 6 et 7.) Voilà pour la police.

Au point de vue financier et au point de vue politique, l'impôt des Passeports peut être considéré à la fois comme vexatoire et comme inutile.

Vexatoire, car la faculté de circuler et de voyager étant de droit commun et touchant essentiellement à la liberté individuelle, c'est porter atteinte à cette liberté que de forcer les citoyens à donner leur signalement, à faire connaître aux gens de police le lieu où il leur plaît de se rendre.

Inutile, car, suivant la raison et la justice, il faut qu'un impôt offre aux contribuables sur lesquels on le prélève, quelques avantages pour leur bien-être et leur sécurité. L'impôt des Passeports remplit-il ces conditions nécessaires ? On peut affirmer que non.

En effet, malgré la rigoureuse prescription de la loi que nous avons rappelée, et qui signale *comme vagabond celui qui voyage sans Passeport*, il est certain que cette précaution n'atteint que bien rarement le but. Les gens sans aveu, ceux qui sont tombés ou doivent tomber sous les coups du code pénal, savent bien se procurer des Passeports suffisants ; les industriels imprudents ou coupables, les banqueroutiers, et tant d'autres, dont l'occupation consiste à s'emparer du bien d'autrui, tous ces voyageurs *forcés* n'ont jamais manqué de feuilles de route qui leur donnent les moyens d'esquiver la justice.

Les Passeports n'existent pas en Angleterre. Là, le citoyen qui voyage n'a pas besoin, pour parcourir les trois Royaumes, d'en obtenir la permission d'un magistrat de police ; là, le commerce, et l'industrie n'ont pas à subir de telles entraves, et peuvent prendre tout leur essor; on va, on vient, on court, on s'arrête comme il convient et comme il plaît à chacun ; les routes, les rues sont affranchies de toute inquisition policière.

Libres dans l'intérieur de leur pays, les Anglais ont encore pourvu à l'abréviation de toutes les formalités qui peuvent gêner leurs mouvements au dehors.

La facilité de locomotion sans Passeports est la même aux États-Unis qu'en Angleterre, et l'on sait quels avantages recueille ce peuple de l'usage de la liberté dans toutes ses applications ; sa prospérité croissante est là pour attester hautement cette vérité.

Au contraire, dans les États voués à l'absolutisme, chez beaucoup de princes et même de principicules, au nord et au midi, la soi-disant institution des Passeports est d'une pratique rigoureuse et continuelle. Pour passer d'un pays à un autre, du plus petit comme du plus grand, il faut des dépôts de pièces, des visas, des formalités sans nombre, aussi fatigantes que fiscales, et qui toutes à l'envi entraînent des pertes de temps funestes à tous les intérêts. Est-ce donc sur de pareilles coutumes que doivent se régler les gouvernements qui ont la prétention ou l'ambition du progrès ?   H. DE SAINT-ALBIN, député.

PATENTE. On désigne sous ce nom une des quatre contributions directes. C'est un impôt personnel et de quotité auquel sont soumis ceux qui exercent le commerce, l'industrie ou certaines professions désignées dans un tarif annexé à la loi du 1er brumaire an VII.

La perception de cet impôt, établi par les lois des 2 et 17 mars 1791, a été régularisée par celle du 1er brumaire an VII. Plusieurs lois postérieures ont confirmé les dispositions de celle-ci ou en ont introduit de nouvelles. Aux droits fixés par le tarif original, elles ont ajouté notamment 13 centimes par franc, dont 4 sans affectation spéciale, 5 pour dégrèvements et non valeurs, 2 pour la restauration des prisons et 2 pour les travaux publics.

Les Patentes sont soumises à un droit fixe et à un droit proportionnel. Le droit proportionnel est réglé au dixième du loyer. Le droit fixe est déterminé, pour quelques professions hors classe, par la seule nature de la profession ; pour les professions classées, le droit est calculé sur la double base de la nature de la profession et de l'importance de la population de la ville dans laquelle elle est exercée. Les professions sont divisées en sept classes, et chaque classe est subdivisée en six autres classes, sur la base de population.

Le droit de Patente est perçu par l'administration de l'enregistrement : il produit annuellement au trésor environ 35 millions.

L'établissement de cet impôt est contraire aux principes de la saine économie, et aucune considération politique ne le justifie. Pourquoi frapper d'une charge nouvelle ceux qui travaillent et produisent? N'est-ce pas opposer à la production l'obstacle le plus direct et le plus impolitique ?

Les travailleurs qui ne possèdent aucun capi-

tal, les simples ouvriers ne sont point soumis à cet impôt. Mais qu'importe, si leur situation est telle qu'ils soient à peu près constamment réduits au strict nécessaire et mis en quelque sorte à la ration ?

Il n'y a, d'ailleurs, dans la répartition de cet impôt, aucune égalité, aucune justice, et il ne peut point y en avoir. Entre deux patentés d'une même classe et domiciliés dans la même ville, il existe très fréquemment une différence de fortune plus grande qu'entre deux patentés placés l'un dans la seconde, l'autre dans la quatrième classe, l'un à Paris et l'autre dans une petite ville.

Cette inégalité de répartition profite aux riches et opprime les pauvres. Les droits fixés par le tarif pour la première classe sont minimes pour les grandes maisons et ceux qu'ils frappent. Une Patente de 500 fr. ne touche guère le banquier qui compte son revenu par centaines de mille francs, par millions, tandis que le maréchal-ferrant qui exerce sur une route, dans une maison isolée, sa petite industrie, est obligé de consacrer le produit de son travail, pendant plusieurs semaines, à l'acquittement du droit de Patente.

Nous ne parlerons point des dispositions excessivement fiscales des lois sur les Patentes. Il est facile, en les lisant, de voir que ceux qui les ont faites n'ont songé qu'au produit de l'impôt et ne reconnaissent d'autre cause légitime de son assiette que la facilité du recouvrement. (V. CONTRIBUTIONS.)
                                              C. S.

PATRICE. Cette dignité, créée, au rapport de Zozime, par Constantin-le-Grand, n'était originairement qu'un titre honorifique ; elle donnait le premier rang après l'empereur et le droit de présider le sénat. Les Patrices composaient le conseil des empereurs ; ils étaient comme associés à la majesté impériale, on les qualifiait de *pères des empereurs*, de *tuteurs de l'empire*. A la fin du cinquième siècle, les gouverneurs généraux des grandes provinces, lorsqu'ils étaient investis de la dignité de Patrice, jouissaient dans leurs gouvernements d'une autorité absolue, qui ne différait du pouvoir souverain que parce qu'ils pouvaient la perdre par révocation. Leur position était la même, sous les empereurs, que celle des satrapes sous les anciens rois de Perse : c'étaient des souverains amovibles et tributaires. Quelquefois la qualité de Patrice était conférée par les empereurs à des chefs de barbares qui avaient pris possession de quelque province romaine ; c'était la reconnaissance implicite d'un fait accompli, une sorte d'investiture de la souveraineté des terres conquises. C'est ainsi qu'en 507, l'empereur Anastase envoya le brevet de Patrice à Clovis, premier roi de France, qui, dès-lors, prit le titre d'*auguste*, revêtit la pourpre et ceignit le diadème. Le titre de Patrice porta avec lui la souveraineté de l'Italie impériale à nos rois de la seconde race. Pépin et ses fils Carloman et Charles furent nommés, en 753, par le pape Étienne II, tant en son propre nom qu'en celui du clergé, de la noblesse et du peuple de Rome, *Patrices ro-*

mains, c'est-à-dire souverains de Rome et de son duché.

Dès le règne de Gontran, le patriciat était une dignité dans le royaume de Bourgogne. Et quand ces provinces furent réunies à la France, les gouverneurs qu'on y envoya furent également nommés *Patrices*.   B. C.

PATRICIAT, dignité du *Patrice*; corps des *Patriciens*. (V. ces deux mots.)

PATRICIENS. C'est, dit-on, Romulus qui divisa les Romains en deux castes : celle des Patriciens et celle des plébéiens. Ceux-ci composaient le peuple proprement dit ; ceux-là composaient la noblesse, siégeaient au Sénat, et étaient originairement les seuls qui fussent admissibles aux emplois publics. Ce privilége souleva, à diverses époques, de vives réclamations de la part des plébéiens ; et ce n'est que vers le milieu du quatrième siècle de la fondation de Rome que ces réclamations furent satisfaites, et que les charges de la République devinrent le partage commun des deux classes de la nation. L'extinction presque complète des anciennes familles patriciennes sous Constantin détermina ce prince à reconstituer le patriciat. (V. *Patrice.*) Sous le nom générique de Patriciens, on désigne aujourd'hui les nobles, dans quelques états où certains priviléges leur sont attribués en vertu de leur naissance. (V. PLÉBÉIENS.)   B. C.

PATRIE. Qu'est-ce que la Patrie? — A cette question chacun n'a-t-il pas une réponse prête? Bien mieux, la même réponse ne va-t-elle pas sortir de toutes les bouches? « L'amour de la Patrie, ainsi que le dit Montesquieu, est commun à tous les hommes. » Or, tous les hommes aimant une même chose, comment ne connaîtraient-ils pas l'objet de leur culte? Et comment, le connaissant, éprouveraient-ils de l'embarras à le désigner, à le définir? Cependant il s'en faut que tous les auteurs définissent la Patrie dans les mêmes termes. Voilà Filmer qui nous dit que la Patrie, c'est le sol. Voici M. Pagès (de l'Ariége) qui prétend, contre Filmer, que la Patrie c'est la loi. Il y a donc controverse sur cette thèse : qu'est-ce que la Patrie? — Qu'on ne s'en étonne pas. La foi populaire, la foi de la conscience collective, poursuit toujours de ses hommages un idéal qui lui apparaît sous des formes que la plastique ne saurait reproduire, et l'analyse se surprend en défaut, quand on lui donne à définir les termes dont l'usage est le plus vulgaire.

Aussi, n'est-ce pas pour nous une tâche facile que de proposer, après Filmer, après tant d'autres, une définition exacte, ou du moins satisfaisante, de ce mot Patrie. Essayons cependant.

Suivant nous, on se trompe quand on ne voit la Patrie que dans le sol. On ne se trompe pas moins quand on imagine que la Patrie est partout où l'on peut transporter les lois et les mœurs suivant lesquelles on a contracté, dès l'enfance, l'habitude de vivre. Ce n'est pas seulement l'a-

mour des lieux que nous avons connus, qui nous attache au domaine national ; nos pas n'en ont mesuré qu'un espace bien étroit, et encore sans y laisser de traces ; cependant qu'on nous transporte hors de ce domaine, les objets que notre regard rencontre ont pour nous quelque chose de nouveau, d'insolite, d'étranger; nous ne sommes pas *chez nous*, nous ne vivons pas à l'aise : « C'est » lorsque nous sommes éloignés de notre pays, » dit M. de Châteaubriand, que nous sentons sur » tout l'instinct qui nous y rattache. » Il faut tenir compte de ces impressions; il faut tenir compte des regrets spleeniques qui poursuivent l'exilé sur la rive la plus hospitalière. Oui, nous aimons le sol de la Patrie : mais cet amour du sol natal n'explique pas tout; pour que le dévoûment à la Patrie aille jusqu'au sacrifice complet de la personnalité, — et rien n'est plus fréquent que de tels sacrifices, — il est besoin qu'il y ait un mobile plus efficace, plus véhément que le charme d'un souvenir. Ce mobile, c'est la communion, la fraternité, la solidarité de tous les individus qui existent dans un peuple. L'instinct de cette unité métaphysique est tout puissant par la volonté des masses : s'il rencontre, dans certaines consciences, un adversaire formidable, l'égoïsme, il est rare qu'il ne le domine pas, surtout lorsque des causes occasionelles viennent surexciter les nobles éléments de notre être. Quand nous parlons d'honneur national, d'intérêts nationaux, nous ne faisons que donner une formule à ce sentiment de l'unité, qui est notre foi la plus vive en même temps qu'il est le plus impérieux de nos instincts.

Nous disons que, de tous nos instincts moraux, il est le plus impérieux, et non qu'il est le plus nécessaire. L'amour de la Patrie, tel que nous le définissons dans cet article, ne saurait être considéré comme primordial dans la conscience humaine; il suppose l'idée de la chose que nous nommons aujourd'hui la Patrie, et il est assez prouvé que cette chose n'existait pas dès l'origine. L'homme étant un être social, devait nécessairement développer en lui-même le principe constitutif de sa nature, avec la rigueur d'un méthodiste poursuivant les conséquences d'un axiome, et s'élever ainsi de l'idée la plus simple à la plus composée. Or, quelle est l'idée la plus simple de toutes celles qui supposent le principe de la sociabilité? Évidemment, c'est l'idée de la famille; et ensuite? l'idée de la cité; puis, l'idée de la nation. A la succession, à l'enchaînement progressif de ces idées correspond le perfectionnement de l'instinct d'association, de même que les métamorphoses de la société civile correspondent à ce perfectionnement de la conscience humaine. L'association primitive est celle de la famille; postérieurement la famille est dominée par la cité, et, après une nouvelle période, la cité est elle-même dominée par la nation.

On dirait donc, avec quelque raison, qu'il y a toujours eu, pour l'homme social, une Patrie. En effet, de même que la nation peut être considérée comme une grande famille, on ne définirait pas mal la famille primitive une petite nation. Bien mieux : le mot de Patrie est plus vieux que le sentiment dont il est l'expression dans notre bouche. D'où nous devons conclure qu'il est, à toutes les époques, l'expression d'une solidarité plus ou moins étendue, plus ou moins développée.

Ce développement appréciable de l'instinct d'association conduit à poser en fait que le sentiment actuel de la Patrie, ou pour mieux dire, le sentiment de la nationalité n'exercera pas toujours sur la conscience humaine la puissance que nous lui reconnaissons aujourd'hui : mais, s'il doit s'affaiblir, il ne doit pas disparaître. En effet, la cité n'a pas complètement absorbé la famille, la nation n'a pas complètement absorbé la cité ; la prédominance d'un intérêt plus général n'a pas anéanti les intérêts de l'ordre inférieur ; elle les a conciliés, elle les a satisfaits dans une proportion équitable ; ils subsistent, avec les sentiments qui leur correspondent. Nous prenons ici nos réserves contre les extravagances du cosmopolitisme. (V. NATION, PATRIOTISME.)　　　　B. H.

PATRIOTE. PATRIOTISME. Après avoir dit ce que c'est aujourd'hui que la patrie pour l'individu politique, nous nous sommes réservé d'ajouter à notre définition quelques mots sur le sentiment qui nous attache à cette patrie.

Ce sentiment, qui est une expression particulière de la sociabilité ou de l'amour, c'est-à-dire de l'élément le plus essentiel de notre nature morale, s'appelle le Patriotisme. Si le mot *patrie* n'a pas une origine moderne, le mot *Patriotisme* n'a jamais été employé que comme formule de cet amour de la patrie qui est identique à l'instinct de la nationalité.

Le dévoûment de l'individu à la nation n'est pas, comme nous l'avons établi, le plus vaste, le plus généreux qui se puisse concevoir. Mais il faut prendre garde : la conception d'une patrie sans frontières a été la source d'une erreur grave qu'il nous importe de signaler.

Cette erreur consiste à poser une hypothèse *humanitaire* (nous n'inventons pas, on le sait, ce néologisme mal sonnant) et à supprimer la nation, comme un mot vide, lequel n'offre déjà plus de sens qu'aux intelligences étroites ou attardées. Dans cette hypothèse, il n'y a plus de peuples, il n'y a plus d'intérêts particuliers à telle ou telle circonscription territoriale ; l'honneur national est un préjugé, l'amour du pays un coupable égoïsme.

Comme les promoteurs de cette utopie se sont attribués à eux-mêmes le titre de philosophes, il n'est pas inutile de leur répondre d'abord que la philosophie les condamne. Sans doute, il est incontestable que l'intérêt le plus général doit être prépondérant sur celui qui est le plus individuel ; mais l'histoire, qui est le plus sûr de tous les critériums, nous enseigne que cette prépondérance s'est progressivement établie par voie d'accommodement, non de compression. Dans la nation actuelle, la cité, la famille, l'individu jouissent d'une existence réelle et qu'on ne peut nier : la convergence de toutes les forces vers un but uni-

que, l'association des intérêts et la communion des esprits sont assurément un merveilleux phénomène ; mais cet universel, quels que soient ses attributs ontologiques, n'annihile aucun particulier. Il ne faut donc pas invoquer contre le sentiment de la patrie les maximes d'un cosmopolisme étouffant ; pour associer les peuples, il ne faut pas les condamner à ne plus être.

Nous avons jugé qu'il était bon d'opposer cette objection fondamentale à quelques utopistes non moins aveugles qu'obstinés. Ils sont peu nombreux. Plus grand est le nombre des politiques enthousiastes qui, sans tenir compte de l'esprit public et des faits contemporains, prétendent imposer au présent les conditions de l'avenir. Nous ne doutons pas, en principe, de la fraternité de tous les peuples ; nous sommes, en outre, convaincus que les faits se conformeront au principe, et qu'un temps viendra où les hostilités jalouses des nations feront place au sentiment de l'intérêt commun. Mais ce temps n'est pas venu. Interrogez la conscience populaire ; que vous dira-t-elle ? Elle vous dira que l'honneur et les intérêts nationaux sont encore les objets de sa passion la plus vive ; elle se laissera volontiers chatouiller par vos aimables systèmes ; mais essayez de les mettre en pratique, vous la verrez se révolter. Interrogez ensuite les faits ; appréciez la différence des organisations politiques qui président à la vie individuelle des nations, la diversité de leurs intérêts constitués et même de leurs tendances, il vous sera démontré que si l'union des peuples est désirable, elle n'est encore qu'un vœu philosophique.

Les majorités vivent dans le présent et non dans l'avenir, et les gouvernements sont tenus d'obéir aux majorités. Il faut donc que les gouvernements soient patriotes ; c'est même le premier de leurs devoirs. Et nous n'hésitons pas à le dire, aucun n'est obligé plus strictement à ce devoir que le gouvernement français. La France a été prédestinée à une mission qui n'est pas sans rapport avec celle de l'ancienne Rome. Si ce n'est par la conquête qu'elle doit s'assimiler l'Europe, c'est du moins par l'autorité de son initiative. Or, pour accomplir cette œuvre, doit-elle commencer par s'abdiquer elle-même ? Il y a des traîtres qui le lui conseillent ; il y a des pédants à la suite qui essaient de faire un lit à la trahison par des prédications *socialistes* ; il y a des lâches qui les laissent dire et faire, sans s'inquiéter du reste. Contre les uns et les autres, nous avons un rempart tutélaire dans la raison des masses, qui est l'arbitre suprême.　　　　B. H.

PAUPÉRISME. Ce mot, récemment introduit dans notre langue, et dont le sens n'est pas encore rigoureusement défini, est d'un usage fréquent : il désigne ordinairement la maladie sociale qui résulte de la multiplication des indigents. Ainsi, on dit que le Paupérisme fait des progrès, lorsque le nombre des indigents augmente.

On a prétendu que le Paupérisme était une maladie particulière aux sociétés modernes. Il est difficile de le croire. D'après les renseignements incomplets que l'histoire fournit sur ce sujet, on doit penser que le nombre des indigents était considérable dans les sociétés anciennes. Travailler était œuvre servile, et l'homme libre qui ne possédait aucune fortune ne voulait pas déroger : il préférait l'indigence, surtout lorsque les secours accordés aux indigents étaient considérables, comme à Rome.

Vers la fin de la République romaine, le nombre des citoyens qui recevaient du blé payé par le trésor public s'était prodigieusement élevé : au temps de César, il montait à 320,000. Tous ceux qui prenaient part à ces distributions n'étaient sans doute pas véritablement indigents, car César fit une réforme qui réduisit leur nombre à 150,000. Sous les empereurs, le Paupérisme fit d'immenses progrès : il envahit, il détruisit l'empire.

Le christianisme émancipa et anoblit le travail : le Paupérisme fut restreint, et les secours publics cessant, il prit la forme de la mendicité. Il est impossible d'évaluer le nombre des indigents mendiants ou autres qui existaient dans les sociétés du moyen-âge. A mesure que le pouvoir politique prit de la force, il s'occupa des indigents, plutôt pour les punir et les frapper que pour les secourir. Ainsi, dans la dernière partie du dix-huitième siècle, en 1767, 50,000 mendiants étaient arrêtés, en France, et livrés à la juridiction prévôtale.

Il est donc inexact de dire que le Paupérisme est un phénomène social récent : son origine, au contraire, se confond avec celle de la société. Mais ses causes et ses formes n'ont pas toujours été les mêmes, et il n'est devenu que dans ces derniers temps l'objet d'une espèce de science, dont il ne sera pas inutile de rappeler quelques définitions. Le pauvre est celui qui n'a pour subsister que le strict nécessaire : l'indigent est celui qui n'a pas même le strict nécessaire : le mendiant est celui qui réclame des secours de la charité publique, dans les rues, sur les routes, à la porte des maisons, etc. La mendicité n'est qu'une forme particulière de l'indigence. Long-temps elle en a été la forme générale ; car presque tous les indigents mendiaient.

Il est difficile de donner de l'indigence une définition exacte et complète. Comment déterminer ce qui est strictement nécessaire à l'homme ? Admettra-t-on qu'il n'a besoin que de pain, de logement, de vêtements suffisants et de combustible ? Nous ne le pensons pas, et cependant tous ceux qui ne figurent pas parmi les indigents ne possèdent pas le strict nécessaire ainsi défini.

Il ne suffit pas à l'homme, pour être hors de l'indigence, de pouvoir soutenir sa vie. Il faut encore qu'il puisse conserver son rang sur les degrés de l'échelle sociale, qu'il puisse même se maintenir à peu près dans la classe où il est né. Ainsi, à mesure que l'homme approprie à son usage un plus grand nombre d'objets ; à mesure que l'industrie, la civilisation, le luxe font des progrès,

il faut être plus riche pour avoir le nécessaire. Il n'y a point d'indigents dans l'état sauvage. Les Romains n'avaient ni bas, ni linge de corps, et qui pourrait dire aujourd'hui, à Paris, que les bas et le linge de corps ne font pas partie du strict nécessaire. L'indigence, il faut le reconnaître, est un fruit de la civilisation, et souvent les progrès du Paupérisme suivent ceux de la civilisation.

L'insuffisance des salaires que l'industrie accorde à ceux qui, privés de capital et de revenu, vivent du travail de leurs mains, est aujourd'hui la cause générale du Paupérisme. Cette insuffisance de salaire atteint principalement les enfants, les vieillards, les femmes, les infirmes, les malades, les pères de famille surchargés d'enfants, ceux qui n'ont pour le travail qu'une aptitude imparfaite, les faibles en un mot. L'indigence provient souvent aussi du défaut d'ordre, de la paresse ou de l'inconduite.

On compte aussi parmi les indigents des personnes qui, habituées à jouir d'un revenu suffisant pour leur procurer, sans travail, les jouissances du luxe, sont tout-à-coup privées de ce revenu, et ne savent pas travailler pour vivre.

Les effets de l'indigence sont désastreux. Souvent l'indigent est privé d'une nourriture saine, d'un logement, d'un vêtement nécessaire à la conservation de sa santé ; il dépérit physiquement, et les êtres auxquels il donne la vie sont faibles et maladifs comme lui. L'indigence entraîne souvent après elle une certaine dégradation morale, un abattement incurable, une insouciance extrême. De là des habitudes d'imprévoyance, d'ivrognerie et de libertinage que l'on a remarquées chez la population indigente. Aussi le Paupérisme est-il considéré avec raison comme un des plus grands fléaux qui puissent affliger les sociétés humaines.

Les données que nous possédons sur le nombre des indigents, en France et dans quelques autres pays, sont nécessairement fort imparfaites. Nous savons bien qu'en 1837, 695,632 indigents ont reçu des secours des bureaux de bienfaisance. Mais tous ceux qui reçoivent ces secours ne doivent pas être considérés comme indigents, et beaucoup sont indigents qui ne reçoivent pas ces secours. Si, comme certains auteurs de statistique, on prenait pour base de calcul la distribution d'une seule branche des secours publics, il est évident que le nombre des indigents devrait augmenter ou diminuer, indépendamment de toutes les circonstances naturelles, suivant l'abondance ou la disette des secours. Un calcul semblable pourrait fort bien montrer un plus grand nombre d'indigents là où, en réalité, il y en aurait moins.

On a cependant essayé de faire la statistique de l'indigence en France et ailleurs ; mais il règne peu d'accord entre les docteurs. Nous avons en ce moment sous les yeux les chiffres de six statistiques, et ils sont loin de concorder. Nous ne répéterons donc pas leurs calculs, et nous n'essaierons pas de dire quel est le nombre des indigents, en France ou ailleurs, ni comment ce nombre se répartit entre les différentes subdivisions du territoire, ni quels sont ses rapports, soit avec le nombre des habitants , soit avec la richesse ou avec le nombre des crimes et délits.

Il y a toutefois quelques résultats généraux que nous ne pouvons passer sous silence ; le nombre des indigents inscrits est presque toujours en raison directe de la richesse des localités : il est aussi en raison directe du nombre des délits ou crimes contre la propriété, bien que les indigents commettent eux-mèmes peu de ces crimes ou délits.

Remarquons aussi que le nombre des indigents paraît plus élevé dans les contrées manufacturières que dans les contrées agricoles. La cause de ce phénomène est évidente ; l'agriculture emploie à peu près constamment le même nombre de bras ; il y a, au contraire, des variations fréquentes dans le nombre des ouvriers qu'emploie l'industrie. D'ailleurs, le salaire de l'agriculteur est évalué à l'année, et l'agriculteur a peu de besoins ; tandis que l'ouvrier des villes, qui reçoit par fractions son salaire , est plus tenté d'en abuser, et pressé de besoins nombreux, songe rarement aux interruptions de travail , aux maladies, etc.

Ce terrible fléau du Paupérisme qui affaiblit l'État en usant les forces physiques et morales d'une partie de la population , en abrégeant la vie, a depuis long-temps attiré l'attention du législateur. On fit de nombreux efforts , sous l'ancien régime, pour le combattre, mais ces efforts furent vains : les exactions du pouvoir politique multipliaient le nombre des indigents, et ce n'était pas en les frappant de peines sévères ou en leur distribuant quelques vains secours que l'on pouvait détruire ou diminuer l'indigence.

L'Assemblée Constituante prépara de vastes projets pour soulager les indigents , mais elle n'eut pas le temps de les appliquer.

La Convention compléta ces projets et en décréta l'exécution (V. MENDICITÉ), mais ces décrets furent emportés par les tempêtes politiques.

Ce qui a été fait ou imaginé depuis cette époque pour la réduction du Paupérisme n'est pas bien considérable.

Il fallait attaquer l'indigence dans ses causes et dans ses effets.

Ceux qui ont écrit sur l'organisation du travail , sur une nouvelle et régulière répartition des revenus et des salaires, ont prétendu faire disparaître les causes de l'indigence et l'indigence elle-mème, mais leurs théories ont, entre autres inconvénients , celui de répugner à toutes les idées reçues.

D'autres ont imaginé de petits remèdes assez singuliers. Une société de Saint-François-Xavier, à Paris , voulant prévenir les effets du concubinage ou de la promiscuité chez les pauvres, s'occupe de les faire marier. A Londres, quelques pharisiens philanthropes ont tenté quelque chose de mieux : ils ont fondé une société *pour la suppression du vice*.

Il existe en Allemagne et en Suisse des lois vieilles de près de deux siècles qui , devançant les théories de Malthus, ont tenté d'empêcher le pauvre de se reproduire.

En France, nous avons l'excellente institution des salles d'asyle, l'établissement récent des écoles primaires, les caisses d'épargne et les assurances sur la vie, qui sont autant de moyens de prévenir l'indigence.

Nous ne devons pas passer sous silence les sociétés de prêts gratuits , telles qu'elles existent à Hambourg, à Londres, à Sienne, à Novarre, à Zurich, et, chez nous, à Toulouse, ni le mont-de-piété de Rheims qui prête à 2 pour cent.

Nous devons rappeler aussi les efforts de ces fabricants qui, prenant leurs ouvriers en tutelle, leur ont construit et leur louent de petits logements sains et commodément distribués, avec jardin ; qui établissent dans leurs ateliers une bonne discipline, une école primaire, une caisse d'épargne, qui enseignent les avantages de la vie en commun, comme MM. Kœchlin, Schlumberger, Grivel , Biolley et le propriétaire de la manufacture de la Sauvagère.

Mais tous ces moyens, dont l'action est partielle ou locale, sont insuffisants; ils n'arrêtent pas le développement de l'indigence qui réclame des remèdes plus curatifs.

Le clergé distribue une grande quantité de secours, mais on n'a aucune donnée sur son administration.

Parmi les établissements laïques, on trouve, en première ligne, les 6,275 bureaux de bienfaisance qui existent en France, et qui, en 1833, ont reçu 10,315,745 fr. , distribué 7,399,556 fr. et dépensé 1,749,556 fr. pour frais de matériel , personnel et gestion du bien des pauvres. Ensuite viennent les hôpitaux et hospices pour les vieillards, pour les orphelins, pour les enfants trouvés. En 1833, ces établissements étaient au nombre de 1,329, servaient d'asyle à 154,253 personnes et disposaient d'une somme de 51,222,063 fr., dont 18 millions de revenus; leur dépense s'élevait à 48,842,097 fr. ; ils avaient reçu 425,049 personnes , dont 45,308 étaient mortes.

Il faut citer encore l'établissement fondé à Paris par M. de Monthyon, pour les convalescents sortis des hôpitaux ; la *Société philanthropique* qui entretient six dispensaires a distribué, dans une seule année, 4,342,000 rations de soupes économiques ; la *Société des amis des pauvres* et la *Société de miséricorde*.

Lyon a des *Dames de miséricorde*, des *Œuvres de la marmite*, des *Veilleurs et Veilleuses charitables pour les malades pauvres*. Strasbourg a son *Aumônerie de Saint-Marc* qui date de 1559. Le département du Nord, qui compte 163,000 indigents , a ses *Pauvriseurs* qui dirigent les secours à domicile. Les vieillards et les orphelins y sont mis en pension par adjudication et au rabais, comme dans certains cantons de la Suisse.

Près de 18,000 religieuses, distribuées entre 3,006 établissements , donnent leurs soins aux enfants, aux indigents, ou aux malades.

Nous ne parlerons point des institutions destinées à secourir l'indigence dans les pays étrangers. Partout la charité a été ingénieuse et ordinairement bienfaisante; mais quelquefois aussi on l'a vue pleine d'ostentation, inhumaine, parcimonieuse, et quelquefois prodigue et aveugle. La science des inventions auxquelles l'indigence a donné lieu est une science vaste et pleine de détails, tant il a été proposé d'expédients, par la charité, par la fausse philanthropie, par l'envie de se faire remarquer ou de faire fortune.

Nous ne pouvons ici examiner et discuter en détail l'organisation des établissements créés pour secourir les indigents. Nous renverrons nos lecteurs aux innombrables ouvrages qui ont été publiés sur cette matière.

Les maisons de refuge et de travail méritent cependant une attention particulière, par les résultats qu'elles donnent. En effet, il a toujours et dans tous les pays été impossible de couvrir les frais qu'elles occasionnent avec le produit du travail des indigents qui y sont enfermés. A Hambourg, le déficit est de 14 p. 0|0, et à Paris de 15 p. 0|0. En Angleterre, on affirme quelquefois le travail des indigents, et le déficit est encore plus considérable. Aussi dans les comtés, comme en Danemarck, en Norwége, en Suisse et dans quelques parties de l'Allemagne, les indigents sont envoyés en garnison, à tour de rôle, chez les particuliers, afin que ceux-ci les nourrissent et leur donnent du travail.

Cette impuissance des maisons de travail à couvrir leurs frais prouve évidemment que les ouvriers qui tombent dans l'indigence sont les moins aptes et les premiers qui manquent d'ouvrage : elle prouve peut-être que les directeurs des maisons de travail ont tort d'employer les indigents dans les villes, aux travaux peu rétribués de la filature et du tissage. Nous croyons que des colonies agricoles seraient infiniment préférables à ces maisons de travail et qu'il n'y aurait pas d'inconvénient à enlever pour toujours les indigents à un métier stérile qui ne peut les faire subsister.

On peut ajouter quelques perfectionnements de détail aux moyens actuels de prévenir et de combattre l'indigence ; on peut faire quelques progrès dans l'art difficile de distinguer les vrais indigents des faux indigents ; mais il nous semble excessivement difficile d'introduire des améliorations importantes. Le Paupérisme doit être maintenant attaqué par le redressement des mœurs et par une politique favorable à la production, favorable au crédit, favorable au travail ; par une politique qui ouvre à tous les hommes et particulièrement aux travailleurs les nombreuses carrières d'activité que la nature et le génie indiquent. Mais tant que l'exploitation de tous par quelques uns sera encouragée, tant que des exemples venus de haut exciteront les citoyens à consommer plutôt qu'à produire, à escroquer plutôt qu'à gagner, il ne faut pas espérer que le Paupérisme diminue : il s'étendra au contraire au-delà de toutes les classifications reçues. En attendant, le nombre des indigents classés suit les oscillations incertaines d'une industrie fiévreuse qui tantôt produit follement et tantôt s'arrête, effrayée de ses propres excès : il suit ses progrès et grandit avec elle. (V. POPULATION.)

COURCELLE SENEUIL.

PAVILLON. C'est, comme chacun sait, le nom que reçoit le drapeau national arboré sur le couronnement de poupe des navires et des bâtiments de guerre. On dit qu'un bâtiment navigue sous pavillon français, hollandais, anglais, etc., quand il porte les couleurs de ces nations.

Lorsque, dans une rencontre, un vaisseau veut faire reconnaître à quel pays il appartient, il hisse son pavillon et tire en même temps un coup de canon : c'est ce qu'on appelle assurer son pavillon. Le coup de canon est une sorte de serment ajouté à une simple affirmation et qui est destiné à en augmenter la force.

Jusqu'à quel point la présence du pavillon ainsi arboré oblige-t-elle, suivant les règles du droit des gens, à reconnaître la nationalité qu'il indique ? Ceci touche à une des plus graves questions qui aient jamais été débattues par les puissances maritimes. Elle se trouve déjà traitée dans ce dictionnaire, aux articles BLOCUS, NEUTRES, etc. Nous ajouterons ici quelques mots seulement à ce que nous disons ailleurs sur ce sujet.

Il est arrivé souvent que des bâtiments ont arboré de faux Pavillons, soit pour échapper à leur ennemi, soit pour le surprendre. Il est résulté de là que lorsque deux nations sont en guerre, un vaisseau qui rencontre un autre bâtiment en mer, ne se fie pas toujours au Pavillon qu'il aperçoit, lorsque celui-ci indique une nation amie ou neutre.

Toutefois, si ce Pavillon neutre est arboré à bord d'un bâtiment de guerre, la loi des nations européennes veut, en général, qu'on s'en rapporte entièrement à la parole des officiers qui commandent ce bâtiment. Vouloir le visiter serait, dans ce cas, une véritable insulte dont les Anglais seuls ne se sont pas toujours abstenus lorsqu'ils ont eu la force de leur côté.

Mais si le Pavillon neutre est arboré sur un bâtiment marchand, comme alors ce signe n'offre plus la même garantie de sincérité que lorsqu'il est appuyé par la présence d'officiers responsables, on conçoit que les croiseurs s'assurent de la vérité au moyen d'une visite qui a pour objet de savoir : 1° si le bâtiment appartient véritablement à la nation dont il a pris les couleurs ; 2° si, dans ce cas, il ne porte pas à la nation ennemie des objets déclarés, par le droit des gens, contrebande de guerre.

Trois règles, à cet égard, ont été établies : 1° La visite doit avoir lieu avec tous les égards possibles pour le bâtiment visité, et l'on doit en général se contenter de l'examen des papiers de bord ; 2° un bâtiment est considéré comme appartenant véritablement à la nation dont il porte les couleurs, lorsque les papiers de bord établissent que la moitié au moins des hommes de l'équipage sont de cette nation ; 3° enfin, il faut que le bâtiment ne porte que des objets n'ayant pas le caractère de contrebande de guerre (V. à l'art. BLOCUS ce qu'il faut entendre par ce mot), sans quoi il peut être saisi, conformément au droit des gens généralement reconnu. Lorsqu'un bâtiment n'est point en contravention aux deux règles précédentes, il doit être libre d'aller où bon lui semble, sous la protection de ce haut principe de droit maritime, que *le Pavillon couvre la marchandise.*

. Les puissances qui veulent pousser le droit de visite au-delà des limites que nous venons d'indiquer, ou bien encore étendre indéfiniment et arbitrairement le nombre des objets dits contrebande de guerre, ces puissances sont considérées par toutes les autres comme faisant un déplorable abus de la force, et elles méritent incontestablement qu'une ligue universelle de tous les peuples maritimes les fasse rentrer dans les voies de la modération et de l'équité. Telles sont cependant les prétentions constantes que l'Angleterre a affichées toutes les fois qu'elle a eu là chance de les faire prévaloir.　　　　JULES BASTIDE.

PAVILLONS. A la suite de cet article il nous paraît utile de placer la description des Pavillons des principales puissances du globe :

ANGLETERRE. Fond rouge ; à droite, près de la hampe, à la partie supérieure, un canton bleu avec croix et sautoir rouges disposés de manière à former une sorte d'étoile à huit pointes.

AUTRICHE. Jaune ; au centre une aigle noire à deux têtes, couronnée, portant sur la poitrine l'écu des armes de l'empire.

· BELGIQUE. Tricolore, par bandes perpendiculaires ; la première, placée près de la hampe, noire ; la suivante, jaune ; et la dernière rouge.

BRÉSIL. Jaune, parsemé d'étoiles d'argent, avec une couronne au centre ; bordure verte.

CHILI. Coupé : la partie inférieure rouge, la partie supérieure divisée perpendiculairement ; bleue du côté de la hampe, avec une étoile d'argent au centre ; blanche à l'extrémité opposée.

..COLOMBIE. Tricolore, par bandes horizontales, rouge en haut, bleue au milieu, jaune en bas.

DANEMARK. Rouge, avec une croix blanche.

· ÉGYPTE. Vert, traversé par une bande jaune dépassant la largeur du pavillon.

ÉTATS-UNIS D'AMÉRIQUE. Blanc, burelé de sept bandes horizontales rouges ; avec canton bleu parsemé d'étoiles d'argent, à la hampe, dans la partie supérieure.

FRANCE. Tricolore, par bandes perpendiculaires, bleue à la hampe, blanche au milieu, rouge au bord.

GRÈCE. Bleu, burelé de quatre bandes horizontales blanches ; canton cousu avec croix blanche, en haut, près de la hampe.

GUATIMALA. Bleu, avec une large bande horizontale blanche, et, au milieu, dans un cercle, le soleil dardant ses rayons sur quatre volcans enflammés.

HAÏTI. Parti pourpre et bleu ; le pourpre à la hampe.

HOLLANDE. Tricolore, par bandes horizontales, rouge en haut, blanche dans le milieu, bleue en bas.

MAROC. Vert, avec un cimeterre à deux lames sortant d'une même poignée et figurant la lettre V.

MEXIQUE. Tricolore, par bandes perpendiculaires ; verte à la hampe, blanche et rouge.

NAPLES. Blanc, et, au centre, l'écu des armes du royaume.

PÉROU. Coupé ; rouge et blanc ; le rouge à la partie supérieure.

PERSE. Jaune, avec trois croissans d'argent posés deux et un.

PLATA. Bleu, avec deux bandes horizontales blanches, l'une, large, occupant le milieu ; l'autre, étroite, formant bordure à la partie supérieure.

PORTUGAL. Blanc, et, au centre, les armes du royaume.

PRUSSE. Blanc, et, au milieu, une aigle noire couronnée.

ROME. Blanc, avec deux clés d'or en sautoir, attachées par deux liens, l'un rouge, l'autre bleu, et couronnées d'une tiare d'argent.

RUSSIE. Rouge, avec une croix blanche et un sautoir bleu disposés en forme d'étoile à huit rais.

SARDAIGNE. Bleu, avec canton blanc portant une croix alaisée, bordée et écartelée, dans la partie supérieure, près de la hampe.

SUÈDE. Bleu avec une croix jaune.

TOSCANE. Blanc, traversé par une bande rouge horizontale surmontée, à droite, de l'écu des armes du duché.

TUNIS. Rouge, avec un cimeterre d'argent placé horizontalement.

TURQUIE. Rouge.　　　　　　　　B.-C.

PAVOIS, arme défensive dont les anciens faisaient usage à la guerre. C'était le plus grand des boucliers. Il était plus particulièrement affecté aux piétons, qui lui donnaient quelquefois le nom de *tallevas.* Les soldats qui en étaient armés l'élevaient au dessus de leurs têtes pour se garantir des projectiles de toute sorte que leur lançaient les assiégés, lorsqu'ils s'avançaient à l'assaut d'une place. Dans les élections militaires, les Romains élevaient leurs chefs sur leurs Pavois, leur faisaient faire trois fois le tour du camp et les proclamaient empereurs. Les Francs et les autres barbares admirent aussi ce mode d'élection, et l'on rapporte que Pharamond fut proclamé roi de cette manière par la horde de Francs qui, sous sa conduite, passa le Rhin en 419.　　　　　　　　　　B.-C.

PAYS. Ce mot comporte une foule d'acceptions différentes ; il équivaut dans le langage usuel à *contrée, sol, territoire, climat, concitoyen, patrie,* etc., etc. On dit l'Europe est un *Pays* ; on dit également d'un canton, d'une simple commune, que c'est un *Pays* riche, pauvre, stérile, fécond, etc., etc.

A un point de vue plus spécialement politique, Pays équivaut à patrie : on dit l'amour du Pays, l'honneur du Pays. On dit aussi, malheureusement, que tel ou tel individu a trahi son Pays. — Il a été fait à ce propos une distinction dont on ne peut suffisamment flétrir la pensée. Un homme qui a eu le malheur de trahir son Pays, a dit qu'il n'avait quitté que le sol matériel du Pays, qu'il n'avait point abandonné sa patrie morale. C'est un indigne et plat sophisme. — *On n'emporte point sa patrie à la semelle de ses souliers*, a dit un révolutionnaire illustre. Celui-là avait un vrai sentiment de ce que c'est que le Pays, la patrie.   E. D.

PAYS D'ÉTAT. Les provinces de l'ancienne France se divisaient en Pays d'État et Pays d'élection. — Cette division, purement financière, ne doit pas être entendue dans le sens rationnel de ces expressions. Ainsi, la Normandie, la Lorraine, le Barrois, le Roussillon, l'Alsace, etc., qualifiés Pays d'État, ne jouissaient pas du droit de régler, par des délégués librement élus, le chiffre, la répartition de leurs impôts et l'administration de leur localité. Il en était de même dans les provinces dites *Pays d'élection*. — Dans quelques unes, les fonctionnaires chargés de l'assiette des contributions et juges des contestations élevées entre le fisc et les contribuables, n'avaient que le nom d'*élus*. — Ces fonctions, jadis réellement électives, avaient été depuis érigées en titre d'office, en vénales, comme la plupart des charges judiciaires et administratives.

Nul doute que tous les pays dont se compose la France, n'aient, pendant une longue suite de siècles, été administrés par des magistratures électives, temporaires et collectives. C'est un fait démontré par le texte même des anciennes chartes d'émancipation communale. — Presque toutes ces chartes garantissent aux populations des provinces, des villes et même des communes rurales, le droit de choisir leurs magistrats, de fixer le chiffre de leurs impositions et de se garder elles-mêmes. — On lit encore ces trois clauses importantes dans la plupart des capitulations faites entre Henri IV et les villes qui tenaient pour la Ligue. C'était la condition expresse de leur *soumission*.

En 1789, il n'existait plus en France de *Pays d'État*, que le Languedoc, la Bourgogne, le Béarn, la Bretagne, l'Artois, la Provence; et encore, les assemblées d'état dans ces deux dernières provinces n'étaient qu'une vaine formalité. Le Dauphiné avait recouvré ses anciens états qu'après l'assemblée de Vizille. Cette province s'était mise en pleine insurrection en 1787, et s'était donné une constitution et une assemblée d'état. L'autorité royale, après avoir épuisé tous les moyens de violence et d'intimidation, avait été contrainte de reconnaître et sanctionner les actes de cette assemblée. L'énergique persistance du Dauphiné était un appel aux autres provinces. Mais la convocation des états généraux rendit ce mouvement inutile.

L'administration du Pays par le Pays n'est pas une innovation contemporaine. Il nous sera facile de démontrer que ce mode de gouvernement intérieur est plus ancien que la France même, et qu'il est consacré par une tradition séculaire. (V. PROVINCIAUX (ÉTATS.)   D.-Y.

PAYS-BAS. On désigne, ou pour parler plus exactement, on désignait sous le nom commun de Pays-Bas, les pays qui occupent cette portion de l'extrémité occidentale de l'Europe qui se trouve située entre la France et l'Allemagne. Souvent réunis sous le même sceptre, et toujours séparés pour se réunir de nouveau, les Pays-Bas ont enfin été démembrés, et probablement pour la dernière fois, en 1830. Ils se divisent aujourd'hui en deux états : la Belgique et la Hollande. (V. ces deux mots.)

Ensemble ou séparément, ces divers pays ont traversé des vicissitudes singulières et qui tiennent une grande place dans l'histoire. Tour à tour attaqués, conquis, possédés, perdus et reconquis par les Romains, les Barbares, la maison de Bourgogne, l'Espagne, l'Autriche et la France; extérieurement dominés par l'Angleterre et par la Prusse, ils ont cependant toujours maintenu intacte leur indépendance et leur nationalité.

Au dedans, même spectacle. Gouvernés par des souverains puissants, par des seigneurs jaloux à l'excès de leur autorité, par des magistrats envahisseurs, les habitants des Pays-Bas ont toujours su se garder du despotisme, conserver ou reconquérir leur liberté : double phénomène très remarquable, et d'autant plus qu'il n'apparaît avec une égale vivacité dans les annales d'aucun autre peuple de l'Europe.

Or, si l'on en recherche avec soin les causes, on découvre facilement que les Hollandais et les Belges, considérés comme un même peuple, doivent leur physionomie particulière à la configuration de leur pays. Pressés entre l'Europe et la mer, perpétuellement menacés d'être engloutis par l'une et absorbés par l'autre, les *Bataves* ont été contraints à de gigantesques efforts pour disputer aux flots le sol même sur lequel ils vivaient, et pour défendre, contre leurs voisins du continent, cet être moral qui est la patrie, la nationalité, ce qui fait la personnalité d'un peuple, d'une nation. Ils y ont réussi, c'est leur gloire; et l'on ne peut assez admirer ce qu'il a fallu pour cela de résolution, de courage, de ténacité, je dirais presque d'aveugle entêtement. Et c'est là précisément le caractère distinctif de ces peuples, de ceux principalement qui sont le plus voisins de l'Océan : l'audace qui conçoit et aborde les grandes entreprises, l'invincible opiniâtreté qui les mène à fin.

Avec ce caractère et la puissance qu'elle leur a conquis, les Pays-Bas ont été, depuis l'origine des temps modernes, un élément essentiel de la politique internationale. Dès le moyen âge on sentait en Europe quelle serait l'importance d'une *monarchie des Pays-Bas* vigoureusement constituée, entre l'Empire et la France, et destinée à les tenir tous deux en échec. Charles le Téméraire fut sur le point de créer cette grande puissance; mais la fortune de la France et le génie de Louis XI ne le permirent pas.

Nous disons la fortune de la France, et peut-être faudrait-il dire la fortune de l'Europe. Nous croyons, en effet, que les hommes d'état qui ont argumenté sur cette hypothèse d'une grande puissance intermédiaire entre la France et l'Allemagne, se sont gravement mépris sur les conséquences nécessaires de cette création. M. Ancillon, et après lui un autre plus obscur, ont dit que — cette puissance indépendante et respectable eût pu prévenir les guerres sanglantes de la France et de l'Autriche, s'opposer avec succès aux projets de domination de l'une et de l'autre, assurer la liberté de l'Allemagne et fixer l'équilibre de l'Europe. — Mais qui ne voit, au contraire, qu'une monarchie des Pays-Bas comprenant la Hollande, les provinces belgiques et les autres états de la maison de Bourgogne, n'eût été, au sein de l'Europe, qu'un nouvel élément de discordes et d'interminables luttes. Entre l'Espagne et l'Allemagne, il ne peut y avoir, il ne pouvait y avoir, surtout alors, qu'une seule grande puissance. — Nous n'avons pas besoin de dire ici pourquoi.

Mais pour ne pas tenir ce haut rang parmi les nations, les Pays-Bas n'en ont pas moins eu et n'en ont pas moins encore une très grande importance. Depuis qu'ils ont échappé au sceptre sanglant de Philippe II, les efforts persévérants, tentés et soutenus par les grands états, dans le but d'y asseoir leur influence, l'attestent suffisamment. Tout le monde connaît les agressions de Louis XIV, agressions profondément inintelligentes, parce que l'intérêt du grand roi n'était point d'accord avec son orgueil, et qu'il sacrifia sa politique à sa vanité. Les Anglais en profitèrent habilement. Réunis avec la Hollande, par le fameux traité de la *grande alliance*, ils établirent dans les Pays-Bas un nouveau gouvernement qui, nominalement investi de la souveraineté au nom de Charles III, compétiteur de Philippe V, n'était en réalité que l'exécuteur des ordres de l'Angleterre. Pendant le reste du dix-huitième siècle, la même lutte se continue, la France n'appuyant qu'à regret et avec une sorte de malveillance rétrospective les efforts du parti républicain; les Anglais, au contraire, encourageant et soutenant de toutes leurs forces les envahissements des stathouders. A la fin, les Anglais triomphent par l'assistance de la Prusse et par la lâcheté du gouvernement français (1788). La Hollande est envahie, le stathouder l'emporte, et de maritime qu'était la Hollande, il en fait une puissance plus militaire. La Révolution française annule cette victoire; l'Empire consacre pour quelques années, par la violence, l'œuvre plus généreuse et plus habile de la Révolution. Mais par cette violence, il provoque, jusque parmi les esprits les plus affectionnés à la France, une réaction trop énergique; et lorsque arrive le jour de sa chute, l'Angleterre élève en un jour ce qu'elle n'avait pu qu'ébaucher jusqu'alors, un état continental, nécessairement militaire, sous la mouvance politique de la Prusse, c'est-à-dire une puissance nécessairement ennemie de la France.

La Révolution de juillet a mis à néant cette menace perpétuellement suspendue sur notre tête : et nous nous trouvons aujourd'hui replacés vis-à-vis des Pays-Bas dans la situation où se trouvaient les trois derniers princes de l'ancien régime. La politique de la France, à l'égard des Pays-Bas, est donc nettement tracée. Nous devons former

avec la Belgique une alliance aussi étroite que possible ; nous devons également nous rapprocher de la Hollande, et porter de nouveau vers la mer son énergie et son activité. La Grande-Bretagne, au contraire, est intéressée à resserrer l'activité néerlandaise dans les bornes du continent, à ruiner le commerce extérieur des Pays-Bas et par conséquent leur marine.

Malheureusement, l'Angleterre a pour elle un grand avantage, c'est l'organisation politique de la Hollande. La Hollande est aujourd'hui une monarchie ; par cela même elle a une armée, et cette armée n'est entretenue qu'au détriment de la flotte.

Or, comment cette monarchie s'est-elle formée? Comment ces pays, jadis si libres, sont-ils maintenant soumis à un pouvoir qui n'a conservé que bien peu des anciennes libertés nationales. Cette transformation est curieuse à étudier, et elle renferme de graves enseignements pour les peuples qui, comme la France, ont séparé le pouvoir législatif du pouvoir exécutif, au lieu de subordonner celui-ci à celui-là.

A l'époque où les provinces unies, les Pays-Bas, secouèrent le joug de l'Espagne, elles crurent devoir concentrer en une seule main les éléments de résistance. Guillaume le Taciturne, et après lui, son fils Maurice, furent investis d'un pouvoir considérable. De là, la ruine de la Hollande. A partir de Maurice, la lutte commence entre le stathouder et les états, et l'on a vu plus haut comment elle se termine. « Pour peu qu'on réfléchisse sur la constitution des provinces unies, dit un publiciste, on n'a pas de peine à se convaincre que toutes les autorités avaient leur source dans les régences des villes, puisque leurs députations composaient les états provinciaux, comme les députations de ceux-ci composaient les états généraux. Il était donc très clair qu'en exerçant une puissante influence sur la nomination des magistrats dans les villes, on pouvait avoir des régences et par conséquent des états provinciaux et des états généraux entièrement à sa disposition, c'est-à-dire envahir le pouvoir législatif, après avoir été déjà investi des parties les plus importantes du pouvoir exécutif. »

On le voit donc, ce fut par la corruption du principe électif, et conséquemment par l'altération du pouvoir législatif que les stathouders tendirent et arrivèrent à ruiner la liberté de leur pays. Mais ce qu'on n'a point assez remarqué, c'est qu'à mesure que l'élément populaire s'affaiblissait au profit du pouvoir royal, la puissance extérieure du pays déclinait parallèlement. Grande leçon pour tous les peuples qui jouissent chez eux de quelque liberté.   E. D.

PAYSAN. Les Paysans sont les ouvriers ruraux; et nous entendons par là tous ceux, indistinctement, qui vivent du travail de leurs mains. Il faut donc comprendre sous cette dénomination de Paysans, non seulement les journaliers salariés, les fermiers, métayers, etc., mais encore un assez grand nombre de petits propriétaires qui cultivent eux-mêmes leurs propriétés.

Notre intention n'est pas d'exposer ici la condition actuelle des Paysans en France, ni de suivre à travers ses développements successifs, cette portion si intéressante et si utile de la société. Ce double travail a déjà trouvé ou trouvera plus logiquement place ailleurs. Nous voulons seulement, à l'occasion de ce mot, exposer quelques considérations qui nous semblent n'être point sans importance.

On se plaint généralement en France, et avec raison, de la décadence de l'agriculture et de la tendance que manifestent les Paysans à quitter les travaux agricoles pour les professions industrielles. — Ces deux faits ont une connexion intime. — On observe encore qu'il n'est pas un Paysan un peu riche qui ne cherche, — qu'on nous passe cette expression familière, — à faire de son fils *un Monsieur*, avocat, médecin, huissier, commis de mairie, vétérinaire, peu importe, pourvu qu'il ne soit plus Paysan. Les plus pauvres essaient d'obtenir du curé de l'endroit, qu'il donne au plus intelligent de leurs enfants, l'éducation qu'il est capable de donner, et puis, au bout de cet apprentissage clérical, on envoie *monsieur l'abbé* passer trois ou quatre ans dans un séminaire d'où il sort prêtre.

Cet usage, fort général en France, exerce une influence très remarquable et très fâcheuse sur la composition du clergé, et partant sur les mœurs publiques. Car la plupart de ces jeunes gens à demi décrassés, inexpérimentés, dépourvus d'une instruction et d'une éducation suffisantes, connaissant mal les hommes, et également mal disposés envers leurs égaux d'hier et leurs égaux d'aujourd'hui ; soigneusement tenus, d'ailleurs, dans l'ignorance des choses qu'il leur serait si essentiel, si indispensable de savoir : les mœurs, les institutions, les nécessités de leur temps ; la plupart de ces jeunes gens, dis-je, arrivent dans le monde avec une foule de préjugés déplorables ; ils s'irritent et s'entêtent contre ce qu'ils ne comprennent pas et qui les blesse, et de là tant de petits troubles, de petits désordres, de petites luttes et trop souvent de grands scandales. C'est là un mal auquel il est très désirable qu'un remède soit porté ; nous le signalons ici, on le voit bien, sans aucune pensée injurieuse ou hostile. Mais profondément pénétrés de la haute valeur du rôle que le prêtre est appelé à remplir dans la société, nous gémissons de voir le clergé se recruter d'une manière si généralement vicieuse et compromettante.

Et savez-vous d'où vient cette tendance qui pousse avec tant d'énergie les Paysans à sortir de leur classe ? Ce n'est point uniquement la misère qui les sollicite, car les plus riches donnent à cet égard l'exemple aux plus pauvres : c'est le manque de considération. Sans doute la misère y est pour beaucoup. Le Paysan qui délaisse la campagne pour la ville est très souvent excité par l'espérance d'un salaire plus élevé. Mais cette considération, nous le répétons, n'est point la seule, et si le Paysan jouissait de la considération à laquelle il a droit, tenez pour certain qu'il serait moins pressé de ne l'être plus.

Or, c'est là, nous ne craignons pas de le dire, une des causes les plus puissantes de la décadence de l'agriculture en France. Les armées de terre et de mer enlèvent à la population rurale ses sujets les plus forts ; l'industrie et celles des professions libérales qui sont les plus accessibles prennent les plus fiers ; le clergé s'empare des plus intelligents ; et, de cette sorte, le travail des champs se trouve abandonné aux hommes les plus faibles de corps, de cœur et d'esprit. Ajoutez que les Paysanes les plus vigoureuses sont recherchées pour la domesticité des villes, que les plus saines et les plus belles sont incessamment sollicitées et enlevées par les pourvoyeurs de la prostitution, et vous aurez une idée de ce que sera infailliblement, dans un avenir peu éloigné, la population rurale de ce pays, et partant, son agriculture, sa force militaire, sa puissance extérieure.

Ces résultats parlent d'eux-mêmes. Funestes dans le présent, ils sont surtout redoutables pour l'avenir. C'est donc pour tous les hommes qui pensent un devoir impérieux de s'en occuper ; c'est surtout le devoir du gouvernement. La presse peut beaucoup, sans doute ; mais son action, malheureusement bornée, n'aura d'effet décisif que si elle est énergiquement secondée par les dépositaires de la puissance publique. Il faut procurer à la classe agricole la considération que méritent ses immenses services, ses vertus, sa modestie ; il faut que les préventions orgueilleuses, — legs onéreux du passé, — qui pèsent encore sur le Paysan se dissipent sous l'influence de mœurs plus équitables et de sentiments plus véritablement élevés.

Mais, disent les vaniteux et les sophistes, comment voulez-vous qu'un Paysan soit traité par tout le monde sur le pied de la plus parfaite égalité ? — La réponse est facile. Il n'y a pas bien longtemps que les avocats, les gens de lettres, les médecins, les savants étaient des gens de peu pour les hautes classes de la société. Aujourd'hui, au contraire, avocats, gens de lettres, médecins, savants marchent les égaux de tout le monde. Pourquoi cela ? parce que l'éducation et l'amélioration des mœurs ont nivelé le terrain où se rencontraient auparavant aristocrates et bourgeois. Le préjugé qui n'existe plus contre les bourgeois existe encore contre les Paysans ; l'éducation que reçoivent les bourgeois, les Paysans ne la reçoivent pas : de là toute la différence, de là l'absence de considération pour ceux-ci, de là leur désir de s'affranchir de ce mépris qui les environne, de là la décadence des mœurs publiques, la démoralisation et la détérioration des races.

Il y a plus d'un moyen de changer cet état de choses ; mais le plus puissant serait sans contredit l'exercice des droits politiques. Le Paysan regarde nécessairement comme ses supérieurs, comme ses seigneurs ceux qui nomment *le Député*, ceux qui siègent comme juges aux assises du département. Donnez-lui ces droits à lui-même, il prendra incontinent une plus haute idée de sa valeur sociale ; il n'essaiera plus de se déclasser lorsqu'il trouvera dans sa condition les avantages moraux et sociaux qu'il envie à la condition des autres :

il restera Paysan, et, honoré comme il doit l'être, jouissant de la considération à laquelle il a droit, il fera de ses enfants ce qu'il est lui-même.

Mais il faut observer que ce remède, le plus efficace, n'est point à la portée de tous les gouvernements.   E. DUCLERC.

PÉAGE. On appelle Péage le droit que paient ceux qui passent sur une route, sur un pont, sur un chemin de fer, sur un canal.

Il est impossible de fixer l'époque, où pour la première fois, les Péages, ont été établis. On peut supposer qu'ils sont au moins aussi anciens que les douanes, avec lesquelles on les a souvent confondus, et qu'ils furent connus des Romains et des Grecs.

Pendant le moyen-âge, des Péages furent établis sur presque toutes les routes, par les seigneurs dont elles traversaient les domaines. Il fallait payer chaque fois que l'on passait un bac ou un pont, que l'on naviguait sur une rivière ou sur un ruisseau, un droit de barrage ou de pontonnage, de chaumage ou de passage, de long ou de travers, de billette ou de branchiette, ou tel autre qu'il plaisait au seigneur d'imposer.

Ces droits étaient le prix de la protection que le seigneur accordait aux personnes et aux propriétés des voyageurs, ou le rachat des vexations qu'il avait le pouvoir de leur faire éprouver. Au treizième siècle, le seigneur, sur les terres duquel un voyageur avait été détroussé, devait payer le prix de ce que les voleurs avaient emporté. Le roi était obligé à la même réparation lorsque le vol avait eu lieu sur son domaine. Tel était le droit et plusieurs arrêts le confirmèrent; mais il est probable qu'il était assez irrégulièrement observé.

Plus tard, lorsque l'autorité royale fut bien établie, on ne reconnut d'autres Péages que ceux qui étaient fondés sur un titre ou sur une longue possession. Le Péage ne fut plus le prix de la protection accordée aux personnes et aux propriétés : il fut destiné à l'entretien des routes ou passages. Le seigneur qui ne consacrait aucune somme à l'entretien des routes ou passages qui donnaient lieu à la perception d'un Péage, perdait son droit de Péage, malgré les titres et la longue possession.

Les Péages étaient encore, au moment où la Révolution éclata, et malgré tous les efforts tentés par le gouvernement afin de les abolir ou du moins d'en diminuer les abus, une des charges les plus lourdes qui pesaient sur le commerce. De Gray, où commençait la navigation de la Saône, jusqu'à Arles, il fallait que les bateaux s'arrêtassent trente fois pour payer trente droits différents, qui montaient en total à vingt-cinq ou trente pour cent de la valeur des objets transportés. Il n'est pas besoin de dire que les sommes produites par la perception des droits de Péage n'étaient point employées à l'entretien des routes, passages ou voies navigables.

La Révolution abolit les anciens Péages.

Aujourd'hui, des Péages ont été établis pour indemniser ceux qui établissent un canal, un pont, un chemin de fer. La plupart de ces droits de Péage sont concédés à temps seulement.

Aux États-Unis, en Angleterre, les routes, construites par des compagnies de particuliers, donnent lieu à des Péages du même genre. Il y a des Péages concédés à perpétuité.

On trouve encore les anciens Péages dans la plupart des États de l'Europe, et notamment en Suisse, où ils forment une des principales branches du revenu de chaque canton, au préjudice du commerce.

Les Péages concédés à ceux qui font un canal, un chemin de fer, un pont, ont soulevé, en France, beaucoup de critiques. Il faut avouer cependant que pourvu que les droits de Péage ne soient pas trop élevés, ou concédés pour trop long-temps, ou à des conditions qui engagent l'avenir, ils offrent de grands avantages. Ils font payer directement les frais d'établissement des voies de communication à ceux qui en profitent. Ils fournissent le seul moyen d'obtenir promptement et sur une vaste échelle l'exécution de grands travaux publics nécessaires au commerce.   C. S.

PÊCHE. La mer est le patrimoine commun de toutes les nations. Celle qui veut s'en approprier exclusivement une partie quelconque tend à commettre un acte d'usurpation inique en droit et impossible en fait, puisque tous les peuples doivent nécessairement finir par se liguer contre l'oppresseur.

Chaque peuple ayant un droit égal sur la haute mer dans toute son étendue, il en résulte qu'il doit avoir le libre usage des richesses inépuisables que renferme cet élément. De là le droit de Pêche que chacun peut exercer partout.

Cette règle admet seulement deux exceptions que voici :

Premièrement, il a été reconnu que les eaux qui baignent les côtes d'un pays sont, comme les rivages mêmes, partie du domaine public des états auxquels ces rivages appartiennent. Le droit de propriété dérive ici du droit de sécurité. Ainsi, l'on ne peut admettre que les navires étrangers aient le droit de venir, sans permission, mouiller le long de nos côtes. A plus forte raison ne peuvent-ils pas s'y livrer à la Pêche. Les Anglais ont, dans tous les temps, comme on sait, affiché une prétention contraire, et dans ce moment même, encouragés par la faiblesse de notre gouvernement, ils viennent quelquefois à main armée dépouiller les riches bancs d'huîtres de la Bretagne et de la Normandie, et nos pêcheurs, mal protégés, sont obligés de défendre eux-mêmes leur droit, qui est le droit de la nation. Mais ces actes d'usurpation, si communs dans l'histoire de nos voisins, réprimés, d'ailleurs, énergiquement par le courage de nos marins, ne peuvent altérer en rien le principe qui assure aux autres nations la propriété exclusive des eaux qui baignent leurs rivages.

Nous avons examiné ailleurs quelle est l'étendue de la zone dans laquelle s'étend ce domaine des côtes. A cet égard, il n'y a point de règles fixes adoptées par les nations. L'établissement de ces règles sera un des objets dont aura à s'occuper le premier congrès européen, lorsque les peuples, devenus libres, pourront enfin se concerter pour régler leurs intérêts communs et réciproques.

Secondement, le droit de pêche est encore limité lorsque des établissements ont été formés par une nation, dans le but de faciliter certains genres de Pêche dans des parages qui ne font pas, néanmoins, partie de son domaine. Ainsi, nul doute que si un gouvernement faisait faire quelques travaux dans une baie de la mer Glaciale, afin de favoriser les expéditions de ses baleiniers, il est évident que les vaisseaux étrangers ne pourraient, sans iniquité, troubler cette prise de possession, toute temporaire qu'elle dût être. Le travail est pour les nations comme pour les particuliers, le véritable fondement de la propriété, et là où il se montre, il doit être respecté.

Quant à la Pêche des lacs et des fleuves, lorsque les bords de ceux-ci appartiennent à un même état, elle fait partie du domaine public de cet état qui en règle l'exercice par des lois et des arrêtés d'administration publique. Si, au contraire, les fleuves et les lacs servent de limites à deux états, le droit de Pêche pour chacun d'eux s'étend jusqu'à la ligne idéale qui partage les eaux en deux zones égales, parallèlement aux rivages. Il en est ainsi, à moins que des conventions particulières n'aient rendu commun l'exercice du droit de Pêche qui, dans aucun cas, ne saurait porter atteinte à celui que chaque état possède de faire sur son territoire tels travaux d'art qu'il lui convient.   J. B.

PÉCULAT. Les Romains donnaient ce nom au vol des deniers publics, commis par les fonctionnaires qui en étaient détenteurs ou qui avaient pouvoir de se les faire délivrer. Les lois les plus fameuses sur cette matière sont : 1° la loi qui fut rendue contre Scipion l'Asiatique, en l'an de Rome 561 ; 2° la loi Calpurnia, portée par le tribun L. Calpurnius Piso, en 605 ; 3° et la loi Julia, faite par Jules César, en 695.

Le Péculat figurait au nombre des crimes qui étaient punis par la législation de l'ancienne monarchie. La peine qui frappait les délinquants était ordinairement pécuniaire.

Dans la législation actuelle, ce crime est désigné sous le nom de CONCUSSION. Les fonctionnaires et les officiers publics, leurs commis ou leurs préposés, les percepteurs des droits, taxes, contributions, deniers, revenus publics ou communaux, leurs commis et leurs préposés, qui ordonnent de percevoir, exigent ou reçoivent ce qu'ils savent n'être pas dû ou excéder ce qui est dû pour droits, taxes, contributions, deniers ou revenus, pour salaires ou traitements, sont passibles de deux à cinq ans de réclusion ou d'emprisonnement, et d'une amende d'un douzième ou d'un quart des restitutions et des dommages-intérêts.   B.-C.

PEINE DE MORT. La législation criminelle se modifie selon les progrès de l'esprit humain ; elle s'éclaire et s'élève avec la politique. Les préjugés disparaissent, la nouvelle loi remplace l'ancienne.

La torture, considérée si long-temps comme le moyen de salut le plus énergique, a été abolie avant notre grande réformation de 1789. Depuis cette époque, la Peine de Mort elle-même a été attaquée si vivement par la discussion que le fait de son abolition est commencé. Il est évident, en effet, que l'application si fréquente des circonstances atténuantes, dans des cas surtout où l'indulgence n'est pas permise, est dû à la répugnance des jurés, c'est-à-dire de la nation, pour la peine capitale.

La question de la Peine de Mort se présente à tous les esprits sous deux faces, le *droit* et l'*utilité*. La question de droit est aujourd'hui peu controversée, c'est dans l'utilité qu'on veut trouver la raison du droit. Démontrer que la Peine de Mort est non seulement inutile, mais encore qu'elle est dangereuse, c'est donc implicitement prouver qu'elle n'est pas dans le droit social, c'est la détruire.

« La Peine de Mort, disent les jurisconsultes et les criminalistes qui défendent, par métier autant que par habitude, les nécessités sanglantes de l'échafaud, est indispensable au salut de la société ; elle seule peut inspirer une terreur salutaire, capable de retenir l'homme au moment où la pensée du crime lui arrive ; laissez son épouvante dans l'ame de chacun, toujours prête à détruire le crime à son berceau ; c'est l'instinct de la conservation personnelle, c'est l'amour de soi, que nous appelons à notre aide pour garantir la société : c'est un moyen préventif. »

De là deux ordres d'idées.

La Peine de Mort préserve-t-elle la société, c'est-à-dire agit-elle, ainsi qu'on le prétend, comme moyen préventif ? Diminue-t-elle le nombre des crimes ? Empêche-t-elle un homme de commettre l'acte auquel il est entraîné par la passion ou par la misère ?

Ou bien n'a-t-elle pas un effet directement contraire, et dans une foule de circonstances n'engendre-t-elle pas des crimes ? En d'autres termes, le crime ne provient-il pas souvent des moyens employés pour le prévenir ? La Peine de Mort n'est-elle pas féconde ?

Avant d'examiner ces deux propositions, qui renferment la solution du problème, il convient de rechercher d'où naissent le plus ordinairement les actions coupables qui portent le trouble dans la société en s'attaquant aux choses et aux existences qu'elle a mission de garantir ?

Or, la cause principale qui produit le crime, c'est la misère.

Trop souvent, en effet, le criminel n'a commis son crime que par position ; je ne dis point par nécessité, mais par un entraînement vainqueur. Est-ce à dire pour cela que la misère excuse le crime ? Non, sans doute ; mais il faut soulager celui qui souffre pour le garantir des excitations fatales de la faim ; il faut prévenir le crime pour n'avoir point à supprimer le criminel. Rendre la société responsable de tous les crimes que les individus commettent, c'est une puérilité, nous le savons; mais l'incertitude où se trouve souvent le juge sur la question de savoir si le crime appartient tout entier au criminel, s'il n'a point été dirigé par des circonstances indépendantes de sa volonté; cette incertitude lui impose une extrème réserve et lui interdit formellement l'application d'un châtiment irréparable.

Il n'est pas besoin de revenir sur une vieille maxime de barbarie et de prouver que la société ne se venge pas. Elle est dans une région que les passions ne doivent pas atteindre. Son seul rôle consiste à maintenir dans un équilibre parfait, et dans la juste mesure de la justice ou de la vérité, les éléments qui la composent.

Or, la peine de mort a été conçue non seulement dans un système de punition et de vengeance, mais encore dans un but plus terrible, dans un but d'anéantissement. On a considéré que l'homme coupable était le crime personnifié; on a identifié l'être avec l'acte, et, partant de cette base fausse, on est arrivé à cette conséquence atroce, que pour détruire le crime il faut tuer le criminel.

Un troisième motif encore a été allégué à l'appui de la Peine de Mort.

On a pensé qu'on pouvait agir sur les hommes par la crainte, et que l'amour de la vie tenant intimement à notre nature, il fallait placer l'échafaud en permanence au dessus de la société pour imprimer une salutaire terreur et prévenir ainsi les crimes en épouvantant ceux qui seraient disposés à les commettre.

Tels sont les trois motifs qu'on fait valoir à l'appui de la Peine de Mort : d'abord elle venge la société et la victime; puis elle prévient, par la mort du criminel, les autres crimes dont il est probable qu'il se rendrait coupable, si on lui eût laissé la vie; enfin, elle préserve la société en effrayant ceux qui essaieraient de s'attaquer à elle.

Le premier de ces motifs est immoral, la vengeance n'est qu'un acte de barbarie; la peine du talion n'appartient qu'à des peuples dont l'intelligence n'est pas développée. Dans le temps où nous vivons, ce motif n'est même pas à discuter.

De courtes réflexions suffiront pour démontrer l'inutilité du second. Eh quoi! parce qu'un malheureux, poussé peut-être par la misère, excité par le désespoir, se sera rendu coupable d'un crime; parce qu'un jour dans sa vie il aura manqué à la justice, il faudra anéantir cet homme, et cela, sous le prétexte que d'autres victimes viendraient s'ajouter à celles qu'il a déjà faites. S'il n'existait pas d'autre moyen pour prévenir la récidive, on pourrait raisonner ainsi, car alors il s'agirait de choisir entre la vie de l'homme de bien et celle de l'homme criminel; mais, Dieu merci, cette alternative n'existe pas : non seulement vous pouvez remplacer la mort qui enlève l'homme à la société, par la séquestration absolue, mais il vous reste à la fois un devoir, une espérance, c'est la possibilité de corriger cet homme, de purifier son ame et d'arracher le crime

de son cœur sans lui ôter la vie. Un homme de génie, dans ce siècle, a dit cette parole évangélique : « Quand la société tue un coupable qui se » repent, elle tue un innocent » (1).

J'admets que quelques hommes endurcis s'obstinent à ne pas revenir à des idées de justice et de vérité; mais sur le nombre ne s'en trouvera-t-il aucun que votre grace touchera, qui se laissera vaincre par vos leçons, qui renaîtra sous votre parole. Or, cet homme purifié deviendra lui aussi un moyen préventif, il sera une leçon vivante, il parlera de ses fautes, de son repentir à des malheureux, prêts, peut-être, à se laisser entraîner comme lui, il se montrera criminel, puis misérable, puis corrigé et repentant; et il prouvera, pour ainsi dire matériellement, que le crime n'est jamais dans l'intérêt bien entendu de personne.

Qu'on le comprenne bien : dans ce siècle positif où l'on fait tout passer sous le niveau d'un froid calcul, il n'est pas sans importance de démontrer qu'il est de l'intérêt de chacun de respecter et les hommes et les choses, et de prouver aussi que le crime est un mal pour celui qui le commet.

Vous voulez agir par la crainte, dites-vous, et la Peine de Mort n'est pas seulement un moyen répressif, c'est encore un moyen préventif. Vous vous appuyez sur cet instinct de la nature qui donne à chaque être créé une horreur profonde pour sa destruction. Mais pour vous convaincre de la faiblesse de cette argumentation, ouvrez l'histoire, déroulez ses pages, voyez le siècle d'hier, voyez le siècle d'aujourd'hui : la vie n'est partout qu'un intérêt secondaire, les préjugés, les passions, le dégoût la surmontent en tout temps, en tous lieux : pour un vain point d'honneur, un homme riche, heureux, laisse sa famille, sa fortune, son bonheur, sa gloire même, pour aller mourir sous les coups d'un spadassin. Cette vie dont vous argüez tout, on l'expose, on la sacrifie au milieu des fêtes, dans le forum, dans l'enceinte législative, partout où les passions s'agitent, partout où les hommes se meuvent et se rencontrent.

Voyez encore : le mépris de la mort ne vient pas seulement d'une cause étrangère, en dehors de l'homme qui meurt; souvent il naît, il s'élève du fond de son propre cœur : en vain les jouissances des arts, les affections de famille cherchent-elles à soulever le poids qui écrase son ame : il résiste jusqu'au jour où l'existence lui devenant insupportable, le drame s'achève et la vie s'en va.

Et quand les heureux de la terre, montrent un tel mépris pour la vie, croyez-vous qu'elle soit chose bien précieuse pour celui qui est torturé par la misère, aiguillonné par la faim, et qui ne marche ici bas que de souffrances en souffrances. Non, l'échafaud n'est pas un moyen préventif, il n'arrête pas. C'est une chance que le criminel a prévue, et qui souvent, à son avis, n'est pas le terme le plus fâcheux de son calcul. Ce qui peut lui arriver de plus triste, pense-t-il souvent, ce

(1) Lamennais, *Discussions critiques.*

n'est pas de mourir, mais de continuer à vivre dans la douleur.

Ceci est tellement vrai, que si vous interrogez les criminels, la plupart vous diront : Nous vivions dans de telles angoisses qu'il ne nous était plus possible de les supporter ; nous avons joué notre destinée sur un dé : ou nos souffrances s'apaiseront et nous vivrons, ou nous serons saisis par la justice et nous périrons ; mais dans les deux hypothèses la misère cessera. Calcul terrible et qui montre bien les vices de notre organisation sociale.

Il faut continuer encore à fortifier la vérité, rappeler que l'on a vu des hommes poussés par un cruel mépris de la vie, venir se livrer à la justice, s'accuser de crimes imaginaires et se calomnier pour mourir. N'a-t-on pas vu aussi des condamnés aux bagnes, à la réclusion perpétuelle, frapper de mort leurs camarades, seulement pour obtenir l'échafaud. Quelle est donc cette peine que les uns s'appliquent eux-mêmes, malgré les avantages de leur position sociale, et que les autres recherchent comme la seule ressource qui leur reste, comme la fin de leurs maux.

Dans ce siècle de philosophie, la mort est peu de chose ; plus on l'approche, plus on la raisonne, et moins on s'en effraie. Il est beaucoup d'hommes, la plupart même, qui pensent aujourd'hui fermement que la destinée humaine s'accomplit au-delà de la vie. Ceux-là traversent sans un regret bien profond le passage qui conduit à la réalisation. Il en est d'autres qui croient encore que le tombeau est souverain, que les hommes tombent et restent dans ces lieux sans issues, et que l'espèce humaine n'y trouve qu'un repos éternel. Cette dernière hypothèse est-elle si terrible ? Et pour celui qui souffre, le repos absolu n'est-il pas préférable aux tourments qui ne le quittent pas un instant sur la terre ?

La mort n'est plus un fantôme redoutable. La foi et l'incrédulité ne reculent plus devant elle.

Si jadis ce moyen pouvait impressionner des populations faibles et superstitieuses, il est sans action aujourd'hui sur nos générations.

C'est encore là une de ces vieilles erreurs qu'il faut détruire.

N'oublions pas que la torture a été long-temps le pivot de notre justice criminelle ; la civilisation l'a fait disparaître. La Peine de Mort était la fin, le couronnement de la torture ; il est temps de l'abattre à son tour.

Faut-il encore d'autres exemples, d'autres faits pour attester le mépris de l'échafaud. Allez en Angleterre, assistez à une exécution, examinez ce qui se passe autour du lieu du supplice. Là, le moyen doit agir dans toute sa force ; là est bien, si je ne me trompe, l'empire de la crainte. Mais on amène le condamné, laissez-le mourir, ne levez pas les yeux sur son agonie ; que verriez vous ? Un homme lié par le cou, suspendu à trente pieds du sol ; un autre homme qui s'élance sur ses épaules et s'efforce des pieds et des mains de le faire mourir plus vite ; vous verriez des yeux sortis de leur orbite, une langue pendante, des

membres contractés ; vous verriez enfin la plus belle création de la divinité, rompue, brisée, anéantie. Suivez plutôt ces esprits inquiets qui s'agitent dans la foule, suivez ces mains ardentes qui cherchent : elles fouillent dans les vêtements d'autrui, elles prennent, elles volent, et ce corps qui se balance dans les airs et jette au vent les dernières convulsions de la vie, a été condamné comme voleur ! Direz-vous encore que l'échafaud est un moyen préventif ? Non, la Peine de Mort est une barbarie inutile ; elle ne préserve pas la société, elle la flétrit par un meurtre.

CHAPUYS-MONTLAVILLE, député.

PÉNALITÉ, CODE PÉNAL.

Il semble, dit Beccaria, qu'avec de bonnes lois civiles, les lois criminelles seraient à jamais inutiles. — En effet, si les lois civiles et politiques réglaient les relations des hommes conformément à la nature humaine, ces lois ne seraient jamais enfreintes, et la Pénalité ne serait pas nécessaire. Mais les lois civiles n'ont jamais atteint ce but. Les systèmes qui cherchent à suppléer à cette imperfection par l'attrait vers le bien, vers des actes qui contribuent toujours à l'harmonie générale, sont sans doute de louables efforts et de bons instruments pour le progrès des idées ; mais ils sont et resteront probablement toujours à l'état d'utopies, parce que l'homme, indéfiniment perfectible, n'est jamais parfait.

Un État politique ne peut donc pas être régi sans un système de Peines, une Pénalité.

Quel est le meilleur système de Peines ? Question difficile, impossible à résoudre d'une façon absolue. La Pénalité varie suivant les temps et les lieux, les institutions et les mœurs. C'est une règle bien connue, et un précepte banal ; la Pénalité perd de sa rigueur à mesure que les mœurs s'adoucissent et que les institutions s'avancent vers la Fraternité, l'Égalité et la Liberté.

Sous ce rapport, qui est le principal, la Pénalité en France est certainement en arrière des mœurs, et même des institutions.

Le Code Pénal, qui contient les règles générales, et qui détermine la peine de la plupart des crimes ou délits, n'a pas été rédigé avec le même soin que le Code civil. Quoiqu'il ait été établi d'abord en 1791, entièrement refait en 1810, modifié depuis dans quelques parties par des lois spéciales, et soumis à une révision générale en 1832, il présente encore des vices radicaux, trop nombreux pour les indiquer ici.

Le système du Code Pénal repose sur trois modes de Peines : la Mort, la Privation totale ou partielle de la Liberté (1), la Privation partielle de la Fortune (2).

____

(1) Les travaux forcés (bagnes) à perpétuité ou à temps ; les divers modes de prisons ; détention simple (à temps) ou perpétuelle (déportation), réclusion, emprisonnement, privation de l'exercice de certains droits civiques ou civils. (V. les mots BANISSEMENT, DÉPORTATION, DÉTENTION, RÉGIME PÉNITENTIAIRE, PRISONS.)

(2) Amendes, la privation totale ou confiscation a été abolie par la charte.

L'application de la Peine de mort va chaque jour s'effaçant de quelques parties de nos codes, et se restreint dans la pratique. (V. PEINE DE MORT.)

Nous avons montré, au mot AMENDE, que cette peine est un mauvais mode de répression.

Quant à la Privation de la Liberté, elle est certainement le seul mode praticable, à la fois pour châtier le coupable, et le placer dans des conditions d'amélioration, et pour garantir la société contre de nouvelles infractions aux lois. En effet, l'homme qui commet une infraction à la loi a été conduit à ce mauvais usage de sa liberté par l'imperfection de la loi, ou par le vice de sa propre nature. Il est rationnel de le priver d'abord de cette liberté dont il a mal usé, et de profiter de ce temps de privation pour lui apprendre à en bien user à l'avenir. La Peine doit atteindre ce double but: séquestrer le condamné de la société et l'enseigner. Cet enseignement doit être moral pour lui apprendre à respecter la loi même imparfaite ; intellectuel, pour élever son esprit à la connaissance de ses devoirs ; industriel, pour lui procurer les moyens de vivre d'un travail légitime, de se *tirer d'affaire* honnêtement et légalement, dans ce vaste champ clos où les hommes sont aujourd'hui abandonnés, en lutte les uns contre les autres.

Le premier vice de la Pénalité actuelle est donc de n'admettre que des peines *fixes*. Quand un homme est condamné pour un an, ce délai est inflexible, à moins que la grace n'intervienne ; mais la grâce est une faveur et non point un droit, c'est une rare exception et non point une règle. Il semble que dès qu'un homme séquestré a été suffisamment enseigné pour que la Société n'ait plus à craindre qu'il mésuse de sa liberté, on devrait le rendre à la Société, qui n'a jamais trop de membres actifs et utiles. La justice exigerait qu'il fût remis en liberté, car il est *corrigé*. Or, le but du châtiment, c'est la correction. A voir notre Pénalité, il semble que le but du châtiment soit la vengeance, et le mot *vindicte publique* n'est que trop fréquemment usité dans nos tribunaux.

Le deuxième vice de notre Pénalité est de n'atteindre aucun des deux buts : séquestration, enseignement. Quel que soit le mode d'incarcération, les prisonniers sont mêlés ensemble, de façon à se pervertir mutuellement ; et la hideuse société qu'ils forment entre eux est laissée (dans la pratique) en communication assez fréquente et assez active avec les autres membres de la petite société criminelle qui s'agite au milieu de la grande société. C'est une navette continuelle entre la prison, le bagne et le crime. Les murs de la prison, construits pour isoler les condamnés, ne les séparent réellement pas de leurs camarades en liberté.

Quant à l'enseignement, ni la loi ni la pratique ne s'en occupent. Cela n'est pas entré dans la prévision législative.

Le troisième vice de notre Pénalité, celui qui engendre en grande partie les deux autres, c'est qu'elle n'est pas suffisamment réglée par la Loi.

Quelques vagues définitions, inscrites dans le Code Pénal, laissent à l'administration un large arbitraire, dont elle a fait jusqu'ici le plus déplorable usage.

On commence à s'occuper de réformer la Pénalité. On s'essaie à faire régler par la loi la manière d'appliquer la peine, qui importe autant et plus que la nature même de la peine. Une loi commencée sur la Réforme du régime des prisons conduira nécessairement à des réformes plus radicales. On parle de supprimer les Bagnes. En y pensant mieux, et surtout en consultant les hommes purs et intelligents, que les circonstances politiques ont jetés dans les prisons, hélas en trop grand nombre! on arrivera bientôt à supprimer aussi les Prisons. Dans les Bagnes on laisse au condamné l'air et le soleil, l'espace, mais on *enchaîne* un ou deux de ses membres. Dans les Prisons les membres peuvent agir librement, mais l'air, le soleil et l'espace sont interdits au condamné ; dans les deux cas, on ne cherche pas autre chose au fonds que priver le condamné de l'exercice de sa liberté. Est-ce qu'il n'y a pas moyen de laisser au condamné l'usage de ses membres, de lui accorder assez d'air, de soleil, d'espace, pour ne pas nuire au développement de sa vie, et en les limitant cependant assez pour qu'il soit privé de l'exercice de sa liberté ? Peut-on dire qu'un pareil problème est insoluble ? Et ne voyons-nous pas une heureuse tentative dans la colonie de Mettray ? Oui, la Pénalité doit être conçue de manière que le condamné soit laissé actif, mais que cette activité soit soumise à une règle *forcée* ; et cette règle doit être telle qu'en le privant du libre exercice de son activité, elle l'instruise, surtout par une bonne pratique, à diriger cette activité vers le bien, quant le moment sera venu de lui en rendre le libre exercice.

HENRY CELLIEZ.

PÉNITENTIAIRE. On appelle régime Pénitentiaire un régime destiné à faire repentir, à corriger ceux qui sont condamnés à l'emprisonnement.

L'emprisonnement est, suivant toute apparence, aussi ancien que la société : l'idée d'un régime pénitentiaire est nouvelle. On a longtemps puni les coupables, sans songer à les améliorer, à prévenir les récidives.

On sait aujourd'hui que la plupart des condamnés, des condamnés pour vol notamment, n'ont point cédé à un entraînement passager, résultat de circonstances fortuites : le vol ne leur est point non plus imposé, quoiqu'on en ait dit, par la fatalité de leur organisation. Voler est pour eux l'exercice régulier d'une profession héréditaire en beaucoup de familles. Les voleurs forment une société à part, dans laquelle vivent des familles entières et qui se recrutent en outre de ceux que la débauche, les mauvais exemples, les mauvaises sociétés y conduisent. On sait que les prisons où, prévenus et condamnés, jeunes et vieux, se trouvent entassés pêle-mêle sont des écoles où le vol et tous les crimes sont enseignés ; où les caractères faibles doivent nécessairement être pervertis et corrompus par la double influence de l'enseignement et de l'exemple.

Des écrivains énergiques ont signalé cet affreux état de choses, et ont demandé que l'administration adoptât un régime d'emprisonnement propre, non seulement à prévenir le recrutement des criminels de profession, mais encore à corriger ceux de ces criminels que la justice aurait frappés.

Ces réclamations ont été faites en France dans la dernière partie du dix-huitième siècle : on ne s'est occupé d'y faire droit que depuis peu de temps.

On a envoyé des voyageurs étudier les effets du régime Pénitentiaire en vigueur dans quelques villes de la Suisse et des États-Unis. Les rapports qu'ils ont publiés à leur retour ont eu un succès de vogue, et les spéculateurs en philanthropie n'ont plus parlé que de réformer les prisons et d'établir un système Pénitentiaire.

La réforme des prisons est loin d'avoir été effectuée. Quelques améliorations ont été introduites dans les maisons centrales de détention ; mais les prisons départementales et les bagnes sont restés ce qu'ils étaient, quelque chose d'horrible et de honteux pour la civilisation (V. PRISONS).

On a essayé d'introduire chez nous le système Pénitentiaire, à peu près tel qu'il avait été observé à Auburn et à Lausanne. Ce système consiste à isoler les condamnés, le jour et la nuit, à leur créer une solitude presque absolue et continuelle, à leur imposer un silence rarement interrompu. Nous ne parlerons pas des détails qui n'appartiennent pas à notre sujet.

Ce régime est-il le plus propre à corriger les condamnés ? Nous avons de la peine à le croire. Il serait singulier que l'homme devînt plus sociable placé en dehors de toute espèce de société, réduit à n'entendre d'autre voix que celle d'un prêtre ou d'un visiteur de prisons. Le travail, il est vrai, est employé comme récréation et distraction ; mais sa régularité monotone ne peut, en aucune façon, satisfaire le besoin d'activité intellectuelle et de communication avec ses semblables qui existent chez tous les hommes.

L'isolement continu est un horrible supplice, parce qu'il contrarie les habitudes et les penchants les plus sacrés, les plus légitimes de la nature humaine. A quoi s'appliquera pendant des mois, pendant des années, la pensée solitaire du condamné ? Croit-on qu'elle puisse constamment s'occuper de la morale telle qu'on peut l'entendre dans une prison ? Croit-on que, concentrée en elle-même, elle ne parcourra pas mille fois le cercle étroit dans lequel elle est renfermée ; qu'elle ne s'usera pas promptement et ne s'engourdira pas dans une espèce de somnolence, asphyxiée, pour ainsi dire, faute de communications ? Et si elle est active et forte, n'aboutira-t-elle pas nécessairement à la folie.

Ces considérations méritaient bien qu'on y réfléchit quelque peu. Mais il fallait que les philanthrophes essayassent leur système, et le système a été essayé à Paris, notamment sur les jeunes détenus.

Il n'y a pas assez long-temps que ce régime est appliqué pour que l'expérience ait été complète. On a parlé d'une réduction dans le nombre des récidives ; mais il faut tenir compte des efforts de la *Société pour le patronage des jeunes libérés*, dont l'influence a pu être et peut devenir plus considérable que celle du régime Pénitentiaire, sur l'amélioration morale des jeunes condamnés.

Malgré l'autorité d'un rapport récent de M. le préfet de police, nous avons de la peine à croire qu'un régime qui tient des adolescents dans l'isolement, et qui ne leur donne quelques heures de promenade que tous les deux jours, depuis peu de temps seulement, soit favorable à leur santé et à leur moralité. Il nous semble fort extraordinaire que ce régime, qui tient les enfants à l'ombre et presque sans mouvement, soit bon, comme il est dit dans le rapport *contre les affections scrofuleuses*.

Quant à l'application du système cellulaire ou Pénitentiaire aux détenus politiques, c'est un raffinement de cruauté infâme qu'il est impossible de flétrir suffisamment. Il est évident que les détenus politiques, ne peuvent pas, quoique l'on puisse dire, être assimilés aux autres condamnés : il n'y a point chez eux cette dépravation morale qui sert de prétexte au système cellulaire. Il est évident aussi que les détenus politiques, plus sociables que les autres, et dont l'esprit est infiniment plus élevé et plus actif, souffrent beaucoup plus de l'application du système cellulaire. C'est ce que leurs bourreaux savent parfaitement.

Ils n'ignorent pas non plus que le système cellulaire introduit une peine que nos lois n'ont ni définie ni autorisée, et que l'Assemblée Constituante a formellement repoussée, comme excessive et intolérable.

Le système Pénitentiaire, tel que l'entend l'administration actuelle, est barbare, illégal, et, nous en sommes convaincus, parfaitement stérile. Il peut abrutir les condamnés et les rapprocher de l'idiotisme ; il peut égarer leur raison et abréger leur vie, mais il ne peut les rendre ni meilleurs ni plus sociables.

Il y a cependant, sur ce point comme sur tant d'autres, quelque chose à faire. Pourquoi n'irait-on pas chercher, dans l'observation des faits dans l'étude du cœur humain, plutôt que dans l'imitation servile de ce qu'ont fait d'autres peuples, les principes d'un bon système Pénitentiaire ?

Tous ceux qui se sont occupés de ce qu'on appelle *statistique morale* ont constaté que l'homme en famille est moins porté au crime que le célibataire. Pourquoi ne laisserait-on pas une famille au condamné qui en a une ? Pourquoi ne permettrait-on pas au célibataire de s'en faire une, au lieu de tenir les condamnés des deux sexes dans un célibat forcé qui provoque les plus dégoutantes et les plus funestes habitudes ? Reculerait-on devant la difficulté des règlements intérieurs ? Rien ne serait pourtant plus facile que de les établir, de les faire accepter, d'y trouver une nouvelle gradation de peines.

Le condamné se trouverait, dira-t-on, en rela

tion avec d'autres condamnés ou avec des gens de la même sorte, et il se dépraverait encore ou persisterait dans sa dépravation. — Il serait plus naturel de supposer qu'il s'améliorerait et qu'il améliorerait en même temps sa femme ou ses enfants. D'où viennent les récidives ? De ce que le condamné, après avoir vécu dans un isolement plus ou moins absolu, retourne à ses anciennes habitudes, à ses anciennes relations : il n'a garde de se constituer en cellule lorsqu'il rentre dans le monde. Si au sortir de prison, il trouvait une famille de laquelle il n'aurait jamais été totalement séparé, qui aurait reçu pendant les longues heures de la détention ses projets d'amendement, ses résolutions de mieux vivre à l'avenir, il est probable qu'il resterait dans cette famille et qu'il y vivrait plus régulièrement, surtout si un patronage intelligent guidait ses premiers pas dans la société.

Nous regrettons de ne pouvoir donner ici à cette idée tous les développements dont elle serait susceptible, et nous nous contenterons d'énoncer comme un principe incontestable : « Que, pour rendre l'homme plus sociable, il ne faut pas le mettre hors de la société, mais en société ; que, pour améliorer le condamné, pour le rendre plus homme, il ne faut pas asphyxier son intelligence et l'abrutir par l'inaction, mais au contraire l'élever, la perfectionner par l'activité enfin que pour détruire des mœurs mauvaises et de mauvaises habitudes, il faut donner des mœurs et des habitudes meilleures, et ne pas placer le condamné hors de toutes mœurs et de toutes habitudes en quelque sorte, dans une condition exceptionnelle et négative, comme un long sommeil au bout duquel il se réveille tel qu'il s'était endormi.   C. S.

PENSIONNAIRE DE HOLLANDE (Grand).

Titre du principal ministre, ou plutôt du premier magistrat de la République des provinces-unies. Il fut conféré pour la première fois à Jean-Olden-Barnwelt, lorsque la Hollande s'affranchit de la domination espagnole.

Avant cette époque, ce haut fonctionnaire recevait le titre d'avocat de Hollande. — L'assemblée des états qui élisait ce magistrat, lui conférait dans l'acte de sa nomination le titre de conseiller pensionnaire. — Ses attributions ne lui donnaient point voix décisive dans l'assemblée des états de Hollande, où il siégeait au banc des nobles. Mais à lui seul appartenait le droit de proposer les affaires soumises à la délibération des états. Il recueillait les suffrages des villes et constatait le résultat des résolutions de l'assemblée et en formulait légalement les dispositions.

Toutes les lettres adressées aux états lui étaient remises, et lui seul pouvait les ouvrir. Il conférait avec les ministres, avec les ambassadeurs et les résidents des puissances étrangères. Il devait surveiller avec la plus sévère exactitude l'emploi des revenus publics, le maintien des droits et des prérogatives des états, le respect des personnes et des propriétés, assurer partout l'ordre et la sécurité, et concourir, de tous ses moyens, au progrès de la prospérité commune. — Il assistait au collège des conseillers députés des provinces qui, dans l'intervalle des sessions, représentaient les États-Généraux, et à l'assemblée de l'ordre de la noblesse de la province de Hollande, il portait la parole au nom de cet ordre, à la tribune des États-Généraux. Le grand Pensionnaire n'était en exercice que pour cinq ans, mais ce temps révolu, il pouvait être continué dans cette magistrature. — Ses hautes attributions le plaçaient au dessus du stathouder ou capitaine qui n'avait que le commandement de l'armée. — Chaque province de la république avait aussi son Pensionnaire.

Ces magistrats étaient, par leur rang et l'importance du pouvoir qui leur était confié, un obstacle aux projets d'usurpation de la maison d'Orange. — Jean-Olden-Barnwelt, républicain dévoué, habile homme d'état, connaissait les desseins de ces princes et s'était constamment opposé à leurs tentatives contre l'indépendance de son pays : sa perte fut résolue. Le fanatisme religieux leur en fournit l'occasion, et, sous le prétexte que Jean-Olden-Barnwelt était gomariste, il fut traduit devant un tribunal dont la majorité était orangiste. Condamné, il fut décapité, *toutes les troupes sous les armes*, le 13 mai 1619.

On sait quel fut le sort déplorable de Jean Dewit, qui avait succédé à Barnwelt dans les fonctions de grand Pensionnaire de Hollande. — Dewit, âgé de soixante-quatorze ans, et son frère, furent massacrés six ans après l'exécution de Barnwelt. — Sous le titre de stathouder, les Nassau ont depuis gouverné en souverains la Hollande jusqu'à l'époque de la Révolution française. L'histoire de l'élévation de cette maison confirme cette vérité de tous les temps et de tous les lieux, que les princes et les nobles ne se sont jamais mêlés aux mouvements des peuples, jaloux de leur indépendance, que pour se rendre maîtres du pouvoir suprême.

D—Y.

PENSIONS.

On donne ce nom à des récompenses annuelles et viagères accordées par l'État.

Sous l'ancien régime, les Pensions absorbaient une grande partie des revenus du trésor public. Quelquefois elles servaient à récompenser des services rendus à l'État ; mais ce n'était que par exception. Presque toujours elles étaient accordées à l'obsession ou à des complaisances honteuses. Les courtisanes, les grands seigneurs en profitaient presque exclusivement. Sous prétexte de Pensions, les finances de la France furent mises au pillage, ainsi que l'atteste le témoignage unanime des historiens et le LIVRE ROUGE (V. ce mot), imprimé par ordre de l'Assemblée constituante.

La Révolution fit disparaître les abus en matière de Pensions et posa le principe en vertu duquel elles pouvaient être accordées. La loi du 22 août 1790, déclara que l'État devait récompenser les services rendus à la société, les sacrifices faits à l'utilité publique, les grands exemples de dévoûment.

Cette loi, destinée à comprendre tout ce qui était

relatif aux récompenses nationales, eut le défaut de ne point régler les détails d'application. Elle fut cependant exécutée pendant près de douze ans, et elle est encore la loi fondamentale sur la matière.

Depuis la Révolution, les récompenses nationales proprement dites n'ont été qu'une exception, et les pensions accordées aux employés, à des conditions déterminées à l'avance, ont été un moyen d'obtenir des services à bon marché et d'assurer la subordination hiérarchique parmi les fonctionnaires.

Déjà, sous l'ancien régime, les Pensions avaient été employées dans ce but, plus souvent par les particuliers que par l'Etat et principalement par les compagnies financières qui affermaient le produit des impôts.

Dès 1791, on avait imaginé de constituer des Pensions de retraite au moyen d'une retenue sur les traitements dans le département de la marine. En 1795, la retenue et la caisse de retraite s'introduisirent dans l'administration de l'enregistrement et des domaines, et successivement dans la plupart des autres administrations. Il existe aujourd'hui vingt caisses de retraite toutes régies par des réglements particuliers, comme si les employés appartenaient à vingt nations différentes.

En dehors de toutes ces caisses particulières se trouve celle des Invalides de la marine fondée comme les autres sur le principe de la retenue et de la tontine. Quant aux Pensions militaires, elles sont directement inscrites à la charge du Trésor et acquittées par lui.

En 1838, les Pensions à la charge des caisses de retraite s'élevaient à 15,991,000 francs. Les ressources des fonds de retenue ne permettent pas d'en acquitter la moitié, et le reste est à la charge du Trésor.

Aussi depuis long-temps on sollicite une loi qui établisse d'une manière uniforme les règles en matière de Pensions civiles. Plusieurs projets ont été présentés par le Gouvernement; mais on attend encore la loi et il est à craindre qu'on ne l'attende long-temps.

L'utilité des Pensions de retraite est évidente et incontestable. Si elles grèvent le budget, ce n'est pas qu'elles soient excessives, mais parce qu'il existe un très grand nombre d'employés inutiles.

Il est probable que l'on conservera la retenue et le principe de la tontine. Avec ce double caractère les pensions civiles présentent les mêmes bases et les mêmes combinaisons que les assurances sur la vie : elles doivent être soumises aux mêmes calculs.

On a demandé que l'État s'emparât du monopole des assurances sur la vie, que le principe de la tontine et le système des retenues fussent appliqués à tous les citoyens, afin que tous, au-delà d'un certain âge, jouissent d'une pension de retraite. Cette idée ne manque ni de hardiesse, ni de grandeur, mais son application pourrait présenter des inconvénients graves dont nous n'avons pas à nous occuper ici.   C. S.

PENTARCHIE. On appelle ainsi, du grec πεντε cinq, et αρχη pouvoir, un gouvernement dirigé par cinq personnes. Le gouvernement du Directoire, renversé par Napoléon au 18 brumaire, était une Pentarchie. Le même nom de Pentarchie s'applique également à la dignité du *pentarque* et à la durée de ses fonctions.   B.-C.

PENTARQUE. Une des cinq personnes qui composent le gouvernement de la Pentarchie.

PERCEPTEUR.—PERCEPTION. La perception des impôts est une des opérations les plus délicates que l'administration des finances ait à exécuter. Long-temps, le pouvoir politique y est resté étranger, jugeant prudent de ménager la susceptibilité des peuples, à la manière des conquérants. (V. COLLECTEUR.)

Aujourd'hui le gouvernement reçoit directement l'impôt de chaque contribuable, par les mains d'un agent qu'il nomme et qu'il révoque à volonté. Cet agent se nomme *Percepteur*.

Le système actuel a l'avantage de rendre le gouvernement responsable des abus qui se commettent en matière de Perception. Ces abus ont été autrefois assez nombreux, et ils n'ont pas encore entièrement disparu. Cependant ils sont devenus rares, et le trésor reçoit régulièrement ses revenus, sans que les citoyens éprouvent de vexations notables.

Colbert accordait une prime à celui qui dans la Perception de l'impôt avait opéré le moins de poursuites judiciaires contre les contribuables et versé régulièrement le produit de l'impôt. Cet excellent réglement pourrait être rétabli avec avantage : il serait fort utile dans les temps difficiles. (V. RECEVEUR.)   C. S.

PÉREMPTION. Mot emprunté à la langue de la procédure : Une instance est périmée quand on a interrompu pendant un certain temps tout acte de poursuite. — Ce mot a été transporté dans la langue financière. En règle générale, l'État acquiert la prescription contre ses créanciers qui, n'ayant pas été payés avant la Clôture de l'exercice auquel appartiennent les créances, n'auraient pu, à défaut de justification suffisante ou de diligence, être payés dans un délai de cinq ans, à partir de l'ouverture de l'exercice. (Loi du 20 janvier 1831, art. 9.) Les exercices antérieurs à cette période quinquennale prennent le nom d'exercices Périmés.   H. C.

PERMANENCE. Ce mot est d'origine moderne. A-t-il été d'abord accepté dans la langue politique ou dans le vocabulaire des théologiens? Nous ne le saurions dire. Quand une assemblée, soit législative, soit populaire, soit municipale, juge qu'il importe de prendre un parti décisif sur une affaire, toute autre étant ajournée, elle se constitue en Permanence, elle décide que ses délibérations ne seront pas interrompues avant que la question urgente ne soit résolue. Dans les journées difficiles de la Révolution, la Convention se déclara souvent en Permanence ; la commune de Paris lui avait donné cet exemple ; les sociétés populaires votèrent plus d'une fois, par acclamation, des Permanences qui ne furent pas observées. **B.-H.**

PERQUISITION. C'est le fait de rechercher les éléments constitutifs d'un crime ou d'un délit. Suivant que l'interprétation du mot dépend d'un honnête homme et d'un esprit juste, ou d'un magistrat prévaricateur et d'un esprit faux, la perquisition est un procédé tolérable, ou la plus détestable tyrannie. Est-il possible de refuser absolument à l'autorité judiciaire la faculté de Perquisition ? — Nous ne le pensons pas ; mais il est bien peu de circonstances où cette faculté ne puisse être limitée, sans que la sécurité publique en éprouve aucun préjudice. Les recherches dans l'intérieur des domiciles troublent plus souvent la paix des familles, qu'elles n'assurent la tranquillité générale, et ce n'est que dans les grandes crises, à l'instant même du crime ou du délit que leur utilité peut être réelle. En toute autre occasion, il semble que l'on puisse renoncer à ce procédé sauvage, ou du moins l'entourer de tant de formes tutélaires, qu'il perdrait son caractère actuel de brutalité.

Aujourd'hui, il dépend du mauvais vouloir d'un seul homme, de soumettre de nombreuses familles à cette inquisition, contre laquelle on n'a jamais assez protesté ; et, il faut le dire, les instructions données aux magistrats par nos codes, si elles ne suffisent pas pour les éclairer sur leurs devoirs, sont plus que suffisantes pour autoriser l'arbitraire le plus insensé. L'art. 36 du code d'instruction criminelle porte : « Si la nature du crime ou du délit est telle, que la preuve puisse vraisemblablement être acquise par les papiers ou autres *pièces et effets* en la possession du prévenu, le procureur du roi se transportera de suite dans le domicile du prévenu, pour y faire la Perquisition des objets qu'il jugera utiles à la manifestation de la vérité. »

C'est par application de ces termes qui comprennent tout et ne désignent rien, qu'on a vu des mandats porter pour seules indications : rechercher des papiers quelconques chez tel ou tel individu.

Suivant nous, il faudrait préciser les cas et surtout le but de la Perquisition ; elle ne devrait pas être un fait préliminaire, elle devrait être délibérée et décidée par plusieurs magistrats; tout abus entraînerait des peines graves. Il y avait, dans la constitution de l'an VIII, un article 76 qui portait : « La maison de toute personne habitant le territoire français, est un asile inviolable. » Les lois successives ont limité l'inviolabilité à quelques heures de nuit, nos mœurs l'ont augmentée au nom de la pudeur; il arrivera peut-être un temps où les législateurs comprendront le sentiment public. Voici bientôt dix ans qu'un député propose de s'occuper de la liberté individuelle; encore dix ans on pensera peut-être à la sainteté des pénates dont les anciens avaient fait des dieux. **B. P.**

PERSE. Nous ne nous occuperons, dans cet article, que de l'Iran, ou royaume de Perse proprement dit.

Ce royaume est situé entre les 42e et 61e degrés de longitude orientale ; 26e et 39e de latitude. Il est borné au nord par l'Arménie, le Chirvan, la mer Caspienne et le Turkestan ; à l'est par les états de la Perse orientale et le Beloutchistan ; au sud par les golfes Persique et d'Oman ; à l'ouest par la Turquie asiatique. Sa superficie est de 338,000 milles géographiques carrés, sa population de 9 millions d'âmes ; ses revenus sont évalués à 80 millions de francs ; son armée peut s'élever à 80 mille hommes.

Depuis un siècle environ, la Perse a repris une importance politique qu'elle n'avait pas depuis bien long-temps. Sa position entre la Russie et l'Hindoustan l'a fait admettre comme un élément essentiel dans le grand problème oriental. Elle est devenue, en quelque sorte, une pierre d'achoppement pour l'Angleterre et la puissance moscovite dans la vaste arène où ces deux colosses sont destinés à se rencontrer un jour. La Perse est, à un point de vue plus restreint, ce qu'est Constantinople au point de vue de la politique générale : un objet de convoitise et une pomme de discorde.

L'invasion future de l'Inde, par la Russie, ne fait plus question pour quiconque a examiné attentivement la situation présente des possessions asiatiques de la Grande-Bretagne. Ce n'est qu'une affaire de temps, et l'Angleterre elle-même s'attend à être quelque jour attaquée au cœur de son empire d'Orient. Or, la Perse sera pour l'armée d'invasion, sinon un centre d'opération et un lieu de passage, du moins un point d'appui indispensable.

L'histoire des empiètements successifs de la puissance russe en Perse, depuis un siècle, montre bien l'importance que le cabinet de Saint-Pétersbourg attache à l'asservissement de ce royaume limitrophe. En traçant le tableau de ces empiètements, nous allons presque raconter la première journée de marche des armées moscovites vers l'Hindoustan.

La première idée d'ouvrir à la Russie une route commerciale et politique vers les Indes par la Perse, remonte au czar Pierre Ier. Ce prince envoya, en 1718, une ambassade à Téhéran ; mais cette tentative d'alliance fut infructueuse. Quatre ans plus tard, Pierre, impatient d'exécuter son projet, dirigea lui-même une expédition contre l'empire persan. La prise de Derbend et le commencement du siége de Bakou furent les résultats de cette première campagne. Peu de temps après, un traité, frauduleusement négocié entre le czar et un envoyé persan, donna à la Russie les provinces de Daghestan, de Ghilan, de Mazanderan et d'Astrabad.

Cependant Pierre Ier vint à mourir (1724), et l'avénement de Nadir Chah au trône de Perse changea la face des choses. La Russie fut obligée d'abandonner les territoires usurpés et baissa pavillon dans la mer Caspienne devant les navires persans. L'exécution du plan d'agrandissement, conçu par Pierre, dut être ajournée. Mais si les Russes ne se sentirent pas assez forts, pendant plusieurs années, pour conquérir les provinces persanes qu'ils convoitaient, ils se dédommagèrent en y fomentant le désordre et l'anarchie. Cette politique réussit merveilleusement au cabinet de Pétersbourg, et les choses avancèrent tellement dans les dernières années du dix-huitième siècle, que Paul Ier se crut en mesure de publier, en 1800, un ukase par lequel il incorpora la Géorgie à l'empire russe. Cette ordonnance fut confirmée par son fils Alexandre qui fit immédiatement occuper la Mingrélie et investir Erivan. Une guerre sanglante eut lieu pour la possession de la Géorgie et des provinces limitrophes ; cette guerre, compliquée de mille incidents qui tombent exclusivement dans le domaine de l'histoire, continua jusqu'en 1814.

En même temps que Paul Ier adjoignait une portion intéressante de la Perse à l'empire russe, l'Angleterre faisait une tentative de rapprochement et d'alliance avec le souverain musulman. En 1800, sir John Malcolm fut envoyé en mission à Téhéran ; c'est là l'origine des relations modernes de la Grande-Bretagne avec la Perse ; c'est aussi celle de l'antagonisme des cabinets de Londres et de Saint-Pétersbourg sur ce théâtre lointain. Les fruits de l'alliance nouvelle furent les traités politiques et commerciaux négociés par sir Malcolm, traités par lesquels la cour de Perse s'engagea à attaquer les Afghans dans le cas où ils voudraient envahir les provinces anglaises de l'Inde, comme ils paraissaient alors en avoir l'intention. Le roi s'obligea, en outre, à exclure du golfe Persique les Français, avec lesquels la Grande-Bretagne était alors en guerre.

Ce pacte ne fut pas de longue durée, et la Perse ne pouvant résister à la Russie qui la pressait de tous côtés, sollicita l'alliance de Napoléon. Ce fut en 1805 que la lettre par laquelle le chah réclamait l'appui de l'empereur, parvint à Paris. Pour toute réponse, Napoléon chargea M. Jaubert d'aller sonder le terrain et de s'assurer par lui-même de la position et des vues politiques du souverain qui lui tendait les bras. Au retour de M. Jaubert, un envoyé persan vint à Paris, accompagna l'empereur à Tilsitt et conclut avec lui un traité, ratifié à Finkenstein, en mai 1807. On devine aisément que, dès cette époque, l'empereur portait ses vues jusque sur les Indes anglaises. Il avait compris que vaincre l'Angleterre en Asie, ce serait la frapper au cœur, et que pour l'exécution d'un projet aussi gigantesque, l'amitié de la Perse lui était indispensable. Le général Gardanne fut envoyé à Téhéran avec un certain nombre d'officiers de toutes armes. L'ambassade fut reçue avec distinction par le chah, et la mission du plénipotentiaire réussit au gré de Napoléon. Bientôt l'instruction et l'organisation de l'armée persane furent confiées à des officiers français.

La politique française fut dès-lors un troisième élément introduit dans la question qui commen-

çait à se débattre en Perse. Mais il ne put lutter bien long-temps contre l'élément anglais qui finit par l'emporter sur ses deux concurrents. Peu à peu des instructeurs anglais remplacèrent nos officiers dans l'armée persane, et les compagnons du général Gardanne furent, un beau jour, brutalement expulsés. L'influence britannique prit tellement le dessus, qu'elle dicta les articles du traité de Goulistan, conclu en 1814 entre la Russie et la Perse. Par ce traité, le chah cédait à l'autocrate la Géorgie, l'Iméritie, la Mingrélie, Derbend, Bakou, le Daghestan, le Chirvan, le Chéki, le Gonja, le Karabaugh et une partie de Moghan et de Talich. Il s'engageait, en outre, à ne point entretenir de forces navales dans la mer Caspienne. Ainsi, la politique anglaise prêtait les mains à un démembrement de la Perse. Mais ne fallait-il pas qu'elle achetât, par tous les sacrifices possibles, l'alliance de la Russie contre la France ? Elle espérait, d'ailleurs, pouvoir défaire plus tard son propre ouvrage et arracher au czar les provinces qu'elle lui faisait concéder par le gouvernement persan. Elle se trompa sur ce dernier point. La Perse était irrévocablement soumise à la Russie. Celle-ci interpréta judaïquement plusieurs clauses importantes du traité. Il s'en suivit une guerre sanglante qui dura douze ans et se termina par la convention de Tourkmantchaï (février 1828). La Perse paya les frais de la guerre. Ajoutons que l'engagement, pris dans le précédent traité de ne point entretenir de forces navales dans la mer Caspienne, fut renouvelé par la Perse dans la convention de Tourkmantchaï.

Il est absolument impossible de supposer que ces conquêtes faites par la Russie aux dépens de la Perse, n'ont eu pour but que la satisfaction d'une ambition vulgaire et l'agrandissement matériel de l'empire des czars ? Si l'on réfléchit aux frais énormes et aux chances périlleuses de la formidable expédition d'Astrakan, dirigée par Pierre Ier ; si l'on considère l'audace avec laquelle ce prince brava les reproches universels que lui attirèrent ses procédés perfides et barbares envers les populations persanes; si l'on songe aux concessions ruineuses par lesquelles l'impératrice Catherine acheta la souveraineté de la Géorgie et de l'Imérie (1), et aux moyens presque désespérés qu'elle employa pour se faire une position militaire sur les bords méridionaux de la mer Caspienne; si l'on suppute les sacrifices en hommes et en argent que le cabinet de Pétersbourg a faits pour conserver la possession du Caucase et des contrées voisines; enfin si l'on observe que les provinces arrachées à la Perse, loin d'augmenter la richesse de l'empire moscovite, lui sont très onéreuses sous tous les rapports, on restera convaincu que tous ces sacrifices, que toutes ces entreprises matériellement ruineuses ont un but ultérieur, une raison cachée qui donne une valeur réelle à ce qui sem-

(1) Catherine fit de riches dotations aux chefs de ces deux pays, accorda une pension considérable au roi Héraclius, et entretint à grands frais un corps de troupes chargé de le protéger.

ble n'en pas avoir. S'il n'en était pas ainsi, il faudrait accuser le gouvernement russe de folie, car autant les provinces persanes sont importantes comme tête de pont pour une invasion de l'Inde, autant elles sont inutiles considérées isolément et abstraction faite du problème qui nous occupe.

Depuis le règne de Pierre Iᵉʳ, les Russes se sont avancés de plus de quatre cents lieues vers l'Inde. Le régiment cantonné à l'extrémité des frontières, à l'ouest de la mer Caspienne, aurait à franchir, pour revenir à Moscou, la même distance que pour se rendre à Attock, sur l'Indus, et il se trouve plus éloigné de Pétersbourg que de Lahore, capitale du pays des Sikhs. Les officiers de la garde impériale russe qui avaient fait la dernière guerre de Perse, s'aperçurent avec surprise, à la fin des hostilités, qu'ils étaient tout aussi près de Herat que des rives du Don; qu'ils avaient fait la moitié du chemin de Pétersbourg à Delhi, et qu'en conséquence ils auraient tout aussi bon marché de se rendre à la capitale de l'Hindoustan que de retourner à la ville des czars.

Le moment n'est pas encore venu pour le gouvernement russe de tenter l'exécution de ses projets définitifs; il faut, auparavant, qu'il tienne sous sa domination toute la Perse, les royaumes voisins et surtout les états qui confinent aux territoires limitrophes des possessions britanniques; mais le génie audacieux et patient de la Russie viendra certainement à bout de ces résultats préparatoires; il est trop expert en matière d'empiétements, pour ne pas compléter, dans un temps donné, ses conquêtes de fraîche date dans le voisinage de la mer Caspienne et de l'Araxe. Une récente tentative contre le Khanat de Khiva, annonce que ce petit royaume est destiné à tomber le premier aux mains de l'autocrate. Les Anglais ont beau faire, ils n'empêcheront pas leur ennemi de gagner du terrain et de tout préparer pour assurer la réussite de son plan d'agression.

FRÉDÉRIC LACROIX.

PERSÉCUTION. « Il n'y a pas de pire gouvernement, dit Montesquieu, que celui où la tyrannie s'exerce au nom des lois. » Et ailleurs: — « Il y a deux sortes de tyrannie : une réelle, qui consiste dans la violence du gouvernement; et une d'opinion, qui se fait sentir lorsque ceux qui gouvernent établissent des choses qui choquent la manière de penser d'une nation. »

La persécution suppose, en effet, ou l'arbitraire d'un gouvernement violent, ou l'iniquité des lois imposées par un gouvernement hypocrite. Tous les gouvernements passés se sont servis de l'un ou de l'autre de ces moyens contre leurs ennemis; et souvent ils ont joint la violence à la ruse, selon le précepte de Machiavel : que le prince doit être *lion* et *renard*. Les gouvernements constitutionnels se sont revêtus plus volontiers de la peau du renard. Resserrés par les progrès de l'intelligence publique dans des limites de plus en plus étroites, ils ont été forcés de voiler les vengeances et les caprices de leur pouvoir sous les apparences

de la légalité. Mais, pour être autorisées par des lois exceptionnelles, les persécutions contre la pensée ou la liberté des citoyens, n'en sont pas moins odieuses.

L'histoire des persécutions religieuses et politiques serait l'histoire du développement de la civilisation, de la lutte du présent contre l'avenir; car, à toutes les époques, les idées nouvelles et les hommes qui les représentent ont été persécutés par les idées et les hommes en possession de la puissance établie, jusqu'à ce que ceux-là, ayant conquis l'autorité, se fissent à leur tour persécuteurs contre de nouvelles aspirations destinées à les remplacer. Tacite raconte et *approuve* les cruelles persécutions de Néron contre les chrétiens, qui devaient, quelques siècles plus tard, inventer l'inquisition.

Ainsi, dans le domaine de la conscience, comme dans l'ordre politique, les faibles ont toujours été opprimés par les forts, la société n'ayant jamais été fondée sur la solidarité humaine et l'Égalité. C'est en présence de ces lâches divisions et de cet égoïsme fatal que Mirabeau s'écriait : « Malheur, malheur à la nation où ceux qui ne sont point outragés, ne haïssent pas autant l'oppresseur, que l'opprimé lui-même pourrait le faire ! »

Espérons que le règne de la force touche à sa fin, et que le mot *Persécution* disparaîtra bientôt de la politique, lorsque la loi sera consentie partout le monde, et qu'un gouvernement démocratique ne s'écartera jamais de la loi.   T.

PERSONNALITÉ. Ce mot a un double sens : il signifie également attaque contre les personnes, ou préoccupation personnelle, égoïsme.

Les Personnalités sont fréquentes dans les débats parlementaires et dans la polémique des journaux. Est-ce un mal? Nous ne le croyons pas. Machiavel a observé avec juste raison que dans les états libres les accusations sont nécessaires pour maintenir la liberté. Jugez, en effet, ce que serait, ce que pourrait un individu qui ne reculerait devant aucun moyen de succès, et dont les plus gens de bien ne pourraient incriminer les vices. L'État serait bientôt asservi. Il faut donc que cet individu soit contenu non seulement par la menace d'une accusation légale et formelle, mais encore par la crainte salutaire de l'examen que chacun peut faire de ses actes, de ses tendances, et en outre, par la crainte des inculpations que chacun sous sa responsabilité peut porter contre lui devant le tribunal de l'opinion. L'abus seul est ici un mal : mais on peut affirmer qu'il est plus nuisible à l'agresseur qu'à la victime. Il y a, d'ailleurs, ou du moins il doit toujours y avoir un moyen assuré, je ne dis pas de prévenir, mais de réprimer l'abus; et, dans tous les cas, il faut bien se garder de conclure de l'abus à la négation du droit.

Quant à la seconde acception du mot Personnalité, c'est-à-dire à la préoccupation personnelle, à l'amour de soi, à l'égoïsme, c'est dans l'ordre politique ainsi que dans l'ordre moral un détestable vice. Je hais au suprême degré ces êtres amphibies, moitié hermine et moitié porc-épic, éternellement occupés à se caresser eux-mêmes et à blesser les autres. Suivez-les avec soin; vous les verrez conduits de proche en proche, par le sophisme de l'amour-propre, jusques aux plus coupables excès : audacieux, aventureux, timides tour à tour et pusillanimes, ne voulant rien entendre de ce qui ne sort point de leur précieux cerveau, entêtés jusqu'à la folie et contre les plus clairs avertissements du bon sens; tantôt précipitant leur parti ou l'État en des entreprises insensées; et tantôt modéré, neutralisant une colère opportune ou un légitime besoin d'action. Il n'y a rien de plus détestable! — Mais il faut bien se garder de confondre avec ces natures inférieures — quelle que puisse être en un moment donné leur puissance, — l'homme de parti ou l'homme d'état qui justement jaloux de sa considération, et soigneux de l'avenir des idées qu'il représente, refuse de compromettre à tout bout de champ sa personne, son crédit et l'autorité qui s'attache à son nom. Un homme de parti, aussi bien qu'un homme d'état, ne s'appartient pas à lui seul; il est responsable devant son époque et devant la postérité du pouvoir qu'il exerce et de la manière dont il l'exerce. Quand le moment est venu, il ne doit point hésiter, il faut qu'il jette au jeu et sa tête et sa renommée; mais, jusqu'à ce moment suprême, il se doit ménager. Il doit se réserver entier et non point se disperser à l'avance.

Entre ces deux excès la route est difficile, — je le sais; mais on ne devient pas illustre à ne faire que des choses faciles.   E. D.

PERSONNE PUBLIQUE. La personne publique n'est autre chose que l'État, la personne collective qui représente tous les individus dont la nation se compose. Ce mot n'a de sens que dans les états démocratiques. Ailleurs, il n'y a pas de personne publique; il n'y a qu'une personne ou quelques personnes privées. (V. ETAT, NATION).   E. D.

PERSONNEL (FAIT). Ce droit qu'on entend revendiquer si souvent avec tant de passion et de fougueux emportement par les membres des deux Chambres, de se faire donner la parole pour ce qu'on nomme le *Fait personnel*; ce droit n'apparaît dans aucun réglement ancien ou actuel. Il se trouve, on ne sait comment, aujourd'hui consacré par l'usage. Il est sans doute naturel qu'un homme politique dont l'honneur ou les actes sont inculpés ou présentés sous une fausse couleur, éprouve le besoin de se justifier à l'instant même aux yeux de ses concitoyens; alors ce n'est pas seulement un besoin, c'est un devoir de la conscience, c'est même un véritable droit; et l'orateur, s'expliquant sur un Fait personnel avec dignité et surtout avec brièveté, doit obtenir l'approbation de ceux qui l'écoutent en même temps qu'il mérite l'estime publique.

Malheureusement, le *Fait personnel*, au lieu d'être un texte de légitime défense, a été trop de fois un prétexte pour des développements oiseux et étrangers à la question.

Dans les assemblées nationales les plus tumultueuses qui ont précédé celles d'aujourd'hui, l'habitude des orateurs qui aimaient et cherchaient le plus les digressions consistait à faire ce qu'ils nommaient des *motions d'ordre;* les conséquences de ces motions leur valurent d'être appelées quelquefois, non sans quelque justice, des *motions de désordre;* ce mode n'est plus celui de l'époque actuelle. Aujourd'hui, sous le régime *représentatif,* si cruellement appelé *récréatif* par Paul-Louis Courier, nous voyons beaucoup d'orateurs, même du premier ordre, employer ce moyen banal dans les diverses assemblées; ils réussissent à s'échapper par la tangente du *Fait personnel,* ils usent et abusent singulièrement du droit de la parole pour occuper la tribune à la satisfaction de leur amour-propre.

M. le président, je demande la parole. —Vous ne l'avez pas; laissez continuer l'orateur. — *C'est pour un Fait personnel.* — Je ne puis vous l'accorder? — *Vous ne pouvez me la refuser, puisque c'est pour un Fait personnel!* Et sans attendre la permission du président ni celle de l'assemblée, *l'homme personnel!* s'élance à la tribune, interrompt l'orateur qui n'a pas terminé et fait céder toute discussion devant son Fait personnel.

De pareilles scènes sont affligeantes pour les auditeurs même obligés; combien de séances ont été dévorées par ces vains débats qui commençaient et finissaient sous l'égide du *Fait personnel!* Et si la nation, spectatrice au dehors, a droit de se trouver au moins des disputes sur le *Fait personnel,* ceux qui s'y complaisent, se récrient et disent qu'on n'a point de respect pour la représentation nationale, qu'on la rapetisse et qu'on la déconsidère. Ils ne réfléchissent pas que cette déconsidération est leur propre ouvrage, et que le peuple français ne peut pas se contenter de voir les plus grandes questions sociales et politiques inabordées et toujours écartées par l'explication du *Fait personnel.*

Le plus puissant orateur des temps modernes, Mirabeau, avait sans doute une grande irritabilité; cette irritabilité-là, du moins, pouvait passer pour celle du génie... Mirabeau, avant la Révolution, n'éludait point les vives polémiques; sa force avait besoin de toutes les escrimes, il était connu par de terribles personnalités. Arrivé à l'Assemblée nationale, assailli de diffamateurs, de provocateurs de toute espèce et de toute audace, Mirabeau, comme ne les apercevant pas, parut ne plus vouloir regarder que le grand but de construire l'édifice de la liberté. Tout ce qui était personnel devint petit aux yeux de l'intrépide entrepreneur de la régénération sociale. Voyez ses superbes dédains envers ses agresseurs, qui semblent se multiplier comme les têtes du dragon. Il dit aux uns avec le geste du mépris : *J'ai refusé mieux que vous;* aux autres : *Je vous répondrai après la législature...* Et le géant a transformé ses adversaires en pygmées. Pour lui point de *Fait personnel,* la patrie, rien que la patrie !

Dans la cause la plus simple portée devant un tribunal ordinaire, l'avocat qui fait une digression sans mesure est rappelé à l'ordre par le président qui lui dit : *Vous n'êtes point dans la question.* Si ce devoir n'était pas rempli par le président, il le serait à coup sûr par la logique de l'auditoire le plus désintéressé ; tout auditoire a une logique instinctive qui le fait toujours ramener l'orateur à la question.

Les législateurs ont affaire, eux, à un bien autre auditoire qui ne peut être désintéressé dans les grands sujets qui se traitent à la tribune. Cet auditoire n'est pas seulement la France, il se compose de l'Europe et du monde entier. Les législateurs ne doivent donc pas faire descendre leur mandat si grand, si élevé aux misérables proportions du *Fait personnel;* ils doivent sans cesse se préserver du danger de parler *d'eux-mêmes :* s'occuper uniquement des intérêts généraux, ne parler que pour ces intérêts et en leur nom, voilà tout le secret de l'ascendant que les orateurs politiques obtiennent sur l'esprit et dans le cœur des peuples.

HORTENSIUS DE SAINT-ALBIN, député.

PERSONNELLES (QUESTIONS). Les questions personnelles occupent beaucoup de place dans les débats des assemblées délibérantes. A quoi servent-elles ? Au point de vue particulier on n'en sort jamais plus grand ; au contraire. Au point de vue général, elles absorbent un temps précieux et détournent les esprits des choses sérieuses. C'est un terrible envahisseur que le MOI. (V. PERSONNEL (Fait).
E. D.

PERTURBATEUR. Celui qui trouble l'ordre établi. Les Perturbateurs ne sont souvent que des redresseurs; mais pas toujours. Encore est-il bon de redresser à propos et par des moyens intelligents. (V. ÉMEUTE, FACTION.)
E. D.

PÉTITION. C'est une demande, une supplique, présentée à l'une ou à l'autre Chambre par un citoyen ou même par un étranger, contenant des vœux, des plaintes, des réclamations, des avis, des propositions relatives à des intérêts particuliers ou généraux.

Le droit de Pétition est le premier de tous les droits en même temps que le plus respectable, et cependant il a peut-être été le moins respecté jusqu'ici par le pouvoir qui semble prendre à tâche de ne lui accorder que des dédains.

Le droit de Pétition remonte à l'origine de nos premières assemblées. Le règlement de l'Assemblée nationale, décrété le 29 juillet 1789, dispose : « Que les pétitions seront ordinairement présentées à l'Assemblée par ceux de ses membres » qui en seront chargés; que néanmoins les personnes étrangères, qui ayant des pétitions à » présenter voudraient parvenir immédiatement » à l'Assemblée, s'adresseront à l'un des huissiers, » qui les introduira à la barre, où l'un des secrétaires ira recevoir directement leurs requêtes. » On voit quelle immense latitude l'Assemblée nationale avait donnée au droit de Pétition ; la présence des pétitionnaires à la barre

pouvait sans doute produire quelque émotion, causer quelque agitation au sein d'un corps délibérant ; mais elle offrait du moins l'avantage d'éviter de fâcheuses lenteurs à tous ceux qui avaient, soit à dénoncer des actes arbitraires, soit à faire prononcer l'Assemblée sur des intérêts importants et urgents.

Ce règlement n'était pas sans analogie avec ce qui se passe en Angleterre. Là, le peuple en personne exerce le droit de Pétition comme il lui plaît et comme il l'entend ; une discussion publique s'ouvre sur les questions qu'il lui convient de soulever; l'orateur de la Pétition, après toutefois que les autorités ont été averties du lieu où il doit se rendre, afin de pouvoir assurer la répression des désordres, si cela était nécessaire, l'orateur de la Pétition parcourt les rues et les communes; il la présente à la délibération des citoyens assemblés; les votes du peuple peuvent être ensuite apportés par lui-même au Parlement. Et tel est le respect que les Anglais professent pour la loi que dans ces scènes tumultueuses la vue de la baguette du Constable suffit pour apaiser la tempête populaire !

La monarchie constitutionnelle, en France, ne s'est point encore sentie assez sûre d'elle-même pour donner au droit de Pétition une extension aussi complète. La charte de 1814, répétée purement, simplement et sans perfectionnement en ce point comme en d'autres par la charte de 1830, porte (art. 45) que : « Toute pétition présentée à » l'une ou à l'autre chambre, ne peut être faite et » présentée que par écrit. La loi interdit d'en apporter en personne et à la barre. »

M. de Cormenin interprète et développe ainsi cet article de la charte dans son bel ouvrage du *Droit administratif* :

« Le droit de Pétition est un droit constitutionnel, garanti par la charte et qui appartient à tout le monde. — La Pétition formule des vœux politiques, littéraires, religieux, scientifiques, administratifs et législatifs, ou bien elle exprime des plaintes. — Par elle, le dernier des prolétaires monte à la tribune et parle publiquement devant toute la France. — Par elle, le Français non éligible ni électeur, ni même citoyen, peut exercer l'initiative comme les députés, comme le gouvernement lui-même, à l'état de théorie du moins. — Par elle, le citoyen opprimé ou froissé dans les droits ou dans ses intérêts, peut venir devant les représentants du pays, demander ce qu'il croit lui être dû, ou comme grace ou comme justice, et attaquer tout acte qui lui fait grief. — Il y a donc les pétitionnaires utopistes, les pétitionnaires solliciteurs et les pétitionnaires litigieux. — On renvoie aux ministres compétents les propositions utiles, les sollicitations favorables et les plaintes fondées. — On renvoie au dépôt des renseignements les projets législatifs ou réglementaires, observations, documents et statistiques qui peuvent ultérieurement servir à éclairer les chambres. — On renvoie à la commission du budget et aux autres commissions législatives, les pétitions qui se rattachent aux projets de loi qui sont à l'état de

rapport. — On ajourne les instructions incomplètes. — On passe à l'ordre du jour sur les propositions inconvenantes, intempestives, dangereuses
ou extravagantes, sur les sollicitations ridicules et
sur les plaintes injustes. — D'un autre côté il est
bon que les parties s'adressent tout de suite aux
autorités qui doivent les juger, de peur qu'elles
ne perdent en s'égarant vers la chambre, le bénéfice de délais utiles ou l'occasion favorable de
réclamer ailleurs. — Les pétitionnaires, la chambre et les ministres ont, dans cette matière, des
droits à exercer et des devoirs à remplir qui ont,
chacun, leur caractère propre, leur étendue et
leurs limites. »

Tels sont les vrais principes; il ne leur manque
que de passer de l'état de théorie où M. de Cormenin les a établis avec une si admirable précision, à l'état de pratique. Nous verrons cette réalité quand telle sera la volonté ferme des chambres
et la meilleure volonté du gouvernement. Mais les
vices des formes actuelles du réglement de la
chambre des députés, les passions politiques, le
caprice des majorités, l'inexpérience des rapporteurs, les distractions de la chambre viennent souvent mettre obstacle à l'examen sérieux et impartial des Pétitions.

En effet, aux termes du réglement, les Pétitions sont renvoyées à une commission renouvelée tous les mois; elles sont inscrites sur un rôle
général, et la commission est tenue de faire un
rapport une fois par semaine, conformément à
l'ordre des inscriptions. Il en résulte que les réclamations des pétitionnaires ne sont connues que
tardivement, et quelquefois ne le sont pas du
tout. A la fin de chaque session, un grand nombre
de Pétitions importantes se trouvent n'avoir pas
été rapportées, parce que leur tour n'est pas arrivé. Or, le réglement ne permettant pas de renvoyer les Pétitions d'une session à la session suivante, les pétitionnaires se voient obligés de
renouveler leurs demandes; la plupart ne le font
pas toujours, découragés qu'ils sont par tous les
retards qu'on croirait avoir été calculés dans ce
but.

Quant aux chambres et aux ministres, qu'obtiennent d'eux les pétitionnaires, en réponse à
leurs réclamations? le pays le sait; il sait avec
quelle insistance beaucoup de ministres se sont
empressés de réclamer l'ordre du jour lorsque des
pétitionnaires sollicitent quelques réformes.

Dira-t-on que le renvoi aux ministres n'implique
ni approbation ni désapprobation? Mais alors il ne
termine rien; alors, ce mode d'éluder constitue
les chambres en une sorte de bureau d'adresse;
il n'établit point la vérité du rapport et de la
communication nécessaire des particuliers avec
les ministres: ceux-ci reçoivent les Pétitions, en
font ce qui leur plaît, ils se retranchent derrière
leur prétendue responsabilité pour mettre les Pétitions à néant: résultat certainement peu conforme à la dignité de la chambre. Et quant au dépôt au bureau des renseignements, si l'on veut
avoir la preuve qu'il n'est qu'une vaine formalité,
on peut s'assurer que les ministres ne sont guère

dans l'usage même de consulter les Pétitions qui
ont obtenu les honneurs de ce dépôt.

Comment remédier à tous ces inconvénients?

D'abord, pour que les Pétitions vinssent en ordre utile devant les chambres, on pourrait, par
le réglement, autoriser les députés et les pairs à
déposer directement les Pétitions sur le bureau,
et à en faire connaître l'objet. Si ces Pétitions
étaient relatives à un projet de loi soumis à la délibération des chambres, le renvoi à la commission chargée d'examiner ce projet serait ordonné
tout de suite; on éviterait ainsi de passer inutilement par la filière de la commission des Pétitions. Dans les autres occasions, le membre qui
déposerait la Pétition aurait le choix de demander le renvoi à la commission des Pétitions, ou
d'introduire le débat sur-le-champ, en annonçant
que tel jour il adressera telle ou telle question
aux ministres et leur demandera des renseignements.

On pourrait également adopter l'article suivant,
proposé sous le gouvernement de la Restauration, par un honorable député, M. Dumeylet, article plein de sagesse et d'une exécution facile :
« Lorsqu'une Pétition sera prise en considération,
et que son renvoi à qui de droit aura été ordonné,
la chambre ajoutera une invitation au ministre
compétent de lui en faire connaître le résultat,
quand il s'agira d'un déni de justice, ou d'un acte
d'arrestation arbitraire. »

Sans ces modifications et beaucoup d'autres
qu'il serait facile d'indiquer, le droit de Pétition
est absolument nul pour ne pas dire illusoire et
dérisoire.

M. de Cormenin a encore indiqué à cet égard
quelques améliorations qu'il nous paraît bon de
signaler ici :

« Du principe que le droit de Pétition ne doit
pas être un droit illusoire, il suit : — Que la chambre devrait, sans y faillir, consacrer à leur audition une séance par semaine; — Que les commissions doivent tenir leur travail à jour; — Que le
commissaire doit faire son rapport à haute et intelligible voix, *et que la chambre doit écouter
dans le silence;* — *Qu'il doit exposer nettement
la demande, les moyens et les conclusions des
pétitionnaires et les lire même, s'il en est requis;*
— Que les ministres doivent examiner les Pétitions avec l'attention respectueuse que méritent
les renvois de la chambre, prendre en considération les propositions de révision et d'amélioration
des lois et réglements, rechercher les abus, vérifier les plaintes et dénonciations, et y faire droit,
s'il y a lieu. — Chaque ministre atteindrait ce but,
s'il créait une commission spéciale et gratuite, prise
dans le sein du conseil d'état, chargée de lui rendre
compte des Pétitions renvoyées par la chambre à
son département, et qui, trop souvent, il faut le
dire, vont s'entasser par couches dans les cartons
des archives pour ne jamais revoir le jour. »

En résumé, le droit de Pétition ne découle pas
seulement de la charte, on peut dire que c'est un
droit préexistant à toute charte et à toute loi; ce
droit est essentiellement inhérent aux conditions

du gouvernement représentatif ; il est naturel et légitime que les pétitionnaires puissent s'adresser à ceux qu'ils peuvent bien considérer comme leurs mandataires, lorsqu'ils ne sollicitent de ces mandataires que de vouloir bien écouter leurs vœux, leurs réclamations, leurs justes plaintes ! Une pareille demande est-elle donc une prétention si ambitieuse et si exorbitante de la part de l'humble commettant envers celui ou ceux à qui il a remis la procuration absolue, abandonnée de ses plus chers intérêts, ceux de sa fortune, de son honneur et de son existence ? Une nation qui paie si généreusement ses impôts, même les moins constitutionnellement augmentés, les impôts de son sang comme ceux de ses sueurs, cette nation est-elle vraiment bien exigeante de demander parfois que les contrôlés, gérants obligés à reddition de comptes et à reconnaître enfin un contrôle, se résignent à entendre quelquefois la modeste requête des contrôleurs, si ceux-ci ont la velléité de faire quelques observations partielles ou générales sur les besoins du pays et sur une gestion dont ils supportent toutes les conséquences, alors que leurs auteurs ne veulent ni en concevoir ni en subir la responsabilité ?

HORTENSIUS DE SAINT-ALBIN, député.

PÉTITION DES DROITS. Les mots *Petition of Rights*, ou *Pétition des Droits*, rappellent un acte célèbre dans l'histoire du parlement d'Angleterre. Pour bien se rendre compte des motifs qui provoquèrent cette mesure vigoureuse, il faut se reporter à la lutte de Charles Ier contre la Chambre des communes : il s'agissait de savoir si le second roi de la race des Stuarts parviendrait à accomplir l'œuvre de despotisme commencé par son père. Charles Ier, impatient d'en finir, avait jeté audacieusement le masque ; c'était à front découvert qu'il s'attaquait aux garanties de l'ancienne constitution et s'efforçait de les détruire les unes après les autres. Téméraire à l'excès, il frappait, il blessait à la fois la nation anglaise dans ses droits comme dans ses croyances, dans sa fortune comme dans sa liberté. Mais, après ces violentes tentatives, arrivait le jour où il fallait compter avec la représentation nationale. Le pays opposait le refus de l'impôt aux taxes illégales, et Charles Ier, avec la résolution bien arrêtée de gouverner sans les Chambres, était toujours obligé de les rappeler par les nécessités du Trésor.

Ce fut le parlement de 1628, qui opposa aux entreprises de la couronne l'acte connu sous le nom de *Pétition des Droits*. Au nombre des députés qui votèrent cette nouvelle consécration des libertés de l'Angleterre, on remarquait vingt-sept membres auxquels le roi avait arbitrairement infligé la peine de la prison, avant la convocation de l'assemblée, et que le peuple, par une juste compensation, avait choisi pour ses représentants. Rédigé dans la forme d'une pétition à la couronne, l'acte des communes exposait et réprouvait en même temps toutes les violations de la constitution du pays, toutes les atteintes portées à la li-

berté et à la fortune des citoyens. Les représentants de la nation demandaient au roi que, par la suite, personne ne pût être forcé de payer ou d'accorder aucun présent, prêt, don gratuit, taxe ou telle autre charge semblable, sans le consentement public par acte du parlement ; qu'aucun contribuable ne pût être inquiété ou molesté à ce sujet ou pour son refus, et qu'aucun homme libre ne pût, soit pour un cas semblable, soit pour un autre cas, être emprisonné ou détenu ; enfin que les commissions martiales fussent révoquées ou annulées, de peur que ces tribunaux exceptionnels ne vinssent un jour à étendre leur juridiction et à détruire et mettre à mort les citoyens anglais, en contravention aux lois et franchises du pays. Le parlement s'élevait aussi contre l'augmentation de la force armée, contre la surcharge qui en résultait pour le peuple, et contre le logement des soldats ou des matelots illégalement imposé aux habitants des villes et des campagnes.

Après bien des tergiversations, le roi fut contraint de donner sa sanction à la *Pétition des Droits*; elle forme le premier chapitre du troisième statut du règne de Charles Ier. Lorsque ce prince reprit presque aussitôt le cours de ses violences et de ses attentats, il fut donc doublement coupable, puisqu'il se rendit parjure, non seulement à d'anciens engagements, mais à une récente promesse de respecter les droits du pays. Aussi les mécontentements publics ne connurent-ils plus de bornes, et les imaginations exaspérées commencèrent-elles à méditer de terribles représailles. Nous ne nous appesantirons pas plus longtemps sur ce grand débat d'une nation et d'un roi, qui devait avoir pour solution la guerre civile, et pour exemple la fin tragique de Charles Ier, sur l'échafaud de White-Hall. Nous nous contenterons de dire que la *Pétition des Droits* a été l'évangile politique des patriotes anglais jusqu'à l'expulsion définitive de la dynastie des Stuarts, et qu'il a évidemment inspiré le *Bill des Droits*, cet acte non moins fameux, aux auteurs de la révolution de 1688.

A. GUILBERT.

PEUPLE. Le Peuple, c'étaient jadis les plébéiens ; au moyen âge, les serfs, les vilains, les manants, les bourgeois ; aujourd'hui, le Peuple, c'est tout le monde. — Il en est ainsi du moins en France.

Le Peuple ne forme donc plus comme jadis une classe plus ou moins protégée, plus ou moins exploitée, plus ou moins libre ou esclave : le Peuple, c'est la société elle-même, c'est la nation, l'État.

Il suit de là, que le sens du mot Peuple a éprouvé pendant le cours de plusieurs siècles une modification profonde ; que ce sens d'abord restreint, spécial et particulier, est devenu successivement plus compréhensif, plus large, et véritablement universel.

Or, il y a une concordance lumineuse entre les mots et les idées, entre la grammaire et les institutions. Tout changement qui s'introduit dans le langage correspond certainement à quelque changement plus ou moins général introduit dans les mœurs ou dans les institutions. Une langue qui disparaît exprime qu'une forme sociale a disparu; une langue qui se fait annonce l'avènement de quelque forme sociale nouvelle ; un mot même, un seul mot, révèle quelquefois la chute ou le triomphe de quelque nouvel élément social. Le mot Peuple en est une des plus grandes preuves qui se rencontre dans l'histoire.

Dire par quelles mutations successives ce grand changement s'est opéré, ce serait empiéter sur le domaine de l'histoire : tel n'est point notre but. Ce qu'il est nécessaire de dire à cet égard se trouve ailleurs, notamment au mot PLÉBÉIENS. Bornons-nous seulement à constater ici ce fait, que le peuple n'étant plus aujourd'hui ce qu'il était jadis, il y a, par cela même, entre les éléments organiques du passé et du présent, une différence essentielle, fondamentale.

Cette assertion préliminaire une fois admise, et nous ne pensons pas qu'elle soit contestée par personne, nous arrivons droit à cette conclusion également incontestable, que comme les éléments organiques du corps social se sont transformés, les anciennes formes de gouvernement sont virtuellement frappées de déchéance.

Expliquons ceci.

La loi du passé fut la lutte. Lutte au dedans entre les plébéiens et les patriciens, entre les hommes libres et les esclaves : lutte au dehors entre les peuples forts et les peuples faibles. Toute la science politique du passé reposa donc sur ce double fait : au dedans, la codification de l'anarchie, la régularisation de l'agression et de la résistance, l'établissement progressif de contrepoids destinés à prévenir l'invasion et l'absorption réciproques des diverses classes de la société, éternellement campées comme des ennemies, les unes en face des autres. Au dehors, un seul but : l'organisation des moyens militaires.

Cette seconde face de la question est restée à peu de chose près la même : car les nationalités diverses sont aujourd'hui comme hier, et pour long-temps encore probablement, constituées à l'état de lutte. A l'égard du dedans, au contraire, il ne s'agit plus de conserver les privilèges de telle ou telle portion de la société, de donner à telle ou telle autre portion des garanties nécessaires, de lui assurer une protection spéciale, il s'agit d'organiser la société tout entière, de lui donner des lois générales, universelles ; de mettre en harmonie et en activité vers un même but, tout l'ensemble des forces sociales.

C'est là chose impossible, disent les violents; ce serait renverser les bases de l'ordre social. — La société est encore mineure : il lui faut des tuteurs, disent les sophistes. — L'homme, ajoute un docteur catholique, est une *intelligence* et une *volonté* : par l'intelligence il est bon ; par la volonté, pervers. Il faut donc que l'intelligence domine et que la volonté soit réprimée ; il faut que l'homme soit gouverné.

Reprenons.

Il est impossible, dit-on, que tous les citoyens d'un pays aient des droits égaux, qu'ils concourent tous ensemble à la formation du gouvernement, à la distribution de la justice. Impossible ! Et pourquoi ? — Cela ne s'est jamais vu ! — Belle raison, certes. Mais il a paru des choses nouvelles apparemment dans le cours du monde jusqu'à nous, et ces choses, avant qu'elles n'eussent paru, on en pouvait dire aussi : Cela ne s'est jamais vu. Qu'est-ce, après tout, que la mise en œuvre du principe de la souveraineté du Peuple ? C'est la consécration réelle de l'égalité politique. Est-ce donc là quelque chose de plus miraculeux, de plus inouï que l'intromission de l'égalité morale ? Or, qui nie aujourd'hui l'égalité des ames ? Il est donc absurde de dire qu'une chose est impossible, par cette raison qu'elle n'a jamais existé ; et à vrai dire, c'est la proposition contraire qui est rationnelle et vraie. Il est évident, en effet, qu'une chose est d'autant plus impossible qu'elle existe depuis plus long-temps. La durée n'est pas une condition d'avenir, tant s'en faut : car, à ce compte, on serait d'autant plus loin de la mort qu'on aurait plus long-temps vécu. Demandez à ce vieillard ce qu'il en pense.

La société est mineure, il lui faut des tuteurs. — Soit. Mais qui les choisira ces tuteurs? Un conseil de famille? Mais qui nommera ce conseil de famille? Où est le magistrat chargé de ce soin, et si le magistrat existe, qui l'a investi de sa fonction? Impossible de répondre à ces questions qui se multiplient à l'infini et qui enserrent le sophisme dans un cercle d'arguments d'où il ne peut sortir. — Ainsi, par exemple, si nous considérons l'organisation politique actuelle de la France : le tuteur de la société, c'est le pouvoir exécutif ; le conseil de famille, c'est la chambre des députés ; les magistrats chargés de nommer le conseil de famille ce sont les électeurs. — Nous voyons bien ici la génération des pouvoirs, mais leur source légitime, où est-elle ? Nous voyons bien que la chambre des députés nomme, c'est-à-dire désigne les agents du pouvoir exécutif; que les électeurs nomment les députés. Mais les électeurs eux-mêmes d'où tiennent-ils leur mandat, leur pouvoir? De la loi? Mais qu'est-ce que la loi? Et qui l'a faite cette loi? Ce sont les députés, de concert avec le pouvoir exécutif. De telle sorte que pouvoir exécutif, députés, électeurs sont tout à la fois cause et effet ; et que les électeurs donnent aux députés l'autorisation de faire cette loi même en vertu de laquelle ils sont électeurs et nomment les députés qui nomment le pouvoir exécutif. C'est un abîme de contradictions et d'impossibilités matérielles et morales. Et savez-vous d'où vient cela? de ce qu'on s'efforce par tous les moyens d'échapper à un fait éclatant: la souveraineté du Peuple.

Nous arrivons à la troisième objection de ce grand esprit, M. de Maistre, contre la participation du Peuple à la formation du gouvernement. Comment l'auteur du livre *du Pape* n'a-t-il pas vu que son raisonnement détruit sa conclusion? Admettons comme vrai ce qu'il dit, que l'intelligence de l'homme est seule un bon instrument, que la volonté humaine est perverse. Que voulons-nous ? Que le peuple exerce les droits politiques ; qu'il désigne ceux qui sont chargés de le gouverner. Mais cet exercice, est-ce un acte d'intelligence ou de volonté ? Il est bien évident que c'est surtout un acte d'intelligence. Le Peuple emploie son intelligence à discerner les mieux méritants, il les désigne et puis il abdique entre leurs mains, mais pour un temps, l'exercice de sa volonté. Donc, même en admettant que la volonté humaine soit nécessairement, fatalement perverse, l'argument de M. de Maistre est nul contre la souveraineté du Peuple : car, encore une fois, dans l'exercice des droits politiques, l'intelligence est pour beaucoup plus que la volonté.

J'arrive à cette assertion qui termine l'objection du publiciste catholique et qui semble résulter de ses prémisses, à savoir qu'il faut que le peuple soit gouverné. Certes, parmi les partisans les plus exaltés de la démocratie, il n'en est aucun qui nie l'absolue nécessité du gouvernement. On peut même faire à quelques uns le reproche d'aller trop loin à cet égard.—Oui, le gouvernement est nécessaire, et il importe qu'il soit fortement organisé. Mais la question n'est pas là. Il s'agit uniquement de savoir comment et par qui le gouvernement sera constitué. Et nous voilà revenus au même point tout à l'heure.

La logique de M. de Maistre qui n'a pas eu toute la hardiesse de sa pensée, aboutit nécessairement à la constitution d'une grande autorité extérieure, indépendante des rois aussi bien que des peuples, et chargée de tout régler ici-bas. Nous le disons franchement pour notre compte : Si la vérité n'est pas chez nous, elle est chez M. de Maistre. Mais de quelle source provient la puissance de son souverain ? Cette puissance, le Pape ne la tire point de lui-même. Le Pape ne se *pose* point. Vient-elle de Dieu ? Nous y consentons : mais par où vient-elle ? Car si la puissance papale est d'origine divine, elle est certainement d'installation humaine. Qu'elle vienne d'en haut ou d'ici bas, les monuments les plus incontestables l'attestent, elle s'est établie humainement ; elle est sortie tout armée du consentement général, elle a duré par le consentement général, et si elle semble décliner aujourd'hui, c'est qu'elle a rompu avec la tradition et, que le consentement général s'est retiré d'elle.

Le consentement général, voilà donc l'intermédiaire nécessaire, sinon la première source de tout ce qui s'établit, de tout ce qui dure ici-bas. Hors de là rien de vrai, rien de possible humainement. Hors de là point de salut, ni pour l'intelligence, ni pour un pouvoir quel qu'il soit. Mais si le consentement général est la source de toutes choses, comment pourra-t-il être régulièrement constaté, à moins que le Peuple, tout le Peuple, n'ait un moyen régulier, connu et reconnu d'exprimer ce qu'il veut ou ce qu'il ne veut pas. Il est évident que cela n'est pas possible. (V. les mots Pouvoir et Souveraineté.)   E. Duclerc.

PHILIPPIQUE. Dans l'origine, ce mot dési-

gna les harangues de Démosthènes contre Philippe, roi de Macédoine. On l'appliqua ensuite par analogie aux oraisons prononcées par Cicéron contre Antoine, l'un des triumvirs. Il y a des *Philippiques* plus récentes : ce sont les odes, au nombre de cinq, publiées sous ce titre par La Grange-Chancel contre Philippe d'Orléans, régent de France, pendant la minorité de Louis XV. Philippe y est singulièrement maltraité. L'auteur l'accuse de mettre tout en œuvre pour s'emparer de la couronne de France et d'avoir empoisonné le dauphin, fils de Louis XIV, les ducs de Berry, de Bourgogne et de Bretagne, et la duchesse de Bourgogne ; il lui attribue d'autres crimes encore dont la mémoire du régent n'est pas entièrement lavée. Aujourd'hui, le mot *Philippique* se dit de tout discours violent et injurieux.   B.-C.

PILLAGE. Dans les temps anciens on ne distinguait pas l'individu collectif appelé Nation ou État des individus particuliers qui le composent. La guerre s'attaquait donc non seulement à l'État, mais encore aux personnes et aux biens des citoyens. Ceux-ci étaient le plus souvent réduits en servitude et dépouillés de leurs propriétés.

De plus, les troupes ne recevant pas de solde régulière, elles s'indemnisaient de leurs peines et de leurs travaux en s'emparant des richesses des pays conquis. Leurs généraux les leur montraient de loin comme un puissant moyen d'exciter leur ardeur.

Le Pillage était donc une chose ordinaire, reçue, et elle était conforme à ce qu'on appelait autrefois le droit des gens. Aujourd'hui encore nos usages maritimes, comme nous le faisons observer ailleurs, offrent encore un reste de cette étrange espèce de droit. Ainsi, sur mer, les propriétés privées sont exposées non seulement aux corsaires, mais encore au Pillage régulier exercé par les vaisseaux de guerre.

Quant au Pillage des villes, villages et habitations, l'opinion publique, désormais suffisamment éclairée sur ce point, le regarde comme un acte de brigandage, et l'officier qui l'autorise ou ne s'y oppose point, pourrait justement se voir traduit devant les tribunaux militaires. Nous avons, il est vrai, parmi nous, des généraux que le Pillage a puissamment contribué à enrichir ; mais la race, Dieu merci, s'en perd chaque jour. La cupidité, si elle n'est pas éteinte, s'assouvit d'une façon moins brutale, et l'humanité n'est plus exposée à voir ces scènes de dévastation et de rapine qui ont déshonoré si souvent les anciennes guerres.   J. B.

PIRATERIE. Pirates, forbans, boucaniers, écumeurs de mers, tels sont les noms sous lesquels on désigne des marins qui n'appartiennent à aucune nation, qui font la guerre pour leur propre compte et capturent tous les vaisseaux de commerce qu'ils rencontrent. Les Pirates sont sur mer ce que sur terre sont les brigands et les voleurs de grand chemin.

On confond à tort dans le langage ordinaire les Pirates et les Corsaires. Plusieurs romanciers ont contribué à propager cette erreur préjudiciable à l'honneur de braves marins. Les corsaires sont, en effet, des hommes qui combattent seulement en temps de guerre, pour leur pays ou pour un pays étranger auquel ils vouent leurs services. Ils sont porteurs d'une commission ou lettre de marque (V. CE MOT) qui fait d'eux à peu près ce que sont les corps francs dans les guerres de terre. Les Pirates, au contraire, attaquent en pleine paix les vaisseaux de toutes les nations, ou, pendant la guerre, ils courent également sur ceux des deux parties belligérantes.

Tous les états ont porté contre les Pirates des lois également sévères. Lorsqu'on parvient à les capturer, l'absence de papiers de bord suffit pour qu'ils puissent être condamnés, et, dans certains cas, les officiers capteurs sont même autorisés à mettre les Pirates immédiatement à mort.

On conçoit néanmoins ce que cette justice expéditive pourrait couvrir d'abus, et il est à désirer que toutes les nations s'entendent pour établir à cet égard des formes régulières.

L'individu non commissionné qui, sous prétexte de servir un gouvernement, attenterait, soit en paix, soit en guerre, à la propriété ou à la vie des marins étrangers, devrait être considéré comme Pirate. C'est le cas dans lequel paraît se trouver aujourd'hui M. Mac-Leod, accusé, par les États-Unis, d'avoir incendié le navire américain la Caroline, alors que les hostilités n'étaient point déclarées entre les deux états.

Quelque odieux que soit le métier de Pirate, on est forcé de convenir que l'on a vu parfois quelques uns de ces hommes, rejetés en dehors d'une société mauvaise, faire preuve de qualités brillantes et même de vertus assez recommandables pour attirer sur eux l'intérêt public. Après toutes les longues guerres qui ont si souvent désolé l'humanité, et qui presque toujours se terminent au profit de quelques princes ou de quelques aristocrates, on a vu des marins énergiques se faire une nouvelle patrie sur leur vaisseau, et déclarer la guerre aux états qui les repoussaient. Ainsi, après la découverte des Colomb et des Pizarre, de hardis Pirates s'établirent dans les nombreux archipels des Antilles et y tinrent long-temps en échec la puissance espagnole. Qu'a-t-il manqué à certains d'entre eux pour devenir des fondateurs d'empire? Quelques vaisseaux, peut-être, et quelques lieues de terre de plus qu'ils n'en possédaient.

Hâtons-nous de dire cependant que les Pirates, en général, ne méritent réellement pas cet intérêt romanesque qui, grace à la constitution vicieuse de nos sociétés, s'attache à tous ceux qui essaient de vivre en dehors de leurs liens. Les flibustiers, qu'on ne rencontre plus guère, au reste, que dans les mers éloignées de la Sonde, dans les archipels de la Polynésie et sur les côtes de la Chine, présentent un obscur ramas composé de ce que l'humanité a de plus cruel et de plus sordide. Espérons qu'ils ne tarderont même pas à disparaître tout-à-fait de la surface de l'Océan.

Il est une autre espèce d'hommes également nommés Pirates, qui ont long-temps infecté les eaux de la Méditerranée et porté même leurs ravages sur les côtes de l'Espagne, de la France et de l'Italie. Nous voulons parler des coureurs barbaresques d'Alger, de Tunis, de Tripoli, de Tétuan, de Tanger, etc. Ce n'étaient point des Pirates dans le sens ordinaire du mot, puisqu'ils appartenaient à de véritables gouvernements plus ou moins régulièrement assis. Mais ces gouvernements eux-mêmes étaient de véritables barbares, s'opposant à tout ce que l'humanité a introduit d'améliorations dans le droit des gens. Ainsi, ils continuaient à faire la guerre comme on la faisait dans les temps anciens et presque sauvages; ils s'attribuaient le droit de vie et de mort sur leurs prisonniers; ils réduisaient ceux-ci à l'état d'esclaves, et, de plus, comme leur religion les dégageait de toute obligation contractée envers les chrétiens, il était impossible de conclure avec eux aucun traité solide. La guerre, une guerre éternelle, devait donc exister entre eux et l'Europe. La France, dans l'intérêt de l'Europe, s'est chargée de les réduire à l'impuissance, et, par la glorieuse conquête de l'Algérie, elle a détruit à tout jamais la Piraterie barbaresque.   JULES BASTIDE.

PLACARDS. Les placards ou affiches sont un des moyens de publicité; et le moyen le plus populaire, car il est gratuit; le plus général, car il s'adresse à tous; le plus collectif, le plus compréhensif, si l'on peut ainsi dire, car il parle simultanément à un plus ou moins grand nombre de personnes.

La publicité par le moyen des placards ou affiches est-elle licite sous l'empire de la législation actuelle? Est-il bon, absolument parlant, qu'elle soit libre?

Voyons d'abord la première question. Tout ce qui n'est pas défendu est permis : c'est un axiome de droit. Or la loi du 10 décembre 1830, qui règle aujourd'hui la matière, interdit expressément d'afficher ou de placarder dans les rues, places ou autres lieux publics, aucun écrit, soit à la main, soit imprimé, gravé ou lithographié *contenant des nouvelles politiques ou traitant d'objets politiques.* — Tels sont les termes exprès de la loi. Qu'en résulte-t-il? Incontestablement, que, tout écrit, soit à la main, soit imprimé ou lithographié, peut être affiché ou placardé dans les rues, places ou autres lieux publics, pourvu qu'il ne contienne aucune nouvelle politique et qu'il ne traite d'aucun objet politique. Il n'y a pas d'interprétation qui puisse valoir à l'encontre de cette disposition si nette et si précise de la loi.

Cependant on élève une prétention singulière : on veut, par voie administrative, par une simple décision de police, prohiber l'affiche ou le placardage du *titre* d'un écrit politique. Cette prétention est-elle admissible? Non, assurément. Si l'annonce affichée contenait quelque extrait ayant rapport à la politique, nul doute alors que l'autorité administrative n'eût le droit de faire disparaître l'affiche et de déférer la contravention à l'autorité judiciaire. Mais s'il s'agit uniquement de l'annonce d'un livre, de l'affichage du *titre* de ce livre, l'afficheur ne peut légalement être poursuivi ni même inquiété.

En effet, la loi du 10 décembre 1830 ne s'applique, ni dans son esprit ni dans son texte, à l'affichage du *titre* d'un livre : ni dans son esprit, car elle a voulu seulement empêcher qu'on ne couvrît les murs avec des journaux ou fragments de journaux exposés aux regards des passants ; ni dans son texte, car le texte ne parle que des écrits contenant des nouvelles politiques, ou traitant d'objets politiques. Or, évidemment, si sophiste que l'on soit, on ne peut soutenir que le titre d'un livre contient des nouvelles politiques ou qu'il traite d'objets politiques.

Que si le titre lui-même contenait un délit, une offense aux lois ou aux mœurs, ce serait différent. Si, par exemple, dans une monarchie, on intitulait un écrit : *Vive la république* ; ou, dans une république : *Vive le roi* ; — ou, *la Vertu n'est qu'une sottise*, — ou bien encore, — *le Vol est méritoire* ; certes, alors l'autorité publique aurait le droit et le devoir d'intervenir. Mais comment devrait-elle intervenir ? La loi le dit : par les voies ordinaires, comme à l'égard de tout autre délit de presse : elle ferait saisir l'affiche ou le placard et déférerait les contrevenants aux tribunaux.

Ainsi, nul doute sur la question de droit : tout libraire, éditeur, marchand, commerçant, etc., etc., peut faire placarder sur les murs ce qu'il lui plaît d'annoncer au public, sauf toutefois les exceptions ci-dessus indiquées. Mais l'arbitraire trouve toujours moyen de se rattraper aux branches. Aux termes de la loi, nul ne peut placarder lui-même ses affiches dans les rues ou places publiques. Il faut pour cela l'intermédiaire obligé d'un afficheur de profession. Or, l'article 2 de la loi du 10 décembre 1830, dispose que : « Quiconque veut exercer, même temporairement la profession d'afficheur ou de crieur, de vendeur ou distributeur sur la voie publique, d'écrits imprimés lithographiés, gravés, où à la main, sera tenu d'en faire préalablement la déclaration devant l'autorité municipale. » De là cette interprétation tortionnaire que, pour pouvoir afficher un placard sur un mur il faut l'autorisation de l'autorité municipale ; que, par conséquent, l'autorité municipale la peut refuser. Aussi, lorsque la police veut empêcher l'annonce d'un écrit qui déplaît au pouvoir, on avertit officieusement l'afficheur qu'on lui retirera sa médaille s'il prête son ministère au libraire ou à l'éditeur mis à l'index. C'est de l'arbitraire et du plus mesquin.

Quant à la question de savoir s'il est bon, absolument parlant, de laisser entièrement libre la publicité par voie de placard ou d'affiche, il est permis d'hésiter. Cependant après mûre réflexion, il semble que l'affirmative ne soit pas douteuse. Si l'on veut sincèrement la liberté de la presse, on veut par cela même tous les moyens de publicité. Il est bien entendu seulement que le pouvoir social sera d'autant plus armé contre l'abus que le droit sera mieux reconnu et mieux assuré. E. D.

PLACE PUBLIQUE. C'est sur les places

publiques que les anciens traitaient les affaires de l'État. Alors le peuple ne remettait pas le soin de ses intérêts à des mandataires plus ou moins intelligents, fidèles et dévoués ; il les débattait lui-même. Loin que le législateur songeât à lui contester ce droit, il lui en faisait un devoir, et nul n'était dispensé de l'accomplir : il fallait que chacun participât aux délibérations communes, s'enrôlât dans un des partis qui divisaient les citoyens ; et les indifférents, c'est-à-dire les égoïstes, étaient frappés de peines sévères et mis au ban de la société.

Dans les républiques de la Grèce, à Rome, et dans tous les pays libres, certains lieux étaient spécialement consacrés aux délibérations du peuple. C'était, en Grèce, notamment, de vastes places carrées, sur les côtés desquelles régnaient de doubles portiques dont les colonnes soutenaient encore des galeries supérieures. Des tribunes pour les orateurs s'élevaient sur plusieurs points. Des barrières mobiles séparaient les diverses tribus, lorsqu'elles avaient à donner leurs suffrages. Telle était à Athènes la place appelée *Agora*. On y voyait en outre la *pierre sacrée* sur laquelle les magistrats *thesmothètes* faisaient serment d'observer les lois, dont le peuple les avait constitués les gardiens. C'était aussi sur cette pierre que, dans certaines causes, les juges, les témoins et les orateurs venaient jurer de n'offenser ni la justice, ni la vérité. Dans une autre place d'Athènes, qu'on nommait *Pnyce*, se trouvait également une pierre sacrée sur laquelle un héraut public proclamait, selon la circonstance, les décisions ou les avis des magistrats.

Rome avait plusieurs places publiques, qui dataient d'époques différentes, comme l'indiquaient leurs noms : *Forum Romanum*, *forum Julium*, *forum Augustum*. La plus ancienne et la plus célèbre était le *forum Romanum*. Le préteur y donnait ses audiences et y rendait la justice, et le peuple y tenait ses assemblées par tribus et par curies. C'était aussi le centre de toutes les affaires de banque et de commerce ; et, dans les boutiques pratiquées sous les portiques qui régnaient tout autour de la place, se tenaient les changeurs, les banquiers et les principaux négociants. On y avait dressé, dans un lieu couvert, la tribune aux harangues, appelée *rostra* (V. le mot ROSTRES), du haut de laquelle les magistrats s'adressaient aux citoyens, soit pour leur proposer ni la justice, soit pour s'entretenir avec eux des affaires de la République. Dans le voisinage de cette tribune, était une enceinte nommée *septum*, haie, ou *ovile*, parc, bergerie, dans laquelle entrait successivement chaque tribu pour donner son suffrage.

Les *mâhls* des tribus germaniques et en particulier des Francs, qui se sont perpétués sous différents noms et avec des altérations diverses jusqu'au règne de Charles VII, ressemblaient, sous beaucoup de rapports, au *forum* romain et à l'*agora* d'Athènes.   B.-C.

PLAINE. On appelait de ce nom, dans la Convention, les bancs de la chambre où siégeaient les députés qui n'avaient pas, dès l'abord, pris un parti systématique entre la Montagne et la Gironde. *Plaine* et *Marais* étaient dans l'acception commune, deux termes identiques. Les deux partis hostiles étant à peu près égaux en force, la majorité se trouvait acquise à celui qui réussissait, dans une circonstance donnée, à rallier le plus grand nombre des membres de la Plaine. Au 31 mai, la Plaine vota la mise en accusation des vingt-deux : au 9 thermidor, Robespierre invoqua vainement son appui contre les mauvaises passions de la droite et de la gauche. La Plaine représentait dans la Convention ce que le Centre représente dans nos chambres actuelles, la majorité mobile que se disputent les minorités qui prétendent au pouvoir.

B. H.

PLÈBE, du latin *plebs*. C'était chez les Romains, dans les premiers temps de la République, la partie du peuple qui ne jouissait d'aucun droit civil ni politique. Ce mot se prend aujourd'hui dans un sens analogue. Il est moins injurieux que celui de *populace*, quoiqu'il ne soit pas employé dans un sens favorable.   B.-C.

PLÉBÉIENS. « Il n'y a point de ville qui ne » soit composée de deux humeurs contraires, qui » sont le peuple et les grands. » — Cette observation de Machiavel à propos de la république romaine a été vraie jusqu'ici et le sera toujours, tant que la société ne reposera pas sur l'égalité de tous les citoyens, et tant qu'elle ne comprendra pas l'Humanité tout entière.

La lutte de ces deux principes, phénomène universel de l'histoire, apparaît surtout dans l'histoire romaine, où elle s'est produite sous des noms différents. A l'époque des rois et pendant les premiers siècles de la République, c'est d'abord la lutte des Patriciens et des Plébéiens persévérant sous la même forme jusqu'à la conquête de l'Italie. Au temps des Gracques, l'ancien élément plébéien se trouvant dispersé par les guerres continuelles ou mêlé avec l'aristocratie, la lutte intestine de la cité est engagée entre les oppresseurs, nobles et chevaliers. C'est au dehors que le principe plébéien, c'est-à-dire l'élément inférieur et opprimé, continue, dans les guerres sociales et les guerres serviles, son infatigable réclamation contre l'inégalité.

Gans a donné de l'histoire de Rome cette remarquable formule qui s'applique aussi d'une certaine façon à l'histoire générale : « Le monde romain est le monde où combattent le *fini* et *l'infini*. Les patriciens représentent l'infini ; mais un mauvais infini, puisqu'il ne reconnaît et ne contient pas les Plébéiens qui représentent le fini. Les périodes de l'empire romain se rapportent aux préparatifs de la lutte, à la lutte dans son plus haut point, enfin à l'affaiblissement successif et à la ruine simultanée des deux partis. Première période où les deux éléments ennemis sont encore identiques et enveloppés l'un dans l'autre : Royauté. Deuxième période où ils se séparent et se combattent : République. Troisième période où ils s'affaiblissent, s'assoupissent et se confondent : Empire. »

M. Michelet (1) explique ainsi l'essence et la rivalité des deux éléments patricien et plébéien : « Les Plébéiens constituaient dans Rome le principe d'extension, de conquête, d'agrégation ; les patriciens celui d'exclusion, d'unité, d'individualité nationale. Sans les Plébéiens, Rome n'eût point conquis et adopté le monde. Sans les patriciens, elle n'eût point eu de caractère propre, de vie originale ; elle n'eût point été Rome. »

Après avoir ouvert un *asile* à tous les hommes, sans distinction de loi ou de culte, Romulus commence par la conquête des femmes : l'enlèvement des Sabines. Chaque jour il appelle des *étrangers*, des Latins à la possession de la cité nouvelle. Les premiers établis, les *patriciens*, le tuent, et son successeur, Numa, est l'idéal patricien, comme Romulus lui-même était l'idéal Plébéien. Nous allons voir ces deux germes se développer et se pénétrer mutuellement tout le long de l'histoire, la plèbe sans cesse renaissante, escaladant sans cesse le Capitole, la citadelle des dominateurs ; triomphant par l'institution des tribuns, par la loi des décemvirs, par l'admission des Latins, par celle des Italiens, enfin, par l'établissement des empereurs qui écrasèrent l'aristocratie, et, sous leur pesant despotisme, consacrèrent, du moins, l'égalité de la loi civile.

C'est le même mouvement qui s'est opéré dans l'histoire de France, quand, à la suite de la hiérarchie féodale, la monarchie absolue vint abaisser les têtes de la noblesse, niveler les seigneurs et les vassaux, et établir ainsi entre tous les citoyens de la nation une certaine égalité dont elle était loin sans doute de prévoir les dangereuses conséquences pour son propre avenir.

Sous les rois, l'élément patricien et le plébéien subirent diverses vicissitudes. Les Plébéiens sont tour à tour Rémus qui n'a pas les auspices et méprise l'enceinte sacrée ; ils sont Romulus, en tant qu'ils contribuent, par leur admission successive dans la cité, à l'éternelle fondation de Rome ; ils sont Tullus Hostilius comme principe militaire de Rome, en hostilité avec le principe religieux ; ils sont Servius Tullius, comme gens d'une naissance inférieure, Servius qui opposa les centuries aux curies et modifia la division des tribus. Tués sous le nom de Servius (fils de l'esclave, Servus), ils ressusciteront deux fois sous le nom de Brutus (esclave révolté). Le premier consul, après l'expulsion des Tarquins, et le premier tribun, après la retraite sur le mont Aventin, s'appellent également Brutus (2).

Dans la vieille constitution des curies patriciennes, il y avait trois tribus : Albains, Sabins, étrangers ; trente curies, dix par tribus. Chaque curie était composée de dix *gentes*, réunies sous la lance

(1) Nous avons emprunté les matériaux de cet article à Tite-Live, à Machiavel, à Montesquieu, à Rousseau, à Niébuhr, mais principalement à l'ingénieuse histoire de M Michelet.

(2) Michelet.

du patricien. Ces trois cents *gentes*, ou familles, étaient représentées par les trois cents sénateurs, *patres conscripti*. Les pères de famille des *gentes*, seuls propriétaires, seuls juges et pontifes, formaient seuls la cité.

La pierre du foyer et la pierre du tombeau qui limite les champs, voilà les bases du droit primitif. Sur elles reposent le droit de la personne et le droit de la propriété, ou droit agraire. Le père de famille, seul, est une personne; seul, il a une propriété. Les propriétés particulières, égales entre elles à l'origine et mesurées par une géométrie sacrée, sont séparées du terrain vague et profane qu'occupe l'étranger. Autour du père de famille se groupent les membres inférieurs de la *gens*, la femme, les enfans, les clients, les colons, les esclaves, qui n'existent point comme personnes. Ces multitudes sont désignées par le nom du chef patricien. Il ne faut pas s'étonner si quelquefois un patricien suffit pour décider le gain d'une bataille. La personne, le *nomen* du patron, représente alors toute sa *gens*. Contre le patricien, père de famille, il n'y a point d'action : sa parole est la loi.

Les Plébéiens ne furent point originairement cliens des Patriciens, suivant Niebuhr. Les clients ne se réunirent à la plèbe qu'à mesure que leur servitude eut été relâchée, en partie par le progrès général vers la liberté, en partie par l'extinction ou la décadence des maisons de leurs patrons. Les Plébéiens, avant Servius, transportés, pour la plupart, des pays vaincus à Rome, étaient citoyens libres, mais ne votaient point; il n'y avait d'assemblées que celles des curies. Les nobles des cités conquises étaient tous Plébéiens.

Sous les rois, quelques plébéiens illustres entrèrent pourtant dans le patriciat et furent admis à la participation du droit divin et humain qui leur assurait la liberté et la propriété. La division en Centuries, opposée aux Curies par Servius, eut, comme on l'a déjà dit ci-dessus, une extrême importance. (*V.* CENTURIES.)

Servius avait aussi changé la division des tribus, parce que la troisième et dernière, celle des étrangers, était devenue trop nombreuse. Il en avait fait quatre, non plus selon la race, mais selon le lieu qu'on occupait dans la ville. A ces quatre tribus urbaines, il en ajouta quinze autres, appelées tribus rustiques. Dans la suite, on en créa autant de nouvelles, et le peuple romain se trouva enfin divisé en trente-cinq tribus, nombre auquel elles restèrent fixées jusqu'à la fin de la République (1).

L'occasion première du combat entre les Plébéiens et les patriciens, c'est plutôt la terre, l'*ager romanus*, que la cité. Les Plébéiens sont admis dans la cité; ils y habitent, ils y possèdent; mais pour posséder l'*ager* il faut avoir le droit des *quirites*, des seuls patriciens. C'est la grande querelle qui se renouvelle tant de fois sous le nom de loi agraire, dans son esprit primitif : car les lois agraires, par exemple celles de Lucinius Stolo,

(1) Rousseau.

de Caius Gracchus, de Rullus et de Jules César, eurent aussi pour objet, soit de partager les citoyens pauvres des terres éloignées, soit de déterminer le maximum de propriété territoriale permis aux riches.

Quand les rois eurent été remplacés par deux consuls, quand les comices par centuries eurent partagé l'autorité entre les patriciens des Curies et les riches, le sort des Plébéiens ne fut pas beaucoup amélioré; dès les premiers temps de la République, deux cris s'élevèrent du peuple contre les patriciens. Les Plébéiens réclamèrent des droits et du pain, comme plus tard sous les empereurs, ils demandaient du pain et des jeux, lorsqu'ils eurent perdu le sentiment de la dignité politique. Les plus nécessiteux acceptèrent des terres profanes mesurées à l'image de l'*ager*. Ils formèrent des colonies et étendirent au loin la puissance de Rome.

Ces deux cris se perpétuèrent pendant toute la République, et ils correspondent merveilleusement à ce que nous appelons aujourd'hui la *question politique* et la *question sociale*, qui n'en font qu'une. Quand le *menu peuple* obtenait un avantage politique, par exemple l'accession aux charges et aux fonctions, par exemple après la création des tribuns, il soulevait aussitôt la question sociale, réclamant les lois de propriété qui excitaient d'interminables discordes. La noblesse romaine cédait les dignités, sans trop de résistance; mais sitôt qu'il était question du bien, elle fut toujours si acharnée à le défendre, que le peuple était contraint de recourir aux moyens violens.

A Rome, le riche n'avait jamais besoin du pauvre. Le travail de ses esclaves lui suffisait pour l'agriculture. Il n'y avait point d'industrie. Le riche et le pauvre, placés en face l'un de l'autre et séparés par une éternelle barrière, étaient ennemis naturels. Quand le Plébéien, ruiné par la guerre qui incendiait sa chaumière, rentrait dans Rome, il allait emprunter au patricien ou au riche, promettant de rendre, après la campagne prochaine, sur le butin de la victoire. Les intérêts du prêt étaient ruineux. Mais la *personne* du débiteur insolvable, c'est-à-dire lui et sa famille, était là pour répondre, sinon il encourait la perte de sa qualité de citoyen, *diminutio capitis*. Les lois étaient terribles : « si le débiteur ne satisfait pas » au jugement, le créancier l'emmènera et l'atta» chera avec des courrois ou avec des chaînes qui » pèseront quinze livres au plus. On lui donnera » pour nourriture une livre de farine. S'il ne s'ar» range point, tenez-le dans les liens soixante » jours. Cependant produisez-le en justice par » trois jours de marché, et là, publiez à combien se » monte la dette. Au troisième jour de marché, s'il » y a plusieurs créanciers, qu'ils coupent le corps » du débiteur. S'ils coupent plus ou moins, qu'ils » n'en soient pas responsables. S'ils veulent, ils peu» vent le vendre à l'étranger au delà du Tibre. »

Ce fut l'application de cette loi infâme à un vieillard plébéien qui décida la retraite du peuple sur le mont Aventin. L'aristocratie romaine fut obligée de traiter avec le peuple, et le tribunat fut institué.

Les libertés plébéiennes allèrent vite avec les tribuns. On introduisit, à côté des comices par centuries, les comices par tribus, que les tribuns convoquaient et présidaient, indépendamment des augures. Les *lois sacrées* avaient donné au peuple le droit de faire des plébiscites et de juger ainsi ceux qui s'opposaient à ses volontés. Bientôt il demanda une loi fixe et un code écrit. « On ne sait, dit le président de Montesquieu, quelle fut plus grande, ou dans les Plébéiens, la *tâche hardiesse* de demander, ou dans le sénat, la condescendance et la facilité d'accorder. » Le sénat, cependant, avait peine à laisser envahir le sanctuaire du droit. Il cherchait sans cesse à entraîner le peuple dans de nouvelles guerres, ou bien il lui abandonnait quelques terres non comprises dans l'enceinte sacrée du *Pomasium*, comme le mont Aventin. Il n'en fallut pas moins arriver à la loi écrite, réclamée depuis si long-temps. On nomma les décemvirs.

Voilà les Plébéiens entrés dans l'égalité du droit. La démocratie introduite dans le droit civil passe dans le droit politique. Le peuple poursuit sa victoire sur les patriciens. Il fait abolir la loi qui défendait le mariage entre les deux ordres. On démembre le consulat en préture, questure, édilité, censure. Puis vient la fameuse loi du tribun Licinius Stolo, qui ouvre aux Plébéiens le consulat, même le collège des prêtres sybillins, et qui modifie la condition des débiteurs et des propriétaires. Enfin, en 339, le dictateur plébéien, Publius Philo, introduit les Plébéiens jusque dans la censure et consolide tous ces avantages.

Après que la lutte intérieure des deux éléments de la cité fut ainsi momentanément apaisée, c'est alors que Rome emploie deux siècles de guerres glorieuses à absorber l'Italie. C'est la guerre des Samnites, la conquête de l'Italie méridionale, Pyrrhus et ses mercenaires, la première guerre punique, la réduction de la Sicile, de la Corse, de la Sardaigne, de la Gaule italienne, de l'Illyrie et de l'Istrie. C'est Annibal et les désastres du Tésin, de la Trébie, de Trasymène et de Cannes; c'est la guerre partout, en Afrique, en Grèce, en Asie; Philippe, Antiochus, Philopœmen, Persée. C'est la destruction de Corynthe, de Carthage et de Numance. C'est finalement la victoire partout. Rome est maîtresse du monde.

Pendant cette magnifique épopée, la cité intérieure avait complètement changé d'aspect. Pendant que l'Italie envoyait ses enfants mourir dans les pays lointains, elle recevait en compensation des millions d'esclaves. Les esclaves ont pris la place des maîtres. Bientôt, il ne faudra plus demander où sont les Plébéiens de Rome. La race en est éteinte, ils ont laissé leurs os sur tous les rivages (1). Les fils des affranchis sont en possession de la cité et composent le peuple romain : « Silence, faux fils de l'Italie, s'écrie un jour au « forum Scipion Emilien ; vous avez beau faire :

(1) M. Michelet.

» ceux que j'ai amenés garottés à Rome ne me » feront jamais peur, tout déliés qu'ils sont main- » tenant. »

En outre, l'aristocratie d'argent avait contribué à la misère et à la dépopulation. L'influence des idées grecques et des idées de l'Orient avait profondément modifié le vieux génie romain. La constitution des curies patriciennes avait péri. Le pouvoir réel était entre les mains des centuries, c'est-à-dire des propriétaires et des riches. La question est déplacée et agrandie. La dualité des Patriciens et des Plébéiens se présente sous une autre forme. C'est maintenant à l'Italie, à l'univers, c'est aux étrangers, aux barbares, aux esclaves, à tous les opprimés, de poursuivre en leur nom la conquête du droit civil et politique. Voici venir les Gracques et Marius; Cennus l'esclave et Spartacus le gladiateur, et Catilina. Voici Jules César, l'homme de la promiscuité, qui transfuse le monde barbare dans Rome et jusque dans le sénat. Voici une nouvelle et immense agrégation de peuples; voici les éléments d'une cité nouvelle, car la vieille est morte avec Caton ; la société de l'avenir allait naître avec Jésus, le fils du charpentier.

Depuis dix-huit siècles cependant, le monde a continué de voir les deux humeurs contraires dont parle Machiavel, et aujourd'hui encore les Plébéiens et les Patriciens vivent sous le nom de Prolétaires et de Bourgeois.   T. THORÉ.

PLÉBISCITES. C'est le nom qu'on donnait à Rome aux lois que décrétait le peuple, assemblé en tribus, et sans le concours des sénateurs et des patrices, à la réquisition d'un des tribuns. Bien que les Plébiscites émanassent des plébéiens seuls, ils n'en obligeaient pas moins les patriciens eux-mêmes.   B.-C.

PLEINS POUVOIRS. Les Pleins Pouvoirs sont en quelque sorte une procuration générale, donnée à un agent diplomatique, et par laquelle il se trouve autorisé à négocier de la manière la plus étendue pour tout ce qui regarde les intérêts de son gouvernement. De là vient le nom de PLÉNIPOTENTIAIRE, appliqué aux ambassadeurs que l'on charge de traiter de la paix, ou d'assister à un congrès.

Lorsque les plénipotentiaires se trouvent en présence, leur première opération est de se livrer à l'examen réciproque de leurs Pleins Pouvoirs. Ce n'est qu'après les avoir *reconnus en bonne et due forme* qu'ils entament les négociations.

Les Pleins Pouvoirs ne sont ordinairement que la partie ostensible des instructions données à un ambassadeur. Le plus souvent il a encore par devers lui des instructions secrètes, quelquefois en contradiction avec celles qui sont destinées à la publicité.

Le mot de Pleins Pouvoirs n'implique pas non plus, comme on pourrait le penser, la faculté de terminer et conclure définitivement un traité. En général, le plénipotentiaire, malgré son titre pompeux, n'accepte rien sans en référer à son gouvernement, ou bien il ne signe aucun arrangement que sous la condition d'être approuvé. C'est ce qu'on appelle accepter *ad referendum*, ou signer *sub spe rati*.   J. B.

PLÉNIÈRES (Cours). Ces cours, qui n'étaient en apparence que des réunions de plaisir, fournissaient aux rois l'occasion de se concerter avec leurs grands vassaux sur tous les objets qui se rattachaient à la politique générale et à l'administration de leur empire. Elles différaient essentiellement des diètes et autres assemblées dans lesquelles le peuple délibérait originairement sur ses propres intérêts, et qui lui permettaient d'intervenir dans le gouvernement de l'état. Les Cours Plénières se substituèrent graduellement à ces sortes d'assemblées, qui finirent par n'être plus convoquées ; et les souverains arrivèrent ainsi à exercer sur la nation une autorité sans contrepoids et sans contrôle.

Les Cours Plénières n'avaient point de tenues périodiques ; les époques où elles avaient lieu le plus ordinairement étaient les fêtes de Noël et de Pâques. On les réunissait aussi à l'occasion d'un mariage important, d'un traité de paix, d'une déclaration de guerre, du jugement de quelque grand criminel, ou dans toute autre circonstance notable.

Quand les rois avaient décidé la tenue d'une Cour Plénière, ils l'envoyaient proclamer sur tous les points de leurs états par des hérauts qui invitaient les ducs, les barons, les comtes, et en général tous les grands vassaux à y assister avec leurs femmes. Le roi défrayait ses hôtes, les admettait à sa table tant que durait la Cour Plénière, c'est-à-dire pendant sept ou huit jours ; il leur donnait des habits, qu'on appelait *livrées*. Des traces de cet usage se sont conservées jusqu'à la fin de l'ancienne monarchie : encore à cette époque, tous les grands officiers de la couronne et ceux qui exerçaient quelque charge importante à la cour recevaient chaque année, du maître de la chambre aux deniers, une somme déterminée pour *les grandes livrées de la maison du roi*.

Les rois déployaient une grande somptuosité dans la tenue des Cours Plénières. Ils y paraissaient la couronne sur la tête et avec tout l'appareil de la majesté. On y faisait au peuple des distributions d'étoffes et de linge, et on y jetait de l'argent. Mais c'était le peuple lui-même qui faisait les frais de ces libéralités, car chaque sujet était obligé, à son tour, de faire des présents à son maître. La ville où se tenait la Cour Plénière était chargée de fournir la plus grande partie de la contribution, et la dépense était énorme. Ce n'étaient que festins, danses et fêtes de toute espèce ; ménétriers, jongleurs, joueurs de gobelets, sauteurs, rien n'était épargné.

C'est sous le règne des Carlovingiens qu'apparaissent pour la première fois les Cours Plénières. Saint-Louis les porta au plus haut degré de magnificence, et l'on a donné le nom de *Cour nompareille* à celle qu'il tint à Saumur, lorsqu'il reçut chevalier son frère, Alphonse. Les Cours Plénières perdirent de leur éclat à mesure que les grands vassaux de la couronne augmentèrent leur puissance. Ils se dispensaient d'assister à ces assemblées, se regardant comme les égaux des rois qui les convoquaient, et ne voulant pas accroître par leur présence la pompe dont elles étaient entourées. Ils se piquaient d'ailleurs de tenir eux-mêmes dans leurs châteaux des Cours Plénières auxquelles ils appelaient leurs propres vassaux et qu'ils environnaient du plus grand faste. Charles VII abolit enfin ces assemblées, prétextant les dangers qu'eussent fait courir aux invités les guerres avec les Anglais ; mais la véritable raison qui les fit supprimer, c'est la misère du peuple, les ruineuses dépenses dans lesquelles elles entraînaient la noblesse, et par dessus tout l'épuisement du trésor de l'État.

Au mois de mai 1788, Louis XVI essaya d'éluder la convocation des Etat Généraux, réclamée avec instance par toutes les classes du peuple pour mettre fin au désordre financier, en instituant une Cour Plénière, qui, composée de créatures ministérielles, eût vérifié et enregistré tous les édits royaux, à l'exclusion des parlements. Mais cette tentative échoua contre les résistances de tous les corps de l'Etat qui, mus par des motifs différents puisés dans leurs propres intérêts, repoussèrent l'édit d'une commune voix et forcèrent la couronne à le rapporter.   B.-C.

PLÉNIPOTENTIAIRE. On nomme *ambassadeur plénipotentiaire*, *ministre plénipotentiaire*, ou simplement *Plénipotentiaire*, un agent diplomatique de premier degré, qui est investi, par son gouvernement, de pleins pouvoirs, pour suivre une négociation importante. (V. PLEINS POUVOIRS.)

PLURALITÉ. C'est un synonyme de majorité : on dit la Pluralité des suffrages, comme on dit la majorité des voix. Le mot Pluralité s'emploie également d'une manière absolue ou relative. La Pluralité absolue, est celle qui se forme de plus de la moitié de la totalité des suffrages. La Pluralité relative sert à désigner le plus grand nombre de voix obtenues par un concurrent, relativement aux autres concurrents. — Il y a pourtant quelque différence entre majorité et Pluralité. Celui-ci, pour exprimer un sens précis, a besoin d'un comparatif. On dit, en dépouillant un scrutin ; *majorité*, tant on ne pourrait pas dire *Pluralité*. Le mot majorité a en outre un sens plus général et philosophique. Il exprime un système, un être moral. Le mot Pluralité, au contraire, a un sens purement matériel. Il serait ridicule de dire : le *système des Pluralités*, la *Pluralité d'un peuple*.

PODESTAT. On appelait autrefois *Podestà*, en Italie, certains officiers de justice et de police. Leurs fonctions répondaient à celles qu'exerçaient en France les *baillis*, sous l'ancienne monarchie.

POLICE. Surveillance exercée par l'autorité

administrative pour le maintien de l'ordre public et pour la sûreté des citoyens. Tel doit être l'unique objet de la Police dans une société bien constituée. Mais lorsque les gouvernements cherchent à se créer un pouvoir indépendant de celui de la nation, ils ont besoin d'une Police particulière pour la sûreté de leur personne. On lui donne le nom de Police politique. Le nom de Police personnelle ou d'inquisition lui conviendrait beaucoup mieux.

Renfermée dans ses véritables attributions, la Police est pour le gouvernement, le premier de ses devoirs ; c'est par elle que l'on reconnaît les avantages de la civilisation et de l'état de société. Comme l'administration dont elle forme la branche de service la plus importante, elle est générale ou locale ; pour être bien faite, elle doit ainsi que tous les autres services, ressortir d'un centre commun. De cette manière, la Police locale ou municipale n'est qu'une subdivision de la Police générale.

Ainsi la Police générale s'occupe de ce qui regarde la sûreté des communications, des moyens de transport entre les diverses parties du territoire ; la Police locale, du nettoiement, de l'éclairage, de l'ordre dans les rues de la ville, pendant le jour et pendant la nuit.

La Police générale se livre à la recherche des crimes et délits ; elle surveille les vagabonds, les repris de justice ; elle entretient à cet effet les correspondances nécessaires entre les diverses localités ; chaque commune a pour les mêmes objets la surveillance qui lui est propre. Les maires, sous-préfets et préfets sont spécialement chargés du service économique et du régime des prisons.

La Police générale assure les approvisionnements, la libre circulation des denrées. La Police locale s'occupe des halles et marchés, des moyens de subsistance pour les habitants de la commune, de la vérification des poids et mesures, de tout ce qui peut maintenir le bien être des citoyens.

Les désordres qui se manifestent à la fois sur un rayon étendu regardent la police générale ; ils concernent la police locale quand le mouvement ne s'étend pas au-delà de la commune.

L'une et l'autre sont établies pour la garde des personnes, pour la protection nécessaire à l'industrie, pour la conservation des propriétés.

A ces attributions, la Police en joint une dernière qui n'est pas moins importante ; elle est chargée de tout ce qui touche à la salubrité. (V. ce mot).

Si la Police nous fait apprécier les avantages de la réunion des hommes en société, elle nous fait aussi comprendre les vices, les désordres qui résultent d'une société mal organisée. C'est par elle que se révèlent tous les maux dont l'espèce humaine est affligée. Point de doute que si l'association était plus réelle, que si les moyens de secours réciproques étaient mieux organisés, la tâche de la Police deviendrait plus paternelle et plus facile.

Nous avons maintenant à examiner si les moyens dont se sert la Police répondent au but qu'elle doit se proposer. Dans une société où règne l'égalité, où il existe conséquemment le plus d'harmonie possible entre les intérêts mis en commun, la surveillance est un devoir pour tous les citoyens. La force armée est à peu près inutile pour le maintien de l'ordre ; les citoyens sont toujours prêts à répondre à l'appel de la loi sur les points où la tranquillité, où la sûreté publique est menacée. La Police compte autant d'agents qu'il y a de membres dans la société. Cependant il est des services qui exigent la présence continuelle d'agents spéciaux et salariés. En France la gendarmerie et en cas d'insuffisance la troupe de ligne sont les moyens de répression que nous avons l'habitude d'employer. En Angleterre, aux Etats-Unis on ne se sert de la force armée que dans les grandes circonstances, c'est-à-dire le plus rarement possible. Pourquoi n'imitons-nous pas cet exemple en France ? Dans toutes les villes de la Grande-Bretagne, comme dans celles d'Amérique, le service de nuit est fait par des *Watchmen* qui correspondent les uns avec les autres, et qui n'ont d'autres armes que des bâtons. Le jour il n'y a pas d'autres surveillants dans les rues que des sergents de ville et des constables qui n'ont aussi pour arme que leur canne **et** dont l'autorité est rarement méconnue. Ces moyens sont assurément préférables à l'emploi de la force armée qui n'apparaît nulle part sans donner l'idée de la guerre et de la résistance, sans causer quelquefois des désordres plus graves que ceux qu'il s'agit de réprimer.

Lorsque l'autorité qui dirige un pays est elle-même contestable, on conçoit combien il est avantageux pour elle d'avoir un grand nombre d'hommes armés à sa disposition. Le service de la Police ordinaire n'est qu'un prétexte pour justifier la présence de cette force qui dans la réalité n'a pour objet que de servir de coupables desseins.

Cela nous ramène à la Police politique dont les ressorts se développent d'autant plus que les gouvernements deviennent plus ombrageux. Cette Police d'espionnage et de corruption est la preuve la plus certaine d'un mauvais gouvernement. Sous l'Empire, alors qu'un seul homme avait absorbé tous les pouvoirs, la Police s'étendait sur la France comme un réseau ; elle avait ses magistrats spéciaux dont l'autorité débordait celle des préfets, tandis qu'une Police bien entendue et dans l'intérêt de tous, ne doit pas sortir des circonscriptions administratives. De notre temps la défiance de la Police, surtout de celle de Paris, a dépassé tout ce qu'on avait jusqu'alors imaginé. L'imprudent et faible gouvernement de la Restauration avait renouvelé l'invention des agents provocateurs ; lorsqu'on envoyait un agent de cette espèce dans un département on disait que c'était pour le *vacciner*, par la raison que l'agent provocateur fait sortir le venin révolutionnaire, comme le vaccin fait ressortir le venin de la petite vérole.

On a encore recouru depuis à de tels moyens, et la surveillance dans l'intérêt d'un seul est devenue encore plus active. Ce service qui se joint à celui de la Police ordinaire ou qui est dirigé par les mêmes agents principaux ne fait que nuire à l'ordre si nécessaire à la société dont on ne s'occupe plus assez. En outre il déconsidère, il avilit les magistrats qui ont le malheur d'en être chargés.

AUG. BILLIARD.

POLICE SANITAIRE. La Police sanitaire a pour objet la conservation de la santé publique. Or, les causes qui peuvent compromettre la santé publique sont de deux sortes: intérieures et extérieures. La Police sanitaire se divise donc en deux branches distinctes; l'une, qui s'exerce sur le littoral, a spécialement pour but de prévenir l'importation, en France, des maladies pestilentielles; l'autre, au contraire, qui comprend tout l'ensemble du territoire et a pour mission de signaler et de combattre les causes générales ou locales qui mettent en danger la santé publique.

A l'intérieur, la Police sanitaire est exercée par les agents de l'administration publique, secondés et éclairés par des corps libres qui sont appelés Conseils de salubrité; ils ont sous leurs ordres, dans chaque arrondissement, un agent qui est appelé médecin des épidémies. (V. SALUBRITÉ.)

Sur le littoral, les Conseils de salubrité sont remplacés par des Intendances et par des Commissions sanitaires. Les intendances sont au nombre de neuf; deux sur la Méditerranée: Marseille et Toulon; sept sur l'Océan, savoir: Bayonne, Bordeaux, La Rochelle, Nantes, Lorient, Brest et Cherbourg. Les commissions sanitaires sont beaucoup plus nombreuses et leur nombre varie assez fréquemment suivant le degré d'accroissement de la navigation et l'importance que prennent de temps à autre certaines localités. Le service dont elles sont chargées est organisé selon les règles générales de l'administration publique en France. Les commissions sanitaires relèvent des intendances; celles-ci sont sous la surveillance et la direction des sous-préfets et préfets qui correspondent avec le ministre. Les intendances sont aussi autorisées à correspondre directement avec l'administration centrale.

Quand un navire arrive dans un port, les agents de la santé publique reçoivent et vérifient ses papiers de bord. Si le bâtiment est porteur d'une *patente nette*, c'est-à-dire s'il provient d'un lieu où ne règne actuellement ou ordinairement aucune maladie réputée contagieuse, le bâtiment est aussitôt admis à libre pratique. Si, au contraire, il est porteur d'une patente *brute ou suspecte*, c'est-à-dire si le pays d'où il arrive est atteint ou suspect de maladies contagieuses, le bâtiment est mis en quarantaine pour un nombre de jours variable, et tous les effets ou marchandises *susceptibles* sont purifiés.

Nous avons dit au mot LAZARET, que ces pratiques restrictives ont été vivement critiquées. On a dit qu'elles sont nuisibles au commerce et sans utilité pour la santé publique.

En thèse absolue, il vaudrait mieux sans doute pour le commerce être affranchi de toutes ces entraves; mais la question n'est pas là, comme on le verra tout à l'heure.

Quant à la seconde proposition, les adversaires du régime sanitaire ne peuvent mettre en avant que de pures hypothèses. Il n'y a pas de maladies contagieuses, disent-ils. Et qu'en savez vous? Vous avez fait des expériences: mais quelle garantie peuvent donner ces expériences qui n'ont pas, qui ne peuvent pas avoir un caractère général, certain. Ce qui est certain, c'est qu'avant l'établissement d'un système sanitaire un peu rigoureux, l'Europe était très fréquemment envahie par des maladies pestilentielles, évidemment venues du dehors. Depuis, au contraire, que les quarantaines ont été généralement établies et rigoureusement observées, on a toujours réussi à en prévenir l'importation. Rien ne peut valoir à l'encontre de ce fait.

Que si l'on objecte les charges que les quarantaines imposent au commerce, il est facile de répondre. Ce n'est pas en France seulement que le régime sanitaire est en vigueur; en Italie, en Espagne et ailleurs, il est très rigoureusement appliqué. Or, qu'arriverait-il si l'administration française abolissait les quarantaines; le commerce français en serait la première victime, car immédiatement toutes ses provenances seraient frappées dans tous les ports européens, et assimilées aux provenances des pays les plus suspects.

Même abstraction faite de la santé publique, il est donc faux de dire que l'intérêt du commerce exige la suppression des quarantaines. Dans l'état actuel des choses, en Europe, l'intérêt du commerce exige, au contraire, que les quarantaines soient maintenues. Il faut reconnaître cependant qu'il est à désirer que l'on se relâche partout d'une sévérité excessive. Le gouvernement français a pris à cet égard une initiative généreuse; mais par les causes que nous venons de dire, il ne peut agir seul; il faut le concours simultané des autres États. Ce concours ne peut-il être obtenu? Il nous semble que si, et que cela est même facile. Les lois et réglements sanitaires varient au sein de chaque état; pourquoi ne pas les rendre partout uniformes. Des négociations entamées en ce sens auraient les plus heureux résultats. L'Europe aspire évidemment à l'unité, sinon de territoire, au moins de droit: ce serait un commencement.

E. D.

POLITIQUE. La Politique est la science du gouvernement.

Elle embrasse, par conséquent, tout l'ensemble des causes qui déterminent l'association civile, des circonstances qui la rendent plus ou moins parfaite, et des effets qui en résultent.

Il n'y a donc point de science plus vaste que celle-là; point, où il soit plus rare d'exceller, et c'est avec raison que l'on a dit: La Politique est la première des sciences.

Le fondement, l'essence de la Politique, c'est la connaissance de l'homme. De cette connaissance découlent, en effet, logiquement, les institutions civiles et politiques. Depuis la plus haute antiquité jusqu'à ce jour, à toutes les époques et dans toutes les sociétés civilisées ou barbares, on aperçoit distinctement le rapport intime qui lie l'organisation de la cité ou de la société à l'opinion métaphysique généralement acceptée sur la nature de l'homme.

Il n'est personne qui ne connaisse la fameuse théorie d'Aristote. Cette théorie n'était assurément pas sortie tout armée de son cerveau. C'était le résumé de la philosophie de son temps et des époques antérieures. Aristote ne fit que systématiser l'ensemble des faits qu'il avait sous les yeux et qui étaient venus à sa connaissance. Eh bien! de cette théorie découlent très clairement toutes les formes politiques qui ont réglé le monde ancien, et dont quelques filons se sont projetés jusque parmi les sociétés modernes.

« Il y a deux parties dans l'homme, disait Aristote : l'ame et le corps; celui-ci naturellement destiné à obéir; l'autre, à commander.—De même, il y a dans la société comme dans l'individu, deux éléments distincts : l'élément libre et l'élément servile : l'un commande naturellement, l'autre obéit naturellement. Par conséquent, deux natures d'homme : les maîtres et les esclaves; les maîtres sont l'ame; les esclaves, le corps; et comme le corps obéit naturellement à l'ame, qui commande naturellement, l'esclave obéit au maître qui commande par la volonté expresse et manifeste de la nature. »

De là, cette conséquence que :

« L'égalité ou l'échange du pouvoir entre ces divers éléments leur serait également funeste à tous. »

C'est là toute l'organisation sociale et politique de l'antiquité. Le législateur ne voit que l'homme libre : l'homme libre exerce seul les droits politiques, parce que seul il les possède : époux, il commande à l'épouse; père, aux enfans; maître, aux esclaves. Et comme entre eux et lui, il y a nécessairement une différence spécifique, il y a pour eux et pour lui, de même que des droits différents, des vertus différentes, de différents devoirs.

Mais ce qu'il importe essentiellement de remarquer, c'est que, parmi les hommes libres, Aristote ne voit que des égaux, et que, suivant lui, *tous* doivent également être appelés à l'exercice des droits et des devoirs politiques.

Ainsi, les anciens ne justifiaient les inégalités sociales que par une inégalité naturelle, fondamentale entre les individus de la race humaine. Par conséquent, les anciens avaient sur la nature de l'homme des idées beaucoup moins justes, beaucoup moins élevées que les nôtres; mais ils tiraient de leurs idées des conséquences plus rigoureusement logiques que nous ne le faisons.

Quelles sont, en effet, les idées répandues parmi nous sur le fondement des choses humaines. Nous admettons l'égalité originelle des hommes. L'homme, quel qu'il soit, est pour nous un être intelligent, volontaire et raisonnable : et quelle que soit sa destination sociale, il est marqué au front d'un caractère ineffaçable qui le distingue des animaux et le signale comme l'égal de toutes les créatures intelligentes comme lui.

Pour nous, tous les hommes sont donc naturellement libres : nous croyons de l'humanité tout entière ce que les anciens croyaient seulement d'une minorité infiniment petite. D'où vient alors que nous n'admettons à l'égard de l'humanité tout entière ce qui était, dans les sociétés antiques, la loi des hommes libres, de la cité, de la société. Il y a là, évidemment, une contradiction radicale. Les anciens partaient d'un principe faux, et ils en tiraient des conséquences logiques. — Nous, au contraire, nous partons d'un principe vrai, et nous en tirons des conséquences radicalement fausses.

Cette contradiction ne peut durer : car, ainsi que nous l'avons déjà dit, il y a un rapport intime et nécessaire entre la connaissance métaphysique de l'homme et l'organisation politique de la société. Or, puisque nous reconnaissons qu'il n'y a point dans l'humanité deux espèces d'hommes, mais une seule, puisque nous flétrissons la seule pensée de l'esclavage, nous sommes forcément conduits à tirer de nos principes les conséquences que les anciens tiraient des leurs, à réaliser l'égalité civile et politique parmi tous les hommes libres, sains d'esprit et de corps qui composent la société, comme ils la concevaient et la pratiquaient eux-mêmes à l'égard des *maîtres*, des *citoyens*.

Tel est désormais le but de la Politique. Elle ne s'occupait jadis que d'une minorité; il faut qu'elle s'occupe aujourd'hui de l'humanité. Ainsi que nous l'avons dit au mot PEUPLE, les éléments constitutifs des sociétés actuelles diffèrent profondément de ceux qui se rencontraient dans les sociétés antiques. Cette masse énorme d'esclaves dont les anciens législateurs ne faisaient pas compte, doit être comptée maintenant; il faut l'organiser, il faut l'accueillir, il faut lui donner sa place au foyer commun.

On conçoit facilement que nous ne pouvons entrer dans les détails qui, du reste, sont répandus dans tout cet ouvrage. Nous nous bornerons donc au simple exposé de ce principe, que tous les individus de la race humaine, naturellement égaux, possèdent naturellement des droits identiques; que ces droits résultent de leur nature propre; et qu'ils n'en peuvent être dépouillés que par une contravention formelle aux lois établies par Dieu même.

On objectera peut-être que tous les individus de la race humaine ne sont pas également aptes à l'exercice du pouvoir. Rien de moins contestable. Mais personne que nous sachions ne demande que cela soit ainsi. Il y a dans la société des fonctions diverses, comme parmi les hommes de différentes aptitudes. A celui-ci donc les travaux des champs; à celui-là, ceux de l'esprit; à l'un, les travaux mécaniques; à l'autre, ceux du gouvernement. La seule chose que réclament les apôtres et les disciples de la démocratie, c'est que la diversité des aptitudes et la différence des fonctions ne soient point considérées comme la marque d'une inégalité spécifique; que les fonctions ne soient point un privilége pour quelques uns et une charge pour les autres ils demandent enfin que tous soient également admissibles et également admis ; et qu'ils jouissent surtout, au sein de la société, de la considération qui leur est due. L'équité veut que cela soit ainsi et la Politique le commande. Car la Politique a pour but le perfectionnement de l'association et comment l'association serait-elle perfectionnée, comment tendrait-elle à l'unité si l'on parvenait à maintenir parmi les hommes des inégalités transmissibles ?

La Politique, du reste, n'a pas seulement pour objet l'organisation intérieure des sociétés : il faut encore qu'elle règle les mutuels rapports des diverses sociétés les unes avec les autres : et ceci n'est pas le moins difficile. Au sein d'une même société, il n'y a qu'un seul souverain ; la justice est établie et s'exerce en son nom ; s'il y a des différends entre les citoyens, la justice sociale les tranche et chacun est obligé de se soumettre. Au contraire, de nation à nation, il n'y a point de hiérarchie ; ce sont des souverainetés en présence et entre lesquelles il n'y a point de juges. Aussi, dans les transactions internationales, chacun est-il obligé de se faire justice à soi-même. On peut dire à ce point de vue que les soldats sont les magistrats de l'extérieur : magistrats qui portent l'épée de la force et non la balance de la justice.

Si cependant on considère avec soin la tendance des esprits, au moins en Europe, il est évident que nous tendons à la constitution d'une autorité centrale chargée de rendre la justice entre les peuples. Malheureusement, les puissances les plus fortes ont aujourd'hui usurpé cette haute fonction, et elles l'exercent avec iniquité. Mais cet abus est lui-même le signe du besoin qu'éprouvent les peuples de ne point recourir à tout propos à la force des armes. Ce sera un grand moment pour le monde que celui où les rapports internationaux perdront ce caractère de barbarie que la civilisation n'a pu encore leur ôter. (V. ALLIANCE, GOUVERNEMENT, MAJORITÉ, PEUPLE, POUVOIR, SOUVERAINETÉ.)

POLITIQUES (PARTI DES). Les massacres officiels de la SAINT-BARTHÉLEMY (V. ce mot) n'avaient résolu ni la question religieuse, ni la question politique. Plus exaltés par l'enthousiasme de la vengeance que consternés par les menaces et les excès des terroristes, les protestants relevèrent la tête aussitôt qu'ils se furent ralliés, et le peu d'influence que le gouvernement de Paris exerçait dans les provinces ne pouvait contrarier ce ralliement d'une manière sérieuse. Tandis que les chefs survivants de ce parti se préparaient à combattre, et qu'ils faisaient appel, sur tous les points du territoire, à leurs nombreux adhérents, une fraction du parti catholique se détacha des bourreaux du 24 août. On sait que le conseil du meurtre avait été donné par la cour de Rome. Les violences antérieures avaient été déjà désapprouvées, en France, par quelques hommes considérables de l'opinion catholique. Après la Saint-Barthélemy, ils crurent devoir déclarer hautement qu'ils étaient restés étrangers au coup d'état de cette nuit funèbre. Si quelques-uns d'entre eux étaient inspirés

dans cette déclaration par un libéralisme sincère ; quelques autres, plus jaloux des Guises que vraiment charitables à l'égard de leurs victimes, ne faisaient de l'éclat que pour ébranler le crédit des courtisans. Cependant, comme la condition première de tout parti est d'avoir un principe, cette opposition invoqua, contre la faction terroriste, l'intérêt mieux entendu du royaume; elle parla de conciliation, elle réclama la liberté de conscience, elle rappela les garanties octroyées aux deux cultes par les édits de pacification, et se laissa désigner sous le nom de Parti des Politiques.

Le chef des Politiques (car il n'y avait pas alors de parti sans chef) fut Henry de Montmorency, maréchal de Damville. Tous les historiens s'accordent à nous le représenter moins comme un libéral désintéressé que comme un ambitieux mécontent, et le portrait qu'ils font de cet homme n'est que trop fidèle. Son premier acte de révolte fut de signer une trève avec les protestants. Cette trève fut déclarée contraire aux intérêts de l'État par le parlement de Toulouse, qui défendit de l'observer. Le maréchal de Damville n'eut alors rien de plus pressé que d'en appeler de cet arrêt aux États de Languedoc. Dans le même temps, les religionnaires convoquèrent, à Milhaud en Rouergue une assemblée délibérante, et, après quelques pourparlers avec le rebelle, ils le proclamèrent chef Politique du Languedoc, au mépris des lettres de Catherine, qui venait de conférer au comte de Villars le gouvernement de cette province. Reconnaissant de ce bon vouloir, le maréchal de Damville se coalise avec eux, avec le prince de Condé, avec l'électeur palatin, et une alliance défensive est conclue à Nîmes (janvier 1575), alliance par laquelle il s'engagea, comme général des catholiques et des religionnaires unis, à les protéger les uns et les autres de toutes ses forces, de ne conclure ni paix ni trève sans l'avis et le consentement d'un conseil élu par l'assemblée de Nîmes. La suite de cette alliance fut une rupture ouverte du Parti des Politiques avec le gouvernement de Paris.

Nous n'avons pas à raconter les phases diverses de cette guerre, dans lesquelles il est difficile de s'intéresser aux personnages, aucuns des partis ne représentant une majorité réelle. De tous ces partis, celui des Politiques parlait le langage le plus convenable, mais il nous est défendu de le considérer comme ayant à notre estime des titres beaucoup plus sérieux que les autres. Assurément la politique de Catherine n'était pas celle qui devait relever la France, ce n'était pas avec les moyens dont l'horrible pratique fait encore frémir notre mémoire qu'elle pouvait assurer la paix au royaume : sans la reconnaissance du droit nouveau, proclamé par la réforme, il ne pouvait y avoir d'ordre légal, il n'y avait pas de satisfaction possible pour la conscience publique. C'était donc à bon droit que les Politiques protestaient contre une impitoyable tyrannie, contre un terrorisme sauvage qui n'était pas l'expression d'une idée vraie. Mais n'est-il pas aussi bien évident que leur protestation, manifestée par la voie des armes, tendait à créer une faction nouvelle, et que le but avoué de cette faction était réellement la ruine de la monarchie? Or, (nous l'avons précédemment établi) (V. l'art. LIGUE), durant ces guerres plus que civiles, la monarchie devait d'abord être sauvée; du salut de la monarchie dépendait alors le salut de la nationalité française. Nous ne pouvons donc déplorer en des termes bien amers l'insuccès de la tentative faite par les Politiques belligérants, et la disgrace qui atteignit, l'un après l'autre, les différents chefs de ce parti, Damville, Turenne, La Haie, La Noue, Ventadour et leurs complices.   B.-H.

POLL. Mot anglais autrefois en usage, qui veut dire *tête*. Toute capitation ou taxe par tête est encore désignée chez nos voisins sous le nom de *Poll-tax* ou de *Poll-money*. Mais ce mot sert plus particulièrement aujourd'hui à exprimer soit l'action de voter aux élections, soit le résultat des votes. *To Poll*, c'est avoir le droit de participer à la nomination des membres du parlement : on a donné le nom de *polling-places* aux localités où l'on vote et ceux de *polling-booth* et de *polling-book* aux tréteaux improvisés et au registre où l'on reçoit les suffrages.

Les art. 62, 63, 64 et 65 du bill de réforme contiennent toutes les dispositions relatives au *Poll*. Le nombre des *polling-booth* doit être proportionné à celui des électeurs; on en affecte ordinairement un, pour éviter toute confusion, à chaque fraction de deux ou trois cents votants. Le *polling-booth* doit être situé sur la rue ou sur la place publique : c'est tantôt un local loué expressément pour cet usage, tantôt un échafaudage élevé à la *diligence* du shérif. Il en résulte une dépense en frais de construction qui varie, selon l'importance des localités, de 25 à 40 livres sterling, c'est-à-dire de 600 à 1,000 fr. On inscrit, en gros caractères, sur la façade du *polling-booth*, les noms des paroisses à l'usage desquelles il est réservé. Le *polling-book*, ou registre des votants, est ouvert pendant quinze heures, à savoir sept heures le premier jour et huit heures le second. Un *deputy*, ou commissaire, et un clerc, nommés par le shérif, président aux opérations du vote.

Lorsqu'on ferme le *polling-book*, le clerc le met sous enveloppe et y appose son cachet, qui n'est brisé que par le shérif et pour faire le dépouillement des suffrages. Le commissaire a droit à une indemnité de deux livres sterling et deux shellings par jour, et le clerc à un salaire quotidien de une livre et un shelling. Toutes dépenses sont payées par les candidats.—Du reste, rien de plus animé que la place ou la rue consacrée à la nomination du membre du parlement : le peuple se presse tumultueusement autour du *polling-booth*, avide de suivre la marche de l'élection. On voit les électeurs arriver par troupes, musique en tête, et portant des bannières et des rubans aux couleurs du candidat de leur choix. Enfin, d'heure en heure, des hommes promènent des écriteaux sur lesquels on a figuré en chiffres plus ou moins exacts l'état actuel du *Poll*.   A. GUILBERT.

POLOGNE. La nation Polonaise est la plus nouvelle de l'Europe, si l'on s'arrête au temps où elle se constitua, et la plus ancienne, si l'on remonte à son origine.

Au temps du flux et du reflux des races humaines, à une époque qui se perd dans la nuit des âges, on voit un peuple s'arrêter aux lieux où la première migration l'avait conduit. Ce peuple, qui couvrait les steppes immenses de la Sarmatie, se donnait le nom de Slawe, qui signifie gloire; c'est de lui que les Polonais descendent.

Les commencements de la nation Polonaise, c'est-à-dire les temps où cette société imparfaite cesse comme la nation russe d'habiter dans ses vastes déserts, sont peu ou mal connus.

Son existence, comme nation, date seulement de la fin du neuvième siècle.

Dans sa division générale, en grande et petite Pologne et duché de Lithuanie, elle contenait trente-trois provinces ou palatinats, peuplés d'environ huit millions d'habitants; cette population était régie souverainement par environ cent mille nobles, un roi électif et un sénat perpétuel; les habitants des villes n'étaient comptés dans l'ordre politique que pour en supporter les charges, et les paysans attachés à la glèbe étaient la propriété de leurs seigneurs; les nobles seuls jouissaient du droit de cité et se rassemblaient périodiquement dans les *diétines* ou diètes de palatinat, pour y élire les nonces chargés de les représenter à la diète générale. Celle-ci s'assemblait tous les deux ans et se composait du sénat et des représentants de la noblesse; elle partageait avec le roi le pouvoir législatif.

Contrairement à la destinée de toutes les grandes sociétés modernes, la Pologne n'a fait que déchoir depuis les premiers temps de son histoire. Entourée de voisins puissants, privée de frontières suffisantes et renfermant dans son sein une population opprimée plus tôt que gouvernée par les institutions les plus vicieuses, il semble qu'elle fût condamnée à ne compter en Europe que par sa gloire et par ses malheurs.

La Pologne fut à l'origine une monarchie héréditaire et absolue. Mais en 1139, Boblas III ayant partagé ses états entre ses quatre fils, ces petits souverains, indépendants les uns des autres, voulant imiter leur père, la Pologne fut subdivisée à l'infini et le gouvernement des seigneurs substitué au gouvernement des rois; pendant une assez longue période, les souverains prirent seulement le titre de ducs et le trône continua d'être héréditaire.

Bientôt tous les états qui se formaient des débris de la puissance polonaise, s'agrandirent aux dépens de la mère-patrie, et les incursions des Lithuaniens, des Hongrois, des Prussiens, les révolutions, les interrègnes, les massacres bouleversèrent en tous sens la malheureuse Pologne.

Impuissante à se défendre contre les Prussiens, barbares campés au milieu de son territoire, elle appela le funeste secours de l'ordre teutonique et installa ces chevaliers dans le palatinat de Culm. Cependant l'introduction des arts de l'Europe répandit quelques lumières parmi la bourgeoisie des cités. Déjà Lesko le Noir avait introduit en Pologne ces libertés municipales qui, sous le nom de *Droit de Magdebourg*, propageaient dans les provinces allemandes l'ordre et la prospérité. Casimir fit plus, il jeta les premières bases d'un gouvernement régulier et promulgua un nouveau code judiciaire, civil et criminel.

Après lui vint la dynastie des Jagellons qui donna plusieurs souverains illustres à la Pologne et qui s'éteignit dans Sigismond Auguste, le plus célèbre d'entre eux.

Enfin en 1573, la couronne devint définitivement élective, et elle fut décernée à Henri de Valois, depuis Henri III, roi de France. De ce règne datent les *pacta conventa*, espèce de charte à laquelle se soumettaient les rois en prenant la couronne (V. PACTA CONVENTA.)

Jean Sobieski, le héros de son siècle et l'un des rois les plus illustres de la Pologne, sut rehausser la gloire de sa patrie, mais il ne put la sauver.

Le 12 septembre 1683, il mit les Turcs dans une déroute complète au moment où ils assiégeaient Vienne près de tomber en leur pouvoir, et arrêta ainsi la chute de l'empire d'Allemagne; mais ce service important rendu à l'Europe par la valeur polonaise, fut promptement oublié et bientôt l'influence russe commença à pénétrer.

Sobieski mort, la Pologne semble mettre un pied dans la tombe et on la voit s'opposer vainement aux vues ambitieuses de ses voisins.

Par le premier partage qui eut lieu en 1772, elle perdit ses plus belles provinces.

Tous les publicistes sont d'accord sur les causes générales de cette illustre décadence. C'est le *liberum veto*, l'élection des rois, la fréquence des confédérations, l'esclavage des paysans, la prédominance de quelques familles, les restrictions imposées aux différents sectateurs de certains cultes et par suite l'influence de la Russie, qui ont préparé et achevé la ruine de la Pologne.

Le *liberum veto*, nécessitant l'unanimité des suffrages dans toutes les délibérations nationales, un seul nonce annulait la volonté de tous les autres.

L'élection des rois provoquait naturellement les intrigues des puissances étrangères. Et comme elle avait lieu par un petit nombre d'hommes passionnés ou cupides, la corruption y avait une grande part.

Les confédérations, sorte d'insurrections légales, finissaient par devenir un désordre habituel et une maladie permanente.

Quant à l'esclavage des paysans, si on ne lui accorda trop long-temps qu'une faible importance politique, on s'aperçut plus tard des tristes conséquences de cet abus lorsque, au jour du danger, la Pologne se trouva privée de ses plus fermes appuis.

La classe moyenne manquait aussi à la Pologne.

Peu à peu un certain nombre de familles nobles s'étaient élevées au dessus des autres, et une illustration plus soutenue, une opulence extrême

avaient jeté sur ces maisons un éclat fatal à ceux qu'il enorgueillissait, et à la multitude qui s'en laissait éblouir.

Enfin, comme si toutes ces causes de ruine n'avaient pas suffi pour accabler ce malheureux pays, des dissensions religieuses avaient fomenté de nouveaux germes de discorde, et la Russie n'avait eu qu'à profiter habilement de ces éléments d'anarchie.

Vers la fin du dix-huitième siècle, les idées philosophiques commençant à se répandre en Europe, les Polonais sentirent le besoin d'une réforme générale, et l'aristocratie fut la première à favoriser les projets d'émancipation; les abus criants disparurent; le *liberum veto* fut aboli; les propriétaires furent autorisés à affranchir les paysans; la régularité fut observée dans les formes judiciaires, et tout faisait présager une régénération complète lorsque l'invasion étrangère vint étouffer la voix des réformateurs.

Le parti des vieux abus qui vivait encore forma une confédération à Targovie et implora la protection de Catherine; cette confédération coupable à laquelle la Pologne a imputé toutes ses infortunes fut soutenue par la Czarine, tandis que d'un autre côté des troupes prussiennes pénétraient aussi sur le territoire polonais. Ces événements amenèrent un second partage, et la République dut pressentir le sort que lui réservaient ses alliés.

Sommée d'adhérer à ce nouveau démembrement, la diète de Grodno demande à être déportée en Sibérie. Une lutte terrible s'engage bientôt; les Polonais n'écoutent plus que leur courage, ils appellent les serfs, le peuple entier aux armes; mais l'ordre équestre fut seul à descendre dans l'arène, une loi n'avait pu faire oublier dix siècles d'esclavage, et la nation Polonaise étant sans peuple, elle fut sans force et sans puissance, et dut naturellement succomber.

Le chef de cette grande guerre, le brave Kosciusko, revenu des solitudes américaines, où il était allé combattre sous les drapeaux de Wasinghton, Kosciusko vit la chute de sa patrie, la plus vieille république de l'univers, après avoir vu grandir et s'élever immortelle la liberté du Nouveau-Monde.

Tombé sur le champ de bataille de Margowice, il fit entendre ce mot, comme dernier soupir: *finis Poloniæ*.

En 1795, un troisième partage eut lieu entre la Russie, l'Autriche et la Prusse, et la Pologne fut rayée de la liste des nations.

Ainsi s'accomplit cette œuvre de spoliation, au mépris des lois les plus saintes, au mépris de tous les droits connus; aussi doit-on considérer ce fait non comme un acte politique mais comme une iniquité (1) dont les âges futurs sont appelés à faire justice. Les idées démocratiques répandues au sein des peuples de l'Europe, sont dans le cœur de tous les hommes d'intelligence, elles surgiront

(1) Le célèbre Burke disait du partage de la Pologne: on se repentira un jour d'avoir toléré la consommation de cette grande iniquité, et plus que tous les autres les états qui y prirent le plus de part.

un jour, fortes et impérissables, du milieu des ruines de tous les gouvernements despotiques.

Napoléon, arrivant sur les bords de la Vistule, humilia à son tour les oppresseurs de la Pologne; il releva, en 1807, le grand-duché de Varsovie et en donna la souveraineté au roi de Saxe. « Cependant, dit le général Soltyk, toujours mal conseillé par ses goûts pour les anciennes familles souveraines et bercé par l'espoir d'une alliance avec les czars, Napoléon eut le tort de ne pas reconstituer notre existence politique sur une plus large base; la puissance qu'il nous aurait donnée ne lui aurait pas failli dans ses malheurs et peut-être les lui eût-elle évités. »

En 1809, la nouvelle Gallicie et le cercle de Zamosc, enlevés à la domination autrichienne, furent réunis au duché de Varsovie par le traité de Presbourg; et le code Napoléon, introduit par le roi de Saxe, portait déjà ses fruits quand arriva la catastrophe de 1812.

Le petit-fils de Pierre le Grand, l'empereur Alexandre, pénétrant en France, en 1815, à la tête de l'Europe armée, sembla goûter les idées libérales et rendit la Pologne à l'existence politique; pour tout trophée il rapporta dans son empire les cendres de Kosciusko, et les Polonais purent alors élever un tombeau au dernier de leurs grands citoyens.

Mais la politique de la Sainte-Alliance se montra, plus tard, hostile à cet esprit de liberté, et les droits constitutionnels de la Pologne furent abandonnés à la brutalité du grand-duc Constantin.

Malgré ces troubles continuels et les malheurs d'une domination étrangère, les ressources de la Pologne s'accrurent assez rapidement.

On sait les événements les plus récents de l'histoire de ce malheureux pays. — Le 29 novembre 1830, les Polonais s'insurgèrent de nouveau contre leurs oppresseurs, les Russes. Pendant dix mois, on les vit, dans une lutte héroïque, défendre leur indépendance nationale contre les envahissements de la barbarie et, tournant leurs regards vers la France, appeler à leur secours ceux qu'ils virent si souvent combattre à leurs côtés; mais la France, dont toutes les sympathies étaient acquises à la Pologne, la France fut condamnée à l'inaction et son gouvernement resta sourd aux cris des Polonais expirants; elle assista les bras croisés à ce drame lugubre où se traitait la question la plus importante pour l'Europe, l'inviolabilité d'un peuple.

Le 7 septembre 1831, les journaux enregistrèrent l'incendie de Praga et la capitulation de Varsovie.　　　　　　　　　　　　　　　P. C.

POLYGARCHIE, du grec πολὺς, plusieurs, et ἀρχὴ, pouvoir. Forme de gouvernement dans laquelle l'autorité est confiée à plusieurs personnes. En France, le Directoire et le Consulat étaient des polygarchies.

PONDÉRATION. Il y a de tout dans nos constitutions politiques. Comme les nationalités diverses se sont formées successivement, peu à peu, d'éléments hostiles ou contradictoires, prenant çà et là les principes de leurs institutions, il a fallu que par de perpétuelles transactions on essayât de mettre un peu d'ordre et d'harmonie parmi ce pêle-mêle confus, bizarre, incohérent. De là, le système de la Pondération ou de la balance des pouvoirs.

Ce système est déjà fort ancien. « Quelques auteurs, dit Aristote, prétendent que la constitution parfaite doit réunir les éléments de toutes les autres, et c'est à ce titre qu'ils vantent celle de Lacédémone, où se trouvent combinés les trois éléments de la monarchie, de l'oligarchie et de la démocratie. » Comme il n'y a rien d'absolu dans le monde et que, dans le jugement que l'on porte des choses, il faut tenir grand compte des temps et des lieux, nous ne nions pas que ce système, introduit à Sparte par son célèbre législateur, n'ait pu être à cette époque justement considéré comme excellent. Mais il est certain que s'il a convenu à Lacédémone, il ne convient point, par cela même, aux pays qui ne sont point socialement constitués sur le modèle de cette infiniment petite portion de la Grèce. Dans les sociétés antiques, les diverses classes de citoyens étaient soigneusement délimitées : aujourd'hui, au contraire, il n'y a plus ni esclaves ni plébéiens. *Tous les Français*, dit la Charte, *sont égaux devant la loi*. La Pondération, qui est logique, qui est nécessaire entre des éléments divers, n'est donc pas logique, n'est pas possible entre des éléments identiques et qui se confondent dans une indivisible unité. Que signifie dès lors cette imitation surannée qui se rencontre dans la plupart des modernes constitutions? Cela signifie que les anachronismes sont de toutes les époques, que la politique n'en est point exempte et que la logique prévaut partout difficilement. (Voir BALANCE DES POUVOIRS.)　　　E. D.

POPULACE. Terme injurieux dont les ennemis du peuple se servent pour le dénigrer. Un poète a dit heureusement le lendemain d'une révolution :

> La noble populace et la sainte canaille
> ..... Se ruaient à l'immortalité.

POPULAIRE. Ce titre s'applique à ce qui est relatif au peuple. Un gouvernement populaire est celui où le pouvoir est entre les mains du peuple ou qui sert les intérêts du peuple; un homme populaire, celui qui, par son affabilité, par ses actes ou par ses discours, s'est fait aimer du peuple.

POPULARISME, déchéance d'un gouvernement populaire; cour basse et servile faite au peuple pour capter son affection.

POPULARITÉ, affection, faveur du peuple. La Popularité s'acquiert ou en flattant, pour les exploiter à son profit, les passions et les préjugés populaires, ou en défendant avec courage et dévoûment les intérêts du peuple contre un pouvoir mal intentionné. Cette dernière façon d'arriver à la Popularité est la seule honorable ; c'est cependant quelquefois celle des deux qui mène le plus difficilement au but ; car la routine, le défaut de notions politiques et les intrigues de ses ennemis ont plus d'une fois poussé le peuple à s'éloigner de ses meilleurs amis et à leur imputer à mal la chaleur qu'ils apportent à soutenir sa cause. La Popularité est la plus douce récompense qui puisse couronner les efforts du patriote ; cependant elle ne doit jamais être le but de sa conduite ; et il comprendrait mal ses devoirs s'il abandonnait sa tâche parce que ses intentions seraient méconnues.　　　　B.-C.

POPULATION. — La population est le principal élément de la force et de la grandeur des nations. Les causes qui la font croître ou décroître, grandir ou dégénérer, doivent provoquer les études les plus sérieuses du publiciste et de l'homme d'état.

Les législateurs des républiques grecques de l'antiquité ne cherchèrent point l'accroissement de la Population : ils préférèrent, si l'on peut le dire, la qualité des citoyens à la quantité. Leurs efforts eurent pour but de trouver des constitutions savantes, une hygiène politique propre à développer au plus haut degré toutes les facultés des hommes libres. Ils craignirent même que les hommes libres ne devinssent trop nombreux, et s'occupèrent des moyens de prévenir leur multiplication. Athènes, du temps de Solon, ne comptait que 10,809 citoyens, et Sparte n'en eut au plus que 7,000. Platon et Aristote, qui écrivaient sur la politique en vue des constitutions qui existaient de leur temps, s'accordent à limiter le nombre des citoyens dans leurs républiques. Afin de remédier à un excès de Population que l'on jugeait nuisible, on fondait des colonies ; afin de prévenir cet excès, les lois autorisaient ou ordonnaient l'avortement, l'infanticide, l'exposition des enfants ; elles encourageaient la prostitution et la pédérastie.

A Rome, le législateur ne tenta point directement de limiter la population libre ; mais par l'effet naturel des mesures et des événements elle dépérit. Les lois furent ensuite impuissantes à repeupler l'Italie d'hommes libres.

Le christianisme flétrit les obstacles opposés par les anciens législateurs à la multiplication des hommes. Il encouragea le célibat et la chasteté, et exerça sur l'accroissement de la population une favorable influence.

Le monde ancien n'était point, à beaucoup près, aussi peuplé que le monde moderne. La reproduction des hommes libres était contrariée non seulement par les obstacles qui naissaient de la prévoyance du législateur, mais encore par l'obstacle privatif, par le *moral restraint* défini par Malthus et pratiqué dans tous les temps par les classes privilégiées. La barbarie du droit des gens rendait les guerres horriblement destructives : les fruits de la terre, les richesses de toute sorte étaient détruits, les vaincus étaient massacrés de

sang-froid ou réduits en esclavage, après des batailles mille fois plus meurtrières que celles de notre temps. Quant à la Population servile, son nombre se régla long-temps sur celui de la Population libre. Les mauvais traitements abrégeaient la vie de l'esclave, et il ne lui était que, par exception et à prix d'argent, permis de se reproduire : la femme esclave était employée à la prostitution au profit de son maître : beaucoup *d'honnêtes gens*, au dire d'Ulpien, se faisaient un revenu en établissant sur leurs terres des lieux de débauche. Or, on le sait, la prostitution est stérile.

Mais le plus grand obstacle à la multiplication des hommes dans l'antiquité était certainement le préjugé qui, faisant considérer le travail comme ignoble, s'opposait à la production des richesses, à tout progrès industriel et livrait le producteur sans défense à l'oppression, à la rapacité des classes supérieures et du fisc.

Le christianisme et, après lui, la philosophie moderne ont réhabilité le travail, ennobli le travail, et par là, plus encore que par leurs préceptes moraux, provoqué l'accroissement de la Population.

En effet, l'accroissement de la Population suit, en général, l'accroissement de la richesse générale, ou plutôt du revenu brut annuel. C'est peut-être le seul point sur lequel tous les économistes soient d'accord.

Ainsi, il ne suffit point, pour que la Population augmente, qu'il y ait un grand nombre de naissances, il faut encore que les enfans puissent vivre, s'élever ; qu'ils soient à l'abri du besoin, et l'expérience nous apprend que c'est, en général, par la misère que les progrès de la Population sont limités. On a vu les mariages plus féconds lorsque la peste avait dépeuplé les villes et les royaumes, et les vides qu'avait faits ce fléau promptement réparés, parce que la richesse était demeurée à peu près la même et que les habitudes de consommation n'avaient pas changé.

On a essayé d'établir un rapport entre la production des principales substances alimentaires et la Population ; mais ce rapport n'est point fixe. Si l'on ne prend pour terme qu'une partie de ces substances, les céréales, par exemple, on peut commettre de graves erreurs. La diète de tous les peuples n'admet pas la même consommation proportionnelle des céréales ; la consommation des céréales chez le même peuple peut varier par l'introduction de nouveaux éléments, comme on l'a vu en Europe lorsque la pomme de terre y a été introduite.

La production des substances alimentaires, au reste, n'est point limitée : elle peut croître indéfiniment par la demande, et pour provoquer cet accroissement, que faut-il ? une augmentation de revenu brut.

Les progrès de l'agriculture qui tendent à abaisser le prix des substances alimentaires provoquent l'accroissement de la Population. Chez les anciens, l'agriculture avait des procédés fort imparfaits : elle prenait dans la multiplicité des façons plutôt que dans l'accumulation des engrais son principe d'activité : dès que le travail diminuait ou était mal exécuté, la culture épuisait le sol au lieu de le féconder : l'art de moudre le grain et de cuire le pain était dans son enfance. Cette cause venait s'ajouter à toutes celles qui entravaient l'accroissement de la Population.

Pendant toute l'antiquité, on vit la Population s'augmenter par la division des terres et diminuer par leur concentration entre les mains de quelques privilégiés. De là les lois agraires, connues en Grèce et surtout à Rome : elles avaient pour but d'empêcher les riches de convertir en forêts, en rivières, en jardins, les terres arables et de faire disparaître les cultivateurs.

Chacun sait que la division des terres combinée avec la petite culture entretint une nombreuse population libre en Italie, tant que furent observées les lois Liciniennes. La même cause produit le même effet dans la Limagne d'Auvergne où, dans un pays exclusivement agricole, on compte 2,500 habitans par lieue carrée.

La grande culture tend à réduire le chiffre de la Population agricole, mais elle permet à celui de la Population industrielle de s'élever. Ce dernier élément, si considérable dans nos sociétés modernes, n'existait point, à vrai dire, dans les sociétés antiques. Dans celles-ci, il n'y avait que des agriculteurs pauvres et quelques consommateurs oisifs ou guerriers dans la domesticité et au service desquels s'exerçait presque toute l'industrie alors connue. Nos sociétés modernes sont tout autrement constituées. En 1821, l'Angleterre proprement dite comptait 2,346,717 familles, et sur ce nombre, 773,732, moins d'un tiers seulement, étaient employées à l'agriculture. Ainsi, c'est principalement par le développement de l'industrie et du commerce que la Population s'accroît dans les états modernes : l'industrie et le commerce ouvrent des débouchés à l'agriculture et la fécondent en lui apportant des capitaux et des engrais : le travail augmente la puissance productive de la terre ; de telle sorte que l'accroissement de la Population, même sur un espace déterminé, n'a point de limites connues.

Les progrès de la richesse favorisent ceux de la Population, non seulement en provoquant la naissance d'un plus grand nombre d'hommes, mais encore et surtout en leur donnant les moyens de vivre plus long-temps. On a remarqué, depuis un siècle, que la vie moyenne des hommes était plus longue en Europe : un plus grand nombre parvient à la virilité, à l'âge mûr. On a attribué ce résultat à la vaccine : on doit l'attribuer aussi à l'augmentation de la richesse qui permet de donner à l'homme des soins plus assidus, à toutes les époques de la vie.

Il est inutile de dire que la distribution de la richesse a presque autant d'influence sur les mouvements de la population que l'activité de la production. Qu'importe, en effet, que la richesse d'un peuple soit considérable, qu'elle augmente incessamment si elle se concentre dans un petit nombre de familles qui, en général, durent peu ?

Tout le monde sait que la durée moyenne de la vie est plus longue dans les classes qui jouissent d'une certaine aisance que dans les classes inférieures. Les familles qui appartiennent aux classes aisées, cependant, s'éteignent en peu de temps. La richesse énerve l'homme : le défaut d'exercice musculaire amène un dépérissement rapide, et d'ailleurs, combien peu ne préfèrent pas l'aisance à une nombreuse postérité ? Les nations se recrutent donc par les classes laborieuses parmi lesquelles la durée moyenne de la vie humaine est peu considérable, mais où le nombre des naissances est fort grand.

La vie sédentaire que la division du travail et la constitution de l'industrie actuelle imposent à une portion notable des classes laborieuses est une cause de dépérissement. Les rapports unanimes de ceux qui connaissent les manufactures, les résultats des opérations des conseils de révision attestent ce fait, et il n'est pas possible de le contester.

Lorsque l'ouvrier jouit d'une certaine aisance, comme à Lyon, il devient bourgeois et observe le *moral restraint*. Lorsqu'il est misérable, comme à Lille, à Rouen, il a beaucoup d'enfants, mais ces enfans sont chétifs et ne promettent guère de se reproduire au-delà d'une ou deux générations.

L'agriculture, lorsqu'elle procure au cultivateur une honnête et médiocre aisance, est l'exercice le plus propre à donner une Population vigoureuse et nombreuse : elle n'a pas cessé d'être, comme du temps de Caton, la nourrice des hommes les plus forts et les mieux constitués : c'est elle qui recrute la population des villes. La fécondité de la misérable population qui peuple l'Irlande est bien connue ; c'est que l'extrême misère prive l'homme de toute prévoyance, en l'abrutissant, et que d'ailleurs là où l'homme vit de peu, une production médiocre suffit à nourrir une population nombreuse.

Si nous recherchons les conditions auxquelles on peut obtenir une forte et nombreuse Population, nous les trouvons dans une distribution de la richesse telle qu'elle permette à tous les citoyens de donner à leurs enfants les soins nécessaires pour les faire vivre, et telle aussi qu'elle impose la nécessité de travailler. Il faudrait que les mœurs flétrissent toute consommation excessive et luxe, qu'elles honorassent celui qui élèverait convenablement plusieurs enfants, plus que celui qui dévore, pour s'énerver et s'affaiblir lui-même, de quoi faire subsister vingt familles. Pas n'est besoin de dire qu'il faudrait encourager la production industrielle et surtout les travaux qui exigent un exercice musculaire indispensable au développement physique de l'homme.

Il est bien évident qu'une vicieuse distribution de la richesse, l'élévation et le mauvais emploi des impôts, les encouragements donnés au luxe égoïste et à la corruption, sous toutes ses formes, sont autant de causes qui contrarient les progrès naturels de la Population. Il ne serait donc pas absolument injuste de juger le mérite d'un système de gouvernement d'après ses effets sur l'accroissement ou la diminution de la Population.

La Population de la Gaule, sous la domination

remaine, a été évaluée à 10,617,000 habitants. Les divers dénombrements exécutés depuis le commencement du siècle dernier ont donné, pour la France, les résultats suivants :

ÉPOQUE DES DÉNOMBREM.	NOMBRE DES HABITANTS.	ACCROISSE- MENT MOYEN ANNUEL.	DIMINUTION MOYENNE ANNUELLE.
1700	19,669,320	—	—
1762	21,769,164	33,330	
1784	24,800,000	137,765	
1791	26,363,000	195,375	
1801	27,349,003	98,600	
1806	29,107,425	351,784	
1811	29,002,734		2,938
1821	30,461,875	136,914	
1826	31,858,937	279,412	
1831	32,569,223	142,057	
1836	33,540,910	194,837	

On voit par ce tableau que l'accroissement de la Population en France n'a pas suivi une marche régulière et uniforme. Plusieurs chiffres méritent d'être remarqués. L'accroissement considérable des dernières années de l'ancien régime s'explique par le développement que prit l'industrie à cette époque. Le mouvement ascendant de la Population, légèrement contrarié par les énormes dépenses en hommes ou en argent que la France fut obligée de faire pour repousser les rois de l'Europe, fait des progrès extrêmement rapides pendant les cinq premières années de ce siècle. Ces progrès doivent être attribués à la vente des biens nationaux et communaux qui multiplia le nombre des propriétaires agriculteurs et produisit en France l'effet qu'avaient produit à Rome les lois de Licinius Stolo. Cinq belles années de l'administration impériale donnent une différence en moins de 14,691 ames, fait inouï pendant les années les plus désastreuses de la Révolution. Les cinq années suivantes durent donner des résultats beaucoup plus tristes ; mais à la paix, l'accroissement de la population reprit son cours, jusqu'en 1826. A cette époque il se ralentit; et, bien que la population augmente, nous sentons que ce n'est qu'avec peine et que son mouvement naturel est fortement comprimé par la situation que tant d'années de mauvais gouvernement ont faite à notre patrie. De toutes les nations de l'Europe, la France aujourd'hui est celle chez laquelle l'accroissement de la Population est le moindre, preuve évidente qu'elle n'est pas dans un état normal, qu'elle souffre.

Nous pourrions citer les rapprochements provoqués par la comparaison des naissances aux décès et des proportions différentes dans lesquelles se trouvent les enfants naturels et les enfants légitimes, les personnes des deux sexes, les enfants et les adultes. Mais la plupart de ces rapprochements faits avec beaucoup d'esprit par plusieurs économistes distingués n'ont donné jusqu'à présent que des résultats politiquement insignifiants et légèrement entachés d'incertitude. Nous ne rappellerons ici que le résumé officiel du recensement de 1836. Ce recensement donnait 16,460,704 hommes et

17,080,209 femmes. La population masculine se divisait en 9,507,285 enfants et célibataires, 6,213,247 hommes mariés, 740,169 veufs. La population féminine se composait de 9,267,411 enfants ou femmes non mariées, de 6,195,097 femmes mariées et de 1,617,701 veuves.

La différence de 18,150, qui se trouve entre le nombre des hommes mariés et celui des femmes mariées, peut s'expliquer par l'effet des absences et par les erreurs qu'elles introduisent dans le recensement. Dans les trois recensements qui ont précédé celui de 1836, cette différence moins considérable était en faveur des femmes.

COURCELLE—SENÉUIL.

POPULICIDE. Au propre, ce mot désigne l'assassin du peuple et le crime dont il se rend coupable. Au figuré, on appelle loi, décret populicide, une loi, un décret contraire aux intérêts du peuple, attentatoire à ses droits, à la liberté, à sa sûreté.

POPULISCITE. V. PLÉBLISCITE.

PORTS. V. MARINE.

PORT D'ARMES. Le droit de porter des armes est un droit naturel aussi respectable que le droit de légitime défense. L'exercice doit en être réglé suivant les nécessités de la défense personnelle. A mesure que les mœurs d'un pays deviennent plus policées, le droit de Port d'armes doit être restreint, en proportion de la sécurité que chaque citoyen trouve dans la protection sociale. Les armes sont alors confiées à quelques uns pour la défense de tous et de chacun.

Les gouvernements ou les classes qui ont dominé dans la société ont souvent abusé de cette nécessité d'ordre social. Le droit de Port d'armes est devenu un privilége et un moyen d'oppression contre les classes non privilégiées.

Aujourd'hui encore, en France, on choisit les citoyens auxquels on confie le fusil de garde national. Les ouvriers en sont généralement privés.

La détention des armes de guerre est sévèrement punie par une loi du 24 mai 1834 née de l'insurrection d'avril. Le Port et l'usage des armes de chasse sont soumis à un droit fiscal de 15 fr. par an, dont la quittance s'appelle spécialement Port d'armes. Les armes qui peuvent être cachées sous les vêtements sont absolument prohibées. En présence de ces trois restrictions, nous ignorons à quelles armes peut s'appliquer le principe posé dans un avis du conseil d'État du 10 mai 1811, que toute personne, excepté les vagabonds et gens sans aveu, a le droit, pour sa défense personnelle, de porter des armes autres que celles qui sont prohibées par les lois ou réglements d'administration publique.

H. C.

PORTUGAL. Le Portugal se compose du royaume de Portugal proprement dit, de celui des Algarves et du groupe des Açores. Borné au nord et à l'est par les provinces espagnoles de Galice ou Santiago, de Valladolid, de Zamora, de Salamanea, d'Estrémadura ou de Badajoz et de Séville; au sud et à l'ouest, par l'Océan Atlantique, il comprend la partie sud-occidentale de la Péninsule hispanique.

Ainsi placé au point de jonction du commerce du monde, baigné par plusieurs grands fleuves, doté d'un sol fécond et de ports magnifiques, le Portugal était naturellement appelé à une grande prospérité industrielle et commerciale, et par suite à un grand rôle politique. Il a été grand en effet dans l'histoire du monde; mais sa grandeur a été courte, et, après un vif éclat jeté dans les deux mondes, il a rapidement décliné à tel point qu'il n'exerce plus aujourd'hui une influence même secondaire en Europe. La cause de cette chute étonnante apparaît clairement dans l'histoire de ce pays, et il en ressort encore cette vérité que lorsqu'un peuple néglige par trop longtemps d'exercer sur ceux qui le gouvernent une surveillance jalouse et un sévère contrôle, il perd avec sa liberté sa puissance.

Jusque dans les dernières années du onzième siècle, la Péninsule tout entière obéit aux mêmes lois, subit les mêmes destinées. La solidarité la plus intime unit dans un sort commun l'Espagne et le Portugal, ou plutôt il n'y avait point de Portugal. Vers cette époque (1090), Alphonse VI, roi de Castille, érigea le Portugal en un état distinct, mais non indépendant, en faveur du prince français Henri de Bourgogne, qui lui avait rendu de grands services dans la guerre contre les Sarrasins. Le fils de Henri, Alphonse, prince ambitieux et habile, non content du fief paternel, voulut s'affranchir de la souveraineté des rois de Castille, et, en conséquence, après une victoire remportée sur les Sarrasins, il se couronna. Mais il lui fallait un titre plus solide que sa volonté pour résister aux répétitions des rois de Castille: il fit intervenir la nation. Une assemblée générale des divers ordres sanctionna ce qui s'était fait et régla souverainement la succession au trône. Par les principes qu'elle consacre, cette loi est assez importante pour qu'il soit utile de la rapporter ici:

« Que le seigneur Alphonse roi, disent les Cortès, vive et qu'il règne sur nous. S'il a des enfants mâles, qu'ils soient nos rois. — Si le fils aîné du roi meurt pendant la vie de son père, le second fils, après la mort du roi son père, sera notre roi, et ainsi des autres fils. — Si le roi meurt sans enfants mâles, le frère du roi, s'il en a un, sera notre roi, mais pendant sa vie seulement; car, après sa mort, le fils de ce dernier ne sera pas notre roi, à moins que les évêques et les états ne l'élisent; alors ce sera notre roi, sans quoi il ne pourra l'être. — Si le roi de Portugal n'a point d'enfant mâle et qu'il ait une fille, elle sera reine après la mort du roi, pourvu qu'elle se marie avec un seigneur portugais; mais il ne portera le nom de roi que quand il aura un enfant mâle de la reine qui l'aura épousé. — Quand il sera dans la compagnie de la reine, il marchera à sa main gauche et ne mettra point la couronne royale sur sa tête. Que cette loi soit toujours observée et que la fille aînée du roi n'ait point d'autre mari qu'un

seigneur portugais, afin que les princes étrangers ne deviennent point les maîtres du royaume. Si la fille du roi épousait un prince ou seigneur d'une nation étrangère, elle ne sera point reconnue pour reine, parce que nous ne voulons point que nos peuples soient obligés d'obéir à un roi qui ne serait pas né Portugais. »

On voit ici clairement et formellement exprimé le principe de la souveraineté du peuple. Le peuple dispose de la couronne dans le présent: « Que » le seigneur Alphonse règne sur nous. » Il en dispose encore dans l'avenir: — « Que ses enfants » soient nos rois... Le fils du frère du roi ne sera » pas notre roi, à moins que les évêques et les états » ne l'élisent. » Enfin, il pose les cas d'exclusion, de déchéance des titulaires de la royauté: — « Si » la fille du roi épousait un prince ou seigneur » d'une nation étrangère, elle ne serait point re- » connue pour reine, parce que nous ne voulons » pas, etc. » Et qu'on ne croie pas que cet exemple soit le seul. Non! en 1580, le roi don Sébastien étant mort sans successeurs immédiats, les états rassemblés élurent pour roi Philippe II, roi d'Espagne, au préjudice de la duchesse de Bragance, qui descendait cependant en ligne directe de la maison royale de Portugal.

Soixante ans plus tard, lorsque le duc de Bragance s'empara du trône, ce sont encore les états qui proclament les droits du nouveau roi et qui déclarent que Jean IV est le roi légitime du Portugal.

Enfin, en 1668, on voit encore apparaître les états généraux de la nation, qui ne proclament pas un roi cette fois, mais qui le déposent.

Si l'on examine avec soin l'histoire politique de tous les peuples, on y trouve des monuments analogues. Par quelle combinaison de mensongers sophismes, le principe de la souveraineté du peuple trouve-t-il donc encore des contradicteurs? Et comment ne voit-on pas qu'en dehors de ce principe, le seul vrai, le seul équitable, le seul qui soutienne l'examen, au point de vue historique comme au point de vue philosophique; comment, dis-je, ne voit-on pas qu'en dehors de ce principe, il n'y a rien de possible humainement? Abstraction faite de la passion et de l'intérêt, cela vient de ce que l'on juge les choses très superficiellement. On voit un peuple grand sous un despote; on dit: c'est l'autorité absolue d'un seul qui fait la force des États. On n'aperçoit pas que le despote exploite les résultats d'un long travail antérieur et qu'après lui il ne laisse presque toujours que des ruines. Considérez par exemple en France le règne de Louis XIV. Venu dans un moment où, à l'aide des assemblées nationales, ses prédécesseurs avaient détruit l'anarchie féodale, il fut le grand roi d'un grand peuple. Mais après lui qu'y a-t-il? Louis XV et les traités de 63. De même, en Portugal. Élevé par la liberté, ce pays est tombé par le despotisme.

À l'époque où les grandes nations se constituaient partout en Europe, l'intérêt du Portugal eût voulu que, comme jadis, il se réunît à l'Espagne et ne formât plus avec elle qu'un seul État.

Cette réunion était tellement dans la nature des choses que, comme on l'a vu, les états de 1580 ne craignirent pas pour la réaliser d'enfreindre une loi fondamentale du pays. Pourquoi donc la scission violente de 1640? On a parlé de la tyrannie de Philippe II et de ses successeurs. Nous ne nions point que cette tyrannie n'y ait puissamment contribué. Mais s'il ne se fût point trouvé en Portugal un prince intéressé à surexciter pour les exploiter les ressentiments de la nationalité blessée, il est douteux que cette scission malheureuse se fût opérée.

Malheureuse, en effet, car c'est surtout de là que date la décadence du Portugal. Seul, en face de l'Espagne plus puissante, n'ayant autour de lui aucun voisin dont il pût employer les forces au maintien de son indépendance, le Portugal, pour éviter le joug des rois de Madrid, a été contraint de courber la tête sous celui des marchands de Londres. Or, on sait à quel prix l'Angleterre prête ses services. Le Portugal a payés de toute sa fortune, de sa puissance, de toute son existence politique.

Cette expérience a été longue et cruelle ; mais elle est décisive. Le Portugal voit bien maintenant que pour la vaine gloire d'une indépendance nominale, il lui faut abdiquer toute indépendance réelle, et que pour n'être point une province de la Péninsule, il faut se résigner à n'être qu'une colonie anglaise. Aussi, la plupart des hommes éclairés des deux pays ne reculent-ils plus à la pensée d'une réunion. L'obstacle aujourd'hui le plus grand, c'est la maison de Bragance ; mais à quelle époque une famille royale fut-elle assez forte pour empêcher ce qui est la destinée nécessaire d'un peuple?

D'ailleurs, des symptômes certains révèlent qu'il n'y a plus entre les deux peuples cette haine profonde, organique pour ainsi dire, qui les a si long-temps divisés. L'Espagne exerce sur le Portugal une influence évidente et qui se peut comparer à celle que la France exerce sur le monde. Rien ne se passe à Madrid depuis cinquante années qui n'ait son contre-coup à Lisbonne. Simultanément livrées par leurs princes à l'invasion française, soulevées et luttant ensemble contre elle, les deux parties de la Péninsule se sont simultanément affranchies. Et depuis que la guerre ayant cessé, l'esprit de liberté a vigoureusement germé en Europe, combien cette similitude de tendances n'est-elle pas plus remarquable? En 1820, les deux pays se proclament libres. Abattue en Espagne en 1823, la liberté disparaît un peu plus tard en Portugal. En 1831 le Portugal essaie de s'affranchir de nouveau : il n'y réussit qu'après que l'Espagne, délivrée de Ferdinand, proclame encore une fois qu'elle rejette le gouvernement absolu. L'avenir est donc facile à prévoir. Avant qu'il soit long-temps, les deux peuples se seront mutuellement convaincus que leurs communs intérêts exigent leur réunion sous un même gouvernement : ils se réuniront. Ce ne sera plus ici comme en 1580 une absorption violente, mais une association volontaire et par là plus durable. Les deux

pays retrouveront alors une grandeur que de long-temps ils ne connaissent plus ni l'un ni l'autre. Ils serviront l'un et l'autre à civiliser avec nous le grand continent qui se prolonge en face de leurs côtes et à délivrer les mers de la tyrannie des forbans qui l'occupent. C'est l'intérêt et le devoir de la France de hâter ce résultat.   E. DUCLERC

POSSESSIONS. Ce mot est souvent employé comme synonyme du mot *Colorie*, et, en effet, dans le système colonial moderne, les colonies ne sont que des Possessions, des terres peuplées appartenant à la métropole qui les gouverne et les administre.

Suivant le droit public qui s'est établi en Europe à la suite du régime féodal, les diverses provinces du même empire étaient à proprement parler autant de Possessions du prince. Les peuples qui se gouvernent par des lois qu'ils font eux-mêmes sont les seuls qui ne soient point possédés, les seuls qui soient libres. V. COLONIE.

POSTES. On désigne ainsi l'ensemble des services qui ont pour objet de transporter les lettres et les imprimés, et d'entretenir des relais de chevaux pour le transport des voyageurs.

Chaque jour ce dernier objet perd de son importance, à mesure que les procédés de transport en commun se perfectionnent. Le transport des lettres s'accroît au contraire dans la même proportion. La Poste tend à être exclusivement consacrée au transport et à la distribution des correspondances. Nous n'en parlerons que sous ce rapport.

La bonne administration des Postes intéresse essentiellement la société. Tout le monde comprend, par la pratique quotidienne, les avantages d'une circulation rapide, d'une distribution exacte et économique. La Poste est un agent nécessaire du commerce et de l'industrie. Elle est le distributeur de la pensée, car elle transporte et remet à chaque souscripteur tous les écrits périodiques et un grand nombre de livres.

Les procédés de manipulation, de transport et de distribution des lettres et imprimés, ont été perfectionnés dans presque tous les pays d'une manière vraiment admirable. Mais nous n'avons point ici à les décrire. Les États-Unis, la France et l'Angleterre sont au premier rang.

La rapidité et la fréquence des transports ont reçu un accroissement considérable depuis quarante et surtout depuis vingt années. La circulation a suivi ce mouvement d'accroissement. Elle a décuplé depuis quarante ans. Dans ces dernières années, la Poste a distribué annuellement 80 millions de lettres taxées, 120 millions de dépêches administratives franches de port, et 80 millions de journaux et imprimés. L'activité de la correspondance augmente toujours en proportion de la rapidité et de la fréquence des courriers.

Sur ce point il semble que l'administration des Postes n'ait plus guère qu'à suivre le mouvement général imprimé aux voies de communication. Elle profitera des résultats généraux. Mais il parait qu'elle a beaucoup à faire, en France, sous le rapport des tarifs. Le tarif actuel est gradué suivant le poids et la distance parcourue. La plus radicale et la plus saine des propositions qui ont été faites, est celle d'une taxe uniforme, perçue au moyen d'un timbre, dont on paierait le prix en achetant le papier ou l'enveloppe (1). Ce système est appliqué depuis deux ans en Angleterre ; la recette a baissé et le revenu de la Poste a diminué parce qu'on a dépassé toutes les bornes dans l'abaissement du prix. Le prix moyen était 1 franc. On a fixé la taxe uniforme à 10 *centimes*. En France, où la taxe moyenne est 50 centimes, on propose de fixer le droit unique à 20 centimes. Il est plus que probable que le revenu de la Poste s'accroîtra par cette mesure, qui, discutée annuellement, sera sans doute prochainement adoptée.

Au reste, il ne faut pas considérer les Postes seulement comme une branche du revenu public. C'est là le point de vue accessoire. Le principal c'est la multiplicité des relations. Les Postes sont le grand chemin de la communication intellectuelle entre les hommes. A ce titre, leur administration appartient essentiellement au Pouvoir public. On a quelquefois combattu, au nom de la liberté, ce qu'on appelle le monopole de la Poste. C'est une exagération. Dans l'état de notre civilisation, la nation doit à chaque citoyen le transport et la distribution des lettres et imprimés, au même titre qu'elle lui doit des chemins pour se transporter d'un lieu à l'autre. C'est une erreur de l'esprit libéral qui a donné à des compagnies privées la propriété, même temporaire, de certaines voies de communication, comme les canaux et les chemins de fer. Tous les jours on revient de cette erreur. Elle ne sera probablement pas commise pour ce qui concerne les Postes. C'est là un service public par excellence, que nul particulier ne peut entreprendre avec les mêmes garanties de rapidité, d'exactitude, et de sécurité publique et privée. Les abus qui ont quelquefois souillé cette administration ont cessé dans ce qu'ils avaient de plus grave : la violation du secret des lettres. Cette infamie n'est plus régulièrement organisée. Le cabinet noir a été aboli en 1828 ; et si l'on a des reproches à faire, ils peuvent tomber sur des individus et non sur l'institution publique des Postes en elle-même. D'ailleurs, pour détruire des abus il ne faut pas détruire une institution manifestement utile, et qui ne peut conserver cette utilité qu'à la condition d'être un service public, exclusif de toute semblable industrie privée.   H. CELLIEZ.

POST-LIMINIE. C'est un droit en vertu duquel les personnes et les choses qui ont été pendant quelque temps sous la puissance de l'ennemi sont remises, lorsque cette puissance vient à cesser, dans l'état où elles devraient être si l'ennemi ne s'en était jamais emparé, et cela sans qu'il puisse y avoir prescription contraire.

(1) Système développé dans une brochure intitulée : *Du service des postes et de la taxation des lettres au moyen d'un timbre.*

Ainsi, après une invasion qui a bouleversé l'état des propriétés privées, les anciens propriétaires doivent rentrer dans leurs biens, quel que soit le temps qu'ait duré l'invasion. De même un prisonnier de guerre rentré dans son pays y reprend l'exercice de tous ses droits et il peut y être poursuivi à raison des délits commis par lui avant sa captivité.

En un mot, le principe du droit de Post-liminie a pour objet de faire concidérer comme absolument nul et non avenu, tout ce qui dérive de la puissance de fait exercée plus ou moins long-temps par un ennemi.

On voit combien de difficultés l'exercice rigoureux de ce droit doit rencontrer dans l'application, et combien même quelquefois il peut devenir absurde. Les émigrés en 1814, considérant le gouvernement révolutionnaire comme un simple gouvernement de fait, voulurent rentrer dans leurs biens en vertu du droit de *Post-liminie* ; ce fut par l'application du même principe, que Louis XVIII prétendit alors dater ses ordonnances de la vingt-deuxième année de son règne. Ils auraient eu raison sans doute, si le pouvoir qui avait régi la France, depuis 1792, n'avait été véritablement qu'un pouvoir de fait. Mais il y avait trente-deux millions de Français, qui se regardaient comme ayant vécu, travaillé, combattu, possédé, sous un véritable gouvernement de droit. On se moqua donc de Louis XVIII et de ses émigrés, tout en leur payant un milliard d'indemnité, ce qui n'était après tout qu'une concession faite à la force, et contre laquelle on pourrait, sans nul doute, revenir en vertu de ce même droit de *Post-liminie*.
                J.-B.

POTENTAT. Ce titre implique l'idée d'une grande puissance territoriale et militaire. On le donne au souverain qui règne sur des états étendus et qui peut en tirer les forces nécessaires pour asseoir au dehors sa prépondérance politique.

POURPRE. On sait que la pourpre est une teinture que l'on tirait, dans l'origine, d'un coquillage de la mer. De toute antiquité, cette couleur fut réservée pour les vêtements des rois, à cause de son prix élevé. La dignité souveraine s'est identifiée dans la Pourpre, et l'on dit indifféremment le *pouvoir souverain* ou la *Pourpre souveraine*. On dit aussi la *Pourpre épiscopale* pour désigner la dignité d'évêque.

POURSUITES. Mot de la langue du droit civil et criminel. Il exprime l'ensemble des actes faits par une partie pour contraindre une autre à exécuter une obligation, ou par le ministère public pour faire condamner celui qui est présumé coupable d'une infraction à la loi. On emploie ordinairement le mot Poursuites quand le ministère public exerce son pouvoir dans les limites de la légalité, de la convenance et de l'humanité. Quand il obéit à quelque passion, ou aux injonctions d'un parti politique, la Poursuite prend le nom de PERSÉCUTION. (Voyez ce mot.)

93

POUVOIR. On a quelquefois confondu le Pouvoir avec la souveraineté : c'est une erreur. Le Pouvoir diffère essentiellement de la souveraineté ; il y a entre eux la différence de la cause à l'effet : le Pouvoir est l'expression de la souveraineté ; la souveraineté est la source, l'origine du Pouvoir.

Donc, point de souveraineté sans Pouvoir ; mais aussi point de Pouvoir en dehors de la souveraineté. Quoique subordonnés l'un à l'autre, ces deux termes sont inséparables. Il en est d'eux comme de l'être humain. La réunion de l'ame et du corps produit la vie : leur séparation produit incontinent la mort.

Par cela même qu'il n'y a pas de société sans souveraineté, il n'y a pas de société sans Pouvoir : une société d'où le Pouvoir serait exclu ne serait pas une société, ce serait une agrégation d'individus sans rapports possibles entre eux : ce serait l'isolement multiplié.

Si petite qu'elle soit, en effet, du moment qu'une société se forme, le Pouvoir se constitue aussitôt. Dans la famille, qui, comme l'observe Rousseau, est le premier modèle des sociétés politiques, le Pouvoir se personnifie dans le père. Les familles se réunissent et forment la cité : la cité a des magistrats. De la réunion des cités sort la nation : la nation a ses gouvernants.

Partout donc le Pouvoir, mais avec des attributions différentes et des formes diverses. Le Pouvoir du père n'est pas le même que celui des magistrats ; celui des magistrats n'est pas le même que celui des gouvernants.

Cette différence, toutefois, ne consiste que dans la forme. Dans son essence, le Pouvoir, comme l'a très bien dit de Maistre, est toujours complet, absolu. Dans la famille, le père ; dans la monarchie, le monarque, ne sont ni plus ni moins absolus que la loi dans une république. Mais dans la forme, je le répète, le Pouvoir est variable : centralisé ici, et là, divisé ; simple et un tant qu'il ne s'agit que de la famille, il se complique nécessairement dès qu'il s'agit de la société.

Et cela est naturel. La famille, en effet, n'a que des intérêts identiques, et ses besoins sont nécessairement bornés. L'autorité d'un seul peut suffire et suffit à tout. Une société, au contraire, a des intérêts multiples, souvent contradictoires, quelquefois inconciliables : il faut, pour les régir et les coordonner, un mécanisme plus énergique et plus efficace que l'autorité individuelle du père de famille.

De là, une conséquence fort simple et que Rousseau a le premier signalée, c'est que l'on tombe dans une erreur fondamentale lorsque de la famille on conclut à la société, et du père au monarque. Dans la famille, le père est le chef naturel : c'est la nécessité qui le sacre. Sans lui, point de famille : il en est l'auteur et le conservateur. Et qui pourrait prétendre à ses augustes fonctions? Les enfants? Mais lequel d'entre eux? Et à quel âge le pourraient-ils? A l'époque de la virilité sans doute? mais c'est le moment où ils vont devenir pères à leur tour et chefs de famille. Le père est donc, je le répète, le chef naturel, nécessaire et légitime de la société familiale ; et comme ses intérêts sont toujours ceux de sa famille, comme d'ailleurs son autorité se trouve tempérée et éclairée par l'amour, l'abus n'est point à craindre.

La société, au contraire, existe antérieurement au monarque : elle peut exister sans lui. Le monarque ne crée point la société, comme le père la famille, il est créé par elle. Tandis que la famille procède du père, c'est le monarque qui procède de la société. Il n'exerce donc pas, comme le père de famille, un Pouvoir naturel, primordial, antérieur, ressortant de lui-même ; et, par conséquent, l'identité d'origine que l'on a prétendu établir entre le père et le monarque est un sophisme sans valeur. J'ajoute que les intérêts de la famille étant fort simples et relativement peu étendus, l'intelligence et l'activité du père suffisent ; tandis que dans la société les intérêts sont tellement mêlés et confondus que le monarque, si intelligent et actif qu'on le suppose, ne parviendrait jamais à les régler seul. Il faut donc admettre, dans l'exercice du Pouvoir social, l'intervention de la société ; et il faut l'admettre à bien plus forte raison dans la formation même de ce Pouvoir.

Ceci a été depuis bien long-temps, c'est encore aujourd'hui l'objet de longues et obscures discussions. Or, pourquoi cette contradiction? Abstraction faite de la mauvaise foi, de la peur et de l'esprit de paradoxe, il nous semble que cela tient uniquement à ce que l'on transfigure en une question de métaphysique transcendentale une question de simple bon sens. A l'exemple des sectateurs du Pouvoir monarchique, prenons pour point de départ le fondement de toute société, la famille. Qu'y trouvons nous? On l'a vu : le Pouvoir du père. Les familles se réunissent en cité : qu'arrive-t-il naturellement? La justice et l'intérêt même de la société veulent que tous les chefs de famille conservent, dans cette situation nouvelle, le Pouvoir qu'ils possédaient auparavant. Mais au lieu de l'exercer isolément, ils l'exercent collectivement : ils ont, en un mot, tous ensemble, dans la cité, le Pouvoir que chacun d'eux avait dans sa famille.

De même dans la société si étendue qu'on la suppose. Et nous allons plus loin : nous disons que plus une société est nombreuse, plus il est nécessaire que chaque chef de famille conserve une portion de l'autorité collective. Une très petite société, en effet, une tribu, par exemple, peut être, à la rigueur, gouvernée par un chef, par cette raison qu'une tribu n'est qu'une grande famille et que les intérêts de ses membres sont toujours et partout à peu près les mêmes, et que le chef peut facilement les connaître. Mais dans une grande société, les intérêts se divisent, ils se coinbattent, ils cherchent à triompher aux dépens les uns des autres. Il y aurait donc oppression nécessaire, si une famille ou quelques familles parvenaient à dépouiller les autres de leur Pouvoir, c'est-à-dire de leur liberté.

Telle est donc la légitimité du Pouvoir : il faut qu'il ait un caractère universel, social ; il faut qu'il dérive directement de la société et qu'il agisse constamment dans l'intérêt de tous.

Par là, d'ailleurs, se trouve tranchée une question politique bien souvent, bien ardemment débattue, et que l'expérience déclare autrement insoluble. Nous voulons parler des moyens de prévenir les abus du Pouvoir. On a dit avec raison que les garanties contre le Pouvoir devaient résider dans le Pouvoir lui-même. Mais il nous semble que cette proposition n'a pas été pleinement comprise, car elle implique nettement l'application positive du principe de la souveraineté du peuple, et plusieurs des publicistes qui l'ont admise repoussent le principe de la souveraineté du peuple.

Qu'on y regarde d'un peu près cependant, et l'on ne tardera pas à voir que le Pouvoir ne renferme de garanties contre lui-même que quand il émane directement de la libre volonté de tous. Alors, en effet, tous les intérêts sont représentés : chaque membre du corps social a la faculté aussi bien que le droit de réclamer, et le pouvoir d'obtenir ce qui est juste et nécessaire : il n'y a plus oppression, mais transaction ; et ces absorptions violentes qui se voient ailleurs ne sont plus possibles. Les minorités elles-mêmes n'ont point à craindre de longs dénis de justice. Comme elles ont le droit essentiel et inaliénable de *demander;* qu'elles agissent incessamment et par une foule de moyens puissants sur la majorité, leurs réclamations, si elles sont justes, finissent toujours par triompher : car l'injustice n'est jamais dans l'intérêt réel de la société, et les majorités sont l'expression de la société.

Dans ce système donc, et dans ce système seul, le Pouvoir porte en lui-même ses garanties.

Mais lors, au contraire, que la suprême puissance est exercée par un individu ou par quelques familles, il faut créer des garanties extérieures. Lacédémone, Rome et tous les pays régis par des constitutions à trois Pouvoirs en offrent la preuve la plus frappante. Partout il a fallu, pour contenir le Pouvoir, créer, en dehors de lui et contre lui, des magistratures populaires : là, les éphores ; ici, les tribuns. Et nul n'ignore quelles profondes et sanglantes agitations produisirent ces constitutions vicieuses et quelle fut leur destinée.

Dans ses Commentaires sur le gouvernement de Rome, Machiavel observe que tous les législateurs ont regardé comme une précaution essentielle d'établir une garde à la liberté, et il ajoute : « Comme » toute république est composée de grands et de » peuple, on s'est demandé aux mains de qui il » serait plus convenable de la confier. » Le grand publiciste tranche la question en faveur du peuple, parce que, dit-il, *il faut toujours confier un dépôt à ceux qui ont le moins le désir de le violer.* Mais il ne dissimule pas quelles habitudes de défiance et de haine doit engendrer parmi le peuple cette mission conservatrice et les luttes qu'elle doit nécessairement entraîner par la mutuelle ambition de ceux qui veulent acquérir et de ceux qui veulent conserver. Machiavel accuse par là le vice fondamental des constitutions qui dénient à une certaine classe de citoyens les droits civils et

politiques, qui deviennent alors le privilége de quelques uns.

Sauf les différences que chacun saisira facilement, toute l'histoire du moyen âge et des temps modernes reproduit fidèlement, à cet égard, la physionomie des anciennes républiques. Partout, les modernes, comme les anciens, livrent bataille au Pouvoir et cherchent à le *limiter.* C'est, en France, le rétablissement des communes et les conquêtes successives du tiers état contre l'aristocratie successivement consacrées par la législation. Ce sont, en Angleterre, les luttes de l'aristocratie contre la royauté, luttes terribles qui ont marqué leur empreinte dans la sanglante histoire de ce pays et dans ses incohérentes institutions.

Quel a été cependant le résultat définitif de ces limitations si chèrement conquises? Nous ne voulons pas contester qu'à beaucoup d'égards, le présent ne l'emporte sur le passé : car c'est uniquement dans les progrès accomplis que nous trouvons le gage des améliorations futures. Mais il est impossible de méconnaître que chez les peuples mêmes dont la civilisation est le plus avancée, ni la liberté, ni le Pouvoir ne sont suffisamment garantis. Nulle part on ne comprend encore que dans un état sagement ordonné, la liberté ne doit pas être le *correctif* du Pouvoir; qu'elle ne doit point tendre constamment à le réfréner et à le détruire, mais qu'au contraire le Pouvoir est le protecteur naturel, le gardien légitime et nécessaire de la liberté, et qu'il n'a d'autre mission que celle-là.

Cette erreur de l'opinion provient uniquement d'une tradition mauvaise. Comme jusqu'ici, alors même qu'il agissait réellement dans l'intérêt social, le Pouvoir était constitué en dehors de la société, comme il était surtout dangereux par le vice de son origine, il a fallu armer les gouvernés contre le gouvernement. Erreur fondamentale! qui aboutit infailliblement, tôt ou tard, à une catastrophe : despotisme ou anarchie. C'est elle qui a produit le système de la monarchie limitée sous lequel vivent aujourd'hui plusieurs nations de l'Europe. Mais il est évident que ce système, au moins dans sa forme actuelle, est nécessairement transitoire. Le Pouvoir absolu des rois a été diminué par l'ascendant de l'esprit démocratique. Or, si la démocratie a eu assez de force pour s'établir en face de ce vieux fait qui avait pour lui la longue possession et toutes les forces organisées, il est clair qu'elle finira par prévaloir complètement. C'est alors qu'à la place d'un prétendu équilibre, d'une balance, s'élèvera une hiérarchie véritable et solide. Tous les pouvoirs découlant d'un même principe, la souveraineté du peuple, tous les droits, tous les intérêts seront suffisamment garantis. Et l'on n'aura plus à déplorer de voir dans la constitution même du Pouvoir et dans ses différentes applications, ces contradictions monstrueuses qui ne choquent pas moins aujourd'hui le bon sens qu'elles ne blessent les intérêts les plus essentiels, les intérêts vitaux de la société tout entière. E. DUCLERC.

POUVOIR MINISTÉRIEL. Au mot MINISTRES nous

avons dit quelles étaient la nature et l'étendue du Pouvoir ministériel. Il reste à envisager maintenant le Pouvoir ministériel dans ses rapports avec le Pouvoir exécutif et avec le Pouvoir législatif. Nous renvoyons les considérations qui se rattachent à cet ordre d'idées au mot QUESTION DE CABINET.

PRAGMATIQUE SANCTION. Terme commun employé dans l'ancienne jurisprudence pour signifier les ordonnances des rois sur les plus hautes matières de l'administration civile et ecclésiastique.

Il y a deux Pragmatiques célèbres dans notre histoire : celle de Louis IX et celle de Charles VII.

Nous dirons peu de mots de la Pragmatique de Louis IX. Les canonistes français en ont souvent invoqué la formule, pour sanctifier l'origine des libertés gallicanes ; mais il n'est pas bien démontré que cette formule n'ait subi aucune altération. Du moins, si nous ne suspectons dans son entier le texte de cette Pragmatique attribuée à Louis IX, telle que le père Labbe nous la donne à lire, ne croyons-nous pas cependant à l'authenticité de l'article le plus souvent commenté, celui qui concerne les exactions de l'évêque de Rome.

La Pragmatique de Charles VII est historiquement beaucoup plus importante. Nous en parlerons avec quelques détails.

Un besoin de réforme travaillait l'Eglise, au début du quinzième siècle ; il avait été compris par toute l'Europe chrétienne, avant qu'elle eût entendu les solennelles déclarations de Wicleff et de Jean Huss. Mais quelle devait être cette réforme ? quels abus devait-elle atteindre ? et même devait-il suffire de corriger les abus sans toucher à la constitution ? Entre ces deux partis l'Eglise était divisée, quand la conduite scandaleuse de quelques papes et la violence de leurs protestations contre tout esprit de réforme vinrent déterminer le plus grand nombre des évêques à porter une main rebelle sur les attributions souveraines du Saint-Siège. Mais encore, étant admis que l'Eglise devait être réformée dans son chef, il restait à résoudre un problème non moins grave : à qui devait être confié l'héritage de la souveraineté pontificale, la direction dogmatique des consciences et la tutelle de la discipline ? Au concile de Bâle, convoqué pour cet objet, la majorité des évêques ne crut pouvoir faire mieux, dans l'intérêt de l'Eglise (et aussi dans l'intérêt de l'épiscopat) que de restaurer incomplètement l'état de choses antérieur au décret du concile de Sardique. Le titre Ier des résolutions adoptées par l'assemblée de Bâle porte que le concile général est supérieur au Pape, que le Pape est responsable devant le concile siégeant en cour de justice ; le titre II confère à des réunions électorales le droit de pourvoir désormais aux dignités des églises cathédrales, collégiales et monastiques ; le titre V statue qu'il n'y aura d'appel au Pape qu'après le jugement d'un tribunal intermédiaire, et interdit, à la réserve des cas extraordinaires, l'é-

vocation des causes près la cour de Rome. Il n'est pas utile que nous remettions en lumière quelques autres conclusions de ce grand concile, pour faire comprendre dans quel esprit Rome fut combattue, au profit de quelles ambitions elle fut dépossédée de sa prépondérance.

Eugène IV occupait alors le Saint-Siége. Violemment irrité contre l'audace des évêques assemblés à Bâle, il s'efforça de mettre dans sa cause les princes chrétiens ; les évêques, de leur côté, ne négligèrent rien pour se les rendre favorables. La contestation fut portée devant Charles VII. Charles ne crut pouvoir mieux faire que de prendre avis des principaux magistrats du royaume, ecclésiastiques et séculiers. Ils furent, par ses ordres, convoqués à Bourges, pour le 1er mai de l'année 1438. Là furent entendus et les envoyés du Pape et les commissaires du concile de Bâle, et, le 7 juillet, après un examen consciencieux de l'affaire, les conseillers de la couronne lui soumirent un édit qu'elle approuva. Cet édit est la Pragmatique Sanction.

Au fond, Charles VII donnait raison au concile de Bâle contre le Pape. Dans la forme, il modifiait certains articles qui ne paraissaient pas moins dirigés contre le souverain séculier que contre le souverain ecclésiastique : en principe, il adoptait que la réforme de l'Eglise devait être opérée au profit de l'épiscopat.

Il ne peut être mis en doute que l'Eglise dût être réformée ; le pouvoir papal avait achevé son temps, c'était un arbre qui ne portait plus de fruits. Mais n'était-ce pas s'égarer que de vouloir rendre à l'Eglise son ancienne splendeur en la rétablissant dans les conditions du passé ? Aujourd'hui, nous ne pourrions tomber dans cet égarement : nous savons trop que toutes les formes politiques ont une durée fatale, et que les choses du passé ne peuvent jamais satisfaire le présent. Dès que la Papauté devait finir, dès qu'il fallait se résigner à voir finir avec elle l'unité du gouvernement catholique, le mieux qu'il pût advenir n'était-ce pas que les états distraits de la vaste communion fussent au moins retenus sous la tutelle et l'autorité du pouvoir, qui seul était capable de centraliser les forces nationales ? Assurément les décrets du concile de Bâle confirmés par la Pragmatique Sanction, qui attribuaient à l'aristocratie épiscopale les prérogatives contestées à la cour de Rome, ne devaient pas seulement avoir pour résultat de légitimer la décentralisation ecclésiastique ; ils devaient encore favoriser, au sein des états, les résistances de l'esprit provincial et être un obstacle aux progrès constitutionnels de la monarchie.

Le successeur immédiat de Charles VII, Louis XI, comprit très bien les périls de cet état de choses. Déjà, la noblesse provinciale, travaillant de concert avec l'épiscopat à entraver l'établissement du pouvoir royal, avait trop bien réussi à dominer les premières élections faites suivant le mode sanctionné par la Pragmatique. Louis XI, si vivement préoccupé de tout ce qui pouvait intéresser l'établissement de l'unité française, manifesta, dès son avénement au trône, qu'il considérait l'adhésion accordée par son père aux résolutions du concile de Bâle comme une coupable étourderie. Malgré les réclamations vigoureuses du Parlement et de l'Université de Paris, il écrivit au Pape qu'il était prêt à frapper un grand coup pour l'abrogation formelle de la Pragmatique. Nous trouvons cette lettre de Louis XI dans le XIVe tome des *Conciles* du P. Labbe : elle est fort curieuse; le roi n'y dissimule pas qu'il condamne la Pragmatique au nom d'un principe, et que ce principe est l'unité : « *Dum prælatis in regno nostro quoddam licentiæ templum præstruitur, dum congruens unitas ad alia regna conformitasque tolli videtur.* » Mais, ce que Louis XI a soin de ne pas dire, c'est qu'il désire, moins dans l'intérêt du Pape que dans l'intérêt de la couronne de France, l'abolition du régime nouveau.

Des obstacles nombreux s'opposèrent à ce que le roi réalisât son plan. Ce qu'il voulait, c'était amener le Pape à des concessions ; il ne put les obtenir. François Ier trouva, dans Léon X, un politique plus accommodant, et le concordat fut substitué à la Pragmatique. (Voir le mot CONCORDAT.)

B. H.

PRAGUERIE. On donne, dans l'histoire, le nom de *Praguerie* à une tentative de guerre civile, qui eut lieu sous le règne de Charles VII. Les courtisans de ce prince, jaloux du grand crédit dont le connétable de Richemont jouissait à la cour, essayèrent de le supplanter, et pour cela ils eurent recours à la révolte ; mais cette révolte ne fut ni longue ni sérieuse. Le dauphin, fils de Charles VII, qui fut depuis Louis XI, étant revenu à la cour, d'où les conjurés étaient parvenus à l'éloigner pour donner plus d'éclat à leur projet, la cabale des ambitieux engagés dans la *Praguerie* se dissipa aussitôt.

Quant au mot *Praguerie* lui-même, on ne sait pas trop d'où il vient. Commines suppose que ce mot vient par corruption de *Briguerie*. Le mot Praguerie est employé par J. Bouchet, comme synonyme de *Pillerie* de soldats. Un historien protestant conjecture que les troubles religieux de Prague donnèrent lieu d'appliquer la même dénomination aux troubles civils de la France sous Charles VII. — *Praguerie*, est-il dit, dans le grand dictionnaire de MÉNAGE, est une hérésie d'État, comme la révolte des Hussites était une hérésie dans la foi.

A. T.

PRÉFECTURE. Les Romains donnaient ce nom à quelques villes d'Italie, dont la fidélité était douteuse et qu'ils faisaient administrer par un magistrat appelé préfet. Ce mot désignait encore la fonction exercée par le *préfet des soldats, le préfet du prétoire, etc.*

En France, depuis l'an VIII (1800), on donne le nom de Préfecture aux circonscriptions administratives formées par chaque département. Les Préfectures d'aujourd'hui sont à peu près la même chose que les Intendances d'autrefois. Chaque Préfecture est divisée en un certain nombre d'arrondissements de sous-préfecture.

A Paris seulement, l'administration est partagée entre deux magistrats, dont l'un est spécialement chargé de la police de la ville et du département. Cette division a les plus graves inconvénients. La police est inséparable de l'administration dont elle n'est qu'une branche (V. le mot POLICE). Pour ne citer qu'un exemple, la Préfecture, dite de la Seine, est chargée de l'entretien de la voie publique, du pavage, des égoûts, tandis que la Préfecture de police est chargée du nettoiement, de l'éclairage, de tout ce qui regarde la circulation dans les rues. Il est évident que si deux magistrats, entre lesquels il n'existe aucune hiérarchie, sont chargés de deux parties d'administration, tout-à-fait dépendantes l'une de l'autre, il en résultera nécessairement des malentendus, des collisions continuelles. Voilà, peut-être, pourquoi la ville de Paris est la plus malpropre, la plus mal tenue de toutes les capitales de l'Europe. Ce qui a empêché de réunir ces deux Préfectures en une seule, c'est qu'on a fait du Préfet de police un magistrat spécialement chargé de veiller à la sûreté du chef de l'état, et qui, à raison de ce caractère, se place au dessus de son collègue, purement administrateur, dont au contraire il ne devrait être que le subordonné. Pour concilier ces deux magistratures, qu'on a placées sur le même pied, on donne ordinairement la Préfecture de la Seine à un homme qui n'a point de volonté, et la Préfecture de police à quelque dévoûment éprouvé qui n'a pas peur de l'arbitraire.

AUG. B.

PRÉFET. Les Romains donnaient ce nom à un grand nombre d'officiers civils ou militaires. — Ainsi, il y avait le *Préfet de Rome* (*præfectus Urbis*) qui, en cas d'empêchement, remplaçait le roi quand il y avait des rois, ou l'empereur pour l'administration de la cité ; le *Préfet des cohortes nocturnes*, qui veillait à la sûreté de la ville pendant la nuit ; le *Préfet de la légion*, le *Préfet de la cohorte*, le *Préfet des camps*, le *Préfet des ouvriers militaires*, le *Préfet du prétoire*, commandant et administrateur de cette fameuse garde prétorienne qui faisait et défaisait les empereurs.

Depuis la constitution de l'an VIII (1800) on donne, en France, le nom de PRÉFET à l'agent principal du pouvoir exécutif dans chaque département. En cette qualité, le Préfet a deux espèces de fonctions. D'abord, il est chargé de toutes les mesures d'ordre ou d'intérêt général que les ministres lui prescrivent d'exécuter ; en second lieu, il est le directeur de l'administration des communes et de celle du département pour les intérêts qui leur sont personnels. Il est donc nécessaire qu'il y ait dans chaque circonscription du territoire un magistrat qui soit le délégué du gouvernement, qui en accomplisse les volontés ou qui veille à leur accomplissement. D'après la constitution de 1791, l'administration centrale du pays n'avait, dans chaque département pour exécuter les lois de l'État, que des magistrats élus par les citoyens de la circonscription ; c'était un ordre de chose essentiellement vicieux, avec lequel la République n'eût pu subsister. Les législateurs de l'an III reconnurent la nécessité d'établir, au chef-lieu du département, un commissaire révocable nommé par le gouvernement, afin d'assurer l'exécution de la loi ; ce fut une amélioration notable. On eut le tort d'ajouter que ce commissaire ne serait choisi que parmi les citoyens du département. Le magistrat qui veille, au nom du gouvernement, à ce qu'une chose soit faite sur un point quelconque du territoire, ne peut être que l'homme de ce même gouvernement.

Mais en accordant que l'administration supérieure, pour tout ce qui engage sa responsabilité, doit avoir le choix de ses agents, il n'en faut pas conclure que ces agents pourront exercer une autorité proconsulaire.

Assurément, le Préfet chargé d'exécuter une loi, de faire, par exemple, une levée d'hommes pour l'armée, ne doit être entravé par aucun contrôle, par aucun conflit d'autorité ; il doit être armé de toute la puissance du gouvernement ; mais si une difficulté sur l'application de la loi s'élève dans le cours de ses opérations, il ne doit pas être juge de cette difficulté, et le ministre son supérieur ne doit pas avoir plus que lui le droit de la résoudre. Si au lieu d'un intérêt général il ne s'agit que d'une affaire d'intérêt local, de commune, d'arrondissement ou de département, c'est-à-dire, de ce qui touche aux intérêts d'une association particulière, il ne faut pas qu'un préfet ou qu'un ministre puisse substituer sa volonté à celle des membres, ou du gouvernement de cette association. Dans ce cas ses fonctions devraient purement et simplement se réduire à veiller à ce que la commune, l'association particulière ne sortît pas des limites qui lui seraient tracées par la constitution. L'autorité arbitraire qu'exercent les Préfets et les ministres tient le pays en servitude ; elle est destructive de toute espèce d'émulation ; elle le prive des avantages de l'association particulière ou générale ; et il ne résulte d'un pouvoir ainsi constitué, qu'un mélange confus d'esclavage et de liberté, aussi nuisible à la République qu'au pouvoir absolu.

Dans un gouvernement bien constitué, il est de toute nécessité qu'il y ait dans chaque circonscription entre le peuple et les agents du pouvoir exécutif, une autorité indépendante, pour statuer sur toutes les difficultés de droit public ou privé que fait naître l'exécution de la loi, et que les décisions de cette autorité puissent elles-mêmes être déférées à une magistrature souveraine, placée au centre de l'Etat.

Il n'est point aujourd'hui de fonctions plus misérables que celles de Préfets, obligés qu'ils sont, non pas d'exécuter des lois, qu'ils n'auraient peut-être pas votées, mais d'être les instruments des coteries que le gouvernement constitutionnel élève, tour à tour, à la direction des affaires. Les ministres en font, soit des meneurs ou des courtiers d'élections pour obtenir des députés à leur convenance, soit les agents d'une police inquiète et tracassière, qui sacrifie l'intérêt du pays à celui d'un seul individu.   Aug. Billiard

PRÉFET DU PALAIS. C'était un des officiers attachés à la maison de Napoléon. Ses attributions sont détaillées dans un règlement intitulé : *Etiquette du palais impérial,* reproduction grotesque de toutes les niaiseries qui composaient le cérémonial d'apparat et privé de l'ancienne cour, et qui montre jusqu'où le génie lui-même, enivré par la vanité, peut pousser le ridicule et la puérilité.

PRÉFET MARITIME. C'est ainsi que l'on nomme le fonctionnaire qui, dans chaque arrondissement maritime, reçoit immédiatement les ordres du ministre.

Les attributions du Préfet Maritime ont été déterminées par un arrêté du 7 floréal an VIII ; elles sont très étendues. Le Préfet Maritime a sous ses ordres les individus employés dans toutes les branches du service de la marine ; il est à la tête de l'administration et il a la direction générale des travaux : il est chargé de la sûreté des ports, de la protection de la côte, de l'inspection de la rade et des bâtiments qui y sont mouillés, et enfin, de la direction de tous les bâtiments armés qui, par la nature de leur mission ou de leurs instructions, n'ont pas été mis hors de sa dépendance. Les Préfets Maritimes ont seuls, dans leur arrondissement, correspondance habituelle avec le ministre : ils jouissent des honneurs accordés aux vice-amiraux.

Les fonctions de Préfet Maritime ainsi définies ne sauraient être bien remplies que par des hommes fort actifs. En général, elles sont attribuées à de vieux marins qui cherchent un repos honorable, et les places de Préfet Maritime qui pourraient être si utiles, sont considérées, à juste titre, comme des sinécures. Les attributions se divisent entre les divers fonctionnaires immédiatement subordonnés au Préfet Maritime. De là naît souvent une grande confusion et les abus inévitables toutes les fois que la responsabilité des divers agents du gouvernement n'est pas déterminée avec rigueur. L'état déplorable du matériel de la marine, l'imperfection de plusieurs parties de ce matériel, dans la plupart de nos ports, attestent assez que les Préfets Maritimes sont de véritables rois fainéants. (V. Marine.)
    C. S.

PRÉLIMINAIRES. On appelle de ce nom une sorte d'avant-traité dans lequel on règle les points les plus importants du traité définitif que l'on a en vue, en signant les Préliminaires.

Les Préliminaires ont pour effet de suspendre les hostilités aussi bien que le traité lui-même. Les bases en sont établies et convenues par des plénipotentiaires spéciaux ; mais le droit de les conclure n'appartient qu'à la puissance souveraine.

Les traités préliminaires renferment ordinairement pour condition qu'ils seront remplacés dans un délai fixé, par un traité définitif. Lorsque cette condition n'est point remplie, le traité préliminaire devient caduc et n'a plus d'autre effet que celui d'une trève momentanée. (V. Traités.) J. B.

PRÉPARATION DES LOIS. La Prépara-
tion des lois est sans contredit la portion la plus
importante des travaux du législateur. Une loi bien
préparée est une loi bien faite. Mal préparée, au
contraire, il ne sort le plus souvent de la discussion qu'une suite informe de propositions qui se
contredisent quand elles ne s'annullent pas mutuellement.

Dans une monarchie absolue, ce travail préliminaire a moins d'importance en ce sens que, la loi
n'étant pas faite par plusieurs pouvoirs, indépendants les uns des autres, le législateur qui dispose
de son temps, travaille à ses heures, élabore longuement toutes les parties de son œuvre et reste
toujours libre de coordonner tous les détails avec
l'ensemble qu'il veut réaliser.

Dans un gouvernement représentatif, au contraire, une fois que le pouvoir exécutif a saisi les
chambres d'un projet de loi, il n'a plus sur la
composition de la loi qu'une action indirecte, subordonnée et négative. C'est évidemment un désa-
vantage qui pour être compensé n'en est pas moins
réel ; mais par cela même, il est d'autant plus nécessaire de préparer les lois avec un extrême soin ;
et il faudrait que les projets du gouvernement
fussent rédigés de telle sorte que les chambres
n'eussent plus à se prononcer que sur le principe, et que le principe admis, la loi fût *ipso facto*
votée.

Il n'en est malheureusement pas ainsi, du moins
en France. Comme le gouvernement est toujours
assuré de voir ses propositions plus ou moins profondément remaniées par les commissions parlementaires, il se contente de formuler sa pensée
tant bien que mal, en une série d'articles, laissant
aux délégués du pouvoir législatif le soin de compléter ou de refaire son travail. Les commissions,
de leur côté, sauf de rares exceptions, ne produisent que des œuvres sans valeur : elles amendent
pour amender, et la plupart du temps sans se
préoccuper de savoir si leurs amendements ne
rompent point un enchaînement logique, un ensemble nécessaire. Aussi est-ce un pitoyable spectacle que celui de la discussion des lois. Lorsqu'il
s'agit d'une loi d'affaires, surtout, on ne peut assister aux délibérations parlementaires, sans une
véritable tristesse, sans un dégoût profond. Beaucoup de bons esprits se sont préoccupés de ce fâcheux état de choses ; mais les améliorations proposées ne sont que de vains palliatifs. Ainsi, l'on a demandé que les amendements ne pussent plus être
proposés pendant la discussion ; qu'ils fussent soumis à l'avance aux commissions chargées de préparer le travail des chambres ; qu'ils fussent discutés
et jugés par les commissions au lieu de l'être par les
chambres ; en sorte que les chambres n'eussent plus
qu'à décider sur des points éclaircis à l'avance de
part et d'autre, et qu'à donner aux travaux des commissions la sanction de leur vote. Nous ne voulons
pas nier que cette modification n'exerçât une certaine influence sur l'aspect des discussions : mais il est
certain qu'au fond cela ne changerait rien. Le mal
en effet n'éclate dans les discussions que parce qu'il
existait déjà dans les travaux préparatoires. C'est

dans l'organisation même des pouvoirs, c'est dans
l'institution des commissions qu'il en faut chercher la cause première. Leur mode de nomination,
leur composition, leur manière de procéder, voilà
ce qui fait que les lois sont toujours si mal préparées, et que les discussions parlementaires ne
sont en général que d'effroyables remous où s'en-
foncent les plus fermes esprits. Formées au hasard,
et trop souvent en vue de la politique, les commissions, celles mêmes qui doivent uniquement
s'occuper d'affaires, manquent souvent de lumières, plus souvent encore d'autorité. Leurs travaux
ne sont que d'informes prolégomènes, et comme
une sorte de tapis où les joueurs viennent ensuite
combiner leurs coups.

D'ailleurs, il peut arriver, et il arrive quelquefois très naturellement, que les hommes les plus
capables de bien préparer un projet de loi, se trouvent tous ensemble réunis dans le même bureau. Or,
comme chacun sait, chaque bureau ne peut nommer qu'un seul commissaire. Que faire alors ? il
faut laisser de côté les hommes capables, les hommes spéciaux et les remplacer par d'autres hommes qui n'ont aucune expérience des choses qu'il
s'agit de régler. Et c'est ainsi que les lois militaires sont souvent rédigées par des avocats ; les lois
administratives, par des gens de lettres ; les lois
politiques par des poètes, les lois civiles par des
militaires. C'est une sorte d'enseignement mutuel
dont les administrés, les contribuables paient les
frais. Il est évident que si on laisse subsister la division actuelle en bureaux et en commissions, il
n'y a pas de remède possible. Tous ceux que
l'on essaierait n'auront qu'un effet très borné. Il
faut donc supprimer les commissions, et à leur
place établir des comités. Les comités ont sur
les commissions cet immense avantage qu'ils
renferment nécessairement dans leur sein les
hommes les plus compétents sur toutes les sortes
de matières : législation civile, criminelle, politique, commerciale, militaire, maritime, etc. Et
comme, en outre, les mêmes sujets sont toujours
traités, du moins pendant la même session, par
les mêmes hommes, tout se concentre, les notions
et les traditions, et l'unité de la législation est ainsi
bien mieux assurée. Enfin les comités, composés,
comme nous l'avons dit, des hommes les plus capables, travaillant d'une manière permanente et
suivie, exercent nécessairement sur l'esprit de l'assemblée, une autorité, une influence auxquelles
une commission quelle qu'elle soit n'atteindra certainement jamais. Divisez la Constituante en bureaux et en commissions et elle succombera sous
l'immense poids de sa tâche. Supposez la Convention également organisée, et dites si elle eût jamais
pu mener à fin ce double travail d'organisation et
de résistance qui semble incroyable aujourd'hui,
tant il est colossal.

On le voit donc, il s'agit, non pas seulement d'introduire une réforme partielle, secondaire, mais
de changer le principe même de l'organisation intérieure des chambres. Or, ceci est fort grave. Nous
avons déjà dit, au mot COMITÉ quels dangers entraînait une pareille organisation dans un état pu-

rement démocratique, et nous avons indiqué en même temps les moyens d'y parer. Mais combien ces dangers ne sont-ils pas plus profonds dans une monarchie constitutionnelle! Cette sorte de gouvernement ne vit, cela est clair, que par l'amortissement, par l'annulation du principe électif. Donner à cet élément une plus grande puissance, c'est mettre en péril tout l'ensemble. Il est incontestable, en effet, que chez nous, par exemple, si la chambre des Députés était divisée en comités au lieu d'être divisée en bureaux et subdivisée en commissions, elle posséderait une action incomparablement plus forte : à la place de l'anarchie qui règne dans son sein et qui l'épuise, nous verrions s'établir un ordre régulier d'où sortirait une plus grande force ; d'où, par conséquent, un plus grand péril pour le pouvoir royal.

La question est donc celle-ci : — Les lois sont mal faites en France, parce qu'elles y sont mal préparées : elles sont mal préparées parce que l'organisation intérieure de nos assemblées délibérantes est profondément vicieuse. L'honneur des législateurs, l'intérêt des gouvernés, celui de l'État tout entier, commandent donc impérieusement que cette organisation soit changée. Mais l'organisation fondamentale du pouvoir ne permet pas que cette indispensable réforme soit introduite.

La conclusion est facile à tirer.   E. DUCLERC.

PRÉROGATIVE. Dans tout gouvernement mixte, les attributs de la souveraineté se divisent entre deux pouvoirs : *l'exécutif* et le *législatif*. Cette division est l'objet principal de la constitution. Dès qu'elle est établie, chaque pouvoir est théoriquement libre dans sa sphère sans pouvoir empiéter sur la part du voisin. C'est cette liberté réciproque que l'on nomme Prérogative. *Prérogative royale* exprime l'ensemble des attributions qui sont dévolues à la royauté. On entend par *Prérogative parlementaire* l'ensemble des droits souverains que le parlement exerce.

Nous avons dit, d'une manière générale, aux mots BALANCE et PONDÉRATION ce qu'il y a de vrai et de possible dans cette théorie surannée. Ici, nous préciserons d'après la constitution qui est actuellement en vigueur en France, quelle est la situation respective de la Prérogative royale et de la Prérogative parlementaire.

Cette situation se résume en deux articles que voici :

Article 13. Le roi est le chef suprême de l'État ; il commande les forces de terre et de mer, déclare la guerre, fait des traités de paix, d'alliance et de commerce, nomme à tous les emplois d'administration publique, et fait les réglements et ordonnances nécessaires pour l'exécution des lois.

Article 40. Aucun impôt ne peut être établi ni perçu, s'il n'a été consenti par les deux Chambres et sanctionné par le roi.

Ainsi, le roi exerce des pouvoirs qui, selon la lettre de la constitution, sont complètement en dehors de l'action et même du contrôle des Chambres. Commandement des armées, déclarations de guerre, négociations diplomatiques, traités de paix, d'alliance et de commerce, etc., etc., tout cela est de son ressort, tout cela est son droit, sa charge, et de quelque manière qu'il juge à propos de conduire les choses, nul n'y a rien à voir et n'y peut rien redire. Une Chambre qui l'oserait serait très légalement qualifiée de factieuse.

Mais, d'un autre côté, pour avoir des armées, pour faire la guerre, pour conduire les négociations diplomatiques, il faut de l'argent. La conclusion d'un traité de paix, d'alliance ou de commerce entraîne forcément un accroissement d'impôts. Or, c'est la Chambre qui vote les impôts. Un centime ne peut être levé sans qu'au préalable, elle l'ait consenti. Le roi possède donc le commandement ; la Chambre, les moyens d'exécution.

Le roi a le droit personnel, souverain, inaliénable et incontestable de donner des ordres qui doivent être obéis. La Chambre a le droit également personnel, souverain, inaliénable et incontestable d'annuler les ordres du roi.

Supposez maintenant que chacun des deux, le roi et le parlement, exerce rigoureusement le droit qui lui appartient, qu'il y ait lutte, comme on dit entre les deux prérogatives : — il n'y a plus de gouvernement. L'histoire d'Angleterre présente deux grandes démonstrations à l'appui de cette assertion : 1640 et 1688. — il n'y en a qu'une jusqu'à présent dans l'histoire de France.   E. D.

PRESBYTÉRIANISME, PRESBYTÉRIENS. Si la rupture de l'Angleterre avec la cour de Rome, sous le règne d'Henri VIII, ne fut pas la cause première des discordes religieuses qui agitèrent les trois États qui forment aujourd'hui l'Union britannique, il est à croire néanmoins que cette grande scission n'exerça pas une médiocre influence sur les esprits. Henri VIII ne voulait pas assurément se soustraire à la tyrannie romaine, comme on disait alors, pour introduire dans ses États le principe de liberté ; mais, en dépit de ses efforts, il ne devait pas réussir à comprimer les éléments d'anarchie religieuse auxquels ses débats avec Rome avaient prêté de la force.

Le parti catholique se montra le plus ardent et le moins traitable. Les désordres introduits dans la société religieuse par les protestants et l'impuissance éprouvée du siége romain eurent, pour conséquence, une réaction violente dans l'église catholique d'Écosse. Elle se manifesta surtout sous les successeurs de Henri VIII ; la question religieuse devint alors une question nationale.

Les Presbytériens furent les plus absolus de tous les réactionnaires ; ils entreprirent de rétablir l'Église dans ses conditions primitives, et protestèrent contre l'illégitimité de tous les pouvoirs supérieurs à celui du prêtre ou pasteur. On peut estimer, quoique les preuves historiques soient très incomplètes, que l'épiscopat fut constitué, dans l'Église, vers le milieu du second siècle ; les Presbytériens ne prétendaient donc rien de moins que ressusciter l'état de choses antérieur à l'excommunication de Valentin ; ce n'était pas, on le voit, un parti novateur.

L'histoire des Presbytériens est confondue, par la plupart des annalistes, avec celle des Puritains. Les Presbytériens d'Angleterre formèrent leur première association à Wandworth, en 1572. A la fin du règne de la reine Anne, ils étaient en majorité dans la faction des dissidents.

Le Presbytérianisme est resté la religion dominante en Écosse. L'Église y est gouvernée par des assemblées d'arrondissement; une assemblée générale se tient annuellement à Edimbourg.

Les États-Unis ne pouvaient manquer d'avoir aussi leurs Presbytériens. L'Église presbytérienne d'Amérique fut constituée en 1704; elle comptait, en 1828, seize synodes divisés en quatre-vingt-dix Presbytères.   **B. H.**

PRESCRIPTION. La Prescription est un moyen d'acquérir ou de se libérer par un certain laps de temps, et sous les conditions déterminées par la loi. Telle est la définition donnée par le Code civil, art. 2219. Elle convient également à la Prescription en matière criminelle ou politique : car après un certain laps de temps, ceux qui étaient passibles de poursuites sont *libérés* de l'action publique.

Le droit résultant de la Prescription pour l'acquisition de la propriété est la conséquence du droit de premier occupant qui est, en fait, le fondement de tout établissement de la Propriété.

Celui qui est propriétaire en vertu d'un titre d'acquisition ou de succession, perd son droit s'il a laissé un autre posséder le bien pendant trente ans sans réclamation. Le nouveau possesseur s'est donc réellement emparé du bien par occupation. Il peut, s'il a rempli certaines conditions déterminées par la loi, opposer la Prescription à toute réclamation du propriétaire. Les exemples de pareilles acquisitions de biens immeubles en nature sont assez rares. Mais on voit assez fréquemment prescrire des droits résultant de successions, de testaments, etc.

Pour la libération des dettes, la Prescription se justifie par la nécessité de terminer les comptes et de ne pas exposer les citoyens aux réclamations tardives contre lesquelles il serait souvent difficile de se défendre. Le laps requis pour cette Prescription varie de six mois à cinq ans, suivant la nature de la dette.

Quant à la libération des poursuites criminelles, elle s'opère quand il s'est écoulé dix ans sans poursuites s'il s'agit d'un crime, trois ans s'il s'agit d'un délit, un an s'il s'agit d'une contravention. La poursuite contre les délits de presse se prescrit par six mois. Ce délai est encore beaucoup trop long. La longueur du délai peut s'expliquer pour les délits dont la découverte peut être fortuite, et qui peuvent rester long-temps ignorés de l'autorité. Ce motif n'existe pas à l'égard des délits de presse, puisqu'un exemplaire de chaque imprimé est remis aux mains de l'autorité, qui peut immédiatement examiner et déclarer si elle trouve l'écrit incriminable. Quelques semaines, quelques jours peut-être, suffiraient à cet examen. L'incertitude qui résulte de la longueur du délai est au-

jourd'hui un grand embarras pour la librairie. Et la presse politique est exposée à voir condamner sous l'influence de circonstances postérieures impossibles à prévoir, des écrits qui, lors de leur publication, n'avaient point paru dignes de poursuites au ministère public. Les exemples de cette nature sont très fréquents.   **H. C.**

PRÉSÉANCE. L'usage a établi parmi les états européens une sorte de hiérarchie sur laquelle est fondé ce qu'on appelle le droit de Préséance. Certaines puissances, en vertu de ce droit, ont le privilége de voir dans la conclusion des traités la signature de leurs agents passer avant celle des agents des autres puissances, et leurs envoyés auprès des divers cabinets prendre le pas sur tous les autres. Le réglement des droits de Préséance est un des objets qui ont le plus sérieusement occupé l'ancienne diplomatie, et l'on a vu plus d'une fois des querelles très graves s'élever entre deux nations faites pour vivre en paix, parce que les ambassadeurs de leurs princes n'étaient pas d'accord sur l'ordre dans lequel ils devaient paraître à une procession.

Les empereurs d'Autriche qui ont la prétention d'être les successeurs des Césars, ont été depuis long-temps, en vertu de l'antiquité de leur origine, reconnus comme devant avoir le pas en toute circonstance. Après eux les autres puissances se rangent suivant un ordre qui a été souvent modifié suivant que la fortune levait ou abaissait la force des divers états. Aujourd'hui le droit de Préséance commence à être regardé comme une vieillerie sans intérêt et les diplomates eux-mêmes dans les réunions de plénipotentiaires conviennent généralement d'adopter le *pêle-mêle*, afin d'éviter de misérables discussions d'étiquette.

Les états, quelle que soit leur force matérielle, sont *également* souverains et par conséquent égaux entre eux au point de vue du droit. Il n'y a donc absolument aucune raison pour accorder aux représentants de l'un d'eux la marque d'une suprématie quelconque. Comme il faut néanmoins, soit dans une cérémonie, soit lors de la signature d'un traité, que quelqu'un passe le premier, le mieux est de s'en remettre au sort pour régler l'ordre à cet égard, et c'est là sans doute le procédé qui prévaudra à mesure que les distinctions aristocratiques s'effaceront entre les états comme elles s'effacent chaque jour entre les classes et les individus appartenant à une même nation.   **J. B.**

PRÉSIDENCE, PRÉSIDENT. On nomme Président la personne chargée de présider aux travaux d'une assemblée judiciaire, savante, administrative ou politique.

La Présidence est la fonction du Président ou le droit de présider.

On donne aussi le nom de Président aux chefs de quelques républiques. Mais ce mot n'est guère employé qu'en Amérique. On sait qu'en France, lorsque ce pays était régi par un gouvernement républicain et que le pouvoir exécutif fut constitué en dehors des assemblées politiques, les chefs de la république furent successivement appelés Directeurs ou Consuls.

En Angleterre, le Président de la chambre des Communes est appelé *Speaker* (orateur). En France, comme nous l'avons dit, il s'appelle Président. Le Président de la chambre des Pairs exerce les fonctions de Chancelier, et il en porte le nom. — On ne voit pas trop le motif de cette résurrection d'un titre suranné et qui n'a plus de fonctions : car en tant que chancelier, le Président de la chambre des Pairs n'a guère d'autre charge que de tenir les registres de l'état civil de la maison du roi.

Le Président de la chambre des Pairs est nommé à vie.

Le Président de la chambre élective, au contraire, est nommé par la chambre à l'ouverture de chaque session. Comme avant sa nomination il est nécessaire que l'assemblée soit présidée, le doyen d'âge occupe de droit le fauteuil, et il prend le nom de Président provisoire. Le Président définitif est nommé immédiatement après la vérification des pouvoirs, par la chambre réunie en assemblée générale et à la majorité absolue des suffrages. Ses fonctions durent pendant la session tout entière.

Ces règles diffèrent en quelques points de celles qui étaient suivies par nos assemblées révolutionnaires. Le Président était élu au scrutin par les bureaux. Un membre de chaque bureau était ensuite chargé de porter dans la salle commune le résultat des opérations de son bureau; et ces divers commissaires, réunis avec deux secrétaires de l'assemblée, faisaient le relevé des listes particulières et en composaient une générale. C'est d'après cette liste générale que le Président de l'assemblée était élu à la majorité absolue des suffrages; il n'était élu que pour quinze jours et n'était point immédiatement rééligible.

L'assemblée Législative et la Convention suivirent, pour la constitution de leur bureau, les règles posées par l'assemblée Constituante.

La constitution de l'an III statua que les fonctions de Président ne pourraient, dans les deux conseils, excéder la durée d'un mois.

D'après la constitution de l'an VIII, le Corps législatif et le Tribunat avaient le droit de nommer chacun son Président.

Sous la Restauration, la chambre ne nommait que des candidats à la Présidence; elle dressait une liste de dix membres qui était présentée au roi et sur laquelle le roi choisissait. Ce mode de nomination avait des inconvénients réels qu'il est inutile de signaler ici; on le sentit après la Révolution de Juillet, et la chambre fut de nouveau investie du droit de nommer directement son Président.

Les attributions du Président de la chambre des Députés sont aujourd'hui déterminées par le règlement de la chambre des Députés, du 28 janvier 1839. Ces attributions sont nécessairement fort étendues. — C'est le Président qui est chargé de maintenir l'ordre dans la chambre, d'y faire observer le règlement, d'accorder la parole, d'annoncer le résultat des suffrages, de prononcer les décisions de la chambre, de porter la parole en son nom et conformément à son vœu. — C'est lui qui envoie aux bureaux et aux commissions toutes les pièces relatives aux objets qui doivent y être discutés. — Il fait l'ouverture et annonce la clôture des séances. — Seul, il rappelle à l'ordre (V. ORDRE) l'orateur qui s'en écarte. — Il ne peut prendre la parole dans un débat que pour présenter l'état de la question et y ramener. Cependant, la discussion ne lui est pas interdite; mais lorsqu'il veut discuter, il quitte le fauteuil et ne peut le reprendre qu'après que la discussion sur la question est terminée. — Lorsque la chambre exprime son opinion par assis et levé, le Président décide, conjointement avec les secrétaires, du résultat de l'épreuve; il proclame le résultat. — Il reçoit et transmet dans les bureaux les projets de loi présentés par les ministres, les résolutions envoyées par la chambre des Pairs, et généralement tous les documents qui sont déposés sur le Bureau. — Il est de droit membre de la commission chargée de rédiger l'adresse en réponse au discours de la Couronne, et il fait toujours partie des députations qui sont nommées par la chambre.

On voit par là que les attributions du Président sont de deux sortes : intérieures et extérieures. Intérieures, à l'égard de la chambre dont il dirige les travaux; extérieures, en ce sens qu'il est l'intermédiaire des rapports de la chambre, soit avec la chambre des Pairs, soit avec le pouvoir exécutif.

On a souvent critiqué quelques unes des attributions dévolues au Président; mais ces critiques ne sont pas toutes fondées. Il nous semble impossible, par exemple, d'interdire au Président le droit d'intervenir dans une discussion comme simple député. (V. OPINER.)

Mais si cette faculté est rationnelle et doit être maintenue, nous n'en dirons pas autant de la liberté qui est laissée au Président dans ses rapports avec le pouvoir exécutif. Quand le Président parle au nom de la chambre, il représente la chambre; il faudrait alors qu'il ne lui fût pas permis de faire parler la chambre autrement qu'elle ne voudrait parler. Il faudrait, par conséquent, que toutes les paroles adressées au roi par le Président, comme représentant de la chambre, fussent soumises au contrôle de la chambre et préalablement approuvées par elle. Ce qui se pratique aujourd'hui à cet égard peut donner lieu à de graves inconvénients.

Et d'autant plus qu'il n'y a rien au monde d'aussi rare et de si difficile à trouver qu'un bon Président. Il faut, pour bien présider une assemblée délibérante, des qualités très diverses et qui s'excluent jusqu'à un certain point : une mémoire prodigieuse et une rare faculté de réflexion; des opinions fermes et une impartialité absolue; une grande ardeur avec beaucoup de flegme; de la souplesse et de la facilité dans les rapports personnels, avec une fermeté implacable; beaucoup de dignité et point d'ostentation; de la réserve et point de raideur ; un esprit droit et délié ; des vues d'ensemble avec une vive et universelle perception des détails ; une grande facilité d'élocution ; de la clarté, de l'ordre dans les idées, de la lucidité dans la manière de poser les questions, et enfin des qualités physiques : un bel organe, de la prestance, des manières distinguées avec quelque chose d'impérieux dans la voix et dans le geste ; une belle figure n'y gâte rien.

J'ai vu pour ma part plusieurs personnes qui présidaient des assemblées ; je n'ai pas encore vu de Président.　　　　　　　　　**E. D.**

PRÉSIDES. L'Espagne possède sur la côte d'Afrique, vis-à-vis des côtes de l'Andalousie, des établissements qui, d'abord, servaient à contenir les pirates des Etats barbaresques. Aujourd'hui, ce ne sont plus que des forts, où l'Espagne entretient de très faibles garnisons, et qui servent de prisons aux exilés et aux déportés. Après 1814, les membres les plus distingués des Cortès furent punis par cet exil d'avoir sauvé l'indépendance de leur patrie par le régime constitutionnel. Ces présides sont au nombre de quatre : à l'est, Mélilla, Alhuzémas et Pegnon de Velez ; et à l'ouest, Ceuta, vis-à-vis de Gibraltar.

PRÉSIDIAUX. On nommait ainsi, sous l'ancienne monarchie, des juridictions ou tribunaux établis pour juger en dernier ressort ou par provision, certaines affaires de peu d'importance. Les motifs apparents qui avaient déterminé la création de ces tribunaux, en 1531, étaient la nécessité d'abréger la longueur des procès, dans les petites causes ; de remédier aux chicanes des plaideurs qui tentaient, à l'aide des appellations, d'éluder le paiement des dettes pour lesquelles ils étaient poursuivis ; d'empêcher que, pour de faibles intérêts, les citoyens fussent obligés de quitter leurs demeures et de faire de longs voyages pour aller plaider devant les parlements. Mais, en réalité, les Présidiaux avaient été institués dans des vues purement financières : « d'autant, dit un écrivain du temps, que l'on introduit un degré de juridiction inutile et qui va à la foule et à l'oppression des sujets du roi. Ce sont, ajoute l'auteur que nous citons, autant de petits parlements quand ils jugent premiers au chef de l'édit ; et cependant, par la subtilité de la chicane, on trouve des expédients pour en faire recevoir les appellations, et faire de nouvelles procédures, à la ruine et à la vexation des parties. » Les juges des Présidiaux formaient une même compagnie avec les juges des bailliages et des sénéchaussées où ils étaient établis. Avant 1531, les justices des baillis et des sénéchaux étaient appelées Présidiaux.
　　　　　　　　　　　　　B. C.

PRESSE. Nous n'avons pas besoin d'expliquer que, par une figure assez commune dans toutes les langues, le mot instrument de l'imprimerie se prend pour l'imprimerie tout entière, l'imprimerie pour la parole imprimée, le fait matériel pour le fait moral.

Aujourd'hui donc le mot *Presse* est employé pour désigner toute expression de la pensée ; livres, brochures, pamphlets, journaux, la science, la littérature, les arts, la politique, l'industrie, tout ce qui est à la portée de l'intelligence, c'est-à-dire tout ce qui existe et tout ce qui a existé, tous les temps, tous les lieux, le monde connu, les mondes inconnus, non seulement la vie réelle, mais la vie idéale, tout ce que l'imagination conçoit, tout ce que la réflexion juge, tout ce que les langues nomment, tout cela tombe dans le domaine de la Presse.

La Presse c'est donc la parole elle-même ; et l'on comprend que nous n'avons pas ici à traiter ce sujet dans toute son étendue.—Lord Byron a fait un petit poème intitulé *les Ténèbres* (*Darckness*). Il suppose qu'un matin le soleil oublie de se lever, et qu'il cesse pour toujours d'éclairer le monde. Il se fait alors dans la nature une révolution immense, les eaux débordent, la terre est frappée de stérilité, l'homme, saisi d'abord d'une inquiétude affreuse, est livré bientôt à toutes les angoisses de la terreur de la famine ; il s'ingénie à trouver un nouveau foyer de chaleur et de lumière ; il dévaste, il brûle tout ce qu'il rencontre ; les villes ne sont plus que de vastes incendies ; les forêts disparaissent dans les flammes ; les nations elles-mêmes se déplacent, se heurtent, se détruisent, chaque individu ne songe plus qu'à sa propre conservation ; peu à peu, l'humanité elle-même disparaît : et au milieu de cette horrible solitude deux hommes se rencontrent en fuyant sur les cendres encore fumantes d'une vaste forêt. L'un relève un tison enflammé, et à cette lueur blafarde, il reconnaît en face de lui un autre homme. Soudain, il éteint, en la maudissant, cette flamme qui lui apprend qu'un être semblable à lui vit encore et qu'il n'y aura pas peut-être assez de chaleur et de lumière pour deux sur cette terre désolée.

En faisant cet affreux tableau du monde matériel privé de lumière, le grand poète faisait pressentir ce que deviendrait le monde moral si le soleil de l'intelligence venait à s'éteindre tout-à-coup.

Imaginez pour un instant que tout lien, toute pensée antérieure disparaisse, que les communications avec le passé se brisent, que les travaux intellectuels qui lient un siècle à un siècle sont effacés, que les générations contemporaines sont détachées tout-à-coup et violemment de cette longue chaîne qui fait que l'humanité se sent identique, et que non seulement elles se trouvent ainsi dépouillées des richesses du passé, mais sans moyen de se rapprocher entre elles, quel affreux désordre ! quel vide horrible ! quel abrutissement universel !

Que ceux donc qui maudissent la Presse y pensent un instant !.... Il est vrai qu'ils s'effraient peu de cette menace dont la réalisation est impossible : ils admettent les livres, les œuvres de sciences et d'art, les études d'histoire et les effusions de la poésie, c'est contre la Presse politique qu'ils s'emportent, c'est pour elle qu'ils réservent toute leur indignation.

Et qui ne voit pourtant que, si la Presse en général est une condition nécessaire du progrès des hommes, la Presse politique doit être également nécessaire au progrès de toutes les institutions politiques d'une société. Essayez, en effet, d'organiser un gouvernement où le vœu national soit compté pour quelque chose ; ayez des élections, des chambres, des discussions ; prenez, si vous le voulez, la forme des États-Unis ; si vous supprimez la Presse, votre œuvre est sans nom, votre organisation sans garantie, votre vie sans mouvement. Vos orateurs discutent : mais sans le secours de la Presse, leur voix s'éteint dans la solitude. Vos ministres proposent d'excellentes mesures : elles périssent ignorées. Vos élections présentent le modèle de choix libres éclairés par des consciences honnêtes ; mais l'exercice de ces utiles vertus demeure circonscrit dans une localité étroite et il est perdu pour la patrie. Analysez enfin, décomposez tous les ressorts de ce mécanisme social et politique qui s'appelle un gouvernement libre : au sommet, au milieu, à la base, il touche à la publicité : et qu'est-ce que la publicité sinon la Presse ?

La nécessité d'une Presse libre est donc essentielle à toute organisation sociale où le public compte pour quelque chose. C'est une vérité sur laquelle tout le monde est d'accord. Sieyes disait, il y a cinquante ans, *que la liberté de la Presse était un sixième sens donné aux peuples modernes.* — *Qu'on nous enlève, si l'on veut, toutes les autres libertés,* s'écriait un orateur anglais, *pourvu que vous nous laissiez la liberté de la Presse, j'y pourrai consentir : et avec celle-là nous aurions bientôt reconquis toutes les autres.* — La Presse est *le quatrième pouvoir de l'état,* a-t-on dit en France, et Canning était plus large encore lorsqu'il prononçait à Liverpool ces remarquables paroles : « *Tant que le parlement est présent, c'est avec lui que nous gouvernons : cela dure six mois ; pendant les six autres mois le gouvernement passe à la Presse.* »

La nécessité même d'une Presse libre devrait amener forcément cette influence. Cette influence, personne ne la conteste, et les ennemis l'exagèrent pour simuler la terreur, et tarira son origine même l'expression indépendante de la Presse.

De là toutes ces entraves fiscales qui font de la création d'un journal une sorte de privilège ; de là ce code des lois de septembre, qui expose chaque jour les écrivains à des amendes ruineuses et aux dures rigueurs de la prison. De là ces dispositions brutales qui interdisent la discussion de telle ou telle doctrine, et qui parquent l'intelligence dans les barrières étroites d'une forme de gouvernement.

Il n'est donc pas vrai que la liberté de la Presse existe en France. Est-ce une liberté que celle qui s'achète moyennant cent mille francs de cautionnement, l'impôt quotidien du timbre et de la poste ? Est-ce une liberté que celle qui vous expose à voir transformer une phrase *en un attentat,* et qui vous enlève à votre juridiction naturelle pour vous traîner devant un tribunal institué pour condamner ? La critique des corps judiciaires est-elle permise lorsque ces corps ont la faculté de vous citer devant eux, en l'absence du jury, et de vous châtier pour des infidélités prétendues ou pour des outrages imaginaires ? Le contrôle des deux chambres est-il libre lorsque, sur la plainte d'un seul ministre et sans autre information, l'une des chambres peut nous traduire à la barre pour offense et venger sa propre injure dans une affaire où elle est à la fois juge et partie ? Et que serait-ce si nous voulions entrer dans la jurisprudence que de récens arrêts essaient d'introduire dans les matières de diffamation envers les fonctionnaires, ou d'insertion de la part des particuliers ?

La Presse ne se sauve aujourd'hui en France qu'à force de souplesse dans le langage, de réticence dans la pensée, d'insinuations insaisissables. Il faut que l'écrivain lutte non seulement contre les difficultés d'une question, mais contre lui-même. Il faut qu'il surveille ses mots, qu'il arrête l'élan de ses inspirations, qu'il ait présent sans cesse son propre intérêt et les dangers qui le menacent avant de songer au public, à la vérité, à la dignité du pays, aux infamies du pouvoir. Quelle que soit la gravité du sujet, il est obligé de consulter avant tout les lois de septembre ; quelle que soit la trahison, il ne faut en parler qu'avec des tempéraments ; quelle que soit l'indignation de son patriotisme, il faut qu'il la modère, la dissimule, qu'il se contente de quelques à peu près qui ne rendent pas son sentiment, qui ne répondent pas aux mouvemens de l'opinion. Le chef-d'œuvre, enfin, des lois de septembre, c'est que l'écrivain est réduit à se censurer lui-même ; il écrit avec un boulet au bout de sa plume ; sa spontanéité se déflore, son esprit perd toute sa vigueur, sa critique toute franchise : on n'a plus alors l'expression complète d'une opinion, on n'a que l'écho affaibli de quelques impressions dont toute l'ardeur s'est amortie, dont la sincérité même se couvre d'un voile. Plus de communication directe, intime entre le journal et ceux qui le lisent, et le journaliste s'efforce moins de persuader, d'éclairer, de convaincre qu'il n'essaie de se laisser deviner.

Telle est la liberté actuelle dont nous jouissons : et pourtant le pouvoir tremble devant cette arme émoussée. La Presse, continuellement menacée par une législation violente, le trouble, l'inquiète et le contient souvent. Et il y a des gens aveugles qui crient avec lui contre cette Presse toute démantelée. On affecte de redouter les périls du journalisme, on parle de son intolérance, de son despotisme !

Qu'est-ce en effet que le journalisme ? c'est l'intervention active et permanente du pays dans ses propres affaires.

Le pays éclairé intervient, en effet, de deux manières dans la conduite du gouvernement : à des époques précises par l'action ; tous les jours par l'opinion.

Les élections périodiques modifient le parlement, changent les fonctionnaires, créent de nouvelles majorités dans les administrations de la commune, de l'arrondissement, du département : c'est là une intervention effective, et qui n'est plus une idée, mais un fait.

Mais pour que cette intervention dans les faits soit profitable au bien-être général, pour qu'elle porte avec elle le caractère d'utilité publique, pour qu'elle soit faite, en un mot, non pas seulement dans des vues locales, mais avec le sentiment de l'intérêt social tout entier, il faut que cette intervention soit préparée par la discussion ; que l'état de l'opinion, la situation des affaires, la direction du gouvernement soient connus, que le contrôle des journaux se soit appliqué à tous les événements importants, à tous les actes, aux lois elles-mêmes.

Or, ce devoir de faire connaître à tous les points du territoire la situation du pays ; ce devoir d'éclairer les citoyens sur leur sécurité comme sur leurs droits ; ce devoir d'être continuellement attentif aux relations avec l'étranger ; ce devoir de protester contre des actes honteux ou coupables ; ce devoir d'appeler l'opinion tout entière à manifester elle-même son opposition quand le pouvoir l'interroge ; ce devoir qui embrasse à la fois la puissance et la grandeur du peuple au dehors, sa prospérité à l'intérieur, le progrès des esprits, l'amélioration morale de toutes les classes, l'amélioration matérielle de celles qui sont si indignement maltraitées : c'est à la Presse qu'il appartient. Son rôle n'est pas d'un jour, mais de tous les jours. Son activité ne doit jamais se ralentir, sa conscience jamais fléchir, sa surveillance jamais sommeiller. Il y a du repos pour toutes les autres fonctions, il n'y en a pas pour celle-ci. La fatigue est permise ailleurs, ici on ne doit jamais la voir. Il faut veiller pour ceux qui dorment ; au milieu de l'indifférence et de l'apathie il faut garder la chaleur de ses convictions, l'énergie de son ame, mépriser la calomnie, braver les dégoûts, faire face aux hostilités du pouvoir, lutter contre la haine des uns, contre l'insouciance des autres, contre les injustices même de ses amis propres. Il faut parler chaque jour, suivre le fait courant qui nous emporte, attaquer les hommes sans craindre les inimitiés, discuter les choses, si hautes qu'elles soient, si bas qu'elles nous forcent à descendre : pendant les sessions, prendre un à un tous les projets de loi, les élaborer pour en faire sentir l'importance, préparer le travail du parlement et lui laisser peu de nouveautés à dire, suivre assidûment les séances, et après une émotion souvent poignante ou un mortel ennui, et toujours de rudes épreuves, analyser à l'heure les discours, nettoyer les arguments, les combattre ou les fortifier ; parler encore, parler sans cesse quand les tribunes sont silencieuses, puiser dans ses idées quand les événements sont monotones et les peuples immobiles, porter sans relâche le même fardeau, user ses forces, dévorer sa vie, pressurer, violenter même son intelligence pour suffire à un labeur renaissant à chaque jour nouveau ; voilà le rocher que roule le journaliste ; voilà l'œuvre accablante à laquelle il est condamné : et cette œuvre, il faut qu'il l'accomplisse sans retour sur lui-même et sans l'appui même de cette renommée, qui est la grande ambition de tous les producteurs intellectuels. Il aura écrit plus de cent volumes, il ne restera pas de lui une

ligne qui porte son nom : pensées, paroles, improvisation rapide, ou travail étudié, tout ce qu'il aura confié à cette feuille éphémère disparaîtra dans le torrent au fond duquel tourbillonne le gouffre de l'oubli.

Ah ! il ne faut pas envier ou maudire, il faut plaindre plutôt les hommes que leur vocation, les hasards de leur fortune ou de leur destinée ont condamnés à une mission aussi rude.

Et au milieu de tout ce qui trouble, inquiète ou épuise sa vie, au plus fort de ce combat perpétuel qui n'est pas sans péril et qui presque toujours reste sans gloire, le journaliste ne doit jamais oublier les graves obligations qui lui sont imposées par sa conscience et par sa position.

Le sentiment personnel ne doit jamais égarer sa parole : sa pensée doit avoir toujours présent les intérêts publics dont un journal est l'organe ou le défenseur ; ses passions individuelles, ses préférences de coterie, ces penchants si naturels qui nous portent tous à mettre en relief les objets de nos affections, tout cela doit être subordonné à la chose publique ; la justice, l'équité, l'utilité sociale doivent être les premiers objets de ces affections, les premiers mobiles de ses jugements. Il peut s'animer, se passionner même (et sans passion, comment pourrait-il lutter ?), mais cette passion est celle de ses convictions politiques, et la prospérité du pays n'en est pas séparée à ses yeux. Son but est de faire prévaloir ses opinions ; et ce but détermine tous ses devoirs. L'instrument ici est la publicité, la publicité parle à tout le monde : aux amis, aux indifférents, aux ennemis ; il faut affermir les uns, entraîner les autres, et vaincre les derniers. Cette œuvre est difficile ; elle est impossible pour quiconque n'a pas avec soi les deux forces toutes puissantes de ce monde, la raison et la justice. Avec elles, on peut traverser des temps d'épreuves, être méconnu, insulté, calomnié, languir dans une médiocrité résignée, ou combattre avec un petit nombre de vaillants hommes ; mais un jour, une heure viennent où le travail de la pensée publique a son aboutissement. Cette infiltration lente, difficile et souterraine de la vérité trouve son moment d'éclat, de lumière. Aucune idée juste ne se perd, aucune ne dure sans produire son contre-coup dans les faits. L'homme individuel n'agit qu'en raison de ce qu'il croit : une société ne réalise que ce qu'elle a conçu, élaboré, discuté. Les vieilles habitudes tiennent ferme contre les modifications nouvelles ; la racine des préjugés est toujours profonde : car l'intérêt, l'insouciance et l'orgueil les protégent et les étendent ; mais nulle puissance, nul établissement, nulle habitude ne résistent bien long-temps à l'action du bon sens, de la logique et de la vérité.

Le premier devoir du publiciste est donc d'avoir avec lui ses guides éternels : qu'en s'interrogeant chaque jour, à chaque heure, il puisse se fortifier lui-même dans la pensée qu'il est sur la route du vrai et du bien. Alors sa discussion, si elle s'égare quelquefois dans les détails, conservera toujours le parfum de sincérité et d'honnêteté qui est le caractère de ses croyances. Et certain comme il l'est d'exprimer toujours ce qu'il croit le plus profitable au pays, il ne peut manquer de conquérir peu à peu à ses opinions ceux qui veulent que les intérêts généraux l'emportent sur toute considération de monopole ou de privilège.

A ce point de vue, le publiciste ne doit pas borner son rôle à être simplement l'expression des idées reçues; la Presse qui dans la perspective de la ligne où elle est placée aperçoit des rapports entièrement nouveaux entre les membres de la même famille nationale, des horizons vastes et harmonieux entre les citoyens du même continent; l'oriflamme immense qui flotte sur l'humanité entière pour rappeler à tout être humain l'affinité qui le rapproche de tous, la solidarité qui le lie à tous, cette Presse ne doit pas être seulement l'écho de ce qui se dit, le retentissement d'une impression générale, il faut qu'elle enseigne, qu'elle passe du fait connu et courant, au fait que l'avenir contient, du matériel à l'idéal, des rapports actuels aux rapports futurs, qu'elle montre cette révolution continuelle par laquelle l'humanité se transforme et refait sa destinée; qu'elle aperçoive le papillon dans la chrysalide, et que dans son appréciation des événements d'une heure, elle ne perde jamais de vue le lendemain que chaque heure prépare et que tout faux pas pourrait retarder encore. La Presse n'est donc pas seulement un organe, une représentation; il faut qu'elle soit un enseignement et un flambeau. Quelquefois même, au lieu de suivre aveuglément ceux dont elle partage l'opinion, il faut qu'elle ait le courage de les avertir quand ils font fausse route, de les retenir quand ils s'emportent, et de leur faire face front à front, corps à corps quand il s'agit d'intérêts pressants qu'ils méconnaissent, ou de petites passions auxquelles ils sacrifient la sécurité nationale, la force de la patrie, le levier du pouvoir dans un inévitable avenir.

Tous ces devoirs exigent une grande fermeté d'âme, et pour les remplir tous sans dévier, sans fléchir jamais, il faudrait une supériorité d'esprit, une intrépidité de caractère, une pureté de cœur auxquelles la perfection seule pourrait atteindre. Mais notre gloire à tous en ce monde, ce n'est pas de réaliser complètement l'idéal, mais d'en approcher le plus que nous pouvons.

Après avoir ainsi exposé rapidement les devoirs de la Presse, il faut dire un mot de ses droits : non pas de ces droits tels que la législation française les formule; nous en avons assez indiqué l'inanité mais de ceux qu'un pouvoir normal devrait consacrer et maintenir.

Quelques amis passionnés de la Presse ont réclamé pour elle une *liberté illimitée*. Demande imprudente et peu sensée. — Qu'y a-t-il d'illimité dans des rapports sociaux? Quelle faculté humaine n'est bornée dans sa nature? Quelle liberté ne trouve une limite nécessaire dans une liberté voisine? Quelle liberté est plus sainte que celle de vivre? Cependant la société perd chaque année un certain nombre de ses enfants et les envoie mourir aux lieux où elle fait la guerre. Pourquoi donc la liberté d'écrire et de penser serait-

elle sans frein et sans lois, lorsque toutes les autres libertés sont réglées par les lois et retenues dans de certaines limites.

En principe donc, l'utilité de tous, l'intérêt public, le droit social, en un mot, doit intervenir ici comme ailleurs pour modérer, assujétir cette liberté comme toutes les autres. La société ne peut vivre et se conserver qu'au prix de maintenir toujours dans sa supériorité réelle la volonté, la souveraineté du peuple dans son ensemble, sans toutefois que cette souveraineté puisse organiser l'oppression de l'individu. — Toute la difficulté du problème social consiste à trouver le point exact où ces deux conditions s'harmonisent.

Ici quelles seront les limites naturelles de la liberté de la Presse?

A notre avis, la mesure est indiquée par les devoirs de la Presse elle-même et par le besoin de morale, d'ordre et de sécurité qui domine toute association humaine.

Par rapport au gouvernement, la Presse doit s'interdire l'appel aux armes, à la guerre civile; elle doit un profond respect au sentiment moral qui est la première base de toutes les relations sociales.

Par rapport aux particuliers, elle doit s'interdire la calomnie ou la diffamation.

Supposez un gouvernement issu loyalement, sérieusement de la souveraineté du peuple, si la Presse a le droit de soulever les mécontentements, de concentrer les haines, d'appeler tous les matins l'insurrection, l'Etat tout entier est attaqué dans sa base.

On peut essayer de changer cette volonté par la discussion; on ne peut pas chercher à en gêner la réalisation par la violence. Sans elle la société n'a plus de mouvement normal; elle devient un sujet permanent de guerre civile.

L'autre limite envers les particuliers ne nous paraît pas moins raisonnable. La calomnie, la diffamation ne doivent être tolérées dans aucun temps, sous aucune forme de gouvernement. La vie privée ne tombe dans la discussion que comme garantie de la vie publique. Le citoyen ne doit être passible de la publicité que lorsque, par ses exemples, il peut corrompre la moralité ou semer le scandale. Et alors encore il faut que la Presse soit toujours juste dans sa sévérité, grave et digne dans ses accusations ou ses reproches. En dehors de ces deux limites, nous croyons qu'il faut laisser à la Presse ses libres allures.

Sans doute, il peut arriver dans l'existence des nations des circonstances suprêmes où toutes les choses normales sont renversées : un péril immense de la patrie, l'ennemi au sein du territoire, la société tout entière menacée par des dangers intérieurs ou extérieurs, circonstances dans lesquelles la nation est juge des moyens extrêmes que commande une situation exceptionnelle. Pour ces cas heureusement très rares et toujours passagers, il n'y a pas de règles, il n'y a pas de lois écrites; le peuple entier commande, et chaque homme, chaque institution doit prendre sa part des sacrifices.

Mais si la liberté de la Presse pouvait être suspendue dans ces momens périlleux, il faudrait d'avance fixer le temps précis où la loi normale reprendrait son cours.

En résumé, il n'y a pas d'État libre sans liberté de la Presse ; il peut y avoir des époques révolutionnaires, des momens de dictature ; mais la révolution et la dictature sont des exceptions nécessaires quelquefois peut-être ; funestes, dévorantes quand elles se prolongent. La liberté de la Presse n'a rien à faire dans ces temps-là ; son rôle, c'est d'aider à ce progrès régulier, pacifique, où le mouvement se fait par l'intelligence, où la sociabilité se perfectionne au flambeau de tous les arts, de toutes les sciences, à la lumière de tous les talents.

A. MARRAST.

PRESSE DÉPARTEMENTALE. La Presse de la capitale a pour elle tous les avantages de la centralisation ; elle puise sa force au foyer commun des idées générales ; elle est l'organe de la pensée nationale, dans toute son activité, dans tout son développement ; et cette pensée, agissant vivement sur elle, elle semble quelquefois la précéder et la conduire. La Presse Départementale, au contraire, reçoit l'impulsion et ne la donne pas. Sa mission spéciale est de commenter les enseignements qui partent du centre, d'éclaircir ce qui est obscur, et de signaler, à des lecteurs inexpérimentés, la vérité qui, trop souvent, se cache au milieu du conflit des partis en présence. Elle doit, dans tous les départements, former comme autant de succursales où s'expliquent naïvement les paroles sorties du temple métropolitain.

En acceptant ce rôle humble mais utile, la Presse Départementale agit directement sur les esprits et devient, pour ainsi dire, la conseillère des intelligences timides et le guide des faibles. Puis, reportant son action de la circonférence au centre, elle avertit les écrivains de la capitale de ce qui se passe autour d'elle ; et en combattant les intrigues locales, elle se trouve appuyée par la voix de son puissant auxiliaire. La Presse parisienne « fait la loi aux rois, et leur donne, quand il lui plaît, de grandes et de terribles leçons » ; La Presse départementale peut tout au plus faire la loi aux préfets et donner quelques leçons à des maires. Son action est toujours restreinte, et encore dans sa petite sphère est-elle environnée d'une foule d'obstacles.

Il est constant qu'avec le prix actuel des journaux, il faut, pour les soutenir, un grand nombre de lecteurs : or, dans chaque département, parmi ceux qui pourraient le plus utilement profiter des enseignements de la Presse, la majorité ne sait pas lire, et la plupart de ceux qui lisent sont persuadés que l'art d'écrire n'existe pas hors des murs de Paris ; et il faut avouer que souvent ils ont raison. D'autres, au contraire, dominés par l'amour de la localité, dédaignent les questions de politique générale, et demandent qu'on amuse leurs loisirs par la chronique scandaleuse de la ville, ou par des assauts journaliers contre la préfecture ou la municipalité. De sorte que les écrivains des départements sont toujours placés entre le double écueil des généralités trop vastes ou des mesquines tracasseries locales.

Un autre obstacle vient souvent des écrivains eux-mêmes. Un grand nombre d'entre eux, élevés aux habitudes de la Presse parisienne, ne veulent pas tenir compte des éléments nouveaux qui les environnent. Dédaignant de changer leur manière de faire, ils ne se plient à aucune exigence locale, et leur prose s'adresse plus souvent aux admirations de leurs amis de Paris qu'à l'éducation de leurs clients de la province. Il est difficile, en effet, de rompre avec son passé, et d'oublier les communications intellectuelles dont on avait l'habitude. C'est pourtant un sacrifice nécessaire au moins en ce qui concerne la Presse, et si l'on veut élever les esprits au dessus de leur niveau habituel, il ne faut pas se tenir de toute sa hauteur, de manière à ce que la voix se perde dans les nuages ; mais on doit savoir modérer son verbe, et s'abaisser un peu pour relever les autres.

D'ailleurs, l'utilité de la Presse Départementale ne consiste pas seulement dans l'enseignement de la politique spéculative. Il est des occasions où, agissant d'une manière directe, elle peut avoir une influence très importante même sur les destinées générales du pays. Par exemple lorsqu'il s'agit d'élections parlementaires : dans ces cas, l'action de la Presse centrale perdrait beaucoup de sa force, si elle n'était appuyée par les prédications de la Presse Départementale. Celle-ci peut seule combattre l'influence de l'autorité locale, signaler ses intrigues, mettre en garde contre ses pièges, déterminer le choix des électeurs indécis, stimuler le zèle des indifférents, donner de l'ensemble aux délibérations et de l'unité aux votes. Combien de fois les victoires électorales ont-elles dépendu entièrement de l'influence d'un journal de localité, sans lequel la préfecture aurait vu triompher son candidat. Aussi, lors même que la Presse Départementale n'aurait que cette seule utilité, elle mérite d'être encouragée et fortifiée. Car, sans elle, sans contredit, l'opposition perdrait beaucoup de sa force, et la minorité beaucoup de ses plus nobles organes.　　E. R.

PRESSE DES MATELOTS. Moyen coercitif employé en Angleterre pour le recrutement de la marine de l'État, chaque fois que les voies ordinaires ne suffisent pas aux besoins du service. Le gouvernement britannique, pour composer les équipages de ses bâtiments de guerre, ne peut se reposer, comme la France, sur les contingents fournis par la conscription maritime. Privé de cette ressource régulière, il est obligé de recourir à des primes et à une paie élevée pour attirer les marins et obtenir des engagements.

Mais il arrive souvent que les enrôlements qu'il se procure ainsi à prix d'argent, ne peuvent suffire à l'armement de la flotte. Alors l'intérêt de l'État devient la loi suprême et fait taire toutes les autres considérations. Le lord grand-amiral expédie à tous les capitaines des pouvoirs (*warrants*) que ceux-ci transmettent à leurs lieutenants pour faire des enrôlements forcés. Ces officiers, à la tête d'une troupe de douze ou quinze matelots (*press-gang*), se transportent sur tous les points de la côte, avec des bâtiments mis en réquisition pour cet usage et appelés *tenders*; puis, parcourant les campagnes, les rues, les quais, ou pénétrant dans les cabarets, les maisons publiques et jusque sur les navires du commerce, ils s'emparent violemment de tous les marins, aptes à servir dans la marine royale. La résistance est quelquefois opiniâtre, et il en résulte des scènes déplorables et des rixes sanglantes, plus dignes d'une contrée barbare que d'un pays civilisé.

Du reste, c'est à fort que les auteurs du *Dictionnaire de la Conversation* assurent que, depuis 1779, un acte du parlement a autorisé la Presse des Matelots : tous les jurisconsultes anglais disent positivement, au contraire, qu'elle n'est sanctionnée par aucun statut. C'est par voie d'induction, d'interprétation, ajoutent-ils, qu'on a prétendu découvrir dans les anciennes lois quelques textes qui autorisent cette violation de la liberté individuelle. Les savantes recherches de sir Michael Forster, à ce sujet, n'ont abouti qu'à faire remonter la pratique de cet usage à des temps fort reculés (1).

A. GUILBERT.

PRESTATION. C'est le nom que l'on donne à l'impôt qui se paie en nature.

La Prestation fut la première forme de l'impôt. Au temps de l'empire romain, l'impôt foncier se payait encore partiellement en nature, et on pourrait faire remonter, à cette époque, l'origine des dîmes qui furent plus tard attribuées au clergé. Les gouverneurs envoyés dans les provinces de l'empire romain étaient payés par des Prestations; on leur fournissait le pain, le bois, le sel, et de là vient, dit-on, le mot salaire : on leur fournissait aussi des concubines, lorsqu'ils étaient célibataires.

Les Prestations se retrouvent plus nombreuses sous le régime féodal, et on peut dire, en général, que moins il y a de commerce, plus les paiements en nature ou Prestations sont communs. A mesure que l'usage de la monnaie se vulgarise, on évalue les paiements, les redevances, les charges publiques en argent, et c'est ainsi qu'on arrive à tout payer en monnaie à l'avantage de celui qui donne et de celui qui reçoit.

Aujourd'hui, nous ne connaissons guère, en France, d'autres Prestations que celles qui ont lieu pour la confection ou pour la réparation des chemins vicinaux.

Après avoir aboli les corvées (V. ce mot), depuis long-temps condamnées par les économistes et odieuses aux peuples, l'assemblée Constituante les rétablit en partie pour la réparation et l'entretien des chemins. Les lois qui ont été portées, depuis cette époque, ont confirmé et à peu près régularisé le régime des Prestations en nature pour les chemins vicinaux.

L'utilité publique par laquelle on a soutenu l'é-

tablissement de cet impôt, est incontestable. Cependant, il excite beaucoup de murmures et produit peu, parce que toute charge personnelle est vexatoire, et qu'il est difficile d'obtenir un travail régulier et bien fait d'ouvriers levés par voie de réquisition et abandonnés à eux-mêmes, sans que personne les dirige. La loi ne s'est point occupée de la mise à exécution, et l'autorité administrative n'y songe guère, de sorte que les Prestations sont acquittées à la grace de Dieu.

Les objections élevées contre les corvées ont encore toute leur force contre le régime des Prestations.

D'après les calculs faits vers la fin du siècle dernier par l'assemblée provinciale du Berry, et rapportés par Necker, cinq cent dix-sept paroisses, commandées annuellement pour la corvée, fournissaient quarante mille manœuvres, douze mille voituriers avec vingt-quatre mille chevaux ou bœufs. Huit jours de corvée représentaient donc trois cent vingt mille journées de manœuvres et quatre-vingt seize mille journées de voitures, le tout évalué à 624,000 livres.

L'emploi de tant de forces n'avait jamais produit plus de six lieues de chemins et n'en avait souvent produit que deux.

Or, 240,000 livres en argent auraient suffi à l'entretien des routes existantes et à la construction de six lieues de chemins neufs. Le régime des corvées occasionnait donc une perte au moins égale et presque toujours supérieure à 384,000 livres, c'est-à-dire à près de deux tiers.

Pourquoi donc la corvée a-t-elle reparu sous le nom de Prestation ? Pourquoi le contribuable, qui a la faculté de payer en nature ou en argent, à son choix, paie-t-il presque toujours en nature ?

C'est que l'habitant des campagnes produit peu et ne transforme qu'avec peine ses produits en argent. On a pensé avec raison qu'il préférerait la Prestation à une augmentation d'impôt toujours difficile à acquitter.

Le cultivateur préfère la Prestation à un impôt en argent, parce que son temps n'est pas tout entier occupé par ses travaux, et que ce temps a, par conséquent, peu de valeur. Ce fait atteste que notre agriculture est peu avancée.

Le cultivateur aime mieux travailler aux chemins que payer la somme à laquelle le prix de sa journée est évalué par l'administration. C'est que l'administration a cru se montrer habile en évaluant au taux le plus élevé la journée de celui qui refuserait de fournir la Prestation imposée : elle a cru que par un moyen coercitif, par une sorte d'amende, elle obtiendrait plus de régularité dans l'acquittement des Prestations. Il vaudrait mieux, au contraire, évaluer les journées au taux le plus rapproché du prix réel. Si le système des Prestations entraîne une perte des deux tiers des valeurs fournies, il est évident que l'on ne perdrait rien en abaissant des deux tiers l'évaluation du prix de la journée, si cet abaissement la faisait acquitter en argent. En ce cas, les travaux seraient, sans contredit, mieux exécutés.

Le régime actuel des Prestations est extrême-

(1) Voyez le commentaire de Blakstone, vol. I, p. 419.

ment vicieux. On peut l'améliorer en abaissant l'évaluation du prix de la journée, et en imprimant aux travailleurs une direction qui leur manque aujourd'hui. Il serait mieux d'encourager les progrès de l'agriculture et de supprimer les Prestations que nous ont léguées les siècles de routine et de barbarie.　　　　　　　C. S.

PRÉTEUR. Magistrat romain spécialement chargé de rendre ou de faire rendre la justice. — Après le consul ou l'empereur, le Préteur était le magistrat le plus élevé. Il avait six licteurs. En cas d'absence du consul, le Préteur le remplaçait pour l'expédition des affaires consulaires. Dans le principe, les fonctions de Préteur et de consul étaient exercées par la même personne. Bientôt on fut obligé d'établir deux Préteurs, celui qui était juge des Romains (*Prætor Urbis*) et celui qui jugeait les causes entre les étrangers ou entre les Romains et les étrangers (*Prætor peregrinus*). Dans les derniers temps de la République, il y avait six Préteurs, dont quatre rendaient la justice dans les provinces. — Il ne faut pas croire que les Préteurs fussent les seuls juges du peuple romain : ils n'étaient que les magistrats suprêmes chargés d'assurer la distribution de la justice, de manière qu'elle ne manquât à personne. Il y avait d'autres juges élus par le peuple ; tels étaient les centumvirs, les juges de la question, etc. L'Edile avait aussi sa juridiction.

Les fonctions de Préteur duraient un an ; nommé par les citoyens, le Préteur devait être choisi dans l'ordre des patriciens.

Au commencement de sa magistrature, il déterminait l'ordre dans lequel seraient jugées les affaires et la jurisprudence qu'il adopterait. L'ordonnance qu'il rendait à cet effet se nommait l'*édit du Préteur*, qui, sous les empereurs, fut définitivement remplacé par l'*édit perpétuel*.　　A. B.

PRÉTORIEN. Ce mot servait à désigner tout ce qui ressortissait du préteur. — Les *Provinces prétoriennes*, par exemple, étaient celles où l'on envoyait des gouverneurs avec le titre de Préteur. —Les *Prétoriens* étaient la milice qui formait la garde des empereurs romains.—Il n'est personne qui ne connaisse l'histoire des Prétoriens : elle devrait être le manuel des princes qui essaient de fonder leur puissance sur la force. Tous les gouvernements militaires ont péri par les soldats. Quand les soldats ont respecté la vie de leurs maîtres, c'est qu'ils étaient dominés et contenus par un sentiment public plus fort que leurs passions. De telle sorte que les princes étaient uniquement protégés et sauvés par ce même sentiment contre lequel ils entretenaient une force armée. E. D.

PRÉTURE. Fonction de préteur.

PRÉVARICATION. On comprend sous la dénomination générale de Prévarication toutes les infractions que les fonctionnaires peuvent commettre contre les devoirs de leurs charges. C'est, comme on voit, un mot qui signifie beaucoup de choses. Il y a des prévaricateurs de toutes les espèces : politiques, financiers, judiciaires, administratifs et même municipaux. Quand la Préva-

rication a rapport à quelque objet de finance, elle prend le nom de CONCUSSION. Dans l'ordre judiciaire, politique et administratif, on l'appelle oppression ou abus de pouvoir. Les prévaricateurs sont censés devoir répondre de leurs Prévarications. Ils le doivent, en effet ; mais combien de prévaricateurs, en France et partout, et combien peu qui répondent !　　(V. RESPONSABILITÉ.)

PRÉVENTIF. Il vaut mieux Prévenir le crime que d'avoir à le réprimer. — Tel est le principe de ce qu'on appelle le système Préventif. Principe, en apparence, juste et humain, mais au fond contraire à la nature humaine. Ce sont les vices de la constitution sociale qui ont conduit à de pareilles maximes. L'homme s'est trouvé placé dans de mauvaises conditions de développement; quand il a cherché à sortir de ces conditions, il a commis des actions réellement mauvaises, socialement parlant, puisqu'elles troublaient l'ordre de la société. De là, certains philosophes et certains publicistes ont conclu, ne voyant que les apparences, que l'homme est un agent de mal ; et ils se sont tourmentés des moyens de prévenir le mal que peut commettre l'homme. Dans cet ordre d'idées on ne pouvait guère trouver d'autres moyens Préventifs que la terreur du châtiment, ou les restrictions apportées à la liberté d'action. Pour empêcher l'homme de *mal faire*, on l'a empêché de *faire*. C'est à cela que se résume le système Préventif, par opposition au système Répressif. Et cela a été la source de nombreux abus.

Si l'on considérait l'homme comme un agent de bien; si l'on cessait de blasphémer la Providence en supposant qu'elle a pu donner à l'homme des qualités nuisibles à lui-même ou à ses semblables, les travaux des philosophes et des publicistes se dirigeraient vers un autre but. Au lieu d'accepter comme un état nécessaire celui où les hommes emploient leurs qualités naturelles à se nuire les uns aux autres, ils chercheraient comment placer les hommes dans des conditions sociales, telles que chacun emploie ses qualités naturelles à l'utilité commune. Et la politique pourrait trouver dans de pareils travaux d'heureuses inspirations pour la conduite présente des affaires humaines. Des efforts dignes d'estime et d'admiration ont été faits dans notre siècle par d'illustres savants. Mais ce sont là des efforts isolés et par conséquent peu féconds. Le problème se résoudra à mesure que tout le monde se pénètrera de cette pensée que toutes les qualités de chaque homme, aujourd'hui trop souvent nuisibles, doivent être développées et employées utilement par tous les autres hommes. On oubliera alors la signification de ces mots : système Préventif.　　II. C.

PRÉVENU, PRÉVENTION. (V. ACCUSATION.)

PRÉVOT. Nom commun à différents magistrats sous l'ancienne monarchie.

Dans plusieurs villes, on appelait PRÉVOT le premier juge royal, à qui était attribuée la connaissance de toutes les affaires civiles qui naissaient entre roturiers. Il prononçait en première instance.

Les Prévôts étaient les mêmes juges que ceux qu'on appelait en quelques endroits châtelains ; en d'autres, vicomtes ou viguiers. Les Prévôts ni les châtelains ne pouvaient connaître des cas royaux ; ces cas étaient jugés par les baillis, les sénéchaux, les juges présidiaux, ou les Prévôts des maréchaux. Ils connaissaient des appellations des justices seigneuriales dans l'étendue de leur Prévôté.

On appelait GRAND PRÉVOT DE FRANCE, un officier d'épée, chef du tribunal dit *Prévôté de l'Hôtel*. C'était le plus ancien juge ordinaire du royaume. Charles VI l'avait établi en 1422. Il connaissait en première instance seulement des causes civiles de toutes les personnes qui étaient à la suite de la cour, en quelque lieu qu'elle se transportât ; mais il jugeait sans appel des causes criminelles et de police. Le grand Prévôt de France avait deux lieutenants, dont l'un tenait son siége à Versailles et à la suite de la cour ; l'autre, à Paris, dans le palais du Louvre.   (V. PRÉVOTÉ.)

Le PRÉVOT DE PARIS était un juge d'épée.

Le chef des échevins de Paris avait le titre de PRÉVOT DES MARCHANDS. Ce magistrat recevait son investiture en vertu d'une commission du roi.

Les PRÉVOTS DES MARÉCHAUX DE FRANCE étaient des officiers d'épée institués pour faire le procès aux vagabonds et gens sans aveu, et pour connaître des crimes commis par les condamnés à des peines corporelles, au bannissement et à l'amende honorable. Ils jugeaient aussi les crimes ou délits commis par les gens de guerre dans leurs marches ou dans les lieux d'étapes et de séjour ; les faits de désertion, de levées de soldats sans la commission du roi ; ceux de séditions, d'émotions populaires, d'attroupements et d'assemblées illicites, etc. Ils ne pouvaient prendre connaissance des crimes commis, dans les villes de leur résidence, par des personnes domiciliées. Ils étaient uniquement établis pour la police des routes et des campagnes. Les nobles et les prêtres n'étaient pas sujets à leur juridiction, à moins que déjà ils n'eussent été condamnés à des peines corporelles. Dans aucun cas, ils ne pouvaient juger les secrétaires du roi ni les officiers de judicature.

Outre ces diverses espèces de Prévôts, il y avait encore le PRÉVOT GÉNÉRAL DE LA CONNÉTABLIE, qui avait inspection sur toutes les maréchaussées de France, et connaissait de tous les cas prévôtaux et autres attribués aux juges extraordinaires ; le PRÉVOT GÉNÉRAL DE LA MARÉCHAUSSÉE DE PARIS, qui commandait, dans ce ressort, à la maréchaussée ; le PRÉVOT GÉNÉRAL DE L'ILE DE FRANCE, chef d'une compagnie d'archers, établie aux environs de Paris pour la sûreté de la campagne ; enfin, le PRÉVOT DE L'ARMÉE, qui était chargé de faire exécuter les ordres du général concernant les punitions corporelles à infliger aux soldats, et avait la police parmi les marchands qui suivaient le quartier général.

B.-C.

PRÉVOTALES (Cours). Tribunaux exceptionnels institués par le gouvernement impérial, en 1810. Napoléon sentit à cette époque qu'il fallait porter le dernier coup à la puissance britannique. Déjà le blocus continental lui avait causé des dommages énormes, mais elle n'était point abattue. C'était un duel à mort : Napoléon redoubla de vigueur. Un décret impérial ordonna que toutes les marchandises anglaises, existant en France, en Hollande, dans les villes anséatiques, et généralement depuis le Mein jusqu'à la mer, seraient brûlées. Ce décret fut exécuté, non seulement en France, mais en Allemagne. Les petits princes et les petits rois que l'empereur avait faits lui voulurent donner cette preuve de dévouement. Les pertes éprouvées par l'industrie et le commerce de la Grande-Bretagne furent évaluées, vers la fin de 1810, à plus de onze cents millions. Cependant, en raison même des rigueurs de cette politique, les tribunaux ordinaires n'appliquaient qu'avec une répugnance extrême les rigoureuses lois rendues pour empêcher l'introduction des marchandises anglaises. Napoléon, qui voulait que son système fût exécuté, du moins par les autres, quoiqu'il eût souvent l'improbité de l'enfreindre lui-même, Napoléon institua des Cours Prévôtales et des tribunaux de douanes spécialement chargés de réprimer les infractions commises contre le blocus continental. Leurs attributions furent souveraines : les Cours prévôtales eurent le droit de prononcer, même sans recours en cassation, des peines afflictives et infamantes, non seulement envers les contrebandiers, mais encore envers leurs complices. Cette institution était rigoureuse, mais elle était la conséquence naturelle et nécessaire du blocus. Qui veut la fin veut les moyens.

Rentrés en France, les Bourbons tournèrent contre la Révolution l'instrument dont l'empereur s'était servi contre les Anglais. Non contents d'assassiner les Bonapartistes et les révolutionnaires à coups de poignards, les royalistes voulurent les assassiner avec la loi. La chambre introuvable détruisit, en conséquence, le peu qui restait de garanties aux citoyens contre un arbitraire qui se produisait sous toutes les formes, partout et par tous les moyens. Mais ce n'était pas assez des lois rigoureuses : il fallait des tribunaux pour les appliquer. Les Cours Prévôtales furent établies. Cinq juges civils, présidés par un militaire, reçurent l'odieux pouvoir de juger sur l'heure et sans appel les séditions flagrantes. En vain une minorité courageuse essaya-t-elle de combattre cette institution sanguinaire : ses protestations furent étouffées ; les Cours Prévôtales, partout rétablies, couvrirent bientôt la France de terreur et de deuil, et méritèrent le nom de *Tribunaux de sang* dont les avait flétries Camille Jordan.

On a beaucoup écrit contre les *crimes* de la Révolution. Ces prétendus crimes avaient un but ; ils ont eu de grands résultats. La terreur royaliste, au contraire, n'avait d'autre mobile que les plus viles passions, la haine, la vengeance, la cupidité ; et elle a versé autant de sang que la Révolution. L'histoire sera peut-être quelque jour sérieusement et sincèrement écrite.

Les Cours Prévôtales n'ont pas été rétablies par le gouvernement qui a succédé à la Restauration ; mais il a fait mieux. Après les journées des 5 et 6 juin 1832, il a déféré aux conseils de guerre le ju-

gement des auteurs et des complices de cette insurrection. Il n'y avait plus même ici, comme
dans les Cours Prévôtales, de juges civils; tous
étaient militaires et façonnés à l'obéissance passive. Heureusement, la suprême juridiction mit
à néant cette coupable entreprise.   E. D.

PRÉVOTÉ. Philippe-Auguste ayant conquis
plusieurs provinces sur les Anglais, ainsi que nous
l'avons dit ailleurs, les partagea en divisions administratives qu'on appela bailliages. La Prévôté
était une subdivision du bailliage lui-même. Les
prévôts étaient les lieutenants des baillis; leurs
droits et leurs devoirs étaient les mêmes; mais
leur pouvoir, qui n'était qu'une délégation de celui des baillis, était nécessairement moins étendu.
Ainsi, la nomination, la surveillance et la destitution des prévôts regardait les baillis. A leur entrée
en charge, c'est entre les mains des baillis qu'ils
prêtaient serment; le temps de la gestion d'un
prévôt expiré, le bailli avait le droit d'affermer la
Prévôté à la personne qu'il jugeait digne de cet
emploi; les ordonnances seulement lui défendaient
de l'affermer à ses parens ou à des personnes nobles.

Ce que nous venons de dire convient aux Prévôtés des bailliages seulement. A Paris, on trouve,
à partir du règne de saint Louis, sous les titres de
prévôts et Prévôtés, deux magistratures dont les
titulaires exerçaient un pouvoir bien autrement
grand que celui des prévôts des baillis : nous voulons parler de la Prévôté de Paris et de la Prévôté
des marchands.

La Prévôté de Paris était une charge vénale et
peu estimée avant saint Louis; mais ce prince
ayant jugé à propos de confier à ÉTIENNE BOILEAU
la garde de la Prévôté de Paris, les choses changèrent bientôt de face. Étienne Boileau releva, par
son zèle pour la justice et pour le bien public, une
magistrature avant lui avilie par la manière dont
elle était acquise et exercée. Étienne Boileau, dis-
je, rendit cette magistrature utile au public. Les
rois attachèrent successivement à la Prévôté de
Paris des droits qui la rendirent puissante. Le
prévôt de Paris donne les ordonnances, er conservateur des priviléges de l'Université; il a inspec-
pection sur tous les métiers et marchandises; il
reçoit le serment des chirurgiens, il a inspection
sur les apothicaires, sur le guet; il préside à l'exécution des criminels; il a la garde et le gouvernement de la ville de Paris; la sûreté et l'embellisse-
ment de la capitale le regardent particulièrement.
Les rois faisaient tant de cas des prévôts de Paris
qu'ils les appelaient souvent aux délibérations de
leur conseil et leur envoyaient directement leurs
ordonnances pour les faire exécuter.

Après le prévôt de Paris, qui était l'homme du
roi, venait le prévôt des marchands. Cette dernière magistrature était moins puissante, sans
doute, mais elle était aussi plus populaire. La première ne représentait que le pouvoir, la seconde
représentait tous les intérêts des *bons bourgeois*
de Paris. Le prévôt des marchands était nommé
par les Parisiens, il fallait même être citoyen naturel de Paris pour avoir le droit d'aspirer à cette
magistrature.

Le prévôt des marchands avait inspection sur
les marchands et sur les marchandises; c'est lui
qui, d'accord avec les maîtres des métiers, jugeait de la valeur et de la qualité des marchandises; c'est à lui et aux échevins qu'était confiée la
garde des portes de Paris, la garde des tours et
des forteresses de la ville. Tout à la fois chef des
marchands et chef de la milice parisienne, le prévôt des marchands disposait donc d'une très grande
puissance morale et matérielle. L'histoire, cependant, ne compte qu'un prévôt des marchands qui
ait eu l'idée de s'en servir contre le pouvoir. Ce
prévôt est le fameux ÉTIENNE MARCEL. Sa tentative
hardie éveilla l'attention des rois sur la Prévôté
des marchands. Charles VI la supprima en même
temps que l'échevinage par ses lettres du 27 janvier 1382, et ordonna que leur juridiction serait
exercée par le prévôt de Paris. Mais, content sans
doute d'avoir laissé sommeiller pendant quelques
années la Prévôté des marchands, le même roi la
rétablit, ainsi que l'échevinage de la ville de Paris,
le 20 janvier 1411.

Les prévôts des marchands figurèrent souvent
aux États Généraux. MIRON, prévôt des marchands,
porta la parole pour le tiers aux États Généraux de
1614. Il prononça à genoux des paroles que l'humilité de la posture de l'orateur ne rendait que
plus menaçantes pour ceux auxquels MIRON s'a-
dressait. « Les autres ordres, disait MIRON, ont
» recherché en ces derniers siècles d'être dispen-
» sés de rendre, à notre exemple, cette exhubé-
» rance de respect au prince souverain : quant à
» nous, nous avons pris à honneur de nous main-
» tenir en la règle de cette profonde humilité de-
» vant notre maître; ce n'est pas pour cela que
» nous ne sachions bien quels nous sommes..... »

Ces paroles de MIRON donnent la mesure de la
puissance de la bourgeoisie à l'époque où elles furent prononcées; mais cette puissance, d'où les
bourgeois la tenaient-ils, si ce n'est de leur vieille
organisation industrielle? Il est donc juste de dire,
en terminant, que les prévôts des marchands ont
contribué au triomphe politique de la bourgeoisie;
car c'est eux tous, Étienne Boileau à la tête, qui
créèrent et qui maintinrent l'organisation industrielle de la bourgeoisie.   A. T.

PRIMAIRES (ÉCOLES). Les Écoles Primaires
sont destinées à l'enseignement des premiers éléments de la science.

Il y eut dans l'antiquité des Écoles Primaires
publiques, et au moyen âge on les vit renaître à
Rome et partout où l'influence romaine s'était le
mieux conservé. Mais ces Écoles n'étaient que le
fruit de la bienfaisance privée, du zèle religieux.
Le pouvoir législatif ne se chargea point de distribuer l'instruction primaire : il l'abandonnait à des
corporations religieuses, à des particuliers.

De nouvelles maximes furent introduites par la
Révolution française. On lisait dans la constitution
de 1791 : « Il est créé une instruction publique,
» commune à tous les citoyens, gratuite à l'égard
» des parties d'enseignement indispensa' les pour
» tous les hommes. »

Ainsi, l'Assemblée constituante considérait, à juste titre, l'instruction primaire comme un minimum d'instruction que tous les citoyens devaient posséder et qu'il importait à l'État de leur procurer. Les nombreuses lois et ordonnances dont les Écoles Primaires ont été l'objet n'ont point encore réalisé ce principe de la gratuité de l'instruction primaire pour tous les citoyens posé par l'Assemblée constituante.

La loi la plus importante qui ait été faite sur ce sujet, depuis que les projets des législateurs de l'an II ont été abandonnés, est celle du 28 juin 1833, aujourd'hui en vigueur. Cette loi divise les Écoles Primaires en deux classes : Écoles privées et Écoles publiques. Les Écoles privées sont à peu près libres : tout citoyen muni d'un brevet de capacité et d'un certificat de moralité peut établir une École Primaire, sous la surveillance de l'autorité. Les Écoles publiques sont celles qu'entretiennent, en tout ou en partie, les Communes, les Départements ou l'État.

Aux termes de cette loi de 1833, «toute commune est tenue, soit par elle-même, soit en se réunissant à une ou plusieurs communes voisines, d'entretenir au moins une École Primaire élémentaire.»

Ainsi l'instruction primaire devait descendre jusque dans les hameaux. Le législateur pourvoyait aux besoins des instituteurs en enjoignant aux communes de leur fournir un local convenablement disposé, tant pour servir d'habitation que pour recevoir les élèves, et un traitement fixe, au minimum de 200 fr. L'instruction primaire était gratuite pour les enfants indigents désignés par les conseils municipaux ; les autres enfants payaient une rétribution mensuelle dont la quotité était également fixée par les conseils municipaux.

La mise en vigueur de cette loi a révélé plusieurs obstacles que l'on n'avait pas tous prévus, et qui empêchent l'instruction primaire de s'étendre autant qu'on aurait pu l'espérer.

La disposition du territoire, la configuration topographique des communes empêchent beaucoup d'enfants d'aller régulièrement à l'École et les en tiennent éloignés pendant la plus grande partie de l'année.

La pénurie de sujets propres à faire des instituteurs s'est fait sentir jusqu'à présent ; mais il est probable qu'elle cessera bientôt.

Les grandes manufactures qui offrent un salaire aux enfants des ouvriers font en général négliger les Écoles Primaires. Les rapports des inspecteurs sont unanimes sur ce point. Quelquefois les agriculteurs refusent aussi d'envoyer leurs enfants à l'École, afin de profiter de leur travail.

Enfin, le plus grand obstacle est la répugnance d'un grand nombre de conseils municipaux pour l'instruction primaire. Souvent ils affament l'instituteur en fixant à un taux dérisoire le montant de la rétribution mensuelle, en délivrant des certificats d'indigence aux enfants des plus riches habitants de la commune, et en en refusant aux vrais indigents; souvent encore ils ne fournissent qu'un local insuffisant où il est impossible à l'instituteur de se loger et d'enseigner avec décence.

En somme, 5,663 communes n'avaient point encore d'Écoles Primaires en 1837, et parmi les enfants susceptibles de suivre les Écoles existantes, sept seulement sur douze les fréquentaient. L'enseignement primaire aurait dû être répandu sur 4,545,414 enfants, et il n'en atteignait que 2,651,492, dont 1,552,847 garçons répartis en 59,504 écoles et 1,098,645 filles réparties en 14,426 écoles.

Encore eût-il été impossible d'obtenir même un tel résultat sans le secours des écoles religieuses fondées à diverses époques et autorisées à devenir Écoles communales. En 1834, les frères de la doctrine chrétienne dirigeaient, en 237 villes, 256 Écoles tenues par 1,440 instituteurs et 221 novices, enseignant 101,163 écoliers. L'institution de Saint-Vincent-de-Paule, destinée aux filles, comptait, à la même époque, plus de 300 établissements dirigés par 2,500 sœurs. Les sœurs Saint-Charles avaient plus de 50 Écoles ; les sœurs de la Charité et de l'Instruction chrétienne environ 120 ; les sœurs de la Doctrine chrétienne, de Nancy, environ 200 ; les sœurs de Saint-Joseph, à Lyon, environ 150. Il y a une foule d'autres Écoles Primaires religieuses dont l'énumération serait trop longue pour que nous puissions la donner ici.

On peut remarquer, du reste, que c'est surtout dans les campagnes qu'il est difficile de faire pénétrer l'instruction primaire, et que presque toutes les sociétés religieuses se sont concentrées dans les villes.

La France est certainement un des états civilisés où l'instruction primaire est le moins répandue. L'Angleterre, les États-Unis, la Suisse, l'Allemagne nous surpassent infiniment sous ce rapport. En 1831, les Écoles Primaires de la Prusse recevaient 2,021,421 enfants : 21,609 seulement restaient privés d'instruction.

Il est vrai qu'en Prusse et dans la plupart des états de l'Allemagne l'instruction primaire est imposée par la loi comme une obligation rigoureuse. Les droits politiques et quelquefois même les droits civils sont interdits à celui qui ne sait pas lire et écrire : les parents qui n'envoient pas leurs enfants sont punis. Nos législateurs républicains avaient pris des précautions du même genre par l'article 6 de la loi du 29 frimaire an II ; mais cette loi n'a pas été exécutée, et on n'a point osé, en 1833, inscrire dans la loi nouvelle le principe de la coërcition. On aurait dû se rappeler cependant qu'il existe en France, nous ne dirons pas seulement beaucoup d'électeurs, mais des éligibles, des hommes susceptibles de devenir législateurs, qui ne savent pas écrire, qui ne savent pas lire, ce qui ne les empêche pas d'être nommés membres des comités destinés à encourager à surveiller l'instruction primaire.

Non seulement l'instruction primaire est peu répandue en France, mais elle y est fort insuffisante : elle ne comprend point à, proprement parler, l'enseignement moral. Savoir lire est fort utile sans doute ; mais il ne suffit pas de savoir lire, écrire et compter, et même répondre passablement sur le catéchisme, pour être un honnête homme, un bon citoyen, pour savoir choisir, parmi le petit nombre de livres élémentaires qui existent, ceux qui valent le mieux.

Nous désirerions aussi que l'instruction primaire fût un peu plus forte, qu'elle comprît les matières de l'instruction primaire que l'on appelle aujourd'hui *supérieure*. Nous désirerions qu'elle donnât les éléments de l'instruction professionnelle la plus utile, suivant les localités; qu'elle fût, dans les villes, industrielle et commerciale; agricole, dans les campagnes. L'Allemagne nous en a donné un exemple imparfait, mais très digne d'attention. En 1832, 46 Écoles de jardinage et 266 Écoles pour la culture des arbres, annexées aux Écoles Primaires, en Wurtemberg, étaient fréquentées par 8,524 enfants, et donnaient de fort beaux résultats. Tout le monde a entendu parler de l'admirable colonie agricole fondée et tenue à Hofwyl par M. de Fellemberg; enfin, nous devons signaler les tentatives modestes, mais couronnées d'un plein succès, de M. Floss, curé de Bouconville (Moselle), qui a également introduit, en France, la pratique de l'agriculture dans l'instruction primaire.

Il y a encore beaucoup à faire chez nous pour l'instruction primaire : on pourrait même dire que tout est à faire ; mais un gouvernement démocratique pourrait seul avoir assez de force et de moralité pour réorganiser convenablement l'instruction nationale. Aujourd'hui, on ne peut attendre que de lents et insignifiants progrès qui, cependant, méritent d'être recherchés et encouragés. (V. INSTRUCTION PUBLIQUE.)   C. S.

PRIMAT. Évêque qui a plusieurs provinces épiscopales sous sa juridiction.

L'autorité fut souvent contestée aux prélats qui possédaient le titre. Ainsi, l'archevêque de Paris, celui de Sens, celui de Tours, qui relevaient de la Primatie de Lyon, disputèrent plus d'une fois au siége supérieur ses prérogatives canoniques.

Les évêques latins ayant toujours eu des rapports faciles avec le pape, le consultaient directement dans toutes les affaires où leur conscience éprouvait des doutes : son jugement leur offrait plus de sécurité que celui d'un Primat.

Dans les dernières années du dix-septième siècle, l'évêque de Rouen, Nicolas Colbert, se déclarer, par arrêt du conseil d'État, indépendant du siége primatial de Lyon. Les pièces relatives à cette affaire sont nombreuses et intéressantes : on peut y apprécier l'importance qu'à cette époque les évêques de l'Église gallicane attribuaient à de vains titres.   B. H.

PRIMOGÉNITURE. Synonyme de AINESSE. C'est à l'aîné qu'appartiennent les fonctions qui, dans la plupart des monarchies, se transmettent héréditairement. Telles sont les fonctions de membre de la chambre des lords en Angleterre. Telles étaient, en France, avant 1830, les fonctions de pair de France. Tels étaient, sous l'ancien régime, un grand nombre de charges, ou offices.

Dans les monarchies héréditaires (les monar-

chies électives sont peu nombreuses), le droit à la couronne se transmet par ordre de Primogéniture. Dans certaines monarchies les femmes sont admises à cette succession. Dans d'autres, comme en France, elles sont exclues; et cette exclusion suit partout, en Europe, l'ancienne application de la loi salique aux successions civiles.

La déclaration du 7 août 1830, par laquelle la chambre des députés a appelé Louis-Philippe au trône, contient la disposition suivante : « Moyen» nant l'acceptation de ces dispositions et propo» sitions, la Chambre des députés déclare que » l'intérêt universel et pressant du peuple fran» çais appelle au trône S. A. R. Louis-Philippe » d'Orléans, duc d'Orléans, lieutenant-général du » royaume, et ses descendants à perpétuité de, » mâle en mâle par ordre de Primogéniture, à » l'exclusion perpétuelle des femmes et de leurs » descendants. » C'est la consécration du principe constamment suivi, en France, depuis la deuxième race.

Dès qu'on admet l'hérédité de la couronne, et malgré tous ses vices, il faut nécessairement admettre le droit de Primogéniture, seule garantie contre les calamités du partage du pouvoir. (V. AINESSE (droit d').   H. C.

PRINCE, *princeps*, le premier, celui qui marche le premier, le Prince des poètes, le Prince des apôtres, le Prince de la milice, etc.

Nous ignorons maintenant la vraie signification qu'avait ce dernier titre chez les Romains, *Princeps militiæ*. Nous savons toutefois qu'il se donnait au mérite personnel, qu'il était effectif, propre à la fonction, et non héréditaire ; qu'il n'était pas simplement honorifique comme il l'est parmi nous, ou comme l'était chez les Romains eux-mêmes le titre de Prince de la jeunesse, *Princeps juventutis*. On donnait ce titre à la valeur, et il était quelquefois conféré sans égard à l'âge. A dix-huit ans, César Octavien le portait, et, sous sa responsabilité ; il était effectivement et non princièrement, dans le sens moderne, généralissime de l'armée romaine, et contre les plus formidables ennemis. Maintenant, un Prince près d'une armée est une superfétation et un embarras; il n'y fait rien, et nuit à qui veut faire.

C'est là, du reste, un de ces mots vagues, qui n'ont eu, en aucun temps, de signification politique précise, répondant tantôt au titre de roi, tantôt à celui de duc, mais s'appliquant le plus souvent aux fils de roi. Le mot Prince, employé d'une manière absolue, se prend pour le roi, l'empereur, le duc, le monarque, l'homme en un mot, en qui réside, au moment où l'on parle, la puissance exécutive dans le sens monarchique, c'est-à-dire héréditairement. On ne naît pas président d'une république, ou prédestiné à le devenir; on naît Prince, et destiné à devenir roi, et le plus souvent on le devient. On est donc illustre, sérénissime, grand et seigneur en naissant, dès le berceau, avant d'avoir ouvert les yeux à la lumière. C'est en ce sens que nous voyons tous les jours annoncer dans les journaux que S. A. R. Madame une telle vient d'accoucher d'un *Prince* ou de mettre au monde une *Princesse*.

On naît donc prince ; c'est un point entendu ; et l'on reçoit, à ce titre, une éducation et des principes spéciaux qu'on suce avec le lait, comme on dit, et dont le *Prince* de Machiavel contient la moelle et la substance. Aux quatre points cardinaux de l'horizon, partout où s'élèvent des princes, l'illustre précepteur voit ses maximes suivies, et tout enfant de race royale ou princière est nourri naturellement, dans l'atbmosphère qui l'entoure, suivant les principes du *Prince* de Machiavel ; tout cela est à merveille. Reste à savoir jusques à quand l'espèce humaine trouvera bon et utile d'avoir des Princes.   Cɪ. R.

PRINCE ROYAL. C'est ainsi qu'on appelle en France, en Prusse, en Suède, en Hollande, l'héritier présomptif du trône. Sous l'ancienne monarchie française, il avait le titre de DAUPHIN. Avant la naissance du roi de Rome, le fils aîné à naître de Napoléon devait être qualifié de *prince impérial*.   B.-C.

PRINCES DU SANG. On désignait par ce nom, avant 1789, les princes de la famille royale qui n'étaient ni les fils, ni les frères, ni les neveux du roi. Ils siégeaient au parlement au dessus des ducs et pairs.   B.-C.

PRINCIPE. Dans la langue philosophique, un Principe considéré absolument est un axiôme. (Voir ce mot.)

Dans la langue politique, le mot *Principe* n'a pas le même sens. Un axiôme véritable ne peut être l'objet d'aucun débat, et les Principes, sur lesquels on argumente, soit dans le parlement, soit dans la presse, n'ont, pour la plupart, qu'une valeur contestée ou contestable. Ce Principe : « Le roi ne peut mal faire, » souvent invoqué par les dogmatistes de l'école libérale, ne semble pas orthodoxe à beaucoup de bons esprits. Celui-ci : « Tous les citoyens ont des droits égaux à l'exercice de la souveraineté, » n'a pas encore obtenu l'assentiment de la majorité parlementaire ; et celui-ci « L'État, c'est moi, » n'est plus défendu, même au nom de la dynastie de Louis XIV, que par quelques vieillards étrangers aux mœurs et aux idées de notre temps. Ainsi, les maximes invoquées comme Principes dans les discussions politiques ne sont pas, à proprement parler, des axiômes. Leur valeur n'est pas intrinsèque.

Les Principes politiques sont de deux ordres.

Il y en a qui sont consacrés par l'opinion : alors qu'ils ont obtenu cette sanction, ils deviennent applicables. Mais, le plus souvent, quand ils ont été appliqués, l'opinion les abandonne pour s'attacher à d'autres. Aussi disons-nous qu'ils ne sont pas absolus, mais relatifs ; relatifs aux temps et aux lieux.

Il y a d'autres Principes que l'opinion n'a pas encore sanctionnés et que peut-être elle ne sanctionnera jamais. Ceux-ci sont de l'ordre inférieur ; ils sont la créance des minorités ou seulement des individus. Si l'on reproche à la coterie libérale

d'avoir peu ou de n'avoir point de Principes, on accuse la coterie doctrinaire d'avoir des Principes contre lesquels proteste la raison commune. Cette protestation n'est pas, il est vrai, définitive dans tous les cas. Si peu que l'on ait étudié la science du gouvernement, on s'est presque toujours fait une doctrine qui, dans toutes ses parties, n'est pas exactement conforme à celle que professe le plus grand nombre : ce qu'il y a d'individuel dans la conscience, est souvent fort respectable, et nous le prouverons en disant que le droit d'hypothèse appartient à chacun. Mais nous maintenons qu'on ne saurait vouloir l'application d'un principe, avant qu'il ait été proclamé par la conscience populaire. C'est là, pour nous servir du terme même que nous définissons, un Principe d'ordre ; le Principe contraire est un Principe de violence et d'anarchie.

Un homme qui n'a pas de Principes, qui obéit à toutes les impressions, qui subit l'autorité de tous les faits, manque de jugement et ne possède pas davantage ce qu'on appelle l'esprit de conduite. Il est bon de se méfier des gens de cette sorte ; ce sont ceux qui trahissent toutes les causes.

C'est, d'autre part, faire preuve d'ignorance et de légèreté que de se poser à tout propos avec des convictions invincibles, et que d'affecter étourdiment une hautaine rigueur dans ses Principes. L'homme sincère corrige bien souvent ses opinions ; le fat proclame qu'il ne doute d'aucune chose, il se pose comme possédant le mot de toutes les énigmes, il s'admire dans l'universalité de son génie ; après l'avoir interrogé, vous savez qu'il ne sait rien, et qu'il ne croit à rien qu'à sa frivole personne.   B. H.

PRISES. C'est un principe reconnu aujourd'hui par tous les gouvernements et par tous les publicistes que, dans les guerres de terre, la personne et les biens des particuliers non combattants sont sacrés et ne peuvent, en aucun cas, devenir l'objet d'une conquête. Il en est autrement, comme on sait, dans les guerres maritimes. Ainsi, l'Angleterre et les États-Unis, par exemple, se trouvant en état d'hostilité, une armée américaine qui débarquerait sur les bords de la Tamise ne pourrait, sans violer le droit des gens, faire prisonnier un citoyen anglais ou enlever de ses magasins un seul ballot de marchandises. Au contraire, un vaisseau ou un bâtiment corsaire qui rencontrerait sur mer un navire de commerce appartenant à la nation ennemie, peut, suivant le droit des gens adopté partout, s'emparer, corps et biens, de ce navire, qui devient ce que l'on appelle une Prise.

Un publiciste portugais, Pinheiro-Ferreira, explique ainsi l'anomalie que nous venons de signaler : « La raison de cette différence de conduite, dit-il, c'est que la prudence, ou, si l'on veut, la peur commande aux armées d'épargner les habitants pour ne pas amener des insurrections en masse, chance auxquelles les armées les mieux aguerries savent qu'il leur importe de ne pas s'exposer. Mais sur mer, on peut impunément s'emparer de tout ce qu'on rencontre désarmé ; et dès lors la raison de prudence, qui commandait d'être modéré sur terre, n'ayant plus lieu, c'est le cas d'identifier le sujet avec le souverain, et de s'emparer de la fortune de l'un pour le venger des injustices de l'autre. »

Quels que soient les motifs qui ont fait maintenir dans le Code du droit des gens, la distinction que nous venons de signaler, il est de fait que les bâtiments appartenant, soit à un gouvernement, soit aux citoyens soumis à ce gouvernement, peuvent être pris et confisqués. Si la prise a été faite par des bâtiments de l'État, l'État en devient propriétaire ; et si c'est par des corsaires, le bénéfice de la capture se partage ordinairement entre l'État et les armateurs du Corsaire, suivant la jurisprudence particulière à chaque pays.

Mais ce ne sont pas seulement les bâtiments ennemis qui peuvent devenir l'objet d'une Prise. Il arrive aussi, comme nous l'expliquons aux articles Neutres et Blocus, que des bâtiments neutres, contrevenant aux usages maritimes touchant les blocus et la contrebande de guerre, se mettent dans le cas d'être capturés, comme s'ils étaient vraiment ennemis. Ainsi, les Français ayant déclaré le port de Buenos-Ayres, par exemple, en état de blocus, le bâtiment anglais qui essaierait de forcer le blocus ou de faire passer aux Mexicains des munitions de guerre, celui encore qui, sous pavillon neutre, naviguerait avec un équipage composé de marins ennemis de la France, pourrait, suivant les règles du droit maritime, être saisi et confisqué.

Dans tous les cas, néanmoins, on comprend que des doutes et des contestations s'élèvent fréquemment sur la légalité de la capture, et ces contestations mal décidées peuvent apporter ultérieurement des obstacles très sérieux au rétablissement de la paix. On est donc convenu, en général, que l'on ne s'en remettrait pas aux officiers capteurs du soin d'apprécier eux-mêmes la légalité de leurs Prises. Le code de toutes les nations civilisées les oblige à conduire l'équipage et la cargaison capturée, soit dans un port de leur nation, soit chez une nation amie pour y faire prononcer judiciairement la validité ou la nullité de leurs actes. A cet effet, il a été quelquefois établi des tribunaux spéciaux appelés Conseils des prises. En l'absence d'une pareille autorité, ce sont les tribunaux maritimes qui jugent et prononcent si les cargaisons et les équipages saisis sont ou ne sont pas de bonne prise, s'en référant aux règles que nous avons indiquées plus haut touchant les neutres, la contrebande et les blocus.   J. B.

PRISONS. Il y avait, sous l'ancien régime, des Prisons royales, seigneuriales, ecclésiastiques, communales, toutes administrées et tenues d'une manière différente, et, en général, fort mal administrées, fort mal tenues.

Aujourd'hui, toutes les Prisons de France sont sous la surveillance immédiate de l'administration centrale. Elles se divisent en plusieurs catégories. D'abord, chaque tribunal, chaque degré de juridiction a ou est censé avoir sa Prison. On compte donc 1° les *maisons de police municipale* placées près des juges de paix pour recevoir les condamnés par jugement de simple police ; 2° les *maisons d'arrêt*, près les tribunaux de première instance ; elles reçoivent les inculpés, les prévenus et les individus condamnés à un emprisonnement de moins d'un an et un jour ; 3° les *maisons de justice* de chef-lieu ou cours royales ; près des cours d'assises, pour ceux qui appellent des jugements correctionnels des tribunaux de première instance, pour ceux qui sont condamnés en appel à un emprisonnement très court et pour les accusés destinés aux cours d'assises ; 4° les *Prisons militaires*, près les conseils de guerre, pour les prévenus ou condamnés militaires ; 5° les Prisons placées près des tribunaux maritimes, pour les marins prévenus ou condamnés pour délits. Ensuite viennent les *maisons de correction*, spécialement affectées aux jeunes détenus ; les *maisons centrales de force* ou *de détention* qui reçoivent tous les individus condamnés, à quelque titre que ce soit, à demeurer en prison plus d'un an et un jour ; enfin, les *bagnes* qui reçoivent les hommes condamnés aux travaux forcés.

Les condamnés pour contraventions à la loi sur la garde nationale, les détenus pour dettes sont enfermés, en général, dans les Prisons ordinaires, mais dans des quartiers séparés ; les maisons de police municipale, là où il y en a, reçoivent naturellement les gardes nationaux condamnés.

Nous avons donné la nomenclature légale des Prisons ; mais, dans la pratique, il s'en faut de beaucoup que ces classifications soient bien observées. L'administration peut transférer et transfère arbitrairement les détenus dans les maisons d'arrêt de justice et de force, suivant son bon plaisir.

D'ailleurs, la classification légale ne correspond point à une classification de régimes ; elle est purement nominale ; entre les diverses prisons il n'y a guère que des différences locales et fortuites, sauf quelques exceptions qu'il suffit d'indiquer pour en faire sentir l'absurdité.

Les maisons de correction et les maisons centrales de détention ont été l'objet de presque tous les soins de nos modernes administrateurs. Ces soins, en eux-mêmes, n'ont rien que de louable, surtout en ce qui concerne les maisons de correction. Nous regrettons seulement que ces dernières aient fait l'objet des cruelles expériences des philanthropes. (V. Pénitentiaire.)

L'influence des philanthropes s'est fait sentir aussi dans quelques maisons centrales et elle y a produit d'horribles résultats. Mais dans le plus grand nombre de ces maisons, les détenus sont logés dans des salles, dans des dortoirs bien aérés, leur nourriture est de bonne qualité ; le travail leur est imposé comme récréation et comme pénitence ; mais ce travail n'a rien de pénible et il sert à donner au condamné libéré un petit capital et une industrie qui peuvent prévenir les récidives. Enfin, il y a quelques années, les détenus étaient infiniment mieux traités par la société que beaucoup d'honnêtes gens libres et leur sort n'avait de la peine que le nom, lorsque l'administration a sagement pris une mesure qui, en faisant cesser plusieurs abus, a rétabli la peine. Nous voulons parler de l'interdiction du tabac et des liqueurs alcooliques, de l'obligation de garder presque toujours le silence et de ne parler guère qu'à voix basse, etc.

Les maisons centrales de détention ont été bâties récemment en vue de la destination à laquelle elles sont affectées, ou bien elles sont placées dans les édifices des anciens couvents auxquels de petites réparations ont été faites. Il n'en est pas de même des maisons d'arrêt et de justice; la plupart d'entre elles ont été construites dans les temps féodaux, à une époque où l'on avait moins de soin des détenus que des animaux les plus vils. Là les prisonniers, condamnés et prévenus, sont logés et couchés pêle-mêle; là d'honnêtes gens, incarcérés par une erreur du parquet, où des condamnés pour des fautes légères, sont obligés d'habiter, le jour et la nuit, avec le rebut de la société, avec des forçats libérés, avec des assassins et des empoisonneurs. Dans ces maisons, il n'y a que peu ou point de police; le travail n'y est ni obligatoire ni possible; ce sont de véritables écoles où sont enseignées et pratiquées les plus dégoûtantes obscénités, ou on enseigne aussi le vol, le meurtre, tous les délits et tous les crimes.

Nous avons vu, dans un chef-lieu de cour royale, une maison de justice où les détenus étaient renfermés et abandonnés, depuis quatre heures du soir jusqu'à huit heures du matin, sans air, sans lumière, sans surveillance, dans un dortoir infect, à plus d'un mètre au dessous du sol, où il n'avaient qu'un grabat toujours humide, grâce à l'eau qui suintait à travers les murs épais de la prison. Il est impossible, pour qui ne l'a pas vu, de se faire une idée exacte de l'horreur d'un pareil séjour, et presque toutes les maisons d'arrêt ou de justice présentent de semblables tableaux.

Ainsi, contrairement à toute justice, à toute raison, à toute humanité, les criminels condamnés par les cours d'assises, les escrocs, les voleurs condamnés par les tribunaux correctionnels et placés dans les maisons centrales, sont incomparablement mieux traités que de simples prévenus, déjà trop punis, lorsqu'ils sont innocents, par la perte de leur liberté.

Et par une anomalie plus révoltante encore, les grands coupables, les condamnés aux travaux forcés, et, par exemple, les quatorze parricides que l'application singulière des circonstances atténuantes a envoyés au bagne de Brest, sont mieux traités que les habitants des maisons centrales! On a vu plusieurs de ces derniers confesser à la justice qu'ils recherchaient le bagne où le travail est moins surveillé et la discipline moins sévère.

Les bagnes vont disparaître, dit-on, et nous le croyons facilement, parce que les philanthropes ont intérêt à faire tomber les forçats dans leur do-

maine. Mais qui améliorera le sort des prévenus et de ceux qui ont commis de légers délits? Qui les soustraira au régime qui détruit leur santé, aux fréquentations qui corrompent leur moralité, aux violences des êtres les plus dégradés, aux exactions des geôliers, aux sévices des agents subalternes de la justice humaine?
                                         C. S.

PRISONS D'ÉTAT. La tradition des Prisons d'état remonte haut. Sans parler des barbares inventions des empereurs romains pour torturer leurs prisonniers; sans parler de Denys de Syracuse et de sa fameuse prison taillée en volute, qu'on appelait l'*oreille de Denys*, parce qu'il pouvait entendre tous les discours des détenus, nous voulons emprunter à l'antiquité un seul fait qui nous servira de préface à Louis XI, comme il paraît lui avoir servi d'exemple.

Lysimachus, un des successeurs d'Alexandre, fit mutiler Thélesphon, de Rhodes, son ami, et après lui avoir coupé le nez et les oreilles, il le nourrit dans une cage, comme un animal rare et singulier dans son espèce.

Louis XI est dans notre histoire le plus terrible des inventeurs en matière de Prisons d'état : il avait fait, dit Comines, de rigoureuses prisons, comme cages de fer, et autres bois, couvertes de pates de fer par le dehors et par le dedans, avec de terribles fermures de quelques huit pieds de large, de la hauteur d'un homme, et un pied plus. »

Boulainvillers déclare, dans ses *Lettres sur les anciens parlements de France*, qu'il a vu de ses yeux le cachot de fer où fut enfermé quatorze années entières le cardinal de la Balue. Les murailles, les planchers, la porte, la cheminée, y étaient d'une forte tôle assurée par de grosses barres de fer. Ce cachot était au Plessis-lès-Tours sous les premières salles de l'appartement de la reine.

Il y avait encore d'autres Prisons d'état dans les places fortes, telles que le château de Loches, la grosse tour de Bourges, Vincennes et la Bastille. On sait tous ces hommes illustres que Louis XI tortura dans ces oubliettes. Comines lui-même, qui en parle assez tranquillement, « en tâta huit mois sous le roi Charles VIII. » L'histoire des princes d'Armagnac est une des plus horribles. Ils furent enterrés dans des cachots pointus par le fond, comme une sorte d'entonnoir, afin que leurs pieds n'eussent point d'assiette et que leur corps n'y pût prendre aucun repos. On les en tirait deux fois par semaine pour les fustiger sous les yeux de Philippe Tuillier, gouverneur de la Bastille, et de trois en trois mois, pour leur arracher une ou deux dents. L'aîné y devint fou. Le cadet fut délivré par la mort de Louis XI.

Les Valois et Richelieu continuèrent dignement Louis XI. Sous les Valois, les prisonniers d'état étaient ordinairement détenus dans des cachots attenant aux demeures royales, et on les faisait suivre les diverses résidences de la cour. Au château de Blois, les cachots étaient sous la chambre occupée par Catherine de Médicis.

Louis XIV est le premier qui osa justifier publiquement les détentions arbitraires pour *raison d'é-*

tat. Dans un édit de 1705, il parle : « Des personnes qu'il juge quelquefois à propos d'éloigner pour un temps du lieu de leur établissement ordinaire, par des ordres particuliers, pour bonnes et justes causes *à lui connues.* » C'était à propos des lettres d'exil. Mais c'était la théorie des lettres de cachet. La détention du prisonnier mystérieux si connu sous le nom de *l'homme au masque de fer* témoigne du respect que le grand roi avait pour la liberté. Parmi les dettes de Louis XIV, on trouve dans le compte de Forbonnais, un article de 136,000 livr. pour le *pain* des prisonniers que le jésuite Letellier avait fait renfermer à la Bastille, à Vincennes, à Pierre en Cise, à Saumur, à Loches, sous le prétexte de jansénisme.

Au dix-huitième siècle, l'histoire des Prisons d'état a été révélée par Mirabeau. L'arbitraire est toujours le même. Il n'y a que le traitement de changé. Une lettre de cachet plonge un citoyen dans une Prison d'état. On ne lui confronte pas son accusateur, et cet accusateur est communément son juge et sa partie. C'est toujours *la raison d'état*, *l'intérêt de l'état.* « Je connais, dit Mirabeau, la composition de six forts qui contenaient en 1775, trois cents prisonniers. Plusieurs maisons de religieux en renferment habituellement chacune un nombre pareil. Qu'on calcule par approximation combien d'hommes sont enfouis dans les maisons de force et les Prisons d'état. Dans le fort que j'ai habité huit mois , j'ai vu de près et observé trente prisonniers. Trois de ces infortunés avaient pour crime unique d'être mariés à de jolies femmes protégées ou plutôt entretenues par des *grands seigneurs.* Des vingt-sept autres, il n'y en avait pas un dont la détention eût un rapport prochain ou éloigné avec quelque affaire d'état. La plupart étaient jeunes, simples et sans expérience. » Nous renvoyons à Mirabeau (*Des lettres de cachet et des prisons d'état,* pages 228 et suivantes, 418 et suivantes), pour les anecdotes curieuses relatives aux détenus, pour le coût des prisons, la description de Vincennes et du régime intérieur. Après avoir lu le détail de ces atrocités, on s'écrierait volontiers avec Mirabeau : « Tout, je dis *tout* sans exception, est permis à l'homme pour rompre ses chaînes ; ô vous qui mettez tous les devoirs d'un côté et tous les droits de l'autre, qui trafiquez de la morale, de la justice , de l'espèce humaine , sachez qu'un despote, un geôlier et un marchand d'esclaves, sont trois êtres dévoués, par la nature et la justice au poignard de celui qu'ils tiennent dans leurs fers, s'il a le moindre espoir de les briser à ce prix. »

Aujourd'hui encore, qui le croirait ? La monarchie constitutionnelle n'a point aboli en pratique les lettres de cachet et les Prisons d'état. Sous une apparence de légalité, et sous le nom de prévenus, il y a encore des hommes qui subissent sans jugement des détentions de plusieurs mois et même d'une année. Il suffit d'être suspect au Préfet de police ou d'avoir des opinions politiques *dangereuses*, pour qu'on vous oublie dans une prison, sans que la justice instruise même l'affaire. Mais ceci n'appartient plus à notre sujet. (V. PRÉVENTION , etc.)   **T. T**

PRISONNIER. On discute beaucoup aujourd'hui sur les différents systèmes pénitentiaires. Mais avant de décider comment doit être réglé l'intérieur des prisons , il serait logique d'examiner d'abord s'il est bon, s'il est humain qu'il y ait des prisons ; et , par *prisons* , j'entends des lieux où l'individu, une fois *pris*, est dépouillé d'une partie des qualités qui constituent la nature humaine. Car c'est à la mutilation plus ou moins impie qu'aboutissent en définitive tous les systèmes dits philantropiques. Que la grande société officielle soit dans la nécessité d'écarter de son sein les hommes pervertis et dangereux , c'est incontestable ; toutefois, on pourrait soutenir encore sans paradoxe qu'éloigner tout-à-fait l'homme du milieu social est un mauvais moyen de le ramener au sentiment et à la pratique de la sociabilité. Mais malheureusement la question *pénitentiaire*, et le mot l'indique assez , n'est pas encore avancée à ce point qu'elle se propose de transformer les condamnés en citoyens utiles et moraux.

Contentons-nous d'esquisser rapidement l'état physiologique, intellectuel et moral du PRISONNIER , dans les conditions générales de tous les systèmes pénitentiaires pratiqués aujourd'hui. Ce chapitre de critique pourra servir d'enseignement aux philantropes.

Ce qui manque d'abord au prisonnier, c'est l'air et le soleil, la nature extérieure. On ne sait pas combien la lumière est nécessaire à la vie et à la conservation de la santé. Or, il n'y a pas une prison , je parle des moins hideuses, où la lumière pénètre suffisamment, où l'air se renouvelle par une libre circulation. Les prisonniers respirent donc partout un mauvais air chargé d'impuretés. Leurs yeux , que ne réjouit jamais une lumière pleine et abondante, se fatiguent promptement. Ajoutez que la vue ne s'étend jamais sur de vastes horizons et se brise toujours sur les mêmes objets monotones. C'est un des tourments les plus douloureux du prisonnier, de ne jamais reposer ses regards sur les objets changeants de la nature, sur les arbres agités par le vent, sur l'herbe où se joue la lumière , sur les mille aspects d'une campagne vivante. Les murs et les barreaux de fer sont toujours de la même couleur. Le printemps ne fait point pousser sur les grilles de feuilles ni de fleurs. L'entourage physique du prisonnier ne se renouvelle pas plus que l'air. Les facultés destinées à recevoir les impressions du monde extérieur ne trouvent point où s'alimenter. On perd donc bientôt la vivacité de l'imagination, le sentiment de la forme et la mobilité des images. Les esprits les plus féconds cherchent en vain, au bout de quelques mois, la verve, l'inspiration, le don de la poésie et de l'expression ? car la nature est indispensable à l'homme pour le rajeunissement de sa vie ; elle est le réservoir inépuisable où il doit retremper sans cesse sa sensibilité.

Voilà donc le Prisonnier privé de la nature, de la terre et du ciel ; mais il est privé encore de tous les sentiments qui le rattachent à ses semblables ; le commerce des femmes lui est interdit ; ses communications intellectuelles sont

rares et comprimées. « L'amitié, l'amour, les
» bienfaiteurs du monde, dit Mirabeau, devien-
» nent les bourreaux du Prisonnier. Plus son
» cœur est actif, plus son ame est élevée, plus
» ses sens ont d'énergie, et plus ses tourments
» sont aigus et multipliés. Ces précieux dons de
» la nature tournent à sa ruine. Quelle mutilation
de l'existence! »

Ainsi, destitués de toute relation salutaire avec
les hommes et les femmes, les détenus tombent
souvent dans des vices honteux ou dans un abrutissement misérable. « Car la source de tout mal,
» dit Sénèque, c'est la solitude »; la solitude en
dehors des conditions normales de la vie. L'Écriture a dit aussi, comme Sénèque : « Il n'est pas
» bon que l'homme soit seul. »

Les esprits les plus robustes ne se défendent
pas long-temps contre le marasme ou l'insensibi-
lité. Le Prisonnier dont l'esprit est cultivé a sans
doute la ressource du travail intellectuel et de la
méditation. Mais ne voit-on pas que les conditions
de son milieu étouffent sa pensée. *J'ai l'esprit
opprimé sous cette servitude*, dit l'illustre auteur
des *Paroles d'un croyant*, expression qui peint à
merveille la disposition morale des plus rares
génies quand ils ont perdu la liberté.

Les quatre personnages qui ont la haute surveillance sur les Prisonniers, le directeur, l'inspecteur, le médecin, l'aumônier, ne peuvent rien
pour améliorer le sort moral et intellectuel des
Prisonniers. Vous avez besoin d'air et de soleil;
le médecin ne peut renverser les murs d'enceinte;
mais en revanche, il vous offre la tisane et la
saignée. L'auteur de cet article conseillait dernie-
rement au médecin de Sainte-Pélagie de se faire
remplacer par un jardinier qui défricherait la
cour et planterait des arbres. La vue de la végétation serait plus salutaire aux Prisonniers que
toutes les médecines du monde. L'aumônier dit la
messe; mais le pain mystique de la communion
ne suffit point à la nourriture de l'âme. L'inspecteur n'a pas d'autre rôle que de faire recrépir les
murs dégradés et mettre de l'huile fraîche aux
verrous. Quant au directeur, il est là tout simplement pour envoyer au cachot les détenus qui
s'ennuient, pour recevoir des lettres auxquelles
il ne répond jamais, et pour décacheter celles qui
viennent du dehors. On ne saurait décemment
exiger de lui ce qui manque à son établissement:
car il ne manque qu'une seule chose au Prisonnier, la liberté; et s'il n'y avait pas de Prisonniers, il n'y aurait pas de directeurs de prison.

Que faire donc pour restituer au Prisonnier
l'exercice des droits naturels, son esprit et de
son cœur, les conditions nécessaires à la santé
morale et physique? Encore une fois, il faudrait
que les prisons ne fussent pas des prisons. Mais
les *enfermeurs d'hommes*, comme dit Mirabeau,
n'y consentiront jamais. (V. PÉNITENTIAIRE, ETC.)
T. THORÉ.

PRISONNIERS DE GUERRE. Lorsque des
corps ou des individus appartenant à des armées
de terre et de mer déposent les armes devant l'ennemi, ou bien encore lorsqu'ils sont mis hors d'é-
tat de pouvoir combattre et qu'ils sont capturés
par des forces supérieures, ils deviennent Prisonniers de guerre.

Sont encore Prisonniers de guerre, les équipages des navires marchands saisis par les vaisseaux
ou les corsaires d'un état en guerre avec le pays
auquel appartiennent ces équipages et ces navires.

Les publicistes anciens posaient en principe que
le vainqueur avait le droit de tuer le vaincu. De
ce prétendu droit, ils faisaient dériver celui de
disposer absolument, comme on l'entendait, de
l'individu à qui, par tolérance, on avait bien voulu laisser la vie. Nous n'avons plus, grace à Dieu,
rien à démêler avec de pareilles théories qui conduisaient les anciens, d'une manière trop logique,
à réduire en esclavage les prisonniers de guerre.
Nous avons vu les peuplades du nord de l'Afrique
persister à vouloir les appliquer, mais la victoire
de la France sur Alger a fait disparaître, sans doute
pour jamais, les derniers représentants de la doctrine antique touchant les Prisonniers.

Aujourd'hui, les principes reconnus sont ceux-
ci : les Prisonniers appartiennent non pas à celui
qui les fait, mais à la nation contre laquelle ils portaient les armes. — En faisant des Prisonniers on
a pour but, non pas de nuire aux individus ou de
les exploiter, mais de diminuer les forces de l'état
avec lequel on est en guerre.

Il résulte de là que les Prisonniers de guerre
doivent être traités avec humanité et rester maîtres de leur personnes, autant du moins que cela
peut se concilier avec la sécurité du vainqueur.
Toutes les nations européennes s'accordent aujourd'hui à flétrir la conduite tenue par le cabinet
anglais à l'égard des Prisonniers dans les guerres de la République et de l'Empire. Les pontons
de Plymouth et de Chatam et les rochers de Ca-
brera s'élèveront éternellement en témoignage
contre la politique atroce d'un gouvernement qui
fit périr tant de nos compatriotes dans les tortures, tandis qu'au contraire les Anglais et les alliés
des Anglais, prisonniers en France, y vivaient à
la lumière du soleil, travaillant dans nos campagnes comme des ouvriers libres.

Plusieurs fois, à cette époque, le gouvernement
français, touché des malheurs de nos soldats, fit
proposer des échanges au gouvernement anglais.
Celui-ci s'y refusa constamment sous divers prétextes, notamment sous celui-ci, que, parmi les
Prisonniers faits par la France, il y avait un bien
plus grand nombre d'Espagnols et d'Allemands
que de sujets de la Grande-Bretagne. Ainsi, ce
gouvernement sacrifiait les intérêts de ses alliés
et celui de ses propres nationaux au plaisir de
faire souffrir et mourir des Français dans ses
pontons.

Un autre prétexte mis en avant par le cabinet
anglais fut que plusieurs Prisonniers s'étant
échappés de ses cachots flottants avaient été ac-
cueillis en France, ce qui constituait, suivant lui,
une violation du droit des gens.

Il est à peine besoin de réfuter une pareille doctrine, bonne tout au plus dans le temps où le vainqueur étant considéré comme ayant droit de vie et de mort sur son captif : celui-ci était censé avoir donné sa liberté en échange de son sang qui ne lui appartenait plus. Aujourd'hui qu'il n'est plus permis de tuer quiconque a déposé les armes, le Prisonnier reste toujours moralement libre de retourner, quand il le peut, dans sa patrie, et ses concitoyens peuvent lui donner asile, sans pour cela violer le droit des gens.

Toutefois, il faut distinguer sous ce rapport le simple Prisonnier de celui à qui on a accordé la liberté de circuler sous certaines conditions qu'il a juré d'observer. Quelquefois, le Prisonnier reçoit même l'autorisation de rentrer dans son pays, après qu'il a promis, soit de revenir quand il en sera requis, soit de ne point porter les armes, pendant un temps donné, contre la puissance à laquelle il s'est rendu. Il devient alors ce que l'on nomme un Prisonnier sur parole, et son gouvernement, s'il l'aidait à violer les conditions de sa libération, commettrait une véritable violation du droit des gens.

Régulus, chez les anciens, offre un célèbre et bel exemple de la fidélité qui est due aux obligations contractées par un Prisonnier sur parole. Chez les modernes, il est d'usage que lorsqu'un général a fait un grand nombre de Prisonniers qu'il ne sait comment nourrir ou conserver sans danger, il les renvoie chez eux en exigeant leur serment de ne point le combattre pendant la durée de la guerre. Quelquefois aussi, au lieu de se rendre purement et simplement, une garnison qui ne peut plus tenir stipule des conditions semblables. C'est ainsi qu'au siége de Mayence, les troupes françaises, après avoir héroïquement défendu la ville, sous la conduite d'Aubert Dubayet, de Kléber, et du représentant Merlin, obtinrent, le 22 juillet 1793, la faculté de rentrer en France, sous la seule condition de ne point servir contre la Prusse, pendant un an. On sait comment cette convention fut scrupuleusement observée par la République qui transporta les Mayençais en Vendée.

On voit qu'il y a diverses sortes de Prisonniers et qu'on peut l'être, pour ainsi dire, à différents degrés. Il y a loin du malheureux qui gémit à fond de cale sur des pontons anglais, au prisonnier qui reçoit la faculté de vivre dans sa patrie jusqu'au moment où il pourra être sommé de revenir auprès de ceux à qui il s'est rendu. Mais l'un et l'autre ont cela de commun qu'ils sont également privés de leur qualité de citoyen et demeurent étrangers pendant tout le temps que dure leur captivité. Ainsi, un militaire rentré dans sa patrie comme prisonnier sur parole, ne peut y être poursuivi pour des crimes ou délits antérieurs. (V. Post liminie), et l'action publique à cet égard ne reprend son cours que lors de la libération complète du Prisonnier.

Cette libération a lieu ordinairement soit par des échanges (V. Cartel), soit par suite des traités qui mettent fin à la guerre, car il est d'usage constant que deux nations, lorsqu'elles font la paix,

se rendent mutuellement leurs prisonniers, quel que soit le nombre possédé par chacune d'elles.

Un point nous reste à traiter que nous abordons avec peine. Il arrive quelquefois que l'on égorge des Prisonniers, et tous les publicistes s'accordent à dire que cet acte effroyable peut être justifié dans certaines circonstances. Ils disent que le droit de représailles nous autorise à tuer des soldats ennemis après qu'ils ont déposé les armes, lorsque leur gouvernement a traité ainsi les nôtres. Ils ajoutent que la loi de la nécessité et de notre propre conservation nous donne le même droit de mort contre des Prisonniers que nous ne saurions comment garder ou contre lesquels nous ne pourrions nous défendre. Malheureusement, de telles circonstances peuvent se présenter, on est bien forcé de le reconnaître, mais elles sont tellement rares qu'il est permis d'en détourner les yeux. Quant aux représailles, il est bon de s'en abstenir autant que possible, dans l'intérêt de l'humanité et dans son propre intérêt ; et quant à l'embarras que causent des Prisonniers, au danger qu'ils peuvent faire courir, à moins que l'on ne se trouve en face d'une nation barbare, on trouvera toujours son avantage à les renvoyer sur parole lorsqu'on ne pourra les conserver.

J. Bastide.

PRIVÉE (Vie). La Vie Privée doit être murée, a-t-on dit. C'est un axiome qui ne pouvait naître qu'au sein d'un peuple corrompu. A l'égard des simples citoyens, de ceux dont l'influence n'est point à craindre, on conçoit jusqu'à un certain point que la loi protége une obscurité volontaire. Mais celui qui veut se mêler des affaires publiques, celui qui veut exercer la vie publique, ne peut plus revendiquer la même tolérance. La Vie Privée éclaire la valeur publique d'un homme, il faut qu'elle puisse être perpétuellement recherchée et examinée. Et ceci est dans l'intérêt de tout le monde, de l'individu aussi bien que de la société : car le droit d'examiner et d'accuser est le meilleur garant contre la calomnie.   E. D.

PRIVILÉGES. Ce mot, d'après son étymologie, désigne une loi relative à un particulier, une loi d'exception. Tel est, en effet, le caractère du Privilége, il consiste en un droit particulier, exceptionnel et exclusif conféré à un individu ou à une corporation.

Dans la société féodale, chaque localité, chaque classe de personnes, quelquefois chaque famille, avait ses priviléges. Les luttes privées avaient engendré des traités et les traités des Priviléges. Les rapports qui existaient entre toutes les habitants d'un même pays étaient réglés plutôt par le droit des gens que par un droit civil ou politique commun. Les villes avaient divers Priviléges importants, celui, par exemple, de n'être point tenues de recevoir les troupes du roi. Les clercs avaient les leurs, et par exemple, le bénéfice de clergie. Les nobles en avaient aussi plusieurs, et, entre autres, celui d'avoir la tête tranchée en cas de condamnation à mort. (Les vilains étaient pendus.)

La plupart des sociétés européennes sont encore fondées sur le Privilége. En France, la Révolution a été faite pour établir l'unité du droit et l'égalité ; cependant, il existe encore quelques Priviléges avoués et beaucoup de Priviléges déguisés. Parmi les Priviléges avoués, on remarque celui en vertu duquel un pair de France ne peut être jugé criminellement que par la cour des pairs, et celui en vertu duquel du roi est inviolable et sacrée. L'énumération des Priviléges déguisés serait démesurément longue.

Tout Privilége répugne à la raison et à la justice, sous quelque forme et sous quelque nom qu'il se cache, parce qu'il consacre la prédominance d'un intérêt individuel. Tout Privilége doit être détruit.   C. S.

PROCÈS-VERBAL. C'est la description ou la narration des actes d'un corps ou d'un agent du Pouvoir. Les Procès-verbaux des agents du Pouvoir appartiennent communément à l'ordre judiciaire ; les Procès-verbaux des assemblées, à l'ordre politique.

Le but d'un Procès-verbal est de constater les faits d'une manière authentique. Aussi, est-il d'usage général que les Procès-verbaux des assemblées politiques soient votés, pour l'approbation, par l'assemblée entière, sur la rédaction des secrétaires. Cela suffit à attester l'importance de la rédaction des Procès-verbaux. Cette rédaction est habituellement confiée à des hommes spéciaux, qui reçoivent un traitement assez élevé, et qui consacrent leur vie à cet art difficile. Les secrétaires officiels des assemblées surveillent seulement la rédaction.

En France, les habitudes de rédaction des Procès-verbaux des chambres, surtout de la chambre des pairs, se ressentent d'un vieil esprit d'aversion pour la publicité. Ainsi, on ne désigne pas les noms des orateurs. Chaque nom est remplacé par ces mots : *un membre, un des précédents orateurs, le premier opinant, etc.* Cette absence de noms rend souvent la discussion inintelligible, et elle est sans objet, car les volumes sont terminés par une table qui donne tous les noms des orateurs. La longueur inutile des formules, et le style traditionnel, embarrassé de redites sans utilité réelle, rendent la lecture des Procès-verbaux fastidieuse. Il faut un travail particulier, une patience à toute épreuve pour se servir de ces Procès-verbaux. S'ils étaient rédigés dans un autre esprit, ils formeraient des archives précieuses des délibérations politiques ; tandis qu'aujourd'hui ils sont bien rarement consultés hors des chambres.   H. C.

PROCLAMATION. C'est une allocution qui, dans des circonstances solennelles, est adressée par un chef d'armée à ses soldats, ou aux populations chez lesquelles il porte la guerre ; par un gouvernement à ses administrés ou à ceux d'un gouvernement ennemi. Tout le monde connaît les Proclamations de Napoléon. Celles qu'il fit à l'armée d'Italie, lorsqu'il était encore général de la République, sont surtout des morceaux d'éloquen-

ce, supérieurs à ce que l'antiquité nous a laissé de plus grand.

Le mot Proclamation se prend aussi dans un sens plus précis lorsqu'il s'agit de l'acte par lequel on porte à la connaissance du public un fait nouveau, comme l'installation d'un gouvernement, la nomination d'un haut fonctionnaire, un traité de paix, une amnistie, etc. Ainsi on dit que Louis-Philippe a été proclamé roi par deux cent dix-neuf membres de la chambre des députés. On dit qu'on a proclamé la déchéance de la branche aînée des Bourbons. Autrefois, les Proclamations se faisaient par des officiers spéciaux nommés hérauts qui les lisaient à haute voix ; de là est venu le nom qu'on donne à cette sorte d'acte. Aujourd'hui c'est la presse qui, remplissant l'office de héraut, se charge de porter les Proclamations à la connaissance du public.   J.-B.

PROCONSUL. Officier ou magistrat que le sénat romain envoyait dans les provinces conquises pour y exercer l'autorité souveraine. Les pouvoirs du Proconsul étaient déterminés par le sénat, quelquefois il était accompagné d'un Préteur ou Propréteur pour l'administration de la justice ; on lui donnait surtout un bon Questeur, chargé de faire rentrer les contributions imposées aux vaincus. Un Proconsul avait souvent plusieurs rois sous ses ordres. Le sénat l'autorisait à laisser aux peuples le droit de se gouverner d'après leurs anciennes lois ou bien il lui donnait la faculté de changer les lois à sa volonté.

Le Proconsul avait au dessous de lui des lieutenants qu'il nommait lui-même, autour de lui une troupe de satellites (*contubernales*) qui ne s'occupaient qu'à flatter les passions de leur chef et à faire fortune aux dépens des vaincus. Il n'était point d'autorité plus odieuse que celle des Proconsuls, de pouvoir plus cupide que le sénat romain. « Bientôt, dit Montesquieu, il n'y eut plus » que tyrannie, brigandage et despotisme. Ceux » qu'on envoyait avaient une puissance qui ras » semblait celle de toutes les magistratures ro- » maines ; que dis-je, celle même du sénat, celle » même du peuple ; c'étaient des magistrats qui » réunissaient les trois pouvoirs : ils étaient les » bachas de l'empire. »

L'exemple des Romains n'a été que trop suivi par les différents gouvernements. Voilà pourquoi les rois ou les peuples eux-mêmes perdent tant de conquêtes qu'il serait souvent si facile de conserver. Si l'on ne peut faire jouir les vaincus des avantages du système représentatif ou de la participation au gouvernement général, du moins rien ne s'oppose à ce qu'on leur accorde une bonne justice qui protège leur existence et leurs propriétés.   A. B.

PROCONSULAIRE. Autorité, pouvoir du Proconsul.

PROCONSULAT. Fonctions du Proconsul, pays soumis à l'autorité du proconsul.

PROCURATEURS. C'est le nom que l'on donnait, du temps des empereurs, à des officiers publics dont les fonctions répondaient à celles des intendants des provinces sous l'ancienne monarchie.

Dans les républiques de Venise et de Gênes, les Procurateurs étaient des magistrats chargés de l'administration des biens des orphelins et de ceux des particuliers qui mouraient sans tester ou sans laisser d'enfants.

En France, sous le régime de la constitution de 1791, on appelait *grands Procurateurs de la nation* deux membres du corps législatif qui faisaient, au nom de la nation, devant la haute cour nationale, la poursuite d'une accusation décrétée par l'assemblée.　　　　　B.-C.

PROCUREUR GÉNÉRAL. — PROCUREUR DU ROI.

— Aux mots ACCUSATION, ACCUSATEUR ET MINISTÈRE PUBLIC, ont été développées les considérations générales que suggèrent l'organisation et les attributions du Ministère public en France. Ici, nous indiquerons brièvement cette organisation et ces attributions.

Les fonctions du Ministère public sont exercées par des magistrats amovibles, nommés par le Roi, après deux ans au moins de stage dans le barreau, et révocables à volonté. On appelle quelquefois ces magistrats de la dénomination générale d'Officiers du Parquet. Le Parquet est le lieu où sont établis les bureaux et les cabinets de ces magistrats.

Les officiers du Ministère public sont institués auprès des tribunaux civils et criminels ordinaires: la Cour de Cassation, les Cours d'Assises et Cours Royales, les Tribunaux de première instance et les Tribunaux de Police. Devant les Tribunaux militaires et maritimes, les fonctions du Ministère public sont remplies par des officiers de l'armée. En matière forestière devant les Tribunaux correctionnels, ces fonctions sont ou peuvent être remplies par les officiers de l'Administration des eaux et forêts. Devant les Tribunaux de commerce et les Conseils de prud'hommes il n'y a point de Ministère public.

Lors de la première organisation du Ministère public, depuis la Révolution, les Officiers du Parquet portaient le titre de *Commissaires du Roi ou du gouvernement*. Depuis on leur a rendu le nom qu'ils portaient dans les anciens parlements: *Procureur*. On les appelle *Procureur Général du Roi*, à la Cour de Cassation, et dans les Cours Royales, et *Procureur du Roi* dans les tribunaux de première instance. Au dessous de ces magistrats sont, près les cours, des *Avocats Généraux* et des *Substituts*; et près les Tribunaux, seulement des *Substituts*. Tous portent le titre, qui ne désigne pas de fonctions, d'*Avocats du Roi*. (V. ACCUSATION.)

Il y a à la Cour de Cassation un Procureur général et six Avocats généraux; dans les Cours Royales, un Procureur général, autant d'Avocats généraux que de chambres, et deux Substituts, sauf Paris dont le service demande onze Substituts.

Dans les Tribunaux de première instance, il y a un Procureur du Roi, et de un à quatre Substituts, suivant le nombre des chambres. Devant les Tribunaux de Police (Juges de paix) les fonctions du Ministère public sont remplies par un commissaire de police ou par le maire. Dans les cas, fort rares, où le maire use du droit que lui donne la loi de constituer un tribunal de simple police, ces fonctions sont remplies par un adjoint ou par un membre du Conseil municipal. Nous disons que ces cas sont fort rares; en effet, les fonctions municipales sont réellement et au fond incompatibles avec les fonctions judiciaires. Et le Code d'instruction criminelle qui autorise cette confusion est en contradiction avec les principes constitutionnels, sur la séparation des pouvoirs.

Tous les Officiers du Parquet sont les agents et les représentants de la puissance exécutive. Mais cette puissance est déléguée directement aux seuls Procureurs Généraux. Les Avocats généraux, les Substituts, les Procureurs du Roi n'agissent que comme les représentants du Procureur Général. Tellement que le Procureur Général a le droit d'exiger que les conclusions des autres officiers lui soient communiquées, et il peut, s'il les désapprouve, charger un autre membre du Parquet de prendre la parole, ou la prendre lui-même. Car c'est lui, Procureur général, qui a la direction et la responsabilité.

Le Ministre de la Justice et le Procureur Général près la Cour de Cassation exercent sur tous les Parquets une surveillance générale pour le maintien de la discipline et des règles du droit. La discipline est maintenue, non par une législation pénale, mais par la révocabilité qui met toujours chaque magistrat à la discrétion du ministre.

Les fonctions du Ministère public sont incompatibles avec toutes autres fonctions judiciaires ou administratives, mais non avec la participation aux conseils électifs.

Nous n'avons point à énumérer ici les fonctions ou attributions du Ministère public, qui sont fort nombreuses. Elles peuvent se résumer ainsi en matière civile : Assister exactement aux audiences ; y veiller au maintien de l'ordre intérieur lorsqu'il y a lieu, soit par voie d'action, soit par voie de réquisition; faire observer dans les jugements à rendre les lois qui intéressent l'ordre général; surveiller l'exécution des arrêts ou jugements rendus.

En matière criminelle, le rôle du Procureur général ou de ses représentants est plus important, et c'est principalement par là qu'il entre pratiquement dans la politique. Représentant de la puissance exécutive, il est chargé de la *répression* de toutes les atteintes à la sûreté, à la tranquillité publique et privée. Toutes les fois qu'une infraction aux lois constitue un fait criminel à quelque degré que ce soit, crime, délit ou contravention, c'est au Procureur général ou à ses représentants qu'appartient l'initiative de la poursuite. Il recherche le coupable, il le suit, le désigne au juge et *requiert* qu'une instruction soit faite pour arriver à la preuve. Cette partie de ses fonctions s'appelle la police judiciaire. Quand l'instruction est finie, c'est lui qui requiert la mise en prévention ou en accusation; puis, quand l'*accusation* est prononcée par les juges, c'est encore lui qui la soutient devant le tribunal et qui requiert l'application de la peine. En un mot, le Pouvoir judiciaire étant exercé, au nom du Roi, par un corps de magistrature dont les lois règlent les fonctions, le Procureur général et ses représentants exercent cette partie du Pouvoir judiciaire qui consiste à *requérir* l'application de la loi; tandis que les juges, la magistrature assise, attendent sur leur siége qu'on leur amène les prévenus ou les accusés pour décider s'ils ont été poursuivis à bon droit, et quelle loi doit leur être appliquée. Le Procureur général reprend alors le condamné : car il est chargé de poursuivre l'exécution des jugements et arrêts. Ici encore il requiert ou ordonne, et l'exécution même est livrée aux soins de *l'Administration publique*. C'est du ministère de l'intérieur que dépendent les prisons et les bagnes. C'est le ministère des finances qui opère le recouvrement des amendes.   H. CELLIEZ.

PROCUREUR SYNDIC. Dans la législation antérieure à 1789, la charge de Procureur syndic consistait à gérer les affaires de quelque communauté. Ils avaient d'abord été établis en titre d'offices ; plus tard, l'élection des Procureurs syndics fut attribuée aux communautés.

Le décret du 22 décembre 1790, relatif à la constitution des assemblées primaires et des assemblées administratives, établit, dans chaque administration de département, un Procureur général syndic, et, dans chaque administration de district, un Procureur syndic. Leurs fonctions leur étaient conférées pour quatre années ; ils étaient nommés, au scrutin individuel et à la pluralité des suffrages, par les électeurs des administrations de département et de district : ils n'avaient pas voix délibérative dans les assemblées ; mais il ne pouvait y être fait aucun rapport avant qu'ils en eussent eu communication. Leur charge spéciale était d'agir pour les intérêts du département et du district, de concert avec les directoires spéciaux.

La constitution de 1793 modifia peu cette organisation, qui fut complètement bouleversée par la loi du 21 fructidor an III. Les fonctions du Procureur général syndic furent alors attribuées aux commissaires du directoire exécutif, et celles de Procureur syndic furent supprimées.   B. H.

PRODUCTION. — PRODUITS. Produire, c'est donner de la valeur à une chose en lui donnant de l'utilité ou en augmentant celle qu'elle a déjà. Cette création ou addition de valeur, constitue la Production.

On sait que l'utilité d'une chose se mesure par sa valeur échangeable et, dans l'usage, par son prix courant.

Trois agents principaux, le Talent, le Travail et le Capital concourent à la Production. Le Capital fournit la matière et les instruments, le Talent détermine leur emploi, et le Travail exécute ce que le talent a indiqué.

La terre, les instruments nécessaires pour la travailler, les semences, les engrais, forment le capital de l'agriculteur ; le talent et le travail mettent ce capital en œuvre et créent des Produits, tels que les récoltes.

Les machines, les matières premières forment le capital du fabricant : les ouvriers apportent le travail, la science est immédiatement représentée par celui qui conduit les travaux. L'étoffe de soie, de laine, de coton, etc., qui sort de la fabrique est le Produit.

Le commerçant achète une marchandise dans un temps ou dans un lieu où il peut l'obtenir à bas prix ; il la vend plus cher dans un autre temps ou dans un autre lieu. Il a donc ajouté à la valeur de cette marchandise, il a produit. Le capital au moyen duquel il a acheté la marchandise, la prévoyance qui a dirigé son opération, le travail qui l'a exécutée ont tous concouru à la Production.

On appelle *producteurs* tous ceux qui concourent à la Production en fournissant le capital, le travail ou le talent.

Pour qu'il y ait Production de valeur, il faut que la valeur du Produit égale au moins la somme de toutes les valeurs dont la destruction a été nécessaire pour le créer. Ainsi, par exemple, il faut que la valeur du drap fabriqué égale au moins celle des laines employées à la fabriquer, celle du loyer des capitaux qui ont servi à la Production et celle des salaires qui ont été payés aux ouvriers de tout rang. Autrement il n'y aurait pas Production de valeur, Production de richesse.

Tout ce qui se produit se consomme. La consommation en effet résulte de l'usage, il n'y a point évidemment d'utilité sans usage. On ne peut donc, économiquement parlant, ni trop produire, ni trop consommer.

Le mot Produire signifie quelquefois, non pas un objet déterminé, mais l'ensemble des valeurs échangeables créées par une entreprise. Alors on distingue le Produit brut du Produit net. Le Produit brut est ce qu'a rapporté une entreprise quand on n'en a pas déduit les frais ; le Produit net est ce qu'elle a rapporté, les frais déduits. Pour une nation le Produit net est l'excédant de la somme des valeurs produites sur la somme des valeurs consommées. En effet, tout ce qui est consommé doit être considéré comme le salaire dûment ou indûment payé des producteurs ; l'excédant qui s'ajoute aux capitaux, ou instruments de travail que la nation possède, constitue seul le Produit net.

Les économistes, isolant trop de la politique et de la morale la science dont ils s'occupaient, semblent n'avoir trouvé d'autre fin à l'homme que la Production. Ils ont presque tous considéré la Production des valeurs, en masse, abstraitement, comme s'il importait peu de quelle manière la Production et la consommation eussent lieu. C'est ainsi qu'ils ont conclu à l'anarchie absolue du commerce et de l'industrie. Il importe beaucoup cependant, même au point de vue purement économique, que l'association des capitaux, du talent et du travail soit équitablement réglée : il importe beaucoup qu'une nation produise et consomme tels ou tels objets plutôt que tels ou tels autres.

La Production, la consommation, la distribution des richesses entrent pour une grande part dans le régime et, en quelque sorte, dans l'hygiène politique d'un peuple. Or, on ne peut livrer ce régime politique aux hasards d'une concurrence absolue sans s'exposer à voir les forts opprimer les faibles, la violence et la ruse dévorer les fruits du travail, et la nation elle-même dépérir, se dégrader et s'éteindre misérablement. (V. RICHESSE.) C. C.

PROGRAMME. Dans son sens général et direct, Programme veut dire : « Énoncé, énumération, catalogue préalable de ce qui va être dit, fait ou montré. » Les religions, et, au dessous des religions, les sectes,—les gouvernements, et, au dessous des gouvernements, leurs démembrements, les chambres, les ministères, et jusqu'aux petits magistrats locaux,—les partis, et, au dessous des partis, les fractions et les nuances,—en un mot, tous les hommes et toutes les choses qui ont besoin de mériter ou de capter la faveur publique, ont chacun leur Programme, aussi bien que les spectacles, les courses de chevaux, les concerts et les cours scolastiques. Le langage vulgaire et familier a depuis long-temps nommé *banque* le *Programme* des charlatans et des baladins ; le langage politique a consacré, surtout depuis 1830, le mot *Programme* pour ce qu'on nous permettra d'appeler la *banque* des gouvernements.

S'il a été vrai de dire qu'en France tout finit par des chansons, on pourrait constater non moins exactement que tout commence par des Programmes. Chaque nouvel ordre de choses lance à son avènement des proclamations où il promet monts et merveilles ; mais, par malheur, il oublie plus tard les merveilles et ne réalise que les monts d'or et d'argent. — Chaque session s'inaugure par un de ces discours de la couronne que le hasard providentiel d'un *lapsus linguæ* a étiquetés de leur véritable nom. — Enfin, chaque nouveau cabinet prononce une harangue d'installation où, pour établir qu'il y avait nécessité de changer les hommes, il déclare que les choses resteront absolument dans le même état, et où il avance qu'il doit se croire d'autant plus sûr du concours de la majorité qui a renversé le précédent cabinet, qu'il a la ferme intention de le continuer exactement, etc., etc.; professions de foi sur lesquelles il s'établit des luttes passionnées entre gens dont on ne conçoit pas l'antagonisme et qui seraient eux-mêmes fort embarrassés de l'établir nettement, — où d'immenses combats ont une pointe d'aiguille pour champ de bataille, — où les partis, c'est-à-dire les coteries qui se qualifient ainsi, sont séparés par des abîmes de l'épaisseur d'un cheveu !...

Il est une remarque à faire, c'est que les gouvernements, forts par leur principe national ou par leur incarnation, se dispensent de Programmes, probablement parce qu'ils sentent n'en avoir pas besoin. 89, et plus tard, la République, forts par leur principe d'élection populaire, ont fait, il est vrai, rayonner sur leur front la sublime déclaration des Droits de l'homme ; mais ce n'était point là le Programme d'un gouvernement à proprement parler : c'était, vis-à-vis du passé, la constatation d'une conquête saisie après une longue lutte, et comme le drapeau planté sur un rempart enlevé d'assaut ; c'était, vis-à-vis de l'avenir, les fondements hardiment posés et solidement assis d'un ordre nouveau. Quant à ce qu'elle devait et voulait faire, pourquoi la République l'aurait-elle proclamé avec une pompe et une solennité d'empirique ? n'était-ce pas écrit clairement dans son origine et dans la logique de sa position ? — L'Empire, fort par son incarnation, ne prit pas la peine de préconiser à l'avance la gloire qu'il devait donner pour étourdir et aveugler sur la liberté qu'il devait faire perdre. Mais quand la Restauration nous fut jetée à la suite de la défaite, du moment que, ne se croyant pas assez forte pour reprendre l'ancien régime à l'endroit où 89 l'avait brisé et le continuer, elle fut contrainte de faire aux idées nouvelles quelques concessions, il fallut bien qu'elle formulât un Programme pour dire jusqu'à quel degré elle garderait le péché originel de la monarchie, et jusqu'à quelle goutte elle accepterait le baptême de la régénération représentative. De là, la déclaration de Saint-Ouen, préambule aîné de la charte qui devait aboutir aux ordonnances de juillet. — Mais quand l'établissement d'août se fonda après la révolution de 1830, comme il n'était pas une chose complètement ancienne, la chose vaincue, puisqu'il procédait au contraire de la victoire, et comme d'autre part il n'était pas non plus une chose complètement nouvelle, puisqu'il continuait la chose vaincue par la forme monarchique et la consanguinité des nouveaux princes avec les princes déchus, il fallut bien qu'il articulât un Programme, pour dire au juste ce qu'il ajouterait d'étoffe au bandeau royal pour le façonner un peu en bonnet républicain. De là le programme de l'Hôtel-de-Ville avec sa *monarchie entourée d'institutions républicaines*, ses *plus de cour*, *plus de procès à la presse*, etc., qui devaient aboutir aux lois de septembre, à l'habit français et aux procès par milliers.

C'est notamment de cette grande déconvenue du Programme de l'Hôtel-de-Ville qu'est né un proverbe qu'il nous faut bien enregistrer, puisqu'on doit retrouver dans ce dictionnaire tout ce qui se rattache à la langue politique. Ce proverbe est : « Menteur comme un Programme. »

ALTAROCHE.

PROGRÈS. La création est la manifestation de Dieu, sous un mode fini. Elle est en Dieu, car hors de lui rien ne peut exister, Dieu étant l'Être infini ; elle est distincte de lui, car elle est finie par son essence. Unie à Dieu par un lien naturel et nécessaire, la création est en communication directe et incessante avec lui ; là est la source où elle puise sa vie; là elle aspire par un effet continu, irrésistible. Dieu est donc à la fois le principe et la fin de toutes choses. Cette tendance de la création vers l'infini constitue le Progrès dans sa notion la plus générale.

Si le Progrès est la condition essentielle de l'existence de tous les êtres créés, il se modifie selon leur nature particulière. En effet, tous les êtres ne participent pas à un même degré à Dieu et à ses propriétés ; et dans leurs innombrables variétés, ils revêtent la substance *une*, de formes diverses et plus ou moins élevées.

Or, de tous les êtres à nous connus, l'homme est celui qui s'approche le plus de Dieu, c'est la réalisation la plus parfaite du type le plus noble qui existe dans l'entendement divin. Aussi le Progrès, chez l'homme, présente un caractère analogue à ce qu'il y a d'excellent dans sa nature.

Indépendamment du mouvement général de la création qui le porte vers Dieu et, à la différence des autres êtres qui ne sont pas intelligents, il a en lui le germe d'un développement naturel et indéfini qui le modifie incessamment et l'élève en le perfectionnant. C'est ce développement que nous appelons *Progrès* dans l'acception la plus ordinaire de cette expression.

Le Progrès proprement dit est en rapport avec les lois particulières de l'homme. Or, ces lois dérivent de son mode d'existence, de son mode d'action, de sa fin particulière. Son mode d'existence est la personnalité, son mode d'action est la volonté éclairée et libre, sa fin est le Vrai et le Bien, c'est-à-dire Dieu.

« La personnalité qui réside dans la substance » n'est, en tant que passive, que cette substance » même ayant, avec la perception de Dieu et » du Vrai en Dieu, la conscience de soi. Les lois » du monde intellectuel sont donc d'abord les » lois de l'intelligence, lesquelles expriment, » pour chaque être, ses rapports avec le Vrai.

» Mais le Vrai n'est pas seulement l'objet de » l'intelligence, il est encore l'objet de l'amour, » puisque le Vrai et le Bien sont radicalement » identiques. Les lois du monde intellectuel sont » donc aussi les lois de l'amour, lesquelles expri- » ment, pour chaque être, ses rapports avec le » Bien.

» Le principe d'où l'action procède n'est encore » que la substance même ou le *moi* en tant qu'ac- » tif. L'action du *moi* ou la volonté implique un » objet connu comme Vrai, aimé comme Bien. Les » lois de la volonté dérivent donc des lois de l'in- » telligence et de l'amour.

» La fin particulière des êtres intelligents *est* » Dieu conçu selon sa notion complète, comme » la perfection infinie de l'Être, ou l'être infini. » Il existe donc pour eux une loi de développe- » ment continu dans le Vrai et dans le Bien, c'est- » à-dire qu'ils doivent tendre à reculer indéfini- » ment leur limite (1). » Et ce développement

(1) F. LAMENNAIS, *Esquisse d'une philosophie*, tom. Iᵉʳ, p. 274 et suiv.

ne peut s'arrêter, car entre le fini et l'infini, il y a nécessairement une distance infranchissable.

Le Progrès, relativement à l'homme, résulte de la conformité de l'intelligence, de l'amour et de la volonté aux lois de la nature. Or, pour se conformer à ces lois, il faut les connaître. La connaissance du Vrai et du Bien est donc la première condition du Progrès.

Le vrai nécessairement un, immuable, universel, n'est pas le rapport de chaque *moi* avec les choses, mais le rapport des choses avec la raison qui est la même dans tous, c'est-à-dire, avec une raison universelle, immuable, une comme lui. D'où il suit que la foi ou la soumission volontaire de la raison privée de l'individu à la raison commune de l'humanité est le fondement de la connaissance. L'homme, considéré comme individu, ne peut rien affirmer légitimement, parce qu'il n'a pas en lui la règle de sa certitude. Cette règle, qui est la loi d'affirmation et sans laquelle il ne peut y avoir que doute dans l'esprit et par conséquent impuissance radicale de l'intelligence, est extérieure à l'individu, elle est dans la société et, en tant qu'être social, l'homme doit s'y soumettre. Cette soumission à l'autorité de la raison commune, loin d'arrêter le développement de l'esprit humain, est une condition même de son développement.

En effet, le Progrès réel implique trois choses : 1° une vérité commune qui serve de base à l'esprit dans ses investigations ultérieures ; 2° des activités individuelles qui cherchent à pénétrer toujours plus dans l'être infini, afin de percevoir mieux ce qu'il renferme de distinct ; 3° une règle au moyen de laquelle on puisse apprécier la valeur de ces perceptions. En dehors de ces conditions, le Progrès s'arrête à l'instant même, car la raison de l'homme demeure inerte et immobile, ou bien elle erre privée de toute lumière dans les solitudes du monde intellectuel.

A la distinction relative à l'homme considéré comme être intelligent, de deux lois fondamentales, la loi d'autorité et la loi d'activité, correspond, relativement à l'homme considéré comme être moral, une distinction identique et qui, comme la première, a sa racine dans la nature même. La création implique, en effet, dans les êtres créés, la coexistence de deux principes divers : l'un qui les unit à Dieu, à l'infini, comme à la source même de leur être ; l'autre qui constituant leur individualité les sépare de Dieu et de l'infini. Le premier les ramène à l'unité absolue, nécessaire ; le second les concentre dans leur unité individuelle, relative, contingente. Sans le principe qui les porte vers l'unité infinie et les y rattache, totalement séparés de la source de l'être, ils cesseraient immédiatement d'exister, ou plutôt ils n'auraient jamais commencé d'exister : sans le principe qui maintient leur unité individuelle, ils cesseraient d'exister encore.

De ces deux tendances, l'une qui porte l'être fini vers Dieu et, par conséquent, vers tout ce qui tirant de lui son être, gravite également vers lui ; l'autre qui l'en éloigne, le refoule en soi-même et l'isole de ce qui lui est extérieur. Deux lois correspondent à ces tendances opposées, la loi d'unité qui renferme les conditions premières et fondamentales de la vie, laquelle a son principe effectif en Dieu, et la loi d'individualité d'où dérivent les conditions particulières de l'existence de l'être fini.

A ces deux principes et à ces deux lois correspondent deux amours divers, l'un qui porte l'être à aimer Dieu et les êtres créés, l'autre qui le porte à s'aimer soi-même. L'amour de soi doit être subordonné à l'amour du tout, c'est-à-dire de Dieu et de l'Humanité. De l'harmonie de ces deux amours, qui est le Bien, résulte la conservation et le développement régulier de l'être moral et social, selon sa nature et sa relation au tout. La violation de cette harmonie, l'opposition volontaire à Dieu et à l'ordre voulu de lui comme la condition nécessaire de l'existence de son œuvre ; la préférence de soi au tout et à Dieu même et qui tend à se constituer centre universel des choses, c'est le mal moral.

Or, le bien étant l'être, le mal qui est la négation du bien n'existe pas comme principe nécessaire, comme inhérent à la substance qui constitue le fond de l'être, mais comme relatif à la personnalité au développement de laquelle il met obstacle tout en voulant lui donner une extension excessive. On doit donc le considérer comme la limite du bien, comme un moindre être, et, par conséquent, comme un empêchement au Progrès.

Ainsi, les lois qui régissent l'ordre intellectuel et l'ordre moral sont radicalement les mêmes, comme le Vrai et le Bien sont radicalement identiques.

Le Vrai et le Bien connus, il faut les réaliser. C'est la force qui les réalise. Les lois de la force sont assujetties dans l'homme aux lois de la volonté, et les lois de la volonté résultent des lois de l'intelligence et de l'amour. De là, deux lois de la volonté relatives à l'intelligence. Elle doit tendre, d'une part, à maintenir l'être dans l'unité sociale qui conserve le Vrai et le constate en lui donnant le caractère de la certitude ; et, d'autre part, à développer la connaissance en imprimant à la raison individuelle la plus grande activité possible, tout en coordonnant cette activité à la loi de l'unité sociale. De là encore, deux lois relatives à l'amour et qui consistent à placer le cœur et à le maintenir dans la direction du Bien en lui donnant une tendance sociale ou conservatrice de la véritable vie de l'être intelligent, de la vie une et universelle, et à l'affranchir de l'amour aveugle qui, relatif au pur organisme, a l'individu pour centre et pour terme.

La religion est le lien naturel qui unit à Dieu la création et les être créés entre eux. Elle est donc tout à la fois la science de Dieu et de l'univers et la règle de la volonté de l'homme dans la sphère supérieure des actes libres immédiatement liés à l'intelligence et à l'amour. Aussi, le développement intellectuel, dont le développement religieux est la forme sociale, a produit tous les autres développements dans l'ordre civil et politique. En d'autres termes, les destinées de l'humanité ont toujours dépendu de la manière dont on a conçu les lois divines de la création et de la nature, de la religion enfin. C'est d'elle qu'ont émané, avec la notion du devoir et du droit, leur détermination théorique et pratique, et l'organisation de la société.

Ainsi, à l'origine du monde, l'influence des religions de la Nature qui offrent le caractère de la fatalité et, pour ainsi dire, de la coaction physique, réagit sur l'état de la société. Sans nier positivement le droit et le devoir, le juste et l'injuste, l'ordre du monde étant conçu comme un système de forces physiques subordonnées les unes aux autres, on transporta cette idée dans la société et on confondit ainsi le droit avec la force brutale. L'esclavage n'a pas eu d'autre origine.

Plus tard, de la conception de la personnalité divine résulta le sentiment de la personnalité humaine, et la notion du droit et du devoir s'établit : l'égalité et la liberté devinrent la base des rapports sociaux entre les citoyens. Mais en dehors de la cité, l'esclavage régna encore. Il a fallu que le Christianisme naquît pour affranchir le monde. Résumant en lui le travail des religions qui l'avaient précédé, il opéra l'union du Mosaïsme, qui avait conservé plus nette l'idée fondamentale de l'unité substantielle de Dieu, avec le Polythéisme, qui, concevant en lui des propriétés, des énergies distinctes, avait eu une notion plus exacte de sa personnalité multiple. Seulement, il réduisit à trois le nombre des personnes divines, ce nombre correspondant aux propriétés essentiellement distinctes du souverain être. Mais le Christianisme a laissé l'œuvre incomplète. En effet, il ne détermina pas la notion des propriétés dont les personnes ne sont que le mode d'existence et qui correspondaient aux religions de la Nature. Se séparant ainsi de la science du créé, de l'univers, il s'isola de la nature pour se retirer dans un spiritualisme exagéré, fondé sur un ordre prétendu surnaturel, qui avait pour conséquence de mettre la création en opposition avec Dieu, et de donner pour règle à l'intelligence un principe antérieur à elle et différent d'elle.

Toutefois, son action produisit dans l'Humanité de merveilleux effets. Par l'unité de dogmes, de croyances, d'amour et d'action, il établit entre les intelligences un lien moral, une société véritable. L'égalité des hommes devant Dieu, la liberté spirituelle, la fraternité furent proclamées comme des lois de l'humanité dégénérée ; le droit ne fut plus l'apanage des uns, le devoir l'apanage des autres. Dans la vaste unité dont il jetait la base, le Christianisme s'appuyait sur la communauté du droit et du devoir ; mais cette unité était toute spirituelle. *Mon royaume n'est pas de ce monde*, avait dit Jésus à ses disciples.

L'antagonisme du Christianisme avec la nature établit une scission entre la société spirituelle et la société temporelle que la première n'avait pu organiser. Cette dernière resta soumise au droit ancien de l'égalité de race ou de cité, et par conséquent en état d'hostilité avec le nouveau dogme. Toutefois, le dogme chrétien réagit à mesure qu'il pénétra plus profondément la société, le droit lutta avec plus d'énergie contre la force et affaiblit son empire. La liberté s'étendit hors de la cité, la famille les constitua sur une plus large base, l'esclavage se transforma en servage; le travail modifié ainsi par l'introduction du salaire favorisa l'affranchissement réel d'une classe d'hommes, en lui permettant d'acquérir une propriété suffisante. La cité fut remplacée par la commune bourgeoise. La féodalité, née du dogme ancien, fut considérablement affaiblie par cet élément nouveau sorti du Christianisme, qui s'infiltrait dans l'ordre politique et devait plus tard la dominer. Tandis que la société civile et politique se développait ainsi sous l'action du Christianisme, la société religieuse tendait à se dilater encore et à sortir de l'ordre prétendu surnaturel qui rompait les rapports naturels qui lient l'homme et la création au créateur. L'Église, composée d'individus égaux en droits devant Dieu était soumise de fait à l'autorité d'un prêtre qui se déclarait tenir de Dieu même et son pouvoir absolu et son infaillibilité. Obligée d'obéir à ce chef suprême, vicaire de Jésus et seul interprète de sa loi, l'intelligence humaine languissait dans la passivité et l'inertie. Le Protestantisme secoua cette servitude et attaqua tout d'abord la Papauté. Puis, sans nier positivement l'ordre surnaturel, il le renversa, sans s'en douter, en le soumettant à la raison naturelle et en accordant à celle-ci le droit de discussion et la liberté d'examen. Il poussa même cette liberté au-delà de ses limites, en ne donnant à la raison individuelle d'autre règle qu'elle-même; ce qui conduisit tout droit au septicisme.

Lancé dans la voie nouvelle qu'il s'était tracée, l'esprit humain interrogea la création et demanda à la science la solution des problèmes que n'avait pas résolus le spiritualisme chrétien, procédant, en dehors des faits, dans sa logique absolue. La science répondit: l'Église l'anathématisa et la condamna dans la personne de Galilée. *E pur si muove*, répétait le Florentin au fond de sa prison. Il sentait, en effet, la terre courir sous ses pas, emportant tout le passé dans son mouvement rapide. Radicalement séparées l'une de l'autre, la religion et la science restèrent à l'état d'antagonisme, et les esprits cherchèrent vainement la solution complète des graves questions qui les agitaient. Le Christianisme, isolé de la Nature, concentra l'homme et toutes choses en Dieu, où elles ont leur essence. La science, isolée de Dieu, concentra l'homme et toutes choses dans la Nature, qui ne contient la raison de rien, parce qu'elle ne contient pas la raison d'elle-même, qui n'est qu'en Dieu. La religion, dépouillée du caractère sacré d'autorité qui la rendait respectable aux yeux des peuples, perdit son influence morale. L'homme abandonna les autels muets et se réfugia dans la science. Celle-ci ne s'éleva pas au-delà des causes secondaires et chercha la satisfaction des besoins physiques et intellectuels dans les lois du pur organisme. De là le matérialisme honteux qui envahit la société pervertie, mit l'intérêt à la place du devoir, l'utile à la place du juste, et conduisit l'hom-me, à travers le doute et l'égoïsme, à cette maxime infâme qui caractérise notre époque: *Chacun chez soi, chacun pour soi.*

Toutefois, l'élément scientifique fit passer peu à peu dans l'ordre civil le principe d'égalité développé par le dogme religieux; la notion du droit s'étendit; et, sur les ruines du pouvoir féodal, après des luttes sanglantes entre l'aristocratie et la monarchie, l'autorité royale vaincue, alors qu'elle venait d'atteindre l'apogée de sa puissance, disparut devant l'autorité du peuple, qui se déclarait souverain. Après un travail de quarante siècles, l'esclavage échangeait ses chaînes contre la pourpre. Mais il n'est pas encore affranchi. En effet, l'égalité civile, dépouillée du caractère religieux en déclarant l'homme l'égal en droit d'un autre homme, laisse à la force brutale le champ libre pour l'opprimer. Et voilà pourquoi, à côté de l'égalité de droit que personne ne conteste et que proclame la loi, nous trouvons l'inégalité de fait la plus oppressive. Il faut donc que le dogme protège le droit contre la force, que le devoir soit la sauvegarde de la personnalité, qui est la liberté. Or, point de droit sans religion; point de devoir non plus sans religion. La religion est donc la première condition de l'ordre dans la société. Mais, ainsi que nous croyons l'avoir prouvé, le dogme religieux doit, en se développant, embrasser tout ensemble le principe moral et le principe scientifique, inséparables désormais. Dégagé de la fausse notion d'un ordre surnaturel, il donnera les lois de la vie spirituelle, comme la science ramenée dans l'ordre spirituel donnera les lois de la vie physique, lesquelles, jointes aux premières, forment la législation complète de l'humanité. *Le droit* incarné dans *le fait* réalisera alors la formule chrétienne et révolutionnaire: LIBERTÉ, ÉGALITÉ, FRATERNITÉ. Alors aussi se réalisera l'unité qui donnera à l'esprit humain une immense et féconde activité. Affranchi de toute oppression, s'appuyant sur la foi infaillible du genre humain, l'homme, éclairé par la science, marchera hardiment dans la voie de la conception; et, s'élevant jusqu'aux causes premières et nécessaires, qui sont les propriétés divines, pénétrera ainsi dans les profondeurs de l'être infini. Roi de la nature qu'il aura domptée et soumise à ses lois, il se servira de ses forces brutes pour le bien-être de tous; le Progrès moral et les améliorations matérielles seront la récompense de ses efforts; et, plein d'une ardeur qui se renouvellera sans cesse au foyer de l'intelligence et de l'amour, il accomplira, sous l'œil de Dieu, sa grande et laborieuse destinée. A. BLAIZE.

PROJET DE LOI. L'initiative ou la proposition des lois appartient, comme nous l'avons dit ailleurs, à chacun des trois pouvoirs. Chacun a le droit de présenter des Projets que le pouvoir législatif transforme ensuite en lois, s'il le juge convenable. Cependant, le mot Projet de loi s'applique uniquement aux propositions qui sont faites par les ministres au nom du pouvoir exécutif. Les Projets présentés par les membres des chambres sont appelés Propositions. Il y a dans cette différence de mots employés pour exprimer une même chose, une inégalité qui s'explique par l'infériorité de nos mœurs politiques. On est encore habitué à regarder le pouvoir royal comme supérieur aux deux autres.

Quoi qu'il en soit, la présentation des Projets de loi est soumise à des règles fort simples ; chacun des ministres apporte à la chambre les Projets qui concernent les affaires de son département, et par la simple lecture de ces Projets les chambres sont saisies.

Un Projet de loi peut être indifféremment présenté à l'une ou à l'autre chambre, à moins cependant que ce soit une loi d'impôt. Dans ce cas, le Projet doit d'abord être soumis à la chambre des députés.

Les publicistes constitutionnels ont fait sur la formule suivie dans la présentation des Projets de loi, une observation qu'il est bon de consigner ici. Le ministres apportent ces Projets dans une ordonnance royale. Cette ordonnance commence par ces mots, — N.... roi etc., — le roi est donc censé parler lui-même à la chambre. Or, c'est là une chose tout-à-fait contraire aux mœurs constitutionnelles. « Placer le nom du roi dans la discussion d'un Projet de loi, dit Benjamin Constant, c'est sortir tout-à-fait le pouvoir royal de sa sphère, c'est l'appeler dans la mêlée de toutes les opinions. Tandis que la constitution veut que les ministres soient responsables pour le roi, c'est vouloir que le roi soit responsable pour les ministres. » M. de Châteaubriand avait dit la même chose avant Benjamin Constant. Mais, en dépit de leurs objections et malgré la révolution de Juillet, les Projets de loi ont continué à être présentés au nom du monarque. La royauté ne veut pas perdre une occasion de rappeler qu'elle existe et qu'elle sert à quelque chose.

On a quelquefois discuté la question de savoir si le gouvernement pouvait retirer un Projet de loi après l'avoir proposé, et, subsidiairement, si un membre de la chambre ne pouvait pas reprendre pour son compte et proposer comme sien un Projet ainsi retiré. Dans l'un et dans l'autre cas, l'affirmative n'est pas douteuse. Il est un autre point qu'il est bon de fixer, c'est celui de savoir dans quelle forme doivent être présentés à une chambre les Projets adoptés par l'autre. Le gouvernement peut-il présenter son Projet primitif ? doit-il, au contraire, présenter le Projet amendé par l'autre chambre ? peut-il, enfin, présenter simultanément les deux Projets ? Comme cette question s'est déjà présentée, et qu'elle pourra se présenter encore, il n'est pas superflu d'en dire un mot. Il est évident pour tout homme de sens que le gouvernement ne peut présenter à la fois deux Projets. Une chambre ne doit pas être appelée à délibérer sur deux propositions qui peut-être se contredisent. Il faut donc que le gouvernement choisisse. Or, la loi devant recevoir l'approbation successive de chacun des trois pouvoirs, le gouvernement violerait tous les principes, s'il présentait à une chambre un Projet déjà discuté et voté par l'autre chambre sans tenir compte des modifications qu'elle y a introduites; le gouvernement est donc tenu de présenter à la chambre des pairs, par exemple, les Projets votés par la chambre des députés tels qu'elle les a votés. Que si ces Projets ainsi amendés ne lui conviennent plus, il a toujours le droit de les retirer. C'est un refus implicite de sanction. 　　　E. D.

PROLÉTAIRE. PROLÉTARIAT. Dans l'antiquité, le Prolétaire était l'homme libre qui, ne possédant aucune propriété, n'était point admis au service militaire et ne pouvait payer aucun impôt ; il ne donnait à la patrie que des citoyens. La plupart des prolétaires, à Rome, étaient des indigents fainéants, nourris par les grands ou par l'État. On pourrait assez exactement les comparer aux lazzaroni de Naples.

Chez nous, le mot *Prolétaire* est, à proprement parler, employé d'une manière hyperbolique. On s'en est servi pour désigner l'ouvrier qui n'a pour vivre que le produit de son travail, dont on a ainsi assimilé la condition à celle du Prolétaire romain.

Toutefois, ce mot est devenu d'un usage si fréquent, qu'il est entré dans la langue : laissons donc de côté son étymologie et son sens hyperbolique, et n'en adoptons que le sens positif. Le Prolétaire est le non propriétaire; le Prolétariat est l'état du Prolétaire.

On peut ne posséder aucun capital et cependant jouir d'une aisance considérable. Les ouvriers sages et instruits sont dans ce cas, ainsi que beaucoup d'hommes qui ne sont point classés parmi les ouvriers proprement dits.

Les inconvénients du Prolétariat sont évidents, la moindre maladie suffit pour plonger le Prolétaire dans l'indigence. La nécessité de travailler continuellement pour pouvoir vivre entraîne trop souvent la nécessité d'accepter du travail à toutes les conditions. Ainsi, la dignité personnelle, la liberté, sont trop fréquemment aux prises avec le besoin. Le Prolétariat, d'ailleurs, favorise, provoque même l'imprévoyance et la dissipation.

Le Prolétariat est donc une maladie sociale qui touche immédiatement au paupérisme, ou plutôt ce sont deux degrés de la même maladie. Toutes les études, tous les efforts de l'homme d'état doivent tendre à augmenter le nombre des propriétaires, à faire en sorte que tout citoyen puisse devenir, et, s'il est possible, naître propriétaire. La politique l'exige autant que l'humanité. La société n'est pas dans un état normal tant qu'un grand nombre de ses membres sont aux prises avec une influence corruptrice, tant qu'ils souffrent moralement et physiquement et qu'il est impossible d'alléger leurs souffrances, d'y porter remède.

Les anciens, qui ne connaissaient point, à proprement parler, la richesse mobilière, qui ne savaient point que les capitaux sont susceptibles d'un accroissement, d'une accumulation indéterminés, n'avaient d'autre remède contre le Prolétariat que les lois agraires. (V. ce mot.) Chez nous les terres ne représentent qu'une partie du capital , et l'augmentation de la richesse mobilière peut fournir un meilleur moyen de combattre le Prolétariat , de réduire le nombre des Prolétaires, que toutes les lois agraires auxquelles , du reste, personne n'a jamais sérieusement songé.

Ceux qui , pour obvier aux inconvénients du Prolétariat , ont proposé d'attribuer au pouvoir politique la propriété et l'administration de tous les capitaux , ont imaginé une nation entièrement composée de Prolétaires ; ils ne ressemblent pas mal à ceux qui , pour détruire l'adultère , voulaient détruire le mariage , et à ceux qui , pour faire cesser une maladie, feraient cesser la vie.

Les caisses d'épargne ont été utilement employées à augmenter le nombre des propriétaires ; mais elles n'ont donné et ne peuvent donner que des résultats médiocres ; elles n'ont point empêché le nombre des Prolétaires de s'accroître par l'accumulation , souvent illégitime , de grands capitaux en quelques mains.

Dans une assemblée d'ouvriers lyonnais, M.Garnier-Pagès avait dit : « Qu'il ne s'agissait pas de couper les basques de l'habit des propriétaires , mais d'allonger les vestes des prolétaires. » On a trop souvent traité d'artifice oratoire ou de promesse insensée ce mot parfaitement juste.

Pour améliorer le sort des prolétaires, il faut, en effet, que le pouvoir politique favorise les progrès de la richesse générale , et fasse en sorte que ces progrès, au lieu de profiter exclusivement à quelques hommes, se partagent équitablement entre tous ; il faut qu'en excitant la production par toute son influence, il garantisse les travailleurs contre l'oppression , qu'il détruise le monopole des capitaux disponibles en laissant se fonder et s'étendre les établissements de crédit ; il faut qu'il recherche sévèrement la fraude dans toutes les transactions commerciales et qu'il la punisse avec rigueur, qu'il frappe l'escroquerie, sous toutes les formes, par des peines inflexibles et infamantes, qu'il mette en honneur la probité.

Il peut sembler paradoxal de dire que , pour augmenter le nombre des propriétaires, il faut mettre en honneur la probité, punir la fraude et l'escroquerie. Rien n'est plus vrai cependant. Là où il n'y a point de probité commerciale , il n'y a point de confiance, point de crédit public ; là où il n'y a point de crédit, les capitaux restent dans les mains de ceux qui les possèdent. Parmi ceux-ci , un petit nombre seulement sont en état de s'en servir, et ce petit nombre est maître du sort de ceux qui vivent de leur travail ; les qualités personnelles , l'aptitude commerciale ou industrielle perdent leur valeur là où les capitaux sont rares et leur loyer élevé ; la production est lente et tous les profits passent forcément entre les mains des possesseurs de capitaux ; l'association des producteurs est extrêmement difficile. Tel est l'état actuel des choses en France : tout le mal ne doit pas être attribué à la fraude et à l'escroquerie ; mais elles y ont largement contribué.

La richesse de la France peut être facilement triplée. Assurément, si ses progrès étaient dirigés par un gouvernement honnête, intelligent , actif

et économe , on verrait qu'il n'est pas impossible « d'ajouter des basques à la veste des Prolétaires, sans couper celles de l'habit des propriétaires. » Mais ce n'est pas dans les temps où nous vivons qu'il faut espérer de voir disparaître la fraude et l'escroquerie. (V. Ouvrier, Propriété , Salaire.)
C. S.

PROMOTION. Élévation à une dignité ou à un grade supérieur. La Promotion d'un député à des fonctions publiques salariées le soumet à une nouvelle élection. C'est une des prescriptions de la charte de 1830. (V. Fonctionnaires , Election).

PROMULGATION. Il faut distinguer le sens de trois mots qui sont souvent confondus dans la langue usuelle et même quelquefois dans celle des lois : Sanction, Promulgation, Publication.

La Sanction , dans le droit constitutionnel établi, est le consentement·donné par le roi au vote des deux chambres. Elle est indispensable, lors même que le projet voté a été présenté au nom du roi. Si le roi refuse sa sanction, il n'y a pas de loi. Ce droit de veto est absolu. Il n'en a pas toujours été de même dans tous les pays ; et toutes les constitutions ne l'admettent pas. (V. Veto).

La Promulgation atteste aux citoyens l'existence de la loi revêtue de toutes les formes constitutionnelles. La loi promulguée est exécutoire.

La Publication consiste dans le fait même qui donne aux citoyens la connaissance de la loi et de sa Promulgation.

Quand les lois émanent d'un pouvoir absolu, tout se confond dans cette puissance unique ; le roi prononce un ordre, cet ordre est une loi qui existe quand elle a été portée à la connaissance publique. Cela était ainsi en France sous l'ancien régime. Les diverses constitutions ont varié sur la forme de la Promulgation. Il y a eu tout un droit transitoire, toute une jurisprudence qu'il est bon de connaître quand on veut examiner une question spéciale d'application de la loi ; mais la généralité des notions de ce dictionnaire n'exige point que nous entrions dans les détails.

Aujourd'hui , l'article 1er du Code civil déclare que les lois sont exécutoires en vertu de la Promulgation faite par le roi, et du moment où cette Promulgation peut être connue. La Charte dit : « Le roi seul sanctionne et promulgue les lois... » Mais ni le Code ni la Charte ne règlent le mode de la Promulgation.

L'article du Code civil dit seulement que la Promulgation sera réputée connue après un délai de vingt-quatre heures dans le département de la résidence royale, et dans les autres départements après le même délai augmenté d'autant de jours qu'il y a de fois dix myriamètres entre le chef-lieu de ce département et celui de la résidence royale.

Il fallait régler ce point essentiel, car le mode de Publication avait aussi varié suivant les chances diverses des constitutions qui se sont succédé en France. On faisait résulter la Promulgation tantôt de la sanction royale, tantôt de la publication effective, tantôt de l'insertion au Bulletin des Lois. Ce dernier mode a été déclaré le seul officiel, par une ordonnance du 27 novembre 1816 ; et c'est la réception du Bulletin des Lois à la chancellerie qui détermine la *date* de la Promulgation.

Cette ordonnance permet, toutefois, de *hâter l'exécution* suivant le bon plaisir du roi, dans les lieux où il le juge convenable. Dans ce cas, les lois et ordonnances sont « *censées* publiées et sont exé- » cutoires du jour qu'elles sont parvenues au pré- » fet qui en constate la réception sur un registre. » Une autre ordonnance du 18 janvier 1817 oblige, dans ce cas, le préfet à prendre immédiatement un arrêté pour ordonner la publication réelle par affiches.

Quant à la Publication, elle résulte de l'insertion au Bulletin des Lois (V. ce mot), ordinairement suivie d'une insertion au *Moniteur*, partie officielle. (V. Loi, Sanction).   **H. C.**

PROPAGANDE. Ce mot se définit de lui-même, et d'ailleurs il touche par toutes ses acceptions à des mots déjà traités ou qui le seront plus tard par d'autres plumes dans ce dictionnaire.

La Propagande, dans son sens complet et absolu, c'est le Prosélytisme. La pensée, — il vaudrait mieux dire l'instinct, tant cette tendance est profondément incarnée dans le cœur humain ! — la pensée qui souffle la propagande, c'est l'esprit de prosélytisme. L'ordre physique a pour la matière ses lois d'assimilation qu'exécutent incessamment l'attraction, la cohésion, la fusion des corps et des molécules; l'ordre moral a aussi pour les idées ses lois d'assimilation qu'exécutent providentiellement le Prosélytisme et la Propagande.

C'est dans la religion et dans la politique, ces deux grandes sources de la foi et de la conviction qui font les dévoûments, que l'esprit de Propagande agit avec le plus de vigueur. Cette action continue, opiniâtre, envahissante, s'appelle plus particulièrement, — en religion, comme en sectes philosophiques, littéraires ou artistiques, Prosélytisme, — en politique, Propagande. La Propagande politique, vive et vaste expansion des temps modernes, a Paris pour principal foyer, de même que la Propagande religieuse eut Rome pour le sien. Comme sa sœur aînée, la Propagande politique compte de sublimes triomphateurs et de saints martyrs.

Il faut chercher au mot Missions tout ce qui se rapporte à la Propagande religieuse; nous ne traitons ici que de la Propagande politique.

C'est la France, nous venons de le dire, qui comprend et pratique le mieux la Propagande. Elle doit ce noble privilége à son génie et à son caractère. Le génie français est entre tous le plus entreprenant, le plus audacieux même, le plus brave, le plus chevaleresque; le caractère français est entre tous le plus franc, le plus communicatif, le plus sympathique, le plus subtilement persuasif. Voilà pourquoi toute initiative part de la France, cette tête des nations; voilà pourquoi se propa-

gent si vite les jugements, les passions, les fantaisies de notre esprit et de notre cœur, opinions, sentiments et modes. C'est une sorte d'épidémie morale agissant par électricité.

La Propagande a pour instruments—la prédication,—la presse, prédication écrite et incommensurablement promulguée, — enfin, l'association. Aussi voyez avec quels soins, dans leur effroi de la Propagande intérieure, de celle qui s'opère de citoyens à citoyens, les gouvernements de fait retiennent ces instruments sous le scellé des prohibitions légales ! Pour éviter la prédication orale, ils décrètent qu'aucun cours, aucune réunion périodique ne pourront être ouverts sans l'autorisation préalable de la police ; ils s'ingénient à proscrire jusqu'aux banquets. — Pour étouffer autant que possible la prédication écrite, ils enchevêtrent machiavéliquement la presse dans le double lien des conditions fiscales et des clauses pénales. — Quant aux associations, elles ne peuvent se former que sous leur bon plaisir. Étrange préoccupation de ces aveugles pouvoirs! S'ils neutralisent ainsi, autant qu'il est en eux, tous les moyens de Propagande, c'est que dans la Propagande ils poursuivent un ennemi; or, comme la Propagande ne marche que par la conversion d'une intelligence se ralliant à une autre, nos gouvernements bâtards ne constatent-ils point par là que de toute communication entre les intelligences il ne peut résulter que leur condamnation ?

Mais la Propagande que désigne le plus ordinairement ce mot dans la langue usuelle de la politique moderne, c'est la Propagande générale, universelle, celle qui s'opère de peuple à peuple. C'est cette Propagande que la démocratie française, comprimée chez nous par la contre-révolution, enserrée autour de nous par les monarchies européennes, brandit comme une éternelle menace de la défaite contre la victoire, et montre dans l'avenir comme une infaillible revanche du droit contre le fait. « Nous sommes sept ici, disaient les députés opposants de la restauration ; mais dehors nous sommes trente millions. » C'est un beau défi à l'usage de la Propagande ; et si demain la France démocratique, gouvernement à son tour, avait à se poser devant les autres gouvernements, elle pourrait répondre de même : « Ici, c'est-à-dire parmi les pouvoirs organisés, je suis une contre tous ; mais dehors, c'est-à-dire parmi les peuples, nous sommes tous contre un. »

Dans l'état d'antagonisme de la démocratie contre la vieille forme monarchique, la Propagande peut être appelée à suivre deux voies: l'assimilation par la guerre ou l'assimilation par l'ascendant moral; elle peut se faire la Propagande armée ou la Propagande intellectuelle. La France a prouvé et tout le monde sait qu'elle ne manquerait pas à la première; mais, précisément pour cela, si le choix doit nous être laissé, préférons la seconde.

La Propagande par la guerre, pour faire vivre l'idée, tue l'homme; c'est au contraire en doublant la vie de l'homme que la Propagande par l'intelligence fait vivre l'idée. L'une agite l'orage dans l'atmosphère pour y dessiner l'arc-en-ciel ; l'autre allume dans le sanctuaire une lampe d'égale et éternelle lueur. L'une est d'ailleurs plus honorablement, plus incontestablement victorieuse que l'autre : la guerre peut sembler contraindre, l'intelligence ne peut que persuader. Aussi, dirons-nous, pour résumer notre pensée en deux mots : la Propagande armée est bonne, la Propagande intellectuelle est meilleure.

Si, d'autre part, nous envisageons la question sous le point de vue relatif après le point de vue absolu, nous arrivons à la même conclusion. La France est grande par les armes, mais elle est plus grande encore par l'intelligence. Ses armes ont été quelquefois vaincues, son intelligence jamais. Au plus haut de nos triomphes l'épée française a subi un revers ; au plus bas de nos revers l'intelligence française a remporté de magnifiques triomphes.

Propageons, puisque propager est notre rôle, et propageons par l'esprit puisque l'esprit est notre grande, notre première force. C'est, nous l'avons dit, par la parole, par l'écrit, par l'association que la Propagande se fait. Où la parole est-elle plus persuasive, où l'écrit, livre ou journal, est-il plus influent, où l'association est-elle plus contagieuse que dans notre France ? Que l'intelligence française fasse donc le tour du monde après le drapeau français ! Et, comme Deucalion, qui semait des pierres pour créer des hommes, qu'en marchant elle jette des idées derrière elle, et ces idées se transformeront en armées ! ALTAROCHE.

PROPOSITION. L'article 15 de la Charte déclare que : « la Proposition des lois appartient au roi, à la chambre des pairs et à la chambre des députés. » Ainsi, d'après le texte même de la Charte, le droit de la royauté et celui des chambres, en ce qui concerne la proposition des lois, est absolument le même. De quelque manière que les chambres soient saisies, d'où que vienne la Proposition, si les chambres l'accueillent et l'adoptent, la royauté est également tenue d'y donner sa sanction. Nous disons *également tenue*, en ce sens que la royauté ne saurait justement refuser son adhésion par ce seul motif que la Proposition ne serait point émanée d'elle. Il faut reconnaître cependant et nous reconnaissons que rigoureusement elle en a le droit : elle l'a, du reste, prouvé par un constant usage.

Quoi qu'il en soit, nous le répétons, le droit est le même. Mais il s'exerce différemment.

Lorsque la loi est proposée au nom du roi, la marche que l'on suit est fort simple. Le ministre dans les attributions duquel rentre l'objet du projet de loi monte à la tribune. Il expose les motifs du projet et donne lecture des dispositions qui y sont contenues. Sur l'ordre du président, l'exposé des motifs et le texte du projet sont imprimés et distribués à chacun des membres de la chambre. La chambre se réunit ensuite dans ses bureaux pour examiner le projet. Chaque bureau nomme un commissaire. Ces commissaires se réunissent en commission. La commission étudie le projet de loi dans toutes ses parties. Cet examen

terminé, elle charge un de ses membres d'exposer à la chambre le résultat de ses travaux. Le rapporteur fait son rapport ; la chambre met ensuite à l'ordre du jour la discussion du projet de loi, et la discussion commence.

Cette marche, comme on le voit, est fort simple : elle n'entraîne point de délais ; la Proposition ne peut être étouffée avant d'avoir vu le jour, et, sauf les petites conjurations qui s'ourdissent quelquefois entre les ministres et les chambres pour ajourner indéfiniment la discussion de certains objets, la Proposition aboutit presque toujours, dans un temps donné, à la discussion.

Mais il n'en est pas de même, et bien loin de là, lorsque la Proposition est introduite par un membre de la chambre. D'abord, bien qu'en réalité le membre qui fait une Proposition n'use point d'un droit individuel, qu'il exerce, au contraire, le propre droit de la chambre, sa motion est presque toujours mal accueillie. Comme le pouvoir exécutif jalouse les droits du pouvoir législatif, il ne cache point sa malveillance contre une rivalité d'attributions qui le blesse. Et comme, d'un autre côté, la majorité des chambres est presque toujours dans la dépendance du pouvoir exécutif, il faut, pour user du droit d'initiative, avoir le courage de braver une hostilité systématique. Cette sorte de courage est rare et d'autant plus qu'il est presque toujours inutile. L'initiative parlementaire, en effet, est entourée d'entraves qui la rendent à peu près illusoire. Ainsi que nous l'avons dit aux mots CONSIDÉRATION et INITIATIVE, rien de plus compliqué que le mode suivi à cet égard. C'est un véritable système de prohibition. D'abord, l'auteur de la Proposition ne peut point en saisir directement la chambre : il ne lui est point permis de la lire publiquement. Il est obligé de la déposer, écrite et signée, sur le bureau du président qui la communique aux bureaux de la chambre. Les bureaux l'examinent et pour qu'elle puisse être lue à la chambre, réunie en assemblée générale, il faut que trois bureaux au moins en donnent l'autorisation. Mais cette autorisation ne concerne que la simple lecture. Il faut, après cela, que la chambre veuille bien fixer un jour pour écouter les développements de la Proposition ; il faut ensuite qu'elle déclare si elle prend la Proposition en considération. Si sa déclaration est affirmative, la Proposition se trouve alors dans la même situation qu'un projet de loi, au moment où il vient d'être présenté par le gouvernement. Il y a donc entre l'initiative parlementaire et l'initiative royale, toute la différence que comportent ces nombreuses formalités préliminaires.

Pourquoi cela ? Si, en principe, le droit est le même, pourquoi, en fait, la manière de l'exercer est-elle si différente ? Pourquoi ? parce que nos institutions sont profondément vicieuses ; parce que les lois organiques ne sont pas du tout en rapport avec le principe qui les domine. Ce principe est celui de la souveraineté du peuple. Or, la charte, qui est la loi organique du principe de la souveraineté du peuple, le viole en consacrant la fait l'égalité des trois pouvoirs, au lieu de déclarer la prédominance du pouvoir électif. Mais cette égalité admise, on ne s'en contente pas : les lois secondaires, qui sont censées devoir l'organiser, font à son égard ce que fait la charte à l'égard du principe de la souveraineté du peuple : elles la dénaturent. Au lieu d'organiser l'égalité, elles n'organisent que la suprématie de l'un et la sujétion des autres ; et, où le pouvoir royal est libre, les autres sont chargés d'entraves.

Au temps de nos premières assemblées politiques, il n'en était pas ainsi. Les formes suivies pour la Proposition des lois étaient beaucoup plus simples et plus directes que celles qui sont aujourd'hui en vigueur. Mais lorsque Bonaparte eut usurpé, la puissance législative fut complètement effacée. Ce grand maître en fait de despotisme s'empara de l'initiative des lois. La Restauration garda précieusement le bénéfice de cette usurpation. — Après la chute de la Restauration, le parlement reconquit le droit d'initiative. Mais l'article 15 de la charte ne consacra qu'un vain principe. En fait, ce droit est nul, et la pratique ne le prouve que trop. Il faut donc mettre la théorie d'accord avec la pratique et supprimer toutes les formalités préliminaires qui précèdent la prise en considération. Nous avons dit au mot Motion comment les choses se passent à cet égard en Angleterre. Ce mode de procéder est bon : pourquoi ne pas l'introduire dans nos assemblées ? Nous avons tant fait d'emprunts stériles à nos voisins : il serait bien de leur en faire un qui soit utile.

E. D.

PROPRIÉTÉ. La Propriété est le droit exclusif de jouir et de disposer des choses.

L'espèce humaine exerce collectivement et par chacun des individus qui la composent un véritable droit de Propriété sur tous les êtres qu'elle peut soumettre à sa puissance. Que la philosophie s'efforce d'étendre ou de limiter ce droit ; qu'on invoque, pour le justifier, la Genèse ou la nécessité, il n'est pas moins impossible de le supprimer sans priver l'espèce humaine de ses moyens d'existence.

Les nations exercent sur leur territoire respectif et sur les biens qu'il renferme un droit de Propriété : ce droit, qui est exclusif, se justifie par la possession ; il est modifié par les accidents des guerres, des traités, etc.

Le droit de Propriété, tel qu'il est exercé par les individus dans la société civile, est sanctionné par une autre autorité que le simple fait de la possession : les lois le consacrent. Il se compose de deux éléments bien distincts, savoir : droit de jouir et droit d'empêcher les autres de jouir.

Le droit de jouir des choses dérive de la nature ou, si l'on veut, du droit primordial de l'espèce humaine : il n'a soulevé aucune objection. Il n'en est pas de même du droit d'empêcher de jouir que possède d'une manière plus ou moins complète tout propriétaire, dans la société civile : ce droit a, dans tous les temps, été attaqué avec une grande énergie et défendu avec opiniâtreté. C'est

ce droit qui constitue la Propriété individuelle : c'est le seul dont nous ayons à nous occuper.

Nous n'en rechercherons point l'origine : il est évidemment né d'un fait primitif, l'occupation, l'appropriation. « Ce chien est à moi, disaient ces pauvres enfants ; c'est là ma place au soleil : voilà le commencement et l'image de l'usurpation de toute la terre (1). »

Quelques publicistes, dont l'opinion a été soutenue à la Chambre des députés par M. Michel (de Bourges), ont prétendu que le droit de Propriété avait un caractère presque sacré, qu'il était antérieur à la société et supérieur aux lois sociales.

Il nous est impossible de concevoir l'homme hors de la société, suivant les hypothèses de Hobbes et de Rousseau, et surtout d'imaginer un droit social antérieur à la société et supérieur à la souveraineté qu'elle exerce légitimement.

Or, s'il est un droit social et, s'il est permis de le dire, artificiel, c'est assurément le droit exclusif que possède le propriétaire.

Nous savons bien que la justice constitue un droit supérieur à tous les autres et qui domine la société tout entière : nous savons qu'il est juste que celui qui a semé et cultivé recueille les fruits. Mais suit-il de là qu'il puisse conserver après la récolte et à perpétuité, transmettre entre vifs et par testament, en vertu des seules lois de la justice ? Cela nous paraît impossible à soutenir.

Le droit de Propriété est une création de la loi civile : c'est la loi civile qui a garanti chaque détenteur de richesses contre les abus de la force, contre la violence et la spoliation ; c'est la loi civile qui donne de la force aux contrats, qui fait respecter même les dispositions testamentaires. C'est sous sa protection que la Propriété a grandi, qu'elle a acquis des garanties nouvelles à chaque nouveau progrès social.

La loi civile a créé le droit de Propriété : ce droit est donc soumis à la loi civile ; elle peut le modifier ; elle pourrait le détruire s'il n'était défendu que par la prétendue justice de son origine. En principe, nous reconnaissons la société comme le vrai propriétaire de tous les biens dont disposent les citoyens soumis à ses lois : la Propriété privée n'est qu'un mode de distribution des richesses plus ou moins convenable, plus ou moins conforme à l'équité et à l'utilité publique.

Si cette proposition paraissait étrange, nous rappellerions l'art. 544 du Code civil : « La Propriété est le droit de jouir et disposer des choses de la manière la plus absolue, *pourvu qu'on n'en fasse pas un usage prohibé par les lois ou par les réglements.* » L'art. 537 est conçu en ces termes : « Les particuliers ont la libre disposition des biens qui leur appartiennent, *sous les modifications établies par les lois.* » Puisque les lois peuvent modifier le droit des particuliers et que la puissance du pouvoir législatif n'a point de limites, il est visible qu'aux termes mêmes du Code civil, la plénitude de la Propriété n'appartient qu'au pouvoir législatif, à l'autorité souveraine.

_____
(1) Pascal.

L'établissement et la perception de l'impôt, les mille réglements d'intérêt public qui modifient le droit de Propriété sont autant d'applications de ce principe. Il n'y a point dans la société française actuelle de Propriétés souveraines, *de fiefs du soleil.*

Dans les républiques de l'antiquité, le pouvoir du législateur sur les Propriétés privées fut sans bornes, et l'on n'en contesta point la légitimité. Les réformes de Solon et de Lycurgue changèrent non seulement les lois relatives à la transmission des biens, mais encore la distribution même de la richesse, à Athènes et à Sparte. Les lois de Licinius Stolo, observées pendant long-temps à Rome, eurent le même effet. Elles donnèrent une constitution politique à la Propriété. Les diverses coutumes qui régnaient dans l'ancienne France, celles qui règnent encore dans les états de l'Europe, eurent aussi un but politique. Enfin, la Révolution française introduisit chez nous l'unité de la législation relative à la Propriété et lui imprima un caractère nouveau. L'histoire entière nous atteste que la constitution de la Propriété est un fait politique, et que cette constitution a été modifiée chaque fois que les révolutions ont sérieusement modifié l'état des personnes.

L'exercice du droit de Propriété a fait naître des abus nombreux, non seulement dans les relations individuelles, mais dans l'ordre politique. Des individus et des classes entières d'individus se sont approprié des biens immenses par la violence ou par la fraude, par l'usurpation du pouvoir souverain, au détriment du reste des citoyens. Le monde a vu plusieurs fois des usurpations semblables : elles ont eu le plus souvent pour résultat l'affaiblissement et la ruine des nations : quelquefois, le législateur appliqua des remèdes héroïques pour sauver la société : ainsi firent Solon, Lycurgue et Licinius Stolo; ainsi voulurent faire Agis et les deux Gracches, pour ne parler que des anciens.

Dans un temps plus reculé, Moïse avait prévu les excès dans l'exercice du droit de Propriété, et il l'avait limité par une des législations les plus remarquables qui aient jamais existé.

Depuis l'antiquité, les abus du droit de Propriété n'ont point disparu, bien que chaque progrès nouveau de la société les ait affaiblis. Ils ont été plusieurs fois réprimés, mais les remèdes employés contre eux n'ont point été sanctionnés par les lois : ils ont pris la forme violente de la confiscation. (V. FISC.)

Depuis un temps immémorial, ces abus ont provoqué une foule d'attaques contre l'appropriation, contre la Propriété privée. Platon et d'autres penseurs ont donné à ces attaques une forme philosophique. Lorsqu'elles se sont fait jour dans l'ordre politique, elles ont pris leur point d'appui dans le ressentiment des esclaves, des serfs, des prolétaires ; elles ont été ardentes comme la vengeance, mais elles n'ont jamais eu le caractère d'un système social et permanent, propre à transformer la société, à améliorer la condition des hommes.

La Propriété privée a été condamnée philosophiquement par Platon et par la plupart des penseurs de son école : elle a été réprouvée au nom de la religion par les Esséniens, par les Gnostiques, par les Adamites, les Carpocratiens, les Vaudois, les Anabaptistes et une foule d'autres hérétiques condamnés par l'Église. Il est probable même que le christianisme, à son origine, eut la forme d'une protestation contre la Propriété privée, et le renoncement à toute Propriété personnelle est encore un article fondamental dans les statuts de la plupart des ordres religieux. La Propriété a été attaquée politiquement dans les anciennes républiques chaque fois que les plébéiens se sont insurgés contre les patriciens : la guerre servile, à Rome, fut une autre attaque de ce genre. Nous pouvons mentionner, dans un temps plus récent, les innombrables insurrections qui ont pendant long-temps ensanglanté l'Europe, sous le nom de *Jacquerie*, la révolte des paysans de Thuringe et de Souabe, au seizième siècle, et la tentative de Babeuf, vers la fin de la Révolution française.

On peut remarquer que toutes ces protestations ont été proférées en des temps et des sociétés où régnait la force brutale et égoïste, où la justice était méprisée et la vérité absente : elles sont nées tantôt de l'intempérance de l'esprit des philosophes, tantôt de l'excès des souffrances des peuples.

Cependant le droit de Propriété n'a point été ébranlé : il a même constamment acquis une nouvelle force, comme il serait facile de le démontrer en parcourant la suite des faits historiques. Si les droits du propriétaire sont moins absolus aujourd'hui qu'autrefois, il les exerce avec plus de sécurité, et le nombre des propriétaires est incomparablement plus grand.

L'appropriation individuelle a été accusée de notre temps par les Owenistes, par les *Communistes* (néologisme tout récent). Ces divers sectaires n'ont point articulé contre la Propriété d'accusations nouvelles ; ils n'ont point proposé de nouveaux systèmes d'association. Leurs critiques et leurs théories ne diffèrent guère de celles des sectes analogues qui les avaient précédés.

Ils ont dit que la Propriété encourageait l'égoïsme dans l'homme ; qu'elle le rendait mauvais et l'excitait continuellement au vice et au crime. Mais outre qu'il est impossible de faire totalement disparaître, même par la pensée, le fait de l'appropriation individuelle ; nous ne voyons pas que le droit de Propriété entretienne et augmente l'égoïsme dans l'homme.

L'appropriation individuelle ne peut être totalement supprimée, parce qu'elle est une condition de l'existence individuelle. La plupart des besoins de l'homme sont purement individuels : ils ont pour objet la conservation ou le bien-être du corps ; ils ne peuvent être satisfaits que par l'appropriation, par la consommation individuelle. Il s'est rencontré des théologiens, au moyen âge, qui ont soutenu que l'individu n'était point propriétaire des aliments qu'il consommait. Mais que prouvaient les subtilités de la scolastique contre le fait nécessaire et évident de l'appropriation ?

S'il était vrai que le droit de Propriété fût la cause originelle et permanente de l'égoïsme, il faudrait que l'égoïsme disparût avec le droit de Propriété. Or, l'expérience a maintes fois prouvé qu'il n'en était rien. La privation de la Propriété diminue l'indépendance et la liberté de l'homme, sans diminuer ses besoins. L'égoïsme ne chercherait-il pas toujours à s'approprier, par tous les moyens, la plus grande part des richesses existantes et à consommer sans mesure des biens dont la conservation lui serait inutile?

Ce n'est point la Propriété qui rend l'homme égoïste, ce sont ses besoins d'abord, et ensuite les déréglements de son esprit et de son cœur. Si vous voulez combattre l'égoïsme, supprimez les besoins ou du moins cherchez le meilleur moyen de les satisfaire, éclairez l'esprit par l'instruction, purifiez la volonté par l'éducation.

Ne refusez pas surtout de satisfaire le besoin impérieux de liberté que tout homme éprouve ; ne mettez pas hors de sa portée les objets auxquels il doit appliquer son intelligence et les objets de ses affections. Si l'intérêt immédiat de la Propriété suffit à peine pour stimuler les producteurs, il n'est pas probable qu'ils comprissent mieux l'intérêt éloigné qu'ils auraient dans la Propriété sociale. Il n'est pas probable non plus que celui qui manque aujourd'hui de dévoûment dans sa famille en montrât beaucoup envers sa patrie, et à plus forte raison envers le genre humain.

Il faut bien remarquer, en effet, que toutes les attaques dirigées contre la Propriété privée ont été dirigées aussi contre la famille. La plupart des sectes qui ont prêché la communauté des biens ont prêché en même temps la promiscuité des femmes, et les corporations qui ont adopté pour règle l'absence de Propriété privée ont imposé le célibat à leurs membres.

Pour détruire la Propriété privée ou du moins pour la réduire à son expression la plus simple, il faudrait que le droit de Propriété, qui appartient essentiellement à la société, fût exercé par le gouvernement. C'est à cette conclusion qu'ont abouti fatalement toutes les sectes qui ont rêvé la communauté. Suivant leurs doctrines, le gouvernement exercerait non seulement les fonctions politiques, mais il serait l'administrateur des biens de la société : il distribuerait les travaux et les salaires ; il serait tenu de mesurer les forces et les besoins de chaque citoyen, de faire l'éducation des enfants, et, suivant quelques sectes, de régler constamment les rapports des deux sexes et d'en mesurer les résultats. Dans ces étranges systèmes, il n'y a de liberté et d'indépendance que pour les détenteurs du pouvoir politique ; il n'est ni utile ni désirable que les sujets pensent ou veuillent, tant leur intelligence et leur volonté auraient peu d'emploi. Une telle organisation sociale, si elle pouvait subsister, aurait pour résultat de réduire presque tous les citoyens à l'état de machines, de les asservir, non plus comme le prolétaire qui peut devenir propriétaire, non plus comme le serf qui pouvait posséder et souvent acquérir, non plus comme l'esclave qui a un pécule, mais comme

l'esclave soumis au plus dur des maîtres, à celui qui exercerait ses droits avec la plus extrême rigueur. Il serait impossible, assurément, de trouver un instrument d'avilissement et de dégradation plus énergique et plus infaillible que la communauté ; aucune organisation sociale ne serait plus propre que celle-ci à développer l'égoïsme, à propager les vices et les crimes.

L'abolition de la Propriété privée aurait aussi des conséquences économiques qu'il n'est pas inutile d'indiquer. Nous doutons qu'il fût possible, dans une organisation communiste, de trouver un stimulant plus actif que le besoin de vivre, le désir de s'enrichir, d'élever et de maintenir une famille ; nous doutons que le travailleur qui recevrait toujours l'impulsion du pouvoir ou de ses innombrables agents eût plus de goût à produire que celui qui, possesseur des instruments de travail, peut les échanger contre d'autres ou les modifier, appliquer à son gré ses facultés à telle ou telle industrie. Il est donc probable que la production diminuerait, indépendamment même des facilités que rencontrerait l'égoïsme pour vivre du travail d'autrui. Alors la société se trouverait dans la situation où se trouve quelquefois l'équipage d'un navire naufragé : elle tomberait tout entière dans la misère, elle serait prise par la famine.

On a dit que le dévoûment et l'activité de tous et de chacun préviendraient une catastrophe pareille, si les hommes étaient élevés dans les doctrines de la communauté. Mais en admettant même l'exactitude de cette hypothèse, comment aurait lieu la transition? Il n'y a point dans le courant des générations de solution de continuité : aucune force humaine ne peut l'y introduire : dès qu'un système ne peut vivre qu'à la condition de changer totalement et brusquement toutes les passions, toutes les idées vivantes, il est relégué dans le monde des utopies et des songes.

La communauté a pu exister parmi des adultes d'élite exaltés, soutenus, disciplinés par l'esprit religieux, voués au célibat. Même dans ces conditions entièrement exceptionnelles, peu de communautés religieuses ont vécu des produits de leur travail, sans être soutenues par les aumônes ou les donations des propriétaires. Les résultats obtenus par quelques unes d'entre elles, et notamment par les communautés protestantes qui ont admis le mariage, sont cités à juste titre comme le produit des efforts les plus extraordinaires que l'homme puisse faire. Mais une société tout entière ne peut pas plus subsister par un effort permanent de tous et de chacun de ses membres qu'elle ne peut se conserver par le célibat.

L'histoire ne présente qu'un grand exemple de l'application du régime de la communauté : c'est l'établissement des jésuites au Paraguay, exception curieuse et digne à tous égards de considération. Les jésuites s'adressaient à des peuplades ignorantes et misérables; ils leur apportaient à la fois une religion impérieuse et l'industrie d'une civilisation supérieure. Ces deux circonstances rendirent la réalisation du communisme un moment possible, au prix toutefois de nombreux saorifices pour la dignité, pour la moralité humaines. Qui pourrait songer à appliquer à nos sociétés civilisées le régime que les jésuites imposèrent aux peuplades du Paraguay? Et d'ailleurs qu'est devenu l'empire des jésuites? Qu'est devenu le Paraguay après eux?

Tous les sectaires qui ont attaqué la Propriété privée n'ont pas conclu à son abolition totale : ils se sont quelquefois arrêtés aux divers degrés qui séparent le régime actuel de la communauté absolue. Une secte fameuse, par exemple, demandait, il y a quelques années, en même temps que l'abolition de la famille, l'abolition de l'héritage.

La famille et l'héritage étendent les idées de prévoyance et les sentiments d'affection, de dévoûment : ils résultent du développement spontané des facultés humaines. Au point de vue politique, la famille et l'héritage distribuent les travailleurs dans les diverses fonctions économiques; ils partagent les emplois et les imposent à chacun avec une autorité qu'il serait difficile au pouvoir politique le plus énergique de remplacer. *A chacun suivant sa capacité ; à chaque capacité selon ses œuvres,* peut être une belle formule, mais comment l'appliquer? Qui devinera les vocations? Qui les imposera, lorsque les besoins de la société l'exigeront? Qui mesurera les rétributions? Problèmes insolubles qui appelleront toujours un révélateur ou une loi d'attraction, une théocratie ou une vaine hypothèse.

Laissons là ces vieilles théories, qui, pour avoir pris de notre temps des noms nouveaux et des formes oubliées, n'en n'ont pas moins été condamnées depuis des siècles par le sens commun des peuples, par les penseurs et par les hommes d'état. Nous n'aurions pas rappelé quelques unes des nombreuses objections qu'elles soulèvent, si leur simplicité apparente, si leur caractère logique, comme disent nos publicistes, n'avaient pas séduit des esprits plus vifs que droits, des ames généreuses, et pénétré dans certaines classes de la population : nous en avons parlé parce que ces théories ont acquis depuis peu de temps et pour peu de temps une sorte d'importance politique. A nos yeux, leur popularité ne prouve qu'une chose : c'est qu'il s'est introduit quelque vice dans le régime actuel de la Propriété, c'est que ce régime appelle une réforme.

Dans notre opinion, les abus auxquels donne lieu aujourd'hui le droit de propriété tiennent plutôt à une fausse direction imprimée à la société par le pouvoir politique et aux mauvaises mœurs que ce pouvoir encourage qu'aux défauts des lois. Si la Propriété a été attaquée, c'est parce que l'escroquerie sous toutes ses formes est devenue un moyen régulier et ordinaire d'acquérir la propriété, c'est parce que la fraude est plus lucrative que le travail, et que, loin d'être poursuivie et châtiée, elle a été entourée d'honneur, et, on peut le dire, récompensée. Si la Propriété a été attaquée, c'est parce que la puissance qu'elle confère a servi trop souvent à l'égoïsme d'instrument d'oppression, c'est parce que l'emploi de cette force n'est plus réglé ni par la religion, ni par le pouvoir politique, ni par les mœurs.

Malgré la déplorable situation économique de la société française, remarquons avec orgueil les avantages qu'elle possède sous ce rapport sur les sociétés antiques : ne perdons jamais de vue l'immensité de ses ressources, des remèdes que les progrès de l'esprit humain ont mis à sa disposition.

Dans l'antiquité, la production était lente et l'accumulation des capitaux à peu près impossible. Lorsque les terres, qui étaient presque les seuls instruments de travail, étaient concentrées en quelques mains par l'effet de la fraude ou de la violence, il n'y avait de ressource que dans un coup d'état, tel que l'abolition des dettes, un nouveau partage des terres ou autres moyens de ce genre. Aujourd'hui l'industrie a fait de tels progrès, grace à l'émancipation du travail, aux découvertes de la science et aux garanties données à la liberté privée, qu'une immense consommation n'est pas un obstacle à l'accumulation des capitaux. Chez nous l'accroissement de la richesse n'a point de limites connues, et la richesse territoriale a acquis une mobilité dont il n'y avait point encore eu d'exemple. Il suffit, pour réformer les abus du régime actuel de la Propriété, de régulariser le mouvement des richesses que fournit incessamment la production : il n'est pas nécessaire, comme dans l'antiquité, de frapper les propriétaires et de bouleverser les fortunes pour sauver l'État.

Ce n'est donc point dans des théories rétrogrades et inapplicables qu'il faut chercher un remède contre les abus auxquels donne lieu le droit de Propriété. Nous croyons que ce droit, garantie nécessaire et naturelle de la liberté, de l'indépendance des citoyens, doit être soigneusement maintenu, parce qu'il est en même temps le meilleur instrument de production. Si l'on veut altérer les lois qui le définissent, ce doit être plutôt pour le fortifier que pour l'affaiblir ou le détruire. On peut le fortifier utilement en adoucissant dans les mœurs ce que ce droit a de dur ; en combattant par les lois, par l'enseignement, par des poursuites judiciaires, les moyens frauduleux qui servent trop souvent aujourd'hui à usurper le titre de propriétaire ; en faisant la guerre à la mauvaise foi qui infecte les relations commerciales et industrielles ; en protégeant les petits propriétaires ou les prolétaires contre l'oppression qu'exercent quelquefois les possesseurs de capitaux considérables ; enfin en rapprochant des travailleurs les instruments de travail.

Cette solution n'est pas nouvelle, mais elle nous semble suffisante, même dans un temps de paradoxes comme le temps où nous vivons. La justice et l'équité sont invoquées depuis des siècles, sans que leur culte ait vieilli. Leurs lois n'ont guère, jusqu'à ce jour, été appliquées sur la terre : il s'agirait de les appliquer davantage : là est tout le progrès social. Pour cela, il n'est pas aussi nécessaire de modifier les lois qui régissent la Propriété que de donner au pouvoir politique une direction morale qui lui manque aujourd'hui. (V. PROLÉTARIAT, SALAIRES.)

COURCELLE SENEUIL.

PROROGATION. C'est le droit qu'a le chef du pouvoir exécutif d'interrompre les travaux du pouvoir législatif et de les ajourner à une époque qui lui convient.

Cette faculté semble, à bon droit, exorbitante. Quand le roi a besoin des Chambres, il les convoque ; quand elles ne lui sont plus utiles, il les congédie ; et si elles lui déplaisent, il les dissout : n'est-ce point assez ?

Le droit de proroger les Chambres n'a certainement pas une valeur comparable à celui de les convoquer ou de les dissoudre ; et pourtant, de tous ceux que les constitutions mixtes attribuent au roi, celui-ci nous semble le plus insolent. N'est-il pas humiliant pour un pouvoir aussi considérable que le pouvoir législatif d'avoir à vaquer sur l'ordre d'un agent qui, à tout prendre, lui est subordonné ?

D'ailleurs, cette faculté de proroger les Chambres n'est pas sans danger. Les Chambres que l'on proroge sont le plus ordinairement les Chambres incertaines. Quand un ministère est sur le point d'aborder quelque grave difficulté avec une majorité peu sûre ou devant une minorité menaçante, il recourt à une Prorogation ; et, pendant ce propice intervalle, la corruption raccole un complément de majorité. — Une Prorogation est souvent l'avant-coureur d'une dissolution. Les ministres prorogent quand ils hésitent, pour se donner le temps de réfléchir avant d'agir.   E. D.

PROSCRIPTION. Condamnation sans formes judiciaires. C'est la mise hors la loi, prononcée sans la garantie de la loi. Le fait des Proscriptions appartient surtout à l'antiquité. Cependant, tous les gouvernemens despotiques l'ont renouvelé sous un nom ou sous un autre. Le gouvernement anti-national de la Restauration a signalé son avénement par la proscription de la plupart des hommes qui avaient contribué à l'agitation révolutionnaire. En 1815, les Bourbons étaient censés accorder une amnistie générale. Mais l'amnistie fut accompagnée d'une véritable liste de proscription sous le nom d'*exceptions à l'amnistie*. Une foule de citoyens illustres, les conventionnels régicides furent forcés de s'expatrier. Plusieurs sont morts sur la terre étrangère.

La nation victorieuse n'a proscrit que la branche aînée des Bourbons, laissant subsister pour le reste le cours ordinaire de la justice. C'est-là une proscription légitime que celle qui est exercée par le sentiment général d'un peuple, contre des individus qui se placent eux-mêmes au dessus des rigueurs et, par cela même, en dehors des garanties de la loi.

Les progrès du droit et de la raison collective ont donc fait disparaître presque complètement du monde moderne la Proscription. La loi commune a suppléé l'arbitraire individuel (*voyez* BANNISSEMENT, EXIL). Il faut aller chercher dans l'histoire ancienne le souvenir de ces Proscriptions impitoyables qui signalaient souvent les réactions politiques.

En Grèce, l'ostracisme n'était pas, à proprement parler, une Proscription, puisqu'il était prononcé par le jugement du peuple, assemblé à la vérité en dehors des formes judiciaires habituelles. Cependant, à Syracuse, les principaux citoyens se bannissaient les uns les autres, en se mettant une feuille de figuier à la main (1).

A Rome, les fameuses proscriptions de Sylla et des Triumvirs présentent un spectacle d'une atrocité incroyable. Assis dans son tribunal, Sylla recevait les têtes sanglantes et les payait au prix du tarif. Une tête de proscrit valait jusqu'à deux talents. Chaque matin, une nouvelle table de Proscription faisait connaître les meurtres du jour. Deux mille six cents chevaliers et quatre-vingt sénateurs de leur parti furent proscrits par Sylla. Il s'en fallait que la politique fût toujours le motif de ces condamnations. C'était aussi un moyen de fortune.

Plutarque cite un certain Q. Aurelius, homme paisible qui ne s'était jamais mêlé des affaires publiques. Aurelius, jetant les yeux sur la liste des proscrits, y aperçut son nom : « Ah ! malheureux, s'écria-t-il, c'est ma terre d'Albe qui me proscrit ! »

Les Triumvirs, rentrant dans Rome, renouvelèrent les massacres de Sylla. Trois cents sénateurs et deux mille chevaliers furent proscrits par les Triumvirs. Antoine sacrifia son oncle ; Lépide, son frère ; Octave, son tuteur. C'est le lâche Octave qui montra le plus de rigueur dans ces persécutions. Verrès fut proscrit pour avoir refusé à Antoine ses vases de Corinthe ; Nonius pour une opale de la grosseur d'une aveline, qu'il voulut conserver. Un jeune enfant, nommé Attilius, extrêmement riche, fut revêtu de la robe virile avant l'âge, afin qu'on pût le proscrire. On apporta une tête à Antoine : « Je ne connais point cet homme là, dit-il, cela regarde apparemment ma femme. » C'est à cette Fulvie, femme d'Antoine, que fut apportée la tête de Cicéron. Fulvie prit la tête sur ses genoux, en arracha la langue et la perça d'une aiguille qu'elle avait dans ses cheveux. Les fils, les mères elles-mêmes livrèrent les proscrits. « Il y eut beaucoup de fidélité dans les femmes, dit Velleius Paterculus, assez chez les affranchis, quelque peu chez les esclaves, aucune dans les fils, tant, l'espoir une fois conçu, il est difficile d'attendre. » C'est un des plus énergiques anathèmes qui aient été portés contre l'héritage.   T. T.

PROTECTEUR (Système). Pendant longtemps les douanes ne furent établies que pour la perception d'un impôt, sans égard pour les conséquences que pouvaient avoir l'importation et l'exportation des marchandises de toute sorte. Lorsque Philippe le Bel invoquait le proverbe : « Charité bien ordonnée commence par soi-même », pour défendre à quiconque n'aurait pas obtenu licence d'exporter des marchandises quelconques, il ne songeait qu'à constituer, au profit de la couronne, le monopole du commerce extérieur.

Plus tard, au seizième et principalement au dix-septième siècle, d'autres vues présidèrent à

(1) Plutarque.

l'établissement des tarifs de douane. Ils eurent pour but de faire produire à tout prix à la France les objets dont la consommation est la plus répandue, de la rendre commercialement indépendante des autres nations et de faire pénétrer ses produits chez elles. C'est ce que l'on a nommé le système Protecteur. Il fut nettement formulé pour la première fois dans le tarif de 1687 dont Colbert fut le promoteur.

Ce système consiste à frapper d'un droit élevé ou d'une prohibition absolue les marchandises fabriquées à l'étranger. Il a pour effet d'élever le prix des marchandises ainsi imposées, de telle sorte que les capitalistes indigènes aient du bénéfice à fabriquer des objets similaires, quoiqu'ils ne puissent produire qu'à un prix plus considérable que les étrangers. Les primes à l'exportation font payer au contribuable une partie du prix de fabrication de la marchandise livrée à la consommation étrangère. Ce système n'est donc autre chose que l'établissement d'un impôt sur le contribuable et sur le consommateur national au profit de l'état et du fabricant indigène que le tarif de douane protège.

Les anciens tarifs de douane avaient été établis contre les producteurs au profit apparent des consommateurs ; dans le nouveau système, les tarifs furent onéreux pour le consommateur, favorables au producteur.

Le système Protecteur dut son origine à une grande erreur économique. On se figurait que l'état qui importait le plus et qui exportait le moins de numéraire était celui qui s'enrichissait le plus : de là les efforts pour que la France vendît le plus et achetât le moins possible aux étrangers. L'Angleterre mérite l'honneur d'avoir appliqué la première le système Protecteur dans son fameux Acte de Navigation et dans diverses autres lois de douane.

Aujourd'hui que la nature et les mouvements de la richesse sont mieux connus, tout le monde sait que les produits ne se paient qu'avec des produits et qu'il n'y a pas plus d'avantage à importer du numéraire que toute autre marchandise. On a cessé de confondre le numéraire avec les capitaux disponibles.

Cependant le système Protecteur, vivement critiqué et défendu dans les écrits des économistes, n'a point été renversé. Attaqué par le traité conclu, en 1786, avec l'Angleterre ; remis en vigueur par le tarif de 1791, il prit, au temps de l'Empire, un développement gigantesque sous le nom de blocus continental. La Restauration ne l'abandonna point ; et, si son application a été adoucie depuis 1830, il subsiste encore dans nos lois, il règne dans toute l'Europe.

On ne songe guère maintenant à l'importation du numéraire ; mais on attache beaucoup de prix à encourager le travail, à multiplier le nombre des travailleurs, à favoriser la production indigène des vaisseaux, des matelots, etc., dans des vues politiques. On tient aussi à prévenir les secousses qui résultent d'une interruption brusque des mouvements du commerce extérieur. Le système Protec-

teur indique un état d'hostilité entre les diverses nations ; il prépare la guerre ; il sert aussi à préparer des alliances et des conquêtes politiques ; on sait ce qu'il coûte et on l'accepte.

Ce système entraîne avec lui plusieurs abus graves : des intérêts particuliers l'invoquent souvent avec succès contre l'intérêt public. Les tarifs actuels, du reste, n'ont point encore été remaniés au point de vue politique, et leur extrême confusion ne permet point d'y voir un système Protecteur, mais seulement l'absence d'un système quelconque. (V. DOUANES, DOUANES ALLEMANDES.) C. S.

PROTECTORAT. Terme politique introduit en Angleterre par Olivier Cromwell, vers le milieu du dix-septième siècle, pour désigner la dignité et le pouvoir attachés à sa dictature militaire.

Il est inutile de dire ici comment ce hardi soldat de fortune s'empara de l'autorité souveraine ; tout le monde sait que, général des armées du Parlement, il confisqua son profit la révolution dont il avait assuré le triomphe avec son épée. Réunissant aux qualités du capitaine et de l'homme d'état les vices et les passions d'une ambition vulgaire et déréglée, il sacrifia à son intérêt personnel tous les devoirs et tous les droits. C'est moins sa dictature, devenue peut-être nécessaire, que nous devons blâmer, que l'esprit étroit et jaloux de domination et d'égoïsme dans lequel il l'exerça. En effet, un reproche et une responsabilité terribles pèseront éternellement sur la mémoire du Protecteur ; si on ne peut nier qu'il ait rendu d'éminents services à son pays en l'arrachant à l'anarchie et en le gouvernant, pendant six ans, avec une habileté consommée et une gloire peu commune, il est aussi vrai de dire qu'en s'affranchissant de toutes les règles et en se faisant un jeu de toutes les lois, il contribua puissamment à amener dans les esprits une réaction fatale aux principes de la révolution et aux intérêts de la démocratie anglaise. Dès-lors, le désappointement et le mécontentement des populations furent d'autant plus grands qu'elles avaient beaucoup souffert et beaucoup espéré ; et, presqu'à leur insu, il s'opéra en elles un changement qui les disposa à favoriser la restauration des Stuarts et à supporter patiemment les coupables tentatives de la royauté de droit divin contre les libertés nationales.

Deux actes constitutifs votés par les Parlements de 1654 et 1657, et connus sous les noms d'*Instrument de Gouvernement* et de *Pétition et Avis*, donnèrent une apparence de légalité à l'autorité de Cromwell. Prenant le titre, jusqu'alors inconnu, de *Lord-Protecteur*, et se faisant qualifier de *Hautesse*, il concentra dans ses mains tous les pouvoirs civils et militaires. Quoique le souverain pouvoir fût nominalement attribué au Parlement, il appartenait de fait au nouveau chef de l'état. La législature se composait de deux chambres, l'une élective et l'autre viagère ; et les membres de celle-ci, au nombre de quarante au moins, et de soixante-dix au plus, étaient à la nomination du Protecteur. Onze majors-généraux ou préfets militaires, choisis par Cromwell, administraient arbitrairement le royaume divisé en autant de districts, et assuraient la rentrée d'une taxe de dix pour cent, prélevée sur les revenus des plus notables royalistes, par la volonté et la vengeance du dictateur. Dans le même esprit de despotisme, un droit avait été, sinon établi, du moins maintenu, sur les marchandises, bien au-delà du temps fixé par la loi. On vit une haute Cour de justice, chargée de prendre connaissance des crimes et des délits politiques, envoyer plusieurs citoyens à l'échafaud. Enfin, la prison et la déportation même étaient le partage ordinaire de quiconque osait élever la voix contre cette odieuse tyrannie ou lui opposer la moindre résistance.

Cependant l'ambition d'Olivier Cromwell n'était pas encore satisfaite. Depuis le premier établissement de son autorité, il nourrissait la pensée ambitieuse de se faire roi et de substituer sa dynastie à celle des Stuarts; il avait dissous la chambre des communes, en 1655, parce qu'elle avait voté à une grande majorité que le Protectorat serait électif et non héréditaire; et c'était évidemment pour se conformer à ses désirs qu'une autre assemblée, plus docile, lui avait conféré, en 1657, le droit de désigner son successeur. Le vieux soldat, à son lit de mort, appela donc son fils Richard au pouvoir dictatorial du Protectorat. Mais, par une juste dispensation des choses de ce monde, le trône d'Angleterre ne devait définitivement appartenir ni à sa famille ni à celle des Stuarts. Le dernier descendant d'Olivier Cromwell est aujourd'hui un obscur gentilhomme de campagne, et le dernier descendant de Charles Stuart est mort naguère au-delà des Alpes, sous les habits d'un prêtre romain.

De notre temps, l'empereur Napoléon, cet autre Cromwell, a pris le nom de *Protecteur* de la Confédération du Rhin et exercé sous ce titre une sorte de domination féodale sur la Bavière, le Wurtemberg. Bade, le grand-duché de Berg et celui de Darmstadt.   ARISTIDE GUILBERT.

PROTESTANTISME. On a beaucoup écrit pour et contre le Protestantisme; mais, dans la plupart de ces écrits, on a simplement envisagé le Protestantisme comme une doctrine opposée à une doctrine, ou comme une secte séparée de l'association orthodoxe. Donc, a-t-on dit, le Protestantisme n'est pas, à proprement parler, une religion: protester ce n'est pas rallier, c'est désunir. Cela est d'une telle évidence que, la question ainsi posée, il n'y a pas d'arguments à faire valoir pour justifier la Réforme. Cependant il s'en faut que la Réforme ait été vaincue par la dispute. C'est qu'elle était un principe, et qu'un principe est religieux, alors même qu'il paraît contredire la religion.

Nous accordons que les chefs luthériens qui signèrent, en 1529, l'appel au futur concile, n'aient pas compris alors quelles devaient être les suites de cette révolte contre l'autorité du Saint-Siége; nous accordons qu'ils aient uniquement prétendu obtenir une satisfaction équitable à des griefs personnels et, par complément, la réforme de quelques abus publics. Mais qu'importe leur plan particulier? qu'importe l'ambition de quelques têtes? D'ailleurs, ce n'est pas aux Protestants de 1529 qu'appartient l'initiative de la résistance; et, malgré tout leur courage, ils eussent été, qu'on n'en doute pas, impuissants contre l'église de Rome, si leur cause n'avait pas été bonne, si leur protestation n'avait pas été légitime.

Cette protestation était un fait qui avait une raison d'être. Or, d'un principe émanent toutes les conséquences qui s'y trouvent contenues. Ainsi, le principe d'indépendance, proclamé par les mécontents de 1529, fut développé, dans les premières années de la Réforme, par les articles d'Augsbourg; ce qui n'était qu'une protestation, devint alors un schisme. Bientôt après, la confession d'Augsbourg ne parut pas à un grand nombre des affranchis réaliser tout ce qu'ils en attendaient; elle consacrait des opinions dogmatiques qui semblaient aux uns trop rigides, aux autres trop relâchées: de nouvelles formules furent proposées, discutées; des partis se formèrent sous des noms divers, et les fidèles s'engagèrent sous tel ou tel drapeau, suivant le conseil qui leur était donné par leur propre logique. La tendance fatale de l'église protestante était de *varier* sans cesse: toutes les doctrines devaient se produire dans son sein, et chacune de ces doctrines discordantes devait être la créance d'une communion particulière. Enfin, à ces communions hétérodoxes, alliées, dans les temps d'épreuves, par la solidarité de la révolte, devait succéder, dans des jours plus tranquilles, l'isolement individuel. Il n'y a plus aujourd'hui d'église protestante; la secte luthérienne s'est divisée en tant de groupes qu'on ne saurait les compter, et il y a long-temps que le catéchisme de Calvin, avec les articles de Dordrecht, ont été désavoués par la majorité des Calvinistes. Que se passe-t-il aujourd'hui dans le consistoire central de France? Les rationalistes, c'est-à-dire les défenseurs du culte individuel, y font la guerre aux méthodistes, c'est-à-dire aux derniers tuteurs du dernier pouvoir qui soit resté debout, le pouvoir presbytérien, et il est probable qu'ils l'emporteront. Telles étaient les conséquences nécessaires du principe de liberté. Il n'en est aucun qui soit plus impérieux. Quelles institutions, quelles croyances lui ont résisté? Il n'ébranle pas seulement; il renverse, il ruine, il efface même les vestiges de ce qui était. L'instinct de la liberté emporte quelquefois une génération au-delà du but qu'il lui était permis d'atteindre; mais cette course aventureuse sur le domaine de l'avenir épuise bientôt ses forces, et elle revient sur ses pas. Ce retour forcé ne prouve, en aucune façon, qu'il y ait une limite aux tendances de la liberté: les générations se succèdent, et ce que l'une n'a pu conserver sera la conquête de l'autre.

Nous n'avons pas à exposer ici les développements successifs du principe de liberté, depuis Wicleff jusqu'à nos jours. Ce qui ne peut être nié, c'est qu'il a triomphé de tous les obstacles qu'il avait en présence le jour où il le proclama la grande voix des consciences soulevées contre la tyrannie romaine. Ainsi, tous tant que nous sommes, que nos pères aient ou n'aient pas signé le pacte de 1529, que le sacrement de la communion nous ait été administré comme le signe ou comme la substance même du corps de Jésus, nous sommes par le fait des Protestants. Protester, dans l'acception la plus générale de ce terme (qui n'est pas, il est vrai, l'acception historique), c'est s'inscrire contre une foi consacrée, contre un dogme établi. Or, prenons les articles du dernier concile, du concile de Trente, et ne craignons pas de nous exprimer avec franchise. En est-il un grand nombre que nous soyons disposés à admettre? Non sans doute, et quiconque en rejette un seul n'est déjà plus orthodoxe. Comme l'a récemment établi M. Coquerel, dans un travail qui a été remarqué, le Protestantisme ne peut être considéré de nos jours comme une confession dogmatique adoptée par une secte religieuse : il n'y a plus de sectes, il n'y a plus d'église ; l'individu n'écoute plus d'autre oracle que sa conscience, il n'adore plus d'autre Dieu que celui que sa raison lui révèle ; Rome n'est plus la cité *d'où partent les décrets qui gouvernent le monde*, et Genève n'a plus davantage la prétention de l'être ; la tradition des conciles œcuméniques et celle des synodes calvinistes ont péri dans un commun naufrage ; nous vivons ou du moins nous pensons tous en pleine liberté. C'est là un fait, et ce fait est une conquête de l'esprit protestant ; ce fait est le but que se proposèrent, dès le quinzième siècle, les initiateurs les plus révolutionnaires de la Réforme. Nous ne pouvons donc nous défendre d'être de leur parti ; nous ne pouvons, sans nous manquer à nous-mêmes, outrager leur mémoire et condamner leur propagande.

Cependant, nous entendons encore déclamer contre le Protestantisme rationaliste ; nous entendons dire qu'il est impuissant à fonder, qu'il se résout dans l'individualisme pur, qu'il n'a d'autre issue qu'un pyrrhonisme universel. Et si nous demandons quel remède il faut employer contre cette maladie de l'esprit, quel critérium il faut invoquer pour sauver la conscience, quelle règle il faut opposer aux envahissements de l'anarchie, on nous répond que la société a des droits sur l'individu, que la lumière ne vient pas à l'homme par des graces spéciales, que la raison est impersonnelle, et que le sens commun est la suprême loi. Nous le savons ; nous connaissons, nous admettons cette philosophie ; nous l'avons défendue contre les attaques dont elle a été l'objet : mais il nous semble peu rigoureux de conclure contre le Protestantisme, en s'appuyant sur le principe de l'autorité sociale, avec autant de véhémence que si l'on adoptait pour critérium l'autorité supernaturelle de la révélation.

La raison étant impersonnelle (c'est un point qui n'est pas contesté), l'individu existe et pense dans l'humanité ; l'opinion exprimée par l'individu n'est pas sa créance propre ; c'est la raison commune qui se manifeste par un de ses organes. Il ne faut pas me condamner parce que je parle au nom de ma conscience, car ce que je dis bien d'autres le disent avec moi, et cette concordance des opinions est précisément ce qui constitue l'opinion commune. La voix publique est la voix de Dieu, il faut obéir à ses commandements : oui, sans doute ;—mais je communique par ma raison avec la raison de tous, puisque je ne raisonne pas autrement que tous ne raisonnent ; puisque, suivant les prémisses, ma raison même ne m'appartient pas. Il y a, si l'on peut ainsi parler, un rationalisme orthodoxe et un rationalisme hérétique. Le rationalisme orthodoxe est celui qui admet l'existence du particulier dans l'universel, et la manifestation de l'universel par le particulier : dans cette doctrine, l'autorité se concilie avec la liberté. Le rationalisme hérétique, dont nous trouvons la formule dans la détestable fiction de Pélage, consiste à isoler le particulier de l'universel, à nier l'autorité, à ne croire qu'à la liberté.

Mais qu'importent ces doctrines? Il est un fait que tous les docteurs ne sauraient contredire : c'est qu'en dépit des prophètes ultramontains, la société n'a pas été dissoute le jour où elle s'est affranchie de la tutelle de Rome. La loi qui gouverne la société n'a donc pas cessé d'être universelle ; mais le rationalisme n'a pas non plus perdu sa cause ; puisque la liberté de conscience a triomphé.

D'où il faut conclure que le Protestantisme, dans sa formule la plus absolue, qui est le rationalisme individuel, n'est pas un principe hostile au Catholicisme. Nous voyons, au contraire, que ces deux principes tendent à rendre de plus en plus parfaite l'unité dans laquelle ils coexistent. Qu'est-ce que la démocratie? Qu'est-ce que le régime représentatif? Qu'est-ce que le mandat électoral? Les principes politiques auxquels nous sommes attachés, les opinions qui sont les articles de notre foi, manqueraient de fondement, s'il n'y avait une concordance nécessaire entre les volontés individuelles. Aussi disons-nous que le gouvernement démocratique a sur les autres constitutions l'avantage d'être à la fois l'expression de chacun et de tous, de concilier l'ordre et la liberté, l'anarchie protestante et l'autorité catholique.

B. HAURÉAU.

PROTESTATION. Déclaration publique par laquelle on déclare ne pas accepter un fait ou un principe. Une Protestation est d'ordinaire un acte passif ; elle indique, dans celui qui proteste, l'absence d'une force suffisante pour résister activement. Quelquefois aussi la Protestation précède l'emploi de la force : celui qui se sent blessé dans son droit proteste contre la violation dont il est victime, avant d'en obtenir le redressement. Ainsi en juillet 1830, les journalistes de l'Opposition, avant que d'employer la force des armes, rédigèrent et publièrent cette Protestation fameuse qui détermina l'insurrection du peuple. De quelque manière qu'on les envisage et quel qu'en soit l'effet, les Protestations signalent un vice dans les institutions. Les citoyens ne protestent contre le pouvoir que parce qu'ils n'ont aucun moyen légal de se faire rendre justice. Sous un gouvernement régulier une Protestation serait sans but et sans objet. L'oppression seule et les dénis de justice provoquent les Protestations et les résistances.

PROTOCOLE. Lorsque des diplomates réunis en congrès ou en conférence sont ou croient être arrivés à un résultat partiel touchant l'objet des négociations qui les occupent, ils dressent, de la séance qui vient d'avoir lieu, un procès-verbal signé de chacun d'eux. Ce procès-verbal prend le nom de Protocole.

Un Protocole n'est donc pas un traité, il n'est pas sujet à ratification et il n'engage absolument que la parole des signataires. Il ne sert à rien qu'à fixer le point où s'est arrêtée une discussion et à empêcher qu'à chaque séance d'un congrès on ne revienne sur des points déjà réglés.

L'Europe entière a beaucoup plaisanté du nombre infini de Protocoles publiés par les plénipotentiaires des cinq grandes puissances réunis à Londres en conférence pour traiter des affaires relatives à la séparation de la Belgique et de la Hollande. On sait comment cette série de Protocoles qui semblait interminable a été dignement couronnée par l'acte qui consacre le morcellement de la Belgique. Les Protocoles de la conférence de Londres et le traité dit des vingt-quatre articles qui les a suivis, ne sont pas un des moindres crimes que l'on doive reprocher à la mémoire, si souillée d'ailleurs, de Talleyrand ; ils figureront sans doute un jour en première ligne dans l'acte d'accusation du gouvernement qui a hérité de la révolution de Juillet après l'avoir tuée. **J. B.**

PROVÉDITEURS, titre commun à deux magistrats de la république de Venise. Le premier, appelé *Provéditeur de terre*, avait des fonctions analogues à celles des édiles romains ; le second, nommé *Provéditeur de mer*, commandait la flotte en l'absence de l'amiral.

En Toscane, on qualifiait de *Provéditeur de la douane* un officier public qui avait l'intendance des droits d'entrée et de sortie de la ville de Livourne. **B-C.**

PROVENANCES. Ce mot, fréquemment employé dans les lois de douane, désigne tout ce qui vient des pays étrangers. Ainsi on dit : les Provenances du Levant, des colonies, etc. On nomme lieu de Provenance, le lieu d'où sont apportées les marchandises.

Dans les ordonnances relatives aux quarantaines, le mot *Provenance* comprend les choses, les animaux et les personnes.

PROVINCE. Nom imposé par les Romains aux pays conquis hors de l'Italie. — Ils appelèrent *Provincia gallica* la partie des Gaules conquise cent vingt-quatre ans avant l'ère chrétienne, et dont Narbonne fut la première capitale. Le nom de *Provence* est resté à la partie la plus méridionale de leur première conquête sur les Celtes, appelés depuis Gaulois par les Romains. — Un siècle s'était écoulé quand César conquit le reste des Gaules après dix ans de guerre incessante.

César divisa la Gaule en trois grandes régions ou Provinces : l'Aquitaine au midi, la Celtique au centre, la Belgique au nord.

Nul doute qu'il n'eut formé le projet de faire de toute la Gaule un empire indépendant dont il serait le fondateur et le chef. A son retour dans les Gaules, il rétablit l'ancien gouvernement municipal; les anciens sénats, toutes les institutions politiques qui avaient assuré la puissance gauloise pendant plus de six siècles, furent remis en vigueur. Lyon devait être la capitale de ce nouvel empire. Probus a depuis tenté d'exécuter le même projet. Auguste se hâta de détruire tous les éléments de nationalité que César avait fait naître. Il divisa la Gaule en dix-sept régions ou Provinces et abolit tout le système d'administration du pays par le pays.

Les irruptions des hordes du Nord se disputèrent ces précieux débris de la domination romaine. Les Visigoths et les Bourguignons s'établirent sans obstacle dans le midi et le centre de la Gaule. La ligue franque composée des derniers débris des douze petites tribus s'avança jusqu'au bord de la Somme ; et elle partagea les vastes domaines que possédait l'empire. Chefs et soldats, chacun eut part au butin, et les prélats et les fonctionnaires, dont la défection avait facilité l'invasion, obtinrent aussi le prix de leur service.

Des villes, des Provinces furent érigées en comtés et duchés, et données aux lieutenants de Clovis et à des auxiliaires. Ces *bénéfices* n'étaient que temporaires et révocables. Ils devinrent héréditaires sous les descendants de Clovis. Alors commença la *féodalité*.

La France de 1789 était, quant à la circonscription territoriale, ce que l'avait faite le régime féodal érigé par Charlemagne en système de gouvernement. La France du dix-huitième siècle se divisait en trente Provinces, les Provinces en plus de deux cents états distincts, ayant chacun leurs lois, leurs juridictions ; on comptait quatre cents coutumes locales. Nulle harmonie dans les attributions des pouvoirs des corporations administratives, judiciaires et religieuses. C'était un véritable chaos, un inextricable dédale. On était Picard, Normand, Bourguignon, Languedocien, etc., avant tout. — C'était le patriotisme du clocher. — Cet isolement s'effaçait progressivement, l'instruction, les développements faibles et lents du commerce et de l'industrie rallièrent les diverses populations; la lutte de l'autorité royale et des parlements appela l'attention sur les véritables éléments de notre droit public. Le principe de la souveraineté nationale n'était plus à l'état de théorie et de problème. Quelques grandes Provinces s'administraient elles-mêmes ; mais des barrières de douanes sillonnaient encore toutes les parties du territoire. Un de nos publicistes a peint d'un seul trait le monstrueux désordre de la législation : sur cinq hommes contestant ensemble, disait-il, on peut assurer que trois sont soumis à des juridictions et à des lois différentes.

Chaque Province, chaque commune, chaque petit état, se montrait jaloux de ses franchises et de ses privilèges. Une législation unique, uniforme pour toutes les parties de la France était réclamée par tous les cahiers; mais pour établir cette unité de lois, il fallait faire table rase de toutes les vieilles institutions, changer la circonscription territoriale. La Constituante ordonna la division des Provinces en départements. — Toute la France était pour la première fois représentée en 1789. Nulle assemblée antérieure n'avait été complète : des Provinces entières s'abstenaient d'élire des députés ; et même, en 1789, le Dauphiné qui venait de se donner une constitution ; la Bourgogne qui se gouvernait elle-même, et d'autres pays d'état hésitèrent à se faire représenter aux derniers États Généraux. — Les hommes rétrogrades de la Restauration demandaient sérieusement le rétablissement des anciennes Provinces ; mais ils ont reculé devant la puissance de l'opinion publique. — Leur projet n'était qu'ajourné. — Tout ce que la France contemporaine a de bon lui vient de la révolution de 1789. Tous les abus avaient leurs racines dans les vieilles institutions féodales ; les titres, les noms mêmes des anciennes Provinces sont revenus. — C'est le mot en attendant la chose. — Les Provinces et tout ce qui se rattachait à leurs coutumes, à leurs préjugés de caste et de localité ne sont plus qu'un souvenir historique. Nous avons vu reparaître les intendances sous le titre de préfecture avec la monarchie impériale ; mais les duchés de Normandie, de Bourgogne, les comtés de Champagne, d'Artois, de Provence, d'Anjou, etc., etc., ont fait leur temps comme les Provinces apanagères.   D—y.

PROVINCES RHÉNANES. Sous cette dénomination on entend *généralement*, en France, les possessions allemandes, situées sur la rive gauche du Rhin, depuis Wissembourg jusqu'à la frontière Belge, et qui appartenaient autrefois au comte Palatin, aux trois princes ecclésiastiques de Mayence, de Trèves et de Cologne, et à un grand nombre de rhingraves et de petits seigneurs féodaux. Les armées victorieuses de la République française vinrent chasser les princes électeurs : les peuples du Rhin demandèrent la réunion de leur pays à la France, ce qui leur fut accordé sans difficulté par la Convention nationale. La paix de Lunéville (9 février 1801) sanctionna définitivement cette conquête morale de la Révolution française déjà validée par le traité de Campo-Formio (17 octobre 1797), qui avait garanti à la France la possession de toute la rive gauche du Rhin. Depuis cette époque, les Provinces rhénanes furent incorporées à l'Empire français, divisées en trois départements et administrées comme les provinces françaises. La domination étrangère ne blessait nullement l'amour-propre national des habitants de ces pays qui, depuis long-temps, étaient déjà Français d'esprit et qui le devinrent bientôt de cœur. Ils trouvaient bien plus de douceur et de tranquillité à reconnaître la suzeraineté de Paris et d'un seul maître, que celle de Rome et d'une foule de petits despotes. Les peuples du Rhin, plongés dans un déplorable état d'apathie et de marasme par l'an-

cien régime impérial, apprenaient, sous la nouvelle domination française, à connaître les avantages d'une plus grande unité, d'une civilisation plus parfaite et d'une législation plus conforme à la dignité de l'homme et du citoyen. Les réformes nouvelles, comparées aux misérables institutions du Saint Empire germanique, paraissaient à ces peuples des bienfaits tellement grands, qu'au bout de très peu d'années ils ne se rappelaient presque plus d'avoir été jadis Allemands.

Il n'est donc pas étonnant qu'ils se soient montrés médiocrement touchés de la nouvelle répartition de territoires, décrétée par le congrès de Vienne. Les traités de 1815 ont partagé ces pays, reconquis sur la France, entre trois membres de la Confédération Germanique : la Bavière, la Hesse et la Prusse.

Les bords du Rhin semblent devoir être entre la France et l'Allemagne l'objet d'un débat éternel. Le Rhin fait l'orgueil de l'Allemagne ; sur l'une et sur l'autre rive, l'histoire et la civilisation germanique ont semé de vivants témoignages.

Nous sommes peu partisans de la théorie des limites naturelles tracées par les fleuves et les montagnes : les limites naturelles, ainsi que les droits naturels, sont des fictions, des abstractions qui mènent souvent à des conséquences erronées quand on veut les appliquer à la réalité. Les configurations du sol et du climat peuvent être un indice de la vérité politique, mais elles ne la font pas. Sans nier que la nature semble inviter l'empire de France à se prolonger jusqu'à la rive gauche du Rhin, nous aimons mieux chercher dans l'intérêt et l'esprit des peuples la raison de ce qui doit être.

Il faut avouer que les villes rhénanes portent sur le front l'empreinte du génie germanique. Ainsi Cologne, cette colonie romaine, attestant son origine par un magnifique débris de temple antique, dont elle a fait un Hôtel-de-Ville, jetait au moyen âge le double éclat de la religion et du commerce : elle contenait cent cinquante mille habitants et deux cents églises ; commerciale et catholique, elle était la plus illustre cité de l'Allemagne et méritait ce dicton : « Qui n'a pas vu Cologne, ne connaît pas la Germanie.—*Qui non vidit Coloniam, non vidit Germaniam.* »—Aix-la-Chapelle retient encore dans ses souvenirs tout l'orgueil de l'Empire et offre aux respects du monde le tombeau de Charlemagne. Les environs de Spire sont le théâtre où se passent les exploits de ces terribles héros de la grande épopée germanique, des *Nibelungen ;* et les traditions de la science allemande moderne règnent à Bonn.

Mais si les réminiscences de l'histoire, les méthodes de la science sur les bords du Rhin sont allemandes, la législation, les idées politiques et positives y sont françaises. La Prusse, la Bavière et la Hesse ont dû respecter l'influence du code Napoléon. Cologne qui ne compte aujourd'hui que soixante-quatre mille habitants, Mayence, qui, du temps de Napoléon, avait pris un grand développement commercial, Spire, qui, depuis vingt ans, voit dépérir son industrie, inclinent à la liberté, et la rencontreraient mieux du côté de la France que de la Prusse, de la Hesse et de la Bavière. Trèves aime peu la domination protestante de Berlin, et croirait respirer plus librement sous un gouvernement catholique. La Prusse a voulu établir sur les bords du Rhin le règne moral de la science et du protestantisme : le 18 octobre 1818, anniversaire de la bataille de Leipsick, elle a fondé l'université de Bonn ; mais elle a été contrainte de la partager entre la foi catholique et la foi de Luther. De même, au milieu de ses soins pour rallumer le fanatisme de la *Ligue de la Vertu*, elle a été forcée de laisser debout la loi française, que le grand-duc de Darmstadt et le roi de Bavière, au milieu des réactions les plus violentes, ont dû également respecter.

Les peuples de la rive gauche n'aiment, ni ne haïssent la France pour elle-même ; ils préféreraient peut-être appartenir à l'Allemagne, si l'Allemagne était une et forte ; mais dans la position que le congrès de Vienne leur a faite, ils désirent la protection de la puissance la plus bienfaisante. La Bavière rhénane, par exemple, aurait évidemment infiniment plus d'intérêt à faire partie de la France dont elle touche les frontières, que d'appartenir à l'ancienne Bavière, dont elle est séparée par deux autres états. La diplomatie qui a réglé les affaires d'Allemagne au congrès de Vienne, n'a pas seulement blessé les populations du Rhin dans leurs intérêts matériels ; mais en les distribuant, comme des troupeaux de moutons entre différents maîtres dont quelques uns sont impuissants à les protéger contre une invasion ennemie, elle leur a ôté jusqu'à la force morale que donnent l'amour-propre national et le sentiment de la patrie commune. On dirait qu'on a voulu les provoquer à l'oubli de leur nationalité. Aussi, si la guerre venait à éclater, la force des choses obligerait les peuples du Rhin de se jeter dans les bras de la France et d'accepter le protectorat de Paris, auquel ils s'inclinent déjà naturellement. La noblesse et les princes allemands célèbrent encore, avec les transports d'un triomphe inattendu, le souvenir de leur entrée à Paris, parce qu'ils y ont retrouvé leurs priviléges et leurs couronnes ; mais les peuples allemands, qui ont payé de leurs plus chères espérances, de leur liberté et de leur unité nationale les joies de la victoire, n'ont retiré de ces événements qu'une bien précieuse leçon, dont il faut espérer qu'ils feront usage un jour ; ils savent, par leur expérience, quelle foi on doit avoir dans les promesses que font les princes au moment du danger. Depuis la paix, et surtout depuis la révolution de Juillet, les peuples allemands se sentent portés vers la France par une secrète sympathie, et cette sympathie n'est nulle part plus prononcée que sur les bords du Rhin.

Cependant il ne serait peut-être pas sans danger pour la France de faire de la conquête des Provinces rhénanes le but d'une guerre. Les prétentions de conquête violente que lui prêtent ses ennemis blessent horriblement l'amour-propre national de tous les fils de la Germanie. Et c'est là, sans contredit, l'arme la plus efficace que l'on puisse mettre aux mains des princes allemands

pour entraîner leurs peuples dans une alliance avec la Russie et contre la France. Ce qu'il faut à la France en Europe, ce n'est pas tant un accroissement de territoire que des alliés fidèles et sûrs. Il lui importe de ne pas permettre que le despotisme monarchique relève une barrière entre l'Allemagne et la démocratie française, et d'avoir jusque sur les bords de la Vistule et de l'Oder une avant-garde contre la Russie. Eh bien ! dans notre pensée, ce but sera mieux atteint par une alliance franche et sincère entre les deux pays que par les hasards de la guerre. De nombreux et puissants obstacles s'opposent aujourd'hui à cette alliance, je le sais : mais ils ne sont pas invincibles. L'intérêt de quelques princes n'empêchera certainement pas à tout jamais la réalisation de ce qui est dans l'intérêt commun des deux peuples. Que la France aspire à s'élever de plus en plus comme tête de la civilisation ; qu'en s'abandonnant au cours heureux de ses qualités naturelles, elle se montre bonne, généreuse, désintéressée ; et alors elle verra les peuples venir à elle. Ce n'est pas une condition malheureuse que la domination de la France ; les peuples de la rive gauche du Rhin, s'ils se sentaient un jour trop faibles pour contrebalancer l'influence de la Russie sur les destinées de l'Allemagne, pourront trouver plus d'honneur et de gloire à lier leurs destinées aux destinées de la France libre qu'à subir la domination d'un prince vassal du czar moscovite.

Entre la France et l'Allemagne, il y aura nécessairement une émulation ardente. A qui la palme de la civilisation et de l'intelligence ? A qui un jour le prix du combat ? On peut dire de la rive du Rhin comme de la succession d'Alexandre : *Au plus digne !*　　　　　A. HETTMANN.

PROVINCIAUX (ÉTATS). Assemblées périodiques des députés des trois ordres, convoqués par le roi, aux époques fixées par les chartes de quelques provinces de l'ancienne France, pour fixer le chiffre et la répartition des impôts et délibérer sur les affaires qui concernaient l'administration. L'autorité de ces assemblées locales était très bornée ; elle se résumait dans quelques provinces à une simple cérémonie d'apparat ; elle n'avait d'autorité réelle sur quelque point d'administration que dans la Bourgogne, le Languedoc et la Bretagne, le Béarn et la Navarre.

Convocation du roi par lettres-patentes adressées aux députés des trois ordres choisis par les ministres : soixante-dix nobles, l'évêque d'Arras, les dignitaires de toutes les abbayes, les députés des chapitres, le tiers état représenté par les douze échevins d'Arras et quelques magistrats des autres villes. Point d'élection : discours de l'intendant, du commissaire du roi, qui concluaient à l'allocation du *don gratuit* pour le trésor de sa majesté et dont le chiffre n'était jamais au dessous de 400,000 livres ; quelques conférences dans les chambres de chaque ordre ; repas à l'évêché, à l'intendance, etc., séance de clôture, et le 9 ou 10 février suivant, la députation des États admise à l'honneur d'être reçue par le roi et de lui remettre ses cahiers. Tous les épisodes de ce petit drame législatif étant réglés d'avance, rien n'était changé au programme rédigé par les ministres; chaque ville, représentée par le tiers état, n'avait qu'une voix, l'assemblée votait par ordres; ainsi les deux premiers, qui étaient d'ailleurs beaucoup plus nombreux que le troisième, fixaient le chiffre des impôts dont ils étaient exempts. Voilà ce qu'on appelait les États d'Artois depuis le quinzième siècle.

Quinze cents gentilshommes ou dignitaires ecclésiastiques, quarante-deux députés du tiers état, tel était le personnel des États de Bretagne: ce seul fait suffit pour faire apprécier les actes de cette assemblée.

Aux nobles, au haut clergé, les richesses, les honneurs, les gros bénéfices; au tiers état, tout le fardeau des impôts, des corvées et des prestations féodales de toute nature. Le peuple breton comprit enfin tout ce qu'il y avait là d'abjection et d'injustice dans la position qu'on lui avait faite; d'énergiques manifestations éclatèrent peu avant la Révolution de 1789; mais les populations des villes principales osèrent seules protester contre la violation de leurs droits les plus sacrés. L'ignorance et le fanatisme abrutissaient les autres localités.

En 1762, le procureur général La Chalotais fit adopter un plan d'instruction publique, qui interdisait l'enseignement aux enfants du peuple. Cette circonstance explique les véritables causes des guerres civiles qui ont désolé les départements de l'Ouest.

Les États de Provence étaient tout aussi insignifiants que ceux de l'Artois; il n'y avait pas même le simulacre d'une assemblée. Des commissaires nommés par le roi se réunissaient à époque fixe et sous le nom de commission intermédiaire des États pendant l'intervalle des sessions. L'intervalle dura plus d'un siècle. Les États de Bourgogne, du Languedoc, de Béarn et de Navarre avaient conservé toute leur importance. La Bourgogne surtout avait une représentation plus égale, l'instruction y était plus généralement répandue; les établissements d'utilité publique plus nombreux. La France doit ses plus belles routes et ses premiers canaux aux assemblées d'États; ceux de Normandie n'existaient plus depuis long-temps; le Dauphiné a reconquis les siens en 1787. Une véritable assemblée élective se réunit spontanément à Vizille et à Romans; elle adopta une constitution vraiment nationale. La cour, après avoir épuisé tous les moyens d'intrigues et d'intimidation, approuva ce qu'elle n'avait pu empêcher. A l'exemple du Dauphiné les autres provinces réclamaient une réforme prompte et complète dans toutes les parties de l'administration publique; quelques unes se confédérèrent. Une révolution générale était imminente, inévitable. Le gouvernement de Louis XVI convoqua au 1er mai 1789, les États-Généraux, qu'il n'avait d'abord promis que pour 1792. L'institution des États Provinciaux n'était plus qu'un souvenir traditionnel: ce souvenir avait inspiré la nation Dauphinoise.

A l'audacieuse insurrection de 1787, appartient l'initiative de la grande Révolution de 1789. D.-Y.

PROVOCATEURS (Agents). Quand la politique impuissante a besoin d'envahir la Justice, pour se défendre contre le mal qu'elle a fait ou qu'elle n'a pas su guérir, elle excite les conspirations, dont elle ne peut plus se passer. Elle a besoin de traduire en crimes les faits et les actes que les lois les plus redoutables n'avaient pu avoir en vue. L'indifférence qu'un mauvais gouvernement fait naître chez la plupart des citoyens; le mécontentement des intérêts méconnus ou froissés; l'hostilité que manifestent quelques hommes, organes principaux de ces mécontentements; tout cela devient rébellion ou complot. Ces dispositions publiques sont un danger pour un mauvais gouvernement; il faut qu'elles prennent la forme d'actes légalement coupables, afin qu'on les fasse punir à titre de crime. Souvent, alors, le mauvais gouvernement aidera lui-même à cette métamorphose. Il aura des agents qui, quelquefois par des ordres directs, souvent à son insu et par le résultat seul de l'impulsion qu'ils ont reçue de lui, d'espions deviendront Provocateurs. Jetés au milieu de ces dispositions générales où réside le mal, attachés aux pas des individus en qui elles se sont clairement manifestées, ils les cultiveront pour les mener à effet; ils se saisiront du moindre embryon de crime, du moindre germe de complot, pour l'échauffer, le féconder, le nourrir et le livrer à sa destinée dès qu'il sera assez grand pour supporter un peu la lumière. Et, une fois en possession d'un petit centre auquel se puissent légalement rattacher ses alarmes, la Politique, demi aveuglée, demi perverse, s'élancera de là à la recherche de tous les dangers dont elle veut s'affranchir; elle ira fouiller dans le sein de l'hostilité, du mécontentement et de tous ces éléments qui causent sa peur; elle y recueillera des rapports, des inductions, des preuves; elle en composera je ne sais quel fantôme dont elle s'épouvantera peut-être elle-même avant d'en venir épouvanter les autres; et enfin on la verra demander à la Justice de ratifier son ouvrage, en déclarant que ce sont bien là les faits qualifiés crimes par la loi.

Voilà comment se font les conspirations dans tous les temps et sous tous les mauvais gouvernements, et comment servent les Agents Provocateurs. Dans notre siècle de révolutions et de réactions politiques, où les mauvais gouvernements se succèdent si rapidement, il est difficile de parler des Agents Provocateurs sans s'exposer à faire un article de circonstance. Aussi avons-nous voulu extraire presque textuellement ce qui précède, d'un livre qu'on peut considérer comme classique en la matière: *De la Justice politique*, écrit par un homme que son expérience a dû rendre compétent: M. Guizot. H. C.

PRUD'HOMMES. Les conseils de Prud'hommes sont une juridiction spéciale instituée pour terminer promptement et sans frais, les différends des ouvriers entre eux et avec les fabricants qui les emploient.

Les conseils de Prud'hommes ne sont point institués par le roi : ils tiennent leurs pouvoirs de l'élection seule. Ils sont nommés par une assemblée convoquée par le préfet, composée des marchands, fabricants, chefs d'atelier, contre-maîtres, teinturiers et ouvriers patentés, âgés de trente ans et inscrits sur le registre spécial ouvert à la mairie, sur la présentation de leur patente. Tout membre de l'assemblée électorale peut être élu ; mais, par une disposition injuste, le décret du 11 juin 1809 assure aux marchands-fabricants la majorité dans les conseils sur les chefs d'atelier, contre-maîtres, teinturiers et ouvriers réunis.

Les conseils de Prud'hommes sont divisés en deux bureaux, bureau de conciliation et bureau général. Leurs attributions ressemblent assez bien à celles des juges de paix. Comme le juge de paix, en effet, ils ont mission de concilier, le droit de connaître en dernier ressort de toutes les affaires dans lesquelles la condamnation n'excède pas cent francs, et en premier ressort de toutes contestations entre ouvriers ou entre ouvriers et maîtres. Ils ont aussi une juridiction de police, en vertu de laquelle ils connaissent de tout délit tendant à troubler la discipline de l'atelier, et peuvent condamner le délinquant à un emprisonnement de trois jours. L'appel du jugement d'un conseil de Prud'hommes, en matière civile, doit être porté devant les tribunaux de commerce.

Ces conseils sont établis par des réglements d'administration publique, sur la demande des chambres de commerce ou des chambres consultatives des manufactures. L'ordonnance qui les établit règle le nombre de chaque conseil, les détails d'organisation intérieure et énumère les métiers soumis à leur juridiction.

Les conseils de Prud'hommes, établis dans trop peu de localités, sont une des juridictions qui ont rendu le plus de services. Devant eux, la procédure est prompte, presque gratuite, et, en général, on ne se plaint pas trop de leurs décisions ; on ne leur adresse pas autant de reproches qu'aux juges de paix et qu'aux tribunaux de commerce. La majorité également accordée dans ces conseils aux marchands-fabricants soulève des plaintes fondées ; il importe qu'on y fasse droit. S'il est juste de reconnaître que ce vice d'organisation n'a point produit d'aussi mauvais résultats qu'on avait pu le craindre, s'il est vrai que les mœurs aient corrigé la loi, il n'en est pas moins vrai qu'il faut absolument que la loi elle-même soit corrigée. Pourquoi cette inégalité ? Si elle produit quelque effet, elle est injuste ; si elle ne sert de rien, à quoi bon la maintenir ?

En 1834, on comptait, en France, cinquante-neuf conseils de Prud'hommes. Depuis cinq ans, 60,555 affaires avaient été portées devant eux : ils en avaient concilié 58,330 ; jugé en dernier ressort 1,035, et en premier ressort 654 ; 56 appels seulement avaient été interjetés.

Les conseils de Prud'hommes sont chez nous le type de la justice administrée par des arbitres élus, et c'est vers ce type que les progrès de la civilisation doivent diriger toutes les réformes dans l'organisation judiciaire. (Voyez TRIBUNAUX.)

C. S.

PRUSSE. A n'envisager que l'histoire du seizième siècle et du dix-septième siècles, il ne semblait pas qu'il dût y avoir jamais un état puissant dans cette partie de l'Allemagne septentrionale qu'on appelle la Prusse. Des populations de races différentes, les unes slaves, les autres allemandes; un sol extrêmement divers; de tous côtés, de puissants voisins ; à l'est, la Pologne; au sud , la maison de Saxe, qui était presque l'égale de la maison d'Autriche : au nord, la Suède et le Danemarck, qui interviennent sans cesse dans les destinées de l'Allemagne : que d'obstacles ! où placer un empire entre tant d'empires puissants? Frédéric-Guillaume , surnommé le *Grand-Electeur* (de 1640 à 1688), fit pourtant ce qui semblait impossible : c'est lui qui émancipa la Prusse, c'est lui qui la tira de la foule inerte des duchés et des principautés, et l'éleva à la puissance d'un royaume. Son fils Frédéric acheta de l'empereur Léopold le titre de roi : en 1713, les puissances de l'Europe le reconnurent en cette qualité. Dès ce moment, les destinées de la monarchie prussienne s'agrandirent rapidement. Elle succéda, dans le nord , à la prépondérance de la Suède et du Danemarck, qu'elle relégua hors de l'Allemagne : elle anéantit l'influence de la Saxe, affaiblit la puissance de l'Autriche, pesa sur la Pologne comme un danger prochain, s'avança pas à pas dans la Basse-Saxe, dans la Westphalie et jusqu'aux bords du Rhin, mettant un pied partout, multipliant ses voisinages et ses frontières comme autant d'occasions d'agrandissement, et comme persuadée par une sorte d'instinct que, lorsque les parties de l'Allemagne septentrionale tendraient à s'unir, ce serait la Prusse qui serait destinée à leur servir de centre.

La jeune monarchie de Frédéric, bien que, depuis 1765, elle eût séparé sa cause de celle de l'empire germanique, ne supportait qu'en frémissant l'humiliation de l'Allemagne méridionale par la paix de Lunéville (9 février 1801), qui affermissait les conquêtes de la Révolution française sur les bords du Rhin. Elle ne pouvait se résoudre ni à une alliance positive avec la France ni à une guerre ouverte ; sa morgue aristocratique lui défendait de traiter d'égal à égal le chef d'une république; elle était en proie à l'indécision, à la présomption et à la colère.

Napoléon, jusqu'au milieu de 1803, avait conçu et désiré la triple alliance de la Prusse, de la France et de la Russie ; mais le cabinet de Berlin lui opposait toujours des ajournements qui étaient de véritables refus. Ce n'était plus pour Berlin le temps du génie sévère et positif de Frédéric, mais des ardeurs chevaleresques et des emportements patriotiques. La noblesse, la cour et l'armée brûlaient de se précipiter sur les légions françaises. Cette nouvelle croisade avait son Armide dans la reine Louise et son Renaud dans le prince Louis-Ferdinand. Tout cet éclat de jeunesse, d'enthousiasme et d'orgueil, vint se briser à Iéna contre l'ascendant de Napoléon.

Par le traité de Tilsitt (le 7 et le 9 juillet 1807), la Prusse perdit la moitié de sa monarchie : elle perdait à l'est de l'Elbe le cercle de Cottbus, le cercle de la Prusse orientale et du district de la Netze, la Prusse méridionale, la nouvelle Prusse orientale; à l'ouest de l'Elbe, le cercle de la vieille Marche et de la Priegnitz, le duché de Magdebourg, les principautés d'Halberstadt, d'Hildesheim, d'Eichsfeld, d'Erfurth, de Minden, de Ravensberg, de Paderborn, de Münster, de Lingen et de Tecklenbourg, le comté de la Marche, les abbayes d'Essen, d'Elten et de Werden, les principautés d'Ost-Frise et de Bayreuth. Elle perdait quatre millions deux cent trente-six mille ames.

Napoléon s'était trompé à Tilsitt. Puisqu'il voulait anéantir d'un coup la monarchie prussienne, il ne devait pas la déchirer par des mutilations qui lui mirent au cœur d'implacables ressentiments. Il n'était pas plus raisonnable d'ôter Magdebourg à Berlin, qu'il ne le serait de retrancher Péronne de l'Empire français. Napoléon en démembrant ainsi un nid nécessaire à l'Europe, allait contre la nature des choses : il manqua l'occasion d'attacher la Prusse à la France par une reconnaissance dont elle n'aurait jamais pu s'affranchir. Ce ne fut pas une des moindres erreurs de l'empereur d'avoir conservé un ennemi aussi humilié et pourtant encore aussi puissant, entre la Pologne et la Confédération du Rhin ; il a éprouvé en 1812 les conséquences de cette faute.

La campagne de Moscou présenta au gouvernement prussien une chance inespérée dont il sut habilement profiter : d'allié de la France il devint son ennemi et d'autant plus redoutable, que l'orgueil national avait une injure à venger. L'enthousiasme populaire fut poussé à un degré extrème par la proclamation de Kalisch ; et la nouvelle organisation militaire (V. LANDWEHR), si admirablement conçue par le général Scharnhorst et exécutée pendant les cinq années de paix qui suivirent le traité de Tilsitt, mit la Prusse à même de réunir instantanément plus de trois cent mille hommes exercés au maniement des armes et ayant déjà tous passé sous les drapeaux.

Ce fut avec ces éléments de force que la Prusse entra en lice et joignit ses armées, ou pour mieux dire toute sa population aux armées russes. L'œuvre de Napoléon périssait : en vain il rétablit à Lützen et à Bautzen l'honneur de ses armes ; il succomba sous l'effort d'un million d'Allemands qui repoussaient les Gaulois modernes avec plus d'énergie que les Germains d'Arminius n'avaient combattu les Romains.

On connaît les résultats de la dernière campagne de l'empereur : la journée de Waterloo fut aussi désastreuse pour la France que profitable pour la Prusse. L'indemnité accordée à celle-ci par les traités de Vienne, fut large et faite aux dépens de l'Allemagne et de la France. En récompense des services rendus à la cause des rois alliés, la plupart des anciennes possessions que la Prusse avait perdues par les traités de Tilsitt lui furent restituées; elle reçut en outre plus d'un tiers du royaume de Saxe, la province de Westphalie,

Clèves, Juliers et Berg, et sur la rive gauche du Rhin les cercles du Rhin avec Sarrelouis et Sarrebrück, c'est-à-dire une population de quatre millions trois cent soixante-dix mille ames et un terrain de mille deux cent soixante-onze lieues carrées.

Suum cuique : telle est la devise des armes de la Prusse. Quelques uns y ont ajouté un mot : *rapuit.* Depuis la conquête de la Silésie, le partage de la Pologne, la confiscation d'une partie de la Saxe et la possession des provinces rhénanes, la devise est plus juste, ainsi amendée.

Aujourd'hui la Prusse, avec une population de treize millions d'ames réparties sur une surface de cinq mille vingt-huit lieues carrées, avec un faible revenu de cent quatre-vingt-dix millions de francs et avec un territoire généralement peu fécond, est une des cinq premières puissances de l'Europe. La Prusse orientale, la Prusse occidentale, le Brandebourg, la Silésie, la Poméranie, le duché de Posen, la province de Westphalie, les états de Juliers, Clèves et Berg, le grand-duché du Bas-Rhin, le duché de Saxe composent la monarchie prussienne et forment un laborieux assemblage, élevé par la guerre et par le temps, et toujours à la merci des chances inconnues du temps et de la guerre.

La monarchie de Brandebourg ressemble à un de ces corps élancés dont la vie jeune et irrégulière n'a pu trouver encore son assiette, son embonpoint et son harmonie : elle se fatigue à toucher en même temps les bords de la Baltique et du Rhin : il est peu commode de régir à la fois Kœnigsberg et Aix-la-Chapelle; elle le sait aussi, les conquêtes qu'elle médite ne sont pas lointaines; elle désire Leipzick et Dresde, qui avoisinent sa capitale : Gœttingue, Hanovre et Brunswick ne lui déplairaient pas.

En 1801, le premier consul de la république française offrait le Hanovre à la Prusse pour prix d'une amitié sincère. La Prusse désirait cette proie, mais sans oser la prendre. En 1805, le prince de Hardenberg avouait que la monarchie de Brandebourg épiait toujours l'occasion d'acquérir le Hanovre, pourvu que cette acquisition n'imprimât pas une tache à l'honneur et à la bonne foi du roi. Frédéric-Guillaume écrivait de son côté qu'il nourrissait pour le Hanovre une affection paternelle. La Prusse, acceptant les offres de Bonaparte, avait l'Angleterre pour ennemie, l'amitié de la France; elle pouvait mécontenter la Russie, mais elle intimidait l'Autriche.

La position de la monarchie prussienne est celle-ci : la Russie veut s'étendre jusqu'à l'Oder, la France jusqu'au Rhin ; elle doit choisir entre l'alliance de Saint-Pétersbourg et celle de Paris pour combattre Vienne.

En général, il y a dans la vie de la Prusse une contradiction qu'il faut saisir : c'est un état nouveau cherchant à s'appuyer sur de vieilles mœurs. Ainsi en 1808, une ordonnance organisa le régime municipal (Staedteordnung); elle établit en principe que les intérêts municipaux seraient gérés par la bourgeoisie elle-même, et que cette gestion serait confiée à une assemblée de députés représentant la commune; vingt-trois ans après, une autre ordonnance révisa la première (revidirte Staedteordnung , 17 mars 1831), et donna beaucoup plus d'empire aux coutumes particulières , à ce qui dans chaque ville et chaque province se trouve différent et individuel. Mais la vie générale de l'état est un problème plus sérieux pour la Prusse. Voici ses embarras.

La monarchie prussienne, comme nous l'avons vu plus haut, est composée de pièces de rapport jointes ensemble par la conquête; le Brandebourg est le berceau et le siége de la monarchie, mais il n'en est pas le centre. Berlin est une métropole isolée qui reçoit avec orgueil les hommages de sujets lointains. La capitale est trop aux extrémités de la monarchie et de l'Allemagne ; dans cette position, l'unité de l'État est tout entière dans les mains d'un roi militaire. Qu'on se figure une tribune à Berlin , arène qui réunirait le Silésien et l'homme des bords du Rhin, l'habitant de Memel et celui de Clèves, quelle collision ! La faiblesse de la Prusse serait trahie sur-le-champ : les agitations de la vie parlementaire, les changements de ministères arrêteraient infailliblement l'essor et les destinées ultérieures de la monarchie. La Prusse se trouve dans une phase de développement politique où elle ne peut supporter sans danger le gouvernement de la parole et de la liberté.

En vain le prince de Hardenberg présenta à la signature du feu roi l'octroi d'une constitution représentative que Frédéric-Guillaume III, au temps de ses infortunes, avait promise à son peuple : le ministre ne put triompher des ajournements de la royauté, qui n'avait pas tort dans sa répugnance.

Il est impossible de tourner cette difficulté avec plus d'art que ne l'a fait la politique du cabinet de Berlin : on a créé pour chacune des dix provinces des représentations particulières, destinées à faire oublier l'absence d'une représentation générale; une ordonnance du 5 juin 1823 établit des états provinciaux : la propriété foncière est la condition nécessaire pour y siéger, il appartient à ces états de délibérer sur des projets de loi qui intéressent chacune des provinces ; ils peuvent adresser des pétitions et des plaintes sur leurs affaires particulières; ils délibèrent avec indépendance sur leurs droits et sur les intérêts communaux. Il y a des provinces où les états se composent de quatre états, d'autres où ils se composent seulement de trois. Dans toutes les conditions, les qualités de *propriétaire* et de *chrétien* sont indispensables. Les députés sont élus pour six ans : les délibérations sont secrètes, mais leur résultat est rendu public à la fin de chaque session.

Le pouvoir exécutif est énergique et vigilant : l'administration centrale a toujours auprès d'elle des hommes de chaque province dont les indications l'empêchent de froisser par ignorance des intérêts réels ; rien n'est épargné de ce qui peut ajouter à la vigueur et à l'habileté du gouvernement.

La justice est un mélange de traditions féoda-

les et de quelques imitations des institutions françaises. Le code Napoléon régit les bords du Rhin ; le *Landrecht*, l'intérieur de la monarchie.

Jamais gouvernement ne s'est montré plus soucieux de l'instruction et de la science : dans aucun autre état de l'Europe l'enseignement primaire et l'enseignement supérieur ne fleurissent avec tant d'éclat. La loi civile générale fixe à cinq ans, en Prusse, l'âge d'aller à l'école ; la loi spéciale sur l'instruction publique le fixe à sept ans, et c'est alors seulement que commence la contrainte légale. Une loi oblige les parents, les tuteurs, les maîtres d'ateliers ou de fabriques à justifier, sous des peines correctionnelles plus ou moins fortes, que les enfants confiés à leurs soins reçoivent le bienfait de l'instruction publique ou privée (1). Les soldats qui n'ont reçu aucune instruction sont forcés à fréquenter l'école régimentaire, et chacun d'eux ne cesse son temps de service qu'il ne sache lire, écrire et calculer. Ces écoles régimentaires sont sous la surveillance immédiate du colonel, et celui-ci est responsable de l'instruction qu'il doit faire donner à ses soldats.

L'organisation militaire de la Prusse peut être citée comme un modèle à suivre par la France. (V. LANDWEHR.) En Prusse tous les jeunes gens sont soldats à vingt ans ; solliciter une exemption serait courir après le déshonneur. Cette universalité du service militaire entretient chez tous l'esprit militaire et habitue tout le monde aux privations, aux efforts et à l'égalité de l'obéissance.

Une des infirmités de la Prusse est la pauvreté de ses finances : aussi l'économie de l'administration est-elle aussi sévère que la discipline de l'armée. La Prusse a un employé là où la France en occupe cinq ; mais aussi, dans le premier de ces pays, on choisit les plus capables pour la place qu'ils doivent remplir, et on ne fait pas une place pour l'homme , comme cela se pratique souvent ailleurs. Nous n'avons pas besoin de dire que l'on n'y rencontre point de sinécures.

La dette du royaume est de cinq à six cents millions, mais ses finances sont tellement bien gérées qu'il peut se libérer en peu d'années. Le budget prussien n'est que de cent quatre-vingt-dix millions. L'armée absorbe les deux tiers de ce revenu ; et avec le reste il faut supporter toutes les autres charges de l'état. La monarchie, dont la composition est récente, s'est trouvée depuis vingt-cinq ans dans la condition d'un ménage nouveau qui s'organise : elle est obligée de faire face en même temps aux dépenses les plus diverses; et le rideau de baïonnettes toujours tendu devant l'Europe cache quelquefois l'épuisement sous les apparences de la force.

Jamais un grand empire ne s'est trouvé dans une situation plus délicate : la Prusse a du fer, des soldats et pas assez d'argent : intelligente, elle craint la liberté ; savante, elle redoute l'applica-

(1) On trouve de plus amples renseignemens à cet égard dans l'ouvrage de M. Cousin sur l'état de l'instruction primaire en Prusse. Paris, seconde édition. 1840.

tion de la science et des idées aux destinées humaines ; elle protége l'indépendance religieuse , et poursuit de rigueurs implacables l'indépendance politique ; elle est pressée entre l'Autriche , la Russie et la France ; et, du fond du Brandebourg, elle pousse aujourd'hui ses frontières presque jusqu'aux portes de Metz.

Il suffit pour comprendre la destinée et la politique de la Prusse de prendre une carte d'Allemagne. La Prusse est tendue en quelque sorte à travers l'Allemagne comme un arc de guerre. Son aigle, qui a plus d'envergure que de corps, baigne une de ses ailes dans le Niemen, qui fut autrefois polonais, et l'autre dans la Sarre qui fut quelque temps française. Avec cette longueur qui manque de profondeur, la Prusse a toujours à craindre d'être percée par le milieu ; elle a toujours à craindre qu'un coup de marteau, tel que celui de Iéna, ne vienne rompre la chaîne qui lie ses longs et minces filaments. Pour conjurer ces dangers, elle a besoin de prendre du corps. Comme pendant la paix les agrandissements de territoires sont impossibles, elle ne peut doubler, pour ainsi dire, la trame brillante et frêle de son royaume que par un accroissement d'influence. Pendant la guerre, des agrandissements de territoire; pendant la paix des accroissements d'influence, tel est le but de la Prusse:tant elle sent la nécessité de suppléer à son manque de consistance.

Comment la Prusse cherche-t-elle à obtenir cet ascendant moral qui lui vaut des provinces? On voit encore apparaître ici le même caractère de contradition et de duplicité que nous avons déjà remarqué dans la vie intérieure de la Prusse. « La politique de la Prusse, dit un écrivain ingénieux, peut se résumer en deux mots : être toujours un peu plus libérale que les princes, et toujours beaucoup moins libérale que les peuples. »

Telle est en effet, la politique prusienne: selon les temps et l'occasion , elle fait paraître tantôt un des côtés de la devise et tantôt l'autre. Lorsque les esprits sont calmes, lorsque l'Europe est au repos, comme avant 1830, la Prusse se montre libérale ; alors elle réveille par toute l'Allemagne les espérances de liberté et d'unité qui charmaient les bivouacs dè 1813 ; elle accorde des libertés locales , protége et développe l'industrie, favorise de toutes ses forces l'instruction publique, fonde des universités : en même temps elle se garde bien de diminuer son armée ou de donner la liberté de la presse, afin de rester toujours forte contre l'Europe et contre l'esprit du siècle.

Avant 1830, Berlin devenait peu à peu la capitale littéraire de l'Allemagne : la Prusse était le Messie de la liberté et de l'unité germaniques. A ce moment elle était plus libérale que les princes. Bientôt la Révolution de Juillet éclata, et alors la Prusse montra l'autre côté de sa devise. Elle était à l'avant-garde du siècle, elle passa aussitôt à l'arrière-garde. Si la Prusse en 1830 avait voulu se mettre à la tête de l'Allemagne libérale soulevée, et arborer le drapeau de la liberté et de l'unité germaniques, elle aurait pu aller jusqu'aux frontières de la Bohème, et même au-delà. Mais c'était une

aventure, un coup de tête, et depuis Iéna, qui fut un coup de tête, la Prusse ne les aime plus. Depuis Iéna, la Prusse est devenue discrète et prudente ; elle ne fait plus de romans de chevalerie. Lorsque l'Europe s'agite, elle se recueille, se contient et attend, l'arme au bras, les occasions de fortune sans jamais rien risquer pour les faire venir. Donc, au moment de la Révolution de Juillet, la Prusse attendit.

Quand on vit la Prusse aider la Russie et l'Autriche à soumettre la Pologne et les états de la Confédération Germanique, et déposer ses principes libéraux de 1820, il y eut dans l'Allemagne beaucoup de colère et de dépit. Pendant quelque temps la Prusse fut en disgrace. Cependant, à mesure que se calmait l'ardeur des espérances de 1830, l'Allemagne revenait à son ancienne favorite, et aujourd'hui la réconciliation est faite. Guérie de ses inquiétudes de 1830, la Prusse reprend peu à peu les allures libérales. Elle arbore de nouveau le drapeau de l'unité germanique ; ce n'est pas l'unité par la liberté, c'est l'unité par le commerce et l'industrie. Avec les traités de commerce la Prusse s'est fait le centre d'une vaste unité matérielle. (V. DOUANES ALLEMANDES.)

La politique de la Prusse tend à substituer autant que possible en Allemagne à l'esprit libéral l'esprit prussien, à l'esprit de 89 l'esprit des grandes monarchies administratives du dix-huitième siècle, l'esprit des Frédéric, des Catherine, des Joseph II, esprit qui veut la force et la grandeur de l'État plutôt que la liberté des citoyens, et dont la maxime favorite est de tout faire pour le peuple et rien par le peuple. Tel est l'esprit prussien, prudent, éclairé, habile, luttant, sans l'avouer, contre l'esprit libéral , et travaillant pour le pouvoir absolu : mais le pouvoir absolu travaille pour l'unité de l'Allemagne.

Cette unité, pour se fonder, a besoin de la guerre ; elle a besoin que la conquête vienne briser encore une trentaine de petits états : Il faut que l'Allemagne soit broyée encore une fois pour être unie. Alors quand la Prusse dominant la tempête, se sera accrue des débris du naufrage, quand Berlin verra se presser dans ses murs des foules innombrables de Paris ; quand le roi s'applaudira peut-être de cet accroissement de son empire, c'est alors que la liberté entrera en souveraine maitresse dans ce royaume et dans cette capitale agrandis pour la recevoir. Car, chose remarquable, c'est le despotisme et la conquête qui font les grands états et les grandes villes, et c'est la liberté qui en hérite : elle leur laisse le travail et la peine ; l'œuvre faite, elle dit : Ceci est à moi ! Un beau jour le peuple, en brisant le despotisme, substitue à l'égalité devant le maître l'égalité devant la loi, c'est-à-dire la liberté. Voilà ce que la France a fait en 89 , c'est là ce que l'Allemagne est destinée à faire.

A. HETTMANN.

PUBLIQUE (VIE). Par opposition au mot *vie privée*, on appelle *vie publique* cette portion de leur existence que les fonctionnaires publics, de quelque ordre que ce soit, consacrent aux affaires de leur pays. S'il est vrai que la vie privée doit être murée, personne n'a encore osé soutenir qu'il en soit ainsi de la vie publique. En fait, cependant, la personne des fonctionnaires jouit d'une protection au moins égale à celle dont doivent jouir les autres citoyens. Sans doute il est nécessaire qu'un agent du pouvoir ne soit pas livré sans défense au ressentiment, juste ou injuste, du premier venu. Mais est-il absolument nécessaire que, dans la plupart des cas, par cela seul qu'il est fonctionnaire, il soit certain de l'impunité ? Qu'il ne soit pas permis de calomnier un fonctionnaire, rien de plus juste assurément ! le droit de calomnie n'est pas revendiqué par ceux-là mêmes qui en usent. Mais encore faut-il que le droit d'accuser et de poursuivre les actes coupables d'un fonctionnaire prévaricateur ne soit pas une illusion. C'est pourtant là ce qui se voit tous les jours en France. Nous vivons dans un pays où l'homme le plus vertueux et le plus recommandable est à la merci d'un garde champêtre ; et il s'en faut que le garde champêtre soit toujours réellement responsable de ses actes. Machiavel prétend que les accusations sont nécessaires dans une république pour y maintenir la liberté. Soit que nous ne vivions pas sous une république, soit qu'on ait peu de souci de la liberté, on ne s'est guère préoccupé chez nous de consacrer et de régulariser le droit d'accusation ; et, au grand préjudice de la liberté, la vie publique est presque toujours murée aussi bien et mieux que la vie privée. Dans un pays, où sur l'ordre d'un magistrat subalterne, la pudeur des jeunes filles peut être violée de la manière la plus outrageante et la plus infâme, il n'est point permis de dire que telle ou telle illustration possède des tableaux dont il lui serait absolument impossible de montrer la quittance, que celui-ci s'est enrichi par la contrebande, celui-là par des concussions effrontées, etc., etc.   E. D.

PUBLICISTE. On nomme jurisconsultes les hommes qui écrivent sur le Droit en général ; Publicistes, ceux qui écrivent sur le droit public. Cependant cette qualification a été jusqu'ici heureusement peu prodiguée. Il faut, pour qu'elle soit convenablement appliquée, que les écrivains qui la revendiquent fassent autorité par leur talent ou du moins par la renommée. Il y a dans tous les pays où règne plus ou moins la liberté de la presse, beaucoup de journalistes, peu de Publicistes.

PUBLICITÉ DES SÉANCES. La Publicité des Séances du corps législatif est la conséquence du mandat que la nation confère à ses représentants. Si celle-ci exerçait directement ses droits, ses délibérations auraient toute la Publicité possible, puisque tout le monde y participerait. Dans une grande république, où les citoyens sont obligés d'avoir des mandataires, n'est-il pas de toute nécessité que les actes, que les paroles de ces derniers arrivent à la connaissance de leurs commettants ? Autrement, comment pourrait-on savoir s'ils n'ont pas déserté la cause dont on leur avait confié la défense ? La Publicité a pour effet d'empêcher la trahison et l'injustice ; elle n'est à craindre que pour les gouvernements qui séparent leur cause de celle du pays. Chez les anciens, il était interdit, sous peine de mort, aux esclaves, de s'introduire dans l'assemblée des citoyens ; l'olygarchie vénitienne renfermait dans son sein le secret de ses délibérations. On peut admettre pour règle constante que la Publicité sera plus ou moins restreinte, suivant que les habitants d'un pays seront plus ou moins libres. Le mot Publicité est synonyme de liberté, d'égalité. La monarchie n'a pas de plus grand ennemi que la Publicité.

N'est-il pas des cas, même dans la démocratie pure, où la Publicité serait dangereuse pour le pays ? N'y aurait-il pas de graves inconvénients à révéler prématurément le secret de ses forces ou de ses desseins à l'étranger ? Il importe de distinguer les dispositions préparatoires des résolutions définitives. Ainsi, une déclaration de guerre ne peut avoir lieu que lorsqu'il en a été mûrement et secrètement délibéré dans les conseils de la nation. Il en est de même pour toutes les affaires ; il convient d'élaborer avec soin les projets de loi avant de les soumettre à la discussion ou plutôt à la sanction du corps législatif. En un mot, on doit éviter de montrer au public ce qui compromettrait la puissance ou la dignité nationale. A cela près, les actes d'un peuple libre ne sauraient avoir trop de Publicité.

Mais suffit-il, pour que cette Publicité soit réelle, d'admettre un certain nombre de personnes dans l'enceinte où siège le corps législatif et de permettre aux auditeurs de rendre compte, comme bon leur semble, des débats auxquels ils ont assisté ? Dans un pays d'une certaine étendue, la presse est l'auxiliaire indispensable de la parole ; c'est par elle que la république rayonne du centre aux extrémités. Suffit-il encore que chacun ait le droit de rendre le compte qu'il rend à sa manière, des séances du corps législatif ? Sans doute il doit être permis à tout citoyen d'exprimer librement son opinion sur les actes du gouvernement, d'en signaler que telle ou telle partie à ses correspondants et de faire payer le fruit de son savoir et de son industrie ; mais, grace au degré de perfection où sont arrivés les moyens de reproduire et de répandre la pensée, ne serait-il pas facile d'adresser aux diverses sections du territoire les projets de loi, et les discussions auxquelles ils auraient donné lieu, de manière à ce que tous les citoyens en pussent facilement prendre connaissance ? Cette Publicité non moins utile aux gouvernants qu'aux gouvernés, contribuerait puissamment à rendre la république aussi réelle dans un grand que dans un petit pays. N'espérons pas en obtenir le bienfait d'un gouvernement qui soumet à un impôt, non seulement l'air qu'on respire, mais jusqu'aux paroles, jusqu'aux pensées qu'il serait le plus utile de propager.   A. B.

PUISSANCE. En un certain sens, le mot Puissance est synonyme de Pouvoir (V. ce mot.). On dit indifféremment, la Puissance publique, le pouvoir public, le gouvernement, etc., etc.

On entend par *Puissances* la réunion des états souverains. La France, l'Autriche, l'Angleterre la Prusse et la Russie sont appelées dans le langage usuel, en Europe, les *cinq puissances*.

Leurs hautes puissances était autrefois le titre des États généraux des provinces unies.

PUNIQUE (Foi), mauvaise foi insigne, par allusion à la perfidie dont les Romains accusaient les Carthaginois.

PURITAINS. La secte des Puritains ne diffère pas beaucoup de celle des Presbytériens (V. ce mot.) Cependant on peut les distinguer en cela que les presbytériens se proposèrent principalement la destruction de la hiérarchie ecclésiastique, tandis que les Puritains s'attachèrent de préférence à la réforme de la lithurgie. On les a comparés aux calvinistes de France ; mais cette comparaison n'est pas motivée : comme théologiens, les maîtres de l'école puritaine sont des libres penseurs ; ils ne constituent aucune secte. Mais les opinions théologiques des Puritains intéressent moins aujourd'hui que l'histoire des révolutions dans lesquelles ils jouèrent un si grand rôle. Ce fut vers l'an 1565, suivant la plupart des annalistes, que l'hérésie puritaine se manifesta. Elisabeth, qui était alors occupée contre les catholiques, ne vit pas sans quelque déplaisir une scission éclater dans son parti. Cependant le nombre des dissidents, d'abord peu considérable, l'effraya bientôt, et elle se crut assez sérieusement menacée par leur propagande pour avoir recours, contre eux aussi, à ces mesures impitoyables qu'elle avait si efficacement employées pour ruiner la faction des papistes : mais ce ne fut pas avec autant de succès, car les Puritains avaient des amis dans la chambre des Communes, et le peuple admirait leur vertu.

Révoltés contre tout pouvoir ecclésiastique, les Puritains ne tardèrent pas à professer que la loi divine condamnait l'établissement spirituel et temporel de Henr VIII, et que le devoir de tous les vrais fidèles était de protester contre une tyrannie aussi coupable dans ses œuvres qu'impie dans son origine. Non seulement ils formulèrent ces propositions; mais encore ils se conformèrent à ce qu'ils appelaient leur devoir, et quand, sous Jacques Ier, la monarchie en vint aux prises avec le Parlement, les Puritains agitèrent le peuple contre le roi, quelques membres des Communes, qui étaient presque ouvertement de leur parti, firent même accepter dans le langage parlementaire certaines sentences puritaines qui furent plus tard invoquées contre la monarchie, quand on dressa son acte d'accusation. Aussi Jacques Ier n'aimait-il pas les Puritains, qu'il considérait, disait-il, comme les plus dangereux ennemis de la royauté. Ils prouvèrent bien à son successeur immédiat qu'il ne les avait pas mal jugés.

L'histoire politique des presbytériens et celle des Puritains est la même. Les presbytériens furent d'abord plus occupés de la question religieuse que de la question civile ; mais sous Charles Ier, ils s'associèrent aux Puritains qui étaient devenus un parti puissant dans les Communes, et qui ne s'inquiétaient plus guère, à cette époque, de controverses lithurgiques. Le résultat de leur alliance fut la révolution qui conduisit Charles Ier à l'échafaud ; c'est un parlement Puritain qui proclama la république et vota la mort du roi.

Olivier Cromwell ménagea les Puritains, qu'il redoutait à cause de leur nombre ; mais, durant son règne, ils ne se mêlèrent pas activement aux affaires publiques ; le parti des indépendants avait pris le dessus. On accuse les Puritains de s'être montrés favorables à la restauration de 1660, à cause des différends survenus entre eux et le parti de Richard Cromwell. Quoi qu'il en soit, la royauté ne les ménagea pas ; avec la promulgation de l'acte d'Uniformité commença contre eux une persécution nouvelle. Ils se vengèrent sur Jacques II des complots formés sous Charles II contre leurs libertés religieuses.

Il existe encore des Puritains en Angleterre, mais ils sont confondus dans la vaste faction des *disseners*.   B. H.

Q

QUARANTAINE. Délai déterminé par les réglements pour la station, dans un lieu désigné, des vaisseaux, passagers et cargaisons venant de pays où l'on présume qu'il existe des maladies épidémiques ou pestilentielles. La durée de la Quarantaine varie suivant les ordonnances des autorités des pays où les bâtiments abordent. Les capitaines de navires sont dans l'obligation de faire connaître, à leur arrivée, le pays d'où ils viennent et les points où ils ont touché, afin que les officiers sanitaires puissent leur indiquer la durée de leur Quarantaine.   B.-C.

QUARTIER. Ce terme de généalogie exprime chaque degré d'ordre de succession des descendants dans une ligne ou famille. Autrefois, un homme était réputé de bonne noblesse quand il prouvait quatre quartiers, tant du côté paternel que du côté maternel, sans dérogeance, c'est-à-dire sans alliage de sang roturier ou sans exercice de professions *ignobles* (non nobles), telles que le négoce, l'industrie, ou la domesticité. B. C.

QUASI-LÉGITIMITÉ.

Le pouvoir est légitime à de certaines conditions. Mais il n'y a pas de degré dans la légitimité : qui n'est point complétement légitime ne l'est pas du tout. Ceci ne souffre aucune difficulté, soit que l'on fasse dériver la légitimité d'un principe, soit qu'on l'identifie à une race, à une filiation.

Ainsi, pour ceux qui acceptent le principe de la souveraineté du peuple, il n'y a pas de pouvoir légitime s'il n'a préalablement reçu la consécration du peuple. Ceux, au contraire, qui regardent la légitimité comme le patrimoine ou le caractère d'une famille, ne peuvent logiquement admettre qu'en dehors de la filiation régulière et directe, il y ait une puissance légitime.

Et, par conséquent, les hommes qui, de notre temps, ont imaginé, au profit de la dynastie d'Orléans, le prétendu dogme de la Quasi-Légitimité, prononçaient eux-mêmes, contre l'établissement de cette dynastie, une condamnation formelle.

Il n'y a pas de milieu : on est légitime ou on ne l'est pas : c'est l'inexorable *to be or not to be* du poète anglais. E. D.

QUENOUILLE.

Expression qui désigne la femme, par métonymie. Un *royaume tombé en quenouille* est celui qu'une femme est appelée à gouverner en vertu de son droit de succession ; une *maison tombée en quenouille*, celle dont une fille est devenue héritière. (V. Fleur de lis et Salique (loi). B. C.

QUESTEUR. — QUESTURE.

A Rome, les Questeurs, au nombre de deux, étaient les magistrats chargés de la perception des impôts et du paiement des dépenses. Ils étaient nommés par l'assemblée générale du peuple, autrement appelée les comices par tribus. On ne pouvait obtenir la questure avant l'âge de vingt-six ans, parce qu'il fallait, comme pour toutes les hautes fonctions, avoir servi dix années dans les armées de la république. Ces fonctions, qui ne duraient qu'un an, étaient fort recherchées, à raison des avantages pécuniaires qu'elles promettaient et parce qu'elles étaient le moyen d'arriver aux magistratures supérieures, la préture, la censure et le consulat.

Indépendamment des Questeurs de la ville, il y en avait aussi dans les provinces. On en donnait un à chaque proconsul ; il remplissait les doubles fonctions d'intendant militaire et de trésorier. C'était là surtout que l'on faisait fortune. L'administration des finances de la ville ou de la République proprement dite était fort simple. Le trésor était placé dans un temple, sous la garde du sénat qui déterminait le montant des recettes et des dépenses. Les Questeurs n'effectuaient aucun paiement que sur l'ordre des consuls. A. B.

QUESTEURS.

Au commencement de chaque législature, la Chambre des députés investit deux de ses membres des fonctions de Questeurs. Les Questeurs sont, à proprement parler, les administrateurs de la Chambre. Ce sont eux qui dressent le budget des dépenses parlementaires ; la bibliothèque de la Chambre est placée sous leur surveillance. Conjointement avec le président, les vice-présidents et les secrétaires, ils présentent au choix de la Chambre les listes de candidats pour les fonctions de rédacteurs des procès-verbaux et de messagers d'État. Ils partagent avec le président la nomination directe des huissiers, du secrétaire-général de la questure et du trésorier. — Aux termes de l'art. 99 du réglement, les attributions du secrétariat-général de la questure sont : la garde du sceau, les renseignements qui intéressent la Chambre ou ses membres, le dépôt de la correspondance relative à la Chambre, la formation des listes, l'expédition des impressions ordonnées, les passeports et certificats de vie, l'envoi des bulletins aux membres, le relevé des décès et démissions, et autres objets relatifs à tous les détails de l'administration de la questure. Dans ces menus détails est comprise la distribution des billets d'admission aux séances, précieuse attribution, qui donne à MM. les Questeurs beaucoup de courtisans et de solliciteuses.

Les Questeurs sont nommés pour tout le cours de la législature. E. D.

QUESTION.

Dans la politique ancienne, le mot *Question* ne soulevait d'autre idée que celle de l'application d'un criminel d'état à la torture pour lui arracher, par la souffrance, l'aveu d'un complot réel, ou plus souvent d'un complot supposé. Cela s'appelait alors *donner la question*. Cette *Question*-là, qui se rattache aux mots *Inquisition* et *Torture*, nous n'avons pas besoin de la traiter ici, bien qu'elle vive encore sous nos gouvernements modernes pour les accusés politiques, déguisée sous les noms de *secret*, de *système cellulaire*, ayant à son service, au lieu des tenailles, des poulies et des brodequins, abolis le 15 février 1788, la détention préventive infiniment prolongée, les coups de fusil des factionnaires et l'exagération des mille tourments et tracasseries de la geôle.

Question s'entend plus spécialement aujourd'hui des matières en discussion et dont la solution poursuivie présente des difficultés. Il est bien rare de notre temps que la diplomatie n'ait point quelques Questions à l'ordre du jour, plus rare encore que la politique intérieure n'en offre pas davantage. Depuis dix ans surtout, nous avons été richement approvisionnés dans les deux genres : — à l'extérieur, la Question belge, la Question italienne, la Question argentine, la Question suisse, l'éternelle Question d'Orient ; — à l'intérieur, la Question de l'hérédité de la pairie, la Question des sucres, la Question de la banque, la Question de la conversion des rentes, l'éternelle Question de la réforme électorale, — et sur la limite des deux genres, la Question d'Alger, aussi extérieure qu'intérieure, et qui n'est même si fort intérieure que parce qu'elle est éminemment extérieure. Bref, tout est *Question* aujourd'hui, et il ne faut pas s'en étonner : les Questions que pose incessamment le temps dans sa marche ne sont et ne peuvent être résolues que par les gouvernements qui puisent dans la solidité de leur base une grande puissance de vigueur et d'énergie. Ceux qui nés du hasard ont le pied posé à fleur de terre, n'abordent jamais les questions de peur d'être renversés par elles; ils croient les avoir vaincues quand ils les ont tournées, et ils oublient qu'elles restent debout. Les pouvoirs de transition ne peuvent opérer que des solutions transitoires.

Quelquefois, à l'aide d'une Question creuse qu'il étale complaisamment à l'ordre du jour, pour la livrer en appat aux badauds, le pouvoir en couvre une autre qu'il manipule dans l'ombre. De ce genre d'intrigue les contemporains ont eu de bien fréquents exemples, et combien de ministères, depuis l'introduction du système constitutionnel, ont enté une Question nouvelle sur celles qu'ils venaient de solutionner tant bien que mal, soit pour prolonger leur existence, soit pour laisser un embarras à leurs successeurs. En général, dans notre pratique représentative, on aime à faire enjamber une Question d'un ministère sur l'autre, à l'exemple des journaux à feuilletons, qui ne manquent jamais d'insérer un long roman de manière à ce que le commencement paraisse à la fin d'un mois d'échéance et la fin au commencement du mois suivant. C'est tout profit pour l'abonnement et le pouvoir exécutif.

C'est à propos de cette tendance de certains hommes d'état à gouverner par des Questions, qu'un député, connu pour ses saillies, disait naguère : « De quoi se plaint donc le gouvernement d'être sans cesse ballotté, lorsqu'il se met lui-même tous les jours en Question ? »

Il nous paraît inutile d'entrer dans les applications de détail que peut subir le mot *Question*; nous nous bornerons à signaler, dans l'ordre parlementaire, les interrogations que les députés adressent quelquefois aux ministres, et auxquels ceux-ci répliquent par « je ne veux pas répondre », ou « il m'est impossible de m'expliquer. » Les *Questions* de cet ordre, qui se nomment plus proprement INTERPELLATIONS (Voir ce mot), peuvent être ainsi définies : « demandes auxquelles le ministre interrogé ne répond jamais. »   ALTAROCHE.

QUESTION PRÉALABLE. Lorsque la Chambre ne veut pas discuter une question incidente, elle réclame l'ordre du jour; s'il s'agit d'une discussion pendante, elle réclame la question préalable. La Question préalable équivaut à dire qu'il n'y a pas lieu à délibérer. La Question préalable a la priorité sur la question principale. Si elle est adoptée, le débat est mis à néant.

QUINQUENNALITÉ. Dans tous les pays régis par des institutions représentatives, les mandats que les électeurs donnent aux membres du pouvoir législatif ont nécessairement une durée limitée. Cette durée varie suivant les institutions, les époques et les pays. En France, au temps des

États Généraux, le mandat était spécial, relatif à un objet déterminé, et quand la session des États était close, le mandat était virtuellement périmé. Quand les assemblées délibérantes devinrent périodiques et que toute l'autorité du gouvernement passa dans leur sein, les mandats donnés à leurs membres eurent un caractère plus général, et leur durée dut être mesurée, non plus à quelque besoin accidentel comme jadis, mais aux nécessités permanentes du pays et à l'intérêt de la liberté.

Il est curieux de suivre, à travers les diverses constitutions que nous ont léguées nos cinquante années de troubles, les variations qu'a éprouvées cette partie si importante de l'organisation politique ; cet examen, d'ailleurs, est plein d'enseignements utiles.

La constitution de 91 décrète que l'assemblée tout entière sera renouvelée tous les deux ans par de nouvelles élections.

« Le peuple français, dit la constitution de 93, s'assemble tous les ans, le 1er mai, pour les élections ; la session du corps législatif est d'un an. »

Aux termes de la constitution de l'an III (1795) les deux conseils sont renouvelés tous les ans par tiers.

La constitution de l'an VIII décide que ce renouvellement annuel ne portera que sur le cinquième des membres du corps législatif.

Ce système est maintenu par la Charte de 1814, dont l'article 37 est ainsi conçu : « Les députés seront élus pour cinq ans, de manière que la chambre soit renouvelée, chaque année, par cinquième. »

La loi électorale proposée par le ministère Decazes, le lendemain du jour où le duc de Berry fut frappé, règle à l'avenir la chambre élective sera renouvelée non plus par cinquième tous les ans, mais en totalité tous les sept ans.

Enfin, la loi électorale de 1831, aujourd'hui en vigueur, fixe la durée du mandat législatif à cinq ans. C'est ce dernier système qui a reçu le nom de *Quinquennalité* (composé de deux mots latins, *quinque* cinq et *annus* année).

Nous avons dit que l'examen de ces variations est plein d'enseignements utiles. En effet, on voit la durée des mandats législatifs croître et décroître, suivant que le principe de la souveraineté du peuple triomphe ou succombe. En 1791, deux années ; en 1793, une année seulement. Après la réaction thermidorienne, abolition du renouvellement intégral, introduction de la triennalité ; puis, l'usurpation de brumaire qui consacre la Quinquennalité. Du moins la constitution de l'an VIII et la Charte de 1814 maintenaient-elles le renouvellement annuel d'une portion de la législature; mais la loi de 1820 et celle de 1831 introduisent effrontément, l'une la septennalité, l'autre la quinquennalité, pierre d'achoppement du despotisme ministériel.

Il est bien vrai que le renouvellement partiel présente de graves inconvénients, surtout des inconvénients de principe ; car, comme il donne aux divers éléments du même pouvoir une origine différente, il tend à détruire entre eux toute solidarité. Cependant, tout vicieux que soit ce système, à nos yeux, nous le préférons à la Quinquennalité pure, et dans l'hypothèse de la Quinquennalité, le renouvellement partiel est, suivant nous, un correctif absolument nécessaire. Les vrais principes ont été posés par la constitution de 93 : renouvellement intégral et annuel. Mais, comme des élections générales annuellement répétées pourraient être considérées comme trop fréquentes, peut-être serait-il opportun d'adopter le système établi par la constitution de 91, qui consacre également le renouvellement intégral, mais bisannuel.

Quant au système quinquennal, tel qu'il existe aujourd'hui en France, les avantages du renouvellement intégral sont trop chèrement achetés par la trop longue durée des législatures. « Ce que M. Decazes voulait par dessus tout, dit un historien, c'était le renouvellement intégral de la Chambre, soit septennal, soit quinquennal ; il le regardait comme le seul moyen d'obtenir une majorité fixe, et de travailler sans contradictions à un système conciliatoire. Mais les libéraux n'y voyaient que l'affermissement du despotisme ministériel. » — Lorsque cette loi réactionnaire de 1820 fut votée, M. Dupont (de l'Eure) déclara qu'il la repoussait parce qu'elle favorisait l'établissement du despotisme ministériel ; parce qu'elle accélérait le triomphe d'un parti dont la violence avait déjà fait sentir les maux attachés à sa domination, etc. La probité prophétisait : on sait ce qui arriva.

Il est trop évident, en effet, que la trop longue durée des parlements produit des effets désastreux. C'est une des mille issues de la corruption, la plus large peut-être. Nommés pour cinq ans, les députés sont, pendant toute cette longue période, soustraits au contrôle de leurs électeurs et livrés aux suggestions ministérielles. Corrompus par les ministres, ils ont du temps devant eux pour corrompre leurs électeurs ; ils les corrompent, et quand vient le jour des élections générales, ils trouvent, non plus des juges, mais des complices.

D'un autre côté, le système quinquennal prête au droit de dissolution une trop grande efficacité. La Quinquennalité n'existe que pour les électeurs, elle n'existe pas pour le pouvoir exécutif. Le roi peut, s'il le veut, renouveler la Chambre tous les ans. Aussi, qu'arrive-t-il ? C'est que, dans le cours de ces cinq années, les ministres choisissent le moment qui leur paraît le plus propice pour avoir bon marché des consciences électorales, quand la guerre menace, après une émeute vaincue, ou enfin après un succès quelconque. Combiné avec tous les autres moyens de corruption, cet expédient réussit presque toujours ; sauf de rares exceptions, le ministère obtient la majorité qu'il désire ; et, de cette façon, le gouvernement représentatif devient une indigne comédie. C'est le despotisme qui s'introduit par la ruse, et qui produit ses ravages sous les vaines apparences de la liberté.

　　　　　　　　　　　　　　E. DUCLERC.

QUITUS. Terme de finance ; arrêté définitif d'un compte par lequel le comptable est déclaré quitte.

Ce mot a acquis dans ces derniers temps une grande célébrité par un pamphlet intitulé : — « *Très humbles remontrances de Timon*, au sujet d'une compensation d'un nouveau genre que la liste civile prétend établir entre quatre millions qu'elle doit au trésor et quatre millions que le trésor ne lui doit pas. » — C'est une règle en matière de finances que les dettes ne se compensent pas par des créances. Le trésor recouvre ce qui lui est dû et paie ce qu'il doit. Il ferait beau voir, par exemple, un contribuable refuser de payer ses impôts sous prétexte que le trésor est son débiteur pour des sommes égales ou supérieures. « Payez d'abord, lui dirait-on, et si en effet l'on vous doit, on vous paiera ce qui vous est dû. » Et on aurait raison de dire ainsi, car si l'usage des compensations venait à s'établir, il faudrait faire autant, peut-être, de comptes particuliers qu'il y a de contribuables, et ce serait dès-lors des discussions, des répétitions, des réclamations et des récriminations à ne plus s'y reconnaître. Mais qu'importe à la liste civile l'ordre des finances publiques, alors que ses intérêts sont en jeu ? Elle avait ses quatre millions dans sa poche, elle ne voulait pas les lâcher ; elle ne voulait pas payer, même avec la chance d'être payée ensuite, si réellement il lui était dû quelque chose. Elle trouvait bien plus simple et plus avenant de dire : « Je vous dois ; vous me devez, partant quitte. » Le ministre peu résistant (quel ministre résiste en pareille occasion ?) accepta les prétentions de la liste civile, et dans un coin perdu du budget on fourra ce fameux Quitus. Mais M. de Cormenin l'y sut découvrir. Aussitôt il sonna le tocsin, prit à partie la liste civile, et le ministère, et la Chambre, et la cour des comptes ; et cette intelligente combinaison fut arrêtée net, non pas que la liste civile ait payé ce qu'elle doit, mais on n'a pas osé lui donner son fameux Quitus, *et adhuc sub judice lis est.*

　　　　　　　　　　　　　　E. D.

R

RACE. Collection successive d'individus qui ont des analogies physiques, des rapports physiologiques, des affinités morales, une tradition commune, enfin, une certaine identité générale.

On a vu souvent dans l'histoire une même Race former plusieurs nations : la Race slave, par exemple, qui peuple la Russie, la Pologne et se prolonge jusqu'en Allemagne. Quelquefois aussi, une même nation renferme dans son sein plusieurs Races diverses.

Ce mélange des Races est surtout remarquable parmi les nouvelles nations qui se forment en Amérique, et qui sont, pour la plupart, sorties du croisement de toutes les grandes familles humaines. Les états méridionaux de l'Europe, la France, l'Espagne, l'Italie, présentent ce même phénomène de fusion ; et si les éléments de leur formation offrent des variétés moins nombreuses que ceux dont se composent les peuples américains, leur assimilation est bien plus avancée, quoique trop incomplète encore.

Ces immigrations singulières, violentes presque toujours et si rarement pacifiques, d'une Race dans une autre, ces luttes, ces combats où l'entraînement général est si plein, où la passion individuelle est si pittoresque, si colorée et si grande, offrent à l'historien et à l'artiste de curieux sujets d'étude et de composition. Il est beau, et c'est un absorbant spectacle, de suivre au travers du monde et sous la main de Dieu, ces bandes innombrables d'hommes naïfs et confiants, de jeunes filles hardies, de mères qui ne tremblent point, de vieillards qui cherchent des cieux nouveaux, et qui viennent, remplis d'espérance et sans souci du lendemain, s'asseoir en des lieux occupés, achètent loyalement des anciens détenteurs le droit de vivre à côté d'eux, ou leur vendent avec effronterie une paix insolente et précaire. Ici, les vainqueurs massacrent les vaincus, et réduisent en esclavage ceux que leur lassitude a seule épargnés. Là, fatigués d'une lutte égale, les nouveaux venus transigent avec les premiers occupants : le travail d'assimilation commence et se poursuit au milieu des discordes publiques, des haines ou des alliances de famille, par le sang et par l'amour. Puis, à des époques plus civilisées et plus corrompues, ce sont des conquêtes plus savantes : de nouveaux mondes se découvrent et les vieilles Races s'y versent avec un emportement égoïste et brutal, comme un vieillard déchu sur le sein d'une femme neuve. Sous les pas de ces hardis et cruels découvreurs, le sang coule à flots ; les cités se dépeuplent, les campagnes retentissent de pleurs ; et il semble que le moment soit venu où le crime triomphant

va montrer aux hommes restés doux, honnêtes et purs que Dieu n'existe pas. Mais à côté des monstres dévastateurs, la suprême intelligence a eu soin de placer des anges de charité ; et pendant que les chiens sanglants de Pizarre aboient dans les solitudes épouvantées, les deux mondes communient fraternellement sur le sein de la chaste épouse qui allaite le vieux Las-Casas.

Pourquoi, mon Dieu ! depuis le commencement des temps, le mélange des Races diverses qui vivent répandues sur le globe et qu'à de certains moments une puissance irrésistible pousse les unes vers les autres, ne s'opère-t-il pas ainsi doucement ? La terre est assez vaste, sans doute, pour contenir toutes les créatures. Comment se fait-il que la haine soit plus efficace que l'esprit de fraternité pour rapprocher les hommes ? Et qui donc a voulu que la paix fleurît toujours sur des sillons couverts de sang ?

Question profonde et terrible, demeurée jusqu'ici le secret de Dieu ! N'essayons pas de l'expliquer, puisqu'il ne nous est pas encore donné de la comprendre. Mais, par cela même que nous ignorons, n'acceptons pas volontiers les prétendues découvertes de la science humaine, systèmes risibles de quelques savants dépourvus d'entrailles. Non, il n'est pas vrai que la Race humaine ait plusieurs origines ; et que de là soient venus tant de haines et de massacres. Si savants que vous soyez, quelque vastes que vous paraissent les horizons éclairés par votre lampe si petite, laissez-nous croire au sentiment général de l'humanité. C'est dans les religions que ce sentiment se formule avec plus de puissance. Or, que proclament, sur la nature de l'homme et sur ses origines, les systèmes religieux que le monde regarde comme les plus parfaits ? Ils proclament tous que l'origine de la Race humaine est une, individuelle. Bien plus, ils témoignent qu'en un certain jour une création déchue s'est abîmée dans la destruction. Et comment le monde est-il ensuite sorti du sein de la mort ? Par un homme : les uns l'appellent Deucalion, les autres Noé.

Certes, la tradition elle-même, quoiqu'elle soit à nos yeux de toutes les autorités la plus respectable, n'est pas infaillible : nous le savons. Mais quels faits démontrés protestent suffisamment contre le témoignage qu'elle apporte ici en faveur de l'unité de la Race humaine, de la dignité, de la fraternité humaines ? Nous l'avons cherché vainement. Les protestations datent de loin déjà ; les preuves ont eu le temps de se faire, et que valent cependant les suppositions, les inductions, les expérimentations, les approximations et les affirmations les plus hardies ? Nous le disons hardiment : Rien ! car elles ne sont point validées par des preuves décisives , et à mesure qu'elles apparaissent, la raison commune , le sens commun les renversent.

Remarquez, d'ailleurs, et ceci nous paraît lumineux, par quelles voies se produisent et se propagent ces idées meurtrières. Allons droit au plus grand de tous ceux qui , dans l'antiquité, ont posé en principe la différence essentielle, naturelle des Races humaines : c'est Aristote. Que dit-il ?

« C'est la nature, qui, par des vues de conser-
» vation, a créé certains êtres pour commander et
» certains autres pour obéir. »

Et plus loin :

Oui, le Grec au Barbare a droit de commander !

» puisque la nature a voulu que Barbare et es-
» clave ce fût tout un. »

Et ailleurs :

« L'utilité des animaux privés et celle des es-
» claves sont à peu près les mêmes : les uns et les
» autres nous aident… Et la nature même le veut
» ainsi, puisqu'elle fait les corps des hommes li-
» bres différents de ceux des esclaves. »

Ailleurs enfin :

« Quoi qu'il en puisse être, il est évident que les
» uns sont naturellement libres, et les autres na-
» turellement esclaves, et que, pour ces derniers,
» l'esclavage est aussi utile qu'il est juste. »

Chose étrange et qu'il faut noter ! Aristote, en parlant ainsi sur la nature de l'homme, avait la prétention de *trouver sur ce sujet des idées plus satisfaisantes que les idées aujourd'hui reçues.* Et pourtant déjà de son temps et au milieu de la société grecque, la théorie de l'esclavage naturel était vivement attaquée. Lui-même rapporte l'opinion de ceux « qui prétendent que la loi seule » et non la nature, met une différence entre » l'homme libre et l'esclave, et que l'esclavage est » inique puisque la violence l'a produit. » — Et il ajoute loyalement : — « Du reste, on nierait difficilement que cette opinion ne renferme quelque vérité. »

Ainsi, du temps d'Aristote comme aujourd'hui, il y avait lutte entre le sentiment général et l'opinion plus ou moins étudiée de quelques savants. Et d'où venait chez ceux-ci leur métaphysique ? De la nécessité où ils se trouvaient, ayant à parler des constitutions sociales et politiques sous lesquelles vivaient leurs contemporains, d'expliquer naturellement certains faits contre nature. Horace, Pétronne et d'autres crapuleux de l'antiquité ont bien expliqué plus tard et chanté les sales voluptés du pédéraste ! Est-il surprenant dès-lors que l'auteur de la *Politique* ait voulu justifier l'esclavage et proclamer l'inégalité naturelle des Races humaines ? Et cependant si, même alors, par les violentes subversions de ces temps orageux, certaines agrégations d'hommes ont pu présenter, pendant une série plus ou moins longue de générations, les stygmates d'une déchéance tout à la fois personnelle et collective, comment ne voyait-on pas que cette infériorité n'était que transitoire

et qu'elle était remédiable. Si vos esclaves sont d'une autre nature que vous, oh ! nobles de Lacédémone ! s'ils sont naturellement destinés à vous obéir, pourquoi vos atroces terreurs ? Pourquoi broyer sur la pierre sanglante les nouveaux-nés de ces *serviles ?* Pourquoi ces massacres périodiques des ilotes adultes ? Vous tuez celui-ci parce qu'il porte trop haut la tête, parce que l'intelligence et l'audace resplendissent sur son noble visage : vous avez peur donc que du brutal accouplement de deux corps abjects, de deux natures inférieures, un homme soit sorti, supérieur à vous ? — Ah ! c'était un témoignage épouvantable, mais décisif en faveur de l'égalité humaine, que ces précautions exécrables de l'égoïsme et de la peur !

Et comment, après tant de siècles écoulés, qui montrent si clairement les créatures humaines se perfectionnant chaque jour et s'égalisant à mesure qu'elles s'améliorent ; comment, après la sublime confession du Christ, après les enseignements solennels et terribles de la Révolution française, ces théories caduques ont-elles encore l'effronterie de nous montrer leur squelette ? Quelle rage vous tient, sophistes ! et vous commet au ravaudage de ces vieilleries ? Le jour est heureusement choisi et là place opportune, il faut en convenir, aujourd'hui qu'en France la démocratie coule à pleins bords ? Un système scientifique, savamment combiné et montrant que certaines Races d'hommes sont providentiellement, fatalement, naturellement destinées à remplir certaines fonctions plus ou moins viles ou relevées, quelle ingénieuse audace dans un pays dont les plébéiens ont coupé la tête d'un roi sans volonté, mis à la porte un roi sans intelligence , haché une aristocratie, et, bien plus ! tiré de leur flanc des nobles nouveaux et de nouveaux rois !

Mais on nous fait une concesssion. Il ne s'agit plus précisément, aujourd'hui, des blancs, des individus qui, habitant un même territoire, appartiennent à des Races identiques ou analogues et peuvent, jusqu'à un certain point , se considérer comme égaux. Ceux-ci , Aristote s'est trompé sur leur compte, à ce qu'il paraît, faute sans doute d'avoir assez exactement mesuré leur angle facial. Mais les nègres ! des hommes, des femmes et même des enfants qui ont la peau noire, des cheveux crépus, et que les requins préfèrent ! Est-il possible qu'une pareille Race soit l'égale de la Race blanche, de la Race *caucasienne.* Il est bien évident même qu'elle est inférieure à la variété *mongole,* puisqu'elle a quelquefois au talon un petit ver qui n'a jamais été vu par aucun médecin dans les talons de celle-ci. Par des raisons identiques, elle est également inférieure à la variété *américaine* et à la variété *malaie.* Blumenbach l'a dit, Camper l'a dit après Blumenbach , M. Virey l'a dit après Camper, M. Bory-Saint-Vincent après M. Virey, et un grand nombre de savants blancs l'ont dit après ceux-là.

Eh ! mon Dieu, nous admettons volontiers que d'autres diront la même chose encore après ? mais que prouve cela ? Si vous dites que les Races noires sont actuellement inférieures aux races blanches, il est difficile de n'en pas convenir. Mais quelle absurdité colossale de conclure de là à une infériorité éternelle, antérieure et ultérieure! Vous dites que les noirs ont toujours été inférieurs aux blancs? Qu'en savez-vous? Savez-vous seulement s'ils ont toujours été noirs? Que faisait-on chez les Éthiopiens au temps où nos blonds ancêtres, issus comme nous sans doute de la *Race caucasienne*, n'avaient d'autre habit que leur bouclier, exposaient leurs nouveau-nés sur les fleuves glacés et noyaient devant des mères qui vivaient après les pauvres petits enfants que le sort aveugle avait condamnés? Certains géographes qui n'ont point vu l'Afrique prétendent que les dévôts de la Nigritie immolent des victimes humaines? mais, que faisaient jadis les druides, je vous prie? Et Dieu sait si après avoir égorgé leurs victimes, ils ne les mangeaient pas.

Les raisons tirées de la phrénologie sont encore, suivant nous, souverainement absurdes. Quel que soit l'avenir de cette science, il est évident que ses données sont aujourd'hui purement conjecturales. En admettant même que la dimension du cerveau soit le type certain de la capacité, comment déterminer exactement cette dimension? Avez-vous un procédé pour mesurer l'épaisseur d'un crâne vivant? Savez-vous quel est le nombre, la qualité et la cohérence des molécules du cerveau? Savez-vous, surtout, d'après quelles lois, d'après quelles règles variables s'enlacent et se combinent ces molécules si subtiles et si multipliées? Vous ne savez rien de cela et vous n'en pouvez rien savoir. Et lorsqu'il est impossible de dire avec quelque certitude quelle est la valeur intellectuelle d'un individu isolé, on oserait, sur ce ridicule prétexte de la capacité cérébrale, anathématiser une Race tout entière!

S'il est vrai, comme le dit un Anglais, que les peuples qui ont le front écrasé n'aient jamais mis en doute que des millions d'êtres humains ne puissent être la propriété d'un seul homme, nous ne voyons pas trop ce que prouverait ce fait. D'abord, il serait facile de citer plus d'un exemple de peuples doués d'un front convenable et chez lesquels la même opinion a victorieusement régné pendant fort long-temps. Et puis, remarquez, s'il vous plaît, que ce seul homme capable de commander à des millions de crânes déprimés aurait probablement le front écrasé, lui aussi..... Le sophisme est un mauvais guide, en vérité, et qui conduit toujours à quelque monstrueuse bêtise.

Arrêtons-nous ici et concluons :

Oui, il y a des inégalités, ou, pour mieux dire, des diversités d'aptitude parmi les hommes;

Oui, à certaines époques et sous l'empire de certaines circonstances, ces inégalités se sont prolongées parmi plusieurs générations successives;

Oui, certaines Races montrent de temps à autre une incomparable vigueur d'esprit et de corps et des aptitudes particulières.

Mais ces inégalités, cette vigueur, ces aptitudes ne sont point inhérentes à tous les individus de la même Race.

Mais toute Race est condamnée à disparaître ou

à se modifier en se mêlant à d'autres Races, à s'absorber dans une communion forcée ou volontaire avec des Races plus faibles ou plus fortes.

Par conséquent, on ne peut admettre que les diversités qui se voient entre les hommes et qui sont nécessaires, puisque chacun d'eux est voué à une mission particulière, soient l'effet d'une certaine origine qui remonte à des temps inconnus et à des sources problématiques.

Par conséquent, il serait absurde et dangereux de se baser sur la Race pour distribuer équitablement, avec intelligence et utilité les différentes fonctions sociales.

Par conséquent encore, il y a nécessité de rechercher et de trouver un meilleur moyen pour approprier les individus aux fonctions. (V. Élection.)

E. Duclerc.

RADICALISME. La morale de l'humanité est progressive comme ses idées. Chacune des grandes évolutions qu'elle a accomplies a eu pour but de rapprocher la vie générale d'une égalité dont le dernier terme dans l'avenir échappe à nos regards, et chacune d'elles a été provoquée par une sorte de révélation d'un droit nouveau, qui se manifestait, quoique nouvelle, comme une loi de l'éternelle équité. Les races, les nations, les castes, les sectes, les partis auxquels cette révélation arrivait étaient donc portés à regarder comme une usurpation tous les priviléges constitués en contravention de cette loi. Peut-être ne serait-il pas impossible en effet de suivre les traces de cette notion primitive d'égalité au travers des périodes historiques et des monuments de l'esprit, et d'en retrouver l'origine au berceau même de la race humaine. Mais peu importe de savoir si elle arrive d'une tradition mystérieuse, ou si elle est une révélation providentielle attachée à chacun des âges de l'humanité, et qui saisit les castes opprimées à mesure que s'approche le jour de leur régénération. Dans un cas comme dans l'autre, c'est toujours une loi divine que porte en elle la race humaine. Pour légitimer toutes les réclamations, il suffit que les innovateurs aient eu la conscience d'un droit inhérent à cette race même. C'était là leur titre de légitimité et tout à la fois la raison de leur force : il devait leur donner tôt ou tard la domination des âmes et, par elle, celle des corps.

Le *Radicalisme* est donc, en tout temps, cette doctrine de l'innovation qui prend pour base la conscience et la raison, sans tenir aucun compte du droit de possession que les priviléges établis empruntent au passé.

Mais tout ce qui est a ou a eu sa raison d'être; ce serait déclarer illégitime la loi de la providence que d'accuser d'iniquité les conditions générales suivant lesquelles elle a voulu que l'humanité se développât. En ce sens, la possession est un droit; mais elle n'est un droit que jusqu'au jour où la conscience universelle la condamne.

On ne peut donc admettre que le droit nouveau doive s'armer de la force et massacrer violemment le droit ancien aussitôt qu'il se sent le désir et le pouvoir de le faire. A mesure que la civilisation se perfectionne et s'adoucit, ce recours à la force devient de plus en plus antipathique avec le but final que la société cherche : la fraternité par l'égalité.

Si cela est vrai pour les droits incontestables et démontrés tels par la consécration historique, à plus forte raison pour ceux que la conscience universelle n'a point encore admis. Or, tout droit nouveau est dans ce cas; non seulement il lui est interdit de recourir à la force parce que la force est un moyen antihumain ; mais encore parce que son emploi est une présomption d'illégitimité ; parce que toute doctrine fausse pourrait s'imposer ainsi sans droit; parce que toute passion pourrait se parer d'une doctrine qui aurait des prétentions contraires aux lois universelles et nécessaires de l'homme ; parce que la loi morale elle-même a besoin pour se compléter et s'approprier l'humanité, telle que l'ont faite les événements accomplis, du temps, ce suprême élément de toute végétation.

Toute émancipation suppose une sujétion antérieure. Or, l'esclavage créa une incapacité. C'est là ce qui le rend impie; mais le résultat du crime n'en subsiste pas moins. Il faut donc que le temps l'efface ; il faut que la réhabilitation morale et intellectuelle de l'esclave se fasse en même temps que son affranchissement s'accomplit; il faut qu'il apprenne à user de la propriété en même temps qu'il travaille à l'acquérir.

De plus, en se précipitant avec violence sur le sceptre social, le droit nouveau commettrait vraisemblablement une iniquité analogue à celle qu'il veut combattre ; il ne pourrait subir les modifications que les autres agents existants doivent lui imposer. Il ne les détruirait pas, il les comprimerait et préparerait inévitablement une réaction qui serait une nouvelle occasion de violences.

Enfin cet abus de la force laisserait l'humanité dans l'impossibilité de distinguer la légitimité de l'usurpation.

C'est parce que ce droit de la force a été toujours substitué au droit de la conscience, que la morale politique est demeurée jusqu'ici dans une si surprenante obscurité. N'est-il pas singulier, en effet, que la morale privée soit si claire et si authentique pour tous, qu'elle soit une règle que n'oseraient point répudier les scélérats mêmes qui l'ont violée; et que la morale politique soit encore un vain mot sans signification, un pur instrument de déclamation?

C'est que, jusqu'ici, le plus fort a toujours érigé sa volonté en loi, que son triomphe fût légitime ou non ; et la confusion de toutes ces lois justes ou injustes, régnant toutes au même titre, a créé un véritable chaos. En sorte qu'après avoir bégayé quelques maximes de religions discréditées, les hommes en sont réduits aujourd'hui à reconnaître clairement que leur droit à conserver ou à acquérir, c'est la force qu'ils ont, ou celle qu'ils auront.

Cette morale nous conduirait bientôt à une anarchie, à une barbarie dont l'imagination s'effraie, car rien ne sépare plus la cupidité individuelle

de son objet. Les préjugés qui entouraient et protégeaient les castes sont tombés; les religions révélées qui apportaient aux passions des restrictions et s'interposaient entre elles et leur but sont en ruines ; on devrait donc s'attendre à voir prochainement les éléments sociaux se précipiter les uns sur les autres, détruire toute hiérarchie, toute autorité, toute loi.

Et cela arriverait infailliblement si les pouvoirs établis parvenaient, comme ils le désirent, à étouffer la discussion publique et à arrêter le développement de la vérité représentative.

Mais leurs efforts seront vains. Nous marchons invinciblement vers une situation qui renfermera le remède à ce péril immense, et bientôt, par mille nécessités déjà évidentes, les partis seront forcés de renoncer à toutes les ruses de morale sous lesquelles ils essaient encore de cacher leurs secrètes intentions, comme au temps où les pouvoirs ne voulaient pas payer, ne voulaient pas rendre compte d'eux-mêmes; où les foules ne cherchaient pas à expliquer l'autorité. Alors il faudra trouver une base commune de jugement, une morale aussi ferme que la morale privée, aussi simple qu'elle, aussi accessible à tous les esprits et à tous les cœurs.

La liberté réelle de la discussion provoquera les droits nouveaux à la conquête des intelligences et le principe représentatif, appliqué sincèrement, fera passer progressivement dans les lois tout ce qui sera entré dans la conscience publique.

Hors de ces deux voies, tout pouvoir, même celui qui serait fondé sur la plus incontestable majorité, sera réduit à écraser violemment chaque principe nouveau qui se produirait à l'horizon politique, et tout parti sera forcé d'essayer à chaque instant, par la conspiration et la révolte, si le jour de son légitime triomphe n'est point arrivé, car il ne peut s'assurer de sa propre légitimité que par la victoire, preuve odieuse toujours niée par les vaincus.

Telle est la nécessité de recourir à ce juge suprême, la conscience universelle, qu'aujourd'hui même, il serait impossible de définir le Radicalisme de notre temps, de dire où il est, quelle est la doctrine qui est réellement la racine de la morale appelée à régner dans le plus prochain avenir. Toutes les théories qui se produisent ont cette prétention d'être à la fois la tradition légitime du passé et l'aspiration de la société vers une légitimité future.

Et toutes ont raison, plus ou moins. Qui déterminera la proportion de l'erreur et de la vérité qui sont en elles? L'intelligence universelle ; la société elle-même, empressée de s'assimiler tout ce qui lui paraîtra bon dans les doctrines qu'on lui présente.

Mais en quoi la force ferait-elle que telle ou telle doctrine lui devînt utile, si on la lui imposait par la violence? Comment la force parviendrait-elle à créer entre la nouveauté et le fait existant cette harmonie sans laquelle tout contact engendre une souffrance et provoque une réaction?

A. PETETIN.

RAISON D'ÉTAT. C'est la même chose que la *nécessité* ou le *salut public*.

Il y a présomption légitime contre tout ce qui se fait en dehors des lois, au nom de la nécessité, en vertu de la Raison d'État. Cependant, si l'on consulte l'histoire, il est impossible de condamner certaines entreprises, quoique violentes et illégales. Si, laissant de côté les faits historiques, on se tient dans les sphères du pur raisonnement, on est logiquement conduit à la même conclusion. Il est certain, en effet, que sous l'empire d'une constitution qui renferme un principe de mort, il arrive nécessairement un jour où il faut chercher le principe de vie en dehors des pouvoirs établis.

Cette question, du reste, est une des plus délicates qui se puissent produire parmi toutes celles qui ressortent du droit public. Elle est surtout délicate aujourd'hui, et, à vrai dire, insoluble. Car comment la résoudre à moins d'un principe supérieur, suffisant pour toutes les époques, pour toutes les complications, pour toutes les crises. Certes, si l'humanité tout entière était régie par un pareil principe, universel et inébranlable, le mot Raison d'État ne serait qu'un non-sens. Mais où ce principe est-il sérieusement, réellement en action ? Nulle part, malheureusement. Toutes les constitutions, celles-là même qui semblent le plus parfaites, ne suffisent pas souvent aux plus simples affaires : à bien plus forte raison ne pourraient-elles valoir contre ces violentes subversions où se joue l'avenir de l'humanité. Il faut donc admettre, quoi qu'on en ait, les cas où le droit écrit contenant quelque irrémédiable insuffisance ou quelque profonde violation du droit réel, la force matérielle est mise au service de celui-ci.

Toutefois, ces extrémités sont tellement rares et dominatrices que la science politique n'a point à s'en occuper. Quand elles viennent, elles paraissent, elles sont tellement naturelles et légitimes que nul ne songe guère à leur résister, et ceux qui l'essaieraient seraient violemment brisés. Ce qu'il faut chercher, c'est le moyen d'empêcher que les mauvaises passions ne se couvrent dans un mauvais but du manteau de la Raison d'État; il faut que la Raison d'État ne puisse jamais être un prétexte à d'audacieuses tentatives. C'est là l'objet des constitutions politiques; mais elles n'y ont guère pourvu jusqu'ici. Contre une violation qui serait tentée par un gouvernement au nom de la nécessité ou de la Raison d'État, il n'y a guère aujourd'hui de moyen répressif que l'insurrection. De même, contre une insurrection qui éclaterait au nom du salut public, les pouvoirs établis n'ont d'autre préservatif que la puissance des baïonnettes.   E. D.

RAISON (FÊTE DE LA). La propagande dont la Révolution française avait été la conséquence avait également maudit les prêtres et les rois ; et de même qu'après la déchéance de la royauté il fut bien difficile au gouvernement qui la remplaça de faire prévaloir le principe d'autorité sur les pen-

chants anarchiques de la multitude, ainsi les philosophes qui avaient ébranlé l'ancien dogme ne réussirent-ils pas, après qu'ils eurent *écrasé l'infâme*, à préserver de toute atteinte les croyances religieuses; on ne tint pas compte de leurs réserves, et l'autel dont ils avaient proscrit les ministres fut profané.

Nous avons désigné les hommes qui s'employèrent d'une manière toute spéciale à diviser les pouvoirs publics et à entretenir dans le peuple une défiance orageuse (V. HÉBERTISTES); ce furent les mêmes qui travaillèrent contre l'État et contre la Religion, au profit de l'athéisme et de l'anarchie; ce fut la commune de Paris qui divinisa la Raison dans les temples consacrés au culte catholique. Déjà les restes de Voltaire avaient été transférés au Panthéon à la requête de Chaumette, procureur général de la commune; l'église de Notre-Dame « fut convertie en un temple consacré à la Raison et à la Vérité. » L'inauguration eût lieu le 20 brumaire an II. L'exemple donné par la commune fut imité par les districts de Paris et ensuite par les départements. Voici quelques détails sur ces fêtes, que nous empruntons à l'ouvrage de Grégoire sur les *sectes religieuses*.

« Le local de la société populaire ou de quelque autorité constituée, une place publique ou l'arbre de la liberté, étaient les points de départ ou de station. De là on se rendait au temple de la Raison. Les églises les plus distinguées, les cathédrales surtout étaient préférées. La hache avait d'abord mis en pièces les chaires, les tabernacles, les crucifix et profané les saintes hosties. Des bustes de Socrate, Brutus, Beaurepaire, Marat, Lepelletier, J.-J. Rousseau et Voltaire étaient substitués aux statues et aux tableaux religieux. Sur le maître-autel s'élevait un échafaudage figurant une montagne au haut de laquelle était installée la déesse de la Raison. Autour d'elle étaient des candélabres, des urnes, des cassolettes où fumait l'encens; sur une estrade était l'orchestre ... La voûte du lieu saint retentissait de chants libertins et blasphématoires, suivis de danses et de banquets où les vases sacrés, remplis de vins, se transmettaient dans toutes les tables.... Pour terminer ces orgies, sur la place publique ou devant l'église, un bûcher consumait les ornements, les confessionnaux, les livres liturgiques, les tableaux.... »

Ce récit est celui d'un évêque républicain qui protesta toujours, au sein même de la Convention, contre ce culte cynique, et qui n'en parle pas avec l'impartialité de l'indifférence. Nous comprenons d'ailleurs qu'on n'ait pas assisté de sang-froid à ces farces ignobles. Chasser Dieu du temple pour y installer une prêtresse de l'Opéra accoutrée d'une chlamyde grecque, c'était, en effet, commettre une profanation bien audacieuse aux yeux des hommes restés fidèles à la croyance catholique. Au jugement même des incrédules, quel sens pouvait avoir cette comédie ? A quoi sert, répondait-il, de nier Dieu pour diviniser la Raison ? Non, les philosophes n'avaient pas inspiré cette sottise : ceux d'entre eux qui avaient le moins respecté le catholicisme, ceux qui avaient abordé avec le plus d'indépendance le problème de l'origine des choses, s'étaient accordés à reconnaître que l'idée mystérieuse d'une cause éternelle est l'affirmation la plus haute, la plus nécessaire de la raison humaine, et il n'eût pas été besoin d'être fort habile dans l'art du syllogisme pour démontrer à Hébert et à Chaumette que, les prémisses de d'Holbach étant admises, adorer Dieu ou la Raison c'était se prosterner devant la même idole.

Mais le fait d'encenser la Raison sous la forme d'une prostituée n'était pas seulement condamné par la sagesse philosophique ; il l'était encore par la raison d'Etat. Quand un peuple est jeté hors des voies qu'il a long-temps pratiquées par la substitution violente d'un culte à un autre culte, alors même que cette substitution est plus nominale que réelle, qu'y aura-t-il ensuite de respectable pour lui ? quel frein l'arrêtera ? Assurément, nous ne considérons pas comme la preuve d'un retour complet vers les idées religieuses cette *reconnaissance* de l'Être Suprême *par le peuple français*, qui fut plus tard décrétée par une assemblée délibérante ; mais du moins applaudissons-nous à ce décret parce qu'il fit cesser les saturnales hébertistes. Diviniser la Raison, ou (que l'on nous permette ce néologisme) *rationaliser* Dieu, c'est, au fond, une même chose : mais c'est là ce qu'ignore le vulgaire, et il est tout ensemble puéril et dangereux, en matière de culte, de remplacer une fiction par une fiction. Qu'importe à la saine philosophie le nom que la foi populaire donne à l'idéal divin ? Il importe beaucoup et aux mœurs publiques et à l'ordre social que ce nom ne soit pas changé à l'aventure, suivant le caprice de quelques insensés.   B. H.

RAJAH (prononcez *radjâh*). Prince indien, souverain d'un État, ou administrant, sous ce titre, au profit des Anglais.

Les Rajahs ont joué un grand rôle dans les annales de l'Hindoustan. Il en est qui ont long-temps et énergiquement résisté à l'Angleterre ; on n'a pas oublié le nom de Tippoo-Saïb et la lutte héroïque de ce souverain de Mysore contre les maîtres de Calcutta. Un grand nombre de Rajahs ont été victimes de la politique anglaise ; et l'histoire de ces malheureux princes serait une des pages les plus lamentables des fastes de l'Inde moderne. Aujourd'hui, les Rajahs sont presque tous tributaires de la puissance britannique.

RANÇON. C'est le prix que l'on paie pour le rachat d'un prisonnier, d'une ville ou même d'un pays.

Avant que la France eût éteint la piraterie en Afrique, les Barbaresques emmenaient souvent des chrétiens en captivité, dans l'unique but de tirer d'eux une Rançon. Ce fut là ce qui donna naissance à l'institution des Religieux de la Merci, qui quêtaient en Europe, et particulièrement en Espagne, pour obtenir les sommes nécessaires à la délivrance de ces captifs.

Entre nations civilisées, l'usage de se racheter au moyen d'une Rançon est également établi, et cet usage est fondé sur de saines notions de droit public. En effet, puisqu'il est permis de faire des prisonniers, il doit l'être de stipuler telle ou telle condition pour leur délivrance. Les actes qui ont pour objet leur mise en liberté sont dès lors soumis à toutes les règles d'équité des contrats ordinaires.

Toutefois, il est une chose à remarquer, c'est que dans les temps anciens, où la guerre se faisait presque autant contre les particuliers que contre les États, les États intervenaient bien quelquefois pour le rachat des prisonniers qu'on leur avait faits, mais le plus souvent leur Rançon était payée par les prisonniers eux-mêmes ou par leurs familles, et elle l'était non pas toujours à l'État ennemi, mais aussi au soldat qui, ayant fait le prisonnier, en était regardé comme légitime propriétaire. Vattel traite longuement des transactions auxquelles donnait lieu un état de choses si contraire au véritable droit des gens. Nous croyons inutile d'en parler, parce que ces transactions sont, comme nous venons de le dire, soumises aux règles communes des contrats, et surtout par la raison que les rachats de prisonniers ne se traitent plus que d'État à État, et sont ordinairement une annexe des traités généraux.

Il est naturel que le prix d'une Rançon soit d'autant plus élevé que le prisonnier à délivrer a plus d'importance. Ainsi, on paie plus cher pour un officier que pour un soldat, plus pour un général que pour un simple officier. A ce sujet, Vattel fait observer avec raison que si un prisonnier a caché sa véritable qualité pour obtenir des conditions meilleures, le contrat devient nul de droit du moment où la supercherie est découverte.

Mais lorsqu'un traité de rachat a été exécuté d'un côté et que l'autre partie se refuse à remplir ses engagements, qu'arrive-t-il si les contractants sont des États souverains et sans juges supérieurs ? Il arrive que pour faire exécuter le traité on a recours à la force des armes, seul arbitre qui existe encore aujourd'hui pour décider des contestations d'État à État. Aussi lorsque Charles-Quint se décida à renvoyer François Ier en France, il exigea pour la Rançon de son royal captif 1,200 mille écus d'or, la cession de la Bourgogne et de tous les droits de la France sur le Milanais. Le roi, comme on sait, devenu libre, et quoiqu'il eût donné des ôtages précieux, ne remplit point les conditions du traité. On trouve dans une publication récente (*la Correspondance de la reine de Navarre*, recueillie par M. F. Génin) des détails curieux sur la parcimonie que François Ier et sa noblesse montrèrent à cette occasion. Ni l'un ni l'autre ne voulait contribuer au paiement des 1,200 mille écus. La Bourgogne fut également retenue, et avec raison, car, même sous le gouvernement absolu, il n'était pas possible de reconnaître qu'elle appartînt au roi, et c'était François V eut tort, sans doute, de demander à François une chose qui n'était point à lui. Disons, toutefois, que le *roi chevalier*, comme on l'appelle, aurait dû imiter la loyauté du prince qui, dans une occasion toute semblable, retourna prendre ses fers en Angleterre, où il ne tarda pas à mourir. J. BASTIDE.

RAPPEL. C'est un terme parlementaire et financier.

Lorsqu'un membre de la législature trouble l'ordre, il est rappelé nominativement par le président. (V. ORDRE — Rappel à l'.)

Le président rappelle aussi à la question l'orateur qui s'en écarte. — Il ne peut accorder la parole sur le Rappel à la question. — Si un orateur après avoir été, deux fois dans le même discours, rappelé à la question, continue à s'en écarter, le président doit consulter la Chambre pour savoir si la parole ne sera pas interdite à l'orateur pour le reste de la séance sur la même question.

Outre le Rappel à l'ordre et le Rappel à la question, il y a encore le Rappel au réglement. Quand une discussion ou un orateur se dévoient, chaque membre a le droit de rappeler au réglement. Le président peut même y être rappelé par un simple membre.

En finance, le mot Rappel désigne un usage qui nous semble fort irrégulier. Quand le pouvoir exécutif donne de l'avancement à un fonctionnaire, il décide parfois que le nouveau traitement sera perçu à partir d'une époque antérieure à la nomination. Ainsi, par exemple, un employé dont le traitement serait porté le 1er juillet de 2,000 fr. à 3,000 fr., avec rappel à partir du 1er janvier, toucherait le 31 juillet 250 fr., plus la différence pour six mois entre le traitement antérieur et le traitement actuel, c'est-à-dire 500 fr. Le Rappel équivaut dès lors à une gratification. Pourquoi la déguiser ? — Il y a bon nombre d'irrégularités de cette sorte qu'un ministre des finances vraiment zélé pour le bien public s'empresserait de faire disparaître. E. D.

RAPPORT, RAPPORTEUR. Toute exposition présentée, tout renseignement transmis par un agent inférieur à son supérieur peut être considéré comme Rapport. Les maires adressent des Rapports aux préfets, les préfets aux ministres, les ministres au chef du pouvoir exécutif.

En Amérique, les Rapports présentés par le Président au congrès prennent le nom de *Messages.*

Nous avons déjà dit qu'en France les projets de loi présentés par le gouvernement ou les propositions faites par les membres de l'une des deux chambres et prises en considération par la chambre, sont examinés par une commission spéciale. Lorsque la commission a terminé son examen, elle nomme à la majorité absolue un Rapporteur chargé de faire à la chambre un Rapport sur le projet en discussion. Ce Rapport est lu à la chambre ou simplement déposé sur le bureau du Président, qui en ordonne l'impression et la distribution.

Rien de plus simple en apparence et de plus rationnel que cette marche ; mais en y regardant d'un peu près, on ne tarde pas à y découvrir de graves inconvénients. Rien, en effet, ne détermine la forme que doit avoir ce Rapport, la manière dont il doit exposer le travail des commissions, et surtout l'époque où il sera présenté. De telle sorte que le Rapporteur peut, s'il le veut, donner simplement les conclusions de la commission sans relater les raisons qui ont déterminé ces conclusions ; qu'il peut, si cela lui convient, passer complètement sous silence l'opinion et les arguments de la minorité ; qu'il lui est loisible enfin d'arrêter le travail des chambres et d'empêcher la discussion d'un projet qui ne lui plaît pas.

Cet abus est exorbitant et d'autant plus qu'il s'exerce toujours au profit des ministres. Un publiciste de la Restauration citait comme une monstruosité, l'exemple d'une commission du budget qui, en 1821, différa pendant cinq mois de faire son Rapport. Cette monstruosité est devenue la règle. Jamais une commission du budget ne présente maintenant son Rapport que dans les derniers jours de la session. Aussi la discussion du budget n'est-elle plus qu'un vain simulacre. Et il en est ainsi de plusieurs autres lois. Quand un ministre est forcé, par les vives réclamations de l'opinion publique, de présenter tel ou tel projet de loi dont la pensée lui répugne, la commission parlementaire, dont il a surveillé la composition, lui vient en aide. Par un abus judaïque des lacunes du réglement, elle laisse dormir son travail, et elle ne nomme un Rapporteur qu'à la dernière extrémité ; celui-ci, à son tour, fait le paresseux par complaisance, et se termine sans que la proposition malencontreuse ait pu être discutée. Que si, par hasard, elle est discutée par une chambre, le temps manque infailliblement au ministre pour que l'autre chambre en soit saisie, et la piperie recommence à la session suivante. C'est ainsi que depuis dix années, trois ou quatre Rapporteurs différents ont rédigé trois ou quatre Rapports sur l'organisation du conseil d'état, sur l'abolition de l'esclavage, sur la responsabilité ministérielle, etc., etc. Mais comme on avait soin de ne déposer ces Rapports qu'aux derniers jours de la session, jamais aucun de ces sujets si importants n'a pu arriver à la discussion. Quelques Rapporteurs ont fait mieux encore ; ils ont déposé leurs Rapports au secrétariat de la questure après la clôture officielle de la session ; et il est même arrivé que des commissions, manquant à tous leurs devoirs, se sont abstenues de présenter des Rapports sur les propositions qu'elles avaient été chargées d'examiner.

Une chambre qui aurait le sentiment de sa dignité ne tolérerait point de pareilles incartades ; elle réglerait elle-même le travail des commissions, elle leur prescrirait les jours et la durée de leurs réunions, elle infligerait aux paresseux et aux complaisants la mention au *Moniteur* ; elle prescrirait au Rapporteur l'obligation de rapporter exactement les arguments de la minorité aussi bien que ceux de la majorité, et enfin, elle astreindrait ses commissions à présenter le résultat de leur travail dans un délai déterminé. Il n'est pas possible, en effet, d'admettre que neuf individus ou même un seul puissent à leur gré paralyser les délibérations de l'assemblée, annuler l'initiative du gouvernement, immobiliser en un mot le pouvoir législatif. Les règles actuellement suivies à cet égard ne sont que la régularisation de l'anarchie. E. D.

RASSEMBLEMENT. Même signification que Attroupement. Dans le langage ordinaire, même dans les proclamations officielles, on emploie indifféremment ces deux mots. L'expression de la loi est ATTROUPEMENT. (V. ce mot.)

RATIFICATION. Approbation solennelle et authentique donnée à un traité par une puissance souveraine.

Au Souverain seul appartient le droit de conclure des traités. Le Souverain ne se dépouille jamais de ce droit, même lorsqu'il nomme pour le représenter des agents revêtus d'une autorité assez étendue pour qu'on les nomme *Plénipotentiaires*, chargés de *pleins pouvoirs*.

Les plénipotentiaires et les agents diplomatiques, de quelque ordre qu'ils soient, ne font, en effet, que préparer, à vrai dire, des projets de traités. Lorsqu'ils sont parvenus à se mettre d'accord entre eux, il leur reste à obtenir l'approbation de leur gouvernement. Jusqu'au jour où les actes respectifs contenant cette approbation sont communiqués, ce qui s'appelle faire l'*échange des Ratifications*, il n'y a point encore de traité.

Le traité ne prend sa date et ne reçoit son exécution que du moment où l'échange des Ratifications est opérée, et si lorsque les agents diplomatiques ont signé un traité, la Ratification est refusée par leurs gouvernements, ou par l'un d'eux, les choses, suivant la stricte équité, doivent être remises dans le même état où elles étaient avant ce premier acte d'une négociation restée inachevée.

L'histoire nous donne une foule d'exemples de généraux et d'ambassadeurs qui, après avoir signé des traités, ont été désavoués par leurs gouvernements. Quelquefois il est arrivé que, pour se tirer d'une situation difficile, un général souscrivait à une convention qui lui permettait de se dégager, tandis que son gouvernement, désapprouvant tout haut sa conduite, se gardait bien d'accomplir les promesses de son représentant. Un tel acte de mauvaise foi dans l'état actuel des choses ne peut malheureusement être puni que par le blâme public, puisqu'il n'existe pas de tribunal international auquel chacun puisse porter sa plainte.

Nous avons dit qu'au pouvoir souverain appartient seul le droit de ratifier les traités. Et, en effet, comme un traité n'est autre chose qu'une loi qui oblige la nation au dehors, et modifie même souvent les droits des citoyens à l'intérieur, il n'y a que la puissance capable de faire les lois qui puisse donner force obligatoire aux actes internationaux.

Ainsi, dans les gouvernements absolus, c'est le monarque qui accorde ou refuse la Ratification. Dans les républiques, elle est donnée par le peuple. Mais dans les gouvernements amphibies sous lesquels végète une partie de l'Europe, il existe une confusion déplorable dans l'application des principes si évidents que nous venons de poser.

En France, dit-on, le peuple est souverain; et cependant, non seulement le peuple, mais le parlement lui-même n'intervient en rien dans la Ratification des traités. Cette prérogative de la souveraineté est exercée par la couronne seule, qui s'attribue en ce point la puissance des rois absolus. Et, néanmoins, comme si ce n'était pas assez de cette violation du principe fondamental de notre société, née de la Révolution, il arrive que les chambres, qui ne sont point appelées à voter sur l'acceptation des traités, peuvent néanmoins, d'une manière détournée, en paralyser l'effet par le rejet des lois de subsides, presque toujours annexées aux transactions diplomatiques. Ainsi, le roi qui n'est pas souverain signe un traité tout seul, ce qui est une première hérésie; et les chambres, qu'on n'a pas consultées, peuvent, six mois ou un an après la signature, rendre le traité nul en refusant les moyens matériels de l'exécuter. Un tel état de choses est tellement absurde qu'il échappe à une critique raisonnée. Espérons que le bon sens des peuples y portera enfin remède, en rendant aux véritables souverains, qui sont les peuples, l'exercice plein et entier de leurs droits au dehors comme au dedans. **J. BASTIDE.**

RAYA. Tout ce qui, dans l'empire ottoman, n'appartient pas à la race turque porte le nom de *Raya*. Les Rayas ont toujours été soumis à un impôt de capitation, tradition et symbole de leur servage. Cette contribution, destinée à rappeler la victoire de la race ottomane sur la race chrétienne, a été supprimée par le hatti-schérif de Gul-Hané; mais il est à craindre que cette abolition n'ait été que nominale et que la condition des Rayas ne soit restée la même qu'avant la promulgation de la charte turque. **F. L.**

RAYON CONSTITUTIONNEL. Ces termes appartiennent au nouveau vocabulaire politique, mais le droit dont ils expriment le sens remonte à l'origine du gouvernement représentatif. La loi est l'expression de la volonté générale, mais cette volonté ne doit être entravée par aucun genre d'obstacle; elle doit se manifester dans une indépendance absolue également hors des atteintes de la corruption et de la violence. L'emploi de la force brutale est un mauvais moyen de gouvernement, et notre histoire nationale démontre par une foule de faits incontestables que ce moyen a toujours produit un effet contraire à celui qu'en espéraient ceux qui l'ont employé. La force armée dans les luttes intérieures est la partie honteuse des monarchies, a dit le cardinal ministre Dubois, dans un mémoire au duc d'Orléans, régent, à propos d'un projet de convocation des Etats Généraux.

L'assemblée constituante avait appris par sa propre expérience la nécessité de se garantir contre les coups d'État du pouvoir ministériel.

Dans les premiers mois de sa session le gouvernement royal avait appelé à Versailles le régiment de Flandre. Il ne put entrer dans la ville qu'avec l'autorisation formelle des représentans de la nation. Déjà cette assemblée avait fait usage de son droit en exigeant l'éloignement immédiat de l'armée que le pouvoir royal avait réunie autour de Versailles et de la capitale. Elle a consacré depuis le droit de garantie et d'indépendance par un article formel de la constitution de 1791, ainsi conçu :

« Le pouvoir exécutif ne peut faire passer ou séjourner aucun corps de troupe de ligne dans la distance de trente mille toises du corps législatif, si ce n'est sur sa réquisition ou avec son autorisation. »

La même disposition est reproduite dans la Constitution de l'an III et avec distances à peu près égales. La partie du territoire dont l'entrée était interdite aux troupes de ligne s'appela *Rayon Constitutionnel*.

Les pays d'État s'étaient assuré les mêmes garanties et sur une échelle plus large. Aucun régiment ne pouvait paraître dans la province pendant la tenue des États, et tout le pays devait être libre de toute garnison à l'époque même des élections.

L'article du Rayon Constitutionnel n'a plus reparu dans les constitutions et les chartes qui leur ont succédé, aux décrets, aux sénatus-consultes du consulat et de l'empire. Mais le principe existe, la France ne l'a pas oublié, et son application est la conséquence rationnelle du régime de la souveraineté nationale.　　　　D—Y.

RÉACTION. Par rapport au mot Révolution, le mot Réaction est secondaire et corrélatif, puisque les Réactions ne sont que la conséquence des Révolutions. L'étymologie de ce dernier mot offre déjà à la pensée une image plus que sévère, car Révolution vient de *Revolvere*, renverser, mettre dessus ce qui était dessous, ou dessous ce qui était dessus ; le mot Réaction implique l'idée d'une révolution violente en sens contraire, d'une contre-révolution.

Ce qu'il y a d'affreux dans les contre-révolutions, c'est que les chefs auxquels la fortune remet de nouveau les destinées des peuples, sont précisément ceux qui ayant été attaqués, renversés par la victoire et par le principe de la Révolution, sont intéressés à la détruire de fond en comble pour ressaisir le pouvoir et les priviléges qu'elle leur avait arrachés ! C'est ce qui faisait dire à l'illustre Fox que la pire des Révolutions et des Réactions, c'était une Restauration.

Si l'on voulait remonter à l'histoire ancienne, on pourrait y trouver plus d'un exemple des plus épouvantables Réactions. Qui ne sait le massacre des Gracques par Opimius, les proscriptions de Marius et de ses plébéiens par les patriciens et par Sylla ; l'envahissement de Rome par César et le succès continué d'Auguste, qui substitua l'Empire à la République établie depuis 500 ans.

Que si l'on passe à l'histoire moderne, on voit que les deux *contre-révolutions* les plus saillantes et qui ont entre elles le plus de ressemblances, sont celle d'Angleterre, sous Charles II et Jacques II, et celle de la France en 1814 et 1815. Les deux nations avaient chacune fait leur révolution, qu'on pouvait regarder comme des représailles de l'humanité ! Les vaincus, redevenus les maîtres, crurent à leur tour devoir exercer eux-mêmes les représailles de leurs intérêts détrônés. Les ressentimens implacables prodiguèrent les cruautés...

Quoique ces périodes affligeantes soient généralement connues, il n'est cependant pas hors de propos de citer quelques traits par lesquels notre célèbre publiciste, B. Constant, a décrit dans son livre : *Des suites de la contre-révolution de 1660 en Angleterre*, les tristes conséquences des Réactions politiques, en prenant l'Angleterre pour exemple.

Après avoir raconté les engagemens violés, les amnisties enfreintes, les protestations foulées aux pieds par Charles II et Jacques II, les persécutions dirigées contre les anciens défenseurs de la république anglaise, B. Constant rappelle les moyens odieux à l'aide desquels on avait, au nom du roi, organisé l'espionnage et la délation pour frapper plus sûrement ceux qui ne professaient pas les opinions dominantes.

Les vingt premières années du règne de Charles II présentent quinze prétendus complots, sous des dénominations variées ; dans chacune de ces procédures, on voit figurer les mêmes espions, les mêmes dénonciateurs, les mêmes témoins. Ces témoins, la plupart condamnés précédemment pour vols, pour faux, pour les délits les plus infâmes, étaient logés dans le palais de White-Hall, entourés de gardes, comblés de pensions et de bienfaits. La Restauration fit expirer dans les supplices, tantôt de malheureux catholiques, tantôt de courageux protestans ; le véritable crime de ces derniers était d'avoir autrefois servi dans l'armée républicaine...

Sous Jacques II, deux monstres, Jefferies et Kirk, parcoururent l'Angleterre : ivres toujours et furieux, ils joignirent partout les tortures à la dérision ; c'était au son de la musique qu'ils faisaient périr à la fois plusieurs centaines de condamnés : innocens et coupables furent livrés aux soldats. Le pays entier fut couvert d'échafauds. Chaque village contempla les cadavres de quelques uns de ses habitans. Une femme, connue pour sa bienfaisance, avait donné asile à un fugitif ; le malheureux la dénonça ; il eut sa grâce ; elle fut brûlée vive... Voilà quelques uns des excès des Réactions royalistes en Angleterre.

Quant aux Réactions qui se sont produites à la suite de la Révolution française, voici ce qu'écrivait à cet égard, dès l'an VII, un homme fameux par les services qu'il a rendus à la contre-révolution. Se voyant accusé de pensées contre-révolutionnaires, Talleyrand crut devoir se justifier par l'exposition même des malheurs et des horreurs que devait amener une *contre-révolution*. Il est assez curieux de voir comment s'exprimait alors le noble personnage dans la brochure qu'il fit paraître sous le titre d'*Éclaircissements donnés par le citoyen Talleyrand à ses concitoyens* :

« Les garanties les plus certaines, dit-il, qu'on » puisse offrir à la République, sont incontestable- » ment dans la conviction profonde, que la Répu- » blique qui nous a coûté si cher, ne pourrait pé- » rir qu'au milieu de flots de sang, que celui qui » aurait osé concourir à cet horrible événement, » en serait probablement la première victime, et » que son nom, comme celui de tout traître, ar- » riverait à la postérité chargé du poids de l'exé- » cration générale, dans tous les sentiments hu- » mains qui font envisager avec horreur un bou- » leversement universel où s'engloutiraient le » bonheur, la fortune, la vie de tant de citoyens, » de tant de parents, de tant d'amis ; enfin, dans » cet honneur national qui doit être la vie d'un » Français, et qui soulève l'âme à l'idée seule que » des Autrichiens et que des Russes, après avoir » ravagé notre pays, viendraient insolemment nous » dicter des lois. »

Cependant, une contre-révolution est apparue malheureusement en France en 1814 ; et le tableau qu'a tracé B. Constant des malheurs de l'Angle-terre, peut, en beaucoup d'endroits, s'appliquer à notre infortuné pays. Il est vrai que la nation an-glaise eût une grande consolation pendant la lon-gue durée des guerres civiles : c'est que les étran-gers ne pénétrèrent jamais dans son sein, tandis que dans notre patrie, les perfides et continuelles menées des contre-révolutionnaires auprès des puissances absolutistes jetèrent deux fois sur notre sol les armées de la *sainte-alliance*. Du reste, le nouveau gouvernement qui s'introduisit, en 1814, sous la protection des baïonnettes étrangères, ce gouvernement, essentiellement réactionnaire par son origine et par ses penchants, montra le même esprit de vengeance et le même besoin de Réac-tions que les Stuarts en 1660, quoiqu'il vînt après plus d'un siècle de civilisation et de lumières. Les assassinats du Midi, les cours prévôtales, l'exécu-tion du maréchal Ney, l'expulsion des convention-nels, les conspirations fomentées, suivies d'exé-cutions capitales, l'émigration honorée et indem-nisée, la loi du sacrilége, la loi d'*amour*, tous ces actes et tant d'autres, présentent la plus grande et la plus déplorable analogie avec la restauration d'Angleterre.

Mais ces événements sont trop près de nous, pour qu'il convienne de s'y appesantir davantage. La révolution de 1830 a pris noblement sa revan-che. Elle a renvoyé la légitimité, cette légitimité qui impliquait que les peuples étaient la propriété des rois ; elle a proclamé l'égalité, la souveraineté de la nation.

Les principes étant de nouveau posés, et les faits rappelés par la révolution de 1830, serons-nous assez heureux pour en conclure que nous n'a-vons plus à craindre les Réactions et les maux qu'elles entraînent avec elles ? Ce serait peut-être un peu de présomption ? La confiance des peu-ples n'a pas le droit d'être aussi pleine et entière. La Révolution française est sans doute douée de toute son énergie intrinsèque, elle a pour point

d'appui les intérêts généraux et les sentiments éternels de la nature humaine ; la contre-révolu-tion n'a pas pour elle les mêmes mobiles. Ne mé-connaissons point cependant qu'elle a encore à son service les intérêts particuliers de l'ancien régi-me et de tous les régimes corrompus, intérêts ac-tifs et vigilants, habiles à se produire sous diffé-rents noms déjà évalués, mais toujours trompeurs.

H. SAINT-ALBIN, député.

RÉAPPEL. Lorsque, la discussion d'un projet de loi étant finie, la Chambre va procéder au scru-tin, un scrétaire fait l'appel nominal. Les députés présents votent, après quoi, l'appel étant terminé, le Réappel se fait de suite pour les députés qui n'ont pas encore voté. Le réglement ne dit pas si l'omission du Réappel suffirait pour annuler le scrutin. Mais l'affirmative résulte de ses termes mêmes, puisqu'il prescrit l'appel et le Réappel. Cependant lorsque le projet en question est de peu d'importance, on néglige non seulement le Réappel, mais encore l'appel.

REBELLE. Toute attaque, toute résistance avec violence et voie de fait envers des agents quelconques de l'autorité publique dans l'exer-cice de leurs fonctions, est qualifiée rébellion par notre Code pénal.

Dans le langage politique et historique on donne au mot Rébellion un sens moins étendu. Par Rebelle on entend ordinairement toute personne qui a pris les armes pour faire la guerre au gou-vernement légitime de son pays.

Comme il n'y a pas un seul gouvernement qui ne prétende être légitime et nécessaire au bon-heur de la nation, il n'y en a pas un seul non plus qui ne traite de Rebelles et ne dévoue aux peines les plus dures les citoyens insurgés contre lui.

Il faut le dire, le véritable Rebelle, l'homme qui s'attaque au gouvernement de son pays quand ce gouvernement réunit toutes les conditions qui font le droit, un tel homme commet le plus grand des crimes puisqu'il ne tend rien moins qu'à com-promettre la société tout entière en détruisant la souveraineté pour la remplacer par l'usur-pation.

Mais à quels signes reconnaître qu'un gouver-nement est vraiment légitime, et que par consé-quent ses sujets en lui faisant la guerre sont des Rebelles ?

Hampden, refusant de payer une taxe illégale, fut traité de révolté jusqu'au jour où le pouvoir qui le qualifiait ainsi ayant été détruit, Hampden reçut de ses concitoyens une sorte d'apothéose.

Russell et Sydney furent décapités comme Re-belles, et cependant ils passent aujourd'hui pour des martyrs de leur dévoûment civique. Lacy et Porlier offrent un exemple pareil. Washington, Francklin, Jefferson, avec leurs *Yankees*, furent pour les Anglais des Rebelles et des félons jusqu'à la paix de 1783. Depuis ce temps, l'Europe et le monde vénèrent en eux les fondateurs et les chefs d'une grande nation. Il en fut de même des gueux de Hollande soulevés contre l'autorité de l'Espagne, et il y a onze ans, les citoyens de Paris, armés contre les Bourbons, auraient sans doute été déclarés Rebelles et punis comme tels si la chance des armes ne leur avait donné l'avantage sur la garde royale de Charles X.

L'histoire tout entière offre à chaque page des faits semblables. Est-ce à dire pour cela qu'il n'y ait d'autre droit que le fait et que l'on soit Rebelle toutes les fois que l'on n'a pas assez de force pour passer à l'état de puissance. Beaucoup, on ne le sent que trop, soutiennent cette doctrine matérialiste. Quant à nous, notre conviction tout opposée est qu'il y a pour les partis comme pour les nations et les particuliers une justice indépendante du succès.

Les hommes qui, les armes à la main, soutiennent les principes de morale et d'équité, les droits imprescriptibles du genre humain et ceux des nations, peuvent bien monter sur l'échafaud, mais ce ne sont point des Rebelles, et si l'on demande quel est le juge qui prononcera sur la qualité qu'on doit leur attribuer, la voix du genre humain tout entier est là pour répondre que Padilla, Riego, d'Egmont, sont des héros, et leurs juges, des tyrans, tandis que malgré toute sa gloire, elle n'a point absous César devenu, de Rebelle, usurpateur tout puissant.

Sans entrer plus avant dans cette discussion métaphysique, examinons quelles doivent être les applications du droit des gens dans les guerres civiles, lorsqu'un des deux partis est déclaré par l'autre en état de rébellion.

Ordinairement, celui qui se prétend légitime commence, en vertu des lois pénales, par mettre ses ennemis hors la loi, et, en conséquence, il ne se croit tenu à aucune obligation envers eux. Les prisonniers sont traités en criminels et ordinairement passés par les armes, aucun parlementaire ne peut être envoyé, et s'il en est quelqu'un qui se hasarde à remplir une mission conciliatrice, on le repousse, et quelquefois même on le fait prisonnier. Il arrive même souvent que la parole donnée par des généraux à des révoltés est désavouée ensuite. Ces atteintes portées à l'humanité et à la bonne foi amènent nécessairement des représailles terribles, et les guerres civiles s'éternisent ou du moins laissent après elles des haines inextinguibles.

Nous croyons donc que dans l'intérêt général du genre humain et dans le sien propre, un gouvernement, même lorsqu'il est parfaitement fondé en droit doit., dans les guerres qu'il fait à des Rebelles, doit se rapprocher le plus qu'il le peut des formes et règles observées dans les guerres d'état à état.

Nous croyons qu'il n'est pas praticable en pareil cas de traiter les prisonniers comme s'ils appartenaient à une puissance étrangère. Ils peuvent et doivent être traduits devant les tribunaux de leur pays dont ils ont violé les lois. Mais, bien que des exemples de rigueur soient quelquefois nécessaires, il ne l'est jamais de décréter que tout Rebelle pris les armes à la main sera immédiatement mis à mort. En se conduisant ainsi, un gou-

vernement donne à ses soldats des habitudes de cruauté qui les démoralisent et appellent contre eux des représailles sans fin.

Mais c'est surtout à l'égard des envoyés et de la foi jurée qu'il est indispensable d'observer dans la guerre civile les règles communes. Comment, en effet, arriver à la paix qui est la fin de toute guerre, si les hommes qui préparent des arrangements sont reçus à coup de fusil ou jetés dans les fers, si les Rebelles disposés à poser les armes sous une condition quelconque ne sont jamais assurés de voir cette condition remplie, même lorsqu'elle leur aura été accordée?

Concluons qu'il n'y a de Rebelles que ceux qui s'insurgent contre un gouvernement légitime, — que le genre humain est juge de la légitimité des gouvernements, — enfin que les gouvernements légitimes ne sauraient, sans nuire à leur propre intérêt et à celui de l'humanité, violer à l'égard des Rebelles les lois de morale, de justice et d'honneur qui doivent toujours former la base des rapports internationaux.　　　　　J. BASTIDE.

RECENSEMENT. Dénombrement de la population ou des propriétés.

Les Recensements ont principalement pour objet de faire connaître à l'administration supérieure d'un pays les forces et les ressources dont elle peut disposer. Ils servent aussi pour l'établissement des impôts. Le moyen d'obtenir sans peine des Recensements exacts est de n'imposer les charges qu'en les compensant par des droits qui en soient au moins l'équivalent. Pour que les charges elles-mêmes soient distribuées avec justice, ce sont les habitants du pays qui doivent en faire entre eux la répartition. Les Recensements sont presque toujours mal faits sous un gouvernement despotique. La raison en est toute simple : on cherche à éviter, par fraude ou par faveur, la contribution ou le service personnel auquel on serait exposé. Le dénombrement des privilégiés est toujours exact, à moins que le privilége ne vaille pas la peine d'être exercé.

On ne doit accepter qu'avec la plus grande défiance les Recensements de la population faits avant l'époque de la Révolution : ce ne sont, en général, que des données approximatives. Celui de 1788 à 1789, qui nous sert aujourd'hui de point de départ et qui fut établi par les soins de M. Necker, avait évalué la population de la France à vingt-cinq millions d'habitants. Le Recensement de 1811, qu'on doit à l'administration impériale, en éleva le chiffre à vingt-huit ou vingt-neuf millions, d'où l'on tira cette conséquence, que, malgré la guerre et les autres causes de mortalité, la population, grâce à la suppression des couvents et à une meilleure distribution de la propriété, s'était accrue de trois à quatre millions. Ces causes d'accroissement sont réelles, mais cet accroissement n'est pas aussi considérable qu'on l'aurait pu croire. On a admis sans discussion le Recensement de M. Necker. Lorsqu'on rapproche, province par province, département par département, les chiffres de 1789 et de 1811, on y découvre des différences dont les statisticiens ne ne sont pas rendu compte. Ainsi, dans tous les pays d'états ou qui s'administraient eux-mêmes, l'accroissement de la population est beaucoup moins sensible que dans les pays d'administration royale. Par exemple, la Bretagne, pays d'états, avait, en 1789, un million huit cent mille habitants ; elle n'en avait que un million huit cent trente mille en 1811. La Normandie, province administrée par le roi, n'aurait compté que dix-huit cent et quelques mille habitants en 1789 ; on en trouva deux millions quatre cent mille en 1811. La raison de ces différences, moins fortes dans un pays que dans l'autre, ne s'explique que par la différence du gouvernement. En Bretagne, les états partageaient l'impôt entre les divers arrondissements de la province, et c'étaient les habitants de chaque arrondissement qui en faisaient entre eux la sous-répartition. En Normandie, la répartition et la sous-répartition étaient l'œuvre des agents des finances. La conséquence de ces faits est que la population n'a pas augmenté de trois à quatre millions dans la période de 1789 à 1811, mais seulement d'environ cinq à six cent mille habitants. Ces explications prouvent encore que les meilleurs Recensements sont, comme nous l'avons dit, ceux qui sont faits par les citoyens lorsqu'ils sont intéressés à ce que personne n'y soit oublié.

Quand nous aurons tous obtenu les mêmes droits, lorsque le peuple aura reconquis l'exercice du pouvoir souverain, point de doute que les Recensements ne s'opèrent avec beaucoup plus de facilité. Les charges aussi ne seront-elles pas mieux établies et mieux réparties lorsqu'on sera revenu au principe de l'égalité ? En ce moment (1), on s'occupe de la double opération du Recensement de la population et du Recensement des propriétés. On rencontre dans cette opération des difficultés auxquelles on ne s'était pas attendu. Elles naissent à la fois de l'inégalité des droits, de la manière dont se fait l'opération et du but que l'administration se propose. Le but est d'augmenter les ressources du trésor ; mais comme il n'est possible de l'atteindre qu'en imposant l'industrie des plus pauvres travailleurs sans aucune espèce de compensation, le Recensement est parfois même une première cause de mécontentement. Quant à la manière d'opérer, le ministre a prétendu que le Recensement devait se faire par les agents des finances, suivis du contrôle de l'autorité municipale, tandis qu'un grand nombre de communes et de citoyens maintiennent au contraire que c'est l'autorité municipale qui doit précéder les agents du fisc dans la visite de nos habitations. Cette prétention est conforme aux principes d'une bonne administration. L'obscurité de la loi a fait naître des collisions qui ne peuvent être que funestes au gouvernement actuel. La question n'est pas seulement de savoir qui a tort ou raison du gouvernement ou des citoyens, mais de trouver un moyen de résoudre la difficulté. Or, ce moyen n'existe pas dans nos lois. Il en résulte qu'on oppose avec raison la résistance à l'arbitraire. On

(1) Août 1841.

ne peut donc toucher à ces matières, interpréter la loi, dans l'intérêt du fisc seulement, sans s'exposer à des mécontentements qu'un pouvoir plus éclairé aurait sagement évités.

Dans un pays où il n'est point de charges sans droits, où tout le monde participe également au gouvernement des communs intérêts, il s'établit dans la population un ordre qui en rend les mouvements faciles, qui donne constamment à l'autorité les moyens de connaître les forces et les besoins de la nation. Les magistratures populaires se subdivisent à l'infini ; la ville, comme la campagne, se partage en quartiers ou cohortes, les cohortes en compagnies ou centuries, les centuries en dizaines ou décuries. Chaque décurion ou dizainier n'est pas seulement un chef militaire, il tient constamment à jour l'état de tous les habitants, de toutes les maisons dont se forme son département. Il connaît leurs ressources, leurs besoins. C'est un fonctionnaire de l'association, toujours prêt à répondre aux demandes de l'autorité. Cet ordre n'est pas nouveau ; il existait dans toutes les villes municipales, dans les républiques du moyen âge et de l'antiquité. Aujourd'hui, comme le peuple est entassé et non classé ou distribué dans les villes, la moitié de la population ne se doute pas de l'existence de l'autre. On ne découvre le malheureux que pour en faire des cotribuables ou des soldats.   Aug. Billiard.

RECETTES. Dans la langue financière, ce mot est pris suivant son acception vulgaire. Il signifie soit ce qui est reçu, soit l'action de recevoir. Dans le premier sens, on dit : Budget des Recettes. Dans le second sens, on dit : Il a été commis à la Recette générale de tel département. — On appelle aussi le budget des Recettes: *Loi des Recettes.* Cette loi, votée annuellement, fixe le chiffre, la nature, l'assiette et la répartition de chaque Contribution. Elle contient souvent, en outre, des dispositions générales sur les règles financières ; en sorte que la législation sur cette importante matière est disséminée, par articles, dans un grand nombre de lois dont les autres dispositions ne sont plus en vigueur. La loi de l'impôt étant renouvelée annuellement, et n'ayant ainsi qu'un an d'existence, on n'y devrait point insérer de dispositions plus durables. C'est un des principaux vices du régime financier que ce désordre. Il rend les abus plus faciles par la confusion des textes ; il prête aux interprétations, si dangereuses en matière fiscale ; enfin, il force à un travail pénible ceux qui veulent étudier la législation financière. La science des dépenses et des Recettes n'est pas, après tout, très difficile, et sans la confusion, peut-être calculée, de la législation, tous les députés seraient en état de critiquer les mesures financières, qui restent le domaine de quelques hommes spéciaux, au grand détriment des contribuables.   H. C.

RECEVEUR , RÉCEVEUR GÉNÉRAL, Fonctionnaires de l'administration des finances.

Il y a dans chaque canton un percepteur chargé de recevoir le montant des contributions directes de chaque contribuable. Ce percepteur verse ses recettes, au fur et à mesure, dans la caisse d'un Receveur siégant au chef-lieu d'arrondissement. Celui-ci verse à son tour dans la caisse d'un Receveur Général siégeant au chef-lieu de département. C'est à ces fonctionnaires que s'adresse le ministre des finances pour encaisser les contributions directes.

Les Receveurs Généraux n'ont que de faibles traitements fixes; mais une remise proportionnelle sur les mouvements de fonds assure à cette fonction une rétribution somptueuse.

Les Receveurs Généraux sont chargés par le ministre du mouvement des fonds de l'État dans leurs départements. Ces opérations nombreuses et appliquées à un capital considérable créent aux Receveurs Généraux une position dont plusieurs ont trop souvent abusé pour faire des opérations personnelles. De scandaleuses faillites ont signalé ces abus et ont contribué à justifier les critiques élevées contre l'institution des Receveurs Généraux. Ce n'est pas ici le lieu de les discuter; mais nous pouvons faire remarquer que la création dans chaque département d'un centre financier, dépendant du ministre et rattachée à toutes les communes, est une heureuse institution, qui pourrait devenir très féconde si on cherchait à l'organiser comme un instrument propre à étendre le crédit. Dans l'état où elle est, c'est un instrument convenable pour le maniement des fonds de l'État, mais qui dégénère trop fréquemment en instrument de fortune personnelle pour les Receveurs Généraux.

Il y a dans l'administration des finances plusieurs classes de fonctionnaires plus ou moins élevés en grade, qui portent le nom de Receveur, Receveur de l'enregistrement, Receveur de l'octroi, etc.
H. C.

RÉCIDIVE. Quand un homme déjà condamné pour un délit commet un autre délit de même nature, on dit qu'il a récidivé, et on lui applique une peine plus grave.

Avec le système d'emprisonnement qui existe aujourd'hui et surtout avec l'absence de tout système d'éducation générale qui étende la sollicitude publique sur *tous* les enfants, sur *tous* les hommes, les Récidives sont inévitables. Elles sont à la fois symptôme, effet et cause du mal à guérir. L'accroissement continu du nombre des Récidives constaté par toutes les statistiques criminelles, surtout en France et en Angleterre, est le signe infaillible de l'intensité de la corruption. Quand le récidiviste rentre en prison, il apporte dans ce foyer permanent de corruption son contingent d'activité nouvelle, d'expérience acquise au dehors. Et dès qu'il en sort, il s'empresse de mettre en pratique la théorie funeste qu'il a perfectionnée pendant son séjour en prison.

C'est vers la guérison de ce vice radical que tendent les efforts de tous les hommes qui s'occupent de la réforme pénitentiaire. C'est pour éviter le contact, réciproquement contagieux, entre les prisonniers, qu'on a proposé toutes sortes de systèmes plus ou moins barbares d'isolement. C'est pour cela qu'on a inventé les cellules, dont il a été fait trop souvent un déplorable usage. Jusqu'ici le succès n'a pas répondu aux efforts des réformateurs matérialistes, et les Récidives ont continué leur marche d'accroissement. Nous n'avons pas à traiter longuement ici un sujet qui est exposé dans plusieurs autres articles de ce Dictionnaire. Mais nous devons dire qu'on ne guérira pas le mal de la Récidive en ne songeant qu'à la Récidive. C'est dans l'amélioration de la constitution sociale qu'est le seul remède efficace de ce mal et de tous les autres. (V. PÉNITENCIER, PRISON, PÉNALITÉ, etc.)
H. C.

RÉCIPIENDAIRE. Nom que l'on donne au sujet qu'on agrége à un corps quelconque, et qu'il ne conserve que durant la séance dans laquelle il est admis.

RÉCOMPENSES NATIONALES. Les Récompenses nationales ont pour but de provoquer l'émulation parmi les citoyens et de les pousser à la vertu.

Il est bien vrai que la vertu par elle-même est au dessus de ce stimulant; quel est l'homme, en effet, qui, après l'accomplissement d'une action généreuse, ne trouve dans le témoignage de sa conscience la Récompense la plus douce d'avoir cédé à l'une des plus pures inspirations du cœur? Mais il n'en est pas moins certain cependant qu'un système de Récompenses sagement ordonné exerce une énorme influence sur la morale publique.

Bentham définit ainsi les Récompenses politiques : « Une partie de la matière des biens accordés en considération d'un service réel ou supposé »; cette définition matérialise les Récompenses et parle trop à l'égoïsme. Le véritable but du législateur doit, au contraire, tendre à imprimer une priorité aux sentiments moraux.

Dans l'enfance de la civilisation, lorsque l'homme encore sans expérience, entouré d'entraves, était forcé pour sa conservation même de veiller sans cesse aux intérêts matériels, les Récompenses étaient naturellement lucratives; mais à mesure que s'épurent les facultés de l'âme il lui faut des stimulants plus dignes d'elle, et les honorables distinctions font seules vibrer le cœur de l'homme.

Aux temps primitifs, les tribus juives récompensaient les services rendus par des dons matériels.

Les Grecs faisaient de grandes actions moins pour obtenir, après la bataille, une large part des dépouilles de l'ennemi que pour recevoir une couronne de chêne des mains du général. Cet insigne honneur n'était point décerné par la faveur, ni par le caprice d'un chef, mais les soldats eux-mêmes décidaient, à la pluralité des voix, quel avait été le plus brave des combattants; il lui était accordé de plus le droit d'ériger une colonne pour éterniser ses exploits, de déposer ses armes dans la citadelle ou de se parer du nom glorieux de *Cecropidas.*

Pour honorer un guerrier, on abattait devant lui un pan des murailles de la ville, afin qu'il ne passât point par la porte commune.

Les Romains, peuple guerrier et conquérant, rémunéraient également les actions de guerre et les services civils. Celui qui avait sauvé la vie d'un citoyen obtenait une couronne civique et le droit de siéger près des sénateurs dans les réunions publiques. Cette modeste couronne de chêne était préférée à la couronne d'or qu'obtenait le soldat qui avait le premier escaladé les remparts d'une ville assiégée.

Les soldats offraient au chef qui délivrait une armée bloquée par l'ennemi une couronne faite de l'herbe qu'ils ramassaient sur le lieu même du blocus.

Les Récompenses décernées par le Sénat, et souvent même par le peuple contre la volonté de celui-ci, n'étaient accordées que dans une guerre contre l'étranger.

L'histoire nous apprend que les barbares qui succédèrent aux Romains, ne connurent d'autres distinctions qu'une plus grande part de butin ou des distributions de terres.

Les nobles, sous le régime de la féodalité, obtenaient des titres nobiliaires qui leur rapportaient des commandements militaires; quant aux vilains, de modiques sommes d'argent, une hallebarde de sergent payaient leurs exploits.

Louis XIV institua, en 1693, l'ordre militaire de Saint-Louis, mais pour la noblesse seulement.

La Convention nationale, sous la République française, voulant donner à la nation une noble et vigoureuse impulsion morale, avait aussi institué des Récompenses. Succédant à des siècles de corruption, les hommes généreux auxquels la nation avait confié ses intérêts les plus chers, comprirent admirablement que les Français peuvent accomplir de grandes actions sans le véhicule de l'argent ou des titres, ils comprirent que ces Récompenses devaient être d'une simplicité solennelle.

Les victoires nationales remportées sur des despotes, les noms des braves morts pour le pays, les traits qui les honoraient proclamés par Barère à la tribune des Représentants, échauffaient l'enthousiasme populaire et étaient ainsi légués à l'admiration des contemporains et à l'étonnement de la postérité. Les soldats s'excitaient entre eux en disant : « Barère à la tribune ! » et se battaient comme des lions pour que la voix du célèbre orateur vînt dire : « Celui-ci a bien mérité de la Patrie ! » Touchante et noble simplicité digne de ces temps gigantesques.

Le citoyen qui avait fait un acte de vertu, de dévouement à la chose publique, prenait place près du président de la Convention et recevait de lui l'accolade fraternelle donnée au nom de tous et en face de l'élite de la nation. Etait-il possible d'honorer plus dignement la glorieuse mort de Barra, qu'en admettant dans cette assemblée qui faisait alors trembler tous les rois sur leur trône, une pauvre vieille paysanne, l'aïeule du jeune martyr de la liberté ?

Sous le Directoire, ce ne sont déjà plus ces principes si purs, si populaires. Le Gouvernement donne des armes d'honneur; cependant l'idée républicaine était encore respectée alors : car le citoyen décoré de ce noble certificat ne craignait pas d'être confondu avec les favoris des cours et de larges cicatrices indiquaient sur son front la justice de cette récompense.

On ne saurait trop répéter combien était grande et sublime la France de cette époque !

Privé d'institutions populaires, un peuple marche à grands pas vers sa décadence. La liberté, voilà son palladium ! Elle est l'âme des peuples; quand elle disparaît, il ne reste plus désormais qu'un corps démoralisé, voué à toutes les souillures. On a dit que Napoléon en instituant la Légion d'honneur avait voulu établir un ordre qui ne blessât pas l'égalité; certes, il ne pouvait tenir un autre langage à un peuple dont les efforts inouïs avaient conquis ce principe d'égalité qui doit devenir le code sacré du genre humain. Ce fut encore là une des nombreuses tromperies de cet homme qui ne rêvait que la restauration progressive des institutions monarchiques avec toutes leurs funestes conséquences.

En distribuant des titres aux transfuges de la République, Bonaparte crut porter un coup terrible aux idées démocratiques; il se trompait; il ne rattachait à lui que ces consciences vénales qui ne servaient qu'à regret une liberté détestée au fond de leur cœur, tandis que tous les nobles caractères protestaient par leur exil contre tant de déceptions.

Les titres dont s'affublèrent les Masséna, les Augereau, etc., etc., firent disparaître leurs noms glorieux, comme si l'Empereur eût voulu absorber ces noms républicains dans celui des principautés. Mais le peuple ne les connut et respecta jamais que sous ceux qu'avait consacrés la victoire. Kléber, Hoche, Desaix, Marceau, sont-ils moins populaires pour être morts sans titres ? Et pourtant Bonaparte avait, je crois, bien compris quel éclat le génie, la valeur, les belles actions d'un homme jettent sur le nom qu'il porte : car tandis qu'il affublait ses grands dignitaires d'éblouissantes décorations, lui se renfermait dans une simplicité presque exagérée, n'ignorant pas que sa grande renommée le distinguait suffisamment.

Afin que les Récompenses soient vraiment nationales, réellement honorables pour celui qui les a obtenues; afin qu'elles stimulent puissamment les masses, il faut que la voix du peuple les décerne par son scrutin dans toutes les occasions.

L'admission au Panthéon, après la mort, le nom d'un homme donné à une rue, une inscription sur la porte de sa demeure, un buste, une statue érigée à sa mémoire, tout cela devrait être accordé par la nation; et un registre ouvert dans toutes les mairies, et sur lequel chaque citoyen inscrirait son acceptation ou son refus, serait un moyen bien simple de connaître la volonté publique.

Je ne puis résister au désir de reproduire ici une idée que j'ai déjà émise dans plusieurs écrits; d'un projet de monument populaire consistant à reproduire sur les pièces de monnaie, la figure des hommes dont s'honore le pays. Le revers porterait un type invariable. La représentation des grands hommes ne serait-elle pas plus utile pour la morale que ces figures de rois dont le peuple maudit si souvent l'existence!

Je désirerais que selon l'importance du mérite d'un citoyen on lui décernât pendant sa vie une couronne d'or, d'argent ou de bronze. Cette couronne suspendue dans sa maison serait un digne sujet d'émulation pour ses contemporains et pour ses enfans. Ce trophée à sa mort accompagnerait son cercueil.

Une médaille donnerait droit aux places les plus distinguées dans les réunions publiques.

Les drapeaux, les canons, les armes conquis sur l'ennemi, seraient déposés au Panthéon après la mort du vainqueur et son nom inscrit sur son trophée; de cette manière, les grandes actions deviendraient les archives de gloire de la patrie, au lieu de se concentrer dans une seule famille.

Une nation libre et gouvernée par des lois dignes d'elle, devrait élever aussi des monuments au courage malheureux. N'y a-t-il pas un sublime héroïsme dans une lutte acharnée contre les éléments, contre un nombre disproportionné d'ennemis? et, les grandes catastrophes de Moscou, de Trafalgar, de Waterloo, ne font-elles pas ressortir plus brillamment peut-être que des victoires, la valeur et la grandeur d'un peuple?

« Ils sont immortels comme les dieux, ceux qui » meurent pour la patrie », disait Périclès à la tribune, en parlant des victimes de la guerre de Samos. Quel germe de nobles actions ne semait-il pas ainsi dans l'ame de ses concitoyens.

En résumé, les Récompenses sont utiles, bien que néanmoins il y ait toujours dans le cœur des hommes une idée morale qui s'élève plus haut. Il n'est donné qu'à Dieu de créer de génie, mais il est au pouvoir des hommes de développer et de propager la vertu.   David (d'Angers).

RECOUSSE. C'est l'action de reprendre du butin ou toute sorte de choses enlevées de force par l'ennemi.

En termes de droit maritime, le mot Recousse signifie particulièrement le droit qu'a le propriétaire d'un vaisseau saisi par l'ennemi de rentrer dans la propriété lorsqu'elle est reprise dans un certain délai.

RECRÉANCE (Lettres de). Ce sont des lettres envoyées par un souverain à un agent diplomatique et destinées à faire connaître officiellement le rappel de cet agent au souverain auprès duquel il était accrédité.

On appelle aussi Lettres de Recréance celles qu'un gouvernement donne à un agent diplomatique accrédité près de lui, et qui cessant ses fonctions retourne auprès de son souverain.

RECRUE. Levée de soldats; soldat d'une nouvelle levée. Les Recrues pour la plupart ne connaissent, au moment où on les appelle, ni les droits du citoyen ni les devoirs du soldat, dont ils ne savent pas d'avantage le métier. Nous avons expliqué au mot GARDE NATIONALE comment il serait possible de former une armée composée d'hommes qui connaîtraient déjà la discipline, le maniement des armes, et qui, en devenant soldats, ne cesseraient pas d'être citoyens.   A. B.

RECRUTEMENT. Moyen de se procurer des soldats. Il existe diverses manières de recruter les armées. Le gouvernement despotique prend où bon lui semble les hommes dont il a besoin pour son service ; il en achète au dehors si le pays ne lui en fournit point assez, ou s'il n'a point assez de confiance dans ses sujets. Un peuple libre qui, au lieu de faire usage de ses propres bras, prend à louage ceux de l'étranger, n'est pas loin de perdre sa liberté. En France, les armées se sont longtemps formées d'hommes qui se vendaient à des marchands appelés recruteurs; d'autres hommes pris par le sort dans ce qu'on appelait la basse classe du peuple, et dont la condition était de servir comme soldats, sans pouvoir, à moins de services tout-à-fait éminents, s'élever au dessus du grade de sous-officier; enfin d'étrangers que fournissaient les petits États de l'Allemagne et les cantons suisses. On faisait de même dans les autres pays. A la bataille de Marignan, qu'on appela bataille de géants, il n'y avait que des Suisses contre des Suisses. Ces populations rassemblées de toutes parts, qui ne comprenaient pas même la langue du pays, ne pouvaient avoir aucune espèce d'esprit national ; elles ne tenaient qu'à celui qui les payait. Elles le quittaient ou le livraient à l'ennemi quand il ne les payait pas. En 1792, les Suisses de la garde du prince furent les derniers défenseurs de la royauté. Le gouvernement de la Restauration dut les rappeler en 1814; ils furent définitivement congédiés en 1830. La conscription (V. ce mot) est aujourd'hui le seul moyen de Recrutement qu'on emploie en France. Elle appelle indistinctement tous les citoyens âgés de vingt ans à la défense de la patrie, mais cette institution que les autres gouvernements commencent à imiter est viciée par la faculté accordée aux riches de se faire remplacer ou d'entrer dans des pensionnats militaires d'où ils ne sortent qu'avec le titre d'officier (V. REMPLACEMENT).

A cela près, la loi du Recrutement est sagement conçue dans la plupart de ses dispositions : elle accorde des dispenses à ceux dont le père est incapable de travailler, aux fils uniques de veuve, à ceux qui ont déjà un frère sous les drapeaux ou qui ont remporté les premiers prix dans les grands établissements d'instruction publique. Elle dispense encore, et je n'en puis concevoir la raison, dans l'intérêt de la religion même, les jeunes gens qui se consacrent au service des autels. On ne peut faire que de mauvais prêtres, que de mauvais citoyens, avec les hommes, et le nombre en est grand, qui embrassent cette profession dans la crainte d'être soldats.   **A. B.**

RÉCUSATION. La loi donne au justiciable le droit de refuser pour juge un homme qu'il suspecte légitimement de partialité. L'exercice de ce droit s'appelle Récusation.

Nous avons dit au mot JURY comment et dans quelles limites l'accusé, devant la cour d'assises, peut récuser les jurés indiqués pour son jugement. On a vu que dans ce cas la Récusation est toujours péremptoire et non motivée.

Au contraire, quand il s'agit des magistrats, comme ils sont revêtus, par la loi, d'un caractère particulier, et investis de l'autorité judiciaire, la Récusation doit toujours être motivée. La loi détermine les cas de suspicion, le mode de la preuve, la forme du jugement sur la Récusation et la peine à encourir par celui qui a récusé à tort. Ces règles sont contenues aux articles 378 et suivants du code de procédure pour les magistrats des cours et tribunaux de première instance, et aux articles 44 et suivants pour les juges de paix. On peut aussi récuser les juges de commerce et les arbitres.

Les causes générales de Récusation sont : la parenté ou l'alliance jusqu'au quatrième degré entre le juge et la partie, la tutelle, la qualité d'héritier, etc. ; l'existence d'un procès civil sur la même question ou avec la même partie, auquel le juge soit intéressé par lui-même ou par ses parents au degré prohibé ; l'existence d'un procès criminel entre le juge ou ses parents, et la partie dans les cinq années précédentes ; l'intérêt manifesté au procès par le juge, soit par conseil, soit par témoignage, soit par recommandation, etc. ; enfin, l'inimitié capitale entre le juge et la partie ; ou les expressions, injures, menaces, verbales ou écrites, du juge envers la partie.

Le juge doit faire connaître au tribunal les causes de Récusation qu'il saurait dans sa personne, et s'abstenir de juger.

Le Récusant doit apporter la preuve ou le commencement de preuve, par écrit, des causes de la Récusation, faute de quoi le tribunal peut rejeter la Récusation, sans ordonner la preuve testimoniale.

Si les faits sont reconnus par le juge ou prouvés contre lui, il est ordonné qu'il s'abstiendra.

Mais si le Récusant succombe, il doit être condamné par le tribunal à une amende qui ne peut être moindre de *cent francs*, et qui n'est *pas limitée* en maximum ; l'art. 390 dit : « Sera condamné à telle amende qu'il plaira au tribunal. »

Sans doute il est bon de ne pas permettre au justiciable d'élever imprudemment une suspicion contre le magistrat ; car l'action en Récusation suppose toujours que le magistrat persiste à juger quoiqu'il soit dans une position déclarée suspecte par la loi. Cette action est tellement inique de la part du magistrat, que l'imputation en est fort injurieuse pour lui ; tellement que la loi lui permet de demander des dommages-intérêts. Celui donc qui produit une pareille imputation sans pouvoir apporter la preuve de faits très nettement déterminés par la loi et très faciles à prouver, est réellement coupable de manque de respect, et doit être puni.

Mais donner au tribunal le droit de punir l'irrévérence par telle amende *qu'il lui plaira*, c'est un arbitraire intolérable. Cette disposition est contraire à tous les principes du droit criminel. Elle est de plus un épouvantail qui peut arrêter les citoyens dans l'exercice d'un droit légitime, alors surtout que l'esprit de corps peut porter les magistrats du même tribunal à se soutenir réciproquement.   **H. C.**

RÉÉLECTION. Les lois anglaises soumettent à une seconde élection tout membre du Parlement qui accepte du gouvernement des fonctions salariées. En donnant leur charte à la France, les hommes de 1814 n'eurent garde d'y introduire ce principe irrévérencieux ; et cela était logique de leur part, car la Réélection implique la défiance, et il est absurde de déclarer que l'on se défie de soi-même.

Cependant, la Restauration ayant abusé de cette lacune pour peupler le parlement de ses créatures, tous les publicistes du libéralisme signalèrent qu'il y avait là une imperfection profonde, et proposèrent, comme correctif, le principe de la Réélection. Ce principe fut introduit à la suite de la Révolution de 1830. La loi électorale de 1831 stipula que tout membre de la Chambre élective qui accepterait du pouvoir exécutif une fonction salariée, cesserait virtuellement de faire partie de la Chambre et devrait être soumis à une nouvelle élection.

A Dieu ne plaise que nous méconnaissions ici l'intention loyale qui dicta cette réforme. Elle était universellement réclamée ; c'était d'ailleurs un hommage rendu au principe fondamental des pouvoirs publics, la souveraineté du peuple. Mais la Réélection a-t-elle produit dans la pratique les bons effets que promettait la théorie ? A-t-elle réellement assuré l'indépendance du pouvoir législatif ? Non, malheureusement ; et l'expérience de plusieurs années a clairement découvert la vanité de cette garantie.

Voici, en effet, ce qui arrive toujours et nécessairement en pareil cas.

Les collèges électoraux se divisent en deux parties : majorité et minorité. Cette majorité et cette minorité se composent d'hommes qui ont les mêmes opinions que leur candidat et d'amis particuliers de ce candidat, de parents, d'alliés, d'obligés qui le suivent invariablement dans toutes ses variations. Maintenant, que cet homme, devenu député, membre de l'opposition, passe au ministère, il obtient aussitôt la plus grande partie des suffrages qui auparavant l'avaient repoussé, et comme, par les raisons que je viens de dire, il joint à cette minorité une portion plus ou moins considérable de son ancienne majorité, sa Réélection est encore assurée. Ce n'est plus la même majorité, sans doute ; mais c'est une majorité et cela suffit.

La Réélection est donc réellement une garantie sans valeur, et l'on peut dire, sans exagération, qu'elle produit des effets démoralisateurs. Car il y a quelque chose de vraiment corrupteur et affligeant dans le spectacle d'un collége électoral qui, d'une année à l'autre, nomme dans le même individu deux hommes profondément divers : l'un, opposant décidé ; l'autre, renforcé ministériel.

Cela fait bien voir, du reste, combien sont quelquefois misérables et vaines, dans l'ordre politique aussi bien que dans l'ordre moral, les pures questions de procédé. Non ! ce n'est pas dans telle ou telle combinaison, plus ou moins ingénieuse, qu'il faut chercher d'efficaces remèdes. Il faut aller plus au cœur des choses; il faut développer la moralité publique :— la vertu des citoyens, voilà de toutes les garanties la meilleure, la plus solide, la plus sûre. Chez un peuple corrompu, les Réélections ne servent à rien : un peuple vertueux n'en aurait peut-être pas besoin.

Quoi qu'il en soit, et puisqu'il est bien constaté que les Réélections n'ont point produit les effets qu'on en espérait, peut-être serait-il opportun de les abolir : non, assurément, pour revenir à la Charte de 1814, mais pour déclarer que toute fonction publique est incompatible avec l'exercice du pouvoir législatif. L'art. 5 de la Constitution des États-Unis porte que « Nul délégué des États » au Congrès fédéral, ne pourra posséder aucun » office dépendant des États-Unis pour lequel lui » ni aucune autre personne pour lui recevrait des » profits ou des émoluments. » Peut-être faudrait-il en France se départir un peu de cette rigueur et établir quelques exceptions en faveur d'un petit nombre de grandes fonctions : mais, pour la grande masse de celles qui infectent aujourd'hui le pouvoir législatif, il serait certainement utile de déclarer que tout membre de la Chambre qui accepte du gouvernement une fonction salariée cesse immédiatement de faire partie de la législature et n'est point Rééligible.   **E. D.**

RÉÉLIGIBILITÉ. Ainsi que nous l'avons dit au mot RÉÉLECTION, nous pensons que la plus grande partie des fonctions publiques sont incompatibles avec l'exercice du pouvoir législatif, et que, tout membre de ce pouvoir qui accepte de l'exécutif des fonctions salariées doit être regardé comme non-Rééligible.

Mais, au mot *Rééligibilité* se rattache une autre question également grave, plus grave peut-être, celle de savoir, si , indépendamment de toute accession aux fonctions du gouvernement, les membres d'une législature doivent être indéfiniment Rééligibles.

Plusieurs constitutions tranchent différemment cette question. En France, la Constitution de 91 (tit. III, sect. III, art. 6) déclarait que les membres du corps législatif pourraient être réélus à la législature suivante et ne pourraient l'être ensuite qu'après l'intervalle d'une législature. La Charte de 1814, au contraire, introduisit l'éligibilité indéfinie qui a été maintenue lors des modifications de 1830. En Angleterre, tous les

membres du Parlement sont, comme chez nous, indéfiniment Rééligibles. Aux États-Unis, la Constitution fédérale stipule que « le même sujet ne » pourra pas être délégué au Congrès plus de trois » années dans l'espace de six. »

De cet exposé résulte d'abord une réflexion toute naturelle, c'est que dans les pays où l'on se préoccupe surtout d'assurer la liberté des citoyens et la sincérité du gouvernement représentatif, le principe des Rééligibilités est proscrit. Là, au contraire, où l'on cherche à vicier la représentation nationale et à donner au pouvoir exécutif une force personnelle, indépendante de la souveraineté du peuple, on consacre soigneusement l'éligibilité indéfinie, comme une issue vers le despotisme.

La Rééligibilité indéfinie entraîne, en effet, avec soi, les plus graves inconvénients. Prenons à son début l'homme le plus honnête et du plus ferme caractère, que sera-t-il vingt ou trente ans plus tard ? Qui le sait ? le sait-il lui-même ? S'il tire son indépendance de sa position, sa position sera-t-elle toujours ce qu'elle est aujourd'hui ? Nul en ce monde n'est à l'abri d'un revers de fortune : et combien l'homme n'est-il pas plus ardent encore à recouvrer une fortune perdue qu'à conquérir celle qu'il n'a jamais eue. Viennent ensuite les préoccupations de la famille : les enfants se sont faits hommes, il faut songer à les établir. Comment résister lorsque, pour prix d'une complaisance, il est si facile d'assurer l'avenir d'êtres si chers ?

Même indépendamment de toutes ces causes de défaillance, il y a dans la perpétuité du mandat législatif quelque chose d'inconciliable avec l'existence d'une sincère et vraie représentation. Quel est l'objet du gouvernement représentatif? C'est d'exprimer les besoins généraux du pays. Il faut, par conséquent, que les représentants du peuple connaissent exactement ces besoins et ne soient détournés de cette connaissance par aucune préoccupation. Or, de bonne foi, cela est-il possible lorsque, par la fréquentation non interrompue de ceux qui gouvernent, on est forcément imbu de certaines idées, frappé de certaines nécessités réelles ou apparentes qu'on ne voyait pas auparavant; lorsqu'en un mot, on se trouve au moins intellectuellement associé à la direction et à la marche du gouvernement ? Le point de vue ne doit pas, ne peut pas être le même pour un membre de la législature et pour un agent du pouvoir. Eh bien ! cette confusion dangereuse résulte précisément et nécessairement de la perpétuité du mandat législatif. Quel qu'il soit aujourd'hui, votre député n'est plus celui-là que vous avez nommé il y a dix ans.

D'ailleurs, il n'est pas bon que le même homme exécute sans interruption le même œuvre. L'esprit s'émousse en un travail continu. Il lui faut des intervalles, des périodes de repos, afin qu'il puisse reprendre toute sa vigueur et, s'il est besoin, se fortifier davantage. Un homme intelligent qui, après avoir fait partie d'une législature pendant deux ou quatre années, y rentrerait après deux ou trois ans d'intervalle, apporterait certainement plus d'initiative et de vigueur qu'il n'en eût conservé dans la pratique incessante d'un mandat continu.

On se plaint beaucoup aujourd'hui en France du fractionnement des partis parlementaires, du peu de moralité qui dirige leur conduite, et l'on recherche laborieusement les causes de ce mal. Je crois pour ma part que l'une de ces causes, et la plus puissante peut-être, c'est la perpétuité des mandats. Dans une assemblée fréquemment renouvelée, je ne vois guère d'influence possible que celle du talent et du caractère; l'esprit de coterie n'y a point de prise : la médiocrité n'a pas le temps de creuser ses souterrains, et au bout d'un peu de temps l'envie elle-même se consume, parce que l'aliment lui échappe. Lors, au contraire, que les hommes se trouvent durant de longues années placés en face les uns des autres, les influences personnelles se substituent aux influences politiques et les annullent : comme toute puissance, si chétive qu'elle soit, est un moyen de fortune, chacun s'efforce de rayonner : de là cette ardeur d'être chef; partant, de ne reconnaître aucune supériorité; de là enfin la dislocation, le fractionnement, la dissolution, l'impuissance.

Tous ces facheux effets disparaîtraient, ce nous semble, avec la cause qui les engendre et les entretien. Si les députés cessaient d'être une sorte de milice parlementaire, vagabonde et indisciplinée, ils auraient plus d'indépendance vis-à-vis du pouvoir et vis-à-vis d'eux-mêmes : au lieu de se fractionner en escouades, ils prendraient naturellement chacun la place que lui désignent ses opinions, et la représentation sérieuse, sincère des intérêts généraux du pays serait ainsi bien mieux assurée.

Il est d'ailleurs utile et nécessaire que les membres du pouvoir législatif sachent les affaires, l'administration, la politique, la diplomatie, etc., etc. Or, la pratique sérieuse des affaires est incompatible avec l'accomplissement consciencieux du mandat législatif. Avec la perpétuité des mandats la difficulté est donc insoluble. Dans l'autre système, au contraire, rien n'est plus facile. Pendant toute la durée de son incapacité législative, le député sortant peut, sans aucun inconvénient pour le pays et pour lui-même, être appelé à toutes les fonctions du gouvernement. Alternant ainsi les occupations de sa vie, il sera bon législateur et fonctionnaire utile, au lieu d'être tout à la fois législateur sans indépendance et fonctionnaire impuissant.

Dans tout gouvernement représentatif régulièrement organisé, le principe de la Rééligibilité indéfinie des membres du pouvoir législatif devrait donc être soigneusement écarté. E. D.

RÉFÉRENDAIRES. C'étaient, sous l'ancienne monarchie, des officiers de la petite chancellerie, qui faisaient le rapport des *lettres royaux*, pour qu'on décidât si elles devaient être signées et scellées. Ils devaient être gradués et avocats, et pouvaient se livrer concurremment à l'exercice de cette profession. Dans l'origine, les fonctions de Référendaires étaient remplies par douze des plus anciens avocats, qui jouissaient en conséquence de plusieurs priviléges, et entre autres, de l'exemption des tailles et de celle du logement des gens de guerre ; ce fut François Ier qui, en 1522, institua en titre d'office la charge de Référendaire, pour être conférée à douze personnes, mais avec faculté d'en investir un plus grand nombre, si les besoins du service l'exigeaient. Henri II donna à ces officiers séance et voix délibérative dans les présidiaux.

Il existe aujourd'hui au ministère de la justice des RÉFÉRENDAIRES attachés avec des fonctions analogues à la division du sceau.

Dans les premiers temps de la monarchie, on appelait GRAND RÉFÉRENDAIRE un dignitaire dont les attributions étaient à peu près semblables à celles du chancelier ou du garde des sceaux d'aujourd'hui.

Depuis l'établissement du régime constitutionnel, on désigne sous le nom de GRAND RÉFÉRENDAIRE celui des pairs de France qui appose le sceau de la Chambre à tous les actes émanés d'elle, et qui, en outre, a la garde de ses archives et de son palais.

En Pologne, le GRAND RÉFÉRENDAIRE est un officier qui vient, dans l'ordre hiérarchique des fonctions, après le chancelier.

LES CONSEILLERS RÉFÉRENDAIRES A LA COUR DES COMPTES sont des magistrats chargés d'examiner les pièces de comptabilités des ministères et administrations publiques et d'en faire leur rapport à cette cour.

Enfin on appelle, à Rome, RÉFÉRENDAIRE DE L'UNE ET DE L'AUTRE SIGNATURE, certains prélats qui rapportent les causes de justice ou de grâce. B. C.

RÉFÉRENDUM. Lorsqu'un ambassadeur reçoit des propositions touchant un objet sur lequel il se trouve sans instructions et sans pouvoirs suffisants, il accepte *ad Referendum*, c'est-à-dire sous la condition qu'il en sera délibéré par son gouvernement auquel *il en réfère*. La note qu'il adresse dans ce cas à son souverain pour lui soumettre l'état de la question est appelée *Référendum*.

RÉFORMATION. Le sens propre de ce mot est celui-ci : retour à une ancienne forme, reconstitution d'une forme altérée. Il s'emploie spécialement pour signifier la révolution accomplie au sein de l'église par la propagande protestante du quinzième et du seizième siècles. Que l'on prête l'oreille aux discours de tous les docteurs de cette époque, ils ne se proposent, disent-ils, qu'une chose : le renversement de la tyrannie papale, c'est-à-dire du pouvoir souverain établi dans l'église par le concile de Sardique, à l'occasion de l'hérésie arienne, et le rétablissement de l'aristocratie épiscopale ; quelques uns même, plus entreprenants, demandent le retour à l'anarchie presbytérienne. Leurs vœux ont-ils été satisfaits? Les réformes auxquelles ils tendaient ont-elles été réalisées? Voyons-nous que l'Église ait retrouvé son état primitif? Non sans doute. Les formes politiques éprouvent de continuelles vicissitudes : aujourd'hui, les peuples sont emportés vers la liberté; demain, l'instinct de l'unité, de la discipline, leur ouvrira d'autres voies : mais, alors qu'ils prétendent modifier leur situation, en ressuscitant le passé, ils s'abusent; si les formes du passé reparaissent quelquefois, l'esprit du passé ne renaît pas.

L'humanité est constamment dupe d'elle-même; elle ne l'est jamais plus que dans ses manifestations solennelles. Demandez aux historiens pourquoi les Barbares sont venus envahir le monde romain : ils vous expliqueront que cela était nécessaire, que le catholicisme ne pouvait se constituer politiquement qu'après un immense cataclysme, et que les Barbares ont été les instruments de cette destruction providentielle. Or, assurément, Attila ne se doutait guère qu'il était appelé en Italie pour cet objet. Quand, à une époque plus récente, la race franque se précipitait vers les plages du Liban, à la voix de Pierre Ermite, allant, disait-elle, affranchir le tombeau du Sauveur, elle ne prévoyait pas qu'elle faisait ce voyage pour emprunter à l'Orient ses arts, ses sciences, etc., etc. Si nous voulions pousser plus loin cette comparaison entre les désirs que l'humanité cherche à satisfaire et les résultats qu'elle obtient de son labeur, nous arriverions à nous démontrer que, ne sachant pas où elle va, l'humanité ne sait pas même ce qu'elle fait, et que les historiens philosophes ne sont pas sur ce point beaucoup plus éclairés qu'elle. Mais, pour ne pas trop nous écarter du sujet que nous avons à traiter dans cet article, disons seulement que les Réformateurs protestants se sont publiquement proposé de reconstituer à nouveau l'Église du deuxième siècle, avec ses naïves croyances; qu'ils ont, par leurs prédications, enthousiasmé pour cette chimère, presque la majorité des fidèles; et qu'après avoir souffert tous les martyres au nom de l'Église et de la foi primitives, ils n'ont réussi qu'à préparer la voie à des philosophes fort peu respectueux envers le dogme catholique, et qu'à asservir plus étroitement les consciences chrétiennes à la tyrannie des chefs laïcs. Voilà du moins quel a été la conséquence politique de leur propagande. Nous ne doutons pas qu'ils aient bien fait en agissant ainsi, nous croyons à l'efficacité de leur œuvre, car nous croyons à la sagesse instinctive de l'humanité; mais il est bien évident qu'ils s'abusaient lorsqu'ils pensaient travailler à la Réformation du clergé, et que le résultat de leurs efforts eût trompé leur attente s'ils eussent assez vécu pour le connaître. (Voir PROTESTANTISME, CHRISTIANISME.) B. H.

RÉFORME. Avant que ce mot fût entré dans la langue politique, l'histoire s'en était emparée pour résumer une des plus grandes et des plus longues luttes religieuses qui aient signalé les temps modernes. Et avant que la figure de Luther fût venue animer ce brillant cadre historique et donner à la Réforme l'autorité d'un fait puissant et victorieux, ce nom exprimait toujours ce besoin d'améliorations qui stimulait quelques esprits d'élite, besoin éternel, source intarissable de toutes les aspirations vers un ordre d'idées plus élevées, vers des institutions plus parfaites.

Toutes les sociétés ont eu leurs réformateurs. Depuis Platon jusqu'à Fourier, depuis les Esséniens jusqu'aux Owenistes, il s'est rencontré dans tous les temps des novateurs hardis à côté de novateurs prudents; des hommes plus philosophes que politiques à côté d'hommes plus préoccupés de modifier que de renverser; dans le cours des siècles, vous avez toujours eu des utopistes qui après s'être isolés de la société pour la juger et protester contre ses vices, reconstruisaient dans leurs livres une société fille de leur génie ou de leurs rêves; et, à côté de ces libres penseurs qui habitent ou la république de Platon, ou l'île d'Utopie de Morus, d'autres hommes plongés au milieu des douleurs sociales, luttant contre l'injustice et l'oppression, cherchent non plus à transformer tout d'un coup les mœurs, les lois, les habitudes, mais à substituer à ces brusques déménagements sociaux les progrès successifs et constants, l'amélioration lente mais régulière et continue.

Ainsi, la grande famille des Réformateurs s'est continuée sans interruption : mais dérivée de la même souche elle s'est partagée en deux branches qui sont fort distinctes, et, précisément parce qu'elles puisent à la même sève, l'une a bien souvent nui à l'autre.

Notre intention n'est pas ici d'apprécier ce genre de Réforme qui soumet pour ainsi dire les sociétés à l'action des baguettes féériques sous lesquelles le monde change d'aspect et de proportions. Notre objet est plus précis; notre titre c'est la politique, et la politique c'est la réalité des choses vivantes. Nous ne parlons donc de la Réforme que dans ses rapports avec les institutions d'un État.

Et, sous ce rapport encore, nous avons dû dire que les Réformateurs n'ont jamais manqué aux sociétés. Car, avant que la loi du progrès eût été démontrée comme théorie philosophique, l'instinct du progrès et cette activité qu'il imprime aux intelligences avait passé dans la pratique et luttait contre les faits existants.

La cause de la Réforme est contemporaine des premières fondations des sociétés, et la raison en est bien simple.

L'homme ne peut réfléchir sur sa propre nature sans être profondément convaincu qu'il est à la fois *faillible* et *perfectible*.

Toute association humaine est par conséquent assujétie à cette double condition. —Elle se trompe dans ce qu'elle crée; l'expérience l'en avertit bientôt, et, du malaise qui en résulte naît le besoin de corriger ce qu'il faut réformer. —Ainsi, la société se meut entre ces deux courants : l'imperfection dans les faits, la perfectibilité dans les idées; une réalité blessante, un idéal constant.

L'homme et les peuples étant faillibles, la nécessité de la Réforme est donc contemporaine des premiers actes d'une société.

Mais considérez combien cette nécessité augmente et devient impérieuse pour les sociétés établies, éprouvées par des changements nombreux et fréquents, et passées, pour ainsi dire, au crible des révolutions.

Vous n'avez plus affaire seulement à l'erreur qui égare l'homme, mais à toutes les passions qui l'animent pour le mal, et vous n'avez plus en face de vous une société imparfaite par la faute des fondateurs, mais une société surchargée de toutes les traditions bonnes ou mauvaises, où les éléments de corruption et de dissolution sont mêlés aux éléments qui alimentent et fortifient; où les préjugés ne sont jamais vaincus, où les vieilles formes cherchent à rejoindre leurs sphères brisées, société que l'esprit nouveau a pénétrée et qui ferme au fond de ses entrailles sous cette action; mais où les intérêts et les habitudes maintiennent des faits et des lois anciennes qui compriment toute réalisation des principes les mieux démontrés.

La mobilité dans les idées est infinie, les modifications pratiques sont toujours lentes et difficiles. On n'a d'ailleurs jamais mesuré la puissance de ce qui fut. Un abus que vous croyez avoir extirpé dans des convulsions violentes, repousse sur un sol affermi. La divergence des intérêts, les assauts de l'ambition, les efforts de la cupidité, l'implacable ardeur de l'égoïsme, se réunissent, se condensent pour reconstruire peu à peu une organisation sociale à l'abri de laquelle tous ces vices avaient vécu et grandi.

Que se passera-t-il donc dans ces sociétés livrées ainsi à une lutte acharnée entre l'erreur triomphante et la vérité dépossédée, entre le passé incrusté et fortifié dans les faits et l'avenir qui les bat en brèche par la discussion?

Il arrivera infailliblement qu'un jour ces deux forces se rencontreront; que les idées armeront les bras; que l'organisation attaquée résistera par la violence; de là les combats, la guerre civile et le retour périodique et inévitable des révolutions.

Or, le but du Gouvernement est précisément d'éviter ces violences qui sèment le trouble et le malheur au milieu des nations. La science a déjà proclamé que le mérite de toutes les organisations politiques consiste dans leur résistance à des innovations imprudentes et téméraires, et dans leur flexibilité pour traduire en fait tout progrès réel de la raison publique.

Une forme politique est fatale à la puissance nationale, à sa prospérité, à sa grandeur, à son mouvement naturel d'ascension? Faites que cette forme puisse disparaître sans secousse, par le fait seul de la volonté générale. C'est organiser le progrès, c'est pratiquer la réforme.

Une institution est-elle vieillie et comme telle impuissante? Faites qu'on puisse la remplacer par une institution qui s'harmonisera avec tous les besoins et tous les intérêts nouveaux! — C'est encore là organiser le progrès et pratiquer la Réforme.

Une constitution fondamentale faite pour une génération qui s'efface et s'en va, pèse sur les générations comme un héritage qu'elles n'ont ni discuté ni accepté: les mœurs ont changé, les idées aussi; cependant le pacte d'un autre temps demeure immobile, et n'a fourni aucun moyen de le réviser, de le réformer. C'est encore un autre appât pour les révolutions. Si l'on veut les éviter il faut que chaque constitution indique elle-même la date, et les conditions d'un examen nouveau et d'une consécration nouvelle. C'est encore là organiser le progrès et pratiquer la Réforme.

Placer donc à côté de chaque institution politique un moyen précis de la corriger et de l'améliorer: placer à côté de chaque constitution le principe de sa révision et les conditions auxquelles elle doit se faire, c'est satisfaire ce double besoin de mouvement et de repos, de paix et d'activité, de mobilité et de résistance qui compose la vie publique des nations. Par les faits que vous créez, vous créez des intérêts, et les intérêts sont doués naturellement d'une résistance assez grande; par la Réforme que vous facilitez, vous permettez l'infiltration progressive des idées dans les faits; vous ne fermez pas toute issue à des intérêts nouveaux qui peuvent naître et devenir aussi respectables que les intérêts anciens; au lieu d'enfermer votre société politique dans une ceinture qu'il faut briser pour l'élargir, vous donnez à cette ceinture une élasticité suffisante pour que l'avenir s'y introduise sans violence; vos ressorts sont assouplis sans être détendus. Vous avez donné au progrès son instrument, et cet intrument c'est la Réforme.

Ainsi, au point de vue général, où nous nous sommes placés, cette question de la Réforme, touche aux racines mêmes de toute bonne organisation politique et sociale. Car elle consiste à fournir en pays les moyens légaux, réguliers, ordonnés d'avance avec mesure et sagesse, pour que toutes les innovations utiles, et généralement acceptées par l'opinion, puissent se réaliser dans les institutions et dans les lois.

La Réforme est donc le corollaire du progrès: c'est l'expression même de la souveraineté du peuple.

Mais cette souveraineté a dans tous les états libres un organe qui la formule. Cet organe s'appelle la Chambre des représentans. Il n'est donc pas étonnant que si cette chambre n'est pas constituée de manière à représenter fidèlement les besoins et les vœux du peuple; si, au lieu d'être choisie par lui elle est déléguée par une minime fraction de privilégiés, toute espérance de progrès pacifique s'évanouisse jusqu'à ce que la Réforme pénètre d'abord dans cette assemblée elle-même et dans les éléments qui lui donnent la vie.

C'est là que nous en sommes aujourd'hui: et de là, ce mouvement si vif, si rapide qui a réuni autour de cette pensée d'une *Réforme électorale*, les esprits les plus sensés, et les hommes les plus dévoués à la cause démocratique.

Mais si la nécessité de cette Réforme n'a pas besoin d'être démontrée, son but, ses moyens, les bases naturelles de l'élection soulèvent de graves et importantes questions. Nous ne les traiterons pas ici toutefois, et elles trouveront mieux leur place au mot Suffrage universel.

ARMAND MARRAST.

RÉFRACTAIRE. (V. Recrutement.) Le conscrit Réfractaire est celui qui se soustrait à l'exécution de la loi du recrutement. A l'époque des insurrections royalistes de la Vendée, les bandes d'insurgés se *recrutaient* principalement parmi les Réfractaires, qui se faisaient un point d'honneur de ne pas servir le gouvernement établi. La crainte d'être punis comme Réfractaires, s'ils rentraient chez eux, en a retenu un grand nombre dans les bandes. Cela a été l'une des principales causes de la longue durée de cette guerre civile.   H. C.

RÉFUGIÉS. On appelle de ce nom les personnes qui, par suite des guerres civiles dont leur pays est le théâtre, ont été forcées de se retirer sur une terre étrangère.

Aux yeux de la nation qui les reçoit, les Réfugiés ne doivent point différer des autres étrangers. Ils jouissent des mêmes droits et sont soumis aux mêmes obligations. La condition des Réfugiés et celle des étrangers ordinaires diffère cependant en deux points essentiels que voici :

En premier lieu, lorsque entre la nation à laquelle appartiennent les Réfugiés et celle qui leur donne asile il existe des conventions pour l'extradition des criminels, ces conventions ne s'appliquent point aux Réfugiés, quelque qualification qui leur soit donnée par le gouvernement de leur pays, et cela est fondé en raison. En effet, les traités d'extradition ont pour cause l'intérêt de l'humanité entière et sont sanctionnés par la juste horreur qu'inspire partout le crime. Un assassin est un assassin en France comme en Suisse ou en Belgique. Mais il n'en est pas de même de celui qui a violé les lois politiques de son pays. Criminel ici, il ne l'est point pour les hommes qui vivent au-delà de la frontière. Ceux-ci ne doivent donc ni le punir ni le livrer, et toutes les nations qui s'accordent à désirer une loi générale d'extradition pour les criminels sont en même temps d'accord pour honorer les gouvernements qui donnent asile et protection aux Réfugiés.

Toutefois, et ceci forme la seconde exception dont nous avons parlé, les gouvernements en accueillant les proscrits politiques échappés d'une contrée voisine contractent envers ceux-ci une obligation ; c'est de veiller sur les Réfugiés de manière à ce qu'ils ne puissent troubler et mettre en danger la puissance à laquelle on les a aidés à se soustraire. Ainsi, on doit, lorsqu'ils causent des inquiétudes fondées à celle-ci, les *interner*, c'est-à-dire les forcer à s'éloigner des frontières de leur patrie, et se conduire autrement pourrait être regardé dans certains cas comme une déclaration de guerre.   J. B.

REFUS DE L'IMPOT. Le pouvoir législatif vote les impôts ; le pouvoir administratif les perçoit.

Le rôle du pouvoir administratif ne commence donc et ne peut commencer qu'après la décision du pouvoir législatif.

Que si l'administration tentait de lever l'impôt sans l'autorisation préalable des délégués du peuple, ce serait le droit et le devoir des contribuables de refuser le paiement de leurs contributions.

Hampden s'est immortalisé pour avoir le premier donné l'exemple et le signal de la résistance aux extorsions commandées par le roi Charles Ier.

Et, non seulement l'administration est obligée d'attendre la licence des chambres, mais elle est encore tenue de se conformer à la lettre des prescriptions législatives. Tout impôt, si légal qu'il soit, au fond, doit être refusé si, dans la forme, les agents du fisc s'éloignent des termes de la loi.

Une autre question est celle-ci : Le pouvoir législatif a-t-il le droit de refuser au gouvernement les moyens d'assurer les grands services publics ? Sans contredit : le droit souverain d'accorder emporte formellement le droit de refuser. S'il en était autrement, la souveraineté de la représentation nationale, en matière d'impôts, ne serait qu'une dérision.

Mais le Refus de l'impôt a pour conséquence infaillible et inévitable l'annullation du gouvernement ; et, dans les monarchies constitutionnelles, le pouvoir législatif n'a point le droit de détruire le gouvernement existant, ni d'en changer le principe ou la forme. — On ne peut nier l'évidence de la contradiction. Comment la résoudre ? Il n'est qu'un moyen, c'est de faire cesser l'antagonisme des pouvoirs ; et cet antagonisme est précisément le principe de la monarchie constitutionnelle.

Si le pouvoir législatif et le pouvoir exécutif sont d'accord pour la levée de l'impôt, les citoyens peuvent-ils refuser ? Légalement, non. Il ne serait peut-être pas impossible pourtant de citer des cas où cette résolution serait légitime. Pour rétablir l'ordre véritable, les peuples sont quelquefois obligés de sortir d'une légalité menteuse et tortionnaire.

Quoi qu'il en soit, le Refus de l'impôt est l'avant-coureur certain et immédiat d'une révolution.

E. D.

RÉGALE. C'est le droit qu'avaient autrefois les rois de France de jouir du revenu des évêchés vacants et de nommer aux bénéfices ecclésiastiques qui en dépendaient. La vacance du siége épiscopal résultait de la mort du titulaire, de sa promotion au cardinalat, de sa démission, de sa translation à un autre siége, de sa rébellion publique et notoire. La Régale était ouverte jusqu'à ce que le successeur eût prêté au roi le serment de fidélité, et que l'acte en eût été enregistré à la chambre des comptes de Paris. Le nouvel évêque ne pouvait prendre possession de son siége qu'il n'eût obtenu des lettres-patentes de mainlevée de la Régale. Ordinairement, le roi faisait don au prélat des revenus échus pendant la vacance, et bornait l'exercice de son droit de Régale à disposer des bénéfices qui étaient venus à vaquer dans le même intervalle.

Le droit de Régale s'étendait à tous les évêchés du royaume, ceux de Lyon et d'Autun exceptés. Quelques autres n'en étaient exempts qu'à titre onéreux.

La grand'chambre du parlement de Paris avait seule le droit de connaître des contestations qui s'élevaient à l'occasion de la Régale. **B. C.**

RÉGALES ou DROITS RÉGALIENS.

On désignait ainsi, sous l'ancienne monarchie, tous les droits attribués à la royauté.

Ces Régales étaient de deux sortes : les grandes et les petites.

Les grandes Régales, *majora regalia*, appartenaient au roi, en vertu de sa souveraineté, et étaient incommunicables, attendu qu'elles ne pouvaient être séparées du sceptre, et qu'elles étaient la marque et le signe de la puissance suprême. Elles comprenaient le droit de se qualifier *par la grâce de Dieu*; celui de faire les lois, de les interpréter ou de les changer; de connaître en dernier ressort des jugements de tous les magistrats; de créer et d'instituer des charges et des emplois; de déclarer la guerre et de faire la paix; de traiter par ambassadeurs; de battre monnaie, de hausser ou de baisser le titre et la valeur des espèces; d'imposer ou d'exempter les sujets des tailles, aides et gabelles; de donner des grâces ou des abolitions contre la rigueur des lois; de naturaliser les étrangers; d'octroyer des lettres d'anoblissement; de légitimer les enfants nés hors mariage; de donner des lettres d'état; d'amortir les héritages tombés en main-morte; de fonder des universités; d'ériger des foires et des marchés; d'instituer des postes et des courriers publics; d'assembler les états généraux et provinciaux, etc.

Les petites Régales, *minora regalia*, comprenaient les autres droits du roi, qui, n'étant point inhérents au sceptre, pouvaient en être séparés, et étaient, dès-lors, communicables et cessibles: tels étaient les droits sur les grandes routes, les grandes rivières, la perception des péages et autres analogues. **B. C.**

RÉGENCE.

Une des infirmités de la monarchie.

En principe, il n'y a pas de solution de continuité dans la possession du pouvoir royal. Dans l'ordre politique, ainsi que dans l'ordre civil, le *mort saisit le vif*: — *Le roi est mort: vive le roi.*

En fait, cependant, il arrive que le titulaire du pouvoir est incapable d'exercer les fonctions de la royauté. On lui donne alors un substitut, qui est appelé régent et qui est chargé d'exercer, au nom du roi et avec les priviléges royaux, le pouvoir royal. Les fonctions du régent durent pendant tout le temps de l'incapacité du roi. On appelle Régence, soit la fonction même du régent, soit la période de temps qu'embrasse la durée de cette fonction.

Avant la Révolution, par une bizarrerie singulière, la loi qui excluait les femmes de la couronne ne les excluait point de la Régence. Blanche de Castille gouverna le royaume pendant l'expédition et la captivité de Louis IX. De Henri IV à Louis XVI on compte trois Régences; deux furent exercées par des femmes. Il était alors de droit public que la Régence appartenait au plus proche parent du roi et aux reines-mères de préférence à tous autres. Pouvaient cependant, au préjudice de ceux-ci, être nommés régents tous princes ou princesses de la famille royale et même les étrangers à cette famille, si cela était jugé avantageux au pupille ou au bien de l'État. La Régence pouvait être dévolue à une personne seule, à plusieurs simultanément, ou à une personne seule assistée d'un conseil. Le roi nommait le régent par testament, par lettres patentes, ou même par une simple déclaration. Si le roi n'y avait pas pourvu, la nomination du régent appartenait aux états généraux, et à leur défaut, en cas d'urgence, aux grands officiers de la couronne, au conseil d'état ou au parlement.

Les législateurs de 91 précisèrent cette législation incohérente. Ils firent disparaître la contradiction que nous signalions tout à l'heure, en soumettant la Régence aux dispositions de la loi salique. La nouvelle constitution porta que, indépendamment de toute désignation, la Régence appartenait au parent du roi le plus proche en degré, suivant l'ordre de l'hérédité au trône, et âgé de vingt-cinq ans accomplis, pourvu qu'il fût français et régnicole, qu'il ne fût pas héritier d'une autre couronne, et qu'il eût précédemment prêté le serment civique. Si le roi mineur ou en démence n'avait aucun parent réunissant les qualités ci-dessus exprimées, le régent devait être élu par une assemblée de délégués spéciaux qui seraient eux-mêmes élus par les électeurs de district. Chaque district nommait un délégué. L'élection du régent devait se faire au scrutin individuel et à la pluralité absolue des suffrages. L'assemblée électorale était tenue de ne s'occuper que de l'élection et de se séparer aussitôt l'élection terminée; tout autre acte qu'elle aurait entrepris de faire était déclaré inconstitutionnel et de nul effet. La garde du roi mineur ne pouvait être confiée au régent ni à ses descendants ni aux femmes.

Le sénatus-consulte organique de 1804, qui substitua le gouvernement monarchique au gouvernement consulaire, réforma au profit de la monarchie la constitution de 91. La nomination du régent fut attribuée à l'empereur. A défaut de désignation de la part de l'empereur, la Régence était déférée au prince le plus proche en degré, dans l'ordre de l'hérédité, ayant vingt-cinq ans accomplis. Que si aucun des princes français n'était âgé de vingt-cinq ans, le sénat élisait le régent parmi les titulaires des grandes dignités de l'empire. Le sénatus-consulte de 1804 maintenait l'exclusion prononcée contre les femmes par la constitution de 91. Mais un sénatus-consulte, rendu en 1813, les appela de nouveau à la Régence.

La charte de 1814 et celle de 1830 n'ont rien disposé sur la question des Régences.

Nous avons exposé à dessein les dispositions les plus importantes que contiennent à cet égard nos diverses constitutions, parce que cet exposé abrège nécessairement les réflexions que comporte le sujet. On a vu de combien de précautions et de restrictions tous les législateurs ont cru devoir surcharger l'institution des Régences ; et combien quelques unes de ces précautions sont injurieuses pour les hommes qui sont appelés à l'exercer. C'est qu'un régent, s'il est prince, est si près du trône, en effet ! un seul crime, un crime facile, l'en sépare et l'y peut mettre.

D'un autre côté, si le régent exerce les pouvoirs du roi, il n'en a point l'autorité. Les grands, dans les monarchies, sont quelquefois les égaux et même les supérieurs des princes : ils se plient avec peine au commandement de celui qui n'est point leur véritable suzerain. L'histoire de toutes les monarchies est pleine de ces exemples de rebellion et des malheurs qu'entraîne la concurrence des prétentions et des vanités.

Que dire après cela des déclamations des publicistes monarchiques sur l'instabilité du pouvoir dans les démocraties ? N'est-il pas évident, au contraire, que, dans la République, le pouvoir, sortant périodiquement du sein de la société, par un effort régulier et naturel, est à l'abri de ces incertitudes, de ces déplacements, de ces interruptions qui s'appellent tantôt Régence, tantôt Interrègne, et qui ne se produisent jamais que pour le malheur des peuples. Tout, sans doute, n'est pas facile et parfaitement ordonné dans la République ; mais du moins le désordre n'y sort point comme dans les monarchies du principe même de la constitution.
                                        E. D.

RÉGICIDE. Ce mot sert également a désigner l'action de tuer un roi et celui qui commet cette action.

A l'époque de la restauration des Stuarts en Angleterre et de celle des Bourbons en France, les partisans de ces deux familles appliquèrent la qualification de Régicide aux personnes qui avaient condamné à mort les rois Charles Ier et Louis XVI. Cette qualification était évidemment impropre. Charles Ier et Louis XVI ont été jugés et condamnés, et non point assassinés. Un juge, alors même qu'il se trompe, s'il se trompe consciencieusement, ne peut jamais être justement réputé meurtrier ou assassin. Mais la passion ne raisonne pas.

Quant au Régicide proprement dit, c'est-à-dire à l'action de tuer un roi, les anciens et plusieurs modernes l'ont regardé comme chose non seulement permise, mais louable, mais glorieuse. D'autres, au contraire, le flétrissent comme le plus détestable des forfaits. Ceux-là se trompaient ; ceux-ci exagèrent. Nous tenons, nous, que le Régicide, comme tout homicide, est un crime : mais qu'il y en a de plus exécrables. Et nous ajoutons que la morale démocratique est la seule qui proscrive logiquement l'homicide et partant le Régicide. Nous démontrerons ceci au mot TYRANNICIDE.
                                        E. D.

RÉGIE. Direction, administration. Dans le langage financier on emploie le mot *Régie* par opposition au mot *ferme*. Régie signifie que l'État administre lui-même telle ou telle portion du domaine public au lieu de l'affermer à des traitans. On dit la Régie des contributions directes, du domaine, des tabacs, etc., etc.

RÉGIME (ANCIEN et NOUVEAU). On dénomme par *ancien Régime* et *nouveau Régime* les deux grandes phases de l'histoire politique des peuples : — 1° Celle où l'agrégation sociale, faite nation, était absorbée par un chef omnipotent, se proclamant roi par la force dans les premiers temps de son usurpation ; puis, pour corriger, par un prudent euphémisme, ce que cette prétention avait de brutal, se disant roi par la grâce de Dieu, c'est-à-dire chef qui ne relève que du ciel, maître sans investiture, avec pouvoir d'user et d'abuser comme le propriétaire. Cette phase a, de droit, quitté la France et s'en va, de fait, de la plupart des États européens : c'est l'ancien Régime. — 2° Celle où les nations comptent avec leurs chefs et deviennent parties contractantes dans l'acte synallagmatique où sont établies les conditions auxquelles elles donnent le droit de les gouverner ; phase où, par conséquent, les peuples étant gouvernés et non possédés, les gouvernants ne sont plus que des mandataires investis par délégation, surveillés et contrôlés. Cette phase-là est celle où nous entrons avec la plupart des peuples, certains d'arriver au bout, malgré les concessions que les nécessités de la transition ont dû imposer et les obstacles dont l'égoïsme et la mauvaise foi sèment notre marche : c'est le nouveau Régime.

Le fait historique généralement adopté en France, comme limite séparative des deux époques, est la Révolution de 1789. L'ordre politique qui a précédé les états généraux est l'ancien Régime ; l'ordre politique fondé par l'Assemblée nationale, étendu par la Convention, et depuis plus ou moins libéralement amendé, est le nouveau Régime.

S'il nous était utile d'étudier l'origine de ce mot *Régime*, nous aurions à la rechercher dans mille applications diverses ; toutefois on serait tenté de croire que la politique l'a emprunté à la médecine qui a, elle aussi, son ancien et son nouveau Régimes. Si même on prenait la fantaisie de comparer, on trouverait entre chacune des deux catégories des deux genres respectifs une assez curieuse analogie. L'ancien Régime, en politique comme en médecine, procédait par les moyens violents, *fougueux*, et menait les nations et les malades l'épée dans les reins. Le nouveau Régime, au contraire, épuise le corps social pour mieux le gouverner, le corps souffrant pour mieux le guérir, et met les peuples et les malades à la diète.
                                        ALTAROCHE.

RÉGLEMENT. En termes de finances, on appelle Règlement de compte l'approbation définitive d'une dépense par l'autorité compétente. Le ministre des finances arrête les comptes de ses subordonnés. La Chambre approuve ou désapprouve chaque année par une loi spéciale le compte général des dépenses effectuées dans les précédents exercices. (V. COMPTES, COURS DES COMPTES, etc.)

Le mot *Réglement* a encore une autre acceptation qui touche à des considérations fort graves. Dans tous les pays à institutions représentatives, les assemblées délibérantes se tracent à elles-mêmes des règles pour l'ordre de leurs travaux. L'ensemble de ces règles est ce que l'on appelle le *Réglement de la Chambre.*

La rédaction de ce Réglement est quelque chose de si essentiel qu'aucun publiciste n'a dédaigné de s'en occuper. Bentham, Benjamin Constant, Châteaubriand et plusieurs autres en ont fait ressortir toute l'importance. Et, en effet, il suffit d'assister à une délibération publique pour apprécier combien les règles qui y président ont d'influence sur la valeur même des travaux parlementaires. Il y aurait tout un livre à faire sur les considérations qui ressort de ce sujet. Nous avons esquissé les principales aux mots : BUREAU, COMMISSION, COMITÉ, INITIATIVE, ORDRE (rappel à l'), PRÉPARATION DES LOIS, PRÉSIDENT, PROJET DE LOIS, PROPOSITION, etc. **E. D.**

RÈGNE (RÉGNER). Exercice de la royauté par un roi, une dynastie ou une race; laps de temps durant lequel a régné soit la race, soit la dynastie, soit le roi. On dit le *Règne des Mérovingiens,* le *Règne des Valois,* le *Règne de Louis XIV.* On dit aussi : « Ce Règne a été long, » ou « Ce Règne a été glorieux, » et plus souvent : « Triste Règne, Règne funeste, etc. »

Le mot *Règne,* s'il n'était jamais employé que dans ce sens, n'exigerait pas d'autres indications; mais dans le langage politique, il est pris quelquefois métaphoriquement : le *Règne des lois,* le *Règne de la paix,* le *Règne de la terreur,* etc. Il y a même une remarque plaisante à faire, c'est que, dans notre pays depuis si long-temps monarchique, la langue se sert presque exclusivement du mot *Règne* pour exprimer le passage ou l'action de tous les malheurs ou de tous les fléaux. On dit communément : « La misère *règne* partout. Si les pluies durent la disette *régnera* dans la plupart des départements du Midi. Le choléra régnait en 1832, etc. » Ce double emploi, qui met la personne royale au niveau des choses les plus fâcheuses, doit singulièrement étonner les étrangers lorsqu'ils étudient notre langue. Il est tel journal, par exemple, où l'on peut lire : « Une commission de médecins est chargée d'observer la fièvre miliaire qui *règne* dans telle ville, » et quelques lignes plus loin : « Rendons grace au dévouement du prince qui *règne* sur la France, etc. »

Le mot *Régner* ne devrait pas avoir d'autre signification que celle-ci, *être roi*; mais une locution moderne : « le roi Règne et ne gouverne pas » ou contrairement : « le roi Règne et gouverne, » lui a donné un sens relatif dont il est bon de dire quelques mots. Nous qui pensons théoriquement que le chef de l'État doit gouverner en réa-

lité, sous une responsabilité sérieuse, nous attachons au fond peu d'importance aux différences que l'on signale entre les mots *Régner* et *Gouverner*; mais les casuistes monarchiques en trouvent une grande, et ils ont raison dans l'intérêt des fictions constitutionnelles et pour garantir l'Etat des abus possibles de l'inviolabilité royale. *Régner* prend donc, par opposition à *Gouverner,* une signification qu'il est fort difficile de déterminer, mais qui doit exprimer, ou peu s'en faut, l'état passif du rouage le plus beau, le plus éclatant, le plus essentiel même, si l'on veut, d'une machine, tandis que *Gouverner* exprime l'action du moteur de cette machine. Préférez-vous un exemple tiré d'une métaphore des plus usitées? On *Règne* lorsqu'on se borne à tenir les rênes du char de l'Etat, comme ferait un clou; mais on *Gouverne* si on les tire pour engager le char dans telle ou telle direction. Il serait plus exact de dire, au point de vue des monarchistes constitutionnels, que le *Règne* c'est la paire de roues bien dorées, bien luisantes, bien vernies, et que le *Gouvernement* c'est le cocher. **ALTAROCHE.**

RÉGNICOLES. Terme de jurisprudence et de chancellerie, désignant les habitants naturels d'un royaume, par rapport aux droits dont ils peuvent jouir. Il s'emploie, par extension, en parlant des étrangers naturalisés auxquels les mêmes droits sont accordés.

RÉHABILITATION. Au mot PÉNALITÉ nous avons signalé, comme un vice des lois criminelles, la fixité de la peine qui enlève au condamné l'espoir d'adoucir son sort par sa bonne conduite. La loi s'est ainsi privée d'un puissant moyen de correction véritable pendant la durée de la peine. Cependant elle admet, après l'expiration de la peine, des conditions d'amendement, dépendantes du condamné, par l'accomplissement desquelles il peut effacer légalement la tache d'infamie imprimée par le jugement de condamnation. Le condamné qui a subi sa peine peut être Réhabilité.

L'origine de la Réhabilitation est dans l'Ordonnance criminelle de 1670, qui autorisait les Lettres de Réhabilitation et leur donnait l'effet de *Remettre le condamné en ses biens et bonne renommée.*

Aujourd'hui la loi statue (art. 633, C. d'inst-crim.) que la Réhabilitation fera cesser, pour l'avenir, dans la personne du condamné, toutes les *incapacités* qui résultaient de la condamnation.

En effet, toutes les peines afflictives ou infamantes emportent comme conséquences *perpétuelles,* soit la mort civile, soit la privation de droits civils et civiques (Dégradation civique) (1).

(1) Le code pénal de 1791 décrivait ainsi l'exécution de la dégradation civique : « Le coupable sera conduit au « milieu de la place publique. — Le greffier lui adressera « ces mots à haute voix : *Votre pays vous a trouvé con-* » *vaincu d'une action infâme; la loi et le tribunal vous* « *dégradent de la qualité de citoyen français.* » Cette

Dans certains cas, les condamnations correctionnelles interdisent *temporairement* certains droits civiques, civils ou de famille. Enfin, la mise sous la surveillance de la haute police prive le condamné du libre exercice de tous ses droits, en établissant contre lui l'incapacité de résidence en certains lieux.

La Réhabilitation fait cesser toutes ces incapacités.

Elle produit, en outre, un effet moral très puissant à cause des conditions exigées pour l'obtenir. Il faut, pour être admis à demander sa Réhabilitation, que le condamné ait demeuré, pendant *cinq ans* depuis l'expiration de sa peine principale (1), dans le même arrondissement, et qu'il présente des certificats de bonne conduite délivrés par les conseils municipaux de toutes les communes où il a résidé. Après de nouvelles informations et publicité donnée à la demande par la voie des journaux, la cour royale, le procureur général entendu, donne son *avis*. Cet *avis* a la force d'un *arrêt* s'il est négatif. Dans ce cas, le condamné ne peut plus se pourvoir en Réhabilitation qu'après un nouveau délai de cinq ans. Si l'*avis* de la cour est qu'il y a lieu d'admettre la demande, il n'a que force consultative. Il est adressé au ministre de la justice, qui consulte le tribunal par lequel la condamnation a été prononcée, et fait son rapport au roi. Le roi décide souverainement comme en matière de grâce. La Réhabilitation est constatée par des *Lettres de Réhabilitation* accordées par le roi, entérinées à la cour royale qui a donné l'avis, et à celle de la condamnation. Ces lettres sont transcrites en marge de la minute du jugement ou de l'arrêt de condamnation.

On voit de combien de précautions la loi entoure la Réhabilitation. Ces précautions sont véritablement excessives et elles annullent les bons effets d'une institution qui, en rendant aux coupables leur place dans la société, et en effaçant les dernières traces de leur condamnation, pourrait être féconde en résultats utiles. Mais le délai de cinq ans est trop long; il décourage le condamné. La nécessité de résidence pendant cinq ans dans le même arrondissement peut d'ailleurs être souvent un obstacle insurmontable. La loi exclut du bénéfice de la Réhabilitation les condamnés par Récidive. C'est exclure la majorité; car les condamnations graves interviennent le plus souvent contre les récidivistes. D'ailleurs, pourquoi interdire aux plus coupables toute espérance de rentrée en grâce? De tout cela il résulte que la Réhabilitation est à peine pratiquée. Les statistiques criminelles constatent à peine par année quarante ou cinquante Réhabilitations; tandis que les condamnations se comptent par milliers.

De quelque côté que l'on envisage nos lois criminelles, instructions judiciaires, jugement, peine, exécution, grâce ou Réhabilitation, on reconnaît aussitôt la nécessité d'une profonde réforme.

HENRY CELLIEZ.

REINE. — Ou c'est la personne qui exerce la royauté, ce qui arrive quelquefois dans les pays qui ne sont pas soumis à la loi salique, et alors il faut s'en référer aux mots MONARCHIE et ROI d'une part, et d'autre part au mot SALIQUE (loi); — ou c'est tout simplement la femme du roi, et, en ce cas, il n'y a pas autre chose à en dire sous le point de vue politique.

REISS-EFFENDI. Ministre des affaires étrangères de Turquie.

REJET. Dans la plupart des monarchies constitutionnelles, trois volontés font la loi : une seule suffit pour la mettre à néant. Une proposition de loi, si elle est repoussée par l'un des trois pouvoirs, est comme nulle et non avenue. Le vote négatif exprimé par les assemblées délibérantes prend le nom de Rejet ; quand il provient du chef du pouvoir exécutif, on l'appelle VETO. (V. ce mot.)   E. D.

RELIGION. § 1. La Religion est la loi supérieure des créatures intelligentes : donc la loi de l'homme ; et conséquemment elle est dans sa nature, elle dérive d'elle, sans quoi elle n'en pourrait être la loi ; elle exprime ses rapports avec la cause suprème, avec Dieu, elle l'unit à lui, et cette union est la vie qui se résout dans l'unité.

Il n'existe qu'une nature humaine, immuable et inaltérable, à laquelle chaque homme participe individuellement. Les individus donc, liés entre eux par leur nature commune, forment un tout permanent, une société appelée genre humain ; et la Religion n'est la loi de l'homme que parce qu'elle est la loi de cette société permanente, la loi du genre humain, qui seul représente complétement la nature immuable et inaltérable à laquelle chaque homme participe individuellement.

Les êtres au-dessous de l'homme, privés de liberté, obéissent fatalement à leurs lois. L'homme intelligent et libre peut violer les siennes, et la Religion dès-lors, ne déterminant point nécessairement ses actes, devient, dans cette sphère plus haute, simplement la règle de sa volonté.

Mais la volonté implique un motif et un attrait : on veut suivant ce qu'on croit et ce qu'on aime. Les lois de la volonté dépendent donc des lois de l'intelligence et de l'amour.

Les lois des êtres ayant pour fin leur conservation et leur développement ou de les unir de plus en plus au principe de l'être, la loi de l'intelligence est de connaître le vrai et d'y adhérer, car le vrai c'est l'être ; la loi de l'amour est d'aimer le bien, identique avec le vrai ; la loi de la volonté, de réaliser le vrai et le bien, ou de concourir à l'acte par lequel Dieu les réalise incessamment ou se réalise lui-même dans la création progressive.

Le moyen général de connaître le vrai est la

forme énergique n'est plus mise en pratique sous le code pénal actuel; mais l'effet de la peine est le même.

(1) En cas de peine perpétuelle commuée, les cinq ans commencent à l'expiration de la peine nouvelle; s'il y a grâce complète, les cinq années courent du jour des lettres de grâce.

raison, laquelle implique, du côté de Dieu, une révélation permanente, et, du côté de l'homme, une foi correspondante à cette révélation, ou l'acquiescement de l'esprit à ce qu'il voit.

La raison étant une comme le vrai; sans quoi elle ne serait pas l'aperception du vrai, il s'ensuit que la raison de tous, dans ce qu'elle a d'invariable, de perpétuel et d'universel, est la règle naturelle de la raison de chacun, et qu'ainsi chacun, pour s'assurer la possession du vrai, doit affirmer ce que tous affirment, nier ce qu'ils nient, ou obéir à l'autorité du genre humain.

En ce qui touche l'intelligence, la loi religieuse prend le nom de dogme, et le dogme est un; mais de ce dogme un, identique avec l'intelligence, et qui comprend tout ce qui est et peut être, dérivent d'autres dogmes correspondans au développement de la connaissance ou de la raison.

Le dogme primordial, le dogme un embrasse, dans son unité complexe, Dieu et la création distincte de Dieu et unie à Dieu. Il est le fond de toute pensée, contient toute vérité, exclut toute erreur initiale ou irrémédiable.

Les dogmes dérivés de ce dogme primitif ont deux relations, l'une à Dieu, l'autre à la création et à l'homme qui en est, dans la sphère de notre expérience, la synthèse la plus complète et la plus élevée.

En pénétrant dans l'Être infini, la raison conçoit que sa substance essentiellement une renferme trois propriétés ou trois énergies nécessaires, la puissance ou la force par laquelle l'être est, l'intelligence ou la forme qui la détermine à être ce qu'il est, l'amour ou la vie qui, en unissant la puissance à l'intelligence, la force et la forme, le complète et l'anime, pour ainsi parler: et ces trois énergies, ces trois propriétés, distinctes et infinies, ne sauraient elles-mêmes être conçues dans l'unité de substance, que sous une notion analogue à celle que, dans notre langage imparfait, exprime le mot *personne*. Donc trois personnes en Dieu, le Père, le Fils, l'Esprit, noms qui marquent tout ensemble ce que chacune d'elles est en soi, et leurs relations réciproques.

Réalisation extérieure des idées divines ou de Dieu même, mais réalisation finie et nécessairement finie, la création dès-lors implique une limite qui termine, qui borne ce qui est sans bornes effectives dans l'unité absolue de Dieu, et cette limite, purement négative par ses fonctions, est ce qu'on nomme matière.

En ce qu'elle a de positif, la création est quelque chose de Dieu, une réelle participation de sa substance et de ses propriétés. Ses lois, dès lors, sont les lois de Dieu, modifiées en chaque être, suivant sa nature propre; et, dans son évolution continue, elle tend à manifester Dieu de plus en plus, à le reproduire selon tout ce qui est, sous les conditions du temps et de l'espace, et conséquemment à s'unir de plus en plus à lui, à s'absorber en lui, s'il était possible que jamais cette reproduction fût complète.

Et les lois de l'homme aussi ne sont que les lois de Dieu. Comme la création, qu'il résume en soi, il tend vers Dieu, se développe en Dieu, par un mouvement auquel on ne saurait assigner aucun terme qui n'impliquât dans sa nature une radicale contradiction : d'où l'on doit conclure que le pressentiment d'une existence future n'est point en lui un instinct trompeur, que la mort n'est qu'une transformation, le passage à un autre état, à un mode d'être nouveau, mais qui, pour en jouir, pour y être apte, exige, en celui qui s'est volontairement vicié, une guérison préalable.

S'il faut croire pour vouloir, il faut aussi aimer. L'amour excite la volonté que détermine l'intelligence, et les lois de l'amour font partie des lois en vertu desquelles chaque être se conserve et se développe.

Pour que l'homme se conserve et se développe, il faut qu'il subsiste individuellement, et qu'il soit uni tout ensemble aux êtres créés comme lui et au principe de l'être.

L'amour dans l'homme a donc deux tendances, l'une vers soi, l'autre vers Dieu; et la tendance vers soi doit être subordonnée à la tendance vers Dieu, sans quoi l'ordre serait bouleversé, l'unité détruite, et la vie, séparée de sa source, tarirait.

La prédominance de l'amour de soi sur l'amour du tout ou l'amour de Dieu, est le *mal*, qui dès lors est, par son essence, exclusivement individuel. Il n'altère point le type immuable, la nature essentielle dont l'individu n'est qu'une manifestation particulière et contingente.

A l'amour de soi correspond le droit, à l'amour de Dieu le devoir; et le devoir qui implique la subordination de soi à autrui, le dévoûment, le don de soi-même en une certaine mesure, se résume dans le sacrifice.

Rien n'est, en effet, rien ne subsiste que par le sacrifice, le don de soi. Créer, pour Dieu, c'est se donner, c'est communiquer sa substance et ses propriétés. Il est dans la vérité la plus stricte et sans aucune figure, l'aliment universel: tous les êtres se nourrissent de lui, vivent de lui; et en se donnant aussi, en se sacrifiant les uns aux autres, sans quoi aucun d'eux ne pourrait ni se conserver ni se développer, c'est encore Dieu qu'ils donnent, ou, pour mieux dire, c'est Dieu qui se donne en eux et par eux. L'univers n'est donc qu'une grande communion, par laquelle se prépare et s'élabore, en quelque façon, l'unité vers laquelle il tend, et qui ne sera jamais consommée, parce qu'elle serait la complète reproduction de l'Être infini, sous des conditions contradictoires avec son essence.

Dans la sphère de la vie supérieure ou de la vie morale, toutes les lois de l'amour se réduisent à ce précepte : « Vous aimerez Dieu plus que toute chose, et votre frère comme vous-même. » Aimer Dieu, c'est tendre vers lui, et les êtres, en tendant vers lui, tendent les uns vers les autres, et aspirent à s'unir en lui.

Mais pour aimer Dieu, pour tendre vers Dieu, il faut que lui-même nous attire à lui, et cette attraction divine qui unit tout ce qui est par une commune tendance vers le centre éternel et universel, est une des conditions naturelles de la vie. La théologie l'appelle *Grâce*, et sans la grâce nulle liberté, puisque sans elle la volonté, excitée uniquement par l'amour de soi, n'aurait pas la puissance du choix, qui implique nécessairement deux attraits, et des attraits de nature diverse.

Nous avons jusqu'ici exposé les lois de l'intelligence et de l'amour. La volonté, productrice des actes, doit être réglée par ces lois; elle doit, en réalisant le droit relatif à l'individu, et le devoir relatif au tout, coopérer à l'action de Dieu conservant et développant son œuvre, action dont le but final est l'unité parfaite : *ut sint consummati in unum*.

La réalisation des devoirs par la volonté constitue proprement le culte, lequel a, comme le dogme et comme les préceptes, deux relations, l'une à Dieu, l'autre aux créatures.

Dans ses relations à Dieu, il comprend l'adoration et la prière, ou l'acte de foi et l'acte d'amour, dont l'union forme l'acte d'espérance, car l'espérance est un amour qui croit.

Dans ses relations aux créatures, il est l'accomplissement des devoirs qui les unissent entre elles, ou l'obéissance à la loi universelle de sacrifice, qui est la suprême loi de la vie.

Le vrai culte, le culte essentiel est tout intérieur, puisqu'il n'est que la volonté même maintenue dans la direction de l'ordre, c'est-à-dire du vrai et du bien.

Du culte interne naît le culte extérieur, qui se compose de l'enseignement, des cérémonies, des rites symboliques, et de tous les moyens que l'expérience suggère pour aider l'homme dans le combat qu'il a sans cesse à soutenir contre lui-même, et pour fortifier la volonté en l'exerçant.

Tout acte qui a pour objet d'opérer et de maintenir l'union avec Dieu, est un acte de sacerdoce. Ainsi tout homme est prêtre, et le sacerdoce public, relatif à la société, est une simple fonction déléguée par elle en vue du bien commun, une magistrature, et la plus élevée de toutes, l'organisation extérieure du sacerdoce individuel.

Par cela même, en effet, qu'elle unit les hommes, la Religion forme entre eux une société, qui n'est autre que le genre humain même, dont l'autorité détermine le dogme, fixe les préceptes, en vertu de la loi naturelle de certitude dont nous avons parlé au commencement, loi qui implique une révélation permanente; et la société dont l'individu est l'élément mobile, le ramène par la liberté même, inséparable de l'intelligence et de l'amour supérieur qui y correspond, à l'unité hors de laquelle il ne pourrait vivre, et l'associe dans cette unité au développement sans terme de l'humanité dans le vrai et dans le bien, c'est-à-dire en Dieu.

§ 2. Le lecteur voit bien que nous avons voulu seulement présenter, sans aucuns développements et sans presque aucunes preuves, une série d'idées qui, liées entre elles, se déduisant les unes des autres rigoureusement, forment, selon nous, la base de la science de l'homme, en tant qu'être intelligent et libre, parce qu'elles constituent sa souveraine législation.

Cette loi divine, conçue par l'esprit, embrassée par l'amour, accomplie par la volonté productrice des actes, est ce qu'on nomme Religion.

Il existe donc une vraie Religion, sans quoi il n'existerait pour l'homme intelligent et libre aucune loi. Or, les lois des êtres ne sont que les conditions mêmes de leur existence; et conséquemment, supposer un être dépourvu de lois, c'est supposer une contradiction radicale, absolue.

Mais aussi l'existence étant naturelle aux êtres, les lois des êtres ou les conditions de leur existence dérivent de leur nature, dont elles expriment les rapports, premièrement, avec le principe infini de l'être sans lequel rien ne serait; secondement, avec les autres êtres, qui ne sauraient être liés à leur principe commun sans être liés entre eux.

Et comme, dans leur ensemble, ils forment le tout ordonné qu'on appelle nature, et que la nature est unie par un lien nécessaire à son auteur; que hors d'eux rien n'est ni ne peut être, il s'ensuit qu'il n'existe point d'ordre surnaturel; que la notion même en est contradictoire. Par où nous sommes conduits à reconnaître, en ce qui touche l'homme particulièrement, que la Religion, identique avec ses lois, est la suprême condition de son existence; que la nier, c'est le nier, c'est prononcer sur lui une éternelle sentence de mort; mais qu'en même temps la Religion immuable dans son essence comme la nature humaine, progressive dans ses développements comme cette même nature, y a son origine, y accomplit son évolution, et que, lorsqu'on la transporte hors de cette enceinte fixée par l'intrinsèque nécessité des choses, elle n'est qu'une conception chimérique.

Connue de tous les hommes à quelque degré, la mesure de son développement est celle du développement de l'humanité même, qu'elle conduit vers sa fin ou vers l'unité, en la dirigeant vers Dieu, unité première et dernière. Là où l'erreur se mêle à ses dogmes, elle ne peut former que des unités imparfaites, et dès-lors passagères, caduques. Quelque heureuse et utile que soit son influence dans les limites de ce qu'elle a de vrai, elle fausse la science, elle fausse la morale, elle divise au lieu de réunir, elle propage le mal, aussi loin que l'erreur étend ses conséquences. Là où son empire s'affaiblit, la raison inquiète cherche de tous côtés des principes qui la guident, et n'en trouvant point qui ne soient contestés, elle désespère du vrai; l'isolement des esprits sans lien naturel, sans croyances communes, produit l'isolement de l'amour : on s'aime soi-même plus que toute chose, on s'aime uniquement; l'égoïsme s'introduit dans les mœurs, l'anarchie dans la société devenue une arène où toutes les passions descendent pour se combattre, où la force et la ruse triomphent tour à tour. Également dédaignés, le droit et le devoir sont de vains mots dont la foule se rit. On ne connaît plus que les intérêts; et comme ils se résolvent dans les biens matériels, les désirs se portent vers ces seuls biens, oubliant tous les autres. On veut jouir et jouir à tout prix, et, enivré de l'ardeur de cette frénésie dévorante, on étreint la vie, on l'étouffe dans des embrassements forcés nés. Ce sont ou les temps de décadence finale, si la foi desséchée ne refleurit pas au dessus des ruines; ou de transition, si elle renaît plus forte, plus pure, comme à l'époque où Jésus-Christ renouvela le monde épuisé.

Nous sommes en l'un de ces temps; mais le doute qui travaille les hommes, le mouvement désordonné de la pensée, la défaillance morale, les soudaines convulsions et l'apathie profonde qui se suit, la maladie enfin, dont les symptômes offrent un aspect si grave, annonce bien moins, à cause de son universalité même, une crise mortelle, qu'une salutaire transformation, et cette transformation ne sera pas le passage à un état de tout point nouveau, né de lui-même en quelque manière et sans liaison avec le passé; elle sera, selon nous, une simple phase du Christianisme, une conception plus haute et plus nette des vérités qu'il renferme en soi, unies, par une vivante synthèse, à d'autres vérités non moins importantes et qui les complètent, une application plus étendue de ces vérités à la vie humaine, à l'ordre social et à la science même, laquelle cherche de toute part des causes qui expliquent, des principes qui *relient* les phénomènes étudiés par elle; causes qui, évidemment, ne peuvent se trouver que dans une région au dessus des phénomènes eux-mêmes.

Quel que soit le labeur, quelles que soient les souffrances par lesquelles il les faut acheter, marchons donc avec une joie sainte vers les magnifiques destinées que l'auteur des choses prépare au genre humain, dans un avenir encore aperçu de loin peut-être, mais que chaque jour en se levant le soleil éclairera de ses plus vifs rayons. Hâtons-nous vers la terre future que posséderont nos fils, et que déjà les peuples habitent en espérance. Poursuivons, à travers les plaines indéterminées du temps, notre voyage vers le terme auquel tendent toutes les créatures, notre voyage éternel vers Dieu, à qui, par les lois qui, hors de lui comme au dedans de lui-même, règlent la puissance, l'intelligence, l'amour, la Religion nous unit immuablement. (*De la Religion.*)   F. LAMENNAIS.

REMONTRANCES. Très humbles et très respectueuses requêtes que les parlements, les cours des aides et les chambres des comptes présentaient au roi pour justifier leur refus d'enregistrer des édits que ces cours souveraines prétendaient être contraires aux lois, et aux intérêts du royaume. Les premières Remontrances furent adressées au roi Louis XI, en 1461, au sujet de la Pragmatique Sanction (V. ce mot) que ce prince voulait abolir sur la demande du pape.

Le parlement, mandé au Louvre, s'y présenta, toutes les chambres réunies, ayant à leur tête le président de La Vacquerie : « Sire, lui dit le pre- » mier président, nous venons remettre nos » charges entre vos mains, et souffrir tout ce qu'il » vous plaira plutôt que d'offenser nos conscien- » ces. » (Voir ces Remontrances et tout ce qui est relatif à cet événement remarquable, dans mon *Histoire des Parlements*, t. 1er, p. 121 et sui-

vantes. —Elles se composent de quatre-vingt neuf articles. V. Dutillet, *Traité des libertés de l'Église gallicane*; — Mezeray, t. II, p. 129 et 130; — et les mots PARLEMENT et PRAGMATIQUE SANCTION.)
DUFEY (de l'Yonne).

REMPLACEMENT. Faculté accordée aux citoyens qui font partie de l'armée active ou sédentaire de mettre une autre personne à leur place sous les drapeaux. D'après les lois actuelles, la faculté de Remplacement n'existe pas pour la garde nationale: elle ne s'est maintenue que pour l'armée active. Ainsi, le jeune homme qui, par l'effet du sort, doit faire partie du contingent d'activité, peut se dispenser du service en fournissant un autre homme qui ait les qualités requises par la loi. Il peut user de la même faculté lorsque le temps de son service est commencé. Toutefois, il est des corps, qu'on appelle spéciaux, tels que ceux de l'artillerie et du génie, où les remplaçants ne sont point admis.

Le Remplacement militaire est un usage essentiellement vicieux. On conçoit les dispenses de service (V. RECRUTEMENT); mais on ne saurait concevoir, dans un pays bien organisé, qu'un citoyen puisse mettre un mercenaire à sa place pour la défense de la patrie. Qu'un frère parte pour son frère, ou qu'une loi spéciale autorise certains actes de dévoûment, comme celui de Latour-d'Auvergne, qui demanda à partir pour le fils d'un de ses amis, l'armée ne peut que gagner à cette espèce de Remplacement, mais le Remplacement qui se fait à prix d'argent ne donne en général que de mauvais soldats à l'armée. Celle-ci ne se trouve plus composée que d'hommes qui, la plupart, n'ont pas reçu l'éducation nécessaire pour devenir officiers, de sorte qu'on est obligé de prendre ces derniers dans des pensionnats militaires, où les riches seuls peuvent être admis. On affaiblit donc l'armée en détruisant le principe de l'égalité. Quel patriotisme, quelle émulation peut-il y avoir parmi les hommes dont elle reste composée?

On a dit que, dans l'intérêt de la société, il était avantageux d'autoriser le Remplacement, pour ne point la priver des jeunes gens qui entrent dans des carrières libérales, telles que celles de la médecine et du droit, que les pères de famille s'exposeraient à faire de grands sacrifices pour leurs enfants sans en recueillir le fruit. L'auteur de cet article a fait et vu faire plusieurs fois la conscription. S'il est des jeunes gens utiles à leurs familles, ce ne sont pas les enfants de l'homme riche, mais les enfants de l'homme pauvre, en faveur duquel on pourrait étendre les dispenses de service. Si rigoureuse que soit l'obligation de payer, comme soldat, sa dette à la patrie, on n'a jamais vu que la société manquât de médecins et d'avocats. Chez les anciens, il n'était personne, quelle que fût sa profession, qui ne débutât par le métier des armes. Personne n'en était dispensé; tandis que dans nos grands états, il n'y a guère que le quart ou le cinquième de la population que le sort envoie sous les drapeaux de l'armée active. L'auteur de cet article a remarqué que sur cent jeunes gens qui se faisaient remplacer, il n'y en avait pas dix qui, au moment de l'appel, pussent être regardés, dans nos idées actuelles, comme ayant une carrière commencée. Le privilége qu'on leur accorde n'est donc qu'une souveraine injustice, dont le pays éprouve le premier les fâcheux effets.　Aug. BILLIARD.

RENÉGAT. Celui qui renie sa foi. La politique a emprunté à la religion ce mot énergique. On flétrit aujourd'hui du nom de Renégat tout homme qui déserte ses opinions politiques. La morale chrétienne vouait les Renégats à l'exécration publique. C'était une haute pensée en même temps qu'un noble sentiment : car il n'y a rien de plus flétrissant pour le cœur et de plus corrupteur pour l'esprit, comme la fréquence des apostasies. La politique doit être également intolérante. Tout homme véritablement honnête doit traiter un Renégat comme on traite les parias dans l'Inde.
　　　　　　　　　　　E. D.

RENSEIGNEMENTS (Bureau de). Matière criminelle. La loi du 19 vendémiaire an IV, qui statuait sur la division du territoire et l'organisation judiciaire, avait créé, art. 29, un Bureau de Renseignements où devait être tenu, par le greffier criminel, un registre de tous les individus appelés devant les tribunaux correctionnels ou criminels, avec une notice sommaire sur leur affaire et sur ses résultats. Le code d'instruction criminelle de 1808 a conservé la partie de cette disposition qui ordonne la tenue du registre. Mais le mot Bureau de Renseignements a disparu, en sorte que le registre ne peut plus être consulté par les intéressés qu'officieusement, et sur l'autorisation du président en cas de difficulté. Copie de chacun de ces registres est régulièrement adressée au ministre de la justice, qui les réunit pour en former un seul registre, et comparer tous les ans la statistique de la justice criminelle.
　　　　　　　　　　　H.C.

REMBOURSEMENT. (V. Rentes.)

RENTES. Dans son acception générale le mot Rente signifie revenu.

Lorsqu'il s'agit de placements en argent la Rente est la somme que l'emprunteur paie annuellement au prêteur.

Le mot RENTES sert plus particulièrement aujourd'hui à désigner cette portion des dépenses qui est annuellement affectée au paiement des intérêts de la dette publique.

Il y a plusieurs espèces de rentes, annuités, rentes viagères, perpétuelles, etc. (V. Dette Publique.)

Les Rentes perpétuelles, les seules dont nous ayons à parler ici, sont ainsi appelées parce qu'elles doivent être payées jusqu'au rachat. On ne les appelle donc perpétuelles que par opposition aux Rentes viagères, lesquelles s'éteignent à la mort de celui au profit de qui elles ont été constituées, tandis qu'il n'y a que le remboursement

intégral du capital qui puisse libérer le débiteur d'une Rente perpétuelle : remboursement qui, aux termes de l'article 1911 du Code civil, est toujours à la volonté du débiteur et n'est jamais exigible par le prêteur.

Les Rentes perpétuelles qui forment la partie la plus importante de la Dette publique se subdivisent elles-mêmes en plusieurs espèces, suivant le taux de leur constitution. Il y a en France des Rentes 5 pour cent ; — 4 1|2, — 4 — et 3 pour cent.

Pour la fondation des Rentes perpétuelles, les gouvernements mettent en usage un mode spécial différent de celui qu'emploient les particuliers. Nous avons déjà expliqué cette différence au mot Emprunt.

Le prix des Rentes est variable de sa nature. Il est déterminé par une foule de circonstances qu'il serait superflu de déterminer ici. Le prix moyen, coté chaque jour à la Bourse, est ce qu'on appelle le cours de la Rente. Lorsque, par exemple, le 3 0|0 est coté à 80 francs, cela signifie que 3 fr. de cette espèce de Rentes valent 80 francs.

La Rente ferme les 6 mars et 6 septembre pour les 5, 4 1|2 et 4 ; les 6 juin et 6 décembre pour le 3. Cela veut dire que les négociations en 5 0|0 avec jouissance des arrérages du semestre courant, par exemple, sont fermées les 6 mars et 6 septembre de chaque année ; et que les négociations du lendemain sont faites avec jouissance du semestre suivant.

La Rente est au pair lorsque le cours des effets publics est égal au capital nominal augmenté des arrérages échus du semestre courant. Le pair lui-même est donc variable ; et il n'est pas toujours exact de dire que la Rente est au pair lorsqu'elle se vend 100 francs.

Pour les opérations de finance, il est souvent utile de fixer les rapports mutuels des diverses natures de Rentes, du 3 avec le 5 par exemple. Il faut, pour établir ce rapport et éviter toute erreur, avoir soin de bien distinguer les Rentes constituées à capitaux fixes de celles qui sont constituées à capitaux fictifs ou avec augmentation de capital. Ainsi, lorsque le 5 0|0 vaut 100 francs, on se tromperait si l'on en concluait que le 3 vaut 60 francs. Comme le 3 jouit d'une augmentation de capital et que le 5 est privé de cet avantage, la valeur du 3 n'est pas mathématiquement proportionnelle et elle est supérieure à 60. La différence varie nécessairement suivant que le taux vénal s'éloigne ou se rapproche davantage du capital nominal.

Les économistes ont souvent discuté la question de savoir si l'existence simultanée de Rentes constituées à des taux divers est désavantageuse ou utile. En faveur de l'utilité, on objecte qu'il y a de grands avantages à diviser en plusieurs catégories cette masse compacte de la dette publique qui autrement effrayerait même les esprits éclairés ; que si les fonds au pair présentent des avantages, les fonds au dessous du pair en ont aussi qui leur sont propres ; que, livrés à toute l'élasticité du crédit, ils ne sont pas comprimés par la menace d'un remboursement plus ou moins éventuel qui frappe les fonds au pair aussitôt qu'ils sont émis. On ajoute que la nécessité même d'une garantie déterminée contre le remboursement prouve que les fonds au pair ne sauraient être considérés comme offrant une base exacte aux négociations dans lesquelles l'État peut avoir à s'engager; que cette considération n'est pas moins grave lorsqu'on recherche ses conséquences sur les transactions privées; et, enfin que, pour tous les intérêts, il est utile qu'un fonds constitué au dessous du pair, régularisé par l'amortissement, serve de comparaison et, en quelque sorte de type, à tous les placements que l'industrie ou le commerce doit satisfaire.

Tels sont les arguments de ceux qui soutiennent le principe de l'existence simultanée de plusieurs fonds. Ces arguments sont-ils décisifs? nous ne le croyons pas et nous pensons qu'ici comme partout l'unité est désirable et nécessaire. Il est d'abord peu sérieux de dire que la dette devient plus effrayante lorsqu'elle est réunie en une masse compacte. La dette n'est effrayante que lorsqu'elle est disproportionnée, et elle tend bien plus à devenir disproportionnée lorsqu'elle se compose, pour une portion plus ou moins considérable, de fonds avec augmentation de capital. Il n'est pas vrai non plus que l'équilibre qui s'établit entre des fonds de diverses natures, marque, plus exactement que le cours régulier d'un seul fonds au pair, la situation du crédit public. Il est certain, au contraire, qu'en échelonnant les uns au dessus des autres des fonds de diverses natures on les comprime nécessairement les uns par les autres; que l'on donne à certaines portions des fonds publics un cours factice et anormal; qu'on les empêche tous de prendre librement et sincèrement leur niveau naturel, et qu'on relègue ainsi dans une obscurité permanente la situation réelle du crédit public. Les faits confirment d'ailleurs cette théorie; on a observé que depuis 1825 jusqu'à ce jour, la Rente 3 0|0, bien qu'elle fut complètement à l'abri de toute menace de remboursement, était restée presque stationnaire, se relevant avec peine d'une dépréciation rapide; et cela parce qu'elle était comprimée par un fonds plus important dont l'intérêt est plus élevé.

Nous croyons donc qu'il est désirable de ramener au principe de l'unité la constitution de la Dette publique, et ceci nous conduit à la question si grave et si controversée du remboursement ou de la conversion des rentes.

On sait en quoi consiste cette opération. Lorsqu'un Gouvernement emprunte, les prêteurs lui font ordinairement des conditions fort dures. Mais les temps viennent où ce Gouvernement est moins embarrassé et où il lui est plus facile de se procurer de l'argent; alors, il dit aux prêteurs:

« Vous m'avez prêté jadis de l'argent à 5 0|0, » par exemple. Voici N..... qui m'en offre aujour- » d'hui à 4 1|2 ou 4. Consentez à ne recevoir dé- » sormais qu'un intérêt de 4 1|2 ou 4 0|0, ou bien » je prendrai l'argent de N..... et je vous rem- » bourserai votre capital. »

Si l'ancien prêteur consent à échanger son inscription de rente 5 0|0 contre une nouvelle inscription en 4 ou 4 1|2, l'opération prend le nom de *conversion*. Dans le cas contraire, elle prend le nom de *remboursement*.

Lorsqu'en 1838 et 1840, il a été question de convertir ou de rembourser la rente 5 0|0, il s'est élevé dans une certaine portion du public des clameurs très vives. On attaquait à la fois le remboursement au nom de l'équité, de la légalité, de l'utilité.

Quoi de plus équitable cependant que de payer ce que l'on doit? S'il s'agissait de dépouiller les rentiers, de ne leur rembourser qu'une portion du capital prêté, à la bonne heure. Mais il ne s'agissait nullement de cela dans la question du remboursement, et, bien au contraire, puisque l'État offrant de rembourser 100 fr. pour chaque 5 fr. de rente, paye en réalité au moins un grand tiers de plus qu'il n'a reçu.

On dit, à la vérité, qu'en réduisant la rente, on réduit du même coup à la misère plusieurs milliers de familles, qui ont des inscriptions de Rentes de 100 fr., et au dessous. Mais les sept à huit millions de contribuables qui ne payent que 5 fr. de contributions ne méritent-ils donc pas quelque commisération eux aussi? Après tout, ceux qui ont 100 francs de Rente ont quelque chose, tandis que ceux qui payent 5 francs de contributions n'ont rien que leurs bras. Et, assurément, les rentiers ne mourront pas de misère parce que, de 100 francs, leur revenu en Rentes sera descendu à 90 francs. — Il est donc absurde de contester l'équité de la conversion ou du remboursement.

La légalité n'est pas sérieusement contestable. Le principe du remboursement est expressément ou implicitement écrit dans toutes nos lois civiles ou financières. La loi de 93, qui a constitué la dette publique en France, est très précise à cet égard. Les lois de l'an VI et du 24 floréal an X consacrent formellement le même principe. On a vu, ci-dessus, que le Code civil n'est pas moins explicite. La loi de 1825 a créé des Rentes avec garantie contre le remboursement pendant un délai déterminé. Elle a ainsi nettement exprimé le droit et la faculté de rembourser à volonté toutes celles pour lesquelles une semblable garantie n'avait pas été énoncée. Enfin, la loi de 1833, tout en spécifiant que la réserve de l'amortissement ne pourrait être appliquée qu'au rachat ou au remboursement de la dette, a décidé que ce remboursement aurait lieu en vertu d'une loi spéciale.

La légalité est donc évidente et incontestable aussi bien que l'équité.

Quant à l'utilité, toute la question se réduit à ceci: Y a-t-il utilité à économiser annuellement plusieurs millions? — D'ailleurs, en restreignant les profits de la Rente on atténue la concurrence que, suivant l'énergique expression de M. de Villèle, la Rente fait à l'industrie.

Maintenant, la conversion étant reconnue bonne, équitable, légale, utile, opportune, est-il bon de laisser aux rentiers la faculté de choisir, suivant leurs convenances, entre des inscriptions au pair et des inscriptions avec augmentation de capital. En réclamant l'intromission de l'unité dans la constitution de la dette publique, nous avons implicitement repoussé l'émission d'un double fonds. S'il est vrai qu'en permettant aux rentiers de sacrifier à leur gré le présent à l'avenir, le revenu au capital, la conversion soit rendue plus facile, cela ne suffit pas pour balancer les inconvénients des fonds avec augmentation de capital. Il est clair, en effet, que l'augmentation de capital ne peut se justifier que par les plus impérieuses nécessités. Accorder aux prêteurs ou aux rentiers une augmentation de capital, qu'est-ce autre chose, que de se constituer débiteur d'une somme supérieure à celle qu'on reçoit réellement, ou offrir une prime plus ou moins forte, à celui qui veut bien vous prêter. L'augmentation de capital n'a d'autre résultat que d'exciter la spéculation et le jeu. Elle laisse à l'avenir un capital à racheter, fardeau plus lourd que celui dont elle allège le présent. Elle retarde la libération de l'Etat, et prolonge le service des intérês. Dure pour le rentier qui ne cherche que le maintien de son revenu, elle livre ce capital même qu'elle lui promet à des oscillations incessantes, où l'inexpérience sera promptement victime des habiles et des puissants. Le classement si désirable des fonds publics est ainsi incessamment combattu par des séductions redoutables, et les capitaux ne sont plus attirés à la Bourse que pour servir d'aliment à des transactions simulées, trop souvent illusoires (1). Nous ne craignons pas de le dire, un accroissement de capital, qu'il soit plus ou moins exactement combiné avec la réduction d'intérêt qu'il procure, c'est la banqueroute dans l'avenir. En vain essayerait-on d'échapper à la rigueur de cette conclusion. La logique des fonds constitués au dessous du pair, c'est la suppression de l'amortissement, car racheter à 84, par exemple, des fonds constitués à 75, c'est absolument comme si l'on rachetait à 110 une Rente émise au pair. Or, si vous n'amortissez pas de quelque manière que ce soit votre dette, il est clair qu'elle sera, dans le sens absolu du mot perpétuelle, jusqu'à ce que les générations prochaines rejettent violemment un fardeau devenu intolérable.

L'amortissement étant donc supprimé, et il faut absolument qu'on le suprime dans l'hypothèse de l'accroissement du capital, comment arriver à réduire le chiffre de la dette? Par les excédants de recette? Ce serait l'absurdité la plus énorme possible, car les fonds publics n'étant plus contenus par la crainte du remboursement, atteindraient rapidement un chiffre si élevé qu'à l'exemple de l'Angleterre, nous serions réduits à payer le double de ce que nous aurions reçu. Aussi, grevée

d'une dette immense, et qui par son immensité même défie toute possibilité de remboursement, l'Angleterre a-t-elle d'abord commencé par supprimer l'amortissement, et ensuite par appliquer au dégrèvement de l'impôt, plutot qu'à une insignifiante diminution du capital de sa dette, les rares excédants de recette qui ressortent de ses budgets.

Mais l'exemple de l'Angleterre est-il applicable à la France? Non évidemment; car la dette anglaise est quintuple de la nôtre, et le service des intérêts absorbe la moitié du budget de la Grande-Bretagne. C'est donc un devoir sacré pour nous de ne point suivre nos voisins dans la voie funeste où les ont entraînés les passions égoïstes de leur aristocratie; et, si nous conservons une portion plus ou moins considérable de notre dette, maintenons-la du moins, pendant qu'il en est temps encore, dans de justes limites, et ne laissons point parvenir à ces proportions gigantesques, qui gêneraient au dedans, et surtout au dehors, la liberté de nos mouvements.　　　E. DUCLERC.

RENVOI. *Renvoyé à une autre session*, tel est la formule qu'emploient bien souvent les majorités dans les assemblées délibérantes. Lorsque les réclamations de l'opinion publique ou les exigences de quelques puissants intérêts ont forcé le gouvernement à présenter aux Chambres un projet de loi qu'il ne veut point voir converti en loi, une majorité docile conspire pour faire trainer les choses en longueur et pour décréter sans trop d'impudence le Renvoi à la session prochaine. Bentham appelle cette tactique, le *sophisme des ajournements*. « A ce sophisme, dit-il, appartiennent toutes les variétés de mots qui servent à paraphraser le mot *prématuré*...... Ce mode d'objection appartient surtout à ces hommes qui étant d'esprit et de cœur hostiles à toute mesure de réforme, ont peur et honte d'avouer leurs sentiments..... L'ajournement n'est qu'une opposition lâche et hypocrite, une malveillance honteuse de se produire et se déguisant pour frapper..... Car, soyez certain que cet homme qui recule devant le bien aujourd'hui n'a nullement l'intention de l'accepter demain...... Celui qui dit qu'il est trop tôt aujourd'hui, dira demain qu'il est trop tard. » — Tout n'est que mensonge et tromperie dans ces gouvernements bâtards.　　　E. D.

RÉPARTEMENT ou **RÉPARTIMENT** et **RÉPARTITION.** Ces mots ont une signification différente. On appelle *Répartement* (il serait plus exact de dire *Répartiment*) la distribution de l'impôt direct, soit entre les départements, soit entre les arrondissements, soit entre les communes, et l'on donne particulièrement le nom de *Répartition* , à la division entre les contribuables du contingent assigné à chaque commune.

Le mot de Répartition s'applique en général à toute espèce de partage des charges publiques, des contributions directes ou indirectes, entre les habitants d'un pays.

Rien de plus difficile qu'une exacte, qu'une

(1) Toute cette argumentation contre l'accroissement du capital n'est que le squelette des belles considérations présentées à la chambre en 1838 et 1840 par Garnier-Pagès. Nous renvoyons le lecteur aux discours de cet illustre et trop regrettable orateur, qui déterminèrent la résolution de la chambre, et qui forment un traité complet sur la matière.

juste répartition des impôts, soit qu'il s'agisse de
fixer la part contributive de chacun, soit qu'il
faille déterminer les objets soumis à la contribution. S'il n'existait qu'une taxe unique, il serait
plus aisé de soumettre l'impôt au principe de
l'égalité, ou de résoudre ce problème, que chacun
doit contribuer, suivant sa fortune, aux dépenses
du gouvernement; mais la difficulté est précisément d'établir un cens qui comprenne tout ce
que l'on peut posséder. En variant les taxes, afin
de saisir tous les objets que la contribution devait atteindre, on les a étendues à des articles que
la raison, que la justice prescrivait d'épargner;
de là est résulté la plus inégale, la plus odieuse
Répartition des impôts. Ainsi nous avons des contributions qui, loin de se réduire, s'accroissent à
mesure qu'on devient plus pauvre, plus malheureux.

Si l'on ne peut ramener tous les impôts à une
taxe unique, il est du devoir d'une sage administration d'en réduire le nombre autant que possible
et de les établir de manière à ce qu'ils ne frappent que la fortune réelle ou l'accroissement réel
de la fortune des citoyens.

Prenons les contributions directes pour exemple : les maisons se trouvent frappées de quatre
taxes différentes, de la contribution proportionnelle imposée à tous les immeubles, de la contribution des portes et fenêtres, de celle des patentes et de la contribution mobilière; ces deux
dernières proportionnées au loyer.—La contribution des portes et fenêtres est égale pour toutes
les maisons, quelle qu'en soit la valeur en capital
ou en revenus. Indépendamment de ce qu'il est
odieux de prélever un impôt sur l'air qu'on respire, n'est-il pas souverainement injuste d'imposer au même droit les fenêtres d'un appartement
qui ne rapporte que trois cents francs et celles
d'un appartement dont le propriétaire obtient un
loyer de six mille francs?—Il y a donc un vice
radical dans la Répartition; ne serait-il pas plus
sage, si l'on ne peut se passer de la somme que
produit l'impôt des portes et fenêtres, de le réunir,
dans une proportion plus juste, à l'impôt principal sur les habitations?

Si nous passons aux taxes indirectes, nous y
trouvons une foule d'inégalités encore plus choquantes. Ainsi c'est l'impôt sur les boissons que
l'on a surchargé d'un droit sur la vente en détail,
droit qui n'est payé que par ceux qui n'ont pas le
moyen d'acheter du vin en barrique. N'est-il pas
souverainement inique de maintenir un pareil
droit qu'on réunirait facilement à l'impôt principal, si ce dernier lui-même ne pouvait pas se réunir à la contribution imposée à la terre qui produit le vin? Ainsi l'impôt sur le sel, qui a remplacé la taxe des routes, frappant une denrée de
première nécessité, devient une charge beaucoup
plus sensible pour le pauvre que pour le riche.
Ainsi les voitures qui servent au transport fait en
commun paient un droit considérable, tandis que
les voitures de luxe, servant à l'usage individuel
des riches, ne paient aucune contribution. —Les
droits de timbre et d'enregistrement sont appli-

qués d'une manière non moins contraire aux principes de la raison et de l'équité. Le timbre, dont
on ne peut blâmer l'application aux transactions
que font entre eux les citoyens, est d'un autre
côté un moyen puissant pour empêcher la pensée
de se propager. Il est de l'intérêt d'un gouvernement éclairé de rendre de plus en plus faciles
toutes les communications intellectuelles, comme
de faciliter tous les rapports commerciaux qui
peuvent s'établir entre les citoyens. Quant à l'enregistrement, on a appliqué le droit proportionnel à une foule d'actes sans aucune espèce de discernement, sans distinguer s'il résultait de ces
actes un accroissement réel de bien-être pour le
contribuable. Ainsi, qu'on vous force, le couteau
sur la gorge, à signer une obligation, le droit proportionnel n'est pas moins dur, quoique l'acte
soit déclaré nul par les tribunaux.

Parlerons-nous des droits de douane, établis
la plupart dans l'intérêt du producteur, presque
jamais dans ceux du consommateur?

Nous n'en finirions pas, si nous voulions relever
tout ce qu'il y a d'odieux et d'absurde dans la
Répartition des diverses charges publiques. Il est
de toute nécessité qu'on fasse le plus tôt possible
une révision sévère de notre système d'impôt. Les
contribuables en éprouveront un grand soulagement, sans qu'il en résulte aucune perte pour
l'État. Non seulement celui-ci y trouvera l'avantage que l'on trouve toujours à être juste, mais
les économies qui seront la conséquence de la simplification des rouages administratifs tourneront
encore à son profit.

En définitive, cette inégale Répartition de l'impôt n'a pas d'autre cause que l'inégalité des droits
politiques. Les plus forts ou les plus riches ont
fait la loi.   AUG. BILLIARD.

REPRÉSAILLES. L'exercice du droit de Représailles consiste à faire subir à un ennemi le
même traitement que l'on a éprouvé de lui. Aussi
quand il met la main sur les biens possédés par
les vôtres dans son pays, vous saisissez les propriétés qui lui appartiennent chez vous; quand il
fait périr vos prisonniers, vous vous croyez en
droit d'égorger les siens, et comme le mal reçu
est ordinairement rendu avec usure, il arrive que
par la voie des Représailles, on arrive promptement
aux dernières atrocités et l'on apporte des obstacles
presque insurmontables au but de la guerre qui
ne peut être autre chose que l'établissement de la
paix.

Faut-il donc condamner absolument le droit de
Représailles? Dans l'état actuel des choses, nous
ne le pensons pas. Souvent il arrive que les puissances faibles n'ont pas d'autre moyen de se défendre contre un voisin entreprenant, et d'intéresser les sujets de ce voisin lui-même au maintien
de la paix. Les nations, nous l'avons déjà remarqué souvent, sont encore entre elles à l'état sauvage; il est nécessaire qu'elles emploient encore,
pour leur propre sûreté, des moyens de défense
barbares, tels que la peine du talion. Mais en usant
d'un pareil droit, les gouvernements humains et

prévoyants doivent toujours se prévenir que s'ils recourent à de pareilles extrémités, c'est pour arriver à la paix et non pour satisfaire des vengeances et allumer de nouvelles haines. Nous ferons remarquer encore que si la république des nations était organisée de telle sorte que chacune d'elles pût se plaindre et obtenir justice de toutes les violences qui lui sont faites, l'usage terrible des Représailles ne tarderait pas à disparaître.   J. B.

REPRÉSENTANTS. Dans plusieurs pays, en Belgique notamment et aux Etats-Unis, on nomme Représentants les membres de l'une des deux chambres de la législature. Par les raisons qui se trouvent exposées au mot REPRÉSENTATIF, l'appellation de Député est peut-être plus exacte. —Sous la République, les commissaires de la Convention près les départements et les armées avaient le titre de *Représentants du peuple*. On a critiqué cette institution : mais on n'a point prouvé qu'elle n'ait pas rendu les plus grands services à la République.   E. D.

REPRÉSENTANT DU PEUPLE. On nous reprocherait avec raison d'accorder à une forme politique une importance beaucoup trop absolue, si nous disions que le peuple n'a jamais été représenté ailleurs que dans les assemblées délibérantes. Aussi voulons-nous par avance enlever tout prétexte à cette critique, en déclarant que nous nous proposons ici de définir, non la chose, mais le mot. La chose est de tous les temps : à toutes les époques, dans toutes les cités, dans tous les états politiques, le peuple a été représenté, soit par le pouvoir établi, soit par les partis en lutte contre le pouvoir, soit encore par quelques voix proscrites dont on a compris plus tard les sages avertissements. Quant au mot qui est l'objet de cet article, il est d'origine moderne. Voici à quelle occasion il a été consacré dans la langue politique.

Dans les premiers jours du mois de juin 1789, les députés du tiers-état, réunis dans un local particulier, vérifièrent leurs pouvoirs, sans tenir compte des résistances manifestées par les deux autres ordres. Quand cette vérification fut achevée, ils s'occupèrent, sur la motion de Siéyès, de définir leurs pouvoirs, et de se constituer définitivement en assemblée. Siéyès proposa d'attribuer à la réunion des députés du tiers la dénomination d'*assemblée des représentants connus et vérifiés de la nation française*; Mounier, et après lui, cinq ou six autres députés soumirent au suffrages de leurs collègues des dénominations plus ou moins ambiguës. Mirabeau demanda la parole pous les combattre.

« Un défaut commun, dit-il, aux dénominations que j'attaque, c'est qu'elles sont fort longues, c'est qu'elles sont inintelligibles pour cette portion immense des Français qui nous ont honorés de leur confiance. A ces titres énigmatiques, à ces doubles logogryphes, substituez : les *Représentants du Peuple français*, et voyez quelle dénomination offre la définition la plus claire, la

plus sensible, la plus propre à nous concilier nos commettants mêmes. Oui, c'est parce que le nom de *peuple* n'est pas assez respecté en France, parce qu'il est obscurci, couvert de la rouille du préjugé, parce qu'il nous présente une idée dont l'orgueil s'alarme et dont la vanité se révolte, parce qu'il est prononcé avec mépris dans les chambres des aristocrates, c'est pour cela même, Messieurs, que je voudrais, c'est pour cela même que nous devons nous imposer, non seulement le relever, mais de l'ennoblir... Représentants du Peuple, daignez me répondre : irez-vous dire à vos commettants que vous avez repoussé ce nom de peuple? que si vous n'avez pas rougi d'eux, vous avez pourtant cherché à éluder cette dénomination qui ne vous parait pas assez brillante? qu'il vous faut un titre plus fastueux que celui qu'ils vous ont conféré? Oh! ne voyez-vous pas que ce nom de Représentants du Peuple vous est nécessaire, parce qu'il vous attache le peuple, cette masse imposante sans laquelle vous ne seriez que des individus, de faibles roseaux que l'on briserait un à un? Ne voyez-vous pas qu'il vous faut le nom de peuple, parce qu'il donne à connaître au peuple que nous avons lié notre sort au sien, ce qui lui apprendra à reposer sur nous toutes ses pensées, toutes ses espérances. »

Bien que cette motion de Mirabeau n'ait pas été acceptée, elle introduisit dans la langue parlementaire le terme de Représentants du Peuple, qui fut adopté postérieurement : nous le trouvons consacré dans la constitution de 93 et dans celle de l'an III.

Quand la coalition étrangère menaça l'inviolabilité du territoire, quand la trahison ou l'insuffisance des chefs militaires eut sérieusement compromis le salut de l'Etat, il fut décidé que des commissaires, choisis parmi les membres de l'assemblée législative, seraient envoyés près des divers corps d'armée, avec le titre de Représentants du Peuple en mission. Après la défection de Dumouriez, ces missions furent régularisées par un décret qui est ainsi conçu :

« Art. 1er. Il y aura constamment trois Représentants du Peuple députés près chacune des armées de la République ; tous les mois l'un des trois sera renouvelé.

» Art. 2. Ils exerceront la surveillance la plus active sur les opérations des agents du conseil exécutif, sur la conduite des généraux, officiers et soldats de l'armée ; ils se feront journellement rendre compte de l'état des magasins, de toute espèce de fournitures, vivres et munitions ; ils porteront l'examen le plus sévère sur les opérations et la conduite de tous les fournisseurs et entrepreneurs des armées de la République...

» Art. 4. Les Représentants députés près des armées sont investis de pouvoirs illimités dans l'exercice des fonctions qui leur sont déléguées par le présent décret...

» Art. 5. Il est enjoint à tous les agents civils et militaires d'obéir aux réquisitions des commissaires de la Convention nationale, sauf à eux à faire auprès de la Convention toutes leurs réclamations.»

Ces surveillants ne furent pas bien agréés par les généraux de la République, et de nombreux conflits, de fréquentes discordes éclatèrent entre eux. Les historiens de nos campagnes révolutionnaires s'accordent à mettre quelques échecs éprouvés par nos armées sur le compte des envoyés de la Convention, mais ils leur attribuent d'autre part l'honneur de quelques succès glorieux, entre autres la prise de Toulon. C'est l'énergie de Saint-Just et de Lebas qui consterna les Prussiens aux lignes de Wissembourg : battus et refoulés au-delà du territoire français, les troupes confédérées demandaient une capitulation qui leur permît de se rallier en se retirant ; les Représentants du Peuple leur répondirent par cette missive mémorable : « La République française ne reçoit de ses ennemis et ne leur envoie que du plomb ; » et l'ordre fut donné de marcher aussitôt sur l'ennemi. Saint-Just, Lebas, Ricord, Fréron, Salicetti, Levasseur (de la Sarthe), Robespierre jeune, Couthon, sont les plus connus des Représentants du Peuple qui furent chargés de ces missions.   B. H.

REPRÉSENTATIF. On désigne par l'appellation générale de Représentatifs les gouvernements où l'exercice de la souveraineté se partage entre plusieurs pouvoirs ou corps politiques. Cette appellation provient de ce que l'un de ces pouvoirs est plus spécialement chargé de représenter les intérêts généraux du pays. Mais il s'en faut bien qu'elle soit toujours exacte. Pour qu'elle le fût, il y aurait nécessité que tous les intérêts fussent également représentés, qu'ils pussent également faire entendre leur voix et obtenir une égale justice. Or, il n'en est pas ainsi dans la plupart des gouvernements qui de nos jours ont usurpé et usurpent la qualification de Représentatifs. Quelques intérêts puissants sont seuls représentés dans nos assemblées publiques : les autres et les plus sacrés attendent au dehors ; et comme les lois se font sans eux, elles se font trop souvent contre eux. Dans l'état actuel des choses, il n'y a de vraiment représentatif, en France, en Angleterre et ailleurs, que la presse. Et encore l'expression des intérêts généraux y est-elle souvent viciée par les conditions constitutives qui lui sont imposées.
                              E. D.

RÉPRESSION. La société est inhabile à prévenir les mauvaises actions des individus. Nous avons dit quelques mots sur cette impossibilité, à l'article PRÉVENTIF. Elle doit chercher alors dans la Répression (1) des actions qualifiées mauvaises, le moyen d'empêcher qu'elles soient imitées ou commises de nouveau. Nous avons indiqué aux mots PÉNALITÉ, PRISON, SYSTÈME PÉNITENTIAIRE, RÉCIDIVE, l'inefficacité des systèmes répressifs mis en pratique.

Que faire donc? Le mal doit-il régner sans aucun frein parce qu'on ne sait ni le prévenir ni le réprimer? Non, sans doute. Et beaucoup d'hommes se sont mis à l'œuvre pour découvrir le meilleur système, à la foi préventif et répressif. Ces recherches ont fait reconnaître des vices essentiels dans tous les modes d'appliquer les Peines ; et il n'est pas douteux que, dans un avenir très prochain, ces travaux auront pour résultat un progrès réel, mais non la solution radicale du problème qui est mal posé entre ces termes Préventif et Répressif.   H. C.

RÉPUBLICAIN. Depuis qu'il y a des collèges où le principal élément d'éducation est l'étude de la langue latine, c'est-à-dire depuis un nombre immémorial de générations, les enfants apprennent à admirer les vertus républicaines. La génération, actuellement virile, quoique élevée sous le gouvernement de la Restauration, qui ne prononçait qu'avec horreur le nom de République, a néanmoins reçu les mêmes impressions des histoires grecque et romaine. Nos enfants, qui sont façonnés aux mêmes idées par l'enseignement traditionnel de l'université, devront être bien surpris quand, au sortir du collège, nous leur apprendrons qu'ils doivent réprimer cette admiration pour les vertus républicaines ; que le mot Républicain est proscrit par une loi. L'histoire des années qui ont suivi la Révolution de 1830 leur fera connaître les motifs de cette proscription.

Sous l'Empire, l'oppression du despotisme empêchait les sentiments républicains, qui avaient survécu à la République, de se manifester au grand jour. Le silence était forcé. La compression produisit cependant, comme toujours, quelques explosions, quelques conspirations. Le gouvernement de la Restauration récolta les fruits de ce silence forcé, et les sentiments républicains ne vécurent plus guère qu'en souvenir ; même, toutes les forces constituées tendaient à rendre odieux les souvenirs de la République. Quelques hommes pourtant conservèrent, dans le secret, les sentiments Républicains, et pour la plupart composèrent la société des Carbonari. Lors de la Révolution de 1830, ils formèrent un parti puissant, qui prit ouvertement le nom de Républicain et qui eut un moment des chances pour constituer la France en République. Mais quelques uns des plus influents ayant passé dans les rangs du parti qui s'appelait alors orléaniste, les républicains durent consentir ou subir la transaction qui fut proposée sous le titre de : Monarchie entourée d'institutions Républicaines.

Cette alliance, incompatible au fond, ne pouvait pas continuer à subsister que dans les mots. Pendant cinq années, les Républicains soutinrent des luttes très vives pour établir ou maintenir autour de la monarchie des institutions Républicaines. On sait comment ils succombèrent.

C'est alors qu'en 1835 le parti opposé, qui avait la puissance, proposa les lois connues sous le nom de lois de septembre, destinées à en finir avec le parti Républicain ; et au milieu des nombreuses mesures suppressives de discussion

(1) Le Dictionnaire de l'Académie définit ainsi le mot Réprimer : « Arrêter l'action, l'effet, le progrès de quelque chose. »

et oppressives de la liberté, on introduisit dans l'article 7 de la première de ces lois la défense de prendre la *qualification de Républicain*, à peine d'un emprisonnement de trois mois à cinq ans, et d'une amende de 300 à 6,000 francs.   H. C.

RÉPUBLIQUE. L'étymologie de ce mot prouve qu'on ne lui donnait pas à Rome le sens restreint qu'il a pris dans les temps modernes. *Res Publica* ne signifiait pas une certaine forme positive, mais la société elle-même, la *chose publique*. Les idées fausses que propagèrent les historiens modernes jusqu'à la fin du dix-huitième siècle, sur la haine traditionnelle des Grecs contre les tyrans et des Romains contre les rois, avaient fait prendre les villes aristocratiques de Rome et de la Grèce pour autant d'Etats démocratiques, siéges augustes de la liberté et de l'égalité. De là vint la confusion entre les mots *République* et *Démocratie*, et cette erreur de termes, qui reposait sur une erreur historique, fit donner un sens particulier à un mot qui avait une signification générale et très étendue.

Une fois cette restriction admise, le mot *République* fut adopté comme opposition à *Monarchie*, et devint un terme de parti. Dans tous les écrits philosophiques du dix-huitième siècle, et notamment dans le Contrat Social, il exprime le gouvernement électif, le gouvernement de tous; il devient un signe de régénération, et comme le Verbe nouveau annoncé à l'avenir.

Aussi, lorsque les jours d'affranchissement arrivèrent, lorsque succomba la vieille monarchie après avoir accompli son œuvre, le mot République devint le symbole du gouvernement nouveau. Mais aussi, par suite des idées erronées qu'on s'était faites alors sur les Etats de l'antiquité, les républicains se créèrent un type idéal emprunté à leurs études classiques, et tentèrent de ressusciter à la fin du dix-huitième siècle les héros de Rome et de Sparte. Toutefois, cette erreur ne pouvait être ni dangereuse ni durable ; elle avait même son bon côté ; car en prêtant aux anciens des vertus qu'il n'avaient pas, on cherchait à les imiter même dans ce que ces vertus avaient d'imaginaire ; en attribuant des qualités idéales à ceux qu'on prenait pour modèles, on s'engageait à ne pas leur être inférieur. Et il faut bien le reconnaître, ces traditions historiques, qui dominaient tous les esprits, entrèrent pour beaucoup dans les audacieuses conceptions de cette époque, et si le dangereux exemple de Brutus entraîna quelquefois trop loin la Convention dans l'idée du sacrifice, les souvenirs du sénat de Rome, mettant à l'enchère le champ où campait Annibal, agirent puissamment contre les invasions de l'étranger et les révoltes des départements.

Aujourd'hui, quoique nous nous fassions des idées plus exactes sur les formes tout aristocratiques des Etats de l'antiquité, nous avons adopté dans nos discussions politiques le sens donné au mot République par les publicistes du dix-huitième siècle. Désormais l'usage a consacré cette locution comme l'expression du gouvernement purement

électif. Peut-être vaudrait-il mieux employer de préférence le mot Démocratie, dont le sens mieux défini ne saurait prêter à l'équivoque. Mais le parti qui combat les idées monarchiques accepte indifféremment les deux dénominations. (V. DÉMOCRATIE, SOUVERAINETÉ, SUFFRAGE, etc.) E. R.

RÉPUBLIQUES AMÉRICAINES. Un tableau général des républiques du Nouveau-Monde nous a paru le meilleur moyen de faire connaître le mouvement de la société américaine et sa tendance vers une organisation politique uniforme. C'est pourquoi nous réunissons en un seul article tout ce qui nous reste à dire sur ce sujet.

ETATS-UNIS, ou *confédération Anglo-Américaine*. Il a déjà été question de cette République dans ce Dictionnaire. Nous nous bornerons en conséquence à renvoyer le lecteur à la page 381.

CONFÉDÉRATION MEXICAINE. La Confédération mexicaine est bornée au nord par les Etats-Unis ; à l'est, par le même pays, le golfe du Mexique et la Confédération de l'Amérique centrale ; ● sud, par cette dernière et le grand Océan. Elle est divisée en dix-neuf *Etats*, un *District fédéral* et quatre *Territoires*. Le district fédéral est celui de Mexico. Voici les noms des dix-neuf Etats : Mexico, Queretaro, Guanaxuato, Mechoacan, Xalisco, Zacatecas, Sonora et Cinaloa, Chihuahua, Durango, Chohahuila, Nuevo Leon, Tamaulipas, San Luis de Potosi, Vera-Cruz, Puebla, Oaxaca, Chiapa, Tabasco, Yucatan. Les quatre territoires sont : les Californies, le Nouveau-Mexique, Tlascala et Colima. La population de toute la République est évaluée à environ 8 millions d'habitants ainsi répartis : 1,800,000 blancs, Espagnols, créoles et étrangers ; 2,190,000 mulâtres et métis ; 4,000,000 d'Indiens soumis et 10,000 nègres.

Après une oppression de plusieurs siècles, le Mexique, gouverné depuis l'époque de la conquête par un vice-roi, voulut imiter l'exemple de ses voisins et s'affranchir du joug de l'Espagne. En 1810, un ecclésiastique nommé Hidalgo leva le drapeau de l'insurrection ; il fut victime de son courageux dévoûment, mais l'incendie qu'il avait allumé ne devait pas s'éteindre. Cinq ans plus tard, Moralès et Mina firent une nouvelle tentative contre le gouvernement colonial, et succombèrent aussi dans la lutte. En 1824, après la mort de l'usurpateur Iturbide, la nation se donna une constitution et décréta la formation d'une Confédération républicaine. Le mode de gouvernement qu'elle adopta fut, à très peu de chose près, le même que celui du gouvernement des Etats-Unis anglo-américains : un président avec un ministère et deux chambres législatives. Pour compléter la ressemblance, on laissa à chaque Etat la faculté de se gouverner à l'intérieur suivant ses lois particulières. Tout ce qu'on a dit, à l'article ETATS-UNIS, sur les vices politiques des confédérations de ce genre peut s'appliquer au Mexique. Ce pays, du reste, n'a pas tardé à faire une triste expérience de sa mauvaise organisation. Déjà, une de ses provinces les plus importantes, le Texas, s'est séparée de l'Union et s'est déclarée indépendante. Dernièrement, on a annoncé que le Yucatan s'était aussi retiré de la Confédération. Enfin, la guerre civile a long-temps désolé cette République, qui a subi tout récemment une nouvelle révolution. Malgré ces déchirements intérieurs, le Mexique arrivera certainement à l'état de prospérité que lui pro-mettent la fécondité de son sol, ses richesses na-turelles et son admirable situation maritime. La force du principe démocratique l'emportera sur les inconvénients d'une constitution, facile d'ail-leurs à modifier dans le sens d'une centralisa-tion plus intelligente.

TEXAS. Nous venons de dire que cette pro-vince mexicaine s'était séparée de la Confédéra-tion. Elle forme aujourd'hui une République sous la protection et sur le modèle des États-Unis. On ne doute pas qu'elle ne s'aggrège bientôt à l'Union anglo-américaine, qui tend à s'agrandir vers le nord aux dépens de l'Angleterre, au sud et à l'ouest au détriment de ses voisins les Mexicains.

CONFÉDÉRATION DE L'AMÉRIQUE CENTRALE. — Limites : — Au nord, le Mexique et la mer des Antilles ; à l'est, cette dernière mer et la Co-lombie ; au sud, le grand Océan ; à l'ouest, ce même Océan et les États mexicains d'Oaxaca et de Chiapa. Cette confédération s'est formée en 1824, après la chute d'Iturbide ; elle se compose de cinq États dont voici les noms : Costarica, Ni-caragua, Honduras, Salvador et Guatemala. Sa constitution est plus démocratique que celle des États-Unis et du Mexique. Elle en diffère en ce qu'elle ne fait pas de la puissance législative l'at-tribution générale, commune à la chambre des re-présentants et au sénat. La chambre des repré-sentants compose seule le congrès national. Le sénat participe du pouvoir législatif et du pouvoir exécutif, sans faire virtuellement partie de l'un ni de l'autre. Il tient au premier par une espèce de veto limité, au second par un droit de contrôle assez étendu et un rôle de conseil assez actif. Le pouvoir exécutif perd ainsi d'un côté ce que la représentation populaire gagne de l'autre. Cette constitution garantit de la façon la plus solennelle la liberté de la presse, la liberté individuelle et et tous les autres droits des citoyens. En outre, elle consacre un grand fait social, l'abolition de l'esclavage, ce qui distingue encore plus cette Ré-publique, de l'Union anglo-américaine. Cet acte d'humanité fut une des premières mesures décré-tées par l'assemblée constituante de 1824. Il honore singulièrement les citoyens du Guatemala, qui ont donné par là un noble exemple aux républicains de l'Amérique septentrionale.

COLOMBIE. Quoiqu'il n'existe plus, à proprement parler, de République qui porte ce nom, on conti-nue néanmoins de le donner à tout le territoire qui, coupé en trois portions inégales, forme aujourd'hui les états de Vénézuela, de la Nouvelle-Grenade et de l'Équateur. Ce magnifique pays a échappé au des-potisme de l'Espagne, grace au courage et au dé-vouement de Bolivar, le héros du Nouveau-Monde. Il est déplorable que les citoyens de tous ces États nouveaux aient préféré les institutions fédératives

à l'application salutaire du principe de la centra-lisation et de l'unité politique. Dans la Colombie, toutefois, les inconvénients inhérents à la consti-tution primitive n'existent plus, puisque chaque partie de ce grand tout a repris son indépendance et forme un gouvernement à part ; mais ces frac-tions de l'ancienne Confédération ont-elles assez de force individuelle pour vivre dans l'isolement ? Il est permis d'en douter. Ces tristes scissions, et celles qui ont eu lieu dans les États-Unis mexicains, sont des exemples frappants des dangers du sys-tème fédératif, surtout quand un contrepoids suf-fisant n'en neutralise pas les effets.

PÉROU. Un ecclésiastique appela les Mexicains à l'indépendance. Ce fut aussi un prêtre qui fit entendre aux Péruviens les premières paroles de liberté et les poussa à l'insurrection. Le catholi-cisme, après avoir été dans le Nouveau-Monde un instrument de despotisme, est devenu le promo-teur de l'émancipation. Le cri de révolte partit en 1815 de la province d'Aréquipa, et fut poussé par un curé nommé Mugnecas, qui expia par le dernier supplice son ardeur révolutionnaire. Le signal était donné ; les patriotes coururent aux armes, et, en 1821, ils proclamèrent la République. Mais ce suc-cès ne devait être que passager ; les troupes royales reprirent l'offensive, et, pour comble de malheur, le parti indépendant se divisa. Alors parut le li-bérateur de la Colombie, Bolivar, qui après avoir donné la liberté à sa patrie, venait prêter aux Péruviens l'appui de son courage et de son expé-rience. Il battit les Espagnols à Junin, et bientôt après, son digne émule, le général Sucre, com-pléta par la mémorable victoire d'Ayacucho l'humiliation et la défaite de la métropole. Le Pérou se scinda en deux camps ennemis ; le héros co-lombien prit parti pour la Bolivie contre le Pérou proprement dit, et la guerre se poursuivit avec acharnement. Enfin, le congrès de 1830 mit un terme aux hostilités et nomma Gomara président de la République. Aujourd'hui, le Pérou est régi par le système démocratique unitaire. Un prési-dent et deux chambres forment le pouvoir légis-latif et exécutif. Le pays est divisé en sept départe-ments, qui sont : Lima, Arequipa, Puno, Cuzco, Ayacucho, Junin et Libertad.

BOLIVIE. Le territoire de cette République est divisé en six départements : La Paz, Oruro, Po-tosi, Chuquisaca, Cochabamba et Santa-Cruz. Ce pays doit son indépendance à l'homme célèbre dont il porte le nom. La première constitution, rédigée sous son inspiration, offrait quelques par-ticularités dignes d'être rappelées : le pouvoir lé-gislatif était dévolu à trois chambres, celle des tribuns, celle des sénateurs et celle des censeurs : chaque chambre devait être composée de trente membres. Cette trinité législative ne nous semble pas une heureuse invention. Du reste, la Bolivie, peu reconnaissante de ce que le libérateur avait fait pour elle, repoussa ses bienfaits et déclara la guerre à la Colombie. Il semble que la Providence ait voulu punir cette République de son ingrati-tude, car elle n'a cessé depuis 1825, époque de son émancipation, d'être agitée par les désordres les plus déplorables et les luttes intestines les plus funestes.

Chili. La lutte du Chili contre l'Espagne commença en 1810 et se termina en 1817, après de longues alternatives de succès et de revers, d'espérances et de découragement. La constitution de cette République se ressent de l'influence d'une coterie de doctrinaires qui occasionna un schisme politique après la victoire décisive des patriotes; elle impose des conditions pécuniaires pour le droit d'élection et d'éligibilité; elle entoure le pouvoir exécutif d'un conseil d'État; la presse est soumise à certaines restrictions qui font un contraste frappant avec la liberté dont jouissent les écrivains dans les autres Républiques américaines; enfin, le clergé est si particulièrement protégé, que son influence s'est accrue à un degré alarmant. C'est à l'existence de cette camarilla, ennemie du principe démocratique pur, qu'il faut attribuer les troubles sanglants qui ont désolé le Chili pendant ces dernières années.

Confédération de Rio de la Plata. — V. Argentine (République), p. 90.

République orientale de l'Uruguay. C'est l'ancienne province de Montevideo, qui fit partie de la vice-royauté de Buénos-Ayres sous le nom de *Banda-Oriental.* Elle comprend neuf départements, savoir : Montevideo, Maldonado, Canélones, San-José, Colonia, Soriano, Paysandu, Duragno, Cerro-Largo. Ici, nous retrouvons le gouvernement républicain des États-Unis; toutefois, les désordres qui ont agité ce pays pendant les différends de la France avec le chef de la république Argentine, l'ont bouleversé en quelque sorte de fond en comble, et il est peu probable que le honteux traité signé en 1841 par ordre du ministère français ait rendu à l'État de l'Uruguay sa physionomie normale.

Paraguay. Quoique le Paraguay soit depuis assez long-temps soumis à la dictature, il n'en doit pas moins figurer dans cet article, d'abord parce qu'il a fait partie, à une certaine époque, de la confédération du Rio de la Plata, et ensuite parce qu'il faut le considérer comme destiné à rentrer dans la grande famille républicaine d'Amérique. Le Paraguay offre d'ailleurs un sujet d'étude fort intéressant.

Ce pays, situé à peu près au centre de l'Amérique méridionale, est borné au nord et à l'est par le Brésil, au sud et à l'ouest par le territoire de la république Argentine. Il a été le théâtre des deux phénomènes politiques les plus singuliers qui se soient produits dans le Nouveau-Monde : le gouvernement des jésuites et celui du dictateur Francia.

C'est dans la république Argentine, mais principalement dans le Paraguay, qu'étaient situés ces établissements qui, sous le nom de *réductions* et de *Missions,* constituaient une espèce d'empire à peu près indépendant, et régi par des autorités ecclésiastiques. Malgré le caractère farouche et en apparence peu sociable des indigènes de cette contrée, les religieux de la compagnie de Jésus parvinrent à en convertir un grand nombre au christianisme et à façonner les néophytes au joug d'une législation régulière. Bientôt le territoire et la population des Missions s'accroissant dans une proportion inespérée, les jésuites durent déployer toutes les ressources de la science politique pour conserver la paisible possession d'un pays qu'ils avaient conquis sans le secours des armes.

L'Assomption, ville du Paraguay, était le centre de ce gouvernement, et la résidence d'un magistrat suprême qui avait le titre modeste de *père provincial.* Chaque *réduction* était administrée par un curé, et ce personnage, qui avait grand soin de s'entourer d'un mystère favorable à l'exercice du despotisme, avait sous ses ordres immédiats un vicaire qui s'occupait de toutes les affaires du dehors. Le curé était tout-puissant dans son district, mais, pour ne pas trop porter ombrage à l'Espagne, maîtresse nominale du pays, on avait établi dans chaque bourgade un cacique choisi parmi les Indiens, espèce de mannequin revêtu d'une autorité imaginaire et qui passait pour le délégué de la métropole. Les caciques obéissaient ou étaient censés obéir à un *corrégidor royal,* officier civil nommé par le gouverneur de la province, pris d'abord parmi les Espagnols, mais plus tard, et par l'effet de la politique des jésuites, parmi les indigènes. Les pères étaient les seuls juges en toute espèce de matière ; aucun coupable ne pouvait être puni sans leur consentement; la peine de mort seule était prononcée par le gouverneur.

On apprenait aux Indiens les divers modes de culture, la lecture, des métiers utiles et le maniement des armes, car les jésuites savaient que tôt ou tard ils seraient obligés de se défendre à main armée au sein même de leur territoire. Nous avons dit (V. Missions) jusqu'à quel point les jésuites poussèrent le raffinement en matière de gouvernement et d'administration ; nous nous bornerons à rappeler ici les lois destinées à favoriser l'accroissement de la population : on faisait réveiller les Indiens une heure avant la messe, mais ils ne devaient se lever qu'aux derniers coups de cloche ; les femmes n'avaient le droit de se laisser pousser les cheveux que lorsqu'elles étaient devenues mères. Il était aussi d'usage, ou plutôt il était passé en loi de l'état que les filles se mariassent de dix à douze ans, les garçons de treize à quinze.

Les Indiens ne possédaient rien ; le capital multiple qu'ils faisaient valoir appartenait à la communauté tout entière ; personne ne travaillait pour son propre compte ; les fruits du labeur individuel tombaient dans la masse, et les autorités ecclésiastiques les partageaient entre tous, suivant les besoins de chaque travailleur. Remplacez les prêtres par des délégués de la communauté elle-même, et vous aurez le *Babouvisme.* Le commerce n'était pas non plus individuel ; l'État représenté par les jésuites en était le seul agent : les néophytes portaient dans les villes espagnoles voisines tous les objets destinés à la vente ou à l'échange ; ils les remettaient entre les mains du procureur général des Missions, et ce fonctionnaire vendait ou échangeait les marchandiscs le plus avantageusement possible ; puis il rendait ses comptes, et après avoir prélevé sur le produit total le montant du tribut dû à la couronne, il employait le reste de la somme à l'achat des choses nécessaires aux Indiens, sans rien retenir pour lui même, car il était payé par l'Etat.

Depuis les dernières années du 17e siècle jusqu'en 1722, les jésuites eurent à défendre leur territoire contre leurs ennemis. Obligés de se faire chefs d'armée, ils furent tour à tour vainqueurs et vaincus. Ils rendirent de grands services à l'Espagne dans la guerre que cette puissance soutint contre les Portugais dans le Nouveau-Monde. Malgré ces services si importants, en dépit de la convention sacrée qui reconnaissait aux Indiens des Missions le titre de peuples libres sous la protection de l'Espagne, moyennant un tribut ; enfin, malgré les résultats que promettait l'œuvre des missionnaires au point de vue de la civilisation, les despotes de l'Europe, ceux-là même qui avaient le plus récriminé contre le gouvernement des jésuites, se partagèrent ces malheureuses peuplades comme un troupeau de bestiaux. En 1757, l'Espagne échangea une portion du territoire des Missions contre la colonie portugaise de San-Sacraments. Les Indiens prirent les armes pour défendre leur liberté ; mais ils furent vaincus et en partie massacrés. En 1767, les jésuites furent définitivement expulsés de l'Amérique par ordre du cabinet de Madrid. Le gouvernement des Missions avait duré cent cinquante-huit ans ; période pendant laquelle on avait vu le singulier spectacle d'une association religieuse escamotant à la métropole, c'est-à-dire au véritable possesseur, un pays qui, à la rigueur, pouvait passer pour un empire véritable.

L'avènement du docteur Françia au gouvernement de Paraguay est un fait encore plus curieux, en ce qu'il nous montre un peuple tout entier s'arrêtant sur la pente de la liberté pour se soumettre volontairement au despotisme d'un ambitieux.

En 1810, l'esprit d'indépendance qui agitait les habitants de toutes les colonies espagnoles d'Amérique, s'était répandu dans le Paraguay. Deux ans plus tard, ce pays s'organisa en République, et se plaça sous l'autorité de deux consuls nommés pour un an. A l'expiration de la première année, l'un des deux magistrats suprêmes, le docteur Francia, se fit nommer dictateur pour trois ans, puis dictateur à vie. Dès-lors, commença à se manifester le génie de cet homme extraordinaire, espèce d'incarnation du despotisme. Tout ce qu'une tyrannie capricieuse, touchant quelquefois de près à la folie, peut inventer de plus horrible pour dominer un peuple par la terreur, fut mis en œuvre par Francia ; mais aussi tout ce qu'une puissante intelligence peut imaginer de plus ingénieux et de plus efficace pour améliorer une société encore barbare, fut essayé avec succès par cet étrange législateur. Organisation d'une armée et d'une milice nationale ; construction de routes nombreuses au milieu des forêts et à travers de larges fleuves ; création d'une industrie indigène dans un pays où l'on ignorait ce que c'était qu'une manufacture ; accroissement des ressources financières ; moralisation des classes les plus corrompues, tout fut prévu, et peu à peu exécuté par le dictateur. Quand le maître jugea qu'il y avait assez de sang répandu par son ordre dans ses domaines, il abolit la peine de mort ; les routes furent plus sûres que jamais, et l'on voyagea dans les districts les plus reculés du Paraguay avec plus de sécurité que dans quelque pays que ce soit de l'Europe, où les détrousseurs de passants ont le gibet ou la guillotine en perspective. Pour consolider cet heureux résultat, le dictateur rendit les cantons responsables, avec dommage, des vols commis sur leur territoire, et les particuliers, de ceux qui se commettaient chez eux. On vit alors les délits devenir de plus en plus rares dans les villes et dans les villages. La mendicité fut abolie et l'oisiveté sévèrement réprimée, cela suffit pour rendre chaque individu membre actif et utile de la société. Ordre exprès fut donné d'apprendre au moins à lire et à écrire dans les lycées nouvellement créés, et bientôt il n'y eut pas un seul habitant du Paraguay, indien ou créole, qui ne possédât les premiers éléments de l'éducation.

Le dictateur isola complètement son territoire, défendant à ses sujets d'en franchir les frontières, et retenant prisonniers les étrangers qui osaient y pénétrer. Cet embastillement qui faisait du Paraguay une Chine américaine eut pour but de garantir les Paraguays de tout contact avec les républicains des contrées voisines.

En résumé, la dictature du docteur Francia doit être flétrie à cause des moyens atroces par lesquels elle s'est consolidée ; mais on ne peut s'empêcher de convenir qu'elle a été exercée avec une grande intelligence et qu'elle a fait d'une nation encore barbare et ignorante, une société régulière, en pleine voie de prospérité.

La vie politique du docteur Francia a cela de remarquable qu'elle a offert à peu près les mêmes phases que celle de Napoléon. Le maître du Paraguay a été nommé consul, puis empereur ou dictateur, ce qui est la même chose. Comme Bonaparte, il commença à s'appuyer sur l'armée. L'empereur des Français annihila la puissance papale en faisant du souverain pontife son très humble serviteur et en créant son fils roi de Rome ; Francia se proclama chef de l'Eglise de son pays et s'affranchit par là de toute suprématie ecclésiastique. Enfin, le blocus continental a eu son pendant au Paraguay dans cet isolement commercial et politique dont nous avons parlé.

Sous le rapport de la probité et du désintéressement, Francia a préféré ressembler à Robespierre. Autrefois cupide, joueur et libertin, il renonça, dès son avènement à la dictature, à toutes ses habitudes de dissipation et à la passion de l'argent qui l'avait dominé jusque-là. Rien n'égalait la simplicité de son intérieur : cet homme est mort pauvre comme l'ami de Saint-Just.

Quand le Paraguay entrera dans la Confédération républicaine de la Plata, il apportera dans cette grande association les habitudes d'ordre et de morale qu'il a contractées sous la domination d'un homme de génie, et il se félicitera d'autant plus d'avoir passé par cette rude initiation que les blessures qu'il a reçues de la main du despote sont depuis long-temps fermées.

RÉPUBLIQUE DE HAÏTI. Quelques mots sur Saint-Domingue compléteront cette énumération des Républiques américaines.

Émancipée par une révolution terrible, qui coïncida avec la nôtre, exploitée d'abord par quelques ambitieux qui se donnèrent effrontément le titre de roi et d'empereur, cette île ne forma une république véritable qu'en 1822. Malheureusement, les hommes qui la gouvernent ont abusé de leur puissance, et leur incapacité, jointe à un mauvais vouloir évident, a paralysé l'essor de cette démocratie naissante. Haïti est soumis à un gouvernement militaire, et l'on y rencontre tous les abus qu'enfante le régime du sabre. Mais il est probable que le parti de l'opposition finira par l'emporter, et alors Saint-Domingue pourra modifier ses institutions de manière à prévenir le retour de semblables usurpations et à garantir le libre exercice des volontés nationales.

FRÉDÉRIC LACROIX.

RÉQUISITION. Levée extraordinaire d'hommes, d'animaux ou de denrées pour les besoins d'une armée ou d'un pays. Ainsi l'on requiert des hommes pour en faire des soldats ou pour les employer comme ouvriers. On requiert des chevaux pour la remonte de l'armée ou pour le service des transports des vivres de toute nature pour la subsistance des troupes. Il n'est point d'objet qu'on ne puisse requérir, dans un cas urgent, pour le service public. Quelquefois, on est obligé de faire des Réquisitions, sans qu'une loi les ait permises ou ordonnées; alors on engage, au plus haut degré, sa responsabilité. Ce sont des moyens extrêmes auxquels on ne peut recourir que dans le plus pressant danger. — Le législateur lui-même ne doit les employer qu'avec la plus grande réserve, mais il ne doit pas hésiter aussitôt que l'honneur ou le salut de la patrie en dépend. Nous ne parlons ici que des Réquisitions qui se font dans notre propre pays, pour nos propres besoins, et non de celles qui sont ordonnées pour les besoins ou pour les intérêts de l'étranger. D'après le principe qu'on ne peut dépouiller personne de sa propriété sans indemnité préalable, ou employer son industrie sans la payer, il est de toute justice que l'État ou que les localités acquittent fidèlement le prix des Réquisitions que l'autorité a ordonnées; ce sont des charges qu'on doit rendre communes à tous ceux qui en ont profité. Il importe donc, en faisant une Réquisition, de déterminer d'avance le prix des journées de service, des bestiaux ou des denrées dont on aura besoin. L'avantage des Réquisitions est de ramener les salaires ou les articles demandés à leur cours habituel, ou de n'être pas livré à la merci des spéculateurs. L'autorité

ne peut, par cette raison, montrer trop de bonne foi dans les engagements qu'elle prend avec les Réquisitionnaires.

Quant aux objets ou aux services que requiert une puissance étrangère qui envahit notre territoire, c'est cette puissance elle-même qui doit en acquitter le prix, si elle pense qu'il est de sa politique de le faire; mais quels que soient les résultats d'une invasion, une nation ne doit jamais acquitter le montant des fournitures faites à l'ennemi, à moins qu'elle n'y soit forcée par les traités. Autrement, on n'aurait plus le même intérêt à résister à l'étranger. Lorsqu'une armée envahit un pays pour le punir de son manque de foi et non pour le conquérir, elle n'a point à payer les denrées qui lui sont nécessaires; c'est le cas de dire que la guerre nourrit la guerre. Mais lorsqu'on entre dans un pays avec la pensée de le conserver ou de se l'attacher, on ne peut acquitter trop religieusement le prix des fournitures ou des Réquisitions. C'est par ce moyen que les Anglais, dont le caractère est plus antipathique que le nôtre aux diverses populations, l'ont emporté sur nous, dans les pays qu'ils nous ont disputés, ou se sont maintenus dans les conquêtes qu'ils ont entreprises. L'administration militaire de France manque de lumières et de bonne foi. Voilà pourquoi il nous est plus facile de faire des conquêtes que de les conserver.   AUG. B.

RÉQUISITOIRE. Les fonctions du ministère public sont politiques et judiciaires:—politiques, quand elles tendent au maintien des lois, à la protection que ce ministère doit à certains corps, à cette surveillance sur la société qui résulte du soin de la haute police et de la faculté de dénoncer les abus et délits qu'il observe dans l'administration de la justice;—judiciaires, quand elles n'ont pour objet que de préparer par un avis motivé une décision sur un procès.

Elles sont purement politiques quand elles sont uniquement dirigées par des vues de bien public et qu'elles sont indépendantes de toute décision judiciaire. — Elles sont politiques et judiciaires tout à la fois quand, à propos d'une affaire particulière, elles s'élèvent à des vues de bien public.

Elles ont une forme et un nom différent suivant cette distinction. — Tout ce qui tient à l'objet politique s'instruit par la voie du Réquisitoire ou des Réquisitions, c'est-à-dire d'une demande ou d'une réclamation. — Tout ce qui appartient à l'objet judiciaire, s'instruit par la forme de Conclusions, c'est-à-dire d'un avis motivé, qui se termine par un modèle, pour le fond et pour la forme, de la décision à intervenir. — Après avoir donné ses Conclusions dans un procès, le ministère public peut requérir ce qu'il juge à propos: il le fait souvent, et les juges décident à la fois sur les deux objets, à moins que des raisons particulières ne les obligent de les séparer.

Par suite de cette distinction, quand le ministère public prend la parole devant un tribunal civil, on dit qu'il est entendu dans ses Conclusions. Il ne fait que donner son avis. Quand il porte la parole devant les tribunaux criminels, ses conclusions sont précédées d'un Réquisitoire, parce qu'il agit directement comme Partie publique et Requiert l'application d'une loi pénale, contre le prévenu ou l'accusé. (V. ACCUSATEUR, MINISTÈRE PUBLIC, PROCUREUR GÉNÉRAL.) H. C.

REQUÊTE. Requérir c'est demander quelque chose qu'on a droit d'obtenir, à celui qui a pouvoir de l'accorder. C'est plus qu'une simple demande, c'est une réclamation. C'est ainsi que le citoyen Requiert l'assistance d'un officier public, ou le jugement d'un tribunal, etc. Il prend alors le titre de Requérant. Mais sa demande ne s'appelle Requête que lors qu'elle est adressée directement à un fonctionnaire ayant autorité. On adresse une Requête au juge pour obtenir une ordonnance, ou pour lui exposer ses conclusions, etc. On adresse une Requête au conseil d'Etat.

Autrefois il y avait auprès du Parlement de Paris une chambre des Requêtes. Les magistrats qui la composaient portaient nom de maîtres (*magister*) des requêtes.

Ce titre s'est conservé quoique la fonction n'existe plus, et il s'applique aux fonctionnaires du conseil d'Etat qui remplissent une charge analogue à celle du ministère public, en instruisant les affaires et en faisant des rapports sur ces affaires qu'on introduit au conseil par voie de Requête.   H. C.

RÉSIDENT. Les résidents sont des agents diplomatiques d'un ordre inférieur. Vattel exprime très bien la différence qui existe entr'eux et les ambassadeurs, en disant que ceux-ci représentent leur souverain dans sa dignité, tandis que le Résident le représente seulement dans ses affaires.

Il suit de là, que les Résidents sont accrédités avec des formes moins solennelles que les autres agents diplomatiques. Il arrive même quelquefois que leurs lettres de créance n'émanent pas directement de leur souverain, mais seulement d'un agent d'un ordre supérieur, dont ils sont en ce cas les lieutenants. Du reste, leurs obligations et leurs droits ne diffèrent en rien des obligations et des droits inhérents à la qualité du ministre diplomatique.   J. B.

RÉSISTANCE. Mot nouveau, chose vieille. Depuis le commencement des temps, le monde moral et le monde politique sont livrés comme le monde physique à un double mouvement d'action et de résistance. Deux principes, en effet, dominent l'humanité : le principe du bien, le principe du mal. Et de même que la vie individuelle n'est que la lutte du principe vital comme le principe mortel, de même la vie collective, l'humanité n'est qu'un grand et perpétuel combat entre la force qui nous pousse vers les abîmes et celle qui nous élève graduellement vers le créateur. Résistance donc du bon principe contre le mauvais et du mauvais contre le bon : voilà l'histoire du

monde. Cette lutte n'aura-t-elle point de fin ? L'humanité serait-elle comme ce mystérieux et symbolique problème de géométrie vers la solution duquel vous pouvez approcher toujours et toujours de plus en plus, et dont la solution complète n'est pas, ne sera jamais possible. Non, l'humanité a un but ; elle y marche douloureusement, mais progressivement ; et ce but, c'est l'amoindrissement successif et l'annulation définitive du mauvais principe.

Nous ne voulons pas assurément donner à cette remarque une importance qu'elle n'a pas ; mais nous ne voulons pas non plus la passer sous silence, parce qu'elle est un indice très réel du progrès de l'esprit humain. Qu'exprimait autrefois le mot Résistance? Une seule chose : résistance à la conquête, résistance à l'oppression, à l'abus de la force organisée. L'humanité alors était sur la défensive. Battu, foulé aux pieds, meurtri et déchiré, le peuple ne savait, de temps à autre, que se lever contre ses tyrans, les abattre et se courber de nouveau sous les pieds d'un nouveau tyran moins connu. Aujourd'hui, au contraire, le genre humain, comme l'a dit Voltaire, a retrouvé ses titres. S'il y a des tyrans encore, et il y en a d'hypocrites et de violents, il n'en est pas moins vrai que le principe vital de l'humanité a fait d'immenses progrès et domine. C'est le mal, c'est l'esprit de privilége, de discorde, de cupidité, d'avarice, qui est sur la défensive maintenant et qui résiste. Mais comme la résistance douloureuse et ensanglantée du bon principe a vaincu dans le passé, par cela même la résistance cruelle et sanglante du mauvais principe, encore incarné dans les formes lorsque déjà il est *évulsé* du fond, sera vaincue et vaincue définitivement, à moins que l'humanité, contre toutes les apparences, ne soit comme un jouet entre les mains d'une force impitoyable et railleuse.   E. D.

RÉSOLUTION. Quand un projet de loi a été adopté par l'une des deux chambres, ce n'est pas encore une loi : ce n'est pas non plus un simple projet. Les dispositions adoptées sont inscrites dans le recueil des procès-verbaux de la chambre, sous le titre de *Résolution de la chambre*.

Cette acception du mot Résolution est la seule dont nous ayons à parler ici. Disons cependant que, dans son acception générale, ce mot caractérise une qualité absolument indispensable dans un homme politique, et qui n'est pas commune surtout chez les vieillards. C'est pour cela que les longs règnes ont presque toujours fini par des désastres.   E. D.

RESPONSABILITÉ. Répondre, dans le langage politique, c'est rendre compte, sous une sanction pénale de l'exercice régulier du pouvoir que les lois de l'état confient à ses agens.

Il y a deux sortes de Responsabilité : celle des ministres et celle de leurs subordonnés.

La Responsabilité des ministres est établie et définie par la Charte.

Les ministres traîtres et concussionnaires peuvent être accusés par la chambre des députés, et ils sont jugés par la chambre des pairs.

La Responsabilité a pour sanction la condamnation des coupables. Elle a pour exercice le contre-seing de tous les actes du gouvernement. Elle a pour garantie l'impuissance de la poursuite et la corruption des chambres.

Les mauvais ministres ont plusieurs moyens d'éluder leur Responsabilité. Ils empêchent qu'on n'organise, par une loi, les termes, les conditions et la mise en œuvre de la Responsabilité. Ils surchargent la chambre des députés d'une majorité de fonctionnaires qui ne permettrait pas l'accusation, et ils mettent dans la chambre des pairs une majorité de créatures qui ne permettrait pas le jugement.

Ils s'arrangent aussi quelquefois de manière que s'ils volent, c'est le plus honnêtement du monde; et que s'ils conspirent, c'est leurs complices qu'on punit pour eux. Enfin, ils se cachent, eux et leurs actes, derrière l'irresponsabilité royale, et ils la découvrent pleinement au risque qu'on tire à bout portant sur elle, pourvu qu'on ne tire pas sur eux.

En temps de révolution, on opère avec moins de façons, et comme les révolutions se font, d'ordinaire, contre les ministres régnants, on les pend si la révolution est un peu trop vive, et si elle est douce, elle les renvoie chacun à son logis. Innocents ou coupables, on les juge sans formes, ou, ce qui est pire, avec des formes qu'on improvise pour la circonstance et pour le besoin de la cause.

En sorte qu'on peut dire que, dans les temps ordinaires, c'est-à-dire quatre-vingt-dix-neuf fois sur cent, la Responsabilité constitutionnelle est une fiction qui a été inventée pour la commodité, le plaisir et l'agrément des ministres.

Sous l'abri de cette fiction, ils répondent aux plaintes des chambres, des citoyens et de la presse: « Vous en parlez à votre aise, mais si, comme nous, vous étiez responsables!... »

Quand ils demandent des fonds secrets, des régiments, des lois d'exception, des augmentations d'emplois, et qu'on leur représente que la société n'est pas troublée par les factions, que l'état est en paix avec les nations voisines, que les lois ordinaires suffisent et que les sinécures sont des abus, ils disent : « Prenez garde à ce que vous allez » faire. Si, par votre refus, vous nous empêchez » d'agir, nous ne serons plus responsables de ce » qui pourra arriver. » Or, les chambres qui craignent, comme des grands enfants qu'elles sont, que la Responsabilité ne retombe de la tête des ministres sur la leur, leur accorde bien vite tout ce qu'ils demandent et même au-delà, la frayeur aidant.

Mais si la Responsabilité des ministres se consomme et se perd, comme une fumée dans les hauteurs du pouvoir; si le tonnerre des révolutions ne les frappe que dans les jours de tempête et d'orages; si la vindicte publique ou l'ambition et la rivalité des partis ne leur demande pour toute satisfaction, que de s'arracher de la scène et de rentrer dans les coulisses de la vie privée, il n'en est pas de même de leurs agents secondaires.

Agents spéciaux et immédiats de l'autorité, ils touchent par l'exécution aux citoyens que les ministres ne touchent que par leurs ordres. Or, c'est à l'exécution qu'on est sensible : c'est l'obéissance qui coûte.

Les agents peuvent tomber dans le cas de Responsabilité de plusieurs manières :

En violant la loi dans l'exécution, comme le ministre l'a violée dans son ordre. En poussant au delà de ses limites l'exécution d'un ordre légal ; en commettant de son propre chef, par ambition, par haine, par cupidité, par ignorance même, des crimes, délits et abus de pouvoir envers les citoyens. D'un autre côté, comme les fonctionnaires sont en butte à toutes sortes de plaintes, de conspirations et d'hostilités, soit de la part des autorités rivales, soit de la part des particuliers, il faut bien qu'une garantie spéciale les couvre et les protège contre ces entreprises, non dans leur intérêt personnel, mais dans l'intérêt de l'administration.

Disons en peu de mots l'histoire de la garantie constitutionnelle, et laissons le lecteur tirer ses conclusions ; c'est d'ailleurs la méthode expositive et impartiale qui a été suivie dans ce Dictionnaire.

Cette Garantie existe au profit des juges, des députés, des ministres. Pourquoi n'existerait-elle pas au profit des fonctionnaires ? Il faut seulement la renfermer dans de justes bornes ; ne pas étendre la garantie à trop de cas et d'agents. Ne pas non plus trop entraver et inutiliser la poursuite; secourir les citoyens contre l'arbitraire possible du pouvoir; secourir le pouvoir contre les récriminations des citoyens ; voilà le nœud de la matière.

Sous l'ancienne monarchie, le conseil d'état arrachait, par ses évocations, les administrateurs et les privilégiés à la juridiction criminelle du parlement.

Après avoir mis au tombeau les parlements et le conseil d'état, les lois de la révolution creusèrent profondément la ligne qui séparait le pouvoir administratif du pouvoir judiciaire.

Mais ce n'était pas tout d'avoir créé le pouvoir administratif, il fallait protéger ses agents contre les tendances hostiles et routinières que la plupart des nouveaux juges avaient puisées à l'école des anciens parlements.

La loi du 14 décembre 1799 défendit aux juges, sous peine de forfaiture, de citer devant eux les administrateurs, à raison de leurs fonctions.

La Convention, pour faire face à ses ennemis, ramassa autour d'elle et concentra tous les pouvoirs.

Ce n'était point comme législature qu'elle admonestait les juges et qu'elle cassait les procédures, c'était comme gouvernement. Car si elle légiférait dans ses comités réunis, elle gouvernait dans ses comités isolés. La raison judiciaire cédait à la raison politique. La garantie de l'action était révolutionnaire, comme l'action elle-même. Les moyens répondaient au but.

L'évocation protégeait à la fois l'acte et l'agent.

Pour quiconque médite profondément l'histoire de ce temps-là, un fait saillant apparaît ; c'est que a révolution ne dut son salut qu'à l'énergie, à l'unité et à la concentration du pouvoir exécutif.

La constitution de l'an III confirma implicitement les dispositions de la loi du 24 août 1790.

Le conseil des cinq-cents, par sa résolution solennelle du 8 vendémiaire an V, posa nettement le principe de la revendication administrative, et le Directoire exécutif le mit en œuvre dans ses nombreux arrêtés.

Ces arrêtés curieux portent que, « les entreprises des juges tendaient à établir une lutte dangereuse entre les autorités, à confondre tous les pouvoirs, à entraver la marche du gouvernement, et à détruire les mesures les plus propres à consolider la révolution et à perpétuer l'existence de la république.

C'est dans le même sens qu'un arrêté du Directoire, du 16 floréal an V, porte qu'il lui appartient de renvoyer les prévenus devant les tribunaux, soit que le délit ait été commis par les administrateurs seuls, ou par des administrateurs conjointement avec d'autres citoyens.

C'est dans le même sens qu'un autre arrêté du 2 nivôse an VI, déclare plus explicitement encore « qu'en aucun cas, les administrateurs ne peuvent » être traduits devant les tribunaux, pour raison » de leurs fonctions, sans l'autorisation préalable » du Directoire exécutif. »

D'après ce principe, tous les mandats d'amener et d'arrêt, les actes d'accusation, citations en justice, procédures, ordonnances, jugemens de condamnation, contre les agens du gouvernement, sans autorisation préalable, étaient annulés par la voie du conflit, sauf la mise en jugement postérieure.

La garantie s'étendait, par voie de conséquence, aux gardes nationales et aux particuliers qui leur prêtaient main-forte, par la raison que, « la force « armée agit d'après les ordres des administra- « teurs qui l'emploient, et que les particuliers qui « se joignent à elle, participent à la même garantie. »

L'exagération de cette garantie s'appliquait même aux officiers de l'état civil, poursuivis pour faux commis sur les registres, par ce motif « que « les actes de naissance, mariage et décès, font « partie des fonctions administratives ».

Nous ne croyons pas que jamais l'abus du conflit ait été poussé aussi loin. L'évocation et la garantie marchaient parallèlement, et couvraient l'agent et l'acte de leur bouclier.

Toutes ces précautions de l'arbitraire ne purent sauver le Directoire, qui tomba dans les mains redoutables d'un soldat heureux.

C'était la manie de ce temps-là, comme celle d'aujourd'hui, que le pouvoir fût fort, très fort, comme si toute la force d'un gouvernement ne consistait pas dans la bonté des institutions, et dans la confiance des citoyens ! Le Directoire se croyait donc fort, lorsqu'il dépouillait les tribunaux de leur juridiction, qu'il laissait ses agens impunis, et qu'il méprisait les plaintes de ses administrés ? Il ne se doutait pas qu'il y a quelque chose de plus fort encore que la force, c'est la justice.

Bonaparte son héritier, savait bien qu'il fascinait les yeux des Français par l'éclat de son génie et de ses victoires ; mais il n'était pas fâché de recueillir, dans la succession du Directoire, l'évocation et la garantie. Il transporta donc la garantie dans l'article 75 de la constitution de l'an 8, et l'évocation dans l'arrêté réglementaire du 13 brumaire an 10.

Ce fameux article 75 de la constitution de l'an 8 qui régit encore aujourd'hui la · matière , porte « que les administrateurs ne pourront être pour- « suivis , pour des faits relatifs à leurs fonctions, « qu'en vertu d'une décision du conseil d'état «.

Dans les premiers développements de cette constitution mi-républicaine, le conseil-d'état, corps organique, avait une autorité propre. Il pouvait donc, malgré la volonté des Consuls, autoriser la mise en jugement des fonctionnaires inculpés.

Mais le premier Consul, qui marchait à pas rapides vers l'empire, ne tarda pas à déclarer que les décisions du conseil-d'état ne constituaient que de simples avis. Il entoura de la garantie illimitée tous les agents du gouvernement, et par un décret du 9 avril 1806, il défendit aux juges de décerner contre les fonctionnaires, aucun mandat, ni de leur faire subir aucun interrogatoire, sans l'autorisation préalable du conseil-d'état.

Plus soupçonneux à mesure qu'il devenait plus absolu, il fit prononcer une amende par le Code Pénal contre les juges qui se seraient permis d'amener devant eux des agents du gouvernement, et notamment les ecclésiastiques, les conseillers-d'état, les militaires de tout grade en activité de service , les préfets, sous-préfets, maires et adjoints, les intendans-militaires, les intendants de la marine, les consuls et vice-consuls, le préfet et les commissaires de police, les membres du conseil de révision pour le recrutement de l'armée les membres des bureaux de bienfaisance et les administrateurs des hospices, les employés des domaines, des octrois, des monnaies, les préposés à la navigation, les vérificateurs des poids et mesures, les directeurs, percepteurs, receveurs particuliers et receveurs généraux des contributions directes, les inspecteurs et directeurs des postes, les gardes forestiers des domaines de l'état, de la couronne et des princes apanagés, et jusqu'aux garde-pêches et aux gendarmes, lorsqu'ils sont prévenus d'avoir commis un délit dans l'exercice de leurs fonctions administratives.

La garantie était levée par les directeurs-généraux des administrations financières, à l'égard de leurs agens inférieurs qu'ils pouvaient traduire devant les tribunaux, sans recourir au conseil-d'état. La raison en est que la garantie n'avait été instituée que dans l'intérêt du gouvernement, et non contre lui.

La garantie s'appliquait aux agents du gouvernement, destitués ou démissionnaires, comme aux agents en activité de service. La raison en est que la garantie couvre les fonctions et non le fonctionnaire.

Si par mégarde , quelque agent était traduit devant les tribunaux ; et que celui-ci ne proposât pas d'office le déclinatoire, le conflit administratif venait à la fois leur arracher l'acte et l'agent.

On ne vit jamais d'impunité plus habilement organisée; et c'est peut-être à cette longue habitude de plier, sans murmurer, sous le joug de l'autorité, qu'il faut attribuer la mollesse des citoyens, et notre peu d'esprit public.

La restauration se garda bien de briser les instrumens du despotisme impérial; l'article 75 de la constitution fut d'abord maintenu; seulement l'attribution des mises en jugement passa des sections de législation et de l'intérieur du conseil-d'état, au comité du contentieux.

C'était une garantie de meilleure information pour les parties lésées, sans que l'agent inculpé en souffrît; car l'instruction se complétait par l'avis du procureur-général du ressort, et par les défenses du ministre compétent. Mais la mise en jugement n'atteignait jamais que des employés subalternes et des noms obscurs. L'autorisation de poursuivre un préfet ne fut jamais accordée. Le gouvernement aurait cru voir, dans cette autorisation, une diminution de son pouvoir. C'était chose sue d'avance, et il ne venait à la pensée de personne de prendre à partie quelque grand fonctionnaire. Le moyen de se débarrasser d'une plainte incommode était bien simple : s'agissait-il d'un ministre? les tribunaux demandaient au plaignant s'il était muni d'une autorisation du conseil-d'état. Et lorsque le plaignant s'adressait au conseil-d'état, on lui répondait que le conseil-d'état n'était pas compétent pour autoriser la mise en jugement d'un ministre. Pétitionnait-on à la chambre des députés? celle-ci vous objectait la charte qui ne permet d'accuser les ministres que pour des faits de trahison et de concussion. Voilà quelle était et quelle est encore la législation sur la responsabilité des ministres, tant civile que criminelle.

S'agissait-il d'un fonctionnaire supérieur? Le gouvernement prétendait qu'il lui appartenait de caractériser le fait ou l'acte incriminé. Puis, il le disait administratif dans la forme et régulier au fond, c'est-à-dire, qu'il se jugeait lui-même avec cette impartialité et cette rigueur qu'on a toujours pour soi. L'action criminelle, l'action civile même tombait, et tout était fini.

On mit cependant, sous la restauration, quelques bornes à l'arbitraire.

Ainsi, l'autorisation du conseil-d'état n'était pas nécessaire pour traduire devant les tribunaux les maires et adjoints, gardes-forestiers, commissaires de police, et officiers de gendarmerie, qui auraient commis des contraventions ou des délits, en qualité d'officiers de l'état civil ou de police judiciaire.

On ajouta à cette nomenclature :

Les conseillers municipaux, greffiers de mairie, et gardes champêtres;

Les receveurs, percepteurs, maires et autres individus qui auraient fait des perceptions illégales;

Les gardes des bois des particuliers;

Les procureurs du roi près les tribunaux;

Les commissaires du gouvernement près des conseils de guerre.

La loi du 8 décembre 1814 permit aussi de traduire, dans les formes communes à tous les autres citoyens, devant les tribunaux compétents, sans autorisation préalable de la régie, les employés des droits réunis, prévenus de crimes ou délits commis dans l'exercice de leurs fonctions. Seulement le juge instructeur, lorsqu'il a été décerné un mandat d'arrêt, est tenu d'en informer le directeur des impositions indirectes du département de l'employé poursuivi.

Il a encore été décidé que le conflit ne pouvait être élevé sous le prétexte que les tribunaux auraient passé outre au jugement, sans autorisation, d'un agent du gouvernement prévenu de crime ou délit. Cette sorte de conflit était admise sous le régime impérial. Aujourd'hui, l'excès de pouvoir des tribunaux ne donnerait lieu qu'à une action en forfaiture. Mais si l'acte incriminé constitue une opération administrative, ou s'il s'agit de statuer sur une question préalable de propriété, la mise en jugement du fonctionnaire doit rester suspendue, jusqu'à la solution de la question préjudicielle par l'autorité compétente. Si, par exemple, le terrain ou bâtiment sur lequel le plaignant prétendrait qu'un maire a commis des actes arbitraires, fait entre eux la matière d'un procès, il est nécessaire que les tribunaux prononcent d'abord sur cette action de revendication; car si la commune était réellement propriétaire, le maire n'aurait fait qu'user qu'un droit légitime.

Le conseil-d'état impérial motivait ses décisions de refus. Mais sur la fin de la restauration, comme aujourd'hui, le conseil-d'état se contente d'exprimer, même pour les autorisations à fins civiles, qu'il n'y a pas de *motifs suffisants*. Cette sèche absolution est un prononcé de *bon plaisir*.

A tout prendre, le conseil impérial, malgré le despotisme de Napoléon, était plus indépendant dans son caractère, plus sage dans ses résolutions, moins courbé sous la verge des ministres, moins travaillé de petites passions et de méticuleux préjugés que les conseils de Charles X et de Louis-Philippe. Mais les progrès de la comptabilité financière, la régularisation successive des procédés de l'administration, et surtout la surveillance de cette presse qui fait la police des administrés dans tous les coins de la France, qui ne dort ni la nuit ni le jour, et qui, par ses mille trompettes, dénonce tous les abus, ont rendu les cas d'autorisation beaucoup moins fréquents. La presse met en jugement devant l'opinion, les agents du gouvernement qui prévariquent, qui fraudent l'État, qui vexent les citoyens, qui commettent des actes arbitraires. J'appréhenderais fort, à la vérité, que les hauts coupables, des ministres lâches et prévaricateurs et qui voleraient en grand, qui fripponneraient sur les marchés, qui humilieraient le front de la patrie sous le knout sacré des empereurs, qui incarcéreraient la liberté, bâillonneraient la presse, vexeraient les citoyens, ne trouvassent, dans le sein des législatures une absolution triomphante, tant les passions politiques enivrent et font chanceler le jugement de nos assemblées actuelles! Mais je dois convenir que les petits exacteurs, les agents d'abus de seconde main ne sont pas aussi multipliés que du temps de l'empire.

Aussi l'on ne trouverait plus, même en cherchant bien, autant de maires poursuivis pour avoir exercé, sans qualité, des fonctions publiques; prononcé, exigé et partagé avec des complices des amendes pour de prétendus délits; provoqué ou commis des excès, violences ou résistances envers les agents de la force armée; favorisé des dilapidations et vols; disparu avec des recettes; empêché, par abus d'autorité, des gardes de dresser des rapports; brisé des scellés apposés sur des titres et propriétés; lacéré des registres; établi et perçu, à l'aide de faux rôles, des taxes arbitraires; vendu des terrains communaux sans autorisation légale; retenu des baux, titres et registres de pauvres ou de contributions; détourné des fermages et reçu de l'argent pour des enregistrements omis; usurpé sur les fonctions judiciaires, et prononcé des condamnations illégales, amendes et exécutions; refusé de rendre le compte pécuniaire de leur administration.

Ces exactions, ces violences, ces dénis de justice, ces abus d'autorité ne se commettent guère, avec une si grande variété et une si grande abondance, que dans les pays et dans les temps où la presse est muette.

La loi punit les crimes et délits des fonctionnaires. La liberté de la presse les prévient. Assise au seuil de la chaumière, elle en défend l'entrée à l'arbitraire du pouvoir. Assise sur les marches des palais, elle agite le sommeil des ministres prévaricateurs. Mais quelque soit le zèle et l'universalité de sa vigilance, il y a toujours des abus qui lui échappent; il y a des lieux reculés où elle ne pénètre pas; il y a de ses organes qu'on fausse ou qu'on intimide; il y a de ses plaintes qui expirent dans l'oubli; il y a des agents du gouvernement dont sa voix ne peut remuer la conscience, que la cupidité travaille, que la haine emporte; qui se jouent de la vanité d'une punition morale, et que l'application des pénalités matérielles peut seule retenir. Il faut donc, à côté des avertissements préventifs de la presse, placer la répression d'une responsabilité criminelle et civile.

Les fonctionnaires ne peuvent rester sans défense dans l'exercice public de leurs pouvoirs. Les citoyens ne peuvent rester sans action contre les crimes et délits des fonctionnaires. C'est à protéger ce double intérêt qu'une bonne législation doit s'appliquer.　　　　　　　　　TIMON.

RESTAURATION. Je ne puis me défendre en écrivant ce mot d'un sentiment profond de douleur et d'amertume; ce mot est à la fois un principe et une histoire: histoire de défaites, de crimes, de vengeances et de réactions, histoire désolante qu'il faut résumer rapidement pour mieux montrer combien le principe qu'elle développe est odieux. Cette histoire elle-même s'encadre entre deux faits supérieurs qui dessinent à grands traits

son caractère: les traités de 1815, les ordonnances de 1830. Entre ces deux dates, des oscillations diverses, une attaque audacieuse et violente, ou des manœuvres cauteleuses et dérobées suivant que le pouvoir est manié par des hommes entreprenants ou par des intelligences sur lesquelles pèsent le poids du temps et les tendances du pays; mais au milieu de ces variations passagères, la même ligne se trace et se poursuit; les traités de 1815 avaient morcelé le territoire de la Révolution, ils avaient diminué sa base, affaibli sa puissance matérielle; les lois et les institutions qu'on essaya d'implanter sur ce territoire morcelé continuaient au point de vue politique et moral l'œuvre de destruction accomplie sous le rapport matériel, jusqu'à ce que l'on crut pouvoir tenter le dernier coup et briser en 1830 les derniers leviers que la Révolution conservait encore. Entre les traités de 1815 et les ordonnances de 1830 il n'y a donc pas de solution de continuité; la même pensée a inspiré les deux actes, le même principe enchaîne les deux événements, et ce principe il s'appelle la *Contre-Révolution*!

Qu'a-t-elle fait durant ces quinze années! quels crimes se révèlent sous ce mot de Restauration? C'est ce que l'histoire va nous dire: affaiblissement de la puissance extérieure de la France; affaiblissement de sa puissance morale. Rappelons en peu de mots les tristes preuves de cette double vérité.

LES TRAITÉS DE 1815.

Le drame de Waterloo était fini, drame terrible où se jouaient les destinées de l'Europe. L'armée française vaincue s'était repliée sur Paris, les étrangers la suivaient: déjà une convention militaire conclue entre Davoust, Wellington et Blücher avait amené une suspension d'armes, et nos vieux soldats devaient se retirer derrière la Loire. La capitale était mise en état de siége. Louis XVIII y rentre et la même nuit des gens armés viennent fermer les salles où s'assemblent les chambres législatives. L'étranger souille encore une fois les rues de Paris, et tout prend un aspect lugubre de terreur et de vengeance. Des ordonnances de proscription frappent nos plus illustres généraux, l'ancienne armée est licenciée, on attaque à la fois la liberté individuelle et la liberté d'écrire, et pendant ce temps l'esprit de fureur se déchaîne dans le midi, les vieilles factions se réveillent, la noblesse relève partout ses écussons brisés, enfin une chambre législative sort du milieu de cet atmosphère enflammée et commence par la loi cette réaction forcenée que la victoire inspire toujours aux partis faibles.

C'est au milieu de ces circonstances que l'on signe à Paris cet odieux traité de paix conclu entre la France d'une part, l'Autriche, la Russie, la Prusse et l'Angleterre de l'autre.

Il y avait à peine un an que les mêmes puissances avaient signé un premier traité de paix du 30 mai 1814, dont il faut rappeler les principales dispositions, car elles prouveront par quelle série rapide d'usurpations cupides et déloyales, les puissances sont arrivées à la désastreuse convention rédigée le 30 novembre à Paris.

Il avait été stipulé le 30 mai 1814, que la France reprenait les limites qu'elle avait au 1er janvier 1792, mais qu'on y ajoutait une extension de territoire qui agrandissait les départements des Ardennes, de la Moselle, du Bas-Rhin, de l'Ain, et qui annexait une partie de la Savoie. La France rentrait en possession des colonies, pêcheries, comptoirs et établissements de tout genre qu'elle possédait en 1792 dans les mers et le continent de l'Amérique. La Suède lui rendait la Guadeloupe, mais l'Angleterre avait revendiqué sans droit aucun, Tabago, Sainte-Lucie et l'Ile-de-France. Les gouvernements du reste renoncèrent à réclamer aucune somme pour les frais de la longue guerre qui durait depuis près d'un quart de siècle.

C'était là sans doute une perte assez cruelle pour notre pays ; ses frontières étaient rétrécies, sa puissance considérablement diminuée, mais après d'aussi terribles revers, il fallait subir cette condition de la défaite. Malheureusement, les choses ne devaient pas en rester là. Cependant cette convention était solennelle, les puissances l'avaient signée après réflexion, et nous en donnerons une preuve évidente en citant la déclaration qu'elles publièrent de concert au moment où elles apprirent que Napoléon sorti en fugitif de l'île d'Elbe rentrait en France comme un triomphateur :

« Elles (les puissances) déclarent en même temps que *fermement résolues de maintenir intacts les traités de Paris du 30 mai 1814* et les dispositions sanctionnées par ce traité, et celles qu'elles ont arrêtées ou qu'elles arrêteront encore pour le compléter et le consolider, elles emploieront tous leurs moyens et réuniront tous leurs efforts pour la paix générale, objet des vœux de toute l'Europe, et vœux constants de leurs travaux ne soit pas troublée de nouveau.... (Déclaration des huit puissances réunies au congrès de Vienne, 13 mars 1815.)

Elles étaient donc réunies au congrès de Vienne, et c'est de là qu'elles exprimaient leur intention de maintenir le traité de 1814 : mais déjà ces premières stipulations s'étaient abîmées dans le gouffre que l'ambition et la cupidité creusaient à l'envi. On avait appelé tous les peuples à une immense croisade contre Napoléon, et pour prix de leur dévoûment, on leur promettait, en 1813, la magnifique récompense de l'émancipation et de la liberté. Aujourd'hui il ne s'agit plus que de river des fers, de spolier des territoires, de parquer et piller des ames.

La Russie s'empare du duché de Varsovie, se place à douze lieues de Vienne, et consent à s'arrêter à la Silésie, bien sûre qu'avec une telle position elle pèse à la fois sur la Prusse et sur l'Autriche, et qu'elle présente de loin, à l'Allemagne entière, la pointe de la lance de ses cosaques.

La Prusse, que le dix-huitième siècle avait vue s'élever peu à peu, et se grossir à force de violences ; la Prusse n'est pas satisfaite qu'on lui ait rendu tout ce qu'elle possédait avant la défaite de Iéna : la voilà qui s'empare de la plus belle moitié

de la Saxe ; elle confisque l'échancrure de la Pologne, connue sous le nom de duché de Posen ; la Westphalie et la Franconie sont encore à sa convenance, et comme si ce n'était pas assez, elle s'insinue jusqu'aux portes de la France, traverse le Rhin, s'installe sur la rive gauche sur une longueur de quatre-vingt-dix lieues et une largeur moyenne de quinze lieues. Cent ans auparavant elle ne possédait pas deux millions d'ames : grâce à cette invasion qui va des bords du Niémen au littoral de la France, elle compte aujourd'hui quinze millions d'ames et poursuit sans relâche son système d'envahissement.

L'Autriche, cette vieille habituée de la défaite, l'Autriche qui ne s'est jamais mise en ligne depuis vingt-deux ans sans avoir été vaincue, bafouée, dispersée, abattue ; l'Autriche, arrivée si tard, croyez-vous qu'elle sera plus modeste ? Loin de là, elle est avec l'Angleterre la plus âpre à la curée. On lui redonne tous les territoires qu'elle avait abandonnés par trois traités : celui de Lunéville en 1801, celui de Presbourg en 1805, celui de Vienne en 1809 ; on remonte pour elle le cours du temps et on lui rend tout ce qu'elle avait avant le traité de Campo-Formio (1797). Ce n'est pas assez, il faut aussi que la guerre lui profite : il ne s'agit pas seulement pour elle de reprendre tous les états vénitiens sur les deux rives de l'Adriatique, les vallées de la Valteline, de Bormio, de Chiarama, elle s'empare, en outre, de Milan, Bergame, Mantoue, Rovigo ; elle tient l'Italie entière sous sa domination, et de Salsbourg elle s'étend jusqu'à Inspruck, et vient à son tour s'appuyer au Rhin par un angle de ses états...

Et l'Angleterre ! oh ! ne parlons pas d'elle, elle se contente de jeter un prince de sa race au centre de l'Allemagne, et puis elle fait bon marché du continent. Mais voyez sa main, c'est elle qui partout trace les lignes, c'est la main impure de Castlereagh, cette main qui ne se purifiera pas en lui coupant la gorge, c'est elle qui soutient la cupidité de toutes les prétentions, pourvu qu'elles nuisent à la France : elle abandonne la terre aux autres, mais elle garde ou elle acquiert sur toutes les mers du globe tous les points importants, soit pour la guerre, soit pour le commerce. Nous ne pouvons pas détailler sa part du butin, elle est immense ; elle touche à la fois à tous les continents, à toutes les mers intérieures, à l'Océan qui baigne l'univers. Ces traités lui valent le monopole du monde entier : elle n'en est pas satisfaite et elle réclame l'intérêt des sommes qu'elle a fournies pour alimenter la coalition !...

Au milieu de ces déprédations, ne demandez pas ce que deviennent les promesses de liberté, ne parlez pas des droits des populations, ne montrez pas les antipathies naturelles qu'on agglomère sous la même oppression : il n'y a ni peuples ni droits, il y a des forts qui dévorent et des faibles qui sont dévorés ; l'ambition est seule consultée dans le partage des territoires ; nulle convenance de mœurs ; on accouple violemment l'Autrichien au Milanais comme au Hongrois, le Polonais au Franconien, le Prussien au Saxon, et dans ce pêle-mêle qu'a créé le rut sauvage de la cupidité, il n'y a qu'un mobile qui domine, c'est la nécessité de démanteler, de ruiner la France révolutionnaire, et de mettre garnison au nom de la Sainte-Alliance partout où nos idées avaient pénétré...

Il ne restait plus qu'à porter le dernier coup au foyer même de ces idées, et le traité de Paris du 20 novembre vint compléter cette œuvre infâme. Il n'est plus question des limites accordées en 1814 ; nos frontières sont encore refoulées ; notre territoire rétréci ; on nous enlève au nord tout le duché de Bouillon et les forteresses de Philippeville, Mariembourg, Sarrelouis et Landau. A l'est, on cède le pays de Gex à la Suisse et l'on resserre notre douane à l'ouest du Jura. Le département du Mont-Blanc, laissé à la France en 1814, est remis au roi de Sardaigne. On déclare que les fortifications d'Huningue seront démolies et ne pourront être relevées. La France est imposée à SEPT CENT MILLIONS, pour payer les frais de la guerre, et comme si cet impôt n'était pas assez lourd, on la condamne à recevoir, nourrir et entretenir un corps de troupes alliées fort de cent cinquante mille hommes, qui se place le long de ses frontières pour la tenir comme dans un Lazaret. Ce corps est placé dans dix-sept villes fortifiées, et en même temps on défend au gouvernement de mettre plus de vingt-deux mille hommes dans les vingt-six places appartenant au territoire occupé. La France est tenue de donner à ces cent cinquante mille hommes le logement, le chauffage, l'éclairage et les vivres en nature ; de manière que le nombre des rations, *soit de deux cent mille pour les hommes*, et de *cinquante mille pour les chevaux*. En outre, elle s'oblige à payer la solde, l'équipement, l'habillement et tous les objets nécessaires, moyennant cinquante millions par an payables de mois en mois. Enfin, les nouvelles frontières imposées à notre pays produisent, en population, une perte de six cent mille ames, réparties sur les départements du Nord, des Ardennes, de la Moselle, du Bas-Rhin et du Mont-Blanc. La France perd en territoire vingt lieues carrées, et on lui enlève, en outre, Saint-Domingue, Sainte-Lucie, Tabago et l'Ile de France.

J'étouffe en achevant cette honteuse nomenclature. C'est le traité le plus violent, le plus désastreux dont nos annales fassent mention. Il faut remonter au quatorzième siècle, à l'odieux traité de Brétigny pour trouver quelque chose d'analogue. L'argent a été payé : onze cent millions ont été donnés à la coalition, la dette pécuniaire est acquittée. La dette d'honneur, quand le sera-t-elle ? Il y a vingt-six ans que la France a été traitée comme ces anciens prisonniers du moyen âge qu'on dépouillait de leurs vêtements, et que l'on promenait les boulets au pied, la corde au cou, la tête rasée jusqu'aux lieux où ils payaient leur rançon. Oui, il y a vingt-six ans que notre pays traîne ce boulet des traités de 1815 ! Ah ! les nations ne supportent pas impunément pendant plus d'un quart de siècle

une telle flétrissure morale ! Il se fait dans les ame je ne sais quel travail de lâcheté et d'abrutissement qui les rend insensibles et impuissantes ! Il y a vingt-six ans ! Et cependant le peuple a protesté depuis par une révolution ! Protestation avortée, convulsion de trois jours si bien exploitée par un nouveau pouvoir sorti de la poussière de juillet à l'aide de ce spasme populaire !

Ah ! que les générations qui nous suivront étudient bien ce testament de nos faiblesses, et que, retrempées aux souvenirs brillants de notre histoire, elles lisent et relisent ce traité de Paris du 20 novembre, ces traités de Vienne du 9 juin 1815 ! Qu'elles les lisent en plaignant ce malheureux pays épuisé qui succombait devant l'Europe entière armée contre lui ; qu'elles les lisent en dédaignant notre génération efflanquée et bâtarde qui n'a pas su déchirer à la face de l'Europe ce monument de notre honte et de nos malheurs ; que la France, maîtresse d'elle-même, le détruise enfin pour toujours. Nous ne le demandons pas comme une réaction de la gloire contre la défaite ou comme une représaille de vaincus, nous le demandons au contraire comme une protestation de la justice, comme la réaction des principes de la Révolution auxquels on a porté une atteinte si rude par le morcellement du territoire et par l'affaiblissement matériel du pays.

C'est donc là le point de départ de la Restauration : la contre-révolution européenne lui donne la France à exploiter, à surveiller, à faire rétrograder dans les voies du despotisme ; voyons comment la branche aînée répond aux ordres de l'Europe.

LOIS PRINCIPALES DE LA RESTAURATION. — Il était facile à l'Europe coalisée et victorieuse de morceler le territoire de la Révolution. La France épuisée par ses victoires comme par ses revers ne pouvait plus opposer la force à la force ; mais l'œuvre contre-révolutionnaire n'était pas accompli. Le plus ardu restait à faire. Il fallait changer les habitudes, les mœurs, les idées de vingt-huit millions d'hommes, qui pouvaient en peu de temps reprendre assez d'énergie pour mettre en poussière les instruments de la réaction. Substituer tout d'un coup l'ancien régime au régime nouveau, c'était une tentative trop hardie et qui pouvait tout compromettre. Les Bourbons revenaient dans un pays qui ne les connaissait pas. Ils rentraient sous la protection des baïonnettes étrangères et avec l'escorte de ces vieux émigrés odieux à la France, à laquelle ils venaient imposer leurs prétentions outre-cuidantes, leurs modes ridicules, et l'insupportable orgueil des *ci-devant*. La légitimité avait été détruite et la souveraineté du peuple proclamée ; l'aristocratie avait vu tout son matériel féodal jeté par terre ; la propriété avait reçu une nouvelle assiette, partagée en départements et régie par le code civil, avait pris un nouvel aspect ; le clergé avait été réduit à sa véritable fonction, celle d'officier de morale : il fallait recréer la légitimité, reconstruire l'aristocratie, rendre au clergé sa prépondérance, blesser tous les intérêts que l'uniformité et l'égalité des .bis avaient engendrés et protégés, effacer les idées qui avaient produit ces intérêts, changer les mœurs qui étaient nées de ces idées. Il fallait soulever et renverser un édifice que la Révolution avait profondément implanté dans le sol, et que le poids du temps avait consolidé et affermi.

Entreprise impuissante, à laquelle toute la force de l'Europe n'aurait pas suffi. Aussi arriva-t-il alors ce qu'on avait vu déjà en Angleterre à la restauration de Charles II. La lutte entre les principes anciens et les principes nouveaux commença dès la première heure, et cette lutte passa des principes aux hommes. Parmi ceux qui tenaient le pouvoir ou qui avaient le droit d'y prétendre, les uns plus intelligents et plus habiles voulaient agir avec prudence, étendre peu à peu les conquêtes de la contre-révolution, cerner et tourner la place au lieu de l'enlever d'assaut : ceux-ci étaient pour les compromis. Les autres, plus audacieux et plus convaincus, livraient hardiment la bataille, ouvraient la brèche et voulaient emporter de vive force la citadelle qui leur résistait.

C'est là toute l'histoire de ces quinze ans. Elle s'ouvre par la Charte, qui était à la fois une concession et une réaction. Les uns voulurent la développer dans le premier sens, les autres l'interprétèrent dans le second. Au lieu d'éteindre la lutte, elle en apportait tous les germes, elle devait les féconder jusqu'au jour où la question se poserait par les armes entre l'ancien régime et le nouveau.

Les trois premières années de la Restauration présentèrent le tableau synoptique de cette guerre intérieure. Résumons-les donc sommairement.

La légitimité, l'aristocratie et le clergé font ensemble leur invasion dans le pays : leurs pensées, leurs désirs, leurs passions se dessinent dans toute leur nudité. La monarchie débute par la proscription. Dix-neuf généraux sont traduits devant les conseils de guerre : trente-huit autres sont exilés ou soumis à la surveillance de la police. On verse le sang de Ney, de Labédoyère, de Mouton-Duvernet. A cette ordonnance du 24 juillet, les nobles et les prêtres du Midi répondent par des assassinats. Le maréchal Brune est arrêté en plein jour dans une auberge d'Avignon ; une populace, soulevée par les royalistes, entoure la maison, pénètre dans son appartement, s'empare de ce brave soldat ; son corps est horriblement lacéré, on le traîne dans les rues, on le jette dans le Rhône, et le cadavre, rejeté par le mouvement des eaux, reste deux jours sans sépulture. Dix jours après, Toulouse offre le même spectacle : la maison du général Ramel est entourée par la lie de la population qu'excitent les nobles du lieu. Après des cris atroces, on parvient jusqu'au général, qu'on égorge d'une manière horrible, et l'un des assassins promène le bras de la victime qu'il a coupé au milieu des applaudissements des royalistes, et pendant que leurs femmes agitent aux fenêtres leurs mouchoirs blancs. Plusieurs années se passent sans qu'on puisse avoir justice, et cette jus-

tice ne sait pas découvrir les vrais coupables, ou bien elle les couvre de son indulgence. Dans le même mois, le général Lagarde est assassiné à Nîmes, au moment où il présidait à l'ouverture du temple des protestants. A ces meurtres de la fureur, se joignent les meurtres juridiques.

C'est donc par le sang que s'installe la vieille monarchie. Et pendant ce temps, la loi protège et consacre la vengeance. Le 9 novembre 1815, la chambre vote un projet qui punit de la déportation *toutes personnes coupables de* CRIS, *de discours, d'écrits qui auront exprimé la menace d'un attentat contre le roi ou les personnes de sa famille, qui auront excité à s'armer contre l'autorité royale, qui auront proposé, directement ou* INDIRECTEMENT, *le renversement du gouvernement*, ALORS MÊME QUE CES TENTATIVES N'AURAIENT ÉTÉ SUIVIES D'AUCUN EFFET, ET N'AURAIENT ÉTÉ LIÉES A AUCUN COMPLOT. Peine de la déportation contre ceux qui auront arboré un autre drapeau que le drapeau blanc. Vient ensuite une série de dispositions pénales pour des délits qui doivent être jugés par la police correctionnelle : emprisonnement de cinq ans, interdiction des droits civiques, *surveillance de la haute police* pour un geste, une parole, un vœu. La loi des suspects était renouvelée. Puis, comme les juridictions ordinaires paraissaient trop lentes, on crée la juridiction expéditive des Cours prévôtales. (V. ce mot) Cette même chambre décrète sa fameuse amnistie, qui n'est qu'une nomenclature de proscriptions. La liberté individuelle est frappée comme la liberté de la presse. Tous les services publics sont désorganisés et livrés au pillage des nouveaux venus. En même-temps on substitue à l'unité de l'Institut quatre académies formant corps à part ; on licencie l'école Poytechnique ; l'armée est renvoyée et persécutée dans ses foyers. De nouveaux impôts frappent la consommation ; des nuées d'agents de police se répandent sur tout le sol, et à leur suite naissent les accusations et les procès. Il est impossible de reproduire toutes les fureurs, toutes les vengeances de ce temps de haine et d'exaltation. La chambre qui prolongea ce règne de la terreur fut appelée du nom de *chambre introuvable* : c'est la chambre fidèle qu'il aurait fallu la nommer.

Cependant cette effroyable réaction commençait à révolter le pays ; les habiles voulurent y mettre un terme, et, au mois de novembre 1816, un de leurs organes à la chambre des pairs écrivait, dans une adresse au roi, ces paroles remarquables : « La force n'est plus que dans la modération, » *l'habileté que dans la prudence.* Si c'est un » grand crime d'avoir précipité au-delà des bornes » de la sagesse et de la prudence le mouvement » donné par le siècle, ce serait un grand tort de » ne pas suivre ce mouvement jusqu'aux limites » fixées par la raison. »

Voilà le plan des habiles. Mais cependant, s'il tempérait l'exécution des lois violentes, il ne donnait au pays aucune de ses garanties ; la liberté individuelle est soumise au caprice de l'arbitraire ministériel, la censure subsiste pour la presse,

l'insurrection de Grenoble, mystérieuse conspiration qui est encore enveloppée dans l'ombre ; cette insurrection de trois cents paysans *qui croyaient aller à une fête* (1), est punie avec une sauvage barbarie. La cour prévôtale frappe de son poignard *cent dix personnes.* Le même fait, la même cruauté se renouvellent pour les affaires de Lyon. Sur deux cent cinquante hommes faisant partie d'un rassemblement, cent cinquante sont traduits en jugement, et cent dix condamnés à des peines afflictives et infamantes. Au nombre des condamnés à mort on voit passer sur le fatal tombereau un enfant de *seize ans*, coupable d'une *simple menace* d'assassinat ; et à côté de lui un portefaix qui avait porté, dans une direction contraire à l'endroit du rassemblement, un paquet dont il ignorait le contenu, et qui se trouvait renfermer des cartouches (2).

Ces faits odieux, on les oublie : il faut les rappeler sans cesse à ceux qui vantent le gouvernement monarchique comme un modèle de justice et de modération. Les fureurs donc ne s'épuisaient pas ; mais la patience publique était à bout. Alors fut rendue la loi des élections du 5 février, qui amena à la chambre des députés imbus des idées nouvelles. Ceux-ci arrêtèrent pour quelque temps le pouvoir ; mais la pensée contre-révolutionnaire reprit bientôt le dessus.

Pendant qu'on faisait pour la monarchie ces lois féroces qui devaient la sauver par la crainte, l'aristocratie et le clergé essayaient de reprendre leur ancienne position. L'hérédité de la pairie était rétablie ; quatre-vingt-treize pairs nouveaux avaient été choisis parmi les nobles émigrés ; on avait en même temps constitué les majorats. D'un autre côté, la cour de Rome exigeait un nouveau concordat ; il fallait ériger quarante-deux nouveaux siéges, nommer autant d'évêques qu'il y en avait avant la Révolution, et assurer l'existence des prêtres et de l'Eglise par *une dotation fixe en rentes ou biens de l'Etat* (3). L'éducation était peu à peu remise aux mains des prêtres ; une ordonnance avait autorisé la congrégation des Pères de la mission, et déjà ils se répandaient dans tous les pays pour *éteindre les lumières et rallumer le feu,* suivant l'énergique expression de notre poète. Des fonds considérables étaient accordés pour les grands et petits séminaires.

Ainsi, même sous le ministère des prudents et des habiles, la force du principe entraînait de fatales conséquences. Mais les habiles furent à leur tour renversés. Le meurtre du duc de Berry marqua une ère nouvelle dans la réaction ; et cette fois, moins effrénée, moins sanglante pour les personnes, elle fut plus entreprenante, plus sévère pour les institutions. Tout fut attaqué par la longue administration de M. de Villèle : il indemnisa les émigrés en leur donnant un milliard ; il dénatura les élections par le double vote, le caractère mobile de la représentation nationale par la septennalité ;

(1) Expression de M. Decaze à la chambre des députés, session de 1816.
(2) Voir le discours de Camille Jordan (avril 1817).
(3) 16 juillet 1817.

il essaya de recréer l'ancienne propriété par un système de douanes et d'économie politique qui protégeait tous les priviléges ; il voulut détruire les conditions de la famille par la loi d'aînesse ; il rétablit la corporation des jésuites ; il rétablit un évêché par département ; la presse fut attaquée de nouveau par un projet de loi connu sous le nom de *loi d'amour ;* en un mot, dans toutes les parties de l'organisation politique et sociale, la contre-révolution s'infiltrait par l'action des lois.

Mais les idées y résistaient comme les mœurs, et le ministère Villèle tomba à son tour devant l'opinion publique. Quoique affaiblie par la législation, la bourgeoisie retrempait ses forces et appelait à elle le peuple, qui ne lui a jamais manqué. La lutte était devenue formidable : quelques mois d'un ministère semi-libéral ajoutèrent encore à sa puissance ; elle était en mesure de combattre la tête haute lorsque Charles X défia la France en donnant la présidence du conseil à M. de Polignac, le ministre de la guerre à Bourmont. C'était le dernier triomphe de la contre-révolution, c'était le dernier coup de la partie. Les ordonnances l'engagèrent, et le peuple la gagna !

Telle est l'analyse rapide de cette histoire que nous avons vue et dont nous avons souffert. Le mal que la Restauration a fait au pays, tout le monde le sait : le bien qui s'est développé sous son régime, c'est à l'intelligence, à l'activité de la population qu'il est dû. Toutefois, je n'hésite pas à le dire, au milieu de ces luttes acharnées entre l'ancien régime et la bourgeoisie, il se faisait un notable progrès dans les esprits. En dehors des faits présents grandissait une génération que la réaction contre-révolutionnaire portait de préférence aux études des grandes choses que la Révolution avait créées. Ils en nourrissaient leurs esprits, et quand l'insurrection fut victorieuse, on vit naître un nouveau parti qui, en rattachant la chaîne brisée des traditions, posa nettement et hardiment la doctrine révolutionnaire en face de ces transactions bâtardes qui devaient encore prolonger la lutte au lieu de la finir. C'est là sans doute une compensation faible, et d'autant plus faible, que la minorité n'avait d'autre force que celle de ses idées. Mais ces idées ont fait leur chemin et le poursuivent ; ces idées se sont enrichies de tous les développements que la science est venue y apporter ; et aujourd'hui, courbée sous un régime transitoire et décevant, la France commence à comprendre que, pour les nations comme pour les individus, il n'y a pas de compromis entre le vrai et le faux, qu'il faut choisir enfin entre l'un de ces deux principes : la Révolution ou la Contre-Révolution, le régime démocratique ou le régime de la Restauration.　　ARMAND MARRAST.

RÉTORSION. C'est une sorte de représailla qui consiste à établir, à l'égard d'étrangers résidant chez nous, ou ayant des rapports avec nous, la même législation que le gouvernement de ces mêmes étrangers établit dans son pays à l'égard de nos nationaux. Si, par exemple, les Français étaient soumis en Espagne au droit d'aubaine, nous pourrions confisquer les biens des Espagnols décédés sur notre territoire. Ce serait une application du principe de Rétorsion.

Nous avons à dire du droit de Rétorsion ce que nous avons dit des représailles en général. C'est un des moyens que les nations, forcées de se faire justice à elles-mêmes, sont quelquefois obligées d'employer, et qui ont cela d'utile qu'ils amènent souvent contre les gouvernements iniques une réaction salutaire de leurs propres sujets. Nous ajouterons que la Rétorsion qui constitue des représailles a moins de danger et d'inconvénients que les représailles de fait, en ce qu'elle est moins passionnée, et, par conséquent, moins entachée de ces violences qui éloignent le retour de la paix.

J. B.

RETRAITE. Lorsque épuisé par l'âge, un agent du gouvernement ne peut plus rendre de services, on le met à la Retraite. L'époque de la Retraite commence généralement, en France, après trente années de service révolues. Tous les fonctionnaires publics sont assujétis à cette règle : passé un certain âge, ils sont virtuellement démis de leur emploi.

Une seule fonction est exceptée : la royauté. Les ministres aussi peuvent exercer le pouvoir à tout âge. Par quel motif cette exception ? Ne semble-t-il pas, au contraire, que, plus la fonction est importante, et plus le fonctionnaire devrait jouir de la plénitude de ses facultés ? Les vieillards, en effet, sont le fléau des pays qu'ils gouvernent. Ce fléau a particulièment pésé sur la France. Chacun sait ce que valut à nos pères la vieillesse de Louis XIV. Après lui, ce fut un autre vieillard, le cardinal de Fleury : il inaugura le règne de Louis XV. Devenu vieux à son tour, ce royal débauché n'eut d'autre soin, d'autre souci que de faire durer sa monarchie autant que sa personne. «Après moi, disait ce vieil égoïste, Berry s'arrangera comme il pourra.» Engagé malgré lui dans la guerre, il la termina en signant les infâmes traités de 63, triste et désastreux modèle des traités de 1815, et il lui faut rendre cette justice que tant qu'il vécut il fit honneur à sa signature. Après lui, son successeur eut pour ministre M. de Maurepas. M. de Maurepas avait plus de 80 ans ; — il ne tint pas à lui que la France ne gardât la neutralité dans la guerre de l'insurrection américaine. Depuis, nous avons eu Louis XVIII et Charles X. On sait ce qu'il est advenu de la France sous leur gouvernement.

Les gouvernements qui ont l'élection pour principe ne sont point sujets à ces inconvénients. Quand un homme a fait son temps et que l'âge a glacé ou amoindri ses facultés, on le laisse au repos qui est pour lui tout à la fois un besoin et un devoir.

E. D,

RÉTROACTIVITÉ. La loi ne dispose que pour l'avenir : elle n'a point d'effet rétroactif.

C'est ainsi que le Code civil pose et définit un principe admis généralement dans toutes les législations. L'office des lois est de régler l'avenir ; le passé n'est plus en leur pouvoir.

La liberté civile consiste dans le droit de faire ce que la loi ne prohibe pas. Tout ce qui n'est pas défendu, est permis. Que deviendrait donc la liberté civile, si le citoyen pouvait craindre qu'après coup il serait exposé au danger d'être recherché dans ses actions, ou troublé dans ses droits acquis, par une loi postérieure ? Partout où la Réotractivité des lois serait admise non seulement la sûreté n'existerait plus, mais son ombre même aurait disparu.

On a quelquefois critiqué le principe de non-Rétroactivité. Pourquoi laisser impunis des abus qui existaient avant la loi que l'on promulgue pour les réprimer ? Parce qu'il ne faut pas que le remède soit pire que le mal. Toute loi naît d'un abus. Il n'y aurait donc pas de loi qui ne dût être Rétroactive. Il ne faut point exiger des hommes qu'ils soient avant la loi ce qu'ils ne doivent devenir que par elle.

On a aussi critiqué l'exposition, dans un Code de lois, des principes de non-Rétroactivité. Le Code, a-t-on dit, est la règle des juges ; il n'est pas la règle des législateurs, qui peuvent toujours changer les lois qu'ils ont faites, et substituer à un mauvais principe une nouvelle loi rétroactive dont les tribunaux ne pourraient se dispenser d'ordonner l'exécution et à laquelle les citoyens ne pourraient se dispenser d'obéir. La réponse est dans le principe même, qui est de droit naturel. Les législateurs trouvent dans l'article de loi, un précepte et un avertissement salutaire ; les juges y trouvent une obligation, et les citoyens une garantie.

Tels ont été les principaux motifs de la proclamation du principe de non-Rétroactivité, développés lors de la discussion du Code civil.

Il apparaît clairement, par ces motifs, que ce principe est obligatoire même pour les législateurs. Car si un pouvoir quelconque promulguait une loi rétroactive, qui, directement ou indirectement, disposerait pour le passé, les citoyens auraient pour devoir de ne pas l'exécuter, et les juges de n'en point faire l'application.

Au reste, on ne fait jamais de lois rétroactives que dans les temps de troubles politiques. Les partis en lutte se combattent à coup de lois. Ce sont là de tristes exceptions, qui durent peu, parce qu'elles blessent cet axiome du sens commun : nul ne peut être condamné qu'en vertu d'une loi qu'il ait pu connaître.

H. C.

RÉTROGRADE. Ce mot exprime un fait ancien déjà et fort ancien dans la politique, mais une idée nouvelle. Il fallait que la doctrine du progrès indéfini fût admise, en effet, pour qu'on en vînt à caractériser de Rétrogrades ceux qui vantent à tout propos *la sagesse de nos pères et les vertus du bon vieux temps.* Il faut respecter assurément la mémoire de nos pères et étudier ce qu'ils ont fait : mais il serait peu sage de les imiter servilement. Chaque époque a ses exigences ; des faits nouveaux surviennent qui exigent de nouveaux moyens : la vraie sagesse veut sans doute qu'on recueille les conseils de l'expérience, mais aussi qu'on ne repousse point les indications de la science. Ainsi veulent pourtant les Rétrogrades : ils s'attachent au passé avec une obstination puérile : toute innovation leur semble mauvaise, et que dis-je, mauvaise? coupable ; tout ce qui n'est point le *fac-simile* du passé, ils le condamnent. Où en serions-nous cependant si, dès l'origine des choses, cette manie eût prévalu ? à la simple feuille de vigne. Heureusement que l'humanité a de soi-même une plus ferme conscience, et qu'elle emporte dans son mouvement continu les résistances insensées comme les regrets inutiles.

Soyons justes, cependant, et ne condamnons pas d'une manière trop absolue cet instinct qui porte les vieillards à se rattacher fortement au passé pendant que les jeunes hommes se lancent dans l'avenir. Cet instinct est utile : il a servi et il sert puissamment encore à conserver la tradition de l'humanité. Si l'homme ne se souvenait pas, il ne différerait par rien des autres animaux : c'est la tradition qui constitue l'humanité.   E. D.

REVENU. On entend par Revenu l'ensemble des produits annuels d'un pays. On dit, par exemple, le Revenu de la France est de..... milliards. Cela veut dire que la France produit annuellement pour... milliards de valeurs. En bonne administration, le Revenu est la seule base rationnelle et équitable de l'impôt. Dans tout état bien ordonné, l'impôt ne devrait être qu'un prélèvement proportionnel sur le Revenu de chaque citoyen. Mais il n'en est pas ainsi malheureusement sous l'empire des institutions que nous avons sous les yeux. D'une part, l'impôt, au lieu de frapper les choses produites, frappe souvent les forces productrices et nuit ainsi à la prospérité de l'État. Et d'un autre côté, au lieu de réclamer de chacun une contribution proportionnée à ses ressources, le fisc s'attaque brutalement non pas aux plus riches, mais aux plus faibles. Ceci n'est pas seulement inique, c'est encore absurde. Mais le soin même de leur conservation conduira, de gré ou de force, les gouvernements à se départir des lâches considérations qui règlent aujourd'hui la recette et la perception de l'impôt, et à leur donner la seule base équitable, le Revenu.   E. D.

RÉVISION. Ce mot s'applique à tout ce qui est l'objet d'un nouvel examen. Ainsi, l'on dit, la Révision de la Constitution, la Révision des listes électorales, des listes de conscrits ; la Révision d'un compte ou d'un procès.

Un peuple a toujours le droit de Réviser la Constitution qu'il s'est donnée ou qu'il a reçue d'un prince, par la raison qu'une Constitution n'est pas un contrat avec un tiers, mais un réglement qu'on fait ou qu'on accepte pour soi-même, et que le principe de la souveraineté du peuple ne saurait être contesté. Un peuple a toujours le droit de reprendre la liberté dont il s'est dessaisi ou dont il s'est laissé dépouiller.

Depuis la dernière loi sur les élections, les listes électorales sont permanentes ; les préfets procèdent chaque année à leur Révision, mais tout citoyen a le droit de réclamer contre les radiations ou les inscriptions nouvelles ordonnées par les préfets. L'affaire est soumise au conseil de préfecture. L'appel des décisions de ce conseil est porté à la cour royale. Cette exception aux règles ordinaires fait voir que le législateur n'a eu confiance ni dans le conseil de préfecture ni dans le conseil d'Etat auquel le recours aurait dû s'adresser.

La Révision des listes de conscrits a pour objet d'en retrancher les individus que la loi dispense du service militaire ou de reconnaître leur incapacité.

En matière d'intérêt privé, aucun compte ne peut être l'objet d'une Révision, mais en matière de comptabilité publique la Révision est de plein droit.

Autrefois, le prince pouvait ordonner la Révision des procès civils et criminels ; aujourd'hui, cette Révision est interdite, excepté dans le cas de faux témoignage reconnu. En voulant corriger un abus, la législation nouvelle est devenue trop rigoureuse ; il est un cas de Révision qu'elle aurait dû admettre, celui où il est reconnu que la justice a frappé un innocent au lieu d'atteindre le vrai coupable.

Les conseils de Révision, où sont portés les recours contre les décisions des conseils de guerre, tiennent simplement lieu de la cour de cassation pour les crimes et délits commis par les militaires ; ils ne révisent les procès qu'en ce qui concerne l'application de la loi. Les conseils de guerre ainsi que les conseils de Révision sont loin d'offrir les garanties nécessaires aux justiciables. Les membres dont ils se composent sont choisis par des autorités qui n'ont que trop souvent un intérêt personnel dans la cause.   A. B.

RÉVOCATION. Ce mot s'applique également aux choses et aux personnes. On dit la Révocation d'un acte, la Révocation de l'édit de Nantes, par exemple, et la Révocation d'un fonctionnaire public.

Nous avons parlé de la Révocation des actes au mot ABROGATION.

Quelques mots seulement sur la Révocation des fonctionnaires.

Celui-là seul, d'abord, a le droit de les révoquer qui a le droit de les instituer. Dans les monarchies constitutionnelles, cependant, il arrive souvent que celui des pouvoirs qui ne nomme point les fonctionnaires les destitue.

Les chambres, par exemple, destituent virtuellement les ministres : elles n'ont pourtant pas le droit de les nommer. Le roi nomme aux fonctions : les chambres accordent ou refusent au fonctionnaire nommé les moyens matériels d'exercer sa fonction. — Mais passons : la recherche de toutes ces anomalies serait fastidieuse et conduirait trop loin.

Quelle doit être, sous un bon gouvernement, la loi des Révocations? Cela est bien simple. La fonction n'étant point accordée par faveur ne peut être retirée par caprice. Il faut, en quelque sorte, pour que le fonctionnaire soit justement révoqué, qu'il se soit préalablement destitué lui-même. Un gouvernement sage, s'il punit avec rigueur les prévarications, il devra toujours être indulgent pour les fautes. Les Carthaginois mettaient à mort leurs généraux quand leurs armées étaient battues : les Romains les honoraient s'ils n'avaient point désespéré du salut public. Cette règle est bonne à suivre, car les Carthaginois se trouvèrent fort mal de leur sévérité. L'expérience, au contraire, prouva que la modération des Romains était de l'habileté.

Du moment, en effet, qu'un fonctionnaire est incertain de savoir si tel ou tel acte entraînera sa destitution, sa ruine, il hésite, il flotte et, cependant, l'occasion échappe.

Les destitutions, dans un gouvernement sagement ordonné, ne doivent avoir pour cause et pour but que l'intérêt public ; elles ne doivent jamais avoir un caractère de vengeance ou de mauvaise humeur. Et c'est ce qui se voit trop souvent chez les gouvernements qui manquent de la vraie force.

E. D.

RÉVOLUTION. Le sens primitif de ce terme a été bien altéré par l'usage. Il dérive, en effet, du mot latin *revolvere*, et signifie proprement *retour sur soi-même*. Nous ne savons quand il fut adopté dans le vocabulaire de la science politique, mais nous croyons devoir attribuer cette adoption aux docteurs de l'école néo-péripatéticienne. Cela veut être expliqué. Quelle est la méthode historique d'Aristote ? Suivant ce philosophe, il y a certaines formes de gouvernement auxquelles les cités accordent tour à tour la préférence ; mais il leur est interdit de créer une forme nouvelle : quand elles sont mécontentes de leur état, elles le changent, elles se donnent un gouvernement nouveau, sans toutefois rien inventer ; tous les modes possibles de gouvernement ont été pratiqués, et toutes les réformes s'accomplissent dans un cercle qui ne peut être franchi. Les péripatéticiens modernes ont formulé ce système avec plus de rigueur. Malgré sa prédilection avouée pour Platon, Vico a emprunté au philosophe de Stagire sa doctrine du mouvement circulaire : cette doctrine, on le sait, repose sur l'hypothèse du retour constant des formes politiques. Voici comment s'exprime un des plus illustres disciples de cette école, Louis Leroy (*Regius*), dans un livre qui mériterait d'être plus connu qu'il ne l'est : « La première des polices est la monarchie dressée naturellement, laquelle engendre la royauté par bon establissement. Mais quand la royauté se transforme en ses prochains vices comme en tyrannie, de leur abolition prend naissance l'aristocratie qui se change communément en oligarchie ; et quand la commune venge l'injustice des gouverneurs, ensuite la démocratie ; par les oultrances et iniquitez de laquelle est dressée derechef l'ochlocratie. Telle est la *révolution* naturelle des polices, selon laquelle l'estat de la République se muë et transmuë, et derechef faict mesme retour. » Cette citation nous donne à comprendre dans quel sens le mot de *Révolution* fut accepté par les écrivains qui, les premiers, en firent emploi ; il s'entend bien ici du retour circulaire, de l'évolution continuelle des formes politiques.

Cette méthode, qui est proprement celle d'Aris-

tote habilement remaniée par Louis Leroy, et dont on attribue bien à tort l'invention à Vico, a été combattue par l'école dont Condorcet passe pour être le premier docteur. Elle l'a été mieux encore par les faits, par l'histoire des états modernes. Mais, au reste, il nous importe moins d'établir dans quel ordre se succèdent les formes de gouvernement que de constater, dans toutes les mutations politiques, l'intervention d'un élément, nous dirions mieux d'une loi, dont Aristote et ses disciples n'ont pas apprécié toute la puissance. Cette loi est celle du progrès. Le progrès n'est qu'une probabilité hypothétique, nous le savons bien ; mais ce qui, du moins, peut être démontré rigoureusement, c'est que jamais un peuple ne reprend une forme de gouvernement qu'il a abandonnée, sans que le temps ait modifié sa manière d'être. Il peut arriver, sans aucun doute, qu'à une monarchie succède une aristocratie, puis une démocratie, et qu'ensuite, par une conversion plus ou moins sage, un peuple se constitue sous le gouvernement d'un seul ; mais ce qui n'arrive jamais, c'est que l'état moral de ce peuple soit le même dans la première et dans la seconde phase de la monarchie ; ce qui est impossible, c'est que la même forme de gouvernement soit établie à deux époques différentes aux mêmes conditions.

Cette vérité est si bien assise dans la conscience publique que le mot *Révolution* a perdu son acception originale. On a appelé Révolution française l'insurrection commencée sous les murs de la Bastille, qui eut pour conséquences immédiates les actes du 10 août, du 22 septembre 1792, et du 21 janvier 1793 : assurément, ces actes ne furent pas accomplis par esprit de retour vers une forme de gouvernement dont le pays avait déjà fait l'expérience. Quand, après les mauvais jours de 1815, l'étranger passa nos frontières et nous imposa de nouveau le gouvernement d'un roi, cette transformation de l'état politique ne s'appela pas une Révolution, mais une Restauration.

Le terme de Révolution exprime, dans la langue de notre temps, une idée complexe : l'insurrection contre un fait et la proclamation d'un droit nouveau. Il n'était pas sans intérêt de faire connaître la définition primitive de ce terme ; en effet, la définition nouvelle atteste elle-même une Révolution dans les idées qui sont le fond mobile de la science humaine ; mais il serait inopportun d'insister davantage sur ce point, puisque nous n'avons pas à faire ici le procès de la méthode historique accréditée par Aristote et par Vico. Acceptant donc la définition nouvelle du mot, demandons-nous en quoi consiste la légitimité d'une Révolution.

Une Révolution est légitime quand elle est provoquée par une longue résistance du pouvoir constitué à une réforme impérieusement réclamée par la voix publique. Si le jugement d'une nation pouvait être égaré, si une majorité pouvait tomber en démence, il est bien évident qu'il n'y aurait pas de critérium valable pour apprécier la légitimité d'une Révolution. Mais il a été surabondamment prouvé, dans plusieurs articles de ce *Dictionnaire*, que nier l'autorité de la conscience publique, c'est

mettre en question toutes les croyances, c'est ruiner toute certitude humaine. Une Révolution est
donc toujours légitime lorsqu'elle est voulue et accomplie par une majorité.

Ce qui fait que les Révolutions ne sont pas fréquentes, ce qui épargne aux nations les malheurs
qui accompagnent inévitablement les tumultueuses
métamorphoses, c'est moins la condescendance des
gouvernements établis au vœu des majorités, que
la lenteur avec laquelle le besoin d'une réforme se
fait comprendre par les masses. Les symptômes
d'une douleur latente agissent d'abord sur quelques esprits : cette minorité étudie le phénomène
dont elle est elle-même le théâtre, et, tandis qu'elle
est occupée à ce travail, le sentiment du malaise
intérieur se révèle de proche en proche, la douleur
s'universalise et devient plus vive, la société réclame avec une sollicitude tous les jours croissante
un remède à sa triste condition. Mais ce remède,
il faut le trouver. Voilà les philosophes qui se mettent à l'œuvre : ils analysent la plaie, chacun suivant sa méthode, et, avant qu'ils soient d'accord
sur les caractères du mal, et sur le traitement qu'il
faut imposer au corps social, bien des jours, bien
des années se succèdent. Enfin, ils ont un avis à
peu près commun, et ils vont le produire. C'est
alors que les oreilles s'ouvrent à la propagande ;
c'est alors que l'on commence à entendre ces voix
d'abord confuses, inarticulées, discordantes, qui
peu à peu se développent, s'unissent, s'harmonisent, et deviennent avec le temps un seul cri ; cri
terrible, clameur immense, que l'on ne saurait
étouffer ni par la prière ni par la violence, avant
qu'une satisfaction ait été accordée au vœu dont
elle est l'impérieuse formule ! Mais, le plus souvent, le gouvernement établi s'inquiète moins d'o-
béir à cette remontrance que d'organiser la défense des priviléges ou des abus contre lesquels on
proteste : alors deux partis se forment, l'un et
l'autre obstinés dans leur opinion, poursuivant
l'un et l'autre jusqu'à la ruine du parti contraire
une entreprise systématique, et, comme en définitive la victoire reste aux plus gros bataillons,
une Révolution s'accomplit !

Ainsi, ce sont les philosophes qui préparent les
révolutions ; ils ont, pour la diagnostique, des lumières spéciales, ils jugent en experts, avant que
la plaie soit formée, les symptômes internes du
mal qui travaille le corps politique. Mais il faut se
défier d'eux dans la pratique ; ce sont en général
de fort mauvais opérateurs. Les philosophes sont
pour les remèdes énergiques, ils ne tiennent pas
compte de l'état du sujet ; quand une fois ils ont
pris un parti, ils veulent résolument que la réalité
soit, dans l'instant même, transformée suivant le
type qu'ils ont conçu. C'est là le point d'achoppement de la logique individuelle ; c'est là qu'elle
s'écarte de la voie commune et qu'elle s'égare.
Une Révolution est la proclamation d'un droit nouveau : cela est vrai, mais ce droit ne saurait être
constitué politiquement sans égard à la condition
actuelle de la société. La reconnaissance publique
d'un droit nouveau est, si l'on peut ainsi parler,
l'énonciation du premier terme d'un syllogisme :

et de même qu'il faut un certain travail intellectuel pour dégager par l'analyse toutes les conséquences contenues dans les prémisses, on n'opère
pas une réforme sociale sans une succession d'efforts. Une Révolution ne fait pas de la société une
table rase sur laquelle il est permis aux philoso-
ppes d'édifier à leur fantaisie ; alors même qu'elle a
détruit les assises du pouvoir qui était le principal
obstacle au progrès voulu par la raison publique,
elle n'a fait encore que préparer l'accomplissement
des espérances légitimes, et cet accomplissement
n'est pas l'œuvre d'un jour.

Ce n'est pas à dire toutefois que, le lendemain
d'une Révolution, on doive s'empresser de consolider tout ce qui subsiste de l'ordre ancien, pour
prévenir l'agitation que peuvent causer dans l'État
les nouveautés révolutionnaires. Cette opinion est
celle d'une école moderne, ses adeptes pensent
que les Révolutions qui durent le moins sont les
meilleures ; ils les considèrent comme un fatal
accident dépourvu de moralité, et dont toutes les
suites ne peuvent qu'être funestes. Voilà sur quoi
se fondent tous les partis réactionnaires ; le sentiment public ne manque jamais de protester énergiquement contre leurs coupables tendances. Une
Révolution, qu'on le sache bien, n'est pas achevée
quand un gouvernement réprouvé a cessé d'être ;
long-temps comprimés par la résistance intéressée
de ce gouvernement et de ses complices, les instincts populaires veulent être satisfaits par les
conséquences de la Révolution ; quand un droit
nouveau a été proclamé par une victoire qui est
toujours achetée au prix des plus cruels sacrifices,
il n'appartient pas à une faction d'usurper la tyrannie et de décider, en son nom personnel, que
le droit reconnu ne sera qu'une lettre morte. Il n'y
a pas de gouvernements plus odieux aux peuples
que ceux qui désavouent leur origine et qui trahissent le mandat qu'ils ont reçu d'une Révolution.

B. HAURÉAU.

RICHESSE. On entend par ce mot l'ensemble
des moyens que l'homme possède pour satisfaire
les besoins qu'il tient de la nature d'abord, et ensuite du milieu social dans lequel il est appelé à
vivre. Ces moyens sont de deux sortes : les uns,
tels que la lumière, l'air, etc., offerts gratuitement à l'homme par la providence constituent ce
qu'on peut appeler *les Richesses naturelles ;* les
autres, au contraire, sont le résultat de son travail et prennent le nom de *Richesses sociales.* Ce
qui distingue profondément celles-ci des premières
c'est qu'elles sont le fait de la volonté humaine
qui les crée, les partage et les fait disparaître ;
seules, elles entrent dans le domaine de l'économie politique qui les étudie sous le triple rapport
de la production, de la distribution et de la consommation.— C'est, par conséquent, des Richesses
sociales que nous avons exclusivement à nous occuper ici.

La Richesse d'un pays consiste, indépendamment de toute autre cause, dans la valeur de ses
produits ; d'où il suit que créer une valeur et
augmenter celle de ce qu'on possède, c'est aug-

menter la Richesse et en créer de nouvelles. Mais qu'est-ce que cette valeur? La somme entière d'utilité que possèdent les choses, répondrons-nous avec les économistes. On comprend combien cette formule d'évaluation varie selon les temps, les lieux, les circonstances de toute sorte; elle manque, il faut l'avouer, d'une précision rigoureuse. Du reste, il y a peu de raison à vouloir donner une définition trop abstraite de la Richesse, en ne tenant compte ni du possesseur ni de la chose possédée. On court le risque de se perdre dans le vague des généralités et de tomber dans de puériles disputes de mots. Car, disons-le en passant, la langue de la science économique n'est malheureusement pas faite et les écrivains se servent tous les jours de termes sur la signification desquels ils sont loin d'être d'accord. De là d'éternelles confusions que nous essaierons d'éviter en présentant nos idées sur la nature et la formation des Richesses sans rien emprunter à la terminologie des écoles.

La civilisation, en augmentant les besoins des sociétés, les a obligées à multiplier les moyens de les satisfaire et d'y suffire; elle a, par conséquent, accru la somme des Richesses. Il est certains de ces besoins ou de ces désirs que les moralistes réprouvent comme factices; mais, au point de vue social, le luxe représente une valeur et l'industrie qui lui est consacrée est tout aussi légitime, tout aussi respectable qu'aucune autre. Ne jugez pas du degré de bonheur d'une nation par le petit nombre de ses produits, car vous arriveriez à mettre au premier rang les peuples sauvages qui se bornent à couvrir leur corps tant bien que mal, et à assouvir leur soif et leur faim. L'équilibre entre la production et la consommation n'est pas non plus le critérium du meilleur état possible, car à ce compte le patriarcat serait le dernier terme des sociétés humaines.

La question est complexe, et là encore on s'aperçoit du danger des formules absolues. Pour rester dans le vrai, prenons les sociétés dans leur situation actuelle, sans nous égarer à la suite des théories.

Les éléments dont se composent les Richesses d'une société sont évidemment la quantité et la valeur de ses produits. Le degré d'utilité de chacun d'eux et leur nombre sert à en fixer le prix; mais aussi il n'est pas un seul des objets qu'on échange, c'est-à-dire qu'on vend et qu'on achète pour les consommer, qui ne reçoive du travail qu'il coûte une des conditions de sa valeur. Les métaux, par exemple, que l'homme ne crée pas, mais qu'il arrache aux entrailles de la terre, sont estimés à la fois, en raison de la peine qu'ils donnent à extraire, de leur plus ou moins grande abondance et de leur degré d'utilité. Leur valeur s'établit sur ces trois termes qui jouent un rôle différent selon les lieux et les circonstances. Cette valeur ne leur est pas inhérente et les besoins du moment l'abaissent ou l'élèvent continuellement. Voilà pourquoi ce fut une erreur trop long-temps accréditée, de considérer l'or et l'argent comme étant, par eux-mêmes, de véritables Richesses.

Les monnaies sont une véritable marchandise qu'on a adoptée comme moyen d'échange, parce que, entre autres avantages, elles se conservent facilement; mais elles ne représentent rien de plus que la quantité de certains objets qu'on peut se procurer pour une quantité quelconque d'autres objets, de telle sorte que si le café vaut deux fois plus que le blé, la somme d'argent qui servira d'intermédiaire entre ceux qui trafiqueront de ces deux denrées ne sera estimée que le double de la première, qu'il s'agisse de vingt francs ou de quatre francs.

En voulez-vous une preuve décisive? Après la découverte des Amériques, l'or afflua en Espagne. Ce pays eût dû se trouver le plus riche du monde; pourtant, la prospérité momentanée que lui procura les énormes quantités de numéraire dont il disposait se termina par une ruine complète, et il n'en pouvait être autrement. La possession de l'or donnait à ses détenteurs le moyen de se procurer les choses nécessaires et agréables à la vie, et la facilité de les obtenir les détournait de tout travail productif. Cependant, l'abondance même de ce métal, quand il fut répandu parmi les peuples qui vendaient à l'Espagne, produisit une hausse dans le prix des choses; en d'autres termes, il y eut dépréciation, baisse sur la valeur convenue de l'or et l'on ne trouva plus à se procurer les objets qu'en échange d'une somme beaucoup plus forte qu'auparavant. Les Espagnols qui avaient consommé sans produire se trouvèrent un jour, après avoir épuisé leurs trésors et perdu les habitudes laborieuses, dans une détresse plus grande qu'avant la découverte de l'Amérique. L'équilibre, un moment rompu dans le monde entier, se rétablit bientôt, et la richesse universelle ne se trouva augmentée que des progrès qu'avait pu faire l'industrie étrangère, pour fournir à l'Espagne pendant son oisiveté.

Concluons en disant qu'il n'est de richesses réelles que celles qu'une nation tire de son propre sein, par son industrie, pour les livrer à la consommation et dont elle peut conserver et augmenter la production. Telle est la source de la fortune des sociétés. Le véritable secret de l'accroître consiste à trouver des procédés qui permettent d'économiser sur la mise en œuvre, d'améliorer dans l'exécution en gardant le privilége d'écouler les produits sans que leur valeur diminue; ou, si on l'aime mieux, de faire concourir la baisse dans le prix de revient avec l'accroissement du chiffre des demandes.

Ainsi posé, le problème se résout par la perfection des cultures dans les arts agricoles, l'introduction des machines dans l'industrie et la création de nouveaux consommateurs.

Tout ce qui concerne la production a été parfaitement analysé par les économistes du dernier siècle et du commencement de celui-ci. Ils ont très judicieusement apprécié le rôle des agents qui concourent à former et à augmenter les Richesses; mais leur intelligence a failli lorsqu'ils ont eu à s'occuper de la distribution des produits. En créer de nouveaux et diminuer le prix de ceux qui étaient connus tel a été pour eux le dernier mot de l'industrie. Il leur a semblé superflu de s'inquiéter de la manière dont la répartition s'en ferait parmi les consommateurs, et cette étroitesse de vues a enfanté les plus tristes résultats.

Examinez l'Angleterre qui a mis en pratique le système de Smith, de Ricardo, etc., dans toute son intégrité, et voyez où elle aboutit. Le perfectionnement des procédés, la création de nouvelles machines, la division du travail, l'abondance des capitaux ont porté l'industrie à son apogée. On a fabriqué beaucoup plus, beaucoup mieux et à meilleur marché qu'autrefois; on a vendu davantage; conséquemment, les richesses du pays se sont accrues d'une manière considérable, et en même temps, la misère de la majorité de la nation a suivi une progression égale. Où est la cause de cette étrange contradiction? D'où vient cet énergique démenti donné à toutes les doctrines, à toutes les prévisions des économistes? D'un seul fait, de l'inique répartition des produits. En Angleterre, une minorité privilégiée possède les terres et les capitaux, et la masse des travailleurs privée des instruments indispensables subit la loi d'un maître avide. Or, nous le demandons, la totalité des produits doit-elle servir aux jouissances exclusives du petit nombre et le but de toute société n'est-il pas d'assurer le bien-être de tous ses membres dans la mesure de leur mérite? Une nation ne se trouve dans des conditions normales de durée et de moralité que lorsqu'elle distribue équitablement ses Richesses. Toute prospérité qui se fonde en dehors de ces prescriptions ne peut avoir qu'une existence éphémère, quels que soient d'ailleurs l'éclat et l'étendue de ses apparences.

Jusqu'à nos jours, le travail a été traité en serf, il est temps de l'affranchir. Instrument de production comme le capital et l'intelligence, il a le même droit qu'eux à partager les profits de l'œuvre commune. Distribuer les produits entre ces trois agents, selon leur importance réciproque, telle est la mission des pouvoirs sociaux dans l'avenir. — Les gouvernements actuels ne veulent rien faire!

Alors, l'invention d'une nouvelle machine destinée à suppléer l'ouvrier et à lui épargner des fatigues ne sera plus un désastre pour ceux qu'elle remplace; alors, la diminution dans le prix de revient des objets fabriqués et l'accroissement de leur production correspondra avec le progrès de l'aisance générale et lui donnera de nouvelles forces au lieu de provoquer, comme aujourd'hui, les crises commerciales. Alors enfin disparaîtront le paupérisme et le prolétariat, ces deux plaies dont l'envahissement continuel tarit dans leur source et menace d'une destruction prochaine la Richesse de nos sociétés.   LÉOPOLD DURAS.

ROBE. On appelait gens de *Robe* tous les magistrats de l'ordre judiciaire de tous les degrés. — La *Robe* et l'*Epée* distinguait la magistrature et la profession des armes. On divisait les castes privilégiées en noblesse de robe et noblesse d'épée. Celle-ci prétendait au premier rang. Elles

se confondaient souvent par des alliances. On comptait dans l'ancienne France quatre mille charges qui conféraient la noblesse. C'est ce qu'on appelait noblesse de *robe*; noblesse d'*échevinage*; noblesse de *cloche*. Les unes ne conféraient la noblesse qu'au second, au troisième degré, les autres immédiatement. Les charges de *secrétaires* du roi jouissaient de ce dernier avantage. On comptait, en 1789, neuf cents secrétaires du roi. Dès que le nouvel anobli avait atteint le temps prescrit pour jouir de toutes les immunités de noblesse, il vendait sa charge. Il rentrait ainsi dans son capital, et la seule exemption d'impôt, de logement de gens de guerre, etc., compensait au moins les intérêts.

Les gens de Robe prétendaient former seuls le troisième ordre de l'état. Les propriétaires, les commerçants ne devaient être admis que dans le quatrième. — Ce nouveau mode de classement des citoyens fut observé pour les élections aux états-généraux d'Orléans, 1560. — Mais cette division, repoussée par une tradition séculaire et par l'opinion publique, tomba en désuétude. — Les gens de robe qui ne tenaient point de fiefs restèrent dans la catégorie du tiers état. Depuis qu'il n'y a plus en France de duchés, de comtés, de marquisats, de baronies, ces titres divers n'appartiennent plus qu'à l'histoire des temps anciens. — L'article de la charte Louis XVIII, *l'ancienne noblesse reprend ses titres, la nouvelle conserve les siens*, est irrévocablement abrogé depuis 1830.   D—y.

ROBIN. Homme de robe, magistrat de l'ordre judiciaire, depuis le premier président de cour souveraine jusqu'au bailli de village. Ce terme ne s'employait qu'en mauvaise part, c'était une expression de dédain et de mépris. — Les grands seigneurs et les gens d'épée l'appliquaient indistinctement aux magistrats, aux hommes du palais et à tout le barreau. Un conseiller au parlement de Paris a publié, en l'honneur des Robins, un livre très sérieux, qu'il a intitulé les *Prérogatives de la robe*. Il s'appelait Bertaut de Fréauville. Il ne voyait au dessus de l'homme de robe que le monarque. — Les autorités ne lui ont pas fait défaut; que de recherches savantes, que d'érudition perdues! La chose et le mot ont disparu sans espoir de retour. (V. ROBE.)   D—y.

ROI, ROYAUTÉ. Le Roi est le chef héréditaire ou électif d'un royaume.

La Royauté est la fonction du Roi.

Le Roi, quel qu'il soit, électif ou héréditaire, a des droits et des devoirs.

La Royauté est partout soumise à des conditions.

Les devoirs du Roi sont de deux sortes: moraux et politiques. Comme le citoyen le plus obscur, il est rigoureusement astreint aux prescriptions de la morale commune. Sous le rapport politique, il est moins favorisé: ses devoirs sont plus grands et plus impérieux.

Mais, d'un autre côté, ses droits aussi sont plus étendus.

Droits et devoirs politiques dérivent uniquement de la constitution. Bonne ou mauvaise, traditionnelle ou écrite, il y a dans tout royaume une constitution qui forme la base et qui renferme la sanction du commandement et de l'obéissance. Cette constitution est le lien moral de l'association politique. Qu'elle soit brisée, la société n'existe plus.

Les conditions de la Royauté et les prérogatives du Roi ne sont point partout les mêmes. Elles diffèrent au contraire essentiellement, suivant les temps et les lieux. Un ingénieux publiciste de notre époque a ainsi retracé, d'une manière pittoresque, les attributs du Roi dans tous les pays de l'Europe :

« Il y a le Roi des Turcs qui empale, au bout d'un pieu, ses fortunés Osmanlis, ou qui les coud dans un sac et les envoie, la tête la première, au fond du Bosphore.

» Il y a le Roi des grands et petits Russes, qui expédierait à cent pieds sous terre ses bien-aimés sujets, s'ils faisaient mine d'être libéraux.

» Il y a le Roi des Autrichiens dont le despotisme paternel est tempéré par la schlague et le *carcere duro*.

» Il y a le Roi des Prussiens dont le despotisme illustré s'avance vers une constitution, sous l'escorte des établissemens provinciaux et sous la savante et libérale impulsion de l'Allemagne du nord.

» Il y a le roi des Suédois qui en est encore à ses ordres des paysans et de la noblesse.

» Il y a le Roi des Danois, autocrate bourgeois, qui se lève de table, sa serviette sous le bras, pour donner audience à des paysans en sabots.

» Il y a le roi des Napolitains, qui permet à ses sujets de se coucher au grand soleil, le long des quais de la voluptueuse Parthénope, qui traite le peuple de Sicile en pays conquis et qui daigne amnistier son souverain.

» Il y a le roi des Belges, qui joue au jeu des quatre coins, et qui trouve toujours la place prise.

» Il y a une reine d'Angleterre qui officie pontificalement et qui se fait servir la messe, qui donne à porter la queue de sa robe à des ducs et pairs, qui couronne son front virginal d'un diadème de perles et de rubis, et qu'on sert humblement à genoux, mais qui n'a pas la liberté de choisir elle-même ses femmes de chambre.

» Il y a une reine de Portugal qui promène tour à tour ses vivats et ses sermens, entre deux chartes, dont l'une sort de je ne sais où, et dont l'autre est de je ne sais qui.

» Il y a une reine d'Espagne qui a toujours à son service trois ou quatre constitutions de rechange, selon que la révolution, la camarilla ou l'étranger domine.

» Enfin, il y a un Roi des Français qui règne tout uniment de par la charte. »

— Pour plus de simplicité, nous classerons les attributs de la Royauté sous deux grandes divisions: la Royauté absolue et la Royauté limitée ou constitutionnelle.

§ 1er. — De la Royauté absolue.

Le système de la royauté absolue présente à l'esprit une idée fort simple.

Qu'est-ce que la société? C'est une personne morale et collective, qui possède virtuellement tous les attributs de la souveraineté et qui est dépositaire de la puissance exécutive.

Changez le mot : au lieu de *la Société* dites *le Roi*, vous avez la Royauté absolue.

La Royauté absolue est donc cette forme de gouvernement, où un individu, se substituant à la société, devient le souverain arbitre de l'État, le propriétaire de tous les droits généraux et individuels, le maître des personnes et des choses, le représentant suprême et unique. La Royauté absolue, c'est, en un mot, la société transfigurée dans un homme.

En théorie, ce système est très facile à concevoir, et il n'est pas sans avantages.

Et d'abord, il est conforme au principe de l'unité. Là, point de ces formes multiples et compliquées que nous voyons ailleurs. Le roi est souverain, il exerce directement et personnellement le pouvoir; « tout répond au même mobile, tous les » ressorts de la machine sont dans la même main, » tout marche au même but; il n'y a point de » mouvemens opposés qui s'entre-détruisent, et » l'on ne peut imaginer aucune sorte de consti» tution où un moindre effort produise une ac» tion plus considérable. » (*Contrat social*).

D'ailleurs, ce régime se concilie jusqu'à un certain point avec l'égalité. En Turquie, par exemple, le pouvoir des sultans est sans limite; ils ont sur leurs sujets droit de vie et de mort. Eh bien! à part la famille impériale, toutes les familles sujettes sont courbées sous un commun niveau. Tous les Turcs sont égaux devant la volonté suprême du maître; mais leur égalité n'est que l'égalité de l'abjection.

Supposez, maintenant, ce pouvoir immense, irrésistible, entre les mains d'un homme de génie, et vous aurez des résultats démesurés. Ce sera Pierre-le-Grand qui, s'étant créé lui-même, engendre une nation.

Voilà les avantages du système : en voici les vices.

Tout, sous une Royauté absolue, dépend du Roi. Habile, généreux, probe, courageux, zélé, il peut beaucoup pour la gloire et le bonheur de son peuple. Mais les hommes de génie enfantent presque toujours des crétins; et l'État, qui s'était rapidement élevé, s'affaisse avec une égale promptitude. Voyez ce que sont devenues, avec leur monarchie absolue, la Turquie, l'Espagne, le Portugal, etc., etc.

« Pour qu'un état monarchique pût être bien gouverné, a dit Rousseau, il faudrait que sa grandeur ou son étendue fût mesurée aux facultés de celui qui gouverne... Il faudrait, pour ainsi dire, qu'un royaume s'étendît ou se resserrât à chaque règne, selon la portée du prince. » — Cette réflexion n'est pas seulement ingénieuse, elle est vraie, et elle démontre victorieusement l'excellence des institutions qui ont pour résultat nécessaire de porter toujours au pouvoir les hommes les plus capables.

§ 2. — De la Royauté constitutionnelle.

Les vices de la monarchie absolue, les troubles incessants, les révoltes, les guerres, les dilapidations et les révolutions qu'elle engendre ont ruiné presque partout cette forme de gouvernement; et, comme le mal provenait directement de la Royauté, c'est contre le pouvoir royal qu'ont surtout réagi les efforts de la liberté.

Mais les intérêts survivent aux formes. Or, la Royauté ayant créé autour d'elle et au-dessous d'elle des intérêts nombreux et puissants, le pouvoir monarchique fut ébranlé, mais non renversé; amoindri, mais non détruit. On ne s'attaqua point au principe lui-même; on s'efforça seulement d'en modifier les conséquences.

C'est ce qui est arrivé au dix-septième siècle en Angleterre, et, depuis le commencement de ce siècle, en France, en Belgique, en Espagne, en Portugal, et dans quelques états de l'Italie et de l'Allemagne. Dans ces divers pays, on a fait une part au pouvoir royal, une part à l'aristocratie et une autre part au peuple ou plutôt à une petite portion du peuple; et on a réparti ensuite, entre ces divers pouvoirs ou corps politiques, l'exercice de la puissance publique.

Grave erreur! car s'il est vrai qu'ainsi combinée, la monarchie manque de quelques-uns des vices de l'absolutisme, elle en a d'autres qui lui sont propres et qui, peut-être, sont plus grands.

Et d'abord favorise-t-elle mieux le développement social et la tendance vers l'égalité? Non, car il n'y a pas de monarchie constitutionnelle possible sans une aristocratie réelle ou factice. Il y faut, de toute nécessité, entre le peuple et le roi, un intermédiaire, un modérateur qui prévienne les chocs d'où sortirait infailliblement la ruine de la Royauté. Cet intermédiaire, c'est en France la Chambre des pairs; en Belgique et en Espagne, le sénat; en Angleterre, les lords.

Or, l'existence de ce pouvoir aristocratique est un obstacle permanent à l'unité sociale, parce que les membres de ce pouvoir doivent nécessairement revêtir d'autres conditions d'existence que celles de leurs concitoyens.

En même temps, l'existence simultanée de trois pouvoirs est la négation formelle et nécessaire de l'unité politique.

Avec les trois pouvoirs, indépendants l'un de l'autre, l'initiative vient de partout et elle est partout nulle.

Prenons pour exemple l'Angleterre; car c'est dans ce pays que la monarchie constitutionnelle existe depuis long-temps, c'est là qu'elle a donné tous ses résultats, bons ou mauvais.

La Royauté et les communes sont en présence: le roi veut, la chambre des communes ne veut pas.

Le roi choisit les ministres: la chambre les renverse.

Le roi est le chef de l'armée; il nomme tous les fonctionnaires, juges, officiers, ambassadeurs, magistrats: mais l'armée, l'administration, la judi-cature, le corps diplomatique, n'existent que moyennant finance, et c'est la chambre qui dispose de la finance.

Le roi déclare la guerre, fait les traités de paix, d'alliance et de commerce, et la chambre n'a rien à voir à ses décisions: mais on ne fait la guerre qu'avec de l'argent; les traités modifient presque toujours, non-seulement les relations politiques, mais les relations commerciales; et c'est la chambre qui donne ou refuse de l'argent pour la guerre; c'est elle encore qui règle, comme elle l'entend, les tarifs de douanes où viennent se formuler en définitive les relations commerciales du pays.

Voilà le tableau de la situation qu'enfante la division des attributs de la souveraineté entre divers pouvoirs politiques, égaux en droits et indépendants les uns des autres. Cette situation, c'est l'anarchie, la négation formelle de l'unité.

Ce n'est pas tout. Comme rien ne se peut légalement exécuter sans le concours de la majorité des chambres, la corruption devient le grand ressort du gouvernement: on corrompt les électeurs, on corrompt les députés, on corrompt les fonctionnaires, on corrompt les écrivains: on achète tout ce qui veut se vendre.

De là, des luttes sans fin; car le peuple, opprimé comme il l'était auparavant, résiste, et le sang coule.

Il n'est qu'un moyen de sortir de cette impasse: c'est d'obéir à la logique; à la place du fédéralisme gouvernemental, de restaurer l'unité du gouvernement, et de faire découler hiérarchiquement d'un principe supérieur tous les pouvoirs secondaires. Mais quel sera ce principe? (V. Souveraineté.)

ROI DE FRANCE, ROI DES FRANÇAIS. Cette distinction s'est établie pour la première fois en 1789, lorsque la féodalité fut abolie. D'après les anciennes idées, la France était un grand fief dont d'autres fiefs dépendaient directement; elle était dès-lors considérée comme la propriété du Roi, de même que les seigneuries étaient la propriété des seigneurs. A ce point de vue, le souverain, médiat de tout le sol, était proprement appelé Roi de France. La Révolution ayant renversé l'édifice féodal, le sol cessa d'appartenir au monarque; celui-ci n'était plus que le magistrat suprême de la nation; il devint le Roi des Français. La restauration, qui avait des vues ultérieures, rétablit la première dénomination; le peuple a restauré la seconde en 1830.　　　　　　　　　　B. C.

ROME. « On ne peut quitter les Romains, » a dit Montesquieu. Nous dirons qu'on ne peut trop les étudier. C'est à l'ancienne Rome que cet article est consacré. Il n'est point de cité, point d'empire, dont le nom rappelle plus de gloire et de grandeur, dont la destinée se rattache par plus de liens à la nôtre. Comment une peuplade de bandits et d'esclaves fugitifs a-t-elle fini par imposer ses lois, sa langue, ses dieux, au reste de l'univers? On a attribué l'étonnante fortune de Rome à son esprit guerrier, à l'habileté de sa politique, à la constance de ses desseins. Ce ne sont là que des causes secondaires, ou plutôt que les effets d'une cause première, qui n'est point dans le génie particulier de Rome, mais dans les institutions, dans le gouvernement qu'elle s'était donné. Il faut aussi le reconnaître, d'heureuses circonstances, indépendantes des institutions, ont parfois concouru à ce développement extraordinaire de puissance et de prospérité.

Il ne paraît pas que, dans le principe, le gouvernement de Rome différât de celui des autres peuples du Latium et de l'Etrurie, entre lesquels les fondateurs de cette ville s'étaient placés. Dès l'origine, les citoyens se trouvèrent divisés en deux classes : celle des patriciens, sénateurs ou descendants de sénateurs, et celle des plébéiens, exerçant tous les mêmes droits dans les assemblées de la nation. On votait alors par curies ou par quartiers. La population se divisait encore par tribus, les unes formées des premiers habitants, les autres des peuplades successivement réunies à la cité. Ce fut, dit-on, le roi Servius Tullius qui distribua le peuple romain par centuries (*V. ce mot*). Cette distribution, comme on l'a vu, était fondée sur ce motif spécieux que, ayant plus de charges à supporter, les riches, par compensation, devaient avoir plus de droits à exercer. Le peuple, ou plutôt les centuries inférieures, ne tardèrent pas à reconnaître qu'on les avait abusées. Ne pouvant parvenir à renverser l'établissement de Servius Tullius, elles obtinrent du moins que, dans certains cas, les plébéiens exerceraient tous les mêmes droits, à l'exclusion des patriciens.

La souveraineté se partageait entre le sénat et le peuple; celui-ci faisait les lois, celui-là les préparait; il statuait en outre sur les questions de droit public et de droit international; en d'autres termes, il résolvait toutes les difficultés qui survenaient dans la marche des affaires. L'agence exécutive fut d'abord confiée à des rois nommés à vie par le peuple, et, depuis l'expulsion des rois, à deux consuls, dont les fonctions ne duraient qu'un an. A raison de la multiplicité des affaires, on détacha successivement du consulat la Préture ou la justice, l'Édilité ou l'intendance des travaux publics, la Questure ou la direction des finances, la Censure ou la police suprême, comprenant le recensement de la population et des propriétés.

La révolution qui avait renversé les Tarquins ne s'était faite qu'au profit des patriciens, dans l'ordre desquels les principaux magistrats étaient exclusivement choisis. Le peuple obtint que la moitié de ces magistrats fût prise dans l'ordre des plébéiens.

Nommés à vie, d'abord par les rois, ensuite par les consuls et les censeurs, les membres du sénat devaient toujours être pris parmi les citoyens les plus riches, c'est-à-dire dans les centuries de chevaliers.

Les lois proprement dites étaient votées par les premières centuries ou par les riches, à l'exclusion des pauvres; la nomination des magistrats se faisait de la même manière. Les plébiscites, émanés des comices par tribus, et qui n'eurent pas d'abord force de loi, ne pouvaient jamais avoir pour objet de revenir sur ce que les centuries avaient décidé.

On voit par ce simple exposé que la cause des luttes qui agitèrent si souvent la République se trouve dans la constitution elle-même. Ne se sentant point assez forts pour résister aux prétentions des patriciens et des riches qui eussent absorbé la souveraineté tout entière, les plébéiens obtinrent par menace et par composition qu'une magistrature spéciale, choisie dans leur sein, veillerait constamment au maintien, au libre exercice de leurs droits, à ce que personne n'envahît leur autorité. Le tribunat, c'est le nom de cette magistrature, sauva la République. Sans les tribuns, point de doute que l'oligarchie patricienne ou plébéienne ne l'eût emporté. Une fois souveraine, elle n'eût pas tardé à se perdre par l'avarice, qui est le caractère particulier des gouvernements où les honneurs et les emplois sont dévolus à la fortune.

En empêchant ou en différant la chute de la République, le tribunat dut avoir pour effet de rendre les divisions plus ardentes. Chacun tirait parti du moindre avantage qu'il pouvait remporter. Mais, chose remarquable, quelle que fût la haine des plébéiens contre les patriciens, jamais il ne fut porté atteinte aux droits du sénat, comme conseil de la nation; les tribuns, qui avaient le droit de *veto*, ne l'opposaient au sénat que lorsque celui-ci sortait de la limite de ses attributions. C'est cette exacte division des pouvoirs qui fit la force de Rome, malgré les partis qui la déchiraient.

Les attributions du sénat étaient immenses (V. ce mot). Il déterminait non la nature, mais le montant des impôts; il fixait le nombre des troupes à mettre en campagne; il ordonnait le rappel des ambassadeurs; les instructions que leur donnait le consul lui étaient soumises. C'était donc lui qui décidait en premier et souvent en dernier ressort de la guerre et de la paix. En présence d'une multitude qui ne cessait de demander l'égalité des charges et des droits, il était de sa politique de fournir un aliment à l'inquiétude, aux appétits populaires. Quand la discussion devenait trop vive, il détournait la question en montrant au peuple les Volsques ou les Samnites prêts à envahir le *champ romain*; c'est le nom qu'on donnait au territoire de la République, qui ne s'étendait qu'à quelques lieues de la ville. Il promettait au peuple les dépouilles opimes, dont, en définitive, les patriciens avaient toujours la meilleure part. De là cet esprit guerrier qu'on était intéressé à entretenir parmi les citoyens. On finit par croire que le génie de la guerre était le caractère particulier des Romains.

Quant à l'habileté, quant à la constance de la politique, elle était encore la conséquence de la constitution. C'est au système, au principe républicain qu'on doit surtout en faire honneur. Dans les gouvernements absolus, le but, la force des résolutions varient suivant le caractère des individus qui gouvernent. Les républiques n'ont ni vieillesse ni minorité. Aussi Montesquieu observe-t-il avec

raison que « les moyens dont les Romains firent
» usage contre les plus grandes puissances furent
» précisément ceux qu'ils avaient employés dans
» les commencements contre les petites villes qui
» étaient autour d'eux. » Les mêmes idées, les
mêmes lumières avaient dû se perpétuer dans
leurs conseils. La République ou les conseils qui la
dirigent sont toujours dans l'âge de la virilité.

Ce ne fut pas sans peine que Rome parvint à
sortir des limites étroites où nous la voyons d'abord
renfermée. Entourée d'états qui avaient à peu
près le même gouvernement, les rois de Rome,
dont on ne peut contester le mérite, en avaient
difficilement triomphé. Losque la République s'é-
tablit, les rois voisins, devenus les alliés naturels
des princes qu'elle chassait, lui ravirent une partie
des conquêtes de la monarchie; plusieurs fois, la
ville fut à deux doigts de sa perte: mais la vigueur républicaine la rendit supérieure à ses ennemis, qui, comme elle, ne s'étaient pas affranchis du joug de la royauté. Elle sut se faire des
auxiliaires, des alliés fidèles des peuples qu'elle
avait vaincus; c'est en cela qu'elle fit voir les
avantages, la sagesse du système républicain.
L'Italie soumise, il ne fut pas difficile aux Romains
de conquérir le reste de l'univers.

Le gouvernement que Rome s'était donné fut
donc la première cause de sa force et de sa grandeur. L'abus qu'elle fit de sa puissance ne résulta
que des vices qui corrompirent constamment en
elle la pureté des principes républicains. Rome
dut tourner ses armes contre elle-même, lorsque
la lutte extérieure ne suffit plus pour l'occuper. Il
fallait que la République devînt tout à fait oligarchique ou tout à fait démocratique; les partis qui
se disputaient l'empire périrent tous les deux dans
le combat. La République n'existait que dans
Rome; les droits politiques ne s'exerçaient qu'à
Rome. Une foule d'étrangers furent admis aux
droits de citoyen romain : les comices, où régnait
autrefois un ordre admirable, ne furent plus que
des assemblées tumultueuses, dont les ambitieux
pouvaient aisément s'emparer.

Lorsque l'autorité législative se perd dans la
confusion et la discorde, le conseil de la nation
n'est pas loin de succomber lui-même. Ces deux
éléments de la souveraineté ne peuvent exister
l'un sans l'autre. Tiré d'une oligarchie avare et
corrompue, le sénat n'avait par lui-même aucun
moyen de résister: il appartint à celui qui sut le
mieux complaire à son avarice. Bientôt il ne
compta plus dans Rome : « J'apprends quelque-
» fois, dit Cicéron, qu'un sénatus-consulte, passé
» à mon avis, a été porté en Syrie et en Arménie
» avant d'avoir su qu'on l'avait fait. »

Mais alors Rome était arrivée au plus haut degré de sa puissance. « Rien ne la servit mieux
» que le respect qu'elle imprimait à la terre; elle
» mit d'abord les rois dans le silence et les rendit
» comme stupides. Ainsi, des rois qui vivaient
» dans le faste et les délices n'osaient jeter des
» regards fixes sur le peuple romain. »

Ainsi qu'il est arrivé de notre temps, l'Empire,
qui succéda à la République, lui dut toute sa force;
il profita de ses conquêtes, il se les appropria.
Mais à quel degré d'abaissement ne descendit pas
le sénat, dont le prince nommait les membres et
sur lequel l'œil des tribuns n'était plus ouvert!
« Comme il n'est jamais arrivé, dit encore Mon-
» tesquieu, qu'un tyran ait manqué d'instru-
» ments de sa tyrannie, Tibère trouva des juges
» prêts à condamner autant de gens qu'il en put
» soupçonner. Il renvoya au sénat le jugement de
» tout ce qui s'appelait crime de *lèse-majesté*
» contre lui. Ce corps tomba dans un état de bas-
» sesse qui ne peut s'exprimer. »

Les Romains avilis ne firent plus leur félicité
que de la différence de leurs maîtres. Les charges
publiques devinrent de plus en plus lourdes, « car
» il n'est point d'état, dit Montesquieu, que je cite
pour la dernière fois, où l'on ait plus besoin
» de tributs que dans ceux qui s'affaiblissent; de
» sorte qu'on est obligé d'augmenter les charges,
» à mesure qu'on est moins en état de les por-
» ter. »

Rome a dû fournir la plus ample matière aux
détracteurs de la République qui, d'après cet
exemple, ne saurait subsister sans la guerre extérieure ou sans la guerre intestine. Il est difficile
qu'il en soit autrement dans une société où l'oligarchie et la démocratie se trouvent constamment
en face l'une de l'autre. Avec un tel système, est-
il étonnant qu'on passe tour à tour du despotisme
de la multitude au despotisme de quelques uns?
Dans les embarras publics, les Romains avaient, il
est vrai, un expédient dont nous n'avons pas encore parlé, c'était de nommer un dictateur qui
réunissait la puissance législative à l'agence exécutive ; mais il importe d'observer que le sénat ne
se départissait jamais de son autorité.

La République en elle-même n'est point responsable des désordres dont Rome ne fut que trop
souvent le théâtre. Pour être vraie, pour être durable, la République ne doit se composer que d'éléments homogènes. La puissance législative, la
puissance interprétative, ainsi que l'agence chargée d'exécuter leurs volontés, doivent avoir constamment le même intérêt, la même origine. Dans
Rome, chaque branche du pouvoir avait une origine, un intérêt différent. Malgré les causes de
discorde que la République recélait dans son sein,
le gouvernement de Rome n'en était pas moins un
gouvernement admirable. L'établissement du tribunat est le plus heureux expédient qu'il fût possible d'imaginer. Qu'on ne le confonde pas avec
l'éphorie de Sparte, qui avait usurpé l'autorité exécutive dont les rois étaient revêtus. Le tribunat,
comme on l'a dit plus haut, ne faisait que veiller
au maintien de la constitution; et, qu'on le remarque attentivement, il ne pouvait être nécessaire que dans un pays où l'oligarchie tendait
constamment à usurper toute l'autorité. La dictature n'est également nécessaire qu'à raison des
divisions qui naissent de l'inégalité.

La république romaine était constituée de telle
manière qu'aucune injustice, qu'aucun abus de
pouvoir n'y pouvait arriver. Réduits à l'action
exécutive, les consuls ou les préteurs ne pouvaient

arbitrairement disposer de la chose publique. Il y avait constamment un juge entre les citoyens et l'état, entre l'état et les colonies ou l'étranger : ce juge était le sénat. C'est par le sénat que Rome consolida sa puissance en Italie. Réunis de gré ou de force à la république romaine, les divers états d'Italie n'en conservaient pas moins leur gouvernement, leurs institutions ; ils avaient leurs droits, leurs franchises personnelles. Cependant ils demeuraient attachés à la république centrale, parce qu'ils y trouvaient sans doute des garanties, une justice préférable à celle qu'ils auraient eue dans leur propre pays.

A côté du sénat, voyez le peuple faisant la loi et nommant ses magistrats, sans qu'aucune fonction, celle de la censure exceptée, pût jamais durer plus d'un an. Malgré ces changements si fréquents dans l'agence du pouvoir exécutif, il n'était point d'administration qui eût plus d'ordre, plus de suite, plus d'activité que l'administration romaine, parce qu'elle avait au-dessus d'elle une autorité régulatrice qui lui imprimait toute sa force, qui la maintenait constamment dans la ligne tracée par la loi.

Comment se fait-il que de si beaux exemples ne nous aient pas davantage profité, que la science du droit public soit demeurée si imparfaite, malgré les enseignemes de l'antiquité ? Tout s'était perdu dans le despotisme des empereurs. Réunissant tous les pouvoirs, il n'y eut plus d'autre loi, d'autre justice que leur volonté.

Il n'était point, à Rome, de citoyen qui ne connût le droit public ; sous les empereurs, on n'apprit plus que le droit privé. Il n'y eut plus de patrie, mais seulement des individus. Les rois barbares, qui remplacèrent les empereurs romains, gouvernèrent à peu près de la même manière. Il renaîtra toujours des Tarquins, tant qu'il y aura des rois, c'est-à-dire des hommes voulant faire la loi sans le peuple, ou tranchant les questions d'intérêt public au lieu de les soumettre à un conseil national.

Si la doctrine qui nous a rappelé que tous les hommes sont égaux sur la terre comme devant Dieu se fût révélée dans Rome aux beaux jours de la République, si elle eût pénétré dans le cœur de ceux dont l'avarice causa la chute de l'état, si elle eût brisé les fers des esclaves, quelles armes puissantes n'eût-elle pas trouvé dans l'organisation romaine, ramenée au principe de l'égalité ?

A la fois vainqueur et vaincu, le christianisme se soumit aux empereurs, ne combattant plus que faiblement pour l'émancipation de l'humanité. Alors, comme aujourd'hui, l'erreur de beaucoup de gens était de croire que le problème de l'affranchissement pouvait aussi bien se résoudre sous la monarchie que sous la République. C'est par cette raison que les mots de chrétien et de républicain, qui d'abord étaient synonymes, ne tardèrent pas à avoir une signification différente.

Montesquieu, qui a écrit de si belles pages sur les Romains, a lui-même commis les erreurs les plus étranges. Il lui arrive souvent de ne voir que l'effet sans remonter à la cause. Aveuglé par ses idées de privilége, les tribuns ne lui semblent que des brouillons qui troublaient la République. Peu exercé aux matières d'administration, il confond l'autorité exécutrice avec le pouvoir interprétatif, l'action avec la résolution. Aussi, l'organisation républicaine ne se présente-t-elle jamais d'une manière nette à son esprit.

La même confusion se remarque dans nos divers essais de constitution. Chez les anciens, un seul homme se trouvait quelquefois chargé de faire la loi ; on l'acceptait encore comme arbitre dans les débats d'intérêt privé ; mais jamais aucun ne s'en rapporta ni aux rois ni aux ministres pour résoudre les questions d'intérêt public. Dans toutes nos constitutions, au contraire, nous voyons de nombreuses assemblées législatives ; mais ce sont les rois, les directeurs ou les ministres à qui l'on a toujours abandonné le droit d'interpréter la volonté nationale. Faut-il s'étonner du peu d'ordre, du peu de suite qu'il y a dans nos affaires ? Ce sont des essais, des tâtonnements continuels ; il n'existe de garanties pour personne, pas plus à l'intérieur qu'à l'extérieur. Dans la République romaine, tout se suit, tout se rattache à un centre commun. Voyez comment ce peuple, renfermé dans un espace de quelques lieues, étend ses bras puissants autour de lui ; avec quelle intelligence il les dirige, et comment il acquiert, à juste titre, le nom de *peuple-roi*.

                   A. BILLIARD.

ROSTRES, du latin *rostra*, becs d'oiseaux, ou proues de navires. Les Romains avaient donné ce nom à la tribune aux harangues, dressée dans le Forum, parce que la base de cette tribune était ornée des proues de plusieurs vaisseaux qu'ils avaient enlevés aux Antiates. C'était de là que les orateurs s'adressaient au peuple ; ce qui s'appelait, dans le langage de l'époque, « parler de dessus les Rostres. »

Les Romains nommaient COURONNE ROSTRALE, celle qu'ils décernaient au soldat qui avait sauté le premier sur un vaisseau ennemi, de même qu'ils appelaient MURALE la couronne qu'ils donnaient au soldat qui, le premier, avait escaladé les murs d'une ville assiégée.   B.-C.

ROTE, juridiction établie à Rome par le pape Jean XXII, vers le commencement du quatorzième siècle, pour juger par appel de toutes les causes bénéficiales et profanes, tant de la capitale que des provinces de l'État romain, et des autres États catholiques qui n'ont point d'indult pour les agiter devant leurs propres tribunaux. Cette juridiction connaît aussi en premier ressort de tous les procès qui s'élèvent dans l'État pontifical pour des sommes au-dessus de 500 écus. La Rote est composée de douze ecclésiastiques, qui doivent être de nations différentes, savoir : trois romains, un toscan, un milanais, un bolonais, un ferrarais, un vénitien, un français ; deux espagnols et un allemand. Ils portent la robe violette.

On croit que le nom de Rote est donné à cette juridiction parce que les juges sont assis en cercle, et que le pavé de la salle où ils siégent est figuré en forme de roue.　　　　　　B.-C.

ROTURIERS. On désignait autrefois sous ce nom tous ceux qui n'étaient point nobles.

Les Roturiers pouvaient sortir de leur état soit par l'anoblissement, en vertu de lettres-patentes données par le roi, soit par une usurpation des titres et des priviléges de la noblesse, continuée pendant un laps de cent années, sans réclamation de la part du ministère public; soit enfin en achetant des charges ou en obtenant des grades auxquels la noblesse était attachée.

Toute terre tenue en roture payait un cens et était sujette au droit de lods et ventes. (Voir Anoblissement.)　　　　　　B.-C.

ROYAL. Cet adjectif s'applique proprement à tout ce qui tient au roi, dépend du roi ou émane du roi. De là ces expressions : *Enfant royal, prince royal, altesse royale, garde royale, service royal, ordonnance royale.* Au figuré, on étend l'acception de ce mot à tout ce qui présente un caractère inusité de grandeur, de puissance ou de faste; ainsi l'on dit : une *générosité royale,* une *armée royale,* un *plaisir royal,* une *magnificence royale.* La flatterie des courtisans ne s'est pas arrêtée là; elle a appelé *royaux,* les routes, les musées, les bibliothèques, les théâtres, tous les grands établissemens publics créés et entretenus au prix des sacrifices de la nation.　　　B. C.

ROYALISME. C'est moins un système politique admettant la monarchie comme forme de gouvernement, qu'un attachement instinctif ou calculé à la royauté ou à la personne d'un roi. Néanmoins, le Royalisme exclut expressément la monarchie tempérée au profit de la monarchie absolue, dans laquelle tout est subordonné à la volonté du prince. C'est son fatal entêtement à repousser toute participation du peuple au gouvernement de l'état qui a été la cause radicale des réactions sanglantes dont ses partisans ont été victimes dans le cours de notre première révolution.　　　　　　B. C.

ROYALISTES, partisans de la royauté, ou d'un roi. C'est au temps de la fronde qu'on voit ce mot employé pour la première fois; il servait à distinguer le parti de la cour de celui du parlement, ou des *parlementaires.* Le nom de *Royalistes* fut donné depuis aux adversaires de la révolution de 1789, par opposition à la dénomination de *patriotes,* sous laquelle on désignait les partisans du nouvel ordre de choses. Lors de la restauration, on le donna aux personnes qui tenaient pour les Bourbons, pour ne les pas confondre avec les *libéraux,* qui professaient les doctrines populaires. Aujourd'hui cette épithète s'applique spécialement aux *légitimistes,* qui rêvent le rétablissement de l'ancienne monarchie sous le règne de la branche aînée des Bourbons.　　　　　　B. C.

ROYAUME, état gouverné par un roi. Ce qui caractérise plus particulièrement un Royaume, c'est qu'il se compose de peuples d'une même origine ou de peuples incorporés, unis par les mêmes mœurs et les mêmes intérêts, et gouvernés par des lois fondamentales uniformes; à la différence d'un empire, qui se forme de l'agrégation de peuples divers, soumis à des lois différentes, et rassemblés par la conquête sous le même sceptre.　　　B. C.

RUPTURE. Un traité de paix est rompu lorsque l'une des parties contractantes se refuse à son exécution ou agit directement contre sa lettre ou son esprit. Dans ce cas, les hostilités recommencent, et le traité doit être considéré comme nul et non avenu.

Mais s'il arrive que la guerre renaisse entre les parties pour tout autre objet que ceux qui ont rapport au traité conclu, ce traité, quoique suspendu quant à son exécution, subsiste néanmoins, et continue à être la loi des parties.

M. Gérard de Rayneval cite à ce sujet un exemple célèbre qui rend sensible la distinction précédente, « c'est le traité de Campo-Formio entre la République française et la maison d'Autriche. Ce traité renferme deux objets : les intérêts directs des deux parties contractantes et les intérêts indirects de l'empire d'Allemagne. Ces derniers furent renvoyés à un congrès particulier. Le traité de Campo-Formio a été définitif à l'égard du cabinet de Vienne, et il a eu toute son exécution relativement au premier objet; mais les conférences de Rastadt furent infructueuses, et la guerre recommença non seulement avec l'empire, mais encore avec la cour de Vienne. Lorsqu'il s'est agi de négocier de nouveau la paix, les deux parties principales, savoir la France et l'Autriche, ont pris naturellement et nécessairement pour base le traité de Campo-Formio, parce qu'il constituait leur position, leur *statu quo* à l'époque où les hostilités ont recommencé. Si cela n'eût pas été, il aurait fallu se disputer de nouveau, d'un côté par rapport à la Belgique, de l'autre par rapport à l'état de Venise. Il n'en était pas de même à l'égard de l'empire d'Allemagne; ce qui avait été ébauché à son égard à Campo-Formio était demeuré imparfait; la reprise des hostilités avait tout anéanti, et il a fallu recommencer par les élémens, c'est-à-dire partir du *status ante bellum*; il a donc fallu de nouveau discuter la ligne de démarcation entre l'Allemagne et la France, de même que les indemnités. »

RUSSIE. L'empire de Russie est un exemple frappant de ce que peut devenir un pays entre les mains d'un gouvernement habile et persévérant. A la fin du dix-neuvième siècle, la Russie ne comptait pas dans la balance politique de l'Europe; aujourd'hui elle figure parmi les puissances de premier ordre, et son influence se fait sentir jusque dans les questions diplomatiques qui ne le touchent qu'indirectement.

Le czar Pierre Ier avait rêvé, pour son empire, cette grandeur et cette prépondérance; ce fut Catherine II qui exécuta les plans conçus par le génie de ce régénérateur de la monarchie moscovite; leurs successeurs ont complété l'œuvre; et Nicolas Ier, empereur actuel, a apporté plus d'une pierre à ce colossal édifice. Ainsi il a suffi d'un grand homme et d'une femme résolue, suivis d'une postérité intelligente et énergique, pour accomplir, avec des efforts très ordinaires, ce que d'autres peuples n'accomplissent qu'au bout d'une longue série de siècles, et après des luttes douloureuses.

On peut citer l'organisation politique et sociale de la Russie comme un modèle d'absolutisme. Tout y est parfaitement logique. L'empereur est maître absolu; à son titre d'autocrate, qui exprime la toute-puissance politique, il joint celui de chef suprême de la religion. Il est assisté par des ministres et par un conseil d'état qui est quelquefois consulté, mais qui ne décide jamais. Les gouverneurs des quatorze grandes divisions du territoire, et les chefs des cinquante gouvernements réguliers ne sont que des préfets beaucoup moins libres que les nôtres. Tout relève directement du souverain qui fait et défait les lois par voie d'*ukase* ou d'ordonnance, et qui réalise par la plénitude de son pouvoir l'idéal de l'autorité absolue. Au dessous de cette espèce d'incarnation de Dieu, on voit une société divisée en deux classes: l'une privilégiée, opulente et intéressée, par cela même, à maintenir le pouvoir qui lui assure richesses et priviléges; l'autre, esclave, misérable, ignorante et trop abrutie par la servitude pour avoir le sentiment de ses droits et le courage d'en réclamer la jouissance. Point de classe moyenne constituée, point d'intermédiaire entre ces deux extrêmes. De sorte que, entre les oppresseurs et les opprimés, il n'existe aucun noyau mitoyen propre à servir d'élément de fusion, et à tempérer les effets du despotisme. Dans un pareil ordre de choses, il est clair que le pouvoir absolu a ses coudées franches, mais que quand les idées de liberté dérangeront cette superposition si favorable à la tyrannie, la couche supérieure qui renferme toutes les lumières et toutes les richesses venant à se déplacer, et la couche intermédiaire n'existant pas, l'édifice tout entier s'écroulera sans espoir de reconstruction prochaine.

Cette impossibilité de régénérer la nation russe sans qu'aussitôt tout l'ensemble social et politique ne s'écroule, n'est pas le seul germe de faiblesse que recèle l'empire de Russie. Le manque d'homogénéité dans les nombreuses populations qui composent cet empire, le vice fondamental de ses institutions, toutes entachées de servitude, l'impossibilité de réunir, en un court espace de temps, des forces militaires suffisantes, soit pour repousser une brusque agression, soit pour porter la guerre à l'étranger; enfin, le chiffre insignifiant des revenus de l'état comparé aux énormes dépenses qu'exigent la cour et les services publics,

sont autant d'imperfections qui pourraient, plus encore que la première, devenir, à l'occasion, des causes de ruine. Toutefois, il serait puéril de n'apprécier la Russie qu'à ce point de vue, et de fermer les yeux sur ses éléments de force. Les nations occidentales doivent se préoccuper surtout de ce que peut cet empire dans la voie des agrandissements de territoire et des entreprises contre la liberté des peuples. Les immenses acquisitions faites par les czars aux dépens de la Suède, de la Pologne, de la Turquie et de la Perse, dans l'espace d'un siècle, ont singulièrement augmenté leur puissance. La population de l'empire a triplé depuis le règne de Pierre le Grand; la surface totale des domaines de l'autocrate dépasse un million de lieues carrées, et contient trente fois la superficie de la France; l'armée russe, sans être aussi formidable qu'on s'est plû à le dire, est néanmoins très nombreuse, brave et forte surtout par son admirable discipline; la marine moscovite a pris, durant ces dernières années, un grand développement, notamment dans la mer Noire; on peut en dire autant du commerce de ce pays, qui voit s'accroître d'année en année, par cette ressource précieuse, sa richesse nationale; enfin, l'unité gouvernementale qui régit cette agglomération de peuples obéissants, est un levier dont personne ne contestera la puissance. Si, à tous ces éléments de force on ajoute les avantages d'une position géographique qui permet à la Russie de conserver la plus complète liberté d'allures dans toutes les questions de politique générale et dans tous les conflits européens, on conviendra que l'ennemi si dédaigné par certaines gens par trop optimistes mérite que les nations de l'Occident comptent avec lui, et calculent bien plus les périls dont il les menace que ceux dont il est menacé lui-même.

Il est à remarquer que la Russie, qui occupe une si petite place dans la pensée des hommes politiques et des publicistes de la France, est, sans qu'on paraisse s'en douter, la cause unique des graves difficultés dont l'Europe entière s'est montrée naguère si vivement alarmée. Cette puissance, en effet, par ses usurpations continuelles en Orient, a réduit la Turquie à un tel état de faiblesse, qu'on a fini par agiter la question de savoir comment on prolongerait l'existence de l'empire moribond, ou comment on s'en partagerait les dépouilles. C'est de la guerre de Grèce, suscitée par les agents secrets de la Russie, qui a amené la destruction de la flotte ottomane à Navarin, et plus tard l'émancipation de la portion la plus importante des domaines turcs; c'est ce double désastre qui a causé la défaite de la Turquie dans la guerre des Balkans, et forcé le sultan Mahmoud à signer le fatal traité d'Andrinople; c'est le nouvel affaiblissement produit par ce traité qui a livré l'empire ottoman sans défense à Méhémet-Ali et qui a enfanté la situation, si puérilement modifiée par le traité du 13 juillet 1841. Ainsi, la Russie est, directement et matériellement, l'auteur du conflit d'où a failli naître une guerre générale, et dont les conséquences ne sont qu'ajournées.

Le traité de Londres, qui a annulé la convention d'Unkiar-Skelessi, n'a pu neutraliser la prépondérance de la Russie à Constantinople. Cette prépondérance ne peut que s'accroître, et elle donnera lieu à plus d'un différend entre les cabinets européens avant que l'autocrate croie le moment venu de jeter le masque et d'asseoir sa puissance sur les rives du Bosphore. Pour nous, une des plus fâcheuses conséquences de cette usurpation de la Russie sera d'avoir enhardi l'Angleterre à s'assurer dans une autre partie de l'Orient de larges compensations.

On a dit à tort, suivant nous, que la Grande-Bretagne aurait seule à se plaindre de l'installation définitive de la Russie à Constantinople. Quand la Russie se sera métamorphosée en puissance méridionale et se trouvera en contact avec l'Occident par les Dardanelles et la Méditerranée; quand sa marine sera devenue formidable dans la mer Noire, nous croyons que les principes démocratiques de la France seront tout aussi sérieusement menacés par cette éternelle ennemie des institutions libérales, que le seront les intérêts matériels de l'Angleterre. Toute la question est de savoir si la Russie *pourra* un jour devenir redoutable à la France révolutionnaire en l'attaquant sur mer et par ses frontières méridionales. Or, cela n'est pas douteux si Constantinople devient une ville moscovite.

Au point de vue matériel, l'Angleterre est la plus menacée par les agrandissements gigantesques de la Russie. Déjà cette dernière a porté un coup funeste au commerce britannique sur plus d'un marché asiatique et européen. « Elle a exclu presque tous les produits anglais par ses tarifs les plus récents; elle a étendu ce système à la Pologne, vers laquelle s'écoulait une partie considérable des importations britanniques, en Allemagne et dans les villes anséatiques. La Bessarabie est réunie aux domaines russes et échappe ainsi au commerce anglais; les principautés de Moldavie et de Valachie sont entourées de cordons sanitaires russes qui neutralisent singulièrement leur ancienne liberté de commerce; les côtes de la Circassie recevaient autrefois, à travers l'Allemagne, des envois de marchandises anglaises; aujourd'hui, elles subissent un blocus permanent. La Géorgie était le grand chemin de la Perse et de l'Asie centrale pour les produits anglais venant des marchés d'Allemagne; la Russie a coupé cette communication; seulement elle n'a pu empêcher l'Angleterre de s'ouvrir une route détournée à travers la Turquie d'Asie. La mer Caspienne, qui appartenait anciennement à un état dont le commerce était libre, est perdue pour les produits des manufactures britanniques, depuis qu'elle a passé sous la domination russe. Cette puissance vient d'arracher encore au sultan un territoire situé à quelques lieues de distance de la route suivie par les Anglais pour aller en Perse; son influence en Turquie est telle qu'elle a rendu les ressources de ce pays presque inutiles, et qu'elle l'a empêché de fournir à la Grande-Bretagne les produits bruts qu'il lui vendait auparavant à meilleur marché que la Russie. » (1) A ce tableau des dommages matériels déjà causés par la politique russe à l'Angleterre, il convient d'ajouter les projets hautement avoués du cabinet de Saint-Pétersbourg sur les Indes, et le commencement d'exécution donné à ces projets par des tentatives dirigées contre certaines provinces de la Perse orientale. On ne peut donc nier l'antagonisme de la Russie et de l'Angleterre en Orient, et cet antagonisme ne peut que devenir de jour en jour plus vif et plus profond.

Dans cette lutte de la Russie avec l'Occident, malheur à celui des champions qui perdra de vue un seul instant son formidable rival! Les hommes d'état de Saint-Pétersbourg sont de rudes jouteurs! La politique russe n'a pas varié depuis près de deux siècles; aussi patiente que perfide, elle sait ajourner ses desseins, attendre les occasions propices, tromper ses adversaires par des assurances mensongères, et profiter du moment où l'attention de l'Europe est concentrée sur d'autres objets pour réaliser ses usurpations avec une audace qui déconcerte la timidité de ses antagonistes.

Elle sait exploiter la différence des systèmes politiques qui partagent la société européenne en deux camps ennemis. Un profond mystère couvre toujours ses fautes, quand il lui arrive d'en commettre, et elle ne se manifeste que par ses triomphes. Elle est impénétrable comme le destin, inflexible comme le dieu qui présidait à la vengeance, invulnérable comme une statue d'airain. Aussi tenace et non moins déloyale que la politique anglaise, elle est plus prudente et par cela même plus sûre de ses résultats. C'est donc une périlleuse partie que celle qui se joue contre un pareil adversaire; la vigilance d'un argus, jointe à l'énergie la plus indomptable, suffisent à peine pour déjouer les intrigues de ce Machiavel multiple qui s'avance par des voies souterraines et possède au plus haut degré le talent d'épouvanter le monde par la fantasmagorie de ses huit cent mille baïonnettes problématiques.

Un rôle magnifique serait réservé à cette puissance, si elle voulait ou si elle pouvait civiliser l'Orient. Mais cette tâche est au dessus de ses forces et en dehors de ses volontés; il faut craindre plutôt que sa mission dans ce monde soit de renouveler les incursions de ces barbares que le nom d'Attila a rendus célèbres dans l'histoire. Napoléon appréciait ainsi les tendances de la politique moscovite quand il disait que l'Europe serait un jour républicaine ou cosaque. C'est à la France démocratique à faire en sorte que la dernière partie de cette prédiction ne se réalise pas.

FRÉDÉRIC LACROIX.

(1) Extrait du *Porta-Foglio*.

S

SACRE. Cérémonie solennelle par laquelle le prêtre, en répandant l'huile sainte sur le front des rois, imprimait la sanction divine à leur autorité, et les présentait à l'opinion des peuples comme infaillibles dans leurs décisions et inviolables dans leurs personnes.

C'est dans la Bible qu'on trouve le premier exemple de cette onction des chefs des sociétés. On y voit les anciens d'Israël et de Juda solliciter Samuel de leur donner un roi, et le prophète faire choix de Saül à cet effet, et verser sur sa tête une fiole d'huile, en lui disant : « Le Seigneur, par cette onction, vous sacre prince pour gouverner son peuple et le délivrer des mains de ses ennemis. »

Pépin introduisit cet usage en France. Avant lui, les rois, à leur avènement au trône, étaient élevés sur un bouclier ou pavois, recevaient l'hommage de leur armée, et étaient, de cette façon, investis de la suprême puissance. Pépin, qui avait fait déposer Childéric III pour s'emparer de la couronne, voulut couvrir son usurpation de la sanction du ciel, et avoir ainsi Dieu pour complice.

Le cérémonial observé au Sacre de Pépin subsista sans de notables changements jusqu'à l'année 1179. A cette époque, Louis-le-Jeune, à l'occasion du Sacre de son fils Philippe-Auguste, adopta un nouveau formulaire et désigna la cathédrale de Reims comme la basilique où devraient avoir lieu à l'avenir les solennités du même genre. Ce formulaire était encore en vigueur au temps de Louis XVI. Ce n'était pas seulement un programme de cérémonies d'apparat ; c'était encore une sorte de constitution politique où étaient indiqués avec assez de netteté les rapports de l'église avec la royauté et de la royauté avec le peuple. L'ancienne monarchie n'a pas eu d'autre Charte écrite. A ce titre, le cérémonial des Sacres présente bien quelque intérêt, et mérite que nous en donnions un rapide aperçu. Voici donc ce qui se passa au Sacre de Louis XVI, qui fut de tous points conforme aux Sacres antérieurs.

Après quelques cérémonies préliminaires et qu'il est inutile de rappeler ici, le roi ayant été emmené à l'église, prit place dans le chœur, et, peu après, l'archevêque s'approcha de lui et lui fit prêter le *serment de protection*, conçu en ces termes :

« Je *promets* d'empêcher les personnes de tout rang de commettre des rapines et des iniquités de quelque nature qu'elles soient. Je *jure* de m'appliquer sincèrement et de tout mon pouvoir à *exterminer*, de toutes les terres soumises à ma domination, les *hérétiques* nommément *condamnés par l'église.* »

Après la prestation de ce serment, deux pairs ecclésiastiques présentèrent Louis XVI à l'assemblée et lui demandèrent si elle l'*agréait* pour souverain. « Un silence respectueux, dit la relation officielle à laquelle nous empruntons ces détails, annonça le consentement général. » Alors l'archevêque ouvrit la sainte-ampoule, en fit couler quelques gouttes, qu'il délaya dans de l'huile bénite ; et le roi s'étant agenouillé devant lui, il lui administra les onctions consacrées. L'archevêque lui passa ensuite au quatrième doigt de la main droite un anneau, emblème de la puissance et de l'union intime qui règnerait désormais entre le roi et son peuple, » lui remit le sceptre et la main de justice, lui posa la couronne sur la tête, et l'embrassa ; ce qui fut imité par les autres pairs ecclésiastiques.

Tout ce cérémonial terminé, on ouvrit les portes, et « le peuple put pénétrer dans l'enceinte. » C'est la seule part qu'il eut à un acte si important pour lui.

Quand Charles X fut sacré à Reims en 1825, on ne conserva de l'ancien cérémonial que ce qui pouvait s'accorder avec les mœurs nouvelles et les institutions politiques consacrées par la Charte. La formule du serment fut remplacé par celle-ci, que Charles prononça d'une voix ferme :

« En présence de Dieu, je promets à mon peuple de maintenir et d'honorer notre sainte religion, comme il appartient au roi très-chrétien et au fils aîné de l'église, de rendre bonne justice à tous mes sujets ; enfin de gouverner conformément aux lois du royaume et à la Charte constitutionnelle, *que je jure d'observer fidèlement.* Qu'ainsi Dieu me soit en aide et le saint évangile. »

Napoléon, qui avait restauré presque toutes les institutions de l'ancienne monarchie, rétablit aussi le Sacre ; mais, loin de se mettre, comme les rois de cette époque, dans la dépendance de l'église, il mit au contraire l'église dans la dépendance de l'État. Il fit venir le pape Pie VII de Rome à Paris tout exprès pour se faire sacrer, prit lui-même la couronne et la plaça sur son front.   B. C.

SACRILÉGE. (LOI CONTRE LE) Le mot Sacrilège ne se trouvait pas dans l'ancienne législation française, excepté dans l'art. 3, d'un édit de 1682, qui punit de mort *les personnes assez méchantes pour ajouter à la superstition l'impiété et le Sacrilège , sous prétexte d'opérations, de prétendue magie, ou autre prétexte de pareille qualité.*

Cependant les blasphèmes et les profanations des choses sacrées ont été quelquefois punis des peines les plus cruelles, dans un temps où elles étaient fort cruelles. Denisart raconte que « le Parlement (ce dépositaire auguste des lois divines et humaines) a, par arrêt de mercredi 4 juin 1766, la Grand'Chambre assemblée, confirmatif de sentence de la sénéchaussée de Ponthieu, à Abbeville, du 28 février 1766, condamné Jean-François Lefebvre de la Barre, à faire amende honorable, avoir la langue coupée, la tête tranchée, et son corps ensuite jeté avec la tête dans un bûcher, pour y être brûlés, préalablement appliqué à la question ordinaire et extraordinaire pour *Impiétés, Blasphèmes , Sacriléges exécrables et abominables*, mentionnés au procès. L'arrêt a été mis à exécution le 1ᵉʳ juillet 1766. »

Ceci a été écrit et publié en 1768, et le célèbre compilateur ajoute : « Si le criminel de Lèze-Majesté humaine est puni par des tourments inexprimables, quels ne doivent pas être ceux de cet autre insensé qui s'attaque à l'Être suprême ? » Voilà ce que le parti théocratique voulait faire revivre en France à l'époque de la Restauration.

Au commencement de 1824, il profita d'un dissentiment de jurisprudence entre la cour de cassation et les cours royales, dans l'interprétation des lois sur le vol. Le vol dans une église doit-il être considéré comme commis dans une maison *habitée*, circonstance aggravante ? La cour de cassation disait : oui ; un grand nombre de cours d'assises persistaient à dire : non. On saisit ce prétexte de présenter une loi interprétative, qu'on soumit d'abord à la chambre des pairs.

La chambre résista à l'esprit d'envahissement clérical qui se cachait sous les dispositions de cette loi. M. Portalis, rapporteur, disait : « Il faut honorer la divinité et ne la venger jamais. Les outrages à la religion doivent être réprimés comme les autres troubles ou désordres qui empêchent les citoyens de jouir du libre exercice de leurs droits. »

Ce n'est pas ainsi que l'entendaient ceux qui voulaient venger par des sacrifices humains la majesté divine outragée (1), et faire passer dans nos lois les maximes de l'inquisition. La loi fut retirée le 7 juin 1824.

Mais elle reparut le 4 janvier 1825, augmentée d'un titre 1ᵉʳ qui rappelait tout-à-fait l'arrêt du parlement de 1766. La profanation des vases et des hosties consacrées était punie de mort. On y ajoutait l'amende honorable. Il n'y manquait que le bûcher et la question ordinaire et extraordinaire, qu'on n'osait pas espérer des législateurs du dix-neuvième siècle. Ce fougueux parti théocratique aurait voulu faire reconnaître nettement que la loi doit punir le *péché*, violation de la religion, aussi bien que le *crime*, violation de la loi temporelle ; que les hérésies sont des crimes, et que la sévérité des peines doit être calculée sur la grandeur du Dieu qu'on suppose offensé. On publiait hautement des maximes telles que celle-ci : « Il y a deux glaives, l'un spirituel, l'autre matériel, et

celui-ci nécessairement subordonné à l'autre. » Les mêmes hommes qui excommuniaient les révolutionnaires, qui proscrivaient les conventionnels et anathématisaient les insurrections, écrivaient : « Le prince qui essaie de substituer un pouvoir humain au pouvoir qu'il tient de Dieu perd tous ses titres à l'obéissance. Le peuple opprimé peut et doit à son tour user de la force pour se reconstituer chrétiennement. »

Le ministère, alors en lutte avec le parti qui dominait secrètement les résolutions de la cour, et qui se vantait de sa puissance, présentait une loi de transaction, toujours absurde et odieuse , mais dont l'application devenait impossible à cause des circonstances exigées pour constituer la criminalité.

La loi fut soutenue et combattue avec la vivacité qui animait alors les partis en présence, sur le point d'entrer en lutte révolutionnaire à peu d'années de là. La loi passa à la chambre des pairs à *une* voix de majorité. La chambre des députés était complètement dévouée. C'est la même qui vota l'indemnité des émigrés et la loi d'aînesse.

Mais la France n'avait pas voté, et le jury protesta par des verdicts d'acquittement, toutes les fois qu'on essaya d'appliquer quelque disposition de cette loi.

L'un des premiers actes de la Révolution de 1830 fut l'abrogation formelle et absolue de cette loi. Il est remarquable que l'initiative vint de la chambre des pairs. La résolution, votée par quatre vingt-trois voix contre deux, fut portée à la chambre des députés et adoptée par cent quatre-vingt-seize voix contre 9 ; et le 14 octobre 1830 fut promulguée l'abolition de cette loi du Sacrilége, qui était en contradiction avec toute la législation criminelle de la France. Seule, en effet, elle punissait les coupables, non en raison des actes, mais en raison des croyances ; elle mettait la justice de Dieu entre les mains des jurés, et elle transformait leur tribunal en tribunal de pénitence (1).

Depuis, les théories politiques ont trouvé leurs fanatiques comme les dogmes religieux, et les lois de septembre 1835 sont à la Révolution de juillet ce qu'était à la Restauration la loi du Sacrilége de 1825.

　　　　　　　　　　　　HENRY CELLIEZ,

SAINTE-ALLIANCE. Il n'est point de mot, sans doute, qui résonne d'une manière plus douloureuse à nos oreilles et à celles de tous les peuples de l'Europe occidentale. Il rappelle pour nous à la fois les souvenirs d'une double invasion, l'occupation de notre territoire par les armées ennemies, le morcellement partiel de la France , la perte de nos trésors, de nos vaisseaux, de notre gloire militaire et des trophées conquis par nos armes. Le mot de *Sainte-Alliance* suffit pour faire saigner de nouveau toutes les blessures nationales, non cicatrisées encore depuis Waterloo. Enfin, il résume à lui seul, en abrégé, l'histoire de l'Italie et de l'Espagne , livrées depuis vingt-cinq

(1) V. le Rapport de M. Saint-Aulaire en 1830.

(1) Voy. la discussion à la Chambre des Députés le 6 octobre 1830

ans à tous les excès du despotisme et aux horreurs de la guerre civile.

Par ce mot on entend ordinairement l'union de tous les rois coalisés contre les peuples. Il s'en faut, toutefois, de beaucoup que l'on puisse historiquement lui accorder une signification aussi large. La Sainte-Alliance proprement dite n'est autre chose qu'un traité qui fut conclu à Paris entre l'empereur de Russie, l'empereur d'Autriche et le roi de Prusse. Voici la teneur de ce traité. La couleur mystique et sombre qui y règne indique assez que la pensée et la rédaction en appartiennent à l'empereur Alexandre, dont l'imagination était exaltée par la célèbre Mᵐᵉ de Krüdner. Le traité de Sainte-Alliance fut signé le $\frac{14}{26}$ septembre 1815, quelques jours après une grande revue passée par l'autocrate dans la plaine de Vertus. Les monarques de Prusse et d'Autriche avaient assisté à cette cérémonie, qui fut plus religieuse encore que militaire, et sur laquelle la même Mᵐᵉ de Krüdner a écrit un livre intitulé le Camp de Vertus.

SAINTE-ALLIANCE

Entre LL. MM. l'empereur de toutes les Russies, l'empereur d'Autriche et le roi de Prusse, signé à Paris le $\frac{14}{26}$ septembre 1815.

Au nom de la très sainte et indivisible trinité!

LL. MM. l'empereur d'Autriche, le roi de Prusse et l'empereur de toutes les Russies, par suite des grands événements qui ont signalé en Europe le cours des trois dernières années, et principalement des bienfaits qu'il a plu à la divine Providence de répandre sur les états dont les gouvernements ont placé leur confiance et leur espoir en elle seule, ayant acquis la conviction intime qu'il est nécessaire d'asseoir la marche à adopter par les puissances dans leurs rapports mutuels sur les vérités sublimes que nous enseigne l'éternelle religion du Dieu sauveur.

Déclarons solennellement que le présent acte n'a pour objet que de manifester à la face de l'univers leur détermination inébranlable de ne prendre pour règle de leur conduite, soit dans l'administration de leurs états, soit dans leurs relations politiques avec tout autre gouvernement, que les préceptes de cette religion sainte, préceptes de justice, de charité et de paix, qui loin d'être uniquement applicables à la vie privée, doivent au contraire influer directement sur les résolutions des princes et guider toutes leurs démarches, comme étant le seul moyen de consolider les institutions humaines, et de remédier à leurs imperfections.

En conséquence, LL. MM. sont convenues des articles suivants:

I. Conformément aux paroles des saintes écritures, qui ordonnent à tous les hommes de se regarder comme frères, les monarques contractants demeureront unis par les liens d'une fraternité véritable et indissoluble, et se considéreront comme compatriotes. Ils se prêteront, en toute occasion et en tout lieu, assistance, aide et secours; se regardant envers leurs sujets et armées comme pères de famille, ils les dirigeront dans le même esprit de fraternité, dont ils sont animés pour protéger la religion, la paix et la justice.

II. En conséquence, le seul principe en vigueur, soit entre lesdits gouvernements, soit entre leurs sujets, sera celui de se rendre réciproquement service, de se témoigner par une bienveillance inaltérable l'affection mutuelle dont ils doivent être animés, de ne se considérer tous que comme membres d'une même nation chrétienne, les trois princes alliés ne s'envisageant eux-mêmes que comme délégués par la Providence pour gouverner trois branches d'une même famille, savoir: l'Autriche, la Prusse et la Russie, confessant ainsi que la nation chrétienne dont eux et leurs peuples font partie, n'a réellement d'autre souverain que celui à qui seul appartient en propriété la puissance, parce qu'en lui seul se trouvent tous les trésors de l'amour, de la science et de la sagesse infinie, c'est-à-dire Dieu, notre divin sauveur Jésus-Christ, le verbe du très haut, la parole de vie; LL. MM. recommandant, en conséquence, avec la plus tendre sollicitude, à leurs peuples, comme unique moyen de jouir de cette paix qui naît de la bonne conscience et qui seule est durable, de se fortifier chaque jour davantage dans les principes et l'exercice des devoirs que le divin sauveur a enseignés aux hommes;

III. Toutes les puissances qui voudront solennellement avouer les principes sacrés qui ont dicté le présent acte, et reconnaîtront combien il est important au bonheur des nations, trop longtemps agitées, que ces vérités exercent désormais sur les destinées humaines toute l'influence qui leur appartient, seront reçues avec autant d'empressement que d'affection dans cette Sainte-Alliance.

Fait triple et signé à Paris, l'an de grâce 1815, le $\frac{14}{26}$ septembre.

FRANÇOIS.—FRÉDÉRIC-GUILLAUME.—ALEXANDRE.

Tel est cet acte célèbre auquel presque toutes les puissances de l'Europe, à l'exception de l'Angleterre, donnèrent successivement leur adhésion. Le roi des Pays-Bas y accéda le 21 juin 1816; le roi de Saxe et le roi de Wurtemberg le 12 mai 1817. Le traité de Sainte-Alliance fut également accepté par les Bourbons et publié officiellement dans le Moniteur le 6 février 1816.

En le lisant on a d'abord de la peine à s'expliquer son importance, et l'on est surtout frappé de ce jargon mystique et vague qui y règne d'un bout à l'autre. Mais, de ces phrases sentimentales sur la religion du Christ et la fraternité humaine, ne tarda pas à sortir le traité du 20 novembre, traité si funeste à la France qu'un homme d'état prussien en parle en ces termes : « Ce fut avec » une profonde douleur que le duc de Richelieu » apposa sa signature à ces traités, dont l'idée » seule eût fait frissonner l'ombre de l'illustre car- » dinal dont il portait le nom. » Bientôt, l'association mutuelle fondée par le traité de Sainte-Alliance produisit les congrès de Troppau, de Laybach, de Vérone, dans lesquels furent organisés d'une manière systématique le droit de propriété des rois sur les peuples, la mort politique de l'Espague, la ruine des Deux-Siciles sous les princes de la maison de Bourbon et l'établissement du despotisme autrichien sur la haute Italie.

De tels effets ont suffi pour vouer l'acte de Sainte-Alliance à la juste exécration de l'avenir. Reconnaissons-le, toutefois, l'idée d'une association entre les différents états de l'Europe et du monde, réglant les intérêts de tous dans des Congrès réguliers et solennels, élaborant un code de lois communes à toutes les nations, et appuyant, par la force irrésistible de l'union toute entière, les décisions d'un grand jury formé des plénipotentiaires des peuples, une telle association serait le plus grand bienfait que l'humanité pût recevoir. Est-ce donc former un vœu insensé que d'en désirer l'établissement? Nous ne le croyons pas. Mais pour qu'un tel vœu se réalise, il est évident qu'il faut d'abord faire disparaître le prétendu droit de propriété des gouvernements, et partout le remplacer par les principes d'égalité évangélique si hypocritement invoqués dans l'acte des deux empereurs et du roi de Prusse.　　　J. BASTIDE.

SAISIE. Acte par lequel on place certains objets sous la main de la justice pour en assurer la représentation. On pratique la Saisie, soit des objets qui sont présumés avoir servi à commettre une contravention aux lois de police et aux lois fiscales, un délit ou un crime, soit des objets qui peuvent servir à constater les crimes, les délits et les contraventions. Comme nos lois attribuent un caractère politique à un grand nombre de contraventions, de délits et de crimes, le mot Saisie s'est fait place dans le vocabulaire politique.

Le Code d'instruction criminelle a, par une sage disposition, donné au juge chargé d'instruire sur un procès criminel, c'est-à-dire de découvrir la vérité, le pouvoir de saisir soit au domicile du prévenu, soit dans les autres lieux où ils seraient *cachés*, tous les papiers et objets qui seront jugés utiles à la manifestation de la vérité. Restreints dans ces limites, les art. 87 et 88 du Code d'instruction criminelle sont l'expression d'une des conditions nécessaires de la poursuite des délits. Mais comme la justice perd son caractère dès qu'elle se met au service de la politique, on a singulièrement abusé de ce pouvoir arbitraire laissé au juge d'instruction. La Saisie, instituée pour être un moyen de manifester la vérité sur un certain délit déterminé, est devenu le procédé ordinaire à l'aide duquel on construit le délit lui-même. Dès qu'un homme, soupçonné pour une raison quelconque de n'importe quel délit, tient directement ou indirectement, si peu que ce soit, par ses actes ou par ses paroles ou par ses sentiments à la politique, le juge d'instruction, armé des articles 87 et 88, pénètre dans le domicile du suspect, dans celui de ses parents, de ses amis, de ses proches, et il saisit tout. Dans cette masse de papiers de toute nature et de renseignements divers, on cherche, on rapproche, on compare les correspondances, les confidences intimes, les notes les plus informes, les brouillons, les projets de pensée, les listes de personnes ou de lieux, etc. Avec

quelques papiers saisis chez trois ou quatre personnes on en compromet une vingtaine. A la Saisie viennent bientôt se joindre les arrestations préventives et les interrogatoires. Le désir naturel de voir confirmer les hypothèses hardies d'un esprit délié, conduit le juge à des combinaisons de questions qui préparent, par les réponses nécessaires, de nouvelles pages au roman judiciaire qui s'appelle instruction. Puis viendra le drame de l'audience, qui n'est que la mise en scène de ce livre préparatoire; le juge, aveuglé par la partialité inévitable dans toute question politique, se persuadera facilement que les crimes politiques étant difficiles à prouver, il peut se contenter d'explications et d'inductions, là où, pour les délits ordinaires, la conviction intelligente exige des preuves formelles. La condamnation vous frappera sans que l'accusation ait même songé à vous attribuer aucun acte déterminé.

Telle est la trop commune histoire des procès politiques. Telle est l'œuvre de la Saisie et de l'interrogatoire.

La Saisie a encore un autre but spécial dans la poursuite des délits de la presse. Là, il n'y a point de circonstances extérieures à rechercher, pas de preuves à réunir, pas d'interrogatoires utiles; tout est dans l'écrit incriminé; s'il y a délit, le délit est constant dès qu'on représente un exemplaire distribué de l'écrit. La Saisie de cet exemplaire est donc le moyen de représenter aux juges le siège même du délit. Il semblerait dès-lors qu'il fût suffisant de saisir un exemplaire. Mais, dans l'intervalle de la publication au jugement, l'écrit suspect pourrait circuler, et si la lecture était ensuite déclarée pernicieuse par un jugement de condamnation, le mal serait fait. Les lois sur la presse ont donc autorisé la Saisie préalable de tous les exemplaires, dès que le magistrat pense qu'il y a un délit à poursuivre.

Si les lois étaient sincèrement exécutées, cette disposition serait peu fâcheuse; en quelques jours, l'écrit pourrait être apprécié par les deux juridictions qui prononcent sur la mise en accusation, et ensuite par le jury. Il n'y a qu'un certain nombre de pages à lire dans les cas les plus extrêmes, et peu d'heures suffisent à chacun pour former son opinion sur l'innocence ou la culpabilité.

Mais ici, comme toujours, la Politique gâte la Justice. La loi, si subtile dans ses définitions de crimes, si rigoureuse dans ses peines, si méticuleuse dans ses précautions, est encore aggravée par les lenteurs involontaires ou volontaires de l'exécution. Cependant, la Saisie est maintenue; l'écrit perd son opportunité; l'auteur éprouve le supplice de la pensée étouffée; l'éditeur est lésé dans sa fortune. Qu'importe à la Politique? C'est un ennemi qu'elle frappe. La loi a bien prescrit certains délais de rigueur après lesquels la Saisie est périmée. Au bout de vingt-cinq jours, si le prévenu veille attentivement à la conservation de ses droits, il peut se faire restituer les exemplaires saisis; mais il faut pour cela que la chambre d'accusation ait négligé de statuer. Si cette chambre prononce la mise en accusation et le renvoi devant la cour d'assises, il n'y a plus de délai de rigueur pour le jugement.

La loi dit qu'on doit être jugé aux plus prochaines assises ; mais comme ce droit est commun à tous les accusés, et que les accusés sont nombreux, il faut attendre son tour. Cependant les exemplaires sont toujours saisis ; et quand le jury proclamera l'innocence de l'écrit et de l'auteur, ces exemplaires ne seront plus que du papier noirci.

Il est arrivé souvent que des journaux et d'autres écrits dont la vente n'est possible qu'à une époque rapprochée de la publication sont demeurés saisis pendant plusieurs mois, pour être ensuite rendus aux éditeurs, même sans jugement, alors qu'il ne pouvaient plus être utilisés.

Armés de la Saisie, des hommes de parti, si le pouvoir leur échoit, empêcheront la distribution efficace des écrits qui leur déplaisent. Le parquet, tout en recevant l'impulsion directe du ministère, est toujours supposé aux yeux de la loi agir spontanément ; et son action n'entraîne pour lui aucune responsabilité. Il n'y a aucun recours. Qu'un ministère ose, et la liberté de la presse n'est plus qu'un mot. Voilà ce que c'est que la Saisie. H. C.

SALAIRE. Le Salaire est le produit que le travailleur tire de son travail.

La condition du Salaire n'implique point, ainsi qu'on semble quelquefois le penser, l'idée d'infériorité et de subordination de la part de celui qui reçoit vis-à-vis de celui qui donne. Cette fausse appréciation des rapports qui unissent les ouvriers et ceux qui les emploient a pris naissance dans une confusion de mots dont il est facile de rétablir le véritable sens. Parce qu'on appelle *maître* l'homme qui achète les services de ses semblables, moins riches ou moins intelligents, parce qu'il a plu de désigner par le terme de *récompense* le fruit que ces derniers retirent de leurs labeurs, on en a conclu à tort que l'ouvrier était l'obligé. En principe, le travail est le premier et le seul producteur ! L'appropriation des terres, l'accumulation des capitaux en quelques mains, contraint, dans l'état de nos sociétés, celui qui n'a que son intelligence et ses bras à s'adresser au détenteur des biens pour qu'il lui fournisse les matières premières et les instruments ; mais il n'en est pas moins vrai que les propriétaires, les capitalistes et les ouvriers forment entre eux une association dans laquelle les contractants apportent, qui son champ, qui son or, qui ses forces musculaires et son talent, pour exploiter une industrie quelconque et en partager ensuite les profits, proportionnellement à la mise de chacun.

Nous savons bien que, malheureusement, dans la réalité, l'équilibre, — s'il a jamais existé, — a été rompu ; mais cette déviation ne détruit pas la rigoureuse exactitude du principe que nous venons de poser. Bien plus, l'examen de la condition présente des ouvriers par rapport à ceux qui les salarient démontre complètement à quelles déplorables conséquences a conduit la violation de la règle, et combien il est urgent d'entrer dans

une autre voie. Ce n'est ici ni le lieu, ni le temps de l'indiquer ; qu'il nous suffise de dire que le but auquel on doit tendre, c'est de faire disparaître, soit par l'association sérieuse et réelle des éléments productifs de l'industrie, soit par le développement du crédit, la classe des salariés comme on la définit dans nos dictionnaires, comme on la comprend dans nos mœurs.

Les fluctuations que subit le taux du Salaire tiennent particulièrement à l'offre et à la demande du travail. La demande dépend du besoin que les consommateurs éprouvent des produits de l'industrie ; l'offre, de la quantité d'ouvriers qui se présentent pour exécuter chaque espèce de travaux. Les profits sont d'autant plus grands que le travail est plus demandé et moins offert.

Les ouvriers se divisent en deux grandes catégories : les simples manœuvres et les hommes de métier ou artisans qui ont subi un apprentissage plus ou moins long. Le Salaire des manœuvres ne peut jamais s'élever bien haut parce que l'offre de leur travail, facile à exécuter, s'étend avec la demande qui en est faite. En temps ordinaire, à peine peuvent-ils subsister ; la hausse nécessairement légère qu'amène une demande extraordinaire leur permet tout au plus d'atteindre le chiffre indispensable pour entretenir leurs familles. Quand, au contraire, il y a surabondance d'offre, leur gain décline au dessous du strict nécessaire. Les hommes de métier sont payés plus cher, mais leur Salaire ne peut dépasser un certain taux au-delà duquel ils trouveraient dans les manœuvres des concurrents redoutables. Le Salaire subit aussi l'influence des saisons, sans parler des crises commerciales, qui frappent surtout les ouvriers des villes et avec d'autant plus de rigueur qu'elles arrivent presque toujours d'une manière imprévue. Les travailleurs des campagnes sont moins rétribués l'hiver, alors que la dépense est plus forte que l'été. D'où il résulte que le Salaire ne se règle pas le moins du monde sur les véritables nécessités de l'ouvrier. La même contradiction se fait remarquer dans les années de disette. C'est précisément dans ces circonstances, qui rendraient désirable une augmentation dans le prix des journées, qu'elles tombent au taux le plus bas. On sent partout dans notre société l'absence de règle et de direction.

En somme, quand la consommation diminue et que la production doit se restreindre, nous voyons toutes les classes ouvrières souffrir, avec cette différence que l'artisan, pouvant devenir manœuvre, n'est pas réduit aux dernières extrémités, tandis que les hommes de peine sont absolument dénués de ressources ; de telle sorte que ce sont eux qu'affecte d'abord et le plus vivement le manque de travail. Il serait juste, cependant, qu'un homme tirât de son travail de quoi vivre dans tous les cas ; il faudrait même qu'il gagnât quelque chose de plus pour pouvoir élever sa famille. En est-il ainsi ? non, malheureusement. Les travailleurs ont beaucoup d'enfants, il est vrai, parce que la pauvreté n'empêche pas la reproduction de l'espèce humaine, mais elle est extrêmement défavorable à l'éducation. Aussi voit-on s'élever proportionnellement beaucoup moins d'enfants du peuple que d'enfants du riche.

Le symptôme le plus évident de l'agrandissement de la richesse nationale est l'augmentation dans la demande des travailleurs. Du reste, la production suit le mouvement du Salaire; car un peuple bien payé et bien nourri travaille davantage . On a cependant prétendu que les années d'abondance étaient des années de paresse, et on en a conclu que l'abondance ralentissait l'industrie de l'ouvrier et que la disette l'aiguillonnait. Ceci peut être exact pour quelques uns, mais non pour le plus grand nombre. A défaut de l'expérience, le simple bon sens indique que les hommes bien nourris et bien portants doivent être plus laborieux que ceux qui souffrent de la faim ou sont malades. Les années de cherté sont pour le peuple des années de mortalité, ce qui ne peut manquer de diminuer le produit de leur industrie. L'intérêt bien entendu des maîtres leur commanderait donc d'assurer une large subsistance à leurs salariés.

Pour ne laisser en arrière aucun des reproches, si peu mérités, adressés à la classe ouvrière, nous devons parler de ces deux jours de repos dont on la blâme si amèrement. N'est-ce pas cependant le cri de la nature épuisée qui réclame, après cinq jours d'application et d'efforts continus, du repos et de la distraction. Diminuez la durée du travail et vous pourrez supprimer le chômage du lundi.

Une observation assez curieuse est celle-ci : Ce n'est pas dans les pays les plus riches que le Salaire est le plus élevé, mais dans ceux qui sont en voie de le devenir. Ainsi les ouvriers sont moins rétribués en Angleterre qu'aux États-Unis, qui progressent continuellement.

Nous savons toute la répugnance d'une école nombreuse à laisser intervenir l'État dans les questions qui se rattachent à l'organisation du travail. Cependant cette nécessité devient de jour en jour si évidente que naguère on a voté une loi sur le travail des enfants dans les manufactures, ce qui est une véritable intervention.

Ce n'est là qu'un premier pas dans une voie où il faudrait entrer bien plus largement. La loi ne doit-elle pas prêter assistance à celui qui est dans une position tellement précaire et dominée, qu'il est quelquefois obligé d'accepter des conditions onéreuses, ainsi que le dit un célèbre économiste? Aujourd'hui l'intérêt des ouvriers et celui des maîtres ne sont pas les mêmes, et dans la lutte qui s'engage fréquemment entre eux, l'avantage reste toujours aux derniers. Cependant, ont-ils toujours raison? Non, sans doute, mais leur fortune leur permet de résister aux plus justes demandes. Un fabricant peut se passer six mois, un an, de ses travailleurs, les ouvriers ne peuvent pas attendre souvent une semaine. Aussi, lorsqu'ils se coalisent, bientôt poussés par la faim, ils agissent en désespérés ; le magistrat intervient, et les prolétaires sont punis. Tout rentre dans l'ordre accoutumé jusqu'à une nouvelle crise. Si

les maîtres, de leur côté, conspirent pour abaisser les Salaires ou en empêcher l'augmentation, leur position les protège encore, et rarement sont-ils atteints par les tribunaux.

Le pouvoir législatif devrait, s'il avait la conscience de son rôle, faire disparaître cette choquante inégalité, et partager impartialement les droits et les devoirs entre les ouvriers et les maîtres. Par malheur, les intéressés directs, au lieu de solliciter les réformes qui peuvent seuls améliorer leur condition et porter leur salaire à un taux suffisant, s'égarent dans de vaines théories et négligent le côté pratique de la question. Cependant, « en s'inquiétant peu de la chose publique, les ouvriers, comme l'a écrit quelque part l'économiste que nous citions tout à l'heure, décèlent par là une profonde ignorance de ce qui les touche le plus. »   LÉOPOLD DURAS.

SALIQUE (LOI). La Loi Salique est ainsi appelée, parce qu'elle formait le Code des Francs Saliens. Cependant, quand nous lui donnons le nom de Code, nous ne prétendons pas qu'on doive la considérer comme formant un ensemble de lois, une législation rédigée et publiée par une autorité officielle. Il est facile de voir par l'incohérence du texte, par le défaut de suite dans toutes les portions, par l'absence d'une règle complète d'ordre et de méthode, que ce n'est qu'une simple énumération de décisions judiciaires, inscrites à mesure qu'elles se présentaient, un recueil d'arrêts destinés à servir de guides dans les cas analogues.

Ce qui le prouve avant tout, c'est le désordre et la confusion des articles, placés les uns après les autres sans lien et sans méthode, sans aucune apparence de classification. On y trouve de tout : droit civil, droit criminel, droit politique, procédure civile et criminelle, police rurale. Il est facile de voir que chaque article se présente au hasard, comme une décision provoquée par un événement fortuit. Ainsi, à mesure qu'une question litigieuse était vidée, on faisait de la solution un texte pour l'avenir ; à mesure qu'un crime ou un délit était frappé, on faisait de la peine appliquée une règle pour les cas analogues.

La Loi Salique n'est donc réellement qu'un recueil d'arrêts destinés à guider des juges barbares et à leur éviter des difficultés et des injustices, par la loi des précédents. A la considérer dans son ensemble, on y reconnaît toutes les faiblesses et les incertitudes d'une législation transitoire.

Aussi n'aurait-on jamais songé à lui donner une importance qu'elle ne méritait pas, si, à l'avènement de Philippe le Long et dans la lutte de Philippe de Valois et d'Edouard III pour la couronne de France, la Loi Salique n'eût été invoquée pour repousser la succession des femmes. Dès-lors, elle a toujours été célébrée par nos écrivains comme la première source de notre droit public et la règle fondamentale de la monarchie. Il n'y avait cependant pour justifier cette opinion qu'un fragment fort obscur, et qui réellement ne pouvait d'après les lois féodales exclure les femmes du trône. Mais l'opinion publique s'était faite en

France : le peuple s'était dit que le *trône ne devait pas tomber en quenouille*, et la tradition avait accepté cette formule pour en faire honneur à la Loi Salique. Qu'importent donc les obscurités ou le silence de la loi? Il suffisait que la nation tout entière admît l'exclusion des femmes pour justifier et légitimer Philippe de Valois ; il suffisait que la voix de tous prononçât pour faire que cette loi devînt le droit commun. La science des commentateurs pouvait avoir raison selon le texte, mais la volonté générale avait donné un sens précis à des paroles obscures ; et alors même que ce monument informe de jurisprudence ne subsistait plus que dans les souvenirs, la mémoire du peuple persistait à invoquer la Loi Salique comme la règle invariable de l'hérédité monarchique. E. R.

SALUT PUBLIC. *Salus populi suprema lex*, disaient les anciens; le *Salut public est la suprême loi*. Sans doute : le premier intérêt pour les sociétés, c'est lesoin de leur conservation. Mais il ne faut pas que, sous couleur de Salut public, une minorité factieuse use et abuse des moyens les plus tyranniques pour le soin de son propre Salut. C'est ce qui s'est vu pourtant bien des fois jadis, et se voit encore trop souvent de nos jours! (V. COMITÉ, NÉCESSITÉ, RAISON D'ÉTAT.)

SALUBRITÉ. Ce mot résume toute l'hygiène, et comprend les objets les plus élevés et les plus abstraits de la science médicale.

Un des points principaux de cet article serait de mettre sous les yeux du lecteur une hygiène comparée dont les matériaux seraient puisés chez tous les peuples connus. Les rapprochements que permettrait un tel travail pourraient conduire à des vérités inattendues et d'une utilité manifeste, soit pour la médecine et la philosophie, soit pour la législation et l'art du gouvernement, lequel n'est, à proprement parler, comme la médecine, que l'art de conserver les hommes. Pour consommer une pareille entreprise, il faudrait se livrer à des recherches infinies, dans beaucoup de langues très différentes, et à travers des difficultés sans nombre. Voyons seulement si cette entreprise est téméraire ou praticable.

Malgré les communications et les échanges qui ont subsisté jusqu'ici entre nous et nos voisins, il est très probable que l'Angleterre, le Danemarck, la Suède, la Russie, la Prusse, les divers états de l'Allemagne proprement dite ; la Suisse, l'Italie, et surtout la Hollande, l'Espagne et le Portugal, recèlent des trésors que nous ignorons, et qu'on pourrait s'approprier avec un peu de travail. Nous citerons, en second lieu, les peuples policés qui, bien que placés hors de l'Europe, sont d'origine européenne ; les habitants des États-Unis d'Amérique, les Espagnols du Mexique, du Pérou, du Chili et du Paraguay, les Portugais du Brésil, les Européens des Antilles et du Canada. Après ces peuples, qui sont en quelque sorte nos frères, viendraient les peuples policés qui appartiennent à d'autres parties du monde, et qu'on peut considérer comme autochthones, les Chinois, les Japonais, les Persans et les Indiens primitifs; car les Indiens d'aujourd'hui sont en quelque sorte des peuples mixtes composés d'indigènes et d'Européens; ensuite viendraient les peuples demi-policés et demi-barbares de l'Afrique, de l'Asie et même de l'Europe; les Turcs, les Maures, les Abyssins, les Égyptiens, les Arabes, les Birmans, les peuples de Madagascar, de Ceylan, de Siam et du Tibet. De là, nous passerions aux peuples nomades, Tartares ou Mongols du centre de l'Asie et finalement aux peuples tout-à-fait sauvages, entre lesquels on aurait soin de distinguer les noirs et les Hottentots d'Afrique, quelques peuplades de la Sibérie et de l'Europe septentrionale, et les peuplades vagabondes qui sont disséminées dans les contrées encore peu connues de l'intérieur et du nord de l'Afrique ; enfin les peuples si divers de la Nouvelle-Hollande, de l'Archipel des Indes et de l'Océanie; derniers peuples naguères si peu avancés qu'ils offraient à peine une faible ébauche de civilisation.

Ce travail présenterait autant d'étendue et de difficultés pour les peuples que leurs lumières ont rendus célèbres, qu'il serait facile et court pour les peuples ignorants et grossiers. On s'élèverait donc graduellement des peuples les moins civilisés à ceux qui le sont davantage.

Et qu'on ne croie pas que les recherches à faire sur les peuples presque dépourvus de civilisation soient trop bornées et trop stériles. A mesure que vous les parcourez des yeux, ce champ, si resserré en apparence, semble s'étendre et reculer de plus en plus ses limites ; à quoi nous ajoutons que si l'on veut se former des idées claires sur les origines et les premiers progrès des nations, c'est ici qu'il les faut venir chercher, parce que c'est ici que, dans sa simplicité primitive, nu, sans armes et sans expérience, l'homme reçoit et des besoins et des obstacles qui le pressent ses premières leçons de courage et d'industrie. C'est ici que vous assistez à sa première éducation, et que vous voyez naître de son instinct pour la société et de la nécessité qui l'y retient les premières conventions qui la garantissent et la fortifient. La philosophie ne saurait chercher ailleurs les premiers rudiments de l'histoire du genre humain. Quelle que soit son antiquité sur le globe, et quelles que soient les lumières qui l'éloignent aujourd'hui de sa barbarie originelle, le peuple le plus perfectionné n'a pas eu d'autres commencements. Abordons maintenant notre sujet.

L'étude de l'homme, dans son état primitif, se rattache à tout ce qui l'environne. Nulle part, en effet, l'homme ne reçoit plus vivement l'influence des agents extérieurs. Cette influence agit avec une force que rien ne contre-balance et ne modifie, qui pétrit l'homme, en quelque façon, comme une molle argile, et lui imprime à la fois et les formes du corps, et les secrètes aptitudes de ses organes les plus cachés, et jusqu'à ses propres sentiments. Connaître l'homme sauvage, c'est donc connaître dans toute sa pureté quel est sur l'homme l'empire immédiat de la nature. Voilà pourquoi devrait figurer ici, tout d'abord, l'exposition des lieux, c'est-à-dire, l'exposition des qualités du sol, de l'air et des vents, puis l'histoire des eaux et des productions naturelles, puis celle des boissons, des aliments et des habitations. Chacun de ces points particuliers peut prêter à des développements plus ou moins étendus ; et par exemple, sans parler de l'action de l'air et de la température ou des qualités spéciales du climat, il nous serait facile de faire voir ici comment l'abondance ou la rareté de l'aliment décide des qualités morales de l'homme, de sa sobriété ou de son intempérance, de sa paresse ou de son activité, tout aussi bien que de sa première industrie pour la chasse, la pêche, le pâturage ou la culture ; comment, devenant guerrier par la chasse, il s'arme contre son espèce, après s'être armé contre les animaux, comment endurci par ses premières habitudes et sachant mal ménager ses ressources, il en vient, au défaut de toute autre proie à manger ses semblables pris à la guerre ; comment, pressé par le plus vif de tous les intérêts, celui de sa propre conservation, et par la plus cruelle des nécessités, celle de la faim, il unit, pour y satisfaire, la ruse à la férocité, la défiance à la perfidie ; comment cet amour exclusif de lui-même, cette pente habituelle et fatale à se préférer à tout, le rend jaloux, ombrageux, vindicatif ; et comment sa raison abrutie, ne servant qu'à le pervertir de plus en plus, il devient enfin l'être le plus dégradé et le plus misérable qui soit sur la terre. Il est visible qu'un tel état ne saurait se conserver, et de là est venu cet entier anéantissement de tant de peuplades infortunées, qui se sont dévorées mutuellement, et dont le nom s'est éteint avec elles, ou dont un faible son frappe à peine l'oreille du voyageur.

Je ne veux point m'arrêter aux peuples, qui, par un mélange de barbarie ou de lumières, tiendraient le milieu entre les peuples sauvages et les peuples policés, s'ils n'étaient à la fois au dessous des uns et des autres ; par la raison qu'une demi-civilisation est le pire de tous les maux.

Passons maintenant à l'homme civilisé de toutes les latitudes, et considérons-le dans ses rapports avec la salubrité.

Les terres, les métaux, les dépouilles de la nature végétale et de la nature animée, rassemblées à profusion dans les grandes villes, et travaillées par l'eau, l'air et le feu, y subissent mille transformations diverses ; mais tandis que par les mouvements qu'il exécute, et par les agents qu'il emploie, l'homme fait ressentir à tant de substances l'impression de ses idées, elles lui font ressentir à leur tour l'impression de leurs propres qualités ; et ce qu'elles lui transmettent ainsi d'elles-mêmes devient en lui le principe d'une infinité de maladies. Il faut donc chercher le procédé vicieux, traiter l'industrie, si l'on ne veut pas se voir forcé de traiter l'homme lui-même. Tel est le rôle réservé à l'hygiène, rôle délicat et dont le grand art doit toujours être de prévenir des maux qu'il n'est que trop souvent impossible de guérir. Forcés de nous restreindre à un court espace, nous allons dire quelques mots de l'influence politique de la

Salubrité. Si la santé publique est le résultat d'une civilisation plus parfaite, elle en est encore le signe infaillible, et peut-être le signe unique, tandis qu'un peuple maladif, lorsqu'aucune cause matérielle n'y contribue, est nécessairement un peuple qui a de mauvaises lois. Que faire donc, en attendant l'âge d'or ? le voici : travail, propreté, dispersion ; tempérance, humanité, morale, tels sont les moyens de multiplier les produits, telles sont les seules garanties de santé publique et de félicité , car l'une ne va pas sans l'autre.

Et voilà comment un mot, en apparence purement scientifique, se rattache aux plus hautes questions de la politique.　　　A. DUMONT.

SANCTION. C'est l'acte par lequel le roi, dans les monarchies constitutionnelles, déclare qu'il approuve un projet de loi voté par les assemblées législatives. Quand le projet est ainsi revêtu de l'approbation royale, il devient loi. Nous avons expliqué aux mots LOI et PROMULGATION la nature et la valeur de cette Sanction.

En France, la Sanction du roi se manifeste par la formule de promulgation qui précède et qui suit le texte même de la loi. Cette formule exprime que le roi porte à la connaissance des citoyens le vote des chambres, approuvé par lui, et qu'il en ordonne l'exécution. Elle a varié suivant les temps, et elle reflète toujours dans ses expressions essentielles le régime constitutionnel sous lequel la loi a été faite. Nous ne ferons pas l'énumération de toutes les formules qui se sont succédées, ce serait faire l'histoire des divers gouvernements qui ont régi la France depuis cinquante ans.

Le gouvernement de la Restauration avait rétabli le titre de *roi de Navarre* et l'expression : *car tel est notre bon plaisir*, empruntés à l'ancien régime.

La Révolution de 1830 a détruit ces vestiges du régime du *bon plaisir*. Aujourd'hui, la formule est simplifiée et se borne à ces expressions :

« Louis-Philippe, roi des Français, à tous pré-
» sents et à venir, salut. — Nous avons proposé ,
» les chambres ont adopté, nous avons ordonné et
» ordonnons ce qui suit. »

Cette formule rappelle le double caractère de la puissance exercée par le roi, dans cet acte qui manifeste à la fois la Sanction et la Promulgation de la loi. (*V.* PROMULGATION). *Avons ordonné* se rapporte à la puissance législative en vertu de laquelle le roi sanctionne. *Ordonnons* vient de la puissance exécutive qui commande l'obéissance à la loi.

Immédiatement après le texte de la loi, on lit la deuxième partie de la formule, dans laquelle le roi confirme cet *ordre* de sa puissance exécutive, et atteste de nouveau l'accomplissement de toute la série des formalités voulues par la constitution pour que la loi soit parfaite (*V.* LOI).

« La présente loi, discutée, délibérée et adoptée
» par la chambre des pairs et par celle des députés,
» et sanctionnée par nous cejourd'hui, sera exécu-
» tée comme loi de l'État. »

Les ordonnances qui, dans les limites tracées

par la Charte, ont le caractère obligatoire, résultent également de la double puissance du roi ; aussi sont-elles précédées de la formule : « Avons ordonné et ordonnons. » Il n'y a pas de Sanction proprement dite, la plénitude de la puissance législative résidant alors dans le roi, mais il y a déclaration du roi comme législateur, et du roi comme exerçant la puissance exécutive. H. C.

SANHÉDRIN, mot hébreu, qui signifie assemblée. Le Sanhédrin était le grand conseil des Juifs dans lequel se décidaient les affaires de l'État et celles de la Religion. Il se composait de soixante-dix membres et d'un président, et avait son siège à Jérusalem, dans l'enceinte du temple. S'il faut en croire les rabbins, il aurait été institué du temps de Moïse et se serait maintenu sans interruption jusqu'au septième siècle de notre ère. A partir de cette époque, l'histoire n'en fait plus mention. Napoléon entreprit de le rétablir en 1807; voici à quelle occasion et dans quel but.

Malgré les efforts tentés par la Constituante et par les assemblées qui suivirent, à l'effet de fondre dans l'unité française les Juifs qui habitaient le territoire, ceux-ci continuaient pour la plupart à se considérer comme un peuple distinct, conservaient leurs mœurs et leurs lois traditionnelles, et surtout ne cessaient de se livrer à l'usure. Un décret impérial, du 30 mai 1806, convoqua à Paris les principaux d'entre ces réligionnaires, afin que le gouvernement pût concerter avec eux les moyens de mettre un terme à ce fâcheux état de choses.

L'assemblée se tint le 26 juillet suivant. Les commissaires du gouvernement lui soumirent douze questions touchant les lois et les usages qui régissaient, parmi les Juifs, le mariage, le divorce, les devoirs sociaux, la nomination et les attributions des rabbins, le choix et l'exercice des professions, et enfin les transactions financières avec les chrétiens. L'assemblée répondit :

« Que dès long-temps la polygamie était abolie et frappée d'anathème parmi les sectateurs du culte mosaïque; que le divorce, permis par la loi religieuse, ne pouvait être valide qu'autant qu'il avait été préalablement prononcé par les lois civiles; qu'à l'égard des mariages mixtes, Moïse ne les avait interdits qu'entre les juifs et les idolâtres, et que, selon le *Talmud*, les nations modernes ne peuvent être regardées comme telles, puisqu'elles adorent un Dieu unique créateur de l'univers; que, cependant, les rabbins refusant d'accomplir, lorsque ces mariages ont lieu, les cérémonies religieuses qui en sont la consécration, ces mariages, valides civilement, ne le sont pas religieusement;

» Que les Juifs considéraient les Français comme des frères et non comme des étrangers, et qu'ils regardaient la France comme leur patrie, son souverain comme leur souverain, ses lois comme leurs lois; et qu'ils avaient constamment agi d'après cette règle, depuis la Révolution;

» Que le sacerdoce juif n'avait plus de hiérarchie; que les rabbins exerçaient isolément et

souverainement leurs fonctions; que la nomination de chacun d'eux, dévolue aux chefs de famille, n'avait lieu qu'après un examen scrupuleux de la moralité et de l'instruction des candidats; que les attributions de ces ministres se bornaient à enseigner la morale dans les temples et à bénir les mariages, et qu'elles ne comportaient plus comme autrefois de pouvoir judiciaire;

» Que la loi mosaïque n'interdisait aux Juifs aucune profession, et que le *Talmud* prescrivait à tout père de famille de donner un état à ses enfants;

» Que le mot hébreu qu'on a traduit par *usure* signifie un intérêt en général et non un intérêt usuraire; que ce mot n'a jamais pu avoir cette dernière acception, car le terme d'*usure* n'a qu'un sens relatif déterminé par le taux légal de l'intérêt; qu'il est vrai que Moïse ne fixe point le taux de l'intérêt, mais qu'on ne saurait conclure de là qu'il autorise les Juifs à tirer de leur argent un taux plus élevé que celui qui est réglé par les lois du pays où ils habitent. »

Pour donner plus de crédit aux principes énoncés dans ces réponses, l'empereur voulut qu'ils fussent convertis en décisions par une assemblée revêtue d'un caractère religieux, afin que cette doctrine, prenant place à côté du *Talmud*, pût acquérir aux yeux de tous les Juifs la plus grande autorité possible. Il prit donc le parti de convoquer un grand Sanhédrin; et cette assemblée solennelle fut annoncée à toutes les synagogues de l'Europe. Le grand Sanhédrin se réunit à Paris en 1807; il sanctionna divers articles relatifs au culte de Moïse et les réponses faites par les délégués israélites dans la réunion du 26 juillet 1806, invita les Juifs à acquérir des biens-fonds, rendit une loi contre l'usure, et déclara que le service militaire était obligatoire pour tous les Français. Un décret impérial établit une synagogue et un consistoire dans chaque département renfermant au moins deux mille Juifs. Chaque synagogue fut placée sous la direction d'un rabbin et de deux anciens; aucun Juif, signalé comme s'étant adonné à l'usure, ne put devenir membre d'un consistoire. Ces sortes d'assemblées devaient veiller à ce que les rabbins ne donnassent, soit en public, soit en particulier, aucune instruction contraire aux décisions du grand Sanhédrin; elles devaient encourager parmi les Juifs l'agriculture et les professions utiles, et dénoncer à l'autorité les Israélites qui ne pourraient rendre un compte satisfaisant de leurs moyens d'existence.

Le gouvernement ne tira pas de ces grandes mesures tout le profit qu'il était en droit d'en attendre. A l'étranger, beaucoup de Juifs protestèrent contre les décisions du grand Sanhédrin; en France, la majorité des Juifs resta attachée aux vieilles coutumes; et l'empereur se vit obligé de rendre, le 17 mars 1808, un décret qui annulait toutes les transactions faites par les Juifs en violation des lois de l'empire; qui les soumettait, pour exercer le commerce, à produire des certificats de bonne conduite et de probité; qui leur interdisait la faculté de fournir des remplaçants pour la conscription ; et qui n'autorisait les Juifs étrangers à s'établir en France qu'autant qu'ils s'y rendraient acquéreurs d'une propriété rurale et s'y livreraient à l'agriculture. Ce décret ne devait rester en vigueur que pendant dix ans, dans l'espoir qu'à l'expiration de ce délai, il n'y aurait plus aucune différence entre les Juifs et les autres citoyens, mais l'exécution devait en être prorogée si cette espérance venait à être déçue.

L'Empire n'eut pas le temps de donner suite à ses plans de régénération des Juifs. Aujourd'hui le décret de 1808 est tombé en désuétude ; et si les juifs se conforment à la plupart des décisions du grand Sanhédrin, c'est parce que les lois civiles prêtent à ces décisions leur souverain appui. Mais il en est une cependant que ces lois sont impuissantes à faire respecter : c'est celle qui interdit aux Israélites les transactions usuraires. Ce mal qui, loin de s'amoindrir, étend chaque jour ses ravages, appelle un prompt remède : il est à craindre que la fortune publique ne soit bientôt engloutie dans les coffres des Juifs, qui se sont emparés de toutes les avenues de la finance.

B.-C.

SAUF-CONDUIT. Permission, sorte de passeport que l'on accorde à un ennemi pendant la guerre pour qu'il puisse aller et venir sans être inquiété.

Les agents revêtus d'un caractère officiel, tels que les ambassadeurs, les plénipotentiaires, les parlementaires n'ont pas, eu général, besoin de Sauf-Conduits, parce qu'ils sont suffisamment couverts par le droit des gens. On en donne, au contraire, aux personnes qui sont chargées de missions secrètes, comme de préparer des ouvertures aux négociations. On en accorde quelquefois aussi, par pure bienveillance, à des étrangers forcés de traverser une armée ennemie.

Le droit d'accorder des Sauf-Conduits appartient uniquement à la puissance qui peut faire la paix ou la guerre, c'est-à-dire à la puissance souveraine. Toutefois, on comprend que ce droit peut et doit se déléguer aux généraux en chef, puisque ceux-ci représentent véritablement le souverain dans l'armée, et qu'il lui serait souvent impossible d'entamer des négociations utiles s'il leur fallait recourir à leur gouvernement.

J. B.

SAUVEGARDE. Une Sauvegarde est une sorte de garnison que l'on donne à des terres ou maisons que l'on veut épargner, soit par faveur gratuite, soit à charge de contribution ; ce sont des soldats qui les protégent contre les partis en signifiant les ordres du général. Vattel ajoute que ces soldats sont sacrés pour l'ennemi, qu'il ne peut les traiter hostilement, puisqu'ils sont là comme bienfaiteurs et pour le salut de ses sujets. On doit, dit-il, les respecter, de même que l'on respecte l'escorte donnée à une garnison ou à des prisonniers de guerre pour les conduire chez eux.

Nous croyons que Vattel se trompe en parlant d'une façon trop générale. Les Sauvegardes doivent être respectées sans aucun doute du gouvernement ennemi s'il les a sollicitées, ou s'il a consenti lui-même à leur établissement. Mais dans le cas où une ville prendrait de son propre mouvement une Sauvegarde, soit gratuite, soit payée, nous ne voyons pas que la nation à laquelle appartient cette ville puisse être, en aucun cas, tenue de respecter des engagements particuliers. J. B.

SAXE (royaume de). La Saxe, toujours illustre par l'effort du courage, de la religion et de la science, n'a jamais pu saisir une domination durable dans les affaires européennes. Elle a, par Wittekind, opposé le génie d'une résistance héroïque aux cruautés triomphantes de Charlemagne ; Luther est sorti de son sein ; mais elle n'a jamais pu rencontrer la grandeur politique. C'est que, dès le quinzième siècle, elle perdit l'unité par le partage de l'électorat entre les deux branches, *Ernestine* et *Albertine* ; et, cependant, jamais pays n'eut un plus grand besoin de concentrer ses forces. Enclavé entre le Brandebourg, la Bavière et la Bohême, il ne pouvait sauver son intégrité que par une cohésion énergique.

Le nerf de l'unité a toujours manqué à la politique des princes saxons aussi bien qu'à leur territoire. A la fin du XVIIᵉ siècle, ils abjurent le protestantisme pour l'appât du trône de Pologne : princes impolitiques qui s'affublaient du catholicisme dans la patrie de Luther ! La Saxe eut tour à tour pour ennemis et pour vainqueurs Charles XII et le grand Frédéric ; elle eut pour ami Napoléon (1), qui l'entraîna dans sa chute.

Au congrès de Vienne, on vit un curieux spectacle de convoitises et d'avidités. Le roi de Saxe n'avait abandonné Napoléon qu'à la dernière extrémité. Il avait été contraint, après la bataille de Leipzig, de quitter ses états, et il attendait, au château de Frédéricfelden, à quelques lieues de Berlin, ce que les souverains assemblés décideraient de sa couronne. Le prince de Hardenberg demandait l'incorporation de la Saxe à la Prusse, en s'appuyant sur les principes du droit des gens, sur l'intérêt politique de l'Allemagne, sur l'intérêt de la Saxe elle-même. Le principe du droit des gens invoqué par la Prusse était le droit de conquête : elle citait Grotius et Vattel, afin de prouver que la conquête est un titre légal pour acquérir la souveraineté d'un pays. On frémissait à Berlin à l'idée de rendre le prix de la victoire dont on s'était nanti rapidement. « La Saxe a été conquise, écrivait en 1826 M. de Stein (2), par six mois de combats et de luttes sanglantes. Le roi a été fait prisonnier, le 18 octobre, dans Leipzig emporté d'assaut ; il avait perdu la couronne, il avait cessé de régner ; son consentement n'était pas nécessaire pour ratifier la perte de ses états. » L'Angleterre favorisait les prétentions de la Prusse ; la Russie ne les contrariait pas, mais l'Autriche ne pouvait consentir à laisser la mo-

<hr>

(1) L'électorat de Saxe fut érigé en royaume par le traité de Posnanie du 11 décembre 1806.

(2) V. Prusse.

narchie prussienne étendre ses limites jusqu'aux
frontières de la Bohème, et Louis XVIII avait recommandé au prince de Talleyrand de défendre
le principe de la légitimité dans la personne du
roi de Saxe. Aussi, une fois passées les plus vives
effervescences de la victoire et de la colère, il devint impossible à la Prusse de s'approprier la Saxe
entière : elle n'en put emporter que des lambeaux ;
elle n'eut pas Dresde, elle n'eut pas Leipzig, mais
elle eut le tiers du territoire, qu'elle érigea en
duché de Saxe, et huit cent mille âmes sur une
population de deux millions d'hommes.

Aujourd'hui, la Saxe est un des pays les plus
civilisés de l'Europe et les plus dénués d'énergie
politique. Une instruction solide circule partout :
ce pays en a le goût et la longue habitude. Ce
n'est pas en vain que, depuis le seizième siècle, la
réforme a remué les esprits ; la civilisation morale a fleuri sous l'influence de l'esprit évangélique. Mais tant de dons heureux ne peuvent
donner à ce pays l'unité politique qui lui manque; la patrie de Luther est morcelée, sans force,
et sans autre avenir que d'obéir un jour à la monarchie de Frédéric.

En attendant, la Saxe fait partie de la Confédération germanique : elle est partagée en royaume
de Saxe, grand-duché de Saxe-Weimar-Eisenach,
grand-duché de Saxe-Cobourg-Gotha, duché de
Saxe-Altenbourg, duché de Saxe-Meiningen-Hild-
bourghausen. Ces quatre duchés comptent un
total de 181 milles carrés et de 631,800 habitants ;
ils ont chacun une voix dans le conseil *plenum* de la
diète de Francfort, et fournissent ensemble à l'armée fédérale un contingent de 5,508 hommes, faisant partie du neuvième corps d'armée.

La surface du royaume de Saxe est de 272
milles carrés ; la population s'élève à 1,435,000
habitants. La Saxe entre pour une voix dans le
conseil *plenum*. Le contingent est de 12,000
hommes, qui forment, avec les contingents des
quatre duchés de Saxe, le neuvième corps d'armée. Les revenus de l'état sont de 6 millions d'é-
cus. La dette est de 21 millions et demi d'écus.

La Saxe est gouvernée par une monarchie constitutionnelle et deux chambres, instituées depuis
le 15 septembre 1830. Au mois de juin 1830, la
Saxe avait encore son ancien gouvernement, basé
sur les *Vieux-États*; mais, dès 1817, les États du
royaume avaient demandé que la vieille constitution fût révisée; des écrivains donnèrent l'appui
de l'opinion à ces sollicitations légales, qu'un tel
concours rendit plus énergiques. Les esprits étaient
échauffés; quelques troubles avaient éclaté à
Dresde dans la soirée du 25 juin 1830, au milieu
des processions et des fêtes qui célébraient le
troisième anniversaire séculaire du jour où la
confession d'Augsbourg avait été remise à Charles-
Quint; des émotions plus turbulentes encore s'é-
taient manifestées à Leipzig, quand arriva la
nouvelle de la Révolution de France. Le peuple,
la bourgeoisie et une partie de la jeune noblesse
l'accueillirent avec enthousiasme : Leipzig fut le
théâtre d'une nouvelle effervescence ; on y cria :
Vivent les princes protestants, vivent les Fran-

çais, vive Paris! Dresde prit feu de son côté.
Enfin, le 13 septembre 1830, un décret royal annonça l'adoption que faisait le roi Antoine 1er du
prince Frédéric en qualité de co-régent (*Mitre-
gent*), et la renonciation du prince Maximilien au
trône en faveur de son fils. Le royaume reçut une
constitution nouvelle, où la liberté lui était parcimonieusement mesurée. La constitution nouvelle, en établissant deux chambres, leur a refusé
le droit d'initiative dans le pouvoir législatif, et
ne leur a octroyé qu'une faculté fort restreinte
d'ajourner leur consentement aux impôts. Le
peuple saxon n'a pas recueilli la moisson due à
ses efforts et à son sang. Le prince Frédéric lui
doit encore tout son salaire.   A. HETTMANN.

SCANDINAVIE. La grande Péninsule scandinave est divisée en deux royaumes, celui de
Suède, qui est le plus important, et celui de Norwége. La superficie du pays est de 13,800 milles
carrés, dont 8,000 appartiennent au royaume de
Suède et 5,800 à celui de Norwége. La population
du premier s'élève à 2,781,000 habitants, celle du
second à 1,100,000. Les deux royaumes, gouvernés séparément par deux constitutions, sont
réunis sous un même sceptre.

La Suède a joué un rôle très brillant ; son nom
a été placé pendant long-temps à la tête des puissances les plus influentes de l'Europe. Maîtresse
de Brême et de Verden, de la Poméranie, de la Livonie, de l'Esthonie, de l'Ingrie, de la Courlande,
de la Finlande, et des îles d'Aland, elle a dominé
sur tout le littoral de la Baltique et sur les bouches
du Weser. Cette position géographique lui imposait l'obligation de se maintenir les armes à la
main pour conserver ces possessions lointaines ;
aussi, elle a eu ses héros, ses conquérants ; et son
histoire, depuis Gustave Vasa, le fondateur de l'ancienne maison royale de Suède, offre le phénomène
remarquable d'une suite de souverains tous grands
hommes d'état ou de guerre. Elle s'est illustrée
par une foule de grands généraux, et c'est dans
ses rochers et au sein de ses forêts que la liberté
trouvait un refuge lorsqu'elle était exilée du reste
de l'Europe. Mais les fautes de plusieurs de ses souverains, celles de Gustave IV surtout, l'ont dépouillée successivement de ses antiques possessions.

Gustave IV voulant imiter Charles XII, dont il
n'avait que l'opiniâtreté et l'exagération, ou comme
disait le *Moniteur* de 1804, « la folie et les bottes, »
entraîna la Suède dans des guerres insensées contre la France et la Russie. La perte de Stralsund,
de la Poméranie et de l'île de Rugen, derniers débris des glorieuses conquêtes de Gustave Adolphe,
celle de la Finlande et des îles d'Aland, fut le résultat de cette folle présomption.

La révolution qui éclata à Stockholm en 1809
mit heureusement fin au règne funeste de cet indigne prince. Le roi, fait prisonnier dans son château de Haga, fut conduit à Gripskolm, où un détachement d'officiers le garda à vue. Les principaux personnages se réunirent; ils décidèrent que
la régence serait offerte au duc de Sudermanie, et
une diète fut convoquée à Stockholm. Elle s'y réu-

nit le 1er mai 1809, et le 9 du même mois la déchéance de Gustave IV fut unanimement proclamée.

La diète s'occupa ensuite de la révision de l'ancien pacte fondamental. Le 6 juin 1809, les États, assemblés sous la présidence du duc de Sudermanie, régent, lui présentèrent la nouvelle charte, qu'il jura d'observer, et il fut aussitôt proclamé roi de Suède sous le nom de Charles XIII. Le nouveau roi étant d'un âge trop avancé pour conserver l'espoir d'avoir de la postérité, les États lui désignèrent comme successeur le prince Christian-Auguste de Holstein-Augustenbourg.

La mort subite du prince Christian, qui survint en 1810, nécessita la convocation d'une nouvelle diète pour l'élection d'un nouveau successeur au trône. Cette diète s'ouvrit à Orebro le 23 juillet 1810. Le 18 août, le souverain valétudinaire vint en personne proposer pour candidat le prince de Ponte-Corvo, et, dans la séance du 21 août suivant, les États confirmèrent ce choix et proclamèrent Bernadotte, prince héréditaire de la couronne de Suède.

Le prince de Ponte-Corvo, après avoir obtenu l'approbation de Napoléon, quitta la France, et arriva, le 19 octobre, à Elseneur. L'archevêque d'Upsal et l'évêque de Lund étaient venus recevoir sa profession de foi de la religion luthérienne. Reconnu comme fils adoptif du souverain et héritier de la couronne, il fut investi du commandement général des armées de terre et de mer, et la maladie du roi lui offrit l'occasion de prendre, dès son arrivée, les rênes du gouvernement : en 1818, il monta sur le trône sous le nom de Charles-Jean XIV.

Charles-Jean s'est efforcé depuis de réparer les désastres du règne de Gustave IV : c'est à lui que la Suède doit la réunion de la Norvège qui a compensé en partie la perte de la Finlande, et un grand nombre de changements salutaires dans l'administration qui ont tourné à l'avantage du pays.

L'organisation militaire de la Suède est très curieuse. L'armée se compose de trois parties distinctes, savoir : 1° la *vaerfrade*, troupes permanentes et soldées, recrutées par enrôlement volontaires, et destinées à faire le service ; 2° l'*armée indelta*. Celle-ci ne reçoit point de solde et ne fait point le service de garnison. Les régiments sont dispersés dans les diverses provinces ; chaque officier, chaque sous-officier et soldat a la jouissance d'une propriété qu'on appelle *bostalle*, qu'il fait valoir lui-même, et dont le revenu remplace pour lui la solde régulière. A mesure qu'il avance en grade, il change de domaine et en prend un meilleur. En se retirant du service, il quitte sa *bostalle* et reçoit une pension de retraite. En automne, tous les régiments de l'armée *indelta* se réunissent pendant vingt-et-un jours, dans les divers campements qui leur sont assignés pour faire l'exercice ; c'est là le seul service auquel ils soient astreints en temps de paix. Le reste de l'année ils sont laboureurs, et malgré le peu de durée de leurs exercices, de l'avis de

tous ceux qui les ont vus manœuvrer, ces régiments forment d'excellentes troupes. L'organisation de l'armée *indelta*, qui fait l'admiration de tous les économistes, date de la fin du dix-septième siècle ; ce fut Charles IX qui exécuta cette sage réforme en reprenant une quantité de terres affermées à la noblesse pour de très minimes redevances, et en la divisant ainsi entre les officiers et les soldats.

Indépendamment de l'*indelta* et de la *vaerfrade* qui composent l'armée nationale permanente, il existe encore une force armée disponible, qui peut à chaque instant être appelée à la défense du pays : c'est la *bevaering*, espèce de conscription ou de landwehr, armée et habillée au compte du gouvernement, mais qui ne reçoit de solde qu'en campagne, ou lorsqu'elle est appelée à prendre les armes. La *bevaering* se compose de tous les hommes âgés de vingt-et-un à vingt-cinq ans ; elle est réunie tous les ans, au mois de juin, pendant quinze jours, dans des camps pour y être exercée aux manœuvres militaires.

Il y a en outre le corps de milice bourgeoise à Stockolm (borgerskap), dont les cadres sont permanents, mais qui ne se réunit que dans de rares occasions ; elle se compose de toute la bourgeoisie de la capitale en état de porter les armes.

L'armée *indelta* et la *vaerfrade* s'élèvent ensemble à 42,000 hommes, qui forment l'effectif de troupes permanentes et soldées ; la *bevaering* offre en outre une masse de 130,000 hommes au moins, armés, habillés et parfaitement exercés, qui peuvent être réunis au premier signal, et si l'on ajoute à cette force celle de l'armée norvégienne, qui se compose de cinq brigades d'infanterie, une brigade de cavalerie et une d'artillerie, présentant un total de 14,000 soldats, auxquels il faut joindre dix mille hommes de landwehr, l'on aura une idée exacte des ressources militaires des deux royaumes unis. L'entretien de cette armée de 190,000 hommes n'excède pas 12 millions de francs.

La flotte suédoise est maintenue sur un pied assez respectable et entretenue avec soin : elle se compose de 11 vaisseaux de guerre, 8 frégates, 4 corvettes, 6 bricks. La flotille compte 24 schooners, 8 bombardes, 5 pyroscaphes, 250 chaloupes et yoles canonières, 3 yachts royaux. Ces deux escadres présentent un total de 290 bâtiments, montés par 24,119 hommes d'équipage. La marine norwégienne, qu'il faut ajouter à ce dénombrement, ne compte pas de vaisseaux de haut-bord ; ses plus forts navires sont des bricks et des schooners, dont le nombre avec les chaloupes et les yoles canonières s'élève à environ 130 à 140 bâtiments, montés par 5,706 hommes d'équipage. Le budget de la marine est de 3 millions de francs. Ainsi, le budget des dépenses de l'armée de terre et celui de la marine ne montent ensemble qu'à 15 millions. Il n'y a peut-être pas d'exemple, chez aucune puissance de l'Europe, de pareils résultats obtenus avec d'aussi faibles ressources pécuniaires.

Les revenus de l'État s'élèvent à 37 millions de rixdalers banco (34 à 36 millions de francs). La masse des contributions de la Suède, répartie sur la totalité de la population, peut s'évaluer à 11 francs par individu. La dette publique consiste en une somme de 4 millions de risdalers banco (8,880,000 fr.) que l'Etat reste devoir à la banque nationale sur les avances qu'elle avait faites pendant la guerre de 1808 à 1809. L'Etat doit encore au roi et à la dynastie régnante une rente annuelle de 400,000 francs en raison des fonds appartenant particulièrement au roi, qu'il employa à libérer la Suède du fardeau de la dette étrangère.

La constitution qui régit maintenant la Suède est celle qui fut établie en 1809, à la suite de la révolution qui précipita Gustave IV du trône : les divers articles qui la composent, portent le titre de *Regerings-form* (forme de gouvernement). Les états se divisent en quatre ordres : la noblesse, le clergé, la bourgeoisie et les paysans.

Il y a en Suède environ 2,400 familles nobles. Le chef de chacune de ces familles est de droit membre des états, mais il est rare que le nombre de ceux qui assistent à cette assemblée dépasse quatre cents personnes. Un grand dignitaire de l'état, nommé par le roi, préside, sous le titre de maréchal de la diète, non seulement les réunions de la noblesse, mais encore celles des autres ordres lorsqu'ils se forment en diète générale.

L'ordre du clergé se compose de l'archevêque d'Upsal, qui en est toujours le président; des onze autres évêques du royaume, et des députés nommés par les ecclésiastiques réunis dans chaque diocèse. Le nombre total des députés du clergé ne dépasse pas soixante membres.

La bourgeoisie est représentée par les députés des quatre-vingt-cinq villes de la Suède. Les paysans choisissent leurs députés par arrondissement; les conditions d'éligibilité sont les mêmes que pour la bourgeoisie : il faut être propriétaire d'immeubles. Il y a environ cent quarante à cent cinquante députés de cet ordre. L'ordre des paysans et celui de la bourgeoisie sont chacun présidés par un orateur nommé par le roi.

Les députés du clergé, de la bourgeoisie et des paysans reçoivent, pendant la durée de la session, une indemnité pécuniaire; elle est payée par leurs commettants, qui en fixent volontairement la quotité.

La capitale est de droit le lieu de réunion de la diète, mais, dans certains cas, le gouvernement peut désigner une autre ville. La noblesse se réunit dans son hôtel, sur la place des Chevaliers; le clergé tient ses séances dans la sacristie de la cathédrale; les bourgeois à la Bourse, et les paysans dans les salles de l'Hôtel-de-Ville.

Les vices de la constitution de 1809 tiennent à la précipitation avec laquelle elle fut rédigée à la suite d'une révolution qui offrait une occasion précieuse de faire table rase de tous les antiques abus : on ne sut point mettre à profit cette circonstance pour opérer une réforme complète, et ils sont restés. Voici les dispositions les plus remarquables de la charte suédoise :

Elle institue un conseil d'état dont les attributions sont de la plus haute importance. Le roi ne peut prendre aucune décision sur les affaires du gouvernement, à l'exception de celles qui sont relatives à l'armée et aux relations diplomatiques, qui lui sont spécialement réservées, avant d'avoir entendu son conseil. Il est tenu un registre de ses délibérations, et les membres du conseil ont le droit d'y faire consigner leurs avis, et, en cas d'illégalité, ils sont responsables, s'ils ne l'ont pas fait. Le roi décide seul; il est maître de passer outre, même contre l'unanimité de son conseil.

Les états du royaume s'assemblent tous les cinq ans; mais le roi peut convoquer des diètes extraordinaires. A chaque diète, les États choisissent douze députés par ordre, pour composer un jury qui examine si tous les membres du tribunal suprême sont dignes d'être maintenus dans leurs fonctions, ou si quelques uns d'entre eux, sans être légalement prévenus de délits, peuvent être exclus du droit d'exercer la prérogative royale de rendre justice.

Les états discutent séparément; s'il y a unanimité, la loi passe de droit; s'il y a opposition d'un ou deux ordres, la loi est renvoyée à un des comités qui préparent toutes les affaires. Le comité s'adjoint vingt membres de chaque ordre, qui votent en commun, lèvent le partage, et proposent à la diète le projet de loi, qui est ensuite soumis à la sanction royale.

Le droit de la nation de s'imposer elle-même est exercé par la diète; aucun impôt et aucune réquisition d'hommes et d'argent ne peuvent être établis que de son consentement.

Le roi fait présenter le budget des recettes et dépenses à la diète. Les sommes votées par les états ont une destination fixe. La Banque est sous la surveillance d'une commission permanente de députés. La dette publique est également surveillée par les États; elle est gérée par les commissaires qu'ils nomment.

La presse est libre; mais un journal peut être supprimé sans jugement. Il est vrai qu'il en est quitte pour changer de titre et de rédacteur responsable, car la permission de publier un journal ne peut être refusée à un citoyen jouissant de ses droits civils. Les états nomment, à chaque diète, pour le maintien de la liberté de la presse, une commission présidée par le procureur de justice.

La diète ne peut durer que quatre mois; mais elle peut être prorogée par le roi, qui peut aussi la dissoudre, et continuer à percevoir les impôts sur le pied du budget antérieur.

Si un employé ou fonctionnaire influe, par l'autorité de sa place, sur les élections des députés, il perd son emploi.

Avant 1814, la Norwège était liée avec le Danemarck par une alliance étroite qui tenait à des traditions lointaines, à des souvenirs de jeunesse, à des liaisons de famille. Pendant quatre cents ans ces deux branches de la souche scandinave furent réunies et leurs rameaux s'entrelacèrent; pendant quatre cents ans, la Norwège eut toujours les yeux fixés sur le Danemarck.

L'alliance de la Norwège avec la Suède est plus récente et a été contractée un peu brusquement;

mais elle est basée sur l'intérêt matériel du pays, et elle a pris promptement racine dans le cœur du peuple. C'est de cette époque que date la vie politique de la Norwège. La constitution de 1814 a ouvert la porte à toutes les ambitions ; elle a donné une autre tendance à tous les esprits.

La constitution de Norwège est un exemple mémorable de ce que peut une nation quand le temps est venu pour elle de se donner des institutions libérales. A l'époque où le Danemarck cherchait à retenir encore la souveraineté qu'il avait abdiquée par le traité de Kiel, où la Suède, de son côté, réclamait avec énergie l'exécution de ce traité, et où la Norwège, quoique bien résolue à défendre sa nationalité, ignorait, à vrai dire, ce qu'elle deviendrait dans ce temps de trouble et d'effervescence, la nation convoque ses représentants, et, le 10 avril 1814, cent douze députés se réunissent à Eidsvold. C'étaient des prêtres, des marchands, des bourgeois et des paysans, très peu orateurs pour la plupart, très peu jurisconsultes, mais doués d'un jugement droit, d'une volonté ferme et d'un ardent patriotisme. Ces députés nommèrent une commission composée de quinze membres qui, en s'aidant de la constitution des cortès de 1812 et des diverses constitutions des États-Unis, rédigèrent, d'après les besoins particuliers de leur pays, la loi fondamentale norwégienne. Dans l'espace de six semaines, la loi fut discutée, modifiée, adoptée, et la Norwège, qui, au mois d'avril, était une terre toute monarchique, se réveilla au mois de mai avec une constitution plus libérale que la charte de France et la *magna-charta* anglaise.

Voici les dispositions les plus curieuses de cette charte norwégienne.

Le premier article détermine nettement la position du pays. Le royaume de Norwège est un état *libre*, *indépendant* et *indivisible*, uni à la Suède sous un seul et même roi.

Le second proscrit à tout jamais les juifs et les jésuites. C'est une singulière association d'idées ; mais cet article est exécuté à la lettre.

La presse est libre.

Le pouvoir du roi est extrêmement limité pour tout ce qui a rapport aux intérêts essentiels du pays. Le roi doit toujours avoir auprès de lui un ministre et deux conseillers d'état norwégiens, dont la mission est de protester de vive voix et par écrit, dans le cas où il prendrait une mesure contraire, selon eux, à l'esprit de la constitution. Lorsqu'en 1836 le roi prit le parti de dissoudre le *Storthing*, les deux conseillers d'état protestèrent contre cette décision, mais le ministre l'approuva. Le Storthing mit le ministre en jugement et le condamna à une amende de 1,000 species thalers. Ce qu'il y a de plus curieux, c'est qu'après avoir subi sa sentence, le ministre resta à son poste, comme par le passé.

Le vrai gouvernement de la Norwège est le *Storthing*. Il s'assemble tous les trois ans, sauf les cas extraordinaires, où le roi juge à propos de le convoquer ; il se réunit dans la capitale et il est composé de la manière suivante :

Tous les Norwégiens âgés de vingt-cinq ans et qui ont été ou sont fonctionnaires publics ; tous ceux qui ont affermé, pendant cinq ans, une terre matriculée, tous ceux qui possèdent dans une ville de commerce, ou dans un port de mer, une propriété évaluée à 900 francs, tous ces hommes-là sont appelés à nommer les électeurs.

Dans les campagnes, les électeurs se réunissent à l'église, et sont présidés par le curé ; dans les villes, par les magistrats.

Dans les campagnes, cent habitants nomment un électeur ; dans les villes, ils en nomment deux. La même disposition existe pour le choix des députés. Dans les campagnes, il y a un député pour cinq à quatorze électeurs, deux pour quinze à vingt-quatre. Dans les villes, un pour trois à six, deux pour sept à dix, et ainsi de suite.

La différence de représentation entre les campagnes et les villes est de un à deux. Le nombre des députés ne peut-être ni au-dessous de soixante-quinze, ni au-dessus de cent.

Tout Norwégien, âgé de trente ans, et ayant résidé dix ans dans le royaume, peut être nommé député ; sont exceptés seulement de cette loi les membres du conseil d'état, les fonctionnaires attachés à leurs bureaux, ainsi que les officiers pensionnaires de la cour.

Tous ces députés forment le storthing, et ils sont nommés pour trois ans. Pendant tout le temps que dure la session, les députés reçoivent par jour un traitement de deux species (10 fr.), plus 3 fr. pour leur logement, et 2 fr. 50 c. pour un domestique. L'Etat leur paie trois chevaux de poste pour venir à Christiana et pour s'en retourner.

Le Storthing se divise en deux chambres ; la première s'appelle *Odilthing* ; la seconde, composée d'un quart des députés élus dans l'assemblée générale du Storthing, s'appelle *Lagthing*.

La première discute et vote les projets de loi ; la seconde les approuve ou les rejette.

Chaque projet de loi doit être soumis à la sanction royale ; mais si le Storthing a, dans trois sessions différentes, adopté une résolution, cette résolution devient une loi de l'Etat, lors même que le roi refuserait de la sanctionner. C'est ce qui est arrivé en 1821. Deux fois le Storthing avait voté l'abolition de tous les titres de noblesse en Norwège : deux fois, le roi avait refusé de sanctionner cette mesure. La loi fut proposée de nouveau, et le gouvernement suédois employa pour la combattre tous les moyens possibles : le roi vint lui-même à Christiana, et comme c'était le temps des exercices, six mille soldats furent réunis autour de la ville, mais le Storthing persista dans son projet, et la loi fut adoptée.

La réunion de la Norwège a changé entièrement la situation politique de la Suède. Par cette réunion, la Suède se trouve parfaitement installée, et elle est assurée de la position la plus prépondérante parmi les États de second ordre. Placée comme un poste avancé entre l'Europe et la Russie, son alliance sera toujours recherchée par toutes les puissances ; mais il faut que la fusion des intérêts de la Suède et de la Norwège soit complète, car l'union intime des deux nations réunies sous un même sceptre est la garantie de leur avenir contre l'ambition de la Russie.   A. HETTMANN.

SCEAUX. (CONTRE SEING) Le 5 octobre 1789, l'assemblée Constituante reçut de Louis XVI une réponse ambiguë à la demande d'acceptation de la déclaration des droits et des premiers articles de la Constitution. Cette réponse excita une discussion orageuse, au milieu de laquelle Mirabeau fit remarquer, après Duport, que « la *réponse* n'é-» tait pas contre-signée d'un ministre, et qu'elle » devait l'être, car, sans cela, la loi salutaire de » la responsabilité serait toujours éludée. »

Avant cette époque, le Contre-Seing ministériel des actes royaux avait plutôt pour objet de certifier la signature royale. La responsabilité des ministres n'était en effet engagée qu'à l'égard du roi, leur maître, qui pouvait seul les faire juger. Louis XVI était loin de comprendre le principe, fondamental pour les monarchies représentatives, de la responsabilité constitutionnelle des ministres, garantissant l'inviolabilité du roi. La pratique de sa vie et les traditions de la monarchie pure résistaient à de telles fictions. Aussi, il ne sanctionna définitivement que le 23 février 1791 le décret de l'assemblée nationale du 13 juillet 1789, qui introduisit la responsabilité ministérielle dans le droit public de la France.

Le Contre-Seing, que Mirabeau réclamait si vivement comme le moyen d'appliquer la responsabilité, était ordonné par l'un des décrets constitutionnels (29 sept.) proposés au roi le 5 octobre. Il a été ordonné par la loi du 6 novembre 1789 sur la promulgation, dans une disposition ainsi conçue: « Les signatures, Contre-Seings et Sceaux » seront uniformes pour tout le royaume. »

Cependant il fut encore publié des actes du roi sans Contre-Seing. Mais cette violation de la Constitution devint de plus en plus rare, à mesure que la pratique des principes constitutionnels passa dans les mœurs ministérielles. Il est à remarquer d'ailleurs que, depuis 1791, ce défaut de formalité a presque toujours eu pour motif le désir du prince de se mettre hors la Constitution.

L'apposition du Sceau de l'Etat est une formalité aussi essentielle que le Contre-Seing du ministre pour garantir la fidélité des minutes des lois. Par un décret sanctionné le 6 novembre 1789, l'Assemblée nationale a, comme nous l'avons vu, ordonné l'uniformité du Sceau. La même loi ajoutait : « La loi étant sanctionnée, il en sera en-» voyé à l'Assemblée nationale une expédition » signée et scellée pour être déposée aux archi-» ves. — Les lois seront scellées et expédiées aus-» sitôt après que le consentement du roi aura été » apposé au décret. »

Quand la royauté a été suspendue, c'est par l'apposition du Sceau que les décrets des assemblées obtenaient force de loi (1).

____
(1) Décret du 25 juin 1791, après la fuite de Varennes et du 10 août 1792, lors de la suspension prononcée par l'as-

Depuis, divers actes de gouvernement ont réglé l'usage et la forme des Sceaux. Le sénatus-consulte organique du 28 floréal an XII, par lequel le gouvernement de la République fut confié à un Empereur, prescrivit de faire mention de l'apposition du Sceau *Impérial* dans le Mandement qui suit chaque loi, pour ordonner aux fonctionnaires d'en surveiller l'exécution. Cette disposition est encore aujourd'hui confirmée par la forme usitée pour ces mandements, et par l'ordonnance du 13 août 1830, la dernière qui règle la *forme* du Sceau de l'Etat. Il suit de là qu'on pourrait contester le caractère de loi à un acte délibéré par les chambres et sanctionné par le roi, qui serait inséré au Bulletin des Lois avec le Contre-Seing d'un ministre, mais sans la mention de l'apposition du Sceau de l'Etat.

L'importance de la formalité du Sceau fait seule la prééminence du ministre de la justice sur ses collègues. Il est Garde des Sceaux. Le devoir de sa fonction est de n'apposer les Sceaux que sur les lois et actes conformes à la Charte. M. Barbé-Marbois a solennellement reconnu et proclamé ce principe dans la circulaire qu'il écrivit le 2 octobre 1815 en prenant les Sceaux. La responsabilité du Garde des Sceaux est engagée par l'apposition du Sceau. L'accomplissement de cette formalité ajoute une seconde garantie à la garantie du Contre-Seing. Et la fermeté d'un Garde des Sceaux peut suffire à empêcher la consommation d'un acte inconstitutionnel.

Les ordonnances royales ne sont pas scellées. La responsabilité n'est garantie que par le Contre-Seing.   H. C.

SCEPTRE, d'un mot grec qui signifie bâton. Principal insigne de la royauté, le Sceptre n'était, dans l'origine, qu'un bâton que les rois et les généraux portaient à la main pour s'appuyer. Au figuré, le Sceptre se prend pour la puissance royale et pour la royauté elle-même.

SCRUTATEURS. C'est le nom que l'on donne aux membres d'une assemblée qui ont été choisis pour vérifier les votes et dépouiller le Scrutin. (V. SCRUTIN.)

SCRUTIN. Toutes les questions qui sont soumises à une assemblée politique se décident par la majorité ; tous les choix en matière d'élection se décident par la majorité. Mais quel est le meilleur mode pour recueillir les voix? Faut-il que l'opinion de chaque individu appelé à voter se manifeste hautement et publiquement? Faut-il, au contraire, que l'expression de cette opinion demeure secrète?

Il semble que cette question ne puisse pas être l'objet d'un doute: et cependant les faits viennent donner un démenti aux principes. En France, à la chambre des Députés, les votes se font par le Scrutin secret: aux élections, chaque électeur

____
semblée législative, dans le décret qui décide la réunion d'une Convention nationale.

écrit son vote clandestinement ; en Angleterre, au contraire, chaque député vote à haute voix, chaque électeur désigne publiquement les hommes qu'il appelle à le représenter. — En France, les jurés déposent dans une boîte secrète le *non* ou le *oui* du verdict ; en Angleterre, ils s'expliquent ouvertement, et il faut que leur opinion soit unanime.

De quel côté est la vérité ? — Il est bien évident que si les électeurs exercent un droit purement personnel, ils peuvent, par cela même, l'exercer comme il leur plaît : de même, si les députés en votant les lois font une chose qui les intéresse seuls, ils peuvent le faire comme ils l'entendent. Quand on n'est responsable envers personne de ses actes, on est maître de les avouer ou de les cacher. Mais si les électeurs exercent, non pas un droit, mais une fonction, si les députés qui font les lois sont responsables envers la société tout entière, qui pourra soutenir que leur vote doit être secret ? La responsabilité implique la publicité. Tout acte qui par ses résultats peut être utile ou nuisible à tous doit nécessairement être connu de tous. Par le vote du député, les électeurs sont avertis de la manière dont il exécute son mandat : ils y puisent les motifs d'une nouvelle confiance, ou des raisons sérieuses de révoquer un mandataire infidèle. Le vote doit être public. Les plus simples notions du bon sens le commandent, l'intérêt général le veut et la morale l'exige.

On ne devient pas un homme public, on ne prend pas la haute fonction de diriger les affaires, d'influencer le gouvernement, de participer à la législation du pays sans contracter l'obligation de rendre compte de tous ses actes. Plus une position est haute, plus elle engage ; plus on a d'action sur les plus grands intérêts, plus on a de devoirs envers tous ceux que ces intérêts touchent. Le député entre dans la publicité par ses opinions, par ses discours, par ses actes, et vous voudriez le dérober à la publicité pour le vote qui résume les actes, les discours et les opinions ? Cela ne soutient pas l'examen.

Ajoutez encore que le secret ne favorise que la corruption. Un homme qui a parlé dans une discussion ne cachera pas son vote ; un homme qui a le courage de sa pensée, et qui n'obéit qu'à sa conscience, ne déguisera jamais ce que sa conscience lui inspire. La franchise relève encore la dignité, et la dignité comme la franchise rendent les mœurs publiques à la fois plus honnêtes et plus tolérantes.

Ceci s'applique, sans que nous ayons besoin de le développer, aux électeurs comme aux députés : et la question ne change de face que dans le cas où tous les citoyens étant admis à voter, leur responsabilité demeure circonscrite dans leur conscience. Il n'y a plus alors qu'une règle à suivre : c'est de prendre tous les moyens qui assurent la sincérité et l'indépendance des élections. Dans tout autre cas, l'électeur n'est qu'un délégué, il remplit une fonction, et il n'est pas de fonction publique qui réclame les ténèbres du secret.

Il faut dire, néanmoins, que depuis bien longtemps le parti radical en Angleterre fait des efforts pour conquérir, dans les colléges électoraux, le vote au Scrutin (*vote by ballot*) ; en France, au contraire, le parti démocratique a toujours demandé le vote public. Un mot explique cette différence. Dans les gouvernements de privilège, il y a des nécessités cruelles pour les oppositions qui veulent atteindre un but plus élevé et appliquer des idées plus justes et plus larges. Les radicaux anglais sont dans ce cas. Ils luttent contre une aristocratie puissante par la richesse, et qui agit sur les électeurs par la violence. L'électeur, menacé de ruine s'il déplaît à l'aristocratie, promet son vote, et alors on constate, quand il vient au *poll*, s'il a tenu sa parole. — Le jour où le vote serait secret, il n'y aurait plus de contrôle possible, et l'électeur serait rendu à son indépendance. — Les radicaux anglais demandent donc le vote au Scrutin pour venir au secours de la conscience opprimée. J'ai, pour ma part, exprimé plusieurs fois, même en Angleterre, les doutes que m'inspirait ce moyen. On n'empêchera pas l'aristocratie de solliciter le vote et d'obtenir des promesses : et alors qu'arrivera-t-il ? Ou bien les électeurs seront fidèles à leur parole, et dans ce cas l'on n'aura rien gagné ; ou bien, après avoir promis, ils viendront voter contre leurs promesses, et l'on jettera dans les habitudes électorales de ce pays, habitudes déjà si vicieuses, entre autre vices, l'hypocrisie. — Est-ce la peine de faire fléchir un principe ?

A. MARRAST.

SÉANCE. Action de siéger. Ce mot s'entend plus communément du temps pendant lequel on siège. On dit les séances de la chambre des députés, de la chambre des pairs, du conseil des ministres, etc., etc. — Dans les chambres, la police des séances appartient au président. C'est lui qui, sous l'autorité de la chambre, en fixe l'ouverture et en prononce la clôture. C'est le devoir de tout bon député d'assister régulièrement aux séances. Mais combien peu remplissent ce devoir ! *Rari quippe boni*.......

SECRET. « La représentation de la personne » détenue *ne pourra être refusée* à ses parents ou » à ses amis porteurs de l'ordre de l'officier civil » (*lequel sera toujours tenu de l'accorder*), à » moins que le gardien ou geôlier ne représente » une ordonnance du juge pour tenir la personne » *au Secret.* »

Telle était la règle posée dans la constitution du 22 frimaire an VIII ; et nous vivons dans une telle confusion législative, qu'en l'absence de lois postérieures nous sommes encore forcés de revenir à cette constitution pour plusieurs dispositions essentielles.

Le Secret consiste donc simplement dans l'interdiction de communiquer. Cette interdiction ne peut pas être prononcée contre un *prévenu* ou un *accusé* ; car la loi lui assure libre communication avec son avocat. Elle ne peut pas être prononcée contre un *condamné* ; car la loi détermine encore les circonstances dans lesquelles un détenu peut être *enfermé seul*, à titre de peine.

Le juge ne peut donc ordonner la mise au Secret que pendant l'époque qui précède la mise en prévention ou en accusation, c'est-à-dire que tout détenu au Secret n'est que soupçonné d'un délit ou d'un crime; demain, il peut être reconnu innocent.

N'est-ce pas là un motif pour rester strictement dans les limites de la loi? Pourquoi étendre l'application de la loi criminelle, qui, de sa nature, devrait être inflexible en tous sens? Pourquoi ajouter à la rigueur de l'isolement les rigueurs inexplicables d'un logement malsain, d'une nourriture insuffisante et insalubre, et ces mille petites tortures de détail qu'on ne peut apprécier si l'on n'a un peu vécu dans les prisons? Et pourtant, il est tristement vrai que les cellules les plus redoutées de chaque prison sont habituellement destinées au Secret.

Ceux qui régissent nos prisons ont-ils oublié cet article de la loi de l'an VIII : « Toutes rigueurs em-
» ployées dans les détentions, autres que celles au-
» torisées par les lois, sont des crimes?»

C'est en vain qu'un ministre écrivait dans une circulaire du mois de février 1819: « L'interdiction de communiquer est une mesure qui, utile en quelques circonstances, ne doit être employée qu'avec beaucoup de réserve, c'est-à-dire lorsqu'elle est indispensable à la manifestation de la vérité, et seulement durant le temps nécessaire pour atteindre ce but, sans jamais ajouter à la rigueur de ce moyen d'intimidation aucune rigueur accessoire. »

Cependant, les magistrats continuent à ordonner la mise au Secret avec une déplorable facilité, surtout dans les procès politiques; et les administrateurs des prisons continuent à ajouter à la rigueur de ce moyen d'instruction beaucoup de rigueurs accessoires. Un savant magistrat écrivait quelques années avant la Révolution : « Faites-vous des lois pour régler l'intérieur des prisons? écoutez d'abord, écoutez de cœur les prisonniers; vous écouterez après leurs geôliers. » Demandez donc à ceux qui ont habité les cachots du Secret à la Force ou à la Conciergerie, si la disposition matérielle de ces lieux mortels permet d'obéir aux ordres des lois et des ministres.

« La prison devrait être pour les accusés, et à plus forte raison pour les inculpés, ce qu'un greffe est pour les actes : l'une est un dépôt des hommes dont la justice veut s'assurer pour les entendre, et l'autre un dépôt des papiers dont elle veut s'assurer pour les lire. Au moins devrions-nous conserver les hommes dans nos prisons aussi soigneusement que nos papiers dans nos greffes. La prison n'est point un dépôt, elle est un lieu de supplice (1). »

Sans doute le régime des prisons, surtout pour les condamnés, a beaucoup changé depuis le temps où ces lignes étaient écrites, mais il est toujours vrai de dire que « la prison est un lieu de sup-

---

(1) Servan, avocat général au parlement de Grenoble. *Réflexions sur quelques points des lois criminelles.* 1781.

plice, » et la partie de ce lieu de supplice où la réforme a le moins pénétré, c'est la chambre, ou plutôt le cachot du Secret.

Quand le juge met un homme au Secret, c'est qu'il veut empêcher que, par quelque communication, il fasse détruire au dehors la preuve du crime, ou se procure des renseignements pour calculer ses réponses et déguiser la vérité. La connaissance de la vérité, voilà le but de la mise au Secret, comme de toute l'instruction. Or, l'emprisonnement au Secret, comme il est pratiqué, va directement contre ce but. Le mensonge n'est qu'un effet de la faiblesse. Voulez-vous conduire quelqu'un au mensonge, affaiblissez-le. Et c'est ce que vous faites quand vous le mettez au Secret. L'ennui d'un isolement absolu, l'éloignement des siens, l'inquiétude de leur sort, le souvenir de sa famille privée d'appui, peut-être frappée par la misère, tout cela remplit son âme de terreur et d'angoisse. Son cachot est humide, et sa santé s'altère. La qualité et la quantité des aliments semblent calculées pour le priver de ses forces sans le tuer à fait. Alors le juge arrive et le presse de questions. Le détenu ne sait pas ce qui se fait au dehors. Chaque mot va l'entraîner dans une série de questions imprévues. Une parole suffit pour aggraver le soupçon qui l'investit, pour compromettre peut-être ses amis les plus chers. Il n'est plus maître de son esprit; il hésite, il nie, il se contredit. Vous vouliez la vérité, vous n'avez que le mensonge ou l'erreur.

Pendant combien d'années encore faudrait-il maudire cette infernale invention pour qu'on réforme enfin ou qu'on détruise le Secret.

H. C.

SECRÉTAIRE D'AMBASSADE.
Les secrétaires d'ambassade ne sont point les secrétaires des ambassadeurs. Comme les secrétaires généraux des ministères, ils sont fonctionnaires publics, non des employés particuliers. Il y a des secrétaires de plusieurs degrés : premier, deuxième, etc. Ils jouissent des mêmes droits et immunités, et ont les mêmes devoirs que les ambassadeurs.

SECRÉTAIRE D'ÉTAT.
Agent chargé de transmettre les ordres du prince ou de la nation. Ce nom ou ce titre se joint à celui de ministre, lorsqu'à la transmission des ordres se réunit la charge de veiller à leur exécution. Sous le gouvernement impérial, il n'y avait qu'un secrétaire d'état, qui était le dépositaire de tous les actes ou décrets émanés du prince et qui en délivrait des expéditions aux différents ministres. Aujourd'hui chaque ministre est le gardien de tous actes émanés de son département et dont il faudrait adresser des ampliations aux parties intéressées. Le dépôt et le contre-seing des lois ont toujours appartenu au ministre de la justice. L'ordre établi par l'empereur me paraît préférable à celui qui existe aujourd'hui; il était plus conforme au principe de l'unité; il assurait d'ailleurs la conservation des actes du gouvernement dont les originaux étaient réunis dans un dépôt commun,

tandis que chaque ministère en avait des copies.

On a donné le nom de secrétaire d'état ou de ministre à des agents n'exerçant aucune espèce de fonctions, en rémunération ou en souvenir de celles qu'ils avaient remplies. (V. MINISTRE D'ÉTAT.)

Il existe dans divers ministères des agents ayant le titre de *sous-secrétaires d'état* et qu'on charge de quelque branche importante du service administratif. Ces agents sont nommés par le prince et ont par cela même un caractère qui n'est pas bien déterminé. A l'exception du secrétaire général, il ne doit y avoir dans un ministère que de simples commis, instruments passifs pour l'exécution des ordres que le ministre peut avoir à leur donner.   A. B.

SECRÉTAIRE DES COMMANDEMENTS.

Le moindre prince, quoique n'ayant pas un pouce de terrain ni un seul sujet, a cependant un secrétaire des commandements qui expédie ses invitations à dîner.

SECRÉTAIRE DU ROI.

Titre purement honorifique qui conférait la noblesse et qu'on accordait autrefois moyennant finance. C'est ce qu'on appelait une *savonnette à vilain.*

SECRÉTAIRE GÉNÉRAL.

Agent du pouvoir exécutif placé auprès d'un conseil ou d'une administration centrale pour conserver le dépôt de leurs actes et en délivrer des expéditions aux parties intéressées. Les secrétaires généraux ayant une responsabilité qui leur est personnelle ne doivent être nommés ou révoqués que par un décret émané de l'autorité souveraine.

Presque tous les ministères ont un secrétaire-général; tous en devraient avoir puisqu'il y a dans tous des archives qu'il importe de placer sous la garde et la direction d'un seul agent. Les secrétaires généraux sont encore chargés de la réception et du départ des dépêches dans chaque ministère.

On avait établi des secrétaires généraux dans toutes les préfectures. Il n'y en a plus que dans les plus importantes. Dans les autres, c'est un conseiller de préfecture qui remplit les fonctions de secrétaire général. L'ancien ordre de choses était mieux entendu et beaucoup plus régulier.

Les secrétariats généraux de ministère et de préfecture pourraient acquérir plus d'importance et devenir un rouage beaucoup plus utile à l'administration du pays.   A. B.

SECRÉTAIRERIE ou SECRÉTARIAT.

Le premier de ces deux mots ne s'applique qu'à la fonction ou qu'à l'hôtel du secrétaire d'état. Le secrétariat est la fonction ou le bureau du secrétaire d'une administration.

SECTE.

Ce mot n'a guère été employé jusqu'à ce jour que pour désigner une école philosophique, ou une hérésie religieuse.

Dans le premier cas, il n'a pas été pris en mauvaise part : on a dit la *Secte péripatéticienne,* la *Secte stoïcienne,* la *Secte académique,* et nous voyons que des adhérents de tel ou de tel chef d'école se sont attribués à eux-mêmes, sans aucune difficulté, sans aucun scrupule, le nom de Sectaires.

Comme jamais la majorité n'a été appelée à se prononcer entre les philosophes, il est tout naturel que le terme de *Secte* n'emporte rien de blâmable lorsqu'il s'agit d'une école philosophique. Tout système dont l'objet est de l'ordre supersensible, ne pouvant être controversé qu'entre gens qui ont fait une étude particulière des problèmes métaphysiques, tous les philosophes sont, à proprement parler, des chefs de Secte ou des Sectaires.

Il n'en est pas de même des Sectes religieuses. Les religions étant des philosophies populaires, les majorités sont plus d'une fois intervenues pour décider à quel système il fallait s'arrêter, quand les docteurs se trouvaient partagés entre diverses opinions, sur tel ou tel point du dogme. Cette intervention a été régularisée, dans la société catholique, par les lois canoniques relatives à la convocation et à la tenue des Conciles. Après la décision d'un Concile, l'opinion qu'il a condamnée est une hérésie, et l'église ne distingue pas un Sectaire d'un hérétique. (V. HÉRÉSIE.)

Le terme de *Secte* n'est pas usité dans le langage politique; cependant on s'en sert quelquefois pour désigner un parti, une faction, une minorité dissidente. (V. MAJORITÉ, MINORITÉ.)
     B. H.

SECTION.

Partie de l'unité. Ainsi les communes, qui sont les unités de l'association politique, se divisent en Sections, lorsqu'elles sont trop étendues, ou qu'une partie de leur territoire s'en trouve détachée. Les assemblées électorales, lorsqu'elles sont trop nombreuses, se divisent également en Sections qui concourent à la nomination du même ou des mêmes députés.

SECTIONS.

Quand l'assemblée constituante établit sa division des départements par cantons et des cantons par communes, les communes furent, dans les grandes villes, divisées par Sections. Ces Sections eurent leurs assemblées, réunions populaires, clubs démocratiques, qui, sans être appelés par la constitution à exercer aucun pouvoir, eurent néanmoins une influence notable, durant la période révolutionnaire, sur la conscience des assemblées délibérantes. Nous avons dit qu'à notre sens la commune de Paris avait plus d'une fois compromis l'unité du gouvernement, soit en présentant à la Convention d'impérieuses requêtes, soit en agitant la capitale dans l'unique intérêt de quelques ambitions subalternes, soit encore en témoignant peu de déférence à l'égard des comités parlementaires. La commune de Paris trouva dans les assemblées sectionnaires des éléments d'anarchie qu'elle exploita sans discrétion : mais comme ces asssemblées é'aient un lieu de rendez-vous pour tous les citoyens de Paris, et comme l'influence de quelques individualités factieuses ne prévaut pas toujours sur la saine raison des masses, la municipalité ne trouva pas dans les assemblées sectionnaires l'appui qu'elle en attendait, dans les journées orageuses qui précédèrent la mise en accusation d'Hébert et de Chaumette.

Une histoire fort abrégée des Sections de Paris, pendant la Révolution, ne sera pas ici hors de son lieu.

Le 25 juillet 1792, à la première nouvelle du manifeste publié par le duc de Brunswick, les Sections de Paris se constituent en permanence et délibèrent sur les mesures que réclame le salut de la patrie. Sur quarante-huit Sections, quarante-sept décident que Louis XVI, convaincu de trahison, doit être frappé de déchéance, et invitent le maire de Paris, Pétion, à présenter leur requête, sur l'heure même, à l'assemblée législative. On sait comment elle fut accueillie, on sait dans quels termes elle fut blâmée par Vergniaud et par Cambon ; mais on sait aussi comment, le 10 août, elle fut vaillamment appuyée par les citoyens qui y avaient apposé leur signature, et comment une insurrection accomplit ce que le parlement n'avait pas osé entreprendre.

Il nous manque un compte-rendu, circonstancié et fidèle de ce qui se passa au sein des assemblées sectionnaires de Paris dans le cours de la Révolution. Quelques manifestes, quelques actes publics nous révèlent l'agitation qui y fut constamment entretenue, et la mémoire des hommes qui ont vécu dans ce milieu où se formèrent, où éclatèrent tant d'orages, nous fournit sur les séances nocturnes des Sections de Paris des renseignements qui ne démentent pas leur fâcheuse renommée. Mais pour ne pas porter sur ces réunions un jugement qui manquerait d'équité, il faut aussi ne pas oublier quels événements exaltèrent alors l'esprit public, et faire la juste part des circonstances.

De tous les griefs que l'on articule contre les Sections de Paris, le plus grave, au dire de quelques écrivains, est d'avoir calomnié les députés de la Gironde, d'avoir demandé leur expulsion de l'Assemblée Nationale long-temps avant le 31 mai, et d'avoir préparé les événements de cette fameuse journée. Assurément, nous ne voulons pas justifier tout ce qui a pu être proféré, dans quelques conciliabules tumultueux, contre tels ou tels des adhérents de Brissot, de Roland ou de Gorsas ; mais comme nous ne saurions déplorer les conséquences du coup d'état parlementaire qui arracha le pouvoir à ces mains faibles ou perfides, pour le confier aux hommes dont la vigueur put seule relever les affaires de la France, nous ne croyons pas devoir prononcer un blâme sévère contre les inspirateurs d'une résolution qui sauva le pays. Que s'il y eut de la passion dans la conduite des sectionnaires, s'il y eut de l'intempérance dans leur langage lorsqu'ils accusèrent, à la barre de la Convention, Brissot et ses amis, il est trop vrai que les fédérés témoignaient, dans

le même temps, leurs sympathies pour la cause des Girondins en des termes qui ne devaient pas moins offenser les oreilles des Montagnards. On avait, des deux côtés, franchi depuis long-temps l'intervalle qui sépare la médisance cauteleuse de l'invective et de la menace.

La plupart des Sections de Paris s'étaient donc associées aux manifestations extra-parlementaires qui précédèrent la disgrâce des Girondins. Après la journée du 31 mai, elles se laissèrent quelque temps entraîner aux plus déplorables excès par les *philosophes* de la Commune, et l'histoire les accuse d'avoir pris une part active aux saturnales Hébertistes. Cependant, nous ne pouvons omettre de consigner un fait fort remarquable, c'est qu'elles reconnurent elles-mêmes l'extravagance de leur conduite et donnèrent un témoignage de leur repentir dans une circonstance vraiment solennelle. Quand il devint enfin nécessaire de mettre un terme aux orgies prétendues philosophiques de Chaumette, de Clootz et de Gobel, le Comité de salut public se persuada qu'avant d'engager une lutte avec la Commune il était bon de la compromettre devant les Sections ; mais comme les assemblées sectionnaires avaient obéi trop souvent à l'impulsion de quelques meneurs qui recevaient le mot d'ordre du *Père Duchesne*, le Comité prit le parti d'interdire ces réunions. Or, il est digne d'être rappelé que ces assemblées accueillirent favorablement l'arrêté qui les suspendit : bien mieux ; quelques Sections invitèrent elles-mêmes le Comité à prendre cette mesure extrême. Ce qui prouve qu'avant les poursuites exercées contre Hébert, Ronsin et Chaumette, une heureuse réaction s'était déjà opérée dans les esprits, et que l'instinct de l'ordre avait repris son empire naturel. — Par un décret de la Convention, il fut statué que les assemblées sectionnaires ne pourraient se réunir qu'une fois par décade.

Après le 9 thermidor, les Sections de Paris protestèrent plus d'une fois contre les actes de cette funeste journée. La part qu'elles prirent au mouvement insurrectionnel de prairial est assez connue. Nous ne pouvons, cependant, terminer cet article, sans dire que durant les derniers jours de la République, elles encouragèrent plus d'une tentative de contre-révolution.   B. HAURÉAU.

SÉDITION. Se prend en mauvaise part. Dans les sociétés antiques ce mot avait une valeur plus considérable qu'aujourd'hui : il équivalait en quelque sorte à insurrection. Au milieu d'une population peu nombreuse, il suffisait en effet de quelques audacieux pour mettre l'état en péril : tandis qu'aujourd'hui une subversion sociale ou politique ne peut être que le résultat d'un mouvement général, sinon universel. L'ordre donc, en dépit des sophistes, est bien mieux assuré dans les états modernes, voire les plus démocratiques, que parmi les états aristocratiques de l'antiquité.

Toutefois, malgré les changements introduits, certaines règles posées par les anciens législateurs sont encore applicables. Elle était sage en effet et d'une bonne politique, cette loi qui commandait aux citoyens d'Athènes de prendre toujours parti dans une Sédition. Les minorités factieuses étaient ainsi facilement contenues par la manifestation du sentiment public. Aujourd'hui, au contraire, les hommes d'état monarchiques n'ont qu'un désir, c'est d'éloigner de la place publique les *bons citoyens*. Et pourquoi cela? parce que l'organisation militaire les rendant maîtres d'une force armée probablement supérieure à toutes les résistances, ils ne cherchent qu'à isoler leurs adversaires pour les écraser. L'ancienne coutume, en vérité, valait mieux.

Quoi qu'il en soit, ainsi que nous l'avons dit en plusieurs endroits de ce livre, dans les pays qui jouissent de quelque liberté, les Séditions sont un moyen absurde et inefficace. Que dans un pays courbé sous le despotisme, les citoyens se lèvent dès qu'ils voient une issue vers la liberté, on le conçoit : mais dans un pays où l'opinion publique a quelque moyen de se faire jour sans recourir à cette extrémité, l'emploi de la force est souvent une faute, presque toujours un crime : et il n'y faut recourir que dans le cas extrème de la violation par le pouvoir d'une loi fondamentale, parce qu'alors tous les esprits et tous les efforts s'unissant dans un commun et irrésistible sentiment, l'ordre moral est virtuellement rétabli par le concours de toutes les volontés. Il est, du reste, parfaitement inutile de tracer la théorie des insurrections. Le grand maître et le juge suprême en ces sortes de matières, c'est le peuple : hors de lui on ne peut guère que parler à vide, et les principes que les publicistes essaient de poser ne sont que de vains linéaments qu'effacent les manifestations en apparence irrégulières et presque toujours imprévues des instincts populaires. L'affaire des hommes qui prétendent au gouvernement des sociétés est seulement de prévenir les Séditions, et de savoir discerner une révolution qui vient d'une Sédition qui menace.

E. D.

SEIGNEUR. Avant la Révolution de 1789, ce nom, dérivé du latin *senior*, vieillard, s'appliquait proprement à tout possesseur de fief noble ou de franc-aleu. On appelait *Seigneur féodal* ou *dominant* celui de qui relevait un fief possédé par un autre Seigneur, son vassal. Le *Seigneur censier* était le propriétaire d'un fief ou d'un franc-aleu noble, duquel relevait un héritage tenu à cens, c'est-à-dire grevé d'une rente annuelle, seigneuriale et perpétuelle en argent, en grain, en vin ou en volaille. Le Seigneur censier, seigneur direct de la terre qu'il avait donnée à cens, était aussi nommé *Seigneur foncier*. Etait désigné sous la dénomination de *Seigneur utile* le propriétaire d'un *fief servant* (celui qu'un vassal tenait du seigneur dont il relevait, à la charge de *foi et hommage*), ou d'un fief tenu en *censive* (qui devait le cens au Seigneur dominant). Les *Seigneurs haut-justiciers* étaient ceux qui avaient droit de haute, moyenne et basse justice. Pour être *Seigneur de paroisse*, il fallait avoir, dans sa haute justice, une église paroissiale.

Par extension, on qualifiait de *Seigneurs* les personnes titrées ou investies de hauts emplois qui composaient la cour du monarque. Les ducs, les marquis, les comtes et les autres possesseurs de seigneuries titrées s'intitulaient *hauts et puissants Seigneurs*. Enfin les ministres, les grands officiers de la couronne, les prélats, les présidents, procureurs et avocats généraux des cours souveraines, les intendants des provinces, les lieutenants civils et criminels du Châtelet, le recteur de l'université de Paris, etc., recevaient le titre de *Seigneurs*, quand on s'adressait à eux de vive voix ou par écrit.

B.-C.

SEIGNEURIAGE (Droit de). C'était, sous les deux premières races de nos rois, et, sous la troisième jusqu'au règne de Philippe-le-Bel, un droit que les seigneurs battant monnaie imposaient à ceux de leurs sujets qui voulaient convertir en espèces de l'argent en lingots. Ce droit était du sixième de la valeur de la matière. Comme les seigneurs ne se contentaient pas de cet impôt, et qu'ils altéraient la matière qui leur était confiée, des réclamations s'élevèrent de toutes parts. Une transaction s'ensuivit, aux termes de laquelle les seigneurs, pour s'indemniser de la perte que leur ferait supporter la cessation de leur fraude, établirent une nouvelle taxe, qu'ils appelèrent droit de *monnéage*. Néanmoins ils continuèrent de frauder; et ce fut le prétexte que les rois mirent en avant pour enlever successivement aux seigneurs la faculté de frapper monnaie, et pour s'attribuer à eux-mêmes le monopole de l'altération des espèces.

B.-C.

SEIGNEURIE. Possessions territoriales d'un seigneur et droits qui y étaient attachés. (Voir SEIGNEUR.) On entendait encore par *Seigneurie* le territoire d'un petit état, et l'on disait la Seigneurie de Venise, la Seigneurie de Gènes, etc.

Seigneurie est en outre un titre d'honneur que l'on donne à certains magistrats et hauts dignitaires.

B.-C.

SÉNAT. Littéralement, assemblée des anciens, chargée de remplir les fonctions, soit de législateur, soit de juge, soit de conseiller du prince ou de la nation. Dans les républiques de l'antiquité, l'exercice du pouvoir souverain se partageait entre l'assemblée du peuple et le Sénat. L'assemblée du peuple votait les lois, nommait les magistrats et les officiers de la République. Elle se faisait rendre compte par les divers fonctionnaires de l'État et par le Sénat lui-même de l'usage qu'ils avaient fait de leur autorité. La fonction spéciale du Sénat était de préparer les lois et de résoudre toutes les questions qui survenaient dans la marche des affaires. C'est surtout par la manière dont le Sénat était formé que les anciennes républiques différaient les unes des autres. Chez les Athéniens, le sort désignait les Sénateurs ; à Sparte, ils étaient nommés par élection; à Rome, c'était les censeurs qui les choisissaient. A Rome et dans Athènes, on pouvait être du Sénat à trente ans ; à Sparte, il en fallait avoir soixante. Dans les républiques de la Grèce, le titre de citoyen suffisait pour être Sénateur. Chez les Romains, les Sénateurs ne pouvaient être pris que dans l'ordre des chevaliers ou des riches. Le Sénat d'Athènes était renouvelé tous les ans ; celui de Sparte et celui de Rome étaient à vie. Les censeurs avaient le droit de rayer de la liste du Sénat romain les membres qu'ils jugeaient indignes de faire partie de ce corps. Chez les Athéniens on corrigeait les erreurs du sort en rejetant du Sénat les citoyens qui avaient fui devant l'ennemi, ou qui n'avaient pas exactement payé leurs contributions, ceux encore que la justice avait flétris.

Dans Athènes, le sort amenait tour à tour les citoyens les plus distingués et les hommes les plus incapables ; les résolutions de ce corps manquaient de suite, et ce fut ce qui perdit la République. Les Athéniens passèrent pour un peuple inconstant, léger ; tel dut être l'effet de leurs institutions. Quoique électif, le Sénat de Lacédémone n'était qu'une *Gérontocratie*, (c'est le nom qu'on lui donnait) qui ne résistait point avec assez de force à l'ambition des Rois et des Ephores. L'avarice du Sénat romain, pris dans la classe des riches, fit naître des collisions perpétuelles, si grands que fussent, d'ailleurs, les services qu'il rendait à l'Etat. (V. ROME.)

Dans la plupart des Républiques du moyen-âge, le Sénat avait une origine plus ou moins aristocratique, fondée sur les mêmes principes.

Ces républiques eurent presque toutes le sort de Rome. Après avoir brillé d'un éclat qui ne pouvait être que passager, elles tombèrent en dissolution ou furent facilement asservies par les despotes.

Aux Etats-Unis d'Amérique, le Sénat est le résultat d'une élection à deux degrés. Les conditions de fortune pour l'éligibilité se sont à peu près effacées. Il a, jusqu'à ce moment, offert la réunion des hommes les plus distingués de la fédération. Indépendamment de ce qu'il est le conseil de la nation, il participe à l'exercice du pouvoir législatif. On n'a pas cru devoir lui donner toutes les attributions du Sénat des anciennes républiques ; les questions d'intérêt public qui ont le caractère contentieux sont jugées par la Cour Suprême, dont les membres sont inamovibles. Les Sénateurs américains sont nommés pour six ans ; ils se renouvellent, par tiers, tous les deux ans.

La division des pouvoirs adoptée dans les anciennes républiques ne fut point admise par la France, lorsqu'elle s'affranchit de la royauté. Les attributions du Sénat se partagèrent entre l'assemblée législative et l'autorité exécutive. Le corps législatif dut statuer sur les questions de paix et de guerre ; il détermina, comme il détermine encore aujourd'hui, le montant des impôts et le nombre des hommes qu'il convient d'appeler sous les drapeaux. L'autorité exécutive fut chargée de résoudre toutes les questions d'intérêt public, même celles qui avaient le caractère contentieux, de sorte que le gouvernement fut un

mélange de despotisme et de république, la pire espèce de gouvernement qu'il soit possible d'imaginer. Nous avons eu, plusieurs fois, occasion de le répéter dans le cours de cet ouvrage : à côté de l'autorité qui fait la loi, il faut de toute nécessité qu'il y ait une magistrature, indépendante, ayant le même intérêt, la même origine, qui statue sur toutes les questions d'intérêt national. L'une ne peut exister sans l'autre. L'autorité exécutive ne doit avoir d'autre mission que de faire ce que la nation a ordonné, soit par la loi, soit par l'interprétation de la loi. Si vous ne donnez pas un Sénat, un Conseil National au pays, vous n'aurez qu'une centralisation d'arbitraire, au lieu de rallier les diverses parties du territoire par des garanties qui leur seraient communes.

Mais ici se présente une grave difficulté. La démocratie ne souffre point d'autorité qui se perpétue au pouvoir ; cependant, une nation ne peut avoir, sans un Sénat, qui roule sur lui-même, ni constance dans ses desseins ni suite dans le gouvernement de ses affaires.

Un conseil national qui se renouvellerait tous les ans ou tous les deux ans, quoique formé par l'élection, pourrait avoir une partie des inconvénients du sénat d'Athènes, il aurait trop de mobilité ; le renouvellement par tiers, comme il a lieu en Amérique, ne me paraît pas rationnel. A certaines époques, dans certaines circonstances, l'opinion du pays peut prendre un nouveau caractère, une direction nouvelle. Si le conseil de la nation se renouvelait par tiers, ce tiers n'exprimerait pas la volonté, la résolution du pays tout entier, il serait fâcheux surtout que le sénat ne se trouvât pas d'accord avec le corps législatif. Il ne faut pas non plus que le renouvellement s'opère par fractions du territoire, par exemple, que le tiers des départements élise de nouveaux sénateurs, tandis que les deux autres tiers attendraient, soit deux, soit quatre ans pour faire leurs élections : ces arrangements ne conviennent qu'au despotisme.

Pour tout concilier, pour que le pays ne se trouve pas sans gouvernement, car le gouvernement serait essentiellement dans le conseil national, il me semble que ce corps devrait se renouveler par moitié à l'époque où se feraient les élections au corps législatif. Au lieu de nommer à la fois deux sénateurs, comme dans les Etats de l'union Anglo-Américaine, chaque département n'en nommerait qu'un sur les deux ; par ce moyen, on serait toujours certain d'avoir une majorité en harmonie avec l'opinion, avec les intérêts du moment. Cette majorité serait déterminée par le pays tout entier. Pour la rendre aussi plus réelle, au lieu de faire décider par le sort lequel des deux sénateurs aurait à demeurer en fonctions, ce seraient les citoyens qui auraient à décider. Une telle épreuve ne serait-elle pas le moyen d'entretenir une émulation admirable parmi les membres du Sénat ?

Après avoir démontré l'importance d'une institution sans laquelle il n'est ni justice, ni durée pour la République, qu'on nous dispense de parler de cet instrument de despotisme qu'on appelle le *Sénat conservateur* : nous ne dirons rien non plus du Sénat que l'autocrate de Russie choisit parmi les grands seigneurs de ses états. Le Sénat russe ou le Sénat français ne ressemblent pas plus au Sénat des anciennes républiques que l'aristocratie élective de la Grèce ou de Rome à l'aristocratie de privilége du droit de naissance qui existe parmi nous.   A. BILLIARD.

SÉNATEUR. Membre du sénat. (V. ce mot.)

SÉNATUS-CONSULTE. Acte du sénat romain ayant pour objet soit d'ordonner, soit de juger, soit d'autoriser, soit d'émettre un avis. Le sénat ordonnait, lorsqu'il déterminait le montant de l'impôt à payer, le nombre d'hommes à mettre en campagne, lorsqu'il faisait un réglement d'administration publique; dans ces divers cas, les décrets qu'il rendait n'étaient obligatoires que pour un an. Les réglements prenaient le titre de loi, lorsqu'ils étaient soumis à la sanction du peuple. Les Sénatus-consultes avaient l'autorité souveraine de la chose jugée quand le sénat avait à prononcer sur un débat, en matière d'intérêt public; il remplissait dans ce cas les fonctions de notre conseil d'état, mais sans que ses actes eussent besoin de l'approbation du consul. On ne pouvait user du domaine public pour une entreprise particulière, décerner une récompense pour services rendus à l'État, élever une statue à un citoyen qu'avec l'autorisation du sénat. Il ne faisait qu'émettre un avis, lorsqu'il s'agissait de décider de la guerre ou de la paix. Chez les Athéniens, il n'était aucun acte dont le sénat n'eût à rendre compte au peuple, pour avoir son approbation définitive; il en dut être de même à Rome dans le principe; c'est par cette raison que les actes du sénat ne s'appelaient que des *Sénatus-Consultes*; mais soit concession du peuple, soit usurpation des patriciens, la plupart des Sénatus-Consultes finirent, comme on vient de le remarquer, par avoir une autorité aussi absolue que celle de la loi.   A. BILLIARD.

SÉNÉCHAL DE FRANCE (GRAND). Charge créée sous la seconde race, et dont furent investis primitivement des grands vassaux de la couronne de diverses familles. En 978, elle fut attachée par le roi Lothaire au titre du comte d'Anjou et rendue héréditaire dans la maison de Geoffroy, surnommé *Grisegonnelle*. Voici quelles en étaient les attributions, suivant un traité conclu, en 1108, entre Louis-le-Gros et le comte d'Anjou, Ansel de Garlande : « Dans les cérémonies d'éclat, lorsque le roi mangera en public, le comte se tiendra assis jusqu'au moment du service. Alors il recevra les plats pour les placer sur la table. Après le repas, il se retirera chez lui sur un cheval de guerre, dont il fera présent au cuisinier du roi, lequel lui enverra un morceau de viande; et le panetier y joindra deux pains avec trois chopines de vin. A la guerre, le Grand Sénéchal fera préparer pour le roi un pavillon qui puisse contenir cent personnes. Au départ de l'armée, il comman-

dera l'avant-garde, et, au retour, l'arrière-garde; et, quelque chose qui arrive, le roi ne pourra lui faire aucun reproche. Pour ce qui regarde l'administration de la justice, tout jugement porté par le Grand Sénéchal ne sera point réformé; et, dans les contestations sur des sentences rendues par les juges royaux, sa décision fera loi. » Le Grand Sénéchal avait en outre l'administration des revenus de la maison du roi. Cette charge étant venue à vaquer à la mort de Thibaut-le-Bon, comte de Blois et de Chartres, en 1191, sous Philippe-Auguste, il n'y fut point pourvu, et elle cessa d'exister à partir de cette époque. Les attributions en furent partagées entre le connétable et le grand-maître de France. Le Grand-Sénéchal avait sous lui un lieutenant appelé *sénéchal de France*, dont l'emploi fut également supprimé sous Philippe-Auguste.   B.-C.

SÉNÉCHAUX. Officiers de robe courte, au nom desquels se rendait la justice, sous l'ancienne monarchie, dans l'étendue d'une circonscription appelée *sénéchaussée*. Ces officiers furent, dans l'origine, délégués par les ducs pour rendre la justice en leur nom et sous leur autorité; on les appelait en quelques endroits baillis; ils étaient révocables à volonté. Sous la troisième race, lorsque les rois réunirent à la couronne les villes qui en avaient été détachées par les grands vassaux, les Sénéchaux succédèrent dans certaines limites à l'autorité des ducs et des comtes, et eurent l'administration de la justice, des armes et des finances. Ils furent aussi revêtus du pouvoir qu'avaient eu, sous la seconde race, les commissaires-royaux, ou *missi dominici*, qui jugeaient les causes d'appel dévolues au roi. Ces dernières attributions leur furent conservées jusqu'à l'établissement des parlements sédentaires, sous Philippe-le-Bel. Une ordonnance de Louis XI ayant plus tard rendu perpétuelles toutes les charges, les Sénéchaux, non contents de n'être plus révocables, tentèrent encore de rendre héréditaires les pouvoirs dont ils étaient investis; mais la politique des rois y mit constamment obstacle, et, successivement, ils se virent dépouillés du maniement des finances et du commandement des troupes. Ils conservèrent seulement la conduite de l'arrière-ban, et quelques honneurs insignifiants. Sous Henri III, l'administration de la justice leur fut encore ôtée; et elle fut remise à leurs lieutenants, qui devaient être gradués, et qui connurent des appellations des jugements des prévôts royaux et des haut-justiciers, des cas royaux, de toutes les causes concernant les fiefs, etc. A l'époque de la Révolution, les Sénéchaux n'étaient plus que des magistrats d'épée, seulement titulaires et honoraires, et leurs fonctions, dans l'exercice de la justice, étaient dévolues de droit aux lieutenants-généraux des sénéchaussées, qui, dans plusieurs endroits, étaient à la tête de présidiaux.   B.-C.

SEPTENNALITÉ. Système qui fixe à sept années la durée d'une législature.

Tout ce que nous avons dit au mot Quinquen-nalité des graves inconvénients qui résultent, sous le rapport moral et politique, de la trop longue durée des mandats législatifs, s'applique, et avec bien plus de force, à la Septennalité. Il suffit d'ailleurs, pour éclairer la valeur d'une institution politique, de se reporter à l'époque où elle fut introduite. Or, de quelle époque date chez nous la Septennalité? Des plus mauvais jours de la restauration, de 1822, année fatale, où, pour employer l'expression d'un brillant orateur de ce temps-ci, tant de lois réactionnaires furent écrites avec la pointe émoussée du poignard de Louvel. (V. Quinquennalité.)

SÉQUESTRE. État d'une chose litigieuse mise en main-tierce, jusqu'à ce qu'il ait été décidé à qui elle appartient. Celui à qui est confiée la garde de la chose s'appelle aussi Séquestre.

Le Code civil, art. 1955 et suivants, règle les effets du Séquestre convenu entre les parties, ou ordonné par la justice.

Le Code d'instruction criminelle ordonne la mise en Séquestre des biens de l'accusé qui ne se représente pas pour être jugé, et qui se laisse condamner par contumace. (Art. 465).

Enfin, le Séquestre est aussi employé de gouvernement à gouvernement, en cas de guerre, quand un gouvernement fait main-mise sur les biens situés dans son territoire, et appartenant aux sujets du gouvernement ennemi.

SÉRÉNITÉ, SÉRÉNISSIMES, titres d'honneur. En France, sous les deux premières dynasties, les rois et les évêques étaient qualifiés de *Sérénité*. Dans la suite, le titre de *majesté* prévalut pour les rois, et celui d'*éminence* pour les évêques. Avant 1789, on appelait *altesses Sérénissimes* les princes du sang de France, le dauphin excepté, qui était traité d'altesse royale. Sous l'empire, certains hauts dignitaires de l'État, tels que l'archi-chancelier, l'archi-trésorier, et autres, prenaient la même qualité. En général, les souverains qui ne sont pas rois s'intitulent encore *Sérénissimes*; et c'est aussi l'épithète que l'on donnait, dans le siècle passé, aux républiques de Venise et de Gênes.   B.-C.

SERMENT. Affirmation, engagement solennel.

On a beaucoup discuté et l'on discute beaucoup encore sur le serment. Tandis que les uns le représentent comme un engagement sacré, immuable, d'autres n'hésitent pas à le regarder comme une formalité sans valeur. D'où vient cette divergence? Cette question touche aux principes mêmes du droit, et pour qu'elle se produise au sein d'une société, il faut qu'il y ait parmi les membres qui la composent de profondes contestations sur ces principes.

Au point de vue de la pure morale, nul doute ne s'élève. Un serment est une chose sainte. Celui qui s'engage volontairement à faire une chose et qui ne la fait pas est coupable, quelque excuse qu'il se donne à lui-même; la morale n'a point à s'occuper des capitulations de conscience et des illusions de l'esprit.

Mais il n'en est pas ainsi malheureusement dans les rapports de l'ordre politique. Nous voyons souvent, en effet, les hommes d'ailleurs les plus moraux prêter des Serments qu'ils n'ont pas la volonté de tenir. Celui qui reçoit le Serment le sait bien, le public qui assiste à la prestation du Serment le sait bien aussi, et cependant nul ne s'indigne, et l'opinion publique, cette gardienne vigilante de la morale et de l'honneur, ne flétrit point celui qui se parjure ainsi à la face du ciel.

Cette tolérance est assurément malheureuse et regrettable, car elle tend à corrompre l'esprit public, mais elle s'explique facilement. Il arrive trop souvent que des factions s'emparant du pouvoir tentent d'imposer sous la foi du Serment le respect de leurs usurpations. Que faire alors? Une mâle vertu commanderait peut-être de s'abstenir: mais la vertu a ses périls, devant lesquels fléchissent les âmes vulgaires. D'ailleurs, en s'abstenant on s'isole virtuellement de la vie politique, on se prive des moyens légaux de combattre l'usurpation et on est réduit à lui laisser le champ libre ou à lutter contre elle dans le périlleux souterrain des conspirations. Alors on en vient à considérer l'obligation du Serment comme un abus de la force, dès-lors, comme une formalité sans valeur, dépourvue de sanction morale, et comme on le prête sans conviction, on le viole sans scrupule.

Cela est doublement malheureux; car une tendance naturelle porte l'homme à systématiser ses actions, à les rapporter toutes à un principe. Alors, pour se justifier à ses propres yeux, celui qui prête Serment ne se fait pas faute d'inventer et de proclamer une théorie en vertu de laquelle il faut distinguer les Serments qui doivent être tenus de ceux qui peuvent être violés; et comme, par l'obscurité répandue sur les vrais principes, les intelligences se sont dévoyées, les cœurs se pervertissent par la dépravation de l'esprit; et de distinction en distinction, de capitulation en capitulation, de dégradation en dégradation, on tombe avec une effrayante rapidité dans un abîme de corruption.

Le remède à ce mal est d'ailleurs facile et simple: il ne s'agit que de restreindre l'obligation du Serment et de ramener la question à ses véritables termes. Un Serment est immuable, dites-vous? De là suit nécessairement qu'il ne faut le prêter qu'à ce qui de soi est immuble. Donc l'homme ne doit de Serment qu'à Dieu, le citoyen qu'à la nation. Si vous obligez au contraire un citoyen à prêter Serment à telle ou telle personne, à telle ou telle forme de gouvernement, comme les personnes sont périssables et les gouvernements quelquefois peu durables, le citoyen sera malgré lui, et quoi qu'il fasse, parjure. Partant de ceci, nous dirons: la nation seule a le droit d'exiger des membres qui la composent un Serment absolu.

Les citoyens ne doivent pas le Serment au pouvoir exécutif ; ses agents seuls y sont tenus ; et encore, comme les agents du pouvoir exécutif sont citoyens au même titre que les autres, leur Serment ne peut être que spécial, limité, conditionnel.   E. D.

SERVAGE. État, condition du *serf*. Le serf, dont le nom dérive de *servus*, était, comme l'indique ce mot, un véritable esclave.

Lorsque les Francs se rendirent maîtres des Gaules, ils y trouvèrent le Servage établi. Les serfs se composaient, sous la domination romaine, de malheureux qui, poursuivis pour dettes, ou accablés d'insupportables impôts, s'étaient livrés eux-mêmes en servitude à des hommes puissants. Ils remplissaient, près de leurs maîtres, tous les offices de la basse domesticité, quand ils ne savaient pas quelque métier dans lequel on pût utiliser leurs services. A cette espèce d'esclaves, les Francs ajoutèrent les prisonniers faits à la guerre.

Les serfs se partageaient en deux classes : ceux du corps, *servi de capite aut de corpore*, qu'on appelait aussi hommes *de poest*, de puissance, lesquels étaient commis à la garde des troupeaux et remplissaient les devoirs de la domesticité ; et ceux de la glèbe, *servi casati*, qui cultivaient la terre pour leur maître, ou pour leur compte personnel, en payant au propriétaire une redevance fixe et perpétuelle.

La condition des serfs était des plus misérables. Dégradés de la dignité d'homme, ils appartenaient corps et biens à leurs seigneurs. Ils étaient attachés à la glèbe, c'est-à-dire à l'héritage. Ils se comptaient par tête avec le bétail de la terre dont ils faisaient partie. Leurs maîtres pouvaient les vendre, les échanger, les revendiquer partout où ils se réfugiaient. Un serf valait beaucoup moins qu'un cheval. Huon, évêque d'Avranches, donna cinq femmes et deux hommes pour prix du cheval sur lequel il fit son entrée solennelle dans son diocèse. Il existe un acte aux termes duquel Guillaume, évêque de Paris, permit à une *femme de corps* de son église de se marier avec un *homme de corps* de l'abbaye de Saint-Germain-des-Prés, à condition que les enfants, les bestiaux et les biens, au décès des conjoints, seraient partagés par moitié entre l'évêque et l'abbaye.

Le serf ne cultivait jamais pour lui-même. Le fruit de son travail appartenait à son seigneur, ou, s'il avait le revenu de la terre qu'il faisait valoir, cette terre se trouvait frappée de redevances en nature ou en argent si considérables que ce qui lui restait ne suffisait que rarement à satisfaire à ses besoins les plus impérieux. Il ne pouvait ni se marier, ni changer de profession, ni sortir de la seigneurie où il était né, sans la permission de son maître. Il ne pouvait ni tester ni vendre ou hypothéquer les terres qu'il arrosait de ses sueurs, ni les habitations qu'il avait élevées de ses mains. S'il s'éloignait de la maison paternelle, le seigneur s'emparait de sa part d'hé-

ritage ; le seigneur s'appropriait également tout ce qu'il possédait en biens meubles et immeubles, s'il acquérait la liberté par affranchissement gratuit ou à prix d'argent.

Les serfs ne faisaient point corps ; ils n'avaient ni codes ni magistrats ; leur seigneur était tout à la fois la loi et le juge. Et quelle justice ces malheureux pouvaient-ils attendre d'hommes étrangers aux notions du bien et du mal! Aussi, les serfs étaient-ils en butte à toutes sortes de violences de la part de leurs maîtres. Sous le plus futile prétexte, ils étaient frappés, emprisonnés, tués même. « Anciennement, dit Sauval, quand les serfs n'obéissaient pas à leur maître, on leur coupait les oreilles ; et, pour en perdre l'engeance, on les châtrait sans marchander davantage. Aux plus petites fautes, on les étendait pieds et poings liés à une poutre, comme pour leur donner la question ; et, avec des houssines de la grosseur du petit doigt, on leur faisait une distribution de cent vingt coups. » Enfin la vie des serfs était comptée pour si peu de chose et les sentiments de la nature étaient pervertis à tel point qu'on pouvait tuer un serf qui tentait de se soustraire par la fuite à l'horrible tyrannie qui pesait sur lui ; et que les seigneurs de Mont-Joie et de Mèches, entre autres, s'étaient arrogés le droit de faire éventrer deux de leurs serfs pour se réchauffer les pieds dans leurs entrailles fumantes, lorsqu'ils allaient à la chasse dans l'hiver. On serait tenté de révoquer en doute une si monstrueuse atrocité, si un procès fameux n'en avait constaté la vérité, dans le siècle dernier.

Tous les droits prétendus que s'étaient attribués les seigneurs, n'étaient pas aussi révoltants ; mais ils n'en étaient pas moins oppressifs. Quelques uns n'étaient que bizarres et ridicules. Ainsi le seigneur avait *droit de cuissage*, c'est-à-dire le privilège de passer la première nuit des noces avec la femme d'un serf ; *droit de fillette*, qui infligeait une forte amende ou la fustigation à la fille qui devenait mère hors mariage, etc. Ici, le seigneur obligeait les serfs à venir battre les eaux des marres et des fossés de son château pour empêcher les grenouilles de troubler son sommeil ; là, il fallait que le serf admît à sa table, le jour de ses noces, le sergent et même le chien de son seigneur. En quelques endroits, la femme qui battait son mari devait payer une somme au seigneur ; dans d'autres, les nouveaux mariés devaient consommer le mariage devant leur maître, soit dans l'eau d'une rivière, soit à la cime d'un arbre. Plusieurs seigneurs contraignaient leurs serfs à venir, à certains jours, baiser les serrures du manoir, danser une bourrée, contrefaire l'ivrogne, chanter une chanson obscène, se laisser tirer par le nez ou par les oreilles, ou accomplir quelque autre formalité humiliante.

Des campagnes, où habitaient ordinairement les seigneurs, le servage s'était étendu aux villes. Les citadins étaient assujettis par les comtes, qui y exerçaient par délégation l'autorité seigneuriale, aux mêmes droits, aux mêmes corvées. Ils étaient de plus obligés à supporter d'énormes droits de péage, des octrois ruineux, et de défrayer le seigneur et sa suite, quand il lui plaisait de venir dans leurs murs. Alors, en vertu du *droit de prise*, les varlets et les hommes d'armes, décorés du titre de *preneurs* ou de *pillards*, envahissaient la demeure des habitants et s'emparaient de tout ce qu'ils y trouvaient à l'usage du seigneur ou de sa femme, en meubles, effets de corps, vivres et autres objets. Louis-le-Jeune crut faire beaucoup pour ses sujets en défendant aux *pillards* de les dépouiller de leurs matelas et de leurs autres meubles de première nécessité. Il fallait que les malheureux obtinssent de leur maître la permission de faire apprendre à lire et à écrire à leurs enfants, et de leur donner des tuteurs. Il leur était interdit de terminer à l'amiable un procès commencé.

Le serf devenait libre, du vivant de son maître, en se rachetant, ou par le fait d'un affranchissement volontaire, après sa mort, en vertu d'un testament. Quand la liberté était acquise à prix d'argent, le seigneur conduisait le serf devant le roi ou devant le seigneur suzerain; et, lui secouant la main, il en faisait tomber une pièce de monnaie. Alors il se trouvait légitimement affranchi, et le roi ou le suzerain était tenu de faire respecter sa liberté. Il était rare que cette liberté fût absolue; et, le plus communément, l'affranchi devait payer pendant un certain temps une redevance annuelle en argent, ou remplir quelque office de corps, faire quelque corvée. Cependant, une fois affranchi, il était apte à devenir moine ou prêtre, bénéficiaire, et même comte ou juge.

Cet état de choses subsista en entier jusqu'au règne de Louis-le-Gros. Le premier, ce prince donna l'exemple d'un affranchissement de serfs en masse. Il rendit la liberté à ceux qui habitaient les villes et les bourgs de ses domaines. Quelques seigneurs l'imitèrent. Ce qui aida le plus, dans la suite, à l'accomplissement de cette grande mesure, un des objets les plus importants de la politique de nos rois, ce fut la spécification de *cas royaux*, qui amena aux juges de la couronne la connaissance de certains faits de procédure jusqu'alors du ressort des justices seigneuriales; plus tard, l'introduction du droit romain dans la législation française, et, comme conséquence, l'étude de ce droit par les roturiers qui devinrent, par le fait de l'ignorance et de l'insouciance des seigneurs, les juges des contestations des nobles et de leurs serfs; et enfin l'établissement des lettres de noblesse, qui vint aussi porter une rude atteinte à l'édifice féodal.

Les villes et les bourgs affranchis eurent la faculté de se former en communes et de remettre l'administration de leurs intérêts aux mains d'officiers de leur choix, qu'on appela *maires* ou *mayeurs*, *échevins*, *consuls* ou *jurats*, suivant les localités. Tous les membres de la communauté durent, sous peine d'amende, contribuer aux charges et à la défense publiques, ce qui emportait le droit d'être armé et d'entourer les centres de population de murailles fortifiées. De là date la création des milices urbaines. ·

Indépendamment de ces avantages, les serfs affranchis eurent le droit de disposer de leurs biens à leur volonté, et de changer à leur gré le lieu de leur demeure. La fixation et la perception de l'impôt se fit à peu près partout, d'une manière régulière, par les officiers municipaux, et cet impôt porta sur les propriétés et non plus sur les personnes. On prévit le cas où les seigneurs réclameraient une contribution extraordinaire sous la dénomination d'*aides*, et la quotité en fut déterminée à l'avance. Les communes se placèrent sous la protection immédiate du souverain et lui payèrent à ce titre une redevance annuelle. Les habitants furent pour la plupart dispensés de suivre à la guerre leur seigneur, et ne furent tenus au service militaire que pour la défense de leur territoire ou pour les entreprises du roi.

Toutefois, en vendant la liberté à leurs serfs, les seigneurs y mirent de nombreuses restrictions; et les contrats d'affranchissement renfermèrent des clauses qui donnèrent naissance à ce qu'on a appelé depuis les *droits féodaux*.

La plupart de ces droits se perpétuèrent jusqu'en 1789, époque à laquelle l'assemblée nationale prononça formellement leur abolition.

Malgré les progrès du temps et de la raison publique, beaucoup de familles s'étaient constamment refusées à affranchir leurs serfs; et les rois n'avaient eu ni la volonté ni la puissance de les contraindre à accomplir cet acte de justice et d'humanité. Les domaines du roi eux-mêmes renfermaient encore des serfs sous le règne de Louis XVI; les terres des moines de Saint-Claude, dans le Jura, et celles d'un certain nombre de seigneurs étaient dans le même cas. Il fallut que toute une révolution politique s'opérât pour arracher ces malheureux à un esclavage de deux mille années!   F.-T.-B. CLAVEL.

SERVITUDE. Dans la langue commune, ce mot s'applique indistinctement aux hommes et aux choses : on dit d'un esclave qu'il est en Servitude; on dit d'un terrain qu'il est soumis à telle Servitude. Cette dernière acception est la seule admise en matière législative. Servitude signifie alors une charge imposée sur un bien pour l'usage et l'utilité d'un bien appartenant à un autre propriétaire.

Quand cet autre propriétaire est l'État, la Servitude, imposée au propriétaire privé, prend alors un caractère d'utilité générale, qui la fait entrer dans le domaine politique. Telles sont les Servitudes en vertu desquelles l'État exige la liberté du passage sur le bord des rivières, le droit de prendre des matériaux pour la réparation des chemins, etc. Telles sont les précautions exigées pour certaines constructions, ou pour l'exercice de certaines industries. Toutes ces Servitudes sont établies par la loi et ont pour objet l'utilité publique.

Il en est de même de ce qu'on appelle les Servitudes militaires. Les nécessités de la libre défense des places fortifiées, entraînent la prohibition des constructions dans un rayon trop rapproché des fortifications. Ce rayon est de 250 mètres. C'est là une Servitude fort lourde imposée aux propriétaires des terrains compris dans cette zone. Au-delà, et jusqu'à une distance de 487 mètres, il est permis d'élever des clôtures et constructions en bois et en terre, sans pierre ni plâtre, dont la facile démolition puisse être exécutée à la première réquisition de l'autorité militaire, dès que la place fortifiée est déclarée en état de siège. La démolition de ces constructions ne donne lieu à aucune indemnité. Les distances et les prohibitions varient suivant la classe dans laquelle a été rangée la place de guerre.

Les citadelles et les châteaux imposent, dans les mêmes zones, les mêmes Servitudes que la place fortifiée dont ils dépendent.

Les Servitudes militaires sont réglées par une loi du 17 juillet 1819, et par une ordonnance du 1er août 1821.   H. C.

SERVILISME. Servilité réduite en système; moyen de parvenir par la bassesse et par une aveugle obéissance, sans égard à ce que la loi condamne, et à ce que la morale réprouve, à ce que l'opinion flétrit. Le Servilisme place l'homme qui se plie à ses maximes au dessous de l'esclave lui-même; car celui-là fait par calcul, volontairement, avec zèle, ce que celui-ci subit en gémissant comme une conséquence de sa condition, et parce qu'il n'a pas la force de s'y refuser ni la vertu de s'y soustraire.   B. C.

SESSION. Sous l'empire de nos constitutions modernes, les assemblées parlementaires se réunissent chaque année pour délibérer sur les affaires du pays. C'est le chef du pouvoir exécutif qui convoque les représentants du peuple, c'est lui également qui ferme leurs délibérations. On appelle Session le temps qui s'écoule entre la réunion et la clôture de ces assemblées.

Jadis, la convocation des assemblées parlementaires, attribut comme aujourd'hui du pouvoir exécutif, n'était pas soumise à des règles positives. Suivant son bon plaisir, le roi convoquait ou ne convoquait pas les États-généraux ; aujourd'hui, au contraire, ce droit est un devoir.

La Charte ordonne impérieusement au roi de convoquer, chaque année, les chambres législatives, et il ne peut, sous aucun prétexte, s'en dispenser. Qu'arriverait-il cependant s'il refusait ou négligeait de remplir ce devoir ? Comme la constitution serait violée, le pays rentrerait dans la plénitude de ses droits : les représentants devraient se réunir d'autorité et aviser au salut de l'État. La Charte, toutefois, n'a point prévu ce cas extrême : elle ne stipule rien à cet égard. Peut-être, en effet, n'est-il pas nécessaire, au moment où l'on crée une constitution, de prévoir qu'elle puisse être violée. Nous partageons cependant, sur ce point, l'opinion de Marina, et nous croyons qu'il serait utile de sanctionner le devoir de convocation en déclarant que le roi qui négligerait ce devoir ou refuserait de le remplir, serait, par cela seul, forcé d'abdiquer la couronne. Comme

le dit ce publiciste, en effet, un pareil attentat est un des plus graves dont le pouvoir exécutif se puisse rendre coupable, et cette conduite serait non seulement une violation manifeste de la loi fondamentale du royaume, mais encore une déclaration formelle du dessein d'altérer le pouvoir législatif et de changer la forme du gouvernement.
                 E. D.

SHAH. Ce mot, dans les langues persane et turque, signifie empereur. Il désigne la souveraine puissance et s'applique principalement aux rois de Perse. L'empereur de Delhi, capitale de l'Inde musulmane, s'intitule *Sha-Un-Sha*, ou roi des rois, quoiqu'il soit maintenant l'humble protégé et le pensionnaire des Anglais.

SHEIK. Ce mot, en Turquie, a deux emplois bien distincts : il sert à désigner les membres des diverses corporations religieuses et aussi les chefs des tribus qui habitent le littoral et la montagne de la Syrie. Les Sheïks du Liban ont joué un grand rôle dans les révoltes qui, plusieurs fois, après la convention de Kutahiah, ont ébranlé l'autorité de Mehemet-Ali ; ils ont aussi efficacement contribué à amener les événements qui, à la suite du traité du 15 juillet, ont dépossédé le pacha d'Egypte, et livré aux Anglais les places fortes de la Syrie. Ces chefs seront toujours assez puissants pour tenir en échec la fragile domination de la Porte-Ottomane et pour maintenir leur pays dans une indépendance de fait, essentiellement nuisible aux intérêts de leur suzerain.   F. L.

SHERIF. Officier ministériel d'une haute importance civile et judiciaire dans la hiérarchie administrative de l'Angleterre. Si nous voulions trouver dans notre magistrature l'équivalent du Shérif, nous ne serions pas peu embarrassés, tant ses fonctions sont diversement compliquées : il a cependant quelque analogie avec nos préfets, relevant, comme eux, du pouvoir central ; le représentant, comme eux, dans chaque province, et intervenant, en son nom, dans la plupart des actes de l'administration et de la justice.

L'origine de cette haute magistrature remonte aux premiers temps de la domination saxonne. Evidemment les Shérifs ont été institués vers l'époque où l'Angleterre fut divisée en *shires* ou en comtés : le mot composé *shire-reve*, d'où l'on fait dériver leur nom, l'indique suffisamment. Ils étaient, dans le moyen âge, les lieutenants des comtes, qui administraient les provinces (*vice-comes*). Mais, peu à peu, le pouvoir du délégué, sur lequel reposait toutes les charges administratives, s'est substitué à l'autorité de son supérieur ; et la couronne, qui avait tout à gagner à cet arrangement, puisqu'il tendait à diminuer l'influence de la noblesse, a fini par le consacrer en principe et par concentrer dans les mains des Shérifs presque toutes les fonctions des anciens gouverneurs des comtés.

C'est aussi par le besoin de centraliser le pouvoir qu'elle a dépouillé le peuple du droit d'intervenir dans la nomination de ces magistrats.

Pendant longtemps, les Shérifs ont été choisis par voie d'élection, comme ils le sont encore à Londres, ou plutôt dans les deux comtés de Middlessex et de Surrey sur lesquels s'étend la circonscription administrative de la capitale de l'Angleterre. Mais, sous le prétexte qu'il se commettait beaucoup de désordres dans les réunions populaires où l'on procédait au renouvellement annuel des Shérifs, on a enlevé à la nation anglaise cette importante prérogative; et, depuis le règne de Henri VI, elle a été exercée par les douze juges de chaque comté, qui, assistés des principaux officiers ministériels, désignent chaque année trois candidats au choix du roi. Il y a un ou deux siècles, il n'était même pas rare de voir la couronne se dispenser de toute formalité légale, et nommer des Shérifs de sa propre autorité. C'était aux magistrats créés par cette usurpation de pouvoir que les anglais donnaient, autrefois, le nom méprisant de *Pocket-Shérifs* ou de Shérifs de cour.

Les fonctions de Shérif, qui ont été héréditaires dans plusieurs provinces de l'Angleterre et de l'Écosse, le sont encore dans le Westmoreland.

Comme cet officier ministériel, par son caractère élevé, est investi de la première charge du comté et du droit de préséance sur toute la noblesse, l'usage veut qu'il soit choisi dans la classe des propriétaires fonciers les plus riches du ressort: ses fonctions sont obligatoires, le refus de les remplir entraînant, à Londres, une amende de 400 livres sterling et de 20 marcs. Le citoyen désigné par le roi ne peut décliner l'honneur qui lui est conféré qu'en prouvant que sa fortune patrimoniale est au dessous de 20,000 livres sterling. Il est nommé pour une année seulement et doit fournir un cautionnement au Trésor. Le Shérif est toujours vêtu de noir, il porte une épée et un collier en acier fin; mais c'est surtout la longue baguette de bois blanc, sur laquelle s'appuie sa main droite, qui dénote la nature spéciale de ses fonctions.

En sa qualité d'officier de la couronne, le Sherif peut convoquer la force publique pour réprimer les désordres et pour repousser l'ennemi, en cas d'invasion. Il prend les intérêts et soutient les droits du domaine, il forme et détermine la liste des électeurs, il fait le tirage des jurés et les réunit à l'époque des assises, et il est chargé de dépouiller le scrutin aux élections des députés et des coroners du comté. Comme officier judiciaire, il peut évoquer devant son tribunal, outre plusieurs causes civiles, toutes les contestations privées relatives à un intérêt d'au moins 40 schellings. Il détermine s'il y a lieu à recevoir les prévenus à caution, lance les mandats d'amener et fait opérer l'arrestation des délinquants. Enfin, c'est encore lui qui doit faire comparaître les accusés devant la barre des tribunaux, et veiller à l'exécution des jugements, soit qu'ils portent l'infliction d'une peine capitale ou d'une simple amende. Triste ministère, qui explique comment la figure sévère du Shérif apparaît toujours au pied de l'échafaud, dans les sanglantes catastrophes dont l'histoire politique de l'Angleterre est remplie.   A. GUILBERT.

SIBÉRIE. Contrée immense et stérile de l'Asie septentrionale appartenant à la Russie. On évalue sa surface à 746,740 lieues carrées. C'est presque un quart de plus que la superficie de l'Europe tout entière. Malgré l'étendue de ce pays, le gouvernement russe n'en tirerait aucun profit, si l'on n'y avait pas découvert un grand nombre de mines de toute espèce.—On sait que la Sibérie est le lieu d'exil des malheureux condamnés à la déportation. C'est là que le cabinet de Saint-Pétersbourg envoie les victimes de sa politique ombrageuse. Des milliers de nos compatriotes, restés prisonniers des Russes dans la campagne de 1812, furent relégués dans ces solitudes glacées et y traînèrent une vie de souffrance et de désespoir, véritable agonie de l'âme et du corps. Durant ces dernières années, les mines de la Sibérie ont reçu les plus héroïques enfants de la Pologne. Une foule de familles coupables d'avoir pris part à l'insurrection de Varsovie et à la guerre de l'Indépendance ont été dirigées à pied et dans le dénûment le plus complet vers ces régions désolées, pour y expier un crime que le gouvernement russe ne pardonne pas. Les vengeances politiques des autocrates finiront peut-être par peupler ces déserts dont la nature semblait avoir voulu faire le séjour exclusif des animaux sauvages.

L'Autriche a les cachots du Spielberg; l'Angleterre, les Pontons; l'autocrate russe, la Sibérie; la France avait autrefois la Bastille. A gouvernement impitoyable, prison célèbre. Cet aphorisme est presque sans exception.   F. L.

SIÉGES. Un Siége est l'attaque régulière et de vive force d'une ville ou place de guerre.

Les places fortes sont presque toujours des villes plus ou moins étendues et remplies d'habitants non militaires. Il suit de là qu'on doit distinguer dans ces places ce qui, hommes ou choses, a rapport à la guerre et ce qui lui est étranger. Ainsi, on y trouve des soldats, des murailles, des magasins, de l'artillerie et en même temps des bourgeois, des maisons particulières et des édifices publics d'une destination pacifique.

Or, comme la guerre ne s'adresse pas aux particuliers de la nation menacée, mais seulement au gouvernement et à ce qui lui appartient, on doit, lorsqu'on met le Siége devant une ville, la ménager comme cité autant que cela est possible, tandis qu'au contraire, on cherche à la détruire comme place forte. On a le droit de raser ses murailles, de s'emparer de ses magasins ou de les brûler, de tuer sa garnison, à moins qu'elle ne se rende prisonnière; mais on ne peut, sans absolue nécessité, faire tort aux propriétés privées ni détruire les églises et autres monuments; on ne peut frapper les habitants, ni, la ville étant prise ou rendue, les traiter comme prisonniers de guerre,

Toutefois, lorsqu'il est impossible d'enlever la place, en se bornant à attaquer la garnison et les fortifications, l'assiégeant a le droit d'employer des moyens de destruction plus généraux. Ainsi, il peut bombarder la ville au risque de faire périr des individus inoffensifs. C'est une nécessité terrible, mais qui est justifiée par le but de la guerre lorsque la guerre est équitable. Il peut également lever des contributions dans la ville prise. C'est une avance faite sur les indemnités qui devront être réglées plus tard et il sera, d'ailleurs, tenu compte aux assiégés de leurs dommages par la nation à laquelle ils appartiennent.

Nous traitons ailleurs (V. CAPITULATION, BLOCUS, EMBARGO, NEUTRES) de ce qui a rapport aux obligations des gouverneurs de ville et aux droits ainsi qu'aux devoirs des nations neutres en matière de Siéges des villes maritimes.   **J. B.**

SIÉGE (ETAT DE). Les places de guerre et les postes militaires sont considérés, quant au service militaire et à la police, sous trois rapports : Etat de paix, Etat de guerre, Etat de Siége. Cette distinction a été établie par la loi du 10 juillet 1794, qui est en quelque sorte le code des places de guerre, modifiée par un décret du 24 décembre 1811, et confirmée, dans son exécution, par une ordonnance royale du 24 décembre 1817. Le régime révolutionnaire, l'empire et la restauration ont ainsi pris part à cette législation.

Le décret de 1811 a introduit cette disposition exorbitante que l'état de guerre et l'Etat de Siége peuvent être déclarés par un simple décret de l'empereur (ordonnance du roi), sans spécification de circonstances ; tandis que la loi de 1791 faisait résulter l'Etat de Siége des circonstances qui, réellement, constituent la place en nécessité de se défendre contre une armée assiégeante ou un investissement séditieux.

Il y a un grave danger pour les libertés publiques à donner au pouvoir exécutif une telle arme ; car il peut en abuser, au gré de sa politique, pour assimiler à l'état de guerre ou à l'Etat de Siége telle position dans laquelle il n'y a, en effet, ni guerre, ni siége, ni, conséquemment, aucune des circonstances qui doivent soumettre la liberté de chacun aux nécessités de la défense et du salut public.

Cela est dangereux pour la liberté, car l'Etat de Siége a pour effet de remettre tous les pouvoirs publics, administration, police et même justice, entre les mains de l'autorité militaire. Tandis que, sous l'état de guerre, l'autorité civile est seulement tenue d'agir, dans certaines limites, sur l'ordre de l'autorité militaire ; et sous l'état de paix, chaque autorité conserve ses attributions, sans dépendance réciproque. Le décret de 1811 décide textuellement :

« Dans les places en Etat de Siége, l'autorité, dont les magistrats sont revêtus pour le maintien de l'ordre et de la police, passe tout entière au commandant d'armes qui l'exerce ou leur en délègue telle partie qu'il juge convenable.

» Pour tous les délits dont le gouverneur ou le commandant *n'a pas jugé à propos* de laisser la connaissance aux tribunaux ordinaires, les fonctions d'officier de police judiciaire sont remplies par un prévôt militaire choisi, autant que possible, parmi les officiers de gendarmerie ; et les tribunaux ordinaires sont remplacés par les tribunaux militaires. »

Ce pouvoir exorbitant ne peut être conféré à l'autorité militaire que dans les villes légalement classées parmi les places de guerre. C'est là une garantie contre l'abus possible de la déclaration d'Etat de Siége par ordonnance.

Toutefois ce n'est pas ainsi que la législation sur l'Etat de Siége a toujours été interprétée et appliquée. En 1832, lors de l'insurrection du mois de juin, et lors de la guerre de la Vendée, le gouvernement a déclaré en Etat de Siége Paris qui n'était pas place de guerre, et même plusieurs départements de l'Ouest. Il s'est appuyé sur une loi du 19 fructidor an V qui portait : « Les *communes de l'intérieur* sont en Etat de Siége » aussitôt que, par l'effet de leur investissement » par des troupes ennemies ou des *rebelles*, les » communications seront interceptées... à la dis» tance de... ; dans ce cas le directoire exécutif en » préviendra le corps législatif. »

Quand on invoqua cette loi, on oublia qu'elle était contemporaine de la journée du 18 fructidor ; qu'elle n'était pas spéciale à l'Etat de Siége ; que, loin de là, elle contenait un ensemble de dispositions exceptionnelles et temporaires. Ainsi elle annulait les élections communales des députés et de tous magistrats populaires dans cinquante départements ; elle rétablissait les lois les plus révolutionnaires de la Convention ; elle proscrivait des catégories de citoyens, et rappelait la proscription contre tous les Bourbons, y compris la branche d'Orléans. Comment donc peut-on invoquer une disposition perdue dans cette loi accidentelle et temporaire, quand on en repousse nécessairement les autres dispositions. Il est de fait cependant qu'on emprunta même la langue de ce décret pour l'étendre hors de toute mesure, en mettant en État de Siége les *communes composant* tels départements.

A la suite de ces déclarations de mise en État de Siége, les conseils de guerre de Nantes et de Paris prononcèrent plusieurs condamnations capitales ; mais la cour de cassation ayant été saisie, ces décisions furent cassées. Un arrêt célèbre du 30 juin 1832 a reconnu que les lois et décrets qui régissent l'État de Siége doivent continuer d'être exécutés dans toutes leurs dispositions qui ne sont pas inconciliables avec la Charte. Et que la disposition qui remplace les tribunaux ordinaires par les tribunaux militaires est inconciliable avec la Charte, qui s'oppose au rétablissement des tribunaux ou commissions extraordinaires sous quelque dénomination que ce soit.

L'Etat de Siége, sans juridiction militaire, devient presque illusoire. L'arrêt de cassation fut généralement considéré comme destructif de l'État de Siége. Le gouvernement parut l'avoir ainsi entendu, car il proposa à la chambre des pairs, le 10 décembre 1832, une loi *organique* de l'État de Siége qui allait jusqu'à rétablir l'envoi des commissaires extraordinaires dans les départements, avec *pleins pouvoirs* d'exil, de proscription contre les hommes, et de saisie contre les choses. Ce projet de loi fut bientôt retiré.

Le gouvernement comprit, ce qu'il a depuis pratiqué, qu'il lui suffit de l'armée pour combattre l'insurrection, et de la cour des pairs pour juger les insurgés. A quoi lui servirait l'État de Siége ?

H. C.

SIRE. C'est le terme dont se servent les Français et les Anglais lorsqu'ils s'adressent à à leurs rois. On n'est pas d'accord sur l'étymologie de ce mot. Les uns le dérivent de l'hébreu *sar*, qui signifie une personne de distinction; les autres le tirent du grec κύριος, seigneur ; ceux-là le font venir du vieux gaulois *séir*, qui veut dire soleil ; ceux-ci du mot *ser*, qui dans la basse latinité, s'employait dans le sens de *dominus*. Cette dernière origine est la plus vraisemblable. Quoi qu'il en soit, le nom de *sire* n'est l'apanage exclusif des rois que depuis le XVIᵉ siècle; antérieurement, on le donnait quelquefois à des seigneurs possédant de vastes domaines, tels que les sires de Joinville, les sires de Coucy et autres.

B. C.

SOCIALISTES. C'est le nom sous lequel on désigne les hommes qui, regardant, comme indignes de leurs efforts, des réformes partielles, soit dans l'ordre politique, soit dans l'ordre industriel, ne voient de salut ici-bas que dans la reconstruction complète de l'ordre social. Rien de ce qui existe ne leur semble à sa place : toutes les relations sont empreintes d'une fausseté systématique qui ne permet pas de croire que ce soit là l'état normal de l'humanité. Ces régénérateurs ont les plus vastes desseins : aucune science ne se dérobe à leur poursuite. La vie actuelle et la vie future, Dieu et l'homme, la terre et le ciel, voilà leur domaine; le globe entier, voilà le théâtre de leurs expériences. Ils sont à la fois philosophes, législateurs, révélateurs religieux, économistes, moralistes : ils brisent le cercle étroit des nationalités pour en faire sortir l'unité terrestre. Jamais synthèse ne fut plus vaste : elle nie toutes les idées reçues, soit dans la vie, soit hors de la vie; elle est sans limites, infinie et universelle; elle quitte souvent nos sphères pour s'élancer dans les espaces, refaire la cosmogonie et toucher à la divination. Voilà les desseins des Socialistes.

Il est certain que, par bien des côtés, notre monde offre quelque prise à la critique, et les esprits pessimistes ont beau jeu quand il s'agit de faire l'énumération de nos misères. Le thème n'est pas neuf sans doute, mais il est inépuisable. Quand on examine les relations humaines, on peut y voir partout la main de l'ange du mal : l'adultère à côté du mariage ; la corruption près de la politique; la perfidie près de l'amitié, la cupidité près des affections de famille. Nos mœurs

autorisent, exigent presque le mensonge, nos lois sont souvent une atteinte flagrante au sentiment de l'équité naturelle. La lutte est partout : dans l'ordre industriel, elle se résout en déperdition de forces, en chocs d'industries rivales ou parallèles; dans l'ordre social, en hostilités entre les diverses classes ; en oppression d'une part, en souffrances de l'autre. Le mal existe donc; c'est incontestable. Il ne s'agit que de savoir si on peut le guérir en entier par le moyen d'une panacée universelle, ou s'il faut se contenter d'agir en détail, dans la limite d'un perfectionnement graduel et en appliquant aux points les plus douloureux quelques topiques d'une efficacité certaine.

Cette prétention de guérir radicalement l'humanité des maux qui l'affligent n'est pas nouvelle ; elle s'est souvent produite dans le cours des siècles où l'esprit d'aventures a tant de représentants. Mais un fait singulier à remarquer, c'est que, dans la légion si nombreuse des réformateurs, les seuls qui n'aient pas compté un succès décisif, sont ceux qui ont voulu prendre le principe social pour mobile. Dans l'ordre entier des relations humaines, il y a eu des métamorphoses à vue; dans l'état des sociétés, il n'y a jamais eu que des modifications lentes et successives. La religion a eu sa réforme foudroyante avec Luther ; la politique ses transformations sans nombre; l'industrie, la la navigation, toutes les sciences ont subi des bouleversements complets par suite de découvertes imprévues. L'état social, proprement dit, pendant que tout se renouvelait autour de lui, n'a obéi à ce mouvement qu'en souscrivant à des altérations pour ainsi dire superficielles. Les relations des diverses classes se sont améliorées sans doute; la propriété plus divisée est devenue en même temps plus mobile; l'état civil, enlevé aux mains du clergé, a régularisé les droits des familles, mais, dans tout cela, on ne peut guère voir que des réformes de détail : rien de fondamental n'en a été ébranlé, et la vie sociale est demeurée la même. Les réformateurs que notre temps a produits auraient dû peut-être réfléchir à cette résistance des civilisations avant de les convier à l'essai de combinaisons imaginaires. Le plus difficile en ces matières, n'est pas de formuler le traitement, mais de trouver des sujets qui consentent à se prêter aux expériences.

Parmi ces novateurs hardis, il en est trois, surtout, qui se sont fait remarquer par la grandeur de leurs plans et l'importance de leurs conceptions: Saint-Simon, Charles Fourier, Robert Owen. Les deux premiers sont français, le troisième est anglais. Tous les trois ont été de grands critiques de notre état social, et quand on voudra savoir au juste ce que vaut la civilisation actuelle, il faudra aller chercher dans leurs livres la peinture effrayante autant que vraie de ses imperfections et de ses vices. A ce point de vue, et quand même ils n'auraient que ce titre, ils méritent d'obtenir un rang élevé parmi les penseurs. Leurs idées organiques sont moins heureuses ; elles offriraient, dans leur réalisation, si elle était possible, d'aussi graves inconvénients et de plus graves peut-être que n'en offre la condition actuelle de l'humanité. Il en est toujours ainsi : démolir est une besogne aisée ; rebâtir, une tâche beaucoup plus difficile. Cependant il n'est pas sans intérêt de savoir quels sont les plans de palingénésie imaginée par ces trois esprits, dont l'originalité et l'étendue ne sauraient être mises en doute.

Saint-Simon, fils de grands seigneurs, grand seigneur lui-même, se proposait de soumettre le monde à une sorte de théocratie. La division du pouvoir entre le spirituel et le temporel lui semblait l'origine de la plus grande partie de nos désordres. Partagée entre les deux principes, religieux et civil, l'humanité épuisait ses forces dans ce combat, l'une de ses parties faisant équilibre à l'autre. D'après Saint-Simon, ce conflit devait cesser : il fallait confondre dans les mêmes mains le temporel et le spirituel, ne pas donner l'âme à diriger aux uns, le corps aux autres. Ce partage de pouvoirs avait, suivant lui, amené ce résultat fâcheux de vouer la chair à un perpétuel sacrifice. L'ascétisme chrétien, le détachement, le renoncement aux joies de la terre étaient la conséquence de cette séparation, de l'élément idéal et de l'élément positif, de l'esprit et du corps. Une fusion d'influences et d'autorité devait terminer cette lutte. Au lieu d'un pape et d'un empereur, il fallait proclamer un *Père* ; puis, partageant la Société en trois classes : les savants, les artistes, les industriels, en donner la direction aux plus grands savants, aux plus grands artistes, aux plus grands industriels. Ces détenteurs du pouvoir n'avaient pas besoin d'investiture ; ils devaient sentir eux-mêmes leur force et s'assigner leur rang. La famille humaine les reconnaîtrait à leurs œuvres. D'ailleurs le lien nouveau des Sociétés devait être, sous ce régime, non la crainte, mais l'affection, et les plus aimants, se plaçant au dessus des autres, donneraient nécessairement le ton et imposeraient cette loi nouvelle de relations. La hiérarchie étant ainsi formée, tout en découlait d'une manière naturelle : chacun prenait son rang suivant sa capacité, et chaque capacité était servie en raison de ses œuvres. L'humanité ne formait plus dès-lors qu'une famille ; la terre un seul champ, cultivé en commun, mais dont les fruits se répartissaient entre les divers coopérateurs d'après une loi de justice distributive, où tout était laissé à la discrétion des plus aimants et des plus capables. Telle est, dans une vue succincte, la conception de Saint-Simon, et il est inutile de faire ressortir tout ce qu'elle renferme de faux et d'arbitraire. De 1830 à 1833, elle a été mise à l'épreuve ; une petite église de Saint-Simoniens a donné aux Parisiens le spectacle d'une mascarade permanente, et fatigué le public de ses singulières prédications. Par une interprétation irrésistible de la réhabilitation du principe sensuel, les Saint-Simoniens furent conduits alors à la plus étrange morale et se déclarèrent pour ce qu'ils ont nommé, dans leur idiome, l'émancipation de la femme, c'est-à-dire une véritable promiscuité. « Les Saint-Simo-

niens, a dit un de nos plus illustres écrivains, n'ont point d'*enfants* ; ils ont des *petits*. » Ce mot résume l'état social dans lequel cette secte voulait faire entrer l'humanité. Les Saint-Simoniens ne survécurent pas à ce dernier scandale ; ils se dispersèrent devant les sifflets. Une papauté politique, investie de pouvoirs discrétionnaires, disposant souverainement du sort, du rang des individus dans la Société, prêchant le règne des sens, sous le couvert menteur de l'égalité des sexes, n'était pas, à tout prendre, une doctrine qui fût à la hauteur du bruit que l'on en a fait et qui pût résister long temps à l'arrêt de la conscience publique.

Celle de Robert Owen, le Socialiste anglais, a dû aussi se retirer devant les mêmes répugnances. Il y a deux hommes dans M. Owen, l'homme du fait, l'homme de l'idée ; le praticien, le théoricien. Au premier titre, c'est l'une des intelligences les plus extraordinaires de notre temps ; au second titre, il rentre dans la catégorie des penseurs médiocres. Manufacturier à New-Lanark, il eut le bonheur d'y fonder, à l'aide d'une bienveillance sans bornes et par le seul fait de la puissance de l'exemple, la colonie la plus heureuse, la plus exemplaire qui ait jamais vécu sous le ciel. Deux mille ouvriers y éprouvèrent les heureux effets d'un régime patriarcal, empreint d'une bonté et d'une tolérance systématiques. Ni récompenses, ni peines, tel était son code : la pratique de la vertu a en elle de quoi indemniser ceux qui lui sont fidèles, voilà son éthique. Dans l'essai de New-Lanark, M. Owen puisa la pensée que son système, entièrement passif, pourrait s'appliquer avec fruit aux sociétés humaines et y obtenir le succès qu'avait eu sa petite réalisation industrielle. Ce fut là son erreur. L'ascendant personnel du philanthrope entrait pour beaucoup dans sa réussite ; l'homme valait mieux que la méthode. En effet, les expériences successives de New-Harmony en Amérique, et d'Orbiston en Angleterre, furent toutes suivies d'un avortement et donnèrent un démenti complet aux espérances du réformateur. Cependant sa confiance n'en fut pas ébranlée, et il n'imputa ses échecs qu'à la vicieuse éducation des hommes. Ce fut alors que, désespérant de fonder une colonie prospère, il songea à poser du moins les bases d'une doctrine. Jamais négation plus vaste ne fut énoncée avec plus de bonhomie. M. Owen supprime d'un trait de plume toute vie future et se contente de pourvoir à l'existence terrestre, la seule qui soit accessible à nos moyens de connaître. Il établit que l'homme ne contribuant en aucune manière à sa venue ici-bas, et aux circonstances qui forment son caractère, ne saurait être responsable de ses actes. Dans ce qui se fait, il ne saurait y avoir ni mérite ni démérite : la fatalité seule détermine le bien et le mal ; l'individu n'est qu'un instrument passif. Qu'on ne punisse donc pas, qu'on ne récompense pas non plus : punir ou récompenser des êtres qui agissent fatalement est une double injustice. Quel est le but de l'être en ce monde ? De vivre autant que possible conformément à sa nature, de repousser les préjugés, d'être utile à ses semblables, de se montrer bienveillant d'une manière égale, persévérante et systématique. Quel est le meilleur principe des sociétés? Celui qui doit abolir les occasions du mal et en premier lieu l'inégalité des conditions. De là, le principe de la communauté que M. Owen adopte avec toutes ses conséquences, gestion uniforme, destruction des signes représentatifs de la richesse, promiscuité, suppression des beaux-arts. On ne saurait se faire une idée du sang-froid avec lequel le réformateur opère cette démolition générale : ici; pourtant, la bonhomie touche à la démence et les meilleures intentions ne sauraient réparer les ravages que peuvent occasioner de semblables doctrines. L'égalité, comme l'entend M. Owen, conduirait à l'anéantissement de l'activité humaine, à l'amortissement des intelligences. L'un des plus féconds stimulants du progrès terrestre est précisément cet aiguillon de la rivalité, qui fait que les jouissances ici-bas sont en raison des œuvres, au double point de vue de leur mesure et de leur qualité. Ce besoin grossier détermine le premier effort; le raffinement des besoins, d'autres efforts successifs, et c'est ainsi que l'humanité roule son rocher de Sisyphe. Supprimez la première cause de tout ce mouvement, et à l'instant même il s'arrête. Quand on touche au mécanisme compliqué des civilisations, il faut être téméraire ou aveugle. M. Owen est dans le dernier cas : il n'a pas compris que le système de la communauté est une immense négation, et qu'avec ses vues toutes bienveillantes, il servait des passions qui le sont moins.

Le système de Charles Fourier a une portée toute autre. C'est la conception la plus ingénieuse que les idées sociales aient fait éclore. Fourier croit, comme Owen et comme Saint-Simon, que les passions, depuis l'origine du monde, n'ont produit autant de mal que parce qu'elles ont été plutôt comprimées que réglées. Dieu, suivant lui, ne peut avoir rien fait d'essentiellement mauvais, d'essentiellement inutile, et il en conclut que *les attractions sont proportionnelles aux destinées*. Si les passions, dans leur jeu actuel, sont la source de beaucoup de désordres, ce n'est pas aux passions elles-mêmes qu'il faut s'en prendre, puisqu'elles sont d'origine divine, mais au milieu dans lequel elles fonctionnent, milieu humain et par conséquent susceptible de modifications. Un emploi meilleur des passions, sous d'autres conditions sociales, tel est le dessein que se propose Charles Fourier, et il en a tiré une loi *sériaire* qui, suivant lui, relève d'une science mathématique et non d'une science conjecturale. Classant et divisisant les passions, d'après une méthode que l'auteur de cet article a exposée ailleurs(1) et qui exige l'étude préalable d'un idiome particulier, Fourier entreprend de les grouper, de les associer, de manière à ce que, de leur divergence même, naisse l'harmonie. Toutes doivent être utiles;

aucune ne doit nuire. Cette association se fait par *groupes*, qui contribuent à former des *séries*, puis des *phalanges*. Le groupe est l'alvéole de la ruche sociale; il se compose de sept ou de neuf personnes; il a un centre et des ailes; son harmonie résulte autant de son identité que de ses contrastes. Les séries comprennent de vingt-quatre à trente-deux groupes; une phalange se compose de huit à dix séries. La phalange est la commune de Fourier; sa population est de dix-huit cents personnes environ : elle habite un local nommé *Phalanstère*, vaste palais qui doit accuser par sa splendeur les pompes de la vie nouvelle. Dans son enceinte se trouvent un théâtre, une bourse, une rue-galerie, chauffée en hiver, et une Tour d'ordre, siège du télégraphe. Les distributions de cet édifice seront combinées de manière à assurer à ses habitants le plus de jouissances possible, en évitant toutes les pertes qui résultent de la division des ménages actuels. Ainsi une immense cave remplacera quatre cents caveaux, un vaste grenier, quatre cents greniers, une gigantesque cuisine, quatre cents cuisines. La propriété elle-même n'aura pas, dans une phalange, le caractère individuel qu'elle a dans nos sociétés; elle sera collective. La valeur d'une phalange et de son territoire sera représentée par des actions, et les détenteurs auront droit aux bénéfices, dans la mesure de leur capital. Le travail a aussi, dans cette hypothèse, un autre caractère. Fourier espère le rendre *attrayant*. C'est à cela que tend l'organisation de ses groupes et de ses séries : il veut que la passion s'en mêle et remplace la répugnance. Rien n'est plus curieux que les moyens qu'il expose à cet effet; les courtes séances, les rivalités d'atelier, l'engrénement des passions. Quant aux fruits du travail, ils doivent se répartir entre les trois agents directs de la production : *le capital, le talent* et *le travail*. Ici, Fourier s'est montré plein d'attention vis à-vis des classes laborieuses. Dans ce partage, c'est le travail qui prend le pas sur le talent et le capital; et parmi les travaux, ce sont les plus ingrats, les plus rudes, les plus humbles qui sont le mieux rétribués. La conception du réformateur ne s'arrête pas aux intérêts seuls; elle prévoit tout, elle ordonne tout. Ainsi les lois cosmogoniques de notre univers, la transmigration des âmes et leur état futur, les phénomènes astronomiques de l'avenir l'occupent successivement et provoquent des révélations fort curieuses. Ce sont des folies, mais des folies pleines d'agrément. Fourier pourvoit aussi au gouvernement de son globe. Il crée ses villes, ses capitales, sa métropole universelle : il leur donne des chefs, depuis l'*unarque*, qui ne commande qu'une phalange, jusqu'à l'*omniarque*, empereur de la planète. C'est un monde complet garni d'une société complète. L'imagination ne saurait aller au-delà de cet effort.

De ces trois Socialistes, Fourier est incontestablement celui qui a le plus de valeur, mais aussi celui qui offre le plus de prise à la critique. Tout est, dans sa conception, singulièrement mêlé, et, pour le bien juger, il faut faire le départ de

---

(1) ETUDES SUR LES RÉFORMATEURS CONTEMPORAINS. *Saint-Simon, Charles Fourier, Robert Owen.*

beaucoup d'enfantillages. Le seul point qui puisse être l'objet d'une appréciation sérieuse, c'est un mécanisme d'association, à la fois domestique, manufacturier et agricole, dans lequel il s'agirait d'imprimer aux passions un essor moins subversif et au travail un attrait qui lui manque. Par bien des côtés, l'organisation que conseille Fourier prête à la controverse, mais son vice le plus grand est dans son principe même. La légitimité absolue de toutes les passions, leur réhabilitation et leur métamorphose, semblent impliquer que l'homme n'est point ici bas pour vaincre ses penchants, mais pour s'y abandonner, et que si Dieu a mis en lui des instincts, c'est pour qu'il eût à y obéir. Evidemment il y a, dans cette manière de rendre la vie plus facile, un abaissement pour la dignité humaine et en même temps une très fausse vue. Loin d'aboutir à l'équilibre mathématique que Fourier espère, le déchaînement des passions livrerait le monde à des saturnales probables et ferait déchoir l'être de la condition supérieure qu'il a conquise dans une lutte persévérante. La base de la doctrine est donc inadmissible.

Cependant on ne peut disconvenir qu'au milieu des écarts de sa pensée, Fourier n'ait eu des inspirations heureuses et donné des conseils utiles à suivre. Les deux autres Socialistes ont aussi leurs mérites et leurs titres. Tous les trois ont évité de concentrer leur sollicitude sur des abstractions ; ils ont songé aux hommes ; ils ont plaidé la cause des classes souffrantes. Charles Fourier leur assure un *minimum* en vivres et en vêtements pour les mettre sur-le-champ à l'abri du besoin ; Saint-Simon leur consacre sa formule fondamentale ; Robert Owen détruit, à leur profit, la hiérarchie sociale et les convie à une égalité absolue. Partout se révèle ce sentiment de tendresse pour les travailleurs. Les moyens ne sont pas au niveau de l'intention ; mais qu'importe ? l'effet essentiel est produit ; l'opinion est saisie ; la plainte subsiste. Ce service n'est pas le seul qu'aient rendu les écoles téméraires. On leur doit d'avoir attiré l'attention publique sur le plus grand problème des temps modernes : l'association. Là dessus chaque secte a livré sa formule. Celle de Robert Owen est purement négative : tout appartient à tous. Le globe pouvant défrayer et au-delà, la somme entière des désirs humains, il faut ne rien refuser à qui demande et éteindre la jalousie par la satisfaction. L'association de Saint-Simon ne procède pas d'un fatalisme aussi vague ; elle tend au bonheur par la règle, au contentement par la discipline ; elle implique une abdication des faibles au profit des forts, des ignorants au profit des capables. La formule de Fourier est incontestablement supérieure, en ce sens qu'elle ne procède ni d'une autorité exorbitante, ni d'une liberté illimitée. Fourier propose d'associer les hommes en capital, travail et talent, en leur laissant, au milieu de passions ingénieusement combinées, une grande latitude d'action et une entière indépendance de mouvements.

Telles sont, dans un exposé nécessairement

incomplet, les idées des trois principaux réformateurs de notre époque. Le bruit qui s'est fait autour de leurs noms a été grand, et peut-être aurait-on dû se défier davantage de ces imaginations pleines d'originalité. Depuis dix années, le seul effet réel qu'elles aient produit, c'est d'éloigner les esprits de la poursuite d'améliorations beaucoup plus discrètes et de faire déserter les réformes praticables pour des réformes chimériques. On a ainsi quitté la proie pour courir après l'ombre.   L. REYBAUD.

SOCIÉTE. Dans son acception politique, ce mot est l'équivalent de NATION ; mais le sens qu'il exprime est plus restreint, car on n'entend par là que l'ensemble des citoyens dans leurs rapports avec eux-mêmes. Le mot Nation sert plus particulièrement à caractériser un peuple dans ses rapports avec les autres peuples.

Société s'applique également à une réunion plus ou moins nombreuse de personnes qui, légalement ou illégalement, s'occupent de politique. (V. SOCIÉTÉS SECRÈTES.)

SOCIÉTÉS SECRÈTES. L'histoire constate l'existence des sociétés secrètes dans les temps les plus reculés. Elles avaient alors un caractère purement religieux. On les désignait sous le nom générique de *mystères*. C'est en Egypte que les premiers mystères paraissent avoir été institués. Les prêtres en étaient les chefs et les directeurs, et l'initiation, à laquelle ils admettaient l'élite des citoyens, faisait de ceux-ci autant d'instruments de leurs vues politiques. Les mystères tendaient à fortifier et à étendre l'influence sacerdotale ; ils aidèrent puissamment, peut-être à l'insu des prêtres eux-mêmes, aux progrès de la civilisation. Le sanctuaire était ouvert aux étrangers de quelque mérite qui en sollicitaient l'accès ; et ceux-ci, de retour dans leur patrie, ne manquaient pas d'y fonder des institutions analogues, dont le résultat immédiat était la propagation des sciences et des arts utiles.

C'est ainsi que la Grèce et ses colonies se virent successivement en possession des mystères de Dodone, des Cabires, des Dactyles, des Curètes, des Corybantes, des Telchines ; de ceux de Cérès, de Dyonysius, de Bacchus-Sabasius ; des mystères Isiaques et de ceux de Cotytto ; que l'Italie eut les mystères de Saturne et de la Bonne déesse ; que les mystères d'Adonis s'établirent en Assyrie et en Phénicie ; ceux de Moïse, de Salomon, des Esséniens, dés Thérapeutes et des Chrétiens, en Judée ; ceux de Mithra, en Perse ; ceux des Plistes, en Scythie ; ceux des Druides gaulois et des Drottes scandinaves, dans l'Europe septentrionale. De la même source sortirent, à une époque plus récente, les mystères des Druzes, en Syrie ; ceux d'Abdallah, appelés aussi Sociétés de la sagesse, en Egypte et dans le reste de l'Orient ; ceux de Belly-Paaro, dans l'Afrique centrale ; et, en Europe, ceux de Dame Habonde, ou de Diane, et ceux de Pan, plus connus sous le nom de Sabbaths.

Pythagore, admis, dans le cours de ses voyages, à toutes les initiations existantes, et qui condamnait sans doute les vues exclusives et dominatrices des prêtres, se mit en opposition avec eux, et institua, à côté de leurs mystères, une initiation plus rationnelle, plus généreuse, plus populaire. Dans la suite, il devint la victime de cet essai d'affranchissement intellectuel et politique. D'autres écoles de philosophie, particulièrement celles des Stoïciens, des Épicuriens et des Néoplatoniciens, établirent pareillement, dans leur sein, des initiations qui avaient un but à peu près semblable à celui que Pythagore avait en vue, et qui se proposaient, de plus, de vulgariser le secret des mystères religieux.

De la fusion des doctrines sacerdotales et philosophiques naquirent, dans les premiers temps du christianisme, et se conservèrent jusqu'à une époque assez avancée, des sectes mystiques qui avaient également des assemblées secrètes et des initiations. Telles furent notamment ce qu'on a appelé les hérésies des Ophites, des Manichéens, des Basilidiens, des Gnostiques, et la secte juive des Cabalistes.

Ce n'est pas seulement de nos jours que les artisans se sont formés en corporations secrètes et mystérieuses, comme le sont les *Compagnons du devoir*. L'antiquité nous les montre organisés de la même manière. Les Dyonysiastes, qui, de l'Égypte, se répandirent dans tout l'Orient et dans une partie de l'Europe, s'occupaient spécialement de l'érection des théâtres, des temples, et des autres édifices du culte ; leur régime intérieur était en tout semblable à celui des Francs-maçons, qui leur doivent évidemment leur origine. Ce sont eux qui furent appelés de Tyr à Jérusalem pour y construire le temple de Salomon sur le modèle de celui qu'ils avaient élevé en Phénicie, à Hercule et à Astarté. C'est d'eux que dériva la société mystérieuse des Hasidéens, qui, après leur départ, fut chargée de la conservation des édifices religieux en Judée. Les tribus mécaniques des Grecs ; les collèges d'artisans romains (*collegia artificum*) ; les associations d'ouvriers voyageurs du moyen âge ; l'association des Frères Pontifes, qui, à la même époque, bâtirent tous les ponts du continent européen ; la Société architectonique de la cathédrale de Strasbourg, etc., etc., étaient constitués sur des bases semblables.

Les mystères de Mithra, dont le symbole était tout militaire, se conservèrent dans la Perse jusqu'aux temps qui suivirent l'établissement de l'Islamisme. Ils se propagèrent dans l'Orient et devinrent la source de l'association secrète des Sindik, ou membres des Sociétés de la sagesse. De cette association est sortie la secte religieuse et militaire des Assassins, qui suggéra l'idée de la chevalerie moderne et des ordres Teutonique, de Saint-Jean-de-Jérusalem, et enfin des Templiers, qui mêlèrent aux doctrines catholiques quelques-uns des emblèmes et des pratiques gnostiques.

Toutes ces associations dérivaient plus ou moins directement des mystères égyptiens. Leurs mythes variaient à l'infini dans la forme, mais quant au fond, ils présentaient constamment la même pensée. Dans toutes, le récipiendaire figurait, pendant le cours de sa réception, un personnage allégorique qui avait été mis à mort par un ennemi jaloux, ou qui avait disparu de la terre, tels qu'Osiris, Adonis, Bacchus, Atys, Hiram, Jésus, Ali, ou tout autre. Toutes avaient des réunions secrètes, tenues la nuit, auxquelles on ne pouvait être admis qu'après avoir prêté un serment de discrétion et à la faveur de cérémonies initiatoires, ni assister qu'en se faisant reconnaître des membres préposés à la garde des portes, à l'aide de signes, d'attouchements et de mots de passe.

Les Sociétés secrètes, purement politiques, datent seulement du moyen âge, ou du moins, s'il en exista antérieurement, l'histoire n'en a conservé aucune trace ; car, instituées pour l'accomplissement d'un objet permanent, on ne saurait les confondre avec les conjurations, dont le but était spécial et temporaire. La première Société politique dont il soit fait mention est celle des Francs-Juges, qui dériva directement de l'ordre des Assassins, ou le prit pour modèle, et s'organisa sur un plan analogue, mais dans un but louable, si ses procédés ne l'étaient pas : celui de la résistance à l'oppression. Cette association fut contemporaine de la Secrète-Compagnie, Société du même genre qui s'éteignit au xve siècle. Celle des Francs-Juges se perpétua en Allemagne avec son organisation primitive, jusqu'au milieu du dix-septième siècle, et n'arriva jusqu'au commencement de celui-ci que comme juridiction civile patente et autorisée par l'état. D'autres Sociétés secrètes politiques existaient dans le moyen âge ; de ce nombre étaient les frères Roschild, en Suède ; la Société de la Truelle, à Florence ; et, en France, une Société dont parle la chronique du moine Siffrid, les Siffleurs ; la compagnie de la Bonne-Volonté, etc. On trouve des traces de ces Sociétés jusque dans le cours du seizième siècle.

L'Allemagne vit surgir, vers 1780, les Illuminés de Bavière, établis par Weishaupt, professeur de l'université d'Ingolstadt. Ils avaient pour but de remplacer les vieilles institutions féodales par des institutions plus en harmonie avec l'état de la civilisation. Leur organisation fut copiée en partie par d'autres Sociétés secrètes qui se formèrent en 1809, dans les universités germaniques, et s'étendirent ensuite dans les rangs de la nation, à l'effet de délivrer l'Allemagne de la domination française, et d'établir, sur ses ruines, la liberté civile et politique. (V. ÉCOLES.)

Dans le même temps se fondait, dans l'armée française, la Société Secrète des Philadelphes, qui se proposait de renverser le despotisme impérial et de ramener le gouvernement de la France à la forme républicaine. Sous la Restauration, l'association des Carbonari, importée de l'Italie, qui, elle-même, l'avait imitée de la Société des Fendeurs, établie à Paris, dans le siècle passé, par le chevalier de Beauchaine, fit de rapides progrès en France. Elle avait pour objet la chute du gouvernement des Bourbons, mais elle ne reposait pas sur des principes politiques arrêtés ; ce qui la réduisait à l'état de simple conjuration.

Au retour de l'occupation militaire de France, des Sociétés Secrètes s'établirent dans les rangs de l'armée russe. Constamment découvertes, elles se reformaient chaque fois sous de nouveaux noms. Ainsi se succédèrent l'Union du salut, les Vrais et Fidèles enfants de la patrie, les Chevaliers russes, l'Union du bien public, les Slaves réunis, etc. Toutes ces agrégations se proposaient un but d'affranchissement politique.

La Pologne eut aussi, dès 1814, ses associations secrètes, qui tendaient à soustraire le pays au joug de la Russie. La première fut celle des Vrais Polonais, puis vinrent la Franc-maçonnerie nationale, les Faucheurs, et enfin la Société patriotique, qui donna le signal de l'insurrection du 28 novembre 1830.

La fermentation qui suivit la Révolution de Juillet amena en France l'établissement de la Société populaire des Amis du peuple. Plus tard, cette Société se fondit dans celle des Droits de l'homme et du citoyen. L'existence de celle-ci fut d'abord publique ; mais les poursuites dont elle devint l'objet ne tardèrent pas à la transformer en Société Secrète. Une partie de ses membres les plus ardents, qui ne pouvaient se plier à la marche progressive adoptée par le reste des associés, avait déjà entrepris cette métamorphose, en se constituant sous le titre de Société d'action. Les Chevaliers de la fidélité, association secrète, composée de légitimistes, tentèrent sans succès, vers cette époque, d'être admis à faire cause commune avec la Société républicaine.

Cependant celle-ci étendit ses ramifications dans les départements. A Lyon, il en sortit où il s'y réunit d'autres Sociétés Secrètes d'ouvriers, telles que les Mutuellistes, les Ferrandiniers, les Hommes libres, la Charbonnerie, etc. Toutes ces associations coopérèrent, à Paris, à Lyon, et dans d'autres villes, à l'insurrection du mois d'avril 1834.

De leurs débris, se formèrent, à Paris, la Société des Familles, et postérieurement celle des Saisons, qui prit part aux événements des 12 et 13 mai.

Enfin, dans ces derniers temps, l'invasion des idées saint-simoniennes et fouriéristes, entées sur le républicanisme, donna naissance à d'autres Sociétés Secrètes, qui ont pris le nom de Communistes, de Travailleurs égalitaires, etc.

Envisagées en elles-mêmes, les Sociétés secrètes qui se proposent un but politique sont subversives des vrais principes de la démocratie. Comme elles se forment par adjonctions successives et qu'elles n'admettent dans leurs rangs que des hommes de choix, elles constituent par cela même une sorte d'aristocratie. Elles tendent à imposer par surprise la volonté du petit nombre à la majorité, qui ne pense pas comme elles ; car autrement leur existence serait un véritable non-sens. Dès-lors elles sont dans la nécessité de substituer, pour réaliser leurs vues, l'action de la force brutale à celle des idées ; ce qui est le procédé habituel de toutes les tyrannies.

Dans la pratique, elles ne sont pas moins mauvaises. Elles soustraient leurs doctrines et leurs actes à la discussion publique ; et, avec les meilleures intentions, elles courent ainsi le risque de se tromper elles-mêmes, soit sur la légitimité et l'opportunité de leurs entreprises, soit sur la convenance, la justice ou l'efficacité des moyens qu'elles prétendent employer pour parvenir à leurs fins. Lorsque le moment d'agir est venu, leurs membres manquent de la spontanéité qui détermine librement, et par conséquent de l'enthousiasme qui échauffe, entraîne et fait triompher. En effet, ils n'ont pas été maîtres de choisir ce moment ; peut-être le trouvent-ils ou tardif, ou prématuré ; leur coopération en devient plus molle et plus hésitante ; et il se peut faire encore, que, ne connaissant pas leurs chefs, à raison de l'organisation inhérente aux Sociétés Secrètes ; ne pouvant dès-lors apprécier ni leur capacité ni leur moralité, la défiance vienne encore paralyser leur concours ou le leur faire formellement refuser. C'est ainsi que, le plus souvent, on voit avorter les tentatives des Sociétés Secrètes les mieux conçues et les plus capables de réussir.

Mais le danger le plus grand peut-être de ce genre d'agrégations, est d'obéir, sans s'en douter, à des suggestions de la police. Les agents sont si nombreux et ont tant de moyens de cacher leur qualité, qu'il est impossible qu'il ne s'en introduise point dans les Sociétés Secrètes ; il est impossible également que, parmi les hommes besogneux qui y sont admis, quelques-uns ne soient pas tentés de tirer un parti pécuniaire de la connaissance qu'ils ont des secrets de la Société ; dès ce moment, il n'y a plus de sécurité pour personne, et la liberté et la vie de tous peuvent être compromises par l'imprudence ou l'impatience d'un seul homme.

En résumé, les Sociétés Secrètes, tolérables jusqu'à un certain point dans les gouvernements despotiques, ne sauraient ni rationnellement ni utilement exister dans les pays où les lois permettent à toutes les idées de se faire jour, à tous les besoins de se faire entendre.

F.-T. B.-CLAVEL.

SOLDAT. (V. ARMÉE, CONSEILS DE GUERRE, RECRUE, RECRUTEMENT.)

SORT. Lorsqu'il s'agit d'une fonction ou d'un service auquel tout le monde est propre ou obligé, chacun à son tour, rien de mieux que de s'en rapporter au Sort pour désigner ceux qui doivent faire ce service ou remplir cette fonction. Ainsi, quand il faut faire une levée d'hommes pour la défense du pays, c'est le Sort qui doit les appeler sous les drapeaux, sauf à rectifier les erreurs qui résultent nécessairement de l'emploi de ce moyen. Les hommes incapables de servir ou ceux que la loi dispense du service militaire sont rayés de la liste des appelés et remplacés par ceux qui viennent à la suite, jusqu'à ce que le contingent se retrouve au complet. Les exceptions, qui ne sauraient être l'objet d'un doute, peuvent être prononcées aussi bien avant qu'après la formation de la liste par la voie du Sort. Par exemple, lorsqu'un jeune homme est le fils unique d'une veuve ou qu'il n'a pas la taille requise, son exemption ne peut-être l'objet d'aucune difficulté. Mais quand il y a lieu de décider s'il doit être exempt du service, à raison de ses infirmités ou de la faiblesse de sa constitution, on commet quelquefois de fâcheuses erreurs, si ce ne sont des injustices. L'opération serait un peu plus longue, mais il me semble qu'il serait préférable de désigner, avant le tirage, les jeunes gens incapables de servir; il y aurait moins d'abus à craindre.

Quant aux services ou fonctions qui exigent le concours des citoyens les plus probes ou les plus intelligents, le tirage au Sort ne doit avoir lieu qu'après un premier choix, qui, pour être bien fait, ne peut s'opérer que par voie d'élection. Les listes du jury ne devraient pas s'établir autrement. Si les jurés étaient pris indistinctement par le sort dans la population tout entière, la justice serait livrée au hasard à moins que, à l'exemple des Athéniens, on ne composât le tribunal d'un très-grand nombre de juges. Celui des Héliastes, leur principale juridiction, en avait quinze cents. Il est difficile qu'il y ait beaucoup d'ordre dans une aussi nombreuse réunion de magistrats.

Chez ces mêmes Athéniens, les membres du sénat étaient également désignés par le sort. C'était le Sort qui désignait encore les Archontes ou directeurs de la république et la plupart des autres magistrats. Quels qu'en fussent les inconvénients, cet ordre de choses devait développer au plus haut degré l'intelligence des citoyens. Il faut le reconnaître de bonne foi, le Sort ne donnait que trop souvent des magistrats incapables. Nous l'avons dit ailleurs : c'est ce qui perdit la république. On ne peut livrer au hasard la destinée des états. La souveraineté se perd dans un tel système; ce n'est plus le peuple qui règne et gouverne, mais des individus qui prennent le sceptre et le gouvernail chacun à son tour. C'est alors qu'apparaissent à la fois les démagogues et les tyrans. La souveraineté du peuple ne s'exerce réellement que par le concours simultané de tous les citoyens; l'élection et non le Sort est le seul moyen logique de ce concours. Le peuple tout entier continue de régner et de gouverner par les représentants qu'il a librement nommés, et, comme l'ont dit Aristote et Montesquieu, le peuple ne se trompe jamais dans le choix de ses magistrats.

A. BILLIARD.

SOMPTUAIRES (Lois.) Jean-Baptiste Say a dit : « On a quelquefois tenté de réprimer, par des lois somptuaires, une vanité insultante et des dépenses ruineuses. Ces lois ont rarement atteint le but qu'elles se proposaient. Quand les mœurs étaient dépravées ou savait les éluder; elles étaient inutiles dans le cas contraire. Les fautes des particuliers portent leur châtiment avec elles

et c'est folie que de vouloir opérer par les lois ce qu'on obtient infailliblement de la force des choses. » — Ces réflexions sont parfaitement sages. Ajoutons que les lois somptuaires ne sont pas seulement inutiles, qu'elles sont dangereuses en ce qu'elles gênent la production et qu'elles restreignent le travail. Or, c'est à l'accroissement de la production, à la répartition équitable des choses produites que doit tendre un bon gouvernement. Là est le problème, et il ne s'agit pas de s'enquérir si tel ou tel citoyen a mangé plus de trois plats à son dîner et s'il possède plus de trois chemises.   E. D.

SOUMISSION. (V. ADJUDICATION.)

SOUS-PRÉFECTURES, SOUS-PRÉFETS. Nous avons démontré aux mots CANTON et DÉPARTEMENT, combien était vicieuse la division actuelle de notre territoire. Chaque département ou préfecture est partagé en *arrondissements* ou *sous-préfectures*, qui, à raison de leur étendue, ne peuvent former les unités du système républicain. On se plaint de ce qu'il n'y a pas de véritable association politique parmi nous; comment pourrait-elle avoir lieu sans les réunions et divisions de population et de territoire qui en sont les conditions nécessaires?

Les sous-préfectures et les sous-préfets ne sont que des intermédiaires ou des instruments de transmission placés entre les préfectures ou les préfets et les communes. Aucune affaire n'y est décidée, aucune résolution n'y est prise. Les sous-préfets se bornent et doivent se borner à recueillir les renseignements qui peuvent éclairer les préfets. Si l'on donnait au pays une organisation plus rationnelle, les préfets ne seraient plus que des commissaires chargés de veiller à l'exécution des lois; ainsi que le ministère public, établi auprès des tribunaux, ils pourraient avoir besoin de substituts qui siégeraient comme eux au chef-lieu de département où ils travailleraient à l'instruction des affaires, toujours prêts à se rendre sur les points où les ordres du gouvernement ne seraient pas fidèlement exécutés.   A. B.

SOUVERAIN. Pouvoir qui ne relève que de lui-même et auquel tous les autres pouvoirs sont soumis. En ce sens il n'y a de vraiment Souverain que Dieu.

C'est ce que quelques personnes semblent avoir voulu dire quand elles ont parlé de la souveraineté de la justice et de la raison.

Mais en admettant leur théorie, reste encore à déterminer par qui la justice et la raison devront être manifestées au monde, et cela d'une manière incontestable et incontestée.

Le monde est divisé en un certain nombre de sociétés qu'on appelle Nations. Il faut qu'il y ait dans chacune d'elles une puissance qui représente aux yeux de tous les principes d'éternelle équité, et qui ait en même temps la force nécessaire pour obtenir obéissance absolue à ces principes. Faute d'un tel pouvoir, il n'y a qu'anarchie. Lorsque ce pouvoir existe au contraire, on peut lui donner à juste titre le nom de Souverain, du moins quant à la société qu'il régit.

Partant de ce principe, on doit reconnaître que pendant longtemps en France la royauté a été souveraine, puisque tout le monde avait foi dans ses décisions et s'inclinait devant elle. Les rois étaient regardés comme tenant leur pouvoir de Dieu seul, et ils étaient tellement Souverains, qu'il fut un temps où ils rendaient personnellement la justice.

Il en est encore de même en Russie, en Autriche, en Turquie, et sous l'empire de tous les gouvernements appelés despotiques.

Chez nous, au contraire, on pense aujourd'hui que l'expression de la justice absolue ne se trouve, d'une manière du moins très approchée, que dans les conceptions de l'intelligence générale et dans les actes de la volonté de tous. C'est ce qu'on a consacré en reconnaissant en principe la souveraineté du peuple.

Chez nous donc, le Souverain de droit, c'est la Nation. En fait, c'est la réunion de ce qu'on appelle les trois pouvoirs, à savoir : le Roi et les deux chambres. Nous n'avons pas ici à discuter la légitimité de ce fait, nous ne faisons que le constater, et nous allons tout à l'heure déduire les conséquences logiques qui en résultent.

Ces conséquences, c'est que la France, ainsi que tous les pays dits constitutionnels devraient être représentés au dehors par la puissance souveraine, c'est-à-dire par cette autorité complexe, qui est censée elle-même représenter la nation. Les traités de paix, les déclarations de guerre, devraient émaner du roi et des chambres, et ce serait par eux également que devraient être conférés les pouvoirs de tous les agents diplomatiques, à quelque ordre qu'ils appartiennent.

Napoléon, sous ce rapport, procédait d'une façon rigoureusement logique. Dans ses relations avec les puissances étrangères, il se présentait seul. Mais aussi il prétendait être seul Souverain, seul représentant de la France : les assemblées, quelles qu'elles fussent, n'étant pour lui que de simples conseils.

Mais nos gouvernements actuels, n'osant pas même affecter cette prétention, tombent dans l'erreur quand ils s'attribuent le droit de faire à eux seuls la paix et la guerre, et de conclure sans concours tous les actes résultant des rapports internationaux.

Et ce qui rend l'erreur et l'anomalie bien évidentes, c'est que malgré leurs prétentions il faut, pour qu'un traité ou une déclaration de guerre ait son effet, que les chambres accordent les subsides rendus nécessaires par ce traité ou cette déclaration. Aussi, il peut arriver que le roi commence les hostilités contre un état voisin, et que le pouvoir législatif refuse ensuite les crédits extraordinaires sans lesquels on ne peut soutenir la lutte. Tout le monde comprend de reste quels malheurs peut entraîner un conflit de pouvoir si funeste, et qui n'aurait pas lieu si les actes internationaux ne pouvaient émaner que du Souverain reconnu par la constitution, c'est-à-dire de la réunion des trois pouvoirs.

Mais en voilà assez sur une question qui tient seulement à un état transitoire, et qui perdra toute son importance du jour où le principe de la souveraineté populaire sera appliqué dans toute sa rigueur.

Quoi qu'il en soit de la constitution intérieure des différents états, républiques, monarchies ou gouvernements mixtes, c'est en leur qualité de Souverains, c'est-à-dire de personnes morales indépendantes, qu'ils se manifestent au dehors et entrent en relation avec les autres états. Tous ensemble ils forment une société d'êtres parfaitement égaux en droit, quoique très différents en puissance matérielle. Et c'est parce qu'ils sont tous égaux qu'ils peuvent traiter les uns avec les autres.

Des peuples révoltés ou des individus qui aspirent au pouvoir suprême font bien, il est vrai, la guerre, mais ces peuples ou ces individus ne sont regardés comme des personnes politiques que lorsque leur indépendance est reconnue par des traités. Alors seulement, ils entrent dans la société des états souverains et peuvent invoquer le code encore bien incertain, il est vrai, du droit des gens. Ils déclarent la guerre, contractent des alliances, nomment des ambassadeurs et des plénipotentiaires, deviennent, en un mot, des personnes morales indépendantes, dont l'existence est garantie jusqu'à un certain point par les engagements et les intérêts des autres états. C'est ainsi que nous avons vu, avec le secours de la France, les États-Unis passer de l'état de colonie à celui de puissance souveraineté.　　J. BASTIDE.

SOUVERAINETÉ. Tout ce livre n'est que l'exposition du principe de la Souveraineté et l'application de ce principe aux diverses questions politiques. Il ne nous reste plus maintenant qu'à présenter un résumé simple, clair, précis et complet des idées que l'école démocratique admet et proclame aujourd'hui sur la Souveraineté. Nous avions d'abord résolu de traiter ce grand sujet d'une manière spéciale, et de relever, en y répondant, tous les arguments des écoles adverses. Mais, outre que ce travail nous aurait nécessairement exposés à quelques répétitions, il nous a paru qu'il était absolument impossible de mieux définir la Souveraineté que ne l'a fait M. Lamennais dans l'Introduction qu'il a mise en tête de ses *Questions politiques et philosophiques*. Nous croyons donc devoir reproduire ici ce passage, renvoyant d'ailleurs le lecteur au mot POUVOIR, qui est le complément logique du mot SOUVERAINETÉ, ainsi qu'aux mots AUTORITÉ, LÉGITIMITÉ, PEUPLE, etc.

—La Souveraineté, dit M. Lamennais, n'est aucunement le droit de commander, mais la pleine liberté, l'indépendance complète, et, en Dieu même, elle n'est que cela. Il est souverain parce qu'il ne dépend que de lui-même ; et comme il dépendrait de quelque chose à quelque degré, s'il ne possédait sur toutes choses un pouvoir infini, le pouvoir en lui se confond avec la Souveraineté d'où il découle.

Source éternelle du droit, et dès lors souverainement libre de vouloir, chacune de ses volontés est en même temps souverainement efficace.

Dans le sens absolu, Dieu seul donc est souverain, puisqu'il est seul indépendant. Nulle créature qui ne dépende de lui; et par conséquent nulle créature qui puisse, à son égard, être dite souveraine. Pour tout être fini, il n'existe qu'une Souveraineté relative, et c'est pourquoi il est nécessaire de définir celle qu'on suppose lui appartenir. Ainsi, en ce qui touche l'homme, nul n'est souverain en ce sens que sa raison et sa volonté soient de droit pleinement indépendantes; car, de même que son être dépend de Dieu, sa raison et sa volonté dépendent des lois du vrai et du bien, qui ont leur origine en Dieu : mais il est souverain en ce sens que, ni sa raison, ni sa volonté, ni par conséquent ses actes, ne dépendent de droit d'aucun homme; que, la loi antérieure et supérieure de justice demeurant sa règle, il est primitivement et complétement libre à l'égard des êtres semblables à lui, et ne doit obéissance à aucun d'eux. Les droits de chaque être, en effet, dérivant de sa nature, partout où la nature est la même, les droits sont égaux. Or, dire que tous les hommes possédant tous la même nature possèdent tous les mêmes droits essentiels et primitifs, c'est dire qu'ils sont tous naturellement indépendants les uns des autres; c'est affirmer, dans les limites fixées précédemment, leur Souveraineté native et impérissable, Souveraineté individuelle, qui devient collective par l'établissement de la cité ou du corps politique.

Or, la liberté existant entière au moment où se se forme le corps politique, son institution ne peut être qu'un acte libre de la part de ceux qui y concourent : et comme elle ne saurait avoir d'autre objet légitime en droit que la conservation du droit même, loin de préjudicier à la liberté qui renferme tous les vrais droits de l'homme, elle en doit être une garantie. Une cité ou une société politique et civile conforme au droit n'est donc qu'une libre association d'hommes se garantissant mutuellement, sous l'empire de la loi de justice reconnue, la pleine jouissance de leur liberté, modifiée seulement dans son usage par des règles acceptées volontairement; règles nécessaires pour que le but de l'association soit atteint. L'unité collective une fois constituée, comme auparavant chacun de ceux qui en font partie, individuellement indépendant ou souverain, avait son pouvoir qui n'était que sa force individuelle, à l'aide de laquelle il défendait son indépendance attaquée et réalisait ses volontés libres; ainsi, la cité a son pouvoir ou sa force collective à l'aide de laquelle elle défend son indépendance attaquée et réalise ses volontés libres. Mais, afin d'obtenir le résultat attendu d'elle, cette force doit être organisée, et par conséquent s'ordonner autour d'un centre : d'où la nécessité d'en confier à un ou plusieurs la direction. Tel est le pouvoir politique, qui n'est, comme on le voit, qu'une simple fonction, essentiellement déléguée, essentiellement révocable. Il ne fait pas la loi, il en

procure l'exécution. La loi est, en tout ce qui ressort de la liberté humaine, la volonté de l'individu collectif appelé Société, Nation, Peuple.

Il est aisé de comprendre maintenant en quoi le pouvoir diffère de la Souveraineté, et comment la Souveraineté, qui n'est que l'indépendance mutuelle des hommes, à raison de leur égalité essentielle et native, peut appartenir et appartient réellement à chacun d'eux : et c'est ce qui se déduit encore du sentiment commun des catholiques sur l'origine du pouvoir, dès qu'on a éclairci les idées en définissant les termes. Le pouvoir, selon cette théorie, réside primitivement dans la communauté : la communauté qui crée un pouvoir distinct d'elle, en communiquant celui qu'elle tient immédiatement de Dieu, est donc primitivement indépendante; et comme son pouvoir ne se perd point par la délégation qu'elle en a faite, elle demeure, après cette délégation, radicalement indépendante. Si donc, ainsi que nous l'avons montré, la Souveraineté n'est que l'indépendance, la communauté, radicalement indépendante, est radicalement souveraine. D'une part, l'indépendance étant un droit inhérent à la nature de l'homme, il ne pourrait y renoncer, s'en dépouiller, quand il le voudrait; en obéissant de fait, il resterait libre de droit. De plus, il est visible qu'on ne peut déléguer son indépendance; on ne peut donc déléguer la Souveraineté : le pouvoir qu'on avoue être délégué n'est donc pas la Souveraineté; dès lors qu'est-il, que peut-il être qu'une fonction jugée indispensable par la communauté souveraine à sa conservation ou à la conservation de son droit, lequel se résout dans sa liberté? Et c'est, en effet, une maxime universellement reçue, que le peuple n'existe pas pour le pouvoir, mais le pouvoir pour le peuple. .

F. Lamennais.

SOUVERAINETÉ DU PEUPLE. Pour l'école démocratique, ces mots n'ont de valeur que comme déclaration de principes. A ceux qui parlent de la Souveraineté personnelle inhérente à la personne du monarque, de la Souveraineté de la raison, et de cette sorte de Souveraineté vagabonde qui, suivant quelques-uns, plane sur la société, couronnant tantôt celui-ci et tantôt celui-là, l'école démocratique répond : — La Souveraineté ne plane pas sur la société, elle n'est pas le lot d'un individu ou d'une race, elle réside au sein de la société, elle est identique à la société; c'est l'attribut, la propriété du peuple; hors du peuple, il n'y a point de souverain, et le seul principe logiquement admissible, c'est la Souveraineté du peuple. —Mais, nous le répétons; en dehors de cette application polémique, les mots *Souveraineté du peuple* sont un véritable pléonasme: comme la Souveraineté n'est et ne peut être que dans le peuple, c'est une redondance que de dire la *Souveraineté du peuple.*

Reste maintenant une question, celle de savoir quels sont les effets logiques de cette Souveraineté, et comment elle doit être mise à exécution; question immense et d'un intérêt pressant qui se trouve traitée au mot SUFFRAGE UNIVERSEL.

E. D.

STATHOUDER , STATHOUDÉRAT. Le Stathouder était le premier magistrat des Provinces-Unies ; l'agent exécutif des États-généraux.

L'histoire du Stathoudérat est sans contredit l'une des plus frappantes preuves qui se rencontre dans l'histoire, des inconvénients du fédéralisme. On sait ce qu'étaient jadis les Pays-Bas. Ce n'était point à proprement parler une république, mais une agglomération de républiques qui, toutes, avaient des institutions particulières, de différentes habitudes et une personnalité qu'elles ne voulaient point abdiquer.

Vint un moment solennel et décisif où toutes ces divergences durent céder devant un intérêt commun plus puissant. L'heure de l'indépendance avait sonné ; les provinces secouaient le joug de l'Espagne ; il fallait conquérir la liberté par les armes. Mais la résistance, pour être efficace, devait être *une*; à une agression formidable, il fallait opposer le concours énergique de toutes les forces individuelles. Les provinces résolurent alors, tout en conservant chacune son gouvernement et sa portion de souveraineté, de déléguer à un seul individu tous les pouvoirs nécessaires à l'exécution de leurs communes volontés. Ce magistrat reçut le nom de Stathouder. —Le premier Stathouder fut Guillaume de Nassau, prince d'Orange, connu dans l'histoire sous le nom de Guillaume le Taciturne. —A partir de ce moment, commence cette longue lutte que nous avons signalée à l'article PAYS-BAS, et qui, après de sanglantes et douloureuses péripéties, devait aboutir à la ruine de la République, à l'asservissement et à la décadence du peuple hollandais. Il est bien constaté aujourd'hui que Guillaume obéissait au moins autant aux conseils de l'ambition qu'à ceux d'un patriotisme sincère. S'il joua sa tête pour émanciper une nation, c'est qu'au bout de ses efforts il le voyait un trône. Plus hardi ou mieux favorisé par les circonstances, son fils Maurice tendit plus ouvertement à ce but. Il avait très bien compris que l'ensemble des pouvoirs accumulés sur sa tête était si considérable qu'il ne lui manquait que le titre de roi pour l'être véritablement. Il voyait très bien en outre que les imperfections, les contradictions de l'acte fondamental, par lequel les provinces s'étaient fédérées, livraient à un ambitieux habile de nombreuses et infaillibles issues vers le despotisme. Le caractère national corrigeait seul l'infirmité des lois. Vain obstacle ! Maurice s'attacha à dénaturer ce caractère, et il y réussit à ce point qu'un moment il se crut certain de déterminer la Hollande à changer en sceptre son bâton de Stathouder. Heureusement, le parti républicain avait pour chef un homme clairvoyant et ferme, le grand pensionnaire Barneveld. Barneveld fit avorter les ambitieux desseins de Maurice ; mais il paya de sa vie son patriotisme. Quelques années plus tard, sous prétexte qu'il était Gomariste, Maurice eut le crédit de l'envoyer à l'échafaud.

Aboli par l'influence de Jean de Witt, le Stathoudérat disparut pour quelques années. Jamais la République ne brilla d'un plus vif éclat. C'est l'époque ou Ruyter et Tromp brûlaient des vaisseaux anglais jusques dans les ports d'Angleterre et portaient l'épouvante jusques au cœur de Londres.

Malheureusement, l'agression imprudente et impolitique de Louis XIV vint détruire l'œuvre de Jean de Witt et relever le parti du Stathoudérat. Au milieu de cet extrême péril, les États-généraux rétablirent cette dangereuse magistrature au profit de Guillaume III. Guillaume étendit considérablement les prérogatives de sa charge. Il ne parvint pourtant pas à la rendre héréditaire. Cette fortune était réservée à Guillaume IV. En 1740, le Stathoudérat fut rétabli en faveur de ce prince, et il le fut avec toutes les prérogatives que le dernier Stathouder s'était arrogées. « On alla même plus loin, dit un historien, et ce qu'on avait simplement proposé pour Guillaume III fut formellement décrété en faveur de Guillaume IV. La dignité de Stathouder fut déclarée héréditaire dans sa famille. Cette loi complétait le système d'envahissement et sa portion de l'histoire même du Stathoudérat ; il n'y avait plus qu'un titre à changer » Ceci se passait en 1747. Quarante ans plus tard, Guillaume V mit la dernière main à cette œuvre laborieuse en brisant par la force des armes le pouvoir des États-généraux.

Maintenant, si l'on examine avec quelque soin le développement de cette usurpation continue, on voit clairement que le premier et le plus efficace moyen des progrès et de l'usurpation de la maison de Nassau a été la corruption électorale. Les régences élisaient les députés aux États-généraux. En influençant ces choix, les Stathouders parvinrent à mettre le pouvoir législatif aux mains de leurs créatures et à fonder ainsi leur despotisme. Nous avons vu ailleurs de pareils exemples. Les mêmes causes produisent les mêmes effets, dit-on. Cet axiome est trivial : mais pourquoi l'imbécillité des peuples et la malice des princes provoquent-elles éternellement les mêmes malheurs, les mêmes crimes !

E. D.

STATISTIQUE. C'est une science qui a pour but la recherche et la comparaison des faits généraux et particuliers qui se produisent chaque jour dans la marche des sociétés. La Statistique, si elle pouvait être exacte, serait la base essentielle de l'administration, de la politique, de l'économie politique. Malheureusement, cette science est, et sera toujours probablement fort imparfaite. D'abord, elle trouve dans l'apathie, l'inintelligence ou le mauvais vouloir des collecteurs de faits, des obstacles à peu près insurmontables. Et puis, comme l'esprit le plus étendu ne saisit jamais qu'un petit nombre de rapports, les résultats en apparence les plus positifs ne sont souvent que de vaines hypothèses.

STATU QUO. En politique, le *Statu quo* c'est l'immobilité. A diverses époques, les gouvernements ont voulu ériger l'immobilité en système. Au bout d'un temps plus ou moins long sont survenues des révolutions violentes ou des invasions. Le progrès est la loi des sociétés; celles qui ne marchent pas meurent ou sont absorbées. (V. MOUVEMENT, RÉSISTANCE, RÉTROGRADE).)

STATUTS. C'est le nom que portent chez nos voisins d'outre-mer les lois faites par les trois grands pouvoirs de l'État. Les Statuts, d'après les légistes, doivent se diviser en six principales catégories, en actes *généraux* ou *spéciaux*, en actes *publics* ou *particuliers*, et en actes *interprétatifs* ou *modificatifs*. Le nombre en est prodigieux, l'esprit souvent mauvais, le style vicieux et le sens rarement clair; une grande partie de ces prescriptions législatives ayant été inspirée par les passions politiques et religieuses, et les anglais ayant toujours ignoré l'art si difficile de formuler des lois dans un langage concis, intelligible et simple.

On se sert, en Angleterre, de différentes formules pour préciser l'origine, la date et le caractère des *statutes*. Tantôt, ils prennent le nom des localités où les parlements les ont adoptés; tantôt ils empruntent leur dénomination des personnes ou des matières auxquels ils se rapportent; tantôt ils portent le nom des princes qui leur ont donné la sanction royale. Ce dernier mode a commencé à prévaloir, à l'exclusion des autres, depuis le règne d'Édouard II.   A. GUILBERT.

STRATOCRATIE. Gouvernement militaire. Ce mot vient du grec, et se compose de deux mots qui signifient armée et puissance.

SUBLIME PORTE. C'était un palais dans lequel se réunissaient les membres du gouvernement de Constantinople pour délibérer sur les affaires d'état. Ce palais, qui était situé dans le voisinage de la résidence impériale, a été détruit par un incendie en 1839. C'était devant sa porte principale qu'on exposait les têtes des criminels condamnés au dernier supplice.

L'usage de ces réunions politiques dans ce lieu consacré a fait donner au gouvernement turc lui-même le nom de *Sublime-Porte*. On dit aussi la *Porte-Ottomane* pour désigner la Turquie en tant que puissance politique.

SUBORDINATION. (V. DISCIPLINE.)

SUBSIDES. Ce mot n'a plus aujourd'hui la même signification qu'autrefois. C'était jadis un terme de finance qui s'employait indifféremment avec taxes, impôts, etc. On disait : le peuple est accablé d'impôts; le prince a réclamé du peuple d'énormes Subsides, etc., etc. Aujourd'hui c'est plutôt un terme du droit des gens. On entend par là les secours d'argent qu'un État donne à un autre État.

Lorsque l'État auquel un Subside est accordé se trouve engagé dans une guerre avec un autre État, celui qui accorde le Subside devient *ipso*

facto, l'ennemi de celui contre qui le Subside doit être employé. Lorsque l'Angleterre soudoyait les coalitions de l'Europe contre la France, elle faisait aussi bien acte d'hostilité contre nous que lorsque ses vaisseaux attaquaient les nôtres; et même ses écus nous ont été plus funestes que ses canons.   E. D.

SUBSISTANCES. Pris dans sa généralité, ce mot comprend tout ce qui est nécessaire à la nourriture et à l'entretien de l'homme. Ainsi, les vivres, les habitations, les vêtements, composent l'ensemble des subsistances d'une nation. Dans un sens plus restreint, on entend par Subsistances, la nourriture proprement dite d'un peuple.

Le degré de civilisation, le climat et bien d'autres causes influent sur l'alimentation publique. La stérilité du sol, comme dans la Nouvelle-Hollande, la douceur de la température, comme dans les Indes, réduisent, en certains cas, la consommation à un très-petit nombre de denrées alimentaires, et à une minime quantité par chaque individu. Quoiqu'il soit vrai que la nature réclame sous les tropiques, par exemple, fort peu de nourriture pour soutenir les forces humaines, il n'en faut pas conclure qu'il soit inutile de multiplier le nombre des substances alimentaires, et d'augmenter la somme de leur production. Voyez, en effet, ce qui se passe en Norwège, où les habitants des côtes vivent presque exclusivement de poisson. Si le poisson s'éloigne, ce qui arrive quelquefois pendant plusieurs années, une disette affreuse décime la population. Dans l'Indoustan, en Chine, le peuple vit avec une extrême frugalité et ne consomme, pour ainsi dire, que du riz. Vienne une diminution dans cette récolte, quelque légère qu'elle soit, elle entraîne après elle la mort d'une multitude de malheureux. Le fléau des disettes est aujourd'hui moins redoutable dans l'Occident, parce que, indépendamment de toute autre cause, l'alimentation des classes pauvres, se composant d'un grand nombre de denrées prises en assez forte quantité, la privation d'une seule ne compromet pas absolument leur existence.

Le premier devoir d'un gouvernement est d'assurer la Subsistance du peuple. Le besoin de se nourrir est de tous les besoins le plus impérieux, et se renouvelle le plus fréquemment. La disette des denrées alimentaires amène la privation des autres choses nécessaires à la conservation de la vie; le pauvre ne songe ni à se vêtir, ni à se loger avant de s'être procuré la nourriture de la journée. Tout est donc subordonné à cette condition, dans l'État ; l'aisance, la tranquillité de ses membres, le développement de la richesse générale, l'accroissement de la population, dépendent de la facilité que chacun trouve à satisfaire sa faim.

En Europe et en France, notamment, la culture du sol n'est pas arrivée à un degré de supériorité tel qu'il ne puisse être dépassé. Il s'en faut de beaucoup encore que la terre donne tous les produits qu'elle est en état de fournir. Le perfectionnement des procédés agricoles, la facilité des communications, une distribution plus intelligente des capitaux trop exclusivement consacrés à l'industrie ; de meilleurs réglements intérieurs amèneraient un accroissement immense dans la somme des Subsistances. Nous n'avons donc pas à nous préoccuper, ainsi que l'ont fait plusieurs économistes, du danger de laisser la population se multiplier trop rapidement : nul ne sait quelle est la limite des ressources dont le globe dispose pour assurer la nourriture de ses habitants. C'est à la Providence seule qu'il appartient de fixer le nombre d'individus que la terre peut faire vivre. Rechercher les moyens d'augmenter et d'améliorer leur alimentation, voilà à quoi doivent aviser les hommes, sans s'inquiéter de leur nombre. Le célibat n'est pas, Dieu merci, la grande loi qui régit les sociétés ; il est bien plutôt la négation du progrès. Faire progresser parallèlement les Subsistances et la population, tel est le problème, et nous ne le croyons pas insoluble. A mesure, en effet, que la civilisation se développe, les difficultés que cette solution présente s'amoindrissent ; ainsi, il est constant que les disettes sont plus rares et moins meurtrières aujourd'hui que par le passé et, chaque jour, nous faisons de nouvelles conquêtes qui nous rassurent pour l'avenir. Comparez, si vous le voulez, l'orient à l'occident, et vous verrez que dans l'Asie, berceau de l'humanité, la nourriture seule, et en très-petite quantité, était indispensable. La civilisation passe vers le nord ; les besoins augmentent et avec eux les moyens de les satisfaire ; il faut à l'homme, non pas seulement une plus forte nourriture, mais encore des habits, du combustible, des habitations. L'intelligence, excitée par la nécessité, s'élève au niveau de sa tâche. Les troupeaux se multiplient, l'industrie produit des merveilles; si les forêts s'épuisent, on va chercher la houille dans les entrailles de la terre ; le fer devient la base solide de nos demeures. Reconnaissez donc avec nous que vos plaintes sont vaines : les sources de la subsistance de l'homme sont inépuisables ; le travail du corps et celui de l'esprit en découvrent tous les jours de nouvelles.

Ce n'est pas à dire pour cela qu'il n'y ait pas lieu de réformer les désordres accidentels ou permanents qu'enfante la constitution des sociétés actuelles. Certes, en France, le peuple n'est pas suffisamment nourri. Non seulement un homme ne devrait jamais mourir de faim, car c'est là un crime horrible dont une nation civilisée ne peut se rendre coupable sans se déshonorer ; mais il serait juste et utile qu'il lui fût possible de se procurer largement les choses nécessaires à l'existence. Sur cent familles, en Europe, quatre-vingt-trois vivent au jour le jour, et les dix-sept autres jouissent de toutes les douceurs de la fortune. Ceci vient d'une mauvaise distribution des richesses et surtout de la déplorable désorganisation des forces productives. Mal appliqué, mal rétribué, le travail intellectuel et matériel ne fournissent pas à l'état social proportionnellement à ses besoins et à ses propres efforts. C'est cet équilibre qu'il est précisément important d'établir.

Pour y parvenir, le gouvernement doit encourager tout ce qui tend à augmenter le nombre des denrées alimentaires, à perfectionner leur qualité, à maintenir leur valeur à un prix assez élevé pour qu'il y ait profit à produire, assez bas pour qu'il y ait possibilité de consommer. Mieux nourri, l'ouvrier travaille davantage et mieux ; car tout se tient dans le cercle du mécanisme social ; un progrès en amène nécessairement un autre, et plus simple amélioration détermine, dans des proportions incalculables, l'accroissement de la richesse générale.

En partant de ce principe, on peut entrevoir les merveilleux résultats qu'entraînerait l'adoption des mesures favorables au développement de la production et de la consommation des denrées alimentaires. Pour ne citer qu'un exemple, la suppression des droits d'octroi ou tout au moins une meilleure assiette de cet impôt serait du plus heureux effet sur la condition des travailleurs des villes et des campagnes. Aujourd'hui, l'ouvrier des fabriques se plaint, le paysan souffre ; ce n'est pas là une situation normale et qui puisse durer. Le gouvernement fera bien, s'il veut éviter quelque affreuse catastrophe, de se hâter d'y porter remède. Mais, avant toute réforme, il doit s'occuper d'assurer au peuple une nourriture saine, abondante et peu coûteuse. La question des Subsistances est la clé de voûte de l'édifice social.

LÉOPOLD DURAS.

SUB SPE RATI. Mots latins qui signifient, *sous l'espoir d'approbation.* Lorsqu'un agent diplomatique reçoit des propositions qu'il croit utile d'accueillir, mais touchant lesquelles ses instructions sont différentes, il les accepte provisoirement et sous la condition d'en pouvoir référer à son gouvernement, dont il compte obtenir la ratification. C'est ce qu'on appelle accepter *sub spe rati.*

SUBSTITUTIONS. « Dans les états aristocratiques, les lois doivent ôter le droit d'aînesse entre les nobles, afin que, par le partage continuel des successions, les fortunes se remettent toujours dans l'égalité. Il ne faut point de Substitutions, de retraits lignagers, de majorats, d'adoptions. Tous les moyens inventés pour perpétuer la grandeur des familles, dans les états monarchiques, ne sauraient être d'usage dans l'aristocratie.

» Dans les états monarchiques, au contraire, l'honneur étant le principe des gouvernements, les lois doivent s'y rapporter. Il faut qu'elles y travaillent à soutenir cette noblesse, dont l'honneur est, pour ainsi dire, l'enfant et le père. Les Substitutions, qui conservent les biens dans les familles, seront donc très utiles dans ce gouvernement, quoiqu'elles ne conviennent pas dans les autres. »

Tels sont les principes que pose Montesquieu (1); mais il classe les Substitutions parmi les prérogatives qui doivent être particulières aux nobles et ne point passer au Peuple. Les Substitutions

(1) Esprit des lois, liv. V, chap. 8 et 9.

entravent le commerce; c'est là un des inconvénients particuliers de la noblesse qui disparaissent devant l'utilité générale qu'elle procure; mais quand on les communique au peuple, on choque inutilement tous les principes, on diminue la force de la noblesse et celle du peuple.

Cette doctrine de Montesquieu n'est pas contredite par l'admission des Substitutions dans le droit civil des Romains, qui les fondaient sur un tout autre motif. Chez eux, l'hérédité était jointe à de certains sacrifices qui devaient être faits par l'héritier, et qui étaient réglés par le droit des pontifes; cela fit qu'ils tinrent à déshonneur de mourir sans héritier, qu'ils prirent pour héritiers leurs esclaves, et qu'ils inventèrent les Substitutions.

La Substitution Vulgaire (1), qui fut la première inventée, et qui n'avait lieu que dans les cas où l'héritier institué n'acceptait pas l'hérédité, en est une grande preuve : elle n'avait point pour objet de perpétuer l'héritage dans une famille du même nom, mais de trouver quelqu'un qui acceptât l'héritage.

Les Substitutions étaient passées du droit civil des Romains dans le droit français ancien; et nous venons de voir avec Montesquieu comment elles étaient appropriées à l'état monarchique et féodal.

Elles ne résistèrent pas aux mesures révolutionnaires qui détruisirent la noblesse et les institutions conservatrices de cet ordre privilégié. Elles furent de nouveau prohibées par le Code civil (3 septembre 1807), sauf quelques exceptions, parmi lesquelles étaient les Majorats, détruits depuis par une loi du 10 mai 1835 (V. Majorat).

La loi du 17 mai 1826 a, en outre, porté atteinte au principe de prohibition consacré par l'art. 896 du code civil, en autorisant *toute personne* à substituer, qu'elle ait ou non des enfants; elle permet de grever (2) *toute personne* de la charge de rendre au profit d'*un* ou de plusieurs de *ses* enfants, jusqu'au deuxième degré inclusivement. La prohibition de substituer ne se trouve dès-lors maintenue qu'en ce qu'il n'est pas permis de grever le donataire de la charge de renvoi à un *étranger*. Ce n'est qu'au profit des enfants des donataires que la Substitution peut avoir lieu.

Si l'on se reporte à notre article Aînesse (Droit d'), on verra que la disposition érigée en loi, le 17 mai 1826, n'était qu'un détail du premier projet du rétablissement du droit d'aînesse. La disposition principale était la reconstitution obligée de ce droit par les propriétaires payant 300 francs d'impôt. La disposition sur les Substitutions était la reconstitution facultative pour les propriétaires de toute fortune; car il suffirait que l'usage de la

(1) Il y avait dans le droit romain deux sortes de Substitutions : La vulgaire et la pupillaire. La Substitution vulgaire était : *Si un tel ne prend pas l'hérédité, je lui substitue*, etc. La pupillaire était : *Si un tel meurt avant sa puberté, je lui substitue*, etc. Il fallait être pubère pour accepter l'hérédité.

(2) On appelle *grevé* le donataire ou légataire auquel est imposée la charge de conserver et de rendre. Celui auquel il doit rendre est désigné sous le nom de *appelé*.

Substitution à deux degrés se perpétuât dans une famille pour que le droit d'aînesse fût en fait rétabli.

Cette loi sur les Substitutions est un témoignage de l'esprit qui animait les législateurs de cette époque de pleine restauration. Ils voulaient reconstruire la monarchie pure au mépris des principes constitutionnels; et ils procédaient en appliquant les doctrines enseignées par Montesquieu sur la monarchie. Mais la pratique a montré combien ces législateurs, élus sous l'influence des idées nobiliaires, étaient loin de l'esprit général de leur siècle. La loi de 1826 est presque demeurée une lettre morte. Le sentiment d'égalité a pénétré même les familles qui croient encore recevoir quelque lustre de l'ancienneté de leur origine. Et on voit très rarement un père, si ferme qu'il soit dans sa foi à la noblesse du sang, déshériter quelques uns de ses descendants au profit du premier né de sa race. On peut donc prévoir, sans se croire bien révolutionnaire, l'époque assez prochaine où une disposition qui tombe de plus en plus en désuétude sera formellement effacée de la loi.   Henri Celliez.

SUBVENTION. Secours d'argent. Dans le langage administratif, on entend par là les secours que l'État accorde soit aux communes, soit à des compagnies formées pour l'entreprise des grands travaux publics. Les Subventions accordées aux communes sont un des bons résultats de la centralisation. Dans un système de morcellement, chaque portion du territoire, si elle dispose de toutes ses ressources, est, par compensation, obligée de suffire à tous ses besoins avec ses propres forces. Dans un système d'association, c'est-à-dire d'unité, au contraire, les ressources nationales sont réunies dans un centre commun, et réparties suivant les besoins généraux. Les plus riches viennent ainsi au secours des plus pauvres. Ceci, bien entendu, lorsque le gouvernement central est bon; car s'il est mauvais, ce sont les faibles, au contraire, qui servent à augmenter la puissance des forts, les pauvres, qui servent à augmenter les richesses des riches.

Quant aux Subventions accordées aux compagnies formées pour l'exécution des grands travaux publics, ce mode a été et est encore aujourd'hui très vivement controversé : nous en traiterons au mot Travaux-Publics.

Dans le langage habituel de la polémique, le mot Subvention a encore une autre acception : on entend par là les allocations pécuniaires que les gouvernements accordent aux journaux ou aux écrivains qui se vouent à la défense de leurs intérêts. Nous avons déjà flétri cette coutume dans l'article Fonds secrets.   E. D.

SUBVERSION. Littéralement : action de mettre dessous ce qui était dessus et réciproquement. C'est le fait matériel d'une révolution. Jusqu'ici, en effet, les révolutions n'ont été trop souvent qu'un changement de position dans l'état social des personnes. Aujourd'hui, heureusement, on commence à comprendre qu'il n'en doit pas être ainsi, que toute révolution ayant pour but le développement de l'égalité, ce but serait manqué, si, en même temps qu'on relève les uns on précipitait les autres. C'est par les crêtes qu'il faut niveler les sociétés, non par ses bas-fonds : il faut enrichir les pauvres et non appauvrir les riches ; aussi, les révolutions ne doivent-elles plus être des Subversions, mais des accessions. Quand ceci sera bien compris, les progrès de la démocratie seront rendus plus faciles ; car ils ne trouveront plus dans la craintive résistance des intérêts constitués d'aussi énergiques empêchements.　E. D.

SUCCESSION. « La loi naturelle ordonne aux
» pères de nourrir leurs enfans, mais elle n'oblige
» pas de les faire héritiers. Le partage des biens,
» les lois sur ce partage, les successions après la
» mort de celui qui a eu ce partage, tout cela ne
» peut avoir été réglé que par la société, et par
» conséquent par les lois politiques ou civiles. Il
» est vrai que l'ordre politique ou civil demande
» souvent que les enfants succèdent aux pères ;
» mais il ne l'exige pas toujours. »

« La loi qui règle les Successions des particu-
» liers est une loi civile qui a pour objet l'inté-
» rêt des particuliers ; celle qui règle la Succession
» à la monarchie est une loi politique qui a pour
» objet le bien et la conservation de l'État. »

Les citations de l'illustre auteur dont les doctrines et les théories sont aujourd'hui pratiquées dans les États de gouvernement représentatif nous dispensent d'expliquer pourquoi, dans ce Dictionnaire *politique*, nous ne traitons pas avec développement la matière des Successions entre particuliers. Il suffit de ce qui en a été dit au mot PROPRIÉTÉ. C'est d'ailleurs, on le voit, un objet de droit civil, ou comme on dit aujourd'hui en changeant les mots, mais non les choses, une question Sociale. La loi qui a réglé le nouvel ordre des Successions, en 1789, est un des plus importants changements opérés par la Révolution dans l'ordre social. Tant que cet ordre social sera jugé bon, l'ordre politique correspondant, qui a toujours pour objet de maintenir l'ordre social, sera aussi conservé. Un changement essentiel dans les droits sur les Successions civiles entraînerait nécessairement un changement essentiel dans l'ordre politique. Nous en avons dit quelques mots dans l'article DROIT D'AINESSE.

Quant à la Succession dans l'ordre politique, voyez MONARCHIE et PRIMOGÉNITURE.　H. C.

SUFFRAGE UNIVERSEL. Le gouvernement des sociétés n'a jamais été fondé que sur deux dogmes suprêmes : la volonté d'un seul, ou la volonté de tous. L'un engendre le despotisme, l'autre consacre la démocratie ; l'un repose sur une usurpation que le temps affaiblit peu à peu, jusqu'à ce qu'il la ruine ; l'autre repose sur un principe d'égalité et de liberté que le temps affermit et développe à mesure que les peuples eux-mêmes s'éclairent et se fortifient. Nous n'avons pas à montrer ici par quelles transforma-

tions forcées l'absolutisme se mitige lui-même et se remplace peu à peu par l'aristocratie ; nous n'avons pas à montrer non plus par quel esprit d'accaparement le pouvoir de tous est usurpé par un petit nombre, qui forme alors une oligarchie. Malgré ces déviations dans les faits, nous retrouvons toujours au sommet de toutes les institutions politiques la règle souveraine de laquelle la loi tire son autorité : elle est pour les gouvernements absolus la volonté du maître ; pour les gouvernements libres, la volonté des citoyens.

Or, quand tout dérive du maître, il n'y a de droits que ceux qu'il accorde, de facultés que celles qu'il reconnaît : toute discussion sur les votes électoraux ou toute autre fonction publique serait parfaitement inutile en présence du despote absolu, qui n'a qu'à répondre : *Je ne veux pas* (1).

Mais si tout, au contraire, dérive de la souveraineté d'une nation, si elle seule devient la base de l'organisation politique, la source du pouvoir, le principe et la sanction de l'autorité, n'en résulte-t-il pas évidemment qu'il faut que cette nation exprime sa volonté pour qu'on la connaisse ? Or, qu'est-ce que la volonté nationale, sinon l'expression libre de tous les hommes qui composent la nation ? Et comment cette expression sera-t-elle connue, sinon par le Suffrage universel ?

Qu'on entasse tant qu'on le voudra sophismes sur sophismes, nous défions qu'on échappe aux conséquences logiques de la souveraineté populaire.

Si ce principe est la loi suprême, le Suffrage universel est le seul moyen de constater cette loi. Le Suffrage universel, c'est la souveraineté du peuple mise en pratique. C'est par là qu'elle s'exerce ; c'est par là que la démocratie est sérieusement appliquée. Le Suffrage universel est à la fois son agent et sa garantie. Tant que vous ne l'aurez pas obtenu, vous pourrez organiser des oligarchies plus ou moins intelligentes, vous n'aurez pas un gouvernement légitime. Tant qu'il y aura dans une société des classes entières de citoyens exclues du droit de suffrage, l'obéissance de leur part sera un acte de soumission, plus souvent une contrainte ; ce ne sera pas une conséquence nécessaire de leur liberté. L'ordre lui-même manquera des garanties les plus fortes, et la société entière livrée aux agitations, aux se-

(1) En distinguant ainsi les deux dogmes de la volonté d'un seul et de la volonté de tous, nous avons placé parallèlement deux faits saillants ; mais pour quiconque voudra regarder de près aux principes comme à l'histoire, il est facile de reconnaître que le despotisme d'un seul a toujours été insuffisant. Nul gouvernement absolu n'a pu se maintenir qu'à l'aide de corps privilégiés qui le soutenaient de leur richesse et de leur puissance. A côté des empereurs romains, le sénat et l'armée prétorienne ; en Russie, la noblesse ; auprès du sultan, les janissaires ; dans nos anciennes monarchies, la noblesse et le clergé ; près du pape lui-même, malgré son infaillibilité, le sacré collège. Partout, enfin, l'usurpation a eu besoin de s'étendre pour se maintenir : mais si une usurpation en s'étendant peut conserver ses forces, elle ne change pas de caractère, elle est toujours une usurpation.

cousses, aux menaces continuelles de révolution, marchera de convulsion en convulsion à la désorganisation et à la ruine.

Il n'est donc point nécessaire de démontrer que le Suffrage universel doit être admis dans un pays où la souveraineté nationale est reconnue, puisque le Suffrage universel n'est que cette souveraineté nationale elle-même, mise en exercice.

Cependant ceux qui reconnaissent, au point de vue logique, la nécessité du Suffrage universel se rejettent sur la difficulté de l'application, et sur les dangers qu'elle renferme. Les sociétés, disent-ils, ne sont pas conduites par les règles étroites du calcul ; il faut qu'elles s'arrêtent, sous peine de périr quand il s'agit de pousser à l'extrême les conséquences d'un principe.

Nous sommes loin de contester ce fait, et l'histoire en porte d'éclatants témoignages. On se trompe seulement quand on veut rendre la logique passible des malheurs qui ont suivi des entraînements trop rapides de quelques gouvernements. Si on les considère avec attention, on verra, au contraire, que la logique seule les explique. Il y a de la logique, en effet, dans les passions comme dans les idées : les traditions ont leur logique, les préjugés ont aussi la leur, et la plus implacable de toutes est celle des intérêts. Toutes ces généralités, si vraies qu'on les suppose, sont sans valeur pour la question qui nous occupe. Le jour où, après avoir épuisé toutes les expériences de l'ancienne monarchie, le pouvoir et les intérêts eux-mêmes se sont mis d'accord pour proclamer la souveraineté du peuple, ils ont proclamé par cela même le Suffrage universel.

Et quelles sont les objections qu'on oppose aujourd'hui ? Il faut rapidement les résumer et les résoudre. Elles sont de deux sortes : les unes doctrinales, les autres pratiques.

Objection doctrinale. — 1° Le but des sociétés, c'est le développement de toutes les forces, l'amélioration de toutes les classes, et le plus grand bonheur commun ; or, pour arriver là, il faut que les sociétés soient dirigées par les hommes les plus intelligents et les plus dévoués : il faut donc qu'ils soient choisis par une élite de citoyens et non par tous les citoyens. La souveraineté du peuple, réduite à son expression matérielle, n'est plus que le despotisme brutal du nombre.

Réponse. — Ce mépris du nombre est vraiment singulier ; qui décide cependant dans toutes les discussions publiques ? la majorité, c'est-à-dire le nombre ; dans les chambres, le nombre ; dans les collèges électoraux, le nombre ; dans tous les conseils généraux ou municipaux, le nombre ; dans les délibérations même de la magistrature, le nombre. Que l'on s'insurge donc, si l'on veut, contre cette brutalité, mais qu'on détruise alors tout ce qui est, car le nombre est partout maître. Ajoutons qu'il n'y en a pas d'autre, qu'il ne peut même y en avoir d'autre. — Vous prétendez, en effet, que votre opinion est la seule bonne ; — mais j'ai de mon côté la même prétention en soutenant une opinion contraire. — Où est le juge ? c'est la raison, dit-on. — Fort bien. Mais cette raison, où est

son organe ? est-ce moi, qui dis *oui*, ou vous, qui dites *non* ? — Il faut un juge qui départage, et ce juge, c'est la majorité — Est-elle infaillible ? non, sans doute ; mais toutes les voies sont ouvertes pour réparer l'erreur : la publicité discute, les assemblées préparatoires sont ouvertes, les hommes choisis sont responsables, les épreuves se font au grand jour, et rien de ce qui est faux ne dure long-temps sous un régime où tout le monde a, tout à la fois, le droit de parler et le droit de voter.

Deuxième objection. — Les députés élus par le Suffrage universel auront la direction supérieure de l'état ; les questions les plus difficiles du gouvernement leur seront soumises ; n'est-il pas absurde de mettre toutes ces questions dans les mains d'une multitude toujours ignorante, souvent passionnée ?

Réponse. — La multitude peut être ignorante, en effet, des moyens par lesquels on doit conduire les états et gouverner les nations ; mais on confond à dessein deux choses distinctes. — Il ne s'agit pas, en effet, de faire résoudre par l'universalité des citoyens telle ou telle question de politique et de gouvernement ; elle n'aurait pour cela que son instinct, et l'instinct du peuple, qui est toujours admirable pour indiquer le but, peut se tromper, en effet, sur les voies qui y mènent le plus facilement. — Mais que se passe-t-il aujourd'hui même quand on interroge les électeurs ? Les candidats ne se bornent-ils pas à publier leur profession de foi sur des principes généraux ? Entrent-ils dans les détails de l'administration ? Et quelle est la réponse des électeurs ? Après avoir débattu les titres des candidats, ils déclarent par leur vote que tel homme a leur confiance. — Eh bien ! comment dix mille électeurs ne seraient-ils pas aptes à répondre aussi bien que mille ou deux mille ? Comment les citoyens qu'on suppose ignorants de la politique seront-ils incapables d'apprécier que tel candidat est honnête, dévoué, intelligent ? Et l'expérience que nous avons faite depuis cinquante ans n'a-t-elle pas démontré que plus les collèges électoraux ont été nombreux, plus les choix ont été honorables ? Que se passe-t-il dans les élections fractionnées dont on a doté notre pays ? Les intérêts locaux font une invasion effroyable ; les grands intérêts de la patrie sont oubliés. Ce n'est plus le mérite, ce n'est plus la capacité, ce ne sont pas les services rendus qui sont des titres pour les électeurs. La fortune, les relations de famille font seuls pencher la balance ; de là, des chambres où se retrouvent tous les vices de leur origine : de petites passions, des intrigues misérables, des luttes de personnes où l'intérêt national n'est pour rien, et le pays tout entier qui peu à peu s'énerve et s'affaisse au spectacle de cet antagonisme sans grandeur, et de ces discussions sans dignité.

Non, il n'est pas vrai que des élections faites par de grandes masses puissent jamais donner des résultats aussi funestes à la nation. Tout s'agrandit et s'élève au contact des assemblées nombreuses ; l'égoïsme n'ose pas s'y montrer, les personnalités, toujours mesquines, rougiraient de s'y produire. Il ne faut parler que du peuple, de sa vie puissante, de ses hautes destinées quand c'est au peuple qu'on s'adresse Les petits horizons de localité se perdent et s'absorbent dans la vaste atmosphère nationale. Qu'on ne craigne pas que de viles passions triomphent en présence de cette large publicité. — En vain parlerait-on de l'ignorance de la multitude : l'histoire est là pour démontrer qu'elle a toujours su distinguer entre la probité et le vice, entre le dévoûment sincère et l'hypocrisie.—Encore une fois, ce n'est pas le peuple assemblé qui gouverne, mais le peuple assemblé est toujours assez éclairé pour déléguer ceux qui sont les plus dignes du gouvernement.

Et qu'il nous soit permis ici de dire, à l'appui de ces considérations, de quel contraste nous avons été frappé dans les élections anglaises. Tout le monde sait que les candidats sont obligés de se présenter le premier jour devant le peuple assemblé. Ils exposent leurs principes, ils répondent à toutes les interrogations parties de la foule, et quand ils se sont expliqués, le shériff ou le haut bailli demande pour qui sont les suffrages, et la multitude vote en levant la main. C'est ce qu'on appelle la *Nomination.* Quand deux candidats opposés ne se présentent pas, il n'y a point de scrutin après le vote populaire , et la nomination suffit pour que l'élection soit valable. Lorsqu'au contraire l'élection est contestée par deux candidats rivaux, deux électeurs demandent le scrutin, qui s'ouvre le lendemain, et qui détruit trop souvent le vote populaire. Or, nous avons été témoin plusieurs fois d'un fait qui prouve ce que serait le Suffrage universel dans notre nation si intelligente et si spontanée.

En Angleterre, où les élections sont accompagnées de tant de scandales, chaque fois que le peuple savait que la *nomination* ne déciderait rien, les désordres les plus violents, les cris, le tumulte, régnaient dans la foule ; les candidats qu'elle n'aimait point étaient interrompus, insultés, outragés, assaillis par des projectiles de tous les genres. On aurait dit que le *meeting* avait à cœur de se venger d'avance de cette comédie à laquelle il était convié. Toutes les fois au contraire que la levée des mains devait déterminer l'élection , le peuple, arrivant avec la conscience de son autorité souveraine , montrait une attitude calme, sévère, attentive et recueillie. Le candidat était présenté par deux personnes, tous ses votes précédents étaient rappelés, ses droits à la confiance publique étaient déduits de sa vie privée comme de sa vie parlementaire ; on l'écoutait lui-même en silence ; les applaudissements ou les sifflets lui étaient distribués avec justice. Les questions venaient ensuite, et nous avons vu des candidats tenus pendant trois heures sur les *hustings* pour répondre à toutes les objections, dissiper des doutes, ou faire taire des défiances. C'était une véritable magistrature exercée par le peuple avec autant de fermeté que de dignité et de puissance.

Voilà comment le Suffrage universel s'exerce dans un pays où il n'a pas reçu cependant une organisation sérieuse, dans un pays où la population est partagée en castes, que les mœurs aristocratiques séparent par de profonds abîmes. Que serait-ce si nous rappelions ici ce qui se passe dans les cantons de la Suisse, ou si nous faisions passer sous les yeux de nos lecteurs ces imposantes et solennelles réunions populaires qui avaient lieu dans les provinces basques, où les formes républicaines avaient survécu et se maintenaient glorieuses à travers toutes les transformations impuissantes de l'ancienne monarchie espagnole?

Or, après tous ces exemples empruntés à des peuples voisins, venir frapper d'interdit notre nation, la plus civilisée de toutes, la plus homogène, la plus prompte à s'organiser, la plus digne enfin parce que chez elle le sentiment de l'égalité a pénétré dans toutes les couches sociales, c'est a la fois une injure contre la France, une insurrection contre l'histoire, une insulte au bon sens du pays.

Troisième objection. La faculté d'élire la représentation nationale n'est pas seulement un droit, mais un devoir. Le citoyen qui l'exerce n'est pas responsable uniquement envers lui-même , mais envers la société tout entière. Or, il serait absurde d'exiger cette responsabilité de ceux qui n'ont ni capacité ni lumières.

Réponse. Oui, sans doute, la faculté d'élire est un devoir en même temps qu'un droit, et c'est pour cela que la loi doit exiger que chaque citoyen donne son suffrage : car puisque tout est subordonné à la volonté nationale, il importe que cette volonté soit exprimée, et si un nombre considérable de citoyens ne remplissaient pas leurs devoirs électoraux, au lieu d'une majorité nationale on n'aurait qu'une minorité plus ou moins importante, mais qui fausserait le principe même du gouvernement; c'est donc un devoir que l'élection; mais où puise-t-on le droit de nier les lumières du peuple quand il s'agit de préférer seulement un homme à un autre? C'est une question de confiance, et l'on exigerait des lumières surnaturelles de la part de ceux qui sont chargés de témoigner publiquement du sentiment que leur inspire tel ou tel candidat?...

Ajoutons à cela qu'on raisonne toujours d'après les faits et en dehors des principes. Au point de vue des principes, tout membre de la souveraineté a le droit de suffrage ; il faut prouver son incapacité : est-il un idiot, aliéné, frappé dans ses facultés mentales? *Créez alors une exception.* S'est-il rendu coupable de vol, d'escroquerie , ou de tels autres actes qui emportent une sorte d'incapacité morale? Que cette exception soit encore consacrée. L'incapacité matérielle , l'incapacité morale, sont deux exceptions naturelles au droit ; mais le droit est commun à tous , l'exclusion est exceptionnelle.

Nous croyons en avoir fini avec toutes les objections un peu spécieuses que la doctrine du Suffrage universel a soulevées. Restent ensuite les objections purement pratiques.

Mais cette partie de notre tâche a déjà été remplie. Ce que nous pouvons dire, c'est qu'il n'y a aujourd'hui pour les hommes de bonne foi aucune objection sérieuse contre l'adoption du suffrage universel. Le droit les proclame, la souveraineté du peuple y trouve sa consécration, l'état actuel de la société en rend la nécessité pressante.

Il s'est fait depuis cinquante ans en Europe, et surtout en France, un immense mouvement que l'on ne saurait méconnaître. Ce que nos lois civiles ont réalisé pour la propriété matérielle en détruisant les grands fiefs a eu lieu naturellement dans le domaine de l'intelligence. Il n'y a plus aujourd'hui, sur ce point même, de propriétaires absorbants, un nombre infini de citoyens entrent en partage de la civilisation commune; ce foyer intellectuel allumé par la Révolution française rayonne aujourd'hui dans toutes les classes et illumine presque également tous les esprits. Chacun a donc non seulement le sentiment de son droit, mais la conscience de son aptitude à l'exercer : de là, une opposition périlleuse pour la paix publique entre la loi qui crée un monopole électoral et l'opinion générale qui sent toutes les douleurs d'une si grande injustice. Grâce à l'exclusion de la majorité nationale, non-seulement le gouvernement appartient au petit nombre, ce qui sera toujours, mais il s'appuie sur l'intérêt seul du petit nombre. Et les exclus qui souffrent, ne voyant aucun remède possible à leurs maux, passent tour-à-tour de la résignation à la violence. La paix publique ne repose que sur .a crainte de la répression, et le jour où cette crainte s'affaiblit, cette paix est compromise ; la stabilité du pouvoir est exposée à toutes les chances des événements ; l'idée même du pouvoir, si haute et si respectable perd chaque jour de son crédit sur les populations, et la société n'ayant plus confiance dans ceux qui la mènent, marche à la dérive , et demande enfin aux révolutions leurs moyens terribles pour échapper au malaise qui l'accable.

Telle est aujourd'hui la position de la France ; telle sera toujours la situation d'une société où le pouvoir, au lieu d'harmoniser les lois avec les mœurs publiques , ne cherche dans la force qu'un moyen de combattre et de détruire le principe même qui l'a créé.   ARMAND MARRAST.

SUISSE (Confédération). La confédération primitive n'était composée que des trois cantons forestiers (Waldstettes), Schwytz, Uri et Unterwald, qui forment à peine aujourd'hui une population de soixante-dix mille habitants. C'est cette héroïque poignée de montagnards qui entreprit de résister, et qui résista en effet à la puissante maison d'Autriche, laquelle s'arrogeait sur eux, à son seul profit, les droits qui n'appartenaient qu'à l'Empire. Ils triomphèrent et jetèrent, au quatorzième siècle, les fondements de la liberté helvétique. Ce n'est pas dans l'histoire qu'il faut lire ce noble drame, c'est dans le *Guillaume Tell* de Schiller; l'œuvre du poète est plus vraie, et plus belle que l'histoire elle-même, parce qu'il a peint, comme dit un historien portugais, « non les vêtements des hommes, mais leurs âmes. »

Seuls, les Waldstettes, luttèrent pendant vingt ans, et ce ne fut qu'après la victoire de Morgarten, en 1315, que Lucerne fut reçue dans la confédération. Une voie plus large fut dès-lors ouverte: Zurich , Glaris , Zug et enfin Berne y entrèrent successivement, apportant dans la société, les uns leur pauvreté libre et fière, les autres leur opulence et leur crédit

Ces huit premiers cantons se signalèrent, pendant tout le quatorzième siècle, par une résistance opiniâtre, par d'éclatantes victoires, et l'Autriche se vit forcée à la paix, sans toutefois reconnaître en droit la Confédération. Cette formalité ne fut définitivement remplie que trois siècles plus tard, à la paix de Westphalie. Ce qui n'avait pas empêché les Suisses de vaincre et de dicter vingt fois des conditions de paix.

Le quinzième siècle apporta aux Confédérés des sujets, et partant des divisions et des guerres intestines. La Suisse, pacifiée et agrandie, eut à soutenir un choc terrible contre Charles-le-Téméraire, et ce ne fut qu'à l'issue de cette mémorable . épreuve que Soleure et Fribourg, rompant, la première, avec l'empire, l'autre, avec les ducs de Savoie, entrèrent dans la Confédération sous la haute protection de Berne, qui exerçait dès-lors une prépondérance marquée. Bâle et Schaffouse y furent admises après la guerre de Souabe, et enfin les Appenzellois fermèrent, en 1513, sa Confédération, et formèrent un treizième canton pour prix du courage qu'ils avaient déployé contre l'abbé de Saint-Gall, leur ancien suzerain, et les villes souabes ses alliées.

A la suite des capitulations militaires, dont la première fut passée avec la France en 1479, la Confédération fut entraînée dans les guerres d'Italie, et conquit plusieurs provinces sur les ducs de Milan. Puis vint la Réformation, et avec elle les guerres de religion qui ensanglantèrent la Suisse pendant une grande partie du seizième siècle. C'est à cette époque que Berne s'empara pour son propre compte du pays de Vaud, dont il exclut à jamais la maison de Savoie. La France se porta plus tard garante de la conquête.

Les guerres de religion se rallumèrent au dix-septième siècle. La Suisse fut enveloppée dans les désastres de la guerre de trente ans, et seulement alors, déclarée indépendante de l'Empire, elle prit rang parmi les nations indépendantes de l Europe. Aux guerres étrangères et religieuses se joignit, dans plusieurs cantons aristocratiques, le soulèvement des campagnes, qui revendiquaient les mêmes droits que les villes. La paix (1712) calma l'anarchie.

C'est ainsi que s'ouvrit le dix-huitième siècle. Passons sous silence les obscurs débats, les misérables intrigues qui l'agitèrent, et jetons un coup d'œil rapide sur l'ancien droit public de la Confédération.

De 1513 à 1798 elle avait des alliés et des sujets. Le Valais était allié des Treize Cantons, Genève ne l'était que de Berne et Fribourg , ses co-religionnaires. Ainsi des autres. Les alliés envoyaient des députés à la diète, mais ils n'y avaient voix qu'en ce qui touchait leurs alliances particulières.

Le sort des sujets était affreux; la Confédération semblait vouloir prouver qu'il n'y a pas de tyrannie pire que celle des nations libres; à l'exception de quelques-uns, qui jouissaient, comme Orbe et Rapperschwell, de priviléges municipaux, tous les autres étaient traités moins en cadets de famille qu'en ilotes. Les plus malheureux étaient les Bailliages italiens. Les Baillis ou gouverneurs y poussaient la morgue jusqu'à la démence, la vénalité jusqu'au cynisme. On avait refusé aux sujets jusqu'au droit de se racheter.

La souveraineté collective des cantons souverains sur leurs sujets amena, nous l'avons dit, bien des querelles, bien des collisions. Les cantons, d'ailleurs, vivaient en hostilité permanente. Divisés de religion, de principes politiques, de souvenirs, il régnait entre eux une bien plus grande diversité de constitutions que de nos jours. Les diètes n'avaient ni la volonté ni le pouvoir de resserrer le lien fédéral et la diplomatie étrangère s'étudiait à entretenir les divisions.

La défiance et le mécontentement régnaient dans le sein même des cantons : les campagnes étaient hostiles aux villes, parce que celles-ci avaient usurpé peu à peu tous les droits de la souveraineté. Qu'on ajoute à cela les monopoles et les turpitudes du service étranger, et l'on comprendra que la Suisse du dix-huitième siècle appelait une réforme aussi impérieusement que la France.

Les sujets de la Suisse avaient accueilli avec transport les principes de la Révolution française; le pays de Vaud, plus près du foyer révolutionnaire, appela les Français à son aide contre les Bernois; le Directoire ne cherchait qu'un prétexte : il envahit la Suisse, après l'avoir préalablement démembrée sur trois points: Genève, la Valteline et l'Evêché de Bâle.

La résistance de Berne et des petits cantons fut héroïque, mais l'heure de la vieille Confédération avait sonné, la République une et indivisible fut imposée par la force des armes. Il n'y eut plus de sujets, l'égalité des droits fut proclamée, les assemblées primaires instituées.

De 1798 à 1803 il y eût beaucoup de troubles, excités, les uns, par cet esprit de fédéralisme dont les racines sont si profondes en Suisses, les autres, par les prétentions et les regrets de l'aristocratie. Enfin, l'acte de médiation émané du Premier Consul vint fonder un nouveau droit public; il rétablit le système fédératif, porta à 19 le nombre des cantons, maintint l'égalité politique, constitua chaque canton selon les localités et les habitudes du pays, et proclama la liberté d'industrie pour tout le monde. Dix ans de tranquillité suivirent l'acte de médiation et la Confédération guérit de ses blessures sous la puissante main de l'Empereur.

1813 arrive : nouvelles catastrophes à l'extérieur, nouveaux bouleversements à l'intérieur. La réaction menaçait d'être complète. Les cantons aristocratiques, Berne à leur tête, voulaient retourner d'un seul bond en 1797, se flattant que les sujets émancipés depuis 16 ans reprendraient bénévolement leurs chaînes; mais la résistance fut si opiniâtre que force fut de souffrir ce qu'on ne pouvait empêcher.

Un nouveau pacte fédéral fut conclu en 1814 sous la protection du Congrès de Vienne et sous son influence. Les cantons furent portés à vingt-deux : Berne, Zurich, Lucerne, Uri, Schwitz, Underwald, Glaris, Zug, Fribourg, Soleure, Bâle, Schaffouse, Appenzell, Saint-Gall, Grisons, Argovie, Thurgovie, Tessin, Vaud, Valais, Neuchâtel et Genève, formant en tout une population qui dépasse aujourd'hui deux millions, dont deux cinquièmes seulement sont catholiques. Le contingent fédéral est de près de 34 mille hommes; on en compte autant pour la réserve, et la levée en masse (landwehr) ne produirait pas moins de 200 mille hommes, sans compter les forces précédentes.

Il serait trop long d'analyser les diverses constitutions cantonales; qu'il nous suffise de dire que la Suisse de 1814 est un spécimen en miniature de toutes les formes politiques depuis la monarchie de Neuchâtel jusqu'à la démocratie pure des petits cantons, en passant par l'oligarchie bernoise. Le contre coup de la Révolution de 1830 a modifié beaucoup de choses et réformé bien des abus. Mais quelques améliorations que l'on ait apportées aux constitutions cantonales, on a laissé subsister intact le pacte fédéral de 1815, rédigé, comme nous l'avons dit, sous l'influence immédiate de la Sainte-Alliance. A quoi bon réformer les parties, si l'ensemble reste défectueux? Ce qu'il y a de certain, et ce que personne ne nie, c'est que le pacte de 1815 est en opposition avec l'esprit nouveau de la Confédération; il est même incompatible avec les réformes accomplies depuis 1830, et il est la cause première de toutes les difficultés soulevées depuis cette époque au sein des diètes.

Il manque à la Suisse l'unité sans laquelle la machine fédérale ne saurait fonctionner régulièrement. Elle n'a même jamais pu introduire chez elle un système uniforme de monnaies, ni de poids et mesures, de manière qu'encore aujourd'hui on y compte autant de monnaies que de cantons. De plus, la Suisse parle trois langues : le français, l'allemand et l'italien; on pourrait en ajouter une quatrième, le roman, dont on fait usage dans quelques parties des Grisons. Que d'obstacles à l'unité !

La Suisse est neutre, le Congrès de Vienne a même fait entrer dans son système de neutralité les deux provinces sardes limitrophes, le Faucigny et le Châblais qui, sous l'Empire, faisaient partie des deux départements du Léman et du Mont-Blanc. Le territoire au Nord d'Ugine appartenant aussi au roi de Sardaigne fut placé dans la même position que le Châblais et le Faucigny.

En contemplant l'agglomération accidentelle plus que logique de ces vint-deux petites républiques jetées au milieu du vieux monde monarchique, on se demande quelle sera leur destinée dans l'avenir, lorsque les différents peuples procèderont à la constitution rationnelle de leur nationalité. Parlant trois langues, la Suisse a naturellement trois centres : la France, l'Allemagne et l'Italie, qui, tous les trois, sont en dehors d'elle. C'est une position unique et bizarre, bien faite pour donner à penser aux hommes que préoccupe l'avenir européen. Des publicistes compétents se sont posé sérieusement ce problème : Du moment où la France aura trouvé son assiette, c'est-à-dire ses véritables frontières, et quand d'un autre côté il y aura une Allemagne et une Italie libres et indépendantes, la Suisse pressée étroitement et attirée par ces trois grands centres, sera-t-elle possible, aura-t-elle dès lors sa raison d'être ?

C'est porter sa vue bien loin ; l'Europe n'en est malheureusement pas encore à cette ère bienheureuse de justice et de raison. La question pour les Suisses est de ne jamais déchoir et de perfectionner de plus en plus, quelque forme qu'affecte leur avenir, les institutions, les libertés que les générations antérieures leur ont léguées au prix de leur sang.   Charles Didier.

SUJET. Le nom de Sujet s'applique généralement à celui qui est soumis à une autorité qui gouverne. On n'est pas Sujet au même titre, sous toutes les formes de gouvernement.

On est Sujet dans une monarchie absolue ; Citoyen dans une république. Sous une république libre, comme sous une monarchie constitutionnelle, les habitants s'appellent, en particulier, Citoyens, comme participant à l'autorité souveraine, et Sujets, comme soumis aux lois de l'État.

Il n'y a pas de citoyens sous une monarchie absolue. Le titre de Citoyen n'a jamais été donné aux membres d'un état gouverné par des Princes régnant par droit héréditaire. On est Sujet en Russie comme en Autriche, et non pas citoyen.

Les hommes qui vivent sous un gouvernement dont la Constitution a pour base la souveraineté du peuple, sont, de même que les soldats sous les ordres d'un général, soumis à leur chef, qui lui-même est soumis à la loi. C'est en ce sens que les auteurs de l'*Encyclopédie* ont dit : « Le premier magistrat d'une République est Sujet de l'État. »

Tibère, s'étant aperçu que Séjan était devenu trop grand pour demeurer Sujet, a bien pu, alors que Rome eut échangé ses Consuls contre des Empereurs, l'abaisser insensiblement et le faire périr ; mais, selon l'opinion de Machiavel, Brutus, n'eût pu impunément, sous la République, soustraire ses fils à la rigueur des lois.

Dans un pays où la souveraineté du peuple est reconnue en principe et appliquée dans toute son étendue, tout le monde est citoyen. Les citoyens ont alors pour chef la loi, de laquelle chacun est Sujet. Dans un pays, au contraire, où le roi est tout, où sa volonté fait loi, le peuple n'étant pas associé à la puissance souveraine, il n'y a pas de citoyens, mais des Sujets obéissant à un homme qu'on appelle Sultan, Empereur ou Roi.

Un Turc exécute servilement la volonté du Sultan et s'étrangle, de ses propres mains, avec le cordon que le maître lui envoie ; Mirabeau répond au maître des cérémonies de Louis XVI, qui, au nom du roi, ordonne à l'Assemblée Nationale de se dissoudre, que les représentants du peuple ne lui obéiront pas.

Les Asiatiques, pour lesquels les rois sont égaux à Dieu même, regardent dans leur état de prostration, dit Montesquieu, un affront fait au prince comme l'effet d'une bonté paternelle. Chez les nations, au contraire, que n'a pas abâtardies un ancien esclavage, il suffit de l'insolence d'un Gessler et de l'impudicité d'un Tarquin pour faire courir le peuple aux armes, lui faire chasser ses tyrans et détruire même la royauté.

Les princes absolus ne doivent pas abuser de leur puissance. Ils doivent se souvenir des malheurs arrivés aux rois pour avoir insulté ou opprimé leurs Sujets : des vengeances de Chéréas, de l'eunuque Narsès, du comte Julien, etc., etc. Napoléon lui-même, sur le rocher de Saint-Hélène, disait : « J'ai heurté les idées du siècle, et j'ai tout perdu. »

Le mot Sujet a été définitivement rayé de notre Code politique par la Révolution de Juillet. Pour avoir voulu l'y rétablir, un ministre de Louis-Philippe provoqua, les 4 et 5 janvier 1832, au sein de la Chambre des Députés, un des plus violents orages dont on ait souvenir. « Il n'y a plus de Sujets en France, lui criait-on, il n'y a plus que des Citoyens. Le mot de Sujet n'est pas dans la Charte. Les Sujets sont restés ensevelis sous les barricades de Juillet. Nous sommes Sujets de la loi et non d'aucune volonté individuelle », ajoutait-on. Le ministre ne se rétracta pas ; mais le lendemain, 165 députés signèrent et publièrent, dans les journaux, une protestation contre les expressions de *Roi de France* et de *Sujets du roi* dont il s'était servi, expressions, disaient-ils, rayées de la Charte de 1830, comme attentatoires à la souveraineté du peuple. Depuis lors, dans les rapports faits au roi par les ministres, ceux-ci formulent le salut habituel qui termine ces pièces par ces mots : De V. M. le très humble et très fidèle *serviteur*.

Rousseau et d'Alembert sont les seuls publicistes du dix-huitième siècle qui aient donné au mot Sujet sa véritable acception.

   Frédéric Degeorge.

SULTAN. C'est le titre des souverains de Turquie. Leurs sujets les appellent aussi *Padishah*, ou *(grand empereur)*. Le mot *Sultan* est masculin ou féminin suivant qu'on le place avant ou après le nom propre : ainsi on dit *Sultan Abd-Ul-Medgid* et *Validé-Sultan* pour désigner l'empereur régnant et la sultane mère.

Le Sultan est à la fois souverain politique et chef de la religion musulmane, comme l'empereur de Russie est en même temps czar et pontife suprême.

Malgré la restriction apportée par la charte de

Gul-Khanè à l'autorité des Sultans, cette autorité paraît être tout aussi absolue qu'autrefois.

SUPPLÉANT. Lors des élections des anciens États-généraux en France, il était d'usage de nommer en même temps que chaque député, un Suppléant pour le remplacer en cas d'absence. La raison en était que tous les États devaient toujours être représentés.

Cet usage fut suivi pour les élections de l'Assemblée constituante. Mais l'assemblée se montra toujours peu disposée à admettre les Suppléants. Elle ne considérait pas chacun de ses membres comme le représentant ou l'avocat de certaines fractions du pays, ou de certains électeurs, mais elle voulait que l'ensemble de ses membres représentât la Nation. L'absence de quelques uns ne viciait pas l'assemblée ; elle était toujours un corps ; aussi s'appelait-elle Assemblée Nationale.

Ce principe est aujourd'hui admis dans notre droit public ; et il n'y a pas de Suppléants pour les députés. Mais, si l'on n'y met ordre, avec la loi électorale qui fragmente l'élection à l'infini, le principe sera bientôt tout-à-fait oublié. H. C.

SUPRÉMATIE. Supériorité relative d'un pouvoir sur un autre. On discute aujourd'hui en France sur la question de savoir à qui, des trois pouvoirs qui composent le gouvernement, appartient la suprématie. En droit, cela n'est pas douteux : tous les pouvoirs sont positivement issus du pouvoir électif. C'est donc la Chambre des députés qui est le premier des pouvoirs de l'État. Mais le fait est contraire au droit. Par une suite d'efforts persévérants, la royauté est parvenue à prendre la première place et à se subordonner les deux autres pouvoirs. (V. CHAMBRE, PRÉROGATIVE, ROI, etc.).

SURSIS. Synonyme de délai. Il s'emploie principalement dans les affaires judiciaires, et toujours dans un sens favorable. Ainsi on dit : j'ai obtenu un Sursis. Le mot Suspension, qui est aussi synonyme de délai, s'emploie au contraire tantôt en bonne et tantôt en mauvaise part.

SUSPECTS. La Révolution française, menacée par tant d'ennemis à la fois, fut protégée à l'intérieur, on le sait, par les lois les plus vigoureuses. Plus le nouveau régime se dégageait des formes de l'ancien, plus d'intérêts se trouvaient compromis par cette métamorphose, plus de préjugés étaient offensés, plus d'individualités protestaient contre les tendances révolutionnaires du gouvernement. Dans cet état des esprits, la nécessité de prévenir les tumultes intérieurs par quelques mesures d'ordre fut reconnue par tous les partis, et le 28 mars 1793, avant la disgrâce des Girondins, la Convention décréta le désarmement de tous les individus notés comme Suspects d'aristocratie et d'incivisme ; d'autres décrets du 1er et du 3 avril, du 2 juin, du 12 et du 15 août, attribuèrent aux municipalités, ainsi qu'aux députés en mission, le droit d'incarcérer et même de déporter les Suspects. Pour se faire une juste

idée du pouvoir que cette législation de Salut public conférait aux divers agents du gouvernement révolutionnaire (car, dans ces temps de discordes civiles, l'autorité municipale n'est guères indépendante de la puissance exécutive), il faut lire le décret du 17 septembre 1793 qui dépeint si rigoureusement le terme de Suspects :

« Art. 1er. Immédiatement après la publication du présent décret, tous les gens Suspects qui se trouvent dans le territoire de la République, et qui sont encore en liberté, seront mis en état d'arrestation.

» Art. 2. Sont réputés gens Suspects : 1° ceux qui, soit par leur conduite, soit par leurs relations, soit par leurs propos ou leurs écrits, se sont montrés partisans de la tyrannie ou du fédéralisme et ennemis de la liberté ; 2° ceux qui ne pourront pas justifier, de la manière prescrite par le décret du 21 mars dernier, de leurs moyens d'exister et de l'acquit de leurs devoirs civiques ; 3° ceux à qui il a été refusé des certificats de civisme ; 4° les fonctionnaires publics suspendus ou destitués de leurs fonctions par la Convention Nationale ou par ses commissaires, et non réintégrés, notamment ceux qui ont été ou doivent être destitués en vertu du décret du 14 août ; 5° ceux des ci-devant nobles, ensemble les maris, femmes, pères, mères, fils ou filles, frères ou sœurs, et agents d'émigrés, qui n'ont pas constamment manifesté leur attachement à la Révolution ; 6° ceux qui ont émigré dans l'intervalle du 1er juillet 1789 à la publication du décret des 30 mars-8 avril 1792, quoiqu'ils soient revenus en France dans le délai fixé par le décret ou précédemment. »

Que l'avenir épargne à la France la nécessité d'avoir recours à de telles lois pour garantir les libertés acquises et celles que nous avons à conquérir !

Le gouvernement, suivant la Charte, a poursuivi pour délits politiques devant ses tribunaux ordinaires et extraordinaires, dans l'espace de onze années, environ *quatorze mille* citoyens, mais il n'a pas eu l'audace de remettre en vigueur la législation de 1793, concernant les personnes suspectes. Ce n'est pas qu'il se soit épargné les arrestations et les poursuites sur de simples préventions ; nous savons trop quel abus il a fait, au mépris des libertés les plus solennellement garanties, de la faculté de convertir en prétextes les soupçons même les moins fondés. Et non-seulement ces abus ont été commis sur des personnes, mais, dans un autre ordre de faits, nous avons vu la Cour de Cassation, interprétant d'une étrange manière un article du Code d'instruction criminelle, mettre en suspicion un département tout entier, lui interdire le libre exercice d'un droit politique, et obtenir par ce moyen un étrange verdict. B. H.

SUSPENSION signifie le plus ordinairement surséance, cessation d'une opération pendant quelque temps. L'audience ou la séance est suspendue. Suspension de paiement. Suspension de poursuites. — Suspension d'armes, cessation momentanée des actes d'hostilité.

Suspension signifie aussi l'action d'interdire un fonctionnaire public de ses fonctions pour un temps. Par extension, on applique la Suspension à certaines entreprises ; c'est ainsi que la loi de tendance ordonnait de prononcer la Suspension d'un journal dans certains cas, et que cela est encore permis par les lois de septembre, après deux condamnations encourues dans la même année.   H. C.

SUSPICION LÉGITIME. (V. Évocation.)

SUZERAIN. On appelait ainsi un seigneur qui possédait un fief relevant immédiatement du roi, et duquel d'autres fiefs relevaient directement. Le Suzerain devait protection et justice à ses vassaux et à ses arrière-vassaux. A leur tour, ceux-ci lui rendaient foi et hommage, le suivaient à la guerre lorsqu'il les en requerrait, et lui payaient quelquefois des redevances de diverses natures.   B.-C.

SUZERAINETE. Le droit du suzerain, la circonscription dans laquelle ce droit s'exerçait.

SYNDIC. C'est un officier établi, un mandataire délégué pour prendre soin des affaires d'une communauté, d'un corps, d'une réunion quelconque d'individus, dont il est membre. Tels étaient, sous l'ancien régime, les Syndics des communautés d'arts et métiers, les Syndics des villes, des diocèses, etc. Tels sont aujourd'hui les Syndics des chambres de notaires ou d'avoués, d'agents de change, de receveurs-généraux, les Syndics des créanciers unis, des faillites. Les lois sur l'inscription maritime, ou recrutement des gens de mer, instituent un Syndic des gens de mer, chargé de certaines mesures pour l'exécution de ces lois. Quand les citoyens se réunissent temporairement pour l'exercice de quelque droit commun, ils donnent parfois le nom de Syndic au représentant ou mandataire qu'ils choisissent.

Mais on n'attache plus aujourd'hui à ce mot aucune signification politique.

SYSTÈME. On a souvent répété qu'en matière de gouvernement il faut se méfier des hommes à Système. Cette méfiance veut être motivée. Les hommes systématiques ne sont pas toujours des esprits faux ; et il est souvent profitable de les consulter : l'habitude de la spéculation donne à leur jugement plus de sûreté, ils prévoient mieux et plus loin que le vulgaire. Mais il est vrai que, dans la pratique, ne consultant que leurs inspirations intimes, ne s'inquiétant pas du milieu dans lequel leur activité est circonscrite, ils s'abusent, ils s'égarent fréquemment. Nous ne voulons pas recommander la politique éclectique. Sans doute, il est à déplorer que les hommes, aux mains desquels sont confiés de graves intérêts, n'osent rien entreprendre avant d'avoir été quêter un avis ici et là, ne s'arrêtent à aucun plan de conduite, toujours incertains entre des résolutions opposées, et vivent en quelque sorte au jour le jour, sans trop savoir quel conseil la nuit leur portera. Mais s'il faut bien se garder de ces politiques à courte vue, il faut redouter aussi les dogmatistes intolérants.

Il est beaucoup plus facile d'établir sur le papier un Système plus ou moins bien ordonné dans toutes ses parties, que de conduire à bonne fin, dans la pratique, l'entreprise qui paraît exiger le moindre emploi du génie individuel. Que de Systèmes ont été produits à notre époque ! Combien peu méritent qu'on les mette à l'épreuve ! Les Systèmes politiques, conçus *à priori*, sont toujours des remèdes violents : pour en conseiller l'usage, on répète sans cesse au malade que son affection est des plus graves. Ce pessimisme est l'allure ordinaire des charlatans et des ignorants : les sociétés politiques ne sont jamais réduites à de telles extrémités qu'elles ne doivent être sauvées que par des spécifiques préparés dans le laboratoire de tels ou tels docteurs. (V. Doctrine, Doctrinaires.)   B. H.

T

TABOURET. C'était le droit qu'avaient, avant la Révolution, les princesses et les duchesses de s'asseoir sur un tabouret chez la reine, quand elle tenait assemblée. Ce qu'on appelait *avoir le Tabouret* était un des premiers *honneurs du Louvre.*   B. C.

TABLES DE LA LOI, expression figurée pour désigner la loi dans ce qu'elle a de plus auguste et de plus sacré. Cette manière de parler fait allusion aux Tables sur lesquelles les décem-

virs, en l'an de Rome 304, inscrivirent les lois qui avaient été empruntées des Grecs, et qui reçurent la sanction solennelle du sénat et du peuple. C'est là ce qu'on appelle aussi la *loi des douze Tables*, si célèbre dans la jurisprudence romaine.

TAILLE. C'était un des mille impôts de l'ancien régime. Les auteurs prétendent que ce nom de *Taille* venait de ce qu'à l'époque où les collecteurs ne savaient pas lire, ils donnaient leurs quittances en faisant une Taille sur deux morceaux de bois, dont l'un restait entre les mains du contribuable.

Il y avait trois sortes de Taille : la *Taille réelle*, la *Taille personnelle* et la *Taille mixte*.

Cet impôt, l'un des plus oppressifs qu'il soit possible d'imaginer, était rendu plus oppressif encore par la manière dont il était levé. La noblesse et le clergé en étaient exempts, et il retombait de tout son poids sur les pauvres. C'est de là qu'est venue cette locution : *Taillable à merci*.

TALION. On a nommé Talion une peine que la loi de Moïse infligeait aux calomniateurs. Cette peine était semblable et égale à celle qu'aurait subi le calomnié, s'il avait été réellement coupable du crime qui lui était faussement imputé. Cette peine a été abolie par l'Évangile.

Le nom de Talion a été généralisé, et on appelle *loi du Talion* celle qui inflige au coupable de certains crimes une peine égale au mal ou préjudice causé : « Œil pour œil, dent pour dent. »

Les États despotiques, dit Montesquieu, qui aiment les lois simples, usent beaucoup de la *loi du Talion* (1). Les États modérés la reçoivent quelquefois ; mais il y a cette différence que les premiers la font exercer rigoureusement, et que les autres lui donnent presque toujours des tempéraments.

TARIFS. On appelle Tarif le tableau ou rôle dans lequel sont indiqués les droits d'entrée ou de sortie que les marchandises importées ou exportées acquittent à la douane. Dans le langage usuel, Tarif se prend quelquefois pour le droit lui-même.

Depuis que les gouvernements se sont avisés d'établir des impôts sur la circulation des produits et des marchandises, le maintien et la quotité de ces impôts ont été l'objet des plus vives réclamations et des plus vifs débats. Les commerçants, d'un côté, — c'est-à-dire cette classe d'hommes qui tire ses profits de la nouvelle et plus grande valeur qu'elle donne aux produits en les déplaçant, — les commerçants, dis-je, n'ont cessé de réclamer l'abolition des barrières qui les privent d'une complète liberté d'allures. D'un autre côté, les producteurs manufacturiers ou agricoles, au profit de qui ces droits protecteurs sont établis et maintenus, protestent contre leur abolition et en réclament, au contraire, l'extension. Entre ces deux intérêts, les publicistes se partagent : les uns prenant parti pour le commerce et préconisant la liberté ; les autres, plus soucieux des intérêts de la production et plus jaloux de maintenir les conditions qu'ils croient indispensables à son développement et à sa prospérité. Au dessous des contendants se rencontre le consommateur qui paie les prétentions, les exagérations et les erreurs de tout le monde ; et au dessus, l'État, qui, suivant les nécessités du moment, protége ou le commerce ou l'industrie, et qui, pour la plupart du temps,

n'envisage les questions de Tarifs qu'au point de vue étroit de la fiscalité.

Au milieu de toutes ces plaintes, de toutes ces réclamations contradictoires, il n'est pas facile de distinguer le vrai du faux. Cherchons cependant, et voyons si, dans l'état actuel des rapports internationaux, l'abolition complète des Tarifs de douane est désirable ou doit être repoussée.

Théoriquement, Smith, en Angleterre, et J.-B. Say, en France, ont démontré de la manière la plus claire les avantages de la libre circulation. Ils ont établi, l'un et l'autre, que les droits protecteurs n'ont pour effet que de faire payer plus cher aux consommateurs les objets qui lui sont nécessaires. D'autres sont venus après eux qui ont amplifié leurs démonstrations sans y rien ajouter ; et à leur suite s'est formée une école qui réclame, sans se décourager, l'application pratique de leurs théories.

Il est bon, toutefois, d'observer que Smith et Say n'ont pas condamné d'une manière absolue l'institution des Tarifs de douane. L'un et l'autre admettent des exceptions. Lorsque, par exemple, il s'agit d'une branche d'industrie nécessaire à la défense du pays, Smith reconnaît et avoue qu'il serait peu prudent de ne pouvoir compter que sur les approvisionnements étrangers. — Ne serait-il pas trop absurde, en effet, qu'un gouvernement se mît dans le cas de manquer, à un moment donné, de canons, de fusils, de boulets, de poudre, de grandes machines à vapeur, etc., etc.

Smith reconnaît encore qu'il y a lieu à frapper d'un droit l'importation d'une marchandise étrangère, lorsqu'un produit intérieur d'une consommation analogue est déjà chargé de quelque droit ; « car, dit Say, faire payer un droit dans ce cas, ce n'est point détruire les rapports naturels qui existent entre les diverses branches de production ; c'est les rétablir. » Say avoue également que, comme source de revenu, les droits d'entrée et de sortie sont acceptables dans une certaine limite. En effet, dit-il, avec juste raison, on ne voit pas pour quel motif la production de valeur qui s'opère par le commerce extérieur devrait être déchargée du faix des impôts que supporte la production qui s'opère par le moyen de l'agriculture ou des manufactures.

Ainsi voilà, au dire des deux apôtres de la liberté du commerce, trois circonstances, trois motifs pour lesquels un gouvernement peut et doit imposer des entraves à la libre introduction des marchandises étrangères sur le marché national.

En se tenant toujours comme eux sur le terrain de l'économie politique pure, nous croyons qu'on peut facilement étendre le cercle de ces exceptions. Supposons, par exemple, que deux pays soient également bien placés pour la production du même produit. Mais l'un de ces deux pays a commencé à produire avant que l'autre n'y ait songé : le capital appliqué à cette production se trouve conséquemment amorti ; tous les obstacles qui environnent les nouvelles tentatives industrielles sont surmontés et les frais de production sont réduits à leur minimum. En présence de ces

(1) Elle est établie dans le Coran. V. le chapitre *de la Vache*.

résultats obtenus, que fera le pays voisin? Devra-t-il s'abstenir de produire? Qui le conseillerait? Mais en essayant de produire, il devra commencer une lutte inégale contre un adversaire fort, aguerri, plein d'expérience et d'une incomparable puissance. Et quelle sera l'issue de cette lutte? Évidemment, la lutte produira des deux parts, mais surtout chez le plus faible, une énorme déperdition de capitaux. N'est-il pas sage alors que la puissance publique intervienne et qu'elle accorde au producteur national le moyen de lutter à armes égales, contre son antagoniste étranger? Et si l'on parle du consommateur, l'avenir ne compensera-t-il pas le sacrifice momentané qui lui est demandé?

Citons un exemple. On sait de quelle importance est aujourd'hui la houille. C'est à tel point qu'un ministre anglais n'a pas craint de dire que tout peuple qui aurait besoin de houille anglaise serait le vassal de l'Angleterre. Eh bien! les houillères anglaises sont en pleine exploitation. L'exploitation des nôtres, au contraire, est incomplète et pleine d'imperfections. Ouvrez toutes les barrières aux houilles anglaises, qu'arrivera-t-il? Les exploitants français ne pourront soutenir la concurrence; ils seront obligés de fermer leurs usines, et nous serons, nous, pendant la guerre comme pendant la paix, à la merci de l'Angleterre. Protégez suffisamment, au contraire, l'exploitation nationale et tout porte à croire que, dans un temps peu éloigné, nous pourrons obtenir à des conditions également favorables ce produit créateur. —Ce résultat n'est-il pas assez considérable pour qu'on se résigne à quelque sacrifice? Ne vaut-il pas du moins qu'on tente l'expérience?

Il nous serait facile de multiplier les exemples, mais à quoi bon?

Bornons-nous seulement à constater ceci, c'est que les apôtres les plus ardents et les plus absolus du principe de la liberté du commerce admettent des exceptions à ce principe. Et comment, en effet, ne les pas admettre lorsque toutes les grandes industries, chez quelque peuple que ce soit, ne sont venues au monde que par une protection énergique; lorsqu'il est évident pour tous que les peuples les plus riches ne sont devenus riches que par les restrictions apportées à la libre introduction des marchandises étrangères.

Mais la question prend une face nouvelle, plus complète à la fois et plus précise, lorsqu'aux raisonnements tirés de l'économie industrielle viennent se joindre les considérations politiques. L'humanité n'est pas un être simple et dont toutes les parties concordent parfaitement. Elle est un être multiple dont les divers éléments se contrarient, se combattent et s'efforcent mutuellement de s'absorber. Que ce soit là un état fâcheux, regrettable, je le veux bien, mais cela est, et il n'est au pouvoir de personne de faire immédiatement que cela ne soit pas. Jusqu'au moment donc où le monde ne fera plus qu'un seul peuple, il est de l'intérêt, il est du droit et du devoir de chaque partie intégrante et nécessaire du grand tout, de veiller énergiquement au soin de sa conservation.

Or, pour se conserver, deux choses sont nécessaires: maintenir et accroître ses propres forces; diminuer les forces du voisin ou du moins empêcher qu'elles ne s'accroissent démesurément. Tel est le premier et le seul raisonnable but de la guerre, et il n'est pas, que nous sachions, un seul publiciste sérieux qui ait blâmé la guerre à ce point de vue. Eh bien! ce que font les coups de canon pendant la guerre, les Tarifs doivent le faire pendant la paix. Au point de vue de la politique, les Tarifs de douane ne doivent avoir pour but que d'accroître la puissance nationale et de diminuer la puissance des États rivaux. Hors de là ils sont nuisibles; mais là, nous le répétons, ils sont utiles et doivent être maintenus.

Mais, dit-on et ne cesse-t-on de répéter après J.-B. Say: « Personne ne nie que la France a beaucoup gagné à la suppression opérée par la Révolution des barrières qui séparaient ses provinces; et il suit logiquement, nécessairement de là que le monde gagnerait beaucoup plus encore à la suppression des barrières, qui tendent à séparer les États qui composent la république universelle. »—Pour peu qu'on y réfléchisse, on verra tout de suite par quel côté l'objection pèche et tombe. Say aurait raison, sans doute, si le monde formait une *république universelle*; mais là est le vice de son raisonnement, car, encore une fois, le monde se compose de plusieurs États, non d'un seul. Or, il ne s'agit pas ici de savoir, si, à l'introduction de la liberté commerciale, tout le monde gagnerait, mais bien ce que chacun y gagnerait.

Quel a été pour la France l'effet de l'abolition de ses barrières intérieures? une plus grande richesse générale, cela est incontestable. Mais il est incontestable aussi que plusieurs points du territoire ne sont plus riches maintenant, qui l'étaient jadis; il est incontestable du moins que quelques provinces se sont développées d'une manière disproportionnée. Eh bien? voilà précisément ce qui arriverait en grand si tous les Tarifs de douane étaient abolis dans l'univers entier. Le monde en masse y gagnerait assurément. Mais certains peuples y gagneraient beaucoup plus que certains autres. Or, si ces déplacements de richesses n'ont pas un résultat fâcheux en France, à quoi cela tient-il? à ce que la France est la France, et qu'au point de vue de la puissance nationale, il importe peu, par exemple, que l'Alsace soit plus riche que la Picardie, ou la Picardie plus riche que la Bretagne. Mais qui donc oserait soutenir que la chose est également indifférente, que le même principe est également vrai, lorsqu'il s'agit d'un seul et même peuple, et lorsque, au contraire, il s'agit de plusieurs peuples, naturellement rivaux et souvent ennemis? Il est donc absolument impossible de soutenir que, dans l'état actuel des relations internationales, la suppression complète des Tarifs de douane soit utile, et il est évident au contraire qu'une pareille innovation présenterait les plus graves dangers.

Est-ce à dire pour cela que les Tarifs actuels doivent être maintenus et qu'il faille se cantonner brutalement dans le vieux système prohibitif. A

Dieu ne plaise, et nous croyons au contraire que les Tarifs actuellement en vigueur en France doivent être pour la plupart profondément modifiés. La plupart, en effet, n'ont été établis que par des considérations purement fiscales, et ils exercent sur la production une influence funeste. D'autres n'ont pour but que de favoriser certaines classes de citoyens, quelquefois même certains individus, au grand préjudice de l'intérêt général, et ils entraînent des conséquences politiques singulièrement fâcheuses et dangereuses. Par ces deux sortes de raisons, il est absolument nécessaire que les réglements qui régissent aujourd'hui en France l'entrée et la sortie des marchandises soient revisés et remaniés. Les raisons qui précèdent ne sont, d'ailleurs, pas les seules, et il en est une autre à nos yeux beaucoup plus puissante. Nous avons dit plus haut que chaque peuple a un intérêt capital à diminuer la puissance de ses ennemis. Il a, d'autre part, un intérêt non moins grand à se faire des amis. Or, les réglements commerciaux, les Tarifs sont un double levier au moyen duquel il faut atteindre ce double but. Quand il établit ou modifie un Tarif de douane, le véritable homme d'État doit donc envisager non pas la nature du produit qu'il frappe ou favorise, mais la valeur politique du peuple qui fournit ce produit. Ce peuple est-il nécessairement ennemi? Frappez? Est-il ami, le peut-il devenir? Ouvrez toutes vos barrières ou du moins abaissez-les. Voilà le véritable principe qui domine la question, et ce principe, les économistes, uniquement préoccupés de leur science conjecturale et des intérêts de la production brute, n'ont pas su le voir. Cette lacune donne la clé de la plus grande partie des erreurs où on les surprend.

Résumant ceci, nous dirons : que la liberté du commerce n'est point un principe absolu ; que si elle offre théoriquement de très grands avantages, elle aurait sur le terrain de l'application pratique des résultats désastreux ; qu'il y faut tendre, mais avec mesure et une imperturbable prudence ; que dans les questions de Tarifs, il ne faut jamais perdre de vue l'intérêt politique ; que s'il y a péril à subordonner trop absolument l'économie politique à la politique, le péril est encore plus grand lorsque, dans la solution des problèmes économiques, on perd de vue les intérêts politiques ; et enfin que s'il est utile de fraterniser commercialement avec certains peuples, il en est d'autres contre lesquels il faut lutter résolument aussi bien à coups de Tarifs qu'à coups de canon.

E. DUCLERC.

TAXES. Ce mot vient du celtique *tas*, qui signifie *amas*. Dans son sens général, il désigne la quotité d'argent dont sont grevés les contribuables. « La Taxe, dit Roubaud, est proprement une imposition extraordinaire en deniers ou sommes déterminées ou proportionnelles, mise, dans certains cas, sur certaines personnes. Les Taxes sont payées par les sujets ou par certaine classe de sujets. Par là, on entend les Taxes régulières, fixes et permanentes, *créées sans le concours des peuples.* »

La première Taxe dont notre histoire fasse mention date de 1147. Elle eut pour prétexte les frais extraordinaires que nécessitait la croisade de Louis VII, alors régnant, et porta sur toutes les classes de la population. La seconde fut imposée dans une occasion semblable par Philippe-Auguste en 1190. Celle-ci s'éleva au dixième de tous les biens, meubles et immeubles, des ecclésiastiques seulement. Cette Taxe du dixième fut levée de temps à autre sur le clergé de France dans des nécessités pressantes. En 1515, François Iᵉʳ taxa tous les bénéfices au dixième de leur revenu, pour subvenir aux dépenses d'une expédition qu'il projetait contre les Turcs. Bien que cette Taxe ne dût frapper le clergé que pendant une année, elle devint de fait permanente ; et, en 1561, elle fut convertie en une rente perpétuelle de 1,600,000 livres au profit de l'État, qui continua d'être payée jusqu'à l'époque de la Révolution.

B.-C.

TÉLÉGRAPHE. Ce procédé, aussi simple que puissant, inventé par Chappe, a été appliqué, pour la première fois, en 1793.

Merveilleuse machine, en avons-nous dit, autre part, qui rapproche les distances et propage la pensée avec la rapidité de l'éclair ! langue universelle avec quoi l'on se parle d'un bout du monde à l'autre bout ! Si le gouvernement, par son exploitation restreinte et mystérieuse, n'en tire un parti si miraculeux, quel parti n'en tireraient pas le commerce et l'industrie ! Les marchés se concluraient en une matinée d'une capitale à l'autre ; une crise commerciale, dénoncée aux places voisines au moment où elle éclate sur la place frappée, trouverait celle-là en mesure d'en supporter le contre-coup avec moins de péril. Les avis de commission transmis à la minute, épargneraient des lenteurs souvent préjudiciables aux transactions. Voyez même de quel immense avantage serait le Télégraphe pour les relations privées ! Un père éloigné de sa famille donnerait de ses nouvelles en moins de temps qu'il n'en faut pour écrire une lettre ; une mère malade convoquerait en quelques minutes, autour de son lit de souffrance, tous ses enfants disséminés... Quel beau rêve ! Le continent tout entier ne serait plus qu'un immense salon que la même voix pourrait remplir ; le monde deviendrait un vaste cercle où la conversation circulerait, tantôt particulière, tantôt générale, — où Paris causerait avec Vienne, Berlin avec Madrid, Munich avec Saint-Pétersbourg, chacun avec chacun, tous avec tous !

Ce rêve, que faudrait-il pour le réaliser ? établir des Télégraphes publics ou rendre facultatif à tous les citoyens l'usage des Télégraphes du gouvernement. A la faveur de la Révolution de 1830, que beaucoup d'esprits naïfs avaient considérée comme le signal d'une émancipation intellectuelle et politique, plusieurs industriels ont voulu prendre ce dernier parti ; mais le monopole est intervenu et les a entravés par des arrêts judiciaires, en attendant qu'il les empêchât tout-à-fait par une loi. Le gouvernement ne nie point que le Télégraphe ne fût entre les mains de la société un fécond moyen de civilisation ; mais ce moyen, il l'annihile dans son intérêt à lui gouvernement. « Si le Télégraphe, dit-il, était au service de tous les factieux, ils pourraient en mésuser, et d'ailleurs le pouvoir y perdrait cette supériorité sur les citoyens que lui assure la possession exclusive d'une arme si redoutable. » Ce raisonnement, renouvellé des partisans de l'obscurantisme, conduirait tout droit, poussé plus loin, les gouvernements à s'arroger aussi, à titre de monopole, l'usage de la navigation et des chemins de fer, au lieu d'en laisser jouir la société. Il justifierait même une mesure d'ordre public par laquelle on lierait les bras à tous les gouvernés pour réserver la libre disposition des leurs aux seuls gouvernants. Le principe est, en effet, le même dans tous ces cas ; il n'y a de différence que du plus au moins.

Cette tendance est la condamnation la plus éclatante du mauvais esprit et de la déplorable ligne de nos gouvernants. De ce que, pour être forts, ils ont besoin que la société soit faible, ne donneraient-ils pas lieu de conclure que, mentant à leur institution, ils agissent, non pour la société, mais contre elle ?

Le Télégraphe, ainsi monopolisé, a une histoire plus variée que longue : sous l'Empire, il a dit nos victoires ; sous la Restauration, il s'est ensanglanté en portant des signaux à la guillotine de Grenoble ; depuis 1830, il s'est signalé en tuant, certain jour, le roi d'Espagne, deux ans avant sa mort, et pour l'ordinaire, il sert à répéter de ville en ville l'enthousiasme des Saint-Philippe, lequel a, du reste, grand besoin d'être multiplié pour faire un peu figure.   ALTAROCHE.

TEMPLE. Cet édifice tirait son nom de l'Ordre des Templiers, qui le fit construire au commencement du treizième siècle. Le grand-prieur y faisait sa résidence. Le trésor des chevaliers y était conservé. Après l'abolition de l'ordre, les rois de France le consacrèrent longtemps au même usage. Louis XVI y fut renfermé avec sa famille, en 1792. Aux bâtiments principaux et à la tour qui le composaient, attenait un vaste enclos, où le grand-prieur exerçait une juridiction indépendante. C'était aussi un lieu de refuge pour les banqueroutiers et pour les personnes poursuivies pour dettes. Le Temple fut démoli en 1805.

TEMPLIERS. (V. ORDRES DE CHEVALERIE, et la note à la suite.)

TENDANCE. Quand le ministère public poursuit un écrivain pour délit de presse, il cherche presque toujours à établir que l'écrivain est animé d'un *mauvais esprit* ; il trouve ensuite une expression particulière de ce mauvais esprit dans l'écrit spécialement incriminé. Mais toujours il faut que l'accusation se spécialise ainsi, et que le délit soit signalé dans l'expression d'une pensée déclarée criminelle par la loi ; le reste n'est qu'une forme oratoire.

Il fut un temps, sous la Restauration, où cette habitude oratoire de messieurs les avocats du Roi fut érigée en formule légale. Il n'était plus nécessaire de rencontrer dans *un* écrit déterminé *une* pensée criminelle ; il suffisait, pour construire un délit, de saisir dans une succession d'écrits une Tendance vers la pensée criminelle. C'était l'époque où les fougueux amis de la Restauration voulaient à toute force dompter l'esprit libéral ou révolutionnaire. Ils rédigèrent donc une loi de sinistre mémoire qui, par une franchise presque cynique, s'intitulait : *de la Police des journaux.* Comme si on avait voulu clairement exprimer qu'on introduisait dans le domaine de la pensée les déplorables coutumes de gouvernement usitées dans les choses matérielles. Cette loi, du 17 mars 1822, qui permettait la censure en l'absence des chambres, exigeait pour toute publication périodique une *autorisation* royale, et elle disait :

« Dans le cas où *l'esprit* d'un journal ou écrit
» périodique résultant d'une *succession* d'ar-
» ticles serait de *nature* à porter atteinte à la
» paix publique, au respect dû à la religion de
» l'État ou aux autres religions légalement re-
» connues en France, à l'autorité du roi, à la sta-
» bilité des institutions constitutionnelles, à l'invio-
» labilité des ventes des domaines nationaux et à
» tranquille possession de ces biens. — Les cours
» royales dans le ressort desquelles ils seront éta-
» blis pourront, en audience solennelle de deux
» chambres, et après avoir entendu le procureur
» général et les parties, prononcer la *suspension*
» du journal ou écrit périodique pendant un temps
» qui ne pourra excéder un mois pour la première
» fois, et trois mois pour la seconde. — Après ces
» deux suspensions, et en cas de nouvelle récidive,
» la suppression définitive pourra être ordon-
» née. »

Avec un peu d'habileté, il n'eût pas été difficile d'arriver, à l'aide de cet article, à la *suppression* de la *mauvaise* presse de ce temps-là, de la presse libérale. Mais le pouvoir d'alors trouva de la résistance dans les Cour royales. Les deux plus célèbres procès de Tendance, par lesquels on voulait obtenir la suppression du *Constitutionnel* et du *Courrier français*, furent gagnés par ces deux journaux devant la Cour royale de Paris (3 et 5 décembre 1825).

Néanmoins la loi de 1822 menaça l'existence de tous les journaux jusqu'en 1828. A cette époque, une réaction contre l'esprit ultra-monarchique modifia la direction du pouvoir. La loi de Tendance fut abrogée pour ne plus reparaître, au moins sous la même forme. Qui eût pu prévoir alors les lois de septembre 1835 ?   H. C.

TERREUR. Si l'on nous demandait : qui a inventé la Terreur ? nous ne le saurions dire. Aussi loin qu'il nous est permis de rechercher les origines constitutionnelles des populations helléniques, nous voyons le polythéisme élever des autels à des terroristes fameux : à Rome, au temps de Sylla comme au temps de Tibère, la Terreur suspend un glaive sanglant sur toutes les têtes illustres ; quel plus intraitable terroriste que cet artisan élevé sur la chaire papale sous le nom de Grégoire VII, qui, du sommet du Vatican, contemple tant de Césars tremblant sous sa main redoutée, et qui laisse en mourant, à ses successeurs, un code de tyrannie dont tous les articles rappellent une des œuvres de sa vie glorieuse ? Quel est le tribunal révolutionnaire dont les annales inspirent plus d'effroi que celles de cet ordre célèbre dont les cortès de 1812 ont abrogé les attributions exceptionnelles ? Pour pacifier l'Ecosse presbytérienne, pour défendre la couronne d'Angleterre contre les entreprises des complices de la cour de Rome, Elisabeth et Jacques Ier emploient-ils un autre moyen que la Terreur ? N'est-ce pas avec ce glaive que Richelieu abat l'aristocratie féodale ? N'est-ce pas un manifeste terroriste que cette révocation de l'édit de Nantes, qui condamne à l'exil tant de familles française et dépeuple des provinces entières ? La Terreur est un moyen qui, à diverses époques, a été employé par les hommes d'Etat les plus vénérés, et par les plus détestables tyrans, au service des meilleures comme des plus mauvaises causes : « La Terreur, dit un jour Saint-Just à la Convention, est une arme à deux tranchans, dont les uns se sont servis pour venger les principes, et d'autres à combattre la tyrannie.»

Nous savons que des sophistes ont beaucoup argumenté après l'auteur du *Leviathan,* pour justifier toutes les violences des gouvernements et démontrer que la Terreur doit être l'état normal de toute société politique. Mais ils n'ont su nous convaincre : si c'est une chimère que de croire à la possibilité d'un accord véritable entre l'ordre et la liberté, cette illusion est la nôtre, nous le confessons. Mais non, cette croyance n'est pas chimérique ; outre que les témoignages de l'histoire nous autorisent à contredire les axiomes terroristes énoncés et développé par Hobbes, dans cet écrit fameux qui a servi d'argument à tant de commentaires, notre raison, l'expérience que nous avons des faits contemporains, le peu de crédit qu'ont obtenu les prédications violentes de quelques hommes de parti, le bon état de l'opinion, l'esprit de tolérance et de conciliation qui a pénétré, même les consciences les plus ulcérées, tout nous prouve qu'un gouvernement quelconque serait mal accueilli s'il se présentait à la nation avec la Terreur pour programme. Nous ne disons pas que certaines nécessités ne puissent, dans telle circonstance, exiger impérieusement que l'ordre public soit d'abord garanti ; mais nous pensons que le pays ne sanctionnerait pas aujourd'hui, quel que fût le motif allégué, un décret suspensif de la liberté : le pays ne craint plus ni la propagande, ni les complots des minorités ; il peut avoir, et il a confiance en lui-même, après l'épreuve récente qu'il a faite de ses forces ; et cette confiance lui inspire une fierté qui ne supporterait pas, qu'on le sache bien, une tutelle despotique. S'il est vrai que, de notre temps, la plupart des bons esprits soient encore plus préoccupés, après tant de commo-

tions civiles, des périls qui peuvent menacer l'ordre, que des intérêts de la liberté compromise, il ne faut pas voir dans cette louable inquiétude un parti pris, alarmant pour les individualités dissidentes. La Terreur n'est pas l'inévitable prologue de toute réforme constitutionnelle.

Il y a des époques, nous devons le reconnaître, où l'emploi de la Terreur est en quelque sorte inévitable ; il y a de grandes rénovations politiques qui ne peuvent s'accomplir, si le pouvoir chargé du soin de protéger la conquête révolutionnaire ne veille pas avec le glaive autour du dépôt qui lui a été confié. Cette terrible nécessité a été comprise, a été acceptée par les hommes d'état les plus intelligents de cette assemblée qui fut appelée à gouverner la France après les graves événements du 10 août 1792. Un gouvernement qui avait duré pendant quatorze siècles, qui avait exercé sur tant de générations une influence souveraine, venait d'être violemment dépossédé de ses antiques prérogatives ; le trône de Louis XIV venait d'être renversé par un coup de main, et Paris avait proclamé qu'entre la monarchie et la liberté tout compromis était désormais impraticable. Les circonstances allaient être plus que difficiles pour le gouvernement nouveau : menacés, d'une part, par les nombreux clients de cette royauté que le peuple avait proscrite ; entravés, d'autre part, dans l'exercice de leurs attributions révolutionnaires, par des hommes qui, acceptant la catastrophe du 10 août comme un fait, s'inquiétaient moins, d'ailleurs, de diriger le mouvement que de l'arrêter, les représentants officiels du parti républicain entendirent, dans ce terrible moment, l'appel qui fut fait à leur civisme par les sociétés populaires, par les municipalités nouvelles, et considérant que le premier de leurs devoirs était de sauver la Révolution, ils ne reculèrent pas devant les mesures extrêmes, ils organisèrent la Terreur. Quel qu'ait été le nombre des proscrits, nous ne savons pas condamner une résolution dont l'opportunité préserva le pays de malheurs plus grands que ceux qu'il eut à déplorer. Les ennemis avoués de la Révolution ont eux-mêmes reconnu que l'énergie du comité de salut public contribua plus encore à la défense du territoire que la valeur des légions républicaines : que l'on suppose le salut de la France confié aux mains tremblantes d'un conseil de Fabius, en 1793, quand la trahison de Dumouriez ouvrait nos frontières à la coalition, quand les intrigues des Girondins agitaient nos provinces, quand Toulon était déjà livré aux Anglais, et une restauration s'accomplissant à la faveur de nos troubles civils, avec le concours du duc de Brunswick et des émigrés français : quelles terribles représailles eussent couronné le triomphe de la contre-révolution ! En 1798, le comte de Maistre, parlant au nom des modérés de son parti, et ils étaient en petit nombre, conseillait de pardonner à la nation qui avait laissé marcher au supplice le fils de saint Louis, quand toutefois elle aurait livré à la justice des rois les auteurs du forfait consommé le 21 janvier : en 1793, qui n'eût pas été jugé comme complice de cet acte si la Révolution avait été vaincue? Nous avons sous les yeux la nomenclature officielle de toutes les têtes qui ont été frappées par la Terreur, à Paris, depuis le 17 août 1792 jusqu'au 9 thermidor de l'an II ; cette liste contient 2,637 noms, et l'on sait que le tribunal de Paris évoqua bien des affaires. Une restauration n'eût-elle donc pas exigé plus de victimes? « On se plaint, disait à la Convention un des membres du comité de salut public, on se plaint de mesures révolutionnaires : mais nous sommes des modérés en comparaison des autres gouvernements ! En 1788, Louis XVI fit immoler huit mille personnes de tout âge et de tout sexe dans Paris, dans la rue Meslay et sur le Pont-Neuf. La cour renouvela ces scènes au Champ-de-Mars ; il y avait quatre cent mille prisonniers ; on pendait par an quinze mille contrebandiers, on rouait trois mille hommes, etc., etc... » Voilà quelles étaient les pratiques de la monarchie, voilà quels gages elle offrait de son respect pour la vie des citoyens ! Il ne lui eût pas été permis, en 1815, d'accorder une satisfaction aux rancunes de ses partisans, alors même qu'elle n'eût pas été représentée par un prince doué de prudence, qui savait combien il importait de promettre l'*oubli* pour obtenir l'*union* ; mais devant quels excès eût-on reculé, en 1793 ? Quels châtiments n'eussent pas été infligés à l'esclave révolté par un maître jaloux de ses droits, et curieux de prévenir par une vindicte exemplaire une nouvelle entreprise en faveur de la liberté ? Oui, nous n'hésitons pas à le dire, la Terreur monarchique eût été autrement cruelle, autrement impitoyable que la Terreur révolutionnaire : oui, nous le croyons, l'énergie tutélaire du comité de salut public a sauvé plus de têtes qu'elle n'en a fait tomber !

Le don de prophétie n'appartient à personne, et nous ne savons trop sur quoi l'on pourrait se fonder pour garantir, au nom des générations futures, qu'elles n'auront jamais à invoquer, pour la défense de l'État, la Terreur et son attirail de lois exceptionnelles, de tribunaux et de supplices extraordinaires. Assurément si l'on avait dit à Voltaire que, pour traduire en articles constitutionnels ses sentences philosophiques sur les prêtres et sur les rois, il serait besoin d'établir un jour un tribunal non moins impitoyable que le Saint-Office, et de renouveler contre les défenseurs de l'autel et du trône les sévices exercés contre les Manichéens d'Albi, il ne l'aurait pas cru : gardons-nous donc d'affirmer au delà de ce que nous pouvons prouver. Mais, ce qui prouve que le parti démocratique ne serait pas réduit, même dans l'hypothèse d'une révolution nouvelle, à la triste nécessité de terrifier ses adversaires pour faire respecter son œuvre réformatrice, c'est que la révolution de 1789 a tellement affaibli les éléments conservateurs de l'ordre monarchique qu'ils ne peuvent plus opposer une résistance sérieuse aux progrès des esprits et des institutions.

B. HAURÉAU.

TERRORISTES. Nous avons sommairement exposé les motifs qui ont déterminé, qui ont né-

cessité, après la révolution du 10 août 1792, l'établissement du régime provisoire, exceptionnel, que l'on appelle la Terreur. Il nous faut maintenant dire quelques mots sur les hommes qui instituèrent ce régime, et apprécier le but commun ou différent que se proposèrent d'atteindre, par la Terreur, les partis que nous avons comptés dans la Convention. (V. ce mot.)

La terreur fut mise à l'ordre du jour par le décret du 10 octobre 1793 qui, établissant le gouvernement révolutionnaire jusqu'à la paix, suspendit l'action de tous les pouvoirs constitutionnels. Il n'y a pas à douter que le résultat espéré de ce décret fut la Terreur. Les Jacobins, et avec eux les sections de Paris, réclamaient depuis longtemps des mesures dont la vigueur remplit d'épouvante les ennemis de la patrie, et le rapport de Billaud-Varennes, du 28 brumaire an II, qui peut être regardé comme le programme du régime révolutionnaire, nous apprend que l'opinion des Jacobins et des sections était aussi celle du comité de salut public. Mais qui importait-il davantage de terrifier? Il ne s'agissait pas seulement de prononcer solennellement de vaines menaces, il fallait encore désigner les suspects, il fallait sévir contre quelques coupables pour intimider leurs complices. Et quels étaient, dans la République, ses plus dangereux ennemis? Pour la majorité des membres de l'Assemblée qui, dans la séance du 22 septembre 1792, avait proclamé la déchéance de la monarchie, la grande affaire était de frapper les principales têtes de la faction royaliste, et de mettre les portes d'un cachot entre les conspirateurs de Coblentz et leurs correspondants de Paris. Pour la minorité, il ne suffisait pas de tenir en échec, devant la frontière républicaine, les armées de la monarchie et d'envoyer au supplice un certain nombre de ses partisans indiscrets ; il fallait, avant toute chose, consolider la République par la réforme des institutions et des mœurs.

Nous distinguons bien nettement, dès l'origine du gouvernement révolutionnaire, cette double tendance.

Danton, qui fut le plus illustre représentant des Terroristes de la première catégorie, avait énergiquement manifesté leurs préoccupations exclusives dans cette nuit sanglante du 2 septembre, où, s'adressant aux citoyens réunis à la hâte à l'Hôtel-de-Ville, il leur tenait ce langage : « Le canon que vous entendez, c'est le pas de charge de nos ennemis ; pour les vaincre, pour les atterrer, que faut-il faire? de l'audace, encore de l'audace, et toujours de l'audace ! » Les œuvres de cette audace, on les connaît. Nous n'avons pas à formuler ici une opinion sur les massacres de septembre, et nous pouvons d'ailleurs nous abstenir d'apprécier la part qu'y prit Danton ; mais il nous paraît important de rappeler, qu'au témoignage des historiens les plus favorables aux amis du *procureur-général de la lanterne*, la responsabilité des massacres de septembre est surtout imputable à ces patriotes de la *première réquisition* ; qu'ils nous sont signalés comme ayant encouragé les exécuteurs, comme ayant marqué les victimes, comme ayant peut-être mis la main au carnage, et, qu'en effet, avant comme après les journées de septembre, à Paris et dans les départements, ils se sont toujours montrés les plus impitoyables dénonciateurs des royalistes, et les plus cruels des proconsuls, lorsque des provinces agitées par le royalisme ont été confiées à leur administration temporaire.

Les Terroristes de la seconde catégorie ont été maudits, même sur l'échafaud, par tout le monde, ou à peu près. Ils ne pouvaient avoir mérité l'affection des royalistes ; de plus, ils avaient soulevé contre eux tous ceux des républicains qui ne voyaient dans la Révolution que la substitution pure et simple d'un principe à un autre principe, ou, moins encore, un avantage personnel. En effet, non seulement il leur avait semblé utile de terrifier les complices du parti qui voulait restaurer la monarchie ; ils avaient fait mettre la vertu à l'ordre du jour, ils avaient aussi fait proclamer que les attentats contre l'unité représentative, que les abus de confiance des fonctionnaires, que les déclamations contre l'indivisibilité de la République n'étaient pas des crimes moindres qu'un vœu public ou secret en faveur de la cause proscrite par la déclaration du 22 septembre 1792. Nous pouvons aujourd'hui justifier leur logique ; nous pouvons dire hautement que le supplice de tant d'ex-nobles, d'ex-prêtres, rendit à la République un service moins éminent que le décret par lequel furent interrompues les usurpations et les saturnales de la commune de Paris. Quant au jugement rendu contre les associés de Danton, nous attendons encore les pièces que leurs amis survivants devaient produire en appel devant la postérité ; nous attendons, pour les absoudre, que l'on nous prouve qu'ils ont été injustement condamnés, les uns comme fripons, les autres comme agents de l'étranger.

On comprend que nous ne pouvons, dans ces colonnes, insister sur tous les faits et motiver toutes nos opinions sur les hommes et sur les choses. Que l'on nous permette cependant d'insister sur un fait qui n'a pas été compris par la plupart des historiens.

Bien que le gouvernement révolutionnaire eût été établi pour durer jusqu'à la paix, une réaction contre la Terreur s'était manifestée, même dans le sein du comité de salut public, quelque temps avant le 9 thermidor. Il ne faut pas croire que Danton et Fabre d'Eglantine aient été conduits à l'échafaud pour avoir réclamé l'établissement d'un *comité de clémence* : Danton et ses amis ne sollicitaient la clémence du gouvernement qu'en faveur des fonctionnaires prévaricateurs ; ils ne plaidaient que leur cause. Un sentiment plus élevé conseillait la suspension de la Terreur à ceux des membres du Comité de salut public qui s'employaient avec le plus de zèle à démasquer les intrigants et à surveiller sévèrement la conduite des voleurs et des traîtres appelés aux fonctions publiques dans les premiers jours de la Révolution : la République n'avait plus à craindre les

royalistes de l'intérieur, elle pouvait avec sécurité leur laisser le culte de la conscience, et des démarches conciliantes avaient été déjà faites par Couthon auprès de quelques membres éminents de la Plaine, connus pour avoir des affections royalistes quand éclata le complot du 9 thermidor.

Les vengeurs de Chaumette et de Danton avaient préparé un coup de main : les royalistes se persuadèrent avec raison qu'après les avoir aidés dans leur entreprise, ils auraient meilleur marché de cette populace sans chefs, que de Robespierre, de Saint-Just et de Couthon. Ils s'associèrent, dans cette vue, à la conspiration du 9 thermidor. Nous avons entre les mains mille preuves qui nous autorisent à affirmer que les auteurs principaux de cette contre-révolution n'en avaient pas prévu les conséquences, et qu'ils se souciaient de tout autre chose que de finir la Terreur. Nous n'en produisons qu'une seule. On sait que le décret d'accusation contre Robespierre fut demandé par un des députés de l'Aveyron nommé Louchet. Voici comment s'exprimait, dans la Convention, quelques mois après le supplice du *Dictateur*, quelques mois après le triomphe de la fraction du parti Terroriste qui avait inspiré les massacres de septembre, cet obscur complice du proconsul d'Orange : « Nous n'avons plus qu'un moyen, qu'un seul moyen de sauver la patrie, c'est de nous montrer sans cesse armés de cette sévérité inflexible à laquelle le *judicieux* et *profond* Marat ne cessait de nous rappeler ; c'est d'employer contre les ennemis déclarés de la Révolution des mesures plus justes, par conséquent *plus fortes*, *plus terribles* que jamais.... » Et après avoir exagéré à dessein les périls intérieurs et extérieurs de la République dans une amplification du plus mauvais goût, après avoir effrontément disserté pendant plus d'une heure sur cette horrible thèse : « En révolution, défiance est sagesse, sévérité clémence, et clémence cruauté », il concluait ainsi : « Pénétré de la nécessité de tarir au plus tôt la source de nos troubles intérieurs, persuadé qu'il n'existe pour cela d'autre moyen que de maintenir partout à l'ordre du jour *la terreur...* » Il ne put achever ; des murmures couvrirent sa voix. Mais de quelle partie de la chambre vinrent ces murmures ? Ce ne fut pas la majorité qui se souleva contre cet homme et ses doctrines, car elle ordonna l'impression du discours dont nous venons de citer quelques phrases, et chargea le Comité de salut public de lui donner immédiatement un avis sur l'opportunité des *grandes mesures* qui lui étaient conseillées au nom de Marat, qui lui étaient recommandées avec instance par Louchet et par Charlier, le défenseur de Philippeaux, le lévite enthousiaste de la déesse Raison.   B. H.

TEST. En 1534, Henri VIII, roi d'Angleterre, irrité contre le pape Clément VII, qui avait refusé de déclarer nul son mariage avec Catherine d'Espagne, tante de Charles-Quint, fit abolir par le parlement le pouvoir et la juridiction du saint-siège dans son royaume, se fit déclarer chef suprême de l'Église anglicane, et l'investit de toute l'autorité pont il dépouillait le pape. A cette occasion, il exigea de ses sujets un serment qu'on appela le *Test*, le *serment du Test*, ou le *serment de suprématie*, lequel contenait principalement la négation de la suprématie du Pape et du dogme de la transsubstantiation, et une renonciation absolue au culte de la vierge et des saints. Plus tard, sous le règne de Charles II, les encouragements donnés par ce prince au catholicisme et les persécutions auxquelles les différentes sectes dissidentes furent en butte augmentèrent à tel point la haine de la nation contre les papistes, que le parlement, pour satisfaire au vœu public, rendit un acte qui ajoutait, à l'ancienne formule du *Test*, l'obligation d'abhorrer le papisme comme une idolâtrie.   B.-C.

TESTAMENT. Les diverses acceptions de ce mot s'appliquent aux institutions civiles, politiques et religieuses, dont l'histoire sacrée et l'histoire profane nous ont conservé les traditions séculaires.

L'Ancien Testament est à la fois un code politique et religieux, c'est la consécration du gouvernement théocratique dans toutes ses phases.

L'usage du Testament dans l'ordre civil a été le plus puissant élément de la puissance du clergé depuis Constantin ; et, pendant une longue suite de siècles, les libéralités, par acte de dernière volonté en faveur des églises, se sont multipliées à l'infini. Dans ces temps d'ignorance, une partie même du clergé ne savait pas écrire ; mais la parole du prêtre suffisait, et chaque décès donnait au clergé un legs, dont il fixait lui-même la quotité. Nul n'était censé mourir intestat. Ainsi, acquérant toujours et n'aliénant jamais, le clergé se trouva bientôt propriétaire de la plus grande partie du territoire. Il avait pour tributaires la noblesse même et les princes, et de riches dotations dans les derniers siècles ont ajouté à ses immenses possessions. Le mot Testament devrait être écrit en lettres d'or sur la porte de tous les couvents.

Habitués à se considérer comme les maîtres absolus des populations et des territoires, les monarques durent souvent disposer par Testament de tout ou partie de leur État. Notre histoire nationale en fournit de nombreux exemples. Je n'en citerai qu'un seul, dont la véritable cause a échappé aux historiens ; et cette cause se rattache essentiellement à l'histoire de l'émancipation des Communes, et démontre qu'au commencement du quinzième siècle, le peuple avait une juste idée de ses droits.

Je veux parler de la donation du Dauphiné par Humbert II, en faveur de la couronne de France. Ce dernier, dauphin du Viennois, n'était plus le maître absolu de sa principauté, *ses sujets* s'étaient affranchis spontanément, et ils stipulèrent, dans la charte qu'ils se donnèrent, qu'ils faisaient remise à leur prince Humbert II de tout ce qu'il avait injustement perçu en redevances. C'était dans une pensée toute pieuse qu'ils lui faisaient cette remise, pour la décharge de sa

conscience. Cette donation était un véritable acte testamentaire, car Humbert II alla immédiatement se retirer dans un couvent de Dominicains, dont il prit l'habit. Il fut depuis évêque, et obtint l'*administration* de l'archevêché de Reims. Cette donation n'avait que l'apparence d'une libéralité ; c'était un marché. Cet acte, daté de 1343, fut confirmé en 1349, lorsque le roi Philippe de Valois eut compté à Humbert la somme de 40,000 écus d'or et une pension de 6,000 écus. C'était tout profit pour Humbert : il donnait ce qu'il ne pouvait conserver, car son pays ne voulait plus de lui et s'était déclaré affranchi de sa domnation.

Les Testaments de plusieurs rois ont donné lieu à de graves et solennelles discussions dans les assemblées d'*états libres et généraux de France*, et même dans le parlement de Paris. Celui de Louis XI, qui déférait la régence à sa fille Anne de Beaujeu, fut modifié par les états de 1484. Le parlement de Paris cassa celui de Louis XIV.

Il est un autre genre de *Testaments* qui appellent les méditations des publicistes et des hommes d'état : ce sont les Testaments des hommes qui ont gouverné les peuples. Il faut placer au premier rang le Testament du chancelier Lhospital. Ce Testament, dicté par lui à son petit-fils, peu d'heures avant sa mort, est d'une incontestable authenticité. L'original est déposé à la Bibliothèque Nationale, avec tous les documents qui en attestent la véracité. C'est l'histoire des principaux événements du seizième siècle, raconté par l'homme le mieux placé pour les connaître et le plus capable d'en signaler les causes patentes ou secrètes et d'en faire une juste et impartiale appréciation.

Deux heures après avoir dicté ce grand document politique, Michel Lhospital rendit le dernier soupir.

Dans les dix-septième et dix-huitième siècles, parurent d'autres Testaments politiques vraiment remarquables. — Les principaux sont ceux de Richelieu, de Colbert, de Louvois, du petit-fils du malheureux Fouquet, le maréchal de Belle-Isle.— Les trois premiers font l'apologie de la politique de leur auteur, et c'est une série incessante de conseils pour l'avenir. Tous sont adressés au roi Louis XIII et au roi Louis XIV, son successeur.— L'authenticité de ces Testaments a été contestée.

Le mode de transmission de la propriété par acte testamentaire n'était pas la même pour toute la France. Plusieurs provinces, et notamment celles du midi, avaient adopté le droit d'aînesse pour toutes les familles nobles et roturières. L'égalité des partages en ligne directe fut réclamée dans l'immense majorité des cahiers de 1789. Cette réforme se fit un peu attendre ; mais elle fut enfin consacrée par l'Assemblée Constituante, et ce fut un des premiers, un des plus précieux bienfaits de la Révolution.

Le gouvernement de la Restauration a voulu rétablir ce vieil abus. — L'opinion publique fit justice de cette prétention toute féodale. — Notre nouvelle législation, en réduisant dans de justes limites la portion disponible en ligne directe, a maintenu le droit de disposer de tout son bien à celui qui ne laissait que des collatéraux.

La reconnaissance nationale a accueilli avec bonheur les hommes qui ont consacré leur fortune aux progrès des sciences et des arts. Ils ont choisi l'*Institut* national pour exécuteur testamentaire, et chaque année des solennités académiques rappellent les noms et les bienfaits des Grégoire, Volney, etc.   **D.-Y.**

TETRARCHIE, quatrième partie d'un état démembré.

THALWEG. Mot d'origine allemande qui signifie chemin ou ligne de la vallée. C'est une ligne idéale tirée parallèlement aux deux rives d'un cours d'eau et qui le divise en deux portions égales. Lorsqu'un fleuve sert de limite à des états, c'est, à moins de stipulations contraires, le Thalweg qui est la véritable frontière.

THEOCRATIE. Gouvernement dans lequel Dieu est censé seul souverain et seul législateur. Telle est la définition de Bergier. Elle est littérale, mais elle n'est pas exacte : l'usage attribue souvent aux mots une signification qu'ils n'ont pas littéralement, ets'il importe que l'acception usuelle d'un mot soit rigoureusement déterminée, c'est surtout dans un dictionnaire. Or, qu'est-ce qu'un gouvernement dans lequel Dieu est réputé souverain et législateur? Les catholiques répondent en racontant la légende du Dieu de Moïse lui apparaissant sur le Sinaï, et lui confiant les Tables de la loi. Mais, outre que les catholiques et les juifs ont seuls aujourd'hui foi dans cette légende, n'y a-t-il pas diverses définitions de Dieu? Ainsi, dans le vocabulaire de cette école qui, selon Scot Erigène, donne pour racine au mot Θεός le verbe Θεω, *courir*, et nous enseigne que Dieu *court* dans tous les êtres, quel est le gouvernement qui, d'après la définition même de Bergier, n'est pas théocratique? Or, comme cette école prétend compter parmi ses docteurs Mallebranche, Leibnitz, Fénélon et quelques autres philosophes non moins considérables, il n'est pas permis de trop la dédaigner.

Mais le vulgaire, *quem penes arbitrium....*, s'inquiète peu de ces distinctions philosophiques : il appelle Théocratie un gouvernement représenté par des prêtres, au nom d'un titre spécial qui, suivant leurs prétentions, leur est conféré par Dieu même. Ainsi, bien que les Juifs, les Rois et les Juges aient tour à tour exercé la suprême puissance, en se conformant plus ou moins aux préceptes du Décalogue, mais sans le modifier, sans le désavouer, on ne dit pas cependant que leur gouvernement ait été théocratique: mais, quoi qu'en pensent les catholiques, on appelle indifféremment une Théocratie toute société politique administrée par un collége sacerdotal, sans apprécier d'ailleurs si telle secte religieuse motive mieux que telle autre son droit divin.
                             B. H.

TIARE. Sorte de bonnet rond, assez élevé, entouré de trois couronnes d'or enrichies de pierreries posées l'une sur l'autre, qui se termine en pointe, et soutient un globe surmonté d'une croix. C'est l'ornement de tête que portent les papes dans les cérémonies d'apparat.   **B.-C.**

TIERS-ÉTAT. On comprenait jadis sous cette dénomination tous les Français qui n'étaient ni nobles, ni prêtres. Il faut encore en distraire du clergé la partie la plus éclairée, la plus honorable; le clergé des paroisses, des villes et des campagnes; les curés et les vicaires n'étaient pas admis aux assemblées générales du clergé ni aux conciles. On n'admettait à l'exercice de ces droits que les dignitaires, les prélats, les abbés chefs d'ordre et les titulaires des doyennés.

Ainsi, le Tiers-État se composait en outre des propriétaires d'immeubles, des commerçants, des agriculteurs, des fabricants, etc.— Le Tiers-État, c'était la nation.—Tel était encore, en 1789, la situation politique de la population française quand Sieyes publia son fameux manifeste intitulé : *Qu'est-ce que le Tiers-État?*

« Le plan, disait l'auteur, est tout simple. Nous avons trois questions à nous faire :

» 1° Qu'est-ce que le Tiers-État? Tout.

» 2° Qu'a-t-il été jusqu'à présent dans l'État politique? Rien.

» 3° Que demande-t-il ? A devenir quelque chose. »

Le Tiers-État date de la seconde année du XIVe siècle. Il est vrai qu'avant cette époque il existait une classe d'hommes ayant la libre disposition de leurs personnes et de leurs biens à quelques exceptions près. C'étaient les descendants des légionnaires romains établis dans les Gaules et qui tenaient au pays par le double lien de la famille et de la propriété ; les possesseurs d'aleux ou terres qui pouvaient se transmettre par succession ; les ingénus ou hommes libres et les affranchis. — Cette classe, non pas absolument libre, mais moins assujétie, moins esclave que les serfs, avait été anéantie dans cette assemblée impie, appelée l'*Adnonciation de Mersen* (847) où la fidèle *noblesse* et le clergé dégradèrent et emprisonnèrent dans un cloître l'empereur Louis le pieux et donnèrent sa couronne à ses fils, alors en pleine rébellion contre l'autorité paternelle. Il fut décidé, dans le conciliabule, que les hommes libres choisiraient, dans un bref délai, le seigneur dont ils relèveraient. — Ainsi se réalisa cette maxime du droit féodal : — *Point de terre sans Seigneur.* Ces mots résument tout le code de la féodalité.

Cette déplorable anarchie dura jusqu'à la fin du Xe siècle. Il y avait alors un pays qu'on appelait la France, mais il n'y avait point de nationalité française. La royauté, épuisée par les usurpations incessantes du haut clergé et des seigneurs, n'était plus qu'un titre sans pouvoir, sans force. Ansel Garlande, ami d'Abélard et principal ministre de Philippe Ier, imagina d'émanciper les communes. Cet affranchissement ne pouvait s'effectuer que dans les domaines du Roi. Au delà, son autorité de souverain était absolument nulle. Un événement tout-à-fait imprévu favorisa cette révolution : les croisades. Les seigneurs vendirent des chartes d'affranchissement. Des villes entières et quelques provinces s'affranchirent spontanément par leur seule volonté ; elles avaient déjà le sentiment de leur dignité et de leur droit. Cette émancipation liait bien entre elles les familles de chaque localité ; mais pour constituer une nationalité il fallait associer aux mêmes droits, aux mêmes intérêts, toutes les parties du territoire et de la population.—Enguerrand de Marigny fit admettre les représentants des communes aux États libres et généraux de France.

Alors fut constitué ce troisième ordre qu'on appela *Ordre commun*, *Tiers-Ordre* et *Tiers-État* — V. ÉTATS GÉNÉRAUX, ÉTATS PROVINCIAUX, etc.

De grandes corporations, l'Université de Paris, les Parlements prétendirent bientôt à avoir une représentation spéciale dans ces assemblées. —La magistrature fut admise comme ordre aux États généraux d'Orléans en 1560.

Les propriétaires, les agriculteurs, les commerçants ne furent considérés que comme un quatrième ordre. L'opulent financier, le bourgeois sans profession, mais vivant de ses revenus, et le laboureur et contre-maître de fabrique ou d'atelier furent confondus dans ce quatrième ordre. Les *Riches plébéiens* achetèrent des charges qui conféraient la noblesse, et, depuis François Ier, on en comptait *quatre mille* de cette espèce. — Nous arrivons à la dernière époque de ces étranges transformations dans l'ordre social. Vient la Révolution de 1789. Tous les titres, tous les priviléges nobiliaires furent abolis par la loi du 4 août 1789. Il n'y eut plus d'ordres, plus de classes privilégiées et non privilégiées : tous furent égaux devant la loi comme devant Dieu.

Mais par la position que lui avait faite cette réformation, la bourgeoisie acquit une immense influence, et se trouva en première ligne dans la carrière du pouvoir et de la considération.

Bientôt, les constitutions impériales et les chartes créèrent un nouveau patriciat, auquel la rééligibilité indéfinie des députés a déjà prêté une grande consistance.—L'inégalité des conditions, la division des populations en castes opposées d'intérêts et d'opinions a été la perte des plus puissants empires. C'est une vérité démontrée par l'histoire de tous les temps et de tous les lieux. La France s'était délivrée de ce fléau. Il n'y avait plus ni noblesse, ni Tiers-État. Il y avait tout ce qui constitue une véritable et forte nationalité, unité de lois, de droits et de devoirs politiques pour tous. Le retour à ce régime de justice, de sécurité et de bonheur commun est le vœu de l'immense majorité des Français. Ce vœu deviendra nécessairement une réalité. Le mot Tiers-État n'appartiendra bientôt plus qu'à l'histoire ancienne.

DUFEY (de l'Yonne).

TIERS CONSOLIDÉ. On a donné le nom de Tiers consolidé à la dette publique, lorsqu'elle fut, par la loi du 8 vendémiaire an VI, réduite des deux tiers, l'État ne reconnaissant plus que

le troisième tiers de cette dette. Ce qu'on appelait la consolidation de la dette n'était donc réellement qu'une déclaration de faillite, par laquelle l'État donnait à ses créanciers un dividende de 33 °/₀ sur leurs créances. C'était une singulière idée que de s'imaginer consolider la dette en la diminuant. Pour un État, ce n'est pas la quotité de la dette qui offre aux créanciers plus ou moins de solidité, c'est la confiance qu'inspire l'État : en d'autres termes, c'est le crédit public. Un État chargé d'une grosse dette peut souvent offrir plus de garanties qu'un État qui ne devrait rien ou presque rien ; et l'État qui prétend consolider sa dette en la réduisant des deux tiers ne fait que donner des inquiétudes sur le troisième tiers, qu'il appelle consolidé ; car il diminue d'autant son crédit, et enlève aux créanciers dépouillés non seulement une portion matérielle de leur capital, mais aussi la sécurité qui doit donner quelque valeur au capital qui leur reste.

E. R.

TIMBRE. L'impôt du Timbre est, en quelque sorte, le plus universel de tous les impôts : il frappe à la fois ce qui fait vivre le corps et ce qui nourrit l'esprit, la matière et l'intelligence. Il atteint l'homme à trois époques solennelles, la naissance, le mariage et la mort, par le Timbre sur les expéditions des actes de l'état civil ; le citoyen à tous les instants de sa vie publique, par le Timbre sur les écrits, politiques. Il grève la terre et tout ce qu'elle produit par le Timbre sur les actes civils et judiciaires ; le commerce et l'industrie, par le Timbre sur les billets à ordre, mandats, lettres de change, avis, affiches, annonces, etc. ; la locomotion des personnes et le transport des marchandises, par le Timbre des passeports et des lettres de voiture ; la chasse, par le Timbre des ports d'armes ; les jeux, par le Timbre des cartes ; la presse enfin, par le Timbre des journaux.

Impopulaire dans tous les temps et dans tous les pays, cet impôt a partout rencontré d'énergiques résistances. En France, le fameux édit du Timbre (1787) a suscité les remontrances des parlements. En Amérique, l'établissement d'une taxe sur le Timbre a eu pour résultat l'insurrection des États-Unis contre la métropole. En Angleterre, le droit de Timbre sur les publications périodiques et les pamphlets a été pendant dix ans l'objet des discussions les plus ardentes, des luttes les plus acharnées ; aujourd'hui encore, malgré la réduction des droits opérée en 1836, les radicaux anglais réclament l'abolition totale de cette taxe, qu'ils appellent impôt sur l'intelligence, (*taxes on knowledge*).

C'est plus spécialement sous ce dernier rapport que nous avons à parler ici de l'impôt du Timbre. Si, par son application à la production matérielle, cet impôt frappe presque tous les intérêts, par son application à la production intellectuelle, il frappe la plus nécessaire de toutes les libertés. Le Timbre est un obstacle à la diffusion de l'instruction politique. Il est un des nombreux anneaux de cette forte chaîne qui, sous les noms de cautionnement, de monopole de l'imprimerie, de responsabilité des imprimeurs, de droits de poste, de juridictions exceptionnelles, de prison, d'amendes énormes, de dommages-intérêts plus énormes encore, forme autour de la presse une sorte de cordon sanitaire, non moins impuissant contre l'erreur, qui est la maladie morale des sociétés, que fatal aux progrès de la science et à la vérité, sans lesquels les nations se dissolvent et meurent.

Ce n'est pas une pensée fiscale, c'est une pensée hostile à la liberté de la presse qui a présidé à l'érection de l'impôt du Timbre sur les journaux: l'origine de cet impôt le prouve surabondamment. La loi du 9 vendémiaire an VI (30 septembre 1797), qui soumit pour la première fois à un *Timbre de dimension de* 5 c. chaque feuille de 24 centimètres sur 38 les écrits périodiques, papiers-nouvelles, etc., fut présentée au conseil des Cinq-Cents, le 24 fructidor an V, quelques jours après le coup d'État qui frappait de la déportation quarante-deux journalistes. Cette loi, pour le dire en passant, est accolée dans nos Codes à celle qui ordonne le rétablissement de la loterie. N'était-il pas logique, en effet, de rouvrir au peuple les anciennes sources de démoralisation, en même temps qu'on lui fermait celles où il eût puisé la connaissance de ses devoirs, de ses droits et de ses véritables intérêts? C'était toujours la vieille maxime du despotisme que l'ignorance des citoyens et la corruption des mœurs sont les plus sûrs moyens de gouvernement.

L'Empire n'apporta aucun changement à cette législation. La Restauration (art. 89 de la loi du 15 mai 1818) augmenta le droit de Timbre d'un centime et demi par feuille pour les journaux de Paris et d'un demi-centime pour ceux des déparments. Le Gouvernement de juillet, qui devait son avènement à la presse, se montra peu reconnaissant envers elle. La loi du 14 décembre 1830 abrogea, il est vrai, celle du 15 mai 1818, mais elle soumit les journaux et écrits périodiques à un droit de Timbre de 6 centimes pour chaque feuille de 30 décimètres carrés et au dessus; de 3 centimes pour chaque demi-feuille de 15 décimètres carrés et au dessous, et de 1 centime pour chaque 5 décimètres au dessus de 15 décimètres mais sans fractions, ainsi 19 décimètres comme 15, 24 décimètres comme 20. Cette loi réduisit à 4 centimes le droit de poste qui était de 5 centimes. M. de Cormenin avait demandé l'abolition totale des droits de Timbre, et M. Bavoux avait proposé une réduction de moitié. Mais le président du conseil d'alors, M. Laffitte, s'opposa à toute espèce de réduction, sous le prétexte que le Trésor avait besoin de toutes ses ressources, comme si la réduction du droit sur un impôt de consommation n'était pas le meilleur moyen d'en accroître le produit. L'impôt du Timbre lui-même fournit la preuve de cette vérité économique: en 1829, le timbre des journaux rapportait au trésor 1,816, 478 fr. 03 c., et en 1841 il s'est élevé à 3,363,745 fr. 25 c.

La perception de l'impôt du Timbre est protégée par une pénalité exorbitante. Chaque feuille non timbrée constitue une contravention, et chaque contravention est frappée de la confiscation de la feuille saisie et d'une amende de 20 francs, plus le décime de guerre, en sorte que le même journal peut être condamné à payer des sommes considérables (1).

Tel est en France l'impôt du Timbre sur les feuilles périodiques. Voyons ce qu'il est ailleurs.

Si la liberté d'écrire n'est pas, en Angleterre comme chez nous, garrottée dans le quadruple lien d'un système préventif, répressif, suspensif et même suppressif, elle n'a rien à nous envier, il faut en convenir, sous le rapport fiscal: le Timbre sur les journaux (*news-papers*), qui ne fut introduit chez nos voisins qu'en 1798, était encore, au commencement de 1836, du prix uniforme de 40 centimes (*four pence*) par feuille, quelle que fût la dimension du papier. Un acte de 1820 y soumettait toutes les publications périodiques, pamphlets et brochures, contenant des nouvelles publiques, des avis ou des discussions, tant sur ces matières que sur ce qui intéresse l'État ou l'Église. Les brochures et les almanachs, enveloppés dans ces dispositions, en ont été affranchis en 1833 et en 1834. Indépendamment de ce droit sur chaque feuille, l'administration du Timbre (*stamp*) percevait encore 3 fr. 70 c. par chaque annonce grande ou petite. Ce dernier droit fut réduit en 1833 à 1 fr. 85 c. Les journaux quotidiens se vendaient alors de 60 à 75 c. par numéro. Le produit de cet impôt dépassait 13 millions de francs (2).

Lorsque le *reform-bill* porta les *whigs* au pouvoir, la réduction du droit fut une des premières concessions que leur imposa l'opinion publique. Depuis longtemps, la fraction la plus vive du parti *whig-radical* réclamait avec beaucoup d'énergie l'abolition totale de cet impôt ruineux, qui s'opposait à toute publication populaire. Enfin, par un bill qui a reçu le caractère de loi pendant la session de 1836, le droit sur le Timbre des journaux est fixé : « Par feuille ayant » moins de 99 décimètres carrés, non compris » les marges, à 10 centimes ; au dessus de » cette dimension jusqu'à 148 décimètres, il est » dû un droit additionnel de 5 centimes ; au » delà de 148 décimètres, le droit additionnel est » porté à 10 centimes. » Les journaux et toutes les publications périodiques timbrées sont transportés gratuitement dans toute l'étendue du royaume, pourvu qu'ils aient été mis à la poste dans les sept jours de leur publication. Le prix des journaux est aujourd'hui de 50 c.

Par le fait, cependant, cette réduction fut réellement peu profitable à la cause qu'on avait voulut servir; voici pourquoi. L'opinion publique s'était

(1) En 1834, celui qui écrit ces lignes a payé au fisc 2,250 fr. pour 71 exemplaires non timbrés d'un petit écrit sur les caisses d'épargne. Les droits de Timbre étaient de 3 centimes par exemplaire. La valeur réelle des 71 exempl. était de 75 cent. environ. Les amendes et les frais se sont donc élevés à plus de 1,200 fois la valeur du préjudice causé au trésor, et à plus de 3,000 fois la valeur matérielle des écrits saisis.

(2) A. BAILLY, *Des Finances du royaume-uni.*

prononcée avec une telle énergie contre la loi du Timbre qu'il y avait eu une insurrection générale de journaux, de pamphlets, de revues populaires qui paraissaient sans être timbrés. Le nombre de ces feuilles était infini ; on les vendait seulement trois sous, et quelques-unes furent vendues au nombre de cent mille exemplaires dans un seul dimanche et dans la seule ville de Londres. En présence de cette désobéissance universelle, toutes poursuites auraient été inutiles, et comme il n'y a pas en Angleterre de ministère public proprement dit, on n'aurait trouvé personne qui eût osé prendre l'initiative d'une pareille accusation. La circulation des journaux non timbrés allait donc se multipliant ; et, telle était la rapidité de cet accroissement, qu'il y eut plus de feuilles volantes imprimées et vendues à Londres dans une seule année qu'il ne s'en était débité pendant les huit années précédentes. Mais dès que la loi nouvelle fut promulguée, tout changea de face, les journaux qui subissaient le Timbre réclamèrent contre ceux qui s'en étaient affranchis, les officiers de l'administration du *stamp* reçurent l'ordre de poursuivre, trois amendes considérables frappèrent certains délinquants ; bientôt les journaux populaires non timbrés parurent clandestinement, et après une lutte inégale qui dura six mois, tous les feux s'éteignirent et la loi reprit son cours.

En Belgique, le Timbre des journaux du format des feuilles françaises est de 4 centimes.

En Suisse, dans certains cantons, il est de 5 centimes.

En Allemagne, le Timbre n'existe que dans quelques états. Les journaux de Hambourg et de Francfort sont timbrés, mais les droits de Timbre ainsi que ceux de poste sont très minimes, puisque ce dernier journal, qui paraît deux fois par jour, ne coûte que 17 francs par an.

La Prusse, la Bavière, la Saxe, le pays de Bade, etc., ne frappent la presse d'aucun droit de Timbre. La *Gazette d'Augsbourg*, la feuille la plus répandue en Europe, et la *Gazette de Leipzig*, qui paraissent toutes deux quotidiennement, et qui contiennent une grande quantité de matières, ne coûtent que 30 fr. par an.

L'Italie a conservé toutes nos lois sur le Timbre.

En Russie, le Timbre ne frappe que les lettres de change, les actes authentiques, etc. ; les journaux en sont exempts. Il est vrai qu'il n'existe dans tout l'empire que deux journaux politiques : l'un, publié par le gouvernement, est rédigé en français ; l'autre, en langue russe.

L'Espagne, qui s'essaie péniblement au gouvernement constitutionnel, n'impose les journaux que d'un droit de poste qui est d'ailleurs très faible.

Le Timbre n'existe pas aux Etats-Unis, mais les journaux paient à la poste un droit fort élevé. Le port, dans l'État où ils paraissent, et pour une distance de quarante lieues, est de 5 centimes 1|3. Pour une plus grande distance, il est de 8 c.

Suivant une décision ministérielle du 22 frimaire an VI, les journaux étrangers devaient être soumis au Timbre avant d'être distribués en France : ils peuvent maintenant y circuler sans être timbrés. En Angleterre et en Belgique, les journaux français jouissent de la même franchise.

Le tableau comparatif de la presse dans toutes les parties du globe (V. JOURNAUX), peut donner une idée de l'influence funeste qu'exerce l'impôt du Timbre sur le nombre et la prospérité des feuilles périodiques. Mais nulle part, peut-être, autant qu'en France, où chaque journal répond à des opinions plus encore qu'à des intérêts, l'énormité de cette taxe et de celle de la poste n'a produit de plus fâcheux résultats. Ces deux impôts réunis s'élevant à 32 fr. 40 cent. pour trois cent soixante numéros, la création d'un journal quotidien est devenue une entreprise qui exige des capitaux considérables. Les partis pauvres ont été déshérités du droit de publier leurs opinions ; les partis riches ont seuls pu l'exercer. Il a fallu spéculer sur un très grand nombre d'abonnés et demander à un produit purement industriel, celui des annonces, des ressources que n'offraient plus suffisamment les sympathies des lecteurs. Dès-lors, les conditions essentielles de la bonne organisation d'une presse parfaitement indépendante ont été faussées. La direction industrielle et la direction morale, à quelques exceptions près, ne ressortissant pas d'une volonté unique, il y a lutte intestine entre la propriété et la rédaction, toutes les fois que la conscience politique de celle-ci résiste aux exigences financières de celle-là : lutte déplorable dans laquelle se trouve nécessairement compromis ou l'intérêt du capitaliste, ou la dignité de l'écrivain. Et, si le mal n'est pas devenu plus grand sous ce rapport, c'est qu'il a rencontré un obstacle à son développement dans la probité de nos mœurs politiques qui, cependant, ne sauraient conserver long-temps leur pureté à travers les épreuves qu'elles subissent chaque jour.

De là encore un autre résultat également nuisible à la sincérité des opinions et à la légitime influence des journaux, je veux parler de la concentration de la presse dans un même lieu et pour ainsi dire dans les mêmes mains ; car ses organes importants se réduisent à un si petit nombre que souvent des partis considérables qui se subdivisent en plusieurs fractions, unies entre elles par l'identité des principes, mais séparées par des divergences sur des questions d'opportunité, d'application ou de personnes, n'ont qu'une représentation insuffisante qui ne traduit qu'imparfaitement leurs opinions, leurs sympathies ou leurs espérances.

Si l'on ne s'arrête enfin dans cette imprudente voie, je ne sais ce qu'y gagneront nos pouvoirs d'un jour, mais je sais bien ce qu'y perdra la presse en puissance et en considération.

Qu'elle demande donc sans cesse l'abolition de ces taxes ruineuses sous l'empire desquelles la liberté de publier sa pensée n'est qu'un mensonge. Alors, l'établissement d'un journal ne sera pas plus difficile que la publication d'une brochure ; peu d'abonnés suffiront pour que le journal puisse couvrir ses frais, il n'y aura pas une opinion, pas un intérêt, pas un besoin qui n'ait son organe : pas une ville, pas un bourg, pas un village qui ne puisse faire entendre sa voix dans cet immense concert d'une presse libre, indépendante, éclairée, efficace. Du centre partiront ces grands courants de publicité qui, portant sur tous les points du territoire l'enseignement des principes du droit public, les discussions des lois, des actes du gouvernement et des hautes questions de morale et de politique, la connaissance des faits extérieurs et de tout ce qui intéresse l'Etat, recevront par mille canaux divers le récit des faits particuliers, la manifestation des opinions individuelles, des besoins et des intérêts locaux. Les uns, par l'universalité des sujets qu'ils embrasseront, par la supériorité des talents qui trouveront toujours à se produire, auront un nombre considérable de lecteurs; les autres, placés plus près des intérêts qu'ils représenteront, en auront une connaissance plus exacte, plus complète; et de cet échange fécond, de cette publicité immense, jailliront nécessairement la lumière et la vérité.

On invoque en faveur des taxes que nous combattons une considération tirée du principe de l'égalité en matière d'impôt. Les journaux, dit-on, sont des entreprises commerciales, et, à ce titre, ils doivent subir leur part des charges communes. Mais qui a forcé la presse à se constituer sur ces bases industrielles? C'est évidemment l'énormité des charges qui pèsent sur elle. Et puis, si les journaux sont des entreprises commerciales, cela ne peut être vrai que pour ceux qui les font, non pour ceux qui les reçoivent. Or, les droits de Timbre et de poste sont payés par les abonnés ; les abonnés, c'est le peuple, et le peuple, dans tous les cas, a plus besoin d'instruction que le fisc n'a besoin d'argent.

D'ailleurs, cette prétendue égalité, voyons comment on l'entend ? Un banquier qui escompte par an pour 10 millions de billets est soumis à une patente de 500 fr. ; un journal qui a dix mille abonnés et qui reçoit annuellement, pour abonnements et annonces, de 5 à 600,000 fr., paie au trésor 324,000 fr. La propriété foncière est imposée à environ le cinquième du revenu; soit 1\100 du capital, et c'est assez; une feuille de journal qui, toute imprimée, coûte 2 c. 1\4, paie, pour Timbre et poste, 9 centimes, soit 400 pour 100 du capital. Voilà l'égalité devant le fisc! On est allé même jusqu'à donner des primes à certaines industries. Nous ne demandons assurément pas, pour la presse, une faveur pareille. Mais, puisqu'on parle d'égalité, qu'on place du moins la presse dans des conditions tolérables; et, si vous encouragez, par des primes, la pêche de la morue ou de la baleine, ne découragez pas, n'annullez pas, par des taxes monstrueuses, l'exercice régulier d'un droit reconnu, consacré, nécessaire. Il faut, dites-vous, former des matelots: sans contredit; mais il faut aussi former des citoyens.

PAGNERRE.

TITRES. Ce mot désigne certaines qualités que l'on donne par honneur aux princes et aux grands seigneurs ou hauts dignitaires de l'État. Les rois reçoivent le Titre de majesté ; les papes, celui de sainteté; les prélats, celui d'éminence ; on appelle les princes, altesses; le sultan, hautesse; les ambassadeurs, les ministres, excellences ; les pairs de France et d'Angleterre, seigneuries, etc. Chaque roi ajoute encore au titre de majesté une qualification particulière : le roi des Français se fait nommer majesté très chrétienne ; le roi d'Espagne, majesté catholique, etc.

On appelle également *Titres* les qualifications de baron, de comte, et autres semblables. Une ordonnance de 1696 rendit passibles d'une amende de 2,200 livres toute personne qui s'attribuait un Titre qu'elle n'avait pas le droit de porter ; en 1702, cette amende fut réduite à 300 francs. L'assemblée constituante abolit tous les Titres ; Napoléon les rétablit, la Restauration les confirma. Une disposition législative rendue depuis 1830 a supprimé les peines portées contre ceux qui usurpent des titres nobiliaires.   B.-C.

TORY, WHIG. On donne, en Angleterre, le premier de ces noms au parti aristocratique ou conservateur ; le second, au parti libéral, qui répond à ce qu'on appelle en France l'*opposition constitutionnelle.*

Ces deux dénominations remontent au règne de Charles Ier.

Celle de *Tory* (au pluriel *Tories*) vient d'un mot irlandais qui signifie un *brigand*, un *voleur de grands chemins*. Elle fut primitivement appliquée aux catholiques d'Irlande, qui, en majorité dans ce pays, se livrèrent à des violences coupables contre les protestants, et en massacrèrent un grand nombre. On l'étendit ensuite aux *cavaliers*, ou partisans de l'autorité royale, que l'on accusait, pendant les démêlés de Charles Ier avec le parlement, de favoriser la rébellion d'Irlande.

La qualification de *Whig* est empruntée du dialecte écossais, et veut dire un *misérable*, un *mangeur de lait*. Elle fut donnée par les royalistes aux parlementaires, ou *têtes rondes*, à raison de leur alliance avec les Ecossais, parmi lesquels se trouvaient mêlés une espèce de fanatiques qui vivent en pleine campagne et se nourrissent communément de lait.

Quoique ces épithètes de *Tories* et de *Whigs* fussent injurieuses au fond, chacun des partis auxquels elles s'adressaient tint à honneur de s'en décorer, à l'exemple des *gueux* des Pays-Bas, au temps du duc d'Albe.

Les *Tories* ont aussi été désignés sous les noms de *parti de la cour*, de *parti rigide*, de *gens de la haute église* ; les *Whigs* sous ceux de *républicains*, de *parti relâché*, de *gens de la basse église*.   B.-C.

TOURS. On donne le nom de Tour à une boîte tournant sur un pivot, dans laquelle sont placés les enfants abandonnés aux hospices.

Dans tous les temps et dans toutes les sociétés, il y a eu des enfants que la honte ou la misère, ou l'égoïsme de leurs parents, laissait sans secours et sans protection dès leur naissance. L'antiquité n'avait point d'asiles pour les enfants exposés ou abandonnés. Le plus souvent, ils périssaient : lorsqu'ils étaient recueillis, ils devenaient esclaves de celui qui les élevait.

Le christianisme, qui défendit sévèrement les expositions et les infanticides, mit les enfants abandonnés sous la protection des églises. Sur la recommandation de l'Église, ils furent reçus et élevés dans des familles pieuses : les constitutions de quelques empereurs chrétiens ordonnaient d'ailleurs aux officiers publics de les nourrir et de les vêtir.

Dès le quatrième siècle, le concile de Nicée recommandait les hospices élevés pour les enfants abandonnés.

L'obligation d'entretenir les enfants abandonnés imposée par les empereurs aux magistrats civils passa aux titulaires des bénéfices et ensuite aux seigneurs féodaux, aux communes. L'enfant entretenu par eux était serf.

Des hospices destinés aux enfants abandonnés furent fondés en divers lieux par des particuliers depuis le huitième siècle. Au seizième, François Ier fonda à Paris l'hospice des *Enfants-Dieu*, pour les enfants dont les parents seraient décédés à l'Hôtel-Dieu. Les enfants abandonnés, sans distinction, étaient recueillis dans une petite maison appelée *la Couche* : on quêtait pour eux à la porte des églises ; ils étaient entretenus du produit des aumônes et des subventions que leur devaient l'évêque, le chapitre métropolitain, etc. Le ministère public exerçait les actions des enfants trouvés.

Bientôt on aperçut de graves abus dans le régime de cette maison. La mortalité y était effrayante, lorsque parut saint Vincent-de-Paule.

Tout le monde sait comment ce saint homme parvint à fonder l'hospice des Enfants-Trouvés. L'ordonnance de 1670, qui donna un caractère public à cet établissement, perfectionna son règlement intérieur et établit des registres sur lesquels tout enfant admis devait être porté. Pendant les trois années qui précédèrent l'ordonnance, le nombre des enfants apportés à cet établissement ne s'éleva pas au-delà de 500 : ce nombre monta rapidement à 1,000, à 2,000, à 3,000 avant la fin du dix-septième siècle, parce qu'on y apportait des enfants de la campagne. En 1772, il fut constaté que sur 15,800 enfants reçus en neuf années, 16,200 provenaient de provinces éloignées. Les mêmes abus se faisaient sentir à Lyon.

L'assemblée constituante promit une place aux enfants trouvés dans l'établissement général de secours publics dont elle prescrivait l'érection. La loi du 28 juin 1793 mit l'éducation de ces enfants à la charge de l'État. Ils furent nommés *orphelins*, puis *enfants de la patrie*. La loi du 27 frimaire an V revint aux anciennes traditions, et mit ces enfants sous la tutelle de l'administration municipale.

La législation relative aux enfants abandonnés fut complétée par le décret du 19 janvier

1811, qui prescrivit l'établissement d'un **Tour** dans chaque hospice d'enfants trouvés.

Le nombre des enfants abandonnés ne pouvait être exactement connu avant ce décret. En 1784, Necker estimait qu'il y avait, dans tous les hospices du royaume, 40,000 enfants trouvés. A la suite de la loi de l'an V, leur nombre était porté à 51,000. Au 1er janvier 1815, il s'élevait à 67,966 ; au 1er janvier 1819, à 99,345, et au 1er janvier 1834, à 129,699.

La progression rapide du nombre des enfants entretenus aux frais des hospices ne provient point de l'augmentation du nombre des enfants admis annuellement. Les admissions de 1834, comparées à la moyenne des dix années précédentes, donnaient une diminution de 1,858. Mais les enfants, mieux soignés qu'autrefois dans les hospices, vivent plus long-temps. Voilà pourquoi leur nombre augmente.

Le nombre des admissions à l'hospice de Paris a considérablement diminué, depuis vingt ans, malgré l'accroissement de la population de la capitale.

Toutefois, la dépense des enfants abandonnés a rapidement augmenté. En 1809, les enfants abandonnés coûtaient 4,637,782 fr. En 1817, 6,763,199 fr., et en 1833, 10,240,000 fr. De là, des réclamations sans nombre, des votes des conseils généraux, de nouveaux règlements.

Quelques personnes se sont élevées contre l'existence des hospices d'enfants abandonnés, mais leur opinion inhumaine est évidemment insoutenable. D'autres ont demandé plus de sévérité dans les admissions, et notamment la suppression des Tours.

La facilité des admissions avait été plusieurs fois critiquée, particulièrement par Chaptal, en 1801. Cet administrateur signalait dès cette époque la plupart des abus dont on s'est plaint depuis, dont on se plaindra toujours.

La charité parcimonieuse des conseils généraux a suggéré à l'administration diverses mesures dont la rigueur a mérité de sévères critiques. Un grand nombre de Tours ont été supprimés ; mais il semble que cette mesure ait été sans effet. Les déplacements d'enfants ont eu un résultat plus efficace ; mais ils ont augmenté le nombre des décès.

A Paris, le Tour n'a point été supprimé : il n'a guère jamais servi ; mais en 1837, on a cessé de recevoir les enfants à bureau ouvert. Chaque admission a provoqué des renseignements et n'a été accordée qu'après des exhortations multipliées. Ce changement a procuré une réduction sensible dans le nombre des enfants admis. Il y a eu économie ; mais nous ne savons jusqu'à quel point l'humanité doit se féliciter des résultats obtenus.

En somme, les dépenses auxquelles donnait lieu l'entretien des enfants abandonnés ont décru généralement, et les philantropes s'en applaudissent. Toutefois, il ne faut pas donner à ce point une portée morale qu'il n'a point ; il ne faut point confondre les enfants abandonnés aux hospices avec les enfants naturels. Un treizième seulement de ceux-ci sont à la charge des hospices, et si le nombre des admissions diminue, celui des naissances illégitimes va toujours croissant. **C. S.**

TRAHISON. Sont coupables de Trahison ceux qui livrent à l'ennemi une place, un vaisseau, une partie de territoire, un corps d'armée, une place de campagne, un secret intéressant la sûreté de l'état, et, en général, quoi que ce soit dont la possession augmente la force de l'ennemi et diminue d'autant celle de leur patrie.

En ce sens un simple transfuge ne diffère en rien d'un traître. Toutefois, il est juste d'établir quelque distinction entre celui qui, mécontent du gouvernement de son pays, passe dans l'armée opposée mais n'y porte que sa personne, et celui qui met au service de l'ennemi les armes qui lui avaient été confiées pour le combattre. La différence est surtout sensible quand il s'agit de dissentions civiles. Là, l'homme qui change de parti est généralement peu estimé, parce qu'il est rare qu'on le croie animé par une conviction sincère. Mais en supposant que cette conviction existe, on doit le louer de son changement, pourvu qu'il ait rompu loyalement avec ses anciens associés sans livrer leurs personnes et leurs secrets. **J. B.**

TRAITANTS. C'était, sous l'ancienne monarchie, des financiers qui faisaient les ministres des traités particuliers, par lesquels ils s'engageaient, moyennant certains avantages pécuniaires, à procurer de l'argent au trésor royal, ou qui prenaient à ferme quelques-uns des revenus publics. On les appelait aussi *partisans* ou *gens d'affaires*. La plupart des Traitants amassaient des fortunes scandaleuses à la faveur de leurs marchés et des exactions qui en étaient la suite. Sous prétexte de satisfaire à la vindicte du pays, la couronne les frappait de temps à autre d'amendes arbitraires considérables, dont le montant ne faisait point retour aux particuliers qui avaient été spoliés, mais était versé dans les coffres du prince. En 1716, les Traitants furent ainsi taxés, en une seule fois, à la somme énorme de 156,655,000 livres. **B.-C.**

TRAITE. C'est le commerce des hommes noirs que l'on va acheter sur les côtes d'Afrique pour les vendre dans les Antilles. C'est ce que l'on a fort justement appelé le commerce de chair humaine.

L'origine de cet infâme trafic, qui blesse l'humanité et le droit des gens, ne commence pas, comme on le croit généralement, après la découverte du Nouveau-Monde. Plus de quarante ans auparavant, en 1441, le navigateur portugais Antonio Gonzalès, avait amené et vendu à Lisbonne des nègres faits prisonniers par lui dans un voyage à la côte d'Afrique. Peu après, une compagnie se forma pour exploiter cette branche d'industrie nouvelle, et le Portugal vendit des nègres aux Espagnols.

La Traite existait donc en Europe depuis longues

années, lorsque se formèrent les premiers établissements aux Antilles. Les guerres de la conquête et les travaux excessifs dont on accablait les races indigènes des îles émurent, comme on le sait, le cœur chaleureux de l'évêque Las Casas, et pour soulager les malheureux Indiens dans la culture des terres ou l'exploitation des mines, il imagina de procurer aux colons une cargaison de ces nègres qu'il avait vu vendre en Europe (1). Quelque barbare que soit cette conception philantropique, il faut du moins laver la mémoire de Las Casas du crime d'avoir inventé la Traite; il ne fit que l'étendre aux colonies, dans l'espérance de sauver les Indiens qu'il voyait souffrir.

On acheta d'abord des esclaves aux Portugais établis sur la côte d'Afrique, qui eurent assez longtemps le monopole de la vente des hommes noirs et de la poudre d'or; puis, chaque nation voulut participer aux bénéfices des rapports directs et eut des compagnies de marchands de nègres. Chez nous, c'est Louis XIII qui le premier en autorisa une. De l'autorisation on passa très rapidement à l'encouragement, et la métropole, afin de tirer davantage des colonies qui produiraient davantage, finit par donner une prime au planteur pour chaque tête de travailleur noir qu'il introduisait! Les propriétaires d'esclaves sont moins coupables qu'ils ne semblent l'être; leur crime est celui de la métropole qui les excita longtemps. A ce point de vue tout-à-fait exact, ils possèdent des hommes, toujours illégitimement il est vrai, mais *légalement*, c'est-à-dire que la nation, sans aucun doute, a le droit de les déposséder, mais ne le peut faire avec justice qu'après indemnité préalable.

Tout a été dit sur la Traite.

Arracher des hommes à leur patrie pour les livrer à la gêne éternelle et aux dégradations forcées de la servitude, c'est quelque chose d'épouvantablement monstrueux; eh bien! selon les idées du temps, cela fut considéré comme acte pieux. L'édit de Louis XIII établit que la Traite doit avoir pour résultat d'enlever une foule d'âmes à l'idolâtrie! Aujourd'hui que l'on n'ose plus, grâce aux progrès de l'esprit humain, invoquer la raison du salut des âmes, ceux qui soutiennent encore l'esclavage disent qu'il a servi à soustraire des êtres humains aux massacres que de sauvages vainqueurs faisaient des prisonniers, qu'il arrache les Africains à la plus affreuse misère, à la plus horrible barbarie pour les gagner à la civilisation. Or, Schœll, dans son *Abrégé des Traités de paix* (2), fait monter à 30,000,000 le nombre des nègres enlevés à l'Afrique par la Traite. Où sont-ils? Où sont les villes qu'ils ont fondées sous vos auspices pleins de charité, maîtres d'esclaves? Où sont les nombreuses populations qu'ils ont engendrées au sein du perfectionnement intellectuel qu'ils devaient acquérir avec vous, du bien-être matériel que vous deviez leur procurer? Je les cherche et ne les trouve pas. Ils sont morts sous vos coups, et leurs enfants sont morts aussi! Vous

(1) Herrera.
(1) Article du congrès de Vienne.

avez tari, contre les lois de votre Dieu, la source humaine qui devait découler de leurs entrailles, selon les lois de la nature! Vous avez dévoré 30,000,000 de noirs, disant avec hypocrisie que vous alliez les élever aux connaissances de l'Europe, les soustraire à la misère et à la barbarie de l'Afrique!

La barbarie de l'Afrique! Lisez les récits de Mungo Park, de Lyon, de Denham, de Clapperton, des frères Lander, et de notre Caillé, vous verrez que les esclaves y sont mieux traités que dans nos colonies. L'espace qui nous est réservé nous empêche de citer aucun texte, mais on peut consulter les voyageurs que nous venons de nommer. Au reste, à quoi bon? n'eussions-nous pas avec nous ces aides puissants, la Traite n'en serait pas moins un crime, et l'esclavage moderne une énormité sociale plus atroce encore que l'esclavage antique; car l'esclave antique affranchi pouvait prétendre à tout; sous les empereurs, les vieux romains gémissent d'être gouvernés par des affranchis; l'esclave moderne ne saurait aspirer à rien; on a eu soin, pour le comprimer, d'attacher une idée d'infériorité à la couleur de sa peau, et il reste éternellement marqué au front d'un signe noir ignominieux.

En 1815, les nations réunies au congrès de Vienne, décidèrent qu'elles renonceraient à la Traite. Pour mieux parvenir à l'éteindre, la plupart d'entre les peuples assemblés se donnèrent droit de visite réciproque sur leurs navires marchands. L'Espagne elle-même, qui s'était toujours refusée à cette intervention, y accéda en 1835, mais elle ne signa point avec bonne foi; et, loin de contrarier la Traite, elle y contribue encore tous les jours par sa tolérance avouée.

Une chose triste à dire cependant, c'est qu'à mesure que l'on déploie plus de sévérité dans la répression, les malheureux Africains sont plus maltraités que jamais sur les navires qui les mènent à l'esclavage. Pour dissimuler autant qu'il est possible la destination du vaisseau, on a négligé d'y faire les aménagements convenables; et comme les spéculateurs savent, d'après les probabilités acquises, qu'ils ne sauveront qu'un voyage sur trois, ils augmentent le nombre de leurs victimes au delà de toute borne pour que le succès d'une course remplisse les pertes faites sur les autres; les nègres entassés à fond de câle y respirent à peine; rarement il arrive qu'une cause de mortalité quelconque ne se déclare pas dans ces bières mouvantes; et la Traite a pris des caractères affreux par suite du soin même qu'il faut prendre pour la dissimuler. Nous n'en voulons citer qu'un exemple à notre connaissance.

La Louise, petite goëlette, avait quitté Bassao, le 28 septembre 1839, avec 316 esclaves. Elle fut saisie le 3 janvier, au moment où elle allait entrer à Cuba. Sur le nombre des infortunés qu'elle portait, 37 avaient perdu la vie durant la traversée, 16 autres moururent pendant qu'on les conduisait à Kingston (Jamaïque), et 65 expirèrent encore en quarantaine, avant que l'état d'abattement de toute la cargaison permît de placer ce qui restait à la campagne! Ainsi voilà que pour une seule expédition 118 hommes, sur 316, périrent victimes de la Traite!

Il ne faut pas se faire illusion, quelque danger qu'on y coure, la Traite se fera tant que l'esclavage existera; elle ne tombera qu'avec l'esclavage; la cupidité espérera toujours échapper à la vigilance de la justice; il se trouvera toujours quelques esprits aventureux et méchants pour mettre à cette abominable loterie. TRAITE ET ESCLAVAGE SONT DEUX FAITS PRESQUE CORRÉLATIFS, PRESQUE SOLIDAIRES. Voilà ce qu'il ne faut jamais perdre de vue. Ce n'est qu'en frappant le principe du mal que vous en détruirez les conséquences. Abolissez l'esclavage, vous aurez du même coup aboli cet abominable trafic de la Traite, qui est la honte des gouvernements qui le tolèrent, la honte du siècle qui le voit! Que le gouvernement français se hâte donc d'abolir l'esclavage dans ses colonies; car l'exemple de la France sera décisif; et quand l'esclavage aura disparu des colonies françaises, il disparaîtra du reste du monde. Alors et alors seulement l'Afrique sera délivrée du sauvage tribut que l'Europe civilisée va encore demander à cette contrée qu'elle appelle sauvage.　　　　　X. X.

TRAITÉS. Les Traités sont des actes par lesquels deux ou plusieurs Etats souverains s'engagent sur l'honneur, et quelquefois sous des garanties réelles, à remplir réciproquement certaines conditions.

L'ensemble des Traités conclus par les diverses nations forme ainsi pour elles un véritable droit écrit, qu'il est de leur devoir et de leur intérêt de respecter.

Mais par qui doivent être consentis les Traités pour qu'ils obligent la nation? En principe, la réponse est facile. Ainsi que nous l'avons déjà plus d'une fois établi dans le cours de cet ouvrage, le droit de faire des Traités ne peut appartenir qu'au souverain. Que faut-il donc entendre par souverain? C'est ici que naît dans l'application, et pour nos temps de politique transitoire, une incertitude fâcheuse. Nous citerons par exemple ce qui s'est passé chez nous en 1814 et 1815. A cette époque, des Traités désastreux pour la France ont été consentis par un homme qui se prétendait Souverain dans notre pays. Mais pour ceux qui comme nous sont convaincus que la Souveraineté française réside dans le peuple, et ne peut avoir pour organe que ses représentants librement élus, il est évident que les Traités de 1815 sont un acte d'usurpation. Il est certain que la nation ne saurait être liée par les engagements personnels du comte d'Artois et de Louis XVIII.

Il suit de là qu'il y a sur la valeur des Traités existants et sur le droit d'en conclure de nouveaux une divergence absolue de doctrine entre tous les esprits. L'avenir, nous l'espérons, ramènera l'unité en établissant d'une manière de plus en plus forte, de plus en plus générale, le dogme de la Souveraineté du peuple.

Nous avons dit de qui doivent émaner les Traités. On trouvera dans ce dictionnaire, aux articles

Ambassadeur, Conférence, Envoyé, Plénipotentiaire, de quelle manière et par quels agents ils sont préparés et conclus.

Leur objet embrasse trois choses : le rétablissement de la paix, les alliances (*V.* ce mot), et les arrangements relatifs à la navigation et au commerce.

Les règles qui doivent présider à ces divers ordres de Traités, quoique malheureusement elles manquent presque toujours de sanction, sont celles que l'équité, la bonne foi et les institutions de droit civil imposent aux conventions entre particuliers. Nous ne nous en occuperons donc pas ici; nous donnerons seulement une indication sommaire et par ordre chronologique des divers Traités conclus en Europe depuis l'époque d'où date le système d'alliances et de politique actuellement en vigueur. Cette époque est celle où la maison d'Autriche et la France, sous la conduite de Charles VIII, de Louis XII et de François Ier, ayant pris l'Italie pour théâtre de leurs querelles, l'Europe commença à appliquer ce que l'on a depuis nommé le *système des contreforces*. En analysant les principaux Traités, depuis ce temps jusqu'à nos jours, nous aurons donné un résumé de notre histoire diplomatique, et, en quelque sorte, les têtes de chapitre de ce que l'on appelle le code international de la société européenne.

1495 — Ligue de Venise contre Charles VIII, entre l'empereur Maximilien, Philippe le Bel, archiduc d'Autriche, souverain des Pays-Bas; Ferdinand le Catholique, Venise et le pape Alexandre VI.

1508 — Ligue de Cambrai contre Venise, entre Maximilien Ier, Ferdinand, Louis XII et Jules II.

1510 — Sainte ligue contre Louis XII, entre Jules II, l'Espagne, les Suisses et Venise.

1516 — Paix perpétuelle, signée à Fribourg, après la journée de Marignan, entre François Ier et les Suisses.

1526 — Paix de Madrid, met fin à la première guerre entre François Ier et Charles V.

1529 — Paix de Cambrai, dite paix des Dames, finit la deuxième guerre entre les mêmes.

1530 — Ligue de Smalkalden, signée le 22 décembre par les princes protestants d'Allemagne, pour défendre les principes de la confession d'Augsbourg.

1537 — Traité d'alliance entre François Ier et Soliman II.

1538 — Trève de Nice entre François Ier et Charles V.

1544 — Paix de Crespy, termine la quatrième et dernière guerre entre Charles V et François Ier.

1551 — Traité secret entre Henri II et Maurice de Saxe, conclu à Friedenwald. Ce Traité fut suivi d'une vaste coalition contre Charles, qui est obligé de signer l'année suivante la paix de Passau.

1552 — Paix de Passau, entre les princes protestants et les catholiques d'Allemagne.

1553 — Paix de religion signée à Augsbourg. Elle règle tant bien que mal les intérêts des deux religions, et dure jusqu'à la guerre de trente ans, en 1618.

1559 — Paix de Cateau-Cambrésis, entre Philippe II et Henri II, c'est l'apogée de la puissance espagnole.

1577 — Sainte ligue.

1578 — Acte d'union d'Utrecht. Indépendance des Provinces-Unies.

1598 — Paix de Vervins, entre Henri IV et Philippe II.

1648, 26 octobre. — Signature du Traité de Westphalie, après un congrès tenu dans les villes de Munster et d'Osnabruck, et qui s'était ouvert le 10 avril 1645. Les négociateurs étaient, pour la France, MM. Davaux et Servien; pour la Suède, J. Oxenstiern et Salvius; pour l'empereur, le comte de Trautmensdorf.

Ce Traité établit l'égalité entre les protestants et les catholiques. — Il concède formellement à la France les trois évêchés de Metz, Toul et Verdun, qu'elle possédait déjà depuis un quart de siècle, plus la haute et basse Alsace, Brisach, le Sundgaw et la préfecture des dix villes impériales avec leurs dépendances. Enfin, il donne à la France le droit de mettre garnison dans la forteresse de Philipsbourg. Un historien prussien, M. Ancillon, dit à ce sujet : « Ces acquisitions étaient bien précieuses; elles donnaient *de ce côté*, à la France, *des limites naturelles.* »

D'autres dispositions de ce Traité célèbre règlent le nombre de voix que chaque Etat doit avoir à la diète, donnent et enlèvent à divers princes des portions de territoire. Alors seulement l'indépendance de la Suisse fut reconnue formellement, bien qu'elle existât de fait depuis 200 ans. La France exigea cette reconnaissance de la part de l'empire.

De même, au congrès de Munster, l'Espagne reconnut l'indépendance de la république des Provinces-Unies, avec laquelle elle n'avait encore fait qu'une trève. Le port d'Anvers fut fermé.

Ce Traité fut conclu sous la garantie de la France et de la Suède. Il mit fin à la guerre dite de trente ans, qui continua néanmoins encore entre l'Espagne et la France, jusqu'à la paix des Pyrénées, en 1659.

1656 — Paix de Wilna, entre la Russie et la Pologne.

1659 — Paix des Pyrénées, conclue entre l'Espagne et la France, signée dans l'île des Faisans, sur la Bidassoa, par Mazarin et don Luis de Haro.

Acquisition par la France du Roussillon, de la Cerdagne française, du Hainaut, de l'Artois. Mariage de Louis XIV avec l'infante Marie-Thérèse.

1667 — Paix de Bréda, entre l'Angleterre et la Hollande. Modification de l'acte de navigation de Cromwell en faveur des Hollandais, qui peuvent importer en Angleterre des marchandises provenant du Rhin.

1668 — Traité d'Aix-la-Chapelle, signé le 2 mars, par le comte d'Estrades pour la France, le chevalier Temple pour l'Angleterre, Dohna pour la Suède, de Witt pour la Hollande. La France acquiert onze villes parmi lesquelles Lille.

1674 — Première coalition contre Louis XIV, formée par les soins de Guillaume, stathouder, entre l'empire, l'électeur de Brandebourg, l'Espagne, le duc de Lorraine, le Danemarck, les ducs de Brunswick et l'évêque d'Osnabruck.

1678 — Paix de Nimègue. Elle fut signée dans la nuit

du 9 au 10 août, entre le comte d'Estrades de Croissy et Davaux pour la France , Beverningk pour la Hollande. La France rend Maëstricht et permet à la Hollande de faire le commerce, même avec les ennemis de la France.

Ce Traité particulier fut suivi, le 17 septembre, d'un autre Traité entre l'Espagne et la France : celle-ci céda quelques-unes des places quelle devait au Traité d'Aix-la-Chapelle ; elle acquit quatorze villes des Pays-Bas , qui forment aujourd'hui notre frontière du Nord, et la Franche-Comté.

1679 , le 5 février et le 29 mars. — D'autres Traités conclus entre Louis XIV, l'empereur Léopold et les petits princes confédérés complétèrent ce qu'on appelle le Traité de Nimègue, qui marque le plus haut point de la puissance de Louis XIV.

1679, 29 juin. — Traité de Saint-Germain, dicté par Louis XIV, entre l'électeur de Brandebourg Frédéric-Guillaume et la Suède.

2 septembre. — Traité de Fontainebleau avec le Danemarck.

26 septembre. — Traité de Landen, entre la Suède et le Danemarck.

Ces trois Traités et ceux de Nimègue furent rédigés en français.

1686 — Ligue d'Augsbourg , formée par Guillaume d'Orange contre la France.

1689 — Grande alliance ou deuxième coalition contre Louis XIV, de toutes les puissances de l'Europe. Cette coalition se forme à Vienne. La Suède seule y reste étrangère. Les puissances s'engagent toutes à ne point faire de paix séparée.

1696 — Traité de Turin , paix particulière entre Louis XIV et Victor-Amédée, duc de Savoie.

169? — Paix générale de Ryswick, sous la médiation de Charles XI de Suède. On y prit pour base les Traités de Munster et de Nimègue. La France y reconnut Guillaume III comme roi d'Angleterre.

169 8, 11 octobre. — Traité secret, conclu à La Haye entre Louis XIV et Guillaume III, pour le partage de la succession d'Espagne, bientôt vacante par la mort de Charles II. Le prince de Bavière, désigné comme principal héritier, étant mort, le Traité reste sans effet.

1700 — Second Traité de partage entre les puissances maritimes, non accepté par l'empereur Léopold, qui veut la succession tout entière pour l'archiduc Charles. Le roi d'Espagne, irrité de ces divers actes, fit, le 12 octobre, un testament par lequel il institua Philippe d'Anjou, petit-fils de Louis XIV, depuis Philippe IV, son héritier. Ce testament , qui prend place parmi les actes diplomatiques , fut l'ouvrage du marquis d'Harcourt, envoyé de France à Madrid. — Nouvelle coalition contre la France, formée par Guillaume, et dirigée après sa mort, en 1702 , par le grand pensionnaire Heinsius, Eugène de Savoie et Marlborough. Cette coalition soutint la guerre dite de la succession d'Espagne.

1703, 27 décembre. — Traité de Methuen , entre l'Angleterre et le Portugal.

Ce traité, qui depuis ce temps fit du Portugal une province britannique, prit le nom du négociateur anglais, le chevalier Jean Methuen.

1713 — Paix générale d'Utrecht, signée le 11 avril, à la suite d'un congrès qui s'était ouvert le 25 janvier 1712.

Le Traité d'Utrecht se compose de divers Traités particuliers.

Par le Traité avec l'Angleterre, la France reconnut de nouveau la nouvelle dynastie ; elle consentit à la démolition du port de Dunkerque. — Il fut établi, comme loi éternelle de la France et de l'Espagne, que les couronnes de ces deux pays ne pourraient jamais être réunies sur une même tête. — La même loi fut portée à l'égard de Naples et de l'Espagne.

La France céda en outre à l'Angleterre la baie et le détroit d'Hudson , Saint-Christophe, l'Acadie et Terre-Neuve.

La royauté prussienne fut solennellement reconnue dans la personne de Frédéric-Guillaume Ier.

La souveraineté de Neufchâtel et de la Gueldre fut accordée à la Prusse ; la Savoie devint royaume et reçut des accroissements considérables de territoire, notamment la Sicile.

Le roi Philippe V céda aux Anglais Minorque et Gibraltar, et leur accorda divers avantages onéreux pour son pays, entre autres celui d'exercer le monopole de la vente des nègres dans les colonies espagnoles, et d'y envoyer un vaisseau franc de 600 tonneaux. Ce dernier traité fut appelé de L'asiento.

1713, 28 février. — Traité de Rastadt, entre l'empereur et la France, conclu par Villars et le prince Eugène. La France obtient Landau et ses dépendances.

1714, 26 juin. — Traité entre l'Espagne et la Hollande, renouvelle le Traité de Munster.

1715, février. — Traité entre l'Espagne et le Portugal, par lequel cette dernière puissance, qui a déjà acquis de la France la souveraineté des deux rives de l'Amazone, recouvre la colonie et le territoire du Saint-Sacrement de la Plata.

1715 — Traité de la Barrière, conclu à Anvers. Confie aux Hollandais le défense des places de Namur, Tournai, Menin, Furnes, Ypres, Warneton et Knoque.

Tel est l'ensemble des actes qui constituent ce qu'on appelle le traité d'Utrecht, qui mit fin à la guerre de la succession d'Espagne.

1721 — Paix de Nystadt, entre la Suède et la Russie. Pierre Ier y prend pour la première fois le titre d'Empereur.

1731, 16 mars. — Traité de Vienne entre la France, l'Angleterre, l'Autriche et la Hollande.

1735, 3 octobre. — Paix de Vienne ; termine la guerre de la succession de Pologne.

Stanislas Leczinsky reçoit en échange de la royauté le duché de Lorraine, qui doit être après sa mort réuni à la France. — Dans ce même Traité, la France accède à la pragmatique sanction de 1719, acte par lequel l'empereur Charles VI avait établi comme loi de l'État, l'indivisibilité de la succession. L'exécution de cet acte était déjà garanti par toutes les grandes puissances. Le Traité de Vienne donne la Toscane à François, duc de Ferrare.

1742 — Traité de paix entre Marie Thérèse et Frédéric. Celui-ci acquiert la Silésie.

1748, 18 octobre. — Traité d'Aix-la-Chapelle ; met fin à la guerre de la succession d'Autriche.

1761, 16 août. — Pacte de famille entre les rois de France et d'Espagne (V. ce mot).

1763, 10 février. — Traité de Fontainebleau et de Paris, met fin, quant à la France, l'Espagne et l'Angleterre, à la guerre de sept ans. M. de Choiseul étant ministre, la France cède à l'Angleterre l'Acadie, le Canada et le cap Breton. L'Angleterre restitue la Guadeloupe, Marie-Galande, la Désirade, la Martinique et Belle-Ile. La France obtient l'île de Gorée et l'Angleterre le Sénégal. Cuba est rendue à l'Espagne, la France abandonne la côte de Coromandel.

1763, 15 février. — La paix est signée à Hubertsbourg, entre la Prusse, l'impératrice et l'électeur de Saxe, roi de Pologne. Elle replace les choses dans l'état où elles se trouvaient avant la guerre de sept ans.

1772 — Premier partage de la Pologne. Les trois puissances lui enlèvent un tiers de son territoire.

1774, 31 juillet. — Traité entre la Russie et la Porte, qui reconnaît le premier partage de la Pologne.

1780 — Convention entre la Russie, la Suède, le Danemarck, la Prusse, l'Autriche, le Portugal et les Deux-Siciles, établissant une *neutralité armée* pour faire respecter les pavillons neutres par les puissances belligérantes (V. NEUTRES, BLOCUS et VISITE). Les Anglais, pour cette cause, déclarent la guerre à la Hollande.

1785, 20 mai — Traité entre l'Angleterre et la Hollande.

1785, 3 septembre. — Reconnaissance des États-Unis par l'Angleterre. Traité de paix entre l'Espagne, l'Angleterre et la France. Ce Traité et le précédent terminent la guerre de l'indépendance américaine.

1785 — Traité entre Joseph II et la Hollande, sous la médiation de la France. Abolition des Traités de la Barrière de 1715, et de Vienne de 1731. Rectification de limites. Restitution de Maëstricht à la Hollande.

1791, 9 janvier. — Paix de Jassy entre la Russie et la Porte.

1793 — Coalition de toutes les puissances de l'Europe contre la France. Deuxième partage de la Pologne.

An III de la république française, 21 pluviôse. — Traité de Paris entre la république et le grand-duc de Toscane.

16 germinal. — Traité de Bâle, entre la Prusse et la France.

27 floréal. — Traité entre la république et la Hollande. Acquisition de la Flandre hollandaise. Abolition du stathoudérat.

4 thermidor. — Traité de paix entre la république et le roi d'Espagne.

20 thermidor. — Traité de paix entre la France et le duc de Wurtemberg. Acquisition de la principauté de Montbéliard, des seigneuries d'Hréicourt, de Passavant, etc.

28 thermidor. — Traité d'alliance offensive et défensive, conclu à Saint-Ildefonse, entre la république et l'Espagne.

5 fructidor. — Traité de Paris. Le margrave de Hesse cède à la république plusieurs seigneuries.

An V, 19 vendémiaire. Traité de Paris entre le Directoire et le roi de Naples.

15 brumaire. — Traité avec le duc de Parme.

7 pluviôse, 26 janvier 1792. — Troisième partage de la Pologne.

1er ventôse. Traité de Talentino avec le Saint-Siége. Cession à la France du comtat d'Avignon, du Ferrarais, du Bolonais et de la Romagne.

26 ventôse. — Traité avec le roi de Sardaigne.

29 germinal. — Signature des préliminaires de Leoben, par le général Bonaparte et le plénipotentiaire autrichien, prince de Cobentzel.

An VI, 26 vendémiaire. — Traité de Campo-Formio. La Belgique est cédée à la France. La Lombardie autrichienne est cédée à la république Cisalpine, reconnue par l'empereur. Partage des États de Venise. La France acquiert les îles Ioniennes avec l'Albanie. Venise et une partie de ses États sont cédés à l'Autriche; le reste appartient à la république Cisalpine.

An VII, 19 germinal. — Deuxième coalition contre la France.

An VIII, 17 nivôse. — Convention d'El Arish, entre Kléber, Sidney-Smith et le grand-visir; stipule l'évacuation de l'Égypte par l'armée française. Les clauses du Traité ayant été violées par les Anglais, Kléber reste en Égypte et gagne la bataille d'Héliopolis.

27 prairial. — Convention d'Alexandrie; deux jours après Marengo donne à la France toutes les places du Piémont et de la Lombardie.

1er messidor (20 juin). — Traité de subsides entre l'Angleterre et l'Autriche, signé à Vienne.

An IX, 25 frimaire (16 décembre 1800.) — Traité de neutralité armée entre la Russie, la Suède, le Danemarck et la Prusse.

20 pluviôse. — Traité de Lunéville entre la France, l'empereur et l'empire germanique, donne à la France toute la rive gauche du Rhin.

26 messidor. — Concordat entre S. S. Pie VII et le gouvernement français.

An X, 6 germinal (27 mars 1802.) — Traité d'Amiens, entre la France, l'Angleterre, l'Espagne et la république batave. Ce traité fut, comme on sait, violé immédiatement par l'Angleterre.

An XII — Nouvelle convention de neutralité armée, Entre la France, l'Espagne et l'Angleterre.

1805, 11 avril. — Troisième Traité de coalition contre la France, entre la Russie, l'Angleterre et l'Autriche.

26 décembre. — Paix de Presbourg, après Austerlitz. Ce traité enlève à l'Autriche la Dalmatie, le territoire vénitien pour les réunir au royaume d'Italie; Passau, le Tyrol et Augsbourg pour les donner à la Bavière; il érige le Wurtemberg et la Bavière en royaumes; il consacre l'indépendance des républiques helvétique et batave.

1806, 1er août. — Constitution de la confédération du Rhin sous la protection de Napoléon; abolition de l'empire d'Allemagne.

Septembre. — Quatrième coalition, formée et soldée par l'Angleterre.

31 décembre. — Traité entre l'Angleterre et les Etats-Unis dirigé contre le blocus continental.

1807, 9 juillet. — Traité de paix de Tilsitt, conclu après Friedland entre la France, la Russie et la Prusse. Par ce Traité, la Russie obtient une partie de la Prusse orientale. Les frères de Napoléon sont reconnus comme rois de Naples, de Hollande, de Westphalie. Erection du grand duché de Varsovie, donné au roi de Saxe. Indépendance de Dantzick. Liberté de navigation de la Vistule et de la Netze.

En outre, un Traité secret fut conclu, dit-on, à Tilsitt, entre Napoléon et Alexandre; il portait en substance un projet de partage du monde. Ce Traité est rapporté dans l'histoire secrète du cabinet de Saint-Cloud, par Lewis Goldsmith.

26 octobre. — Déclaration de neutralité armée, par l'empereur Alexandre.

1808, 27 septembre. — Conférences d'Erfurt, entre les deux empereurs.

1809, 14 octobre. — Traité de Vienne après Wagram, enlève à l'Autriche de nombreuses parties de territoire au profit de la Confédération germanique, de la Saxe, de Varsovie et de la Russie, réduit l'Autriche à 19 millions de sujets. Adhésion de la part de cette puissance au blocus continental.

1810, 19 février. — Traité entre l'Angleterre et le Portugal, confirmatif et extensif du Traité de Methuen.

1812 — Paix de Bucharest, entre la Russie et la Porte.

1812, 24 mars. — Traité d'alliance entre la France et l'Autriche, garantit l'intégrité des possessions ottomanes en Europe.

1814, 11 janvier. — Traité entre Murat et les coalisés.

5 février — Ouverture du congrès de Châtillon.

1er mars — Traité de Chaumont, ligue de vingt ans entre les quatre grandes puissances.

31 mars — Capitulation de Paris, signée par le comte Orloff et de Paar, le prince de Shwartzemberg, Favier et Denis Damremont.

11 avril. — Traité entre les puissances alliées et Napoléon, reconnu souverain de l'île d'Elbe.

23 avril. — Convention entre le comte d'Artois et les alliés, livre à ceux-ci 53 places fortes, 12,000 bouches à feu, 31 vaisseaux et 12 frégates, dont la perte peut être évaluée à 260 millions de francs.

1er novembre. — Réunion du congrès de Vienne.

1815, 17 janvier. — Traité de paix entre l'Angleterre et les Etats-Unis.

25 mars. — Traité de quadruple alliance contre la France, après le retour de Napoléon de l'île d'Elbe.

9 juin. — Acte général du congrès de Vienne.

3 juillet. — Capitulation de Paris, signée à Saint-Cloud, garantit l'oubli de tout acte commis pendant les cent jours.

25 septembre. — Traité de sainte-alliance. (*V.* ce mot.)

20 novembre.—Traité entre la Prusse, l'Autriche, la Russie, l'Angleterre, d'une part, et les Bourbons de l'autre. (Pour ce traité et tous ceux de la RESTAURATION, voyez ce mot.)

1816, 30 juillet. — Traité entre l'Angleterre, la Hollande et le dey d'Alger, après le bombardement de cette ville par lord Exmouth.

1817, 11 juin. — Concordat avec la cour de Rome.

1818, 9 octobre. — Convention entre les puissances,

signée à Aix-la-Chapelle. Évacuation de la France par les troupes alliées.

1821, 12 mai. — Déclaration du congrès de Laybach, tendant á établir le droit d'intervention pour la répression des principes révolutionnaires, coalition contre le Piémont et les Deux-Siciles.

1822 — Congrès de Vérone; décide que la France interviendra en Espagne pour y rétablir le gouvernement absolu.

1829, 14 septembre. — Traité d'Andrinople entre la Russie et la Porte. Après une guerre de deux ans. Consacre de nouveaux progrès de la Russie sur la mer Noire.

1830, 14 avril. — Convention conclue entre les mêmes à Saint-Pétersbourg.

1831, 30 novembre. — Traité entre l'Angleterre et la France pour établir le droit réciproque de visite sur les vaisseaux des deux nations, dans le but apparent d'empêcher la traite des noirs.

1832, 7 mai. — Traité de Londres; constitue la Grèce en royaume, sous le gouvernement d'Othon, prince de Bavière.

1832, 21 juillet. — Arrangement signé à Constantinople, touchant les délimitations du nouveau-royaume.

1833, 22 mars. — Deuxième Traité relatif au droit de visite (V. VISITE).

22 mars. — Traité d'union douanière, ratifié le 28 novembre, entre la Prusse, le Wurtemberg et la Bavière.

Ce traité, le plus important de tous ceux qui constituent l'union des douanes allemandes, fut précédé et suivi d'un grand nombre d'autres, dont le premier date de 1819. Par ces traités les lignes de douanes sont supprimées dans toute l'Allemagne, à l'exception du Mecklembourg et du Hanovre. — Les parties de la frontière générale appartenant à de petites principautés sont gardées par des agents prussiens.

L'union allemande comprend plus de 25 millions d'ames, et s'étend sur 8,252,71 milles carrés.

5 mai. — Arrangement de Kutaya. Cette convention a été conclue sous la forme d'un hatti sheriff, qui donne à Méhémet-Ali l'investiture de la vice-royauté d'Egypte et des pachaliks de Syrie, y compris le district d'Adana. Ce Traité est la conséquence de la bataille de Koniah, gagnée par Ibrahim, le 21 décembre 1832.

1833, 9 juin. — Traité d'Unkiar-Skelessi entre la Russie et la Porte. Il établit le protectorat exclusif de la première sur la seconde, et la fermeture des Dardanelles. Ce Traité est conclu pour huit années.

1834, 22 avril. — Traité de quadruple alliance entre la France, l'Angleterre, le Portugal et l'Espagne. Les deux grandes puissances s'engagent à combattre les prétendants contre-révolutionnaires de la Péninsule. Ce Traité, de la part de la France, n'a jamais reçu d'exécution.

1837, 30 mai. — Traité de la Tafnah, signé par Abd-el-Kader et le général Bugeaud, gouverneur d'Oran. Ce Traité a été en grande partie cause de la puissance d'Abd-el-Kader, en lui reconnaissant le droit de souveraineté.

1838, 30 juillet. — Convention de Dresde. Établit l'unité monétaire dans tous les états de l'association des douanes allemandes.

1839, 19 avril. — Traité dit des 24 articles entre la Belgique et la Hollande. Enlève à la Belgique la province du Luxembourg et celle du Limbourg, qui sont rendues à la Hollande.

1840. — Traité du 15 juillet, signé à Londres par les quatre grandes puissances, qui, sans consulter la France et au mépris de sa volonté exprimée, réduisent Méhémet-Ali à l'état de vassal de la Porte.

1841. — Convention du 13 juillet, confirmative du Traité précédent. Le gouvernement français y donne son adhésion, sacrifiant ainsi à la peur la dignité et les intérêts de la nation.

Par cette convention les cinq puissances stipulent en outre que les Dardanelles et le canal de Constantinople seront fermés aux vaisseaux de guerre. Cette clause lui a fait donner le nom de convention des détroits.

1841, 20 décembre. — Nouvelle convention conclue à Londres, et non encore ratifiée au moment où nous écrivons, pour confirmer et étendre le droit de visite des vaisseaux, établi par les Traités de 1831 et 1833.

Nous n'avons guères pu rapporter ici que la date des actes diplomatiques qui résument l'histoire de l'Europe dans ces derniers siècles. Ces simples notes suffisent, nous l'espérons du moins, pour guider dans leurs recherches les personnes qui veulent étudier les diverses transformations des rapports internationaux. On y trouvera l'indication de tout ce qu'il importe de connaître touchant cette matière, depuis que les Traités ont commencé à être conçus non seulement dans l'intérêt direct des parties contractantes, mais aussi dans le but d'agir sur ce qu'on appelle la balance politique de l'Europe. L'exposé chronologique que nous venons de faire montre comment on en est arrivé aujourd'hui à ce point, que quatre ou cinq États au plus s'attribuent le droit de décider souverainement de tout ce qui touche les États secondaires.   J. BASTIDE.

TRAITEMENT, appointements, paie des fonctionnaires publics, des employés d'administration. La tribune et la presse se sont toujours accordées à stigmatiser les gros Traitements. Il y avait cependant une distinction à faire. Si les gros Traitements sont attachés à des sinécures, ou s'ils sont en disproportion flagrante avec le salaire des fonctionnaires ou des employés des rangs moyens et inférieurs, en un mot, s'ils sont des gages de faveur, et non le prix de services rendus à l'État, il faut, sans contredit, les censurer hautement et demander qu'on les supprime ou qu'on les réduise. Mais s'ils sont, dans de certaines limites, la rétribution de talents spéciaux où de travaux importants et difficiles, il y aurait de l'injustice à les frapper de réprobation ; car ceux à qui ils s'appliquent n'ont pu parvenir à les mériter que par des études pénibles et par une patiente assiduité.

La carrière administrative est bornée ; les hommes qui s'y consacrent n'ont pour eux aucune des chances de fortune qu'on rencontre dans le commerce, l'industrie ou les arts ; toute la perspective qui s'ouvre devant eux ne leur montre, au terme de leur vie laborieuse, qu'une modeste retraite, quelquefois impuissante à subvenir à tous leurs besoins, si, du reste, une brusque destitution ne vient pas, avant le temps, leur enlever cette modique ressource. Pourquoi donc voudrait-on s'attacher à les placer dans une position encore plus défavorable ?

Ce n'est pas sur les Traitements gros et petits des fonctionnaires ou des employés, individuellement, qu'il faudrait faire porter des économies désirables ; c'est sur le nombre des emplois et particulièrement sur les emplois inutiles. Tous les ministères qui se sont succédé depuis notre première révolution ont compliqué sans nécessité les rouages de l'administration, dans l'unique but de placer leurs créatures : c'est là qu'est le mal ; c'est là aussi que doit être appliqué le remède. Les Anglais, que nous ferions bien d'imiter en cela, ont trois fois moins d'employés que nous, mais ils les rétribuent davantage, et le service public y gagne.   B. C.

TRANSFUGE. Les gens qui abandonnent leur pays ou leur parti, pour passer dans un pays ou dans un parti ennemi, et combattre la cause qu'ils servaient d'abord, sont appelés Transfuges.

Lorsque les Transfuges sont pris par le parti auquel ils ont appartenu, ils ne peuvent évidemment invoquer les lois de la guerre établies en faveur des prisonniers, puisqu'ils ne sauraient en aucun cas être considérés comme citoyens du nouvel État qu'ils servent. Ils n'ont jamais cessé d'être justiciables de leur pays, et des capitulations spéciales portant amnistie sont nécessaires pour qu'ils ne soient pas traités en criminels.

TRANSIT. C'est la faculté qu'un peuple accorde à d'autres peuples, de se servir de son territoire pour expédier leurs produits à l'étranger, ou pour recevoir de l'étranger les objets qui leur sont nécessaires.

TRAVAIL. Le Travail est l'application de l'activité humaine à tout ce qui est du ressort de l'intelligence et de la force musculaire. Le mot Travail implique l'idée de fatigue, qu'il s'agisse des efforts de l'esprit ou de ceux du corps. L'homme ne subsiste seul ou en société que par le Travail, et son existence s'améliore, toute différence de climats à part, en raison directe de la somme de peines, de labeurs qu'il y consacre. La réunion de plusieurs forces sur un seul point, en diminuant le Travail de chacun, multiplie le résultat obtenu dans des proportions considérables, d'où il résulte qu'à mesure que les individus se groupent en tribus, en peuplades et en nations, la somme des productions augmente, se perfectionne et le tribut d'efforts exigé de chaque individu se réduit parallèlement à leur agglomération. Ceci, bien entendu, doit se restreindre dans de certaines limites.

Le Travail est la loi du monde ; sans lui rien ne peut naître ni durer. L'humanité courbée sous cette inexorable nécessité ne peut s'en affranchir complètement; il lui est permis seulement de chercher les combinaisons les plus favorables pour alléger sa chaîne. Tel est, à notre avis, le rôle de la civilisation, et il n'est de progrès véritable que celui qui réalise pour l'homme une diminution de Travail. Découvrir un nouvel objet de consommation qu'on ne peut produire qu'à grands frais, ce qui veut dire à grand peine, c'est manquer à la condition d'utilité générale, tandis qu'au contraire l'inventeur d'une machine qui épargne aux travailleurs une dépense de forces rend un incontestable service à la société.

Ce n'est pas à dire que nous devions tendre uniquement à constituer l'oisiveté comme bonheur suprême; restreindre la satisfaction des besoins naturels aux éléments les plus rudimentaires, se nourrir, par exemple, de fruits sauvages, s'abriter dans les cavernes et s'habituer à marcher nu pour se procurer un plus long repos, nous semble en opposition formelle avec les conditions qui régissent les destinées de la race humaine. La constitution physiologique de l'homme lui impose l'exercice de ses facultés intellectuelles et physiques dans l'intérêt même de sa conservation ; il s'agit seulement de bien régler l'emploi de la dose d'activité qu'il possède et dont il doit compte à ses semblables aussitôt qu'il vit en commun.

Tous les désordres, toutes les souffrances qu'enregistre l'histoire des sociétés antiques prennent leur source dans l'ignorance ou la négation des principes que nous venons de poser, et c'est en les observant religieusement que les sociétés modernes réaliseront enfin la félicité qu'il est donné à l'homme de se procurer sur la terre.

Voyez par quels degrés successifs le monde a passé. Au début des sociétés, la force musculaire triomphe seule, l'homme vigoureux s'empare du sol et bientôt il contraint ses frères plus faibles à le féconder à son profit. Seulement, il se charge de les protéger et de les défendre contre les attaques de toute sorte. Il y a échange, échange inégal, si vous voulez, de services, tous travaillent, quoique différemment; mais de cette diversité d'occupations naît immédiatement une idée fausse qui enfante la tyrannie. Les travaux des faibles, ayant pour but d'assurer la subsistance du peuple, sont continuels comme les besoins qu'ils doivent satisfaire; l'activité des forts, au contraire, n'a pas à s'exercer incessamment, et ils jouissent de longs intervalles de repos. On s'imagine alors que leur condition est supérieure à celle des premiers travailleurs et chacun veut, à son tour, s'en emparer. Dès lors les guerres, et à leur suite l'esclavage pour s'assurer ces loisirs que l'on considère comme une preuve de noblesse. La société antique se constitue sur cette base : elle se partage en deux races, dont l'une est oisive, parce qu'elle est libre, tandis que le travail imprime le sceau de la déchéance et de l'infériorité sur le front de l'autre. Cette choquante inégalité entre les hommes se perpétue en se transformant sous le nom de servage; au fond, c'est toujours l'exploitation de l'homme par l'homme ; et qu'en ré-

sulte-t-il? Content de vivre sans Travail, le conquérant ne fait rien pour diminuer la fatigue de ses inférieurs, et le vaincu abruti, machine inintelligente, isolée parmi ses semblables, courbe la tête sous le joug sans rêver des améliorations qui ne peuvent lui servir. Aussi, le mécanisme de la production ne fait pas de progrès, le levier est toujours et partout la force humaine et nul ne songe à créer des instruments qui ménagent l'homme en lui substituant la matière.

L'invention des machines, la découverte de la vapeur datent de l'ère de la liberté générale. Quand tous les hommes sont obligés de travailler, l'intelligence s'enquiert des moyens d'adoucir les tâches les plus rudes ; et, qu'on le remarque avec attention, car c'est là une preuve évidente que la liberté est dans les décrets de la Providence, l'industrie s'améliore, ses produits se multiplient, les jouissances suivent la même marche ascendante, chacun travaille moins. Sauf l'infime minorité des anciens privilégiés, tous sont mieux, la civilisation est en progrès.

Nous voilà arrivés à l'état social actuel. Certes, il est préférable de beaucoup à celui que nous venons de décrire, mais est-ce à dire qu'il soit le dernier terme qu'on puisse atteindre? Nous ne le pensons pas.

Aujourd'hui le servage du moyen âge, l'esclavage antique n'existent plus et ne sauraient reparaître, — l'humanité se transforme, son action se déplace, elle ne rétrograde jamais, — mais il est une classe nombreuse qui conserve leurs traditions : imbue de ce fatal préjugé que le travail est un malheur et un signe de dégradation, elle voudrait substituer au privilége de la naissance, qui seul autrefois donnait droit au repos, une autre puissance dont elle dispose. Spéculant sur la nécessité où chaque homme se trouve de vivre, bien convaincue que le Travail peut seul lui en donner le moyen, elle a accaparé entre ses mains tous les instruments de Travail, les capitaux, en un mot, sol ou numéraire, peu importe, et elle a prétendu dicter ses lois aux prolétaires, c'est-à-dire à ceux qui ne possèdent rien. A l'heure qu'il est, celui qui n'a que son intelligence et ses bras est nécessairement le sujet de l'homme qui détient les fonds de terre, pour l'agriculture, et qui dispose, pour l'industrie manufacturière proprement dite, des matières premières ou plutôt de l'argent ou du crédit nécessaire à leur acquisition.

Les possesseurs dont nous parlons obéissent, en agissant ainsi, à cet instinct naturel qui nous pousse à rechercher la plus grande somme de plaisir avec le moins d'efforts possibles. Leur égarement consiste à exagérer ce sentiment en voulant injustement astreindre leurs semblables à dépenser pour eux cette quantité de forces qu'ils ménagent. D'un côté, Travail excessif, de l'autre, oisiveté superflue. C'est là une iniquité sociale qu'il importe de faire cesser.

Nous n'avons pas la prétention de venir présenter ici un système complet et tracer un plan d'organisation du Travail, c'est-à-dire tout simplement de régler les fonctions des membres du corps social dans tous leurs rapports. D'autres esprits, doués d'une hardiesse de vues qui nous manque, ont abordé cette question si ardue : l'avenir les jugera. Nous nous contenterons d'exposer quelques idées qui nous paraissent irréfutables et qui, acceptées par tous, concilieraient, au moins momentanément, les intérêts en lutte.

Le grand tort de la société actuelle consiste à ne considérer, comme capitaux, que les fonds de terre ou le numéraire. Ce sont là des instruments de production, il est vrai, mais qui restent inertes entre les mains de leurs possesseurs, si le Travail ne les féconde pas; et, par ce mot, nous entendons, nous l'avons déjà dit, les conceptions de l'esprit comme la force des bras. Les capitalistes et les travailleurs se rencontrent dans toute exploitation industrielle, dans toute association : eh! bien, on doit tenir compte, dans la distribution des produits, de l'apport de chacun et ne pas attribuer les profits au capital, au détriment du Travail. En définitive, il faut élever ce dernier au rang de tous les agents de production, l'admettre au pied d'égalité parfaite et supprimer le salaire, signe de servage et d'infériorité. Mis en pratique, ce principe applanirait bien des difficultés. Il est réservé à notre époque de trouver le mode d'application. Des institutions de crédit nombreuses, établies sur des bases larges et libérales, des banques conçues dans l'esprit des énonciations qui précèdent, créées ou garanties par l'État et fournissant au Travail les capitaux qui lui manquent, atteindraient peut-être le but.

Quoi qu'il en soit, il est bon qu'on se rappelle, — et nous terminerons par cette réflexion, —il est bon qu'on se rappelle que le Travail n'a besoin ni de réhabilitation, ni de glorification; condition d'existence de l'homme, il est un devoir pour tous et chacun y doit contribuer dans la mesure de ses forces. Le repos est la récompense, mais nul n'a le droit d'en jouir sans l'avoir mérité.

LÉOPOLD DURAS.

TRAVAUX PUBLICS. Ce sont les ouvrages que l'État exécute ou fait exécuter dans l'intérêt général. Tels sont les constructions publiques des villes, le creusement des ports, les canaux et les chemins de fer.

Aujourd'hui, l'on se préoccupe beaucoup des voies de communication. On a compris que tout ce qui pouvait contribuer à multiplier les relations des hommes entre eux, à faciliter les transports des matières premières sur les lieux de production et des produits fabriqués sur les lieux de consommation, était un élément certain de prospérité publique et de civilisation. A ce dernier titre, les chemins de fer répondent merveilleusement à toutes les exigences; ils créent pour les hommes et les choses une rapidité de circulation jusqu'alors inconnue. Grâce à eux, l'échange des idées se fait du centre aux extrémités et réciproquement, avec une promptitude merveilleuse, et il est difficile d'assigner des bornes à l'influence qu'ils doivent exercer un jour sur la vie des peuples. Les canaux, de leur côté, sont plus propres à favoriser les progrès du commerce et de l'industrie proprement dits.

Il est donc indispensable, tout en construisant des chemins de fer, dont le nombre est d'ailleurs limité par les conditions topographiques, il est indispensable, disons-nous, de travailler à couvrir la France d'un réseau navigable qui permette à toutes les régions dont elle se compose de communiquer entre elles et d'échanger leurs denrées. Nous avons fort à faire encore en ce genre, car nous sommes peu riches. Si nous possédons dix mille lieues environ de routes royales, nous ne comptons qu'environ neuf mille lieues de canaux. La nature, il est vrai, nous a dotés de 212 rivières navigables ou flottables qui présentent un développement de plus de deux mille lieues de navigation : mais cela ne suffit pas.

Quant aux chemins de fer, notre pauvreté est plus grande encore, et nous nous trouvons aujourd'hui en arrière de tous nos voisins, de la Belgique elle-même, qui, avec ses quatre millions d'habitants compte plus de rail-ways que la France avec une population de trente-trois millions : nous possédons à peine 800 kilomètres de chemins de fer, dont la majeure partie est en voie d'exécution.

La nécessité d'en augmenter le nombre n'est douteuse pour personne; il n'y a de difficulté, à part le choix des lignes, que sur le mode d'exécution. C'est qu'ici se présente la question qui domine toute l'économie des travaux publics. Vaut-il mieux que l'État exécute les grands travaux publics, ou vaut-il mieux en abandonner l'exécution à des compagnies particulières? Nous n'hésitons pas à trancher la question en faveur du système de l'exécution par l'État; et voici en quelques mots les principaux motifs de notre opinion.

Le territoire de la France est considérable. Si l'on veut que les points extrêmes communiquent entre eux, il faut que les grandes distances qui les séparent puissent être franchies à bon marché. Or, on n'atteindra jamais ce but, si l'industrie particulière construit les voies de communication, car il faut qu'elle réalise des bénéfices, et par conséquent, qu'elle impose aux voyageurs des tarifs élevés. Les grandes routes de terre, à la charge de l'État, sont libres de péages; il doit en être de même pour les chemins de fer si l'on veut les rendre vraiment utiles. Voyez ce qui se passe en France même. Sur les rivières, les droits sont réglés à un taux très faible, à peine le cinquième du tarif qu'il faudrait accorder à l'industrie privée, et cependant, le commerce demande avec instance à en être affranchi. Pour les canaux appartenant en partie à des compagnies, la voix publique provoque leur rachat afin que le gouvernement ait la liberté d'abaisser les tarifs.

La raison d'état parle à son tour et commande de ne pas laisser à l'intérêt privé des moyens de communication qui doivent devenir quelque jour des lignes essentiellement politiques et militaires. A cet égard, tout est vague; mais, dans cette incertitude même, la plus simple prévoyance n'exige-t-elle pas qu'on retienne dans les mains de l'État ces entreprises dont nous ne pouvons prévoir les destinées ?

En résumé, l'intérêt général, au point de vue de la civilisation, du commerce et de la politique, veut qu'on mette à la charge du gouvernement l'exécution des grandes lignes navigables et surtout des grandes lignes de chemins de fer; l'industrie privée aura les lignes secondaires et les lignes d'embranchement. — Tel est, dans notre intime conviction le principe qui doit dominer tout le système des Travaux publics, dans notre pays.

L. D.

TRÉSOR. Le Trésor est chez nous ce qu'était le fisc chez les Romains, le lieu où les sommes provenant des revenus publics sont centralisées.

Sous l'ancien régime, il n'y avait point de comptabilité régulière et uniforme dans les finances de l'État. Sully, Colbert et plusieurs autres ministres essayèrent en vain de réformer cette branche de l'administration : l'intérêt puissant des compagnies financières fit échouer tous leurs projets. Les déficits continuels et l'habitude funeste des anticipations assuraient la perpétuité des abus et on ne put jamais connaître exactement le chiffre des recettes et celui des dépenses. Il n'y avait point de Trésor dans le sens que nous donnons aujourd'hui à ce mot.

Nos premières assemblées nationales essayèrent d'introduire par la centralisation l'ordre dans les finances ; mais les besoins de l'État qui, à cette époque, étaient immenses et des préoccupations politiques excessives s'opposèrent à la réforme de la comptabilité.

Bonaparte eut un ministre du Trésor. Toutefois, le Trésor existait à peine : il y avait quatre payeurs-généraux à peu près indépendants : quant aux recettes, elles étaient livrées, non-seulement au ministre des contributions, mais encore à diverses administrations ou régies dont chacune avait ses traditions, ses écritures, son système de comptabilité. Le gouvernement impérial, d'ailleurs, était souvent aux expédients : il anticipait; il demandait aux receveurs-généraux des engagements écrits qu'il négociait ensuite à la Banque. Presque personne, excepté l'empereur, ne connaissait exactement la situation financière de l'État.

La création de la caisse de service par M. Mollien, en 1806, peut être considérée comme une amélioration notable : elle donna quelque régularité au mouvement des fonds. Mais les recettes ne furent point centralisées, non plus que les dépenses : diverses administrations recevaient, payaient, sans être contrôlées par le ministre du Trésor ou par la Cour des comptes.

La Restauration supprima le ministère du Trésor et remplaça les quatre payeurs-généraux par un payeur unique. Dès la fin de 1814, on avait établi entre les receveurs-généraux et le Trésor le régime des comptes courants. Dix jours après que le receveur-général avait touché une somme, il en était débité, à son compte, au Trésor. Enfin, l'ordonnance du 18 novembre 1817 centralisa toutes les recettes en une seule caisse.

Depuis cette époque, les améliorations se sont succédé avec lenteur, mais sans interruption. Les écritures des diverses administrations financières ont constamment tendu à l'uniformité : les comptables ont été individuellement soumis à la juridiction de la Cour des comptes.

Le scandale des dilapidations commises par deux caissiers du Trésor, Mathéo et Kessner, a fait introduire, dans le service intérieur du Trésor, un système de contrôle minutieux et continu. Les précautions ont été multipliées avec un luxe extraordinaire. Aucune maison de banque ne prend des précautions aussi grandes, sans doute parce qu'elles sont plus heureuses que le Trésor dans le choix de leurs caissiers. Le service du Trésor est fait d'ailleurs dans la même forme que celui d'une maison de banque. Cette forme est la plus simple et assurément la meilleure.

Les hommes qui connaissent le mieux les secrets de notre administration financière réclament encore quelques réformes. Ils voudraient voir reconstituer, avec des attributions plus larges que par le passé, le ministère du Trésor : ils voudraient que les ordonnateurs de dépenses fussent responsables de leurs actes et plus contrôlés qu'aujourd'hui, ils voudraient voir cesser l'indépendance des diverses administrations et disparaître les petites rivalités que cette indépendance suscite : ils voudraient enfin que le ministre du Trésor, contrôleur des mouvements de la richesse de l'État, pût surveiller exactement les matières aussi bien que les écus et faire cesser les abus dont les magasins de la Guerre et ceux de la Marine sont le théâtre et contre lesquels la Cour des comptes proteste avec fermeté depuis plusieurs années.

On dit souvent : « les droits du Trésor, l'action du Trésor, les priviléges du Trésor » pour désigner les actions judiciaires, les droits et priviléges pécuniaires exercés au nom et au profit de l'État.

C. S.

TRÉSORERIE. Ce mot, récemment introduit dans notre langue, est emprunté aux Anglais. On dit : « Service de Trésorerie, opérations de Trésorerie » pour désigner un service et des opérations de banque, lorsqu'on parle du Trésor public.

TRÈVE. (V. Armistice.)

TRIBU. Dans l'antiquité, lorsque les divers membres d'une même famille se partageaient un territoire, chaque peuplade qui se formait prenait le nom de Tribu, et demeurait soumise à un gouvernement commun. Ainsi les douze fils de Jacob devinrent les chefs ou les fondateurs d'autant de Tribus. Ces subdivisions étaient de la même nature que celles qui s'établirent, sous le nom de clans, dans la Gaule et dans la Grande-Bretagne. Plus tard, on appela aussi Tribus les populations réunies de gré ou de force aux nations dont elles acceptaient le gouvernement. La division par Tribus s'harmonie avec le système républicain, dans lequel les citoyens ne sont considérés que comme les membres d'une même famille, qui, par cette raison, doivent tous concourir au gouvernement des communs intérêts. Toutes les républiques de l'antiquité étaient divisées par Tribus. (V. COMICES.)　　　A. B.

TRIBUN DU PEUPLE , TRIBUNAT. Nom et fonction d'un magistrat romain, chargé de veiller au maintien des droits politiques des plébéiens, et de les défendre contre l'avarice des patriciens. Dans le principe, il n'y eut que deux Tribuns ; leur nombre finit par s'élever jusqu'à dix, qui formaient le *collége des Tribuns*. Ils étaient élus , chaque année, dans les comices par tribus, sans le concours des patriciens. Si, dans le temps fixé pour l'élection, les dix Tribuns n'étaient pas tous nommés, ceux qui se trouvaient élus procédaient eux-mêmes à l'élection de leurs collègues. La personne des Tribuns était inviolable et sacrée ; on ne pouvait les interrompre quand ils prenaient la parole dans les assemblées du peuple ; ils se concertaient ensemble sur les propositions à soumettre aux citoyens ; aucun plébiscite ne pouvait être présenté que par leur organe. Les Tribuns ne siégaient pas dans le sénat ; ils avaient auprès de la porte un banc d'où ils pouvaient entendre les délibérations sans y participer. Si le sénatus-consulte qu'il s'agissait d'émettre leur paraissait contraire à la loi ou aux intérêts du peuple, ils avaient le droit d'en empêcher l'exécution par le mot de *veto*, que l'un d'eux y apposait. Dans ce cas, le sénatus-consulte, qui cependant pouvait être publié, n'avait plus que le caractère de simple opinion du sénat. En cas d'approbation, le visa des Tribuns ne consistait que dans la lettre T mise au bas de la délibération.

Les Tribuns pouvaient être employés dans des missions particulières. Ainsi, Sempronius Gracchus fut chargé de se rendre à Carthage pour y faire exécuter les ordres qui autorisaient le rétablissement de cette ville.

Dans le principe, la dignité de Tribun ne conférait aucune espèce de droits à celui qui l'avait obtenue ; les Tribuns n'étaient pas même considérés comme des magistrats. Avec le temps, ils obtinrent le droit d'entrer dans le sénat, à l'expiration de leurs fonctions. On vit des Tribuns devenir à leur tour chefs de familles patriciennes. On conçoit qu'ils n'acquirent ce privilége qu'en se montrant moins rigoureux dans le contrôle des actes du sénat.

Les explications dans lesquelles nous sommes entrés au mot ROME , en parlant de la constitution de cette république, nous dispensent de traiter avec plus de détail cette importante question du Tribunat. Nous ne rappelons dans cet article que les dispositions relatives à l'exercice des fonctions de Tribun.

On donnait encore à Rome le nom de *Tribun* à des officiers dont le grade répondait à celui de maréchal de camp et de chef de bataillon. Les uns étaient *Tribuns des légions*, les autres *Tribuns des cohortes* ; on les désignait communément par le nom de *Tribuns militaires*. Ils existaient avant

les Tribuns du peuple. Il y avait aussi des officiers payeurs qu'on appelait *Tribuni ærarii*.
　　　　　　　　　　　　　　　　A. B.

TRIBUNE. C'est par la parole et par l'écriture que les idées se vulgarisent, que les intelligences se communiquent et se pénètrent, que la civilisation progresse, que la vérité se fait jour. Comme deux grandes sources dont les eaux violemment élancées se heurtent, se combattent, s'agitent pêle-mê'e et finissent par confondre leurs eaux et rouler en un même lit, la Tribune et la presse, ardentes rivales, se menacent, se choquent, luttent à l'envi d'influence et de pouvoir, et finiront pourtant, malgré tout, par associer leurs efforts et marcher ensemble vers le même but.

De ces deux moyens, si énergiques, l'un a précédé l'autre. La Tribune emplissait le monde de son bruit que la presse proprement dite n'existait pas encore : il n'y avait pas de journalistes au temps de Périclès et de Cicéron. Et ceci est facile à comprendre. Dans les anciennes républiques, en effet, l'étendue d'un état n'était pas très considérable, et la population libre était peu nombreuse ; chacun alors pouvait assister aux délibérations publiques, et la voix de l'orateur suffisait pour porter sa parole jusqu'aux extrémités de son pays. Aujourd'hui, les circonstances ne sont plus les mêmes. Les états ne se composent plus de quelques milles carrés et de quelques milliers de citoyens. Les hommes libres, dans chaque état libre, se comptent par millions. Or, qu'est-ce que la voix d'un seul homme parmi ces vastes espaces? un vain murmure sans écho. Il a donc fallu créer un nouvel organe qui pût porter jusques aux confins du pays, de l'Europe même et du monde la voix perdue des orateurs. Ce nouvel organe, c'est la presse, la presse dont la Tribune ingrate méprise les services, et sans laquelle pourtant elle ne serait plus rien.

Si la Tribune est libre, en effet, si elle est puissante, si elle exerce sur le pays et sur le gouvernement du pays la juste influence qui lui appartient, c'est par la presse, et par la presse uniquement. Supposez que la presse n'existe pas, que deviennent les élections? Le pouvoir la manie à son gré, il se crée dans le silence et dans l'ombre une majorité dévouée. Maître de la majorité, il écrase, il annulle la minorité, et la Tribune devie. t muette. Oh ! graves orateurs, qui vous insurgez si souvent contre la presse et qui la déchirez à belles dents, que seriez-vous si le vain bruit de vos foudroyantes paroles venait expirer aux portes de l'enceinte qu'emplit votre voix émue? Que seriez-vous si la presse portant partout votre parole ne vous rapportait l'appui vengeur de l'opinion publique ?

Elle est donc absurde en même-temps qu'immorale cette haine aveugle, ardente et de tous les instants, qui anime la Tribune contre la presse et la porte à se rendre complice de toutes les entreprises qu'essaient contre ce puissant moyen de propagande et de divulgation les gr'yernements corrompus et mauvais.

La presse, de son côté, n'est pas non plus, il faut le dire, toujours juste à l'égard de sa rivale. Les journalistes qui sentent si vivement les innombrables difficultés et les redoutables périls de leur mission n'apprécient pas toujours avec une parfaite exactitude les difficultés de la position des orateurs parlementaires.

C'est bien autre chose pourtant de parler aux gens face à face ou du fond de son cabinet, de dire d'un ministre : *c'est un ministre prévaricateur* ou de lui dire à lui-même, à deux pas de distance : *vous avez prévariqué.*

L'habitude de vivre continuellement avec ses adversaires, de les rencontrer chaque jour, de les voir particulièrement, impose, quoi qu'on ait, une certaine gêne, un certain embarras. Le journaliste, lui, n'a jamais ou presque jamais affaire qu'à l'homme public : il faut que l'orateur aille frapper l'homme public au travers de l'homme privé.

Le journaliste envoie sa parole au but à travers les mille détours que lui imposent les embûches du code; mais l'orateur est obligé, lui aussi, à des circonlocutions, à des évolutions soudaines et à de prodigieux efforts de tactique.

Si le journaliste est en présence d'un public ombrageux et exigeant, le député, lui aussi, est en face d'un public passionné, facile à irriter et qui souvent proteste avec une violence capable de déconcerter le plus résolu.

Il faut sans doute que le journaliste se fasse lire, mais il faut aussi que l'orateur se fasse écouter.

Le journaliste est un improvisateur dont la plume doit être prête à toute heure, qui doit pouvoir à toute heure parler convenablement sur le premier sujet qui se présente ; mais l'orateur, lui aussi, doit improviser, et si le journaliste peut, à la rigueur, renvoyer son article au lendemain, l'orateur, quand on lui commande de parler, ne peut pas renvoyer son discours.

Il y a enfin dans ces deux rôles du publiciste et de l'orateur des difficultés immenses, des deux parts à peu près égales, qui doivent mutuellement être pesées et devant lesquelles se devrait effacer l'esprit de rivalité et de haine qui anime si injustement, si déplorablement, l'une contre l'autre, la Tribune et la presse.

On peut affirmer, du reste, que cet esprit d'antagonisme tient plutôt à des circonstances passagères et extérieures qu'à des causes essentielles, et, si l'on peut ainsi parler, personnelles. La presse et la Tribune différent par leur origine ; voilà pourquoi elles sont ennemies. Qu'est ce que la Tribune, aujourd'hui, en effet ? c'est la voix du privilège. Nul n'aborde la Tribune s'il n'est riche, conséquemment oisif. La presse, au contraire, malgré les vices de sa constitution, est, quoi qu'on ait pu faire, la voix du peuple ; son suffrage est le suffrage universel. Pour exercer le métier de journaliste, point de conditions, que le talent ; pour l'exercer avec une autorité puissante, point de condition non plus que la probité et l'estime publique.

De là et là seulement, nous le répétons, l'hostilité réciproque de la Tribune et de la presse.

Elles se combattent, parce qu'elles représentent deux intérêts contraires. Effacez maintenant cette disparité d'origines ; ramenez l'unité aux sommets ; faites que la Tribune et la presse soient le double organe des mêmes intérêts et des mêmes besoins ; que les députés soient, comme les journalistes, les *représentants du peuple* ; que tous les pouvoirs enfin, car la presse est un pouvoir aussi bien que la Tribune, découlent d'un seul et même principe, et vous aurez détruit dans son germe cette rivalité pernicieuse qui produit tant de maux et qui surtout empêche que tant de bien ne soit fait. Unies alors dans une même pensée, inspirées des mêmes sentiments, la Tribune et la presse, si elles remplissent un rôle différent, si elles marchent chacune par les voies qui lui sont propres, marcheront simultanément et fraternellement vers le même but.   E. DUCLERC.

TRIBUNAUX. La nécessité de la séparation des pouvoirs Législatif, Exécutif et Judiciaire est aujourd'hui un axiome de la science politique. Pour que ces pouvoirs soient réellement distincts, il ne suffit pas qu'ils soient exercés par des fonctionnaires différents, il faut encore que ces fonctionnaires ne soient pas choisis exclusivement dans un certain corps ou une certaine classe de la société ; car alors ce corps ou cette classe réunit et exerce en effet les trois pouvoirs. « Tout serait » perdu, dit Montesquieu, si le même homme, ou » le même corps des principaux, ou des nobles, » ou du peuple, exerçait ces trois pouvoirs : » celui de faire des lois, celui d'exécuter les réso- » lutions publiques, et celui de juger les crimes » ou les différends des particuliers. »

En France, aujourd'hui, sous un régime dont Montesquieu est le véritable théoricien, cette règle de la séparation des pouvoirs est bien loin d'être appliquée. D'abord, malgré les lois, et souvent par les lois, il y a empiètement du pouvoir administratif sur le judiciaire. Les différends entre les citoyens isolés et l'administration sont presque tous jugés par l'administration, dans les conseils de préfecture, dans le cabinet des ministres, dans le conseil d'Etat. En second lieu, le pouvoir législatif est exercé, en grande partie, par des fonctionnaires qui prennent déjà part au pouvoir administratif ou au pouvoir judiciaire.

Mais la maxime fondamentale de la séparation des pouvoirs n'est pas seulement violée par cette confusion des attributions et des personnes ; on peut dire qu'elle n'est consacrée qu'en apparence par les institutions, et qu'en réalité elle ne reçoit aucune application. En effet, si l'on regarde d'un peu près l'organisation de la puissance législative, c'est-à-dire les lois électorales, et l'organisation de la puissance judiciaire, on trouve que toutes deux émanent directement d'une classe spéciale, que le petit nombre de citoyens dont elle se compose peut faire considérer comme un corps : 180,000 électeurs, sur 34 millions d'habitants, ou 8 à 9 millions de citoyens chefs de familles. Ces 180,000 hommes, qu'on appelle officiellement le corps électoral, font les députés ; la chambre des députés fait les ministres, ou le pouvoir exécutif; les ministres font les juges, et les choisissent presque toujours dans le corps électoral. Il y a bien quelques-uns des juges qui ne paient pas tout-à-fait le cens exigé pour entrer dans ce corps souverain, mais la réforme qui doit les y incorporer est certainement très prochaine. D'ailleurs, quand on considère l'importance des fonctions judiciaires et les profits des autres professions exercées par la plupart des membres du corps électoral, on reconnaît que l'exiguité relative du traitement des magistrats rend les offices judiciaires inabordables pour tous ceux qui n'ont pas déjà quelque fortune patrimoniale.

Liée par la naissance, par l'éducation, par la fortune au corps électoral, la magistrature est nécessairement imbue des préjugés de ce corps; ses intérêts sont communs, les opinions identiques. Quand les préjugés, les intérêts, les opinions du peuple se présentent devant les magistrats, dans la personne des citoyens isolés, ils ne trouvent donc pas les garanties que désire la théorie du gouvernement monarchique représentatif, encore bien moins celle que recherche la théorie du gouvernement démocratique. De plus, les magistrats dépendent, malgré leur inamovibilité, du pouvoir exécutif ou administratif, qui décide de leur avancement; et la magistrature n'est pas tellement nombreuse que cette dépendance ne puisse exercer une influence réelle. Il y a en France : 361 Tribunaux de première instance, composés de 1948 présidents et juges, et de 822 procureurs du roi et substituts; 27 cours royales (Tribunaux d'appel), composées de 823 présidents et conseillers, et de 157 procureurs généraux et substituts; et une cour de cassation, composée de 49 présidents et conseillers, 1 procureur-général et 6 avocats généraux. En total, 2,820 juges inamovibles et 986 officiers du ministère public révocables. A côté, il y a 977 greffiers ou commis de greffes dont les charges se vendent comme celles des avoués, huissiers ou notaires. Le traitement des juges varie de 1,250 à 3,000 fr.; celui des conseillers de cours royales de 3,000 fr. à 4,200 fr. A Paris, les traitemens sont beaucoup plus élevés.

La justice est en outre administrée par 2896 juges de paix amovibles, et recevant un traitement de 800 à 1,600 fr., augmenté de quelques faibles droits pour des opérations spéciales; et par 218 Tribunaux de commerce, composés d'environ 1,200 juges, élus par les notables commerçants, et dont les fonctions sont gratuites. Les conseils de prud'hommes sont établis dans un si petit nombre de villes que nous n'en pouvons parler que pour mémoire.

Il serait hors de propos, dans ce dictionnaire, d'expliquer les détails de l'organisation et des attributions de ces divers Tribunaux; et si nous voulons chercher dans la marche des procédures, et dans l'esprit des arrêts, de quelle manière ces Tribunaux se mêlent à la vie politique, comment se reflètent en eux les mouvements de l'opinion, comment ils agissent et quelle influence ils reçoivent, nous craindrions que la date du livre ne donnât à notre travail un caractère de polémique

déplacé dans ce recueil. Nous nous contenterons donc d'avoir indiqué que les Tribunaux, par leur organisation actuelle, ne représentent pas même l'idée qu'on se forme du pouvoir judiciaire, dans une société constituée sur les principes de la Charte.

H. C.

TRIBUT, TRIBUTAIRE. Le Tribut est une sorte d'impôt payé par un état à un autre état plus puissant. Le premier est alors Tributaire du second.

Vattel, d'après la plupart des auteurs, établit que l'état Tributaire ne cesse pas pour cela de posséder le droit de souveraineté en ce qui touche ses rapports avec les autres puissances. Le Tribut, néanmoins, est en général un signe de vassalité et de dépendance. Percevoir des contributions régulières est en effet l'attribut de la souveraineté. Le pays qui se soumet à en payer d'un autre pays donne par cela-même à celui-ci le droit d'intervenir dans ses affaires intérieures, de surveiller ses actes et ses alliances. La première condition d'indépendance est donc pour une nation de ne payer d'impôt qu'à son propre gouvernement.

Ajoutons cependant que certains états ont quelquefois payé Tribut sans cesser pour cela d'être des puissances indépendantes même du premier ordre. Ainsi la France, par exemple, a longtemps envoyé un présent annuel à la cour de Rome. Dans ce cas, le Tribut n'était qu'un hommage rendu au pouvoir religieux et rien de plus.

J. B.

TRICOLORE. Le drapeau tricolore est celui de la France depuis la Révolution de 1789. L'adoption de ces couleurs date du 26 juillet de cette année. Ce fut Lafayette qui les proposa, comme un emblème de la fusion des trois ordres qui, précédemment, divisaient les citoyens : le rouge était la couleur du peuple; le bleu, du clergé; le blanc de la noblesse. Le rouge fut placé à la hampe du drapeau, le bleu venait ensuite, puis le blanc. Sous l'empire, l'ordre des couleurs fut interverti : le bleu fut à la hampe, le blanc au milieu, le rouge à l'extrémité. Cette combinaison de couleurs a été conservée par la Révolution de 1830.

B.-C.

TRIENNALITÉ. C'est le système dans lequel le pouvoir législatif se renouvelle tous les trois ans. (V. QUINQUENNALITÉ.)

TRIUMVIRS ET TRIUMVIRAT. On donnait ce nom chez les Romains à toute espèce de commission composée de trois membres. Le mot de Triumvirat nous rappelle surtout les deux coalitions qui furent formées contre la liberté de Rome : la première, par Crassus, Pompée et César; la seconde, par Antoine, Octave et Lépide. Corrompue par son oligarchie, préparée au despotisme par la dictature de Sylla, la République succomba sous la ligue des Triumvirs; mais comme il est impossible que trois tyrans restent d'accord, César et Octave parvinrent, soit par la ruse, soit par les armes, à se débarrasser de leurs collègues. L'empire romain ne fut plus qu'un champ de bataille, où le nom des généraux avait plus d'autorité que celui de la patrie. Au faîte de la puissance, César fut assassiné en plein sénat; personne n'osa porter la main sur celui qui l'avait frappé. César joignait du moins de grands talents à quelques vertus; mais Octave, qui prit le nom d'Auguste, fut à la fois le plus lâche et le plus cruel des Romains. Incapable d'aucune vertu, i. n'en eut que l'apparence. C'est ainsi qu'il consolida le despotisme, et quand il mourut de sa mort naturelle, les Romains avilis le placèrent au rang des dieux.　　　　　　　A. B.

TRONE. Siége royal. Il se prend aussi pour la royauté.

TROPHÉE. Monument formé d'armes disposées avec art, et destiné à perpétuer le souvenir d'une victoire.

TROUBLES, se dit des soulèvements, des émotions populaires, des guerres civiles. Ces mots : *nos cinquante années de troubles*, reviennent souvent dans la polémique; ils servent à désigner, sous une forme générale, les révolutions et les réactions qui se sont succédé chez nous depuis 1789.—Quand un pays est fréquemment troublé, c'est un signe certain que ses institutions sont mauvaises. Ceux qui gouvernent concluent autrement, toutefois : ils aiment mieux accuser je ne sais quel esprit de sédition et de méchanceté qui se serait emparé des masses et qui ferait explosion sous le souffle impur des factieux. Aveuglement funeste, produit des conseils de la paresse et de l'ignorance, qui dispense d'étudier courageusement les plaies sociales et qui conduit inévitablement aux abîmes.　　　　　　E. D.

TUILERIES (CABINET DES). C'est le nom sous lequel on désigne le gouvernement français, et qui lui vient de ce que le chef de l'État habite ce palais. Sous Louis XIV et ses deux successeurs, on disait le *cabinet de Versailles*, par une raison analogue.　　　　　　　　B.-C.

TURQUIE. Dès le commencement du dernier siècle, Montesquieu signalait la décadence de l'empire ottoman. «Avant deux siècles, disait-il, cet empire sera le théâtre des triomphes de quelque conquérant.» Cette prophétie de l'auteur des *Lettres Persanes* est aujourd'hui réalisée. L'empire de Mahomet est devenu la proie de la conquête. Comment cette grande révolution s'est-elle opérée? C'est ce qui n'a peut-être pas encore été clairement exposé, et ce que nous allons essayer de dire aussi succinctement que possible.

Le Czar Pierre Ier et plus tard Catherine II assignèrent pour but, à leur ambition, le démembrement de la Turquie au profit de l'empire Russe. Ce but a été atteint en dépit de l'Europe étonnée de tant d'audace et de bonheur.

La politique du cabinet de Saint-Pétersbourg

vis-à-vis de la Turquie a toujours consisté à saisir le moment où celle-ci était fatiguée et pleine de confiance dans ses voisins pour l'attaquer ou la pousser à des luttes funestes. Le moyen a merveilleusement réussi comme on va le voir.

La destruction de la marine turque à Tchesmé, par une flotte russe, fut le premier coup décisif porté par le gouvernement moscovite à la monarchie ottomane. Cet événement amena le traité de Kutchuk-Kaïnardji (1774), qui assura à la Russie la libre navigation des mers ottomanes, y compris le détroit des Dardanelles. La même convention donna au Czar, Taganrog, Kertch, Kinbum et Azof, recula les frontières de la Russie jusqu'au Bog, acquit à cette puissance une souveraineté de fait sur les deux Kabardies, et lui livra presque toute la Crimée. Deux années s'étaient à peine écoulées que la construction frauduleuse d'une ligne de forteresses russes, depuis la mer Noire jusqu'à la Caspienne, mit entre les mains des généraux moscovites les passages les plus importants des montagnes qui traversent le Térek, le Kouban et la plus grande partie des régions caucasiennes.

La Russie ne laissa pas respirer sa rivale. En 1784, un nouveau traité lui concéda la Crimée, l'île de Taban et le Kouban presque tout entier.

La paix de Kaïnardji avait reculé les frontières russes jusqu'au Bog; le traité de Yassy (1792) les porta jusqu'au Dniester, et garantit en outre, à l'autocrate, la possession de la Géorgie et des pays circonvoisins.

En 1812, la Turquie abandonna à son ennemie le territoire compris entre le Dniester et le Pruth, et que baigne la mer Noire à son extrémité sud-est. Elle lui fit une concession encore plus importante en lui accordant le droit de navigation dans le Danube, et en consentant à la démolition des forteresses ottomanes récemment élevées en Servie.

En 1827, la France, la Russie et l'Angleterre se coalisèrent par un traité signé à Londres contre la Porte ottomane. Cette alliance aboutit à une seconde destruction de la marine turque à Navarin; elle prépara aussi, par ce nouvel affaiblissement de la Turquie, les déplorables résultats de la guerre de 1828, qui se termina par le traité d'Andrinople (2 septembre 1829), qui compléta l'asservissement de l'empire ottoman à la puissance moscovite.

Le traité d'Andrinople annexa à la Russie le Delta, formé par les bouches du Danube, et stipula que la rive droite serait abandonnée par les habitants de race turque à la distance de six lieues; cette concession donnait à l'autocrate une souveraineté de fait sur la Moldavie, la Valachie et la Bulgarie. L'article IV livra au Czar deux cents lieues de côtes sur la mer Noire, le pachalik d'Akhalzikh, trois positions militaires importantes, et la ville d'Anapa, clé de la Circassie. Un acte séparé, joint à l'article V, réglait la condition de la Moldavie et de la Valachie, de façon à soustraire ces deux principautés à l'autorité de la Porte. Cet article supplémentaire stipulait aussi l'expulsion de tous les habitants de race ottomane. L'article VI, relatif à la Servie, fut rédigé de telle façon qu'il donna lieu à de longues discussions entre la Porte et la Russie, discussions auxquelles le prince Milosch coupa court en expulsant les Turcs de sa principauté. Enfin la convention d'Andrinople fixait une énorme indemnité de guerre et autorisait, comme garantie du paiement de cette indemnité, l'occupation des principautés et de la forteresse de Silistrie par les troupes de l'empereur. Ajoutons que ce pacte odieux, arraché à la faiblesse du sultan, consacra officiellement le protectorat exercé depuis longtemps par la Russie sur la monarchie ottomane.

La déclaration d'indépendance de la Grèce a fait perdre à la Porte toute la Morée, plus les îles Cyclades au nombre de dix-neuf, et les Sporades au nombre de neuf.

· La révolte de Méhémet-Ali lui enleva l'Egypte, la Syrie et Candie. Malgré le traité du 15 juillet 1840 et l'arrangement conclu entre le sultan et le pacha, on peut dire que ces trois provinces ne sont rentrées que nominalement sous la domination des empereurs de Constantinople.

Nous laissons de côté le fameux traité d'Un-kiar-Skelessi, qui avait livré aux Russes le détroit des Dardanelles. Ce traité a été implicitement abrogé par la Convention du 13 juillet 1841, qui a fermé les mers ottomanes à toutes les nations étrangères sans exception.

Enfin l'arrangement de Saint-Pétersbourg ajouta le district d'Akichka à toutes les acquisitions effectuées par la Russie aux dépens de sa voisine. Par la possession de cette importante province asiatique, la Russie a pris pied dans les montagnes du Laristan et de l'Arménie, et c'est de là qu'elle fondra un jour sur l'Asie-Mineure.

Ce tableau des affaiblissements successifs de la Turquie fait mieux comprendre que tous les raisonnements possibles la situation actuelle de cet empire.

Comment ce démembrement a-t-il pu s'opérer? Pour répondre à cette question, il suffit d'examiner le caractère des institutions ottomanes, toutes marquées au cachet d'un fanatisme ennemi du progrès, et fondées exclusivement en vue de la conquête. Sur les champs de bataille, la discipline devait toujours l'emporter sur le courage déréglé; sur le terrain de la politique, la victoire devait nécessairement rester à celui des deux champions qui étayait son audace des lumières de la civilisation. Voilà pourquoi la Turquie est aujourd'hui mutilée, affaiblie, désarmée; voilà pourquoi Constantinople est à la merci du czar, qui n'attend qu'une occasion favorable pour saisir cette riche proie si longtemps convoitée.

Toutefois, dans sa situation si déplorable, la Turquie possède encore des éléments de vitalité et de puissance qui méritent d'être pris en considération. Elle compte de nombreuses et vastes possessions avec une population de plus de 25 millions d'habitants. Elle dispose de richesses naturelles capables d'alimenter la prospérité intérieure d'un grand royaume. En outre, la race ottomane est intelligente, énergique, courageuse, pleine de nobles instincts faciles à développer et

à diriger dans le sens le plus conforme aux exigences du progrès. Avec de pareils éléments, il est difficile d'admettre l'absorption de la société ottomane par une race moins bien dotée. Certes, il serait à désirer qu'il en pût être autrement, si la transformation de l'Islamisme devait s'opérer au profit de la vraie civilisation ; mais nous ne pouvons accorder à la Russie le titre de missionnaire de progrès que lui décernent si complaisamment les admirateurs de cette puissance ; et nous devons déplorer l'enchaînement de circonstances qui a mis la nationalité ottomane et les autres races groupées autour d'elle à la discrétion de la politique russe. Barbarie pour barbarie, mieux vaut encore celle qui a conservé quelque chose de sa virginité primitive que celle qui a contracté des vices incurables dans la pratique d'une civilisation fausse et incomplète.

Quelques optimistes croient voir, dans les races chrétiennes qui peuplent les provinces du Danube, un élément de régénération pour l'empire ottoman. On ne saurait nier que la Valachie, la Moldavie et les autres Etats chrétiens de la Turquie d'Europe, n'aspirent à une vie nouvelle. Mais on n'a pas considéré que l'espèce de révolution morale opérée dans ces provinces, durant ces dernières années, était l'œuvre de la politique russe, et que tout changement notable dans cette partie de l'empire des sultans s'effectuerait inévitablement au profit exclusif de la Russie. Le lien religieux qui unit les Russes et les populations dont il s'agit est un sûr garant de l'absorbtion future de ces peuples par le dangereux voisin qui les protège. Le passé, d'ailleurs, nous répond de l'avenir : la Servie n'a secoué le joug de la Porte que pour retomber sous celui de l'autocrate ; la Valachie n'a jamais été plus russe que depuis qu'elle a commencé à s'émanciper. Qu'on cesse donc de se bercer de l'espérance de voir se former le long des rives du Danube une fédération chrétienne indépendante. C'est une pure chimère ; et tout ce qui s'accomplira sur ce théâtre politique sera l'ouvrage du cabinet de Saint-Pétersbourg, ce puissant magicien, dont la parole remue à son gré l'Orient.

Il est de mode aujourd'hui, nous le savons, de tourner en ridicule les préoccupations qu'inspire aux esprits prévoyants l'installation des Russes sur les rives du Bosphore et du Danube. Mais jusqu'à ce qu'on nous prouve que la transformation de la Russie en puissance maritime, grâce à la possession de la mer Noire, est indifférente à l'Europe occidentale, nous serons des premiers à partager ces préoccupations. Il nous paraît de la dernière évidence que le développement méridional de l'empire des czars et les conséquences que doit avoir un jour ce développement, au point de vue de la politique générale et de la civilisation elle-même, constituent le plus formidable de tous les problèmes qui se rattachent à l'avenir de la Turquie.

On a pu espérer, il y a quelques années, que la Turquie pourrait se débarrasser toute seule de son ennemi et se régénérer sans le secours de personne. Mais les nouveaux affaiblissements qu'elle a subis par suite de ses deux guerres de Syrie, et la situation si déplorable que les puissances européennes se sont plues à lui créer, l'ont rendue incapable de mener à bonne fin une tâche aussi difficile. Les essais de rajeunissement tentés par le gouvernement turc sont restés infructueux, et la charte de Gul-Khanè n'est qu'une lettre morte. Pour sauver la Turquie, il faudrait que l'Europe occidentale la prît sous sa protection désintéressée, et s'occupât de son éducation avec la sollicitude dont un père entoure un enfant bien-aimé. Mais l'œuvre serait de longue haleine, et nul ne voudra jamais s'y consacrer. Il faut donc renoncer à voir l'empire ottoman se retremper, par ses vertus propres, aux sources vives de la civilisation ; il faut considérer la condition future de cet empire comme une de ces questions redoutables dont un événement imprévu peut seul donner la solution.   FRÉDÉRIC LACROIX.

TUTOIEMENT. C'est une des puérilités qui se mêlèrent, pendant la période républicaine, aux réformes les plus sages et les plus politiques, aux entreprises les plus gigantesques, aux actions les plus héroïques.

Les girondins se préoccupaient beaucoup de ces petites choses. Ce sont eux qui introduisirent l'usage du *bonnet rouge* et de la *titus*, pour la coiffure; qui, les premiers, substituèrent le titre de *citoyen* à celui de *monsieur*; et qui amenèrent ainsi le *Tutoiement* républicain.   B.-C.

TYRANNICIDE. « Il y avait un certain droit des gens, une opinion établie dans toutes les républiques de Grèce et d'Italie, qui faisait regarder comme un homme vertueux l'assassin de celui qui avait usurpé la souveraine puissance.

» C'était un amour dominant pour la patrie, qui, sortant des règles ordinaires des crimes et des vertus, n'écoutait que lui seul et ne voyait ni citoyen, ni ami, ni bienfaiteur, ni père : la vertu semblait s'oublier pour se surpasser elle-même ; et l'action qu'on ne pouvait d'abord approuver parce qu'elle était atroce, elle la faisait admirer comme divine.

» En effet, le crime de César, qui vivait dans un geuvernement libre, n'était-il pas hors d'état d'être puni autrement que par un assassinat ? »

Ainsi, Montesquieu ne se borne pas à exposer la doctrine de l'antiquité touchant l'assassinat politique, il va plus loin, et, non content de ne la point blâmer, il l'approuve formellement.

D'autres, et en grand nombre, ont dit comme Montesquieu : ils ont plus d'une fois essayé d'ennoblir le meurtre.

Et, chose étrange, il est arrivé que les plus ardents apologistes de l'assassinat et des assassins se sont précisément rencontrés parmi les plus ardents sectateurs de la monarchie. C'est ainsi que nos pères ont vu les mêmes hommes qui s'élevaient avec rage contre le jugement régulier de Louis XVI provoquer ouvertement à l'assassinat du Premier Consul et plus tard de l'Empereur. Et, aujourd'hui encore, sous la domination d'un prince

contre lequel se sont levés tant de fois des bras armés, ne voyons-nous pas dans un musée public, publiquement exposée, une toile qui présente aux yeux la déplorable et imprudente glorification de la meurtrière de Marat !

A toutes les époques donc, la doctrine de l'assassinat politique a rencontré des apologistes et des séides ; et si la voix publique s'est parfois élevée contre tel ou tel meurtrier, ce n'est point à raison d'une idée morale, ce n'est point par haine du crime lui-même, c'est uniquement à raison de l'amour ou du respect qu'inspirait la victime.

Aujourd'hui, au contraire, que voyons-nous ? Un prince règne en France, contre la vie duquel ont eu lieu des tentatives nombreuses. Eh bien, à chaque fois que sa vie a été menacée, ses ennemis eux-mêmes n'ont pas hésité à déverser sur les assassins une réprobation solennelle. Or, d'où vient cette différence ? du respect ou de l'amour qu'inspirent la personne du prince ? de l'infamie personnelle des assassins ? Du péril qu'il y aurait à les louer ? Non, cela vient uniquement de la salutaire invasion des idées morales dans la politique, en d'autres termes, des progrès de l'esprit démocratique.

Ceci n'est point un paradoxe : la démonstration ressort d'elle-même.

Qu'enseignent, en effet, les écoles contraires à l'école démocratique ? Que dans un état, l'immense majorité n'est rien ; que tous les droits politiques et même certains droits civils n'appartiennent et ne doivent appartenir qu'à un petit nombre d'élus. Or, c'est là une profonde injustice contre laquelle protestent et s'insurgent les plus vifs sentiments de la dignité humaine outragée. De là ces insurrections si terribles qui, de temps à autre, viennent bouleverser les sociétés mal ordonnées. Mais pour qu'une insurrection puisse éclater, il faut de puissants moyens, de vastes et longues préparations : il faut que la même pensée, que les mêmes vœux, germent avec une égale énergie dans des milliers de cerveaux différents : chose difficile et trop longue par l'impatience des esprits plus ardents. Qu'arrive-t-il alors ? Une chose détestable, mais très logique. Comme il est évident que tout l'édifice social repose sur une seule base, et que cette base se personnifie dans une seule tête, il se rencontre des hommes qui s'imaginent qu'en frappant cette tête suprême, tout l'édifice dont elle porte le poids croulera ; et ils frappent. L'assassinat politique est donc, aussi bien que l'insurrection, au bout des idées monarchiques et aristocratiques ; car, du moment que vous refusez à l'homme toute espèce de droits, vous le dégagez moralement de toute espèce de devoirs : vous le livrez aux conseils de sa raison, bonne ou mauvaise, et il n'a plus d'autre guide que cette faible et vacillante lumière. Et de là vient cette opinion universelle dans l'antiquité, et qui s'est conservée jusqu'à nous, que les minorités ont le droit de s'insurger, que les individus ont le droit de frapper : de là vient encore que les peuples ont professé pour certains chefs de sédition et pour certains meurtriers une reconnaissance égale, une égale admiration.

Les doctrines de la démocratie moderne, au contraire, mettent à la fois au cœur de l'homme et plus d'orgueil et plus d'humilité. Sûr de ses droits, il respecte ceux des autres ; confiant dans sa dignité, il en est soucieux. Citoyen d'un État libre, il ne ressent point ces inspirations violentes que suscite au cœur des opprimés le grand dessein de délivrer une patrie esclave. Il se sent à sa place, il n'aspire point à en occuper une autre ; classé dans la société, soutenu, protégé, dominé par elle, il n'a pas besoin de s'ouvrir par la force un gîte au foyer du privilège ; maître enfin d'un suffrage efficace, il ne lui vient pas à l'esprit d'armer son bras d'un poignard.

Ajoutons que, suivant l'esprit démocratique, la société veille à ce que toutes les intelligences reçoivent une certaine éducation commune. Libres alors des incitations aveugles de l'ignorance, les citoyens comprennent que le sort d'un peuple n'est jamais tellement enchaîné à l'existence d'un homme qu'un coup de poignard soit une solution.

On le voit donc, si, au point de vue de la pure morale, tous les individus peuvent et doivent flétrir l'assassinat sous quelque forme qu'il apparaisse, l'école démocratique est la seule qui puisse avec logique flétrir doctrinalement l'assassinat politique ; et, nous le répétons, bien que la démocratie ne soit pas encore incarnée dans les formes politiques, comme elle pénètre chaque jour davantage et qu'elle épure la morale publique, c'est à elle, à ses progrès, c'est à son ascendant qu'il faut reporter tout l'honneur de la réprobation généreuse et vraie qui repousse aujourd'hui comme un sauvage et détestable moyen, l'assassinat politique.

E. D.

TYRANNIE. Les dictionnaires définissent la Tyrannie : Gouvernement d'un prince cruel oppresseur et violent. Cette définition est incomplète, car la Tyrannie se produit sous mille formes diverses, sous mille aspects différents.

Tout ce qu'on a écrit sur les tyrans et la Tyrannie nous semble désormais avoir une valeur purement rétrospective. La Tyrannie, en effet, avec les caractères qu'elle a eus dans les temps anciens et au moyen-âge, n'est plus possible maintenant, au sein même des états les plus despotiques, et quel que soit le caractère des princes qui gouvernent. Il est des crimes que les plus scélérats des hommes n'osent commettre que sous la protection des ténèbres. Or, aujourd'hui, il n'y a plus de ténèbres pour personne : le soleil de la publicité éclaire tout, et l'œil des peuples contient les princes.

Mais si la vigilance des peuples rend impossible le retour de certaines infamies politiques et morales, il est certain cependant que tous les germes de Tyrannie ne sont pas encore extirpés. « La plus cruelle des Tyrannies, dit Montesquieu, est celle que l'on exerce à l'ombre des lois et avec les couleurs de la justice, lorsqu'on va pour ainsi dire noyer des malheureux sur la planche même sur laquelle ils s'étaient sauvés. » Cette sorte de Tyrannie est vivante encore et elle s'exerce avec une incroyable insolence. Les lois qui devaient protéger les citoyens, on les tourne contre leur tête ; on les frappe avec les mêmes armes qui devaient les défendre. On ne cherche plus l'illégalité en dehors des lois, c'est avec les lois mêmes que se commettent les illégalités les plus flagrantes ; et c'est par la lettre qu'on arrive à la violation de l'esprit. « Or, ainsi que le dit encore Montesquieu, comme il n'est jamais arrivé qu'un tyran ait manqué d'instruments de sa Tyrannie, Tibère trouva toujours des juges prêts à condamner autant de gens qu'il en put soupçonner. Du temps de la République, le sénat qui ne jugeait point en corps les affaires des particuliers, connaissait par une délégation du peuple, des crimes qu'on imputait aux alliés. Tibère lui renvoya de même le jugement de tout ce qu'il appelait crime de *lèse-majesté* contre lui. Ce corps tomba bientôt dans un état de bassesse qui ne peut s'exprimer. »

Il y a donc deux sortes de Tyrannie, l'une qui s'avoue, l'autre qui se déguise ; la première, violente, la seconde, lâche et hypocrite ; celle-là qui brise les lois et les enfreint ouvertement, celle-ci qui les dénature, les tord, les défigure et les fait mentir à la face du ciel. C'est contre celle-ci que doivent songer à se défendre les peuples qui vivent sous des gouvernements mixtes.   E. D.

U

ULEMAS. Corporation religieuse qui a toujours joui d'une grande influence en Turquie. Associée à la congrégation militaire des janissaires, elle s'est de tout temps opposée aux réformes tentées par les sultans. Les janissaires, milice turbulente et pillarde, étaient entre les mains des Ulémas de dociles instruments ; Mahmoud II anéantit cette soldatesque brutale et indisciplinée (1826) ; mais il respecta la tête qui faisait agir ces bras toujours prêts au meurtre et à l'incendie ;

l'opposition des Ulémas survécut à celle des janissaires, et elle est actuellement plus vivace que jamais. Sa puissance résulte surtout de son caractère religieux et judiciaire : elle ne parle qu'au nom du Coran, et l'on conçoit l'ascendant qu'elle doit exercer sur des populations ignorantes et fanatiques.

UKASE. Ordonnance signée par le czar et qui a force de loi dans tout l'empire de Russie. (V. RUSSIE.)

ULTIMATUM. C'est le dernier mot que l'on dit relativement à une négociation pendante. Ce sont les conditions auxquelles on tient irrévocablement quant à la conclusion d'un traité. Lorsqu'un Ultimatum est refusé, les négociations sont donc rompues, et il ne reste qu'à reprendre les armes s'il s'agit d'un traité de paix. Cependant, comme les puissances sont dans l'habitude de se *surfaire*, s'il est permis d'employer ce mot, nous voyons souvent qu'un prétendu dernier mot mal accueilli est suivi de plusieurs autres qui le modifient.

ULTRA. On désignait sous cette dénomination les exaltés qui, sous la Restauration, se montraient « *plus royalistes que le roi.* »

ULTRAMONTANISME. L'Ultramontanisme n'est pas seulement une opinion dogmatique, c'est encore un parti pris politique. Les ultramontains plaident la cause de l'omnipotence papale, au nom de la hiérarchie, au nom de la paix publique, au nom même des libertés populaires, avec autant de zèle qu'au nom des Évangiles.

Comme le fait observer Durand de Maillane, dans son *Dictionaire de droit canonique*, il y a des Ultramontains de l'un et de l'autre côté des Alpes, *ultra et citrà montes*. Nous ne savons pas bien quand et par qui ce mot fut composé pour désigner les défenseurs de la suprématie romaine, mais nous voyons, dans les écrits d'Arnauld, qu'il était employé déjà, de son temps, par les Jansénistes. (Voir CHRISTIANISME, PAPAUTÉ.) B. H.

UNANIMITÉ. (Voy. LÉGITIMITÉ, MAJORITÉ, MINORITÉ et JURY).

UNIFORMITE (ACTE D'). En montant sur le trône d'Angleterre, Élisabeth releva le protestantisme, que la reine Marie, avait tenté d'anéantir en 1563. Elle convoqua à Londres un concile national, par lequel elle fit rédiger un nouveau système ecclésiastique. C'est ce système qui fut appelé l'*acte d'uniformité*. Il tendait à amener l'union de toutes les sectes protestantes, et avait pour principal objet de concilier, dans la religion anglicane, ce que les cérémonies de l'Église romaine avaient d'imposant avec ce qu'il y avait d'austère dans le luthéranisme. B.-C.

UNION. Ce mot est employé pour désigner la fusion des gouvernements d'Écosse et d'Irlande dans celui de l'Angleterre.

On appelle UNIONISTES les partisans du système de l'Union.

On donne encore le nom d'*Union* à la fédération des colonies anglo-américaines qui s'affranchirent du joug de la métropole en 1774, et qui sont plus connues sous le nom d'*États-Unis*. (V. ce dernier mot.) A. B.

UNITÉ. Ce mot a deux acceptions différentes. On appelle *unités* les fractions élémentaires du territoire ou de la population. Tels sont les cantons ou communes, les districts ou tribus. Dans le système fédéral, les divers états dont se compose la République en sont les unités.

Le mot d'*Unité* désigne encore la réunion, sous un même gouvernement, des divers intérêts pour lesquels l'association politique est établie. Plus le nombre de ces intérêts est considérable, plus il y a d'Unité dans le pays. Le plus grand bienfait de la Révolution de 1789 est d'avoir ramené toutes les parties du territoire et de la population au principe de l'Unité. La division départementale contribua puissamment à la solution de la difficulté. De cette division nouvelle résulta la nécessité de refondre la législation et de la rendre commune à tous les départements. Quoique les liens nécessaires au maintien de l'Unité ne fussent qu'imparfaitement établis, tout le monde reconnut l'avantage de la Centralisation.

Il ne suffit pas de tomber d'accord sur ce point que toutes les affaires du pays appartiendront à une direction unique; il importe, en même temps, d'établir l'autorité centrale de telle manière que chacun soit de plus en plus intéressé à s'y rattacher. Lorsqu'on se rallie à un centre commun, il ne faut pas que le cœur de l'État soit divisé par des pouvoirs qu'il serait impossible de mettre d'accord; il est surtout essentiel qu'on trouve dans ce centre commun des garanties, une justice préférables à celles qu'on aurait dans sa province ou dans son département. Ainsi, il faut qu'il y ait au foyer des communs intérêts, Unité de volonté, Unité d'action, Unité de justice en matière d'intérêt public, comme en matière d'intérêt privé.

Avons-nous cette Unité de volonté en France ? Non, certainement, puisque la population se divise en deux parts, dont l'une demeure entièrement étrangère aux affaires du pays; puisque l'autorité législative se partage entre trois ou quatre organes qui ont des intérêts différents.

Nous n'avons pas davantage Unité d'action, puisque l'autorité exécutive se divise entre un roi irresponsable et des ministres soi-disant responsables, qui ne peuvent rester d'accord.

Quant à l'Unité de justice, elle n'existe que pour les matières qui sont de la compétence de la cour de cassation, l'une des plus belles institutions qui soient nées de la Révolution. En matière politique, c'est le conseil des ministres qui résout arbitrairement toutes les questions sur lesquelles un Conseil national devrait être consulté.

L'Unité n'existe donc qu'imparfaitement dans notre pays; c'est par cette raison qu'il est constamment livré aux intrigues et aux partis.

Quelques personnes ne voudraient, non pas qu'on démembrât la France, mais que le gouvernement central prît seulement la direction des principaux intérêts politiques, tandis que les provinces ou départements auraient, pour les affaires qui leur sont personnelles, une liberté plus grande que celle dont ils jouissent aujourd'hui. Il n'est point d'erreur plus grave, plus dangereuse pour le pays. Les privilèges qu'on réclame ne tendraient qu'à morceler la France, parce que les affaires qu'on abandonnerait aux provinces pourraient l'emporter sur celles qu'on mettrait en commun. Il est beaucoup plus avantageux pour tout le monde que tous les intérêts, quel qu'en soit l'objet, aboutissent à un centre commun, pourvu, comme nous l'avons dit plus d'une fois, qu'on y trouve, au lieu de l'arbitraire, une justice qui ne serait pas moins nécessaire à l'État qu'aux citoyens.

A. Billiard.

UNIVERSITÉ. Il y a beaucoup à dire sur l'Université : d'une part, sur sa fonction dans l'État, sur ses droits, sur son monopole; d'autre part, sur ses méthodes défectueuses, sur les lacunes qui ont été signalées dans son enseignement et qu'elle n'a pas ou qu'elle a mal remplies, sur son personnel et sur ses attributions administratives. Nous ne prétendons pas résoudre, dans cet article, les graves questions que soulève la condition actuelle de l'Université; nous voulons seulement protester en sa faveur contre les tendances libérales qui la menacent et qui, si l'on n'y prend garde, vont renverser une institution dont le salut intéresse au plus haut point l'ordre social.

On s'est fait bien des illusions sur la liberté de l'enseignement. Là est le mal. Quand on demande l'enseignement libre, quand on réclame pour le père de famille la faculté de confier l'éducation de ses enfants à telle personne de son choix, sans permettre à l'État d'exiger de cette personne des garanties de moralité, des preuves de savoir et d'expérience, on ne comprend ni la gravité de l'enseignement, ni les devoirs, ni les droits de l'État. Qu'on ne s'y trompe pas, l'affaire est sérieuse; qu'on ne s'engage pas dans une voie nouvelle avant de prévoir quelle en peut être l'issue. Il y a beaucoup d'esprits superficiels, qui critiquent volontiers sans trop se soucier du reste, et qui, par défaut de jugement, ne concluent jamais : nous les entendons depuis long-temps déclamer contre l'Université, et nous nous inquiétons peu de répondre à leurs dires frivoles : mais voici le problème posé devant les Chambres; il importe qu'il ne soit pas étourdiment résolu.

Et nous porterons la peine de cette étourderie, qu'on ne sache bien par avance, s'il est admis qu'en matière d'enseignement la liberté est le principe. Il ne faut pas sans doute refuser à l'Université la faculté d'être tolérante ne faut pas vouloir qu'elle opprime le professorat, surtout dans ses degrés supérieurs : mais là n'est pas la question; la question est celle-ci : Le droit de présider à l'éducation de la jeunesse est-il une des attributions normales de l'État, ou bien, l'autorité qu'il s'arroge est-elle usurpée et faut-il rompre avec les traditions? A notre sens, le droit de l'État n'est pas contestable. Nous reconnaissons aux assemblées parlementaires le pouvoir de faire des lois et nous voulons que les lois soient obéies. Elles ne le seront pas, elles ne pourront l'être, si vous conférez au premier venu le privilège d'enseigner à la jeunesse une morale contraire à cette morale publique dont les lois écrites doivent être la sanction. L'éducation livrée à l'anarchie peut être le plus actif de tous les dissolvants, de même que

l'éducation prudemment organisée est, sans contredit le moyen le plus efficace qui puisse être employé pour inspirer à un peuple le sentiment du but commun et de la solidarité nationale. On le sait, les progrès rapides que l'esprit public a faits en Prusse, depuis vingt-cinq ans, sont surtout l'œuvre d'une bonne discipline universitaire : on sait encore que si la France est, aujourd'hui même, quelles que soient les apparences, le pays où l'instinct de l'égalité est le mieux établi dans les consciences, nous devons ce bienfait à l'unité de l'enseignement et aux saines doctrines qui ont été, depuis un siècle, scrupuleusement professées et observées dans le sein de l'Université.

C'est une question bien vaste que celle de l'enseignement. Ce serait la matière d'un volume que l'examen des arguments présentés au nom de la liberté. En principe, nous repoussons cette liberté comme un présent funeste, parce qu'elle n'est pas démocratique. Ce que veut la démocratie, c'est un régime d'éducation nationale, qui ne comporte aucun privilège individuel, qui façonne toutes les intelligences, suivant la mesure de leur développement, qui, sans sacrifier l'unité du but, accepte la diversité des aptitudes; ce que veut la démocratie, c'est l'initiation commune de tous les esprits aux mêmes devoirs, aux mêmes droits, c'est-à-dire la constitution de l'ordre politique sur les fondements de l'ordre moral. Or, à qui la démocratie pourra-t-elle confier la réalisation de ce programme, si ce n'est à une corporation surveillée, protégée, gouvernée par le pouvoir exécutif? Et quand cette corporation existe, quand il suffit d'y introduire quelques réformes pour la rendre propre à l'accomplissement de tout ce qu'on pourrait espérer d'une institution nouvelle, après bien des épreuves, vaines peut-être, pourquoi la décrier, pourquoi la menacer, pourquoi la sacrifier à un préjugé stérile?

Cette corporation, c'est l'Université. Loin de combattre son monopole, nous estimons qu'il importe de le fortifier et de l'étendre. Au moyen-âge, l'Université était le centre de toutes les études; on y enseignait *universa optimarum artium studia*, c'est-à-dire toutes les connaissances alors acquises. Pour répondre aux seules objections sérieuses des détracteurs de l'Université, il nous semble opportun de centraliser plus étroitement, sous la tutelle du conseil royal, les établissements communaux consacrés à l'enseignement secondaire, ainsi que ceux consacrés à l'enseignement primaire supérieur, et de déclarer qu'ils appartiennent à l'Université. Aussitôt la voie est ouverte aux plus utiles réformes, l'Université peut remplir toute sa mission, et il n'est plus permis de lui dire, comme on le fait avec beaucoup trop de légèreté, par cela seul qu'elle n'a pas encore ouvert de chaires à l'enseignement industriel, que c'est une institution stérile, décrépite, qui n'est plus bonne à rien.   B. Hauréau.

URNE. Boîte ou vase fermé, où l'on dépose les bulletins ou les boules dans la votation secrète des assemblées délibérantes ou électorales.

USURPATION. C'est l'action de celui qui s'empare à force ouverte ou par ruse du pouvoir suprême.

Il y a deux sortes d'usurpateurs : ceux qui usurpent le pouvoir dans une monarchie, ceux qui l'usurpent dans une république. Le crime est plus grand peut-être dans le second cas que dans le premier, mais les résultats sont également funestes.

Dans les monarchies, l'amour du souverain dépossédé, la haine de l'usurpateur ; dans les républiques, l'amour de la liberté provoquent des réactions qui sèment le trouble dans les esprits, compromettent pour long-temps la tranquillité intérieure, et parfois, la puissance extérieure de l'État.

Il n'y a pas de garanties contre l'Usurpation dans les monarchies, il y en a dans les républiques ; mais il n'y en a qu'une, et elle réside uniquement dans les mœurs publiques. — Ce serait une grave erreur que de chercher cette garantie dans les formes constitutionnelles, puisque l'Usurpation implique précisément la violation et la destruction de ces formes. **E. D.**

V

VACANT (Trône). Le trône est Vacant par l'abdication ou par la déchéance du prince régnant. (V. ABDICATION, DÉCHÉANCE, INTERRÈGNE.)

VAISSEAUX. Les Vaisseaux appartenant à une nation sont, en quelque sorte, une portion de son territoire, qui est devenu mobile et parcourt le monde. Ainsi le Français, naviguant sous son pavillon, ne quitte point, à proprement parler, sa patrie, et celui qui insulte son vaisseau porte atteinte à l'inviolabilité du sol national lui-même.

Toutefois, les nécessités de la guerre ont introduit quelques usages reconnus de la plupart des puissances et avoués par la raison, qui apportent des modifications à la liberté absolue de circulation pour les Vaisseaux. Nous les faisons connaître aux articles BLOCUS, NEUTRES, MER, VISITE.

VALACHIE. Principauté tributaire de l'empire Ottoman et faisant partie de la Turquie d'Europe. C'est une des provinces Slaves que la Russie a soumise à son influence depuis les derniers traités. Son organisation politique est la même que celle de la Moldavie. La convention d'Andrinople (article V) a aboli le tribut en nature que cette province payait au sultan, ce qui a considérablement diminué les revenus que la Porte tirait des états Danubiens ; elle a stipulé l'expulsion de tous les habitants de race turque, et l'établissement d'un cordon militaire russe qui a achevé d'isoler la principauté de la métropole.

La Valachie, malgré le semblant de régime constitutionnel dont elle jouit, peut-être aujourd'hui considérée comme une province russe, et il nous paraît difficile qu'elle forme jamais, avec les principautés voisines, un état indépendant. (V. MOLDAVIE et TURQUIE.) **F. L.**

VASSAL. Dans l'ordre féodal, le Vassal était un seigneur dont la terre relevait d'un seigneur plus puissant, et qui lui devait, à ce titre, foi et hommage, l'aveu et le dénombrement, et certaines redevances. Dès que le Vassal cessait d'être possesseur du fief, son obligation de fidélité et toutes les autres conséquences de son vasselage étaient virtuellement éteintes ; car le vasselage n'engageait pas la personne ; il était intimement lié au fief. **B.-C.**

VASSALITÉ. Dépendance politique d'un état à l'égard d'un autre état.

VASSELAGE. État, condition de vassal ; devoir ou hommage que devait ou que rendait un vassal.

VATICAN. Palais des papes à Rome. On dit, au figuré : « les foudres du Vatican, » pour les censures ecclésiastiques.

VENDÉE. Contrée de l'ouest de la France qui, depuis notre première révolution, a été, à diverses époques, le théâtre d'insurrections royalistes. Dès le commencement, la plus grande partie de la Bretagne, de l'Anjou et du Poitou s'étaient montrées hostiles au nouvel ordre de choses. En 1791, des troubles graves y eurent lieu, à l'occasion du serment que l'Assemblée législative obligea les prêtres à prêter à la constitution civile du clergé. Un soulèvement général s'y opéra en 1793, à la suite du supplice de Louis XVI et de la promulgation d'un décret de la Convention qui ordonnait une levée d'hommes. Excitée par l'Angleterre, la noblesse se mit à la tête des paysans armés, qu'elle enrégimenta et disciplina. Au gros de cette armée, formée des *Vendéens* proprement dits, vinrent se réunir, comme auxiliaires, des bandes indisciplinées, appelées *Chouans*, du nom d'un de leurs chefs. Les insurgés ne tardèrent pas à en venir aux mains avec les troupes de la République ; et, après trois années de luttes acharnées et de sanglantes représailles, ils furent complètement détruits en 1796. La modération du général Hoche, commandant en chef de l'armée républicaine, acheva de pacifier le pays, que ses armes avaient replacé sous l'autorité des lois.

En 1815, pendant les Cent-Jours, la Vendée s'insurgea contre Napoléon, en faveur de Louis XVIII. Du temps de l'Empire, le pays avait été sillonné de routes stratégiques, et Napoléon-Vendée avait été bâtie pour servir de centre d'opérations militaires. Au moyen de ces dispositions, les Vendéens, d'ailleurs en moins grand nombre et moins enthousiastes que pendant l'insurrection de 1793, furent cette fois battus dans toutes les rencontres. La chute de l'Empereur et le rétablissement du régime royal vinrent bientôt mettre un terme à cette guerre civile qui désormais était sans but.

Une dernière insurrection éclata encore dans la Vendée en 1832. Elle était fomentée, au nom de Henri V, par la duchesse de Berry, qui était venue de sa personne stimuler l'ardeur des partisans de son fils et se placer bravement à leur tête. Cette insurrection fut facilement comprimée; on sait par quels honteux moyens. **B.-C.**

VENTRU. — C'était le mot dont on se servait sous la Restauration, pour désigner cette masse de députés dociles qui, dépendants par caractère ou par position, votaient au beau milieu du centre, avec la plus admirable discipline, sous l'inspiration, nous devrions dire sous la férule d'un ministère.

Ce mot vient sans doute de l'habitude qu'avaient alors les ministres de réunir leur fidèle phalange autour de tables bien servies. Les dîners ministériels étaient le lien de cette imposante mais peu respectable majorité : de là, *Ventru*, qui se fait un dieu de son ventre, à qui le ventre tient lieu de cœur et de conscience. Béranger a illustré ce mot par plus d'une chanson.

VERDETS. Le nom de Verdets se lie trop intimement aux massacres du Midi pour n'être pas long-temps célèbre dans cette partie de la France, et les soldats de la vieille armée qui ont traversé la Provence et le Languedoc après Waterloo se le rappellent avec autant de douleur que de mépris. On appela Verdets et Miquelets les volontaires composant les bandes formées à Nîmes en 1815, à la voix du duc d'Angoulême, et qui l'accompagnèrent dans sa campagne du Midi. Le nom de Verdets leur fut donné de la couleur de leurs vêtements, de leurs épaulettes, de leur cocarde blanche et verte; celui de Miquelets, de leurs brigandages.

La première campagne des Verdets dura quinze jours; l'armée royale capitula à la Pallud, fut licenciée, mais, contrairement au traité, ne déposa pas les armes, résolue qu'elle était à la guerre civile. Les évènemens qui suivirent la capitulation marchèrent avec rapidité; Waterloo jeta le deuil sur la France, et aux cris de nos soldats mourants, les Verdets joignirent un cri féroce qui eut du retentissement. Un second armement s'organisa à Beaucaire par les soins de MM. de Bernis et de Calvière, nommés commissaires extraordinaires du roi, par une commission datée de Barcelone, le 10 juin, et signée du duc d'Angoulême. On comptait dans la première campagne d'honnêtes gens entraînés par leurs opinions, royalistes exaltés, mais sincères; dans la seconde, on ne trouva plus que des brigands organisés en bandes d'assassins, auxquels vinrent se joindre des hommes qui n'avaient pas eu le courage de marcher quand il pouvait être question d'un combat sérieux, et qui s'armèrent pour l'assassinat.

Nîmes, Beaucaire, Avignon, La Gardonenque, sont le théâtre de leurs exploits, bientôt imités à

Marseille. Jacques Dupont dit Tres-Taillons, Truphémy le boucher, Graffan dit Quatre-Taillons, Robert, Pierre Malliet, Pointu, Montpeilleren, sont leurs héros.

Quand Louis XVIII est rentré à Paris, la garnison impériale de Nîmes capitule avec l'armée royale; les soldats sortent de leur caserne, quatre par quatre, sans armes, et ils sont reçus par des décharges de mousqueterie; ceux que le premier feu a épargnés s'enfuient et trouvent dans les chemins, sur les routes, des bandes d'assassins qui les fusillent. Le tocsin a, durant toute la nuit, appelé les brigands des campagnes, qui viennent froidement égorger les bonapartistes et les protestans, piller les caisses des régimens, dévaster les maisons des particuliers, ajoutant l'incendie au pillage, et insultant aux cadavres de ceux qu'ils ont frappés.

Des tombeaux sont violés et les ossements en sont dispersés; des femmes des enfants sont égorgés. A Nîmes, les Verdets saisissent de jeunes filles qui ne partagent pas leurs opinions politiques ou leurs prétendues croyances religieuses, et les fouettent sur la place publique avec un battoir armé de pointes figurant une fleur de lys : outrageant ainsi la pudeur pour imprimer sur leur chair le sceau de l'État?

A Uzès, des hommes incarcérés pour leurs opinions ou leur culte sont arrachés de la prison, traînés sur la place publique et fusillés sans jugement, sans même qu'on rende à la justice ce vain hommage qu'elle trouve encore dans le simulacre d'un tribunal.

Toutes les routes se teignent du sang de nos malheureux soldats regagnant leurs foyers, et qui trouvent des meurtriers dans la patrie qu'ils viennent de défendre sans succès, mais non sans gloire, contre l'ennemi qui l'envahit.

Quand les passions politiques assoupies ne purent plus couvrir de leur égide les crimes des bandes d'assassins, quelques-uns des chefs furent poursuivis. Les massacres avaient été commis à la face du soleil, ils avaient eu pour témoins des populations entières; mais les passions, attiédies dans les masses, vivaient encore dans les tribunaux, et la justice dut se voiler le front, car la plupart des assassins furent acquittés.

Vingt-six ans ont passé sur les tombes des victimes; leurs meurtriers sont presque tous morts misérablement ou ont quitté la Provence, où leur nom était trop lourd à porter, chargé qu'il était de malédictions. Ceux que le temps a épargnés sont courbés sous le poids du mépris public.
KAUFFMANN.

VERDICT. Ce mot n'a point encore reçu de l'Académie son brevet de nationalité. Usité en Angleterre, introduit en France par les études sur le jury anglais, le mot Verdict n'est point passé dans la loi, mais il est tout-à-fait accepté dans le langage doctrinal. Il exprime très énergiquement ce que la loi appelle: Déclaration du jury. Il conserve la signification indiquée par son étymologie (*veré dictum*). Et en effet, quand le jury a fait sa déclaration, la loi présume que le jury a *dit* *vrai.* L'institution du jury est fondée sur cette présomption légale de vérité qui seule en fait la force.

VÉRIFICATION DES POUVOIRS.

Ainsi que nous l'avons dit au mot ADMISSIBILITÉ, le droit que s'arrogent les assemblées parlementaires de vérifier les pouvoirs de leurs membres est exorbitant, en principe, et peut, dans la pratique, donner issue aux plus coupables usurpations. En principe, en effet, n'est-ce pas le comble de l'absurde que de donner au mandataire le droit de contrôler, de réformer les opérations du mandant et d'annuler ses volontés. Quant à la pratique, une majorité armée de ce prétendu droit de Vérification ne pourrait-elle pas exclure la minorité ?

Mais puisque cette habitude est passée jusqu'à nouvel ordre en force de chose jugée, du moins faut-il la circonscrire dans des bornes aussi étroites que possible et rappeler sans cesse à l'esprit de la Chambre élective ces paroles de l'un de ses membres : « En matière de Vérification de pouvoirs, la Chambre ne procède qu'en formule générale. Il n'y a jamais pour elle que la question de savoir si une élection est ou n'est pas régulière. En déclarant que tel bulletin doit être attribué ou refusé à tel candidat, elle abdiquerait ses propres fonctions pour prendre (pour usurper) celles d'un bureau de collége. »   E. D.

VÉTO. Mot latin qui signifie *je défends.*

On a vu au mot TRIBUN l'origine du Veto. A l'époque où le tribunat fut créé, les tribuns furent investis du pouvoir de s'opposer à la création et à l'exécution des lois. La formule de cette opposition était simple. Le tribun, assis sur un banc à l'entrée du sénat, se levait et disait : *Veto*; la loi était aussitôt annulée.

Tant que le tribunat se conserva pur et que le pouvoir des tribuns, purement négatif, demeura distinct du pouvoir législatif et du pouvoir exécutif, le Véto ne produisit que d'heureux effets. Mais lorsque, par l'usurpation constante des empereurs, tous les pouvoirs furent confondus et réunis dans une seule et même main, au lieu de la liberté ce fut un despotisme sans bornes.

Cette grande expérience était présente à tous les esprits lorsque l'Assemblée constituante discuta la constitution de 91. Aussi, les opinions se divisèrent-elles profondément. D'une part, les sectateurs de la monarchie, qui voulaient remettre aux mains du monarque un efficace moyen de reconquérir les positions perdues, réclamaient avec énergie le Véto absolu.

Ceux qui, d'autre part, se préoccupaient surtout des dangers de la liberté, voulaient que la royauté fut complètement destituée du pouvoir de s'opposer à l'exécution des lois. Entre ces deux partis extrêmes, un tiers-parti se forma qui proposa le Véto suspensif. Mirabeau le fit triompher.

Depuis, la Charte de 1814 a introduit le Véto absolu que la Charte de 1830 a religieusement conservé.

Sous l'empire de la Charte de 1814, le Véto, s'il était dangereux, était du moins logique. Du

roi émanaient alors toutes choses : il était le maître, le souverain, et si la Charte existait, si une portion quelconque du peuple était admise à concourir à la création de la loi, c'est que le roi l'avait bien voulu permettre. Puis donc que le pouvoir législatif n'avait d'action et d'autorité que par la licence du prince, il était naturel et simple que cette action fût circonscrite en de certaines limites et qu'elle ne pût jamais prévaloir contre la volonté formelle du souverain.

Sous l'empire de la Charte de 1830, au contraire, les rôles sont complètement intervertis. Le pouvoir souverain, usurpé par la branche aînée des Bourbons, fait retour à la nation. Le principe de la souveraineté du peuple formellement proclamé s'incarne dans le droit public. Du peuple émanent toutes les autorités. Et tandis que, par un renversement de toutes les saines idées, le pouvoir législatif sortait auparavant du pouvoir exécutif et lui était subordonné, c'est aujourd'hui le pouvoir exécutif qui sort du pouvoir législatif, qui est créé par lui et lui doit obéir. Or, par la possession du droit de Véto, non seulement le pouvoir exécutif n'est pas subordonné au législatif, mais il lui est supérieur, supérieur en ce sens que, devant la volonté du prince, toutes les volontés des chambres sont comme si elles n'étaient pas. Il y a donc, en ce point, contradiction formelle entre la lettre et l'esprit de notre loi fondamentale, entre le principe du pouvoir constitutionnel et les dispositions organiques de la Charte.

Par quelles raisons essaie-t-on maintenant de justifier cette anomalie? On dit qu'il faut réfréner l'esprit d'envahissement et d'usurpation qui infecte plus ou moins toutes les assemblées délibérantes; qu'il faut les défendre contre leurs propres entraînements, etc., etc. Observons tout d'abord que cela motiverait tout au plus le Véto suspensif : car, à coup sûr, pour modérer la précipitation et réfréner les passions d'une assemblée, il n'est pas besoin que ses volontés soient mises à néant. Mais ce n'est là évidemment qu'un sophisme, et, sous prétexte de défendre le pouvoir, c'est en réalité au despotisme que l'on tend. C'est un état despotique en effet que celui où la volonté d'un seul peut prévaloir contre la volonté de tous, où l'exécuteur de la loi peut annuler la loi.

Remarquez que ces inconvénients disparaissent en partie dans un état régi par une seule assemblée et par un pouvoir exécutif temporaire. Ici, en effet, on comprend qu'une assemblée unique se puisse laisser aller à quelques écarts. Que le pouvoir exécutif intervienne alors pour suspendre l'exécution immédiate des décrets parlementaires, cela ne détruit pas du tout la supériorité du pouvoir législatif. Et quant aux dangers de cette intervention toute passagère, le renouvellement du pouvoir exécutif offre une garantie suffisante.

Dans une monarchie, au contraire, le pouvoir dure autant que l'individu qui l'exerce. Du père, il passe aux enfants ; les traditions s'établissent; la même pensée, les mêmes vouloirs se perpétuent et l'usurpation est au bout. Nous disons donc que le Véto absolu est absolument incompatible avec le principe de la souveraineté du peuple; que, dans une monarchie, il est entre les mains du prince un puissant moyen de renverser les libertés publiques et de fonder le despotisme; et que, par conséquent, il doit être soigneusement proscrit par tous les peuples qui veulent se conserver libres.   E. D.

VICE-ROI. C'est le titre que l'on donne au gouverneur d'un royaume où ne réside pas habituellement le souverain.

VIDAME, titre de seigneurie qu'on donna dans l'origine à quelques gentilshommes relevant d'un évêché, comme le Vidame de Chartres, le Vidame d'Amiens, et autres. Ce titre, aboli à la Révolution, n'a pas été rétabli.   B.-C.

VILAINS. C'est le nom que l'on donnait anciennement en France aux cultivateurs. On les appelait ainsi, du latin *villani*, parce qu'ils demeuraient à la campagne, *in villis*. Cette qualification fut étendue plus tard aux personnes nées dans une condition obscure, vivant du travail de leurs mains, pour les distinguer des bourgeois proprement dits, qui vivaient de leur revenu.

VINDICTE PUBLIQUE. (Voy. PÉNALITÉ).

VIOLATION. La loi est violée soit par les particuliers, soit par les dépositaires de l'autorité. Il est facile de poursuivre et d'atteindre les particuliers qui ne respectent pas le pacte social; mais la loi est sans défense contre ceux qui sont chargés de la faire observer.

La Violation du territoire, de quelque côté qu'elle ait lieu, est un fait grave, une cause immédiate de guerre si elle n'est pas une déclaration ou un commencement d'hostilités. Toute Violation de territoire exige une prompte réparation ou des explications satisfaisantes.

VISITE. Le principe qui domine tout le droit international maritime, c'est qu'un navire, en quelque lieu qu'il se trouve, est une partie détachée du territoire de sa nation. De là suit que nul croiseur ne peut envoyer un officier sur le pont d'un navire étranger sans commettre une violation de territoire et exposer son gouvernement à toutes les conséquences d'un pareil acte.

Une exception est apportée à cette règle; elle a lieu lorsque deux nations étant en guerre, les croiseurs de l'une d'elles soupçonnent un navire sous pavillon neutre de porter des soldats, des armes ou des secours quelconques à l'ennemi. Dans ce cas, le croiseur a le droit de visiter le bâtiment suspect, d'y saisir les objets de contrebande, d'y faire prisonniers les ennemis qu'il y trouve. Mais ce droit ne déroge nullement au principe établi plus haut: car en opérant une Visite dans de telles circonstances, on ne s'immisce nullement dans la législation et la police intérieure d'un pays étranger; on ne fait en réalité que s'assurer s'il n'y a pas un ennemi caché sous un pavillon ami.

Il en sera de même lorsqu'un Français, par exemple, se livrera à des actes de piraterie. Dans ce cas, il aura beau se couvrir du pavillon national, il pourra être visité et capturé par tout bâti-

ment de guerre qui le rencontrera. La raison en est que le pirate s'est mis hors du droit des gens, et que le pont de son vaisseau est devenu un territoire étranger à toutes les nations.

Le neutre, en portant de la contrebande de guerre à une puissance belligérante, a fait alliance avec celle-ci sans le consentement de son souverain. Le forban, quel que soit le pavillon qu'il lui plaise d'arborer, est en hostilité avec tous les peuples. De là, le droit de Visite accordé à tout croiseur, lorsqu'il s'agit de navires appartenant ou présumés appartenir à l'une ou l'autre de ces deux catégories.

Le droit de Visite, dans ces deux cas, est soumis par le droit des gens à des formes sévères. En premier lieu, il ne peut s'exercer sur des navires convoyés par des vaisseaux de guerre. La présence de ceux-ci est un passeport que toutes les marines, excepté celle de l'Angleterre, se sont toujours accordées à respecter.

En outre, lorsqu'il y a lieu à Visite, elle doit se faire ainsi : le vaisseau croiseur se tiendra hors de la portée du canon du navire à visiter, il enverra vers celui-ci un canot; trois hommes au plus pourront monter sur le pont, et ceux-ci ne devront faire autre chose que s'assurer, par la Visite des papiers de bord, de la nationalité du bâtiment.

Soumis à ces formes rigoureuses, le droit de Visite a cependant été maintes fois l'occasion de conflits sanglants et de graves désordres; toutefois, on ajoute aujourd'hui un nouveau cas aux deux dans lesquels nous venons de dire que ce droit peut s'exercer.

Dès 1814, les Anglais, qui ont aboli l'esclavage dans leurs colonies en 1807, ont essayé d'amener les puissances de l'Europe à conclure un traité par lequel elles assimileraient la traite à la piraterie, et s'accorderaient réciproquement le droit de Visite pour faire cesser ce trafic odieux.—Les puissances ont vu le piége que cachait cette proposition et elles ont reconnu qu'à chacune d'elles exclusivement doit appartenir le droit de faire la police dans sa propre marine. La France, particulièrement, s'opposa aux tentatives de l'Angleterre. Mais, après la Révolution de Juillet, le gouvernement français, qui croyait avoir de grandes obligations aux Anglais, conclut avec eux un traité par lequel le droit de Visite réciproque était accordé à un certain nombre de croiseurs des deux nations, sur la côte d'Afrique, sur celle du Brésil, des îles de Cuba, de Porto-Rico, etc., etc.

Ce traité fut confirmé et pour ainsi dire réglementé en 1833. On trouve dans ces traités que les croiseurs pourront arrêter tout vaisseau dans les parages ci-dessus désignés, et que, se fût-il trompé, le commandant de la croisière ne sera passible d'aucune indemnité si le navire avait été jugé suspect par lui. Or, le traité porte qu'un navire sera légitimement regardé comme suspect (art VI) s'il porte des planches propres à faire un faux pont, des tonneaux, de l'eau en trop grande quantité, des bidons, des fers, ou seulement une chaudière un peu trop grande.

Cette disposition, déjà si funeste, vient d'être

en décembre 1841, aggravée encore par un nou-veau traité qui l'étend à la moitié des mers du globe. Le traité de décembre n'est point encore ratifié, il est vrai (février 1842), et la chambre des députés s'est opposée à ce qu'il le fût. J. BASTIDE.

VÉNALITÉ. (V. CHARGE, OFFICE.)

VOLONTAIRES. Jeunes gens qui se font sol-dats sans y être obligés. Il ne faut pas confondre les Volontaires avec les *remplaçants*, qui ne sont que des mercenaires. On ne peut trop encourager les enrôlemens volontaires, mais on ne doit pas être moins rigoureux pour les conditions d'apti-tude qu'on ne l'est pour l'admission des rempla-çants. Ce furent les Volontaires qui sauvèrent la France en 1792.   A. B.

VISITES DOMICILIAIRES. C'est le nom énergiquement donné par le peuple aux perquisi-tions exercées dans le domicile des citoyens par la force publique sur la réquisition de l'autorité ju-diciaire. Dans les époques d'agitation politique, quand le pouvoir redoute les conspirations, il multiplie les Visites Domiciliaires. Les inconvé-nients graves de cet exercice arbitraire d'un droit indispensable à la garantie de la sécurité publique ont été expliqués au mot PERQUISITION.

VIZIR. Les Vizirs sont les officiers généraux de l'armée ottomane. Le grand Vizir, ou *sadra-zam*, est le premier ministre, et le bras droit du sultan. Ce titre avait été supprimé par Mah-moud II; il a été rétabli par Abdul-Medgid au profit de Khosreff-Pacha.

VOIES DE COMMUNICATION. (V. TRA-VAUX PUBLICS.)

VORORT. Le pouvoir fédéral, en Suisse, siège alternativement, pendant deux années, dans chacun des trois cantons de Berne, Lucerne et Zurich. Pendant la durée de ces sessions, le pou-voir exécutif du canton-directeur gère les affaires fédérales. Il y a donc dans ce pouvoir deux carac-tères, l'un local, l'autre général.

En tant que pouvoir fédéral, le pouvoir exécu-tif du canton directeur prend le nom de Vorort.

VOTE. Toutes les délibérations parlementaires se terminent par un vote. Ce Vote a lieu de deux manières : par assis et levé ou publiquement, au scrutin ou secrètement. Nous nous sommes déjà expliqués sur ces deux sortes de Vote, et nous avons opiné pour le Vote public. La publicité, en effet, présente sur le secret des avantages incon-testables : et si, à l'appui des preuves logiques, il était nécessaire d'apporter des preuves histori-ques, nous rappellerions que pendant toute la pé-riode révolutionnaire, sous la Constituante, sous la Législative et sous la Convention, les Votes des législateurs ont toujours été publics, et que c'est seulement par la constitution de l'an III, c'est-à-dire à une époque de réaction contre-révolution-naire et de corruption, que le Vote secret a été in-troduit dans nos assemblées délibérantes. Ajou-tons que, dans tous les cas, les deux manières de voter ne peuvent logiquement subsister ensemble. Que se passe-t-il aujourd'hui ? Les articles divers d'un projet de loi sont adoptés ou rejetés par assis et levé ; le projet se trouve ainsi successivement adopté ou rejeté. Vient alors le scrutin secret, et qu'arrive-t-il ? ou bien il est conforme au Vote public, et dès-lors inutile ; ou bien, il n'y est pas conforme, et alors le scrutin proclame que les lé-gislateurs ont menti à leur conscience. Il est donc nécessaire, indispensable d'adopter ou l'une ou l'autre des deux manières de voter. Mais comme il est matériellement impossible d'appliquer le scrutin secret à la votation de chacun des arti-cles d'un projet de loi, il s'ensuit qu'il faut établir partout le Vote public.   E. D.

FIN.

ERRATA.

www.ingramcontent.com/pod-product-compliance
Lightning Source LLC
Chambersburg PA
CBHW070611270326
41926CB00011B/1658